UMA OBRA DE REFERÊNCIA PARA
A IGREJA EM TODO MUNDO

DICIONÁRIO GLOBAL DE TEOLOGIA

EDITORES GERAIS WILLIAM A. DYRNESS
E VELI-MATTI KÄRKKÄINEN

EDITORES ADJUNTOS
JUAN FRANCISCO MARTINEZ
E SIMON CHAN

hagnos

Originally published by InterVarsity Press as
Global Dictionary of Theology by William A. Dyrness
and Veli-Matti KärkkäinenChristian.
© 2008 by InterVarsity Fellowship/USA
Translated and printed by permission of
InterVarsity Press, USA
P.O. Box 1400, Downers Grove, IL, 60515-1426, USA
© 2017 by Editora Hagnos Ltda (Portuguese Edition)

Tradução
Lucy Yamakami
Onofre Muniz
Carlos Caldas
Carlos Caldas Neto
William Lane
Robinson Malkomes

Revisão
Robinson Malkomes
Maria da Graça R. Barros
Larissa R. Malkomes
Marina Vieira Cervezão

Capa
Maquinaria Studio

Projeto gráfico e diagramação
OM Designers Gráficos

Editor
Juan Carlos Martinez

Coordenador de produção
Mauro Terrengui

1a Edição - Janeiro de 2017

Impressão e acabamento
Imprensa da Fé

Todos os direitos desta edição
reservados para:
Editora Hagnos
Av. Jacinto Júlio, 27
04815-160 – São Paulo – SP
Tel (11) 5668-5668
hagnos@hagnos.com.br
www.hagnos.com.br

Dados Internacionais de Catalogação na Publicação (CIP)
Angélica Ilacqua CRB-8/7057

Dicionário global de teologia / editores: William A. Dyrness,
  Veli-Matti Kärkkäinen ; editores associados: Juan Francisco
  Martinez, Simon Chan ; tradução de Robinson Malkomes. —
  São Paulo : Hagnos, 2016.

ISBN 978-85-7742-187-9
Título original: Global dictionary of theology

  1. Teologia – Dicionários I. Dyrness, William A. II.
Kärkkäinen, Veli-Matti III. Martinez, Juan Francisco IV.
Chan, Simon

16-0242   CDD 230.03

Índices para catálogo sistemático:
1. Teologia – Dicionários

"Esta obra é um marco que assinala a rica interação de hoje entre o elemento local e o global na teologia do século 21. Além de nova, é uma obra criativa e fascinante. Ao contrário da maioria dos dicionários, deve ser lida de capa a capa e não apenas uma vez."
    Dana L. Robert, Professor de Cristianismo Mundial e História das Missões Cristãs
    Boston University School of Theology.

"Os organizadores do *Dicionário Global de Teologia* propiciam aos leitores acesso às perspectivas teológicas que o cristianismo está oferecendo neste início de século. A ponte de acesso ao passado não foi destruída, mas rendeu-se ao vigor e à percepção teológica do Hemisfério Sul. Agora os cristãos, não importa o contexto em que vivem, contam com um dicionário teológico que dá espaço a novos e fascinantes rumos teológicos."
    Byron D. Klaus, Presidente e Professor de Liderança Intercultural
    Assemblies of God Theological Seminary

"Em um cenário cada vez mais caracterizado por nossa consciência da diversidade cultural, poucas questões são mais urgentes para a prática da teologia contemporânea do que o reconhecimento da natureza contextual de todas as teologias, incluindo a nossa. Esta obra estabelece um marco e descentraliza a hegemonia cultural dos pressupostos e conclusões das tradições teológicas eurocêntricas atuais, mas também as convida para um diálogo novo e vibrante na condição de membro de uma mesa redonda composta por vozes das etnias de todo o mundo. Esse diálogo que se inicia pode libertar do cativeiro cultural as expressões-padrão da teologia ocidental e abrir novos horizontes para a pesquisa teológica a serviço da igreja local e global. Todos os que se interessam pelo futuro da teologia e da igreja encontrarão nesta obra uma fonte de referência indispensável."
    John R. Franke, Professor de Teologia
    Missional, Biblical Seminary

"Este dicionário nos apresenta um excelente panorama do estado atual da teologia cristã e, além de tudo, oferece uma ótima base para nos ajudar a pensar as mudanças que estão ocorrendo na configuração do universo cristão."
    Philip Jenkins, Professor de Ciências Humanas
    Pennsylvania State University

Finalmente temos à nossa disposição um dicionário de teologia global verdadeiramente global em método e conteúdo. Com a colaboração de 190 teólogos de todo o mundo, que escrevem sobre temas de interesse mundial, este dicionário é um testemunho eloquente do fato de que a teologia deixou de ser uma atividade euroamericana e transformou-se em uma iniciativa vibrante do cristianismo mundial. Aqui o leitor poderá ouvir, talvez pela primeira vez, as vozes teológicas que estão ressoando por todo o ecúmeno. Com este dicionário tem início uma nova era para o diálogo teológico. Apresentamos aos organizadores e à editora nossos calorosos cumprimentos pela produção desta maravilhosa obra de referência. Abrangente em seu alcance e escrito com muita clareza, contendo bibliografias de grande utilidade, este dicionário será indispensável para teólogos e bibliotecas durante muitas décadas."
    Peter C. Phan, Professor de Pensamento Social do Catolicismo
    Georgetown University

SUMÁRIO

Introdução vii

Como usar este dicionário xiii

Abreviaturas xv

Colaboradores xix

Artigos 1

INTRODUÇÃO

O *Dicionário Global de Teologia* (*DGT*) foi idealizado para fornecer um panorama da reflexão e práxis teológicas em todo o mundo. Nossa intenção foi que ele tivesse a forma de uma conversa na qual fossem ouvidas vozes de diversas partes do mundo em torno de interesses e preocupações comuns a todos (às vezes interagindo umas com as outras num único artigo), a fim de apresentar uma visão das questões teológicas em diferentes regiões do globo. Embora trabalhando sobre uma plataforma que chamamos evangélica e ecumênica, ao fazer a seleção de assuntos e autores, não quisemos impor uma única metodologia nem um viés teológico em particular. Nossa expectativa era que os artigos refletissem uma rica diversidade de contextos com vários estilos e perspectivas.

Em busca de uma teologia global (e local)

Em sua obra póstuma *Types of Christian Theology* [Tipos de teologia cristã],[1] Hans Frei classifica as teologias contemporâneas dentro de uma linha sequencial de cinco abordagens. Num extremo encontram-se os teólogos que desconsideram o contexto contemporâneo e procuram, dentro da tradição cristã ou somente pela Bíblia, formular aquilo que eles creem ser uma "teologia universal". Grande parte das teologias formuladas por teólogos da Europa e da América do Norte no período moderno exemplifica tal abordagem.[2] No outro extremo desse espectro acham-se os teólogos que levam tão a sério o contexto que os cerca, que acaba sobrando pouca coisa da mensagem distintiva do cristianismo ou apenas aqueles elementos do evangelho que servem ao contexto em questão. Entre os exemplos que se enquadram nesse tipo de polarização citamos as teologias da morte de Deus, próprias da década "secular" de 1960, as teologias neopagãs feministas e algumas teologias contextuais extremistas dentro de contextos asiáticos e africanos. Hoje a maior parte das teologias fica em algum ponto entre esses extremos: desde as que veem as Escrituras ou a tradição como norma e, ao mesmo tempo, procuram explicá-las para a cultura que as cerca (evangelicalismo tradicional), até as teologias que buscam uma correlação entre a cultura e a fé cristã (Tillich) ou que adaptam a tradição cristã a alguma conjuntura ou cosmovisão (teologias do processo ou da libertação).

É claro que tais tipologias são apenas heurísticas, mas para nossos propósitos aqui, o que pesa é a alegação implícita de universalismo em cada uma delas. A despeito da variedade, cada uma insiste em afirmar que é assim ou assado que se deve fazer teologia. Dissemos que procuramos representar uma perspectiva amplamente evangélica e ecumênica, a qual, pelo menos na superfície, parece posicionar nosso projeto no lado mais conservador do espectro de Frei. Mas acreditamos que até esse posicionamento pode nos desorientar. Antes, nossa esperança foi que uma firme descrição do contexto, combinada com uma releitura das Escrituras igualmente cuidadosa, abriria espaço para um surpreendente número de abordagens teológicas que, em vários pontos, daria maior profundidade à tradição cristã e, de vez em quando, poderia desafiá-la. Por exemplo, podemos imaginar que as teologias aparentemente liberacionistas ou radicalmente africanas refletem a verdade bíblica com mais intensidade do que as que se posicionam no extremo mais conservador do espectro de Frei.

Nossa única afirmativa é que, por natureza, teologia é algo contextual, mesmo que isso não seja admitido por teólogos ou movimentos teológicos. Não se pode dizer que a teologia

---

[1] HANS FREI, *Types of Christian Theology*, HUNSINGER, G. e PLACHER, W. C., orgs., (New Haven: Yale University Press, 1992). Esse esquema é utilizado como exemplo em David F. Ford, *Introduction to Modern Christian Theology*, in: *The Modern Theologians: An Introduction to Christian Theology in the Twentieth Century*, 2nd ed., FORD, D. F., org., (Cambridge: Blackwell, 1997), pp. 1-15. Leia sobre a pertinência e a limitação da tipologia de Frei em Stanley J. Grenz, *Theology for the Community of God* (Grand Rapids: Eerdmans, 1994), p. 19-20.
[2] Os exemplos específicos são de nossa autoria, não de Frei.

trinitária formulada por, digamos, Colin Gunton, seja "neutra", ao passo que a teologia de Charles Nyamiti, católico-romano da Tanzânia, que constrói sobre os alicerces das tradições africanas dos ancestrais, é uma teologia "contextual". Não, ambas são reflexos de seus contextos (bem diferentes). A teologia de Nyamiti procura de modo mais intencional vínculos com um contexto específico, ao passo que a outra trabalha com a herança do Iluminismo do pensamento ocidental. Em vez de afirmar qual das duas é a melhor, nossa intenção neste *Dicionário* é situar essas perspectivas dentro de um diálogo global mais amplo. Como fruto desse diálogo, Gunton sem dúvida exercerá influência não apenas sobre a teologia do Ocidente, mas espera-se que as ideias de Nyamiti também tenham peso nas discussões trinitárias fora da África.

Nossa perspectiva evangélica e ecumênica se evidencia no fato de que, dentro dos diversos contextos, procuramos reconhecer a autoridade das Escrituras e a tradição cristã. Um livro de grande importância escrito por dois missiólogos católicos de destaque nos Estados Unidos, intitulado *Constants in Contexts* [Constantes em contextos], defende a ideia de que é necessário que a teologia cristã negocie os aspectos *constantes* nas crenças e doutrinas cristãs dentro de *contextos* mutáveis, diversificados e muitas vezes surpreendentes.[3] Reconhecemos que a teologia cristã tentou algumas vezes se "adaptar" aos desafios culturais e não foi exatamente bem-sucedida. No entanto, devemos optar por uma abertura na diversidade de formas pelas quais os teólogos procuram hoje ouvir a voz das Escrituras (e da tradição) — uma diversidade que pode ser um desafio para todas as tentativas de sistematização.

Quanto a esse aspecto, podemos aprender com Miroslav Volf, originário dos Bálcãs flagelados pela guerra e que formulou uma teologia trinitária politicamente sensível para ajudar a negociar o medo e a rejeição que sentimos em relação ao outro:

> As diferenças cristãs são sempre uma rede complexa e flexível de recusas, divergências e subversões, sejam pequenas, sejam grandes, além de propostas alternativas mais radicais ou menos, cercadas pela aceitação de muitas pré-condições culturais. Não existe um único jeito de se relacionar com uma cultura como um todo nem com suas forças dominantes; o que existe são várias maneiras de aceitar, transformar ou substituir diversos aspectos de determinada cultura a partir dela mesma.[4]

Acreditamos que, neste mundo globalizado, o caminho passe pelo reconhecimento dessa diversidade de diferenças cristãs. Conforme afirma Amos Yong, hoje "as teologias são multiperspectivistas, multidisciplinares e multiculturais".[5] De origem ásio-americana pentecostal, ele é um teólogo que nos lembra de que o multiperspectivismo significa "levar a sério as ideias de todas as vozes que expressam suas opiniões, sobretudo daquelas que antes ficavam à margem do diálogo teológico — por exemplo, mulheres, pobres, pessoas com necessidades ou habilidades especiais, talvez até os hereges!".[6]

Consideramos que uma abordagem como essa é necessária nos dias de hoje. Em face do ressurgimento religioso, diante do complexo fluxo de migrantes, capital e tecnologia e frente ao incrível crescimento do cristianismo em algumas regiões, com retração em outras, cremos estar no meio de uma reforma de grande vulto na igreja cristã em nível mundial. Emprestando as palavras de Justo L. González, à medida que o cristianismo está se deslocando do Hemisfério Norte (Europa e América do Norte) para o Hemisfério Sul (África, Ásia e América Latina),

---

[3] BEVANS, S. B., e SCHROEDER, R. P., *Constants in Context: A Theology of Mission for Today* (Maryknoll: Orbis, 2004).
[4] VOLF, M., *When Gospel and Culture Intersect: Notes on the Nature of Christian Difference*, in: *Pentecostalism in Context: Essays in Honor of William W. Menzies*, MA, W. e MENZIES, R. P., orgs., (Sheffield: Sheffield Academic Press, 1997), p. 233. Segundo Volf, a tendência liberal de adaptação, o tradicionalismo pós-liberal ou o isolamento sectário são todas elas formas insatisfatórias de interagir com os desafios culturais (p. 233-36).
[5] YONG, A., *The Spirit Poured Out on All Flesh: Pentecostalism and the Possibility of Global Theology* (Grand Rapids: Baker Academic, 2005), p. 239-40.
[6] Ibid., p. 240.

estamos nos tornando testemunhas oculares de nada menos do que uma "macrorreforma".[7] As mudanças demográficas por si mesmas viraram o jogo:[8] até 2050, somente cerca de um quinto dos três bilhões de cristãos de todo o mundo serão brancos de origem não latina. Conforme ressalta Dana L. Robert, em comparação com a primeira metade do século 20, "o cristão que caracteriza o final do século 20 deixou de ser europeu e passou a ser africano ou latino--americano".[9] Ou, nas palavras do teólogo queniano John Mbiti, "os centros da universalidade da igreja não estão mais em Genebra, Roma, Atenas, Paris, Londres, Nova Iorque, mas Kinshasa, Buenos Aires, Addis Ababa e Manila".[10] Jenkins refere-se a esse fenômeno como "o cristianismo que segue em direção ao sul",[11] e como tal "um dos momentos de transformação na história da religião — não só do cristianismo — em todo o mundo.[12] Portanto, conforme o metodista coreano Jung Young Lee nos lembra, em virtude da profunda mudança demográfica, "o cristianismo não é mais visto exclusivamente como uma religião do Ocidente. O fato é que o cristianismo já não é somente uma religião mundial, mas um cristianismo mundial. Isso significa que o cristianismo não pode ser interpretado unicamente de uma perspectiva ocidental". A consequência dessa "macrorreforma" é que a teologia do terceiro milênio será formulada cada vez mais na coletividade, negociando diferenças e procurando novas formas de articular perguntas e respostas. Nas palavras de González:

> Uma característica de nossa macrorreforma está no fato de que hoje as vozes que se fazem ouvir procedem de lugares que não eram centros famosos pela reflexão teológica, gente que não estava entre os líderes teológicos tradicionais. Décadas atrás, quando os teóricos de missiologia falavam dos "três autos" como objetivo das igrejas mais novas, eles se referiam a autossustento, autogoverno e autopropagação. Eles não enxergavam um horizonte com autointerpretação ou autoteologização. Esperavam que a teologia continuasse sem passar por mudanças, pois achava-se que o sentido do evangelho era plenamente compreendido pelas igrejas que enviavam missionários, e as igrejas mais novas precisavam apenas e tão-somente continuar a proclamar a mesma mensagem recebida.[13]

Mas nossa situação atual invalidou essa perspectiva mais antiga. Como consequência, conclui González, não temos mais desculpas para confundir o dominante com o universal nem para permitir que o eminente venha a calar o periférico ou marginalizado. Este recurso foi moldado como resposta a esse contexto global em franco desenvolvimento.

Desafios e limitações
No terceiro trimestre de 2002, primeira vez que Veli-Matti Kärkkäinen comentou com Bill Dyrness sobre a ideia deste projeto, não tínhamos noção dos desafios envolvidos. Mas nós

---

[7] GONZÁLEZ, J. L., *Mañana: Christian Theology from a Hispanic Perspective* (Nashville: Abingdon, 1990), p. 49.
[8] Veja uma breve declaração atual na introdução de John Parratt in: *An Introduction to Third World Theologies*, ed. PARRATT, J., (Cambridge: Cambridge University Press, 2004), p. 1.
[9] ROBERT, D. L., Shifting Southward: Global Christianity since 1945, *IBMR* 24.2 (April 2000), p. 50. Veja também Philip Jenkins, *The Next Christendom: The Coming of Global Christianity* (Oxford: Oxford University Press, 2001), p. 2. [edição em português: *A próxima cristandade: a chegada do cristianismo global*. (Rio de Janeiro: Record).]
[10] MBITI, J., citado em Kwame Bediako, *Christianity in Africa* (Maryknoll: Orbis, 1995), p. 154.
[11] Esta é a principal tese de Jenkins, *Next Christendom*; veja, e.g., p. 3; ele explica sua escolha do Norte—Sul como padrão dominante, sobretudo no capítulo 1; o capítulo inclui boas referências bibliográficas. A principal fonte estatística vem de David B. Barrett, George T. Kurian e Todd M. Johnson, *World Christian Encyclopedia*, 2nd ed. (New York: Oxford University Press, 2001); veja as estatísticas globais principalmente nas p. 12-15.
[12] Jenkins, *Next Christendom*, p. 1.
[13] GONZÁLEZ, *Mañana*, p. 49. Em consonância com González, Veli-Matti Kärkkäinen, *Pneumatology: The Holy Spirit in Ecumenical, International, and Contextual Perspective* (Grand Rapids: Baker Academic, 2002), p. 147: "Em nosso mundo contemporâneo, hoje a teologia tem o dever de manifestar sensibilidade cultural. Teologia não pode continuar sendo privilégio de um grupo de pessoas. Em vez disso, ela deve ser específica para o contexto ao dirigir-se ao mundo de Deus em situações singulares e como resposta a diferentes necessidades e desafios".

dois sempre tivemos grande interesse nessa questão e, à medida que íamos conversando, nos empolgávamos cada vez mais com as possibilidades. Entramos em contato com os editores da InterVarsity Press, e eles acolheram a ideia de imediato. Em seguida, trouxemos para a equipe editores adjuntos que representariam a Ásia (Simon Chan) e a América Latina (Juan Francisco Martinez). Logo no início do projeto, Nzash Lumeya nos ofereceu uma assessoria essencial em relação à África. Dan Reid, experiente editor de livros de referência na InterVarsity, assumiu a responsabilidade pelo projeto e tornou-se membro-chave da equipe. O grupo de editores reunia uma experiência internacional e intercultural sem antecedentes, pois cada um deles havia estudado, vivido e trabalhado em diversos contextos locais em diferentes continentes, ou seja, a equipe era de fato global. Para dar forma aos nossos planos, em outubro de 2004 a equipe editorial realizou uma consulta com duração de dois dias no seminário Fuller, em Pasadena, na Califórnia, com o objetivo de conversar sobre algumas questões pendentes. Esse encontro face a face trouxe como resultado muitas e novas ideias para a execução de um projeto que, em sua essência, não tinha precedentes.

Como se podia prever, entre momentos de alegrias e descobertas, o projeto também enfrentou vários desafios. Além das dificuldades próprias de qualquer obra com autoria múltipla — e-mails que não chegam, prazos que estouram e limitações impostas pelo número de páginas — o desafio mais comum foi localizar e recrutar autores que pudessem representar a diversidade que pretendíamos. Mesmo quando sabíamos a quem recorrer, o desafio estava em encontrar formas de entrar em contato com eles e convencê-los a participar desse projeto ambicioso. Desde o início procuramos identificar autores menos conhecidos, incluindo os PhD's mais recentes e jovens estudiosos em início de carreira, o que, pela própria natureza da situação, eram aqueles cuja localização foi mais difícil. Mas os resultados valeram a pena. Juntamente com vários acadêmicos tarimbados e mundialmente reconhecidos, esses jovens estudiosos prestaram muitas contribuições que não eram apenas novas, mas também instigantes.

Outro desafio que, de certa forma, também nos surpreendeu foi o número de acadêmicos do Hemisfério Sul que manifestaram a tendência de fazer teologia à moda de seus mestres do Norte. De vez em quando, verbetes cujos esboços vinham de teólogos da Ásia, África e América Latina não eram muito diferentes dos verbetes escritos por seus pares da Europa e da América do Norte. Esse quadro é compreensível em face da longa história das tradições teológicas euro-americanas e como consequência da distribuição desigual de recursos na forma de publicações e de educação teológica, além do fato de que um grande número de teólogos do Hemisfério Sul estudou na América do Norte ou na Europa. Entretanto, essa situação levantou uma questão crítica: quem poderá fazer uma teologia autenticamente asiática, africana ou latina se não forem os acadêmicos dessas regiões? Será que os teólogos asiáticos, africanos e latino-americanos desconfiam de que uma teologia com acentuado sabor de ideias locais tenha menos valor ou, pior ainda, seja menos global? De qualquer modo, não há dúvida de que as academias teológicas precisam caminhar um pouco mais para ser bem-sucedidas na formação de uma geração de teólogos que levem a sério o contexto onde vivem.

Logo no início determinamos que os grandes temas teológicos não poderiam ser tratados de forma adequada a partir de uma única perspectiva. Por isso, decidimos que várias dessas tarefas deveriam ser divididas. Mas a necessidade de fazer a integração de verbetes escritos em diferentes regiões do mundo, muitas vezes por acadêmicos que não se conheciam, constituiu outro desafio. Para resolver essa questão, deixamos a natureza da interação a cargo dos acadêmicos envolvidos — em alguns casos, o produto foi um único artigo escrito em parceria ou em grupo; em outros, produziu-se uma resposta a um artigo, às vezes longa, às vezes mais curta; e em outras situações tivemos como resultado dois (ou três) artigos separados. Algumas vezes, isso possibilitou diálogos reais e autênticos; em outros casos, a conversa assumiu a forma de um verbete em duas ou três partes que apresentavam perspectivas distintas. O leitor saberá julgar se essa variedade de métodos acabou sendo satisfatória.

Sonhos e objetivos na produção deste Dicionário

O primeiro desafio que tivemos de enfrentar era, de certa forma, o mais importante: que nome deveríamos dar ao projeto? Inicialmente resistimos à sugestão de chamá-lo *Dicionário Global de Teologia*. Todavia, a decisão de fato reflete o que estávamos tentando fazer, ou seja, reunir vozes, testemunhos e perspectivas de todo o globo. Ao mesmo tempo, o termo *global* remete à ideia de preferência que os tempos modernos têm por projetos "universais" e conceitos grandiosos. Mas é exatamente tal ambiguidade que ilustra a natureza complexa e dinâmica desta iniciativa: buscamos essa característica "global" ao dar forma às teologias legitimamente "locais" no sentido de serem reflexos de lugares específicos. Neste *Dicionário*, o termo *global* não significa que estejamos visando ao tipo de teologia universal que tem uma mensagem para todas as épocas e lugares — isso não existe e, antes do *eschaton*, jamais existirá. Mas o adjetivo *global* significa que vozes de contextos locais distintos foram reunidas, ouvidas com atenção e colocadas para dialogar umas com as outras. A ironia disso tudo é que o aspecto que podemos considerar mais distintivo da teologia global é justamente sua diversidade, riqueza e pluralidade. Nesse sentido, o neologismo *glocal* capta o espírito de nosso objetivo. Ele deriva das palavras *global* e *local* e ajuda-nos a e entendê-las de modo mais pleno e absoluto. Essa nomenclatura, é claro, pode ser lida de mais de uma forma, o que também fazia parte de nossa intenção!

Esse jeito de fazer teologia não significa que a longa e rica tradição cristã deva ser menosprezada. Grande parte da teologia contemporânea, sobretudo aquela de contextos e locais específicos, inspira-se num diálogo com a tradição, e tal diálogo é cuidadoso, diligente e muitas vezes tenso. As tradições teológicas são a herança de toda a igreja de Cristo, tanto das chamadas igrejas mais jovens quanto das igrejas na Europa e nos Estados Unidos. Ireneu, Agostinho, Tomás de Aquino, Calvino e Schleiermacher continuam colaborando de diversas maneiras com a tradição viva que se mantém em franco desenvolvimento, ainda que vozes mais recentes estejam acrescentando seu sotaque ao diálogo cristão.

Diante dessa situação dinâmica estabelecemos nosso alvo: apresentar um panorama da reflexão e da práxis teológica em todo o mundo, num diálogo que não privilegie uma única região do globo. Isso não quer dizer que todas as regiões tenham obtido a mesma atenção nem que algumas, sobretudo aquelas onde o cristianismo tem uma história mais longa, não tenham recebido um espaço relativamente maior, em especial nas discussões de natureza histórica (e.g., em artigos sobre a patrística ou sobre teologia medieval). Com certeza, essa postura reflete a intenção de contribuir para a reflexão teológica nutrida por uma variedade de práticas e contextos. Além disso, nosso propósito foi selecionar autores da maior diversidade contextual possível, para que o diálogo fosse de fato concretizado e não simplesmente proposto. Num dicionário como este, é impossível que não se façam generalizações, mas procuramos evitar a todo custo representações amplas demais que abarcam grandes regiões do globo.

É lógico que cada verbete foi escrito por uma ou mais pessoas, representando (e refletindo) uma faixa específica do globo. Ao mesmo tempo, porém, nossa expectativa foi que os autores escrevessem como quem participa de um diálogo mais amplo, no qual as opiniões alternativas são esperadas e bem-vindas, e sempre que possível lançassem mão de comparações. Nosso objetivo era reunir uma ampla seleção de vozes no diálogo, principalmente aquelas que, por diferentes motivos, não eram conhecidas. Ao selecionar artigos e colaborações, adotamos como critério que a ênfase e, portanto, o espaço, seriam dirigidos a movimentos que refletem sua importância teológica e não simplesmente histórica ou missiológica. Esse princípio influenciou tanto os temas escolhidos quanto o tamanho dos artigos destinados a esses movimentos e questões em particular. Os verbetes sobre movimentos ressaltam sua importância para o incremento teológico da região de origem e, eventualmente, de outras partes do mundo. O termo *teológico* deve ser interpretado em sua amplitude como aquilo que reflete a fé e os costumes de grupos cristãos de todo o mundo. Embora se faça uso da palavra no sentido dos temas tradicionais da teologia (Trindade, eclesiologia, escatologia etc.), estes devem ser situados em seus cenários contemporâneos, ou seja, dentro da esfera da fé e da prática do culto e do testemunho do corpo de Cristo em todo o mundo.

Essa decisão teológica básica resultou em alguns aspectos únicos. Primeiro, ao contrário de outros dicionários, não incluímos verbetes sobre teólogos como indivíduos. (Quem desejar saber mais sobre a contribuição desses nomes poderá consultar os índices no final do volume.) Todos os verbetes versam sobre temas, estudos realizados em países e regiões, seus movimentos e tradições. Portanto, nossa abordagem é comunitária e não personalista. Em segundo lugar, em vez de selecionar um número elevado de verbetes curtos, como costuma acontecer em muitos dicionários, decidimos abrir espaço para artigos maiores, e muitos deles são do tamanho dos artigos publicados em periódicos. Isso quer dizer que os temas grandiosos da teologia cristã, tais como Trindade, cristologia e eclesiologia, receberam proporcionalmente mais espaço. Em terceiro lugar, esses verbetes maiores e vários outros menores foram escritos em duplas ou por um pequeno grupo de teólogos de vários lugares e tradições que reuniram forças para produzir artigos de autoria coletiva com a intenção de facilitar o diálogo e fomentar o intercâmbio de ideias. As tensões e diferenças de opinião — que o leitor perceberá facilmente ao ler alguns verbetes específicos — foram preservadas para permitir que a diversidade e a riqueza de reflexão teológica de vários lugares viessem à tona. Em quarto lugar, além dos artigos normalmente encontrados em dicionários teológicos, selecionamos vários temas por sua pertinência contemporânea, temas estes que não se encontram em dicionários, tais como terrorismo, crianças em situação de risco e globalização. Embora o *DGT* tenha foco teológico e não missiológico, uma vez que acreditamos que a boa teologia hoje seja de natureza missional, incluímos muitos verbetes missiológicos e interconfessionais. O leitor que desejar uma abordagem mais missionária e missiológica poderá consultar (em inglês) o *Dictionary of Mission Theology*, editado por John Corrie e publicado pela *IVP Academic* em 2007.

Apesar de toda a logística e de outros desafios, este projeto, que levou cinco anos para ser concluído, foi uma experiência de rico aprendizado. Ele nos deu a oportunidade ímpar de conhecer e manter contato com um número muito grande de acadêmicos e teólogos de grande eloquência de todo o mundo — colocando-nos na linha de frente do diálogo teológico em desenvolvimento. Temos uma imensa dívida para com as dezenas de autores e acadêmicos, dívida esta que não pode ser saldada com a modesta remuneração que lhes foi estendida.

Apesar das limitações e pontos fracos desta nossa iniciativa, não abandonamos nosso compromisso nem nossa visão: contemplar a reflexão e a práxis teológica como um diálogo global, com teólogos de diferentes lugares reunindo as riquezas de suas comunidades cristãs, de modo que Deus seja glorificado e seu reino avance. Jürgen Moltmann, um dos colaboradores nesta obra, concebe um retrato de como se deve fazer teologia trinitária nos dias atuais, e sua visão também representa nosso sonho:

A verdade gera concórdia, gera mudança sem o uso da força. Pelo diálogo, a verdade liberta homens e mulheres de seus próprios conceitos e ideias [...]. A teologia cristã murcharia e morreria se não se mantivesse sempre trocando ideias e se não estivesse vinculada a uma fraternidade que busca um diálogo como este, pois dele precisa e por ele se empenha.[14]

Ainda há muito por fazer para que essa visão de intercâmbio e incentivo mútuo se materialize melhor. O *DGT* pode ser considerado pelo menos uma tentativa nessa direção. Esperamos que as lições representadas aqui pelos vários diálogos se estendam a muitos leitores de todo o mundo. O *Dicionário* é acompanhado por nossas orações para que, por seu intermédio, a igreja se fortaleça e o Senhor seja glorificado.

William A. Dyrness
Veli-Matti Kärkkäinen

---

[14] MOLTMANN, J., *The Trinity and the Kingdom of God: The Doctrine of God* (San Francisco: Harper & Row, 1981), p. xiii. [Edição em português: *Trindade e reino de Deus*. (Petrópolis: Vozes).]

COMO USAR ESTE DICIONÁRIO

Abreviaturas
Nas páginas xv-xvii encontram-se tabelas com abreviaturas utilizadas para assuntos gerais assim como também para a literatura bíblica e acadêmica.

Autoria dos artigos
Os autores dos artigos são indicados com as iniciais dos primeiros nomes e o sobrenome por extenso ao final de cada artigo. Além disso, em artigos escritos em parceria ou grupo, o nome dos autores aparece ao final de cada colaboração. Nas páginas xix-xxviii encontra-se uma lista completa dos colaboradores organizada segundo a ordem alfabética dos sobrenomes. Em sequência aos nomes seguem os verbetes correspondentes àquela autoria.

Bibliografias
No final de cada artigo há uma bibliografia. Ela inclui as obras citadas nos artigos e outras obras importantes relacionadas ao tema. As informações bibliográficas são registradas em ordem alfabética de acordo com o nome do autor; sempre que um autor tem mais de uma obra citada, estas são mencionadas segundo a cronologia das datas em que foram publicadas. Sempre que uma obra tiver sido traduzido para o português, o nome da publicadora no Brasil e o título aparecerão entre colchetes logo depois dos dados bibliográficos da obra original.

Referências paralelas
Para que os leitores se beneficiem o máximo deste *Dicionário*, ele está repleto de referências paralelas ou referências cruzadas. São quatro os tipos de referências aqui utilizadas:

1. Entradas de uma linha aparecem em todo o *Dicionário*, organizados em ordem alfabética, para dirigir os leitores aos assuntos discutidos, muitas vezes como subdivisão de um artigo:

   CRISTOLOGIA AFRICANA. *Veja* Cristologia.

2. Um asterisco antes de uma palavra no corpo de um artigo é indicador de que o *Dicionário* traz um artigo com aquele título. Por exemplo, "*teologia minjung" dirige o leitor ao verbete **TEOLOGIA MINJUNG.** Os asteriscos se encontram apenas na primeira ocorrência de um título dentro de um artigo.

3. Referências que ocorrem dentro de parênteses no corpo de um artigo dirigem o leitor ao artigo com aquele título. Por exemplo, (*veja* Deus, Doutrina de).

4. No final dos artigos foram inseridas referências paralelas, imediatamente antes da bibliografia, para remeter os leitores a outros artigos importantes relacionados com o mesmo tema:

   Veja também Antropologia Teológica; Céu, Inferno; Invocação, Veneração dos Santos; Religião Africana Tradicional; Religiões Chinesas; Teologia Chinesa, Universalismo.

Índices
A maioria dos verbetes do *Dicionário* abrange temas amplos com razoável profundidade e, por isso, o *Índice de Assuntos* procura ajudar os leitores a encontrar informações de importância sobre tópicos mais específicos que podem, por exemplo, se concentrar em regiões ou movimentos em particular. Além disso, pelo fato de não existirem verbetes que tratam específica

e isoladamente de teólogos como indivíduos, o *Índice Onomástico* servirá para ajudar a localizar menções ou discussões envolvendo uma ampla gama de nomes de indivíduos.

O *Índice de Passagens Bíblicas* tem como objetivo auxiliar os leitores a ter rápido acesso aos textos bíblicos mencionados ao longo de todo o *Dicionário*.

O *Índice de Verbetes* encontrado no final deste volume permite que os leitores examinem rapidamente o alcance dos temas incluídos e selecionem os que mais lhes interessem. Os que desejarem encontrar verbetes escritos por algum colaborador em particular deverão consultar a lista de colaboradores, onde se encontram registrados os artigos junto ao nome de cada autor.

ABREVIATURAS

Abreviaturas gerais

c.	cerca de	m.	morto
cap (s).	capítulo (s)	n.	nascido
cf.	confira, confronte	p.	página (s)
e.g.	*exempli gratia*, por exemplo	pl.	plural
ed. rev.	edição revisada ou revista	princip.	principalmente
esp.	especialmente	v.	versículo (s) ou *versus*
lit.	literalmente		

Versões da Bíblia

A21	Almeida Século 21
ARA	Almeida Revista e Atualizada
ESV	English Standard Version
NIV	New International Version
NVI	Nova Versão Internacional
NRSV	New Revised Standard Version

Livros da Bíblia

Antigo Testamento

Gênesis (Gn)
Êxodo (Êx)
Levítico (Lv)
Números (Nm)
Deuteronômio (Dt)
Josué (Js)
Juízes (Jz)
Rute (Rt)
1Samuel (1Sm)
2Samuel (2Sm)
1Reis (1Rs)
2Reis (2Rs)
1Crônicas (1Cr)
2Crônicas (2Cr)
Esdras (Ed)
Neemias (Ne)
Ester (Et)
Jó
Salmos (Sl)
Provérbios (Pv)
Eclesiastes (Ec)
Cântico dos Cânticos (Ct)
Isaías (Is)
Jeremias (Jr)
Lamentações (Lm)
Ezequiel (Ez)
Daniel (Dn)
Oseias (Os)
Joel (Jl)
Amós (Am)
Obadias (Ob)
Jonas (Jn)
Miqueias (Mq)
Naum (Na)
Habacuque (Hc)
Sofonias (Sf)
Ageu (Ag)
Zacarias (Zc)
Malaquias (Ml)

Novo Testamento

Mateus (Mt)
Marcos (Mc)
Lucas (Lc)
João (Jo)
Atos (At)
Romanos (Rm)
1Coríntios (1Co)
2Coríntios (2Co)
Gálatas (Gl)
Efésios (Ef)
Filipenses (Fp)
Colossenses (Cl)
1Tessalonicenses (1Ts)
2Tessalonicenses (2Ts)
1Timóteo (1Tm)
2Timóteo (2Tm)
Tito (Tt)
Filemom (Fm)
Hebreus (Hb)
Tiago (Tg)
1Pedro (1Pe)
2Pedro (2Pe)
1João (1Jo)
2João (2Jo)
3João (3Jo)
Judas (Jd)
Apocalipse (Ap)

Obras de referência, periódicos e séries

AJT	*Asia Journal of Theology*
ATJ	*Africa Theological Journal*
BEM	*Baptism, Eucharist and Ministry*
BR	*Biblical Research*
CSR	*Christian Scholar's Review*
DS	*Denzinger-Schönmetzer, Enchiridion Symbolorum, definitionum et declarationum de rebus fidei et morum (1965) Eucharis*
ERT	*Evangelical Review of Theology*
GC	*Gospel in Context*
HBT	*Horizons in Biblical Theology*
IBMR	*International Bulletin of Missionary Research*
IDB	*Interpreter's Dictionary of the Bible*
IRM	*International Review of Missions*
JAAR	*Journal of the American Academy of Religion*
JACT	*Journal of African Christian Thought*
NovT	*Novum Testamentum*
PG	*Patrologia Graece, ed. J.-P. Migne*
PL	*Patrologia Latina, ed. J.-P. Migne*
SEJT	*South East Asia Journal of Theology*
SJT	*Scottish Journal of Theology*
SNTSMS	*Society for New Testament Studies Monograph Series*
TDNT	*Theological Dictionary of the New Testament*
TWOT	*Theological Wordbook of the Old Testament*
TynBul	*Tyndale Bulletin*
WA	*Weimar Ausgabe. Martin Luthers Werke: Kritische Gesamtausgabe*
WATr	*Weimar Ausgabe Tischreden*
WTJ	*Westminster Theological Journal*

Outras abreviaturas

AEM	Aliança Evangélica Mundial
AETTM	Associação Ecumênica de Teólogos do Terceiro Mundo
CLEM	Comissão de Lausanne para a Evangelização Mundial
CMI	Conselho Mundial de Igrejas
CMInt	Conselho Missionário Internacional
CNA	Congresso Nacional Africano
EKD	*Evangelische Kirche in Deutschland*
FEM	Fraternidade Evangélica Mundial
FMI	Fundo Monetário Internacional
ICAR	Igreja Católica Apostólica Romana
IOA	Igrejas Originadas na África
OMC	Organização Mundial do Comércio
ONG	Organização Não-Governamental

ABREVIATURAS

Transliteração de palavras em hebraico e grego

Hebraico

Consoantes

א	=	ʾ
ב	=	b
ג	=	g
ד	=	d
ה	=	h
ו	=	w
ז	=	z
ח	=	ḥ
ט	=	ṭ
י	=	y
כ-ך	=	k
ל	=	l
מ-ם	=	m
נ-ן	=	n
ס	=	s
ע	=	ʿ
פ-ף	=	p
צ-ץ	=	ts
ק	=	q
ר	=	r
שׂ	=	ś
שׁ	=	sh
ת	=	t

Vogais breves

^	=	a
\	=	e
]	=	i
`	=	o
|	=	u

Vogais brevíssimas

&	=	ă
$	=	ĕ
+	=	ᵉ
(	=	ŏ

Vogais longas

(h) *	=	ā
y #	=	ê
y !	=	î
w {	=	ô
w]	=	û
*	=	ā
}	=	ē
{	=	ō

Grego

Α	=	A	Ι	=	I	Ρ	=	R
α	=	a	ι	=	i	ρ	=	r
Β	=	B	Κ	=	K	Σ	=	S
β	=	b	κ	=	k	σ/ς	=	s
Γ	=	G	Λ	=	L	Τ	=	T
γ	=	g	λ	=	l	τ	=	t
Δ	=	D	Μ	=	M	Υ	=	U
δ	=	d	μ	=	m	υ	=	u
Ε	=	E	Ν	=	N	Φ	=	Ph
ε	=	e	ν	=	n	φ	=	ph
Ζ	=	Z	Ξ	=	X	Χ	=	Ch
ζ	=	z	ξ	=	x	χ	=	ch
Η	=	Ē	Ο	=	O	Ψ	=	Ps
η	=	ē	ο	=	o	ψ	=	ps
Θ	=	Th	Π	=	P	Ω	=	ō
θ	=	th	π	=	p	ω	=	ō

COLABORADORES

AGANG, Sunday B., PhD. Professor de Teologia, Políticas Públicas e Ética no ECWA *Theological Seminary* (JETS), Jos, Nigéria: **Religião Africana Tradicional**.

ANDERSON, Allan H., ThD. Professor de Estudos Pentecostais Globais, Diretor, Graduate *Institute for Theology and Religion*, University of Birmingham, Birmingham, Reino Unido: **Igrejas Originadas na África; Pentecostalismo**.

APONTE, Edwin David, PhD. Vice-Presidente de Assuntos Acadêmicos e Deão, Lancaster Theological Seminary, Lancaster, Pennsylvania: **Teologia Hispânica/Latina**.

AUGSBURGER, David, PhD. Professor de Aconselhamento Pastoral, Fuller *Theological Seminary*, Pasadena, Califórnia: **Discipulado**.

BAKER, Mark D., PhD. Professor Adjunto de Missões e Teologia, *Mennonite Brethren Biblical Seminary*, Fresno, Califórnia: **Salvação; Teologia Sistemática**.

BALCOMB, Anthony O., PhD. Professor Adjunto, Escola de Religião e Teologia, *University of Kwazulu Natal*, Pietermaritzburg, África do Sul: **Teologia Africana Evangélica Contextual**.

BALSWICK, Jack O., PhD. Professor Sênior de Sociologia e Desenvolvimento da Família, *Fuller Theological Seminary*, Pasadena, Califórnia: **Sexualidade**.

BALSWICK, Judith K., EdD. Professora Sênior, Escola de Psicologia, Departamento de Terapia Conjugal e Familiar, *Fuller Theological Seminary*, Pasadena, Califórnia: **Sexualidade**.

BAUTISTA, Lorenzo C., ThM. Professor Adjunto de Teologia, *Asian Theological Seminary, Quezon City*, Metro Manila, Filipinas: **Método Teológico**.

BEILBY, James K., PhD. Professor de Teologia Sistemática e Filosófica, *Bethel University*, St. Paul, Minnesota: **Expiação**.

BLOCHER, Henri A. G., DD. Professor de Teologia Sistemática, *Faculté Libre de Théologie Évangélique*, Vaux-sur-Seine, França e Professor Knoedler de Teologia, Wheaton College, Wheaton, Illinois: **Antropologia Teológica**.

BONK, Jonathan J., PhD. Diretor Executivo, *Overseas Ministries Study Center*, Editor, *International Bulletin of Missionary Research*, Professor Visitante de Missões e Evangelismo, *Yale Divinity School*, New Haven, Connecticut: **Dinheiro, Riqueza**.

BOONYAKIAT, Satanun, MDiv, candidato a PhD. Palestrante, *McGilvary College of Divinity, Payap University*, Chiang Mai, Tailândia: ***A Divina Comédia*; Sofrimento**.

BOUMA-PREDIGER, Steven C., PhD. Professor de Religião, *Hope College*, Holland, Michigan: **Direitos dos Animais; Teologia Verde**.

BRUN, Washington M., MTh. Professor, *Mennonite Education Agency*, Washington, D.C.: **Reforma Radical**.

BUCHANAN, Deborah J. PhD. Richardson, Texas: **Dança; Satanás; Teologia da Mulher Negra**.

CARLSON, Richard F., PhD. Pesquisador de Física, *University of Redlands*, Redlands, Califórnia; Professor Vistante de Teologia e Ciência, Fuller Theological Seminary, Pasadena, Califórnia: **Ciência e Teologia**.

CHAN, Mark L. Y., PhD. Palestrante de Teologia, *Trinity Theological College*, Cingapura: **Hermenêutica**.

CHAN, Simon, PhD. Professor Earnest Lau de Teologia Sistemática, *Trinity Theological College*, Cingapura: **Ancestrais; Espiritualidade; Misticismo; Pietismo; Santificação.**

CHARRY, Ellen T., PhD. Professor Adjunto de Teologia, *Princeton Theological Seminary*, Princeton, New Jersey: **Judaísmo.**

CHERIAN, Methrail Thomas, ThD. Diretor de Assuntos Acadêmicos, *New Theological College*, Dehradun, Índia: **Hinduísmo.**

CHIA, Roland, PhD. Professor Chew Hock Hin de Doutrinas Cristãs e Deão, Escola de Estudos Pós-graduados, *Trinity Theological College*, Cingapura: **Barthianismo; Escatologia.**

CHOGE, Emily J., PhD. Palestrante Sênior, Departamento de Filosofia e Religião, *Moi University*, Eldoret, Quênia: **Ética Social.**

CHUNG, Paul S., ThD. Professor Adjunto de Confissões Luteranas e Cristianismo Mundial, *Wartburg Theological Seminary*, Dubuque, Iowa: **Revelação e Escrituras; Teologia Minjung.**

CHUNG, Sung Wook, DPhil. Professor Adjunto de Teologia, *Denver Seminary*, Littleton, Colorado: **Teologia Coreana.**

CLARK, Chapman R., PhD. Vice-Deão de Campi Regionais e de Programas de Mestrado SOT, Professor de Mocidade, Família e Cultura, *Fuller Theological Seminary*, Pasadena, Califórnia: **Mocidade.**

CLAYDON, David, Rev. Canon Dr. Hornsby Heights, *New South Wales*, Austrália: **Lausanne, Movimento e Pacto; Missão Holística.**

CLIFTON, Shane, PhD. Deão Acadêmico, *Southern Cross College*, Sydney, Austrália: **Teologia Australiana.**

COLE, Victor B., PhD. Professor Estudos Educacionais, *Nairobi Evangelical Graduate School of Theology*, Nairobi, Quênia: **Educação Teológica.**

COLEMAN, John A., S.J., PhD. Professor Casassa de Valores Sociais, *Loyola Marymount University*, Los Angeles, Califórnia: **Ensinamentos Sociais do Catolicismo.**

COLEMAN, Monica A., PhD. Professora Adjunta de Teologia Sistemática, *Lutheran School of Theology at Chicago*, Chicago, Illinois: **Teologia do Processo.**

CRAIG, William Lane, PhD, ThD. Professor of Filosofia, *Talbot School of Theology*, LaMirada, Califórnia: **Tempo.**

DARRAGH, Neil, PhD. Palestrante de Teologia, *University of Auckland*, Auckland, Nova Zelândia: **Teologias das Ilhas do Pacífico.**

DEARBORN, Kerry L., PhD. Professor, *Seattle Pacific University*, Seattle, Washington: **Teologia e Espiritualidade Celta.**

DE GRUCHY, John W., DD. Proferssor Robert Selby Taylor de Estudos Cristãos (Emérito,) *University of Cape Town*, Cidade do Cabo, África do Sul: South Africa: **Teologia Sul-africana.**

DEIROS, Pablo A., PhD. Presidente, *Seminario Internacional Teológico Bautista*, Buenos Aires, Argentina: **Apostolicidade Contemporânea; Fundamentalismo.**

DUERKSEN, Darren, candidato a PhD. Nova Delhi, Índia: **Dependência.**

DUFAULT-HUNTER, Erin, PhD. Professor Adjunto de Ética Cristã, *Fuller Theological Seminary*, Pasadena, Califórnia: **Secularismo; Sociologia da Religião.**

DYRNESS, William A., DTheol. Professor de Teologia e Cultura, *Fuller Theological Seminary*, Pasadena, Califórnia: **Antropologia Teológica; Apologética; Arte e Estética; Astrologia; Corpo, o; Cultura e Sociedade; Cultura Visual; História; Imagens, Ícones, Iconoclasmo; Morte de Deus; Pragmatismo; Teologia Transcultural.**

EDDY, Paul Rhodes, PhD. Professor de Estudos Bíblicos e Teológicos, *Bethel University*, St. Paul, Minnesota: **Expiação.**

EKSTRÖM, L. Bertil, MTh. Diretor-executivo, Comissão de Missões da Aliança Evangélica Mundial, Campinas, SP, Brasil: **Movimentos Missionários.**

FELDMETH, Nathan P., PhD. Professor Adjunto de História Eclesiástica, *Fuller Theological Seminary*, Pasadena, Califórnia: **Teologia Medieval.**

FINGER, Thomas N., PhD. Acadêmico Residente, *Bethany Theological Seminary*, Richmond, Indiana: **Teologia Anabatista.**

FLANDERS, Christopher L., PhD. Professor Adjunto de Missões, *Graduate School of Theology, Abilene Christian University*, Abilene, Texas: **Face; Vergonha.**

FLORES, Margarita, MDiv. Compton, Califórnia: **Teologia Mujerista.**

FRASER, David A., PhD. Diretor de Parcerias Educacionais, *Development Associates International*, Colorado Springs, Colorado: **Globalização.**

GENER, Timoteo D., PhD. Professor Adjunto de Teologia e Diretor de Pesquisas, *Asian Theological Seminary*, Quezon City, Metro Manila, Filipinas: **Contextualização; Evangelização; Fatalismo; Método Teológico; Teologia Sistemática.**

GIBBS, Eddie, DMin. Professor Sênior de Crescimento da Igreja (aposentado), Escola de Estudos Interculturais, *Fuller Theological Seminary*, Pasadena, Califórnia: **Nominalismo.**

GILBERT, Pierre J., PhD. Professor Adjunto de Bíblia e Teologia, *Canadian Mennonite University*, Winnipeg, Manitoba, Canadá: **Batalha Espiritual.**

GILL, David W., PhD. Professor Visitante de Ética nos Negócios, *Graduate School of Economics and Business Administration*, St. Mary's College, Moraga, Califórnia: **Tecnologia.**

GNANAKAN, Ken R., PhD. Presidente, *ACTS Group of Institutions*, Bangalore, Índia: **Criação e Ecologia.**

GOH, William, Rev. Reitor, *St. Francis Xavier Major Seminary*, Cingapura: **Teologia Asiática Católico-romana.**

GOIZUETA, Roberto S., PhD. Professor de Teologia, *Boston College*, Boston, Massachusetts: **Liberalismo; Teologia da Libertação.**

GONZÁLEZ, Antonio, PhD. Professor de Teologia Sistemática, Seminario Evangélico Unido de Teología, *El Escorial, Madri*, Espanha: **Capitalismo.**

GOROSPE, Athena Evelyn O., PhD. Professor Adjunto, *Asian Theological Seminary*, Quezon City, Metro Manila, Filipinas: **Metáfora; Mito, Mítico.**

GRUCHY, Steve de, DTh. Professor de Teologia e Desenvolvimento e Diretor da Escola de Religião e Teologia, *University of Kwa-Zulu-Natal*, África do Sul: **Apartheid.**

HALE, Robert, W., O.S.B. Cam., PhD. Professor Emérito, *Jesuit School of Theology*, Berkeley, Califónia, e Professor Emérito, *Pontifical Benedictine College*, Roma: **Invocação, Veneração dos Santos; Lei Natural; Monasticismo.**

HAMILTON, John R., PhD. Professor de Comunicação e Cinema e Artes de Rádio e Televisão, *Azusa Pacific University*, Azusa, Califórnia: **Filme.**

HANCILES, Jehu J., PhD. Professor Adjunto de História das Missões e Globalização, *Fuller Theological Seminary*, Pasadena, Califórnia: **Migração**.

HARVEY, Thomas A., PhD. Deão Adjunto, *Oxford Centre for Mission Studies*, Oxford, England: **Heresia; Teologia Narrativa**.

HAWN, C. Michael, DMA. Professor de Música, *Perkins School of Theology, Southern Methodist University*, Dallas, Texas: **Liturgia e Adoração**.

HEDLUND, Roger E., PhD. Director, Projeto *The Dictionary of South Asian Christianity, Mylapore Institute for Indigenous Studies*, Índia: **Hinduísmo**.

HELTZEL, Peter Goodwin, PhD. Professor Adjunto de Teologia, *New York Theological Seminary*, New York, New York: **Poder; Profecia**.

HERNANDEZ, Wil, PhD. Professor Adjunto de Espiritualidade, *Fuller Theological Seminary*, Pasadena, Califórnia: *Imitação de Cristo, A;* **Oração**.

HEXHAM, Irving, PhD. Professor de Estudos Religiosos, *University of Calgary*, Calgary, Alberta, Canadá: **Novos Movimentos Religiosos Não-cristãos**.

HICKS, Derek S., candidato a PhD. *Rice University*, Houston, Texas: **Teodiceia**.

HIGUEROS, Mario Fernando, Licenciatura. Diretor de Asesorías para *Las Relaciones Humanas* e Coordenador de Desenvolvimento para ASINDES NOG, Cidade da Guatemala, Guatemala: **Opção Preferencial pelos Pobres; Teologia Latino-americana Autóctone**.

HILLE, Rolf, DTheol. Reitor, *Albrecht Bengel House*, Tübingen, Alemanha: **Teologia Europeia**.

HILTUNEN, Pekka Yrjänä, MA. Secretário de Estudos da Igreja e de outras Confissões; Igreja Evangélica Luterana da Finlândia, Helsinki, Finlândia: **Novos Movimentos Religiosos Cristãos**.

HURTEAU, Robert, PhD. Diretor, Centro para Religião e Espiritualidade, *Loyola Marymount University*, Los Angeles, Califórnia: **Concílio Vaticano II; Contrarreforma**.

IGNATKOV, Vladimir, candidato a PhD, *Fuller Theological Seminary*, Pasadena, Califórnia: **Ateísmo; Epistemologia**.

JACOBSEN, Eric O., PhD. Pastor titular, *First Presbyterian Church*, Tacoma, Washington: **Lugar**.

JIMÉNEZ, Pablo A., DMin. Editor para consultorias, Chalice Press, St. Louis, Missouri: **Pregação**.

JOHNSON, Todd E., PhD. Cátedra Brehm de Teologia da Adoração e Artes, Professor Adjunto, *Fuller Theological Seminary*, Pasadena, Califórnia: **Sacramentos**.

KALLENBERG, Brad, PhD. Professor Adjunto de Teologia, *University of Dayton*, Dayton, Ohio: **Modernismo e Pós-modernismo**.

KALU, Ogbu, PhD. Professor Henry Winters Luce de Cristianismo e Missões Mundiais, *McCormick Theological Seminary*, Chicago, Illinois: **Teologia Africana Protestante**.

KÄRKKÄINEN, Veli-Matti, Habil. Dr.Theol. Professor de Teologia Sistemática, *Fuller Theological Seminary*, Pasadena, Califórnia, e Docente de Ecumenismo, Universidade de Helsink, Finlândia: **Amor; Cristologia; Deificação, Teose; Deus, Doutrina de; Eclesiologia; Esperança, Teologia da; Justificação;** *Ordo Salutis;* **Parlamentos das Religiões do Mundo; Pneumatologia; Proselitismo; Religiões, Teologia das; Trindade, Deus Trino**.

KATONGOLE, Emmanuel, PhD. Pesquisador Adjunto de Teologia e Cristianismo Mundial, *Duke University Divinity School*, Durham, Carolina do Norte: **Escatologia**.

KIDDER, Annemarie S., PhD. Professor Adjunto, *Ecumenical Theological Seminary*, Detroit, Michigan: **Casamento e Família**.

KIM, Kyoung-Jae, PhD. Professor Emérito de Teologia Sistemática e Religiões Mundiais, *Han Shin Theological Seminary*, Seul, Coreia: **Teologia Minjung**.

KIM, S. I., PhD. Professor Adjunto de Teologia Prática, *Westminster Graduate School of Theology*, Yongin, Coreia: **Conversão**.

KING, Roberta R., PhD. Professora Adjunta de Comunicação e Etnomusicologia, *Fuller Theological Seminary*, Pasadena, Califórnia: **Música**.

KOISTINEN, Timo, Dr.Theol. Palestrante Universitário de Teologia Sistemática, Faculdade de Teologia, Universidade de Helsinki, Helsinki, Finlândia: **Positivismo Lógico**.

KURASAWA, Masanori, PhD. Presidente, *Tokyo Christian University*, Chiba, Japão: **Teologia Japonesa**.

LA POORTA, Japie Jimmy, ThD. Palestrante de Teologia Sistemática e de Desenvolvimento de Comunidades, *Sarepta Theological College*, e Presidente da *Apostolic Mission of South Africa*, Kuils River, Cidade do Cabo, África do Sul: **Justiça**.

LANE, Anthony N. S., DD. Professor de Teologia Histórica, Diretor de Pesquisas, *London School of Theology*, Northwood, Middlesex, Inglaterra: **Batismo nas Águas**.

LAPENTA-H., Sarah, MDiv. Escritora, Los Angeles, Califórnia: **Sexismo**.

LE BRUYNS, Clint C., ThD. Palestrante Sênior de Teologia Pública e Ética, *Stellenbosch University*, Cidade do Cabo, África do Sul: **Salvação**.

LEAVITT-ALCÁNTARA, Salvador A., candidato a PhD. *Graduate Theological Union*, Berkeley, Califórnia: **Teologia Latino-americana**.

LEDBETTER, Bernice, EdD. Professor Adjunto de Administração Organizacional, *University of La Verne*, La Verne, Califórnia: **Leigos**.

LEE, Moonjang, PhD. Professor Adjunto de Cristianismo Mundial, *Gordon-Conwell Theological Seminary*, South Hamilton, Massachusetts: **Teologia Asiática**.

LEMARQUAND, Grant, ThD. Deão Acadêmico e Professor Adjunto de Estudos Bíblicos e Missões, *Trinity School for Ministry*, Ambridge, Pensilvânia: **Perseguição e Martírio**.

LETHAM, Robert, PhD. Palestrante, *Evangelical Theological College of Wales*, Brigend, País de Gales, Reino Unido: **Trindade, Deus Trino**.

LEVISON, John R., PhD. Professor de Novo Testamento, *Seattle Pacific University*, Seattle, Washington: **Cristologia**.

LUVIS-NÚÑEZ, Agustina, candidata a PhD. Instrutora, *Seminario Evangelico de Puerto Rico*, San Juan, Porto Rico: **Teologia Caribenha**.

MACCHIA, Frank, DTheol. Professor de Teologia, *Vanguard University*, Costa Mesa, Califórnia: **Fé; Socialismo Cristão; Teologia Sistemática**.

MACWILLIE, John, MA. Docente Adjunto, *California State University*, Hayward, Califórnia: **Capitalismo**.

MAGGAY, Melba Padilla, PhD. Presidente, *Institute for Studies in Asian Church and Culture*, Quezon City, Metro Manila, Filipinas: **Arte e Estética; Cultura e Sociedade**.

MALONY, H. Newton, PhD. Professor Sênior de Psicologia na *Graduate School of Psychology, Fuller Theological Seminary*, Pasadena, Califórnia: **Psicologia da Religião**.

MANICKAM, Joseph A., PhD. Diretor para o Leste da Ásia, *Mennonite Central Committee*, Akron, Pensilvânia: **Raça, Racismo e Etnicidade.**

MARSHALL, Paul A., PhD. Membro Sênior, *Hudson Institute*, Washington, D.C.: **Liberdade Religiosa; Perseguição e Martírio.**

MARTENS, Elmer A., PhD. Presidente Emérito; Professor Emérito de Antigo Testamento, *Mennonite Brethren Biblical Seminary*, Fresno, Califórnia: **Comunidade; Teologia Bíblica.**

MARTÍNEZ, Juan Francisco, PhD. Deão Adjunto, Departamento de Estudos sobre a Igreja Hispânica; Professor Adjunto de Estudos Hispânicos e Liderança Pastoral, *Fuller Theological Seminary*, Pasadena, Califórnia: **Aculturação; Hibridismo; Teologia Latino-americana Protestante; tradução para o inglês de artigos em espanhol.**

MATHEW, C. V., ThD. Bispo Eleito, *St. Thomas Evangelical Church of India* e Diretor de *Christ-centered Commitments*, Kumbanad, Kerala, Índia: **Politeísmo; Reencarnação; Teísmo.**

MCCONNELL, C. Douglas, PhD. Deão e Professor Adjunto, Escola de Estudos Interculturais, *Fuller Theological Seminary*, Pasadena, Califórnia: **Crianças em Situação de Risco.**

MCGRATH, Alister E., DD. Professor de Teologia Histórica, *Oxford University*, Oxford, Inglaterra: **Teologia Científica.**

MCKIM, Donald K., PhD., Editor Executivo de Teologia e Obras de Referência, Westminster John Knox Press, Germantown, Tennessee: **Revelação e Escrituras.**

MILLS, Anthony R., candidato a PhD., *Fuller Theological Seminary*, Pasadena, Califórnia: **Existencialismo; Monismo, Dualismo, Pluralismo.**

MITCHELL, Jolyon P., PhD. Palestrante Sênior e Representante dos Alunos da área de Teologia e Ética, *The University of Edinburgh*, Edinburgh, Midlothian, Escócia: **Mídia.**

MOLTMANN, Jürgen, DD. Professor Emérito de Teologia Sistemática, Faculdade Evangélica, Universidade de Tübingen, Alemanha: **Teologia Política.**

MUCK, Terry C., PhD. Professor de Missões e Religiões Mundiais, *Asbury Theological Seminary*, Wilmore, Kentucky: **Budismo.**

MURPHY, Nancey C., PhD., ThD. Professor de Filosofia Cristã, *Fuller Theological Seminary*, Pasadena, Califórnia: **Ateísmo; Epistemologia.**

MUTHIAH, Robert A., PhD. Professor Adjunto de Teologia Prática, *Haggard Graduate School of Theology*, Azusa Pacific University, Azusa, Califórnia: **Igreja Livre, Tradição da.**

MWITI, Gladys K., PhD. Presidente, Oasis Africa, Nairobi, Quênia: **Casamento e Família.**

MYERS, Bryant, PhD. Professor de Desenvolvimento Transformador, *Fuller Theological Seminary*, Pasadena, Califórnia: **Assistência e Desenvolvimento; Pobreza.**

NETLAND, Harold A., PhD. Professor de Filosofia da Religião e Estudos Interculturais, *Trinity Evangelical Divinity School*, Deerfield, Illinois: **Iluminismo, o.**

NKANSAH-OBREMPONG, James, PhD. Palestrante de Theology, Chefe do Departamento de Teologia, *Nairobi Evangelical Graduate School of Theology*, Nairobi, Quênia: **Ancestrais; Anjos; Mal, Problema do; Pecado; Sonhos.**

OBORJI, Francis Anekwe, Professor de Missiologia, *Pontifical Urbaniana University*, Roma, Itália: **Teologia Africana Católico-romana; Teologia Católica e o Hemisfério Sul.**

OKHOLM, Dennis, PhD. Professor de Teologia, *Azusa Pacific University*, Azusa, Califórnia: **Teologia Pós-liberal.**

OVERSTREET, Jane, JD., Presidente/CEO, *Development Associates International*, Colorado Springs, Colorado: **Liderança**.

PARK, Chan Ho, PhD. Presidente e Professor de Teologia Sistemática, *Westminster Graduate School of Theology*, Yongin, Coreia: **Espaço; Teologia Reformada**.

PARKER, Cristian, PhD. Professor de Sociologia, *Universidad de Santiago de Chile*, Santiago, Chile: **Religião Popular**.

PEACE, Richard V., PhD. Professor Robert Boyd Munger de Evangelismo e Formação Espiritual, *Fuller Theological Seminary*, Pasadena, Califórnia: **Conversão**.

PEACORE, Linda D., PhD. Diretor de Programas Acadêmicos, Escola de Teologia e Professor Adjunto de Teologia, *Fuller Theological Seminary*, Pasadena, Califórnia **Experiência, Teologia da; Teologias Feministas**.

PERRY, Tim, PhD. Professor Adjunto de Teologia, *Providence College*, Otterburne, Manitoba, Canadá: **Maria, Mariologia**.

PERSAUD, Winston D., PhD. Professor de Teologia Sistemática e Diretor do *Center for Global Theologies* e Coordenador do Programa STM, *Wartburg Theological Seminary*, Dubuque, Iowa: **Teologia Luterana**.

PIERSON, Paul E., PhD. Deão Emérito e Professor Sênior de História das Missões.Escola de Estudos Interculturais, *Fuller Theological Seminary*, Pasadena, Califórnia: **Conferências Missionárias Mundiais**.

PINN, Anthony B., PhD. Professor Agnes Cullen Arnold de Humanidades, *Rice University*, Houston, Texas: **Teodiceia**.

PINNOCK, Clark H., PhD. Professor Emérito de Teologia Sistemática, *McMaster Divinity College*, Hamilton, Ontario, Canadá: **Teísmo Aberto**.

PLÜSS, Jean-Daniel., PhD. Presidente da *European Pentecostal Charismatic Research Association*, Zurique, Suíça: **Testemunho**.

POON, Michael N. C., DPhil. Diretor do *Centre for the Study of Christianity in Asia* e Coordenador do *Asian Christianity, Trinity Theological College*, Cingapura: **Teologia Patrística**.

POPE-LEVISON, Priscilla, PhD. Professor de Teologia e Diretor Adjunto de *Women's Studies, Seattle Pacific University*, Seattle, Washington: **Cristologia**.

PREECE, Gordon R., PhD. Diretor-executivo, *Urban Seed*, Melbourne, Victoria, Austrália: **Obras, Teologia das**.

RAMACHANDRA, Vinoth K., PhD. Secretário para Diálogo e Envolvimento Social (Ásia), *International Fellowship of Evangelical Students*, Colombo, Sri Lanka: **Guerra**.

REID, Daniel G., PhD. Editor Sênior, *IVP Academic*, Downers Grove, Illinois: **Céu**.

REMPEL, Valerie G., PhD. Professor Adjunto de História e Teologia, *Mennonite Brethren Biblical Seminary*, Fresno, Califórnia: **Teologia Norte-americana**.

RICHARDSON, Kurt Anders, PhD. Professor da Faculdade de Teologia, *McMaster University*, Hamilton, Ontario, Canadá **Teologia Evangélica**.

ROBECK, Cecil M., Jr., PhD. Professor de História Eclesiástica e Ecumenismo, e Diretor do *David du Plessis Center for Christian Spirituality, Fuller Theological Seminary*, Pasadena, Califórnia: **Movimentos Carismáticos**.

ROCHA A., Violeta, MA. Presidente, Universidade Bíblica Latino-americana, San José, Costa Rica: **Teologia Latino-americana Católico-romana**.

Roy, Parimal, MTh. Professor Adjunto, *Leonard Theological College*, Jabalpur, MP, Índia: **Conversão**.

Russell, Annie, MDiv, candidata a PhD. Oficial de Registros, *Willamette University*, Salem, Oregon: **Evangelho Social**.

Ruthven, Jon, PhD. Professor de Teologia Sistemática e Teologia Prática, Emérito, *Regent University School of Divinity*, Virginia Beach, Virginia: **Milagres**.

Saarinen, Risto, ThD. Professor de Ecumenismo, Departamento de Teologia Sistemática, *Universidade de Helsinki*, Helsinki, Finlândia: **Concílios Ecumênicos; Conselho Mundial de Igrejas; Ecumenismo**.

Sachs, William L., PhD. Ex-Vice-presidente, *Episcopal Church Foundation*, New York, New York: **Anglicanismo**.

Satyavrata, Ivan M., PhD. Presidente, *Buntain Theological College*, Kolkata, Índia: **Teologia Indiana**.

Scholer, David M., PhD. Ex-professor de Novo Testamento, *Fuller Theological Seminary*, Pasadena, Califórnia: **Gnosticismo; Religiões de Mistério**.

Schreiter, Robert J., ThD. Professor de Teologia do Concílio Vaticano II, *Catholic Theological Union*, Chicago, Illinois: **Teologias Locais; Paz e Reconciliação**.

Scott, Lindy, PhD. Professor de Espanhol e Estudos Latino-americanos, *Whitworth University*, Spokane, Washington: **Terrorismo**.

Shaukat, Peter, MBA. Pseudônimo. Canadá: **Vida Profissional**.

Shaw, Mark, ThD. Professor of Estudos Históricos, *Nairobi Evangelical Graduate School of Theology*, Nairobi, Quênia: **Avivamentismo, Avivamentos**.

Shaw, R. Daniel, PhD. Professor de Antropologia e Tradução, Escola de Estudos Interculturais, *Fuller Theological Seminary*, Pasadena, Califórnia: **Religião Popular**.

Shenk, Wilbert R., PhD. Professor Sênior de História das Missões e Cultura Contemporânea, *Fuller Theological Seminary*, Pasadena, Califórnia: **Evangelho**.

Shenoda, Anthony G., candidato a PhD. *Harvard University*, Cambridge, Massachusetts: **Ortodoxia Copta**.

Shenoda, Maryann M., candidata a PhD. *Harvard University*, Cambridge, Massachusetts: **Ortodoxia Copta**.

Shields, Candace, MDiv, aluno de PhD. Bispo de Educação, *Churches of Faith Fellowship In Christ, Inc.*, Indio, Califórnia: **Jejum**.

Shuster, Marguerite, PhD. Professor Harold John Ockenga de Homilética e Teologia, *Fuller Theological Seminary*, Pasadena, Califórnia: **Pecado**.

Silva, Silvia Regina de Lima, M.A. Professora na *Universidad Bíblica Latino Americana*, São José, Costa Rica: **Teologias de Contexto Africano na América Latina**.

Sizer, Stephen, PhD. Vigário, *Christ Church*, Virginia Water, Surrey, Inglaterra: **Sionismo Cristão**.

Smith, Ethan, candidato a PhD. **Modernismo e Pós-modernismo**.

Smith, Gordon T., PhD. Presidente, Resource Leadership International, e Instrutor Adjunto, *Regent College*, Vancouver, British Columbia, Canadá: **Ceia do Senhor**.

Smith, James K. A., PhD. Professor Adjunto de Filosofia, *Calvin College*, Grand Rapids, Michigan: **Ortodoxia Radical**.

SNYDER, Howard A., PhD. Professor, Cadeira de Estudos de Wesley, *Tyndale Seminary*, Toronto, Ontario, Canadá: **Wesleyanismo, Teologia Wesleyana**.

SOLOMON, Robert M., PhD. Bispo, Igreja Metodista em Cingapura, Cingapura: **Cura e Libertação**.

STAM, Juan E., ThD. Universidade Federal da Costa Rica (aposentado): **Teologia da Libertação**.

STAMM, Mark W., ThD. Professor Adjunto de Adoração Cristã, *Perkins School of Theology*, Southern Methodist University, Dallas, Texas: **Liturgia e Adoração**.

STANGLIN, Keith D., PhD. Professor Adjunto de Teologia Histórica, Harding *University*, Searcy, Arkansas: **Credo dos Apóstolos; Arminianismo; Doutrina; Dogma**.

STASSEN, Glen H., PhD. Professor Lewis B. Smedes de Ética Cristã, *Fuller Theological Seminary*, Pasadena, Califórnia: **Direitos Humanos; Ética Social**.

STEELE IRELAND, Marèque, PhD. Professora Adjunta Assistente de Teologia, *Fuller Theological Seminary*, Pasadena, Califórnia: **Sincretismo; Teologia Pós-colonial**.

STEPHANOUS, Andrea Zaki, PhD. Diretor, *Dar El Thaqafa Communications House*, Cairo, Egito: **Teologia Árabe e do Oriente Médio**.

STRENGHOLT, Jos M., PhD. Sacerdote da Igreja Episcopal do Egito, Cairo, Egito: **Teologia Árabe e do Oriente Médio**.

STUBBS, David L., PhD. Professor Adjunto de Ética e Teologia, *Western Theological Seminary*, Holland, Michigan: **Ressurreição**.

TAN, Jonathan Y., PhD. Professor Adjunto de Religião e Cultura, *Xavier University*, Cincinnati, Ohio: **Teologias Ásio-americanas**.

TAYLOR, Barry, PhD. Artista em Residência, *Fuller Theological Seminary*, Pasadena, Califórnia: **Cultura Popular**.

TAYLOR, William D., candidato a PhD. Embaixador Global, Aliança Evangélica Mundial, Austin, Texas: **Aliança Evangélica Mundial**.

THACKER, Kimberly D., PhD. Professora Adjunta, *Fuller Theological Seminary*, Pasadena, Califórnia: **Evangelização**.

THOMPSON, John L., PhD. Professor de Teologia Histórica e Professor Gaylen and Susan Byker de Teologia Reformada, *Fuller Theological Seminary*, Pasadena, Califórnia: **Reforma**.

TIBBS, Eve (Paraskevè), PhD. Professora Adjunta Assistente de Teologia Sistemática, *Fuller Theological Seminary*, Pasadena, Califórnia: **Teologia Ortodoxa Oriental**.

TIERSMA WATSON, Judith M., PhD. Professora Adjunta de Missões Urbanas, Escola de Estudos Interculturais, *Fuller Theological Seminary*, Pasadena, Califórnia: **Cidade, Teologia da**.

TIESSEN, Terrance L., PhD. Professor Emérito de Teologia Sistemática e Ética, *Providence Theological Seminary*, Otterburne, Manitoba, Canadá: **Inferno; Universalismo**.

TORRES, Theresa, PhD. Professora Adjunta de Estudos Religiosos, *University of Missouri-Kansas City*, Kansas City, Missouri: **Nossa Senhora de Guadalupe**.

TUNEHAG, Mats. Membro Sênior de Profissionais em Missões, Movimento de Lausanne e Comissão de Missões da Aliança Evangélica Mundial: **Vida Profissional**.

VAN ENGEN, Charles E., PhD. Professor Arthur F. Glasser de Teologia Bíblica de Missões, *Fuller Theological Seminary*, Pasadena, Califórnia: **Teologia de Missões**.

VANHOOZER, Kevin J., PhD. Professor Pesquisador de Teologia Sistemática, *Trinity Evangelical Divinity School*, Deerfield, Illinois: **Método Teológico**.

VONDEY, Wolfgang, PhD. Professor Adjunto de Teologia Sistemática, *School of Divinity, Regent University*, Virginia Beach, Virginia: **Glossolalia; Violência**.

WAN, Milton, PhD. Pastor Consultor, *Richmond Hill Chinese Community Church*, Richmond Hill, Ontario, Canadá: **Religiões Chinesas**.

WAN, Szekar, ThD. Professor de Novo Testamento, *Southern Methodist University*, Dallas, Texas: **Reino de Deus; Teologia Chinesa**.

WARD, W. Reginald, PhD, Hon. ThD. Professor Emérito de História Moderna, *University of Durham*, Inglaterra: **Pietismo**.

WARE, Frederick L., PhD. Professor Adjunto de Teologia, *Howard University School of Divinity*, Washington, D.C.: **Teologia Negra**.

WATKINS, Ralph C., PhD. Professor Adjunto de Sociedade, Religião e Estudos Africanos, *Fuller Theological Seminary*, Pasadena, Califórnia: **Sociologia da Religião**.

WOODBERRY, J. Dudley, PhD. Deão Emérito e Professor Sênior de Estudos Islâmicos, Escola de Estudos Interculturais, *Fuller Theological Seminary*, Pasadena, Califórnia: **Islamismo**.

WOODLEY, Randy, MDiv, candidato a PhD. Fundador, *Eagle's Wings Ministry*, Wilmore, Kentucky: **Teologia Norte-americana Nativa**.

WRIGHT, Christopher J. H., PhD. Diretor Internacional, *Langham Partnership International*, Londres, Inglaterra: **Terra**.

YEUNG, Hing Kau, PhD. Professor de Estudos Teológicos, *China Graduate School of Theology*, Hong Kong, China: **Ancestrais**.

YONG, Amos, PhD. Professor de Teologia e Diretor do Programa de Doutorado em Renewal Studies, *Regent University School of Divinity*, Virginia Beach, Virginia: **Discernimento, Discernir os Espíritos**.

YUN, Koo Dong, PhD. Professor de Teologia Sistemática, *Bethany University*, Scotts Valley, Califórnia: **Batismo no Espírito Santo**.

ZADUROWICZ, L. A., MTh. Diretor Adjunto de Ensino a Distância, *Fuller Theological Seminary*, Pasadena, Califórnia: **Judaísmo Messiânico**.

ZIMMERMAN, Joyce Ann, CPPS, PhD, STD. Diretora, *Institution for Liturgical Ministry*, Dayton, Ohio: **Papado; Sacramentos**.

ABELARDO, PEDRO. *Veja* TEOLOGIA MEDIEVAL.

ABESIMOS, CARLOS H. *Veja* TEOLOGIA ASIÁTICA.

ACULTURAÇÃO

Aculturação é o termo que descreve a adaptação que ocorre quando duas ou mais culturas interagem. Ela tem muitos níveis, os quais são reflexo do nível dessa interação, o prestígio relevante e o poder de cada cultura, os modelos aceitos de aculturação em dada sociedade e o grau de diferenças entre cada cultura.

O termo tem uma relevância especial em razão de seu vínculo com a interação cultural no empreendimento missionário cristão, sobretudo nas modernas iniciativas missionárias que emanam da Europa. A visão encarnacionista do *evangelho significa que ele pode ser vivenciado dentro de qualquer cultura humana. Ela também significa que todas as culturas humanas podem refletir partes do evangelho, mas também podem distorcê-lo por causa do pecado. A questão de como o cristianismo se desenvolve e é vivenciado numa cultura concreta se complica pela relação entre a cultura do missionário, a cultura receptora e outras influências culturais sobre as quais ninguém pode exercer controle direto.

Os empreendimentos missionários cristãos levantam questões específicas relacionadas com a aculturação, sobretudo acerca do modo pelo qual o evangelho é encarnado na cultura receptora. Que papel desempenha a cultura "cristianizada" do missionário na definição de como o evangelho será vivido na cultura receptora? O que acontece quando a cultura do missionário tem mais poder e prestígio que a cultura receptora? E o que dizer das situações em que o maior objetivo da sociedade dos missionários é a assimilação estrutural de uma cultura minoritária? Qual o papel do missionário nesse tipo de situação? E se o missionário discordar dos objetivos de aculturação de um governo específico em relação à cultura minoritária na qual ele está pregando o evangelho? Deve a interação missionária ser usada para promover a aculturação de uma cultura minoritária segundo os padrões do grupo majoritário ou defender a cultura de minoria?

Essas perguntas têm se tornado mais complexas porque a maior parte dos movimentos missionários saiu de culturas com mais "prestígio" em direção às culturas de menos importância social. Isso significa que a cultura do missionário exerce uma influência direta sobre o modo pelo qual o cristianismo se desenvolve na cultura receptora. Diferentes empreendimentos missionários têm procurado respostas distintas para enfrentar esse dilema. Por exemplo, durante a conquista da América Latina, muitos missionários católicos procuraram levar muito a sério as culturas locais, apesar dos impérios de Portugal e Espanha se encontrarem na condição de conquistadores. Todavia, missionários protestantes nos Estados Unidos não tinham dúvida de que a americanização constituía um dos objetivos de sua tarefa missionária entre os povos conquistados do sudoeste americano durante o século 19.

As ideias e posturas religiosas são sempre resistente a mudanças e, por isso, esses dois exemplos e muitos outros em todo o mundo podem refletir maneiras de alcançar conformidade, mas nem sempre *conversão. Há exemplos através de todo o globo, que nos mostram que a fé cristã reflete externamente a mensagem e a cultura do missionário, mas continua a ser uma memória "subversiva" da fé anterior e das expressões culturais que lhe davam sustentação (*veja* Teologia latino-americana, nacional).

Essas questões são cruciais quando se vive o cristianismo numa igreja globalizada e no meio das religiões mundiais. A interação cultural é o ambiente no qual a evangelização sempre acontece. Isso significa que a igreja deve sempre lidar com as questões envolvendo aculturação e a interação entre a cultura do missionário, a cultura receptora, a sociedade mais ampla em que ambas estão inseridas e o extenso ambiente globalizado no qual a fé e prática cristãs são constantemente definidas e redefinidas no encontro entre culturas de todo o mundo.

Veja também Contextualização; Cultura e Sociedade; Globalização; Teologia de Missões; Teologia Transcultural; Teologias Locais.

BIBLIOGRAFIA. HAMMER, R. J. "Culture, Problem of", in: *Concise Dictionary of the Christian World Mission*, NEILL, S., ANDERSON, G. H. e GOODWIN, J., orgs. (Nashville: Abingdon, 1971); LYNCH, F., "Acculturation", in: *Concise Dictionary of the Christian World Mission*, NEILL, S., ANDERSON, G. H. e GOODWIN, J., orgs. (Nashville: Abingdon, 1971); NUNNENMACHER, E., "Culture", in: *Dictionary of Mission: Theology, History, Perspective*, MÜLLER, K., SUNDERMEIER, T., BEVANS, S. B. e BLIESE, R. H., orgs. (Maryknoll: Orbis, 1987).

Martínez, J. F.

ADOCIONISMO. *Veja* CRISTOLOGIA.

AHN, BYUNG-UM. *Veja* TEOLOGIA MINJUNG; REVELAÇÃO E ESCRITURAS.

ALTIZER, THOMAS J. J. *Veja* MORTE DE DEUS.

ALIANÇA EVANGÉLICA MUNDIAL

A Aliança Evangélica Mundial (AEM) é uma associação de igrejas evangélicas de todo o mundo. Ela se caracteriza por cinco elementos estatutários: (1) uma confissão doutrinária — que lhe dá fundamento em afirmações evangélicas históricas; (2) constitucionalidade — regida por normas e pelos delegados da Assembleia Geral, que lhe garantem continuidade histórica; (3) fundamentação na igreja — seus membros são ouvidos como autoridade central — não se trata de uma organização estabelecida e mantida por indivíduos; (4) uma filiação global — firmada em 128 alianças nacionais e sete regionais, mais de uma centena de membros associados, seis ministros especializados e seis comissões; (5) atuação semelhante à de uma rede, mas com serviços próprios de uma aliança — por meio de seus recursos, departamentos e comissões. A AEM é a mais ampla expressão organizacional de nível mundial do que significa ser evangélico.

1. A Aliança Evangélica, 1846-1951
2. A Fraternidade Evangélica Mundial, 1951-2001
3. Avaliação da FEM/AEM

1. A Aliança Evangélica, 1846-1951

As raízes da AEM encontram-se no ano de 1846 com a criação da Aliança Evangélica, incorporada em 1912 como Aliança Evangélica Mundial (organização britânica).

O contexto histórico de 1846 nos traz informações importantes. A consciência dos ingleses estava incomodada com as injustiças sociais cada vez maiores, principalmente com as condições de trabalho e com o trabalho infantil. A Igreja da Inglaterra havia passado por perdas causadas pela Ruptura Escocesa e pela dissidência do Movimento Panfletário (também conhecido como "Tratariano"). Darwin estava formulando suas teorias evolucionistas; Marx e Engels publicaram o *Manifesto Comunista* em 1848; França, Alemanha e Itália passavam por revoluções em 1848.

O Segundo Grande Avivamento (1791-1842) despertou o desejo da formação de uma fraternidade cristã que ultrapassasse os limites eclesiásticos e geográficos, sobretudo nas Ilhas Britânicas e nos Estados Unidos. "Era uma época em que se ouvia em todos os lugares um clamor pela influência de uma igreja cristã unida e poderosa" (Ewing, 12). As reuniões entre os britânicos tiveram início em 1843 e levaram à assembleia no Freemason Hall realizada entre 19 de agosto e 2 de setembro. Havia representantes dos seguintes países: Inglaterra, Escócia, Irlanda, País de Gales, Suécia, Alemanha, França, Holanda, Suíça, Estados Unidos e Canadá. Entre oitocentos e mil líderes, representantes de 53 "grupos cristãos", reuniram-se durante treze dias para orar, pregar e tomar decisões administrativas.

Houve polêmica quando os participantes britânicos defenderam a exclusão de membros que fossem senhores de escravos. O ambiente ficou mais inflamado com a chegada de um retardatário, Mollison M. Clark, ministro negro americano da Igreja Metodista Episcopal Africana de Nova Iorque. Sendo-lhe estendida "a mão direita da comunhão", ele afirmou "sua percepção do valor da Aliança recém-formada e do privilégio de ser admitido como membro" (Ewing, 19). Depois de seis dias de debates acalorados, o relatório final calou-se sobre o tema da escravidão como consequência das pressões dos americanos. David M. Howard relembra a decisão: "É triste e desanimador perceber que divergências em torno de uma questão social como a escravidão, que hoje não mereceria cinco minutos de discussão num fórum evangélico mundial, tenha levado ao fracasso a tentativa de formar um grupo verdadeiramente representativo de evangélicos de todo o mundo" (Howard, 13). Formou-se uma "confederação" — não uma nova "estrutura eclesiástica" — para que se expressasse unidade espiritual, com uma declaração doutrinária das convicções evangélicas (Howard, 11). Durante um século a Aliança Evangélica atuou como estrutura informal, uma plataforma para unidade evangélica segundo as quatro "Resoluções Práticas" (Ewing, 20).

Entre 1846 e 1955, surgiram "ramificações" na França, Alemanha, Canadá, Estados Unidos, Suécia, Índia, Turquia, Espanha e Portugal. Conferências Gerais, centradas na comunhão e na unidade dos cristãos, foram realizadas em Londres (1851), Paris (1855), Berlim (1857), Genebra (1861), Amsterdã (1867), Nova Iorque (1873), Basileia (1879), Copenhague (1884) e Florença (1891). Essas conferências deram destaque à proclamação e expansão do *evangelho; estabeleceram a Semana Mundial de Oração com início em 1861; protestaram contra "o Papado e o Papismo"; endossaram a liberdade religiosa, "a assistência aos oprimidos" em lugares como Europa, Rússia, Turquia, Japão, Madagascar, Brasil e Peru (Eking, 58); defenderam o "Dia do Senhor", condenando o trabalho aos domingos e a realização de "jogos e atividades recreativas" (Ewing, 83); e apoiaram a libertação dos escravos nos Estados Unidos com seu reassentamento na África. Sua publicação oficial era o *Evangelical Christendom* [Cristandade evangélica].

2. A Fraternidade Evangélica Mundial (FEM), 1951-2001

Até 1951, a Aliança era basicamente uma iniciativa britânica com apoio instável na Europa e nos Estados Unidos. Duas guerras mundiais haviam dizimado as esperanças em torno de uma unidade de maior alcance. Os evangélicos viviam dentro de um novo contexto histórico: os americanos fundaram a *National Association of Evangelicals* [Associação Nacional de Evangélicos] em 1942; 51 países assinaram os estatutos que davam origem à ONU em 1945, sendo sua sede estabelecida em 1951 em Nova Iorque; o Conselho Mundial de Igrejas foi criado em 1948; a Remington Rand lançava o primeiro computador para uso comercial, o UNIVAC I.

2.1 Holanda, 1951. Cerca de 91 homens e mulheres de 21 países reuniram-se na Holanda sob a égide da Convenção Internacional de Evangélicos, a fim de dar novo rumo à antiga Aliança Evangélica, objetivando uma fraternidade mundial. Entre os líderes se encontravam J. Elwin Wright, Harold J. Ockenga e Clyde W. Taylor, dos Estados Unidos, e John R. W. Stott e A. Jack Dain, da Inglaterra. Dain e Stott redigiram os três propósitos em vista: a disseminação do evangelho, a defesa e a confirmação do evangelho e a comunhão no evangelho (Howard, 28-34)

2.2 A FEM entre 1951 e 1982. Houve ampla divulgação desse novo grupo mundial com seu comitê executivo, seus líderes cointernacionais e suas quatro comissões — evangelização, missões, literatura e ação cristã. Os líderes da FEM viajavam muito, firmando e expandindo o novo grupo evangélico de alcance mundial, sempre com escassos recursos financeiros.

A seguir, os nomes da liderança executiva e locais das sedes da FEM:
1. Roy Cattell (Inglaterra) e J. Elwin Wright (EUA), cossecretários, 1951-1953
2. A. J. Dain (Inglaterra) e J. Elwin Wright (EUA), cossecretários, 1953-1958
3. Fred Ferris (EUA), Secretário Internacional, EUA, 1958-1962
4. Gilbert Kirby (Inglaterra), Secretário Internacional, 1962-1966
5. Dennis Clark (Canadá), Secretário Internacional, 1966-1970
6. Gordon Landreth (Inglaterra), Secretário Interino Internacional, 1970-1971

7. Clyde Taylor (EUA), Secretário Internacional, 1971-1975
8. Waldron Scott (EUA), Secretário Geral, 1975-1980
9. Wade Coggins (EUA), Secretário Geral Interino, 1981

As primeiras lideranças da FEM dedicaram tempo, saúde, recursos financeiros pessoais e perseguiram seus sonhos para implantar a nova visão. Em 1954, Wright viajou por 21 países; Taylor visitou o mesmo número de países em 1975. Alguns europeus se queixavam de que a FEM era americana demais. Era difícil internacionalizar um ministério como aquele, mas, à medida que se estabeleciam novas alianças nacionais, a representação dos membros também aumentava. O conselho diretor da FEM — mais tarde chamado Assembleia Geral — devia se reunir de três em três anos.

Mas logo vieram algumas frustrações: uma visão que lutava em isolamento com unidade operacional limitada e graves diferenças doutrinárias (Howard, 59). Como de costume, a FEM enfrentava "o permanente fantasma das limitações financeiras" (Howard, 62). A FEM era basicamente encarnada por seu executivo itinerante.

Sob a administração do canadense Dennis Clark, com sua base em Toronto, uma nova visão expandiu a FEM, mas também gerou conflitos. Para alguns americanos, ele era muito antiamericano e voltado para evangélicos do Terceiro Mundo. Os desafios doutrinários na Europa e na África continuavam. Clark afastou-se em 1970 e, depois de um curto período com Gordon Landreth como interino, o comando foi passado para Clyde Taylor pelos cinco anos seguintes.

Durante a década de 1970, discutiu-se o relacionamento entre a FEM e Lausanne. Os líderes do Movimento de Lausanne haviam questionado se deveriam iniciar uma nova entidade mundial ou buscar uma fusão. Alguns dos principais nomes de 1951 encontravam-se em diferentes grupos. Em 1974, os líderes da FEM perguntavam: "Existe vida depois de Lausanne?" (Howard, 100-112). Com o aparente enfraquecimento da FEM, o visionário *movimento de Lausanne decidiu desistir da fusão.

Waldron Scott tornou-se o novo secretário geral da FEM, o primeiro a exercer suas funções em tempo integral, levando para o movimento energia e objetivos criativos. As prioridades da FEM foram novamente expressas, mas as raízes não foram cultivadas. As antigas tensões reapareceram: financiamento, não se sabia direito a quem a FEM pertencia, além do fato da falta de liderança suficiente. As diferenças se aprofundaram quando Scott quis ampliar a definição de "evangélico". À semelhança de Clark, ele também se mostrava bem favorável às igrejas do Terceiro Mundo.

Em 1980, a sétima Assembleia Geral reuniu-se na Inglaterra com uma agenda desafiadora: filiação e estrutura, AEM e Lausanne, e, o tópico mais problemático, a FEM e Roma. Pouco tempo depois, Scott apresentou sua renúncia, afundando a FEM em outra crise. Wade Coggins comandou interinamente a FEM até que David M. Howard tornou-se Secretário Geral em 1982.

Entre as décadas de 1960 e 1980, alguns elementos da FEM haviam começado a florescer sob uma liderança visionária. A Comissão Teológica (CT) instituiu o modelo de atuação sob a liderança de Bruce Nicholls, neo-zelandês erradicado na Índia, com seus principais projetos e publicações. Iniciaram-se empreendimentos de cooperação com Lausanne. Os alemães trouxeram novos recursos financeiros para a Comissão Teológica.

A Comissão de Missões (CM) foi formada na Coreia em 1975, sob a liderança da missióloga coreana Chun Chae Ok como primeira secretária executiva e depois com Theodore Williams, da Índia. A CM surgiu como importante figura no cenário de missões mundiais com seu claro foco nas "missões emergentes dos Dois Terços do Mundo".

Um número incalculável de pessoas é responsável pelo que a AEM representa hoje, não apenas as lideranças executivas. John E. Longlais, de Guernsey, nas Ilhas do Canal (ou Ilhas Anglo-Normandas), merece ser mencionado por haver durante 40 anos contribuído de forma crucial para a FEM mediante aconselhamento, liderança (diversas comissões) e finanças. "Humanamente falando, a FEM não teria sobrevivido sem John" (Howard, 2006).

2.3. FEM, 1982-2006, e um novo nome: Aliança Evangélica Mundial. Os nomes

abaixo atuaram na liderança executiva e cederam espaço físico para sedes da AEM:
1. David M. Howard (EUA/Cingapura), 1982-1992
2. Agustin "Jun" Vencer (Filipinas), 1992-2001
3. Gary Edmonds (EUA), 2002-2004
4. Geoff Tunnicliffe (Canadá), 2005 até o presente

Howard viajou pelo mundo levando o sonho dos evangélicos defendendo uma causa em comum. Várias alianças foram visitadas e fundaram-se outras quarenta. As alianças regionais se desenvolveram e o papel do Conselho Internacional amadureceu. Ele usava o título de Diretor Geral e, depois, de Diretor Internacional. Lausanne, no entanto, trouxe um cenário de incertezas. As viagens eram extremamente cansativas, e a crise organizacional e financeira da entidade agravou-se em 1985, a despeito de uma nova declaração de missão e da visão renovada (Howard, 156). É grande o legado que Howard deixou em seus dez anos de mandato (tempo duas vezes maior que qualquer outro diretor de antes!): ele trouxe integridade, responsabilidade fiscal e visão pastoral, à medida que aumentava sua equipe de líderes de comissões e alianças, além da CI. Ele será lembrado por transferir a sede da organização dos EUA para Cingapura em 1987, finalmente estabelecendo a FEM no epicentro da igreja global.

Em 1992, em Manila, o filipino Agustin "Jun" Vencer tornou-se diretor internacional até 2001. A FEM agora contava com um líder com apoio majoritário em todo o mundo. Os compromissos de Vencer eram estabelecer e fortalecer alianças nacionais, refletindo sua experiência nas Filipinas, e adotar uma postura integral que combinasse evangelho e ação social. Durante seu mandato aumentou o número de comissões e de colaboradores com sustento próprio. Foi dado início à Comissão de Liberdade Religiosa e ao Departamento de Treinamento de Liderança. Uma comissão foi gradualmente extinta. Os nove anos de Vencer foram marcados por viagens incansáveis. Mas reapareceram os históricos desafios envolvendo o sustento de três escritórios: Cingapura, Manila e EUA.

O mandato de Vencer chegou ao fim em Kuala Lumpur, no ano de 2001, durante a Assembleia Geral, sem que houvesse um sucessor, mas com um novo nome para a organização: Aliança Evangélica Mundial. Durante um ano a equipe de transição foi comandada com muita habilidade por David Detert (executivo americano radicado na França), Presidente da CI. Os escritórios na Ásia foram fechados e a sede retornou aos EUA.

No início de 2001, a AEM solicitou à Interdev uma ampla avaliação do movimento; o relatório foi apresentado por Gary Edmonds, da Interdev. Em 2002, durante uma reunião da AEM na Inglaterra, o Conselho Internacional convidou o próprio Edmonds para ocupar o cargo de primeiro Secretário Geral da AEM. Edmonds cortou despesas fechando o escritório de Wheaton e levando-o para Seattle. Ele também negociou a decisão de venda do imóvel de Cingapura. Edmonds trabalhou para revitalizar a AEM, num movimento que não reuniu o apoio desejado. Por estranho que pareça, as recomendações do relatório da Interdev não foram colocadas em prática. Edmonds renunciou no início de 2004, e a AEM viu-se outra vez no meio de incertezas que envolviam finanças e falta de liderança.

Em 2005, teve início uma nova era com o canadense Geoff Tunnicliffe assumindo o cargo de diretor internacional. A Fraternidade Evangélica do Canadá convidou a AEM para transferir suas operações administrativas e financeiras para Ontário e concedeu um apoio vital. A AEM agora crescia com recursos humanos e financeiros provenientes das alianças e dos filiados. Tunnicliffe levou para a AEM uma combinação de dons singulares e a visão de colegiado. Foram abertas filiais perto de Vancouver, no Canadá (Operações e Liderança), São Francisco (Tecnologia da Informação), Washington, D.C. (Mídia Global) e Genebra (ONU). A Christian Media Corporation, membro da AEM, ofereceu seus serviços no campo de mídia, comunicações e tecnologia.

3. Avaliação da FEM/AEM

O título do livro de Howard, *The Dream that Would Not Die* [O sonho que não queria morrer], é muito adequado. A visão bíblica da AEM envolvendo unidade prática inspira-se na oração de Cristo em João 17. Seus pontos fortes vão além dos que apresentamos no primeiro parágrafo deste artigo. A AEM representa o movimento tectônico no epicentro do cristianismo mundial em seus membros e líderes, nas alianças nacionais e regionais e nas comissões. A liderança lida de forma inovadora com o sentido de "evangélico", até mesmo ao redefinir os relacionamentos de evangélicos com outros grupos, com o *Conselho Mundial de Igrejas, com o Movimento de Lausanne e outros órgãos de alcance mundial. As comissões estão se fortalecendo, e a Comissão de Missões com seus profissionais dedicados à reflexão estabelece o modelo. A Comissão de Liberdade Religiosa e a presença da AEM na ONU representam corajosas vozes públicas de apoio. A AEM funciona como aliança mas também como rede. É definida e reconhecida como representante de um distinto grupo de filiados de todo o mundo e participa anualmente da *Conference of Secretaries of World Christian Communions* [Conferência de Secretários de Comunhões Cristãs Mundiais].

A AEM tem seus pontos fracos. Alguns a consideram uma "comunidade restrita" que não recebe em seu rol de membros a família evangélica mais ampla; outros a veem como uma estrutura eclesiástica inflexível. Em face das limitações financeiras sempre presentes, será que os membros da AEM terão condições de fornecer recursos humanos e financeiros para que seus propósitos sejam atingidos com excelência? Alguns ainda olham para a AEM como uma organização dirigida e financiada basicamente pelo Ocidente, e sua liderança tem se mostrado desigual em proporcionalidade.

Neste novo século, no entanto, raia um novo dia sobre a AEM revitalizada com suas alianças regionais e nacionais, comissões (teológica, liberdade religiosa, missões, mocidade, mulheres, tecnologia da informação), com o Instituto de Liderança, parceiros globais e ministérios cristãos internacionais. Hoje a AEM é uma rede de igrejas de 127 nações que se uniram para conferir-lhe uma identidade mundial, voz e plataforma a mais de 420 milhões de cristãos evangélicos.

Veja também CONSELHO MUNDIAL DE IGREJAS; ECUMENISMO; MOVIMENTO E PACTO DE LAUSANNE; TEOLOGIA EVANGÉLICA.

BIBLIOGRAFIA. CIZIK, R. C., "World Evangelical Fellowship," *Dictionary of Christianity in America,* REID, D. G., org. (Downers Grove: Inter-Varsity Press, 1990) 1175; EWING, J. W., *Goodly Fellowship: A Centenary Tribute to the Life and Work of the World Evangelical Alliance, 1846-1946* (Londres: Marshall, Morgan & Scott, 1946); FULLER, W. H., *People of the Mandate: The Story of the World Evangelical Fellowship* (Grand Rapids: Baker, 1996); HOWARD, D. M., *The Dream that Would Not Die: The Birth and Growth of the World Evangelical Fellowship, 1846-1985* (Exeter: Paternoster, 1986); idem, conversa com o autor, 15 de agosto de 2006; K. Hylson-Smith, "Evangelicals," *Encyclopedia of Christianity,* BOWDEN, J., org. (Oxford: Oxford University Press, 2005) 436-38; arquivos da AEM disponíveis em <www.wheaton.edu/bgc/archives/GUIDES/338.htm> (acesso em 12 de agosto de 2006); site da AEM, <www.worldevangelicalalliance.com/> (acesso em 12 de agosto de 2006).

Taylor, W. D.

AMBIENTALISMO. *Veja* CRIAÇÃO E ECOLOGIA.

AMOR
De acordo com o testemunho bíblico, Deus é amor (1Jo 4.8, 16). O "amor de Deus" (em latim, *amor Dei*) pode se referir ao amor que o ser humano tem por Deus e ao amor que Deus tem por nós. Quando definido no último sentido (como um dos atributos de Deus), ele pode ser compreendido em termos da bondade e da benevolência intrínsecas de Deus ou no sentido de sua bondade e benignidade extrínsecas, dirigidas às suas criaturas. Há também uma noção trinitária do amor de Deus: começando com Agostinho, na teologia o Espírito Santo é chamado o vínculo do amor (*vinculum amoris*) entre o Pai e o Filho e, consequentemente, entre o Deus trino e os seres humanos; o amor de Deus foi derramado pelo Espírito Santo sobre o coração dos que creem (Rm 5.5). A espiritualidade cristã tem enfatizado a importância de amar a Deus em razão do próprio Deus (amor imediato, que Agostinho chama de *frui Deo*), e não (principalmente) por todas as boas dádivas que fluem de seu amor (amor mediato), embora não haja problema em demonstrar gratidão a Deus por suas dádivas. A *fé, a

*esperança e o amor são as três virtudes cardeais do cristianismo, mas o amor é a única que não acaba (1Co 13).

De modo geral, o termo *amor* pode indicar algo puro ou impuro, como no amor entre amigos (*amor amiticitiae*) ou no amor de "prazer" ou paixão (*amor concupiscentiae*). Na teologia cristã, o mandamento do amor é a suma da lei de Deus (Dt 6.5; cf. Lv 19.18). "No entanto, o amor não é principalmente um mandamento, mas uma realidade viva, um impulso que vem do amor de Deus pelo mundo, apodera-se de nós e nos integra em seu movimento" (Pannenberg, 78). A origem e a fonte de todo amor é o *agapē* de Deus, que sempre procura o bem do próximo (1Jo 4.10-11). Lutero fez corretamente uma distinção essencial entre o amor de Deus e o amor humano: "O amor de Deus não procura, mas cria, aquilo que lhe agrada. [...] Em vez de buscar seu próprio bem, o amor de Deus flui e concede o que é bom" (*Disputa de Heildeberg*, tese 28). O amor humano, por sua vez, dirige-se a algo inerentemente bom pelo qual o amor por si mesmo define o conteúdo e objeto do amor. De vez em quando Lutero refere-se ao amor de Deus como *amor crucis* (ibid.), o amor da cruz, uma vez que é no autossacrifício do Filho que o amor divino manifesta com toda profundidade sua natureza *agapē*.

Em sua teologia da cruz, Jürgen Moltmann abraçou a ideia de Lutero e defendeu com força o pensamento de que é necessário falar do amor de Deus sempre vinculado à dor e ao sofrimento: "Um Deus que não sofre é mais desventurado que qualquer outra pessoa. Pois um Deus que é incapaz de sofrer é um ser que não consegue se envolver. [...] Quem não consegue sofrer também não consegue amar (Moltmann, 222). Nessa mesma linha, Kazoh Kitamori, teólogo japonês que escreveu durante o período pós--destruição de seu país na Segunda Guerra Mundial, afirma em *Theology of the Pain of God* [Teologia do sofrimento de Deus]: o coração do evangelho se encontra na dor excruciante do próprio Deus, testemunhada na cruz de Cristo, que nasce do mais profundo anseio divino por amor e justiça. Outro teólogo asiático, o chinês C.-S. Song também fala de Deus e de seu "Sofrimento por Amor". Este Deus é um Deus de compaixão, que ama o mundo "sem exigir nada em troca" (Song, 166).

Aloysius Pieris, teólogo católico-romano do Sri Lanka, alega que o amor é o aspecto que define o cristianismo em relação com o budismo em *Love Meets Wisdom: A Christian Experience of Buddhism* [O amor encontra-se com a sabedoria: uma experiência cristã do budismo]. Pieris afirma que as tradições monoteístas ocidentais são religiões do *agapē* ou amor redentor, ao passo que as tradições orientais como o hinduísmo e o budismo são religiões da *gnosis* ou conhecimento salvífico. É importante observar que, na Sexta Consulta da Associação Teológica da Ásia, em Seul, na Coreia (1982), cerca de oitenta teólogos evangélicos chegaram à conclusão de que há quatro elementos indispensáveis ao contato do evangelho com as religiões: a autoridade da Bíblia, a singularidade de Jesus, o foco em missões e o amor. Para esses teólogos, o amor deve ser parte da essência da teologia cristã no contexto multirreligioso da Ásia.

Veja também Esperança, Teologia da; Fé.

BIBLIOGRAFIA. GAYBBA, B. P., "Love as the Lamp of Theology", *Journal of Theology for Southern Africa* 65 (1988) 27-37; KITAMORI, K., *The Theology of the Pain of God* (Richmond: John Knox, 1965); MOLTMANN, J., *The Crucified God: The Cross of Christ as the Foundation and Criticism of Christian Theology* (London: SCM, 1974); PANNENBERG, W., *Systematic Theology*, 3 (Grand Rapids: Eerdmans, 1998) 135-211 [edição em português: *Teologia Sistemática*, 3 vols. (São Paulo/Santo André: Paulus/Academia Cristã)]; PIERIS, A., *Love Meets Wisdom: A Christian Experience of Buddhism* (Maryknoll: Orbis, 1988); SONG, C. – S., *Theology from the Womb of Asia* (Maryknoll: Orbis, 1986).

Kärkkäinen, V.-M.

ANCESTRAIS

A veneração de ancestrais faz parte de muitas religiões e culturas, incluindo a antiga religião romana, as religiões tribais da África e outras do Leste Asiático.

1. Perspectiva chinesa
2. Perspectiva africana
3. A veneração de ancestrais na Ásia: algumas questões teológicas

1. Perspectiva chinesa

Praticada de diferentes maneiras, a veneração de ancestrais não constitui um fenômeno exclusivamente chinês. Herbert Spencer chega a afirmar que o culto dos antepassados pode ser considerado a raiz de todas as religiões. Nos países do Leste Asiático, tais como China, Japão e Coreia nos dias atuais, o termo *ancestral* nem sempre se refere a um progenitor da linhagem familiar direta; ele pode significar simplesmente um parente bem próximo já falecido. Na China, o costume do culto aos ancestrais foi proibido pela ideologia comunista de 1949 a 1982. Depois da reforma econômica, porém, a maioria das famílias voltou a praticá-lo.

1.1. O lugar dos ancestrais no contexto da cultura chinesa. Em *Under the Ancestors' Shadow* [À sombra dos ancestrais], o antropólogo Francis L. K. Hsu destaca que a patrilinearidade é um dos princípios que regem toda a estrutura de relação de parentesco. O pai deve cuidar dos filhos durante os primeiros anos, educá-los dentro da tradição dos ancestrais e tomar providências para que tenham um bom casamento. O filho deve ao pai obediência absoluta e deve amparar seus genitores, chorar a morte deles, dar-lhes um sepultamento decente, isto é, adequado à sua condição social e financeira, suprir-lhes as necessidades no outro mundo e fazer tudo o que for necessário para preservar a linhagem masculina. A organização do parentesco é um vínculo necessário na linha da família mais ampla, com vários ancestrais numa extremidade e diversos descendentes na outra. A educação oferecida se baseia na premissa de que eles estão sendo observados por seus ancestrais a cada momento. A morte não põe fim ao relacionamento dos mortos com os vivos. A atitude dos vivos para com os parentes já falecidos é de preservação da memória e afeto contínuo.

A postura dos vivos diante dos mortos, e destes diante dos vivos, é de natureza funcional; as relações dos vivos com os já falecidos segue basicamente o modelo das relações entre os vivos. Ao exaltar os mortos, elas tanto idealizam quanto estabelecem o padrão para as relações de parentesco. O mundo dos espíritos é mais ou menos uma cópia do mundo dos vivos.

1.2. Os espíritos dos ancestrais. Quando se compara a China antiga com o antigo Israel e o cristianismo, pode-se dizer que o judaísmo e o cristianismo são religiões dos pais, ou seja, patriarcais, ao passo que a cultura chinesa é uma religião de ancestrais. Os patriarcas de Israel não se tornaram deuses após a morte. Israel cria no Deus dos patriarcas, mas não em patriarcas divinizados. Os israelitas também não faziam orações dirigidas aos pais ou patriarcas. Na China antiga, apenas pessoas importantes como reis e oficiais de alto escalão podiam ser divinizados como deuses ou espíritos depois da morte. Na literatura chinesa clássica, os termos "deus" e "espírito" significam a mesma coisa. O mundo dos deuses e dos espíritos é semelhante ao mundo dos seres humanos. Para as pessoas comuns, o espírito do morto se desfaz de alguma forma no ar depois de certo período de tempo. É por isso que um antigo ditado chinês afirma: "A morte do homem é como uma lâmpada que se apaga, depois disso nada existe". Na dinastia Chou (1111-249 a.C.), por exemplo, Tzu-ch'an nos diz em *Ch'un-ch'iu Tao chuan* (vol. 10, Chiu-kung ano 7) que, depois da morte, o espírito ou fantasma é apenas uma extensão da energia física. Se um homem forte morre de repente, digamos, assassinado, seu espírito continuará a existir para que ele possa completar alguma tarefa inacabada. Uma vez completada a tarefa, o espírito desaparece. Tzu-ch'an sugere que as pessoas edifiquem um altar para que o espírito descanse. No caso de pessoas comuns que morrem em condições tranquilas, os espíritos partem em paz e serenidade. O termo "fantasma" (*kuei*) significa voltar para casa, embora não se saiba onde fica o lugar de origem do espírito. Tzu-ch'an sugere que se faça um lugar de moradia, um lar para esses espíritos (uma mesa ou oratório).

Confúcio não tinha certeza se existiam espíritos. Ele disse: "Se não sabemos nem sobre a vida, como poderemos saber sobre a morte?" (*Analectos* 11:11). Se não temos certeza das coisas relacionadas ao mundo espiritual, então que sentido há em sacrifícios oferecidos ao espírito de um ancestral? Segundo os *Analectos*, quando Confúcio oferecia sacrifícios a seus ancestrais, era como se ele sentisse a presença do espírito deles. Ele afirma: "Se eu não participo do sacrifício, é como se não tivesse sacrificado"

(*Analectos* 3:12). Confúcio dá indicações de que é de todo coração que se devem oferecer sacrifícios aos ancestrais. A questão com a qual deve se lidar não é se eles são reais ou não, mas sim a prática da relação filial. O culto dos antepassados confere às pessoas a oportunidade de honrar os progenitores de forma visível. Portanto, seu objetivo principal é didático e não religioso, visando fazer com que os jovens se lembrem de demonstrar gratidão ao pai que ainda vive ou aos mais velhos na família.

1.3. A adoração dos ancestrais. Confúcio foi coerente deixando de dar instruções sobre a vida após a morte, pois ele não estava certo de sua existência. No entanto, sua resposta não satisfaz a curiosidade das pessoas. A adoração dos ancestrais era comum bem antes de Confúcio e continuou depois dele. Em épocas mais remotas, a adoração do céu e a adoração dos ancestrais podiam ser coisas distintas. A adoração do céu tem origem no conceito de *Feng Shan*. "Feng" era o nome da grandiosa cerimônia de adoração do céu realizada no alto da montanha Taishan, onde se ofereciam orações e ação de graças em busca de paz e prosperidade. "Shan", porém, referia-se à cerimônia de adoração do deus da terra. Tempos depois, o palco da cerimônia foi transferido do alto da montanha Taishan para a periferia da capital do país.

Fortes indícios de adoração de ancestrais encontram-se na *Cronologia Bambu* [parte de algumas crônicas muito antigas registradas em bambu, material de escrita da época], onde se lê que Huang-dih (legendário imperador anterior ao terceiro milênio a.C.) faleceu e seu ministro Tzuo Cheh pegou suas roupas, a coroa e o cetro e os adorou no templo. Os imperadores chineses que vieram a seguir deram continuidade a essa prática, e isso foi aos poucos consolidando a adoração de ancestrais. Conforme já afirmado acima, a adoração de ancestrais nos tempos antigos limitava-se a reis ou oficiais de alto escalão.

Nos primeiros tempos da Dinastia Han (206 a.C.-220 d.C.), o budismo foi introduzido na China (65-73 d.C.). Suas doutrinas fundamentavam-se principalmente na crença em elementos como céu, inferno, transmigração das almas e reencarnação. No sudoeste da China, quase no mesmo período, surgiu o taoísmo, que se apropriou de doutrinas do budismo e logo se tornou uma religião popular. Segundo os ensinamentos do taoísmo, o espírito dos antepassados são seres reais que vivem em outro mundo. Logo após a morte, o espírito da pessoa paira sobre a casa da família, trazendo-lhe felicidade ou infortúnio. Para consolar o espírito, deve-se obedecer a uma série de rituais taoístas na casa da família enlutada. Duas vezes por dia (pela manhã e ao anoitecer), seus membros devem prestar honras diante de um oratório em forma de mesa, queimando incenso e curvando-se diante dele.

Depois que o budismo foi introduzido na China, adotaram-se os costumes de queimar incenso, cédulas de dinheiro e acender velas durante os atos de adoração de ancestrais. A queima de incenso, ritual derivado do budismo, não é mencionada nos clássicos chineses antes do livro *História da Dinastia Jin* (ou Chin [265-420 d.C.]). Segundo os ensinos budistas, o espírito da pessoa falecida precisa de incenso para que sua vitalidade seja preservada até que ocorra a reencarnação. Nos tempos antigos usavam-se velas quando o ato de adoração se dava antes do amanhecer. Hoje usam-se velas para iluminar os alimentos preparados para o espírito do antepassado. O uso de cédulas de dinheiro, costume surgido provavelmente nas dinastias Wei (220-265 d.C.) e Jin, tornou-se popular durante a dinastia Tang (618-907 d.C.). Wang Yu, oficial da dinastia Tang responsável pela adoração de antepassados da realeza, diz que se enterravam moedas de verdade junto com os mortos durante o funeral nos tempos da dinastia Han. Foi nas gerações posteriores que se passou a usar papel como substituto do dinheiro para satisfazer os espíritos ou fantasmas.

Em tempos recentes a adoração dos ancestrais é um ato que ainda ressalta a continuidade da linhagem familiar e a reverência para com os idosos e antepassados. Trata-se essencialmente de uma ato realizado em família, pelo qual se apresentam orações e oferendas num oratório dentro de casa e em templos de ancestrais. Os familiares visitam o túmulo de seus antepassados duas vezes por ano em ocasiões específicas (primavera e outono) para expressar sua grata memória em relação aos mortos. Na tradição chinesa, a principal virtude está na devoção filial, o dever de servir e honrar os pais sem que a motivação seja o medo ou a busca de recompensas, o que sempre resulta na formação de fortes laços de solidariedade na família. Segundo estudos de Francis Hsu, acredita-se que o espírito dos ancestrais prestam ajuda a seus descendentes sempre que possível. Os vivos podem sempre depender desses espíritos com quem eram aparentados, tanto em tempos bons quanto difíceis, e esse relacionamento não está sujeito a mudanças. O comportamento do antepassado durante a vida, mas também no mundo dos mortos, exerce influência sobre o destino dos descendentes. Por sua vez, o destino dos antepassados também será afetado pelo comportamento dos parentes vivos. Acredita-se que eles nunca se sentirão ofendidos por seus descendentes nem farão sobrevir algum mal às gerações futuras. Na verdade, eles têm o dever de fazer todo o possível para proteger seus descendentes.

1.4. As controvérsias envolvendo o culto aos ancestrais e o cristianismo nas dinastias Ming e Ch'ing. Missionários jesuítas chegaram à China no final do período da dinastia Ming (1368-1644). Eles fizeram contato com a elite confucionista e obtiveram êxito conquistando a confiança dos imperadores chineses. E permaneceram na China por vários séculos, tendo testemunhado a ascensão ao poder de uma nova dinastia. Os primeiros imperadores Ch'ing (manchu 1644-1912) continuaram a confiar nos missionários jesuítas até que o imperador K'ang-hsi baniu o cristianismo como consequência da Controvérsia de Ritos. É verdade que controvérsias semelhantes sempre surgiam de vez em quando nos círculos missionários. A pergunta era *se* e *quando* os missionários deveriam lidar com os "ritos chineses". Deveriam os convertidos ao cristianismo continuar com liberdade para a prática do culto aos antepassados e da veneração de Confúcio? O cristianismo sempre havia alegado ser a única verdadeira religião, de modo que o posicionamento dos missionários, de um lado ou de outro, revelava muita coisa e chegava a ser uma ironia. Os que mostravam maior tolerância diante dos "ritos chineses" eram missionários que apoiavam uma adaptação cultural mais ampla. Por exemplo, os jesuítas, que trabalhavam entre as elites mais instruídas, achavam que o culto aos ancestrais tinha uma essência didática, a exemplo do que também pensava Confúcio. Portanto, eram mais tolerantes e transigentes. Outros missionários, como franciscanos e dominicanos, que trabalhavam no meio do povo mais simples, tinham a tendência de considerar os rituais não apenas como elementos religiosos, mas como superstição pagã que precisava ser eliminada.

Os missionários que não aceitavam os ritos acabaram enviando relatórios ao Papa em Roma. O Papa Clemente XI enviou à China um emissário, o Patriarca de Antioquia, Maillard de Tournon, para esclarecer a questão. Acontece que Tournon também era de posição conservadora e havia condenado os "ritos malabares" na Índia, aos quais o jesuíta Roberto de Nobili não havia feito objeção. Na China, os jesuítas procuraram ajuda imediata do imperador K'ang-his (1662-1722), que esclareceu oficialmente que Confúcio não devia ser cultuado como divindade, mas venerado como modelo de mestre; a veneração dos ancestrais devia ser considerada uma cerimônia memorial e não um ato de adoração ou culto aos espíritos; e a única função do oratório ou altar para os ancestrais era servir como local onde se externava a devoção filial, nada mais que isso.

A controvérsia durou muito tempo; ela passou pelas mãos de oito papas e foi motivo de debates em várias universidades europeias. Roma hesitou a princípio, mas acabou decidindo em favor dos que se opunham aos ritos chineses. Os argumentos usados para chegar à decisão eram que os antigos chineses eram idólatras e os atuais eram ateus; os clássicos de Confúcio e até alguns textos jesuítas publicados em chinês ensinavam doutrinas contrárias à fé cristã; os ritos envolvendo ancestrais eram ilícitos por serem oferecidos aos espíritos dos antepassados, importando em idolatria e, até certo ponto, superstição. Num decreto de 1704, consolidado por uma bula em 1715, o Papa Clemente XI baniu definitivamente os ritos. Em reação ao decreto, um edito imperial de K'ang-his baniu o cristianismo da China (1724). Logo depois, a suspensão temporária da Companhia de Jesus por Roma (1773) pôs fim a um importante capítulo da história do catolicismo na China.

1.5. A reação protestante diante do culto

dos ancestrais. No século 19, o conflito entre a fé cristã e as tradições chinesas se aprofundou. Missionários mais liberais consideravam a adoração dos ancestrais um simples costume cultural que não continha elementos de idolatria. Segundo eles, a aceitação do culto aos antepassados na China retiraria o maior obstáculo à evangelização no país. Em decorrência do conflito entre liberais e conservadores, o tema da adoração dos ancestrais transformou-se na grande questão de muitas conferências missionárias.

Na Primeira Conferência de Missionários Protestantes na China, realizada em Xangai em 1877, William A. P. Martin e Alexander William apresentaram a visão liberal, que divergia profundamente da tese conservadora sustentada por Hudson Taylor e outros. Em 1890, o mesmo assunto foi discutido durante a segunda conferência. Nessa ocasião, William Martin preparou um trabalho muito importante intitulado "A Adoração de Ancestrais: um Pedido de Tolerância". Nesse texto, Martin reafirmava os valores didáticos e morais contidos na prática da adoração dos ancestrais. Os três elementos desse ato de adoração — postura, invocação e oferenda — na verdade continham pouquíssimos traços de idolatria. O gesto de se curvar era reservado não apenas à adoração de ídolos, mas também como sinal de respeito exteriorizado diante de pessoas vivas, tais como pai, mãe e os mais velhos. A invocação era uma espécie de expressão filial e não um pedido de proteção ou de favores especiais do objeto de veneração. Quanto à oferenda, o destaque principal era dado não àquilo que se oferecia, mas a quem ela era apresentada. Martin argumentava que os ocidentais podiam oferecer flores aos mortos e, portanto, os chineses tinham o direito de oferecer carne, frutas e verduras a seus ancestrais. Concluindo, Martin aconselhou aos missionários estrangeiros que se abstivessem de criticar costumes chineses tradicionais.

Os opositores foram liderados por Hudson Taylor e C. W. Mateer. Eles rejeitaram a visão de Martin e destacaram o fato de que ele havia observado apenas o valor exterior do respeito humano, mas não havia detectado o elemento oculto de idolatria. Tolerar a adoração de ancestrais era praticamente uma traição ao cristianismo. Como um dos mais influentes missionários na China daquela época, Taylor insistiu na ideia de que a cerimônia de adoração de ancestrais era um ato de idolatria que se manifestava em cada um de seus detalhes. Condenando a posição de Martin, ele afirmou que os cristãos evangélicos não deveriam nem sequer discutir a questão do culto aos antepassados. A conferência foi encerrada com uma vitória esmagadora dos que se opunham à adoração de ancestrais.

1.6. Conclusão. No contexto da cultura e da religião chinesa, o termo *ancestral* é muito rico de significado. A importância dos ancestrais verificou-se pela primeira vez na adoração na China antiga. O conceito de antepassados gerou o ideal tradicional de famílias estendidas, que se firma numa hierarquia de parentesco bastante rígida. A adoração de ancestrais não é somente um elemento essencial das religiões chinesas; é também uma prática que visa transmitir ensinamentos morais e tem a ver com a continuidade das relações familiares. Tratar uma questão como essa a partir de uma postura de oito ou oitenta certamente deixará de fora seu significado mais profundo e as importantes implicações históricas subentendidas no conceito.

Yeung, H. K.

2. Perspectiva africana

Na primeira divisão deste artigo, Yeung começa sua abordagem do tema dos ancestrais no contexto chinês reconhecendo que a veneração dos antepassados é prática comum em muitos lugares e, portanto, não constitui um fenômeno exclusivo da China. A palavra *ancestral*, ressalta ele, nem sempre faz referência a um progenitor linear; ela pode significar simplesmente um parente próximo já falecido. Ele mostra que o culto dos ancestrais cumpre duas funções básicas no contexto asiático: uma função reguladora e outra educativa. A função reguladora estabelece "o modelo para a relação de parentesco", ao passo que a função educativa ou didática visa fazer que os mais jovens "se lembrem de demonstrar gratidão ao pai que ainda vive ou aos mais velhos na família".

Igualmente na África, os ancestrais são aqueles da comunidade ou do clã que já morreram, líderes nacionais que levaram uma vida relevante neste mundo e prestaram serviços importantes à vida de um clã ou de uma comunidade e, num nível mais abrangente, a uma nação como um todo. No pensamento africano, quem se torna um ancestral é a pessoa que viveu uma vida exemplar, de modo que o culto aos mortos não deve ser equiparado ao dos ancestrais de modo geral. Isso quer dizer que, no contexto africano, nem todos os que morrem ganham a condição de ancestral.

Há algumas semelhanças nas funções desempenhadas pelos ancestrais das sociedades asiáticas e africanas. A exemplo de seu equivalente na Ásia, o "culto" dos ancestrais cumpre um papel regulador. Ele está relacionado com a ideia africana de comunidade, que exige o reconhecimento da presença de ancestrais como ponto unificador da solidariedade do grupo. Os ancestrais tornam-se modelo para a vida da comunidade, e as leis e a moral legadas por eles definem valores e comportamentos dentro da comunidade dos vivos. Portanto, os ancestrais são os guardiães da moral que regem a comunidade e podem punir ou recompensar a fim de garantir a manutenção da estabilidade do grupo.

A função educativa pode ser vista na vida exemplar dos ancestrais — sua retidão moral, sua devoção altruísta à família, ao clã e à comunidade; o trabalho árduo e os serviços prestados para o bem-estar e a prosperidade do grupo, muitas vezes preservados como relíquias na história da família ou da comunidade — enfim, exemplos que devem ser imitados pelos vivos.

Em ambas as sociedades, a veneração dos ancestrais pressupõe um relacionamento filial com os antepassados. Por exemplo, as duas culturas revelam honra e respeito pelos mortos; elas têm o espírito dos ancestrais em alta conta e os considera seres reais (mortos que continuam a ter vida). Ambas acreditam na capacidade que os ancestrais têm de fazer o bem ou causar o mal aos vivos, dependendo de como estes se comportam. Elas têm em comum práticas e rituais parecidos que visam apaziguar os ancestrais tratados injustamente. Entre os rituais encontram-se a oferenda de alimentos, bebidas, a invocação de bênçãos, etc.

2.1. Funções exclusivas dos ancestrais africanos. Nas duas culturas, africana e asiática, há valores e funções em comum relativos aos ancestrais, mas também há diferenças no modo como ambas as sociedades entendem os ancestrais. No contexto asiático, parece que a ênfase está mais na função educativa dos antepassados, ao passo que a função reguladora é mais central no contexto africano.

2.1.1. Os ancestrais como provedores, protetores e preservadores da comunidade dos vivos. Na mentalidade africana, os ancestrais não são apenas honrados; eles têm função normativa para o comportamento do grupo dos vivos. São eles que dão identidade à comunidade. São os guardiães das tradições comunitárias ou familiares, dos valores e dos costumes, garantindo que leis, tabus e práticas sejam respeitados para o bem-estar da família ou da comunidade.

A comunidade deve lhes prestar obediência, pois sua prosperidade — saúde, filhos, vida longa, etc. — depende dos ancestrais. Eles asseguram a continuidade do grupo social. Se a comunidade dos vivos deixar de andar segundo os costumes ou tradições dos ancestrais, colherá os frutos representados por castigo, doença, adversidades e até a morte.

Os ancestrais da família, do clã ou da etnia de uma tribo são venerados de acordo com as necessidades que se apresentam. A ocasião indica quais ancestrais devem ser contatados. Os ancestrais de uma família são invocados em momentos importantes da vida, sobretudo no nascimento, no início da puberdade, no casamento e na morte; são invocados também nas ocasiões em que membros da família têm em vista novos empreendimentos. Quando as questões se apresentam no nível da comunidade ou da nação, os vivos buscam ajuda de seus ancestrais comunitários ou nacionais.

2.1.2. Os ancestrais africanos cumprem uma função religiosa como mediadores. No contexto africano, os ancestrais também cumprem um terceiro papel, e este é de natureza religiosa. Os ancestrais ocupam uma lugar ímpar na consciência religiosa dos africanos. Essa dimensão religiosa do culto dos ancestrais na África constitui um elemento distintivo da mente africana em relação ao culto dos antepassados. Diferente da visão asiática, na qual o culto dos ancestrais cumpre uma função apenas didática, na complexa cosmologia africana, os ancestrais são espíritos do bem que fazem a ligação entre os vivos e Deus, o Ser Supremo. Além de Deus, os africanos acreditam num mundo de espíritos formado por "deuses inferiores" e os espíritos dos mortos. Essa dimensão religiosa, manifestada no papel que os antepassados desempenham como mediadores entre Deus, o mundo espiritual e os vivos, é o que se destaca. Na condição de mediadores, os ancestrais compreendem tanto o mundo espiritual quanto físico, porque pela morte foram para o reino dos espíritos e estão mais próximos de Deus agora do que quando estavam na terra.

Em primeiro lugar, os antepassados cumprem um papel religioso ao levar bênçãos e prosperidade para a comunidade dos vivos. "Salvação", que está associada a vida piedosa, prosperidade, saúde, vida longa, filhos, animais saudáveis, etc., são elementos cuja origem é atribuída tanto a Deus quanto aos ancestrais. Os antepassados são responsáveis por eliminar qualquer coisa que ameace o bem-estar dos vivos e sua sobrevivência.

Em segundo lugar, os ancestrais cumprem um papel religioso essencial como aqueles que levam a Deus os pedidos, as necessidades e as orações dos vivos, e muitas vezes a resposta divina a essas necessidades são transmitidas aos vivos por intermédio deles. Assim, os ancestrais exercem uma função muito importante na vida religiosa de muitas sociedades africanas.

2.2. Os ancestrais em sua relação com Cristo. A pergunta levantada por muitos é se os africanos "adoram" ou "veneram" seus antepassados. A veneração de ancestrais na África é uma importante questão da *cristologia. Será que os ancestrais africanos são vistos como concorrentes de Jesus Cristo? Qual a relação de Cristo com os ancestrais? A maioria dos africanos invoca seus antepassados para pedir ajuda e não para adorá-los. A expressão "adoração de ancestrais" induz a erro e deve ser rejeitada. Ela é uma descrição da religião africana, sobretudo da visão que os africanos têm dos antepassados, e distorce o conceito de ancestrais daquele continente.

Na África, o lugar central que os ancestrais ocupam como fonte de bênção e prosperidade parece colocá-los como rivais de Cristo. Assim, como devemos entender o culto dos ancestrais em sua relação com Jesus Cristo? Os africanos não adoram seus ancestrais porque, na realidade, estes não se transformam depois da morte em algo que não eram antes de morrer. Eles mantêm sua natureza como parte da comunidade de vivos, o que explica a expressão "mortos que continuam vivos" ou "mortos vivos".

Na mentalidade africana, a morte consolida relacionamentos na sociedade, revitaliza os vivos e ressalta o senso de comunidade. Portanto, a morte de Cristo é um fato que torna meritório o título Ancestral. No entanto, ele é o Supremo Ancestral, que jamais deixará de ser um dos mortos que continuam vivos, pois sempre haverá pessoas vivas que o conhecem, cuja vida é irreversivelmente transformada por sua vida e obra. Por meio de sua morte e ressurreição, Cristo toma o lugar dos ancestrais humanos e torna-se Senhor tanto de vivos quanto de mortos. Assim, os ancestrais podem deixar de ser considerados sagrados, e Cristo pode assumir o lugar que é dele por direito na consciência religiosa dos africanos. Os ancestrais deixam de ser a fonte de bênção e prosperidade, uma vez que esse lugar passa a ser de Cristo.

2.3. O papel do ancestral na reflexão teológica africana. Os ancestrais e seu lugar na teologia cristã africana é um tema que tem ocupado o pensamento de teólogos do continente há mais de trinta anos. O debate tem se concentrado largamente nas doutrinas de *Deus e Cristo. Teólogos locais têm empregado o conceito de ancestral para expressar a fé cristã em termos africanos e fazer com que o evangelho tenha sentido para cristãos do continente. A teologia dos ancestrais ajuda a enfatizar a verdade teológica de que Deus é a fonte da vida humana e que todas as bênçãos são agora mediadas por Cristo. Essa afirmação desafia a teoria da evolução defendida pela sociedade secular ocidental. Ela também destaca a verdade de que a vida não termina com a morte. A morte conduz a natureza humana a outro estado de existência (*veja* Céu). A crença africana em espíritos e ancestrais, portanto, serve a um propósito teológico. Por um lado, a transcendência de Deus é salvaguardada por meio do respeito inspirado pela distância entre Deus e os seres vivos. Por outro lado, os espíritos permitem que o transcendente se torne imanente.

Em suas reflexões teológicas, tanto católicos quanto protestantes explicam a importância dos ancestrais para a fé cristã. A Igreja Católica Romana, por exemplo, vê no culto dos ancestrais uma ponte para a doutrina da comunhão dos santos, afirmando que o forte vínculo com os antepassados facilita a devoção aos santos e as orações em favor dos mortos. A Igreja Católica Romana está na dianteira das iniciativas de inculturação. A igreja evangélica está começando a se abrir para esse pensamento nos últimos anos.

Os teólogos africanos sublinham a importância absoluta e insubstituível de Cristo para o cristianismo da África. Através de sua encarnação, morte, ressurreição e ascensão ao céu — a esfera dos espíritos — Cristo pode ser corretamente chamado, em termos africanos, um ancestral, na verdade o *Ancestral* por excelência. A cristologia do ancestral ajuda os cristãos africanos a compreender o lugar e a importância de seus antepassados naturais. Na condição de ancestrais, em sua essência continuam humanos como nós, embora existam na esfera dos espíritos, e não podem de alguma forma concorrer com Jesus Cristo. O cristianismo africano faz uma clara distinção qualitativa entre Cristo como o Ancestral e os ancestrais humanos.

A importância do ancestral se vê em sua contínua relevância para a sociedade, não como espírito, "mas como foco regulador das relações e atividades sociais que persistem [...] como um repositório de sua vida e de sua história" (Fortes, 129). Jesus Cristo pode ser designado Ancestral em virtude do foco regulador que ele proporciona à comunidade cristã em termos de suas relações e atividades sociais, que se baseiam em sua vida e ministério neste mundo.

Nkansah-Obrempong, J.

3. A veneração de ancestrais na Ásia: algumas questões teológicas

Depois de mais de quatro séculos de discussões, a questão da veneração de ancestrais não está nem sequer perto de ser solucionada para os cristãos da Ásia, e é provável que assim continue, a menos que se compreendam as questões básicas subentendidas.

Um importante fato que não tem sido muito levado em conta é que a veneração de ancestrais não pode ser abstraída da consciência religiosa popular mais ampla ou do instinto religioso primitivo que forma a subestrutura estável de muitas culturas asiáticas. Conforme observa M. R. Mullins, até no Japão a modernização não eliminou de todo a religiosidade popular. A falta de avanços teológicos pode ser atribuída a uma hermenêutica predominantemente elitista que caracteriza as interações cristãs na Ásia. Interpretações elitistas geralmente tentam isolar a veneração de ancestrais de seu contexto religioso e tratam-na basicamente como um interesse social pela devoção filial e pela preservação da família e da solidariedade nacional.

Desde que o cristianismo entrou em contato com as culturas asiáticas (principalmente chinesa e japonesa), têm sido feitas tentativas para separar o que é cultural do que é religioso na veneração de ancestrais, mas essa abordagem tem obtido êxito apenas limitado. Isso se deve ao fato de que as interpretações não podem ser feitas fora de um contexto nem ser individualistas, mas envolvem um complexo de mitos e rituais compartilhados dentro de uma comunidade hermenêutica. As perspectivas elitistas têm a tendência de desmitologizar as crenças, vendo nelas mais cultura do que religião, fazendo assim que os rituais sejam religiosamente inócuos. Interpretações elitistas podem satisfazer a consciência de alguns cristãos, mas se elas têm condições de convencer cristãos e não-cristãos no nível popular é uma questão completamente diferente. Em minha observação, se eliminarmos os aspectos centrais dos *ritos* da veneração de ancestrais, como, por exemplo, o altar ou oratório, o *significado* central do ato fica perdido. No pensamento da maioria dos religiosos populares, se eliminarmos a oferenda de alimentos no altar dos ancestrais, o que vai sobrar não será mais uma verdadeira veneração. No nível popular, os ritos e sua interpretação não são separáveis, e toda tentativa de separá-los, seja substituindo rituais ostensivamente religiosos por outros não-religiosos, seja reinterpretando as crenças religiosas para adequá-las a normas éticas e culturais aceitáveis (desmitologização), não obterá êxito nem convencerá ninguém. Dentro da comunidade de cristãos, isso pode preservar a consciência dos "fracos", mas não terá poder para convencer os praticantes de religiões populares. Há lugar e hora para fortalecer a consciência cristã fraca. Seu efeito salutar é que, com o passar do tempo, o abismo entre os "fortes" e os "fracos" acaba se estreitando e se amplia o consenso cristão.

Mas os não-cristãos não ficarão convencidos de que os cristãos levam a sério o tema da veneração de ancestrais, por mais calorosas que sejam suas declarações. Essa situação confusa é ainda mais exacerbada nos lares chineses em que os convertidos ao cristianismo são geralmente os filhos que entram em contato com a educação ocidental.

De modo geral, missionários protestantes conservadores não se prestam à desmitologização de crenças populares. Eles têm a tendência de adotar uma postura não-elitista. Mesmo assim, não estão imunes ao pressuposto elitista que tenta fazer separação entre aspectos religiosos e culturais. A única diferença é que eles costumam olhar mais para elementos religiosos na veneração de ancestrais e menos para os culturais. Eles admitem a realidade do mundo espiritual do povo religioso, mas rejeitam a veneração de ancestrais, vendo-a como sinal da tendência pecaminosa que o ser humano tem de adorar a criatura em vez do criador, chegando até mesmo a considerá-la culto aos demônios. Assim, pouca coisa é aproveitada nas práticas envolvendo ancestrais, com exceção dos valores éticos que tais atos *simbolizam* (como devoção filial, por exemplo). Apenas equivalentes cristãos convenientes são observados na veneração de ancestrais. A abordagem conservadora é muitas vezes acusada de fazer uma ruptura radical entre os convertidos e seu meio cultural, mas ela também incorpora um aspecto atraente muitas vezes esquecido. É uma abordagem que apresenta o cristianismo como uma cosmovisão alternativa que liberta dos temores e incertezas gerados pelas crenças populares. Ela é responsável pela conversão em massa de sociedades tribais, que geralmente acabam abandonando suas práticas de veneração dos antepassados. Mas fenômenos como esses não são comuns em sociedades onde o confucionismo é forte, a exemplo de China e Japão.

O movimento missionário na Ásia que faz uso da distinção entre cultura e religião não tem conseguido apresentar opções rituais satisfatórias para cristãos e convincentes para não-cristãos, sobretudo em estratos sociais mais populares. Mas há algo que podemos aprender com as igrejas cristãs autóctones no Japão para eliminar o impasse.

Essas igrejas desenvolvem uma cosmovisão coerente e integrada para interagir com a cosmovisão da veneração de ancestrais, em vez de tentar fazer a decomposição de seus elementos culturais e religiosos. Elas levam a sério a cosmovisão primitiva, mas, ao contrário dos missionários conservadores, revelam uma postura mais positiva diante dessa cosmovisão e procuram interpretá-la da perspectiva das Escrituras. Elas admitem um trânsito maior entre este mundo e o mundo dos espíritos e tomam por base textos como 1Pedro 3.18-22; 4.6 (a descida de Cristo ao inferno) e Mateus 18.18-20 (*tudo quanto ligardes na terra terá sido ligado no céu*). Disso advêm diversas consequências. O fundador da Igreja Cristã do Evangelho Glorioso, Kotaro Sugita, ensina a orar pelos mortos, crendo que, uma vez que os ancestrais conseguem ouvi-los, os vivos podem pregar e ler a Bíblia para eles como parte da versão cristã do culto memorial. Eles podem até mesmo orar pelos ancestrais incrédulos para que sejam salvos. A Igreja do Espírito de Jesus pratica o batismo em favor dos mortos com base em 1Coríntios 15.29. Muitos desses cristãos locais dão ênfase ao poder de Cristo sobre o mundo dos mortos e sobre o desejo que ele tem de salvá-los. Ao ler as palavras de Paulo para o carcereiro de Filipos (*tu e tua casa sereis salvos*), eles as interpretam aplicando-as à família estendida, incluindo os vivos e os já falecidos.

Há diversas lições importantes que podemos aprender com as abordagens adotadas por igrejas autóctones japonesas. Primeira, elas formularam uma ampla teologia das religiões sem fazer concessões que comprometessem a natureza imutável de Cristo. Nesse aspecto, são mais fiéis à tradição cristã que alguns cristãos inclusivistas e pluralistas. (Em termos das teorias contemporâneas, a deles se aproxima da teoria *post-mortem*.) Segunda, elas demonstraram a possibilidade de substitutos satisfatórios dos ritos (tais como ler a Bíblia para os ancestrais e batizá-los), se houver uma teologia dos ancestrais adequada. Uma doutrina dos ancestrais desmitologizada produzirá apenas rituais empobrecidos. Terceira, elas apresentam à igreja mais ampla, sobretudo a protestante, novas formas de compreender o significado da comunhão dos santos e uma visão do universo dos sacramentos. Se suas abordagens devem ser vistas como sincretismo ou como legítimas contextualizações do evangelho é algo que irá depender de como suas crenças e costumes se posicionam diante da luz das Escrituras e da tradição cristã. Aparentemente, à luz da interpretação que fazem de passagens negligenciadas, tais como 1Pedro (que não deixa de ter apoio dos tradicionais) e diante da tradição cristã mais abrangente (tais como a ideia de purgatório e da comunhão dos santos), suas abordagens não devem ser imediatamente descartadas como sincretistas.

S. Chan

Veja também ANTROPOLOGIA TEOLÓGICA; CÉU; INFERNO; INVOCAÇÃO, VENERAÇÃO DOS SANTOS; RELIGIÃO AFRICANA TRADICIONAL; RELIGIÕES CHINESAS; TEOLOGIA CHINESA, UNIVERSALISMO.

BIBLIOGRAFIA. BEDIAKO, K., *Christianity in Africa: The Renewal of a Non-Western Religion* (Maryknoll: Orbis, 1995); BUJO, B., *African Theology in Its Social Context* (Maryknoll: Orbis, 1992); CHAN, W.-T., *A Source Book in Chinese Philosophy* (Princeton: Princeton University Press, 1963); CHING, J., *Chinese Religions* (Maryknoll: Orbis, 1993); DICKSON, K., *Theology in Africa* (London: Darton, Longman & Todd, 1984); DRIBERG, J. H., "The Secular Aspect of Ancestor-Worship in Africa," *Supplement to the Journal of the Royal African Society* 35 (January 1936) 1-21; FASHOLÉ-LUKE, E., "Ancestor Veneration and Communion of Saints", in: *New Testament Christianity for Africa and the World,* GLASSWELL, M. e FASHOLÉ-LUKE, E., orgs. (London: SPCK, 1974); FORTES, M., "Some Reflections on Ancestor-Worship in Africa", in: *African Systems of Thought,* FORTES, M. e DIETERLEN, G., orgs. (London: Oxford University Press, 1965) 122-41; HEALEY, J. e SYBERTZ, D., *Toward an African Narrative Theology* (Maryknoll: Orbis, 1996); HSU, L. K., *Under the Ancestors' Shadow: Chinese Culture and Personality* (London: Routledge Kegan Paul, 1949); MBITI, J., *African Religions and Philosophy* (Nairobi: Heinemann, 1969); MINAMIKI, S. J., *The Chinese Rites Controversy from Its Beginning to Modern Times* (Chicago: Loyola University Press, 1985); MULLINS, M. R., *Christianity Made in Japan: A Study of Indigenous Movements* (Honolulu: University of Hawaii Press, 1998); NYAMITI, C., *Christ as Our Ancestor: Christology from an African Perspective* (Geri [Zimbábue]: Mambo Press, 1984); PARRATT, J., *Reinventing Christianity: African Theology Today* (Grand Rapids: Eerdmans, 1995); Ro, B. R., org., *Christian Alternatives to Ancestor Practices* (Taichung, Taiwan: Asia Theological Association, 1985; Word of Life Press, 1991).

Yeung, H. K., Nkansah-Obrempong, J. e Chan, S.

ANDROCENTRISMO. *Veja* TEOLOGIA FEMINISTA.

ANGLICANISMO

O modelo de fé e prática cristãs com origem na Igreja da Inglaterra e que se espalhou por todo o mundo é conhecido como anglicanismo. Sua expressão institucional é chamada Comunhão Anglicana. O termo *anglicano* foi usado a primeira vez em referência a esse grupo de igrejas em 1846, quando o célebre socialista e escritor cristão Charles Kingsley o aplicou à igreja numa entrada do *Oxford English Dictionary*. Com origem inglesa, o anglicanismo se expandiu e chegou a abranger quase cem milhões de pessoas em mais de 160 países. Os laços entre as diversas províncias regionais do anglicanismo refletem um amplo consenso em torno dos fundamentos da vida cristã, solidariedade e trabalho em equipe, com a Igreja da Inglaterra como fonte provedora. O Arcebispo da Cantuária, cabeça da Igreja da Inglaterra, atua como o principal líder espiritual do anglicanismo e é altamente respeitado. Mas o cargo não exerce poder fora da Inglaterra, e a maioria dos anglicanos resiste à ideia de expandir suas prerrogativas.

1. Origem e caráter
2. Expansão mundial
3. Liderança e organização
4. Unidade e suas provas

1. Origem e caráter

O anglicanismo nunca foi uma tradição confessional cuja identidade refletisse uma formulação doutrinária em particular ou uma instituição centralizada na qual residisse alguma autoridade definitiva. Como produto da *Reforma Protestante, a Igreja da

Inglaterra endossa grande parte dos dogmas do protestantismo, sobretudo a centralidade da autoridade bíblica e o papel crucial das Escrituras na vida da igreja. Na Inglaterra da época da Reforma, houve um intenso movimento que tinha por objetivo disponibilizar as Escrituras e viabilizar sua interpretação de modo geral. Essa ênfase foi preservada à medida que a Igreja Anglicana se expandiu para outros continentes. O papel dos leigos, igualmente defendido desde os tempos da Reforma na Inglaterra, tem sido proeminente. O anglicanismo como ideal busca uma vida eclesiástica marcada pelo trabalho em equipe entre leigos e clérigos.

O anglicanismo também perpetuou muitos modelos católicos de adoração e ministério, e no final do século 20 os anglicanos em geral davam grande destaque à adoração eucarística como um dos pilares da liturgia. Mas o foco da Igreja Anglicana dirigido à iniciativa local e ao papel dos leigos confirma sua herança reformada. A intenção de mesclar formas católicas e ideais protestantes adaptados a realidades contextuais tem sido a base da identidade do anglicanismo e de sua expansão por todo o mundo.

2. Expansão mundial

Há muito considerada a igreja do Império Britânico, o anglicanismo conseguiu se tornar autóctone num grande número de culturas, constituindo um modelo de expansão que se mantém em situações diversas. A expansão foi a tal ponto uma realidade da vida anglicana, sobretudo em regiões da África ao sul do deserto do Saara, que o anglicanismo se tornou uma das maiores manifestações do cristianismo e o grupo religioso mais disperso depois do catolicismo romano. O crescimento da igreja foi muito grande em locais como Nigéria, Quênia, Uganda e África do Sul. Por incrível que possa parecer, a igreja está crescendo em lugares como Ruanda e Moçambique, e os números apontam crescimento do anglicanismo em locais tão distintos quanto o sudeste da Ásia, partes da América Latina e do Oriente Médio. O fim do colonialismo significou uma guinada radical que levou ao fim da dependência de liderança externa e resultou numa forma de cristianismo anglicano verdadeiramente autóctone em todo o Hemisfério Sul.

A igreja mantém suas raízes históricas nas Ilhas Britânicas, na América do Norte e Oceania, mas sua mudança de rota para o Hemisfério Sul foi facilitada não tanto por alguma herança institucional, mas por uma ênfase sobre a liderança local e a evangelização dentro dos contextos sociais. O trabalho missionário tem sempre conduzido à evangelização, mas ele também dá destaque ao ministério dirigido às necessidades locais. O crescimento anglicano é conhecido pela implantação de programas educacionais, de saúde e de serviço social. Em alguns casos, os anglicanos dirigem segmentos importantes dos sistemas de serviço social do país em que se encontram. A preocupação de se tornar autóctone também significa que o anglicanismo incorporou perspectivas teológicas e litúrgicas que refletem novas raízes em culturas distantes de suas origens britânicas. Em suas práticas, o anglicanismo representa um esforço por equilibrar ideais históricos, formas locais e laços globais.

3. Liderança e organização

Os cargos tradicionais de liderança no anglicanismo indicam que a autoridade reside no clero, sobretudo no caso do papel central dos bispos, cujo ofício reflete a sucessão apostólica, e que é preciso que a Eucaristia seja celebrada por sacerdotes. O fato é que os que detêm cargos por ordenação gozam de considerável liberdade para tomar iniciativas. Ao longo da história anglicana há numerosos exemplos de líderes de grande influência, em especial o Arcebispo Desmond Tutu, da Cidade do Cabo, na África do Sul, que recebeu o Prêmio Nobel da Paz no final do século passado por sua oposição ao antigo regime de *apartheid no país. Integrantes da liderança do clero anglicano muitas vezes se tornam figuras públicas de visibilidade nos contextos onde atuam.

Mas o clero anglicano não detém autoridade fora do processo democrático. Os bispos, por exemplo, são eleitos na maioria dos segmentos do anglicanismo. A igreja confia na busca de consenso através do processo democrático para garantir sua unidade em todas as instâncias, desde as locais até as internacionais. Como consequência, há variações nas práticas anglicanas e até divergências em torno de algumas questões, mas o anglicanismo busca preservar a unidade por meio de algumas declarações doutrinárias. O ponto de referência mais comum é o Quadrilátero de Lambeth, aprovado inicialmente pela Convenção Geral da Igreja Episcopal dos Estados Unidos em 1886 e depois adotado pela Conferência de Lambeth em 1888. O Quadrilátero afirma que os pilares do anglicanismo são as Escrituras do Antigo e Novo Testamento, os credos de Niceia e dos Apóstolos, os sacramentos do batismo e da eucaristia, e o episcopado histórico. Mas os anglicanos não olham para a unidade como sinônimo de endosso de afirmações doutrinárias específicas. Há pouquíssimos fundamentalistas anglicanos, embora haja níveis de literalismo bíblico que se evidenciam no anglicanismo.

Em vez disso, o anglicanismo representa um modo de viver a vida cristã e de organizar a igreja. A espiritualidade anglicana está centrada no cultivo de formas de santidade pessoais e coletivas, e existe uma rica tradição de textos de espiritualidade em torno desse tema. Valorizando tradição e diversidade, os anglicanos procuram organizar a vida e a obra da igreja por meio de comitês, comissões e grupos de consulta. Dentre as formas globais se destacam as reuniões anuais dos líderes das províncias anglicanas, conhecidos como primazes, e a Conferência de Lambeth, uma reunião de todos os bispos realizada no fim de cada década. Há também diversos encontros de líderes, a exemplo da Conferência de Bispos de Toda a África. Os vários segmentos do anglicanismo mantêm convenções e sínodos em suas instâncias locais, regionais e nacionais. Um ideal que se destaca e traz unidade nesses encontros é o ideal da igreja nacional. Por toda sua história, os anglicanos acreditaram que seu papel é ressaltar o que existe de melhor numa sociedade. Esse objetivo tem fundamentado os ministérios de pregação e as iniciativas que visam a adaptação às tendências sociais predominantes. Para os anglicanos, existe há muito tempo essa tensão entre o impulso de se adaptar a certa cultura e o forte desejo de traçar um caminho para a vida cristã que se diferencie do contexto cultural.

4. Unidade e suas provas

No final do século 20, a questão da homossexualidade colocou à prova a unidade do anglicanismo como nenhum outro tema anterior havia feito. Nem mesmo a poligamia, que desafiou reuniões internacionais durante um século, gerou tantas disputas internas. No fim, um acordo em torno da questão da poligamia afirmou o casamento monogâmico, mas obriga que a pessoa polígama contribua para o sustento de todas as outras esposas.

Portanto, os abismos criados por questões morais que refletem contextos de uma cultura em particular não são novidade para o anglicanismo. A expansão da igreja tem aumentado a tensão entre anglicanos progressistas e os mais tradicionais. Os progressistas dão destaque à justiça social e, para conquistá-la, defendem que costumes e ensinamentos históricos do cristianismo sofram adaptações. Segundo essa visão, o desafio que se apresenta à igreja é reproduzir o reino de Deus, que deve ser diferente, ainda que hostil às convenções sociais. Tal sentimento tem mais força no Hemisfério Norte. Todavia, os tradicionalistas vinculam a integridade da igreja à manutenção do entendimento bíblico, histórico e da disciplina. Os tradicionalistas tendem a ler a Bíblia de maneira mais literal e se encontram em maior número no Hemisfério Sul. O abismo entre progressistas e tradicionalistas manifestou-se pela primeira vez no debate sobre a ordenação de mulheres, que entrou para as pautas de discussão de 1975 em diante. Nesse caso, os anglicanos concordaram em divergir. As mulheres são ordenadas ao ministério pastoral em vários segmentos da igreja em todos os continentes e podem ser bispas em diversos setores da igreja, em especial no Canadá e nos Estados Unidos.

A tensão entre progressistas e conservadores tem sido maior que o atrito histórico entre anglicanos de linha evangélica e anglicanos católicos. Ao longo da história, os anglicanos evangélicos têm dado destaque às Escrituras e às missões, ao passo que os anglocatólicos ressaltam os sacramentos da igreja e a vida espiritual. O leque de crenças e costumes da igreja está cada vez mais aberto, o que dificulta a existência de uma realidade inclusiva e tem levado alguns a defender uma direção mais centralizada. Mas a vocação do anglicanismo histórico visa a busca de elasticidade, dando preferência à aplicação mais flexível da tradição como forma de adaptação às necessidades locais. A essência do anglicanismo reside na centralidade do culto como base da comunidade e do ministério cristãos com fidelidade à tradição, mas sempre expresso em termos contextuais.

Veja também REFORMA.

BIBLIOGRAFIA. AVIS, P., *Anglicanism and the Christian Church* (2a. ed.; Edinburgh: T & T Clark, 2002); MCADOO, H. R., *The Spirit of Anglicanism* (London: Black, 1965); NEILL, S., *Anglicanism* (New York: Oxford University Press, 1978); SACHS, W. L., *The Transformation of Anglicanism: From State Church to Global Communion* (Cambridge: Cambridge University Press, 1993); SYKES, S. W. e BOOTY, J., orgs., *The Study of Anglicanism* (London: SPCK, 1988).

Sachs, W. L.

ANIQUILACIONISMO. *Veja* INFERNO.

ANJOS

A crença em seres ou forças espirituais é uma ideia que prevalece em muitas culturas de todo o mundo. A Bíblia afirma a existência de outras realidades espirituais que fazem parte da criação de Deus, além dos seres humanos. Tais seres espirituais são chamados anjos. Este artigo tratará do assunto levando em consideração a natureza dos anjos, suas atividades e funções em relação com Deus, com a humanidade e com a criação.

1. Termos e definição
2. A natureza dos anjos
3. Anjos bons
4. Funções e ministérios dos anjos santos
4. Anjos maus
5. A importância teológica dos anjos

1. Termos e definição

Anjos são seres celestes ou sobrenaturais que se distinguem de Deus e dos seres humanos. Na Bíblia, o termo hebraico *mal'āk* e o grego *angelos* usados em relação aos anjos significam "mensageiro". Os mensageiros humanos (1Rs 19.2; Ec 5.6), tais como profetas (2Cr 36.15; Is 44.26; Ag 1.13), sacerdotes (Ml 2.7; 3.1) e João Batista (Lc 7.27) são mencionados na Bíblia com a mesma palavra traduzida por anjo. Na maior parte das referências aos anjos no texto bíblico, o contexto é o que determina se eles são mensageiros humanos ou de origem celestial. O foco deste artigo, porém, são os seres celestiais.

A Bíblia também emprega outros termos para se referir aos anjos. Por exemplo, "filhos de Deus" (Gn 6.2, 4; Jó 1.6; 2.1) e "filhos dos poderosos" (Sl 29.1; 89.6 ARC) são expressões que remetem às forças celestiais. Eles também são chamados "santos" (Sl 89.5, 7), nome que retrata sua natureza bem como suas atividades. E também são designados como "sentinelas" (Dn 4.13). Outras referências aos anjos os associam a uma "assembleia" (Sl 82.1; 89.5, 7) e a "Exércitos" (Sl 89.8), ideia que remete a seu número incalculável.

2. A natureza dos anjos

Qual a natureza dos anjos? A Bíblia os classifica como bons ou maus. Os anjos bons ou santos são os que obedecem e servem a Deus. Os anjos maus são os que, de acordo com a tradição cristã, se rebelaram contra Deus, caíram com Lúcifer — o Diabo — e se opõem a Deus e a tudo o que ele representa.

3. Anjos bons

Os anjos são seres espirituais criados (Sl 148.2-5; Hb 1.14; Cl 1.16) que também possuem características humanas. Na condição de seres criados, não são divinos nem independentes, mas estão subordinados a Deus e dele dependem. Distinguem-se dos seres humanos pelo fato de não terem uma constituição material. Não se casam nem se dão em casamento, ou seja, não se envolvem sexualmente (Lc 20.35-36). Os anjos têm a capacidade de assumir forma humana quando aparecem aos seres humanos nas Escrituras, sobretudo quando enviados para transmitir a mensagem e a vontade divina aos homens (Gn 5:13-14; 16; 19.1; Js 5.13-14; Jz 6.21-22; 13.21; Ez 9.2). Eles sempre aparecem vestidos e sob forma masculina. Às vezes, aparecem aos homens de maneira aterradora ou com roupas resplandecentes (Jz 13.6; Lc 24.4). Eles representam a presença e o poder de Deus, de quem derivam o poder que detêm.

À semelhança dos seres humanos, os anjos são seres morais cujas ações são julgadas e consideradas boas ou más. Eles também possuem outras características humanas como vontade, emoções e razão. A exemplo de todos os outros seres, os anjos têm livre arbítrio (2Pe 2.4; Jd 6) e conhecimento (Mc 13.32). No entanto, comparados aos seres humanos, os anjos são superiores, têm muito mais poder (Hb 2.7) e não estão sujeitos às limitações físicas da humanidade. A menos que apareçam sob forma humana, não são visíveis (Gn 28.12; 31.11; Nm 22.22-31). O nome "santos" não se refere apenas à sua pureza moral, mas também ao tipo de atividade que desempenham. O que distingue os anjos maus dos anjos bons é justamente a pureza moral e o tipo de atividade derivada da integridade moral.

Os anjos são classificados como querubins (Gn 3.24; Êx 26.31; Ez 10.1-5) e serafins (Is 6.1-2, 6), que são criaturas aladas, e também arcanjos. As Escrituras mencionam dois arcanjos: Gabriel e Miguel (Lc 1.26; Jd 9; cf. Dn 10.13). Essa classificação indica certa hierarquia entre os anjos bons. Paulo também descreve uma hierarquia entre os anjos maus ao se referir a eles como tronos, dominações, principados e poderes (Cl 1.16), forças demoníacas que atuam neste mundo.

3.1.O Anjo do Senhor. O Antigo Testamento faz referência ao anjo do Senhor como um anjo especial e diferente dos outros mencionados na Bíblia. A descrição do anjo do Senhor no Antigo Testamento indica que ele é o próprio Deus que assume a forma humana para se apresentar a diferentes pessoas em ocasiões distintas. Esse anjo, que aparece para Agar, Abraão, Jacó e, mais adiante, para Moisés na sarça ardente é chamado "o Senhor" (Gn 16.10, 13; 22.11; 31.11, 13; Êx 3.2, 6). No entanto, parece que ele se distingue de Deus (2Sm 24.16; Sl 34.7; Zc 1.11-13). Ele também dirige e guarda os filhos de Israel no êxodo do Egito. E também aparece a Josué como "chefe do exército do Senhor" (Js 5.14; 6.2). Acredita-se que esse anjo único seja uma teofania do Cristo pré-encarnado no Antigo Testamento.

4. Funções e ministérios dos anjos santos
4.1 O ministério dos anjos em relação a Deus. Em sua interação com Deus, os anjos atuam como mensageiros divinos que cumprem sua vontade no céu e na terra. Foram criados para levar a termo os propósitos de Deus; atuam para cumprir sua vontade e executar seus planos no mundo. Os anjos devem oferecer louvor contínuo a Deus e ao Cordeiro, Jesus Cristo (Sl 103.20-21; 148.1-2; Ap 4.8; 5.11-13). Sua principal função é prestar serviço a Deus, louvando-o ou ministrando em seu nome na esfera humana ou de outros segmentos da criação.

4.2.O ministério dos anjos na comunidade do povo de Deus. Em sua interação com os seres humanos, os anjos interpretam a vontade de Deus para os homens, mostrando-lhes como viver uma vida reta (Jó 33.23). Eles também cuidam dos seres humanos, atendendo-lhes em suas necessidades (Sl 91.11). O ministério dos anjos foi proeminente na vida da comunidade do povo de Deus tanto no Antigo Testamento quanto no Novo, sobretudo na vida da igreja do primeiro século.

No Antigo Testamento, os anjos executam o juízo de Deus sobre nações e pessoas iníquas. São também representados como "anjos destruidores" (2Sm 24.16; 2Rs 19.35; Sl 78.49; Ez 9). Os anjos ministram aos crentes, protegendo-os e libertando-os fisicamente dos perigos (At 12.11), fornecendo-lhes o que é necessário, dando-lhes ânimo e ajudando-os ao trazer respostas às orações (Dn 9.20-27). Eles orientam e advertem (At 8.26; 10.3, 22), acompanham os crentes ao céu (Lc 16.22) e executam o juízo divino sobre os iníquos (Gn 19.12-13; Ap 14.14-20).

Embora o ministério dos anjos se destaque tanto no Antigo Testamento quanto no Novo, a igreja cristã dos dias atuais não dá aos anjos e a seu ministério um lugar de proeminência. No entanto, há exceções: as *Igrejas de Origem Africana dão lugar de destaque ao ministério dos anjos nas comunidades de crentes. Os cristãos evangélicos têm a tendência de substituir o ministério dos anjos pela obra do Espírito Santo, mas essa confusão não se justifica. Deus sempre realizou sua obra com a intermediação de anjos. O fato é que o Espírito Santo usa os seres angelicais para realizar a obra de Deus.

O ministério dos anjos é universalmente necessário e importante para a igreja de Jesus Cristo, mas precisamos reconhecer a singularidade de Jesus e de seu senhorio sobre anjos, demônios e outros poderes (Ef 1.20-21; Fp 2.9-10; Cl 1.15-16). As Escrituras proíbem o culto aos anjos ou a espíritos de ancestrais, pois são seres criados, e proíbe a prática de feitiçaria e adivinhação ou a manipulação de forças demoníacas por intermédio de encantamentos, amuletos e coisas do gênero (Dt 18.10-11; At 19.18-19; Cl 2.18-19).

5. Anjos maus
Os demônios e outras forças espirituais são mais uma categoria de seres que nos interessam aqui. Qual a natureza deles? Ao contrário dos anjos bons, os anjos maus corromperam sua natureza e se tornaram perversos. Eles são acusados de loucura (Jó 4.18) e considerados indignos de confiança (Jó 15.15). São estes os anjos maus ou demônios, cujo líder é *Satanás.

5.1 Satanás: sua natureza e atividades. Satanás, ou o Diabo, é apresentado no Novo Testamento como chefe dos demônios. Suas atividades estão descritas no Novo Testamento. Satanás é quem tenta Jesus no deserto após o batismo (Mt 4.1-11); ele é jogado no lago de fogo depois do último conflito entre Deus e o Diabo (Ap 20.10). A Bíblia também lhe dá outros nomes. Ele é a serpente (Gn 14-15; Ap 12.9, 14-15; 20.2), Lúcifer, "a estrela da manhã" (Is 14.12-15), destruidor ou Apoliom (Ap 9.1), e também é apresentado como um dragão (Ap 12.1-17; 20.2). Entre outros nomes que lhe são atribuídos encontram-se "homicida" (Jo 8.44), aquele que "engana todo o mundo" (Ap 12.9), "tentador" (Mt 4.3; 1Ts 3.5), "adversário" (1Pe 5.8), aquele que "peca desde o princípio" (1Jo 3.8), "pai da mentira" (Jo 8.44) e outros. Esses nomes e caracterizações apontam para a natureza e as atividades nas quais o Diabo e seus parceiros estão envolvidos.

Satanás exerce poder sobre os anjos caídos e sobre o mundo. É ele o responsável pelo mal e pelas trevas deste mundo (Jo 12.46). Jesus veio para trazer luz ao mundo e para destruir as obras de Satanás. Ele o chama príncipe deste mundo (Jo 12.31; 14.30; 16.11). Paulo o descreve como "deus deste século" (2Co 4.4) e "príncipe do poderio do ar" (Ef 2.2). A Bíblia parece dar a entender que Satanás tem muito poder, mas esse poder é limitado. Ele não pode ultrapassar os limites que Deus lhe estabeleceu. Deus haverá de julgar e destruir o mal que neste mundo for causado por Satanás e suas forças demoníacas.

5.2 Os demônios: sua natureza e atividades. Qual a natureza e a identidade dos demônios? Uma linha de interpretação identifica os demônios com o espírito de pessoas mortas. Outros acham que os demônios são descendentes anormais das relações que os anjos tiveram com mulheres de época anterior ao dilúvio (Gn 6.2; Jd 6), ou anjos que pecaram motivados pela rebelião de Lúcifer contra Deus (Mt 25.41; 2Pe 2.4; Ap 12.7-9). A terceira possibilidade parece mais viável: Demônios são anjos "caídos" criados por Deus e que no princípio eram bons; mas eles pecaram e, portanto, tornaram-se maus. A Bíblia ensina que eles "deixaram sua própria habitação" e agora se encontram "no abismo de trevas", reservados por Deus para o juízo (Jd 6; 2Pe 2.4). A Bíblia refere-se aos demônios como espíritos maus ou impuros. À semelhança dos anjos bons, os anjos maus ou demônios são seres espirituais, mas são descritos como impuros (Mc 1.23; At 8.7), podem ser localizados (Mt 8.28-34; At 16.16), são inteligentes (Mt 8.29; Mc 1.24) e poderosos (Mt 15.22; Mc 5.3-4; 9.22; Jo 10.21).

Ao contrário dos anjos bons, que atuam como ministros de Deus, os demônios servem o Diabo, o chefe deles, trabalham contra os planos de Deus e atacam a humanidade (Mt 12.22-32; Mc 3.22-30; Lc 11.14-23). Segundo o Novo Testamento, o propósito dos demônios é destruir as pessoas e afligi-las com doenças como mudez (Mc 9.17), surdez junto com mudez (Mc 9.25), cegueira e mudez (Mt 12.22), convulsões (Mc 1.26; 9.20; Lc 9.39), paralisia ou mutilações (At 8.7) e muitas outras. Os demônios também fazem oposição ao progresso espiritual do povo de Deus (Ef 6.12). Muitas vezes parece existir uma relação entre transtornos mentais, doenças e atividades demoníacas (Lc 13.11, 16). Nem todas as enfermidades, porém, são atribuídas à possessão ou atividade demoníaca. Para aquele que crê, qualquer aflição imposta por Satanás ou pelos demônios pode vir somente se Deus a permitir (Jó 1.12; 2.6; 2Co 12.7-10); caso contrário, os demônios não têm espaço na vida dos que creem.

5.3 Os poderes: sua natureza e atividades. Por último, o que são os poderes? Os poderes fazem parte das hostes de anjos caídos. Todavia, o termo algumas vezes é uma referência às autoridades humanas (Rm 13.1-3; Tt 3.1). A diferença é que os demônios muitas vezes possuem os indivíduos e agem contra os seres humanos, mas os poderes lutam contra os cristãos no serviço que realizam e nas orações dirigidas a Deus (Ef 6.12). Mas eles também se opõem à obra de Deus de outras formas.

Paulo menciona uma hierarquia angelical que inclui tronos, domínios, poderes e principados responsáveis por certas questões relacionadas com os homens e o mundo. Ele condena a adoração de anjos e proclama que Cristo é superior aos poderes cósmicos (Cl 1.15-16; 1Pe 3.22).

Os poderes fazem parte dos seguidores de Satanás que procuram lutar contra os planos e os propósitos divinos, muitas vezes também lutando contra os crentes e lhes fazendo oposição. O cristão participa de uma batalha espiritual contra essas formas de seres angelicais. Os poderes são vistos como uma hierarquia. Paulo os descreve como principados, poderios, *príncipes deste mundo de trevas* e *exércitos espirituais da maldade nas regiões celestiais* (Ef 6.12). Esses poderes ou grupos de anjos maus exercem controle sobre certas instituições humanas e estruturas políticas, usando-as para combater e impedir a obra de Deus (Wink). Tais forças batalham contra os crentes, mas Paulo ensina que o inimigo e suas forças podem ser vencidos pelo cristão que faz uso das armas espirituais corretas (Ef 6:13-18). No final das contas, esses poderes estão sob o senhorio de Jesus Cristo, pois ele os criou (Cl 1.16) e os derrotou na cruz (Cl 2.10, 15).

6. A importância teológica dos anjos

Qual a importância teológica dos anjos? Em primeiro lugar, num mundo que não dá valor à dimensão espiritual da realidade, o estudo dos anjos traz à discussão o tema do sobrenatural. Em segundo lugar, os anjos, como seres espirituais criados, não são divinos (Cl 1.15-16) nem eternos como Deus. Eles possuem certos poderes e capacidades que os seres humanos não têm, mas não devem ser adorados. Deus também realiza sua obra na criação por meio dos anjos. E os envia para proteger os crentes e ministrar a eles. O ministério dos anjos desenvolveu-se paralelamente à obra do Espírito Santo na vida dos apóstolos e da igreja do primeiro século. No livro de Atos, onde se enfatiza a atividade do Espírito Santo, podemos vê-lo junto com os anjos participando ativamente da vida da igreja, e ambos ajudam os crentes em sua peregrinação cristã. Ao longo da história dos homens e do mundo, o Deus triuno sempre se valeu de anjos para cumprir seus planos e propósitos.

Reconhecemos que Satanás domina este mundo com seus poderes e agentes demoníacos, mas, por meio de sua morte e ressurreição, Cristo derrotou os anjos maus e as autoridades demoníacas. Quer essa autoridade seja exercida por meio dos homens, quer seja pelas forças diabólicas, Jesus Cristo é Senhor sobre tudo e todos. Todos os poderes e autoridades estão sujeitos a ele. Como consequência, eles não podem exercer poder ou domínio sobre os crentes nem sobre a igreja de Cristo. Pelo sangue de Jesus Cristo o crente venceu os poderes das trevas. Dessa maneira, as forças demoníacas — apesar de reais — não podem controlar a vida daquele que crê.

O poder do mal e as forças malignas devem ser considerados da perspectiva correta. Embora sejam seres poderosos, eles não são todo-poderosos. Seu poder é limitado. Os crentes não devem temer esses demônios, principados e poderes, pois Cristo os resgatou do domínio deles ao derrotá-los na cruz, despojando-os e expondo-os em público (Cl 2.15). Em Cristo, os crentes venceram os poderes das trevas e podem levar uma vida vitoriosa.

As estruturas sociais, políticas e econômicas malignas que os dominadores e os poderes do mal controlam e usam para oprimir a humanidade, e toda a oposição de Satanás e dos principados mobilizados contra Deus e contra a igreja de Jesus Cristo, serão destruídos no fim dos tempos. Jesus Cristo virá com seus anjos para destruir a obra de Satanás e de suas forças e introduzirá o reino de Deus. Enquanto isso não acontece, os crentes buscam o poder de Cristo para antecipar essa vitória por meio de uma vida como discípulos fiéis.

Veja também BATALHA ESPIRITUAL; SATANÁS.

BIBLIOGRAFIA. ARNOLD, C., *Powers of Darkness: Principalities and Powers in Paul's Letters* (Downers Grove: InterVarsity Press, 1992; AUFFARTH, C. e STUCKENBRUCK, L., orgs., *The Fall of Angels* (Leiden: Brill, 2004); CONNELLY, D., *Angels Around Us:*

What the Bible Really Says (Downers Grove: InterVarsity Press, 1994); Dickason, C. F., *Angels, Elect and Evil* (Chicago: Moody Bible Institute, 1975); Fletcher-Louis, C. H. T., *Luke-Acts: Angels, Christology and Soteriology* (Tübingen: Mohr Siebeck, 1997); Noll, S. F., *Angels of Light, Powers of Darkness* (Downers Grove: InterVarsity Press, 1998); Sullivan, K. P., *Wrestling with Angels: A Study of the Relationship Between Angels and Humans in Ancient Literature and the New Testament* (Leiden: Brill, 2004); Sumrall, L., *The Reality of Angels* (Nashville: Nelson, 1982); Wink, W., *Engaging the Powers: Discernment and Resistance in a World of Domination* (Minneapolis: Fortress, 1992).

Nkansah-Obrempong, J.

ANSELMO. *Veja* Teologia Medieval.

ANTISSEMITISMO. *Veja* Judaísmo.

ANTROPOLOGIA TEOLÓGICA

Em *Ensaio sobre o homem,* Alexander Pope aconselha: "Conhece-te, pois, a ti mesmo, não pretendas que Deus te examine; O estudo adequado da Humanidade é o Homem" (Epístola II, 1.12). A civilização moderna, acreditando piamente nisso, caracteriza-se por um desenvolvimento sem igual dos estudos científicos sobre a constituição e o comportamento humano. Filosofias rivais apresentam interpretações divergentes sobre a natureza, o sentido e o valor da vida humana — e poucas são as que levam em conta o conhecimento acerca de Deus. Apesar dessa concentração, ou por sua causa, homens e mulheres de todo o mundo admitem um sentimento de confusão e de profundas incertezas sobre o que eles realmente são e devem ser. A resposta da antropologia *teológica* é que a mais profunda verdade da humanidade, sob muitos aspectos um "mistério", encontra-se apenas no relacionamento com Deus. As ciências naturais, a sociologia e a psicologia descrevem o *fenômeno,* mas aquilo que define a essência do ser humano é revelado apenas diante de Deus: existir para Deus e diante dele. Assim, o vínculo da solidariedade, que Calvino expressa com força total nos primeiros parágrafos de suas *Institutas,* entre o conhecimento de Deus e o conhecimento de nós mesmos — lembra o desejo de Agostinho em *Solilóquios* 2.1: "Que eu possa conhecer a mim mesmo; que eu possa conhecer a Ti". A antropologia teológica revela a visão do ser humano a partir da revelação divina.

Há divergências sobre o ponto de partida na revelação. Karl Barth, por exemplo, procurou fundamentar sua antropologia na Cristologia e "inferir de Sua [de Jesus] natureza humana o caráter da nossa própria natureza" (Barth *CD* 3/2, 54). Muitos acham que ele não conseguiu o que pretendia. É possível interpretar o evento Cristo somente se fizermos uso de um filtro e de informações *a priori*, sobretudo se quisermos evitar confundir a divindade de Cristo com sua natureza humana: como se pode atribuir às duas naturezas, entre as características que ele vê em Jesus, o que pertence a cada uma sem que se tenha uma ideia *a priori*, e autorizada, dessas naturezas? Além disso, esse princípio leva Barth a uma inversão da sequência cronológica nas Escrituras. Segundo Barth, Jesus Cristo é o *primeiro* Adão (a base interna da criação se encontra na reconciliação); se Adão incorreu na ira divina, e nós também, é *somente* porque "ela se tornou verdade primeiramente em Jesus Cristo" (*CD* 2/2, 739). Esse paradoxo desafiador gera uma tensão com as Escrituras, que apresentam a encarnação como "consaguinidade *conosco*", não o contrário (Berkouwer, 95). A teologia cristã clássica segue o caminho mais seguro que pinta a verdade da humanidade a partir do ensino total das Escrituras, que tem seu auge, não seu ponto de partida, no retrato de Jesus Cristo, no relato de sua obra e na interpretação adequada dos dados.

As opiniões ainda se dividem quanto à possibilidade do uso de dados extraídos de fontes não bíblicas — científicas ou filosóficas — em nossa interpretação do ser humano. Os herdeiros da *Reforma de modo geral desconfiam das influências ou adendos externos (bens contrabandeados!), em vista do comprometimento da capacidade cognitiva do homem em decorrência do estado naturalmente pecaminoso. O catolicismo romano se mostra menos pessimista e menos atento, o que traz efeitos principalmente sobre as questões éticas.

A exata relação entre a humanidade e o pecado é uma questão de grande importância.

A doutrina do pecado (hamartiologia) tem tradicionalmente modificado nosso entendimento do ser humano, embora a criatura humana *como tal*, plenamente aperfeiçoada no homem Jesus, esteja isenta do pecado — o pecado é um fator *estranho* que desumaniza a humanidade. No entanto, já que todos os humanos (com exceção de Jesus) são de fato pecadores, não seria natural lidar com a questão da antropologia à parte da pecaminosidade universal. Este artigo observará brevemente os efeitos do pecado depois de apresentar cada um dos principais aspectos da realidade humana. Orientado pelas Escrituras, eles serão vistos na seguinte ordem: (1) a verdade fundacional da criação à imagem divina, depois os aspectos que podem ser vistos como consequências, (2) a co-humanidade, (3) o chamado histórico e eterno e (4) interioridade e expressão exterior.

1. Criado à imagem de Deus
2. Um e muitos
3. Do tempo e além
4. Interior e exterior
5. Perspectivas globais

1. Crido à imagem de Deus
A declaração no majestoso prólogo de Gênesis (1.26-27) tem sido amplamente aceito como a proposição central da antropologia bíblica. Isso se justifica apesar do baixo número de referências explícitas no restante do Antigo Testamento (Gn 5.1; 9.6): a organização canônica tem sua importância, e seu lugar como a suprema palavra da criação (com a repetição da decisão divina, "façamos") no primeiro capítulo estabelece a forma pela qual as Escrituras devem ser lidas. Embora a expressão *imagem de Deus* não seja citada, outras passagens parecem refletir a ideia, sobretudo o salmo 8. No Novo Testamento, ela está associada ao importante tema de Cristo como imagem de Deus (em Cl 1.15, refletindo a sabedoria do Pai, chamada "imagem", de acordo com o desenvolvimento de Pv 8.22-31 no livro de Sabedoria, cf. Sab 7.26). A riqueza desses vínculos confirma que a proposição é adequada em sua natureza fundacional, principalmente se levarmos em consideração sua dupla mensagem: (1) limitação: criado, não um deus, apenas uma imagem; e (2) privilégio, que acarreta a condição de superioridade sobre todas as outras criaturas terrenas: a imagem *de Deus*.

1.1. Interpretações históricas. Com respeito ao privilégio único dentro da criação, muitas são as respostas que se oferecem à pergunta "Que privilégio o autor tem em mente?". Siraque 17.3 parece vincular a criação à imagem de Deus (17.3b) com a autoridade e a força conferidas (17.2b, 3a) e com o domínio sobre o reino animal (17.4); mas no versículo a seguir (17.6!), o livre arbítrio (*diaboulion*) e o discernimento também são mencionados. Sabedoria 2.23 associa a criação do ser humano como imagem da própria eternidade de Deus com o chamado à incorruptibilidade (*ep' aphtharsia*). Uma vez que em seu contexto cultural essa ideia se aproxima da noção de espiritualidade, e neste ponto Filo também situa o privilégio da imagem (a posse da "razão que rege a alma", Filo *Sobre a Edificação do Mundo* 69), essas duas passagens extraídas dos apócrifos dão testemunho das duas principais interpretações na história: a imagem interpretada como domínio ou como espiritualidade (o ser dotado de razão e/ou liberdade).

Os pais da igreja derem preferência à interpretação "espiritual". Tertuliano ressalta a força do livre arbítrio como o sinal, a estampa (*signatus est*), da imagem de Deus (Tertuliano *Contra Márcion* 2.5). Agostinho enriqueceu essa tradição ao analisar a alma e descrevê-la como distintamente tríplice — memória, inteligência e vontade — elementos que não se misturam e assim mesmo são um só, mas cada um também é a alma toda indivisa, uma imagem remota da Trindade divina. A partir do final do século 11, muitos fizeram separação entre "semelhança" e "imagem"; a imagem é uma condição "metafísica", as propriedades da natureza humana, a qualidade dos agentes racionais e morais; a "semelhança" é a convergência moral e espiritual com a santidade, a justiça e a benevolência de Deus; é o objeto de divinização.

Os reformadores protestantes, munidos de método e ciência filológica, entenderam que "imagem" e "semelhança" devem ser vistos parcialmente como sinônimos, mas optaram por interpretar a única realidade representada pelas duas palavras na linha moral e espiritual. Eles se inspiraram no ensino neotestamentário da restauração da imagem-semelhança em Cristo (Cl 3.10; cf Ef 4.24). Eles podiam assim denunciar com termos mais dramáticos os efeitos da Queda: a imagem divina havia se perdido (embora a linguagem adotada nem sempre fosse coerente ou clara). Os socinianos ressuscitaram a teoria do "domínio", que foi adotada por uma grande parcela da erudição "crítica". Mais recentemente, Karl Barth esboçou uma quarta opção: considerando que a oração "macho e fêmea os criou" explica a declaração anterior, ele argumenta que a diferença de sexo na natureza humana convoca todos os indivíduos para um relacionamento eu-Tu análogo ao Eu-Tu trinitário (daí o plural "façamos") e a uma aliança eu-Tu entre Deus e os seres humanos (Barth *CD* 3/1 e outros). Sua posição, porém, é complexa: existir à imagem de Deus não é uma propriedade de homens e mulheres. Não é transmitida. Somente Jesus Cristo é a imagem; ele associa a si mesmo a igreja, sua noiva; nossa criação significa que estamos vinculados a ele.

1.2 Indicadores bíblicos. As quatro posições acima não estão isentas de críticas. A interpretação de Barth é bem vista em nosso mundo relacional e sexualizado, mas é exegeticamente vulnerável. A distinção sexual é uma característica importante da vida humana, mais importante do que qualquer outra diferenciação entre os seres humanos (raça, classe, escolaridade, riqueza, etc.), mas nada indica que a oração objetiva explica a criação segundo a imagem. Antes, ela abre o caminho para a bênção da fecundidade (Gn 1.28). O domínio está certamente incluído na bênção, porém deve ser visto mais como um corolário ou consequência do privilégio da imagem e não como seu conteúdo: uma vez que a humanidade representa a Deus, então os seres humanos devem dominar como administradores e regentes. O salmo 8, principal apoio à visão do domínio, refere-se à afinidade humana com o divino antes de falar de domínio (Sl 8.5: *Tu o fizeste um pouco menor que os anjos*, A21, com a nota "ou: *do que Deus:* heb '*ĕlōhîm*). A interpretação do domínio não se harmoniza com o uso ético do tema em Gênesis 9.6 e Tiago 3.9 (nem a de Barth). Mas esses versículos também não se encaixam com a principal opção dos reformadores. A interpretação "espiritual" pode apelar ao relato paralelo em Gênesis 2, que amplia em linguagem pictórica a criação do ser humano. O que ali corresponde ao tema da imagem e sinaliza a diferença entre seres humanos e animais é o sopro/espírito (*něshāmâ*) de vida nas narinas do homem; *něshāmâ* é empregado *somente* em relação aos humanos e, portanto, pode referir-se ao que se considera a dimensão "espiritual" da humanidade. Todavia, a aparente falta de interesse nesse tema em outros pontos das Escrituras coloca em dúvida a validade dessa preferência tradicional, que hoje já não é tão popular.

A palavra "imagem" é normalmente uma referência à representação concreta (não ao modelo), a exemplo das estátuas que um conquistador mandava erigir (imagens de si mesmo) nas cidades que caíam sob seu domínio e autoridade (ou de um rei numa cidade que ele tivesse construído). Isso dá a entender que a criatura humana *é* a imagem, não "segundo" a imagem. Embora essa opção não seja majoritária hoje, as preposições podem ser entendidas de uma forma que dê apoio a essa leitura (segundo D. J. A. Clines): Deus criou o ser humano *de acordo com* sua própria imagem, *como* sua própria semelhança, de modo que homens e mulheres pudessem *ser* efígies que remetessem a ele mesmo num cenário terreno.

Uma efígie que remete a alguém, um ser vivo sobre a terra? Que mais um *filho* deve ser em relação a seu pai? O fato é que textos egípcios e mesopotâmicos ora falam do rei (comumente) como filho divino, ora falam dele como imagem da divindade. E o próprio texto de Gênesis nós dá a pista: ele emprega as mesmas palavras para dizer que Adão gerou Sete, *à sua semelhança, conforme sua imagem* (Gn 5.3). Disso decorre naturalmente não apenas que ele transmitiu o privilégio humano (Gn 5.1), mas que o relacionamento entre o Criador e sua criatura preferida é comparável ao relacionamento entre um pai e o filho. Ser criado à imagem de Deus deve significar basicamente um tipo de filiação. A linguagem direta de filiação é evitada para afastar tentações panteístas, mas ela chega próximo disso, e passagens posteriores endossam essa ideia: Pois dele somos "geração" (*genos,* At 17.28-29); no final da genealogia, fica a indicação de que Adão é [filho] de Deus (Lc 3.38). É possível que o

Filho não tenha se envergonhado por partilhar da carne e do sangue com os "filhos" que Deus designou levar à glória, os "santificados", em virtude de sua origem praticamente filial com Deus (Hb 2.10-14; a NRSV parafraseia o v.11: *todos têm um só Pai*). O fato de que *imagem* e *Filho* são indissociáveis é, antes de tudo, próprio do relacionamento arquetípico — da segunda Pessoa da Trindade em relação com a primeira.

1.3. Consequências e associações. Há outros dados que se encaixam quando o tema da imagem é interpretado parcialmente como filiação. A autoridade representativa constitui um corolário normal. Para ser mais exato, o chamado da criatura filial será para introduzir-se no trabalho do Pai e imitá-lo, praticar as obras do Pai segundo ele, comparativamente, e dependendo dele. Isso pode ser percebido na dupla bênção que segue a grandiosa declaração e que os capítulos seguintes desenvolvem. O domínio humano sobre a terra (que também será trabalho, segundo Gn 2.15) refletirá o exercício soberano da autoridade de Deus na criação: será uma paracriação (a Bíblia nunca se refere ao homem como "criador", mas ele compartilha uma analogia participativa da criação). O dom humano da fecundidade, multiplicação e transmissão do privilégio da imagem refletirá a própria geração que Deus faz do mundo e da humanidade: será procriação. Eva fica maravilhada diante da glória dessa bênção (Gn 4.1)!

Filiação implica semelhança de natureza. O foco do texto não está na posse de bens, mas algumas propriedades são decorrentes da criação à imagem de Deus. Neste ponto podem ser relevantes as ideias invocadas pelos propositores da interpretação "espiritual". Dois elementos estão presentes nos relatos de Gênesis. Deus exerce sua autoridade criativa por sua Palavra e dá nome aos principais elementos da criação. Adão exerce sua autoridade paracriativa através da palavra e dá nome aos animais (Gn 2.19-20). Considerando que dificilmente se pode separar discurso e razão, isso fornece apoio distinto para a antiga descrição do ser humano como o animal *logon ekhōn*, possuído de *logos*, palavra ou razão. Isso também coincide com a ênfase que antropólogos dão à capacidade linguística como característica decisiva da humanidade em sua distinção dos animais (veja W. S. Brown). O segundo apoio é mais implícito, mas ficará evidente se levarmos em conta a Bíblia toda. A criação é expressão da liberdade de Deus; pode-se argumentar que sua liberdade soberana é inconcebível nos sistemas politeístas ou panteístas e é essencial ao verdadeiro conceito de criação. Ora, a humanidade também é caracterizada biblicamente pelo dom da liberdade (de criatura). A presença das duas árvores no meio do Jardim é um símbolo magnífico da importância da decisão humana para o destino da humanidade e da criação como um todo.

A proibição de imagens (Êx 20.4-5) aumenta de importância se pensarmos no ser humano como imagem de Deus. O lado negativo não pode ser esquecido (Dt 4.12, 15; cf. 1Rs 8.12), mas, pelo lado positivo da questão, pode-se entender que o Senhor proíbe imagens feitas por mãos humanas, porque ele deu forma à *sua* imagem — e conferiu-lhe um lugar adequado no templo cósmico. O serviço que os pagãos prestam a ídolos deve ser prestado à pessoa humana, por causa de Deus. Isso explica a natureza sagrada da vida humana (Gn 9.6) e o fundamento dos chamados direitos humanos. É a lógica que Jesus ressalta quando junta o "segundo mandamento" ao primeiro (Mt 22:34-40): a "semelhança" entre eles reflete a semelhança de Gênesis 1.26. Devo aplicar a verdade antropológica de Gênesis primeiramente ao meu próximo.

1.4. A mudança para caricatura. Os debates em torno dos efeitos da queda sobre a imagem divina concentram-se em perguntas como "a imagem se perdeu?". Em caso afirmativo, até que ponto? Para evitar justificar a condição humana, os reformadores disseram que a imagem se perdeu (embora de modo ambíguo), mas tal declaração não se encontra em nenhum lugar das Escrituras, e as passagens "éticas" tornam essa ideia improvável. Ao mesmo tempo, o caráter de Deus e o caráter do pecador são completamente distintos no relato bíblico! Compreender a própria natureza humana como a imagem torna possível dar expressão ao tenebroso paradoxo da pecaminosidade. A imagem de Deus fez com que o homem desejasse ser "como Deus (deuses)" de um modo diferente e suicida (Gn 3.5, 22). Essa mudança podia distorcer e corromper, mas não eliminar. A imagem deformou-se e perdeu sua beleza. Os seres humanos perderam a humanidade. O pecado deu início a uma escravidão deliberada e, portanto, responsável. O filho arrogante e ingrato saiu da casa do Pai para esbanjar de modo autodestrutivo a herança paterna. A dualidade singular do pecado, humano e não-humano, pode ser somente analisada, mas não explicada, sob as categorias de imagem "mais ampla" e "mais estreita", ou "formal" e "material".

2. Um e muitos
Na maioria das vezes, a palavra *'ādām* é uma designação coletiva da "humanidade"; este é o caso de Gênesis 1.27, onde se usa o pronome no plural ("os" criou). Isso logo traz à discussão o problema da pluralidade e da unidade humana. Hoje é amplamente aceita a ideia de que a Bíblia jamais considera o ser humano um indivíduo isolado, e parece haver indícios suficientes para apoiar a visão popular de que o caráter social da humanidade reflete, segundo a sabedoria da imagem, o caráter social da Trindade. No entanto, deve-se observar a diversidade de formas nas associações humanas e o valor dado ao indivíduo.

2.1. Individualidade e instinto social. As sociedades arcaicas e tradicionais dão alta prioridade aos laços sociais e tendem a tratar o indivíduo como simples elemento do todo. Seus membros consideram repulsivo o individualismo "ocidental" e, contrapondo-se ao pensamento de Descartes, "Penso, logo existo", eles defendem o ditado "Existimos, logo eu existo" (Kapolyo, 23, 111, cf. 123; Green, 158, cita essas palavras como um provérbio de origem líbia). Muitos autores ocidentais também pregam contra o individualismo, embora isso se dê mais na teoria do que na prática. Essa rejeição encontra farta sustentação nas Escrituras, sobretudo no Antigo Testamento.

No entanto, devemos nos lembrar de que a valorização do indivíduo como algo maior do que um dente na engrenagem da máquina aconteceu primeiramente dentro da tradição bíblica. O profundo conhecimento de antropologia permitiu a Frankfort e Frankfort perceber "a estranha tristeza dos indivíduos solteiros no Antigo Testamento", sem paralelos nos tempos antigos (Frankfort et al., 245). A ênfase profética na responsabilidade individual (Jr 31.29-30; Ez 18) é ressaltada ainda mais no Novo Testamento (Gl 6.5), com o chamado a uma conversão que rompe com (a preposição usada é *apo*) a solidariedade comunitária (At 2.40). A espada de Jesus atravessa laços familiares muito apreciados (Mt 10.34-37; cf. Mt 12.46-50), ao passo que o novo vínculo com a comunidade exigem um compromisso pessoal. Sob essa perspectiva, pode-se dizer que o individualismo atual é uma verdade bíblica "secularizada", desarraigada de seu solo original, estando assim "enlouquecida" (para usar as palavras de Chesterton).

Somente o Deus da Bíblia é capaz de cuidar do indivíduo, das dimensões comunitárias e da harmonia entre ambos. Para a criatura feita à imagem de Deus, a individualidade é invocada pelo relacionamento com o Deus transcendente, conforme Kierkegaard percebeu tão bem, ao passo que ela acaba se dissolvendo em sistemas monísticos, sejam primitivos, sejam sofisticados. Quando o indivíduo se torna absoluto e Deus é ofuscado, ele adquire os tons estridentes do individualismo e se torna exclusivo da comunidade — que se vinga na contra-absolutização do coletivismo.

2.2. Várias formas de comunidade. Gênesis 1.27 e a criação da mulher como solução para o *não é bom* implícito na solidão masculina (Gn 2.18-25) indica que a forma primária de co-humanidade é o relacionamento de uma pessoa com outra, sobretudo de um homem com uma mulher, conforme a famosa ênfase de Karl Barth. A combinação de diferença e natureza comum, de dessemelhança e semelhança, permite que as individualidades sejam preservadas, e mesmo assim surge uma nova entidade, que é mais do que a soma das individualidades. O relacionamento importa tanto no encontro eu-Tu quanto na instituição específica (Gn 2.24 é tratado nas Escrituras como o estatuto da instituição do casamento): uma dualidade observada de modo mais geral, e mais diverso, no relacionamento entre semelhantes.

Somente as principais estruturas e instituições da vida comunitária podem ser mencionadas. A bênção da procriação conferida ao homem e à mulher gera na família um reflexo da Trindade (Ef 3.15). O lugar das genealogias na Bíblia ilustra a convicção de que todo indivíduo é constituído pelo fato de pertencer a uma linhagem familiar. A adoração de *ancestrais é profundamente estranha às Escrituras e ao cristianismo, mas a reverência prestada aos pais é básica, conforme atesta o *primeiro mandamento com promessa* (Ef 6.2). A família, através de clãs e tribos, forma uma nação, que parece ser uma forma de comunidade desejada por Deus (Dt 3:13-17). At 17.26), para a qual ele instituiu autoridades especiais (Rm 13.17; 1Pe 3.13-17). A cidade tem vínculos com a nação, mas essa ligação parece ser mais econômica e cultural. A igreja reproduz todos esses elementos: ela é a família, a cidade, a nação de Deus na nova criação.

A solidariedade/instinto social do ser humano não se limita ao nível nacional; eles têm um horizonte universal. As Escrituras conotam que a humanidade como um todo se compara a um corpo vivo (como nenhuma outra espécie animal). Referimo-nos à *liderança* (ou liderança da aliança) de Adão, uma estrutura que novamente surgem com Cristo, o segundo e último Adão, cujo corpo, a igreja, é a *nova* humanidade (1Co 15.45-49).

2.3. Os efeitos do pecado sobre os vínculos humanos. O primeiro efeito da desobediência foi alienação entre homem e mulher (Gn 3.7, 12), seguida por um fratricídio (Gn 4.8). As Escrituras e a experiência dão igualmente testemunho de que a mais óbvia expressão da pecaminosidade é a ruptura, a perversão e a corrupção dos vínculos humanos. O indivíduo é subjugado ou transformado em ídolo. A solidariedade na família importa na herança de futilidade (1Pe 1.18). A liderança de Adão é a chave para o que tem sido chamado "pecado original". O pecado tem origem no coração de cada pessoa (Mt 15.19-20), mas ele também escraviza o ser humano na forma de instituições e estruturas perversas.

3. Do tempo e além
Meditar na submissão do homem ao tempo é tema constante na poesia e na filosofia. As Escrituras ressoam o tema (e.g., Sl 90.9-10, 12; Ec 3.1-15) e ressaltam a dimensão temporal da vida humana (de Gn 1.14 em diante). No entanto, a pessoa humana não está encerrada no tempo da mesma forma como os animais podem estar. Como criatura terrena, ela permanece temporal, mas, como "imagem de Deus", participa de um privilégio ímpar: Deus colocou *'ōlām*, "eternidade", no coração do homem (Ec 3.11), mesmo que ele não compartilhe o conhecimento absoluto, que é de Deus, sobre todos os eventos do início ao fim. Essa transcendência da criatura, sem a qual não teríamos consciência do tempo, traz consequências para a vida no tempo e além dele.

3.1. Construtores da história. À medida que o ser humano se eleva parcialmente acima do curso do tempo, ele é capaz de reter um pouco do passado na memória e de prever parcialmente o futuro, podendo assim delinear projetos, desenvolver ações complexas, decidir entre caminhos e dar forma às coisas. Sua existência não é mais apenas "natural", em obediência aos ritmos cósmicos, mas histórica: uma sequência de dias que encerram sentido como materialização da liberdade, de liberdades que se chocam ou cooperam e, portanto, liberdades responsáveis pelo que acontece. Isso é fato quanto aos indivíduos; é fato também no que toca às comunidades, para as quais a palavra *história* é usada com mais frequência. Mas isso é verdade dentro dos limites da condição de criatura — embasados e envolvidos no projeto de Deus, que é quem realiza todas as coisas do início ao fim (cf. Ef 1.11). Da eternidade surge no coração a pergunta sobre o sentido do todo, mas a resposta pertence ao Senhor soberano sobre todos.

A dimensão mais que temporal da humanidade produz uma riqueza que vai se acumulando ao longo das gerações. Os poderes paracriativos da criatura feita à imagem divina introduzem elementos relativamente novos, como analogias da criação, e essas novidades não desaparecem como chuvas cíclicas de verão, mas são transmitidas a sucessores e constantemente expandidas: assim, o grandioso fenômeno do progresso cultural torna-se característica da humanidade. É possível interpretar isso como cumprimento do "mandato cultural" encerrado na bênção original (Gn 1.28).

3.2. Feito para não morrer. A dualidade da condição de criatura e da imagem divina é a mesma do pó e do destino. Embora compartilhe com os animais sua origem do pó (Gn 2.19), o ser humano — por meio da comunhão com o Eterno (a Árvore da Vida), não tinha como destino a morte. Embora corresponda a uma dimensão da natureza humana, voltar ao pó é algo que se aplica como castigo (Gn 3.19). E mesmo assim o ser humano é mais que um mero animal (Ec 12.7 responde à dúvida e à pergunta de Ec 3.19-21). As Escrituras afirmam que a morte física não põe fim à história da pessoa. O julgamento confirmará a assombrosa mensagem da liberdade responsável e produzirá uma forma de existência, seja na vida eterna, seja na morte eterna.

Imortalidade é um termo capcioso. Para a humanidade original, ele indica uma propriedade metafísica e não a participação na Árvore da Vida. Para a humanidade caída, se alguém se refere à existência que está além da "primeira morte", isso não corresponde à linguagem bíblica. No entanto, a intenção divina de vida eterna para sua criatura praticamente filial deve ser ressaltada: o laço que o une com seus parceiros da aliança jamais pode ser rompido: "Ele não é Deus de mortos, mas de vivos; porque para ele *todos vivem*" (Lc 20.38; cf Jo 11.26).

3.3. A queda no tempo e além dele. O primeiro efeito do pecado sobre a temporalidade humana já foi mencionada: a morte (Rm 5.12). A entrada do pecado foi um exercício histórico de liberdade criada que deu à história sua sinistra trajetória; é o pecado que a encheu com som e fúria. A cultura reflete o padrão: compondo os três fatores de sua bondade original, de sua corrupção generalizada e da preservação de algum bem pela graça comum — com a promessa de sua redenção (cf. a visão bíblica da cidade). O pecado sem arrependimento será a causa da divisão final dos destinos.

4. Interior e exterior

Na teologia clássica, grande parte da "doutrina do homem" dedicava-se à composição da natureza humana, corpo e alma. Ela se estribava nas Escrituras, mas sofreu a influência do dualismo culturalmente dominante (platônico). No século 20, o monismo (o ser humano é só uma unidade) ganhou terreno, mas não sem a influência da cultura. Embora ainda presente, em tempos mais recentes houve uma forte reação àquela reação: o reconhecimento de que a Bíblia ensina, ao lado da unidade humana, uma dualidade isenta de dualismo (S. Laeuchli, R. H. Gundry, J. W. Cooper e C. S. Evans). Há menos tempo ainda, um "fisicalismo não-redutivo" (defendido por Brown, Murphy e Maloney), desejando reter as propriedades "emergentes" ou "supervenientes" e evitar "a redução da vida espiritual das pessoas a meros fenômenos físicos" (Anderson, 187), propôs algo semelhante, fazendo uso das categorias científicas contemporâneas. Existe uma clara correspondência entre metafísica e antropologia: o dualismo metafísico implica o dualismo antropológico (Platão); o monismo metafísico, um monismo correspondente (materialismo). O monoteísmo da criação nas Escrituras foge tanto ao monismo quanto ao dualismo; ele revela um príncipio único de realidade e também uma dualidade irredutível (Deus/mundo) que pode estar refletida na criatura segundo a imagem.

4.1. O privilégio da interioridade. A transcendência da criatura, que corresponde à "eternidade", capacidade e liberdade simbólicas, insinua que as pessoas podem se distanciar de sua condição terrena. A palavra *coração* é a preferida como referência a esse fenômeno de interioridade; ele é contrastado com os lábios e com a expressão exterior (Is 29.13; Pv 23.7; 26.23-25) e também com o que é visível (1Sm 16.7). A circuncisão metafórica do coração é contrastada com a do corpo ou da carne (Jr 9.25-26; Rm 2.28-29). O coração representa o interior do indivíduo (Ef 3.16-17; 1Pe 3.4); "inteligência" ou "mente" (*nous*) são palavras empregadas quase como sinônimas e encerram dualidade (cf. Rm 7.22-23; 2Co 4.16-18) também indicada por outras palavras como "alma", "espírito", "consciência" etc. Essa dualidade dentro da unidade é essencial à pessoa: ela torna a comunicação uma questão de livre escolha, uma vez que os pensamentos mais íntimos de um indivíduo não estão expostos como acontece com a vida animal (1Co 2.11); lembra-se aqui a etimologia de *persona*, a máscara de teatro que capacita a pessoa a desempenhar um papel.

Contra isso tem sido afirmado que 1) o pensamento hebraico, contrário ao grego, é monista (em antropologia), e que devemos ler os sentidos hebraicos contidos no Novo Testamento; 2) as palavras traduzidas por "alma" e "carne" (*nepeš* e *bāśar*) referem-se à pessoa como um todo, em unidade psicossomática; 3) as Escrituras não se coadunam com o dualismo platônico e sua depreciação do corpo. A última proposição é bem consolidada (embora se possam ouvir ecos platônicos em Hebreus e palavras severas sobre o corpo em 1Co 9.27 e Cl 2.23), mas isso não elimina a dualidade sem dualismo. O argumento anterior confunde a ampla polissemia de *nepeš* e *bāśar* com uma proposição monista; *nepeš* e *bāśar* muitas vezes (não sempre) se referem à pessoa inteira, mas outros usos são possíveis (para *nepeš*, o sentido "princípio da vida" não cancela o sentido de "cadáver", Lv 19.28) — a dualidade pode ser expressa de outra forma. Desde a crítica feita por James Barr, poucos acadêmicos mantêm a antítese pura hebraico/grego. O judaísmo intertestamentário absorveu as influências helenistas e principalmente platônicas, tornando-se dominante um grau expressivo de dualismo antropológico. Além disso, os gregos não eram todos dualistas. No que tange ao Antigo Testamento (em vez de "pensamento hebraico"), ele tem algumas expressões de dualidade: Jó (olhando em retrospectiva para Gn 2.7) descreve o ser humano como aqueles que habitam em "casas de barro" (Jó 4.19; cf. Ec 12.7); Daniel, profundamente aflito, fala da agitação de seu espírito, literalmente, "dentro [de sua] bainha" (Dn 7.15); de modo mais geral, a expressão "dentro de mim" é muito comum, e a maioria das ocorrências significa coração ou espírito.

4.2. Uma formulação adequada. Como se deve expressar o ensinamento bíblico? Crítico da antropologia tradicional, Barth sugeriu "Homem, a alma de seu corpo", uma escolha feliz. D. Price está correto ao dizer que "o próprio Barth é dualista e não monista", uma vez que, para ele, "a alma transcende o corpo e dele é inseparável. A alma é a sede da liberdade; é o centro do sujeito e, portanto, capaz de exercer controle sobre o corpo, que é periférico" (Price, 256, 258). Barth descartou a categoria de "substância", mas, segundo Berkouwer, "podemos perguntar por que o conceito de substância não poderia ser utilizado em isenção de seus contextos escolásticos" (Berkouwer, 262 n. 44).

4.3. Separação possível. A pergunta que não quer calar é se a "pessoa interior" pode existir separadamente do corpo, por mais artificial e temporária que seja essa separação (na "primeira morte"). Algum sentido de "estado intermediário" tem sido constante na tradição e, desde a *De Psychopannychia* de Calvino, ele se apresenta biblicamente fundamentado. Estudiosos concordam que o grego *psychē* pode ser uma referência a um estado desencarnado (Mt 10.28), e Lucas 16.19-31 parece pressupor um estado intermediário. Diversas outras passagens poderiam ser apresentadas em favor da doutrina e, por consequência, de uma dualidade antropológica coerente.

4.4. Os efeitos do pecado. A separação de alma/espírito e corpo por ocasião da morte não é natural e decorre da alienação da humanidade. Antes desse desfecho, o pecado parece causar uma ruptura no funcionamento unitário das funções interiores e exteriores. O pecado procede do coração, segundo Jesus enfatiza (Mt 15.18-20), mas tem capacidade de apoderar-se do corpo, de modo que este se torna "sujeito ao pecado" (Rm 6.6) e questiona as boas intenções (Rm 7.23-24): os crentes precisam mortificar "as práticas do corpo" (Rm 8.13). No entanto, para os que estão em Cristo Jesus, e com ele virão no final do "estado intermediário" (1Ts 4.14), a promessa é clara e certa: a plena restauração da humanidade, interior e exterior, resultará no reflexo perfeito da imagem de Deus por meio da conformidade com Cristo.

Blocher, H. A. G.

5. Perspectivas Globais

O provérbio africno "Existimos, logo existo", que Henri Blocher contrasta com o famoso ditado de Descartes "Penso, logo existo", pode ser considerado um retrato de muitas culturas em todo o mundo, embora a natureza dessa solidariedade reflita difeenças importantes. A solidariedade na África, por exemplo, reflete o clã estendido, vivos e mortos; na Ásia, a ideia inclui um senso preponderante de unidade de toda a realidade; entre povos autóctones na América do Norte, o vínculo é muitas vezes com a própria terra.

Mas para todos esses, os fatores contextuais — sociais, econômicos, religiosos e até climáticos — influenciam profundamente a compreensão do que significa ser humano. Na realidade, se o principal desafio para teólogos europeus e norte-americanos está em ver e entender o papel que esse contexto inevitavelmente desempenha na fé e na prática religiosa, fora dessas áreas a desafio, algumas vezes, é o oposto: como se pode evitar que os desafios inescapáveis e muitas vezes dolorosos do contexto abafem as boas novas do evangelho? E como pode a luz do evangelho cristão não ofuscar uma identidade cultural (e muitas vezes religiosa)?

O último desafio nos lembra de que a percepção comunal e social da humanidade em culturas tradicionais está muitas vezes, na verdade quase sempre, incorporada a uma estrutura religiosa. Mesmo que muitas línguas na África (e em outros lugares) não tenham uma palavra específica que possamos traduzir por "religião", a vida é sempre vivida na presença de poderes influentes — *ancestrais, deuses e espíritos de todo tipo — que exigem atenção por meio de ritos. Essa prática religiosa assume variadas formas, mas sua presença é praticamente universal. A maior parte das pessoas vive a vida num mundo cheio de imaginação envolvendo parentes, ancestrais e espíritos que condicionam não apenas sua identidade mas até as escolhas que estão disponíveis a elas. O pensamento secular ocidental que enxerga a humanidade como produto de processos que acontecem ao acaso e que os indivíduos possuem liberdade extrema para criar seu próprio sentido para a vida seria, para muita gente no mundo, simplesmente incompreensível. O aumento da consciência de pluralismo religioso tem levado alguns estudiosos a propor que, nos dias atuais, qualquer postura que se adote em relação à natureza humana precisa levar em conta o diálogo com posturas de outras correntes de fé (Ward). Para muitas culturas não-ocidentais, a descrição desse mundo religioso e social, muitas vezes reapresentada sob a forma de estórias e narrativas épicas, é bem mais importante do que os relatos precisos da natureza humana ou de suas origens. Essas perspectivas sociais, contextuais e religiosas são amplamente compartilhadas por culturas tradicionais em todo o mundo. Mas dentro dessas semelhanças gerais, sobretudo no meio de culturas ainda não modernizadas, o significado do ser humano varia muito.

5.1. América Latina. As discussões hispânicas e latino-americanas sobre a pessoa partem da situação econômica e política em que essas culturas se encontram. Justo González, por exemplo, afirma que essa situação faz com que teólogos hispânicos tenham menor interesse pela ontologia do ser humano ou pelo número de partes que constituem a pessoa e se concentrem mais no *drama* da humanidade. Segundo González, esse drama encena uma relação essencial com toda a criação. Mas infelizmente essa filiação, essa "pró-alteridade", se perdeu, e essa perda constitui a essência de nosso pecado e de nossa condição decaída. E como o pecado tem a ver com vínculos perdidos, ele se relaciona tanto com direito de propriedade quanto se relaciona com sexo; tem a ver com responsabilidade pública e não somente com moralidade particular.

Essa profunda percepção do drama da humanidade em vez de seu ser, ou da situação em vez da essência, leva teólogos latino-americanos a dirigir o foco às aspirações cada vez maiores do povo latino pela libertação de tudo que os oprime. Gustavo Gutiérrez, em sua descrição clássica da Teologia da Libertação, afirma que "um anseio amplo e profundo por libertação incendeia a história da humanidade em nossos dias, libertação de tudo o que limita ou afasta os seres humanos da autorrealização" (Gutiérrez, 1988, 17, 18). Ele associa esse impulso com toda a história da cultura ocidental desde o Iluminismo, que levou as pessoas, em especial na América Latina, a clamar por uma "permanente revolução cultural" (Gutiérrez, 1988, 21). O segredo dessa revolução, conforme ele argumenta num livro posterior, é o encontro que as pessoas precisam ter com Jesus Cristo e com ele "montar acampamento no meio da história humana e ali dar testemunho do amor do Pai" (Gutiérrez 1984, 41).

Assim também, teólogos e teólogas da América Latina têm frisado a natureza interpessoal da vida de fé que reflete o caráter comunal e centrado na família próprio da cultura latina. Entao descobrimos, afirma Juan Segundo, que a graça é entendida no relacionamento, como fascínio: "A dádiva de Deus que transforma a existência humana, proporcionando-lhe novas dimensões" (Segundo, 14). Tal perspectiva capacita as mulheres a enxergar "a vida cotidiana" como um horizonte da reflexão teológica (Isasi-Díaz), onde todos descobrimos como Jesus deseja nos acompanhar no meio de nossas dificuldades e transformar nossa comunidade (Goizueta).

5.2. África. O continente africano, palco bem provável das mais antigas civilizações humanas, reflete o mais desenvolvido senso de uma identidade humana comunitária. A pessoa deriva sua identidade da tribo ou do clã. Nas palavras de J. V. Taylor,

O senso de totalidade pessoal de todo o ser, e da humanidade que compreende todos os vivos, os mortos e as divindades, compõe o cenário de segundo plano da cosmovisão primeva. Mas o cenário de primeiro plano no qual essa solidariedade se torna profundamente definida e diretamente vivenciada é a vida da família estendida, do clã e da tribo. É nesse contexto que um africano aprende a dizer "Existo porque participo". Para ele o indivíduo é uma abstração; o Homem é uma família (Taylor, em Kapolyo, 123).

Os africanos têm uma aguda percepção de que foram criados por Deus — um processo descrito em muitas estórias e mitos. Esse criador é geralmente identificado como aquele que os sustenta ao longo da vida e deve ser buscado com orações e sacrifícios. No entanto, esse Deus, sempre distante e misterioso, não é concebido como centro das coisas. Os africanos conferem esse papel central à pessoa humana e à tribo. Conforme diz John Mbiti, "a ontologia [africana] é basicamente antropocêntrica: Deus é a explicação da origem do homem e de seu sustento; é como se ele existisse por causa do homem" (Mbiti, em Kapolyo, 35, 36). Portanto, para os africanos é inconcebível uma pessoa ser destruída pela morte. A unidade de todas as coisas, afirma John Mbiti, está centrada na pessoa: "É uma unidade centrada no homem de tal forma que a morte não consegue destruí-lo. Destruir o homem significaria destruir toda a coerência do ser, incluindo a destruição do criador" (Mbiti, 132). Essa orientação comunitária oferece ricos recursos, e eventuais limitações, à interpretação bíblica e teológica.

O objetivo da vida humana para os africanos é a promoção dos poderes vitais da pessoa, seja pelo aumento da família ou pela fertilidade das safras e dos animais. Os espíritos são convocados para promover essa expansão da vida e de suas dádivas — na busca desse objetivo, oferecem-se orações, sacrifícios e oblações, a exemplo desta oração do Oeste africano:

Afasta de nós a doença, dá-nos saúde.
Dá-nos bem-estar.
A doença é má e terrível. A vida é suprema.
Portanto, dá-nos vida viável, vida longa.
Vida com esperanças vivas. Vida que conheça a prosperidade.
Vida digna. (Okorocha, 69)

O caráter pelo qual os africanos anseiam reflete uma visão particular da *virtude* como "costume de se dar pela promoção do bem da comunidade" (Kapolyo, 39). Curiosamente, as qualidades admiráveis — hospitalidade, generosidade, lealdade — refletem esse viés comunitário assim como as virtudes ocidentais — honestidade, economia, perseverança, integridade — refletem um individualismo implícito.

Se a virtude envolve a promoção do bem comunitário, o pecado é entendido como aquilo que interrompe o bem comum. Portanto, para os africanos, o perdão não pode ser uma simples questão de declaração judicial, como na justificação pela fé de Lutero, mas ele precisa envolver purificação e, muitas vezes, alguma restituição concreta.

Todas essas coisas possibilitam novas maneiras de pensar sobre a pessoa e a obra de Cristo. Em primeiro lugar, uma vez que, para os africanos, os mortos respeitados tornam-se ancestrais que continuam a influenciar a comunidade, sua presença tem sido inevitavelmente comparada à obra permanente de Cristo na comunidade cristã. Charles Nyamiti propõe que a crença nos ancestrais criou as condições para que os africanos entendessem o papel de Cristo como aquele que faz a ponte entre esses mundos. Kwame Bediako acredita que Cristo supera o papel dos ancestrais como mediador de poder espiritual, ao passo que permite que eles continuem sendo honrados e respeitados. Em segundo lugar, os africanos tendem a ter uma percepção bem apurada da morte de Cristo como um golpe fulminante aplicado contra os poderes que mantêm as pessoas em cativeiro. Mbiti defende a ideia de que a encarnação leva o mundo espiritual para o físico, de modo que a pessoa em Cristo pode viver simultaneamente em ambos os mundos" (Mbiti 1971, 143). Em contraste com os poderes subjugados dos espíritos, afirma Mbiti, Deus interveio definitivamente em Cristo para transformar a realidade humana e criada.

5.3 Ásia. As religiões asiáticas expressam um profundo senso de um vínculo espiritual entre todas as coisas. Nesse contexto, o pensamento sobre a pessoa reflete duas tendências, sendo uma derivada do *hinduísmo e do *budismo relacionado e outra com origem na tradição daoísta e confucionista. No caso da primeira tendência, os conceitos da pessoa tendem a incluir práticas espirituais que incentivam a realização da unidade do ser com tudo o que existe, às vezes mencionada como estado de iluminação. A segunda promove práticas que refletem a ordem de todas as coisas na vida pessoal, da família e até do estado. A metafísica daoísta da harmonia da humanidade com a natureza está profundamente refletida em costumes asiáticos como a fitoterapia, geomancia (Feng Shui) e acupuntura. Zhong Yong, confucianista, diz: "O céu dota a natureza humana; seguindo a natureza está Dao, cultivando Dao está a educação" (in Wan). Ambas as correntes têm estimulado importantes reflexões sobre a antropologia teológica.

Digna de nota é a iniciativa do teólogo japonês Katsumi Takizawa (1909-1984; veja Furuya, 93-100), que procurou aplicar o pensamento budista às visões cristãs do eu e de Cristo. Takizawa propõe ser possível entender a afirmação budista de que não há outra realidade fora daquela despertada no eu invisível como a descrição que o Novo Testamento faz de nossa unidade com Deus em Cristo. Essa experiência fundamental de despertamento é a verdade primordial de Deus conosco em Cristo. Um relato secundário disso é a expressão religiosa do budismo e do cristianismo na história. Nesse sentido, as duas são religiões irmãs, uma baseada em Buda e outra em Jesus. Assim como Buda apontou para além de si mesmo como a suprema experiência de unidade, Jesus também apontou para o Cristo como a experiência de unidade com Deus. Vinoth Ramachandra afirma que essa visão, que na Ásia se apresenta sob diversas formas, pressupõe que o ser não-pessoal — o chamado eu sem forma — é de alguma maneira superior ao ser pessoal. Mas por que isso deveria ser assim? Na realidade, se for assim, como a obra de Cristo pode ser socialmente (ou até pessoalmente) libertadora em algum sentido lógico? O que é social ou pessoalmente libertador precisa refletir uma visão na qual o social e o pessoal são importantes e têm valor eterno.

Os que atuam dentro da tradição do confucionismo têm a tendência de conferir um papel mais substancial ao ético e ao social, dirigindo o foco mais sobre a ética do que sobre a metafísica do daoísmo subjacente. A exemplo dos teólogos africanos, eles criticam implicitamente o foco ocidental na *justificação como fenômeno inteiramente "espiritual" e judicial. T. C. Chao, por exemplo (1888-1979 em Wan), procurava entender a obra de Cristo nos moldes do objetivo confucionista da autoperfeição. Chao refletiu muitos anos sobre a expiação e chegou à conclusão de que o segredo está em Romanos 6, onde Paulo enfatiza o vínculo entre a caminhada do crente e o Espírito de Cristo como uma coabitação que nos dá força para suportar nossas responsabilidades éticas. A graça, assim, engloba o poder ético do Espírito, que transforma o eu, de modo que *façamos justiça* por meio da fé", não simplesmente, conforme afirmado por Lutero, sejamos *considerados justos*.

É claro que a solidariedade que motiva teólogos como Chao leva a uma crítica implícita do individualismo e da religião privatizada do pensamento ocidental. O teólogo japonês Kosuke Koyama leva essa crítica adiante ao afirmar que a mente combativa e engenhosa do Ocidente pós-iluminista não consegue entender sem dificuldades a mente crucificada "desenvolvida sob o peso da cruz" (Koyama, 3). Koyama não deixa dúvida de que esse mente humilde aproxima-se mais das visões asiáticas da pessoa, que enfatizam autonegação, sabedoria e misericórdia. Aloysius Pieris argumenta de modo semelhante e diz que o foco asiática dirigido à sabedoria — à percepção intuitiva — pode contribuir para a compreensão da pessoa, mesmo que isso necessite do foco cristão complementar sobre o amor. Vinoth Ramachandra pergunta se essas leituras contextuais extremas não correm o risco de fazer o evangelho ser absorvido nas perspectivas autóctones, sofrendo assim mudanças em seu poder libertador.

Dyrness, W. A.

Veja também ANCESTRAIS; CORPO, O; HIBRIDISMO, PECADO; RAÇA, RACISMO E ETNICIDADE; SEXUALIDADE; VERGONHA.

BIBLIOGRAFIA. ANDERSON, R. S., "On Being Human: The Spiritual Saga of a Creaturely Soul," em *Whatever Happened to the Soul? Scientific and Theological Portraits of Human Nature*, BROWN, W. C., MURPHY, N., e MALONY, H. N., orgs. (Minneapolis: Fortress, 1998); BARR, J., *Old and New in Interpretation* (London: SCM, 1966); BARTH, K., *Church Dogmatics* 2/2, 3/1-2 (Edinburgh: T & T Clark, 1957, 1958, 1960); KBEDIAKO, K., "Jesus in African Culture: A Ghanian Perspective," em *Emerging Voices in Global Christian Theology*, DYRNESS, W. A., org. (Grand Rapids: Zondervan, 1994) 96-104; BERKOUWER, G. C., *Man: The Image of God* (Grand Rapids: Eerdmans, 1962); BLOCHER, H. A. G., *In the Beginning: The Opening Chapters of Genesis* (Downers Grove: InterVarsity Press, 1984); BROWN, W. C., MURPHY, N. e MALONY, H. N., orgs., *Whatever Happened to the Soul? Scientific and Theological Portraits of Human Nature* (Minneapolis: Fortress, 1998); BROWN, W. S., "Cognitive Contributions to Soul," em *Whatever Happened to the Soul? Scientific and Theological Portraits of Human Nature*, BROWN, W. C., MURPHY, N., e MALONY, H.N., orgs.,(Minneapolis: Fortress, 1998); CLINES, D. J. A., "The Image of God in Man," *TynBul* 19 (1968) 53-103; COOPER, J. W., *Body, Soul, and Life Everlasting: Biblical Anthropology and the Monism-Dualism Debate* (Grand Rapids: Eerdmans, 2000); EVANS, C. S.,"Separable Souls: Dualism, Self hood, and the Possibility of Life After Death," *CSR* 34 (2005) 327-40; Frankfort, H., FRANKFORT, H. A., WILSON J. A., e JACOBSEN, T., *Before Philosophy: The Intellectual Adventure of Ancient Man; An Essay on Speculative Thought in the Ancient Near East* (Baltimore: Pelican Penguin, 1951); FURUYA, Y., org., *A History of Japanese Theology* (Grand Rapids: Eerdmans, 1997); GOIZUETA, R., *Caminemos con Jesus: Toward an Hispanic/Latino Theology of Accompaniment* (Maryknoll: Orbis, 1996); GONZÁLEZ, J. L., *Mañana: Christian Theology from a Hispanic Perspective* (Nashville: Abingdon, 1990); GREEN, J. B., "Bodies—That Is, Human Lives," em *Whatever Happened to the Soul? Scientific and Theological Portraits of Human Nature*, BROWN, W. C., MURPHY, N. e MALONY, H. N., orgs., (Minneapolis: Fortress, 1998); GUNDRY, R. H., *Sōma in Biblical Theology: With Emphasis on Pauline Anthropology* (SNTSMS 29; Cambridge: Cambridge University Press, 1976); GUTIERREZ, G., *A Theology of Liberation* (Maryknoll,: Orbis, 1973/1988 [edição em português:*Teologia da libertação* (Petrópolis:Vozes)]); idem, *We Drink from our own Wells: The Spiritual Journey of a People* (Maryknoll: Orbis, 1984 [edição em português: *Beber no próprio poço — itinerário espiritual de um povo* (Petrópolis:Vozes)]); HOEKEMA, A. M., *Created in God's Image* (Grand Rapids: Eerdmans, 1986 [edição em português: *Criados à imagem de Deus* (São Paulo: Cultura Cristã)]); HUGHES, P. E., *The True Image: The Origin and Destiny of Man in Christ* (Grand Rapids: Eerdmans, 1989); MARIA ISASI-DIAZ, A., *La Lucha Continues: Mujerista Theology* (Maryknoll: Orbis, 2004); KAPOLYO, J. M., *The Human Condition: Christian Perspectives Through African Eyes* (Downers Grove: InterVarsity Press, 2005); KOYAMA, K., *No Handle on the Cross: An Asian Meditation on the Crucified Mind* (London: SCM, 1976); LAEUCHLI, S.,"Monism and Dualism in the Pauline Eschatology," *BR* 3 (1958) 15-27; MBITI, J.,*New Testament Eschatology in an African background Religion: A Study of the Encounter between New Testament Theology and African Traditional Concepts* (New York: Oxford University Press, 1971); NYAMITI, C., *Christ as our Ancestor: Christology from an African Perspective* (Gweru, Zimbabwe: Mambo Press, 1984); OKOROCHA, C., "The Meaning of Salvation: An African Perspective," em *Emerging Voices in Global Christian Theology*, Dyrness, W. A., org.,(Grand Rapids: Zondervan, 1994) 59-92; PIERIS, A., *Love Meets Wisdom: a Christian Experience of Buddhism* (Maryknoll: Orbis, 1988); PORTER, S. E., "Two Myths: Corporate Personality and Language/Mentality Determinism," *SJT* 43 (1990) 289-307; PRICE, D. J., *Karl Barth's Anthropology in Light of Modern Thought* (Grand Rapids:

Eerdmans, 2002); RAMACHANDRA, V., *The Recovery of Mission: Beyond the Pluralist Paradigm* (Grand Rapids: Eerdmans, 1996); SEGUNDO, J., *Grace and the Human Condition* (Maryknoll: Orbis, 1973); WAN, S.-K. "Grace as Ethical Power: Chao Tzu Chien's Solution to the Confucian-Christian Problematik" (trabalho não publicado, 1999); WARD, K., *Religion and Human Nature* (Oxford: Clarendon Press, 1998).

Blocher, H. A. G. e Dyrness, W. A.

APARTHEID

A tragédia do Apartheid e o milagre de sua queda é um capítulo importante na história do cristianismo mundial do século 20. Isso se deve ao fato de a África do Sul estar profundamente marcada tanto pelo cristianismo protestante dos colonizadores brancos quanto por um gigantesco programa missionário protestante entre a população negra. Isso significa que a linguagem e os símbolos do cristianismo estavam por toda parte na vida social e também que a liderança de ambos os lados era influenciada por uma fé que lhes era comum. De muitas maneiras, portanto, tratava-se de uma luta pelo próprio sentido do *evangelho num mundo marcado por diversidade racial e *violência institucional.

1. O surgimento da Teologia do Apartheid
2. A oposição cristã ao Apartheid

1. O surgimento da Teologia do Apartheid
Apartheid, palavra da língua africâner que significa "separação" (i.e., condição de estar *à parte*), foi introduzida pelo Partido Nacional na África do Sul em 1948 como uma ideologia política e um sistema social dominante de supremacia branca. Durante as duas décadas seguintes, uma profunda segregação racial estendeu-se a todas as áreas da vida. À medida que a desigualdade inerente a tal separacionismo se tornou evidente e a resistência começou a crescer, o sistema passou a fazer uso de mais poder estatal para fortalecê-lo, de modo que o apartheid tornou-se sinônimo de mecanismos repressores legais e políticos que tinham por objetivo garantir a obediência submissa. Então, depois de uma série de tentativas fracassadas de reforma pelo Partido Nacional, aconteceu uma repentina e quase inexplicável reviravolta em fevereiro de 1990, e a transferência de poder para a maioria num processo democrático em 1994.

Embora o apartheid tivesse representado um novo e implacável programa de engenharia social, em muitos anos ele meramente aperfeiçoou três séculos de racismo inerente na desapropriação da terra e no trabalho de africanos negros em benefício da Europa "cristã" de raça branca. Os holandeses começaram a chegar em 1652, em 1805 os britânicos assumiram o controle da Cidade do Cabo, levando a uma nova onda de colonizadores de língua inglesa. Assim, a história da colonização da África do Sul teve também uma dinâmica interna particular devido à chegada dos europeus em duas ondas culturais bem distintas e separadas por um século e meio.

Os britânicos introduziram uma gama de mudanças políticas e culturais, incluindo a libertação dos escravos. Como resposta, os *boers* (agricultores) holandeses foram cada vez mais para o interior. Influenciados pelo calvinismo do Sínodo de Dort, esses agricultores começaram a entender sua jornada como semelhante à dos israelitas que saíram do domínio do faraó (britânico) e cruzaram o rio Jordão, onde haveriam de batalhar contra as tribos pagãs (negras) e tomar posse da terra. Desenvolveu-se uma teologia da aliança especial que privilegiava os *boers* e considerava suas conquistas como ordenadas por Deus.

A descoberta de diamantes e de ouro no território controlado pelos *boers* precipitou a guerra anglo-bôer (1899-1902), a vitória militar dos britânicos e à marginalização política e econômica dos descendentes dos holandeses na União da África do Sul (1910). Embora tudo isso importasse na absoluta marginalização do povo negro, foi essa experiência de derrota e exclusão que preparou o terreno onde surgiria uma ideologia emergente da identidade racial holandesa. A pobreza da Grande Depressão foi o que levou à formulação de uma teologia de resistência cultural e poder político. Muitos dos líderes desse movimento haviam estudado na Alemanha durante as duas guerras e se inspiraram nas visões de pureza racial e vocação divina que fizeram decolar o nazismo de Hitler. O africâner surgiu como uma língua discreta, o Partido Nacional tornou-se a voz política do *volk* (povo/nação) e o

Nacionalismo Cristão foi adotado como visão ideológica.

A Bíblia foi uma coluna importantíssima do *apartheid* para as igrejas holandesas calvinistas, que haviam introduzido a separação racial em sua própria vida eclesiástica já em 1857. A estória da torre de Babel tornou-se um instrumento hermenêutico para liberar a providência de Deus no mundo, a saber, punição dos que buscavam a unidade e a ordenação dos *volke* separados como "ordem da criação". O apoio do Antigo Testamento à pureza judaica também foi invocado, assim como também uma leitura particular da Grande Comissão de Mateus 28.19: "Ide, fazei discípulos de todas as *nações*".

2. A oposição cristã ao apartheid

As raízes do apartheid e as raízes da oposição cristã a ele encontram-se em eventos anteriores a 1948. O impacto do colonialismo e da perda da terra inspirou um movimento de resistência cultural extremamente forte encarnado pelas *Igrejas Originadas na África, uma comunidade de cristãos que procuravam manter juntas a Bíblia, a liderança africana e a identidade cultural do continente. Esse setor da igreja raramente se envolvia em ações políticas diretas, mas ele representou uma barreira de resistência cultural contra a desumanização implícita no colonialismo e depois no apartheid.

Ao mesmo tempo, líderes negros estavam surgindo nas igrejas de origem missionária, influenciados pela obra educacional e pela tradição do evangelho social do cristianismo britânico que elas haviam recebido. Seguindo a União da África do Sul (1910), que excluía especificamente os negros da participação política no país, esses líderes começaram a se expressar em organizações políticas formais e principalmente no Congresso Nacional Africano, formado em 1912 e que atualmente é o partido dominante. Um punhado de missionários e de líderes da igreja de brancos foram solidários a eles, levando a uma divisão cada vez mais pronunciada em torno do apartheid entre as igrejas de língua inglesa e as que falavam africâner.

Em 1948, havia alguns poucos exemplos de oposição eclesiástica formal ao racismo, e as igrejas geralmente não tinham preparo para enfrentar o desafio do apartheid. Elas não tinham capacidade de defender a si próprias nem seus membros contra o ataque prolongado dirigido às suas instituições, tais como escolas missionárias e hospitais. No entanto, a enfermidade do apartheid estava cada vez maior nas igrejas e chegou a um ponto crítico em 1960, depois do assassinato de 69 manifestantes no massacre de Sharpeville.

Esse episódio expôs ao mundo a extrema violência do sistema, e a Consulta de Cottesloe, convocada pelo Conselho Mundial de Igrejas em Johannesburg, expressou sua oposição ao apartheid, ainda que em termos que revelavam cautela. Devido à reação adversa da Igreja Reformada Holandesa diante das resoluções da consulta, um de seus ministros de alto escalão, Beyers Naudé, criou o Instituto Cristão. Desde 1964 até ser banido pelo Estado em 1977, o Instituto Cristão foi, sob vários aspectos, o berço onde nasceram as duas principais trajetórias de resistência cristã ao apartheid.

Vimos que os arquitetos do apartheid estavam convencidos de que se tratava de uma estratégia especificamente cristã e, assim, a primeira dessas trajetórias de resistência foi a batalha ideológica para reverter esse quadro. O primeiro passo importante nessa direção foi a publicação de *Message to the People of South África* [Mensagem ao povo da África do Sul], preparada pelo Instituto Cristão e pelo recém-organizado Conselho Sul-Africano de Igrejas, em 1968. Esse documento declarava abertamente pela primeira vez que o apartheid era um "falso evangelho", pois proclamava que a reconciliação racial e a unidade não eram possíveis até mesmo no meio de cristãos. Essa crença negava os ensinamentos e o ministério de Jesus Cristo testemunhados na Bíblia e em sua obra na cruz e na ressurreição.

Essa trajetória, que se baseou em Karl *Barth, Dietrich Bonhoeffer e na *Declaração de Barmen* ganhou força na década de 1970 por meio do trabalho de vários teólogos sul-africanos, incluindo Desmond Tutu e Allan Boesak, e encontrou expressão prática no Conselho Sul-Africano de Igrejas. O auge chegou em 1982, quando a Aliança Mundial de Igrejas Reformadas declarou que o "apartheid é um pecado, e sua justificativa teológica, uma heresia".

O fato de que as Igrejas Reformadas

Holandesas pertenciam à Aliança teve muito peso. E quando a Igreja Reformada da África do Sul, de constituição negra, adotou a *Confissão de Belhar* (1986), que proclamava o evangelho da reconciliação, unidade e justiça (contra o apartheid), então, sob muitos aspectos a batalha ideológica havia sido vencida.

A segunda trajetória advinda do Instituto Cristão teve a ver com uma reflexão substancial sobre a ética da política cristã em face de um regime de desumanização. O Instituto Cristão percebeu como era essencial a reflexão teológica com cristãos negros, e isso deu força para o surgimento da teologia negra na África do Sul, que dialogava com movimento semelhante nos Estados Unidos (veja Teologia Negra) e com a *Teologia da Libertação da América Latina.

À proporção que crescia a resistência ao sistema do apartheid, simbolizada pelo Levante de Soweto em 1976 e pela revolta da sociedade civil nos anos seguintes, a obra de teólogos negros e da libertação chamou à discussão o relacionamento da igreja e do evangelho com a luta pela libertação. A maioria dos cristãos (negros) sabia que o evangelho não dava apoio ao apartheid; o que eles queriam saber era se o evangelho tinha algo a dizer sobre sua luta para se livrarem da opressão e, portanto, sobre como eles deviam se relacionar com a resistência cada vez maior ao apartheid. Essa trajetória chegou ao auge com a publicação do *Documento Kairos*, em 1985, que procurava responder a essas questões e situar a igreja de forma inequívoca ao lado dos movimentos de libertação.

Essa dupla herança do testemunho da reconciliação entre diversas raças e da solidariedade prática dirigida aos marginalizados, que a igreja aprendeu nos dias tenebrosos do apartheid, permanece um desafio constante para seu testemunho público no período pós-apartheid.

Veja também Raça, Racismo e Etnicidade; Teologia Sul-africana; Teologia da Libertação.

Bibliografia. Cloete G. D., e Smit, D. J., orgs., *A Moment of Truth: The Confession of the Dutch Reformed Mission Church 1982* (Grand Rapids: Eerdmans, 1984); Gruchy, J. W. de, com Gruchy, S. de, *The Church Struggle in South Africa* (3a. ed. rev.; Minneapolis: Fortress, 2004); Gruchy, J. W. de, e Villa-Vicencio, C., orgs., *Apartheid Is a Heresy* (Cidade do Cabo: David Philip, 1983); Elphick, R., e Davenport, R., *Christianity in South Africa: A Political, Social and Cultural History* (Cidade do Cabo: David Philip, 1997); Nolan, A., *God in South Africa: The Challenge of the Gospel* (Cidade do Cabo: David Philip, 1988); Tutu, D., *Hope and Suffering* (Grand Rapids: Eerdmans, 1984); Walshe, P., *Church Versus State in South Africa* (Maryknoll: Orbis, 1983).

de Gruchy, S.

APOLOGÉTICA

Apologética é a disciplina da teologia que procura responder às objeções que se fazem à fé cristã ou aos problemas que parecem ser questões internas do cristianismo (tais como o problema do *mal). A ideia básica de *apologia* deriva dos tribunais gregos no sentido de "discurso em defesa de alguém" e aparece na advertência de Pedro: ... *Estai sempre preparados para responder* [gr., *apologia*] *a todo o que vos pedir a razão da esperança que há em vós* (1Pe 3.15). A apologética tem sido um constante desafio para os que creem: desde o enfrentamento de Elias com os profetas de Baal (1Rs 18.20-40), passando pela defesa de Paulo no Areópago (At 17.16-34), pela resposta de Agostinho diante da acusação de que o cristianismo havia sido responsável pela queda de Roma (em *Cidade de Deus*), pela defesa que Friedrich Schleiermacher fez do cristianismo contra seus sofisticados detratores (em *Sobre a Religião*) e por Lesslie Newbigin e sua resposta ao desafio imposto pelo pluralismo.

1. A natureza da teologia apologética
2. Apologética e cosmovisões
3. Apologética filosófica
4. Apologética cultural
5. Apologética pastoral

1. A natureza da teologia apologética
A teologia apologética pode ser entendida como um método teológico próprio que interage com a cultura à sua volta a serviço das missões e da *evangelização. É a teologia que procura se expressar em termos contextualizados, de modo que o *evangelho seja ouvido e compreendido. Há um método alternativo de teologia que talvez possa ser

denominado teologia querigmática (ou teologia proclamada), que frisa a necessidade de uma proclamação da verdade cristã de modo simples e direto como principal meio de comunicação teológica. Schleiermacher pode ser considerado um exemplo clássico do primeiro método, ao passo que Martinho Lutero e Karl Barth exemplificam o segundo.

Todavia, não é preciso pensar demais para perceber que as duas perspectivas são necessárias à plena compreensão e expressão da fé cristã. Naqueles pontos em que os cristãos e a verdade cristã enfrentam oposição ou influência cultural, é indicado algum tipo de interação e ajuste. À semelhança dos missionários que precisam aprender a língua, tanto figurada quanto literalmente, do povo que pretendem alcançar, qualquer um que viva a vida cristã precisa se ajustar às suas circunstâncias. Ao mesmo tempo, toda apresentação do evangelho, em algum momento, significa *anunciar* o que Deus fez por meio de Cristo para viabilizar a *salvação. Essa mensagem não surge a partir de um diálogo sobre a cultura; no entanto, transmiti-la e até uma completa análise dela, são impossíveis sem tais diálogos.

Ainda há outro método apologético defendido por Wolfhart Pannenberg. Ele é da opinião de que a tarefa de argumentar em favor da veracidade da mensagem cristã não deve ser deixada com profissionais da apologética como um campo separado de estudos teológicos e filosóficos; antes, a busca e a defesa da verdade é o supremo objetivo de toda argumentação teológica. De acordo com Pannenberg, não se pode defender a veracidade da mensagem cristã se esta for tomada como premissa. Na realidade, a verdade surge de um cuidadoso estudo histórico-crítico e de raciocínios lógicos. Entretanto, sendo a verdade de Deus, ela não é uma função da criatividade humana. Embora possamos ter uma certeza "proléptica" da veracidade do evangelho (com base na *ressurreição de Cristo), para que a verdade se manifeste a todos os povos e a toda a criação, é necessária uma consumação escatológica — com a chegada ao fim do curso da história.

2. Apologética e cosmovisões

Como teologia cultural, a apologética depende das cosmovisões, aqueles mapas abrangentes que proporcionam orientação cognitiva, avaliativa e expressiva para a vida das pessoas. As cosmovisões podem ser estudadas sob diversos níveis de abrangência, desde uma perspectiva humana geral até as perspectivas de uma família ou de indivíduos. Um nível importante é aquele que considera a cosmovisão em termos históricos como imagens que orientam e influenciam o pensamento e as ações ao longo do tempo. Na tradição ocidental há inegavelmente três cosmovisões em termos das quais o cristianismo tem precisado se defender. A mais antiga, influenciada pela cosmovisão grega, é a que chamaremos "cosmovisão clássica"; a segunda, derivada do Iluminismo do século 18, pode ser chamada "cosmovisão moderna"; a terceira, arraigada nas reflexões filosóficas e científicas do século 20, tem sido chamada "cosmovisão pós-moderna". Essas perspectivas se evidenciam principalmente no desenvolvimento da cultura ocidental, mas sua influência tem se estendido bem além para outras regiões do globo.

2.1. A cosmovisão clássica. Os elementos fundamentais da cosmovisão clássica têm por base o pensamento do filósofo Platão, cujos diálogos influenciaram toda a civilização ocidental. Platão herdou a visão mitológica geral da história, segundo a qual os eventos são determinados pela atividade dos deuses sem nenhuma direção em particular — a história era vista como cíclica ou como um declínio de alguma era de ouro (representada pela ilha perdida de Atlântida). A revolução trazida por Platão foi introduzir um conceito particular de razão como um processo de diálogo filosófico, ou dialética, por meio do qual se poderiam entender as verdades atemporais que existem por trás de todas as coisas.

Em seu diálogo conhecido como *A República*, ele expôs sua influente visão de conhecimento e verdade. A mente é capaz de conhecer a natureza imutável do Bem pela dialética, mas ela é impedida pelas sensações do corpo, que sempre nos desorientam. Portanto, precisamos sair do mundo das aparências, que conhecemos pelos nosssos sentidos, e passar para o mundo inteligível da Verdade formal (os princípios da matemática são muito importantes neste ponto). Por fim, o processo nos levará ao conhecimento supremo do Bem, que então pode definir nosso comportamento.

Grande parte do desenvolvimento posterior do pensamento e das instituições ocidentais foi influenciada por esse modo geral de pensar. A dicotomia entre corpo e mente e, portanto, entre as sensações e o raciocínio; a superioridade da verdade matemática (depois científica) para a experiência prática; e acima de tudo, a premissa debilitante de que, uma vez que você conheça o bem, você certamente o colocará em prática, premissa esta que se encontra por trás da maior parte das linhas de educação até o dia de hoje, tudo isso tem sido pressuposto na maior parte do pensamento e da prática ocidental, até dentro da igreja cristã. Por exemplo, Agostinho, em sua clássica defesa em *Cidade de Deus*, pressupõe a dicotomia entre a realidade invisível e os fatos históricos mutáveis quando afirma que o cristianismo não poderia ter causado a queda de Roma, pois ele representa a regra do amor por Deus e pelo semelhante, em vez de ser regido pela regra do amor próprio, a exemplo do que acontecia no mundo pagão. Apesar disso, sua defesa é um exemplo clássico de apologética no fato de ele entrar na cosmovisão clássica (que diz que a natureza das coisas pode ser descoberta pela mente) e reenquadrar essa estória sob uma perspectiva cristã (a reflexão sobre a verdade fica distorcida por nosso amor próprio e necessita do amor de Deus), captando assim a cosmovisão para o cristianismo (Chang). Seguindo Agostinho, pensadores medievais também procuraram promover o uso da razão como meio pelo qual as pessoas podem ser dirigidas a Deus. Tomás de Aquino, por exemplo, achava que a razão natural era capaz de mostrar verdades acerca de Deus, mas que a verdade da revelação ia além, unindo sentido e intelecto, manifestada de modo supremo na encarnação pela qual Deus se une ao objeto de seu amor.

Os reformadores aceitaram alguns aspectos da cosmovisão clássica, mas seguiram Agostinho ao apontar para a incapacidade moral do ser humano para fazer o que é certo e para sua necessidade da graça de Deus. Mas o maior desafio para a cosmovisão recebida foi negar qualquer dicotomia entre o mundo eclesiástico sagrado e o mundo secular da vida cotidiana — que se havia tornado a versão que a cristandade tinha dado para as dicotomias gregas. Isso preparou o terreno para o desenvolvimento posterior da cosmovisão moderna.

2.2. A cosmovisão moderna. Derivada das descobertas científicas e filosóficas do século 18, a cosmovisão moderna não abandonou exatamente a cosmovisão clássica, mas a desenvolveu em certas direções. Sir Isaac Newton, por exemplo, veio a concluir por meio da observação que os processos naturais eram regidos por leis específicas de movimento que determinavam como o mundo se comportava. O universo obedecia a leis que atuavam de modo autônomo, ou seja, sem referência a nada que lhes fosse exterior. De modo semelhante, René Descartes propôs que toda verdade cria princípios matemáticos, que derivam de verdades indiscutíveis.

Embora a natureza do conhecimento tenha mudado — agora ele depende da observação e do experimento, e não do raciocínio abstrato (a priori), como no caso de Platão — o conhecimento especial (científico) ainda é privilegiado. O conhecimento científico é universal e autônomo; em princípio, todo conhecimento menor pode ser compreendido em termos das categorias universais — mais tarde todas as culturas menos sofisticadas seriam compreendidas e julgadas pelos padrões da verdade universal representada pela civilização ocidental. O desenvolvimento de "universidades" modernas, que passou a reunir todo o conhecimento; enciclopédias, compêndios do conhecimento humano, e grandes organizações centralizadas, ordenadas racionalmente, são produtos dessa cosmovisão moderna.

O cristianismo foi desafiado por essa cosmovisão, mas também, sob alguns aspectos, rendido por ela. As verdades históricas do cristianismo — a aliança com Israel, a morte e a ressurreição de Cristo — eram vistas como incompatíveis com os critérios da razão universal. As verdades necessárias da razão sempre sobrepujam fatos históricos (Gotthold Lessing — embora se veja a sombra de Platão por trás dele). Uma vez que a razão determinava o curso da história, que, portanto, sempre tinha de ser linear e positivo, o cristianismo precisava ser compreendido de acordo com categorias racionais. Assim o cristianismo passou a receber influência dessa cosmovisão, primeiramente no triunfo da religião racional representada pelo deísmo do século 18 e, depois, no racionalismo cristão em desenvolvimento no século 20, que afirmava que as verdades necessárias da razão davam apoio à verdade do cristianismo (Sproul, Gerstner e Lindsley).

2.3. A cosmovisão pós-moderna. O primeiro desafio para a cosmovisão moderna surgiu já no século 19, quando líderes do movimento romântico afirmavam que o sentimento, não a razão, era o que determinava o comportamento e a história do ser humano. Assim era introduzido o conceito de diversidade, uma dimensão necessária e de fato positiva da vida e da história humanas, que propunha que o conhecimento era influenciado pelas questões do coração e também pelas reflexões abstratas da mente.

Mas o fundamento mais importante do pós-modernismo derivou das descobertas de Albert Einstein no início do século 20, com a proposição de sua famosa teoria da relatividade, que afirmava que toda verdade depende de sistemas coordenados específicos. Einstein não queria negar nada do que havia sido afirmado por Newton, pois dentro do sistema coordenado em que nos encontramos, as leis de Newton continuam valendo. Mas quando se passa para os níveis cósmicos ou moleculares, evidenciam-se sistemas diferentes.

Muitas outras influências deram sustentação ao pós-modernismo, mas o romantismo e a relatividade desempenharam papéis importantíssimos ao longo de todo o processo. Pensadores pós-modernos hoje admitem haver diversos programas de pesquisa que obedecem a regras de evidência diferentes, mas não totalmente incompatíveis. Em vez de liderar grandes organizações centralizadoras, os pós-modernos preferem redes descentralizadas; em lugar da verdade impessoal e universal, agora as pessoas buscam percepções pessoais e a comunidade; acima de tudo, os pós-modernos se abriram para as dimensões espirituais da vida e são mais inclinados a crer na realidade espiritual, até mesmo no que se encontra acima da razão (Grenz).

Os cristãos divergem muito, ora acatando, ora atacando a cosmovisão pós-moderna, exatamente como divergiram historicamente ao interagir com as visões clássica e moderna que se lhes apresentavam. Muitos insistem em resistir ao pós-modernismo por se tratar de algo que os afasta das verdades absolutas e os dirige para o relativismo; outros veem a nova abertura para a espiritualidade como uma oportunidade que os cristãos não devem deixar passar em brancas nuvens e que o pluralismo de culturas e crenças é um fato inevitável da vida contemporânea que, bem ou mal, precisa ocupar sua atenção.

2.4. Cosmovisões tradicionais. Embora essas cosmovisões tenham se desenvolvido na Europa e nos Estados Unidos, as ondas de globalização têm levado seus produtos culturais e sistemas comerciais para todo canto. Mas em muitas partes do mundo essas cosmovisões ocidentais têm encontrado (e às vezes fortalecido) visões tradicionais. Essas perspectivas, às vezes chamadas de pré-modernas, estão muitas vezes ligadas a religiões autóctones e continuam a influenciar a identidade étnica (e até nacional). Essas fortes identidades e práticas com séculos de existência têm se mostrado altamente resistentes — às vezes até hostis — a influências externas, em especial ao trabalho das missões cristãs.

Mas em face da realidade de um mundo cada vez mais interligado, essas culturas tradicionais, bem ou mal, estão se abrindo para influências externas. A migração cada vez mais acentuada de pessoas da zona rural para as cidades em busca de uma vida melhor tem levado ao que Cristian Parker chama de uma cosmovisão "semimoderna", segundo a qual muitas crenças e costumes tradicionais são integrados a componentes modernos da comunicação e à vida comercial. É óbvio que tal diversidade cultural significa que as práticas apologéticas precisam ser cada vez mais sensíveis ao papel dos valores tradicionais e procurar apresentar o evangelho como dádiva de Deus e não como imposição de ideias ocidentais. A grande verdade é que não existe cosmovisão totalmente compatível com o evangelho cristão, pois, conforme diz Paulo, o homem, por sua própria sabedoria, não tem como conhecer a Deus (1Co 1.18-31). Ao mesmo tempo, todas as cosmovisões, uma vez que expressam a imagem indelével de Deus na humanidade, oferecem aberturas através das quais a luz do evangelho pode ser vista. Isso sugere que os cristãos empreguem uma variedade de métodos para incluir pessoas que se encontram sob a influência de uma ou outra cosmovisão.

3. Apologética filosófica

Na raiz das cosmovisões, e até das diferentes perspectivas culturais, encontram-se várias premissas e hipóteses que determinam como as instituições e as leis se desenvolvem. Assim, um componente crítico da tarefa apologética é de natureza filosófica, ou seja, ele investiga essas premissas implícitas — as ideias privilegiadas em determinada situação. A natureza da razão como superior a outras formas de conhecimento era uma importante premissa do mundo clássico que continua a influenciar a cultura, embora hoje a razão seja chamada de ciência. Essas premissas precisam ser expostas e exploradas pela crítica ou pela subversão — assim como Pascal subverteu a perspectiva interior de Descartes na proposição de razões do coração que davam apoio ao cristianismo ou, como Nancey Murphy usa a moderna cosmovisão científica, como uma forma de defender a veracidade do cristianismo.

4. Apologética cultural

A segunda abordagem reside em usar realidades culturais para afirmar a verdade do cristianismo. Cristãos protestantes ocidentais deram pouquíssima atenção crítica à cultura ao longo da primeira metade do século 20, embora tenham sido ágeis para adotar meios culturais modernos a serviço da evangelização. A pessoa que contribuiu bastante para despertar os evangélicos para a reflexão sobre a cultura foi Francis Schaeffer, cujo ministério com sede na Suíça envolvia uma abordagem criativa dirigida a intelectuais modernos. Por intermédio de suas palestras nos Estados Unidos e na Grã-Bretanha, e mais tarde com seus livros e vídeos, Schaeffer influenciou os evangélicos a pensarem seu relacionamento com a cultura. De uma forma que lembrava o propósito do papa João XXIII no Concílio Vaticano II, para que as janelas da igreja se abrissem para o mundo moderno, Schaeffer colocou no centro do diálogo evangélico questões literárias e filosóficas contemporâneas. Para muitos ele providenciou uma janela, ou mesmo uma porta, que dava acesso à cultura mais ampla. Seus primeiros livros, *A Morte da Razão* (publicado originalmente em 1968) e *O Deus que Intervem* (também 1968) transformaram-se imediatamente em recordistas de vendas. No segundo livro ele descreve seu programa de apresentação do cristianismo histórico inteligível ao século 20. Ele moldou um método apologético que o fazia pensar holisticamente sobre filosofia, artes e cultura como meios de recobrar uma visão bíblica da realidade. Somente a verdade histórica da realidade de Deus e da obra de salvação de Cristo, afirma Schaeffer, mostra "a verdade do mundo externo e a verdade daquilo que o próprio homem é" (1968b, 129). A obra de Schaeffer contribuiu muito para incentivar cristãos evangélicos a desenvolver o que tem sido chamado de apologética cultural, ou seja, a tentativa de mostrar formas pelas quais os desenvolvimentos culturais dão suporte à verdade do cristianismo.

As discussões missionárias sobre contextualização na década de 1970 foram outra influência até mais importante para o desenvolvimento da apologética cultural. Esses diálogos têm grande importância para a apologética, uma vez que a maior parte das culturas não-ocidentais pressupõe a importância dos valores espirituais e religiosos para o desenvolvimento humano. Temos aqui desafios e oportunidades para a apologética. Por um lado, a presença de religiões autóctones significa que a apologética precisa dar ao diálogo inter-religioso um papel maior, mas por outro lado significa que o cristianismo pode ser apresentado como resposta aos anseios religiosos manifestados nessas formas tradicionais.

5. Apologética pastoral

O método mais compatível com o pluralismo pós-moderno é o que podemos chamar de método pastoral de apologética. O fato é que as pessoas muitas vezes vivem em diversos mundos diferentes ao mesmo tempo, empregando elementos de perspectivas modernas, pós-modernas e pré-modernas (em muitos casos fora do Ocidente). Sua cosmovisão muitas vezes não os preocupa. Assim, o método pastoral sugere que trabalhemos com aquilo que tem importância para eles: sua identidade, quem eles sentem que são ou desejariam ser. Dentro desse processo, os cristãos podem se valer de argumentos culturais, racionais, emocionais ou usar uma abordagem mais querigmática. O que importa é ver a pessoa como alguém amado por Deus e, num lugar específico em seu crescimento espiritual, mais ou menos aberto à atuação da graça de Deus.

O método pastoral vê a apologética como um processo pastoral e não como um argumento intelectual, mesmo que às vezes se façam necessários elementos racionais. O processo pode consistir nos seguintes passos: (1) Ouvir o que os incrédulos estão dizendo; quais são seus interesses básicos, ou seja, o que está por trás das perguntas que eles estão fazendo, as verdadeiras questões implícitas que dirigem a vida de cada um deles. Isso pode tornar necessário (2) caminhar com eles por um tempo, a fim de descobrir a busca em que eles estão empenhados. O que eles estão procurando? Que fardos eles carregam que os impede de seguir adiante? Essas duas coisas podem envolver a atitude de considerar importantes os argumentos filosóficos ou culturais, mas somente porque eles estão evidentemente por trás da situação em que as pessoas se encontram. (3) Isso pode conduzir a uma releitura das Escrituras (e da tradição cristã) mantendo em mente as perguntas e interesses das pessoas, e (4) uma apresentação da versão do evangelho que emergir. A melhor resposta para os obstáculos à fé é um processo de testemunho que alimenta a fé ao longo do tempo, disciplinado pelas Escrituras e apoiado pela oração.

Veja também Ateísmo; Evangelização, Iluminismo, O; Modernismo e Pós-modernismo; Teodiceia,

BIBLIOGRAFIA. Agostinho, *The City of God Against the Pagans* (Cambridge: Cambridge University Press, 1998); Campbell-Jack, W. C. e McGrath, G. J., orgs., *New Dictionary of Christian Apologetics,* Campbell-Jack, W. C. e McGrath, G. J., orgs.,(Downers Grove: InterVarsity Press, 2006); Chang, C., *Engaging Unbelief* (Downers Grove: InterVarsity Press, 2000); Grenz, S., *A Primer on Post-modernism* (Grand Rapids: Eerdmans, 1996 [edição em português: *Pós-modernismo* (São Paulo: Vida Nova)]); Kärkkäinen, V.-M., "Pannenberg, Wolfhart," *New Dictionary of Christian Apologetics,* Campbell-Jack, W. C., e McGrath, G. J., orgs., (Downers Grove: InterVarsity Press, 2006) 529-30; Murphy, N., *Theology in the Age of Scientific Reasoning* (Ithaca: Cornell University Press, 1990); Newbigin, L., *The Gospel in a Pluralistic Society* (Grand Rapids: Eerdmans, 1989); Parker, C., *Popular Religion and Modernization in Latin America: A Different Logic* (Maryknoll: Orbis, 1996); Pascal, B., *Pensées and Other Writings* (New York: Oxford University Press, 1995); W. C. Placher, *Unapologetic Theology: A Christian Voice in a Pluralistic Conversation* (Louisville: Westminster John Knox, 1989); Schaeffer, F., *Escape from Reason* (Downers Grove: InterVarsity Press, 1968a [edição em português: *A Morte da Razão* (Fiel, 1968)]); idem, *The God Who Is There: Speaking Historic Christianity into the 20th Century* (Downers Grove: InterVarsity Press, 1968b [edição em português: *O Deus que Intervem* (Refúgio)]); Schleiermacher, F., *On Religion: Speeches to Its Cultured Despisers* (Cambridge: Cambridge University Press, 1996); Sproul, R. C., Gerstner, J. e Lindsley, A., *A Rational Defense of the Christian Faith and a Critique of Presuppositional Apologetics* (Grand Rapids: Zondervan, 1984); Stackhouse, J., *Humble Apologetics* (Oxford: Oxford University Press, 2002).

Dyrness, W. A.

APOSTOLICIDADE CONTEMPORÂNEA

A natureza apostólica da igreja é reconhecida pela maioria das denominações cristãs. A condição singular de fundamento ligada aos doze apóstolos é unanimidade entre cristãos ortodoxos tradicionais. No entanto, o dom e o ministério apostólicos como realidade contínua na vida e na experiência da igreja é uma questão amplamente debatida. Como forma de reação à teoria católico-romana da sucessão apostólica, desde os dias da *Reforma, os protestantes negam toda contemporaneidade do conceito. A apostolicidade é entendida como o testemunho basilar das testemunhas reais (e oculares) da revelação sem par que Deus fez de si mesmo em Jesus Cristo, conforme temos registrada nas Escrituras inspiradas do Novo Testamento. Segundo essa visão, a apostolicidade da igreja repousa sobre sua fidelidade ao testemunho (apostólico) registrado por escrito e sobre sua aceitação como única fonte de autoridade em questões de fé e prática (*sola scriptura*).

Aliada a essa interpretação está a ideia, desenvolvida através do paradigma da cristandade desde os dias de Agostinho de Hipona, de que os *charismata* do Espírito Santo, assim como também os sinais e maravilhas — experiências e ministérios miraculosos semelhantes aos apostólicos — haviam deixado de existir quando da morte do último dos apóstolos ou quando se completou a formação do cânon do Novo Testamento (teoria cessacionista). Essa teoria foi afirmada pelos reformadores do século 16 e consolidada nos séculos seguintes (em particular no século 19) pela maior parte dos teólogos evangélicos.

Com o aparecimento da renovação carismática nas décadas de 1960 e 1970, desenvolveu-se um novo conceito dos *charismata* do Espírito. Por sua vez, esse novo conceito levou a uma reinterpretação de textos como Efésios 4.11 e a um novo olhar sobre os ministérios de apóstolos e profetas na igreja. Em alguns círculos carismáticos, isso se manifestou pela *restauração* desses dons e ministérios como cumprimento de uma profecia relacionada com os últimos tempos (At 3.21). No entanto, foi durante a década de 1990 que começaram a florescer os ministérios apostólicos. Sobretudo na África e na América Latina, centenas de pastores de grandes igrejas foram reconhecidos como "apóstolos". Na maioria dos casos, o título tinha a ver com um ministério administrativo ou com a tarefa de um superpastor, sendo que vários outros pastores e congregações ficavam debaixo da "cobertura espiritual" (e vigilância administrativa) de um apóstolo autonomeado.

A designação "apóstolo" não é hoje empregada de modo uniforme em todo o mundo. Em várias denominações evangélicas, ela continua vinculada a um ministério missionário ou a alguém que funda igrejas. Nos círculos neopentecostais o título é usado por alguém que supervisiona ou coordena (tarefa do bispo) vários líderes e igrejas. No entanto, entre certos evangélicos tem aumentado a percepção de que o dom apostólico e o ministério do Novo Testamento não estava limitado aos Doze e que esses elementos são necessários ao cumprimento da missão na igreja de hoje. Contingentes cada vez maiores de evangélicos de todo o mundo interpretam Efésios 4.11-13 e 1Coríntios 12.28 como expressões de dons e ministérios que não foram minimizados nos propósitos de Deus.

Veja também ECLESIOLOGIA; LIDERANÇA; MOVIMENTOS CARISMÁTICOS; PENTECOSTALISMO.

BIBLIOGRAFIA. CANNISTRACI, D., *The Gift of Apostle* (Ventura: Regal, 1996); HAMON, B., *Apostles, Prophets and the Coming Moves of God* (Santa Rosa Beach: Christian International, 1997); WAGNER, C. P., *The New Apostolic Churches* (Ventura: Regal, 1998); idem, *Churchquake!* (Ventura: Regal, 1999).

Deiros, P. A.

ARIANISMO. *Veja* CRISTOLOGIA.

ARMINIANISMO

Armininianismo é uma perspectiva teológica que, grosso modo, corresponde ao pensamento de Jacobus Arminius (ou grafias variantes Jacó Armínio, Tiago Armínio). Como pensamento alternativo à teologia reformada clássica, o arminianismo influencia em grande medida o cristianismo evangélico dos dias atuais.

1. Primórdios
2. Desenvolvimento e trajetórias
3. Avaliação comparativa

1. Primórdios

1.1. Arminius e seu contexto. Jacobus Armínius (1559-1609) nasceu em Oudewater, na Holanda, e estudou Teologia em Utrecht, Marburgo, Leiden, Basileia e Genebra. Depois de atuar como pastor da Igreja Reformada em Amsterdã entre 1587 e 1603, concluiu seu doutorado e começou a lecionar na Universidade de Leiden. Durante seu pastorado em Amsterdã e depois como parte do corpo docente em Leiden, Arminius foi se tornando uma figura cada vez mais polêmica, principalmente por causa de seu posicionamento contrário às doutrinas reformadas, sobretudo a doutrina da predestinação absoluta. Embora sua doutrina tenha sido severamente criticada pelos reformados da época, incluindo seu colega de magistério Francisco Gomarus, Arminius morreu em paz com as igrejas reformadas da Holanda e com a Universidade de Leiden.

1.2. Teologia. Arminius viveu num período em que a teologia reformada protestante encontrava-se em fase de desenvolvimento e codificação num ambiente de metodologia escolástica e acadêmica. Ele não se distinguia de seus contemporâneos reformados, e isso não se limitava ao método teológico adotado, mas também em sua expressão das doutrinas protestantes clássicas, tais como a *justificação pela graça através da fé, a rejeição do papa romano e a teologia tipicamente reformada da Eucaristia, juntamente com suas implicações cristológicas. As principais linhas de seu pensamento podem ser facilmente acessadas em suas obras *Disputas públicas* e *Disputas privadas*.

As ênfases da doutrina da *salvação próprias de Arminius, muito bem resumidas em sua *Declaração de sentimentos* (apresentada em 1608), podem ser sintetizadas em dois pontos. Primeiro, Arminius acreditava que a graça salvadora de Deus era um dom ao qual se podia resistir — portanto, não irresistível. Arminius admitia que a graça preveniente, contínua e perseverante atua da mesma forma ensinada pelos teólogos reformados, com exceção do fato de que os indivíduos têm condições de rejeitá-la a qualquer momento. Segundo, para Arminius, a predestinação, em vez de estar fundamentada de modo incondicional apenas na vontade de Deus, está condicionada à fé do indivíduo. Deus elege para a salvação aqueles que não resistem, mas aceitam seu dom gracioso da fé e perseverança; Deus reprova os que teimam em rejeitar sua dádiva da salvação.

Assim, de acordo com Arminius, a humanidade caída é totalmente incapaz de salvar a si mesma e não tem esperança alguma sem a graça preveniente e subsequente de Deus. Sublinhando a ideia de que o ser humano recebe de livre e espontânea vontade a graça e a fé divinas, Arminius abriu espaço para a resposta humana na relação entre o homem e Deus. O afastamento de Arminius da teologia reformada foi uma reação contra a doutrina da predestinação incondicional, cujo predomínio estava em alta, assim como também contra seu efeito prático — a aberração chamada doutrina da certeza da salvação, que resultava em segurança sem garantias ou em desespero sem remédio.

1.3. A controvérsia remonstrante. Em janeiro de 1610, três meses depois da morte de Arminius, quarenta e quatro pastores holandeses apresentaram seus pontos de divergência com o Catecismo de Heildelberg e com a Confissão Belga, segundo exigência dos Estados da Holanda. Esse documento, chamado Remonstrância de 1610, foi assinado pelos seguidores e simpatizantes de Arminius (que passaram a ser chamados remonstrantes). Seus cinco pontos de divergência com o calvinismo oficial, considerados representantes do pensamento de Arminius, muitas vezes trazem citações do próprio Arminius. Os gomaristas, ou contrarremonstrantes, apresentaram sua rejeição dos artigos arminianos. Seguiu-se uma batalha teológica por meio de panfletos, que às vezes chegou a manifestações de violência entre o povo, e a questão se resolveu somente depois do Sínodo de Dort (1618-19), de abrangência nacional. A essa altura, os remonstrantes, destituídos de maiores influências políticas, estavam à mercê da assembleia calvinista, que acabou tornando ilegais suas opiniões. O arminianismo foi julgado oficialmente como uma linha de pensamento fora dos limites da ortodoxia reformada holandesa.

2. Desenvolvimento e trajetórias

2.1. O arminianismo holandês. O pensamento remonstrante holandês é o arminianismo diretamente derivado de Arminius. Expulsos do Sínodo de Dort, os remonstrantes formaram sua própria denominação eclesiástica e um seminário para formação teológica de pastores. No final do século 17, a teologia remonstrante holandesa gozava de um relacionamento mutuamente cordial com o espírito do racionalismo iluminista juntamente com suas implicações otimistas e liberais das perspectivas antropológicas e teológicas, revelando um claro afastamento do próprio Arminius. Nos dias de hoje, a *Remonstrantse Broederschap* conserva uma discreta presença na Holanda, enfatizando liberdade e tolerância em questões sociais e doutrinárias.

2.2. O arminianismo inglês. O "arminianismo" inglês ou "anticalvinismo" pode ser vinculado aos últimos trinta anos do século 16, quando a Igreja da Inglaterra estava cada vez mais sob a influência da teologia reformada continental. No reinado da rainha Elizabeth, a Inglaterra não somente se transformou num porto seguro para os protestantes que fugiam das perseguições na Europa, mas o país também viu o retorno dos que haviam sido exilados no reinado da rainha Maria. Além do impacto desses grupos, livros escritos por teólogos reformados da Europa continental foram traduzidos e impressos na Inglaterra, causando um efeito gradual, porém profundo, sobre a teologia inglesa. A Igreja da Inglaterra, incluindo o corpo docente de Oxford e de Cambridge, estava assuindo um caráter mais claramente reformado.

Alguns teólogos ingleses que ensinavam doutrinas calvinistas encontraram bolsões de resistência dentro da Igreja da Inglaterra. À semelhança de Arminius, esses anticalvinistas ingleses reagiram contra a teologia reformada, opondo-se sobretudo às doutrinas da predestinação incondicional e da graça irresistível. No entanto, embora haja indícios de ligações indiretas entre anticalvinistas ingleses e arminianos holandeses no início do século 17, e apesar do fato de que, anos depois, arminianos ingleses liam Arminius e apelavam a seus argumentos, o movimento arminiano inglês teve origens autóctones e independentes do próprio Arminius. Por exemplo, na década de 1590, durante as controvérsias de Cambridge em torno da predestinação, quando Arminius era um pastor desconhecido em Amsterdã, Peter Baro já defendia a predestinação condicional baseada na fé prevista, doutrina que ele já ensinava havia duas décadas. Ademais, uma vez que o único paradigma confessional para a Igreja da Inglaterra eram os Trinta e Nove Artigos, havia espaço para amplas interpretações e acordos não-calvinistas. O anticalvinismo inglês florescia ao lado das teologias reformada e puritana. A exemplo dos remonstrantes holandeses, alguns anticalvinistas ingleses acabaram aceitando os princípios do racionalismo e do latitudinarismo.

2.3. O arminianismo wesleyano, norte-americano e global. Outro tipo de arminianismo sem vínculo direto com Arminius é o metodismo de João e Charles Wesley. À semelhança de anticalvinistas que os antecederam, os irmãos Wesley reagiram contra o "horrível decreto" de Deus, conforme palavras do próprio Calvino. Em certo sentido, porém, em comparação com os remonstrantes posteriores, Wesley e teólogos wesleyanos de tempos depois estavam mais próximos do pensamento evangélico de Arminius, que rejeitava completamente o pelagianismo, insistindo na salvação somente pela graça mediante a fé e na incapacidade de o ser humano se salvar sem a graça interior.

Com o avanço do metodismo nos Estados Unidos do início do século 19 e com o declínio da ortodoxia reformada confessional, formou-se um anticalvinismo evangélico geral nos séculos 19 e 20. Como esses movimentos não endossam as doutrinas reformadas da predestinação e da graça, essa mescla de cristianismo conservador que crê na Bíblia é muitas vezes chamada "arminianismo". Entretanto, cabe aqui uma pergunta: até que ponto é válido chamar de arminiana uma teologia que se afastou do pensamento de Arminius? Embora possamos permitir que grupos modernos que ensinam doutrinas semelhantes à de Arminius sejam chamados "arminianos", essa designação popular e onipresente talvez seja imprópria não somente quando aplicada a grupos que demonstram não ter vínculos com o arminianismo holandês, mas sobretudo quando é usada para descrever teologias que guardam pouquíssima semelhança com as ideias de Arminius. Por exemplo, avivamentistas como Charles Finney têm provavelmente mais afinidade com Pelágio e não com Arminius. Da mesma maneira, a já plenamente desenvolvida teologia da abertura (*veja* Teísmo Aberto) de um Deus temporal que desconhece o futuro tem de fato raízes na visão de Arminius sobre a onisciência divina, visão esta crucial para sua própria doutrina da predestinação. De qualquer modo, quer o uso do termo seja sempre justificável, quer não, em vista da influência do metodismo sobre grupos neopentecostais e nazarenos, cujos números aumentaram muito em todo o mundo, "arminianismos" de todo tipo têm se espalhado pela igreja do século 21.

3. Avaliação comparativa

Como certa vez observou João Wesley, dependendo do ambiente eclesiástico, os termos *calvinista* e *arminiano* são muitas vezes usados de forma pejorativa sem levar muito em conta seu real conteúdo. A mesma generalização se aplica hoje a muitos círculos eclesiásticos. Páginas da Internet e publicações populares continuam a criar amplos espaços para polêmicas cruéis e inaptidão histórica e teológica. No entanto, cabe aqui observar que o arminianismo evangélico guarda muitas semelhanças com o calvinismo. Em primeiro lugar, o arminianismo e o calvinismo são ortodoxos nos aspectos que dizem respeito à tradição cristã em torno das doutrinas de Deus, Cristo e salvação. Mesmo que alguns arminianos não professem abertamente os credos clássicos, a maioria endossaria os credos ecumênicos e as definições de Niceia e Calcedônia.

Além disso, o arminianismo tem grandes semelhanças práticas com a teologia reformada convencional. Ambas as tradições reconhecem a necessidade da pregação e da evangelização, além da natureza instrumental da fé no processo de salvação. Ambas dirigem seus adeptos para testemunhos semelhantes acerca da segurança da salvação e corretamente fazem advertências aos que persistem numa vida de pecado deliberada e longe do arrependimento. Historicamente, questões eclesiológicas e escatológicas nunca foram motivo de grandes conflitos entre esses grupos.

Ao mesmo tempo, as diferenças entre as teorias arminiana e calvinista não podem ser desprezadas. Em suma, o arminianismo tem uma visão da ligação entre Deus e o homem muito diferente da postura calvinista. Os arminianos creem que Deus obriga-se espontaneamente a amar cada pecador com vistas à salvação, mas, ao mesmo tempo, ele limita voluntariamente sua própria soberania sobre a vontade do ser humano, criando assim uma oportunidade para que o relacionamento divino-humano seja marcado por uma reciprocidade mais intensa.

Veja também Teologia Reformada; Wesleyanismo, Teologia Wesleyana.

Bibliografia. ARMINIUS, J. *The Works of James Arminius* (3 vols.; London, 1825-1875; reimpr. com introdução de C. Bangs, Grand Rapids: Baker, 1986); BANGS, C. O., *Arminius: A Study in the Dutch Reformation* (Nashville: Abingdon, 1971; reimpr., Eugene, OR: Wipf and Stock, 1998); HARRISON, A. W., *The Beginnings of Arminianism to the Synod of Dort* (London: University of London Press, 1926); HICKS, J. M.,"The Theology of Grace in the Thought of Jacobus Arminius and Philip van Limborch: A Study in the Development of Seventeenth-Century Dutch Arminianism" (tese de doutorado, Westminster Theological Seminary, 1985); MULLER, R. A., *God, Creation and Providence in the Thought of Jacob Arminius: Sources and Directions of Scholastic Protestantism in the Era of Early Orthodoxy* (Grand Rapids: Baker, 1991); OLSON, R., *Arminian Theology: Myths and Realities* (Downers Grove: IVP Academic, 2006); STANGLIN, K. D., "'Arminius *Avant La Lettre*': Peter Baro, Jacob Arminius, and the Bond of Predestinarian Polemic," *WTJ* 67 (2005) 51-74; idem, *Arminius on the Assurance of Salvation: The Context, Roots, and Shape of the Leiden Debate, 1603-1609* (Leiden: Brill, 2007).

Stanglin, K. D.

ARMINIUS, JACOBUS. *Veja* ARMINIANISMO.

ARNDT, JOHANN. *Veja* PIETISMO.

ARQUITETURA. *Veja* ARTE E ESTÉTICA.

ARTE E ESTÉTICA

Assim como a religião, à qual elas muitas vezes estão associadas, as expressões de arte têm suas raízes em antigas tradições culturais. Muitas vezes, distinções que têm importância no Ocidente, como, por exemplo, entre arte e artesanato, ou entre arte sagrada e arte secular, quase não têm sentido em outras partes do mundo. Essas diferenças se refletem em todos os aspectos da produção estética, desde a vocação do artista, seja formal, seja informal, até as providências econômicas que sustentam essas práticas, desde museus de alta complexidade e galerias no Ocidente até comunidades baseadas em mercados de artesanato que se evidenciam em muitos lugares. Num mundo cada vez mais globalizado essas diferenças muitas vezes exercem influências recíprocas (Summers, 2003), e hoje se reconhece amplamente que a arte em um lugar não pode mais ser estudada em isolamento. Assim, a reflexão cristã sobre as artes precisa reconhecer cada vez mais tanto a diversidade quanto as inter-relações e, como contribuição para esse aspecto, concentramo-nos aqui numa comparação entre perspectivas asiáticas e ocidentais, que, juntas, podem contribuir para a renovação da missão e da adoração da igreja.

1. Uma composição asiática
2. Uma composição ocidental

1. Uma composição asiática

Em muitos países asiáticos e, na verdade, em muitas culturas não ocidentais, onde a secularização ainda não aconteceu, muito do que é chamado arte, a exemplo de todos os outros objetos, tem raízes religiosas. Em parte isso se explica pelo fato de a religião continuar a ser uma fonte de integração nessas sociedades. Em especial nesses tempos pós-modernos, as religiões tradicionais do Oriente estão passando por um reflorescimento, porque elas também servem como segurança contra as influências invasivas da modernidade.

Essas raízes religiosas não se expressam em temas explicitamente religiosos ou em monumentos arquitetônicos, como acontecia no passado, a exemplo do Angkor Wat dos habitantes do Camboja ou das magníficas catedrais da Europa medieval. Em vez disso, elas estão incorporadas à sensibilidade estética, formatando os ideais de uma cultura e de sua maneira de olhar para o belo.

Essa realidade se vê com clareza nos países em que a tradição religiosa tem abrangência filosófica, um sistema totalista que se expressa através de suas extensões culturais — rituais cúlticos, leis, instituições e vida artística e cultural. O zen-*budismo, por exemplo, é todo um sistema de vida delicadamente destilado em formas artísticas como o *ikebana*, o *chadō* ou cerimônia do chá, na caligrafia, no *haikai* minimalista ou no altamente estilizado teatro "Nô".

Observe-se também que, em muitos desses países, não há uma palavra correspondente ao termo genérico *arte*. Isso indica não existir o sentido de uma esfera mais sofisticada que, de alguma forma, se abstrai da vida; não há distinção entre olhar e viver, entre arte e vida. É também por isso que, nessas culturas, não se faz uma clara separação entre arte "clássica" e arte "popular". Criatividade e imaginação estão incorporadas ao modo como as pessoas contam estórias, desenham roupas, constroem casas, tecem tapetes, fazem cestos ou arranjos de flores e paisagens.

Neste artigo esboçamos alguns aspectos que simbolizam a estética asiática e sugerem um jeito de olhar para eles. Sondamos a cosmovisão por trás deles e definimos algumas questões teológicas que surgem quando essa arte interage com a tradição cristã ou quando se tenta comunicar sua mensagem dentro de um contexto cultural em particular.

1.1. Arte como acesso. Uma característica da arte asiática são suas raízes consecutivas numa cosmovisão religiosa. Ícones ou estátuas são muitas vezes considerados "a coisa em si", instituída de poder religioso, a exemplo dos antigos *likha* ou *larawan* (imagens) dos filipinos pré-hispânicos. Os *bulul* dos povos da cordilheira é um exemplo contínuo. Altamente estilizadas, essas esculturas são representações dos *anitos*, ou espíritos dos antepassados, poderosos por, conforme se diz, estar imbuídos da própria presença desses antepassados. Eles são colocados como um ritual em campos de arroz para servir como divindades protetoras. Essa mentalidade subsiste mesmo depois de quase quatrocentos anos de catolicismo trazido pela Espanha e mais de um século de protestantismo.

Embora haja indícios de uma antiga secularização na arte chinesa, essa tendência transmutou-se em misticismo quando o budismo Mahayana chegou da Índia. A exemplo do que se vê no catolicismo, a arte tornou-se um auxílio à meditação. A veneração taoísta da natureza encontrou expressão em paisagens e pinturas da natureza que ganharam proeminência entre o quinto e o sétimo séculos. Obras como essas eram apreciadas por sua ressonância espiritual transmitida pelo antigo esteta Hsieh Ho no quinto século. A arte tinha o propósito deliberado de se "dedicar à expressão do espírito interior e não da semelhança física". Isso exigia longas introspecções expressas em obras que sugerem pelos meios mais modestos a essência interior da natureza e da realidade. Mas, apesar de o processo de contemplação e concepção ser longo, a execução costuma ser rápida, conforme instrução dos mestres: "a pintura deve se dar com movimentos espontâneos e instantâneos do pincel" (Munro, 51).

A arte como acesso à natureza das coisas é vista com mais clareza na estética japonesa. Existe o conceito de *mono no aware,* ou o sentimento insistente evocado pela emoção (*aware*) da impermanência em todas as coisas. Tanto na poesia quanto nas narrativas como *Genji Monogatari* (O Conto de Genji), de Lady Murasaki, destaca-se o tema de que todas as coisas haverão de passar, criando um profundo senso de beleza momentânea aliado à tristeza por causa de sua natureza efêmera. As multidões que todos os anos testemunham o florescer das cerejeiras participam desse *aware*. As flores das cerejeiras geralmente caem uma semana depois de aparecer e, por isso, são altamente valorizadas por sua evanescência.

Relacionada a esse senso de impermanência encontra-se a ideia de *wabi*, a beleza despretensiosa que se encontra nas coisas simples, comuns ou até imperfeitas. Kenko, em *Essays in Idleness* [Ensaios sobre o Ócio], explica: "Devemos olhar para as flores da cerejeira somente em sua plenitude, para a lua somente quando não há nuvens? Ansiar pela lua enquanto se olha para a chuva, baixar as persianas e não ter consciência da passagem da primavera — isso nos toca muito mais profundamente. Galhos prestes a florescer ou jardins forrados de flores secas merecem ainda mais nossa admiração" (Keene, 115).

É na arte da cerimônia do chá que o *wabi* encontra sua expressão mais madura. O belo se encontra na simplicidade elegante da casa de chá e de seus utensílios, não em algo magnífico ou opulento. O mestre de chá Sen no Rikyu prescreve em *Namporoku* (1690), uma coleção de seus pensamentos: "Na pequena sala de chá, é desejável que cada utensílio seja menos que adequado. Há quem despreze uma peça se ela estiver levemente danificada; tal atitude revela uma completa falta de entendimento". Em outra passagem, ele insiste no controle: "A refeição para uma reunião numa salinha deve ser nada mais que sopa e dois ou três pratos; o saquê também deve ser servido com moderação. A sofisticação no preparo de alimento para o *wabi* não é apropriada" (Hirota, 226-27). As leves semelhanças com a eucaristia podem não ser acidentais, pois alguns estudiosos destacam a influência de missionários cristãos do século 16 sobre essa prática.

Na estética baseada no zen, a arte é o meio de iluminação, ou *satori* — suas disciplinas servem para evocar a experiência ou percepção religiosa. O artista desperta um "anseio", algo muito semelhante à noção de *rasa* na Índia, alimentando um desejo de aprofundar-se na jornada espiritual. Isso corresponde um pouco à ideia de C. S. Lewis sobre arte como "religião derramada", vinho que se lambe até que a língua toque o cálice de onde ele flui.

Isso se evidencia bastante nas pinturas de paisagens em que o olho percorre caminhos sinuosos e rios que serpenteiam, transmitindo a ideia de uma jornada interior imaginária. As montanhas são envolvidas pela neblina, indistintas mas atraentes justamente por se mostrarem incompletas, criando na imaginação uma vista exuberante e sem limites que supera tudo o que se possa ver claramente (Hume, 253-54).

Essa preferência pelo elemento alusivo em vez do explícito e completo é uma característica do *yugen*, termo encontrado pela primeira vez nos textos filosóficos chineses e que transmite a ideia de "escuro" ou "misterioso". A natureza retratada é sentida psicologicamente, como neste relato do século 13 feito por Kamo, no Komei, ao escrever sobre o *yugen* na poesia: "É como uma tarde de outono debaixo de uma firmamento silencioso e sem cor. De algum modo, como se por alguma razão que devêssemos ser capazes de lembrar, as lágrimas brotam sem controle".

Essa "melancolia cósmica", uma dor que se sente quando o véu da familiaridade é tirado e ficamos de frente para o numinoso na natureza, também tem seu equivalente na literatura europeia, onde é descrito de diversas formas. A sensibilidade romântica é igualmente assombrada pelo árduo e pelo distante. A literatura nórdica muitas vezes apresenta essa imagem de um guerreiro tombado num barco à deriva no mar aberto, onde tudo é suave, triste e distante. O autor dramático Strindberg dá a isso o nome de "saudade do céu". É possível que, no livro de Eclesiastes, o Pregador tivesse a mesma coisa em mente ao falar da "eternidade no coração do homem", aquele resíduo de algum outro clima que persiste na memória e na imaginação da raça humana. Enquanto estamos na terra, temos uma sensação nebulosa e escura do outro mundo, indícios de imortalidade nas fronteiras de nosso inconsciente, que o artista, com sensibilidade elevada, coloca em palavras ou dá forma com linhas e cor.

1.2. Cosmovisões e imagens. Há uma clara diferença entre o modo como um asiático trabalha com a perspectiva e o modo como isso é feito por um europeu. Nas pinturas europeias, o ser humano é normalmente destacado do cenário de segundo plano, o ponto central aonde o olho é conduzido e então repousa. No caso dos asiáticos, o ser humano, quando aparece, faz parte da paisagem, o que indica uma profunda unidade com a natureza.

Isso pode ser explicado por uma diferença filosófica. No "Ocidente" cristianizado, o eu humano é um sujeito distinto. Existe uma nítida separação entre sujeito e objeto, o que explica o desenvolvimento de uma cultura que olha para as obras interiores da natureza e as objetifica, em vez de identificar-se com elas e subjetivá-las. Nas pinturas do leste e do sudeste da Ásia, o ser humano não passa de uma pequena parte do universo; ele se mescla com a vasta paisagem, estabelecendo um contínuo com as rochas e as árvores.

A ênfase asiática na unidade com a natureza pode ser percebida com clareza no *haikai*, gênero de poesia que floresceu no Japão no século 17. O poeta identifica-se a tal ponto com o objeto natural, que o eu desaparece e fica submerso em sua vida imaginada. Observe este *haikai* de Matsuo Basho:

Agora solitário —
De pé entre as flores
Encontra-se um cipreste.

A figura solitária de um velho cipreste é contrastada com a colorida explosão de flores novas. O espírito solitário evocado tipifica o ideal estético do *sabi*, que conota desolação e profunda solitude, de haver envelhecido bem, adquirindo uma pátina com o passar dos anos. O poeta sente-se como a velha árvore em isolamento esplêndido, com sua graça subordinada destacada pela névoa de flores.

As artes cênicas tradicionais mostram as alturas da graça disciplinada alcançada por uma união com a natureza em perfeita sintonia. Muitas danças das Filipinas, por exemplo, são imitações, como o *itik-itik*, que imita os passos curtos e suaves dos patos. O *binasuan* é uma forma de dança do *arnis*, uma arte marcial local. Seus movimentos graciosos podem ser fatais, como o movimento que trava as articulações do inimigo e pode imobilizá-lo. No teatro *No*, onde a dicção, os gestos, passos e movimentos de dança são todos altamente estilizados, a beleza é obtida através de disciplina rigorosa, que irrompe numa "naturalidade superior" em que o corpo é dobrado até atingir uma "forma" (*kata*), como se ficasse leve e maleável para se movimentar como um pássaro voando.

A unidade de sujeito e objeto pode ser vista sobretudo na estética filipina, onde a arte é principalmente algo que se executa como parte do sistema da vida e não como elemento a ser contemplado. A arte decorativa floresce durante as festividades rituais, quando a expansão do firmamento repentinamente se enche com tecidos de cores brilhantes e as casas se vestem com pingentes de *kiping* multicoloridos ou se cobrem de desenhos altamente criativos feitos de frutas, grãos e plantas. Essa festa visual dura apenas um dia, efêmera como o material utilizado — folhas, papéis coloridos, mato, grãos de arroz, molduras de madeira ou bambu. A aceitação da impermanência é tal, que não se pensa na preservação de remanescentes dessa exuberante demonstração de criatividade.

Ao contrário das austeras linhas, espaços vazios e economia de cores dos quadros japoneses, as artes visuais filipinas vibram com formas que preenchem toda a estrutura. Especialmente nas histórias em quadrinhos, pessoas, objetos e cenários se sobrepõem sem um ponto central. Esse "horror ao espaço vazio" e a falta de interesse no foco talvez reflita a sensibilidade altamente social e policrômica dos filipinos, sempre cercados por pessoas e por mil e uma distrações que clamam por atenção. Há um exuberante talento decorativo, a exemplo dos jipes usados até em transporte público e dos *okir*, uma tradição de traçados e desenhos do sul muçulmano. Quer entalhado em madeira ou gravado em metal, há uma rica profusão de arte decorativa tipificada pelo *sarimanok*, figura de um pássaro com um peixe preso ao bico ou às garras. Espadas, gongos, outros implementos de cobre e prata fervilham com figuras de animais, plantas e heróis míticos de épocas antigas.

1.3. Algumas questões. Está muito claro que a vitalidade da vida artística asiática bebe das fontes de suas tradições religiosas. Assim, levanta-se o problema de até que ponto essas expressões artísticas podem ser afirmadas e também criticadas dentro de uma cosmovisão cristã. Além disso, como os artistas dessas tradições que se converteram ao cristianismo podem negociar tanto as rupturas necessárias quanto a continuidade que lhes permita se conectar com seu próprio povo?

Essas questões já foram analisadas num estudo da obra de alguns artistas cristãos da Ásia (Dyrness 1979, 67-75). Podemos tecer aqui apenas alguns breves comentários. O que parece claro até agora é que a questão central nessa região não está voltada para um suposto poder religioso das imagens, diferente do debate que aconteceu na Europa da *Reforma, quando o cristianismo transferiu sua ênfase do altar para o púlpito. A questão principal é se essas tradições artísticas estão imbuídas de elementos autênticos que definem a espiritualidade humana e, portanto, se são capazes de atuar como meio para a comunicação de Cristo. Pode ser que expressar Cristo dentro dos estilos e das estruturas de sentido proporcionados por essas tradições possa trazer à tona um aspecto da "multiforme sabedoria de Deus" que ainda permanece oculto pela falta de uma interação mais profunda com as metáforas basilares dessas culturas.

Embora certamente arraigada em cosmovisões que competem com o cristianismo em profundidade filosófica, estamos lidando aqui com uma sensibilidade cujo poder de intuir a realidade da transcendência é claramente mais imediato e intenso do que a abordagem racional e cognitiva da verdade espiritual específica do protestantismo ocidental.

M. Padilla Maggay

2. Uma composição ocidental

2.1. A Idade Média e a Reforma. Desde os tempos da Reforma, a arte no Ocidente se tornou um interesse secular. Essa visão revela-se um truísmo tanto para os religiosos quanto para os não-religiosos. Mas sua validade pode ser questionada. Outra forma de encarar a história da arte no Ocidente é examinar os diversos modos pelos quais se pensa que as expressões artísticas estão ligadas à religião. Uma coisa fica muito clara para quem quer que estude essa história: a fé religiosa, e muitas vezes o cristianismo em particular — ora no centro, ora furtivo nas sombras, ora disfarçado, mas presente — nunca está totalmente excluído. Durante o período medieval, a arte do Ocidente tinha muitos pontos de coincidência com a visão holista de muitas culturas não-ocidentais de hoje. A palavra latina que deu origem à palavra arte é *ars*; ela denotava não somente a pintura de painéis e as esculturas, mas também habilidades como construção de navios e confecção de móveis. Da perspectiva cristã, os objetos feitos por artistas destinavam-se muitas vezes ao uso litúrgico ou, mais tarde, passaram a promover a espiritualidade pessoal ou familiar. As atividades que envolviam a criação artística e o uso das artes eram vistas mais como práticas teológicas — elas podiam estimular a oração, colocar alguém em contato com o poder espiritual ou servir como receptáculos para relíquias ou elementos sagrados.

O mundo como boa criação de Deus, a encarnação de Cristo em forma humana e a leitura e interpretação das Escrituras estimulavam a criação artística, incluindo a música e o que hoje chamamos de literatura. Os pregadores insistiam com os fiéis para que fizessem uso das imagens nas orações. Tome como exemplo a imagem de Maria e Isabel: na Estrasburgo do final do século 15, o pregador reformado Geiler von Kaisersberg insistia com seus ouvintes para que olhassem para as duas e se lembrassem de como foram fiéis ao chamado de Deus para a vida de cada uma. Que elas lhes sirvam de modelo.

Juntamente com esse uso benéfico das imagens, havia também usos indevidos. Famílias ricas providenciavam altares para perpetuar seu próprio nome e para conquistar o favor de Deus. Pensava-se que peregrinações e relíquias podiam reduzir o tempo que os fiéis permaneceriam no purgatório. Para muitos, todo o processo de criação artística ficou marcado pelo mau cheiro das indulgências.

Os grandes reformadores Martinho Lutero e João Calvino não se opunham aos objetos de arte em si — ambos enalteciam o dom artístico como dádiva de Deus — assim como o uso a que esses objetos se destinavam. Suas objeções teológicas, porém, tiveram impacto não apenas sobre a prática religiosa, mas também sobre práticas culturais e sociais. Em vez de enxergar o poder espiritual mediado pelas práticas religiosas — quer fossem peregrinações, quer fossem orações específicas — os reformadores insistiam na ideia de que

Deus se manifesta mais claramente pela pregação de sua palavra encontrada nas Escrituras. Como consequência, a Bíblia logo foi traduzida para diversos vernáculos, e se prepararam catecismos para as crianças, ações que tiveram como efeito uma rápida redução na taxa de analfabetismo. Algumas vezes, as reformas sociais pareciam ofuscar a necessidade da criação artística. Os reformadores diziam: em vez de gastar seu dinheiro com imagens que, em si mesmas, nada fazem em favor de sua saúde espiritual, doe com generosidade à verdadeira imagem, ou seja, seu próximo que vive perto de você e passa por grandes privações. Tudo isso resultou numa transformação não apenas no modo como a arte era criada e valorizada, mas também na forma mais geral como os cristãos enxergavam o mundo.

Por certo, o mistério e o temor que, para o bem ou para o mal, acompanhavam a adoração medieval foram substituídos pela busca de clareza e ordem tanto na interpretação da fé pessoal quanto na forma como se olhava para a vida de modo geral. Essa nova maneira de pensar resultou em formas particulares de se relacionar com o mundo, postura esta que se traduzia com uma estética correspondente. Se o mundo é a criação ordenada de Deus, e as pessoas são chamadas a ser administradoras e zeladoras dessa ordem, elas terão mais probabilidade de discernir a atuação interior de tal realidade. Elas seguramente haverão de descobrir muitos de seus segredos. Muitos estudiosos observam que esse modo de pensar teve muito a ver com o que conhecemos como revolução científica. Nas artes, principalmente na Inglaterra, Holanda e Nova Inglaterra do século 17, ele se expressou num foco sobre os indivíduos como imagem de Deus e do mundo — nas palavras de João Calvino — como um teatro para a glória de Deus. Os famosos quadros de Rembrandt e as paisagens de Jacob van Ruisdael constituem exemplos dessa nova cosmovisão. Embora o foco sobre indivíduos fosse central, havia também a consciência, sobretudo nas reproduções das paisagens da época, de que a pessoa fazia parte de uma estória bem maior cujo autor era Deus.

Essa abrangência ordenada do mundo natural, com respeito às artes, teve importantes consequências. Como os crentes da Idade Média criam com firmeza na capacidade que as práticas e os objetos religiosos tinham para mediar a espiritualidade, os reformadores inclinaram-se a deduzir que a verdade espiritual era mediada unicamente quando se ouvia a Palavra, ou seja, *internamente*. João Calvino chegou ao ponto de dizer em seu *Catecismo de Genebra* que o Espírito Santo atua junto com a Palavra pregada para produzir fé, tanto que não é realmente necessário que Cristo ou sua Palavra sejam recebidos por qualquer órgão do corpo. Embora Calvino não pretendesse dizer o que disse, tal postura compromete o valor de toda mediação externa da religião. Os que seguiram rigorosamente pelo caminho de Calvino não viam necessidade de espaços especiais, em particular de rituais ou objetos gravados com sofisticação que pudessem ser veículos da espiritualidade do crente. Na arquitetura e em questões relacionadas à adoração, o resultado foi aquele que muitas vezes tem sido chamado "estilo simples" da estética. Em outras palavras, os protestantes que pensavam na estética em relação aos espaços e objetos voltados à adoração favoreciam o uso mínimo de ornamentos e objetos, enfatizavam o vazio e o silêncio, e em geral adotavam providências que proporcionavam uma atmosfera própria para fé e meditação pessoal e interior. As artes no sentido mais tradicional, quando expressas pelos crentes, aconteciam em locais fora da igreja. Elas não eram consideradas parte das atividades religiosas ou devocionais dos crentes.

Alguns teólogos, a exemplo de Abraham Kuyper, afirmam que essa visão secularizada da vida e da arte trouxe como consequência a libertação da arte dos grilhões da igreja. A arte estava agora livre para percorrer o mundo, livre das correntes das exigências dogmáticas ou litúrgicas. Ela estava livre para celebrar o dom divino do belo onde quer que ele pudesse ser encontrado. O problema que logo se evidenciou é que, se as artes não serviam a uma cosmovisão cristã, poderiam ser expressas para servir a outros deuses — na verdade, ela mesma poderia ser transformada em objeto de reverência.

2.2. Reflexões ocidentais modernas sobre as artes. Não estaríamos exagerando se disséssemos que as discussões mais recentes sobre arte convergem para essa suposta libertação do cenário religioso — seja para lamentá-la, seja para enaltecê-la. De uma perspectiva, considerar a arte algo puramente secular não é uma postura comum quando comparada com a maior parte do mundo (e a maior parte da história!), conforme vimos na parte sobre a composição asiática (veja ponto 1 acima). Assim, o fato de essa libertação ser contestada e debatida na Europa e nos Estados Unidos não é incomum. É para esse debate que desejamos nos voltar no restante deste artigo. A discussão pode ser reduzida a duas perguntas distintas: primeira, será que essa libertação é bom para a arte, e será que podemos aprender algo importante das artes libertadas de todas as exigências religiosas? Segunda, se a arte não é necessariamente algo bom, haveria algum jeito de fazer os dons estéticos mais uma vez servirem aos propósitos da adoração?

Não resta dúvida de que a prática artística perdeu a sanção religiosa no Ocidente em parte por causa da história singular do cristianismo desde a Reforma. Essa situação também explica o fato de que a discussão teológica construtiva em torno do valor da arte foi algo raro antes do século 19. Desde então, pensadores cristãos têm assumido diversas posições sobre a maneira pela qual os objetos estéticos podem promover ou obstruir a verdadeira espiritualidade. Pode-se pensar nessas posições sobre o assunto dentro de uma linha de abrangência. Começando pela extremidade esquerda é possível posicionar os teólogos que acreditam que o impulso artístico em si é prova da presença divina em nosso consciente. No meio encontram-se os que veem os objetos como detentores de potencial sacramental. Em outras palavras, os objetos que chamamos de arte podem se revestir da característica de um sacramento religioso; podem ser transformados em objetos de importância espiritual. Os pensadores da extremidade à direita da linha não acreditam que a arte possa ter relação direta com Deus. Os objetos do mundo material podem, na melhor das hipóteses, falar de Deus ou apontar para ele, mas, na pior das hipóteses, podem obstruir o caminho da consagração da pessoa para com Deus. Segundo esse modo de enxergar as coisas, os pensadores à esquerda e no centro duvidariam da possibilidade de existir arte sem contexto teológico; os que se encontram à direita, seguindo Kuyper, estão mais inclinados a celebrar essa libertação ou, no mínimo, aceitá-la.

Analisemos rapidamente essas opções. No século 19, Friedrich Schleiermacher defendeu a ideia de que nosso impulso de formar imagens faz parte do fundamento da consciência humana. Na verdade, ele afirmou que a própria capacidade que temos para conhecer o mundo, fundamentada que está em nosso sentimento diante das coisas (as quais, segundo ele acreditava, se expressam em imagens), é de natureza intrinsecamente estética. Esse senso estético encontra sua mais elevada expressão em nossas capacidades humanas para formar relacionamentos de amor e para celebrar esse amor em nossa adoração de Deus. Paul Tillich (*m*. 1965) foi o teólogo do século 20 que desenvolveu as ideias de Schleiermacher. Ele defendeu a noção de que a arte, por sua própria natureza, é intrinsecamente "simbólica". Com isso ele queria dizer que a arte tem por fundamento um interesse absoluto do artista, e é isso que ela expressa. Os artistas, sensíveis às tendências e valores de sua época, expressam invariavelmente os valores culturais (e geralmente religiosos) de seus dias. Assim, a arte é um importante barômetro dos mais profundos valores de uma cultura, mesmo que eles não sejam aberta ou manifestamente religiosos.

Pensadores e filósofos no centro da linha acreditam que o valor da arte reside no fato de que o mundo foi invadido por Deus na encarnação. Isso confere ao mundo um potencial sacramental, uma realidade que pode ser mais bem apreciada na visão católico-romana da eucaristia — em que objetos do mundo se transformam numa espécie de presença de Deus. Jacques Maritain (*m*. 1973) foi o filósofo que melhor expressou esse ponto de vista. Ele afirmava que o artista, quando o eu é entendido cristologicamente, pode ser visto fazendo eco a essa obra sacramental ao revestir os objetos da criação de seus mais profundos valores. O resultado é um objeto que representa um novo modo de conhecer o mundo, produto da fusão da subjetividade do artista e dos elementos da criação numa obra de arte — processo este que Maritain chamava de conhecimento por "conaturalidade".

Teólogos e artistas no lado direito da linha inclinam-se a concordar com Calvino, cujo foco estava nas Escrituras como o melhor espelho da verdade de Deus e na posterior eliminação dos objetos de arte como mediadores da verdade espiritual. Todavia, eles concederiam que as obras de arte — quer os artistas sejam cristãos, quer não — pode refletir menos ou mais a verdade de Deus. A música e a arte podem captar muita coisa da sabedoria natural de uma cultura e ser um tipo de testemunho indireto da verdade do evangelho. Alguns, a exemplo de Jeremy Begbie, afirmam que, em vista do fato de que a presença trinitária de Deus está por trás de toda realidade, a ordem que se encontra, digamos, na música, pode ser vista como reflexo da verdade dessa presença.

Quanto à possibilidade de as artes poderem de novo ser colocadas a serviço da adoração, há um consenso cada vez maior, até entre os protestantes, de que isso deve acontecer. Pode-se atribuir essa abertura cada vez mais visível a duas causas relacionadas. Por um lado, os protestantes têm se aberto mais a outras tradições cristãs — tradições como a ortodoxa oriental ou a católica romana, nas quais as artes continuaram a ter um importante papel. Mesmo entre os evangélicos que não adotaram um *ecumenismo político (ou teológico) existe uma abertura cada vez maior para o que poderíamos chamar de ecumenismo litúrgico — resultando na influência visível da adoração de Taizé, da Renovação Católica Litúrgica e até de práticas como o labirinto de oração ou o uso de ícones. Por outro lado, a natureza multicultural cada vez maior da igreja tem proporcionado contato com uma ampla variedade de costumes de adoração de diversas culturas — lugares onde arte e religião nunca estiveram separados — e isso está estimulando os cristãos ocidentais a repensar a relação entre adoração e arte. Que tudo isso possa encorajar o povo de Deus por todo o mundo a levar a seus locais de culto a glória e a honra das nações.

Dyrness, W. A.

Veja também Cultura Popular; Cultura e Sociedade; Cultura Visual; Filme; Imagens, Ícones, Iconoclasmo; Liturgia e Adoração; Música.

Bibliografia. Begbie, J., org. *Beholding the Glory: Incarnation Through the Arts* (Grand Rapids: Baker, 2000); idem, *Theology, Music and Time* (Cambridge: Cambridge University Press, 2000); Dyrness, W. A., *Christian Art in Asia* (Amsterdam: Editions Rodopi N.V., 1979); idem, *Visual Faith: Art, Theology and Worship in Dialogue* (Grand Rapids: Baker, 2001); Hirota, D., org., *Wind in the Pines: Classic Writings of the Way of Tea as a Buddhist Path.* (Fremont: Asian Humanities Press, 1995); Hofstadter, A. e Kuhns, R., orgs., *Philosophies of Art and Beauty: Selected Readings in Aesthetics from Plato to Heidegger* (Chicago: University of Chicago Press, 1976); Hume, N. G., org., *Japanese Aesthetics and Culture: A Reader* (Albany: State University of New York Press, 1995); Keene, D., *Essays in Idleness: The Tsurezuregusa of Kenko* (New York: Columbia University Press, 1967); Kuyper, A.,- *Calvinism and Art*, capítulo 5 de *Lectures on Calvinism* (Grand Rapids: Eerdmans, 1931); Maritain, J., *Creative Intuition in Art and Poetry* (New York: Scribners, 1954); Munro, T., *Oriental Aesthetics* (Cleveland: Press of Western Reserve University, 1965); Rookmaaker, H. R., *Modern Art and the Death of a Culture* (Downers Grove, IL: InterVarsity Press, 1970; reimpr. Crossway, 1994); Summers, D., *Real Spaces: World Art History and the Rise of Western Modernism* (New York: Phaidon Press, 2003); Takenaka, M., *Christian Art in Asia* (Tokyo: Kyo Bun Kwan, em associação com a Conferência Cristã da Ásia, 1975); Tillich, P., *On Art and Architecture,* John e Jane Dillenberger, orgs. (New York: Crossroads, 1987); Velasco, Z. E., *Filipino Folk Arts and Culture* (não publicado, 1997).

Padilla Maggay, M. e Dyrness, W. A.

ASSISTÊNCIA E DESENVOLVIMENTO

Os atos cristãos de caridade ou assistência têm uma longa história e remontam aos primórdios da igreja cristã (At 2.45; 4.32-35; 6.1-6). Em meados do quarto século, a *diakonia* foi estabelecida em mosteiros egípcios para a prática de assistência. A provisão de assistência tornou-se um distintivo da igreja e de suas instituições desde a Idade Média até os dias de hoje.

Na era moderna, a Cruz Vermelha nasceu de raízes protestantes em Genebra, e a organização católica de assistência Caritas foi estabelecida na Alemanha em 1867. A *Baptist World Aid* foi criada em 1905. Na década que se seguiu à Segunda Guerra Mundial, surgiu um grande número de agências cristãs, incluindo *Catholic Relief Services, World Relief, Church World Service*, a Comissão Metodista Unida para Assistência e a Visão Mundial.

Desenvolvimento é um fenômeno mais recente que data do fim da Segunda Guerra Mundial. A reconstrução da Europa, a criação do sistema da Organização das Nações Unidas (ONU), o Banco Mundial e o Fundo Monetário Internacional (FMI) foram produtos da convicção moderna de que a pobreza e a guerra podiam ser eliminados com a aplicação da razão e criatividade humanas, organização racional, educação e recursos financeiros.

Esses pressupostos modernos da teoria do desenvolvimento criaram uma família de desafios teológicos para o pensamento cristão e sua prática de desenvolvimento.

A cosmovisão moderna reduz a pobreza a um grupo de causas materiais e sociais.

O desafio para os cristãos está em articular uma visão bíblica que inclua o elemento espiritual (*veja* Pobreza).

1. Entendendo a pobreza
2. O desenvolvimento de transformação como resposta
3. Desafios teológicos para o desenvolvimento
4. Questões contemporâneas na prática humanitária

1. Entendendo a pobreza
A forma como se entende a pobreza costuma ditar o modo como se reage a ela, seja a curto prazo — assistência — quanto a longo prazo, ou seja, desenvolvimento. Portanto, o ponto de partida teológico para assistência e desenvolvimento está em descobrir uma visão bíblica da pobreza. O teste desse entendimento estará no fato de ele evitar ou não a dicotomia moderna enre o mundo físico da economia, cultura e política e o mundo espiritual para onde a cosmovisão moderna baniu Deus e a igreja.

Precisamos começar lembrando-nos de que pobreza é a condição das pessoas que descrevemos com um rótulo abstrato, "os pobres". Não podemos nos esquecer de que os pobres não são uma abstração, mas seres humanos que possuem nomes, são feitos à imagem de Deus, cujos cabelos estão contados e pessoas por quem Jesus morreu.

As pessoas que vivem na pobreza são valorizadas, são importantes e amadas tanto quanto as que não vivem na pobreza.

Isso é importante porque o mundo tem a tendência de olhar para os pobres como um grupo para o qual não há solução, ao passo que os que não são pobres são vistos como competentes e abençoados. Os pobres tornam-se pessoas sem nome, e isso leva os não pobres a tratá-los como objetos de nossa compaixão, como coisas com as quais podemos fazer o que imaginamos ser melhor. Falar sobre os pobres como um rótulo abstrato leva pessoas bem intencionadas a falar pelos pobres e a pôr em prática as últimas novidades da engenharia social.

A visão moderna da pobreza é reducionista, pois ela é vista em termos de déficits — de coisas, ideias e acesso. Aos pobres faltam coisas — eles não têm alimentos suficientes, lugar para dormir ou água potável. Há competências ou ideias que os pobres não têm — a compreensão de como se obtém uma boa nutrição, a importância de ferver a água que será bebida, a importância de intervalos de tempo entre um filho e outro ou como ler as instruções num pacote de sementes selecionadas. Os pobres muitas vezes não têm acesso a serviços que lhes são necessários — crédito, mercados, água ou escolas. Essa visão da pobreza leva a programas que fornecem o que esteja em falta e tem a tendência de considerar os pobres como deficientes e anormais.

Essas perspectivas da pobreza são verdadeiras e, até certo ponto, úteis.

As pessoas realmente precisam de coisas, habilidades, conhecimento e acesso a serviços e instituições.

A experiência com os pobres e ouvir como eles próprios entendem a pobreza revelam um quadro mais complicado. A natureza torturante da pobreza contínua, da opressão e da falta até das escolhas mais básicas causa deformações na identidade dos pobres.

A visão que eles têm da situação em que se encontram torna-se cada vez mais estreita e degradante. Em seus extremos, o pobre começa a acreditar até mesmo sua pobreza é certa e justa. Eles concluem que não têm como contribuir de alguma forma. Algumas culturas e muitos não pobres poderosos na verdade reforçam esses sentimentos. Isso traz como consequência uma identidade mutilada e uma vocação esquecida.

Por isso nossa visão da pobreza precisa ir mais fundo.

Um exame cuidadoso da Bíblia indica uma compreensão relacional de quem somos e de como chegamos à condição em que estamos. Deus é três pessoas numa só. O relato da criação é certamente de natureza relacional. Deus criou macho e fêmea. Não era bom que o homem estivesse só. As consequências do primeiro pecado foram todas relacionais: Adão culpou Eva, Caim matou Abel, a saída do Éden separou a família humana de um relacionamento próximo com Deus. Os Dez Mandamentos são todos dirigidos aos relacionamentos corretos.

Nos evangelhos, as únicas duas declarações que Jesus chamou de mandamentos são de natureza relacional: amar a Deus e amar o próximo como a nós mesmos.

A angústia de Jesus na cruz traduziu-se no sentimento de ter sido abandonado — pelos discípulos e por seu Pai. A ética paulina era baseada nos relacionamentos entre os frágeis e os fortes na fé.

O relato da criação demonstra que nossos relacionamentos devem agir em favor de nosso bem-estar: com Deus, uns com os outros, com nosso ambiente e até com nós mesmos. Macho e fêmea se tornaram mais completos por meio do relacionamento de um com o outro. A humanidade e a natureza sustentavam e nutriam uma à outra. As culturas distintas eram fonte de crescimento, não de divisão. E Deus andava pelo jardim com suas criaturas na hora fresca da tarde.

A Queda destruiu a harmonia desses relacionamentos e todas as fontes de pobreza humana surgiram como consequência dela. Separados de Deus, adoramos a nós mesmos e a outros deuses. Divididos dentro de nossas comunidades pelo interesse próprio, surgiram pobreza e opressão à medida que alguns tiravam vantagem de seus dons para estender seu poder sobre outros. Entre os que chamamos de "outros" e nossa comunidade, alegações de superioridade, racismo e violência tornaram-se a norma. Por fim, nosso relacionamento com o ambiente tornou-se hostil e explorador.

A consequência da Queda e da rebelião humana leva a uma compreensão tríplice da pobreza: primeiro, os seres humanos não mais se lembram de quem realmente são.

Os pobres começaram a acreditar que são menos do que humanos e abandonados por Deus; os não pobres pensam ser donos de si mesmos e que, se puderem, é aceitável dominar sobre os outros. Essa é uma pobreza do ser. Segundo, os seres humanos não mais se lembram por que estão aqui: para adorar seu Criador e trabalhar como administradores fiéis e produtivos de sua criação.

Essa é uma pobreza de propósito. Por fim, nossos relacionamentos não agem em favor de nosso bem-estar.

Não são justos nem pacíficos. Essa é a pobreza dos relacionamentos.

O propósito redentor de Deus por meio de Jesus Cristo é restaurar esses relacionamentos à sua finalidade original. Essa visão dirige uma perspectiva cristã da pobreza e justiça e nossa resposta na forma de caridade ou assistência e de desenvolvimento transformador.

A morte e ressurreição de Jesus é a declaração divina de que esse projeto de restauração está em andamento. A tarefa do cristão consiste em dar testemunho desse novo fato, trabalhando em favor da recuperação da identidade e do propósito e também em favor da recuperação dos relacionamentos justos e pacíficos.

Quando passamos a entender a pobreza como algo mais que a falta de coisas e de conhecimento, fica claro que, no fundo, a pobreza é uma questão espiritual, não apenas material. Relacionamentos que não dão certo, mau uso do poder e medo paralisante não podem ser deixados de lado simplesmente pela provisão de coisas ou de um pouco de instrução. Na raiz de tudo se encontra um problema espiritual que soluções materiais não podem ser eficazes sozinhas.

2. O desenvolvimento transformador como resposta

Então, a pergunta para o cristão é esta: que visão de desenvolvimento constitui uma resposta adequada a esse tipo de visão da pobreza? Isso exige que respondamos a três perguntas de uma perspectiva bíblica.

Primeira, de quem é o programa de desenvolvimento? Segunda, que visão de um futuro humano melhor está por trás de sua concepção?

Por fim, que processo de mudança deve ser empregado?

A questão da propriedade é crítica. A visão divina da mediação humana individual deve nos alertar para o fato de que a propriedade de qualquer programa de desenvolvimento precisa ser dos pobres. Se pensamos na comunidade com uma estória, sua estória começou com Deus muito tempo antes que chegasse alguma ajuda externa. Quando a agência de desenvolvimento chega, em certo sentido ela está juntando sua estória à estória da comunidade. Por um tempo, durante a existência do programa, elas compartilharão uma estória, e depois, querendo Deus, ambas as estórias continuarão cada uma por si e terão sido enriquecidas uma pela outra. Deixar de compreender essa ideia simples leva a igreja ou a agência a fazer o papel de Deus na vida dos pobres e reforça a visão do pobre como incompetente e do não pobre como autossuficiente e meio divino.

Todo projeto de desenvolvimento contém uma visão implícita de um futuro humano melhor — menos doenças, mais produção econômica, crianças mais saudáveis. Para os cristãos, precisamos avaliar essa visão do futuro em comparação com o melhor futuro humano de todos — o shalom do *reino de Deus. O ideal bíblico de relacionamentos justos e pacíficos com alegria e prazer que incluem a todos é o grande teste de qualidade do plano do programa.

Uma visão de um futuro humano melhor que somente diminui a desnutrição e dá escola às crianças, deixando de lado um contexto de opressão econômica ou de exploração sexual é fatalmente incompleta. Uma visão de um futuro humano melhor que não inclui uma comunidade cristã sadia e socialmente ativa dificilmente pode ser cristã.

Faremos bem se relacionarmos os alvos de desenvolvimento transformador com nossas perspectivas básicas de pobreza — pobreza do ser, de propósito e de relacionamentos. Os alvos, portanto, devem ser pessoas transformadas que sabem quem são e por que estão aqui, e relacionamentos modificados que começam a ser mais justos e mais pacíficos.

Por fim, precisamos tratar do processo de mudança no qual pretendemos depositar nossa fé. Os democratas liberais defendem a democracia e o livre mercado como as melhores ferramentas para uma mudança positiva. Quem é marxista põe sua confiança na revolução. O determinista tecnológico coloca sua fé na inovação da tecnologia e na engenhosidade humana. Como os cristãos entendem o processo divino de mudança? No mínimo algumas destas ideias vêm à mente: acreditando na soberania de Deus e em sua mais elevada intenção para sua criação; aceitando a importância da ação humana, que deve estar alinhada com o propósito de Deus; concentrando-se na centralidade dos relacionamentos como veículos de mudança; mantendo o *shalom* como objetivo supremo; aceitando que existe um adversário que se opõe a qualquer mudança verdadeiramente do reino; buscando a verdade, a justiça e a retidão; tendo uma propensão à reconciliação e à paz; e afirmando o papel da igreja.

3. O desenvolvimento e seus desafios teológicos

3.1. Explicação de objetivos e papéis. O alvo do desenvolvimento transformador de vidas transformadas e de relacionamentos sociais restaurados, pacíficos e justos aponta para a promessa da vinda do reino à terra assim como ele é no céu. Embora isso possa nos satisfazer de uma perspectiva teológica, não fica muito claro o que essa ideia significa no mundo prático de igrejas, sociedade civil, setor privado e governo. Os papéis desses vários atores que contribuem para a consecução desses objetivos são entendidos de diferentes formas pelas diversas tradições cristãs e também pelas várias tradições políticas.

Em sua encíclica *Deus Caritas Est*, o papa Bento XVI estabelece que a caridade ou assistência fazem parte da missão da igreja, mas afirma que o estado, não a igreja, é o responsável pelo estabelecimento de uma sociedade justa e pacífica, e cabe ao cristão, como cidadão, injetar valores cristãos no discurso político. Outros dirão que a igreja deve estar na linha de frente da luta por *justiça e paz. Argumento semelhante pode ser visto na comunidade de ajuda humanitária.

Alguns sustentam que as organizações não-governamentais (ONG's) humanitárias não estarão cumprindo sua missão se não oferecerem proteção, não promoverem os direitos humanos e não amenizarem o sofrimento humano. Outros afirmam que a segurança de mulheres e civis é um exercício que cabe ao estado ou às forças militares de paz e que a garantia dos direitos humanos simplesmente está fora do alcance de qualquer organização não-governamental.

Nos últimos vinte anos, o confuso mundo de governos e ONG's ficou ainda mais complicado com a entrada do setor privado na condição de provedor de serviços humanitários. Em alguns casos, isso é resultado de um desejo conservador de menor ingerência do estado, mas em outros é simplesmente o caso de empresas privadas que tentam expandir seus mercados para bens e serviços.

Enquanto não existe uma compreensão cristã de como esse amplo e variado leque de instituições sociais pode e deve contribuir para alcançar justiça e paz, as agências cristãs tenderão a reduzir sua missão ao papel de um simples provedor de serviços assistenciais aos pobres — caridade — deixando de lado a busca de um objetivo mais elevado de transformação pelos elementos do reino. Uma importante tarefa teológica é esclarecer os papéis da igreja e de organizações cristãs na mistura de atores governamentais e não governamentais, do setor privado e da sociedade civil.

3.2. Interpretando o sucesso da tecnologia sem deixar Deus de fora da explicação. Quando um hidrologista e um cientista do solo encontram água no Saara, esse aparente milagre exige uma explicação. Se isso não for interpretado, não será surpresa se a cosmovisão tradicional dos povos locais apresentar uma explicação: os xamãs devem estar em ação.

Ao descobrirem que essa explicação havia surgido, o hidrologista e o cientista do solo cristãos ficaram acordados até tarde tentando imaginar um jeito de explicar que encontrar água no deserto foi só um caso de aplicação da ciência moderna. Qualquer que seja o caso, o sucesso na aplicação da *tecnologia não exigiu que Deus ou uma visão cristã fizesse parte da explicação. Já faz tempo que o Ocidente perdeu a capacidade de interpretar a ciência, a administração e a organização racional de uma forma teológica e biblicamente composta. As consequências são sérias. Ou se reforça uma cosmovisão tradicional ou se proclama uma cosmovisão moderna secular. O desafio teológico que se apresenta aos cristãos está em recuperar uma explicação cristã da eficácia da tecnologia que seja fiel à cosmovisão bíblica e válida como ciência.

Enquanto não se fizer esse trabalho e ele não encontrar seu espaço na prática do desenvolvimento, muito do que se faz será uma força de secularização, mesmo quando o trabalho é feito por cristãos (veja Secularismo).

Trata-se de um problema cuja solução dificilmente está nas mãos de teólogos ocidentais. Pode ser que nossos irmãos e irmãs que vivem em culturas que não aceitam uma cosmovisão dualista material/espiritual estejam mais bem preparados para encontrar uma saída desse deserto.

3.3. O desenvolvimento de uma teologia cristã de defesa. Trabalhar em prol do desenvolvimento significa engajar-se a sistemas sociais, culturais, econômicos e políticos aos quais as comunidades pobres estão incorporadas. Duas coisas são necessárias. Primeira, é preciso haver uma disposição para invocar a verdade, a justiça e a retidão entre os que se encontram no poder — e isso raramente é bem recebido. Segunda, é preciso que haja disposição para ajudar as comunidades a serem ouvidas no meio de processos políticos e na definição de políticas.

Um dos objetivos de qualquer bom programa de desenvolvimento é abrir espaço para que se manifestem os cidadãos envolvidos na capacitação e na promoção de boas administrações. Esses dois requisitos nos levam ao tema da defesa e das políticas públicas.

Deve-se ou não defender políticas justas? Essa é uma pergunta que se responde simplesmente pela presença da literatura profética no Antigo Testamento e das ilustrações da voz profética de Cristo nos evangelhos.

Esse tipo de defesa é uma atribuição cristã. A viúva, o órfão e o estrangeiro não podem ser negligenciados.

O mesmo princípio que diz que os pobres precisam atuar em favor de seu próprio desenvolvimento diz que eles, não nós, precisam atuar em sua própria defesa e na formação de políticas públicas. Falar pelos pobres é algo adequado somente se a voz deles não puder ser ouvida.

Infelizmente, muitas vezes gostamos de defender os outros e impedimos que eles mesmos falem. Render-se a essa tentação é algo que nos enche de poder e empobrece o pobre, mutilando sua identidade.

O segundo desafio teológico tem a ver com a forma como se devem fazer a defesa e o trabalho em torno de políticas públicas. As justificativas teológicas em favor da defesa são claras. Uma análise cuidadosa de como fazer a defesa não é tão clara. Os cristãos podem agir de variadas formas na questão da defesa. Denunciar publicamente as autoridades nas questões concernentes ao bem-estar das pessoas parece aceitável diante do exemplo de Jesus, que reprovou em público os mestres da Lei e os fariseus por interpretarem a Lei de um modo que não trazia libertação e vida às pessoas.

A rainha Ester e Neemias, contudo, praticaram às ocultas uma espécie pessoal de defesa baseada no cargo que ocupavam. A história dos mártires da igreja revela que às vezes precisamos agir de formas que mostrem a verdade e desmascarem o que não é de fato verdadeiro.

O casamento de Oseias com uma prostituta era uma mensagem para todo o Israel.

A oração é uma forma de defesa, pela qual nos dirigimos ao Senhor de toda a criação. Cristo é nosso advogado que está à mão direita de nosso Pai. Até mesmo o silêncio pode ser um modo de defesa. "Nem todo silêncio é conivência e aquiescência. Há silêncios virtuosos. Alguns tipos de silêncio estão repletos de sentido e julgamento. Há silêncio que abre espaço para que os outros finalmente ouçam a si mesmos do modo como são" (Slim 2001).

Por fim, entre defensores cristãos existe a tentação de definir suas posições e seus argumentos com base no moderno discurso político secular.

O apelo de movimentos como de direitos humanos, ambientalistas e feministas são sedutores. Eles dão muito valor à coerência de seus discursos, mas não perdoam os que fazem alegações baseadas na fé. Será que temos feito o necessário para fundamentar nosso defesa das crianças, da justiça, das redes de segurança sociais e do meio-ambiente sobre bases teológicas e bíblicas sólidas?

3.4. A igreja e a sociedade civil. A luta para compreender a igreja está presente em todas as tradições, embora talvez nem tanto nas tradições católica e ortodoxa. Reflexões em demasia reduzem a igreja a um instrumento de Deus sobre a terra voltado para reunir os crentes e alimentá-los. Isso é bom. Mas como devemos entender a igreja como parte da sociedade civil e de uma comunidade humana maior?

Pensar em sociedade civil é um fenômeno meio recente na moderna era democrática. Sociedade civil é o que se refere a organizações sociais voluntárias que não sejam famílias, empresas ou o estado. Desde as duas últimas décadas do século 20, muita coisa tem sido conversada sobre o papel da sociedade civil. Para alguns, a sociedade civil é uma via que pode ser usada para trabalho coletivo, de modo que as pessoas consigam obter o que é importante para a comunidade. Para outros, a sociedade civil é uma espécie de contrapeso para o governo, cujo papel é fazer pressão que ajude os governos a serem mais atenciosos com seus cidadãos nas grandes democracias modernas.

Para outros ainda, a sociedade civil pode secretamente extrair dinheiro e poder dos indivíduos enquanto alega falar em nome deles, usurpando assim o papel que o governo tem por direito.

Nas comunidades pobres das cidades no interior dos Estados Unidos e em muitas cidades em áreas rurais da África e da América Latina, as igrejas são as únicas sociedades civis que existem, as únicas estruturas locais que funcionam.

No início deste século, um estudo da UNICEF na África apontou que as igrejas eram a única instituição que prestava serviços aos atingidos pelo vírus HIV, tanto as vítimas diretas quanto os órfãos. Nas comunidades pobres, as pessoas muitas vezes esperam que as organizações religiosas promovam uma mudança positiva de valores e protejam os marginalizados. O papel da igreja na sociedade civil precisa ser mais bem compreendido.

4. Questões contemporâneas e a ajuda humanitária
4.1. As bases da resposta humanitária. Desde a fundação da Cruz Vermelha em meados do século 19, o imperativo humanitário

baseava-se na ideia de caridade e no princípio da natureza humana comum a todos, ou solidariedade humana, ambos produtos de uma cosmovisão judeu-cristã.

Esse fundamento do humanitarismo fez com que indivíduos e estados apresentassem respostas voluntárias. Essa estrutura foi eficaz por mais de um século.

No entanto, desde a década de 1980 essa eficácia vem diminuindo. O poder de convencimento de valores como caridade e solidariedade está em queda, principalmente quando se trata de ações governamentais.

A resposta internacional é inconsistente e está em declínio. Por exemplo, em 1999, a comunidade internacional destinou US$120 por pessoa para ajuda humanitária na antiga Iugoslávia, ao passo que a Comissão de Direitos Humanos da ONU não conseguiu levantar US$4 milhões para tirar os campos de refugiados que se encontravam na fronteira de Serra Leoa.

Numa tentativa de encontrar uma base que consiga promover ações humanitárias mais consistentes e incentivar uma resposta mais eficaz, a comunidade humanitária está tentando mudar sua base da caridade e solidariedade para a base dos *direitos humanos e da lei internacional.

A esperança é que as nações ocidentais sejam mais fiéis às responsabilidades internacionais impostas por meio de convenções — tais como a Convenção sobre os Direitos da Criança — e de protocolos opcionais que elas assinam. Essa mudança de bases tem sido acompanhada por um forte movimento em favor de uma defesa com confrontação, principalmente entre as ONG's europeias.

No entanto, falta consenso nesse particular. Alguns continuam a defender a absoluta neutralidade como essência do humanitarismo e que as ONG's humanitárias não tem condições de contribuir para uma cultura de responsabilização nacional e internacional. Eles incentivam as ONG's humanitárias a abraçar seu papel limitado e não sucumbir à tentação de se desvalorizarem como provedoras de "mera assistência social". Exemplificando ainda mais a falta de consenso, as culturas não-ocidentais resistem à composição dos direitos humanos como uma imposição ocidental e apontam para suas próprias tradições de cuidado compassivo.

As agências cristãs precisam encontrar seu lugar e sua lógica nisso tudo.

Caridade e solidariedade fazem parte de uma cosmovisão bíblica. Mas na Bíblia também se pode encontrar uma visão de direitos humanos pré-iluminista. Por exemplo, o salmo 82 conclama as nações: *Fazei justiça ao pobre e ao órfão; procedei com retidão para com o aflito e o desamparado* (v. 3). Uma *antropologia bíblica fundamenta os direitos humanos na ideia de que os seres humanos são feitos à imagem de Deus e o conceito de dever tem por base o mandamento que diz que os seres humanos devem cuidar da criação e ser frutíferos.

4.2. Decisões éticas contingentes. Desde o final do século 20, esse contexto de assistência tem sofrido mudanças, e algumas delas configuram um novo conjunto de dilemas éticos.

Não podemos mais partir da premissa de que ser humanitário e praticar o bem são sempre a mesma coisa. Uma série de estudos importantes que se seguiram à crise dos refugiados precipitada pelo genocídio de Ruanda mostram que a ajuda pode fazer bem, mas também fazer mal. Os bens enviados como ajuda podem ser desviados para a economia militar.

A presença de bens desse tipo libera outros recursos para a guerra, a exemplo do que se viu em 2002 durante a fome na Etiópia, quando o mundo ajudou a alimentar etíopes famintos, ao mesmo tempo em que o governo etíope gastava US$1 milhão por dia na luta contra a Eritreia por causa de um pedaço de deserto.

Os bens enviados como ajuda humanitária podem se transformar em apenas mais uma fonte escassa que provoca conflitos entre as pessoas desamparadas.

A distribuição de alimentos pode significar ajuda à milícia, que usa campos de refugiados para descansar e se recuperar antes de voltar ao combate; muitas ONG's saíram dos campos de refugiados de Goma (na República Democrática do Congo) em meados de década de 1990 quando confrontados com essa difícil realidade. Que decisão se deve tomar quando o dono de uma propriedade diz que dez por cento da comida é o preço que ele cobrará para garantir a entrega segura do restante? A ajuda prestada no meio dos conflitos também significa que o pessoal da agência está correndo risco; quando não é correto pedir-lhes que fiquem? As decisões éticas são muitas.

Outro dilema ético é resultado do fato de que muitas situações de escassez de alimento e fome são cada vez mais produtos da ação do homem, tais como a fome de 2003 no sul da África, na qual os efeitos da seca foram grandemente exacerbados por administrações sofríveis e por políticas públicas de má qualidade. O que a agência deve fazer? Dar comida a quem tem fome ou pressionar os líderes cujas políticas estão criando as emergências? Há quatro riscos ligados ao altruísmo (Slim 1997):

1. Risco para quem ajuda
2. Risco para o povo que se está tentando ajudar
3. Risco de ajudar os que perpetram o mal
4. Risco de comprometer a integridade moral de quem ajuda

A ética fundamentada no dever preconiza simplesmente que as ações são boas em si e que se deve fazer o bem sem se preocupar com os resultados.

Se o problema é fome, devemos alimentar os que tem fome. A ética fundamentada no objetivo está mais preocupada com o resultado ou consequência da ação. A conclusão é que nem sempre é bom enviar comida se as pessoas favorecidas com isso voltam ao conflito e matam outras.

Agências como a Comissão Internacional da Cruz Vermelha e muitas ONG's cristãs e norte-americanas tendem a ter o pensamento mais voltado para o dever. Agências de origem europeia como Médicos sem Fronteiras e Oxfam têm uma abordagem baseada mais no resultado. No complexo mundo das ações humanitárias de hoje, cada modelo tem prós e contras. As agências cristãs precisam decidir por si próprias como se posicionam e estar preparadas para aceitar a responsabilidade pelas consequências.

Toda essa situação criou a necessidade de um novo tipo de prestador de ajuda humanitária. Hoje, os prestadores precisam ter conhecimentos das economias de guerra dos locais, ter noções de negociação, de monitoramento de direitos humanos, segurança e ser filósofos e eticistas que tomem decisões à medida que elas surgem no meio de valores concorrentes e que os colocam de frente com os mais difíceis dilemas éticos do mundo.

4.3. A cooperação com forças militares.
A confusão ética aumenta com a questão da cooperação de agências humanitárias com forças militares de paz. Em lugares como Bósnia, Somália, Libéria, Serra Leoa e Cambodja na década de 1990, as ONG's tiveram de aprender a trabalhar em cooperação com objetivos das forças militares, quer fosse mantendo a paz, quer impondo a vontade de forças externas. Para complicar um pouco mais as coisas, as experiências amargas em Ruanda, Somália e Bósnia fizeram com que as forças militares pedissem ajuda das ONG's humanitárias para desenvolver novas doutrinas e terminologias militares. Os militares estão aprendendo a fazer as mesmas coisas na esfera dos prestadores de ajuda humanitária. Isso deixa as coisas confusas para as vítimas, para as agências e muitas vezes para os próprios militares. Mas parece que essa é uma tendência que deverá crescer a longo prazo.

Há quem afirme que não está longe o dia em que "operações militares que não sejam de guerra" se tornarão o elemento principal de algumas ações dos militares, em especial na Europa.

A espada do humanitarismo tem dois gumes. As lições de Ruanda continuam profundamente gravadas na consciência das ONG's, e não há dúvida de que intervenções militares externas feitas no momento adequado podem salvar vidas. Mortes de civis continuam a ser consequência de conflitos e, assim, há situações nas quais a proteção militar para os desabrigados será sempre essencial.

Ao mesmo tempo, porém, as ONG's tem bastante consciência de que as forças militares destinam-se a matar e destruir. Além disso, o que é mais problemático é que os militares, no final das contas, são instrumentos da política estrangeira dos países, o que significa que as ações humanitárias podem ser uma máscara para objetivos geopolíticos.

Cristãos e agências cristãs sabem da incompatibilidade desses desdobramentos.

A visão da guerra de várias de nossas tradições cristãs torna difícil lidar com isso. Nossa tendência de olhar para os militares somente como instituições que destroem as coisas não é mais válida. Agências de assistência e desenvolvimento precisarão de ajuda teológica para repensar as questões que acompanham o avanço dessa tendência.

Veja também Criação e Ecologia, Crianças em Situação de Risco; Dependência; Direitos Humanos; Justiça; Migração; Opção Preferencial pelos Pobres; Paz e Reconciliação; Perseguição e Martírio; Pobreza; Sofrimento; Tecnologia.

Bibliografia. Papa Bento XVI, *Deus Caritas Est* (Libreria Editrice Vaticana, 2005; [www.vatican.va/holy_father/benedict_xvi/encyclicals/index_en.htm]); Christian, J., *God of the Empty Handed: Poverty, Power and the Kingdom of God* (Monrovia: MARC, 1999); Etchegaray, R. e Chelli, G., "Refugees: A Challenge to Solidarity," trabalho apresentado pelo presidente do Cor Unum e presidente do Concílio Pontifício para Cuidado Pastoral de Refugiados no Concílio Pontifício para Cuidado Pastoral de Migrantes e Povos Itinerantes (1983); Lindenberg, M. e Bryant, C., *Going Global: Transforming Relief and Development NGOs* (Bloomfield: Kumarian, 2001); Linthicum, R., *Empowering the Poor* (Monrovia: MARC,1991); Maggay, M., *Transforming Society* (London: Regnum, 1994); Minear, L., *The Humanitarian Enterprise* (Bloomfield: Kumarian, 2002); Myers, B., "What Makes Development Christian? Recovering from the Impact of Modernity," *Miss* 26:2 (April 1998) 143-53; idem, *Walking with the Poor* (Maryknoll: Orbis, 1999); idem, "Humanitarian Response: Christians in Response to Uprooted People," *Miss* 35 (2007) 195-216; Slim, H., "Doing the Right Thing: Relief Agencies, Moral Dilemmas and Moral Responsibility in Political Emergencies and War," *Studies in Emergencies and Disaster Relief,* no. 6 (Uppsala: Nordiska Afrikainstitutet, 1997); idem, "An Advent Reflection," trabalho apresentado em dezembro de 2001 ao Fórum de Assistência da Visão Mundial em Barcelona, comunicação pessoal.

Myers, B. L.

ASTROLOGIA

Astrologia é o estudo segundo o qual os acontecimentos na terra são parcialmente determinados pela posição de estrelas e planetas e até o caráter e o futuro de uma pessoa é influenciado por uma confluência específica de estrelas e planetas quando de seu nascimento — chamado o "signo" sob o qual a pessoa nasce. A cada dia milhões de pessoas em todo o mundo consultam o horóscopo — que é um diagrama de signos do zodíaco (a esfera celeste) baseado no alinhamento de planetas e estrelas em dado momento — para verificar se os signos são auspiciosos para comprarem uma casa ou fazerem algum negócio. A crença se baseia na proposição de que o movimento dos corpos celestes e os eventos sobre a terra têm alguma ligação misteriosa e, portanto, existe uma ordem universal que precisa ser preservada, seja ela determinante, seja meramente uma influência. Muitos povos reconhecem que isso é semelhante ao uso de sinais e profecias que caracterizam crenças autóctones em todo o mundo — os coreanos admitem a presença de espíritos astrais; os chineses, os ciclos de anos popularmente dominados por animais astrológicos; os generais em Mianmar (Birmânia) definem suas políticas depois de consultar as estrelas. O fato é que a astrologia representa uma forma de religião popular em muitos lugares do mundo.

Apesar de seu alcance mundial, o surgimento da astrologia está profundamente associado ao desenvolvimento da civilização ocidental. Durante a civilização grega clássica, com o enfraquecimento do poder de mitos antigos, de seus deuses e deusas, a teologia astral dos platonistas e a influência persa levaram à devoção aos sete planetas. Como os deuses pareciam não se preocupar com os esforços humanos, a crença no destino representada pelos planetas preencheu o vazio.

Nas palavras de E. R. Dodds, havia tronos vazios a ser ocupados.

O cristianismo antigo combateu intensamente essa religião do destino, e Agostinho denunciou a crença como incoerente com a visão cristã de Deus.

Ele escreveu: "Mas predizer o caráter, os atos e o destino dos que nascem a partir dessa observação é uma grande ilusão, grande loucura [...] essas coisas devem ser classificadas juntamente com pactos e alianças com os demônios" (Agostinho, *Da doutrina cristã* 2.21-23).

Na Idade Média, até Tomás de Aquino e Dante atribuíram aos planetas alguma influência sobre as atividades humanas, mas sem deixar de preservar a dignidade e a liberdade humanas. Mas foram o Renascimento e o período moderno (a partir de 1900) que, ironicamente, testemunharam os dois grandes avivamentos da astrologia.

Assim como no século 16 a ruptura do conforto oferecido pela cosmovisão medieval levou as pessoas a consultar as estrelas, também no século 20 a perda da fé generalizada foi causa do avivamento dessa fé antiga.

Apesar da visão modernista de que o mundo é controlado por processos naturais, a astrologia dá evidência do anseio humano por encontrar esperança e sentido nessa ordem impessoal. A Bíblia proclama uma visão diferente em que Deus criou as estrelas para que deem testemunho de sua glória e, durante o primeiro florescimento da fé nas estrelas, o Novo Testamento afirma que o caráter do Deus que governa as estrelas é manifestado em termos da vida de Jesus Cristo.

Veja também FATALISMO; RELIGIÃO POPULAR.
BIBLIOGRAFIA. AUBIN, A. e RIFKIN, J., *The Complete Book of Astrology* (New York: St. Martin's Griffin, 1998); DODDS, E. R., *The Greeks and the Irrational* (Berkeley: University of California Press, 1968); DYRNESS, W. A., "The Age of Aquarius", in *Dreams, Visions and Oracles,* ARMERDING, C. E. e GASQUE, W. W., orgs., (Grand Rapids: Baker, 1977) 15-26.

Dyrness, W. A.

ATANÁSIO. *Veja* TEOLOGIA PATRÍSTICA.

ATEEK, NAIM. *Veja* TEOLOGIA ÁRABE E DO ORIENTE MÉDIO.

ATEÍSMO

Ateísmo é um termo genérico que traduz posturas negativas diante do divino, sobretudo a descrença em *Deus ou deuses. Distingue-se entre ateísmo no sentido amplo e ateísmo no sentido mais estrito.

No sentido estrito, o ateísmo denota discordância quanto à essência da realidade metafísica e não a rejeição completa do sobrenatural. Há cristãos que chamam budistas de ateus em virtude da sua descrença no Deus cristão; os gregos antigos chamavam cristãos de ateus porque eles não criam nos deuses gregos. No sentido amplo, é a rejeição de *qualquer* ser ou meio "sobrenatural". O naturalismo e o materialismo são exemplos comuns, mas essas posições são difíceis de ser apresentadas numa declaração. Em face das mudanças constantes na ciência, é difícil caracterizar o natural ou o material; na falta de uma definição afirmativa e clara dessas posições, é necessário recorrer a caracterizações negativas nos termos daquilo que é rejeitado. Neste artigo, contemplaremos os desenvolvimentos modernos europeus e norte-americanos, uma vez que, em outras partes do mundo, há poucas expressões bem desenvolvidas do ateísmo (no sentido amplo).

Consideraremos os primeiros anos da Europa moderna, os Estados Unidos e a Rússia.
1. Os primeiros anos da Europa moderna
2. O ateísmo nos Estados Unidos
3. A Rússia

1. Os primeiros anos da Europa moderna
Embora muitos tenham sido rotulados com o termo pejorativo "ateu" ao longo da história ocidental, o ateísmo no sentido amplo não se tornou uma opção de fato até o início do período moderno. Por ironia, as primeiras contribuições vieram de argumentos apologéticos *em favor* da fé católica. Autores renascentistas como Michel de Montaigne reacenderam antigos argumentos céticos para mostrar que não há meios racionais de decidir entre as alegações protestantes e católicas. Portanto, a única coisa razoável a fazer é manter a fé estabelecida (católica).

A exposição desses argumentos preparou o caminho para o ateísmo: se não é possível dizer que a versão católica ou a versão protestante é correta, talvez nenhuma delas seja.

Uma variedade de outros fatores foi necessária para justificar uma rejeição categórica da fé religiosa. O filósofo M. Westphal faz uma útil distinção de dois tipos de ateísmo. A um ele dá o nome de ateísmo evidencial, bem representado pelo filósofo dos primeiros anos do século 20 Bertrand Russell que relata o que diria se tivesse de se encontrar com Deus e este lhe perguntasse por que ele não havia crido: "Faltam evidências, Deus! Faltam evidências!" (Westphal, 13). Em face das dificuldades de adaptar o raciocínio teológico aos cânones (científicos) da racionalidade, essa resposta pode ser compreendida de imediato.

Entretanto, se as alegações religiosas são falsas, então é preciso que alguém *explique por que* tanta gente crê nelas, da mesma forma que, se bruxas não existem, queremos saber o que leva as pessoas a crerem que elas existem. No século 18, os filósofos David Hume na Grã-Bretanha e Barão d'Holbach na França começaram a tentar explicar de um modo naturalista a origem da religião. Eles afirmaram que a religião é uma resposta causada pelo medo do desconhecido acoplada a tentativas supersticiosas de controlar ou propiciar poderes invisíveis.

Mas por que a religião continua existindo no mundo moderno, já que agora entendemos as causas naturais? As explicações vêm de Westphal e a segunda variedade de ateus, os mestres da desconfiança. Karl Marx, Friedrich Nietzsche e Sigmund Freud praticam a hermenêutica da desconfiança, a "tentativa de expor os autoenganos envolvidos na ação de esconder de nós mesmos nossos verdadeiros motivos operativos, individual ou coletivamente, a fim de não perceber [...] como nossas crenças são formatadas por valores que professamos repudiar" (Westphal, 13). Esses três desenvolvem sua desconfiança dando ênfase primária, respectivamente, à economia política, à moralidade burguesa e ao desenvolvimento psicossexual, mas todos submetem a religião da cristandade a uma crítica arrasadora.

Foram necessários mais dois passos para fazer do ateísmo uma posição viável.

É possível dizer que a religião é uma ilusão, mas uma ilusão benéfica pelo fato de fortalecer a moral. Assim, eram necessários dois tipos de argumento. Um deles deveria mostrar que a religião não servia para revelar nada sobre a ordem moral que também não pudéssemos obter pelo uso da razão humana. Muitas obras de ética filosófica durante o período moderno tinham justamente esse objetivo. O outro precisava apresentar evidências históricas para provar que, na verdade, a religião incentivou os piores males da história. Por essas razões, entre 1650 e 1890, não crer tornou-se uma possibilidade real na Europa ocidental.

2. O ateísmo nos Estados Unidos

Os desenvolvimentos que se deram na Europa exerceram diferentes níveis de influência na América do Norte. Os Estados Unidos foram influenciados também pelos deístas (os que supostamente sustentavam uma fé *racional* num Deus criador e moral, mas nada a mais de religião de afirmação) e pelos princípios de liberdade religiosa e individualismo promovidos pelo filósofo John Locke e outros. Por meio dessas influências, a religião tornou-se cada vez mais uma questão pessoal de consciência e não de influência pública. Ademais, a fé dos norte-americanos foi influenciada por diferentes versões de espiritualidade (e.g., Henry David Thoreau e seu transcendentalismo) que focavam o ser humano em vez de Deus.

A famosa tese do historiador James Turner diz que a própria religião foi a causa da descrença nos Estados Unidos. "Ao tentar adaptar suas crenças religiosas às mudanças socioeconômicas, aos novos desafios morais, a novos problemas de conhecimento, aos padrões restritivos da ciência, os defensores de Deus o estrangularam lentamente" (Turner, xiii). Por exemplo, Deus foi usado (nos dias de Newton) para preencher lacunas na ciência. À medida que a ciência por si mesma preenchendo essas lacunas, Deus ia se tornando cada vez mais desnecessário para compreender o mundo natural.

Quando Deus deixou de ser necessário na natureza, a tendência entre os religiosos foi enfatizar seu papel na preservação da moral e no cuidado amoroso para com a vida íntima da pessoa. Conforme já observamos, mais tarde a moral foi transferida para os filósofos.

Um Deus cujo único papel era satisfazer as necessidades íntimas do indivíduo foi se tornando cada vez mais dispensável. Para simplificar, Deus foi retirado da política pela Constituição dos Estados Unidos, da ciência por outros avanços científicos e da esfera da moral por desenvolvimentos filosóficos que o transformaram num Deus que "oferecia aos ateus cada vez menos coisas das quais descrer" (MacIntyre, 24). O interesse por esse Deus foi facilmente trocado pelo interesse na ciência e no mercado. O resultado foi a criação de uma sociedade altamente secularizada na qual a religião é questão de foro íntimo mas uma sociedade aberta às alegações públicas em favor do naturalismo ateu *supostamente* baseado nas conclusões da ciência.

Desde 2004 foram publicados vários livros criticando a religião e promovendo o ateísmo (Harris). Esse fenômeno, chamado neoateísmo, é em parte uma resposta ao sentimento de que ataques terroristas como aos das torres do World Trade Center em 2001 foram motivados pela religião. Os neoateus têm muita coisa em comum com antigos colaboradores da tradição naturalista moderna: negação de toda base racional para a fé religiosa; tentativas de explicar de modo naturalista a origem e a permanência da religião; negação de que a religião seja necessária para a moral; e uma ênfase (particularmente acentuada) na alegação de que a religião patrocina o mal e não o bem. Um novo elemento nas explicações naturalistas é a incorporação da alegação da ciência cognitiva da religião de que as crenças e práticas religiosas são um subproduto da atuação dos "módulos cognitivos" que evoluíram cedo na história humana com propósitos tais como detectar as intenções de outros agentes (Boyer; Dennett). Outro novo aspecto é um nível mais baixo de erudição e um nível mais elevado de desrespeito para isolar os que creem, algo que não se via na maior parte dos textos mais antigos (Dawkins; Hitchens). Veja em Ward (2004; 2006) refutações a muitas alegações infundadas.

3. A Rússia

Ao contrário do individualismo e autoconfiança valorizados pelos colonizadores na América do Norte, o povo russo teve tendências opostas.

Antes da Grande Revolução de Outubro, as comunidades agrícolas tinham um importante papel na vida do país; em 1897, a nobreza representava menos de um por cento da população, ao passo que a maioria era constituída de agricultores.

Até 1861, as comunidades agrícolas russas eram de propriedade da nobreza, o que não deixava espaço para o individualismo nem para a independência pessoal.

Depois da conquista da liberdade obtida com a abolição da vassalagem, a fim de sobreviver os agricultores mantiveram o modo de vida comunitário, mas sem a terra e os recursos para trabalhar nela. Eles continuaram vivendo debaixo do princípio da responsabilidade mútua e não pessoal. Debaixo de condições como essas, foi mais fácil aceitar a ênfase marxista nas classes sociais em lugar do individualismo de Lock. O marxismo, porém, na teoria e na prática, era inseparável da aversão à religião.

A diferença entre o ateísmo marxista e o ateísmo norte-americano deriva grandemente do fato de que o último foi mais influenciado por filósofos empiristas, e Karl Marx foi influenciado por filósofos idealistas como G. W. F. Hegel. Marx inverteu o "idealismo dialético" de Hegel (a ideia de que toda a realidade, em essência, é o progresso do elemento mental ou espiritual se realizando na história) a fim de criar sua teoria do materialismo dialético. Para Marx, a consciência e a esfera espiritual são manifestações de um processo cultural que se baseia nas relações sociais e econômicas pervertidas cujas origens são materiais. Marx explicava a religião como fenômeno fundamentado na vida social e econômica da sociedade e não na experiência de um indivíduo isolado; é a autoprojeção das classes sociais economicamente oprimidas como evidência de sua alienação da realidade e uma fuga da luta de classes.

A ênfase marxista na natureza coletiva e genérica das classes sociais foi um dos fatores decisivos na confiança que as comunidades agrícolas depositaram nos bolcheviques, possibilitando assim uma bem-sucedida importação da versão marxista de ateísmo para a Rússia.

A principal característica do ateísmo russo foi sua natureza militante. Conforme já observado, Marx adotou a dialética de Hegel, pela qual o progresso pode ser alcançado somente na confrontação de tese e antítese.

Assim, Marx rejeitou as reformas graduais e apoiou a revolução, que deve passar por diversos estágios. No estágio inicial, ela deve resultar na vitória dos oprimidos sobre os opressores. No estágio seguinte, deve-se formar uma ditadura sobre o proletariado. Durante essa fase, a sociedade é governada por um pequeno grupo de líderes dedicados, ideologicamente versados, e que reprimem qualquer mentalidade diferente. Esse estágio era necessário pelo fato de a maior parte da população ser analfabeta e facilmente manipulada. Para evitar essa manipulação, qualquer cosmovisão que não fosse a marxista precisa ser proibida e seus propositores, fisicamente exterminados.

Concluindo, o fenômeno do ateísmo precisa sempre ser considerado nesse contexto. Embora o termo signifique literalmente "ausência de Deus", na prática essa definição não é mais exata. Num mundo contemporâneo pós-moderno e multi-*Weltanschauung*, o ateísmo é muitas vezes usado como rótulo conveniente para propósitos políticos e ideológicos específicos que surgem de uma estrutura social e demográfica em particular. Ele pode facilmente assumir formas bem diferentes como a do *secularismo norte-americano e do comunismo russo.

Veja também APOLOGÉTICA, MODERNISMO E PÓS-MODERNISMOS.

BIBLIOGRAFIA. BOYER, P., *Religion Explained: The Evolutionary Orgins of Religious Thought* (New York: Basic Books, 2001); BUCKLEY, M. J., *Denying and Disclosing God: The Ambiguous Progress of Modern Atheism* (New Haven: Yale University Press, 2004); DENNETT, D. C., *Breaking the Spell: Religion as a Natural Phenomenon* (New York: Viking, 2006); DAWKINS, R., *The God Delusion* (Boston and New York: Houghton Mifflin, 2006); HARRIS, S., *The End of Faith: Religion, Terror, and the Future of Reason* (New York: Norton, 2004); HITCHENS, C., *God is not Great: How Religion Poisons Everything* (New York and Boston: Hachette, 2007); MACINTYRE, A., *The Religious Significance of Atheism* (New York: Columbia University Press, 1969); NORTHROP, F. S. C., *The Meeting of East and West: An Inquiry Concerning World Understanding* (Woodbridge: Ox Bow Press, 1979); POPKIN, R., *The Revised History of Scepticism: From Savanarola to Bayle* (ed. rev. e ampliada; Oxford: Oxford University Press, 2003); THROWER, J., *Marxist-Leninist "ScientificAtheism" and the Study of Religion and Atheism in the USSR* (Berlin; New York: Mouton, 1983); TURNER, J., *Without God, Without Creed: The Origins of Unbelief in America* (Baltimore: Johns Hopkins University Press, 1985); K . WARD, *The Case for Religion* (Oxford: One World, 2004); idem, *Is Religion Dangerous?* (Grand Rapids: Eerdmans, 2006); WESTPHAL, M., *Suspicion and Faith: The Religious Uses of Modern Atheism* (Grand Rapids: Eerdmans, 1993).

Murphy, N. e Ignatkov, V.

ATRIBUTOS DE DEUS. *Veja* DEUS, DOUTRINA DE.

AUTORIDADE DAS ESCRITURAS. *Veja* REVELAÇÃO E ESCRITURAS.

AVIVAMENTOS. *Veja* AVIVAMENTISMO, AVIVAMENTOS; MOVIMENTOS CARISMÁTICOS.

AVIVAMENTISMO, AVIVAMENTOS

Ondas mundiais de avivamentos no século 20 trouxeram vida nova ao que muitos consideram um ritual popular antigo e ultrapassado. As dificuldades com o termo *avivamento* são múltiplas: além de uma resistência moderna a coisas como emocionalismo e fanatismo vinculadas ao termo, há outras preocupações mais sérias. Alguns observam como o termo está profundamente fincado na história cultural dos Estados Unidos (Long; Crawford). O avivamentismo como tradição tem raízes profundas no Grande Despertamento transatlântico do século 18. Avivamentos recorrentes como o Segundo Grande Despertamento nos Estados Unidos do início do século 19, o avivamento de oração de 1858 e o avivamentismo de evangelistas norte-americanos desde D. L. Moody e Billy Sunday até Aimee Semple MacPherson, Jimmy Swaggart e Billy Graham vinculam o termo à religião popular norte-americana.

O avivamentismo ritualizado do início do século 20 com suas reuniões de avivamento planejadas sucumbiu à lei de menor retorno à medida que cada vez mais os avivamentos locais produziam menos renovação. Missiólogos ligados a Donald MacGavran e à sua escola de crescimento da igreja depreciaram o conceito de avivamento, que passou a ser visto como uma visão pessoal demais e impotente. Eles preferiam montar estratégias envolvendo evangelização e fundação de igrejas com grandes movimentos de massa. Cientistas sociais usam o termo num sentido popular para referir-se a diversos novos movimentos religiosos que brotam de tradições religiosas mais antigas, mas fora desse contexto eles evitam o termo. Os historiadores estão mais inclinados a usar o termo mesmo em relação com avivamentos não-ocidentais, mas não conseguem vê-lo como uma força que leva a mudanças culturais.

1. Os avivamentos como fenômeno global

2. Perspectivas históricas: os avivamentos no Hemisfério Sul
3. Perspectivas bíblicas e teológicas
4. Perspectivas antropológicas e sociológicas
5. Perspectivas missiológicas
6. Conclusão

1. O avivamento como fenômeno global
Apesar das dificuldades com o termo *avivamento*, o fenômeno em si recusa-se a desaparecer. O surgimento do cristianismo do novo mundo ao longo do século 20 apresenta pelo menos dois desafios aos historiadores e estudantes da história cristã.

Em primeiro lugar está a necessidade de explicar o alto número de novos convertidos à fé cristã do mundo majoritário e a consequência mudança do cristianismo, que sai do Hemisfério Norte para o Hemisfério Sul.

Em segundo lugar, é preciso explicar as novas variedades de cristianismo que surgiram no mundo não-ocidental. Os avivamentos têm sido associados a ambos os aspectos do ressurgimento cristão. Durante avivamentos mundiais o cristianismo não-ocidental se expande e cresce.

Ao mesmo tempo, avivamentos não-ocidentais são geralmente conduzidos por líderes locais que dão novos enfoques ao cristianismo sob formas que falam às questões locais. Isso ajuda a explicar a diversidade cada vez maior dentro do cristianismo mundial. Os avivamentos têm papel central, portanto, quando se explica o crescimento e a diversidade do cristianismo do novo mundo.

2. Perspectivas históricas: os avivamentos no Hemisfério Sul
Embora alguns estudiosos creiam que os avivamentos são eminentemente fenômenos dos Estados Unidos ou do Atlântico norte, cada vez mais os historiadores têm levado a sério novos movimentos cristãos localmente chamados *avivamentos*. O avivamento galês de 1904 causou uma série de outros avivamentos em Los Angeles, na Índia e na Coreia. O avivamento de Azusa Street fez com que seus participantes viajassem por toda a América Latina, Ásia e África no período de uma década para divulgar o fervor daquele despertamento.

Entre os avivamentos africanos do século 20 encontram-se vários ligados à sociedade Torre de Vigia e o *Sionismo americano, antes da Primeira Guerra Mundial; o avivamento de Babalola de 1930 na Nigéria, que deu origem às igrejas de Aladura no oeste da África ; e o avivamento do leste da África, que se estendeu entre 1930 e 1970. Desde meados da década de 1980, o neopentecostalismo tem estado ligado a uma diversidade de avivamentos que geraram milhares de novas igrejas em quase todas as partes da África anglófona e além dela.

O avivamentismo latino-americano, a exemplo do africano, teve precedentes no século 19, mas nada comparável à explosão ocorrida no século 20.

Cinco anos depois do avivamento de 1907 em Los Angeles, os missionários da Azusa Street chegaram ao Brasil, México e Chile. Os movimentos de avivamento se deram em diversas ondas sólidas durante o século 20 em grande parte dos continentes. O Brasil testemunhou um avivamento evangélico e pentecostal que se estendeu sobre toda a nação em três ondas separadas, nas décadas de 1910, 1950 e 1980.

Em grande parte da América Latina, os mais importantes avivamentos foram pentecostais e neopentecostais.

A Ásia testemunhou uma série de grandes avivamentos estimularem o crescimento e as missões. O avivamento de 1965 na Indonésia, centralizado no Timor Oeste e em Java, marcou-se pela conversão ao cristianismo de milhões de muçulmanos e tradicionalistas. O avivamento coreano de 1907, apesar de ser resultado de um importante trabalho missionário, foi em grande parte autóctone e estabeleceu um precedente de renovações periódicas que continuam a caracterizar o protestantismo coreano.

Um grande avivamento em Xantung, na China, na década de 1930, deu origem a muitas redes de igrejas nos lares que experimentaram um enorme crescimento depois do fracasso da revolução cultural chinesa, que se encerrou em 1976.

Na Índia anterior à Segunda Guerra Mundial, uma onda de avivamentos evangélicos e pentecostais, sob figuras-chave como Pandita Ramabai e Bispo V. S. Azariah, foi responsável por movimentos de adesão em massa ao cristianismo.

Diversos avivamentos pentecostais e evangélicos, em especial entre a população de Dálit, respondem por um crescimento importante do cristianismo indiano desde a Segunda Guerra Mundial. Os avivamentos também fazem parte da história cristã no sudeste asiático e na Oceania, alem de ser também um aspecto contínuo, porém enfraquecido, da história do cristianismo ocidental.

3. Perspectivas bíblicas e teológicas

O predomínio dos avivamentos pelo mundo não se limita ao cristianismo.

Um ressurgimento religioso dentro de outras religiões mundiais tem feito parte do que se chama "dessecularização" do mundo. Mas o modelo de declínio e avivamento espiritual está profundamente arraigado à própria natureza da fé bíblica e dos relatos de aspectos ímpares dos avivamentos cristãos. O fenômeno de avivamento prevalece tanto no Antigo Testamento quanto no Novo.

A estrutura pactual da fé bíblica desde Abraão e depois mais plenamente com Moisés desempenha uma função central nesse modelo de duas faces.

Gerações fiéis à aliança são às vezes seguidas por gerações que tratam as exigências e promessas pactuais com desprezo e negligência, o que geralmente leva à servidão diante da cultura vizinha. Esse modelo é mantido através dos séculos com juízes e reis e também em períodos de exílio e volta em que ocorrem com regularidade as restaurações.

No primeiro século, o movimento liderado por Jesus, conforme veremos, apresenta muitos sinais dos movimentos de revitalização em que um líder profético foca novamente na antiga aliança entre Deus e o povo e aponta o caminho da obediência e da bênção pactual nos tempos que serão outros.

Lucas-Atos trata o cristianismo primitivo como um avivamento que reinterpreta e renova o judaísmo messiânico à luz da vida, morte e ressurreição de Jesus Cristo. O novo pacto em Cristo reinterpreta de modo radical a renovação da aliança abraâmica, mosaica e profética e apresenta uma forma final de relacionamento com Deus, com a criação, da pessoa consigo mesma, com o pecado, com a morte e com o mundo. Assim, o evangelho de Jesus Cristo torna-se a nova aliança sagrada. O movimento que recebe poder do Espírito Santo durante o Pentecostes e através de ondas consecutivas de renovação torna-se um movimento missionária que acaba chegando à civilização greco-romana em seu caminho para as nações.

O modelo de declínio e renovação pode ser igualmente percebido nas epístolas de Paulo, Pedro, Tiago e João, assim como também em Apocalipse.

O declínio na vida cristã do indivíduo e da comunidade cristã é atribuído largamente a aspectos ligados à natureza humana decaída (a carne), à cultura hostil (tanto o judaísmo quanto o helenismo como aspectos do "mundo") e também ao mal extremo (Satanás e os demônios).

O modelo de declínio e renovação entra pela história mais longa do cristianismo, mas as perspectivas bíblicas do avivamento não se perdem de todo.

No cristianismo mundial da Idade Média, tanto as renovações populares quanto monásticas dão seguimento ao padrão de renovação da aliança.

Começando com a *Reforma Protestante, tem início uma visão mais evangélica da renovação da aliança que minimiza (mas não elimina) os elementos teocráticos do Antigo Testamento e dá nova ênfase aos elementos da nova aliança ressaltados em Lucas-Atos e nos escritos dos apóstolos.

Esse padrão mais novo da renovação protestante segue através de diversas ondas de declínio e ressurgimento até chegar ao século 21, desafiando as previsões do *Iluminismo, que anunciavam o declínio e a extinção da religião (a tese da secularização).

Esse padrão protestante de renovação, sobretudo à luz do Grande Despertamento da década de 1740, inspirou reflexões teológicas mais profundas sobre a natureza dos avivamentos. Na América do Norte, os textos de Jonathan Edwards (1703-1758) representam um feito único nessa área, mas teologias populares de avivamento escritas por Charles Finney (1792-1875) e por um grande número de autores pentecostais no século 20 influenciaram as percepções modernas.

Uma das maiores contribuições de Jonathan Edwards foi seu conceito do papel do Espírito Santo no avivamento como fenômeno de iluminação interior no qual as verdades da nova aliança (e.g., o Deus triuno, a centralidade de Cristo, a cruz, a Bíblia, céu, inferno, salvação, missões e a volta triunfal de Cristo no fim da história) se tornam elementos vivos na cosmovisão do indivíduo e da comunidade avivados, o que explica o poder por trás do avivamento e o aspecto essencial do conceito evangélico de religião normativa.

Os espectros teológicos de Edwards e Finney apresentam diferentes visões dos papéis desempenhados por Deus e pelo ser humano no avivamento, mas, no final do século 19, havia um consenso, pelo menos nos círculos norte-americanos, que dizia que o "verdadeiro avivamento" precisa incluir altas porcentagens de ambos os papéis. A teologia do avivamento, levada a todo o mundo por várias gerações de missionários norte-americanos e britânicos, teve uma importante função ao elevar expectativas e normatizar o avivamento como parte necessária da experiência cristã coletiva.

Embora os avivamentos mundiais abranjam o espectro teológico, a maior parte é caracterizada por um uso criativo de diversos elementos do cristianismo primitivo, principalmente do livro de Atos. No avivamentismo mundial, há quatro temas recorrentes: *libertação existencial* pela qual uma nova experiência de nascimento une os crentes com Deus de novos modos e os liberta de culpa e ansiedade; *visão escatológica*, segundo a qual o tempo e a história são reinterpretados sob a luz da identidade messiânica de Jesus Cristo; *comunidade radical*, pela qual os membros recém-avivados desfrutam de dons e poderes carismáticos que eles usam para capacitação mútua; e *ativismo evangélico*, pelo qual a nova comunidade procura curar o que está rompido no mundo em que ela vive por meio de combinações variadas de evangelização e ação social.

4. Perspectivas antropológicas e sociológicas
Os estudos atuais do avivamento começam com a publicação do artigo *Revitalization Movements* [Movimentos de Revitalização], de autoria de Anthony Wallace. Wallace entendeu os novos movimentos religiosos numa variedade de culturas que compartilham amplas semelhanças e um padrão comum a todas.

Tais movimentos, dos quais o avivamentismo cristão era uma variedade, eram definidos como "movimentos de revitalização", que eram "iniciativas deliberadas, conscientes e organizadas por membros de uma sociedade a fim de criar uma cultura mais satisfatória" (Wallace, 10). Wallace definiu fases distintas desses movimentos, as quais podem ser resumidas com três títulos: declínio, renovação e revitalização. O estágio de declínio ocorre quando os sistemas culturais não estão mais funcionando e as necessidades das pessoas não estão sendo atendidas.

A segunda fase — de renovação — começa com o surgimento de um profeta da "nova luz", que experimenta "um relacionamento satisfatório com o sobrenatural" e traça "um novo modo de vida" a ser seguido pelos outros. O estágio final de um movimento de revitalização ocorre quando a nova comunidade abraça a missão mais abrangente de transformar vidas, valores e estruturas. Esse fenômeno é tão comum na história, afirma Wallace, que a "origem histórica de uma grande porcentagem de fenômenos religiosos pertence à categoria de movimentos de revitalização" (Wallace, 13). A obra de L. Gerlach e V. Hine sobre o pentecostalismo na América Latina fez um ajuste no modelo de Wallace para explicar a expansão do movimento mesmo em lugares onde as adversidades culturais eram mínimas.

Paradoxalmente, o colonialismo e a *globalização desempenharam importantes papéis na geração de condições favoráveis aos movimentos de revitalização em geral e aos avivamentos cristãos em particular.

O conceito de "glocalização" de Roland Robertson explica por que a própria modernidade incentivou o ressurgimento da religião. Mesmo enquanto as forças de globalização modernizantes cruzam a rodovia global, elas encontram uma longa e vigorosa linha de tradições e movimentos locais que vêm no sentido oposto e seguem para o Ocidente.

A "globalização", diz Robertson, "incentivou as tradições" e acelerou "a promoção da cultura tradicional". A esse fenômeno de renovação e revitalização do elemento local ele dá o nome de "glocalização".

5. Perspectivas missiológicas
Por natureza, a missiologia é interdisciplinar.

Portanto, não é de surpreender que ela forneça o método ideal para costurar os muitos fios acima expostos no estudo do avivamento mundial.

De uma perspectiva missiológica, os avivamentos cristãos mundiais podem ser definidos como *movimentos autóctones de mudança cultural que usam com criatividade os recursos do cristianismo primitivo*. Essa definição afirma que os avivamentos são movimentos formatados por três dinâmicas que interagem entre si. A primeira é a *contextualização (o fator justiça que tem a ver com a mudança cultural), que tanto dá origem ao avivamento inicialmente quanto representa seu objetivo e desfecho. O solo do avivamento é formado por um senso coletivo de necessidade e uma insatisfação com as condições do momento. O fruto do avivamento é uma mudança no sistema social (quando o movimento é bem-sucedido). A transformação buscada por um movimento de contextualização pode ser de *status* (e.g., mudar a identidade, passando de vítimas colonizadas para filhos e filhas de Deus libertos) ou uma mudança mais sistêmica pela qual o poder político, econômico ou sociocultural passa da condição que predominava para a condição de povo renovado de Deus.

A segunda dinâmica é a *nacionalização*. Este é o fator liderança, que define os protagonistas no drama do avivamento.

Se a contextualização responde à pergunta "o quê?" (e.g., o que são avivamentos?), a nacionalização responde à pergunta "quem?". Nos avivamentos mundiais a liderança tende a surgir "das camadas inferiores", do nível dos oprimidos. Essa liderança do avivamento é geralmente plural em vez de singular e inspira movimentos que partem dos jovens e dos marginalizados.

A terceira dinâmica é a *inculturação*. Este é o fator fé e tem a ver com uma volta à verdade clássica da qual a igreja se afastou. Essa dinâmica responde às perguntas "como e por quê" apontando para a visão teológica presente no centro dos movimentos de avivamento. A inculturação diz respeito a uma nova interpretação e aplicação do cristianismo primitivo, muitas vezes descrito no livro de Atos, escrito por Lucas, e na epístola de Paulo aos Romanos. A inculturação conclama ao retorno da fé, não somente da tradição, mas à fé da era de ouro do passado cristão, quando o poder de Deus se manifestava e a experiência cristã era vital. Essa redescoberta costuma ser da "vida no Espírito" e da necessidade de restaurar esse tipo de vida na igreja moderna. Essa "nova luz" de um cristianismo redescoberto penetra fundo na consciência de líderes e seguidores durante as épocas de avivamento, produzindo uma mudança de paradigma na cosmovisão, que por sua vez inspira diversas mudanças nos sistemas cultural e social. As três dinâmicas de nacionalização, contextualização e inculturação se sobrepõem, mas de fato são forças distintas liberadas em tempos de avivamento.

6. Conclusão

Quer o termo *avivamento* sobreviva, quer seja substituído por expressões como "movimentos autóctones", "cristianismo popular" ou "despertamento", o fenômeno em si haverá de permanecer. Jonathan Edwards previu certa vez que não é "improvável que essa obra do Espírito de Deus, tão extraordinária e maravilhosa, seja o raiar, ou pelo menos o prelúdio, da gloriosa obra de Deus tão prometida nas Escrituras que, ao avançar, renovará o mundo da humanidade" (Goen 353).O surgimento do cristianismo do novo mundo e o papel que os avivamentos mundiais desempenharam nesse novo despertar indicam que a previsão do Reverendo Edwards não estava longe da verdade.

Veja também Conversão; Evangelização; Missões, Teologia de; Movimentos Carismáticos; Movimentos Missionários; Pentecostalismo.

Bibliografia. Blumhofer E. W. e Balmer, R. H., orgs. *Modern Christian Revivals* (Urbana: University of Illinois Press, 1993); Crawford, M., *Seasons of Grace: Colonial New England's Revival Tradition in Its British Context* (New York: Oxford University Press, 1991); Freytag, W., "Erweckung/Erweckungsbewegungen," in *Religion in Geschichte Und Gegenwart* (4a. ed.; Tübingen: Mohr Siebeck, 1999) 2:1499; Gerlach, L. e Hine, V., "Five Factors Crucial to the Growth and Spread of a Modern Religious Movement," *JSSR* 7:1 (1968); Goen, C. C., org. *The Great Awakening,* 4: *The Works of Jonathan Edwards* (New Haven: Yale

University Press, 1972); LONG, K., *The Revival of 1857-58: Interpreting an American Religious Awakening* (New York: Oxford University Press, 1998); LOVELACE, R., *Dynamics of Spiritual Life* (Downers Grove: InterVarsity Press, 1979 [edição em português: *Teologia da Vida Cristã — as Dinâmicas da Renovação Espiritual* (São Paulo: Shedd Publicações)]); MCLOUGHLIN, W. G., *Revivals, Awakening, and Reform* (Chicago: University of Chicago Press, 1978); ORR, J. E., *The Flaming Tongue: The Impact of Twentieth Century Revivals* (Chicago: Moody Press, 1973); ROBERTSON, R., *Globalization: Social Theory and Global Culture* (London: Sage, 1992); WALLACE, A., *Revitalizations and Mazeways: Essays on Culture Change*, 1, R. S. Grumet, org. (Lincoln: University of Nebraska Press, 2003).

Shaw, M.

B

BAHALA NA. *Veja* FATALISMO.

BAKHT SINGH. *Veja* HINDUÍSMO.

BANERJEA, KRISHNA MOHAN. *Veja* TEOLOGIA INDIANA.

BARTH, KARL. *Veja* BARTHIANISMO; TRINDADE, DEUS TRINO.

BARTHIANISMO

O barthianismo é a corrente de reflexão teológica derivada de Karl Barth (1886-1968), talvez o mais influente teólogo de língua alemã do século 20. Filho de Fritz Barth, ministro reformado e professor do Colégio de Pregadores na Basileia, Barth iniciou seus estudos teológicos em Berna em 1904, antes de ir para Berlim, onde assistiu a uma palestra do renomado teólogo histórico Adolf von Harnack. Em 1908, Barth seguiu para Marburgo, depois de estudar por um breve tempo em Berna e Tübingen, atraído pelo dogmático e eticista Wilhelm Herrmann, que na época estava no auge de sua carreira.

Depois de Marburgo, Barth atuou por dez anos como pastor em Safenwil, em Aargau, uma pequena cidade na Suíça, sua terra natal. A década que Barth passou como pastor foi um período de intenso desenvolvimento durante o qual ele abandonou o liberalismo teológico de seus professores e abraçou uma série de compromissos bem diferentes. Como pastor que precisava pregar baseado na Bíblia todas as semanas, Barth lutou com o problema de como poderia pregar de forma genuína a Palavra de Deus. Mergulhando no estudo da Bíblia, Barth encontrou em suas páginas um "estranho mundo novo". A Bíblia não é o registro das buscas religiosas da humanidade, como diziam seus professores de teologia; antes, ela proclama a vinda do *reino de Deus.

Em 1916, Barth começou a estudar intensamente a epístola de Paulo aos Romanos, que culminou na publicação da primeira edição de *Der Romerbrief*. Esse livro não somente levou Barth a ser nomeado para a cadeira de Teologia Reformada na Universidade de Gottingen, mas também foi visto como gênese da neo-ortodoxia ou teologia dialética. Em 1930, Barth começou a trabalhar com a *Die Kirchliche Dogmatik* (Dogmática Eclesiástica), sua *magnum opus*, que o manteria ocupado até o fim da vida.

1. O conhecimento de Deus
2. A Palavra de Deus e a Teologia
3. A centralidade de Jesus Cristo
4. A importância da teologia de Karl Barth

1. O conhecimento de Deus

Uma das mais importantes questões que vieram à tona pelo contato de Barth com a teologia liberal de seus professores tem a ver com o conhecimento de Deus. O liberalismo de seus dias estava sob a profunda influência de Immanuel Kant, filósofo do *Iluminismo que afirmava que o conhecimento objetivo de Deus é impossível. Consequentemente, os teólogos liberais derivavam da existência humana suas análises e entendiam a religião como a pressuposição interior da ação moral. Barth levou esse desafio kantiano bem a sério e procurou subvertê-lo, recusando-se a permitir que a teologia fosse formatada por suas categorias.

Barth começa com a *atualidade* ou realidade do conhecimento de Deus, com o que ele chama de conhecimento de Deus em seu "cumprimento", e não com a questão da *possibilidade* de tal conhecimento. Opondo-se à teologia liberal, que desenvolveu uma epistemologia teológica em abstração da ação divina, Barth começa com a revelação, com a autorrevelação de Deus na história. Deus é conhecido porque revelou-se na história humana. Lembrando os primeiros teólogos da igreja, Barth afirma que "Deus é conhecido através de Deus e somente através de Deus".

Barth procura mudar o centro epistemológico, passando-o da percepção humana para a ação divina e enfatiza que Deus é o objeto primário para si mesmo. Portanto, o conhecimento que o ser humano tem de Deus baseia-se inseparavelmente no conhecimento que Deus tem de si mesmo. Na revelação, Deus dá-se a conhecer espontaneamente pelos seres humanos. Assim, Barth sustenta que "somente porque Deus se põe como objeto do conhecimento é que o homem é posto como alguém que pode conhecê-lo". Na revelação, a objetividade básica de Deus chega ao homem de forma mediada e, portanto, sacramental, que Barth chama de "objetividade recoberta". Acompanhando Lutero, Barth diria que Deus, em sua revelação, permanece oculto a nós.

A condição oculta do Deus que se revelou nos desperta para os limites de nosso conhecimento teológico. Como ele permanece oculto em sua revelação, nossos conceitos e ideias não são "absolutamente capazes de entender a Deus". Isso não quer dizer que nossos conceitos não podem descrevê-lo de acordo com sua autorrevelação em Jesus Cristo; mas quer dizer que nossos conceitos jamais poderão compreendê-lo de modo pleno. Assim, para Barth, toda a linguagem humana — incluindo a linguagem bíblica — sobre Deus mantém-se "debaixo da crise da condição oculta de Deus".

Como os seres humanos se apropriam da revelação de Deus? Em sua obra de 1931 conhecida como *Anselmo: Fides Quaerens Intellectum*, Barth descobre que a fé configura a base do conhecimento teológico. O abismo entre Deus e os seres humanos é tal, que o conhecimento teológico não seria possível se Deus não se revelasse, se o inapreensível não se transformasse em apreensível. Mas Deus revelou-se em Cristo, e essa revelação é apropriada pela fé. Portanto, a fé constitui o ponto de partida de todo pensamento teológico. Ao contrário de Kant, Barth sustenta que a fé e o conhecimento não são antíteses; na verdade, a natureza da fé exige conhecimento.

A teologia como fé que busca o entendimento (*fides quaerens intellectum*) aponta para duas importantes implicações em Barth. A primeira diz que o ser de Deus é a base de todo conhecimento teológico. A segunda é que o conhecimento de Deus é mediado pela Palavra de Deus e, assim, é a Palavra que torna possível a teologia.

2. A Palavra de Deus e a Teologia

O que Barth quer dizer com "Palavra de Deus"? Para Barth, a Palavra de Deus é fundamental e primariamente "a Palavra que Deus, eternamente oculto, fala por si e para si mesmo". Mas, por sua graça, Deus escolheu proferir sua Palavra também aos seres humanos em sua revelação. Segundo Barth, a Palavra de Deus apresenta-se sob três formas: Palavra revelada, Palavra confirmada e escrita pelos profetas e apóstolos, e Palavra proclamada. Essas três formas da Palavra de Deus constituem um evento unitário no qual o discurso divino nos encontra de forma mediada. O relacionamento das três formas pode ser mais bem compreendido quando se retrata o progresso gradual por meio de três círculos concêntricos. O círculo mais interno representa a Palavra de Deus em sua forma pura como ato de discurso; mas essa Palavra é acessível somente através dos atos de discurso circunvizinhos representados pelas Escrituras e pela proclamação da igreja.

Para Barth, a Palavra de Deus nunca é um dado estático e passível de ser submetido ao escrutínio e controle humanos. Antes, ela é sempre um ato concreto de Deus, que resulta de sua vontade soberana e livre graça, e por isso não pode ser prevista pelos seres humanos. Para Barth, a Palavra de Deus tem uma qualidade atualista que lhe é peculiar. O *atualismo* de Barth desafia as tentativas de reduzir a Palavra de Deus a uma ideia abstrata ou verdade geral. Além disso, a Palavra de Deus nunca é simplesmente um discurso divino que transmite informações ou conhecimentos sobre Deus. É um discurso que, ao mesmo tempo, é decisão e ação — eleger, criar, reconciliar, perdoar e chamar. Portanto, a Palavra de Deus desafia, rege e exige obediência.

A teologia serve à Palavra de Deus, assegurando que ela seja proclamada com fidelidade pela igreja. Assim, no primeiro volume de sua magistral Dogmática Eclesiástica, Barth afirma enfaticamente que a dogmática tem a tarefa de avaliar a proclamação da igreja com base na norma, ou seja, na revelação de Deus. A Palavra de Deus, portanto, é a *fonte* da qual a teologia deriva conhecimento;

é a *base* sobre a qual ela estabelece suas declarações; é o *critério* pelo qual ela avalia a exatidão de suas proposições. Entretanto, a teologia não deixa de ser uma atividade humana, embora seja possível por meio da graça divina e por ela assistida. Como a função da teologia tem a ver com o serviço de pregação do evangelho de Cristo, ela é possível somente no âmbito da igreja. Isso significa que, sem a igreja, cujo propósito é dar testemunho da Palavra de Deus e proclamá-la, não há teologia. É por isso que Barth deu à sua obra dogmática o título de *Die Kirchliche Dogmatik* (Dogmática Eclesiástica).

Barth também enfatiza a natureza científica da teologia. Esta pode ser chamada uma ciência porque seu método de investigação e exposição é muito parecido com os métodos das ciências naturais. A bem da verdade, teologia e ciência distinguem-se uma da outra no que diz respeito à fonte de seus conhecimentos e à natureza de seus objetos. Mas à medida que a teologia é entendida como o exame crítico e a exposição de seu objeto, a saber, Deus em sua revelação, ela pode ser, nesse sentido, considerada uma ciência como as outras. Por ter seu próprio objeto único, a teologia precisa ser fiel às suas regras e não pode ser medida pelos padrões ditados por outras ciências. Mas como a teologia procura investigar e explicar seu objeto especial permitindo que este determine o escopo de seu conhecimento e seu método de estudo, ela pode ser descrita como ciência (veja Teologia Científica).

A abordagem de Barth distingue a teologia como disciplina independente que não pode ser obrigada a conformar-se aos critérios extraídos de outros aspectos da investigação intelectual. Mas, ao mesmo tempo, ele sustenta que o conhecimento teológico precisa respeitar as exigências críticas de todo o saber humano conformando-se a seu próprio objeto.

3. A centralidade de Jesus Cristo

Em comparação com os teólogos liberais de seu tempo, cujos métodos teológicos podem ser caracterizados como antropocêntricos e históricos, a teologia de Barth se baseia na revelação especial de Deus em Jesus Cristo. Pesadas críticas têm sido feitas ao método cristocêntrico de Barth, que insiste no fato de que Jesus Cristo é a ponte entre Deus e os seres humanos e, portanto, a base sobre a qual entendemos a revelação de Deus, a eleição, a criação, a reconciliação e a redenção.

O que Barth quer dizer quando afirma que Jesus Cristo é a única Palavra de Deus? Com essa afirmação Barth deseja realçar que a verdade de Deus se encontra em perfeita unidade e integridade em Jesus Cristo, uma vez que Deus fala diretamente ao ser humano na pessoa de Jesus e através dela. As várias verdades no mundo, afirma Barth, de fato não expressam verdades por si mesmas, mas dão testemunho desta única verdade, a verdade da única Palavra de Deus. Assim, as várias luzes da ordem criada são apenas reflexos da única Luz e manifestações da única Verdade. Portanto, as verdades do mundo são relativizadas pela Verdade da Palavra de Deus em Jesus Cristo e a ela estão subordinadas.

Como já mencionado, para Barth, Jesus Cristo não é somente a fonte do conhecimento teológico; ele é também o fundamento e o conteúdo de todas as doutrinas teológicas. A reorganização cristológica que Barth faz dos vários temas teológicos da dogmática produziu muitos resultados interessantes, às vezes quase reformatando por completo as abordagens tradicionais dessas doutrinas. Um exemplo é a doutrina da eleição, que tem importante relação não somente com a doutrina de Deus na qual se encontra, mas também com a antropologia e com a soteriologia.

Nas abordagens tradicionais das doutrinas correlatas da eleição e da predestinação, Barth achava perigoso começar com o conceito de Deus como vontade onipotente e soberania absoluta. É claro que Barth não rejeita a ideia de soberania divina. O que ele espera censurar aqui e ao longo de sua Dogmática Eclesiástica é o conceito abstrato da liberdade e soberania de Deus sem formatá-lo ou disciplina-lo pela revelação de Deus em Jesus Cristo. Assim, para Barth, a doutrina da eleição não deve ser regida por questões abstratas que envolvem escolha, causalidade e liberdade. Antes, a atenção da teologia deve estar voltada para o "nome de Jesus", pois somente quando ela é assim orientada é que "vemos a Deus, e nossos pensamentos se fixam nele" (CD [*Church Dogmatics*] 2/2, 53).

Recorrendo à tradicional doutrina de Calcedônia das duas naturezas de Cristo, Barth apresenta uma reinterpretação radical do entendimento tradicional da "dupla predestinação" ao afirmar que Jesus Cristo "elege e é eleito". Jesus Cristo é Deus que elege porque, como eterno Filho de Deus, ele se elegeu tornar-se o Filho do homem em Jesus de Nazaré e elegeu tomar sobre si o pecado do mundo. Os que são representados por ele são eleitos nele e através dele. Jesus Cristo é homem eleito porque, como homem na pessoa de Jesus de Nazaré, ele viveu uma vida perfeita e, portanto, é o verdadeiro parceiro de Deus na aliança. Os seres humanos, eleitos nele e através dele, encontram-se diante de Deus como pecadores justificados pela graça. Portanto, Barth conclui que a doutrina da eleição tem a ver fundamentalmente com o evangelho da graça.

Críticos têm chamado a atenção para o fato de que a doutrina da eleição segundo Barth leva à salvação universal (*veja* Universalismo). Uma vez que, para Barth, Cristo é o único rejeitado e uma vez que os seres humanos são eleitos em Cristo, como se pode evitar a conclusão de que, no final, todos serão salvos? No entanto, Barth foge conscientemente dessa conclusão, preferindo deixar o assunto em aberto em face da limitação de nossa compreensão da liberdade da graça divina.

4. A importância da teologia de Karl Barth

T. F. Torrance, teólogo escocês, reconhece Barth como "o maior gênio teológico depois de séculos" e concede-lhe "uma honrosa posição entre os grandes teólogos da igreja — Atanásio, Agostinho, Anselmo, Tomás de Aquino, Lutero e Calvino". Ninguém que tenha tido contato com a teologia de Barth discordaria de Torrance, ainda que suas conclusões não fossem as mesmas de Barth. As proposições do teólogo suíço são tão criativas e revolucionárias, que costuma se dizer que sua teologia trouxe uma mudança radical ao pensamento humano sobre Deus e a humanidade, resultando numa nova era para a teologia ocidental. As ideias teológicas de Barth desafiaram a comunidade teológica e a igreja a repensar questões como fé e razão, teologia e filosofia, lei e evangelho.

Mas é claro que nenhuma teologia surge do nada. Como vimos, o grande feito de Barth foi revolucionar o clima teológico de seu tempo, fazendo com que Deus, não os seres humanos, ocupasse o centro do pensamento teológico. Barth colocou o protestantismo liberal de cabeça para baixo, revertendo o que até então se havia afirmado e, assim, devolvendo à teologia seu papel de serva da Palavra de Deus. Colocando Cristo no centro e como esteio da realidade, Barth criou uma metafísica cristológica comparável ao que criaram os grandes pais da igreja — Gregório de Nazianzo e Máximo, o Confessor. Nas palavras de Robert Jenson, a investigação teológica, segundo Barth, tem a ver não com "o lugar de Jesus em nossa história, mas com nosso lugar na história dele".

O teocentrismo de Barth resultou na redescoberta da doutrina da Trindade, a qual, desde Schleiermacher, havia ficado em segundo plano no protestantismo liberal. A contribuição de Barth vai além de sua reformulação criativa dessa doutrina; sua teologia decididamente trinitária mostrou que, longe de ser um mero problema teológico, a doutrina da Trindade é um recurso inestimável para a teologia. Pode-se dizer que o atual renascimento trinitário na teologia ocidental inspira-se principalmente em Barth.

Restaurando à teologia seu objeto adequado, Barth reconduziu a teologia a seu lugar apropriado na igreja, salvando-a assim de continuar sendo uma ciência sem vínculos com a vida da igreja. Além do mais, a universalidade da teologia de Barth, vista em seu diligente envolvimento com as teologias patrística, medieval, luterana e reformada, e as incisivas perguntas que ele faz ao catolicismo romano, são de grande valor para as discussões ecumênicas de hoje. Como vimos, Barth procurou estabelecer a independência da teologia, argumentando com vigor que ela não pode se submeter aos critérios de outras áreas do estudo intelectual, mas precisa ser fiel a seu próprio objeto. Entretanto, o que muitas vezes não se diz é que, para Barth, a independência da ciência teológica não inviabiliza sua interdependência em relação às outras ciências. Pois, se Deus é verdadeiramente Senhor de toda a realidade, não somente da teologia e da igreja, a teologia "não pode considerar sua existência separada

como algo que, em princípio, é necessário". Com base nessa ideia, teólogos barthianos como T. F. Torrance têm travado proveitosos diálogos com as ciências.
Veja também TEOLOGIA REFORMADA.
BIBLIOGRAFIA. BARTH, K., *The Epistle to the Romans* (London: Oxford University Press, 1968 [edição em português: *Carta aos Romanos* (São Paulo: Novo Século)]); idem, *Anselm: Fides Quaerens Intellectum: Anselm's Proof of the Existence of God in the Context of His Theological Scheme* (London: SCM, 1969); idem, *Church Dogmatics,* BROMILEY G. e TORRANCE, T. F., orgs., (Edinburgh: T & T Clark, 1956-1974); BUSCH, E., *The Great Passion: An Introduction to Karl Barth's Theology* (Grand Rapids: Eerdmans, 2004); CHIA, R., *Revelation and Theology: The Knowledge of God in Balthasar and Barth* (Bern: Peter Lang, 1999); GUNTON, C., *Becoming and Being: The Doctrine of God in Charles HarTshorne and Karl Barth* (Oxford: Oxford University Press, 1978); JENSON, R., *Alpha and Omega: A Study in the Theology of Karl Barth* (London: Thomas Nelson & Sons, 1963); MCCORMACK, B., *Karl Barth's Critically Realistic Dialectical Theology: Its Genesis and Development, 1909-1936* (Oxford: Clarendon, 1995); TORRANCE, T. F., *Karl Barth: Biblical and Evangelical Theologian* (Edinburgh: T & T Clark, 1990); VON BALTHASAR, H. U., *The Theology of Karl Barth* (San Francisco: Ignatius Press, 1992); WEBSTER, J., *Karl Barth* (Outstanding Christian Thinkers; London: Continuum, 2000); idem, ed., *The Cambridge Companion to Karl Barth* (Cambridge: Cambridge University Press, 2000).

Chia, R.

BASÍLIO DE CESAREIA. *Veja* TEOLOGIA PATRÍSTICA.

BATALHA ESPIRITUAL

Ao longo de sua história, a igreja tem acreditado que seres malignos conspiram contra Deus e contra os seres humanos para causar a morte e o caos. Os cristãos têm procurado ativamente se opor às forças demoníacas através da oração em público e dos exorcismos.
1. A batalha espiritual nas últimas décadas
2. O modelo da terceira onda: elementos dessa cosmovisão
3. Uma teologia bíblica da batalha espiritual: fundamentos
4. Conclusões

1. A batalha espiritual nas últimas décadas

Embora a igreja nunca tenha cessado sua campanha contra os poderes demoníacos, desde 1960 existe um grande interesse renovado nessa área. Até 1960, a expressão que hoje é amplamente conhecida como batalha espiritual era identificada com o movimento pentecostal. A batalha espiritual conquistou espaço na comunidade evangélica mais ampla primeiramente através dos movimentos carismáticos do início da década de 1960 e depois através do que ficou conhecido como movimento da terceira onda.

Vários líderes cristãos importantes foram especialmente instrumentais na divulgação dessa escola de pensamento: C. Peter Wagner, ex-integrante da Escola de Missões Mundiais do Fuller Theological Seminary (hoje, School of Intercultural Studies); Tom White, fundador do Mantle of Praise Ministries (hoje Frontline Ministries); John Dawson, diretor da JOCUM do Sudoeste dos EUA; e Frank Peretti, autor de livros famosos como *Este Mundo Tenebroso* (1986 e 1989). Grande parte da teologia geralmente associada ao movimento da terceira onda e da batalha espiritual foi popularizada na América do Norte por esses livros, que descrevem o destino de homens e mulheres no meio de batalhas épicas entre as forças do mal e guerreiros angelicais.

Hoje os pensamentos do movimento de batalha espiritual encontram-se em todo o espectro de denominações cristãs. Isso não significa que todos os seus defensores pensam da mesma forma. Por exemplo, Peter Wagner ensina que qualquer iniciativa evangelística precisa levar em conta e neutralizar os espíritos malignos que têm autoridade territorial sobre cidades ou países ("batalha de nível estratégico"). Outros preferem limitar seu discurso à dimensão pessoal da interação entre seres humanos e demônios. Apesar das pequenas variações, o modelo de batalha espiritual popularizado pelo movimento da terceira onda tornou-se o grande paradigma.

Na América do Norte, o modelo da terceira onda recebeu destaque em alguns círculos cristãos, sendo o padrão atuante, por exemplo, na série de grande sucesso *Deixados para Trás*. Esse modelo é bastante propagado na América Latina por meio do rápido crescimento do movimento pentecostal.

Missionários no Oriente Médio, na África, Índia e China, que vivem em culturas onde é muito difundida a crença em espíritos e no sobrenatural, tendem a posicionar sua resposta segundo uma estratégia de isto ou aquilo. Alguns, intuindo profundas deficiências no modelo da terceira onda, abstêm-se de lidar com esse aspecto cultural. Outros, na tentativa de tratar de questões ligadas à magia e ao espiritualismo, adotam de modo indiscriminado os pressupostos do modelo da terceira onda. Ambas as abordagens são problemáticas. A primeira peca por não tratar de realidades culturais e espirituais de extrema importância. A segunda abordagem pode trazer como consequência a legitimação de crenças que não refletem de forma adequada uma plataforma de teologia bíblica e podem contribuir para a geração de modelos que refletem diversos níveis de sincretismo.

2. O modelo da terceira onda: elementos dessa cosmovisão

2.1. Violência e criação. Desde o exato momento da criação, o universo foi conspurcado por um conflito cósmico que ocorreu entre as forças de Deus e os poderes demoníacos rebeldes. Os primeiros seres humanos foram postos num universo hostil dominado por forças ocultas opressoras e destrutivas.

2.2. A mitologização do universo. O universo é habitado por milhões de seres sobre-humanos/sobrenaturais, cujo único propósito é destruir a humanidade e fazer oposição aos propósitos de Deus. A expressão "mitologização" denuncia a crença de que tais seres não somente habitam o mundo, mas também expressam sua presença no universo físico. Isso se assemelha à percepção de deuses e demônios que predominava no antigo Egito e na Mesopotâmia.

2.3 O universo como sujeito. O modelo da terceira onda atribui ao universo físico as características de consciência em virtude do fato de que diversos elementos da natureza dão apoio estrutural para a expressão de entidades demoníacas. Uma pessoa pode ficar sob a influência de poderes demoníacos se entrar em contato com um objeto ou lugar associado a alguma forma de influência oculta. A realidade do ocultismo não é questionada. Objetos podem deter poderes sobrenaturais e mediar poderes e influências malignas. A palavra falada tem eficiência inerente.

2.4 O panteão dos demônios. *Satanás é o cabeça de uma organização demoníaca hierarquizada. Embora não seja onipresente, ele delega seu poder e autoridade a outros espíritos. Eles compreendem três categorias principais: espíritos territoriais, espíritos de nível intermediário e espíritos de nível básico. O alcance do poder de determinado espírito é diretamente proporcional à sua categoria. Esses espíritos têm nomes específicos, papéis bem delineados e/ou autoridade territorial.

2.5 A experiência cristã caracterizada pela guerra. As batalhas são uma característica que engloba toda a existência humana. O nível de opressão e conflito espiritual é diretamente proporcional à eficácia dos cristãos, em especial dos líderes. A batalha espiritual responde por diversas formas de sofrimento gratuito experimentado pelos seres humanos.

2.6 A experiência cristã caracterizada por medo e incerteza. Os cristãos vivem debaixo da ameaça de ataques demoníacos. A fonte dessas agressões é multifacetada, sendo praticamente impossível identificá-la com precisão. Qualquer emoção ou sentimento negativos podem ser indícios de ação demoníaca. Isso pode acontecer por meio de contato com a pessoa possuída por demônio, com um objeto do ocultismo ou pela presença num lugar corrompido pelos espíritos maus (expressões como "endemoninhado", "oprimido" e "possuído por demônio" são empregadas indistintamente).

Os demônios podem obter controle sobre uma pessoa com ou sem consentimento através de vários acessos como comportamentos pecaminosos costumeiros, pecados cometidos no passado pelos ancestrais da pessoa ou acontecimentos traumáticos. O conceito de "legalidade" ou "brechas" é muitas vezes usado para explicar a dificuldade inerente à pessoa que tenta se proteger contra a influência demoníaca. A legalidade tem a ver com uma fragilidade espiritual através da qual os demônios podem entrar na vida da pessoa. Em casos assim, um demônio pode não somente ganhar acesso, mas também obter o "direito legal" de viver naquele indivíduo.

2.7 Um novo sacerdócio. Existe uma categoria de "especialistas" em batalha espiritual que possuem o grau necessário de espiritualidade e conhecimento para lidar com o mundo dos demônios, em particular num período da história em que a humanidade está à beira de uma guerra plena com os poderes das trevas. Somente os que apresentam as condições necessárias devem tentar desafiar a autoridade dos demônios de primeiro escalão, tais como os espíritos territoriais, dos quais se diz terem domínio sobre bairros, cidades, países e até continentes.

Tais especialistas cumprem um papel equivalente ao do sacerdote ou dos detentores de poderes divinatórios em sociedades primitivas, nas quais somente eles tem o conhecimento necessário para enfrentar os poderes demoníacos.

2.8 Epistemologia. Os especialistas em batalha espiritual recorrem a três fontes para basear suas crenças: (1) as Escrituras, (2) as palavras *rhema* (palavras especiais de conhecimento vindas de Deus) e (3) relatos de experiências com o mundo dos demônios. Entretanto, é importante observar que a maior parte da plataforma teológica que sustenta o modelo da terceira onda se baseia nas chamadas palavras *rhema* (palavras de conhecimento) e em relatos de experiências. O fundamento bíblico fica comprometido pelo conjunto de textos relativamente limitado apresentado como apoio ao modelo e por uma metodologia que de modo geral não se preocupa muito com a especificidade literária dos textos.

3. Uma teologia bíblica da batalha espiritual: fundamentos

3.1. O relato da criação. A questão central da qual se devem ocupar o teólogo e o praticante é se o modelo da terceira onda e a cosmovisão que ele reflete são compatíveis com a teologia bíblica. Em razão de seu caráter literário distintivo, o relato da criação em Gênesis 1—3 representa o ponto de partida absoluto para expressão do esboço de uma cosmovisão bíblica e para provisão de uma plataforma teológica para fins de análise comparativa.

A narrativa da criação destinava-se a fornecer a Israel uma cosmovisão abrangente que refletisse a realidade absoluta e oferecesse uma alternativa às cosmovisões egípcia e mesopotâmica.

Há dois conceitos que merecem ser realçados no que diz respeito à batalha espiritual.

3.1.1. A demitologização do universo. A narrativa da criação declara que o universo é "objeto", em contraste com a cosmologia mesopotâmica, que atribui a condição de "sujeito" à realidade física. Na narrativa bíblica, o mundo físico não tem consciência. O universo não é mais habitado por poderes divinos resolvidos a afligir a vida humana nem é mais um objeto de adoração e terror. As repetidas referências à criação como algo "bom" representam uma proclamação inequívoca de garantia do caráter fundamental do universo.

3.1.2. A natureza da humanidade. Segundo Gênesis 1, a criação do universo é fruto da intenção pacífica e benevolente de Deus. Não há indícios de conflito, violência ou guerra. Os seres humanos são criados para servir como representantes de Deus (Gn 1.26) e parceiros na administração do mundo e na configuração de seus destinos (Gn 2.15-17; 3.1-24).

3.1.3. Implicações. São três a implicações desse relato para a batalha espiritual. Primeira, esse texto é importante para nosso entendimento da batalha espiritual, pois ele surge numa cultura que, sob muitos aspectos, revela uma cosmovisão estruturalmente semelhante à do modelo da terceira onda. É um mundo saturado por crença na magia (aqui magia é definida como a capacidade de influenciar os eventos naturais ou humanos por meio de rituais que, segundo se crê, fornecem acesso a uma força mística situada além do campo normal da experiência humana), na bruxaria, no sobrenatural e na existência de deuses e demônios malévolos contra os quais os seres humanos precisam sempre tentar se proteger. Segunda, o relato da criação destrói, para todos os fins, a própria ideia de magia e da realidade de forças ocultas. Ao declarar a existência de um e único Deus, o texto aniquila efetivamente a estrutura cósmica que teoricamente sustenta a crença em forças sobrenaturais. Terceira, o texto efetivamente declara que os seres humanos habitavam um universo "amigável" no qual eles eram senhores de seus destinos em vez de vítimas de forças espirituais malignas e irresistíveis.

Como então fazemos para harmonizar a ideia de universo "amigável" com a realidade do mundo demoníaco insinuada no restante da Bíblia?

3.2 O poder dos demônios segundo o Evangelho de Marcos e 1Coríntios.

Embora não possa existir ambiguidade no que diz respeito à realidade do mundo dos demônios, conforme atesta o Novo Testamento, permanecem perguntas envolvendo o alcance do poder dos demônios e a natureza exata da interação entre as esferas demoníaca e humana. Os autores do segmento da batalha espiritual trabalham partindo da premissa de que o modo de interação entre as esferas demoníaca e humana tem um caráter de magia. Eles partem do princípio da existência subjacente da esfera oculta e da credibilidade das inúmeras estórias que circulam acerca do sobrenatural.

O Evangelho de Marcos e 1Coríntios 10—11 representam duas fontes críticas de informações sobre o modo de interação entre os demônios e os seres humanos. Marcos dirige seu evangelho a homens e mulheres que temem os poderes, sejam eles divinos, sejam demoníacos, e que procuram qualquer proteção que possam extrair das diversas práticas de magia. Em 1Coríntios 10—11, onde Paulo trata da questão da carne sacrificada aos ídolos, o apóstolo trata da percepção de uma relação oculta entre poderes demoníacos e seres humanos. Os coríntios acreditavam que a carne sacrificada a um ídolo, ou seja, a um demônio, se tornaria contaminada pelo demônio e criaria um ambiente para a possessão demoníaca.

No Evangelho de Marcos, Satanás é retratado como um inconveniente, não como um ser todo-poderoso (Mc 1.12-13, 21-28). Os demônios, por sua vez, são retratados como entidades sem poder na presença de Jesus Cristo (Mc 1.21-28, 32-34; 3.11, 14-15). Em contraste com a percepção popular de Satanás e dos demônios como anjos das trevas dotados de poderes irresistíveis, Marcos retrata essas criaturas como sombras vazias destituídas de substância.

Em 1Coríntios, Paulo contraria a crença no relacionamento mágico/oculto entre espíritos demoníacos e as pessoas. Embora sinalize algumas observações éticas (1Co 10.27—11.1), ele não vê ameaça inerente ao ato de comer carne usada na adoração de ídolos/demônios (1Co 10.25). A lógica de Paulo deriva de sua teologia da criação (1Co 10.26). Essa passagem afirma que os demônios não têm o tipo de poder que os pagãos pressupunham que eles tivessem e sugere uma reconfiguração do relacionamento entre poderes demoníacos e seres humanos baseada não em categorias mágicas, mas na razão e nos textos.

4. Conclusões

Os demônios são reais, mas sua realidade não passa de uma ilusão na presença do ser absoluto de Deus. Poder e substância reais podem ser derivados somente de Deus. Fora dele só podem existir meros sussurros da realidade. Como os demônios estão separados de Deus, o único poder que eles podem ter é o poder que os seres humanos lhes atribuem por engano e ingenuidade.

O poder dos demônios, em última instância, depende do sistema de crenças da cultura na qual eles circulam. Esse fator explica as variações na frequência e na intensidade das manifestações demoníacas observáveis entre as culturas. O predomínio de manifestações demoníacas na África, no Haiti ou na Índia e sua relativa e aparente escassez no mundo ocidental estão vinculados a uma cosmovisão que cultiva a crença e a interação com os espíritos no primeiro grupo e de modo geral ignora sua existência no segundo.

Os demônios podem aterrorizar os que lhes atribuem poder para tal. Nesse aspecto, o modelo da terceira onda tende a perpetuar uma percepção errônea, comum e perigosa do mundo dos demônios. Ao reproduzir de forma estrutural um modelo não-bíblico, ele inadvertida e ironicamente reforça uma cosmovisão que oferece uma falsa representação do universo físico e resulta na potenciação das forças demoníacas.

Todavia, o Novo Testamento não retrata os demônios como seres inofensivos e inócuos. O impulso mais básico dessas entidades consiste em fazer oposição a Deus e gerar o caos no mundo. Mas o poder para fazer isso depende absolutamente da disposição dos seres humanos de acolher de modo consciente esses espíritos ou defender as ideologias de morte e caos que os sustentam.

Numa perspectiva mais ampla, a imagem da batalha espiritual limita-se a diversas metáforas usadas nas Escrituras para caracterizar a vida cristã (por exemplo, o salmo 1 utiliza a figura da árvore). Uma leitura atenta das imagens militares empregadas na conhecida passagem da "batalha espiritual" encontrada em Efésios 6.10-18 mostrará que Paulo não faz alusão alguma a exercícios de expulsão de demônios ou a outros rituais de magia. Suas advertências são profundamente práticas e ressaltam a tríplice estratégia que lida com as atitudes (v. 11), com os sistemas de pensamento (v. 14, 17) e com o fiel compromisso (v. 16) com a cosmovisão bíblica.

Em continuidade com o Antigo Testamento, a batalha espiritual no Novo Testamento é um conceito que basicamente se refere às tensões, aos conflitos, às opções éticas e às escolhas de cosmovisões que os cristãos enfrentam. Essas lutas se encontram na esfera da razão e dos compromissos, e os cristãos são convidados a lidar com elas com a ajuda sobrenatural do Espírito Santo (veja Jo 7.38-39; 15.26; 16.15; Rm 8.2-16; Ef 2.18; 5.18, etc.)..

Veja também CURA E LIBERTAÇÃO; MAL, PROBLEMA DO; PODER; SATANÁS.

BIBLIOGRAFIA. ANDERSON, A., *An Introduction to Pentecostalism* (Cambridge: Cambridge University Press, 2004); ANDERSON, N., *The Bondage Breaker* (Eugene: Harvest House, 1991); ARNOLD, C., *Ephesians, Power and Magic: The Concept of Power in Ephesians in Light of Its Historical Setting* (SNTSMS 63; Cambridge: Cambridge University Press, 1989); idem, *Powers of Darkness: Principalities and Powers in Paul's Letters* (Downers Grove: InterVarsity Press, 1992); idem, *Three Crucial Questions About Spiritual Warfare* (Grand Rapids: Baker, 1997); BOYD, G., *God at War: The Bible and Spiritual Conflict* (Downers Grove: InterVarsity Press, 1997); CONZELMANN, H., *1 Corinthians* (Hermeneia; Philadelphia: Fortress, 1975); DAWSON, J.,*Taking Our Cities for God: How to Break Spiritual Strongholds* (Lake Mary: Creation House, 1989); DICKASON, C. F., *Angels, Elect and Evil* (Chicago: Moody Press, 1975); EDIGER, G., "Strategic-Level Spiritual Warfare in Historical Retrospect," *Direction* 29 (2000) 125-41; GILBERT, P., "The Third Wave Worldview: A Biblical Critique" *Direction* 29 (2000) 153-68; idem, *Demons, Lies and Shadows: A Plea for a Return to Text and Reason* (Winnipeg: Kindred Productions, 2008); HIEBERT, P., "The Flaw of the Excluded Middle," in: *Anthropological Reflections on Missiological Issues* (Grand Rapids: Baker, 1994a) 189-201; idem, "Healing and the Kingdom," in *Anthropological Reflections on Missiological Issues* (Grand Rapids: Baker, 1994b) 217-53; HOLLENWEGER, W. J., *The Pentecostals: The Charismatic Movement in the Churches* (Minneapolis: Augsburg, 1972 [1969]); KEE, H., *Medicine, Miracle and Magic in New Testament Times* (SNTSMS 55; Cambridge: Cambridge University Press, 1986); KRAFT, C. H., *Christianity with Power: Your Worldview and Your Experience of the Supernatural* (Ann Arbor, Servant, 1989); MURPHY, E., *The Handbook for Spiritual Warfare* (Nashville: Thomas Nelson, 1992); PAGE, S. H. T., *Powers of Evil* (Grand Rapids: Baker, 1995); RUSSELL, J. B., *Mephistopheles: The Devil in the Modern World* (Ithaca: Cornell University Press, 1986); TWELFTREE, G., *Christ Triumphant: Exorcism Then and Now* (London: Hodder & Stoughton, 1985); idem, *Jesus the Exorcist* (Peabody: Hendrickson, 1993); WAGNER, C. P., org., *Engaging the Enemy* (Ventura: Regal, 1991); idem, *Warfare Prayer: How to Seek God's Power and Protection in the Battle to Build His Kingdom* (Ventura: Regal, 1992 [edição em português: *Oração de Guerra* (São Paulo: Bom Pastor, 2001)]); WAGNER, C. P. e PENNOYER, D., orgs., *Wrestling with Dark Angels: Toward a Deeper Understanding of the Supernatural Forces in Spiritual Warfare* (Ventura: Regal, 1990 [edição em português: *A luta contra os anjos do mal*, tradução de João Marques Bentes, São Paulo: Bom Pastor, 2000]); WILSON, E. A., "Latin America (Survey)," *The New International Dictionary of Pentecostals and Charismatic Movements* (Grand Rapids: Zondervan, 2002).

Gilbert, P. J.

BATISMO DE ADULTOS. *Veja* BATISMO NA ÁGUA.

BATISMO DO CRENTE. *Veja* BATISMO NA ÁGUA.

BATISMO DO ESPÍRITO. *Veja* BATISMO NO ESPÍRITO SANTO.

BATISMO INFANTIL. *Veja* BATISMO NA ÁGUA.

BATISMO NA ÁGUA

O batismo é o sacramento de iniciação cristã na água praticado desde o dia de Pentecostes (At 2.41), em harmonia com a ordem de Jesus de fazer discípulos de todas as nações e de batizá-los (Mt 28.19). João Batista batizava antes do ministério de Jesus, e este recebeu o batismo de João (Mt 3.4-6, 11-17; Mc 1.4-11; Lc 3.15-18, 21-22). Observam-se precedentes judaicos nas lavagens cerimoniais prescritas na Lei do Antigo Testamento, nos ritos de purificação em Qumran e nos batismo que judeus faziam de prosélitos ou de convertidos gentios. A purificação pela água é um conceito comum a muitas religiões, como se vê no costume hindu de pessoas se banharem nas águas sagradas do rio Ganges. O que diferencia o batismo cristão é que se trata de batismo em Cristo (veja ponto 4 adiante). No início, apenas uma pequena minoria de cristãos seguia esse costume, embora todos o praticassem ou interpretassem da mesma forma. Através dos séculos, a controvérsia em torno do batismo não tem sido pequena.

1. Que relação existe entre fé e batismo?
2. Quando os convertidos devem ser batizados?
3. Que relação existe entre o batismo com água e o batismo com o Espírito?
4. O que o batismo faz?
5. Os bebês dos cristãos devem ser batizados?
6. Pode uma pessoa ser batizada pela segunda vez?
7. O batismo é necessário para a salvação?
8. O batismo deve ser realizado por imersão em água ou por aspersão ou efusão de água?

1. Que relação existe entre fé e batismo?
Os protestantes costumam aprender que é pela *fé que a pessoa se converte, e os católicos romanos dizem que é pelo batismo; ambas as tradições correm o risco de enxergar somente uma parte da realidade. Os protestantes (em especial os evangélicos) têm algumas vezes relegado o batismo ao segundo plano, tanto que ele quase não tem função no processo de conversão. Por outro lado, os católicos romanos às vezes ressaltam tanto a conversão pelo batismo [infantil], que quase excluem a fé. Não faz muito tempo que houve uma mudança, e em 1963 o Concílio Vaticano II ensinou que "os sacramentos não apenas pressupõem a fé, mas também a nutrem, fortalecem e expressam por meio de palavras e objetos. É por isso que são chamados sacramentos da fé" (*Sagrada Liturgia* 59).

A polarização de fé e batismo teria parecido estranha aos cristãos do Novo Testamento. No livro de Atos, quando as pessoas chegavam ao momento da *conversão, elas se arrependiam, criam, eram batizadas e recebiam o Espírito Santo. Esses quatro elementos não são mencionados todas as vezes, pois uma repetição assim seria enfadonha. Mas ao passo que em Atos 15.7-9 menciona-se apenas a fé e o recebimento do Espírito, um relato anterior do mesmo acontecimento revela que também houve arrependimento e batismo (At 11.15-18). Sempre que houvesse alguma razão para desconfiar da falta de um ou outro desses elementos, tomavam-se providências para que tudo fosse corrigido (At 8.15-17, 20-23; 19.1-7). Para os cristãos do período do Novo Testamento, a conversão era marcada por arrependimento, fé, batismo e recebimento do Espírito. Esses elementos não eram opcionais, mas faziam parte do "pacote". Por isso é que Paulo em seus textos pode passar naturalmente da fé para o batismo (Gl 3.26-27) ou vice-versa (Cl 2.12). Numa escala maior, ele pode passar da *justificação pela fé (Rm 1—5) para o batismo (Rm 6) sem sinalizar que está mudando de assunto. Para os cristãos do Novo Testamento, crer e ser batizado eram coisas que andavam juntas, eram dois lados da mesma moeda e nunca eram vistas como alternativas ou elementos rivais. Eles ficariam intrigados se alguém lhes perguntasse se a conversão se dá pela fé ou pelo batismo ou se ela acontece por meio da fé ou do arrependimento.

2. Quando os convertidos devem ser batizados?
Em Atos, os convertidos eram batizados no dia da conversão, com uma exceção — o

carcereiro de Filipos foi batizado na mesma noite sem esperar pelo raiar do dia (At 16.33)!

A igreja pós-apostólica relutava em batizar os convertidos imediatamente, exigindo que os candidatos se submetessem a um período de testes e de aprendizado, à semelhança de catecúmenos antes de serem batizados. Às vezes, esse processo podia levar três anos, mas nos casos em que a fé e a conduta eram inquestionáveis, esse tempo podia ser reduzido (*Apostolic Tradition* 17). Também se tornou hábito realizar os batismos principalmente no domingo de Páscoa, precedido por quarenta dias de abstenção de certos alimentos durante a quaresma.

Esse afastamento da prática apostólica trouxe graves consequências. O vínculo entre o batismo e a conversão foi rompido, e hoje são poucos os cristãos batizados no contexto da conversão conforme vemos em Atos. Isso afeta nosso entendimento da conversão e abre caminho para disputas em torno de salvação pela fé ou salvação pelo batismo, ideias estas desconhecidas no Novo Testamento. O modelo patrístico ajudou a preservar os elevados padrões éticos na igreja, sobretudo no segundo e terceiro séculos, antes de o cristianismo receber apoio estatal. Mas sempre existiu o perigo de substituir a graça gratuita por uma graça que precisava ser conquistada por meio de realizações morais.

Em muitas partes do mundo, até hoje é costume os protestantes esperarem para batizar os adultos que se convertem. O objetivo é criar condições de distinguir entre as conversões legítimas e as espúrias e impedir o surgimento de um cristianismo meramente nominal, exigindo-se um extenso período de aprendizado anterior ao batismo.

3. Que relação existe entre o batismo com água e o batismo com o Espírito?

O batismo de João Batista realizado com água é contrastado com o batismo que Jesus realiza com o Espírito Santo (Mc 18.8 e par.; At 1.5). A maior parte dos pentecostais e muitos carismáticos interpretam o batismo com o Espírito como uma "segunda bênção" que deve ser buscada pelo cristão numa fase mais adiantada da vida cristã, mas hoje existe entre os estudiosos um consenso que o batismo com o Espírito é uma referência ao evento inicial quando o Espírito é recebido na conversão. No livro de Atos, vemos que as pessoas se arrependem, são batizadas e recebem o Espírito no ato da conversão. Portanto, o batismo com água e o batismo com o Espírito aconteciam simultaneamente como parte do "pacote da conversão". Fazer separação entre batismo e conversão, seja por causa do batismo infantil, seja por causa do hábito de adiar o batismo até bem depois da conversão, levanta a questão sobre como o batismo com água e o batismo com o Espírito se relacionam um com o outro (*veja* Batismo no Espírito Santo).

4. O que o batismo faz?

Para muitos evangélicos, a resposta é simples: nada! O batismo não passa de um sinal de fé, o modo pelo qual confesso minha fé publicamente. Por certo não é assim que a maioria dos reformadores do século 16 entendiam a questão, e há muitos evangélicos que não aceitam esse raciocínio. Também não é assim que o assunto é entendido pelos autores do Novo Testamento. Para eles, o batismo (junto com a fé) traz salvação (1Pe 3.21; cf. Mc 16.16). O batismo é *em* Cristo (Rm 6.3; Gl 3.27) e por meio dele os crentes são unidos a Cristo em sua morte, sepultamento e ressurreição (Rm 6.3-4; Cl 2.11-12). Pedro conclama seus ouvintes a que se arrependam e sejam batizados para que sejam perdoados e recebam o Espírito (At 2.38). Paulo é exortado a lavar seus pecados no batismo (At 22.16). A regeneração está associada com água em João 3.5 e Tito 3.5, e a leitura de sentido mais natural vê as passagens como referências ao batismo. Essas e outras referências afins devem ser entendidas com relação ao batismo no contexto da experiência de conversão (veja ponto 1 acima). Seria inadequado aplicar essas declarações sem qualificação a alguém que é batizado e não tem fé.

5. Os bebês de pais cristãos devem ser batizados?

O Novo Testamento faz diversas referências ao batismo de adultos, mas nunca se refere explicitamente ao batismo de bebês ou crianças, embora seja possível que os batismos de famílias os tenham incluído (At 16.15, 33 e 1Co 1.16). O segundo século também não se manifesta a esse respeito, embora Ireneu faça referência a "bebês, crianças pequenas, jovenzinhos, jovens e velhos" que nasceram de novo (*Contra Heresias* 2.22.4) e outros textos dele indicam que isso se refere ao batismo. Mas conquanto exista essa única leve evidência do batismo de bebês, até uma data bem posterior não há nenhum registro de batismo de crianças num lar cristão. Somente no terceiro e quarto século é que surgem evidências inequívocas da iniciação de tais membros da família, e nesses séculos encontramos uma diversidade completa que aponta para pessoas batizadas em todas as idades, desde o nascimento até o leito de morte.

Os batistas argumentam que os registros do Novo Testamento apontam claramente para o batismo dos "adultos" que criam e que o batismo está associado à fé, o que leva à conclusão de que somente os que criam deviam ser batizados. O batismo infantil ganhou espaço por causa de um medo injustificado com relação ao destino dos que morriam na infância. Os pedobatistas argumentam com base na teologia do batismo (e com sua relação com a circuncisão e com a aliança) que é correto batizar as crianças. A demora no batismo de muitos que creram no terceiro e quarto séculos devia-se a um medo injustificado da impossibilidade de perdão de pecados graves cometidos depois do batismo. Outros, com base no fato de que as primeiras evidências inequívocas revelam uma diversidade de práticas, argumentam que tal diversidade remonta aos tempos apostólicos. Embora no terceiro e quarto séculos alguns recomendassem esta ou aquela prática, ninguém acusava os demais de serem antibíblicos, antiapostólicos ou hereges nessa questão.

No quinto século crescia a preocupação com a questão do pecado original e com o destino das crianças que morriam sem receber o batismo. Isso fez com que o batismo infantil se tornasse a norma para as crianças cujos pais fossem convertidos. Como nações inteiras se tornaram cristãs, o batismo dos que criam ficou limitado aos casos relativamente raros de conversão de adultos que vinham de outras religiões. Em decorrência disso, o batismo infantil deixou de ser uma prática paralela ao costume normal de batizar os que criam e passou a ser a forma normativa do ato, trazendo importantes consequências à percepção do batismo. No século 16, os *anabatistas, baseados em princípios, foram os pioneiros a fazer objeção ao batismo infantil, e essa postura foi assumida nos século seguinte pelos batistas. Com o colapso da cristandade (que havia adotado a prática de batismo quase universal para crianças em muitos países), com a difusão do *evangelho a muitas regiões do mundo e com a contestação cada vez maior do batismo infantil, estamos retornando a um quadro em que o batismo dos que creem é a norma e o batismo infantil é realizado (ou não) como prática paralela. Em 1982, em Lima, capital do Peru, depois de mais de cinquenta anos de discussões, representantes de uma grande diversidade de igrejas filiadas e não-filiadas ao *Conselho Mundial de Igrejas assinaram um documento sobre *Batismo, Eucaristia e Ministério*. Uma de suas propostas mais importantes foi que os dois padrões de ação de graças ou consagração que levam ao batismo de "adultos", e o batismo infantil que leva à profissão de fé de um adulto, fossem reconhecidos como "alternativas equivalentes".

6. Pode uma pessoa ser batizada pela segunda vez?

Nenhuma obra teológica séria já defendeu a prática de um segundo batismo como tal, mas há situações nas quais a validade de um "batismo" é questionada, e os beneficiários são exortados a passar por um "segundo batismo" com base no argumento de que o primeiro não foi um batismo verdadeiro.

Essa questão costuma surgir em dois contextos principais. Na igreja antiga havia dúvida se o batismo celebrado numa igreja dissidente ou herética era válido. Por volta do ano 250 houve divergências sobre o batismo realizado pelos novacianos, grupo rigorista que havia se retirado da Igreja Católica porque esta afirmava que os que haviam renunciado à fé por causa de perseguição poderiam (no final) ser readmitidos pela igreja. Cipriano, bispo de Cartago, sustentava que o batismo celebrados pelos novacianos era inválido e inútil:

Existe somente um batismo, mas [os novacianos] pensam que podem batizar. Apesar de haverem abandonado a fonte da vida, eles prometem a graça da água da vida e da salvação. Ali as pessoas não são lavadas; elas são contaminadas; os pecados não são purgados; eles são acumulados. Aquele nascimento gera filhos não para Deus, mas para o Diabo (*The Unity of the Church* 11).

Mas Estêvão, bispo de Roma, dizia que o batismo em nome da *Trindade era válido, ainda que celebrado fora da única Igreja Católica, e no fim sua posição acabou prevalecendo.

Em segundo lugar, a maioria dos batistas assumiu a posição de que o batismo infantil não é verdadeiro e de que todos os que o receberam precisam ser batizados quando se convertem, sendo este o *primeiro* batismo para essas pessoas. No entanto, uma minoria importante de batistas assumiu a posição de que o batismo infantil é irregular, porém ainda válido. Em outras palavras, alguém que tenha sido batizado quando criança *não deveria* ter sido, mas o fato é que a pessoa *foi* batizada e isso não deve se repetir. Muitos batistas assumem uma posição pragmática no contexto da igreja e permitem que sejam batizados aqueles que desejam ser batizados "de novo", ao passo que aceitam o batismo infantil como válido para aqueles que estão satisfeitos com ele, deixando assim a questão por conta da consciência do indivíduo que crê.

7. O batismo é necessário para a salvação?

A iniciação cristã inclui arrependimento, fé, batismo e recebimento do Espírito (veja ponto 1 acima). Será que isso significa que esses quatro elementos, incluindo o batismo, são necessários para que a pessoa seja salva? O que dizer do ladrão da cruz, que provavelmente não foi batizado (Lc 23.42-43)?

Jesus ensinou que *se alguém não nascer da água e do Espírito, não pode entrar no *reino de Deus* (Jo 3.5). Desde o segundo século se admite que essa referência seja ao batismo e, portanto, ele é necessário para a salvação. Os que foram martirizados antes de receber o batismo eram considerados batizados em seu próprio sangue, e esse batismo tinha poder especial, já que não havia possibilidade de apostasia! Em sermões do quarto século encontram-se advertências sobre os perigos de retardar o batismo (e a obrigação de viver uma vida cristã) e, assim, perder a salvação, mas pelo menos alguns diziam que, se a pessoa decidia se batizar mas morria antes do batismo, a salvação não lhe seria negada. É sempre importante fazer distinção entre os que não são batizados porque foram *impedidos* (e.g., pela morte prematura) e os que não são batizados por escolha própria, porque rejeitaram o batismo.

Hoje são poucos os cristãos que ficariam tão preocupados com o perigo de um crente morrer antes de ser batizado. Talvez seja importante dizer que, embora Marcos 16.16 declare que os que creem e são batizados serão salvos, são os que não creem que serão condenados. O batismo não é colocado em pé de igualdade com a fé — mas também não temos a liberdade de ignorá-lo. Conforme declara o documento *Baptists and Reformed in Dialogue* [Batistas e Reformados em Diálogo], "não podemos estipular limites para o poder de Cristo: ele conduz a humanidade à salvação a seu próprio modo. Mas isso não nos dá o direito de menosprezar o batismo. Não se trata de Cristo estar vinculado ao batismo como meio de graça, mas nós em nossa fé estamos". Não temos liberdade de oferecer salvação sem batismo. O batismo não é um artigo opcional como o teto-solar de um carro.

8. O batismo deve ser realizado por imersão, aspersão ou efusão?

Para muitos hoje, a questão do batismo de crianças costuma ser confundida com a questão do modo de batismo. A maioria (não todos) dos batistas insiste no batismo por imersão total na água. Os pedobatistas ocidentais em sua maioria batizam por efusão (derramando água) ou por aspersão (borrifando água), embora as igrejas ortodoxas orientais batizem crianças por imersão. Quando criança, Boris Yeltsin quase se afogou ao ser batizado por um sacerdote embriagado!

Embora seja fato que o sentido básico da raiz das palavras gregas traduzidas por batizar e batismo é imergir/imersão, não é verdade que as palavras possam ser reduzidas a esse único sentido, conforme se vê em Marcos 10.38-39, Lc 12.50, Mateus 3.11//Lucas 3.16, 1Coríntios 10.2. É provável que a imersão tenha realmente sido o modo normal dos batismos na igreja primitiva, mas isso não era considerado um assunto de muita importância. O Didaquê, bem provavelmente o mais antigo texto do cristianismo fora do Novo Testamento, instrui que, no caso da falta de água suficiente, pode-se derramar água três vezes sobre a cabeça do candidato, em nome do Pai, do Filho e do Espírito Santo (*Didaquê* 7). Não há sinal de que isso tornava o batismo menos válido. O ponto sobre o qual a igreja primitiva não deixava dúvidas era que o batismo devia ser realizado de forma tríplice em nome das pessoas da Trindade.

Veja também BATISMO NO ESPÍRITO SANTO; CEIA DO SENHOR; CONVERSÃO; LITURGIA E ADORAÇÃO; SACRAMENTOS.

BIBLIOGRAFIA. ARMSTRONG, J. H., org., *Understanding Four Views on Baptism* (Grand Rapids: Zondervan, 2007); BEASLEY-MURRAY, G. R., *Baptism in the New Testament* (London: Macmillan, 1962); CONSELHO MUNDIAL DE IGREJAS, *Baptism, Eucharist and Ministry* Faith and Order Paper 111 (Genebra: Conselho Mundial de Igrejas, 1982); *Report of Theological Conversations Sponsored by the World Alliance of Reformed Churches and the Baptist World Alliance, 1977,* in MEYER e VISCHER, L., *Growth in Agreement* (New York: Paulist Press, 1984) 132-51. DUNN, J. D. G., *Baptism in the Holy Spirit* (London: SCM, 1970); KAVANAGH, A., *The Shape of Baptism: The Rite of Christian Initiation* (New York: Pueblo, 1978); KUHRT, G., *Believing in Baptism* (London & Oxford: Mowbray, 1987); LANE, A. N. S., *Did the Apostolic Church Baptise Babies? A Seismological Approach, TynBul* 55.1 (2004) 109-30; WRIGHT, D. F., *What Has Infant Baptism Done to Baptism? An Enquiry at the End of Christendom* (Milton Keynes: Paternoster, 2005); idem, ed., *Baptism: Three Views* (Downers Grove: IVP); WRIGHT, D. F., *Infant Baptism in Historical Perspective* (Waynesboro: Paternoster, 2007).

Lane, A. N. S.

BATISMO NO ESPÍRITO SANTO

Embora o termo "batismo no Espírito Santo" já tenha sido empregado por muitas igrejas tradicionais (e.g., católica romana, luterana, reformada) antes do surgimento do movimento carismático/pentecostal do século 20, ele realmente se popularizou com os pentecostais e carismáticos. O termo tem múltiplos sentidos de acordo com a definição que recebe das tradições pentecostal, carismática, católica romana, luterana, reformada e dispensacionalista. Os pentecostais vinculam o batismo no Espírito Santo ao fenômeno de falar em línguas (*glossolalia), mas outros cristãos interpretam o termo sob a luz da *conversão ou dos *sacramentos.

1. Etimologia do batismo no Espírito Santo
2. Água e batismo do Espírito
3. Várias interpretações do batismo do Espírito

1. Etimologia do batismo no Espírito Santo

A expressão "batismo no Espírito Santo" deriva de Atos 1.5: "... João batizou com água, mas *vós sereis batizados com (no) o Espírito Santo* dentro de poucos dias". Em Atos 2.4 se cumpre a profecia de Jesus: seus discípulos recebem o batismo no Espírito Santo (também conhecido como "batismo do Espírito"), ficaram cheios do Espírito e começaram a *falar em outras línguas.*

Nos escritos paulinos há muitos versículos relacionados com o batismo no Espírito Santo. Por exemplo, Paulo escreve em 1Coríntios 12.13: "Pois *todos fomos batizados por* [*em*] *um só Espírito* para ser um só corpo, quer judeus, quer gregos, quer escravos, quer livres; e a todos nós foi dado beber de um só Espírito". Em Tito 3.5, Paulo ressalta: "... não por méritos de atos de justiça que houvéssemos praticado, mas segundo a sua misericórdia, ele nos salvou mediante o *lavar da regeneração e da renovação realizadas pelo Espírito Santo*".

No entanto, a maioria dos pentecostais, baseada numa perspectiva lucana, faz separação entre batismo "no" Espírito Santo e batismo "pelo" Espírito Santo. No caso do segundo, o agente do batismo é o Espírito Santo; no primeiro, o agente do batismo continua sendo Jesus Cristo, que batiza os crentes no Espírito Santo. A palavra *batizar* tem origem em *baptizo,* palavra do grego do Novo Testamento que significa "imergir", "mergulhar", "afundar". Como consequência, para os pentecostais, ser batizado no Espírito Santo significa ser inteiramente submerso em água. Uma vez que a água simboliza o Espírito Santo, o crente é submetido a uma imersão na presença do Espírito no momento do batismo.

2. Água e batismo do Espírito

Atendo-se principalmente à tradição de Lucas, os pentecostais ressaltam a existência de dois batismos, ao passo que a maioria dos cristãos mais tradicionais como católicos romanos, luteranos e presbiterianos, atendo-se mais ou menos à tradição paulina, enfatiza um só batismo em associação com a conversão ou com os sacramentos.

Karl Barth (teólogo reformado) defende um só batismo em duas formas: (1) o batismo com/no Espírito Santo (*Taufe mit dem Heiligen Geist*) e (2) o batismo com/na água (*CD* 4/4). Para Barth, o batismo do Espírito designa uma mudança que Deus opera de modo subjetivo, trazendo a efeito a liberdade humana, de modo que os seres humanos recebem a capacidade de responder a ele pelo batismo com água. Assim, o batismo do Espírito torna possível e exige o batismo com água. Segundo Barth, não se deve fazer separação entre batismo do Espírito e batismo com água. Nem se deve confundi-los. Barth escreve: "Eles podem ser entendidos somente na medida em que ambos são vistos juntos numa unidade diferenciada". As duas formas de um só batismo permanecem elementos indispensáveis para o alicerce da vida cristã.

Em geral os pentecostais afirmam a existência de dois batismos distintos, a saber, o batismo do Espírito e o batismo com água. A maioria dos pentecostais defende a ideia de que o batismo do Espírito acontece depois da regeneração ou da conversão inicial. A maior parte dos pentecostais, incluindo os da Assembleia de Deus, vê no batismo com água um testemunho público da fé em Jesus Cristo que já existia. A maioria dos pentecostais não acha que o batismo com água seja um sacramento e prefere usar o termo ordenança. Eles insistem na afirmação de que os candidatos ao batismo com água precisam passar pela regeneração espiritual antes de ser batizados com água. Eles não colocam em pé de igualdade o batismo com água (ou batismo ritual) e o batismo do Espírito.

Durante a primeira metade do século 20, os pentecostais clássicos, com suas tendências sectárias, não apenas faziam distinção entre batismo com água e batismo do Espírito, mas também questionavam a legitimidade e a eficiência sacramental do batismo com água nas igrejas mais tradicionais. Eles não acreditavam que o batismo com água tivesse eficácia salvífica ou sacramental. Assim, eles desvalorizavam o batismo com água e elevavam a importância do batismo do Espírito.

3. Várias interpretações do batismo do Espírito

3.1 A interpretação pentecostal e carismática. Com base na explicação que davam de Atos 2.4, os pentecostais ressaltavam os dois elementos principais do batismo do Espírito. Primeiro, os discípulos de Jesus "ficaram cheios do Espírito Santo". Segundo, eles "começaram a falar em outras línguas". Assim, o batismo do Espírito não exclui os dois elementos, a saber, ficar cheio do Espírito e falar em línguas (glossolalia). Os pentecostais afirmam que o autêntico batismo do Espírito fica evidenciado pela glossolalia e dão a essa doutrina o nome de "evidência física inicial".

Por outro lado, cristãos carismáticos de igrejas tradicionais como católicos romanos, luteranos e presbiterianos se tornaram menos exigentes com respeito ao vínculo entre o batismo do Espírito e a glossolalia. O batismo do Espírito aponta para a experiência de ficar cheio do Espírito com várias manifestações de carismas além da glossolalia. Ao contrário dos pentecostais, os carismáticos têm a tendência de rejeitar a ideia de que a glossolalia continua como o único sinal do batismo do Espírito.

3.2 A interpretação católico-romana. No segundo trimestre de 1974, o cardeal Léon-Joseph Suenens sentiu a necessidade premente de esclarecer a natureza do movimento carismático num nível pastoral e teológico, porque a renovação carismática estava se expandindo em todo o mundo sem expressar seu real objetivo e senso de direção. Por isso, o cardeal Suenens convidou um grupo de teólogos e líderes pastorais de várias partes do mundo para uma reunião em Malines, na Bélgica. Como fruto da reunião, essa equipe de estudiosos católicos formulou um documento semioficial conhecido como "Documento I de Malines", que viabilizou orientações teológicas e pastorais muito necessárias para a fase inicial da renovação carismática católica.

No que diz respeito à experiência do batismo no Espírito (ou a experiência pentecostal/carismática), o Documento de Malines vinculou a experiência pentecostal/carismática à iniciação cristã (batismo, confirmação, eucaristia). O documento procurou elucidar a experiência pentecostal/carismática dentro da tradição católica e sacramental. Em linhas gerais, ele considerou a experiência pentecostal/carismática uma "percepção consciente" da graça concedida durante a iniciação sacramental. A partir daí, o batismo do Espírito incluiria dois sentidos: (1) teológico e (2) experiencial. Num sentido teológico, todo católico era "batizado no Espírito Santo" por meio da iniciação cristã, embora ele não tenha uma experiência consciente e temática do poder do Espírito Santo. Num sentido experiencial, o batismo no Espírito acontece no momento da experiência carismática. Portanto, o documento ensina um só batismo com dois sentidos.

3.3 A interpretação luterana. Desde 1961, a renovação carismática luterana teve rápido crescimento. Larry Christenson, ministro ordenado da Igreja Evangélica Luterana nos Estados Unidos, foi um dos principais líderes da renovação carismática. Em *The Charismatic Renewal Among Lutherans* [A renovação carismática entre os luteranos], ele ensina *um só* batismo com *dois* sentidos, a exemplo do Documento I de Malines. Ele sustenta que nem na Bíblia, nem nas experiências atuais com o Espírito, o batismo do Espírito pode ser considerado um "segundo batismo". Aquilo que é concedido "potencialmente" no batismo (ritual) deve ser "atualizado" ou "recebido" num nível de experiência pessoal do batismo do Espírito; entretanto, o sentido real e experiencial do batismo do Espírito é também justificável e bíblico com base nos escritos de Lucas. A interpretação de Christenson harmoniza-se com a opinião de Martinho Lutero no sentido de que a graça como um todo e todos os dons do Espírito Santo são concedidos no batismo sacramental daquele que crê.

3.4 A interpretação reformada. De modo geral, João Calvino é conhecido como pai da tradição reformada. Karl Barth foi o teólogo reformado mais visível desde Calvino. A maioria dos cristãos reformados interpreta o batismo do Espírito em ligação com a regeneração.

Para a maioria dos evangélicos dos Estados Unidos e de outros países, *regeneração* e *conversão* são entendidas como sinônimos que se referem à iniciação cristã em termos da ordem da salvação. Mas técnica e teologicamente, eles se referem a aspectos distintos da salvação. *Regeneração* denota a transformação inicial ou mudança operada por Deus em relação a uma pessoa em particular por meio da concessão de uma nova vitalidade espiritual e da direção por intermédio do Espírito Santo. Em contraste com isso, *conversão* designa uma resposta humana à transformação inicial operada por Deus. Essa distinção entre as duas não é necessariamente cronológica, mas é lógica. O conceito barthiano de batismo do Espírito lembra muito de perto essa ideia de regeneração acima. Para Barth, o batismo do Espírito significa a mudança inicial subjetiva operada por Deus que traz a verdadeira liberdade humana, de modo que a pessoa possa responder positivamente à revelação objetiva de Deus em Jesus Cristo. Ademais, Barth endossa a ideia de um só batismo com duas formas (água e Espírito), mas as duas formas não podem ser separadas.

3.5 A interpretação dispensacionalista. John Nelson Darby geralmente é reconhecido como fundador do dispensacionalismo, que foi popularizado por seu aluno Cyrus Scofield principalmente através da *Bíblia de Estudo Scofield*. Darby divide a história humana em sete dispensações. Os pentecostais modernos foram muitas vezes severamente criticados pelos dispensacionalistas, que sustentam que o dom de línguas cessou após o período apostólico. Por isso, a glossolalia no pentecostalismo moderno é má e espúria.

Scofield declara que todos os cristãos são batizados no Espírito Santo no momento da regeneração, embora nem todos sejam "cheios do Espírito". Lewis Sperry Chafer, o mais prolífico dos teólogos dispensacionalistas, fazia separação entre o batismo (real) do Espírito e o batismo ritual (com água). Como parte indispensável da salvação de uma pessoa, o batismo do Espírito significa estar debaixo do poder ou influência do Espírito Santo.

Veja também Batismo na Água; Movimentos Carismáticos; Pentecostalismo.

Bibliografia. Barth, K., *Church Dogmatics* 4/4 (Edinburgh: T & T Clark, 1969); Bruner, F. D., *A Theology of the Holy Spirit*

(Grand Rapids: Eerdmans, 1970 [edição em português: *Teologia do Espírito Santo* (São Paulo: Vida Nova)]); CHAFER, L. S., *Systematic Theology* (4 vols.; Dallas: Dallas Seminary Press, 1948 [edição em português: *Teologia Sistemática* (São Paulo: Hagnos)]); CHRISTENSON, L. *The Charismatic Renewal Among Lutherans* (Minneapolis: Lutheran Charismatic Renewal Services, 1976); GELPI, D., *Committed Worship* (Collegeville: Liturgical Press, 1993); MCDONNELL, K. e MONTAGUE, G. T., *Christian Initiation and Baptism in the Holy Spirit* (2d rev. ed.; Collegeville: Liturgical Press, 1994); NELSON, P. C., *Bible Doctrines* (Springfield: Radiant Books, 1981); STOTT, J. R. W., *Baptism and Fullness: The Work of the Holy Spirit Today* (3d ed.; Downers Grove: InterVarsity Press, 2006 [edição em português: *Batismo e Plenitude do Espírito Santo* (São Paulo: Vida Nova)]); SULLIVAN, F. A., *Charisms and Charismatic Renewal: A Biblical and Theological Study* (Ann Arbor: Servant Books, 1982); YUN, K. D., *Baptism in the Holy Spirit: An Ecumenical Theology of Spirit Baptism* (Lanham: University Press of America: 2003).

Yun, K. D.

BEDIAKO, KWAME. *Veja* TEOLOGIA AFRICANA PROTESTANTE.

BELEZA. *Veja* ARTE E ESTÉTICA.

BHAKTI, CHRISTIAN. *Veja* TEOLOGIA INDIANA.

BÍBLIA. *Veja* REVELAÇÃO E ESCRITURAS.

BOFF, LEONARDO. *Veja* ECLESIOLOGIA; TEOLOGIA DA LIBERTAÇÃO.

BONHOEFFER, DIETRICH. *Veja* DIREITOS HUMANOS.

BONINO, J. MÍGUEZ. *Veja* TEOLOGIA LATINO-AMERICANA PROTESTANTE.

BOSCH, DAVID. *Veja* TEOLOGIA DE MISSÕES.

BUDISMO

A interação entre a teologia cristã e a filosofia budista sempre foi rica desde os primeiros contatos na Ásia, provavelmente na Índia, até a primeira missão cristã na China no século 17, sendo que hoje há uma frequência de contatos cada vez maior.

1. Interações entre budismo e cristianismo
2. A teologia da compaixão
3. Eclesiologia voltada para a prática
4. A santidade humilde
5. O budismo no Ocidente moderno

1. Interações entre budismo e cristianismo

A motivação para as interações teológicas, variam, é claro, de acordo com as motivações dos teólogos cristãos envolvidos. Muitos deles buscavam exercer influência intelectual ao apresentar a mensagem de Cristo em comparação com os ensinamentos de Buda (Moffett 1998). Outros, no entanto, estudavam o budiscmo e faziam comparações com o cristianismo a fim de satisfazer uma profunda curiosidade a respeito de algo que parecia ser uma estranha cosmovisão. E havia outros que estavam intrigados com a possibilidade de descobrir uma filosofia perene (para usar o termo de Leibniz), uma forma comum a ambas as religiões para entender o mundo que, segundo eles postulavam, encontra-se no centro de todos os sistemas cognitivos humanos do mundo (Cracknell).

Ao mesmo tempo, facilmente se percebe que essas buscas tinham a tendência de produzir os mesmos exercícios comparativos, quer a motivação para a comparação fosse descobrir um ponto de contato visando ao testemunho de missões, detectar um ensino semelhante para um melhor entendimento, ou achar uma raiz estrutural da cognição humana. O ensino de Buda sobre *dukkha* (sofrimento), por exemplo, tinha muitos pontos em comum com o ensino de Cristo sobre o sofrimento pela justiça conforme se vê nos escritos de missionários que buscavam conversões, de pesquisadores acadêmicos e de filósofos cristãos. Algumas vezes a exiguidade de evidências dificulta a identificação do que motiva a comparação, mas um estudo histórico cuidadoso geralmente o revela. As teologias cristãs autóctones formuladas nas regiões dominadas pelo budismo estavam sujeitas a ser influenciadas em todo e qualquer contato, fosse ele de natureza missionária ou não.

É importante também reconhecer a natureza dialética desses contatos com os budistas em Mianmar (Birmânia), Butão, Camboja, China (e Tibete), Índia (e Nepal), Japão, Coreia, Laos, Mongólia, Cingapura, Sri Lanka, Tailândia, Vietnã e, mais tarde, no Ocidente. Os contatos iniciados por cristãos que chegavam sempre geravam reações dos budistas residentes, reações estas que muitas vezes imitavam a natureza das iniciativas cristãs e influenciavam profundamente, de forma negativa ou positiva, a natureza das futuras interações entre pensadores cristãos e pensadores budistas. Em Sri Lanka, por exemplo, a tática agressiva de debate adotada pelos missionários cristãos algumas vezes representavam mal os ensinos de Buda com o fim de obter vantagem apologética. Isso fez com que as reações dos budistas *bhikkhus* se dessem na mesma moeda com relação aos ensinos de Cristo e deixou um resíduo de má vontade para com os cristãos que até hoje envenena eventuais interações.

No entanto, nem todos as ações dos budistas foram simples reações. O budismo, a exemplo do cristianismo, é uma religião missionária. Nos dias atuais, os debates entre intelectuais cristãos e budistas precisam levar isso em conta. Os budistas na Europa e América do Norte têm mentalidade missionária tanto quanto os cristãos enviados do Ocidente para a Ásia. Os budistas no Ocidente distinguem-se em suas motivações diante do pensamento cristão de formas semelhantes às três buscas dos cristãos em relação ao *buddha dhamma*. Alguns budistas entram nesse debate intelectual para conquistar vantagem competitiva, outros para satisfazer a curiosidade intelectual e outros para descobrir facetas da natureza cognitiva comum a todos nós. Como no caso das três buscas cristãs, as motivações parecem todas gerar comparações de naturezas semelhantes.

Então, depois de quinze séculos de contato entre forças culturais budistas e forças culturais cristãs, temos como um dos resultados o desenvolvimento de um pensamento teológico cristão autóctone que se distingue justamente por seu contato com o pensamento budista. Vale a pena perguntar: quais os tipos de teologia cristã que surgem em consequência dos contatos com o budismo? Sugerimos três diferenciais que caracterizam essas teologias: a teologia da compaixão, a eclesiologia dirigida para a prática e a santidade humilde.

2. A teologia da compaixão

Rudolf Otto, acadêmico de estudos religiosos do início do século 20, depois de estudar o budismo na Ásia, ficou tão impressionado com os ensinos do budismo da Terra Pura e com sua compreensão de como Amita Buddha deixou sua habitação celestial para ajudar os aspirantes bodhisattvas a conquistar o Nirvana, que ele escreveu um livro sobre como essa fé e prática lembrava o entendimento cristão da graça. Em *India's Religion of Grace* (1930), Otto tenta mostrar que o que se havia revelado era nada menos do que um ensino praticamente idêntico ao ensino cristão sobre a graça.

O argumento de Otto, qualquer que seja seu mérito, ressalta o fato de que o ideal de compaixão está presente em todo o espectro sectário budista. No budismo chinês e Mahayana do sul (em Cingapura, por exemplo), o bodhisattva mais famoso é do sexo feminino — Kuan-Yin, bodhisattva da compaixão. Nos países do budismo theravada, uma das maiores virtudes é o *dana*, ou ato de doar para os necessitados. Albert Shelton, um dos missionários cristãos de maior sucesso no Tibete, apresentou um evangelho de compaixão veiculado pela assistência médica.

Centenas de teólogos cristãos asiáticos, em especial japoneses (*veja* Teologia Japonesa), têm lançado mão desse ponto de contato teológico e dedicado grandes partes de suas teologias contextualizadas à ênfase sobre a importância de atender os pobres e marginalizados com a compaixão de Cristo. Talvez o mais conhecido desses teólogos no Ocidente seja Kosuke Koyama, que escreveu o livro *Water Buffalo Theology* depois de anos de trabalho missionário entre os moradores pobres de vilarejos no norte da Tailândia. A presença e a graça de Deus no meio do sofrimento humano encontra guarida não somente com os pobres, mas com os instintos da teologia dos budistas asiáticos. Na verdade, uma teologia cristã que não coloca a graça de Deus em posição de amplo destaque (sobretudo na sua relação com a compaixão) tem poucas chances de alcançar bons resultados em culturas budistas.

Todavia, os ensinamentos do budismo sobre compaixão não podem ser separados do ciclo implícito de renascimento (*samsara*) baseado no mérito (carma). O carma é acumulado pela prática do bem em favor dos outros. Um bom carma leva a um renascimento melhor. Isso significa que a compaixão pelos outros traz um visível benefício à prática de boas obras — um renascimento melhor. Para os cristãos, todavia, a graça é definida como dádiva. Deus não se beneficia ao nos conceder a dádiva da *salvação; ele não é obrigado a concedê-la em razão de alguma ação humana ou algum mecanismo de acúmulo de méritos.

Para os cristãos, a visão budista de mérito chega muito próxima da salvação por mérito próprio. O budista ressalta de imediato que conquistar mérito para um renascimento melhor não é a mesma coisa que iluminação. Mesmo assim, as implicações dos renascimentos melhores são de que a pessoa é colocada em condições materiais mais adequadas para gerar progresso espiritual em comparação com as possibilidades dos renascimentos regressivos. Para o cristão, portanto, a compaixão budista é admirável, mas a graça, por estar livre das interferências do *samsara*, é mais admirável ainda.

Mas não se pode questionar os efeitos positivos dessa ênfase mútua na graça / *karuna* / *metta*. Em suas interações, cristãos e budistas têm, de modo geral, gerado uma história isenta de conflitos. Missão realizada por compaixão, não por conquista, é algo que tende produzir melhores efeitos sociais em comparação com o que vemos em outras missões conflitantes. Mas budistas e cristãos têm realizado suas missões voltadas para a conquista de não-adeptos, mas não de adeptos uns dos outros.

Será que, ao formular suas teologias budistas autóctones, o budismo também foi afetado por seu contato com a graça cristã? A resposta a essa pergunta precisa primeiramente reconhecer que os budistas admitem dois níveis de verdade: *samsárica* e *nirvânica*. *A verdade sansárica* tem a ver com os ensinos que nos permitem agir no mundo material aqui e agora, embora saibamos que este mundo é, em última análise, irreal. *A verdade nirvânica* consiste das verdades relacionadas à libertação definitiva dos processos de *samsara*, ou seja, de renascimento. A intuição da verdade *nirvânica* traz como resultado final a iluminação.

É possível supor que as interpretações budistas da verdade *samsárica* foram influenciadas por modelos cristãos do ensino e da prática dos atos compassivos. Os budistas atuantes nos dias de hoje nos países do sul da Ásia têm estado ocupados desenvolvendo uma consciência social budista que leva em conta ensinos textuais e valores budistas tradicionais do campo em contextos profundamente afetados por urbanização, modernização e globalização. Exemplo disso é a freira budista do Taiwan que em 1966 deu início a uma agência budista de serviço social, Tzu-Chi, que angariou milhões de dólares para assistência e desenvolvimento com escritórios em mais de trinta países da Ásia e de outras partes do mundo.

3. Eclesiologia voltada para a prática

Não é mentira o dito que diz que o cristianismo favorece a ortodoxia (o pensamento correto) ao passo que o budismo favorece a ortopraxia (a prática correta). A prática, em termos budistas, significa meditação. A "meditação correta" significa qualquer meditação que favorece o progresso espiritual do indivíduo rumo à iluminação — por isso, o uso de meios adequados (*upaya*) de diversas categorias de meditação é visto como algo produtivo.

3.1. Meditação. No budismo, a meditação varia de acordo com o método, não segundo os objetivos. Os objetivos são o nirvana, a vacuidade e a realidade (as coisas como elas são), o reconhecimento de que a alma ou eu independente e eterno são uma quimera, o reconhecimento que resulta na feliz libertação do ciclo de renascimentos (*samsara*) e o alcance de um estado indefinido e inefável que está além de todas as distinções.

3.2. Os meios hábeis. Upaya, ou meios hábeis, é o modo budista de dizer que *orto* em *orto*praxia não é um único método correto, mas uma diversidade de métodos avaliados por medidas utilitárias. Se uma prática, em particular a meditação, consegue levar a pessoa ao progresso espiritual, então ela é "correta". Se ela não é bem-sucedida, então deve ser abandonada ou modificada. Normalmente, o que a pessoa muda no budismo é o mestre que está seguindo, a fim de se desenvolver.

3.3. Vem e vê. O Buda era categórico ao afirmar que ninguém deve seguir seu ensino (*dhamma*) simplesmente porque ele diz que deve. Ele pregava. Ele convencia. Mas ele fazia essas coisas para que as pessoas fossem levadas a fazer um teste. Para o Buda, a fé (*saddha*) era um tipo de confiança de que aquilo que as pessoas ouviram em seu *dhamma* fazia sentido e que valia a pena investir alguma um pouco de energia (*viriya*) para experimentar e ver.

Essa orientação prática influenciou profundamente as teologias cristãs formuladas em culturas budistas. Essa ênfase na prática pode ser acentuada em situações onde, por razões políticas, os cristãos são obrigados a testemunhar por atos e não por palavras, a exemplo do que aconteceu na segunda metade do século 20 na Birmânia (Mianmar). Pe Maung Tin, teólogo local e acadêmico de grande reputação, fez uso de seus profundos conhecimentos para escrever uma teologia cristã que, para ensinar o evangelho, empregava a orientação prática das culturas budistas. Seu livro *Prayer and Meditation* [Oração e meditação] mostra as práticas de ambas as tradições com toda sofisticação.

Na China, os escritos de Watchman Nee (Ni Tuosheng), fundador do Movimento da Igreja Local (também chamado Pequenos Rebanhos e Assembleias Cristãs), revela uma preocupação quase obsessiva com a santidade e com o compromisso espiritual do indivíduo. Como em público a vida é vivida segundo ditames do Estado e ideais culturais confucionistas, a espiritualidade interior é valorizada. Pode-se ver aqui de novo uma confluência entre a orientação prática do budismo e a vida religiosa privada necessária para alguém que vive num Estado totalitário.

Até que ponto podemos dizer que o budismo foi afetado pelas teologias cristãs autóctones da Ásia nessa questão da prática? Talvez o modo mais óbvio tenha sido a adoção integral de métodos da missão cristã. Em Cingapura, grandes templos budistas adotaram métodos que os tornam quase iguais às megaigrejas não-denominacionais nos Estados Unidos. Desde sites de Internet sofisticados até torneios de basquete e passeios em grupo, passando por "cultos" públicos semelhantes aos cultos protestantes destinados aos que estão interessados em questões espirituais — a adoção maciça de formas voltadas para o mercado mostra até que ponto a missão budista tem sido afetada pela globalização.

4. A santidade humilde

A terceira característica das teologias cristãs autóctones desenvolvidas no contexto de culturas budistas é o que podemos chamar de ênfase na santidade humilde. Maseo Abe, budista japonês da Escola de Kyoto, foi um dos primeiros a destacar os paralelos entre a doutrina distintiva do budismo, o não-eu ou ensino do *annata*, e os ensinos sobre a ausência do "eu" no Novo Testamento, em particular a passagem de Filipenses 2 que trata da *kenosis*. Ambas as tradições, de acordo com esses ensinos, parecem destinar-se à luta contra o individualismo excessivo do mundo globalizado moderno.

No final das contas, porém, os ensinos sobre anulação do eu no Novo Testamento não se aproximam da natureza radical da doutrina budista do não-eu. O Buda ensinava que não existe um eu ou alma permanente. Vivemos como se fôssemos indivíduos, mas o progresso espiritual é preconizado com base no reconhecimento da doutrina do não-eu. Não estaríamos exagerando se disséssemos que, uma vez que realmente compreendemos essa verdade, no nível intuitivo mais profundo, somos iluminados. A Bíblia, porém, ensina que existe uma alma permanente. Somos almas permanentes, criadas por Deus para nos relacionar com ele. Mas esse relacionamento com Deus não significa que exista uma comunhão ou parceria em pé de igualdade. Deus é o Criador; nós somos os seres criados. Quando pensamos em nosso "eu" acima do que é adequado a um relacionamento dessa natureza, os problemas começam a aparecer — por isso temos os ensinos do Novo Testamento, em especial das cartas de Paulo, sobre a importância da natureza não egocêntrica, ou seja, uma postura diante da vida em geral não voltada para o eu.

Nas ações da vida cotidiana, essas duas tradições assemelham-se bastante. Há grandes semelhanças entre a vida de um budista que tenta alcançar a natureza radical do *annata* e o cristão que procura vencer a tentação do orgulho do eu. Ambos exaltam virtudes que o mundo considera relativamente inúteis, tais como mansidão, humildade e amor altruísta. Teologias cristãs que procuram ter espaço no meio de culturas budistas precisam olhar para esses pontos de convergência. Podemos ver alguns exemplos nos seguintes casos:

Ham Sok Hon foi chamado Gandhi da Coreia por ter expressado uma visão espiritual para seu país bem semelhante à visão espiritual que Gandhi manifestou por uma Índia independente. A visão de Gandhi teve origem em sua interpretação do pensamento védico hindu, mas a mensagem de Ham Sok originou-se em seu entendimento do cristianismo (e mais tarde do budismo, do confucionismo e do xamanismo). Ao recontar em seu livro a história da Coreia dessa perspectiva, Hon identifica o destino espiritual da nação como sendo de sofrimento, e seu chamado é mostrar ao mundo como enfrentar esse sofrimento, "sem reclamar, sem fugir e com determinação e seriedade". É isso que ajudará a levar o mundo à salvação.

De um jeito parecido com esse, Sushaku Endo captou a essência de como o cristianismo deveria ser apresentado no Japão para que fosse bem-sucedido. Seu livro *Silence* [Silêncio], Endo mostra como as versões agressivas e triunfalistas do cristianismo apresentadas pelo Ocidente não alcançaram sucesso duradouro e foram engolidas por reações autóctones. Em termos confucionistas, os sistemas teológicos dominados por grandes forças masculinas do *yang* precisarão dar espaço às expressões teológicas dominadas por *yin* para que sejam bem-sucedidas no Japão.

Na Tailândia, Nantachai e Ubolwon Mejudhon atuaram com um método missionário cristão que eles chama de teologia da mansidão. Eles afirmam que culturas de budismo theravada como da Tailândia não reagem bem aos métodos missionários tradicionais do Ocidente se essas abordagens não forem simpáticas à dimensão afetiva do povo tailandês. Essa dimensão afetiva é chamada mansidão. A Igreja Tailandesa Maung que eles plantaram em Bancoc é prova da eficácia desse método, a exemplo de outras dezoito igrejas-filhas Maung que eles fundaram em toda a Tailândia.

5. O budismo no Ocidente moderno
No Oeste europeu e na América do Norte é possível observar um conjunto de movimentos semelhantes que são uma imagem espelhada dos movimentos acima descritos — obreiros de missões budistas tentando desenvolver versões autóctones da teologia budista adaptadas aos contextos ocidentais. Há duas áreas que se destacam.

5.1 Meditação. Em conformidade com as ênfases individualizantes das culturas do Ocidente, uma das coisas mais atraentes no budismo tradicional são suas práticas eficazes de meditação. Quando se pergunta aos ocidentais que em diferentes níveis adotaram o budismo como modo de viver no mundo o que mais os atraiu à tradição budista, a meditação é o aspecto que, de longe, é o mais mencionado. É claro que, no Ocidente, a prática da meditação precisa ser desvinculada da influência exercida nas culturas asiáticas pelo *sangha* (a ordem monástica de monges e freiras) e pela vida nas pequenas cidades.

5.2 O budismo comprometido. O movimento do budismo comprometido ganhou espaço na cultura do Ocidente por meio de iniciativas de budistas mundialmente conhecidos como Thich Nhat Hanh e o Dalai Lama, que conquistaram a atenção de uma parte da academia ocidental com uma forma de budismo adaptado ao que os cristãos podem chamar de evangelho social. Ao ressaltar a importância do envolvimento das religiões do mundo em questões como pobreza, doenças e injustiças, surgiu uma forma de budismo que está fazendo exatamente isso (cf. S. B. King e C. Queen).

Veja também Hinduísmo; Islamismo; Teologia Asiática; Teologia Chinesa; Teologia Coreana; Teologia Japonesa.

Bibliografia. Cracknell, K., *Justice, Courtesy and Love: Theologians and Missionaries Encountering World Religions, 1846-1914* (London: Epworth, 1995); Endo, S., *Silence* (Marlboro: Taplinger, 1980); Hanh, T. H., *Step* (New York: Bantam, 1992); Hart, W., *The Art of Living: Vipassana Meditation as Taught by S. N. Goenka* (San Francisco: HarperSanFrancisco, 1987); Hon, H. S., *Queen of Suffering: A Spiritual History of Korea* (London; Philadelphia: Friends World Committee, 1985); King S. B.

e QUEEN, C., *Engaged Buddhism: Buddhist Liberation Movements* (Albany: State University of New York Press, 1996); KOYAMA, K., *Water Buffalo Theology* (Maryknoll: Orbis, 1999); MOFFETT, S., *A History of Christianity in Asia*, 1: *Beginnings to 1500*, 2: *1500-1900* (Maryknoll: Orbis, 1998, 2005); NEE, W., *Spiritual Man* (Wheaton: Tyndale, 1968 [edição em português: *O homem espiritual* (Belo Horizonte: Betânia, 2001)]); OTTO, R., *India's Religion of Grace and Christianity Compared and Contrasted* (New York: Macmillan, 1930); TIN, P. M., *Prayer and Meditation* (Rangoon, 1960); WISSING, D., *Pioneer in Tibet: The Life and Perils of Albert Shelton* (New York: Palgrave Macmillan, 2004).

Muck, T. C.

CALCEDÔNIA, CONCÍLIO DE. *Veja*
CRISTOLOGIA; ORTODOXIA COPTA; CONCÍLIOS
ECUMÊNICOS.

CALVINISMO. *Veja* TEOLOGIA REFORMADA.

CÂMARA, HÉLDER. *Veja* TEOLOGIA DA
LIBERTAÇÃO.

CARMA. *Veja* HINDUÍSMO.

CAPITALISMO

O capitalismo é um sistema econômico que consiste no mercado, na propriedade privada dos meios de produção, no trabalho assalariado e no controle privado do investimento. Nesse sentido, é importante não reduzir o capitalismo ao mercado. Na verdade, o mercado existia muitos séculos antes de surgir o capitalismo, época em que alguns de seus outros componentes fundamentais, como o trabalho assalariado, ainda não eram dominantes. Além disso, hoje existem propostas alternativas ao capitalismo que não reprimem o mercado, mas só a propriedade privada dos meios de produção, o trabalho assalariado (pelo menos parcialmente) ou o completo controle privado dos investimentos. Este é o caso, por exemplo, dos chamados socialismos de mercado. Algumas críticas precipitadas do capitalismo tornam-se simplesmente críticas do mercado. Essa simplificação negligencia os problemas essenciais do capitalismo e limita as possibilidades de apresentar alternativas econômicas funcionais que lhe sejam funcionais.

Uma característica do capitalismo é seu caráter intrinsecamente aberto e dinâmico, e é isso que o diferencia de outros sistemas econômicos conhecidos ou propostos. No capitalismo, por exemplo, uma queda nos lucros médios cria tendências antagônicas em relação ao crescimento persistente da produtividade do trabalho, um aumento do número real de horas trabalhadas, uma diminuição do valor real da força de trabalho, a incorporação de novos segmentos da população no mercado de trabalho, o crescimento na velocidade de giro do capital, constantes inovações técnicas, o investimento em novas áreas geográficas menos avançadas e a concorrência com empreendimentos menos eficientes de outros setores ou regiões do mundo. Como resultado dessas tendências do capitalismo tem havido um desenvolvimento técnico inédito na história da humanidade, a implementação de um sistema econômico único em todo o mundo e o desenvolvimento de uma autêntica "sociedade global". No entanto, esse processo significa um enorme custo humano assim como graves danos ecológicos para todo o planeta.

1. Avaliações Ética e Teológica
2. O pecado estrutural e a lógica adâmica
3. O capitalismo é imoral?

1. Avaliações ética e teológica

A avaliação ética do capitalismo foi inicialmente desenvolvida mediante observação de algumas de suas características típicas. Além dos danos humanos e ecológicos já mencionados, estes podem incluir problemas políticos e éticos derivados da divisão da sociedade em proprietários dos meios de produção e os que vendem a energia para o trabalho, ou as dificuldades morais que surgem do fato de que o capitalismo como sistema necessariamente favorece o indivíduo que busca seu próprio interesse, descartando comportamentos altruístas ou comunitários como "irracionais". Todavia, no final, tais avaliações internas do capitalismo devem sugerir alternativas que vão além da nostalgia por sistemas econômicos do passado. A crise do socialismo ao estilo soviético é normalmente apresentada como prova da falta de alternativas. Entretanto, não é preciso que as alternativas tenham sido experimentadas para que sejam alternativas reais, as quais sempre começam como opções viáveis não concretizadas. Portanto, é muito importante prestar atenção ao desenvolvimento de propostas teóricas de novos sistemas econômicos, tais como "socialismos de mercado", a chamada democracia econômica ou várias formas radicais de social-democracia (Roemer). No entanto, em vista do caráter global do sistema econômico atual, qualquer alternativa precisa provar a possibilidade de ser introduzida globalmente ou pelo menos a capacidade de sobreviver em âmbito local num contexto globalizado e capitalista.

De uma perspectiva teológica, existem avaliações do capitalismo em vários níveis. Aqueles que tentam legitimar teologicamente esse sistema econômico baseiam-se em várias características específicas do capitalismo e as apresentam como ideias que estão em harmonia com a revelação bíblica ou com a *antropologia cristã. Eles afirmam que, no capitalismo, pelo menos no sentido formal, ganha-se mais liberdade individual em comparação com qualquer organização social anterior, e isso é visto como um dado positivo. A ligação histórica entre capitalismo e as sociedades europeias protestantes que se desenvolveu após a *Reforma também é avaliada positivamente. Algumas características específicas de certas mentalidades protestantes, tais como o individualismo, a austeridade, a confiança na providência ou a riqueza como sinal de bênção divina têm sido apresentadas como elementos que estão em harmonia com o desenvolvimento capitalista. Esses pontos de harmonia não deixam de ter importância de uma perspectiva sociológica e são constantemente repetidos, sob novas formas, nos lugares onde a expansão global do capitalismo destrói antigas estruturas econômicas e morais, privando os indivíduos das proteções sociais tradicionais e dos pontos de referência religiosa.

No entanto, em muitos casos essas semelhanças refletem uma visão do cristianismo bastante limitada. Por exemplo, na mensagem bíblica existe uma clara valorização do ser humano e de sua liberdade, mas isso dificilmente é situado em termos individualistas. De Gênesis a Apocalipse, as Escrituras revelam a determinação de Deus em formar um povo à sua imagem e não simplesmente em salvar indivíduos. Além disso, a legitimação teológica do capitalismo baseada em algumas coincidências superficiais é insuficiente. Na Bíblia também se pode encontrar uma profunda oposição a algumas das características fundamentais do sistema capitalista, tais como o crescimento incessante das desigualdades e a destruição permanente da natureza. Mesmo que se argumente que o capitalismo, apesar das desigualdades cada vez maiores, será capaz de erradicar a pobreza, é claro que, historicamente, a entrada do capitalismo tem normalmente produzido alienação e miséria que transforma milhões de pequenos proprietários de terras em assalariados ou desempregados. Por isso, além de olhar para coincidências ou divergências superficiais, é necessário fazer uma abordagem teológico-sistemática do capitalismo.

2. O pecado estrutural e a lógica adâmica
De certa forma, apresentou-se uma visão sistemática com o termo "pecado estrutural" que caracterizou a primeira geração da teologia da libertação. A doutrina social da igreja católica (*veja* Ensinamentos Sociais do Catolicismo) deu continuidade a essa perspectiva, pelo menos em parte, introduzindo o conceito de "estruturas de pecado". Inicialmente, a discussão desses conceitos (e a diferença semântica entre eles) foi apresentada segundo a possibilidade de existirem pecados que não podem ser atribuídos a um indivíduo. Na realidade, a questão da responsabilidade individual não seria problemática se a perspectiva teológica tivesse se voltado menos para um tipo de pelagianismo que tende a explicar completamente o *pecado como mero exercício da liberdade humana. Essa perspectiva ignorava conceitos bíblicos como a idéia do mundo presente como uma ordem (*kosmos*) que não se submeteu ao verdadeiro Deus, mas ao *deus deste século* (2Co 4.4), que, como *príncipe* deste mundo (Jo 12.31; 14.30; 16.11) rege as instituições humanas e é descrito pela linguagem bíblica de "principados e poderios". Uma consideração mais detida do testemunho bíblico e uma postura fora da perspectiva da cristandade (que teólogos da libertação geralmente pressupõem) teria permitido chegar a algumas ideias importantes, criando um entendimento mais

profundo da essência teológica do capitalismo e também uma reflexão teológica sobre as alternativas.

O verdadeiro problema não é pensar como o "pecado estrutural" ou as "estruturas de pecado" estão relacionados com a responsabilidade de pessoas que podem ser especificamente culpadas pela origem de determinados problemas sociais ou econômicos. É essencial determinar exatamente a natureza da pecaminosidade dessas estruturas. Neste momento não é suficiente dizer, no sentido positivista, que seu caráter pecaminoso consiste em se opor à vontade de Deus e apresentar alguns textos bíblicos ou citações de autoridades da teologia. É necessário refletir concretamente sobre a razão que leva certas estruturas ou instituições a se opor a essa vontade divina. Caso contrário, alguém poderá simplesmente supor que a substituição de um conjunto de estruturas específicas por outro haverá de fornecer automaticamente a solução para o "pecado estrutural". A disposição de transformar as estruturas implica não só os problemas éticos associados com a questão da violência e da participação dos cristãos no poder político coercivo. O problema, de uma perspectiva teológica, está no fato de que não basta substituir um pelagianismo coletivo por um pelagianismo individual. Na verdade, o pecado é algo mais sério e tem um impacto muito mais amplo do que o impacto de decisões individuais específicas ou de certas configurações coletivas.

O pecado é uma característica da essência do "mundo", uma vez que este é uma esfera que não está sujeita à soberania de Deus. A ausência de uma distinção entre a igreja e o mundo pode ter levado à falta de radicalidade na conceituação teológica do pecado e em sua aplicação a realidades coletivas como o capitalismo. Para examinar a fundo a essência teológica do capitalismo pode ser bom começar mencionando algo aparentemente banal. De acordo com o economista P. Krugman, aqueles que tentam legitimar a bondade de um capitalismo desenfreado simplesmente apresentam suas vítimas como merecedoras da situação em que se encontram (Krugman, 15865). Isso é algo que acontece muitas vezes. Se um país do chamado Terceiro Mundo privatiza sua infraestrutura e a exploração de seus recursos naturais, ele é elogiado como paradigma da modernidade. Se esse mesmo país entra em sérias dificuldades pouco depois, logo ficam evidentes todas as ineficiências de suas instituições e todos os pressupostos culturais que permitem condená-lo como responsável por sua própria miséria. O fato de que a maior parte das riquezas do país acabou nas mãos de grandes empresas e de bancos multinacionais não é visto como parte do processo.

Anton Costas, especialista em economia política, afirma que a principal causa da *pobreza e da desigualdade no mundo é a "forte tendência na natureza humana" de considerar os pobres e desafortunados como merecedores de seu infortúnio e, ao mesmo tempo, considerar os ricos e bem-sucedidos como merecedores de suas riquezas. Segundo ele, é essa tendência que nos permite ser tolerantes com a dor dos outros e, ao mesmo tempo, nos inclinar para os poderosos. Os pobres são "fracassados" em relação não só aos outros, mas também a eles mesmos. Se todos merecem o que obtém, o mundo com suas estruturas é perfeitamente legitimado, não importa que desgraças venha a produzir (Costas, 12). Sem dúvida, todas as religiões têm muitas vezes promovido essa forma de pensar. No entanto, as Escrituras começam com uma história que vai por um caminho radicalmente diferente: Deus proíbe Adão de comer do fruto do conhecimento do bem e do mal. Se levarmos em conta que nas Escrituras "fruto" muitas vezes se refere aos resultados das ações da própria pessoa, que o termo *sakal* em Gênesis 3.6 tem a ver com a ação prudente que produz resultados, e os paralelos extrabíblicos da figura de comer o fruto, o que temos aqui é aquela "forte tendência na natureza humana" — algo que a Bíblia considera a estrutura básica do pecado adâmico. Os seres humanos de todas as épocas decidem ser justos segundo sua própria justiça, alimentando-se não das dádivas de Deus, mas daquilo que cada um considera mérito próprio.

As consequências dessa pretensão humana são bem conhecidas. Viver dos frutos de suas próprias ações expressa o temor que se tem de Deus (Gn 3.8, 10), o desejo de manipular a Deus por meio de sacrifícios que ele não pediu (Gn 4.3-5), a divinização das forças naturais (Gn 11.4) ou o anseio por tocar os céus, por se colocar no mesmo nível (Gn 11.4). Para o indivíduo, a pretensão de justificar-se pelos frutos das próprias ações implica a dedicação de uma vida inteira a uma tarefa que nunca produz frutos suficientes, para finalmente descobrir que o único fruto definitivo é a morte (Gn 3.17-19). Os resultados inadequados das ações do próprio indivíduo são a culpa (Gn 4.13), a erradicação definitiva e a perda de sentido. A própria natureza é afetada e degradada pelo trabalho de produção e pelas catástrofes ecológicas que acompanham a pretensão humana de autodivinização (Gn 3.17-18; 6—9). No que diz respeito aos outros seres humanos, essa pretensão de justificar-se pelos frutos de suas próprias ações importa na desconfiança recíproca (Gn 3.7), na utilização dos outros para a realização de objetivos próprios, no uso do trabalho dos outros em benefício próprio (Gn 3.16-17; 11.4), na concorrência na geração de melhores resultados (Gn 4.1-5), em inveja e violência (Gn 4.6-8), na necessidade de instituições do estado que limitam o ciclo de violência (Gn 4.17, 23-24) e, finalmente, no surgimento dos impérios mundiais em que seus líderes procuram explicitamente imitar o poder divino (Gn 11.1-8), convertendo interesses próprios em definições universais do bem e do mal.

Essas terríveis consequências da lógica adâmica caracterizam toda a história humana. Não obstante, no sistema capitalista algumas dessas características desenvolveram-se de modo pleno e exuberante. Na história da humanidade nunca foi possível medir com tanta exatidão a relação entre o trabalho humano e seus resultados como aconteceu com a instituição do trabalho assalariado, com sua organização da linha de montagem e sua medição cada vez mais exata do tempo trabalhado. O controle do trabalho de outra pessoa para a geração de resultados em interesse próprio atinge sua expressão máxima no trabalho assalariado. O desaparecimento de relações humanas baseadas na confiança mútua, o desenvolvimento da concorrência relacionada aos resultados produzidos, a sofisticação do monopólio do Estado sobre a *violência, a absorção de todos os aspectos da vida humana na urgência produtiva, a manipulação de forças naturais destrutivas, a destruição sistemática da criação e a formação das forças militares com capacidades globais também alcançam a máxima expressão na ordem capitalista. É por isso que o capitalismo não representa apenas um pecado estrutural, mas a configuração global e imperial das estruturas básicas do pecado adâmico. O capitalismo é a manifestação concreta, no nosso período histórico, da pretensão adâmica de autojustificação por meio de ações humanas.

Portanto, isso significa que toda proclamação autêntica do evangelho é sempre um desafio direto ao capitalismo. O anúncio explícito das boas novas do Messias crucificado e ressurreto é crucial para que, no âmago de um ser humano, de suas atividades e estruturas, seja anulada aquela lógica adâmica que serve como alicerce para as estruturas básicas do capitalismo. Não se trata de uma anulação meramente individual ou espiritual. Quando o *evangelho é pregado de modo legítimo em qualquer parte do mundo, as relações sociais são transformadas, sobretudo entre os crentes. Desde sua origem até hoje, a história do cristianismo mostra essa realidade que se repete. Superar a lógica adâmica implica um verdadeiro êxodo em relação às estruturas básicas da velha sociedade, ainda regida pela lógica de Adão, e a formação de uma nova comunidade chamada para representar, na prática, em seu comportamento individual e coletivo, os primeiros frutos de uma nova humanidade.

Gonzalez, A.

3. O capitalismo é imoral?

O capitalismo é imoral? Essa é a essência teológica e política da pergunta com que estamos lidando neste diálogo. Infelizmente a resposta é tão ambígua quanto cada palavra que forma a pergunta. Que capitalismo? Que moralidade? O capitalismo nos Estados Unidos é o mesmo da África (Austin)? Empresas multinacionais praticam o mesmo tipo de capitalismo de uma farmácia na Indonésia (Appurdurai)? Quanto à "imoralidade", à essência da pergunta tem a ver com intenção e capacidade. Se uma pessoa que é capitalista pretende fazer o bem por meio de suas ações, mas as consequências são prejudiciais, essas ações são "imorais"? Supondo que podemos concordar com o que queremos dizer com capitalismo e imoralidade, é possível explicar como ambos se relacionam? Antes de abordar a pergunta principal, duas questões anteriores precisam ser bem compreendidas. Em primeiro lugar, o que entendemos por capitalismo, na teoria e na prática? Em segundo lugar, o que queremos dizer quando usamos a palavra *imoral*? Esse é o caminho não muito curto que temos de percorrer dentro deste espaço limitado, a fim de nos colocarmos à beira de uma resposta.

Qual a definição de *capitalismo*? Desde o primeiro registro da palavra em inglês usada pelo escritor William Thackeray (1854), a palavra tem estado tão amarrada ao discurso polêmico e promocional da política e do comércio global que seu significado se tornou tão elástico quanto o uso. No entanto, visando aos propósitos deste artigo e levando em consideração a ampla latitude do significado que se pretende dar ao vocábulo, afirmaremos que a palavra capitalismo reflete três diferentes aspectos das relações sociais: (1) um sistema econômico ou técnica para administrar e controlar recursos; (2) uma ideologia política que fortalece e legitima as relações econômicas específicas de um sistema econômico capitalista; e (3) um conjunto de pressupostos sobre o comportamento e a psicologia humana que provavelmente alinha a natureza humana e as relações sociais dentro do contexto de uma economia política voltada para o capitalismo. Embora cada um desses aspectos possa ser avaliado separadamente, na maioria das vezes o uso da palavra *capitalismo* mistura dois ou três desses aspectos numa referência à mesma coisa (Perelman).

Como sistema econômico, o termo capitalismo se refere à utilização de um mercado "livre" para troca de bens e serviços com a finalidade de obter e acumular lucro (a "mão invisível" em Smith; Marx). O mais importante é que o capitalismo geralmente pressupõe que tais bens, serviços e lucros está no controle de indivíduos ou de grupos de indivíduos que, juntos, formam uma empresa corporativa (cf. o "Segundo Tratado" em Locke; Ricardo). Esta última definição distingue o capitalismo de sistemas econômicos mercantilistas ou de planejamento centralizado onde oligarcas ou burocratas estatais "têm a posse" ou administram os bens e serviços. O capitalismo teve origem na Europa, particularmente na Grã-Bretanha, e na maioria das vezes, ao usar a palavra *capitalismo*, é para esse modelo, ou para seu equivalente transplantado para os Estados Unidos, que a maioria das pessoas está se referindo.

Como ideologia política, o capitalismo está muitas vezes ligado à idéia de "democracia liberal," em que, a exemplo do mercado "livre", idéias e políticas podem ser trocadas, controladas e implementadas por aqueles que participam com interesse no resultado do sistema econômico (Macpherson). A representação técnica de uma ideologia política está em grande parte incorporada a um sistema legal que fornece a base para definir a ordem constitucional de uma sociedade, os processos legais e as reivindicações de equidade (e de desigualdade) (cf. De Soto).

Como modelo psicológico, "capitalismo" refere-se ao pressuposto iluminista de indivíduos dotados do direito natural ou "inalienável" de tomar decisões livres e independentes visando a seus próprios interesses e capazes de administrar um mercado "livre" e uma "democracia liberal" como agentes autônomos (Locke).

Uma sociedade ou nação específica pode adotar o "capitalismo" como sistema econômico, porém manter uma visão restritiva da democracia liberal ou dos "direitos inalienáveis" (cf. Tsai; Aslund), embora muitos, sobretudo os chamados acadêmicos conservadores, argumentem que os três aspectos do capitalismo são condições inseparáveis (Friedman).

Então em face de nossas amplas definições acima, quais formas de capitalismo existem hoje e como estão as suas economias? Afirmamos que hoje quase todos os países (exceto a Coreia do Norte) praticam o capitalismo em algum nível de suas economias. Além disso, em seguida à adoção dessas práticas capitalistas, os dados mostram que, de modo geral mas não universalmente, os cidadãos desses países estão em melhor condição econômica (embora, como vimos na Rússia e na Alemanha Oriental, não necessariamente a curto prazo). Observe-se principalmente a taxa de desenvolvimento econômico em países historicamente hostis ao capitalismo, mas que abriram suas economias para mercados "livres" e para a propriedade privada. Isso levanta uma questão moral: um mercado do tipo capitalista é bom até para países em desenvolvimento?

A República Popular da China é o exemplo mais conhecido de abertura do mercado. Apesar da sua enorme base de 8,9 trilhões de dólares de PIB (perdendo apenas para os Estados Unidos), a economia chinesa (medida pelo PIB) cresceu em uma espantosa taxa de 82% entre 2000 e 2006, a mais rápida entre todas as grandes economias do mundo. (Os números referem-se às estatísticas do PIB publicadas pelo Fundo Monetário Internacional e, salvo indicação em contrário, são dados que comparam 2000 a 2006, com base no modelo estatístico de paridade de poder de compra.) Começando com a reforma da política agrícola em 1979, a China tornou prioridade introduzir uma precificação e alocação de recursos baseada no mercado, incentivando as decisões privadas individuais para investimentos econômicos (exceto para setores estratégicos) e procurando o investimento privado internacional. Apesar de um severo controle político pelo partido comunista, a economia continua sendo cada vez mais privatizada.

Talvez a mais surpreendente transformação econômica seja a que se vê na República Socialista do Vietnã. Desde a abertura de seus mercados à privatização, o Vietnã encontra-se entre as economias mundiais de mais rápido crescimento e tem o vigésimo-segundo PIB entre cento e oitenta nações. Entre 2000 e 2006, O PIB do Vietnã cresceu 63% ou mais que a metade dos países do resto do mundo. Em geral, pode-se dizer que esses países assumiram compromissos substanciais com mercados econômicos moderadamente livres e com o investimento privado, ao mesmo tempo em que preservaram forte controle estatal sobre o planejamento e a coordenação da economia. Esses exemplos desafiam a ideia que geralmente se tem de "capitalismo".

Também não se pode dizer que se trata simplesmente de anomalias econômicas. De acordo com as estatísticas da ONU, no Vietnã A produção agrícola aumentou mais que duas vezes e meia entre 1985 e 2006. Entre 1985 e 2005, a expectativa de vida dos homens vietnamitas aumentou de cinquenta e sete para setenta e um anos; para as mulheres, a expectativa de vida aumentou de sessenta e um anos para setenta e cinco. A taxa de mortalidade infantil caiu mais de 40% entre 1995 e 2005. Os críticos de todas as formas de capitalismo apressam-se para dizer que os beneficiários do crescimento do mercado limitam-se a um pequeno segmento da população dominante. Essas estatísticas desafiam parcialmente tais pressupostos.

Todavia, depois de reconhecer muitas consequências positivas do capitalismo, será que podemos desprezar seus resultados negativos? Não, e eles são enormes. Joseph Schumpeter descreveu o capitalismo como um ato de "destruição criativa" (Schumpeter), e pode-se afirmar que essa "destruição criativa" tem causado danos importantes em todo o mundo. Muitos diriam que o capitalismo está na origem dos seguintes problemas sociais:

- Com muita frequência o capitalismo tem causado e aumentado importantes discrepâncias no acúmulo pessoal de riquezas, beneficiando um pequeno segmento de elite da sociedade (Alpervitz).

- Ele tem causado uma distribuição geográfica desigual dessa riqueza (Harvey).

- Ele tem causado a perda de benefícios dos mais fracos, deixando-os sem segurança legal, política ou econômica (De Soto).

- Por meio da globalização, o capitalismo tem aumentado a escala global de conflitos militares (Saull).

- Nas economias em desenvolvimento, o capitalismo tem marginalizado as populações rurais e colocado em risco seus ecossistemas de suporte, resultando no deslocamento dessas populações para favelas urbanas (Neuwirth).

- A fim de manter cada vez mais os ciclos de crescimento econômico, o capitalismo tem desencadeado a cultura do consumo, gerando maior demanda, obsolescência e desperdício (Myers e Kent).

Não há dúvida de que o capitalismo, como sistema econômico dominante da nossa era, nos deixa diante de um enigma. Por um lado, ele tem sido o motor que gera grandes riquezas e inspira uma extraordinária inovação tecnológica. Por outro lado, ele tem feito isso com uma consciência moral que não passa dos limites do interesse próprio, trazendo enormes danos para os povos, para as sociedades e para a ecologia mundial (cf. Finn sobre a moralidade do mercado). Mas a questão é se isso é uma contradição do capitalismo ou um conflito em nossa compreensão daquilo que motiva todos os sistemas econômicos e políticos. É possível reconhecer que o capitalismo é fundamentalmente falho, sem deixar de reconhecer que todos os sistemas econômicos também são, e serão, igualmente falhos? O que parece estar ausente na crítica ao capitalismo é a disposição para reconhecer que talvez o problema não seja o capitalismo em si, mas o caráter dos seres humanos que compõem o capitalismo (e todos os outros sistemas econômicos). Isso não é uma desculpa para as consequências destrutivas do capitalismo; afinal de contas, ele é apoiado por potências militares e por sistemas legais com interesses próprios. Mas será que a culpabilidade moral é sistêmica ou pode ser ela atribuída a algo que tem mais a ver com um "mal estrutural" incorporado ao comportamento humano que incentiva a prática de ações imorais, mesmo com a melhor das intenções morais? Em outras palavras, adianta indiciar o sistema sem indiciar da mesma forma o caráter humano que distorce a melhor das intenções morais? Ao atribuir culpabilidade olhamos para o coração ou para a mão? Ou para ambos?

MacWillie, J.

Veja também Dinheiro, Riqueza; Ensinamentos Sociais do Catolicismo; Ética Social; Globalização; Opção Preferencial pelos Pobres; Pobreza; Tecnologia; Teologia da Libertação; Teologia do Trabalho.

Bibliografia. Gonzalez, A. e MacWillie Aslund, J., *Russia's Capitalist Revolution: Why Market Reform Succeeded and Democracy Failed* (Washington: Peterson Institute, 2007); Austin, G., "African Capitalism: The Struggle for Ascendency,"*African Affairs* 88.353 (1989) 595; Costas, A., "Más ricos y desiguales," *El País* [Madrid] (1999); De Soto, H., *The Mystery of Capital: Why Capitalism Triumphs in the West and Fails Everywhere Else* (Nova York: Basic Books, 2000); Finn, D., *The Moral Ecology of Markets: Assessing Claims About Markets and Justice* (Cambridge: Cambridge University Press, 2006); Friedman, M., *Capitalism and Freedom* (Chicago: University of Chicago Press, 1982 [edição em português: *Capitalismo e liberdade* (São Paulo: Nova Cultural)]); González, A., *Teologia de la praxis evangélica* (Santander, Espanha: Sal Terrae, 1999); idem, *Reinado de Dios e imperio* (Santander, Espanha: Sal Terrae, 2003); Harvey,D., *Spaces of Global Capitalism: A Theory of Uneven Geographical Development* (London: Verso Press, 2006); Krugman, P., *The Return of Depression Economics* (Nova York: Norton, 2000 [edição em português: *Uma nova recessão?* (Campus)]); Locke, J., *Two Treatises of Government and A Letter Concerning Toleration* (New Haven: Yale University Press, 2003 [edição em português: *Dois tratados sobre o governo* (São Paulo: Martins Fontes)]); Macpherson, C. B., *The Political Theory of Possessive Individualism: Hobbes to Locke* (Oxford: Oxford University Press, 1964); Marx, K., *Capital: A Critique of Political Economy* (Nova York: Random House, 1906 [edição em português: *O Capital: Crítica da Economia Política* (São Paulo: Nova Cultural]); Maung, M., *The Burma Road to Capitalism: Economic Growth versus Democracy* (Nova York: Praeger, 1998); Myers, N. e Kent, J., *The New Consumers: The Influence Of Affluence On The Environment* (Washington: Island Press, 2004); Neuwirth, R., *Shadow Cities: A Billion Squatters, A New Urban World* (Nova York: Routledge, 2006); Nove, A., *The Economics of Feasible Socialism Revisited* (London: Harper Collins Academic, 1991); Perelman, M., *The Invention of Capitalism: Classical Political Economy and the Secret History of Primitive Accumulation* (Durham: Duke University Press, 2000); Ricardo, D., *The Principles of Political Economy and Taxation* (London: Dent, 1911 [edição em português: *Princípios de Economia Política e Tributação* (São Paulo: Nova Cultural)]); Roemer, A. J., *A Future for Socialism* (Cambridge: Harvard University Press, 1993);

SAULL, R., *The Cold War and After: Capitalism, Revolution and Superpower Politics* (London: Pluto Press, 2007); SCHUMPETER, J., *Capitalism, Socialism and Democracy* (New York: Harper Perennial, 1962 [edição em português: *Capitalismo, socialismo e democracia* (Rio de Janeiro: Zahar)]); SCHWICKART, D., *Against Capitalism* (Oxford: Oxford University Press, 1996); SMITH, A., *The Wealth of Nations* (New York: Random House, 1937 [edição em português: *A riqueza das nações* (São Paulo: Nova Cultural)]); TSAI, K. S., *Capitalism Without Democracy: The Private Sector in Contemporary China* (Ithaca: Cornell University Press, 2007).

Gonzalez, A. e MacWillie, J.

CASAMENTO E FAMÍLIA

O casamento é uma instituição social universal que caracteriza um relacionamento que dá início a uma família e a vincula para proteção e criação dos filhos. Como instituição, o casamento rege a relação entre os casados, seus parentes, seus filhos e sua sociedade. Este artigo descreve primeiro as diversas formas institucionais do casamento, sua história a partir das perspectivas dos períodos do Antigo e do Novo Testamento, da era Patrística e da Idade Média até os dias atuais, juntamente com a administração pela Igreja e pelo Estado, considerações teológicas e questões contemporâneas na igreja e na sociedade em relação a casamento. Em seguida, este artigo oferece uma perspectiva africana do casamento.

1. Formas institucionais
2. História
3. Perspectivas teológicas
4. Questões contemporâneas na igreja e na sociedade
5. Uma perspectiva africana

1. Formas institucionais

O pacto de casamento fornece a base econômica e social para a relação básica entre um homem e uma mulher e promove a solidariedade entre os membros de uma família estendida. Várias formas de casamento são regidas por aquilo que as culturas proíbem e permitem. Os quatro tipos de casamento geralmente reconhecidos são monogamia, em que existe a uniao de um homem e uma mulher; poliginia, em que um homem é casado com mais de uma mulher; poliandria, em que uma mulher é casada com mais de um homem; e o casamento grupal, em que ambos os sexos juntam-se a mais de um parceiro. Tanto o casamento grupal quanto a poliandria são considerados fenômenos raros pelos antropólogos. O que tem sido identificado como casamento grupal, a exemplo do que se vê entre certas tribos australianas e entre os *chukchis* da Sibéria, pode ser uma forma de comunismo sexual periódico e limitado, mas isso é diferente de casamento; o aparecimento do casamento grupal entre os *todas* do sul da Índia e do Ceilão pode ser um fenômeno recente. Existe uma suposta poliandria no Tibete e entre os *todas* no sul da Índia, mas isso talvez se explique pela falta de homens por causa da prática do infanticídio masculino. Há casos em que os irmãos do marido compartilham dos direitos sexuais sobre sua esposa. As duas formas mais comuns de casamento são a monogamia e poliginia. No mundo antigo, quase os únicos povos que não sancionavam a poliginia eram os gregos e os romanos, que, em vez disso, defendiam o concubinato. No mundo antigo e nas sociedades modernas, a poliginia é geralmente reservada para os ricos e poderosos, com esposas realizando o trabalho produtivo, dando à luz filhos, compartilhando as tarefas de uma casa maior e servindo como prova visível da riqueza adquirida pelo homem. Patrimônio elevado e condição social são geralmente as forças que ditam a presença da poliginia e não o desejo sexual ou a submissão das mulheres.

2. História

2.1. Antigo Testamento. O velho testamento parece tolerar a poliginia e o concubinato entre os patriarcas e reis de Israel. Abraham gera um filho com Hagar, a concubina; Jacó casa-se com Lia e Raquel; e os reis Saul, Davi e Salomão têm várias esposas além das concubinas. À medida que o tempo passa, os autores bíblicos passam a olhar de modo desfavorável para essa prática, referindo-se às complicadas ramificações sociais que resultam em desonra, intriga e assassinato. A monogamia é a forma preferencial de casamento em Israel, baseada que é no relacionamento singular de Deus com Israel. A expectativa é de que homens e mulheres se casem, a fim de gerar filhos e dar continuidade à linhagem masculina. A esterilidade ou incapacidade de procriar (i.e., devido a mutilação dos órgãos genitais ou castração) é motivo de vergonha e leva à marginalização na comunidade étnica e à limitação de privilégios na participação da vida religiosa. Curiosamente, a falta de filhos de um casal é geralmente atribuída à esterilidade da mulher e não à infertilidade do homem. A descendência é considerada um sinal do favor divino, e a esterilidade é vista como maldição. A endogamia é incentivada com a escolha de parceiros do meio do clã israelita; a exogamia é desencorajada, pois o casamento com estrangeiros ou pessoas de fora pode enfraquecer as práticas religiosas e induzir à apostasia. Manter a linhagem masculina é dever do homem e da mulher, fazendo com que a reprodução no contexto do casamento monogâmico seja um imperativo religioso, étnico e nacional. Viúvas e órfãos são marginalizados na sociedade e sobrevivem de esmolas e da generosidade de parentes e estranhos, embora sejam especialmente protegidos na lei do Antigo Testamento.

2.2. Novo Testamento. O período do Novo Testamento surge com a expectativa de que todos devem se casar, mas a poliginia e o concubinato são explicitamente proibidos em favor da monogamia. A ênfase anterior na linhagem de sangue é agora complementada por uma linhagem espiritual que vê os seguidores de Cristo como filhos e filhas adotados por Deus em Cristo. Relações de parentesco são substituídas por uma relação com Cristo como fonte primária de lealdade e autoridade e com outros crentes na família universal de Deus. Este parentesco espiritual é estabelecido pelo batismo e pelo discipulado ativo em lugar da circuncisão e do parentesco por meio do casamento. A procriação também assume uma dimensão espiritual. A expectativa é que os seguidores de Cristo gerem filhos nascidos do Espírito pela pregação do evangelho e levem pessoas a Cristo. Modelos para este novo tipo de procriação espiritual são Jesus, que era solteiro; o apóstolo Paulo, que provavelmente ficou viúvo e assim permaneceu sem descendência biológica; e Maria, mãe de Jesus, que, no estado de virgindade, deu à luz a Cristo — assim como também se espera que os crentes façam Cristo nascer na vida dos que ouvem suas palavras e seu testemunho. A classe de viúvas e virgens existia nos tempos dos escritos do Novo Testamento e ganhou proeminência nos séculos seguintes.

2.3. A era patrística. Durante o período dos pais da igreja, a mudança de ênfase dos laços de parentesco biológico para a esfera espiritual trouxe várias consequências para o papel do casamento entre os cristãos. Primeiro, o casamento passou a ser claramente definido como um vínculo, um contrato social vitalício entre um homem e uma mulher com a finalidade da ordenação da sociedade e da procriação. Em segundo lugar, o casamento passou a ser considerado um bem menor que o celibato e a castidade por amor ao reino de Deus. Terceiro, surgiram tensões em torno do benefício do casamento biológico entre diversos grupos cristãos e, em especial, entre a igreja e as autoridades governamentais, cujo interesse próprio estava na ordenação do estado e da sociedade por meio da instituição do casamento e pelo consequente aumento do número de cidadãos que poderiam contribuir com impostos, o que só seria possível com o nascimento de crianças. Durante os primeiros quinhentos anos da igreja cristã prevaleceu um sistema de três níveis que classificava a qualidade do discipulado segundo o estado civil do crente: no primeiro estavam aqueles que tinham se comprometido com uma vida toda de celibato e de serviço determinado para Deus em Cristo, sendo essa categoria a mais bem conceituada; em segundo lugar, estavam os viúvos que se abstivessem de se casar outra vez; e em terceiro lugar estavam os casados. Os pais da igreja eram obrigados a defender o alto valor do corpo nos ensinamentos da igreja contra grupos gnósticos e contra as acusações de subversão por autoridades de estado, em face da tendência entre os cristãos, particularmente as mulheres, de não se casar e não ter filhos.

2.4. Idade Média até os dias atuais. O conflito entre igreja e estado em torno do tema do casamento continuou durante toda a Idade Média. O estado assumiu a responsabilidade principal da concessão, sanção e ordenação do casamento através de leis em matéria de parentesco e descendência; a igreja desempenhou um papel subordinado, oferecendo ritos sacerdotais, bênçãos e cerimônias para apoiar o pacto de casamento e o relacionamento do casal diante de Deus. A igreja primitiva considerava o rito do casamento um assunto de família. Por volta do século sétimo, a igreja e o clero começaram a se envolver nos ritos de casamento, mas só no século 16 é que o Concílio de Trento declarou que o matrimônio era um sacramento. O alto valor que se dava à virgindade entre os cristãos e o sistema de três níveis dissolveram-se com a *Reforma Protestante. Muitos dos que viviam em mosteiros e também os clérigos abandonaram suas ordens e seus postos e se casaram. Houve uma redescoberta do casamento entre os cristãos, que começaram a considerar a família cristã um microcosmo da igreja.

Até os dias de hoje persiste o grande valor que os cristãos atribuem ao casamento. A prática anterior de celibato como âmbito para o discipulado cristão determinado passou a ser considerado um ideal inatingível ou ultrapassado. Na maior parte das denominações no mundo ocidental, membros da igreja e, em particular, líderes e oficiais devem permanecer castos quando solteiros e praticar a fidelidade quando casados. Recentes controvérsias envolvendo esses preceitos tem colocado em dúvida a visão tradicional da igreja sobre a santidade do vínculo conjugal e do estado celibatário. Numa sociedade secularizada, pós-moderna e pluralista, a igreja luta por tornar relevante o significado do casamento como instituição ordenada por Deus para o bem-estar da sociedade humana, para a ordenação da vida familiar, para o nascimento e educação dos filhos, tanto na experiência do sagrado mistério da união conjugal como em sua contrapartida transcendental da vida de solteiro como forma de casamento com Cristo. Enquanto isso, em algumas culturas tradicionais, os cristãos ficam diante de práticas que desafiam de várias maneiras o ensino bíblico.

3. Perspectivas teológicas

Com a Reforma Protestante e o Concílio de Trento, surgiram várias questões doutrinárias sobre o casamento nas recém-formadas igrejas protestantes e na Igreja Católica. Apesar de distintas, essas questões não são mutuamente exclusivas; na verdade, juntas, elas configuraram os debates teológicos sobre o casamento nos dias atuais.

3.1. Igreja Católica Romana. A Igreja Católica considera o casamento um sacramento, colocando assim a validade do contrato de casamento no âmbito da igreja e não do estado. Como os sacramentos são sinais exteriores da graça eficaz de Deus sobre aqueles que o recebem, o casamento não pode ser dissolvido ou revertido. A condição do casamento como sacramento levou à visão de indissolubilidade e levantou objeções a um novo casamento após o divórcio. A lei canônica concilia a prática civil do divórcio entre católicos, declarando o casamento sacramentalmente inválido desde seu início através da anulação. A partir do *Concílio Vaticano II, a igreja ampliou a visão de sacramento e passou a incluir a experiência dos fiéis de vida concreta e de fé numa sociedade pluralista e individualista.

Por essa visão mais nova, o casamento é considerado mais uma questão de fé e de vida cristã do que uma questão legal. O casamento constitui o terreno em que Cristo se encontra com os cônjuges na vida diária e doméstica, representando um símbolo concreto e pessoal da comunhão íntima com Cristo. De modo bem semelhante ao sacerdócio ou aa vida religiosa consagrada, o casamento é visto como uma vocação. Segundo essa visão, duas pessoas batizadas, ligadas pelo matrimônio cristão, recebem um chamado de Deus e estão equipadas com o dom ou carisma específico para tolerância mútua, santidade e perfeição espiritual sob orientação de Cristo. Os solteiros ou os que se consagraram à vida religiosa são encorajados a imitar a espiritualidade do matrimônio cristão pela via da transcendência, considerando que Deus ocupa o lugar do marido ou esposa. O fim principal do casamento é a procriação e a educação, junto com os propósitos secundários de ajuda mútua e de atender às paixões sexuais.

3.2. A tradição protestante. No protestantismo, o conceito sacramental do casamento é substituído pelo conceito da imagem da aliança bíblica. Segundo esse ponto de vista, o casamento é semelhante à aliança entre Deus e o povo de Israel no Antigo Testamento e à relação pactual entre Cristo e sua igreja no Novo Testamento. Por analogia, a Deus é atribuído o papel de marido, e ao povo de Israel, o papel da esposa; da mesma forma,

Cristo é considerado o noivo, e a igreja, a noiva. Essas analogias muitas vezes têm levado a uma visão hierárquica do casamento que favorece a superioridade e a autoridade do marido sobre a esposa, embora em tempos recentes a visão do casamento igualitário esteja desafiando essa interpretação.

No protestantismo, o casamento constitui a base para a constituição de uma família tradicional e para a criação dos filhos. Como microcosmo da igreja local, a família é considerada o alicerce para uma sociedade e nação saudáveis, e através dela os chamados valores da família são protegidos e mantidos. Nos Estados Unidos, as noções de casamento, de família cristã e de estabilidade da nação se misturam, apesar da presença de uma forte separação entre igreja e estado. A combinação de casamento e estabilidade da nação criou um traço cultural cristão que vincula o casamento ao dever patriótico. Entretanto, o aumento do número de pessoas solteiras no mundo ocidental obriga as igrejas a se envolver em uma reflexão teológica mais focada nas dimensões espirituais, funções e propósitos do casamento e do celibato. Há menos ênfase em questões legais e mais na interação ética e moral entre os cônjuges sob a autoridade de Cristo e das Escrituras, na qualidade da relação em relacionamentos pacíficos, na união física e mental e nas implicações que advêm para a família estendida, a igreja e a sociedade. Todavia, no protestantismo ainda está em desenvolvimento a ideia de que o crente tem vocação e chamado ou para o matrimônio ou para a vida de celibato.

4. Questões contemporâneas na igreja e na sociedade

No Ocidente, a família nuclear, que consiste do casal e dos filhos solteiros, é o tipo dominante de unidade familiar. Na África e na Ásia, no entanto, o casal é parte mais próxima de um grupo maior de parentesco, às vezes até mesmo parte de uma família maior formada por várias famílias. O aumento da mobilidade da população, o emprego de indivíduos em empresas não-familiares e uma crescente urbanização têm diminuído os contatos de parentesco bem como a importância da família maior. Os casais têm se tornado mais independentes dos parentes para fins econômicos, políticos, religiosos e educacionais; como resultado, têm diminuído os casamentos polígamos. A tendência mundial de independência dos casais tem colocado maior pressão sobre os relacionamentos conjugais em si, concentrando a atenção (às vezes de modo nada realista) nas necessidades pessoais e psicológicas de cada cônjuge.

Nos países ocidentais, a escolha do cônjuge por mútuo consentimento é predominante, em contraposição à troca de filhas e filhos entre duas famílias ou aos casamentos precombinados que ainda prevalecem na África e na Ásia. O consentimento mútuo é influenciado pela noção de amor romântico, ao passo que nos casamentos precombinados os noivos esperam que o afeto se desenvolva como resultado da convivência. A *globalização tem causado impacto sobre a instituição do casamento. Em todo o mundo, uma maior ênfase nos valores do individualismo, bem como um nível maior de instrução escolar e de mobilidade geográfica dos jovens, tem popularizado a livre escolha de cônjuges com base no amor pessoal e na atração romântica. Com os avanços profissionais e educacionais cada vez maiores das mulheres, o casamento e a maternidade têm sido adiados para uma idade mais avançada; o casamento tem sido menos buscado como meio de segurança econômica e nível social e mais para a realização pessoal e para a intimidade num relacionamento entre iguais. Nos Estados Unidos, o intervalo cada vez mais longo entre a puberdade e o casamento é marcado por um período de namoro com um ou mais relacionamentos até que seja selecionado um cônjuge. Como a fase de namoro tende a começar no início da adolescência, ficando o casamento para muitos anos depois, têm surgido problemas de moralidade, de relações sexuais antes do casamento e casos de gravidez indesejada ou de adolescentes. Problemas de namoro e casamento têm apresentado sérios desafios para o ensino e a prática cristãos.

Em vista da individualização cada vez maior, o cônjuge pode ser escolhido no meio de outros contextos socioeconômicos e raciais. As elevadas expectativas para o cônjuge, ao lado das necessidades de autoatualização e de desenvolvimento profissional, têm colocado pressão sobre os relacionamentos conjugais e exigido bastante dos recursos pessoais do casal. No mundo ocidental, o casamento tem perdido seu caráter sagrado, apesar do fato de que, normalmente, ele se inicia com uma celebração religiosa. Muitas vezes o casamento é visto como uma relação puramente humana baseada no amor pessoal e no desejo de procriar. Características comuns aos dois cônjuges como escolaridade, origem étnica e religião estão associadas a casamentos mais bem-sucedidos. Casamentos mistos entre pessoas de religiões diferentes tendem a aumentar os índices de divórcio. É com segurança que dizemos que a igreja tem feito muito pouco para atender a tantos desafios que interagem entre si.

Uma tendência contemporânea que está em alta em países ocidentais é a coabitação, pela qual um homem e uma mulher ainda não casados dividem espaço e dinheiro e passam a ter uma vida sexual fora dos laços do matrimônio. Esse costume é às vezes considerado um teste numa suposta iniciativa que visa a evitar o divórcio mais tarde, e algumas vezes é escolhido por razões sociais e econômicas como forma de adiar o casamento. Sua grande aceitação atual reflete certos fatores sociais e culturais, mas claramente ameaça visões tradicionais da instituição do casamento e a estabilidade da vida em família para os filhos. Nos Estados Unidos, o fenômeno da coabitação aumentou dez vezes entre a década de 1970 e de 2000. Em países do norte europeu, quase dois terços dos casais moram juntos antes do casamento. As estatísticas indicam que a coabitação traz efeitos negativos sobre a satisfação e a estabilidade conjugal posteriores. Muitos países europeus e um quarto dos estados norte-americanos endossam leis segundo as quais os que vivem em regime de coabitação sem um contrato conjugal civil são considerados casados aos olhos da lei. De modo geral as igrejas reprovam a coabitação e a consideram um modo de vida motivado por interesse próprio muitas vezes destituído de integridade moral e de um compromisso de fidelidade para com a outra pessoa diante de Deus em Cristo, e lutam para ministrar àqueles que se encontram nesse tipo de relacionamento.

Desde os primeiros dias do cristianismo, o casamento é definido pela igreja como uma união entre um homem e uma mulher. Em tempos recentes, alguns países europeus e vários estados norte-americanos ampliaram a definição de casamento, que passou a incluir uniões entre parceiros do mesmo sexo. Embora as autoridades civis concedam permissão para casamentos entre pessoas do mesmo sexo e reconheçam essas uniões monógamas com leis estaduais e federais, as igrejas de modo geral têm se recusado a acatar essas uniões dentro da comunidade da fé e não realizam cerimônias de casamento nem concedem a bênção sacerdotal. Com efeito, a oposição a essas novas formas de família tem se tornado uma grande preocupação da igreja e de seus líderes. Enquanto isso, fora do Ocidente os cristãos enfrentam outras questões.

Kidder, A. S.

5. Uma perspectiva africana

De uma perspectiva afro-cristã, o casamento é a união de um homem e uma mulher diante de Deus por toda a vida, debaixo da bênção da família estendida e da sociedade, que inclui parentes e toda a comunidade dos vivos, dos mortos e dos que ainda vão nascer. Além disso, o casamento de uma perspectiva africana "não é simplesmente uma instituição humana ou natural: é claramente uma unidade cultural e espiritual que forma a base da vida religiosa, econômica e social da sociedade" (Beller, 19). Dentro da cultura africana, o casamento representa para a sociedade o que a flor representa para a planta (Thiong'o, 57). Assim como a flor carrega o código do futuro para uma espécie de planta em particular, um casamento africano saudável, de forma semelhante, se dá dentro de uma teia cultural que o enriquece e sustenta, permitindo assim que a instituição viabilize o futuro para a sociedade.

5.1. Contexto cultural e cristão

5.1.1. O casamento como legado social. Através do casamento leva-se um legado através do tempo, de geração em geração, uma promessa de sobrevivência e de bem-estar de um membro para o outro. Essa ligação é determinada através de sistemas de valores passados por uma geração a outra que "garante a continuidade do grupo ao longo do tempo" (Weinrich, 104). É por essa razão que muitas sociedades africanas percebem o casamento como uma conservação da ascendência dos parentes de sangue, bem como do grupo maior de pessoas, todos abençoados pela legião de *ancestrais que os precederam, criando assim esperança para os que ainda não nasceram (Kiriswa).

Em face dessa importância conferida ao casamento e à sobrevivência da família na África, os africanos acreditam que cada parte tem a responsabilidade de passar o bastão aos que vêm em seguida. Essa é uma das principais razões por que a igreja cristã, como nova comunidade de Deus na África, precisa levar a sério o papel de preparar os jovens para assumirem de modo efetivo a responsabilidade do matrimônio (Nyomi).

5.1.2. O casamento como vínculo entre gerações. Na África, o casamento vincula não somente duas pessoas, mas também grupos de pessoas, enriquecendo assim a família estendida. Na África, "ninguém é um indivíduo isolado, mas todos são membros de um grupo familiar" (Kennyatta, 309). Por isso, toma-se muito cuidado na escolha da noiva, e o que conhecemos por namoro é um longo relacionamento cheio de rituais e cerimônias entre as famílias dos noivos. Com o tempo, esse longo e demorado processo forma alianças relacionais e protege o grupo através da participação da liderança, que avalia a união proposta examinando as linhagens sanguíneas caso a nova união represente um risco para a unidade. Por exemplo, os anciãos não incentivam casamentos dentro de uma linhagem que contenha pessoas psicóticas, mulheres conhecidas pela hostilidade ou oposicionismo ou homens sabidamente irresponsáveis e imorais (Baituuru).

Também os ancestrais, ou mortos que continuam a viver, são considerados parte da união conjugal em muitas comunidades africanas, que batizam as crianças com o nome dos parentes falecidos para manter o vínculo entre os vivos e os mortos (Nabofa). Com essa percepção do casamento como continuidade unificadora, a comunidade, sob a liderança de anciãos escolhidos e abençoados pelos pais como suas *vozes*, leva muito tempo para formar relacionamentos — prática que entre os merus do Quênia, por exemplo, é chamada *gutuma uthoni*, "tecer uma vestimenta da relação conjugal" — por meio de atos como refeições comunitárias, conhecendo uns aos outros e, por fim, com a transferência do dote (Ferraro), ato que comunica o sentido de um relacionamento duradouro entre as duas famílias. Finalmente, o dia da celebração da união acontece numa igreja e inclui votos sagrados feitos diante de Deus e da comunidade.

5.1.3. O casamento como pacto entre Deus e a sociedade. O casamento cristão na África é um sacramento que espelha a aliança de Deus com seu povo, um relacionamento marcado por fidelidade e que reflete a comunhão entre Cristo e a igreja. Os cristãos africanos e também as religiões africanas tradicionais consideram o casamento uma "função religiosa" (Mbiti, 47). Os cristãos africanos honram e respeitam suas famílias de origem, que inclui os que ainda não nasceram e os que já partiram, e o mesmo se pode dizer do envolvimento da comunidade em todos os rituais que finalmente levam à união conjugal. No entanto, os cristãos africanos também consideram muito importante a bênção da comunidade cristã sobre o novo casal e também a inclusão de uma cerimônia religiosa solene feita na igreja, onde os votos são feitos na presença de muitas testemunhas.

Os cristãos africanos geralmente têm consciência de que a ideia de duas pessoas que se tornam uma carne é um mistério (Ef 5.32). Esse sentido de uma só carne refere-se à unidade que vai além da união física, incluindo uma nova unidade que é símbolo da pessoa como um todo, uma "comunhão da vida" (Kisembo, Magesa e Shorter) em que os dois se unem num só propósito. Isso significa que o casamento cristão é um pacto e não simplesmente um contrato. Uma aliança é um voto feito perante Deus, uma promessa "até que a morte nos separe", mas um contrato é uma promessa entre pessoas e pode ser quebrada. Por isso, o costume cultural africano do preparo para o casamento é um processo longo. Diante de sociedades tradicionais enfraquecidas e abaladas, a igreja na África percebe que, como uma nova comunidade, ela tem o papel importantíssimo de preparar os casais para a união do matrimônio por meio de aconselhamento pré-conjugal, de modo que os casamentos cristãos firmados sobre costumes culturais sadios possam resistir à passagem do tempo.

5.2. A escolha do cônjuge. Na África tradicional, e por causa da importância que se dá ao relacionamento conjugal, na maior parte das comunidades são os pais que definem com quem os filhos se casarão. Em algumas outras sociedades africanas tradicionais, a escolha é feita parcialmente por cada lado, sendo que o rapaz indica a moça com quem ele gostaria de se casar, mas são os pais que assumem a negociação. Hoje existe uma terceira forma pela qual dois jovens fazem a escolha por si mesmos. De modo geral, dentro da igreja praticam-se variações do modo tradicional de escolher um parceiro, mas sempre dentro de um ambiente cultural que garante um controle do relacionamento conjugal em termos individuais, familiares e comunitários, criando uma rede de apoio para o novo casal. Na maioria das sociedades africanas tradicionais, era obrigatório que as moças que estivessem se casando pela primeira vez fossem virgens (Otite). Essa expectativa, um padrão comum compartilhado com a interpretação bíblica que as igrejas africanas dão ao casamento, tem ajudado a comunidade cristã, sobretudo os evangélicos, a enfatizar a castidade para os solteiros e a fidelidade no casamento.

5.3. Os passos para o casamento. Na maior parte da África, o processo que leva ao casamento pode incluir todos os passos seguintes ou a maioria deles: (a) primeiramente a chegada dos jovens à maioridade, (b) a identificação da moça pelo rapaz, (c) depois do que o jovem fala de suas intenções a seus pais. (d) Os pais e a família pesquisam em sigilo a história da moça e (e) os pais do rapaz consulta a família da moça e marcam uma data para a visita inicial que indicará o interesse. (f) A família do rapaz visita a família da moça para quebrar o gelo e (g) fixa-se uma data para a visita de volta que será feita pela família da moça. (h) Durante essas visitas, as famílias chegam a um acordo sobre o dote, sendo que a maioria faz uma troca tradicional de presentes, cada um com significado, e como forma de sinalizar o vínculo cada vez maior entre as duas famílias. (i) Durante esse tempo, o casal continua o namoro e cada família verifica o caráter dos jovens. (j) Por fim, o dote é pago, muitas vezes em diversas ocasiões, à medida que segue o longo processo de fortalecimento dos relacionamentos e (k) marca-se a data do casamento. (i) Nesse ponto, o casal passa por aconselhamento pré-conjugal — tanto aquele que se realiza na igreja quanto o tradicional. (m) O casamento se aproxima, e a celebração acontece com uma cerimôia na igreja seguida de uma recepção, depois da qual (n) o casal sai para uma breve lua de mel. (o) Mais ou menos duas semanas depois do casamento, a família da moça faz uma visita à família do noivo para confirmar que a filha "chegou". (p) Depois disso, as duas famílias passam a ser uma só.

5.4. A poligamia na África. A poligamia, ou o casamento em que o homem tem mais de uma esposa, pode ser encontrada em quase toda sociedade africana tradicional. Mbiti apresenta alguns argumentos usados para justificar esse tipo de união conjugal: aumento do patrimônio econômico e mais filhos numa sociedade que valoriza a prole. No entanto, as igrejas têm lutado para ensinar a seus membros que um casamento cristão se dá estritamente entre um homem e uma mulher. Todavia, as igrejas também lutam para saber o que fazer no caso de famílias polígamas emq ue indivíduos ou a família toda se converte ao cristianismo. A poliandria é muito rara na África.

5.5. Divórcio, viuvez e novo casamento na África. Como na África o casamento é considerado uma união vitalícia indissolúvel, o divórcio costuma ser raro, e há cônjuges em uniões atribuladas que são encorajados a salvar o casamento. No entanto, com o aumento da mobilidade, o estresse social em alta, escolhas de cônjuges mal feitas, diminuição da orientação para jovens e aconselhamento pré-conjugal sofrível, os índices de divórcio têm aumentado. A igreja se vê diante de perguntas como: "Será que devemos permitir o divórcio?". "Os divorciados podem casar na igreja?"

A viuvez tem levantado questões semelhantes, porém é mais fácil lidar com o novo casamento. No entanto, para muitas sociedades africanas tradicionais, um homem que fica viúvo pode se casar de novo, sendo incentivado a fazê-lo mais ou menos dois anos depois da morte da esposa, em especial quando a falecida deixa filhos pequenos. No entanto, no caso das viúvas, a situação é mais complicada, porque a mulher deixa sua casa para se unir à família do marido. Ela e os filhos pertencem àquele novo ambiente. Após a morte do marido, ela não pode abandonar sua nova família nem pode tirar os filhos de lá. Isso significa que as jovens viúvas na África muitas vezes se veem diante de difíceis questões de herança, de solidão e novamente solteiras, porém presas à família do marido falecido. A igreja continua a lutar com esses desafios culturais. Em algumas sociedades tradicionais, a esposa é vista como herança, e um irmão do morto assume a esposa do irmão para que ela e/ou as crianças não sofram. No entanto, algumas dessas práticas têm levado à união sexual, às vezes para "gerar filhos" para o irmão morto, facilitando a propagação do vírus HIV e da AIDS. A igreja na África, mais uma vez, enfrenta o desafio de anular esses costumes culturais levando em conta o ensino do evangelho, de modo que a família cristã se torne a nova comunidade que irá cuidar das viúvas e dos órfãos.

Mwiti, G. K.

Veja também SEXUALIDADE.
BIBLIOGRAFIA. ACHTEMEIER, E., *The Committed Marriage* (Philadelphia: Westminster, 1976); BAITUURU, R., entrevista pessoal com o autor, Meru, Kenya (1999); BELLER, R., *Life, Person and Community in Africa: A Way Towards Inculturation with the Spirituality of the Focolare* (Nairobi: Pauline Publications Africa, 2001); BROWN, P., *The Body and Society: Men, Women, and Sexual Renunciation in Early Christianity* (Nova York: Columbia University Press, 1988); FERRARO, G. P., "Marriage and Conjugal Roles in Swaziland: Persistence and Change," in: *The Family in Africa,* DAS, M. S., org.,(Nova Delhi: M.D. Publications, 1993) 87-128; BATHURST GILSON, A., *The Battle for America's Families: A Feminist Response to the Religious Right* (Cleveland: Pilgrim, 1999); KENYATTA, J., *Facing Mount Kenya* (Nairobi: Heinemann, 1978); KIDDER, A. S., *Women, Celibacy, and the Church: Toward a Theology of the Single Life* (Nova York: Crossroad, 2003); KIRISWA, B., *Pastoral Counseling in Africa: An Integrated Model* (Eldoret, Kenya: AMECEA Gaba Publications, 2002); KISEMBO, B., MAGESA, L. e SHORTER, A., *African Christian Marriage* (2d ed.; Nairobi, Quênia: Pauline Publications Africa, 1998); MBITI, J. S., *Love and Marriage in Africa* (London: Longman Group, 1973); MWITI, G. K. e DUECK, A., *Christian Counseling: An African Perspective* (Pasadena: Fuller Theological Seminary Press, 2006); NABOFA, M. Y., " Erhi and Eschatology", in: *Traditional Religion in West Africa,* ADE ADEGBOOLA, E. A., org., (Ibadan, Nigéria: Sefer, 1998); NELSON, J. B., *Between Two Gardens: Reflections on Sexuality and Religious Experience* (Nova York: Pilgrim, 1983); NYOMI, S., *African Christian Families in the 21st Century: A Guide* (Nairobi: All Africa Conference of Churches, 2000); OTITE,O., "Marriage and Family Systems in Nigeria", in: *The Family in Africa,* DAS, M. S., org., (Nova Delhi: M.D. Publications, 1993); RADFORD RUETHER,R., *Christianity and the Making of the Modern Family* (Boston: Beacon, 2000); SHORTER, A., *African Culture and the Christian Church: An Introduction to Social and Pastoral Anthropology* (Ann Arbor: University of Michigan Press, 2005); THIONG'O, N. W., *Moving the Centre: The Struggle for Cultural Freedoms* (Nairobi: East African Educational Publishers, 1993); WEINRICH, A. K. H., *African Marriage in Zimbabwe* (Gweru, Zimbabwe: Mambo Press, 1982); WINNER, L. F., *Real Sex: The Naked Truth about Chastity* (Grand Rapids: Brazos, 2005).

Kidder, A. S. e Mwiti, G. K.

CATOLICISMO, ENSINAMENTOS SOCIAIS. *Veja* ENSINAMENTOS SOCIAIS DO CATOLICISMO.

CEIA DO SENHOR
A Ceia do Senhor é uma refeição ritual instituída por Cristo. Ela é celebrada regularmente pelos cristãos, em geral associada ao culto dominical; geralmente acontece na segunda metade da liturgia do culto ou depois do sermão. Por esse ato, a igreja olha em retrospectiva lembrando-se da cruz de Cristo, olha em perspectiva antecipando a consumação do reino de Cristo e apropria-se da realidade presente do Senhor que subiu ao céu, sustenta igreja e a coduz através do ministério da graça do Espírito. Na maior parte das igrejas, trata-se de um ritual destinado aos convertidos, que são convidados a participar caso tenham sido batizados em nome do Pai, do Filho e do Espírito Santo. Assim, a Ceia do Senhor é o complemento do *batismo, sendo este o rito de iniciação na fé cristã, e a ceia o rito pelo qual a fé da igreja é sustentada e nutrida.

1. Pontos de concordância
2. História das discordâncias e divisões
3. Desenvolvimentos recentes
4. Pontos de convergência

1. Pontos de concordância

A clara intenção de Jesus é que essa refeição pudesse unir seus discípulos não somente a ele mas uns com os outros. No entanto, para muitos cristãos, esta tem sido a prática da fé cristã que mais tem revelado divisões e divergências entre as tradições teológicas e espirituais. Destaque-se que a Ceia do Senhor foi um dos principais pontos de diálogo interdenominacional e ecumênico no século passado. Além disso, embora no passado tenha existido muita discórdia, tem havido uma notável convergência de perspectivas à medida que os cristãos releem o texto bíblico, tomados pela disposição de estarem unidos em Cristo e de dar a outros irmãos uma segunda oportunidade de serem ouvidos, procurando aprender uns dos outros e permitindo que as perspectivas dos outros deem forma e tragam outros dados à sua própria compreensão e prática. Tudo isso tem sido enriquecido pela natureza global da fé cristã e pela consciência cada vez maior de que a cultura e os contextos locais podem e devem iluminar as abordagens da igreja quanto a essa refeição sagrada.

No que diz respeito ao sentido da Ceia do Senhor, praticamente todos os cristãos concordam nos quatro pontos seguintes:

1.1. Ela é ordenada por Cristo. Os cristãos concordam que essa refeição foi instituída por Cristo — é uma ordenança — de modo que, ao celebrar a Ceia do Senhor, a igreja está agindo em resposta ao mandato explícito de Jesus Cristo e, portanto, a algo que faz parte essencial da vida e do testemunho da igreja. Na hora da celebração, os que dirigem o ritual geralmente fazem referência às palavras de Jesus encontradas nos evangelhos e em 1Coríntios: *Fazei isto em memória de mim.* Assim, a despeito da forma que a celebração da ceia pode assumir e das nuanças de significado associadas a ela dentro de uma cultura ou tradição teológica, o fundamento dessa refeição é a ordem do próprio Cristo. Ao ordenar sua observância, Jesus a associou explicitamente à sua própria morte. Embora alguns não estejam muito convencidos, a maioria dos cristãos concorda que ele estabeleceu um vínculo entre a ceia e o rito da páscoa judaica, associando sua morte com a Páscoa — ele próprio é o cordeiro do sacrifício — e vinculando a Ceia do Senhor à festa da Páscoa. Assim como a Páscoa representou a renovação da antiga aliança, todos têm certeza de que, ao estabelecer essa refeição, uma nova aliança foi firmada, e ela é renovada a cada celebração da Ceia do Senhor.

1.2. A prática da igreja apostólica. Os cristãos também concordam que essa ordenança era cumprida regularmente pela igreja primitiva. Cristo apareceu aos discípulos ao partir do pão (Lc 24.30-31), vivificando profundamente para os primeiros cristãos a celebração da Ceia do Senhor. Lemos que eles se dedicavam ao "partir do pão" e à doutrina dos apóstolos. Parece que eles celebravam essa refeição toda vez que se reuniam. E, quando se reuniam, eles a celebravam com grande alegria (At 2.42-46; 20.7).

1.3. É preciso cuidado e atenção quanto ao significado e ao ato. A igreja sempre admitiu que o Novo Testamento tem palavras de cautela para os que violarem o sentido ou a prática da Ceia do Senhor. As palavras de instituição da ordenança encontradas em 1Coríntios 11 demandam atenção a um ou mais aspectos da Ceia do Senhor; elas aparecem junto com a condenação de Paulo dirigida aos coríntios que estavam comendo sem discernir o "corpo". Os cristãos divergem sobre o sentido específico das palavras do apóstolo, mas concordam que a igreja não deve participar da ceia de forma desatenta: é preciso atentar para o significado e para o ato, para a natureza de nosso relacionamento com Deus e de uns para com os outros.

1.4. É um ato de antecipação. Muitos concordam que a celebração da Ceia do Senhor acontece como uma prévia de outra refeição que está por vir — a grande festa que marcará o dia em que Cristo será revelado como Senhor. O evento da Ceia do Senhor leva-nos a olhar em retrospectiva, lembrando-nos da instituição desse ato em ligação com a morte de Cristo. Mas a ceia também nos chama a olhar em antecipação de outra refeição da qual o próprio Jesus falou na última ceia (Lc 22.29-30). E assim a igreja celebra a Ceia do Senhor no meio da situação deste mundo — com esperança, prevendo que Cristo um dia consertará todas as coisas.

2. História das discordâncias e divisões

Até mesmo uma breve análise da história da igreja revela que os pontos de convergência e consenso foram ofuscados por intensos debates e até por divisões, pois várias correntes da igreja não apenas divergiram sobre o significado e a prática da Ceia do Senhor, mas de fato denunciavam umas as outras. O sentido que Jesus deu à afirmação "isto é o meu corpo" foi um importante ponto de discordância não apenas entre os reformadores protestantes e a igreja de Roma, mas entre os próprios reformadores — Lutero e Zuínglio não conseguiram chegar a um acordo sobre como diferiam de Roma, mas também sobre o que os dois tinham em comum no que dizia respeito ao sentido desse evento na vida da igreja.

Martinho Lutero rejeitou a ideia da missa, especificamente a afirmação de que a celebração eucarística era um sacrifício. Embora quisesse se distanciar da doutrina romana da transubstanciação, ele insistia na necessidade de não perder a realidade fundamental da presença de Cristo nos elementos. Em contraste com Lutero, Ulrico Zuínglio insistia que não havia nada que pudesse ser preservado na visão de Roma. A opinião de Zuínglio, mesmo ele não tendo sido sempre uma fonte ou influência direta, prevaleceu dentro dos meios eclesiásticos protestantes, evangélicos e pentecostais que, como um todo, rejeitaram a visão sacramental da Ceia do Senhor, resistiram à ideia da "presença real" de Cristo na refeição — em vez da presença no povo de Deus reunido — e de modo geral celebram a ceia como memorial periódico (uma vez por mês ou quatro vezes por ano), em vez de considerá-la parte essencial do culto cristão semanal.

Até hoje a diversidade de opiniões é uma fonte de divisão — entre os herdeiros da Reforma e a Igreja Católica Romana, e entre evangélicos e pentecostais, por um lado, e os da Reforma (luteranos e anglicanos da igreja alta, por exemplo) por outro lado. A maioria das igrejas recebem cristãos de outros contextos e tradições, mas alguns chegaram ao ponto de excluir os que não endossam especificamente os ensinos sobre a Ceia do Senhor postulados por sua igreja ou grupo.

3. Desenvolvimentos recentes

A segunda metade do século 20, porém, testemunhous três desenvolvimentos notáveis que modificaram profundamente a discussão e o entendimento atuais da Ceia do Senhor e de sua prática. Dois deles podem ser datados: o *Concílio Vaticano II da Igreja Católica Romana e a publicação de *Batismo, Eucaristia e Ministério* (BEM) pela Comissão de Fé e Ordem do *Conselho Mundial de Igrejas (em 1982 em Lima, no Peru). O terceiro desenvolvimento é um interesse cada vez maior pelo caráter sacramental da vida como um todo, evidente em todos os grupos cristãos, mas de maneira mais visível nas Igrejas Livres e em tradições semelhantes nas quais os cristãos têm procurado valorizar de modo mais pleno a natureza física ou material da vida e, portanto, também da fé cristã.

3.1. Vaticano II. O Vaticano II é importante nesse assunto por várias razões, dentre as quais as mais notáveis são estas: a restauração da eucaristia não somente como a missa, ou seja, a celebração ritual do sacrifício de Cristo na cruz, mas também como a comunhão entre Cristo e a igreja; a ênfase na necessidade de a Ceia do Senhor ser o complemento da pregação da Palavra (assim, a liturgia tem dois lados — o da Palavra e o da eucaristia); e, mesmo ainda afirmando a transubstanciação, a ênfase não está tanto sobre os elementos da refeição, mas sobre a realidade de que Cristo está sacramentalmente presente para a igreja. Esse desenvolvimento, consolidado no Vaticano II, foi fruto de anos de estudos bíblicos e litúrgicos. Esse trabalho serviu como acelerador dos estudos sobre a natureza da vida sacramental e uma nova forma de pensar o significado do símbolo e da atividade simbólica.

3.2. Batismo, Eucaristia e Ministério. Embora publicado apenas em 1982, o *BEM* foi resultado de meio século de reflexões críticas e diálogo ecumênico. Desde sua publicação, o documento tem recebido muita atenção e, conforme esperavam os primeiros redatores, ele despertou uma extensa discussão ecumênica, incluindo uma série abrangente de publicações auxiliares, *Churches Respond to BEM* [Igrejas Respondem ao BEM]. *O BEM tem diversos aspectos dignos de menção, incluindo uma redescoberta da ideia clássica de lembrança (anamnēsis*) não simplesmente como um dado da memória cerebral sobre um acontecimento, mas como a capacidade de tornar presente um evento do passado; a ênfase na invocação do Espírito (*epiclēsis*) como parte integral das palavras da instituição e, portanto, daquilo que significa participar da Ceia do Senhor; e o reconhecimento de que o pão e o vinho são representantes de todos os dons de Deus e de como a refeição é "eucarística", um ato de gratidão a Deus por todos os seus dons providenciais, incluindo a pessoa e a obra do Filho.

3.3. Uma nova valorização do caráter sacramental da vida e da experiência cristã. Esses dois desenvolvimentos — Vaticano II e *BEM* — estimularam uma avaliação crítica do caráter sacramental da igreja e da vida eclesiástica. Some-se a isso um reconhecimento cada vez maior das dimensões física, simbólica e ritual da experiência cristã autêntica. Dentre as tradições que eram não-sacramentais, muitos estão começando a repensar esse aspecto da fé ao considerar todas as implicações da doutrina da *criação, afirmando-a como boa e como meio para a autorrevelação de Deus; muitos também estão se reapropriando da doutrina da encarnação e dando atenção ao vínculo entre a Ceia do Senhor e a missão cristã, ambas no convite para abraçar o reino de Cristo e também no chamado da igreja para buscar justiça para todos, especialmente para os pobres. A doutrina da criação serve de cenário de segundo plano para uma *cristologia que declara tanto a divindade quanto a humanidade de Cristo e que a redenção do mundo se dá por palavras e atos — o Logos torna-se carne — e por isso também declara que a missão da igreja no mundo é marcada por palavras e ações. Isso é reapresentado à igreja na celebração da Ceia do Senhor. Relacionados com essa visão renovada encontram-se os acadêmicos que têm procurado explicar a natureza do símbolo e da ação simbólica, que explora mais a fundo o que significa dizer que participar de um símbolo — algo tangível, concreto e *físico* — é participar daquilo que o símbolo representa e, por isso, que um sacramento é um sinal externo de uma realidade interna.

Ademais, para muitas das diversas tradições, a recuperação do caráter sacramental da vida tem levado a uma leitura de teólogos da Igreja Ortodoxa Oriental (*veja* Teologia Ortodoxa Oriental). Alguns têm deixado as raízes da Igreja Livre e rumado pela "trilha da Cantuária" ou pela estrada para Roma, ou, na realidade, voltado ao que eles entendem ser a igreja em sua forma mais antiga (i.e., a oriental). Mas mesmo para os que permanecem em seus grupos eclesiásticos, tem havido um diálogo emergente e crítico sobre a Ceia do Senhor — inspirado pelo Vaticano II, pelo *BEM* e por uma valorização cada vez maior da qualidade sacramental da igreja. Para alguns esse repensar tem se baseado nas vozes orientais.

4. Pontos de convergência
As diferenças entre os cristãos, logicamente, continuam profundas. Como Cristo está presente nessa refeição? Quem pode dirigi-la e quem está habilitado a participar da mesa? Com que frequência devemos celebrar a Ceia do Senhor? Para muitos essas diferenças não têm grande importância, pois eles insistem que as principais diferenças demarcadas pelos reformadores — com Roma e entre os de tradição reformada — ainda permanecem e não foram tratadas de modo adequado pelo Vaticano II nem pelo *BEM*. Todavia, existe uma convergência que tem aumentado sobretudo nos seguintes temas e perspectivas:

4.1. O caráter trinitário da ceia. Embora o ponto central da Ceia do Senhor seja a pessoa e a obra de Cristo, essa verdade só pode ser valorizado de modo adequado quando vemos que a "eucaristia", a ação de graças, em última análise, é oferecida ao Criador, o doador de todas as boas dádivas. Além disso, o encontro com Cristo é viabilizado pelo ministério do Espírito. A invocação do Espírito (a *epiklēsis*) é integral e insubstituível nas palavras que formatam e inspiram nossa celebração desse evento. Na realidade, o Espírito nos conduz a uma comunhão com Cristo que constitui o meio pelo qual a igreja participa da vida do Deus trino.

4.2. A Ceia do Senhor como comunhão. A Ceia do Senhor é um ato de recordação e um ato de ação de graças (*eucaristia*). Mas nesse evento existe uma crença central, a saber, que essa refeição é a porta pela qual a igreja entra, nas palavras de 1Coríntios 11, numa comunhão ou participação em tempo real com Cristo e de uns com os outros. A comunhão com Cristo é dupla — na Palavra, que as pessoas ouvem juntas, e na Mesa, onde, juntas, as pessoas comem e bebem em resposta ao chamado de Cristo. Ele mesmo é quem preside esse evento sagrado — oferecendo a refeição como anfitrião e depois dando a si mesmo aos discípulos como comida e bebida espirituais. O evento é memorial; é de ação de graças. Mas o que é mais importante é a percepção de que esse encontro se dá em tempo real com o Cristo que subiu ao céu.

4.3. Palavra e sacramento. Um dos elementos dinâmicos do pensamento e prática litúrgicos contemporâneos é a retomada da liturgia de dois elementos sugerida por Lucas 24 — *nosso coração* [...] *ardia* quando Cristo abriu a Palavra, e eles o reconheceram como o Cristo ressurreto pelo "partir do pão". A Igreja Católica Romana, com o Vaticano II, tem procurado de forma consistente restaurar a liturgia da Palavra a seu lugar de direito dentro da adoração cristã: não há celebração adequada da Ceia do Senhor sem a proclamação da Palavra de uma forma ou de outra. E muitos no lado evangélico e protestante têm tido cada vez mais convicção de que a Palavra pregada é necessariamente complementada pelo ministério da Mesa. Vale destacar aqui a certeza de que a Palavra vem primeiro e que ela é recebida e assimilada pela celebração da Ceia do Senhor.

4.4. A vida da igreja e a Ceia do Senhor. A Ceia do Senhor é um rito da igreja pelo qual, através do encontro com o Senhor que subiu ao céu, ela é fortalecida na fé, na esperança e no amor. A igreja é formada e reformada pela participação nessa refeição — pois a comunhão com Cristo viabiliza a genuína comunhão de uns com os outros. Por meio da celebração dessa refeição, a igreja declara sua convicção de que Cristo é tanto Senhor como Cabeça da comunidade da fé, e ele capacita a igreja a viver em comunidade. Assim o ato de "desejar a paz", ou o cumprimento, e o perdão entre os cristãos é parte essencial da participação nesse evento, mas também é fruto dele. A igreja encontra-se em união com Cristo quando há paz entre seus membros, e esse união com ele a capacita a ser uma unidade.

4.5. A igreja em missão. Por fim, o início do século 21 tem testemunhado uma consciência cada vez maior das implicações da Ceia do Senhor para a missão cristã. Cristãos da Ásia, América Latina e África estão levantando uma voz profética e insistindo para que essa refeição não seja vista como um ato que exclui, mas que traz inclusão, não como algo ligado apenas à renovação espiritual, mas algo através do qual a igreja recebe o chamado da missão e para ela é capacitada. Alguns têm afirmado que essa refeição é um ato de hospitalidade, uma reencenação pública do evangelho e um sinal do amor de Cristo pelo mundo, de modo que a Ceia do Senhor não é apenas algo que vem depois da evangelização, mas um evento que, na verdade, faz parte da essência do testemunho da igreja. E outros estão exigindo uma nova forma de olhar para o vínculo entre o pão na Mesa e a falta de pão para os pobres do mundo. A Ceia do Senhor tanto proclama a necessidade de *justiça quanto capacita a igreja a ser testemunha da justiça de Deus.

Veja também BATISMO NA ÁGUA; SACRAMENTOS, SACRAMENTALIDADE.

BIBLIOGRAFIA. BERKOUWER, G. C., *The Sacraments* (Grand Rapids: Eerdmans, 1969); CALVINO, J., *Institutes of the Christian Religion* (Grand Rapids: Eerdmans, 1979[edição em português: *Institutas da Religião Cristã* (Campinas: Luz para o Caminho)]) seções 4, 17; *Baptism, Eucharist and Ministry* (Faith and Order Paper No. 111; Genebra: Conselho Mundial de Igrejas, 1982); GRASSI, J. A., *Broken Bread and Broken Bodies: The Lord's Supper and World Hunger* (Maryknoll: Orbis, 1985); MARSHALL, I. H., *Last Supper and Lord's Supper* (Grand Rapids: Eerdmans, 1980); PANNENBERG, W., *Systematic Theology,* 3 (Grand Rapids: Eerdmans, 1998); SACRED CONGREGATION OF RITES, *Instruction on Worship of the Eucharistic Mystery* (London: Catholic Truth Society, 1967); SCHMEMANN, A., *For the Life of the World: Sacraments and Orthodoxy* (Crestwood: St. Vladimir's Seminary Press, 1973); SMITH, G. T., ed., *Five Views of the Lord's Supper* (Downers Grove: InterVarsity Press, 2008); VANDER ZEE, L., *Christ, Baptism and the Lord's Supper: Recovering the Sacraments for Evangelical Worship* (Downers Grove: InterVarsity Press, 2004); VATICAN COUNCIL II, *The Documents of Vatican II: With Notes and Comments by Catholic, Protestant and Orthodox Authorities,* ed. geral W. M. Abbot

(Nova York: Guild Press, 1966) veja esp. *The Dogmatic Constitution of the Church*; WAINWRIGHT, G., *Eucharist and Eschatology* (Nova York: Oxford University Press, 1981).

Smith, G. T.

CÉU

O céu é geralmente imaginado como um lugar "lá no alto", onde Deus habita e para onde vão os salvos que morrem. Mas um exame mais detido nos revela que a própria Bíblia nos apresenta uma visão multifacetada de um novo céu e uma nova terra nos quais a comunidade dos redimidos experimenta a presença amorosa do Deus trino e uma nova vida que transcende nossa imaginação atual.

1. Antigo Testamento
2. Novo Testamento
3. A tradição cristã
4. A teologia contemporânea e global

1. Antigo Testamento

O quadro que temos do céu no Antigo Testamento é que ele faz parte da ordem criada em que o céu e a terra são dois aspectos de um todo (Gn 1.1; cf. Is 66.1, 17, 22). O esquema de seis dias de criação em Gênesis 1.1—2.3, coroado pelo sétimo dia de descanso (padrão espelhado no mandamento de seis partes que regulamenta a construção do tabernáculo em Êx 30.11, 17, 22, 34; 33.1, 12, e sublinhado por Êx 33.17) reflete a antiga tradição do antigo Oriente Próximo para a construção da casa de uma divindade, segundo a qual um deus vitorioso constrói um casa-templo e então celebra. Na narrativa da criação de Gênesis, Deus cria o céu e a terra como sua casa-templo cósmica e depois passa a residir ali. A ordem criada tem duas dimensões interligadas, uma celestial e outra terrena, e elas se encontra especialmente em lugares sagrados (e.g., Éden, Betel, Sinai) e mais ainda no santuário israelita projetado e autorizado por Javé. Esse santuário, primeiramente portátil e depois situado em Sião, tem um pátio externo, um lugar santo e um lugar chamado santo dos santos, representando a sala do trono de Deus. Assim, a cosmovisão de Israel está simbolizada no santuário. O céu é o trono de Deus, e a terra é o estrado de seus pés, conforme representação na arca da aliança no santo dos santos. A presença de Deus no meio de Israel é uma presença dinâmica com aspectos imanentes e transcendentes, os quais estão sutilmente interligados. O retrato do céu, então, é uma representação dramática e bastante figurada da natureza última da realidade, passível de ser traduzida pelos autores da Bíblia com sofisticação teológica e diferenças sutis.

Em Isaías encontramos a ideia de que o céu é o lugar de habitação de Deus, onde ele está entronizado (Is 63.15; Ec 5.2), cercado por seu conselho celestial formado por seres espirituais (cf. Sl 2.4; 1Rs 22.19). Entretanto, sabe-se que nem o céu pode conter Deus (Is 66.1; cf. 1Rs 8.27). Essa esfera celestial é de vez em quando aberta aos profetas, que atuam como porta-vozes sobre a terra em nome do conselho divino no céu (Is 6; Jr 23.18, 22; 1Rs 22.19). Embora por exemplo em Salmos o céu seja simbolizado como algo que está no "alto", de onde Deus olha para baixo (Sl 14.2; 80.14; 102.19), não devemos considerar essa figura de modo demais literalista nem relegá-la ao primitivismo, mas pesá-la pelo simbolismo que ela encerra. Numa cultura ocidentalizada, esse aspecto do céu foi reconfigurada por N. T. Wright como uma espécie de "sala de controle" do cosmos ou como o escritório do CEO (Wright 2007, 111). A exemplo do restante da ordem criada, o céu não é uma realidade estática. Segundo a promessa em Isaías, os céus e a terra serão renovados segundo uma nova criação (Is 65.17; 66.22).

No Antigo Testamento não há uma ideia predominante que identifique o céu como lugar onde o povo de Deus se reúne a ele depois da morte. O profeta Elias foi levado para o céu num redemoinho, mas trata-se de um evento misterioso que evita a morte do profeta (cf. Enoque em Gn 5.24) e não serve de modelo para o povo de Deus. Geralmente se reconhece certo nível de ambiguidade em torno da esperança do Antigo Testamento quanto a uma vida após a morte para o povo de Deus. O *sheol* é o lugar de descanso para alguns, mas não se sabe ao certo se ele é o destino dos justos que morreram (veja Johnston). Na melhor das hipóteses, o Antigo Testamento nos apresenta vislumbres dos justos desfrutando de uma vida após a morte em comunhão com Deus, mas esse tema está mesclado com a esperança de "ressurreição" ou restauração nacional (Johnston, 237-39).

O texto mais claro do Antigo Testamento é Daniel 12.2-3, que fala dos que "dormem" no pó da terra e despertam para a vida eterna ou para a vergonha e o desprezo eterno, com os sábios brilhando "com o fulgor do firmamento" e os justos " Mas se esse texto não for revestido de um sentido do Novo Testamento, ele permanece uma fonte de esperança, porém ambíguo.

2. Novo Testamento
Ao virarmos a última página do Antigo Testamento para o Novo Testamento, transpomos um período de desenvolvimento histórico do conceito de céu dentro do judaísmo e surge um quadro mais complexo. As imagens do céu aparecem transformadas por mais reflexões (incluindo Dn 12.2-3) e tradições literárias — assim como também por influências culturais mais abrangentes como o helenismo. No primeiro século d.C., a literatura apocalíptica judaica especulava sobre a geografia do céu, percebendo-o como uma realidade em camadas (talvez incentivada pelo termo hebraico correspondente a céu, *samayim*, que é a forma plural) habitado por uma grande variedade de seres espirituais e detendo vários segredos da realidade e da história, que poderiam ser revelados aos que o vissem. Os textos apocalípticos, teoricamente escritos ou transmitidos por figuras que haviam sido elevadas ao céu como Enoque, Elias e Moisés (todos eles deixaram esta vida por meios fora do comum), são mediadores desses segredos para a humanidade (cf. *Sonho de Cipião* na literatura romana). Em comparação com esse cenário, os escritos apostólicos do Novo Testamento são, com exceção do livro de Apocalipse, bem reticentes ao falar do céu.

Nos evangelhos, uma das imagens celestiais mais típicas ocorre no quarto evangelho. Ali Jesus fala que irá preparar um lugar para seus discípulos, um lugar com "muitas moradas" ou "muitos aposentos" na casa de seu Pai (Jo 14.2). A figura é muitas vezes interpretada como referência às acomodações eternas do céu. Mas como ressaltam os comentaristas, o termo *monē* pode significar "hospedaria" ou habitação temporária. Jesus está falando que se reunirá ao Pai e do fato de que seus seguidores se reunirão com ele no Pai. A imagem pode estar baseada no templo de Jerusalém, com seus muitos aposentos, um modelo do templo celestial. Assim, o templo celestial têm lugares de acomodação com Cristo e o Pai, onde os mortos encontram local para ficar enquanto aguardam a ressurreição (Wright 2003, 446). É uma promesa de união com Cristo e, portanto, com o Pai, uma vida com Deus depois da vida neste mundo. Mas isso não inviabiliza uma vida ressurreta numa nova criação.

Curiosamente, Paulo fala de uma experiência visionária que o leva ao "terceiro céu" (2Co 12.2-4), uma experiência que está em harmonia com o que sabemos do misticismo judaico de seus dias (a pessoa sobe através de sete céus até o trono celestial de Deus; veja Laansma) e também com a imagem de Paulo como profeta. Mais importante é o texto de Filipenses 3.20-21 com sua ênfase no fato de que a pátria dos filipenses "está no céu". Essa ideia não deve ser confundida com um dualismo platônico de corpo e alma, pois o céu é imediatamente qualificado como lugar de onde o Salvador virá para transformar "o *corpo* da nossa humilhação, para ser semelhante ao *corpo* de sua glória". Para os cidadãos da colônia romana de Filipos, essa cidadania era correspondente à cidadania romana, que continuava valendo para eles apesar de estarem geograficamente distantes da capital do império. Quando Paulo diz em 2Coríntios 5.1-5 que *temos um edifício da parte de Deus, uma casa eterna no céu, não feita por mãos humanas*, ele não quer dizer que os coríntios precisam ir para o céu, para a eternidade, a fim de tomar posse da casa/corpo. Antes, eles serão revestidos com um corpo celestial que está no céu até que chegue esse tempo.

Por fim, as "regiões celestiais" de Efésios são a esfera espiritual onde Cristo reina com o Pai (Ef 1.20), onde os poderes espirituais das trevas podem ser encontrados (Ef 3.10) e onde os crentes — verdadeiramente unidos a Cristo — já experimentam "todas as bênçãos espirituais" (Ef 1.3). Não se trata novamente de um destino escatológico, porque Paulo esclarece que, mesmo que depois da morte os crentes estejam imediatamente "com o Senhor", no devido tempo — na ressurreição — seus corpos serão transformados (1Co 15.35-55). "Todas as coisas" no céu e na terra que foram reconciliadas (Cl 1.20) serão libertadas "do cativeiro da degeneração" (Rm 8.21) e levadas à renovação cósmica e ao senhorio do novo Adão (1Co 15.25-27; cf. Sl 8.6). A esperança escatológica de Paulo está dominada pelo tema da nova criação. O mesmo se pode dizer do livro de Hebreus. Hebreus 11.13-16 fala dos peregrinos justos que aspiram a uma pátria melhor, a pátria "celestial", uma cidade preparada para eles. Mas o autor continua e esclarece que esta é a "Jerusalém celestial", onde os justos se reúnem (Hb 12.22-24), provavelmente esperando o reino, um ceu e uma terra que não podem ser abalados (Hb 12.26-28), a cidade "que virá" (Hb 13.14). Temos todas as razões para acreditar que Hebreus tem em mente o mesmo quadro escatológico de Paulo. Nas palavras de N. T. Wright, é uma visão de "vida após vida após morte", a primeira vida é "com o Senhor" e a seguinte é a vida na nova criação, um céu e uma terra renovados (Wright 2003, 30-31).

O vidente de Apocalipse revela uma rica visão cheia de imagens do mundo celestial, "um renascimento de imagens" (tomando emprestado o título de um livro de Austin Farrer) do Antigo Testamento. Afastando as cortinas da realidade terrena, vemos o Pai e o Filho reinando no céu, cercados por uma corte de seres celestiais e uma hoste de mártires. Mas a existência celestial não é o estado final das coisas (há até "guerra no céu", Ap 12.7), pois o vidente vê "um novo céu e uma nova terra; pois o primeiro céu e a primeira terra já se foram". Essa nova criação transformada, simbolizada na "nova Jerusalém", desce do céu para a terra (Ap 21.1-2).

Concluímos que as Escrituras não apóiam a ideia comum de que "ir para o céu quando morremos" resumo todo o estado eterno dos crentes, se com a palavra céu entendemos uma existência "celestial". Para os que morrem antes da consumação escatológica existe vida "com o Senhor" seguida pela vida numa nova criação, que é igualmente "com o Senhor" (1Ts 4.17).

3. A tradição cristã

Ao longo de dois milênios de história da igreja, vários foram os temas celestiais preferidos em diversos períodos e lugares: a Nova Jerusalém, os prazeres do paraíso, a cura da desgraça humana, a celebração da grande festa, o descanso no fim da peregrinação espiritual, o fim das lágrimas e da tristeza, o reencontro eterno da família e dos entes queridos, e a visão beatífica de Deus com o esplendor da adoração. Esses temas são autênticos vetores das imagens bíblicas do céu, embora suas expressões históricas específicas precisem ser continuamente avaliadas de acordo com, no mínimo, três princípios bíblicos.

3.1 Teocêntrico em vez de antropocêntrico. Quando a obra de Cristo estiver consumada, Deus será "tudo em todos" (1Co 15.28). Os reformadores protestantes do século 16 e seus herdeiros afirmam que as visões cristãs do céu e da nova criação mais autênticas são teocêntricas. O "fim principal do homem", como diz o Breve Catecismo de Westminster, "é glorificar a Deus e gozá-lo para sempre". Em *O Descanso Eterno dos Santos* (1650), Richard Baxter deixou claro esse pensamento com sua visão a adoração espiritual incessante.

Mas na nova criação podemos certamente esperar um pleno alcance das atividades realizadas para a glória de Deus, isentas de motivações pecaminosas. Os ensinamentos dos reformadores tiveram precedentes no conceito da "visão beatífica" desenvolvida pelos escolásticos medievais. Como parte do magistério católico romano, essa doutrina fala da principal alegria do céu como a "visão" do Deus trino num encontro não mediado, "face a face", com o mistério da divindade (Mt 5.8; 18.10; 1Co 13.12; 1Jo 3.2). Na ortodoxia oriental, o conceito de teose, ou *deificação, a recuperação da plena imagem e semelhança de Deus (1Pe 1.4) — e, portanto, a união com Deus — está no centro da esperança com relação ao céu.

Na ascensão de Cristo vemos o Cristo ressurreto levando para o céu uma parte representativa da nova criação (seu corpo transformado). Nas palavras de T. F. Torrance, "Seja como for, o 'céu' é para nós o 'lugar' onde Cristo está em Deus. Assim, podemos falar que Cristo tem um 'lugar celestial' em Deus. Todavia, através de seu Espírito, Jesus Cristo nos outorga sua presença na igreja, de modo que a igreja sobre a terra, no continuum de tempo e espaço deste mundo, é o 'lugar' onde Deus e o homem devem se encontrar" (Torrance, 129; cf. Barth *CD* IV/2, p. 153). O "céu" escatológico é o cumprimento dessa união presente com Cristo nas "regiões celestiais".

3.2 Comunitário em vez de individual. A visão bíblica do destino dos justos tem a ver com indivíduos, mas indivíduos em comunidade, unidos por um vínculo de amor perfeito. A visão de uma Nova Jerusalém, uma cidade eterna, implica a realidade de homens e mulheres em comunhão, e uma sociedade que cumpre o ideal divino de *comunidade. Assim, os sonhos individualistas, ou mesmo aqueles centrados na família nuclear, na tribo, na etnia ou na identidade nacional, precisam ser substituídos por uma visão muito mais abrangente de *uma grande multidão, de todas as nações, tribos, povos e línguas, em pé diante do trono e na presença do Cordeiro* (Ap 7.9).

3.3 Da natureza da criação e não platônico ou etéreo. Na linguagem cristã, "céu" tem muitas vezes evocado ideias de uma existência puramente espiritual. Mas como vimos, a visão bíblica do futuro escatológico tem a ver com a criação — uma nova criação que consiste de um novo céu e uma nova terra. Se nos referimos a essa realidade futura usando o termo *céu,* é bom nos lembrar que estamos falando de uma restauração divina e de uma transformação da criação. Assim como a verdadeira esperança cristã se define pela ressurreição (uma existência física transformada) e não por uma alma imortal que continua a existir sem um corpo, assim também a esfera dessa existência está ligada à criação, embora transformada de modos que não conseguimos entender. Ligada a esse pensamento está a implicação de que o "céu" não será um eterno "dia de folga", mas um dia no qual haverá uma ampla variedade de iniciativas criativas oferecidas a Deus como atos de adoração.

4. A teologia contemporânea e global
Em linhas gerais, a mente científica moderna tem dificuldade de interpretar de modo rigorosamente literal a linguagem bíblica acerca do céu, embora se discuta até que ponto os antigos a interpretavam assim. Embora alguns teólogos evangélicos continuem a afirmar que o céu é "um local definido em algum ponto no universo de espaço e tempo" (Grudem, 617; cf. 1158-59; também Edwards, 141), muitos entendem que a linguagem bíblica aponta para algo que transcende as categorias de tempo e espaço que conhecemos. T. F. Torrance, por exemplo, adverte contra o pensamento que vê o céu como um "contêiner" em algum lugar: "Espaço e tempo são conceitos relacionais que variam e são definidos de acordo com a natureza da força que lhes dá seu campo de determinação" (Torrance, 130). Assim, no Ocidente alguns têm traduzido a linguagem bíblica do céu como se ele fosse uma "dimensão alternativa" da ordem criada. O céu não está "lá em cima", mas talvez "bem do nosso lado". Essa maneira de falar se inspira em pelo menos um aspecto da linguagem bíblica polivalente sobre o céu. Podemos afirmar com John Polkinghorne que, na linguagem bíblica, "não estamos presos a algum remanescente obstrutivo de uma cosmologia ultrapassada (uma esfera acima do firmamento azul), mas a nós se propõe um conceito de riqueza simbólica" (Polkinghorne, 80).

Em face dessa riqueza de simbolismo, a igreja não precisa descartar as imagens bíblicas em favor de abstrações metafísicas ou "científicas", ou de teorias cosmológicas predominantes, mas deve continuar a aceitar os símbolos bíblicos como parte da linguagem e da gramática que Deus nos concedeu para viabilizar nossa fé e adoração. Esse reconhecimento da riqueza de simbolismo do céu deve ser diferenciada de visões como a de Paul Tillich sobre o "céu" e a "vida eterna", que se reduzem a um "eterno agora" existencial que dá um sentido transtemporal à vida hoje, mas não tem realidade além disso. Nas palavras de Anthony C. Thiselton, "os símbolos se identificam com as profundezas do eu num nível precognitivo e apontam além de si mesmos para o que pode transcender a formulação conceitual" (Thiselton, 574).

Quando se pensa no céu, há muita coisa que, na verdade, "pode transcender a formulação conceitual". Testemunho disso é o fato de que, em todo o século 20, o livro mais influente sobre o céu talvez seja *O Grande Abismo,* de C. S. Lewis, traduzido para vários idiomas. É importante manter em mente que as imagens bíblicas nos apresentam facetas de um mistério, algumas vezes em paradoxos — silêncio e cântico, jardim e cidade, céu e terra, indivíduos e comunidade, e assim por diante (Russell, 187). O que nos é oferecido não são fragmentos de um mural que podem ser juntados, mas elementos que transmitem esperança. Cada cultura recebe a visão bíblica do céu dentro do contexto de sua própria herança de tradições e símbolos do mundo divino e da vida após a morte. A própria linguagem bíblica, mesmo estando na privilegiada categoria canônica, é produto da revelação que inclui imaginação divinamente inspirada e "batizada". Israel, o judaísmo e os primeiros cristãos empregavam elementos do simbolismo mítico de sua época e de suas tradições herdadas, transformando-os sob a luz da revelação progressiva de Deus. Portanto, é teologicamente legítimo que cada cultura incorpore à sua visão do céu alguns aspectos de sua herança cultural. No entanto, esses aspectos precisam ser pesados e avaliados segundo os valores essenciais da visão bíblica do céu e de acordo com sua trajetória.

Vale lembrar que alguns cristãos primitivos adotaram rápido demais a ideia grega do dualismo de corpo e alma e da imortalidade da alma e, assim, deturparam a visão bíblica da ressurreição do corpo e seu valor positivo como criação de Deus. Mas imagens culturalmente específicas de adoração, paraíso, reencontro de familiares e da vida boa, por exemplo, são todas passíveis de inclusão na linguagem cristã, em sua música e nas representações visuais do céu. As culturas que, por tradição, têm um sentido mais imediato da proximidade do "mundo transcendental" podem ter muita coisa a ensinar para outros cristãos (sobretudo no Ocidente) que lutam para compreender a visão bíblica do céu e das "regiões celestiais". Se as nações haverão de levar para a nova Sião o melhor de suas riquezas (Is 60.5, 11; Ap 21.24, 26), pode-se dizer com segurança que um sinal próprio do eschaton seja os cristãos de todas as nações levando o melhor de suas imagens culturais para compor a visão cristã do novo céu e da nova terra.

Veja também ESCATOLOGIA; INFERNO; REINO DE DEUS.

BIBLIOGRAFIA. EDWARDS, J., *Apocalyptic Writings*, STEIN, S. J., org. (Works of Jonathan Edwards 5; New Haven: Yale University Press, 1977); GRUDEM, W., *Systematic Theology* (Grand Rapids: Zondervan, 1995 [edição em português: *Teologia Sistemática* (São Paulo: Vida Nova)]); JOHNSTON, P. S., *Shades of Sheol: Death and Afterlife in the Old Testament* (Downers Grove: InterVarsity Press, 2002); LAANSMA, J., "Mysticism," *DNTB* 725-37; LEWIS, C. S., *The Great Divorce* (Nova York: Macmillan, 1946 [edição em português: *O Grande Abismo* (São Paulo: Vida)]); MCDANNELL, C. e LANG, B., *Heaven: A History* (New Haven: Yale University Press, 1988); MCGRATH, A. E., *A Brief History of Heaven* (Oxford: Blackwell, 2003); MOLTMANN, J., *The Coming of God* (Minneapolis: Fortress, 1996); POLKINGHORNE, J., *The Faith of a Physicist* (Minneapolis: Fortress, 1996); RUSSELL, J. B., *A History of Heaven* (Princeton: Princeton University Press, 1997); THISELTON, A. C., *The Hermeneutics of Doctrine* (Grand Rapids: Eerdmans, 2007); TORRANCE, T. F., *Space, Time and Resurrection* (Grand Rapids: Eerdmans, 1976); WRIGHT, N. T., *The Resurrection of the Son of God* (Minneapolis: Fortress, 2003); idem, *Surprised by Hope* (San Francisco: HarperOne, 2007 [edição em português: *Surpreendido pela Esperança* (Viçosa: Ultimato)]).

Reid, D. G.

CHO, JONG NAM. *Veja* TEOLOGIA COREANA.

CHRISTUS VICTOR. *Veja* EXPIAÇÃO; SALVAÇÃO.

CIDADE, TEOLOGIA DA

Por todo o mundo, o processo de urbanização segue a passos rápidos, à medida que multidões deixam os vilarejos da Índia, China e Quênia e se fixam nas periferias de Mumbai, Pequim e Nairobi. A urbanização cada vez maior vista no século 20 e no século 21 ressaltam a necessidade de uma teologia da cidade.

1. Mudanças recentes
2. História da teologia da cidade
3. Por uma teologia da cidade: algumas características e temas

1. Mudanças recentes
Em 1900, apenas dez por cento da população mundial vivia em cidades. Com a chegada do século 21, esse número já estava na casa de cinquenta por cento. Até 2030 serão setenta por cento, e a maior parte do crescimento será na África e na Ásia. A América Latina já tem uma urbanização de oitenta

por cento. A maioria dos que vêm para a cidade atrás de um futuro melhor se encontra em favelas e sem acesso a alimentos para si e para seus filhos. Cada vez mais vivemos não numa aldeia global, mas numa cidade global, e muitos nesta cidade global levam vidas que não podem ser sustentadas. Essas megacidades com explosão de crescimento são habitadas por pessoas sem conhecimento do cristianismo.

Na sociedade norte-americana ocorreu recentemente uma importante mudança demográfica. A *pobreza está se transferindo para os subúrbios ou, para ser mais específico, se expandindo para os subúrbios, e hoje há mais pessoas pobres vivendo nos subúrbios norte-americanos do que na região mais central das cidades. Os centros urbanos, há muito abandonados, estão sendo redescobertos praticamente em todas as cidades norte-americanas. Os membros mais ricos da sociedade estão voltado aos centros urbanos que haviam sido abandonados, e esse processo traz serias implicações para o futuro das cidades, para as igrejas e para a teologia.

Em todo o mundo, todas as cidades estão agora sob o impacto de realidades globais que há poucos anos não eram nem sequer imaginadas. Muito do que aprendemos sobre a vida nas cidades e as teologias urbanas poderão não ser pertinentes para as cidades do futuro. No passado, as cidades eram vistas como centros de poder e influência. Essas mesmas cidades estão agora sofrendo o impacto da reestruturação econômica e de outras forças globais.

As definições mudam tão rapidamente quanto as cidades. A cidade é claramente um lugar, mas esses lugares não podem ser isolados dos processos que definem o ambiente urbano e, assim, *urbano* refere-se tanto ao lugar quanto ao processo. *Urbanização* é o processo de crescimento dentro da cidade. *Urbanismo* é o impacto cultural da urbanização. Quando processos urbanos são vistos como parte de processos sociais maiores, a pergunta que se deve fazer é: os problemas urbanos são verdadeiramente problemas urbanos ou problemas sociais localizados na cidade? Será que a cidade tem sido responsabilizada por problemas urbanos que, na verdade, não estão limitados ao perímetro da cidade, mas emergem da sociedade da qual o ambiente urbano faz parte?

No imaginário popular, a cidade é sempre vista não somente como um local ou ambiente em particular, mas como as pessoas que vivem nesses ambientes. Assim, os termos *urbano* e *cidade* evocam imagens de violência, crime e pobreza. O termo "ministério urbano" muitas vezes se refere ao ministério realizado em favor dos pobres e com eles, não à cidade como um todo. "Periferias" é um termo usado mais ou menos da mesma forma e designa não tanto o local, mas um tipo específico de bairro, geralmente regiões economicamente desfavorecidas habitadas por minorias étnicas.

As cidades foram e continuam a ser centros de poder e influência no imaginário popular, mas elas evocam não apenas poder econômico e cultural, mas também os que não têm poder e se encontram fora das estruturas de poder. Agora que a pobreza está se expandindo para os subúrbios, resta ver se o uso popular desses termos também sofrerá mudança.

2. História da teologia da cidade

O crescimento explosivo das cidades cria um contexto desafiador, mas igualmente desafiador é um preconceito antiurbano que afeta a sociedade, a igreja e nossa teologia. O preconceito antiurbano remonta ao império romano, mas ele se fortaleceu na colonização dos Estados Unidos. Já na década de 1780, Thomas Jefferson considerava as cidades um mal. O sonho americano não era um sonho urbano. Um preconceito antiurbano também trouxe impacto à igreja na Grã-Bretanha. A teologia não ficou de fora desse preconceito, resultando no que foi chamado de antiurbanismo teológico. Isso levou alguns a afirmar que as maiores barreiras para as missões urbanas não estão na cidade, mas na igreja. Isso realça a importância de desenvolver teologias que tratem da situação urbana. Uma análise social e econômica pode nos ajudar a entender a cidade, mas é somente pela leitura da Bíblia que podemos encontrar uma visão daquilo que Deus tem em mente para nossas cidades e para toda a sociedade.

Em anos recentes surgiram diversas abordagens de uma teologia urbana contrária a esse antiurbanismo. Jacques Ellul *escreveu*

The Meaning of the City [O Significado da Cidade] com a intenção de revelar a perspectiva bíblica das cidades. A obra de Ellul foi criticada por conter uma visão muito negativa da cidade, contribuindo para o já existente preconceito antiurbano. Com a publicação na Itália de *A Gospel for the Cities* [Um Evangelho para as Cidades], de Benjamin Tonna, produziu-se uma sociologia/teologia. Na Inglaterra, o Grupo de Teologia Urbana do Arcebispo da Cantuária reuniu-se ao longo de muitos anos para fazer as perguntas teológicas relacionadas à privação urbana.

Dentro dos Estados Unidos, o *Seminary Consortium for Urban Pastoral Education* teve início em Chicago em 1976 para começar a discutir as necessidades da educação teológica de contexto urbano (http://www.scupe.com). Também em Chicago, Raymond J. Bakke fez com que a cidade fosse vista pelos olhos do mundo evangélico, primeiramente nos Estados Unidos e depois em âmbito internacional. James Cone escreve de dentro da igreja afro-americana e levanta questões essenciais a todos os que fazem parte da igreja de Jesus Cristo.

Uma das obras teológicas mais abrangentes foi escrita por Harvie Conn e Manuel Ortiz. Em tempos mais recentes, Mark Gornik e Andrew Davey têm levantado as questões sobre o impacto da *globalização nas cidades e sobre como isso afeta nossos cidadãos mais vulneráveis. Hoje se faz necessária uma nova geração de teólogos urbanos do Hemisfério Sul que possam refletir a partir das novas realidades das grandes metrópoles do mundo.

3. Por uma teologia da cidade: algumas características e temas

A formulação de uma teologia da cidade levanta a seguinte pergunta: de quem é essa teologia? Será uma teologia proposta pela academia para a cidade? Será uma teologia das ruas? Irá essa teologia refletir o poder das forças econômicas da cidade ou dos que estão excluídos do poder e não têm influência?

Nos últimos anos tem se perguntado de onde são os que "fazem teologia". Essas perguntas também são feitas em relação à teologia urbana. Os que vivem em metrópoles esperam que a reflexão teológica tenha raízes no solo (e no concreto!) da cidade e se origine no povo local. Ela deve levar a sério o contexto do lugar onde é produzida. Por isso, vemos nas cidades o movimento em favor de teologias locais e contextualizadas. Boa parte da teologia urbana tem raízes na práxis e emerge da reflexão sobre a prática da vida e missão urbanas. Vários contextos urbanos têm dívida para com as teologias da libertação da América Latina. A ênfase não é somente no entendimento teológico, mas na práxis que faz diferença nas lutas que as pessoas enfrentam na vida, sobretudo aquelas excluídas das estruturas de poder.

O uso da *teologia narrativa como abordagem para a teologia urbana também tem aumentado, em especial nas teologias para missões urbanas. As narrativas colocam a teologia e a missão no contexto da cidade. Por meio das narrativas, pessoas de vida urbana podem associar sua estória com a estória bíblica. A narrativa tem a capacidade de ligar uma microestória local às realidades globais mais amplas que igualmente fazem parte das cidades no século 21. A metodologia da narrativa começa com a estória local, analisa o contexto e procura nas Escrituras *insights* que conduzem à ação missional. Esse tipo de metodologia não exige formação teológica num seminário, mas pode ser adaptado para diferentes pessoas de uma cidade e ajudá-las a pensar na vida de uma perspectiva teológica.

A teologia da cidade tem se caracterizado por certos temas. Esses temas podem na ser exclusivamente urbanos, mas refletem processos sociais dentro da esfera urbana. Esses temas são essenciais para o desenvolvimento de uma teologia que traga impacto sobre os que estão nas cidades, ainda mais que a pobreza está se expandindo para os subúrbios. Esses temas continuam a exigir nossa atenção, tanto nos Estados Unidos e na Europa quanto no Hemisfério Sul.

Questões envolvendo *justiça e injustiça, embora não sejam exclusivamente urbanas, continuam a assombrar as cidades, muito mais em nosso mundo globalizado. Os dados apontam para um abismo cada vez maior entre ricos e pobres em nossas cidades, e essa realidade exige nossa atenção teológica. Relacionados a isso vemos os temas de poder e impotência, exclusão e inclusão, raça e reconciliação. Mesmo não sendo questões unicamente urbanas, sua influência se faz sentir principalmente nas cidades.

Um tema que precisa de mais reflexão à medida que formulamos nossas teologias para as cidades do mundo presente e futuro é a forma como essas cidades estão interligadas aos subúrbios e áreas rurais e também umas com as outras. Existe uma interdependência que muitas vezes passa despercebida principalmente por aqueles que não se consideram urbanos. Assim, uma comunidade isolada pode tentar se defender dos males de uma cidade, mas a vida dos que vivem isolados está ligada aos sistemas da cidade, aos lugares onde há emprego e a muitas outras forças globais. Precisamos enfrentar nossa crise de desconexão.

Esses temas precisam ser levados a sério por qualquer teologia urbana para que a igreja de Jesus Cristo tenha espaço e impacto transformador nas megacidades de nosso mundo.

Veja também CULTURA E SOCIEDADE; GLOBALIZAÇÃO; LUGAR; MIGRAÇÃO; MISSÃO HOLÍSTICA; POBREZA.

BIBLIOGRAFIA. BAKKE, R., *A Theology as Big as the City* (Downers Grove: InterVarsity Press, 1997); CONE, J. H., *Risks of Faith: The Emergence of a Black Theology of Liberation, 1968-1998* (Boston: Beacon, 1999); CONN, H., "A Contextual Theology of Mission for the City," in: *The Good News of the Kingdom,* VAN ENGEN, C. et al., orgs. (Eugene: Wipf and Stock, 1999) 96-104; CONN, H. e ORTIZ, M., *Urban Ministry* (Downers Grove: InterVarsity Press, 2001); DAVEY, A., *Urban Christianity and Global Order: Theological Resources for an Urban Future* (Peabody: Hendrickson, 2002); DREIER, P., "Poverty in the Suburbs," *In the Nation,* September 20, 2004; ELLUL, J., *The Meaning of the City* (Grand Rapids: Eerdmans, 1970); GORICK, M., *To Live in Peace: Biblical Faith and the Changing Inner City* (Grand Rapids: Eerdmans, 2002); GREEN, L., *Let's Do Theology* (Nova York: Continuum, 2000); idem, *Urban Ministry and the Kingdom of God* (London: SPCK, 2003); LINTHICUM, R., *City of God, City of Satan* (Grand Rapids: Zondervan, 1991); SEDGEWICK, P., org., *God in the City: Essays and Reflections from the Archbishop of Canterbury's Urban Theology Group* (London: Mowbray, 1995); TONNA, B., *Gospel for the Cities* (Maryknoll: Orbis, 1985); VAN ENGEN, C. e TIERSMA, J., orgs., *God So Loves the City* (Monrovia: MARC, 1994).

Tiersma Watson, J. M.

CIÊNCIA E TEOLOGIA

Uma característica universal de todos os povos é a sensação inerente do sagrado, a sensação de que há outras coisas que não podem ser diretamente experimentadas, uma sensação do infinito. Todos são chamados a dar uma resposta a essa consciência interior. Essa resposta pode ser um desejo de estar relacionado com o infinito, de tentar determinar por que nos foi dada a existência, de procurar alcançar uma integralidade que nos ponha em harmonia com o infinito e com o restante do universo criado. Assim, todas as culturas na história mundial experimentaram a ascensão da religião como expressão dessa busca.

Um aspecto da religião consiste em focar os elementos que compõem a mentalidade da cultura ou do indivíduo a respeito daquilo que constitui a vida — que dá uma visão abrangente do mundo — que dá sentido, integração e coerência à vida da pessoa. A isso chamamos formação da cosmovisão.

Outra característica humana é o desejo de conhecer, de entender o que experimentamos ou podemos experimentar — o que podemos ver, tocar ou imaginar. Como consequência, em cada cultura, desde os tempos mais antigos até os dias de hoje, as pessoas estudam aquilo que as cerca — o que lhes era acessível na natureza — e desenvolveram certas ferramentas como a matemática, que ajuda na sistematização e compreensão desse estudo chamado ciência. A ciência presta uma importante contribuição à formação da cosmovisão, pois um entendimento completo do mundo de uma pessoa ou de uma comunidade requer uma compreensão verdadeiramente científica do mundo. Surge um problema neste ponto, pois nem sempre é fácil conciliar uma visão científica na formação de uma cosmovisão, uma vez que, pelo menos uma parte do conhecimento científico atual inclui conceitos como risco, incerteza, caos, evolução lenta e cega — para o universo, para a terra e para nossa vida — e por fim a morte do universo por aquecimento. Esses pensamentos complicam a relação entre ciência e religião, às vezes resultando numa considerável tensão entre as duas.

Neste artigo, examinamos o relacionamento entre ciência, religião e teologia segundo cinco grandes religiões mundiais e suas relações com a ciência, enfatizando-se a situação contemporânea.
1. Budismo
2. Hinduísmo
3. Islamismo
4. Judaísmo
5. Cristianismo

1. Budismo

1.1. Posturas budistas perante a ciência. O *budismo e a ciência, em linhas gerais, são vistos como compatíveis, em especial quando comparado às religiões abraâmicas nas quais os conflitos com a ciência continuam. O sobrenatural juntamente com a verdade revelada não fazem parte do budismo. Como consequência, o budismo apoia o livre espírito de investigação e a busca da verdade de forma objetiva e racional. Ele também incentiva o espírito de tolerância e permite àquele que busca a verdade o uso de quaisquer meios para esse fim, tanto pelo pensamento budista quanto pela ciência.

Os budistas exaltam a ciência pela capacidade de expandir nosso conhecimento do mundo físico e afirmam que as descobertas científicas precisam ser levadas a sério por todas as religiões, mesmo que isso obrigue a religião a modificar algumas de suas crenças antigas. No entanto, o que nunca mudará é a postura do budista diante do sofrimento e da libertação dele. O budismo vê na ciência uma parceira e cada parte respeita os limites entre as duas iniciativas. O budismo rejeita qualquer sentido de imperialismo científico.

Mas há um sentido em que os interesses do budismo e da ciência não são os mesmos. Os estudos científicos contemporâneos limitam-se ao exame do mundo físico e tentam descobrir princípios pelos quais ele funciona, princípios cuja validade pode ser investigada por metodologias experimentais de coleta de dados. Em contraste com isso, o budismo, a exemplo de muitas outras religiões, foca na vida pessoal ou interior para encontrar princípios espirituais e morais que o ser humano possa usar para desenvolver-se espiritualmente. O budismo é algumas vezes chamado de ciência da iluminação.

Todavia, certos temas do budismo harmonizam-se naturalmente com algumas áreas científicas tais como psicologia, biologia evolucionista e estudos da consciência. E alguns tem percebido uma ligação natural entre o budismo e certos aspectos da física, tais como a teoria quântica e a cosmologia; o budismo chega a declarar que, se quisermos entender a verdadeira natureza da realidade, precisamos abordar mais plenamente as problemáticas implicações filosóficas advindas da mecânica quântica. Além disso, vale observar outros princípios compartilhados entre a ciência contemporânea e o budismo.

1.2. Outros interesses do budismo e da ciência contemporânea

1.2.1. Rejeição do materialismo. O budismo não aceita a visão científica que reduz todos os fenômenos, incluindo os mentais, à ideia física de átomos em movimento. Estudos em neurofisiologia (incluindo estudos científicos da meditação) ao lado de certos desenvolvimentos da mecânica quântica demonstram que o conceito estreitamente materialista da natureza pode não ser suficiente e pode até estar incorreto. O Dalai Lama tem revelado interesse na neurobiologia e nas tradicionais áreas cinzentas que separam a ciência da ética juntamente com uma reconsideração do conceito fundamental de mente, incluindo efeitos macroscópicos que ligam fenômenos quânticos à consciência.

1.2.2. Rejeição do reducionismo. Os cientistas estão percebendo que nem todos os fenômenos físicos ou científicos se prestam a uma análise indutiva ou reducionista, e que uma causalidade dedutiva ou do todo e da parte oferece um importante componente para entender a natureza. O pensamento budista também rejeita qualquer reducionismo simplista, em especial aqueles que eliminam a liberdade moral e espiritual do ser humano.

1.2.3. Interconectividade e causalidade. É verdade que um dos grandes avanços da física no século 20 foi o desenvolvimento da mecânica quântica (a física que explica os fenômenos microscópicos), mas a questão das implicações filosóficas da teoria permanece indefinida. A principal linha de interpretação científica da teoria indica que a causalidade determinista estrita derivada da mecânica newtoniana foi substituída por uma versão um pouco menos determinista da causalidade, caracterizada pelo Princípio da Incerteza de Heisenberg. Além disso, a interpretação de investigações experimentais relacionadas ao "efeito de permeabilidade e retenção" (da sigla em inglês EPR) tem levado à ideia de que existe uma profunda interconectividade dentro do mundo físico. Esses desenvolvimentos na física quântica harmonizam-se com o pensamento budista e com a ideia do livre arbítrio, sem o qual a libertação budista do ciclo de vidas se inviabiliza. Além disso, a interconectividade física é coerente com a crença holística budista que ressalta a inter-relação de todos os níveis da realidade e vê o universo como um complexo de relacionamentos causais em que cada ser humano é dependente dos outros.

2. Hinduísmo

2.1. Perspectivas hindus relacionadas com a ciência.

Uma característica que distingue o *hinduísmo e leva à sua perspectiva sobre a ciência é que o hinduísmo não depende de livros sagrados nem de mensagens proféticas, nem de alegações de que sua perspectiva é superior. Antes, ele depende de *insights* acessíveis a qualquer um que os busque. E por isso a busca hindu não é diferente da busca científica pelo fato de a visão hindu transcender raça, religião, geografia e cultura. Um preceito central no hinduísmo é que a verdade é uma só. Existe uma Realidade Absoluta Última responsável pela origem, sobrevivência e decadência final de todas as coisas, incluindo espaço, tempo, matéria, energia, formas, ideias e leis. Mas qualquer entendimento da Realidade Absoluta será obrigatoriamente atrelado a um paradigma. Como consequência, os cientistas hindus reconhecem que a ciência, a religião e a mitologia são simplesmente paradigmas amplos, e o hindu não vê necessidade de justificar algum paradigma em particular como verdadeiro e excluir outros.

Há alguns hindus que afirmam que o pensamento hindu tem pouca importância para a ciência, mas também existem interesses hindus específicos em diversas áreas científicas contemporâneas como, por exemplo, na cosmologia, em questões de não-localidade e na filosofia na física quântica, e questoes de dualidade não-dualidade na filosofia e na teologia. Ademais, o hinduísmo se interessa pela conciência e no papel dos upanishads e da ioga. O que caracteriza a ciência hindu não é apenas o envolvimento ativo no pensamento e no progresso científico moderno, mas também a busca que não deixa de lado os antigos textos hindus. Alguns acham que a literatura espiritual hindu assim como também a literatura espiritual dos ensinamentos de Jesus, Krishna, Buda, Maomé e até de líderes espirituais contemporâneos pode contribuir para uma síntese de todas as religiões e para o avanço da própria ciência, levando até mesmo à integração de ciência e religião.

2.2. O hinduísmo e o criacionismo védico.

Os Vedas são o principal texto sagrado do hinduísmo. Em tempos recentes surgiu um movimento criacionista entre certos hindus, sobretudo entre os Hare Krishnas, baseado na leitura que eles fazem dos Vedas. Essa forma de criacionismo é designada "criacionismo Krishna", "criacionismo hindu" ou "criacionismo védico". O criacionismo védico tem recebido apoio do criacionismo cristão e do movimento do *design* inteligente, que também é basicamente cristão.

A principal ideia do criacionismo védico consiste em negar que diferentes espécies de seres vivos, incluindo os humanos, evoluíram de organismos mais simples, conforme asseverado por Darwin. Em vez disso, todas as espécies, incluindo os seres humanos, vieram de um ser altamente desenvolvido e superinteligente, uma forma de consciência pura. As diferentes espécies de plantas e animais são simplesmente formas materiais adotadas pela consciência pura (ou *Atmã*), à medida que ela transmigra em infindáveis ciclos de nascimentos e renascimentos ao longo de bilhões de anos. Uma doutrina específica do criacionismo védico é que os ancestrais dos seres humanos existiram por bilhões ou até trilhões de anos. Para atender às necessidades de seres espirituais que se desenvolvem através de infinitos ciclos de tempo, sempre devem ter existido os veículos físicos — tais como corpos semelhantes ao humano — necessários para que os mais altos níveis de consciência sejam alcançados. Os criacionistas védicos derivam suas crenças de uma leitura literal dos Vedas e alegam apoio científico usando dados a partir da observação de OVNI's e da física.

3. Islamismo

3.1. Islamismo, ciência e história.
O *islamismo é uma religião cuja importância para a ciência reside principalmente no passado. Com o surgimento do islamismo, estabelecido por Maomé no século sétimo d.C., aconteceu uma revolução cultural inédita que levou o islamismo até o norte da África, o Oriente Médio e para algumas regiões da Espanha. Quando o mundo ocidental entrou na Era das Trevas, os estudiosos dessa nova religião compilaram e traduziram do grego para o árabe manuscritos acadêmicos, preservando assim o conhecimento da antiguidade, incluindo as ciências antigas e a matemática. O Alcorão e as palavras de Maomé instruíam os muçulmanos a estudar e aprender com o mundo que os cercava. Eles eram incentivados a examinar seu ambiente, para que pudessem desenvolver uma compreensão da ordem criada e do lugar que ocupavam nela, e os muçulmanos entenderam isso como um convite para se envolverem com a investigação científica. Por volta do século nono, a ciência árabe havia se estabelecido e crescido em importância.

A era de ouro da ciência islâmica aconteceu entre os séculos sétimo e 13, e de fato preparou o caminho para o nascimento das ciências modernas no oeste europeu. A investigação científica se espalhou pelo mundo islâmico, e os muçulmanos levaram o mundo ao estudo da medicina, astronomia, matemática, geografia, química, botânica e física.

Os muçulmanos exportaram seus estudos para o Ocidente, onde sua obra serviu de base para outros conhecimentos e se difundiu. Algumas das mais importantes obras de tradução e descobertas aconteceram na Espanha entre os séculos 8 e 15, período de convivência entre muçulmanos, judeus e cristãos que possibilitou que uns aprendessem com os outros. Durante esses séculos houve notáveis avanços na ciência, arte, literatura e arquitetura. Membros das três religiões conviveram num ambiente de tolerância e respeito que beneficiou a todos, de modo que essa era representa um exemplo do que é possível quando pessoas de diferentes religiões se unem com um espírito de confiança e cooperação.

No entanto, com a ascensão da ciência no Ocidente, todas as regiões do islamismo começaram a testemunhar o declínio da ciência e das comunidades científicas. Muito se tem falado sobre as causas desse fenômeno. O fato triste é que a ciência islâmica ainda não recuperou a proeminência daqueles tempos. Mas está claro que o Ocidente se beneficiou dos avanços científicos do islamismo, e a ascensão da ciência no Ocidente, nos séculos 16 e 17, deve-se, pelo menos em parte, à herança recebida da ciência muçulmana.

3.2. A ciência islâmica contemporânea.
Nos últimos tempos, o mundo não-muçulmano, de modo geral, tem sobrepujado o mundo muçulmano nas áreas de ciência e tecnologia. A reação muçulmana a essa realidade vai desde considerá-la uma prova de que os ocidentais se tornaram muito secularizados até a declaração de que o mundo islâmico precisa ser mais como o Ocidente e recuperar seu compromisso com a investigação científica. Mas há muitos muçulmanos convencidos de que, apesar dos grandes desafios que hoje confrontam as nações islâmicas, o futuro da ciência e da cultura muçulmana é brilhante.

O Alcorão e as palavras de Maomé convocam os muçulmanos a observar e estudar o mundo físico para valorizarem a majestade da criação de Alá. Foi isso que cientistas muçulmanos fizeram no decurso da história do islamismo, e hoje a motivação não é diferente. O Alcorão ensina que Alá é o criador e sustentador do universo, nada é criado em vão, e todas as coisas têm um tempo definido. Os muçulmanos veem evidências indiretas de uma dimensão de propósito e projeto para o universo, e apesar de acreditarem num ser transcendente, é preciso de uma mente perceptiva para descobrir essas verdades.

Os muçulmanos, porém, enfrentam desafios semelhantes aos enfrentados por judeus, cristãos e hindus, à medida que conceitos como evolução e avanços como clonagem e pesquisas com células-tronco às vezes desafiam pressupostos dos textos sagrados e os ensinamentos das comunidades; tais assuntos dão margem a profundos questionamentos sobre a natureza da fé e de seu papel no mundo. Por exemplo, ao aceitar os dogmas do darwinismo, os muçulmanos continuam a sustentar que o fato de endossar o mecanismo evolutivo da ciência para explicar o desenvolvimento das espécies não elimina a criação divina.

4. Judaísmo

4.1. Judaísmo: a religião do "povo do Livro".

Conscientes das importantes mudanças ocorridas durante o século 20 nas ciências físicas e químicas, como as religiões devem reagir, em particular as religiões abraâmicas? Devem essas religiões redefinir como entendem Deus e o mundo ou redefinir suas interpretações daquilo que significa ser humano? Será que realmente elas devem fazer essas redefinições, uma vez que cada religião baseia-se em textos sagrados que, além de antigos, são definidores? Teólogos e filósofos dessas três religiões estão hoje de frente para esse tipo de pergunta.

O *judaísmo de fato passou por mudanças, em parte porque o povo judeu muda à medida que muda o ambiente da vida judaica. Mas os judeus são conhecidos como "povo do Livro", pois o judaísmo tem uma antiga tradição concentrada na Torá e em muitas outras formas escritas que dão expressão a seu pensamento religioso: Halaká (lei), Cabala (misticismo) e Filosofia. Todos lidam com as questões da vida por meio de comentários textuais sobre as Escrituras hebraicas. Como consequência, embora cientistas judeus estejam entre os mais produtivos dos últimos séculos, na vanguarda de importantes avanços na biologia evolutiva, na cosmologia, na física e na geociência, nem todos os comentaristas judeus de teologia acham que essas atividades científicas condizem com o pensamento religioso do judaísmo.

Pelo menos parte desse conflito tem origem em certas interpretações da literatura sagrada judaica. Mas o pensamento judaico admite não existir uma interpretação do texto bíblico que seja única, verdadeira e que possa ser percebida pelo ser humano. Os cânones rabínicos apresentam vozes conflitantes que só aumentam à medida que cada nova geração acrescenta a sua. Para os judeus, as Escrituras não são tanto uma fonte de verdades religiosas, mas um convite divino para que cada estudioso descubra seu significado. Isso não quer dizer que, no estudo da Torá, tudo é válido. Os estudiosos judeus levam extremamente a sério os textos sagrados do judaísmo.

4.2. Judaísmo e ciência.

Para o judeu praticante, a chave para o conhecimento ou sabedoria humana está na reverência a Deus e no compromisso com ele. Por isso, para o judeu existe uma prioridade de relacionamento com Deus e com a criação que está acima das conceitualizações científicas e dos comentários racionais. Admite-se que os limites da sabedoria humana são representados pelas tensões existentes entre a ciência e o compromisso religioso.

Entretanto, um dos preceitos fundamentais do judaísmo é que, no universo, todas as coisas constituem um todo unificado, não há dicotomias entre o físico e o espiritual nem entre o sagrado e o secular. A realidade não permite padrões duplos no campo físico ou moral. A unidade é uma chave fundamental para a compreensão da existência.

Ao longo dos últimos dois mil anos, o judaísmo tem mantido uma tradição de interpretar a narrativa da criação em Gênesis 1 de diferentes modos, e tanto o literalismo quanto o não-literalismo têm uma longa história entre os judeus. Várias são as respostas para a questão da relação do judaísmo com as perspectivas científicas atuais, sobretudo com aquelas que têm a ver com a idade da terra/universo. Alguns intérpretes literais entendem que a idade do universo é a soma de seis dias da criação e 5.761 anos, ao mesmo tempo em que não levam em conta o resultado científico de um universo com muitos bilhões de anos. Outros intérpretes literais afirmam haver uma espécie de efeito relativista que explica a idade (científica) aparente na casa dos bilhões de anos, ao passo que o resultado correto é aquele representado pela determinação bíblica de mais ou menos seis mil anos.

No que diz respeito à biologia da atualidade, muitos judeus ortodoxos são contrários à teoria evolucionista e apoiam ideias sobre a origem da vida e do universo semelhantes às dos criacionistas cristãos que defendem a teoria de uma terra jovem.

Outros judeus rejeitam uma interpretação literal da Torá e ensinam principalmente que Gênesis 1—2 transmitem por meio de metáforas verdades mais profundas sobre a criação; assim, o que poderia ser entendido como ciência em Gênesis não pode ser comparado de forma legítima às teorias científicas atuais sobre as origens do universo.

O judaísmo sempre foi a favor da ciência, mas é claro que existem diversas abordagens distintas de judeus estudiosos da religião, dependendo de como as passagens da criação na Torá são interpretadas em relação com a biologia e com a cosmologia modernas. Apesar das diferentes reações dos eruditos religiosos judeus, não há dúvida de que os cientistas judeus já prestaram contribuições de enorme importância para todos os ramos da ciência nos últimos séculos.

5. Cristianismo

Desde o tempo em que Agostinho teceu comentários que favoreciam uma interpretação não-literal dos primeiros capítulos de Gênesis até os dias de hoje, o relacionamento entre a fé cristã e a ciência tem sido constante, ainda que nem sempre marcado pela cordialidade. Nos dias atuais, esse relacionamento é marcado por consideráveis polêmicas, de modo que fica a seguinte pergunta: será que os cristãos conseguirão algum dia resolver suas diferenças? A seguir apresenta-se uma discussão dos fatos marcantes nessa história, uma visão da situação atual e, por fim, algumas possibilidades para o futuro.

5.1. A ascensão da ciência moderna na Europa cristã da Idade Média.

Vários estudiosos já demonstraram que não somente existem ótimas razões para a ascensão da ciência moderna na Europa cristã da Idade Média como também essa era a única região do mundo onde a ciência moderna poderia surgir naquela época. Afirma-se também que essa é uma das importantes contribuições que o cristianismo prestou à ciência contemporânea.

5.2. Eventos históricos posteriores à ascensão da ciência moderna.

5.2.1. O heliocentrismo, Galileu e a igreja. Ao sustentar a ideia de que o sol era o centro do sistema solar (e, naquela época, também considerado o centro do universo) colocou Galileu em oposição à doutrina da igreja que concluía que a Bíblia dizia ser a terra o centro do universo. Não apenas o posicionamento científico de Galileu, mas também suas observações irônicas sobre o Papa, que ele mal procurava disfarçar, levaram-no a ser condenado pela Inquisição e, depois, sentenciado a prisão domiciliar pelo resto da vida. Apenas na década de 1990 é que a Igreja Católica Romana reconheceu como válida a posição científica de Galileu.

5.2.2. Obras científicas atuais sobre as origens do mundo e as reações dos cristãos. Uma grande polêmica de nossos dias, principalmente entre cristãos da América do Norte, é a questão criação-evolução, assunto que envolve mais do que a simples evolução biológica, uma vez que parte da polêmica dirige-se ao tempo do desenvolvimento cósmico e à formação da própria terra. Por isso, tal controvérsia tem a ver com a biologia, mas também com as ciências da cosmologia, da física e da geologia.

O cristão se vê diante da ciência contemporânea mas também dos relatos bíblicos que parecem tratar do assunto. E fica então a pergunta: qual é a resposta cristã fiel aos relatos que parecem ser conflitantes? Por toda a história do cristianismo sempre se perguntou sobre a relação entre o que pode ser aprendido pelo uso da razão e da experiência (incluindo a ciência) e o que é ensinado nas Escrituras. Os cristãos norte-americanos em particular continuam a divergir bastante quando o assunto é a relação entre a fé cristã e a ciência. Na atualidade, a mais polêmica dessas relações gira em torno do início de tudo — do cosmos, da terra e da vida — e do ensino bíblico correspondente nos primeiros capítulos de Gênesis.

Há diversas formas de classificar as respostas que os cristãos oferecem para essas questões; aqui se apresenta um espectro de respostas com quatro divisões.

5.2.2.1. Criacionismo. Uma das mais populares visões do protestantismo norte-americano considera a ciência deficiente e interpreta de modo literal ou quase literal o relato que Gênesis 1 faz da sequência dos eventos da criação. Criacionistas que defendem uma terra jovem consideram Gênesis 1 um relato científico literal e dão à terra e ao universo uma idade de seis mil anos, interpretando os principais eventos da criação como fatos que ocorreram instantaneamente e não segundo os longos períodos de tempo da teoria da evolução. Criacionistas que defendem uma terra antiga interpretam os seis dias da criação de Gênesis 1 como períodos mais longos, aproximando-se das conclusões dos cientistas sobre a idade da terra e do universo, mas concordando com os criacionistas da terra jovem no que diz respeito aos eventos instantâneos da criação, em especial da vida.

5.2.2.2. Independência (ou MNI — Magistérios Não-Interferentes). Aqui a teologia cristã e a ciência contemporânea são levadas a sério e consideradas válidas, mas atuam sem uma interferir com a outra, pois, em última análise, cada uma tem propósitos distintos e aborda perguntas diferentes com metodologias igualmente distintas. Os que defendem a ideia da independência afirmam que ciência e fé não estão em conflito, pois representam duas atividades totalmente distintas, cujos territórios jamais coincidem ou se cruzam e, portanto, nunca estão em conflito.

5.2.2.3. Desígnio Inteligente. A decisão de 1987 tomada pela Suprema Corte dos Estados Unidos no caso *Edwards v. Aguillar* colocou um ponto final nas tentativas dos criacionistas de introduzir a "ciência da criação" no currículo de ciências das escolas públicas do país. Não muito tempo depois, surgiu um novo movimento chamado "desígnio inteligente", cujos líderes procuravam desenvolver o que esperavam que fosse visto como uma alternativa científica à teoria da evolução contemporânea. Seus interesses concentraram-se no início da vida sobre a terra junto com a formação de organismos complexos. Eles queriam formular um programa de pesquisas cujo propósito era mostrar que não era possível que a vida ou os organismos complexos surgissem ou se desenvolvessem nos termos dos processos propostos pelo pensamento evolucionista atual. Se eles conseguissem provar essa tese, então os proponentes do Desígnio Inteligente poderiam alegar que a melhor alternativa seria afirmar algum agente externo, um Projetista anônimo, como a (única) forma de explicar o início da vida e o desenvolvimento de organismos complexos. Nos primeiros anos do século 21, um grande número de escolas estavam pensando em introduzir ou aprovando o desígnio inteligente como matéria de sala de aula ou, em alguns casos, adotando políticas que impunham limitações ao ensino da teoria da evolução. No entanto, em 2005 um juiz federal na Pensilvânia viu no desígnio inteligente apenas outra forma de criacionismo e que, portanto, estava sujeito à decisão Aguillar tomada pela Suprema Corte em 1987. Essa decisão trouxe importantes restrições ao ensino do desígnio inteligente em escolas públicas. Além disso, avanços na biologia pareceram tratar (e solucionar) a questão de como o desenvolvimento de organismos complexos podiam ser entendidos por meio da teoria da evolução atual. Como resultado, surgiram sérias dúvidas sobre o futuro do movimento do desígnio inteligente como tema de debate público.

5.2.2.4. Ciência e cristianismo como parceiros. Há alguns, juntamente com os que defendem a posição da independência, que não somente levam a sério a ciência e a fé, mas, ao contrário dos seguidores da postura da independência, também alegam haver algumas áreas em que a ciência e a fé cristã compartilham interesses comuns a ambas as correntes. Além disso, nesses casos, tanto a ciência quanto a fé são vistas como veículos que levam importantes elementos à discussão.

Por exemplo, a cosmologia e a geociência são vistas como elementos que colocam limites à interpretação de Gênesis 1 em termos do significado dos dias da criação e do tempo envolvido nos eventos da criação. Em vista das evidências científicas em favor da antiguidade do universo e da terra, uma das estratégias adotadas tem sido buscar uma interpretação dos dias da criação não como períodos de 24 horas. Ademais, olhando para a atividade biológica que implica um desenvolvimento a longo prazo de formas de vida sobre a terra, é possível buscar uma interpretação de todo o relato da criação de Gênesis 1 que não se concentre em ver Gênesis 1 exclusivamente em termos de um minucioso relato científico contemporâneo — considerando a possibilidade de que Gênesis 1 tenha um significado diferente, talvez um sentido mais profundo do que o sentido meramente científico.

Como exemplo de contribuição da fé cristã para a ciência, Søren Kierkegaard, filósofo dinamarquês do século 19, tentando compreender os atributos de Jesus como inteiramente humano e inteiramente divino, atributos esses aparentemente conflitantes, desenvolveu o conceito filosófico da "epistemologia de Copenhague". O dinamarquês Niels Bohr, um dos primeiros físicos quânticos, aplicou esse conceito a enigmas de atributos da luz, aparentemente impossíveis e conflitantes, que às vezes se manifesta como onda e em outras circunstâncias revela propriedades semelhantes a partículas, mas nunca as duas ao mesmo tempo. O conceito de Bohr, conhecido como dualidade onda-partícula, resolveu esse enigma científico nos primeiros dias da teoria quântica.

5.2.3. Os dados do Ajuste Fino e suas implicações para a crença teísta. No século 20, examinaram-se dados cosmológicos, geológicos e da física que permitiram que os físicos mais observadores percebessem que existiam cerca de trinta parâmetros físicos relacionados aos atributos fundamentais do universo e do nosso sistema solar e que todos eles precisavam ter se transformado no que realmente se transformaram, em alguns casos dentro de limites infinitesimais, para que hoje existisse sobre a terra a vida baseada no carbono. Juntos, esses dados receberam o nome de "ajuste fino" do universo. Filósofos se valeram da existência desses dados para formular o que tem sido considerado o mais forte argumento filosófico em favor da existência de Deus. E, por incrível que pareça, os defensores das quatro posições relativas à ciência e à teologia discutidas acima concordam nesse aspecto.

5.3. Conclusão: o futuro das relações entre ciência e fé. Terminamos sugerindo dois passos que podem ajudar a resolver as diferenças entre os cristãos nas questões que envolvem ciência e fé. O *primeiro* é insistir em separar a ciência verdadeira da ciência mesclada com metafísica. Em outras palavras, deve-se preferir a ciência em termos de uma metodologia naturalista e não a ciência mesclada com uma filosofia ou metafísica naturalista. O *segundo* passo é pensar com muito cuidado na *hermenêutica bíblica e prestar muita atenção quando se decidir o método de interpretação a ser usado na leitura das passagens bíblicas que têm feito parte da polêmica histórica entre criação e evolução.

Veja também CRIAÇÃO E ECOLOGIA; TEOLOGIA CIENTÍFICA.

BIBLIOGRAFIA. BROOKE, J. H., *Science and Religion: Some Historical Perspectives* (Cambridge: Cambridge University Press, 1991); CARLSON, R. F., org., *Science and Christianity: Four Views* (Downers Grove: InterVarsity Press, 2000); CARMELL, A. e DOMB, C., orgs., *Challenge: Torah Views on Science and Its Problems* (Nova York: Association of Orthodox Jewish Scientists, Philipp Feldheim Publishers, 1988); COLLINS, F. S., *The Language of God: A Scientist Presents Evidence for Belief* (Nova York: Free Press, 2006); HOUSHMAND, Z. e ZAJONC, A., orgs., *The New Physics and Cosmology Dialogues with the Dalai Lama* (Nova York: Oxford University Press, 2004); LINDBERG, D. C., *The Beginnings of Western Science* (Chicago: University of Chicago Press, 1992); LINDBERG, D. C. e NUMBERS, R. L., orgs., *God and Nature: Historical Essays on the Encounter Between Christianity and Science* (Berkeley: University of California Press, 1986); NASR, S. H., *Science and Civilization in Islam* (Cambridge: Islamic Texts Society, 2003); NUMBERS, R. L., *The Creationists: From Scientific Creationism to Intelligent Design* (Cambridge: Harvard University Press, 2000); RAMAN, V. V., *Scientific Perspectives: Essays and Reflections of a Physicist-Humanist* ([Philadelphia]: Xlibris, 2000); idem, *Variety in Religion and Science: Daily Reflections* (Lincoln: iUniverse, 2005); RICARD, M. e THUAN, T. X., *The Quantum and the Lotus: A Journey to the Frontiers Where Science and Buddhism Meet* (Nova York: Three Rivers Press, 2001); SAMUELSON, N. M., *Judaism and the Doctrine of Creation* (Nova York: Cambridge University Press, 2004); SCIENCE AND THE RELIGIONS—A SYMPOSIUM (10 artigos), *Zygon, Journal of Religion and Science* 37 (2002) 35-142.

Carlson, R. F.

CIPRIANO. *Veja* TEOLOGIA PATRÍSTICA.

CIRILO DE JERUSALÉM. *Veja* TEOLOGIA PATRÍSTICA.

CLEMENTE DE ALEXANDRIA. *Veja* TEOLOGIA PATRÍSTICA.

COMUNIDADE
O projeto de Deus para este mundo pode ser descrito como a formação de uma comunidade, um povo cuja identidade esteja centrada nele, ilustrada em Israel (AT) e na igreja (NT). A fé judeu-cristã é caracterizada por esse destaque à comunidade, em contraste com outras religiões como o *hinduísmo e o *budismo, que são mais voltadas para o indivíduo.

1. As raízes da comunidade na bíblia
2. Os objetivos da comunidade
3. Comunidade: filiação e desligamento
4. Ameaças à unidade e solidariedade comunitárias

1. As raízes da comunidade na Bíblia
De acordo com a fé cristã, a principal raiz da comunidade encontra-se na *Trindade. Por certo, o ser humano foi criado para viver em comunidade, conforme demonstrado até pelas culturas mundiais. Os africanos, por exemplo, são um povo que vive em comunidade: "É preciso de uma cidade para criar um filho". Um líder de igreja em Papua Nova Guiné e nas Ilhas Salomão, observando a interdependência típica da região do Pacífico, declarou: "Deus preparou os povos da Melanésia para ouvirem o evangelho criando-os como povos de mentalidade comunitária".

O objetivo de Deus ao formar um povo aparece na fórmula da aliança ... *serei o vosso Deus, e vós sereis o meu povo* (Lv 26.12), que ocorre com variações cerca de vinte e cinco vezes (e.g. Jr 31.33). Além disso, essa fórmula aparece nas páginas de abertura e nas páginas de encerramento das Escrituras como um todo (Gn 17.7; Ap 21.3).

No Antigo Testamento, o propósito divino de formar uma comunidade da aliança foi insinuado a Abraão (Gn 12.1-3; 17.7). No entanto, sua consolidação veio no Sinai depois do milagre do êxodo. No Novo Testamento, Jesus deu prioridade a uma comunidade de discípulos e anunciou a edificação de uma igreja (Mt 16.18). Entretanto, ela foi realmente estabelecida no Pentecostes, quando, à semelhança do que houve no AT, ela seguiu a um milagre, a saber, a ressurreição de Cristo (cf. Peterson, que baseia a comunidade em Deuteronômio e em Lucas-Atos). As cartas de Paulo são quase todas dirigidas a igrejas, ressaltando assim a importância da comunidade (e.g., Romanos; cf. Ap 2—3).

A comunidade cristã é cristocêntrica, capacitada pela graça de Deus e receptora dos dons do Espírito. A comunidade envolve interdependência, apoio e cuidado mútuos e sentimento de pertencer. Em Israel já existiam movimentos espontâneos de formação de comunidades (e.g., os grupos de profetas, 1Sm 10.10; 19.20). Outros movimentos também surgiram na história da igreja, tais como as ordens monásticas ou, nos últimos tempos, as comunidades eclesiais de base na América Latina, em parte como reação à sensação de que na igreja não existiam comunidades autênticas. Ainda hoje, um candidato a ingressar na ordem beneditina deve responder à pergunta "o que procuras?". A resposta esperada é "A misericórdia de Deus e a comunhão nessa comunidade". No protestantismo, essas iniciativas visando comunidades autênticas podem ser vistas nos irmãos hutteritas, nas igrejas nos lares, em pequenos grupos (células) e em experiencias comunitárias sobre as quais escreveu o teólogo D. Bonhoeffer: "Pertencemos uns aos outros somente em Jesus e através dele" (Bonhoeffer, 31).

2. Os objetivos da comunidade
Lucas apresenta a comunidade cristã depois do Pentecostes como um grupo de crentes que dividiam seus bens, adoravam e viviam em comunhão (At 2.44-47). Mas não se tratava de um grupo fechado, pois diariamente outras pessoas se uniam a ele (At 2.47). A comunidade da fé que se vê na Bíblia não é tanto uma instituição, mas um corpo dinâmico (1Co 12.4-31). Seu propósitos são tanto internos quanto externos.

2.1. Adorar a Deus. As instruções detalhadas que os israelitas receberam para a construção do tabernáculo Êx 25—31; 35—40) indicam a importância que o culto deveria ter na comunidade da fé. Os rituais configuram e sustentam as comunidades. Para Israel, esses rituais da comunidade compreendiam três festividades anuais, cada uma com duração de uma semana, que visavam celebrar a libertação enviada por Deus e o sustento que ele provia. Duas delas lembravam a libertação de Deus (Páscoa e Festa das Cabanas). As três incorporavam atos de gratidão pelas colheitas agrícolas: Páscoa (colheita da cevada), Festa das Semanas (colheita do trigo) e Festa das Cabanas (colheita das uvas; Dt 16.1-17). Ocasiões de sacrifícios, em especial as ofertas de paz, eram eventos celebrados em grupo. O livro de Salmos apresenta ações de graças comunitárias (Sl 124), hinos comunitários (Sl 100) e lamentos comunitários (Sl 44; cf. Lamentações).

A comunidade do Novo Testamento observa a Ceia do Senhor (também chamada comunhão ou eucaristia) e o batismo. Em todo o mundo os cristãos têm o costume de observar um dia (geralmente o domingo) como dia de culto.

2.2. Detectar a voz de Deus nas Escrituras. Uma comunidade da fé, no sentido judeu-cristão, une-se em torno das Escrituras como texto. Embora o texto às vezes derive da comunidade, ele também é interpretado pelo comunidade. Assim como no Antigo Testamento a comunidade era quem julgava se um profeta era falso ou não, também nas comunidades cristãs atuais a interpretação dos textos bíblicos não é ditada por algum exegeta especialista, mas é essencial e efetivamente determinada pelo grupo maior de crentes.

Os caminhos de Deus estão expostos no Pentateuco (e.g., Deuteronômio). Os profetas também, a exemplo de Habacuque, respondem às perguntas sobre como Deus lida com as nações e sobre a importância da fé (Hc 2.4). A Bíblia insiste em declarar que o que Deus deseja de uma comunidade é a prática da justiça (e.g., Dt 16.20; Is 5.1-7). Os Dez Mandamentos no AT (Êx 20), as bem-aventuranças nos evangelhos (e.g., Mt 5.3-12) e as listas de preceitos éticos nas epístolas (e.g., Rm 12.9-21) são elementos que descrevem a vida de acordo com os caminhos de Deus.

2.3. Edificar e acolher os membros. Numa comunidade cristã, os membros devem ser nutridos na vida com Deus para que amadureçam (Ef 4.11-13; Cl 1.28). Na comunidade israelita, os sacerdotes tinham a responsabilidade de ensinar (Ml 2.4-7). Os profetas monitoravam a saúde espiritual da comunidade identificando as formas assumidas pelo mal: idolatria (Jr 2.26-28), desonestidade (Jr 9.3-6), extorsão (Am 8.4-6), violação da aliança (Ez 17.18) e injustiças de modo geral. Nas cartas às igrejas, Paulo faz uma lista dos dons concedidos aos cristãos para alimentar os membros da comunidade (Ef 4.11-13), que são desafiados nos seguintes termos: *acolhei-vos uns aos outros* (Rm 15.7), *amai-vos [...] uns aos outros* (Rm 12.10), *sede servos uns dos outros pelo amor* (Gl 5.13) e *aconselhai-vos e edificai-vos mutuamente* (1Ts 5.11). A interdependência e o senso de intimidade são obtidos por iniciativas como ouvir e se revelar e por outras "disciplinas" (Gish, 34-132). A frase "uns aos outros" é central no Novo Testamento.

2.4. Servir como modelo do reino de Deus. A edificação da comunidade não constitui um fim em si mesma; a comunidade deve ser luz para as nações para que estas sejam atraídas a ela (Is 42.6; 60.3). Jesus afirma que sua comunidade deve ser como uma cidade edificada sobre o monte (Mt 5.14). A comunidade ideal, caracterizada pela centralidade de Deus, alimentada com amor e interessada na prática da justiça (relacionamentos corretos) é claramente uma alternativa na sociedade como um todo.

2.5. Ser um veículo de proclamação. A comunidade cristã vive sustentada pela ressurreição e capacitada pelo Espírito. Formada no Pentecostes e existindo por mais de dois milênios, a comunidade cristã lembra-se das palavras de despedida de Jesus, seu fundador: *Mas recebereis poder [...] e sereis minhas testemunhas [...] até os confins da terra*" (At 1.8). A comunidade de Israel do AT foi chamada para ser uma bênção (Gn 12.3) e para ter como propósito trazer justiça — ou seja, "relacionamentos corretos" (Is 42.4, Jonas).

3. Comunidade: filiação e desligamento

Ninguém se torna membro da família de Deus automaticamente, mas por escolha. Para a família de Abraão, essa escolha foi selada com o rito da circuncisão. Entretanto, ainda que inicialmente Israel tenha sido um grupo étnico, a comunidade espiritual não é determinada por etnia; outros que não faziam parte da linhagem judaica tiveram a oportunidade de se unir ao povo de Deus (e.g., Jetro, um queneu; Rute, uma moabita). No Novo Testamento, os prosélitos, descritos como "tementes a Deus", submetiam-se a certos ritos, mas o elemento crítico era o reconhecimento do Deus de Israel como seu Deus (At 10.22).

Em Israel, o não cumprimento das expectativas da comunidade podia trazer como consequência a eliminação do meio do povo (e.g., Lv 17.4, 9, 10; Nm 9.13), expressão que podia significar morte, perda dos direitos de herança, perda do privilégio de adorar no santuário ou exclusão temporária ou permanente da comunidade. Jesus deixou diretrizes para orientar a "excomunhão"

(Mt 18.17; cf. as instruções de Paulo em 1Coríntios 5.2, 5). As comunidades cristãs, a exemplo de outros comunidades, estabelecem limites para sinalizar o que significa pertencer ao grupo.

4. Ameaças à unidade e solidariedade do grupo

4.1. O pecado inato. Assim como Adão e Eva, o núcleo da comunidade, se alienaram por meio do pecado, este, em sua grande variedade de formas, causa transtornos à solidariedade da comunidade. Egoísmo, ganância, desejo de poder, maledicência, falsas acusações e muitas outras coisas, sejam vistas na vida dos membros ou dos líderes, fragmentam uma comunidade. A desonestidade e a desconfiança comprometem a unidade de uma comunidade.

4.2. Individualismo. Para que uma comunidade possa existir, os indivíduos precisam subjugar sua autonomia (Peterson). Os ideais de autonomia individual ou de independência pessoal, embora tenham seus méritos, precisam ser equilibrados. Valores comunitários como submissão e acolhida ditam o tom desejado.

4.3. Desunião e conflitos de liderança. Entre os problemas que podem causar divisão numa comunidade cristã encontra-se o comportamento dos líderes. Os filhos de Coré, que desafiaram a liderança de Moisés e reuniram seguidores, são o principal exemplo do AT (Nm 16.1-35). Da mesma forma, as divisões na igreja podem ser causadas por polarizações em torno de indivíduos (1Co 3.3-4). A Bíblia sempre exorta grupos e seus líderes a preservarem a unidade (1Co 1.10; Ef 4.1-3).

4.4. Apatia. Uma comunidade cristã pode voltar-se excessivamente para si mesma e se isolar. A indiferença espiritual pode aleijar uma comunidade. Deixar de levar o evangelho aos outros é sinal de uma comunidade doente.

Essas ameaças à comunidade cristã fazem com que nos lembremos de que precisamos constantemente da obra do Espírito Santo dentro de nós como indivíduos e no meio das comunidades de crentes, tanto em âmbito local quanto mundial. Ademais, hoje estamos descobrindo novos desafios e recursos para uma verdadeira comunidade à medida que comunidades de cristãos em outras culturas nos ensinam novas dimensões e práticas para a vida comunitária em Cristo.

Veja também ECLESIOLOGIA.

BIBLIOGRAFIA. ARNOLD, J., *The Big Book on Small Groups* (Downers Grove: InterVarsity Press, 1992); BONHOEFFER, D., *Life Together,* em *Dietrich Bonhoeffer Works,* 5 (Minneapolis: Fortress, 1996) 1-118; GISH, A., *Living in Christian Community* (Scottdale: Herald Press, 1979); MARTENS, E. A., "The People of God," em *Central Themes in Biblical Theology,* HAFEMANN, S. J. e HOUSE, P. R., orgs., (Nottingham: Apollos; O'CONNOR, E., *The New Community* (Nova York: Harper & Row, 1976); PETERSON, E. H., *Christ Plays in Ten Thousand Places: A Conversation in Spiritual Theology* (Grand Rapids: Eerdmans, 2005); SNYDER, H. A., *The Community of the King* (Downers Grove: InterVarsity Press, 1978 [edição em português: *A comunidade do rei* (ABU)]).

Martens, E. A.

COLONIALISMO. *Veja* TEOLOGIA LATINO--AMERICANA CATÓLICO-ROMANA; TEOLOGIA PÓS-COLONIAL.

COMUNHÃO. *Veja* CEIA DO SENHOR.

COMUNIDADES ECLESIAIS DE BASE.
Veja COMUNIDADE; ECLESIOLOGIA; TEOLOGIA DA LIBERTAÇÃO.

CONCÍLIO VATICANO II

O Concílio Vaticano II foi, sem sombra de dúvida, o mais importante evento para a Igreja Católica Romana no século 20. Os católicos romanos o veem como o vigésimo primeiro Concílio Ecumênico, tendo sido realizado em quatro sessões de outono entre 1962 e 1965. Aquilo que a Igreja Católica ensina e pratica nos primeiros anos do século 21 não pode ser compreendido em separado dos debates e das deliberações dos eventos do Concílio e dos documentos magisteriais por ele produzidos.

1. O Vaticano II no contexto de meados do século 20
2. Não o encerramento do Vaticano I
3. O Vaticano II como uma igreja em ação
4. Um evento global
5. Os documentos do Vaticano II

1. O Vaticano II no contexto de meados do século 20

Os membros do concílio haviam passado por duas guerras mundiais. Esses graves conflitos lhes haviam dado a percepção do mundo como um sistema interligado, de modo que aquilo que acontece numa sociedade tem condições de impactar todas as outras; o isolamento do catolicismo foi desfeito à medida que os católicos participavam das dificuldades da guerra com cristãos de outras igrejas e com adeptos de outras religiões.

A ciência e a tecnologia de meados do século haviam proporcionado grandes avanços na medicina e melhorado profundamente os transportes e a comunicação. Ao mesmo tempo, as atrocidades da II Guerra deixaram claro o fato de que esses avanços podiam ser colocados a serviço de uma enorme destruição.

O concílio também ocorreu no meio da Guerra Fria, numa época em que o mundo estava dividido entre países capitalistas do Ocidente, países comunistas do bloco soviético e o "terceiro mundo", formado por nações que cortejavam a influência do Ocidente, ou dos soviéticos, ou de ambos. A guerra foi chamada "fria" porque as hostilidades explícitas entre o Ocidente e os soviéticos eram evitadas, ao mesmo tempo em que se pronunciavam uma corrida às armas nucleares, a luta para conquistar ou manter outros países sob a influência de um lado ou outro e uma retórica em que cada lado considerava o outro claramente como inimigo. Foi uma época em que diversos países (Alemanha, Coreia e Vietnã) sofreram divisões políticas como fruto da Guerra Fria.

Duas outras realidades precisam ser mencionadas. A década de 1960 testemunhou o fim do colonialismo como estrutura política — países de todo o mundo que haviam sido governados pelas potências europeias estavam se tornando independentes. E a ONU havia surgido como um fórum (imperfeito) para diálogo entre as nações.

Na esfera da Igreja Católica, as instituições do sacerdócio e das ordens religiosas mostravam-se bem fortalecidas. Em 1960, havia 413.034 sacerdotes católicos atuando junto a 537.533.000 fieis católicos em todo o mundo (Foy, 357-58). Em 2002, havia 405.067 sacerdotes católicos atuando junto a 1.060.840.000 fiéis católicos em todo o mundo (Bunson, 328). A era conciliar foi uma época em que a Igreja Católica, em especial na Europa, na Ásia e na América do Norte, contava com grandes grupos de homens e mulheres para oferecer liderança institucional como sacerdotes e religiosos.

O centro de gravidade do cristianismo também estava mudando. No início do século 20, oitenta por cento dos cristãos viviam na Europa e na América do Norte, ao passo que no fim do mesmo século quase sessenta por cento viviam na África, na Ásia, na América Latina e na região do Pacífico (Bevans e Schroeder, 242).

2. Não o encerramento do Vaticano I

O Concílio Vaticano I (1869-1870) havia sido interrompido pela Guerra Franco-Prussa. Assim, desde aquela época todos os papas haviam tido a oportunidade de reconvocar e terminar o concílio. Simbolicamente, João XXIII (papa, 1958-1963) optou por declarar encerrado o Vaticano I e, em 25 de janeiro de 1959, anunciou sua intenção de convocar um novo concílio. O papa queria dar um tom diferente — um tom pastoral — daquele do Vaticano I e deixou claro nos preparativos para o Vaticano II que não queria que o concílio fizesse condenações. Os documentos finais do Vaticano II evitaram o uso de linguagem condenatória. Um *odium theologicum* que desprezava tudo o que a igreja considerasse erro (incluindo protestantismo, *ateísmo e comunismo) havia se tornado uma característica da vida institucional da igreja. O papa João XXIII queria distanciar-se dessa estratégia para a igreja em todo o mundo. Ele defendia a ideia de que a caridade e a misericórdia no centro da vida cristã seriam melhores guias para a igreja, à medida que ela procurava compartilhar Cristo com o mundo.

3. O Vaticano II como uma igreja em ação

É sabido que o próprio João XXIII teve a ideia de convocar um concílio. O papa desejava profundamente que os pastores da igreja — o colégio episcopal — de todo o mundo tivessem a experiência de discutir abertamente diversas questões importantes: uma atualização da expressão que a igreja dava à verdade do *evangelho, a unidade dos cristãos, o exercício da autoridade para ensino na igreja e as relações da igreja com os judeus e com povos de outras religiões.

Para que isso fosse possível, o poder da Cúria Romana precisava ser restringido, de modo que os pastores da igreja pudessem ter uma discussão aberta e um encontro fraterno. Muitos oficiais da Cúria Romana não eram favoráveis à realização de um concílio, mas João XXIII estava tão determinado a realizá--lo, que, quando os oficiais propuseram ao papa que ele adiasse o concílio, João XXIII antecipou a data do início de 1963 para 1962 (Rynne, 24). Uma vez que o concílio já estava em andamento, a maior parte do poder da Cúria ficou sob controle dos bispos de todo o mundo, reunidos e constituídos como um concílio. Mesmo assim, durante a primeira sessão, o papa também teve de intervir em momentos importantes (quando houve um impasse numa votação de um documento sobre Apocalipse, e o papa também redefiniu a comissão que trabalhava no documento sobre a igreja).

4. Um evento global

O Vaticano II foi um evento mundial e reuniu um total de 2.650 bispos de 93 nacionalidades e 136 países. À título de comparação, o Vaticano I (1869-1870) reuniu 750 membros, cuja maioria era europeia. Karl Rahner, refletindo anos depois, disse que o concílio foi a inauguração da era de uma "Igreja mundial" (Rahner, 80). Durante o concílio, diversas intervenções importantes feitas pelos bispos do Rito Oriental em questões como o uso universal do latim na liturgia levaram ao consenso entre os Pais do Concílio de que o propósito da igreja precisava ser a unidade e não a uniformidade. Como consequência das deliberações do concílio, o vernáculo substituiu o latim como língua litúrgica dos católicos romanos.

O afastamento da uniformidade levantou questões sobre diferenças culturais em assuntos teológicos e eclesiológicos, à medida que a igreja tentava expressar a verdade do evangelho em contextos diversos de todo o mundo. O próprio João XXIII ditou o tom pastoral para essa mudança, declarando em seu discurso de abertura que a verdade eterna de Cristo é uma coisa, mas sua expressão ou forma é outra. Na era pós-conciliar, novos termos como inculturação (*contextualização é o termo geralmente preferido por protestantes) seriam introduzidos nas reflexões teológicas, eclesiais e missiológicas.

5. Os documentos do Vaticano II

O concílio reuniu-se em quatro sessões e produziu dezesseis documentos oficiais.

Sessão I (11 de outubro a 8 de dezembro de 1962). Os discursos de abertura e de encerramento da primeira sessão proferidos por João XXIII deram o tom pastoral para o concílio, iniciando-se discussões sobre os temas da *revelação divina, unidade cristã, liturgia e natureza da igreja. Em 20 de outubro de 1962 foi promulgada uma breve *Mensagem à Humanidade* (não contada entre os dezesseis documentos conciliares oficiais). O papa João também convidou observadores oficiais de igrejas e outros convidados que estiveram presentes a todas as sessões, embora não lhes fosse permitido dirigir-se ao concílio. João XXIII faleceu em 3 de junho de 1963 e, por efeito de lei canônica, o concílio foi suspenso. Quando Paulo VI (papa, 1963-1978) foi eleito, ele imediatamente manifestou a intenção de dar continuidade ao concílio. Paulo VI aumentou o número de observadores e convidados oficiais, tendo também convidado católicos leigos e religiosos.

Sessão II (29 de setembro a 4 de dezembro de 1963).

Foram feitas votações que deram apoio ao colegiado de bispos, ao direito divino do colégio episcopal e a restituição do diaconato como ordem permanente. Os seguintes documentos foram também promulgados após o encerramento da sessão: *Constituição sobre a Sagrada Liturgia* e *Decreto sobre os Instrumentos da Comunicação Social.*

Sessão III (14 de setembro a 21 de novembro de 1964). No encerramento dessa sessão foram promulgados Constituição Dogmática sobre a Igreja, Decreto sobre Ecumenismo e *Decreto sobre Igrejas Católicas Orientais.* O papa Paulo VI também proclamou como "Mãe da Igreja" a Bendita Virgem Maria (veja Maria, Mariologia).

Sessão IV (14 de setembro a 8 de dezembro de 1965). Em 15 de setembro de 1965, o papa Paulo VI publicou *Apostolica Sollicitudo*, uma constituição apostólica que definiu as normas para o estabelecimento do sínodo episcopal regular, que ajudaria o papa a governar a igreja. Em 28 de outubro de 1965 foram promulgados *Decreto sobre o Ofício Pastoral dos Bispos na Igreja, Decreto sobre a Renovação Apropriada da Vida Religiosa, Decreto sobre a Formação Sacerdotal, Declaração sobre Educação Cristã* e *Declaração sobre as Relações da Igreja com Religiões Não-cristãs*. Em 18 de novembro de 1965 foram promulgados *Constituição Dogmática sobre a Revelação Divina* e *Decreto sobre o Apostolado do Laicato*. O papa Paulo VI também anunciou medidas que visavam à reforma da Curia Romana e ao início do processo de beatificação de Pio XII e João XXIII.

Um Serviço de Oração para Promoção da Unidade Cristã foi celebrado em 4 de dezembro de 1965 na basílica de São Paulo Fora dos Muros, que contou com a participação dos observadores do concílio, dos Pais do Concílio e do papa Paulo VI. Em 7 de dezembro de 1965 foram promulgados *Declaração sobre Liberdade Religiosa, Decreto sobre o Ministério e a Vida dos Sacerdotes, Decreto sobre a Atividade Missionária da Igreja* e *Constituição Pastoral da Igreja no Mundo Moderno*. Na mesma data, cerimônias simultâneas no Vaticano e na Residência Ecumênica do Patriarca em Constantinopla suspenderam as mútuas excomunhões entre as igrejas católica e ortodoxa (O'Collins e Farrugia, 282-83).

Veja também CONCÍLIOS ECUMÊNICOS; ENSINAMENTOS SOCIAIS DO CATOLICISMO; TEOLOGIA CATÓLICA E O HEMISFÉRIO SUL.

BIBLIOGRAFIA. BEVANS, S. P. e SCHROEDER, R. P., *Constants in Context: A Theology of Mission for Today* (Maryknoll: Orbis, 2004); BUNSON, M., org., *2004 Our Sunday Visitor's Catholic Almanac* (Huntington: Our Sunday Visitor, 2003); CROSS, F. L., *The Oxford Dictionary of the Christian Church,* LIVINGSTON, E. A., org., (3d ed., revisada; Oxford: Oxford University Press, 2005); FOY, F. A., org., *1961 National Catholic Almanac* (Paterson: St. Anthony's Guild, 1961); KOMONCHAK, J., "Vatican Council II", *The New Dictionary of Theology,* KOMONCHAK, J. COLLINS, M. e LANE, D. A., orgs., (Wilmington: Michael Glazier, 1987) 1072-77; O'COLLINS, G. e FARRUGIA, E., orgs., *A Concise Dictionary of Theology* (ed. rev.; Mahwah: Paulist, 2000); RAHNER, K., *Theological Investigations 20: Concern for the Church* (Nova York: Crossroad, 1981); RYNNE, X., *Vatican Council II* (ed. de um volume com nova introdução; Maryknoll: Orbis, 1999); STRANSKY, T., "Vatican II", *Dictionary of the Ecumenical Movement,* LOSSKY, N., org., (2d ed.; Genebra: WCC Publications, 2002).

Hurteau, R. A.

CONCÍLIOS ECUMÊNICOS

As sete assembleias eclesiásticas mundiais, realizadas entre 325 e 787, são geralmente conhecidas como "concílios ecumênicos". Suas decisões de natureza doutrinária foram consideradas normativas para toda a igreja indivisa do primeiro milênio e assim continuam hoje para a Igreja Ortodoxa Oriental e para a Igreja Católica Romana. Além das decisões de cunho doutrinário, os concílios adotaram cânones disciplinares que mantiveram sua importância, sobretudo para as igrejas ortodoxas. Os ortodoxos ensinam que nenhuma nova doutrina de alcance universal foi promulgada desde 787, mas a igreja católica considera que catorze concílios realizados depois dessa data (de 869 a 1965) são ecumênicos e doutrinariamente normativos para os católicos. No século 16, a *Reforma Protestante criticou a autoridade dos concílios eclesiásticos, mas a maioria dos protestantes assim mesmo recebeu o conteúdo doutrinário básico das decisões dos quatro primeiros concílios ecumênicos (325-451).

Os dois primeiros concílios, de Niceia em 325 e Constantinopla em 381, condenaram o arianismo e constituíram a estrutura básica da teologia trinitária expressa no credo niceno-constantinopolitano. Esse texto é geralmente considerado a definição doutrinária de Constantinopla em 381; é empregado como credo litúrgico básico do cristianismo em todo o mundo. O cristianismo ocidental mais tarde acrescentou a esse credo a expressão *filioque*, que significa que o Espírito Santo procede do Pai "e do Filho". Esse acréscimo jamais foi endossado pela igreja oriental e levantou uma polêmica que contribuiu para o cisma entre Oriente e Ocidente em 1054 (*veja* Teologia Ortodoxa Oriental).

O terceiro e o quarto concílios, Éfeso em 431 e Calcedônia em 451, condenaram o nestorianismo e o monofisismo, definindo a doutrina da pessoa de Cristo. De acordo com Calcedônia, Cristo é uma pessoa em duas naturezas, divina e humana, as quais estão unidas de forma inconfundível, imutável, indivisível e inseparável. A tradição nestoriana até certo ponto sobreviveu nas igrejas assírias, que receberam apenas os dois primeiros concílios. O cristianismo anterior a Calcedônia está presente na família de igrejas ortodoxas asiáticas. Embora não tenham recebido Calcedônia, elas nunca foram "monofisistas" no sentido da heresia condenada pelo quarto concílio. O reconhecimento desse estado de coisas levou nos últimos tempos a um importante acordo doutrinário entre os grupos de igrejas ortodoxas orientais e asiáticas.

O quinto e o sexto concílios, Constantinopla em 553 e Constantinopla em 680-681, trataram das consequências das decisões de Calcedônia, finalmente chegando à definição de que, em razão da presença das duas naturezas, Cristo tem duas vontades e duas atuações que, todavia, existem em harmonia no Deus-homem. O segundo concílio de Niceia em 787 condenou os iconoclastas e afirmou uma veneração moderada das imagens. Embora o quinto, o sexto e o sétimo concílios praticamente não tenham sido questionados antes da Reforma, sua aceitação medieval no Ocidente latino não pode ser comparada à recepção obtida pelos quatro primeiros concílios. A "regra de fé", que na igreja ocidental passou a regulamentar o discurso do cristianismo ortodoxo, foi expressa em textos normativos posteriores como, por exemplo, no chamado credo de Atanásio como uma compilação do credo niceno-constantinopolitano e das formulações de Calcedônia em 451.

Veja também CRISTOLOGIA.

BIBLIOGRAFIA. PELIKAN, J., *The Christian Tradition: A History of the Development of Doctrine* (5 vols.; Chicago: University of Chicago Press, 1971-1989); TANNER, N. P. e ALBERIGO, G., orgs., *Decrees of the Ecumenical Councils* (2 vols.; Washington: Georgetown University Press, 1990).

Saarinen, R.

CONE, JAMES. *Veja* TEOLOGIA NEGRA.

CONFERÊNCIAS MISSIONÁRIAS MUNDIAIS

Durante o século 20 realizaram-se diversas conferências missionárias, das quais a primeira se deu em Edimburgo, na Escócia, em 1910. Procurando ajudar e orientar o movimento missionário protestante, elas se concentraram primeiramente na necessidade de cooperação entre diferentes tradições eclesiásticas e sociedades missionárias para a evangelização do mundo. Mas não demorou para que os participantes tivessem de lidar com questões mais complexas. Quais eram a natureza e o objetivo das missões? Qual era a melhor forma de relacionamento entre as igrejas tradicionais e as estruturas missionárias, que, principalmente na Europa, haviam surgido na periferia das igrejas? Como deveria ser a relação entre evangelização e ação social? Como os cristãos deveriam avaliar outros sistemas religiosos? E como se deveria expressar a unidade da igreja? Em sua essência, essas perguntas tinham a ver com a própria natureza da mensagem cristã e, como consequência, com a missão da igreja. Por trás dessas perguntas também havia questões envolvendo eclesiologia e a relação entre fé e cultura. As teologias tradicionais, em isolamento no Ocidente, nunca ou raramente haviam pensado nessas questões.

Surgiram duas correntes. Edimburgo deu origem ao Conselho Missionário Internacional (CMInt) em 1921 e a uma série de conferências que acabaram levando à sua integração com o *Conselho Mundial de Igrejas (CMI) em 1961. A segunda corrente surgiu quando conservadores, insatisfeitos com os rumos do CMI, convocaram o Congresso Mundial de Evangelização em Berlim no ano de 1966, que levou ao Movimento de *Lausanne em 1974. Houve momentos em que as duas correntes pareciam convergir em algumas questões, mas, no final do século 20, as diferenças continuavam a existir e talvez tenham aumentado.

1. Os movimentos do CMInt/CMI
2. Os movimentos de Berlim/Lausanne

1. Os movimentos do CMInt/CMI
Edimburgo concentrou-se na busca dos melhores meios para viabilizar a evangelização do mundo. O movimento adotou o pensamento do Movimento Voluntário Estudantil: "Evangelização do Mundo nesta Geração". Edimburgo reconhecia que as religiões não-cristãs tinham elementos que manifestavam

a atuação do Espírito Santo, mas os delegados estavam convencidos do "testemunho universal e enfático da supremacia da fé cristã". Além disso, a conferência declarava que missões eram tarefa de toda a igreja, não simplesmente de alguns. Outra preocupação abrangente era a busca de unidade dentro de um leque teológico que incluía anglo-católicos, igrejas livres e "missões de fé". No entanto, para que fosse possível a participação dos anglo-católicos, as discussões teológicas ficaram de fora. Com a presença de apenas dezessete participantes da Ásia entre os mil e duzentos delegados, os cristãos ocidentais estavam apenas começando a sentir a necessidade de unidade com os irmãos de outras culturas.

Quando o CMInt se reuniu em 1928 em Jerusalém, a mundo havia passado por profundas mudanças. Os principais desafios de agora eram a desilusão e o secularismo. O grande foco do encontro foi a natureza da mensagem cristã. Por trás dessa preocupação estavam a questão do "evangelho social" no Ocidente e o relacionamento com outras religiões, sobretudo na Ásia. Sem lidar diretamente com a questão, o CMInt de Jerusalém declarou: "Nossa mensagem é Jesus Cristo. Ele é a revelação do que Deus é e do que o homem pode ser através dele. [...] A mensagem [...] sempre deve ser o evangelho de Jesus Cristo". A declaração também dizia que o objetivo das missões era "formar um caráter semelhante ao de Cristo em indivíduos, sociedades e nações por meio da fé [...] em Cristo". Declarou-se que o racismo era uma negação do evangelho. As "igrejas mais novas", agora organizadas em conselhos nacionais de vinte e seis países, foram recebidas em pé de igualdade como parceiras na tarefa missionária. Mas os conselhos não incluíam os membros das estruturas das missões.

O CMInt reuniu-se em 1938 em Madras, na Índia, num momento em que ganhava vulto a questão da postura do cristianismo frente às outras crenças. Em 1932, o Relatório de Hocking havia recomendado que a conversão à fé cristã não fosse mais o objetivo das missões. Antes, os cristãos deveriam cooperar "com as forças que buscassem a justiça em todos os sistemas religiosos". Numa resposta a ele incumbida pelo CMInt, Hendrik Kraemer concentrou-se na autorrevelação de Deus em Jesus Cristo e frisou a descontinuidade entre o cristianismo e outras religiões. Os delegados adotaram a via média e afirmaram uma posição semelhante à de Jerusalém, continuando a defender o testemunho de Cristo a todos os povos. Eles declararam que a tarefa inacabada da *evangelização havia sido confiada "à igreja e somente a ela", centralizada na congregação local. A questão do relacionamento da igreja com as estruturas das missões aparentemente ficou fora das discussões. Madras, porém, superou as conferências anteriores com sua visão de transformação social e de realização da paz, liberdade e justiça.

A reunião no período pós-guerra em Whitby, em 1947, procurou firmar relacionamentos num mundo despedaçado pela guerra e no limiar de uma era revolucionária. A conferência se comprometeu a apoiar "todo movimento em favor da eliminação da injustiça e da opressão", mas insistiu que, em última análise, "a cura precisa ser espiritual por meio do acesso do Cristo ressurreto em cada ponto da vida do mundo". Assim, ela continuou a reconhecer que "acima de todas as circunstâncias terrenas situa-se o mandamento de Cristo para que o evangelho seja pregado a toda criatura". A evangelização devia estar no centro da missão. Whitby também insistiu na "igualdade espiritual absoluta" entre todas as igrejas em seu testemunho perante o mundo.

Em 1952, começou a se configurar uma mudança importante de direção em Willengen, quando o pensamento de Johannes Hoekendijk passou a dominar a teologia ecumênica de missões. Ele atacou a visão da missão "centrada na igreja", pois ela girava em torno de um centro ilegítimo. O mundo, não a igreja, devia ser o cenário da proclamação do evangelho. A igreja era "um veículo nas mãos de Deus para estabelecer a shalom neste mundo". A conferência seguiu por essa direção, entendendo a ordem do Senhor "Ide [...] para levantar uma voz profética contra a injustiça social, econômica e racial". A força contínua do pensamento de Hoekendijk foi expressa na reunião da Federação Mundial de Estudantes Cristãos em 1960, na qual ele defendeu a "plena identificação com o homem no mundo moderno" e chamou a igreja a sair das estruturas eclesiásticas para tornar-se grupos móveis. Seu objetivo era "dessacralizar" a igreja e "desregionalizar" o cristianismo. Assim, o foco principal tornou-se a utilidade sociopolítica da igreja. Sua missão principal era fazer revoluções sociais!

Em Gana, em 1958, o CMInt votou em favor da integração com o CMI, tornando-se a Comissão de Missões Mundiais e Evangelização. Max Warren, da Sociedade Missionária da Igreja Anglicana, opôs-se à mudança, acreditando que as "sociedades voluntárias", incluindo as estruturas das missões, eram essenciais para a saúde da igreja como um todo. Ele temia que, por causa da integração, a força missionária evangélica fosse perdida ou profundamente reduzida. John MacKay, de Princeton, acreditava que a mudança levaria as missões para dentro do coração do Conselho Mundial de Igrejas. Os acontecimentos posteriores pareceram confirmar o receio de Warren.

2. Os movimentos de Berlim/Lausanne
Preocupados com a direção do CMI, evangélicos reuniram-se em 1966 em Wheaton, no estado de Illinois, nos EUA, para ponderar a missão mundial da igreja. Para eles, missões significavam evangelização, e a fundação de igrejas tinha prioridade sobre todas as outras atividades. A "Palavra de Deus inerrante e digna de crédito" era "a regra final de fé e prática". Mais tarde naquele ano realizou-se em Berlim o Congresso Mundial de Evangelização. Ele partia do pressuposto da "autoridade final da Bíblia e da ênfase apostólica na evangelização da humanidade como principal missão da igreja". A teologia da evangelização tinha sua motivação central na obediência à Grande Comissão. A evangelização foi definida como a "proclamação do Cristo crucificado e ressurreto [...] com o propósito de convencer os pecadores condenados e perdidos a porem a confiança em Deus, recebendo e aceitando Cristo como Salvador". O alvo era evangelizar o mundo até o fim do século. O racismo foi repudiado numa importante declaração, e Carl Henry falou sobre a necessidade de justiça, assim como também de justificação, mas o congresso não avançou além desse ponto. A questão das outras religiões foi tratada somente do prisma da rejeição do universalismo.

O Congresso de Evangelização Mundial de 1974 deu origem ao Pacto de Lausanne, o mais importante documento evangélico sobre missões produzido em todo o século. Ele procurou equilibrar uma ênfase permanente na autoridade das Escrituras com a singularidade de Cristo e a urgência da evangelização. Mas o documento acrescentou que a evangelização bíblica era inseparável da responsabilidade social. A missão foi descrita como "tudo o que a igreja é, enviada ao mundo para fazer". A ação social deve ser parceira da evangelização, embora cada uma seja válida em si mesma. A igreja foi vista como o único meio divinamente apontado para a difusão do evangelho, mas Lausanne sinalizou um papel contínuo para as estruturas de missões. O congresso também reconheceu que as igrejas precisavam estar profundamente arraigadas em suas próprias culturas. O sincretismo foi rejeitado, mas abriu-se uma porta para o diálogo sensível com adeptos de outras religiões.

O tema da consulta do Movimento de Lausanne em Pattaya, na Tailândia, em 1980, foi "Como Ouvirão?" e afirmou-se que a evangelização tinha prioridade. Como consequência, realizou-se em 1982 uma consulta de menores proporções em Grand Rapids, nos Estados Unidos, que buscava um melhor equilíbrio. Uma ampla diversidade de líderes evangélicos concordou que, juntamente com a proclamação verbal, o povo de Deus deveria estar profundamente envolvido em assistência, ajuda, desenvolvimento e na busca de justiça e paz. Eles afirmavam que essa ideia tem como base o caráter de Deus, que detesta o mal e ama a justiça. Assim, a responsabilidade social era mais que uma consequência da evangelização; era uma de suas metas. Essa ideia foi reafirmada na conferência de Manila em 1989, na qual quatro mil evangélicos de cento e cinquenta países retomaram a definição anterior de ecumenismo: "A Igreja Inteira Levando o Evangelho Integral ao Mundo Todo".

Veja também EVANGELIZAÇÃO; LAUSANNE, MOVIMENTO E PACTO; MOVIMENTOS MISSIONÁRIOS; TEOLOGIA DE MISSÕES.

BIBLIOGRAFIA. **R. Bassham,** *Mission Theology, 1948-1975* (Pasadena: William Carey Library, 1979); HENRY, C. F. H. e MOONEYHAM, S., *One Race, One Gospel, One Task*

(2 vols.; Minneapolis: World Wide Publications, 1967); Hogg, W. R., *Ecumenical Foundations* (Nova York: Harper Brothers, 1952); Lausanne Congress on World Evangelism, *Evangelism and Social Responsibility: An Evangelical Commitment*, Lausanne Occasional Paper 21 (International Consultation on Evangelism and Social Responsibility, 1982; acesso em <www.lausanne.org> [site com várias páginas em português e outros idiomas, incluindo o texto do Pacto]); Stott, J., org., *Making Christ Known* (Grand Rapids: Eerdmans, 1997); Van Engen, C., *Mission on the Way* (Grand Rapids: Baker, 1996).

Pierson, P. E.

CONFUCIONISMO. *Veja* Religiões Chinesas.

CONHECIMENTO, FILOSOFIA DO. *Veja* Epistemologia.

CONSELHO MISSIONÁRIO INTERNACIONAL. *Veja* Conferências Missionárias Mundiais.

CONSELHO MUNDIAL DE IGREJAS
O Conselho Mundial de Igrejas é uma associação de 347 igrejas (2005) de todos os continentes, reunindo tradições protestantes e ortodoxas. Desde sua criação em 1948, o CMI tem sido a organização multilateral mais ativa e mais inclusiva no *ecumenismo contemporâneo. As diversas igrejas filiadas reúnem-se a cada sete anos numa assembleia mundial, que é o principal órgão para tomada de decisões no CMI. No intervalo entre as assembleias, questões importantes são tratadas pela comissão central. A sede do CMI fica em Genebra. Este artigo discute os aspectos organizacionais do CMI, mas o verbete "Ecumenismo" trata das questões da teologia ecumênica. A forma como o CMI se define é firmemente configurada por suas assembleias, mas é possível entender melhor a organização como uma sucessão de eventos mundiais.

1. As assembleias e outros eventos importantes do CMI
2. A autodefinição do CMI

1. As assembleias e outros eventos importantes do CMI
Nos primórdios do movimento ecumênico havia três organizações multilaterais. O Conselho Missionário Internacional coordenava as missões das igrejas; o movimento Vida e Trabalho refletia sobre a ética social e sobre a paz; e o movimento Fé e Ordem concentrava-se nas questões normativas de doutrina e nas questões constitucionais. Em 1937-38, Vida e Trabalho e Fé e Ordem decidiram se unir e constituir um "Conselho Mundial de Igrejas". Durante a Segunda Guerra Mundial atuou em Genebra uma comissão provisória do "CMI em processo de formação". Dirigido por Willem A. Visser't Hooft, a comissão provisória teve um importante papel como lugar de contato para as igrejas e para o movimento de resistência antinazista (Zeilstra).

A assembleia inaugural do CMI foi convocada para Amsterdã em agosto de 1948, representando 147 igrejas de 44 países. Com exceção da Igreja Católica Romana (ICR), todos os principais grupos confessionais estavam representados. O CMI definiu-se como "uma comunhão de igrejas que aceitam nosso Senhor Jesus Cristo como Deus e Salvador". Visser't Hooft foi escolhido como o primeiro Secretário Geral do CMI (de 1948 a 1966). A sede do CMI foi estabelecida em Genebra.

As assembleias do CMI tornaram-se marcos do ecumenismo mundial. A segunda assembleia realizou-se em Evanston, nos EUA, em 1954 (com 161 igrejas representadas), a terceira aconteceu em Nova Delhi em 1961 (197 igrejas) e a quarta em Uppsala em 1968 (235). Entre outras conferências importantes do CMI encontram-se a reunião da comissão central em Toronto (1950), na qual se esclareceu a autodefinição do CMI (veja abaixo na seção 2), as conferências mundiais de Fé e Ordem em Lund (1952) e Montreal (1963) e a conferência mundial sobre igreja e sociedade em Genebra (1966).

O Conselho Missionário Internacional incorporou-se ao CMI em 1961. O CMI comprometeu-se a realizar regularmente conferências missionárias mundiais, e estas aconteceram no México (1963), Bancoc (1973), Melbourne (1980), San Antonio (1989), Salvador na Bahia (1996) e Atenas (2005). O trabalho do CMI no que diz respeito às missões nem sempre agradou os cristãos evangélicos, os quais, depois de um congresso internacional em Lausanne, em

1974, fundaram o Comitê de Lausanne para a Evangelização Mundial, que atua independente do CMI (*veja* Lausanne, Movimento e Pacto). Além de reflexões missionárias, o CMI tem feito um extenso trabalho de *teologia contextual e diálogo interconfessional. Em 1971, formou-se um subgrupo dentro do CMI para promover o diálogo entre povos de religiões vivas. Em 1977, uma consulta mundial em Chiang Mai, na Tailândia, avaliou as possibilidades de interação interconfessional.

O CMI continuou crescendo a partir de sua quinta assembleia em Nairobi em 1975 (285 igrejas filiadas), passando pela sexta em Vancouver em 1983 (301 igrejas) e chegando à sétima em Camberra, em 1991 (317 igrejas). Em 1990, 359 pessoas estavam na folha de pagamento dos funcionários de Genebra, mas desde então esse número vem diminuindo. As seguintes pessoas ocuparam o cargo de Secretário Geral: Eugene Carson Blake (1966-1972), Philip A. Potter (1972-1984), Emilio Castro (1985-1992), Konrad Raiser (1993-2003) e Samuel Kobia (2004-). Entre os projetos teologicamente importantes do CMI encontram-se o documento "Batismo, Eucaristia e Ministério" (1982) e o congresso mundial sobre Fé e Ordem em Santiago de Compostela (1993). O antigo paradigma de ética ecumênica social chamada "sociedade responsável" foi substituído na década de 1970 pela visão de uma "sociedade justa, participativa e sustentável" e na década de 1980 por "justiça, paz e integridade da criação".

O fim da Guerra Fria no início da década de 1990 levou a uma nova avaliação do ecumenismo cristão. A Igreja Ortodoxa Russa, integrante do CMI desde 1961, passou cada vez mais a criticar os valores pluralistas e liberais do Ocidente. Os cristãos evangélicos suspeitavam do papel cada vez maior das questões inter-religiosas no CMI. No Ocidente, a cooperação do CMI com igrejas de países socialistas durante a Guerra Fria passou a ser olhada com desconfiança. O enfraquecimento das esperanças idealistas de unidade da igreja contribuiu para uma diminuição no interesse ecumênico nas igrejas.

Essas dificuldades foram amplamente discutidas na oitava assembleia do CMI em Harare, em 1998 (336 igrejas) e também na nona assembleia em Porto Alegre, em 2006.

Em especial o espírito crítico dos ortodoxos levou à criação da "Comissão Especial sobre a Participação Ortodoxa no CMI", que trabalhou entre as assembleias de Harare e Porto Alegre. Inspirado por essa comissão, o CMI tem hoje como objetivo tomar as decisões no espírito de consenso, fortalecendo assim a definição comum e a visão do ecumenismo. A ICR mantém-se fora do CMI, mas é representada na comissão de Fé e Ordem desde 1968. Desde 1965, um grupo de trabalho formado pela ICR e pelo CMI vem publicando diversos documentos.

2. A autodefinição do CMI

A base original do CMI foi reformulada em Nova Delhi em 1961, conforme se vê a seguir: o CMI é "uma comunhão de igrejas que confessam o Senhor Jesus Cristo como Deus e Salvador segundo as Escrituras e, portanto, procuram cumprir juntas seu chamado comum para a glória do único Deus, Pai, Filho e Espírito Santo". Essa base tem se mantido como uma formulação clássica à qual as igrejas são muitas vezes chamadas para se voltar quando refletem em sua obra ecumênica (e.g., *In One Body*, 2003). A divindade de Cristo e a menção das Escrituras refletem a *teologia evangélica, mas a fórmula trinitária é importante para as igrejas ortodoxas (*veja* Trindade, Deus Trino). Essas verdades fundamentais complementam umas às outras quando se faz uma declaração equilibrada da fé cristã. A base de Nova Delhi geralmente serve como linha demarcatório do cristianismo. Os cristãos devem afirmar a fé trinitária, as Escrituras e a divindade de Cristo. Portanto, antitrinitários não podem se filiar a essa comunhão, mas esse não é o caso das igrejas ortodoxas asiáticas que não receberam o *concílio ecumênico de Calcedônia (451).

Visando a uma compreensão adequada da natureza do CMI, o conceito de "comunhão" precisa ser explicitado. A declaração de Toronto (1950) estabelece a autodefinição do CMI, afirmando que o CMI não é e não pode se transformar numa "superigreja". Ele é um "instrumento" para a promoção da unidade, não o objetivo do ecumenismo. Os membros das igrejas não devem compartilhar seus *sacramentos uns com os outros. De acordo com Toronto (1950), eles não precisam nem mesmo reconhecer outros membros como igrejas "verdadeiras", embora devam reconhecer a presença de "elementos" da verdadeira igreja em outras igrejas filiadas ao CMI. Eles devem ainda reconhecer que "o rol de membros da igreja de Cristo é maior que o rol de membros de sua própria estrutura eclesiástica".

Em face dessas informações, a "comunhão" mencionada na base do CMI não tem o mesmo sentido da *koinonia* bíblica. Antes, ela reflete uma realidade federativa na qual os membros se comprometem a seguir certas regras ao mesmo tempo em que preservam sua autonomia. Ao mesmo tempo, a verdadeira *koinonia* não está de todo ausente dessa comunhão. As igrejas reconhecem umas nas outras elementos que identificam a verdadeira igreja e se comprometem a agir visando ao objetivo comum pelo uso desse instrumento de unidade. Nesse sentido, é possível dizer que a comunhão tem alguma "densidade" eclesial. No entanto, ela precisa ser cuidadosamente diferenciada da "comunhão plena" ou da "comunhão da igreja" que inclui todos as marcas essenciais de unidade.

A palavra "concílio" presente no título em inglês do CMI não deve ser visto como sinônimo da mesma palavra usada em frases como "Concílio Vaticano II" ou "concílio ecumênico". As duas expressões empregam a raiz latina *concilium*, com o sentido de um grupo da igreja cristã cujas decisões devem ser obedecidas. No CMI, as igrejas participam uma a uma de um processo em que aconselham umas às outras, procurando conselhos e pensando juntas como lidar com as questões de importância imediata. Esse ato de aconselhamento fica explícito na palavra "conselho", que compõe o título da entidade em português e em outras línguas (alemão: *Rat*; francês: *Conseil*).

Como instrumento, o propósito do CMI é promover a unidade entre as igrejas cristãs. As três "declarações de unidade" do CMI, formuladas em Nova Delhi (1961), Nairobi (1975) e Canberra (1991), têm por objetivo explicitar com mais detalhes a natureza dessa unidade. Declarações recentes enfatizam, entre outras coisas, que essa unidade não é uma conquista humana, mas um dom, não é meramente interna, mas deve ser visível, e não tem a ver somente com doutrina, mas também com nossa solidariedade na vida em comum.

Veja também ALIANÇA EVANGÉLICA MUNDIAL; ECUMENISMO; LAUSANNE, MOVIMENTO E PACTO.

BIBLIOGRAFIA. BRAATEN, C. E. e JENSON, R. W., *In One Body Through the Cross: The Princeton Proposal for Christian Unity* (Grand Rapids: Eerdmans 2003); CONSELHO MUNDIAL DE IGREJAS, WEBSITE, <http://www.oikoumene.org>.; KINNAMON, M. e COPE, B. E., *The Ecumenical Movement: An Anthology of Key Texts and Voices* (Genebra: WCC 1997); LOSSKY ET AL., N., orgs., *Dictionary of the Ecumenical Movement* (2d ed.; Genebra: WCC, 2002); ZEILSTRA, J. A., *European Unity in Ecumenical Thinking, 1937-1948* (Zoetermeer: Boekencentrum, 1995).

Saarinen, R.

CONSTANTINOPLA, CONCÍLIOS DE. *Veja* CONCÍLIOS ECUMÊNICOS.

CONTEXTUALIZAÇÃO
Muitos cristãos, em especial dos países em desenvolvimento, têm percebido que as teologias recebidas das igrejas, missionários e livros teológicos euro-americanos dificilmente estabelecem um vínculo com suas experiências e situações. A contextualização procede dessa percepção e afirma que a teologia precisa não somente estar fincada na estória bíblica, mas também participar das realidades concretas (locais) em que os cristãos se encontram. Todavia, a contextualização reconhece a pluralidade de igrejas locais e a diversidade de teologias no corpo de Cristo em todo o mundo. Em geral, a contextualização evoca a natureza missionária de toda a teologia (von Allmen) em contraste com uma percepção da teologia que é estática, desvinculada e acultural.

1. Que termo usar: contextualização, inculturação, teologia local ou tradução?
2. O que significa contextualização?
3. Como isso afeta o modo como vemos a teologia cristã como um todo?

1. Que termo usar: contextualização, inculturação, teologia local ou tradução?
A rigor, os termos **teologia local*, *contextualização* ou *inculturação* transmitem nuanças distintas, embora sejam muitas vezes empregados como sinônimos na literatura sobre missões (e neste artigo). O termo teológico

contextualização surgiu da iniciativa do Programa do Ministério de Financiamento da Educação Teológica (FET) ligado ao Conselho Mundial de Igrejas. Na definição que eles fizeram, a contextualização vai além da indigenização e ressalta a função profética ou crítica de fazer teologia que interage com uma sociedade em mutação. O termo inculturação teve origem no pensamento missiológico dos católicos romanos. Ele tem a ver com o processo de proclamar e explicar o evangelho numa linguagem compreendida por um povo em particular (de Mesa 1979). O termo expressa o processo pelo qual a igreja se insere em determinada cultura de modo transformador (Crollius). Outros, a exemplo de R. Schreiter, preferem teologia local por achar o termo uma categoria mais dinâmica que inculturação ou contextualização. O termo chama a atenção para o tema histórico da igreja local como entidade que se distingue da realidade universal do corpo de Cristo, mas não deixa de estar entrelaçada a ele. Essa dimensão histórica encontra confirmação no fato de que a formulação da teologia local faz surgir novas teologias contextuais em diferentes partes do globo (Schreiter).

Pode-se dizer que a tradução como estrutura conduz a resultados paralelos. Conforme Sanneh insiste em dizer, a *tradução* da mensagem cristã em diversas línguas do mundo serve como paradigma que ilumina o modo como o cristianismo tem sido recebido nas culturas locais que dele se apropriam. Fato é que a principal evidência que pode explicar o enorme crescimento do cristianismo além do Ocidente reside na lógica da traduzibilidade da mensagem cristã ou da Bíblia para as línguas locais. Essa postura de tradução tem capacitado o elemento autóctone e prático em todas as culturas, ao mesmo tempo em que rejeita a canonização de culturas específicas (Sanneh 1989, 2003).

Contudo, para simplificar e sintetizar nossa reflexão, usaremos *contextualização* como uma categoria geral, mas incorporando as importantes nuances dos outros termos.

2. O que significa contextualização?
2.1. Expressando a fé bíblica em termos locais.
Teologia local, ou contextualização, significa expressar a fé bíblica empregando termos do vernáculo e interagindo com questões locais. As teologias evangélicas não são imunes à cultura nem deixam de corresponder a uma representação cultural concreta. Mais pertinente ainda é a ideia de que a fé bíblica ou evangélica não está trancada dentro das particularidades das experiências socioculturais euroamericanas (Costas). Por conseguinte, os cristãos não-ocidentais insistem na necessidade de expressar teologicamente a tradição bíblica e evangélica de acordo com seus próprios termos e sob a luz de suas questões. Observe-se aqui que o uso da língua local não é simplesmente uma questão de comunicação mais eficaz. Língua e cultura estão profundamente vinculadas. Por isso, em muitos países onde a identidade do povo sofreu a violência da colonização, o uso do vernáculo torna-se não somente uma necessidade teológica, mas também se relaciona à recuperação da dignidade humana. O uso da língua local viabiliza a recuperação da identidade cultural e da dignidade humana, tornando possível sair debaixo dos pressupostos (metodológicos) de uma superioridade cultural euroamericana. Ainda de uma perspectiva voltada às missões, a consciência das raízes culturais das teologias não deve ser vista de modo unilateral nem negativo; boas teologias são respostas bíblicas a questões e experiências socioculturais específicas.

2.2. Nós mesmos fazemos teologia.
A teologia local significa que as pessoas estão fazendo teologia por si mesmas em vez de receber uma teologia pronta feita por terceiros (Bevans). Na prática isso quer dizer que as igrejas locais dos países em desenvolvimento não se tornam meras receptoras de teologias importadas; elas também contribuem desenvolvendo teologias próprias. As visões teológicas euroamericanas não são entendidas como universais nem as estratégias para as igrejas estão isentas de ruído e bagagem cultural. Por isso, até a própria ideia de "teologia" está sujeita às questões da cultura. Mesmo com origem no Ocidente, a teologia precisa ser repensada em termos e idiomas locais (Gener 2005).

Contextualização dá a entender uma *abertura crítica* com novas raízes e novas rotas teológicas nos contextos locais. A "abertura" na postura de abertura crítica consiste num reconhecimento do alcance global e universal e da profundidade intelectual da fé cristã. O "crítica" na postura de abertura crítica consiste nas lentes bíblicas e contextuais que normalizam a ação.

O processo básico de contextualização envolve a interação ou diálogo entre a Bíblia e a vida, entre a fé cristã e as culturas locais visando a um propósito missional — o de transformar o mundo sob a luz do reino de Deus em Cristo. A consciência desse processo tem levado ao reconhecimento de um pluralismo de estilos teológicos e de abordagens contextuais e de novas formas de ministério responsivas e adequadas aos diversas contextos culturais (Bevans).

2.3. Uma base crítica: a fé recebida. Em todo o mundo a teologia local começa com a proclamação na língua local e com a tradução da Bíblia para o vernáculo. Mas há um terceiro aspecto crucial na contextualização — o testemunho da igreja local. Como grupo de pessoas, a igreja posiciona-se dentro e fora da cultura; não se trata de uma abstração como no termo "cristianismo". Modelos de contextualização mais antigos partiam da premissa de que a cultura autóctone e a mensagem estrangeira eram antagônicas (Bediako). Esse modelo tem certo mérito, mas ele também esconde algumas armadilhas. Uma superconcentração no elemento autóctone levou muitos eruditos a denunciar o cristianismo como religião estrangeira alienada da cultura local. Mas em muitos países em todo o mundo (e.g., países da África, América do Sul, Ásia), o cristianismo não é mais um religião estrangeira. A presença de igrejas cristãs nessas regiões é prova de que os povos locais receberam o cristianismo e dele se apropriaram (Sanneh 2003). Portanto, precisamos de um conceito de indigenização mais inclusivo e não-purista, algo que descreva um processo de duas vias: indigenização (ou contextualização) de *fora* e de *dentro*. Aquilo que é contextualizado ou autóctone "não exclui necessariamente empréstimos de fora, contanto que o resultado seja adequado ao povo e por ele compreendido; ele se mostra verdadeiro naquele tempo e lugar" (Shenk, 78). Essa argumentação não está longe de uma perspectiva cultural renovada que reconhece o entrelaçamento de fluxos e processos globais e locais. O conceito mais antigo olha para a cultura como algo estático e limitado em comparação com uma compreensão renovada que enfatiza a construção da cultura e uma predisposição às práticas culturais (Schreiter, Tanner).

2.4. Teologias locais representam igrejas verdadeiramente locais. Teologias locais, portanto, são geradas por igrejas locais com uma mentalidade de transformação da cultura, fielmente comprometida com missões e com o discipulado bíblico. Quando as igrejas locais se comprometem com seus contextos particulares, elas produzem novas e interessantes teologias autóctones que contribuem para dar sentido ao discipulado cristão no corpo de Cristo no mundo e para o mundo.

É interessante observar que a contextualização foi proposta primeiramente como um método ministerial. Assim, existe uma profunda ligação entre teologia local e ministério. A teologia ou o evangelho contextualizados significam um ministério contextualizado. Na realidade, o termo *contextualização* foi usado pela primeira vez em 1972 no programa de Financiamento de Educação Teológica intitulado *Ministério em Contexto*. Pode-se dizer ainda que a contextualização ou a teologia local tem uma forte base ministerial, não no sentido dominado pelos clérigos, mas no sentido clássico (da Reforma) de "cada crente um ministro". Essa ideia também indica que todo crente é um teólogo, pois a teologia surge do ministério e para o bem do ministério.

A teologia local enfatiza o trabalho de contextualização da igreja local. Em vez de focar em interesses particulares, a teologia local concentra-se em pessoas como agentes. O foco não está meramente na contextualização como forma de resolver problemas locais, mas como meio de preparar o caminho para que os cristãos façam despontar diferenças internas em seus respectivos contextos. Isso acontece melhor em comunidade e demanda certa espiritualidade comunitária. A plenitude da verdade é a pessoa de Cristo, e isso significa, no mínimo, uma predisposição para escutar cristãos de diferentes lugares e épocas que, juntos, configuram a totalidade do corpo de Cristo.

2.5. Afirmação do papel bíblico da cultura e dos agentes cristãos. Será que esse modo contextual que entende a cultura e dela se apropria é apoiado pela Bíblia? Qual o papel da cultura no desenvolvimento do projeto de Deus no mundo? Situar a cultura dentro da criação e a realidade do pecado são pontos de partida bíblicos. Vivemos numa criação que recebemos como dádiva do amor imensurável de Deus. Em resposta à dádiva da criação, como administradores somos chamados a uma postura de obediência que viabiliza toda a integridade e o potencial da criação e também incentiva sua manifestação (Walsh e Middleton, 169).

A criação em si mesma é boa. Quando entrou o pecado, ele "não mudou a estrutura da vida no mundo; a criação original de Deus continua pois ele a sustenta. O que mudou foi a direção do curso [da vida] [...] a obra de Deus na salvação consiste em redirecionar o curso de nossa vida [...] de volta à direção original: obediência à vontade de Deus" (Walsh e Middleton, 89). À luz da criação e da queda, a cultura é tanto uma dádiva quanto uma tarefa. Por um lado, é uma dádiva pois, em virtude da *criação*, ela bebe do amor criativo de Deus e de seu poder. As culturas também existem para o bem-estar dos seres humanos. O modo de vida de determinado povo é uma forma de abordar a vida do dia a dia, forma esta aprovada pelo tempo e provada pela experiência (de Mesa 1987). Por outro lado, é uma tarefa pois a cultura é criada por *pessoas*. Ela aponta para o que foi desenvolvido pelos seres humanos e, portanto, é essencialmente histórica. Como tal, não é imutável nem absoluta. Por isso, no que diz respeito à cultura, a autoridade final pertence somente a Cristo.

Da perspectiva de Pentecostes, podemos dizer que ouvimos a Palavra de Deus e a ela reagimos no âmbito de nossos idiomas, sociedades e culturas. O milagre de Pentecostes aponta para o fato de que Deus fala muitas línguas, e podemos ouvir e reagir à sua Palavra e obra onde e como estivermos (At 2). Não é por acidente que nascemos numa cultura e vivemos numa região específica do mundo de Deus (At 17.26). Assim, a identidade cultural envolve dom e chamado: o dom de Deus e o chamado para servir ao Senhor na transformação do mundo. O dom inclui a criação à imagem de Deus com a singularidade cultural específica decorrente. E o chamado exige que respondamos à Palavra de Deus dentro de nosso contexto cultural.

Essas respostas estenderão o dom do cristianismo local para o corpo de Cristo em todo o mundo. Enquanto vivemos entre a primeira e a segunda vinda de Cristo, participamos da obra do Espírito na transformação de culturas e povos enquanto esperamos uma cidade sagrada onde a glória e a honra de todas as nações serão levadas ao Cordeiro (Ap 21).

2.6. Discipulado como objetivo. No final das conta, como se avalia a boa teologia ou a boa contextualização? Em última análise, a avaliação da contextualização exige que se determine se discípulos cristãos fiéis estão sendo formados em culturas específicas. Mas de uma perspectiva eclesiástica global, isso demanda mais do que apenas um **discipulado* pessoal. Os cristãos dos países em desenvolvimento, principalmente à sombra de suas histórias pós-coloniais, estão mais inclinados a ressaltar a necessidade de construir uma nação (até nacionalismo) e de se tornarem *cidadãos* mais responsáveis. Aqui o discipulado vai além da simples fidelidade à vida devocional ou eclesiástica, mas também à vida que aumenta a dignidade humana, pratica atos de caridade e traz melhorias econômicas para um futuro melhor. Um discipulado assim estabelece vínculos significativos entre os valores bíblicos e os valores culturais positivos. Os cristãos locais devem se basear no que sua cultura já tem de bom à medida que buscam transformações duradouras na sociedade. Assim, a fé cristã inspira os crentes locais a tornarem a sociedade mais habitável, justa e humana, preparando os cristãos para serem bons próximos e redirecionando a identidade cultural para a plenitude do reino de Deus em Cristo.

3. Como isso afeta o modo como vemos a teologia cristã como um todo?

Conforme observamos, a contextualização recupera a natureza missionária de toda a teologia, fato este nem sempre reconhecido e valorizado na visão moderna (euroamericana) da teologia (Bosch). Neste ponto precisamos de um diálogo intereclesial sobre posturas teológicas. A ordenação normal (ocidental) da teologia em categorias como básica, sistemática e prática coloca um grande peso sobre a teoria e sobre o sistema. O elemento prático é relegado para o fim desse processo, implicando que a teoria (que consiste dos elementos básico e sistemático) é onde tudo tem início e que a verdadeira teologia é teórica por natureza. Estruturalmente traduzida, a real teologia está localizada nos interesses acadêmicos e profissionais das investigações históricas, sistemáticas e filosóficas. Assim, a teologia é profissionalizada e baseada em seminários. As estruturas profissionais da igreja (e.g., os seminários) tornam-se lugares exclusivos da "verdadeira teologia". Tal visão da teologia é alimentada pela distinção e divisão entre clérigos e leigos ou pelo chamado paradigma clerical.

Como resposta, precisamos tornar a teologia mais envolvente e prática para todos os cristãos. Uma das maneiras pelas quais a teologia pode se tornar inteiramente prática é insistindo na afirmação de que o objetivo de toda e qualquer teologia é ajudar a desenvolver o projeto de Deus no mundo. A teologia é prática porque, em sua essência, ela é missional e missionária. Uma recente reconsideração no Ocidente sugere a disciplina de teologia maior e mais abrangente como "teologia básica prática" (Browning). As divisões da teologia conhecidas como histórica, sistemática e estratégica (totalmente prática) tornam-se subespecialidades ou submovimentos da teologia básica prática. Essa proposta parece compatível com a prática da contextualização e das teologias contextuais. Assim, a teologia básica prática poderia incorporar as teologias autóctones ou práticas locais das igrejas de todo o mundo. As teologias descritiva, histórica, sistemática e estratégica poderiam então servir às igrejas locais em seu tratamento orientado para missões das questões, preocupações e problemas que surgem em suas realidades.

Outra resposta que poderia ajudar seria distinguir entre teologia profissional e "teologia do povo de Deus" ou "teologia a reboque da cosmovisão". A teologia profissional lida com questões usando cuidadosas técnicas exegéticas, hermenêuticas e críticas com propósitos teológicos. A teologia a reboque da cosmovisão trata de questões no contexto das tentativas concretas de vivenciar uma cosmovisão cristã em todas as áreas da vida: mídia, pessoalidade, lazer, tecnologia, amizade, sexualidade, política e assim por diante. Insistir na importância da teologia a reboque da cosmovisão não é depreciar a "teologia dos teólogos". Ademais, a teologia a reboque da cosmovisão não é uma espécie de "teologia *light*". Ambas são necessárias e, quando cada uma delas é formulada de modo vital e criativo, toda a comunidade cristã é enriquecida.

Veja também ACULTURAÇÃO; TEOLOGIA AFRICANA EVANGÉLICA CONTEXTUAL; TEOLOGIA AFRICANA CATÓLICA ROMANA; TEOLOGIA AFRICANA PROTESTANTE; TEOLOGIA ÁRABE E DO ORIENTE MÉDIO; TEOLOGIA ASIÁTICA; TEOLOGIA CHINESA; TEOLOGIA COREANA; TEOLOGIA EUROPEIA; TEOLOGIA JAPONESA; TEOLOGIA LATINO-AMERICANA; TEOLOGIAS DAS ILHAS DO PACÍFICO; TEOLOGIAS LOCAIS.

BIBLIOGRAFIA. BALLARD, P. e PRITCHARD, J., *Practical Theology in Action: Christian Thinking in the Service of Church and Society* (Londres: SPCK, 1996); BEDIAKO, K., *Christianity in Africa* (Maryknoll: Orbis, 1995); BEVANS, S., *Models of Contextual Theology* (Maryknoll: Orbis, 2003 [1992]); BROWNING, D., *A Fundamental Practical Theology* (Philadelphia: Fortress, 1991); BOSCH, D. J., *Transforming Mission* (Maryknoll: Orbis, 1991); COSTAS, O., "Evangelical Theology in the Two Thirds World", in: *Conflict and Context: Hermeneutics in the Americas*, BRANSON, M. L. e PADILLA, C. R., orgs., (Grand Rapids: Eerdmans, 1986), 311-23; CROLLIUS, A. R., "What Is So New About Inculturation?" in: *Inculturation: Working Papers*, 1, ed. A. R. Crollius e T. Nkerahimigo (Rome: Gregorian University Press, 1984) 1-18; DARRAGH, N., *Doing Theology Ourselves: A Guide to Research and Action* (Auckland: Accent Publications, 1995); MESA, J. DE, *And God Said "Bahala Na!" The Theme of Providence in the Lowland Philippine Context* (Quezon City, Philippines: Maryhill School of Theology, 1979); idem, *In Solidarity with the Culture* (Quezon City, Philippines: Maryhill School of Theology, 1987); FLEMMING, D., *Contextualization in the New Testament: Patterns for Theology and Mission* (Downers Grove: InterVarsity Press, 2005); GENER, T., "Every Filipino Christian a Theologian: A Way of Advancing Local Theology in the 21st Century", in: *Doing Theology in the Philippines*, SUK, J., org., (Mandaluyong City, Philippines: OMF Literature, 2005); NEWBIGIN, L., *The Gospel in a Pluralist Society* (Grand Rapids: Eerdmans,

1989); Sanneh, L., *Translating the Message* (Maryknoll: Orbis, 1989); idem, *Whose Religion Is Christianity? The Gospel Beyond the West* (Grand Rapids: Eerdmans, 2003); Schreiter, R., *Constructing Local Theologies* (Maryknoll: Orbis, 1985); Shenk, W., *Changing Frontiers in Mission* (Maryknoll: Orbis, 1999); von Allmen, D., *The Birth of Theology: Contextualization as the Dynamic Element in the Formation of New Testament Theology*, IRM 64 (janeiro de 1975) 37-52; Walsh, B. e Middleton, R., *The Transforming Vision* (Downers Grove: InterVarsity Press, 1984).

Gener, T. D.

CONTRARREFORMA

O termo Contrarreforma tem sido historicamente polêmico. De modo geral, o termo tem sido usado por protestantes ao descreverem as iniciativas católicas para recatolicizar territórios após o início da *Reforma, nomeando e/ou apoiando governantes católicos, seguindo o princípio da Paz de Augsburgo (1555), segundo a qual a religião do governante é a religião do território por ele governado. Em geral os católicos preferem empregar o termo "reformas católicas" em referência às reformas dos séculos 15 e 16 na formação e educação do clero, na promoção das práticas devocionais e do esclarecimento teológico oficialmente promulgadas no Concílio de Trento (1545-1563). Estava em discussão o impacto que a Reforma Protestante causou sobre a Igreja Católica, ou seja, se os esforços reformadores católicos podem ou não ser entendidos como uma resposta à própria Reforma Protestante ou se tinham raízes em movimentos de reforma mais amplos e anteriores a ela. Por isso, é possível entender a Contrarreforma ou como uma resposta tática e defensiva (a partir da década de 1520 até o fim da Guerra dos Trinta Anos em 1648) ou como parte de uma iniciativa maior que visava reformar a Igreja Católica começando de dentro (a partir das reformas do final do século 15 na Espanha até as reformas do Concílio de Trento, terminando no final do século 17).

Este artigo usa com bom senso o termo Contrarreforma em referência ao período que vai de meados do século 15 até o fim do século 17.

1. Uma reação à Reforma Protestante
2. As reformas católicas
3. A era da Reforma fora da Europa

1. Uma reação à Reforma Protestante

Enfrentando o avanço do protestantismo no norte da Europa, a Igreja Católica encontrava-se numa postura defensiva para impedir maiores avanços. O Santo Ofício (Inquisição) foi instaurado em Roma em 1542 para suprimir o luteranismo nos estados italianos. A mentalidade da Inquisição dizia que os protestantes eram hereges e todo herege que ocupasse uma posição de destaque na sociedade devia ser punido com energia por causa da influência que podia ser exercida sobre os outros.

O Concílio de Trento defendia a reforma da hierarquia e a criação de novas dioceses em regiões para as quais o protestantismo provavelmente haveria de avançar. O declínio do absenteísmo entre os bispos, a criação de seminários, a construção de mais igrejas e o treinamento de mais clérigos foram estratégias pós-conciliares que tinham por objetivo impedir o avanço do protestantismo.

2. As reformas católicas

As reformas católicas anteriores a 1800 não eram produzidas diretamente pelo papa ou pela cúria romana. Em vez disso, ações de ordens religiosas, indivíduos consagrados, episcopados regionais e governantes políticos católicos foram responsáveis pelo sucesso das reformas. Sob Jiménez de Cisneros (1436-1517), a reforma da hierarquia e a educação do clero na Espanha foram obtidas colocando-se a igreja sob a autoridade do rei, possibilitando que a autoridade e os recursos da coroa influenciassem diretamente o processo de reforma eclesiástica. Chamada patronato, essa medida estabelecia o governante político como patrono da igreja e tornou-se o modelo da reforma católica bem-sucedida.

Desidério Erasmo (c. 1469-1536) ensinava a *devotio moderna*, um humanismo cristão que defendia a volta às Escrituras e aos pais da igreja. Para aqueles que haviam estudado na tradição escolástica da época, esse foi um novo desenvolvimento que angariou muitos seguidores.

Esse período também testemunhou a

criação de diversas novas ordens religiosas de homens e mulheres. Os teatinos, barnabitas, somascos, jesuítas, capuchinhos e ursulinas foram ordens fundados no início do século 16, e seus membros deram impulso à reforma do catolicismo de dentro para fora e desafiaram a alegação protestante de que a Igreja Católica era corrupta e incapaz de ser reformada.

Em especial nos estados da Espanha, França e Itália, a era da Contrarreforma trouxe nova vida à arte religiosa que foi viabilizada por patronos da nobreza e do clero. Na arquitetura, nas pinturas, no teatro, na poesia e na música celebrava-se um novo fervor religioso e emocional nas artes que estava diretamente ligado à vida de fé.

3. A era da Reforma fora da Europa

A Contrarreforma foi mais do que um programa de reforma da igreja que visava manter a Europa debaixo do guarda-chuva do catolicismo; ela formou um cenário de segundo plano que evidenciava o que os católicos europeus pensavam de si mesmos, de seu mundo, de sua fé em Cristo e como discutiam esses assuntos uns com os outros. Esse autoconceito social partilhava de um pressuposto anterior a esse período: a premissa da superioridade europeia sobre povos não-europeus em questões religiosas. O catolicismo tinha a verdade do evangelho, e todos os outros — agora incluindo os protestantes — eram considerados hereges que precisavam da luz da fé católica. Já a partir do século 15, as iniciativas católicas para evangelizar fora da Europa refletiam um desejo sincero de propagar o evangelho a todos os povos, mas essas iniciativas assumiram a forma de um programa totalmente político com a mentalidade das cruzadas — o desejo de expandir a cristandade.

É importante observar que os mesmos estados europeus que consolidaram as reformas católicas com o patronato (Espanha, Portugal e estados italianos) também forneceram a maioria dos missionários para a obra de evangelização da igreja fora da Europa.

Em 1588, o jesuíta José de Acosta fez um projeto de evangelização das populações não-europeias que a Espanha e Portugal encontraram em suas expedições globais de conquista e expansão. O plano contido em *Da Salvação das Índias* foi adotado para as iniciativas missionárias. Primeiro, a igreja entraria em contato com povos como os chineses, os japoneses e muitos grupos no subcontinente das Índias cujo nível de cultura era considerado equivalente ao dos europeus. Esses povos seriam abordados com argumentos racionais na expectativa de que a graça de Deus os capacitasse a aceitarem a mensagem cristã. O segundo nível incluía povos que não dominavam a escrita mas cuja sociedade era altamente organizada e cuja religião era bem desenvolvida, a exemplo dos incas e dos astecas. O plano previa um governo cristão (i.e., o sistema de patronato) dominando sobre esses povos para que a evangelização avançasse (sem uso da força). No terceiro nível estavam muitos grupos nômades, seminômades e tribos menores das Américas, das Ilhas Molucas e dos Mares do Sul. Acosta considerava tais grupos como selvagens, de modo que seria necessário o uso da força para levá-los a contextos urbanos ou civilizados (chamados reduções) e para evangelizá-los.

Acosta provavelmente tinha conhecimento de que seu plano não se aplicava à África subsaariana. Embora essas populações se assemelhassem às do segundo e terceiro níveis do plano, não se estabeleceu sobre elas nenhum governo cristão nem reduções em virtude da população de Portugal comparativamente pequena e dos compromissos que se estendiam pelo mundo. Além disso, o sistema de trabalho escravo dos negros africanos adotado pelos portugueses em 1443 já era aceito como condição vigente no final do século 16.

Os europeus usavam a cristianização de escravos como uma forte justificativa para o tráfico de escravos. Algumas vozes de cristãos protestaram contra o comércio de escravos, destacando-se o dominicano Bartolomeu de las Casas em meados do século 16 e o franciscano Bartolomeu de Albornoz em 1571, que afirmou: "Não acredito que se possa provar que, de acordo com a lei de Cristo, a liberdade da alma possa ser comprada com a servidão do corpo". Mesmo assim, tanto a justificativa da salvação dos escravos quanto as poderosas forças econômicas sustentaram o comércio de escravos ao longo de todo o período da reforma católica.

Uma importante exceção na África foi a experiência do reino de Soyo no Congo, talvez a maior unidade política nos séculos 15 e 16 na África subsaariana. Depois da conversão do rei congolês em 1491, a Igreja Católica experimentou um crescimento constante no reino durante quase dois séculos. A evangelização do Soyo acabou não prosperando pela falta de ordenação de africanos.

O que se sabe sobre a mentalidade e a vida dos povos alcançados com as iniciativas evangelísticas da igreja em todo o mundo nos séculos 15, 16 e 17? Essa pergunta não pode ser divorciada dos transtornos caóticos que atingiram a África, as Américas e a Ásia com a chegada dos europeus. A forma desses conflitos variou em todo o globo, mas eles incluíram epidemias mortais, comércio e conflitos religiosos e políticos.

O México e o Peru são exemplos das conquistas políticas e religiosas da Espanha. No Peru, a conquista pôs fim à religião inca da adoração do sol apoiada pelo estado, e os peruanos rapidamente viram nisso uma vitória de Cristo, o deus espanhol, sobre o panteão inca. Os descendentes dos incas resistiram e se refugiaram na remota Vilcabamba até o final do século 16, mas não conseguiram reconquistar o território perdido; o fato de não terem recebido ajuda divina para a retomada do território acelerou a perda da fé tradicional. Mais tarde, quando o clero espanhol procurou erradicar as tradições mais antigas de veneração dos *ancestrais (*huacas*), o povo comum começou a pensar que Cristo estava em guerra contra os *huacas*.

Todavia, no Japão aconteceu algo bem diferente. Ali o poder político não era aliado da fé cristã, e por um bom número de aos os jesuítas compartilharam a mensagem do cristianismo com governantes e com o povo comum, obtendo razoável sucesso — por volta de 1614, havia aproximadamente trezentos mil japoneses convertidos à fé cristã. No entanto, a perspectiva de uma luta pelo poder com os europeus fez com que grandes governantes como Oda Nobunaga e Toyotomi Hideyoshi fizessem uso da força para impedir o avanço do cristianismo, perseguindo violentamente a igreja e pondo fim a todas as suas atividades públicas até a segunda metade do século 19.

Veja também REFORMA.

BIBLIOGRAFIA. BIRELY, R., *The Refashioning of Catholicism, 1450-1700: A Reassessment of the Counter Reformation* (Washington: Catholic University of America Press, 1999); HOWES, J. F., *Japanese Christianity and the State: From Jesuit Confrontation/Competition to Uchimura's Noninstitutional Movement/Protestantism*, in: *Indigenous Responses to Western Christianity,* KAPLAN, S., org., (Nova York: New York University Press, 1995) 75-94; MILLONES, L., *Introducción al estudio de las idolatrías* (Lima, Peru: Instituto de Literatura, Facultad de Letras y Ciencias Humanas, Universidad Nacional Mayor de San Marcos, 1964 ou 1965; publicado como suplemento de *il* [Instituto de Literatura] 78-79; MILLS, K., *Idolatry and Its Enemies: Colonial Andean Religion and Extirpation, 1640-1750* (Princeton: Princeton University Press, 1997); PIGGIN, F. S., "CounterReformation", *Evangelical Dictionary of Theology,* ELWELL, W.A., org., (2d ed.; Grand Rapids: Baker Academic, 2001 [edição em português: *Enciclopédia Histórico-Teológica da Igreja Cristã* (São Paulo: Vida Nova)]; WALLS, A. F., *The Cross-Cultural Process in Christian History* (Maryknoll: Orbis, 2002); WEISS, J. M., " Counter-Reformation", *The New Dictionary of Theology,* KOMONCHAK, J., COLLINS, M. e LANE, D. A., orgs., (Wilmington: Michael Glazer, 1987) 242-43.

Hurteau, R. A.

CONVERSÃO

Em seu importante estudo de 1989, David Bebbington vê no *conversionismo* uma das quatro características que definem o evangelicalismo. Assim, é necessário que tenhamos uma compreensão biblicamente apurada e com matizes teológicas do fenômeno chamado conversão. Muitos, porém, não têm uma compreensão adequada da conversão. Quando precisam definir o que é conversão, muitos evangélicos respondem que se trata de uma *experiência* semelhante à que Paulo teve na estrada de Damasco. Com essa resposta eles se referem a um acontecimento que leva uma pessoa a abandonar a vida de pecado e começar a crer em Jesus. Entende-se que se trata de uma decisão tomada num momento e que dá ao novo crente o direito à vida no *céu depois da morte.

Mas será que a conversão cristã se resume a isso? Será que todas as conversões precisam se dar desse jeito? O que realmente configura uma verdadeira conversão cristã? É algum tipo de experiência? Ela ocorre num momento específico? Seria ela uma mera questão de crer na coisa certa ou envolve uma confiança fervorosa em Jesus? Ela acontece no momento do *batismo? Será que conversão é filiar-se a uma igreja? Qual das alternativas acima define a conversão, ou seria uma mistura de todas elas?

1. A conversão na Bíblia
2. A conversão de uma perspectiva eclesiástica
3. A conversão de uma perspectiva holística
4. A conversão no contexto indiano
5. A conversão no contexto coreano

1. A conversão na Bíblia
Qualquer estudo da conversão cristã precisa partir da Bíblia. A conversão no Antigo Testamento é expressa basicamente por dois verbos: *nḥm*, que significa "lamentar" ou "sentir", e *šûb*, que significa "virar-se, voltar-se ou arrepender-se". O verbo *nḥm* de modo geral se refere à mudança de intenção da parte de Deus e raramente é usado para se referir ao arrependimento humano. O termo *šûb* é de longe a palavra mais importante (empregada centenas de vezes no Antigo Testamento). Ela denota uma mudança no coração pela qual uma pessoa ou a nação de Israel se volta ou volta para Deus e para seus caminhos. O sentido básico de *šûb* é *virar as costas para o pecado ou para o mal e voltar-se para Deus e para a santidade*. Na maioria das vezes a palavra é utilizada dentro da esfera do povo de Deus e raramente se refere aos que estão fora da aliança.

No Novo Testamento, o conceito de conversão apresenta-se dentro de uma coerência notável comum a todos os documentos (Witherup, 2). Há duas palavras principais. Primeiramente existe a palavra *epistrophē*, que é geralmente traduzida por "conversão". Ela significa *dar meia volta*, ou seja, inverter a direção e seguir pelo sentido oposto. Em termos cristãos, a pessoa se volta do caminho do pecado para o caminho de Jesus. O segundo termo crucial no Novo Testamento é *metanoeō* (arrependimento), que também transmite a ideia de voltar-se, mas seu foco está na decisão interior e cognitiva (mental) de romper com o passado. *Metanoeō* (arrependimento) precisa estar ligado a *pistis* (fé) para que haja *epistrophē* (conversão), conforme se vê na síntese da mensagem central de Jesus em Marcos 1.15.

Portanto, a conversão cristã se caracteriza por uma decisão (arrependimento) baseada na compreensão (consciência, convicção) de voltar-se de uma vida de pecado (trevas, desobediência, obstinação) para o caminho de Jesus (luz, Deus, santidade), que resulta num novo mode de vida no contexto do *reino de Deus (transformação, santificação). Em termos teológicos, a conversão é a experiência humana de *salvação (*versus* a realidade interior de regeneração, que é a obra oculta operada por Deus).

O supremo exemplo de conversão no Novo Testamento é o que aconteceu a Paulo na estrada de Damasco. Essa experiência é tão importante no Novo Testamento (onde é relatada três vezes no livro de Atos e mencionada por Paulo em quatro textos importantes) e tão importante para a igreja (ela deu origem à missão aos gentios e, por consequência, à igreja ocidental e a uma grande parcela do movimento missionário), que se tornou para muitos o paradigma ou modelo da verdadeira conversão.

Mas seria esse o único modelo de conversão no Novo Testamento? As pesquisas demonstram que não mais que trinta por cento dos cristãos tiveram uma experiência repentina de conversão. Para os outros setenta por cento, a conversão foi mais um processo do que um acontecimento. Será que o Novo Testamento apoia a ideia de conversão como um processo que se dá ao longo do tempo?

Há quem afirme que lemos no evangelho de Marcos a estória do processo de conversão dos Doze, que teria levado três anos para se concretizar (Peace, 1999). Marcos realmente estrutura seu evangelho em torno da jornada de conversão, à medida que os Doze aos poucos entendem plenamente quem é Jesus. Segundo Marcos, é um processo de seis fases. Na primeira, os Doze viam Jesus simplesmente como um grande mestre, mas depois percebem ser ele também um poderoso profeta. Mas esses dois títulos não representam plenamente quem ele é, e na próxima fase da jornada de conversão eles creem que Jesus, de fato, é o Messias há tanto tempo esperado. Na segunda metade do Evangelho de Marcos, eles descobrem que tipo de Messias é Jesus: ele é o Filho do homem, o Filho de Davi e, finalmente, é também o Filho de Deus. Assim, eles se voltam para Jesus gradualmente nesse processo de conversão que levou três anos, deixando de lado sua própria dureza de coração e o pecado e recebendo Jesus em arrependimento e fé.

É claro que o que determina a autenticidade da conversão não é o *tipo de experiência* que se tem (repentina ou gradual). É o conteúdo da experiência, qualquer que seja a forma como aconteça. A conversão cristã implica arrepender-se do pecado e voltar-se para Jesus, resultando na transformação de vida.

2. A conversão de uma perspectiva eclesiástica

As diferenças na compreensão do fenômeno da conversão não estão apenas no nível dos cristãos chamados leigos. Na verdade, há consideráveis diferenças entre as denominações quanto ao que constitui a conversão. Scot McKnight refere-se a "três movimentos básicos em direção à conversão: socialização, atos litúrgicos e decisão pessoal". Ele observa que "cada um deles se alinha com um elemento importante da igreja, e cada um parece ser bem sensível aos outros" (McKnight, 1-2). Esse é um esquema que ajuda a entender como a conversão é concebida em diferentes tradições eclesiásticas.

2.1. A conversão por meio da decisão pessoal. A conversão é central na tradição evangélica, tanto em sua autoidentidade quanto na prática do ministério. Dentro do mundo evangélico, ninguém que não tenha se convertido pode ser considerado cristão — e quanto mais a experiência for semelhante ao caso de Paulo na estrada de Damasco, melhor.

O ponto forte dessa perspectiva é sua simplicidade e funcionalidade. A salvação se transforma numa questão de crer em certas doutrinas, confiar no perdão de Jesus e fazer uma oração de compromisso. A conversão é uma experiência individual cuja ocorrência pode ser datada com exatidão. Essa visão da conversão também dá aos leigos um modo concreto pelo qual testemunhar de Jesus. Eles simplesmente precisam decorar um "plano de salvação" e compartilhá-lo com os outros. É tudo muito bem organizado, simples, específico e compreensível. Além disso, a visão evangélica da conversão deu origem à maioria das iniciativas evangelísticas que, por sua vez, resultaram em grandes movimentos de fé em Jesus (principalmente fora dos contextos norte-americano e europeu).

O ponto fraco dessa perspectiva é que ela transforma a conversão basicamente numa questão de fé cognitiva e, como tal, costuma resultar num discipulado superficial. Ela também é profundamente individualista, e isso pode ter como consequência um vínculo frágil com a igreja local. E ela deixa de admitir que a conversão genuína pode acontecer de diversos modos e não de uma só forma.

2.2. Conversão mediante socialização. Dentro do protestantismo tradicional, a conversão é mais uma questão de estímulo do que de decisão. Os pais levam seus filhos pequenos para serem batizados e, assim, as crianças são filiadas à comunidade cristã. Num contexto protestante tradicional, muitas vezes as pessoas não se sentem à vontade com a ideia de "tornar-se cristão". Há mais naturalidade na ideia de "ser cristão".

Na verdade, igrejas tradicionais muitas vezes hesitam em falar sobre conversão, quase como se levantar essa questão desse a entender que alguns são convertidos mas outros não. Mas existe uma diferença mensurável entre membros de igreja que demonstram uma fé viva e os que têm uma fé nominal, conforme mostra Gordon Allport (psicólogo de Harvard) em seu trabalho sobre fé intrínseca e fé extrínseca. O desafio para as igrejas tradicionais está em ajudar os membros passarem da fé extrínseca (nominalismo) para a fé intrínseca (convicção interior). Essa mudança é uma espécie de conversão em si mesma.

Se o ponto fraco na visão tradicional da conversão é o *nominalismo, o ponto forte dessa perspectiva é sua ênfase na natureza comunitária da conversão. Ser cristão é estar envolvido com outros crentes e viver uma vida de interesse pelos outros.

2.3. Conversão mediante atos litúrgicos. McKnight refere-se aos cristãos tradicionais como "convertidos socializados" e os imagina perguntando aos "convertidos litúrgicos" "o porquê de tanta atenção para o batismo, para a eucaristia e para ritos oficiais de passagem" (McKnight, 7). Também para os "convertidos mediante decisão pessoal" o foco nos sacramentos é um universo estranho e difícil de entender. Mas na Igreja Ortodoxa a salvação se encontra na igreja, e as pessoas se tornam filiadas à igreja por meio do batismo. Além disso, é na celebração da liturgia da Palavra e nos sacramentos que a pessoa tem experiência com Deus. Assim, a palavra *conversão* não parece ter função no vocabulário da Igreja Ortodoxa.

Na Igreja Católica Romana, quando se trata de salvação e conversão, as coisas são um pouco mais complicadas. O pensamento católico pode ser apreendido entre a experiência de Santo Agostinho como adulto e o fato do batismo infantil. A conversão é uma experiência ou uma graça mediada pela igreja? Para Agostinho, a conversão aconteceu num momento em que ele ouviu uma voz que lhe dizia que pegasse o Novo Testamento e lesse. Ao fazê-lo "meu coração foi inundado por algo como a luz da plena certeza e toda sombra de dúvida desapareceu". Séculos depois, o Concílio de Trento defendeu o batismo infantil (em oposição à insistência dos reformadores na salvação pela graça por meio da fé) e "sua atribuição de graça justificadora sem nenhuma consciência da parte da criança" (Hudson, 114). Logicamente a Igreja Católica reconhece o problema e seu desafio está em sustentar uma visão sacramental da teologia e ao mesmo tempo enfatizar o lado da experiência da conversão. O movimento do Rito da Iniciação Cristã de Adultos na Igreja Católica procura fazer justamente isso.

O lado positivo da ênfase na natureza litúrgica da conversão está no fato de ela se localizar com firmeza dentro da igreja com seus dois mil anos de história. Além disso, nesta era pós-moderna, existe um grande fascínio pelo mistério, pela espiritualidade e pelas raízes históricas, e tudo isso pode ser encontrado nas igrejas litúrgicas.

O lado negativo dessa perspectiva é que, quando a conversão é o desfecho de um ritual buscado por uma variedade de razões — costume, expectativa, família, conveniência, posição social e também fé genuína — ela pode resultar em fé nominal. "Sou católico porque nasci católico e fui batizado numa Igreja Católica." Embora o ritual em si tenha significado e poder, estes podem ficar comprometidos (pelo menos no aqui e agora) pelos motivos e reações dos que se submetem ao ritual. "Fazer a oração do pecador" (no contexto evangélico) ou "filiar-se à igreja" (no contexto tradicional) podem ser atos mecânicos e destituídos de sentido e conteúdo, mas o mesmo se pode dizer do batismo nas igrejas litúrgicas. Em cada caso o desafio está em ajudar o convertido a passar do evento/experiência para uma vida genuína como discípulo de Jesus.

3. A conversão de uma perspectiva holística

A discussão acima nos alerta para o fato de que, uma vez que a conversão cristã é definida por seu conteúdo — não pelo tipo de experiência ou pela igreja onde ela acontece — podemos imaginar que o formato da conversão varia de cultura para cultura. Embora o conteúdo da conversão cristã permaneça constante entre as culturas, a experiência em si leva as marcas das cosmovisões diferentes e das várias perspectivas culturais e situações locais particulares, conforme se pode ver nos pontos 4 e 5 abaixo.

O modelo de conversão proposto por Lewis Rambo ajuda-nos a entender esse complexo fenômeno em seu contexto cultural. Lewis Rambo afirma que pelo menos quatro elementos devem ser levados em conta numa visão holística da conversão: cultural, social, pessoal e os sistemas religiosos (Rambo, 7). Cada elemento tem um peso distinto em cada conversão específica.

É por meio da *análise cultural* que se tem contato com os "ritos de passagem, rituais, mitos e símbolos que compõem o complexo de sentido de uma cultura" e se determina como acontece a mudança religiosa. Os sociólogos investigam as *condições sociais* dentro das quais ocorre a conversão, incluindo as expectativas do grupo e a interação dos indivíduos. Os psicólogos, porém, analisam as dinâmicas internas da conversão: o que acontece dentro de uma *pessoa* durante o processo. Há uma rica e extensa literatura sobre o elemento psicológico da conversão. Por fim, teólogos e estudiosos da *religião* focam as questões da transcendência e de como Deus interage com a vida humana. Conforme declara Rambo: "Se quisermos ser fenomenologicamente fiéis às experiências e fenômenos da conversão, precisamos levar a sério a esfera religiosa". Nos círculos sociocientíficos há muito diálogo em torno de toda essa questão de Deus estar ou não de fato envolvido na conversão cristã (Rambo, 7-11).

Outra contribuição de Rambo é um modelo de conversão sequencial de sete estágios. Esse modelo proporciona uma prática plataforma para analisar o fenômeno. "Cada estágio pode ser visto como um elemento ou período específico durante [o] processo de mudança. Cada estágio tem um grupo de temas, padrões e processos que o caracterizam." Os sete estágios são: contexto, crise, busca, encontro, interação, compromisso e consequências (Rambo, 16-18).

No final deve-se lembrar que a conversão é um fenômeno humano, não uma experiência religiosa. Deus criou os seres humanos com capacidade de se converterem. Assim, as pessoas podem se converter de e para muitas coisas. Existem relatos documentados de conversões do capitalismo para o comunismo, do xintoísmo para o judaísmo, do comunismo para o cristianismo, da dependência do álcool para uma vida sóbria, do cristianismo para o hinduísmo e vice-versa, e a lista segue adiante. Em cada caso os fatores psicodinâmicos e sociais envolvidos guardam incríveis semelhanças com a conversão cristã. No final, a essência da conversão não está na experiência em si, mas no *conteúdo* da experiência, de modo que a conversão cristã tem a ver com a experiência humana de voltar-se (devagar ou não) de uma vida orientada para si mesmo (*pecado), por meio de arrependimento e fém, para uma vida de *discipulado em que a pessoa procura conhecer e seguir Jesus.

Peace, R. V.

4. A conversão no contexto indiano
A pluralidade religiosa na Índia proporciona oportunidades e desafios no que diz respeito à conversão. A pluralidade suscita um respeito genuíno pelas crenças e práticas religiosas das outras pessoas como um valor positivo. A pluralidade religiosa defende o diálogo com os outros no campo da religião. A existência de muitas religiões dá oportunidade para que adeptos de várias religiões interajam em diferentes níveis. Essas interações abrem espaço para a possibilidade de conversão. A pluralidade viabiliza mudanças e permite que barreiras sejam transpostas.

Historicamente, a conversão tem sido compreendida dentro de uma variedade de sentidos: desde uma experiência espiritual de integração do eu, passando pelo rito do batismo até um fenômeno religioso e cultural com repercussões sociopolíticas. Nos últimos tempos, dentro dos círculos cristãos, a conversão tem sido vista como uma renovação de compromisso ou simplesmente um avivamento do indivíduo. De modo predominante no contexto indiano, a conversão significa a transposição de barreiras religiosas.

O colonialismo e os movimentos missionários quase sempre eram vistos como parcerias perfeitas para promover conversões, mas tal percepção tem sido desafiada nas pesquisas recentes sobre o trabalho missionário no período colonial (Walls; Frykenberg). Por meio de estudos sociológicos e antropológicos tem sido demonstrado que o destino de um convertido debaixo da administração colonial era carregado de ambivalência, uma vez que os convertidos sofriam a perda da identidade autóctone ao se converter ao cristianismo e, ao mesmo tempo, se percebiam não aceitos pela classe colonial dominante.

No contexto indiano, sofrimentos e perseguições por causa do evangelho estão intimamente relacionados à conversão. Na Índia, a conversão de uma fé para outra é muitas vezes considerada um rompimento com o passado que envolve ruptura das relações sociais, abandono de costumes religiosos e culturais e mudança na lealdade política. Há convertidos ao cristianismo que descrevem em suas biografias algumas dessas dolorosas experiêcias. Mas eles se mostram dispostos a passar por sofrimentos e perseguições por causa do evangelho. O sofrimento é a escola onde o compromisso com Cristo e o discipulado são colocados à prova.

Assim, a questão da conversão é importante no contexto indiano em virtude de suas implicações. A conversão cristã se dá em obediência às exigências que o evangelho do Senhor Jesus Cristo faz aos convertidos e ao contexto em que eles vivem. A pregação do evangelho desafia valores que depreciam a dignidade, a liberdade, a igualdade e a comunidade dos seres humanos. Na vida real do contexto indiano, o evangelho tem lidado com diferentes formas de problemas vividos pelas crianças, tais como o trabalho infantil e o casamento de crianças, e pelas mulheres, tais como o compromisso das viúvas, e lidado com a opressão social devida ao sistema de castas, atravessando as distinções de gênero.

Na Índia, as conversões acontecem por diversas razões. Por exemplo, muitos se veem espreitados pelo nascimento dentro de parâmetros sociais e culturais difíceis. A resignação diante do destino, o *carma* e o *samsara* (o ciclo de nascimentos e renascimentos como resultado dos atos da pessoa), influencia muito do pensamento em certo nível da existência espiritual indiana. Nesse sistema é praticamente impossível livrar-se desse destino. Por isso, a possibilidade de conversão a outra religião proporciona a oportunidade de mudar para uma circunstância social bem mais favorável. Entre os *dálits* (a classe oprimida) há relatos de conversão em massa, à medida que eles viam no cristianismo elementos que lhes propiciavam libertação e humanização.

A conversão tem ainda uma dimensão política. O vínculo político muitas vezes também parece mudar como consequência da conversão a uma religião diferente. (Na Índia, os cristãos votam nos partidos políticos seculares e de centro, não nos partidos de direita ou nos partidos religiosos.) Assim, os que se convertem ao cristianismo às vezes passam por ofensas e potenciais represálias. Às vezes há violentos ataques aos convertidos e agentes da conversão, uma vez que os votos são transferidos para outro partido político.

Além disso, existe na conversão um elemento nacionalista. É comum o sentimento de que certas religiões são estrangeiras do ponto de vista indiano. Assim, a fidelidade ao cristianismo é vista como vinculada às nações ocidentais, e os muçulmanos são considerados fiéis ao mundo árabe. Esses estereótipos podem ser usados para desincentivar a conversão ao cristianismo ou para forçar os convertidos a voltarem para suas origens hindus. A discriminação religiosa está embutida na constituição da Índia, pois ela identifica o islamismo, o cristianismo, o judaísmo e o zoroastrismo como religiões "estranhas" ao país. Um hindu que se converte ao budismo, jainismo ou siquismo ainda pode ser considerado hindu, mas não se ele se converter a alguma das religiões acima mencionadas (Robinson). Essa visão tem consequências no contexto presente, pois há benefícios materiais vinculados ao fato de ser hindu (tais como preferências para emprego e vantagens educacionais).

Nas últimas cinco décadas do século 20, diversos estados indianos apresentaram em suas assembleias legislativas projetos de lei ligados à liberdade religiosa (*veja* Liberdade Religiosa). O objetivo declarado de tais projetos de lei é proteger os cidadãos ignorantes e analfabetos contra as táticas manipuladoras das agências de conversão e proporcionar-lhes liberdade para praticar sua própria religião, livres das influências coercivas de, por exemplo, missionários cristãos. Na prática, onde tais projetos de lei foram aprovados, até os que se converteram espontaneamente são pressionados a rever sua posição ou até mesmo a se retratar. Os agentes de conversão são levados a se explicar às agências de fiscalização, e os casos de conversão são tratados com grande rigor.

As conversões geram desequilíbrio social, pois atingem a base da estrutura social de um lugar, em particular nas cidades cujos cidadãos têm fortes vínculos culturais e religiosos e nas sociedades suburbanas. Numa estrutura social tradicional todo mundo conhece seu lugar. A sociedade é organizada hierarquicamente e distingue entre os puros e os impuros. Uma pessoa sem casta é sempre impura e se encontra no ponto mais inferior da escada social. A conversão desfaz essa condição, quando, por exemplo, uma comunidade sem casta passa a reivindicar um tratamento digno.

Em certos lugares acontecem conversões de grupos maiores dentro de uma casta específica ou até mesmo de toda a casta. Tais pessoas enfrentam dificuldades e sanções quando são poucas numericamente. Mas no cenário social de mudanças, os grupos de convertidos têm mais força para negociar melhores condições para toda a comunidade quando atuam em grupo. Essas negociações podem acontecer com outros grupos de castas numa localidade ou com partidos políticos locais. O objetivo é obter benefícios comuns a toda a comunidade e não para indivíduos. Numa sociedade predominantemente tribal, a conversão é algo bem diferente.

As missões cristãs na Índia já foram acusadas de *proselitismo, ou seja, a prática de conversões obtidas por força e manipulação. Embora os registros históricos deem testemunho de alguns exemplos de exigências do passado, os ventos das mudanças no pensamento teológico e missiológico na igreja aumentaram o grau de consciência das religiões mundiais. Ademais, interações e diálogos mais extensos entre pessoas de diferentes crenças e ideologias têm tornado o proselitismo uma questão menos relevante.

Embora o cristianismo seja uma religião de minoria — o número mal chega a 2,5% da população da Índia — as conversões geraram redutos de cristianismo no subcontinente indiano. Números consideráveis de cristãos encontram-se nos quatro estados do sul da Índia e em alguns estados no nordeste do país. Em muitos outros estados do norte indiano, a população cristã é mínima, não chegando nem a meio por cento da população. Em números reais, até uma baixa porcentagem de cristãos representa uma presença marcante, considerando que a Índia tem mais de um bilhão de habitantes. O complexo fenômeno da conversão fornece uma pista para entender a presença cristã no amplo panorama da diversidade étnica no contexto indiano. Hoje o evangelho continua a se dirigir a questões como desequilíbrio econômico, injustiças políticas, falta de sensibilidade ambiental e outros problemas; assim fazendo, ele conclama indivíduos, comunidades e igrejas na Índia para que se convertam.

Roy, P.

5. A conversão no contexto coreano

O modo como os povos de diferentes culturas têm a experiência de conversão varia de acordo com os sistemas religiosos e culturais existentes. Em especial a estrutura formal de uma fé religiosa provavelmente tem um peso importante sobre o meio através do qual as pessoas abraçam um novo sistema de fé como o cristianismo.

Em sua obra sobre a metodologia da teologia prática, Don S. Browning afirma que a práxis cristã tem uma dinâmica geral que consiste em uma *embalagem externa* e uma *essência interna*. Baseando-nos no modelo de Browning, podemos dizer que uma experiência de conversão tem a mesma dupla estrutura. Existe uma essência interna (a doutrina básica do cristianismo) experimentada de diferentes maneiras em culturas distintas. Em outras palavras, a essência da conversão é semelhante em todas as culturas, mas a embalagem externa varia de acordo com a cultura.

Os possíveis convertidos de outras religiões inicialmente abordam os valores centrais da fé cristã (e.g., o senhorio de Jesus Cristo) dentro das sondagens experimentais de seu sistema de crenças já existente (a embalagem externa). No que diz respeito à essência interna, um possível convertido luta com a mudança em sua fidelidade à aliança divina e com o afastamento dos alicerces pessoais. A estrutura formal ou sistema interpretativo (a embalagem externa) é ativado para fazer que o processo seja relevante e confiável na memória e na experiência das pessoas.

As grandes religiões consolidadas na Coreia são o *budismo e o confucionismo. Em face da enorme influência que esses sistemas religiosos exercem sobre a vida do dia a dia e sobre a cosmovisão do povo coreano, é claro que eles ajudam a definir a natureza da experiência religiosa. Ao entrar em contato com o evangelho cristão, os coreanos olharão para ele com as lentes dessas perspectivas religiosas. (O xamanismo é também uma grande força na cultura coreana, mas o foco aqui está nas estruturas formais pelas quais o povo alcançam um nível mais elevado de conhecimento e comportamento transformado.)

Nesse aspecto, é interessante observar a semelhança entre os modelos de conversão no cristianismo e no budismo son (ramo mais proeminente do budismo coreano). Na verdade, pode-se afirmar que os padrões de conversão nessa tradição budista exerceram uma importante influência sobre o modo como os coreanos entendem e experimentam o Deus cristão. A conversão cristã parece combinar com o padrão da experiência religiosa confucionista e budista.

Por exemplo, a questão de a conversão genuína ser um fenômeno repentino ou gradual é discutida por budistas coreanos. Essa questão foi longamente debatida na história do budismo Ch'an chinês. As cinco perspectivas tradicionais dentro do budismo em torno da questão repentino *versus* gradual são as seguintes: (1) cultivo gradual seguido por iluminação repentina: aqui o cultivo gradual se refere ao processo pelo qual a pessoa busca o objetivo último de iluminação, e "iluminação repentina" refere-se ao momento da experiência em que o objetivo é atingido. (2) Cultivo repentino seguido por iluminação gradual: aqui "repentino" refere-se ao ato de buscar imediatamente a iluminação suprema, que é obtida pelo processo gradual da prática. (3) Cultivo gradual e iluminação gradual: essa posição enfatiza o fato de que o processo que leva à iluminação não apenas é gradual, mas a própria iluminação também está sujeita à gradação. (4) Iluminação repentina seguida por cultivo gradual: essa é a posição que os budistas coreanos tradicionais identificam como 頓悟漸修. Aqui, "iluminação" (ou despertamento) refere-se à experiência inicial de percepção. (5) Iluminação repentina e cultivo repentino: essa posição aplica-se somente aos que têm a mais alta capacidade e aspiração, cuja percepção inicial é profunda e perspicaz. O cultivo é um subproduto dessa iluminação quase perfeita.

A expressão "despertamento repentino" é usada não apenas no sentido de agilidade temporal, mas também em paralelo com a salvação como dádiva na tradição cristã. Na visão budista, entrar para um estado de transformação não é algo que se deve à busca persistente da verdade, mas a uma percepção imediata de que o "estado de buda" é inerente ao verdadeiro eu interior da pessoa. Isso lembra uma visão cristã da salvação fundamentada na graça soberana de Deus. Ambas as visões frisam a natureza instantânea da salvação. Também é verdade que os budistas coreanos consideravam o despertamento repentino e o cultivo gradual o modo mais adequado para a maioria das pessoas, uma vez que uma ênfase no "subitamente" liberta a pessoa da pressão das realizações religiosas. Tal despertamento é também o ponto de partida para o processo de cultivo gradual subsequente. Na visão budista, a experiência religiosa não pode ser considerada autêntica, a menos que seja pessoalmente encarnada e demonstrada publicamente por comportamentos observáveis, tais como o abandono do desejo pelo material e a libertação do apego ao eu. Através do processo de cultivo gradual, a compreensão alcançada pelo despertamento repentino desenvolve-se pela transformação de todo o ser não apenas mentalmente mas também de uma perspectiva comportamental.

Apesar da enorme distância entre o budismo son e o cristianismo em aspectos doutrinários, há interessantes paralelos em termos dos padrões da experiência de conversão e de suas abordagens. Essas experiências religiosas semelhantes oferecem algumas importantes sugestões sobre como a fé cristã pode penetrar a mente budista na Coreia. Primeira, a obtenção da verdade religiosa não é uma conquista humana e não pertence a uma pequena elite religiosa, mas está à disposição de qualquer pessoa. Isso é libertador para o povo comum, pois significa que todos podem despertar para a dádiva da salvação (ou para sua condição inata de Buda) no início de sua jornada espiritual. Segunda, a noção de cultivo gradual coincide com a doutrina cristã da santificação que se alcança no decorrer de uma vida inteira. Terceira, o sistema de verdades cristãs parece aceitável para os budistas. Sobretudo a fé reformada, que enfatiza a soberania divina na regeneração seguida pela santificação, guarda pontos de semelhança com a dupla estrutura do budismo son: despertamento que resulta em cultivo. Portanto, não é sem razão que a tradição reformada prevalece tanto entre as igrejas protestantes coreanas. Isso pode derivar parcialmente de sua compatibilidade com o padrão budista de experiência religiosa.

Há também interessantes pontos de contato entre o cristianismo e o confucionismo que ajudam a explicar as muitas conversões ocorridas no início da história da igreja coreana. Essas conversões têm a ver com a reverência pelos textos sagrados que caracteriza o confucionismo. Os primeiros protestantes coreanos foram atraídos ao cristianismo pela leitura das Bíblias levadas para a Coreia por comerciantes chineses. O interesse pelo cristianismo foi tão grande, que vários desses primeiros convertidos cruzaram a fronteira com a China para ir ao encontro de missionários ocidentais e receber o batismo. Essas conversões dependeram em grande parte do "processo pedagógico" que constituía um aspecto dominante dos costumes confucionistas. Para os primeiros protestantes coreanos, ler os textos cristãos e aprender os ensinamentos confucionistas eram processos semelhantes de conhecer e vivenciar a verdade (embora, em última instância, eles divergissem sobre o valor religioso do processo). Em muitos dos primeiros testemunhos havia relatos que diziam que, ao ler a Bíblia, o povo encontrava a verdade, embora ninguém estivesse buscando a Deus de forma consciente nem tivesse passado por uma experiência misteriosa com o ser divino.

Essas conversões aconteceram na vida dos que foram nutridos dentro da esfera do sistema religioso confucionista. O ensino confucionista de "transformação sem ação" (無爲而化) estava sintonizado com a prática e a experiência dos primeiros protestantes coreanos. Eles apenas e tão-somente se consagravam à leitura da Bíblia. O ensino confucionista da natureza unificada do conhecimento e do comportamento (知行合一) foi provavelmente o cenário que levou à fé cristã os primeiros leitores da Bíblia na Coreia. Ler com a mente e o coração foi um veículo que conduziu as pessoas no processo de conversão. Essa notável experiência de transformação é coerente com a qualidade distintiva da graça livremente concedida por Deus ao convertido. Ninguém, de uma perspectiva humana, merece receber essas dádivas, mas a verdade foi concedida independentemente das obras dos homens. Esse processo pedagógico, que envolve uma mudança de comportamento e a experiência da graça, ainda é considerado o fator principal que explica o cristianismo coreano em seus primeiros anos.

A palavra *conversão* é usada para referir-se à experiência humana de chegar a Deus. Ela não se refere à ação divina que resulta na regeneração. As estruturas formais peculiares a certas religiões tornaram possível que a fé cristã fosse buscada e aceita dentro dos sistemas receptivos já existentes em cada povo. Portanto, é necessário que o defensor do evangelho leve em conta a embalagem externa da práxis da conversão se quiser ser fiel na obra de fazer o evangelho ganhar vida num contexto transcultural.

Kim, S.

Veja também BATISMO NA ÁGUA; PROSELITISMO; SALVAÇÃO.

BIBLIOGRAFIA. ALLPORT, G. W. e ROSS, J. M., "Personal Religious Orientation and Prejudice" *Journal of Personality and Social Psychology* 5 (1967) 432-33; COPLEY, A., *Religions in Conflict: Ideology, Cultural Contact and Conversion in Late Colonial India* (Oxford India Paperbacks; Nova Delhi: Oxford University Press, 1997); FORRESTER, D. B., *Caste and Christianity: Attitude and Policies on Caste of Anglo-Saxon Protestant Missions in India* (Londres e Dublin: Curzon Press, 1980); FRYKENBERG, R. E., org., *Christians and Missionaries in India: Cross-Cultural Communications since 1500 with Special Reference to Caste, Conversion, and Colonialism* (Grand Rapids: Eerdmans, 2003); GREGORY, P. N., *Sudden and Gradual: Approaches to Enlightenment in Chinese Thought* (Honolulu: University of Hawaii Press, 1987); HUDSON, D., *The Catholic View of Conversion*, in: *Handbook of Religious Conversion*, MALONY, H. N. e SOUTHARD, S., orgs., (Birmingham: Religious Education Press, 1992); KEEL, H. S., "Salvation According to the Korean Zen Master Chinul and Karl Barth", *Buddhist Christian Studies* 9 (1989) 13-23; KERR, H. T. e MULDER, J. M., *Famous Conversions* (Grand Rapids: Eerdmans, 1983); KIM, S. C. H., *In Search of Identity: Debates on Religious Conversion in India* (Oxford: Oxford University Press, 2003); KOOIMAN, D., *Conversion and Social Equality in India* (Amsterdã: Free University Press, 1989); KRIDER, A., *The Change of Conversion and the Origin of Christendom* (Harrisburg: Trinity Press International, 1999); DOK JU LEE, *Stories of Conversion* (Seul: Korean Christian History Institute, 2003); DONG JOO LEE, *The Gospel and Religions* (Yangpyoung, Coreia: Asian Center for Theological Studies and Mission, 2006); LEE, M. Y., *A Korean History of Accepting Christianity* (Seul: Dooraesidae, 1998); MCKNIGHT, S., *Turning to Jesus: The Sociology of Conversion in the Gospels* (Louisville: Westminster/John Knox, 2002); PEACE, R. V., *Conversion in the New Testament: Paul and the Twelve* (Grand Rapids: Eerdmans, 1999); idem, *Conflicting Understandings of Christian Conversion: A Missiological Challenge*, *IBMR* 28 (Janeiro

2004) 8-14; RAMBO, L. R., *Understanding Religious Conversion* (New Haven, CT: Yale University Press, 1993); ROBINSON, R., *Christians of India* (Nova Delhi: Sage Publications, 2003); ROBINSON, R. e S. CLARKE, S., orgs., *Religious Conversion in India: Modes, Motivations, and Meanings* (New Delhi: Oxford University Press, 2003); SMITH, G. T., *Beginning Well: Christian Conversion & Authentic Transformation* (Downers Grove: InterVarsity Press, 2001); STANLEY, B., *The History of the Baptist Missionary Society, 1792-1992* (Edimburgo: T & T Clark, 1992); VISWANATHAN, G., *Outside the Fold: Conversion, Modernity, and Belief* (Princeton: Princeton University Press, 1998); WALLS, A. F., *The Cross-Cultural Process in Christian History: Studies in the Transmission and Appropriation of Faith* (Maryknoll: Orbis, 2002; WITHERUP, R. D., Conversion in the New Testament (Collegeville: Liturgical Press, 1994).

Peace, R. V., Roy, P. e Kim, S.

CORPO, O

A constituição física humana tem importância simbólica e substancial para muitas religiões, principalmente para o cristianismo. Segundo o Veda, o próprio processo de criação acontece quando o homem primordial (Purusha) é desmembrado, e cada parte se torna um elemento do mundo social e natural; no taoísmo, o corpo em suas relações numéricas é visto como um microcosmo do cosmo e regido pelas mesmas leis; e em certos tipos de *budismo a respiração do corpo é o supremo exemplo do ideal da não-ação (*wu-wei*). No cristianismo, o corpo, formado diretamente por Deus, torna-se aspecto central da concepção universal de contaminação e controle construída pela interpretação da justiça segundo a Torá (cf. Douglas). No Novo Testamento, por causa de Cristo, o corpo, embora seja uma fonte de tentação, também pode ser o templo do Espírito Santo (1Co 6.19).

1. Afirmações bíblicas
2. A tradição dualista
3. A importância do corpo

1. Afirmações bíblicas

Gênesis 1 declara com ousadia que o homem e a mulher são criados "à imagem de Deus" (Gn 1.26-27). Acadêmicos debatem até que ponto isso é uma referência ao corpo, embora algum tipo de relação esteja claro tanto pela escolha das palavras hebraicas ("semelhança", heb. *dĕmŭt*, é empregado muitas vezes com o sentido de semelhança física) como pelas formas humanas que Deus usa para revelar-se no Antigo Testamento, que prefiguram a vinda de Cristo na forma de um homem. A importância do corpo é ressaltada em Gênesis 2, onde o corpo de Adão é formado por Deus a partir do pó. O salmista revela sua admiração da forma humana e louva a Deus no salmo 139: "... tu me teceste no ventre de minha mãe. Eu te louvarei, pois fui formado de modo tão admirável e maravilhoso!" (Sl 139.13-14).

Mas a afirmação central do corpo humano resulta do fato de que *o Verbo se fez carne e habitou entre nós* (Jo 1.14) em Jesus Cristo. Ademais, a ressurreição física de Cristo, que se torna as primícias da *ressurreição do próprio crente, sublinha o fato de que a esperança da fé cristã repousa não numa imortalidade da alma segundo o pensamento grego, mas numa ressurreição corporal da pessoa toda na volta de Cristo. O corpo de Cristo e, portanto, o próprio corpo humano, recebem mais importância na instituição da festa eucarística feita por Cristo na última ceia. Ali Cristo anuncia que seus discípulos devem se lembrar de sua morte sacrificial — *meu corpo entregue por vós* — tomando, abençoando e comendo o pão, que representa o corpo de Cristo quebrado pelos pecados do mundo. Paulo afirma em 1Coríntios que os participantes dessa festa, que comem esse pão e bebem esse vinho, proclamam a morte do Senhor em antecipação à sua volta (11.26). Por fim, o corpo de Cristo torna-se no Novo Testamento a figura central do grupo de crentes que se reúnem em seu nome e se lembram de sua morte e ressurreição.

Mas o Novo Testamento também observa que o pecado deixa sobre o corpo marcas da tentação e, por fim, da morte. Às vezes chamado "carne", o corpo é "fraco" (Mt 26.41), campo de uma batalha travada por nossos membros (Rm 7.23). Diante disso, Paulo exclama: *Quem me livrará do corpo desta morte?* (Rm 7.24) e anseia pelo dia em que Cristo voltará e *transformará o corpo da nossa humilhação, para ser semelhante ao corpo da sua glória* (Fp 3.21).

2. A tradição dualista

Por influência da filosofia grega, essa ambiguidade do corpo como templo do Espírito e lugar de tentação ao pecado tornou-se mais complicada na história do cristianismo. Segundo Platão, o corpo e suas paixões eram um obstáculo à busca intelectual do conhecimento. Para Platão, o objetivo da vida era que a razão obtivesse controle e acabasse se livrando do corpo, pois "os sentidos não têm parte na compreensão da verdade" (Platão, *Theaetetus* 186e). Desenvolvendo-se no gnosticismo e no neoplatanismo, essas ideias exerceriam grande influência sobre a teologia cristã. Agostinho em particular, embora desse ênfase à ressurreição do corpo, definia a pessoa humana em termos de sua essência interior. Segundo essa visão, o corpo era, na melhor das hipóteses, um obstáculo; na pior das hipóteses, era o principal lugar onde uma profunda "ganância" se encarnava nos desejos da carne. Isso fez com que na Idade Média o pecado original fosse associado ao corpo. Mas como ressalta A. Louth, isso também modificou as visões sobre a relação do corpo de Cristo com o cosmo. Antes, o corpo de Cristo fazia parte do cosmo, e o efeito da encarnação podia ser cósmico — nas palavras de Louth, Cristo tornou-se parte da essência do cosmo (121). Mas se o corpo de Cristo é o elemento exterior através do qual o interior se expressa, o foco lógico estará (como aconteceu no século 12) no sofrimento do Jesus humano e, liturgicamente, no mecanismo da missa. Assim se perdia a dimensão cósmica, a sacralização do cosmo por meio de seu corpo.

Essa dicotomia entre a essência interior e o exterior gera controvérsias até hoje. A distinção entre o corpo (matéria neutra) e a alma (consciência, mente) envolve uma hierarquia entre sentimentos e pensamentos e, conforme argumentam os feministas, até entre homens (seres pensantes) e mulheres (seres que sentem e têm corpo). Pensadores da atualidade têm procurado escapar dessa divisão ocidental dominante herdada de Platão e Descartes e, para tanto, consideram o corpo como elemento inserido no mundo social e histórico mais amplo. Michel Foucault afirma que o corpo reflete sistemas mais profundos de poder e conhecimento; outros, tais como Mary Douglas, veem o corpo em termos de sistemas simbólicos que organizam o poder; fenomenologistas como Maurice Merleau-Ponty procuram analisar o corpo em termos de suas experiências do dia a dia. Juntos, esses autores veem os desenvolvimentos da cultura ocidental como tentativas de dominar o mundo e, por fim, de dominar o eu por sistemas específicos de poder (Turner). A *teologia da libertação é a única a tentar aprender com essas discussões e entender o corpo em termos de suas restrições políticas e sociais. Mas tais diálogos, embora úteis, tendem a uma espécie de *gnosticismo em que o próprio corpo é muitas vezes reduzido a estruturas simbólicas ou mesmo a uma cifra para realidades sociais mais amplas.

3. A importância do corpo

Mas que importância tem o corpo em si mesmo? Nas discussões teológicas dos últimos tempos, essa pergunta tem sido quase inteiramente respondida em termos da relação entre corpo e alma. Na África, essa pergunta é particularmente importante em face da relação entre o mundo dos espíritos sempre presente e o corpo humano. Num contexto como esse, a pergunta que se faz é esta: como pode o corpo ser compreendido como elemento espiritual? Em quase toda a história cristã, conforme observamos, um dualismo platônico de corpo e alma influenciou profundamente não apenas a teologia cristã mas também suas práticas espirituais e de adoração, mas, no século 20, teólogos têm procurado recuperar um sentido bíblico holista da pessoa humana. Na verdade, pode-se dizer que no final do século se havia chegado a um consenso sobre esse assunto. Mas nos últimos tempos surgiu uma nova questão. Se de fato, como indicam as Escrituras, somos um "corpo em alma", como podemos falar de "alma" no sentido de um elemento separado? Se o objetivo final é a ressurreição e não a imortalidade, o que acontece na morte? Será que a alma se separa do corpo? Essas perguntas são importantes porque estudos científicos atuais estão mostrando cada vez mais a inter-relação entre sentimentos e pensamentos. Na verdade, os estados mentais estão cada vez mais ligados aos processos corporais.

Essas discussões têm originado diversas opiniões entre acadêmicos cristãos e vão desde a ênfase na primazia do corpo até a insistência em alguma forma de alma independente (Green e Palmer). A primeira posição, baseada na consciência cada vez maior da interação entre o físico e o mental, ressalta que os processos corporais se desenvolvem de tal forma que a responsabilidade moral e a resposta a Deus continuam possíveis, posição que tem sido chamada de fisicalismo não-redutivo. Outros desejam insistir que, embora sejam elementos separados, o corpo e a alma são altamente interativos e inter-relacionados em níveis profundos (posição chamada dualismo holístico). Embora haja diferenças entre esses grupos e dentro deles mesmos, ambos desejam afirmar a integridade dos processos físicos sem comprometer a realidade das capacidades humanas em termos morais e espirituais. Ambos representam uma tentativa de superar o dualismo grego radical e entender a pessoa humana criada à semelhança de Deus e coroada com glória e honra. E ambos desejam entender o corpo com seus processos e potenciais em plena participação dessa glória humana, mesmo enquanto ele aguarda a glória do corpo da ressurreição.

Veja também ANTROPOLOGIA TEOLÓGICA; SEXUALIDADE.

BIBLIOGRAFIA. COAKLEY, S., ed. *Religion and the Body* (Cambridge: Cambridge University Press, 1997); DOUGLAS, M., *Purity and Danger: An Analysis of the Concepts of Pollution and Taboo* (Londres: Routledge, 1966, 1996); GREEN, J. B. e PALMER, S. L., *In Search of the Soul: Four Views of the Mind-Body Problem* (Downers Grove: InterVarsity Press, 2005); ISHERWOOD, L. e STUART, E., *Introducing Body Theology* (Introductions in Feminist Theology; Sheffield: Sheffield Academic Press, 1998); LOUTH, A., "The Body in Western Catholic Christianity", in: *Religion and the Body*, ed. COAKLEY, S., (Cambridge: Cambridge University Press, 1997); MURPHY, N., *Bodies and Souls, or Spirited Bodies?* (Cambridge: Cambridge University Press, 2006); TURNER, B. S., "The Body in Western Society: Social Theory and Its Perspectives", in: *Religion and the Body,* COAKLEY, S., org., (Cambridge: Cambridge University Press, 1997).

Dyrness, W. A.

COSMOVISÃO. *Veja* APOLOGÉTICA.

COSTAS, ORLANDO. *Veja* TEOLOGIA LATINO-AMERICANA PROTESTANTE.

CREDO DOS APÓSTOLOS

Juntamente com o Credo de Atanásio e o Credo Niceno-Constantinopolitano, o Credo dos Apóstolos é um dos três símbolos ecumênicos da igreja ocidental. É considerado o mais importante e sucinto resumo da fé cristã.

O nome Credo dos Apóstolos deve-se à sua suposta origem como produto dos doze apóstolos. Até meados do século 17, normalmente se acreditava que cada um dos doze apóstolos havia contribuído com um artigo para essa declaração de fé formulada antes que eles se separassem para cumprir suas respectivas missões.

O real antecedente do Credo dos Apóstolos remonta à afirmação usada no ritual de batismo da antiga igreja de Roma. Essa declaração, conhecida como Antigo Credo Romano, mais tarde assumiu uma função devocional e também litúrgica. À medida que o credo acabou se propagando para além de Roma no período pós-niceno, ele se expandiu e agregou pequenas variações. É provável que o texto definitivo do Credo dos Apóstolos tenha se originado no sul da Gália no sexto século. E acabou se transformando no único credo batismal da igreja do Ocidente.

As confissões de fé históricas na igreja ocidental, incluindo o Credo dos Apóstolos, guardam semelhanças com a "regra de fé" ou "regra da verdade". Essa regra (ou *cânon*) era a tradição oral normativa transmitida pelos pais apostólicos. Como padrão das verdades essenciais do cristianismo, ela aparece sob várias formas nos escritos dos pais antenicenos. Os primeiros a propor a regra de fé consideravam que seu conteúdo era apostólico e, portanto, a empregavam como autoridade na interpretação das Escrituras e nas controvérsias envolvendo as heresias gnósticas.

A exemplo de outros credos e da própria regra de fé, o Credo dos Apóstolos apresenta uma estrutura trinitária. Ele é constituído por três declarações que expressam a fé em Deus Pai Todo-Poderoso, em Jesus Cristo, seu único Filho, e no Espírito Santo. Essa estrutura de credo tem origem na fórmula batismal de três elementos (cf. Mt 28.19), que foi o primeiro contexto ritual do credo.

Também em compasso com a regra de fé, o Credo dos Apóstolos acrescenta dados sobre as respectivas obras do Pai, do Filho e do Espírito. O conteúdo desses artigos se baseia no *kerygma* da igreja apostólica, bem representado no Novo Testamento. Na verdade, a essência de cada artigo do credo se encontra no livro de Atos, que registra uma diversidade de proclamações apostólicas. Até o ponto mais polêmico do credo, a descida de Cristo ao Hades, pode ser encontrado no Novo Testamento (At 2.27-31; 1Pe 3.19).

Embora o Credo dos Apóstolos, a exemplo de outros credos históricos, tenha lugar de destaque na liturgia de muitas igrejas confessionais, ele não tem uma função visível na vida de diversos grupos. Muitos grupos evangélicos protestantes consideram o uso dos credos um acréscimo desnecessário ao testemunho já completo das Escrituras (*veja* Revelação e Escrituras). Entretanto, o valor do Credo dos Apóstolos para a catequese e a liturgia não deve ser menosprezado, pois ele se baseia inteiramente na linguagem das próprias Escrituras. Apesar disso, muitas denominações modernas, imbuídas de um espírito que questiona a autoridade tradicional e incentiva a diversidade, têm visto pouca utilidade em qualquer dos credos históricos. O perigo que tais grupos correm é acabar ficando sem uma identidade confessional num mundo em que sistemas de verdades e valores competem entre si.

Veja também TEOLOGIA PATRÍSTICA.

BIBLIOGRAFIA. VON HARNACK, A., *The Apostles' Creed* (London: Adam & Charles Black, 1901); KELLY, J. N. D., *Early Christian Creeds* (2d ed.; Londres: Longmans, 1960); SCHAFF, P., *The Creeds of Christendom, with a History and Critical Notes* (3 vols.; 6a. ed.; reimpr., Grand Rapids: Baker, 1998 [1931]).

Stanglin, K. D.

CRIAÇÃO E ECOLOGIA

Séculos de exploração descontrolada têm destruído a vida no planeta Terra, e a sobrevivência tanto dos seres humanos quanto do meio-ambiente como um todo está ameaçada. O avanço contínuo da ciência e tecnologia, juntamente com o aumento populacional alarmante sobretudo nos países mais pobres, tem colocado uma enorme pressão sobre as recursos disponíveis. Esgotamento de recursos, desertificação e desflorestamento, mudanças climáticas, secas e inundações, além de outros problemas naturais ameaçam a vida sobre a Terra. Esses problemas atingem proporções ainda mais alarmantes com a poluição em níveis de alto risco. Essas questões deixaram de ser apenas locais; elas exigem atenção urgente de toda a comunidade global, pois o que está em risco é a sobrevivência humana. Para nós, o mais importante é que essas questões não são meramente socioeconômicas e políticas, mas elas também têm profundas implicações para a teologia bíblica.

1. Introdução
2. Alguns movimentos ambientalistas
3. Ecoteologia
4. Teologia bíblica
5. Administração responsável

1. Introdução

As gerações passadas cresceram num mundo que partia do princípio de que tudo estava bem com o planeta Terra. Mas os alarmes logo começaram a soar. Em 1962, o livro de Rachel Carson *Primavera Silenciosa* ajudou a preparar o palco para o movimento ambientalista, que colocou diante do mundo fatos impressionantes. Carson, bióloga marinha, expôs os riscos do pesticida DDT, ilustrando com muita força o grande dano ecológico causado pelo progresso tecnológico.

Cinco anos depois seguiu-se um discurso embrionário em *The Historical Roots of Our Ecological Crisis* [As raízes históricas de nossa crise ecológica] de Lynn White Jr. White fez um severo ataque à teologia judeu-cristã e à doutrina bíblica da criação. Ele alegava que o cristianismo é a religião mais antropocêntrica que o mundo já viu, e seu ensino de que a vontade de Deus é que os seres humanos explorem a natureza visando a seus próprios objetivos contribuiu grandemente para nossa presente crise. White atacou as passagens de Gênesis que ordenavam a Adão e Eva que "dominassem" e "sujeitassem", mostrando que esse mandamento levou a uma exploração arrogante e egoísta da criação e de seus recursos.

Desde então os textos da criação têm

recebido muita atenção acadêmica e foram feitas novas iniciativas para entendê-los dentro de um contexto bíblico mais amplo. Teologias da criação foram escritas e reescritas, conceitos como domínio e imagem de Deus continuam a ser examinados, e a ecologia tornou-se um interesse teológico. Ainda pesa sobre os cristãos o ônus de corrigir quaisquer falsas impressões acerca da superioridade do ser humano sobre o restante da criação ou de que a Bíblia de fato ordenou aos seres humanos que explorassem os recursos naturais visando a seus próprios objetivos.

2. Alguns movimentos ambientalistas

Antes de prosseguir, é melhor definir nossos termos. O que queremos dizer com o termo *meio ambiente?* De modo geral, meio ambiente é tudo o que nos cerca. O termo atualmente se refere a toda a gama de condições físicas e biológicas à nossa volta. Todos fazemos parte do meio ambiente, um círculo de entidades vivos e não-vivos. Mas então o que é *ecologia* e por que falamos de uma crise ecológica? A palavra *ecologia* é um pouco mais científica do que meio ambiente. A raiz da palavra, *oikos*, significa "casa", "habitat" ou "lugar de habitação". A rigor, ecologia é a ciência que trata da inter-relação dos organismos, tanto dos elementos vivos quanto não-vivos do meio ambiente. Em sua forma mais antiga, a ecologia tratava somente do estudo do mundo animal e vegetal, mas hoje é o estudo científico das interações entre todos os componentes do meio ambiente. Um ecossistema é um sistema interconectado de animais, plantas, fungos e microorganismos que sustenta a vida por meio de atividades biológicas, geológicas e químicas. O meio ambiente como um todo é um ecossistema, mas dentro dele há diversos ecossistemas menores interligados.

Quando começamos a pensar numa teologia do meio ambiente, cumpre-nos examinar alguns movimentos ecológicos que inspiram os cristãos a estudar a Bíblia com maior profundidade.

2.1. Ambientalismo. Para evitar alguma confusão, precisamos primeiro pensar no ambientalismo como um movimento. O ambientalismo começou como movimento na década de 1960 seguindo preocupações expressas por protagonistas como Rachel Carson e o crescimento de movimentos que faziam oposição ao sistema e defendiam a volta à natureza como o movimento *hippie*. Chegando à década de 1970, o ambientalismo caiu nas graças de diversos pensadores, estudantes e pequenos movimentos políticos mais livres e radicais. A "Mãe Natureza" precisava ser protegida; a violência contra o planeta Terra precisava chegar ao fim, uma vez que o mundo estava caminhando para um desastre. O ambientalismo foi uma clara reação à ascensão do materialismo científico como cultura dominante, aos dogmas rígidos e à apatia da religião institucionalizada. Logo diversos pensadores religiosos orientais e suas ideias também estavam sendo estudados, tais como Gandhi, Zen-budismo, Confúcio e o taoísmo. O conceito hindu de *ahimsa*, ou "não-violência", também passou a fazer parte das mensagens desses ambientalistas.

O ambientalismo defendia o panteísmo, filosofia que não faz distinção entre Deus e a natureza. Deus está em todos os lugares, deus está em tudo e tudo é deus. Os panteístas endeusam e idolatram a natureza; portanto, são considerados como aqueles que têm reverência pela natureza (que os cristãos não têm), o que os torna mais preocupados com a conservação do meio ambiente. O movimento atraiu um grande número de seitas, o movimento da Nova Era e até alguns cristãos radicais. O desafio para a igreja é evidente. Por um lado, os cristãos precisam dar ouvidos a algumas dessas vozes e desenvolver um interesse mais claro pelo meio ambiente em que vivem, mas, por outro lado, eles precisam de um fundamento bíblico, ecológico e teológico sadio que possa refutar falsas afirmações.

2.2. Ecologia profunda. Aos poucos foram se devesenvolvendo ecoteologias e filosofias mais bem articuladas. Em 1972, Arne Naess, filósofo norueguês, propôs o conceito de ecologia "profunda" e criticou soluções que olhavam para a natureza apenas da perspectiva de seu valor para os seres humanos e não da perspectiva da própria natureza. Naess desprezou a visão ocidental antropocêntrica que via a natureza apenas como serva dos objetivos humanos e tudo mais que tinha valor relativo. Ele propôs duas normas para uma "ecologia profunda": a primeira era reconhecer uma visão biocêntrica (em contraste com as visões antropocêntricas) segundo a qual tudo na criação está investido de algum valor ou dignidade. Havia uma identidade para todas as coisas na natureza, de modo que poderíamos firmar um relacionamento correto entre humanos e não--humanos. A segunda proposta de Naess era ainda mais radical. Ele defendia não apenas a identidade e o relacionamento: precisamos aceitar a igualdade de todos os seres, uma igualdade biocêntrica de todos os elementos e indivíduos nos ecossistemas. Isso levaria a uma inter-relação baseada num igualitarismo ecológico.

Em 1984, a Plataforma de Ecologia Profunda expressou algumas de suas preocupações com a proteção da integridade biológica da Terra, incluindo o bem-estar e o desenvolvimento da vida humana e não-humana. Ela também afirmava que os humanos não tinham o direito de reduzir a riqueza e a diversidade do meio ambiente a não ser para satisfazer necessidades vitais. Para viabilizar uma valorização da qualidade da vida era necessária uma mudança ideológica e não um padrão de vida cada vez mais materialista.

O ponto forte da Ecologia Profunda está no questionamento de premissas filosóficas ou religiosas, sistemas de crenças e valores abandonados em favor do materialismo e do consumismo cada vez maiores em nossos dias. O protesto em favor de identidades válidas para todos deve nos levar a repensar algumas de nossas premissas tradicionais. No entanto, algumas soluções propostas pelas plataformas da Ecologia Profunda tendem a ser ideológicas e otimistas, ignorando os avanços que os seres humanos têm implementado ao longo das épocas. É preciso que algumas correções sejam feitas, mas elas devem acontecer no contexto do progresso que a humanidade tem obtido na direção certa.

2.3. O movimento Chipko. Uma teologia da criação não deve ser influenciada apenas por movimentos filosóficos, mas também por alguns movimentos que incentivam as ações. Em várias ocasiões os movimentos ambientalistas têm questionado a postura de arrogância diante da natureza. Movimentos de povos nativos dentro de contextos ecológicos tradicionais foram importantes demonstrações do respeito que eles têm pela natureza e do chamado às ações ambientalistas que tragam mudanças positivas em muitas situações. O movimento mais famoso é conhecido como movimento Chipko, ocorrido no norte da Índia no início da década de 1970. *Chipko*, palavra hindi que significa "abraçar", descrevia o modo como esses povos, que dependiam do meio ambiente formado por árvores, água, animais, pássaros etc., repeliram uma grande invasão comercial que teria agravado o desflorestamento que já ameaçava a região do Himalaia. O movimento recebeu atenção em todo o mundo e provocou em vários outros países protestos parecidos simbolizados por abraços em árvores.

O movimento Chipko chama a atenção para as questões éticas do meio ambiente e do desenvolvimento nos países em desenvolvimento que uma teologia ecológica precisa contemplar. Nossas teologias precisam receber uma dimensão ética contextualizada a partir da exploração dos poderosos contra os que não detêm poder, dos ricos sobre os pobres e de outras questões. As ecoteologias precisam tratar de vários aspectos éticos importantes que se colocam diante de nós à medida que os ricos ficam mais ricos e os pobres ficam mais pobres. O contexto de urbanização e *globalização nos apresenta cada vez mais desafios teológicos à proporção que questões de exploração e igualdade surgem nos contextos mais pobres em desenvolvimento.

2.4. A Hipótese Gaia. James Lovelock, cientista inglês e pai da hipótese Gaia, começou em 1979 (durante seu trabalho com a NASA) a estudar a Terra como um todo. Ele alega ter observado que a Terra apresenta o comportamento de um organismo único, como se fosse de uma criatura viva, um superorganismo. Ele afirmava que esse "planeta vivo" é um sistema único formado por elementos materiais vivos e não-vivos que compõem a Terra. Ele escolheu o nome Gaia (baseado na antiga deusa grega da terra) sugerido por um amigo, o escritor William Golding.

Nos últimos tempos, a hipótese voltou a ser considerada por um número significativo de adeptos na comunidade científica. Suas propostas parecem convincentes, em particular quando descobrimos as complexas relações que existem entre organismos individuais sobre a face da Terra. Por meio da associação com fatos como a mesma porcentagem de sal em nosso corpo e nos oceanos, os que propõem a hipótese Gaia mostram as complexas relações nos processos físicos, químicos, geológicos e biológicos na Terra.

A hipótese Gaia está em sintonia com crenças religiosas semelhantes e poderia se tornar uma religião científica. O conceito de Mãe Terra faz parte das culturas humanas de uma ou outra forma — os antigos gregos e hindus são fortes adeptos dessas crenças. Por conseguinte, a hipótese tem dado muito espaço para a espiritualização de temas ecológicos em diversas publicações. O movimento da Nova Era se vale de vários desses temas para fazer do ambientalismo um rival da religião cristã. Todas essas crenças são uma volta à fé primitiva num Deus-Mãe que sustenta todas as coisas, animadas e inanimadas.

2.5. *Ecofeminismo*. O ecofeminismo é um movimento que integra conceitos feministas e questões ambientais. Em linhas gerais, os ecofeministas afirmam que existe uma relação direta entre a opressão sofrida pelas mulheres e a degradação do meio ambiente. Ecofeminismo, ou feminismo ecológico, é um termo criado em 1974 por Françoise d'Eaubonne. As ecofeministas têm uma base mais ampla que inclui ativistas sociais e políticos, mas algumas estão escrevendo teologias e críticas dentro da comunidade cristã (*veja* Teologia Feminista).

Rosemary Radford Ruether, uma das ecofeministas mais expressivas, alega que a teologia do ecofeminismo coloca a teologia feminista em diálogo com uma crítica da crise ecológica fundamentada na cultura. Ela critica a hierarquia "Deus — Homem — Mulher" que, segundo ela afirma, agora se estende à natureza. A ideologia patriarcal, diz a maioria das teólogas ecofeministas, percebem a terra ou a natureza como uma realidade feminina. Como consequência, tanto as mulheres como a natureza são exploradas pelos seres masculinos dominantes (*veja* Sexismo). Para criar uma cultura e uma sociedade ecológica, as pessoas precisam transformar essas relações de domínio e exploração em relações de apoio mútuo.

As ecofeministas lembram aos cristãos que eles também precisam reformular seu conceito de *Deus. Deus deve deixar de ser visto como um poder de imposição que leva a relações de dominação, mas como um poder de apoio mútuo, a fonte da verdadeira vida de mutualidade. Esse Deus deve ser um Criador que cria relacionamentos de apoio mútuo — entre os seres humanos e também entre grupos de pessoas na sociedade global e entre os seres humanos e a natureza. Ruether escreve que somente quando os cristãos entenderem que Deus é a fonte e o fundamento que convida os seres humanos a viver em relações de apoio mútuo é que eles poderão de fato reformular sua cosmovisão.

A exemplo da maioria das ecofeministas, a teóloga coreana Chung Hyun Kyung rejeita a espiritualidade do cristianismo tradicional do Ocidente por ser ele baseado num dualismo grego e helenístico, na hierarquia dos seres e numa preconcepção androcêntrica. Ela escreve que, nessa tradição, a teologia da criação deu ao Homem uma posição de domínio sobre todos os outros seres no cosmo e fez com que Deus se tornasse cada vez mais transcendental. Esse é o mesmo Deus usado por homens colonizadores como arma ideológica para dominação, exploração e opressão. Kyung sugere uma espiritualidade holística baseada na espiritualidade dos povos nativos da Ásia e da África. Essa espiritualidade confere pleno valor à criação como uma rede de vida dinâmica e altamente integrada que transpira valores vitalizantes: a natureza sagrada da terra e a reverência por todas as criaturas. Ela promove o uso responsável e a conservação dos recursos da terra que revele compaixão pelos fracos, oprimidos e marginalizados. A maioria das ecofeministas afirma que essas práticas, valores e rituais cósmicos podem se tornar uma experiência de cura e transformação para todos nós.

3. Ecoteologia

Começamos a observar que, a fim de os cristãos levarem em conta todos os crescentes desafios que os cercam, a teologia e as questões ecológicas precisam interagir. Os poucos movimentos acima contemplados expõem algumas questões que precisam ser discutidas. Teologias ecológicas foram previstas por nomes como Alfred North Whitehead, Pierre Teilhard de Chardin e até por alguns dos pais da igreja primitiva. Nos últimos tempos temos visto iniciativas nas obras de John Cobb Jr., Jürgen Moltmann, Paul Santmire, Thomas Berry e outros, as quais podem ajudar os cristãos a seguir adiante. Em nossa discussão contemplaremos duas contribuições importantes.

3.1. Pierre Teilhard de Chardin (1881-1955). Chardin, o jesuíta francês visionário, previu a ecoteologia antes mesmo de a palavra existir. Ele era paleontólogo, biólogo e filósofo; passou a maior parte da vida tentando integrar sua experiência religiosa às ciências naturais. Chardin abandonou sua interpretação literal da criação ao integrar sua teologia com as teorias da evolução. Sua teologia retrata a humanidade se encaminhando a uma impressionante convergência de sistemas que ele chamou de "ponto ômega" — um processo de contínua evolução na direção de um estado espiritual perfeito, um novo estado e paz e unidade planetária. De uma perspectiva ecológica, ele via essa unidade intrinsecamente baseada no espírito da Terra e afirmava que a tarefa da humanidade era ordenar a Terra. Veem-se aqui as sementes da hipótese Gaia, pois Chardin propunha claramente a ideia da Terra com personalidade própria e autônoma. Teilhard de Chardin foi rejeitado pela Igreja Católica Romana em virtude de suas crenças heterodoxas.

3.2. Matthew Fox (1940-). Fox é um sacerdote episcopal que afirma uma "espiritualidade centrada na criação" e retira o foco dirigido à Queda e à redenção. Fox defende uma "Nova Reforma" na qual Deus e as teologias da criação sejam caracterizados pela figura feminina da Sabedoria, personificada por um Deus Mãe-e-Pai de justiça e compaixão. A isso ele dá o nome de ecumenismo profundo. Fox nos lembra de que, no século 16, quando as igrejas do Ocidente tiveram contato com religiões asiáticas e americanas nativas, elas ignoraram suas cosmologias e tradições místicas. Inspirado por ideias de Tomás de Aquino e do teólogo dominicano Meister Eckhart, Fox propõe uma espiritualidade da criação que integra a sabedoria da espiritualidade ocidental e das culturas globais nativas com a emergente visão científica do universo e da criatividade das formas artísticas. Fox alega ser essa a espiritualidade da tradição mais antiga da Bíblia hebraica celebrada pelos místicos da Europa medieval. É uma espiritualidade interessada em desenvolver teologias e práticas dentro da religião e da cultura que promovam integridade pessoal, sobrevivência do planeta e interdependência universal.

4. Teologia bíblica

Em face dos ataques que ainda se fazem à doutrina cristã da criação e dos desafios enfrentados pelos cristãos que expressam sua fé no meio de contextos ecológicos, propomos aqui alguns elementos basilares que precisam ser incluídos nas teologias ecológicas e da criação.

4.1. Jesus Cristo e a criação. As ecoteologias precisam conter perspectivas da criação, mas os cristãos devem obrigatoriamente fundamentar sua teologia em Jesus Cristo e na sua relação com a criação. Uma teologia bíblica da ecologia precisa ser cristológica. Se Jesus Cristo é o Senhor da história e aquele através de quem todas as coisas serão renovadas e concretizadas no novo céu e na nova terra, ele deve ter, sem sombra de dúvida, um papel fundamental na criação até mesmo hoje. É em Jesus Cristo que tudo subsiste (Cl 1.17) e nele haverão de convergir todas as coisas no céu e na terra (Ef 1.9-10). Ele sustenta todas as coisas (Hb 1.3).Ele sustenta todas as coisas (Hb 1.3).

Ademais, o senhorio de Jesus Cristo sobre a criação deve ser visto não apenas no presente.Ademais, o senhorio de Jesus Cristo sobre a criação deve ser visto não apenas no presente. Seu papel deve ser reconhecido no processo inicial de criação. João atribui a Jesus o próprio poder de criar. *Todas as coisas foram feitas por intermédio dele* (Jo 1.3). A mesma ideia se encontra em 1Coríntios 8.6, Colossenses 1.16 e Hebreus 1.2. Jesus sempre esteve com Deus, e tudo quanto Deus fez foi feito por meio de Jesus Cristo.

A criação é vista no Novo Testamento também de uma perspectiva futura, uma nova criação submetida ao senhorio definitivo de Cristo. O quadro do Criador e Redentor entronizado em majestade e esplendor pintado por João em seu retrato da nova criação capta com clareza a completa soberania de Deus sobre a criação como um todo e sobre toda a história.

Essa ênfase cristológica sólida deve constituir o fundamento para toda teologia da criação verdadeiramente bíblica. A doutrina que realça e valida a verdade afirma que toda a história está debaixo do propósito soberano de Deus revelado em Jesus Cristo. Ele é o *Alfa e o Ômega, o primeiro e o último, o princípio e o fim* (Ap 1.8, 17; 22.13; cf. Ap 3.14). A história desde a criação até a nova criação está ancorada em Jesus Cristo como Criador e Redentor.

4.2. Elementos essenciais. Depois de ressaltar a centralidade de Jesus nas teologias ecológicas e da criação, passamos a pensar em outros elementos essenciais que os cristãos devem incluir ao formular essas teologias.

4.2.1. A teologia deve começar com Deus como o Deus da criação. Uma teologia cristã deve começar com a verdade poderosa de que Deus criou e de que existe um relacionamento em curso entre Deus e a criação. Como Criador, Deus continua a se relacionar pela graça com a criação. Ele é conhecido por meio dessa criação. Uma teologia da criação precisa evitar qualquer confusão de ideias com o panteísmo ou o dualismo. Deus somente, sendo Senhor e fonte de todas as coisas, é responsável por tudo quanto é criado e não pode ser confundido com sua criação. Além disso, Deus viu que todas as coisas criadas eram boas e, portanto, não há antagonismo entre Deus e a criação. Isso evita tendências dualistas. Alguns cristãos continuam a fazer distinção entre o mundo e Deus, entre a natureza e a humanidade, entre fé e razão. Deus é visto somente como o Senhor soberano e transcendente em contraposição à humanidade e ao mundo. A imanência divina descrita na Bíblia não pode ser separada da transcendência de Deus ao se examinarem as dimensões ecológicas da teologia.

4.2.2. Os seres humanos são criados à imagem de Deus. Ser feito à imagem de Deus implica que os seres humanos foram criados para representar de forma responsável a Deus na criação e, nesse sentido, exercer autoridade. Deus e os homens têm um relacionamento especial e isso dá à humanidade autoridade com responsabilidade dentro da criação. Nessa responsabilidade encontra-se outro aspecto da imagem de Deus — a criatividade. O ser humano tem o impulso de criar, uma capacidade concedida por Deus para dar continuidade à criatividade de Deus, e é por isso que a humanidade é capaz de progredir.

Todos esses aspectos da imagem de Deus precisam ser vistos como responsabilidade mas também como privilégio (*veja* Antropologia Teológica).

4.2.3. Os cristãos devem interpretar a ideia de domínio dentro de seu contexto. Nossa teologia precisa aprofundar-se no contexto mais amplo dentro do qual a palavra "domínio" é usada e, assim, restaurar seu verdadeiro sentido. Olhando para a palavra sozinha existe razão para aceitar as críticas acima mencionadas. Por exemplo, Deus sancionou o domínio com amor. Israel é muitas vezes lembrado do amor de Deus. Ezequiel 34 retrata o profeta dizendo aos reis de Israel que Deus é pastor. Eles, todavia, dominaram "com rigor e dureza" (Ez 34.4). A palavra *rādâ*, "dominar", aparece aqui ao lado do conceito de um pastor que exerce cuidado, não de líderes violentos e duros que o povo bem conhecia. Segundo, Deus ordenou o domínio dentro do contexto da responsabilidade. O mandamento foi dado junto com a responsabilidade de cuidar da criação. Quando Deus concedeu domínio (Gn 1.26), ele não estava dando uma ordem de domínio irresponsável. O que se esperava para a criação era um cuidado responsável e adequado. Terceiro, o domínio é exercido numa postura de servo. O homem e a mulher receberam instruções para "cultivar" e "guardar" o jardim onde se encontravam. Essas palavras temperam com beleza o rigor denotado pelas ideias de "sujeitar" e "dominar". A ordem em Gênesis 2.15 traduzido por "cultivar" e "guardar" caracteriza o trabalho de um "servo" ou "escravo". Por fim, o domínio deve ser exercido com o cuidado de um administrador. A palavra hebraica *šāmar*, que significa "guardar", caracteriza uma profunda metáfora. O substantivo é "administrador" ou "guardião", encerrando a ideia de cuidado e proteção da terra excercidos com zelo. A metáfora do administrador inclui todas as características acima mencionadas: amor, cuidado, responsabilidade e serviço.

4.2.4. Uma teologia da criação precisa levar em conta o pecado e a Queda. Ao falarmos da glória da criação dos seres humanos pelas mãos divinas e de nosso relacionamento com Deus, não podemos evitar o fato bíblico da Queda. O pecado é um profundo desejo de autonomia em lugar de uma vida de obediência a Deus. Os desastres ecológicos e as complicações envolvendo o meio ambiente são esperados de seres humanos que fugiram dos propósitos originais de Deus. Mas a Queda não eliminou em nós a imagem de Deus. Portanto, quando o ser humano reconhece que Deus é um Deus de ordem e harmonia, ele, sendo a imagem de Deus, se esforça para levar ordem ao presente caos.

4.2.5. Os planos divinos para a redenção valem para a ordem criada e também para a humanidade. Os planos de redenção da ordem criada fazem parte do projeto divino de redenção da humanidade. Romanos 8.22 refere-se claramente à criação que geme pela redenção como se estivesse em trabalho de parto. Deus já revelou seus planos de uma nova criação em que tanto a humanidade quanto a criação haverão de celebrar a glória de Deus.

4.2.6. Os seres humanos precisam restaurar os relacionamentos corretos. A criação de Deus é mantida por uma complexa rede de relacionamentos. As atitudes negativas em relação à criação existem em virtude do pecado e dos relacionamentos rompidos. A obra de reconciliação realizada por Cristo dirige-se à correção desses relacionamentos. Os cristãos enfatizam muito o relacionamento correto entre o homem e Deus e também entre os seres humanos, mas não defendem muito o relacionamento adequado entre as pessoas e a criação de Deus. Essa é uma necessidade premente. Os cristãos têm visto que as relações antropocêntricas são a causa dos desastres ecológicos. Em contraste com essa realidade, eles conhecem o exemplo de São Francisco de Assis, cuja postura evidenciava uma democracia dos seres criados na qual flores, pássaros, formigas e outros animais podiam todos colaborar para o louvor a Deus.

Em seu influente artigo já mencionado, Lynn White Jr. recomendava que os ecologistas adotassem como santo padroeiro São Francisco. Precisamos então adotar relacionamentos biocêntricos? A resposta é não; Deus está no centro de todos os relacionamentos. Podemos nos referir à posição bíblica correta como relacionamentos *teocêntricos*. Estes haverão de restaurar verdadeiros ecorrelacionamentos ao modelo mais amplo dos propósitos de Deus. A comunidade da "nova criação" representada pelos crentes está colocada firmemente no contexto da comunidade da "criação" e tem a responsabilidade de descobrir ecorrelacionamentos e demonstrá-los, e isso deve levar a uma demonstração de ecoespiritualidade no mundo de hoje.

5. Administração responsável

Os teólogos têm procurado a metáfora correta para descrever o papel da humanidade dentro da criação. Administração é uma ideia que tem sido apresentada como forma aceitável de descrever esse papel da maneira mais responsável. Na Bíblia, a ideia de "administração" tem muitas nuanças. Elas podem ser expressas dentro do contexto da responsabilidade humana pela criação e por outras criaturas, mas também como responsabilidade diante de Deus no cumprimento de um papel ecológico.

O Antigo Testamento retrata o administrador como alguém encarregado de uma casa (Gn 43.19; 44.4; Is 22.15). Dentre as diversas palavras do Novo Testamento traduzidas por "administrador", uma delas é *epitropos* (Mt 20.8; Gl 4.2), ou seja, aquele a cujos cuidados ou honra alguém foi confiado, um guardião ou curador. Outra palavra é *oikonomos* (formada por *oikos*, "casa", e *nomos*, "lei, regra"). A palavra refere-se ao relacionamento dentro da casa, com o proprietário, para quem alguém cumpre alguma responsabilidade. As palavras descrevem a função da responsabilidade delegada, como nas parábolas dos trabalhadores e do administrador infiel (Mt 20.1-16, veja v. 8; Lc 16.1-9). Tudo pertence a Deus, e somos administradores de Deus (1Co 9.17; Ef 3.2; Cl 1.25).

A administração responsável que age no amor de Deus tem resultados práticos que ajudam a desenvolver atitudes corretas para viver hoje. Primeiro, os cristãos chamados a cuidar da criação entendem a necessidade de reconhecer a harmonia, unidade, pureza e integridade na criação. Isso ensejará respeito pela criação. O cuidado com a criação irá se mostrar num amor que protege, conserva e traz cura a um mundo ferido.

Segundo, os seres humanos são chamados a conservar os recursos da criação. Conservação implica em uso responsável.

Conservação demanda uso cuidadoso no presente enquanto se pensa no futuro. É possível que precisemos preservar algumas espécies ameaçadas protegendo-as, e administrar recursos disponíveis utilizando-os com responsabilidade para atender nossas necessidades de agora, mas também conservando-os para serem usados pelas gerações do futuro.

Terceiro, a administração responsável precisa ser demonstrada em estilos de vida responsáveis. Ganância e irresponsabilidade no meio de abundância materialista têm trazido desigualdades, e as desigualdades aumentam com a exploração humana. A humanidade é chamada a uma vida de cuidado e compartilhamento na comunidade mundial entrelaçada por valores teocêntricos e não pelos interesses próprios antropocêntricos. Estilos de vida responsáveis devem ser vistos pela demonstração de princípios de ecojustiça e de cumprimento das responsabilidades éticas básicas para com os seres humanos e com o restante da criação. Tudo isso precisa começar no âmbito pessoal e avançar para o nível local, mas precisa ser realizado na esfera mundial para que as mudanças necessárias no meio ambiente sejam concretizadas.

Quarto, a administração responsável exige que se reconheça a necessidade de sustentabilidade. Um aspecto da conservação do meio ambiente que surgiu nos últimos tempos é a necessidade de as pessoas demonstrarem responsabilidade para com as gerações futuras. A crise ecológica levou as pessoas a reconhecer não somente a necessidade de proteger os direitos da geração atual, mas também de se preocupar com as gerações futuras. Os recursos são finitos e, portanto, o uso precisa revelar posturas em prol da conservação. Não importa o que os seres humanos façam, é preciso garantir os direitos fundamentais daqueles que virão, para que possam ter parte nos recursos.

Por fim, os seres humanos tem diante de Deus a responsabilidade de demonstrar amor e honra em gratidão pelo fato de Deus tê-los honrado com responsabilidade sobre toda a criação. *Pois nele vivemos, nos movemos e existimos* (At 17.28). Tudo o que dissemos será devidamente apreciado se reconhecermos que Deus concedeu aos seres humanos identidade, dignidade e responsabilidade.

Veja também Ciência e Teologia; Direitos dos Animais; Teologia Verde.

BIBLIOGRAFIA. Gnanakan, K., *God's World: A Theology of the Environment* (Londres: SPCK, 1999); Hall, D. J., *The Steward: A Biblical Symbol Come of Age* (Grand Rapids: Eerdmans, 1990); Santmire, P., *The Travail of Nature: The Ambiguous Ecological Promise of Christian Theology* (Minneapolis: Fortress, 1985); Tucker, M. E. e Grim, J. A., orgs., *Worldviews and Ecology: Religion, Philosophy, and the Environment* (Maryknoll: Orbis, 1994); White Jr., L., "The Historical Roots of Our Ecologic Crisis", *Science,* vol. 155 March 10, 1967, 1203-7.

Gnanakan, K.

CRIACIONISMO. *Veja* Ciência e Teologia.

CRIANÇAS EM SITUAÇÃO DE RISCO
As estatísticas sobre crianças em situação de risco em todo o mundo revelam um dos mais importantes desafios que hoje se apresentam às igrejas e missões. Uma perspectiva bíblica e teológica da criança apoia uma abordagem holística da questão das crianças em situação de risco.
 1. O quadro global
 2. As crianças e o reino

1. O quadro global
Entre 1960 e 2001, a população mundial dobrou de 3 bilhões para 6,1 bilhões. O ritmo continua o mesmo, e na última década do século 20 quase um bilhão de pessoas foram acrescentadas à população da terra. Analisando o impacto demográfico desse crescimento, Himes e Olmo (2002) destacam que "na Ásia e na América Latina, quase um terço da população tem menos de quinze anos de idade, representando respectivamente 30 e 32 por cento da população. A África, com 43 por cento da população, ou 338 milhões de jovens com menos de quinze anos, continua sendo a região mais jovem". Por causa da distribuição da população de crianças, a pobreza e a taxa de crianças em relação aos adultos são variáveis críticas em nossa análise.

Em muitos países, incluindo nações desenvolvidas, milhares de crianças vivem nas ruas. Estatísticas válidas do número de crianças de rua são complexas, e as estimativas variam entre 100 e 150 milhões. A Casa

Alianza, organização latino-americana sem fins lucrativos, define "criança de rua" como "*crianças no comércio* (que trabalham nas ruas e zonas de comércio vendendo ou mendigando e moram com a família) e *crianças de rua sem teto* (que trabalham, moram e dormem nas ruas, muitas vezes sem contato com a família)". Ambos os tipos de crianças de rua representam bem o impacto esmagador da pobreza sobre as famílias em todo o mundo.

Para complicar a situação, existe ainda um número cada vez maior de jovens sexualmente ativos e crianças vulneráveis. Estudos recentes sobre o avanço da AIDS apontam para a falta de informação como um fator importante na gravidez precoce, e a consequência dessa realidade são os índices maiores de infecção. Por exemplo, "numa análise recente de oito países da África abaixo do Saara, mulheres com que estudaram durante oito anos ou mais tinham até 87 por cento menos de chances de ser sexualmente ativas antes dos 18 anos de idade em comparação com as mulheres que não haviam estudado" (Global Coalition on AIDS). Infelizmente, um dos maiores obstáculos às oportunidades de educação é a pobreza. E para as crianças de rua geralmente não existe acesso à escola.

A pandemia de AIDS/HIV, a difícil situação das crianças de rua e a exploração sexual infantil são grandes perigos que se apresentam às crianças do século 21. Outros tipos importantes de risco são a guerra ou outras formas de violência, o trabalho infantil, drogas e abuso de substâncias, instituições opressoras e a destruição causada pela pobreza. A preocupação com crianças em situação de risco não é novidade para os cristãos, mas as recentes tendências populacionais e uma consciência maior das situações enfrentadas por crianças de todo o mundo têm se tornado um dos mais importantes desafios que hoje se apresentam às igrejas e missões.

2. As crianças e o reino

Sete declarações cruciais, redigidas por um grupo de trabalho patrocinado pela Viva Network (2005), proporcionam uma perspectiva do reino em relação à responsabilidade dos cristãos para com as crianças. Partindo do relato da criação em Gênesis, os temas dessas declarações seguem o desdobramento da história da redenção, refletindo de formas específicas como as crianças se encaixam nessa história. Embora marcado por ambiguidades nas Escrituras, o papel da família também é importantíssimo para nossa compreensão de seu lugar central na sociedade e fundamental no plano bíblico. Essas declarações não devem ser consideradas como variáveis independentes, mas como partes que configuram um todo integrado.

2.1. Cada pessoa é criada por Deus como uma criança com dignidade. No princípio, Deus criou todas as coisas e declarou que tudo era muito bom (Gn 1.31). Singular no meio de toda a criação, o ser humano foi feito por Deus à sua imagem para relacionar-se com ele (Gn 1.26-27). Karl Barth observa que o ser humano tem a capacidade especial de relacionar-se de forma pessoal com Deus, falar com ele e com ele firmar alianças (*CD* 3/1.183-87). A humanidade foi criada como macho e fêmea (Gn 1.27). Como tais, os seres humanos dependem uns dos outros. A ordem "frutificai e multiplicai-vos" (Gn 1.28) é um desdobramento natural desse relacionamento de interdependência. A procriação, viabilizada pela união física entre macho e fêmea, firma um vínculo irrevogável com os dois primeiros seres humanos. Como Deus criou a humanidade à sua imagem, o vínculo também transmite a imagem de uma geração para outra. Nas palavras de C. E. Gunton, "portanto, ser à imagem de Deus é estar necessariamente numa relação com outros que também assim foram criados" (Gunton, 208). Assim, a presença das crianças ajuda a definir a natureza da humanidade num sentido importante.

Olhar para as crianças em situação de risco pela ótica da dignidade humana é um importante passo para uma verdadeira abordagem do reino. As crianças submetidas ao trauma indescritível da escravidão sexual à noite nas ruas são tão dignas como seres humanos quanto aquelas que passam por essas ruas no caminho da escola. E por mais repugnante que isso possa parecer, os que cometem esses crimes sexuais tão desprezíveis também são dignos como seres humanos. Conforme observa Gunton, "o ser humano, simplesmente por ser criado, é o tipo de ser que, no mínimo, pressupõe que a toda pessoa humana se deve certo respeito moral fundamental, por mais que ela esteja mergulhada em maldade e depravação" (Gunton, 204). Não importa a condição do ser humano, ele é único na criação. Quem é chamado para servir ao Deus da criação precisa aprender a olhar além da corrupção e enxergar a dignidade.

2.2. As crianças precisam do amor dos pais num mundo destruído. Logo depois do registro da criação da humanidade, com seu mandato cultural, encontramos o relato da queda (Gn 3). A história dolorosa do mau uso de algo projetado para o bem é bastante conhecida por quem quer que já tenha trabalhado com crianças. O relato da queda introduz uma constante em nossa reflexão missiológica. A presença do *mal e do *pecado em todas as suas manifestações não apenas tem impacto sobre o contexto das missões voltadas para as crianças, mas permeia todas as nossas reações. Essa condição decaída da humanidade está em contraste direto com a ordem "frutificai e multiplicai-vos". Conforme observamos, o próprio plano da procriação requer um relacionamento físico de intimidade, que une dois indivíduos num laço que nutre o amor parental. Conforme escreve M. Bunge, "o amor parental, é claro, tem várias facetas. Ele compreende não somente os sentimentos, mas também posturas, ações e responsabilidades específicas" (Bunge, 15). Felizmente esse vínculo é a norma na maioria dos contextos. No entanto, como o pecado afeta todos os seres humanos, aquilo que foi planejado para ser bom facilmente se transforma em fonte de trauma e negligência para as crianças. Por conseguinte, o grande desafio está em fortalecer os pais e a família estendida para satisfazer o amplo leque de necessidades dessas crianças. Assim, nossa missão com as crianças em situação de risco reconhece que os pais, sejam eles biológicos, sejam adotivos, ou outros responsáveis primários, precisam de ajuda na forma de capacitação a fim de ter melhores condições de suprir o amor parental necessário.

Considerando a difícil situação dos órfãos da AIDS, as ramificações da necessidade de capacitação com vistas ao amor parental são estarrecedoras. No caso de um garoto cujos pais morreram da doença, a responsabilidade pela provisão de amor parental recai sobre o avô. Isso é possível enquanto ele tem saúde e pode sustentar a casa deixada pelo filho. No entanto, sem uma renda razoável oriunda de algum tipo de pensão ou de algum seguro, a casa logo se tornará um fardo econômico insustentável. Para complicar a situação, o avô lutará para suprir os recursos necessários para garantir que o garoto frequente a escola. Quando o garoto chega à adolescência, o avô — caso ainda esteja vivo — pode ser obrigado a colocar o garoto para trabalhar. Diante das pressões de um número cada vez maior de crianças enfrentando as mesmas condições, o mercado de trabalho não pode absorver essa mão de obra sem formação técnica ou escolar. Como consequência, mais um órfão se torna um número nas estatísticas que avaliam a destruição causada pela pandemia de AIDS.

2.3. Deus nos dá as crianças como uma dádiva que precisa ser acolhida e cuidada. As Escrituras nos lembram várias vezes de que os filhos são uma dádiva. Por exemplo, alegrando-se com o nascimento de Isaque, Sara fica maravilhada com a dádiva recebida: "Quem diria a Abraão que Sara haveria de amamentar filhos? No entanto, dei-lhe um filho na sua velhice (Gn 21.7). Os salmistas nos lembram da dádiva dos filhos, que são herança do Senhor (Sl 127.3), brotos de oliveira (Sl 128.3), e que, mesmo ainda no ventre, Deus conhece a criança (Sl 139.13-14). Tomando uma criança e colocando-a diante dos discípulos, Jesus lhes diz que eles devem acolhê-la (Mt 18.5).

As Escrituras também nos ensinam claramente que educar os filhos faz parte da vida do povo de Deus (Dt 4.9; 6.7; 11.19). Na literatura de sabedoria, os filhos são educados de modo proativo, e isso inclui caráter (Pv 4.1), disciplina (Pv 13.22, 24) e responsabilidade social (Pv 22.6). A relação entre pais e filhos é crucial para a estabilidade da família (Êx 20.12; Ef 6.2) e deve ser correspondida pelos genitores, especialmente pelos pais (Ef 6.4; Cl 3.21). Conforme acontece com frequência em muitas culturas dos países em desenvolvimento, também na maioria das culturas de todo o mundo o acolhimento e o cuidado não estão restritos aos pais biológicos (família nuclear), mas fazem parte da família estendida, inclusive na tradição judaica: "Como a família israelita era o centro da relação de aliança, ela tinha funções importantes na esfera *judicial* ... para o ensino das tradições históricas e das exigências da lei (Dt 6) ... do culto ao Senhor ... [e] dos deveres éticos e sociais de uma família israelita [a qual] não se limitava aos parentes e incluía os necessitados da comunidade maior" (Wright, 342).

Para as crianças em situação de risco, o desmantelamento da unidade familiar tem efeitos debilitantes. No caso das crianças de rua, a falta de cuidado da família as coloca em contato com as duras realidades da rua e impede que sejam criadas conforme os planos de Deus. As crianças de rua aprendem a se manter de qualquer forma possível, e dos outros recebem instruções básicas para a sobrevivência — como mendigar, roubar ou vender qualquer coisa que lhes esteja à mão. Para muitas dessas crianças, o bem principal é o próprio corpo, que rapidamente encontra o mercado da exploração sexual infantil. Em outros casos, como o dos Parking Boys (guardadores de carros) de Nairobi, as crianças de rua fogem da dura realidade cheirando cola, usando outras drogas ou sobrevivendo como gangues que cometem pequenos crimes e formas simples de extorsão.

2.4. A sociedade tem uma responsabilidade dada por Deus em relação ao bem-estar das crianças e famílias. Essa declaração aparentemente óbvia expressa, pelo menos em parte, o alcance de nosso envolvimento missiológico como pessoas que amam a justiça (Mq 6.8). A maneira pela qual essa transformação deve ser buscada é novamente parte da revelação do plano para o povo de Deus. Deus conclama Israel para que ouça, recite e relembre sua fé e a transmita através das gerações (Dt 6.4-9, 20-25). Quando o povo de Deus saiu do Egito em direção à terra que Deus lhe havia prometido, eles receberam a Torá, que definia como deviam viver na condição de povo de Deus. Uma declaração especialmente reveladora dessa aliança ajuda-nos a perceber como Deus se preocupa com os marginalizados e os estrangeiros: "Pois o SENHOR, vosso Deus, é o Deus dos deuses e o SENHOR dos senhores; o Deus grande, poderoso e terrível, que não faz discriminação de pessoas nem aceita suborno; que faz justiça ao órfão e à viúva, e ama o estrangeiro, dando-lhe comida e roupa. Amareis o estrangeiro, pois fostes estrangeiros na terra do Egito (Dt 10.17-19).

Em face do profundo amor de Deus pelos órfãos e viúvas e por todos os marginalizados, começamos a perceber um importante aspecto do alicerce de nosso interesse missiológico pelas crianças em situação de risco. Nossa preocupação com o cuidado com as crianças em situação de risco se aprofunda porque faz parte do cuidado que sentimos por Cristo (Mc 9.37). Nossa resposta como cristãos exige apoio para políticas e práticas adequadas nos setores público e privado. Por exemplo, "a pressão da sociedade civil, incluindo igrejas, influenciou o compromisso assumido na Reunião do G8 na Escócia visando acesso universal ao tratamento em 2010" (Stephenson, Luippold e Lorey, 16).

2.5. As crianças são uma promessa de esperança para cada geração. O ensino de Jesus sobre o reino de Deus traz uma dimensão eterna à nossa preocupação temporal com as crianças. Podemos olhar para as crianças como aquelas que podem receber o reino (Lc 18.16) com tudo o que essa oportunidade significa tanto nesta era quanto na era por vir. A esperança escatológica trazida pelo evangelho transcende as circunstâncias do tempo presente com uma promessa de que estaremos com Jesus no reino, onde *nunca mais terão fome, nem sede [...] e Deus lhes enxugará dos olhos toda lágrima* (Ap 7.16-17). Que quadro de esperança para as crianças abandonadas nos lixões da vida, para as sexualmente escravizadas, para os órfãos da AIDS, para as que vivem nas ruas e para os filhos da guerra!

A visão de crianças cuidadas por adultos que lhes proporcionam meios e oportunidades está longe da experiência de milhões de crianças em situação de risco. Esse desafio é ilustrado por estórias do norte de Uganda que narram o reino do terror nas mãos do violento grupo rebelde conhecido como Exército de Resistência do Senhor (*Lord's Resistance Army* - LRA). Todas as noites um número estimado de cinquenta mil pessoas faz longas viagens buscando refúgio contra o LRA em cidades e centros regionais onde há menos risco de se tornarem vítimas de sequestro e outras atrocidades. O jornalista Kevin Sites informa: "Nas duas décadas, o LRA é acusado de raptar vinte e cinco mil crianças e forçá-las a participar de suas fileiras como soldados, empregados ou escravos sexuais. Dentre aquele número, 7500 eram meninas, sendo que mil voltaram para casa grávidas e para sempre estigmatizadas pelos raptos" (Sites). O que devia ser um emblema de esperança se tornou um símbolo de tragédia.

2.6. Deus recebe plenamente as crianças na família da fé. Um tema que surgiu de nosso estudo é que as crianças devem pertencer plenamente à família da fé. Quer tenham nascidas na família e confirmadas como participantes da aliança, quer nascidas de novo através do testemunho do evangelho, todas as crianças que têm fé em Cristo fazem parte da família de Deus. Juntamente com outros crentes, as crianças devem encontrar na igreja local um lugar em que se sintam à vontade (Walls, 7). No caso de muitas crianças em situação de risco, a igreja precisa ser um lar diferente daqueles que elas conhecem. As ameaças são substituídas pela segurança, a estabilidade substitui a incerteza, e a esperança no futuro reside na família dos que são adotados como filhos de Deus. Para que elas sintam que fazem parte do grupo, as necessidades das crianças precisam ser satisfeitas de uma maneira relacional que as ajude a se identificar com a nova família. Quando a igreja vive dentro da comunidade como sal e luz, o impacto dessa transformação se torna real; ele pode fazer com que a família de Deus se torne verdade.

2.7. As crianças são essenciais para a missão de Deus. Como povo de Deus, somos chamados a desenvolver a missão de Deus. Conforme observa Arthur Glasser, "no Novo Testamento, a igreja é chamada às missões em âmbito local e global. Essa missão vem da vitória redentora de Cristo e da reunião que ele faz de uma 'comunidade do reino' pela proclamação do evangelho em atos e palavras" (Glasser, 26). Cristo deixou claro que as crianças podem receber o reino de Deus (Mc 10.14) e, portanto, podem fazer parte ativa da comunidade do reino. Isso implica que elas também podem e muitas vezes querem abraçar a Grande Comissão.

O desenvolvimento progressivo dessas sete declarações não somente forma um argumento favorável a uma abordagem holística das crianças em situação de risco mas também ressalta o fato de que elas, como participantes da família de Deus, recebem o mandato do reino. No meio das mais horríveis condições, é extremamente necessário que as famílias proporcionem identidade e segurança. O lar com sua estrutura e cuidado torna-se um ponto crítico para viabilizar quaisquer iniciativas de longo prazo que possam causar algum impacto às crianças. Na ausência ou na impossibilidade funcional da família de sangue, a família de Deus torna-se peça central da missão divina. Quando olhamos para a natureza do trauma e do perigo, uma percepção maravilhosa raia sobre nós. Em todo o mundo há membros de famílias que conhecem os costumes e o contexto cultural e podem alcançar as crianças com o amor de Deus no exato local da necessidade. Provas dessa capacidade são vistas com clareza onde a pandemia de HIV/AIDS tem arrasado regiões da África abaixo do Saara (Foster).

O chamado para a igreja hoje é para que ela desperte para essa responsabilidade dada por Deus antes que seja tarde demais. Nas palavras de Jesus, "Qualquer pessoa que recebe esta criança em meu nome, a mim me recebe" (Lc 9.48).

Veja também ASSISTÊNCIA E DESENVOLVIMENTO; MISSÕES E MISSIOLOGIA; MOCIDADE; POBREZA.

BIBLIOGRAFIA. Casa Alianza, Estatísticas Mundiais, *Exploitation of Children: A Worldwide Outrage* (September 2000) 1, disponível no site da Hilton Foundation em *Casa Alianza Receives 2000 Hilton Prize*, www.hiltonfoundation.org/press/16-pdf3.pdf (acessado em 15 de outubro de 2005); BARTH, K., *Church Dogmatics,* BROMILEY, G. e TORRANCE, T. F., orgs., (Edinburgh: T & T Clark, 1957-1975); BUNGE, M., *The Vocation of Parenting: A Biblically and Theologically Informed Perspective,* (trabalho não publicado, Cutting Edge Conference, 26 de setembro de 2005); FOSTER, G., *Study of the Response by Faith-Based Organizations to Orphans and Vulnerable Children* (Preliminary Summary Report, UNICEF and the World Conference of Religions for Peace; Nova York: UNICEF, 2003); GLASSER, A. et al., *Announcing the Kingdom: The Story of God's Mission in the Bible* (Grand Rapids: Baker Academic, 2003); GUNTON, C. E., *The Triune Creator* (Grand Rapids: Eerdmans, 1998); The Global Coalition on Women and AIDS, *Educate Girls—Fight AIDS,* no. l, n.d.; HIMES, J. e OLMO, A.,

Executive Summary: International Youth (Washington: Population Resource Center, 2002), disponível em <www.prcdc.org/summaries/intlyouth/intlyouth.html> (acessado em 20 de abril de 2004); G. E. Ladd, *The Presence of the Future* (Grand Rapids: Eerdmans, 1974); SITES, K., *Night Flight*, 17 de outubro de 2005, <hotzone.yahoo.com/b/hotzone/blogs1217> (acessado em 19 de outubro de 2005); STEPHENSON, P., LUIPPOLD, B. e LOREY, M., "HIV/AIDS: Care for Orphans and Vulnerable Children", *Theology News & Notes,* outono de 2005 (Fuller Theological Seminary, Pasadena) 16; WALLS, A. F., *The Missionary Movement in Christian History: Studies in the Transmission of Faith* (Maryknoll: Orbis, 1996); WRIGHT, C. J. H., *Old Testament Ethics for the People of God* (Downers Grove: InterVarsity Press, 2004); Viva Network, *Biblical Framework* (disponível no site de *Raising the Standard, Cutting Edge 2005* Conference, September 25-28, 2005, Cirencester, UK, <www.viva.org/Ppage id=284>).

McConnell, C. D.

CRISTO. *Veja* CRISTOLOGIA.

CRISTOLOGIA

A cristologia, ou doutrina de Cristo, é um estudo central para a teologia cristã. Afirmações e definições da humanidade e divindade de Cristo têm ocupado o pensamento de teólogos desde os primeiros séculos em que a igreja foi instituída e passou a crescer. Qualquer estudo da cristologia no contexto mundial de hoje precisa estar ancorado numa compreensão da tradição dos credos da igreja. Nos últimos tempos, começando com o século 20 em particular, várias são as cristologias que têm surgido nos contextos ocidentais pós-iluminismo e nos movimentos independentes que florescem na África, Ásia e América Latina.

1. O método na cristologia
2. O crescimento das tradições cristológicas
3. A cristologia do século 20 no Ocidente
4. Novas cristologias contextuais: libertação e inculturação

1. O método na cristologia
Desde o início da teologia cristã sempre houve várias interpretações de quem é Cristo, conforme se pode perceber nos quatro evangelhos do Novo Testamento. O que essas interpretações têm em comum é a convicção essencial de que algo de muito importante aconteceu na pessoa daquele que todos os cristãos confessam como Senhor e Salvador. Desde o Iluminismo há duas abordagens ou métodos cristológicos concorrentes: uma "De Cima" e outra "De Baixo". A primeira começa com a confissão de fé na divindade de Cristo manifestada no Novo Testamento, e a outra começa com a averiguação do fundamento histórico da crença em Cristo, para então decidir se as tradições neotestamentárias e dos primeiros credos estão alinhadas com a história de Jesus. Como seria de esperar, a tendência dominante nos primeiros séculos foi a "De Cima", uma vez que não se questionava a credibilidade histórica dos registros dos evangelhos. O método De Cima também foi proposto no século 20, embora por outras razões. Teólogos neo-ortodoxos (K. Barth e E. Brunner) em grande parte desconsideravam a questão da base histórica e concentravam-se no sentido teológico. Também para Rudolf Bultmann, acadêmico liberal do Novo Testamento, a questão do fundamento histórico era totalmente irrelevante para seu desejo de ressaltar as implicações existenciais das declarações do Novo Testamento.

Todavia, a principal tendência da cristologia desde o tempo do Iluminismo tem sido De Baixo. A agenda da Busca do Jesus Histórico tinha tudo a ver com a tentativa de ir além da confissão dos autores bíblicos e estabelecer seu valor histórico. Como consequência, em vez de cristologias, surgiram "Jesusologias", cujo principal objetivo era concentrar-se em Jesus como pessoa humana e não no Cristo divino confessado pela igreja primitiva. Teólogos contemporâneos como Wolfhardt Pannenberg defenderam uma abordagem rigorosamente De Baixo, mas com abertura para a conclusão de que Jesus é Cristo como resultado possível do estudo histórico. Para Pannenberg, a tarefa da cristologia é oferecer apoio racional e histórico para a crença na divindade de Jesus.

Em última análise, não precisamos escolher uma das duas abordagens. Ambas são necessárias mesmo que no meio pós-iluminista se parta do método De Baixo. O principal problema do método De Cima é o fundamento da fé: como sabemos que cremos no Cristo certo? E os que fazem alegações semelhantes? O problema da abordagem De Baixo é que a fé pode ficar na dependência dos resultados mutáveis que os estudos históricos propiciam, e a certeza objetiva não é fácil de ser obtida. Somente um método formado por ambas as abordagens pode chegar ao equilíbrio adequado.

2. O crescimento das tradições cristológicas

2.1. Perspectivas bíblicas.

Antes do Iluminismo, acreditava-se que o Novo Testamento apresenta uma interpretação cristológica coerente e unificada. O objetivo inquestionável era harmonizar as supostas diferenças entre os evangelhos. Na teologia atual, somente o segmento mais conservador da teologia cristã parte dessa premissa, ao passo que outros veem na diversidade de testemunhos bíblicos a chave para fazer cristologia do Novo Testamento. James. D. G. Dunn com seu livro *Unity and Diversity in the New Testament* [Unidade e diversidade no Novo Testamento] (1977) é um exemplo dessa abordagem contemporânea. Na opinião de Dunn, em vez de tentar achar uma única cristologia do Novo Testamento, devemos reconhecer a existência de diversas interpretações teológicas legítimas. No entanto, no meio dessa diversidade há um centro unificador aceito por todos os autores do Novo Testamento: em Jesus e por meio dele aconteceu alguma coisa decisiva para a salvação humana. Como consequência do reconhecimento da diversidade de interpretações, cada perfil cristológico é pintado de acordo com as cores do evangelista: em Marcos, o Servo sofredor; em Mateus, o Rei dos judeus; em Lucas, o Amigo de todos; e em João, a o Verbo da vida. Paulo e outros autores do Novo Testamento também apresentam interpretações ímpares de Cristo (Matera; Karkkainen, parte 1).

Outra forma de fazer cristologia do Novo Testamento é pela atenção aos vários títulos dados a Jesus, tais como Cristo/Messias, Filho de Deus, Filho do homem, Senhor, Deus, Filho de Davi e Logos. Cristo (*christos*, termo grego traduzido do hebraico *māšîaḥ*, messias, "o ungido") aparece mais de quinhentas vezes no Novo Testamento, em sua maioria nos textos paulinos. Embora Jesus tenha cumprido as esperanças que Israel tinha em relação ao Messias de modo não compatível com os sonhos da maior parte do povo, os cristãos precisam se lembrar de que ele era e é o Messias de Israel, não somente o Messias dos gentios.

Dois outros títulos passaram a fazer parte do vocabulário teológico cristão, a saber, Filho de Deus e Filho do homem. No passado se partia da premissa de que o primeiro título denota sua divindade, ao passo que o outro tem a ver com sua humanidade. A exegese atual tem mostrado que esses dois títulos importantes funcionam de uma maneira bem mais complexa. O cenário teológico do título cristológico Filho do homem está em Daniel 7.13-14, que se refere a uma figura messiânica que vem "nas nuvens do céu" e se aproxima do "ancião bem idoso". A teologia cristã tem visto no Filho do homem de Daniel o Messias que veio na pessoa de Jesus de Nazaré. De fato, nos evangelhos, o título Filho do homem é usado mais que qualquer outro (com exceção do próprio nome Jesus) para referir-se a Jesus. O que torna muito peculiar o uso desse título é que ele ocorre somente nos quatro evangelhos (com exceção de Atos 7.56 nas palavras de Estêvão). Outra peculiaridade do título é que somente Jesus o emprega nos evangelhos (com exceção de João 12.34, onde o povo usa o título citando as palavras do próprio Jesus). Ele reúne diversos sentidos, como sua autoridade (e.g., Mc 2.10), sofrimento e ressurreição (e.g., Mc 8.31) e sua vinda em glória (e.g., Mc 8.38).

O contexto do título Filho de Deus encontra-se no Antigo Testamento, onde Deus chama "meus filhos" a todo o povo de Deus (Êx 4.22) e também ao rei de Israel e seus sucessores (2Sm 7.14). De acordo com Romanos 1.4, Jesus "foi declarado Filho de Deus" em virtude da ressurreição. Embora Jesus tenha usado o título pouquíssimas vezes, segundo os evangelhos sinóticos, ele via a si mesmo e sua missão em consonância com a ideia de filiação divina (e.g., Mc 13.32). A confissão cristã primitiva era "Jesus é Senhor" (Rm 10.9). Esse título atribui a Jesus exatamente o mesmo nome que no Antigo Testamento é usado em relação a Deus: *Kyrios*, "Senhor", tradução grega de *YHWH*. A principal passagem cristológica nos textos paulinos é Filipenses 2.6-11, que a maioria dos estudiosos considera um hino pré-paulino.

2.2. Primeiras heresias cristológicas e tradições de credos. Antes do Concílio de Niceia (325; *veja* Concílios Ecumênicos), os grandes desafios impostos à teologia cristã estavam relacionados com a divindade de Jesus e com a Trindade. As mentalidades judaica e grega fizeram as primeiras configurações da cristologia e criaram desafios distintos. Uma forma herege de adaptar-se à divindade de Jesus em face do monoteísmo foi o adocionismo, segundo o qual Jesus, ao cumprir os mandamentos de Deus, foi "adotado" como Messias. Na cultura helenista, a crença em encarnações dos deuses era ponto pacífico, mas o problema estava na associação da natureza humana, em especial do sofrimento humano, com a divindade. A heresia doceta (do gr. *dokeō*, "parecer") comprometia a verdadeira humanidade de Jesus, pois declarava que ele apenas parecia ser humano.

Apologistas do segundo século procuraram estabelecer relações entre a filosofia grega, o judaísmo e a teologia cristã. Com base em João 1.14, os apologistas argumentavam que em Jesus o *Logos*, que era pessoal e estava com Deus, encontrou plena expressão. A presença do *Logos* transmitia a natureza do próprio Deus a Jesus, tornando-o assim divino. A cristologia do *Logos* ajudou a afirmar a divindade de Cristo e, assim, combater o adocionismo e o docetismo, mas ela não conseguiu esclarecer a relação entre o Verbo divino e o homem Jesus. A consequência disso foi o surgimento do monarquianismo. O monarquianismo ("soberania única") acusava a cristologia do *Logos* de biteísmo. Os monarquianistas dinâmicos Teodoto e Paulo de Samosata (na virada do terceiro século) procuraram contornar o desafio monoteísta afirmando que a "divindade" de Jesus consiste da presença dinâmica de Deus no homem Jesus. Em algum momento, a capacitação de Deus desceu sobre o homem Jesus e o tornou divino. Essa visão foi condenada pelo Sínodo de Antioquia em 268 d.C.

A principal ameaça à cristologia pré-nicena veio do arianismo. Debates históricos e teológicos à parte (e.g., se Ário de Alexandria de fato ensinou essas ideias), o arianismo comprometeu a plena divindade de Cristo, tornando-o inferior ao Pai. Quer isso tenha acontecido como defesa do monoteísmo, quer como forma de evitar a conclusão de que a divindade foi afetada pelo sofrimento — inconcebível para a mente helenística — os opositores de Ário afirmavam que ele defendia Deus (o Pai) como absolutamente único e transcendente. A essência de Deus (gr. *ousia*) não pode ser compartilhada por outro ser nem transferida a outro como o Filho. A diferença entre Pai e Filho consistia na substância (*ousia*). Há quem alegue ser de Ário a afirmação de que "houve [um tempo] em que ele [o Filho] não existia", dando a entender que Cristo foi gerado por Deus no tempo, não desde a eternidade. Consequentemente, Cristo fazia parte da criação e era inferior a Deus, porém superior às outras criaturas.

Atanásio respondeu que a doutrina da *salvação estava em jogo: somente Deus pode salvar e, portanto, se o Filho é criatura, ele também precisa ser salvo. Além disso, os cristãos temiam que a ideia de um Cristo que não era divino os transformasse em blasfemos, uma vez que em sua liturgia eles adoravam Jesus e oravam a ele junto com o Pai (e o Espírito). Por fim, Atanásio afirmou — rebatendo a visão helenita — que a grandeza de Deus se manifesta no fato de ele assumir "nossa natureza frágil". Em 325, no Concílio de Niceia, o arianismo foi rejeitado com a declaração de que Cristo não foi criado "mas gerado da substância do Pai". Niceia, é claro, não podia deixar de lado a linguagem bíblica sobre a geração do Filho, mas tomou cuidado para que ela não desse a entender que Jesus era uma criatura. A palavra essencial de Niceia — *homoousios* (da mesma substância) — embora fosse usada para refutar a posição ariana, também causou problemas. Teólogos gregos logo afirmaram que ela não é bíblica e podia ser interpretada como indicador do modalismo. A proposta que eles fizeram foi de um termo levemente modificado, *homoiousios* (de substância semelhante), que foi rejeitado por teólogos latinos que temiam sua interpretação em termos de subordinacionismo — a ideia de que a divindade do Filho é inferior à do Pai.

A definição da divindade de Jesus em Niceia criou seus próprios desafios, a saber, como entender as "duas naturezas" de Cristo, a humana e a divina. No período entre Niceia e Calcedônia (451), surgiram duas escolas de cristologia que se propunham a lidar com a questão, representadas pelas duas principais cidades orientais — Antioquia (da Síria) e Alexandria (no Egito). Antioquia dava destaque às duas naturezas de Cristo, de forma que o desafio estava em como afirmar a unidade da pessoa de Jesus Cristo; Alexandria enfatizava a divindade e, portanto, uma só natureza de Cristo, a ponto de tornar problemática a distinção entre as duas naturezas. Na soteriologia, a ênfase recaiu sobre a *theosis*, *deificação, um ser unido com Deus. As diferentes ênfases fizeram surgir heresias distintas. No caso de Antioquia, a principal heresia foi o nestorianismo, a teoria das "duas naturezas"; em Alexandria surgiram vários tipos de heresias monofisitas ("uma natureza") como o apolinarismo e o eutiquianismo. Com relação à história teológica posterior, Alexandria, centro dos estudos gregos, tornou-se um grande colaborador do cristianismo ortodoxo oriental, ao passo que a influência de Antioquia dirigiu-se principalmente ao cristianismo posterior do Ocidente de língua latina.

Os alexandrinos criam que as duas naturezas de Cristo, sua humanidade e divindade, não são contraditórias a ponto de inviabilizar sua coexistência em uma só pessoa. Apolinário de Laodiceia passou a defender a ideia nicena de *homoousios*, referindo-se a "uma natureza composta por divindade impassível e carne passível", o que significa que, em Cristo, o *Logos* assumiu o lugar de uma mente ou alma humana. Assim se acreditava estar resguardada a ausência de pecado em Jesus. Mas se Cristo possuía um corpo humano e uma mente divina, isso significava que a natureza humana de Cristo era incompleta. Gregório de Nazianzo perguntava como a natureza humana podia ser redimida se somente parte dela havia sido assumida pelo *Logos*. Além disso, se Cristo não possuía um natureza humana completa, ele não poderia sofrer e participar de nossa condição como humanos.

Em Antioquia surgiu uma heresia oposta. Teodoro de Mopsuéstia respondeu ao apolinarismo, dizendo que Cristo tinha duas naturezas (*physeis*) em uma só pessoa (*prosopon*) e — para evitar a ideia de que a divindade podia sofrer ou mudar — que devemos tratar cada natureza como um "sujeito" ao qual se podem atribuir diferentes predicados, de tal forma que, quando Cristo chorava, era sua natureza humana que chorava; quando ele realizava milagres, era sua natureza divina quem os realizava. Isso contribuiu para a heresia das duas naturezas, o nestorianismo, que teve origem no debate em torno da propriedade de chamar Maria de "Mãe de Deus" (gr. *theotokos*, lit. "portador de Deus"). *Theotokos* era usado à vontade pelos alexandrinos, uso baseado na antiga ideia de *communicatio idiomatum* ("comunhão de atributos"): o que pertence a uma natureza também pertence à outra. Nestório desejava equilibrar o uso de *theotokos* com *anthropotokos* ("portador de homem").

O Concílio de Calcedônia (Quarto Concílio Ecumênico, em 451) procurou tratar de uma série de posicionamentos heréticos. Uma grande influência foi exercida pela carta do papa Leão I (*Tomo de Leão*) escrita originalmente para o chamado Latrocínio de Éfeso, mas que acabou não sendo lida ali. Esse gesto ajudou a consolidar o poder do Ocidente cristão, de Roma e do papado. As principais decisões do Credo de Calcedônia são as seguintes:

a. As duas naturezas, humana e divina, coexistem em uma só pessoa. A unidade da pessoa permite que se fale em *communicatio idiomatum*.

b. O arianismo foi rejeitado pela afirmação de "uma substância".

c. O apolinarismo foi rejeitado pela afirmação da "alma racional".

d. O nestorianismo foi rejeitado pela afirmação das duas naturezas numa união "indivisível" e "inseparável".

e. O monofisismo foi rejeitado (apolinarismo, eutiquianismo) pela afirmação de duas naturezas numa união "distinta" e "imutável".

f. Afirmação do uso de "Mãe de Deus" em oposição ao nestorianismo.

A tradição cristã veio a se referir ao que foi definido em Calcedônia com ajuda do termo "união hipostática", a fim de expressar a união irreversível entre o Verbo (*Logos*) como Deus e Jesus como homem. A palavra "união" refere-se à união de duas naturezas, divina e humana, que, embora seja mais do que uma união moral ou uma união de vontades — ou seja, a união é "pessoal" e ontológica — não tem a ver com a falta de distinção entre as duas. *Hipostática* refere-se à pessoa única do Filho de Deus, o *Verbo*, o *Logos*, que se tornou homem pela encarnação. Assim, união hipostática significa uma união perfeita de duas naturezas distintas, mas não separadas, humana e divina, numa só pessoa divina, integral e eterna.

2.3. A busca do Jesus histórico e as interpretações liberais. Apesar das discussões que continuaram, a tradição de Calcedônia, de modo geral, foi confirmada nos períodos seguintes da história cristã. Somente durante o Iluminismo é que muitas convicções básicas da cristologia foram questionadas. Na "Busca do Jesus Histórico", consagrada em 1910 pelo livro homônimo de Albert Schweitzer, os acadêmicos passaram a sondar as discrepâncias entre o verdadeiro Jesus da história e a interpretação de Jesus como Cristo encontrada no Novo Testamento. Com ajuda dos novos métodos da pesquisa histórico-crítica emergente, os acadêmicos procuravam ir além das "aparências" da interpretação do Novo Testamento para encontrar a "essência" da verdadeira história de Jesus. Isso significava concentrar-se na vida terrena de Jesus, especialmente em seu papel como mestre, e minimizar o papel de sua preexistência, morte e ressurreição.

O liberalismo clássico também rejeitou o Cristo dogmático dos primeiros credos e desconfiavam das cristologias de Paulo e João, vistas como interpretações que negligenciavam a verdadeira história. O grande objetivo dos liberais era reconstruir a vida de Jesus com base nos sinóticos na forma de uma biografia como a que havia sido feita por D. F. Strauss, *The Life of Jesus Critically Examined* (A vida de Jesus examinada pela crítica [1836]). Strauss dizia que os autores dos evangelhos compartilharam a cosmovisão mítica de sua cultura. Strauss afirmava que a linguagem mítica deve ser aceita como modo natural de povos primitivos. Para o também liberal Albrecht Ritschl, a chave para a importância de Jesus residia em seu anúncio do reino de Deus, que não tinha a ver com uma transformação escatológica do mundo, mas com o amor de Deus e seu efeito sobre nós. Adolf von Harnack via três princípios básicos no ensino de Jesus: o reino (ético) de Deus, a Paternidade de Deus e o valor infinito da alma humana. Ele acreditava que todos os dogmas cristãos, principalmente as doutrinas trinitárias e cristológicas, eram helenizações posteriores do evangelho simples de Cristo. É nesse sentido que ele fala em "deterioração do dogma"; ele achava que o desenvolvimento do dogma era um tipo de doença crônica.

3. A cristologia do século 20 no Ocidente

Na teologia contemporânea se encontram abordagens de Cristo e da cristologia que se complementam e, às vezes, são contraditórias, conforme se vê a seguir:

- Novas buscas do Jesus histórico nos estudos de Novo Testamento

- Propostas teológico-sistemáticas pelo neo-ortodoxo Karl Barth (*veja* Barthianismo), pelos grandes acadêmicos protestantes Wolfhardt Pannenberg e Jürgen Moltmann (cujas ideias serao apresentadas brevemente abaixo) e pelos católicos romanos Walter Kasper e Edward Schillebeeckx, entre outros

- As cristologias pluralistas de John Hick, Raimon Panikkar e outros (*veja* Teologia das Religiões)

- Diversas cristologias contextuais e interculturais da Ásia, África e América Latina

- Cristologias de alguns dos maiores teólogos evangélicos

3.1. Novas buscas. Na década de 1950, a nova busca do Jesus histórico foi retomada quando Ernst Käsemann declarou (contra Bultmann) que os detalhes da vida de Jesus eram importantes. Gerhard Ebeling afirmava que se ficasse provado que a cristologia não tem fundamento no Jesus histórico, mas é uma interpretação defeituosa de Jesus, toda a ideia de cristologia estaria arruinada. Em outras palavras, para confessar Cristo precisamos conhecer alguma coisa do Jesus da história.

Atualmente, podemos falar da Terceira Busca com diversas variantes. A abordagem mais radical no estudo de Jesus é ilustrada pelo *Jesus Seminar*, nos Estados Unidos, grupo famoso por sua série de edições em que as palavras de Jesus aparecem em vermelho, tais como *The Parables of Jesus* [As parábolas de Jesus], de 1988. Uma tradição mais conservadora é representada pelo acadêmico britânico C. F. D. Moule em *Origin of Christology* [A origem da cristologia] (1977). Moule critica a ideia de um processo evolutivo na escola da História das Religiões que vincula a fé em Cristo como figura divina a conceitos oriundos das religiões míticas e de mistério circunstantes. Em vez disso, Moule acredita que o processo que se desenvolve a partir do Jesus da história e chega ao Cristo professado pela fé remonta ao próprio Jesus, e tal processo é legítimo.

3.2. A teologia sistemática e as interpretações de Cristo. Para Pannenberg, a teologia é uma disciplina pública. Por isso, a principal tarefa da cristologia é fornecer apoio racional para a crença em Jesus como Cristo com base nas afirmações históricas. Para Pannenberg, a fé na divindade de Cristo resulta do estudo histórico; o percurso vai De Baixo para Cima. A ressurreição é decisiva: o Pai confirmou as alegações de filiação feitas por Jesus. No entanto, para que a ressurreição tenha um papel de validação, sua historicidade precisa ser estabelecida. Para Pannenberg, isso se consegue mediante as referências ao túmulo vazio e pela existência de diversos relatos de testemunhas oculares. A importância da ressurreição deriva do apocalipticismo, que está por trás de boa parte da teologia do Novo Testamento, com sua antevisão da ressurreição de todos. Partindo dessa matriz apocalíptica, a ressurreição não é apenas a confirmação que o Pai dá à obra de Cristo e a seus títulos como Senhor e Messias, mas também uma percepção proléptica da plena revelação do Deus da Bíblia no eschaton, quando ele se mostra como o verdadeiro Deus. Além disso, a ressurreição significa vitória sobre a morte, o que mostra que a vida humana pode participar da vida divina.

Pannenberg vê no conceito paulino do "novo Adão" o principal meio de se referir teologicamente ao Jesus que vem. Isso nos faz ver que a encarnação não é algo estranho à humanidade. Os seres humanos são criados à imagem de Deus e, portanto, estão "abertos à revelação". Jesus como o novo Adão representa o cumprimento do destino humano.

Para Jürgen Moltmann, a cristologia é o tema mais inclusivo, cujo foco está no Deus que sofre baseado na cruz de Cristo. A cristologia de Moltmann, intitulada *O Caminho de Jesus Cristo* (publicado no Brasil em 1994), representa uma abordagem dinâmica: Jesus Cristo está "a caminho" de seu futuro messiânico. Os passos nesse caminho são sua missão terrena, a cruz, a ressurreição, o presente domínio cósmico e a *parousia*, e não os tópicos abstratos da tradicional cristologia das duas naturezas. Se Cristo é a revelação de Deus, isso significa que a Bíblia fala de um Deus que se revela em sofrimento e morte. Antes de ser uma declaração acerca da salvação da humanidade, a cruz é uma importante declaração sobre Deus. Jesus foi abandonado por Deus, e isso se encontra no centro da teologia cristã. Ao mesmo tempo, a cruz de Cristo, assim como também seu ministério terreno, é uma declaração de solidariedade com as vítimas de sofrimento e tortura. No entanto, a teologia da cruz não se sustenta sozinha, e a cristologia também precisa da esperança da ressurreição. Isso traz a centralidade do futuro e da esperança, o futuro de Cristo. Diferente da piedade cristológica típica e do liberalismo moderno que se volta para o indivíduo, a cristologia de Moltmann reflete dimensões cósmicas. Por isso, Moltmann valoriza as perspectivas cósmicas de algumas tradições do Novo Testamento (Colossenses 1 e Hebreus 1, entre outras) e de alguns pais da igreja (e.g., a teoria da recapitulação, de Ireneu). A ressurreição de Cristo e a esperada "vinda" do Deus trino para renovar toda a criação fala de esperança para a restauração da criação e evoca uma cristologia ecológica.

The Word Made Flesh [O verbo se fez carne] (1991), de Millard J. Erickson, é uma crítica conservadora e uma refutação de diversas abordagens cristológicas de teologias que vão desde as liberais e pluralistas até as teologias do processo e da libertação. Ao se alinhar com a teologia tradicional, Erickson opta pela abordagem De Cima, interpretando ao pé da letra os títulos bíblicos de Cristo e defendendo afirmações tradicionais de preexistência, encarnação, ressurreição e da singularidade de Cristo. No outro extremo do âmbito evangélico encontra-se a cristologia do renomado e já falecido Stanley J. Grenz. Aluno de Pannenberg, Grenz adota o método De Baixo para Cima, esforçando-se para estabelecer tanto a divindade quanto a humanidade de Jesus, além da união integral entre ambas. Ao apresentar seus argumentos pela crença na divindade, ele contempla aqueles apresentados pela teologia cristã, tais como a impecabilidade de Jesus, seus ensinamentos, suas alegações pessoais, sua morte e ressurreição. Embora todos esses argumentos sejam importantes, nenhum deles é suficiente sozinho. Por exemplo, a cruz pode ser apenas a morte de um mártir bem intencionado. O método De Baixo defende a divindade vendo em sua ressurreição a comprovação da alegação de filiação feita por Jesus e retrocedendo para afirmar sua impecabilidade (ser divino é necessariamente não ter pecado); compreender sua morte como a morte do Filho de Deus; e ver seus ensinamentos como detentores de autoridade divina. De modo semelhante, a verdadeira humanidade de Jesus é apoiada por suas alegações confirmadas com a ressurreição. Além dessas, o teólogo reformado Donald Bloesch (1977) e o anabatista Norman Kraus (1987) propuseram outras perspectivas evangélicas de Cristo.

3.3. Definindo questões cristológicas
3.3.1. Encarnação. Para fundamentar a crença na encarnação de Jesus Cristo, a tradição cristã tem recorrido a passagens bíblicas como João 1.14, Filipenses 2.6-7 e Colossenses 2.9. É assim que o credo de Calcedônia refere-se a duas naturezas, divina e humana, que existem em uma só pessoa numa união irreversível e ontológica. As duas naturezas estão livremente integradas sem conflito nem confusão. Durante o período da *Reforma, houve uma famosa discussão entre luteranos e teólogos reformados sobre como as duas naturezas se relacionavam uma com a outra. Os luteranos defendiam o princípio de *finitum capax infiniti*: o Jesus humano tem a capacidade de receber e portar o infinito (incluindo as propriedades da natureza divina) com base na antiga regra da *communicatio idiomatum*. A teologia reformada discordava com base na crença no *finitum non capax infiniti*, que diz que o finito em si e por si não pode portar o infinito. O Verbo/Logos assume a carne em vez de literalmente se tornar carne.

Foi com os liberais clássicos que veio a primeira mudança radical em relação à postura de Calcedônia. Friedrich Schleiermacher substituiu a doutrina das duas naturezas com uma doutrina de relação divino-humana: Jesus Cristo não é um ser divino em forma humana, mas um tipo de figura profética que torna real a natureza divina presente em todos os seres humanos, um homem ideal e aperfeiçoado. A encarnação de Cristo não é definitiva nem absoluta. De modo semelhante para A. Ritschl, a encarnação não era mais alguma coisa transcendente e limitada a uma pessoa histórica, mas uma questão de obediência moral e ética; a divindade denotava a vocação única de Jesus. O programa do liberalismo clássico teve continuidade com liberais do século 20 como J. A. T. Robinson, para quem Jesus representa a "face humana de Deus" entre outras "faces de Deus" na religião. A encarnação é interpretada da perspectiva da consciência religiosa. Isso conduz a uma visão pluralista na qual Jesus se torna uma entre muitas outras encarnações, tais como os muitos *avatares* do *hinduísmo. Por exemplo, Raimon Panikkar sustenta que Jesus é Cristo, mas Cristo não é Jesus (no sentido de que Jesus de Nazaré é uma das manifestações do *Logos*, mas o princípio crístico não pode se limitar a somente uma pessoa histórica). Vários teólogos pluralistas ou de viés pluralista (J. Hick, S. J. Samartha) concordam neste ponto (*veja* Teologia das Religiões). Cristãos evangélicos e de igrejas tradicionais têm feito críticas contra as visões liberal e pluralista na tentativa de continuar a afirmar a tradição de Calcedônia.

Em *Person and Work of Christ* [A pessoa e a obra de Cristo] (1852-1861), Gottfried Thomasius, defensor das chamadas cristologias da *kenosis*, ensinou que Cristo esvaziou-se espontaneamente dos atributos "relativos" da onipotência, onisciência e onipresença (que têm a ver com a relação de

Deus com a criação), mas manteve os atributos essenciais de santidade e amor (fazem parte da essência do ser de Deus). Outro teólogo da *kenosis*, P. T. Forsyth, interpreta Filipenses 2.7 com a ideia dos atributos divinos não "renunciados" na encarnação, mas "retirados da esfera da realidade para a esfera da potencialidade". A teologia contemporânea percebe as abordagens da *kenosis* como deficientes, pois afirmam a natureza humana de Cristo, mas tendem a truncar o verdadeiro sentido da divindade. Uma forma mais promissora de entender a união das duas naturezas é perceber que o critério da "verdadeiro" humanidade não é nossa natureza pecaminosa, mas a natureza pura e perfeita de Jesus como imagem de Deus. Em vez de raciocinar segundo o conceito de uso "real" ou "potencial" dos atributos divinos, é melhor afirmar que, em sua humilhação e esvaziamento voluntários, Jesus manifestou a verdadeira essência da humanidade, que é finita e contingente. Sua perfeita obediência e submissão não é algo que se opõe à divindade, mas se alinha com ela. Essa interpretação parece harmonizar-se com as tradições dos evangelhos: eles não contêm especulações abstratas sobre as "duas naturezas" separadamente da pessoa específica de Jesus de Nazaré. Os evangelhos referem-se a Jesus se tornando "dependente" do Espírito de Deus e de seu Pai para o exercício de seu poder divino.

Seja como for que se interprete a união das duas naturezas na encarnação, a tradição cristã subentende a ideia da encarnação permanente no sentido de que ela não se limita à vida terrena de Jesus: Cristo continua a existir como "encarnado" depois de sua ressurreição e ascensão, mas, logicamente, não na "carne". Nesse sentido, a encarnação introduziu algo "novo" na vida divina, não como algo externo à divindade do Deus trino, mas com referência à própria decisão tomada por Deus desde a eternidade de se unir com a humanidade criada à sua imagem.

3.3.2. Preexistência. A preexistência faz parte da doutrina de Cristo desde os tempos apostólicos e está associada com a divindade de Jesus Cristo: se ele é divino, deve ter preexistido com/em Deus. Interpretações tradicionais veem a preexistência do Messias em passagens do Antigo Testamento como Josué 5.13-14. A maior parte dos exegetas de hoje rejeitam essa visão porque desejam ler o Antigo Testamento por si só. Entre as passagens bíblicas citadas como apoio à preexistência encontram-se João 1.1-2; 1Coríntios 8.6; Filipenses 2.6-11; Colossenses 1.15-17; 2Timóteo 1.9; Hebreus 1.2; e Apocalipse 1.8. Embora alguns eruditos bíblicos (J. D. G. Dunn e F. B. Caird) afirmem que somente o Evangelho de João ensina explicitamente a preexistência, mas não Paulo e o autor de Hebreus, todos os teólogos tradicionais e a maioria dos contemporâneos reconhecem o amplo apoio que o cânon do Novo Testamento dá à preexistência.

De modo geral, os pais da igreja concordam quanto à preexistência. Na encarnação, o *Logos*, preexistente desde a eternidade, assumiu o corpo humano e a alma de Jesus. Muitos pais da igrejas, a exemplo de Atanásio em *Da Encarnação do Verbo*, defenderam a divindade do Filho contra os arianos também com relação à preexistência. Atanásio também afirmou que, para que o Pai seja Pai, é preciso haver uma contrapartida eterna, a saber, o Filho. Niceia (325) afirmou a preexistência com o ensino da *homoousios*; Constantinopla (381) acrescentou a declaração que foi "dos céus" que Cristo desceu; e Calcedônia afirmou que Cristo foi "gerado do Pai antes de todas as eras".

O primeiro desafio à doutrina tradicional da preexistência surgiu com o liberalismo. Para Adolf von Harnack, preexistência significa simplesmente a consciência que Jesus tinha de estar unido com o Pai em ato e vontade. De modo semelhante para Schleiermacher, o único tipo de preexistência era "ideal", ou seja, a ideia de preexistência como "uma consciência de Deus absolutamente poderosa". Na teologia contemporânea, muitos liberais (R. Bultmann) e pluralistas (J. Hick, P. Knitter) adotam uma posição mítica. Para os pluralistas, as doutrinas tradicionais da encarnação e preexistência tornam o cristianismo exclusivo em relação às outras religiões. Afirma-se que uma interpretação mítica harmoniza-se com a existência de figuras de salvador em outras religiões, a exemplo do que acontece em várias correntes do hinduísmo.

A principal tradição cristã fala da preexistência da natureza divina. Alguns reformadores radicais chegam a afirmar também a preexistência da humanidade de Jesus. Karl

Barth fez disso um tema teológico. Para ele, antes da criação do mundo, o Filho de Deus assumiu a identidade de Jesus de Nazaré. Jesus, é lógico, não existia em carne antes da encarnação, mas o Verbo de Deus já se identificava com ele. Nesse sentido, para Barth, a humanidade estava latente na vida de Deus.

Para os evangélicos e adeptos da teologia tradicional, as posições ideal, mítica e pluralista são inadequadas e não se harmonizam com as tradições bíblicas e dos credos. Por isso, às vezes se usam os termos preexistência "real" ou "pessoal" de Cristo para distingui--la de outras linhas de pensamento. Grenz se opõe às visões concorrentes ao afirmar que, para a fé cristã, o sentido da preexistência é um atributo que descreve uma pessoa específica, Jesus de Nazaré. Jesus Cristo é único entre todas as outras figuras religiosas: sua vida terrena, seus ensinos, a cruz e a ressurreição trazem implicações de longo alcance como a verdadeira revelação de Deus, uma vez que ele pertence à eternidade divina. De uma perspectiva da teologia sistemática, a preexistência está ligada a diversas outras afirmações teológicas, tais como a divindade: é da natureza de um deus/divindade não ter início nem fim. Ademais, a encarnação só faz sentido se aquele que assumiu a carne humana já existia antes daquele momento. O mesmo se pode dizer quanto à ressurreição, pois a confirmação que o Pai dá às alegações de filiação divina feitas por Jesus só faz sentido se aquele que fez tais alegações já existia antes da encarnação e ressurreição como o *Logos* divino. Por fim, a doutrina cristã da Trindade só pode ser afirmada ao lado da preexistência de Cristo. Schleiermacher é um bom exemplo dessa dificuldade: ao definir a encarnação e a preexistência de uma perspectiva mítica ou ideal, ele ficou sem saber como lidar com a questão da Trindade.

3.3.3. Nascimento virginal. Embora existam somente duas passagens no Novo Testamento (Mt 1.18-23 e Lc 1.34-35) que parecem ensinar diretamente o nascimento virginal, antes da época do Iluminismo sempre foi crença geral entre os cristãos que Jesus nasceu da virgem Maria. A doutrina cristã tradicional ensina que Jesus foi concebido sem a participação de um pai humano. No passado, o nascimento virginal estava ligado à encarnação como meio de explicar a unidade da divindade e da humanidade em Jesus. A teologia antiga via no nascimento virginal a prova da divindade de Cristo. O islamismo também ensina o nascimento virginal de Jesus, o profeta *Isa* (Sura 21.26; veja também Sura 3 e 19).

A exemplo do que fez com outras doutrinas tradicionais, o Iluminismo apresentou uma extensa refutação da doutrina do nascimento virginal. Para os liberais clássicos, o único jeito de continuar afirmando o nascimento virginal era apelando para a ideia de mito (D. F. Strauss). Isso motivou uma forte reação dos conservadores, o que é bastante compreensível. Por exemplo, o movimento fundamentalista do início do século 20 adotou a crença no nascimento virginal como um de seus cinco grandes dogmas. Na teologia católica romana até o Vaticano II, o conceito ortodoxo de nascimento virginal era a doutrina oficial. A Igreja Católica na Holanda foi a primeira a substituir oficialmente a "interpretação biológica" do nascimento virginal por uma "verdade teológica" segundo a qual Jesus nasceu "inteiramente da graça, inteiramente da promessa". Karl Rahner chamou o nascimento virginal de "objeto" em vez de "fundamento" da fé. Reformado, Barth defendia a natureza miraculosa da doutrina, embora considerasse a narrativa bíblica uma "lenda". O significado teológico é que o nascimento virginal no início da vida terrena de Jesus e a ressurreição no fim o diferenciam do restante da vida humana. Ao mesmo tempo, para Barth, o nascimento virginal é um julgamento da capacidade humana de produzir qualquer coisa por Deus. Liberais (Bultmann, J. Spong) e pluralistas de modo geral consideram o nascimento virginal um mito.

Embora todos os teólogos evangélicos afirmem o nascimento virginal, há diferenças de abordagem. Alguns (A. Richardson, M. J. Erickson) defendem com todas as forças sua credibilidade histórica em oposição a todos os conceitos de interpretação mítica e a consideram um dogma indispensável da fé; outros, porém, como Grenz, embora não vejam problemas de historicidade, relegam--na a segundo plano e não a consideram cristologicamente indispensável. De modo semelhante, Bloesch diz o seguinte sobre as narrativas da infância: "Elas não são história exata, mas também não são mitos sem força histórica" (Bloesch, 91).

3.3.4. A impecabilidade de Jesus.

A tradição cristã se baseia na tradição bíblica para afirmar a impecabilidade de Jesus (2Co 5.21; (Hb 4.15, 7.26; 9.14, 1Pe 2.22, 1Jo 3.5). Calcedônia afirma que foi por meio da encarnação que o Filho de Deus se tornou como nós em todas as coisas, com exceção do pecado. Assim, a tradição cristã emprega expressões como *non posse peccare*, "incapaz de pecar" e "impecabilidade", característica de ser completamente isento de pecado. O Alcorão dá a entender a impecabilidade de Jesus (*Isa*) como "filho santo" (Sura 19.19), em contraste com outros profetas cujos pecados são ali alistados. Durante a história houve alguns desafios secundários à impecabilidade de Jesus, a exemplo de Nestório (da cristologia nestoriana), mas foi só no século 19 que Edward Irwing, excluído pela Igreja Presbiteriana, rejeitou a visão tradicional ao insistir que Cristo tinha uma natureza humana caída e pecaminosa. No século 20, Dietrich Bonhoeffer e Karl Barth ressaltaram a tal ponto a identificação do Cristo encarnado com a humanidade, que a impecabilidade de Jesus ficou arranhada.

A teologia cristã evangélica e tradicional, com base no ensino bíblico e raciocinando segundo a lógica de Calcedônia, que afirma a união hipostática e a *homoousios*, argumenta que a humanidade de Jesus, em plena união com a divindade, representava a imagem pura e inalterada de Deus e não estava sujeita ao pecado. O ensino bíblico também afirma sua obediência irrestrita à vontade do Pai. Além disso, afirma-se que a verdadeira natureza humana, criada à imagem de Deus, não envolve o pecado por causa de sua constituição ontológica. O pecado é uma corrupção da humanidade pura. Assim, para que Jesus exista na forma humana, o pecado não é um elemento necessário. No entanto, para combater o docetismo, é preciso ressaltar que Jesus sofreu as consequências do pecado e da queda, e nasceu num mundo caído e pecaminoso. A tradição bíblica também insiste na afirmação de que Jesus foi tentado, não como outros por seus próprios desejos (Tg 1.14), mas por influências externas. Mas isso não compromete a autenticidade das tentações de Jesus: o primeiro casal foi tentado pela serpente, mas sucumbiu à tentação.

Karkkainen, V.-M.

4. Novas cristologias contextuais: libertação e inculturação

Levados pelo espírito de independência que varreu o globo nas décadas de 1950 e 1960, teólogos a partir de então passaram a formular teologias independentes — teologias contextuais — que começariam a substituir as teologias eurocêntricas por outras que estavam surgindo em culturas autóctones e como fruto de movimentos sociais. Em todo o mundo eram ouvidas novas vozes na teologia: Gustavo Gutierrez na América Latina, John Mbiti na África, M. M. Thomas na Índia, além de Rosemary Radford Ruether e James Cone na América do Norte, para citar somente alguns nomes.

Essas ondas de pensamento teológico contextual inevitavelmente geraram subconjuntos mais específicos dentro da cristologia. Na América Latina, Leonardo Boff, Jon Sobrino e Juan Luís Segundo começaram a interpretar Jesus dentro do contexto da pobreza latino-americana como um profeta que se colocou diretamente ao lado dos pobres. Na África, Charles Nyamiti e Benezet Bujo integraram Jesus à rede da comunidade africana, interpretando-o como o ancestral por excelência. Na Ásia de religiões pluralistas, Raimon Panikkar, Stanley Samartha e M. M. Thomas interpretavam Jesus como um Cristo cósmico que, sob diversos aspectos, podia ser identificado com todas as religiões. Na América do Norte, James Cone retratava Jesus como o Libertador ressurreto que continua sua missão no gueto urbano, ao passo que Elisabeth Schussler Fiorenza via em Jesus o fundador de uma comunidade de iguais, homens e mulheres.

Por causa da abrangência e da diversidade dessas cristologias contextuais, fica difícil organizar e expressar adequadamente suas nuanças. Ademais, será necessário resumir pontos de vista sem fazer distinção de autores; isso seria monótono e impossível, se levarmos em conta o espaço e o benefício ao leitor. Apesar dessas restrições, um fator indispensável na organização reside na distinção que os próprios teólogos contextuais fazem entre libertação e inculturação.

4.1. Fundamentos das cristologias contextuais: libertação e inculturação. As interpretações cristológicas afloram de um diálogo criativo entre o texto bíblico e o contexto contemporâneo no qual um intérprete insere um texto antigo (i.e., a Bíblia) como interlocutor num diálogo que contém questões específicas derivadas do contexto atual. O alvo da interpretação contextual não é nem descobrir o sentido original da Bíblia nem permitir que as questões do contexto do intérprete corram soltas, mas facilitar uma troca de perguntas e respostas entre eles. Em outras palavras, a interpretação contextual, na melhor das hipóteses, é uma fusão de dois horizontes: o primeiro horizonte do texto antigo funde-se de forma criativa com o segundo horizonte, o do contexto contemporâneo. Em condições perfeitas, a interpretação contextual é uma dança em que os parceiros se movimentam como se fossem um.

Embora o parceiro ou horizonte antigo se mantenha fixo, neste caso a Bíblia, o contexto contemporâneo é móvel, sendo justamente essa mobilidade que proporciona a lógica da interpretação contextual. Como os defensores da interpretação contextual reconhecem que nenhum intérprete tem um posicionamento neutro e que nenhuma interpretação é neutra, eles conscientemente fazem com que seus contextos influenciem o processo de formulação de teologias. Os teólogos procuram levar de seus contextos dois conjuntos de prioridades para o processo de interpretação contextual. Os teólogos da libertação levam questões socioeconômicas, políticas e de gênero para influenciar o retrato que eles fazem de Jesus, ao passo que os teólogos da inculturação integram questões religiosas e culturais.

O principal impulso para a *Teologia da Libertação surgiu na América Latina, onde Gustavo Gutierrez, num livro pioneiro chamado *Teologia da Libertação*, denuncia que o desenvolvimento — representado pelo programa do presidente John Kennedy "Aliança para o Progresso" — na forma de ajuda enviada por países ricos encerrava os países mais pobres da América Latina num ciclo de dependência descendente. Como alternativa de desenvolvimento, Gutierrez e outros defendiam a necessidade de libertação como porta para uma nova ordem social.

Ele esboçou três níveis interdependentes de libertação em particular: libertação como liberdade político-econômica, libertação da desumanização e libertação do pecado. Outros teólogos apresentaram suas próprias dimensões de libertação; por exemplo, Elsa Tamez e outras teólogas feministas latino-americanas concentraram-se na libertação das mulheres que se encontravam em estruturas patriarcais.

Os teólogos da inculturação, principalmente em contextos asiáticos e africanos, dão prioridade a questões religiosas e culturais. Na África, onde a família e a comunidade são cruciais no nascimento, na vida e na morte, muitos teólogos se inclinam para figuras familiares como mãe ou irmão mais velho, e também para líderes comunitários, como o chefe da tribo ou o curandeiro. Na Ásia, alguns teólogos fazem a integração de figuras religiosas centrais das muitas religiões que prosperam nessa extensa região. Os exemplos são incontáveis: no sudeste asiático, Jesus é retratado como um guru que demonstra a seus discípulos uma vida de união com Deus que é tanto profética quanto mística. Os teólogos da inculturação também incorporam fontes artísticas como contos, estórias, biografias, canções, provérbios e símbolos religiosos e culturais.

4.2. Cristologias da Libertação. A figura de Jesus como libertador está arraigada na vida e no ministério do Jesus histórico retratado principalmente nos evangelhos sinóticos. Jesus, o libertador dos pobres, oprimidos e excluídos, através de suas palavras e atos desmascarou a injustiça e restaurou o que trazia vida e liberdade. Essa libertação tem um impacto na história, tanto presente quanto futura, quando o reino de Deus chegará em plenitude. Embora essa teologia tenha amadurecido na América Latina, teólogos posteriores em todo o mundo têm sido atraídos a esse retrato de Jesus, aplicando-o às particularidades de seus contextos de opressão e exclusão.

4.2.1. A vida libertadora de Jesus. A pregação de Jesus não estava limitada a indivíduos; ele protestou como profeta contra *instituições* opressoras que preservavam a própria santidade em detrimento de seres humanos. Sempre que as instituições excluíam alguém por causa de doença, raça, condição social ou vocações ilegítimas (como prostitutas e cobradores de impostos), elas eram denunciadas por Jesus. Em seus dias, três instituições judaicas em particular mereceram a condenação de Jesus: a Torá, o templo e as mesas de banquete.

Em primeiro lugar, Jesus colocava a Torá a serviço de todos os seres humanos, e fazia isso com generosidade, ao afirmar, por exemplo, que o sábado foi feito para o homem, e não este para o sábado. Ele conciliava essa pregação com atos que desafiavam as interpretações que colocavam fardos sobre os pobres; por exemplo, ele curava no sábado aqueles que não estavam em situações de perigo de morte (Mc 2.23—3.6).

Em segundo lugar, ao proclamar que o pátio dos gentios do templo judaico era um lugar de oração "para todas as nações" (Mc 11.17), Jesus colocou a instituição central do culto judaico a serviço de todos os povos. Isso pode ser percebido num pungente detalhe no relato do evangelho de Mateus: "cegos e mancos" aproximaram-se de Jesus depois que ele havia, num ato profético, purificado o templo (Mt 21.14).

Em terceiro lugar, Jesus imagina em suas parábolas uma festiva mesa de banquete, com os lugares ocupados pelos que haviam sido inesperadamente retirados das ruas — pobres, aleijados, cegos e mancos. Estes representavam para Jesus o maior símbolo do reino de Deus (Lc 14.12-24). Ao convidar os excluídos da sociedade para comerem com ele, Jesus colocou a mesa de refeição à disposição dos mais pobres e mais marginalizados de Israel, demonstrando de forma concreta que eles pertenciam à sociedade judaica e, não só isso, eles tinham o direito à comunhão na presença de Deus durante as orações que eram feitas antes e depois da refeição.

Essa ênfase na reintegração social — Jesus sentado com os marginalizados — é para muitos teólogos asiáticos a imagem dominante da nova humanidade. Mas é principalmente na África, com suas profundas raízes na cultura comunitária, que essa ênfase é mais bem recebida ainda. A reintegração social restaura as comunidades, devolvendo-lhes as histórias e tradições que se perderam com séculos de colonialismo. Leprosos curados podiam agora se aproximar dos sacerdotes com as ofertas prescritas. Aleijados curados podiam agora adorar no sábado. O cego e o manco agora podiam seguir Jesus diretamente ao templo. Prostitutas podiam reivindicar acesso ao reino de Deus. Cobradores de impostos podiam ser chamados "filhos de Abraão". O hábito de Jesus tomar as refeições com as pessoas como símbolo de seu compromisso com a reintegração social é exatamente o que o leva ao coração da África.

Cada um dos evangelhos sinóticos — não apenas Lucas com sua ênfase particular nos oprimidos — traz exemplos da reintegração social de pobres e oprimidos viabilizada por Jesus, exemplos estes que podem facilmente ser multiplicados. Ao longo de seu ministério, Jesus acolheu mendigos, curou os enfermos, escolheu a companhia de doentes e prostitutas e comeu com os tipos de pessoas que lhe conquistaram a fama de ser "amigo de publicanos e pecadores" (Mt 11.19; 9.10-13; Mc 2.15-17). Segundo Lucas 9.51—19.10, durante sua longa viagem para Jerusalém, muitos dos protagonistas dos ensinos de Jesus e beneficiários de seus milagres eram os marginalizados pela sociedade e os que sofriam privações econômicas: samaritanos (Lc 10.25-37; 17.11-19); um mendigo que se sentava diariamente na frente da casa de um homem rico (Lc 16.19-31; cf. Lc 12.13-21); e uma mulher cujas economias eram equivalentes ao magro salário de dez dias de trabalho de um trabalhador comum (Lc 15.8-10).

Jesus também destacou com seus milagres que a reintegração social é indispensável, e a maioria dos teólogos da libertação entende esses milagres como libertações parciais que prenunciam a libertação total e definitiva do reino de Deus, quando ele haverá de aniquilar a pobreza, a opressão, as enfermidades e até a morte (Ap 21). Nesse aspecto, o milagre que serve como paradigma é a cura da mulher com hemorragia, que já havia gastado tudo o que tinha nas consultas aos médicos e cujo sangramento, de acordo com a Torá, exigia isolamento social. Não somente ao curá-la, mas também ao tratá-la como "filha" (de Abraão), Jesus a reintegrou ao mundo religioso e social do judaísmo antigo (Mc 5.24-34).

Por meio do contato físico com essa mulher com hemorragia, dizem as teólogas feministas, Jesus eliminou uma falsa ideologia, o dualismo opressor do corpo e alma, que pode ser particularmente prejudicial às mulheres. Em seu encontro com ela, Jesus desafiou a ideologia de que o corpo das mulheres era impuro, ao recusar-se a admitir que, por causa do contato físico com ela, ele havia se tornado impuro. Esse ato coincidia com a disposição que Jesus tinha para manter contato com as mulheres de seus dias, tais como a samaritana, Marta e Maria, a mulher com hemorragia, a siro-fenícia e as mulheres na cruz e no túmulo. Jesus não as discriminava; pelo contrário, ele as incluía em sua comunidade de seguidores e as chamava para participar da construção do reino de Deus.

Uma importante contribuição das teólogas da libertação feminista, de fato, é a afirmação de que Jesus desafiou não apenas instituições opressoras, mas também as ideologias opressoras que as embasavam. Em primeiro lugar, ele desafiou a ideologia sexista que sustentava o casamento patriarcal recusando-se a concordar com seus interlocutores, os fariseus, que dizim que uma mulher podia ser forçada a sair da casa do marido por meio do divórcio (Mc 10.2-9). Jesus citou Gênesis 2.24: Portanto, o homem deixará seu pai e sua mãe e se unirá à sua mulher, e eles serão uma só carne" (Mc 10.7-8). Com essa citação ele lembrou a seus ouvintes que, no ideal do casamento, o homem deixa sua família; a mulher não deixa a dela para perpetuar a linhagem do homem. Na verdade, os dois se tornam um, estabelecendo juntos uma vida em comum. Com essa observação, Jesus desmascarou a premissa farisaica de que a mulher pertence à família do marido.

Jesus também substituiu a família patriarcal tradicional por uma família não-biológica. Quando sua família mandou chamá-lo, Jesus rejeitou sua família biológica em favor de sua nova família: *Quem é minha mãe e quem são meus irmãos? [...] Aquele, pois, que fizer a vontade de Deus, esse é meu irmão, irmã e mãe* (Mc 3.31-35). Ele também prometeu que os que deixassem a família biológica teriam muitos outros "irmãos, irmãs, mães, filhos" (Mc 10.30).

Jesus rejeitou outra ideologia nociva: uma aplicação individualizada da fórmula deuteronômica que fazia com que a prosperidade econômica fosse vista como prova de bênção divina, ao passo que a pobreza e a doença eram consideradas sinais de desaprovação de Deus. Jesus desafiou essa ideologia religiosa ao ensinar que a pobreza era resultado, não de desobediência, mas de insensibilidade e injustiça. Em duas ocasiões seus próprios discípulos associaram com o pecado a pobreza e as doenças. Passando por um cego, eles perguntaram se ele ou seus pais haviam pecado. Jesus respondeu que nenhum deles havia pecado (Jo 9.23). Em outra ocasião, os discípulos ficaram chocados quando Jesus declarou ser mais fácil um camelo passar pelo fundo de uma agulha do que um rico entrar no céu (Mc 10.17-31, esp. 23-26). E os discípulos perguntaram: "Quem, então, pode ser salvo?" A lógica defeituosa dos discípulos era simples: se o rico, que recebe aprovação de Deus por meio de bênçãos materiais, não pode ser salvo, como poderá então ser salvo o pobre, que não tem aprovação de Deus mediante as bênçãos materiais? Se os candidatos prováveis não estão no reino de Deus, como os candidatos improváveis poderão entrar? Jesus foi direto em sua forma de se opor a esse raciocínio: "Como é difícil para quem tem riquezas entrar no reino de Deus!" (Mc 10.23).

Portanto, sendo bem direto, Jesus veio para trazer boas notícias aos pobres e más notícias aos ricos recalcitrantes cuja riqueza não podia ceder lugar às suas palavras e atos. Com suas palavras, Jesus não somente anunciou as más notícias, mas também proclamou as boas notícias do reino de Deus (Mc 1.14-15). Um elemento central no reino de Deus, neste mundo e no próximo, é a libertação da opressão, da injustiça, da exclusão, do sofrimento e das doenças. Segundo Lucas, ele anunciou essa visão em seu sermão inicial na sinagoga de Nazaré, onde leu as palavras escolhidas de Isaías 61.1-2 e então, mais que de repente, anunciou seu cumprimento: *Hoje se cumpriu esta passagem da Escritura que acabais de ouvir* (Lc 4.18-21). A essência do que ele fez foi proclamar a concretização histórica do ano do Jubileu, ao qual Isaías 61 se referia (Lv 25), quando a justiça seria restituída aos oprimidos mediante perdão das dívidas e restauração da terra. O que o povo judeu considerava um ideal Jesus entendeu como um projeto histórico que traria libertação sobre a terra.

Teólogos da libertação na África muitas vezes contemplam a restauração prometida no sermão de Jesus como uma realidade histórica. Naquele contexto, onde as terras foram ilegalmente confiscadas por potências colonialistas, eles ressaltam que essa restauração está ligada de modo indelével à devolução da terra no ano do Jubileu, quando a terra que havia sido tomada como pagamento de dívida era devolvida ao primeiro proprietário (Lc 4.16-21; veja Lv 25.8-17). Para eles, o ano do Jubileu representa muito mais que restituição financeira. Ela restabelece o vínculo vital entre as pessoas e a terra, que, por sua vez, restaura o local da comunidade — o lugar sagrado de iniciação durante gerações, onde os *ancestrais mantêm comunhão com os vivos. Nesse contexto, a proclamação que Jesus faz do ano do Jubileu é uma religação do cordão umbilical da história africana.

4.2.2. A morte libertadora de Jesus. Jesus, a exemplo de muitos em seus dias, considerava-se profeta. Ele assumiu o papel de *profeta, poderoso em obras e palavras diante de Deus e de todo o povo* (Lc 24.19). Jesus faz também um comentário sobre sua condição: *Somente em sua terra, entre seus parentes e em sua própria casa é que um profeta não é honrado* (Mc 6.4). Alguns versículos antes, o povo havia identificado Jesus com João Batista, que havia ressuscitado dos mortos, com Elias ou com um profeta "como os antigos" (Mc 6.14-15; veja Mc 8.28). A exemplo dos profetas de antigamente, em particular Elias (1Rs 21.1-24) e Jeremias (Jr 21.1-10; 22.3, 5), ele fez uma fusão das esferas política e religiosa. Desafiou a autoridade dos sacerdotes ao virar as mesas no templo. Enfrentou a autoridade dos fariseus opondo-se à tradição oral por eles defendida. Ele desafiou até a autoridade e a divindade do César, afirmando que os impostos deviam ser pagos a ele, mas é a Deus que nos devemos entregar inteiramente (Mc 12.13-17). E qual seria o destino desse profeta? Estêvão, num discurso registrado em Atos, mas não nos evangelhos, sugere o veredicto com clareza consumada: *Que profeta vossos pais não perseguiram?* [...] *do qual agora vos tornastes traidores e homicidas* (At 7.52).

Além de agir e falar como profeta durante toda a sua vida adulta, Jesus ao mesmo tempo mobilizava os pobres de tal forma que eles mesmos constituíam ameaça à estabilidade política e religiosa da Palestina do primeiro século. Elevando a dignidade dos pobres e, ao mesmo tempo, minando a autoridade dos líderes, Jesus revelou conflitos socioeconômicos latentes na sociedade em que viveu. Portanto, sua proclamação aparentemente religiosa do reino de Deus assumiu um tom político impressionante.

Como era inevitável, sua crítica profética gerou oposição e causou seu julgamento e morte — destino semelhante ao de muitos profetas que o haviam antecedido (Mt 5.11-12). Tendo desafiado a autoridade dos líderes e tomado posição ao lado dos fracos, Jesus só poderia estar ao lado deles em sua morte na cruz. A morte de Jesus é assim contemplada como consequência de um conflito entre o Jesus histórico e a poderosa elite ameaçada pela denúncia profética que ele fez de suas instituições e ideologias. Da perspectiva deles, a morte de Jesus era necessária, pois ele demonstrou que era um profeta que afrontava suas lideranças político-religiosas e se associava com os pobres e excluídos.

4.2.3. A ressurreição libertadora de Jesus. Na tradição da teologia negra, provavelmente mais do que em outras linhas da teologia da libertação, a cruz não tem efeito sem a ressurreição, o que demonstra que o sofrimento e a morte não são definitivos e que Deus transforma o sofrimento em libertação. Em outras palavras, a ressurreição ativa na história um movimento implacável de libertação definitiva no reino de Deus. Além disso, há uma continuidade essencial entre o Jesus histórico e o Cristo ressurreto: assim como Deus se colocou ao lado dos pobres palestinos dos dias de Jesus, assim também a vontade universal de Deus é estar ao lado dos pobres de cada período da história. Ou seja, a identidade histórica específica de Jesus como um entre os pobres confirma a vontade universal de Deus em relação a todos os pobres. Portanto, o Cristo ressurreto, que havia sido o Oprimido, continua a ser visto entre os oprimidos, os quais ele liberta das amarras do racismo; ele é o Messias Negro deles.

De acordo com a *teologia negra, a libertação não termina com a Jesus ressurreto, mas com a expectativa de que o Cristo que ressuscitou voltará num ato de emancipação definitiva, quando a vida passará a ser como devia ter sido. Segundo James Cone, a luta atual pela libertação dos negros está fundamentada em Jesus Cristo, que promete libertação no futuro (não agora) e age na história para cumprir essa promessa (agora). "Ele é o fundamento de nossa liberdade para lutar hoje e a fonte de nossa esperança de que a visão contemplada em nossa luta histórica contra a opressão será plenamente concretizada no futuro de Deus." (Cone, 1975, 138).

4.2.4. Jesus e sua opção preferencial pelos pobres e oprimidos. As teologias de libertação não se provam com simplesmente um ou dois textos, mas há muitas passagens que podem ser usadas. Elas reconhecem a estrutura subentendida na libertação operada pela vida, morte e ressurreição de Jesus — que pode ser vista como uma opção preferencial pelos pobres, cuja essência é captada em Filipenses 2.5-7, texto segundo o qual Jesus renunciou à glória que era dele e viveu como um escravo. A mesma ideia se repete em 2Coríntios 8.9, segundo o qual Jesus, embora sendo rico, se fez pobre.

Teólogos da libertação afirmam que Jesus fazia distinção entre pobres e poderosos de acordo com o que estava envolvido na conversão ao reino de Deus. A conversão dos pobres consistia num movimento que vai do desespero à esperança, na crença de que uma situação não promissora será superada por Deus e de que *deles* é o reino dos céus (Lc 6.20). A maravilha do ministério de Jesus é que os pobres começaram a ter esperança de que seriam libertados por Deus. Os doentes clamavam a Jesus pedindo cura. Os pecadores suplicavam-lhe perdão. Os endemoninhados procuravam ser libertos por meio de Jesus.

Todavia, a conversão dos ricos e poderosos trazia restituição em favor dos pobres. Declarações como *há últimos que serão primeiros, e primeiros que serão últimos* (Lc 13.30) demandam que a sociedade seja reestruturada e lhes permita uma condição privilegiada. Em nenhuma outra passagem essa verdade é contada de modo mais memorável do que na estória do jovem rico, a quem Jesus ordenou que vendesse seus bens, desse aos pobres e o seguisse; diante dessas exigências, o jovem se viu obrigado a ir embora (Mt 19.21-22). Quando Jesus conclamava grupos à conversão, ele falava em tom de denúncia profética. Ele criticava os escribas e fariseus por desprezarem a justiça (Mt 23.23) e por colocarem sobre os outros fardos insuportáveis (Mt 23.4), os mestres da lei por reterem a chave do conhecimento (Lc 11.52) e os governantes deste mundo por serem tiranos (Mt 20.25). Portanto, a conversão para os ricos exigiria que eles vivessem como Jesus — com uma opção pelos pobres que fosse preferencial, espontânea e proposital.

Teologias da libertação feministas preocupam-se em incluir as mulheres entre os pobres de uma forma única, reconhecendo que as mulheres pobres são duplamente oprimidas. Elas afirmam que o sexismo aumenta os efeitos da pobreza, de modo que as viúvas são as mais pobres de todas, as mulheres com sangramento menstrual ininterrupto são os principais símbolos de impureza ritual, e as prostitutas representam as mais impuras entre os moralmente excluídos. Por palavras e atos, Jesus acolheu todos os tipos de mulher.

Em resposta à sua opção preferencial pelos pobres, as mulheres causaram impacto sobre Jesus. Por exemplo, uma estrangeira de origem siro-fenícia, implorou-lhe que expulsasse de sua filha um demônio, mas Jesus inicialmente respondeu: *Deixa que primeiro os filhos* [i.e., os israelitas] *se fartem, pois não é justo tomar o pão dos filhos e jogá-lo para os cachorrinhos.* A resposta da mulher: *Sim, Senhor; mas também os cachorrinhos, debaixo da mesa, comem das migalhas dos filhos* (Mc 7.24-30; cf. Mt 15.21-28), convenceu-o a estender seu poder de expulsar demônios além das fronteiras de Israel. Foi essa estrangeira que desafiou Jesus a estender aos gentios seu "discipulado de iguais", conforme Schussler Fiorenza se refere à comunidade que se reunia em torno dele.

Além disso, as mulheres permaneceram junto de Jesus, ao pé da cruz, quando os discípulos do sexo masculino haviam fugido. *E algumas mulheres também estavam ali, olhando de longe, entre as quais Maria Madalena; Maria, mãe de Tiago, o mais novo, e de José; e Salomé. Elas seguiam Jesus e o serviam quando ele estava na Galileia. Estavam ali também muitas outras que tinham subido com ele para Jerusalém* (Mc 15.40-41). As teologias feministas encontram as características centrais do discipulado em dois verbos que descrevem as ações das mulheres em favor de Jesus: *seguir* e *prover*. Portanto, na ponto mais crítico da vida de Jesus, sua crucificação, as mulheres — que incorporavam o comportamento ideal do discipulado — formaram a comunidade, a rede de relacionamentos, entre as quais Jesus morreu, e foram mulheres que levariam aos discípulos de sexo masculino a mensagem da ressurreição.

4.3. Cristologias de inculturação.

4.3.1. Jesus na África. A vida pós-independência do colonialismo despertou em muitos teólogos africanos a necessidade urgente de recuperar a cultura africana na liturgia, na eclesiologia e na teologia. Um recurso básico para essa inculturação é a religião africana tradicional com sua perspectiva comunitária própria centrada nos relacionamentos entre um Deus criador, a humanidade e os antepassados. Essa religião tradicional complementa uma predileção africana própria por um senso de comunidade que integra os vivos e os que já partiram assim como também os mundos espiritual e físico.

4.3.1.1. A mãe. Uma figura central dentro dos padrões de parentesco africanos com ramificações cristológicas desenvolvida por teólogos feministas na África é Jesus como mãe. Eles têm a percepção de que Jesus acolheu a humanidade com seus sentimentos e sofrimentos como faria uma mãe amorosa e compassiva. Por exemplo, Jesus mostrou uma compaixão materna quando chorou por Jerusalém, dizendo: *Quantas vezes eu quis ajuntar teus filhos, como a galinha ajunta seus filhotes debaixo das asas, e não quiseste!* (Mt 23.37). A compaixão que levou Jesus a fazer essa declaração assemelha-se à de uma mãe que se sacrifica a fim de que seus filhos vivam. Anne Nasimiyu Wasike, teóloga africana, descreve Jesus como uma mãe que reúne vários temas de integralidade, elã vital e integração social: "Vemos que em sua vida Jesus assumiu qualidades maternas. Ele é quem nutre a vida, em especial dos fracos. A atitude materna de Jesus se caracteriza por nutrição, proteção e cuidado demonstrado aos pobres e marginalizados. A forma como Jesus se relacionava com as pessoas, em particular com os discípulos, revelava ternura calorosa, afeição, receptividade e disposição para restaurar a vida" (Stinton, 154).

A imagem de Jesus como mãe surge também do papel que ele cumpriu como anfitrião hospitaleiro, conforme se vê quando ele alimenta as multidões famintas com pães e peixes (Mt 14.13-21; 15.32-39; 6.30-44; Lc 9.10-17), prepara e serve o desjejum para os discípulos (Jo 21.9-13) e recebe os participantes da Última Ceia, que no relato de João incluiu lavar os pés dos discípulos (Jo 13.1-11). Essas tarefas humildes são exatamente aquelas que as mães cumprem na luta para alimentar e sustentar seus filhos.

Teólogos feministas africanos são atraídos por essa imagem de Jesus porque acreditam que ela dá esperança para o futuro junto com amor e compaixão para o presente, contrabalançando as forças destrutivas do genocídio, do militarismo, das secas, das dívidas e epidemias que assaltam todo o continente. Wasike explica assim a necessidade de entender Jesus como mãe no contexto africano: A África de hoje precisa do amor de uma mãe [...] os cristãos africanos — homens e mulheres — precisam olhar para Jesus, a mãe que disse: *Ninguém tem maior amor do que aquele que dá a própria vida pelos seus amigos* (Jo 15.13; Stinton, 157).

4.3.1.2. Irmão mais velho. Uma das interpretações mais populares de Jesus no contexto africano, tanto na música quanto na teologia acadêmica, é aquela que o vê como o irmão mais velho. Esse retrato de Jesus nasce de certas responsabilidades próprias do irmão mais velho: defender os irmãos mais novos em brigas; ser mediador entre os irmãos e os pais em questões importantes como o casamento; até assumir responsabilidade pelos atos dos irmãos mais novos. Essas ações coincidem com aquelas de Jesus em que ele defende e faz mediação. Ademais, o irmão mais velho tem semelhanças com a figura do sumo sacerdote em Hebreus 2.11, 17-18 — o irmão primogênito cuja solidariedade com a família conduz à salvação.

Essa visão de Jesus também introduz um importante ponto de identificação entre Jesus e seus irmãos e irmãs africanos; ele se submete igualmente a ritos de passagem pelos quais um indivíduo se torna plenamente humano no âmbito da tribo. Embora esses ritos variem bastante de tribo para tribo, eles geralmente incluem ritos de nascimento (como a maneira adequada de descartar o cordão umbilical), de puberdade (como isolamento e privacidade seguidos por reaparecimento e celebração), ritos matrimoniais e de morte. No contexto africano, esses ritos de passagem são muito importantes no estabelecimento da plena humanidade de uma pessoa.

Os evangelhos fornecem exemplos de ritos de passagem aos quais Jesus se submeteu para se tornar membro pleno de sua comunidade. As genealogias em Mateus e Lucas deixam clara sua ascendência tribal (Mt 1.1-17; Lc 3.23-28). Seus pais apresentam as ofertas exigidas, e a mãe passa por uma período de privacidade para se purificar após o nascimento (Lc 2.22-24). Por meio do batismo, Jesus se une em solidariedade com seu povo. Depois de um período de isolamento no deserto, ele inicia a vida pública como adulto, curando e ensinando no meio de seus irmãos e irmãs (Mt 4.1-17; Mc 1.12-15; Lc 4.1-15). Sua vida chega ao fim no último rito de passagem, a morte na cruz, a qual, para os teólogos africanos, simboliza completude e não vergonha. Por isso, cristãos em Angola cantam "Jesus Cristo é nosso irmão mais velho / ele é africano!".

Apesar dessas importantes correspondências, o retrato de Jesus como irmão mais velho tem sido criticado, pois, conforme argumentam alguns teólogos africanos, ele pode ultrapassar seus limites e ressaltar demais a humanidade de Jesus, obscurecendo sua divindade. Kwame Bediako escreve que existe uma diferença essencial entre uma morte humana natural e a morte expiatória de Jesus em favor dos pecados da humanidade. "Nosso Salvador não somente se tornou um de nós; ele morreu por nós. Trata-se de uma morte com importância sacrificial eterna. Ela se ocupa de nossas falhas morais e das violações dos relacionamentos sociais. Ela cura nossa consciência ferida e impura; e derrota definitiva e completamente tudo o que em nossa herança e em nossa história de melancolia nos traz dor, culpa, vergonha e amargura. Nosso Salvador é nosso Irmão mais Velho que participou de nossa experiência *africana* sob todos os aspectos, com exceção de nosso pecado e de nossa alienação de Deus" (Bediako, 26).

Outra crítica vem de uma importante lacuna nos ritos de passagem na vida de Jesus: ele não se casou. Como o casamento é fundamental na cultura africana, o fato de Jesus ter vivido como solteiro "levanta sérias dificuldades para aqueles que enfatizam que Jesus passou por todos os diferentes estágios que caracterizam o homem na África" (Parratt, 83).

4.3.1.3. Ancestral. Uma extensão do papel de mediador do irmão mais velho surge nos retratos africanos de Jesus como ancestral. Laços de parentesco ou comunitários englobam gerações passadas, presentes e futuras em muitas culturas africanas e, por isso, os *ancestrais são reverenciados por sua atividade permanente nos assuntos da comunidade, em especial como mediadores e como presenças observadoras da vida do grupo. Em contrapartida, os vivos reconhecem o papel dos antepassados na comunidade por meio de orações e de rituais, tal como derramar bebida no chão como oferenda para eles. Segundo a religião africana tradicional, entre os antepassados há muita vida divina; eles são uma espécie de reserva cheia da força da vida, ou do elã vital, em particular quando os relacionamentos entre eles, a humanidade e Deus acontecem em equilíbrio pacífico.

Teólogos africanos explicam que, em virtude de sua morte e ressurreição, Jesus agora pertence à esfera dos ancestrais. Ele não é mais apenas o irmão mais velho, mas, à semelhança dos ancestrais, ele transmite plenitude de vida como uma vinha a seus ramos (Jo 15.4-7). Ele concede vida abundante (Jo 10.10), é água viva (Jo 4.14) e pão vivo (Jo 6.51).

Como ancestral, Jesus não se envolve apenas no relacionamento com os seres humanos. Ele também é mediador entre os vivos e o Deus criador, a quem leva suas orações, ofertas e aspirações. É exatamente assim que muitos teólogos africanos interpretam as palavras de Jesus: *Eu sou o caminho, a verdade e a vida; ninguém chega ao Pai a não ser por mim* (Jo 14.6). Jesus é a porta das ovelhas (Jo 10.9), pois somente aqueles "a quem o Filho [...] quiser revelar" a Deus conhecem seu criador (Lc 10.22).

À semelhança dos ancestrais africanos, Jesus oferece um modelo de comportamento: *Pois eu vos dei exemplo, para que façais também o mesmo* (Jo 13.15). Ele satisfaz as necessidades dos outros, restaura-lhes a dignidade defendendo os fracos, identifica-se com os pecadores e cura os enfermos. Ele reafirma valores africanos positivos, tais como a hospitalidade e o cuidado com os oprimidos. Por fim, Jesus exerce uma presença observadora sobre a comunidade. Negando-se a deixá-la sozinha (Jo 14.18), ele promete estar sempre presente (Mt 28.20; Jo 14.18-31).

No entanto, o ideal do ancestral africano é insuficiente para comunicar toda a força do papel de Jesus como ancestral. Por causa de sua vida, morte e ressurreição, que dão início a uma nova comunidade, o reino de Deus, ele é considerado o "protoancestral". Segundo Bénézet Bujo, Jesus é o "protoancestral" porque "cumpre em si o autêntico ideal do ancestral de modo pleno, mas, ao mesmo tempo, ele transcende esse ideal e lhe dá uma nova e plena realização. Nesse aspecto ele é incomparável" (Parratt, 130). A precedência de Jesus entre os ancestrais tem um impacto direto sobre os vivos que com ele vivem em comunidade. Em primeiro lugar, Jesus tem autoridade sobre os espíritos malignos e sobre os ancestrais insatisfeitos, de modo que os africanos não mais precisam temê-los. Em segundo lugar, Jesus é o mediador que transmite com plena força o elã vital aos vivos, pois ele é o segundo Adão, um "espírito que dá vida" (1Co 15.45). Por fim, e talvez o mais importante para a África de hoje, sua ressurreição e atual domínio sobre todo o cosmo transcendem a solidariedade nacional, tribal, da família e do clã. Portanto, os crentes africanos são parentes de toda a humanidade, com a qual recebem vida imensurável de Jesus, o protoancestral, o primogênito de toda a criação.

Segundo Charles Nyamiti, o papel de Jesus como ancestral ilumina não somente seu relacionamento com a África e com a humanidade, mas também seu lugar na "essência da vida de Deus" (Trindade). Entre as pessoas da Trindade existe um parentesco de ancestralidade: "o Pai é o Ancestral do Filho, e o Filho é o Descendente do Pai". Eles vivem esse parentesco de ancestralidade pela mediação do Espírito. Além disso, essa relação de ancestralidade se estende além da Trindade. "A encarnação e o ministério redentor de Cristo [...] são as extensões da comunicação trinitária com Jesus como homem e, através dele, com o restante da criação" (Mugambi e Magesa, 26). Assim, o retrato de Jesus como ancestral fala profundamente às culturas africanas e à teologia cristã, unindo comunidades humanas, fazendo mediação entre as comunidades humana e divina e até unificando a própria comunidade divina.

4.3.1.4. Chefe. Guardião do equilíbrio social em muitas comunidades africanas, o chefe é idealmente identificado como uma figura corajosa e heroica. Ele também é capaz de derrotar os inimigos nos mundos terreno e espiritual, posicionando-se alerta na interseção dos dois mundos. À semelhança de um chefe africano, Jesus faz mediação das bênçãos para a igreja e a defende contra os poderes das trevas (Ef 4.15-16; 6.10-17).

Além disso, a comunidade deriva do chefe sua identidade e coesão. Essa solidariedade entre a tribo e o chefe coincide com aquela existente entre a igreja, o corpo, e Cristo, sua cabeça. Assim como a tribo se identifica com o chefe, a igreja se identifica com Cristo (1Co 12.27).

O chefe também é mediador entre todos os elementos da comunidade: tribo; ancestrais; até os que ainda não nasceram, não somente durante períodos de bem-estar, mas também nas desgraças da comunidade no no desequilíbrio social, quando seu papel de mediador o obriga a subordinar seu próprio bem-estar às necessidades da comunidade. Nesses momentos, a mediação se consolida numa forma de reconciliação que exige do chefe vários atos de autossurbordinação à comunidade — qualquer coisa que possa diminuir as tensões que atrapalhem a comunidade, qualquer que seja o preço. Esse papel do chefe revela uma correspondência com o ato supremo de autossubordinação e reconciliação de Jesus sobre a cruz. Ali, ele fez a reconciliação, à sua própria custa, do mundo com Deus (2Co 5.18-19) e criou uma nova humanidade isenta de hostilidade (Ef 2.11-16). Por meio de sua reconciliação, Jesus é senhor (ou chefe), pois humilhou-se totalmente a serviço da comunidade dos homens e a serviço de Deus, tanto na vida como na morte (Fp 2.5-8).

Como consequência de seu supremo ato de mediação da reconciliação, todo o cosmo, que é uma rede de relações existentes em todas as dimensões da terra, confessará que Jesus Cristo, na terminologia africana, é chefe (Fp 2.9-11).

4.3.1.5. Aquele que cura. Acredita-se que o feiticeiro (*nganga*) ou curandeiro holista também restabeleça o equilíbrio nas comunidades africanas. A responsabilidade do *nganga* é determinar a causa da mazela, seja uma causa espiritual de uma doença física, seja uma causa social das tensões comunitárias. Uma vez diagnosticado o mal, o *nganga* prescreve remédios que vão desde sacrifícios e danças até atos específicos, geralmente com uso de encantamentos ou objetos sagrados que exercem um papel na restauração das relações sociais.

Os evangelhos sinóticos estão repletos de relatos das curas de Jesus que apresentam correspondências com os métodos holísticos de curandeiros africanos. Há especialmente três semelhanças que sublinham o retrato de Jesus como operador de curas. Primeira, a exemplo de um curandeiro africano, Jesus reconhecia o relacionamento entre corpo e espírito. Além de curar o corpo, Jesus absolvia da culpa (*os teus pecados estão perdoados* [Mc 2.5]) e elogiava a fé dos enfermos (*a tua fé te salvou* [Mc 10.52]).

Segunda, conforme já observamos, Jesus colocava a cura no contexto de reintegração social, embora em contextos africanos isso seja entendido como o restabelecimento do equilíbrio para a comunidade, mediante a restauração dos curados à normalidade. Jesus pedia aos leprosos que haviam sido curados que se apresentassem aos sacerdotes, os guardiães dos regulamentos cultuais (Mc 1.44; Lc 17.14). Ele mandou o endemoninhado geraseno de volta à sua cidade com as seguintes palavras: *Vai para casa, para a tua família, e anuncia-lhes quanto o Senhor fez por ti* (Mc 5.19). Ele permitiu que a sogra de Pedro, assim que foi curada, retomasse suas funções de anfitriã (Mc 1.31). Até palavras simples como *vai-te em paz* evocam a harmonia social e a saúde restaurada (Mc 5.34).

Por fim, alguns dos métodos de cura de Jesus não estão longe dos métodos utilizados por curandeiros africanos. Ele aplicou saliva (Mc 8.23) ou uma mistura de saliva e terra (Jo 9.6) à parte do corpo que estava enferma; ele cuspiu sobre o dedo e tocou a língua de um surdo-mudo (Mc 7.33); e fazia barulhos que têm sido interpretados de formas variadas como um sinal, suspiro ou gemido (Mc 7.34). Por essas características, seus métodos de cura conformam-se aos dos curandeiros na África, cuja cura holística, marcada pela unidade entre cura física e cura espiritual, reintegra a pessoa curada à vida da comunidade.

4.3.2. Jesus na Ásia. Uma preocupação fundamental das cristologias no contexto asiático é a onipresença do pluralismo religioso (veja Teologia Asiática). Nessa região florescem todas as grandes religiões mundiais — *hinduísmo, *budismo, *islamismo, confucionismo, taoísmo, cristianismo, para citar somente algumas — ao lado de outras expressões religiosas menos expansivas, tais como religiões cósmicas antigas de povos locais e seitas mais novas. Outra preocupação é a pobreza difusa, e isso também, em face do impulso das teologias de libertação, tem dado às cristologias asiáticas suas nuanças próprias.

4.3.2.1. O Cristo sofredor do budismo. O budismo clássico se baseia em quatro verdades nobres, e a primeira delas diz que toda a vida está em sofrimento. Essa realidade cultivou no Japão um solo apropriado para o surgimento de uma cristologia em que Jesus, nas palavras de Kazoh Kitamori, é o "amor-dor" de Deus. Na pessoa de Jesus, Deus ama as pessoas a ponto de sentir a dor que elas sentem, à semelhança de uma mãe que sofre dores ao dar à luz o filho que ela ama. O romancista Shusaku Endo escreve sobre como Jesus foi firme ao recusar sucumbir às tentações de poder (Mt 4.1-11; Lc 4.1-13) ou ser aclamado pelo povo como rei ou governante político (Jo 6). Em vez disso, Jesus adotou conscientemente a alternativa do sofrimento (Mc 8.31-32; 9.31-32; 10.32-45). "Ele tinha de passar por toda dor e sofrimento que homens e mulheres também passam, porque, de outra forma, ele não poderia realmente participar da dor e do sofrimento da humanidade nem poderia olhar para nós e dizer: "Veja, estou do seu lado. Sofri como você. Seu sofrimento — eu o compreendo; eu mesmo passei por ele" (Endo, 125).

Sob a influência da teologia da libertação, essa ênfase no Cristo sofredor — o Servo sofredor de Isaías 53, para usar a linguagem bíblica — expandiu-se em outros contextos e passou a incluir mais adequadamente dimensões econômicas e políticas. Por exemplo, na Coreia, teólogos *minjung* (*veja* Teologia

Minjung) entendem o sofrimento de Jesus mais em termos da solidariedade política com o *minjung* — traduzido como "o povo", aqueles oprimidos por líderes religiosos e políticos. Jesus é especificamente o Messias do *minjung* porque ele conhece o sofrimento deles. Além do mais, como seu papel de Messias é expresso pelo Servo sofredor, Jesus reverte todas as hierarquias políticas em favor da solidariedade de um povo.

Por isso, Cyris Heesuk Moon afirma que a "dimensão distintivamente coletiva" do Servo sofredor fala fundo ao *minjung* da Coreia. [...] Nós, que somos a personificação de Jesus, o Cristo, precisamos sair do isolamento e ser solidários para criar uma solidariedade coletiva no mundo" (Levison e Pope-Levison, 113).

De modo semelhante, o direcionamento do sofrimento de Jesus para uma classe específica da sociedade é uma característica da teologia *dalit* (ex-intocáveis) na Índia (*veja* Teologia Indiana). *Os dalits* reivindicam Jesus como seu protótipo porque ele levou sobre si a condição deles como *dalits,* suportou a humilhação e a dor que também é deles e entregou sua vida "em resgate de muitos" (Mc 10.45). Como o Cristo ressurreto, ele continua a tomar sobre si as dores deles, levando seus flagelos e tristezas para libertá-los do sofrimento.

Há teólogas feministas, em especial aquelas cuja posição social é eurocêntrica, que expressam ambivalência diante desse retrato do sofrimento de Jesus, pois, segundo afirmam, isso cria um sentido de passividade com potencial de falta de esperança. Essa imagem de Jesus como vítima passiva pode ser facilmente distorcida quando as mulheres são encorajadas, a exemplo de Jesus, a se tornar vítimas. Assim, uma suposta conformidade com Cristo exige a aceitação passiva do sofrimento, até mesmo da violência. Antes, é essencial ressaltar que Jesus *preferiu* sofrer em solidariedade com os oprimidos para obter libertação.

Outras teologias feministas sustentam que o sofrimento de Jesus — assumindo o papel de servo sofredor — reduz os sentidos patriarcais residuais e subverte a visão de poder como dominação. Como Servo sofredor, Jesus é aquele que, servindo os outros, coloca-se numa posição política, econômica e socialmente vulnerável (Jo 13.1-17; Fp 2.5-11). Como o dia a dia de incontáveis mulheres em contextos de pobreza está cercado de atividades que envolvem sofrimento, elas se unem pela solidariedade entre elas e com Jesus. Além disso, na solidariedade oriunda dessa experiência compartilhada, as mulheres são capacitadas a pressionar além do presente, para um futuro novo e libertador.

4.3.2.2. O Cristo cósmico do hinduísmo. Segundo M. M. Thomas, séculos antes do surgimento das cristologias contextuais propriamente ditas, muitos cristãos indianos se ocupavam de contextualizar Cristo. Nos últimos tempos, escrevendo a partir de uma tradição filosófica, Raimon Panikkar afirmou que Cristo podia ser encontrado no hinduísmo, não num nível superficial, mas na mais profunda experiência de mistério compartilhada por hinduísmo e cristianismo — *Isvara* (hinduísmo) e Jesus (cristianismo). *Isvara* corresponde ao Cristo cósmico, que é divino é mediador entre as esferas divina e criada. O Cristo-Isvara cósmico é a *verdadeira luz, que ilumina a todo homem* (Jo 1.9).

A imagem do Cristo cósmico harmoniza-se em especial com Colossenses 1.15-20 (e Ef 1.9-10), em que o Cristo cósmico é a origem, o sustentador e o destino do cosmo. Acima de qualquer confissão religiosa, as pessoas existem "em Cristo". Estando vivas, todas existem em Cristo. E o objetivo de todo o mundo é a unidade em Cristo. Portanto, passado, presente e futuro são unificados por Cristo.

Essa visão do Cristo cósmico traz implicações para as relações entre as grandes religiões mundiais. As palavras "todas as coisas" ocorrem três vezes em Colossenses 1.15-20; através do Cristo cósmico, "todas as coisas" — cada elemento ímpar da criação — são unificadas em Cristo antes que possam ser diferenciadas umas das outras. Em outras palavras, a unidade em Cristo precede todas as divisões, pois o Cristo cósmico contém todas elas. Portanto, todo diálogo religioso acontece sob a luz desse reconhecimento de que "todas as coisas", incluindo cristãos e adeptos de outras religiões, são aglomerados pelo Cristo cósmico que unifica a criação.

Colossenses 1, além disso, sublinha a acessibilidade universal de Deus através da mediação de Cristo. Cristo é "a imagem do

Deus invisível", o meio pelo qual a criação percebe seu Criador (Cl 1.15). Colossenses apresenta mais um vislumbre da ligação invisível, misteriosa e compartilhada que existe entre o cristianismo e as outras religiões.

Téologos como Thomas e Samartha fizeram uma crítica ao Cristo cósmico, pois ele deixa de levar a sério o Jesus histórico. A fim de estabelecer o mistério como o mais profundo ponto unificador do encontro entre o hinduísmo e o cristianismo, eles afirmam, Panikkar reduz a importância da vida de Jesus, tal como seu nascimento humano por intermédio do ventre de Maria. Para restituir o equilíbrio e, não menos importante, vincular Jesus à realidade da pobreza difusa na Ásia, Thomas e Samartha permitem que o Cristo cósmico e o Jesus histórico, que trabalhou entre os pobres e oprimidos, se combinem no retrato de Jesus como o Senhor cósmico da história. Segundo essa cristologia, a presença de Cristo se acha onde quer que as pessoas lutem por justiça, sejam cristãs ou não, e nas espiritualidades que as inspira. O Senhor cósmico da história — Jesus — torna-se o ponto de encontro das religiões, não tanto em mistério, mas na história, na busca humana por uma vida melhor.

Aloysius Pieris de Sri Lanka apresenta uma perspectiva complementar de Jesus. Ele nota nos evangelhos sinóticos o duplo batismo de Jesus naquilo que ele chama de Jordão das religiões asiáticas e Calvário da pobreza do continente. Quando Jesus foi batizado, ele se identificou com o ascetismo de João, evidente em várias denúncias e exigências de arrependimento, mas também com a religiosidade de afirmação do mundo própria dos pobres e oprimidos. Com o passar do tempo, Jesus complementou as invectivas de João contra os líderes religiosos e suas exigências de arrependimento radical com as dimensões positivas das bênçãos e promessas, que ele oferecia aos pobres marginalizados e aos pecadores excluídos. Em outras palavras, ele mantinha em equilíbrio as más notícias de João sobre o juízo vindouro e as boas notícias de libertação iminente.

Os dois compromissos assumidos por Jesus em seu batismo no rio Jordão levaram-no inevitavelmente a um segundo batismo — na cruz fora de Jerusalém. Ele jamais abandonou a postura profética de João e denunciou o acúmulo de riquezas, atuando para que os pobres adquirissem consciência do papel único de libertação que eles tinham na nova ordem que Deus viabilizaria. Essa postura profética era uma ameaça para os ricos e poderosos, que reagiram com fúria e ameaças de morte. No final, eles recorreram aos romanos, uma enorme potência colonialista, para crucificá-lo. Ali terminava a jornada iniciada no Jordão. Portanto, a cruz representa o segundo batismo de Jesus no Calvário da pobreza.

À semelhança das propostas teológicas de Thomas e Samartha, esta de Pieris dirige-se à dupla realidade da pobreza e da religiosidade asiática. Embora sem dúvida não tenhamos aqui a palavra final sobre o assunto, essas ideias ilustram a promessa das cristologias contextuais que incorporam as perspectivas da teologia da libertação e das teologias de inculturação.

Levison, J. e Pope-Levison, P.

Veja também DEUS; PNEUMATOLOGIA; SALVAÇÃO; TRINDADE, DEUS TRINO.

BIBLIOGRAFIA. BATHRELLOS, D., *The Sinlessness of Jesus: A Theological Exploration in the Light of Trinitarian Theology* cap. 9 em *Trinitarian Soundings in Systematic Theology,* ed. METZGER, P. L., (Londres: T & T Clark, 2006); BAUCKHAM, R., *God Crucified: Monotheism and Christology in the New Testament* (Grand Rapids: Eerdmans, 1998); BEDIAKO, K., *Jesus and the Gospel in Africa: History and Experience* (Maryknoll: Orbis, 2004); BLOESCH, D., *Jesus Christ: Savior & Lord* (Downers Grove: InterVarsity Press, 1997); BOFF, L., *Jesus Cristo Libertador* (Petrópolis: Vozes, 1972); BUJO, B., *African Theology in Its Social Context* (Maryknoll: Orbis, 1992); COBB, J., *Christ in a Pluralistic Age* (Philadelphia: Westminster, 1975); CONE, J., *God of the Oppressed* (Nova York: Seabury, 1975); idem, *A Black Theology of Liberation* (Maryknoll: Orbis, 1986); DUNN, J. D. G., *Unity and Diversity in the New Testament* (Philadelphia: Westminster, 1977); ENDO, S., *A Life of Jesus* (Nova York: Paulist Press, 1978); ERICKSON, M. J., *The Word Became Flesh* (Grand Rapids: Baker, 1991); FABELLA, V. e ODUYOYE, M. A., orgs., *With Passion and Compassion: Third World Women Doing Theology* (Maryknoll:

Orbis, 1989); GREEN, J. B., MCKNIGHT, S. e MARSHALL, I. H., orgs., *Dictionary of Jesus and the Gospels* (Downers Grove: InterVarsity Press, 1992); GRENZ, S. J., *Theology for the Community of God* (Grand Rapids: Eerdmans, 1994); HICK, J., *The Metaphor of God Incarnate: Christology in a Pluralistic Age* (Londres: SCM, 1993); KARKKAINEN, V.-M., *Christology: A Global Introduction* (Grand Rapids: Baker Academic, 2003); KELLY, J. N. D., *Doutrinas Centrais da Fé Cristã* (São Paulo: Vida Nova, 1994); KRAUS, C. N., *Jesus Christ Our Lord: Christology from a Disciple's Perspective* (Waterloo, Ont.: Herald, 1987); KUSTER, V., *The Many Faces of Jesus Christ: Intercultural Christology* (Maryknoll: Orbis, 2001); LADUE, W. J., *Jesus Among the Theologians: Contemporary Interpretations of Christ* (Harrisburg: Trinity Press International, 2001); LEVISON, J. e POPELEVISON, P., *Return to Babel: Global Perspectives on the Bible* (Louisville: Westminster John Knox, 1999); MATERA, F. J., *New Testament Christology* (Louisville: Westminster John Knox, 1999); MCGRATH, A. E., *The Making of Modern German Christology, 1750-1990* (Grand Rapids: Zondervan, 1987); MIGUEZ BONINO, J., *Faces of Jesus: Latin American Christologies* (Maryknoll: Orbis, 1984); MOLTMANN, J., *O Caminho de Jesus Cristo* (Petrópolis: Vozes, 1994); MUGAMBI, J. N. K. e MAGESA, L., orgs., *Jesus in African Christianity: Experimentation and Diversity in African Christology* (Nairobi, Quênia: Initiatives, 1989); PANIKKAR, R., *The Unknown Christ of Hinduism: Towards an Ecumenical Christophany* (Maryknoll: Orbis, 1981); PANNENBERG, W., *Jesus—God and Man* (Philadelphia: Westminster, 1968); idem, *Systematic Theology, 2* (Grand Rapids: Eerdmans, 1994); PARRATT, J., *Reinventing Christianity: African Theology Today* (Grand Rapids: Eerdmans, 1994); PIERIS, A., *An Asian Theology of Liberation* (Maryknoll: Orbis, 1988); POPE-LEVISON, P. e LEVISON, J., *Jesus in Global Contexts* (Louisville: Westminster John Knox, 1992); SCHREITER, R., org., *Faces of Jesus in Africa* (Maryknoll: Orbis, 1991); SCHUSSLER FIORENZA, E., *In Memory of Her: A Feminist Theological Reconstruction of Christian Origins* (Nova York: Crossroad, 1983); SEGUNDO, J. L., *The Historical Jesus of the Synoptics* (Maryknoll: Orbis, 1985); SOBRINO, J., *Cristologia a partir da América Latina* (Petrópolis: Vozes, 1983); SONG, C.-S., *Third-Eye Theology: Theology in Formation in Asian Settings* (Maryknoll: Orbis, 1979); STINTON, D., *Jesus of Africa: Voices of Contemporary African Christology* (Maryknoll: Orbis, 2004); SUGIRTHARAJAH, R. S., org., *Asian Faces of Jesus* (Maryknoll: Orbis, 1993); THOMAS, M. M., *The Acknowledged Christ of the Indian Renaissance* (Londres: SCM, 1969); WILLIAMS, R., *Arius: Heresy and Tradition* (Grand Rapids: Eerdmans, 2002).

Karkkainen, V.-M., Levison, J. e Pope-Levison, P.

CRISTOLOGIA AFRICANA. *Veja* CRISTOLOGIA.

CRISTOLOGIA ASIÁTICA. *Veja* CRISTOLOGIA.

CRISTOLOGIA DA LIBERTAÇÃO. *Veja* CRISTOLOGIA.

CRISTOLOGIAS DE INCULTURAÇÃO. *Veja* CRISTOLOGIA.

CRISTOLOGIAS DE LIBERTAÇÃO. *Veja* CRISTOLOGIA.

CROATTO, SEVERINO. *Veja* TEOLOGIA DA LIBERTAÇÃO.

CRUZ. *Veja* EXPIAÇÃO; SALVAÇÃO.

CULPA. *Veja* PECADO.

CULTURA POPULAR

Embora milhões de pessoas tenham lido *O Código da Vinci* (2003), nem todos ficaram muito satisfeitos com o sucesso do livro ou do filme. *O Código da Vinci*, basicamente um mistério religioso envolvendo assassinato, atraiu muitas críticas de diversos setores da comunidade cristã em virtude de sua clara teologia heterodoxa, do uso questionável de fatos e teorias históricos e de uma sensação geral de que o livro ofende e despreza certos segmentos da igreja (o braço católico do cristianismo não é exatamente aplaudido pelas mãos do autor) e até Jesus Cristo, cujos fatos de sua vida e morte são mal representados. Dentro da comunidade cristã surgiu uma

verdadeira pequena indústria com vários livros e conferências cujo objetivo era refutar as informações e opiniões apresentadas no livro de Dan Brown. O anúncio de uma versão para o cinema foi motivo de denúncias públicas, manifestações de rua e protestos. Uma freira católica, entre muitos que faziam protestos nos locais de filmagem, rezou contra o filme e passou doze horas de joelhos do lado de fora da catedral de Lincoln, na Inglaterra, onde parte das cenas estavam sendo filmadas. Bem-vindo ao novo horizonte teológico. É claro que essa não foi a primeira vez que alguma coisa emerge da cultura popular e atrai protestos da igreja, mas *O Código da Vinci* foi apenas um aspecto de uma importante tendência na vida cultural contemporânea — o reencantamento do Ocidente.
1. O reencantamento do Ocidente
2. A teologia do entretenimento
3. A nova espiritualidade
4. O desafio teológico

1. O reencantamento do Ocidente
Afirmar que o Ocidente está passando por um reencantamento traz à lembrança Max Weber (1864-1920) e seu trabalho embrionário sobre o declínio da religião na modernidade, "o desencantamento do mundo" (*die Entzauberung der Welt*). Na opiniao de Weber, a religião estava marginalizada e havia perdido sua influência diante de várias forças sociais e intelectuais amplamente caracterizadas como burocracia — a força motriz do racionalismo e da secularidade — uma "jaula de ferro" (também chamada "gaiola de ferro") que, segundo ele pensava, deixaria de fora do mundo moderno os elementos mágicos, misteriosos e místicos. As sementes do desencantamento foram lançadas à medida que a secularização assumiu o centro do palco e se desenharam linhas que faziam separação e demarcação entre o sagrado e o secular. A religião ficou em segundo plano, passou a ser uma questão de fé pessoal, e Deus foi declarado morto. Mas essa situação diz respeito a ontem, e não a hoje; a porta da jaula de ferro da modernidade se rompeu, e a cultura ocidental está respirando os ares de um novo impulso religioso. É como se Deus estivesse reentrando em cena.

O que ressurgiu do colapso do projeto do *Iluminismo é um interesse renovado pelo sagrado, mágico e misterioso. Não é que as pessoas estejam necessariamente procurando voltar aos conceitos pré-modernos de Deus e da religião (embora alguns de fato estejam — o interesse em tudo o que é medieval está em alta), mas elas estão novamente receptivas às ideias que estão fora da esfera do racional e do secular. Esse novo interesse, ou esse interesse renovado, pelo sagrado se evidencia em especial na cultura popular. O reencantamento do Ocidente tem sido acompanhado e ajudado pela influência cada vez maior de todas as formas de mídia popular. De modo geral, a cultura popular é um cenário privilegiado na cultura ocidental para o intercâmbio de ideias e valores que dão forma ao nosso futuro: *shows* de rock como *Live Aid* e *Live Eight* tornam-se veículos de iniciativas políticas e filantrópicas; filmes como a trilogia *Matrix* e *Sinais*, até mesmo *A Paixão de Cristo*, apresentam-nos a ideias e questões filosóficas e teológicas. C. Partridge afirma que a cultura popular é "o novo ambiente espiritual no Ocidente; o reservatório que alimenta novas fontes espirituais; o solo em que crescem novas espiritualidades" (4). É o lugar onde a linha que separa o sagrado e o secular é menos definida — onde o sagrado e o profano colidem, onde surge o que chamo de "teologia do entretenimento".

2. Teologia do entretenimento
A teologia do entretenimento é o "papo sobre Deus" do livro de Phyllis Tickle (*God-talk in America*). É a experiência do divino ou do transcendente num filme do mundo da fantasia com sobrecarga sensorial e carregado de efeitos especiais. É a explosão da literatura cheia de autoajuda, religião popular, mágica, mistério. É o surgimento de páginas da Internet e salas de bate-papo onde se escrutiniza o sagrado. É o crescimento de formas artísticas com consciência espiritual. São ideias sobre a fé que brotam fora dos modelos e estruturas de mediação antigamente legitimizados. É a volta para o elemento teológico saudado não pela igreja ou pelos teólogos, mas por "cineastas, escritores, poetas, filósofos, teóricos da política e analistas culturais" (Ward, 133).

A expressão *teologia do entretenimento* marca o local onde os impulsos religiosos podem ser mais bem analisados e compreendidos na sociedade ocidental — por meio da cultura popular em todas as suas manifestações. Ela também aponta para um fator central na espiritualidade contemporânea que não pode ser desprezado, que é o reencantamento que está acontecendo no Ocidente no meio da cultura de consumo e da mídia de massa, modificando a maneira como se lida com o sagrado. Para muita gente, a mediação de ideias sobre Deus pode ser feita pelo mundo da mídia de entretenimento com mais ou igual legitimidade em comparação com instituições tradicionais como as igrejas e templos de antigamente. Isso faz com que se crie um tipo diferente de impulso espiritual em que as celebridades e as tendências da moda exercem um papel de formação de opinião juntamente com outras formas mais aceitas de legitimidade religiosa como rituais, costumes e ensinamentos. Não é à toa que algo tão movido por interesses e impulsos consumistas também reflita a falta de desejo de fincar raízes no sentido tradicional, ainda que contribua para a busca permanente que caracteriza os dias de hoje. Essa realidade também representa um novo desafio para teólogos e para a teologia. Em grande parte do "papo sobre Deus" na cultura popular fica evidente que certos aspectos da fé cristã continuam fazendo parte da nova dinâmica religiosa, mas agora basicamente como uma espécie de resíduo daquilo que antes dominava a expressão religiosa da cultura ocidental. A linguagem, as imagens e a iconografia do cristianismo ainda podem ser empregadas, como muitas vezes acontece em filmes e na música pop, mas elas funcionam principalmente como recursos secundários na consolidação de novos conceitos e ideias. O mesmo se pode dizer de outras expressões de fé mais tradicionais. O que está se desenvolvendo é totalmente outra coisa, uma nova espiritualidade.

3. Uma nova espiritualidade

Ela pode ser vista em coisas como *O Código da Vinci*, onde a estória gira em torno de teorias da conspiração bem conhecidas mas amplamente desacreditadas, junto com uma suspeita cultural cada vez maior com relação às instituições, ao lado de um interesse em novas formas ou interpretações da espiritualidade. *O Código da Vinci* não representa uma ameaça à fé cristã tradicional, mas é um aviso para a igreja de que novas forças estão atuando, redefinindo o modo como examinamos e celebramos o divino. Eu o utilizo aqui como exemplo para demonstrar como os novos impulsos religiosos geralmente se definem estabelecendo contrastes com as formas e estruturas religiosas antes aceitas e expressando uma espiritualidade livre da bagagem da religião tradicional. As imagens religiosas usadas em *O Código da Vinci* são um recurso para dar apoio ao novo ímpeto religioso empregando formas, costumes e ideias conhecidas pelos que são moldados pelo mundo da cultura popular. O personagem central da estória, Robert Langdon, é um simbologista, um intérprete de sinais e símbolos — ele não lida com o mundo dos textos tanto quanto faz com a linguagem das artes visuais. Ele passa a estória interpretando pistas visuais encontradas nas pinturas de Leonardo da Vinci, aparentemente para desvendar o mistério de um assassinato, mas, na realidade, para revelar algumas verdades sobre a natureza da fé que tem sentido no contexto presente. O que *O Código da Vinci* declara é que, para muitos, a fé cristã não é mais suficiente; ela é mais um obstáculo do que uma ajuda, de modo que o autor tenta retirá-la de uma esfera e colocá-la em outro contexto que lhe parece mais adequado para a época de hoje. Em certo sentido, a fé cristã não chega a ser abandonada, mas reconfigurada e usada como combustível para um tipo diferente de espiritualidade que celebra o divino de formas bem mais lógicas para o momento atual.

Marshall McLuhan afirmou certa vez que nossas sociedades têm sido definidas mais pela natureza dos meios pelos quais nos comunicamos (a mídia de modo geral) do que pelo real conteúdo dessa comunicação. O reencantamento do Ocidente ocorre numa época de tecnologia de mídia global, e essa forma de comunicação tem seus efeitos peculiares. A própria natureza da cultura popular é pluralista, interativa e democratizada. É pluralista pelo fato de ser fruto do colapso da metanarrativa; a nenhuma ideia se concede primazia — no jogo das ideias o campo foi nivelado. É interativa pelo fato de convidar à participação. De novo, conforme observa McLuhan, a tecnologia impressa promoveu fragmentação e falta de vínculos, mas a tecnologia eletrônica, a tecnologia de nossos tempos, incentiva envolvimento e participação. A cultura popular é democratizada porque essa tecnologia está "nas mãos do povo". Interagimos em níveis altamente individualistas, e o "seletor de canais" está em nossas mãos. Temos controle sobre aquilo com que temos contato e sobre as coisas das quais participamos, fazemos escolhas, desenvolvemos nossos próprios rituais, códigos e ética com base em nossa interação com a cultura popular. Encontramos Deus nos filmes, examinamos teorias da conspiração na Internet e reunimos informações sobre assuntos esotéricos nos sites, pautando pelo Google nosso caminho no espaço cibernético. Nesse mundo complexo, interativo e cheio de efeitos especiais, moldamos e definimos nosso senso de quem somos no mundo e de nosso lugar nele, criando formas de espiritualidade e de práticas que pensamos serem úteis em nossa jornada. A tecnologia eletrônica agrega — e até estimula — um senso do mistério e do divino. Trata-se do fator de sacralização. Tecnologias usadas para disseminar a cultura popular são as próprias portadoras do divino. Não devemos nos surpreender com o reencantamento do Ocidente; ele foi aclamado por nossa tecnologia.

Cada geração precisa criar seu próprio conceito perspicaz de Deus, assim como cada poeta precisa experimentar a verdade em seu próprio ritmo (Armstrong, 351).

4. O desafio teológico
Mas o que dizer da teologia cristã nessa nova situação? Não tenho muitas dúvidas: os tempos atuais são desafiadores para a teologia no Ocidente. Redefinir a teologia e as imagens e palavras sobre Deus é modificar o contexto no qual se fala a respeito dele. A teologia sobre a qual falo precisa primeiramente submeter-se a uma redefinição de lugar e situar-se nas novas realidades. Numa era de cultura popular, a teologia não pode mais se dar ao luxo de ficar de fora da briga e apresentar argumentos que defendem proposições abstratas. Ela precisa se envolver. Nesse sentido, ela precisa ser uma teologia das ruas, não da catedral, uma teologia que participa da rede do novo imaginário cultural e leva a sério o que surge nesse meio. Por muito tempo, grande parte da academia ridicularizou a importância do popular e preferiu se envolver com a alta cultura. Mas essas categorias praticamente deixaram de existir. A cultura popular reflete quem somos, onde estamos e para onde vamos. Ela funciona como a língua franca do mundo pós-moderno — tem seu próprio cânon e seu vernáculo. *A que, pois, compararei os homens desta geração? A que são semelhantes? São semelhantes a crianças que, sentadas nas praças, gritam umas às outras: Tocamos flauta para vós, e não dançastes; cantamos lamentações, e não chorastes. A que são semelhantes? São semelhantes a crianças que, sentadas nas praças, gritam umas às outras: Tocamos flauta para vós, e não dançastes; cantamos lamentações, e não chorastes*, diz Jesus no Evangelho de Lucas (7.31-32). Nessas duas brincadeiras de criança ele enxerga uma mensagem que serve de parábola para a comunidade religiosa. Casamentos e funerais — eles simbolizam o contexto da vida e da morte. Muitas vezes, as "canções" da cultura popular são descartadas como pesadas ou fracas demais para justificar algum vínculo mais estreito com elas. Mas Jesus nos conclama a prestar atenção nas canções que surgem nas ruas. Parece que Jesus passou boa parte de seu ministério evitando os centros religiosos e passando tempo entre as pessoas no meio das coisas da vida de todo dia — sua arena acadêmica, seu contexto teológico, eram as ruas. Eu afirmaria que a cultura popular em todas as suas formas e manifestações são as ruas de hoje, e seria bom se a considerássemos um dos principais locais para fazer teologia nos dias de hoje.

Antes de encerrar, proponho três coordenadas de uma teologia missional concentrada na interação com a cultura popular. Elas formam certo conjunto de ações com as quais podemos tentar fazer teologia: participativa, profética e prática. Elas são realizações teológicas em situações específicas e visam estimular as iniciativas missionais da igreja em novos contextos. A teologia participativa é a função da teologia como análise e interação cultural.

É uma tentativa de "reivindicar o mundo" — não no sentido imperialista, mas reconhecendo que todas as coisas precisam ser colocadas dentro do campo de visão teológico. Uma teologia profética tem a ver com o despertamento da imaginação teológica. É a prática da teologia nos idiomas, na linguagem e no simbolismo do novo contexto espiritual. Ela poderia ser chamada teologia artística — no final das contas, ela se relaciona com a descoberta de uma nova voz para a estória cristã no contexto presente. O último elemento de minha iniciativa teológica é que ela precisa ser prática. Vale a pena lembrar disso, pois não existe interação séria sem uma interação prática — e não existe futuro teológico sem risco. Como afirma Michel de Certeau em seu ensaio *How is Christianity Thinkable Today?* [Como o cristianismo é hoje concebível?]: "O cristianismo é concebível somente se estiver vivo. E não existe vida sem novos riscos [numa] situação real [...] somente novas partidas manifestam e continuarão a manifestar que o cristianismo ainda está vivo" (155).

Veja também ARTE E ESTÉTICA; CULTURA E SOCIEDADE; CULTURA VISUAL; FILMES; MÍDIA.

BIBLIOGRAFIA. ARMSTRONG, K., *A History of God* (Nova York: Ballantine, 1994); CERTEAU, M. de, "How Is Christianity Thinkable Today?" in: *The Postmodern God*, WARD, G., org. (Malden: Blackwell, 1997) 142-55; MCLUHAN, M., *Understanding Media: The Extensions of Man* (Corte Madera: Gingko Press, 2003); PARTRIDGE, C., *The Re-Enchantment of the West* (Londres: T & T Clark, 2004); TICKLE, P., *God-Talk in America* (Nova York: Crossroad, 1997); WARD, G., *True Religion* (Oxford: Blackwell, 2003).

Taylor, B.

CULTURA E SOCIEDADE

Cultura são os padrões, objetos e costumes que os seres humanos desenvolvem para organizar sua vida coletiva e expressar sua identidade. De uma perspectiva teológica, poderíamos dizer que cultura é o que os seres humanos fizeram com a boa criação de Deus. Cultura é a contribuição progressiva que o ser humano presta à criação original. É aquele ambiente complexo e secundário formado a partir do material original da criação, seja conscientemente, seja por instinto, mas sempre em obediência ao mandato cultural. O termo em latim, *cultura*, significava cultivar a terra e, para os crentes medievais provavelmente evocava o cultivo do jardim do Éden sob a responsabilidade de Adão.

Cultura, de modo geral, refere-se à atividade humana; *sociedade* geralmente diz respeito ao modo como os grupos de pessoas se organizam, denotando comunidades sedentárias relativamente homogêneas e unidas por interesses comuns territoriais, econômicos, políticos e sociais. A organização social, seja vista em termos de estruturas, classes, poderes, liberdades ou associações voluntárias, pertence ao campo conhecido como sociedade. As cosmovisões e outros elementos conceituais que controlam o comportamento de uma sociedade pertencem mais propriamente à esfera maior da cultura.

1. Abordagens históricas e bíblicas da cultura
2. Questões na reflexão cristã sobre a cultura
3. A cultura como um chamado ao serviço

1. Abordagens históricas e bíblicas da cultura

No século 19, o método científico em sua forma evolucionista levantou algumas questões sobre a natureza da raça que se tornaram os primeiros elementos do que hoje conhecemos como antropologia (no princípio, um ramo da história). Essa ideia de um povo com um padrão específico de vida deu início a uma tradição que veio desde von Humboldt, passando por Hegel e Spengler, até chegar a Ruth Benedict em nosso século. Nos tempos modernos, o norte-americano Franz Boas é geralmente reconhecido como o pai das ideias sobre cultura; ele se opôs à noção de um padrão ideativo presente na raiz das culturas e insistiu nas interligações históricas entre os povos. Na década de 1920, ele criticou a versão nazista da tradição *volk,* igualmente rejeitando qualquer tentativa de explicar um povo sobre fundamentos puramente biológicos. Ele afirmava que as culturas precisam ser estudadas em todo o seu pluralismo, particularmente dentro de suas histórias e sobretudo de suas muitas interligações.

Posteriormente, os antropólogos desenvolveram a ênfase de Boas sobre a diversidade das culturas e suas relações. Bronislaw Malinowski, por exemplo, na década de 1940, ressaltou as múltiplas dimensões da cultura. Ele admitia que uma cultura integrava significado e práticas em termos da "comunidade de sangue através da procriação; da contiguidade no espaço relacionada com a cooperação; da especialização em atividades; e, por último, mas não menos importante, do uso do poder na organização política" (Malinowski, 40). Em uma de suas poucas referências à religião, Malinowski diz: "A magia e a religião podem ser, em minha opinião, funcionalmente interpretadas como complementos indispensáveis aos sistemas de pensamento e tradição puramente racionais e empíricos" (Malinowski, 173). Essa visão funcional da religião, derivada de Emile Durkheim, haveria de se tornar padrão para sociólogos do Ocidente.

Na década de 1950, os antropólogos começaram a estudar as dimensões simbólicas e cognitivas das culturas. Representados pelo nome mais conhecido entre eles, Clifford Geertz, esses antropólogos desejavam explicar as culturas não segundo alguma tipologia, mas segundo processos constitutivos. Geertz dizia que esses processos são mediados pelos símbolos formulados pelas culturas, os quais não servem exatamente como janelas de onde tais culturas podem ser contempladas, mas como "operadores" no processo social. Geertz afirmava estar à procura de redes importantes expressas em formas culturais por correntes de comportamento. Segundo esse pensamento, a religião também constitui um sistema de símbolos que funciona para "sintetizar o ethos de um povo [...] suas mais abrangentes ideias de ordem" (Geertz, 89).

Essas teorias recentes sobre cultura podem ser chamadas mentalistas ou idealistas, pois tendem a se concentrar no lado subjetivo das culturas. Elas foram desafiadas por antropólogos marxistas, que se concentram mais nas condições materiais das culturas e nas técnicas para lidar com o ambiente externo.

1.1. Cultura como relacionamentos padronizados. Os antropólogos contemporâneos nos ajudaram a entender as culturas como um conjunto flexível de costumes e premissas comunitárias que servem de repertório para o comportamento de um povo. Estudos atuais ressaltam: as culturas são *dinâmicas*, pois reagem à influência de fatores e relacionamentos externos inevitáveis e cada vez mais difusos; elas incluem *costumes* (peregrinações, jogos e rituais) e *pressupostos* sobre o mundo; elas são *comunitárias*, pois pertencem não a indivíduos mas a um povo que tem a percepção de sua identidade (separada) e a expressa em ações padronizadas.

Cultura é compartilhamento de sentido. É um código segundo o qual toda uma comunidade vive e julga o que é aceitável ou não. Esse interssubjetivismo dá à cultura um caráter comunitário que lhe confere observabilidade. Estudos recentes realçam como fluxos globais revelam os limites porosos entre as culturas e geram várias formas de hibridismo cultural (Tanner).

Os cristãos acreditam que tais padrões e costumes são responsivos ao que Deus fez e tem feito no mundo, quer estejamos nos referindo às estruturas por ele criadas, quer pensemos na sua atuação salvífica na história. Podemos chamar essa atividade criadora e redentora de *projeto de Deus:* sua obra de criação do mundo, seu compromisso permanente com suas criaturas, apesar da rebelião da humanidade; sua entrada na história humana (também fisicamente) em Jesus Cristo para sofrer com a degradação humana e finalmente curá-la; sua presença contínua expressa pelo corpo de Cristo histórico, a igreja, e por sua obra geral de providência, à medida que ele, por meio do ministério do Espírito Santo, procura restaurar a criação a seu propósito original como veículo para sua glória. Esse modelo de relacionamento é um fato para o mundo (e para Deus). Assim, qualquer atividade cultural se relaciona de alguma forma com esse projeto.

1.2. A plataforma bíblica para as culturas. No primeiro capítulo de Gênesis, no chamado para encher a terra e sujeitá-la, percebemos que a cultura, ou a preservação e o cultivo da terra, é um fator importantíssimo dentro daquilo que significa a imagem de Deus no ser humano. O original hebraico transmite a ideia de "bater o pé" contra o solo com o propósito de dar forma e alguma simetria à vastidão da criação em suas condições originais (Gn 1.28).

A criação é íntegra, nada lhe falta, e isso confere solidez à cultura e a seus objetos. Existe desígnio no universo, um padrão e uma estrutura interna visíveis a qualquer um que tenha um senso da realidade mais desenvolvido. O domínio sobre o vento e a água, a fabricação de ferramentas, as tecnologias e as artes — todo empreendimento criativo e científico — se tornam possíveis quando as estruturas que Deus introduziu na criação são seguidas com atenção.

Ao mesmo tempo, existe na cultura humana uma vulnerabilidade, algo que, mesmo na melhor das hipóteses, sempre está em desequilíbrio e fora de centro. A honra devida aos pais e às gerações do passado acaba sendo transformada num complexo sistema de culto aos *ancestrais. A percepção de que existe uma unidade entre todas as coisas descamba para um panteísmo filosófico. O prazer nas coisas da boa criação de Deus se deteriora num materialismo cego e vazio. Os grandes valores de uma cultura muitas vezes são endeusados e colocados como um sistema alternativo ao que Deus tinha como propósito para a vida de suas criaturas.

Mas apesar de decaída, a cultura é afirmada nas Escrituras como o contexto em que Deus desenvolve sua obra criativa e redentora: "Porque Deus amou tanto o mundo". É o palco onde acontece o drama da história da salvação oferecida por Deus.

Sabemos que, mesmo em seu estado decaído, a cultura faz parte da graça temporal e conservadora de Deus. Caim edifica uma cidade, e seus descendentes começam a domesticar o gado, fabricar ferramentas de bronze e ferro e fazer música com harpa e flauta. De um "lugar de andanças" ("a terra de Node", Gn 4.16), Caim se fixa numa cidade fortificada. Em sua iniciativa para assegurar uma existência fixa a partir de uma condição nômade sem futuro, vemos os primórdios de uma civilização incipiente. Isso pode ter sido motivado por um impulso apóstata de levar uma vida longe de Deus, mas não deixa de ser uma demonstração da graça, pois mediante invenções como artes, ofícios e tecnologias de construção os seres humanos podem se tranquilizar e tornar a vida um pouco mais segura e suportável (Gn 4.17-24).

Tanto na intensidade mítica da estória de Babel quanto na referência à formação das nações e de seus locais de habitação no discurso de Paulo em Atenas, percebemos que diversificar e encher a terra faziam parte do plano de Deus. Em vez de viver numa cidade monocultural e confinada, as pessoas deveriam se espalhar e criar vários grupos linguísticos e habitações.

Portanto, a cultura é reflexo tanto da obediência quanto da rebelião humana contra Deus. Essas tendências opostas geralmente definem as tensões que caracterizam as relações dos cristãos com a cultura no presente mundo globalizado.

1.3. A resistência ao projeto de Deus e a redenção da cultura. Sempre houve resistência ao projeto divino de diversidade na criação. Em vez de uma pluralidade de culturas, vemos a tendência de centralizar, de juntar forças e organizar um sistema mundial em oposição a Deus. A torre de Babel é um símbolo dessa tendência, e o mesmo se pode dizer da "soberba da vida" mencionada por João (1Jo 2.16 ARA). A crescente centralização de forças globais de mercado e a consequente homogeneização das culturas também são sinais da mesma propensão à uniformidade e às concentrações de riqueza e poder.

A cultura pode se tornar um modo de fazer "para nós um nome" (Gn 11.4), à semelhança dos grandiosos projetos que hoje são vistos como "as maravilhas do mundo", a maioria dos quais não passava de monumentos erguidos em honra de déspotas que os construíam com trabalho escravo. Eles podem ser uma forma de autoproteção longe de Deus, a exemplo das carruagens de antigamente e dos arsenais de guerra dos dias de hoje.

As culturas podem de forma desordenada se concentrar num interesse central e tornar absoluto um único aspecto da vida social humana. Em muitas culturas asiáticas, a solidariedade da família ou do grupo social pode se tornar um substituto para Deus, exigindo uma fidelidade medonha e até sem limites, geralmente em detrimento dos direitos do indivíduo. De modo semelhante, algumas sociedades podem se concentrar tanto nos aspectos econômicos, que outros valores como, por exemplo, a compaixão pelos pobres são relegados a segundo plano. Na economia de hoje, as condições de ricos e pobres são normalmente deixadas à mercê das forças de mercado.

Como todas as culturas estão em desequilíbrio, é preciso identificar e criticar as formas de idolatria de cada uma: quem ou quais são os poderes que disputam a lealdade devida a Deus? Essa visão crítica faz parte da ordem "fazei discípulos de todas as nações". A Grande Comissão não se refere simplesmente à conversão de indivíduos, mas de nações inteiras e culturas que precisam se voltar para Deus. Os poderes nessas sociedades precisam ser destituídos e submetidos ao propósito e à vontade soberana de Deus para a vida humana.

Mas da mesma forma que uma cultura ou sociedade pode ser hostil a Deus, ela também pode ser transformada e redimida. A *cidade*, originalmente um lugar artificial onde se buscava segurança longe de Deus, transforma-se num lugar confortável onde Deus habita com seu povo. O *reino*, conceito de domínio que Israel adotou de nações vizinhas, transforma-se num verdadeiro paradigma do reinado de Deus na sociedade humana. Sabemos que, no fim, os reinos deste mundo se tornarão reino de nosso Deus (Ap 11.15; *veja* Reino de Deus). A presença aparentemente periférica e pequena se desenvolverá até se tornar uma grande árvore, e debaixo dela todas as sociedades buscarão abrigo.

As últimas visões do futuro apresentam o quadro de uma grande multidão adorando o Cordeiro, gente vinda de todas as tribos, línguas, povos e nações. O que há de melhor em nossas culturas — a glória e o esplendor das nações — será levado para a nova Jerusalém. De alguma forma misteriosa, levaremos conosco nossa bagagem cultural ao entrarmos todos na presença do Cordeiro (Ap 7.9; 21.24-26).

Contrariando a ideia de que o mundo avança para uma hegemonia cada vez maior, na verdade haverá uma intensificação da etnicidade e da diversidade linguística. As nações-estados não mais sofrerão diante das investidas de empresas multinacionais que buscam o domínio do mercado global. A nacionalidade permanecerá um importante elemento da identidade. A riqueza cultural das nações brilhará como milhares de pontos de luz, refletindo a glória de Deus na cidade que não mais precisará de sol ou lua.

1.4. A reedição da crise social entre judeus e gentios. Antigamente as pessoas muitas vezes viviam e morriam sem contato significativo com a diversidade das culturas. Agora que isso não é mais possível, estamos assistindo em nossos dias à reedição da crise social entre judeus e gentios das igrejas do primeiro século. Da mesma forma que o evangelho rompeu seus odres no judaísmo, ele agora está rompendo as velhas formas dentro das quais havia sido definido pelos movimentos missionários dos últimos duzentos anos. A exemplo das igrejas gregas, as novas igrejas na Ásia, América Latina e África estão definindo para si mesmas o que o evangelho significa dentro de suas próprias culturas.

Algumas igrejas estão passando pelo processo de vernacularização, ou seja, traduzindo para as linguagens e pensamentos locais as abordagens para compreensão do evangelho que haviam sido herdadas. Algumas outras, em especial na Ásia, sentem a necessidade de ir além da tarefa de mera tradução, uma vez que ela não alcançou muito sucesso, mesmo depois de séculos de presença missionária. Em vez disso, elas estão garimpando novos entendimentos dos dados bíblicos e fazendo vir à superfície conceitos como o "sofrimento de Deus" e outras ideias nascidas da interação com suas importantes tradições religiosas. Outras, como nas Filipinas e na América Latina, que durante certo tempo estiveram imersas nos fundamentos da mensagem cristã, estão reconfigurando seus sentidos, ou seja, tornando-a local e incorporada às suas profundas estruturas culturais, de modo que ela possa verdadeiramente transformar suas histórias sociais e fazer sentido nas espiritualidades locais que estão ressurgindo.

2. Questões na reflexão cristã sobre a cultura

2.1. Contextualização. É provável que nos últimos tempos a principal forma de contato dos cristãos com questões envolvendo as culturas tenham sido as iniciativas de missões transculturais que deram origem ao termo *contextualização nos diálogos iniciados na década de 1970. Esses diálogos começaram principalmente nos círculos missiológicos e tratavam do uso de formas culturais na apresentação do evangelho. Líderes de missões adotaram o termo "contextualização" como descrição adequada do processo dinâmico de mudança cultural que faltava no termo antigo "indigenização". Muitos o consideravam mais apropriado à maneira dinâmica pela qual a Bíblia era interpretada nas culturas onde o evangelho era proclamado. Em 1979, o Comitê de Lausanne organizou uma conferência para estudar essas questões.

No prefácio à coletânea de textos originados na conferência, John Stott menciona as duas perguntas discutidas pelos participantes. Uma delas se relacionava com a forma pela qual uma pessoa de uma cultura "extrai a verdade da Bíblia, que foi dirigida a pessoas de uma segunda cultura, e a transmite a pessoas que pertencem a uma terceira cultura, sem corromper a mensagem nem torná-la incompreensível" (Stott e Coote, vii). A segunda questão indaga como os ouvintes da mensagem a relacionam com sua própria cultura na coletividade em que vivem.

Entre missiólogos católicos romanos, uma discussão semelhante, iniciada durante o Concílio Vaticano II (1961-1965), levou ao uso generalizado do termo "inculturação", que denotava um processo parecido com o da contextualização. Herve Carrier definiu a ideia como "o esforço para injetar a mensagem de Cristo em um ambiente sociocultural, conclamando assim esse ambiente a se desenvolver segundo seus próprios valores, contanto que eles possam estar em harmonia com a mensagem do evangelho" (Carrier, 67). Essas discussões revelam um grande aprendizado derivado da antropologia moderna e representam um importante avanço na visão cristã das culturas. Os missionários que se formaram a partir dessa época, quer católicos, quer protestantes, passaram a ter bons conhecimentos das questões que diziam respeito à comunicação transcultural.

Por mais importantes que esses diálogos sejam para despertar os cristãos para o papel que a cultura inevitavelmente exerce sobre missões e discipulado, o processo de contextualização dava a entender que a cultura-alvo tinha um papel basicamente passivo. Demonstrando coerência com o caráter dinâmico das culturas e com as recentes ênfases da antropologia, hoje os missiólogos costumam ressaltar como as culturas recebem e interpretam o evangelho e os modos pelos quais o processo de missões implica um aprendizado mútuo da verdade das Escrituras.

Lamin Sanneh, por exemplo, propõe que falemos da traduzibilidade do evangelho e não de contextualização. Ele afirma que o próprio trabalho de tradução das Escrituras para o vernáculo libera uma dinâmica do evangelho. No frontispício de *Translating the Message,* Sanneh afirma: "A questão que muitas vezes passa despercebida ao historiador é o capital cumulativo que o cristianismo tem derivado da língua comum do povo" (Sanneh, vi). Como esse capital se desenvolve? Sanneh conclui: "A traduzibilidade é a fonte do sucesso do cristianismo entre as culturas" (Sanneh, 51). Ele ressalta dois aspectos do processo de tradução.

Em primeiro lugar, o processo de tradução relativiza a cultura que deu origem ao evangelho. Embora os missionários sempre viessem acompanhados pelos preconceitos de sua própria cultura, o processo de tradução para o vernáculo era tal que "com o tempo, os africanos passaram a reclamar do inaceitável grau de ocidentalização na igreja, acreditando, com justiça, que a posição que defendem pode ser defendida nos principais redutos do próprio cristianismo bíblico" (Sanneh, 174). Em outras palavras, ao assumir uma nova forma (do vernáculo), o cristianismo conduz a crítica dos profetas hebreus e de Paulo — ele passa a criticar as próprias formas de vida nas quais é recebido. Assim como não existem barreiras culturais para a comunicação da palavra de Deus, o processo de tradução mostra que a obra divina de criação e redenção não tem um núcleo cultural próprio. As inovações culturais ficam então sujeitas ao veto do vernáculo e (no final das contas) das Escrituras. "Dessa maneira, o evangelho tem potencial para transcender as restrições culturais do tradutor e fincar raízes num novo solo, um transplante que, no devido tempo, virá desafiar as premissas do tradutor" (Sanneh, 53).

Em segundo lugar, o processo de tradução das Escrituras para o vernáculo "desestigmatiza" e "energiza" a cultura onde elas são recebidas. O estudo de Sanneh perpassa amplamente a história cristã e o moderno movimento de missões para demonstrar a correlação entre o acesso às Escrituras no vernáculo e a renovação dessas culturas. Por exemplo, nas regiões da África onde as religiões tradicionais predominavam, a tradução permitiu que se encontrassem ideias e práticas que poderiam ser usadas de imediato para expressar a realidade do amor de Deus pelo mundo: "Foi pela congruência natural com o vernáculo que o impacto cristão enviou ondas sonoras que reverberaram por todo o território, de modo que, para várias comunidades, a mensagem dos novos profetas chegava como confirmação de velhos sonhos" (Sanneh, 184). Nas palavras do erudito africano John Mbiti, "o evangelho levou as pessoas a verbalizar o nome de Jesus Cristo [...] aquele último elemento complementar que coroa a religiosidade tradicional das pessoas e faz com que sua luz bruxuleante alcance brilho pleno" (em Bediako, 118).

A importância desse argumento reside no papel singular que ele confere às Escrituras na recepção cultural do evangelho. Assim, não há incertezas sobre o que está sendo levado para dentro de uma cultura: trata-se daquilo que os cristãos chamam de Palavra de Deus. No pensamento protestante, a Bíblia é o testemunho autorizado dos propósitos de Deus na criação e nova criação. Além disso, como é do conhecimento de todos os intérpretes das Escrituras, a verdade da Bíblia nos chega num formato condizente com a cultura hebraica e greco-romana, de modo que o processo de tradução sempre envolve a identificação de padrões e estruturas equivalentes na Bíblia e na cultura receptora. Desse modo, o processo de tradução é parte de um processo mais amplo da interpretação humana da verdade de Deus no contexto da vida real de nossa família, trabalho e escola. Em cada caso, os agentes desse trabalho são aqueles que recebem a Palavra de Deus e a aplicam em seu próprio contexto. A riqueza das interpretações da verdade de Deus no vernáculo consubstancia a observação de Paulo em Efésios 4, onde ele declara que, para que haja saúde do corpo, é preciso que se utilizem todos os diversos dons que o Cristo ressurreto derramou sobre seu povo. Esse processo tem "em vista o aperfeiçoamento dos santos para a obra do ministério e para a edificação do corpo de Cristo; até que todos cheguemos à unidade da fé e do pleno conhecimento do Filho de Deus, ao estado de homem feito, à medida da estatura da plenitude de Cristo" (Ef 4.12-13).

Essa passagem é muito importante para a visão cristã da cultura. A cultura é formada sempre em resposta à presença e atividade de Deus, quer isso seja reconhecido, quer não. Os dons aqui mencionados por Paulo são aqueles que refletem a vitória (e o reinado atual) de Cristo, os quais são concedidos pelo Espírito Santo. Eles resultam num crescimento coletivo que inclui obras do ministério, entendimento e unidade — processo que Paulo resume como "estado de homem feito [...] estatura da plenitude de Cristo" (Ef 4.13). Assim, Cristo é a fonte e o objetivo (cf. Ef 4.15) de um processo que se desenvolve coletivamente pelo crescimento e funcionamento adequado do corpo de Cristo, o que envolve a eliminação do muro de hostilidade entre diferentes grupos culturais (Ef 2.14). Portanto, a tradução realça de uma forma que a contextualização é incapaz de fazer a mutualidade pela qual os membros do corpo de Cristo aprendem uns com os outros enquanto caminham juntos rumo à maturidade. Dessa maneira, em contraste com Clifford Geertz, os cristãos não procuram simplesmente dar acesso às respostas que outros oferecem para as profundas questões humanas, mas procuram agregar ao crescimento coletivo rumo à semelhança de Cristo as milhares de respostas inspiradas pelo Espírito que os cristãos dispensam ao evangelho.

Historiadores de missões como Andrew Walls atribuem essa mudança no centro de gravidade a um elemento descentralizador no cristianismo. À semelhança da igreja de Antioquia, que aos poucos foi ofuscando a igreja mais velha de Jerusalém nas narrativas missionárias do livro de Atos, hoje também estamos testemunhando o crescimento de igrejas mais novas. As periferias se tornam novos centros de novas ideias e de aprendizado teológico.

2.2. O desafio de testemunhos culturalmente adequados. Assim como aconteceu com as igrejas primitivas, o processo de contextualização não está isento de lutas veementes e contestações. A história do movimento missionário moderno e das reações causadas nas igrejas espelham os problemas que vieram à tona no início do cristianismo.

Existe, por exemplo, o problema da *tradição herdada*, que faz as pessoas confundirem o vinho com os odres ou o evangelho com as interpretações e elaborações culturais daqueles que trouxeram a mensagem. Isso ficou prefigurado na polêmica de Jesus com os fariseus. Jesus e seus discípulos não tinham os elementos que tradicionalmente caracterizavam os homens santos de Israel. Em contraste com João e seus discípulos que jejuavam, eles comiam e bebiam. Eles também viviam infringindo a lei, isto é, as elaborações da Torá ampliada em minúcias legais que, com o passar do tempo, se tornaram mais importantes que a justiça e a misericórdia. A antropologia dá a essa tendência de confundir o símbolo com a coisa em si o nome de "transferência por extensão" (TE); por exemplo, a arca que às vezes era tratada como um talismã, ou o ritualismo em torno do templo e de seu sistema de sacrifícios.

Existe também o problema do *imperialismo cultural*, em razão do qual as pessoas confundem o caráter universal do evangelho com sua expressões próprias de uma cultura. Era esse o problema dos judaizantes, que insistiam na necessidade da circuncisão para os cristãos gentios. Dentro da cultura judaica, a circuncisão era sinal de que a pessoa pertencia ao povo de Deus. Eles tentaram universalizá-lo para todas as pessoas, de forma parecida com os credos denominacionais e resumos pré-fabricados do evangelho que são vistos como eficazes para todas as culturas.

No centro desses desafios encontra-se a tensão gerada pelo fato de que o cristianismo é uma fé universal e, ao mesmo tempo, culturalmente específica. O Deus do universo era judeu. Nenhuma outra religião fala sobre Deus dessa maneira. Ele teve uma história, uma cultura e um lugar na geografia do mundo. É possível detectá-lo cronologicamente num calendário, em contraste com as aparições efêmeras e mitológicas de avatares hindus. Mas o mistério da encarnação é tal, que o cristianismo é mais universal quando é mais verdadeiramente particular, fincado nos contexto concreto e na história dos povos.

Observando-se uma cultura, é possível olhar para: (a) sua *conduta*, ou modelos de comportamento públicos e observáveis; (b) seu *código*, ou as normas e regras para um comportamento aceitável naquela cultura específica; (c) seu *credo*, ou seja, os sistemas de crenças, cosmovisões e formas de explicar o sentido das coisas; e (d) seu *culto*, ou os rituais, festas e outras encenações recorrentes que conferem ritmo e regularidade ao sistema de vida de um povo.

Analisar uma cultura é como ler um texto, interpretando-o dentro de seu contexto. É preciso que a análise seja feita por alguém da própria cultura que seja bem autoconsciente ou alguém de fora que esteja profundamente envolvido na cultura e integrado a ela. Interagir com o texto da cultura e o texto das Escrituras exige o que C. S. Lewis chamou de "um mínimo de senso literário", ou a capacidade de distinguir entre o símbolo e o mero objeto e de discernir os temas por trás das circunstâncias da narrativa. No final das contas, trata-se de um conhecimento obtido por meio da obra do Espírito, uma compreensão empática e intuitiva do que leva as pessoas a fazer o que fazem em determinada cultura ou estória.

Em suma, as Escrituras nos dão pelo menos dois paradigmas do que significa a unidade dentro das culturas e sociedades. Um deles é o paradigma da *torre de Babel, uma unidade baseada na uniformidade*. Culturalmente homogênea, era uma sociedade com uma só língua e a mesma visão do que queria ser e fazer. Seu monoculturalismo permitiu-lhe ser eficiente, desenvolver tecnologias e realizar projetos em grande escala.

Outro paradigma é a *igreja no Pentecostes, uma unidade na diversidade*. O Espírito de Deus se manifestou através de uma pluralidade de línguas e criou uma nova comunidade humana a partir dessa diversidade. Assim, a igreja é a única forma de organização social no mundo em que os membros se reúnem, não por causa de culturas e interesses em comum, mas porque Deus se manifestou falando em cada uma de suas diversas línguas. Deus se dirige a nós em nossa particularidade. De modo semelhante, somos chamados a um modelo de testemunho encarnacional e não transnacional.

3. Conclusão: a cultura como um chamado para servir

Em certo sentido o "bom" da criação de Deus está em seu potencial. Aquilo em que a criação se transformaria dependia da atividade humana, que expressaria e incorporaria os vários relacionamentos da criação; na realidade, a criação ensejava o desenvolvimento das culturas. O chamado para fazer alguma coisa com a criação torna o relacionamento humano com ela intrinsecamente moral; precisamos fazer alguma coisa com os modelos de relacionamentos nos quais nos encontramos. O ser humano é chamado diante de Deus para uma administração responsável, e não podemos escapar desse chamado — podemos apenas cumpri-lo bem ou cumpri-lo mal. Isso significa que o trabalho de formação das culturas não é moralmente neutro; ele nos encarrega de responder aos propósitos de Deus para o mundo e para todos os povos. E seu objetivo, assim como todo o nosso trabalho, é a glória de Deus.

Veja também CONTEXTUALIZAÇÃO; TEOLOGIAS LOCAIS; TEOLOGIA DE MISSÕES.

BIBLIOGRAFIA. BEDIAKO, K., *Christianity in Africa: The Renewal of a Non-Western Religion* (Maryknoll: Orbis, 1995); CARRIER, H., *Evangelizing the Culture of Modernity* (Maryknoll: Orbis, 1993); DURKHEIM, E., *The Elementary Forms of Religious Life* (Nova York: Free Press, 1995 [edição em português: *As Formas Elementares da Vida Religiosa* (São Paulo: Martins Fontes)]); DYRNESS, W. A., *The Earth Is God's: A Theology of American Culture* (Maryknoll: Orbis, 1997); GENER, T. D., "Every Filipino Christian a Theologian: A Way of Advancing Local Theology for the 21st Century", in: *Doing Theology in the Philippines,* MAGGAY, M. P., org., (Mandaluyong, Philippines: OMF Literature, 2005); GEERTZ, C., *The Interpretation of Culture* (Nova York: Basic Books, 1973 [edição em português: *A Interpretação das Culturas* (LTC)]); KOYAMA, K., *Mount Fuji and Mount Sinai* (Maryknoll: Orbis, 1985); KRAFT,C., *Christianity in Culture* (Maryknoll: Orbis, 1979); MAGGAY, M. P., *Towards Sensitive Engagement with Filipino Indigenous Consciousness*, *IRM* 87, no. 346 (Genebra: Conferência de Missões Mundiais e Evangelização, CMI, Julho 1998); *idem*, "Towards Contextualization from Within: Some Tools and Culture Themes", in: *Doing Theology in the Philippines* (Mandaluyong, Philippines: OMF Literature, 2005); MALINOWSKI, B., *A Scientific Theory of Culture and Other Essays* (Chapel Hill: University of North Carolina Press, 1944 [edição em português: *Uma Teoria Científica da Cultura* (Rio de Janeiro: Zahar)]); SANNEH, L., *Translating the Message: The Missionary Impact on Culture* (Maryknoll: Orbis, 1989); STOTT, J. e COOTE, R., *Down to Earth: Studies in Gospel and Culture* (Grand Rapids: Eerdmans, 1980); TANNER, K., *Theories of Culture: A New Agenda for Theology* (Minneapolis: Fortress, 1997); WALLS, A. F., *The Missionary Movement in Christian History: Studies in the Transmission of Faith* (Maryknoll: Orbis, 2000).

Maggay, M. P. e Dyrness, W. A.

CULTURA VISUAL

O estudo da cultura visual examina o papel que as imagens e as práticas visuais exercem no modo como as pessoas configuram a vida. Ele se vale dos métodos da história da arte, da antropologia e até da filosofia para entender e analisar a importância das imagens visuais. Seu valor para a teologia reside em duas áreas. Por um lado, os cristãos creem que Deus, como Criador do universo visível, entrou em suas estruturas físicas por meio de Jesus Cristo, em cuja vida, morte e ressurreição começou o processo de renovação da criação. Assim, para os seguidores de Cristo, as formas e estruturas dadas à ordem criada, seja pela arte, seja pela configuração de casas e cidades, tornam-se parte do *discipulado fiel. Por outro lado, as práticas religiosas e a *espiritualidade sempre têm um componente visual e, assim, a atenção aos aspectos visuais do culto cristão e como eles influenciam a formação espiritual dos crentes é um importante tema cristão a ser considerado.

1. Desenvolvimento dos estudos da cultura visual
2. Cultura visual e reflexão teológica

1. Desenvolvimento dos estudos da cultura visual

O estudo da cultura visual como disciplina separada é relativamente recente, embora a importância do ambiente visual seja reconhecida há muito tempo (*veja* Imagens, Ícones, Iconoclasmo). O papa Gregório, o Grande, admitiu no século sexto a importância que o ambiente pagão tinha para cristãos recém-convertidos e recomendou a seus bispos que dessem alguma aplicação cristã a imagens e estruturas existentes. O jesuíta Matteo Ricci observou na China do século 16 que a apresentação de sua mensagem em formas visíveis e em livros era quase tão importante quanto o conteúdo da mensagem para céticos intelectuais chineses. Ao mesmo tempo, os reformadores haviam se convencido de que as imagens e costumes medievais impediam que o povo entendesse o evangelho.

Há cerca de uma geração, estudiosos começaram a descrever as culturas sob o ponto de vista da importância que elas davam a meios de comunicação orais ou visuais. A cultura hebraica do Antigo Testamento, por exemplo, era vista como uma "cultura oral" em virtude do foco na Torá, que Israel devia ouvir (e obedecer). A cultura grega, porém, era uma "cultura visual", pois tinha como alvo uma visão intelectual da verdade que os gregos acreditavam ser essencial para o desenvolvimento humano. Em *República* de Platão, na famosa analogia da caverna, por exemplo, ele retrata os seres humanos presos na escuridão da caverna e vendo a realidade somente como sombras na parede. Eles precisavam deixar aquele estado e, gradualmente, ser levados para a luz, de modo que pudessem enxergar a verdade. De modo semelhante, estudiosos afirmam que a cultura cristã medieval era visual, ao passo que o foco dos reformadores na pregação da Palavra acabou formando uma cultura oral.

É claro que essas afirmações contêm verdades. Os cristãos medievais acreditavam que você "se torna aquilo que contempla", mas os reformadores declaravam que apenas ouvindo a Palavra é que a pessoa é espiritualmente transformada. Como consequência, a tradição protestante que resultou dessa postura e que exerceu grande influência sobre o cristianismo em todo o mundo não costumava levar em conta o componente visual da adoração e da espiritualidade (Dyrness).

A classificação das culturas como "orais" ou "visuais" é sugestiva, mas simplifica demais realidades culturais complexas. Hoje os estudiosos tendem mais a se expressar em termos da variedade de práticas visuais que um povo emprega na configuração de seu mundo e, o que é mais importante para nossos objetivos aqui, como essas práticas são expressas e incorporam a fé religiosa (Morgan). Estudiosos hoje apontam para uma ampla variedade de práticas visuais em muitas culturas, mas também sugerem criticamente que, em certas culturas, pode haver uma perda naquilo que é "visto". Por exemplo, a cultura ocidental de hoje está mergulhada em vídeo, propagandas e imagens de televisão. Mas isso muitas vezes não se traduz num conjunto de práticas visuais mais ricas — as pessoas podem estar tão dominadas pelas imagens em volta delas, que não conseguem mais "ver" o que está diante dos olhos (Jenks).

2. Cultura visual e reflexão teológica

Essas questões são importantes para os cristãos por razões tanto teológicas quanto missiológicas. As visões cristãs da criação e da encarnação, além do rico vocabulário bíblico associado aos atos de "ver" e "olhar", fazem com que a reflexão sobre nosso ambiente visual seja um elemento obrigatório em nosso labor teológico. Deus não apenas tornou visível a glória divina em várias teofanias (aparições divinas) no Antigo Testamento, mas também assumiu a forma material em Cristo. Sem dúvida, as aparições visíveis de Deus em diferentes formas concretizavam e explicavam a narrativa da salvação que elas ressaltavam. Deus obviamente acreditava que não havia separação entre palavra e imagem. Nas Escrituras, a adoração era uma experiência holística que envolvia mente, coração e alma.

De uma perspectiva missiológia, a ideia de Ricci de que os elementos visuais de nossa proclamação precisavam estar em harmonia com a suposta importância da mensagem, apesar de muitas vezes desconsiderada pelos protestantes, era correta. Como Francisco de Assis disse a seus discípulos, retratem a fé a todas as pessoas de todos os modos possíveis, usem palavras se necessário. A pedagogia nos ensina que muitas pessoas têm aprendizado visual, pois aprendem melhor por meio de imagens e não apenas de palavras. Além disso, a presença cada vez maior da mídia em todo o mundo tem levado os especialistas a falar sobre o triunfo da cultura visual. Sem dúvida, os cristãos precisam considerar as ações envolvendo cultura visual um elemento importantíssimo em seus vários ministérios. Há cristãos que costumam pensar que isso significa evitar certos aspectos da cultura visual e nos disciplinar espiritualmente em relação àquilo que vemos. Embora esse cuidado também esteja envolvido, o mais importante é que os cristãos e a igreja desenvolvam práticas positivas e construtivas de criação de objetos e ambientes visuais que glorifiquem a Deus e promovam o crescimento humano.

Veja também Arte e Estética; Cultura Popular; Filme; Imagens, Ícones, Iconoclasmo.

BIBLIOGRAFIA. DYRNESS, W. A., *Reformed Theology and Visual Culture: The Protestant Imagination from Calvin to Edwards* (Cambridge: Cambridge University Press, 2004); JENKS, C., org., *Visual Culture* (Londres: Routledge, 1995); MORGAN, D., *The Sacred Gaze: Religious Visual Culture in Theory and Practice* (Berkeley: University of California Press, 2005); WUTHNOW, R., *All in Sync: How Music and Art Are Revitalizing American Religion* (Berkeley: University of California Press, 2003).

Dyrness, W. A.

CURA E LIBERTAÇÃO

No século 20, o fenômeno dos milagres de cura e libertação na igreja assumiu novas proporções em escala mundial. O fenômeno não esteve ausente nos séculos anteriores, pois a cura e a libertação fizeram parte do ministério da igreja nos três primeiros séculos do cristianismo. E por toda a história da igreja diversos movimentos estiveram centrados nos aspectos sobrenaturais do ministério como cura e exorcismo. Neste verbete examinaremos brevemente o desenvolvimento contemporâneo do fenômeno de cura e libertação na igreja e nas práticas missionárias, para em seguida analisar as perspectivas bíblicas, algumas questões teológicas relacionadas ao assunto e reflexões sobre a prática pastoral.

1. Movimentos no século 20
2. Perspectivas bíblicas
3. Considerações Teológicas
4. Implicações para missões e cuidado pastoral

1. Movimentos no século 20

Com o advento do movimento pentecostal (*veja* Pentecostalismo) no início do século 20 e do movimento carismático na década de 1960, os fenômenos de cura e libertação tornaram-se importantes dimensões para a vida da igreja e das missões. Tais dimensões foram expressas sob diferentes formas.

1.1. O movimento pentecostal. O pentecostalismo surgiu em 1906 como um movimento do Espírito Santo que ressaltava, entre muitas coisas, a cura pela fé e o exorcismo como aspectos importantes do ministério. O movimento concentrava-se no falar em línguas (*veja* Glossolalia), na existência de demônios na vida das pessoas e na manifestação do poder de Deus no ministério pela mediação de evangelistas e de pessoas ungidas que realizavam curas. Em meados do século 20, personagens centrais como Kathryn Kuhlman, Oral Roberts e William Branham colocaram em evidência a liderança pentecostal. Esta, por sua vez, influenciou diversos movimentos neopentecostais menores nos Estados Unidos e em outros países. Alguns desses movimentos eram liderados por evangelistas que, individualmente, formaram seu próprio público através de grandes conferências e pelo uso da mídia, sobretudo da televisão.

1.2. O movimento carismático. Na década de 1960, uma nova onda de avivamentos eclodiu em denominações tradicionais, em particular nos Estados Unidos (*veja* Movimentos Carismáticos). Todas as grandes denominações sofreram o impacto desses avivamentos. A Igreja Católica Romana também não ficou de fora, pois o avivamento também chegou às suas fileiras em muitos lugares. Figuras centrais como Dennis Bennett e Francis MacNutt, por meio da ênfase em cura e libertação, contribuíram para o interesse cada vez maior nesses modelos de cuidado pastoral e evangelização, cuja prática se expandiu grandemente.

Além disso, surgiram também muitos evangelistas famosos que alegavam operar milagres de cura e exorcismo. Benny Hinn, com suas "cruzadas de milagres", afirmava que a cura sempre era da vontade de Deus. Reinhard Bonke, evangelista alemão, supostamente ressuscitou um pastor em dezembro de 2001 e liderou grandes cruzadas em muitos lugares da África.

Peter Wagner e outros também iniciaram o que tem sido chamado de terceira onda de pentecostalismo / neopentecostalismo, enfatizando a *batalha espiritual de nível estratégico contra "espíritos territoriais" que supostamente controlam entidades geográficas, políticas e sociais. Esse movimento fez com que o interesse pelo elemento demoníaco fosse em parte transferido da esfera pessoal para esferas mais públicas, causando uma diminuição do interesse por possessão demoníaca e exorcismo.

1.3. Movimentos não-ocidentais. Muitos dos movimentos de cura e libertação acima mencionados nasceram no Ocidente e acabaram sendo exportados para outras partes do mundo, mas movimentos semelhantes, porém autóctones, aconteceram também no mundo não-ocidental.

Logo depois da Primeira Guerra Mundial, movimentos religiosos locais surgiram em diversas regiões da África com igrejas proféticas independentes (*veja* Igrejas Originadas na África). Um exemplo disso foi o Movimento de Oração de Aladura, na Nigéria, com suas orações em favor da cura de enfermidades físicas e mentais e por proteção contra bruxaria. O movimento cresceu rapidamente nas décadas de 1920 e 1930. Outro movimento importante foi o de Simon Kimbangu, no Congo, que ficou famoso com suas curas e conhecido por realizar milagres semelhantes aos encontrados nos evangelhos. Segundo Harvey Cox, a igreja que se desenvolveu a partir desse movimento constituiu "a maior igreja independente no continente". Outro operador de milagres bem conhecido foi William Wade, no oeste africano. Avivamentos também varreram países como Ruanda, Uganda e outras regiões na África.

Mais tarde, depois da metade do século 20, surgiram versões africanas dos movimentos pentecostal e carismático. As várias igrejas desses movimentos ressaltavam a cura e a libertação, ênfase que encontrou grande aceitação nas culturas africanas.

Na Ásia, nomes como de John Sung e Sadhu Sundar Singh ficaram associados a avivamentos locais caracterizados pela operação de sinais e maravilhas, que algumas vezes também envolviam cura e libertação. Como evangelista e avivamentista, John Sung realizou um magnífico ministério no leste e sudeste asiático nas décadas de 1930 e 1940, cujos efeitos são sentidos até hoje. Embora ele não quisesse ser conhecido pelos milagres de cura, o ministério de Sung foi marcado por várias curas. Sung acreditava no poder da oração, e seu ministério refletia isso. Sundar Singh foi um evangelista e místico indiano que realizou um famoso ministério no sul da Ásia e em muitas outras partes do mundo. Vestido como asceta indiano, Sundar Singh falava sobre a importância de apresentar a água viva do evangelho numa "taça indiana". Ele tinha dons de cura e enfrentava espíritos malignos em seu ministério nada comum, embora evitasse tornar públicas essas ações de cura.

1.4. Tradições litúrgicas. Nas igrejas mais antigas, a exemplo da católica romana e ortodoxa, as curas e o exorcismo foram preservados liturgicamente ao longo dos anos, mas sem os estilos de ministério pentecostal ou carismático (com exceção do fenômeno de Lourdes e das recentes incursões carismáticas na Igreja Católica Romana). Por exemplo, no ritual do batismo existe um trecho dedicado ao exorcismo. Isso é reflexo da prática contínua de cura e exorcismo na igreja primitiva, em especial nos dois primeiros séculos.

1.5. Outros movimentos. Na segunda metade do século 20, novos movimentos enfatizando a cura interior surgiram a partir dos livros de Ruth Carter Stapleton e David Seamands. Esses movimentos conciliavam modelos psicológicos e espirituais para levar cura aos indivíduos. Eles afirmavamm existir uma ligação entre doenças, feridas psicológicas e, às vezes, forças demoníacas. Por isso, cura, aconselhamento psicológico e orações de libertação são reunidos num grande arsenal de técnicas terapêuticas.

Neil Anderson é bem conhecido por seus livros sobre libertação e quebra de correntes. Ele associa vícios, cativeiros e as atividades de demônios na vida das pessoas. Cura e libertação acontecem por meio da renúncia e trazem como resultado liberdade psicológica e espiritual.

Outros, como Kenneth McAll, difundiram a ideia de maldições hereditárias, ligadas ou não à atividade demoníaca. Tais maldições hereditárias são quebradas por meio de oração e libertação.

2. Perspectivas bíblicas

A prática de cura e libertação pode ser sustentada com a Bíblia, embora com algumas condições e nuanças.

2.1. Os evangelhos. Os evangelhos sinóticos são a principal fonte de argumentos em favor dessas práticas. Marcos retrata Jesus iniciando seu ministério público em Cafarnaum num agitado dia de sábado. Jesus é apresentado pregando e ensinando na sinagoga, libertando um endemoninhado e curando os enfermos (Mc 1.21-34). Ele praticou esses atos exercendo respectivamente as funções de profeta, rei e sacerdote. O tríplice ministério caracterizou as atividades de Jesus enquanto ele se preparava para enfrentar a cruz. Os três aspectos também se encontram no manifesto de Nazaré, em Lucas 4.18: anunciar boas novas aos pobres, proclamar libertação aos presos, restaurar a vista aos cegos, pôr em liberdade os oprimidos.

Ao enviar seus discípulos para realizarem o ministério, Jesus os instruiu a fazer a mesma coisa — pregar, curar e libertar (Lc 9.1-2). Assim como o Pai tinha enviado Jesus, da mesma forma o Cristo ressurreto enviou seus discípulos (Jo 20.21). No entanto, Mateus descreve as instruções do Cristo ressurreto aos discípulos referindo-se apenas ao ensino (Mt 28.18-20). Isso se harmoniza com sua perspectiva do exorcismo no ministério de Jesus. Conforme assinala Graham Twelftree (*Christ Triumphant*), entre os evangelistas, Lucas é o que mais sublinha a importância do exorcismo, mas também é o que menos esclarece a diferença entre cura e exorcismo (Lc 4.38-41; 13.10-17). Ele considera as doenças um subproduto dentro da categoria mais ampla de atividade demoníaca. Em Marcos, o primeiro milagre de Jesus é um exorcismo (Mc 1.21-28), e entre seus treze relatos de cura há quatro exorcismos. Embora isso pareça ressaltar o exorcismo, sua importância diminui à medida que a narrativa avança. Marcos retrata Jesus como aquele que vence as doenças, os demônios e a morte (Mc 5.1-43). Mateus parece reduzir claramente a importância do exorcismo (Mt 4.24; cf. Mc 1.32-34; 3.11); sua primeira referência a ele é negativa (Mt 7.22).

João não menciona milagres de exorcismo em seu evangelho. Para ele, a derrota de Satanás é imposta por Cristo sobretudo por meio da cruz (compare Jo 14.30; 16.11 com Mt 12.24-29; Mc 3.22-27; Lc 11.15-22). Os evangelhos sinóticos realmente dão um lugar legítimo às curas e exorcismos, mas tendem a limitá-lo apresentando o ministério de milagres de cura e exorcismo numa relação específica com Jesus, para demonstrar quem ele era, e dando maior ênfase à cruz como lugar onde Jesus derrota em definitivo o Maligno e seus demônios.

Existem evidências suficientes de que as curas e exorcismos apresentados nos evangelhos foram reais e não simplesmente uma adaptação a ideias culturais sobre doenças e demônios. É fato que o Antigo Testamento fala proporcionalmente muito pouco sobre os demônios e Satanás. É provável que isso se explique pelo forte monoteísmo nas teologias do Antigo Testamento, nas quais a soberania de Deus é demonstrada tanto nas boas experiências da vida quanto nas más; Deus pode enviar saúde e enfermidade. No período intertestamentário, a influência persa colaborou para a formação de uma demonologia mais desenvolvida e para as práticas de exorcismo, juntamente com a ideia de que os espíritos maus, além de realizar os planos de Deus (Jó 1—2), também agiam contra ele com maior autonomia. Jesus incluiu esses elementos em seu ministério, dando a entender que os aceitava. Contudo, havia grandes diferenças entre a demonologia popular e os exorcismos de seus dias e os ensinos e o ministério de Jesus. Por exemplo, no caso de Jesus há uma clara ausência de técnicas e parafernália de magia; tampouco se veem lutas ou violência. Seu objetivo era outro — realizar a obra do Pai, e não ficar procurando demônios, que eram considerados mais um incômodo do que o foco principal de Jesus.

2.2. As epístolas paulinas. Paulo desenvolve essa ênfase em suas epístolas, interpretando o centro da obra de Cristo como a *salvação, na qual o *discipulado é visto principalmente como vitória sobre a carne e o mundo, vida no poder do Espírito Santo e crescimento no caráter cristão. Ele prefere termos como *principados* e *poderes*, em vez de *demônios* (Rm 8.38; 1Co 15.24; Cl 2.8-15). O termo *demônios* ocorre somente em 1Coríntios 10.20-21 e 1Timóteo 4.1. Em nenhum lugar de suas epístolas Paulo descreve ou recomenda o exorcismo, embora Lucas nos informe que ele tinha experiência com isso (At 16.16-18, no caso da jovem escrava endemoninhada de Filipos). Assim, ele dá mais importância a males bem mais sérios e maiores em comparação com pessoas endemoninhadas (1Co 2.6-8). Mesmo na vida de indivíduos, o grande problema é o pecado e a escravidão a ele; a solução está em vivenciar nossa identidade batismal (Rm 6). Isso se deve ao fato de que, para Paulo, a cruz lidou de modo definitivo com todos os poderes e demônios (Rm 16.20; Fp 2.9-11; Cl 2.8-15). Para o cristão e a igreja, a habitação do Espírito Santo torna essa vitória visível, à medida que eles desmascaram e superam as últimas investidas das já derrotadas forças do mal (Rm 8.3-9; Ef 6.10-18).

Para Paulo, a doença faz parte do estado de decadência da criação (2Co 4.17). Em alguns casos pode surgir como sinal do juízo de Deus contra alguém que pecou (1Co 11.27-32), mas o arrependimento pode trazer a cura nessas situações. A doença também pode ser usada por Satanás, pois Paulo parece descrever uma enfermidade como *mensageiro de Satanás* (2Co 12.7). Deus não o curou, mas Paulo viu nisso algo positivo, o cumprimento de outros propósitos de Deus mais importantes, como parte do sofrimento que lhe estava reservado para alcançar maturidade em Cristo e crescer no caráter cristão (2Co 11.23—12.10). Embora Paulo tenha tido oportunidades de realizar curas miraculosas (At 19.11-12; 28.9), ele não tinha um ministério itinerante de cura em tempo integral. Os *charismata* (dons) de cura dão a entender que um indivíduo pode receber dons de cura em diferentes momentos e que a cura devia ser realizada no contexto da comunidade cristã. Além disso, Paulo não achava que Deus cura em todas as situações. Isso remete aos ensinos e ao ministério de Jesus, que não curou todo mundo, embora tivesse oportunidade. Os ensinos de Paulo também são coerentes com os de Jesus, pois este, embora em alguns casos fizesse uma relação entre pecado e doença (Jo 5.14), não fazia a mesma associação em outros casos (Jo 9.3). Os autores do Novo Testamento tinham a expectativa de que as curas continuariam na igreja, embora elas tivessem valor limitado para produzir fé (Lc 16.31) e fossem menos importantes que a conversão e a salvação (Lc 10.20).

2.3. Resumo. Os dados bíblicos não apoiam a visão de que os milagres de cura e exorcismo cessaram depois da era apostólica, mas também não apoiam a outra visão de que eles continuam da mesma forma e com a mesma frequência em todas as épocas da história da igreja. Tais milagres podem acontecer, em particular onde existem novas ações missionárias em territórios não-alcançados, mas não se deve esperar que eles sejam a norma.

3. Considerações teológicas
Há diversas questões teológicas sobre as quais precisamos refletir para nos ajudar a entender melhor o tema da cura e libertação e configurar respostas teologicamente sadias e pastoralmente eficazes. Algumas são discutidas a seguir.

3.1. Epistemologia e cosmologia. A compreensão que hoje se tem das doenças comprometeu as visões bíblicas e tradicionais acerca de enfermidades, cura e exorcismo. Isso se deve em grande parte à ascensão da ciência moderna e ao uso de modelos científicos para explicar as experiências e os comportamentos humanos. Em parte, isso nos ajudou imensamente a aprofundar nosso conhecimento de como o ser humano funciona. No entanto, a erosão quase total de cosmovisões mais antigas foi prejudicial em muitos casos.

Para os cristãos, as Escrituras como revelação continuam sendo uma fonte básica de fé e conhecimento e servem para a formação e manutenção de uma cosmovisão bíblica. Essa cosmovisão geralmente fala fundo às culturas tradicionais em muitas partes do mundo onde a resposta ao mundo espiritual se expressa de duas maneiras: uma filosófica e outra pragmática. A abordagem filosófica da esfera espiritual tem se concentrado em reflexões sobre Deus, céu, sentido da vida e assim por diante. É uma dimensão filosófica percebida em muitas tradições religiosas asiáticas. No entanto, o modo mais popular de conceber a esfera espiritual e com ela interagir é de natureza pragmática. O antropólogo Paul Hiebert chama isso de "nível intermediário" ou zona intermediária. Segundo ele, muitas culturas tradicionais têm cosmovisões com três níveis. O nível superior tem a ver com o céu e Deus. A zona inferior é representada pelo mundo físico em que vivemos. A zona intermediária é o mundo dos espíritos, e acredita-se que eles interagem de perto com o mundo físico.

Hiebert afirma que a ciência moderna e o processo de modernização, evidentes sobretudo nas sociedades ocidentais, deterioraram o nível intermediário das cosmovisões tradicionais. Esse fenômeno nos deixa limitados aos níveis superior e inferior: céu e terra, sem o nível intermediário onde se acreditava que os espíritos viviam. O avanço da secularização fez também com que o céu ficasse mais distante e acabasse perdendo a importância (*veja* Religião Popular).

Acredita-se que o mundo espiritual é habitado tanto por espíritos bons quanto por espíritos maus. Na história europeia, antes do *Iluminismo, quando o mundo espiritual ainda tinha um lugar expressivo na cosmovisão das pessoas, certas doenças e comportamentos anormais eram atribuídos à ação de espíritos maus. Essa demonologia medieval foi desafiada e substituída pelas descobertas psicológicas que vieram com o Iluminismo, conforme H. Ellenberger demonstra com detalhes ao descrever essa transição. Em seu livro *The Discovery of the Unconscious* [A descoberta do inconsciente], Ellenberger declara que a demonologia medieval é a mãe da moderna psicologia profunda. Esse processo de secularização, com a desmistificação do desconhecido e do intangível, resultou na eliminação do mundo dos espíritos na consciência popular e na experiência dos ocidentais da era moderna. No século 20, isso foi seguido pelo enfraquecimento da crença no céu e na existência de Deus. De várias formas, o foco nos tempos modernos limitou-se apenas ao nível inferior. Portanto, como dizem muitos sociólogos, a modernização e a secularização resultaram na perda da crença no mundo dos espíritos e até da crença no céu.

Epistemologias tradicionais foram contaminadas durante muito tempo por uma poderosa presença da ciência moderna posteriormente ao Iluminismo. O racionalismo filosófico foi entronizado acima de ideologias e da hermenêutica. Como resultado desse processo, o mundo dos espíritos concebido por sociedades tradicionais e comunidades não-ocidentais foi descartado. Os problemas humanos são interpretados segundo os termos da ciência moderna. Mas a igreja continua a declarar sua fé em "um único Deus, Pai Todo-poderoso, criador dos céus e da terra e de todas as coisas visíveis e invisíveis". É preciso conciliar a mente moderna com a antiga fé incorporada nas Escrituras e na tradição. Ao mesmo tempo, essas fontes primárias de nossa fé também devem nos ajudar a evitar que desenvolvamos uma cosmovisão espiritualista (espiritismo tradicional e também formas de neopaganismo que surgem em sociedades altamente secularizadas) que descarta os dados científicos das esferas da medicina, psicologia e ciências sociais que nos ajudam a aprofundar nossos conhecimentos. Se toda verdade é verdade de Deus, e se a vida que vivemos está fincada nas esferas sociais e espirituais, então nossa cosmovisão configurada pelas Escrituras também precisa interagir positivamente com os dados e teorias da ciência, tais como o efeito placebo na medicina psicossomática e os transtornos dissociativos na psiquiatria.

A natureza dos seres humanos é uma questão relacionada a isso. O ensino cristão de que os seres humanos têm dimensões materiais e não-materiais significa que nosso conceito de saúde e doença deve levar muito a sério essa visão e influenciar nossa interação com as doenças e transtornos humanos. Uma abordagem holística na interpretação de como os seres humanos funcionam pode nos ajudar a evitar estratégias reducionistas, sejam elas da ciência, sejam do espiritualismo.

3.2. Teodiceia e sofrimento. O porquê da existência do mal e do *sofrimento no mundo é uma questão antiga (*veja* Mal, Problema do). A resposta bíblica aponta para seres humanos pecadores e espíritos maus como as principais razões, mas deixa alguma margem para o mistério. Tanto a negação secularista quanto a obsessão supersticiosa em relação ao elemento demoníaco acabam se revelando visões inadequadas e reducionistas da existência do mal e do sofrimento no mundo e da resposta a essas realidades. Primeiramente, em suas formas mais deterministas, essas abordagens reducionistas geralmente levam à abdicação da responsabilidade pessoal e da transferência da culpa pelo mal e sofrimento a elementos errados (circunstâncias sociais e familiares ou, por outro lado, os demônios). Em segundo lugar, uma perspectiva tão reducionista leva a uma visão míope do mal, fazendo com que seus defensores o enxerguem nos lugares errados e não percebam sua presença onde de fato importa.

Na tradição cristã, os inimigos da alma são identificados como um triunvirato — o mundo, a carne e o Diabo. O mal, o sofrimento e os transtornos pessoais e sociais têm múltiplas origens e cenários, muitas vezes numa complexa inter-relação. Por isso, o Diabo (e os demônios) muitas vezes conspira com a carne e o mundo para gerar indivíduos e sociedades enfermos. O indivíduo e a sociedade tornam-se assim o campo de batalha com o Diabo, mas este não é sempre responsável pelo mal e pelo sofrimento que vemos no mundo e na vida de indivíduos — pois o pecado e a rebelião humana são a causa principal. Por isso, conforme Paulo afirma em suas epístolas, muitas vezes nossa batalha é travada contra nossa própria condição pecaminosa — que derrotamos por meio da fé, das lutas e da obediência a Cristo — e contra nossas estruturas pecaminosas e injustas num mundo construído e mantido por seres humanos pecadores, estruturas às quais devemos resistir profeticamente e corrigi-las. No entanto, nessas duas batalhas, rejeitar a presença do mal supremo — o Diabo e seus subordinados — levaria a uma visão e resposta incompletas em relação ao mal e ao sofrimento. Uma resposta completa e eficaz entenderia as patologias e o mal nas esferas psicológica, social e espiritual, assim como também a inter-relação que existe entre elas.

Precisamos também aceitar que o sofrimento tem um lugar legítimo no crescimento espiritual do discípulo de Cristo (*veja* *Discipulado). Negar essa realidade traria como consequência soluções espirituais simplistas que tentam evitar o sofrimento por todos os meios. O evangelho da "saúde e prosperidade" é um exemplo de estratégia escapista e, portanto, não cristã na luta contra o mal e o sofrimento. Nesse contexto, cura e exorcismo podem ser vistos sob a mesma estrutura escapista. Mas isso não significa que não devemos nos preocupar com o sofrimento nem fazer alguma coisa para aliviá-lo e desafiar o mal que pode estar associado a ele. Certamente precisamos fazer alguma coisa de um modo bíblico que demonstre integridade teológica e pastoral. Também não devemos descartar a possibilidade de que Deus pode livrar seu povo que está sofrendo em contextos onde as pessoas se tornam vítimas indefesas de estruturas malignas. Por exemplo, onde a medicina está fora de alcance por causa de práticas injustas ou corruptas, ou onde os preços estão além do poder aquisitivo dos pobres, é possível que o aumento da incidência de curas miraculosas seja sinal da justiça e compaixão divinas. Assim mesmo, as expressões mais comuns da atividade divina têm se apresentado na forma de hospitais patrocinados por missões, programas de saúde pública administrados por organizações sem fins lucrativos e outras iniciativas do gênero.

Cura e libertação obtidas por meio da medicina tradicional e do aconselhamento ainda constituem os canais da graça mais comuns e não são menos importantes, menos divinos ou menos miraculosos que os tipos mais espetaculares.

3.3. Fé e superstição. Fé e superstição são reações possíveis diante do desconhecido e do incerto nas esferas que estão fora de nosso controle. A diferença é que uma se baseia principalmente na confiança e no relacionamento, ao passo que a outra tem por base principal técnicas e ferramentas.

Se aceitarmos sem críticas as cosmovisões tradicionais sobre os espíritos, correremos o perigo de perpetuar superstições que, na melhor das hipóteses, são inúteis, mas que podem chegar a ser bem nocivas. Isso se deve às relações estreitas entre as técnicas e o modo como o mundo dos espíritos tem sido manejado. J. Ellul é um crítico fervoroso do endeusamento moderno das técnicas, pois elas têm o potencial de nos desumanizar. Técnicas espirituais voltadas à manipulação do mundo dos espíritos têm o mesmo potencial de desumanizar as pessoas.

É por isso que precisamos adotar uma postura crítica diante das cosmovisões tradicionais sobre os espíritos — uma postura que não é metafísica nem epistemológica, mas ética. Em outras palavras, precisamos evitar a prática de responsabilizar os espíritos quando, na realidade, nós mesmos devemos assumir a responsabilidade. Cosmovisões tradicionais envolvendo espíritos estabelecem uma íntima associação entre sofrimento, problemas humanos e o mundo dos espíritos. As pessoas podem facilmente transferir a culpa para o mundo invisível. No âmbito individual, isso pode ser visto no fato de o exorcismo nem sempre ser um substituto para o aconselhamento moral. No nível dos grupos sociais, a linguagem do mundo dos espíritos pode ser nociva ao escamotear uma linguagem de responsabilidade social muito necessária. Num extenso estudo de nível mundial sobre possessão espiritual, E. Bourguignon observa uma correlação entre a incidência de possessões e a existência de injustiças sociais. Onde estas eram mais evidentes, as possessões também costumavam prevalecer. Em circunstâncias assim, será que os rituais de exorcismo têm reais condições de enfrentar com clareza e eficácia as injustiças sociais reinantes? Em situações como essas, a superstição serviria para legitimar os males e as injustiças sociais, devendo, portanto, ser descartada. Não se deve permitir que as técnicas do mundo dos espíritos tomem o lugar da teologia da responsabilidade social. Aqui mora o perigo da superstição associada ao mundo dos espíritos.

4. Implicações para missões e para o cuidado pastoral

Há quatro reações possíveis que podem influenciar as respostas pastorais e missionais.

4.1. Rejeição da cosmovisão dos espíritos. Uma resposta possível é negar o mundo dos espíritos como mito supersticioso e não levá-lo em conta nos processos diagnósticos e terapêuticos. No moderno processo de aconselhamento e na esfera dos paradigmas científicos é fácil agir assim. Aqui fica subentendido que o agente pastoral que não leva em conta o mundo dos espíritos e as explicações do aconselhando que relaciona seu sofrimento às dinâmicas do mundo dos espíritos obrigará o aconselhando a procurar ajuda de um agente de cura mais tradicional que seja receptivo à sua percepção e entendimento.

Rodney Henry afirma ser esse o caso entre muitos cristãos filipinos. Os missionários que levaram o cristianismo para lá tinham a tendência de desconsiderar a cosmovisão dos espíritos própria da cultura filipina. Isso fez com que as pessoas frequentassem a igreja para lidar com questões do nível superior (Deus, céu, eternidade), mas consultassem médiuns e curandeiros tradicionais para tratar dos problemas do dia a dia da vida como saúde, relações familiares e finanças. Isso gerou um cristianismo de níveis divididos. A mesma situação pode ser testemunhada em muitos lugares do mundo quando se olha para pessoas com problemas psicológicos que consultam ao mesmo tempo médiuns e psiquiatras. Explicações psicológicas podem ser rejeitadas por alguém que acredita piamente que seu problema pode ser resolvido somente pela interação com o mundo dos espíritos.

4.2. Aceitação acrítica da cosmovisão dos espíritos. Por outro lado, é possível adotar uma perspectiva diferente e aceitar sem críticas a cosmovisão tradicional dos espíritos adotada por uma comunidade ou indivíduo em particular. O problema aqui está relacionado à nossa discussão anterior sobre superstição e técnicas. A linguagem da cosmovisão dos espíritos pode ajudar, no máximo, como antídoto contra a arrogância das linguagens psicológicas e científicas modernas que desconsideram com toda naturalidade tal cosmovisão. Entretanto, essas linguagens tradicionais também podem ser veículos que prendem pessoas e comunidades a estruturas injustas e a padrões rotineiros envolvendo negação pessoal e coletiva.

Adotar essas linguagens tradicionais do mundo dos espíritos pode significar manter as pessoas escravizadas. O agente pastoral precisa tomar cuidado para não abandonar uma postura de crítica construtiva de uma cultura em particular (eticamente, como alguém de fora que observa a cultura) em favor de uma postura acrítica diante da crença nos espíritos dominante (emicamente, como se fizesse parte da cultura). Isso é verdade sobretudo no que diz respeito a uma perspectiva moral da cosmovisão dos espíritos e de como ela funciona dentro da comunidade. A obsessão do agente pastoral para encontrar uma saída terapêutica para o indivíduo pode impedir que ele enxergue as dimensões maiores de natureza ética e comunitária. Tomemos como exemplo os famosos estudos de I. M. Lewis sobre o grupo zar no norte da África. Ele descobriu que mulheres são muitas vezes possuídas por espíritos porque vivem numa sociedade dominada pelos homens. Naquela realidade, as mulheres não têm como obter justiça e um tratamento digno. Mas há um modo socialmente aceitável pelo qual elas podem protestar contra as injustiças que sofrem: sendo "possuídas por espíritos", uma condição que lhes permite dar vazão às suas frustrações sem serem punidas por isso. Nesse caso, a possessão por espíritos oculta um problema ético-social. A perspectiva de responsabilidade social não deve se restringir a objetivos terapêuticos limitados, mas contemplar problemas sociais mais graves expressos por meio do sofrimento pessoal descrito na linguagem da cosmovisão dos espíritos.

Portanto, o agente pastoral precisa adotar uma postura ético-social mais ampla em relação ao que ouve e observa, em vez de optar pela aceitação acrítica em nome da tolerância e da sensibilidade cultural.

4.3. Adaptação. Um modo pelo qual o agente pastoral pode reagir é rejeitando ontologicamente a epistemologia da cosmovisão dos espíritos, mas assim mesmo usá-la funcionalmente com fins terapêuticos. Nessa postura, o pastor se revela sensível à dinâmica cultural e aceita o papel do sistema de crenças na gênese, no desenvolvimento e na resolução dos problemas humanos. Portanto, ao trabalhar com o sistema de crenças do aconselhando, apesar de não endossá-lo pessoalmente, o pastor acompanha a descrição e a explicação do aconselhando e usa essa linguagem com objetivos terapêuticos para produzir um efeito placebo ou algo parecido com isso, podendo obter como resultado a solução do problema.

Sudhir Kakar, psiquiatra indiano, descreve como toda a família se envolve quando um de seus membros é possuído por espíritos. A pessoa é levada a um templo, e toda a família permanece ali por perto. A pessoa afetada é submetida a certos rituais religiosos e, no final, seus problemas se resolvem. É possível aceitar isso de uma perspectiva funcional e empregar uma abordagem semelhante, acreditando que o problema é solucionado não diretamente pelos rituais religiosos, mas por meio do processo de aliança familiar exigido pela doença da pessoa. Lançar mão de linguagem psicológica e de sistemas para explicar o que está acontecendo pode atrapalhar, já que isso confunde os membros da família. Em vez disso, podemos afirmar que o sistema de crenças pode ser adaptado dentro de uma abordagem terapêutica estratégica mais heterodoxa.

Muitas das novas discussões acerca do cuidado pastoral intercultural adotam essa abordagem de adaptação, na qual a linguagem de interação é a linguagem da cosmovisão dos espíritos da pessoa que está sofrendo, ao passo que a linguagem particular de análise e estratégia terapêutica do agente pastoral é psicológica e sociologicamente mais crítica. A grande desvantagem dessa postura é que ela pode parecer muito arrogante, como se as crenças tradicionais da pessoa que está sofrendo fossem suspeitas, ao passo que as crenças do agente pastoral são mais sofisticadas e refletem melhor a verdade e a realidade.

4.4. Abertura crítica. A diferença desta postura com a anterior é que ela não rejeita completamente a cosmovisão dos espíritos de uma perspectiva ontológica. Ela respeita a visão tradicional de que essa cosmovisão pode conter elementos reais. E pode usá-la de modo funcional para gerar resultados terapêuticos, à semelhança da postura anterior.

Essa posição tem grande valor para agentes pastorais, sobretudo no mundo não-ocidental. Nesses contextos, muitos são criados em culturas nas quais a crença no mundo dos espíritos é aceita sem questionamentos. Entretanto, profissionais de saúde com formação em medicina e psicologia têm dificuldades nessas situações, pois essas disciplinas não tem espaço para formas culturais e tradicionais de perceber e entender a realidade, a saúde e as doenças. Em outras palavras, essa posição reflete como os agentes que prestam ajuda tentam trabalhar com sua própria identidade exercendo essa função em sociedades que estão passando por rápidas mudanças e têm elementos tanto tradicionais quanto modernos.

4.5. Conclusão. Cremos nós no mundo dos espíritos? Em caso afirmativo, em que acreditamos sobre o mundo dos espíritos? Como isso afeta a ajuda que prestamos aos que estão sofrendo? E como nos afeta? Há questões com as quais temos de lidar. Isso exige uma mentalidade aberta sem que se perca a capacidade crítica. É claro que não se trata de uma situação simples; é muito mais fácil rejeitar totalmente ou aceitar sem críticas a cosmovisão dos espíritos em muitos contextos. O mesmo se pode dizer de nossa abordagem em relação a saúde e doença. Que fatores contribuem para uma saúde precária? Como empregamos tanto os conhecimentos científicos quanto religiosos? Que papel fatores como a biologia, psicologia, sociedade e o mundo dos espíritos exercem como causas de doenças? Como então respondemos aos que sofrem com as enfermidades? Todas essas questões exigem as disciplinas de observação, compreensão e reflexão guiadas por uma cosmovisão bíblica.

Veja também Batalha Espiritual; Milagres; Poder; Religião Popular.

BIBLIOGRAFIA. BOURGUIGNON, E., *Religion,*

Altered States of Consciousness and Social Change (Columbus: Ohio University Press, 1973); Ellenberger, H., *The Discovery of the Unconscious: The History and Evolution of Dynamic Psychiatry* (Nova York: Basic Books 1970); Ellul, J., *The Technological Bluff* (Grand Rapids: Eerdmans, 1990); Frost, E., *Christian Healing* (Londres: A. R. Mowbray, 1949); Frost, H. W., *Miraculous Healing* (Cingapura: OMF, 1999); Henry, R. L., *Filipino Spirit World: A Challenge to the Church* (Manila: OMF, 1986); Hiebert, P. G., "The Flaw of the Excluded Middle," *Miss* 10:1 (1982) 35-47; Kakar, S., *Shamans, Mystics and Doctors: A Psychological Inquiry into India and Its Healing Traditions* (Nova Delhi: Oxford University Press, 1982); Kelsey, M., *Healing and Christianity* (Minneapolis: Augsburg Fortress, 1995); Lewis, I. M., *Ecstatic Religion: An Anthropological Study of Spirit-Possession and Shamanism* (Harmondsworth: Penguin, 1971); Montgomery, J. W., org., *Demon Possession: A Medical, Historical, Anthropological and Theological Symposium* (Minneapolis: Bethany Fellowship, 1976); Nevius, J., *Demon Possession and Allied Themes* (Londres: George Redway, 1897); Richards, J., *But Deliver Us from Evil: An Introduction to the Demonic Dimension in Pastoral Care* (Londres: Darton, Longman & Todd, 1974); Shuman, J. J. e Meador, K. G., *Heal Thyself: Spirituality, Medicine, and the Distortion of Christianity* (Nova York: Oxford University Press, 2003); Solomon, R. M., *Living in Two Worlds: Pastoral Responses to Possession in Singapore* (Frankfurt am Main: Peter Lang, 1994); Twelftree, G., *Christ Triumphant: Exorcism Then and Now* (Londres: Hodder & Stoughton, 1985); Unger, M., *Demons in the World Today* (Wheaton: Tyndale, 1971).

Solomon, R.

D

DANÇA

Em toda a história humana, a dança tem tido um papel central nos vínculos sociais e na interação entre os seres humanos e as entidades divinas. Neste artigo, a dança será entendida como um amplo leque de movimentos — não apenas os movimentos estabelecidos por profissionais bem treinados — e incluirá adoradores e os que participam de diversas atividades e rituais religiosos.

1. Visão bíblica da dança
2. Abordagens ocidentais da dança
3. Abordagens africanas e afro-americanas da dança
4. A dança litúrgica nos dias atuais
5. Conclusão

1. Visão bíblica da dança

1.1. A dança no Antigo Testamento. No Antigo Testamento, a dança é claramente uma forma adequada de adoração praticada "na assembleia dos santos" (Sl 149.1-3). Em 2Samuel 6, Davi dançou diante do Senhor quando a arca da aliança foi levada para Jerusalém. Em Êxodo 15.20-21, Miriã e outras mulheres dançaram diante do Senhor para louvá-lo por seu livramento. Esses exemplos demonstram que a dança era uma forma de adoração largamente aceita tanto para homens quanto mulheres. Outros salmos fazem referências positivas à dança como forma de adoração coletiva e também como expressão de alegria pessoal (Sl 30.11; 150.4). A presença da dança nas celebrações judaicas é outra evidência de que ela fazia parte da adoração coletiva. A dança faz parte de pelo menos duas festas incluídas no Sukkot. Esses dados evidenciam que (a) a dança não era somente aceita mas havia também a expectativa de que fosse usada como forma de adoração no Antigo Testamento e (b) a dança fazia parte da adoração judaica coletiva.

1.2. A dança no Novo Testamento. O Novo Testamento, centralizado nas "boas notícias" da encarnação de Cristo, mostra com clareza a prioridade de Deus na redenção não apenas da alma humana, mas também do corpo, e isso destoa consideravelmente da mensagem negativa em relação ao corpo às vezes transmitida pela igreja. Embora o Novo Testamento não tenha muitas recomendações específicas sobre a dança, existe uma visão holística da pessoa, incluindo mente, corpo e espírito. O tratamento que ali se dá à adoração coletiva, em particular entre os crentes do Novo Testamento, não inclui passagem alguma que descreva de forma inequívoca a dança como fato ou mandamento. No entanto, o uso da palavra grega *chairō*, geralmente traduzida por "alegrar-se" (e.g., Fp 4.4), pode indicar uma abertura para os movimentos expressivos como algo normal na vida da igreja primitiva baseada em suas raízes judaicas. Por exemplo, a igreja primitiva cantava os salmos durante o culto e, por isso, os membros conheciam as exortações bíblicas sobre a adoração que envolve a pessoa como um todo.

2. Abordagens ocidentais da dança

2.1. A influência platônica sobre as visões cristãs da dança e do corpo. O cristianismo, em especial nas formações ocidentais, foi profundamente influenciado pela ênfase de Platão na primazia da mente sobre o corpo. Para Platão, o intelecto ocupava uma posição hierarquicamente superior, embora temporariamente sofresse limitações impostas pelo corpo e seus impulsos. Entretanto, no final a mente seria liberta de toda restrição física.

2.2. A dança e o corpo durante a Reforma Protestante. Embora Lutero considerasse o corpo subordinado à mente e ao espírito, a grande distinção que ele fazia era entre o carnal e o espiritual. O carnal significa toda a pessoa desprezando a Deus, e o espiritual é todo o eu receptivo à vontade divina. Assim, para Lutero, a vida espiritual devia ser vivida pela pessoa como um todo — corpo, mente e espírito. Nesse sentido, a dança como atividade cultural era aceitável, embora não fosse praticada na igreja. No entendimento de Zuínglio, Deus é conhecido por meio do que ele criou, o que inclui as coisas espirituais ou invisíveis e também as físicas ou materiais. Ele também afirmava e celebrava o papel do corpo na vida e, portanto, não se opunha à dança. Calvino, porém, parece revelar em sua opinião sobre a dança uma postura dicotomizada do corpo. Ele considerava a dança um degrau que poderia levar ao pecado sexual. Embora considerasse o corpo inferior ao espírito, Calvino também favorecia uma essência integral das pessoas e do corpo em sua relação com a vida da igreja e da sociedade em geral.

2.3. Influências modernas e pós-modernas sobre as perspectivas em relação à dança. Durante o período moderno houve uma clara rejeição dos modos tradicionais de conhecimento e uma ênfase sobre a verdade conhecida e encontrada somente pela razão. Durante esse período, a igreja lutou para afirmar a verdade de suas alegações, pois os sentimentos e a experiência eram rejeitados como elementos sem valor epistemológico. Portanto, não existia um lugar válido para o corpo como meio de conhecer a Deus ou de interagir com ele.

Em contraste com isso, na visão pós-moderna de hoje, o conhecimento e a verdade são vistos como qualidades relativas que podem ser adquiridas somente através da experiência pessoal e não são normativas para todos. Embora a rejeição da verdade absoluta apresente seus próprios dilemas para os cristãos, a ênfase na experiência permite uma receptividade à adoração pelo corpo como meio de conhecer nosso Criador, interagir com ele e adorá-lo, além de permitir que ganhemos consciência de nosso valor como seres criativos feitos à imagem de Deus.

3. Abordagens africanas e afro-americanas da dança

3.1. A dança na África. Embora o Ocidente sempre tenha tido uma relação conflituosa com a dança, regiões do mundo não-ocidental geralmente a acolhem como parte normal da vida. Os costumes variam de país para país, mas particularmente na África a dança é considerada essencial para a fé e para todos os aspectos da vida — desde os mais triviais, mas também nos ritos de passagem, nas cerimônias especiais, para expressar emoções e como meio de recordar e transmitir a história. Dentro da cosmologia africana, muitas vezes sob a influência do politeísmo, historicamente não existe uma divisão entre sagrado e secular; a dança não é boa nem ruim em si — embora certos tipos de dança sejam reservados para ocasiões específicas ou para *dançarinos* especialmente designados.

Quando o cristianismo chegou à África, os missionários ocidentais logo tentaram impor aos africanos suas restrições à dança. Embora essa imposição no início tenha sido "eficaz" juntamente com outras restrições, à medida que as outras gerações de cristãos locais começaram a ler a bíblia, os africanos passaram a rejeitar as restrições à dança e a acolheram como uma forma autêntica de adoração. Eles preservaram a ênfase dos missionários na Palavra, mas retomaram suas tradições culturais, mantendo o aspecto físico da adoração por meio da dança, dos tambores e da vivacidade.

3.2. A dança na tradição afro-americana. Essa ênfase na dança e na adoração cheia de vida não permeou somente o culto cristão africano, mas transcendeu os vínculos da escravidão e foi transmitida aos descendentes de escravos africanos nos Estados Unidos, no Caribe e na América do Sul. Em contraste com os cristãos senhores de escravos, durante a escravidão, para os africanos a dança era uma experiência estética cheia de significado espiritual, político, mental, emocional e cultural, e através dela os escravos mantinham comunhão com o divino e uns com os outros, ao mesmo tempo em que buscavam forças para superar a opressão individual e coletiva. Em especial o ritual conhecido como *Ring Shout* (lit. "grito em círculo"), dançado num círculo onde as pessoas batem palmas e batem os pés contra o chão, era uma dança comum que criava unidade além das fronteiras tribais, possivelmente praticada pelos escravos africanos também em seus lugares de origem. À medida que os afro-americanos se converteram ao cristianismo, danças como a do *Ring Shout* passaram a incluir o cântico de *Spirituals*, além das palmas e das batidas com os pés no chão. Hoje, muitas igrejas afro-americanas mantêm um culto cheio de vida, incluindo palmas, gritos e movimentos alegres.

4. A dança litúrgica nos dias atuais
Nos dias de hoje, a dança litúrgica é mais aceita como forma de adoração. Muitas igrejas de diversas denominações têm grupos de dança litúrgica — incluindo dançarinos e adoradores com e sem formação técnica na área. Em algumas tradições, o termo "dança de louvor" é preferido em lugar de dança litúrgica. Muitas igrejas maiores e as megaigrejas, em particular nos Estados Unidos, contam com ministérios de dança que incluem dançarinos profissionais e podem oferecer aulas de dança ou ter suas próprias academias e institutos de formação artística. Esses ministérios muitas vezes trabalham com vários gêneros, incluindo dança moderna, jazz, balé, dança africana e hip hop, podendo incorporar aos movimentos o uso da linguagem de sinais.

Na tradição pentecostal, as igrejas que adotam a dança às vezes a consideram um meio de batalha espiritual e a usam em conjunto com intercessão ou para anúncio profético dos movimentos de Deus. Em situações ideais, esses ministérios de dança capacitam todo o corpo de Cristo a participar da adoração a Deus através dos movimentos. Além disso, algumas comunidades veem a dança como um veículo de evangelização através do qual uma igreja ou organização pareclesiástica pode oferecer um serviço, geralmente dirigido a crianças e jovens, dando aulas de dança e se valendo da dança com fins evangelísticos ou como alternativa para jovens que vivem em situações de risco ou pobreza que, de outra forma, não teriam acesso à dança e estariam expostos a comportamentos e situações nocivas.

5. Conclusão
O ponto de partida para uma abordagem da dança deve ser a encarnação. Nela vemos como Deus, em sua maior expressão de amor, decidiu se tornar humano assumindo um corpo. Por isso, precisamos partir do princípio de que, no mínimo, a existência corpórea é importante para Deus. Dessa perspectiva, o corpo não deve ser considerado inimigo do espírito ou da comunhão humana com Deus. Portanto, a dança é uma oportunidade para que os seres humanos celebrem e ofereçam a Deus o corpo como ato de culto e de submissão a ele.

Veja também ARTE E ESTÉTICA; CORPO; LITURGIA E ADORAÇÃO.

BIBLIOGRAFIA. ASANTE, K. W., *African Dance: An Artistic, Historical and Philosophical Inquiry* (Trenton: African World Press, 1998); BYNUM, C. W., *The Resurrection of the Body in Western Christianity, 200-1336* (Nova York: Columbia University Press, 1995); COAKLEY, S., *Religion and the Body* (Cambridge Studies of the Religious Tradition; Cambridge: Cambridge University Press, 1997); DAVIES, J. G., *Liturgical Dance: An Historical, Theological and Practical Handbook,* (Londres: SCM, 1984); DEFRANTZ, T., org., *Dancing Many Drums: Excavations in African American Dance* (Studies in Dance History; Madison: University of Wisconsin Press, 2001); KANE, T., "Dance, Movement, and Posture in Worship", in: *The Complete Library of Christian Worship,* 4, WEBBER, R. E., org., (8 vols.; Nashville: Star Song, 1993).

Buchanan, D.

DANÇA LITÚRGICA. *Veja* DANÇA.

DANEEL, INUS. *Veja* TEOLOGIA AFRICANA PROTESTANTE.

DAOÍSMO. *Veja* RELIGIÕES CHINESAS.

DEIFICAÇÃO, TEOSE
A deificação ou divinização (do gr. *theosis*) é uma das mais antigas imagens da *salvação e tem sido tradicionalmente o aspecto distintivo da soteriologia do cristianismo oriental (*veja* Teologia Ortodoxa Oriental). Literalmente significa "tornar-se deus".
1. Base bíblica
2. Teologia patrística e ortodoxa oriental
3. Teologia ocidental e processos ecumênicos
4. A deificação numa perspectiva global

1. Base bíblica
Tradicionalmente, o principal apoio bíblico para a deificação se encontra em 2Pedro 1.4, que se refere aos cristãos como "participantes da natureza divina". Os teólogos orientais

costumam recorrer a outras passagens como Salmos 82.6 e João 10.34, que parecem fazer uso da linguagem da divindade em relação à humanidade. Há outras passagens bíblicas também citadas pelos teólogos orientais como, por exemplo, Êxodo 7.1; 34.30 e uma série de outros textos do Novo Testamento (Jo 3.8; 14.21-23; 2Co 8.9; Hb 4.15, etc.).

2. Teologia patrística e ortodoxa oriental

Embora o comentário do teólogo ortodoxo russo-americano Vladimir Lossky, que afirma que a *teose* "se reflete nos pais e teólogos de todas as épocas" (1976, 134), possa ser um exagero, não há como negar que a ideia da *teosis* permeia a liturgia, a vida de oração e a teologia da Igreja Ortodoxa. Os dois textos da patrística mais citados são estes: "O Verbo de Deus, nosso Senhor Jesus Cristo [...] por meio de seu Amor transcendente, tornou-se o que somos, para que pudesse nos tornar o que ele mesmo é" (Ireneu, *Contra Heresias* 5); e "Na verdade, ele assumiu a humanidade para que pudéssemos nos tornar Deus" (Atanásio, *Da Encarnação* 54).

Baseando-se nos ensinos e na espiritualidade dos pais da igreja, o monge e teólogo do século 14 Gregório Palamas formulou suas ideias sobre deificação a partir de três premissas: (1) a criação do ser humano "à imagem e semelhança de Deus", (2) a encarnação do Logos de Deus e (3) o poder da comunhão do ser humano com Deus no Espírito Santo (Mantzarides, 15-39).

Diversos aspectos distintivos da teologia do cristianismo oriental demonstram a importância da ideia da *teose*: (1) como o principal desafio que o ser humano enfrenta não é a culpa, mas a corrupção e a mortalidade, a *antropologia oriental aguarda a renovação da imagem de Deus como principal alvo da humanidade na forma da participação em Deus. (2) O ponto central da cristologia não é a cruz, mas a encarnação, o divino que se torna humano, e a ressurreição, a vitória da vida sobre a morte. (3) O papel do Espírito Santo na vida de Cristo e de seus seguidores é mais destacado no Oriente do que no Ocidente. (4) Embora a vontade humana tenha sido afetada pela queda, ela não foi destruída. Portanto, Deus convida as pessoas a uma resposta genuína da fé por meio da oração, do ascetismo e de disciplinas espirituais afins. A salvação vem pela graça, mas existe uma *sinergia* ou cooperação divino-humana.

Embora a tradição oriental se refira à divinização num sentido "real", isso não faz com que a distinção entre Deus e a humanidade se torne menos perceptível. A teologia ortodoxa sustenta a distinção (palamita) entre a "essência" de Deus e as "energias" de Deus. A deificação significa participação nas energias, de modo que a essência continua sendo uma característica exclusiva de Deus.

3. Teologia ocidental e processos ecumênicos

A ideia de deificação ou *teose* nunca foi totalmente desconhecida na teologia do cristianismo ocidental (referências podem ser encontradas em Tertuliano, *Apologia* 11, e em Agostinho, *Exposição de Sl 49*, entre outras). Mas ela também nunca foi totalmente aceita no Ocidente cristão. Ao mesmo tempo, não há dúvida de que, embora a teologia ocidental tradicional não use muito o termo *teose*, a ideia equivalente sempre marcou presença. Ela se expressa em termos como união (com Deus), participação (em Deus), glorificação, restauração da imagem de Deus e muitas vezes no simbolismo do casamento.

Até pouco tempo atrás, a ideia ortodoxa oriental e patrística de *teose* era vista com reservas no Ocidente, em virtude de seu vínculo com fervorosos grupos apocalípticos da Idade Média e do século 16, com alguns movimentos cristãos contemporâneos marginalizados pelos cristãos tradicionais (e.g., os chineses Watchman Nee e Witness Lee), com grupos não-cristãos como os mórmons e, mais recentemente, por causa da ligação com movimentos da Nova Era, que recebem influências de religiões do Oriente.

No entanto, de uma perspectiva ecumênica, novas realidades na teologia da salvação reintroduziram a deificação no centro das discussões. No final da década de 1970, surgiu na Europa um novo modelo de estudos de Lutero que veio a desafiar a opinião tradicional que dizia que as visões ortodoxa e luterana da salvação não somente eram distintas, mas reciprocamente antagônicas. Tuomo Mannermaa e seus alunos na Universidade de Helsinque afirmaram que a *teose* estava presente na soteriologia de Lutero e que o próprio conceito de *justificação dos reformadores se baseava na ideia da presença de Cristo no crente (*in ipsa fide Christus ad est*) por meio do Espírito Santo (Mannermaa). A presença de Cristo leva à restauração e às boas obras. Essa interpretação desafia o conceito de justificação de viés forense que mais tarde se tornou visível no luteranismo (e que está expresso nas confissões). Lutero usou o termo *deificação* apenas trinta e duas vezes (e.g., WA.B 5, 415, 45), mas os termos *união* e *participação* foram amplamente usados para expressar a mesma ideia.

O impulso para essa nossa perspectiva da teologia de Lutero foi dado pelos contatos ecumênicos entre igrejas ortodoxas e luteranas. Ao mesmo tempo, a nova interpretação de Lutero também exerceu grande influência sobre o diálogo entre luteranos e católicos romanos acerca da justificação. De modo geral, esse novo paradigma do conceito de salvação em Lutero que unia justificação e deificação recebeu críticas, às vezes hostis, de eruditos de língua alemã, mas foi acolhido por seus pares americanos.

A ideia de deificação foi detectada também nos escritos de outro grande reformador protestante, João Calvino (Mosser). O conceito também se encontra no *anglicanismo e *wesleyanismo (Allchin), assim como no anabatismo (Finger) e no pentecostalismo (Rybarczyk). Uma grande diversidade de teólogos e pensadores como Jonathan Edwards, Augustus Hopkins Strong, C. S. Lewis e alguns evangélicos americanos abraçam a ideia.

4. A deificação numa perspectiva global
Afirmou-se recentemente que a ideia ortodoxa oriental de deificação pode ter ligações naturais com religiões como *hinduísmo e *budismo cuja espiritualidade é mais "espiritual", transcendente e menos movida pela culpa (Karkkainen, 1-4). O mesmo se pode dizer das novas espiritualidades ocidentais como a Nova Era e a religiosidade oriental (Norris 1996). Há quem afirme, por exemplo, que a *teose* pode estabelecer um vínculo desafiador com o conceito africano (bantu) de "participação vital". Seria isso uma "contextualização do conceito ortodoxo para a África" (Schonherr, 160)? M. M. Thomas, da Índia, que durante muito tempo foi presidente do comitê executivo do Conselho Mundial de Igrejas, observa que "não há dúvida de que existe um enorme potencial para uma relação positiva entre a espiritualidade ortodoxa e a modernidade" (citado em Schonherr, 162).

O rico potencial da doutrina oriental da deificação ainda não se desenvolveu com relação a temas de importância imediata na ecologia, criação e sociedade. O viés cósmico da antropologia oriental e a ênfase comunitária de grande parte da teologia oriental podem, de fato, ser uma fonte de recursos teológicos sem precedentes para uma teologia renovada da criação e de interesse social. Talvez a mentalidade mais conservadora e isolacionista de muitas culturas onde a Igreja Oriental exerce influência explique por que existem tão poucas iniciativas nessa direção sendo apresentadas ao mundo ecumênico (veja ainda Karkkainen, 132-33).

De modo semelhante, cientistas como o anglicano John Polinghorne perguntam se a ideia de deificação pode ajudar a esclarecer a visão científica cristã da criação e da evolução e apoiar a afirmação da Igreja Ortodoxa de que "o verdadeiro objetivo da criação está na deificação" (citado em Karkkainen, 3). Outros, como A. Peacocke, em *Theology for a Scientific Age* [Teologia para uma era científica], refere-se à famosa definição de deificação feita por Ireneu e acima citada. De acordo com Peacocke, é provável que a deificação "seja mais compatível com uma perspectiva evolucionária do que a linguagem tradicional, comum no Ocidente, de redenção, salvação, santificação, etc." (citado em Karkkainen, 4).

Veja também JUSTIFICAÇÃO; SALVAÇÃO; TEOLOGIA ORTODOXA ORIENTAL.

BIBLIOGRAFIA. ALLCHIN, A. M., *Participation in God: A Forgotten Strand in Anglican Tradition* (Wilton: Morehouse-Barlow, 1988); BRAATEN, C. E. e JENSON, R. W., orgs., *Union with Christ: The New Finnish Interpretation of Luther* (Grand Rapids: Eerdmans, 1998); CHRISTENSEN, M., "Theosis and Sanctification: John Wesley's Reformulation of a Patristic Doctrine", *Wesleyan Theological Journal* 31:2 (outono 1996) 7194; FINGER, T., *A Contemporary Anabaptist Theology: Biblical, Historical, Constructive* (Downers Grove: InterVarsity Press, 2004); GROSS, J., *The Divinization of the Christian*

According to the Greek Fathers (Anaheim: A & C Press, 2002); Karkkainen, V.-M., *One with God: Salvation as Deification and Justification* (Collegeville: Liturgical Press, 2004); Lossky, V., *The Vision of God* (Crestwood: St. Vladimir's Seminary Press, 1973); idem, *The Mystical Theology of the Eastern Church* (Crestwood: St. Vladimir's Seminary Press, 1976); Mannermaa,T., *Christ Present in Faith: Luther's View of Justification* (Minneapolis: Fortress, 2005); Mantzarides, G., *The Deification of Man* (Crestwood: St. Vladimir's Seminary Press, 1984); Mosser, C., *The Greatest Possible Blessing: Calvin and Deification*, SJT 55:1 (2002) 36-57; Nellas, P., *Deification in Christ: Orthodox Perspectives on the Nature of the Human Person* (Crestwood: St. Vladimir's Seminary Press, 1987); Norris, F. W., "Deification: Consensual and Cogent", SJT 43:4 (1996) 411-28; Rybarczyk, E., *Beyond Salvation: Eastern Orthodoxy and Classical Pentecostalism on Becoming Like Christ* (Carlisle: Paternoster, 2004); Schönherr, H., *Concepts of Salvation in Christianity*, ATJ 12:3 (1983) 159-65.

Kärkkäinen,V.-M.

DEMITOLOGIZAÇÃO. *Veja* Mito.

DEMÔNIOS, POSSESSÃO DEMONÍACA.
Veja Anjos; Batalha Espiritual; Satanás.

DEPENDÊNCIA

Em teologia, em particular na missiologia, o conceito de dependência é um importante fator nas relações entre o mundo desenvolvido e o mundo em desenvolvimento. O termo geralmente se refere à confiança que igrejas de países mais pobres depositam em terceiros de países mais ricos no que diz respeito à provisão de recursos econômicos, estruturais e teológicos. Grande parte do problema da dependência é herança de pensamentos missiológicos e práticas missionárias do século 19, uma era de colonialismo em que agências missionárias e igrejas tinham a tendência de controlar e financiar muitas ações, inibindo assim a motivação e a capacidade das novas igrejas de assumir a responsabilidade por seu próprio bem-estar. Esses métodos também levavam missionários e crentes locais a desvalorizar os recursos econômicos, humanos e estruturais que quase sempre estavam à disposição. Embora o colonialismo político tenha diminuído muito até meados do século passado, muitos casos de dependência entre igrejas ricas e igrejas pobres continuavam a existir, e novos casos surgiram. Assim, a dependência e as formas como ela é vista e tratada continuam sendo uma preocupação teológica. Como essa questão tem sido formulada e entendida?

Um ponto fundamental que molda as discussões sobre dependência diz respeito à generosidade e ao uso e divisão eficaz de recursos num mundo com tantos níveis diversos de riqueza. Jesus incentivava seus seguidores a serem generosos com o dinheiro e outros recursos. Entretanto, como as pessoas de contextos mais prósperos devem usar e dividir seu dinheiro e outros bens com os mais pobres sem criar dependência financeira e de poder?

Um antigo pensador nessa área de dependência negativa foi Henry Venn, que, em 1851, formulou o princípio dos "três autos". O princípio, baseado num conceito ocidental de comunidades autônomas e adotado por muitos missiólogos e missionários, declarava que os missionários deviam ajudar as novas igrejas a alcançar autogoverno, autossustento e autopropagação. Esse princípio criticava o trabalho missionário desenvolvido no estilo colonialista e ainda é usado para ajudar a gerar independência em igrejas sujeitas a autoridades externas. No entanto, as premissas dessa visão de dependência, assim como também a "solução" que ela oferecia, foram nos últimos anos dificultadas pela *globalização. À medida que as fronteiras dos países são atravessadas diariamente por bilhões de pessoas pela Internet, pelas telecomunicações, pela mídia e pelo acesso às viagens, novos relacionamentos e contatos se desenvolvem, fazendo com que antigas linhas demarcatórias percam a clareza e surjam novas questões. Por que o dinheiro deve ficar dentro de certos limites? Por que uma igreja ou organização podem ter dependência financeira dentro de certa área geográfica, mas não fora dela? O dinheiro não deve cruzar fronteiras para ajudar pessoas necessitadas? O autossustento preconizado por Venn no século 19 ainda pode funcionar em situações mais básicas, mas não serve para a realidade das relações entre igrejas numa era de globalização. Como uma forma de adaptação, muitas igrejas, sentindo as mudanças nas relações globais, têm examinado e desenvolvido formas criativas de dividir recursos, enfatizando a generosidade, levando ajuda e dignidade, sem desvalorizar os recursos humanos e financeiros locais.

Outra questão que molda as discussões sobre dependência é o impacto de certos movimentos milenistas que pressionam os cristãos a evangelizar o máximo possível antes da segunda vinda de Jesus. Em particular na América do Norte, esse ensino é muitas vezes aliado ao pragmatismo ocidental para produzir estratégias missionárias, tais como o sustento financeiro de longo prazo (com recursos externos) de um elevado número de evangelistas locais. Embora essas estratégias tenham talvez gerado muitos novos convertidos e igrejas, os críticos questionam a dependência financeira que isso traz como consequência. Essa crítica é necessária, mas as estratégias resultantes são muitas vezes teológica e socialmente superficiais na forma como entendem a dependência e motivadas pelo pragmatismo. Assim, estratégias "eficazes" tem sido criadas para ajudar novas igrejas a evitarem a dependência, a se tornar autônomas e se autopropagar mais rapidamente e, desse modo, ajudar a "completar a tarefa" da evangelização mundial com maior rapidez. O resultado costuma ser uma "sociedade" semelhante à do mundo dos negócios, pela qual se procura reduzir a dependência por meio de "contratos" com transações e cronogramas fortemente controlados e definidos.

Diante das questões trazidas pela globalização e com as mudanças na dinâmica das relações entre as igrejas, é claro que o problema da dependência exige hoje uma resposta diferente e mais profunda.Tais respostas têm sido dadas por líderes sul-americanos, africanos e asiáticos, muitos dos quais também criticam o impacto do poder e do dinheiro externo sobre as igrejas locais e autóctones. Eles afirmam, porém, que não é bom se referir à dependência em termos totalmente negativos ou se concentrar em termos alternativos como "independência" e "interdependência". Sozinhos, esses conceitos não viabilizam novas formas de pensar. Um conceito alternativo e bíblico bem aceito em contextos latino-americanos, africanos e asiáticos é a analogia da família. As culturas norte-americana e europeia costumam celebrar e incentivar a independência, ao passo que outras culturas funcionam com maior dependência de terceiros, em particular de parentes e amigos. O compromisso com a família e os relacionamentos no meio dela formam a base de uma boa analogia, segundo a qual os parentes comprometidos geralmente têm vários tipos de dependência e interdependência durante períodos de tempo variáveis de acordo com a necessidade. Filhos adultos podem precisar da ajuda dos pais em alguns momentos e, depois, num estágio mais avançado da vida, prestar assistência aos pais. Assim, a dependência não é de todo negativa, mas atende diferentes necessidades dentro da família em diversas circunstâncias e por períodos de tempo variáveis.

Uma terceira questão que envolve dependência tem a ver com o desenvolvimento de uma teologia local. Embora fosse indicado, e às vezes ainda seja, repassar aspectos de uma teologia de fora a uma igreja, em especial para igrejas novas em desenvolvimento, muitos hoje concordam que as igrejas devem em algum momento, deixar de depender da teologia de outra igreja em outro país e desenvolver sua própria teologia da perspectiva do contexto local e da forma como entendem o evangelho.

Em 1930, teólogos na Ásia e em outros lugares já começavam a desafiar as posições e declarações teológicas de igrejas-mães ou denominações estrangeiras. O número desses teólogos e suas contribuições têm aumentado desde então, dando origem a muitas visões teológicas ímpares e notáveis. Não é de admirar que esse processo esteja invertendo o fluxo unidirecional de ensino e teologia e ressaltando a necessidade de que todos deem e recebam em prol de uma compreensão mais plena do *evangelho. Se entendermos que a teologia é pelo menos em parte influenciada por nosso próprio contexto, perspectiva e dados culturais, perceberemos a necessidade de receber ideias de outros contextos para desafiar e suplementar nossa visão, de modo que alcancemos uma compreensão mais plena daquilo que significa seguir Jesus Cristo. Da perspectiva de uma família global, diferentes "membros da família" estão agora ensinando outros a partir de sua própria perspectiva e experiência, enriquecendo nossas relações em família e nosso conhecimento teológico. Esse talvez seja o aspecto mais desafiador, porém emocionante, de uma dependência saudável — a família de Deus com seus membros dependendo uns dos outros para dar e receber ânimo e exortação baseados em contextos e experiências diversas.

Veja também Contextualização; Teologia Transcultural.

Bibliografia. Bonk, J. J., *Missions and Money: Affluence as a Western Missionary Problem* (Maryknoll: Orbis, 2003); Bosch, D. J., "Towards True Mutuality: Exchanging the Same Commodities or Supplementing Each Others' Needs?" *Miss* 6:3 (1978) 283-96; Shenk, W. R., "Henry Venn's Instructions to Missionaries", *Miss* 5:4 (1977) 467-86; Tshimika, P. K. e Lind, T., *Sharing Gifts in the Global Family of Faith: One Church's Experiment* (Intercourse: Good Books, 2003).

Duerksen, D.

DESENVOLVIMENTO. *Veja* Assistência e Desenvolvimento.

DESÍGNIO INTELIGENTE. *Veja* Ciência e Teologia.

DESPERTAMENTOS. *Veja* Avivamentismo, Avivamentos.

DEUS, DOUTRINA DE

Desde meados do século 20, a doutrina de Deus tem enfrentado um desafio após o outro e se encontra sob fogo cruzado. Em conformidade com a nova cosmovisão dinâmica, a *teologia do processo e outras vieram para criticar a doutrina clássica por causa de seus fundamentos ultrapassados e dualistas; na década de 1960, as teologias "seculares" e da morte de Deus, assim como também teologias políticas e teologias verdes ou ecológicas mais recentes fizeram suas críticas; mulheres de diversas partes do mundo com consciência feminista passaram a questionar a propriedade de dirigir-se a Deus como "Pai"; e de modo geral, teólogos da Ásia, África e América Latina querem tornar o discurso sobre Deus mais contextualizado e pertinente para suas situações específicas. O discurso da teologia das religiões com o desafio das visões pluralistas de Deus transformou-se num dos assuntos mais debatidos de nossos dias.

Em suma, boa parte da energia para os debates na doutrina de Deus contemporânea é derivada da crítica do "teísmo clássico". Esse termo debatido denota simplesmente o modo como a teologia cristã antiga procurou expressar sua fé no Deus da Bíblia com ajuda das categorias filosóficas greco-romanas que mais tarde se solidificaram na forma de sistemas filosóficos altamente especulativos do escolasticismo medieval e, mais tarde ainda, pela ortodoxia protestante posterior à Reforma e pela teologia católica romana. As queixas contemporâneas contra o teísmo clássico concentram-se no Deus desse teísmo como um "Motor Imóvel", ao mesmo tempo em que ele goza da perfeita plenitude do ser, distanciado do mundo, indiferente aos acontecimentos da história, desligado da vida cristã (e mais ainda das lutas políticas e sociais) e assim por diante. Portanto, é compreensível que boa parte da reinterpretação da doutrina de Deus remonte a uma reação cada vez mais acentuada contra o teísmo clássico — o legado do helenismo que deixou sua marca indelével na teologia cristã. Aqui Deus é retratado como imutável, autônomo, todo-suficiente, impassível, absolutamente desligado do mundo da dor e do sofrimento. Como conciliar um Deus assim com o Deus da Bíblia que se interessa por seu povo, a ponto de levar sobre si a dor e a culpa desse povo na encarnação e na morte expiatória de seu Filho? (Bloesch, 21)

Como essa crítica se comporta diante dos desenvolvimentos das tradições sobre Deus na teologia cristã?

1. Perspectivas bíblicas sobre Deus
2. Desenvolvimento histórico do teísmo clássico
3. Os atributos de Deus
4. Principais desafios e questões na teologia de Deus contemporânea
5. Tarefas e desafios urgentes

1. Perspectivas bíblicas sobre Deus
1.1. No Antigo Testamento. Embora seja verdade que o ensino sobre Javé no Antigo Testamento seja fundamental para todo o discurso cristão sobre Deus, precisamos manter

na lembrança as palavras de Walter Brueggeman, teólogo do Antigo Testamento:

> Como o AT não oferece (e nunca pretende oferecer) uma proposta coerente e abrangente sobre Deus, esse assunto é mais difícil, complexo e problemático do que poderíamos esperar. Na sua maior parte, o texto do Antigo Testamento nos oferece apenas pistas, vestígios, fragmentos e esboços, mas não indica como todos esses elementos se encaixam, se é que se encaixam. De qualquer modo, o que surge é uma consciência de que *o Sujeito indefinível porém dominante do Antigo Testamento não pode ser compreendido sob nenhuma categoria pré-concebida*. O Deus do Antigo Testamento não se ajusta facilmente às expectativas da teologia dogmática cristã nem às categorias de alguma filosofia helenística perene [...] No fim, a Personagem que emerge desse estudo paciente ainda será indefinível e mais que surpreendente (ênfase dele).

A Bíblia fala sobre Deus por meio de estórias, testemunhos, símbolos, metáforas e coisas do gênero. Deus é o assunto dominante do Antigo Testamento, mas não nos termos daquilo que chamaríamos de doutrinário. Portanto, o esboço que John Goldingay faz de sua teologia do Antigo Testamento, *Israel's Gospel* [O evangelho de Israel], baseia-se adequadamente nas obras de Deus — o que ele pôs em movimento (criou), recomeçou, prometeu, libertou, selou e assim por diante.

A religião do Antigo Testamento é inflexivelmente monoteísta, o que fica muito bem exemplificado no famoso *shemá*, a "confissão de fé" dos israelitas: "Ouve, ó Israel: o SENHOR, nosso Deus, é o único SENHOR (Dt 6.4). No início do Antigo Testamento, esse único Deus é chamado *Elohim* (Gn 1) e *Javé* (Gn 2). *Elohim* (forma plural) é um termo mais genérico equivalente a "deus" nas línguas semíticas. A raiz *el* ocorre como um substantivo comum (o deus, deus) e também como nome próprio de um deus específico, como em *El Elyon*, "Deus Altíssimo" (Gn 14.18-22). Entre outros nomes estão *El Shaddai*, "Deus Todo-poderoso" e *Javé Sabaoth*, "o Senhor dos Exércitos" (hostes angelicais ou potências militares?). O nome especial *Adonai*, traduzido por muitas Bíblias como "Senhor" surgiu por volta de 300 a.C. como resultado da relutância dos judeus em pronunciar o nome de Deus. Mais tarde esse nome foi traduzido para o grego como *Kyrios* (lit. "senhor", "mestre"), título aplicado a Deus no Novo Testamento e eventualmente a Jesus Cristo.

A designação de Deus mais peculiar e influente aparece em Êxodo 3.14: "EU SOU O QUE SOU". A origem e o significado do nome divino "Javé" é motivo de muita discussão. O consenso atual dos especialistas é que o nome tem ligação com a raiz verbal *hwy* ou *hwh*, que significa "ser". A incerteza quanto à tradução de *'ehyeh 'ăšer 'ehyeh* permite que se considerem as alternativas "Eu sou quem Eu sou" e "Eu serei o que Eu serei". Em vista da teologia geral do Antigo Testamento, o melhor palpite parece ser que (pelo menos) uma das principais ênfases do chamado tetragrama é a constância e a confiabilidade de Deus. É menos um valor numérico — embora a unidade de Deus no monoteísmo da religião hebraica certamente seja um elemento importante — e mais um realce da ideia de que "Deus é sempre o mesmo". O sentido afim "Eu sou Aquele que Existe", uma referência àquele que de fato existe ou ao ser eterno, tornou-se posteriormente uma das interpretações favoritas na teologia cristã. De modo mais geral, Javé é o nome do Deus da aliança, fiel e misericordioso. A criação é o primeiro e mais majestoso ato do Deus soberano da Bíblia. Comentando o sentido do termo *bara'* (Gn 1; Is 42.5-6), Brueggeman refere-se a ele como "o mais majestoso dos termos relacionados à ação de Deus como Criador, um verbo usado com nenhum outro sujeito a não ser Javé, o Deus de Israel. É Javé, o Deus de Israel, quem cria o céu e a terra e tudo o que existe, é ele quem convoca, ordena, sustenta e rege toda a realidade".

As muitas metáforas de Javé no Antigo Testamento podem ser classificadas como metáforas de *governo*, tais como juiz, rei, guerreiro e pai, e metáforas de *sustento*, tais como artista, aquele que cura, jardineiro-viticultor, mãe e pastor. As metáforas de governo pertencem ao campo do poder e das sanções e têm o propósito de estabelecer a ordem; as metáforas de sustento falam de nutrir, cuidar e promover a vida (Brueggemann). Os fiéis do Antigo Testamento se esforçam continuamente para preservar em equilíbrio essas duas faces da natureza de Javé, a saber, que, por um lado, ele é soberano e poderoso e, por outro, afetuoso e fiel. Acrescentem-se a isso a justiça, a santidade e o zelo de Javé, e será possível entender por que profetas como Jeremias e sofredores como Jó fazem perguntas como "Até quando, Senhor?" e "Tu nos abandonaste?". A verdade é que grande parte da teologia de Deus no Antigo Testamento é resultado de lutas, dúvidas e queixas (e.g., Jr 10—20).

1.2. No Novo Testamento. A "identificação do Deus do Novo Testamento com Javé, o Deus do Antigo Testamento, é tomada como certa pelos autores neotestamentários, embora eles nunca lhe atribuam explicitamente o nome Javé" (Argyle, 9). O Novo Testamento acrescenta seus próprios elementos à teologia do Antigo Testamento, principalmente expandindo as ideias da paternidade de Deus e de seu reino. O Novo Testamento também avança para uma compreensão mais plena da pluralidade em Deus — na direção da fé trinitária — mas ele não começa do zero nem reinventa o conceito de Deus. Jesus e seus discípulos, incluindo os apóstolos, cresceram basicamente na sinagoga e utilizavam as categorias e formas de pensamento da fé javista do Antigo Testamento. "De modo geral, podemos dizer que o Deus do Novo Testamento é o Deus do AT reinterpretado e mais plenamente revelado sob a luz da pessoa e da obra de Jesus Cristo" (Argyle, 10). A centralidade da pessoa de Jesus Cristo como ponto de acesso à ideia de Deus é um movimento decisivo no Novo Testamento (Jo 14.6).

Embora a ideia de Javé como Pai esteja presente no Antigo Testamento, a paternidade de Deus se torna um tema central na vida e nos ensinos de Jesus. O relacionamento filial de Jesus com seu Pai, do qual ele convida os crentes a participar, está no centro da maior parte dos ensinos sobre Deus no Novo Testamento. Assim também, a ideia de Deus como soberano está presente no Antigo Testamento, mas é por meio da vinda e dos ensinos de Jesus que o conceito de reino de Deus se torna crucial na teologia do Novo Testamento (veja Kärkkäinen, 39-45).

2. Desenvolvimento histórico do teísmo clássico

No Novo Testamento já existem tentativas eventuais de expressar a visão narrativa e dinâmica de Deus nos termos greco-helenísticos, como se pode ver em 1Timóteo 1.17, que fala sobre Deus como "Rei dos séculos, imortal, invisível, [...] único Deus". Nos pais apostólicos observamos uma criativa união de ensinos bíblicos e teologia filosófica. Clemente de Roma, por exemplo, autor cristão de origem judeu-helenística, descreve o funcionamento harmonioso do mundo de Deus com uma linguagem baseada em modelos estoicos. Isso revela uma tendência cada vez maior da teologia cristã primitiva de se aventurar na esfera da filosofia para iluminar a fé da igreja. Clemente de Alexandria descreve Deus como o invisível, que vê todas as coisas, Não-contido, que contém todas as coisas, Aquele que de nada precisa, de quem todos precisam e por causa de quem existem; Incompreensível, eterno, imperecível; Incriado, que criou todas as coisas pela palavra de seu poder (*Miscelânea* 6.39).

É de amplo conhecimento que os apologistas lançaram mão de recursos filosóficos para defender e desenvolver o ensino bíblico sobre Deus. Um bom exemplo pode ser visto em *Diálogo com Trifo*, obra de Justino Mártir com influência estoica. A defesa da transcendência de Deus era uma necessidade urgente para muitos dos primeiros teólogos como Orígenes. Agostinho defendeu e ilustrou a transcendência do Deus Criador com sua visão do tempo. Ele estava convencido de que Deus não criou no tempo, mas criou o tempo. Portanto, Deus não está limitado pelo tempo. Consequentemente, o tempo não é eterno, mas Deus é. No espírito do teísmo clássico emergente, Agostinho também sustentava que Deus é ser — o ser absoluto, ser em sua plenitude e perfeição.

Entretanto, é interessante notar que os primeiros credos como o de Niceia (325; sua versão atual é derivada do Concílio de Constantinopla, 381) afirmam a crença no Pai, Deus e Criador, sem análises mais sofisticadas.

A história seguinte das interpretações de Deus no teísmo clássico é fascinante, cheia de diversidade e variedade (veja Kärkkäinen, caps. 3-8). No Oriente cristão encontramos místicos como o anônimo Pseudo-Dionísio com *Dos Nomes Divinos* e *Teologia Mística*, uma profunda contemplação de Deus. No século 12, Gregório Palamas juntou-se à longa tradição da Igreja Oriental fazendo distinção entre as "energias" de Deus, das quais podemos participar por meio da *deificação, e "essência" de Deus, totalmente transcendente e inacessível. Sob a influência do neoplatonismo e em particular de Pseudo-Dionísio, o teólogo ocidental John Scotus Erigena, no século nono, enfatizou a transcendência e a incompreensibilidade de Deus. Ele está acima de todo ser, totalmente incognoscível. Ele não pode ser percebido nem concebido. Podemos saber *que* Deus é, mas não *o que* ele é. Todavia — e isso o distingue dos teólogos orientais — Erigena estava bem mais interessado na imanência de Deus, a ponto de chegar às raias de uma espécie de panteísmo.

Vários eminentes pensadores cristãos, tais como Anselmo da Cantuária e Tomás de Aquino, dedicaram toda sua capacidade intelectual para defender a existência de Deus apelando para o raciocínio lógico. Como cristãos, os esforços apologéticos desses pensadores foram menos uma tentativa de "provar" a existência de Deus e mais de tornar o diálogo sobre a existência de Deus um ato intelectualmente razoável. No segundo livro de *Proslogion* (também conhecido como *Discurso*), Anselmo argumental em favor da existência de Deus com ajuda do "argumento ontológico": Deus é aquilo "a respeito do que nada maior pode ser concebido". As "cinco vias" de Tomás de Aquino, baseadas em argumentos cosmológicos, defendem a existência de Deus a partir do fato do movimento (Deus como o primeiro motor), da causalidade (Deus como a primeira causa), da distinção entre o ser contingente (o mundo) e o ser necessário (Deus), dos vários graus de perfeição (sendo Deus o mais perfeito) e da ordem que se evidencia no mundo (*Summa theologiae* 1.2.3).

Os reformadores protestantes não contribuem com muita coisa nova para a doutrina de Deus. A grande contribuição de Martinho Lutero foi a teologia da cruz, que ele desenvolveu pela primeira vez em sua *Disputa de Heidelberg* (1518). A teologia da glória busca a Deus na majestade, na glória e no poder, ao passo que a teologia da cruz busca a Deus na humildade, vergonha e fraqueza, no Cristo crucificado. À primeira falta o Deus que se revela em seus "opostos". João Calvino, homólogo reformado de Lutero, juntou-se à tradição afirmando um conhecimento geral de Deus à parte da revelação especial. Dentro de cada pessoa há uma consciência natural da divindade, o que se confirma até pela prática da idolatria. O conhecimento geral de Deus se baseia no *sensus divinitatis*, uma forma de percepção da existência de Deus dada pelo próprio Deus. Para Calvino, a criação como o "teatro de Deus" aponta para Deus: seu poder se manifesta na beleza e na ordem da criação.

A exemplo do que se deu com outros temas teológicos, o *Iluminismo do século 18 introduziu um grande desafio para a crença tradicional em Deus. O francês René Descartes ainda recorria aos meios racionais para determinar a razoabilidade da crença em Deus por meio de seu famoso *cogito ergo sum* ("Penso, logo existo"), que propõe um sujeito pensante, cuja existência é impossível sem Deus e sem a ordem criada, mas pensadores como Immanuel Kant acharam espaço para Deus somente na esfera da "razão prática". Ou seja, embora a "razão teórica" de Kant não tivesse condições de dizer muita coisa sobre o mundo além dos fenômenos, a "razão prática" ou ética implica a existência de Deus (assim como também a imortalidade da alma). No entanto, durante o Iluminismo, ataques violentos tentaram desacreditar a racionalidade da ideia de Deus ou pelo menos do Deus da Bíblia. Outros, tais como o filósofo idealista G. W. F. Hegel, defenderam uma ideia mais genérica de Deus baseada na especulação filosófica. Com o surgimento do liberalismo clássico resultante do Iluminismo, teólogos como F. D. E. Schleiermacher passaram a falar de Deus em relação com o "sentimento de absoluta dependência" da parte da humanidade (dependência de algo que está além dela).

3. Os atributos de Deus

Os ensinamentos sobre os atributos divinos são um aspecto mais sistemático da defesa de Deus que surgiu como parte do teísmo clássico. É claro que existem sinais deles no cânon bíblico — por exemplo em Êxodo 34.6: Senhor, Senhor, *Deus misericordioso e compassivo, tardio em irar-se e cheio de bondade e de fidelidade* — embora haja uma grande distância entre este ponto e as listas de atributos abrangentes e com base filosófica bem conhecidas na teologia cristã. Nos tempos medievais, essa iniciativa chegou a seu ponto culminante quando, com ajuda da teologia aristotélica, desenvolveram-se ideias de atributos altamente sofisticadas. Entre elas se encontravam a "realidade pura", que, baseada na distinção que Aristóteles fazia entre a potencialidade, que ainda não é perfeita, e a realidade, que incorpora a perfeição, significa que Deus é "concluído" em todos os seus aspectos. A seguir vêm os atributos da imutabilidade e da impassibilidade. O primeiro indica que Deus não muda, ao passo que o segundo se refere à impossibilidade de Deus ser influenciado. Muitas vezes — mas nem sempre — a imutabilidade é interpretada no sentido de que Deus não pode ser "movido" emocionalmente; quando as Escrituras afirmam que Deus se entristece ou se alegra, a explicação oferecida é que se trata de metáforas. Outro atributo clássico é a ideia de "atemporalidade". Embora não seja consenso entre os teístas clássicos, a maior parte achava necessário localizar Deus fora do tempo, pois o tempo, por definição, denota mudança. Outros atributos muito citados são a "simplicidade", que diz que Deus não é composto de partes como todas as outras coisas que existem, e a "necessidade", que significa que é impossível Deus não existir e que tudo que existe fora de Deus depende dele para existir, e não o contrário. Outros atributos normalmente associados ao Deus cristão são a "onipotência" (ele é todo-poderoso) e a onisciência (nada escapa ao seu conhecimento).

Embora haja diferenças bem definidas entre a abordagem da teologia no cristianismo ocidental e no oriental — este apresenta uma teologia *apofática* que se refere a Deus fazendo uso de negativas — as listas de atributos não se limitam às mentes ocidentais como Tomás de Aquino, mas também aparecem em alguns teólogos orientais como João de Damasco. Em *Exposição da Fé Ortodoxa* (1.8), o damasceno alista não menos que dezoito atributos distintos, e somente dois são expressos em termos gramaticalmente positivos. Os atributos que ele alista podem ainda ser classificados segundo categorias como tempo (subdividido em início e fim do tempo), espaço, matéria ou qualidade. Tomás de Aquino registra os seguintes atributos divinos: simplicidade, perfeição, bondade, incompreensibilidade, onipresença, imutabilidade, eternidade e unidade (*Summa theologiae* Ia, q. 1-11). Surgiram depois outras listas de atributos como a que contém as famosas formulações do Quarto Concílio de Latrão (1215), repetida pelo Concílio Vaticano I em 1870, e o Breve Catecismo de Westminster, que pergunta: "Quem é Deus?". A resposta é apresentada sob a forma de atributos: "Deus é espírito, infinito, eterno e imutável em seu ser, sabedoria, poder, santidade, justiça, bondade e verdade".

Na teologia medieval aconteciam debates sofisticados sobre o relacionamento entre os atributos e a essência/substância divina. Opiniões diversas surgiram de duas escolas filosóficas: o realismo, segundo o qual os "universais" têm existência separada dos objetos "individuais", e o nominalismo, que parte da suposição de que a realidade consiste somente em objetos individuais. Os realistas diziam que os atributos divinos são "reais", existem até em separado da substância divina, mas, associados a Deus, realmente descrevem quem ele é. Os nominalistas opinavam que nossa descrição dos atributos divinos não descreve a substância divina. Uma posição intermediária chamada "realismo modificado" concordava com os nominalistas que diziam que os atributos não existem de modo independente, mas também concordava com os realistas que eles existem quando fazem parte da substância divina. Deus é a unidade de seus atributos. A importância teológica do realismo modificado está no fato de ele considerar os atributos de Deus juntos, como um todo, o que significa, por exemplo, que o amor de Deus não pode ser considerado em separado de outros atributos divinos como ira ou onisciência.

Na teologia contemporânea, o debate nominalista-realista não é um problema, pois passamos de uma cosmovisão dualista (substância [essência] e atributos [opcionais]) para uma cosmovisão dinâmica e relacional. Mas a ideia básica do realismo modificado ainda vale. Os atributos na visão contemporânea nos trazem à lembrança duas ideias cruciais: primeira, eles falam da relação de Deus com o mundo e, portanto, devem ser discutidos no contexto da *Trindade. Segunda, em vez de ser configurações intelectuais, eles são declarações doxológicas relacionadas à nossa adoração e à honra que damos a Deus, que nos busca para nossa salvação. Em vez de declarações principalmente noéticas sobre um Deus "estático", os atributos são declarações doxológicas de louvor a Deus, que se relaciona com o mundo e, por isso, podemos declarar algumas coisas sobre ele.

Na teologia contemporânea, os atributos são muitas vezes classificados segundo as categorias "comunicáveis" e "incomunicáveis". Os primeiros são aqueles que Deus compartilha conosco, embora em Deus eles sejam perfeitos, a exemplo da natureza espiritual, intelectual e moral, seu conhecimento, sabedoria, bondade e assim por diante. Entre os atributos incomunicáveis de Deus encontram-se autoexistência, imutabilidade, infinidade e unidade. W. Pannenberg (1991, cap. 6) classifica os atributos em duas categorias: (1) infinidade, que inclui santidade, eternidade, onipresença e onipotência, e (2) amor, incluindo bondade, misericórdia, justiça, fidelidade, paciência, sabedoria. A infinidade implica em cada caso (da primeira categoria) tanto oposição quanto inclusão, como por exemplo no caso da santidade: a santidade de Deus tanto se opõe quanto inclui tudo o que não é santo, pois, se assim não fosse, a ideia de infinidade se desfaria caso houvesse alguma coisa que a limitasse.

4. Principais desafios e questões na teologia de Deus contemporânea

Grande parte das discussões atuais sobre a doutrina de Deus está pautada por uma resposta crítica ao teísmo clássico. Embora aqui seja impossível descrever adequadamente a proliferação de opiniões nos dias de hoje, podemos alistar alguns dos principais movimentos e teólogos, cujas visões serão discutidas em outros pontos deste dicionário.

A *neo-ortodoxia*, sobretudo Karl Barth, critica profundamente as tendências imanentistas do liberalismo clássico, onde todo discurso sobre Deus tornou-se um exercício de interpretação humana do sentimento de dependência absoluta. Barth desejava reabilitar o discurso sobre Deus como transcendente e "totalmente Outro" (*veja* Barthianismo).

O *pluralismo religioso*, em especial com John Hick, desafia a natureza exclusiva do Deus cristão e afirma que qualquer discurso religioso sobre Deus deve caminhar na direção de uma divindade genérica do tipo "Realidade Última", que abraçaria tanto aspectos pessoais quanto impessoais e, portanto, as ideias de várias religiões.

O movimento da **teologia do processo*, sob a liderança de Charles Hartshorne e John Cobb Jr. entre outros, apresenta uma curiosa revisão da doutrina cristã de Deus baseada na filosofia de Alfred North Whitehead. Nessa perspectiva, a ideia da transcendência de Deus é radicalmente revista: Deus se torna uma "entidade real" entre outras entidades reais, porém "maior" e "mais influente".

Na teologia evangélica, Clark Pinnock e outros defendem a noção do *teísmo aberto* ou *teísmo do livre arbítrio*, que procura apresentar a visão de um Deus mais reativo e menos determinista, de modo que o futuro à nossa frente está "em aberto" (*veja* Teísmo Aberto).

As *teologias da mulher*, quer feministas (mulheres brancas), quer negras, *mujeristas* (latinas e hispânicas) ou mulheres da África, Ásia e América Latina, apresentam interpretações baseadas em experiências femininas específicas e nos contextos religiosos, históricos, sociológicos e culturais (*veja* Teologias Feministas; Teologia da Mulher Negra; Teologia *mujerista*).

De modo mais geral, teólogas da África, Ásia e América Latina têm feito o mesmo com base em suas experiências e histórias.

Os *teólogos da libertação* da América Latina (Leonardo Boff, Juan Segundo e outros) e libertacionistas nos Estados Unidos, em especial teólogos afro-americanos e negros (James Cone e outros) nos convidam a refletir sobre o papel de Deus nas esferas social e política.

Na década de 1960, surgiu uma *interpretação mais "secular"* de Deus e da teologia. Harvey Cox e outros defendem a necessidade de tornar a doutrina de Deus menos transcendente e mais "deste mundo". As raízes do movimento remontam a Dietrich Bonhoeffer, que defendia a transcendência de Deus como "o além no meio da vida" ou, em outras palavras, Deus "incorporado" à experiência da vida cotidiana. Há uma versão mais radical conhecida como movimento da *"Morte de Deus" (T. Altizer e outros), que defende a ideia da morte de Deus, seja literal, seja figuradamente.

A chamada *teologia da esperança é um movimento que interpreta a transcendência de Deus na sua relação com o tempo e não com o espaço e procura colocar o futuro no centro da teologia. Iniciado por Wolfhart Pannenberg e Jürgen Moltmann na década de 1960, os dois passaram mais tarde a representar programas teológicos bem distintos.

Além dessa variedade de opiniões, certos teólogos merecem ser individualmente reconhecidos no cenário atual. Com origem em tradições liberais, existencialistas e neo-ortodoxas, o alemão Paul Tillich desenvolveu uma interpretação de Deus bem peculiar e baseada na ontologia, ramo da filosofia que investiga a natureza do ser. Segundo Tillich, a questão basilar está ligada ao risco de não-ser. Para ele, Deus se torna o Fundamento do Ser. Sendo o "fundamento", Deus não pode estar no mesmo nível de existência de todas as outras realidades. Nesse sentido especificamente, Deus não existe, mas essa declaração, é lógico, não denota ateísmo; pelo contrário, ela procura salvaguardar o papel de Deus como aquele que nos salva da ameaça de não-ser. Embora tenha conseguido alcançar seu objetivo, Tillich teve de pagar um preço alto demais: ele não somente foi obrigado a negar a existência literal de Deus, mas também sua natureza "pessoal", visto que isso limitaria demais a Deus. Mais tarde, Tillich deu alguns passos na direção do pluralismo religioso depois de uma experiência pessoal com o *budismo.

Outro teólogo alemão, o católico romano Hans Küng, apresentou a mais importante apologética da teologia contemporânea em seu diálogo com visões ateístas. Em *Does God Exist?* [Deus existe?], obra filosófico-teológica monumental, Küng admite que todos os argumentos de ateus eminentes "são certamente adequados para levantar dúvidas sobre a existência de Deus, mas não para tornar inquestionável a não-existência de Deus". De modo semelhante, as projeções do fim da religião "encerram uma extrapolação do futuro absolutamente não corroborada" (Küng, 329). Para ele, o ateísmo não é uma posição neutra, ele também vive por meio da fé que não se prova, seja na natureza humana, na sociedade ou na ciência. Por isso, a resposta ao ateísmo precisa levar totalmente a sério duas perguntas fundamentais e inter-relacionadas: "Deus existe? [e] Quem é Deus?" (Küng, xxi). O ateísmo moderno exige uma explicação para nossa crença em Deus. Muitas vezes, a teologia cristã tem apelado a uma "estratégia teológica de retirada" que se refere a Deus em termos de necessidade ou compromisso, mas negligencia a questão da veracidade da fé cristã. Embora Küng enfrente o desafio do ateísmo e do niilismo, ele não vê muita esperança para as provas clássicas da existência de Deus. O raciocínio de Anselmo sobre Deus como o maior Ser pode ser suficiente para provar a existência da *ideia* de Deus, mas jamais pode provar sua existência real. E as provas cosmológicas são sempre susceptíveis a mais de uma leitura. Mesmo que a existência de Deus pudesse ser provada, ela não levaria necessariamente ao Deus cristão da Bíblia. É por isso que o Deus dos filósofos nem sempre é idêntico ao Deus de Abraão, Isaque e Jacó. Afinal de contas, tanto a negação quanto a afirmação de Deus são possíveis.

Na teologia contemporânea, o teólogo luterano Pannenberg e o reformado Moltmann prestaram as contribuições mais importantes no âmbito ecumênico e internacional. Para Pannenberg, a tarefa da teologia sistemática é expor as doutrinas cristãs de uma forma que permita uma apresentação coerente em harmonia com o que sabemos de Deus e da realidade como um todo. Nessa tarefa, a doutrina de Deus é o centro de toda a sua teologia; Deus é a "realidade que a tudo determina". Pannenberg define Deus como "o poder do qual depende toda a realidade finita" ou como "o poder do futuro", e isso significa que, em última análise, a veracidade das afirmações cristãs sobre Deus — e, portanto, das afirmações teológicas — aguarda uma confirmação definitiva (ou a falta dela) no fim dos tempos. Nesse meio tempo, a história religiosa é de competição entre deuses, sobre quem no final se manifestará como o Deus verdadeiro. Sob a luz da ressurreição de Jesus, os cristãos já têm uma confiança "proléptica" no Deus da Bíblia. Apesar de cético quanto às iniciativas da *apologética clássica — já que toda a *teologia sistemática deveria ter como alvo principal a busca da veracidade das declarações cristãs sobre Deus — Pannenberg aconselha a teologia cristã a desistir da argumentação filosófica em favor de Deus. Em paralelo com o uso bíblico de dois nomes de Deus — o genérico (*Elohim*) e o da aliança (*Javé*) — a teologia cristã deve continuar um diálogo meticuloso com os filósofos.

À semelhança de Pannenberg, Moltmann ressalta a futuridade de Deus. O Deus que ressuscitou Jesus e assim mostrou sua fidelidade é o Deus cuja "essência do ser é o futuro". Entre as maiores contribuições de Moltmann para o discurso contemporâneo sobre Deus encontram-se diversos temas, em especial a importância do sofrimento e da cruz (veja *O Deus Crucificado*). Inspirado na teologia da cruz de Lutero, Moltmann sente-se obrigado a negar a ideia da impassibilidade divina defendida pelo teísmo clássico. Ele pergunta como a fé cristã pode entender a paixão de Cristo como revelação de Deus se a divindade não pode sofrer. O Deus cristão se revela no sofrimento e na vergonha da cruz. A cruz distingue Deus de outros deuses. Moltmann afirma que este Deus é diferente do deus impassível das ideias metafísicas gregas. Se Deus é amor, o amor significa interação e envolvimento. Nessa doutrina trinitária, Moltmann desenvolve o *panenteísmo*, uma relação de dependência mútua entre o mundo e Deus, cujo fim será marcado pela vinda escatológica de Deus para habitar sua criação. Assim como em Pannenberg, alguns aspectos centrais da doutrina de Deus são desenvolvidos como parte da doutrina da Trindade.

5. Tarefas e desafios urgentes
Nos dias de hoje, a possibilidade do sofrimento talvez seja a questão mais debatida na teologia de Deus. Teólogos como Moltmann, muitos libertacionistas e diversas teólogas criticam fortemente a timidez da tradição em falar no sofrimento de Deus. Outro desafio importante tem a ver com a questão do inclusivismo de gênero: como falar sobre Deus e como nos dirigir a ele, por exemplo, na adoração cristã, de uma forma que inclua tanto homens quanto mulheres? As teólogas oferecem várias alternativas, desde a total substituição da terminologia do "Pai" por designações femininas ou não masculinas até o equilíbrio da linguagem masculina com formas femininas de tratamento. Em resumo, um grande desafio — e oportunidade — para a doutrina cristã de Deus está na manutenção do diálogo com a cosmovisão dinâmica e sempre em processo de mudança dos tempos pós-modernos. Alguns teólogos, tais como Pannenberg, viam o cenário contemporâneo como promissor; por exemplo, ele mantinha diálogos de alto nível com cientistas sobre a ideia de Deus como espírito. Por fim, outro grande desafio para a teologia cristã de Deus vem das outras religiões e de modo geral do pluralismo religioso. Como afirmar a visão bíblica de Deus, tradicional do cristianismo, no meio de uma interação religiosa cada vez mais acentuada?

Veja também Ateísmo; Cristologia; Morte de Deus; Pneumatologia; Teísmo Aberto; Teologia do Processo; Trindade, Deus Trino.

Bibliografia. (As bibliografias sobre interpretações de Deus não-ocidentais e contextuais e sobre movimentos específicos como a Teologia do Processo encontram-se nos respectivos verbetes.) Argyle, A. W., *God in the New Testament* (Londres: Hodder & Stoughton, 1965); Bauckham, R., *God Crucified: Monotheism & Christology in the New Testament* (Grand Rapids: Eerdmans, 1998); Bloesch, D. G., *God the Almighty: Power, Wisdom, Holiness, Love* (Downers Grove: InterVarsity Press, 1995); Brown, C., "Deus, Deuses, Emanuel", *Novo Dicionário Internacional de Teologia do Novo Testamento,* Brown, C., org., (vol. 1.; São Paulo: Vida Nova, 1984) 556-578; Brueggemann, W., *Teologia do Antigo Testamento: Testemunho, Disputa e Defesa* (São Paulo: Paulus e Academia Cristã, 2011); Clayton, P., *The Problem of God in Modern Thought* (Grand Rapids: Eerdmans, 2000); Erickson, M. J., *God the Father Almighty: A Contemporary Exploration of the Divine Attributes* (Grand Rapids: Baker, 1998); Fortman, E. J., org., *Theology of God: Commentary* (Contemporary Theology Series; Nova York: Bruce Publishing, 1968); Goldingay, J., *Israel's Gospel,* vol. 1 de *Old Testament Theology* (Downers Grove: InterVarsity Press, 2003);

GRANT, R. M., *The Early Christian Doctrine of God* (Charlottesville: University Press of Virginia, 1966); KÄRKKÄINEN, V.-M., *The Doctrine of God: A Global Introduction* (Grand Rapids: Baker Academic, 2004); KÜNG, H., *Does God Exist ? An Answer for Today* (Garden City: Doubleday & Doubleday, 1980); MATCZAK, S. A., org., *God in Contemporary Thought: A Philosophical Perspective* (Nova York: Learned Publications, 1977); MOLTMANN, J., *O Deus Crucificado — A Cruz de Cristo como Base e Crítica da Teologia Cristã* (Santo André: Academia Cristã, 2011); NASH, R. H., *The Concept of God: An Exploration of Contemporary Difficulties with the Attributes of God* (Grand Rapids: Zondervan, 1983); PANNENBERG, W., *Teologia Sistemática* (São Paulo: Paulus, 2009); TILLICH, P., *Teologia Sistemática* (São Leopoldo: Sinodal, 2005).

Kärkkäinen, V.-M.

DEVANANDAN, PAUL. *Veja* TEOLOGIA INDIANA.

DIABO. *Veja* SATANÁS.

DING, GUANGXUN. *Veja* TEOLOGIA CHINESA.

DINHEIRO, RIQUEZA

Existem duas grandes correntes no ensino bíblico sobre dinheiro e riqueza: a corrente restrita, que tranquiliza os ricos e preocupa os pobres, e a corrente ampla, que tranquiliza os pobres e preocupa os ricos.

1. Ensinos do Antigo Testamento que tranquilizam os ricos
2. Ensinos do Novo Testamento que tranquilizam os ricos
3. Ensinos do Antigo Testamento que preocupam os ricos
4. Ensinos do Novo Testamento que preocupam os ricos

1. Ensinos do Antigo Testamento que tranquilizam os ricos

1.1. A propriedade privada não é vista como algo errado. O estímulo à generosidade e a proibição do roubo partem do princípio de que a propriedade pessoal é sagrada. Por um lado, os mandamentos contra o roubo e a cobiça, e por outro lado, medidas para proteção dos bens pessoais, fazem sentido somente se a propriedade for aceita como princípio (Êx 20.15, 17; 22.1-15; cf. Dt 5.19, 21).

1.2. A riqueza pode trazer alegria e prosperidade. Embora a inveja sistêmica de nível pessoal ou coletivo possa levar à ideia reconfortante de que os ricos são infelizes, a verdade é que eles são muito felizes, com segurança no presente e sem preocupações com o futuro (Ec 5.19-20). A calamidade econômica é às vezes fruto da justiça, mas há uma corrente de ensinos no Antigo Testamento que promete recompensas concretas aos que vivem de modo justo (Sl 128.1-6; Pv 1.5-6; 3.9-10; 10.4; 13.4; 11, 23; 20.4, 13; 28.19-20).

1.3. A pobreza não é romantizada. Descrições de fome em 2Reis 6.24—7.20 e Jeremias 52 deixam claro que a *pobreza extrema é algo que precisa ser evitado (cf. Pv 14.20; 19.4, 7; 22.7; Ec 4.1-2; Is 32.7; 41.17; Lm 4.9-10). Às vezes os pobres são responsabilizados por sua pobreza (Pv 6.6-11).

2. Ensinos do Novo Testamento que tranquilizam os ricos

O Novo Testamento contém um grupo correspondente de ensinos que podem servir para aliviar a consciência de pessoas com vantagens econômicas e materiais.

2.1. A propriedade privada é algo legítimo. Os seguidores de Jesus são incentivados a emprestar livremente aos pobres — ação que pressupõe propriedade — embora as condições dos empréstimos não devam levar à geração de riqueza pessoal (Mt 5.42; cf. Lc 6.34-35). De modo semelhante, Jesus exorta seus seguidores a ajudarem os pobres. Uma vez que dar aquilo que pertence a outrem é roubo, pode-se pressupor aqui a legitimidade da propriedade privada (Mt 6.2-4; cf. Lc 6.30). Simão tinha uma casa que Jesus costumava frequentar (Mt 1.29; Lc 4.38).

Nos casos em que Jesus, a exemplo do que fez com o jovem rico, desafia as pessoas a repartir suas riquezas pessoais, ele não lhes está negando o direito à propriedade privada em si. Pelo contrário, ele desafia os que querem ser seus discípulos a abrir mão desse direito por amor a ele — apresentando-lhes uma escolha moral em vez de estabelecer um princípio bíblico (Mt 19.21; Lc 12.33; 14.33; 18.22).

A legitimidade da propriedade privada

também está subentendida em diversas parábolas — por exemplo, na parábola dos talentos (Mt 25.14-30), do administrador infiel (Lc 16.1-8) e na parábola das minas (Lc 19.12-27) — e não existe em nenhuma delas alguma insinuação de que o uso do dinheiro seja mal em si.

2.2. Entre os seguidores de Jesus havia ricos. Os magos, por exemplo, estavam entre os primeiros a reconhecer que Jesus era o Cristo e a adorá-lo (Mt 2.1-12); Nicodemos, membro do conselho administrativo judaico, era uma pessoa de posses (Jo 3.1; 19.39); e José de Arimateia era o discípulo rico que providenciou o sepultamento de Jesus num túmulo de sua propriedade que ainda não havia sido usado (Mt 27.57-60).

3. Ensinos do Antigo Testamento que preocupam os ricos

3.1. As riquezas como objetivo principal são ilegítimas. Os bens materiais não devem constituir o principal objetivo da vida (Dt 8.3-5; Jó 1.21; Sl 37.16; 39.5-11; 49.12-13, 16-20; 68.5-6, 10; Pv 11.4; 15.16-17; 16.8, 16, 19; 17.1; 22.1; 23.4-5; 28.3, 6; Ec 2.10-11; 4.13; Jr 9.23-24).

3.2. Os direitos de propriedade não são absolutos. Os direitos associados às propriedades e bens pessoais não são absolutos, pois Javé é o Senhor e porque o Antigo Testamento prioriza os pobres e necessitados.

3.2.1. Javé é o Senhor. Deus é Senhor de toda a criação e de todas as criaturas (Gn 1—3). O povo de Deus é constantemente lembrado desse fato e de suas implicações. Ao dedicar seu primogênito, Ana reconhece com gratidão que "os alicerces da terra são do Senhor" (1Sm 2.8 NVI). Ao descer do monte com as tábuas pela segunda vz, Moisés lembra aos israelitas que a obediência era a única resposta sensível àquele que "se afeiçoou a teus pais e os amou; e escolheu a descendência deles, isto é, a vós" (Dt 10.15), pois "o céu e o céu dos céus, a terra e tudo o que nela há são do Senhor, teu Deus" (Dt 10.14). O Criador e Senhor de todas as coisas definiu as normas básicas para a aquisição e para o uso de bens e propriedades por seu povo (cf. Dt 10.1-22; 1Cr 29.14-19; Jó 41.11; Sl 24.1-2; Pv 22.2).

3.2.2. A prioridade dos pobres e necessitados. Os direitos associados à aquisição e ao uso das riquezas pessoais estão subordinados ao dever de cuidar dos mais membros mais pobres e necessitados da sociedade. Essa era uma grande preocupação no Antigo Testamento, conforme fica evidente nas regras que deveriam reger a vida da comunidade.

O ano do Jubileu parece ter sido idealizado para exercer um efeito nivelador. Sua prática significava que as vantagens econômicas obtidas por uma pessoa em relação a outra não poderiam ser legitimamente conservadas em definitivo nem através de gerações (Êx 23.10-11; Lv 25). As dívidas deveriam ser sistematicamente perdoadas a cada ciclo de sete anos, evitando assim que a pobreza ou a riqueza clamorosa se transformassem num fenômeno estruturalmente consagrado entre as gerações (Dt 15.1-11). O Jubileu era uma época de recomeços para a terra e para os economicamente desfavorecidos. A conformidade ao espírito dessa medida impossibilitava o acúmulo permanente e ilimitado de riquezas (Dt 15.1-11).

Ao examinar os profetas é possível ver com clareza que os ricos encontravam modos criativos de anular ou pelo menos driblar as medidas que atingiam seus supostos direitos. Curiosamente, a falta de implementação dessas providências sabáticas trouxe como consequência a queda e o exílio de toda uma nação, conforme indica a narrativa que o cronista faz da queda de Jerusalém (2Cr 36.15-21).

Os dízimos separados de três em três anos deviam ser reservados para as necessidades de estrangeiros, órfãos, viúvas e levitas. Na realidade, havia uma forte ligação entre o que era dado a Deus e o que era dado aos pobres (Êx 22.29-30; 23.19; Dt 26.1-15; 14.22-29).

Havia importantes restrições que cercavam os benefícios obtidos com empréstimo de dinheiro. Não era permitida a cobrança de juros sobre quantias emprestadas a outro israelita. As regras destinavam-se deliberadamente a proteger o tomador do empréstimo e não quem o oferecia (Êx 22.25-27; Lv 25.35-38; Dt 15.1-11; 23.19-20; 24.6, 10-13, 17-18). Aquilo que parece ser um princípio sadio — evitar fazer empréstimos de alto risco — é rejeitado como um "pensamento mau" (Dt 15.9). As colheitas não deveriam ser tão eficientes a ponto de nada ser deixado para os pobres (Lv 19.9-10; 23.22;

Dt 24.19-20; Rt 2). Além disso, os empregadores não deveriam obter vantagens em detrimento dos empregados pobres. Estes deviam ser remunerados "no mesmo dia, antes que o sol se ponha" (Dt 24.14-15; cf. Lv 25.35-43; Dt 15.12-18; Pv 14.31; 19.17).

O rei não devia ajuntar "para si muita prata e ouro" (Dt 17.14-17). Infelizmente, Salomão desprezou essas instruções, e isso trouxe como consequência a opressão dos pobres e a queda de seu reino. Foram necessários sete anos para a construção de um templo magnífico, mas treze anos para construir seu palácio bem mais grandioso (1Rs 6—7; cf. 1Rs 11.1-6).

3.3. As riquezas como perigo espiritual. As riquezas induzem a pessoa rica a se esquecer de Deus ou a menosprezá-lo (Dt 8.1-20; 9.4-6; 31.19-20; 32.15; 1Rs 11.1-13; Sl 119.36-37; Ez 28.4-5; 33.31-32; Os 13.6). Elas alimentam uma falsa sensação de segurança, acrescentando orgulho aos supostos direitos e realizações pessoais e gerando uma autoilusão que impede o arrependimento (Sl 30.6; 49.5-6; Pv 10.15; 11.28; 18.11-12; 28.11; Ec 5.8-15; Is 5.7-23; 22.12-13; 30.9-11; 56.9-12; Jr 6.13-15; 8.10-11; 17.11; 49.4-5; Ez 28.4-5; Os 2.8; 9.7; 12.6-8).

Além disso, os ricos muitas vezes fazem mal uso do poder destratando os necessitados e desprezando os pobres. Isso pode ser visto na vida de vários reis na Bíblia (2Sm 11—12 [Davi e Urias]; 1Rs 10.14-29; 12.1-24 [Salomão e Roboão]; 1Rs 21.1-16 [Acaz e Nabote]; veja também Êx 23.6; Jó 12.5; Ez 16.49).

As riquezas também estão muitas vezes associadas a casos de permissividade, glutonaria e ganância. A autoindulgência descarada de Salomão deu ocasião a uma série irreversível de eventos que levaram à aniquilação de seu reino. Um dos maiores e mais famosos déspotas dos tempos antigos, Salomão não deu ouvidos à sua própria sabedoria tão decantada, terminando tragicamente seu reinado como um hipócrita (1Rs 6—7; 10.14-29; 11.1-6; 12.1-24). Eclesiastes retrata a completa inutilidade de uma vida voltada para as riquezas. Ganância, glutonaria e cobiça — pecados que causam desastres morais e éticos em todos os níveis da vida humana — costumam estar por trás do materialismo e do egoísmo humanos.

Reconhecendo essa realidade, os teólogos cristãos logo os incluíram entre os chamados pecados "mortais" (Dt 5.21; cf. Êx 20.17; Pv 30.11-14; Is 57.17-21).

Em contrapartida, a "piedade acompanhada de satisfação é grande fonte de lucro" (1Tm 6.6). A insatisfação está na raiz do egoísmo que, nos tempos modernos, é promovida e celebrada como "consumismo". O povo de Deus deve se satisfazer mesmo com pouco. Se a reação de Israel às crises que envolviam falta de água e alimentos durante a fuga do Egito foi apropriada em termos humanos (Êx 14—17), a avaliação de Deus levanta sérias questões sobre o apelo que hoje se faz à insatisfação como motor do crescimento econômico (Sl 95.10-11). É possível possuir não somente muito pouco como também demais (Pv 30.8-9).

A tolerância e a deferência pessoais concedidas aos ricos põem em xeque a integridade dos que alegam falar em nome de Deus. Como no caso de Balaque e Balaão (Nm 22), os ricos muitas vezes rejeitam os ensinos de Deus sobre bens e propriedades e contratam mestres que são pagos para tranquilizá-los (Is 30.9-11; Jr 6.13-15; 8.10-11; 14.14-16; 23.14-17, 25-32; Ez 34.1-5, 17-24; Mq 2.6-11; 3.1-11; 7.1-3).

3.4. As riquezas como barômetro do pecado. Riqueza e prosperidade são muitas vezes símbolos tangíveis de violência, desobediência e injustiça generalizada e não sinais da bênção de Deus como recompensa pela justiça pessoal ou nacional. A prosperidade do Egito foi alcançada à custa da escravidão. Os moradores de Canaã, terra que dava leite e mel, eram claramente perversos (Lv 18.24-28; 20.23-24; Nm 13.26-29). Sodoma e Gomorra, símbolos de decadência do pior tipo, eram cidades prósperas (Gn 13.10, 13; 18.16-29; Ez 16.49). Reis de Israel e Judá desfrutavam de prosperidade material e política, mas muitas vezes eram de uma perversidade notória: Baasa (1Rs 15.33—16.7); Onri (1Rs 16.21-28); Acabe (1Rs 16.29-33; 22.39); Jeorão (2Rs 8.16-24); Acazias (2Rs 8.25-29); Jeoacaz (2Rs 13.1-9); Jeoás (2Rs 13.10-25); Jeroboão II (2Rs 14.23-29); Menaém (2Rs 15.17-22); Peca (2Rs 15.27-31); Acaz (2Rs 16.1-20); Manassés (2Rs 21.1-18); Amom (2Rs 21.19-26); Jeoacaz (2Rs 23.31-35).

Um dos enigmas teológicos que mais causa perplexidade sempre foi a questão de como — se Deus é onipotente e justo — o ímpio prospera ao passo que o justo sofre (Jó 21.7-14; Sl 10.2-6; 37.14-17; 52.7; 73.2-17; 92.7; 109.1-16; Pv 11.16; Ec 5.8-15; Is 1.10-23; 2.6-9; 3.15-24; 5.7-8; 56.9-12; Jr 2.34; 5.26-29; 12.1-4; 17.11; 22.13-19; 44.15-18; Os 10.1-2; 12.6-8; Am 5.4-7, 11-15, 21-24; 6.4-7; 8.4-7; Hc 2.4-12; Zc 11.4-6). Muitas vezes os ricos são responsabilizados como agentes passivos ou ativos pela desgraça dos pobres. "A lavoura do pobre produz alimento com fartura, mas por falta de justiça ele o perde", observou Salomão e provavelmente ele mesmo tenha dado exemplo disso (Pv 13.23 NVI; Ec 5.8-15; Is 32.7).

A preocupação com a prosperidade material é sinal de falência espiritual, transformando a profissão de fé numa fraude. A decisão fatal de Ló, que escolheu para si o melhor, revela sua tendência fundamentalmente hedonista. Quando, na última hora, ele levou a sério o aviso dos anjos sobre a condenação iminente, seus genros pensaram que ele estivesse brincando (Gn 13.10-11; 19.14). Eli não priorizou a obediência a Deus, o que fez com que ficasse sem os filhos e sem descendência (1Sm 2.12-36). Ortodoxia religiosa sem amor pela justiça é hipocrisia. A opressão e a negligência dirigidas aos pobres trazem inevitavelmente juízo. A preocupação proativa com os pobres leva infalivelmente à recompensa (Is 1.10-20; 10.1-4; veja também 2Cr 36.15-21; Pv 28.22-27; 29.14; Is 3.15-24; Jr 7.3-7; 14.11-16; 22.13-23; Mq 2.1-2; Hc 2.6-12; Zc 7.8-14).

3.5. Deus está do lado dos pobres. Deus está constantemente do lado dos pobres e oprimidos. Esse tema perpassa a história do povo de Israel, começando com a escravidão e o êxodo do Egito e continuando ao longo dessa história, quando os ricos se tornaram seus opressores (Êx 22.21-27; Lv 25.39-43; Dt 10.14-20; 15.7-18; 27.19; Jó 5.8-27; Sl 9.9, 12, 18; 10.17-18; 12.5; 18.27; 22.131; 35.10; 37.10-11; 68.4-6; 72.2-4, 12-14; 94.123; 103.6; 107.9; 109.31; 112.9; 113.7-8; 136.126; 138.6; 140.12; 146.7-9; 147.6; Pv 10.1-4; 15.25, 27; 16.8; 17.5; 19.17; 21.13; Is 11.1-4; 26.36; 29.13-21; 41.17-20; 53.1-12; 57.15; 61.1-8; Jr 20.13; 49.11; Os 14.3).

Os textos bíblicos não poupam críticas aos que oprimem ou negligenciam os pobres. Jó, retratado como grande exemplo de homem rico e justo, tinha uma clara preocupação com o bem-estar dos pobres de sua comunidade (Jó 29.11-17; 30.24-25; 31.26-28; veja também Sl 37.21-28; 41.1-3; 74.21; 112.5; Pv 3.27-28; 14.31; 25.21; 31.8-9, 18-20; Jr 22.3, 16-17).

A justiça (Zc 7.8-10; Êx 23.6-7; 1Sm 15.2223; Jó 31.16-28; Sl 40.6-8; Is 1.10-23; 29.13-21; 58.1-11; Jr 7.3-7, 21-23; 21.11-14; 22.3; Ez 16.49; 33.31-32; Am 5.4-24; 6.4-7; 8.4-7). O verdadeiro arrependimento envolve justiça e reformas econômicas (Is 58.1-11; Mq 6.6-16; veja também Ne 5.112; Is 1.10-23; Jr 7.3-7, 21-23; Zc 7.8-10).

3.6. O preço do arrependimento econômico. O arrependimento econômico é raro e tem um preço alto. Os ricos geralmente lidam com a crítica profética livrando-se do pregador e participando do ministério dos pregadores que toleram tanto seus excessos quanto os meios injustos pelos quais os ricos obtêm e mantêm vantagens materiais (e.g., Is 30.9-11; Ez 18.5-23). Um raro relato de arrependimento econômico dos poderosos no Antigo Testamento encontra-se em Neemias 5.1-12. Outro se acha no livro de Jonas. Os ricos, incluindo os profissionais da religião, são raramente retratados na condição de arrependidos.

4. Ensinos do Novo Testamento que preocupam os ricos

Para os ricos, o ensino do Novo Testamento é incômodo, inoportuno e preocupante.

4.1. A busca de riquezas. A busca de riquezas e o acúmulo de bens não valem a pena como objetivo para a vida. As sociedades que se organizam em torno do princípio do consumo cada vez maior voltam-se contra as expectativas do ensino de Paulo em 2Coríntios 4.7-18.

4.2. Os bens como patrimônio. Os bens pessoais constituem um patrimônio a ser utilizado em favor dos outros. Uma das características importantes da primeira comunidade de cristãos era o compartilhamento dos bens. O crente fiel se caracteriza por estar livre do amor pelo dinheiro e por se contentar com os bens que possui (Mc 8.34-38; Lc 14.12-14; At 4.32-35; veja também Mt 5.42; Lc 6.27-36; 10.25-37; 16.19-31).

4.3. O que a riqueza fala sobre os ricos. De modo geral, a prosperidade não é sinal de justiça, mas prova de ganância. Por outro lado, pobreza e sofrimento, longe de serem sinais de reprovação divina, são geralmente consequências inevitáveis da obediência. O sofrimento experimentado por Paulo podia ser atribuído diretamente à sua firme obediência ao chamado que ele havia recebido para seguir Jesus e para ser apóstolo das boas notícias do evangelho (2Co 11.16—12.10; veja também At 20.22-24; 21.10-14; 1Co 4.1-17; 2Co 4.1-18; 8.9). Zaqueu era rico justamente por ser corrupto (Lc 19.1-10). Para ele, o arrependimento implicava doar metade dos bens e restituir quatro vezes mais a quem ele havia enganado.

Cristo dirigiu seus ais aos ricos e observou que, para eles, era praticamente impossível herdar a vida eterna. Ser "rico" e ao mesmo tempo "discípulo", com raras exceções, era uma contradição de termos. As características que definem os verdadeiros seguidores de Cristo são a liberdade em relação ao amor pelo dinheiro e o contentamento com aquilo que eles possuem. No Sermão da Montanha, os pobres são bem-aventurados (Mt 5.3-11; Lc 6.20-26). Para os ricos, ser discípulo de acordo com as condições impostas por Jesus tem um preço especialmente alto (Mt 19.16-24; Mc 10.17-31; Lc 14.25-33; Hb 13.5-6).

Os pecados aos quais os ricos costumam se voltar — ganância, glutonaria e desprezo pelos pobres — têm uma estreita relação com a idolatria, a impureza e a imoralidade. Jesus detectou a presença da ganância até no desejo aparentemente legítimo de um filho que queria participar da herança da família e advertiu seus seguidores para que tomassem cuidado com "todo tipo de cobiça" (Lc 12.13-21). Paulo exorta os coríntios a se precaverem contra os gananciosos da mesma forma que fazem com os imorais (1Co 5.9-11). Ele classifica a *ganância* — a insistência de possuir mais do que o suficiente em situações em que outros têm menos do que o suficiente — como *idolatria*, parte da mentalidade fútil que caracteriza as sociedades ímpias (Gl 5.16-25; Ef 4.17—5.7; Cl 3.1-6).

4.4. Perigos espirituais da riqueza. Há perigos espirituais inerentes à riqueza e à prosperidade. *Onde estiver o vosso tesouro, aí estará também o vosso coração* (Lc 12.32-34). A riqueza é a cultura natural onde o orgulho e a ilusão se desenvolvem melhor. Ela costuma ser fatal para as virtudes da humildade e da mansidão (1Tm 6.6-19). A riqueza ilude indivíduos e sociedades quanto ao valor relativo das pessoas, definindo e distorcendo a perspectiva que a pessoa tem da própria vida (Mt 18.1-9). Jesus sempre declarava haver pouco espaço no reino para os grandes e poderosos, e a maioria das injustiças remontam à ganância daqueles que já possuem mais do que suficiente (Lc 22.24-30), mas assim mesmo seus discípulos sempre eram tentados a favorecer os ricos. O supremo interesse dos cristãos deve estar voltado não para a ambição pessoal, mas para as necessidades das outras pessoas (Fp 2.14; Tg 2.1-7; 5.1-6).

As riquezas entorpecem a capacidade de perceber as necessidades espirituais da pessoa, promovem alienação de Deus e mascaram a esterilidade espiritual. É óbvio que a igreja de Laodiceia não tinha necessidades materiais, mas não tinha espaço para o próprio Cristo (Ap 3.14-22; veja também Lc 12.13-21; 16.19-31; 1Tm 6.6-19; Tg 5.1-6; 1Jo 2.15-17). As riquezas sufocam a palavra e impedem que ela frutifique (Mt 13.22; Mc 4.18-19; Lc 8.14). Da mesma forma, as riquezas fazem oposição às exigências do reino. Em resposta ao conselho financeiro improvável dado por alguém tão provinciano quanto Jesus, os fariseus — muitos dos quais tinham uma confortável situação financeira — sorriram em atitude de desprezo (Lc 16.13-15). Aquele homem nada prático parecia ter perdido o contato com a realidade (Mt 10.5-10; 10.37-39; 13.44-46; 16.24-28; 19.16-24; Mc 10.17-31; Lc 14.15-35; 17.32; 18.18-30).

O Novo Testamento dá poucas esperanças de que certos grupos de discípulos possam conviver com as riquezas e resistir a seus efeitos perniciosos. As riquezas tendem a ser causa de alienação dos ricos para com outros seres humanos (1Co 11.17-34; Tg 2.1-13; 5.1-6). A preocupação das pessoas consigo mesmas, com dinheiro e com a busca do prazer estão entre os sintomas dos "últimos dias" que haverão de caracterizar um estilo de vida à beira da destruição (2Tm 3.1-5).

4.5. A identificação com os pobres. Cristo identificou-se com os pobres, vindo para os pobres como um deles. As primeiras palavras proferidas em público por Jesus de que temos registro estão relacionadas com os pobres (Lc 4.18-30). Ele deixou claro que o reino de Deus não é dos ricos, mas dos pobres. Embora ele tenha vindo para libertar pobres e ricos, foi na condição de homem pobre — nascido num estábulo (Lc 2), filho de pais que não eram casados, subordinado ao poder político e militar de Roma — que ele se identificou com a raça humana. A julgar pelas circunstâncias de sua apresentação no templo, seus pais eram pobres (Lc 2.22-24; cf. Lv 12.68). Como se podia esperar, e conforme previsão do profeta Isaías, sua missão visava aos pobres, não aos ricos (Lc 4.16-19; cf. Is 58; 61, esp. 61.1-3). É nos pobres que seus seguidores veem seu Senhor e a ele ministram (Mt 25.31-46); os pobres são bem-aventurados, mas os ricos, condenados (Lc 1.46-56; 6.20-26; 14.12-14; 16.19-31).

Os seguidores de Cristo identificam-se com os pobres de forma prática e sacrificial. A identificação com os necessitados era uma questão de altíssima importância para o próprio Cristo, e desde então tem sido uma característica de todos os seus seguidores autênticos. A falta de envolvimento prático na melhoria das condições dos pobres é claro sinal de infidelidade espiritual ou de coisa pior (Mt 25.31-46). Os primeiros cristãos foram exemplos da preocupação que o Senhor ressurreto tinha com os pobres e agiam de formas práticas, de modo que "tudo era compartilhado por todos" e *não existia nenhum necessitado entre eles* (At 4.32-34; cf. At 2.42-47). O compartilhamento de recursos é um sacrifício que agrada a Deus (Hb 13.16). O texto do Novo Testamento está repleto desse tema. Paulo trabalhava arduamente para ajudar os necessitados e, em seu discurso de despedida aos presbíteros de Éfeso, ele os exortou a fazer o mesmo (At 20.17-38). As igrejas pobres da Macedônia rogaram que lhes fosse dado o privilégio de participar das necessidades dos santos (2Co 8.1-15), e a igreja em Filipos contribuiu para o sustento de Paulo (Fp 4.14-19). É importante observar que, para João, a segurança da salvação reside em parte na generosidade para com os necessitados (1Jo 3.7-20; Tg 1.26-27; 2.14-26; veja também Lc 14.12-14; 2Co 9.1-15; Gl 2.10; 6.7-10; Hb 13.16).

Deus opta por atuar através dos pobres e necessitados e não por meio dos ricos e poderosos. Maria, humilde noiva de José, o carpinteiro, foi escolhida para gerar, criar e educar o Filho de Deus encarnado. O preço que ela pagou não foi apenas sua reputação e o estigma permanente de ter concebido um filho fora do casamento numa cultura de culpa e vergonha, mas uma vida de sofrimento e incompreensão como mãe de um homem que provocou tanto a ira dos respeitáveis guardiães da ortodoxia judaica, que estes acabaram por assassiná-lo. É esse o preço humano da obediência e do favor divino (Mt 1.18-21; cf. Lc 1.26-38; 1Co 1.26-31; 2Co 12.7-10; Tg 2.5).

Alguns líderes religiosos adoravam dinheiro e negociavam *a palavra de Deus visando lucro* (2Co 2.17 NVI). A "piedade" podia ser "fonte de lucro" (1Tm 6.3-6). Jesus expôs a triste realidade da fachada espiritual de autojustificação e religiosidade profissional de algumas pessoas de sua época, descrevendo-as como cheias de "ganância e cobiça" (Mt 23.25 NVI). Os mestres cristãos que não praticam o que pregam comprometem sua credibilidade como porta-vozes daquele cujos ensinos e modo de vida eles representam (Tg 3.1; cf. Mt 7.1-5; Rm 2.21-24). Disse Jesus: *Minha mãe e meus irmãos são aqueles que ouvem a palavra de Deus e a praticam* (Lc 8.21 NVI; cf. Mt 7.21-27; Lc 6.46; 11.28; Tg 1.22-27). Paulo é categórico ao afirmar que aqueles que amam as riquezas não estão em condições de assumir cargos de liderança espiritual na igreja (1Tm 3.3). Aqueles cujas vidas e preocupações giram em torno da segurança pessoal são *inimigos da cruz de Cristo* (Fp 3.17-21).

4.6. Os frutos do arrependimento. O verdadeiro arrependimento é inevitavelmente marcado pela generosidade que faz sacrifícios. A genuína adoração envolve partilhar aquilo que nos é caro (Rm 12.1-21). As duas moedinhas de cobre da viúva pobre — que valiam muito pouco — foram mais importantes que as altas somas doadas pelos ricos. É interessante observar que Jesus não parece estar preocupado com o mérito do beneficiário das ofertas. No caso da viúva pobre, ela deu tudo o que tinha para o templo, que na época era controlado por um sistema corrupto. Jesus não viu em sua ação um desperdício, pois ele estava preocupado com a motivação da viúva e não com os méritos relativos do beneficiário (Mc 12.41-44). Ele elogiou Maria, que "desperdiçou" um perfume muito caro sobre seus pés (Mc 14.1-9; Jo 12.1-8).

Os seguidores de Cristo não são chamados à autorrealização, mas à autonegação. Como objetivo último, a autorrealização é um horizonte ilusório e fadado a desaparecer. Para o cristão, ela é subproduto do serviço prestado aos outros. Levar uma vida autoindulgente é o mesmo que perder uma oportunidade eterna. Pedro, ao repreender Jesus por causa de sua determinação em face do sofrimento, ficou desconcertado ao ouvir que sua preocupação com o bem-estar de seu Senhor, ainda que compreensível, não era apenas inadequada, mas satânica ao extremo: Jesus lhe disse: *Para trás de mim, Satanás; porque não pensas nas coisas de Deus, mas sim nas que são dos homens* (Mc 8.31-38).

Ao fortalecer os irmãos em Listra, Icônio e Antioquia, Paulo e Barnabé explicaram que o caminho da obediência os levaria a passar por grandes sofrimentos. Na realidade, diz Paulo, *Deus colocou a nós, os apóstolos [missionários], como últimos, como condenados à morte* (1Co 4.9), evocando uma imagem conhecida em todo o violento império romano com sua sede insaciável pelos espetáculos sangrentos dos gladiadores nas arenas (1Co 4.1-16; veja também At 14.19-22). Os seguidores de Cristo não são chamados para serem os primeiros, mas os últimos; não senhores, mas servos. Esse é um pensamento recorrente em Jesus e Paulo, exemplificado pela vida de ambos e apresentado como modelo a ser seguido (Mc 9.33-37; Lc 13.22-29; Rm 8.18-39; 1Co 4.9-16; 2Co 4.1-18; 6.3-10; 11.16—12.10).

O arrependimento verdadeiro sempre tem um elemento prático, econômico. É importante observar que os "frutos próprios de arrependimento" que João Batista exigiu de seus ouvintes envolviam relações econômicas (Lc 3.7-14). E Lucas frisa que, ao se arrepender, Zaqueu não somente restituiu quatro vezes mais o que havia extorquido, mas também deu aos pobres metade de seus bens. E Jesus disse: *Hoje a salvação chegou a esta casa* (Lc 19.1-9; veja também Lc 3.7-14; At 2.42-47; 4.32—5.1; e At 10.2, onde Cornélio é visto como piedoso porque "dava muitas esmolas ao povo"). O verdadeiro indicador da situação de uma pessoa com Deus não é a ortodoxia religiosa, mas o relacionamento que ela tem com os necessitados (Mt 25.31-46; Lc 10.25-37).

O arrependimento é raro no caso dos ricos, pois envolve um alto custo econômico (At 19.23-31). Mas Jesus se relacionava bastante com os ricos. Sua mensagem a eles era que eles também podiam se converter. Essa conversão resultaria em novas formas de se relacionarem com suas riquezas e com os pobres. Embora o jovem rico não tenha se arrependido (Lc 18.18-30), e somente alguns poucos fariseus — tais como o apóstolo Paulo — tenham se tornado seguidores de Jesus, o alegre arrependimento de Zaqueu mostra que há esperança para os ricos (Lc 19.1-9). Aos ricos que se haviam convertido Timóteo deveria ordenar: ... *não sejam orgulhosos, nem ponham a esperança na incerteza das riquezas* [...] *pratiquem o bem e se enriqueçam com boas obras, sejam solidários e generosos* (1Tm 6.17-19).

O que faz distinção entre os verdadeiros seguidores de Jesus e as fraudes não é a anuência intelectual a uma série de proposições teologicamente corretas, mas a obediência. Fazendo coro com Habacuque e Paulo, o autor da epístola aos Hebreus lembra aos leitores que o justo *vive* pela fé. A visão neotestamentária da fé ressalta a prática, não a mera teoria (Hb 10.19—12.12). A fé exaltada nos antigos era considerada autêntica porque resultava numa conduta adequada, não importando se na época esse comportamento fosse estranho ou desafiasse o bom senso (Tg 2.14-26; compare Hc 2.3-4; Rm 1.16-17; At 6.7; 7.53).

Veja também Capitalismo; Ética Social; Pobreza.

Bibliografia. Blomberg, C. L., *Neither Poverty Nor Riches: A Biblical Theology of Possessions* (Downers Grove: InterVarsity Press, 1999); Boerma, C., *Rich Man, Poor Man—and the Bible* (Londres: SCM, 1979); Bonk, J., *Missions and Money: Affluence as a Missionary Problem . . . Revisited* (ed. rev.; Maryknoll: Orbis, 2007); Cone, O., *Rich and Poor in the New Testament* (Nova York: Macmillan, 1902); Crisóstomo, *On Wealth and Poverty* (Crestwood: St. Vladmir's

Seminary Press, 1984); COUNTRYMAN, L. W., *The Rich Christian in the Church of the Early Empire: Contradictions and Accommodations* (Lewiston: Edwin Mellen, 1980); GNUSE, R. K., *You Shall Not Steal: Community and Property in the Biblical Tradition* (Maryknoll: Orbis, 1985); GONZALEZ, J. L., *Faith & Wealth: A History of Early Christian Ideas on the Origin, Significance, and Use of Money* (Nova York: Harper & Row, 1990); HENGEL, M., *Property and Riches in the Early Church: Aspects of a Social History of Early Christianity* (Filadélfia: Fortress, 1974); HOPPE, L. J., *There Shall Be No Poor Among You: Poverty in the Bible* (Nashville: Abingdon, 2004); JOHNSON, L. T., *Sharing Possessions: Mandate and Symbol of Faith* (Overtures to Biblical Theology; Filadélfia: Fortress, 1981); MULLM, R., *The Wealth of Christians* (Maryknoll: Orbis, 1983); PILGRIM, W. E., *Good News to the Poor: Wealth and Poverty in Luke and Acts* (Minneapolis: Augsburg, 1981); SCHWEIKER, W. e MATHEWES, C., *Having: Property and Possession in Religious and Social Life* (Grand Rapids: Eerdmans, 2004); SHEILS, W. J. e WOOD, D., orgs., *The Church and Wealth* (Studies in Church History 24; Oxford: publicado para The Ecclesiastical History Society por Basil Blackwell, 1987); WHEELER, S. E., *Wealth as Peril and Obligation: The New Testament on Possessions* (Grand Rapids: Eerdmans, 1995); WRIGHT, C. J. H., *Old Testament Ethics for the People of God* (Downers Grove: InterVarsity Press, 2004).

Bonk, J. J.

DIREITOS DOS ANIMAIS

Cachorros têm direitos? E o que dizer de porcos, urubus e cobras? De modo mais geral, será que nós, humanos, temos deveres para com os animais porque alguns deles têm determinados direitos? A tradição cristã ao longo dos anos tem se posicionado sobre essa questão com diferentes opiniões, embora a visão majoritária seja de que os animais não têm direitos e, por isso, podem ser usados pelos seres humanos mais ou menos de acordo com a utilidade que estes veem para eles. No entanto, nos últimos anos, muitos têm desafiado essa opinião majoritária argumentando que os animais precisam ser tratados com mais respeito. Um argumento que se destaca diz que os animais têm direitos e, portanto, nós humanos temos deveres morais para com eles ou pelo menos com alguns deles.

Direitos são reivindicações legítimas de algum bem, como por exemplo o direito à vida, ao alimento ou à moradia, e eles implicam deveres ou obrigações da parte daqueles que, como agentes morais, são responsáveis por suas ações. Assim, direitos subentendem deveres, mas deveres não subentendem necessariamente direitos. Podemos ter deveres morais em relação a certas criaturas não humanas, mesmo que elas não tenham direitos. Portanto, os direitos dos animais são apenas uma forma de abordar a garantia de respeito e cuidado dirigidos aos animais.

A opinião majoritária de que os animais não têm direitos é sustentada por quatro argumentos principais: (1) os animais não têm alma imortal e, por isso, não têm valor eterno; (2) os animais não sofrem e, por isso, podem ser tratados da forma como achamos adequada; (3) animais são propriedades dos seres humanos e, assim, podem ser usados do modo que desejarmos; (4) os animais são violentos e vivem em um mundo naturalmente violento, de modo que lhes infligir algum mal é algo que faz parte de sua existência. Assim, pelas razões acima, argumenta-se que os animais não têm direitos e, por isso, os seres humanos não têm deveres (ou têm apenas deveres mínimos) em relação a eles.

Os que defendem a ideia de que os animais têm direitos apresentam os seguintes argumentos: (1) de uma perspectiva bíblica, nem os seres humanos têm alma imortal (a palavra hebraica *nepeš* não significa alma e, além disso, é usada tanto para homens quanto para animais) e, portanto, a questão da alma não se aplica à discussão dos direitos ou do valor dos animais. (2) Muitos animais, em particular os vertebrados superiores, sentem dor. Eles têm a capacidade de sofrer, são criaturas dotadas de sentimento. Uma vez que criaturas dotadas de sentimento têm direitos, pelo menos certos animais como, por exemplo, os mamíferos, têm direitos. (3) Os direitos à propriedade não são absolutos e, por isso, os animais não podem ser usados conforme bem se desejar — uma impressão moral bem reconhecida nas leis que proíbem dispensar tratamento desumano aos animais. (4) O mundo natural inclui predadores e parasitas, mas não é um mundo sanguinário como alguns alegam. Ele também revela simbiose e cooperação. O fato de a violência às vezes fazer parte do mundo animal não constitui motivo legítimo que justifique a violência praticada por humanos contra os animais.

Veja também CRIAÇÃO E ECOLOGIA.
BIBLIOGRAFIA. LINZEY, A., *Animal Theology* (Urbana: University of Illinois Press, 1995); LINZEY, A. e REGAN, T., orgs. *Animals and Christianity: A Book of Readings* (Nova York: Crossroad, 1990); PINCHES, C. e MCDANIEL, J., orgs. *Good News for Animals: Christian Approaches to Animal Well-Being* (Maryknoll: Orbis, 1993); REGAN, T., *The Case for Animal Rights* (Berkeley: University of California Press, 1983).

Bouma-Prediger, S.

DIREITOS HUMANOS

Os direitos humanos desenvolveram-se através de uma tradição longa e diversificada, desde o ensino bíblico sobre a imagem de Deus, sobre a justiça devida aos outros e sobre o amor de Deus principalmente pelos marginalizados revelado em Jesus, passando pelos primeiros pais da igrejas, depois pela tradição dos concílios da igreja na Idade Média, pelo movimento puritano da igreja livre em defesa do direito à liberdade religiosa e chegando às ideias do Iluminismo por uma educação racionalista universal. Desde 1945, os direitos humanos têm se baseado historicamente na rejeição do nazismo, do colonialismo, da segregação, do apartheid e dos genocídios. O termo "direitos humanos" não tem em si mesmo um sentido completo e único, mas, junto com suas implicações funcionais, o termo é definido em parte pelas narrativas históricas e teológicas nas quais se baseia e, por isso, é importante entender os eventos dramáticos da história que justificam uma afirmação específica dos direitos humanos.

1. Cada evento dramático da história tem sua visão dos direitos humanos
2. Bases teológicas dos direitos humanos

1. Cada evento dramático da história tem sua visão dos direitos humanos
1.1. A origem no puritanismo da igreja livre. O conceito pleno de direitos humanos foi desenvolvido e expresso pela primeira vez durante a luta da igreja livre em defesa do direito à liberdade religiosa na Inglaterra puritana da década de 1640 com o anabatista/batista Richard Overton (Haller, Huber e Tödt, Stassen, Tuck e Westmoreland-White). A primeira defesa dos direitos humanos feita por Overton se deu em sua sátira *The Arraignment of Mr. Persecution* [A intimação do sr. Perseguição] (1645). Seus argumentos se baseiam na Bíblia como texto digno de crédito: ele revela grande conhecimento do Novo Testamento, e as passagens nas quais se concentra harmonizam-se com sua própria confissão de fé já em 1615, quando ele se filiou à igreja menonita Waterlander na Holanda. Ele também argumentava com base na lei natural, defendida durante séculos, antes mesmo do período puritano. Da perspectiva de sua fé, ele argumentava se baseando na experiência histórica: a perseguição causa guerras, divisões, derramamento de sangue e hipocrisia; a maioria das guerras, em particular a Guerra dos Trinta Anos, que matou um terço do povo da Alemanha, foi travada para determinar qual religião dominaria e excluiria a outra. O direito à liberdade religiosa foi uma iniciativa radical de pacificação: não haveria necessidade de travar uma guerra para que "nossa" fé controle o governo. Overton também se inspirava na preocupação bíblica com a justiça dirigida aos pobres, inspiração que se intensificou quando, preso por causa de sua fé, conheceu na prisão pobres que estavam ali por causa de dívidas.

Sua ampla doutrina dos direitos humanos como patrimônio de todos, não somente de ingleses ou cristãos, mas incluindo protestantes, católicos, judeus e muçulmanos, nasceu totalmente desenvolvida, revelando-se abrangente até pelos padrões de hoje, em *An Appeal* [...] *to the Free People* [Apelo ao povo livre] (1647). O documento incluía três grandes categorias de direitos: (1) *liberdade religiosa e liberdade civil*: libertação da coerção em questões religiosas, do estabelecimento governamental da religião e da taxação da religião (*veja* Liberdade Religiosa); liberdade de imprensa; o direito dos prisioneiros não passarem fome, de não serem torturados nem extorquidos; o direito de não ser preso de modo arbitrário nem forçado a se incriminar; o direito a um julgamento rápido; o direito de entender a lei no próprio idioma da pessoa, e a igualdade perante a lei; (2) *necessidades básicas e direitos econômicos:* o direito de não ser preso por causa de dívidas; o direito de fazer comércio internacional sem restrições impostas por monopólios; o direito à educação gratuita para todos; o direito a abrigo e assistência aos órfãos pobres, às viúvas, aos idosos e aos portadores de necessidades especiais; e o direito do pobre à terra; e (3) *direitos de participação* na escolha de um governo que seja sensível ao povo e ao bem comum; o direito de votar e participar do governo independentemente de crenças pessoais, e o direito de apresentar petições ao Parlamento.

1.2. O Iluminismo com sua base e seu significado estreitos. Na sequência dos acontecimentos, John Locke, reagindo contra as guerras que envolviam religião, procurou desenfatizar o papel da religião no discurso público e fundamentar a verdade em uma suposta razão universal. Em suas palavras, "a razão deve ser nosso supremo juiz e guia em todas as coisas". Isso trouxe uma mudança no sentido da ideia de separação entre igreja e estado: o sentido de que as igrejas deveriam ser livres para se pronunciar profeticamente contra as injustiças, conforme o pensamento de Overton e dos puritanos, passava a ser que as igrejas deveriam fundamentar o que dizem publicamente naquilo que se aceitava como razão universal. Com *Two Treatises of Government* [Dois tratados de governo] (1689), Locke influenciou os pregadores da Nova Inglaterra que defendiam a Revolução Americana e influenciou também Thomas Jefferson na redação da Declaração de Independência. Ele defendia os direitos fundamentais de vida, liberdade e propriedade, estreitando assim a doutrina mais abrangente dos direitos humanos de Overton e frisando os direitos individuais que envolviam liberdade e propriedade.

John Rawls, escrevendo de uma perspectiva filosófica que descarta sistematicamente toda contribuição religiosa ou cristã, representa a tradição liberal do *Iluminismo no século 20. Rawls prioriza as liberdades fundamentais de todos os indivíduos acima das necessidades econômicas dos menos favorecidos. Numa breve ressalva quase no fim de seu argumento, Rawls diz que isso se aplica às sociedades em que as necessidades básicas de todos são atendidas. Mas em lugares onde o povo vive próximo ou abaixo da linha de pobreza, os direitos econômicos devem ter prioridade. Hollenbach comenta que essa ressalva de Rawls torna sua priorização das liberdades acima das necessidades econômicas uma ideia inadequada para países em desenvolvimento (e para os Estados Unidos, onde 47 milhões de pessoas não têm plano de assistência médica).

1.3. Reações do século 20 contra o Iluminismo. Joan Lockwood O'Donovan (O'Donovan e O'Donovan, 75, 96, 147, 164, 229-38) declara que o movimento da igreja livre do século 17 em defesa da liberdade religiosa e do sistema de governo congregacional (baseado no senhorio de Cristo e não na autoridade do estado e dos bispos) é perfeccionista e sectário; portanto, "não oferece nenhum modelo eclesiológico para uma sociedade organizada inclusiva e democrática" (O'Donovan e O'Donovan, 164). Assim, ela omite a origem dos direitos humanos na luta do século 17 em defesa da liberdade religiosa e das necessidades humanas e econômicas básicas dos pobres e omite também a contribuição que o sistema congregacional de governo prestou para a democracia; ela pensa em direitos humanos fundamentados na visão iluminista posterior de Locke e Hobbes. E afirma que "todos os direitos naturais, pelo menos na tradição política ocidental, têm origem no direito de propriedade" e no "direito natural da pessoa para deliberar sobre seus próprios atos (i.e., direito à liberdade), que acabou sendo explicitamente interpretado como uma forma de propriedade" (O'Donovan e O'Donovan, 75). Ao lado de C. B. McPherson e da crítica marxista, ela identifica os direitos humanos impelidos pelo individualismo possessivo e pela defesa que os mais privilegiados fazem de seus direitos de propriedade. Ela também se interessa por um subjetivismo autônomo libertado da autoridade objetiva vinculada a Deus.

A tradição moderna dos direitos humanos, que universalizou o direito de propriedade num dado ético original e permanente da humanidade, representa uma fase mais avançada do naturalismo teológico, pelo menos na visão dos teólogos. Ao elevar de tal forma uma instituição controladora da sociedade civil, o conceito de direitos naturais torna indefinida a distinção entre comunidade civil e escatológica, ocultando tanto a proximidade quanto a distância no relacionamento entre elas. Como consequência, em vez de permitir que a sociedade civil se abra pelo Espírito Santo às exigências e à realidade da comunidade evangélica, esse conceito fecha a sociedade civil para essas exigências e para essa realidade, envolvendo-a numa autocomplacência pecaminosa (O'Donovan e O'Donovan, 96).

Portanto, ela rejeita os direitos humanos como uma influência destrutiva. Lockwood O'Donovan reconhece que em *Rerum Novarum*, o papa Leão XIII expressou que a lei natural e o bem comum são "direitos naturais que pertencem a indivíduos e grupos (acompanhando o desenvolvimento escolástico posterior do pensamento [de Tomás de Aquino])" (O'Donovan e O'Donovan, 229). Além disso, "ficamos impressionados pela semelhança de perspectiva" em *Quadragesimo* Anno, do papa Pio XI. Ele se refere não somente à "dignidade e à liberdade dos indivíduos", mas também aos direitos que envolvem trabalho, família e igreja. O papa João XXIII afirmou e internacionalizou essa visão, enfatizando que "o bem comum universal" exige leis internacionais e autoridades públicas de âmbito mundial que tenham como "objetivo fundamental o reconhecimento, o respeito, a proteção e a promoção dos direitos da pessoa humana". João Paulo II também "preserva a linguagem dos direitos humanos para enunciar o 'bem comum'da sociedade civil" (O'Donovan e O'Donovan, 231). Mas ela remonta — e basicamente reduz — o ensino católico dos direitos humanos aos "direitos naturais de propriedade [que] não têm origem em Hobbes e Locke, mas no cânon medieval posterior e em advogados cíveis, papas canonistas e teólogos" (O'Donovan e O'Donovan, 75). Estes passaram de uma visão agostiniana do bem humano baseado na igreja para uma visão aristotélica do bem humano baseado no estado e, finalmente, passaram a apoiar a democracia liberal, redundando assim na secularização e no foco nos direitos de propriedade da visão iluminista. O ensino católico (abaixo) não concorda com isso. Essa diferença evidencia a importância de entender qual evento histórico acarreta determinada afirmação dos direitos humanos.

Alasdair MacIntyre (68-69) também reage contra os direitos humanos porque considera que estão baseados em afirmações do Iluminismo que têm por base a razão universal. Portanto, ele compara a crença nos direitos universais à crença em bruxas e unicórnios, uma vez que ninguém possui uma razão *universal;* todos somos influenciados pelas nossas origens históricas e sociais. Os que defendem os direitos humanos respondem que essa é uma falácia que confunde origem com intenção. Os direitos humanos têm origem na tradição da igreja livre, não numa alegação iluminista de que possuímos uma razão universal. Eles têm múltiplas origens históricas veiculadas por diversas crenças e narrativas contextualizadas. As origens são historicamente particulares e diversas; mas cada uma dessas tradições históricas particulares tem uma intenção universal; elas procuram afirmar a dignidade e os direitos humanos de todas as pessoas em âmbito universal. Por exemplo, a afirmação bíblica de que toda a humanidade é criada à imagem de Deus é uma afirmação *particular;* ela declara a dignidade *universal* de toda a humanidade. Objetivos universais podem ser afirmados a partir de fundamentos particulares. Aquilo que começou como uma luta particular em defesa da liberdade religiosa e depois em favor da justiça econômica e da participação na comunidade, liderada por Richard Overton, transformou-se numa afirmação de âmbito mundial, uma "linguagem quase universal das discussões morais", para usar as palavras de Christopher Marshall. "Parece então que, para que os cristãos se envolvam de modo relevante nas grandes questões morais de hoje, eles precisarão dominar a retórica dos direitos e utilizá-la com sensibilidade para enunciar as ideias e perspectivas cristãs" (Marshall). Ou, nas palavras de Esther Reed: "Os direitos humanos nos dão a linguagem e a conceitualidade em torno das quais os teóricos e políticos se unem, mesmo que eles não concordem sobre o que motiva essa união" (Reed, 22). A afirmação da dignidade inalienável de todas as pessoas não exige um fundamento exclusivo, universal e racionalista.

1.4. O século 20 e a reação alemã contra o Iluminismo; depois, a recuperação dos direitos humanos. Nos séculos 18 e 19, a cultura alemã esteve entrelaçada com a cultura francesa e distanciada das culturas britânica e americana. Portanto, à semelhança de Lockwood O'Donovan, as igrejas alemãs não atentaram para o desenvolvimento dos direitos humanos nas igrejas livres puritanas e nos Estados Unidos, pensando que os direitos humanos se haviam originado na Revolução Francesa e no Iluminismo francês de um século depois. Na Europa continental, os "Direitos da Pessoa e do Cidadão" foram proclamados pela primeira vez em 1789 numa declaração durante a Revolução Francesa. A declaração francesa dos direitos humanos de 1793 referiu-se à "presença da suprema essência", e não de Deus, dramatizando assim uma clara tendência antieclesial.

A onda de críticas conservadoras da Revolução Francesa e dos direitos humanos — começando com a obra de 1790, *Reflections on the Revolution in France* [Reflexões sobre a revolução na França] de Edmund Burke, traduzida para o alemão em 1793-94 — dominou as discussões que aconteceram a seguir na Alemanha.

Essas críticas impediram que igrejas e teólogos aceitassem os direitos humanos e comprometeram a capacidade das igrejas no combate à violação dos direitos humanos cometida por Adolf Hitler contra judeus e poloneses, pessoas com necessidades especiais, homossexuais e comunistas. A grande maioria dos líderes de igrejas e pastores se distanciou da tradição dos direitos humanos e da iniciativa da Alemanha para fazer a democracia funcionar na República de Weimar; eles foram incapazes de resistir ao facismo e ao Terceiro Reich. Os teólogos Karl Barth e Dietrich Bonhoeffer foram exceções esclarecedoras: ambos escreveram apoiando os direitos humanos e lideraram a oposição cristã a Hitler. Os escritos de Bonhoeffer sobre direitos humanos eram mais diretos e ousados que os de Barth, e sua defesa dos judeus foi mais corajosa e direta, como o próprio Barth reconheceu. Depois de 1945, as igrejas alemãs perceberam o terrível erro que haviam cometido com seu distanciamento reacionário em relação aos direitos humanos; elas têm conduzido movimentos de profunda (e recente) atenção aos direitos humanos promovidos pelo cristianismo em todo o mundo.

Os acadêmicos alemães Wolfgang Huber e Heinz E. Tödt, juntamente com William Lee Miller, corrigem o erro reacionário; eles ressaltam que aquilo que hoje chamamos de "direitos humanos" nasceu com a ênfase da Reforma sobre a liberdade de crença, e depois explicitamente nas lutas das igrejas livres em defesa da liberdade religiosa no período dos puritanos — bem antes da Revolução Francesa e do Iluminismo. Os direitos humanos foram então expressos como um programa de lei pela primeira vez em 1776 na Carta (ou Declaração) de Direitos da Virginia e depois na Carta de Direitos dos Estados Unidos, sendo que a primeira emenda e a própria Carta foram fruto da influência de batistas do estado da Virginia e de James Madison, de influência puritana e representante do mesmo estado.

Depois de 1945, quando o povo alemão havia sofrido afrontas aos direitos humanos pelos regimes nacional socialista e stalinista, eles incluíram os direitos humanos na lista de direitos básicos (na Lei Básica da Alemanha, em 1949). Essa mudança de posição foi também apoiada pela identificação dos direitos humanos com os sistemas sociopolíticos ocidentais, em contraste com as repetidas violações dos direitos humanos nas nações do leste europeu.

1.5. O século 20 e a recuperação católica da densidade. O ensino católico moderno sobre direitos humanos tem início com o papa Leão XIII, sobretudo na *Rerum Novarum* (1891). *Pacem in Terris* (1963), do papa João XXIII, e *Dignitatis Humanae*, do Concílio Vaticano II e assinada por Paulo VI, foram importantes avanços numa tradição que remonta à Bíblia, passando por Tomás de Aquino e pelos primeiros pais da igreja. O papa Leão XIII rejeitou o argumento de que a liberdade tem prioridade sobre os direitos econômicos e sociais, afirmando claramente "os direitos econômicos básicos a alimento, roupa, moradia, organização e a um salário de subsistência". Pio XI, Pio XII e principalmente João XXIII, Paulo VI e João Paulo II enfatizaram as *necessidades básicas, liberdades e relacionamentos participativos*, que precisam ser protegidos para a vida de todo indivíduo. Esses três conjuntos de direitos assemelham-se aos três conjuntos de direitos originais e abrangentes de Overton: necessidades báicas e direitos econômicos, liberdade civil e religisa e direitos de participação. Os papas também frisaram as instituições, estruturas e deveres sociais e políticos que nos unem no apoio e na defesa dos direitos humanos.

"A teoria católica dos direitos passa longe da filosofia social individualista ou libertária. [Ela] é personalista, não individualista, e reconhece que as pessoas são seres essencialmente sociais e formadores de instituições" (Hollenbach, 17-20, 49, 97-98, 203-4). Hollenbach apresenta um esboço que identifica oito conjuntos diferentes de direitos em *Pacem in Terris*, cada um com uma afirmação pessoal, social e instrumental. Com base no ensino social católico, Hollenbach conclui que as medidas das sociedades para implementar os direitos humanos devem priorizar as necessidades dos pobres acima das privações dos ricos, a liberdade dos dominados acima da liberdade dos poderosos e a participação de grupos marginalizados acima da preservação de uma ordem que os exclui.

Em todos esses documentos está presente a afirmação teológica central de que todos são criados à imagem de Deus e que a dignidade humana precisa ser afirmada e defendida. Essa ideia dá a todas as pessoas direitos e deveres. Ela tem um duplo fundamento: a lei natural que pode ser entendida pela razão natural e a fé cristã centrada na revelação bíblica da criação à imagem de Deus, da redenção por Jesus Cristo e de um destino que transcende a história. O Vaticano II expressou uma consciência maior das distorções, das divergências e das diversidades da razão humana como parte de sua iniciativa de lidar com as realidades do pluralismo religioso, cultural, social, econômico, político e ideológico do mundo contemporâneo e de seu gesto na direção de uma atenção bem maior aos ensinos bíblicos normativos. Ele entendeu os direitos humanos como um acordo normativo necessário num mundo de diversidade (Hollenbach, 113-14, 124-33).

1.6. As outras religiões. Max Stackhouse mostra como outros de diferentes perspectivas da fé, incluindo o hinduísmo de Gandhi e a luta por liberdade e justiça na Alemanha Oriental podem apoiar os direitos humanos. Os autores em *Human Rights in Religious Traditions*, de Arlene Swidler, mostram isso de forma mais abrangente nas várias tradições religiosas (veja também Evans e Evans; Sachedina). O espírito dos direitos humanos é que eles afirmam a luta de outros para que seus direitos, interesses essenciais e sua fé sejam reconhecidos e desfrutem de liberdade. Os direitos humanos podem ser apoiados por pessoas de crenças diversas em lugares distintos do globo e podem defender a justiça para outras pessoas em outros lugares. Por isso a Declaração Universal dos Direitos Humanos foi aprovada pela assembleia geral da ONU sem votos em contrário. Na segunda metade do século 20, floresceu uma incrível convergência mundial em torno dos direitos humanos. A Declaração Universal dos Direitos Humanos de 1948, assinada por quase todas as nações e "reconhecida [...] como a declaração internacionalmente autorizada dos direitos humanos", e os Pactos Internacionais sobre Direitos Humanos de 1966 formaram um elemento crucial de convergência (Moltmann em A. Miller, 29).

1.7. Uma boca que fala do sofrimento. William O'Neill, S. J., escreve que a linguagem dos direitos humanos concentra nossa atenção "onde a linguagem hesita" em torno das atrocidades e crimes contra a humanidade, a exemplo das tragédias no Sudão, na Somália e na República Democrática do Congo. "No testemunho das vítimas, a retórica dos direitos transforma-se numa boca que fala do sofrimento" (O'Neill).

Na África do Sul, a *Truth and Reconciliation Commission* [Comissão da verdade e da reconciliação] foi incumbida de promover "unidade e reconciliação, adotando medidas que visem à investigação e à completa revelação das flagrantes violações de direitos humanos cometidas no passado". A primeira subcomissão que deu início aos depoimentos foi a "subcomissão de violações dos direitos humanos. [...] Os direitos serviram não somente para documentar as atrocidades (nas narrativas), mas para entrelaçar "a verdade das lembranças feridas", nas palavras do Juiz Ismail Mahomed, àquilo que o jurista Albie Sachs chamou de 'verdade social, a verdade da experiência firmada por meio de interação, discussões e debates'". Nas palavras de O'Neill:

E assim as "lembranças compartilhadas" da TRC ficam gravadas numa história mais ampla "que contribui para os direitos humanos e para os processos democráticos". A "verdadeira reparação que queremos", afirma Albie Sachs, "reside na constituição, no voto, na dignidade, na terra, nos empregos e na educação". Com o estabelecimento da TRC, o "Ato de Unidade e Reconciliação Nacional" da constituição interina visava a "um futuro fundamentado no reconhecimento dos direitos humanos". Assim também, para Desmond Tutu, Albie Sachs e outros, as lembranças compartilhadas da TRC são promulgadas num novo regime constitucional que, nas palavras do preâmbulo da constituição, procura sanar as divisões do passado e firmar uma sociedade baseada em valores democráticos, na justiça social e nos direitos humanos básicos; lançar os alicerces de uma sociedade democrática e aberta na qual o governo se baseie na vontade do povo e onde todos os cidadãos sejam igualmente protegidos pela lei; melhorar a qualidade de vida de todos os cidadãos e resgatar o potencial de cada pessoa; e construir uma África do Sul unida e democrática, capaz de assumir seu lugar de direito como Estado numa família de nações. [...] A nova constituição da África do Sul incorpora o mais abrangente conjunto de direitos humanos — negativos e afirmativos — entre todos os regimes constitucionais modernos. Ademais, a educação do povo por instituições governamentais e não-governamentais procura cultivar um amplo respeito por um regime de direitos e uma conformidade geral com ele. Numa inflexão dos direitos tipicamente africana, Desmond Tutu vincula o sucesso definitivo do "projeto de narrativas" da TRC à devida reparação das enormes "disparidades econômicas entre os ricos, principalmente brancos, e os pobres, principalmente negros". Pois "o enorme abismo entre os que possuem e os que não possuem, criado e mantido em grande parte pelo racismo e pelo apartheid, representa a maior ameaça à reconciliação e estabilidade em nosso país" (O'Neill).

O'Neill nos ajuda a perceber que a narrativa que expressa o significado dos direitos humanos para milhões de pessoas que lutam como vítimas, e para outros milhões que lutam para ajudá-las a impedir ou sanar essa vitimação, está longe de uma narrativa estreita do Iluminismo.

2. Fundamentos teológicos dos direitos humanos

2.1. Barth e Bonhoeffer. Em *Ethics* [Ética], de 1928/29, antes de Hitler assumir o poder em 1933, Karl Barth escreveu que os direitos humanos têm um fundamento cristológico. "Barth fala de 'direitos' subjetivos pertencentes às leis humanas e às políticas públicas [...] e fala de 'direito' com sentido objetivo por força da autorrevelação de Deus em Cristo". Ele rejeita com veemência um fundamento na lei natural, pois elevar a autoridade da razão humana em complemento a Cristo pode estabelecer uma autoridade humana semelhante ao nacionalismo, racismo e militarismo de Hitler em oposição à autoridade de Cristo. Baseados em Cristo, os direitos humanos não são primeiramente a afirmação dos *meus* direitos, mas "a defesa organizada de todos os outros contra minhas possíveis violações". Na teologia de Barth, "o fato de Deus eleger toda a humanidade em Cristo estabelece uma afirmação dos direitos para toda a humanidade; como consequência, o discurso sobre a humanidade, incluindo seus fins naturais, é algo inerente à teologia". Barth "delimita a linguagem dos direitos à ordem civil humana e à vocação secular do Estado", mas dá espaço e apoio ao discurso subjetivo dos direitos (Reed, 70-78).

Em *Vida Cristã*, na última parte de sua *Dogmática Eclesiástica*, escrevendo sobre "Venha o Teu Reino", Barth declara que a vinda de Deus

> ... ilumina, consolida, afirma e protege o direito de Deus ao homem (direito este questionado, obscurecido e ameaçado) e, portanto, os próprios direitos humanos do homem [*Menschenrecht*], o direito à vida, que lhe é negado à parte do direito de Deus como Senhor e Rei. Deus vem e cria justiça, zeloso por sua honra como Criador e impregnado de vida por sua criatura. Ele cria a justiça, que é a ordem correta do mundo que lhe pertence. Ele vem e, ao criar justiça, elimina

a injustiça [*Ungerechtigkeit*], mas também o senhorio dos poderes que não se submetem a controle (Barth, 237; minha tradução modificada).

Fica evidente que Barth não está se referindo à justiça interior, mas à justica que é a ordem correta do mundo. A justiça trazida pelo reino ou reinado de Deus é direito humano e dignidade humana. Barth descreve o propósito da vida como participação no reino de Deus. Orar para que o reino de Deus venha, como na oração do Pai-Nosso, compromete-nos com o dever de buscar justiça para os outros, e isso faz parte do reino de Deus. Nas duas últimas páginas de *Vida Cristã*, Barth refere-se mais duas vezes ao "direito humano [*Menschenrecht*] e dignidade do homem". "Eles vivem unicamente pela esperança e, portanto, pela promessa de que o direito humano [*Menschenrecht*], seu valor, liberdade, paz e alegria não são uma quimera, mas já foram concretizados por Deus em Jesus Cristo e serão, definitiva e finalmente, revelados em sua concretização".

Dietrich Bonhoeffer (179-80, 185-90, 195) afirma que a vida como um fim em si mesma é concedida em nossa criação por Deus, e isso inclui os direitos concedidos por ele. Direitos antecedem os deveres, pois "Deus dá antes de exigir" (Bonhoeffer, 180). Respeitar os direitos da vida natural traz honra a Deus, o Criador da vida criada. "Os deveres nascem dos próprios direitos. [...] São inerentes aos direitos" (Bonhoeffer, 180).

"Visto que pela vontade de Deus a vida humana sobre a terra existe somente como vida física, o corpo tem o direito de ser preservado para o bem da pessoa como um todo. Todos os direitos se extinguem com a morte e, por isso, a preservação da vida física é o próprio fundamento de todos os direitos naturais e, portanto, é revestida de importância especial" (Bonhoeffer, 185). Isso se coaduna com o foco que Bonhoeffer dirige à encarnação corpórea de Jesus Cristo. O significado da vida corpórea "nunca é um meio para um fim, mas se realiza somente em seu direito intrínseco à alegria", que nos é prometida na presença de Deus. Portanto, existe um direito às alegrias físicas, a um lar, a comer e beber, a vestir-se, ao relaxamento, à diversão e à sexualidade.

"O direito primordial à vida natural diz respeito à proteção da vida física contra a morte imposta arbitrariamente" (Bonhoeffer, 189). Logo na sequência Bonhoeffer discute o direito à vida e se opõe à prática da eutanásia. É evidente que ele está fazendo oposição à morte de inocentes pelos nazistas e a prática da eutanásia contra deficientes físicos e contra os judeus.

Bonhoeffer defende a vida humana sem declarar os "meus direitos" individual e possessivamente, mas erguendo-se em favor daqueles cujos direitos estão sendo violados. Os direitos humanos dirigem nossa atenção para a compaixão diante das vítimas de injustiças. Bonhoeffer conclui aplicando o direito à vida até ao responsável pela calamidade na Alemanha — Hitler — que "participa conscientemente do ataque [...] à vida do meu povo e, portanto, precisa arcar com as consequências de ter sobre si a culpa comum" (Bonhoeffer, 189). O único meio de ainda impedir que outros milhões de pessoas sejam mortos é afastá-lo com um golpe de estado. Se "os que têm saúde pudessem ser salvos somente pela morte dos doentes. Nesse caso, a decisão teria de permanecer em aberto" (Bonhoeffer, 195).

2.2. Huber e Tödt. Os acadêmicos luteranos Huber e Tödt afirmam que não devemos argumentar pelos direitos humanos de cima para baixo, baseados na filosofia ou na teologia, mas devemos começar de baixo para cima com o real desenvolvimento histórico e com a função dos direitos humanos nas estruturas legais básicas das sociedades. Eles comparam como os direitos humanos estão incorporados às estruturas legais básicas e identificam três conjuntos de direitos — direitos de liberdade, de igualdade e de participação — a exemplo do que Overton fez inicialmente. Nenhum desses direitos se encontra em completo isolamento; cada um deles precisa ser compreendido na relação com os outros, às vezes numa relação de tensão ou equilíbrio. Eles declaram que três dimensões teológicas se encontram e sustentam os direitos humanos: a imagem de Deus na doutrina da criação, a doutrina cristológica da justificação e a promessa escatológica do reino de Deus.

Visto que todos os seres humanos são criados à imagem de Deus, todos têm a mesma dignidade. Pois, interpretando o *direito humano à igualdade*, a "Regra Áurea" ensina: *Tudo o que quereis que os homens vos façam, fazei também a eles; porque esta é a Lei e os Profetas* (Mt 7.12). Essas palavras conclamam cada um a reconhecer as necessidades dos outros. Gálatas 3.26-28 dá um passo adiante: "Pois todos sois filhos de Deus pela fé em Cristo Jesus. Porque todos vós que em Cristo fostes batizados vos revestistes de Cristo. Não há judeu nem grego, não há escravo nem livre, não há homem nem mulher, porque todos vós sois um em Cristo Jesus". A condição de filho de Deus revela uma igualdade fundamental diante da qual todas as aparentes desigualdades — raça e religião, nível social ou cultural e gênero — perdem o valor.

Com base na doutrina cristológica da justificação, os crentes são libertos por Cristo e não estão sujeitos a nenhum domínio autoritário. Mas o cristão foi liberto para a liberdade de viver para servir e amar. A libertação do jugo dos poderes do mundo significa capacitação para servir visando ao bem-estar dos outros — um misto de liberdade e responsabilidade. Essa realidade endossa os *direitos humanos à liberdade*, não no sentido de uma autonomia egoísta, mas como serviço prestado numa relação mútua.

A promessa escatológica do reino de Deus se baseia na afirmação de Jesus de que, em sua pessoa e obra, o reino de Deus já chegou ao mundo. Devemos rejeitar o dualismo que faz separação entre o reino iminente de Deus e o chamado ao discipulado no presente mundo. Os crentes são chamados a viver uma vida cristã que Paulo caracteriza na fórmula da igreja como "corpo de Cristo". Nesse "corpo", todos os cristãos são iguais por força do batismo, cada um com dons especiais, mas cada um também responsábel pela vida dos outros e de todo o corpo social (1Co 12.4-26). Acima de todas as outras coisas, a participação na comunidade tem o caráter de edificar uns aos outros em um só Espírito. A partir desse pensamento básico, desenvolveu-se o conceito de "sacerdócio de todos os crentes", com o qual a Reforma enfatizava que todos os cristãos eram responsáveis pela vida da comunidade — em sintonia com passagens bíblicas como 1Pedro 2.5, 9. Essa realidade sustenta o direito à participação na comunidade.

Porque os direitos humanos se baseiam na criação à imagem de Deus e visto que essa criação envolve a responsabilidade de cultivar a terra e de zelar por ela, a humanidade tem o dever de cuidar da criação. Todos têm responsabilidade "pelo espaço vivo do qual participam e pelas outras formas de vida que compartilham esse espaço. Essa responsabilidade limita os direitos humanos, sobretudo quando surgem situações que levam à exploração da natureza e, assim, ao transtorno nas condições de vida para pessoas e animais, seja para os que vivem hoje, seja para as futuras gerações" (Huber e Tödt).

Huber e Tödt prestam uma importante contribuição ao afirmar com clareza que um alto nível de confiança na autoridade governamental, sem mecanismos de controle e sem cidadãos com poder de decisão numa democracia, revela uma visão otimista da natureza humana dos governantes. Em contraste com isso, as críticas dos profetas dirigidas aos governantes, as palavras de Jesus acerca da violência dos poderosos em Marcos 10.42-45, o juízo de Deus contra essa violência em Lucas 1.51-52, assim como também indicações de reinos caracterizados por perversões demoníacas em Apocalipse 13, demandam uma visão mais realista da natureza humana. Direitos humanos são necessários, com base na visão realista d que é preciso moderar o poder do Estado e de governos arbitrários por meio de mecanismos de controle legalmente habilitados em favor do povo.

2.3. Jürgen Moltmann e a Aliança Mundial de Igrejas Reformadas. De uma perspectiva reformada, Jürgen Moltmann (20-24) declara: "Com base na criação do homem e da mulher à imagem de Deus, com base na encarnação de Deus em prol da reconciliação do mundo e com base na vinda do reino de Deus como consumação da história, o tópico confiado à teologia cristã diz respeito à humanidade das pessoas e aos seus direitos e deveres correntes". A exemplo de Barth, Moltmann destaca a exigência de Deus que paira sobre nós para que defendamos os direitos dos outros mais do que nossa liberdade de possuir direitos; e "a libertação e redenção dos seres humanos de sua iniquidade pecaminosa e da desumanidade fatal. [...] Em si mesmos, liberdade e direitos praticamente não significam nada" sem estar acompanhados pelo dever de resistir às injustiças e às violações dos direitos humanos.

Moltmann ressalta "o direito de Deus ao ser humano, i.e., a prerrogativa que Deus tem em relação a eles", e esse pensamento tornou-se fundamental para a Aliança Mundial de Igrejas Reformadas. Eles nunca se basearam na lei natural, nem numa visão idealista da natureza humana universal, nem na revolução marxista, mas "na aliança do Deus fiel com seu povo e com a criação" (Lochmann em A. Miller, 21). Nossos direitos têm por base a graça da aliança de Deus e, sobre essa base, podemos falar de "direitos naturais". "É de nossa natureza existir integralmente pela graça de Deus, e devemos a ele tudo o que temos e somos, incluindo nossos direitos naturais. Os direitos naturais têm origem em Deus, estendem-se a todos [os seres humanos] e não são transferíveis por decisão humana. Tais direitos pertencem a todas as pessoas" (Koops em A. Miller, 58). Moltmann acrescenta:

> A ampla retenção de direitos econômicos básicos, o empobrecimento de povos e grupos populacionais inteiros e a fome de alcance mundial causada pelo imperialismo político e econômico em nosso mundo dividido e dilacerado pelas dissensões são uma profanação da imagem de Deus nas pessoas e da prerrogativa de Deus sobre cada ser humano. Sem o exercício dos direitos econômicos fundamentais que os seres humanos detêm em relação à vida, à nutrição, ao trabalho e à moradia, não é possível viabilizar nem os direitos individuais nem os direitos sociais.

Além disso, também somos responsáveis pelos direitos das futuras gerações em relação a uma criação que possa suportar tais direitos.

Somente quando o domínio humano sobre a terra corresponde à soberania do Criador sobre o mundo é que os seres humanos cumprem seu papel de criaturas à imagem de Deus. Devastações, exploração e a destruição da natureza contradizem o direito e a dignidade humana. [...] O domínio humano pode ser legítimo somente quando exercido em cooperação e em comunidade com o meio ambiente, conduzindo a uma simbiose vivificante entre a sociedade humana e o meio ambiente natural (Moltmann, 27-29, 35; cf. Lochman em A. Miller, 22-23).

Conforme indicado pela Aliança Mundial de Igrejas Reformadas em *A Christian Declaration on Human Rights* [Declaração cristã dos direitos humanos], historicamente os direitos à liberdade e à participação em comunidades têm sido ressaltados por movimentos de classe média no Ocidente, ao passo que os direitos relativos às necessidades econômicas básicas têm sido enfatizados por nações mais pobres e socialistas. O interesse nos países em desenvolvimento "concentram-se nas exigências básicas de sobrevivência em face da fome que ameaça tanta gente; na abolição das estruturas coloniais; na derrota da discriminação racial; no alvo da autenticidade cultural" contra a dominação econômica colonial e global. Declarações de igrejas e cristãos com bom senso sempre souberam que a defesa cristã fiel dá destaque aos três conjuntos de direitos. Depois do fim da Guerra Fria e da necessidade ideológica de contrapor-se à Rússia ou de contrapor-se aos Estados Unidos, vemos crescer a defesa dos três conjuntos em ambos os lados do antigo conflito. Os cristãos no Ocidente estão dando ênfase às necessidades básicas e aos direitos econômicos, e os do Leste enfatizam as liberdades democráticas. E muitas nações mais pobres estão vendo surgir uma classe média em crescimento aliada a uma maior consciência da necessidade de liberdades fundamentais para que seja possível exercer algum controle eficaz sobre as estruturas de poder autoritárias e corruptas, enquanto continuam tentando aplacar a fome e a sede de justiça econômica. Grande parte do mundo caminha para uma visão integral dos direitos humanos defendida primeiramente por Richard Overton. Como dizem as igrejas reformadas, "esses três conceitos de direitos humanos [...] não se excluem mas se complementam" (A. Miller, 15).

Se os principais mandamentos são amar a Deus e amar o próximo como a si mesmo, então os direitos humanos precisam estar alicerçados no amor de Deus, que dá aos seres humanos seus direitos, e não simplesmente a posse individual, e numa obrigação para com seus semelhantes, que receberam esses direitos, e não baseados na simples afirmação "eu tenho tais direitos". Ademais, se Jesus ensina que todas as pessoas, até nossos inimigos, devem ser incluídos na comunidade de nossos semelhantes, então nossa obrigação diz respeito a todas as pessoas criadas à imagem de Deus e sobre as quais Deus faz nascer o sol e cair a chuva — ou seja, todo mundo sem exceção. Portanto, os direitos humanos têm por base o amor de Deus universal e inclusivo e nossa obrigação para com todas as pessoas com as quais Deus se ocupa. Direitos humanos são obrigações que envolvem as necessidades básicas de todos os seres humanos. Eles não são um mero individualismo possessivo; são um cuidado obrigatório.

Veja também DIREITOS DOS ANIMAIS; ÉTICA SOCIAL; GUERRA; LIBERDADE RELIGIOSA; PAZ E RECONCILIAÇÃO; PERSEGUIÇÃO E MARTÍRIO; TEOLOGIA POLÍTICA; RAÇA, RACISMO E ETNICIDADE.

BIBLIOGRAFIA. BARTH, K., *The Christian Life: Church Dogmatics*, IV/4. *Lecture Fragments* (Londres: T. & T. Clark, 1981); idem, *Ethics* (Nova York: Seabury, 1981); BONHOEFFER, D., *Ethics* (Minneapolis: Fortress, 2005 [edição em português: *Ética* (São Leopoldo: Sinodal)]); EVANS, R. A. e FRAZER EVANS, A., *Human Rights: A Dialogue Between the First and Third Worlds* (Maryknoll: Orbis, 1983); HALLER, W., *Tracts on Liberty in the Puritan Revolution, 1638-1647,* 1 (Nova York: Atheneum, 1969); HARRELSON, W. J., *The Ten Commandments and Human Rights* (Macon: Mercer University Press, 1997); HOLLENBACH, D., *Claims in Conflict: Retrieving and Renewing the Catholic Human Rights Tradition* (Nova York: Paulist Press, 1979); HUBER, W. e TÖDT, H. E., *Menschenrechte: Perspektiven einer menschlichen Welt* (Stuttgart: Kreuz Verlag, 1977); MACINTYRE, A., *After Virtue* (Notre Dame: University of Notre Dame Press, 1984); C. MARSHALL, *Crowned with Glory and Honor: Human Rights in the Biblical Tradition* (Telford: Pandora, 2001); MILLER, A. O., org., *A Christian Declaration on Human Rights* (Grand Rapids: Eerdmans, 1977); MILLER, W. L., *The First Liberty: Religion and the American Republic* (Nova York: Paragon, 1985); MOLTMANN, J., *On Human Dignity: Political Theology and Ethics* (Filadélfia: Fortress, 1984); O'DONOVAN, O. e LOCKWOOD O'DONOVAN, J., *Bonds of Imperfection: Christian Politics, Past and Present* (Grand Rapids: Eerdmans, 2001); REED, E. D., *The Ethics of Human Rights: Contested Doctrinal and Moral Issues* (Waco: Baylor, 2007); SACHEDINA, A., *The Islamic Roots of Democratic Pluralism* (Nova York: Oxford University Press, 2001); STACKHOUSE, M. L., *Creeds, Society, and Human Rights: A Study in Three Cultures* (Grand Rapids: Eerdmans, 1984); STASSEN, G., "The Christian Origin of Human Rights," em *Just Peacemaking: Transforming Initiatives for Justice and Peace* (Louisville: Westminster John Knox, 1992); SWIDLER, A., org., *Human Rights in Religious Traditions* (Nova York: Pilgrim, 1982); TUCK, R., *Natural Rights Theories: Their Origin and Development* (Cambridge: Cambridge University, 1979); VAN DER VYVER, J. D. e WITTE JR., J., orgs., *Religious Human Rights in Global Perspective: Legal Perspectives* (Haia, Holanda: Kluwer Law International, 1996); WESTMORELAND-WHITE, M. W., "Setting the Record Straight: Christian Faith, Human Rights, and the Enlightenment," *Annual of the Society of Christian Ethics* (1995) 75-96; WITTE JR., J., *God's Joust, God's Justice: Law and Religion in the Western Tradition* (Grand Rapids: Eerdmans, 2006); WOLTERSTORFF, N., *Justice: Rights and Wrongs* (Princeton: Princeton University Press, 2008).

Stassen, G.

DISCERNIMENTO, DISCERNIR OS ESPÍRITOS

De uma perspectiva cristã, o discernimento tem várias facetas. Este artigo examina as referências mais importantes do Novo Testamento, detecta os principais paradigmas históricos e oferece um panorama contemporâneo do discernimento, seus desenvolvimentos e aplicações teológicas. Nosso objetivo é formular uma plataforma para uma teologia global do discernimento que seja amparada pelas Escrituras e pela história.

1. Discernimento no Novo Testamento
2. Paradigmas do discernimento na história da igreja
3. Discernimento espiritual: desenvolvimentos contemporâneos

1. Discernimento no Novo Testamento
As primeiras referências ao discernimento cristão encontram-se nas epístolas de Paulo:

Não apagueis o Espírito; não desprezeis as profecias, mas, examinando tudo, conservai o que é bom. Evitai tudo que é mau (1Ts 5.19-22); e *Que dois ou três profetas falem, e os outros julguem o que foi dito. [...] O espírito dos profetas está sujeito ao controle dos profetas; porque Deus não é Deus de desordem, mas sim de paz* (1Co 14.29, 32-33). A exortação de Paulo aos tessalonicenses foi feita no contexto de provar todas as coisas relacionadas à vida do cotidiano em geral e particularmente à atividade do Espírito na igreja, mas sua preocupação no que diz respeito aos coríntios tinha que ver com manifestações ordeiras de profecias e línguas durante o culto congregacional. Em ambos os casos, o discernimento cristão está ligado explícita e principalmente com a obra do Espírito Santo, mas existe também uma relação implícita e secundária com o discernimento de outros tipos de espíritos.

No entanto, ao discutir os dons, ministérios e atividades do Espírito Santo dois capítulos antes na mesma carta aos coríntios, Paulo menciona o dom de discernir os espíritos (1Co 12.10). Ele não explica o que estava envolvido nesse dom, mas sabemos que os crentes coríntios haviam sido pagãos e adoradores de ídolos (1Co 8.4-5; 12.2) e que havia diversas confissões contraditórias de Jesus que precisavam ser avaliadas (1Co 12.3; cf. 2Co 11.4). Por isso, a confissão autêntica de Cristo passou a ser essencial para que se pudessem discernir profetas falsos e verdadeiros. Na comunidade joanina, os espíritos que não vêm de Deus são espíritos do anticristo que inspiram falsos profetas a negar a encarnação de Jesus como o Cristo (1Jo 4.1-3). Os primeiros cristãos também haviam recebido a responsabilidade de fazer distinção entre os ensinos autênticos e os falsos ensinos, os quais, conforme se acreditava, eram inspirados por espíritos enganadores (1Tm 4.1).

Outros pensamentos apostólicos envolvendo o discernimento dos espíritos podem ser deduzidos dos evangelhos e da narrativa de Atos. O próprio Jesus advertiu contra falsos profetas (e.g., Mt 7.15) e também discerniu, expôs e exorcizou espíritos impuros (e.g., Mt 4.1-11; 16.21-23; Mc 5.6-13; 9.17-27), ao passo que os apóstolos receberam do Espírito Santo a capacidade de identificar espíritos maus e de reagir a eles (At 13.6-11; 16.16-18). Em face da cosmologia do primeiro século, repleta de espíritos bons (angelicais) e maus (demoníacos), o discernimento dos espíritos tornou-se um importante elemento da fé e prática dos primeiros cristãos.

2. Paradigmas do discernimento na história da igreja

Ao longo dos séculos, surgiram três grandes paradigmas de discernimento dentro do cristianismo: o paradigma da tradição asceta dos Pais do Deserto, o paradigma da tradição eclesial do Ocidente latino que culminou nos exercícios inacianos e o paradigma da tradição avivamentista de Jonathan Edwards e do Grande Despertamento. Cada uma dessas tradições recuperou aspectos específicos da prática de discernimento dos espíritos dos primeiros cristãos e se reapropriou desses aspectos.

2.1. Discernimento na tradição do deserto. A tradição da espiritualidade do deserto surgiu aos poucos a partir do final do terceiro século e continuou até o quinto século no Egito e nos desertos da Síria e da Palestina. Existiram eremitas como Santo Antônio, monges cenobitas (reclusos) e outros grupos de ascetas como Pacômio, Evágrio Pôntico e João Cassiano. No entanto, em cada caso, as próprias tentações de Jesus no deserto serviram como inspiração básica, mesmo que adaptadas segundo os propósitos de cada um dos praticantes dessa tradição do deserto. Assim, desenvolveu-se uma estrutura de três partes: começando com a vitória sobre os desejos da carne (a tentação de transformar pedras em pães), passando para os desejos da psique (a tentação de convocar os anjos para salvação) e terminando com a verdadeira visão de Deus, por meio do espírito interior (em oposição à tentação de abraçar os reinos deste mundo em todo seu esplendor). Assim como o Diabo foi o autor das tentações de Jesus, ele e seus lacaios também eram a fonte de tudo o que nos seduz para longe das coisas divinas.

Dentro dessa estrutura, os abades e abadessas do deserto desenvolveram estratégias específicas para negar ao Diabo e a seus demônios qualquer domínio sobre eles. Eles precisavam estar muito atentos aos confortos do corpo físico, aos desejos da vontade e aos pensamentos da mente e do coração. Portanto, o discernimento espiritual exigia o discernimento das condições físicas, das afeições e dos pensamentos (incluindo *sonhos e sentimentos subconscientes). Se o alvo fosse o progresso espiritual rumo à plena participação na vida divina (*theosis*; veja Deificação, Teose), então os meios incluíam resistir às paixões da carne, à confusão da mente e aos enganos do Diabo.

2.2. Discernimento na igreja do Ocidente. No Ocidente latino, a tradição do deserto no que toca ao discernimento foi adaptada para contextos monásticos e eclesiais mais intimamente vinculados à vida da igreja. Em face do papel mais centralizado do papado e de sua estrutura hierárquica, a igreja latina sempre se preocupou mais com movimentos de entusiastas e de grupos profético-carismáticos. Assim, era inevitável que os meios de discernimento nunca fossem meramente individualistas, mas definidos sempre de modo mais coletivo. Para a igreja do Ocidente, a tarefa de discernimento espiritual incluía uma dimensão claramente eclesiológica.

Os primeiros elementos eclesiais do discernimento podem ser detectados nas profecias montanistas no segundo século, seguindo através dos períodos medieval e da Reforma. O discernimento espiritual foi um componente essencial da responsabilidade que a igreja teve de fazer separação entre ortodoxia e heresia nos períodos pós-apostólico e niceno. No caso das profecias montanistas, assim como também das cristologias ariana, apolinarista e nestoriana, a igreja discerniu heterodoxias inspiradas por falsos mestres e falsos profetas. Na Alta Idade Média, o discurso eclesial do *discretum spirituum* (discernimento dos espíritos) havia chegado ao ponto de fornecer uma plataforma sobre a qual a igreja poderia ser reformada por seus profetas, mas nunca prejudicada de modo insidioso. Assim, no período medieval, as mulheres visionárias — lembre-se de que as mulheres eram consideradas particularmente ingênuas, emocionalmente instáveis e vulneráveis à influência demoníaca — que tiveram capacidade para expressar suas visões dentro de parâmetros aceitáveis da igreja institucional (como determinava o discurso que havia se desenvolvido acerca do discernimento dos espíritos) foram aceitas e canonizadas (e.g., Brígida da Suécia), mas as que não foram sempre permaneceram sob suspeita e foram marginalizadas pela igreja (e.g., Margery Kempe). Dessa maneira, os visionários eram controlados, credenciados e até investidos de poder pelo *discretion spirituum* eclesiástico, contanto que o discurso usasse o vocabulário com o qual as visões deviam ser comunicadas e respeitasse os critérios para avaliação das visões (que não ameaçavam a igreja estabelecida).

É dentro dessa estrutura eclesial que o discernimento dos espíritos inaciano precisa ser compreendido. Embora desse continuidade e sofisticasse a tradição do deserto envolvendo a vigilância com a atenção voltada para movimentos interiores da mente e do coração, para disposições afetivas e para padrões pecaminosos, o discernimento inaciano também incluía diretores espirituais que haviam jurado servir à igreja em geral e (originariamente) ao papa em particular. Assim, os exercícios inacianos destinavam-se a fazer com que os participantes dos retiros passassem do autodiscernimento (primeira semana) para o discernimento da presença de Cristo (segunda semana) e da consolação divina (terceira semana), mas culminava num amor de Deus renovado e numa vida redirecionada e comprometida com um viver segundo a vontade divina e a orientação da igreja. Discernir os espíritos era purificar a mente e o coração do ego, do mundo e do Diabo, vestir a mente de Cristo e pensar em consonância com a igreja.

2.3. Discernimento na tradição avivamentista. Em vez de frisar a vida espiritual, as doutrinas certas ou a autoridade da igreja, o avivamentismo anglo-americano procurou determinar como se podiam discernir os movimentos do Espírito Santo e de outros espíritos nas manifestações físicas e expressões emocionais nas fronteiras (as reuniões de avivamento), onde os santos da igreja se encontravam com os pecadores do mundo. Os avivamentos metodista e holiness, os Grandes Despertamentos e os avivamentos pentecostais — todos procuraram fazer novas abordagens dessas questões relacionadas com o discernimento espiritual (*veja* Avivamentismo, Avivamentos).

Parte da resposta de Jonathan Edwards aos avivamentos ocorridos durante o primeiro Grande Despertamento no final da década de 1730 e início da década de 1740 se deu com a publicação de *The Distinguishing Marks of a Work of the Spirit of God* (1741 [publicado em português sob o título *A Verdadeira Obra do Espírito — Sinais de Autenticidade*]). Nesse tratado, Edwards detecta nove "sinais negativos" que não indicam a presença e a atividade do Espírito Santo nem invalidam uma obra do Espírito de Deus: sinais incomuns ou extraordinários; intensos efeitos sobre o corpo; eventos que dão ocasião "a falatórios acerca de religião"; estímulos a uma imaginação vívida; imitação de obras realizada por outros; promoção de conduta imprudente e irregular; obras mescladas com erros de julgamento e com "enganos de Satanás"; convertidos professos que posteriormente caem em escândalos; pregadores que se concentram demais nos terrores da ira divina. Mas há cinco "sinais positivos" que certamente autenticam uma obra do Espírito de Deus: as pessoas são levadas a considerar Jesus como Filho de Deus e Salvador do mundo; as pessoas se arrependem de seus atos corruptos e voltam-se para Deus; há um aumento do valor dado às Escrituras; as pessoas se convencem das verdades da religião cristã revelada; surge no coração e na vida das pessoas um amor genuíno por Deus e pelos seres humanos. Esses cinco sinais da graça não somente caracterizam a presença e a atividade do Espírito Santo, mas também servem para demarcar o local da aliança (o corpo de Cristo) no meio do ambíguo mundo dos não redimidos. É importante destacar que tanto os sinais negativos quanto positivos incluíam afeições religiosas. Isso significava que o discernimento envolvia não somente emoções e sentimentos humanos, mas também a vontade e suas disposições, e a mente com seus compromissos.

3. Discernimento espiritual: desenvolvimentos contemporâneos

O moderno avivamento pentecostal resgatou e revisou vários paradigmas históricos do discernimento espiritual. A partir das tradições avivamentistas e do deserto, o pentecostalismo desenvolveu critérios de longo alcance para discernir as muitas manifestações que acompanham as cruzadas evangelísticas e de cura divina, até mesmo enquanto se expressa uma demonologia expansiva que muitas vezes identifica os muitos inimigos que se opõem à autêntica fé cristã e à vida cristã vitoriosa. Além disso, na medida em que o discernimento no Ocidente latino sempre incluiu uma dimensão eclesial, o avivamentismo inerente ao pentecostalismo mundial de modo geral transformou o discernimento dos espíritos num discernimento do Espírito Santo e dos espíritos pagãos (ou demoníacos) de outras religiões em particular. Por fim, apologistas pentecostais também têm detectado "espíritos territoriais", com base em referências bíblicas obscuras ao "príncipe dos persas" e ao "príncipe da Grécia" (Dn 10.20) e à Legião de demônios que rogou a Jesus que "não os enviasse para fora da região" (Mc 5.9-10). Esses desdobramentos na moderna *teologia pentecostal do discernimento resultaram na proliferação de espíritos pagãos e demoníacos responsáveis por diversas enfermidades, por tentações e por adversários a serem enfrentados na vida cristã: os espíritos do câncer, do alcoolismo, do desejo sexual, do comunismo, do vuduísmo, do islamismo, do Apartheid (na África do Sul) e assim por diante. Essa demonologia especulativa detecta muitas vezes importantes obstáculos ao crescimento humano, mas revela principalmente a cosmovisão e uma autocompreensão pentecostal, em vez de representar algum desenvolvimento objetivo de uma cosmologia espiritual.

Muito mais pertinente a uma teologia contemporânea do discernimento dos espíritos seria uma retomada da advertência feita por Paulo de que nossa luta é "contra principados e poderes, contra os príncipes deste mundo de trevas, contra os exércitos espirituais da maldade nas regiões celestiais" (Ef 6.12). Embora uma teologia paulina dos poderios talvez seja suscetível de ser cooptada pelo discurso pentecostal dos "espíritos territoriais", ela é essencial para a tarefa mais importante de discernir os complexos "sistemas de dominação" (Wink) que organizam e estruturam a vida na aldeia global contemporânea. Hoje percebemos que os "espíritos" do mundo estão entrelaçados com os "espíritos" de nações, tribos, povos e línguas, cada um dos quais exigem que atentemos para as milhares de forças ideológicas, religiosas, políticas, legais, sociais, culturais, econômicas, científicas e tecnológicas que moldam não somente a vida humana no mundo, mas também a vida eclesial na comunidade cristã. Hoje, o discernimento dos espíritos envolve discernimento das redes de interdependência que tanto podem destruir a vida humana num momento e, no momento seguinte, promover seu bem-estar.

Nossos tempos exigem uma teologia do discernimento espiritual mais holística. Tal teologia deve reconhecer as diferenças mas também a inter-relação entre, por um lado, as experiências pessoais na esfera espiritual e, por outro, o espaço público do encontro espiritual. Por isso, o discernimento dos espíritos é ao mesmo tempo fenomenológico (exige que atentemos para a experiência humana que se nos apresenta), eclesiológico (exige que atuemos iluminados pela fé da igreja que, em si mesma, sempre é reformadora), sociopolítico (exige que interpretemos a experiência cristã dentro de seus diversos contextos e ambientes) e multidisciplinar (exige que façamos uso de todos os recursos analíticos e críticos possibilitados pelos avanços no conhecimento humano). Esse processo nos permitirá desenvolver perspectivas mais sensíveis às sutilezas dos "espíritos" que estamos tentando discernir e aos tipos de realidade que eles representam.

Veja também BATALHA ESPIRITUAL; ESPIRITUALIDADE; PNEUMATOLOGIA.

BIBLIOGRAFIA. CASSIAN, J., *Conferences* (Nova York: Paulist Press, 1985); EDWARDS, J., *The Distinguishing Marks of a Work of the Spirit of God* [edição em português: *A Verdadeira Obra do Espírito — Sinais de Autenticidade* (São Paulo: Vida Nova)] em *The Works of Jonathan Edwards*, 4. *The Great Awakening*, org. GOEN, C. C., (New Haven: Yale University Press, 1972); FLORISTÁN, C. e DUQUOC, C., orgs., *Discernment of the Spirit and of Spirits* (Nova York: Crossroad, 1979); HOWARD, E. B., *Affirming the Touch of God: A Psychological and Philosophical Exploration of Christian Discernment* (Nova York: University Press of America, 2000); INÁCIO DE LOYOLA, *The Spiritual Exercises of Saint Ignatius: A Translation and Commentary* (St. Louis: Institute of Jesuit Sources, 1992 [*Exercícios Espirituais*, de Inácio de Loyola, é obra publicada em português pela Loyola com tradução do latim por Rubens Pache de Paiva]); VOADEN, R., *God's Words, Women's Voices: The Discernment of Spirits in the Writing of Late-Medieval Women Visionaries* (Rochester: York Medieval Press, 1999); WINK, W., *The Powers That Be: Theology for a New Millennium* (Nova York: Doubleday, 1998); YONG, A., *Discerning the Spirit (s): A Pentecostal-Charismatic Contribution to Christian Theology of Religions* (Sheffield: Sheffield Academic Press, 2000).

Yong, A.

DISCIPULADO

Discipulado é a prática ou condição de ser discípulo — na acepção cristã, um seguidor, aprendiz, adepto de Jesus como Senhor, Mestre, Professor (Mt 7.28-29; 8.25; Lc 8.24). No uso grego do termo, o discípulo era um aprendiz ou adepto dos ensinos de uma escola ou pessoa em particular; na língua hebraica não há antecedentes claros (com possíveis referências em Is 8.16; 1Cr 25.8), embora, na prática rabínica, a sabedoria e a tradição eram transmitidos por meio do relacionamento entre mestre e discípulo.

1. Jesus e seus discípulos
2. Jesus e o discipulado
3. Discipulado como ato de seguir Cristo
4. Discipulado como vivência dos ensinos de Jesus
5. Defensores do discipulado de alto preço

1. Jesus e seus discípulos

Discípulo é termo empregado 260 vezes no Novo Testamento, sendo 230 nos evangelhos (gr. *mathētēs*, substantivo; *mathēteuein*, verbo "ser ou fazer discípulo"). O verbo *akolouthein*, "andar atrás ou seguir", usado pelo Novo Testamento especificamente em referência à prática do discipulado, define com clareza a qualidade central (79 das 90 ocorrências estão nos evangelhos). Embora haja referências a discípulos de João Batista (Mc 2.18), de Moisés (Jo 9.28), dos fariseus (Mc 2.18), a palavra geralmente diz respeito aos discípulos de Jesus. Em contraste com outros mestres que eram procurados por seguidores ávidos, Jesus iniciou por conta própria o chamado daqueles que iriam formar seu círculo mais próximo dos Doze. Ele lhes disse que deviam deixar tudo, segui-lo

(Mc 10.28), participar de seu caminho árduo e até enfrentar o martírio (Mc 8.34). Ele os ensinava nas viagens, nas ações que praticava, em lugares próprios para ensinar o povo, em situações de carência no ministério, em confrontos de testemunho político, na reinterpretação autorizada da tradição das Escrituras, em momentos privados de convivência mais reservada e na vida do cotidiano. Além do círculo de doze aprendizes mais íntimos e das mulheres citadas pelo nome que o seguiram com toda fidelidade — até mesmo na hora da cruz (Mt 27.55-56) — os amigos e auxiliares mais chegados, ele andava cercado por um grupo maior de discípulos de ambos os sexos.

2. Jesus e o discipulado

Jesus encarava seu ministério como a materialização do *reino de Deus, que havia se tornado real em sua pessoa e na comunidade de discípulos que ele estava reunindo (Lc 11.20-23); para compartilhar essa nova existência, ele convidou a integrar seu círculo de convivência uma grande variedade de pessoas: um cobrador de impostos, um zelote, trabalhadores, gente comum e, numa atitude revolucionária, mulheres, além de homens. Ele não levava em conta antecedentes sociais, religiosos, políticos e étnicos, nem mesmo gênero. Convocou o cobrador de impostos que vivia alienado da comunidade de adoração e o zelote que ameaçava a ordem social. Ele os instruiu a abandonarem seus antigos contatos, a deixar os barcos de pesca, a coletoria, família, e abraçar o discipulado. Seu chamado exigia uma completa ruptura com família, vocações e objetivos de vida independente (Mc 1.16-20; 2.14; 8.34; Lc 9.57-60; 14.26-27). Exigia que as pessoas negassem a si mesmas e deixassem para trás as velhas responsabilidades, rompendo de forma radical com os valores aos quais estavam acostumadas. O compromisso assumido pelo discípulo não era de um mero aluno, mas incluía: (1) um profundo relacionamento com Jesus como pessoa, não simplesmente como adepto de seus ensinos; (2) um relacionamento vitalício como participante de uma missão — um compromisso de "erradicação social", dissidência política e uma vida na qualidade de residente estrangeiro disposto a correr o risco de sofrer, de morrer e de um possível martírio; (3) como consequência, representar o modo de vida do novo reino, do qual o discípulo deveria depender pelo resto da vida quando enviado ao mundo na condição de presença e testemunha da visão radical de Jesus.

O equivalente mais próximo do modelo de discipulado criado por Jesus encontra-se no relato que as Escrituras hebraicas fazem da vocação do profeta, ou seja, Deus chama, e a pessoa abandona compromissos da vida pregressa e aceita um relacionamento exclusivo que é firme embora questionador, incondicional embora voluntário e sustentável através das lutas próprias das incertezas e de sacrifícios de alto preço. O discípulo não é retratado como um super-homem, não é nenhum modelo de perfeição, não está imune a erros, nem sempre revela uma total compreensão de seu Mestre e de seus ensinos, mas é simplesmente um seguidor que, assumindo um compromisso radical, trilha o caminho da obediência fiel por amor. Em suma, as narrativas do evangelho mostram com clareza que Jesus procura pessoas, contempla-as com amor profundo, apresenta-lhes um chamado inesperado e gera discípulos por meio desse chamado, do relacionamento que se forma em seguida, da dinâmica de sua vida compartilhada, do serviço, do ministério, do testemunho, do amor incondicional, do sofrimento e da absoluta fidelidade ao chamado de Deus.

O discipulado está inteiramente fincado na *cristologia e dela depende. É de Jesus Cristo que se é discípulo, não de uma teoria, de uma teologia ou de um modo de vida. Discipulado é estar a serviço de Jesus, representá-lo com a autoridade oferecida em sua humildade característica, com a compaixão que transforma o ato de cuidar numa oportunidade para a graça de Deus, é ser um pacificador ainda que oferecendo a própria vida na busca da paz de Deus.

3. Discipulado como ato de seguir Cristo

Discipulado é seguir Cristo. Em muitas tradições cristãs, é o principal fundamento para o viver cristão. Nos primeiros escritos dos pais da igreja, em particular das ordens católicas, na reforma radical dos anabatistas, em muitos movimentos de renovação que procuram retornar aos padrões neotestamentários e nas manifestações carismáticas que se difundem por todas as igrejas tradicionais, existe uma volta à linguagem do discipulado como forma de expressão do relacionamento imediato e íntimo de obediência viva e fidelidade a Jesus como o grande vínculo capacitador e motivador da espiritualidade, da ética e da vida que se manifesta no testemunho e na comunidade. O paradigma do discipulado da vida cristã considera a igreja um corpo de pessoas que creem (discípulos) e se comprometem a seguir Jesus Cristo em comunidade. Esse paradigma finca a identidade da igreja no resgate da história do Novo Testamento, estende-a a uma expressão contemporânea culturalmente adequada da história da fé bíblica e vincula o ser igreja hoje à igreja retratada no relato bíblico de Atos e das epístolas. A ênfase em imitação e participação cria uma estreita continuidade entre os relatos bíblicos da ligação dos discípulos com Jesus e a busca atual de uma ligação semelhante pela comunidade dos que creem. "Ninguém tem condições de conhecer verdadeiramente Cristo, a não ser aqueles que o seguem na vida do dia a dia", escreveu Hans Denck, teólogo e mártir anabatista do século 16.

4. Discipulado como vivência dos ensinos de Jesus

O discipulado não pode ser separado da cruz nem das bem-aventuranças do Sermão da Montanha, nem da via do sofrimento, nem do andar diário pelo caminho de Jesus. Os cristãos são muitas vezes tentados a fazer uma separação entre Jesus como Salvador — a salvação mediante sua morte e ressurreição que transformam — e Jesus como Mestre dos mestres, o Senhor acima de todos os outros césares, o exemplo acima de todos os outros modelos de identidade e integridade. O desconforto com os ensinamentos do Sermão da Montanha tem sido a causa desse enorme salto da encarnação de Cristo diretamente para sua paixão, com a consequente perda da essência do verdadeiro discipulado. O chamado para que voltemos ao caminho dos discípulos se faz ouvir hoje, incisiva e poderosamente, no cristianismo oriental e no Hemisfério Sul. O crescimento da igreja cristã fora da Europa e dos Estados Unidos tem muitas vezes ocorrido em situações nas quais a vida de Jesus tem uma ligação mais imediata com os padrões culturais do dia a dia, onde os ensinos de Jesus falam mais diretamente aos valores que confrontam os padrões religiosos abandonados quando se aceita o evangelho de Cristo e onde existe um chamado ao discipulado caracterizado por um convite irresistível a uma nova vida em Cristo. Um novo compromisso com o discipulado fiel é verbalizado nesses contextos em que oposição, perseguição e altos sacrifícios são inevitáveis para aquele que crê.

5. Defensores do discipulado de alto preço

Na turbulenta década de 1930, o teólogo alemão de confissão luterana Dietrich Bonhoeffer formulou uma teologia do discipulado marcada pelo radicalismo em seu clássico *Nachfolge* ou *Discipulado*, que apresenta um fervoroso chamado a seguir Jesus Cristo numa obediência pessoal e coletiva orientada pelo ensino, pelo exemplo e pela obediência radical de Jesus ao Pai. Ele escreve: "Cristianismo sem discipulado é sempre um cristianismo sem Cristo". Vinculando o discipulado à obediência radical a Cristo, ele declara com autoridade: "Somente os que creem obedecem, e somente os obedientes creem". Bonhoeffer dizia que Jesus ensinou uma obediência somente pessoal, moral, vocacional, relacional e devocional (mais facilmente assimilada pelas categorias tradicionais de pensamento e prática religiosos), mas exigiu também uma obediência política e, no final das contas, de vida e morte. Ele faz um contraste entre a graça barata e a graça de alto preço, dizendo:

> Graça barata é graça sem discipulado, graça sem a cruz, graça sem Jesus Cristo vivo e encarnado. A graça de alto preço é o evangelho que precisa ser buscado constantemente, a dádiva que precisa ser pedida, a porta na qual devemos bater. Essa graça é de alto preço porque nos convoca a seguir Jesus Cristo. É de alto preço porque nos custa a vida. É graça porque nos concede a única e verdadeira vida (Bonhoeffer, 46).

Entre os muitos teólogos do Ocidente que escrevem incisivamente sobre discipulado encontram-se Karl Barth, Jürgen Moltmann, John Howard Yoder, Stanley Hauerwas,

James McClendon, Miroslav Volf, Glen Stassen e líderes de movimentos como Ronald Sider, Jim Wallis, Lee Camp e Brian McLaren. Um profundo reconhecimento do discipulado como centro da obediência fiel a Cristo também pode ser encontrado em teologias formuladas na Ásia, África e América Latina.

Veja também CONVERSÃO; ESPIRITUALIDADE; IMITAÇÃO DE CRISTO.

BIBLIOGRAFIA. BONHOEFFER, D., *The Cost of Discipleship* (Nova York: Macmillan, 1963 [edição em português: *Discipulado* (São Leopoldo: Sinodal)]); MOLTMANN, J., *Following Jesus in the World Today: Responsibility for the World and Christian Discipleship* (Elkhart: IMS, 1983); HAUERWAS, S., *The Peaceable Kingdom* (Notre Dame: University of Notre Dame Press, 1983); MCCLENDON, J. W., *Ethics,* vol. 1 de *Systematic Theology* (Nashville: Abingdon, 1986); STASSEN, G. e GUSHEE, D., *Kingdom Ethics* (Downers Grove: InterVarsity Press, 2002); YODER, J. H., *The Politics of Jesus* (Grand Rapids: Eerdmans, 1972); VOLF, M., *Exclusion and Embrace* (Nashville: Abingdon, 1966).

Augsburger, D.

DIVINA COMÉDIA, A

Escrita por Dante Alighieri (1265-1321) na Idade Média, *A Divina Comédia* é um poema épico que retrata a jornada espiritual do próprio poeta, que, segundo acreditava Dante, representa a peregrinação de toda a humanidade. O título original era apenas *Commedia* ("comédia" em italiano), o que indica se tratar de uma estória com um começo triste mas um final feliz. O adjetivo *Divina* foi acrescentado dois séculos depois. O poema se divide em três partes, *Inferno, *Purgatorio* (purgatório) e *Paradiso* (paraíso), que estão unidas por um único paradigma, a jornada da vida. *A Divina Comédia* revela que a peregrinação da alma é uma jornada de apegos, que caminha dos vínculos menos importantes deste mundo para o vínculo supremo com Deus. Essa visão pode ser vista nos companheiros e no andamento da jornada, mas também pela comparação com o conceito budista do desapego encontrado na estória de Buda.

Dante, o peregrino, não empreendeu sua peregrinação sozinho; ele tinha duas companhias, Virgílio e Beatriz. O poeta Dante surpreende ao usar como seu primeiro guia Virgílio, um poeta pagão (70-19 a.C.) que ele sempre admirou desde a infância. Entretanto, uma leitura mais atenta de *A Divina Comédia* revela que Virgílio não é somente o guia de Dante, mas também seu salvador, pai, mãe, mestre e professor. Ele salva Dante de vários perigos, cuida dele como um pai e uma mãe e lhe dá explicações, exortações e instruções em *Inferno* e *Purgatorio*. Isso revela que o apego ou comunhão com aqueles que são dignos é uma característica da jornada cristã. Ademais, a figura de Virgílio representa os vínculos menores na vida humana, ou seja, os vínculos com a razão humana e com o amor (*eros*). Dante não condena o *eros* humano, e, de fato, a jornada da personagem Dante é motivada por ele. No entanto, ele afirma que o *eros* humano pode se tornar perverso se, em seu livre arbítrio, o homem escolher objetos errados. Além disso, o *eros* também era limitado, pois Virgílio não poderia conduzir Dante ao paraíso. Por isso, não devemos fixar nosso olhar nos vínculos menores deste mundo, mas nos esforçar pelo vínculo supremo, que é motivado pelo amor de Deus (*agape*).

O segundo guia de Dante foi Beatriz, identificada como Beatriz Portinari. Ela era a materialização da Sabedoria Divina que iluminou a mente de Dante e o conduziu a Deus. Visto que o *eros* humano é limitado e pode se tornar perverso, ele precisa da graça de Deus para transformá-lo em *agape*.

Beatriz ajudou Dante a perceber que seu principal pecado estava em amar os objetos errados — substituindo Deus, o supremo objetivo da vida, por outras pessoas, valores ou prazeres. Portanto, Dante precisa voltar-se para Deus e ser um só com seu amor perfeito. Beatriz também é interpretada como a materialização da Revelação Divina para Dante. Ela não era Cristo, mas era uma encarnação do amor de Deus, o evento-Cristo na vida de Dante. Com sua ajuda, ele conseguiu passar do *Purgatorio* para o *Paradiso*, onde finalmente teve um breve lampejo da visão de Deus e uniu-se de novo a ele.

Portanto, as companhias de Dante demonstram que a vida humana é uma jornada de apegos que passa dos vínculos menos importantes para o vínculo supremo. A origem dos seres humanos está em Deus, e para ele precisam retornar. Embora o pecado não possa ser vencido por esforço humano, Deus, por sua graça e misericórdia, nos concede seu amor, sabedoria e revelação, à semelhança do que Virgílio e Beatriz fizeram por Dante. Além disso, assim como Beatriz é uma encarnação do amor de Deus por Dante, Jesus Cristo é a encarnação de Deus para toda a humanidade. Ele é o Salvador que nos salva de nossos pecados e nos capacita a voltar para Deus.

O desenvolvimento da jornada de Dante a partir dos vínculos menores para o vínculo eterno com Deus começa no inferno. Primeiro, Dante desce ao *Inferno*, onde confronta as trevas e a realidade do mal. Ali, a ênfase nas aflições da alma do indivíduo indica que o pecado faz com que a pessoa acredite ser o verdadeiro centro do universo e se separe dos outros. Em seguida, Dante passa pelo estágio da transformação e da purificação no *Purgatorio*. É ali que as dolorosas lições do *Inferno* são reforçadas, mas as aflições se tornam terapêuticas e purificadoras. O isolamento da alma chega ao fim. O conhecimento de Deus é aos poucos revelado. Dante vai sendo aos poucos purificado dos sete pecados capitais. Por fim, ele está em condições de subir até Deus no *Paradiso*. Esse é o destino de sua jornada. Ali Dante recebe a visão beatífica, uma visão plena do Deus que se deu a conhecer apenas em parte, e então é unido a Deus. Percebe-se nesse padrão que Dante, o poeta, deseja enfatizar o progresso da peregrinação e não tanto algum momento crítico ou uma *conversão instantânea, pois as mudanças em Dante, o protagonista, acontecem gradualmente. Esse desenvolvimento revela o processo de transformação e crescimento na vida espiritual de Dante e também indica que sua jornada caminha para o vínculo eterno com Deus.

Em contraste com *A Divina Comédia*, a estória de Buda, que também gira em torno da jornada da vida, revela a crença budista de que a vida humana é uma jornada de desapego que se encaminha para o nível absoluto. Ao contrário de Dante, Buda busca seu objetivo de iluminação e o *nirvana* sem companhia alguma. Ele negava o conceito de um Deus Criador e Salvador e enfatizava a responsabilidade de cada um por sua própria vida. Todos os vínculos ou relacionamentos são vistos como armadilhas que prendem a humanidade indefinidamente no *samsara*, o ciclo de nascimento e morte. Portanto, a pessoa precisa depender de si mesma na luta para se libertar do *samsara*.

Além disso, o desenvolvimento da jornada de Buda passa do apego ao desapego, do menor desapego em direção ao maior. Começa com o abandono do vínculo físico e relacional com a família e o reino. E continua com a renúncia de todos os vínculos sensuais da vida. Por fim, termina com o desapego com sua existência no nirvana. A jornada budista distingue-se da jornada de Dante tanto na direção quanto no objetivo.

Em suma, o estudo da jornada de Dante, sobretudo de suas companhias e de seu desenvolvimento, junto com uma comparação com a estória de Buda, revela que *A Divina Comédia* afirma que, como seres humanos, nossa origem está em Deus e nossa verdadeira realização encontra-se somente na união com ele. Como consequência, precisamos buscar nossa peregrinação de volta para Deus. Essa jornada não condena o amor e os relacionamentos humanos, mas abraça-os como reflexos de um amor e de um relacionamento supremo, a saber, o amor de Deus e a comunhão com ele. No entanto, não devemos dirigir nosso amor para os vínculos menos importantes deste mundo e, sim, fixar nosso alvo no vínculo supremo com Deus, origem e centro de nossa vida.

Veja também ESPIRITUALIDADE.

BIBLIOGRAFIA. COLLINS, J., *Pilgrim in Love: An Introduction to Dante and His Spirituality* (Chicago: Loyola University Press, 1984); COOMARASWAMY, A. K., *Buddha and the Gospel of Buddhism* (Nova York: Harper & Row, 1964); DANTE ALIGHIERI, *A Divina Comédia* (São Paulo: Cultrix, 1998); HARRIS, W. T., *The Spiritual Sense of Dante's Divina Commedia* (Boston, Nova York: Houghton Mifflin, 1896); HAWKINS, P. S., *Dante's Testaments: Essays in Scriptural Imagination* (Stanford: Stanford University Press, 1999); JACOFF, R., *The Cambridge Companion to Dante* (Cambridge: Cambridge University Press, 1993).

Boonyakiat, S.

DIVÓRCIO. *Veja* CASAMENTO E FAMÍLIA.

DOCETISMO. *Veja* CRISTOLOGIA.

DOCUMENTO KAIRÓS. *Veja* TEOLOGIA AFRICANA PROTESTANTE; TEOLOGIA SUL-AFRICANA.

DOGMA

Dogma é a interpretação da revelação divina homologada pela igreja. O dogma, num sentido geral, refere-se ao conteúdo doutrinário da teologia cristã. Num sentido mais restrito, o termo se refere especificamente aos artigos de fé definidos e aprovados por consenso quase universal ao longo do desenvolvimento do pensamento cristão.

Dogma é uma palavra grega que em sua origem significava "decreto" ou "ordem", uma opinião ou juízo estabelecido com força legal. Na época da *Reforma Protestante, o termo *dogma* passou a ser usado quase como sinônimo de *doctrina*, palavra oficialmente usada em relação ao conteúdo doutrinário da fé. Nesse sentido, o dogma inclui toda a verdade do cristianismo. Muitos escritores continuam a empregar o termo como sinônimo de *doutrina, tanto no sentido individual quanto coletivo.

No entanto, num sentido mais exato que o sentido de doutrina, dogma evoca uma doutrina cristã elevada à condição de artigo essencial da igreja. Ao contrário da doutrina e da tarefa geral da *teologia sistemática, que dependem intencionalmente de muitos fatores culturais e procuram tornar a verdade compreensível para o *Zeitgeist* em vigor, o dogma tenta expressar, a partir de um contexto histórico, a verdade objetiva sem ficar preso a alguma integração deliberada da filosofia ou cultura concorrentes. O dogma — que nasce de doutrinas prévias, é declarado de modo formal e tem trânsito ecumênico — serve ao objetivo de representar e definir com maior exatidão as verdades centrais do cristianismo. Ele consiste em artigos basilares considerados necessários para a salvação.

O primeiro estágio do desenvolvimento do dogma teve que ver com a questão da própria teologia, em especial como solução para as controvérsias ariana e trinitária. Depois de muitos anos de debate, o dogma da *Trindade foi oficialmente declarado no credo niceno-constantinopolitano (381).

O segundo estágio, estreitamente relacionado com o primeiro, dizia respeito à pessoa de Cristo em particular. Como consequência, o dogma da encarnação — o Deus-homem — foi oficialmente declarado na Definição de Calcedônia (451; *veja* Cristologia). Outro ensino que pode ser classificado como dogma é a afirmação que a igreja do Ocidente faz da salvação pela graça e não por mérito humano, sobretudo como resultado da controvérsia entre Agostinho de Hipona (m. 430) e os seguidores de Pelágio.

A posição que se adota sobre a fonte do dogma da igreja e do grau de sua autoridade depende da perspectiva que se tem da fonte e da autoridade da revelação divina. Para a Igreja Católica Romana, as Escrituras e a tradição são fontes igualmente válidas no que diz respeito à revelação divina e às normas autorizadas. O dogma que continua a ser definido pelos concílios e pelo papa é considerado infalível. Em contraste com isso, exatamente porque o dogma é a interpretação que a igreja faz da revelação divina nas Escrituras, os protestantes não consideram o dogma infalível, mas a busca da verdade da revelação. Portanto, a tarefa da teologia dogmática é averiguar o grau de concordância do dogma da igreja com as Escrituras.

Veja também DOUTRINA; TEOLOGIA SISTEMÁTICA.

BIBLIOGRAFIA. BARTH, K., *Church Dogmatics* I/1 (2ª. ed.; Edimburgo: T & T Clark, 1975); VON HARNACK, A., *History of Dogma,* 1 (3ª. ed.; Nova York: Dover Publications, 1960); MULLER, R. A.,*The Study of Theology: From Biblical Interpretation to Contemporary Formulation* (Foundations of Contemporary Interpretation 7; Grand Rapids: Zondervan, 1991); PANNENBERG, W., *Systematic Theology,* 1 (Grand Rapids: Eerdmans, 1991).

Stanglin, K. D.

DOUTRINA

O termo *doutrina* (do latim *doctrina*, "ensino") refere-se ao conjunto de ensinos que expressam o conteúdo da fé cristã, incluindo tanto os objetos da fé quanto os objetos da prática. O escopo da doutrina é exaustivo; isso significa que doutrinas específicas podem abranger todo o âmbito das crenças cristãs, desde declarações básicas sobre Deus até princípios controversos da adoração ou ética.

Conforme se reconhece, a doutrina cristã é uma expressão historicamente contextualizada da verdade última. Doutrinas específicas, em sua maioria, nascem de conflitos. Num esforço por distinguir-se de outros grupos religiosos e seculares com suas perspectivas opostas, a igreja formula suas doutrinas distintivas, seja de forma explícita, seja implícita. Uma consequência desse fato reconhecido é a humildade que deve caracterizar a formulação e a proclamação da doutrina. Na condição de seres humanos que tentam chegar à verdade sobre o Deus inefável, nossa teologia está "a caminho".

George Lindbeck identifica duas principais teorias da natureza da doutrina. A primeira enfatiza o aspecto cognitivo da doutrina, no qual a verdade objetiva é declarada por meio de proposições. A segunda teoria realça a dimensão experiencial da doutrina, na qual a verdade doutrinária é uma expressão que reflete a autocompreensão da pessoa. O próprio Lindbeck propõe o modelo "linguístico-cultural", que frisa os papéis comunitário e funcional da doutrina como elemento regulador para a comunidade.

Qualquer que seja o modo como abordemos a doutrina, como norma reguladora para a comunidade de fé, é a doutrina que dá coesão a qualquer grupo de crentes. Seja explicitamente declarada e codificada, seja tacitamente pressuposta, porém funcional, a doutrina fornece a lógica da teologia para a vida da igreja — sua liturgia, edificação, projetos e evangelização. Portanto, a igreja deve manter consciência de suas doutrinas mais importantes para preservar sua identidade no mundo.

Apesar de sua importância como âncora e sustentáculo da igreja, muitas vezes há indivíduos e igrejas que consideram a doutrina irrelevante ou mesmo perniciosa para a vida cristã. Lindbeck observa a atual antipatia que hoje se espalha em relação à doutrina: "As próprias palavras 'doutrina' e 'dogma' cheiram mentalidade de gueto, e levá-las a sério parece fazer com que a pessoa se isole do mundo mais abrangente" (Lindbeck, 77). No nível popular, a doutrina é algo muitas vezes associado a divisões e especulações inúteis, distante da espiritualidade e da religião do coração ou até mesmo contrário a elas.

No entanto, um exame das Escrituras revela que aquilo que a doutrina expressa configura a base da vida espiritual cristã. Por exemplo, nas Epístolas Pastorais, que têm a mais alta concentração da palavra "doutrina" dentre todas as seções das Escrituras, afirmações teológicas e doutrinas são constantemente empregadas como fundamento para a vida ética. Sem a substância doutrinária, a parênese (ou instrução ética) não tem conteúdo. Além disso, a esmagadora maioria da tradição cristã histórica concorda com a afirmação de que a doutrina não é principalmente especulativa, mas prática. Em outras palavras, a doutrina nunca é considerada um fim em si mesma. Antes, o testemunho quase unânime dos pensadores cristãos é de que a sã doutrina destina-se a levar o cristão a uma vida virtuosa e, por fim, a um relacionamento salvífico com Deus.

Veja também DOGMA; TEOLOGIA SISTEMÁTICA.

BIBLIOGRAFIA. CHARRY, E. T., *By the Renewing of Your Minds: The Pastoral Function of Christian Doctrine* (Nova York: Oxford University Press, 1997); GRENZ, S. J., *Renewing the Center: Evangelical Theology in a Post-Theological Era* (Grand Rapids: Baker Academic, 2000); LINDBECK, G. A., *The Nature of Doctrine: Religion and Theology in a Postliberal Age* (Filadélfia: Westminster, 1984); STONE, H. W., e DUKE, J. O., *How to Think Theologically* (Minneapolis: Fortress, 1996).

Stanglin, K. D.

DOUTRINA SOCIAL DA IGREJA (CATÓLICA). *Veja* ENSINAMENTOS SOCIAIS DO CATOLICISMO.

DUBE, MUSA. *Veja* TEOLOGIA PÓS-COLONIAL.

ECLESIOLOGIA

Eclesiologia, a doutrina da igreja, não se consolidou como tema da teologia sistemática antes da *Reforma. A igreja, é claro, é assunto tratado pelos Pais e pelos antigos credos, mas até mesmo em *Sentenças*, de Pedro Lombardo, uma das primeiras *summas* abrangentes da doutrina cristã, não existe uma divisão específica para tratar da eclesiologia. Somente na edição posterior de *Loci* (1535) Filipe Melanchthon incluiu uma seção intitulada *De Ecclesia* (Sobre a Igreja). Até a primeira edição das *Institutas* de João Calvino (1536) não incluía o tema, mas as revisões de 1539 e 1559 acrescentaram seções extensas sobre o conceito de igreja. Depois disso, tanto as teologias católicas quanto as protestantes passaram a discutir o meio de salvação antes do tema igreja, mostrando assim que a salvação é recebida individualmente e, na sequência, a fé é nutrida pela igreja como comunidade.

Influências como a teologia contemporânea, o movimento ecumênico, o crescimento do cristianismo além do Ocidente e de igrejas não tradicionais transformaram a eclesiologia num tema amplamente debatido.

1. Perspectivas bíblicas
2. Desenvolvimentos históricos
3. A autocompreensão eclesiológica das igrejas cristãs
4. Ministério e governo eclesiástico
5. A igreja em suas novas formas: desafios contextuais e interculturais
6. Aspectos e questões que definem a eclesiologia contemporânea

1. Perspectivas bíblicas

O derramamento do Espírito no Pentecostes (At 2) é considerado o evento que marca o nascimento da igreja, mas o ministério terreno de Jesus foi importantíssimo para o estabelecimento da igreja. Em Mateus 16.18, passagem muito discutida, a promessa feita a Pedro inclui a edificação da igreja "sobre esta pedra". Há consenso em torno da afirmação de que o nascimento da igreja é consequência da vida e do ministério de Jesus. Já no início de seu ministério, Jesus reuniu um grupo de discípulos, os Doze, evocando assim as doze tribos de Israel. Também parece claro que a "fundação" da igreja está associada à mensagem de Jesus acerca do *reino, o governo de Deus. Embora às vezes igreja e reino sejam considerados a mesma coisa, hoje é consenso a existência de uma relação estreita entre ambos, mas o conceito de reino é bem mais amplo. A igreja, participante do domínio escatológico de Deus e do derramamento do Espírito, é a comunidade de Deus sobre a terra.

O termo *ekklēsia* ("congregação") ocorre somente duas vezes nos evangelhos (Mt 16.18; 18.17). É um termo com importante tradição na Septuaginta e traduz o hebraico *qāhāl*, a assembleia de Israel. Em Atos, refere-se à primeira comunidade (At 5.11) e a outros grupos cristãos (At 8.1; 9.31; 14.23). Paulo empreza o termo *igreja* para se referir a uma congregação local (1Co 1.2; 1Ts 1.1) e a igrejas regionais (2Co 8.1); ele também usa a palavra no sentido genérico e universal (1Co 12.28; 14.35; Gl 1.13).

Entre as muitas figuras usadas no Novo Testamento em relação à igreja, as mais comuns são o povo de Deus, o corpo de Cristo e o templo do Espírito Santo. A figura da igreja como povo de Deus estabelece um vínculo da igreja com Israel, o primeiro povo de Deus (Ef 2.19-21; 1Pe 2.9-10). A figura mais usada, o corpo de Cristo, aparece em contextos que realçam a unidade (Rm 12.5; 1Co 12.13; Ef 4.3-6). Na condição de templo do Espírito (1Co 3.16-17), a igreja é a morada de Deus (Ef 2.21-22).

2. Desenvolvimentos históricos

No *Credo dos Apóstolos, datado do início

do terceiro século, temos a primeira declaração ecumênica definitiva sobre a igreja: "Creio no Espírito Santo, na santa igreja católica [ou universal], na comunhão dos santos". Com o tempo a cristologia passou a ter um papel mais importante, sendo a igreja o corpo de Cristo. Vale a pena observar também a antiga qualificação da igreja como comunhão dos santos. No quarto século, o Credo de Niceia chegou a uma interpretação definitiva da igreja como una, santa, católica e apostólica (sendo essas as "marcas" da igreja), tomando como base e expandindo o credo mais antigo. A unidade da igreja é uma consequência natural do fato de a igreja ser o corpo de Cristo, que não pode se dividir, firmada na unidade do Deus trino em serviço do testemunho cristão ao mundo (Jo 17). A ideia de santidade da igreja remonta à oração de Jesus no Evangelho de João (17.11, 17; também Ef 5.26-27). Um dos frequentes debates eclesiológicos, conforme se verá em seguida, diz respeito à santidade da igreja: esta se encontra na própria igreja ou em seus membros?

O termo *católico* é derivado do grego *kat'holos*, que significa "de acordo com o todo", ou seja, sem que nada falte. Ele denota tanto a plenitude do evangelho — à igreja foi confiado um "evangelho pleno" — quanto o fato de que a igreja se sobrepõe a todas as predisposições culturais, geográficas ou ideológicas. A apostolicidade da igreja estabelece o vínculo com suas raízes, a vida apostólica do Novo Testamento. As igrejas cristãs se dividem quanto à melhor forma de garantir a apostolicidade — segundo a igreja católica, ela se firma na sucessão ininterrupta dos bispos; segundo as igrejas protestantes, a apostolicidade se preserva na pregação do evangelho apostólico — mas todas as igrejas concordam que a verdadeira igreja tem como base o ensino e a vida dos apóstolos. A visão teológica dessas quatro marcas da igreja ressalta sua natureza dinâmica. Por um lado, elas são dádiva e obra de Deus: a igreja é una porque tem um só Senhor; é santa porque seu Senhor é santo; é católica, pois Deus lhe deu o evangelho pleno; e ele também deu à igreja os apóstolos como alicerce sobre o qual ela é edificada. Por outro lado, as marcas são também um chamado para a igreja: ela é chamada a lutar pela unidade em face das muitas divisões; é chamada à santidade em razão do pecado e da fraqueza; é chamada à catolicidade, para que transponha todas as barreiras; e chamada à apostolicidade, para que não se desligue de suas raízes. A natureza dinâmica das marcas da igreja também se expressa por serem elas não apenas substantivos, mas também verbos, algo que a igreja faz e implementa de forma mais fiel e genuína.

Várias foram as questões que obrigaram a igreja a refinar e esclarecer sua autocompreensão teológica. Uma delas dizia respeito à unidade. Em "Da Unidade da Igreja Católica" (251), Cipriano sustenta que a divisão é totalmente injustificável. Ele também afirma: "Aquele que não considera a igreja sua mãe não pode ter Deus como pai" e "Não há salvação fora da igreja" (*extra ecclesiam nulla salus*). A postura da igreja diante de membros pecadores obrigou a igreja a refinar ainda mais sua autocompreensão teológica. Opondo-se a Calisto, bispo de Roma, que, fazendo uma analogia com a arca de Noé, defendia a ideia de que a igreja devia aceitar santos e pecadores, Tertuliano afirmava no segundo século que a filiação à igreja deveria se dar após o cumprimento de rigorosos requisitos, em consonância com o elevado conceito de *batismo. Ele cria que, após o batismo, o cristão não deveria cometer nenhum pecado grave.

No quarto século a chama do debate se reavivou após a grande perseguição: os donatistas defendiam a ideia de uma "igreja pura" (rejeitando as credenciais de um bispo traidor), e o segmento principal da igreja, liderado por Agostinho, dizia que a igreja era um "corpo misto". Para Agostinho, a santidade dos membros da igreja era um valor importante, mas ele considerava um erro mais grave a transgressão da lei do amor que causava divisões. No espírito da teologia dos sacramentos que estava em desenvolvimento, os adeptos do segmento principal defendiam o princípio conhecido como *ex opere operato*: os sacramentos são válidos apesar da qualidade do sacerdote que os ministra. O debate entre agostinianos e donatistas levantou também a questão do relacionamento entre a igreja visível e a invisível, muitas vezes entendido como a distinção entre a "verdadeira" igreja (invisível) e a igreja decaída ou transigente (visível). Calvino, um dos reformadores, ajudou a formular uma expressão mais equilibrada do conceito: a igreja visível, a igreja "empírica" com todas as suas fraquezas e deficiências, existe como parte da igreja invisível. No final das contas, a distinção entre elas é uma questão escatológica a ser esclarecida somente no fim: o Senhor da igreja conhece os que lhe pertencem e agem em consonância com essa condição.

A história da igreja cristã registra dois grandes cismas: o primeiro entre a igreja do Ocidente (católica) e a do Oriente (ortodoxa). A divisão não se oficializou antes de 1054 d.C. e aconteceu como consequência da controvérsia acerca do *filioque* e por diversas razões eclesiásticas e políticas, mas o rompimento entre os setores ortodoxo e católico data de muito tempo antes. O outro grande cisma trouxe a divisão da igreja do Ocidente em dois grupos: a igreja católica romana e as igrejas protestantes. Martinho Lutero iniciou as atividades reformadoras dentro da igreja sem nenhuma intenção de dividi-la. Como teólogo católico que era, ele desejava restaurar a igreja e levá-la de volta ao que ele considerava ser o *evangelho puro. Lutero defendia a volta à autoridade bíblica e a extensão do ministério a todos os membros da igreja. Por ironia, Lutero e outros reformadores protestantes — Calvino em Genebra, Ulrico Zuínglio em Zurique e os líderes da Reforma na Inglaterra — perceberam que, para ser reformada, a igreja precisava passar por uma divisão.

No entanto, Lutero, mais que qualquer outro reformador protestante, não estava disposto a abrir mão do modelo de cristandade que remontava ao tempo do imperador Constantino na igreja dos primeiros séculos. Isso foi motivo para outra divisão dentro da seara da Reforma, a saber, entre a *Reforma Magisterial (que se aplicava aos magistrados) e a Reforma Radical. Já na década de 1520, algumas comunidades de cristãos na Suíça chamados anabatistas se separaram do grupo principal de protestantes, conclamando à observância de padrões mais rigorosos para a vida cristã. Os anabatistas se mostravam dispostos a sofrer perseguição em defesa de suas convicções sobre a necessidade de radicalismo na reforma da igreja. Os menonitas (e os *amish* nos Estados Unidos) são descendentes diretos da Reforma Radical. Na Inglaterra do século 17, nasceu o movimento batista dando continuidade à ideia do batismo dos crentes e da separação entre igreja e estado. Hoje em rápido crescimento, os movimentos das igrejas livres (*veja* Igrejas Livres, Tradição das) devem suas origens a batistas e anabatistas. A proeminência obtida pelo movimento pentecostal no início do século 20 trouxe um desafio radical a todas as igrejas. Embora não fosse um movimento eclesiológico propriamente dito, o *pentecostalismo dirigiu um poderoso chamado a todas as igrejas para que fossem mais sensíveis ao poder e à presença do Espírito Santo com carismas e manifestações espirituais (*veja* Movimentos Carismáticos).

3. A autocompreensão eclesiológica das igrejas cristãs
3.1. Ortodoxa oriental. Segmento cristão mais antigo, as igrejas ortodoxas orientais bebem das tradições patrísticas e trinitário-pneumatológicas, procurando assim equilibrar a base cristológica muitas vezes unilateral das eclesiologias do Ocidente. O que mais chama a atenção na eclesiologia ortodoxa é a ideia da igreja como imagem da *Trindade. Assim como cada um de nós é criado à imagem da Trindade, a igreja como um todo também é um ícone da Trindade, o mistério da unidade na diversidade e da diversidade na unidade. Esse princípio da "unidade na diversidade" significa que assim como cada pessoa da Trindade é autônoma, da mesma forma a igreja é constituída de várias igrejas independentes, porém inter-relacionadas. Segundo a tradição oriental, a igreja é necessária porque todas as condições que precisamos para obter a união com Deus (*theosis*, traduzido por divinização ou *deificação) são acessíveis na igreja. Assim, existe uma profunda consciência de comunidade entre os cristãos. No centro da teologia ortodoxa em geral e da eclesiologia em particular está a relação da humanidade com a criação como um todo, o cosmo. A igreja é descrita com termos cosmológicos. De acordo com essa interpretação, a igreja é o centro do universo. A eucaristia faz parte da essência da eclesiologia ortodoxa oriental. A igreja não somente constitui o sacramento, mas a eucaristia constitui a igreja. Nesta, e por meio dos *sacramentos, a natureza humana entra em união com a natureza divina.

A natureza humana torna-se consubstancial com a humanidade deificada, unida à pessoa de Cristo no poder do Espírito Santo. Essa união se cumpre na vida sacramental. A igreja não é um tipo qualquer de assembleia, mas o povo de Deus que se reúne para a eucaristia. Uma decorrência prática dessa realidade é que cada igreja local é uma igreja verdadeira. As igrejas locais, por um lado, são independentes umas das outras, mas, por outro lado, estão unidas pela identidade que lhes é comum. A eucaristia também está no centro da *liturgia e adoração ortodoxa oriental. Em certo sentido, a vida da igreja é uma "sucessão de liturgias", incluindo sua missão. A liturgia desta vida é uma amostra e um símbolo da adoração celestial, que acontecerá quando a igreja terminar sua jornada e os membros tiverem cumprido sua peregrinação neste mundo, ou seja, quando forem deificados.

3.2. Católica romana. O Concílio Vaticano II (1962-65) desenvolveu profundamente o autoconceito eclesiológico da igreja católica romana. A visão mais antiga a esse respeito era em grande parte doutrinária e hierárquica. O Concílio Vaticano I (1871) defendeu uma visão em que predominava a hierarquia da igreja. O concílio ficou famoso sobretudo pela forma como definiu a infalibilidade papal. O papa é infalível em questões morais e religiosas quando ensina *ex cathedra* (literalmente, "do trono" ou cadeira do bispo) — em outras palavras, com o objetivo de fazer um pronunciamento doutrinário ou moral definido dirigido à toda a igreja. O poder do papa é universal, *ordinaria* ("comum", existe em virtude do ofício) e imediato, ou seja, pode ser usado sem outros meios.

O documento mais importante produzido pelo Concílio Vaticano II — um dos documentos eclesiológicos mais aclamados de todos os tempos — *Lumen gentium* (Constituição Dogmática da Igreja), é um marco não apenas na teologia católica mas também na teologia ecumênica da igreja. Talvez a mudança mais importante viabilizada pelo Vaticano II tenha sido a substituição da antiga eclesiologia *societas perfecta*, hierárquica e institucional, pela ideia dinâmica do "povo de Deus", segundo a qual a igreja é vista acima de tudo como um povo peregrino a caminho da cidade celestial. Em vez de começar com um capítulo sobre hierarquia, conforme inicialmente previsto, a versão final trouxe o capítulo sobre o povo de Deus para o início do documento, logo depois do primeiro capítulo sobre o "Mistério da Igreja". Após um chamado à santidade dirigido à toda a igreja, não somente às vocações religiosas, o documento termina com uma profunda visão da "Igreja Peregrina". Por fim, anexou-se ao documento sobre a doutrina da igreja um capítulo sobre Maria, "Nossa Senhora", visto ser este o contexto adequado para honrar a Primeira Dama da Igreja. O primeiro capítulo de *Lumen Gentium* coloca a vida do Deus trino como âncora da igreja e a esta se refere como "mistério" e sacramento.

Divergindo de visões mais antigas, *Lumen Gentium* reabilita todo o povo de Deus como igreja. Cada ajuntamento local da igreja, sob bispos e pastores, é uma igreja legítima. *Lumen Gentium* defende a ideia da igreja como comunhão, refletindo as ênfases da ortodoxia oriental e prevendo a renovação da teologia da *koinonia* das últimas décadas. À semelhança da teologia ortodoxa, a eclesiologia católica é sacramental e, portanto, sua comunhão tem uma natureza de sacramento. A igreja está onde existe a celebração da eucaristia sob um bispo vinculado ao papa, bispo de Roma.

De uma perspectiva ecumênica, o Vaticano II trouxe uma visão radicalmente nova em relação às outras igrejas e à contribuição que elas prestam ao testemunho cristão, embora, a rigor, somente as igrejas ortodoxas orientais sejam consideradas igrejas na plena acepção da palavra; as outras são consideradas comunidades cristãs. Junto com a abertura ecumênica viu-se uma profunda receptividade às outras religiões. Embora a plenitude da salvação se encontre somente na igreja católica, a salvação está ao alcance não apenas de outros cristãos, mas também de adeptos de outras religiões, contanto que cada um obedeça à luz que recebe em sua religião e procure cumprir os preceitos morais. O indivíduo é salvo não por causa de sua religião, mas em virtude da universalidade do mistério pascal de Cristo.

3.3. Protestante. Para as igrejas oriundas da Reforma, o ponto central da vida da igreja é a prioridade da adoração, sobretudo da pregação da Palavra e não a hierarquia nem a forma institucional. De acordo com Lutero, as marcas da verdadeira igreja são aquelas expressas na Confissão de Augsburgo (parág. 7): "... a congregação de todos os crentes, entre os quais o evangelho é pregado puramente e os santos sacramentos são administrados de acordo com o evangelho". Há dois elementos formadores: a Palavra e os sacramentos. A teologia de Lutero está sempre centrada no evangelho, a Palavra. Mas o evangelho não age sozinho; ele se associa com os sacramentos. Para o ecumenismo, o fato de a Palavra e os sacramentos serem as únicas marcas obrigatórias da igreja é de alta importância. Todos os outros elementos — estruturas, modelos de ministério, liturgia etc. — podem variar de igreja para igreja, até mesmo dentro da seara luterana. Visto que a igreja não é uma invenção humana, mas criação da Palavra, ela permanecerá, não importa o que venha a acontecer. Na condição de comunhão dos santos, a igreja inclui santos e pecadores. Os cristãos vivem no mundo e, portanto, têm contato com pessoas pecadoras e que não são perfeitas; assim, a igreja de Cristo no mundo precisa ser um hospital para os doentes incuráveis. Para Lutero, a igreja é tanto uma comunidade oculta, conhecida apenas por Deus, quanto uma comunhão visível em virtude da pregação do evangelho e da ministração dos sacramentos.

Lutero é mais lembrado pela reabilitação da ideia do sacerdócio de todos os crentes. Ele entendia que todos os que foram batizados participam dos ofícios sacerdotal e real de Jesus Cristo, principalmente de acordo com 1Pedro 2.9. Para Lutero, o sacerdócio de todos os crentes significa fundamentalmente o direito de pregar a Palavra e administrar absolvição e disciplina. O direito à pregação não contradiz a limitação da pregação pública aos que foram chamados dentre a comunidade; o ministério ordenado visa principalmente à ordem e atua em nome da comunidade, não separado dela.

O outro grande setor da Reforma Magisterial, constituído pelas igrejas reformadas sob Calvino e Zuínglio, definiram a essência da igreja segundo as mesmas linhas: a pregação da Palavra e a ministração dos sacramentos. Calvino acabou não incluindo a disciplina como a terceira marca da igreja, mas era mais rigoroso que Lutero ao enfatizar a fé correta e a vida cristã vivida com excelência moral. Calvino acreditava na existência de orientações bíblicas específicas para a correta ordem do ministério na igreja visível, de modo que uma forma específica de ordem eclesiástica passou a fazer parte das doutrinas. Segundo Calvino, a aliança era um tema central na eclesiologia, ou seja, a ideia bíblica da igreja como povo escolhido de Deus. Deus sempre chamou comunidades para servi-lo. Calvino também era mais explícito ao associar igreja e estado, sobretudo nos anos em que esteve em Genebra; ele os considerava elementos paralelos que prestavam mutuamente apoio e colaboração. Os dois poderes tinham um objetivo em comum.

Uma das diferenças entre os reformadores da tradição reformada eram suas divergências quanto aos sacramentos: Zuínglio mantinha uma visão "limitada" dos sacramentos, tanto do batismo quanto da ceia do Senhor, e os considerava basicamente simbólicos. Para ele, os sacramentos não eram "sacramentos" na acepção clássica do termo, segundo a qual eles trazem a efeito aquilo que significam.

Apesar de frisarem a Palavra e os sacramentos como marcas da igreja, tanto os luteranos quanto os reformadores da tradição da Reforma davam importância às marcas clássicas da igreja. Na eclesiologia protestante, a apostolicidade deriva do evangelho apostólico. A igreja é católica porque existe somente um evangelho e, portanto, uma só fé para todos os cristãos. A igreja é um só corpo de Cristo, ainda que tenha diferentes expressões locais. Ela também é santa, mesmo com a presença de pecadores na igreja, visto que seu Senhor é santo. Lutero dava ênfase especial ao papel do Espírito Santo na continuidade da santificação dos cristãos.

3.4. Igreja livre. Além das igrejas católicas (católica romana e ortodoxa oriental) e das derivadas da Reforma protestante, a terceira grande tradição eclesiológica é formada por diversas igrejas chamadas livres (*veja* Igrejas Livres, Tradição das), que atualmente constituem um grupo de comunidades em rápido crescimento. As igrejas livres contemporâneas derivam principalmente da Reforma Radical, sobretudo dos anabatistas. Os reformadores radicais não se sentiam satisfeitos com as "concessões" feitas por seus equivalentes dos principais setores eclesiásticos. Como sinal de um compromisso radical, os anabatistas adotaram a prática do batismo dos crentes em lugar do batismo infantil, defendiam a separação entre igreja e estado, e eliminaram todos os obstáculos ao ministério que tinham origem humana, tais como a ordenação e a hierarquia. As primeiras igrejas batistas foram iniciadas na Inglaterra na década de 1610 e logo depois em alguns outros países da Europa. Na lista das igrejas livres se encontram os quacres, as comunidades holiness e algumas metodistas, pentecostais de várias categorias e diversas igrejas chamadas independentes, difíceis de classificar. Todas as igrejas livres dão destaque ao acesso a Deus não mediado. Embora a Palavra seja pregada, e os sacramentos, ministrados — geralmente chamados "ordenanças" em razão de um enfoque sacramental pouco acentuado — também é importante a ideia de que cada um dos crentes tem acesso a Deus sem qualquer mediador ou mediação.

Existe uma forte ênfase na igreja como comunidade dos que tomaram uma decisão de fé consciente em relação ao evangelho e passaram pelo batismo cristão. Isso torna a igreja uma sociedade espontânea. Missões e o testemunho são elementos que recebem grande atenção. A necessidade de disciplina na igreja juntamente com a possibilidade de exclusão do membro pecador tem como base a ideia da igreja como comunidade de crentes e não de santos e pecadores (como nas igrejas mais antigas). As igrejas livres costumam representar uma visão restauracionista, o desejo de uma volta à Bíblia, considerada a única autoridade espiritual. A liberdade religiosa é um valor de grande importância entre todas as igrejas livres, as quais, logicamente, dão destaque ao sacerdócio de todos os crentes.

3.5. Pentecostal. Entre as igrejas livres, o segmento pentecostal é indiscutivelmente o maior. Sendo um movimento restauracionista, o pentecostalismo ressalta a importância do ensino bíblico sobre a igreja. A eclesiologia pentecostal é feita sob medida, o que permite um bom grau de improvisação; sua natureza é mais prática que sistemática. O pentecostalismo apresenta todas as formas de estrutura eclesiástica, desde a congregacional até a episcopal. A eclesiologia pentecostal distingue-se não tanto por sua natureza empírica, mas também pela ênfase na experiência carismática. A adoração dá prioridade à expectativa de experiências renovadas com o Senhor. É bem interessante observar que muitas igrejas pentecostais, incluindo a comunidade pioneira de Azusa Street de Los Angeles em 1906, classificam-se como igrejas "apostólicas", afirmando que a essência da ideia de apostolicidade está na dinâmica da vida carismática semelhante à vida das primeiras comunidades apostólicas do Novo Testamento.

4. Ministério e governo eclesiástico

4.1. História. Os primeiros cristãos não davam muita importância à organização da comunidade cristã, pois esperavam a volta iminente do Salvador; também havia oposição e, às vezes, perseguições, o que levava as pequenas congregações a ficar à margem da sociedade. Mas não demorou para que elas começassem a organizar a vida e a liderança da comunidade, escolhendo presbíteros (*presbyteros*, "pessoa mais velha") e bispos (*epyskopos*, "aquele que dirige"). Os diáconos (*diakonos*, "servo") formavam a terceira categoria de ministros e auxiliavam os bispos no serviço social da igreja. A ideia de ordenação e a separação entre sacerdotes e leigos cristalizaram-se no fim do primeiro século, mas as mulheres foram excluídas do ministério sacerdotal (pelo menos no quarto século). O modelo de um bispo para cada cidade foi criado por Inácio de Antioquia no início do segundo século. O número de oficiais da igreja e a autoridade que lhes era conferida aumentaram rapidamente, o que levou ao padrão hierárquico da igreja na Idade Média. Os bispos das principais cidades cristãs como Antioquia, Alexandria e sobretudo Roma passaram a ser considerados líderes detentores de uma autoridade que ia além da igreja local. Como capital do império, Roma deu origem à instituição do *papado (papa significa "pai" ou "sacerdote") no Ocidente de língua latina, ao passo que no Oriente de língua grega não havia um líder único, sendo a liderança conduzida por cinco "patriarcas".

Por ocasião da Reforma, a estrutura hierárquica da igreja deu lugar à paridade dos ministros. O poder da igreja passava a estar na pregação do evangelho, fosse no púlpito, fosse em contextos particulares. Nas igrejas reformadas, a função do presbítero ganhou importância ao lado do ministro da Palavra e dos sacramentos (pastor). Os presbíteros prestavam assistência ao ministério pastoral, ao passo que os diáconos se dedicavam aos ministérios sociais.

4.2. Modelos contemporâneos. Há três principais modelos de governo e estrutura da igreja na vida eclesiástica atual: episcopal, presbiteriano e congregacional. As igrejas católica romana, ortodoxa oriental e anglicana adotam o modelo mais antigo, a saber, o episcopal. O bispo faz a mediação da autoridade de Cristo ao povo e dirige a celebração da eucaristia. Os bispos fazem parte de uma sucessão apostólica ininterrupta em virtude da imposição de mãos que recebem de outros bispos por ocasião da ordenação. Na igreja católica romana, mas não na igreja ortodoxa, há um ofício supremo, a saber, o de bispo de Roma, o papa. Este é guardião da unidade da igreja; as igrejas locais estão unidas à única igreja pelo fato de terem um bispo unido ao bispo de Roma. O Concílio Vaticano II reafirmou a infalibilidade papal (*Lumen Gentium*, parágrafos 22-23), mas *Lumen Gentium* também afirma a infalibilidade de todo o povo de Deus (*sensus fidei*). Na igreja anglicana, o arcebispo da Cantuária dirige o colégio de bispos.

Nas igrejas reformadas, os presbíteros, representantes das igrejas locais, são mediadores da autoridade de Cristo para a congregação. Dessa perspectiva, o poder dos presbíteros é delegado pela congregação. No modelo congregacional, às vezes chamado "independente", a autoridade de Cristo não emana para o povo por intermédio de bispos nem de representantes escolhidos, mas funciona imediatamente em cada congregação local — por isso o rótulo "congregacional". Cada igreja local é autônoma mesmo quando congregações locais decidem formar associações de igrejas.

4.3. Ordenação. Uma questão sensível relacionada ao ministério e ao governo eclesiástico é o modo como se entende a ordenação. Provavelmente com base em tradições do Antigo Testamento, desde cedo o termo "sacerdote" foi usado para designar ministros que dirigem a celebração da eucaristia e conduzem as congregações no ministério pastoral. Embora o Novo Testamento faça menção do ministério sacerdotal em termos do sacerdócio de Jesus e do sacerdócio de todo o povo de Deus (1Pe 2.9), ele nunca se refere individualmente a um cristão empregando o termo sacerdote. O Novo Testamento também não fala de ordenação propriamente dita, mas há duas passagens nas epístolas pastorais (1Tm 4.14; 2Tm 1.6) que se referem à imposição de mãos e ao desenvolvimento de um dom (carisma). A imposição de mãos tem uma rica tradição veterotestamentária na investidura de indivíduos para os ofícios de rei, sacerdote e profeta. Ao lado da linguagem do sacerdócio e da visão hierárquica da igreja surgiu um conceito sacrificial e sacramental da ordenação, cujo auge foi a posição adotada pelo Concílio de Florença (1439). O candidato à ordenação recebia o cálice e a pátena, e as seguintes palavras lhe eram dirigidas: "Assume a autoridade para ofereceres na igreja o sacrifício por vivos e mortos" (DS, 1326).

Inicialmente, Lutero recusou-se a conceder à ordenação a condição de sacramento, pois não achava que ela fosse um ensino do Novo Testamento nem este associava ao ato alguma promessa de graça. No entanto, embora ele ressaltasse que todos os cristãos têm os mesmos poderes para a proclamação do evangelho e a ministração dos sacramentos, era necessário um chamado especial para o exercício desses ministérios pastorais em público. No final, Lutero não rejeitou a visão sacramental da ordenação tanto quanto sua conotação sacrificial. O modelo que se consagrou nas igrejas luteranas que preservaram o episcopado foi a ordenação feita por um bispo com imposição de mãos e oração.

O Concílio Vaticano II continuou a empregar o termo *sacerdote* para o ofício; ele também evoca a hierarquia da igreja, fazendo distinção entre o ministro ordenado e os leigos. O parágrafo 10 de *Lumen Gentium* estabelece uma diferença "essencial" entre o indivíduo ordenado e os leigos. Mas, ao mesmo tempo, ele também fala do sacerdócio universal de todos os crentes. Nas igrejas livres, em face da rejeição da teologia sacramental, a ordenação foi deixada de lado ou — como é mais comum nos dias atuais — era entendida sem conotações de sacramento, em termos do reconhecimento público que a igreja fazia do chamado e dos dons já recebidos de Deus. Os pentecostais e carismáticos dão ênfase aos dons da pessoa a ser ordenada.

A ordenação de mulheres tem sido bastante debatida nas últimas décadas. Na igreja católica romana e na ortodoxia oriental somente homens podem ser ordenados. O celibato é uma exigência para o ofício sacerdotal e remonta mais ou menos ao quarto século. No entanto, na igreja ortodoxa, um homem casado pode ser ordenado se o casamento for anterior à ordenação; mas o bispo não pode ser casado. Nas igrejas protestantes, a ordenação é possível para homens casados ou não; em um número cada vez maior de igrejas, como as que pertencem às tradições luterana e reformada, mulheres também podem ser ordenadas. As objeções à ordenação feminina apoiam-se em passagens como 1Coríntios 11.3-12; 14.33-35; e 1Timóteo 2.11-14, que parecem proibir que as mulheres falem na igreja; outras razões são apresentadas e dizem respeito a fatores históricos e culturais como, por exemplo, tanto Jesus quanto seus discípulos eram do sexo masculino, e as mulheres costumavam exercer um papel subserviente. Os que defendem a ordenação feminina encontram maneiras de qualificar as palavras aparentemente categóricas da tradição paulina ou as inserem no contexto de outras passagens que parecem apoiar uma postura inclusivista, a exemplo de Gálatas 3.28; eles costumam argumentar que as posições teológicas devem sobrepujar as limitações impostas pela cultura ou tradição e não vice-versa.

5. A igreja em suas novas formas: desafios contextuais e interculturais

5.1. Teologias feministas. À semelhança do que acontece na teologia em geral, as últimas décadas têm apresentado também à eclesiologia novos desafios que dizem respeito a fatores relacionados a gênero e cultura. Como mais da metade do público que frequenta igrejas é composto por mulheres, não é difícil entender o porquê do surgimento das *teologias feministas. Apesar da existência de interesses diversos e de tensões entre as mulheres, todos os movimentos feministas defendem uma visão da igreja mais inclusiva, mais justa e na qual o poder esteja acessível a todos. Para muitas feministas, a personificação de Deus como Pai é o grande símbolo do patriarcado que levou ao domínio masculino e à repressão da mulher na sociedade e na igreja. Elisabeth Schüssler Fiorenza e Letty M. Russell exemplificam a visão de inclusão e igualdade. Russell refere-se à igreja em uma mesa redonda — simbolismo que fala de hospitalidade, compartilhamento e conexões. Esses valores procuram satisfazer as necessidades dos que se encontram marginalizados e libertar de todas as formas de desumanização, sejam sexuais, racistas ou quaisquer outros tipos de exploração. O conceito e estilo de liderança dessa visão espelha o mesmo espírito de igualdade. Nos estilos feministas de liderança, a autoridade é exercida na companhia dos outros e na divisão de poder e autoridade.

Católicos adeptos das eclesiologias feministas tecem muitas críticas à ordenação restrita a homens celibatários imposta pela igreja. Algumas teólogas feministas radicais afirmam não ser suficiente procurar reformar as igrejas autoritárias e dominadas por homens; é preciso formar uma comunidade alternativa. No entanto, a maioria das feministas tem permanecido em sua igreja e tentado viabilizar uma transformação intramuros. Algumas teólogas feministas estendem suas ideias à natureza e ao meio-ambiente, afirmando que o patriarcalismo também implica abusos cometidos contra a criação. A igreja deve lutar por libertação, saúde, paz e bênção para toda forma de vida.

Representantes das mulheres hispânicas norte-americanas, as *mujeristas* não se identificam com a teologia feminista clássica. Ada Maria Isasi-Diaz defende a ideia de que é necessária uma teologia latina do povo para que aqueles que não têm voz ativa na igreja possam ser ouvidos. Maria Pilar Aquino vai além da experiência latina norte-americana e fala de libertação para todas as mulheres latino-americanas. Um aspecto altamente valorizado na teologia feminista latino-americana e *mujerista* é a solidariedade. Solidariedade significa a participação no processo de libertação em vigor. Algumas teólogas asiáticas conclamam à formulação de eclesiologias feministas legítimas, fiéis ao contexto asiático, onde a vida das mulheres é marcada por pobreza em massa, exploração sexual e profundos padrões culturais, sobretudo na cultura confucionista dominada pela figura masculina.

5.2. Comunidades Eclesiais de Base.
Outra forma de eclesiologia de libertação é representada pelas comunidades eclesiais de base (ou comunidades de base), predominantemente católicas. Essas comunidades são uma manifestação da desesperadora falta de comunidades na sociedade em geral e na igreja, mas também uma reação contra essa realidade e um clamor pela libertação dos pobres e de outros excluídos da sociedade (*veja* Teologia da Libertação). Trocando em miúdos, as comunidades eclesiais de base defendem liberdade e libertação. Leonardo Boff, teólogo e ex-franciscano, afirma que essas comunidades cristãs significam mais do que movimentos de renovação da igreja; elas representam novas formas eclesiais vindas "de baixo".

Há quem afirme que os libertacionistas representam uma eclesiologia "particularista" que se contrapõe à postura "universalista" do Vaticano. A abordagem particularista tem como ponto de partida a igreja local, ao passo que a universalista parte da comunidade global. Esta última tende a interpretar o sentido de *koinonia* como participação na vida divina mediada pelos meios de graça objetivos (sacramentos), ao passo que a primeira inclina-se a entender *koinonia* diretamente como uma comunhão de amor e intimidade viabilizada numa comunidade local. A visão particularista costuma considerar que os grupos se formam espontaneamente sob o impulso do Espírito Santo e constituem-se por si próprios. A eclesiologia "de baixo" das comunidades de base desafia a forma pela qual a teologia tradicional entende as "marcas da igreja". Contrapondo-se à visão da igreja como unidade monolítica, as comunidades eclesiais de base concebem a unidade da igreja como unidade na diversidade, composta de várias *ecclesiae*; a santidade da igreja é vista na santificação de todo o povo de Deus; a apostolicidade, como a vida de toda a igreja caracterizada pelo modo de vida dos apóstolos; e a catolicidade, como a integralidade do evangelho e da vida eclesiástica. Em vez de tornar absoluto algum modo específico de ser da igreja, elas relativizam a igreja. As comunidades eclesiais de base se distinguem também não apenas pela identificação com os pobres e desfavorecidos da sociedade, mas por serem elas mesmas uma igreja formada por pobres.

5.3. Igrejas africanas autóctones. Um dos aspectos mais característicos da vida da igreja na África — hoje o continente "mais cristão" de todos — é o crescimento e a proliferação de *Igrejas Originadas na África (IOA) e de movimentos pentecostais/carismáticos (MPC). Muitos se referem ao processo de "pentecostalização da igreja". As IOA são expressões legítimas da cultura e do contexto religioso africanos e um protesto contra a mentalidade missionária ocidental do passado. Tanto as IOA quanto os MPC têm potencial para encarnar um tipo de fé e espiritualidade cristãs que não faz uma simples adaptação de alguns elementos superficiais da interpretação ocidental do cristianismo, mas representa uma versão legítima da fé cristã, uma religião não ocidental, que fincou raízes na herança emblemática do continente africano. Arraigado em solo africano, o modo de fazer teologia das IOA não é o mesmo que de seus equivalentes ocidentais. Próprio da África é o estilo oral e narrativo que prevalece também em outros lugares fora do Ocidente. Dentre os muitos aspectos característicos das IOA e dos MPC, tais como o uso generalizado de recursos autóctones da cultura na adoração e na liturgia, talvez o mais visível seja a grande ênfase no Espírito Santo e na pneumatologia. Dons espirituais como falar em línguas, profecias, curas e exorcismos são atribuídos ao Espírito de Deus.

De modo geral, as culturas africanas têm uma natureza comunitária. As igrejas do continente possibilitam uma estreita relação entre os membros. Uma das diferenças entre as igrejas ocidentais e as IOA deriva da cosmovisão distintiva que prevalece entre as diversas culturas de base africana. A partir dessas cosmovisões alternativas, os africanos veem seres espirituais e físicos como entidades reais que interagem uns com os outros no tempo e no espaço. Esses cristãos africanos rejeitam a cosmovisão secularista e os conceitos ocidentais que os missionários têm da realidade e do espírito. A "ortodoxia" deixou muitos cristãos sem saber o que fazer na vida real, e por isso se faz necessária uma *pneumatologia alternativa que dialogue com todo o leque de necessidades, que inclui o elemento espiritual mas não se limita a essas realidades espirituais abstratas.

5.4. Desenvolvimentos eclesiológicos na Ásia. Nas reflexões sobre a igreja hoje emergentes na Ásia, as posturas ocidentais ainda exercem influência. O desenvolvimento eclesiológico mais impressionante na Ásia é o rápido crescimento do movimento de igrejas nos lares na China. O número de cristãos que participam desse movimento é estimado entre quarenta e setenta milhões. Com um culto altamente carismático e uma teologia conservadora, essas comunidades clandestinas representam um movimento popular com uma liderança quase sem nenhuma formação teológica.

Outro movimento eclesiológico asiático, embora numericamente modesto, é conhecido em japonês como *Mukyokai*, ou Movimento sem Igreja, fundado por Kanzo Uchimura no início do século 20. Uchimura ressaltava a *ecclesia* como realidade invisível em vez de visível. Sendo invisível, a igreja é totalmente "espiritual". A igreja visível, institucional, era considerada um obstáculo para a realidade espiritual. Contrariando a tradição clássica que vê o fundamento da igreja em meios "objetivos" como os sacramentos e a pregação da Palavra, para o Movimento sem Igreja o fundamento está na subjetividade da fé. Portanto, as estruturas eclesiásticas são profundamente dinâmicas.

5.5. A igreja emergente. Na Europa e na América do Norte, o mais recente desenvolvimento eclesiológico é chamado "igreja(s) emergente(s)" ou "a nova expressão da igreja". Ainda não se sabe como esse movimento haverá de influenciar a África, a Ásia e a América Latina, embora nesses lugares existam movimentos paralelos. Entre os aspectos característicos desse "movimento dos movimentos" altamente flexível e ainda emergente encontram-se abordagens bem criativas envolvendo adoração e reflexão espiritual que vão desde liturgias antigas até filmes e música contemporânea; resistência à adoção de lugares sagrados como locais para a igreja (uma danceteria pode servir melhor que um santuário para abrigar uma igreja); uma estrutura organizacional minimalista e descentralizada; uma abordagem teológica flexível em que as diferenças individuais em questões de fé e moral são racionalmente acolhidas; uma visão holística do papel da igreja na sociedade; uma alta valorização da criação de comunidades e da acolhida de pessoas de fora; e o cultivo da criatividade.

6. Aspectos e questões que definem a eclesiologia contemporânea
Philip Jenkins, sociólogo da religião, refere-se a uma nova cristandade em razão das mudanças contínuas e radicais na igreja cristã em todo o mundo. Existe uma mudança definida do "Norte" para o "Sul"; hoje a maioria dos cristãos já se concentra fora da Europa e dos Estados Unidos. Cerca de metade de todos os cristãos são católicos romanos; um quarto é pentecostal/carismático; e o restante é formado pela igreja ortodoxa oriental, por várias igrejas protestantes clássicas e também por igrejas livres e independentes. No entanto, a maior parte da eclesiologia é formulada por teólogos de igrejas que representam a minoria cristã, a saber, os protestantes tradicionais. Outro aspecto da vida da igreja contemporânea é a rápida pentecostalização do cristianismo. A maior contribuição dos movimentos pentecostais/carismáticos não é o rápido crescimento dessas comunidades, mas a difusão da influência de sua teologia e *espiritualidade para o restante das igrejas cristãs no tocante à adoração e à liturgia, aos modelos de ministério etc. As igrejas tradicionais têm adotado muitas práticas, tais como a participação dos leigos ou as estruturas flexíveis típicas das igrejas livres, não somente no Hemisfério Sul, mas também e principalmente nos Estados Unidos. A intensificação da diversidade é outra característica que define a igreja cristã no início do terceiro milênio, conforme se vê, por exemplo, na questão da inclusão de gênero, nos desafios culturais, na necessidade de libertação em muitas esferas e nas implicações da pós-modernidade.

Quais são as questões teológicas que definem a doutrina da igreja à luz da comunidade teológica globalizadora — e localizadora!? Uma delas é o debate sobre a natureza eclesial da igreja; trocando em miúdos, o que faz a igreja ser igreja? Em *After Our Likeness* [À nossa semelhança], uma comparação entre as eclesiologias católica, ortodoxa e das igrejas livres, Miroslav Volf resume com as seguintes palavras as profundas diferenças entre as igrejas episcopais e as igrejas livres: de acordo com as tradições católica e ortodoxa, a eclesiologia das igrejas livres sofre a falta de um bispo que assegure a presença de Cristo, embora, segundo a tradição das igrejas livres, tal bispo não é necessário nem permitido. Na tradição episcopal, a presença de Cristo é mediada pelos sacramentos, sendo necessário que o bispo dirija a celebração da eucaristia. Em contrapartida, as igrejas livres falam da presença "direta" e não mediada de Cristo em toda a comunhão local. Segundo a tradição episcopal, a igreja é constituída pela realização de atividades objetivas e a presença constitutiva de Cristo não está vinculada à disposição subjetiva (mesmo que esta não seja destituída de importância), ao passo que as igrejas livres dão ênfase às condições subjetivas — a saber, fé e obediência — tanto que, se faltarem esses elementos, mesmo que o lado objetivo esteja presente, a natureza eclesial será posta em dúvida. As igrejas da Reforma concordam com as igrejas livres: o episcopado não é condição necessária à eclesialidade. A pregação adequada do evangelho é mais importante que qualquer sacramento.

A questão da eclesialidade se complica quando pensamos no significado das marcas clássicas da igreja. As igrejas episcopais negam ou contestam seriamente a apostolicidade das outras igrejas, o que significa que elas dificilmente podem ser católicas, pois lhes falta a ligação com a igreja toda em sua história, ligação que é garantida pela sucessão apostólica. Em contrapartida, as igrejas livres entendem que a santidade das igrejas está nos membros; a unidade da igreja é uma unidade espiritual de todos os cristãos nascidos de novo; a apostolicidade está na fidelidade à doutrina e à vida apostólica; e a catolicidade como fato autoevidente. Por isso, as igrejas livres perguntam se a santidade das igrejas de linha episcopal e protestante clássica é ameaçada pela presença de uma membresia mista, se a alegação de apostolicidade com base na sucessão apostólica não tem base bíblica etc. No presente momento, não há consenso. Todavia, precisamos observar que a linha divisória entre as igrejas livres/não sacramentais e episcopais/sacramentais fora do Ocidente não é necessariamente tão acentuada. Muitas igrejas livres e pentecostais/carismáticas têm uma estrutura de ministério episcopal, e sua adoração e liturgia revelam aspectos que parecem bem sacramentais. O antropólogo H. Turner afirma que o sacramentalismo faz parte da cosmovisão religiosa primitiva (veja Aina) embora existam outras questões debatidas entre as igrejas cristãs — tais como a primazia da unidade ou as diferentes visões sobre ela — é importante olhar também para alguns temas que têm surgido e feito parte das reflexões ecumênicas e internacionais sobre a igreja. Primeiro, a *eclesiologia da comunhão*, a noção da igreja como *koinonia*, se baseia tanto nas tradição bíblica quanto patrística. A *koinonia* denota não somente uma comunhão litúrgica e espiritual, mas também econômica e social, conforme exemplificado pela igreja primitiva em Atos 2. Em seu livro inovador *Being as Communion* [Ser é comunhão], Jean Zizioulas, um ortodoxo oriental, afirma que a pessoalidade, seja divina, seja humana, baseia-se em relacionamento e comunhão. O modo de existência do Deus trino é basicamente relacional e, assim, ser membro da igreja significa passar da "individualidade biológica" para a "pessoalidade eclesial". Teólogos e teólogas de todo o âmbito ecumênico, de Moltmann aos libertacionistas (Boff), às feministas (Johnson) e os de contexto africano e asiático, abraçam entusiasmados a ideia de igreja como comunhão.

Segundo, a *eclesiologia missional* ressalta a visão da igreja como missão. Missão não é somente mais uma função dentre outras desempenhadas pela igreja; na verdade, a igreja existe como missão, enviada ao mundo pelo Deus trino (e.g., *Ad Gentes* parag. 2). A natureza missionária da igreja está alicerçada no fato de o Pai ter enviado o Filho e o Espírito e, como consequência disso, a igreja apostólica entendia a essência da igreja como missionária (veja *Lumen Gentium*, parag. 17). Lesslie Newbigin fala sobre a "lógica da missão", dando a entender que, se o evangelho é visto como "verdade pública", ele deve ser publicado ao mundo e, assim, sujeitar-se ao debate e à possível aceitação. Newbigin afirma que a igreja que preserva para si as boas novas compromete sua própria essência como portadora do evangelho.

O terceiro tema comum é a ideia de *estrutura carismática* da igreja e a importância dos carismas. Para corrigir a antiga base cristológica unilateral da igreja, a eclesiologia contemporânea procura ser mais genuinamente trinitária e encontrar um equilíbrio entre a *cristologia e a *pneumatologia como dupla constituição da igreja. O ortodoxo Zizioulas, o luterano Pannenberg, o reformado Moltmann e o católico Küng, entre outros, pronunciam-se nesse sentido. A orientação cristológica unilateral geralmente conduz a estruturas hierarquizadas e rígidas, ao passo que uma abordagem pneumatológica também unilateral é causa de entusiasmo e falta de estruturas. *Lumen Gentium*, do Concílio Vaticano II, com base numa visão trinitária, insiste na importância do Espírito Santo para a vida da igreja, incluindo a concessão de carismas. O Espírito Santo santifica e dirige o povo de Deus não somente através dos sacramentos e dos ministérios da igreja, mas também através de carismas especiais concedidos graciosamente a todos os fiéis de diversas formas. Os bispos e pastores da igreja são encorajados a supervisionar o uso apropriado dos carismas. As igrejas pentecostais e carismáticas sempre falaram da necessidade dos carismas como forma de capacitação de cada membro da igreja.

Quarto, existe um consenso ecumênico em torno da ideia de que o ministério da igreja é concedido primeira e principalmente a *todo o povo de Deus*, e somente de forma derivada aos oficiais. Em seu aclamado livro *A Igreja no Poder do Espírito,* Jürgen Moltmann refere-se à igreja como uma "comunhão carismática", constituída por pessoas iguais, na qual não há divisão entre os oficiais e o povo. Até as igrejas que, a exemplo da católica romana, continuam a fazer distinção entre leigos e ordenados concordam que o ministério é dado a todos. Muitas igrejas livres e independentes foram mais eficazes ao implementar o princípio da Reforma protestante segundo o qual todos os membros têm o mesmo acesso a todas as modalidades de ministério.

Diretamente relacionado ao primeiro tema da eclesiologia da comunhão, o quinto tema comum na eclesiologia contemporânea em torno do qual há uma convergência cada vez maior é o *princípio da igualdade e *justiça* entre os membros e, por extensão, a igualdade entre homens e mulheres. O Deus trino como uma sociedade de iguais é muitas vezes invocado como modelo teológico. Em *Trindade e Reino de Deus*, Moltmann defende a ideia de que a doutrina da Trindade que abraçamos é repassada diretamente para nossa eclesiologia. Na presença de um conceito hierárquico da Trindade sempre haverá uma visão hierárquica da igreja. Com uma Trindade acessível, encontramos relacionamentos de afeição com respeito e lealdade. Muitos seguiram os passos de Moltmann nesse particular, a exemplo do católico C. Mowry LaCugna e o libertacionista Leonardo Boff. Nem todos são favoráveis à rejeição de todas as noções de hierarquia na Trindade (o ortodoxo Zizioula, entre outros); mas todos concordam que, mesmo quando existem níveis de hierarquia na estrutura do ministério, como na eclesiologia católica e ortodoxa, a vida da igreja também é caracterizada por uma igualdade básica.

Veja também Apostolicidade Contemporânea; Batismo nas Águas; Ceia do Senhor; Comunidade; Leigos; Liturgia e Adoração; Pneumatologia; Sacramentos.

Bibliografia. Aina, J. A., "The Church's Healing Ministry" in: A *Reader in African Christian Theology*, Parratt, J., org., (Londres: SPCK, 1987) 110-116; Anderson, A. H., *African Reformation: African Initiated Christianity in the Twentieth Century* (Trenton: Africa World Press, 2000); Pilar Aquino, M., *Nosso Clamor pela Vida* (São Paulo: Paulinas, 1996); Boff, L., *Eclesiogenese: as Comunidades Eclesiais de Base Reinventam a Igreja* (Petrópolis: Vozes, 1977); Dohi, A., "The Historical Development of the Non-Church Movement in Japan", *Journal of Ecumenical Studies* 2 (1965) 452-68; Eastwood, C., *The Priesthood of All Believers: An Examination of the Doctrine from the Reformation to the Present Day* (Londres: Epworth, 1960); Eric, J., *The Church: Its Changing Image Through Twenty Centuries* (Atlanta: John Knox, 1980); Faith and Order Commission, *Baptism, Eucharist and Ministry* (Faith and Order Paper No. 111; Geneva: WCC, 1982); Gibbs, E. e Bolger, R. K., *Emerging Churches Creating Christian Community in Postmodern Culture* (Grand Rapids: Baker 2006); Greinacher, N. e Müller, A., orgs., *The Poor and the Church* (Concilium 104; Nova York: Seabury, 1977); GUDER, D. L. e L. BARRETT, L., orgs., *Missional Church: A Vision for the Sending of the Church in North America* (Grand Rapids: Eerdmans, 1998); ISASI-DIAZ, A. M., *En la Lucha: A Hispanic Women's Liberation Theology* (Minneapolis: Fortress, 1993); JENKINS, P., *The Next Christendom: The Coming of Global Christianity* (Oxford: Oxford University Press, 2001);. KÄRKKÄINEN, V.-M., *An Introduction to Ecclesiology: Ecumenical, Historical, and Contextual Perspectives* (Downers Grove: InterVarsity Press, 2002); KÜNG, H., *The Church* (Garden City: Image Books, 1967); MINEAR, P. S., *Images of the Church in the New Testament* (Filadélfia: Westminster, 1960); MOLTMANN, J., *A Igreja no Poder do Espírito* (Santo André: Academia Cristã, 2013); NEWBIGIN, L., *The Gospel in a Pluralistic Society* (Grand Rapids: Eerdmans, 1989); PANNENBERG, W., *Teologia Sistemática*, 3 (São Paulo: Paulus e Academia Cristã, 2009); RUSSELL, L. M., *Church in the Round: Feminist Interpretation of the Church.* (Louisville: Westminster John Knox, 1993); SCHÜSSLER FIORENZA, E., *Discipulado de iguais: uma ekklesia-logia feminista crítica da libertação* (Petrópolis: Vozes, 1995); VOLF, M., *After Our Likeness: The Church as the Image of God* (Grand Rapids: Eerdmans, 1998); YONG, A., *The Spirit Poured Out on All Flesh: Pentecostalism and the Possibility of Global Theology* (Grand Rapids: Baker, 2005); ZIZIOULAS, J., *Being as Communion: Studies in Personhood and the Church* (Crestwood: St. Vladimir's Seminary Press, 1985).

Kärkkäinen, V.-M.

ECLESIOLOGIA AFRICANA. *Veja* TEOLOGIA AFRICANA CATÓLICO-ROMANA.

ECOFEMINISMO. *Veja* CRIAÇÃO E ECOLOGIA.

ECOLOGIA. *Veja* CRIAÇÃO E ECOLOGIA.

ECOLOGIA PROFUNDA. *Veja* CRIAÇÃO E ECOLOGIA.

ECOTEOLOGIA. *Veja* CRIAÇÃO E ECOLOGIA.

ECUMENISMO
Ecumenismo é a prática de igrejas e outros grupos cristãos pela qual se busca a unidade que os vincula como adeptos do cristianismo. O termo *ecumenismo* foi popularizado pela Igreja Católica Romana imediatamente após o Concílio Vaticano II (1962-1965), mas hoje ele denota as mesmas atividades às quais se refere a antiga expressão "movimento ecumênico". Ambos os termos derivam da palavra grega *oikoumenē*, que tinha o sentido de "todo o mundo habitado" (Lc 2.1; At 11.28). Nesse sentido clássico, as igrejas se referem aos concílios ecumênicos e ao Patriarca de Constantinopla como uma figura ecumênica. Atualmente é comum dar o nome de "ecumênico" a tudo o que é feito em cooperação por diferentes igrejas. Alguns teólogos referem-se ao diálogo e à cooperação entre as diversas religiões como "ecumenismo mais amplo". É possível até mesmo falar da "unidade de toda a raça humana" em termos de *oikoumenē*. Neste artigo, não se adotam esses sentidos mais amplos, mas o foco será dirigido à busca de unidade entre as denominações cristãs.

1. História do ecumenismo
2. Teologias da unidade
3. Realizações do ecumenismo

1. História do ecumenismo
O início do moderno movimento ecumênico costuma ser vinculado à conferência missionária mundial realizada no ano de 1910 em Edimburgo, na Escócia. O evento foi presidido por John R. Mott (1865-1955), o mais influente defensor da unidade e cooperação entre os cristãos no século 20. A conferência levou à formação do Conselho Missionário Internacional (CMInt) em 1921. O CMInt reuniu diversos conselhos missionários protestantes de âmbito nacional, viabilizando ações ecumênicas coordenadas nos campos missionários.

Depois do fim da Primeira Guerra Mundial, uma das grandes questões dizia respeito à cooperação em favor de uma paz duradoura marcada pela justiça. Depois de alguns anos de preparação, o arcebispo sueco Nathan Söderblom (1866-1931) convocou a conferência cristã sobre Vida e Trabalho, que se realizou no ano de 1925 na cidade de Estocolmo. Durante as décadas de 1920 e 1930, o movimento Vida e Trabalho uniu as igrejas europeias e americanas, levando-as a pensar e atuar juntas nos campos da paz, da ética social e das relações internacionais. O terceiro eixo nos primeiros anos do ecumenismo dizia respeito à fé e à ordem, ou seja, o papel da doutrina e da constituição na visão que as igrejas tinham de si mesmas. Liderado por teólogos episcopais, o movimento de Fé e Ordem patrocinou duas conferências mundiais, em 1927 e 1937.

Depois da Segunda Guerra Mundial, os movimentos Vida e Trabalho e Fé e Ordem se uniram para formar o Conselho Mundial de Igrejas (CMI), em Amsterdã no ano de 1948. Em seguida a um período de dúvidas, o CMInt acabou se unindo ao CMI em 1961. O movimento ecumênico teve seus primórdios caracterizado por um objetivo tríplice em relação à unidade cristã: a cooperação inicial na área de missões logo foi acompanhada pela preocupação com a paz mundial e com a necessidade de convergência em questões doutrinárias. A igreja ortodoxa, em especial por meio do patriarcado ecumênico, respondeu de forma favorável ao ecumenismo, mas o movimento ecumênico em seus primeiros dias foi uma iniciativa predominantemente protestante dominada por países de língua inglesa. Diante de dificuldades políticas relacionadas com o nazismo, as igrejas alemãs não tiveram um papel importante, embora o movimento tenha recebido inspiração de teólogos de língua alemã como Dietrich Bonhoeffer e Karl Barth. A Igreja Católica Romana (ICR) manteve-se resistente ao ecumenismo até a década de 1960.

Além de fatores eclesiásticos e teológicos, o ecumenismo refletia um espírito global presente nos primeiros anos do século 20. Eventos e organizações internacionais como a Exposição Mundial (ou Expo), a Cruz Vermelha, a Liga das Nações, diversos movimentos pela paz e sociedades acadêmicas começaram a se perceber como entidades mundiais. Em consonância com essas mudanças, a criação do tempo universal coordenado (fuso horário de referência) e das redes de turismo, telegráficas e postais conferiu ao século 19 e início do século 20 um caráter global. O senso de unidade de todos os cristãos e até de todos os seres humanos, conforme exemplificado pelo *Parlamento das Religiões do Mundo na Exposição Mundial de Chicago já em 1893, contribuiu para a conscientização de que o cristianismo é uma religião mundial da qual as igrejas são partes constituintes e não representantes de sua plenitude. O ecumenismo foi considerado pela sociedade civil de todo o mundo um importante parceiro para a implementação de uma visão internacional da humanidade. Nathan Söderblom e John Mott receberam o Prêmio Nobel da Paz (respectivamente em 1930 e 1946) em reconhecimento do trabalho ecumênico por eles desenvolvido.

O ecumenismo é um fenômeno típico do século 20, mas há base para afirmar que o movimento ecumênico tem origens históricas já nos cismas entre igrejas desde 1517 (ou 1054 ou até 451). O período da *Reforma não se caracterizou apenas pela divisão, mas também por diversas negociações que visavam superá-la. Depois da Reforma, os chamados irênicos procuraram criar bases teológicas e intelectuais que pudessem vencer a divisão da igreja. Durante os primeiros anos do período moderno e do *Iluminismo, muitos pensadores de destaque como G. W. Leibniz e Nikolaus von Zinzendorf esboçaram modelos de unidade da igreja. O pietismo e os avivamentos evangélicos muitas vezes consideravam a estrutura eclesiástica reinante de importância apenas secundária para a verdadeira unidade dos cristãos. Eles criaram diversas formas de cooperação e aliança antes da era do ecumenismo. Ademais, Edimburgo 1910 não marcou a primeira conferência missionária internacional, mas foi precedida por muitas outras iniciativas, algumas das quais empregavam o termo *ecumênico*. Nesse sentido, os primórdios do movimento ecumênico podem ser vistos como resultado da confluência de ações que se acumularam durante séculos.

Durante os séculos que se seguiram à Reforma, a igreja católica considerou-se provedora dessa unidade, que ela detém como característica clássica da igreja. "O espírito da divisão protestante parecia tão evidente que dispensava qualquer explicação exata da unidade católica" (Reno, 49). Entre os teólogos católicos (Y. Congar, K. Rahner etc.), essa postura começou a mudar aos poucos quando os protestantes iniciaram sua busca da unidade, mas a mudança oficial se instalou somente após o Concílio Vaticano II (1962-1965).

A partir de 1948, os historiadores do ecumenismo (Marty) tendem a fazer distinção entre os últimos tempos da modernidade "centrípeta" (1948-1968) e a pós-modernidade "centrífuga" (de 1968 até os dias atuais). O primeiro período caracterizou-se pela profunda necessidade de paz, unidade, justiça e reconciliação depois dos horríveis anos da guerra. Durante esse tempo, o CMI desenvolveu-se e tornou-se, juntamente com a Igreja Católica Romana, o mais importante integrante do movimento ecumênico. Outras instituições ecumênicas como o Conselho Nacional de Igrejas, nos Estados Unidos, e a Conferência de Igrejas Europeias cresceram rapidamente. As chamadas comunhões mundiais cristãs como, por exemplo, o Conselho Consultivo Anglicano (da Comunhão Anglicana), a Aliança Batista Mundial, a Federação Luterana Mundial, o Conselho Metodista Mundial, o Patriarcado Ecumênico (Constantinopla), o Patriarcado de Moscou e a Aliança Mundial de Igrejas Reformadas, começaram a tratar de questões de natureza ecumênica e passaram cada vez mais a travar diálogos bilaterais.

O mais importante evento específico durante esse primeiro período talvez tenha sido o Concílio Vaticano II. O papa João XXIII convocou o concílio com o propósito de atualizar os ensinos e práticas da igreja católica e assim responder aos desafios da modernidade. O concílio executou essa tarefa criando novas diretrizes litúrgicas e pastorais e detalhando os ensinamentos do catolicismo que dizem respeito à igreja e a seu papel no mundo moderno, incluindo o ecumenismo e as relações interconfessionais. Destaca-se no meio dessas ações a adoção de uma postura positiva pela ICR em face da obra ecumênica, criando a Secretaria para Promoção da Unidade Cristã (desde 1989, "Concílio Pontifício para Promoção da Unidade dos Cristãos"). Essa secretaria passou a ser, entre outras coisas, responsável pelos diálogos bilaterais da ICR com outras comunhões cristãs mundiais. A ICR não se filiou ao CMI, mas está oficialmente representada na Comissão de Fé e Ordem (desde 1968) e formou um Grupo de Trabalho Conjunto com o CMI (1965) que passou a ser o fórum consultivo oficial entre as duas instituições. De 1968 a 1980 ambas as instituições também atuaram por meio de uma comissão conjunta sobre sociedade, desenvolvimento e paz (Sodepax).

Os anos de 1948 a 1968 testemunharam um rápido crescimento institucional e o reconhecimento eclesiástico e civil do ecumenismo. Esse desenvolvimento deu-se em paralelo à expansão do internacionalismo na sociedade como um todo, particularmente através da ONU e de outras organizações humanitárias. As forças centrípetas dos últimos anos da modernidade procuraram unir diferentes culturas e interesses mediante o internacionalismo, para assim criar uma paz duradoura entre as nações. Os instrumentos intelectuais do Iluminismo, tais como planejamento racional, tolerância, liberdade, respeito pelos outros e pelos direitos humanos foram utilizados de forma constante com esse propósito geral.

Ao mesmo tempo, esses mesmos instrumentos já continham a semente de forças centrífugas. Tolerância e liberdade promoveram a unidade, mas também afirmaram a pluralidade e o multiculturalismo. O respeito pelos outros promoveu contatos frutíferos, mas esse valor também deu às pessoas a consciência do diferencial permanente do outro. Os direitos humanos serviram para criar uma sociedade justa, mas também consolidaram afirmações individuais que perpetuaram divergências com outras pessoas. A passagem dos últimos anos da modernidade para a pós-modernidade fez com que o movimento ecumênico se tornasse cada vez mais vulnerável.

A pluralidade centrífuga ganhou espaço no cenário ecumênico na assembleia do CMI em Uppsala (Suécia) no ano de 1968. Ali se evidenciaram intensamente as preocupações culturais, políticas e religiosas das igrejas do Sul juntamente com interesses específicos das mulheres e dos jovens. A presença de católicos romanos representou um desafio a mais. Além disso, o papel ecumênico da Igreja Católica Romana parecia se enveredar ao mesmo tempo por duas direções distintas: católicos progressistas formulavam *teologias da libertação assim como também ideias políticas e contextuais, pedindo maior presença leiga na igreja e mudanças radicais na ética sexual. Reagindo a essas manifestações, a linha oficial da ICR logo passou a mostrar muita cautela na implementação de diversas reformas. Os diálogos ecumênicos eram incentivados, mas ao mesmo tempo os católicos progressistas eram muitas vezes submetidos à disciplina imposta pela igreja oficial. Entre 1968 e 1990, o ecumenismo protestante também pareceu se dividir em duas frentes distintas.

Os teólogos da Fé e Ordem concentraram as atividades em vários diálogos bilaterais. As igrejas anglicana, luterana e ortodoxa chegaram a convergências importantes em contatos uns com os outros e com os católicos romanos. Na Europa continental, as denominações protestantes viabilizaram uma comunhão marcada pela união entre as igrejas com base na Concórdia de Leuenberg de 1973. A Comissão de Fé e Ordem do CMI publicou um importante texto de convergência chamado "Batismo, Eucaristia, Ministério" (BEM, 1982). O texto serviu como plataforma teológica para muitos acordos bilaterais como, por exemplo, entre anglicanos e luteranos. As igrejas ortodoxas oriental e não calcedoniana emitiram a recomendação (Chambesy 1990) de que todos os anátemas anteriores entre essas famílias eclesiásticas fossem suspensos.

No entanto, muitas instituições ecumênicas multilaterais e comunhões cristãs mundiais favoreceram o ativismo social iniciado em Uppsala no ano de 1968. Os problemas que levavam às divisões de igrejas estavam vinculados principalmente a questões de paz e justiça, atrelados ao abismo econômico entre o Norte rico e o Sul pobre. A atmosfera política da Guerra Fria contribuiu para essa visão, fazendo do movimento ecumênico uma plataforma em que se podia discutir de uma perspectiva cristã a oposição entre capitalismo e socialismo. A ética social da "sociedade responsável", mais antiga e moderada, foi substituída por outros paradigmas como "sociedade justa, participativa e sustentável" e "justiça, paz e integridade da criação". A teologia de missões tradicional foi substituída por novos modelos que frisavam a emergência da sociedade justa como fruto de programas de assistência e desenvolvimento. O fato é que essa tendência centrífuga estabeleceu uma nova separação entre "fé e ordem" e "vida e trabalho".

O colapso da União Soviética e de muitos outros regimes socialistas e comunistas por volta de 1990 trouxe novas mudanças ao quadro do ecumenismo. A vitória da democracia sobre o comunismo na Europa foi em grande parte atribuída ao apoio moral do papa polonês João Paulo II, de linha relativamente conservadora, e à tradicional linha anticomunista do Vaticano. Muitos protestantes atribuíram essa vitória às políticas de Ronald Reagan, que recebeu apoio de igrejas antiecumênicas. Consequentemente, o ecumenismo passou a ser visto por muitos como um ramo do cristianismo liberal e pró-socialista, que não reunia condições de trabalhar pela justiça real e pela verdadeira liberdade democrática. Assim, o fim da Guerra Fria mostrou-se difícil para o ecumenismo.

No entanto, as principais causas desse antiecumenismo da década de 1990 estão no crescimento do multiculturalismo, do individualismo e do pós-modernismo das sociedades ocidentais. As facilidades para viagens e contatos cada vez maiores entre grupos com cosmovisões distintas deixaram de favorecer a busca por unidade, contribuindo para a consciência de uma grande pluralidade entre religiões e outras crenças. Não era mais possível conceber tudo isso como simples variações da mesma verdade subjacente. Pelo contrário, as pessoas passaram a ser incentivadas a exercer discernimento e encontrar sua identidade dentro dessa ampla pluralidade. No que diz respeito ao cristianismo, as firmes convicções e as posições doutrinárias assumidas com clareza recebiam mais crédito do que as narrativas unificadoras.

Assim mesmo essa condição pós-moderna do ecumenismo permanece multifacetada. Organizações multilaterais e diálogos bilaterais não saíram de cena e algumas vezes conseguem gerar resultados, conforme se pode ver, por exemplo, na suspensão das condenações doutrinárias acerca da justificação entre a Igreja Católica Romana e a Federação Luterana Mundial (1999). Os dados estatísticos mostram que segmentos liberais do cristianismo continuam a perder membros, ao passo que as denominações evangélicas e carismáticas ganham terreno. Mas esse desenvolvimento é equilibrado pela observação de que tais denominações tendem a se tornar cada vez mais "pós-conservadoras" e se caracterizam por tolerância religiosa e responsabilidade social. Muitos evangélicos e carismáticos começam a refletir o ecumenismo, o pós-modernismo e a coerência doutrinária (e.g., Vanhoozer). O CMI, depois de sua assembleia de Harare em 1998, tem recebido das igrejas ortodoxas críticas duras, porém construtivas. Essas críticas foram responsáveis por novas estruturas decisórias dentro do CMI, o que pode colocar obstáculos ao crescimento do pluralismo centrífugo e levar um pouco de coerência entre as ações sociais e as ações doutrinárias das igrejas comprometidas com o ecumenismo.

2. Teologias da unidade
Muitos dos primeiros adeptos do ecumenismo eram administradores pragmáticos que não desenvolveram grandes teorias da unidade, mas acreditavam que contatos amistosos eram capazes de viabilizar resultados duradouros. No entanto, logo começaram a surgir diferentes teorias sobre os objetivos ecumênicos almejados. Algumas vezes, teólogos fazem distinção entre "modelos de unidade", ou seja, descrições desses objetivos, e "caminhos para a unidade", a saber, descrições dos reais processos necessários à consecução de tais metas. Não faremos aqui essa distinção, mas falaremos de "teologias da unidade" como descrições abrangentes dos objetivos e dos caminhos.

Talvez o modelo de unidade mais óbvio seja o modelo da fusão empresarial em que dois ou mais grupos transformam-se em uma só organização. A chamada união orgânica, modelo proeminente do início do movimento de Fé e Ordem, é muitas vezes entendida dessa maneira. Muitas "igrejas unidas" de fato passaram por uma fusão que reuniu duas ou mais tradições em uma só igreja unificada. No entanto, a união orgânica pode ser interpretada da perspectiva "de um organismo vivo com a diversidade que caracteriza os membros de um corpo saudável" (Fé e Ordem, Edimburgo 1937). Assim, a metáfora paulina que se refere a um corpo e muitos membros pode significar que, de certa forma, as características cristãs sólidas e saudáveis de determinada confissão continuam a existir dentro da união orgânica. Por exemplo, numa fusão entre luteranos e reformados pode-se manter a ministração dos sacramentos à moda luterana ao passo que o exercício da autoridade se organiza segundo um modelo totalmente presbiteriano e calvinista. É claro que tais uniões orgânicas precisam avaliar com atenção se, de uma perspectiva teológica, os aspectos confessionais remanescentes revelam-se sadios e compatíveis uns com os outros.

Outro modelo ecumênico de destaque foi expresso pela declaração de unidade formulada na assembleia do CMI em Nova Déli (1961) expressa nos termos da "unidade de todos em cada lugar". O significado exato dessa frase pode ser discutível, mas geralmente o sentido a ela atribuído tem relação com a ideia de que em certa área geográfica existe uma união orgânica, ao passo que áreas distintas podem preservar suas características históricas peculiares. Assim, o cristianismo pode ser, por exemplo, protestante no norte, católico no sul e ortodoxo no leste, e os cristãos que moram em determinado território precisam se adaptar às tradições locais. É óbvio que esse modelo enfrentaria dificuldades num mundo multicultural que afirma com todas as letras a liberdade religiosa.

Desde a década de 1960, tanto o movimento ecumênico quanto a maioria das igrejas definem a "unidade visível" como alvo do ecumenismo. Mas o sentido dessa expressão é um pouco vago. Unidade visível é mais limitado que uma fusão, mas pressupõe tanto uma sólida convergência doutrinária quanto algumas mudanças estruturais ou "visíveis" na efetiva ordenação das igrejas. As origens históricas da expressão refletem três elementos que às vezes podem se encontrar num estado de tensão uns com os outros. (1) O modelo pressupõe uma distinção eclesiológica entre os aspectos visíveis e invisíveis da igreja. (2) A expressão foi cunhada por tradições episcopais e presbiterianas (sobretudo em Lund, Fé e Ordem 1952) para atender a necessidade de testemunho em cooperação. (3) Desde o Concílio Vaticano II, a expressão tem sido amplamente utilizada por tradições católicas e ortodoxas para ressaltar a importância de uma igreja concreta e de uma eclesiologia com vinculação canônica.

Desde 1970, principalmente os protestantes adeptos do ecumenismo desenvolveram modelos teológicos que preservavam as identidades históricas das confissões e, nesse sentido, eram mais "realistas" que os modelos anteriores. Essa "unidade na diversidade reconciliada" tornou-se um modelo de destaque das igrejas luteranas a partir da Concórdia de Leuenberg (1973). Naquela ocasião, condenações doutrinárias históricas entre luteranos e reformados foram suspensas e se formulou uma interpretação comum a todos das doutrinas mais relevantes. Com base nisso declarou-se uma comunhão da igreja. Mas as igrejas adeptas da Concórdia continuam a existir como grupos autônomos cujo entendimento de outras questões como, por exemplo, os ministérios episcopais *versus* os ministérios presbiterianos, podem variar profundamente. Pode-se dizer que as igrejas têm um "consenso proléptico" no que diz respeito às diferenças remanescentes, e isso significa que elas se mantêm dispostas a manter diálogos doutrinários a fim de alcançar um consenso cada vez mais expressivo. Nesse sentido, a diversidade permanece, mas se torna uma "diversidade reconciliada".

As igrejas luteranas procuraram desenvolver e aplicar o modelo da diversidade reconciliada em muitas outras relações bilaterais. Nessa estratégia ecumênica, a igreja precisa definir algumas doutrinas essenciais em torno das quais se deve buscar um consenso básico. Não é preciso definir outras questões mais periféricas ou elas podem aguardar e ser discutidas no futuro. Uma dificuldade básica inerente a essa abordagem surge da possibilidade de diferentes igrejas terem conjuntos de doutrinas essenciais que lhes são peculiares.

Um modelo ecumênico ainda mais livre é o modelo de federação ou aliança. Uma federação é basicamente uma realidade organizacional e não espiritual. Seus diversos membros comprometem-se a seguir as regras e a constituição da aliança em questão. A constituição pode conter algumas verdades básicas do cristianismo como, por exemplo, a doutrina trinitária e a doutrina da autoridade da Bíblia, mas isso não equivale a uma declaração confessional nem mesmo oficial sobre esses assuntos. A "comunhão de igrejas" existente no CMI pode ser corretamente identificada como esse tipo de federação. Ela não constitui unidade entre as igrejas participantes, mas é provável que faça do CMI uma espécie de realidade teológica que pode servir como instrumento de unidade.

Numa era pós-moderna, pode-se afirmar que pessoas diferentes simplesmente entendem as coisas de modos diversos. Assim, é preciso que aceitemos uma pluralidade básica de opiniões até mesmo dentro de nossa própria denominação. Um consenso intelectual ou verbal entre todos os cristãos seria uma impossibilidade absoluta. Por isso, os que têm uma mentalidade ecumênica devem abrir mão do "ecumenismo de consenso" e adotar outras estratégias, tais como o compartilhar de experiências e de uma vida e espiritualidade em comum. Esse argumento da pluralidade inevitável de convicções religiosas têm sido formulado com veemência pela teologia acadêmica (cf. Saarinen), mas, de modo geral, não tem sido adotado pelas igrejas. Não importa o que se pense desse argumento, é óbvio que o "ecumenismo espiritual", a "vida em comum" e o "compartilhar de experiências diversas" continuam sendo importantes instrumentos do ecumenismo prático.

Entre os extremos da fusão totalitária e do pluralismo sem limites existe o meio-termo viabilizado pela manifestação da koinõnia, ou seja, comunhão ou comunidade fraterna. Nessa manifestação, o objetivo ecumênico pode se revelar como "comunhão das comunhões" ou "igreja das igrejas" (Tillard), nas quais os formatos tradicionais do cristianismo não precisam abdicar de sua identidade histórica, mas podem formar uma unidade como um segundo modelo de comunhão. Um modelo afim de koinõnia é a "comunhão conciliar" na qual as igrejas locais se reúnem como concílio representativo a fim de tomar decisões importantes no que diz respeito à comunhão de uns com os outros. É provável que as discussões teológicas sobre unidade já tenham mapeado com razoável abrangência o alcance das possibilidades conceituais relativas à unidade da igreja. No entanto, não está claro qual dessas possibilidades poderá, a longo prazo, se mostrar uma opção realista para as igrejas históricas.

Devemos também nos lembrar que George Lindbeck observa que os diálogos verdadeiramente ecumênicos continuam a depender do pensamento acadêmico cultivado em outros lugares, de modo que não temos condições de examinar com profundidade os novos problemas ou métodos (Lindbeck, 184). Assim, as teologias da unidade ecumenicamente viáveis não podem alcançar os mesmos níveis de evolução da *teologia sistemática acadêmica. Por isso, é sempre mais fácil apresentar uma crítica sofisticada de determinada proposta em vez de elaborar um modelo positivo que possa funcionar na prática.

3. Realizações do ecumenismo

O ecumenismo do século 20 trouxe como resultado claro e permanente a consciência de que a maioria das igrejas hoje não pode mais se considerar organizações autossuficientes que podem se dar ao luxo de ignorar o cristianismo fora de suas fronteiras. Protestantes históricos, incluindo a maioria dos evangélicos, adotaram uma autopercepção segundo a qual eles constituem uma igreja local inserida no cristianismo mundial mais amplo. Católicos romanos e ortodoxos também têm entendido cada vez mais suas igrejas como parte do quadro maior do cristianismo. O movimento ecumênico levou as igrejas a pelo menos estabelecer estruturas que possam interagir com realidades externas/estrangeiras. Essa interação está às vezes limitada à mera diplomacia, mas as relações ecumênicas se tornaram realidade na vida de praticamente todas as igrejas. Sobretudo no protestantismo, essa mudança significa que os limites de um igreja local específica não podem ser definidos teologicamente da perspectiva de uma nação. Embora muitas igrejas locais, ou até a maioria delas, continuem a existir dentro de uma nação ou estado, isso é considerado uma circunstância prática e contingente, mas não uma realidade eclesiológica.

O movimento ecumênico tem viabilizado e fortalecido a união entre igrejas. Nos campos missionários tradicionais, a Igreja do Sul da Índia, criada em 1947, é vista como um importante modelo de reunião de várias tradições protestantes. Uniões semelhantes entre igrejas se deram em muitos países do sul. Elas também servem de exemplos valiosos para as igrejas unidas cuja origem não foi fruto do ecumenismo. Por exemplo, grande parte do cristianismo atual na China revela-se como uma forma de protestantismo unificado.

Na Europa e na América do Norte, diversas formas de união e comunhão entre igrejas surgiram como resultado do ecumenismo. A Igreja Evangélica na Alemanha (Evangelische Kirche in Deutschland, EKD) ilustra esse desenvolvimento de maneira exemplar. Do ponto de vista eclesiológico, a EKD ainda é um grupo de igrejas territoriais independentes que representam tradições luteranas, reformadas e unidas do século 19. Mas como EKD elas formam uma comunidade comprometida com muitas ações desenvolvidas em cooperação. No âmbito europeu, as igrejas territoriais da EKD pertencem à comunhão de igrejas de Leuenberg, que reúne a extensa maioria dos grupos protestantes. Assim, uma grande parcela do trabalho pastoral pode ser realizado dentro de uma comunhão europeia, atravessando as fronteiras entre os países. Exemplos semelhantes encontram-se no protestantismo norte-americano e entre as comunhões cristãs em nível mundial. Em virtude dessas convergências e das práticas compartilhadas, um grande número de protestantes pode hoje participar da Ceia do Senhor pelo menos com as denominações mais próximas.

Até mesmo nos casos em que não se chegou a uma comunhão entre as igrejas, muitos acordos e declarações viabilizam meios de cooperação. Sociedades bíblicas, agências missionárias, diaconais e programas de desenvolvimento podem trabalhar juntos. A Igreja Católica Romana declara de forma unilateral que não irá submeter convertidos a um novo batismo. Declarações bilaterais como, por exemplo, entre luteranos e católicos (1999) ou entre o Papa e o Patriarca de Constantinopla (1965), nas quais diversas excomunhões são "declaradas sem efeito" ou "apagadas da memória" viabilizam uma opinião mais positiva entre parceiros, sobretudo em situações que envolvem minorias. Em muitos países, educação e pesquisa teológicas se dão num formato ecumênico.

O trabalho ecumênico tem enriquecido a espiritualidade e a vida de adoração das igrejas. Cânticos, orações e liturgias circulam entre diversas igrejas. Algumas comunidades como, por exemplo, a de Taizé (na França) e a de Iona (na Escócia) desenvolveram uma espiritualidade ecumênica que atende os interesses de renovação da vida de igrejas locais. Formas de espiritualidade católica e ortodoxa como ícones e peregrinações têm se estendido a muitas igrejas protestantes. Hinos do protestantismo e modelos evangélicos de trabalho leigo têm sido adotados pelo catolicismo. As tradições católica e ortodoxa têm aprendido a valorizar o papel fundamental das Escrituras sagradas para a fé cristã.

No que diz respeito à teologia sistemática e doutrinária, o ecumenismo tem ajudado as igrejas a enxergar com mais nitidez a complexa natureza e a profunda importância da identidade doutrinária. Tanto as tradições católica quanto protestante têm aprendido a fazer distinção entre doutrinas essenciais e não essenciais, reconhecendo assim a existência de uma hierarquia de verdades, um consenso básico mas também uma interligação entre diversos pontos doutrinários. Algumas doutrinas antigas como, por exemplo, a teologia trinitária têm sido recebidas com interesse renovado. Igrejas e teólogos têm percebido que as doutrinas não são apenas uma questão de conteúdo propositivo, mas também estão relacionadas às formas culturais e de adoração assim como às experiências pessoais e, talvez, até às realidades psicológicas e sociológicas.

Entre muitas igrejas, ou até mesmo entre a maioria, tem sido alcançada uma convergência duradoura e um consenso básico no que diz respeito ao ensino sobre a *salvação. A grande quantidade de diálogos bilaterais recentes (veja Meyer et al.) dá testemunho dessa realidade. Embora a salvação seja tratada sob diversas terminologias bíblicas — por exemplo, justificação, estar em Cristo, participação com Deus — os cristãos encontram-se reunidos em torno da ideia fundamental de que a salvação acontece como resultado da iniciativa divina, é recebida pela fé e acompanhada pelo amor. A autoridade básica da Bíblia também tem sido endossada por todas as igrejas. Elas também confessam um só batismo para o perdão dos pecados.

Parece também existir um consenso razoavelmente acentuado em torno de questões doutrinárias sobre as quais os cristãos de fato divergem. Essas doutrinas estão relacionadas sobretudo à natureza da igreja e a seus ministérios (*veja* Eclesiologia). Em sua maioria, as igrejas protestantes endossam eclesiologias que realmente se distinguem dos conceitos católico e ortodoxo. Continuam os debates acerca das estruturas ministeriais episcopal e presbiteriana. A questão do ministério feminino ainda divide igrejas mais antigas e a maioria das tradições protestantes. Entre estas, a questão do batismo infantil permanece em aberto. O texto acima mencionado sobre "Batismo, Eucaristia e Ministério" (BEM) reflete com precisão essa agenda inacabada. Nas encíclicas "Ut unum sint" (1995) e "Ecclesia de Eucharistia" (2003), o papa João Paulo II apresenta a posição católica sobre a situação do ecumenismo vigente naqueles dias.

Veja também ALIANÇA EVANGÉLICA MUNDIAL; CONCÍLIO VATICANO II; CONSELHO MUNDIAL DE IGREJAS; ECLESIOLOGIA.

BIBLIOGRAFIA. BARRETT, D., KURIAN, G. T. e JOHNSON, T. M., orgs., *World Christian Encyclopedia: A Comparative Study of Churches and Religions in the Modern World* (2. ed.; Oxford: Oxford University Press, 2001); GASSMANN, G., org., *Documentary History of Faith and Order, 1963-1993* (Genebra: WCC, 1993); JOLKKONEN, J. et al., orgs., *Unitas visibilis: Studia o ecumenica in honorem Eero Huovinen* (Helsinki: Luther-Agricola Society, 2004); KINNAMON. M. e COPE, B. E., orgs., *The Ecumenical Movement: An Anthology of Key Texts and Voices* (Genebra: WCC, 1997); LINDBECK, G., "Justification and Atonement: An Ecumenical Trajectory", in: *By Faith Alone,* J. A. Burgess e M. Kolden, orgs. (Grand Rapids: Eerdmans 2004) 183 -219; LOSSKY, N. et al., orgs., *Dictionary of the Ecumenical Movement* (2. ed.; Genebra: WCC, 2002); MAFFEIS, A,. *Ecumenical Dialogue* (Collegeville: Liturgical Press, 2005); MARTY, M. E., "The Global Context of Ecumenism 1968-2000", in: *A History of the Ecumenical Movement,* 3, R. Rouse et al., orgs. (Genebra: WCC, 2004) 3-22; H. MEYER et al.,orgs., *Growth in Agreement: Reports and Agreed Statements of Ecumenical Conversations on a World Level,* 1: *1931-1982;* 2: *1982-1998* (Genebra: WCC 1984, 2000); RENO, R. R., "The Debilitation of the Churches", in: *The Ecumenical Future,* C. E. Braaten e R. W. Jenson, orgs. (Grand Rapids: Eerdmans 2004) 46 -72; ROUSE, R., et al., orgs., *A History of the Ecumenical Movement,* 1: *1517-1948* (3. ed.); 2: *1948-1968* (2. ed.); 3:

1968-2000 (Genebra: WCC, 1986 -2004); SAARINEN, R., "Weder 'sichtbare Einheit' noch 'gemeinsames erständnis'?" *Theologische Literaturzeitung* 130 (2005) 591-608; TILLARD, J.-M. R., *Church of Churches: The Ecclesiology of Communion* (Collegeville: Liturgical Press, 1992); VANHOOZER, K. *The Drama of Doctrine* (Louisville: Westminster John Knox, 2005) [edição em português: *O Drama da Doutrina* (São Paulo: Vida Nova, no prelo)]; VISCHER, L., org., *A Documentary History of the Faith and Order Movement, 1927-1963* (St. Louis: Bethany Press, 1963).

R. Saarinen

EDUCAÇÃO. *Veja* EDUCAÇÃO TEOLÓGICA.

EDUCAÇÃO TEOLÓGICA

A educação teológica, embora assaltada pelas tensões perpétuas resultantes das mudanças periódicas de paradigmas de tempos em tempos, representa a responsabilidade contínua da igreja em relação ao preparo de sua liderança para o futuro. No entanto, as condições atuais da educação teológica trazem as marcas de suas lutas no passado.

1. Significado
2. Propósito
3. As instituições
4. O currículo teológico
5. O público beneficiário
6. Como atuam os teólogos
7. A globalização da educação teológica
8. Uma tensão perene

1. Significado

Educação teológica diz respeito a *educare* e *theologia*. Juntos, esses conceitos envolvem respectivamente o "particular" e o "geral" (Niebuhr). Assim, o significado de educação teológica deriva dessa combinação.

1.1. Theologia. Para os gregos, *epistēmē* representava o verdadeiro conhecimento e também um conjunto organizado de conhecimentos. O latim também incorpora dois sentidos, sendo que *scientia*, conhecimento, era o *habitus* (hábito) da alma, que distingue entre verdade e erro; era também um ato de averiguação e reflexão. Esses dois sentidos influenciaram a educação teológica.

Depois do século 11, os acadêmicos do meio clerical começaram a fazer uso do termo *theologia*. Para eles, o conhecimento era *hexis*, característica permanente da alma, traduzida para o latim pelo vocábulo *habitus*. A teologia era também *habitus*, disposição cognitiva e tendência da alma, com o caráter de conhecimento. Desde então esse dualismo tem formado interpretações paralelas pela cristandade.

1.1.1. Habitus prático. A tradição monástico-agostiniana sempre considerou a teologia um *habitus* prático caracterizado principalmente pela sabedoria, um conhecimento de Deus voltado para a salvação, embora pudesse ser aprofundado e ampliada por meio do estudo. No entanto, trata-se de algo incutido como dádiva divina e vinculado a fé, oração, virtudes e elementos afins.

1.1.2. Habitus cognitivo. A escola de pensamento tomista, contudo, via a teologia como disciplina, uma "ciência", uma tarefa demonstrativa no sentido aristotélico. Na Idade Média, a universidade considerava que a *theologia*, como *habitus* cognitivo da alma, era uma ciência, uma disciplina. Desenvolveu-se um *ratio studiorum* juntamente com um novo conjunto de livros sobre "o estudo da teologia". Como ciência aristotélica, a teologia foi mantida desde o século 13 até o século 18.

1.2. Educare. Os gregos viam a educação como *paideia*, ou aquisição de cultura de um indivíduo em *arête*, ou virtude da excelência (Jaeger). A educação formava o "homem liberal" ou o "homem de negócios" respectivamente na educação grega e romana. Essa perspectiva influenciou durante séculos a educação europeia. Portanto, a combinação de *theologia* e *educare* dizia respeito à aquisição de cultura e à formação. O uso metafórico de "seminário" nos séculos 17 e 18 pode ser esclarecedor neste ponto. A educação da classe de clérigos era comparada a "plantas com sementes", pois os objetos da educação se dispersavam para difundir as virtudes da piedade, da civilidade e do aprendizado (Gilpin, 1-2).

2. Propósito

A educação da classe clerical configurou o propósito a ser atingido desde as primeiras formas de instrução patrística até a era da universidade da Idade Média. Tempos depois, Schleiermacher considerou a teologia uma iniciativa dirigida especificamente a uma comunidade e às suas necessidades de cuidado e liderança.

Os enciclopedistas pós-Schleiermacher do século 19 reafirmaram o propósito único da Idade Média. Nesse meio tempo, porém, o *Iluminismo havia introduzido uma nobre tensão entre um propósito puramente acadêmico e um propósito exclusivamente vocacional. Desde então as duas propostas têm sido mantidas sob uma tensão nada confortável.

3. As instituições

3.1. Os primeiros centros de ensino. No início do segundo século havia centros em Alexandria, Antioquia e Constantinopla com destaque para pedagogos. Eram centros para exercício da apologética e não para formação (Cohrs, 329). Ali se enfatizavam a catequese e a apologética ao mesmo tempo em que se procurava educar as massas. Eram escolas voltadas ao catecumenato e à catequese. As escolas para catecúmenos forneciam instruções elementares para neófitos; as catequéticas tinham o propósito de instruir com ênfase nas doutrinas do cristianismo e na vida cristã.

3.2. As escolas monásticas. Na Idade Média testemunhou-se o surgimento das escolas monásticas, primeira iniciativa com vistas a uma educação verdadeiramente formal dos clérigos caracterizada por espiritualidade e disciplina. Essas escolas davam destaque à vida de meditação, oração e estudo, incluindo trabalhos braçais. O currículo básico incluía lições sobre o Saltério, o Credo Apostólico e a Oração Dominical. Além destas, havia também lições acerca do Credo Atanasiano, de exorcismo, penitências, evangelização e homilias, leitura e escrita, música na igreja, cálculo das datas de festividades religiosas e gramática latina (Cohrs, 330). Os alunos mais avançados estudavam a *Regula pastoralis* (de Gregório), *De officiis ecclesiasticis* (de Isidoro) e a epístola pastoral de Gelásio. Os monges estudavam ainda a regra beneditina, ao passo que os cânones estudavam a *Regula de vita canônica*. Os estudos mais avançados de todos eram o *Trivium* (gramática, retórica e dialética) e o *Quadrivium* (aritmética, geometria, astronomia e música).

3.3. As escolas catedrais. Nos séculos 11 e 12, as escolas catedrais ganharam proeminência, chegando a superar as escolas monásticas. Com início nessa época, o ensino acadêmico avançou consideravelmente como consequência do renascimento do ensino clássico. Embora as escolas catedrais servissem à educação de clérigos, elas eram de fato centros de estudos gerais (*studium generale*). Assim, a educação oficial dos ministros incluía estudos clássicos. À medida que o academicismo se intensificou, a teologia passou a incorporar as iniciativas humanas de discernir e expor a verdade divina revelada. Essas ações prepararam o terreno para o estudo teológico acadêmico por meio dos eruditos.

3.4. As universidades da Idade Média. Juntas, as escolas monásticas e catedrais formaram as universidades da Idade Média. O currículo de artes liberais, ou *studia generalia*, das escolas catedrais constituía a base. Ali surgiu pela primeira vez toda a esfera dos estudos medievais. Além do núcleo basilar de estudos liberais vieram a filosofia, a física, a ética e, por fim, a teologia, considerada rainha dos estudos da Idade Média — em razão, segundo se pensava, da origem sobrenatural de seus princípios (Farley, 38).

3.5. As universidades modernas. Com início vinculado à cidade alemã de Halle (1694), as universidades modernas foram logo controladas pelo pensamento do Iluminismo, que deu supremacia ao racionalismo nos estudos teológicos. A teologia tornou-se "uma faculdade de estudos que abrangiam disciplinas acadêmicas específicas" (Farley, 82). Isso levou a um propósito duplo com disciplinas tanto práticas quanto teóricas — as primeiras relacionadas com disciplinas que aplicavam as verdades da revelação divina aos deveres clericais; as disciplinas teóricas abordavam o estudo das Escrituras, da história da igreja e dogmática. A partir dessa primeira divisão de duas partes desenvolveu-se o esquema de quatro partes de Hagenbach que hoje conhecemos. Quando, porém, o método histórico-crítico passou a ser aplicado às Escrituras, a teologia exegética tornou-se uma disciplina independente, desvencilhada da dogmática dominante, com literatura e método próprios.

O século 20 testemunhou o advento dos departamentos de estudos religiosos no âmbito das universidades modernas na década de 1960. Eles tinham o objetivo específico de efetivar o estudo das religiões, assinalando assim um distanciamento do foco anterior voltado ao estudo do cristianismo. Esse período coincidiu com o período de extensão da educação teológica europeia e norte-americana para outras partes do mundo.

3.6. Os seminários. Os seminários surgiram no século 19 juntamente com as modernas escolas de teologia de nível universitário. Destinavam-se à formação dos clérigos de acordo com as linhas confessionais. Foram uma inovação para a época, disciplinando os excessos de professores particulares que haviam surgido nas últimas versões das "Leituras de Teologia". De uma forma ou outra eles haviam preservado a educação dos clérigos desde o surgimento do seminário de Andover em 1808. No entanto, os seminários logo adotaram o método histórico-crítico e o currículo de quatro partes das universidades, desenvolvido originariamente não para a formação de pastores, mas para ensinar especialistas!

4. O currículo teológico

A dogmática, como análise dialética e racional, remonta ao escolasticismo da Idade Média. Teólogos protestantes que seguiram por esse caminho simplesmente organizaram essa análise segundo tópicos. Isso marcou o nascimento da "ciência" teológica ou dogmática. As quatro disciplinas da teologia, dispostas como dogmática, história da igreja, estudos bíblicos e teologia prática, emergiram mais tarde para dar à teologia um lugar nas modernas universidades de pesquisa do século 18. No entanto, antes dos dias do "iluminismo teológico", na Universidade de Halle, Augustus Francke havia apresentado a teologia como uma questão que dizia respeito à vida cristã prática. Contudo, quando Halle se tornou o centro do iluminismo teológico, a teologia passou a ter uma natureza puramente acadêmica.

Reagindo ao iluminismo teológico, grupos como os quacres, batistas, congregacionais e, mais tarde, metodistas, adotaram métodos "heterodoxos" na educação para o ministério, procurando recuperar o aspecto da vida prática na formação dos ministros. Por exemplo, nos Estados Unidos da época do colonialismo, a reforma da educação ministerial foi priorizada pelos puritanos, em virtude da clara ineficácia dos ministros que haviam chegado recentemente da Europa, em cujas universidades estudaram — chamadas "Velha Teologia" (Gilpin, 3, 32-34). Dentro do programa puritano depois implementado, conhecido como "Nova Teologia", a formação ministerial passou a acontecer principalmente no âmbito eclesiástico. Mas a diversidade de formas de estudo (chamadas leituras de teologia) no final do século 18 apresentava falhas que motivaram o surgimento dos seminários.

Entre 1890 e 1920, o currículo de muitos seminários priorizava a teologia prática, sob influência das ciências sociais que afloravam na época (Smith, 80). Assinalava-se assim o início das "disciplinas práticas", hoje aparentemente ilimitadas. Como consequência criou-se uma tensão entre a busca do conhecimento erudito das disciplinas teológicas e a concentração em atividades ministeriais.

Essa necessidade de equilíbrio entre vocação pura e disciplinas especializadas transformou-se numa corda bamba teológica sobre a qual os educadores tentam andar. Em 1903, William Rainey Harper já enfrentava o desafio de viabilizar numa única instituição o treinamento profissional e a formação acadêmica (Cherry, 7). Essa tensão existe até os dias atuais. As quatro disciplinas, desenvolvidas segundo linhas especializadas, têm caracterizado fortemente o currículo de educação teológica desde o século 18, mas as expectativas gerais são de que elas sirvam também como meio de preparo para a vida prática e para as tarefas do ministério. Esse conjunto de expectativas tem se mostrado problemático. As muitas reformas pedidas no século 20 dão testemunho dessa profunda insatisfação. Gilpin afirma não existir outra disciplina submetida a análises tão profundas nos últimos anos quanto o estudo acadêmico da religião e a educação para o ministério em nível de graduação (Gilpin, x).

Os currículos hoje oferecidos pelos seminários em resposta às necessidades de estudo das igrejas, cuja natureza, função e propósito Niebuhr descreveu como "incertos", têm se concentrado cada vez mais na inclusão de disciplinas práticas. Esse fenômeno tem sido a causa de uma sobrecarga curricular alimentada pelo sistema eletivo. Niebuhr descrevia o currículo não mais como uma sequência de estudos, mas como "saltos eruditos em várias direções" (Niebuhr, xviii). Edward Farley também observa que o modelo de três anos de mestrado em teologia (MDiv) nos seminários norte-americanos é dominado por um conjunto de "disciplinas [relativamente] autônomas", "apresentação de um único curso", "uma mistura de introduções" (Farley, 14, 15).

5. O público beneficiário

No passado, a educação teológica procurava prestar serviços a um público tríplice constituído por igreja, nação e academia, embora isso nem sempre tenha sido possível. Assim, a educação teológica dizia respeito respectivamente à espiritualidade, à civilidade e ao aprendizado. Na América do Norte, esses elementos foram "propósitos complementares" que "formavam as premissas sociais do seminário ideal" (Gilpin, 4-5; Cherry, 29-53). De tempos em tempos discute-se como explicar o "bem público" propiciado pela educação teológica. Até certo ponto, essa discussão ajuda a promover uma autocrítica saudável entre os teólogos e no seio de suas instituições, ao mesmo tempo em que se revela subversiva.

O serviço prestado ao público da igreja diz respeito à educação dos clérigos ou à "tarefa teológica de formação eclesiástica" (Gilpin, 40). Servir a uma nação exige a presença de uma "voz pública" (Gilpin) que procure influenciar a consciência moral da sociedade e impactar agentes sociais estratégicos. Servir à academia significa contribuir para o avanço do conhecimento puro. No entanto, a capacidade das instituições teológicas de continuar servindo a esses públicos a um só tempo está seriamente ameaçada. Numa Europa pós-cristã e até certo ponto na América do Norte, a questão do bem público tornou-se discutível pois os teólogos "perderam seu público de vista" (Gilpin). Contudo, discussões críticas acerca da questão do público beneficiário levadas a efeito pelas instituições teológicas são raramente vistas em partes da África, Ásia e América Latina, embora sejam cruciais para o desenvolvimento de identidade e direção nítidas.

6. Como atuam os teólogos

A abordagem adotada por teólogos acadêmicos no cumprimento de seu papel caracteriza-se pelo isolamento. A tendência é de "isolamento da teologia em relação ao discurso cívico" (Gilpin, 40). A clara incapacidade dos acadêmicos para interagir plenamente com o público geral e com o público diretamente beneficiário não poderia ser mais séria do que no caso da educação teológica. O método da teologia de uma perspectiva puramente acadêmica muitas vezes leva o teólogo a uma postura "alienada". Se a ênfase é estritamente acadêmica, pode ser que a necessidade de interação pessoal com o objeto de estudo não seja óbvia. Portanto, a recuperação e reintrodução das virtudes da espiritualidade, da civilidade e do aprendizado é um desafio que se apresenta à educação teológica (Banks).

Fazer teologia de uma forma que interaja melhor com o público leigo continua sendo uma necessidade vital. Na África, Ásia e América Latina, por exemplo, aquilo que se poderia chamar de "teologia feita pelo povo" é algo muito vibrante — nas praças, na praia, nos locais de comércio popular e lugares afins. É preciso dar atenção ao estudo da importância teológica dessas iniciativas para a sociedade e para a igreja.

Todavia, até o conteúdo comum da educação teológica tem espaço para inovações. Por exemplo, a África tem um amplo repertório de informações orais, hinologia, estruturas linguísticas etc. que podem ser garimpadas e recrutadas pelas Escrituras numa tentativa de tocar verdadeiramente o coração do povo. A riqueza linguística das línguas e vernáculos africanos com capacidade de introduzir vocabulários teológicos funcionais para falar à alma do povo constitui apenas um exemplo desse potencial.

7. A globalização da educação teológica

O século 20 assistiu à mudança do eixo principal do cristianismo para o Hemisfério Sul (Walls, 45). Todavia, os estudos acadêmicos, em particular a educação teológica na África, Ásia e América Latina, continuam profundamente vinculados à Europa e América do Norte. Nos últimos 25 anos do século 20, a atenção se voltou para a *globalização (ATS). A *Association of Theological Schools* (ATS [Associação de Escolas Teológicas]) dos Estados Unidos afirma que a globalização diz respeito às missões para todo o mundo, mas outros afirmam que, embora inclua uma base teológica no sentido verdadeiramente "católico" do termo, a globalização implica a diversidade de perspectivas, não a uniformidade (Gonzalez e Gonzalez, 14). É preciso alcançar o delicado equilíbrio entre universalidade e particularidade. A luta por poder no debate da globalização tem algumas vezes resultado em desconfiança e clara resistência, na medida em que teólogos da África, Ásia e América Latina clamam por uma "des-europeização da teologia" (Gonzalez e Gonzalez, 20, 21) e vozes se erguem em nome de grupos marginalizados na América do Norte (Thistlethwaite, 29-30).

A tendência de proliferação de programas ineficazes nas regiões de crescimento no mundo faz com que tais regiões se tornem vulneráveis a influências nocivas e paternalistas numa era de globalização. O conhecimento aumenta por meio de ações conjuntas, mas estas são necessárias tanto em nível local quanto internacional. As ações conjuntas se fortalecem através do respeito mútuo e da dignidade, não com paternalismo ou com ações predatórias dirigidas contra os mais fracos.

8. Uma tensão perene
Uma das questões fundamentais da atualidade no que diz respeito à educação teológica é, em certo sentido, a necessidade de equilíbrio entre teoria e prática na relação do estudo acadêmico com a vocação. Esse é um ponto crítico porque as "três disciplinas" — exegese, história e dogmática — não constituem a teoria para a "quarta" disciplina (teologia prática)! A inter-relação entre elas numa unidade tem sido colocada em xeque (Farley, 1983). O desafio para a educação teológica continua sendo como interligar as linhas aparentemente incompatíveis dessa tensão. Jenkins afirma ser "difícil manter uma relação criativa e responsável entre teologia como objeto de estudo acadêmico e teologia como contribuição necessária à tarefa perene das igrejas cristãs [...] mas não se pode fazer teologia sem teólogos, assim como um cristianismo sem história e tradição é sectarismo irresponsável" (Jenkins, 344).

O século 20 testemunhou uma enxurrada de debates sobre reforma da educação teológica, em grande parte no tocante à sua relevância. Será que a necessidade do momento é "dar uma explicação que faça sentido para nossa vida tecnológica de hoje" (Miller, 113-14)? Teria chegado a hora de outro mudança de paradigma, mas para qual direção? Se houver uma mudança de paradigma na educação teológica, será que no fim ela escapará do formalismo e será poupada dessa eterna tensão que a persegue desde sempre? O tempo nos dará as respostas.

Veja também MÉTODO TEOLÓGICO.

BIBLIOGRAFIA. ASSOCIATION OF THEOLOGICAL SCHOOLS (ATS), *Theological Education* 22:2 (Spring 1986); BANKS, R., *Reenvisioning Theological Education: Exploring a Missional Alternative to Current Models* (Grand Rapids: Eerdmans, 1999); CHERRY, C., *Hurrying Toward Zion: Universities, Divinity Schools, and American Protestantism* (Bloomington: Indiana University Press, 1995); COHRS, F., "Theological Education", *The New Schaff-Herzog Encyclopedia of Religious Knowledge,* G. W. Gilmore, org. (Grand Rapids: Baker, 1977) 11:329-33; FARLEY, E., *Theologia: The Fragmentation and Unity of Theological Education* (Philadelphia: Fortress, 1983); GILPIN, C. W., *A Preface to Theology* (Chicago: University of Chicago Press, 1996); GONZALEZ, J. L. e GONZALEZ, C. G., "An Historical Survey", in: *The Globalization of Theological Education,* A. F. Evans, R. A. Evans e D. A. Roozen, orgs. (Maryknoll: Orbis, 1993) 14-21; JAEGER, W., *Paideia: The Ideals of Greek Culture,* 1 (New York: Oxford University Press, 1969); JENKINS, D. E., "Theology", *A Dictionary of Religious Education,* J. M. Sutcliffe, org. (London: SCM, 1984) 343-44; KELSEY, D. H., *To Understand God Truly: What Is Theological About a Theological School* (Louisville: Westminster John Knox, 1992); MILLER, G. T., "Three Revolutions in Theology and Theological Education", in *Religious Studies, Theological Studies and the University-Divinity School,* J. M. Kitagawa, org. (Atlanta: Scholars Press, 1992) 95-114; NIEBUHR, R. H., *The Purpose of the Church and Its Ministry* (New York: Harper & Row, 1977), reimpr.; SCHLEIERMACHER, F., *Brief Outline of the Study of Theology* (Edimburgh: T. & T. Clark, 1850); SMITH, G. S., "Presbyterian and Methodist Education", in: *Theological*

Education in the Evangelical Tradition, R. Albert Mohler Jr. e D. G. Hart, orgs. (Grand Rapids: Baker, 1996) 79-100; THISTLETHWAITE, S. B., "Winning Over the Faculty", in: *The Globalization of Theological Education*, A. F. Evans, R. A. Evans e D. A. Roozen, orgs. (Maryknoll: Orbis, 1993) 29-30; WALLS, A. F., "Christian Scholarship in Africa in the Twenty-first Century", *JACT* 4:2 (December 2001) 44-52.

V. B. Cole

ÉFESO, CONCÍLIO DE. *Veja* CONCÍLIOS ECUMÊNICOS.

ENCARNAÇÃO. *Veja* CRISTOLOGIA.

ENSINAMENTOS SOCIAIS DO CATOLICISMO

Os ensinamentos sociais do catolicismo (daqui em diante ESC) dizem respeito principalmente ao conteúdo oficial das encíclicas sociais dos papas a partir da *Rerum Novarum*, de Leão XIII, datada de 1891. No entanto, conferências episcopais ou concílios ecumênicos também produziram uma série de documentos que contêm ensinamentos acerca de questões políticas, econômicas e sociais (e.g., sobre racismo, pena de morte, *globalização, imigração). Grupos ou organizações católicas (e.g., associações católicas de filantropia) exercem pressão para que os ESC sejam aplicados como regra. Há divergências quanto aos cânones dos ESC. Vale a pena refletir sobre (1) o gênero dos ESC; (2) os cânones dos ESC; (3) os principais conceitos empregados nos ESC e (4) a decisão de mudança no estilo teológico do gênero após o Vaticano II.

1. O gênero dos ensinamentos sociais do catolicismo
2. O cânon e a autoridade dos ensinamentos sociais do catolicismo
3. Os principais conceitos dos ensinamentos sociais do catolicismo
4. A mudança no estilo teológico do gênero após o Concílio Vaticano II

1. O gênero dos ensinamentos sociais do catolicismo
Os ensinamentos sociais do catolicismo caracterizam-se como teologia *contextual* (empregando uma metáfora bíblica, eles "interpretam os sinais dos tempos" por meio dos valores do evangelho). Eles são ainda teologia *bíblica*, mas se baseiam também no uso da razão e da "lei natural". São basicamente um ramo da teologia *moral*. São uma teologia *pública* e *cooperativa*, pois dirigem-se não apenas aos católicos mas também a outros cristãos e, de fato, a todos os homens e mulheres de boa vontade. São uma teologia de *compromisso*, pois conclamam não somente a entender e julgar, mas também a agir. Em certo sentido, são ainda teologia *empírica*, pois dizem respeito ao discernimento concreto daquilo que Deus chama os cristãos a fazer (em cooperação com outros) com a capacidade que ele lhes dá. Os ESC partem do princípio de que a prática da fé cristã tem consequências sociais concretas e levanta questões ligadas à coexistência da igreja com a sociedade como um todo e com o mundo.

Quatro citações que servem de exemplo desenvolvem o pensamento sobre o gênero e seus múltiplos propósitos. Na encíclica *Octogesima Adveniens* (também conhecida como "Chamado à Ação"), de 1971, Paulo VI entende os ESC como uma tentativa de analisar com objetividade a situação social:

... procurar iluminá-la, com a luz das palavras inalteráveis do Evangelho; a elas cumpre, haurir princípios de reflexão, normas para julgar e diretrizes para a ação, na doutrina social da Igreja [...] A essas comunidades cristãs incumbe discernir, com a ajuda do Espírito Santo em comunhão com os bispos responsáveis e em diálogo com os outros irmãos cristãos e com todos os homens de boa vontade — as opções e os compromissos que convém tomar, para realizar as transformações sociais, políticas e econômicas que se apresentam como necessárias e urgentes, em não poucos casos. (*Octogesima Adveniens* §4)

No Concílio Vaticano II, um documento-chave, *Gaudium et Spes* (também conhecido como "A Igreja no Mundo Moderno", 1965), revelou-se bastante abrangente como encíclica social. Ele propôs uma nova metáfora da igreja numa jornada dialógica na história com muitos homens e mulheres de boa vontade: "... a Igreja, simultaneamente agrupamento visível e comunidade espiritual, caminha juntamente com toda a humanidade, participa da mesma sorte terrena do mundo e é como que o fermento e a alma da sociedade humana, a qual deve ser renovada em Cristo [...] a Igreja pensa, assim, que [...] muito pode ajudar para tornar mais humana a família dos homens e a sua história" (*Gaudium et Spes* §40).

Em *Sollicitudo Rei Socialis* ("Solicitude Social", 1987), João Paulo II pondera sobre o gênero dos ESC: "A Igreja não tem *soluções técnicas* que possa oferecer [...] enquanto tal. [...] Com efeito, ela não propõe sistemas ou programas econômicos e políticos, nem manifesta preferências por uns ou por outros, contanto que a dignidade do homem seja devidamente respeitada e promovida e a ela própria seja deixado o espaço necessário para desempenhar o seu ministério no mundo" (§41). No entanto, o papa insiste haver quesitos morais que dizem respeito até mesmo às questões técnicas:

> A doutrina social da Igreja [...] constitui por si mesma uma categoria: a formulação acurada dos resultados de uma reflexão atenta sobre as complexas realidades da existência do homem, na sociedade e no contexto internacional, à luz da fé e da tradição eclesial. A sua finalidade principal é interpretar essas realidades, examinando a sua conformidade ou desconformidade com as linhas do ensinamento do Evangelho sobre o homem e sobre a sua vocação terrena e ao mesmo tempo transcendente; visa, pois, orientar o comportamento cristão. Ela pertence, por conseguinte, [...] ao domínio [...] da teologia moral. [...] E, tratando-se de uma doutrina destinada a orientar o comportamento das pessoas, há de levar cada uma delas, como consequência, ao empenhamento pela justiça" (*Sollicitudo Rei Socialis* §41).

Por fim, em 1971, em "A Justiça no Mundo", o Sínodo dos Bispos declara: "A ação pela justiça e a participação na transformação do mundo parecem-nos claramente uma dimensão constitutiva da pregação do Evangelho, ou, em outras palavras, da missão da Igreja, em prol da redenção da raça humana e de sua libertação de todas as situações de opressão".

Muitas encíclicas foram escritas para assinalar aniversários: *Quadragesimo Anno* (1931), de Pio XI, foi escrita no quadragésimo aniversário de *Rerum Novarum* (que tratou de sindicatos, capital e organização do trabalho) para atualizar os ensinamentos em face da grave realidade da depressão mundial; *Octogesima Adveniens* comemora o octogésimo aniversário de *Rerum Novarum*, mas vai além das preocupações das encíclicas anteriores, voltadas basicamente para a realidade europeia, e contempla a economia global. João Paulo II escreveu uma encíclica, *Laborem Exercens* ("O Trabalho Humano", 1981), no nonagésimo aniversário e outra, *Centesimus Annus* (1991), no centenário. Paulo VI publicou em 1967 a importante encíclica social *Populorum Progressio* ("O Desenvolvimento dos Povos"), e vinte anos depois, em *Sollicitudo Rei Socialis,* João Paulo II fez uma nova abordagem dos mesmos temas de desenvolvimento, pobreza no mundo, corrida armamentista e a divisão entre o Norte e o Sul.

Como os ESC são um tipo contextual de teologia, os papas parecem mais inclinados a tratar das questões sociais prementes, em vez de desenvolver com mais profundidade os conceitos centrais invocados para lidar com o problema social. Esses conceitos costumam ser mais citados do que explicados. Geralmente é preciso recorrer a obras filosóficas e teológicas seminais que inspiraram os conceitos (e.g., *O Homem e o Estado*) para assim obter um entendimento mais amplo. Uma vez que os ESC, para serem relevantes, dependem de sua capacidade de analisar e apresentar com objetividade as situações sociais, isso torna necessário o diálogo com as ciências sociais.

2. O cânon e a autoridade dos ensinamentos sociais do catolicismo

As autoridades discutem quais documentos fazem parte do cânon. Há unanimidade quanto à inclusão de *Rerum Novarum, Quadragesimo Anno; Mater et Magistra* ("O Cristianismo e o Desenvolvimento Social", publicada em 1961 por João XXIII para tratar do desenvolvimento pós-colonial e das novas interpenetrações sociais do Estado) e

Pacem in Terris ("Paz na Terra", de 1963, sobre a corrida armamentista e a Guerra Fria, uma base cristã para os direitos humanos). O cânon por certo também incluiria *Gaudium et Spes* (do Concílio Vaticano II), duas encíclicas sociais de Paulo VI (*Populorum Progressio* e *Octogesima Adveniens*) e as três encíclicas sociais de João Paulo II já mencionadas.

No entanto, os comentaristas divergem quanto à expansão do cânon. Alguns defendem a inclusão de *todas* as encíclicas papais que tratam de temas como Estado, família, educação, economia e ordem internacional, desde o início da tradição das encíclicas (em 1749). Assim, estariam incluídas não somente *Rerum Novarum*, mas os outros documentos sociais sobre Igreja e Estado publicados por Leão XIII; não somente *Quadragesimo Anno*, mas também as encíclicas de Pio XI sobre comunismo e nazismo; não apenas *Gaudium et Spes*, mas também o documento sobre Liberdade Religiosa publicado pelo Vaticano II, que trata da separação entre Igreja e Estado. Muitos comentaristas incluiriam, além dos documentos papais, importantes cartas pastorais de cunho social publicadas por conferências episcopais no Brasil, Canadá e Estados Unidos e pelas conferências episcopais europeia e latino-americana. Alguns acrescentariam ao *corpus* de Paulo VI sua importante encíclica *Evangelii Nuntiandi* ("A Evangelização no Mundo Moderno", de 1974, que trata de temas como cultura, o direito dos povos a língua e cultura próprias e a relação entre a evangelização e os movimentos por justiça).

Não há um cânon definido dos ESC. Os comentaristas também discutem o peso de sua autoridade. Alguns preferem referir-se a tais ensinos como "doutrina social", enaltecendo as formas pelas quais as diretrizes voltadas para questões sociais de uma perspectiva bíblica e ética têm validade permanente. Não há dúvida de que os ESC representam um tipo de tradição investida de autoridade para os católicos, mas há quem pergunte até que ponto essa autoridade pode ser plenamente invocada, uma vez que suas avaliações dependem de leituras adequadas das situações sociais (e estas podem ser bastante falhas) e algumas interpretações dos ensinamentos (e.g., sobre propriedade privada) têm mudado com o tempo. O gênero em si (contextual, pastoral, ético) não suporta o peso da alegação de que tais ensinamentos são *doutrina*. O termo mais apropriado parece ser *ensinamento*. Também não se pode dizer que os ESC são um todo coerente. Mas eles apresentam uma espécie de unidade no tocante a conceitos e preocupações universais que lhes dá condições de ser uma abordagem social distintiva.

3. Os principais conceitos dos ensinamentos sociais do catolicismo

Os autores divergem quanto ao número exato e à terminologia ao apresentar os grandes princípios sociais dos ESC, mas eles tendem a se concentrar nos sete seguintes:

3.1. Dignidade humana. Todos os seres humanos (crentes ou não) foram feitos à imagem de Deus e são chamados a ser artífices da sociedade e da cultura. A dignidade humana sublinha o homem como agente e é socialmente representada nos direitos humanos. A teoria católica dos direitos humanos insiste num importante conjunto de direitos sociais e econômicos juntamente com direitos civis e políticos. Dentre os direitos sociais está o direito à subsistência e à satisfação das necessidades humanas básicas. Os ESC vinculam os direitos às responsabilidades.

3.2. *A natureza social do ser humano.* Os direitos humanos implicam liberdades básicas necessárias à viabilização das ações do homem. Mas também somos seres que dependem radicalmente uns dos outros e não apenas de modo incidental. Os ESC promovem um forte sentido social do homem como criatura profundamente inserida na família, nas associações, na cultura e nas relações civis e econômicas. Criado à imagem do Deus trinitário, o ser humano é chamado a se tornar um eixo relacional, uma pessoa dentro de uma sociedade formada por pessoas. Os seres humanos têm uma vocação para viver em comunhão que, a exemplo da Trindade, reflete o compartilhar de bens e um senso de diversidade como algo bom em si mesmo. Por isso os ESC apoiam o direito do ser humano à sua cultura e língua (cf. *Gaudium et Spes*, cap. 2, §§53-62).

3.3. *O bem comum.* Os ESC declaram que o "bem comum" é essencial para qualquer sociedade digna, para o estado que funciona de forma adequada e para a ordem internacional. O bem comum é um estado do sistema — a soma das providências institucionais adequadas que garantem, capacitam e facilitam o desenvolvimento humano e social. Uma ideia relacionada ao bem comum é aquela que diz que alguns bens são compartilhados ou públicos. A posse comum dos bens da terra tem prioridade em relação a um direito de propriedade privada legítimo ou derivativo. Existe tanto uma dimensão social quanto uma dívida que recaem sobre a propriedade privada (cf. *Centesimus Annus*, §§31-35). Embora o estado tenha importantes papéis a desempenhar na definição e promoção do bem comum, ele não tem o monopólio de sua definição nem de sua representação concreta. O estado tem responsabilidades positivas relativas a justiça, segurança, oportunidades iguais, um mínimo de bem-estar para todos, liberdades e paz social. Os ESC também defendem um ideal robusto quanto à necessidade de um bem comum internacional.

3.4. Subsidiariedade. Termo cunhado em *Quadragesimo Anno*, §79, a subsidiariedade declara que formas superiores de governo não devem cooptar ou dissipar os papéis próprios das unidades mais locais. A subsidiariedade representa uma teoria de pluralismo social que busca uma sociedade civil que não depende totalmente nem deriva do estado. A subsidiariedade parte do princípio de que o povo comum local é, em última análise, uma importante fonte de criatividade e de sabedoria estabelecida. A afirmação de um estado limitado é o contraponto da subsidiariedade.

3.5. Solidariedade. A solidariedade diz respeito a uma profunda interdependência dos seres humanos e também pressupõe um forte compromisso com o bem comum. Ela parte da premissa de que o ser humano tem obrigações reais e prementes de socorrer e apoiar outros que estejam em situações de necessidade. *Sollicitudo Rei Socialis*, §39, declara: "A solidariedade ajuda-nos a ver o 'outro' — pessoa, povo ou nação — não como um instrumento qualquer, de que se explora, a baixo preço, a capacidade de trabalho e a resistência física, para o abandonar quando já não serve; mas sim, como um nosso 'semelhante', um 'auxílio', que se há de tornar participante, como nós, do banquete da vida, para o qual todos são igualmente convidados por Deus".

3.6. A opção preferencial pelo pobre. Esse princípio espelha um viés bíblico em favor dos pobres, conforme se vê, por exemplo, em Mateus 25.31-46 e Jeremias 22.16. Ele privilegia aqueles que não têm voz nem recursos e prioriza o atendimento das necessidades básicas dos pobres e excluídos em vez de oferecer oportunidades para os ricos e privilegiados. Colocar-se ao lado dos pobres não vai contra a justiça igualitária (daí a expressão "opção preferencial, mas não exclusiva, pelo pobre"), mas representa um tipo de justiça participativa, uma vez que os pobres, de modo geral, são marginalizados (*veja* Opção Preferencial pelo Pobre).

3.7. Teorias de justiça. Os ESC obedecem ao clássico sentido de justiça tríplice: (a) *justiça comutativa:* é baseada no cumprimento de promessas e contratos (mas, diferente do liberalismo, os ESC não privilegiam essa forma); (b) *justiça distributiva:* baseia-se numa justa distribuição de encargos e benefícios na sociedade na garantia de que, como agentes morais, as partes têm pesos relativamente iguais; e (c) *justiça social:* diz respeito às iniciativas institucionais que garantem e viabilizam a justiça distributiva e o bem comum. Mais recentemente, os ESC têm dado grande ênfase à justiça como participação. A dignidade humana exige que as pessoas tenham alguma voz genuína na interpretação das iniciativas da sociedade que moldam e determinam sua vida e as estruturas de oportunidade.

4. A mudança no estilo teológico do gênero após o Concílio Vaticano II
Antes do Concílio Vaticano II, boa parte dos ESC se estribava na linguagem da lei natural. A bem da verdade, a lei natural nos ESC tinha profundas raízes teológicas, mas essa teologia manteve-se relativamente subdesenvolvida. *Gaudium et Spes* representa uma importante mudança na abordagem explícita das doutrinas da criação, redenção, graça, do mistério pascal, da vocação humana, do pecado e da escatologia. Conforme declarado em *Gaudium et Spes*, §39,

> A expectativa da nova terra não deve, porém, enfraquecer, mas antes ativar a

solicitude em ordem a desenvolver esta terra, onde cresce o corpo da nova família humana, que já consegue apresentar uma certa prefiguração do mundo futuro. Por conseguinte, embora o progresso terreno se deva cuidadosamente distinguir do crescimento do reino de Cristo, todavia, na medida em que pode contribuir para a melhor organização da sociedade humana, interessa muito ao reino de Deus. Todos estes valores da dignidade humana, da comunhão fraterna e da liberdade, fruto da natureza e do nosso trabalho, depois de os termos difundido na terra, no Espírito do Senhor e segundo o seu mandamento, voltaremos de novo a encontrá-los, mas então purificados de qualquer mancha, iluminados e transfigurados. [...] Sobre a terra, o reino já está misteriosamente presente; quando o Senhor vier, atingirá a perfeição.

Nas encíclicas sociais de João Paulo II e de Bento XVI podem-se encontrar vários dos mesmos apelos explícitos aos motivos teológicos extraídos da criação, da redenção e da escatologia. A antropologia teológica dos ESC aponta para a finitude, a realidade dos desdobramentos históricos, autonomia humana e sua responsabilidade concomitante, um sentido do ser humano tanto como produto do pecado quanto como causa, mas redimido e chamado a transformar este mundo social e material numa justiça maior como um tipo de prenúncio do reino cujo fim está além da história e até mesmo do trabalho realizado pelas mãos humanas. Com base nessa matriz, os ESC têm desenvolvido seu conjunto de princípios relativamente perenes para orientar o pensamento e as ações que envolvem o estado, a sociedade civil, a economia e a ordem internacional.

Veja também CAPITALISMO; CONCÍLIO VATICANO II; CONTEXTUALIZAÇÃO; CULTURA E SOCIEDADE; DINHEIRO, RIQUEZA; ÉTICA SOCIAL; JUSTIÇA; OPÇÃO PREFERENCIAL PELOS POBRES; SECULARISMO; TEOLOGIA POLÍTICA.

BIBLIOGRAFIA. COLEMAN, J. A. e RYAN, W., orgs. *Globalization and Catholic Social Thought: Present Crisis, Future Hope* (Maryknoll: Orbis, 2005); CURRAN, C., *Catholic Social Teaching: A Historical, Theological and Ethical Analysis* (Washington: Georgetown University Press, 2002); DORR, D., *Option for the Poor: One Hundred Years of Catholic Social Teaching* (Maryknoll: Orbis, 1992); DWYER, J., org., *New Dictionary of Catholic Social Thought* (Collegeville: Liturgical Press, 1994.); HIMES, K. et al., orgs., *Modern Catholic Social Teaching: Commentaries and Interpretations* (Washington: Georgetown University Press, 2004); HOLLENBACH, D., *Claims in Conflict: Retrieving and Renewing the Catholic Human Rights Tradition* (New York: Paulist Press, 1979); idem, *The Common Good and Christian Ethics* (New York: Cambridge University Press, 2002); MARITAIN, J., *Man and the State* (Chicago: University of Chicago Press, 1951) [edição em português: *O Homem e o Estado* (Rio de Janeiro: Agir, 1952)]; PERRY, T., org., *The Legacy of John Paul II: An Evangelical Assessment* (Downers Grove: IVP Academic, 2007); PORTER, J., *Natural and Divine Law* (Grand Rapids: Eerdmans, 1999); SCHUCK, M., *That They May Be One: The Social Teachings of the Papal Encyclicals, 1749-1989* (Washington: Georgetown University Press, 1989).

J. A. Coleman

EPISTEMOLOGIA

Epistemologia é o ramo da filosofia que estuda a natureza do conhecimento e os métodos para sua validação. O termo tem origem em duas palavras gregas: *epistēmē* (conhecimento) e *logos* (teoria). "Teoria do conhecimento" costuma ser empregado como equivalente comum do termo epistemologia. A epistemologia está estreitamente ligada a outras disciplinas como filosofia da ciência, lógica (a ciência formal que trata dos princípios do raciocínio válido), metafísica (ramo da filosofia que estuda a natureza do ser) e a psicologia cognitiva.

A epistemologia é o produto natural da evolução do pensamento humano: ela surgia onde quer que os seres humanos alcançassem certo grau de pensamento crítico e refletissem sobre si mesmos. Por isso, a epistemologia foi influenciada por contextos marcados por grandes diferenças. Há múltiplas teorias acerca das diferenças cognitivas e existenciais na forma como as pessoas pensam: geográficas, climáticas, econômicas, políticas, religiosas e ideológicas. No

entanto, nenhuma delas é conclusiva. É fato que as nações insulares têm uma tendência ao conservadorismo que visa à preservação da cultura local, mas as nações continentais também têm essa característica. Por exemplo, as diferenças econômicas não explicam por que os hindus são criativos, transcendentes e metafísicos, ao passo que os chineses são mais empíricos, estéticos e realistas — embora ambas as economias sejam de base agrícola. Consideramos as diferenças linguísticas indicadores de peculiaridades culturais nas epistemologias da Índia, China e Oeste Europeu.
1. Índia
2. China
3. Oeste europeu e América do Norte

1. Índia
Diferentemente das línguas europeias, o sânscrito e o híndi são idiomas caracterizados pelo uso de substantivos abstratos como, por exemplo, "velhice", "maciez", "dureza". Em línguas como inglês e alemão, essas palavras são empregadas mais nos discursos técnicos, ao passo que na Índia são comuns na comunicação do dia a dia. Os alemães costumam dizer: "Ele está ficando velho" ou "A fruta está ficando macia", mas os hindus usam outra forma para expressar a mesma ideia: "Ele segue para a velhice" ou "a fruta segue para a maciez". Em vez de expressar as qualidades do indivíduo atribuindo-as ao próprio indivíduo, quase sempre é o indivíduo que representa uma qualidade abstrata, universal. Essa diferença linguística é sinal do interesse hindu pelo universal em lugar do particular e pela unidade de todas as coisas em vez de estabelecer uma relação de oposição entre o observador e os objetos de sua observação; para a maioria dos hindus, essa oposição é meramente produto da imaginação humana. Essa ênfase trouxe como consequência o predomínio de diversas formas de metafísica monista na filosofia hindu, uma postura que vê o indivíduo unicamente como manifestação limitada da Realidade Última.

Por sua vez, essa diferença criou uma epistemologia de dois níveis. Na Índia, há sempre duas maneiras de responder às perguntas "O que é conhecimento" e "Como podemos alcançá-lo?". No que diz respeito à Realidade Última, o conhecimento costuma ser visto como um processo de transformação, expresso na primeira pessoa, que conduz à suprema felicidade, a percepção existencial do verdadeiro estado das coisas. Em vez de "crenças verdadeiras averiguadas" sobre a esfera empírica, trata-se de uma descoberta do sentido da vida e do mundo. Por isso, para chegar a esse nível mais profundo da existência, são necessários diversos tipos de meditação e não os meios empíricos.

No tocante à realidade empírica, a resposta depende do modelo de metafísica adotado. Por exemplo, no budismo hindu, a realidade empírica é representada por uma série de particulares ímpares psicofísicos (segundo a linha Vaibhasika) ou psíquicos (segundo a linha Yogacara), momentos transformadores da realidade incorporados ao tempo. Os particulares ímpares são discretos, porém interdependentes: cada um deles é causado pelo anterior dentro de uma série. Assim, a realidade é entendida como um fluxo de eventos momentâneos que diferentes escolas de pensamento expressam de uma perspectiva dualista ou monista. Assim, para a escola Vaibhasika, os objetos da cognição e a consciência cognitiva (ambos definidos como uma sucessão de particulares ímpares) podem existir numa relação de independência. A cognição é direta e perceptual; ela acontece quando a consciência cognitiva e os objetos da cognição ocorrem juntos num momento específico do tempo.

A escola Yogacara segue numa direção oposta, explicando os objetos "externos" como meras projeções da consciência. A percepção sensorial é um fenômeno psicológico inefável e sem mediação. Ela poderá estar acessível ao pensamento e à discussão somente se lhe impusermos conceitos gerados por nossos desejos e nossa imaginação. Nesse nível da existência (imaginária), os filósofos da escola Yogacara admitem a utilidade do conhecimento perceptual e referencial. Como resultado disso, Dharmacirti (c. 600-660) desenvolveu um complexo sistema epistemológico ao considerar a percepção e o raciocínio duas fontes do conhecimento e distinguindo entre os juízos sintéticos e analíticos. Esse sistema é muitas vezes comparado ao sistema do filósofo alemão Immanuel Kant e inclui um tratamento detalhado do uso da lógica.

2. China

A língua chinesa assume uma postura oposta diante dos conceitos universais. Na maioria dos casos em que é preciso expressá-los, os chineses usam um elemento comum para atribuir o sentido de universalidade a termos particulares. Por exemplo, para transmitir o sentido de "montanha" em geral, emprega-se uma variedade de palavras que denotam um tipo específico de montanha com um elemento comum *shan*. Chineses têm a tendência de usar termos específicos em vez de termos mais gerais para transmitir as variações sutis do mesmo objeto ou ação; por exemplo, em chinês há pelo menos oito palavras que expressam o sentido de "carregar".

Essa ênfase no particular e não no universal influenciou tanto a metafísica quanto a epistemologia. A versão chinesa do *budismo distingue-se bastante do modelo hindu. Os chineses não se interessavam pelas reflexões epistemológicas de Dignaga (c. 480) e Dharmacirti. Por isso, apenas algumas das obras budistas menos complexas sobre a lógica formal foram traduzidas. O restante foi desconsiderado por ser muito abstrato e distante da vida prática. Ademais, em vez de tratar das teorias epistemológicas unificadas típicas das escolas hindus, o budismo chinês dedicou mais atenção à experiência do indivíduo. Como consequência, a epistemologia sistemática budista foi simplesmente desconsiderada na China.

A ênfase chinesa na experiência particular do indivíduo como fonte do conhecimento é nítida no zen, versão do budismo que inclui ideias esotéricas do taoismo, filosofia religiosa de origem chinesa. Os mestres do zen afirmam que o conhecimento é a revelação do momento obtida mediante a iluminação. Nesse sentido, há uma semelhança com a percepção que os hindus têm da natureza da Realidade Última. No entanto, diferentemente do modelo hindu, o zen-budismo considera essa revelação tanto pessoal quanto indescritível. Não há como definir essa experiência porque se trata de uma mudança existencial e não de dados organizados pela inteligência; é uma condição de "tudo ou nada", à semelhança da mudança gestáltica. Os mestres do zen concentram-se em ajudar em vez de ensinar, a fim de eliminar falsas posturas no caminho para a iluminação como, por exemplo, a crença de que o conhecimento depende da autoridade da escritura/ tradição ou de que pode ser transmitido por meio da lógica. Uma conversa zen é muitas vezes propositalmente destituída de lógica; quando se pergunta: "Qual a essência do zen-budismo?", a resposta pode ser "hoje e amanhã" ou "um carvalho no jardim".

3. Oeste europeu e América do Norte

Diferentemente dos grupos linguísticos sino-tibetano (chinês) e indo-iraniano (híndi), as línguas germânicas (inglês, alemão) e itálicas (francês, português) enfatizam construções com organização sintática, indicando assim um modelo de pensamento mais estruturado. Essas línguas são também mais equilibradas no uso de termos universais e particulares. Esses aspectos resultaram num meio-termo que foge aos extremos da apreensão imediata chinesa e à imaginação abstrata hindu. A epistemologia do Ocidente tem como principal característica a busca de construções teóricas unificadas que partem da experiência e voltam à experiência para serem confirmadas.

Outro aspecto importante é a dependência que a epistemologia ocidental tem de algumas metáforas básicas aceitas como axiomas que moldaram a evolução das teorias epistemológicas. A analogia grega entre perceber e conhecer estabeleceu uma postura comumente aceita no que diz respeito ao conhecimento como algo causado por um objeto externo. Outra metáfora influente foi a figura agostiniana da memória como espaço interior.

Foi somente nos tempos modernos que a epistemologia passou a ser considerada na Europa. Conflitos religiosos e políticos de longa duração criaram um profundo desejo de certeza. Respondendo a isso, René Descartes introduziu uma metáfora que teve influência sobre a epistemologia moderna como um todo. A metáfora do edifício postulava uma distinção entre dois tipos de conhecimento: o conhecimento "basal" não induzido e um conhecimento do "andar de cima" induzido, justificado por derivar do primeiro.

Descartes fazia distinção entre duas substâncias básicas que constituem a realidade: a mente, elemento pensante não extenso e a matéria inerte extensa. Esse dualismo radical transformou a metáfora agostiniana do espaço interior no famoso "teatro cartesiano"; a mente humana é um agente passivo trancado dentro do corpo sem acesso direto ao mundo externo. O resultado disso foi uma distinção entre sujeito e objeto na epistemologia moderna. A metáfora do "espaço interior" foi causa de uma revitalização de antigas formas de ceticismo, a exemplo da metáfora do conhecimento basal. A história da epistemologia moderna pode ser caracterizada como a busca de fundamentos adequados, contínua porém indefinível.

No século 20, Ludwig Wittgenstein enfraqueceu o conceito cartesiano do ser interior ao demonstrar que a inteligibilidade é inevitavelmente um conceito social. A metáfora do edifício foi criticada em virtude do problema da circularidade. As proposições basais muitas vezes têm como pressuposto o conhecimento do "andar superior". Por exemplo, segundo Thomas Kuhn, os dados científicos dependem de teorias de instrumentação e interpretação de "nível mais alto". Alasdair MacIntyre provou que a justificação epistemológica depende de seu contexto social e histórico. Tradições históricas desenvolvem abordagens epistemológicas próprias, verificadas tanto dentro da tradição, na solução das crises epistemológicas, e fora da tradição, por meio da concorrência com tradições rivais. George Lakoff e Mark Johnson demonstraram o papel da linguagem metafórica, com base em experiências corporais simples, até na mais abstrata filosofia, e advertiu contra o uso de um conjunto específico de metáforas como conceitos a-históricos e universalmente válidos. Existe também a tendência de naturalizar a epistemologia. Willard Van Orman Quine colocou em discussão a incisiva distinção entre questões conceituais e empíricas no que diz respeito ao conhecimento. Assim, a epistemologia "pós-moderna" tende ao holismo e à constatação do condicionamento social e histórico.

Veja também BUDISMO; EXISTENCIALISMO; GNOSTICISMO; HERMENÊUTICA, HINDUÍSMO; ILUMINISMO, O; MODERNISMO E PÓS-MODERNISMO; POSITIVISMO LÓGICO; REVELAÇÃO E ESCRITURAS; TEOLOGIA CIENTÍFICA.

BIBLIOGRAFIA. BHATT, S. R. e MEHROTRA, A., *Buddhist Epistemology* (Westport: Greenwood Press, 2000); KORNBLITH, H., org., *Naturalizing Epistemology* (2. ed.; Cambridge: MIT Press, 1994); KUHN, T., *The Structure of Scientific Revolutions* (2. ed.; Chicago: University of Chicago Press, 1970); LAKOFF, G. e JOHNSON, M., *Philosophy in the Flesh: The Embodied Mind and Its Challenge to Western Thought* (New York: Basic Books, 1999); MACINTYRE, A., *Whose Justice? Which Rationality?* (Notre Dame: University of Notre Dame Press, 1988) [edição em português: *Justiça de quem? Qual racionalidade?* (São Paulo: Loyola, 1991)]; MURPHY, N., *Anglo-American Postmodernity: Philosophical Perspectives on Science, Religion, and Ethics* (Boulder: Westview Press, 1997); NAKAMURA, H., *Ways of Thinking of Eastern Peoples: India, China, Tibet, Japan* (ed. rev.; New York: Kegan Paul International; distribuído por Columbia University Press, 1997); QUINE, W. V. O., e ULLIAN, J. S., *The Web of Belief* (New York: Random House, 1970); TOULMIN, S., *Cosmopolis: The Hidden Agenda of Modernity* (New York: Free Press, 1990); WITTGENSTEIN, L., *Philosophical Investigations* (New York: Macmillan, 1953) [edição em português: *Investigações Filosóficas* (Petrópolis: Vozes, 1995)].

V. Ignatkov e N. Murphy

ESCATOLOGIA

A palavra *escatologia* refere-se tradicionalmente ao estudo ou à doutrina das últimas coisas. A escatologia trata das questões que dizem respeito à consumação da história e à conclusão da obra de Deus no mundo. Portanto, a escatologia costuma se dividir em questões relacionadas com os indivíduos e com o mundo. De que modo a escatologia se relaciona com as outras doutrinas é um assunto sobre o qual as opiniões se dividem. Alguns teólogos veem a escatologia como última etapa de alguma outra doutrina — por exemplo, a doutrina da salvação. Outros a consideram uma doutrina independente em pé de igualdade com as outras. Ainda outros afirmam que a escatologia é a doutrina central, que sintetiza as outras doutrinas e lhes dá cumprimento. De acordo com essa posição, a teologia como um todo é escatologia. A postura deste artigo é que a escatologia é uma importante doutrina profundamente relacionadas com todas as outras doutrinas da fé cristã. Ela não deve ser vista como

apêndice da teologia nem como doutrina independente das demais.
1. Morte e vida após a morte
2. O juízo final
3. Escatologia cósmica
4. Escatologia da perspectiva africana

1. Morte e vida após a morte
1.1. Teologia da morte. A morte é um fenômeno que desafia tão seriamente o sentido da vida, que todas as culturas têm uma filosofia da morte. De modo geral, a morte é vista como cessação da vida. No entanto, de acordo com as Escrituras, a morte não é o fim da existência como tal, mas uma transição para um modo de existência diferente. Portanto, a morte não pode ser entendida como extinção. A Bíblia fala tanto da morte física quanto espiritual. A morte física é a cessação da vida no corpo. Eclesiastes 12.7 descreve-a como a separação entre o espírito e o corpo. Na morte, *o pó volte à terra, de onde veio, e espírito volte a Deus, que o deu* (NVI). Além da morte física, a Bíblia também se refere à morte espiritual ou eterna. Assim como a morte física é a separação entre corpo e alma, a morte espiritual é a separação entre a pessoa e Deus. Em Apocalipse, o termo "segunda morte" é uma referência à morte espiritual e eterna: "... os que praticam feitiçaria, os idólatras e todos os mentirosos — o lugar deles será no lago de fogo que arde com enxofre. Esta é a segunda morte" (Ap 21.8, NVI).

Que relação existe entre morte e pecado? A posição tradicional é que tanto a morte física quanto a morte espiritual são consequências do pecado. No entanto, desde Schleiermacher, teólogos liberais do Ocidente têm afirmado que a morte física não é consequência do pecado, mas um fim natural compartilhado por todas as criaturas finitas. Schleiermacher defende a ideia de que, ao falar da morte como salário do pecado, Paulo não está se referindo à morte física, mas ao medo da morte.

O Novo Testamento ensina claramente que a morte física não é um fenômeno natural, mas consequência da rebelião e do pecado do ser humano. Em Romanos 6.23, Paulo escreve: *Porque o salário do pecado é a morte, mas o dom gratuito de Deus é a vida eterna em Cristo Jesus, nosso Senhor.* A mais clara referência à ligação entre pecado e morte se encontra em 1Coríntios 15, onde Paulo apresenta a ressurreição como antítese da morte física: *Porque, assim como a morte veio por um homem, também por um homem veio a ressurreição dos mortos* (v. 21). Em outras palavras, a ressurreição indica que a morte não faz parte da intenção original de Deus para a humanidade, mas é um rompimento que resultou do pecado.

1.2. Estado intermediário. A pergunta que agora precisamos fazer é: "Onde estão os mortos?". A doutrina do estado intermediário costuma tratar da condição do ser humano no tempo que decorre entre a morte e a ressurreição. Não se pode negar que este é um importante tema da perspectiva teológica e pastoral. No entanto, é difícil retratar o estado intermediário, ainda mais diante da escassez de referências bíblicas e de descrições dessa condição. Além disso, o estado intermediário não é questão de consenso entre os teólogos.

1.2.1. O sono da alma. Seguindo Martinho Lutero, alguns teólogos empregam a metáfora do sono para explicar a condição do ser humano entre a morte e a ressurreição. O sono da alma, termo que dá nome a essa posição, é popular entre muitos teólogos. Valendo-se da metáfora encontrada no Novo Testamento (cf. At 7.60; 13.36; 1Co 15.51; 1Ts 4.13-15), Lutero sustentava que, ao morrer, a pessoa entra num estado de sono profundo e sem sonhos. No entanto, essa teoria não leva em consideração as passagens na Bíblia que se referem a uma existência pós-morte pessoal e consciente (e.g., Lc 23.43). Paulo parece indicar que, ao morrer, o crente é levado imediatamente à presença de Cristo (veja Fp 1.21, 23).

1.2.2. Purgatório. A Igreja Católica Romana ensina que aqueles que morrem num estado de incredulidade vão diretamente para o inferno, ao passo que aqueles que morrem num estado de graça mas não estão espiritualmente aperfeiçoados são enviados para o purgatório. O recente *Catecismo da Igreja Católica* descreve assim o purgatório: "Todos os que morrem na graça de Deus e gozando de sua amizade, mas não estão perfeitamente purificados ainda têm a garantia da salvação eterna, mas depois da morte passam pela purificação, a fim de atingir a santidade necessária para entrar na alegria do céu". A doutrina recebe apoio de dois textos bíblicos somente. O primeiro é 2Macabeus 12.43-45, que faz alusão à expiação em favor dos mortos. O segundo é Mateus 12.32, onde se registram as palavras de Jesus: *Se alguém disser alguma palavra contra o Filho do homem, isso lhe será perdoado; mas se alguém falar contra o Espírito Santo, não lhe será perdoado, nem neste mundo, nem no vindouro*. Os católicos romanos deduzem a partir dessa declaração que alguns pecados serão perdoados no mundo por vir.

Teólogos protestantes, seguindo Lutero, rejeitam a doutrina do purgatório. O principal texto de prova da doutrina é retirado dos livros apócrifos, que os protestantes não aceitam como Escrituras canônicas. Exegetas e teólogos protestantes também contestam a legitimidade da dedução da existência do purgatório com base em Mateus 12.32. Para muitos, essa inferência parece forçada. Teólogos protestantes também afirmam que o purgatório subentende a salvação pelas obras (*veja* Justificação).

1.3. Ressurreição. No Antigo Testamento, uma das mais inequívocas declarações da ressurreição se encontra em Isaías 26.19: *Os teus mortos viverão, os seus corpos ressuscitarão; despertai e exultai, vós que habitais no pó. O teu orvalho é orvalho de luz, e a terra dará à luz os seus mortos*. Daniel 12.2 também faz uma clara referência à ressurreição: *Muitos dos que dormem no pó da terra ressuscitarão, uns para a vida eterna, e outros para vergonha e desprezo eterno*. A ideia da ressurreição também se encontra em Ezequiel 37.12-14, que se refere ao Senhor, que fará seu povo sair das sepulturas. Em Salmos também existem referências à ressurreição. Por exemplo, o salmista em 49.15 afirma que Deus haverá de resgatar sua alma do Sheol. E em Salmos 17.15, ele fala em despertar na presença de Deus.

Mas é no Novo Testamento que se encontram as declarações mais inequívocas sobre a ressurreição. Uma das mais claras referências feitas por Jesus está registrada em João 5.28-29. Outras afirmações acerca da ressurreição encontram-se em João 6.39-40, 44, 54 e na narrativa da ressurreição de Lázaro (Jo 11.24-25). O assunto é claramente ensinado nas epístolas paulinas, em especial em 1Coríntios 15, que é o tratamento mais extenso do assunto feito por Paulo. A ressurreição é mencionada também em 1Tessalonicenses 4.13-16 e está subentendida em 2Coríntios 5.1-10. A ressurreição é tão importante para a fé cristã, que Paulo escreve em 1Coríntios 15.12-19: se não há "ressurreição dos mortos", a fé da igreja é inútil.

Mas como será o corpo ressurreto? Em Filipenses 3.21, Paulo afirma que, na ocasião da ressurreição, o Senhor " transformará os nossos corpos humilhados, tornando-os semelhantes ao seu corpo glorioso" (NVI). Diante da analogia do Cristo ressurreto, será que temos condições de dizer como será o corpo ressurreto? Infelizmente, até um estudo rigoroso das passagens pertinentes não daria bons resultados. A natureza do corpo ressurreto permanece um enigma. Em 1Coríntios 15, Paulo descreve o corpo da ressurreição com o adjetivo "espiritual" (*pneumatikos*) e o compara ao nosso corpo mortal, que ele caracteriza como "natural" (*psychikos*). Mas o que Paulo quer dizer com "corpo espiritual" (*sōma pneumatikos*) não está nem um pouco claro.

Seja como for, a ressurreição aponta tanto para as descontinuidades quanto para as continuidades com a vida atual. As antíteses que Paulo usa para estabelecer contraste entre o corpo natural e o corpo da ressurreição — perecível e imperecível, desonra e glória, físico e espiritual — ressaltam claramente as descontinuidades (1Co 15.42-54). Mas a pessoa que ressuscita é a mesma que morreu. Se assim não fosse, o Cristo ressurreto não seria o mesmo Cristo que foi crucificado. Na ressurreição, a história da pessoa que morreu não será obliterada, mas ressuscitada como história integral da vida da pessoa e estará reconciliada, retificada, curada e concluída. Além disso, a ressurreição do corpo implica que a salvação diz respeito não apenas à alma, como acreditavam os gregos, mas à pessoa como um todo.

2. O juízo final

O Novo Testamento ensina que o Cristo ressurreto que subiu ao céu haverá de voltar e julgar todos os seres humanos. Mateus 16.27 registra as seguintes palavras de Jesus: *Porque o Filho do homem virá na glória de seu Pai, com os seus anjos, e então retribuirá a cada um segundo suas obras* (veja também Mt 13.37-43; 24.29-35; 25:31-46). O julgamento que Deus levará a cabo no futuro tem antecedentes na história humana. Um exemplo do Novo Testamento é a punição divina contra Ananias e Safira por terem mentido ao Espírito Santo (At 5.1-11). Hebreus 12.23 declara que Deus será o juiz, mas outras passagens deixam claro que ele delegou essa autoridade ao Filho (Jo 5.22, 27; 2Co 5.10). Assim, no Dia do Senhor, todos os seres humanos terão de comparecer diante do trono de julgamento de Cristo e prestar contas da vida que levaram.

O juízo final de Deus é necessário em virtude das imperfeições das leis deste mundo e das formas pelas quais aqui se faz justiça. As leis terrenas se baseiam somente no que é visível e, portanto, não têm acesso às motivações internas das pessoas. Ademais, essas leis são aplicadas por seres humanos finitos e caídos, cujos julgamentos não são apenas limitados mas muitas vezes distorcidos por causa de interesses pessoais. No entanto, a justiça de Deus é perfeita, e ele julga não somente os atos visíveis, mas também as mais profundas motivações das pessoas. Qual é a base do julgamento divino? Algumas passagens parecem indicar que o juízo final se baseará em ações (Mt 25.31-46; Jo 5.29; 2Co 5.10). Todavia, um estudo mais aprofundado revela que Deus julga com base na resposta humana diante de sua vontade revelada (Jo 12.48).

2.1. O mistério do céu. O Novo Testamento afirma que, no juízo final, os seres humanos serão divididos em dois grupos: os justos e os ímpios. Os justos haverão de desfrutar a felicidade do *céu, mas os ímpios sofrerão castigo eterno no inferno. O Novo Testamento emprega diversas figuras para retratar o céu. Em Hebreus, o céu é descrito como uma cidade que Deus preparou para os que creem (Hb 11.16), e em Apocalipse, o céu é a Nova Jerusalém (Ap 21.10-21), onde a santa presença de Deus habitará para sempre. Em Hebreus, o céu também é retratado como o descanso sabático no qual os crentes haverão de entrar no final de sua peregrinação na terra (Hb 4.1-13). Juntas, essas figuras descrevem o céu como um lugar em que os crentes estarão com o Senhor por toda a eternidade. Na presença eterna de Deus, os justos poderão descansar de todo o labor e se dedicar inteiramente ao serviço e à adoração (veja Ap 19.1-8).

2.2. O mistério do inferno. Segundo as Escrituras, os ímpios serão condenados ao *inferno, onde sofrerão por toda a eternidade. A Bíblia emprega diversas figuras para descrever o estado futuro dos ímpios. Os injustos serão condenados *ao fogo eterno, preparado para o Diabo e seus anjos* (Mt 25.41). Eles serão *lançados nas trevas exteriores* e ali haverão de chorar e ranger os dentes (Mt 8.12), submetidos ao castigo ou tormento eterno (Mt 25.46; Ap 14.10-11). A Bíblia também faz referência ao poço do abismo (Ap 9.1-2, 11), à segunda morte (Ap 21.8) e à destruição eterna (2Ts 1.9). Figuras como o "verme que não morre" e o "fogo que não se apaga" (Is 66.24; Mc 9.48) dão a entender que os ímpios serão submetidos ao sofrimento eterno consciente. Embora a linguagem que a Bíblia utiliza para descrever o inferno seja claramente metafórica, ela de fato retrata o inferno como um lugar em que Deus não está presente e onde os ímpios passam por sofrimento e tormento eternos. A ideia de que o inferno é eterno indica que o veredicto do juízo final é definitivo. Não há nada na Bíblia que insinue que os ímpios terão uma oportunidade para se arrepender depois de um período inicial de punição.

2.3. Universalismo. Alguns teólogos rejeitam a ideia tradicional de inferno por acharem que ela apresenta Deus como um tirano sádico e cruel. Segundo esses teólogos, o Deus da Bíblia é o Deus de amor que deseja que todos os seres humanos sejam salvos. O *universalismo é a crença de que, na plenitude dos tempos, todos os seres humanos serão restaurados para Deus. Se o inferno existe, ele no final ficará vazio. Essa visão da salvação escatológica da humanidade se baseia em certa interpretação de Atos 3.21 e pode ser encontrada nos escritos de alguns teólogos do período patrístico. Orígenes, por exemplo, ensinava que o amor de Deus pode prevalecer sobre todos os seus inimigos, incluindo o Diabo. Na atualidade, o universalismo é muito defendido por versões liberais do cristianismo. A salvação universal é algumas vezes associada ao teólogo neo-ortodoxo Karl Barth, mas o próprio Barth tem o cuidado de rejeitar a ideia, preferindo enfatizar o poder da graça de Deus. Pensamentos universalistas encontram-se também nos escritos de alguns teólogos conservadores como Neil Punt, que defende em seu livro *Unconditional Good News* ([Boas novas incondicionais] 1980) a ideia de que os que não ouviram o evangelho terão uma segunda chance.

Os universalistas sustentam que embora a Bíblia fale de punição divina, esta exerce uma função apenas purificadora. Recorrendo ao amor incondicional de Deus, os universalistas afirmam que a justiça divina precisa ser compreendida como um elemento a serviço do amor de Deus. Por conseguinte, seu amor universal e incondicional é o fundamento da salvação universal. William Dalton é enfático ao argumentar: "o Deus do Novo Testamento não é metade salvação e metade punição; ele é o Deus da salvação. [...] Se ele pode salvar todos os homens, ele *vai* salvar todos os homens" (Dalton, 81). No entanto, no que diz respeito à salvação, o teor bíblico aponta para um duplo desfecho, a saber, aceitação ou rejeição. Ao explicar a salvação, o universalismo deixa de levar em conta o duplo fim da história ensinado pela Bíblia (veja 1Co 1.18; cf. Rm 9.22; Fp 1.28). Comentando sobre o universalismo, Helmut Thielicke afirma: "Se o chamarmos [um dogma], então, em face de sua base monista, dificilmente poderemos evitar que a condicionalidade da presente hora de decisão seja anulada e que as coisas sigam seu rumo em nome da expectativa de um 'final feliz' escatológico (Thielicke, 3.455).

2.4. Imortalidade condicional. Nos últimos anos, alguns evangélicos têm manifestado insatisfação com a visão tradicional do inferno, que, segundo eles, retrata Deus como um juiz cruel e vingativo. Por não darem crédito ao universalismo como alternativa à visão tradicional, tais evangélicos propõem o conceito de "imortalidade condicional". Eles sustentam que o conceito não se encontra apenas nos escritos de alguns dos primeiros pais da igreja (embora nunca tenha representado a posição majoritária), mas também é abonado pelas Escrituras. O teólogo canadense Clark Pinnock tem se mostrado eloquente em suas afirmações de que a doutrina da punição eterna dos ímpios não pode ser harmonizada com o retrato bíblico de Deus como um ser infinitamente misericordioso. Pinnock também declara que o apóstolo Paulo se refere à destruição dos ímpios (1Co 3.17; Gl 6.8 NVI; 2Pe 2.1, 3; 3.6-7; Jd 7; Ap 20.14-15).

Conforme o próprio nome indica, a imortalidade condicional é uma doutrina que ensina que a imortalidade não é um direito da humanidade, mas uma dádiva de Deus. A dádiva da imortalidade, declaram os condicionalistas, é retirada dos ímpios, causando assim sua aniquilação e destruição. Alguns condicionalistas referem-se a um inferno temporário, onde os ímpios serão punidos por seus atos e depois serão aniquilados. Os condicionalistas sustentam que a visão tradicional do inferno é uma afronta aos melhores conceitos de justiça, uma vez que os pecadores são punidos eternamente por pecados que cometeram em um lapso de tempo. Os tradicionalistas respondem com o argumento de que o pecado cometido contra seres humanos precisa ser diferenciado do pecado cometido contra Deus. Segundo Tomás de Aquino, este último é infinito. Ademais, a Bíblia tem muitos exemplos de punições "desproporcionais" aplicadas por Deus (veja Gn 19.26; 2Sm 6.6-7; At 5.1-10).

3. Escatologia cósmica
3.1. Os sinais do fim. Várias passagens do Novo Testamento descrevem os sinais que antecederão o fim da história e a consumação do reino de Deus. As passagens apocalípticas nos evangelhos (Mt 24; Mc 13; Lc 21) falam de catástrofes naturais como fomes e terremotos. Elas também preveem o surgimento de falsos profetas, guerras decisivas e a ascensão do anticristo. Esses sinais devem ser entendidos como dores de parto e como antecipação do fim; eles não anunciam nem sinalizam o fim como tal. Em Marcos 13.30-31, Jesus diz que *esta geração não passará até que todas essas coisas aconteçam*, dando a entender que os eventos dos quais ele estava falando já estavam se tornando realidade durante seu tempo. A Bíblia também se refere à proclamação da Palavra, à administração dos sacramentos e ao perdão dos pecados como sinais e antecipações do reino eterno de Deus. A igreja como povo de Deus é também símbolo do futuro, a antecipação proléptica da nova comunidade humana no novo céu e na nova terra. Portanto, esses sinais alertam os cristãos para a necessidade de prontidão

imediata, não para especulações sobre datas, pois anunciam que o "final dos tempos" já chegou, embora o fim em si continue um conceito difícil de entender.

3.2. A segunda vinda. Muitas passagens no Novo Testamento confirmam a segunda vinda de Cristo, o que a torna em uma das mais importantes doutrinas na escatologia cristã. Em seu sermão profético (Mt 24—25), Jesus referiu-se diversas vezes à sua volta no fim desta era (veja Mt 24.27, 37, 39, 42, 44; 25.31). Em suas epístolas, Paulo também escreveu muitas vezes sobre a segunda vinda de Cristo (veja 1Co 1.7; 15.23; 1Ts 2.19; 3.13; 4.15-16; 5.23; 2Ts 1.7, 10; 2.1, 8; Tt 2.13). Outras passagens no Novo Testamento também contêm referências à segunda vinda (veja Hb 9.28; Tg 5.7-8; 2Pe 1.16; 3.4, 12; 1Jo 2.28).o Novo Testamento fala da segunda vinda como algo certo, mas silencia sobre o tempo em que ela ocorrerá. Na verdade, conforme vimos, o Novo Testamento enfatiza com insistência que ninguém, exceto o Pai, conhece a hora exata da volta de Jesus (Mt 16—25; Mc13.32-35; At 1.7).

Embora a maneira pela qual Cristo voltará possa ser deduzida das passagens pertinentes no Novo Testamento, o evento em si permanece um mistério. O mistério da segunda vinda é retratado pelas figuras utilizadas no Novo Testamento. Emprestando do Antigo Testamento a figura das nuvens, Marcos 13.26 afirma que Cristo voltará *vindo nas nuvens com grande poder e glória*. No Antigo Testamento, a figura das nuvens transmite a ideia do mistério de Deus impenetrável (Sl 97.2-3). As palavras dos anjos no momento da ascensão de Cristo dão claro destaque à natureza física e visível da segunda vinda (At 1.11; veja também 1Ts 4.16). Portanto, a segunda vinda ou *parousia* (palavra grega que significa "presença") de Cristo pertence à mesma ordem de realidades como a encarnação e a ascensão. Existe, porém, uma profunda diferença entre o primeiro e o segundo advento de Cristo. Na encarnação, o Filho de Deus veio de modo discreto e humilde, mas na *parousia* ele haverá de voltar com glória visível. Na *parousia*, a discrição é eliminada e ocorrerá um pleno desvendamento.

3.3. Milenismo. O milenismo diz respeito às questões que envolvem o reinado terreno de Cristo (o milênio) em sua relação com a segunda vinda. Há três visões do milênio: pós-milenismo, pré-milenismo e amilenismo. Essas três visões têm sido defendidas praticamente durante todo o curso da história da igreja, mas cada uma delas domina diferentes períodos dessa história.

O *pós-milenismo* baseia-se na premissa de que a pregação do evangelho alcançará tamanho sucesso que a maior parte da população da terra se converterá. Essa visão ganhou proeminência no quarto século e logo substituiu a visão pré-milenista dos três primeiros séculos. Sua influência, sentida por toda a Idade Média, deve-se a Agostinho, seu mais eloquente defensor. No entanto, no fim do primeiro milênio da história da igreja, o termo *milênio* já não era entendido literalmente como um período de mil anos, mas como a totalidade da história da igreja.

No entanto, o otimismo do pós-milenismo em relação ao progresso e à difusão do evangelho deixa de levar em conta a complexidade dos dados do Novo Testamento. O pós-milenismo afirma que seu conceito de progresso não é simplista nem linear e que o progresso não é inexorável, mas a réplica de seus críticos, que dizem que o padrão pós-milenista de progresso é mais ideacional do que realista, é difícil de ser refutada. Os críticos contestam a visão de que um grande número de pessoas se converterá como fruto da pregação do evangelho por todo o mundo. Passagens como Lucas 18.18, onde Jesus faz uma pergunta retórica, indagando se achará fé sobre a terra quando voltar, parecem dar a entender o contrário.

Conforme o próprio termo sugere, o *pré-milenismo* ensina que Cristo voltará para reinar sobre a terra durante mil anos antes que a história chegue ao fim. Essa visão era amplamente aceita durante os três primeiros séculos, durante os quais a igreja passava esporadicamente por períodos de perseguição. A passagem clássica da visão pré-milenista é Apocalipse 20.4-6, que descreve o reinado de Cristo sobre a terra com a duração de mil anos. Fundamentalistas e evangélicos que fazem uma interpretação literal de passagens como Apocalipse 20 defendem a visão pré-milenista. Adeptos dessa linha sustentam que o milênio será bem diferente do atual estado deste mundo. Além disso, eles afirmam que a descrição que Apocalipse 20.1-6 faz das duas ressurreições é a âncora da posição por eles defendida. Os justos serão ressuscitados primeiro para reinar com Cristo, ao passo que os ímpios ressuscitarão no fim do milênio para serem julgados.

Diferentemente do pré e do pós-milenismo, que atribuem ao milênio um lugar especial no plano escatológico, o *amilenismo*, como o próprio nome sugere, não faz o mesmo. O reinado de mil anos mencionado em Apocalipse 20 é interpretado simbolicamente e como indicador de um período completo de duração indeterminada. A passagem deve ser lida como uma descrição do período entre os dois adventos de Cristo e não como um intervalo de tempo que marca o reinado divino depois da *parousia*. Segundo essa interpretação, a "primeira ressurreição" refere-se à vivificação espiritual do crente em Cristo, ao passo que a "segunda ressurreição" diz respeito à ressurreição física. A igreja, comunidade escatológica, é formada pelos que *reviveram e reinaram com Cristo* (Ap 20.4). O amilenismo é uma escatologia inaugurada cuja coerência com o ensino do Novo Testamento como um todo pode ser defendida. Por meio da cruz e da ressurreição, Cristo conquistou a vitória, formou uma nova comunidade de redimidos e amarrou Satanás. Mas o amilenismo também é uma escatologia futura: quando Cristo voltar, acontecerão as ressurreições dos justos e dos ímpios, os seres humanos serão julgados e receberão como destino a bem-aventurança eterna ou a perdição eterna.

3.4. Visões tribulacionistas. As visões tribulacionistas dizem respeito à relação entre a volta de Cristo e a complexa série de eventos conhecida como grande tribulação. Os *pré-tribulacionistas* defendem a ideia de que Cristo voltará para levar a igreja para si antes do início da tribulação. A exemplo do pré-milenismo, o pré-tribulacionismo baseia-se em interpretações literais de certas passagens do Novo Testamento. O *pós-tribulacionismo*, todavia, adota uma interpretação menos literal dos eventos dos últimos tempos encontrados no relato do Novo Testamento e, portanto, apresenta um quadro menos complicado da tribulação e da segunda vinda. Os pós-tribulacionistas afirmam que passagens como Lucas 21.36 e Apocalipse 3.10 indicam que a igreja não escapará da tribulação, mas será preservada no meio dela. Os adeptos do pós-tribulacionismo não negam que se deve fazer distinção entre a tribulação geral, que faz parte da experiência da igreja ao longo dos séculos, e a grande tribulação, mas insistem que a diferença entre as duas está na intensidade e não no tipo. Os pós-tribulacionistas sustentam que 1Tessalonicenses 4.17 não ensina que a igreja será levada pelo Senhor. Acadêmicos como George Ladd afirmam que essa passagem mostra a igreja recebendo o Senhor que volta, a exemplo das virgens prudentes, que receberam o Noivo que voltou (Mt 25.6). O pós-tribulacionismo parece harmonizar-se melhor com o relato bíblico do fim dos tempos e da segunda vinda de Cristo.

3.5. A nova criação. A doutrina da nova criação é indispensável porque, sem ela, a salvação fica dissociada da criação e se reduz a uma espécie de individualismo e misticismo. Além disso, sem essa dimensão cósmica, a escatologia cristã fica reduzida a algo semelhante à ideia gnóstica da redenção, que enfatiza o ato de ser redimido *do* mundo. No entanto, a escatologia cristã ensina que o mundo que Deus criou será redimido. À semelhança da doutrina da ressurreição do corpo, a doutrina da criação do novo céu e da nova terra opõe-se ao dualismo metafísico da filosofia grega, que ensina que o espírito é bom, e a matéria é má.

O que será viabilizado com a consumação do reino de Deus: aniquilação ou transformação da criação? Em outras palavras, será que devemos entender a nova criação como uma criação a partir do nada (*creatio ex nihilo*)? A tradição ocidental sustenta que a nova criação é a transformação redentora da presente ordem criada, uma repurificação da criação (*restitutio in integrum*). Mas a transformação da criação precisa ser considerada como sua perfeição, não apenas como uma restauração. No novo céu e na nova terra as forças contrárias a Deus que hoje estão arruinando a criação serão para sempre afastadas (Ap 21—22). Deus estará presente em todo o universo, e o seu povo redimido o verá face a face (1Co 15.28).

R. Chia

4. Escatologia da perspectiva africana
4.1. O tempo linear e a ansiedade antropológica. Muitas pessoas não se interessam

pela escatologia ou a consideram destituída de informações. Com muita frequência tais discussões tendem a se concentrar nas "últimas coisas" sem que se faça uma boa análise de como a fé nesses eventos futuros define, desafia ou reorganiza o modo como vivemos a vida no presente. Além disso, mesmo quando se tenta demonstrar como a escatologia se relaciona com outras doutrinas da fé cristã, as discussões são essencialmente voltadas para o elemento futuro — concentrando-se em perguntas como "Quando será o fim?" "O que acontecerá?" "Como será a ressurreição?" — sem que se pergunte como a fé nessas realidades escatológicas pode moldar a vida cristã.

Esse problema está ligado à visão ocidental predominante que define as discussões sobre escatologia. Há dois conceitos muito ligados que ajudam a explicar essa perspectiva escatológica "futurista". Primeiro, a conceito ocidental de tempo é linear, segundo o qual o tempo vem do passado, chega ao presente e segue para um futuro em contínua expansão. Profundamente associada a esse conceito cosmológico encontra-se a ansiedade antropológica em torno da sobrevivência da pessoa e do medo da morte associado com ela. Juntos, esses dois conceitos significam que as discussões sobre escatologia não somente têm uma perspectiva futurista, mas são simplesmente uma forma de consolo (concentrando-se em temas como galardão, céu, imortalidade etc.) ou uma advertência disfarçada sobre o fim (concentrando-se em temas como juízo, punição, inferno, perdição eterna).

De qualquer modo, uma vez que tais realidades do fim são projetadas como *crenças* ligadas ao "futuro", elas não exercem influência decisiva sobre como vivemos a vida hoje, a não ser talvez como um lembrete eventual daquilo que acontecerá conosco "no último dia". No frigir dos ovos, isso significa que o presente — o tempo em que agora vivemos — fica esvaziado de importância final e acaba se transformando em "mero tempo" — tempo mecânico ou cronometrado destituído de conteúdo que precisa ser preenchido com atividades "mais determinantes" como economia e política. Assim, a escatologia projetada num futuro distante *dessacraliza* não apenas o tempo cronológico, mas também as atividades da política e da economia de tal forma que a doutrina da escatologia não tem influência sobre o modo como conduzimos nossa vida prática.

É lamentável que a escatologia não seja tratada como algo que nos interessa, pois essa doutrina cristã não deve ser reduzida a meras informações sobre o futuro. Ela deve ser um diálogo veemente sobre o "fim das coisas" — o fim em função do qual vivemos toda a nossa vida. Escatologia diz respeito ao *telos* para o qual se dirigem toda a economia, toda a política — na verdade, todos os nossos planos e atividades. Escatologia não é uma "crença" ou conjunto de crenças sobre o futuro. É uma postura que determina a vida que vivemos hoje. Em outras palavras, ela define ações distintivas da vida aqui e agora.

4.2. O conceito de tempo no pensamento africano. Uma perspectiva africana pode nos ajudar a recuperar esse sentido da escatologia cristã como postura determinante no tempo presente. Além disso, a recuperação desse sentido profundamente escatológico da vida cristã torna o tema da escatologia muito mais interessante, mas também ajuda-nos a recuperar uma visão do assunto mais alicerçada na Bíblia. Conforme John Mbiti acertadamente observa em *New Testament Eschatology in an African Background* [Escatologia do Novo Testamento em um contexto africano], "o conceito de tempo característico do Ocidente com sua dimensão linear de três partes tem regido nossa visão da escatologia do Novo Testamento de um modo tão profundo e imperceptível, que a imagem que formamos de todo esse assunto é distorcida ou exagerada" (Mbiti, 38).

Mbiti não somente nos ajuda a captar a diferença entre as versões ocidental e africana da escatologia; ele também mostra como alguns aspectos do conceito africano estão mais próximos da visão bíblica do que as visões oferecidas pela lente missionária ocidental. Segundo Mbiti, o segredo está na visão do tempo e da história dominante em cada contexto. Baseado na sociedade kamba, sua etnia nativa, Mbiti observa que na África, diferentemente da visão ocidental, o tempo é considerado um fenômeno de duas dimensões que compreendem um longo passado, um presente dinâmico (Mbiti, 24) e um futuro muito limitado ou inexistente. Ademais, entre os africanos, o tempo não é "mecânico". Antes, é uma sequência de eventos que se dirigem não para o futuro, mas "retrocedem", por assim dizer, ao passado, que é o centro de gravidade. Portanto, a história não segue para um alvo no futuro, mas aponta para o passado, onde se encontram as raízes da existência: a origem do mundo, a criação do ser humano, a formação dos costumes e das tradições, e a gênese da estrutura do mundo (Mbiti, 25).

4.3. A vida cristã como realidade essencialmente escatológica. Há diversas implicações que podemos extrair das observações que Mbiti faz sobre o conceito de tempo no pensamento africano, e todas elas nos ajudam a confirmar que a escatologia diz respeito a padrões, hábitos e processos sociais distintivos segundo os quais os cristãos vivem no tempo presente.

4.3.1. Um presente dinâmico. Em face da concepção de tempo como fenômeno de duas dimensões, os africanos orientam seu modo de viver e de pensar voltados para o passado e não para um futuro distante. A maneira como entendemos o mundo é orientada para o definitivo, não como um período de inatividade ou "extinção" — nem mesmo como um *quando*, mas como um *onde*. Nosso passado é o lugar onde se buscam as explicações do presente (Mbiti, 28). Assim, uma perspectiva africana esclarece que falar sobre escatologia é falar sobre o fim das coisas — o *telos* para o qual se dirigem toda a vida humana e todas as atividades no presente.

4.3.2. Um universo sagrado. Dentro de uma perspectiva africana, o centro de gravidade é o passado do qual se buscam explicações do presente; por isso, as sociedades africanas têm muitos mitos e estórias que se relacionam com essa época muito distante. Uma abordagem futurista do tempo dessacraliza o presente, mas um relato mítico recusa-se a deixar que as ciências econômicas, políticas ou "fatos" seculares tenham a última palavra ao explicar a realidade. Ela invoca mitos, estórias e explicações ligados à esfera espiritual e apontam para um tempo anterior ao tempo. Quando invocada, uma perspectiva africana conduz a uma nova valorização das Escrituras que transporta os cristãos de volta ao "no princípio" mítico.

4.3.3. A postura da memória. Os mitos e as estórias nas sociedades africanas incentivam e formam a virtude da memória, não simplesmente como hábito da mente, mas como postura pela qual se vive com uma constante consciência do definitivo, que não é apenas um *quando*, mas é *onde* reside nossa explicação da existência humana. Além disso, vinculada a essa postura de lembrança constante do "princípio" também está a memória do que foi obtido pela vida, morte e ressurreição de Jesus Cristo. Na perspectiva africana, o convite de Jesus contido nas palavras "fazei isto em memória de mim" ganha urgência e presença perpétuas. Escatologia é o que ajuda a tornar real a memória de Jesus.

4.3.4. Uma comunidade de ancestrais. Esse conceito de tempo explica o profundo senso de comunidade que distingue os africanos. À semelhança do tempo, essa percepção de comunidade se estende além dos vivos e retrocede aos ancestrais, que não estão de fato mortos, mas são mortos que vivem. Isso significa que viver agora é participar da vida dos que estão vivos e dos mortos que vivem. É esse profundo sentimento de participação que estende a vida e seu sentido para além do indivíduo e sustenta a interação dinâmica entre passado, presente e futuro, indivíduo e comunidade, espiritual e material. Em consonância com isso, a perspectiva africana pode ajudar-nos a contornar as visões claramente individualistas e docéticas da escatologia reinante na preocupação ocidental com a sobrevivência do indivíduo. Ademais, um senso de participação mais perceptível pode levar-nos a uma nova valorização da igreja como comunidade escatológica que reúne vivos e mortos, presente, futuro e passado. É nesse sentido da profunda comunhão que atravessa o tempo que se pode afirmar acertadamente que a igreja não *tem* uma escatologia (como se esta fosse um conjunto de crenças separado de sua própria existência); a igreja *é* a escatologia.

4.3.5. Um profundo sentimento de esperança. O conceito bidimensional de tempo na África significa que a história não avança para um alvo futurístico, um ponto culminante ou final. No que diz respeito ao futuro distante, não há nada a temer e nada com que se preocupar. Embora essa declaração possa conter implicações relacionadas com o ritmo de desenvolvimento na África, ela também revela uma profunda afinidade com uma visão cristã da vida. Pois, a exemplo da cosmologia africana, o momento da história para os cristãos está no passado e, a partir daí, pode-se dizer que a história cristã é um processo gradual que nos leva de volta ao que já foi realizado na morte e ressurreição de Cristo. É isso que permite ao cristão enfrentar o futuro com confiança, não como um "fim" inflexível e, portanto, incerto, mas como um "fim" que já aconteceu. Os cristãos formam um povo que não somente sabe onde o futuro vai dar, mas também acredita que suas promessas já estão asseguradas. São essas as boas novas da escatologia.

4.3.6. *A vida é uma jornada*. Como já observado, as visões ocidentais da escatologia revelam um sentimento de ansiedade e falta de esperança ligado a ideias de tempo mecânico. Cristãos ocidentais dos dias de hoje lidam com essa ansiedade em relação à morte e à sobrevivência pessoal empurrando o fim para um futuro distante (do qual, nesse meio tempo, podemos nos esquecer) ou tentando apressar o fim por meio de formas desesperadas de escatologia realizada. É por isso que o "evangelho da prosperidade" é a contraposição das promessas de "galardão no céu". Ambos são desenvolvidos a partir da visão do tempo cronológico esvaziado da escatologia. Ambos revelam um profundo sentimento de ansiedade pessoal e social, medo da morte e falta de esperança em relação à vida. O que ambos não têm é um senso da vida cristã como uma jornada em que cada passo do caminho está vinculado a todos os outros passos, que nos conduzem de volta a um fim que já aconteceu em Cristo. Pensar assim é ter a mesma postura "despreocupada" em relação ao futuro que lemos em 1João 3.2: *...e ainda não se manifestou o que havemos de ser. Mas sabemos que, quando ele se manifestar, seremos semelhantes a ele, pois o veremos como ele é*. João pode ter essa esperança com relação ao futuro porque possui um profundo senso das coisas que Deus fez na vida de Jesus. Em consonância com isso, abraçar uma perspectiva escatológica segundo o modelo africano permite aos cristãos se relacionarem com o futuro com esperança. Ela proporciona uma postura de vida na qual o futuro não é temido como o fim definitivo que precisamos tentar manter longe de nós, nem o presente é apenas um esforço por obter uma recompensa individual abundante. Antes, uma perspectiva africana ajuda a confirmar que a vida cristã como um todo é uma jornada que empreendemos em comunhão com os outros em direção a um fim do qual já estamos participando.

Para que os cristãos possam valorizar esses e outros aspectos semelhantes da escatologia não basta aprender um pouco com a concepção africana, mas é preciso também reafirmar a vida cristã como escatológica em sua essência. O que o conceito africano ajuda a mostrar é que a escatologia não diz respeito somente às crenças e doutrinas sobre o que acontecerá no futuro. Antes, é a postura que nos permite levar a sério Jesus e sua vida — tão a sério que ela reorienta e reformata completamente o modo como vivemos a vida agora. É apontando para esses padrões, competências e hábitos de viver no presente que tornamos as discussões sobre escatologia algo muito mais interessante.

E. M. Katongole

Veja também Céu; Inferno; Reino de Deus; Ressurreição; Universalismo.

Bibliografia. Berkouwer, G. C., *The Return of Christ* (Grand Rapids: Eerdmans, 1972); *Catechism of the Catholic Church* (2. ed.; New York: Doubleday, 2003); Chia, R., *Hope of the World* (Leicester: Inter-Varsity Press, 2006); Dalton, W. J., *Salvation and Damnation* (Theology Today Series 41; Butler: Clergy Book Service, 1977); Erickson, M., *A Basic Guide to Eschatology* (Grand Rapids: Baker, 1977) [edição em português: *Escatologia: a Polêmica em Torno do Milênio* (São Paulo: Vida Nova, 2010)]; Grenz, S., *The Millennial Maze* (Downers Grove: InterVarsity Press, 1982); Helm, P., *Last Things: Death, Judgement, Heaven and Hell* (Edinburgh: Banner of Truth Trust, 1989); Hoekema, A., *The Bible and the Future* (Grand Rapids: Eerdmans, 1979); Mbiti, J. S., *New Testament Eschatology in an African Background* (Oxford: Oxford University Press, 1971); Moltmann, J., *Theology of Hope* (London: SCM, 1967) [edição em português: *Teologia da Esperança* (São Paulo: Loyola, 2005)]; idem, *The Coming of God* (Minneapolis: Fortress, 1996); Ratzinger, J. e Auer, J., *Eschatology:*

Death and Eternal Life (Washington: Catholic University of America Press, 1988); Sauter, G., *What Dare We Hope? Reconsidering Eschatology* (Harrisburg: Trinity Press International, 1999); Schwarz, H., *On the Way to the Future. A Christian View of Eschatology in Light of Current Trends in Religion, Philosophy and Science* (Minneapolis: Augsburg, 1972); idem, *Eschatology* (Grand Rapids: Eerdmans, 2000); Thielicke, H., *The Evangelical Faith,* 3 (Grand Rapids: Eerdmans, 1982).

R. Chia e E. M. Katongole

ESCATOLOGIA AFRICANA. *Veja* Escatologia.

ESCOBAR, SAMUEL. *Veja* Teologia Latino-Americana Protestante.

ESCOLA DE YALE. *Veja* Teologia Pós-Liberal.

ESCOLASTICISMO; TEOLOGIA ESCOLÁSTICA. *Veja* Teologia Medieval.

ESCRITURAS. *Veja* Revelação e Escrituras.

ESPACIALIDADE. *Veja* Espaço.

ESPAÇO

Em comparação com o *tempo, o espaço é um tema que não tem recebido muita atenção de filósofos e teólogos. Desde Agostinho, muitos estudiosos têm se concentrado na questão do tempo; fora das controvérsias sobre, por exemplo, o espaço absoluto, o espaço não tem atraído muita atenção.

1. Einstein e os dois conceitos de espaço
2. Conceitos teológicos de espaço
3. A espacialidade divina

1. Einstein e os dois conceitos de espaço
O físico Albert Einstein estabelece um contraste entre dois conceitos de espaço: (a) o espaço como qualidade posicional dos objetos materiais; (b) o espaço como aquilo que contém todos os objetos materiais. No primeiro conceito, o espaço não tem existência independente dos objetos materiais. Sem estes, o espaço é inconcebível. Assim, esse conceito de espaço parece ser precedido psicologicamente pelo conceito mais simples de *"lugar". Portanto, neste caso, não faz sentido falar de espaço vazio. No segundo conceito, porém, o espaço tem existência própria e independente dos objetos materiais, que podem ser concebidos somente na relação com o espaço. Nesse sentido, o espaço é de certa maneira superior ao mundo material e tem existência autônoma. Um objeto material não situado no espaço é algo inconcebível, mas a existência de um espaço vazio é perfeitamente possível. A esse tipo de espaço Einstein dá o nome de "espaço da caixa". Essa noção tem sido mais popularmente chamada de noção do espaço de "recipiente" ou de "contêiner".

2. Conceitos teológicos de espaço
Thomas F. Torrance, teólogo escocês reformado, classifica as noções de espaço de recipiente como finitos e infinitos. O conceito de espaço de recipiente finito entrou para o pensamento ocidental com a física e a filosofia aristotélicas, sob a categoria da magnitude, separado do conceito de tempo. A noção de espaço de recipiente infinito chegou ao pensamento da Renascença pelas mãos da Academia Florentina. Mais tarde, Newton deu ao espaço junto com o tempo um *status* absoluto e independente de corpos materiais, embora os tenha informalmente condicionado como um sistema inercial, assim tornando determinada a natureza e possível nosso conhecimento dela.

Em contraste com a noção de tempo de recipiente, o espaço pode ser concebido como a sede das relações ou como lugar de encontro e atividade, em especial na interação entre Deus e o mundo. Segundo Torrance, essa noção de espaço recebeu a máxima expressão em Jesus Cristo. Afinal, Jesus Cristo é "o lugar onde Deus criou espaço para si mesmo no meio de nossa existência humana" e "o lugar onde o homem na terra e na história pode se encontrar com o Pai celestial e com ele ter comunhão" (Torrance, 24). Tendo de desenvolver seu pensamento em harmonia com a natureza do criador que transcende todo espaço e tempo e com a natureza da criatura sujeita ao espaço e ao tempo, os pais da igreja precisavam de um "conceito de espaço diferencial e aberto" em franca oposição à ideia aristotélica de espaço como o limite imóvel daquilo que é contido. Essa ideia relacional de espaço recebeu mais tarde sua suprema expressão na Teoria da Relatividade de Einstein.

Enquanto isso, a noção de espaço como recipiente e a teoria do espaço absoluto estavam fortemente arraigadas na mecânica newtoniana e sobreviviam na mentalidade popular. Newton achava que o conceito de espaço do tipo (a) acima mencionado, ou seja, que o espaço é uma qualidade posicional do mundo dos objetos materiais, não era suficiente como fundamento para o princípio de inércia e para as leis do movimento. Segundo M. Jammer, para Newton o espaço absoluto é uma necessidade lógica e ontológica. Ele era necessário para validação da primeira lei do movimento; o estado de repouso também pressupõe esse espaço absoluto. Newton fez separação entre o espaço e o que acontece nele, dando-lhe um *status* absoluto e independente da existência material. Ele achava que o conceito de espaço absoluto era necessário para tornar a natureza determinada e, assim, tornar possível nosso conhecimento dessa natureza. Newton referiu-se ao espaço e ao tempo como um recipiente infinito no que diz respeito à infinidade e à eternidade de Deus. Na verdade, espaço e tempo são atributos da Divindade. Para Torrance, o fato de Newton ter associado com a Divindade o espaço e tempo como recipiente infinito reforçou o dualismo clássico entre espaço e matéria. Assim, observa Torrance, Newton viu-se em conflito com a teologia nicena e, portanto, com a ideia de *homoousion*, o que o colocou ao lado de Ário contra Atanásio.

Wolfhart Pannenberg parece endossar o conceito de espaço absoluto de Newton. Ele acredita que as iniciativas de oposição ao domínio do mecanicismo newtoniano, tais como a teoria do campo eletromagnético de Faraday, reforçam as mais profundas intenções do próprio Newton. Todavia, à semelhança de Torrance, Pannenberg também encontra um ponto fraco dos mais graves na teologia de Newton. Pannenberg enfatiza a importância da doutrina da Trindade numa teologia cristã da criação. Ele não acredita que a teologia de Newton seja panteísta, como muitos pensam, mas ela não dá espaço para a doutrina da Trindade. Hoje, uma teologia cristã da criação, na visão de Pannenberg, depende da doutrina da Trindade, principalmente para que se entenda a relação da transcendência e imanência de Deus na criação e na história da salvação.

Embora defenda um conceito de espaço de natureza relacional, Jürgen Moltmann apresenta tanto um conceito de espaço ecológico quanto um conceito de espaço de pericorese, além de um conceito geométrico. O tratamento que ele dá ao tema do espaço se aplica à sua interpretação da Divindade. Deus tem esse espaço da pericorese. Mas Moltmann vai além e afirma que Deus é um espaço. Ele emprega a ideia de *shekinah* para expressar a habitação de Deus na criação. No entanto, fazendo uso desse termo ele também procura refletir a habitação da criação em Deus. Ele desenvolve essa ideia com ajuda do conceito judaico do *zimzum* (ou *tsimtsum*) divino. Moltmann faz distinção entre três conceitos de espaço, mas não parece distinguir ou favorecer um conceito relacional em oposição a uma ideia de espaço como recipiente.

3. A espacialidade divina

Nos estudos teológicos sobre espaço, as áreas mais promissoras são a cristologia e a Trindade. Refletir sobre o espaço ajuda-nos a compreender como as duas naturezas de Cristo coexistem em uma só pessoa. Além disso, a discussão do relacionamento entre as três pessoas da Trindade e do relacionamento entre o Criador trino e a criação dependem de uma interpretação do espaço mais sofisticada. Uma cuidadosa discussão teológica sobre o espaço poderá enriquecer nosso entendimento da criação e também da providência.

O tempo é um conceito mais relacionado à *música, mas o espaço está geralmente ligado à pintura, às belas artes ou às artes visuais. O período atual pode ser chamado de era visual. As pessoas estão cada vez mais acostumadas a ver do que ouvir. Principalmente nesta era visual, os cristãos deveriam estar mais voltados para a mídia visual a fim de proclamar o evangelho com mais eficiência à jovem geração visual. Tradicionalmente, os cristãos têm sido mais receptivos à música do que às imagens. Estudiosos de nossa época têm nos advertido de que esta geração valoriza mais a estética do que a epistemologia.

William A. Dyrness apresenta as categorias de relacionamento, operação e personificação como meio de entender a criação humana da cultura. Essas categorias, fundamentadas na presença trina de Deus, abre janelas através das quais nossa vida humana no mundo é iluminada. Em *Transcendence and Spatiality of the Triune Creator* [Transcendência e espacialidade do Criador trino), Chan Ho Park desenvolve a fundo essas três categorias em relação com o espaço. Acompanhando Dyrness, Park propõe três sentidos para a espacialidade de Deus: o Deus trino não é um ser isolado, mas um ser relacional e encarna ou personifica a *relacionalidade*. Para esse relacionamento, Deus precisa de sua própria espacialidade. Assim, o termo espacialidade de Deus enfatiza que o Deus trino existe em uma relação ou tem relacionalidade. O primeiro sentido da espacialidade divina é a relacionalidade. Desenvolvimentos em campos como biologia, teoria quântica e teoria do caos são vistos como sinalizadores de conceitos de uma nova abertura na forma da realidade e das possibilidades de ação de Deus. Assim, podemos entender a *operação* de Deus como uma atividade neste mundo, que tem lugar ou espaço para as ações divinas no mundo ou universo. Esse é o segundo sentido da espacialidade de Deus. Não é preciso afirmar, como fazem alguns, que o mundo é o corpo de Deus para entendermos a importância da *personificação* para Deus. Para atingir seus propósitos, Deus faz uso de seres materiais, incluindo o corpo humano, como veículos de sua presença criadora no espaço finito. Esse é o terceiro e último sentido da espacialidade divina.

Veja também LUGAR; TEMPO.

BIBLIOGRAFIA. BARBOUR, I. G., *Religion and Science: Historical and Contemporary Issues* (San Francisco: Harper Collins, 1997); DYRNESS, W. A., *The Earth Is God's: A Theology of American Culture* (Maryknoll: Orbis, 1997); idem, *Visual Faith: Art, Theology, and Worship in Dialogue* (Grand Rapids: Baker, 2001); JAMMER, M., *Concepts of Space: The History of Theories of Space in Physics* (3. ed. ampliada; New York: Dover Publications, 1993) [edição em português: *Conceitos de Espaço: a História das Teorias do Espaço na Física* (Rio de Janeiro: PUC Rio, 2010)]; MOLTMANN, J., *God in Creation* (Minneapolis: Fortress, 1993) [edição em português: *Deus na Criação* (Petrópolis: Vozes, 1993)]; idem, *The Coming of God* (Minneapolis: Fortress, 1996) [edição em português: *A Vinda de Deus* (São Leopoldo: Unisinos, 2003)]; PARK, C. H., *Transcendence and Spatiality of the Triune Creator* (Bern: Peter Lang, 2005); TORRANCE, T. F., *Space, Time and Incarnation* (Edinburgh: T. & T. Clark, 1997).

C. H. Park

ESPERANÇA, TEOLOGIA DA

Com a publicação de *Teologia da Esperança*, de Jürgen Moltmann, em 1964 (em português, 1971), surgiu um novo movimento conhecido como "teologia da esperança". Inspirado na redescoberta da escatologia e da apocalíptica na teologia do Novo Testamento (iniciada, entre outros, por J. Weiss e A. Schweitzer, na virada para o século 20) e na ênfase de Karl Barth sobre a teologia escatológica (i.e., centralizada em Cristo), Moltmann fez com que a escatologia passasse da periferia para o centro. Aliás, para ele, a escatologia não é apenas o primeiro capítulo da teologia, mas seu tema dominante. Sob essa nova perspectiva, a escatologia não diz respeito basicamente às "últimas coisas", mas à presença e às implicações do futuro no presente. Essa doutrina da esperança cristã não é nenhum sonho utópico, mas uma "esperança concreta" baseada na história de Jesus Cristo, em sua cruz e na ressurreição. Em um diálogo crítico com o filósofo ateu E. Bloch, que sugeriu em *O Princípio Esperança* a ideia de "transcender sem transcendência", a esperança sem nenhuma ligação com Deus, Moltmann insiste que não há esperança duradoura sem transcendência. Tal esperança depende de Deus, que é o "poder do futuro". Ele é o Deus que ressuscitou o Jesus crucificado dentre os mortos e provou ser fiel à sua promessa. Segundo Moltmann, a grande categoria da revelação reside na promessa.

A teologia do movimento da esperança, ao tratar da escatologia e da *revelação, também reinterpretou a doutrina de *Deus. Em uma "ontologia escatológica" dirigida para o futuro, a transcendência de Deus em relação à sua imanência, é concebida de uma perspectiva temporal em vez de espacial; Deus é o "Deus do futuro". "Deus não está 'além de nós' nem 'em nós', mas adiante de nós nos horizontes do futuro que suas promessas descortinam para nós".

Por consequência, "o 'futuro' precisa ser considerado um modo do ser de Deus" (Moltmann 1970, 10). O futuro de Deus para nós está "aberto", é novo, e por isso não é apenas uma extensão do passado. A realidade não é pré-determinada, mas por natureza é histórica e em desenvolvimento, aguarda o futuro e nele coloca a esperança. O futuro é ontologicamente anterior ao presente e ao passado. Nos estágios iniciais, outro teólogo alemão, o luterano Wolfhart Pannenberg, também foi considerado um dos grandes arquitetos dessa nova visão. Embora rejeitasse o rótulo de "teólogo da esperança", Pannenberg contribuiu bastante para a formação e a expansão dessa perspectiva teológica. Ele dirigiu o foco para o futuro por meio da ideia da "revelação como história", obra programática para a qual ele contribuiu em 1961. A revelação de Deus, embora proleticamente presente em cristo e em sua ressurreição, aguarda uma manifestação definitiva no *eschaton*. A divindade de Deus está vinculada à demonstração de sua existência e de sua soberania, e isso não pode ser provado em definitivo antes do fim. Por consequência, em sua doutrina de Deus, Pannenberg também se afasta de um entendimento espacial da transcendência e, de modo semelhante ao de Moltmann, concentra-se no futuro como núcleo da transcendência: Deus é o poder que determina todas as coisas e dá sentido ao mundo e à *história.

Nos Estados Unidos, Carl Braaten, luterano e aluno de Pannenberg, foi um dos primeiros defensores do movimento (1969). Na América Latina, o católico J. B. Metz desenvolveu a teologia da esperança olhando principalmente para suas implicações sociais e políticas. Em uma declaração ecumênica recente, diversas mulheres asiáticas, reunidas em Java, recorreram à teologia da esperança como ferramenta a ser usada na luta contra o sofrimento e contra a injustiça, no enfrentamento de poderes e principados e também para a convivência marcada por amor e solidariedade em relação às pessoas de outras confissões (associação ecumênica).

Veja também ESCATOLOGIA.

BIBLIOGRAFIA. BRAATEN, C., *The Future of God: The Revolutionary Dynamics of Hope* (New York: Harper & Row, 1969); Ecumenical Association of Third World Theologians, *Final Statement of Asian Women's Commission* (Garut, Java Ocidental, Indonesia, 17-22 de abril, 2005) <www.eatwot.org/mainfile.php/about/296> (acesso em: 18 jan. 2007); MOLTMANN, J., "Theology as Eschatology" in: *The Future of Hope: Theology as Eschatology,* org. F. Herzog (New York: Herder & Herder, 1970) 10; idem, *Theology of Hope: On the Ground and the Implications of a Christian Eschatology* (Minneapolis: Fortress, 1993 [edição em português: *Teologia da esperança: estudos sobre os fundamentos e as consequências de uma escatologia cristã*; São Paulo: Teológica e Loyola, 2005]).

V. M. Kärkkäinen

ESPÍRITO SANTO. *Veja* PNEUMATOLOGIA.

ESPIRITUALIDADE

A espiritualidade subentende que a vida em sua plenitude não pode ser reduzida ao pensamento racional e ao bem-estar material; existe uma dimensão mais profunda que chega ao "espírito" ou ao verdadeiro eu da pessoa. A espiritualidade procura tornar concreta essa vida por meio de um processo que envolve a iniciativa da busca e uma interiorização em vez da mera conceituação. Portanto, a espiritualidade está menos relacionada com a assimilação de um conceito e mais ligada à vivência de uma realidade. Isso não significa que conceitos não sejam importantes; eles não são o centro da espiritualidade, mas formam a base sobre a qual esta se desenvolve.

1. Definições religiosas e não religiosas
2. A espiritualidade cristã
3. A espiritualidade cristã como processo
4. Tipos de espiritualidade cristã
5. Espiritualidades em um contexto global

1. Definições religiosas e não religiosas
De uma perspectiva mais abrangente é possível fazer distinção entre uma definição religiosa e "não religiosa". A espiritualidade é não religiosa somente no sentido de que abarca a questão do relacionamento com o elemento transcendente e se explica em termos fenomenológicos como uma espécie de autocultivo na área do espírito humano ou na dimensão mais profunda da existência humana. A prática da Meditação Transcendental (MT) é um exemplo que pode ser aqui

invocado. A MT procura se apresentar como uma técnica puramente científica voltada para a saúde pessoal, mas seu conceito de "consciência transcendental" se baseia em ideias filosóficas sobre o eu como parte de uma realidade transcendente. Várias formas da espiritualidade da Nova Era costumam se apresentar como religiosamente neutras. Mas elas são de natureza religiosa no sentido de que partem de um ponto de referência transcendente ou em uma plataforma religiosa implícita.

Entre as espiritualidades religiosamente definidas, há uma ampla gama de visões relativas à natureza da transcendência ou da realidade última. Algumas tradições religiosas concebem a realidade última como um ser supremo pessoal (ou seres). Outras a interpretam em termos não pessoais como no caso do *hinduísmo e do *budismo. Em cada uma dessas tradições se pode fazer outra distinção entre as interpretações ortodoxas ou "clássicas" e as interpretações esotéricas. Das primeiras formas surgem as espiritualidades esotéricas. A teosofia proposta por Jacob Boehme (1575-1624) pode ser citada como exemplo de espiritualidade cristã esotérica. Segundo Boehme, Deus em si mesmo existe em solitude e obscuridade. Ele poderia conhecer a si mesmo somente por meio de sua revelação — e ele se revela principalmente em forma humana tangível. Mas essa revelação é entendida como algo que ocorre em dois níveis: o eterno e o terreno. Assim, divergindo da doutrina ortodoxa da encarnação, Boehme acreditava que Deus assumiu a forma humana *antes* do nascimento de Cristo. Essa forma humana primordial, o corpo de luz, ou Homem eterno, é o que Jesus possuía. O principal conceito na espiritualidade de Boehme é que essa forma humana primordial precisar nascer em nós mediante um processo com muitos ciclos. Esse processo é muitas vezes descrito como místico pelo fato de implicar a união com Deus. Espiritualidades esotéricas semelhantes podem ser encontradas no judaísmo e no islamismo. O cabalismo e o sufismo são interpretações místicas do *judaísmo e do *islamismo respectivamente.

2. A espiritualidade cristã
2.1. Três modelos de espiritualidade cristã.

A espiritualidade cristã pode ser definida como a vida vivida em relacionamento com o Deus que se revela em Jesus Cristo por intermédio do Espírito Santo. O Deus trino é essencialmente caracterizado por pessoas em comunhão e, por isso, a espiritualidade cristã vê na comunhão a expressão central da vida cristã. Em essência, é o relacionamento com o Deus trino e de uns com os outros na comunidade caracterizada pelo amor altruísta (*veja* Trindade, Deus Trino). Tal relacionamento se concretiza por meio do *batismo no corpo de Cristo e é sustentado pela participação regular na eucaristia ou santa ceia (*veja* Ceia do Senhor). Mediante esses dois sacramentos, os cristãos entram em comunhão com o Deus trino através da obra do Espírito Santo. Segundo a espiritualidade cristã, trata-se de duas ações simultâneas: uma divina e outra humana. Na Igreja Oriental, esse fenômeno se chama sinergia, conceito às vezes mal-interpretado no Ocidente no sentido de que os seres humanos podem contribuir parcialmente para o progresso da vida espiritual. No entanto, a sinergia é mais bem entendida como o agir de Deus através de agentes humanos (cf. Fp 2.12-13); como tal, ela constitui um dos mais importantes princípios da espiritualidade. Ela afirma existir um paradoxo bem no centro da vida cristã: todo avanço na vida espiritual só pode resultar da graça soberana de Deus (*sola gratia*), mas essa graça não prescinde da necessidade da ação humana. A disciplina espiritual ou asceticismo faz parte da essência do desenvolvimento espiritual.

Há três padrões básicos que se percebem dentro dessa estrutura ampla. Primeiro, a espiritualidade cristã pode ser caracterizada como *sacramental* na medida em que se concentra na obra do Pai como criador de todas as coisas. As coisas criadas não são meros objetos, mas refletem a glória de Deus (cf. Sl 19.1); são veículos pelos quais se comunicam as realidades espirituais. Uma espiritualidade sacramental procura cultivar a vida cristã fazendo uso de coisas criadas, tais como a água no batismo e o pão e o vinho na ceia. Mas a espiritualidade sacramental não se limita ao uso desses elementos nos dois sacramentos; cada coisa criada, desde uma imagem até uma folha de capim, pode se tornar uma porta de acesso à esfera espiritual (veja Sacramentos).

Em segundo lugar, a espiritualidade cristã é *evangélica* no sentido de que seu foco está no *evangelho de Jesus Cristo. Por meio da vida, morte, ressurreição e ascensão de Jesus Cristo, os cristãos entram numa comunhão de afeto e liberdade com o Pai. Por intermédio do Espírito Santo eles podem se dirigir a ele com a expressão "Aba, Pai" (Rm 8.15-16).

Em terceiro lugar, a espiritualidade cristã é *carismática* na medida em que se concentra na presença e no dom do Espírito Santo que habita os crentes. O Espírito, que é o dom do Pai, concede muitos dons (*charismata*) ao corpo de Cristo (1Co 12.7-11), transformando a igreja em uma comunidade carismática. Uma espiritualidade carismática é sempre marcada por uma profunda percepção da presença divina e pela manifestação de diversos dons do Espírito, em especial os de ordem mais sobrenatural. Muitos pentecostais e carismáticos creem na experiência singular do "batismo no Espírito" como meio de iniciação nesse modo de vida (veja Batismo no Espírito Santo).

De uma perspectiva histórica, esses três modelos são representados respectivamente por catolicismo, evangelicalismo e *pentecostalismo. Nos últimos tempos, tem ganhado força entre alguns evangélicos um "movimento de convergência" que reúne esses modelos na liturgia. A espiritualidade trinitária é uma característica da ortodoxia oriental. Na *teologia ortodoxa oriental, a vida espiritual é resultado da harmonia da Trindade no que diz respeito à unidade das pessoas e também com relação a seus atos como seres distintos.

Assim, as ações divinas próprias do Pai são a criação e o amor por suas criaturas; a ação própria do Filho é sua *kenosis* ou autoesvaziamento em prol da redenção do mundo; e a ação própria do Espírito Santo é a *episkiasis*, ou ato de "vir sobre" para conceder uma nova vida.

2.2. As tradições católica e ortodoxa. Historicamente, os movimentos espirituais costumam surgir em resposta à percepção de declínio espiritual na igreja. Um dos grandes fenômenos espirituais na igreja cristã que causaram um profundo impacto sobre o desenvolvimento da espiritualidade é o movimento monástico. O monasticismo surgiu como reação ao mundanismo que, depois do quarto século, passou a ganhar espaço na igreja pós-constantiniana. Ele representa uma abordagem consciente e sistemática que visava ao cultivo da vida espiritual. Através de sua longa história, o monasticismo ofereceu uma visão integrada da vida cristã, segundo a qual o conhecimento e o desenvolvimento espiritual andavam *pari passu*.

Existem dois tipos de monasticismo: o dos eremitas, ou espiritualidade do deserto, e o dos cenobitas, ou espiritualidade comunitária. Eles representam os princípios da solitude e da comunidade, respectivamente, sendo ambos necessários à plena expressão da espiritualidade cristã. A espiritualidade do deserto poderia ser descrita como uma espiritualidade de combate. O deserto não era lugar de refúgio, mas a arena onde se trava um combate espiritual contra os inimigos da alma: a carne, o mundo e o Diabo. O segredo da vitória está na mortificação da carne. É por isso que a humildade e a obediência são consideradas virtudes primárias, pois sua presença sinaliza o fim da vontade própria. Somente assim se é capaz de reingressar no mundo a serviço de Deus. Essa percepção haveria de se transformar em um dos aspectos marcantes do monasticismo em geral.

Uma das mais influentes versões do monasticismo cenobita é o monasticismo beneditino, que se baseia na Regra de São Bento (RB; sexto século). Embora tenha uma estrutura comunitária, ele se concentra tanto no cultivo individual quanto na vida em comunidade. Um de seus principais conceitos é o de Deus como Juiz, aquele que tudo vê. A resposta básica é uma postura de temor reverente e de humildade, algo essencial no cultivo da vida cristã (RB 7). Essa postura se revela também no abade, que representa a vontade de Deus para a comunidade. Mas Deus se encontra não apenas no ofício divino e na pessoa do abade; ele também se encontra em pessoas de menor importância aos olhos do mundo. É essa percepção que explica a regra beneditina da hospitalidade.

A vida dos beneditinos é também sustentada por uma teologia ascética rigorosa. O monge deve ser disciplinado na *oração, na realização de trabalho manual e no estudo para que possa avançar na vida espiritual. Mas, ao contrário da percepção popular, o asceticismo na espiritualidade beneditina estava bastante baseado no princípio da moderação (RB 39-41; acerca do jejum e da moderação, veja RB 49). Isso se tornou o padrão da espiritualidade popular nas épocas seguintes, a exemplo da regra de vida estabelecida por Luís de Granada (1582) e por Francisco de Sales (1613). Uma das importantes contribuições da espiritualidade beneditina é a *Lectio Divina*, ou leitura espiritual (RB 48). Não se trata de uma simples leitura informativa, mas inclui oração e meditação em uma passagem das Escrituras ou em alguma palavra de um dos pais da igreja visando à completa assimilação da verdade na vida do ouvinte. Esse costume pode ser visto também nos pais do deserto, mas na Regra de São Bento ele passou a ser aplicado de forma mais sistemática e contrabalançado com estudo e trabalho.

Para a maior parte dos cristãos, o caminho da espiritualidade não passa por desertos nem mosteiros, mas na fiel participação na liturgia da igreja, isto é, os ofícios diários e semanais, os ciclos de festividades do calendário eclesiástico, a palavra e os sacramentos. Esse processo de formação pode ser chamado espiritualidade litúrgica. As obras de Paul F. Bradshaw chamam a atenção para essa importante via da formação cristã. Existe um número considerável de pontos de contato entre a espiritualidade monástica e a espiritualidade litúrgica, mas há também uma importante diferença: a primeira procura se apropriar da verdade de modo subjetivo e por meio de oração e meditação, ao passo que a outra tenta identificar o indivíduo com as orações da igreja como coletividade. Assim, na espiritualidade litúrgica são poucas ou inexistentes as orações feitas na primeira pessoa do singular: o indivíduo participa como membro do corpo de Cristo. A separação entre as formas litúrgica e monástica da espiritualidade tende a ser mais perceptível no Ocidente, ao passo que a ortodoxia oriental as mantém intactas dentro da liturgia. Ela considera que a vida espiritual acontece essencialmente dentro da comunidade litúrgica. Na adoração da igreja, os cristãos, individual e coletivamente, entram em contato com energias divinas não criadas através da ação do Espírito Santo, e a vida monástica, em sua essência, aprofunda ou intensifica tal vida. Assim, a igreja oriental mantém uma visão mais unificada da vida espiritual em comparação com o Ocidente, que tende a bifurcar a espiritualidade: uma forma inferior para os leigos em geral e outra forma superior para os religiosos.

2.3. A tradição protestante. Pode-se dizer que o monasticismo incorpora as características da espiritualidade católica, à semelhança do *pietismo, que incorpora a espiritualidade protestante. O pietismo com seu foco voltado ao desenvolvimento espiritual do indivíduo, está mais próximo da espiritualidade monástica do que da espiritualidade litúrgica. O pietismo tem raízes na *devotio moderna*, um ramo não especulativo da piedade surgido no final do século 14 em reação ao escolasticismo estéril da igreja do período medieval posterior. Seu representante mais conhecido é Tomás à Kempis, dos Irmãos da Vida Comum, autor de *Imitação de Cristo,* livro lido igualmente por protestantes e católicos. O principal conceito da "devoção moderna" é o cultivo da "devoção interior" pela imitação de Cristo, em especial de sua humanidade e do caminho da cruz. Uma devoção afetiva e amorosa se desenvolve com oração e meditação. Em muitos exercícios devocionais de *Imitação de Cristo,* Jesus é apresentado em comunicação direta com a alma do devoto.

À semelhança de seus antecessores espirituais da igreja do período medieval posterior, o pietismo alemão do século 17 foi resultado de uma reação contrária ao escolasticismo luterano. Sua ênfase na vida da fé interior em oposição a uma religião puramente cognitiva reapareceria no metodismo do século seguinte. Os ensinamentos de João Wesley sobre a perfeição cristã (também conhecidos como santificação total) trouxeram uma dimensão única à espiritualidade protestante. Primeiro, a perfeição cristã foi entendida como uma segunda obra definida da graça, o que significa que a vida cristã não é apenas progressiva, mas pode também ser demarcada de acordo com fases específicas. Segundo, a santificação total se dá mediante um austero programa de busca sincera. Esses dois princípios haveriam de se transformar em um aspecto central dos movimentos Holiness e de Keswick no século 19 e do *pentecostalismo no século 20. No Movimento

Holiness, o primeiro princípio foi formulado na "dupla cura", e o segundo passou a integrar o ritual do banco dos penitentes e das longas reuniões de vigília e oração nas quais se invocava a presença do Espírito Santo. Sempre que se fazem chamados à renovação em resposta ao declínio na vitalidade espiritual, eles são geralmente preconizados com base nas duas crenças de que existe uma vida superior à qual os cristãos são chamados e de que essa vida pode se tornar realidade por meio de algum tipo de rigor ascético, principalmente a oração.

A vertente pietista representa uma grande força para o cristianismo global. Ela foi a principal motivação por trás dos movimentos missionários protestantes, tanto que boa parte do cristianismo protestante no Terceiro Mundo de hoje pode ser classificado como pietista. Exemplo disso é a espiritualidade de Watchman Nee. Sua visão da vida cristã tem por base o conceito do ser humano como uma tricotomia. O Espírito de Deus se comunica somente com o espírito humano. O desenvolvimento da vida cristã consiste no controle que o espírito exerce sobre a alma, que por sua vez controla o corpo. A vida controlada pela espírito é vivida mediante um ato de rendição. No tocante a esses ensinamentos, Watchman Nee foi influenciado por autores devocionais dos movimentos Holiness e de Keswick como F. B. Meyer, Andrew Murray e Jessie Penn-Lewis. Nee, porém, desenvolveu uma eclesiologia da "igreja local" bem peculiar, insistindo na possibilidade de haver somente uma igreja verdadeira em determinada localidade, o que logicamente significava que a igreja filiada a seu "Pequeno Rebanho" era a única igreja verdadeira.

3. A espiritualidade cristã como processo

Elemento essencial da espiritualidade é o estudo de como a vida espiritual se desenvolve. A vida cristã deve crescer rumo ao alvo que ela tem em vista. Esse alvo é entendido de formas variadas como perfeita conformidade a Cristo, união com Cristo e participação na vida da Trindade. O processo de crescimento é às vezes retratado como uma jornada (e.g., a "jornada da mente para Deus" segundo Boaventura) ou como uma escada pela qual o cristão sobe, figura inspirada na estória da visão que Jacó teve da escada que ligava a terra e o céu (Gn 28.12). Crescimento espiritual é crescimento na oração, ou seja, o aprofundamento da relação com Deus (Teresa de Ávila) ou o crescimento em amor (Bernardo de Claraval). Com maior frequência, o processo é vinculado aos caminhos da purgação, iluminação e união com Deus (*veja* Misticismo).

A espiritualidade da igreja oriental segue a mesma estrutura básica, mas inclui aspectos que lhe são peculiares. Ela vê no fundamento teológico do asceticismo as energias não criadas da Trindade passadas às criaturas para sua transfiguração ou *deificação (*theosis*). As energias divinas permitem aos seres humanos entrar em comunhão interpessoal com a Trindade. A união é obtida pela prática do hesicasmo (silêncio ou repouso), que envolve disciplinas da mente e do corpo. Um grande exemplo de oração hesicástica encontra-se na Oração de Jesus ("Senhor Jesus Cristo, Filho de Deus, tem misericórdia de mim, pecador") repetida muitas vezes. A liturgia é crucial como ferramenta que ajuda os cristãos a desenvolverem sua vida de oração. Não se trata apenas dos atos litúrgicos, mas de todo o contexto físico, incluindo a arquitetura e as *imagens ou ícones, que contribuem para o progresso. Esse modelo de cultivo da vida espiritual revela que, para a ortodoxia oriental, o ponto central não são apenas as verdades e virtudes (cruciais no Ocidente), mas também a beleza. A arquitetura e as imagens revelam a beleza de Deus que, junto com a verdade e a bondade, tem origem no Deus trino.

O progresso na vida espiritual é mais facilmente alcançado com um guia. Daí advém a prática da orientação ou direção espiritual. Mas ninguém espera que o desenvolvimento espiritual seja tarefa simples. Há obstáculos internos (pecados ocultos e fraquezas) e externos (tentações) a serem superados. As fontes das experiências espirituais precisam ser avaliadas. É preciso que o cristão conheça sua própria compleição espiritual e psicológica para aproveitar ao máximo os recursos espirituais. Em face dessas necessidades, um diretor espiritual deve ser versado não somente em técnicas de aconselhamento e psicologia (incluindo psicopatologias), mas também em teologia e história (incluindo teologia e história da espiritualidade). No contexto mais igualitário das sociedades ocidentais, a relação entre o diretor espiritual e aquele por ele dirigido pode ser descrita como amizade espiritual, ao passo que no Oriente ela é normalmente retratada como relação de mestre e discípulo, refletindo assim uma hierarquia.

4. Tipos de espiritualidade cristã

Dentro da tradição cristã há diversas formas de entender o relacionamento com o Deus trino e como ele deve ser cultivado. Disso resulta uma variedade de tradições espirituais. Os diferentes tipos de espiritualidade não excluem necessariamente uns aos outros; antes, podem falar mais fundo a pessoas de temperamentos, históricos e contextos diversos, talvez também a pessoas que se encontram em estágios diferentes da caminhada cristã. Esses estágios nem sempre correspondem à idade da pessoa. Por exemplo, não é obrigatoriamente verdade que uma espiritualidade mais voltada ao silêncio e à contemplação se harmoniza melhor com a serenidade dos mais velhos, ao passo que um tipo mais entusiástico é próprio da juventude. Experiências carismáticas demonstram que avivamentos marcados por entusiasmo podem sobrevir a pessoas de mais idade que sempre foram marcadas por uma existência espiritual mais contida.

Os tipos de espiritualidade cristã podem ser classificados de diversos modos. Há muito tempo se faz distinção entre espiritualidade contemplativa e espiritualidade ativa. Jesuítas e dominicanos são muitas vezes classificados como ativos, uma vez que sua espiritualidade se expressa principalmente por meio das ações praticadas no mundo. Também podem ser classificadas como ativas as modernas espiritualidades de libertação e a maior parte das espiritualidades protestantes. No entanto, a espiritualidade carmelita é essencialmente contemplativa, ao passo que a franciscana tem um pouco das duas.

As espiritualidades são às vezes classificadas segundo as duas formas básicas de operação da graça. A espiritualidade ascética tem por base a doutrina de que a graça atua de forma mediada ou concomitante, ou seja, por meio de vários meios naturais e, portanto, não prescinde da cooperação e disciplina da parte do cristão. Uma espiritualidade entusiástica, porém, entende que a graça atua de forma imediata ou preveniente, ou seja, sem a participação humana ou até apesar dela. Disso resulta uma forma de espiritualidade mais quietista. De modo geral, nenhuma espiritualidade é puramente ascética ou entusiástica. O ascético reconhece que Deus às vezes concede sua graça mesmo sem esforço algum do indivíduo. Esse tipo de graça é chamado *gratia gratis data* (graça concedida pela graça). De modo semelhante, uma espiritualidade puramente entusiástica que não recorre a nenhum meio de graça é basicamente inviável e exigiria total passividade. Até os entusiastas mais coerentes, tais como os quacres, admitem a necessidade de algum meio de graça como as reuniões e o uso de palavras que transmitem o que Deus revela em silêncio.

As espiritualidades cristãs podem também ser classificadas segundo os contextos nos quais têm origem. Contextos sociais, políticos e religiosos distintos originam formas diversas de espiritualidade. Nos meios asiáticos e africanos, as espiritualidades recebem bastante influência dos instintos religiosos mais primitivos. Como consequência se vê um cristianismo que ressalta o elemento misterioso e sobrenatural, de modo que a presença sacramental e carismática tende a predominar nesses contextos. Na América Latina, todavia, os cristãos costumam dar mais ênfase ao aspecto sociopolítico da vida, de modo que a vida espiritual muitas vezes se expressa segundo elementos libertacionistas (*veja* Teologia da Libertação). Mas nos últimos anos a importância do contexto religioso primitivo também tem ganhado espaço no contexto latino-americano, sobretudo com o rápido avanço do cristianismo carismático.

Muitas espiritualidades são identificadas segundo as causas que defendem. A espiritualidade da criação, de Matthew Fox, surge de uma profunda preocupação com a ecologia mundial e com o relacionamento entre as religiões do mundo. A espiritualidade feminista (que deve ser diferenciada da espiritualidade das mulheres) deriva de uma inquietação diante da condição aparentemente inferiorizada das mulheres. A espiritualidade da libertação desenvolve-se do interesse pela condição sofrida dos pobres e oprimidos. O objetivo dessas espiritualidades ligadas a causas específicas é fomentar um profundo envolvimento nas respectivas causas. Assim, na espiritualidade da libertação, as virtudes da honestidade, fidelidade e boa vontade com respeito aos pobres entendidos como "lócus histórico de Deus" são vistas como pré-requisitos indispensáveis (Jon Sobrino).

Um dos problemas dessas espiritualidades está no uso que elas fazem da tradição cristã. A tendência é ler a tradição pelas lentes dos interesses e das ideologias de hoje. Assim, a tarefa da *hermenêutica passa do que o texto diz para a afirmação do leitor por intermédio do texto. Por exemplo, a espiritualidade da criação de Fox reinterpreta radicalmente a tradição cristã, a ponto de negar a doutrina da Queda, uma vez que esta compromete uma avaliação positiva da criação. Assim também, as teólogas feministas às vezes cometem o erro de enxergar na história de mulheres famosas da igreja ensinamentos que refletem interesses das mulheres ocidentais de hoje. Exemplo disso é o interesse atual na freira beneditina e visionária do século 12, Hildegarda de Binges (1098-1179). Não se pode negar que ela tenha sido uma personagem importante na igreja nem que tenha sido um exemplo de espiritualidade feminina. Bernard McGinn refere-se a ela como "a primeira grande teóloga na história do cristianismo". Ela aconselhava e advertia até bispos e reis. Seus muitos escritos incluem teologia, ética, medicina, música litúrgica e até uma peça de teatro. Sua espiritualidade pode ser descrita como profética e visionária, e suas visões serviam para autenticar suas profecias; nos demais aspectos, ela era uma beneditina bem tradicional. Mas dizer que ela era uma teóloga do Deus feminino por causa do uso constante que fazia de figuras femininas, ou que era defensora da espiritualidade da criação em vista de seu interesse em plantas medicinais e animais parece transferir ao século 12 interesses dos dias de hoje. Um estudo mais detido do uso que ela fazia de figuras femininas revelará que elas se referem principalmente à igreja e a certas virtudes cristãs como sabedoria e caridade, sem nenhuma relação direta com mulheres. Aliás, a humanidade de Jesus e de sua mãe não aparecem com destaque em seus escritos.

5. Espiritualidades em um contexto global

Nosso mundo globalizado tem nos dado maior consciência das diversas tradições espirituais, tanto que se empreendem muitos esforços na tentativa de sondar as relações entre elas. Certos aspectos de uma tradição podem ser desafiados e enriquecidos por outra. Por exemplo, uma visão cosmocêntrica e daoísta do universo pode ajudar a corrigir uma visão muito antropocêntrica para a qual o cristianismo muitas vezes pende. Assim também, o conceito confucionista dos cinco relacionamentos (rei-súdito, pai-filho, marido-esposa, irmão mais velho-irmão mais novo, amigo-amigo) baseado no princípio da reciprocidade ou da obrigação mútua pode servir para corrigir o excesso de ênfase na liberdade e nos direitos individuais. A reciprocidade significa que os seres humanos não devem ser entendidos como indivíduos com direitos, mas como pessoas dentro de um relacionamento. Essa visão é confirmada pela doutrina da *imago Dei* encerrada na doutrina do Deus trino. A reciprocidade permite um fundamento mais firme sobre o qual se pode construir uma teoria das práticas dentro da comunidade eclesiástica. Esse conceito é visto nas ordens paulinas relativas aos relacionamentos no lar (Ef 5.21—6.9; Cl 3.18—4.1).

Há também uma maior valorização de uma herança espiritual comum a todos. É sabido que, através da história, monges e ascetas do Oriente cristão usavam técnicas de meditação semelhantes àquelas encontradas nas tradições religiosas da Índia. O emprego da respiração ritmada e de posturas corporais na Oração de Jesus deve tanto a essa interação quanto à *antropologia ortodoxa com sua doutrina da *ressurreição. A pessoa é uma unidade de corpo e alma, de modo que aquilo que se faz com o corpo afeta a alma e vice-versa. Em épocas mais recentes, não cristãos também se inspiraram na prática de cristãos. As formas populares do *budismo moderno refletem o *modus operandi* evangélico em sua adoração, como, por exemplo, nos cânticos entoados no vernáculo em lugar das formas tradicionais.

No entanto, não se devem tirar conclusões apressadas de dependência e assimilação históricas com base em semelhanças fenomenológicas. Por exemplo, a espiritualidade franciscana, concentrada na natureza, tem profundas semelhanças com o cultivo daoísta da harmonia com a natureza, ao passo que a prática cristã de "meditação na criatura" tem paralelos com a observação daoísta das obras da natureza. Apesar dessas semelhanças, não há indícios de vínculos históricos diretos ou indiretos. Alguns têm procurado de forma consciente uma mistura das duas tradições. Henri le Saux fundou um centro monástico hindu-cristão que incorporava a tradição *sannyasi* da renúncia total. O evangelista indiano Sundar Singh, usava o manto laranja de um *sadhu*, ou homem santo, e adotava o estilo de vida de um *sannyasi* itinerante.

No entanto, até hoje os maiores níveis de interação acontecem entre as espiritualidades cristã, hindu e budista. Não existe o mesmo grau de interação entre as espiritualidades cristã e muçulmana, embora haja uma forte presença islâmica no Ocidente e cada vez mais seja necessário construir um relacionamento positivo entre ambas, em face das recentes tensões entre o mundo ocidental e muçulmano. Talvez a ação missionária de ambas as religiões torne mais problemático o diálogo. Mas com a ascendência do pensamento pós-moderno, que reconhece que cada tradição deve ser entendida segundo seus próprios termos, talvez seja possível encontrar uma base intelectual mais eficaz para um diálogo mais expressivo entre as tradições cristã e muçulmana.

A explosão do cristianismo pentecostal no Hemisfério Sul nos últimos tempos tem ressaltado importantes semelhanças entre as espiritualidades da África e da Ásia. Embora o continente asiático seja o berço das grandes religiões, também existe um instinto religioso primitivo disseminado no nível popular. É nesse nível que o cristianismo tem penetrado mais profundamente, sobretudo em sociedades tribais. Na África, a cosmovisão religiosa primitiva é ainda mais determinante. Ásia e África também têm em comum certos costumes como a veneração dos *ancestrais. Como consequência, cristãos asiáticos e africanos têm desenvolvido uma nova valorização da teologia sacramental e da doutrina da comunhão dos santos.

A interação entre várias tradições espirituais tem sido bastante positiva, mas há um limite para os resultados que podem ser obtidos. Se a tentativa de desenvolver uma teologia universal (à moda de John Hick) acaba resultando na criação de outra corrente de interpretação (e do tipo imperialista, conforme ressaltam críticos como Paul Heim, Gavin D'Costa e George Sumner), o mesmo se pode dizer de qualquer tentativa de criar uma espiritualidade universal completamente abrangente (como a Nova Era). O caráter irredutível das diferentes tradições espirituais precisa ser reconhecido sem que com isso se implique a ideia de que elas são totalmente incomensuráveis.

Veja também Batismo no Espírito Santo; Deificação, Teose; Imagens, Ícones, Iconoclasmo; *Imitação de Cristo*; Invocação, Veneração dos Santos; Jejum; Liturgia e Adoração; Movimentos Carismáticos; Oração; Pietismo; Sacramentos; Teologia e Espiritualidade Celta.

BIBLIOGRAFIA. BRADSHAW, P. F., *Two Ways of Praying: Introducing Liturgical Spirituality* (London: SPCK, 1995); CHAN, S., *Spiritual Theology: A Systematic Study of the Christian Life* (Downers Grove: InterVarsity Press, 1998); FAIVRE, A. e NEEDLEMANN, J., orgs., *Modern Esoteric Spirituality* (World Spirituality 21; New York: Crossroad, 1992); LECLERCQ, J., *The Love of Learning and the Desire for God: A Study of Monastic Culture* (New York: Fordham University Press, 1982); MCGINN, B., MEYENDORFF, J. e LECLERCQ, J. et al., orgs., *Christian Spirituality,* 1-3 (World Spirituality 16-18; New York: Crossroad, 1985-1989); ST. ROMAIN, P. A., *Kundalini Energy and Christian Spirituality: A Pathway to Growth and Healing* (New York: Crossroad, 1994).

S. Chan

ESTÉTICA. *Veja* ARTE E ESTÉTICA.

ESTÓRIA. *Veja* TEOLOGIA NARRATIVA; TEOLOGIA NORTE-AMERICANA NATIVA.

ESTRUTURALISMO. *Veja* MODERNISMO E PÓS-MODERNISMO.

ETERNIDADE. *Veja* TEMPO.

ÉTICA. *Veja* ÉTICA SOCIAL.

ÉTICA SOCIAL

A ética social cristã atenta para nosso mundo

ÉTICA SOCIAL 308

fragmentado e cheio de injustiças. Ela se baseia nas ciências sociais e também na prática de ouvir as vítimas da injustiça. E deriva suas normas de Jesus Cristo — não parcialmente, mas do todo de sua vida. Jesus Cristo cumpre as profecias de Israel, conclama-nos a praticar a *justiça e convoca as igrejas que lhe são fiéis — igrejas penitentes — que trabalhem em prol de libertação.

1. O que é a disciplina da ética social cristã?
2. Por que nós, como cristãos, devemos nos concentrar na ética social e na globalização?
3. Que tipo de ética social? Que tipo de princípios? Quais práticas?

1. O que é a disciplina da ética social cristã?

1.1. O caso de Flora e David. Flora Jerubet foi uma órfã criada pela avó. Frequentou a escola apenas até o terceiro ano, pois sua avó não tinha condições de pagar por sua educação. (O governo havia tentado implementar um sistema educacional grátis na época da independência, mas a dívida cada vez maior e a pressão do Fundo Monetário Internacional, que exigia políticas de ajustes estruturais, fizeram com que o governo reduzisse despesas com serviços essenciais e passasse a cobrar por serviços de saúde e educação.) Ela abandonou a escola, sua avó morreu, e ela foi morar com um tio, que não a tratava bem. Ele tinha muitos filhos, e Flora foi tratada como uma empregada. Suas tarefas domésticas a obrigavam a acordar bem cedo para buscar água no rio, limpar a casa, preparar o café da manhã para a família, além de muitas outras atividades. Ela era a primeira a se levantar e a última a ir dormir.

Em virtude da pobreza em casa, quando Flora tinha catorze anos ela se mudou e foi viver com um rapaz que lhe prometeu tirá-la da miséria. David era um peão (a categoria mais humilde de trabalhadores) que trabalhava na Universidade Moi. Depois de um ano, Flora engravidou e teve uma menina. Nos anos seguintes, ela teve o segundo e o terceiro filhos. Em menos de dez anos de casamento, ela teve cinco filhos. Na terceira gestação, ele percebeu que David estava bebendo bastante e não estava provendo o suficiente para a família. Ele também estava tendo casos fora do casamento. Quando ela tentava conversar sobre o assunto, ele a agredia verbal e fisicamente. À medida que os filhos iam nascendo e as pressões iam aumentando, David continuou bebendo e passou a ser mais violento ainda. Em diversas ocasiões, ele até ameaçou matá-la. Algumas vezes ela fugia para a casa do tio para se queixar do comportamento do marido, mas era convencida a voltar por causa dos filhos. Nenhum parente dava ouvidos à sua estória. Certo dia, David chegou bêbado em casa e começou a espancá-la violentamente. Ela fugiu com os filhos para a casa do vizinho, que a acolheu para passar a noite. No dia seguinte, quando David estava no trabalho, ela juntou suas coisas, pegou os cinco filhos e tentou atravessar o rio para encontrar-se com parentes que moravam do outro lado. Mas não foi o que aconteceu. No final, Flora era a única na outra margem do rio. Seus cinco filhos haviam se afogado. Não estava claro o que havia acontecido, mas os policiais levaram Flora presa. Ela foi acusada de homicídio e condenada a prisão perpétua. No entanto, quando seu caso foi reaberto, a sentença foi reduzida para homicídio culposo e ela foi condenada a dez anos de prisão.

A estória verídica de Flora (o nome foi mudado) levanta importantes questões para muitas dimensões da ética social. Como devemos tratar uns aos outros em nossa comunidade? Como viver de tal forma que tratemos os outros com dignidade e respeito? O que trará harmonia às nossas comunidades? Por que mulheres e crianças sofrem tanto? O que é justiça? O que é equidade? O que é certo ou errado em nosso mundo? O que há de errado com a distribuição de recursos neste mundo? Por que há regiões do mundo como África e Ásia que estão debaixo do fardo da *pobreza, a ponto de não ser possível mandar as crianças para a escola? Por que os pobres estão presos a círculos viciosos que envolvem drogas, *violência, crimes e cumprimento de penas na prisão? Como os cristãos devem viver de modo que tenham consciência de que nossas ações em uma parte do mundo trará sérias consequências a outras? Quais são os fundamentos da convivência?

1.2. Ética. Ética é a disciplina que estuda a vida moral. Ela estuda não apenas o que certo e o bem que se pode praticar, mas também o caráter e os valores de uma pessoa, além dos padrões que permitem julgar o que é certo e o que é errado nos princípios da sociedade. A moral refere-se basicamente ao comportamento e ao caráter, e a ética é a disciplina que tenta dar orientação e perspectiva para a avaliação moral de decisões e normas e para a formação do caráter. Muitas vezes as palavras *ética* e *moral* são usadas como sinônimos. *Ética* vem das palavras gregas *ethica* e *etheos*, ao passo que *moral* vem do latim *mos* e *moralis*, ambas com o sentido de "normas, costumes ou hábitos" (Grenz, 27).

A ética também pode ser entendida como o estudo sistemático dos princípios morais de certo e errado, justiça e injustiça, virtudes e defeitos, visando à aplicação desses padrões às realidades da vida. É uma disciplina normativa que diz respeito a como as coisas devem ser e não uma descrição de como as coisas acontecem. Os campos de estudo são aqueles que procuram retratar o comportamento humano e institucional em várias esferas, tais como psicologia, sociologia, antropologia, história e assim por diante. Em contrapartida, a ética é normativa ou prescritiva pelo fato de procurar estabelecer normas, padrões e perspectivas que devem orientar o comportamento e o caráter individual e institucional. Falamos não somente daquilo que é, mas também do que devemos ser ou fazer.

1.3. A ética cristã. A ética cristã vai além da aceitação cega da tradição ou das regras culturais e reflete o que devemos ser e fazer como cristãos. Ela trata de questões relativas às formas convencionais de agir e defende que baseemos nossas ações em nossa fé e no relacionamento com Jesus Cristo como Senhor de nossa vida. A ética cristã atenta para o caminho de Jesus, para o modo como a fidelidade à revelação de Deus em Jesus Cristo se relaciona de modo geral com o ensino bíblico e com a história dos ensinamentos das igrejas.

Jesus Cristo é a revelação da encarnação e da ação de Deus no mundo e, por isso, a ética cristã é a participação na obra de Deus que transforma e redime o mundo. Visto que Deus se vale da encarnação em Cristo e no mundo real, devemos estar atentos aos estudos dos problemas e das realidades no mundo real tais como os estudos das ciências sociais e da história — mas sempre preocupados em relacionar esses estudos com a fidelidade ao caminho de Jesus. Não é possível estudar o ser humano nem nos concentrar neles sem relacioná-los ao ambiente social de que fazem parte, de modo que a ética social cristã dirige o foco para a vida moral dos indivíduos em sociedades e comunidades, para o caráter das instituições e organizações, das nações e da aldeia global e para a maneira como tudo isso afeta os indivíduos. De uma perspectiva cristã, a ética social incorpora valores, qualidades e práticas derivadas da vida e dos ensinamentos de Jesus Cristo que os cristãos promovem como corretos, justos e bons. Sem essas qualidades, a vida humana não seria viável sobre a face da terra. Deus age neste mundo como Criador, Preservador, Juiz e Libertador — não somente onde os cristãos também agem. A ética social cristã denuncia práticas injustas, o mal e a iniquidade, além de promover as práticas justas e boas para o desenvolvimento humano e para o bem de todo o meio ambiente — não apenas para os cristãos. Valores cristãos como compaixão, amor, justiça, esperança, fé e paz são indispensáveis à vida humana e, portanto, são essenciais para a ética social cristã.

2. Por que nós, como cristãos, devemos nos concentrar na ética social e na globalização?
2.1. Uma aldeia global. O mundo transformou-se em uma pequena aldeia. Ações em um lado do mundo são rapidamente transmitidas para outra parte por meio da mídia eletrônica e pela transferência de dinheiro, empregos, produtos, costumes, pessoas e ideias. Pela Internet é possível conversar ao mesmo tempo com pessoas em outra parte do mundo como se todos estivessem na mesma sala. No entanto, adotamos a *tecnologia sem diretrizes e princípios para avaliar e verificar algumas influências perversas. Antigamente, se não quiséssemos que nossos filhos fossem influenciados por fatores negativos, bastava trancar a porta e sabíamos que tanto eles quanto nós estaríamos seguros. Mas nos dias atuais, o predador e ventos que levam e trazem ideologias são literalmente "onipresentes". Todos os dias ouvimos e lemos notícias sobre diversos tipos de mau uso da Internet, incluindo ação de pedófilos,

pornografia, golpes e fraudes, apologia à ganância e incitação à violência que têm como alvo vítimas ingênuas. Somos influenciados por ideologias políticas, econômicas e militaristas espalhadas pela mídia e por meio de contatos pessoais.

Todas essas atividades afetam o mundo inteiro: Leste, Oeste, Norte e Sul, cristãos e não cristãos igualmente. Na África, por exemplo, em poucos anos se viram mudanças que vão literalmente da Idade da Pedra à era eletrônica. Passamos dos telefones fixos aos telefones celulares a um custo muito elevado. Nas pequenas localidades, por exemplo, o preço para créditos de celulares é mais elevado que o preço do alimento suficiente para um dia. Telefones e comida disputam o pouco dinheiro das pessoas. Mesmo assim a disparidade entre a África e o restante do mundo é maior do que nunca. No Ocidente temos celulares com acesso sem fio à Internet, ao passo que em algumas regiões da África há pessoas que nunca viram um computador. As crianças no Ocidente levam segundos para acessar a Internet, mas em muitos lugares da África abrir uma página pode levar uma eternidade. No Departamento de Religião na Universidade de Moi existe apenas um computador com acesso à Internet, e ele horas para acessar um site. Precisamos perguntar: que implicações esse abismo tecnológico terá para os que vivem à margem do desenvolvimento? Não seria isso uma receita para uma tragédia?

Por um lado, percebemos o evidente potencial para o mal presente na tecnologia. Mas por outro lado, as oportunidades para aproximar povos e culturas têm sido negligenciadas. Devemos admitir que, com alguma regulamentação, a tecnologia tem um grande potencial para o bem. Ela fornece importantes meios para testemunhar a interligação e a interdependência de nosso mundo. Sabemos que o que acontece em outros lugares do mundo afeta as pessoas nos outros pontos do planeta; o que acontece no Sudão afeta uma cidadezinha nos Estados Unidos e assim por diante. No memento em que este artigo está sendo redigido, um dos autores e membros do grupo de paz de sua igreja nos Estados Unidos estão usando braçadeiras de plástico verdes com a inscrição "Salve Darfur", orando e pressionando o governo para que ele use de sua influência de modo mais eficaz a fim de acabar com a violência e com a limpeza étnica perpetradas contra o povo de Darfur. Para os cristãos, isso deixa clara a importância do corpo de Cristo, que é um só, e aumenta a consciência de que se uma membro sofre todos os outros também vão sofrer. Quando os terroristas atacaram Nova York em 2001, alguns cristãos masai, ao assistirem às cenas pela televisão, doaram suas vacas em um gesto de solidariedade para com aqueles que estavam sofrendo.

Isso também significa que precisamos repensar nossas fronteiras nacionais. Os países ocidentais vendem seus produtos de alta tecnologia por meio de anúncios na mídia eletrônica, despertando a ganância nos povos do resto do mundo, os quais sentem o desejo de ir para esses países e participar do mercado. Isso ajuda a explicar o aumento nas ondas migratórias para as cidades e para os países tecnologicamente avançados (*veja* *Migração). Precisamos repensar o que significa justiça para as políticas de imigração de uma forma que respeite a integridade das fronteiras nacionais e também dê espaço para o deslocamento das pessoas.

2.2. Uma aldeia fragmentada. Apesar da proximidade cada vez maior no mundo, as nações também demonstram um aumento de atos xenofóbicos e de temor em relação ao colapso das fronteiras. Algumas ideologias nos Estados Unidos estão espalhando sentimentos contrários à imigração. Na África, famosa por sua hospitalidade, observamos um número incontável de guerras entre países fronteiriços, o genocídio em Ruanda, os problemas de Darfur e uma incerteza geral. No Quênia, a hospitalidade tem sido pressionada pelo peso da pobreza, em virtude da acolhida aos que fogem das guerras e da pobreza em vários países vizinhos. Isso causou reações, tanto que uma pessoa fez a seguinte observação: "É melhor ser refugiado do que ser turkana". Durante um dos piores períodos de fome no Quênia em 2000, os caminhões da ONU levavam alimentos para os refugiados enquanto os quenianos que estavam passando fome ficavam apenas olhando. Isso causou tensão entre a comunidade local e os refugiados.

Assim, a África, conhecida por sua ética social de vida comunitária, refletida nas palavras "Eu sou porque nós somos, e porque nós somos, portanto eu sou", está rapidamente perdendo esses vínculos. A estória de Flora e David é um exemplo de como as rápidas mudanças sociais solaparam a vida em comunidade. "As coisas se deterioram." Os que migram da comunidade de origem para as cidades muitas vezes perdem os valores da vida comunitária e o apoio que sempre os mantiveram juntos. As próprias comunidades estão à beira do colapso. Elas têm abandonado valores tradicionais que as mantinham unidas e não têm assimilado os valores do evangelho.

Olhando para a estória de Flora, David e os filhos, é preciso perguntar: onde estavam os anciãos, homens e mulheres que tradicionalmente sempre foram os guardiães da sociedade? Por que eles não interferiram nem mesmo quando o rapaz estava maltratando a esposa? Na África tradicional, ninguém podia agredir a esposa sem que a comunidade não interviesse. Flora e David são considerados nomes de batismo no Quênia, de modo que, no mínimo, poderíamos esperar que eles fossem batizados, instruídos e apoiados por uma igreja. Mas é evidente que eles não contaram com o apoio da comunidade cristã. Precisamos perguntar: onde estava essa comunidade? Pensando em Ruanda e no Congo, não podemos deixar de perguntar: o que aconteceu com as comunidades que valorizavam tanto a vida humana, que não se poderia tirar a vida do inimigo a não ser em situação de legítima defesa? Por que há *guerras e reações às guerras em todo lugar?

Neste mundo globalizado, as comunidades estão se desintegrando, à medida que o individualismo e a fragmentação se evidenciam por todo canto. Nos países do Ocidente, essa falta de laços comunitários é ainda mais grave. Eu (Emily), quando estudava nos Estados Unidos, ficava impressionada por ver que as pessoas têm tantas facilidades como micro-ondas, água encanada, lava-louças, máquinas de lavar roupas, telefones que funcionam e boas estradas, mas elas não visitam umas as outras. Eu pensava que, com tamanha facilidade para se comunicarem, as pessoas tinham mais tempo para interagir umas com as outras, mas isso não acontecia. As pessoas se mantinham longe umas das outras. Experimentei e vi solidão na vida das pessoas como nunca tinha visto. Em resposta a essa fragmentação, os cristãos estão formando o que chamam de "comunidades intencionais". A palavra de ordem é *comunidade. Sendo originária da África, eu nunca havia prestado atenção nessa realidade, mas então comecei a valorizá-la. Na África, eu via as mulheres percorrendo longas distâncias para buscar água, mas elas faziam isso juntas e, à medida que caminhavam, iam conversando. Desse modo, lazer e trabalho se misturavam. Da mesma forma, lavar roupa e cozinhar para grandes eventos como casamentos são tarefas que tomam muito tempo, mas elas são cumpridas em comunidade. O tempo que se passa junto com os outros permite um alto nível de interação, o compartilhar de estórias, muita alegria e risos. Isso me leva a perguntar se devemos introduzir a tecnologia na África, já que ela não serviu para melhorar as relações humanas no Ocidente.

Que contribuição os cristãos têm dado para a ética social em um mundo que está se tornando cada vez mais individualista e fragmentado? Em *Kingdom Ethics* [A ética do reino], Glen Stassen e David Gushee narram a estória do filme *Jersey Girl* (no Brasil, *Menina dos Olhos*), que ilustra a importância de manter os vínculos da comunidade em um mundo que cada vez mais valoriza o individualismo, a concorrência impiedosa na vida profissional, a perda dos laços com a comunidade e assim por diante. A menina na estória mostra que não somos independentes, indivíduos sem vínculos, mas fazemos parte de uma estória maior da comunidade que molda e forma nosso caráter. Em *Moral Fragments and Moral Community* (Fragmentos morais e comunidade moral), Larry Rasmussen analisa a desintegração da comunidade como resultado do fato de que as sociedades adotaram os interesses econômicos individuais como modelo para interpretar a vida em lugar da comunidade, das alianças e do bem comum. Ele contrapõe esse modelo ao padrão bíblico da *koinonia* (serviço comunitário e mútuo), defendendo que as igrejas formem pequenos grupos de membros que tenham um compromisso em comum tal como missões de paz, defesa da justiça para os pobres, alimentar os famintos, aconselhar os jovens ou cuidar de famílias com necessidades específicas. Ele também defende a ideia de que os membros devem participar de grupos na sociedade, fora da igreja, que atendam necessidades em particular e defendam causas.

Conforme escreve Pavel Hejlar, da República Tcheca, em um manuscrito não publicado, "Moe-Lobeda tem a sensibilidade de ressaltar que a liberdade sem freios do mercado resulta em falta de liberdade por parte da força de trabalho. [...] Os governos abrem mão de importantes aspectos do poder em favor de incontáveis agentes econômicos multinacionais mediante acordos de livre comércio. Embora a intenção possa ser boa, os dados empíricos das regiões afetadas pelas atividades das empresas demonstram que diversos povos, juntamente com seu meio-ambiente, sofrem grandes danos". Cynthia Moe-Lobeda (2002) afirma que as empresas multinacionais são tão grandes e poderosas, que os povos e até os governos acabam se sentindo incapazes de lutar pela justiça. Ela, uma luterana, defende o senso interior de capacitação concedido por Cristo ou, como diriam os pentecostais, a capacitação do Espírito Santo para nos dar energia para resistir às injustiças e trabalhar por uma sociedade mais justa.

2.3. Um mundo pluralista. Em um mundo globalizado, percebemos como nunca que somos uma sociedade pluralista. Nos países ocidentais, há muito orgulhosos de sua herança cristã, as pessoas estão percebendo que adeptos de outras religiões estão hoje mais perto. A sociedade cristã monolítica está desaparecendo cada vez mais. Em um mundo como esse, precisamos distinguir claramente entre cultura ocidental e cristianismo (*veja* Cultura e Sociedade). Precisamos respeitar outras culturas, ainda mais quando vemos que o cristianismo está se tornando uma religião cada vez menos ocidentalizada. Em meados do século 19, quando os missionários levaram o evangelho para a África, eles levaram também a cultura ocidental. Esta era aceita sem nenhuma restrição, ao passo que a cultura africana era rejeitada como bárbara, primitiva e animista. Os missionários também eram categóricos ao dizer que os africanos não tinham valores e, se tivessem, estes eram incompatíveis com o evangelho. O que é espantoso é que aqueles que eram vistos como gente sem valores receberam o evangelho com alegria e deram muitos frutos "a trinta por um, sessenta por um e até cem por um".

Vemos assim que neste mundo de disputa de valores da sociedade pluralista, devemos ter mais do que os valores tradicionais de nossa cultura como recurso para julgar os outros. Não podemos desconsiderar os valores dos outros "por atacado", enquanto aceitamos os nossos sem crítica alguma. Todas as culturas devem se submeter às severas exigências do evangelho. A comparação com outras culturas nos ajudará a avaliar nossas práticas e virtudes. E nos ajudará a nos arrepender da idolatria da lealdade inconsciente aos ventos da ideologia ou da astúcia das racionalizações humanas.

O fato de uma cultura deter poder superior não lhe dá o direito de referir-se aos outros como o "eixo do mal" e matá-los pelo fato de serem diferentes. A ética social cristã inclui nítidas práticas de pacificação (Stassen). Somos cada vez mais desafiados a olhar para os valores do evangelho — principalmente aqueles do Sermão do Monte — para ver quais são os valores cristãos mais básicos e para perguntar como se faz para não confundi-los com nossas várias ideologias culturais. Mais do que nunca precisamos fazer perguntas: o que significa amar nossos inimigos? Durante os conflitos de 1992 entre as tribos no Quênia, muitos cristãos não defenderam aqueles que não eram da mesma tribo que eles. O mesmo aconteceu no genocídio de 1994 em Ruanda. Mas as coisas foram diferentes em 1969 durante as cerimônias secretas nas quais se faziam juramentos que visavam excluir algumas comunidades no Quênia. Um grupo conhecido como Irmãos do Avivamento do Leste Africano convenceu-se de que o sangue de Jesus eliminava as divisões entre as tribos e, assim, renunciou à sua lealdade tribal e se dispôs a sofrer com os irmãos e irmãs de outras tribos. Portanto, somos levados a perguntar: o que fez com que esses cristãos passassem por cima das divisões tribais para se manterem leais a Jesus Cristo?

Neste mundo de valores conflitantes fazemos a seguinte pergunta: onde achamos orientação para viver uma vida ética em nossa comunidade? Como reagiremos às injustiças que grassam em nosso mundo em virtude das práticas econômicas, políticas e sociais? O que faremos para amenizar as desigualdades entre os países pobres e os países desenvolvidos? Como haveremos de influenciar nosso governo para que se criem políticas humanas voltadas para todos, independentemente de gênero, raça, etnia ou classe social? O que haverá de garantir uma distribuição de riquezas equânime? Ademais, como teremos discernimento em um mundo que se tornou tão voltado para a tecnologia? O que faremos quando depararmos com problemas derivados de nosso mundo tecnológico e dos quais as Escrituras não tratam? Entre esses problemas se destacam a bioética, a nanotecnologia, a engenharia genética na agricultura, pesquisas com células-tronco, clonagem e assim por diante.

Na África, estamos perplexos. Nossa preocupação com as questões básicas de sobrevivência significa que não estamos participando da discussão sobre esses assuntos com potencial para nos afetar de forma drástica. Simplesmente precisamos colocar alimento sobre a mesa. Mas como saber se nossa necessidade de coisas essenciais para a vida não será explorada para aprimorar experimentos tecnológicos para o Primeiro Mundo? Experiências envolvendo sífilis foram realizadas com alguns negros no instituto Tuskegee nos Estados Unidos sem que eles tivessem dado consentimento. Como saber se mães desesperadas por comida para seus filhos em face do HIV e da AIDS não aceitarão se tornar laboratórios para clonagem humana? Os recursos humanos e naturais de países pobres são continuamente explorados por empresas dos países ricos. A marginalização se amplia a cada dia, e o potencial de perigo e desastre é cada vez mais ameaçador. É por isso que precisamos saber quais princípios e práticas transparentes nos guiarão em nossa vida compartilhada neste mundo pequeno em que estamos vivendo.

3. Que tipo de ética social? Que tipo de princípios? Quais práticas?

M. De La Torre nos adverte de que nem todo tipo de ética é aceitável. Ele reconhece que todos os grupos endossam algum tipo de código moral. Até a Ku Klux Klan e a Igreja do Criador alegam ser guiados por princípios éticos tradicionais como o cuidado com a família, mas a ética que predomina nesses grupos é racista. "A questão não é tanto se os seres humanos devem seguir um conjunto de preceitos éticos, mas quais preceitos éticos" (De La Torre, 4). Os princípios defendidos irão criticar a injustiça ou apoiar e perpetuar a opressão reinante? De La Torre demonstra que princípios e preceitos positivos virão das pessoas marginalizadas. Mas até uma ética dos marginalizados que não reconhece que Jesus é Senhor corre o risco de ser dominada por ideologias quando os oprimidos conquistam o poder dos opressores. Sabemos que há muitos casos de revolucionários de ontem que se tornaram os opressores de hoje.

3.1. Jesus Cristo é Senhor. Os cristãos creem e confessam que Jesus é Senhor não apenas da igreja, mas também do mundo. *Por isso, Deus também o exaltou com soberania e lhe deu o nome que está acima de qualquer outro nome; para que ao nome de Jesus se dobre todo joelho dos que estão nos céus, na terra e debaixo da terra, e toda língua confesse que Jesus Cristo é o Senhor, para glória de Deus Pai* (Fp 2.9-11). Os cristãos do primeiro século entendiam o senhorio de Jesus como uma declaração política e assim não se curvavam perante César. O senhorio de Cristo se estende a todas as esferas da vida, mas muitas vezes os cristãos agem como se Jesus fosse Senhor apenas de sua vida particular, mas não da vida vivida em público. Uma vez que Jesus Cristo é Senhor, a ética cristã nos pede que não limitemos o discipulado a um ou dois princípios vagos, mas tentemos interpretar o caminho de Jesus com profunda atenção aos aspectos específicos da revelação de Deus em Jesus Cristo. Sendo ele o Senhor, não limitamos a ética cristã a apenas uma parte da vida como, por exemplo, o que não fazer nos relacionamentos individuais, mas a estendemos à vida como um todo, incluindo questões como aquelas suscitadas pela estória de Flora. Uma vez que Jesus Cristo é Senhor e César não é Senhor — nem algum líder político, nem nação, nem tribo, nem partido político, nem interesses gananciosos — arrependemo-nos da idolatria de nos deixar ser levados por ventos de ideologia ou por racionalizações dos homens (Ef 4.14).

Até o terceiro século, o Sermão do Monte era a passagem do Novo Testamento mais citada, mas depois da infusão do idealismo platônico, ela foi relegada a segundo plano. Os ensinamentos de Jesus começaram a ser considerados ideais elevados adequados para a era do porvir ou como posturas interiores em vez de ações. Interpretar os ensinamentos de Jesus no Sermão do Monte como meros ideais resultou em um Jesus "fragilizado" que não está preocupado com as injustiças em nosso mundo. Isso trouxe como consequência um dualismo secular na ética cristã, ou uma ética de duas esferas: os cristãos podem confessar Cristo como Senhor na vida particular, ao passo que ideologias seculares como nacionalismo, tribalismo e racismo regem sua vida pública (*veja* Raça, Racismo e Etnia). Durante a Segunda Guerra Mundial, a maioria dos cristãos na Alemanha apoiava a ideologia nacionalista de Hitler, pois ele prometia preservar valores cristãos. Da mesma forma nos Estados Unidos, os cristãos confessavam em particular que Jesus é Senhor, mas continuavam a possuir escravos. Faltava-lhes uma ética pública de justiça baseada nos ensinamentos de Jesus, pois eles estavam sendo guiados por filosofias seculares. Isso também explica por que na obra missionária do século 19 "a bandeira seguia a cruz". Os missionários confundiam lealdade ao governo deste mundo com lealdade a Cristo. No Quênia, há uma frase popular, *Gutiri ngurani ya Mubia na Muthungu*, que significa "não há diferença entre o colonizador e o missionário".

3.2. O caminho de Jesus é de libertação verdadeira, não de ideais platônicos. Precisamos recuperar o senhorio de Cristo em todas as áreas da vida, em vez de defender um dualismo secular que trata os ensinamentos de Cristo como meros ideais platônicos e os exclui de algumas áreas da vida. O que Cristo ensina no Sermão do Monte não são antíteses nem ideais elevados, mas iniciativas transformadoras que nos convocam a participar do reino de Deus que rompeu em nosso mundo (Stassen e Gushee). Eles não são diádicos na estrutura, como se a justiça tradicional dissesse "Não matarás" e a recomendação fosse "Não fiqueis irados com um irmão ou irmã". Em Mateus 5.22, o ensino de Jesus sobre a ira é um particípio: a ação de manter-se irado com um irmão ou irmã leva--o a julgamento. A ênfase está no terceiro membro do ensino, a iniciativa transformadora, que tem cinco imperativos (aqui grafados em itálico): "...*deixe* sua oferta ali, diante do altar, e *vá* [primeiro] *reconciliar-se* com seu irmão; depois *volte* e *apresente* sua oferta. *Entre em acordo* depressa com seu adversário" (Mt 5.24-25). Esses imperativos são o caminho da libertação do círculo vicioso da manutenção da ira e possível homicídio; eles se baseiam na graça de Deus que nos alcança em Cristo e faz as pazes conosco. São incursões do reino de Deus. Aqui não há nenhum ideal impossível que nos ordene a nunca nos irar. Nenhuma passagem do Novo Testamento nos ordena a não ficarmos irados. Jesus aparece irado em Marcos 3.5 e certamente em Mateus 21.12-13 e 23.5-38. "Em 23.17, Jesus chama seus opositores de insensatos, o que estaria contradizendo Mateus 5.22, se aquele versículo fosse lido como mandamento" (Stassen e Gushee, cap. 6).

Esse padrão vai desde Mateus 5.21 até 7.12. Jesus apresenta catorze ensinamentos nos quais menciona primeiramente a justiça tradicional; então faz um diagnóstico realista de um círculo vicioso que viola o propósito do ensino tradicional; e por fim apresenta o ponto culminante: uma iniciativa transformadora que participa da chegada do reino de Deus e nos liberta do círculo vicioso. O Sermão do Monte não é uma coleção de antíteses, nem de díades, nem de proibições, nem de ideais elevados; é um caminho baseado na graça que nos liberta dos círculos viciosos, diagnosticados de modo realista, que caracterizam a vida humana. Esses ensinamentos abrangem áreas da vida que incluem violência, divórcio, engano, ódio, relações com os inimigos, idolatria, economia e ganância, espírito crítico baseado na justiça própria, lealdade voltada para a busca de poder e assim por diante.

3.3. Libertação dos vícios. Muitas pessoas enfrentam problemas com o vício, a exemplo do alcoolismo de David e dos maus tratos que ele impunha a Flora. Jesus está apontando para a transformação das iniciativas de libertação, não simplesmente para condenação e *vergonha. A vergonha sempre piora os problemas de dependência ou vícios. Programas como o dos Alcoólicos Anônimos que se concentram em passos específicos a serem dados no dia a dia de fato surtem efeitos e ajudam as pessoas a se livrarem do alcoolismo. Em muitos casos, eles lembram os ensinos de Jesus no Sermão do Monte (Cook; Stassen; Humphreys).

3.4. Justiça libertadora. Precisamos também moldar os ensinos do Antigo Testamento, sobretudo o clamor dos profetas que pedem justiça para os marginalizados, às normas centrais da ética social. Encontramos na Bíblia uma "densa" visão de justiça voltada aos oprimidos — viúvas, órfãos, imigrantes, pobres e excluídos. Católicos e teólogos da libertação referem-se a essa postura como opção preferencial de Deus pelos pobres. Essa visão é expressa com muita clareza no primeiro sermão de Jesus: *O Espírito do Senhor está sobre mim, porque me ungiu para anunciar boas novas aos pobres; enviou-me para proclamar libertação aos presos e restauração da vista aos cegos, para pôr em liberdade os oprimidos...* (Lc 4.18). Mas não apenas os pobres: Jesus dava atenção especial também às mulheres e crianças, deficientes físicos e os excluídos pela sociedade. Ele costumava entrar na vida daqueles que a sociedade rejeitava e os restaurava à vida em comunidade.

Em nossas sociedades, "justiça" costuma ter um sentido bem diferente do sentido bíblico da palavra. Muitas vezes o termo assume um viés punitivo e passa a ser usado no sentido de punir os que cometem erros ou os que não se conformam aos padrões estabelecidos pela sociedade. Ou assume um viés de interesse pessoal voltado ao individualismo possessivo, interpretado como algo dirigido principalmente à proteção de bens e propriedades dos que são muito prósperos. Ou o termo é reduzido a um sentido bastante vago como "a cada um o que lhe é devido", sem que se defina o que é "devido", de modo que o conceito não tem o mesmo efeito da justiça bíblica: invocar uma ação compassiva e libertadora para os excluídos ou desafortunados, aos rejeitados ou vítimas de violência. Portanto, é essencial para a ética social cristã que haja clareza quanto ao significado de "justiça e retidão", *mishpat* (*mišpāṭ*) e *tsedeqah* (*ṣĕdāqâ*); os dois termos são muitas vezes usados em paralelismo e claramente têm sentidos muito semelhantes, sentidos paralelos.

Moshe Weinfeld estudou profundamente o sentido de justiça e retidão:

Justiça e retidão significam soltar as amarras do oprimido (as cordas da maldade, Is 58.6), dar pão a quem tem fome, dar abrigo aos pobres e desamparados e vestir quem está nu (v. 7) — i.e., exatamente as ações praticadas pelo rei que concede liberdade a seu povo (Is 58). [...]

Portanto, devemos concluir que a palavra *mishpat*, sobretudo a expressão *mishpat* e retidão, não se refere propriamente à execução da justiça, mas expressa de modo geral a justiça e a equidade social, as quais andam lado a lado com a bondade e a misericórdia. [...]

Assim, quando os profetas se referem a *mishpat* e *tsedeqah*, o sentido pretendido não é apenas que os juízes devem julgar com precisão. Eles querem dizer principalmente que os oficiais e os proprietários de terras devem agir em favor dos pobres. [...]

A expressão idiomática *mishpat* e *tsedeqah* tem um sentido singular, que não corresponde ao sentido de *tsedeqah* isoladamente. [...]

Ela subentende salvação dos oprimidos e perdão aos desafortunados. (Weinfeld, 18, 36, 44, 181, 184.)

Por isso, damos à norma da justiça bíblica o nome de "justiça libertadora". De acordo com ela, Javé é quem redime, salva, liberta: *Eu sou o Senhor teu Deus, que te tirou da terra do Egito, da casa da escravidão* (Êx 20.2). Javé é aquele que ouve o clamor dos oprimidos e olha para suas necessidades, promete-lhes libertação e cumpre suas promessas (Êx 2.23-25; 3.7-10, 16; 6.5-6). Como costuma dizer Isaías, Deus, *o Santo de Israel é o teu Redentor* (Is 54.5; também Is 12.6; 29.19; 30.15; 41.14; 43.3; 43.14; 47.4; 48.17; 49.7-8, 26; 60.14-16; 62.12). Javé, nosso Libertador, Redentor, Salvador, é a norma da justiça de Deus. A justiça de Deus é justiça libertadora. Ela liberta os abatidos e excluídos. O drama subentendido na palavra é o drama da ação de Deus no êxodo e na cruz. O testemunho da palavra é o testemunho de que Deus ouve, vê e liberta com compaixão. "Deus está do lado do pobre" (Mott, 61).

"Por isso, Israel apela constantemente a Javé por justiça e livramento das aflições

(Sl 31.1; 143.11); dos inimigos (Sl 5.8; 143.1, 9), dos perversos (Sl 36; 71.4) e pede a vindicação de sua causa perante os inimigos (Sl 35.24). Javé é justo e ouve os apelos do povo. Sua justiça consiste na intervenção em favor de seu povo, na libertação de Sião. [...] Assim, seu povo deve invocar a Deus no dia da angústia (Sl 50.15). Pois Javé defende a causa dos aflitos e necessitados (Sl 140.12). [...] "Em suma, os justos juízos de Javé são juízos de salvação (Sl 36.6), e assim Dêutero-Isaías refere-se a Javé como 'Deus justo e Salvador' (Is 45.21)". O Antigo Testamento se refere muitas vezes aos justos como aqueles que são oprimidos e privados de seus direitos. "A esperança deles é o Senhor, pois é ele quem lhes restaura o direito (Sl 116.6; 146.8). Seus juízos são sempre favoráveis (Sl 146.6-7) aos oprimidos e aos que têm fome, ao preso e ao cego, à viúva e ao órfão, ao pobre e estrangeiro (Am 2.6)." (Stassen 1992, 73; trechos citados de Achtemeier, 80, 83.)

Não se deve confundir "justiça" com justiça própria, como se fosse algo que o indivíduo possui. Esse sentido está longe do sentido bíblico. Jesus e Paulo criticaram muitas vezes a justiça própria. Precisamos ter em mente a palavra hebraica *şĕdāqâ*, cujo significado é justiça libertadora ou justiça que restaura a comunidade ou justiça restauradora.

É comum cometer o erro de fazer separação entre amor e justiça ou contrapor um ao outro. Mas a justiça está numa relação de continuidade com amor e graça. A justiça é baseada no amor de Deus, na sua compaixão, na sua graça que cuida dos que sofrem (Mott, 61-63).

Nas passagens que tratam de libertação em Isaías, a justiça e a retidão indicam quatro tipos de libertação: da pobreza, da dominação, da exclusão e da violência.

Nos Evangelhos Sinóticos, Jesus entra em confronto com os que governavam a vida diária de Israel e de seus apoiadores — os sumo sacerdotes, saduceus e fariseus, além dos ricos — e esse confronto acontece 37 vezes. Ele os confronta nas mesmas quatro dimensões da injustiça detectada por Isaías — pobreza, dominação, exclusão e violência. Há leitores deste artigo que passam por dominação ou exclusão mais do que por pobreza e violência, e para outros a situação pode ser inversa. As quatro dimensões essenciais de injustiça a justiça deve trazer libertação. Na justiça social, somos chamados a agir dando apoio a esse tipo de justiça que liberta e restaura.

A Bíblia é realista quando mostra a potência do pecado. Ela mede os poderes com a régua da justiça: Moisés enfrenta o faraó. Os profetas enfrentam os reis. Jesus enfrenta os poderosos. Por causa disso, eles o crucificam. Paulo enfrenta Pedro e os que praticam atos de exclusão (Gl 2.11-21). O livro de Apocalipse confronta os poderes (os animais).

As quatro palavras traduzidas por justiça — *mišpāṭ, şĕdāqâ, dike, dikaiosyne* — ocorrem 1060 vezes na Bíblia. Os cristãos não devem passar ao largo do chamado bíblico à justiça libertadora.

A justiça que liberta ou restaura precisa de embasamento legal: os profetas apelam muitas vezes à justiça no portão (tribunal) e no mercado (instituições econômicas). Eles sempre exortam reis, juízes e comerciantes e serem justos nas políticas por eles adotadas. O embasamento legal é necessário porque somos todos pecadores, mesmo quando enganamos a nós mesmos e não enxergamos nosso pecado e nossa ganância, revelando nossa tendência de usar o poder que temos para defender nossos privilégios, diminuindo assim os privilégios dos que têm menos poder. Precisamos que nos sejam impostos limites que impeçam a concentração de poder.

3.5. Igrejas penitentes que lutam por libertação. A justiça libertadora deve ser objeto de nossa dedicação no exercício de nosso dever cívico, na nação, na comunidade e nas igrejas. Ela precisa estar arraigada em nosso conhecimento das estórias bíblicas, na história e na tradição. E também precisa estar arraigada em nossa experiência do dia a dia, em nossos hábitos e em nossas lutas. Deus declara:

Quando estenderdes as mãos, esconderei os olhos de vós; e ainda que multipliqueis as orações, não as ouvirei, porque as vossas mãos estão cheias de sangue. Lavai-vos e purificai-vos; tirai de diante dos meus olhos as vossas obras más;

parai de praticar o mal; aprendei a praticar o bem; buscai a justiça, acabai com a opressão, fazei justiça ao órfão, defendei a causa da viúva (Is 1.15-17).

Praticar a justiça libertadora é conhecer a Deus, segundo nos diz Jeremias 22.15-16: "Teu pai não comeu e bebeu? Ele agiu com justiça e retidão, por isso as coisas iam bem para ele. Julgou a causa do necessitado e do pobre; e as coisas iam bem. *Por acaso não é isso o que significa conhecer-me?*, diz o Senhor" (grifos meus). Isso é conhecer o Senhor, porque, em sua essência, o Senhor tem compaixão por libertar o oprimido (Mott, 76). Jesus coloca-se inteiramente ao lado dessa tradição profética: *Ai de vós, escribas e fariseus, hipócritas! Porque dais o dízimo da hortelã, do endro e do cominho, e omitis o que há de mais importante na Lei: a justiça, a misericórdia e a fidelidade* (Mt 23.23).

A ênfase de Jesus está no arrependimento e na retirada da trave do próprio olho (Mt 7.1-5). Confessar Jesus como Senhor não significa impor nossos valores de modo autoritário, cristãos dominando não cristãos. Isso traria como consequência reação e oposição do mundo secular. Em primeiro lugar, significa corrigir nossas práticas de injustiça. E depois significa agir por influência. Jesus fazia discípulos ensinando e convencendo, não dominando. O segredo está em definir como o estilo de compaixão de Jesus pode ter força de convencimento na ética pública. Isso muitas vezes exigirá uma tradução para o tipo de linguagem usado em discussões públicas na cultura que precisa ser convencida, de modo que a sociedade se convença de que precisa praticar a justiça. Muitas vezes a linguagem de convencimento é aquela dos *direitos humanos, pela qual se dá voz àqueles cujos direitos estão sendo violados e limitando o poder dos que estão no domínio da situação. O alvo não deve ser simplesmente o interesse das igrejas cristãs, mas o bem comum de todos, com atenção especial às minorias e aos que não têm representação, não tem poder, são dominados, marginalizados e excluídos.

A igreja primitiva ia além do discurso e das boas intenções e organizava verdadeiras ações comunitárias pelas quais os pobres recebiam alimentos e roupas e não precisavam andar ansiosos com o que iam comer ou vestir, pois a comunidade estava compartilhando os bens. A justiça libertadora pode significar vender tudo e dar aos pobres (Mt 19.21, sobre o jovem rico), dar uma parte expressiva (Lc 19.8, Zaqueu), contribuir para atender às necessidades dos outros (a oferta organizada por Paulo nas igrejas gentílicas para as igrejas pobres de Jerusalém), a prática do jubileu (Yoder, 1994) ou organizar ações comunitárias voltadas para a provisão de alimentos e roupas para os pobres. Essas iniciativas podem assumir diferentes formas para nós, mas é bom que se tornem realidade, pois, caso contrário, teremos a certeza de que estamos apenas falando e resistindo à mensagem bíblica de justiça. A igreja, se for uma igreja bíblica com o coração aberto para Deus e não com um coração fechado e endurecido, deve praticar com compaixão a justiça libertadora.

3.6. Igrejas como um só corpo. Além de reconhecer que Jesus é Senhor, os cristãos precisam recuperar a verdade de que o mesmo Senhor nos chamou em um só corpo, a igreja. Essa conscientização ajudará a combater a fragmentação e as divisões no mundo de hoje. Os cristãos são chamados a viver juntos em um corpo que é um testemunho ou a comunidade visível do reinado de Deus na história (Yoder, 1997). Essa comunidade do Cordeiro é formada por cristãos de toda tribo, nação e língua, conforme vemos no livro de Apocalipse (5.9-10; 7.9). Paulo afirma a mesma coisa: *Não há judeu nem grego, não há escravo nem livre, não há homem nem mulher, porque todos vós sois um em Cristo Jesus* (Gl 3.28). Mas somos obrigados a lamentar e reconhecer que os cristãos não têm vivido como se fossem um só corpo. As divisões não acontecem apenas por causa de linhas denominacionais, mas também por raça, classe, tribo e gênero. É preciso que nos arrependamos dessas divisões.

Já faz tempo que a ética dominante é ditada pelos que detêm o poder. Mas a ética que procede da confissão de que Jesus é Senhor, do reconhecimento da unidade do corpo, não apenas ouvirá a voz dos que estão marginalizados, mas também os colocará no centro do palco, pois o Senhor a quem servimos veio a este mundo em condição semelhante. A beleza dessa mensagem é que a vida abundante será viabilizada não somente para os marginalizados, mas também para os opressores, os quais, de seu próprio modo, precisam ser libertados de seus medos. "Estruturas de opressão impedem que os que estão no domínio tenham vida abundante (especificamente no sentido espiritual), pois os que são supostamente privilegiados por essas estruturas também têm necessidade da mensagem de salvação e libertação do evangelho (De La Torre, 17). Portanto, essa ética voltada para os que estão à margem constrói o alicerce para a verdadeira comunidade onde todas as ofertas são aceitas no altar.

Veja também Crianças em Situação de Risco; Dinheiro; Direitos Humanos; Ensinamentos Sociais do Catolicismo; Evangelho Social; Guerra; Justiça; Paz e Reconciliação; Pobreza; Raça, Racismo e Etnia; Sexismo; Terrorismo, Violência.

BIBLIOGRAFIA. ACHTEMEIER, E., *Righteousness in the Old Testament*, *IDB*, 4.80-85; COOK, C. C. H., *Alcohol, Addiction and Christian Ethics* (Cambridge: Cambridge University Press, 2006); DE LA TORRE, M., *Doing Christian Ethics from the Margins* (Maryknoll: Orbis, 2004); GRENZ, S. J., *The Moral Quest: Foundations of Christian Ethics* (Downers Grove: InterVarsity Press, 1997); HUMPHREYS, K., *Circles of Recovery: Self-help Organizations for Addictions* (Cambridge: Cambridge University Press, 2003); MOE-LOBEDA, C., *Healing a Broken World: Globalization and God* (Minneapolis: Fortress, 2002); MOTT, S. C., *Biblical Ethics and Social Change* (New York: Oxford University Press, 1982); O'NEILL, W., SJ, *A Grammar of Dissent: Rights, Religion, and the Common Good* (Washington, DC: Georgetown University Press, no prelo); RASMUSSEN, L., *Moral Fragments and Moral Community* (Minneapolis: Augsburg Fortress, 1993); STASSEN, G. H., org., *Just Peacemaking: The New Paradigm for the Ethics of Peace and War* (Cleveland: Pilgrim Press, 1998/2004/2008); idem, *Just Peacemaking: Transforming Initiatives for Justice and Peace* (Louisville: Wesminster John Knox, 1992); STASSEN, G. H.; GUSHEE, D. P., *Kingdom Ethics: Following Jesus in Contemporary Context* (Downers Grove: InterVarsity Press, 2003); WEINFELD, M., *Social Justice in Ancient Israel and in the Ancient Near East* (Minneapolis/Jerusalém: Fortress/Magnes, 1995); YODER, J. H., *The Politics of Jesus* (Grand Rapids: Eerdmans, 1994 [1972]); idem, *For the Nations* (Grand Rapids: Eerdmans, 1997).

E. Choge e G. Stassen

ÉTICA DA VIRTUDE. *Veja* SANTIFICAÇÃO.

ETNIA. *Veja* RAÇA, RACISMO E ETNIA.

EUCARISTIA. *Veja* CEIA DO SENHOR.

EVANGELHO

O evangelho é o centro dinâmico da narrativa bíblica, o núcleo da fé cristã. A palavra significa anunciar boas notícias assim como também o conteúdo das boas notícias, ou seja, a ação redentora de Deus em Jesus Cristo para a *salvação da humanidade. Em Gênesis 3, a humanidade se rebela e comete o pecado original contra Deus. A partir daí, homens e mulheres passam a viver alienados de Deus. O restante da Bíblia narra as incessantes iniciativas de Deus, concretizadas em uma série de alianças, para restaurar a humanidade ao relacionamento com o Criador. Esse é o chamado plano de salvação. O tema dominante das profecias do Antigo Testamento é a vinda da era messiânica, quando o povo de Deus finalmente viverá a salvação. Arraigado nos temas básicos do Antigo Testamento, o Novo Testamento retoma a narrativa dessa iniciativa divina e definitiva realizada na vida, ministério, morte e ressurreição de Jesus, o Messias.

1. O Antigo Testamento
2. O Novo Testamento
3. O evangelho e a cultura humana

1. O Antigo Testamento

O Antigo Testamento emprega o termo *bśr* em referência ao mensageiro que traz notícias sobre uma vitória militar. Quando os filisteus souberam que Saul havia sido morto em batalha, *enviaram mensageiros por toda a terra [...] para proclamarem a notícia nos templos do seus ídolos e entre o seu povo* (1Sm 31.9, NVI; cf. 2Sm 4.10, 1Rs 1.42). Mas as notícias que chegavam da frente de batalha nem sempre eram "boas", a exemplo dos mensageiros que levaram a Davi a notícia da morte de Absalão (2Sm 18.19-33). Quando as notícias eram positivas, o povo celebrava a libertação da mão dos inimigos. Em Salmos 68.11, o salmista convoca o povo para uma grande celebração, pois Deus havia conduzido o povo à vitória (cf. Sl 40.9). Isaías 40—66 refere-se à "voz" ou arauto de Sião, que proclamará ao mundo todo a vitória universal de Deus sobre o pecado e a rebelião humana (Is 52.7). Salmos 96.2-3 recomenda ao povo: ... *dia após dia, proclamai a sua* (de Deus) *salvação. Anunciai sua glória entre as nações; e suas maravilhas, entre todos os povos*. Essas notícias são de alcance universal; são para todos os povos. Os gentios se reunirão com o povo de Deus e reconhecerão que é chegada a hora decisiva da história. Javé é soberano sobre todos (Is 60). Esses temas de expectativa escatológica, a reunião dos gentios e a nova ordem de *shalom* apontam para a era messiânica que o Messias haverá de inaugurar (Is 52.7). O profeta Isaías proclama que o povo de Deus deve ser *luz para as nações* (Is 42.6; 49.6; 60.3) e mostrar o caminho da salvação. W. Smartley (2006) fala sobre a importância de Isaías 52.7 para o ministério de Jesus. Nessa declaração programática, Isaías reúne a expectativa escatológica, a reunião dos gentios e a mensagem de salvação, justiça e paz.

2. O Novo Testamento
Jesus iniciou seu ministério público *pregando o evangelho de Deus e dizendo: Completou-se o tempo, e o reino de Deus está próximo. Arrependei-vos e crede no evangelho* (Mc 1.14-15; cf. Mt 4.17). À semelhança dos mensageiros do antigo Israel que traziam notícias da derrota do inimigo, Jesus está anunciando que o reinado de Deus chegou e está dando início a uma nova ordem. Ele dá as boas notícias de que a era messiânica, há tanto tempo esperada, está começando, e ele é revelado como o Messias, o Salvador. O termo grego *euangelion* ocorre muitas vezes no Novo Testamento: oito vezes no Evangelho de Marcos, quatro no Evangelho de Mateus, duas em Atos, uma vez em 1Pedro, uma vez em Apocalipse e sessenta vezes nos escritos paulinos. O termo não é muito empregado nos evangelhos, mas ele está subentendido. Jesus proclama uma mensagem de Deus que diz respeito ao romper da era messiânico, mas suas palavras e atos são boas novas. Ele transmite ao povo a palavra de Deus; ele é a mensagem que ele proclama. Em Lucas e Atos, o verbo "proclamar as boas novas" (*euangelizomai*) aparece 25 vezes, com destaque para Lucas 4.18 (citando Is 61.1-2), onde Jesus declara sua missão: *anunciar boas novas*, o reino e a paz.

O uso frequente do termo *evangelho* indica que Paulo e seus ouvintes entendiam que se tratava de uma referência ao que Deus havia feito em Jesus Cristo. Em duas ocasiões, Paulo resume o conteúdo do evangelho. Em Romanos 1.1-6, ele vincula o evento de Cristo às profecias do Antigo Testamento; as credenciais messiânicas de Jesus foram autenticadas por sua ressurreição e agora ele é aclamado "Jesus Cristo, nosso Senhor". O segundo resumo enfatiza os eventos históricos cruciais que compõem a narrativa do evangelho (1Co 15.1-28). No entanto, não são meramente fatos históricos; Deus agiu neles e através deles em favor de todos os povos de todos os lugares.

No Novo Testamento, a palavra *euangelion* é empregada de várias formas. Sobretudo para Paulo, o termo sintetiza o conteúdo da mensagem cristã. Ele também se refere às boas notícias de Jesus Cristo (Mc 1.1; 2Co 4.4; 9.13; 10.14) e às boas notícias de Deus (Mc 1.14; 1Ts 2.2, 8, 9). Às vezes, Paulo se refere ao evangelho como "meu" ou "nosso" (2Co 4.3; 1Ts 1.5; 2Ts 2.14). O evangelho é uma mensagem universal: *... é necessário que primeiro o evangelho seja pregado a todas as nações* (Mc 13.10; cf. Mc 16.15 e At 15.7).

O Novo Testamento define o relacionamento adequado entre o evangelho e a humanidade. O evangelho não deriva dos homens (Gl 1.11-12). É a Palavra de Deus para a humanidade. Homens e mulheres precisam urgentemente crer no evangelho, pois ele é de importância decisiva (Mc 1.15). Uma vez que nos submetamos ao poder do evangelho, somos levados a proclamá-lo aos outros (Rm 15.19; 1Co 9.14, 18; 2Co 10.14; 11.7; Gl 2.2). A proclamação do evangelho não depende de nossa escolha; Deus coloca sobre nós esse encargo (1Co 9.16; 1Ts 2.4). Jesus enfatizou que nada é tão importante quanto o evangelho; comprometer-se com ele é mais importante do que a própria vida (Mc 8.35; 10.29; cf. Rm 1.16). Somos chamados para servir ao evangelho no mundo

(Rm 1.1; 15.16; Fp 1.12; 2.22; 4.3; 1Ts 3.2). Esse serviço é um privilégio e um dever. À semelhança de Paulo, podemos ser chamados a defender o evangelho (Fp 1.7, 15). As ações humanas podem distorcer o evangelho e impedir sua influência (1Co 9.12; 2Co 11.4; Gl 1.6-7). Homens e mulheres podem rejeitar ou negligenciar o evangelho (Rm 10.16-17; 2Ts 1.7-8; 1Pe 4.17).

Por meio de Jesus, o Messias, Deus faz por nós o que não podemos fazer sozinhos: ele fornece os meios pelos quais homens e mulheres são restaurados ao relacionamento com Deus (2Co 5.11-21). Nossa responsabilidade é responder à provisão da graça de Deus; somos salvos pela fé na obra de Deus em Jesus (Rm 3.21-26).

3. O evangelho e a cultura humana
Todas as pessoas recebem o evangelho no contexto de uma cultura específica — a (s) língua (s) e os costumes que aprendemos. Esse filtro linguístico-cultural condiciona as informações que recebemos. O surgimento da cultura moderna no século 17 trouxe importantes mudanças ao filtro linguístico-cultural do Ocidente, e isso afetou a maneira como o evangelho é entendido. A cultura moderna passou a fazer distinção entre *fato* e *valor*. Fato era o que podia ser examinado e estabelecido pelas vias da investigação "científica". É a verdade objetiva e a base para o discurso público, ao passo que um valor é uma ideia subjetiva que não pode ser provada, uma questão de opinião pessoal. A religião foi relegada à esfera subjetiva. Outra característica importante foi a ênfase no eu racional.

Com início no século 17, os despertamentos pietista-evangélicos procuraram renovar uma igreja marcada por um nominalismo disseminado, enfatizando a *conversão do indivíduo e a experiência subjetiva. No século 19, a mensagem dos avivamentos passou a ser cada vez mais caracterizada por um duplo *reducionismo*: (1) o evangelho era interpretado essencialmente em termos de salvação pessoal e de preparação para o céu; e (2) era uma fórmula evangelística. Em vez do evangelho do reino proclamado por Jesus, o evangelicalismo moderno concentrou-se na salvação pessoal, individual. Jesus chamou homens e mulheres para que se arrependessem e aceitassem o *reino de Deus.

Ele os discipulava para que vivessem a nova ordem de Deus baseada no Sermão do Monte e nas parábolas do reino (*veja* Discipulado). A salvação pessoal não devia ser separada do movimento maior do reino de Deus. O discípulo era chamado para vivenciar a justiça e a retidão de Deus.

Na década de 1970 um movimento começava a recuperar o evangelho *integral*. Sob a perspectiva de culturas baseadas no grupo social, igrejas da Ásia, África e América Latina passaram a rejeitar cada vez mais essa distorção. Estudiosos da Bíblia abraçaram uma nova interpretação do texto bíblico e reconheceram as distorções introduzidas pela cultura moderna. A urgência de uma reação aos males do racismo, da pobreza, da injustiça e da opressão em muitas culturas continua a desafiar os cristãos a recuperar a mensagem integral do evangelho.

Veja também CONTEXTUALIZAÇÃO; REINO DE DEUS; SALVAÇÃO.

BIBLIOGRAFIA. FRIEDRICH, G., *euaggelizomai, euaggelion, proeuaggelizomai, euaggelistēs*, Theological Dictionary of the New Testament, G. Kittel; G. Friedrich, orgs. (ed. condensada; Grand Rapids: Eerdmans, 1985), 267-73; GUELICH, R. A., "What Is the Gospel?" *Theology, News and Notes* [Fuller Theological Seminary] 51:2 (Spring 2004) 4-7; MATTHEWS, C. R., "Gospel", *The Westminster Theological Wordbook of the Bible*, D. E. Gowan, org. (Louisville: Westminster/John Knox, 2003), 182-84; STRACHAN, R. H., "The Gospel in the New Testament", *The Interpreter's Bible* (vol. 7; Nashville: Abingdon, 1951) 3-31; SWARTLEY, W. M., *Covenant of Peace* (Grand Rapids: Eerdmans, 2006).

W. R. Shenk

EVANGELHO SOCIAL
O movimento do evangelho social costuma ser caracterizado como um movimento religioso com um alcance amplo mas superficial, destituído de uma teologia definitiva, reduto de protestantes brancos do sexo masculino teologicamente liberais. Esses rótulos tem alguma razão de ser. Em seus primeiros dias na Inglaterra industrial e nos Estados Unidos urbanos, no final do século 19, o movimento atravessava fronteiras denominacionais, mas o número de indivíduos envolvidos

ativamente não era grande. O movimento não gerou nenhum sistema teológico desenvolvido. Durante muitos anos, os nomes que através da história receberam mais crédito e atenção foram de homens brancos. No entanto, olhar para o evangelho social somente através dessas lentes restringe nossa compreensão de sua influência teológica e social em seus dias, tanto na história recente quanto nos dias atuais. Nos últimos tempos, os acadêmicos começaram a expandir o alcance de nossa compreensão do evangelho social. O resgate da voz das mulheres, dos homens que não são brancos, assim como também o estudo do alcance do evangelho social que extrapola suas origens protestantes têm contribuído para uma reavaliação do evangelho social. Esse estudo tornou possível a análise de sua influência sobre o pensamento social do catolicismo da metade do século 20, sobre o movimento de direitos civis e sobre os movimentos autóctones e da *teologia da libertação.

1. Características da teologia do evangelho social
2. A reação ao evangelho social nos Estados Unidos
3. As vozes negligenciadas do evangelho social
4. O evangelho social depois da Segunda Guerra Mundial

1. Características da teologia do evangelho social
O movimento do evangelho social não formulou nenhuma doutrina, credo ou mesmo uma declaração teológica mais abrangente. Todavia, há três características do pensamento teológico facilmente detectadas nos sermões e nos escritos dos primeiros líderes do movimento: uma forte ênfase na imanência de Deus e do *reino de Deus na sociedade; o clamor por *justiça e não por caridade; o vínculo inseparável entre *salvação pessoal e salvação da sociedade como um todo. Walter Rauschenbusch, batista americano de origem alemã, pastor e professor de história eclesiástica, produziu o que se considera quase uma declaração sistemática da teologia do evangelho social em seu último livro, *A Theology of the Social Gospel* (Uma teologia do evangelho social). Rauschenbusch não alegava que o evangelho social era algo novo, mas o resgate da ênfase social encontrada na Bíblia e na história da igreja. Ainda jovem, atuando como pastor de uma igreja de imigrantes alemães em um bairro pobre da cidade de Nova York, ele passou a entender que o fator que mais contribuía para a pobreza e para a consequente necessidade de salvação social era o *pecado social e não a fragilidade moral do indivíduo. Sua convicção da imanência de Deus e a crença de que o reino de Deus não era algo invisível ou limitado ao indivíduo levaram-no a ver o reino como algo que poderia ser testemunhado na terra como resultado de uma resposta fiel e sincera ao chamado por justiça e retidão feito por Jesus. Essa teologia "do reino", conforme Rauschenbusch a via, não dispensa nem coloca à margem o compromisso pessoal com Cristo assumido pelo indivíduo, mas defende o chamado à responsabilidade coletiva de todos os cristãos de uns para com os outros no tempo presente. Essa iniciativa coletiva, conforme ressalta Rauschenbusch em outro de seus livros, *Christianizing the Social Order* (A cristianização da ordem social), levaria todos os cristãos na sociedade à concretização do divino.

2. A reação ao evangelho social nos Estados Unidos
No final do século 19 e início do 20, havia grandes segmentos da vida religiosa nos Estados Unidos que se mostravam indiferentes ou hostis à mensagem do evangelho social. A indiferença ou a hostilidade não derivavam apenas das tradições religiosas clássicas. Os "novos movimentos religiosos" do mormonismo, da Ciência Cristã e do Novo Pensamento, em sua maior parte, se mostravam indiferentes. Há várias razões para isso. Para alguns, o ideal de um Deus imanente em vez de transcendente se opunha às suas cosmovisões teológicas. Além disso, como esses novos movimentos religiosos estavam em seus anos de formação durante os primórdios do evangelho social, é natural que estivessem mais concentrados em seus próprios desenvolvimentos internos. Grande parte da energia dirigida para fora das fronteiras de tais movimentos se destinava a autoexplicações ou autodefesas com uma consequente falta de interação entre as várias fronteiras.

Os casos de franca hostilidade ao evangelho social tiveram origem no catolicismo romano e no protestantismo socialmente conservadores. A hostilidade protestante caracterizou-se mais abertamente na figura de Billy Sunday, famoso avivamentista do início do século 20. Em suas pregações de avivamento, Sunday atacava as iniciativas de reforma legislativa dos promotores do evangelho social. No entanto, o evangelicalismo socialmente conservador não foi a única ala da religião americana hostil às atividades do evangelho social. Alguns católicos romanos manifestaram oposição a certos aspectos do evangelho social em duas frentes. A primeira era de natureza tanto teórica quanto teológica. As propostas de alguns líderes do evangelho social que defendiam uma forma branda de socialismo foram interpretadas pela liderança católica norte-americana, mergulhada nas tradições da lei natural e da teologia tomista, como opostas ao direito humano à propriedade privada. A segunda frente foi bem mais protecionista e fundamentada na posição da Igreja Católica Romana nos Estados Unidos do início do século 20 como uma igreja composta sobretudo por imigrantes, muitos deles diretamente atingidos pela pobreza e por condições de trabalho injustas, que os seguidores do evangelho social estavam se esforçando para eliminar. As iniciativas destes últimos foram vistas por muitos líderes da igreja como tentativas de levar os católicos para as igrejas protestantes.

3. As vozes negligenciadas do evangelho social

Durante muitos anos, os acadêmicos do evangelho social o definiram rigorosamente da perspectiva de homens brancos dos centros urbanos. Os segmentos das mulheres e da história religiosa afro-americana expandiram juntos aquela definição mais estreita, fazendo assim um resgate das vozes que antes não se faziam ouvir. A estória de Albion Winegar Tourgee, que trabalhou nos tempos da reconstrução do sul dos Estados Unidos, é um exemplo de que as iniciativas para eliminar a pobreza e a exploração econômica não se limitaram às cidades do norte do país. Sua estória foi negligenciada por muitos anos. Vida Dutton Scudder, professora da faculdade Wellesley College, leiga da igreja episcopal e socialista engajada, está começando novamente a ser conhecida no presente do modo como era conhecida em seus dias: como alguém cuja liderança ativa das reformas nasceu de seu profundo compromisso de fé e de suas práticas espirituais particulares. Scudder foi escreveu muito para publicações como *The Living Church* (A igreja viva) e em livros como *Socialism and Character* (Socialismo e caráter); ela explorou profundamente sua crença no vínculo inseparável entre as práticas litúrgicas de sua fé e as reformas sociais.

4. O evangelho social depois da Segunda Guerra Mundial

Nos anos que logo se seguiram à Segunda Guerra Mundial, um ministro batista afro-americano chamado Martin Luther King Jr. terminou seu doutorado na universidade de Boston. O tema de sua tese foi uma análise da teologia de Walter Rauschenbusch. Ao se transformar em líder do movimento dos direitos civis, ele reconheceu a influência da teologia do "reino" em sua abordagem da não-violência. Em seu famoso discurso conhecido como "Eu Tenho um Sonho" encontram-se indícios da ideia do reino imanente. Em seus últimos anos de vida, Luther King expandiu seus compromissos e passou a incluir as reivindicações de justiça no tocante às oportunidades para obtenção de moradia, de práticas trabalhistas justas e de oposição à Guerra do Vietnã. As raízes teológicas do moderno movimento de direitos civis representada pela atuação dos primeiros líderes do evangelho social receberam um formato e um sentido contemporâneo pelo trabalho de Luther King e de seus companheiros ligados à igreja de modo geral e também à sua liderança.

4.1. A responsabilidade coletiva. O chamado à responsabilidade coletiva dos cristãos de uns para com os outros encontrado no evangelho social foi revivido e recebeu nova importância da Igreja Católica Romana durante o Concílio Vaticano II e nos anos imediatamente seguintes. Esse chamado se fez ouvir nas encíclicas papais e nas cartas dos bispos, mas foi concretizado na ação dos membros comuns da igreja, tanto do clero quanto dos leigos, que ouviram a mensagem de cuidado em favor da humanidade e se dispuseram a trabalhar nas áreas de pobreza urbana e rural nos Estados Unidos e em outros países por todo o mundo.

4.2. Justiça em lugar de caridade. Conforme demonstrado por Max Stackhouse, a mensagem de justiça do evangelho social, e não de caridade, espalhou-se desde o final do século 20 até os dias atuais para além das fronteiras dos Estados Unidos. Os movimentos da *teologia da libertação em todo o mundo abraçaram o mesmo mandato de seus predecessores do evangelho social e adaptaram as reivindicações de justiça e de salvação social a contextos sociais e culturais específicos. Esses movimentos mundiais da atualidade, seja na América Latina, na África, na Índia ou no sudeste asiático, ilustram bem a convicção de Rauschenbusch de que a obra do evangelho social não é algo novo. Eles também demonstram que a obra de salvação pessoal e social ainda não está concluída.

Veja também ASSISTÊNCIA E DESENVOLVIMENTO; JUSTIÇA; MISSÃO HOLÍSTICA; REINO DE DEUS; SALVAÇÃO; TEOLOGIA DA LIBERTAÇÃO.

BIBLIOGRAFIA. DORRIEN, G. *The Making of American Liberal Theology: Idealism, Realism, and Modernity, 1900-1950* (Louisville: Westminster John Knox, 2003); EDWARDS, W. J. D. e GIFFORD, C. DE SWARTE, orgs., *Gender and the Social Gospel* (Urbana e Chicago: University of Illinois Press, 2003); KING JR., M. L. *A Testament of Hope: The Essential Writings of Martin Luther King, Jr.,* org. J. M. Washington (San Francisco: Harper & Row, 1986); RAUSCHENBUSCH, W., *A Theology for the Social Gospel,* com nova introdução de D. W. Shriver Jr. (Louisville: Westminster John Knox, 1997); STACKHOUSE, M. L., "The Fifth Social Gospel and the Global Mission of the Church", em *The Social Gospel Today,* org. C. H. Evans (Louisville: Westminster John Knox, 2001), p. 146-59; WHITE JR., R. C. e HOPKINS, C. H., *The Social Gospel: Religion and Reform in Changing America* (Philadelphia: Temple University Press, 1976); ibid., *Liberty and Justice for All: Racial Reform and the Social Gospel (1877-1925),* com novo prefácio (Louisville: Westminster John Knox, 2002).

A. Russell

EVANGELIZAÇÃO

Mas o anjo lhes disse: Não temais, porque vos trago novas de grande alegria para todo o povo; é que hoje, na Cidade de Davi, vos nasceu o Salvador, que é Cristo, o Senhor (Lc 2.10-11). Assim como o anjo anunciou as boas notícias aos pastores, a evangelização significa compartilhar com as pessoas as boas e alegres notícias de Jesus Cristo. Este artigo faz um breve panorama do sentido e do propósito da evangelização e apresenta ideias para a avaliação de elementos do trabalho evangelístico que sejam eficazes em diferentes contextos culturais.

1. O que é evangelização?
2. A evangelização e os diferentes contextos culturais
3. Elementos da evangelização
4. Evangelização holística

1. O que é evangelização?
1.1. Um panorama bíblico. No Novo Testamento, evangelizar (*euangelizō*) é levar, proclamar ou compartilhar as boas notícias, também conhecidas como evangelho (*euangelion*). Essas palavras gregas com a acepção de anunciar notícias importantes são empregadas no Novo Testamento para referência específica à vinda de Jesus Cristo e à salvação que ele traz ao mundo. Jesus proclama as boas notícias do *reino de Deus (e.g. Mt 4.23; Mc 1.14-15; Lc 4.43; 8.1), envia seus discípulos a proclamar as boas notícias (Mc 10.7; Lc 9.2) e declara que as boas notícias serão proclamadas a todo o mundo antes que ele volte (Mt 24.14). Depois da morte, ressurreição e ascensão de Jesus, seus seguidores continuaram a proclamar as boas notícias, às vezes qualificadas como boas notícias do reino de Deus, de Jesus ou da graça de Deus (e.g., At 8.12, 35; 13.32-33; 20.24; Rm 1.9). Outros termos do Novo Testamento, tais como "proclamação" e "testemunho", referem-se de modo semelhante ao compartilhar das boas notícias de Jesus com as outras pessoas. Entre os muitos exemplos de evangelização praticada por Jesus e por seus primeiros seguidores encontram-se proclamação verbal, ensino, milagres e curas, e testemunhos pessoais e declarações solenes. As profecias do Antigo Testamento também se referem à chegada das boas notícias (e.g., Is 52.7; 61.1).

1.2. O propósito e o alcance da evangelização. O propósito da evangelização é capacitar e motivar as pessoas a firmarem um relacionamento com Deus mediante Jesus Cristo por meio de arrependimento, da fé em Jesus e do compromisso de segui-lo. A evangelização pode ser definida de modo resumido como proclamação verbal do evangelho. No entanto, uma definição mais ampla incluirá as diversas ações, conversas e atividades que podem levar as pessoas a conhecer Jesus e a recebê-lo como Senhor e Salvador.

1.3. A participação do Espírito Santo. Levamos às pessoas as boas notícias de Jesus em obediência à direção do Espírito Santo, que chama as pessoas para Deus. A evangelização deve sempre começar e continuar com oração. A atividade humana não é causa da *conversão de ninguém, mas, pela graça de Deus, fazemos parte do plano de Deus para convidar as pessoas a entrarem em um relacionamento restaurado com ele e para oferecer-lhes uma nova vida através de Jesus.

2. A evangelização e os diferentes contextos culturais

Históricos culturais e nacionais juntamente com circunstâncias individuais são as causas das variações dos modos pelos quais as pessoas se dispõem a conversar sobre o evangelho, entender sua essência, crer na realidade de Cristo e de sua salvação, falar sobre dúvidas e barreiras que elas podem ter, tomar consciência do pecado e da necessidade que têm de Jesus e se comprometerem a segui-lo. As abordagens evangelísticas ou figuras usadas para explicar o *evangelho que falam fundo ao coração das pessoas de um contexto podem ter pouca relevância em outra situação. É importante levar em conta o contexto das pessoas que estamos tentando alcançar em todos os aspectos da ação evangelística. Devemos considerar os valores culturais, os conceitos, as imagens, estórias, interesses, as normas sociais, as formas de validar e aceitar explicações, as tradições e os históricos religiosos e espirituais que nos ajudem a determinar possíveis pontes que viabilizem uma explicação do evangelho que seja passível de ser entendida, pontos de prováveis conflitos ou interpretações equivocadas e questões e necessidades que podem ser satisfeitas em Jesus.

3. Elementos da evangelização

Quando se pondera sobre a melhor maneira de alcançar as pessoas em um contexto específico, há três elementos na evangelização que poderão ajudar se levados em consideração: (1) compartilhar o evangelho, (2) despertar interesse e validar o evangelho, e (3) atividades e métodos pelos quais abordar as pessoas para que possamos compartilhar o evangelho.

3.1. Compartilhar o evangelho. Precisamos pensar em modos de explicar às pessoas diversos aspectos do evangelho de uma forma que possamos ser entendidos: o amor de Deus e seu desejo de se relacionar com as pessoas revelados por meio de Jesus; nossa necessidade de salvação através de Jesus por causa do pecado e de seus efeitos; o significado do sofrimento, da morte e ressurreição de Jesus e de nosso compromisso com ele. Facilitamos a compreensão quando usamos linguagem, conceitos, figuras, analogias ou pontos de partida conhecidos pelos ouvintes; quando falamos da presença e do impacto de Jesus em nossa própria vida e na vida de outros; e quando nos vinculamos aos outros em nível pessoal, incentivando conversas, perguntas e reflexões.

3.2. Validar o evangelho e despertar interesse. Para que possam se comprometer a seguir Jesus, as pessoas precisam não apenas entender as boas notícias de Jesus, mas também crer que elas são reais, verdadeiras e aplicáveis à vida. Algumas culturas e indivíduos dão mais importância que outros a diversos critérios de validação da mensagem do evangelho e de demonstração de interesse, e a maioria emprega uma variedade de critérios.

Podemos demonstrar que Jesus é real e que sua salvação transforma radicalmente nossa vida através de nossa fé, de nossas ações, serviço, relacionamentos e pela interação com outros crentes que fazem parte de nossa experiência comunitária. Muitas pessoas precisam perceber que o evangelho é relevante e plausível para suas experiências de vida, incluindo como elas observam a vida dos cristãos e a descoberta da importância e da presença de Jesus em sua própria vida. Outros precisam perceber que o evangelho é racional e estão interessados em conversar sobre questões teológicas, sobre assuntos espinhosos envolvendo a fé e argumentos apologéticos para aspectos da fé cristã. Outros ainda podem se convencer mais pelo testemunho direto que o Espírito Santo dá acerca de Jesus por meio de curas, profecias, autoridade sobre demônios e forças do mal e outros milagres.

3.3. Métodos e estratégias. Por fim, a evangelização também diz respeito às formas pelas quais abordamos as pessoas e fornecemos oportunidades para que elas ouçam a mensagem do evangelho, conversem sobre ela e respondam. Os métodos e estratégias evangelísticos devem levar em conta aquilo com que as pessoas estão acostumadas, as normas culturais do que é aceitável e as áreas de interesse ou perguntas e necessidades que as pessoas eventualmente possam ter.

A evangelização relacional, pela via da amizade e pelo estilo de vida demanda treinamento e motivação mútua para que expressemos nossa fé através da vida e a compartilhemos, apresentemos o evangelho, façamos perguntas e conversemos com as pessoas que conhecemos. Pequenos grupos podem motivar as pessoas a passar por um processo que envolve vários passos quando pensam e tentam decidir se vão seguir Jesus depois de um período de aprendizado, conversas, perguntas e reflexões. Convidar as pessoas para participarem dos cultos e da comunhão permite que elas observem a comunidade de cristãos e com o tempo considerem a possibilidade de seguir Jesus. Expressões de serviço demonstram o amor e a graça de Deus e podem incluir o compartilhamento sobre o poder de cura, aceitação e transformação de Jesus — tanto para aqueles que servimos quanto para os não cristãos que servem ao nosso lado. Eventos evangelísticos de massa como maratonas, reuniões de avivamento e transmissões por rádio e TV são oportunidades em que se pode apresentar o evangelho a muita gente de uma única vez, mas devem ser seguidas por trabalho de acompanhamento com as pessoas que aceitam Jesus. Evangelismo de contato pessoal, tais como visitas de porta em porta ou pregação nas ruas, pode levar pessoas que ainda não conhecemos a conversar sobre Jesus. Atividades e programações que atendem necessidades ou interesses específicos são meios de criar amizades entre cristãos e não cristãos; de uma forma mais direta, eles poderão incluir conteúdo cristão.

K. Thacker

4. Evangelização holística

4.1. Evangelização além de palavras. A Igreja Católica Romana (e algumas igrejas protestantes) preferem falar em evangelização em lugar de evangelismo. Para alguns grupos, a escolha da palavra acarreta mudança de sentido. Evangelização no catolicismo romano refere-se à proclamação de Jesus Cristo, não apenas com palavras mas também pelo serviço cristão, pela busca da *justiça e pela adoração. Na esfera do evangelicalismo contemporâneo, o chamado ao desenvolvimento de modelos holísticos de evangelismo alinha-se com a ênfase católica na evangelização integral. Ser holístico é fazer da ação ou responsabilidade social uma parceira do evangelismo por palavras, à semelhança das asas de um pássaro durante o voo. Outros preferem se referir à ação social como um recurso visual para incrementar a proclamação do evangelho de Jesus Cristo. Nessas reformulações se pode ver o elemento evangélico distintivo que mantém a proclamação verbal do evangelho como o coração da ação evangelística. Mas há alguns evangélicos cujas visões estão bem próximas do ponto de vista católico acerca da evangelização (Conn, Costas). Harvie Conn, por exemplo, olha para o trabalho evangelístico como um espaço que pode ser descrito de diferentes formas. Ele *é* o que Jesus Cristo faz por meio da adoração (*leitourgia*), do serviço (*diakonia*), da proclamação (*kerygma*) e da comunhão da igreja (*koinōnia*).

4.2. A proclamação do evangelho do reino. Nas últimas três ou quatro décadas, católicos romanos e protestantes (incluindo evangélicos) tomaram uma consciência mais profunda de que, no ministério de Jesus, "evangelho" eram as boas notícias do reinado de Deus (cf. Mc 1.14-15). Essa apropriação maior do tema bíblico do *reino de Deus revitalizou a prática evangelística e missionária nas igrejas dos dias atuais. Toda a igreja é chamada a ser agente do domínio de Deus no mundo. Como consequência, uma vez que Jesus foi ungido e enviado *para anunciar boas novas aos pobres [...] para proclamar libertação aos presos e restauração da vista aos cegos, para pôr em liberdade os oprimidos e para proclamar o ano aceitável do Senhor* (Lc 4.18-19), a missão para a qual a igreja é enviada (Jo 20.21) não está limitada simplesmente à salvação das almas. Ela significa libertação de tudo o que oprime os seres humanos, mesmo que, última análise, esteja relacionado com libertação do pecado, da morte e do Maligno. No entanto, alguns se mostram reticentes em definir salvação dessa maneira. Por exemplo, Ron J. Sider insiste que a linguagem da salvação deve se limitar à experiência de perdão em Cristo e de ingresso na comunidade redimida.

4.3. Evangelizando através das culturas. Falando de modo geral, evangelizar em contextos euro-americanos significa lidar com tendências secularizadoras e com a incredulidade. Naturalmente, essa situação acarreta a necessidade do uso da *apologética (por meio de conversas ou debates) na prática evangelística. Mas a integridade cristã *na comunidade* permanece ainda mais urgente na comunicação da conversão no Ocidente. Nos países em desenvolvimento, os recursos evangelísticos recebidos do Ocidente continuam relativamente úteis, mas o labor teológico contextualizado deu ímpeto a uma apreciação mais crítica desses recursos e à busca de formas mais aperfeiçoadas e culturalmente adequadas. Dito isso, a ação evangelística relacional e o uso de pequenos grupos parecem ser recursos comprovados para a missão cristã em muitos países. Ademais, quando se prega o evangelho, os movimentos pentecostais e carismáticos que se espalham rapidamente em todo o mundo estão chamando a atenção para a proclamação de Cristo como Senhor dos espíritos. Mas os desafios de relacionar a redenção com os problemas da *globalização, da identidade cultural, da *pobreza e da opressão continuam ainda críticos. Com esses desafios, o cristianismo institucionalizado deve dar espaço a uma igreja missional que enfatize as dimensões local e coletiva (universal) do testemunho de Cristo.

T. D. Gener

Veja também Conversão; Evangelho; Missões e Missiologia; Proselitismo.

Bibliografia. Abraham, W., *The Logic of Evangelism* (Grand Rapids: Eerdmans, 1989); Conn, H., *Evangelism: Doing Justice and Preaching Grace* (Grand Rapids: Eerdmans, 1982); Costas, O., *Liberating News* (Grand Rapids: Eerdmans, 1989); Engel, J. e Dyrness, W., *Changing the Mind of Missions: Where Have We Gone Wrong?* (Downers Grove: InterVarsity Press, 2000); Escobar, S., *The New Global Mission: The Gospel from Everywhere to Everyone* (Downers Grove: InterVarsity Press, 2003); Fung, R. *Evangelistically Yours: Ecumenical Letters on Contemporary Evangelism* (Geneva: WCC, 1992); Garrison, D., *Church Planting Movements* (Midlothian: WIGTake Resources, 2004); Green, M., *Evangelism in the Early Church* (Grand Rapids: Eerdmans, 2004) [edição em português: *Evangelização na Igreja Primitiva* (São Paulo: Vida Nova, 1984)]; Jones, S., *The Evangelistic Love of God and Neighbor: A Theology of Witness and Discipleship* (Nashville: Abingdon, 2003); Kallenberg, B., *Live To Tell* (Grand Rapids: Brazos Press, 2002); Klaiber, W., *Call and Response: Biblical Foundations of a Theology of Evangelism* (Nashville: Abingdon, 1997); Mouw, R., *Political Evangelism* (Grand Rapids: Eerdmans, 1973); Newbigin, L., *The Gospel in a Pluralist Society* (Grand Rapids: Eerdmans; Geneva: WCC, 1989); Peng, G. K., ed., *Witnessing to the Whole Gospel: Asia Lausanne Consultation on Holistic Models of Evangelism* (Selangor, Malásia: Asia Lausanne Committee on World Evangelization, 1996); Rausch, T., org., *Evangelizing America* (New York: Paulist, 2004); Sider, R. J., *One-Sided Christianity? Uniting the Church to Heal a Lost and Broken World* (Grand Rapids: Zondervan, 1993).

K. Thacker e T. D. Gener

EVANGELIZAÇÃO HOLÍSTICA. *Veja* Evangelização.

EVOLUÇÃO TEÍSTA. *Veja* Ciência e Teologia.

EXISTENCIALISMO
Existencialismo é um movimento filosófico ocidental do século 20 que prioriza a existência em relação à essência. Filosofias ocidentais desde Platão até Kant e Hegel tentaram periodicamente entender o universo e os seres humanos por meio de um sistema de pensamento que enfatizava uma essência geral comum a toda a humanidade. As circunstâncias históricas e concretas singulares de cada indivíduo eram geralmente tratadas segundo

essa essência universal pré-definida. O existencialismo, reação crítica a essa tendência, reverteu esse processo ao afirmar que todo ser humano é um "ser-no-mundo" — termo empregado por Martin Heidegger para ressaltar a situação única de cada pessoa. Cada um de nós se encontra na mesma situação, "jogado" em um mundo em constante mudança, não ordenado nem definido, mas que exige que tomemos decisões para que moldemos quem somos. Em outras palavras, nossa existência não resulta de uma essência humana comum pré-definida, mas nossa própria identidade, ou seja, quem somos, é determinada pelas escolhas concretas que fazemos ao vivenciar nossa existência.

Ao focar na identidade humana, o existencialismo também é um movimento que se afasta da *epistemologia, que dominou a tradição ocidental, em direção à ontologia, a questão do ser. A identidade é algo construído em sua vivência real e não alguma coisa cujos princípios gerais possam ser conhecidos ou decifrados mediante uma razão natural universal.

As raízes do existencialismo encontravam-se já em René Descartes, que dava ênfase ao sujeito racional e pensante cuja identidade está em uma relação de total independência em relação ao mundo e às pessoas à sua volta. O existencialismo não menospreza o mundo físico como fez Descartes, mas é a este que ele deve sua ênfase na subjetividade e na individualidade. O mais conhecido precursor do existencialismo foi Søren Kierkegaard. Ele enfatizava o indivíduo que se esforça, tem suas paixões, pensa em alternativas e assume compromissos. Ele também reconhecia que os seres humanos existem em um estado de ansiedade em virtude de sua separação de Deus e das inúteis tentativas de superar essa situação. Todos esses temas surgem de uma forma ou outra no existencialismo. Todavia, a influência imediata sobre o pensamento existencialista é do grande nome da fenomenologia, Edmund Husserl. Em suas iniciativas visando a uma ciência da consciência, Husserl absteve-se de sistematizar suas experiências do mundo que o cercava, concentrando-se simplesmente em *descrever* essas experiências (os fenômenos). Ao assim fazer, ele descobriu que a consciência é sempre consciência *de* alguma coisa. A isso ele deu o nome de intencionalidade.

Um dos discípulos de Husserl foi Martin Heidegger, com quem tem início o existencialismo propriamente dito. Em seu livro de 1927, *Ser e Tempo*, Heidegger adota o método de Husserl na tentativa de entender o ser em geral, compreendendo primeiramente o que é a humanidade. Conforme dissemos, o ser humano é um ser-no-mundo: holístico, incorporado e experiencial. Nosso ser é *Dasein* ou "ser-aí", em uma referência ao modo como vivemos em um mundo no qual somos "jogados". Os seres humanos são os únicos capazes de perguntar sobre seu próprio ser e, assim, ocupam-se deste como um *quem* subjetivo, em contraposição a todos os outros seres que são simplesmente *quês*. Uma área em que Heidegger diverge de Kierkegaard é em sua ideia de que a ansiedade surge não da tentativa de vencer nossa separação de Deus por nós mesmos, mas em nossa tentativa de negar que a morte seja definitiva e inevitável, e essa consciência da morte condiciona nosso conhecimento e nossa experiência do tempo. Não importa como os cristãos lidem com esse cenário desolador, a abertura de Heidegger ao ser, e não simplesmente ao ser humano como tal, pelo menos deixa indefinida a questão de Deus. O mais importante sucessor de Heidegger na França, Jean-Paul Sartre, não foi tão ambíguo. Como Heidegger e Sartre beberam da fonte de Husserl, suas descrições da existência humana têm pontos de semelhança. No entanto, enquanto Heidegger ainda se ocupou de modo geral com a ontologia, Sartre concluiu que, se não existe Deus, então não existe nenhuma essência humana universal pela qual se empenhar. Para Sartre, Deus era simplesmente o limite de nosso desejo humano de sermos seres autossuficientes. Foi Sartre quem de fato criou o termo "existencialista", e foi o descaso com a ontologia (expresso em seu ateísmo) que levou Heidegger a rejeitar o termo como descrição de suas posições. No final das contas, sem critério pelo qual medir nossas escolhas, Sartre, em uma frase que ficou famosa, declara que os seres humanos estão "condenados a ser livres".

Pensadores franceses não concordavam com outros pontos do existencialismo de Sartre e o criticavam por ser dualista, individualista, extremamente subjetivo e ignorante de como os seres humanos são de fato formados e influenciados no mundo. Maurice Merleau-Ponty foi provavelmente o primeiro francês a insistir que somos construídos não tanto por escolhas puramente individuais, mas pela linguagem. Sem dúvida, esse pensamento recebeu influência da atenção que Heidegger deu à linguagem alguns anos depois de escrever *Ser e Tempo*. Segundo Heidegger, a linguagem faz mediação de nosso relacionamento com o ser; é nela que se encontra o ser. Embora Merleau-Ponty também tenha se concentrado em questões ontológicas, seus sucessores imediatos na França focaram quase exclusivamente no que ele e Heidegger escreveram sobre a linguagem. Disso resultou o estruturalismo, no final da década de 1950 e nos primeiros anos da década seguinte, havia praticamente substituído o existencialismo de Sartre.

Estruturalistas, com destaque para Jacques Lacan e Michel Foucault, afirmavam que a linguagem é uma instituição social não tanto usada pelos indivíduos mas pelo sistema no qual a vida é vivida dentro de determinada cultura. Temos aqui o início da descentralização do sujeito e, assim, a morte do existencialismo. Contudo, sem a base ontológica mantida por Heidegger, eles também insistiam que a linguagem não se refere literalmente a um mundo objetivo, mas é simplesmente uma função dos motivos inconscientes do autor (Lacan) ou das regras do discurso pressupostas pela cultura (Foucault).

Na década de 1970, o estruturalismo achava-se sob forte ataque imposto pelos pós-estruturalistas em duas frentes. Primeira, a posição estruturalista de que toda linguagem e todo texto são um sistema totalmente fechado significa que o objetivo autoral é sempre secundário à interpretação do leitor. Segunda, a ideia estruturalista de que todo sentido é determinado pela relação de opostos binários (claro/escuro, quente/frio) é considerada simplista demais. O pensador mais famoso associado a essas críticas é Jacques Derrida. Seu interesse não está nos textos literários, mas filosóficos. Ele critica os estruturalistas e, na verdade, toda a tendência ocidental de sistematizar o pensamento segundo estruturas coerentes baseadas em pares de opostos ou dicotomias. Derrida faz uso de seu método de desconstrução para mostrar que essas dicotomias de fato refutam a si mesmas, desafiando assim toda a história da formação das teorias filosóficas desde antes de Platão — incluindo a ontologia de Heidegger. Assim, ao longo do século 20, em especial durante seu desenvolvimento na França, o projeto de Heidegger de uma definição construtiva do ser humano foi rejeitado, primeiro pelos estruturalistas do construtivismo social e depois pelo desconstrutivismo de Derrida. Estes são muitas vezes mencionados como descendentes de Heidegger liberais ou da esquerda.

No entanto, contrapondo-se às tendências desconstrutivas de Derrida, encontra-se a linha de pensamento mais positiva influenciada por Heidegger. Esses pensadores influenciaram profundamente o campo da hermenêutica ou da interpretação de textos. Entre os nomes mais conhecidos estão o alemão Hans-Georg Gadamer e o francês Paul Ricoeur. Por causa de sua visão mais positiva da compreensão e da interpretação, eles têm sido mencionados como seguidores de Heidegger da ala da direita. Gadamer, à semelhança de outros acima, também defende que a linguagem constitui nossa relação com o mundo, mas afirma que os textos assumem um estado próprio e precisam ser interpretados de acordo com isso, não como sistemas fechados, mas abertos a outras leituras. A exemplo de Ricoeur, ele expande a definição de texto e a ela agrega as obras de arte. A ideia de hermenêutica em Ricoeur é semelhante, mas ele está particularmente interessado na interpretação de textos religiosos não como expressões da luta de classes ou do desejo de poder, mas como textos complexos de múltiplos gêneros, intenções e motivações. Esses intérpretes consideram que as tradições e experiências dos leitores abrem possibilidades dentro do texto em vez de obstruir seu sentido e, por isso, eles foram congratulados por um grande número de autores cristãos que escrevem sobre *hermenêutica.

Veja também MODERNISMO E PÓS-MODERNISMO.

BIBLIOGRAFIA. ALLEN, D., *Philosophy for Understanding Theology* (Atlanta: John Knox, 1985); CLARK, K. J.; LINTS, R. e SMITH, J. K. A., *101 Key Terms in Philosophy and*

Their Importance for Theology (Louisville: Westminster John Knox, 2004); CROWELL, S., "Existentialism", *The Stanford Encyclopedia of Philosophy,* org. E. N. Zalta (edição da primavera de 2006 <plato.stanford.edu/archives/spr2006/entries/existentialism/>; FLEW, A., org., *A Dictionary of Philosophy* (New York: St. Martin's Press, 1982); HEIDEGGER, M., *Being and Time* (San Francisco: Harper & Row, 1962) [edição em português: *Ser e Tempo* (Bragança Paulista/Petrópolis: Ed. Universitária São Francisco/Vozes, 2013)]; MACQUARRIE, J., *Twentieth-Century Religious Thought* (Harrisburg: Trinity Press International, 2001); MATTHEWS, E., *Twentieth-Century French Philosophy* (Oxford: Oxford University Press, 1996); SEDGWICK, P., *Descartes to Derrida: An Introduction to European Philosophy* (Oxford: Blackwell, 2001); SMITH, J. K. A., *Who's Afraid of Postmodernism?* (Grand Rapids: Baker, 2006); STUMPF, S. E., *Socrates to Sartre and Beyond: A History of Philosophy* (New York: Mc Graw-Hill, 2003).

A. Mills

EXORCISMO. *Veja* BATALHA ESPIRITUAL; CURA E LIBERTAÇÃO; PENTECOSTALISMO.

EXPERIÊNCIA RELIGIOSA. *Veja* EXPERIÊNCIA, TEOLOGIA DA; PSICOLOGIA DA RELIGIÃO.

EXPERIÊNCIA, TEOLOGIA DA

O conceito da experiência religiosa na teologia foi profundamente influenciado pela obra de Friedrich D. E. Schleiermacher (1768-1834). Ao publicar a edição final de *The Christian Faith*, em 1830, Schleiermacher preparou o terreno para o desenvolvimento da teologia protestante, que aconteceria em seguida. Karl Barth considera Schleiermacher o maior teólogo desde o tempo dos reformadores, embora achasse que sua teologia, em última instância, tinha problemas de concepção, pois está destituída de uma compreensão da teologia revelada e da fé bíblica.

A tradição representada por Schleiermacher considera a experiência religiosa um modo fundamental de relacionamento com Deus que se distingue do conhecimento e da ação. Entre os representantes dessa tradição encontram-se nomes tão diversos quanto Jonathan Edwards, William James, Rudolf Otto e o método da correlação desenvolvido por Paul Tillich.

1. A formulação de uma teologia da experiência segundo Schleiermacher
2. Os perigos de uma teologia da experiência
3. Teologias da experiência depois de Schleiermacher
4. O valor da experiência religiosa

1. A formulação de uma teologia da experiência segundo Schleiermacher
Para Schleiermacher, a ênfase do *Iluminismo na autonomia da razão parecia colocar boa parte da doutrina cristã em desacordo com os ensinos da ciência e da razão. Ele procurou estabelecer uma base para a fé cristã que pudesse contornar esses conflitos. Ao mesmo tempo, ele se opôs à divisão que Kant faz do conhecimento humano segundo uma dualidade de fenômeno e númeno, fazendo com que a teologia fale de Deus de modo apenas especulativo. Schleiermacher resistia a essa teologia especulativa e afirmava que o que se pode conhecer de Deus está baseado na experiência pessoal, designada por ele como "sentimento de dependência absoluta". De autoria de Schleiermacher, *Da Religião: Discursos a seus Detratores Sofisticados*, publicado em 1799, é a principal expressão de um entendimento da religião fundamentado no sentimento pré-reflexivo imediato.

À semelhança de Kant, Schleiermacher opunha-se à ideia de uma autoridade externa para questões envolvendo moral e religião; por isso, ele se estribava na experiência interior do indivíduo (mas não o indivíduo entendido como um eu isolado). Ademais, o conceito de religião de Schleiermacher era inspirado na tradição pietista dentro da qual ele cresceu. A espiritualidade tem seu lócus no sentimento; assim, para Schleiermacher, o sentimento é especificado como uma autoconsciência imediata de dependência absoluta na qual temos a experiência de nós mesmos como seres em completa dependência de Deus. As doutrinas da teologia cristã são expressões das formas especificamente cristãs desse sentimento.

2. Os perigos de uma teologia da experiência
2.1. Questões da natureza pré-cognitiva da

experiência religiosa. É difícil dar expressão adequada a esse conceito de experiência religiosa, sobretudo porque ela é considerada uma experiência pré-cognitiva anterior à nossa linguagem que a descreve. Schleiermacher fez uma abordagem teológica da perspectiva da experiência: a experiência de Deus percebida como realidade acima da razão. Ela não é mediada, é pré-cognitiva ou pré-reflexiva. De acordo com esse sistema, a linguagem religiosa e as doutrinas são extensões das expressões espontâneas e naturais desse sentido ou consciência. Aqui reside um dos grandes pontos fracos na sua visão da religião cristã. Conforme ressalta George Lindbeck, embora a religião seja moldada por nossas experiências, isso torna possível a descrição e a formulação das realidades e das crenças; elas não fornecem o conteúdo. Se por sua própria definição o critério da experiência religiosa é que creiamos que ela seja produzida por Deus, então ela não pode ser independente da linguagem nem do pensamento.

2.2. A experiência religiosa universal. Além dessas questões envolvendo a experiência e sua relação com a linguagem, há outras acusações dirigidas à teologia da experiência de Schleiermacher — e a outros que seguem seu modo de pensar. Tal abordagem da experiência parece afirmar a presença de uma experiência religiosa universal comum; todos têm conhecimento do sentimento de completa dependência de Deus. O próprio Schleiermacher não tem como objetivo estabelecer o entendimento de uma religião universal, mas vê o cristianismo em uma posição de destaque entre as várias modificações dessa consciência de Deus comum a todos. Para ele, todos os seres humanos têm capacidade para essa experiência. Em outras palavras, a experiência religiosa é um aspecto universal da natureza humana; a experiência pode ser universal, mas a religião é particular. No entanto, fica a pergunta: é possível fazer sentido da experiência longe de sua forma religiosa?

2.3. Teologias da experiência como forma de religião natural. Essa ideia da universalidade está relacionada à noção de que as teologias da experiência parecem ser uma forma de religião natural. A ênfase na experiência religiosa leva a um entendimento de Deus como imanente no mundo. Dessa perspectiva, Deus deixa de ser transcendente, alguém com quem se pode interagir de modo pessoal. A distinção entre Deus e o mundo fica ofuscada e dá margem para acusações de panteísmo. Havendo uma ênfase exagerada na imanência de Deus, torna-se concebível a visão de Deus e do mundo como realidades, no mínimo, dependentes uma da outra. No entanto, no caso de Schleiermacher, seu foco cristológico ajuda a amenizar tais alegações de panteísmo, pois Deus é entendido em algum sentido como o outro, separado da humanidade, que procura reconciliar-se com ela e redimi-la por meio da obra de Cristo.

2.4. O relativismo nas teologias da experiência. Outra acusação às vezes dirigida às teologias da experiência é o relativismo. Se a teologia está fundamentada na experiência do indivíduo, ela varia segundo a experiência de cada um. A tendência ao relativismo está relacionada a uma teologia com um conceito de comunidade não desenvolvido, segundo o qual a experiência é entendida fora de um contexto específico. Não é sem razão que Schleiermacher é desafiado nesses pontos. Todavia, ele identifica a comunhão religiosa como algo essencial, pois o potencial de cada pessoa em relação à dependência absoluta é despertado primeiramente pelo poder da comunicação e da verbalização. Além disso, essa autoconsciência nos leva a estar em comunhão religiosa. Para Schleiermacher, essa comunidade é designada como igreja. Tal interpretação da igreja se distingue da religião natural, que, segundo Schleiermacher, jamais fundamenta uma comunhão religiosa.

3. Teologias da experiência depois de Schleiermacher

3.1. O contexto global. Dentro de um contexto global, pode-se ver a experiência como um aspecto importante da *teologia da libertação, em particular em seu conceito metodológico singular descrito como círculo hermenêutico. Debaixo dessa ótica, a experiência é vista como um aspecto da realidade, que conduz à dúvida ideológica, seguida pela aplicação dessa dúvida à teologia e à Bíblia, de onde surge uma nova experiência da realidade teológica. Trata-se de um movimento que vai da experiência para o texto e depois volta para a experiência. Esse círculo hermenêutico é derivado de uma experiência específica como, por exemplo, dos pobres na América Latina. O círculo hermenêutico demonstra um modo pelo qual a experiência pode ser um valoroso elemento da teologia que interage com outras fontes.

3.2. O método da correlação. Métodos teológicos como os da teologia da libertação, no afã de correlacionar a experiência humana com a tradição bíblica, podem ser entendidos como exemplos do uso de um método de correlação. Além disso, essa correlação consiste no estabelecimento de uma relação recíproca entre a experiência presente e algum aspecto da tradição cristã. O método da correlação está mais ligado ao nome de Paul Tillich (1886-1965), que o desenvolveu ao procurar redescobrir a dimensão religiosa da vida cultural que se havia perdido. Lembrando as iniciativas apologéticas de Schleiermacher diante dos "detratores sofisticados" da religião, Tillich queria que a mensagem cristã fosse expressa de modo que pudesse oferecer respostas para as perguntas da atualidade. A exemplo de Schleiermacher e de outros após ele que tentaram unir a religião e a cultura, as iniciativas do próprio Tillich o tornam vulnerável a acusações de teologia natural. Ao abrir espaço para uma capacidade natural e universal dos seres humanos que podem buscar a revelação, Tillich, à semelhança de Schleiermacher, assume o risco de perder a transcendência da revelação. Isso também conduz a uma visão imanente de Deus. Toda teologia mediadora convida a alguma forma de correlação, mas se entendermos Deus e os seres humanos como radicalmente distintos, o método da correlação (e algumas teologias da experiência à moda de Schleiermacher) se mostrará insatisfatório.

4. O valor da experiência religiosa

4.1. A experiência em P. T. Forsyth. A despeito das imperfeições nessas abordagens da teologia da experiência, compreender a experiência religiosa é muito importante para o projeto teológico e não se pode negar que se trata de um valioso elemento do método teológico e igualmente da fé cristã. Os pontos fracos de uma teologia da experiência não são inerentes à categoria da experiência em si, mas a seu funcionamento no método teológico. O emprego da experiência religiosa como fundamento para o conhecimento sobre Deus é um erro cometido por grande parte da teologia moderna e pelas teologias que seguem por esse caminho. Como boa alternativa, podemos olhar para Peter Taylor Forsyth (1848-1921), teólogo britânico que levava a experiência evangélica muito a sério. Ele admitia que a experiência era essencial, mas não podia ser considerada a base. Forsyth aceitava a centralidade da experiência, mas negava que ela deva receber prioridade. Ele considerava que sua experiência evangélica pessoal apontava não para si mesma, mas para a autoridade do Deus santo encontrada em Jesus Cristo. Aqui se encontra um contraponto ao método de Schleiermacher, cuja referência básica para a teologia é a experiência em si e não algo além dela. Ademais, a experiência evangélica sujeita-se à autoridade dentro da comunidade que a regulamenta e interpreta.

4.2. A experiência redimida pelo Espírito. Uma teologia da experiência adequada haverá de enfatizar as particularidades da própria experiência, mas também reconhecerá que somos criaturas caídas que muitas vezes fracassam e deixam de conhecer as coisas como são e não fazem que deveria ser feito. Todavia, cremos que nossa experiência ainda pode ser redimida, e isso acontece de tempos em tempos. A experiência considerada dentro do contexto de uma comunidade de cristãos, fincada nas Escrituras e guiada pelo Espírito Santo faz adequadamente parte de uma teologia cristã experiencial. Estribados no Espírito, conforme mostra a tradição pentecostal, os cristãos são capazes de reabilitar o conceito da experiência e seu uso teológico a fim de obter o verdadeiro conhecimento de como as coisas são e do ser de Deus que os criou.

Veja também MÉTODO TEOLÓGICO.

BIBLIOGRAFIA. ALSTON, W., *Perceiving God: The Epistemology of Religious Experience* (London: Cornell University Press, 1991); BARTH, K., *The Theology of Schleiermacher: Lectures at Göttingen, semestre do inverno de 1923/24* (Edinburgh: T. & T. Clark, 1982); FORSYTH, P. T., *The Principle of Authority in Relation to Certainty, Sanctity, and Society* (London: Independent Press, 1913); GUNTON, C., *The Christian Faith: An Introduction to Christian Doctrine* (Oxford:

Blackwell, 2002); LINDBECK, G., *The Nature of Doctrine: Religion and Theology in a Postliberal Age* (Philadelphia: Westminster, 1984); PROUDFOOT, W., *Religious Experience* (Berkeley: University of California Press, 1985); SCHLEIERMACHER, F., *The Christian Faith* (Edinburgh: T. & T. Clark, 1976); idem, *On Religion: Speeches to Its Cultured Despisers* (Cambridge: Cambridge University Press, 1996).

L. Peacore

EXPIAÇÃO

Dentro da tradição cristã, o termo "expiação" aponta para a obra de Jesus Cristo que viabiliza um relacionamento reconciliado entre Deus e a humanidade, um relacionamento antes rompido pelo pecado. Segundo João Wesley, "nada no sistema cristão tem consequências mais sérias do que a doutrina da expiação" (Wesley, 79). Ele escreveu essas palavras no mesmo século que viu surgir o *Iluminismo europeu. Desde essa época, não foram poucos os teólogos que se afastaram da crença de Wesley. Escrevendo no final da década de 1980, Colin Gunton observou que, ao longo das duas últimas décadas, outros temas haviam cativado a atenção dos teólogos, reduzindo a antiga "enxurrada" de obras sobre o assunto a praticamente poucas gotas (Gunton, xi). Duas décadas depois, as águas começaram novamente a correr, e a expiação está outra vez sob ampla e séria discussão na mesa redonda da teologia.

1. A situação atual
2. Três paradigmas tradicionais
3. Além dos temas tradicionais

1. A situação atual

Dentro dos círculos teológicos do cristianismo, vários fatores contribuíram para o ressurgimento dos diálogos e das análises em torno do tema da expiação. Em primeiro lugar, várias interpretações tradicionais da expiação foram submetidas a críticas éticas e teológicas exageradas feitas das óticas feminista, libertacionista do Terceiro Mundo e antiviolência. Em outros lugares, certas teorias tradicionais da expiação (i.e., satisfação e substituição penal) são vistas como formas de incentivo à tolerância apática da opressão e da violência que glorificam de forma indevida a experiência do sofrimento. Além disso, tais teorias são acusadas de alimentar a ideia de que a violência cósmica contra crianças (i.e., o Pai que deseja sacrificar o Filho) é o caminho divinamente apontado para a salvação (veja Finlan; e os ensaios pertinentes em Carlson Brown e Parker; Trelstad).

Outro impulso relacionado ao atual interesse renovado na expiação diz respeito às reflexões interdisciplinares do crítico literário René Girard e sua teoria do "bode expiatório" de violência ritual (Girard, 1977, 1986). Segundo Girard, as sociedades costumam evitar a disseminação de conflitos internos e, assim, preservam a ordem social canalizando a hostilidade própria do ser humano a um bode expiatório. Embora inocente, o bode expiatório — que costuma ser representado por uma pessoa ou grupo excluído da sociedade ou por esta marginalizado — é identificado como a fonte do conflito e, consequentemente, "sacrificado", ou seja, punido, morto ou banido da comunidade. Para Girard, a estória do evangelho oferece o que nenhum outro cenário de bode expiatório faz: ela revela com toda clareza que Jesus — o bode expiatório — é inocente e, assim fazendo, desmascara a violência ritual associada ao mito do bode expiatório e o trágico erro que ele representa. No entanto, pela avaliação de Girard, a teologia cristã através dos séculos muitas vezes também reincide no erro de endosso da violência sagrada incentivando a (re) interpretação da morte de Jesus em termos sacrificiais e outros afins. Por isso, de modo semelhante ao das críticas feministas e libertacionistas, a obra de Girard sugere que as teorias da expiação tradicionais e "objetivas" (veja adiante) contribuem para a sacralização da violência na tradição cristã (veja interações com o pensamento de Girard em Swartley; Vanhoozer).

Outro fator que se destaca em muitos diálogos atuais acerca da obra de Cristo é a busca que se tem feito da teoria ou figura(s) mais adequada pela qual seja possível entender a expiação. Essa busca tem sido há tempos complicada pelo fato de que o próprio Novo Testamento oferece uma ampla variedade de figuras para explicar a expiação. John Driver observa pelo menos dez temas em volta dos quais as figuras neotestamentárias da expiação podem se agrupar: conflito/vitória/libertação; sofrimento vicário; arquétipo (i.e., homem que representa, pioneiro, precursor, primogênito); mártir; sacrifício; expiação/ira de Deus; redenção; reconciliação, justificação; e família de adoção (veja as figuras bíblicas da expiação organizadas em cinco categorias em Green e Baker, 23). A partir do período patrístico, teólogos cristãos geralmente reconhecem a rica diversidade de modos pelos quais se podem expressar os multiformes aspectos da expiação, ao mesmo tempo em que procuram identificar o ponto central da expiação — a figura básica que expressa a essência da obra salvífica de Cristo da maneira mais completa e dinâmica (veja Mitros sobre o alcance das interpretações patrísticas da expiação).

Particularmente entre teólogos evangélicos da atualidade, a questão da melhor concepção da expiação continua sendo um ponto importante e disputado. No centro dessas conversas se encontra a questão das condições em que se acha o modelo da substituição penal, historicamente a posição mais comum nos meios chamados evangélicos. Nos últimos tempos, diversas vozes evangélicas começaram a questionar a validade da teoria da substituição penal, oferecendo em seu lugar abordagens alternativas que prometem evitar excessos associados a impressões substitutivas (e.g., Chalke; Green e Baker; Shelton). No entanto, outros evangélicos têm defendido a substituição penal argumentando que se trata do modelo mais fiel do ponto de vista bíblico e corrigindo o que consideram ser caracterizações desfavoráveis desse modelo (e.g., Hill e James; Jeffery, Ovey e Sach; Peterson).

2. Três paradigmas tradicionais

Em grande parte pela influência de *Christus Victor*, obra monumental de Gustaf Aulén (publicada em 1931), as várias figuras e teorias da expiação passaram de modo geral a ser classificadas segundo três grandes paradigmas: Christus victor, objetivo e subjetivo. Em sua essência, cada um desses paradigmas concentra-se na ênfase principal da expiação em uma direção diferente (veja em Fiddes, 26-28, uma boa discussão dos vários sentidos vinculados aos termos *objetivo* e *subjetivo* empregados em relação à expiação). Em outras palavras, cada paradigma considera que o objetivo do núcleo da obra de Cristo é tratar de um problema fundamental diferente que se coloca no caminho da salvação.

2.1. O paradigma do Christus victor. Este paradigma, também conhecido como modelo clássico ou modelo do drama, pode ser descrito como "voltado para Satanás" em seu foco. Nas palavras de Aulén, o tema central dessa abordagem é "a ideia da expiação como um conflito e uma vitória divina; Cristo — Christus victor — luta e vence as forças malignas do mundo, os 'tiranos' aos quais a humanidade está cativa debaixo de sofrimento" (Aulén, 4).

O paradigma do Christus victor entende a obra de Cristo sobretudo da perspectiva de seu conflito com os elementos do reino das trevas e de sua vitória sobre eles, elementos que, segundo o Novo Testamento, mantêm a humanidade cativa, ou seja, Satanás e suas hostes demoníacas (Lc 13.10-16; At 10.38; 2Tm 2.26; Hb 2.14-15), a força do pecado (Jn 8.34; At 8.23; Rm 6; 7-14-25; 8.2), a morte (Rm 6.23; 1Co 15.55-57; Hb 2.15) e, em particular por seus elementos de maldição, até a lei (Rm 7.8-13; 1Co 15.56; Gl 3.13). Além disso, desde tempos antigos o paradigma do Christus victor tem capitalizado o tema da descida ao inferno (i.e., Ef 4.8-10; 1Pe 3.18-20).

De uma forma ou outra, essa linha de pensamento parece ter dominado a teologia da expiação na igreja do primeiro milênio (por isso o nome *visão clássica*). Em alguns redutos essa abordagem geral cristalizou-se como um modelo mais definido — a chamada teoria do resgate. Pela teoria do resgate, esse tema conflito-vitória foi agregado ao tema da redenção-resgate e gerou um modelo explicativo segundo o qual Jesus se tornou o resgate com que Deus redimiu a humanidade das mãos de Satanás. Vários elementos passaram a caracterizar a teoria: (1) Satanás tornou-se senhor da humanidade quando, no Éden, o primeiro casal decidiu seguir pelo caminho do pecado. Satanás conserva esse domínio sobre a humanidade por meio dos poderes do reino das trevas (pecado, medo, morte etc.). (2) Através da morte, a vida inocente de Jesus tornou-se o preço do resgate aceitável a Satanás que, em troca, libertaria/redimiria a humanidade. A passagem do Novo Testamento muitas vezes invocada para apoiar essa ideia veio dos lábios de Jesus: ... *a exemplo do Filho do homem, que não veio para ser servido, mas para servir e para dar a vida em resgate de muitos* (Mt 20.28; Mc 10.45; cf. 1Tm 2.6). (3) Por fim, típica da teoria do resgate é a ênfase de que Cristo venceu enganando o Diabo. A injustiça inerente ao ato de tirar uma vida inocente como resgate é o fundamento sobre o qual Cristo derrota Satanás (ideia vinculada às palavras de Paulo em 1Co 2.8).

Entre os maiores expoentes de uma ou outra versão da teoria do resgate encontram-se Ireneu (pelo menos em forma embrionária), Orígenes (o primeiro a explicar a teoria de forma mais detalhada), Gregório de Nissa e Rufino de Aquileia (Ireneu, *Contra Heresias* 2.20.3, 3.18.6, 5.1.1, 5.2.1; Orígenes, *Comentário de Mateus* 13.9, 16.8; Gregório de Nissa, *O Grande Catecismo* 21-26; Rufino, *Comentário do Credo Apostólico* 16). Um número considerável de outros autores dos primeiros séculos da igreja alinha-se com o tema geral do Christus victor, alguns mais, outros menos, quer explicitamente em associação com uma teoria do resgate, quer não, e entre eles se encontram Tertuliano, Crisóstomo, Atanásio, Agostinho e João de Damasco (Tertuliano, *Da Carne de Cristo* 17; João Crisóstomo, *Homilia* 67 [João 12.25-32], 2; Atanásio, *Encarnação do Verbo* 25.4; Agostinho, *Da Trindade* 13.12-15; João de Damasco, *Exposição da Fé Ortodoxa* 4.4).

Com a famosa exposição que Anselmo faz de sua teoria da satisfação (incluindo sua crítica aos elementos mais peculiares da teoria do resgate) teve início no século 11 o início da deposição do paradigma do Christus victor na maior parte dos setores da igreja do Ocidente. Pela avaliação de Aulén, Martinho Lutero tentou revitalizar a abordagem do Christus victor (veja sua interpretação do pensamento de Lutero sobre a expiação em Aulén, 101-22). No entanto, segundo Aulén, começando com o próprio Melanchthon, a reapropriação que Lutero fez do tema clássico perdeu-se rapidamente nos círculos protestantes posteriores à medida que se permitia que teorias "latinas" mais objetivas ocupassem seu lugar. Há quem questione se a leitura que Aulén faz da teologia da expiação em Lutero como fundamentada sobretudo no Christus victor, em contraposição ao paradigma objetivo, de fato reflete o pensamento do reformador (veja Peters).

A despeito de seu declínio geral na igreja do Ocidente depois de Anselmo, o paradigma do Christus victor conservou seu lugar de importância — embora sem um predomínio singular — na teologia da expiação da igreja ortodoxa oriental até os dias de hoje (e.g., veja Lossky, 111-14; Pomazansky, 203-7; *veja* Teologia Ortodoxa Oriental). Neste ponto podem-se observar pelo menos dois fatores importantes. Primeiro, o alto valor que a ortodoxia oriental sempre conferiu ao dogma patrístico como teologicamente normativo levou-a com naturalidade à manutenção da visão clássica da expiação defendida pela igreja antiga. Segundo, a igreja ortodoxa tende a considerar que a igreja ocidental (desde Anselmo) privilegia certos modelos objetivos da expiação (e.g., satisfação, substituição penal) com foco perigosamente estreito e promove uma imagem inadequada de Deus como um ser vingativo (Florovsky, 102-3; Lossky, 114-15; Pomazansky, 208-9). Na seara da própria igreja do Ocidente, preocupações semelhantes dentro da tradição anabatista serviram para assegurar que o paradigma do Christus victor permanecesse como peça central de sua abordagem da expiação durante séculos (Finger 2004, 331-65).

Embora alguns aspectos da tradição do Christus victor e da exposição que Aulén faz deles tenham sido criticados — por exemplo, desde a famosa crítica de Anselmo, muitos têm afirmado que ela promove um dualismo perigoso que, entre outras coisas, ameaça a própria soberania de Deus — ela mesmo assim é amplamente reconhecida por ressaltar um importante elemento da expiação que durante séculos foi profundamente negligenciado. Assim, Robert Webber escreve sobre um "novo consenso teológico" no tocante à recondução da teoria do Christus victor a um lugar de importância na teologia da expiação (Webber, 267). Nesse contexto, vários estudiosos da atualidade lançaram mão do tema do Christus victor e o transformaram em um tema importante — às vezes até central — pelo qual se deve entender a obra de expiação de Jesus Cristo (e.g., Boyd; Finger 1985, 1:303-48; Shelton, 167-72; Webber).

Nos últimos anos, um número cada vez

maior de teólogos tem feito uso do paradigma do Christus victor e de seus temas envolvendo conflito e vitória para elaborar uma visão da expiação não violenta e libertacionista. Em alguns casos, em especial aqueles moldados por influencias liberais do Ocidente, essa apropriação do tema do Christus victor é muitas vezes acompanhada por um momento de demitologização (e.g., Ray; Weaver). Neste ponto, Satanás e os "principados e poderes" sobre os quais Cristo triunfa deixam de ser vistos como seres pessoais, sendo então considerados símbolos de sistemas e estruturas de opressão transpessoais geradas pelo homem.

Vários teólogos observam a importância desse tema para os que vivem em contextos dos países em desenvolvimento — pessoas em cujas experiências de vida existe opressão derivadas de estruturas humanas e de seres espirituais malignos. Assim, John Mbiti, conhecido teólogo africano, escreve que "a grande necessidade entre os povos africanos é ver, saber e experimentar Jesus Cristo como aquele que vence as forças e poderes dos quais a África não sabe como se libertar" (Mbiti, 55; veja também Amoah e Oduyoye, 40-44; Bediako; 95-96). Aspectos do paradigma do Christus victor são afirmados também por teólogos em contextos da América Latina, Ásia e Índia (e.g., Gonzalez, 154-55; Kyung, 227; Prabhu, 157-60).

2.2. O paradigma objetivo. Uma característica central de qualquer modelo objetivo da expiação é o foco "voltado para Deus". Em outras palavras, uma teoria objetiva da expiação entende que a obra de Cristo atende sobretudo a uma necessária exigência de Deus. Essa trajetória das teorias da expiação tem sido denotada por rótulos como "substitutiva", "latina", "comercial" e "anselmiana". As teorias que se enquadram nesse paradigma tendem a enfatizar temas neotestamentários como sofrimento vicário, sacrifício, *justificação e propiciação/expiação. Mas mesmo entre os que concordam que a ideia de sacrifício vicário é essencial para a expiação, há divergências quanto à natureza e ao efeito do sacrifício no que diz respeito a Deus e às suas exigências. Essa controvérsia é exemplificada no debate do século 20 envolvendo a palavra grega *hilaskesthai* e termos cognatos usados em relação à expiação

na Septuaginta e no Novo Testamento: devem ser eles traduzidos por "propiciação" (i.e., "ato pelo qual se apazigua uma divindade ou se aplaca sua ira"), "expiação" (i.e., "a remoção do pecado") ou "propiciatório" (veja Gundry-Volf). C. H. Dodd, defendendo a visão da "expiação" deu início ao debate em 1931 com a publicação de seu artigo sobre *hilaskesthai* (Dodd). Leon Morris apresenta seu contra-argumento bem conhecido (Morris, 144-213). Aqui são importantes as passagens que refletem os elementos ligados ao ato de "levar o pecado" segundo o paradigma de Isaías 53. Muitos acham que Paulo capta a essência do paradigma objetivo quando escreve: *Daquele que não tinha pecado Deus fez um sacrifício pelo pecado em nosso favor, para que nele fôssemos feitos justiça de Deus* (2Co 5.21). Citando outro texto paulino crucial nesse aspecto:

> *Porque todos pecaram e estão destituídos da glória de Deus; sendo justificados gratuitamente pela sua graça, por meio da redenção que há em Cristo Jesus, a quem Deus ofereceu como sacrifício propiciatório, por meio da fé, pelo seu sangue, para demonstração da sua justiça. Na sua paciência, Deus deixou de punir os pecados anteriormente cometidos; para demonstração da sua justiça no tempo presente, para que ele seja justo e também justificador daquele que tem fé em Jesus* (Rm 3.23-26).

A teoria da satisfação de Anselmo é o exemplo clássico desse tipo. Embora as origens da teoria de Anselmo remontem a Tertuliano (com sua ênfase na penalidade e na satisfação devida a Deus pela humanidade pecadora, ideia inspirada na lei romana) e Cipriano, foi Anselmo da Cantuária (1033-1109) que em seu livrete *Cur Deus Homo?* (Por que Deus se fez homem) delineou essa visão com grande força.

As principais linhas da teoria de Anselmo podem ser resumidas em seis pontos: (1) a essência do pecado é a incapacidade que o ser humano tem de dar a Deus o que lhe pertence por direito; o pecado desonra a Deus. (2) Cabe ao ser humano a responsabilidade de restaurar a Deus aquilo que ele lhe roubou, além de fazer restituição mais do que suficiente por tê-lo magoado e ofendido. É inerente à honra de Deus exigir que se façam restauração e reparação. (3) A humanidade jamais poderá pagar essa dívida. Mesmo que o ser humano fizesse o máximo e não pecasse mais, ele estaria dando a Deus apenas o que já é de seu direito; a reparação necessária e mais do que suficiente jamais seria feita. Além disso, a humanidade vive cativa do Diabo. (4) A Deus restam duas opções: punir a humanidade segundo ela merece ou aceitar uma satisfação feita em seu nome. (5) E agora o impasse: somente um ser humano pode fazer satisfação, uma vez que a dívida é da humanidade, mas nenhum mero homem reúne as condições para fazer satisfação pela raça. (6) A única solução se encontra no mistério de Jesus Cristo, o Deus-homem. Sendo Deus, ele tem a *capacidade* de fazer satisfação; sendo homem, a satisfação pode ser feita em nome da *humanidade*. Anselmo baseia sua discussão da encarnação e da expiação da perspectiva da razão e da necessidade. No último diálogo entre seus dois interlocutores, um deles diz: "Tudo o que disseste me parece razoável e indiscutível. [...] Pois, ao provar que Deus se fez homem por necessidade, [...] tu convences tanto judeus quanto pagãos pela simples força da razão" (*Cur Deus Homo* 22.1).

A teoria de Anselmo exerceu atração na Idade Média, pelo menos em parte, pelo fato de que ela capitalizava a ideia profundamente vinculada à prática eclesiástica da penitência e ao então novo sistema feudal — a saber, a ideia da satisfação. A teoria da satisfação tinha as vantagens de evitar as excentricidades da teoria do resgate e ao mesmo tempo fornecer uma explicação da obra de Cristo que leva a sério o pecado humano e esclarece bem como a morte de Jesus satisfaz as exigências da honra de Deus.

Com o advento do período da Reforma surgiram não apenas inovações teológicas mas também transformações sociais, mudanças que revelariam ter importância para a teoria da expiação. Na Europa, o gradual desaparecimento do sistema de feudos e o surgimento da teoria política teutônica com sua visão da lei prepararam o terreno para uma nova expressão do paradigma objetivo: a substituição penal. (Veja Morris e Stott, duas das mais influentes expressões da visão da substituição penal na teologia evangélica do século 20.) Por essa teoria, a questão fundamental é de uma transação penal legal entre Deus e Cristo que traria o benefício da salvação à humanidade. Sendo justo juiz, Deus não pode permitir que sua lei seja infringida impunemente. O sacrifício de Cristo satisfaz as exigências da justiça de Deus. Assim, ele propicia a ira de Deus contra os pecadores e é a base que permite que o perdão divino lhes seja estendido com justiça. Uma grande variedade de passagens bíblicas podem ser invocadas em apoio a essa visão. Isaías declara que o Servo sofredor foi *ferido por causa das nossas transgressões e esmagado por causa das nossas maldades* (Is 53.5). Paulo afirma que Cristo *foi entregue à morte por causa das nossas transgressões* (Rm 4.25) e que *daquele que não tinha pecado Deus fez um sacrifício pelo pecado* (2Co 5.21). A Primeira Epístola de João faz uma declaração semelhante: *Ele é a propiciação pelos nossos pecados* (1Jo 2.2).

As raízes da teoria da substituição penal são perceptíveis nos escritos de João Calvino, embora tenham sido outros expositores que mais tarde a sistematizaram e enfatizaram com mais força. A substituição penal é a posição que acabou caracterizando a abordagem típica reformada/calvinista do tema da expiação. Há uma longa lista de respeitáveis pensadores evangélicos que adotaram alguma versão da teoria e, entre eles, citamos Charles Hodge, W. G. T. Shedd, Louis Berkhof, John Murray, Leon Morris e John Stott.

Durante os anos da Reforma surgiu outra expressão do paradigma objetivo: a teoria do governo moral. Primeiramente defendida por Hugo Grotius (1583-1645), arminiano e ex-calvinista, a teoria apresenta uma espécie de terceiro quociente em relação à teoria da satisfação de Anselmo e à teoria da influência moral de Abelardo — ou, à medida que as linhas se aproximavam dos dias de Grotius, em relação à teoria da substituição penal e à teoria sociniana do exemplo moral (veja adiante). À semelhança da teoria da substituição penal, ela tenta levar a sério a lei e a justiça divinas. No entanto, a exemplo das teorias subjetivas, ela ressalta que Deus deve ser visto sobretudo como Criador e Pai amoroso e não como um Juiz tomado de ira.

A teoria do governo moral apresenta Deus tanto como o Criador amoroso quanto como o Governador moral do universo. Como Criador amoroso, Deus não tem nenhuma necessidade intrínseca de nos punir para só então nos perdoar. Antes, à semelhança do pai na Parábola do Filho Pródigo, Deus está sempre esperando de braços abertos, pronto para perdoar. Todavia, como Governador justo e moral do universo, Deus não pode simplesmente fazer vista grossa para os pecados da humanidade como se eles nada fossem. Por meio da morte de Cristo, Deus nos mostra a gravidade da violação de sua lei, o que então nos desmotiva a continuar pecando. Deus exige que o pecado seja tratado, mas ele não exige necessariamente uma pena ou punição equivalente à ofensa em todos os casos. Contanto que os pecadores sejam demovidos de cometer outros pecados, Deus estará mantendo seu governo com justiça. Assim, em vez de punir a humanidade, o ódio de Deus em relação ao pecado é demonstrado pelo sofrimento de Cristo. A linha do governo moral tem sido adotada pela tradição wesleyana/arminiana (e.g., Grider; Miley; veja também Boyd e Eddy, 125-30).

2.3. O paradigma subjetivo. As linhas subjetivas das teorias da expiação — também conhecidas como paradigma moralista, humanista ou abelardiano — estão unidas pela convicção de que o foco principal da expiação é "voltado para a humanidade", ou seja, a obra expiatória de Cristo destina-se acima de tudo a efetuar *uma mudança nos seres humanos*. As teorias subjetivas bebem principalmente de temas neotestamentários como reconciliação, revelação (i.e., Jesus como reveação do amor de Deus) e adoção na família (i.e., Deus como Pai amoroso). O tema da cura encontrado em várias partes das Escrituras (e.g., Is 53.5; Mc 2.17; 1Pe 2.24) oferece outra importante dimensão da expiação como ato voltado para a humanidade (veja Reichenbach). Muitas versões desse paradigma inspiram-se na declaração de Paulo em Romanos: *Mas Deus demonstra seu amor por nós: Cristo morreu em nosso favor quando ainda éramos pecadores* (Rm 5.8, NVI). Qualquer texto do Novo Testamento que proclame o amor de Deus pela humanidade e seu consequente desejo de salvar os pecadores pode ser invocado como prova dentro dessa linha de interpretação da expiação (e.g., Jo 3.16; 1Jo 4.8, 16).

Geralmente se reconhece que o mais famoso expoente da abordagem subjetivista é Pedro Abelardo (1079-1142; veja uma crítica dessa interpretação de Abelardo em McGrath, 205-20). À semelhança de Anselmo, ele não gostava da teoria do resgate, comum na igreja mais antiga, por causa da ideia de que Satanás tinha algum tipo de direito legítimo sobre a humanidade pecadora. Essa visão dualista era o equivalente de considerar o Diabo um deus rival. Todavia, Abelardo também não admitia certos aspectos da teoria da satisfação de Anselmo, a qual (pelo menos em versões geralmente caricaturescas) poderia ser entendida de uma forma que transformava a Deus em uma espécie de Diabo cheio de ira. A principal resposta de Abelardo à questão da expiação veio na forma de um terceiro e amplo paradigma: a obra de Cristo consiste sobretudo em demonstrar ao mundo a incrível profundidade do amor de Deus pelos seres humanos. A expiação dizia respeito principalmente à humanidade, não a Deus. Não há nada inerente a Deus que precise ser apaziguado para que ele então deseje estender seu perdão à humanidade pecadora. O problema reside no coração humano endurecido e pecaminoso, que tem medo de Deus e o ignora. A raça humana se recusa a voltar-se para Deus e ser reconciliada. Por meio da encarnação e da morte de Jesus Cristo, o amor de Deus brilha como um farol em alto mar que sinaliza para a humanidade um convite para que ela se aproxime e tenha comunhão com Deus. A visão de Abelardo — que ficou conhecida como teoria da influência moral — estava vinculada a uma firme doutrina da eleição (ausente em muitas leituras atuais de Abelardo). As ideias de Abelardo acabaram sendo desafiadas por Bernardo de Claraval e condenadas pelo Concílio de Sens, o que o levou a ser excomungado. No entanto, sua abordagem básica da expiação foi mantida sob várias formas ao longo do último milênio (veja uma versão atual em Quinn).

Na época da Reforma, Fausto Socino propôs outra versão da linha subjetiva. Ela está fincada na rejeição da satisfação vicária como algo que não tem relação com a obra de Cristo. O pensamento de Socino, que ficou conhecido como teoria do exemplo moral, enfatiza que o real valor da morte de Jesus está no fato de que ela nos oferece um exemplo perfeito de dedicação a Deus marcada pelo autossacrifício. Socino, é claro, foi acusado de ensinar heresias, incluindo uma teologia antitrinitária, uma cristologia equivocada e uma visão pelagiana da humanidade e do pecado. Os críticos do paradigma subjetivo somam a essas críticas a fragilidade de uma teoria da obra de Cristo extremamente centrada no homem.

Com a ascensão da moderna teologia liberal que enfatiza o amor de Deus as teorias da influência moral passaram a ser novamente valorizadas como explicação da expiação. Na América do Norte, Horace Bushnell foi um expoente bem famoso, a exemplo de seu correspondente na Grã-Bretanha, Hastings Rashdall. Entre outros cujas ideias manifestam simpatia por essa abordagem encontram-se Friedrich Schleiermacher, Albrecht Ritschl e R. S. Franks.

O conceito ortodoxo oriental da expiação como "teose" distingue-se bastante da teoria da influência moral e, mesmo assim, representa uma importante abordagem "voltada para a humanidade" — i.e., a expiação fez com que fosse possível ao crente participar dos atributos morais divinos e, desse modo, desfrutar da união com Deus (2Pe 1.4; veja Florovsky, 95-8; Lossky, 111; *veja* Deificação, Teose). Segundo essa perspectiva, a ênfase da igreja ocidental na morte de Cristo é considerada exagerada. Some-se a isso uma forte contraênfase no poder expiatório da própria vida encarnada de Jesus, assim como também de sua ressurreição (Lossky, 115; Pomazansky, 196). Por isso, no centro da expiação, a igreja oriental coloca as palavras de Ireneu: "... o Filho de Deus tornou-se Filho do homem, para que o homem também pudesse se tornar filho de Deus" (*Contra Heresias* 3.10.2; citado em Florovsky, 95).

Teorias libertacionistas da atualidade expressam outro tipo de abordagem da obra salvífica de Cristo como expiação "voltada para a humanidade" (muitas vezes aliada ao elemento do Christus victor, conforme já observado; *veja* Teologia da Libertação). Aqui se ressalta o poder revelador da expiação, a saber, a revelação da solidariedade de Deus em relação aos pobres e oprimidos. Nas palavras de C. -S. Song, o Jesus crucificado "revela-nos um segredo, uma importante mensagem sobre o paradeiro de Deus: Jesus sobre a cruz é onde Deus está. [...] A cruz de Jesus e a cruz dos homens, mulheres e crianças que sofrem estão unidas em Deus e revelam o coração do Deus que sofre" (Song, 122). Esse dado revelador é em si mesmo uma força expiatória ao oferecer esperança às pessoas que sofrem, a esperança de que o amor de autossacrifício não tem limites, de que Deus está do lado dos que estão sofrendo e não contra eles, de que Deus é um "Deus sofredor" (Sobrino, 240-46; veja também Song, 120-23). Como no caso da teose da ortodoxia oriental, os modelos libertacionistas também ressaltam a natureza holística da expiação e, assim, a eficácia expiatória da encarnação que se manifesta nas realidades específicas da história de vida de Jesus — suas origens humildes, sua identificação com os pobres, com os marginalizados, com os impuros e excluídos; e finalmente sua morte humilhante e complexa sobre a cruz. A vida e a morte de Jesus revelam sem sombra de dúvida que, em Cristo, Deus participa plenamente do sofrimento da humanidade. Ele pode entender os que sofrem, os pobres e oprimidos e com eles se relacionar de perto. Ele é solidário com tais pessoas e as fortalece no meio do sofrimento a que estão submetidas. Além disso, a morte de Jesus põe a descoberto as estruturas violentas e opressivas deste mundo, que não somente cometem injustiças contra os que estão sofrendo debaixo do peso de seus regimes mas também cometem violência contra o próprio Deus.

3. Além dos temas tradicionais

Por fim, observem-se as formas pelas quais alguns têm procurado ir além das fronteiras dos temas da expiação mais tradicionais. Nos contextos dos países em desenvolvimento, por exemplo, a consciente fusão de temas libertacionistas com teologias de aculturação tem alimentado a busca de *cristologias culturalmente relevantes que extrapolam as categorias tradicionais. Tais iniciativas têm produzido várias e novas imagens soteriológicas de Jesus, figuras que transmitem o poder da obra expiatória de Cristo em termos mais facilmente compreendidos e adotados com maior naturalidade dentro do contexto local. Por exemplo, em situações da África e da Ásia, tem sido empregada a figura de Jesus como Protoancestral ou Ancestral por excelência (*veja* Ancestrais) — aquele que não apenas cumpriu o ideal do mediador/ancestral honorável, mas também "transcendeu infinitamente esse ideal e o levou a uma nova plenitude" (Bujo, 80; veja também Phan, 126-42). No contexto africano, entre outras figuras cristológicas que viabilizam novas maneiras de conceber a obra poderosa de Cristo encontram-se Jesus como "Curandeiro dos curandeiros" e "Mestre de Iniciação" (Bujo, 85).

No mundo da teologia, as reações a essas novas figuras têm sido as mais diversas. Muitos acham que o uso dessas figuras é libertador. No entanto, especificamente dentro da comunidade evangélica, há uma preocupação com a possibilidade de, na tentativa de estabelecer uma relação entre Jesus e a cosmovisão de uma cultura local, algumas dessas figuras resultarem em um sincretismo prejudicial, por um lado, ao passo que, por outro lado, se perde o sentido essencial da expiação. Mas outros evangélicos têm defendido que, sob a luz de tantas e variadas figuras da expiação encontradas nos próprios textos bíblicos, temos um bom fundamento para deixar de dar preferência obrigatória a uma ou outra figura, abrindo-se assim a possibilidade de explorar mais plenamente a natureza "caleidoscópica" da expiação (Green; veja também Green e Baker).

Veja também CRISTOLOGIA; DEIFICAÇÃO, TEOSE; JUSTIFICAÇÃO; SALVAÇÃO.

BIBLIOGRAFIA. AMOAH, E. e ODUYOYE, M. A., "The Christ for African Women", in: *With Passion and Compassion: Third World Women Doing Theology*, V. Fabella e M. A. Oduyoye, orgs. (Maryknoll: Orbis, 1988) 35-46; ANSELMO, *Saint Anselm: Basic Writings* (2. ed.; LaSalle: Open Court, 1962); AULÉN, G., *Christus Victor: An Historical Study of the Three Main Types of the Idea of the Atonement* (New York: Macmillan, 1969 [1931]); BEDIAKO, K., "Jesus in African Perspective: A Ghanaian Perspective", in: *Emerging Voices in Global Christian Theology*, W. A. Dyrness, org. (Grand Rapids: Zondervan, 1994) 93-121; BEILBY, J. e EDDY, P. R., orgs., *The Nature of the Atonement: Four Views* (Downers Grove: Inter-Varsity Press, 2006); BOYD, G. A., "*Christus Victor*: The Warfare Significance of Christ's Death", cap. 9 de *God at War* (Downers Grove: InterVarsity Press, 1997) 238-68; BOYD, G. A. e EDDY, P. R., "The Atonement Debate", in: *Across the Spectrum* (Grand Rapids: Baker, 2002) 113-31; BUJO, *African Theology in Its Social Context* (Maryknoll: Orbis, 1992 [1986]); CARLSON BROWN, J. e PARKER, R., "For God So Loved the World?" in: *Christianity, Patriarchy, and Abuse: A Feminist Critique*, J. Carlson Brown e C. R. Bohn, orgs. (New York: Pilgrim Press, 1989) 1-30; CHALKE, *The Lost Message of Jesus* (Grand Rapids: Zondervan, 2003); DODD, C. H., "*Hilaskesthai*, Its Cognates, Derivatives, and Synonyms in the Septuagint", *JTS* 32 (1931) 352-60; DRIVER, J., *Understanding the Atonement for the Mission of the Church* (Scottdale: Herald Press, 1986); FIDDES, S., *Past Event and Present Salvation* (Louisville: Westminster John Knox, 1989); FINGER, N., *Christian Theology*, 1 (Nashville: Nelson, 1985); idem, *A Contemporary Anabaptist Theology* (Downers Grove: InterVarsity Press, 2004); FINLAN, S., *Problems with Atonement: The Origins of, and Controversy about, the Atonement Doctrine* (Collegeville: Liturgical Press, 2005); FLOROVSKY, *Collected Works of Georges Florovsky, Creation and Redemption* (Belmont: Nordland, 1976); GIRARD, R., *Violence and the Sacred* (Baltimore: Johns Hopkins University Press, 1977); idem, *The Scapegoat* (Baltimore: Johns Hopkins University Press, 1986); GONZALEZ, L., *Mañana: Christian Theology from a Hispanic Perspective* (Nashville: Abingdon, 1990); GREEN, J. B., "Kaleidescopic View", in: *The Nature of the Atonement: Four Views*, J. Beilby e P. R. Eddy, orgs. (Downers Grove: InterVarsity Press, 2006) 157-85; GREEN, J. e BAKER, M., *Recovering the Scandal of the Cross* (Downers Grove: InterVarsity Press, 2000); GRIDER, J. K., *A Wesleyan-Holiness Theology* (Kansas City: Beacon Hill, 1994); GUNDRY-VOLF, J. M., "Expiation, Propitiation, Mercy Seat", in: *Dictionary of Paul and His Letters*, G. F. Hawthorne, R. P. Martin e D. G. Reid, orgs. (Downers Grove: InterVarsity Press, 1993) [edição em português: *Dicionário de Paulo e suas Cartas* (São Paulo: Vida Nova/Paulus, 2007)], 279-84; GUNTON, C. E., *The Actuality of the Atonement* (Grand Rapids: Eerdmans, 1989); HILL, C. E. e JAMES

III, F. A., orgs., *The Glory of the Atonement* (Downers Grove: InterVarsity Press, 2004); JEFFERY, S., OVEY, M. e SACH, A., *Pierced for Our Transgressions: Rediscovering the Glory of Penal Substitution* (Wheaton: Crossway, 2007); KYUNG, C. H., "Who Is Jesus for Asian Women?" in: *Asian Faces of Jesus*, R. S. Sugirtharajah, org. (Maryknoll: Orbis, 1993) 223-46; LEIVESTAD, R., *Christ the Conqueror* (New York: Macmillan, 1954); LOSSKY, V., *Orthodox Theology: An Introduction* (Crestwood: St. Vladimir's Seminary Press, 1978); MAIMELA, S. S., "The Atonement in the Context of Liberation Theology", *IRM* 75 (1986) 261-69; MBITI, J. S., "Some African Concepts of Christology", in: *Christ and the Younger Churches*, G. F. Vicedom, org. (London: SPCK, 1972) 51-62; MCGRATH, A., "The Moral Theory of the Atonement: An Historic and Theological Critique", *SJT* 38 (1985) 205-20; MILEY, J. *The Atonement in Christ* (New York: Phillips & Hunt, 1879); MITROS, J. F., "Patristic Views of Christ's Salvific Work", *Thought* 42 (1967) 415-47; MORRIS, L. *The Apostolic Preaching of the Cross* (3. ed.; Grand Rapids: Eerdmans, 1965); PETERS, T., "The Atonement in Anselm and Luther, Second Thoughts About Gustaf Aulén's *Christus Victor*", *Lutheran Quarterly* 24 (1972) 301-14; PETERSON, D., org., *Where Wrath and Mercy Meet* (Waynesboro: Paternoster, 2001); PHAN, P. C., *Christianity with an Asian Face* (Maryknoll: Orbis, 2003); POMAZANSKY, *Orthodox Dogmatic Theology: A Concise Exposition* (Platina: St. Herman of Alaska Brotherhood, 1997); PRABHU, G. S., "The Jesus of Faith: A Christological Contribution to an Ecumenical Third World Spirituality", in: *Spirituality of the Third World: A Cry for Life*, K. C. Abraham e B. Mbuy-Beya, orgs. (Maryknoll: Orbis, 1994) 139-64; QUINN, P. L., "Abelard on Atonement: Nothing Unintelligible, Arbitrary, Illogical, or Immoral about It", in: *Reasoned Faith*, E. Stump, org. (Ithaca: Cornell University Press, 1993) 281-300; RAY, D. K., *Deceiving the Devil* (Cleveland: Pilgrim Press, 1998); REICHENBACH, B. R., "By His Stripes We Are Healed", *JETS* 41 (1998) 551-60; SHELTON, R. L., *Cross and Covenant: Interpreting the Atonement for 21st Century Mission* (Tyrone: Paternoster, 2006); SOBRINO, J., *Jesus the Liberator* (Maryknoll: Orbis, 1993 [1991]); SONG, C.-S., *Jesus, the Crucified People* (Minneapolis: Fortress, 1996); STOTT, J. R. W., *The Cross of Christ* (Downers Grove, IL: InterVarsity Press, 1986) [edição em português: *A Cruz de Cristo* (São Paulo: Vida, 2002)]; SWARTLEY, W. M., org., *Violence Renounced: René Gi-rard, Biblical Studies and Peacemaking* (Kitchener: Pandora, 2000); TRELSTAD, M., org., *Cross Examinations: Readings on the Meaning of the Cross Today* (Minneapolis: Augsburg Fortress, 2006); VANHOOZER, K. J., "The Atonement in Postmodernity: Guilt, Goats, and Gifts", in: *The Glory of the Atonement*, C. E. Hill e F. A. James III, orgs. (Downers Grove: InterVarsity Press, 2004) 367-404; WEAVER, J. D., *The Nonviolent Atonement* (Grand Rapids: Eerdmans, 2001); WEBBER, R., *The Church in the World* (Grand Rapids: Zondervan, 1986); WESLEY, J., *A Compendium of Wesley's Theology*, R. Burtner e R. Chiles, orgs. (Nashville: Abingdon, 1954).

P. R. Eddy e J. Beilby

FACE

Tradicionalmente, a face não é uma área de interesse teológico significativo. Muitos missionários e cristãos ocidentais não têm consciência das questões ligadas à face ou manifestam grande aversão ao tema. Aliás, para muitos do mundo ocidental, a face representa algo dissimulado e falso, muitas vezes caracterizado como fachada ou "cosmético social". Muitos continuam pensando na face como algo com que culturas não ocidentais se ocupam, mas de pouco interesse no Ocidente moderno. Esse entendimento, ainda que prevaleça, não poderia estar mais longe da verdade. A face, compreendida de maneira correta, é algo com que todas as pessoas em todas as culturas se ocupam e componente necessário de toda a ordem social humana. Como observa Robyn Penman, teórico da face, a importância da face está "principalmente no fato de oferecer uma base comum para a ordem social. Não poderíamos ter uma ordem social sem algo parecido com o mecanismo que estou denominando trabalho de face" (Penman, 25). Em suma, a face é um fato.

1. Uma definição de face e da teoria do trabalho de face
2. A função da face
3. A face nas Escrituras

1. Uma definição de face e a teoria do trabalho de face
A ideia de *face* costuma estar relacionada a expressões que denotam insucesso ("quebrar a cara"), *vergonha ("ficar com a cara no chão") ou competência ("fazer face a"). Estudiosos acreditam que os antigos chineses foram os primeiros a usar o termo *face* para representar identidade pessoal e dignidade. A linguagem da face é um acréscimo recente ao léxico linguístico ocidental, tendo entrado no vocabulário comum só nos últimos dois séculos, quando os ocidentais começaram a aprender mais sobre as culturas asiáticas.

Inspirados pela obra do psicólogo social Erving Goffman na década de 1950, pesquisadores de áreas bem distintas como teoria da comunicação, psicologia social, linguística e antropologia começaram a concentrar atenção acadêmica ao assunto da face. Esses estudiosos deram à disciplina o nome de face e teoria do trabalho de face. A produção desses pesquisadores tem lançado muita luz sobre a face, em sua ocorrência tanto em contextos não ocidentais como em culturas ocidentais.

Isso pode causar surpresa, já que muitos não consideram a face uma preocupação tão significativa entre os ocidentais. Em parte, trata-se de uma questão linguística. Muitas línguas não ocidentais (e.g., tailandês, mandarim, japonês) apresentam um léxico linguístico rico de termos e expressões idiomáticas relacionadas à face, fazendo com que o assunto seja facilmente identificável. As línguas ocidentais, porém, não utilizam muito a linguagem baseada no conceito de face. De fato, o que muitas línguas denominam *face*, os do Ocidente rotulam como gentileza, tato, competência, diplomacia, habilidade social ou elegância.

O que é a face? A pesquisadora Stella Ting-Toomey fornece como definição básica "a percepção desejada de respeito ou dignidade pessoal numa situação interativa" (Ting-Toomey, 3). Isso envolve respeito à identidade e valor pessoal social dentro da prática humana de projetar reivindicações de identidade no espaço social. O trabalho de face, ou seja, o comportamento relacionado à face, consiste em práticas comunicativas que comentam sobre a identidade dos outros e estabelecem a própria identidade face a face com as reivindicações da face dos outros.

Essa definição expande a ideia de face além de uma simples associação com gentileza. Face é identidade, tanto de si como dos outros. O próprio ato de uma pessoa se comunicar com outra requer que ela comente de várias maneiras sobre si mesma, sobre aquela com quem se está comunicando e sobre o necessário relacionamento entre as duas. Isso constitui a dinâmica mais básica do trabalho de face. Assim, práticas como justificativas, pedidos de desculpas, demonstração de respeito, prestação de contas, críticas e apresentações pessoais envolvem trabalho de face. Agradecimento, reconhecimento, gentileza, inclusão e premiação necessariamente geram face. Portanto, trabalho de face não é algo que as pessoas fazem uma hora ou outra, mas uma prática inevitável que ocorre o tempo todo na comunicação humana — é o âmago de nosso eu social. O fato de não ser explicitamente rotulada como face ou trabalho de face na sociedade ocidental contemporânea pode induzir os observadores a pensarem que não carece de grande atenção. A face, porém, permanece essencial e permeia todas as culturas humanas.

2. A função da face

A face exerce muitas funções sociais importantes. É uma forma de capital social, um recurso social decisivo na construção de redes relacionais, engendrando cooperação e funcionando como um ator social competente. A face também atua como amálgama social, ligando pessoas pela garantia de relacionamentos mediante respeito mútuo e manutenção da harmonia (face solidária). Em culturas mais coletivistas, o cuidado com a face dos outros pode formar um axioma básico da ética social. Para outros, o trabalho de face apoia a competência pessoal e os alvos sociais do indivíduo (face competente). Para outros ainda, o trabalho de face serve para preservar o espaço social individual (face autônoma).

Em suma, devemos observar três afirmações básicas a respeito da face. Em primeiro lugar, a face é um fenômeno humano onipresente em todos os contextos sociais, não se limitando a alguma cultura em particular ou tipos de culturas. Segundo, a face representa uma dinâmica relacional complexa que resiste a conceituações simples, monodimensionais. Terceiro, a face pode diferir consideravelmente, de acordo com o contexto cultural.

3. A face nas Escrituras

Tanto o termo hebraico *pānîm* como o termo grego *prosōpon* denotam literalmente a face. Por extensão, ela passou a representar a presença de uma pessoa e, com o tempo, a própria pessoa. Por exemplo, buscar a face de alguém é buscar a pessoa. Mas os autores bíblicos não usam o termo *face* para descrever o tipo de face delineado acima. Entretanto, assim como ocorre em muitas culturas ocidentais contemporâneas, a falta do uso específico não indica a falta de face ou de trabalho de face.

Além dos tipos óbvios de comportamentos associados à face em geral que resultam da natureza relacional comum, vale notar vários outros tipos de trabalho de face nas Escrituras. Quando Jesus inclui os marginalizados ou estende seu amor aos proscritos, está na prática concedendo e elevando a face de outros. Assim também, quando Jesus censura seus oponentes, ele está adotando uma conduta prejudicial à face que pode levar à perda da face. A face que seria acrescentada ao *menor no reino de Deus* (Lc 7.28) seria significativa (até maior que a de João!). De modo semelhante, ter o nome escrito no céu seria possuir uma face de dimensões inacreditáveis. As várias estratégias retóricas usadas pelos autores do Novo Testamento para ressaltar a honra da comunidade cristã geram face. Postular a Deus como a mais elevada "instância de reputação" tem como efeito a admissão de um novo conjunto de critérios e códigos que podem levar os fiéis à verdadeira face (face conferida por Deus) ou à real perda da face (vergonha e desonra sancionadas por Deus).

Há várias questões teológicas ligadas à face das quais precisamos tratar. A primeira e mais importante diz respeito à origem da face na Criação ou na Queda. Os relatos da Criação em Gênesis 1—3 implicam que a face deriva da bondade da ordem divina na Criação. Desde o início, Deus se comunica e se relaciona, tratando Adão e Eva como agentes morais responsáveis, dando-lhes não só um trabalho (Gn 1.28-30), como também uma tarefa moral de decidir acatar as orientações divinas (Gn 2.16-17). Essas atividades necessariamente geram face. Do mesmo modo, a face e a honra resultam da aprovação divina na Criação (Gn 1.31). Também podemos associar a noção da face à *antropologia teológica. Considerar o ser humano sob a perspectiva da *Trindade social é propor uma noção relacional da *imago Dei*. Além disso, conforme já vimos, face e trabalho da face são componentes essenciais inevitavelmente gerados pelas relações. Nesse sentido, é possível ligar a questão da face à intenção de Deus ao criar, pois ele nos cria à sua imagem como criaturas que geram face.

A face também pode prover ricos recursos teológicos para uma soteriologia contextualizada (*veja* Salvação). O projeto humano perene de buscar relacionamentos e estima que tem por veículo a face, a ruptura relacional e o fracasso moral que muitas vezes fazem parte da perda da face e o preenchimento do eu que vem do ganho da face podem servir como heurística para discernimento de modos culturalmente adequados de descrição soteriológica.

Como seria uma *ética social cristã da face? Uma consideração cristã da face deve rejeitar categoricamente o uso do prestígio social da face como escudo contra a responsabilidade moral. A posse da face jamais deve levar a uma posição de invulnerabilidade em que a grandeza da face não permite que os outros questionem ações ou decisões. A face não pode isentar os fiéis da responsabilidade pessoal nem funcionar como pretexto para atividades moralmente questionáveis.

Os discípulos também não devem procurar a face como um fim em si mesmo, divorciado da vida virtuosa. Jesus alerta os discípulos contra essa busca da face (Mt 6.1-5) e a rejeita (Mt 23.5-12). Aqui Jesus destaca a motivação de fazer alguma coisa *para ser visto*. Ele associa esse engrandecimento da face com o uso e a ostentação de títulos honoríficos (e.g., rabi, pai e mestre). A intenção, ao que parece, não é tanto abolir toda distinção que esses títulos possam criar dentro da comunidade dos discípulos, mas contornar a tendência humana de buscar a face envolvendo a valorização de posições de honra, títulos de prestígio e saudações públicas que elevam a face (Mt 23.6-7). O autor do livro de Hebreus também destaca essa dinâmica, observando que Jesus não buscou a honra de ser sumo sacerdote (Hb 5.5-10). Em lugar disso, por causa de sua vida fiel, Deus lhe concedeu honra e face verdadeiras.

Embora alguns possam alegar que a preocupação com a própria face não tenha importância, é fato que a preocupação com a face dos outros precisa ser um interesse básico da ética social cristã. Essa consideração com a face do próximo tem maior importância em culturas mais coletivistas com orientação grupal mais forte. De modo semelhante, a preocupação com a própria face pode ser virtuosa se circunscrita por interesses e intenções piedosas. A face que repousa sobre critérios inglórios ou valores sem honra não acrescenta nada àqueles que alegam conhecer a Deus. Se, porém, é baseada numa vida cheia do Espírito e num desejo de honrar a Deus, a face é uma recompensa adequada para aqueles que levam uma vida verdadeiramente virtuosa (Fp 3.17; 1Ts 5.13).

O trabalho de face cristão não deve ser uma simples questão de piedade individual. A igreja deve tornar-se um lugar para faces e trabalhos de face intencionais. A comunidade cristã, a nova criação em que o Espírito está moldando os fiéis à imagem de Deus, é um *locus* adequado para o cristão retomar a posse da face. Isso ocorre porque a comunidade cristã é um laboratório em que a face de Deus, graciosa e completamente amorosa, é instilada nas atitudes e práticas da vida real. É onde relacionamentos marcados pela graça protegem necessidades legítimas de face, onde a vida em conjunto é constituída por afirmações e validações de face sinceras e amorosas. A igreja, então, torna-se uma comunidade de validação de face, apoio à face, lugar seguro para faces, um santuário em que as pessoas podem escapar das estratégias violentas do mundo para denegrir faces. Estar em Cristo significa ganhar uma nova narrativa comunitária que faz com que o eu-na-comunidade tenha uma nova identidade e novos objetivos de identidade. Esses objetivos devem motivar e guiar o trabalho de face no reino.

Se esse entendimento da face estiver correto, segue-se necessariamente que a igreja deve alargar seu vocabulário teológico para dar espaço à face e começar a aumentar os estudos nesse campo. Considerar a face do ponto de vista cristão é colocar Deus bem no centro do "jogo" da face. Isso não implica rejeição, mas uma reformulação criativa que pergunta como o evangelho sustenta, transforma ou rejeita nossas concepções de face e estratégias de trabalho de face.

Essa perspectiva terá a face como preocupação cristã legítima, tema para trabalho teológico construtivo e concederá à face um lugar no léxico teológico contemporâneo. Sem esse tipo de atenção teológica intencional, as comunidades cristãs haverão de escorregar para a dinâmica da face fornecida pela cultura dominante ou poderão muito bem assumir que o silêncio equivale à censura ou à falta de importância. Ambas são inaceitáveis.

Esse movimento "em torno da face" exigirá dos cristãos que formem entendimentos locais que contextualizem de forma crítica fontes, códigos e expectativas variadas que as culturas dominantes assumem em relação à face. A necessidade de tal trabalho construtivo é evidente, mas são bem poucos os que têm escrito ou pesquisado sobre essa área a partir de uma perspectiva cristã. Entretanto, isso permitirá que a igreja global viva e testemunhe com mais fidelidade dentro dos contextos culturais moldados por faces em que se encontra.

Veja também Vergonha.

Bibliografia. Cheng, C. "The Concept of Face and Its Confucian Roots", *Journal of Chinese Philosophy* 13 (1986) 329-48; Cupach, W. e Metts, S., *Facework* (Thousand Oaks: Sage Publications, 1994); Domenici, K. e Littlejohn, S., *Facework: Bridging Theory and Practice* (Thousand Oaks: Sage Publications, 2006); Flanders, C. L., *About Face: Reorienting Thai Face for Mission and Soteriology* (tese de doutorado, Fuller Theological Seminary, Pasadena, 2005); Goffman, E., "On Face-Work: An Analysis of Ritual Elements in Social Interaction", *Psychiatry* 18 (1955) 213-31; Hwang, K., "Face and Favor: The Chinese Power Game", *American Journal of Sociology* 92 (1987) 944-74; Penman, R. "Facework in Communication: Conceptual and Moral Challenges", in: *The Challenge of Facework: Cross-Cultural and Interpersonal Issues*, Ting-Toomey, S., org. (Albany: State University of New York Press, 1994) 15-45; Sandage, S. e Shults, F. LeRon, *The Faces of Forgiveness: Searching for Wholeness and Salvation* (Grand Rapids: Baker, 2003); Ting-Toomey, S., org., *The Challenge of Facework: Cross-Cultural and Interpersonal Issues* (Albany: State University of New York Press, 1994).

C. L. Flanders

FAMÍLIA. *Veja* Casamento e Família.

FATALISMO

Fatalismo refere-se à crença de que uma força invisível e poderosa preordenou o acontecimento de todos os eventos e que nenhuma ação humana pode influenciar a ocorrência deles. O fatalismo, portanto, não conota ausência de liberdade, mas sujeição a um poder sombrio, sinistro (Bloesch). Na teologia cristã, trata-se do fatalismo sob os temas da providência e agência divina. Culturalmente, porém, o fatalismo pode assumir diferentes formas filosóficas e teológicas, dependendo de categorias específicas de pensamento, vocabulário disponível, história e valores de determinada cultura.

1. Uma abordagem cultural-teológica: exegese cultural temática
2. O *bahala na* e o fatalismo nas terras baixas das Filipinas
3. Interpretação da providência cristã da perspectiva do *bahala na*

1. Uma abordagem cultural-teológica: exegese cultural temática

Reconhecendo a utilidade da análise cultural na teologia, este artigo apresenta um sumário de uma abordagem indutiva e cultural do fatalismo. Também conhecida como exegese cultural temática, envolve análise cultural e tematização de valores e crenças locais para fins de exame teológico e avaliação cultural. A perspectiva geral baseia-se na reformulação ou aculturação: traduzir os valores e as crenças cristãs de tal modo que exerçam impacto sobre as pessoas (de Mesa 2003, 162). Assim, em vez de começar com uma dedução filosófico-teológica de que o fatalismo é um entendimento deficiente que deve ser desmascarado e combatido em todas as culturas, este artigo parte de uma análise cultural local do tema (aqui baseada na experiência filipina), juntamente com sua correlação com a crença cristã na providência divina, visando a uma nova interpretação aculturada da fé. O objetivo é apresentar um modelo para elaboração de uma resposta culturalmente sensível e transformadora para o fatalismo como tema religioso-cultural.

2. O *bahala na* e o fatalismo nas terras baixas das Filipinas

A expressão cultural relevante aqui é o *bahala na*. A expressão equivalente mais próxima é "dane-se!" (expressando falta de preocupação quanto a consequências ou riscos), mas uma tradução comum é "que seja", que alguns associam com a letra de uma música popular de inspiração hispânica: *Que será, será*. (A associação não é infundada, pois as Filipinas foram colônia da Espanha por trezentos e cinquenta anos. Assim, o catolicismo popular ainda é dominante no país.) Antropólogos e outros estudiosos dos valores filipinos, porém, veem no *bahala na* certas disposições e valores religiosos e culturais tipicamente filipinos.

É verdade que o *bahala na* às vezes pode indicar isenção de responsabilidade (a raiz da palavra está relacionada à responsabilidade), que tende para uma atitude fatalista, especialmente quando associada à crença local no *kapalaran* (destino ou sina) e no *suwerte* (sorte predestinada). Esse entendimento pode ter sido a base para a afirmação de que o *bahala na* era uma expressão do fatalismo ou resignação oriental. De acordo com F. Landa Jocano (181), essa concepção negativa foi incluída em livros de ensino fundamental e ensinada oficialmente em escolas públicas desde 1940, ou seja, durante o último período de colonização americana. O *bahala na* foi acusado de propor uma cosmovisão derrotista em que se pressupõe que as fortunas na vida são fixas ou predeterminadas (*kapalaran, suwerte*), tendo sido condenado como um comportamento indesejável, simbolizando o fatalismo natural dos filipinos. Em parte por causa da pesada influência dos Estados Unidos sobre muitos aspectos da vida filipina, esse julgamento estereotipado (de que os filipinos são naturalmente fatalistas) tem persistido até o presente, dentro e fora do ambiente educacional (Maggay).

Mas o *bahala na* é uma expressão usada pelos filipinos em outros contextos e ocasiões (Chua e Nazareno). Uma abordagem mais interna (êmica) em antropologia e ciências sociais tem contribuído para esse reconhecimento. Primeiro, o *bahala na* também poderia expressar uma atitude de coragem, resiliência e esperança em situações difíceis. Aliás, é uma expressão de coragem e audácia, como em *Bahala na. Mangyari na ang mangyayari, tuloy tayo* ("Haja o que houver, vamos prosseguir"). Segundo, conota resiliência, flexibilidade ou adaptabilidade, como na expressão *Bahala na pagdating doon* ("Vamos reagir no momento certo"). Como afirma de Mesa, "ao pronunciar *bahala na!* o filipino vence a paralisia e a desesperança [...] Expressa uma recusa a se deixar derrotar por situações adversas". Assim, seria possível dizer que *bahala na* é o que faz as pessoas se moverem, assumir riscos e planejar o futuro (de Mesa, 163-64). Nisso também pode estar presente uma atitude de confiança na providência de Deus. Aliás, a crença na providência divina é um valor que a maior parte dos filipinos muitas vezes tem como premissa. Assim, alguém poderia dizer *Bahala na. Pagsikat ng araw, laganap ang awa ng Diyos* ("Quando o sol brilha, a bênção de Deus está sobre todos"). Pode-se deixar tudo nas mãos de Deus quando, humanamente, não há mais nada que se possa fazer — *bahala na ang Diyos* ("que Deus cuide do problema").

Em suma, o *bahala na* tem aspectos positivos e negativos. Por uma ótica negativa, envolve a tendência a uma atitude fatalista. Do lado positivo, porém, revela três elementos: ousadia e audácia para assumir riscos, esperança em meio a dificuldades e liberdade inerente ao risco e à esperança.

3. Interpretação da providência cristã da perspectiva do *bahala na*

O âmago do verdadeiro significado da providência é a realidade de que Deus cuida das pessoas e do mundo. Na tentativa de uma interpretação teológica local, essa crença no cuidado divino encontra o elemento cultural do *bahala na* (de Mesa). Em certo sentido, o uso desse elemento cultural parece necessário como ato de desestigmatização da cultura nacional, que foi assolada pelas ondas de colonização. Como ato de comunicação, isso também ajudará os filipinos a *perceber* e *sentir* o interesse genuíno de Deus por eles. Por fim, pelo ângulo da fé, essa necessidade também é desencadeada por uma preocupação com a fidelidade ao evangelho. O fato de que Deus se importa precisa ser reformulado de acordo com o mundo aparentemente fatalista do *bahala na*, para que se evite uma distorção do significado do evangelho.

Para interpretar a providência da perspectiva do *bahala na*, é preciso ponderar o que melhor representa o cuidado de Deus pelas pessoas e pelo mundo. Será que a melhor representação do cuidado divino é o pré-ordenamento do destino das pessoas e do mundo, como dá a entender a crença filipina no *kapalaran* (destino ou sina) ou *suwerte* (sorte predestinada)? Ou a melhor expressão desse interesse de Deus pelas pessoas estaria na esperança que leva a assumir riscos subentendida no "*bahala na!*"? José de Mesa desenvolve a segunda posição usando um *bahala na* "purificado" para traduzir uma concepção aculturada da providência cristã:

> Contanto que a possibilidade do elemento negativo no *bahala na*, que é a passividade, possa ser neutralizada por um esforço de cuidado genuíno (*malasakit*), esse valor pode ser hoje utilizado para transmitir o cuidado e interesse divinos em relação aos filipinos. O *bahala na* sem um interesse ativo pelos outros é uma forma superficial de assumir riscos, mas, com um corretivo como o *malasakit*, torna-se uma forma cristã de assumir riscos segundo o exemplo de Jesus, sendo uma verdadeira expressão da providência divina (de Mesa 2003, 163).

Em suma, pode-se estender essa releitura da providência. Houve um alto nível de riscos na criação divina dos seres humanos. Essa disposição para assumir riscos é o *bahala na* de Deus, sinal da confiança divina na humanidade como instrumento de seu cuidado. Depois da história da criação, Abraão, o homem de fé, e Moisés, o libertador/legislador, representam na Bíblia uma longa lista de pessoas que assumiram riscos, ouvindo o chamado divino, moldando um povo que seria "luz para as nações". Essa lista culmina em Jesus Cristo, o último Adão, o primogênito da nova criação (Nacpil). Assim, Deus, aquele que assume riscos, pode ter pronunciado um enfático *Bahala na!* quando, justamente porque se importou (*malasakit*), o Pai enviou o Filho *para que vivamos por meio dele* (cf. Jo 3.16; 1Jo 4.9). De modo semelhante, Jesus, o Filho de Deus, também assumiu riscos porque amou e se importou (*malasakit*) com os últimos, os pequenos e os perdidos (e.g., Lc 4.16-21; Mc 3.1-6; Mt 9.36-38; Jo 8.2-11). A própria vida de Jesus foi uma clara manifestação da iniciativa de assumir riscos, movida pela esperança, em favor da humanidade. Sua vida, ensinos, morte e ressurreição podem se tornar nossa força condutora para assumirmos riscos pelo projeto divino de uma nova humanidade, restaurando vidas destruídas e renovando a criação divina que ficou manchada.

Veja também MAL, PROBLEMA DO; FÉ.

BIBLIOGRAFIA. CHUA, R. e NAZARENO, R., *Ang Mahalaga sa Buhay* (A Handbook of Filipino Values), E. Alejo, org. (Quezon City: New Day Publishers, 1992); BLOESCH, D., "Fate, Fatalism", in: *Evangelical Dictionary of Theology*, W. A. Elwell, org. (Grand Rapids: Baker, 1984) 407-8; E. MIRANDA-FELICIANO, Filipino Values and Our Christian Faith (Mandaluyong City: OMF Literature, 1990); T. D. GENER, "Reimaging Conversion in the Lowland Philippine Setting: The Perspective of Gospel Re-rooting", *JAM* 3.1 (2001) 43-77; F. L. JOCANO, *Filipino Worldview* (Quezon City: PUNLAD Research House, 2001); M. MAGGAY, *Pagbabalikloob: Moral Recovery and Cultural Reaffirmation* (Quezon City: Akademya ng Kultural at Sikolohiyang Pilipino & ISACC, 1993); J. de MESA, *And God Said, "Bahala Na!": The Theme of Providence in the Lowland Filipino Context* (Quezon City: Maryhill School of Theology, 1979); idem, *In Solidarity with Culture: Exercises in Theological Re-rooting* (Quezon City: Maryhill School of Theology, 1989); idem, *Why Theology Is Never Far from Home*. (Manila: De LaSalle University Press, 2003); E. NACPIL, "Modernization and the Search for a New Image of Man", in: *The Human and the Holy: Asian Perspectives on Christian Theology*, D. Elwood e E. Nacpil, orgs. (Quezon City: New Day, 1976) 277-88; L. NEWBIGIN, *Honest Religion for Secular Man* (London: SCM, 1966); T. TIESSEN, *Providence & Prayer* (Downers Grove: InterVarsity Press, 2000).

T. D. Gener

FÉ

Segundo a perspectiva cristã, o que é fé? A fé vem de *Deus e é dirigida a Deus para a *salvação e para tudo o que é essencial à vida. A fé suscitada pelo Pai é em geral expressa em Jesus como Redentor. Mas a fé também é uma realidade humana inspirada pelo Espírito de vida, sendo viva, relacional e contextual. A fé, portanto, é uma realidade diversificada. Essa rica unidade e diversidade de fé se evidencia no testemunho bíblico bem como nas expressões ecumênicas e globais da fé.

1. Fé na Bíblia
2. Fé: desafios ecumênicos
3. Fé: desafios globais
4. Conclusão

1. Fé na Bíblia

1.1 Fé no Antigo Testamento. Entre os termos hebraicos com o sentido de fé, o mais importante é a raiz *'mn*, que se refere principalmente à firmeza, sobretudo no que diz respeito à fidelidade a Deus e à esperança nele depositada como Criador e Redentor. Essa fidelidade tem origem na fidelidade anterior de Deus e é mantida pela evocação dessa fidelidade e na esperança de um cumprimento futuro. Tanto Abraão como Moisés foram chamados para confiar na fidelidade de Deus na forma de uma promessa, diante de circunstâncias nitidamente desesperadoras. O deuteronomista entendia que a resposta adequada à fidelidade de Deus envolvia fidelidade aos mandamentos (cf. Dt 6.25). Essa obediência não era causa da salvação, como revela o prefácio à lei em Êxodo 20.1-3. Portanto, em Deuteronômio, Israel fala pela primeira vez de sua justiça em associação com seu credo (Dt 6.20-25), que narra a história do livramento de Israel. Portanto, a rígida vontade de Deus, a lei, implica uma "promessa de graça". Mesmo no judaísmo do pós-exílio, em que a fé se tornou fundamentalmente fidelidade à lei, ainda se pressupõem a esperança e a confiança em Deus quanto à vindicação final, pois "aquele que põe sua confiança nele, não será atingido" (Siraque 32.24).

1.2. Fé no Novo Testamento. No Novo Testamento, a convicção de que uma nova era nasceu em Jesus faz com que o fator importante da fé (*pisteuō*) passe da fidelidade e esperança firmes para uma confiança viva em Jesus como Redentor. Uma vez que o *reino estava nascendo na obra de Jesus, ele dava ênfase à fé como poder que leva à cura miraculosa na nova era (Mc 5.34; 10.52; Lc 7.50; 17.19). A fé passa por sua prova mais severa na experiência da cruz. Na ressurreição de Jesus, a fé dos discípulos é fortalecida especialmente pelo Espírito, que é concedido e capacita vidas humanas a se tornarem testemunhas vivas de Cristo (At 1.8). Quando ameaçada, a comunidade de fiéis em Atos expressou grande fé por meio de uma oração que reafirma os atos poderosos de Deus na história (At 4). A fé que eles tinham é vindicada e realçada por meio da proclamação inspirada e dos sinais e maravilhas do reino vindouro (At 4; 8; 9.42; 13.12; 14.9-10). A fé em Jesus como resposta à proclamação torna-se uma ênfase tipicamente neotestamentária do significado bíblico da fé.

Portanto, para Paulo, a fé é uma resposta positiva à mensagem de que Jesus é o Senhor. *A fé vem pelo ouvir, e o ouvir, pela palavra de Cristo* (Rm 10.17). Os cristãos são "os que creem", pois é a fé no *kerygma* (e a fé em Jesus por meio do *kerygma*) que os agrega (Rm 3.22; 1Co 2.21; Ef 4.5). Aqui, a formulação, que lembra um credo, é relevante: *... se com a tua boca confessares Jesus como Senhor, e em teu coração creres que Deus o ressuscitou dentre os mortos, serás salvo* (Rm 10.9). A fé é vivenciada em união com Cristo como Senhor e no ato de trilhar o caminho da cruz no poder do Espírito, o penhor da redenção futura (Gl 2.20; Ef 1.13-14). As noções veterotestamentárias de fé como fidelidade e esperança firmes estão também presentes no Novo Testamento, uma vez que a fé, como "garantia do que se espera" é compreendida como parte importante do amor fiel e da esperança persistente (1Co 13; Gl 5.6; Hb 11.1-8; Tg 2). Em livros posteriores do Novo Testamento, como Judas, Apocalipse e as epístolas pastorais, a palavra fé costuma ser usada para retratar o conteúdo doutrinário da pregação e do ensino da igreja (Judas 3, 20).

2. Fé: desafios ecumênicos

2.1. Pano de fundo histórico. A rica diversidade do testemunho bíblico a respeito da natureza da fé gerou tensões e debates ao longo da história, à medida que se enfrentavam vários desafios e contextos. Por exemplo, no início da era cristã, contra a ameaça gnóstica de descartar a ênfase do Antigo Testamento na fidelidade à lei, os pais da igreja destacaram a obediência da fé para seguir os princípios bíblicos de uma vida de retidão. Por outro lado, contra a pressuposição pelagiana da capacidade humana natural de obedecer a Deus, Agostinho afirmou a prioridade da fé, a natureza pecaminosa do homem e a dependência da graça de Deus para que haja salvação. A ênfase católica na recepção da graça por meio dos sacramentos, especificamente a penitência, foi neutralizada pela ênfase da *Reforma na fonte externa da graça e fé em Cristo. Noções racionais de fé como perspectiva filosófica, confissão ou doutrina foram contestadas por noções místicas orientais ou, mais tarde, por noções protestantes pietistas de fé como anseio íntimo da alma, profundo demais para ser conceituado ou expresso com palavras humanas. Os desafios racionalistas à fé no *Iluminismo no Ocidente também deram origem a defesas apologéticas da racionalidade da fé, mudando o foco para os sentimentos ou a moralidade, ou para o embasamento de formulações doutrinárias. Esse pano de fundo rico e até conflituoso formou o cenário para as tensões ecumênicas e globais a respeito da natureza da fé na atualidade.

2.2. Desafios ecumênicos atuais. Sem Deus na origem da fé, não haveria movimento ecumênico cristão. Mas diferentes ambientes eclesiásticos e culturais têm suscitado concepções de fé distintas. Como compreender ecumenicamente a unidade e a diversidade da fé? A obra seminal de George Lindbeck, *The Nature of Doctrine* [A Natureza da Doutrina] (1984), inspirou um entendimento das diferenças na linguagem e nas concepções de fé entre igrejas como diferenças entre famílias dentro das várias "culturas eclesiásticas". A doutrina funciona como "gramática da fé" para guiar várias expressões e concepções da fé entre as igrejas dentro de uma só fé em Jesus.

Por exemplo, como negociar a integração católica da fé e do amor como virtudes na vida daquele que crê e a ênfase protestante na fonte externa da graça e da fé em Cristo? Várias conversas ecumênicas têm enriquecido o entendimento protestante da fé como participação ativa em Cristo (por exemplo, as conversas entre a Igreja Luterana Finlandesa e a Ortodoxa Russa), reduzindo a distância entre a ênfase católica da participação do fiel na graça e a ênfase protestante na fonte externa da graça em Cristo. A Declaração Conjunta Católico-luterana sobre Justificação pela Fé (1999) busca uma integração semelhante da fé como parte essencial do amor na participação do fiel na graça (católicos) e como algo que se concentra externamente em Cristo (protestantes). Entre essas diferenças familiares, ainda resta estudar o casamento anabatista entre fé e ética no contexto da rejeição do casamento constantiniano entre igreja e Estado, e o desafio das igrejas de viver como testemunhas contraculturais do reino de Deus no mundo.

O movimento ecumênico reconheceu a fé como ato e também como conjunto de verdades. Assim, outra questão ecumênica a respeito da fé gira em torno da relação entre fé e tradição. Embora haja grupos pentecostais e pietistas que, compreensivelmente, deploram a guinada na igreja antiga que trocou a fé como vida vibrante pela fé como credo, a Bíblia de fato respeita a preservação da fé na forma de uma tradição transmitida (1Co 15.3-4). O desenvolvimento e a diversificação da doutrina na história implicam que a verdade de Cristo, embora definitiva da perspectiva escatológica, ainda precisa encontrar explicações históricas por meios que se desenvolvem e diversificam. Para permanecer fiel a seu passado, a tradição também precisa mudar e se diversificar dentro de novos contextos. O desafio está em detectar a diferença entre a mudança legítima dentro da verdade única do evangelho e a mudança ilegítima do evangelho para alguma outra coisa. Como mostra a Declaração de Barmen, dirigida contra o controle nazista da igreja, as afirmações em forma de credo dizem respeito tanto ao testemunho de vida quanto ao pensamento das igrejas.

Por fim, temos a questão da fé cristã em relação às outras crenças. Pode-se detectar na história uma relação de antagonismo entre a fé cristã e outras crenças. Numa reação mais positiva a outras crenças, pode-se tentar detectar uma referência implícita a Cristo nas várias expressões de fé não consideradas cristãs. Será que essa expansão das fronteiras não ameaça comprometer a singularidade da fé cristã e até desrespeitar a "peculiaridade" das outras crenças? Para alguns, um jeito de lidar com esse problema é reconhecer na presença universal do Espírito um testemunho implícito que pode desafiar e enriquecer a fé histórica da igreja (Yong).

3. Fé: desafios globais
3.1. Testemunho europeu e norte-americano. As guerras mundiais na Europa e o Holocausto questionaram profundamente as concepções liberais de fé que eram otimistas quanto ao progresso humano por meio da ciência, tecnologia ou cultura. O racionalismo iluminista, ainda que desafiando a fé cristã, parecia ter chegado ao limite. Esse cenário levou a uma ênfase na fonte divina da fé e em seu conflito com a cultura. Karl Barth destacou a crise da fé no "Deus totalmente outro" que coloca a humanidade sob julgamento a fim de estender a graça em termos divinos. Muitas vezes (pejorativamente) denominado "fideísmo", o que Barth entendia como fé tinha a revelação divina como fonte e era contrastado com percepções obtidas apenas pela razão humana (teologia natural). Paul Tillich também compreendia a fé como algo transcendente, uma "preocupação maior" cuja inspiração e objetivo é o Deus que transcende tudo o que os homens podem conceber, mas ele procurou fazer correlação entre essa fé e questões culturais a respeito da existência humana. Wolfhart Pannenberg juntou-se a outros na busca de um ponto de contato entre a fé cristã e verdades afirmadas implicitamente em disciplinas não teológicas. Enquanto isso, a percepção pós-moderna de como a linguagem do discurso da comunidade molda as concepções de cada um tende a relacionar a fé mais internamente à linguagem e às práticas centrais da igreja do que externamente a uma experiência supostamente compartilhada ou ao uso da razão para examinar a verdade.

Num esforço por devolver à fé uma orientação escatológica mais robusta, Jürgen Moltmann redescobriu a tradição apocalíptica do Novo Testamento como forma de orientar a fé para uma esperança radical na transformação divina da vida. O entendimento que Moltmann tem da fé preza mais a experiência transformadora da fé no contexto do sofrimento do que num ponto de contato intelectual com a academia. Nesse veio, os escritos originários de contextos oprimidos nos Estados Unidos preocupam-se menos em se comunicar com os escritos de outras crenças e se interessam mais pela experiência libertadora com as promessas divinas dentro de uma comunidade de fé desumanizada pela cultura dominante. James Cone descreveu a fé como afirmação da dignidade e do valor dados por Deus a afro-americanos oprimidos em meio às realidades contraditórias da escravidão e da discriminação. A fé defende uma realidade em Deus que mina a realidade social dominante (Cone).

3.2. Testemunho latino-americano. A fé no contexto latino-americano também precisa buscar a humanidade autêntica em meio à desumanização, em vez de buscar uma linguagem comum compreensível aos de outros credos. A fé reage ao desafio da injustiça e não aos desafios do racionalismo iluminista. A fé se preocupa com a não pessoa, não com quem não crê.

Os *pentecostais na América Latina destacam a proximidade do fim do mundo e a firmeza da fé para reivindicar direito ao reino de Deus aqui e agora, especialmente no contexto de curas miraculosas e outras respostas a orações. Embora seja também muito materialista e social, sua fé é mais orientada para os sinais miraculosos da era vindoura e para a evangelização do que para atos da graça com vistas à libertação social no âmbito natural. Embora essa influência apocalíptica possa fazer com que alguns abandonem o mundo do envolvimento social, há amplos indícios de que os pentecostais na América Latina também estão transformando sua crença no fim iminente do mundo em importantes iniciativas de renovação social (Petersen).

3.3. Testemunho africano. A fé cristã no contexto de um mundo pós-colonial tem dado uma nova ênfase a expressões de fé culturalmente relevantes filtradas por olhos africanos e asiáticos. A cosmovisão africana, assim como em certos contextos asiáticos, entende que o mundo convive com poderes espirituais. A fé cristã em tais contextos podem dar destaque à vitória contra forças hostis para proclamar as bênçãos do reino de Deus. Essa ênfase é mais ou menos evidente entre os pentecostais em todo o globo, mas é especialmente relevante no contexto africano. Alguns pentecostais entendem que a fé é um anseio por saúde e riqueza. Outros lembram que a disposição da fé em seguir o caminho da cruz em amor abnegado pelos outros deve restringir o desejo de bênçãos materiais da parte daquele que crê.

Em tensão com a tendência para um conflito com poderes cósmicos, há cristãos africanos que consideram as forças espirituais do mundo não tanto poderes hostis a serem vencidos, mas forças naturais com as quais a fé pode interagir de modo construtivo. De acordo com Kwame Bediako, a cosmovisão africana, portanto, oferece oportunidade para uma concepção de fé holística que se adapta ao próprio ambiente e não está centrada em ideias corretas. Para os dois lados dessa tensão africana, a fé não levará tanto a sistemas de ideias, mas a formas redentoras de relacionamento com o mundo, a uma "teologia representada", nas palavras de Allan Anderson. Narrativas da interação pessoal com o mundo desempenham um papel mais incisivo na expressão da fé do que sistemas de teologia (que também têm sua importância). Isso também se aplica aos povos nativos da América do Norte e a alguns contextos culturais asiáticos que oferecem à fé cristã uma cosmovisão semelhante onde se desenvolver, distinguindo-se do racionalismo do Ocidente iluminista, que parte do princípio de um dualismo de corpo e mente, espírito e matéria.

3.4. Testemunho asiático. Em harmonia com o que se observou acima a respeito dos contextos holísticos e materiais para conceber a fé cristã, bem como a relação da fé com as forças cósmicas, as noções asiáticas de fé também são mais comunitárias que individuais. Em apoio a uma fé holística, alguns no contexto coreano têm usado o conceito do han (cuja tradução mais livre seria "opressão") a fim de expandir os efeitos da fé para além da preocupação ocidental com a culpa e com o perdão individual. O han anseia por uma noção mais holística da fé que traz cura e libertação e envolve toda a vida (Park). Os pentecostais nessas regiões têm sido ambivalentes quanto ao sucesso do han como descrição do sofrimento a que a fé reage.

4. Conclusão
Quer seja intelectual, intuitiva ou volitiva, quer esteja em conflito com a cultura ou em diálogo construtivo com ela, quer se concentre externamente em Cristo ou internamente na vida agraciada do fiel, quer seja individual ou comunitária, a fé é um mistério e um dom que nos prende a Cristo e à sua missão no Espírito para a glória de Deus Pai.

Veja também EPISTEMOLOGIA; ESPERANÇA, TEOLOGIA DA.

BIBLIOGRAFIA. K. BARTH, *Church Dogmatics* 1/1 (Edinburgh: T. & T. Clark, 1975); K. BEDIAKO, *Jesus and the Gospel in Africa: History and Experience* (Maryknoll: Orbis, 2004); A. DULLES, *The Assurance of Things Hoped For: A Theology of Christian Faith* (New York: Oxford University Press, 1997); W. HENN, *One Faith: Biblical and Patristic Contributions Toward Understanding Unity in the Faith* (New York: Paulist Press, 1995); G. LINDBECK, *The Nature of Doctrine: Religion and Theology in a Postliberal Age* (Louisville: Westminster John Knox, 1984); J. MOLTMANN, *Theology of Hope: On the Ground and the Implications of Christian Eschatology* (Minneapolis: Augsburg Fortress, 1993); W. PANNENBERG, *Theology and the Philosophy of Science* (Philadelphia: Westminster Press, 1976); A. S. PARK, *The Wounded Heart of God: The Asian Concept of Han and the Christian Doctrine of Sin* (Nashville: Abingdon, 1993); D. PETERSEN, *Not by Might Nor by Power: A Pentecostal Theology of Social Concern in Latin America* (Carlisle, Cumbria: Send the Light, 1997); P. TILLICH, *Dynamics of Faith* (New York: Harper Perennial Modern Classics, 2001) [edição em português: *Dinâmica da Fé* (São Leopoldo: Sinodal, 2002)]; idem, *Systematic Theology*, 1 (3 vols.; Chicago: University of Chicago Press, 1973) [edição em português: *Teologia Sistemática* – 3 vols. em 1 (São Leopoldo: Sinodal, 2014)]; A. YONG, *Beyond the Impasse* (Grand Rapids: Baker Academic, 2003).

F. D. Macchia

FILIOQUE, CONTROVÉRSIA DE. *Veja* PNEUMATOLOGIA; TRINDADE, DEUS TRINO.

FILME
Este artigo define filme como meio de comunicação de massa e descreve suas aplicações como veículo para mensagens significativas ou triviais; uma cosmovisão, uma opinião persuasiva sobre assuntos da vida, está sempre presente, seja isso intencional ou não. Este artigo também apresenta um panorama

de filmes internacionais recentes produzidos em países representantes de todo o globo. Os níveis de envolvimento dos cristãos com a cultura dos filmes abrem-se em um leque que vai desde a capitulação e a adaptação à cultura pop até a transformação radical que se empenha por mostrar o senhorio de Cristo por meio do cinema. As recentes mudanças tecnológicas em digitalização e miniaturização de tela estão democratizando e fragmentando o meio, que continua fascinando o mundo, repleto de possibilidades de influências religiosas e culturais.

1. Filme: uma mídia internacional
2. Efeitos da mídia
3. Influência da religião
4. Novas tecnologias

1. Filme: uma mídia internacional
Os termos *filme* e *cinema* são sinônimos que denotam o uso sério de imagens projetadas como veículo para transmitir uma mensagem, uma cosmovisão e a visão de um artista. Também podem ter conotação menos séria, fazendo referência a um fenômeno da cultura pop, às vezes chamado ópio das massas. O verdadeiro estudo dos filmes não trata de sua capacidade de entreter ou de seu potencial como representação teatral ou como arte criativa individual semelhante à pintura ou dança. Este artigo tratará do filme em sua propriedade intrínseca como *meio de comunicação de massa*, forma de arte cultural e condutor de conteúdo, estudado de modo mais adequado pelos critérios da crítica literária (seja um romance de ficção, seja um documentário de não ficção) e pelos métodos das ciências sociais que dizem respeito a crenças, atitudes e comportamentos.

Filmes sempre foram uma mídia internacional. A própria invenção técnica e os primeiros experimentos com as várias possibilidades das imagens em movimento desenvolveram-se quase simultaneamente nos Estados Unidos, Inglaterra, França e Rússia. Inventores, cineastas, atores, técnicos, todos representavam um consórcio global dos fascinados pela oportunidade de tentar algo novo e de contribuir para um novíssimo canal de comunicação. À medida que diminuía a novidade inicial de ver fragmentos do cotidiano reproduzidos em celuloide, as plateias pediam boas histórias de ficção e conteúdos educacionais e exóticos de não ficção. Sentados no escuro e assistindo às personagens maiores do que a vida, os espectadores se emocionavam com a dinâmica humana das histórias que viam. O potencial para propagandas era enorme, pois se tratava de um meio que podia inspirar, ensinar, levar à ação e ajudar a humanidade a alimentar sonhos e visões.

2. Efeitos da mídia
No entanto, além de conteúdos educacionais inspiradores e alternativos, como *Nanook, o esquimó* (1922), de Robert Flaherty e extensos discursos históricos como *O nascimento de uma nação* (1915) e *Intolerância* (1916) de Griffith, a jovem indústria cinematográfica estava produzindo sua fatia de licenciosidade e escândalos. O comediante Fatty Arbuckle foi a julgamento por estupro e assassinato em 1921. E em 1929 estudos promovidos pelo Payne Fund relataram o conteúdo e os efeitos deletérios dos filmes sobres jovens americanos. Os filmes estavam promovendo delinquência juvenil, promiscuidade e vários outros comportamentos em adolescentes impressionáveis sobre quem os filmes exerciam "possessão emocional" (cf. Sparks). Afinal, segundo os estudos, mais de 75 por cento do conteúdo dos filmes tratava de sexo, amor ou crime. (Alguma diferença hoje?)

2.1. Mandato cultural cristão. Nesse meio se encontrava uma oportunidade para a comunidade cristã decidir como fazer diferença, estando *no* mundo, sem ser *do* mundo. Como podemos utilizar essa fantástica invenção moderna para uma comunicação mundial poderosa e influente e estar na vanguarda da tecnologia e das oportunidades missionárias? Essas perguntas perseguem até hoje os que acreditam nas artes e na mídia.

Desde *The Art of the Moving Picture* de Vachel Lindsay (1915) até *The Liveliest Art* de Arthur Knight (1957), o cinema se consolidou como forma de arte legítima, com autor comparado ao autor literário (do francês *auteur*, diretor no comando criativo), um propósito de comunicação sério, embora às vezes não reconhecido, e com capacidade de conteúdo crítico e influência cultural. Desde os primeiros anos dessa mídia, que nasceu com os fragmentos de vida dos irmãos Lumière em 1895, o ensino e a missão cristã estavam evidentes. O maior diretor de cinema mudo americano, D. W. Griffith, proclamou solenemente que o filme e sua influência haviam sido previstos pela Bíblia (veja Lindvall).

A integração ostensiva de premissas cristãs e mensagens do evangelho continuou desde os primeiros filmes sonoros (*Hallellujah*, de 1929, história musical da região sul dos Estados Unidos sobre pecado e redenção, com elenco formado exclusivamente por negros), passando por *Sindicato de Ladrões* (de 1954, que conta a história da religião prática de um padre em meio à corrupção do sindicato de estivadores), ganhador do Oscar, e chegando até *Carruagens de Fogo* (história sobre a força da convicção de jovens atletas olímpicos, filme britânico lançado em 1981). É claro que basta lembrar de *A Paixão de Cristo*, de 2004, para termos certeza de que a sólida presença cristã em importantes lançamentos internacionais continua firme.

2.2. Influência global contemporânea.
Com o crescimento da mídia e com o aumento de sua popularidade internacional, os cineastas e seus públicos proliferam em todo o globo, da Índia à China, da Suécia ao Canadá. Junto com essa tendência veio também a diversidade de cosmovisões e perspectivas religiosas popularizadas por artistas, propagandistas e contadores de histórias.

Uma análise do panorama cinematográfico contemporâneo, por exemplo, inclui *Osama*, o primeiro filme pós-talibã do Afeganistão. Trata-se da história de uma jovem muçulmana que precisa disfarçar-se de menino para conseguir estudar e trabalhar fora de casa. Sob o talibã, as mulheres não podiam se aventurar fora de casa, se não em companhia de um homem, de modo que famílias compostas de viúvas e filhas não tinham como sobreviver sem tal manobra.

Uma história semelhante, sobre a Índia da década de 1930, é retratada no filme *Às Margens do Rio Sagrado*. Aqui o tema é o costume hindu que exige que a viúva pré-adolescente de um marido que talvez nem tenha chegado a conhecer, deve morrer na pira funerária dele, casar-se com o irmão do falecido ou ficar para sempre em um local exclusivo para mulheres. A história de uma criança e outra jovem que desrespeitaram essa "lei" mereceu o opróbrio de hindus tradicionalistas da Índia, e o filme foi proibido no país. O filme de 2005 tem uma fotografia deslumbrante e uma trilha musical bela e pungente.

A dura realidade do tráfico de drogas e do uso de pessoas contratadas como "mulas" para transporte de heroína dentro do corpo em viagens aéreas são, infelizmente, um tema internacional. Filmes recentes como a produção colombiana *Maria Cheia de Graça* pelo menos não glamoriza esse mundo em nada. Somos levados a ter compaixão das vítimas dessa atividade. Na outra ponta do espectro do pecado e da atrocidade humana está o tecno-suspense ambientado nas Filipinas, *Cavite*, em que um jovem é forçado à cumplicidade com terroristas islâmicos que pretendem explodir a catedral de Manila.

A filmografia global hoje também inclui emigrantes que anseiam ver a restauração da antiga glória de sua terra natal, como no filme *A Cidade Perdida*, do cubano-americano Andy Garcia. Esse filme impressionante lamenta a perda da cidade de Havana, elegante e acolhedora, para as forças de Fidel Castro em 1959. Talvez seja politicamente incorreto, mas Garcia nos dá uma nostalgia em torno de uma ilha tropical antes tranquila transformada num pesadelo da ideologia marxista.

Um filme de aquecer o coração é *Ushpizin*, de Israel, que trata da fé e confiança simples de um casal de judeus ortodoxos. Um fugitivo que fica para a celebração do *sucot* passa a respeitar a conversão genuína de seu antigo companheiro de delinquência.

3. Influência da religião
Filmes movidos por ideologias ou mensagens são tão normais quanto qualquer outro meio de comunicação em que se divulgam palavras ou imagens. Uma vez que vida é religião — ou seja, todas as pessoas têm um compromisso fundamental tácito com aquilo que as motiva — é natural que *ideias* sejam lançadas no cinema. Hoje, para os cristãos, isso pode assumir a forma de um documentário caseiro para conseguir apoio financeiro para as *Crianças Invisíveis* de Uganda. Pode ser um acontecimento mundial como *A Paixão de Cristo*, de Mel Gibson, que fez Hollywood despertar e perceber o potencial de bilheteria de conteúdos bíblicos sérios. Ou pode ser o amplo sucesso comercial da

adaptação das *Crônicas de Nárnia: O Leão, a Feiticeira e o Guarda-Roupa*, obra de C. S. Lewis, feita pela Walden Media.

3.1. Amplitude da visibilidade cristã. Num estudo da tentativa de levar o pensamento cristão e perspectivas bíblicas a essa mídia, é bom que se observe a gama de abordagens dos retratos e exposições da ortodoxia cristã, que vão desde as abertas às veladas e das explícitas às implícitas. Apresentações ostensivas do kerygma bíblico não precisam ser só de dados históricos da Bíblia, como em *A Paixão de Cristo* ou na ambientação contemporânea do nascimento virginal em *Mary and Joe*. Também pode ser uma proclamação expositiva na boca de personagens cristãos, como em *Carruagens de Fogo, O Apóstolo* ou *Um Amor para Recordar*.

No extremo mais velado da visibilidade podem-se encontrar filmes sobre missionários, a exemplo de *Terra Selvagem,* que reconta a história do martírio de Jim Elliot e marca cinquenta anos do ocorrido, ou sobre a fé e o perdão exemplificados em *A Última das Guerras*, filme sobre prisioneiros de guerra.

Há outros filmes que retratam valores e elementos morais (fidelidade, abstinência, posicionamentos pró-vida, etc.) sem identificá-los especificamente e poderiam ter sido produzidos por cristãos conscientes ou secularistas morais.

3.2. Estratégias culturais cristãs. Para esmiuçar a variedade de enfoques cristãos quanto ao uso de filmes no mundo contemporâneo pós-moderno é de grande ajuda a taxonomia desenvolvida por H. Richard Niebuhr em *Cristo e Cultura*, obra de referência de 1951.

As opções remontam às estratégias disponíveis ao cristão que enfrenta uma cultura secular hostil, conforme acontece desde que o povo de Israel foi criado para seguir somente Javé e para não ser como *os povos que habitarem ao teu redor* (Dt 6.14).

- Fugir da cultura; deixá-la morrer.

- Aceitar a cultura; Deus não se importa com isso.

- Ignorar a cultura ou tratá-la como "neutra", mas manter para si uma dimensão espiritual da vida.

- Viver em equilíbrio com a cultura, até trabalhando nela, mas sentir-se culpado por isso.

- Transformar a cultura, submetendo-a ao senhorio de Cristo.

O paradigma da transformação da cultura, é óbvio, parece o modelo bíblico, embora alguns possam encontrar apoio na Bíblia para os cenários de fuga do mundo ou de ansiedade e equilíbrio. O modelo mais sedutor é a aceitação cultural, que Niebuhr chama "o Cristo da cultura". Aqui se encontram cristãos professos trabalhando em Hollywood, por exemplo, fazendo filmes de terror, escrevendo textos para programas de televisão sobre adolescentes feiticeiras e até ganhando destaque com filmes violentos de ficção científica campeões de bilheteria. Eles são cristãos *e também* trabalham na indústria do cinema. Mas raramente encontramos uma explicação de como o adjetivo *cristão* pode modificar a atividade conhecida como *produção cinematográfica*.

Trabalhos velados sobre crimes, exorcismo, relacionamentos deteriorados e assim por diante podem ser defendidos como justificáveis se levarem a sério a existência do bem e do mal, uma distinção básica que se perde na areia movediça do pós-modernismo. Mas os elementos normais da arte de contar histórias sempre estiveram presentes: os fundamentos da tensão da trama, protagonista, antagonista e forças contrárias. A missão cristã não é levada a efeito diretamente por meio da mensagem de que no mundo existem o bem e o mal, sem que se indique o conteúdo específico que conduz o espectador na direção de Cristo.

A capitulação à cosmovisão dicotômica do tomismo é endêmica nas abordagens não transformadoras: a ideia de que há um âmbito sagrado e um âmbito secular, sem ponto de contato entre os dois. Isso realmente mantém o cinema — e todas as outras áreas da cultura humana — como uma entidade em si, como os ideais platônicos do Bom, Verdadeiro e Belo. Essa ideia também ajuda a aliviar a culpa de quem faz romances populares e de entretenimento das massas, sem nenhum valor redentor. O escapismo é considerado tolerável e inócuo, desde que o produtor do filme e os espectadores compareçam ao culto domingo de manhã.

A beleza da estratégia transformadora é sua afirmação inequívoca do senhorio de Cristo sobre todas as coisas. Cristo é soberano, não só quanto à salvação, como também reina e deseja reinar, por meio de seus vice-regentes, sobre toda a sua criação, incluindo invenções e avanços humanos (cf. Rm 8.19-21). Essa concepção sustenta que tudo na vida pertence a Cristo, nosso Senhor, e não há áreas "neutras". Também não há padrões isolados de excelência estética que não sejam estruturas normativas *dadas por Deus* para sua criação e para a concretização de suas potencialidades em meios de comunicação como os filmes. Essa é uma cosmologia holística, sem a dicotomia da tensão sagrado-secular, artificial e estranha ao pensamento teísta da cosmovisão bíblica.

4. Novas tecnologias

Hoje, o quadro global do cinema é muito mais diverso que os longas-metragens dramáticos de Hollywood. Novas tecnologias têm democratizado a produção de filmes, de modo que quase todos podem comprar uma câmera digital que cabe na palma da mão e algum programa de edição de vídeos. Os "filmes" resultantes numa tela pequena, talvez com um quarto do tamanho da tela de um computador, podem ser compartilhados com o mundo inteiro pela Internet, mesmo nas telas minúsculas de telefones celulares ou tablets. Ainda que a qualidade da imagem e do som seja muito inferior em comparação com um filme 35mm para a tela grande de uma sala de cinema, o novo pluralismo e a acessibilidade podem revolucionar a maneira de entender e usar esse meio centenário de comunicação. Já estamos lendo sobre a morte da crítica cinematográfica clássica, pela qual se alcançará um novo consenso acerca dos filmes, por votação popular online, não segundo padrões estabelecidos por competências artísticas e literárias.

Embora astros americanos e filmes de sucesso ainda gozem de uma quase hegemonia em todo o mundo, as exceções estão aumentando. Em números absolutos, a Índia há muito ultrapassou Hollywood na produção de filmes, principalmente musicais melodramáticos (ainda que esses também sejam obviamente cada vez mais influenciados pela MTV americana). Canadá, França e outros países continuam protegendo a produção cultural local impondo cotas à importação. A Nigéria possui uma indústria pujante de filmes lançados diretamente em vídeo. O povo local deseja assistir às suas próprias histórias, ambientadas em suas redondezas, mesmo que só tratem de amor, sexo e corrupção.

A proliferação de canais de televisão transmitidos por cabo e satélite e a presença de sistemas cada vez melhores para locação de DVDs perto de casa disputam a audiência e a influência social com o cinema clássico. Mesmo que o mundo pareça estar se tornando uma "aldeia global", como predisse Marshall McLuhan, produzida especialmente por tecnologias instantâneas como a Internet e a televisão internacional, pode-se afirmar que os povos do planeta estão mais tribalizados do que nunca (veja Schlesinger). A abundância de canais de mídia abre possibilidades para mais serviços segmentados, interesses especiais e sectarismo, apesar de grandes conglomerados concentrarem a propriedade desses canais.

Para concluir, o meio cinematográfico pode ser visto como uma invenção poderosa e como oportunidade para cumprir o mandamento de Cristo de levar seu evangelho para *todo* o mundo, tanto sob a perspectiva geográfica quanto de todo o mundo de vidas e culturas, chegando a todas as partes em que ovelhas perdidas possam estar pastando.

Veja também Arte e Estética; Cultura e Sociedade; Mídia; Cultura Popular; Cultura Visual.

Bibliografia. Johnston, R. K., *Reel Spirituality* (Grand Rapids: Baker, 2000; 2. ed. 2006); Knight, A., *The Liveliest Art: A Panoramic History of the Movies* (New York, Macmillan, 1957); Lindsay, V., *The Art of the Moving Picture* ([1915] New York: Modern Library, 2000); Lindvall, T., *The Silents of God: Selected Issues and Documents in Silent American Film and Religion, 1908-1925* (Lanham: Scarecrow, 2001); Niebuhr, H. R., *Christ and Culture* (New York: Harper & Brothers, 1956) [edição em português: *Cristo e Cultura* (São Paulo: Paz e Terra, 1967)]; Schlesinger Jr., A., *The Disuniting of America: Reflections on a Multicultural Society* (New York: Norton, 1998);

Sparks, G. G., *Media Effects Research: A Basic Overview* (2. ed.; Belmont: Thompson Wadsworth, 2006).

J. R. Hamilton

FRANCKE, AUGUST HERMANN.
Veja Pietismo.

FUNDAMENTALISMO

O desenvolvimento semântico da palavra *fundamentalismo* durante o último século tem características de verdadeira explosão. Há dificuldades léxicas e taxonômicas inerentes ao uso do termo. Em especial, a mídia e o jornalismo popular a têm aplicado (principalmente na forma de adjetivo) a uma vasta diversidade de movimentos, pessoas e ideias. Aiatolá Khomeini, a Convenção Batista do Sul, o Opus Dei, Pat Robertson, Ralph Reed e a Coalizão Cristã, Hezbollah, Hamas, Sionismo e muitos outros têm sido denominados ou considerados "fundamentalistas". O contexto original em que se desenvolveu o termo é o fundamentalismo cristão protestante norte-americano. A partir desse contexto com suas características específicas, o termo foi associado a movimentos não cristãos não ocidentais com particularidades muito distintas.

Da perspectiva fenomenológica, é mais adequado falar de "fundamentalismos" para salientar a enorme diversidade abrangida pelo termo. Esse fator também explica por que não é possível definir o termo de forma restritiva. É possível, porém, ver certas "semelhanças de parentesco" (Ludwig Wittgenstein) entre os vários movimentos pelo mundo, ainda que se tenham originado em diferentes tradições religiosas e regiões geográficas. Essas semelhanças de parentesco às vezes aparecem como estratégias de resistência (e.g., à modernização) ou de autoidentificação (e.g., diante de elites culturais ou econômicas) ou como baluartes contra convulsões culturais. Em todos esses casos (ou em algumas combinações deles) há um inimigo que todas as formas de fundamentalismo identificam, mitificam/demonizam, e esse inimigo é o que motiva a luta.

Em *lato sensu*, o *fundamentalismo* pode ser definido como "tendência ou mentalidade encontrada em comunidades religiosas e incorporada como paradigma por certos indivíduos e movimentos representativos que se manifesta como estratégia ou conjunto de estratégias pelas quais fiéis sitiados tentam preservar sua identidade distintiva como povo ou grupo" (Marty e Appleby, 835). Uma definição *stricto sensu* é mais difícil ou até impossível. O fundamentalismo é um fenômeno mundial. Ele parece estar sempre avançando em praticamente todos os cantos do mundo. O propósito deste artigo é compreender as particularidades dos movimentos de características diversas que são ou "parecem" fundamentalistas.

1. O fundamentalismo cristão moderno
2. Outras formas de fundamentalismo
3. Características do fundamentalismo global

1. O fundamentalismo cristão moderno
No contexto norte-americano, a palavra *fundamentalismo* evoca um movimento religioso cristão reativo gerado por uma série de panfletos publicados ao longo de cinco anos (1910-1915), chamada *Os Fundamentos*. Embora fosse uma reação à modernidade, apresentava muitas características modernistas. Enquanto o modernismo optava por abandonar a tradição, o fundamentalismo tentava preservar as doutrinas cristãs fundamentais contra os ataques da ciência e do pensamento moderno. Como tal, denotava todo um conjunto de doutrinas evangélicas de cunho conservador, destacando a inspiração verbal-plenária da Bíblia e sua infalibilidade e inerrância em questões doutrinárias, éticas e históricas.

O fundamentalismo cristão é de fato um movimento moderno: (1) A *modernidade foi necessária para que se produzisse o fundamentalismo cristão. "O fundamentalismo foi produto de pessoas que se defrontaram com o modernismo, não gostaram do que viram e reorganizaram ou reformularam a fé." (2) Ele se concentra e se apoia em conceitos escolhidos. O fundamentalismo cristão é inovador e inventivo, dando ênfase à inerrância e a uma *escatologia dispensacional pré-milenista. (3) Ele é eclético e impele à "diferenciação". (4) Convive bem com a *tecnologia, empregada na pregação contra os valores científicos que a produziram. (5) Demonstra a capacidade singular de viver entre pessoas com várias cosmovisões ao mesmo tempo que defende com firmeza a sua (veja Marty 1986, 133-35).

Fundamentalistas cristãos modernos, bem como outros fundamentalistas, são mais que reativos, chegando a assumir uma atitude "beligerante". Primeiro, eles *lutam como forma de resistência*. A militância é crucial para a identidade de fundamentalistas que resistem à modernidade. Segundo, *lutam a favor*. Os fundamentalistas têm uma profunda consciência de seus próprios fundamentos e princípios quando lutam para defender uma cosmovisão tradicional. Terceiro, eles *lutam com*. Ou seja, recorrem a um passado real ou presumido para moldar o ambiente atual a partir de "fundamentos" práticos ou doutrinários. Quarto, *lutam contra* os agentes que atacam tudo o que lhes é valioso. Os inimigos são maus, não estão meramente equivocados. E, por fim, *lutam em nome de Deus*. A causa fundamentalista é transcendente, não apenas temporal (veja Marty e Appleby, ix-x).

O fundamentalismo cristão se opõe radicalmente à teoria da evolução e, em geral, a qualquer ideia de desenvolvimento. A sobriedade é um elemento constante no fundamentalismo cristão, bem como a rigidez ética. A teoria da inerrância como a única possibilidade para interpretação das Escrituras a torna anti-hermenêutica (ou seja, vai contra a interpretação como fenômeno construtivo). Os fundamentalistas cristãos se consideram agentes de Deus, que concede vida e significado para o movimento. Por conseguinte, a interpretação que fazem da história é teleológica, ou seja, caminha rumo a um fim previsível: o milênio.

O fundamentalismo cristão cresceu em ambientes diversos pelo mundo, principalmente como conjuntos dispersos de ensinos e não como um movimento organizado. Especialmente em cidades maiores da América do Norte, América Latina, África subsaariana e partes da Ásia, muitos novos imigrantes que experimentavam anomia e falta de raízes estavam prontos para serem recrutados por avivamentistas entusiasmados. Desligados das religiões tradicionais e das comunidades étnicas, esses recém-chegados estavam mais dispostos a aceitar a mensagem da salvação.

2. Outras formas de fundamentalismo

A cobertura dada pela mídia aos eventos no Oriente Médio e a publicidade em torno do "criacionismo" e dos televangelistas nos Estados Unidos fizeram com que o fundamentalismo parecesse um fenômeno puramente islâmico ou cristão. Entretanto, estados de espírito ou opções religiosas semelhantes também podem ocorrer dentro de outros movimentos religiosos. O haredismo e o sionismo são expressões do fundamentalismo judaico. Essa mentalidade também é encontrada no hinduísmo, siquismo e no budismo teravada.

O fundamentalismo, portanto, é mais que uma forma de ser cristão ou religioso no mundo moderno. Também pode ser uma cosmovisão com forte e renovada matiz religiosa. Como tal, tenta devolver uma tradição de fé e ação a seus elementos mais fundamentais. Essa tentativa é reativa e vai contra tudo o que é considerado distanciamento posterior desses elementos fundamentais (no sentido fenomenológico e teológico). O termo, portanto, pode ser aplicado não só a manifestações cristãs, mas também a outras expressões religiosas.

Essas expressões religiosas de fundamentalismo moderno são profundamente diversificadas. Ainda que muitas se oponham à cultura moderna, elas não se opõem do mesmo modo nem se opõem aos mesmos aspectos. Entretanto, apesar da diversidade, os movimentos fundamentalistas são, em sua maioria, semelhantes no fato de se definirem em oposição à modernidade.

Eles se preocupam com a crescente secularidade das sociedades em que estão radicados, temem que a rejeição de Deus ou de alguma concepção comparável do divino esteja desencadeando efeitos negativos sobre o mundo e alegam que é preciso um esforço concentrado para manter e revitalizar o compromisso com as verdades sagradas. Por esse motivo, os fundamentalistas têm influenciado, muito além de seus círculos, o debate acerca do caráter e efeito da religião no mundo moderno. (Wuthnow, 456)

É interessante observar que os fundamentalismos modernos são endêmicos em religiões monoteístas. É aí que eles manifestam uma postura de negação — especialmente de todas as formas de politeísmo, panteísmo e de corrupções, falsas interpretações e desvios de verdades textuais — e de vigilância sobre a sociedade e a cultura. A religiosidade conscientemente revitalizada das várias formas de fundamentalismo insiste num entendimento mais puro ou mais verdadeiro do conjunto de simbolismos sagrados recebido. A afirmação e a negação seguem lado a lado numa tentativa de defender e proteger o texto sagrado de quaisquer interpretações mundanas, muito tolerantes ou liberais. Aquilo que os não fundamentalistas entendem como mero contexto (experiência humana e história), o fundamentalista considera texto (a Escritura inerrante), e o que, para o não fundamentalista, é apenas texto sujeito à interpretação, para o fundamentalista é apenas contexto. Como afirma R. McKinley, "O fundamentalista tenta adequar o texto vivido da experiência humana ao contexto divino do texto sagrado como verdade eterna; o 'liberal' religioso, por sua vez, tenta adequar o texto sagrado escrito, editado e compilado por seres humanos, ao contexto do mundo experimentado em diferentes condições sociais e históricas" (*Defining Fundamentalism*, 10).

O surgimento de manifestações de fundamentalismo político, social e cultural nas últimas três décadas do século 20 tem levado a uma abordagem mais fenomenológica do entendimento desses movimentos e sua lógica cultural. Essa abordagem também tem dado atenção aos contextos sociais e políticos específicos em que prospera o fundamentalismo. Em outras palavras, a teologia do fundamentalismo segue lado a lado com sua sociologia.

3. Características do fundamentalismo global

É impossível traçar um perfil completo do fundamentalismo global, já que os movimentos diferem muito. Mas alguns elementos em comum justificam a classificação da maior parte desses movimentos, ainda que oriundos de raízes religiosas e culturais bem diferentes, sob o guarda-chuva dos "fundamentalismos". Há um espectro tipológico em que diferentes movimentos partilham alguns, mas não todos os elementos. Alguns movimentos são nacionalistas, identificando os fiéis verdadeiros com uma nação e etnia específicas; alguns são universalistas e acham que os fiéis são uma comunidade dispersa entre muitas nações. Embora a maior parte dos fundamentalistas busque algum tipo de dominância política, há alguns que são apolíticos e priorizam a renovação pessoal e as experiências místicas. Alguns grupos adotam estilo de vida austero, ascético, denunciando o luxo corruptor, enquanto outros proclamam e sustentam um evangelho de prosperidade e sucesso terreno. Ainda assim, de modo genérico, o fundamentalismo global manifesta certas características em comum.

O fundamentalismo é um movimento teológico e religioso específico com uma variedade de implicações. Ele pode ser compreendido somente da perspectiva de épocas, lugares, eventos e personagens específicos. Não se deve confundi-lo com o estilo de uma personalidade, uma mentalidade, uma forma de militância política, uma cosmovisão ou mesmo uma orientação específica quanto à verdade. O fundamentalismo sempre foi moldado por seu diálogo implícito com o mundo ao redor, a partir de uma perspectiva teológica e religiosa. É verdade que o fundamentalismo pode ser analisado simplesmente como um fenômeno político, cultural ou psicológico. Mas se trata de uma realidade religiosa e deve ser considerado como tal. Os fundamentalistas relacionam-se com sua religião não meramente como reformadores de erros institucionais, mas como saneadores de verdades básicas e poderosas. Eles tentam decidir quais partes da tradição devem ser consideradas essenciais para um sentido religioso de estar no mundo.

O fundamentalismo é um tipo novo ou renovado de teodiceia — uma explicação dos caminhos de Deus. Ao longo do século 20, houve muitos movimentos à procura de novas teodiceias para explicar o significado e a orientação da luta humana contra as opressões do dia a dia e as ambiguidades da vida moderna. Os fundamentalismos, sobretudo os que pertencem às grandes religiões da Bíblia, têm oferecido um grande volume de símbolos moralistas, autorizados e sagrados para lidar com as contradições da existência humana. É desse conjunto conhecido de crenças expressas e símbolos sagrados que os movimentos fundamentalistas selecionam os elementos essenciais que devem ser considerados verdadeiramente fundamentais para o relacionamento entre os homens e a divindade. A consequência dessa posição é que a realidade é compreendida segundo elementos que se opõem: luz ou trevas, verdadeiro ou falso, certo ou errado. O pluralismo, a relatividade e a crítica (dúvida científica) não têm espaço na lógica fundamentalista. A maioria dos fundamentalistas tem uma opinião maniqueísta da vida como uma luta entre as forças da luz e as forças das trevas.

Todas as formas de fundamentalismo caracterizam-se tanto pela negação como pela afirmação:

[O fundamentalismo] nega a moral e com frequência até a validade cognitiva daquilo que é percebido como atitude não religiosa; nega ainda a verdade de outras religiões em contato com ela e, acima de tudo, nega até a verdade de interpretações alternativas dos símbolos sagrados e textos que partilham com outras religiões derivadas da mesma religião-mãe (McKinley, 5).

Pelo fato de serem basilares, os textos sagrados não admitem interpretações alternativas (à leitura que eles mesmos fazem), porque tais interpretações são consideradas desvios históricos da verdade revelada. A autenticidade e integridade da herança textual e simbólica comum são consideradas fundamentais para a relação entre o ser humano e o divino. Parte-se do pressuposto de que a autoridade deles não reside no leitor. Interpretações divergentes do que se considera autorizado são classificadas como heresias ou até sacrilégio. Os fundamentalistas insistem na orientação divina na leitura de textos sagrados.

O fundamentalismo é uma tendência multifacetada, sempre reativa ou reacionária em relação ao que percebe como desafios e ameaças nocivos aos valores e crenças fundamentais. Um elemento importante é que os fundamentalistas, em nome de Deus ou do sagrado, lutam como forma de resistência à modernidade, ao relativismo, secularismo e pluralismo. Essa reação tem caráter seletivo, uma recuperação seletiva da tradição, escolhendo certos elementos do passado sagrado considerados basilares/fundamentais para a forma de religiosidade sustentada. De acordo com Marty e Appleby,

Esses "fundamentos" recuperados são refinados, modificados e sancionados num espírito de pragmatismo perspicaz: devem servir como baluartes contra a intrusão de estranhos que ameaçam desviar os fiéis para um ambiente cultural sincrético, arreligioso ou irreligioso. Além disso, esses fundamentos são acompanhados no novo dossiê religioso por afirmações e inovações doutrinárias sem precedentes. Pela força dessas inovações e as novas doutrinas de apoio, os fundamentos recuperados e atualizados devem reassumir hoje a mesma intensidade carismática pela qual forjaram originalmente a identidade comunal a partir das experiências religiosas formativas do passado. (Marty e Appleby, 835)

O fundamentalismo é um movimento de caráter separatista, exclusivista e sectário. Como resgatadores de verdades sagradas e não meros reformadores de práticas institucionalizadas, os fundamentalistas tendem para algum grau de separatismo. Suas premissas fundamentais são usadas para marcar os limites entre o próprio e o alheio, que resulta em sectarismo. Em sua militância — ou seja, disposição para organizar, demonstrar, lutar ou fazer campanha por suas causas — os grupos fundamentalistas estão propensos a serem exclusivos e elitistas. Portanto, o que faz com que os grupos sejam denominados fundamentalistas é, em grande parte, sua simples convicção de que têm algo para defender e estão dispostos a lutar por isso. Nesse sentido, são tudo, menos estacionários. "São criados por pessoas que têm conhecimento direto do mundo moderno. Fundamentalistas criativos, ameaçados pela modernidade, contra-atacam com instrumentos que estão sempre mudando" (Marty, 1992).

O fundamentalismo é opositivo, polêmico e tem a obrigação de defender crenças próprias que se pressupõe estar sob ataque permanente. Os fundamentalistas são restauracionistas religiosos militantes determinados a batalhar contra o inimigo pelo bem maior do Onipotente e pela preservação da identidade distintiva deles próprios. O movimento é absolutista e, portanto, considera estarem entre seus piores inimigos o racionalismo, o relativismo cultural e a ambiguidade. Por conseguinte, dá grande ênfase à autoridade e à fonte de tal autoridade. Isso conduz facilmente a diversas formas de autoritarismo.

Mas o fundamentalismo é mais flexível do que muitos pensam. Essa flexibilidade faz com que ele se adapte sem dificuldades. Sempre há uma nova causa que exige compromisso. Ainda que muitos fundamentalistas aleguem serem descendentes e preservadores de tradições de longa data, eles não são meras manifestações contemporâneas de algum resquício de um passado distante. O fundamentalismo tem a capacidade notável de se reinventar vez após vez. É errado pensar que esses movimentos sejam fósseis, remanescentes de estágios obsoletos de desenvolvimento humano, fadados a desaparecer, à medida que as pessoas vão ficando mais esclarecidas, intelectualizadas e científicas. Novos movimentos fundamentalistas agressivos estão ameaçando estabilidades antigas em toda parte. O fundamentalismo, porém, prospera apenas em culturas que têm contato com o mundo moderno e são confrontadas por ele; sua característica distintiva é o diálogo raivoso com o mundo moderno.

Em todo o mundo, o fundamentalismo tem se mostrado um meio atraente de ser religioso. "Estudos de fundamentalistas mostram que as religiões que estão crescendo são as de linha dura. Isso põe em dúvida a maior parte das projeções pós-iluministas acerca da sobrevivência da religião e a questão dos tipos que poderiam prosperar em tempos modernos e pós-modernos" (Marty, 1992, A56). Longe de desaparecer, os movimentos fundamentalistas crescem e prosperam. Estão dominando o uso da tecnologia moderna para atrair e inspirar adeptos. Em sua luta para transformar toda a sociedade, os fundamentalistas são organizadores oportunistas e exploram com grande habilidade os meios modernos de comunicação. Tendem a criar organizações de massa, muitas vezes baseadas em células locais que agregam os convertidos em grupos altamente disciplinados. Eles são unidos por meio de organizações hierárquicas e centralizadas que, em geral, remontam a uma pequena elite ou a um líder carismático. Constroem grandes impérios institucionais, redes de escolas, bibliotecas e salas de leitura, editoras, emissoras de rádio e televisão, hospitais e clínicas, orfanatos e outros serviços e, por fim, partidos políticos.

O fundamentalismo atende às necessidades reais de muitos. Uma explicação para seu sucesso é que ele representa um refúgio verdadeiro para as massas e uma esperança para os desvalidos. O fundamentalismo tem uma mensagem para pessoas cuja vida foi abalada pela destruição da sociedade tradicional e foram abandonadas pelas promessas vazias do estado assistencial moderno. Não se pode compreender o poder que o fundamentalismo tem de atrair as massas sem reconhecer que ele supre as necessidades das pessoas. Ele pode não só conferir identidade e dar certeza em meio ao caos cultural e social, como também pode oferecer educação, alimento e socorro médico nas emergências, bem como formas de segurança social. Além disso, pode oferecer esses serviços por meio de comunidades locais que dão às pessoas um senso de pertencimento, em contraste com a impessoalidade alienante do estado assistencial, mesmo quando este funciona.

O fundamentalismo em todas as principais religiões do mundo tende a reforçar funções de dominância do gênero masculino. "Desde exigir que as mulheres usem véus, levá-las a satisfazer as necessidades psicológicas e emocionais dos maridos, até impedi-las de serem ordenadas, os vários fundamentalismos compartilham muitas dessas posturas para com as mulheres" (Wuthnow, 457).

O fundamentalismo é em grande parte um fenômeno do século 20. Em muitas partes do mundo, tem sido profundamente condicionado pela desintegração de impérios coloniais e pela fundação de novas nações independentes. Mas ele resistirá e continuará sendo um aspecto vital da cultura do mundo do século 21.

Suas muitas manifestações por todo o mundo estão bem institucionalizadas. Sua diversidade, caráter nacionalista e extraordinária capacidade de adaptação também garantirão sua permanência. A simplicidade de seus princípios e seu profundo compromisso com certos ensinamentos essenciais garantem a lealdade de muitos países em desenvolvimento, onde reinam pobreza, miséria, analfabetismo e opressão. Enquanto a maior parte das pessoas do mundo continuar sendo afligida por uma educação familiar disfuncional, pela exclusão, pelo êxodo geográfico, por violência, insegurança e tempos de incertezas econômicas, o fundamentalismo continuará encontrando seguidores fiéis.

Veja também MODERNISMO E PÓS-MODERNISMOS; RELIGIÕES POPULARES; SOCIOLOGIA DA RELIGIÃO; TEOLOGIA EVANGÉLICA.

BIBLIOGRAFIA. BARR, J., *Fundamentalism* (Philadelphia: Westminster, 1978); COHEN, N. J., org., *The Fundamentalist Phenomenon: A View from Within; A Response from Without* (Grand Rapids: Eerdmans, 1990); MARSDEN, G. M., *Understanding Fundamentalism and Evangelicalism* (Grand Rapids: Eerdmans, 1991); MARTY, M. E., "Modern Fundamentalism", *America*, September 27, 1986, 133-35; idem, "Explaining the Rise of Fundamentalism", *The Chronicle of Higher Education*, October 28, 1992, A56; MARTY, M. E. e APPLEBY, R. S., orgs., *Fundamentalisms Observed* (Chicago: University of Chicago Press, 1991); MCKINLEY, R., *Defining Fundamentalism*, ensaio não publicado apresentado ao *The Fundamentalist Project*, Chicago, November 15, 1988; WUTHNOW, R., "Fundamentalism in the World", *The Christian Century*, April 29, 1992, 457.

P. A. Deiros

FUTURO. *Veja* ESCATOLOGIA.

GAIA. *Veja* Criação e Ecologia.

GLOBALIZAÇÃO

Globalização refere-se à interconectividade mundial cada vez maior. É um alargamento, aprofundamento e aceleração da interação e interdependência entre pessoas, empresas, organizações não governamentais (ONGs) e governos. Importantes novidades tecnológicas e econômicas facilitam o aumento dos índices de comunicação e transporte que atravessam toda sorte de limites e barreiras tradicionais. As pessoas em qualquer parte do mundo são cada vez mais afetadas por decisões e ações em outras partes do globo. Elas, por sua vez, têm maior consciência de si mesmas e da própria cultura dentro de um contexto global.

A globalização é um conjunto de processos e instituições que está transformando a organização de relações e transações sociais em todos os lugares. Ela gera uma variedade de relações inter-regionais e transcontinentais em redes ou *networks* de atividade, interação e permuta. A função e importância da nação-estado está mudando para fazer face a estruturas e mecanismos mais internacionais. Pessoas, ideias, artefatos físicos e padrões culturais fluem de modo mais imediato e rápido. Comunidades, estados, ONGs, instituições internacionais (como a Organização Mundial do Comércio [OMC], o Banco Mundial, o Fundo Monetário Internacional [FMI]), empresas multinacionais, associações culturais (como grupos acadêmicos profissionais) e movimentos religiosos estão entrelaçados em redes de comunicação e de ação e reação conjunta que se sobrepõem e interagem. Barreiras governamentais que regulam esses movimentos e medidas políticas, facilitando a integração de mercados que ultrapassam fronteiras políticas, são marcos desses processos.

1. Definição: O que está acontecendo?
2. Interpretação: Como compreender essas tendências?
3. Avaliação ética: Em que a globalização é boa ou ruim para promover os bens comuns da vida?
4. Reflexão teológica: Como encaixar essas tendências numa estrutura cristã?
5. Lacunas: O que carece de um desenvolvimento sério na reflexão teológica?

1. Definição: O que está acontecendo?

A globalização é um fenômeno complexo com múltiplos aspectos e efeitos primários. Entre os mais importantes estão:

1.1. Desterritorialização. As pessoas interagem e agem sem sofrer a limitação da localização física. O comércio eletrônico, a televisão, as conferências por internet e telefone promovem interação com atores sociais remotos. As relações sociais se estendem pelo espaço.

1.2. Interconectividade. Os eventos e decisões em um lugar se entrelaçam com atores e eventos de locais distantes. Pessoas e organizações colaboram e criam efeitos em grandes distâncias. O impacto do que ocorre a grande distância é amplificado. Práticas sociais, econômicas, culturais e religiosas locais são colocadas lado a lado com práticas estrangeiras. A imigração e a tecnologia colocam face a face culturas e sociedades distantes Expressões culturais são exportadas para além das fronteiras, com trocas e impactos mútuos. Um número cada vez maior de problemas de estados precisam ser resolvidos por meio de iniciativas multilaterais ou coletivas.

1.3. Infraestruturas globais. *Backbones* tecnológicos e informacionais carregam globalmente cada vez mais dados e produtos. Organizações institucionais e instrumentos legais (como tratados) têm proliferado para regulação de atividades transnacionais.

Muito disso se concentra em cidades metropolitanas e globais (como Nova York, Londres, Pequim, Rio de Janeiro, Cingapura, Johanesburgo, Nova Déli ou Tóquio) onde agentes internacionais ficam aquartelados. No início do século 21, havia 60 mil empresas multinacionais com 820 mil subsidiárias que respondiam por 25 por cento da produção mundial e 70 por cento do comércio global. Organizações governamentais internacionais chegavam a duas mil, e organizações não governamentais internacionais, a quarenta mil.

1.4. Aceleração social. A comunicação em alta velocidade, as tecnologias de transporte e informação criam fluxos rápidos de dados, capital e bens. A marcha e a velocidade das questões sociais estão crescendo exponencialmente.

1.5. Intensificação de um processo de longo prazo. A globalização vem caminhando há algum tempo. É parte integrante do mundo moderno. Alguns a consideram quase coincidente com a história humana. Outros apontam expansões antigas, como as das civilizações romana, chinesa e islâmica. A partir de 1500, a principal iniciativa veio do Ocidente. Mas a globalização parece ter sido intensificada por novas tecnologias em anos recentes. As possibilidades de interconectividade e aceleração social têm aumentado de maneira dramática.

1.6. Impactos multifacetados. A globalização se move em índices diferentes com efeitos múltiplos sobre as várias esferas da vida humana. Na economia, ela cria fluxos transnacionais de bens e capital. Mercados financeiros agora funcionam dia e noite em todo o mundo. A globalização eleva de maneira espetacular o Produto Interno Bruto em economias liberalizadas, ao mesmo tempo que exacerba a desigualdade entre nações e dentro delas. A vida política é marcada pelo surgimento e poderio cada vez maior de organizações supranacionais ou transnacionais. Atividades criminais e terroristas são globalizadas. Artefatos culturais e canais de mídia são vistos no mundo inteiro. Associações transnacionais agitam-se por questões globais (ambiente, direitos humanos, mulheres, saúde, guerra, etc.). Religiões têm atritos umas com as outras por causa das imigrações em massa, mas também pela internacionalização de fatores como educação, produção, mídia e atividade missionária.

2. Interpretação: Como compreender essas tendências?

2.1. Internacionalistas. Os "internacionalistas" entendem que alegações sobre a globalização são exageradas ou até mitos ideológicos. Para eles, a globalização não é o que está ocorrendo. Antes, as tendências atuais incorporam nada mais que novas formas de internacionalização.

Sendo um mito, a "globalização" é a nova metanarrativa dominante das ciências sociais e o disfarce ideológico para o Ocidente encobrir a imposição do capitalismo corporativo. A globalização é a continuação da expansão capitalista. Três grandes blocos financeiros e comerciais (Europa, Ásia-Pacífico e América do Norte) estão emergindo. O aumento do fluxo de comércio, cultura e dinheiro é simplesmente uma continuação das interações entre pessoas e nações que vêm ocorrendo há séculos. A atividade principal ainda é regional, controlada e dominada pelos estados poderosos no sistema mundial. Continuamos existindo num contexto "internacional", não global. Essa "globalização" foi prevista por Marx no *Manifesto Comunista*. Ele predisse que os capitalistas estariam "aninhados em todas as partes, assentados em todas as partes, estabelecendo ligações em todas as partes", produzindo "intercâmbios em todas as direções, interdependência universal de todas as nações. E assim como no campo material, também na produção intelectual" (487, 488). Isso não produz um mundo menos centrado no estado, mais globalizado, mas um mundo dominado por poderes de estados capitalistas hegemônicos que controlam o comércio e as finanças e a produção cultural. É a continuação de um processo que ocorre há pelo menos 150 anos.

2.2. Globalistas. Em contrapartida, os "globalistas" consideram a fase atual da história uma nova era (que Friedman chama de "mundo plano"). Saímos do "internacionalismo" para um mundo globalizado que está reduzindo cada vez mais o poder de cada estado. Estamos todos vinculados a um único mundo e nossos destinos estão mais entrelaçados do que nunca.

Novas tecnologias primeiro reduziram o

custo dos transportes e agora reduzem o custo das telecomunicações (sendo a internet o exemplo mais impressionante). Indivíduos (e empresas) colaboram e concorrem globalmente, contornando muitas estruturas e restrições do estado. A desnacionalização de economias por meio de redes transnacionais de finanças, produção e comércio marginaliza cada vez mais os estados. A globalização sustenta a promessa de elevar a humanidade acima da pobreza e das guerras, criando um mundo realmente democratizado de direitos universais e cooperação internacional. Essa nova fase pode ser remontada à década de 1970. O crescimento de organizações transnacionais, instrumentos legais e mídia global incluem culturas naturais, estados e economias numa ordem global.

Os otimistas dentre os "globalistas" saúdam esse conjunto de mudanças, considerando que ele pode elevar padrões de vida, enriquecer culturas locais por meio de uma cultura mundial mais rica, unindo pessoas e criando a possibilidade de todos nos tornarmos cidadãos do mundo. Os pessimistas entendem que a globalização diminui e homogeneíza identidades culturais e nacionais, afeta negativamente a soberania local e nacional, causando devastação no ambiente, e gerando uma dinâmica que reduz salários e boas condições de trabalho.

2.3. Transformacionistas. Os "transformacionistas" concordam que a globalização marca uma mudança significativa. Mas eles não consideram que suas consequências sejam inevitáveis ou levem à homogeneização de culturas ou à diminuição da soberania do estado.

As tendências estão criando novas realidades econômicas, políticas, sociais e culturais. Não é claro, porém, que a direção seja uma gaiola de ferro capitalista ou uma utopia de "mundo plano". Estamos entrando numa nova ordem mundial. Suas características ainda estão por ser definidas. Quais dessas novas tecnologias, tratados, novas estruturas organizacionais, padrões diferentes de migração e novos instrumentos transnacionais terão vida longa? Simplesmente não sabemos.

Poderes de estado estão sendo restringidos por novos poderes transnacionais que não têm transparência total. Culturas e contextos locais são afetados, mas respondem criando "muitas globalizações" ("glocalização"). Isso cria efeitos contraditórios sobre a estratificação, homogeneização cultural e segurança, dependendo do contexto. É provável que sentimentos nacionais e éticos sejam intensificados ao serem levados para dentro de uma identificação cosmopolita com uma cultura "universal" cada vez maior. Os efeitos da globalização são múltiplos e muitas vezes dependem da reação e do contexto local.

A globalização ainda está em seus primeiros estágios. Falta muito para que se criem novos meios legais, institucionais e organizacionais que permitam aproveitar as forças globalizantes para o bem comum da terra e de todos os seres humanos. Mas é muito tarde para dar meia volta. As tecnologias e intercâmbios gerados são fatos consumados: já estamos fadados a ficar de pé ou cair juntos como habitantes comuns de um mundo interdependente.

3. Avaliação ética: Em que a globalização é boa ou ruim para promover os bens comuns da vida?

Essa é uma pergunta muito complexa. A resposta depende, em parte, do lugar em que se está dentro da ordem mundial de agora, do nível de análise e do que se supõe estar acontecendo.

3.1. O quadro positivo. Para alguns, o quadro é amplamente positivo. Dados empíricos demonstram uma ascensão enorme de centenas de milhões que estão saindo da pobreza em razão da liberalização do mercado e da queda de barreiras comerciais, especialmente no Leste e Sul da Ásia. Ao mesmo tempo, a democratização de ordens políticas tem andado a passos largos. A difusão da educação formal para conseguir competir em mercados mundiais tem aumentado os índices de alfabetização e promovido oportunidades para homens e mulheres. O comércio e o turismo globais são indústrias importantes, aumentando a consciência global e o entendimento cultural. A imigração continua abrindo muitas oportunidades de vida melhor para milhões.

Pode-se perceber uma vasta gama de efeitos positivos: ganhos em produtividade, ampla disseminação da informação, mais acesso a produtos com preço mais baixo, diluição de hierarquias de longa data em muitos países e avanços tecnológicos. O alcance das ONGs, iniciativas de saúde global (como a eliminação da varíola), movimentos ambientais, grandes campanhas de socorro após desastres naturais e investimentos estrangeiros diretos em muitos países são subprodutos da globalização.

3.2. O quadro negativo. Ao mesmo tempo, a globalização arrasa economias, enriquece minorias que dominam o mercado, aprofunda a corrupção, destrói o meio ambiente e facilita o comércio global de drogas, lavagem de dinheiro, prostituição, contrabando, comércio ilegal de armas, terrorismo e outras questões deletérias. A lista de reclamações sobre os maus efeitos da globalização é longa: destrói os meios de subsistência de lavradores, priva os pobres de medicamentos de preço acessível, reduz salários e boas condições de trabalho, aumenta a insegurança econômica, consagra a ambição como força motivadora da ação humana e destrói culturas. Ela está a serviço de um capitalismo ganancioso e de estados hegemônicos ricos que impõem condições injustas e draconianas ao resto do mundo.

O modo de globalização que prevalece é acusado de prejudicar a democracia e a diversidade cultural. Ele promete abundância somente por meio de assaltos à capacidade do nosso planeta de sustentar a vida e colide com os limites naturais da biosfera. Contribui para a destruição de espécies e seu habitat. A capacidade da terra para regenerar e dispor de sistemas sustentáveis é ameaçada em nível global. Mão de obra, recursos, inteligência, terra e ativos organizacionais são usados para enriquecer poucos em detrimento de muitos. A ideologia da economia neoliberal alimenta cosmovisões e sistemas sociais idólatras e desastrosos. Vivemos cada vez mais numa sociedade de mercado, não numa sociedade em que há um mercado. A dominância da economia eviscera e coloniza as outras esferas da vida humana: religião, família, política, educação, vida cívica e atividades artísticas.

4. Reflexão teológica: Como encaixar essas tendências numa estrutura cristã?
A resposta teológica brota de um entendimento da relação de Deus com a história, especialmente a história dos últimos duzentos anos. Problemas éticos têm raízes na seguinte discussão: até que ponto organizações e estruturas globalizantes refletem normas básicas de verdade, justiça e bem-estar. Será que esses processos resultam em maior consideração pelos outros, pelos pobres e pelos recursos da criação?

4.1. Movimento do Espírito. A globalização pode ser entendida como uma continuação da manifestação do Espírito na história, conduzindo a humanidade rumo a uma comunidade unificada de paz e prosperidade. Essa ideia reitera o pós-milenismo do século 19. A imanência de Deus é delineada nos movimentos da história. Usando termos de Hegel, o indivíduo "histórico mundial" (a sociedade líder) avança pelo mundo como ponta de lança rumo ao Espírito Absoluto. O ponto Ômega seduz a civilização humana e a leva a um desfecho de uma reunião com Deus e com o próximo que se manifestará numa sociedade mundial. A globalização é uma fase dialética na incorporação da vontade de Deus manifestada na terra.

A economia neoliberal e a democratização, segundo essa ideia, são expressões tênues, mas reais, da ordem vindoura. No mundo por vir, a virtude, o trabalho árduo, a criatividade, a licitude e a abundância caracterizarão a vida. O trabalho e a produtividade suprirão as necessidades de todos e lhes afirmarão a dignidade, vencendo as limitações atuais da pobreza, das hierarquias opressivas, da falta de oportunidade e das insuficiências tecnológicas. Trabalhando com as várias organizações multilaterais e globais ou através delas, os cristãos podem servir de fermento para levedar a massa, interferindo nas falhas e fraquezas do processo, de modo que este seja cada vez mais direcionado para a inclusão implícita em muitas intenções da globalização e exigida pelo evangelho.

Embora haja tentações da idolatria na globalização e nas ideologias em torno dela, estas não são essenciais. As expressões atuais do movimento da sociedade humana em direção à interdependência encontradas na globalização não são "o fim da história". A globalização tampouco pode ser responsabilizada pelas ações ilegais, corruptas e míopes que tiram vantagem de suas possibilidades inerentes. A globalização não ordena o estupro ecológico da terra, o terrorismo internacional ou o tráfico de seres humanos. Todos eles são problemas do pecado que infectam todas as estruturas e interações humanas. Eles exigem arrependimento e pesar, bem como resistência ativa. Os cristãos não devem abandonar a arena e dar espaço para a cobiça, o ódio e a corrupção. O cristão e a igreja precisam estar engajados, fermentando os aspectos políticos, econômicos e culturais que acompanham e facilitam a globalização. Além disso, quando é nítido que a globalização (e a governança corrupta ou insensata) causa danos aos marginalizados, empobrece grupos novos, aumenta a pobreza entre mulheres e assim por diante, exige-se que cristãos atuem em contextos locais para levar socorro e defesa. Esses problemas não são produtos inevitáveis da globalização, mas apenas novas manifestações de problemas estruturais de longa data, muitas vezes endêmicos.

Os que tendem a entender a globalização em moldes positivos também estão propensos a adotar uma ética "cosmopolita". No nível secular, isso brota da noção de que há normas e ideais universais e transculturais que devem moldar a ordem mundial em desenvolvimento. Os cosmopolitas se consideram cidadãos do mundo. A principal responsabilidade ética é para com as reivindicações de uma humanidade universal, não para com as obrigações de família, gênero, raça, povo, cultura particular ou identidade nacional.

Os cosmopolitas sustentam uma ética que procura especificar e incorporar princípios universais. Os princípios, práticas e instituições que não podem ser universalmente partilhados são deficientes e injustos. A globalização força a questão do *locus* da autoridade e poder legítimos, bem como tipos de práticas sociais e culturais que devem ser mantidos numa sociedade universal. É evidente que certas práticas e disposições devem desaparecer em um mundo cosmopolita. Regras e mecanismos globais serão capazes de limitar as práticas de grupos ligados pela cultura, bem como nações-estados, uma vez que não podem ser universalizados. Decisões econômicas e ambientais, limitações baseadas em etnia ou gênero, hierarquias opressoras e governança corrupta, restrições de mercado e definições irracionais de propriedade haverão de desaparecer.

Os cosmopolitas minimizam o papel e a importância de religiões específicas e da religião em geral. Eles entendem que em grande parte a religião é algo que não pode ser universalizado. A ética deles também é muitas vezes baseada numa versão da modernidade ocidental que pressupõe padrões individualistas contrários a muitas culturas de sociedades não ocidentais baseadas em comunidades ou grupos. Assim, há sérias limitações à ética cosmopolita.

Mas a ética universal deles se harmoniza com importantes temas cristãos: o *reino de Deus universal vindouro em que não há homem ou mulher, grego ou bárbaro, escravo ou livre. A noção da santa igreja católica (universal) carrega em si um tema cosmopolita, abrangendo todos os povos, tribos, nações e línguas. A lei e a mente de Cristo suplantam todas as demais identidades e prioridades. Esses temas fornecem um "sim" provisório para a globalização, pois expressam em algum grau a vontade do Criador e Redentor de todos.

4.2. O espírito de Babel. No outro extremo do espectro teológico estão os que entendem a globalização como o espírito de Babel. É a afirmação da humanidade autônoma contra seu Criador. As bases do capitalismo global estão irremediavelmente enraizadas nos ideais humanistas da autossuficiência. A aldeia global é simplesmente uma arena muito maior para a cobiça e a opressão. A dinâmica reinante produz grave desigualdade (dentro das nações e entre elas), mantém altos níveis de pobreza trágica e marginaliza os fracos. Ela incorpora os principados e poderios da injustiça, interesse próprio e a hegemonia de agentes corporativistas que não se responsabilizam pelo sofrimento concreto. Ela oferece a fascinação da abundância, ao mesmo tempo que destrói a base terrena que produz essa abundância e sustenta toda a vida. Ela promete vida enquanto dissemina armas e guerras globais em cada canto da terra.

Essa perspectiva crítica é facilmente encontrada nos círculos de cristãos e ONGs antiglobalistas. Há teologias, como a da libertação, que destacam o potencial para a humanização dentro da história. A responsabilidade das comunidades cristãs é facilitar a humanização da vida pelo exemplo, pela sensibilização e pelo sofrimento. A globalização como força de desumanização e morte em muitas das nações mais pobres e fracas deve ser combatida. A globalização é conduzida por uma falsa ideologia, equivalente a uma falsa religião. É um trator que pratica etnocídio. Ela retira opções, forçando tanto o pensamento como a ação a um molde que deixa as pessoas desassistidas diante dos imperativos do globalismo neoliberal. Ela traz a falsa promessa de que tudo pode ser introduzido no estilo de vida extravagante e esbanjador do Ocidente e dos "tigres" asiáticos.

Embora haja aspectos da globalização que desafiam a hierarquia pecaminosa, limitam a tirania de governantes não democráticos e usam a necessidade de educação para tirar mulheres do analfabetismo, eles também não são essenciais como impulso central da globalização. É possível ter muitos desses aspectos sem a cultura consumista, a lógica centrada no mercado ou os poderes transnacionais. Os programas de ajustes estruturais do FMI têm destruído a vida e os meios de subsistência em muitos países pobres endividados. Os beneficiários têm sido bancos ricos, que se livram de "dívidas podres" à custa de milhões de vidas. Esse retrato não é de uma força que liberta e eleva, mas que está a serviço do capitalismo hegemônico, interesses corporativos e instituições financeiras dominantes. A mão controladora não é invisível: é a mão dos poucos países ricos e poderosos e das empresas multinacionais neles sediadas. O que temos não é globalização, mas globalização seletiva. Ela cria circunstâncias econômicas divergentes, não fortunas e futuros econômicos convergentes.

Os que consideram a globalização em termos negativos muitas vezes defendem uma ética "comunitária". Na opinião deles, os cosmopolitas são utopistas. A prática e o discurso moral sempre têm raízes numa comunidade limitada com sua forma distintiva de vida. As categorias e os princípios de vida política e social são inerentes a dada tradição. Os valores dessas comunidades concretas têm precedência sobre os ditos valores universais. A comunidade limitada que se governa de maneira adequada e determina o próprio futuro é uma comunidade de destino nacional. Ela tem precedência sobre requisitos universais. Numa inspeção atenta, o que é representado como "universal" manifesta-se como uma comunidade limitada (G8, empresas multinacionais, cartéis de bancos internacionais).

O comunitário destaca a autodeterminação de tais comunidades limitadas com suas formas distintivas de vida. As culturas são patrimônios ricos que devem ser guardados e mantidos. A homogeneização da vida sob o trator da globalização deve ser combatida em nome da integridade de tais comunidades. Não devemos desistir da agência política e moral local diante da ambição corporativista ou de mitos neoliberais. A resistência à globalização é uma questão de preservação da liberdade concreta para comunidades reais hoje existentes.

No pensamento cristão, a realidade escatológica da diversidade cultural humana definitiva na Nova Jerusalém sugere uma conotação comunitária. A unidade no estado final não é homogênea; antes, afirma a rica diversidade de línguas, etnias e diferenças culturais humanas. A maioria das teologias políticas cristãs incorpora um reconhecimento da integridade nacional. O poder político é limitado não só por Deus, mas também por outros grupos politicamente organizados. O evangelho em si é contextualizado. A tradutibilidade das Escrituras é uma das manifestações do valor que Deus atribui a cada língua, linguagem e povo. Até certo ponto, isso representa um "não" para a globalização, em favor de comunidades limitadas, localizadas e restritas que oferecem modos de vida mais sustentáveis e tradicionais.

4.3. Decaídas, porém boas. Uma terceira corrente de pensamento teológico entende a globalização como expressão de medidas de emergência decaídas, porém boas. A globalização é uma mistura do mandato cultural com a arrogância humana. Os cristãos precisam ser ponderados e seletivos ao lidar com os vários elementos da globalização. Os elementos positivos (elevar os padrões de vida, disseminar progresso tecnológico, dar acesso a uma medicina melhor, destruir hierarquias opressivas, forçar modelos de governança mais competitivas e democráticas, etc.) precisam ser afirmados e fortalecidos. Assim também, como expressão de autossuficiência e autopromoção ou da disseminação do crime e do conflito, a globalização precisa ser combatida. Não se trata de isso ou aquilo, mas de uma via de mão dupla. É preciso dizer "sim" e "não" para a globalização.

A globalização é um conceito abrangente demais. Ele abriga uma variedade de noções associadas, mas disparatadas. Somente quando o termo é contextualizado é que podemos saber o aspecto específico que está sendo denotado e tratar de questões de fato, de avaliação normativa e de condição teológica. Para alguns, o termo refere-se somente à liberalização das economias de mercado que ganhou grande força nos últimos trinta e cinco anos. Para outros, é uma tendência de longo prazo na história humana e tem relação com estruturas políticas, grupos e tradições socioculturais, tecnologias de comunicação, meios de transporte e mercados econômicos que vêm mudando ao longo dos últimos quinhentos anos. Muito do debate sobre as facetas, o valor e a avaliação normativa da globalização se perde por causa do uso vago do termo.

Essa posição intermediária vê a globalização como uma tendência real formada por um feixe de forças, processos e práticas. É preciso desfiá-lo para trazer à luz o que está ocorrendo e avaliar se é bom ou mau para os homens e para a vida da igreja. Quem desejaria que as possibilidades da medicina moderna ficassem fechadas dentro de fronteiras nacionais ou de regiões limitadas? Podemos pensar que teríamos sistemas de saúde melhores para a maioria com a globalização da ciência e da medicina? Ao mesmo tempo, o controle que as indústrias farmacêuticas multinacionais exercem sobre medicamentos colocam muitas terapias fora do alcance dos pobres. De modo semelhante, as indústrias farmacêuticas são motivadas pelo lucro, concentrando-se na cura de doenças que afligem os ricos. As doenças mais comuns para 80 por cento da população da terra (malária, disenteria, cegueira dos rios, etc.) recebem menos de 10 por cento dos dólares das pesquisas.

Uma vez que a globalização é seletiva e disparatada em seus efeitos sobre as nações, nossa avaliação também precisa ser ponderada e seletiva. É evidente que há lacunas institucionais e uma ordem global emergente ainda não plenamente formada. A ameaça à saúde da terra é muito real e está diretamente relacionada com os gases do efeito estufa. A bolha de riqueza em países altamente desenvolvidos não poderia ser sustentada se fosse disseminada para todos os povos do globo. A capacidade de sustentação da terra está no limiar da crise. Ainda não temos certeza de que a tecnologia encontrará soluções para os problemas que a própria tecnologia criou. Será que os países e as instituições globais que estão nascendo serão capazes de superar os desastres que se evidenciam no horizonte? Qual será o papel do pensamento e da comunidade dos cristãos na elaboração da pauta e da direção da globalização futura? São perguntas amplas, ainda sem resposta.

Os padrões de sofrimento e destruição dos bens da criação são elevados e mantidos pelo poder de grandes agentes de globalização. A demanda de testemunho moral não pode ser negada, seja em contextos locais, seja no cenário global. A globalização exige uma preocupação eclesiástica com a diversidade da igreja global. A maior parte da igreja passou do hemisfério norte para o hemisfério sul e isso prenuncia uma mudança dramática na reflexão teológica e na ética cristã. Cada vez mais, o futuro da teologia está nas mãos de comunidades cristãs não ocidentais e não setentrionais. A maioria delas está no lado sombrio da globalização, não se beneficia dela. Mas tanto as igrejas do norte como as do sul precisam dizer, em palavras e ações, "sim" e "não" para a globalização.

5. Lacunas: O que carece de um desenvolvimento sério na reflexão teológica?

Existem lacunas nas instituições que facilitam a globalização e moderam seus efeitos nocivos. Ao mesmo tempo, a reflexão teológica e ética cristãs ainda precisam se dar conta das mudanças radicais produzidas pela globalização. É possível destacar algumas para exemplificar as lacunas no pensamento cristão.

5.1. Teologia da ordem política. A teologia política não estaria muito concentrada em nações-estados? Estamos numa era em que precisamos repensar a base e os fundamentos da teologia política cristã? A noção de comunidades territorialmente circunscritas, cujos limites definem linhas de ordem, soberania e lei (esquemas autossuficientes de cooperação para todos os propósitos essenciais da vida humana), é um tema importante da teoria política cristã. Em geral, isso é visto como uma arena normativamente privilegiada, uma vez que, em essência, as relações entre os estados não são regulamentadas. Cada vez mais o doméstico se sujeita às pressões e processos transnacionais (e.g., mercados financeiros), sobre os quais tem controle limitadíssimo, quando tem. Além disso, os efeitos (e.g., ambientais) são amplos o bastante para afetar muitas nações e o mundo como um todo. As desigualdades entre as nações (pobreza) são tais que algo precisa ser feito. A perspectiva cosmopolita defende o desenvolvimento de estruturas normativas globais e padrões conceituais; os comunitários duvidam de que existam noções ou sentimentos universais substanciais o bastante para aplicar a "justiça" além das comunidades limitadas a que devemos nossa lealdade primeira (família, tribo, nação). Instituições democráticas pressupõem sentimentos profundos de confiança, compromisso e pertencimento que não existem em contextos transnacionais. É utópico pensar que somos capazes de ter uma democracia supranacional (contra Habermas). O pensamento cristão tem um cardápio completo de questões para tratar.

5.2. Teologia da economia. Grande parte da reflexão cristã se concentra na microeconomia, embora muita coisa esteja relacionada aos mecanismos macroeconômicos. Boa parte do discurso cristão é deficiente nas tecnicalidades e dados das finanças modernas e das realidades empresariais. Além disso, há questões de analogia. A condenação das finanças modernas e do mercado financeiro repousa na letra e no espírito de modelos bíblicos do significado e da função do dinheiro. Mas essas analogias são razoáveis? Qual a relevância que os objetivos das disposições econômicas para um Israel agrário na Torá e na literatura profética tem para uma economia de mercado globalizado? Por quais analogias concluímos que há adequação normativa cristã na economia moderna? Muito pouco da reflexão ética e teológica sobre dinheiro e economia é adequado para a complexidade até mesmo dos dados bíblicos.

5.3. Teologia do ambiente. A globalização corre o sério risco de criar uma ordem insustentável para o mundo. O aquecimento global, a poluição do ambiente e a ameaça nuclear são sinais de que a criação está gemendo. Será que podemos ter a esperança de um cuidado com a criação que corresponda à intenção e ao amor do Criador por este mundo? Ainda temos uma teologia ambiental que lida bem com as ciências que pintam um quadro cada vez mais nítido e grave dos efeitos da globalização?

5.4. Eclesiologia e vocação. Qual o papel da comunidade redimida na redução dos maus efeitos colaterais da globalização — ou na promoção dos efeitos positivos? Qual seu lugar na motivação e suporte de seus membros para que cheguem à liderança em movimentos políticos, ONGs, OMC, Banco Mundial, FMI, os níveis superiores das finanças internacionais etc.? Quais são os motivos, meios e limites da advocacia pública? Várias tradições têm entendimentos bem distintos do que são papéis vocacionais em mudanças sociais. Mas não há certeza de que alguma dessas teologias seja adequada para fazer frente aos desafios e estruturas da globalização. A maioria delas foi desenvolvida em contextos de nações-estados e condições imperiais. A globalização gera novas questões.

5.4.1. Católica. A eclesiologia católica clássica vê a igreja como parte essencial da ordem social. Ela deve produzir uma unidade de civilização. Cristo é aquele que consuma o melhor na cultura humana. Nesse modelo, a igreja tem a responsabilidade de ser um agente ativo na formação da ordem global emergente. Seus prelados devem falar publicamente; seus líderes devem produzir textos e expressar modelos de políticas; seus membros devem buscar funções que controlem alçadas importantes de tomadas de decisão na sociedade e em instituições transnacionais. É essencial cristianizar essa faceta da cultura humana.

5.4.2. Luterana. A eclesiologia luterana dos dois reinos entende que os interesses religiosos são distintos dos interesses civis. As funções da igreja e da sociedade civil são bem distintas. Um é a esfera da graça, da Palavra de Deus e da não violência. O outro é a esfera da razão, da lei e da coerção. O cristão pode sentir-se chamado para a esfera da economia, política e outros âmbitos da globalização, mas estes não são nem podem se tornar "cristãos". O que se pode fazer é canalizá-los para o serviço ao próximo pelo uso rigoroso da razão e das informações.

5.4.3. Tradição reformada. Os de tradição *reformada consideram que a transformação das instituições e processos humanos fazem parte da responsabilidade da igreja. Isso pode assumir a forma de evangelho social (uso do voluntariado, testemunho público e processo democrático), realismo cristão ou ação direta não violenta (Martin Luther King). O essencial é que a igreja seja fermento na sociedade e na cultura, contestando o que é pecaminoso e estimulando o que é uma expressão legítima do reino de Deus.

5.4.4. Anabatista. A eclesiologia anabatista coloca-se ao lado de Cristo contra boa parte da cultura humana, especialmente onde ela se revela infectada pela coerção. Para alguns, isso significa isolamento num conventículo dos verdadeiros fiéis (como os amish). Para outros, ela implica uma forma de subordinacionismo revolucionário (John Howard Yoder). As funções são preenchidas dentro de organizações e ordens sociais "mundanas", de maneiras essencialmente subversivas ao espírito e processos delas, minando seus elementos coercivos. A comunidade cristã não tem a responsabilidade de "redimir" a sociedade, mas de simplesmente viver nela (e não dela), de lhe dar testemunho, sabendo que não temos como provocar mudanças essenciais em sua dinâmica e direção. Os anabatistas acreditam que as *eclesiologias católica e reformada são otimistas demais quanto à sua capacidade de mudar o mundo. Nossa responsabilidade principal é ver os indivíduos chegando à fé redentora em Cristo e sendo envolvidos numa comunidade de práticas separadas e distintas que vive de modo radicalmente diverso do mundo.

Veja também CULTURA E SOCIEDADE; ECUMENISMO; MODERNISMO E PÓS-MODERNISMOS; TECNOLOGIA.

BIBLIOGRAFIA. BERGER, P. L. e HUNTINGTON, S. P., *Many Globalizations: Cultural Diversity in the Contemporary World* (Oxford: Oxford University Press, 2002); BHAGWATI, J., *In Defense of Globalization* (Oxford: Oxford University Press, 2004); CHUA, A., *World on Fire* (New York: Doubleday, 2003); FRIEDMAN, T. L., *The World Is Flat: A Brief History of the Twenty-First Century* (New York: Farrar, Straus & Giroux, 2005); GOUDZWAARD, B., *Globalization and the Kingdom of God* (Grand Rapids: Baker, 2001); HELD, D. e MCGREW, A. et al., *Global Transformations: Politics, Economics and Culture* (Stanford: Stanford University Press, 1999); HESLAM, P., *Globalization and the Good* (Grand Rapids: Eerdmans, 2004); MARX, K., *Communist Manifesto*, vol. 6 de Collected Works (New York: International Publishers, 1975) [edição em português: *Manifesto Comunista* (São Paulo: Ched, 1984)]; MITTELMAN, J. H., *The Globalization Syndrome: Transformation and Resistance* (Princeton: Princeton University Press, 2000); MOE-LOBEDA, C. D., *Healing a Broken World: Globalization and God* (Minneapolis: Fortress, 2002); SCHAEFFER, R. K., *Understanding Globalization: The Social Consequences of Political, Economic & Environmental Change* (3. ed.; New York: Rowman & Littlefield, 2005); STACKHOUSE, M. L. et al., *God and Globalization* (3 vols.; Harrisburg: Trinity Press International, 2000-2002); TETREAULT, M. A. e DENEMARK, R. A., *Gods, Guns and Globalization: Religious Radicalism and International Political Economy* (Boulder: Lynne Rienner, 2004); WOLF, M., *Why Globalization Works* (New Haven: Yale University Press, 2004).

D. A. Fraser

GLOSSOLALIA

Glossolalia é um fenômeno mundial não restrito a dimensões históricas, religiosas, raciais, nacionais, tribais, linguísticas ou culturais e diz respeito à articulação de sons, sílabas ou cânticos geralmente não atribuídos a nenhuma língua conhecida e não compreendida pelos demais presentes ou pelo falante. Na maior parte da cristandade, a glossolalia é popularmente conhecida como "falar em línguas" e está associada a uma manifestação audível da operação do Espírito Santo por meio do discurso humano e incluída na principal experiência de transformação efetuada pelo Espírito na vida de indivíduos, da igreja e da sociedade. Com o surgimento do pentecostalismo no século 20, criou-se na igreja como um todo um interesse renovado e ampliado em desenvolver um entendimento da glossolalia a partir de uma grande variedade

de perspectivas. Reações ecumênicas vão desde rejeição rigorosa a tentativas entusiasmadas de promover e incorporar a glossolalia à fé e à prática cristã.
1. A glossolalia no Novo Testamento
2. Perspectivas teológicas acerca da glossolalia

1. A glossolalia no Novo Testamento

O termo *glossolalia* surgiu no século 19, com a adoção e combinação das palavras *glõssa* ("língua" ou "linguagem") e *lalein* ("falar") que aparecem com relativa frequência nos escritos neotestamentários de Lucas e Paulo (At 2.4, 11; 10.46; 19.6; 1Co 12.10, 28; 14.2, 4, 13, 27). Ao passo que Atos dos Apóstolos dá ênfase ao ato de falar em línguas como forma de manifestação pessoal de Deus no testemunho público e na missão da igreja (At 2.4-21; 10.44-48; 19.1-6), 1Coríntios discute o assunto no contexto dos dons espirituais, da oração e da vida particulares (1Co 12.27—13.3; 14.1-40). Com frequência, a pesquisa bíblica tem concentrado a atenção nas dificuldades em conciliar as duas opiniões e tem situado a ocorrência da glossolalia nos propósitos evangelísticos, doxológicos e ecumênicos mais amplos da igreja apostólica desde o Pentecostes (Forbes). Existe concordância geral quanto ao uso de *glossolalia* como termo técnico que equivale ao "falar em línguas" do Novo Testamento e retrata o fenômeno que estava no centro da eliminação de barreiras religiosas, sociais e culturais na igreja e no mundo no início da disseminação global da fé cristã (Dunn).

2. Perspectivas teológicas acerca da glossolalia

Há considerável discordância entre a ideia de que a glossolalia cessou com o fim da igreja apostólica e a perspectiva de que ela se destina para a igreja de hoje. Embora presente em grupos mais diretamente relacionados ao cristianismo tradicional, como a Igreja Católica Romana, de modo geral as igrejas estabelecidas na Europa e América do Norte têm considerado socialmente inaceitável a prática da glossolalia (McDonnell). Estudos teologicamente fundamentados apareceram apenas com o surgimento do pentecostalismo norte-americano no início do século 20, o que afastou o estudo da glossolalia de um exercício puramente descritivo e o direcionou para questões de função e significado (Kelsey; Williams).

2.1. Perspectivas pentecostais. Em teologias pentecostais, o fenômeno da glossolalia está situado entre as questões de soberania divina e liberdade e responsabilidade humanas à luz do reino de Deus que virá nos últimos dias (veja At 2.17). Nesse pano de fundo escatológico, os pentecostais entendem o falar em línguas como fruto do amor e da santidade de Deus derramado na pessoa que fala para um contexto religioso, sociopolítico, econômico ou cultural específico com propósitos de transformação, libertação e renovação com o evangelho. No pentecostalismo norte-americano, a prática da glossolalia tem sido considerada principalmente a partir da perspectiva bíblica de Lucas–Atos, sendo muitas vezes entendida como evidência ou sinal físico inicial do batismo no Espírito Santo (Williams). Essa perspectiva localiza o significado e a função da glossolalia na obra santificadora do Espírito Santo inerente à conversão ou posterior a ela, na santidade pessoal do falante e numa dotação especial com poder para testemunho do evangelho e operação de milagres. Estudos mais recentes, sobretudo na Europa e na América Latina, tendem a dar maior ênfase à perspectiva paulina da glossolalia como dom espiritual, apontando para a possibilidade de exercícios litúrgicos, sacramentais e doxológicos do falar em línguas. Essa perspectiva destaca a prática da glossolalia como linguagem de louvor e oração, bem como expressão profética de dor e agonia em meio a um mundo sofredor confrontado com o evangelho e a volta iminente de Jesus Cristo (Mills).

2.2. Respostas ecumênicas às perspectivas pentecostais. O crescimento do pentecostalismo e o surgimento dos movimentos carismáticos durante o século 20 fizeram com que a glossolalia fosse amplamente tolerada e aceita. Diálogos e declarações internacionais de vários grupos cristãos mostram que, em geral, as igrejas tradicionais estabelecidas reconhecem a prática da glossolalia, mas não promovem seu uso no culto litúrgico de suas congregações (McDonnell). Os que rejeitam a prática destacam os perigos do entusiasmo, arrogância, divisão, exclusivismo, orgulho, edificação própria, pressão do grupo, problemas de interpretação e o uso deliberado da glossolalia para fins pessoais. Por outro lado, outros destacam a contribuição da glossolalia para crescimento pessoal, promoção da comunhão e maior sensibilidade para com a comunidade e a igreja, ressaltando ao mesmo tempo a responsabilidade para discernir e interpretar.

A renovação carismática na Igreja Católica Romana retrata a glossolalia basicamente como uma linguagem de oração que expressa a dedicação de uma pessoa a Deus (Bittlinger). O canto gregoriano, as rezas do rosário e outras formas meditativas de oração são considerados similares às expressões vocais em que aquele que fala declara em sons e sílabas o mistério inefável de Deus e com isso é levado à presença desse mistério à medida que o Espírito de Deus ora dentro da pessoa e junto com ela. A Igreja Ortodoxa Oriental enfatiza a obra do Espírito Santo no batismo e na regeneração e compreende o batismo no Espírito Santo no contexto da crisma. A glossolalia é considerada um dos dons espirituais secundários e uma forma inferior de oração, reservada para esfera privada e devocional do cristão.

Documentos sobre a renovação carismática (McDonnell) mostram que declarações protestantes e evangélicas também dão ênfase à relação entre a glossolalia e a oração. Os luteranos entendem que a glossolalia é um falar ou cantar realizado em amor, louvor, adoração ou ação de graças, como resultado da sensibilidade à obra do Espírito Santo. A teologia reformada relaciona o exercício da glossolalia à luta contra problemas sociais e elementos estruturais na igreja e no mundo. Os presbiterianos destacam a interpretação e inteligibilidade da glossolalia para que se torne uma prática relevante nas igrejas de hoje. A teologia wesleyana dá ênfase à importância da obra ética e santificadora do Espírito de Deus na glossolalia para a vida coletiva da igreja toda. Muitas dessas interpretações tentam compreender a glossolalia sem endossar sua prática. O início do século 21 encontra o fenômeno da glossolalia no centro de tentativas internacionais e interdisciplinares para compreensão e integração da glossolalia à fé e à práxis ecumênica das igrejas.

Veja também Movimentos Carismáticos; Pentecostalismo; Pneumatologia; Profecia.

Bibliografia. Bittlinger, A., *Glossolalia: Wert und Problematik des Sprachenredens: Eine Materialsammlung* (Wetzhausen: Kühne, 1969); Dunn, J. D. G., *Baptism in the Holy Spirit: A Re-examination of the New Testament Teaching on the Gift of the Spirit in Relation to Pentecostalism Today* (Louisville: Westminster/John Knox, 1977); Forbes, C., *Prophecy and Inspired Speech in Early Christianity and Its Hellenistic Environment* (Tübingen: Mohr Siebeck, 1995); Kelsey, M. T., *Tongue Speaking: An Experiment in Spiritual Experience* (Garden City: Doubleday, 1968); McDonnell, K., org., *Presence, Power, Praise: Documents on the Charismatic Renewal* (3 vols.; Collegeville: Liturgical Press, 1980); Mills, W. E., org., *Speaking in Tongues: A Guide to Research on Glossolalia* (Grand Rapids: Eerdmans, 1986); Williams, C. G., *Tongues of the Spirit: A Study of Pentecostal Glossolalia and Related Phenomena* (Cardiff: University of Wales Press, 1981).

W. Vondey

GNOSTICISMO

Gnosticismo é o termo hoje usado para designar um movimento religioso e filosófico que teve origem no primeiro ou segundo século d.C. e exerceu influência especial no terceiro e quarto séculos. Ele foi considerado heresia tanto pela maioria dos cristãos da época (proto-ortodoxia) como pela maioria dos representantes pagãos de tradições filosóficas platônicas. O movimento, ainda que não fosse uma realidade socioteológica única, monolítica, enfatizava o acesso a uma gnose ("conhecimento") especial; daí, os termos *gnósticos* e *gnosticismo*.

1. Definições e características
2. Origens e história
3. Fontes e literatura
4. Manifestações posteriores de fenômenos gnósticos
5. Avaliação teológica e conclusão

1. Definições e características

Os pais da igreja às vezes referiam-se aos gnósticos pelo nome de seus líderes (e.g., Basílides, Valentino) e por designações grupais baseadas em nomes próprios (e.g., nicolaítas) ou conceitos (e.g., ofitas, baseada no termo grego que significa serpente). Os principais textos gnósticos que sobreviveram não trazem indícios do uso do termo *gnóstico* como autodesignação; em vez disso, usam como marcadores de identidade termos e frases extraídos de sua autocompreensão teológica (e.g., descendentes de Sete; eleitos; iluminados; raça inamovível; os perfeitos).

A principal convicção dos gnósticos diz respeito a um dualismo anticósmico radical em que tudo o que é material — o mundo e o corpo — é considerado mau, criação de um deus menor, inferior. O deus inferior surgiu por meio de alguma cisão dentro do domínio maior (geralmente o Pleroma) do Deus supremo e verdadeiro (muitas vezes chamado Pai-Mãe ou Pai de Todos). Em textos gnóstico-cristãos do segundo século, o deus inferior costuma ser identificado com o criador bom de Gênesis e, portanto, não é o Deus supremo e verdadeiro.

Além disso, a maioria dos textos e sistemas gnósticos reflete uma crença numa gama múltipla de seres intermediários que habitam o cosmo entre o Pleroma e a esfera terrena da humanidade. Apesar de os gnósticos entenderem que a humanidade está presa a um corpo físico, o espírito humano é considerado parte da realidade espiritual última (o Pleroma e/ou o Deus supremo). Esse aprisionamento é em geral visto como ignorância ou sono, mas não como pecado. Para encontrar a salvação, o espírito humano precisa ser despertado e livrado de sua ignorância, pela recuperação do conhecimento (*gnōsis*) de seu verdadeiro eu como parte do Pleroma ou Deus superior. Assim, o Deus supremo enviou um redentor que vem do Pleroma para trazer conhecimento aos espíritos humanos aprisionados. Embora essa figura redentora possa ser descrita de várias maneiras em textos gnósticos (e.g., como Sete), a maioria dos textos gnósticos cristãos logicamente identifica a figura redentora com Cristo. Ele, portanto, ensinou aos "eleitos" gnósticos, por meio de "discursos de revelação", a verdade acerca da realidade e da salvação. Uma vez que o corpo é mau, os gnósticos acreditavam que a forma humana de Cristo era docética (i.e., só *parecia* humana), de modo que não morreu de fato na cruz — um substituto morreu nas mãos do deus inferior e de seus poderes intermediários.

Os gnósticos, de acordo com seus escritos, inclinavam-se fortemente a um estilo de vida ascético. A negação da realidade e da importância do corpo humano é a resposta apropriada para os que conhecem o verdadeiro caráter da salvação e do Pleroma. Esse tema pode ser o mínimo denominador comum a todos os textos gnósticos primários. Os pais da igreja muitas vezes alegavam que os gnósticos eram libertinos; é bem possível que isso caracterizasse a realidade social de alguns gnósticos, pois é lógico que uma ideologia que acredita que o corpo é mau seja conduzida não só para o ascetismo como também para a indulgência para com o corpo, já que este não tem valor.

2. Origens e história

Os pais da igreja consideravam o movimento gnóstico uma heresia do segundo século dentro da igreja cristã com raízes em Simão, o Mago (veja At 8.9-24) — opinião ainda amplamente disseminada. O debate moderno, fomentado pelas descobertas de Nag Hammadi em 1945, reabriu a discussão sobre suas origens. Alguns estudiosos alegam que o gnosticismo começou no primeiro século como um movimento não cristão (e pré-cristão).

Em favor da opinião tradicional está o fato de que todos os principais textos gnósticos existentes foram escritos no segundo e terceiro séculos d.C; não se conhecem textos gnósticos do primeiro século. Além disso, nenhum texto conhecido do primeiro século (pagão, judeu ou cristão) refere-se claramente ao que pode ser estabelecido como um movimento, texto ou sistema de ideias gnóstico. Por outro lado, há indícios indiretos de que o movimento gnóstico foi de fato formulado no primeiro século como produto de um desvio helenista do judaísmo e de certas formas de tradição platônica, mas acabou se atrelando à igreja cristã e nela encontrou ambiente propício para crescer. Essa corrente pressupõe com alguma seriedade a tradição de Simão, o Mago, do primeiro século. Além disso, alega-se que os movimentos gnósticos descritos pelos pais da igreja não poderiam surgir de repente; eles apontam para indícios de um período de desenvolvimento muito mais longo.

Sob essa perspectiva, em algum momento no início do primeiro século, provavelmente em algum círculo sofisticado de estudiosos judeus helenistas, talvez localizados em Alexandria, no Egito, surgiram especulações gnósticas acerca da natureza da realidade, do problema do mal, do caráter de Deus e da possibilidade de salvação. De acordo com os pais da igreja, a figura de Simão, o Mago, do primeiro século, tornou-se o pivô para o desenvolvimento do movimento gnóstico. De acordo com fontes patrísticas, o principal discípulo de Simão foi Menander que, por sua vez, influenciou Saturnino e Basílides.

Basílides, mestre em Alexandria antes de 150 d.C., ensinou sobre uma série de divindades, emanações do Deus supremo, que criaram o mundo material. Ele abraçava uma *cristologia docética; quem morreu na cruz foi Simão cireneu, não Jesus. Outro mestre gnóstico importante, Valentino, também surgiu em Alexandria (seguiu para Roma por volta de 140 d.C.) e foi considerado pensador brilhante e candidato a bispo de Roma. De acordo com fontes patrísticas, a construção que ele fazia da realidade envolvia uma série de trinta éons emanados do Pleroma, o último dos quais seria Sofia que, por erro, gerou o Demiurgo, equiparado com o deus criador de Gênesis.

Não se conhece praticamente nada sobre a organização comunitária de igrejas gnósticas. Um texto de Nag Hammadi, *Apocalipse de Pedro* (VII, 3), refere-se aos que "não são contados entre os nossos e se consideram bispos e também diáconos, como se tivessem recebido autoridade de Deus [...] Essas pessoas são canais secos". Não há nenhuma certeza de que temos aí alguma indicação das estruturas das comunidades gnósticas, mas é nítido que os gnósticos e seus oponentes estavam envolvidos em afirmações concorrentes de autoridade.

Pelo menos algumas comunidades gnósticas pareciam praticar certos rituais litúrgicos, incluindo o batismo e a eucaristia. O texto de Nag Hammadi, *O Evangelho de Filipe* (II, 3), refere-se a cinco mistérios: batismo, crisma, eucaristia, redenção e câmara nupcial. Devido ao grande número de figuras femininas em suas estruturas de divindades e ao papel proeminente de mulheres — sobretudo de Maria Madalena — em muitos textos gnósticos, costuma-se partir do princípio de que os gnósticos eram mais abertos à participação de mulheres na vida religiosa do que a maior parte da igreja. Mas é muito difícil estabelecer isso com algum grau de certeza.

3. Fontes e literatura

Antes do descobrimento dos escritos gnósticos perto de Nag Hammadi, no Egito, em 1945, a maior parte do que se sabia acerca dos antigos gnósticos vinha dos ataques que sofreram dos pais da igreja (principalmente de Ireneu em *Contra Heresias* [segundo século d.C.] e de Epifânio em *Panarion* [quarto século d.C.]) e dos filósofos neoplatônicos (em especial Plotino em *Enéadas* 2.9 [terceiro século d.C.]).

Os textos de Nag Hammadi, achados em 1945, são uma das descobertas mais importantes do século 20. Agora podemos ter contato direto com escritos gnósticos e tentar compreendê-los em seus próprios termos. O conjunto é composto por 52 textos que proporcionam 40 novos textos para estudo. Esses textos podem ter sido uma coleção de monges ortodoxos que os esconderam quando sua leitura foi proibida.

Cerca de metade desses textos é apocalíptica e/ou são discursos de revelação que expõem o conhecimento especial (*gnōsis*) pertencente aos eleitos gnósticos. Outros textos são evangelhos, atos, epístolas e várias formas de literatura sapiencial. Alguns textos não são de modo algum gnósticos; há textos que refletem a tradição hermética pagã ou a tradição de Tomé na igreja primitiva.

Os textos de Nag Hammadi são extremamente importantes para o estudo das tradições cristãs do segundo século e do abismo que se criou entre as tradições proto-ortodoxas (baseadas principalmente em textos do Novo Testamento e nos pais mais antigos) e as tradições gnósticas, que introduziram literatura própria e rejeitaram a continuidade entre o Deus do Antigo Testamento e o Deus do Novo e o entendimento da encarnação, vida e morte de Jesus apresentado nos textos neotestamentários.

Mais recentemente, veio à tona e foi publicado outro texto gnóstico, o *Evangelho de Judas*. Ele era conhecido por Ireneu e Epifânio e exemplifica a tradição gnóstica clássica (embora não contenha nenhuma revelação de valor histórico acerca de Judas ou Jesus).

4. Manifestações posteriores de fenômenos gnósticos

Na antiguidade, outras manifestações de gnosticismo se deram entre os mandeanos e os maniqueus (contra os quais Agostinho escreveu extensamente). Na Idade Média, as principais manifestações do fenômeno gnóstico foram os paulicianos (nono século), os bogomilos (séculos 10-12) e os cátaros (séculos 11-13). Esses movimentos não remontam ao gnosticismo antigo, mas foram influenciados pelo maniqueísmo. Parte das tradições místicas medievais tanto no judaísmo como no islamismo também refletiam um pouco das ditas ideias gnósticas acerca da natureza da realidade.

Nenhum movimento moderno remonta ao gnosticismo antigo nem se classifica tecnicamente como tal. Mas há movimentos que expressam certas propensões gnósticas, tais como a separação radical entre matéria e espírito. Além disso, algumas manifestações só se aproximam de ideias gnósticas selecionadas para enriquecimento espiritual.

O filósofo e psicólogo Carl G. Jung usou ideias gnósticas em suas reflexões acerca da realidade. Às vezes se afirma que autores como Jacob Boehme (c. 1600) e William Blake (1757-1827) se envolveram com ideias gnósticas. Movimentos como o dos rosa-cruzes e da Sociedade Teosófica também absorveram alguns aspectos da ideologia gnóstica. Há igrejas gnósticas contemporâneas. Alguns estudiosos atuais dos gnósticos, que não são gnósticos de modo algum, ainda assim promovem os valores espirituais derivados da reflexão sobre textos gnósticos antigos.

5. Avaliação teológica e conclusão

Deve-se compreender que os gnósticos estavam lutando com questões teológicas genuínas no contexto da igreja no segundo século: Qual a relação entre Deus e o mundo? Por que o mal existe no mundo? Como as Escrituras (= o Antigo Testamento) devem ser lidas? Qual o papel de Cristo na salvação? E o que constitui a salvação? A igreja proto-ortodoxa estava buscando respostas para essas perguntas e ofereceu várias soluções.

O que tornou o gnosticismo inaceitável para a proto-ortodoxia era sua crença de que o Deus da Bíblia não era o Deus verdadeiro e supremo. A convicção ortodoxa era que Deus de fato criou o mundo material, dando valor à vida na carne. Assim, a encarnação do Cristo humano era essencial à salvação, uma dádiva da graça de Deus, apropriada por meio da fé; a salvação não se encontrava no conhecimento esotérico (*gnosis*) acessível só aos gnósticos eleitos.

Em nossos dias, tendências gnósticas ainda têm alguma força. Elas parecem evitar o problema do mal e se harmonizar com as negações do valor desta vida. Essas ideias e movimentos devem ser combatidos em favor das concepções ortodoxas clássicas e bíblicas das questões teológicas enfrentadas pela humanidade e pela igreja.

Veja também RELIGIÕES DE MISTÉRIO.

BIBLIOGRAFIA. EVANS, C. A., WEBB, R. L. e WIEBE, R. A., *Nag Hammadi Texts and the Bible: A Synopsis and Index* (NTTS 18; Leiden: E. J. Brill, 1993); FILORAMO, G., *A History of Gnosticism* (Oxford: Basil Blackwell, 1990); FOERSTER, W., *Gnosis: A Selection of Gnostic Texts* (2 vols.; Oxford: Clarendon, 1972); GRANT, R. M., *Gnosticism: A Source Book of Heretical Writings from the Early Christian Period* (New York: Harper & Brothers, 1961); HERRICK, J. A., "The Rebirth of Gnosticism: The Secret Path to Self-Salvation", cap. 8 em *The Making of the New Spirituality: The Eclipse of the Western Religious Tradition* (Downers Grove: InterVarsity Press, 2003), 177-203; JONAS, H., *The Gnostic Religion: The Message of the Alien God and the Beginnings of Christianity* (2. ed.; Boston: Beacon, 1970); KING, K. L., *What Is Gnosticism?* (Cambridge: Harvard University Press, 2003); LOGAN, A. H. B., *Gnostic Truth and Christian Heresy: A Study in the History of Gnosticism* (Peabody: Hendrickson, 1996); idem, *The Gnostics: Identifying an Early Christian Cult* (London: T. & T. Clark, 2006); MARKSCHIES, C., *Gnosis: An Introduction* (London: T. & T. Clark, 2003); MEYER, M., org., *The Nag Hammadi Scriptures: The International Edition* (San Francisco: HarperOne, 2007); PAGELS, E. H., *The Gnostic Gospels* (New York: Random House, 1979); PEARSON, B. A., *Ancient Gnosticism: Traditions and Literature* (Minneapolis: Fortress, 2007); PERKINS, P., *Gnosticism and the New Testament* (Minneapolis: Fortress, 1993); PÉTREMENT, S., *A Separate God: The Christian*

Origins of Gnosticism (San Francisco: HarperSanFrancisco, 1990); ROBINSON, J. M., org., *The Nag Hammadi Library in English* (San Francisco: HarperSanFrancisco, 1988); RUDOLPH, K., *Gnosis: The Nature and History of Gnosticism* (San Francisco: Harper & Row, 1983); SCHOLER, D. M., org., *Gnosticism in the Early Church* (Studies in Early Christianity 5; New York & London: Garland, 1993); idem, *Gnosis, Gnosticism*, in: *Dictionary of the Later New Testament & Its Developments*, MARTIN, R. P. e DAVIDS, P. H., orgs. (Downers Grove: InterVarsity Press, 1997) 400-12; idem, *Nag Hammadi Bibliography* 1948-1969 (Nag Hammadi Studies 1; Leiden: E. J. Brill, 1971); idem, *Nag Hammadi Bibliography* 1970-1994 (Nag Hammadi and Manichaean Studies 32; Leiden: E. J. Brill, 1997); SMITH III, C. B., *No Longer Jews: The Search for Gnostic Origins* (Peabody: Hendrickson, 2004); WILLIAMS, M. A., *Rethinking "Gnosticism": An Argument for Dismantling a Dubious Category* (Princeton: Princeton University Press, 1996); WILSON, R. McL., *Gnosis and the New Testament* (Philadelphia: Fortress, 1968); YAMAUCHI, E. M., *Pre-Christian Gnosticism: A Survey of the Proposed Evidences* (2. ed., Grand Rapids: Baker, 1983).

D. M. Scholer

GOVERNO DA IGREJA. *Veja* ECLESIOLOGIA.

GRAÇA. *Veja* SALVAÇÃO.

GRANDE CISMA. *Veja* TEOLOGIA ORTODOXA ORIENTAL.

GREGÓRIO DE NAZIANZO. *Veja* TEOLOGIA PATRÍSTICA.

GREGÓRIO DE NISSA. *Veja* TEOLOGIA PATRÍSTICA.

GRIFFITHS, BEDE. *Veja* TEOLOGIA INDIANA.

GUADALUPE, NOSSA SENHORA DE
De acordo com tradições mexicanas, em 1531 uma mulher de pele morena, vestida de rosa com véu turquesa, apareceu para um índio chamado Juan Diego, em Tepeyac, ao norte da Cidade do México. Ela enviou o relutante Juan ao bispo, com o pedido de que se construísse um templo em sua honra, mas seus apelos foram recusados. Juan evitou Guadalupe porque o tio estava à morte, mas ela apareceu e lhe disse que não temesse, porque seu tio estava curado. Como sinal, deu-lhe rosas, que ele levou ao bispo em sua *tilma* (túnica). Quando ele mostrou as flores, a imagem dela apareceu na *tilma*. Em resposta, o bispo construiu uma capela em homenagem a Guadalupe. Os espanhóis, que não conseguiam compreender o nome nativo da mulher, chamaram-na "Guadalupe". O título "Nossa Senhora de Guadalupe" é sua designação como aparição da Virgem Maria, mãe de Jesus.

Hoje, o retrato original de Nossa Senhora de Guadalupe está exposto em Tepeyac, numa igreja moderna construída em sua homenagem. Sua imagem é onipresente em todo o México, onde é considerada parte da identidade e das origens mexicanas. Antes de sua aparição, poucos nativos participavam da religião católica de seus conquistadores espanhóis. Depois da aparição, Guadalupe inspirou muitos seguidores que se juntaram à Igreja Católica. A devoção a Guadalupe permanece forte e se manifesta em toda a América Latina e nos Estados Unidos. A imagem tornou-se um símbolo que combina significados religiosos, políticos e étnicos.

D. A. Brading, em seu livro sobre essa tradição, afirma que o documento mais antigo é de Miguel Sánchez, *Imagem da Virgem Maria, Mãe de Guadalupe* (1648). Acreditando que Guadalupe é de origem colonial espanhola, Stafford Poole sustenta que antes de Sánchez publicar seu livro mais de cem anos após a aparição, nenhum documento mencionava o índio Juan Diego. Seu argumento rejeita a noção da crença indígena antiga em Nossa Senhora de Guadalupe e vai contra outros estudiosos, inclusive Brading, que observa que a crença indígena em Nossa Senhora de Guadalupe deve ter sido uma parte primitiva da tradição, já que Laso de la Vega publicou seu relato em náuatle entre meados do século 16 e meados do século 17. Brading acredita que os documentos mais antigos são *Imagem da Virgem Maria* de Sánchez e *Nican mopohua*, livro de Laso de la Veja, que se supõe ter sido baseado num texto náuatle.

Depois da visita de João Paulo II à Basílica de Guadalupe, a hierarquia mexicana abriu uma discussão sobre Juan Diego ao iniciar o processo de sua canonização. Em 1990, João Paulo foi ao México e proclamou a beatificação de Juan Diego, iniciando o processo de canonização. Enquanto isso, as pesquisas de Poole levantaram dúvidas quanto à existência de Juan Diego, irrompendo mais controvérsias. Guillermo Schulenberg Prado, o abade de Tepeyac, se opôs à beatificação e declarou que não há nenhuma documentação que leve a crer na existência de Juan Diego. Em março de 1999, João Paulo honrou Guadalupe como padroeira das Américas, mostrando assim seu apoio num momento em que alguns estudiosos questionavam a veneração, considerando-a superstição. Em 2002, João Paulo canonizou Juan Diego.

Veja também INVOCAÇÃO, VENERAÇÃO DOS SANTOS; MARIA, MARIOLOGIA.

BIBLIOGRAFIA. BRADING, D. A., *Mexican Phoenix: Our Lady of Guadalupe; Image and Tradition Across Five Centuries* (Cambridge: Cambridge University Press, 2001); ELIZONDO, V., *Guadalupe: Mother of the New Creation* (Maryknoll: Orbis, 1997); idem, *La Morenita: Evangelizer of the Americas* (San Antonio, TX: Mexican American Cultural Center Press, 1980); DE LA VEGA, L. Lasso, *The Story of Guadalupe: Luis Laso de la Vega's Huei tlamahuiçoltica of 1649*, edição e tradução de L. Sousa, S. Poole e J. Lockhart (Stanford: Stanford University Press, 1995); POOLE, S., *Our Lady of Guadalupe: The Origins and Sources of a Mexican National Symbol, 1531-1791* (Tucson: University of Arizona Press, 1998); RODRÍGUEZ, J., *Our Lady of Guadalupe: Faith and Empowerment Among Mexican-American Women* (Austin: University of Texas Press, 1994).

T. L. Torres

GUERRA

"Precisamos saber", escreveu Heráclito de Éfeso, no quinto século a.C., "que a guerra é comum a todos, e o conflito é justiça, e todas as coisas surgem e desaparecem por meio do conflito". Esse entendimento grego clássico, que nasceu dos conflitos entre as cidades-estados gregas e o império persa, é partilhado por muitas culturas, antigas e modernas. Matanças organizadas parecem ser uma das características singulares da raça humana. E os seres humanos muitas vezes associam o avanço da civilização com o desenvolvimento da tecnologia militar e com os valores da "classe guerreira", tais como a coragem moral e física, morte honrosa, tenacidade e magnanimidade.

Cristãos que cultuam uma vítima crucificada pelo poder imperial romano jamais devem ficar surpresos com a extensão e a profundidade da *violência nas questões humanas. Mas devem sempre se angustiar com ela. A paz de Deus, o conflito não violento, é a verdade *ontológica* original da criação. Além disso, a paz de Deus é também o *télos* da história. Em vez de glorificar a guerra como conquista heroica, os cristãos a reconhecem como um aspecto de nossa condição humana decaída. Só a Deus pertence o poder de fazer o bem brotar do *mal. Mas a paz de Deus não é um estado de existência estática, mas uma demanda prática colocada sobre nós. Nas palavras do teólogo moral Oliver O'Donovan, "precisamos renegar todo 'direito' à busca da guerra, toda justificativa por parte de um povo para sacrificar seu próximo em razão da própria sobrevivência ou prosperidade. Pois o evangelho exige renúncia a bens que podem ser obtidos somente à custa do bem de nosso próximo" (O'Donovan, 2).

1. A guerra nos dias de hoje
2. Interpretação das Escrituras
3. A tradição da guerra justa
4. Novos desafios

1. A guerra nos dias de hoje

A guerra sempre foi um aspecto da vida humana organizada, mas foi só no século 20 que o medo da guerra em nações ocidentais suplantou as ansiedades primordiais associadas com a pobreza e a enfermidade. A Primeira Guerra Mundial matou pelo menos dez milhões de pessoas em batalha, homens muito jovens na maioria, e outros milhões morreram de causas ligadas à guerra. A Segunda Guerra Mundial matou cinquenta milhões, dos quais menos da metade eram homens usando farda em serviço.

As estatísticas por si não conseguem dimensionar todo o custo de uma guerra. Foi só recentemente que se reconheceu o sofrimento emocional das famílias dos soldados. O historiador militar John Keegan, escrevendo acerca da Primeira Guerra Mundial, observa como "o menino telegrafista em sua bicicleta, pedalando pelas ruas suburbanas tornou-se literalmente, para pais e esposas, um presságio de terror" (Keegan, 57).

Os custos humanos imediatos, ainda que enormes, representam uma pequena fração do preço que os países pagam pelos conflitos. Em conflitos prolongados, gerações inteiras de crianças e jovens são submetidas a violência. Famílias e comunidades transmitem à posteridade o trauma de estupros, saques e mortes violentas. Habitats naturais são destruídos, a produção de alimentos e os mercados locais são afetados, causando desnutrição generalizada e desfazendo conquistas alcançadas na saúde e educação. De acordo com o Relatório de Desenvolvimento Humano da ONU de 2005, nove dos dezoito países cujo Índice de Desenvolvimento Humano (IDH) declinou na década de 1990 sofreram conflitos nesse mesmo período. A renda per capita e a expectativa de vida diminuíram em praticamente todos esses países. Cerca de 25 milhões de pessoas estão desabrigadas por causa de conflitos ou violações dos direitos humanos. Nove dos dez países com os menores índices de desenvolvimento humano (IDH) experimentaram conflitos violentos em algum momento depois de 1990 (Programa de Desenvolvimento da ONU, 154).

A natureza e geografia dos conflitos armados mudaram. No início do século 21, a maior parte dos conflitos ocorre *dentro* dos estados, e não entre eles; e a maioria das vítimas é civil, e não soldados. Dos três milhões de mortes relacionadas a conflitos violentos em todo o mundo desde 1990, contam-se cerca de dois milhões de crianças. Ainda que o número de conflitos esteja caindo, as guerras de hoje duram mais. Além disso, nações mais pobres estão mais propensas a conflitos. Enquanto no período de 1946-1989 os países de baixa renda responderam por apenas pouco mais de um terço de todos os conflitos, durante o período de 1990-2003, os países de baixa renda responderam por mais da metade dos territórios que sofreram conflitos violentos. Quase quarenta por cento dos conflitos estão na África, incluindo alguns dos mais sangrentos das últimas duas décadas.

2. Interpretação das Escrituras
Javé, o Deus de Israel, é um Deus de justiça e misericórdia, que deseja a vida em toda sua plenitude, não a guerra e a morte. Ainda que algumas guerras sejam sancionadas e até ordenadas por ele, a frase "guerra santa" nunca aparece na literatura bíblica. O sistema de santidade de Levítico foi concebido para manter o Deus da vida conceitualmente distante de qualquer forma de morte. A ambivalência do retrato que o Antigo Testamento faz da guerra se mostra, por exemplo, no fato de que, embora ela seja às vezes necessária, um rei que luta na guerra (por mais bem sucedido que seja) não pode construir o templo de Deus. Essa tarefa fica para Salomão (literalmente, *paz*, 1Re 5.3-4).

A libertação no Êxodo, história da fundação de Israel, mostra como o clamor por justiça de um povo indefeso e oprimido é respondido por Javé. Ele é descrito como "homem de guerra" (*îš milḥāmâ*, Êx 15.3), figura recorrente no Antigo Testamento. Como rei de Israel, o próprio Javé faz o que se espera de todos os reis — executar a *justiça em favor das vítimas. A batalha não é contra um indivíduo, mas contra uma ideologia régia que tenta destronar a Deus e aniquilar seu povo. Os meios empregados por Javé para alcançar vitória ("salvação") não são produtos humanos (carruagens, superioridade numérica, lanceiros e arqueiros), mas naturais e miraculosos (água, pragas, o anjo da morte). Por meio de tais obras maravilhosas, Israel e os egípcios saberiam que Javé é o Deus vivo e verdadeiro.

Assim, a forma de guerra aprovada no Antigo Testamento — a "guerra de Javé" — é *sui generis*, nitidamente distinta da guerra moderna. Ela teve uma função especial no propósito salvador e histórico de Deus que nenhuma outra guerra pode ter. O envolvimento histórico de Deus com Israel pelo bem de outras nações também fez com que ele usasse o poderio militar de nações ímpias para punir a desobediência de Israel (e.g., Is 10.5-12). Mas os profetas denunciam Israel pela tendência de imitar outras nações em seu militarismo, nas alianças políticas estratégicas e no acúmulo de espólios de guerra (cf. 1Sm 8.4-20; Is 30.1-3; Os 10.13-14). Textos escatológicos como Miquéias 4.1-4 apresentam uma visão da *redenção* divina da guerra, e Israel é convocado para praticar essa visão no presente (Mq 4.5). Em Isaías 42.1-4 encontramos a figura paradoxal não violenta do Servo de Javé que trará definitivamente a todas as nações a tão aguardada justiça (*mîšpāṭ*).

O Novo Testamento aplica a linguagem da guerra à igreja, mas a reinterpreta em termos de conflito espiritual, martírio e disciplina eclesiástica. A igreja do Novo Testamento é uma família transnacional com vocação global. Todos os cristãos são chamados pelo Senhor para amar os inimigos e trabalhar pela justiça, expressando solidariedade para com os fracos e oprimidos de cada nação, não só para com os seus.

Pacifistas cristãos concentram-se no exemplo e ensino de Jesus diante da ocupação romana de seus dias. Resistindo à violência nacionalista dos zelotes, às concessões oportunistas dos saduceus e herodianos, à retirada presunçosa dos essênios e ao quietismo legalista dos fariseus, Jesus demonstrou uma forma alternativa, não violenta, de resistência ao mal. Ele reconstituiu Israel em torno de si, derrubando barreiras entre pessoas e confrontando as idolatrias do poder, da riqueza e do prestígio social.

A tendência predominantemente pacifista no cristianismo ocidental antigo e na maior parte das histórias eclesiásticas da Ásia e da África tem raízes complexas. Isso não pode ser dissociado dos problemas gerais que os cristãos enfrentam numa sociedade pagã hostil e das pretensões absolutistas dos imperadores. Historicamente, os melhores representantes da tradição pacifista não têm sido passivos diante do mal, procurando obedecer à ordem bíblica de *vencer o mal com o bem* (Rm 12.21). Ao limitar aos não violentos os meios pelos quais se pode resistir ao mal, o cristão pacifista tem muito em comum com outros fiéis que defendem a legitimidade da guerra como último recurso em circunstâncias extremas. Padres católicos romanos, menonitas e quacres, firmes na defesa de posições pacifistas, muitas vezes agem preparando comunidades para resolução de conflitos e ensinando técnicas de resistência não violenta a regimes repressivos. O sucesso do "poder do povo" em países como Filipinas e Polônia no final da década de 1980 deve muito a esses esforços.

3. A tradição da guerra justa
A rica contribuição distintivamente cristã à tradição da guerra justa foi desenvolvida no final da era patrística e na era medieval, em paralelo com as reflexões da igreja ocidental sobre o papel de um imperador cristão. Ambrósio de Milão, Agostinho de Hipona e Tomás de Aquino discutem como ações militares podem ser compatíveis com o reino de Cristo dentro da obrigação evangélica de *amar o próximo. Ao afirmar que às vezes o amor pode matar, eles não só se afastaram do pacifismo, como também da posição pagã, que fazia da sobrevivência e da autodefesa os critérios finais para julgar o combate armado.

A ordem paulina de vencer o mal com o bem (Rm 12.21), refletindo o próprio ensino de nosso Senhor, é imediatamente seguida pelo reconhecimento de que os governos são autorizados por Deus para punir o mal (Rm 13.4), por mais provisórios, deficientes e incompletos que sejam os julgamentos. Embora indivíduos devam renunciar à vingança pessoal, é aceitável que governos recorram à força. A lei de talião da legislação do Antigo Testamento (Êx 21.18-25), que reverbera em Mateus 5.38 e Romanos 13.1-5, refere-se não à vingança pessoal, mas à justa punição administrada por juízes. Ela garante uma doutrina de proporção, protegendo ofensores de retaliações indiscriminadas ou penalidades excessivas.

A tradição da guerra justa alega que os conflitos armados podem e devem ser *reconsiderados* como extensão *extraordinária* dos atos ordinários de julgamento promovidos por governos. Como tais, estão sujeitos às restrições morais dos atos ordinários do julgamento doméstico. Os pensadores clássicos da guerra justa foram os católicos espanhóis Francisco de Vitória (1485-1546) e Francisco Suarez (1548-1617) e o jurista protestante holandês Hugo Grócio (1583-1647). Eles viveram no contexto de um pluralismo emergente de estados-nações e acreditavam que a melhor expressão da soberania de Cristo sobre as nações era uma lei internacional de nações, *ius gentium*. A força militar poderia ser convertida ao serviço da justiça internacional, em vez de ser usada na autodefesa nacional ou engrandecimento próprio.

Assim, a tradição da guerra justa não é uma teoria acerca de "guerras justas" nem uma tentativa de justificar alguma guerra em particular. Trata-se principalmente de uma proposta de prática da justiça no contexto do horror da guerra. É melhor considerá-la ferramenta de raciocínio prático concebida para ajudar líderes políticos e cidadãos a compreenderem, diante do mal, suas obrigações para com Deus e o próximo. Ela procura dar testemunho de uma ontologia evangélica da paz: tentando obter a paz no meio do conflito, disciplinando tanto o recurso à guerra (*ius ad bellum*) como a condução da guerra (*ius in bello*), submetendo-os à tríplice restrição da *autoridade*, *proporcionalidade* e *discriminação*.

A discriminação diz respeito à intenção no ataque militar. Um ato de força discriminado é o que tem a intenção de distinguir entre inocentes e culpados, entre os que cooperam materialmente com o malefício e os que não cooperam (não combatentes). A proporcionalidade também decorre do caráter da guerra como julgamento, um pronunciamento em reação a uma ofensa. Os meios adotados devem corresponder ao propósito, e este deve corresponder à ofensa enfrentada. Um objetivo penal evita a expansão sutil da guerra para outros alvos, como a pilhagem de recursos e a colonização. Embora os planejadores militares possam almejar a vitória, os objetivos militares devem estar sujeitos, em última análise, a decisões políticas, e estas devem ter por alvo a restauração da paz.

Juntos, esses princípios excluem a noção da "guerra total". Ainda que, à primeira vista, a infraestrutura econômica de um país possa ser objeto de ataque legítimo, uma vez que serve para uso tanto militar como civil, isso não se aplica à capacidade produtiva da economia. Se fôssemos negar ao inimigo a possibilidade de produzir comida, envenenar seu suprimento de água e demolir seus bairros residenciais, poderíamos encurtar nossa rota para a vitória, mas isso nega ao inimigo o direito a uma existência social pacífica.

A tecnologia dos armamentos ultrapassou a reflexão moral e o controle legal. Minas Claymore e bombas de fragmentação, projetadas para disseminar terror e transformar baixas em fatalidades, são desproporcionais em seus efeitos e evidenciam a falta de intenção discriminadora. A reflexão teológica posterior à Segunda Guerra Mundial tem dado grande atenção às armas nucleares, químicas e biológicas. A maioria dos teóricos cristãos defensores da guerra justa se juntaria aos pacifistas na proibição da posse e emprego de tais armas e na luta por sua proibição universal. A dissuasão nuclear é uma doutrina profundamente falha: se a posse de armas nucleares impede outros de usá-las, então todos devem ter permissão para possuí-las. Mas se todos as possuem, certamente torna-se mais provável que em algum momento, e em algum lugar, alguém possa de fato usá-las.

4. Novos desafios

Entretanto, comparativamente, a questão de *quem* decide e *como* se justifica ir à guerra (*ius ad bellum*) tem recebido menos atenção. A tradição prega como critério fundamental que, para ser justa, uma guerra deve ser iniciada por uma "autoridade legítima", ou seja, um governo soberano. Embora a tradição de fato insista na importância da consciência individual dos que lutam e da prudência e credibilidade do soberano que promove uma guerra justa, ela tende para uma presunção de deferência aos julgamentos mais sábios da autoridade civil. A questão de quem tem o direito de usar a força tem ofuscado as considerações acerca de como são tomadas as decisões de entrar em guerra e quem toma essas decisões.

Grócio permitia combates defensivos, preventivos, ainda que com esta restrição rigorosa: "O perigo deve ser imediato [...] os que aceitam o medo de qualquer tipo como justificativa para matanças preventivas estão profundamente enganados e enganam os outros" (*De iure belli ac pacis* 2.1.5). Isso está no centro dos dilemas morais em torno da guerra e do conflito numa era de marketing político, barulho midiático, propaganda de massa e do que tem sido chamado "fabricação do consenso". Agora há amplos indícios, por exemplo, de que funcionários do alto escalão do governo americano manipularam dados confidenciais para "vender" a guerra do Iraque de 2003 ao povo americano e convencer seus aliados a se juntarem a eles.

A capacidade dos cidadãos para julgarem a legalidade e moralidade da guerra depende essencialmente do acesso à informação. A falsidade dos governos mina a confiança no discurso público que está no coração de um sistema democrático. No caso de uma mentira para justificar a entrada na guerra, ela impede a avaliação precisa dos riscos e benefícios e exclui cursos de ação alternativos.

Assim, os critérios da *jus ad bellum* devem ser fortalecidos para incorporar um entendimento democrático do que constitui uma "autoridade legítima". Por parte de qualquer autoridade política, é preciso haver um compromisso público de busca da verdade e discurso confiável, que naturalmente envolve o incentivo para contraprovas e contraposições em relação àquelas do governo. E tais contraprovas e contraposições podem vir de além das fronteiras do estado-nação.

Movimentos de resistência empregando métodos de guerrilha representam desafios especiais para os princípios da guerra justa. Rebeldes que se infiltram facilmente entre a população local e usam civis como "escudos humanos" convidam tropas governamentais a, sem querer, matar inocentes. O desafio que a lei internacional tenta enfrentar, desde a Quarta Convenção de Haia em 1907 e em sucessivos Protocolos de Genebra, é como convencer tais milícias irregulares a obedecerem ao princípio da discriminação. O oferecimento da condição de prisioneiro de guerra para os capturados é um dos incentivos. Isso envolveria o uso de divisas militares de identificação (um incentivo de inteligência para o governo) e evitaria torturas e aprisionamento indefinido (um ganho para os rebeldes). A tendência que vem ganhando espaço é tratar os rebeldes como inimigos de guerra, não como bandos de criminosos, o que faz com que eles se predisponham a respeitar os tratados internacionais de guerra.

A tradição da guerra justa também é desafiada pelo desenvolvimento que tem sido chamado "o novo modo ocidental de praticar a guerra" (cf. Shaw). O desenvolvimento de sistemas de longo alcance (bombardeios aéreos de grande altitude e mísseis de cruzeiro lançados de navios de guerra em alto-mar) significa que os Estados Unidos e seus aliados agora podem travar guerras com o mínimo de combate face a face. Martin Shaw descreve isso como guerras de "transferência de risco": a transferência deliberada e sistemática dos riscos da guerra do contingente militar ocidental para soldados locais e civis. Essa guerra emprega novas formas de controle da mídia, incluindo repórteres "incorporados", de modo que a narrativa da guerra seja feita segundo a perspectiva das forças ocidentais, suprimindo a dos inimigos. Essa transferência de risco é mais que um "dano colateral": em seu planejamento estratégico, o risco para os soldados ocidentais tem mais peso que o risco para todos os outros, incluindo os civis locais.

Diante de tais mutações na guerra moderna, a tradição da guerra justa precisa ser fundamentada no que alguns chamam de "presunção de não violência". Essa presunção não elimina o uso da força militar na resistência a agressões armadas nem na prevenção de genocídios, mas implicaria um compromisso mais rigoroso com a diplomacia, com a cooperação internacional e com a busca de guerras travadas não por meio da força (e.g., sanções econômicas seletivas que atingem a capacidade militar e industrial do agressor). Para aqueles que defendem o uso da força militar em casos específicos, como exceção à regra, o ônus da prova seria maior.

É neste ponto que as Nações Unidas devem desempenhar um papel crucial nas intervenções humanitárias. A ONU tem falhas e recebe críticas, mas sem seu mecanismo e sem os poderes que lhe foram concedidos por consenso internacional em sua Carta, o mundo encontraria mais dificuldades para evitar, controlar e limitar guerras. Entretanto, carecendo de uma força armada própria e muitas vezes paralisada pela falta crônica de fundos e pelo uso do veto por parte dos membros permanentes do Conselho de Segurança, sua capacidade de promover e manter a paz fica profundamente comprometida.

É preciso muito mais para contemplar as causas políticas, econômicas e ideológicas do conflito armado *dentro* do estado. Comparados a seus irmãos pacifistas, os defensores da guerra justa têm sido negligentes no enfrentamento de questões de privação e desigualdade econômica, de disseminação de armas de pequeno calibre e da solução de tensões étnicas ou religiosas locais que podem ser extrapoladas em rebeliões organizadas e atos de terrorismo. Talvez a experiência da marginalização, aliás, exclusão dos centros de poder, torne os pacifistas cristãos mais sensíveis aos entraves locais que geram conflitos armados. Afinal, a violência nunca começa com os oprimidos.

Veja também ENSINAMENTOS SOCIAIS DO CATOLICISMO; ÉTICA SOCIAL; PAZ E RECONCILIAÇÃO; TEOLOGIA POLÍTICA; TERRORISMO; VIOLÊNCIA.

BIBLIOGRAFIA. CHOMSKY, N., *Hegemony or Survival* (New York: Metropolitan Books, 2003); KEEGAN, J., *War and Our World* (New York: Vintage, 1998); KIRK, A., org., *Handling Problems of Peace and War: An Evangelical Debate* (London: Marshall Pickering, 1988); O'DONOVAN, O., *The Just War Revisited* (Cambridge: Cambridge University Press, 2003); O'DONOVAN, O. e O'DONOVAN, J. L., orgs., *From Irenaeus to Grotius: A Sourcebook in Christian Political Thought* (Grand Rapids: Eerdmans, 1999); PILGER, J., *The New Rulers of the World* (2. ed.; London: Verso, 2004); ROBERTS, A. e GUELFF, R., orgs., *Documents on the Laws of War* (2. ed.; Oxford: Oxford University Press, 1989); SHAW, M., *The New Western Way of War: Risk-Transfer War and Its Crisis in Iraq* (Malden: Polity Press, 2005); United Nations Development Program, *United Nations Human Development Report 2005* (New York: UNDP, 2005); WALTZER, M., Arguing About War (New Haven: Yale University Press, 2004); YODER, J. H., *The Original Revolution: Essays on Christian Pacifism* (Scottdale: Herald Press, 1971).

V. Ramachandra

GUERRA JUSTA, TRADIÇÃO DA. *Veja* GUERRA.

GUILHERME DE OCCAM. *Veja* TEOLOGIA MEDIEVAL.

GUTIERREZ, GUSTAVO. *Veja* TEOLOGIA DA LIBERTAÇÃO.

HERESIA

A raiz grega da palavra *heresia* significa "escolher" e, em seu sentido original, referia-se à escolha de uma escola, mestre ou concepção filosófica na busca do conhecimento e da sabedoria. Para o cristianismo, porém, a questão da heresia tem sido muito mais espinhosa. Consciente de sua alegação de verdade e unidade em Jesus Cristo, o cristianismo vem lutando, desde o início, com facções e ideias rivais que às vezes ameaçam a unidade, o ensino e a credibilidade da igreja. Paradoxalmente, o catalisador da heresia no cristianismo tem sido sua disseminação global. Novos contextos culturais e diferenças linguísticas levaram missionários e convertidos a compreender o *evangelho fazendo ligações com as ricas reservas sociais, culturais, históricos e intelectuais de seu entorno. A decorrente tradução e aculturação da fé tem sido a sementeira intelectual de suas percepções teológicas mais profundas, bem como terreno para afastamentos problemáticos do ensino dos apóstolos. A compreensão da natureza da heresia e a marcação da linha tênue que a distingue da ortodoxia têm caracterizado o cristianismo global. A seguir vamos estabelecer uma definição básica de heresia, uma breve discussão sobre por que rejeitamos a categoria de heresia na Idade Moderna e, por fim, por que a preocupação com a ortodoxia e a heresia está sendo retomada como instrumento crítico, sobretudo nas igrejas do mundo não ocidental.

1. Heresia: uma definição operacional
2. A heresia da heresia na modernidade
3. A heresia reconsiderada

1. Heresia: uma definição operacional
Ainda que o significado e a aplicação do rótulo de heresia tenham variado ao longo do tempo, seu desenvolvimento tem seguido a evolução do autoentendimento da igreja e seu ensino central com que se pode perceber o caráter básico da heresia.

Em seu sentido literal e técnico, a heresia é uma questão da igreja. Refere-se à disseminação, dentro da igreja, de doutrinas divergentes por ação de um indivíduo ou seita que contradiz ou corrompe a verdade redentora do evangelho. A preocupação com heresias remonta às igrejas do Novo Testamento e pode ser vista em 2Pedro no alerta contra falsos mestres que desviam as pessoas e levam ao descrédito o caminho da verdade (2Pe 2.1-2). Em 1João, a censura a uma facção protognóstica que *saiu dentre nós*, negando que Jesus Cristo *veio em corpo* (1Jo 2.19; 4.2) fundamenta a afirmação da igreja de que é a própria heresia, não a ação da igreja, que separa alguém do corpo de Cristo, e que a invocação de heresia por parte da igreja é simplesmente o reconhecimento posterior dessa separação.

Ao identificar e condenar a heresia, a igreja traça um limite doutrinário. De fato, ela diz: "somente até aqui; não mais". Dois tipos de abusos doutrinários representam a extrapolação desse limite: a *heresia material* e a *heresia formal*. A *heresia material* refere-se ao erro doutrinário que surge do desconhecimento da doutrina sadia e pode ser remediado por instrução adequada e disciplina eclesiástica. A *heresia formal*, porém, é muito mais séria por representar um erro doutrinário com total consciência e defendido de maneira obstinada, que acaba levando a um cisma.

Nem todo erro doutrinário é considerado heresia. A igreja tradicionalmente reconhece que missões, traduções, interpretações e percepções locais requerem um grau razoável de flexibilidade quanto à *doutrina, discordância e liberdade de consciência para que a verdade do evangelho possa ser compreendida e aplicada em épocas sucessivas e novas culturas. Entretanto, quando premissas fundamentais do evangelho são confundidas ou contrariadas, surge a questão da heresia.

Em termos históricos e teológicos, as heresias mais notáveis têm sido as que entendem que Cristo é incapaz de redimir ou que a humanidade não pode ser redimida. A dificuldade em equilibrar de modo adequado a natureza mediadora da humanidade e da divindade de Cristo geraram as heresias do *docetismo* e do *adocianismo*. O *docetismo* dá tanta ênfase à divindade de Cristo, que anula sua humanidade, negando-lhe a capacidade de representar a raça humana e, assim, garantir a redenção; o *adocianismo* nega a natureza divina de Cristo, reduzindo-o a um objeto de redenção e não sua fonte divina. O embate com essas duas heresias opostas serviu para formar e desenvolver a ortodoxia nicena por meio de sua afirmação da divindade e da humanidade de Cristo (*veja* Cristologia; Concílios Ecumênicos). Paradoxalmente, isso traz à tona o benefício da heresia. Ela força a igreja a compreender melhor e esclarecer as verdades essenciais do evangelho e sua relevância para a fé cristã em dado momento.

Considerada novidade perversa ou elemento estranho, a ameaça da heresia está em sua distorção do evangelho que ameaça transformar o cristianismo em algo diferente. Dito isso, a própria natureza missionária da igreja a torna vulnerável às variações doutrinárias. A disseminação do evangelho exige tradução e interpretação para a língua, cultura e cosmologia do povo para o qual o evangelho é levado. A subsequente aculturação da fé ao novo idioma cultural e linguístico abre novas avenidas para o desenvolvimento da doutrina. Entretanto, trata-se de uma linha tênue, de difícil percepção, que separa a contextualização criativa do sincretismo ilícito que pode ofuscá-la.

Heresia é a mais séria acusação pronunciada pela igreja contra doutrinas heterodoxas e aplica-se estritamente a questões eclesiásticas. Portanto, as heresias são questões iniciadas e administradas pela igreja. Entretanto, na prática atual, a tarefa de determinar quem tem o direito de discernir quando o limite da heresia foi ultrapassado e quais as respectivas consequências tem se mostrado cada vez mais nefasta. No começo, as heresias eram discutidas por concílios como o de Niceia e, mesmo assim, passaram-se vários séculos e outros concílios até que as decisões tomadas em Niceia ficassem resolvidas em termos teológicos. A divisão entre a cristandade ocidental e oriental e a posterior profusão de seitas e denominações geradas pela Reforma Protestante complicaram ainda mais o reconhecimento e a decretação de heresia, de tal modo que alguns questionam se isso faz sentido na era atual.

2. A heresia da heresia na modernidade

O aumento do pluralismo teológico tem, no mínimo, dificultado a definição do que seja heresia. Além disso, por conta da sórdida história dos julgamentos de heresias, das punições cruéis impostas aos considerados hereges e das guerras arrasadoras travadas para defender a verdade, muitos afirmam que hoje acusações de heresia são inadequadas e bárbaras. Essa foi a decisão quando, em 1966, a acusação de heresia contra o bispo episcopal James Pike foi derrubada por uma comissão de três bispos, cinco teólogos e dois cientistas sociais que chegaram à conclusão de que julgamentos de heresia não têm sentido e são anacrônicos, inadequados à era atual.

Essas rejeições da heresia não se limitam às grandes denominações liberais interessadas em preservar a unidade, apesar das profundas divergências teológicas. O surgimento do cristianismo global tem gerado grandes desavenças em torno do que constitui ortodoxia, heresia ou sincretismo. Tradicionalmente, os missionários ou crentes locais por eles preparados têm o poder de julgar a ortodoxia relativa das adaptações da fé cristã para determinada região. Como observam os críticos, isso tem deixado o critério de definição de ortodoxia e heresia fora dos limites da cultura local. As acusações de *sincretismo* e *heresia* não só irritam os líderes locais das igrejas, mas também essas denúncias só costumam prolongar o controle teológico e eclesiástico europeu ou norte-americano sobre igrejas e líderes locais.

Isso tem levado muitos cristãos fora do Ocidente a reagir de forma negativa quando se fala de sincretismo e heresia. Como observou A. Walls, "sincretismo é a indigenização alheia, não é? Ninguém realmente diz: 'Sou sincretista'. Sempre é alguma coisa que os outros fazem". Implícita no comentário de Wall está a ideia de que a ortodoxia deve ser mais uma questão de direção que de conteúdo. Por conseguinte, é muito comum as acusações de heresia tratarem a ortodoxia como uma coleção culturalmente rígida de doutrinas que alguém afirma ou nega, não como um movimento que nos aproxima ou nos afasta de Cristo.

As alterações nas concepções de doutrina também têm questionado a base teológica que permite considerar algo como heresia. Alguns afirmam que o caráter histórico, provisório e imperfeito das doutrinas como reflexões humanas sobre variadas experiências espirituais e religiosas faz com que a acusação de heresia seja no mínimo arbitrária, até imoral em casos extremos.

3. A heresia reconsiderada

Ainda que a heresia possa estar teologicamente ultrapassada em círculos acadêmicos e missiológicos, estudos culturais mais recentes correspondem de perto ao caráter dinâmico e ao desenvolvimento constante da ortodoxia e da heresia. Em vez de uma estrutura estática que determina a cosmovisão, as tradições, a história, os símbolos e objetos de um povo, cada vez mais a cultura é vista como uma zona de conflito, mudança e transformação progressiva. Assim também, o entendimento dinâmico das doutrinas indica que elas não são meras imposições de uma cultura sobre a igreja. Antes, a agitação da ortodoxia e heresia é a arena criativa e competitiva em que cristãos de todas as estirpes e culturas lutam para compreender e expressar a fé de um modo adequado à sua época e idioma.

O reconhecimento do caráter localizado e dinâmico da ortodoxia ajuda a perceber por que a igreja no mundo não ocidental está redescobrindo a necessidade de definição teológica e continuidade, mesmo que se baseie em recursos culturais e ideacionais dela mesma. Hoje, igrejas fora do Ocidente lutam com a ortodoxia e a heresia como participantes no desenvolvimento dinâmico do evangelho. Cada vez mais, líderes de igrejas não ocidentais começam a condenar como heresia o que consideram inovações não bíblicas de seus antepassados europeus e norte-americanos.

Ainda que controvertidos, esses embates teológicos representam a maturidade da igreja no Hemisfério Sul. Eles prenunciam novas perspectivas da verdade não somente no cenário local, mas também global. Indicam que a educação teológica na igreja visará à coesão com a trajetória da ortodoxia, mesmo mergulhando nas profundezas de seus recursos para lidar com as novas questões relevantes. Considerando a história da igreja e sua atual expansão no mundo não ocidental, questões de ortodoxia e heresia continuarão sendo motivo de grande preocupação, mas esse é um desenvolvimento que deve ser recebido com alegria.

Veja também Concílios Ecumênicos; Contextualização; Dogma; Doutrina.

Bibliografia. Coe, S., "Contextualizing Theology", in: *Third World Theologies*, ed. Anderson, G. H. e Stransky, T. F. (Mission Trends 3; New York: Paulist Press, 1976) 19-24; Heideman, E. S., "Syncretism, Contextualization, Orthodoxy, and Heresy", *Miss* 25 (1997) 37-49; Hiebert, P. G., "Critical Contextualization", *IBMR* 11 (July 3, 1987) 104-12; Stewart, C. e Shaw, R., orgs., *Syncretism/Anti-syncretism: The Politics of Religious Synthesis* (London: Routledge, 1994); Visser't Hooft, W. A., *No Other Name: The Choice Between Syncretism and Christian Universalism* (London: SCM, 1963); Walls, A., "Enlightenment, Postmodernity, and Mission", in: *A Scandalous Prophet: The Way of Mission After Newbigin*, T. Foust, org. (Grand Rapids: Eerdmans, 2002) 145-52.

T. Harvey

HERMENÊUTICA

A palavra hermenêutica deriva do verbo grego *hermeneuein*, que significa "expressar, explicar, traduzir ou interpretar", e descreve a arte ou teoria da interpretação que tem como objetivo o entendimento. Desde *De interpretatione*, de Aristóteles, até os tratados filosóficos e literários da pós-modernidade, a palavra tem sido usada para designar um aspecto ou outro da interpretação, tradução e explanação. Como disciplina, a hermenêutica ocupa-se do estudo do fenômeno, das teorias e dos métodos da interpretação de textos e de outros objetos estéticos (não linguísticos). O termo *hermenêutica* parece ter sido empregado pela primeira vez por J. C. Dannhauer em 1645, no livro *Hermeneutica sacra sive methodus exponendarum sacrarum litterarum*, embora termos afins tenham sido empregados tanto por Platão como por Aristóteles, ainda que com acepções um pouco diferentes.

A tradição hermenêutica remonta ao fim da antiguidade e à filosofia grega antiga, com a interpretação de epopeias homéricas. A hermenêutica já era praticada desde muito cedo, sobretudo por sacerdotes e pela realeza da antiguidade, visando à interpretação de textos religiosos. Hermes é o mensageiro dos deuses na mitologia grega, responsável pela interpretação da vontade deles. Não surpreende, dada essa correspondência literária, que a hermenêutica sempre tenha sido associada com o entendimento de textos sagrados.

O escopo da hermenêutica na filosofia contemporânea tem se expandido desde então, indo além da interpretação textual, encampando discussões acerca da natureza e condições do entendimento humano e teorias contextuais envolvendo significado e verdade. Uma vez que se ocupa do entendimento de textos, a hermenêutica conduz naturalmente a questões acerca do problema do *entendimento* em si que, por sua vez, geram discussões quanto à natureza da linguagem e seu uso. Visto que a teologia cristã tem um vínculo estreito com a interpretação da Bíblia, as questões hermenêuticas que dizem respeito ao problema do entendimento e da natureza da linguagem tornaram-se parte importante dos estudos teológicos e bíblicos.

1. A interpretação da Bíblia
2. A filosofia hermenêutica
3. A hermenêutica e a globalização da teologia

1. A interpretação da Bíblia

A interpretação judaica da Torá, do Talmude e dos Midrashim tem sua contrapartida no esforço dos primeiros cristãos judeus que tentaram interpretar as escrituras hebraicas da perspectiva do encontro que tiveram com Jesus Cristo. O surgimento do Novo Testamento foi, em parte, resultado da hermenêutica cristológica dos autores apostólicos. Assim, eles seguiram nos passos hermenêuticos de Jesus, que apresentou leituras revisionistas das Escrituras hebraicas à luz de sua vida e ministério. A hermenêutica já desempenhava um papel importante no nascimento do cristianismo.

A hermenêutica judaica legou aos primeiros intérpretes cristãos um problema fundamental: a interpretação das Escrituras deveria ser literal ou alegórica? As respostas a essa pergunta logo se concentraram nos centros de Antioquia e Alexandria. Sem fazer uma distinção muito exata, a abordagem de Antioquia opta por uma leitura mais literal e histórica das Escrituras em contraposição à abordagem mais alegórica dos alexandrinos. A exegese alegórica procura descobrir a intenção do Espírito por trás das palavras das Escrituras, com o objetivo de relacionar os textos bíblicos com a vida. A abordagem de Antioquia, por sua vez, rejeita a ideia de significados ocultos nas Escrituras e afirma que o sentido espiritual das Escrituras deve ser buscado em seu sentido literal e histórico.

O declínio gradual do método alegórico coincidiu com o surgimento do escolasticismo com a ênfase no uso da razão e com a busca de bases mais objetivas e racionais na interpretação. O interesse pelo estudo da Bíblia nas línguas originais no final do período medieval preparou o caminho para que a *Reforma redescobrisse a autoridade da Bíblia. Em vez de seguir cegamente as tradições da igreja, os reformadores voltavam-se para a Bíblia como autoridade final. Era a hermenêutica da fé. Duas ideias hermenêuticas circulavam entre os reformadores: (1) a necessidade de iluminação do Espírito Santo para a compreensão das Escrituras e (2) a clareza ou perspicuidade das Escrituras, que torna a mensagem geral da Bíblia passível de ser compreendida. Esses princípios norteadores têm o efeito de tirar a Bíblia das mãos dos oficiais da igreja e colocá-la nas mãos de cristãos comuns.

A libertação da mente para estudar a Bíblia sem as limitações do tradicionalismo eclesial não foi, porém, uma bênção simples. O nascimento do racionalismo na Renascença significou que a mente que se aplica ao estudo da Bíblia também é capaz de julgar sua verdade. Essa elevação da razão humana, junto com o surgimento do liberalismo teológico no século 19, acabou levando ao tipo de método histórico crítico que dá ênfase à autoria humana da Bíblia em detrimento de sua origem divina e reveladora. Pode-se contestar o antissobrenaturalismo que caracteriza tal erudição bíblica, mas não se pode negar que a atenção crítica dedicada às dimensões gramaticais, históricas e culturais dos textos bíblicos tem contribuído imensamente para a arte da interpretação bíblica. Temos agora no arsenal do intérprete bíblico uma fartura de instrumentos ou abordagens metodológicas designadas como "críticas" de vários tipos como, por exemplo, crítica textual, crítica histórica, crítica da redação, crítica canônica, e assim por diante.

Teorias de interpretação bíblica tendem a se concentrar em três elementos — *autor, texto, leitor* — e é na interação entre eles que ocorre o entendimento hermenêutico. Os intérpretes continuam a se ocupar com perguntas sobre o significado do texto: ele se encontra no próprio texto, está por trás do texto ou à frente dele? A opção de dar prioridade ao significado pretendido pelo autor, à forma e estrutura do texto, ao ambiente contextual ou aos interesses do intérprete depende bastante dos compromissos filosóficos que a pessoa traz consigo para a tarefa hermenêutica.

2. A filosofia hermenêutica

2.1. Schleiermacher. O desenvolvimento da disciplina da hermenêutica deu uma guinada decisiva com Friedrich Schleiermacher (1768-1834). Considerado o pai da hermenêutica contemporânea, ele articula uma hermenêutica universal coerente que se aplica não só ao entendimento de textos difíceis ou de algum tipo específico de texto (e.g., textos bíblicos ou antigos), mas também se aplica aos significados linguísticos em geral. Para Schleiermacher, a hermenêutica é uma disciplina única que trata da interpretação de todos os textos, independentemente de gênero ou conteúdo doutrinário. Ele coloca a hermenêutica dentro do problema maior do entendimento humano e faz dela uma disciplina transcendental que tenta explorar as condições sob as quais é possível compreender textos.

Schleiermacher reconhece sua dívida para com os classicistas Friedrich August Wolf (1759-1824) e Friedrich Ast (1778-1841) no desenvolvimento de sua teoria hermenêutica. Como eles, Schleiermacher entende que o texto deve ser compreendido em diferentes níveis e defende o uso de métodos *gramaticais* e *psicológicos* ou *técnicos* de interpretação. O método gramatical procura o sentido do texto dentro da convenção da língua do autor e de seus leitores e cuida da estrutura, terminologia e forma literária do texto. O segundo método é um ato de reconstrução em que o intérprete procura rever o processo de composição e chegar ao pensamento que originou o texto ou à situação no mundo em que vivia o autor.

Junto com outros filósofos românticos de sua época, Schleiermacher entende que essa percepção imaginativa e intuitiva da individualidade do autor por meio de seus escritos é um ato divinatório. A dedução lógica não é o único instrumento hermenêutico; a capacidade de "adivinhar" ou entrar pela imaginação no mundo do autor também é necessária. Ainda que vá além do racional, o processo divinatório proposto por Schleiermacher jamais é meramente subjetivo. Ainda que ele fale do elemento "psicológico", isso não significa que as intenções interiores devam ser postas acima do significado das palavras estabelecido de maneira pública e intersubjetiva. O elemento divinatório ocorre sempre junto com o aspecto filológico. Na perspectiva de Schleiermacher, compreender é reconstruir o pensamento do autor por meio de seu texto e discernir sua intenção. Deve-se a Schleiermacher a perspectiva mais diversificada do lócus do significado textual. Em vez de limitá-lo à intenção do autor ou à linguagem usada, ele entende que o significado textual é visto na interação entre o autor e o texto.

Para Schleiermacher, o intérprete é necessariamente envolvido em cada nível de interpretação num "círculo hermenêutico" em que o entendimento do significado do todo depende do entendimento das partes e vice versa. O entendimento começa obrigatoriamente com uma premissa ou pré-entendimento do todo. Essa previsão intuitiva do todo é então revisada quando se chega ao entendimento das partes que compõem o texto. Do mesmo modo, o entendimento que se tem do particular é, por sua vez, moldado pelo pré-entendimento que se tem do todo. É no vaivém entre o todo e as partes que ocorre o entendimento.

2.2. Dilthey. A filosofia do entendimento de Schleiermacher encontrou lugar permanente na tradição filosófica da Europa, sobretudo pela mediação de Wilhelm Dilthey

(1831-1911). Delthey estendeu a hermenêutica de Schleiermacher à interpretação não só de textos, mas também de ações, eventos passados, produtos e instituições. Ele incluiu em seu campo de ação a interpretação da história e da pessoa humana. Dilthey dedicava-se à diferença entre as ciências naturais (*Naturwissenschaften*) e as ciências sociais ou humanas (*Geisteswissenschaften*) e encontrou uma resposta na hermenêutica. Embora as ciências naturais procurem explicar (*erklären*) o mundo, essa explicação deve ser conjugada a uma teoria sobre como o mundo nos é dado por meio de práticas simbolicamente mediadas e experiências vividas, elementos fornecidos pelas ciências humanas. Enquanto as ciências naturais explicam, as ciências humanas procuram compreender (*verstehen*). Acolhendo a noção de "entendimento histórico" de Hegel, Dilthey insiste na natureza histórica do entendimento nas "ciências humanas" e chama a atenção para o fato de que tanto o intérprete como o objeto da interpretação estão historicamente situados. Ele apela à "vida" e não só ao "pensamento" como categoria crítica no pensar hermenêutico, e sua contribuição para a hermenêutica está no fato de tê-la situado numa teoria geral da vida e existência humanas. Nesse aspecto, ele preparou o caminho para que a hermenêutica se voltasse para a ontologia, o que ganhou plena força com Heidegger.

2.3. Heidegger. A noção de situacionalidade histórica subentendida no entendimento sofreu uma virada ontológica radical com Martin Heidegger (1889-1976). De acordo com Heidegger, hermenêutica é mais do que decifrar a comunicação linguística ou encontrar uma base metodológica para as ciências humanas. A hermenêutica trata das condições mais básicas para a pessoa estar no mundo. Baseando-se em Dilthey, que dizia que os textos são expressões de vida que podem ser compreendidas pela "experiência vivida" e pelo autoentendimento do intérprete, Heidegger alega que as investigações sobre o que está envolvido na vida levantam necessariamente a questão da ontologia: qual a natureza do Ser? Segundo ele, a existência é tal que não podemos escapar de ser "jogados" num "mundo" pré-dado, presos a um estado de *Dasein* ou de "estar ali" ou de "estar no mundo". A isso ele dá o nome de hermenêutica da facticidade, significando que o intérprete está invariavelmente envolvido no próprio ato da interpretação, pois o entendimento sempre se faz a partir de um contexto existencial ou histórico específico. Para Heidegger, perguntas acerca do significado de um texto estão recobertas de perguntas acerca do significado da vida. Ao se concentrar no papel do intérprete no entendimento, Heidegger introduz na hermenêutica preocupações maiores que meras considerações históricas e textuais.

A partir de Heidegger, a maior atenção dada à natureza histórica do conhecimento trouxe como consequência uma reavaliação das alegações do cientificismo. Não existe tecnologia isenta de valores nem ciência imune à história, e trabalhos supostamente objetivos, desenvolvidos por matemáticos e cientistas são sempre desenvolvidos a partir de certos contextos sociais e históricos anteriores. Nesse sentido, a ciência tornou-se necessariamente hermenêutica, e essa ideia figura mais tarde na hermenêutica de Hans-Georg Gadamer. Antes de examinar as contribuições de Gadamer, vamos considerar a aplicação da filosofia existencial de Heidegger à interpretação do Novo Testamento desenvolvida por Rudolf Bultmann, de quem ele havia sido colega na Universidade de Marburg.

2.4. Bultmann (1884-1976). Como estudioso crítico e clérigo, Rudolf Bultmann procurou tornar viva a mensagem cristã para seus contemporâneos. Ele encontrou no existencialismo de Heidegger a chave para decifrar o significado do Novo Testamento para o mundo moderno. Bultmann afirma que os seres humanos são diferenciados de todas as outras criaturas porque tomam decisões. É na tomada de decisões que as pessoas são fiéis à própria essência. Submeter-se resignadamente a tradições mortas ou a qualquer outro sistema ético legalista e não conseguir ser fiel a si mesmo como alguém que toma decisões é ser "inautêntico". Isso, afirma Bultmann, é o que significa ser "pecador" e viver sob o julgamento da "morte", no linguajar do Novo Testamento. A noção de Heidegger de que a pessoa realmente "autêntica" é a que enfrenta a realidade e vive em liberdade representa para Bultmann sua grande pressuposição hermenêutica. Decidir é ser orientado para o futuro, e ser radicalmente aberto para o futuro é ser salvo, pois salvação nada mais é do que a transição da inautenticidade para a autenticidade. Essa estrutura heideggeriana serve como "pré-entendimento" na hermenêutica de Bultmann.

Para Bultmann, a hermenêutica não é uma exegese detalhada, mas uma investigação do significado da linguagem como discurso existencial. A pregação ocupa um lugar importante em sua hermenêutica, pois é por meio do kerygma ou da palavra pregada que os ouvintes são conclamados para a possibilidade de uma nova existência. Para que ocorra esse confronto com o kerygma, o intérprete deve ir além das ideias primitivas e mitológicas do Novo Testamento. É famosa a afirmação de Bultmann de que as pessoas que agora viviam na era da lâmpada elétrica talvez não conseguissem crer em milagres. Já que a história está fechada para intervenções sobrenaturais, não pode haver lugar para profecias, encarnação, milagres, ressurreição e a volta de Cristo. Esses conceitos e outros como o sangue derramado para expiação de pecados, vida eterna e assim por diante precisam ser "demitizados" ou reinterpretados em termos existenciais. Para Bultmann, a linguagem mitológica do Novo Testamento distorce o verdadeiro tema central da fé, objetificando-o. Pelo processo de demitização, Bultmann espera permitir que a realidade por trás da linguagem mitológica encontre expressão mais adequada.

2.5. A nova hermenêutica. Na sequência de Bultmann surge a "nova hermenêutica" representada por Ernst Fuchs (1903-1983) e Gerhard Ebeling (1912-2001), que procuraram desenvolver a metodologia crítica de Bultmann para chegar a uma abordagem hermenêutica abrangente.

Fuchs e Ebeling argumentam que, se o acesso à realidade se faz por meio da linguagem e não sem ela, a linguagem do Novo Testamento é em si parte da realidade. Ao buscar a realidade "por trás" da linguagem mitológica, a pessoa deixa de considerar o fato de que a realidade não existe em isolamento de sua expressão linguística. É essa relação indissolúvel entre realidade e linguagem que distingue a abordagem da nova hermenêutica. A própria linguagem é interpretação, e o próprio ato da linguagem é necessariamente hermenêutico. Fuchs e Ebeling aplicam ao Novo Testamento, em particular às palavras de Jesus, as ideias de Heidegger sobre a emergência do ser por meio da linguagem. Para eles, a hermenêutica não é uma simples questão de compreender cada palavra, mas de compreender a "palavra", termo empregado não sem ambiguidade. Às vezes o termo se refere à Palavra de Deus que vem à tona na pregação; outras vezes denota verdade existencial que se revela no discurso. A linguagem de Jesus precipita um "evento da palavra" ou "evento da fala" que confronta os leitores hoje e neles desperta a fé verdadeira, abalando a maneira pela qual veem a vida e chamando-os para uma vida autêntica. Há uma oscilação constante entre o texto bíblico e o conhecimento de si mesmo. O eu que começa questionando o texto como objeto é, por sua vez, visado como objeto pelo texto. Nesse esquema, a salvação é concebida da perspectiva do eu que se volta para si mesmo. A linguagem da autocompreensão é a linguagem da existência diante de Deus.

De acordo com a nova hermenêutica, a tarefa da hermenêutica não é tanto estabelecer princípios pelos quais textos/autores bíblicos podem ser compreendidos, mas uma investigação sobre a natureza hermenêutica e sobre as possibilidades existenciais envolvidas no discurso. Ainda que seja salutar acentuar a importância do encontro linguístico com Jesus, os críticos afirmam que isso é muitas vezes destacado em detrimento de um envolvimento histórico–crítico com o texto. Como consequência disso, faltam critérios pelos quais a subjetividade do intérprete ("o que é verdade para mim") pode ser diferenciada da verdade que confronta o eu a partir do texto ("o que é verdade").

2.6. Gadamer. As ideias de Heidegger sobre a necessária temporalidade da existência e a historicidade do entendimento são levadas adiante por seu aluno Hans-Georg Gadamer (1900-2002). Como Heidegger, Gadamer considera a hermenêutica mais como ontologia do que como metodologia. Seu *Verdade e Método* (1960) é uma crítica embasada à preocupação iluminista com o "método". Gadamer considera ingênua a pressuposição cartesiana de que os métodos da ciência podem desvendar toda a verdade.

Seguindo Heidegger, ele alega que todo entendimento deve levar em consideração a situacionalidade prévia do intérprete dentro de determinada tradição histórica. A pessoa vive e lê sempre dentro do fluxo da história. Não existe nenhuma plataforma neutra de onde se faz a interpretação, pois interpretação pressupõe um "horizonte" ou um "pré-entendimento" historicamente determinado. Ele esclarece a natureza ôntica do entendimento apelando à experiência da arte e dos jogos. Uma obra de arte está colocada acima dos observadores e os leva para fora da existência deles. O significado dela não tem subsistência independente, isolado de sua relação com o observador. Num jogo, as regras formam a instância pressuposta que determina os alvos e o que conta como movimentos aceitáveis. É essa estrutura do jogo, não a subjetividade dos jogadores, que determina o "significado" e a "realidade" para os jogadores.

A situacionalidade histórica do intérprete é captada no que Gadamer chama de "consciência historicamente produzida" (*wirkungsgeschichtliches Bewusstsein*) ou uma consciência historicamente engendrada que brota do passado, está situada no presente e é aberta para o futuro. O fato de que interpretamos dentro de nossa própria tradição e situacionalidade histórica não exclui a possibilidade de entendimento, pois os "pré-julgamentos" ou "preconceitos" (*Vorurteile*) do intérprete constituem uma realidade histórica da qual ele faz parte. Gadamer afirma a função constitutiva do pré-entendimento e do entendimento, exigindo uma perspectiva não pejorativa do preconceito e da autoridade. Longe de serem empecilhos ao entendimento, os "pré-julgamentos" e a situacionalidade do indivíduo são condições para o entendimento. Na interpretação, a pessoa precisa deixar transparente o seu pré-entendimento que brota da tradição em que ela se baseia.

O entendimento emerge quando o intérprete traz seu "horizonte" ou pré-entendimento condicionado pela tradição para o diálogo com a alteridade do texto, num movimento que Gadamer descreve como uma "fusão de horizontes". Essa "fusão", porém, não significa uma dissolução da tensão entre o horizonte do intérprete e o do texto; antes, ela destaca o fato de que o entendimento sempre envolve a emergência de uma verdade partilhada. Na opinião de Gadamer, interpretar nunca é só reproduzir um significado que está objetivamente no texto. A interpretação é sempre produtiva, no sentido de que algo novo nasce quando o intérprete se envolve com o texto. O entendimento emerge quando o horizonte do intérprete é expandido. Um ponto discutido por admiradores e detratores de Gadamer é se ele deixa alguma margem para a crítica à tradição herdada.

2.7. Ricoeur. Enquanto questões de filosofia, linguagem e ontologia ocuparam Heidegger e Gadamer, Paul Ricoeur (1913-2005) reconduziu a hermenêutica às questões primárias de interpretação de textos. Como Gadamer, a produção de Ricoeur é prodigiosa e caracteristicamente interdisciplinar. Trafegando entre disciplinas tão diversas como filosofia, psicologia, teoria literária, história, estudos religiosos e interpretação bíblica, Ricoeur busca uma ontologia do eu por meio da reflexão hermenêutica. Para ele, o autoentendimento se faz via interpretação textual. Rejeitando a noção cartesiana individualista do *cogito* livre e indubitável como ponto de partida do conhecimento, ele entende que o conhecimento é intersubjetivamente dado e mediado pela linguagem, em particular através de símbolos. Ele é muito conhecido pelo aforismo "o símbolo gera o pensamento".

O foco de Ricoeur no texto e sua elucidação do autoentendimento o leva além da preocupação histórico-crítica com "o mundo por trás do texto" para um interesse no "mundo do texto" literário e na maneira pela qual o texto envolve e transforma a situação do leitor, ou seja, "o mundo diante do texto". O texto escrito não é só uma janela para o passado ou uma entidade autônoma. Quando alguém se envolve com o texto, este projeta um mundo e transforma o mundo do leitor. Para Ricoeur, isso ocorre especialmente com metáforas e narrativas, que não apenas retratam a realidade empírica como também abrem novos modos de ver ou encarar a realidade. A hermenêutica, portanto, está mais interessada na trajetória das possibilidades de significados de um texto do que em sondar o discurso original do autor. É preciso mover-se da simples aceitação pela fé do que o texto diz para o que Ricoeur considera uma segunda inocência, pela qual, por meio da interpretação, ouve-se de novo o que o texto diz. Embora defenda que o autoentendimento emerge pelo desvendar da linguagem, Ricoeur não deixa de ter consciência de que a linguagem também pode encobrir e servir como veículo para interesses ideológicos. Ele reconhece a possibilidade de autoengano e afirma que a hermenêutica deve estar disposta tanto a desconfiar quanto a ouvir. Para Ricoeur, "desconfiança e resgate" andam necessariamente juntos; "destruir ídolos" e "dar ouvidos aos símbolos" formam a dupla tarefa da hermenêutica.

2.8. Outras vozes e questões (pós-modernas) na hermenêutica contemporânea.
A ênfase na historicidade do entendimento na tradição hermenêutica representada por Schleiermacher, Dilthey, Heidegger e Gadamer continua, em certo sentido, a marcha da consciência histórica iniciada no século 19. O caso de amor do pós-modernismo com a contingência histórica pode ser vista como a radicalização da tendência historicista já latente no Iluminismo. O difícil problema da relação entre fé e história que ocupou a teologia durante a maior parte dos séculos 19 e 20 tem, em certo sentido, sua contrapartida na hermenêutica moderna. Uma questão essencial diante da hermenêutica pós-Gadamer e Ricoeur é a possibilidade e o lugar da metacrítica — em outras palavras, é possível determinar o que se conta como leitura imbuída de sentido e efeito produtivo de textos dentro de contextos específicos? E, existindo tal possibilidade, quais critérios seriam usados e como esses critérios seriam criticamente ranqueados? Como caracteriza Thiselton em *New Horizons in Hermeneutics* [Novos Horizontes em Hermenêutica], entre os diferentes desenvolvimentos na era pós-gadameriana, há teorias que gravitam em direção a (1) uma hermenêutica ligada ao contexto e *sociopragmática* em que os significados e os efeitos têm um foco primário "para mim e para minha comunidade" ou (2) se voltam para uma hermenêutica metacrítica ou *sociocrítica* que dá atenção à busca de uma base transcontextual em que se pode fazer uma avaliação comparativa de critérios contextuais para a interpretação.

A hermenêutica sociocrítica encontra expressões, por exemplo, nos vários tipos de hermenêuticas da libertação (feminista, latino-americana, negra, etc.) que procuram desmascarar a presença dos interesses do poder opressivo por trás do uso dos textos. Esse desmascarar de interesses na hermenêutica é característico da teoria crítica de Jürgen Habermas (1929-) que, junto com Karl-Otto Apel (1922-), procura desenvolver uma hermenêutica explicitamente sociopolítica que se dedica à crítica emancipatória com base em critérios transcontextuais de significado e verdade. Apesar de concordar com Gadamer quanto ao papel essencial do diálogo para o entendimento, Habermas pensa que há impedimentos sociais que bloqueiam e distorcem a comunicação. Muitas vezes, o que determina os horizontes do entendimento, diz Habermas, são interesses sociais ou de poder da parte dos intérpretes e das comunidades hermenêuticas que representam.

No outro extremo do espectro estão opiniões de pessoas como o filósofo Richard Rorty (1931-2007) e o teórico literário Stanley Fish (1938-) que pensam que a hermenêutica jamais poderia montar uma crítica transcontextual, já que todos os critérios são relativos ao que se percebe para *serem contados* como critérios dentro de comunidades sociais especificadas. A hermenêutica só pode fornecer uma descrição dos efeitos da leitura em determinados contextos sociais. A relativização da verdade que se vê em Rorty encontra eco no tipo de hermenêutica sociopragmática que radicaliza a importância da comunidade hermenêutica na determinação do significado. Isso se harmoniza com as teorias de resposta do leitor que evitam a noção de significado textual estável, dando, em lugar disso, ênfase à importância do leitor na determinação do que conta como significado.

A natureza interdisciplinar da hermenêutica garante que haja tráfego constante entre os desenvolvimentos na filosofia, teoria literária, linguística, teologia e estudos bíblicos. Uma área de interface que já deu muito fruto está no apelo à teoria dos atos de fala de J. L. Austin e J. R. Searle, tanto por estudiosos da Bíblia como por teólogos filosóficos (e.g., Wolterstorff, Thiselton e Vanhoozer) para explicar a força da encenação das Escrituras e sua natureza comunicativa.

A reviravolta filosófica na hermenêutica a partir de Schleiermacher influenciou não só o desenvolvimento da interpretação bíblica, como também fez surgir uma abordagem ostensivamente teológica da interpretação. A antiga interface entre filosofia e teologia descobriu um novo ponto de encontro na hermenêutica, a julgar pelo volume crescente de obras sobre hermenêutica teológica. Ainda que a ligação entre pressuposições teológicas e interpretação bíblica não seja nova, a correlação entre teologia e hermenêutica tem recebido maior destaque nos últimos tempos. A hermenêutica teológica torna necessária uma destas duas coisas: ou fazer que as doutrinas cristãs deem conta do desafio do entendimento do texto e da condição humana ou demonstrar o impacto da interpretação bíblica sobre a teologia cristã. Mais do que simplesmente se apropriar da hermenêutica geral para a interpretação bíblica, a hermenêutica teológica pergunta como e até que ponto a interpretação bíblica e a estrutura teológica cristã lidam com a hermenêutica em geral.

3. A hermenêutica e a globalização da teologia
As descobertas hermenêuticas sobre a natureza e dinâmica do entendimento humano são ricas em implicações para a reflexão teológica no contexto de um cristianismo globalizado.

3.1. A situacionalidade histórica de todas as expressões teológicas. A hermenêutica nos dá consciência da natureza contingente e contextual de todas as ideias humanas. Expressões teológicas não são exceções. Qualquer afirmação de universalidade é feita necessariamente a partir de algum ponto no tempo e no espaço. Todas as teologias são, por definição, teologias *contextuais*. Dada a dominância histórica da teologia no Ocidente, é fácil pensar que suas formulações são normativas e considerar que todas as outras teologias não ocidentais são teologias contextuais. Esse pensamento deixa de reconhecer que o adjetivo *contextual* se aplica a todas as teologias, ocidentais ou não. A consciência da própria situacionalidade é um ponto de partida necessário para a teologização. A consciência dos próprios preconceitos (tanto no sentido gadameriano de pré-julgamentos, como no sentido habermasiano de interesses) prenuncia um diálogo e uma construção teológica positiva. Do lado positivo, fazer teologia dentro de um contexto é construir usando matéria prima extraída de determinado contexto cultural e lidar com as preocupações e dificuldades peculiares desse contexto. Teologias feitas em diferentes partes do mundo, portanto, parecerão e soarão diferentes. Isso não só enriquece o diálogo global entre comunidades teológicas como também oferece oportunidades de aprendizado mútuo sobre como ser teologicamente receptivo em relação às preocupações contextuais do outro.

3.2. A fidelidade à tradição e a expansão do entendimento teológico pelo diálogo multilateral. Assim como o entendimento pressupõe pré-entendimento e a interpretação ocorre dentro de determinada tradição, a reflexão teológica não ocorre num vácuo, mas em diálogo com a tradição herdada. Decerto a teologia, como disciplina histórica, é complexa, e a tradição cristã é um fenômeno multifacetado que compreende muitas correntes. Entretanto não se pode ignorar ou desconsiderar a rica herança teológica que nos foi legada, para o bem ou para o mal, por nossos ancestrais teológicos, a maioria deles aclamada pelo cristianismo no Ocidente. A ideia de círculo hermenêutico também se aplica à construção teológica. Assim como o entendimento do texto como um todo é inseparável do entendimento de suas partes e vice versa, também qualquer nova formulação apresentada por teólogos hoje sempre está em tensão com a tradição ou com tudo o que veio antes na história.

O entendimento cresce à medida que o horizonte do intérprete se expande e é reconfigurado no diálogo com o objeto da interpretação. Essa percepção de Gadamer, quando aplicada ao processo da formulação teológica, ajuda-nos a ver que ideias teológicas, por mais que sejam relevantes ao contexto e voltadas para ele, sempre estão sujeitas a correções e mudanças. Interpretar as Escrituras, apropriar-se da tradição recebida e estendê-la, e expressar a verdade divina são atos que fazem parte da construção teológica, atividades em curso orientadas para a consumação escatológica. O reconhecimento da natureza provisória de todos os construtos teológicos deve gerar um maior senso de modéstia e humildade entre os estudiosos cristãos.

3.3. Abraçando a alteridade do outro rumo à globalização da koinonia. A atenção à alteridade do outro como prelúdio para o entendimento é parte essencial da mentalidade hermenêutica. Por certo, esse hábito é relevante em face da globalização do cristianismo, em que cada vez mais vozes representativas de todo o mundo chegam à mesa da interação teológica. Em tal situação é importante que os parceiros no diálogo teológico se permitam ser confrontados pela estranheza do novo e aprendam a ouvir aquilo que é genuinamente diverso. Uma desconsideração precipitada ou um colapso prematuro das contribuições de terceiros para nossas categorias servem apenas para abortar o nascimento de novas percepções teológicas. Nesse sentido, os hábitos do compromisso hermenêutico de fato contribuem para a prática da reflexão teológica.

Veja também CONTEXTUALIZAÇÃO; MÉTODO TEOLÓGICO.

BIBLIOGRAFIA. BARTON, J., org., *The Cambridge Companion to Biblical Interpretation* (Cambridge: Cambridge University Press, 1998); BLEICHER, J., *Contemporary Hermeneutics: Hermeneutics as Method, Philosophy and Critique* (London: Routledge & Kegan Paul, 1980); GADAMER, H.-G., *Truth and Method* (2. ed.; New York: Crossroad, 1989) [edição em português: *Verdade e Método* (Petrópolis/Bragança Paulista, Vozes/Editora Universitária, 2013)]; JASPER, D., *A Short Introduction to Hermeneutics* (Louisville: Westminster John Knox, 2004); JEANROND, W. G., *Theological Hermeneutics: Development and Significance* (London: SCM, 1991; nova ed. 1994); LUNDIN, R., WALHOUT, C. e THISELTON, A. C., *The Promise of Hermeneutics* (Grand Rapids: Eerdmans, 1999); MUELLER-VOLLMER, K., org. *The Hermeneutics Reader* (Oxford: Blackwell, 1986); PALMER, R. E., *Hermeneutics: Interpretation Theory in Schleiermacher, Dilthey, Heidegger and Gadamer* (Evanston: Northwestern University Press, 1969); SCHLEIERMACHER, F., *Hermeneutics: The Handwritten Manuscripts* (Atlanta: Scholars Press, 1977) [edição em português: *Hermenêutica: Arte e Técnica da Interpretação*, tradução de Celso Reni Braida (Petrópolis/Bragança Paulista: Vozes/Editora Universitária, 2015)]; THISELTON, A. C., *The Two Horizons: New Testament Hermeneutics and Philosophical Description* (Grand Rapids: Eerdmans, 1980); idem, *New Horizons in Hermeneutics: The Theory and Practice of Transforming Biblical Reading* (Grand Rapids: Zondervan, 1992); VANHOOZER, K. J., *Is There a Meaning in This Text?* (Grand Rapids: Zondervan, 1998) [edição em português: *Há um Significado neste Texto?*, tradução de Álvaro Hattnher (São Paulo: Vida, 2005)]; idem, *First Theology* (Downers Grove: Inter-Varsity Press, 2002) [edição em português: *Teologia Primeira* (São Paulo: Shedd, 2016)]; WARNKE, G., *Gadamer: Hermeneutics, Tradition, and Reason* (Cambridge: Polity Press, 1987); WOLTERSTORFF, N., *Divine Disclosure* (Cambridge: Cambridge University Press, 1995).

M. L. Y. Chan

HIBRIDISMO

Hibridismo refere-se às misturas culturais, étnicas e raciais que ocorrem nos encontros entre pessoas. Esse fenômeno tem ocorrido ao longo da história humana, sendo com frequência depreciado pelas elites culturais. O hibridismo tem sido uma questão importante na maior parte dos países afetados pelo colonialismo europeu. Em alguns lugares, como na maior parte da América Latina, a maioria da população é "racialmente" uma mistura de colonizadores europeus com povos locais (mestiçagem) ou com povos de descendência africana (mulatice). Em outras partes do mundo, os colonizadores tentaram evitar as misturas, tanto legal como socialmente. Entretanto, a colonização europeia criou todo tipo de hibridismo pelo mundo. A *globalização está encorajando novos tipos de encontros e misturas, criando novos hibridismos.

1. O hibridismo como identidade étnica
2. O hibridismo no pensamento pós-colonial
3. O hibridismo na perspectiva teológica cristã

1. O hibridismo como identidade étnica

O hibridismo como conceito tem seguido por direções diversas, de acordo com o tipo de interação entre colonizador e colonizado. Nas Américas, a mistura racial (mestiçagem) foi um importante elemento da colonização europeia. Muitos exploradores espanhóis e portugueses não trouxeram esposa ou família. Eles se casaram com a população local ou com escravas, e seus descendentes foram chamados mestiços ou mulatos. Os mestiços jamais tiveram a condição dos "puros-sangues" da Europa, mas eram considerados "superiores" à população local. Até hoje, europeus castiços tendem a manter o poder na maior parte dos países da América Latina, embora os mestiços ou mulatos costumem formar a maioria da população.

No início do século 20, José Vasconcelos, pensador mexicano, exaltou a mestiçagem no livro *A Raça Cósmica*. Vasconcelos estava reagindo, em parte, às alegações da superioridade "branca" nos Estados Unidos. Ele argumentou que o futuro da raça humana seria mestiço e que os "brancos" descobririam que precisam dos mestiços para vencer as limitações criadas pelas sociedades "brancas". Vasconcelos foi criticado pelas atitudes negativas em relação aos povos nativos das Américas. Mas sua perspectiva continua influenciando o pensamento no México e tem ocupado um lugar importante entre os latinos nos Estados Unidos (sobretudo entre americanos de descendência mexicana) à medida que tentam criar uma identidade no meio de uma sociedade que continua dando grande ênfase à raça, à pureza racial e às diferenças raciais.

2. O hibridismo no pensamento pós-colonial

O hibridismo desenvolveu um foco diferente no pensamento pós-colonial. Aqui a questão não está na identidade distinta das pessoas que descendem desse encontro, mas nas várias "realidades" híbridas criadas pelo encontro entre colonizadores e colonizados. Os colonizadores desprezavam pessoas e culturas "híbridas" (os mestiços). Mas pensadores pós-coloniais afirmam que o encontro colonial criou uma situação que não só criou novos povos e culturas, como também um espaço em que tanto o colonizador como o colonizado foram mudados. Eles querem evitar as definições binárias que tentam definir a experiência colonial como encontro "puro" de duas culturas, em que a cultura do colonizador influenciou a do colonizado, mas permaneceu "pura", sem ser afetada pelo encontro. Nessa perspectiva, o hibridismo faz parte da experiência colonial e afetou tanto o colonizador quanto o colonizado.

Esse entendimento do hibridismo é importante no ambiente globalizado do século 21 que está criando novos encontros e novos intercâmbios entre povos. A migração está juntando pessoas de todo o mundo à medida que elas se movem em direção aos centros econômicos do mundo. As indústrias de cultura globais também estão exportando símbolos culturais para as partes mais remotas do globo. Mas o processo de impacto cultural não é unidirecional. Os poderosos estão sendo mudados mesmo quando estão gerando mudanças entre aqueles que têm pouco ou nenhum acesso às estruturas de poder. O desenvolvimento de novos tipos de misturas culturais, sociais e raciais continuará à medida que pessoas e ideias forem entrando em contato umas com as outras.

3. O hibridismo na perspectiva teológica cristã

O padre católico romano, Virgilio Elizondo, mexicano-americano, introduziu a mestiçagem como conceito teológico no pensamento teológico latino dos Estados Unidos com o livro *The Galilean Journey* [A jornada galileia]. Nele o autor descreve a experiência mexicano-americana nos Estados Unidos como uma luta pela sobrevivência em meio à conquista tanto dos espanhóis como dos anglo-americanos. O confronto entre espanhóis e os povos nativos produziu os mexicanos (a primeira mestiçagem) e o encontro entre mexicanos e anglo-americanos produziu o mexicano-americano (a segunda mestiçagem). Esses mestiços estão desenvolvendo uma nova identidade e é a partir dessa identidade que fazem uma releitura da história do evangelho. Elizondo continua desenvolvendo esse tema no segundo livro, *The Future is Mestizo* [O futuro é mestiço], em que alega que o evangelho é compreendido com mais clareza quando se está inserido na realidade cultural das pessoas, especialmente quando elas começam a compreender Jesus como mestiço.

A influência de Elizondo estabeleceu a mestiçagem como um importante conceito teológico e ferramenta hermenêutica na teologia latina dos Estados Unidos. A experiência mexicano-americana criou um jeito diferente de ler a Bíblia e uma direção distinta para a reflexão teológica. Nas décadas de 1980 e 1990, teólogos latinos refletiram sobre vários aspectos da mestiçagem, procurando compreender e descrever a experiência religiosa latina. Em tempos mais recentes, alguns teólogos questionaram parte da premissa em que se baseia o *Galilean Journey*, e outros também sentem que a mestiçagem tornou-se um conceito que pode criar exclusão, em vez de inclusão, entre latinos. Entretanto, o hibridismo cultural, étnico e racial chamado mestiçagem continua sendo a experiência viva da maior parte dos latinos dos Estados Unidos e o espaço em que realizam a reflexão teológica (*veja* Teologia Hispânica/Latina).

A interpretação bíblica pós-colonial também chamou a atenção para a importância do hibridismo no entendimento da Bíblia. Essa forma de interpretação bíblica reconhece que as pessoas não vivem uma vida consolidada dentro de construtos culturais estáveis. As pessoas misturam várias experiências culturais constantemente, criando novos hibridismos. O hibridismo no pensamento pós-colonial reconhece a realidade das diferenças entre culturas dentro desses encontros, mas questiona as estruturas de poder relacionadas com essas diferenças. De acordo com R. S. Sugirtharajah, hibridismo na interpretação bíblica significa que há necessidade de uma forma híbrida de interpretação textual que permita um processo de intercâmbio em mão dupla que não favoreça as interpretações da dominação colonial. O autor reconhece que isso pode levar ao sincretismo, mas está convicto de que a realidade das experiências híbridas exige um tipo híbrido de interação interpretativa com outras religiões e expressões culturais.

Os hibridismos fazem parte da experiência viva de mudanças descontínuas em meio a um mundo cada vez mais pós-moderno que está questionando todas as categorias tradicionais fixas. Isso tem criado grupos que se definem como pessoas híbridas. Mas o hibridismo também descreve os produtos culturais que estão sendo gerados nos novos espaços de encontro global.

O hibridismo levanta perguntas importantes para a igreja e seu entendimento de missão. O encontro colonial criou, em especial na África, muitas expressões de cristianismo nem sempre facilmente reconhecíveis como cristãs em outras partes do mundo. Os mestiços também têm trabalhado dentro de estruturas cristãs mais tradicionais, como o catolicismo romano e o protestantismo, para desenvolver expressões híbridas de fé e práticas cristãs. Essas expressões oferecem novas perspectivas sobre o que significa ser cristão, mesmo que levantem a questão do sincretismo. À medida que a igreja em missão encontra outras religiões e expressões religiosas, a tendência é surgirem novos hibridismos religiosos que continuarão levantando novas perguntas sobre o que significa ser cristão.

Veja também ACULTURAÇÃO; CONTEXTUALIZAÇÃO; RAÇA, RACISMO E ETNIA.

BIBLIOGRAFIA. BUDDIE, M., *The (Magic) Kingdom of God: Christianity and Global Culture Industries* (Boulder: Westview, 1997); ELIZONDO, V., *Galilean Journey: The Mexican American Promise* (Maryknoll: Orbis, 1983); idem, *The Future Is Mestizo: Life Where Cultures Meet* (Oak Park: Meyer-Stone Books, 1988); LARAGY, E., *Hybridity*, in: *Key Concepts in Postcolonial Studies*, in: The Imperial Archive, <www.qub.ac.uk/schools/SchoolofEnglish/imperial/key-concepts/Hybridity.htm> (Queens University of Belfast, School of English, atualizado em 30 de janeiro de 2006); SUGIRTHARAJAH, R. S., *Postcolonial Criticism and Biblical Interpretation* (Oxford: Oxford University Press, 2002); VASCONCELOS, J., *La Raza Cósmica* (Mexico D. F.: Colección Austral, 1986).

J. F. Martinez

HILDEGARDE. *Veja* PNEUMATOLOGIA.

HINDUÍSMO

O hinduísmo tem história e teologia complexas, remontando ao terceiro milênio a.C. Por volta de 2500 a.C., os arianos, povo nômade, entraram no subcontinente indiano, vindos provavelmente da região do Oriente Médio. Os recém-chegados (arianos) marcaram sua entrada com a destruição de uma civilização pujante nas margens do Indo e com a introdução de novas crenças e costumes na comunidade agrária do vale do Indo. A interação dos arianos com a gente do vale do Indo iniciou um processo espiritual que contribuiu para correntes distintas hoje coletivamente denominadas hinduísmo.

A palavra *hindu* é derivada de um termo persa, *Sindhu*, nome persa do rio Indo. Originalmente, não tinha significado religioso, só conotação geográfica, usada por estrangeiros para distinguir as pessoas que viviam na região. No quarto século a.C., Heródoto, o viajante grego, usou o termo para designar o povo da Índia. Foi só em séculos recentes, durante o período da colonização ocidental, que a palavra *hinduísmo* tornou-se o nome da religião da maioria dos indianos. Como era de esperar, portanto, a religião não é uma simples questão de fé para os hindus, mas uma realidade completamente disseminada que abrange igualmente a vida individual, social, cultural e religiosa, e isso significa que a religião está entrelaçada a cada aspecto da vida de seus adeptos. Em geral, os hindus não se importam com o nome da própria religião. Entretanto, o nome *Sanatana dharma* é amplamente usado.

1. Sanatana dharma
2. As origens
3. Os livros sagrados
4. Os deuses védicos
5. Carma e renascimento
6. Encarnação (*Avatara*)
7. Os estágios da vida (*Ashrama dharma*)
8. O sistema de castas (*Varna dharma*)
9. Os rituais hindus
10. As festas hindus
11. Hinduísmo renascente e resistente
12. Tendências atuais
13. Relações hindu-cristãs

1. Sanatana dharma
A palavra *Sanatana* tem o sentido de "eterno" e *dharma*, da raiz *dhr*, remete a "sustentar" ou "manter". Assim, *Sanatana dhar*ma é o que sustenta ou mantém o universo em sua forma e contorno, ou o princípio que ajuda o universo a manter sua forma e contorno originais. Entende-se que *Sanatana dharma* abrange as leis eternas da natureza, princípios éticos e a suposição do ser supremo, o ordenamento eterno e divino do cosmo conforme revelado nos Vedas, os textos sagrados dos hindus.

Não é fácil definir o hinduísmo. Seus diversos aspectos — crenças no monoteísmo, *politeísmo, panteísmo, *monismo e até *ateísmo — têm o devido reconhecimento no hinduísmo. No hinduísmo, cultos aos heróis, aos demônios, aos *ancestrais, a seres animados e inanimados, à natureza e a objetos naturais são todos entrelaçados num conjunto integrado. Ele atende de maneira satisfatória as necessidades de comunidades cultas e incultas. Assim, o hinduísmo continua existindo como um "museu de crenças", nas palavras de Jawaharlal Nehru, o primeiro a se tornar primeiro-ministro da Índia. O hinduísmo é tudo para todos. A fé com raízes no conhecimento do absoluto, a fé simples da gente das cidades, baseada na devoção à divindade pessoal, e as crenças tribais muito mais simples são, todas, partes do hinduísmo. Diferente de outras religiões, o hinduísmo não tem nenhum profeta ou personalidade divina identificada como seu fundador, nenhuma localidade específica como lugar de origem, nenhuma data específica que marque seu início e, como há várias escrituras, não destaca nenhum livro como escritura autorizada para a salvação de seus adeptos. Assumindo diferentes formas, ele abarca múltiplos padrões religiosos e aceita uma extensa gama de escrituras e personalidades divinas para orientação.

2. As origens
As escavações no vale do Indo levaram os estudiosos a pressupor a relação de uma civilização anterior ao hinduísmo moderno. A descoberta de um tanque de banho e um sistema de drenagem avançados em um dos sítios escavados indica a ênfase em purificações rituais, muito importantes no hinduísmo hoje. Selos de terracota com figuras femininas e masculinas desenterrados no vale do Indo sugerem outros aspectos importantes do hinduísmo de hoje; o culto à divindade feminina (deusa) e o culto a Shiva têm origem na civilização pré-ariana do vale do Indo. A ioga, o culto a símbolos fálicos e o culto a imagens, proeminentes no hinduísmo contemporâneo, são também contribuições da cultura do vale do Indo. Os arianos trouxeram consigo as tradições do culto ao fogo, aos ancestrais e aos seres celestes. Muitos dos grandes deuses que mais tarde se tornaram divindades nacionais foram modelados segundo as forças da natureza veneradas nas crenças tribais. Assim, gradualmente, o hinduísmo se desenvolveu como religião pela integração e assimilação de vários fatores oriundos de diversas correntes de cultura e fé.

3. Os livros sagrados
O hinduísmo possui um grande número de livros sagrados que se dividem em duas

categorias: *sruti* (o que é revelado ou ouvido) e *smriti* (o que é lembrado). O *sruti*, que consiste em quatro Vedas, é considerado o conhecimento imperecível e impessoal revelado aos antigos sábios. Têm origem divina e contêm verdades eternas. Os *smriti*, que consistem em numerosos livros (e não incluem os Vedas), são considerados escrituras secundárias do hinduísmo reveladas no passado, mas depois esquecidas por erro humano. Mais tarde foram lembrados e colocados em forma escrita. Portanto, têm autoridade apenas secundária.

Veda vem da raiz sânscrita *vid*, que significa "conhecimento"; é conhecimento divino ou conhecimento sagrado que vem de cima. Não só o conteúdo, mas também os sons das palavras são considerados sagrados. *Rig Veda* é o mais antigo e mais original entre os quatro Vedas, datado de cerca de 1500 a.C. Ele contém hinos de louvor a diferentes divindades. Pelo menos algumas de suas partes foram levadas à Índia pelos migrantes arianos. *Sama Veda*, o próximo pela ordem, é em grande parte uma cópia do *Rig Veda*, usado especificamente para o sacrifício do *soma*. Quando os rituais se tornaram mais e mais elaborados, as funções de diferentes sacerdotes passaram a ser claramente demarcados, e assim o *Sama Veda* compreende um manual dos cânticos usados por um grupo específico de sacerdotes chamado *Udgātr* no sacrifício do *soma*. Os versos são tomados quase invariavelmente dos capítulos dezoito e dezenove do *Rig Veda*. O *Yajur Veda* é uma compilação mais original de conteúdo ritual inspirado parcialmente nos hinos do *Rig Veda*. Ele é preparado para suprir as necessidades dos sacerdotes nos sacrifícios e rituais recém-desenvolvidos. O nome *Yajur*, que dá nome ao segundo Veda (*Yajur Veda*), deriva da palavra *yajus*, que significa fórmulas murmuradas. Assim, o *Yajur Veda* contém as fórmulas que devem ser entoadas pelos sacerdotes oficiantes e pelos assistentes nos sacrifícios, mas não cantadas como os hinos do *Rig Veda*. O quarto e último, o *Atarva Veda*, ficou muito tempo fora do cânon hindu original. Afirma-se que sua origem não é ariana e consiste em oráculos para todas as ocasiões, incluindo magia, feitiços e encantamentos estranhos aos outros *Vedas*. Entretanto, com o acréscimo de um último capítulo com alguns elementos brâmanes, a classe sacerdotal absorveu o *Atarva Veda* no cânone védico. Cada *Veda* tem seus textos suplementares: os *Brâmanas* tratam dos sacrifícios e rituais, os *Aranyakas* tratam do misticismo e os *upanishades* contêm sabedoria filosófica esotérica.

A categoria *Smriti* consiste em numerosos textos: *Itihasas* — antigas lendas em forma poética (*Ramayana* e *Mahabharata*), *Puranas* (lendas e mitologias antigas), *Dharmasastras* (livros de leis, leis morais e regras), *Darsanas* (filosofias) e *Agamas* (literatura sectária).

4. Os deuses védicos

Os Vedas não subscrevem nenhum panteão fixo. Entretanto, o *Rig Veda* reconhece trinta e três deuses (*devas*), divididos em três categorias, de acordo com sua habitação e atividade: celestiais, atmosféricos e terrestres. Essas divisões indicam estreita associação com os poderes da natureza. Os deuses do panteão védico, em sua maioria, são personificações de forças naturais. *Varuna* é o mais proeminente dos deuses celestiais e foi encarregado de guardar a ordem cósmica, *rta*, e supervisionar a ação moral. As divindades solares (que totalizam cinco) são os outros poderes celestiais. Vishnu, que mais tarde se tornou uma divindade proeminente como elemento da trindade, sendo associada ao sol no Vedas, não tinha lugar significativo no panteão.

Entre os deuses atmosféricos, *Indra*, deus ariano da guerra, é o maior. Ele venceu o demônio *Vrtra*, que impedia que as águas fluíssem para a terra. Ele também era exaltado como benfeitor dos nômades arianos, liberando as vacas da custódia do demônio, e também como aquele que derrotou os *dasas* (nativos) para os arianos. Deuses como *Marutus*, *Vayu*, *Vata* etc. são alguns dos deuses atmosféricos de menor destaque.

No âmbito terrestre, *Agni* (fogo) é o maior de todos os deuses. Ele tem diferentes tarefas e funções, tais como convidar vários deuses para sacrifícios, carregando e distribuindo a fragrância dos sacrifícios entre os deuses e sendo testemunha de tudo que possa ocorrer de auspicioso. *Prithvi* (Terra), *Brihaspathy*, *Soma* etc. são algumas das outras divindades terrestres importantes.

5. Carma e renascimento

A doutrina do carma e renascimento é amplamente aceita nas religiões indianas (*veja* Reencarnação). O jainismo, o *budismo e o siquismo adotaram a doutrina do carma e renascimento, sem nenhuma crítica, da mesma fonte que abasteceu o hinduísmo. Na mente popular, o carma é identificado com o destino e com uma atitude de desesperança. Entretanto, a teoria do carma faz com que a pessoa seja responsável pelas próprias ações, bem como pelo estado presente das coisas. A ideia do renascimento é primeiro encontrada na literatura brâmana em sua forma mais primitiva. De acordo com a literatura brâmana, aquele que tem o conhecimento correto e age de maneiras igualmente corretas escapará de repetidas mortes, ao passo que aquele que não tem tal conhecimento e não age dessa maneira será vítima de repetidos nascimentos e mortes. Os *upanishades*, porém, desenvolveram a doutrina do carma e renascimento até atingir sua presente forma. Isso implica que as ações de um indivíduo no passado são responsáveis pelo estado presente dele, e que os atos do presente decidirão o futuro. Simplificando, o que semeamos é o que vamos colher. Cada ação carrega seus efeitos. Aquilo que somos e as circunstâncias em que nos encontramos dependem do que fomos e fizemos. De modo semelhante, o que seremos e como seremos dependerá do que somos e fazemos hoje.

De acordo com a teoria do carma, cada ação tem dois efeitos: produz a devida recompensa e também afeta o caráter. A pessoa torna-se boa mediante boas ações e má mediante más ações. Como consequência da teoria do carma e renascimento, os *upanishades* ensinam que o alvo final da vida é livrar-se do *samsara* (o ciclo de nascimento e renascimento). Fazer o bem ou fazer o mal compelem a alma e a sujeitam ao *samsara*. Aos poucos, a doutrina do carma e renascimento provocou uma nova postura de não depositar a confiança no mundo e suas benesses, mas de rejeitá-los.

Enquanto os Vedas defendem sacrifícios e observância de rituais (*carma marga*) para atingir o alvo da vida, os *upanishades* defendem o conhecimento para a libertação. O conhecimento (*jnana marga*) como caminho para a libertação — alcançar o conhecimento da realidade última de que o *atman* (alma) nada mais é do que uma parte do *brahma* (a realidade suprema) — ganhou aceitação no pensamento upanishádico. O conhecimento precisava ser alcançado por aprendizado e estudo da escritura. Entretanto, o *carma marga* era acessível apenas para os ricos na sociedade, uma vez que era necessário ter recursos para sacrifícios e rituais, ao passo que o *jnana marga* era acessível só para os cultos, que podiam ler e compreender as escrituras. Uma vez que nenhuma das duas vias acima era acessível para os pobres e oprimidos, muitos ficaram alienados de atividades religiosas, o que abriu o caminho para o surgimento de uma nova via de libertação: o *bhakti marga* (caminho da devoção). O caminho da devoção tornou-se a via mais popular porque é capaz de suprir as necessidades espirituais de todos, sem discriminação de casta, gênero ou condição econômica. Assim, em contraste com outras religiões, o hinduísmo oferece mais de um meio para atingir o alvo maior.

6. Encarnação (*Avatara*)

Krishna diz no *Bhagavad Gita*: "Sempre que há declínio da justiça e crescimento da injustiça, eu me encarno para a proteção dos devotos e destruição dos que se entregam às perversidades, e para estabelecer a justiça com firmeza, eu nasço de era em era" (*Bhagavad Gita* 4.7-8). Isso, na realidade, não é a crença de todos os setores do hinduísmo; por exemplo, os shivaístas (adoradores de Shiva), seita do hinduísmo, não acreditam no *avatara* do supremo nascido em forma de ser vivo. Entretanto, também acreditam que deus aparece em diferentes corpos quando deseja salvar os devotos. Os vishnuístas (adoradores de Vishnu) acreditam que Vishnu teve nove encarnações no passado e que a décima virá logo, até o fim da era presente (*kali yuga*). O *avatara* não precisa vir em forma humana: pode vir na forma de qualquer ser vivo.

Os nove *avataras* já manifestados são *Matsya* (peixe), que apareceu para salvar a humanidade e os Vedas de uma grande inundação numa era remota; *Kurma* (tartaruga), o segundo *avatara*, produziu (criou) o mundo a partir do oceano de leite; *Varaha* (javali selvagem) resgatou a terra da grande enchente. O quarto *avatara* de Vishnu, *Narasimha* (homem-leão), destruiu o rei tirano que proibiu o filho de cultuar a Deus. No quinto *avatara*, Vishnu assumiu a forma de *Vamana* (anão) para salvar o mundo que estava sob o domínio de um rei-demônio (*asura*) que teria derrotado até os deuses. O sexto *avatara* foi *Parasurama*, herói marcial que pertencia à casta brâmane e veio para vingar a morte do pai nas mãos de um *kshatriya* (classe guerreira) e para restaurar a superioridade brâmane. O sétimo *avatara* foi *Rama*, uma das divindades mais famosas, que veio destruir *Ravana*, rei-demônio, e resgatar o mundo dos poderes malignos. Então veio o *avatara* mais celebrado, *Krishna*, que o *Bhagavad Gita* elogia como a suprema realidade na forma de um deus pessoal. Buda foi aceito como o nono *avatara*. Aceitar Buda como encarnação foi um gesto de boa vontade para com o budismo, ainda que o budismo fosse produto de um protesto contra a superioridade brâmane. O décimo *avatara*, *Kalki*, ainda está por se manifestar. Diz-se que *Kalki* aparecerá sobre um cavalo branco para julgar os perversos do mundo. Não é necessário que a quantidade de encarnações seja fechada em dez, já que pode haver qualquer número delas, de acordo com a necessidade do mundo.

7. Os estágios da vida (*Ashrama Dharma*)
O hinduísmo divide a vida do indivíduo em quatro estágios (*ashramas*) com importantes deveres que devem ser cumpridos em cada estágio (*ashrama dharma*). O primeiro estágio, *brahmacharya*, é o período de estudo e disciplina. O que se requer do discípulo é que fique na casa do mestre e aprenda todos os *sastras* (ciências). Em geral, os mestres vivem em ermidas em florestas perto de vilarejos. Os discípulos precisam servir ao mestre e mendigar comida para ele e para si mesmos. O currículo inclui o estudo dos Vedas e das ciências seculares como luta com armas, uso de arco e flecha, montaria e ciência política. Os discípulos devem se abster de todos os prazeres da vida.

O segundo estágio é o do *gruhastha* (chefe da casa). Acredita-se que quando a fase de discípulo termina, a pessoa deve se casar e arcar com as responsabilidades da vida. O casamento é um sacramento e aliança entre duas famílias ou clãs diferentes. É um estágio importante porque o chefe da casa cuida de pessoas nos outros três estágios. Ele está incumbido de obter recursos por meios lícitos e sustentar os outros. Tem permissão para buscar prazeres, mas só por meios lícitos. Há cinco deveres ou cinco sacrifícios: estudar os Vedas, oferecer sacrifícios aos deuses, apresentar ofertas aos ancestrais falecidos, ofertas de alimento para animais domésticos pelo cuidado com eles e sacrifícios pela humanidade, que consiste em cuidar de visitantes, desabrigados e necessitados.

O terceiro estágio é *vanaprastha* (habitante da floresta). De acordo com o entendimento hindu, quando o chefe da casa vê em si rugas na pele, cabelos brancos e o próprio neto, deve aceitar o fato de que ficou velho. Então deve deixar as responsabilidades para o filho e retirar-se para a floresta junto com a esposa. Dali em diante, deve devotar todo o tempo para a busca espiritual e se submeter a uma devoção rigorosa, preparando-se para o estágio final, *sanyasa*, que é a renúncia a todas as amarras mundanas para alcançar o alvo supremo da vida, o *moksha* (libertação). Ele é o homem ideal e essa parte da vida precisa ser trilhada a sós — nem sua esposa pode se juntar a ele. Seus dias devem ser gastos em contemplação, ponderando sobre os mistérios da vida. O *sanyasin* é equânime na dor e na felicidade, de modo que estas não o afetam. Ele não ama nem odeia ninguém e se liberta de todas as amarras.

Os quatro *ashranas* têm por objetivo levar os seres humanos à perfeição por meio de estágios sucessivos. O alvo máximo de todos é a libertação, que deve ser alcançada pela perfeição espiritual e pela liberdade.

8. O sistema de castas (*Varna Dharma*)
As castas são um sistema social peculiar à Índia. A sociedade ariana na Índia foi desde bem cedo dividida em diferentes grupos sociais que, mais tarde, vieram a ser conhecidos como castas. A menção mais antiga das castas é vista no *Rig Vedas* (RV 10.90.12), e as leis de Manu (*Manu Dharma Sastra* 1.31) as popularizaram. O *Rig Vedas* descreve como as quatro castas se originaram das diferentes partes do corpo do criador como classes complementares: os *brâmanes* (classe sacerdotal) emergiram da boca do criador; os *kshatriyas* (classe guerreira) originaram-se do peito e dos braços; os *vaisyas* (lavradores) tiveram origem no ventre e nas coxas;

e finalmente os *sudras* (trabalhadores servis) surgiram dos pés do criador.

Os brâmanes são os guardiães da cultura espiritual da raça. Eles são encarregados de oferecer sacrifícios em nome do povo. Só os brâmanes são habilitados para estudar e ensinar os Vedas. O brâmane deve manter pureza de conduta e caráter. Deve ser um mediador entre deus e o povo. Apresentando sacrifícios e outras ofertas, o brâmane deve também preparar o povo para a libertação. Em contrapartida, o povo deve respeitar os brâmanes, dar-lhes esmolas e cuidar deles; não podem persegui-los, nem mesmo contradizê-los. Numa disputa legal entre um brâmane e um não brâmane, o veredicto deve ser em favor do brâmane. Nem o rei tem o direito de repreender um brâmane.

Os *kshatriyas* são da casta governante. São os guerreiros, e a função deles é proteger o país contra os estranhos. As pessoas os servem e lhes pagam impostos. Os *vaisyas*, a terceira casta, têm como tarefa a lavoura, o cuidado com o gado e a alimentação do país. A eles pertencem os produtos da terra e, por meio de suas doações e impostos, sustentam as pessoas. Essas três castas têm permissão para cultuar nos templos e usar o cordão sagrado, sinal que identifica os membros de castas superiores.

Os *sudras*, último grupo da sociedade hindu, são os trabalhadores servis. Eles não têm permissão para cultuar nos templos. Estão sujeitos a muitas desvantagens como a de não poderem ser tocados. Entretanto, formam a classe trabalhadora que labuta para manter em ordem a sociedade. Entre suas obrigações estão as limpeza das ruas, o sepultamento de animais mortos e outras tarefas.

Os *panchamas* formam outro grupo que se desenvolveu fora da hierarquia das castas na sociedade indiana antiga. Eram intocáveis e estavam fora da hierarquia em todos os aspectos da vida. Eram pessoas da terra, subjugadas e escravizadas, a quem os invasores (arianos) maltratavam com discriminação sem paralelo.

9. Os rituais hindus
Os rituais hindus são classificados como sacrifícios relacionados aos deuses védicos, a ritos de passagem, conhecidos como *sanskara* (sacramentos), bem como aos rituais pertinentes à vida do indivíduo no último período. A religião védica era uma religião sacrificial, e os ritos consistiam em ofertas de manteiga derretida, grãos, suco de *soma* e às vezes sacrifícios de animais às divindades como *Indra*, *Mitra* e *Varuna*. O deus *Agni* é importante por ser o mediador entre os deuses e as pessoas, espalhando entre os deuses a fragrância do sacrifício. Inicialmente, os sacrifícios eram simples, tarefas caseiras executadas pelo homem mais idoso da casa, *Yajamana*, que atuava como sacerdote, e a mulher mais velha, *Yajamana Patni* (esposa do dono da casa), que ajudava no ato. Entretanto, com o crescimento da classe sacerdotal, os sacrifícios ficaram mais complexos, tornando necessária a assistência dos sacerdotes. Eles tinham de agradar e apaziguar os deuses para, em troca, receber seus favores. O *Bhagavad Gita* diz: "Pois, confortados pelo sacrifício, os deuses vos concederão os prazeres que desejais" (3.11-12). A religião sacrificial dos Vedas era utilitarista, baseada no princípio da reciprocidade entre deuses e adoradores.

Os ritos védicos são ainda divididos entre obrigatórios (*nitya*) e opcionais (*kamya*). Os ritos *nitya* (obrigatórios), tais como as orações matinais e vespertinas, não visam nenhum benefício pessoal. Os sacramentos (*samskaras*) estão incluídos entre os deveres obrigatórios. Entre os *samskaras* estão a cerimônia do nascimento, a atribuição do nome e a primeira alimentação da criança, a investidura do cordão sagrado como símbolo do segundo nascimento e da casta a que se pertence, o casamento e a cerimônia fúnebre.

Os ritos opcionais são para benefício daqueles que buscam várias vantagens pessoais. Por exemplo, aquele que deseja o nascimento de um filho deve realizar o sacrifício do *putra-kamesti*; o rei que deseja ter o domínio de muitos reinos deve realizar o *raja-suya* (sacrifício real). Os ritos agâmicos são uma parte do hinduísmo popular relacionado com o culto aos ídolos e com a observância de jejuns e festas. Os védicos não tinham o hábito de cultuar os ídolos, pois os Vedas não mencionam nada acerca do assunto. Entretanto, acredita-se que os arianos adotaram o culto às imagens existente na Índia durante o período da civilização pré-ariana. O hinduísmo ensina que Deus, sendo o criador, maior que o tempo e a eternidade, é indescritível e invisível. Portanto, os seres humanos, sendo incapazes de compreender sua essência, utilizam-se de sons, nomes, figuras e imagens.

10. As festas hindus

As festividades hindus oferecem oportunidade para os adeptos se dedicarem a uma meditação intensa sobre Deus e fazerem uma pausa na vida mundana. Muitas festas hindus são comemorações de vários mitos. A comemoração do advento de diferentes avatares e a observâncias de purificação são o centro das festividades. A vitalidade da religião é mantida por meio de festividades sazonais que celebram a colheita ou a fertilidade dos campos. Alguns comemoram o nascimento ou vitória de um deus ou herói. Entretanto, algumas dessas festas estão ligadas a dias importantes ou a incidentes famosos na mitologia. Não é fácil apresentar uma lista completa das festas hindus, pois elas variam de um lugar para outro e de uma comunidade para outra. Além disso, os seguidores de diferentes cultos têm dias próprios de jejuns e festas. O *shivaratri* é uma festa para os adoradores de Shiva. Os devotos o observam como uma noite sagrada e auspiciosa em que se mantêm acordados. Holi é outra festa proeminente celebrada em todo o norte da Índia. Jogar pós e água coloridos tornou-se parte essencial da celebração, juntamente com a dança em torno da fogueira. *Navaratri* é uma festa de nove noites celebrada em setembro e outubro. *Vaikunta, Ekadesi, Deepavali, Durga Puja, Vinayaka Chaturthi* e *Navaratri* são algumas das outras festividades. O propósito de todas essas festas é criar um ambiente espiritual para o povo.

11. Hinduísmo renascente e resistente

A última parte do século 19 e o início do século 20 marcaram a emergência de um renascimento no hinduísmo como reação aos poderes coloniais e à introdução do cristianismo. Quando poderes coloniais ocidentais chegaram à Índia e as atividades missionárias cristãs resultaram em conversões em grande escala, alguns hindus ortodoxos, inclusive alguns com formação inglesa, conseguiram despertar os hindus e inculcar-lhes a necessidade de defender sua religião contra as investidas de religiões estrangeiras.

Houve um espírito de resistência intelectual e ideológica.

Alguns missionários (especialmente os evangélicos) criticavam o hinduísmo como um aglomerado de superstições, um sistema de erros sem nenhuma base racional e como mera idolatria grosseira. Entretanto, outros missionários, junto com os orientalistas, respeitavam a religião hindu, estudavam sânscrito, traduziram a literatura indiana para o inglês e a promoveram no Ocidente como símbolo de uma grande civilização e cultura.

Várias reações hindus assumiram a forma de novos movimentos. O Aryasamaj (fundado por Swamy Dayananda Saraswathy) foi o primeiro movimento reacionário e fundamentalista que exortou os hindus a voltarem à pureza original da religião védica e a combaterem os oponentes, cristãos e muçulmanos, em suas fortalezas. O Aryasamaj introduziu conversões e reconversões para fazer frente às atividades missionárias cristãs e muçulmanas. O Brahmo Samaj (fundado por Raja Ram Mohan Roy) surgiu em Bengala Ocidental, com o objetivo de purificar o hinduísmo das superstições, defendendo reformas sociais e religiosas e o monoteísmo. Ramakrishna Paramahamsa foi outro reformador que defendeu o hinduísmo e exortou os adeptos a considerar todas as religiões como caminhos igualmente válidos para a mesma e única realidade eterna. Swamy Vivekananda popularizou a filosofia do Ramakrishna tanto no Oriente como no Ocidente com sua participação no *Parlamento das Religiões em 1893 e por meio de vários centros de estudos, incluindo centros de serviço social, tendo como lema "Servir a Deus no homem".

Os movimentos renascentes e resistentes tiveram grande impacto sobre a comunidade hindu, ajudando pessoas comuns a praticarem alguma reflexão honesta com respeito à própria religião. Além disso, permitiram aos hindus redescobrir os elementos mais vitais de sua rica e milenar herança espiritual e dar-lhes nova ênfase. No campo social, esses movimentos forneceram o ímpeto para reformas internas no hinduísmo.

12. Tendências atuais

A partir do século 13, os hindus passaram a viver subjugados e derrotados em todos os aspectos da vida. O islamismo era o poder dominante no norte da Índia, junto com algumas partes do Decão, no sul. A chegada dos britânicos marcou o início de outro período de dominação estrangeira. As atividades de conversão de duas religiões fortemente proselitistas, o cristianismo e o *islamismo, representaram uma ameaça ao hinduísmo durante o período colonial. Missionários cristãos de vários tipos mostravam-se cada vez mais veementes em suas declarações públicas acerca da superioridade de tudo o que era cristão em relação à idolatria e decadência de tudo o que era hindu. O resultado foi o surgimento de movimentos fundamentalistas. Enquanto algumas organizações fundamentalistas previam a politização da religião e tentavam politizar o movimento nacionalista, outras tentavam militarizar o hinduísmo para lutar contra os muçulmanos.

O Mahasabha Hindu foi o primeiro partido político hindu que ganhou fama sob a liderança de Veer Savakar, que defendia a militarização do hinduísmo e a expulsão de cristãos e muçulmanos da Índia. Sua filosofia era "A Índia para os hindus". Em seu livreto muito celebrado, *Hindutva*, ele definiu o hindu como aquele que considera a Índia como terra-pai, terra-mãe e terra sagrada. Uma vez que os cristãos e os muçulmanos têm sua terra sagrada em outro lugar, não podem ser considerados hindus ou indianos. Entretanto, o trabalho do Mahasabha Hindu não durou muito e desapareceu depois que um de seus membros se envolveu no assassinato de Mahatma Gandhi.

O Rashtriya Swayamsevak Sangh (RSS), iniciado pelo médico Keshav Baliram Hedgevar em 1935, e seus afiliados (conhecidos como Sangh Parivar, um grupo de várias organizações com filosofia e função similares), é a principal ala do fundamentalismo hindu de hoje. Desde sua concepção ele vem se envolvendo em vários tumultos e problemas comunitários. O Sangh Parivar tem a noção de uma comunidade hindu com uma cultura, língua e religião. Seu alvo é criar uma comunidade monolítica regida pelos sábios e santos (governo teocrático) como nos dias antigos. O Sangh Parivar se opõe ao governo democrático, à constituição democrática, à educação secular, à liberdade religiosa e aos privilégios para comunidades minoritárias.

Para ocupar a esfera política e inculcar sua ideologia, o Sangh age por intermédio de seu braço político, o Partido Bharatiya Janata, que governou a Índia por cerca de treze anos. O Viswa Hindu Parishad (Conselho Mundial Hindu), seu braço religioso, prega a ideologia religiosa entre as pessoas comuns. O Bajrang Dal ("soldados de Hanuman", o deus Macaco), e o Shivasena ("soldados de Shiva", um partido político baseado em Mumbai), são algumas das outras organizações ativas da família Sangh). A tolerância religiosa era em geral proclamada como elemento precioso da herança cultural hindu desde sua concepção. Entretanto, o surgimento de movimentos fundamentalistas como o Sangh Parivar maculou a imagem de tolerância do hinduísmo.

O hinduísmo, em sua forma histórica, acredita que a verdade (realidade) pode ser experimentada de diferentes maneiras, que o número de formas e formatos de verdades equivale ao número de pessoas. Assim, eles acreditam que todas as religiões são meios igualmente eficazes de alcançar o alvo supremo. O hinduísmo é uma de muitas religiões. Ele não possui nada específico ou especial a oferecer para alguém em sua jornada espiritual. Ainda que ofereça pelo menos três caminhos para libertar a alma do ciclo da *samsara*, o hinduísmo não oferece nenhum caminho para o pecador se reconciliar com o Deus santo nem um meio de salvação pelo qual o ser humano possa ser salvo e viver neste mundo com a garantia da vida eterna após a morte.

M. T. Cherian

13. Relações hindu-cristãs

O cristianismo tem uma longa história de relacionamento com religiões védicas no sul da Ásia, embora interações hindu-cristãs explícitas possam ser documentadas somente no período moderno. Como a discussão já demonstrou, o hinduísmo não existe como entidade singular. "O hinduísmo é uma abreviação aceitável para uma *família* de tradições culturalmente semelhantes" (Lipner, 6), um guarda-chuva conveniente para uma grande variedade de cultos e seitas religiosas, divindades de devotos regionais e locais, diferentes filosofias, disciplinas espirituais, práticas religiosas, cultos a gurus etc. O hinduísmo que conhecemos é uma criação recente, mas com tradições culturais complexas de três mil anos ou mais.

13.1. Resposta cristã ao hinduísmo. Historicamente, os cristãos têm interagido com hindus desde o início do advento do cristianismo na Índia. De acordo com a mitologia local, entre os convertidos originais por ação de Tomé estavam alguns da comunidade brâmane de Kerala. A alegação de serem descendentes de convertidos brâmanes Namboodiri conferiu um elevado valor à casta dos cristãos de Tomé. Essa condição social "lhes permitia viver em harmonia com seus vizinhos predominantemente hindus" (Amaladass, 16). Práticas ligadas a castas, costumes relativos a alimentos e ocupação, modos de vestir, fé em horóscopos, banhos cerimoniais, rituais e festas desenvolveram-se em categorias amplamente hindus. A arquitetura das igrejas imita tanto as sinagogas judaicas quanto os templos hindus — com elementos do hinduísmo, do cristianismo e da tradição síria (Visvanathan, 9). Ritos de passagem cristãos também revelam o uso de substâncias rituais como coco, lamparinas e arroz (comumente empregadas pelos hindus) mas com uma conotação cristã distintiva (Visvanathan, 102).

Passando ao período moderno e a um contexto bem diferente de Kerala, um exemplo notável de interação cultural pode ser visto em Andhra Pradesh. Ali, sob a liderança nativa do bispo V. S. Azariah (1874-1945), a Diocese de Dornakal tornou-se a diocese de mais rápido crescimento no sul da Ásia, demonstrando que "a Igreja é mais bem sucedida quando plenamente aculturada" (Harper, 184). Movimentos de conversão foram um aspecto de mudanças socioeconômicas e culturais que se estenderam além da igreja. Azariah concebeu novas liturgias cristãs nativas, festas e formas de arte emprestadas do hinduísmo e de outras fontes. A Catedral de Dornakal incorporou aspectos da arquitetura hindu e muçulmana, uma "profunda declaração do potencial do cristianismo como realização da fé e cultura indianas" (Harper, 196). Pela conversão, pessoas oprimidas e desfavorecidas buscavam alívio da discriminação e do estigma de serem intocáveis, bem como uma melhora em sua posição dentro da sociedade. Dornakal é só um dos exemplos de reação cristã.

A abordagem missionária dirigida ao hinduísmo muitas vezes apelou para crítica e confronto. Para William Ward (1769-1823), da Missão Serampore, o hinduísmo era um inimigo que precisava ser combatido e exposto. Pelo menos esse parece ter sido um de seus objetivos com a publicação de *History, Literature, and Mithology of the Hindoos* [História, Literatura e Mitologia dos Hindus]. Principalmente descritivo, os quatro volumes também contêm traduções e trechos de filósofos e escritos religiosos.

Em contrapartida, orientalistas como F. Max Müller (1823-1900), William Jones (1746-1794) e Monier-Williams (1819-1899) promoveram estudos do sânscrito e a disseminação de textos sagrados da Índia. Esses primeiros indólogos afirmavam que o hinduísmo tem muito a ensinar para o Ocidente, uma proposição assumida pelo neo-hinduísmo e sua missão védica para o Ocidente (Tathagatananda, xv-xvi).

Os embates hoje ocorrem mais sob a perspectiva de diálogos de esclarecimento mútuo e de dissipação de mal-entendidos. As conferências de mesa-redonda promovidas em Sat Tal Ashram, no norte da Índia, pelo evangelista metodista E. Stanley Jones (1884-1973) foram as precursoras dos eventos de diálogo atuais. Jones buscava uma interpretação de Cristo e do *dharma* cristão em harmonia com o éthos indiano. Na mesa-redonda, hindus, cristãos e outros tinham condições de partilhar suas opiniões num ambiente não ameaçador. Por conseguinte, hindus e outros ficavam face a face com Cristo. Jones encontrou no *ashram* indiano um fórum local adequado para reflexão e utilizou a filosofia e a cultura hindus para apresentar o evangelho. Há anos, Acharya Daya Prakash (D. P. Titus), discípulo e sucessor de Jones, continua apresentando, em vários ambientes religiosos, Cristo e a mensagem cristã na forma modificada de uma teologia de realização do Vedanta.

O diálogo com o hinduísmo desafia a igreja a examinar o papel do cristianismo numa sociedade pluralista. Na Europa, nos lugares em que a população hindu se estabeleceu, o diálogo hindu-cristão tem se mostrado frutífero na promoção de bons relacionamentos e compreensão (Bakker, 35). Na Índia, o diálogo motiva a busca de um cristianismo indiano autêntico e uma teologia indiana contextual que traz à tona a discussão sobre até que ponto a igreja indiana pode avançar na caracterização hindu de sua identidade teológica (Robinson 2004). Devem-se considerar questões de linguagem como, por exemplo, as implicações de termos como *avatara* e o uso de categorias brâmanes em contraposição às categorias dalit para uma *cristologia indiana. Desde o *Concílio Vaticano II, o diálogo tem sido um importante componente da *teologia da missão e prática da igreja católica (*veja* Teologia Católica e o Hemisfério Sul). Ashrams e outros centros para diálogos inter-religiosos têm sido estabelecidos na Índia e no Sri Lanka.

13.2. Respostas hindus ao cristianismo.
Quando a Índia se defrontou com o Ocidente, vários movimentos de revitalização hindus emegiram para ajudar a identificar os indianos com o hinduísmo (Hiebert, 331). Alguns, como o Hindu Mahasabha, o Rastriya Swayamsevak Sangh (RSS) e o Partido Bharatiya Janata (BJP), tornaram-se excessivamente políticos. Outros, associados com o Vishwa Hindu Parishad (VHP, O Conselho Mundial Hindu), têm mantido uma natureza distintivamente religiosa e incluem gurus com grande número de seguidores, festas populares, santuários e movimentos de peregrinação, bem como organizações neo-hindus.

Outros movimentos de reforma hindus tentaram adaptar conceitos cristãos, particularmente para se opor à idolatria e às práticas relacionadas às castas. A reação hindu ao cristianismo é exemplificada no Renascimento Hindu do século 19. O Brahmo Samaj foi o movimento novo mais influente, fundado em 1828 em Calcutá por Raya Ram Mohan Roy (1772-1833), hindu pioneiro em reformas sociais, uma sociedade teísta com o objetivo de precipitar um movimento de renovação em Bengala. Inspirado pelo cristianismo, ainda que derivado dos Upanishads e do Gita, o Brahmo Samaj pode ser considerado um movimento de avivamento hindu. *The Precepts of Jesus* [Os Preceitos de Jesus], compilados por Roy, revelam uma interpretação teísta e racional do Novo Testamento. Roy interagia consideravelmente com missionários de Serampore, com os quais colaborou inicialmente. Depois entrou em controvérsia sobre a questão da cristologia. Roy não estava disposto a abraçar o credo amplamente cristológico e trinitário defendido por Joshua Marshman (1768-1837), cuja rigidez não oferecia espaço para uma abordagem indiana do mistério de Cristo. Roy rejeitou o conceito hindu do *avatar* (múltiplas encarnações), que considerou idolatria e, com ele, a doutrina cristã da encarnação que, em sua opinião, era uma violação da unicidade de Deus (Thomas, 9). A igreja foi privada de um teólogo com potencial de inovação e de uma percepção teológica distintivamente indiana.

Diferente de Roy, Keshub Chandra Sem (1836-1910) não teve dificuldade para aceitar a crença na encarnação. Ele é uma figura-chave no diálogo hindu com o cristianismo e pioneiro no desenvolvimento da teologia cristã indiana, embora nunca tenha se convertido ao cristianismo. Descontente com o hinduísmo, ele começou a estudar a Bíblia e a teologia cristã. Em 1857, Keshub juntou-se ao Brahmo Samaj e logo se tornou seu líder. Keshub era devotado a Cristo. Muitos hindus o consideravam cristão. Cristo tornou-se o centro de sua vida. As palestras de Keshub dão testemunho de seu amor por Jesus (Scott, 106). Não há negação da realidade de sua experiência de Cristo e da legitimidade de sua iniciativa para expressar sua experiência e entendimento de Cristo sob a perspectiva da tradição indiana com que estava familiarizado.

Os movimentos "Brahmos" eram fortemente teístas, cordiais para com o cristianismo e contrastavam com os movimentos marcados pela hostilidade, tais como o Arya Samaj, fundado por Dayananda Saraswati (1824-1873), para a propagação da religião ariana e para a reconversão de muçulmanos e cristãos à fé védica. O Arya Samaj é decididamente anticristão. Eles entendem que os cristãos estão enganados, que todas as religiões não védicas são falsas. Só os Vedas são inspirados, a religião védica é verdadeira. Apesar de seu tom apologético e polêmico, o Arya Samaj expressou crença num Deus pessoal e preocupação com a justiça e a compaixão, ideias talvez extraídas da Bíblia e dos ensinos dos missionários (Neufeldt, 39).

Menos cáustico que o Arya Samaj, a Missão Ramakrishna, fundada por Swami Vivekananda (1863-1902) estabeleceu o neo-hinduísmo como uma religião missionária moderna. Vivekananda rejeitou o conceito cristão de *pecado e de uma humanidade decaída que precisa da graça salvadora, optando, em lugar disso, por um Cristo místico e uma experiência mística do Supremo (*veja* Misticismo, Teologia Mística). O grande sistema de instituições educacionais e sociais da Missão Ramakrishna concorre com expressões institucionais das missões cristãs proeminentes em Bengala naquela época. Uma participação no Parlamento Mundial de Religiões em Chicago, em 1893, iniciou uma carreira missionária dedicada ao avanço do hinduísmo vedântico. Apesar de crítico do cristianismo, Vivekananda o reconhecia como uma religião legítima e tinha grande admiração por Cristo. Mas o Cristo dele era um Cristo vedântico, interpretado de acordo com o Vedanta (Mathew, 127).

Além dos movimentos religiosos, algumas pessoas-chaves interagiram de modo significativo com o cristianismo. Nas décadas de 1920 e 1930, Mohandas Karamchand Gandhi (1869-1948), *mahatma* e nacionalista, promoveu um diálogo ativo com os cristãos na Índia. Inicialmente arredio por causa de críticas dos missionários que consideravam o hinduísmo superstição, Gandhi mais tarde passou a apreciar o Novo Testamento e, em especial, o Sermão do Monte. Ele interagiu com vários amigos cristãos. Entre eles estavam C. F. Andrews, que considerava modelo de cristão, e E. Stanley Jones, com quem trocou ideias a respeito de conversão e de outras questões vitais. Gandhi permaneceu hindu, mas acabou dando origem a um "cristianismo gandhiano" em que Gandhi era interpretado como alguém que colocou em prática os ideais do cristianismo (Webster, 94-95).

Postura bem diferente é a de Sarvepalli Radhakrishnan (1888-1975), presidente da Índia, filósofo brilhante e apologista hindu, cuja discordância com seus mestres cristãos o levou a uma reinterpretação radical do cristianismo, de acordo com uma hermenêutica vedântica. Radhakrishnan rejeita a singularidade de Cristo e afirma a superioridade do Vedanta (Kalapati, 27). Radhakrishnan faz distinção entre o Jesus da história e o Cristo da Fé — este, semelhante ao seu Cristo Vedântico. A religião verdadeira é medida não pela doutrina, mas pela experiência religiosa. Apesar de desvios, Radhakrishnan se apropria de valores do cristianismo (Kalapati, 169).

13.3. Abordagens hindu-cristãs da teologia e do testemunho. Um dos experimentos contextuais mais interessantes na história das missões ocorreu no início do século 17 na Índia. Roberto de Nobili (1577-1656), estudioso jesuíta brilhante, mas controvertido, tentou "mostrar que a fé cristã podia ser entendida e vivida de modo verdadeiramente indiano" (Clooney, 73). Nobili demonstrou que era possível ser indiano sem ser hindu e cristão sem ser europeu. A abordagem de Nobili passava pelas tradições do hinduísmo. Sua aculturação "tamilizou" o cristianismo de tal maneira, que atingiu o coração da cultura tâmil. Suas adaptações permitiram aos cristãos manter a identidade cultural tâmil, de modo que os convertidos ao cristianismo não ficavam alienados dos não cristãos (Michael, 63). A maior contribuição de Nobili foi acadêmica. Autor de mais de vinte livros na língua tâmil, ele é considerado o pai da prosa tâmil e tem sido exaltado por sua contribuição à cultura tâmil. Nobili produziu uma terminologia para a teologia cristã, um veículo para transmitir as ideias do cristianismo. Até hoje, a igreja tâmil — protestante, pentecostal e independente, bem como católica — constrói sobre o fundamento lançado por Nobili e outros missionários acadêmicos.

A Índia tem produzido vários pensadores e líderes que representam uma percepção "indiana" da igreja e da teologia cristã; citamos como exemplos Brahmobandhav Upadhyaya (1861-1907), Nehemiah Goreh (1825-1885), Pandita Ramabai (1858-1922), Sadhu Sundar Singh (1889-1929), P. Chenchiah (1886-1959), V. Chakkarai (1880-1958), M. M. Thomas (1916-1996) e outros. Nenhum deles é maior que a pequena Pandita Ramabai Dongre Medhavi Saraswati (1858-1922), ativista social e defensora dos direitos da mulher, brâmane Marathi Chitpavan convertida ao cristianismo e formadora da Índia moderna. Sua passagem para a fé cristã se deu aos poucos, começando com a conversão ao reformista Brahmo Samaj, cujo monoteísmo percebeu mais tarde ser de origem cristã. Embora já não aceitasse ou praticasse crenças religiosas hindus, ela nunca desprezou a herança hindu que recebeu dos pais devotos. Ramabai considerava-se hindu e cristã

(Ramabai 2003, 21, 36). A uma conversão intelectual inicial seguiu-se, anos depois, um profundo despertamento espiritual de onde brota sua identidade *evangélica que combina uma profunda espiritualidade com um engajamento social vigoroso. Seu interesse pelo Movimento de Santidade de Keswick abriu as portas para o avivamento na Missão Mukti, acompanhado de manifestações e experiências religiosas pentecostais com afinidades com expressões *bhaktis* do hinduísmo devocional em que foi criada, uma tradição mística comum a ambos os movimentos.

Convertida ao cristianismo, Ramabai recusou-se a se envolver em polêmicas negativas. Sem pedir desculpas, ela expôs a condição deplorável das mulheres hindus e fez tudo o que podia para promover mudanças. Ela falava em templos hindus em favor das mulheres, e em 1889 tornou-se a primeira mulher a falar no Congresso Nacional Indiano. Observando que Cristo veio para completar, não para destruir, Ramabai instou missionários cristãos a estudar os escritos sagrados da Índia para apreciar os valores religiosos que têm sustentado os hindus ao longo dos séculos (Ramabai, 23). Em sua conversão, Ramabai nunca rejeitou a própria formação cultural nem se identificou com observâncias ocidentais.

Não só Ramabai, mas também outros, como o famoso poeta marata, Narayan Vaman Tilak (1862-1919), de tradição *bhakti*, foram atraídos para Cristo. Insatisfeito com o hinduísmo ortodoxo, Tilak se convenceu da verdade do cristianismo através da leitura do Novo Testamento. Personalidade literária marata de renome, Tilak colocou seu talento poético a serviço de Cristo e da igreja. Em vez de hinos ocidentais traduzidos, Tilak introduziu o uso de *bhajans* e levou o uso de *kirtans* para a igreja marata, enriquecendo sua vida devocional com formas de arte com as quais estavam acostumados. Tilak nunca renunciou a seu legado cultural indiano e levou para a igreja as riquezas de sua herança hindu.

De todos os cristãos indianos, é provável que o mais conhecido seja Sadhu Sundar Singh (1889-1929). Nascido em Punjab de pais sikhs que também liam o Gita e seguiam ensinos hindus, Sundar Singh foi criado de acordo com escrituras hindus. Sua mãe, segundo dizia, incutiu-lhe o amor e o temor de Deus, que o prepararam para trabalhar pelo Senhor como *sadhu* (Appasamy, 18). Em Sundar Singh encontramos uma mística indiana evangélica. Em seu entender, a meditação, junto com *sonhos e visões, eram possíveis veículos para recepção de mensagens divinas. A teologia mística de Sundar Singh é cristocêntrica. Ele afirma a singularidade da encarnação. A salvação é uma obra do Espírito Santo para aqueles que se arrependem e creem em Cristo.

Seguidor de Cristo em tempos mais recentes, Bakht Singh (1902-2000), também sikh punjabi, converteu-se em 1923 quando estudava engenharia no Canadá e voltou para exercer um ministério de fé e pregação por toda a Índia. Os sermões do irmão Bakht Singh revelam que sua teologia é biblicista, cristocêntrica e devocional. O irmão Bakht Singh e as Assembleias a que estava associado tornaram-se notáveis testemunhas cristãs locais (Koshy). De natureza punjabi, com padrões de adoração derivados de Gurdwara, práticas culturais foram adaptadas ao modelo bíblico e formas culturais do norte da Índia foram adaptadas e amplamente seguidas por um movimento composto em grande parte por indianos do sul.

Uma resposta teológica hindu-cristã é exemplificada na teologia do *logos* de Brahmabandhav Upadhyay (1861-1907). Dedicado à singularidade e perfeição de Jesus Cristo, Upadhyay também estava convencido de que a revelação de Deus em Cristo devia ser expressa em categorias indianas (Tennent, 255).

Seguidores hindu-cristãos de Cristo são muitos e se espalham muito além dos limites das igrejas. Encontram-se expressões em formas de *arte adaptadas e utilizadas na arquitetura, poesia, *música, *dança, pintura etc. É considerável o impacto da interação hindu-cristã sobre a teologia, a história e o testemunho cristãos.

R. E. Hedlund

Veja também Religião Africana Tradicional; Budismo; Religiões Chinesas; Religião Popular; Teologia Indiana; Islamismo; Judaísmo; Religiões Populares.

Bibliografia. Amaladass, A., "Dialogue between Hindus and the St. Thomas Christians", in: *Hindu-Christian Dialogue:*

Perspectives and Encounters, Coward, H., org. (Delhi: Motilal Banarsidass Publishers, 1993) 13-27; APPASAMY, A. J., *Sundar Singh: A Biography* (Madras: CLS, 1996); BAKKER, F. L., "The Hindu-Christian Dialogue in Europe: The Case of the Netherlands", *Dharma Deepika* 24, 10, 2 (2006) 23-37; BROWN, J. M. e FRYKENBERG, R. E., orgs., *Christians, Cultural Interactions, and India's Religious Traditions* (Grand Rapids: Eerdmans, 2002); CHERIAN, M. T., *Hindutva Agenda and the Minority Rights: A Christian Response* (Bangalore: Centre for Contemporary Christianity, 2007); CHAUDHARI, N. C., *Hinduism: A Religion to Live by* (New Delhi: Oxford University Press, 2003); CLOONEY, F. X., "Roberto de Nobili's Response to India and Hinduism, In Practice and Theory", in: *Third Millennium* 1 (1998) 4, 72-80; COWARD, H., org., *Hindu-Christian Dialogue: Perspectives and Encounters* (Delhi: Motilal Banarsidass Publishers, 1993); DANIEL, P. S., SCOTT, D. C., e SINGH, G. R., orgs., *Religious Traditions of India* (New Delhi: ISPCK, 2001); FLOOD, G., *Introduction to Hinduism* (London: Cambridge University Press, 1996); FRYKENBERG, R. E., org., *Christians and Missionaries in India: Cross-Cultural Communication since 1500* (Grand Rapids: Eerdmans, 2003); HARPER, S. B., "The Dornakal Church on the Cultural Frontier", in: *Christians, Cultural Interactions, and India's Religious Traditions*, J. M. Brown e R. E. Frykenberg, orgs. (2002) 183-211; HIEBERT, P. G., "The Christian Response to Hinduism", in: *Missiology for the 21st Century: South Asian Perspectives*, R. E. Hedlund e P. J. Bhakiaraj, orgs. (Delhi: ISPCK; Chennai: MIIS, 2004) 324-35; JONES, E. S., *The Christ of Every Road* (New York: Abingdon, 1930); KALAPATI, J., *Dr. Radhakrishnan and Christianity: An Introduction to Hindu-Christian Apologetics* (Delhi: ISPCK, 2002); KOSHY, T. E., *Brother Bakht Singh of India: An Account of 20th Century Apostolic Revival* (Secunderabad: OM Books, 2003); LIPNER, J., *Hindus: Their Religious Beliefs and Practices* (London/New York: Routledge, 1994); MAHADEVAN, T. M. P., *Outlines of Hinduism* (Mumbai: Chetana, 2001 [reimpr.]); MATHEW, C. V., *The Saffron Mission: A Historical Analysis of Modern Hindu Missionary Ideologies and Practices* (Delhi: ISPCK, 1999); MICHAEL, S. M., "Catholic Mission in the Region of Tamilnadu", in: *Integral Mission Dynamics, An Interdisciplinary Study of the Catholic Church in India*, A. Kanjamala, org. (New Delhi: Intercultural Publications, 1995); NEUFELDT, R., "The Response of the Hindu Renaissance to Christianity", in: *Hindu-Christian Dialogue: Perspectives and Encounters*, H. Coward, org. (Delhi: Motilal Banarsidass Publishers, 1993) 28-46; ODDIE, G. A., "Constructing 'Hinduism': The Impact of the Protestant Missionary Movement on Hindu Self-Understanding", in: *Christians and Missionaries in India: Cross-Cultural Communication since 1500*, R. E. Frykenberg, org. (2003) 155-82; RAJAMANICKAM, S., *Roberto de Nobili on Indian Customs, An Introduction by S. Rajamanickam and Translation of His Informatio, a Report about some Indian Social Customs* (Palayamkottai: De Nobili Research Institute, St. Xavier's College, 1989); RAMABAI, P., *Pandita Ramabai Through Her Own Words: Selected Works*, M. Kosambi, org. (New Delhi: Oxford University Press, 2000); idem, *Pandita Ramabai's America: Conditions of Life in the United States*, R. E. Frykenberg, org. (Grand Rapids: Eerdmans, 2003); ROBINSON, B., *Christians Meeting Hindus: An Analysis and Theological Critique of Hindu-Christian Encounter in India* (Oxford: Regnum Books, 2004); SCOTT, D. C., *Keshub Chunder Sen* (Madras: CLS, 1979); SINGH, S., *With and Without Christ* (Madras: ELS, 1974); TATHAGATANANDA, S., *Journey of the Upanishads to the West* (Kolkata: Advaita Ashrama, 2005); TENNENT, T. C., *Building Christianity on Indian Foundations: The Legacy of Brahmabandhav Upadhyay* (Delhi: ISPCK, 2000); THOMAS, M. M., *The Acknowledged Christ of the Indian Renaissance* (London: SCM, 1969); VISVANATHAN, S., *The Christians of Kerala: History, Belief and Ritual among the Yakoba* (New Delhi: Oxford University Press, 1993); WARD, W., *History, Literature and Mythology of the Hindoos: Including a Minute Description of their Manners and Customs, and Translations from their Principal Works, 1-4* (Delhi: Low Price Publication, 1990 [1817-1820]); WEBSTER, J. C. B., "Gandhi and the Christians: Dialogue in the Nationalist Era", in: *Hindu-Christian Dialogue: Perspectives and Encounters*, H. Coward, org. (Delhi: Motilal Banarsidass Publishers, 1993) 80-99.

M. T. Cherian e R. E. Hedlund

HISTÓRIA

História, no sentido amplo, é o relato do passado da humanidade. No sentido mais estrito, é a prática de recontar eventos passados como meio de descobrir o significado e estabelecer a identidade de um povo. No Ocidente, ela se desenvolveu formalmente numa disciplina especializada que usa fontes escritas e materiais para reconstruir criticamente eventos e períodos passados. Mas em muitas partes do mundo ainda se pratica a historiografia tradicional que narra a trajetória de um povo em forma de provérbios, *mitos ou lendas, sejam eles escritos, contados oralmente ou encenados em teatros populares. Mas, de todo modo, a história inclui não só uma cronologia seletiva dos eventos como também uma interpretação dos eventos que refletem a cosmovisão daqueles cuja história está sendo contada, incluindo pressuposições epistemológicas (como chegamos ao conhecimento) e compromissos filosóficos ou religiosos acerca da natureza da realidade.

1. O desenvolvimento da ideia de história
2. Concepções representativas da história humana

1. O desenvolvimento da ideia de história

A primeira concepção orgânica de história emergiu com os historiadores gregos do período clássico (entre os séculos sexto e quarto a.C.). Suas narrativas cresceram em torno de um núcleo mítico comum representado por uma mistura de explanações factuais e míticas e de atividades tanto humanas como divinas.

Mas essas primeiras histórias não manifestavam interesse em eventos fora de seus territórios. A primeira história realmente universal emergiu na tradição judeu-cristã em que Deus era o Criador e Senhor de todo o mundo e, portanto, interessava a todos os povos. Essa concepção de história está implícita nas Escrituras, onde todas as nações um dia passarão a adorar o Deus de Israel em Jerusalém, com destaque especial no Novo Testamento, quando Cristo ordena a seus seguidores que façam discípulos de todas as nações do mundo, prenunciando o dia em que representantes de todos os povos serão reunidos em torno do trono de Deus no céu.

O primeiro autor que buscou uma perspectiva de fato universal da história da humanidade foi Agostinho de Hipona (m. 430).

Em *A Cidade de Deus*, ele descreve toda a atividade humana da perspectiva de duas cidades: uma baseada no orgulho humano e que leva à morte; a outra, baseada no amor, que leva à vida eterna. Embora isso descreva uma situação universal, as concepções de Agostinho representam mais um tema constante da história humana do que algum sentido genuíno de desenvolvimento. Isso veio mais tarde, nos séculos 12 e 13, quando Joaquim de Fiore propôs que a história era dividida em três períodos: a do Pai, durante o Antigo Testamento; a do Filho, que começou com a vida de Cristo; e o período do Espírito, que Fiore acreditava estar prestes a começar.

Para os medievais, a história era compreendida em termos religiosos, mas no século 16 isso começou a mudar. Autores humanistas começaram a usar documentos históricos de maneira crítica e, após viagens de descobertas e, mais tarde, com a revolução científica, explicações seculares começaram a competir com as religiosas. Depois do *Iluminismo, o desenvolvimento na história passou a ser compreendido em termos inteiramente naturais, e o lugar de Deus foi reduzido ao mundo particular do indivíduo.

2. Concepções representativas da história humana

Juntamente com essa concepção crítica ocidental da história, concepções tradicionais da história continuam influenciando os povos em muitas partes do mundo.

2.1. Historiografia chinesa clássica.

Desde séculos antes de Cristo, a história chinesa concentra-se nos arquivos de crônicas das principais dinastias da China. Acreditava-se que os imperadores seguiam um mandato do céu para manter uma ordem social de acordo com certos padrões morais. A correlação entre o governo político e a ordem moral era uma característica importante dessas crônicas, e cada dinastia procurava apresentar-se de acordo com esses ideais. Às vezes, como nas dinastias Manchu, isso fez com que o retrato do passado celebrasse as realizações dos imperadores e os ligasse ao passado glorioso da China antiga. Desde a queda da monarquia em 1911, o povo chinês luta para ver a ligação entre seu longo e nobre passado com o mundo cada vez mais pluralista dos séculos 20 e 21.

2.2. Concepções africanas da história. O entendimento que os africanos têm da história costumava incluir crença na continuidade entre os vivos e os mortos e a relevância da comunidade maior dos *ancestrais. As narrativas de um povo ou tribo costumavam incluir lendas de origens, às vezes até de uma "queda" desastrosa. Em geral, essas narrativas não tentavam precisar observações acerca de eventos passados, mas explicar práticas e instituições contemporâneas. Muitas vezes, essas narrativas, às vezes contadas em forma de provérbios, eram transmitidas oralmente. Junto com essa historiografia tradicional, cada vez mais os africanos estão passando a ver sua história em termos do contato cada vez maior e muitas vezes doloroso com influências e forças estrangeiras — sejam políticas, como no período colonial, sejam religiosas, na forma de comerciantes muçulmanos ou missionários cristãos.

2.3. História no Islã. Remontando sua história a Abraão, pelo Antigo Testamento, o islamismo acredita que Deus levantou vários profetas — Moisés, Jesus e, por fim, Maomé, o último e maior — para propor uma nova lei (*shari'a*), fundando uma nova comunidade de fiéis. Não se pôde evitar que as primeiras comunidades se corrompessem, de modo que Deus entregou o Alcorão a Maomé como a comunicação definitiva de sua vontade para todas as pessoas de todos os tempos. Diferenças contemporâneas no islamismo representam as diferentes concepções de como essa tradição tem sido transmitida de maneira fidedigna. Os muçulmanos hoje também lutam por compreender como esse entendimento da história se harmoniza com o mundo complexo com que cada vez mais travam conhecimento.

2.4. Concepção cristã da história. É razoável considerar que as concepções acima e outras não descritas competem com a forma secularizada da concepção cristã da história, que envolve um progresso social e econômico rumo a um futuro indefinido, mas sempre brilhante. A ideia de progresso que se desenvolveu no século 19 brotou da concepção cristã de que a história estava caminhando para um estado final em que Cristo voltaria e Deus estabeleceria um reino de justiça. Embora as pessoas tenham desistido dessa concepção de Deus e do fim dos tempos, pela crença na ciência e na razão, continuaram a acreditar que o mundo estava progredindo. Em tempos recentes, essas concepções otimistas têm sido contestadas por uma nova consciência de relatos tradicionais do passado como os que acabamos de ver e pela sensação de que o progresso não é necessariamente o futuro do mundo e de que a ciência e a razão podem não ser um substituto adequado para a fé no Deus cristão.

A concepção cristã da história gira em torno da autorrevelação de Deus em Cristo, que os cristãos creem ser o centro e o foco de todos os eventos. A vida de Cristo cumpre não só a lei do Antigo Testamento, mas também realiza os propósitos originais da criação e, ao mesmo tempo, antecipa os propósitos finais de Deus para a humanidade e a criação. Para o cristão, a história representa o horizonte mais amplo da teologia (Pannenberg). Eventos, pessoas e nações na história encontram seu significado mais pleno quando, em Cristo, participam dessa história maior da redenção.

Veja também EPISTEMOLOGIA; MITO; TEOLOGIA NARRATIVA; REVELAÇÃO E ESCRITURAS.

BIBLIOGRAFIA. BUTTERFIELD, H., *Christianity and History* (London: Bell, 1949); HIMMELFARB, G., *The New History and the Old* (Cambridge: Belknap Press of Harvard University Press, 1987); KASPER, W., "Theology of History", *Encyclopedia of Theology: The Concise Sacramentum Mundi*, ed. Karl Rahner (New York: Seabury, 1975); MCINTIRE, C. T., org., *History and Historians: An Anthology of Christian Views of History* (New York: Oxford University Press, 1977); MCINTIRE, C. T. e WELLS, R. A., orgs., *History and Historical Understanding* (Grand Rapids: Eerdmans, 1984); PANNENBERG, W., *History and Hermeneutic*, R. W. Funk, org. (New York: Harper & Row, 1967).

W. A. Dyrness

HOLINESS, MOVIMENTO. *Veja* WESLEYANISMO, TEOLOGIA WESLEYANA.

HUMANITARISMO. *Veja* ASSISTÊNCIA E DESENVOLVIMENTO.

I

ÍCONES. *Veja* Imagens, Ícones, Iconoclasmo.

ICONOCLASMO. *Veja* Imagens, Ícones, Iconoclasmo.

IGREJA. *Veja* Eclesiologia.

IGREJA EMERGENTE. *Veja* Eclesiologia.

IGREJA LIVRE

A tradição da Igreja Livre é composta de um grupo de igrejas que enfatizam a liberdade de controle do Estado, a afiliação voluntária à igreja, o *batismo de fiéis, a centralidade das Escrituras, o *discipulado como norma para todos os cristãos, a orientação do Espírito Santo e o sacerdócio de todos os crentes. Essa tradição é também marcada por uma postura não restritiva quanto ao credo, o que permite flexibilidade e criatividade teológica dentro dos limites dos ensinos bíblicos e liberdade de igrejas locais para se estruturarem como desejam. Enquanto algumas igrejas, tais como as Menonitas e Batistas, têm historicamente uma linhagem de Igreja Livre, outras, como as pentecostais e muitas igrejas independentes, são também consideradas parte da tradição da Igreja Livre, ainda que não partilhem da mesma linhagem histórica, mas porque têm em comum um conjunto de características.

Muitos estudiosos identificam a gênese primária da Igreja Livre nos anabatistas/menonitas e na Reforma Radical do século 16 (*veja* Teologia Anabatista). Durante os séculos 17 e 18, a tradição da Igreja Livre passou a incluir as igrejas não conformistas na Inglaterra, como batistas, congregacionais, quacres e metodistas. O Movimento de Restauração constitui outra corrente da tradição da Igreja Livre. Esse movimento, que começou nos Estados Unidos no início do século 19, é representado hoje pela Igreja Cristã/Discípulos de Cristo. O movimento pentecostal, que surgiu no início do século 20, faz parte dessa tradição da Igreja Livre, junto com uma gama de igrejas independentes.

O termo *Igreja Livre* é usado regularmente no diálogo teológico mais amplo. Em muitos países, no entanto, *todas* as igrejas são livres, pois não têm endosso direto do Estado, não são financiadas por ele nem existem direitos legais que permitam ao Estado se envolver em decisões da igreja.

Historicamente, a Igreja Livre costumava existir à margem das correntes centrais do cristianismo. Isso já não acontece em muitas partes do mundo, mas, mesmo assim, um senso de marginalização continua presente na identidade das igrejas dessa tradição.

1. O caráter da Igreja Livre
2. O contexto global

1. O caráter da Igreja Livre

As igrejas nessa tradição são unidas mais por uma postura comum do que por declarações doutrinárias ou credos formalizados. As igrejas livres consideram-se apostólicas no fato de procurarem levar adiante o espírito e a visão da igreja do primeiro século que entendiam o *eschaton* como uma dinâmica modeladora, e igrejas sem ligações históricas podem ser corretamente consideradas igrejas livres se apresentam as características centrais a seguir delineadas.

1.1. Liberdade de controle estatal. A Igreja Livre insiste que os cristãos são leais, acima de tudo, ao reino de Deus, e essa lealdade é possível somente se a igreja estiver livre do controle do Estado. Essa ênfase tem raízes no anabatismo do século 16, que se colocou em nítido contraste com a Igreja Católica e com os reformadores, que não consideravam problemático o controle de magistrados nas questões da igreja. A tradição da Igreja Livre sustenta que quando tem posição privilegiada em relação ao Estado, a igreja compromete inevitavelmente seu chamado a fim de manter essa condição. A síntese constantiniana, que entende que o governante e todas as pessoas são cristãos e concede à igreja um lugar privilegiado na sociedade, é considerada uma cooptação da igreja pelo Estado, devendo ser rejeitada. Algumas igrejas livres entendem a rejeição do controle estatal como indicação de que o cristão nem deve aceitar um posto no governo, por causa da facilidade com que pode ser seduzido pelas estruturas de poder. Os crentes devem viver como uma nova sociedade que oferece uma alternativa fundamental a todas as outras estruturas sociais e políticas.

Correlata a isso é uma ênfase na liberdade religiosa. As pessoas devem ser livres para cultuar como desejam. O entendimento político moderno de liberdade religiosa tem suas raízes no trabalho das igrejas livres.

1.2. Afiliação voluntária. A Igreja Livre dá ênfase ao discipulado de opção voluntária. As pessoas não são consideradas parte da igreja simplesmente por seus pais fazerem parte da igreja ou por terem nascido em certa localidade geográfica. A filiação na igreja é baseada numa decisão pessoal, não coagida, de seguir Cristo. A Igreja Livre é uma igreja "juntada" e não uma igreja "atribuída". Ou seja, a comunidade é formada por crentes que resolveram se juntar. Ela não é composta de certo conjunto de componentes baseados em laços geográficos ou familiares. O compromisso voluntário com o corpo de Cristo acarreta um compromisso com uma vida de discipulado radical. Espera-se que todos os membros levem uma vida de discipulado e, ao se juntarem voluntariamente à comunidade, convidam tanto o encorajamento e a admoestação da comunidade como procuram viver como discípulos. Embora se dê ênfase a um compromisso individual de fé pessoal, o compromisso pessoal deve ser vivido num contexto comunal.

1.3. Batismo de crentes. A Igreja dos Crentes dá ênfase ao batismo de adultos ou crentes, ato que marca a livre escolha da pessoa que decide juntar-se ao corpo de Cristo. Isso foi uma característica chave dos anabatistas, ou "rebatizadores", no século 16, que insistiam que o batismo infantil não era autêntico, de modo que rebatizavam adultos que desejavam juntar-se a eles, ação pela qual muitos deles foram mortos. Essa ênfase no batismo de adultos também tem sido proeminente na corrente batista da Igreja Livre. O batismo é considerado um testemunho da salvação, não um meio de salvação.

Uma minoria de igrejas agrupadas sob o guarda-chuva da Igreja Livre, como os metodistas e os quacres, não dão ênfase ao batismo de adultos. Mesmo assim têm sido tradicionalmente considerados parte dessa corrente por manterem muitas outras convicções em comum com as Igrejas dos Crentes, tais como menonitas, irmãos, pentecostais e Igrejas de Cristo. Isso aponta para o fato de que a Igreja dos Crentes não é um conjunto nitidamente definido.

1.4. Centralidade e interpretação das Escrituras. A autoridade das Escrituras tem sido uma ênfase central da Igreja Livre (*veja* Revelação e Escrituras). A interpretação das Escrituras é considerada tarefa comunal, não algo feito só por especialistas que então transmitem suas descobertas às congregações. Tradicionalmente, as congregações locais, não os seminários, têm sido o local da interpretação das Escrituras. Essa leitura comunal das Escrituras resulta numa hermenêutica significativamente diferente da dos reformadores magisteriais.

A Palavra acarreta demandas concretas sobre a vida dos crentes, de modo que a vida deles deve parecer diferente da dos que não são cristãos. O Sermão do Monte tem sido particularmente formativo para essa tradição. Essas palavras de Jesus são consideradas instruções reais sobre como viver como discípulo, não só como ideais inatingíveis. A questão do batismo de adultos, a que nos referimos, reflete a ênfase na precedência das Escrituras sobre o desenvolvimento histórico.

A posição social das Igrejas Livres tem moldado seu entendimento das Escrituras e a aplicação delas à vida. Os primeiros anabatistas eram basicamente pobres, incultos e perseguidos e, por conseguinte, liam as Escrituras da perspectiva dos marginalizados e não de uma posição de poder. Embora as condições demográficas dos membros da Igreja Livre tenham mudado, com frequência a tradição continua nas margens da igreja mais ampla e da cultura dominante, fatos que influenciam sua hermenêutica.

1.5. Conduzida pelo Espírito. Uma ênfase na obra contínua do Espírito Santo é mantida juntamente com um alto valor atribuído à Palavra. Devemos viver com uma sensibilidade aguçada ao Espírito Santo, que é a presença ativa de Deus em nosso meio. O Espírito Santo, não as estruturas externas, traz unidade ao corpo de Cristo. E o Espírito, não os sacerdotes ou os sacramentos, é visto como o principal veículo da graça de Deus. Trabalhando de forma complementar com a Palavra, o Espírito Santo é considerado um guia real e ativo para os crentes quando estes procuram vivenciar a fé. A convicção de que o Espírito Santo acabará conduzindo cada pessoa envolvida numa decisão até um ponto de concordância é a base para a prática comum, dessa tradição, de tomar decisões por consenso em vez de votos. Essa ênfase no Espírito também resulta numa resistência a estruturas eclesiásticas rígidas, que parecem incongruentes com a natureza espontânea e livre do Espírito. A abertura para o Espírito também se manifesta numa atitude flexível para com o culto. Enquanto Lutero defendia *sola scriptura*, a Igreja Livre tem dado proeminência tanto às Escrituras como ao Espírito. Donald Durnbaugh descreve a tradição como centrada na Palavra e cheia do Espírito, sendo que a palavra interior e a exterior são da mesma essência.

1.6. Discipulado. Na Igreja Livre, ser cristão é considerado fundamentalmente um estilo de vida, não um mero conjunto de crenças. A tradição sustenta que todos os cristãos, não só um grupo seleto de monges ou sacerdotes, são chamados para uma vida de discipulado radical. Em harmonia com as instruções e o modelo de Jesus, o discipulado deve ser baseado na comunidade local de crentes. A Ceia do Senhor é o ato formador central da comunidade, um ato normalmente considerado memorial. O lava-pés também é uma prática comum da comunidade de discípulos.

O formato da comunidade cristã primitiva molda de maneira significativa seu entendimento de como deve ser a comunidade hoje. A comunidade dos fiéis deve ser marcada pelo auxílio mútuo evidenciado na igreja primitiva. Na Igreja Livre as posses são vistas da perspectiva da mordomia e, em diferentes graus ao longo da história, as posses têm estado à disposição de toda a comunidade. Em alguns casos, as comunidades tinham caixa comum e moradia compartilhada. A comunidade também é o ambiente básico de adoração. Esse respeito pela igreja primitiva tem levado a tendências restauracionistas em algumas correntes da tradição, ainda que a opinião dominante seja a de que devemos abraçar a visão da igreja primitiva sem tentar recriar todas as suas formas culturais.

A ética cristã é vista como obrigação de todos os crentes. A moralidade pessoal é enfatizada e ligada à participação na vida comunitária: os indignos não devem participar da *Ceia do Senhor, e os que persistem no pecado estão sujeitos à disciplina da comunidade. Em geral, pratica-se o padrão da disciplina estabelecido em Mateus 18.15-17. Um perigo nessa ênfase na moralidade é que às vezes tem resultado em legalismo. A ética é considerada comunalmente e também individualmente formativa. As comunidades de fiéis devem refletir o caráter ético do reino de Deus e a presença delas em ação deve impulsionar transformações sociais nessa mesma direção.

Muitas igrejas livres consideram a não violência um componente central do discipulado. Essas igrejas acreditam que a vida e os ensinos de Jesus exigem que os cristãos rejeitem meios violentos. O reino pacífico de Deus deve ser alcançado por meios pacíficos. A guerra e outras formas de violência são inaceitáveis para promover o shalom de Deus. Os discípulos devem andar nos passos não violentos de Jesus.

O discipulado implica missão. Uma vez que a filiação à igreja é considerada voluntária, e não automática, a própria sobrevivência da igreja requer atividade missionária. E uma vez que a cultura ambiente não é considerada cristã, essa atividade missionária ocorre tanto em casa como fora. Uma forma de dar um testemunho missional é fazer com que a comunidade seja uma cidade sobre o monte, apontando para o reinado de Deus.

1.7. Eclesiologia. Historicamente, uma vez que a Igreja Livre se concentra na forma pela qual os cristãos devem viver como discípulos de Cristo, as questões sobre o que faz com que a igreja seja igreja têm sido secundárias. Mais recentemente, teólogos das igrejas livres estão começando a levantar as conexões entre uma ênfase no discipulado e a *eclesiologia implícita na tradição (*veja* Igreja, Teologia da).

Na Igreja dos Crentes, a essência da igreja é vista como o povo reunido de Deus. Isso contrasta com correntes que entendem que a igreja é constituída pelos sacramentos ou pela presença de um sacerdote. Mateus 18.20 (*Onde dois ou três se reúnem em meu nome, ali estou no meio deles*) é um texto chave nessa tradição para definir o que é igreja.

A igreja é uma entidade visível e pode ser vista porque aqueles que foram salvos desejam viver juntos em discipulado. Enquanto algumas tradições sustentam que uma igreja invisível de fiéis existe dentro da igreja visível que inclui tanto crentes como não crentes, a Igreja Livre rejeita essa ideia. As igrejas livres sustentam que, se as pessoas optam voluntariamente por se filiarem à igreja, não há necessidade de acrescentar uma igreja hipotética invisível que não é coextensiva com a igreja visível.

As igrejas livres dão grande ênfase ao sacerdócio de todos os crentes. Todos os membros devem ser participantes ativos no ministério da igreja. Os pastores têm papel importante na liderança das congregações, mas não são considerados distintos do sacerdócio real que inclui todos os fiéis. Os pastores podem ter mais autoridade que os outros na congregação, mas eles a possuem porque ela lhes foi concedida por Deus através da congregação, não de um modo que desconsidere a congregação. Assim como o pastor desempenha uma função sem igual na congregação, também cada uma das outras pessoas da congregação, porque cada um recebeu do Espírito Santo um ou mais dons espirituais. Essa ênfase move as igrejas livres em direção a estruturas eclesiásticas igualitárias.

A política da Igreja Livre é participativa e caracterizada por uma liberdade de estruturas de autoridade hierárquicas ou episcopais. Congregações locais têm grande liberdade quanto à escolha de sua forma de organização. Em geral as igrejas locais dessa tradição são livres para contratar e demitir os pastores, em vez de acatarem decisões de um superintendente ou conselho diretor. Embora o regime congregacional seja mais comum, as igrejas locais são livres para escolher sua forma específica de governo. Por exemplo, enquanto algumas igrejas usam um modelo consensual para tomar decisões, outras usam o voto. Esses elementos participativos e igualitários na Igreja Livre contribuíram de maneira significativa para a democracia moderna.

1.8. Escatologia. A *escatologia da Igreja Livre entende que o reino de Deus já invade o presente. A igreja é testemunha do reinado pleno de Deus que ainda está por vir. A adoção da não violência que caracteriza partes significativas dessa tradição está ligada ao reconhecimento do poder transformador do reino de Deus, que já está avançando.

Os fiéis devem esperar que a jornada para o *eschaton* seja marcado por sofrimento: convicção que brota da interpretação bíblica e da experiência histórica de muitos da Igreja Livre. Durante esse período "já agora, ainda não", os discípulos são chamados para se juntarem à atividade divina de anunciar a plenitude do reino.

2. Contexto global

As igrejas da tradição da Igreja Livre são as igrejas de crescimento mais acelerado no globo hoje. Enquanto algumas afirmam intencionalmente sua localização dentro dessa tradição, muitas classificadas teológica e eclesiologicamente como igrejas livres não se identificam de modo consciente com a tradição. Embora a classificação de Igreja Livre ou Igreja dos Crentes seja útil em termos teológicos e demográficos, seu uso não é comum em termos locais.

Globalmente, o pentecostalismo é hoje uma das expressões mais vibrantes da tradição da Igreja Livre. O pentecostalismo não tem laços fortes com as igrejas livres históricas, mas suas características teológicas e eclesiológicas o colocam nessa tradição (*veja* Pentecostalismo).

Na África, uma expressão significativa da Igreja Livre encontra-se na Igreja Independente Africana (*veja* Igrejas Originadas na África). Ainda que, historicamente, não tenha se originado da Igreja Livre, ela pode ser classificada nessa tradição por estar fora do controle do Estado (em contraste com igrejas coloniais que eram pelo menos implicitamente ligadas ao Estado) e sua ênfase no batismo de crentes, no sacerdócio de todos os fiéis, no papel do Espírito Santo e na centralidade das Escrituras (*veja* Teologia Africana, Protestante; Teologia Africana,

Evangélica Contextual). Na América Latina, a maioria das igrejas protestantes está ligada à tradição da Igreja Livre, com maior representatividade de pentecostais e batistas (*veja* Teologia Latino-Americana, Protestante). Na Ásia, além das muitas igrejas afiliadas às denominações da Igreja Livre, o movimento de igreja nos lares na China tem semelhanças notáveis com essa tradição. Alguns elementos da tradição da Igreja Livre que caracterizam o movimento de igrejas nos lares na China incluem a rejeição do controle do Estado, a centralidade da Palavra, a proeminência da liderança leiga, uma forte ênfase no discipulado e o exercício da disciplina eclesiástica (*veja* Teologia Chinesa). Embora a tradição da Igreja Livre tenha surgido no contexto europeu, hoje, essa tradição continua constituindo só um pequeno segmento da igreja maior nesse continente, e as igrejas nessa tradição são caracteristicamente consideradas denominações pequenas e pietistas. Na América do Norte, vozes da tradição da Igreja dos Crentes estão encontrando nível crescente de aceitação e respeito em discussões teológicas e ecumênicas com vozes das correntes principais. Como acontece em outros lugares, nos Estados Unidos, o termo *Igreja dos Crentes* talvez seja uma nomenclatura mais útil porque todas as igrejas do país são "livres" no sentido específico de não serem oficialmente ligados ao Estado, e nesse sentido o termo *Igreja Livre* carece de especificidade.

No decorrer do século 21, boa parte do crescimento dinâmico dentro da igreja global está ocorrendo nas igrejas da tradição da Igreja Livre. Esse consórcio de igrejas terá um impacto crescente sobre os contornos da igreja em todo o mundo nos anos por vir.

Veja também Teologia Anabatista.

BIBLIOGRAFIA. BASDEN, P. e DOCKERY, D. S., orgs., *The People of God: Essays on the Believers Church* (Nashville: Broadman, 1991); BRACKNEY, W. H., org., *The Believers Church: A Voluntary Church* (Kitchener: Pandora Press, 1998); CALLEN, B. L., *Radical Christianity: The Believers Church Tradition in Christianity's History and Future* (Nappanee: Evangel Publishing House, 1999); CHAO, J., org., *The China Mission Handbook: A Portrait of China and Its Church* (Hong Kong: Chinese Church Research Center, 1989); DURNBAUGH, D. F., *The Believers Church: The History and Character of Radical Protestantism* (New York: Macmillan, 1968); LITTELL, F. H., *The Free Church* (Boston: Starr King Press, 1957); MARTÍNEZ, J. F., "Church: A Latino/a Protestant Perspective", in: *Handbook of Latina/o Theologies*, De La Torre, M. e Aponte, E. D., orgs. (St. Louis: Chalice Press, 2006); NGADA, N. H. e MOFOKENG, K., *African Christian Witness: The Movement of the Spirit in African Indigenous Churches* (Pietermaritzburg: Cluster Publications, 2001); YODER, J. H., "Thinking Theologically from a Free-Church Perspective", in: *Doing Theology in Today's World: Essays in Honor of Kenneth S. Kantzer*, Woodbridge, J. D. e Mc-Comiskey, T. E., orgs. (Grand Rapids: Zondervan, 1991).

R. Muthiah

IGREJAS AFRICANAS INDEPENDENTES.
Veja Igrejas Originadas na África.

IGREJAS AFRICANAS PENTECOSTAIS.
Veja Igrejas Originadas na África.

IGREJAS DE CURA PROFÉTICA.
Veja Igrejas Originadas na África.

IGREJAS ETÍOPES. *Veja* Igrejas Originadas na África.

IGREJAS ORIGINADAS NA ÁFRICA
O cristianismo originado na África (também conhecido como igrejas africanas independentes ou igrejas africanas instituídas) contribuiu e continua contribuindo de maneira considerável para o cristianismo na África. Isso inclui as adaptações inovadoras que essas igrejas promoveram em antigas crenças religiosas africanas, como sua abordagem de fenômenos como veneração de *ancestrais, adivinhação e medicina e cura tradicionais. Elas ajudam a compreender questões como *contextualização, inculturação, sincretismo e a maneira pela qual o cristianismo se relaciona com a cultura africana. Essa contribuição é tão ampla que a podemos entender como uma reforma com magnitude pelo menos igual à da *Reforma na Europa e, talvez, uma reforma mais profunda que a europeia.

Depois que a Europa colonizou a África, deu-se um processo de *aculturação religiosa em que tradições religiosas e sociais africanas mais antigas ficaram ameaçadas e foram parcialmente substituídas por novas tradições. As igrejas cristãs africanas independentes criativas que começaram a surgir na virada do século 20 foram inicialmente criticadas e perseguidas. Hoje, na maior parte dos países subsaarianos, a independência africana é uma luta importante da população cristã. Há, sem dúvida uma força importante no cristianismo africano, manifestação da migração do centro de gravidade do cristianismo, do norte para o sul, no século 20. Experimentos vivos e radicais de um cristianismo indigenizado que rejeita conscientemente os modelos e formas eclesiásticas ocidentais de serem cristãos são manifestos nas Igrejas Originadas na África (IOA). Há muitos tipos diferentes, desde as primeiras igrejas "etíopes" e "africanas" que surgiram no final do século 19, passando pelas igrejas mais prolíficas de "profetas e curas" e "espirituais" e depois as igrejas "carismáticas" mais recentes que surgiram depois de 1970. (Deve-se notar, porém, que os autores deste *Dicionário* empregam o termo IOA de várias maneiras).

1. Origem e diversidade
2. Igrejas "africanas" e "etíopes"
3. Igrejas de "profetas e curas" e igrejas "espirituais"
4. Igrejas pentecostais/carismáticas mais recentes

1. Origem e diversidade
O profeta liberiano William Wade Harris e o movimento harrista que surgiu de seu notável ministério e o profeta-curador nigeriano Garrick Braide em 1912-1916 influenciaram o desenvolvimento das IOA em todo o oeste da África. Desenvolvimentos paralelos ocorreram no Congo e no sul da África, onde se encontra a maior proliferação das IOA no continente. Muitas IOA viram-se em conflitos violentos tanto com administradores coloniais como com as missões europeias. Igrejas *pentecostais e *carismáticas mais recentes surgiram em diferentes partes da África nas últimas três décadas do século 20, resultando em igrejas pentecostais ou carismáticas independentes avivamentistas e de rápido crescimento, algumas das quais propagam uma teologia de "sucesso" e "prosperidade".

Por causa da grande variedade de IOA em toda a África, seria muito difícil, se não impossível, descrever uma teologia africana independente, sem fazer generalizações enganosas. Há algumas tendências teológicas, entretanto, que muitas IOA têm em comum. Em qualquer categorização desses movimentos, é preciso reconhecer as diferenças e avaliar as liturgias, práticas de cura e abordagens da religião africana distintivas de diferentes IOA. Uma tipologia com frequência não é nada mais que hipótese que depende de maior análise para que seja confirmada ou corrigida, uma vez que pode passar ao largo das complexidades do assunto ou até distorcer nosso entendimento dele. Dividir as IOA por tipos não é propriamente útil e o que oferecemos aqui é um breve esboço de um assunto extremamente complicado. Os tipos são descritos para facilitar o entendimento das maiores diferenças entre os movimentos, mas essa categorização não faz justiça à diversidade deles. Os movimentos aqui descritos são igrejas dinâmicas em constante processo de mudança. Três grandes categorias de IOA, porém, têm certos aspectos teológicos em comum que as distinguem das outras.

2. Igrejas "africanas" e "etíopes"
As IOA que não alegam serem proféticas ou possuírem manifestações especiais do Espírito Santo e que têm como modelo, em grande parte, as igrejas plantadas por missões europeias das quais se separaram têm sido chamadas igrejas "etíopes" ou de "estilo etíope" no sul da África e igrejas "africanas" na Nigéria. Em geral, essas foram as primeiras IOA que surgiram. Os termos *etíope* ou *africana*, porém, não são empregados ou reconhecidos por todas as igrejas dessa categoria. Entretanto, esses termos são usados por falta de opções melhores tanto para descrever as IOA em geral de origem mais antiga que os outros dois tipos descritos adiante, como também para descrever as que surgiram basicamente como reações políticas e administrativas às igrejas fundadas por missões europeias. Por esse motivo, as igrejas "africanas" são muito parecidas com as igrejas em que se originaram e a teologia delas pode ser descrita como derivadas do protestantismo europeu, especialmente de tradições reformada, metodista e luterana.

Em geral, essas igrejas praticam *batismo infantil, leem liturgias, cantam hinos europeus traduzidos, usam vestes clericais de estilo europeu (com frequência pretas) e são menos vibrantes ou emocionais nos cultos que as igrejas de "profetas e curas". Elas tendem a ser menos prescritivas que outras IOA no que diz respeito a proibições alimentares, como ingestão de porco, o uso de remédios e o consumo de álcool. Elas foram uma reação ao domínio das missões brancas sobre os africanos, ainda que sua organização eclesiástica e interpretação bíblica tenham sido em grande parte copiadas dos padrões daquelas igrejas de origem missionária e, às vezes, até incluam o nome genérico da igreja em seu título: metodista, presbiteriana, congregacional, luterana e assim por diante.

No sul da África, a palavra *etíope* no nome da igreja é mais comum e teve significado especial nesses países que sofreram colonização mais profunda que o restante da África. A Etiópia, a única nação africana que teve sucesso na resistência ao colonialismo europeu, derrotando a Itália numa guerra, é mencionada na Bíblia como uma nação que *estenderá as mãos para Deus ansiosamente* (Sl 68.31). Esse versículo e a conversão do oficial etíope (At 8) formaram a base da ideologia "etíope" que se disseminou no sul da África na década de 1890 e pode ter afetado o estabelecimento dessas IOA em outros lugares. Os africanos haviam recebido o cristianismo antes dos europeus e, portanto, tinham um lugar especial no plano divino de salvação. As igrejas "africanas" e "etíopes" têm declinado nos últimos cinquenta anos, sendo um pouco eclipsadas pelas outras igrejas mais vibrantes.

3. Igrejas de "profetas e curas" e igrejas "espirituais"

As igrejas de "profetas e curas" e as igrejas "espirituais" dão ênfase ao poder do Espírito. São igrejas africanas independentes com raízes históricas e/ou teológicas no movimento pentecostal, embora tenham se afastado, ao longo dos anos, das formas ocidentais de pentecostalismo em vários aspectos. À semelhança dos pentecostais, porém, são igrejas que dão ênfase — em geral em contraste com igrejas "etíopes" e "africanas" — à atuação do Espírito, especialmente por meio de *curas e *profecias. Essas IOA diferem fundamentalmente das igrejas pentecostais ocidentais, mas elas também destacam a centralidade do Espírito na fé e (em especial) na prática e, portanto, também têm sido chamadas "pentecostais africanas". Esse é o grupo maior e mais significativo de IOA e é particularmente difícil descrevê-lo, pois inclui grande variedade de algumas das maiores igrejas na África, com centenas de milhares de membros — e, no caso do Aladura e dos Sionistas, milhões. Algumas igrejas são membros de órgãos ecumênicos e, aos olhos dos que entendem que esses conselhos oferecem alguma medida de respeitabilidade, esses movimentos são bem-vindos e dão às IOA a legitimidade que lhes é negada por igrejas europeias e poderes coloniais. Mas a maioria dessas igrejas não é membro de órgãos ecumênicos, e a legitimidade delas procede de uma crença em líderes escolhidos por Deus que não sentem necessidade de buscar reconhecimento humano e de sua força longeva como denominações importantes por si mesmas.

Uma vez que teologia escrita não é uma prioridade e, em geral, é formulada de modo menos preciso nessas igrejas, as diferenças em teologia, liturgia e práticas de cura são consideráveis. Fundamentais são pressuposições teológicas definidas encontradas mais na prática do cristianismo do que em dogmas formais. Há uma ênfase em cura, embora difiram os métodos para obtê-la. Embora a maioria dos pentecostais em geral pratique a "imposição de mãos" ou oração pelos enfermos, isso com frequência é acompanhado, nas igrejas de profetas e curas, pelo uso de vários objetos simbólicos como água abençoada, cordas, varas, papéis, cinzas e assim por diante. Com frequência há regras proibindo álcool, tabaco e porco. A atitude para com práticas religiosas tradicionais é em geral mais ambivalente que em outras igrejas pentecostais, especialmente quando se trata de rituais ancestrais, e algumas igrejas também permitem poliginia. Mas a maioria tem postura rígida contra práticas tradicionais como feitiçaria e possessão espiritual.

Para o observador externo, o aspecto mais distintivo dessas igrejas na maior parte da África é o uso quase universal de túnicas, com frequência brancas com faixas, e às vezes uniformes caqui, do tipo militar, por parte dos membros. Apesar desses acréscimos, obviamente não africanos, essas igrejas talvez tenham se adaptado de modo mais substancial à cosmovisão popular africana e lidado melhor com ela do que os outros tipos de igrejas, e essa é a contribuição sem igual que prestam ao entendimento do cristianismo na África. Na realidade, é essa adaptação e confronto com a tradição africana que constituem o desafio dessas IOA rumo a uma teologia contextual, especialmente porque às vezes teólogos africanos acolhem o espectro inteiro da religião africana tradicional, sem questionar.

4. Igrejas pentecostais/carismáticas mais recentes

As igrejas e ministérios pentecostais ou carismáticos mais novos têm origem mais recente e sua teologia será detalhada no verbete sobre o pentecostalismo. Há uma forte influência pentecostal ocidental, especialmente norte-americana, em muitas dessas igrejas, tanto na liturgia como nos padrões de liderança, e às vezes há a promoção do "evangelho da prosperidade". Especialmente as IOA mais antigas costumam considerar que elas promovem um ataque sem tréguas contra valores africanos tradicionais.

Veja também RELIGIÃO TRADICIONAL AFRICANA; TEOLOGIA AFRICANA, CATÓLICA ROMANA; TEOLOGIA AFRICANA, EVANGÉLICA CONTEXTUAL; TEOLOGIA AFRICANA, PROTESTANTE.

BIBLIOGRAFIA. ANDERSON, A. H., *African Reformation: African Initiated Christianity in the 20th Century* (Trenton/Asmara: Africa World Press, 2001); BARRETT, D. B., *Schism and Renewal in Africa: An Analysis of Six Thousand Contemporary Religious Movements* (Nairobi: Oxford University Press, 1968); DANEEL, I., *Quest for Belonging* (Gweru: Mambo Press, 1987); SUNDKLER, B. G. M., *Bantu Prophets in South Africa* (London: Oxford University Press, 1948, 1961); TURNER, H. W., *Religious Innovation in Africa* (Boston: G. K. Hall, 1979).

A. H. Anderson

IGREJA PRIMITIVA. *Veja* TEOLOGIA PATRÍSTICA.

ILUMINISMO, O

O Iluminismo foi um movimento intelectual e cultural na Europa durante o século 18 que sujeitou formas tradicionais de pensamento a uma crítica rigorosa e se voltou para a razão, ciência e reforma social a fim de produzir um mundo melhor. Como movimento histórico, o Iluminismo terminou no início do século 19, mas seu legado continua moldando a vida moderna.

1. O Iluminismo histórico
2. Alguns temas do Iluminismo
3. O legado duradouro do Iluminismo

1. O Iluminismo histórico

Ainda que de modo um tanto arbitrário, a revolução inglesa (1688) e a revolução francesa (1789) são frequentemente usadas como pontos de referência convenientes do início e final do Iluminismo. Concentrado principalmente na Inglaterra, Escócia e França, o Iluminismo foi um movimento internacional diverso que logo se disseminou em boa parte da Europa e em colônias americanas. Entre intelectuais iluministas havia acadêmicos, bem como jornalistas, escritores e oficiais de governo ativos na vida pública. Eles se reuniam em salões para discutir, publicavam artigos em jornais e diários de notícias, escreviam livros e se correspondiam por meio de cartas. Acima de tudo, eles estavam interessados em aplicar a razão aos problemas da época.

Costuma-se definir o Iluminismo em termos de sua suposta obsessão com a razão e com verdades universais. Nessa linha, os séculos 17 e 18, juntos, compreendem a Era da Razão, e René Descartes (1596-1650), com sua agenda para um sistema abrangente para certificar o conhecimento por meio de uma dedução rigorosa a partir de premissas indubitáveis, seria o epítome do ideal do Iluminismo. Mas a erudição recente tem dado ênfase à importância de outros pensadores do século 17 como G. W. Leibniz (1646-1716), Baruch de Espinoza (1632-1677), Thomas Hobbes (1588-1679), John Locke (1632-1704), Francis Bacon (1561-1626), Isaac Newton (1642-1727) e Robert Boyle (1627-1691). De fato, o racionalismo inicial de Descartes foi em grande parte abandonado pelos pensadores do século 18, em favor de abordagens mais empíricas com raízes em Bacon e Locke. Muitos pensadores do Iluminismo eram na realidade um tanto céticos para com a razão. Assim, muitos historiadores restringem a Era da Razão ao século 17 e identificam o Iluminismo em si com os movimentos intelectuais do século 18.

2. Alguns temas do Iluminismo

O iluminismo não foi um movimento monolítico. Entretanto, é possível identificar certos temas recorrentes. L. Dupre identifica a razão e a emancipação como características especiais do pensamento do Iluminismo. Ambas encontram expressão no ensaio "O que é o Iluminismo" de Immanuel Kant (1724-1804), um dos últimos e maiores pensadores do Iluminismo.

> Iluminismo é a saída do homem de sua menoridade autoimposta. Menoridade é a incapacidade de usar o próprio entendimento sem a orientação de outrem. Essa menoridade é autoimposta se a causa dela não reside na falta de entendimento, mas na indecisão e na falta de coragem de usar a própria mente, sem a orientação de outrem. Ouse saber! (*Sapere aude!*) "Tenha coragem de usar seu entendimento!", portanto, é o lema do Iluminismo. (Kant, 384)

Kant liga o uso iluminista da razão à liberdade e autonomia: "Essa iluminação requer nada menos que a *liberdade* — e o mais inofensivo de tudo o que se possa chamar de "liberdade": liberdade para tornar público o uso da própria razão em todos os assuntos" (Kant, 385). Embora antes o livre uso da razão tivesse sido inibido por autoritarismo religioso e político, superstição e ignorância, com a remoção dessas barreiras, a humanidade poderia então assumir o controle do próprio destino.

2.1. Confiança restrita na razão. É evidente que a razão foi central para o Iluminismo. Mas nem todos concordam quanto à natureza da razão ou sua capacidade de descobrir a verdade. Os conceitos de razão no século 18 precisam ser compreendidos à luz de três desenvolvimentos ocorridos nos dois séculos anteriores: o ressurgimento do ceticismo, o racionalismo de Descartes e o impacto revolucionário do início da ciência moderna.

O ceticismo pirroniano de Sexto Empírico (c. 200 d.C.) foi apresentado à Europa na Renascença. Esse ceticismo, juntamente com a crescente consciência da diversidade religiosa e cultural pelos embates europeus com povos não ocidentais, incentivaram um ceticismo e um relativismo pervasivos. O racionalismo de Descartes era em parte uma reação ao espírito cético da época. Em *Discurso do Método* (1637), Descartes delineou uma abordagem do raciocínio baseado no método geométrico, que seguia regras rígidas para inferências dedutivas a partir de premissas indubitáveis e prometia certeza quanto ao conhecimento. Controvertido mesmo em seus dias, o sistema racionalista de Descartes foi recebido com entusiasmo por alguns e severamente criticado por outros. O Iluminismo era profundamente ambivalente acerca desse racionalismo. A ideia de que a natureza era racional e governada por princípios organizados, semelhantes a leis, era amplamente aceita. Mas muitos intelectuais, especialmente nas Ilhas Britânicas, rejeitavam Descartes em sua ideia de um sistema epistemológico moldado de acordo com o método geométrico. Com o século 18 veio uma nítida reorientação para o empirismo e a experiência humana como fontes de conhecimento. Entre os pensadores do século 17, portanto, não é tanto Descarte, mas o empirista Locke e promotores do método científico experimental, Newton e Bacon, que antecipam perspectivas iluministas.

O surgimento das ciências físicas, especialmente da astronomia, questionou formas tradicionais de entender o universo e o lugar dos seres humanos dentro dele. Os trabalhos revolucionários de Copérnico (1473-1543), Johannes Kepler (1571-1630) e Galileu (1564-1642) não só refutaram a teoria ptolemaica tradicional do universo, como também lançaram os fundamentos da ciência moderna e sua confiança na investigação empírica. Os *Princípios Matemáticos da Filosofia Natural* (1687) de Newton estabeleceram o modelo da pesquisa física por mais de dois séculos. As descobertas revolucionárias em astronomia, física e biologia não só transformaram nosso entendimento do mundo, como também criaram um novo paradigma para o conhecimento. Bacon, Locke e Newton demonstraram a eficiência de um método indutivo que combina precisão matemática com experimentação e observação. A natureza, por muito tempo temida como um produto imprevisível de influências ocultas ou efeitos arbitrários de uma deidade inescrutável, foi desmistificada, ficando demonstrado que seria governada por leis acessíveis à razão.

Muitos pensadores iluministas, como Denis Diderot (1713-1784) E Baron P. d'Holbach (1723-1789), eram notadamente otimistas quanto ao que a razão poderia realizar. Outros, como Voltaire (1694-1778), eram mais modestos, considerando a razão confiável como guia, reconhecendo ao mesmo tempo suas limitações. Ainda outros, tais como o filósofo escocês David Hume (1711-1776), um dos personagens mais influentes do Iluminismo, eram bem céticos quanto à razão. Assim, o historiador Peter Gay afirma que o Iluminismo não deve ser interpretado como uma era da razão, mas como uma era de crítica. "A afirmação da onicompetência da crítica não era, de forma alguma, uma afirmação da onipotência da razão. Era uma demanda política pelo direito de questionar tudo, e não uma a declaração de que tudo podia ser conhecido ou dominado pela racionalidade" (Gay 1966, 141).

Além disso, muitos pensadores do Iluminismo sustentavam que a crença humana era governada por fatores distintos da razão. Jean-Jacques Rousseau (1712-1778) destacou a importância das emoções e dos sentimentos para o entendimento humano, alegando que Deus é conhecido não pela razão, mas pelo coração. Hume afirmou que a crença humana não é baseada na razão: ela é produto de nossas disposições e propensões naturais e, portanto, "a razão é escrava das paixões" (Hume, 415). Lorde Shaftesbury (1671-1713), com quem se originou a influente teoria ética do "senso moral", apelou para a intuição moral e as "afeições naturais" como base para julgamentos morais.

2.2. Rejeição da autoridade religiosa tradicional e do sobrenaturalismo. Em nenhuma área o impacto do Iluminismo foi maior que na da religião. A maioria dos pensadores iluministas era teísta de algum tipo; o ateísmo explícito era raro, especialmente fora da França. Mas se uniam no ataque ao cristianismo ortodoxo tradicional, considerando-o irracional. As opiniões iluministas a respeito da religião foram moldadas pelos desenvolvimentos nos séculos 16 e 17, incluindo o ceticismo religioso; a crescente consciência de outras religiões e culturas; a crise na autoridade religiosa provocada pela Reforma Protestante e a proliferação de novos movimentos religiosos; as amargas guerras religiosas, que combinavam com o sectarismo entre cristãos com rivalidades políticas; e o impacto de uma concepção mecanicista do universo derivada de Newton e das ciências emergentes;

A igreja institucional, especialmente a Igreja Católica Romana, foi criticada com veemência por corrupção desenfreada, abuso sexual por parte do clero, intolerância, superstição e ignorância. Crenças em milagres sobrenaturais, na revelação especial e na encarnação foram consideradas irracionais e rejeitadas.

Muitos pensadores defendiam um tipo de religião natural. Eles acreditavam que a ordem natural fornece base para a crença numa deidade e numa obrigação moral, que diziam ser inerente à natureza humana e comum a todos os seres humanos. Havia amplo reconhecimento, mesmo entre críticos do clericalismo como Voltaire, de que a religião desempenha um papel importante na manutenção da ordem social e política. A maior parte dos personagens do Iluminismo não estava rejeitando a religião como tal, mas defendendo uma religião natural, não sectária, razoável, que sustentasse a moralidade. A forma de religião natural mais popular era o deísmo, que sustentava a crença num Deus que criou o mundo, mas não intervém nas operações do universo ou nos interesses humanos. Ainda que aceitem as obrigações morais e a imortalidade, os deístas rejeitam milagres e a *revelação especial divina.

A Bíblia, aceita por cristãos ortodoxos como a revelação de Deus inspirada e especial, sofreu críticas sem precedentes. A unidade, a coerência interna e a credibilidade histórica da Bíblia foram questionadas à medida que o texto era submetido à análise crítica e tratada como qualquer outro documento antigo. Espinoza foi um dos primeiros que sujeitou a Bíblia à crítica racional, mas quem inaugurou a crítica bíblica moderna foi Hermann Reimarus (1694-1768), ao questionar a credibilidade histórica do retrato neotestamentário de Jesus. A singularidade da Bíblia também foi questionada pela comparação com novas informações acerca de textos sagrados de religiões da China e da Índia.

As críticas mais devastadoras ao cristianismo ortodoxo vieram de Hume e Kant. Hume apresentou uma crítica tríplice à religião, em que cada aspecto era dirigido contra um modo popular de defender a ortodoxia no século 18. Seu notável ensaio, "Dos Milagres", afirmava que mesmo que um milagre fosse em princípio possível, jamais teríamos evidências suficientes para acreditar qual fenômeno específico seria de fato um milagre. Os *Diálogos sobre a Religião Natural*, publicados postumamente em 1779, é uma crítica incisiva ao argumento teleológico, amplamente empregado por deístas, bem como por teólogos ortodoxos, para sustentar a crença na existência de Deus. A *História Natural da Religião* (1757) solapou a tentativa de ligar a religião a sentimentos ou disposições naturais, explicando-a em termos estritamente naturalistas, como algo que brotaria do medo e seria danoso à sociedade. Ainda que jamais tenha afirmado provar que Deus não existe, entendeu-se que os escritos de Hume removiam bases racionais para a crença em Deus, sustentando com isso ou o fideísmo ou o agnosticismo.

Kant, ele mesmo deísta, não era hostil à religião como tal, mas seu sistema filosófico demandava uma reinterpretação radical do que entendemos por religião. A epistemologia crítica da *Crítica da Razão Pura* (1781) removeu a possibilidade de algum conhecimento genuíno acerca de Deus. Kant desenvolveu uma teoria sofisticada de conhecimento que tinha como uma de suas consequências a limitação do conhecimento ao âmbito da experiência possível dos sentidos, impossibilitando todo conhecimento acerca de um Deus transcendente. Kant alegava, porém, que ainda assim estamos autorizados a crer na existência de Deus, tendo por base a "razão prática". As implicações da obrigação moral são tais que temos justificativas para crer, por motivos práticos ou morais, que Deus existe. Mas em *Nos Limites da Simples Razão* (1793), Kant reinterpretou sistematicamente o cristianismo em termos de uma "religião pura, racional" de moralidade, reduzindo com isso a religião à moralidade. Por fim, Kant, como outros pensadores do Iluminismo, rejeitou o "escândalo da particularidade" da encarnação no cristianismo ortodoxo. Kant afirmava que a religião racional requer universalidade e não pode ser baseada em eventos particulares ou verdades a que só alguns têm acesso. De modo semelhante, Gotthold Lessing (1729-1781) falou da "vala feia e grande" que separa as verdades universais da religião das contingências particulares da história.

2.3. Um apelo pela tolerância religiosa.
O apelo à tolerância, preocupação central do Iluminismo, era uma reação às guerras religiosas brutais dos séculos 16 e 17. A defesa clássica da tolerância religiosa encontra-se em *Carta acerca da Tolerância* (1685) e *Dois Tratados sobre o Governo* (1690) de Locke. A justificativa de Locke para a tolerância era baseada numa distinção cuidadosa entre a jurisdição civil, que não é responsável pelo "cuidado com as almas", e a eclesiástica, que mantém tal responsabilidade, mas não deve interferir em questões civis. Reconhecendo a importância da consciência, ele alegava que as crenças religiosas não podem ser coagidas, mas aceitas voluntariamente. Outros pensadores também defenderam a tolerância, mas o fizeram em parte por causa do ceticismo religioso. Uma vez que somos incapazes de determinar qual tradição religiosa é verdadeira, se é que isso existe, a prudência exige que deixemos espaço para a diversidade de crenças religiosas, desde que o bem estar público não seja ameaçado. O apelo à tolerância estava relacionado a outras crenças do Iluminismo acerca de direitos naturais e da necessidade de diferentes estruturas políticas — baseadas num "contrato social" (Locke e Rousseau) — reconhecendo esses direitos. Essas ideias encontraram expressão na Declaração da Independência (1776) e na Constituição (1787) dos Estados Unidos, que formalizaram a desestatização da religião, proibindo o patrocínio estatal de toda religião e garantindo liberdade de expressão religiosa.

2.4. Otimismo com o progresso humano. Muitos pensadores do Iluminismo acreditavam no progresso e na perfectibilidade da natureza humana. O desconhecido era apenas o não descoberto, e a ignorância e superstição estavam em declínio. Visões utópicas de um mundo livre de guerras, superstições e doenças não eram incomuns, e encontravam a mais clara expressão na notável afirmação de M. Condorcet (1743-1794):

"Podemos concluir [...] que a perfectibilidade do homem é indefinida".

Mas outros, inclusive Rousseau e Hume, questionavam se de fato ocorria um progresso. Considerando corrupta a sociedade contemporânea, não viam nenhuma inevitabilidade no progresso e duvidavam que só a razão pudesse produzir mudanças positivas. A negação dos ideais do Iluminismo na brutal Revolução Francesa (1789) e seu rescaldo fez com que muitos modificassem o otimismo que tinham em relação à liberdade e ao progresso.

3. O legado duradouro do Iluminismo

No início dos anos 1800, o Iluminismo já estava sendo eclipsado por outros movimentos, especialmente pelo Romantismo. Mas o Iluminismo exerceu um impacto enorme sobre as sociedades modernas em todo o mundo. Dupré identifica seu legado com uma "consciência crítica" disseminada em sociedade modernas, de modo que a autoridade tradicional já não é pressuposta (Dupré, ix). Ainda que castigada por dois séculos de guerras devastadoras, genocídio e exposição ao lado mais sombrio da ciência, a influência do Iluminismo pode ser vista na contínua confiança que as pessoas hoje têm na educação, ciência e tecnologia. Essa confiança é às vezes mais evidente nas sociedades que se modernizam rapidamente na Ásia. Os ideais do Iluminismo também são refletidos na crescente desestatização da religião, na liberdade de expressão religiosa em partes do mundo e no reconhecimento internacional da importância dos direitos humanos individuais conforme codificados na Declaração Universal dos Direitos Humanos das Nações Unidas (1945). Ideais de liberdade, autonomia e igualdade têm inspirado movimentos revolucionários pelo mundo.

Desde o Iluminismo, a religião (incluindo-se o cristianismo) tornou-se objeto de análise crítica, especialmente com o desenvolvimento das disciplinas da filosofia da religião, religiões comparadas e história da religião ocorrido no século 19. A crítica bíblica transformou a maneira de pessoas modernas — tanto crentes como céticas — verem a Bíblia. O liberalismo protestante clássico, aceitando a estrutura de Lessing, Hume e Kant, reinterpretou a teologia cristã em categorias morais isentas de metafísica e do sobrenatural. Mesmo a atração contemporânea do pluralismo religioso tem em comum com o Iluminismo a rejeição do "escândalo da particularidade" e um compromisso com perspectivas religiosas que transcendem tradições particulares.

Mas a influência do Iluminismo não deve ser exagerada. A tendência de identificar a "modernidade" com "o Iluminismo" não só exagera o impacto do século 18 sobre os séculos subsequentes, como ignora a variedade desconcertante de movimentos intelectuais e culturais da era moderna. Além disso, devemos evitar definir o século 18 simplesmente em termos do Iluminismo, pois simultaneamente ao Iluminismo houve movimentos religiosos como a emergência do Pietismo, o início das missões protestantes, John Wesley e o surgimento do metodismo, William Wilberforce e o abolicionismo, e o Grande Despertamento nas colônias americanas.

Veja também EPISTEMOLOGIA; LEI NATURAL; MODERNISMO E PÓS-MODERNISMOS; TEOLOGIA EUROPEIA.

BIBLIOGRAFIA. CASSIRER, E., *The Philosophy of the Enlightenment* (Princeton: Princeton University Press, 1951); DUPRÉ, L., *The Enlightenment and the Intellectual Foundations of Modern Culture* (New Haven: Yale University Press, 2004); GAY, P., *The Enlightenment: An Interpretation, 1: The Rise of Modern Paganism; 2: The Science of Freedom* (New York: Knopf, 1966, 1969); idem, org., *The Enlightenment: A Comprehensive Anthology* (New York: Simon & Schuster, 1973); HAMPSON, N., *The Enlightenment: An Evaluation of Its Assumptions, Attitudes, and Values* (Hammondsworth: Penguin, 1968); HAZARD, P., *European Thought in the Eighteenth Century: From Montesquieu to Lessing* (New Haven: Yale University Press, 1954); HUME, D., *A Treatise of Human Nature*, L. A. Selby-Bigge, org. (Oxford: Clarendon, 1965); ISRAEL, J. I., *Enlightenment Contested: Philosophy, Modernity, and the Emancipation of Man 1670-1752* (New York: Oxford University Press, 2006); KANT, I., "What Is Enlightenment?", in: *The Enlightenment: A Comprehensive Anthology*, Gay, P., org. (New York: Simon & Schuster, 1973) 383-90; LIVINGSTON, J., *The Enlightenment and the Nineteenth Century* (2. ed.; Upper Saddle

River: Prentice-Hall, 1997); YOLTON, J., org., *The Blackwell Companion to the Enlightenment* (Cambridge: Blackwell, 1991).

H. Netland

IMAGEM DE DEUS. *Veja* ANTROPOLOGIA TEOLÓGICA.

IMAGENS, ÍCONES, ICONOCLASMO

Imagens vêm desempenhando um papel importante na igreja cristã desde o início. Apesar do fato de o primeiro mandamento parecer proibir os fiéis de fazerem imagens, tanto judeus como cristãos têm usado imagens de vários tipos para incentivar a fé e a devoção — crendo que o mandamento diz respeito à idolatria, não à confecção de imagens propriamente dita. O catolicismo ocidental alega coerentemente que as imagens são importantes para os fiéis, especialmente aos que não conseguem ler; para a *ortodoxia oriental, as imagens, ou ícones, como são chamadas, desempenham um papel central no culto e na adoração. O poder implícito das imagens é reconhecido, mesmo que indiretamente, até pela oposição ao uso de imagens no culto, chamada iconoclasmo, que tem irrompido em vários momentos da história da igreja (veja Freedberg).

 1. Imagens e culto
 2. Ícones
 3. Iconoclasmo

1. Imagens e culto

Várias imagens e símbolos que representam a fé cristã apareceram no início da história cristã e, após a conversão de Constantino no século quarto, os cristãos logo adaptaram a iconografia do mundo greco-romano aos seus propósitos. Os prédios foram adaptados para o culto cristão, imagens de Cristo e dos santos substituíram os deuses gregos e romanos, e mosaicos retratando histórias bíblicas logo decoraram suas igrejas (veja Matthews).

Em parte para neutralizar a desconfiança de alguns sacerdotes em relação a essa adaptação do simbolismo pagão, Gregório Magno publicou sua famosa declaração sobre o uso de imagens em 601: "Uma coisa é cultuar um retrato, outra, aprender aquilo que deve ser cultuado com a história retratada. Pois o que um livro [*scriptura*] é para os que leem, um quadro [*pictura*] apresenta para o inculto que observa, já que nele o iletrado pode ver o que devem seguir, nele os que não conhecem as letras podem ler" (Bede, *História Eclesiástica* 1.30). A opinião de Gregório tornou-se a base para a disseminação do uso de imagens na igreja medieval. Clérigos medievais observaram ainda que as imagens eram mais adequadas para impactar as emoções dos adoradores e que as coisas vistas persistiam mais na memória do que aquilo que é simplesmente lido ou ouvido.

2. Ícones

Na Igreja Oriental, a exibição frontal comum da imagem do imperador no antigo Império Romano levou a um uso distinto de imagens chamado "ícones". Durante o século sete, as imagens frontais de Cristo e dos santos desenhadas de formas específicas passaram a ser empregadas no culto público. Isso provocou oposição considerável da parte de alguns sacerdotes e bispos como algo que incentivaria a superstição (acreditar que os ícones teriam poderes mágicos) e, mais importante, ameaçaria a centralidade da Eucaristia no culto. No Segundo Concílio de Niceia (787), a Igreja Oriental resolveu a controvérsia declarando que essas imagens deviam ser aceitas e veneradas, "pois quanto mais são observadas mediante tais representações, tanto mais os contempladores serão despertados para relembrarem o original e ansiar por ele, e prestar às imagens o tributo de um abraço e uma reverência de honra" (Actio VII, xiii). A base teológica para isso, conforme definida por João de Damasco (m. 850), era a encarnação. Em seu tratado sobre imagens, João afirmou que é precisamente porque Deus apareceu em forma humana, que se devem fazer imagens de Cristo. "Quando o Invisível torna-se visível à carne, pode-se então desenhar suas feições [...] e mostrá-las a qualquer um que queira contemplá-las" (João de Damasco, 15). Isso levou à disseminação da presença de imagens em paredes, tetos e painéis especiais (chamados iconóstases) em igrejas orientais. Tudo isso tem por propósito encorajar a adoração pelo estímulo à oração mais efetiva, pela rememoração da vida dos santos e do sempre presente Cristo em glória (em geral retratado no domo acima do altar).

3. Iconoclasmo

À medida que as imagens proliferaram no final da Idade Média, muitas vozes começaram a clamar por reformas. De acordo com a famosa frase de Keith Thomas, a distinção entre religião e mágica ficou difícil. A igreja "aproveitou-se das implicações mágicas que consideraram inerentes a alguns aspectos fundamentais do ritual eclesiástico" (Thomas, 51). Os reformadores reagiram fortemente contra essa prática, alegando que oração sem o devido entendimento transforma objetos em amuletos.

Mas Calvino tinha um entendimento mais profundo da revolução necessária. Ele chegou à conclusão de que o sistema medieval inteiro pelo qual a graça de Deus podia ser mediada por múltiplas práticas religiosas — penitências, peregrinações e pai-nossos — precisava ser desmantelado. Para Calvino e Lutero, a transformação necessária era interior. A pessoa precisava antes reconhecer a graça de Deus por meio da *pregação da Palavra, que precisava ser recebida pelo coração e não por alguma mediação externa. A imagem que importava para Calvino era a verdadeira consciência da cruz de Cristo à medida que ela fosse pregada e acolhida. No entanto, Calvino acreditava que, para que isso ocorresse, todas as imagens físicas precisavam ser removidas da igreja. Para a tradição iniciada por ele, uma vez que as imagens tinham passado a desempenhar uma função negativa de distrair a adoração, não havia uma função positiva que pudessem desempenhar. Para corrigir o abuso, os reformadores removeram totalmente as imagens.

Em certo sentido a tradição protestante resultante continuou a ênfase nos profetas bíblicos, que procuravam purificar o culto e chamar os fiéis de volta à obediência leal a Deus. Eles reconheciam a necessidade da reforma (e, portanto, da destruição de práticas acumuladas) tinha de ser constante na vida do fiel. Mas, ao fazê-lo, não conseguiram ver a contribuição positiva das imagens e das expressões dramáticas na vida dos fiéis — especialmente para aqueles que já não são tentados pela mágica e pela idolatria.

Em muitas partes do mundo, cristãos fiéis de muitas tradições estão tentando demonstrar a fé com histórias, imagens e práticas que expressam seus valores culturais.

Quando isso é feito com uma sensibilidade bíblica e com uma disposição de aprender com a riqueza de tradições cristãs mais amplas, o uso da arte e de imagens pode ser vital para a obra renovadora do Espírito Santo na vida de indivíduos e comunidades.

Veja também CULTURA VISUAL; LITURGIA E ADORAÇÃO.

BIBLIOGRAFIA. DYRNESS, W., *Visual Faith: Art, Theology and Worship in Dialogue* (Grand Rapids: Baker, 2001); idem, *Reformed Theology and Visual Culture: The Protestant Imagination from Calvin to Edwards* (Cambridge University Press, 2004); EVDOKIMOV, P., *The Art of the Icon* (Redondo Beach: Oakwood Publications, 1990); FREEDBERG, D., *The Power of Images: Studies in the History and Theory of Response* (Chicago: University of Chicago Press, 1989); João de Damasco, *On the Divine Images: Three Apologies Against Those Who Attack Divine Images* (Crestwood: St. Vladimir's Seminary Press, 1980); MATTHEWS, T., *The Clash of the Gods: A Reinterpretation of Early Christian Art* (Princeton: Princeton University Press, 1993); THOMAS, K., *Religion and the Decline of Magic: Studies in Popular Beliefs in Sixteenth and Seventeenth Century England* (London: Weidenfeld & Nicolson, 1971).

W. A. Dyrness

IMAGO DEI. *Veja* ANTROPOLOGIA TEOLÓGICA.

IMITAÇÃO DE CRISTO, A

Depois da Bíblia, *A Imitação de Cristo* apresenta-se como o escrito mais lido nos últimos quinhentos anos. Desde sua publicação em latim no início do século 15, passou por mais de seis mil edições distintas e mais de uma dúzia de traduções. Classificado no gênero de orientação espiritual, a *Imitação* consiste numa rica coleção de ditos sobre uma vasta gama de tópicos. O livro pode ser lido de forma aleatória, uma vez que não há sequência especificada nem fluxo lógico que ligue seus vários capítulos. Apesar do fato de conter máximas espirituais independentes e desconectadas entre si, *Imitação* ostenta certa lucidez de estilo e profundidade psicológica. Isso em parte explica por que há séculos a *Imitação* vem sendo um dos textos mais populares de espiritualidade em todo a Europa Ocidental. Ele exerceu um profundo impacto sobre reformadores como Martinho Lutero, John Wesley e até Dag Hammarskjöld, ex--secretário geral das Nações Unidas.

Ainda que não seja universalmente reconhecida, a autoria da *Imitação de Cristo* é em geral atribuída a Thomas Haemerken (1380-1471), mais popularmente conhecido como Tomás de Kempis (por causa de sua cidade natal, Kempen, perto de Colônia nos Países Baixos). Mesmo que Tomás de Kempis não tenha escrito todo o material na *Imitação*, há motivos suficientes para acreditar que ele foi responsável pela obra final.

Os escritos de Tomás de Kempis foram significativamente influenciados por uma comunidade monástica leiga chamada Congregação da Vida Comum, cujos membros praticavam a pobreza, celibato e obediência sem assumirem votos formais. Essa comunidade informal fundada por Gerhard Groote estava diretamente associada com o movimento então florescente chamado *Devotio Moderna*, com foco na humanidade e paixão de Cristo, e forte ênfase na oração afetiva. Essa devoção nova e viva sem dúvida tinha raízes no coração, em oposição à cabeça, exaltando os sentimentos sobre o pensamento, e tinha fortes tendências a negar o mundo. Em muitos sentidos, a escola da *Devotio Moderna* não só representava uma reação aos excessos de uma espiritualidade por demais especulativa, mas também uma rejeição absoluta da abordagem intelectual dos teólogos escolásticos da época.

A Imitação de Cristo foi composta nesse ambiente. Não surpreende que o texto de Tomás de Kempis refletisse um teor antirracionalista, ao mesmo tempo em que destacava uma forte inclinação pietista. Mesmo com seu óbvio foco na interioridade, a *Imitação* ainda revela o equilíbrio agostiniano entre o conhecimento de si próprio e o conhecimento de Deus.

Na realidade, o título é errôneo porque a obra jamais trata diretamente do ideal daquilo que significa imitar Cristo. O título foi colhido da epígrafe do primeiro capítulo: "Da imitação de Cristo ou do segui-lo e do desprezar todas as vaidades do mundo". Quatro temas principais circunscrevem toda a obra: Admoestações sobre a Vida Espiritual, Conselhos sobre a Vida Interior, Da Consolação Interior, e Um Tratado sobre o Bendito Sacramento. Apesar de sua grande simplicidade e, talvez, por causa dela, *A Imitação de Cristo* se mantém como o clássico devocional mais popular de todos os tempos.

Veja também ESPIRITUALIDADE.

BIBLIOGRAFIA. HEALEY, C., *Christian Spirituality: An Introduction to the Heritage* (New York: Alba House, 1999); À KEMPIS, T., *Imitation of Christ* (Nashville: Thomas Nelson, 1999) [edição em português: *Imitação de Cristo* (São Paulo: Paulinas, 1982)]; WOODS, R., *Christian Spirituality: God's Presence Through the Ages* (Chicago: Thomas More, 1989).

W. Hernandez

IMORTALIDADE. *Veja* ANTROPOLOGIA TEOLÓGICA; REENCARNAÇÃO; RESSURREIÇÃO.

INCULTURAÇÃO. *Veja* CONTEXTUALIZAÇÃO; TEOLOGIAS LOCAIS.

INDIANA, RELIGIÃO. *Veja* HINDUÍSMO.

INFALIBILIDADE DAS ESCRITURAS. *Veja* REVELAÇÃO E ESCRITURAS.

INFERNO

O inferno é o destino de pecadores impenitentes; é a terrível alternativa ao *céu. A tradição cristã concorda que só existem dois destinos possíveis para os seres humanos, embora possamos discernir algumas diferenças no entendimento quanto ao propósito e duração do inferno. (Deve-se observar que a doutrina católica romana do purgatório não se refere a uma terceira alternativa de destino. Trata-se, na realidade, do estágio final de preparação do redimido para a vida no céu.) Três perguntas moldarão nosso estudo: Qual o propósito do inferno? Qual a natureza da experiência do inferno? Quanto tempo dura a experiência consciente do inferno?

1. O propósito do inferno
2. A natureza da experiência do inferno
3. A duração da experiência do inferno

1. O propósito do inferno

O entendimento clássico da igreja tem sido que o inferno é o meio que Deus escolheu para se glorificar na justa punição dos perversos. O propósito divino do céu, portanto, não é correção ou restauração, mas retribuição: o inferno tem por objetivo restabelecer o bom e justo domínio de Deus (Rm 2.5, 11) e responsabilizar os pecadores por sua rebeldia deliberada. Em anos recentes, porém, alguns teólogos têm entendido o inferno principalmente como o destino escolhido por agentes libertariamente livres que o preferem à adoração a Deus. Desse ponto de vista, os sofrimentos das pessoas no inferno não são uma punição que lhes é imposta por um Deus implacável, mas a consequência da livre decisão das pessoas que continuam alienadas de Deus, decisão que Deus honra. Essas duas ênfases não são necessariamente excludentes.

Uma percepção bem diferente do propósito do inferno é mantida pelos *universalistas, que acreditam que todos acabarão sendo salvos. Para eles, o inferno tem fins purgativos: é o meio pelo qual Deus estende as oportunidades até que todos se arrependam.

2. A natureza da experiência do inferno

O Antigo Testamento falava do *sheol* como o lugar dos mortos, mas isso em geral designava o túmulo ou uma região sombria para onde tanto os justos (Jacó: Gn 37.35; Jó: Jó 14.13; Davi: Sl 49.15 e até Jesus: Sl 16.10; cf. At 2.27, 31) como os injustos iam após a morte. O Antigo Testamento era muito menos claro que o Novo Testamento sobre distinções entre os perversos e os justos na morte, ainda que insinuações acerca de um julgamento possam ser vistas em Isaías 66.24 e Daniel 12.2. No Novo Testamento, porém, o inferno (chamado *gehenna* nos Evangelhos) é nitidamente um lugar de punição (Mt 25.41; Mc 9.43-48), em contraposição ao *hades*, que em geral era apenas a sepultura (Mt 16.18; Lc 16.23; At 2.27, 31; Ap 1.18; 20.13). Com frequência, o inferno é identificado como um fogo crepitante ou inextinguível (Mt 3.12; 5.22; 8.12; 13.42, 49-50; 25.31-46; Hb 10.26-27; Ap 19.20; 20.10, 14-15), mas também é descrito como um lugar de trevas exteriores em que há choro e ranger de dentes (Mt 8.12; 22.1-14; 25.30; Jd 6), abismo (Ap 9.1-2), prisão (Mt 5.25-26), destruição (Mt 7.13-14; Fp 1.27-28; 3.18-19; 1Ts 5.3; 2Ts 1.9; Tg 4.12; 2Pe 3.7), punição (Mt 25.46; 2Ts 1.9; 2Pe 2.9; Hb 10.29) ou a experiência do julgamento ou condenação divina (Jo 5.24-29) e de sua ira (Rm 2.5-9). Ser entregue ao inferno é perecer (Lc 13.3,5; Jo 3.16; 1Co 1.18; 2Co 2.14-16; 4.3; 2Ts 2.10), ser despedaçado pela pedra sobre a qual os pecadores tropeçam, o Messias (Lc 20.18) e receber o salário do pecado que é a morte (Rm 6.23; 2Co 7.10) ou a *segunda morte* (Ap 20.6, 14).

Os cristãos às vezes entendem as descrições do inferno de modo muito literal, dando ênfase ao sofrimento físico dos pecadores condenados. Atualmente, porém, admite-se amplamente que as imagens do inferno devem ser reconhecidas como metáforas. Aliás, tentativas de juntar imagens como fogo e trevas exteriores criam dificuldades desnecessárias quando compreendidas literalmente. Três aspectos do inferno se destacam nas declarações do Novo Testamento a respeito dele: punição, destruição e exclusão. Interpretações diferem quanto à ênfase dada a um ou mais desses fatores, mas é importante dar a devida atenção para cada um.

Os que são enviados para o inferno estão excluídos de Cristo (Mt 7.21-23; 25.12, 41; Lc 13.25; 2Ts 1.8-10; Ap 22.14-15), o que pode ser o ponto central da figura das *trevas exteriores* (Mt 8.12); eles não herdam o *reino de Deus (1Co 6.9; Gl 5:19-21; Ef 5.5; Cl 3.6), mas experimentam a ira de Deus (Rm 2.8; Ef 5.6; Cl 3.6; 1Ts 1.10). Dada a importância da ressurreição do corpo na *escatologia cristã, o sofrimento do inferno deve ser físico e também espiritual, mas talvez sua maior angústia sejam as dores da consciência e o desespero que produz *choro e ranger de dentes* (Mt 8.12; 13.50; Mc 9.43-44, 47-48; Lc 16.23, 28; Rm 2.8-9; Jd 13; Ap 14.10; 21.8). No inferno, haverá graus de punição e a experiência será adequada à natureza do erro do pecador (cf. Mt 10.15;11.22-24; 12.41, 42; Lc 10.13-15; 11.29-32; 12.47-48; 20.17; Rm 2.5-9; Ap 2.23). Será o abandono final para a pecaminosidade escolhida pelos pecadores (Rm 1.24, 26, 28; Ap 22.11). Apesar da terribilidade dessa experiência, porém, os habitantes do inferno preferirão estar ali a estar com Deus no céu. Isso indica a completude da perversão que o pecado causa na vida de seres criados para comunhão com Deus.

3. A duração da experiência do inferno

Quatro principais respostas têm sido dadas à questão de quanto tempo as pessoas experimentam o inferno: (1) *Universalismo: as pessoas experimentam o sofrimento do inferno até se arrependerem, quando então são admitidas no céu. (2) Aniquilacionismo imediato: a imortalidade na próxima vida só é dada aos justos; o julgamento divino sobre os perversos é a morte, de modo que eles não são ressuscitados. (3) Aniquilacionismo final: depois de um tempo adequado de punição por seus pecados, os perversos são destruídos ou aniquilados por Deus. (4) Tradicionalismo: os perversos vão sofrer conscientemente, para sempre, as dores do inferno. (Identificamos a quarta posição como "tradicionalismo" porque tem sido amplamente aceita ao longo da história da igreja e porque tanto o universalismo como o aniquilacionismo foram condenados no Quinto Concílio Ecumênico de Constantinopla em 553). Seguem-se as descrições dessas posições, exceto a do universalismo, que é descrito em verbete próprio.

3.1. Aniquilacionismo imediato. Durante o período da *Reforma, Fausto Socino (1539-1604) e alguns anabatistas defendiam essa posição e ela foi adotada pelas Testemunhas de Jeová, mas não é amplamente aceita por outros. Recentemente, porém, uma defesa histórica e bíblica detalhada foi apresentada por D. Powys, que conclui "com cautela" que "os ímpios não terão vida após a morte, a não ser, talvez, que sejam ressuscitados temporariamente para serem condenados. Os injustos, não importa como se mostrem, descobrirão que Deus os respeita na morte assim como na vida — de acordo com a escolha que eles mesmos fizeram, não terão parte no reino divino restaurado. Aliás, desligados da fonte da vida, deixarão de existir" (Powys, 416).

3.2. Aniquilacionismo final. O aniquilacionismo final é, sem dúvida, o maior desafio ao entendimento tradicional do inferno entre os cristãos que aceitam a autoridade da Bíblia. Essa posição foi defendida por vários estudiosos do século 19 (R. Whately, H. Constable, E. White, R. F. Weymouth) e, em anos recentes, tem sido defendida por certo número de teólogos evangélicos muito respeitados (entre eles, B. Atkinson, E. Froom, E. Fudge, M. Green, H. E. Guillebaud, P. E. Hughes, C. Pinnock, J. Stott, S. Travis e J. Wenham). Também é a posição tradicional da Igreja Adventista do Sétimo Dia.

Embora não existam dois aniquilacionistas que apresentem posições exatamente iguais, os seguintes argumentos são muito comuns: (1) É moralmente inconcebível que o Deus descrito na Bíblia puna (atormente ou torture) pessoas para sempre, de modo que a aniquilação apresenta Deus de modo mais atraente para os incrédulos. Punir infinitamente os pecados de seres finitos seria injusto. (2) A crença tradicional na punição eterna consciente foi profundamente influenciada pelo conceito filosófico grego da imortalidade inerente das almas. Isso não é ensinado na Bíblia, que descreve a imortalidade como dádiva de Deus, particularmente aos justos. Por causa da importância desse argumento, muitos proponentes dessa posição identificam sua opção como "condicionalismo" e não "aniquilacionismo". (3) A liberdade humana é libertária (i.e., as pessoas têm o poder de escolha contrária) e assim Deus não pode garantir a salvação de todos, mas aceita a decisão dos persistentemente impenitentes. (4) O ensino bíblico dominante a respeito do destino final dos perversos é que eles serão destruídos. (5) Referências bíblicas à "eternidade" de punição descrevem sua qualidade e caráter definitivo e não sua duração infinita. Como adjetivo, "eterno" possui, em relação à vida, um significado diferente do que possui em relação à morte. O inferno é eterno porque os efeitos do julgamento divino são infindos; ninguém que tenha sido entregue ao inferno consegue deixá-lo; quando o último pecador tiver pagado a pena adequada, *não haverá mais morte* (Ap 21.4); ela será o último inimigo destruído (1Co 15.24-26. 54-57). (6) A vitória final de Deus bane a rebelião sem fim dos pecadores dentro da criação divina. Nesse ponto, os aniquilacionistas apelam aos mesmos textos que os universalistas usam para defender a salvação universal, mas eles discordam quanto aos meios pelos quais a rebelião ativa contra Deus é encerrada.

3.3. Tradicionalismo: punição eterna consciente. Uma vez que essa é a posição clássica ou histórica da igreja, é desnecessário identificar os principais proponentes desse entendimento. A melhor maneira de ver os argumentos que sustentam essa posição é examinar um sumário das respostas às tentativas de revisão da tradição promovidas pelos universalistas e aniquilacionistas finais.

3.3.1. Resposta ao universalismo. (1) Uma pressuposição crítica dos universalistas é que as pessoas têm oportunidade contínua de arrependimento, mesmo depois da morte e do dia do julgamento, mas a Bíblia indica que a salvação não é possível após a morte ou o julgamento final (Hb 9.27; cf. Mt 25.13, 46; Mc 13.32-37; 2Co 5.10; 2Ts1.9; Ap 21.8). Por conseguinte, aqueles que se rebelam persistentemente contra Deus no período em que o arrependimento é possível ficam permanentemente afastados de toda experiência de sua graça. (2) Afirmar que o amor divino exige uma salvação universal é comprometer a liberdade divina. Isso fica evidente no contexto das declarações a respeito da vontade salvadora universal de Deus, onde também encontramos uma afirmação do julgamento (Rm 11.32, cf. Rm 9.27-28; 14.10; 1 Co 15.22-24; Cl 1.19-23; 1Tm 2.3-6, cf. 1Tm 5.9, 24).

(3) Embora o pecado seja finito, pelo fato de ser praticado por uma criatura finita num período finito de tempo, o padrão da punição é a natureza intrínseca do pecado e não a limitação da criatura que peca. (4) O *lago de fogo* (Ap 20.10), que é inferno, não deve ser equiparado ao fogo purificador de 1Coríntios 3.15, que designa a obra disciplinadora de Deus nesta vida. (5) Passagens que ensinam a vitória final de Deus não implicam salvação universal. Todo joelho acabará dobrado diante de Cristo e confessará que Jesus é Senhor (Fp 2.9-11), mas essa é a sujeição final de todos os inimigos de Deus e não implica arrependimento para quem a oportunidade fica então no passado. A reconciliação universal de todas as coisas com Cristo (Cl 1.20) inclui, de novo, a pacificação dos inimigos de Deus, incluindo os poderes espirituais hostis, mas não implica a salvação deles.

(6) Os textos que falam de Deus desejoso de salvar todos e os de Paulo, que falam do "segundo Adão", não ensinam que cada indivíduo acabará sendo salvo, embora o significado preciso deles seja explicado de maneiras divergentes dentro de estruturas teológicas chaves. O *arminianismo clássico assevera que Deus desejava salvar todos, mas que a aplicação efetiva da obra expiadora de Cristo a todos faz referência apenas ao pecado original e que o indivíduo precisa tomar posse dela para suscitar a remissão de seus pecados reais. Deus fez tudo o que é necessário em Cristo e o Espírito, para torná-lo possível, mas criaturas livres precisam decidir atender ou não ao convite gracioso de Deus. Em geral, os calvinistas dos "quatro pontos" consideram provisional a expiação universal de Cristo; destina-se à remissão de todo pecado, original e concreto, mas só de modo provisional, de modo que sua efetividade só é experimentada por aqueles a quem Deus concede a fé de maneira eficaz. Calvinistas dos "cinco pontos" explicam que as referências universais não se referem a todos os indivíduos, pessoalmente: a morte de Cristo é efetiva para todos aqueles para quem estava destinada, e é o único meio de salvação para todos os seres humanos, igualmente aplicável para judeus e gentios (i.e. para "todos os tipos" de pessoas), mas seus efeitos salvadores estavam destinados só para aqueles que Deus escolheu em Cristo. Apesar da diferença nesses entendimentos dentro da tradição cristã maior, todos concordam que só os que estão *em Cristo* são vivificados (Rm 5.18; 1Co 15.22-23).

(7) A salvação universal é incoerente com a liberdade libertária. Alguns universalistas reconhecem isso e optam pelo compatibilismo (a ideia de que Deus determina todas as coisas, mas que as criaturas são moralmente responsáveis), mas muitos outros continuam afirmando que os seres humanos são libertariamente livres. Os tradicionalistas afirmam que a punição do inferno não produzirá arrependimento, do mesmo modo que a experiência da ira de Deus não o produziu enquanto ainda viviam. (8) A consideração de que os fiéis no céu ficarão infelizes se seus amados estiverem no inferno não é um argumento válido em favor do universalismo. Quando formos aperfeiçoados, capazes de ver as coisas pelos olhos de Deus, vamos nos regozijar em todas as perfeições divinas, inclusive em seu julgamento justo daqueles que se rebelaram contra ele. Por outro lado, não temos condições de dizer agora como Deus será afetado pelo julgamento de pecadores impenitentes. Deus não é um hedonista que maximiza seu prazer, de modo que ele *não tem prazer na morte do ímpio* (Ez 33.11), isso não abala sua perfeita harmonia, por causa da satisfação que a perfeita justiça traz para o justo juiz. Como observa J. Sanders, "É possível mesmo agora viver com a perda. Talvez, na nova criação, recebamos a habilidade de viver com perdas assim como Deus vive"

(Parry e Partridge, 173). Agora não somos capazes de descrever nossos sentimentos no céu, mas podemos descansar, certos de que embora as Escrituras nos ensinem que Deus não salvará todos, seremos perfeitamente abençoados quando percebermos tudo claramente, segundo a perspectiva divina.

3.3.2. Resposta ao aniquilacionismo final.

(1) Muitos contemporâneos que acreditam na punição eterna consciente não aceitam ideia platônica de que as almas são inerentemente imortais. Eles reconhecem que as criaturas só existem porque Deus as sustenta e que ele pode destruir tanto o corpo como a alma, mas insistem que as Escrituras ensinam a punição sem fim dos perversos. A existência contínua de pecadores condenados não é a "vida" que Deus concede somente aos que são reconciliados com ele, mas isso não significa que os perversos são aniquilados. (2) As Escrituras falam que a punição dos perversos teria a mesma duração que a bênção dos justos, i.e., seria eterna (*aiōnios*) ou para sempre (Is 33.14; 66.24; Jr 17.4; Mt 18.8; 25:41,46; Mc 9.43-48; 2Ts 1.9; Jd 7; Ap 14.11; 20.10) e nada no contexto dessas passagens indica que a palavra "eterna" tenha significados diferentes nos dois casos.

(3) Em resposta à acusação de que a punição interminável seria uma penalidade infinita para um pecado finito, aplica-se de novo o argumento acima, dado aos universalistas, mas os tradicionalistas também observam que os pecadores continuam sendo conscientemente punidos porque continuam rebeldes contra Deus ou porque não se arrependem, mesmo que tenham sido subjugados. (4) A bondade e o amor de Deus não são prejudicados por sua santidade nem pelo exercício de sua justiça. É pelo fato de Deus ser eterno que nossa experiência de seu amor, seja em forma de comunhão, seja em forma de ira, dura para sempre (Ap 4.9; cf. Rm 14.11). (5) Um problema exegético ocorre quando os aniquilacionistas forçam um lapso de tempo cronológico nas passagens do Novo Testamento para fazer distinção entre textos que falam de punição e os que falam de destruição, o que abriria espaço para um período de sofrimento antes da aniquilação.

(6) Os termos traduzidos por "destruir" (*appolumi, olethros, phtheirō*) não indicam, necessariamente, aniquilação, embora haja essa possibilidade em alguns casos. Mesmo nos casos em que "eterno" tem um sentido mais qualitativo que temporal, referindo-se à destruição que dura "uma era", a era referida é a vindoura, que não tem fim. (7) Com respeito ao *não haverá mais morte* (Ap 21.4), o ponto é que a morte está fora dos novos céus e da nova terra, lançada no lago de fogo, não fazendo parte da criação que substitui a velha criação em que a morte é um fator muito grande desde que surgiu o pecado. (8) Quanto à vitória final de Deus, os comentários acima em resposta ao universalismo também servem para os aniquilacionistas.

Veja também Céu; Salvação; Universalismo.

BIBLIOGRAFIA. BROWER, K. E. e ELLIOTT, M. W.,orgs., *Eschatology in Bible and Theology: Evangelical Essays at the Dawn of a New Millennium* (Downers Grove, Illinois: InterVarsity Press, 1997); CAMERON, N. M. de S., org., *Universalism and the Doctrine of Hell: Papers Presented at the Fourth Edinburgh Conference in Christian Dogmatics* (1991) (Grand Rapids: Baker, 1992); CROCKETT, W. V., org., *Four Views on Hell* (Grand Rapids: Zondervan, 1992); FUDGE, E. W., *The Fire That Consumes: A Biblical and Historical Study of Final Punishment* (Fallbrook, California: Verdict Publications, 1982); FUDGE, E. W. e PETERSON,R. A., *Two Views of Hell: A Biblical and Theological Dialogue* (Downers Grove: InterVarsity Press, 2000); KVANVIG, J. L., *The Problem of Hell* (Oxford: Oxford University Press, 1993); MORGAN, C. W.e PETERSON, R. A., orgs., *Hell Under Fire* (Grand Rapids: Zondervan, 2004); PARRY, R. A.e PARTRIDGE, C. H.,orgs., *Universal Salvation? The Current Debate* (Grand Rapids: Eerdmans, 2004); POWYS, D. J., *Hell: A Hard Look at a Hard Question: The Fate of the Unrighteous in New Testament Thought* (Paternoster Biblical and Theological Monographs; Carlisle: Paternoster, 1998); WALLS, J. L., *Hell: The Logic of Damnation* (Library of Religious Philosophy 9; Notre Dame: University of Notre Dame Press, 1992).

T. L. Tiessen

INSPIRAÇÃO DAS ESCRITURAS. *Veja* REVELAÇÃO E ESCRITURAS.

INVOCAÇÃO, VENERAÇÃO DOS SANTOS

Para o Novo Testamento, Cristo é o único mediador entre Deus e os homens (1Tm 2.5). Cristo também é, portanto, *o Santo de Deus* (Jo 6.69), *o Santo e Justo* (At 3.14; veja também Mc 1.24; Ap 3.7). Uma vez que os fiéis são incorporados a Cristo como membros, tornam-se "santos" em Cristo, os "santos" nas cartas paulinas, também em Hebreus e em Apocalipse.

Proponentes da devoção e invocação dos santos apontam para 2Macabeus como preparação escritural judaica para essas práticas: Judas Macabeus relata ter visto numa "visão digna de fé [...] Onias, que foi sumo sacerdote, [...] Eis o amigo de seus irmãos, aquele que reza muito pelo povo e pela cidade santa, Jeremias, o profeta de Deus" (2Macabeus 15.11-14). O tema da oração de intercessão percorre as Escrituras judaicas e cristãs com, por exemplo, Abraão apelando por Sodoma, Moisés apelando pelo povo, Paulo orando pelos efésios, Tiago instando os fiéis a orar por quem quer que esteja enfermo. Durante sua vida, Jesus ouviu intercessões: do centurião por seu servo; de Maria e Marta pelo irmão, Lázaro; e assim por diante. Além disso, todos os cristãos são unidos em um corpo vivo de Cristo, cada um tendo um ofício particular (cf. Rm 12.4-8). E somos *concidadãos dos santos e membros da família de Deus* (Ef 2.19), não desligados daqueles que vieram antes, mas *rodeados de tão grande nuvem de testemunhas* (Hb 12.1). Além disso, os que agora estão no reino são colocados *sobre muito* (Mt 25.21, 23), sendo que alguns recebem autoridade especial, conforme se vê nas promessas de Cristo aos apóstolos (Mt 19.28).

Teologicamente, uma reverência especial a alguns mortos surgiu cedo. Essas reverências não eram consideradas alienadas de Cristo, mas precisamente por permanecerem em Cristo, nosso Sumo Sacerdote, unindo as vozes à dele, intercedendo por nós junto ao Pai. Assim, conforme observa Rahner, o termo último de toda oração aos santos é Cristo e, por meio de Cristo, o Pai. Os primeiros assim estimados e invocados pela comunidade cristã primitiva foram os mártires, que eram considerados pessoas que tinham se conformado a Cristo na vida e na morte de um modo particularmente pleno, pascal.

Ainda que apoiada por muitos dos primeiros pais, irromperam verdadeiros abusos e supertições, de modo que concílios locais com frequência viam a necessidade de tentar conter excessos. Na Reforma, ela foi rejeitada com vigor, especialmente pelos calvinistas e zuinglianos, e a reforma anglicana afirmou em seus Trinta e Novo Artigos: "A doutrina romana relativa a [...] Invocação dos Santos é uma coisa fútil e inventada em vão, que não se fundamenta em testemunho algum das Escrituras, mas ao contrário repugna a Palavra de Deus" (artigo 22).

A Igreja Ortodoxa e a Católica Romana continuam sua longa tradição de veneração de seus santos. Esta, no Vaticano II reafirmou enfaticamente o caráter cristocêntrico e bíblico de toda e qualquer forma autêntica de santidade e devoção aos santos.

Muitas denominações parecem manifestar uma atenção renovada à vasta gama de santos cristãos — homens e mulheres — de todas as eras e nações como testemunhas poderosas, concretas, inspiradoras e, muitas vezes, cheias de cor da criatividade contínua do Espírito de Cristo. Os contextos da Ásia e da África encorajam muito uma veneração profunda de ancestrais santos e parece que a inculturação convidaria os cristãos a uma profunda reverência para com nossos santos ancestrais.

Veja também ANCESTRAIS; MARIA, MARIOLOGIA; ESPIRITUALIDADE.

BIBLIOGRAFIA. HARPER, H. V., *Profiles of Protestant Saints* (New York: Fleet Press, 1968); PERHAM, M., *The Communion of Saints: An Examination of the Place of the Christian Dead in the Belief, Worship and Calendars of the Church* (Alcuin Club Collections 62; London: SPCK, 1980); RAHNER, K., "Why and How Can We Venerate the Saints?", in: *Theological Investigations* 8 (New York: Seabury, 1977) 3-23; SULLIVAN, P., "A Reinterpretation of Invocation and Intercession of the Saints", *Theological Studies* 66 (June 2005) 381-400.

R. Hale

ISLAMISMO

Os muçulmanos, como os judeus, têm dado mais importância ao desenvolvimento da lei que ao da teologia. Entretanto, desenvolveram dois tipos principais de obras teológicas.

O primeiro são os artigos de fé ou credos (*'aqida*, pl. *'aqa'id*), que normalmente não incluem discussões ou argumentos intelectuais. O outro são os tratados técnicos acadêmicos do *'ilm al-kalam* (teologia discursiva), que tendem a ser obras apologéticas contra os tradicionalistas por um lado e filósofos por outro, ainda que possam incluir teologia filosófica ou mística. Entretanto, alguns dos *'aqa'id* mais longos são semelhantes às obras mais curtas do kalam.

As fontes primárias da teologia incluem o Qur'an, a que se acrescenta a Sunnah (a prática de Maomé e seus companheiros) conforme relatada no hadith (as palavras e atos de Maomé e dos muçulmanos primitivos). O Qur'an foi depois complementado por comentários (*tafsir*), que procuravam identificar as "ocasiões de revelação" (*asbab al-nuzul*), que podem explicar algumas das perspectivas contrastantes no Qur'an. Por fim, tomou-se emprestado o exercício do consenso (*ijima'*), empregado na formulação da lei, para sustentar doutrinas que já haviam recebido aceitação comum, como a impecabilidade dos profetas, mesmo quando estavam em desacordo com o ensino claro do Qur'an (e.g., Q 40:55; 48:2). A razão humana assumiu importância crescente, especialmente na literatura kalam, à medida que o império muçulmano foi envolvendo não muçulmanos para quem o Qur'an não seria considerado autoridade quanto à doutrina. Portanto, os teólogos do kalam, em contraste com os tradicionalistas, adotaram métodos racionalistas dos acadêmicos cristãos com quem debatiam e discutiam teologia.

1. Temas corânicos
2. Tendências na comunidade primitiva
3. Escolas teológicas
4. Outros artigos de fé
5. Teologia filosófica e mística
6. Tendências modernas

1. Temas corânicos
Uma vez que o Qur'an é considerado a principal fonte de teologia muçulmana, não é necessário discutirmos se ele reflete a mensagem do século 7 transmitida por intermédio de Maomé, segundo o entendimento tradicional, ou se é uma "história da salvação" inserida no tempo de Maomé 200 anos depois, conforme alegam os revisionistas (e.g., Wansbrough, 52). Além disso, embora o Qur'an manifeste um conhecimento de crenças judaicas (*veja* Judaísmo) e cristãs, algumas das quais heréticas, esses paralelos são compreendidos no Qur'an não como fontes da mensagem, mas confirmação de que o conteúdo do Qur'an são revelação (Q 10:94).

Por fim, quanto a alguma progressão de ideias dentro do Qur'an, precisamos seguir as distinções históricas entre os três períodos em Meca e um período em Medina sobre as quais R. Blachere (1949-1951) e a tradição muçulmana concordam em alguma medida.

Uma breve lista do conteúdo de um credo encontra-se em Q 2:177: "Virtude é crer em Deus, no Dia do Juízo Final, nos anjos, no Livro e nos Mensageiros". Os principais temas discutidos são Deus e a criação, a humanidade e a profecia.

Com respeito a Deus, a palavra *Allah* ou é uma contração do arábico *al-ilah* (lit., "o Deus") ou vem do siro-aramaico *Alaha*. A palavra era usada pelos árabes em Meca, indicando o deus elevado, mas não único, e era usada por árabes cristãos antes de Maomé e hoje. E ao descrevê-lo como o Criador e o Deus de Abraão, Ismael, Isaque, Jacó, Moisés e Jesus, o Qur'an está se referindo ao Deus da Bíblia (Q 2:136; 29:46), ainda que o retrato de seu caráter e ações tenha diferenças significativas — bem como semelhanças significativas — com as descrições bíblicas.

O Qur'an descreve Deus por seus "belos nomes" (Q 7:180), não por seus atributos (*sifat*). São expressões de doxologia, não doutrina. Ainda que a tradição limite seu número a noventa e nove, muitos mais são empregados no culto. Incluem-se nomes como a Verdade (Q 20:114), a Luz (Q 24:35), o Onisciente (Q 42:11-12), o Perdoador (Q 76:20) e o Amorosíssimo ou Afetuosíssimo (Q 11:90).

O Qur'an se concentra em Deus como o Criador (Q 13:16) e o Juiz Sábio (Q 95:8) e no julgamento final (Q 66:6). Segundo, destaca sua singularidade e unidade (Q 112). A forte rejeição à ideia de Deus ter descendentes ou um filho é aumentada pelo fato de os pagãos da época cultuarem três ídolos que representavam filhas de Alá. O interessante é que as palavras de rejeição no sura corânico, 112:3, "Ele não gerou e não foi gerado", são as mesmas palavras adotadas pelo quarto

Concílio de Latrão em 1215 (Caspar, 36). Um terceiro grande tema é sua onipotência (Q 2:129) juntamente com sua misericórdia ("Deus, o Beneficente, o Misericordioso" no início de quase todo sura do Qur'an). Uma expressão do poder de Deus é que "ele desvia quem quer e guia quem quer" (Q 16:93). Em séculos futuros, isso geraria debates entre defensores do livre arbítrio e da predestinação, e sobre a fonte do mal e do bem.

A fonte de outros debates no futuro seriam os termos antropomórficos a respeito de Deus no Qur'an: sua face (Q 6:52), olhos (Q 20:39), mãos (Q 48:10) e seu ato de se assentar no trono (Q 20:5). De que maneira literal ou metafórica deveriam ser compreendidos, uma vez que o Qur'an afirma que "nada é como ele" (Q 4:11)? Embora isso pareça inconsequente hoje, era um problema que os tradutores da Septuaginta também tinham com as Escrituras hebraicas e mostra a importância que os fiéis atribuíam tanto à natureza de Deus como às palavras da revelação.

Além do tema de Deus, há o tema corânico da humanidade. Deus criou o homem do barro e soprou seu espírito nele (Q 32:7-8). O diabo predisse que perverteria (*aghwa*) as pessoas (Q 15:39-41; 17-62). Adão esqueceu a aliança divina (Q 20:115) e desobedeceu a Deus (Q 20:121). Ele teve de descer do Jardim "por um tempo", depois do que Deus voltou-se para ele [em misericórdia] (Q 2:36). Não havia necessidade de um meio de perdão e nenhum ensino claro a respeito da natureza decaída, embora o Qur'an passe a falar como geração após geração são destruídas por fazerem o mal (Q 10:13; 17:17), e a maioria das pessoas não crê (Q 12:103). Em lugar disso, o Qur'an ensina que somos criados no estado de pureza natural (*fitra*) e não há alteração na criação divina (Q 30:30). Professar e viver como ensina o Qur'an é reter essa disposição inata: "Recite [...] o Livro e observe a oração, pois a oração refreia a indecência e o que é inidôneo" (Q 29:45). Não existe apelo a um renascimento como na fé bíblica (Jo 3.3).

Outro tema importante do Qur'an é a profecia. A raiz árabe *w-h-y* indica revelação. No período mecano primitivo, parece que significava "sugestão" em vez de ditado de palavras fixas, como em "Nós [plural majestático para Deus] sugerimos (ou inspiramos) [a Noé]: Construa o barco [...] de acordo com nossa sugestão (ou orientação)" (Q 23:27). Mais tarde, em Medina, há uma referência ao "mês de Ramadã em que o Qur'an foi enviado como orientação para o povo" (Q 2:185). Aqui ele é visto mais como um texto fixo. Subsequentemente, o Qur'an retrata Maomé como uma pessoa a quem se deve obedecer junto com Deus (Q 4:59) e alguém capaz de expressar a vontade de Deus em situações específicas (e.g., Q 58:1).

O Qur'an revela uma progressão de atitudes para com Jesus e os cristãos. Primeiro há uma noção de fé em comum (Q 2:62), em oposição a referências negativas a respeito dos politeístas. Depois há uma ruptura com os judeus que se opuseram a Maomé. Eles são acusados de trair a aliança, desobedecer a Deus e falsificar as Escrituras (Q 2:63-64, 77-79). Inicialmente os cristãos ainda eram considerados próximos dos muçulmanos em afeição (Q 5:82). Jesus nasceu de uma virgem (Q 19:16-33), era uma "palavra" de Deus e espírito proveniente dele (Q 4:171), resultado da palavra criativa de Deus: "seja" (ou "torna-te", Q 3:47; 19:21).

A crucificação de Jesus é em geral considerada algo a ser negado pelo Sura 4:157: "Quanto ao argumento deles [os judeus] de que mataram o Messias, filho de Maria, mensageiro de Deus, eles não o mataram nem o crucificaram. Foi só o que lhes pareceu." O cerne do argumento, porém, não parece estar necessariamente negando a crucificação, mas negando que os judeus pudessem se vangloriar de terem derrotado um profeta. Dois versos, aliás, parecem aceitar uma crucificação quando as palavras árabes são compreendidas em seu sentido normal. No Sura 3:55 Deus diz: "Ó Jesus, estou causando tua 'morte' (*mutawaffika*)", e no Sura 5:117 Jesus diz para Deus: "quando causaste minha 'morte' (*tawaffaytani*), eras o supervisor deles [os discípulos]". Por conseguinte, comentaristas muçulmanos importantes do Qur'an, como al-Tabari (m. 937), al-Razi (m. 1210), al-Baydawi (m. 1286 ou 1291) e Sayyid Qutb (m. 1966) aceitaram uma crucificação e ressurreição reais (Cumming 2005, 32-50).

Finalmente, porém, os cristãos deviam ser combatidos, assim como os judeus, até que paguem o imposto e reconheçam sua sujeição (Q 9:29). Essa mudança de atitude para com judeus e cristãos explicam as diferentes perspectivas em relação a eles e suas crenças no Qur'an.

2. Tendências na comunidade primitiva

O Qur'an gerou certas questões que a comunidade muçulmana primitiva tentou sistematizar. Eventos políticos fizeram com que algumas fossem mais importantes que outras. A primeira foi a morte de Maomé em 632. Os precursores dos sunitas seguiram o costume tribal árabe em que os anciãos da comunidade indicavam aquele que era mais influente, nesse caso Abu Bakr da tribo coraixita dominante. Os precursores dos xiitas alegaram mais tarde que o califa ou imã devia ser da família de Maomé e que inicialmente seria Ali, seu primo e genro. Subsequentemente os xiitas desenvolveram ideias mais características da região dos antigos impérios babilônico, aquemênida e persa ao norte, de que o governante possuía uma luz divina *que* era transmitida ao filho que viria a governar.

A teologia propriamente dita começou sob Otman e Ali, o terceiro e o quarto califa (644-661). O Qur'an não deixa claro se quem comete um grande pecado ainda é muçulmano (lit., quem se submete [a Deus]). Ela associou a fé às boas obras (e.g., Q 2:273) e fez distinção entre fé e submissão a Deus (*islã*). Assim, quando Otman foi morto, deixando os omíadas mundanos com o poder e os emergentes xiitas e carijitas no apoio a Ali, surgiu uma dúvida: se os pecadores omíadas eram verdadeiros muçulmanos a quem se devia prestar obediência ou se a vida deles mostrava que de fato não eram muçulmanos. Os carijitas concluíram que eles eram incrédulos (*kafirs*), portanto sujeitos ao jihad. Esse padrão vem sendo seguido até hoje pelos jihadistas extremados.

3. Escolas teológicas

Com a expansão de seu império, os muçulmanos entraram em contato com teólogos cristãos e a filosofia grega, o que influenciou tanto seus tópicos de pesquisa teológica como seus métodos de argumentação. Um problema era como conciliar o livre arbítrio com a predestinação. O Qur'an dá ênfase ao poder de Deus (Q 3:14; 12:39), mas também à responsabilidade humana (Q 3:24; 18:28). Se Deus é todo-poderoso e justo, de modo que tudo é determinado por ele, como os humanos podem ser responsáveis por suas ações, sendo recompensados e punidos por Deus por causa delas?

3.1. Jabaritas e cadaritas. Os jabaritas (de *jabr*, "determinar") davam ênfase à predestinação divina. Assim, apoiavam os omíadas porque suas ações teriam sido determinadas por Deus e, portanto, não podiam ser combatidas. Os cadaritas (de *qadar*, "poder", "determinismo") opunham-se aos omíadas, alegando que os homens têm o poder de determinar seus atos. Só essa liberdade humana poderia justificar a retribuição divina. Além disso, afirmavam que os que cometem um grande pecado tornam-se incrédulos. Os cajiritas também afirmavam isso, dizendo que os omíadas eram responsáveis pelos próprios pecados e deveriam ser combatidos. Tempos depois, o título cadarita passou a ser aplicado aos defensores do determinismo divino (*qadar*) em lugar do determinismo humano, sendo portanto aplicado aos que defendiam uma posição jabarita.

3.2. Murjitas. Abu Hanifa (m. 767) reagiu contra o puritanismo dos cajiritas, alegando que um grande pecado não se constitui perda de fé. O destino do pecador fica em suspenso (*irja'*) (Q 9:106). Ele afirmou que Deus ama os homens. Os muçulmanos devem obedecer aos governantes, mesmo que eles não tenham bom caráter. A punição é determinada pela intenção e a fé determina se a pessoa é muçulmana. Ele defendia a tolerância e a unidade. Esses sentimentos acabaram conduzindo a uma aceitação comum entre os sunitas de que todos os primeiros quatro califas eram "guiados pelo alto" e, portanto, à "canonização" das palavras e ditos (hadith) dos Companheiros primitivos.

3.3. Mutazilitas. Com a ascensão do Império Abássida no século 9, não árabes estavam se convertendo e desenvolviam-se a exegese e o comentário corânico, a coletânea de tradições (hadith) e a escrita da história. Por outro lado, a influência helênica aumentou com manuscritos sobre Platão, Aristóteles e os neoplatonistas, traduzidos pelo centro nestoriano em Gundishapur e outros lugares. A lógica foi colocada a serviço da teologia discursiva e apologética (kalam).

Os mutazilitas denominavam-se povo de justiça e unidade por causa de suas duas doutrinas principais. A primeira era a unidade de Deus (*tawhid*). Uma vez que Deus não poderia possuir um corpo, os versos antropomórficos no Qur'an que mencionam mãos, pés e olhos de Deus precisariam ser compreendidos metaforicamente. Não poderia haver distinção entre Deus e seus atributos, e nada poderia ser coeterno com Deus. Portanto, o Qur'an, sendo a Palavra de Deus, precisa ser criada, tese que seria fortemente combatida por muçulmanos mais tradicionais. A segunda tese, justiça, afirmava que Deus não podia ser a fonte do mal. O mal provém dos homens que Deus cria com o poder de agir, de modo que eles são responsáveis pelas próprias ações.

A terceira tese era a "promessa e a ameaça". Os homens devem agir corretamente por causa da promessa do *céu e a ameaça do *inferno. Para eles, como para os cajiritas, tanto a fé como as boas obras são necessárias. A quarta era o "estado intermediário", pelo qual o pecador continua participando da comunidade muçulmana na terra, mas não é considerado um fiel ou infiel; entretanto, se o pecador morrer sem se arrepender, enfrentará a punição eterna. Por fim, "recomende o bem e proíba o ilícito". As pessoas precisam de ajuda para fazerem escolhas corretas, de modo que os indivíduos e o estado devem impor a religião verdadeira.

Em 833 o Califa Mamun, seguido por seus dois sucessores, impôs o mutazilismo com uma inquisição. A prática foi revertida em 848, com o triunfo do partido tradicionalista populista liderado por Ahmad ibn Hambal (m. 855), e o mutazilismo nunca mais recuperou sua influência, ainda que algumas de suas teses sejam encontradas no ensino de alguns teólogos contemporâneos. Aliás, a queda dos mutazilitas com os governantes abássidas deixaram uma imagem tão negativa na mente coletiva do povo comum, que a teologia propriamente dita jamais reconquistou a influência na comunidade islâmica como um todo.

3.4. Zairitas. Diferentes correntes surgiram em torno da interpretação do Qur'an. No pensamento xiita e sufi, considera-se que o Qur'an possui um significado exterior ou aparente (*zahir*) e um significado interior ou secreto, alegórico ou simbólico (*batin*). Os zairitas, seguindo Zahir (m. 817), insistiam na interpretação literal e restringiam suas fontes de autoridade ao Qur'an, ao hadith e ao consenso dos Companheiros de Maomé. Ibn Hazm (m. 1064), zairita, alegava que Deus não está sob um código moral, mas que os valores são decididos pela vontade de Deus.

3.5. Hanbalismo. O mutazilismo havia sido vencido por uma reação ortodoxa das massas lideradas por Ahmad ibn Hanbal e depois pelos asharitas, mas a repetida influência dos hanbalitas entre as pessoas comuns tem sido muitas vezes desconsiderada pelos estudiosos (Gardet, 225-32), e descoberta por H. Laoust (1958). Os hanbalitas restringiam-se às fontes fundamentais do Qur'an e do Suna, insistindo na interpretação literal dos textos, sem contudo tentar explicar como Deus possui mãos, olhos e pés. Subsequentemente, o hanbalita Ibn Taymiyyah (m. 1326) influenciou Ibn 'Abd al-Wahhab (m. 1791), que levou ao wahhabismo, a orientação religiosa da Arábia Saudita e muitas das organizações neofundamentalistas e islamitas hoje que conclamam a um retorno aos fundamentos da fé.

3.6. Asharismo — o "caminho moderado" da "ortodoxia" sunita. O asharismo em séculos recentes tem sido em geral considerado a "ortodoxia" do islamismo sunita. Seu fundador, al-Ash'ari (m. 935) era um mutazilita que se "converteu" à "ortodoxia" aos quarenta anos. Sua primeira obra, o *Ibana*, sobre os princípios básicos da religião, é "hanbalita" quanto ao conteúdo. Mais tarde, em *Luma'*, ele esposa um caminho moderado. Ele considera o Qur'an palavra de Deus e o Suna, a expressão da sabedoria divina dada a Maomé, criticando com isso os mutazilitas, que ele considerava não darem a devida importância à palavra de Deus. Por outro lado, no reconhecimento do papel da razão na defesa do islamismo e no apoio ao kalam, ele foi além dos hanbalitas.

Sua discussão sobre Deus e seus atributos tem semelhanças marcantes com alguns ensinos cristãos acerca da *Trindade. Ele afirma que os atributos são reais e eternos, distintos da essência divina, mas que não são nada mais que Deus "sem [explicar] como" (veja Wolfson, 115-16; Cumming 2001). Ele argumentava que se o Qur'an é considerado a palavra de Deus, ele é eterno. Os atributos antropomórficos são reais e não devem ser interpretados metaforicamente, mas são diferentes dos mesmos atributos em seres humanos, mas "sem [explicar] como".

Quanto ao problema de conciliar a soberania e justiça de Deus com a responsabilidade e liberdade humana, ele fazia distinção entre a *vontade* de Deus, que inclui tudo o que ocorre, seja bom, seja mau, e o *comando* de Deus, que inclui só o bem. Em contraste com a posição mutazilita, os humanos não têm a capacidade inata de determinar suas ações, mas Deus cria neles a cada instante a capacidade de agir. Por conseguinte, os atos humanos, que são criados por Deus, podem ser obtidos pelos homens.

Com respeito à relação entre fé e obras, ele dizia que a fé é uma aquiescência interior expressa por confissão oral e aperfeiçoada por boas obras. Mas pelo fato de as obras não fazerem parte da fé, o pecador que tem fé em Deus e crê em sua revelação é um muçulmano. Após a morte, ele será punido, mas por fim entrará no Paraíso.

O asharismo passou a ser considerado escola "ortodoxa" de teologia, com considerável influência como o ensino oficial nas madrasas (escolas) do Império Seljúcida, principalmente a Madrasa Nizamiyyah, estabelecida em Bagdá em 1092, onde ensinou o famoso teólogo, místico e jurista Abu Hamid al-Ghazali (m. 1111). Este conseguiu juntar a vida espiritual do sufi místico com o escolasticismo muitas vezes estéril dos teólogos kalam em suas obras como *Ihya' 'Ulum al-Din* ("Revivificação das Ciências da Religião"). A principal influência do asharismo no pensamento sunita prossegue nos dias atuais.

3.7. Maturidita–Hanafita. Al-Maturidi (m. 957) assumiu uma posição intermediária entre os mutazilitas e os asharitas quanto à questão da soberania e justiça divinas e liberdade e responsabilidade humanas. Os homens, dizia, possuem um senso moral inato e possuem profetas e guias. Deus cria a raiz dos atos, mas a liberdade humana os torna bons ou maus. A questão dos atributos divinos e sua eternidade é resolvida no culto, não por análise racional. A razão humana é limitada, de modo que precisamos de orientação. Em contraste com o asharismo, a questão dos decretos (*qadar*) e da predestinação (*qada*) divinos não está relacionada à vontade de Deus, mas à sua presciência.

A estagnação cultural ocorreu entre os séculos 13 e 19, durante o domínio dos khanidas (mongóis), mamelucos e otomanos. Obras teológicas tendiam a repetir e sistematizar os argumentos do passado, o que fez com que poucas pesquisas fossem realizadas no período. O hanbalita Ibn Taymiyyah (m. 1328) conclamou para um retorno ao Qur'an e ao Sunna, incentivou uma interpretação literal do Qur'an e deplorou as crenças e práticas populares que envolviam a veneração dos santos. Ainda que rejeitasse a teologia discursiva (*kalam*), o sufismo filosófico e metafísico, ele incentivava a piedade sufi como al-Ghazali. Ele fazia distinção clara entre o verdadeiro islamismo e o islamismo meramente nominal. Essas ideias exerceram forte influência sobre 'Abd al-Wahhab (d. 1791), o ideólogo do wahhabismo na Arábia hoje, Hasan al--Banna (m. 1949), o fundador da Irmandade Muçulmana, e Sayyid Qutb (m. 1966), um importante ideólogo para neofundamentalistas e islamistas contemporâneos.

4. Outros artigos de fé

Além das principais discussões descritas acima, havia outros tópicos que preocupavam os teólogos. Um era se Deus seria visto pelos fiéis no mundo vindouro, já que ele não possui corpo. Os mutazilitas estavam entre os que negavam a possibilidade, mas a maioria chegou à conclusão que é possível "sem [explicar] como".

Outras diziam respeito ao Último Dia: se haveria uma balança em que seriam pesadas as boas ações e as más (Q 7:8-9); uma ponte estreita, mais fina que um cabelo e mais afiada que uma espada, sobre o Gehenna que precisaria ser atravessada e da qual os ímpios cairiam no fogo (não segundo o Qur'an, mas pelo Hadith, e.g., Muslim, *Iman*, n. 302); um lago ou tanque de onde Maomé saciará a sede de seus seguidores, que se encontrava na crença popular.

O Qur'an declara que não há intercessão aceitável, exceto por permissão de Deus (Q 10:3), e por esse motivo os mutazilitas a negavam, mas a maior parte dos muçulmanos aceita que certas pessoas, especialmente Maomé, teriam permissão para interceder por outros. O Paraíso e o inferno já existem e continuarão existindo. Orações e esmolas em favor dos mortos servirão de ajuda para eles. Há hadiths que apoiam isso (Tirmidhi 8:37; Bukhari 23:95).

Deus enviou profetas (*nabi*) que comunicaram mensagens e mensageiros (*rasul*) que entregaram mensagens. Embora o Qur'an pareça empregar os dois termos de maneira intercambiada, alguns estudiosos consideram que o *rasul* é um *nabi* que entregava uma revelação escrita. A corrente inclui personagens bíblicos. O *Fiqh Akbar*, atribuído a al--Shafi'i diz que houve 120.000 profetas e 313 mensageiros. Os credos sunitas dizem que os melhores do povo depois de Maomé são os primeiros quatro califas na ordem exata, com Ali, primo e genro em quarto lugar, enquanto os credos xiitas o colocam em primeiro.

5. Teologia filosófica e mística

Tanto filósofos como místicos têm lidado com tópicos teológicos. Por exemplo, em geral se entende que Ibn Sina (Avicenna, m. 1035) teria influenciado Tomás de Aquino, especialmente no conceito do ser e de Deus como o Ser Necessário. Mas entre muitos teólogos sunitas havia suspeitas com relação aos filósofos, enquanto os teólogos xiitas em geral acomodavam melhor a filosofia. Qualquer tratado de teologia filosófica certamente incluiria nomes como Nasir al-Din al-Tusi (m. 1274) e Shihab al-Din al-Suhrawardi (m. 1191).

De modo semelhante, à parte de A. H. al--Ghazali e Ibn Taymiyyah, que combinava algum sufismo com a teologia deles, os teólogos sunitas tendem a rejeitar o misticismo. De novo, os teólogos xiitas são muitas vezes mais receptivos ao misticismo. Qualquer levantamento de teologia mística teria de incluir personagens como al-Hallaj (m. 922), Abu Yazid Bistami (m. 874), Ibn 'Arabi (m. 1240), Farid al-Din 'Attar (m. 1229) e Jalal al-Din Rumi (m. 1273).

A piedade sufi baseia-se nas passagens místicas do Qur'an, que falam da imanência de Deus no mundo (Q 4:132) e de ele estar mais perto que a artéria jugular (Q 50:16). É na piedade pessoal sufi, porém, que encontramos orações que poderiam sair igualmente de lábios cristãos ou muçulmanos — por exemplo:

> Lava-me de meus pecados; dá-me a túnica dos redimidos, e em Tua misericórdia não me afastes de Tua presença. (texto em Padwick, 190)

6. Tendências modernas

Duas tendências se evidenciam nos escritos teológicos do século passado, onde temos visto um ressurgimento do islã em correntes tanto fundamentalistas como liberais. É interessante que alguns teólogos de ambas as perspectivas referem-se ao reformista Muhammad 'Abduh (m. 1905), que escreveu o *Risalah al-Tawhid* ("A Teologia da Unidade"). Sua oposição ao *taqlid* (aceitação cega de interpretações prévias) lhe valeu a oposição dos conservadores, que desejavam restringir futuras interpretações da lei e da teologia às decisões a que chegou o islamismo clássico nos seus três primeiros séculos. Os reformadores fundamentalistas, porém, desejavam ser livres para interpretar por si as fontes originais do Qur'an e do Suna. Assim também, os modernistas queriam maior liberdade de interpretação com base na razão.

A primeira tendência foi vista no discípulo de 'Abduh, Rashid Rida (m. 1935), na revista al-Manar e no movimento Salafi associado a ele. A tendência tornou-se mais estreita com a Irmandade Muçulmana, sendo que alguns de seus líderes escreveram artigos de fé. Hasan al-Banna (m. 1949), o fundador, escreveu *Al-'Aqa'id* e Muhammad al-Ghazali, seu teólogo principal e mais moderado, escreveu *'Aqidah al-Muslim*. A tendência agora tem sua interpretação mais estreita com os neofundamentalistas que, como o chefe *mufti* Ibn Baz (m. 1999), da Arábia Saudita, ecoam o exclusivismo dos primeiros carijitas e Ibn Taymiyyah. Ibn Baz, numa elaboração do tratado de Ibn 'Abd al--Wahhab, "Dez Coisas que Anulam o Islã", diz que no Dia da Ressurreição, não serão considerados muçulmanos aqueles que:

1. Não consideram incrédulos os politeístas, que incluem judeus e cristãos;
2. Sustentam que há uma orientação melhor que a do Profeta, o que inclui os que defendem que o islã obriga alguém a se misturar com o comunismo, capitalismo ou mesmo democracia;
3. Ajudam politeístas contra os muçulmanos (texto em Rippin, 20-23).

Por outro lado, a tendência liberal de interpretar fazendo relação entre a teologia e a lei chega a um conjunto bem diferente de conclusões. Muhammad Iqbal (m. 1938), comumente considerado pai espiritual do Paquistão, pediu avanços na interpretação do islã. O egípcio al-Ashmawi (n. 1932) argumentava contra a base teológica para um "estado islâmico", a posição de Sayyid Qutb (m. 1966), o principal teórico dos islamistas árabes. Sadek Salaiman (n. 1933), de Omã, disse que a *shura*, uma prática tribal consultiva para selecionar um líder, inclusive o primeiro califa, é uma base para a participação do muçulmano na democracia. Com respeito ao direito das mulheres, a feminista marroquina Fatima Mernissi (n. 1940) argumentou que o Qur'an contém uma opinião muito mais elevada a respeito das mulheres do que a interpretação tradicional. Mohamed Talbi (n. 1921), da Tunísia, pediu liberdade religiosa com base em versos corânicos como "Não há imposição quanto à religião" (Q 2:256) (textos em Kurzman, 49-56. 96-98, 112-26, 161-68, 255-69). De igual modo, tanto o xiita contemporâneo Abdulaziz Sachedina (n. 1928), do Irã, como Mohammed Arkoun (n. 1928), franco-argelino, defendem o pluralismo religioso a partir do Qur'an.

Assim, os muçulmanos contemporâneos e os que interagem com eles têm uma riqueza de perspectivas teológicas em que se basear.

Veja também BUDISMO; HINDUÍSMO, JUDAÍSMO; RELIGIÕES CHINESAS; TEOLOGIA ÁRABE E DO ORIENTE MÉDIO.

BIBLIOGRAFIA. ARKOUN, M., *Rethinking Islam* (Boulder: Westview, 1994); BLACHÈRE, R., *Le Coran* (2 vols.; Paris: Maisonneuve, 1949-1951); BÖWERING, G., "God and His Attributes", in: *Encyclopaedia of Islam* (Leiden: Brill, 2002) 2.316-31; CASPAR, R., *Trying to Answer Questions* (Rome: PISAL 1989); CUMMING, J., *Sifat al-Dhat in Al-Ash'aris Doctrine of God* (Yale University, trabalho não publicado, May 2001); idem, "Did Jesus Die on the Cross?", in: *Muslim and Christian Reflections on Peace*, Dudley Woodberry, J., org., et al. (Lanham, Maryland: University Press of America, 2005) 32-50; VAN ESS, J., *Theologie und Gesellschaft im 2. und 3. Jahrhundert Hidschra*, 6 vols. (Berlin: deGruyter, 1991-1997); idem, *The Flowering of Muslim Theology* (Cambridge: Harvard University Press, 2006); FAKHRY, M., *A History of Islamic Philosophy* (New York: Columbia University Press, 1970); GARDET, L., "L'Importance historique du Hanbalisme d'après un livre récent", *Arabica* 6 (1959) 225-32; GARDET, L. e ANAWATI, M. M., *Introduction a la théologie Musulman* (Paris: J. Vrin, 1948); KURZMAN, C.,org., *Liberal Islam* (New York: Oxford University Press, 1998); LAOUST, H., *La Profession de foi d'ibn Batta* (Damascus: Institut Français de Damas, 1958); NAGEL, T., *The History of Islamic Theology* (Princeton: Wiener, 2000); PADWICK, C. E., *Muslim Devotions* (London: SPCK, 1961); RIPPIN, A., *Defining Islam: A Reader* (London: Equinox, 2007); SACHEDINA, A., *The Qur'an on Religious Pluralism* (Washington: Center for Muslim-Christian Understanding, Georgetown University, 1999); STIEGLECKER, H., *Die Glaubenslehren des Islam* (Paderborn: Shöningh, 1962); WANSBROUGH, J., *Quranic Studies* (Oxford: N.P. 1977); WOLFSON, H. A., "The Muslim Attributes and the Christian Trinity", *The Philosophy of the Kalam* (Cambridge: Harvard University Press, 1976) 112-32.

J. D. Woodberry

ISSASI-DÎAZ, MARÍA. *Veja* TEOLOGIA MUJERISTA.

J, K

JEJUM

Jejum é a abstinência voluntária de uma ou mais substâncias motivada por algum interesse, causa, pedido ou alvo específico. O jejum é também reconhecido como meio para purificar o corpo de toxinas pela abstinência de certos tipos de alimentos como carne, em favor de frutas e vegetais. Na tradição judaico-cristã, o jejum é empregado como veículo de clamor a Deus por socorro ou assistência. É um meio de indivíduos e comunidades devotarem-se a Deus e chegarem mais perto dele. Há muito tempo o jejum tem sido o principal método usado pelos ascetas para se absterem das impurezas associadas com a vida no mundo. Os ascetas muitas vezes passavam longos períodos no deserto, vivendo em cavernas, abstendo-se de comida por motivos religiosos, particularmente para se aproximar de Deus e dele receber orientação para a vida e a igreja. Em geral, o jejum de um indivíduo dura de um a quarenta dias, sendo que quarenta dias é o limite máximo. Há vários tipos de jejuns, inclusive jejuns absolutos e jejuns parciais (e.g., restritos a vegetais e frutas). Durante um jejum absoluto, o indivíduo não pode ingerir nenhum alimento ou líquido. Esse tipo de jejum é às vezes identificado como "jejum de Ester", por causa do jejum ordenado pela rainha Ester durante um período crítico da história de Israel (Ester 4.15—5.8).

A motivação por trás de um jejum absoluto é, com frequência, conseguir uma ação favorável de Deus numa situação de crise. Também pode ser um meio para purificar o corpo e proporcionar clareza de pensamento. Quando se realiza um jejum absoluto, a duração, em geral é de apenas três dias. Um jejum de mais de três dias, sem água, é prejudicial à saúde e é preciso cuidado quando se volta a ingerir alimentos sólidos.

Jejuns absolutos também podem ser iniciados por motivos políticos. O jejum absoluto por motivos políticos é chamado "greve de fome". A greve de fome é um meio não violento de protesto por motivos políticos. No século 20, um dos jejuns políticos, ou greves de fome, mais famosos foi realizado por Mohandas Gandhi, em defesa dos direitos civis e da descolonização de seu país, a Índia.

O jejum também tem lugar significativo na fé muçulmana. O período de jejum é chamado Ramadã ou *sawm*. Trata-se de um jejum absoluto desde o nascer até o pôr do sol durante todo o mês de Ramadã. Esse jejum é considerado um dos cinco pilares da fé do islamismo e tem por motivação o sacrifício pessoal e a devoção a Alá.

O jejum é considerado parcial quando o indivíduo tem permissão de ingerir algum tipo de alimento, mesmo que esse alimento seja apenas água. Esse tipo de jejum é popular porque permite ao indivíduo ingerir água e outros líquidos como caldos. Também é benéfico para livrar o corpo de toxinas que podem se acumular com o tempo.

O jejum ainda é importante em várias práticas religiosas, físicas e políticas. Ele é amplamente praticado no cristianismo global contemporâneo como disciplina espiritual.

BIBLIOGRAFIA. BAAB, L. M., *Fasting: Spiritual Freedom Beyond Our Appetites* (Downers Grove: InterVarsity Press, 2006); MILLER, R. E., *Muslim Friends: Their Faith and Feeling, An Introduction to Islam* (St. Louis: Concordia, 1995); NIGOSIAN, S. A., *Islam: Its History, Teaching, and Practices* (Bloomington: Indiana University Press, 2004); PIPER, J., *A Hunger For God: Desiring God Through Fasting and Prayer* (Wheaton: Crossing Books, 1997); TOWNS, E., *Knowing God Through Fasting* (Shippenberg: Destiny Image, 2002); idem, *Fasting for Spiritual Breakthrough* (Ventura: Regal Books, 1996).

C. Shields

JESUS CRISTO. *Veja* Cristologia.

JESUS HISTÓRICO, BUSCA DO. *Veja* Cristologia.

JOÃO CALVINO. *Veja* Reforma; Teologia Reformada.

JOÃO CRISÓSTOMO. *Veja* Teologia Ortodoxa Oriental; Teologia Patrística.

JOÃO DE DAMASCO. *Veja* Teologia Ortodoxa Oriental; Teologia Patrística.

JONES, MAJOR. *Veja* Teologia Negra.

JUDAÍSMO

De todas as religiões do mundo, o judaísmo é a que mantém um relacionamento ímpar com o cristianismo. Por ter começado como um protesto dentro do judaísmo, o cristianismo precisa explicar-se e compreender-se em relação ao que se tornou seu contraponto, ainda que não seu oposto. O judaísmo não precisa considerar, interpretar ou levar em conta o cristianismo ou qualquer outra religião existente para ter a devida compreensão de si mesmo. Teologicamente, o judaísmo é autônomo quanto à própria identidade porque afirma cultuar o Deus de Israel. Nesse sentido, o *islamismo precisa interpretar-se em relação ao judaísmo e ao cristianismo, porque também afirma cultuar o Deus de Israel, criador do céu e da terra. Basicamente, o judaísmo e o cristianismo discordam quanto à doutrina de *Deus. Nesse aspecto, os muçulmanos concordam com os judeus, mas acreditam que estes corromperam a revelação divina. Aqui nosso foco será a discussão judaico-cristã.

Uma discordância análoga ocorre entre o *budismo e o *hinduísmo. O budismo reage às alegações filosóficas e à autoridade textual do hinduísmo, assim como o budismo mahayana é uma reação ao budismo hinayana, mais antigo, no que diz respeito ao caminho da salvação e à natureza da realidade suprema. De modo análogo, o protestantismo reagiu às alegações do catolicismo quanto à autoridade da igreja. Nesses casos o desenvolvimento posterior deve racionalizar sua legitimidade em termos teológicos ou filosóficos contra o precursor, enquanto a tradição anterior não tem necessidade teológica ou filosófica de responder por interpretações inaceitáveis que outros fazem de seus argumentos. Quando a interpretação sucessora progride, torna-se imprudente contra-argumentar. Entender o que vem depois é mais uma cortesia do que necessidade. Ao mesmo tempo, no caso do judaísmo com o cristianismo, pelo fato de posturas e comportamentos dos cristãos para com os judeus — muitos dos quais surgiram de interpretações teológicas das Escrituras sob a luz de eventos na Palestina no primeiro século — terem-se tornado violentos e desdenhosos, a história posterior que essas duas tradições partilham afetou a maneira de os judeus compreenderem os outros e suas tradições. A crítica persistente e severa dos cristãos ao judaísmo não gerou entre os judeus em geral uma dúvida em relação a si mesmos, como os cristãos esperavam, mas desconfiança e antipatia para com os cristãos e o cristianismo. Críticas ácidas e persistentes da parte dos cristãos, limitações civis e violência foram muitas vezes promovidas com o propósito de converter judeus, mas falharam. A conversão para o cristianismo era vista pela comunidade judaica como sinal de fraqueza moral e traição.

Isso cria uma assimetria quando se fala de judaísmo e cristianismo. Por esse motivo, este artigo se desenvolverá em duas seções. A primeira apresentará o judaísmo sob sua própria perspectiva e a segunda irá considerá-lo da perspectiva cristã.

1. O judaísmo pela perspectiva judaica
2. O judaísmo pela perspectiva cristã
3. Conclusão

1. O judaísmo pela perspectiva judaica

1.1. O judaísmo como religião mundial. O judaísmo é muitas vezes apresentado como uma das grandes religiões mundiais, mas passagens universais das Escrituras que falam de todas as nações do mundo acorrendo para o monte do Senhor não moldam o pensamento judaico. As Escrituras indicam uma intenção missionária para Israel. O embate de Moisés com o faraó pode ser interpretado como uma narrativa acerca da intenção divina de converter os egípcios (veja Êx 9.28; 12.32). Passagens como 1Reis 17 e 2Reis 5 atestam a importância dos profetas fora de

Israel, assim como o fazem os livros de Rute e Jonas. Embora em tom punitivo, o salmo 2 faz eco a Isaías 2, no sentido de que o Deus de Israel é o Deus do mundo e atrairá todas as nações para si.

Esse interesse missionário foi considerado imprudente depois que o cristianismo foi legalizado e os judeus começaram a sofrer restrições civis. Sob a hegemonia e perseguição cristã, o proselitismo e a conversão ao judaísmo foram proscritos. Houve épocas e lugares em que era ilegal reconstruir sinagogas incendiadas por turbas de cristãos raivosos.

Por essas circunstâncias, o judaísmo buscou inspiração em textos bíblicos particularistas. Hoje o judaísmo já não é uma religião mundial no sentido de reivindicar verdades universais, mas no sentido de que os judeus estão espalhados pelo globo. O budismo afirma ter uma prescrição para aliviar o sofrimento. O cristianismo afirma possuir o antídoto para o pecado. O islamismo afirma ter a revelação final de Deus para todos os povos. O judaísmo, pelo contrário, é simplesmente a identidade religiosa e cultural do povo judeu, embora afirme que seu Deus é o único e exclusivo Deus. Assim, ele possui um aspecto tribal étnico ou nacional. Os convertidos são bem-vindos, mas não há urgência nesse sentido, porque o judaísmo não procura possuir uma verdade filosófica ou divinamente revelada de que os outros necessitam para viverem bem ou escapar da punição na outra vida. O judaísmo não faz exigências em relação às outras nações.

A religião nacional do povo judeu é um modo de vida distinto que se desenvolveu ao longo de muitos séculos e continua se desenvolvendo numa conversa contínua com sua literatura nacional, as escrituras hebraicas, e a elaboração delas por meio de discussões rabínicas e interpretações rabínicas contínuas. É um modo de vida baseado na prática religiosa, em uma história e tradição cultural compartilhadas, que mantém coesos os judeus como identidade nacional dispersa chamada povo. Mordecai Kaplan o caracteriza como civilização. Pelo fato de ser um tipo de nacionalidade transnacional, com uma terra e uma língua distinta como religião, é possível ser judeu sem, porém, aceitar as crenças religiosas judaicas. É possível identificar-se com a história e cultura judaicas e, agora, com o Estado de Israel, sem participar de práticas religiosas, embora os judeus religiosos desaprovem isso. O judaísmo secular não é uma contradição em si, porque ele é tanto uma religião como uma identidade cultural, preocupado principalmente em permanecer como comunidade distinta, com território e língua próprios.

1.2. Um povo separado. Talvez por causa de sua terrível história de sofrimento, o judaísmo seja agora definido por sua história e teologia. Além disso, o sofrimento no judaísmo não pode ser definitivamente separado de suas alegações religiosas básicas de que os judeus são um povo à parte, escolhido por Deus para cultuá-lo e distinguir-se das nações do mundo. Ainda que o desenvolvimento do princípio de separação esteja associado aos fariseus, suas raízes são bíblicas. A história deuteronômica é a história de um povo chamado para deixar a idolatria praticada pelas nações, mas também é a crônica da tentação constante de abandonar a vocação especial de Israel para a fidelidade, ou seja, manter-se como um povo separado. A história de Salomão e suas esposas de várias nacionalidades e religiões é o paradigma da ansiedade judaica por identidade. A solução definitiva disso vem com Esdras e Neemias, que insistem repetidas vezes com os que retornaram do exílio para que mandem embora suas esposas estrangeiras (Ed 10.10-44; Ne 13.23-31). A endogamia tornou-se o primeiro recurso contra a idolatria.

O judaísmo farisaico é construído em torno desse princípio de separação da impureza e tem se mostrado oneroso porque é fácil ser mal interpretado. É justamente a recusa de Israel em se adaptar, aceitar a cultura dominante, seja esta cristã ou muçulmana, que gerou a ira das nações à sua volta. O judaísmo nunca inventou uma forma de fazer distinção entre religiões aceitáveis e idolatria. Circuncisão, regras alimentares, línguas distintas (hebraico e iídiche), observância do sábado, endogamia e, em alguns períodos, vestimentas características servem para garantir a separação dos judeus. Há um sentido assustador em que a imposição de roupas diferenciadas (o famigerado emblema amarelo e, em alguns períodos, chapéus especiais) por autoridades cristãs imitaram a noção da identificação visível autoimposta dos judeus. Hoje, algumas marcas de identificação são mantidas somente por judeus ultrarreligiosos; os menos religiosos procuram chamar menos atenção para si e para sua herança religiosa.

Talvez o motivo pelo qual a separação dos judeus tenha causado tanta consternação entre os povos é que os judeus se mantêm separados a fim de permanecer puros para Deus, deixando implícita a impureza das outras nações. A própria sobrevivência dos judeus é um testemunho em favor da exclusividade alegada por Israel quanto à sua eleição divina. Só Israel, dentre todas as nações do mundo, é o povo escolhido de Deus. O judaísmo não possui nenhuma doutrina de eleição individual. Deus escolheu um povo para sua propriedade. Sob a hegemonia cristã, só o simples fato de pertencer a esse povo é um ato de fidelidade. Apostasia é trocar esse povo por outro. A afirmação bíblica de que Israel é um povo santo separado por Deus para cultuá-lo é ofensiva para os outros. Não se perdeu de vista, nessas idas e vindas, que o judaísmo não contém nenhum ensino a respeito do cristianismo ou islamismo nem de qualquer outra tradição religiosa. As chamadas leis ou aliança de Noé, apresentadas pelos judeus como meio de fazer distinção entre pagãos civilizados e não civilizados, de modo que se permitam relações comerciais, não servem muito para autenticar outras religiões.

1.3. A fidelidade judaica. Uma vez organizado em torno de um povo remanescente e separado por Deus dentre as outras nações, o judaísmo não é uma religião de salvação como o budismo e o cristianismo. Ele não identifica uma leitura universal da natureza humana ou condição humana que se constitui uma falha fundamental que precisa ser remediada, seja por percepção individual, seja por intervenção divina. Os pagãos cultuam ídolos, os judeus cultuam a Deus, mas estes não evangelizam porque a salvação individual não está em jogo. Conhecer a diferença entre Deus e os ídolos é vital para a vida. A prática religiosa judaica especifica como manter essa distinção. Ainda que exija algum esforço, a prática judaica não é um trabalho de Sísifo — nem uma tentativa presunçosa de autojustificação, uma caricatura feita por muitos cristãos. A prática religiosa faz parte de um modo de vida leal a Deus e ao povo judeu, cuja existência em si constitui prova dessa lealdade. Ao contrário da interpretação sombria que Paulo faz da Lei de Moisés, os judeus têm prazer em obedecer à lei de Deus como fidelidade à própria identidade.

Assim, para o judaísmo, segundo os exemplos paradigmáticos do Êxodo desde o Egito até a volta do exílio babilônico, a redenção é compreendida em termos políticos e históricos, não espirituais. Jerusalém não foi espiritualizada em céu, e a obediência a Deus não é algo impossível que requer a máxima humildade e a graça divina para aplacar uma divindade irascível. Uma vez que a ordem de ser povo de Deus requer a existência de Israel, a lealdade ao povo judaico constitui-se fidelidade a Deus. A deslealdade à sua sobrevivência constitui desobediência. Esse é um motivo pelo qual os judeus fazem mais sociologia e demografia que teologia. Israel está decidido a honrar Deus pela sobrevivência apesar de tudo, não pela confissão de verdades doutrinárias apesar de tudo. Assim, o judaísmo tem um ensino frágil sobre consciência individual e uma forte consciência grupal.

Por ironia, o antissemitismo intermitente, mas recorrente, tem contribuído à sua maneira para a sobrevivência do povo judeu e, com isso, indiretamente, para sua fidelidade a Deus. Embora ao longo das eras alguns judeus tenham apostatado para escapar da sina que muitas vezes recai sobre judeus fiéis, a perseguição tem criado um forte senso de lealdade e responsabilidade grupal que os leva a cuidar de judeus de todo o mundo e auxiliá-los para que possam sobreviver como judeus e portar esse nome com honra.

1.4. A prática religiosa judaica. As práticas religiosas judaicas devem ser compreendidas nesse contexto. A lei judaica é o conjunto de costumes, cerimônias e práticas que efetivamente separam os judeus de seus vizinhos. A prática do judaísmo é preferível à não observância, não porque a prática contribua para a salvação pessoal no sentido cristão de restaurar o relacionamento com Deus afetado pela Queda, mas porque a observância contribui para a sobrevivência e salvação do povo judeu. Viver em favor do povo judeu é obediência a Deus, pois sem a existência de Israel não há um povo de Deus.

Assim, a prática religiosa judaica pode ser compreendida como política comunitária, algo comparável às regras de bibliotecas. Ela serve para proteger a vida do povo judeu, assim como as regras das bibliotecas servem para proteger o acervo. A lei judaica, em última análise, deriva do Pentateuco, mas ao longo dos séculos, com a mudança das condições, as regras foram modificadas para se adaptarem às circunstâncias atuais. De modo semelhante, as políticas de uma biblioteca precisam ser revisadas para refletir as mudanças na população, coleções especiais e assim por diante. Vinte anos atrás, não havia segurança eletrônica para monitorar as entradas e saídas das pessoas na biblioteca. Hoje, em bibliotecas universitárias, não é incomum ser totalmente proibida a entrada de visitantes. A lei judaica é semelhante a essas regras e são elaboradas para proteger a identidade judaica.

Embora os judeus, como indivíduos, possam não se importar com a religião que os não judeus praticam ou deixam de praticar, a afirmação teológica central dos judeus é que Deus é o Deus de Israel, somente de Israel. Se outros (i.e., cristãos e muçulmanos) querem cultuar o Deus de Israel, devem se tornar membros do povo judeu.

Políticas que preservam a identidade judaica são sustentadas pela celebração dos dias santos, festas e dias de jejum que moldam e fortalecem a identidade judaica, ancorando a vida dos judeus nas Escrituras e na história. Os mandamentos bíblicos são suplementados por festas e jejuns de períodos pós-bíblicos, incluindo agora o Dia de Lembrança do Holocausto e Dia da Independência de Israel. A identidade é talhada no ciclo de lembrar, celebrar e recitar as orações.

O judaísmo é o que os cristãos chamariam de tradição liturgicamente "elevada". Ele possui um livro de orações clássico, do qual existem várias adaptações modernas. A vida de oração é regular e altamente regulamentada. O judaísmo não possui uma tradição de oração espontânea, mas segue a tradição litúrgica codificada até o nono século. A oração pública é preferida à oração privada, sendo oferecida três vezes ao dia: pela manhã, à tarde e no início da noite. Na oração matinal, tradicionalmente os homens, mas cada vez mais também as mulheres, cobrem-se com os tradicionais xales de oração e filactérios em que os principais textos bíblicos que constituem o Shemá são literalmente afixados à cabeça, como instrui Deuteronômio 6.8.

Ainda que liturgicamente elaborado, o judaísmo não possui um sacerdócio em vigor porque o Templo não existe mais e não há um entendimento ontológico de ordenação. A ordenação é um status honorário para mestre e, em geral, é concedido pela escola rabínica, concomitantemente à graduação. Não há função litúrgica proibida aos leigos. À guisa de comparação, os rituais elaborados que constituem a vida judaica têm alguma semelhança com os sacramentos da Reforma Radical, que os considerava memoriais. A bênção da comida e a bênção estendida do vinho no sábado e nos dias sagrados, como a longa ação de graças após as refeições, recontam os atos salvadores de Deus na história, lembrando aos participantes as suas bênçãos, das quais a principal é serem membros do povo judaico. Esses e muitos outros rituais e práticas caseiras são meios de graça, mas não no sentido ontológico que se obtém em igrejas sacramentais, onde uma mudança de status ou existência é associada à ação litúrgica e sua proclamação. O judaísmo simplesmente nunca refletiu sobre esses assuntos de uma perspectiva ontológica.

2. O judaísmo pela perspectiva cristã

Em nítido contraste com a definição teológica do próprio judaísmo como povo de Deus, na perspectiva cristã, o judaísmo é ilegítimo. Os judeus são o paradigma da desobediência e, muitas vezes, o sinal da rejeição e punição divinas, apontados como exemplos que servem de lição. O que Jules Isaac denominou ensino do desprezo começou no Novo Testamento, foi elaborado pela tradição do *Adversus Iudaeos* em tratados teológicos entre o segundo e terceiro séculos, e levado às massas por meio da arte a partir da Idade Média. Como nosso foco é a teologia, não vamos recontar a história da legislação e da violência cristã contra judeus, que começou não muito depois da legalização do cristianismo no Império Romano (Flannery).

2.1. O fundamento neotestamentário do ensino do desprezo

2.1.1. A acusação de deicídio. O Novo Testamento já rotula os judeus como deicidas

(Mt 27.25; 1Ts 2.14-15). A acusação permaneceu inconteste até que o papa Paulo VI publicou sua declaração, Nostra Aetate (28 de outubro de 1965), denunciando o antissemitismo e dizendo: "Ainda que as autoridades dos judeus e os seus sequazes urgiram a condenação de Cristo à morte (Jo 19.6), não se pode, todavia, imputar indistintamente a todos os judeus que então viviam, nem aos judeus do nosso tempo, o que na Sua paixão se perpetrou. E embora a Igreja seja o novo Povo de Deus, nem por isso os judeus devem ser apresentados como reprovados por Deus e malditos, como se tal coisa se concluísse da Sagrada Escritura". O movimento de renovação litúrgica da década de 1970 removeu a oração pelos "pérfidos judeus" das reprimendas da liturgia da Sexta-Feira Santa adotada pelas igrejas católicas e anglicanas.

2.1.2. *A teologia do superssessionismo*. O Novo Testamento estabeleceu o superssessionismo que dominaria a posição cristã para com os judeus e o judaísmo, ou seja, a ideia de que a igreja é o verdadeiro Israel. A igreja substituiu o Israel original como povo de Deus. Em outras palavras, agora, o cristianismo é o judaísmo. Os judeus que permanecem fora da igreja estão perdidos, como mausoléus ambulantes. João 8.37-47 retrata uma discussão entre Jesus e alguns judeus que o estavam seguindo, mas achavam suas ideias tão estranhas, que o questionaram. Jesus se volta para eles frustrado e indignado, afirmando que, a menos que o aceitem como alguém enviado "pelo Pai", não são filhos de Abraão, como pensam, mas do Diabo. Se não aceitam que a autodefinição de Jesus vem de Deus, então eles não são de Deus, significando que não são povo de Deus.

Segundo a interpretação da teologia paulina, as Escrituras dizem que Israel foi dramaticamente aberto para os gentios, e só os que depositam a fé em Jesus são verdadeiros judeus. A teologia superssessionista foi especificada em Romanos 9.6-33. O Israel histórico torna-se pretendente ao amor de Deus. A lei judaica, a estimada interpretação das Escrituras desenvolvida pelos fariseus a partir do século segundo a.C., deve ser abandonada porque agora Cristo é o caminho para a salvação (Rm 3—4; Gl 2—3). Efésios 2.11-22 o afirma de modo bem categórico: os filhos de Deus são os judeus que abandonam o judaísmo para viver com os gentios — inimigos deles e de Deus — numa confissão comum do senhorio de Cristo. A nova visão é a mensagem redentora de sua morte triunfante que sinaliza o início de uma nova ordem mundial que inverte o entendimento convencional de força e fraqueza (1Co 1.18-31).

Essa teologia da substituição ou superssessão tem sido normativa ao longo de toda a história cristã, mas na esteira da Nostra Aetate — que coincidiu com a descoberta da extensão dos horrores da Alemanha nazista — um pequeno mas dedicado grupo de teólogos e estudiosos da Bíblia começaram a questioná-la. A releitura de Paulo, o reexame da cristologia e a reconsideração da natureza da aliança são apresentados como meios que permitem que os cristãos deixem de simplesmente condenar o antissemitismo, permitindo-lhes considerar teologicamente legítimo o judaísmo (Gaston 1987, 1996; McGarry; Ruether; Soulen; Van Buren 1980, 1983, 1988). Umas das teorias mais amplamente discutidas foi iniciada pelo teólogo judeu Franz Rosenzweig (1886-1929). Essa teoria imagina uma aliança com duas partes: uma com o povo judeu e outra com a igreja (Rosenzweig).

Observando quase trinta anos de interesse teológico dos cristãos em favor dos judeus, alguns líderes e estudiosos judeus iniciaram um esforço comparável pelo lado deles. Em *Christianity in Jewish Terms* [O Cristianismo em Termos Judaicos] se oferece uma coleção de ensaios sobre o que o judaísmo pode dizer em termos de legitimação teológica do cristianismo. Ambos os movimentos representam uma ruptura decisiva com dois milênios de história de desprezo, medo e desconfiança.

Para a teologia cristã em geral, a *salvação ficou associada ao perdão de pecados na esfera individual obtida pela morte de Jesus, e não a elementos como sacrifício, confissão, oração e esmolas. Nessa concepção de salvação, quem não confessa o poder salvador de Jesus permanece sob o poder do pecado e, com isso, perdido para Deus, que exige perfeita obediência, pois só o próprio Deus — na pessoa do Filho encarnado — pode, por meio da morte voluntária de Cristo, cancelar a dívida exorbitante que cada pessoa tem com Deus.

O Novo Testamento é, em seu todo, uma nova representação do judaísmo numa forma radicalmente universalizada. Outro aspecto do superssessionismo é a questão de quem Jesus veio salvar. De acordo com Lucas, que é favorável aos gentios, Jesus é ousado a ponto de pregar as "boas novas" de que veio não para salvar os que o ouviam, mas os inimigos deles. Em Lucas 4.16-30, os que cultuavam na sinagoga de Nazaré não conseguem imaginar o que está acontecendo quando Jesus se dirige a uma multidão inicialmente ansiosa e esperançosa de fiéis e lhes diz que tinha vindo para cumprir as promessas de Isaías 65: levar as boas novas aos pobres, libertar os cativos, devolver a visão aos cegos e pôr em liberdade os oprimidos. Mas com isso ele está dizendo não que veio libertar seus ouvintes dos captores romanos, mas justamente libertar os captores romanos, pagãos que se tornarão povo de Deus no lugar dos judeus! Não é à toa que eles tentaram linchá-lo. As notícias que Jesus traz a Israel são terríveis: Deus o enviou para abraçar seus inimigos, e Israel deve acolhê-lo como se ele fosse o próprio Deus. Realmente se tratava de uma tarefa impressionante!

Os judeus teriam de decidir o que significava obedecer a Deus: juntar forças com os inimigos, formando um povo de Deus invertido, constituído de judeus e pagãos que seguiam as palavras do filho de um artesão que não tinha papas na língua, ou permanecerem fiéis aos ensinos das Escrituras transmitidos por estimados sábios judeus e pela tradição. Na época e também agora, a maioria escolheu o caminho da cautela.

A grande revisão que o cristianismo fez do judaísmo trouxe o rompimento do elo entre a nacionalidade e a religião. Com Paulo, o judaísmo tornou-se uma religião baseada na fé. Mas Paulo não estava só. Mateus também rompeu o elo entre o povo de Deus e o Israel histórico ao identificar o povo de Deus com os que seguem os ensinos de Jesus. Isso fica muito nítido nas bem-aventuranças (Mt 5.1-12) e na parábola do juízo final (Mt 25.31-46). A filiação ao povo de Deus é determinada pela força do caráter moral, não pela graça da eleição divina dos filhos históricos de Abraão. A literatura joanina também rompe esse elo dizendo que os que creem no que Jesus diz acerca de si mesmo são o povo de Deus.

Outra forma de superssessionismo é modelada pela interpretação das Escrituras que faz uso de filtros hermenêuticos radicalmente distintos. Paulo reinterpretou as Escrituras, distanciando-as dos judeus, em direção aos gentios, mas Mateus as reinterpretou distanciando-as do contexto histórico e textual da passagem para buscar seu significado em Jesus. Ele afirma especificamente que a profecia bíblica se cumpre em Jesus (Mt 1.22; 2:15, 17, 23; 4.14; 5.17; 8.17; 12.17; 13.14, 35; 21.4; 26.54, 56; 27.9). A partir dessa base, um argumento cristão que se tornou padrão na era patrística e depois dela afirma que os judeus que dizem *não* para Jesus são incapazes de compreender suas próprias Escrituras.

2.1.3. Ridicularização e denúncia. Uma forma final de ensino do desprezo foi a ridicularização e a denúncia direta. Isso fica claro no tratamento que Mateus dá aos fariseus (Mt 3.7; 16.1, 6, 11-12; 21.45; 23), os intérpretes das Escrituras que procuravam proteger a pureza de Israel mediante práticas religiosas elaboradas. Passagens em todos os evangelhos dão a entender que os fariseus e outros líderes judeus foram se alienando aos poucos de Jesus somente por causa de sua atitude irreverente para com a tradição, as Escrituras e a Lei, sendo que se voltaram contra ele só depois de várias tentativas de travar com Jesus o que consideravam um diálogo lógico.

Comentários depreciativos esparsos acerca dos escribas e saduceus, mas especialmente dos fariseus, como hipócritas, gananciosos, mau fermento e assim por diante, moldaram a opinião cristã sobre a tradição judaica, não só da liderança do judaísmo do primeiro século, mas indiretamente de todo o judaísmo, uma vez que o judaísmo normativo é farisaico em sua essência. Mas o princípio fundamental do farisaísmo, ou seja, o abandono ou abstenção da impureza, não é realmente tão estranho, mesmo em nossos dias. Muitos pais, por exemplo, querem proteger os filhos daquilo que consideram influências destrutivas: violência, pornografia, drogas, sexo prematuro e assim por diante. Aliás, os cristãos muitas vezes ocupam a linha de frente dessas iniciativas farisaicas.

2.2. A elaboração teológica do ensino do desprezo. O fundamento neotestamentário da substituição dos judeus e do judaísmo pela igreja lançou os alicerces para a construção do cristianismo na era patrística. O judaísmo e o paganismo eram o cadinho em que a doutrina e a prática cristã estavam sendo forjadas. A nova fé precisava demonstrar tanto continuidade como descontinuidade com seus predecessores para ser intelectualmente respeitável e compreensível por um lado e também nova o suficiente para atrair adeptos. A incorporação do superssessionismo no entendimento cristão começou no segundo século com a *Epístola de Barnabé*, que cristianiza a Escritura judaica. Ela segue a ideia de Mateus de que a profecia hebraica é cumprida em Cristo e a amplia, ensinando que, sem Cristo, o que os cristãos passaram a designar como o "Antigo Testamento" não tem significado. O judaísmo não tem validade teológica, e os judeus estão cegos para o significado de suas próprias Escrituras que apontam para Cristo. Estudos bíblicos modernos têm feito um esforço valioso para se concentrar no significado histórico e na formação dos textos, mas tem sido difícil para os cristãos permitir que o "Antigo Testamento" (significando "ultrapassado") tenha sua própria identidade não cristã, porque isso poderia separar Cristo do Deus de Israel.

A Epístola de Barnabé é seguida pelo *Diálogo com Trifo, o Judeu*, o primeiro tratado independente contra os judeus, numa tentativa de converter seu interlocutor. Seu argumento é que Deus sempre pretendeu substituir o judaísmo com o cristianismo e que a Lei sempre foi uma punição pela constante desobediência à vontade de Deus. As Escrituras judaicas agora pertencem aos cristãos. Esse *Diálogo* foi escrito quase no mesmo momento em que a revolta de Bar Kochba contra Roma fracassou em 135, terminando na profanação de Jerusalém e na expulsão dos judeus pelo imperador Adriano. O fracasso dos judeus na tentativa de se livrarem da dominação romana e sua dispersão foram considerados pelos cristãos punições divinas e provas de que Deus havia trocado os judeus pelos cristãos. Esses eventos tornaram-se parte da polêmica estrutura antijudaica por muitos séculos.

No terceiro século, Tertuliano (160-225), em seu longo texto *Contra os Judeus*, apresenta com força essa tradição polêmica para o Ocidente latino. Seu alvo principal é demonstrar que Deus sempre pretendeu a rejeição dos judeus em favor dos cristãos. As práticas judaicas já não valem e a profecia judaica prediz Cristo. *Demonstração contra os Judeus* é atribuído a Hipólito de Roma (m. 235). Ela atribui aos judeus a culpa pela dor e sofrimento do seu próprio povo por terem matado Cristo. Em *Dos Alimentos dos Judeus*, Novaciano (c. 200-258) descreve a maldade dos judeus na obediência concreta às leis alimentares das escrituras de Levítico; o "Antigo Testamento" foi espiritualmente reinterpretado. A Cipriano de Cartago (m. 258) se atribui *Três Livros de Testemunhos contra os Judeus*. Seguindo temas do Novo Testamento, são sermões sobre a ingratidão de Israel e sobre a perseguição imposta aos profetas e a Cristo. Mesmo assim, eles ainda podem se arrepender e receber o batismo.

As obras que constituem a tradição do *Adversus Iudaeos* são muito numerosas para análise aqui, de modo que vamos examinar a mais importante que surgiu depois da legalização do cristianismo. Um exemplo público importante e profundamente influente da polêmica antijudaica são os oito sermões de João Crisóstomo contra cristãos judaizantes, bem como judeus, proferidos em cerca de 386/87 em Antioquia. Ele era um pregador brilhante que lutou arduamente para evitar que cristãos procurassem rabinos em busca de bênção para seus campos e de cura para suas enfermidades e para evitar que frequentassem a sinagoga em dias sagrados do judaísmo. A retórica às vezes é violenta, apelando à derrota dos judeus diante de Roma para provar que Deus havia abandonado os judeus. Ao se apegarem a formas antiquadas e ultrapassadas de vida religiosa, eles confundem os seguidores de Jesus, tentando os cristãos a se desviar da fidelidade inabalável em Cristo. Eusébio de Cesareia incluiu o que na época era o modelo de abordagem da punição divina contra os judeus em sua famosa *História Eclesiástica* (c. 325), a primeira do gênero. Cirilo de Alexandria (m. 412) escreveu duas homilias contra os judeus e sua infidelidade, talvez motivadas pela violência entre judeus e cristãos em sua jurisdição. Sua *Prova do Evangelho* trata da objeção judaica de que os cristãos reivindicam as Escrituras judaicas, mas rejeitam a Lei Mosaica, uma aparente contradição.

Agostinho de Hipona também contribuiu com sua voz no gênero *Adversus Iudaeos*. Seu *Tratado contra os Judeus* e o tratamento que dá a eles em *A Cidade de Deus*, livros 17 e 18, bem como em outras partes esparsas em seus escritos, trouxeram uma importante inovação à teologia dos judeus que fez o Ocidente levar adiante a "Questão Judaica" ou o "Problema Judaico", mais ou menos até Karl Barth. Embora concordasse que o cristianismo havia substituído o judaísmo, que os judeus não conseguiam compreender o significado cristológico claro de suas Escrituras e tinham sido reprovados por rejeitar Cristo, ele também reconheceu a importância dos elementos de continuidade entre o judaísmo e o cristianismo. Sua leitura de Salmos 59.10-11 (em *A Cidade de Deus* 18.46) forçou-o a ver o valor da presença de judeus dispersos junto com a população cristã. O salmo diz *Deus me fará ver cumprido o meu desejo sobre meus inimigos. Não os mates, para que meu povo não se esqueça; espalha-os com o teu poder e abate-os*. Assim, era necessário dispersar os judeus pelo mundo e permissível fazê-los sofrer penalidades civis e religiosas por terem rejeitado o evangelho; mas é preciso que lhes seja permitido viver para que possam ser testemunhas das profecias acerca de Cristo.

Agostinho estabeleceu o tom que o Ocidente deu aos judeus até o século 13, quando surgiram heresias que foram combatidas com vigor, culminando nas Cruzadas. Em reação à vasta violência antijudaica na Primeira Cruzada, Bernardo de Claraval, mantendo a concepção agostiniana, pregou contra a violência antijudaica, mas também apregoou a Segunda Cruzada.

Tomás de Aquino manteve a ambivalência agostiniana para com o judaísmo, embora não visse na diáspora uma punição pela crucificação, como fizeram outros antes dele. Ele considerava o judaísmo uma forma de incredulidade e, portanto, um pouco melhor que uma heresia. Opunha-se ao batismo forçado de crianças judias e tolerava o direito judaico de praticarem a religião sem serem molestados, porque de certa forma, ainda que velada, dariam testemunho da verdade de Cristo em suas Escrituras. Ainda que não sejam "salvos" porque estão fora da igreja, fazem parte da identidade da igreja por causa de sua continuidade com as Escrituras (Schoot e Valkenberg).

No século 16, embora inicialmente esperasse que a Reforma induzisse os judeus à igreja, o longo e bem elaborado tratado *Sobre os Judeus e suas Mentiras* (1543) de Martinho Lutero reviveu o tratamento virulento contra o judaísmo, levando seus seguidores a incendiar casas e cortar a língua de judeus. Ao mesmo tempo, a Inquisição Espanhola expulsou ou executou judeus em razão da intransigência destes.

No século 19, Friedrich Schleiermacher rompeu com a tradição agostiniana que sustentava que o cristianismo tinha uma relação especial com o judaísmo. Ele não via nenhuma utilidade no judaísmo, mas também não demonstrava nenhuma antipatia para com judeus como indivíduos. O judaísmo era uma religião morta, infantil quanto ao caráter. Poderia ser atraente, mas já tinha cumprido seu propósito. O judaísmo contribuiu com a ideia do messias para o mundo e se exauriu. Seus resquícios externos são um "fenômeno desagradável, um movimento mecânico do qual a vida e o espírito há muito se apagaram" (*Speeches*, V, 241). Essa clara aversão ao judaísmo somada ao seu franco nacionalismo prussiano teologicamente alimentado e à devoção à terra natal faz uma associação entre nação, igreja e terra que causa certo mal-estar nos que olham para trás de uma perspectiva pós-nazista.

Talvez o ataque de Karl Barth ao nacionalismo alemão tenha sido, em parte, reação ao patriotismo de Schleiermacher. Barth voltou-se à tradição agostiniana. Ele inseriu os judeus em seu grande esquema dialético de rejeição e eleição simultâneas da humanidade em Jesus Cristo. Os judeus permanecem, paradoxalmente, como os eleitos de Deus e seus rejeitados. Eles devem se manter eternamente como testemunhas da condenação divina. Os judeus são o paradigma transitório de uma existência que resiste à sua eleição em Jesus Cristo.

2.3. O ensino do desprezo na arte. A *iconografia antijudaica desenvolveu-se para reforçar o ensino do desprezo durante a Alta Idade Média. Por exemplo, o portal do transepto sul da Catedral de Estrasburgo, na França (c. 1230), é adornado com uma escultura triunfante da igreja representada por uma mulher coroada, com a cabeça levantada, segurando um báculo em pé. No outro lado do portal fica a escultura da sinagoga, também uma mulher, com a cabeça baixa, olhos vendados, segurando um báculo quebrado. Também na Alemanha há igrejas adornadas com esculturas ou pinturas semelhantes do mesmo período.

Pinturas medievais e ilustrações de manuscritos bíblicos ridicularizam judeus com chapéus altos e pontudos, conduta perversa e presença ameaçadora. Além disso, desenhos, materiais impressos, panfletos medievais e, mais tarde, jornais, retratavam os supostos sacrilégios dos judeus contra a hóstia consagrada e no ato de libelo de sangue em sátiras e caricaturas degradantes. Muito provavelmente, essa publicidade contribuiu para gerar atos de violência praticados por grupos contra comunidades judaicas em toda a Grã-Bretanha e no restante da Europa e para diversas expulsões de judeus de cidades, povoados e vilas ou para seu isolamento em guetos que, à noite, eram trancados por motivo de segurança.

3. Conclusão

Em suma, com a atual exceção de pequenos bolsões de líderes pacíficos e inovadores, a autodefinição judaica e a autodefinição cristã continuam se negando mutuamente. Isso resulta num embate obstinado de ambas, que afirmam ser o verdadeiro povo de Deus e conhecê-lo realmente. Em jogo está não só a eclesiologia, mas também o conhecimento de Deus, pois cada lado afirma estar certo e o outro, simplesmente errado.

Os judeus, assim como os muçulmanos, insistem num monoteísmo estrito que dogmaticamente exclui a possibilidade de qualificação cristológica. Assim, quando os judeus rejeitam Cristo, não é porque simplesmente não veem o mundo redimido e, portanto, recusam-se a crer que Jesus é o Messias prometido a Israel. O que ocorre é que a unidade divina impede a existência de qualquer Messias que seja, como afirma a fé nicena, o Filho do Pai, consubstancial com ele, ou, como afirma a fórmula de Calcedônia, plenamente humano e plenamente divino. A rejeição judaica de Niceia e Calcedônia, portanto, tanto por judeus religiosos como por judeus seculares, é um ato de fidelidade a Deus. Um único credo judaico, escrito por Maimônides e regularmente cantado na adoração, domina o culto judaico. É um hino à unicidade divina. É a elaboração do Shemá, a convocação bíblica do judaísmo: *Ouve, ó Israel: o Senhor nosso Deus é o único Deus* (Dt 6.4). A admissão de Cristo na divindade, como aconteceu no cristianismo niceno, é a pedra de tropeço teológica para os judeus.

Os cristãos fincam sua identidade justamente no ponto que judeus e muçulmanos rejeitam: a encarnação. Cristo é um com o Pai. Ele é o caminho, aliás, o único caminho para o Pai que, de outro modo, é aparentemente inacessível ou, pelo menos, seu amor é inacessível. Este último ponto é motivo de perplexidade para judeus e muçulmanos. Eles não se preocupam com a ira divina nem com suas implicações para o destino eterno dos indivíduos; eles se concentram na obediência à vontade divina nesta vida. Para os cristãos, os não cristãos estão condenados e são infelizes, porque vivem sem o conforto da misericórdia de Cristo. Embora essa atitude evangélica seja apresentada como demonstração de amizade e interesse, ela tem um quê de condescendência que pode estar mais evidente para os alvos da evangelização e não tanto para os que oferecem o evangelho.

Portanto, entre o judaísmo e o cristianismo há um embate teológico espinhoso nem sempre conduzido com bondade. Talvez os bolsões de resistência aos ensinos de desprezo mútuo consigam, pela graça de Deus, refinar uma verve religiosa que seja lúcida quanto à verdade de cada um.

Veja também Islamismo; Sionismo Cristão.

BIBLIOGRAFIA. Barth, K., *Church Dogmatics, II/2* (Edinburgh: T & T Clark, 1957); Flannery, E. H., *The Anguish of the Jews: Twenty-three Centuries of Antisemitism* (Mahwah: Paulist, 1985); Gaston, L., *Paul and the Torah* (Vancouver: University of British Columbia Press, 1987); Gaston, L., *Jesus and Paul After Auschwitz: A Lecture* (Vancouver: Vancouver School of Theology, 1996); McGarry, M. B., *Christology After Auschwitz* (New York: Paulist Press, 1977); Rosenzweig, F., *The Star of Redemption* (Notre Dame: Notre Dame Press, 1985); Radford Ruether, R., *Faith and Fratricide: The Theological Roots of Anti-Semitism* (New York: Seabury, 1974); Schleiermacher, F.,

On Religion: Speeches to Its Cultured Despisers (Cambridge: Cambridge University Press, 1996); Schoot, H. e Valkenberg, P., "Thomas Aquinas and Judaism", *Modern Theology* 20.1 (2004) 51-70; Soulen, K., *The God of Israel and Christian Theology* (Minneapolis: Fortress, 1996); Van Buren, P. M., *A Theology of the Jewish-Christian Reality, 1: Discerning the Way; 2: A Christian Theology of the People Israel; 3: Christ in Context* (New York: Seabury, 1980, 1983, 1988); Wyschogrod, M., *Abraham's Promise: Judaism and Jewish Christian Relations* (Grand Rapids: Eerdmans, 2004).

E. T. Charry

JUDAÍSMO MESSIÂNICO

*Judaísmo messiânico refere-se a um movimento associado primeiramente aos judeus que passaram a crer em Jesus (heb., *Yeshua*) como o Messias prometido e permanecem ligados ou comprometidos de algum modo com a vida e a identidade judaica. Judeus messiânicos e participantes não judeus que se envolveram no movimento messiânico compreendem que os judeus que creem em Jesus e permanecem judeus são uma parte importante do plano divino contínuo de redenção e consumação.

Os judeus messiânicos optam por se identificar como judeus. Como tais, o judaísmo messiânico mantém costumes, festas, terminologia e língua do povo judeu em sua vida de fé e expressão. Embora a maioria das congregações inclua orações tradicionais e leituras da Torá junto com leituras do Novo Testamento, o estilo e o tom podem mudar de um grupo para outro. As congregações costumam se reunir nas noites de sexta-feira ou manhãs de sábado em observância do dia sagrado. Muitas congregações incorporam o que é conhecido como louvor e adoração davídica, em forma de dança coletiva e música ao vivo. O judaísmo messiânico distingue-se do cristianismo hebraico no fato de que os cristãos hebreus são descendentes de judeus que se identificam primeiramente com a igreja e a comunidade cristã gentia.

O testemunho contínuo do povo judeu é um aspecto importante do judaísmo messiânico. A manutenção da identidade judaica segue lado a lado com a prática judaica. Até que ponto judeus messiânicos devem seguir práticas que têm origem na Aliança Mosaica? Dentro do judaísmo messiânico há várias posições a esse respeito. Enquanto alguns entendem que certas práticas são impostas a todos os judeus, outros entendem que a pessoa pode escolher as que considera mais significativas. Há acordo quanto à importância de judeus chegarem ao conhecimento do Messias, permanecendo ao mesmo tempo integrados na vida e na herança judaica. Isso é entendido como um passo importante para a salvação de *todo Israel* (Rm 11.26) e para o plano divino de gerar bênçãos mútuas entre os judeus e as nações.

Muitos entendem a existência do judaísmo messiânico como um movimento de restauração e ponte entre a igreja e o povo judeu. O judaísmo messiânico expressa a fé e a vida moldadas pelo evangelho em termos judaicos que remontam a suas raízes e oferece ao povo judeu as boas novas a partir de uma perspectiva judaica. Isso, por sua vez, oferece à igreja um novo entendimento da vida e da fé do Jesus judaico.

O judaísmo messiânico adota um entendimento evangélico com respeito à Divindade e à pessoa e obra de Cristo. Tanto as Escrituras Hebraicas como o Novo Testamento são aceitos como Palavra de Deus. A restauração tanto física como espiritual de Israel, prometida por Deus, é compreendida como o tema central da obra divina no mundo.

Judeus messiânicos estão presentes em quase todos os lugares em que há judeus. Existem pelo menos dezoito países, desde a América do Sul até as antigas repúblicas soviéticas, que abrigam congregações messiânicas (veja o site [em inglês] da Aliança Internacional de Congregações e Sinagogas Messiânicas: www.iamcs.org>). Estima-se que só nos Estados Unidos haja dezenas de milhares de judeus messiânicos (veja o site [em inglês] da Congregação Beth Yeshua: <www.cby.org>).

Veja também Judaísmo; Sionismo Cristão.

Bibliografia. Robinson, R., org., *The Messianic Movement: A Field Guide for Evangelical Christians* (San Francisco: Purple Pomegranate Productions, 2005); Soulen, R. K., *The God of Israel and Christian Theology* (Minneapolis: Fortress, 1996); Stern, D. H., *Messianic Jewish Manifesto*

(Jerusalem: Jewish New Testament Publications, 1988).

L. A. Zadurowicz

JUSTIÇA

A justiça é um tema central das Escrituras, e a justiça para com os pobres e oprimidos é assunto recorrente. Essa preocupação com a justiça continua na era patrística, e na teologia contemporânea segue explorando o significado da justiça e do papel da igreja na sua promoção.
1. Perspectivas bíblicas da justiça
2. Posições da igreja primitiva e da patrística sobre a justiça e sobre os pobres
3. A justiça das perspectivas grega clássica e cristã primitiva
4. A justiça como fenômeno legal
5. A justiça e o papel profético da igreja

1. Perspectivas bíblicas da justiça

O conceito de justiça nas Escrituras é um tema central de grande importância para toda a vida humana — ele percorre todos os livros da Bíblia como um fio de ouro. Essa centralidade e a vasta riqueza do termo faz com que seja difícil chegar a uma definição simples no contexto bíblico. A palavra "justiça" é empregada de várias maneiras. É usada para descrever os códigos legais e as ordenanças que regem a vida em comunidade (e.g., Êx 21.1—23.10) e indica quando a restituição é necessária num contexto em que se causou dano a uma pessoa ou propriedade, ou houve violação de regras de culto. Os dois principais termos hebraicos, (*șĕdāqâ* e *mišpāṭ*) são normalmente traduzidos por "retidão" e "justiça". *Șĕdāqâ* refere-se à retidão de Deus que não traz juízo somente sobre atos isolados, mas, de acordo com William Coats, sobre todo o modelo desta era. *Mišpāṭ*, por sua vez, refere-se a obrigações e responsabilidades específicas da vida num contexto de aliança com Deus e com outras pessoas. A melhor descrição da ideia bíblica de justiça é "fidelidade às exigências de um relacionamento" com referência especial às viúvas, aos órfãos e aos pobres.

1.1. Justiça no Antigo Testamento. Em alguns livros da literatura de sabedoria, o justo é descrito como aquele que se preocupa em preservar a paz e a integridade da comunidade. É a pessoa que *tem fortalecido mãos fracas* [...] *sustentado os que cambaleiam* (Jó 4.3-4), cuida dos pobres, dos órfãos e das viúvas (Jó 29.12-15; 31.16-19; Pv 29.7) e defende a causa deles no tribunal (Jó 29.16; Pv 31.9). Os justos são retratados como os que vivem em paz e harmonia com seu próximo, com sua terra, com seus empregados e animais (Jó 31.1-40). De acordo com Salmos, o justo é aquele que recorre a Javé confiante de que está fundamentado na justiça divina. Essa pessoa tem consciência de que Javé é a fonte da força e é fiel às suas promessas.

Os profetas do século oitavo a.C. evidenciam as mesmas preocupações levantadas pela literatura de sabedoria. O profeta Miquéias é retratado em conflito com os líderes de Jerusalém porque estes estavam explorando os pobres e negligenciando os necessitados. Israel, porém, acreditava que Deus lhes era favorável, independentemente dos males que infligiam aos pobres. No livro de Isaías, os ricos e abastados são repreendidos por perpetuar a injustiça contra os mais vulneráveis da sociedade. As injustiças cometidas contra os pobres incluem o confisco de terra e de propriedades, a venda de pessoas como escravas e para pagamento de dívidas, a exploração de viúvas e órfãos. Os males contra os pobres estendiam-se para a corrupção nos negócios e no comércio ligados a um sistema judicial corrupto que favorecia os economicamente poderosos em detrimento dos fracos.

O Antigo Testamento enfatiza que Javé é justo (2Cr 12.6; Ne 9.8; Sl 7.9; 103.17; 116.5; Jr 9.24; Dn 9.14; Sf 3.5; Zc 8.8). A justiça atribuída a Javé não é mero produto de sua natureza, mas faz parte da essência da relação de aliança (Jr 9.24; Os 2.19). Qualquer forma de violação da relação de aliança com Javé é considerada uma falha de justiça. Isso fica evidente no epílogo do cântico da vinha (Is 5.1-17), em que Javé, sob forma poética, acusa seu povo, dizendo que ele *plantou* e cuidou: *Ele esperou justiça* [*mišpāṭ*], *mas houve sangue derramado* [*mišpāḥ*]; *retidão* [*șĕdāqâ*], *mas houve clamor por socorro* [*șĕ'āqâ*] (Is 5.7). Portanto, a punição que Javé impõe a Israel é justa.

Entretanto, a justiça de Javé não inclui apenas punição, mas havendo arrependimento e confissão, a justiça pode resultar em perdão e restauração. A punição e a volta são aspectos essenciais do plano de restauração de Javé. A justiça de Javé forma a base de seu "poder salvador, sua fidelidade à função de Senhor da aliança" (Haughey, 73).

O interesse especial de Javé pelos indefesos na sociedade é um imperativo moral. Isso não só promove a harmonia social, como também brota da natureza intrínseca de Javé como defensor dos oprimidos. As passagens nesse sentido são numerosas: *Não maltratarás o estrangeiro* [...] *Não maltratarás nenhuma viúva nem órfão* (Êx 22.21-22). *O Senhor faz justiça ao órfão e à viúva, e ama o estrangeiro, dando-lhe comida e roupa* (Dt 10.18). *Fazei justiça ao pobre e ao órfão; procedei com retidão para com o aflito e o desamparado. Livrai o pobre e o necessitado* (Sl 82.3-4). *O Senhor executa a justiça e defende todos os oprimidos* (Sl 103.6; cf. Sl. 140.12; 146.7). *Assim diz o Senhor: Exercei o direito e a justiça, e livrai da mão do opressor aquele que está sendo explorado por ele. Não façais nenhum mal ou violência ao estrangeiro, nem ao órfão, nem à viúva* (Jr 22.3-4).

No âmago do termo justiça está a noção de relacionamento. A justiça é central no Antigo Testamento, mas outros termos estão profundamente ligados a ela: misericórdia, verdade, aliança, vindicação, fidelidade, obra de salvação, bem como lei e estatuto. As consequências da justiça são harmonia e paz em relacionamentos pessoais e na comunidade.

1.2. Justiça no Novo Testamento. Os termos e afirmações relativos à justiça no Novo Testamento não são tão ricos nem tão diretos como no Antigo Testamento, mas o conceito constitui parte central e significativa de seu testemunho. Isso se evidencia nas palavras e no ministério de Jesus de Nazaré, nos escritos de Paulo e em outros autores. No Sermão do Monte, Jesus encoraja os ouvintes a buscarem primeiro o *reino de Deus e sua justiça (gr. dikaiosynē)*. Em seu ministério, Jesus criticava constantemente a justiça e a misericórdia exercidas pelos escribas e fariseus. Nos escritos de Paulo, a questão da justiça é central, especialmente quando se refere ao fato de que *a justiça de Deus se manifestou* [...] *por meio da fé em Jesus Cristo* (Rm 3.21-22). Os escritos de João e Tiago destacam a importância da justiça quando se referem ao ministério de assistência aos membros necessitados e pobres da comunidade. João menciona a relevância escatológica da justiça em relação aos fiéis (Ap 19.11). No Novo Testamento, a vida e a morte de Jesus estão ligadas à justiça de Deus e à justificação do crente pela fé em Cristo.

Jesus iniciou seu ministério com a proclamação do reino de Deus acompanhada de um chamado ao arrependimento (Mt 4.17; Mc 1.15). O reino de Deus foi proclamado como uma realidade presente que exigia uma resposta de seus ouvintes (Mt 3.2; 4.23; 5.3, 10;9.35; Lc 10.9; 11.20; 17.21) e, ao mesmo tempo, como uma realidade futura, objeto de esperança e oração (Mt 6.10). A manifestação do reino de Deus estava ligada ao ministério e aos ensinos de Jesus como o proclamador escatológico do reino de Javé que teria efeito na vida diária das pessoas e na vida do mundo. A justiça devia ser praticada por todos, de acordo com os ensinos do testemunho do Antigo Testamento e, no mundo, o conceito confrontava governantes e estruturas injustas responsáveis pela injustiça perpetrada contra pobres, estrangeiros, viúvas e órfãos.

A mensagem de Jesus era caracterizada como boas novas para os pobres e esperança para os oprimidos (Lc 4.18-21). Por meio dessa mensagem introdutória em Lucas 4 e por sua constante comunhão com os marginalizados da sociedade, Jesus demonstrou sua solidariedade com esses grupos. Solidário aos excluídos pela sociedade, Jesus é visto como uma parábola da justiça divina em que a misericórdia (*ḥesed*) e a justiça (*ṣĕdāqâ*) estão paradoxalmente relacionadas. A proclamação do reino que exige uma resposta é, na realidade, o chamado para um discipulado radical cujo centro é a prática da justiça.

Os escritos de Paulo incluem dois conjuntos de textos que agrupam fé e justiça. O primeiro refere-se à *justiça de Deus por meio da fé em Jesus Cristo* (Rm 3.22; 3.26; Gl 2.16; Fp 3.9). O segundo conjunto de textos simplesmente liga a fé à justiça (Rm 3.28, 30; 4.5, 9, 11, 13; 9.30; 10.6, 10). Para Paulo, a fé sempre está baseada naquilo que Deus fez em Cristo. Desse modo, para ele, a justificação só pode vir pela fé em Jesus Cristo. A justificação pela fé em Jesus Cristo, para Paulo, não entrava em contradição com sua preocupação com os pobres da comunidade

(Rm 14.1-18; 1Co 11.17-22; 8.1-13). Pelo contrário, levar as cargas uns dos outros era o cumprimento da Lei e o produto da justificação pela fé (Gl 6.2; Rm 15.1-3; 1Co 12.26). Isso também fundamentava seu interesse em relação aos pobres e à coleta para os necessitados (2Co 8.9-14; 2Co 9; Gl 2.10), além de seu interesse pela paz e harmonia na comunidade (1 e 2Co, Gl 1 e 2Ts). As mesmas noções de justiça e fé evidentes nos escritos de Paulo encontram-se também nos textos de Tiago (Tg 3.18) e João (Ap 19.11).

As declarações de Paulo a respeito da justiça e da justificação devem ser sempre colocadas no contexto da cristologia. No Novo Testamento, a revelação da justiça de Javé tem uma fundamentação cristológica. O interesse de Deus pelo mundo e seus habitantes é revelado de maneira concreta no advento de Jesus Cristo. O mundo de imperfeições humanas é o mundo de Deus para o qual ele se volta em Cristo. A fé, portanto, é uma resposta à proclamação do reinado de Deus na terra. A fé permite que as pessoas sejam compassivas porque receberam compaixão. Assim, a causa dos pobres, viúvas, necessitados, refugiados, oprimidos e órfãos é a causa de Jesus Cristo. A perspectiva bíblica da justiça de fato exige dos cristãos que se envolvam na luta pela justiça no mundo hoje.

2. Posições da igreja primitiva e da patrística sobre a justiça e sobre os pobres

Coerentes com a perspectiva bíblica da justiça, os pais da igreja primitiva trataram do acúmulo de posses e riquezas no contexto do cuidado com os pobres e necessitados. O autor do *Didaquê* alertava os primeiros cristãos contra a busca de posses e riquezas em detrimento dos pobres e necessitados. O autor afirma que alguns membros da igreja estão "inclinados somente à vantagem própria, sem piedade dos pobres nem sensibilidade para com os angustiados" quando "dão as costas para os necessitados e oprimem os aflitos" e "auxiliam e promovem os ricos, mas arbitrariamente condenam os pobres" (*Didaquê* 5.2). Crítica semelhante ocorre no escrito de Hermas em *Pastor*, que afirma que os ricos estão mais preocupados em serem sepultados no meio das riquezas, enquanto vivem alheios aos sérios sofrimentos enfrentados pelos pobres. Policarpo, bispo de Esmirna no segundo século, num ensino sobre 1Timóteo 6.7, sobre os males do amor ao dinheiro, lembra a seus leitores que entramos neste mundo sem nada e que é óbvio e esperado que o deixemos sem levar nada. Por esse motivo, ele exorta os cristãos a perseguirem a "justiça, piedade, fidelidade, firmeza e bondade".

Clemente de Alexandria, durante o terceiro século, reflete a necessidade de conversão quando fala da questão das variadas atitudes das pessoas para com as riquezas. Ele acredita, porém, que é possível um rico ser "pobre em espírito", alegando que todas as posses e riquezas são dádivas de Deus. E prossegue apontando que assim como Cristo deu a vida por nós, também devemos nos doar por nossos irmãos e irmãs. Aliás, devemos revelar uma postura de alegria quando distribuímos qualquer coisa de valor para os pobres e estrangeiros.

Cipriano, bispo de Cartago durante o mesmo período, ficava perturbado com as desigualdades crassas no mundo pagão. Ele via o contraste entre a busca de riquezas e posses, e a negligência e o ódio para com os pobres e necessitados. No centro dessa busca ficavam a cobiça e a satisfação própria. Cipriano transmite a mensagem inquietante de que a cobiça e a busca da satisfação própria insinuaram-se na comunidade cristã onde bispos e pessoas comuns tornaram-se "caçadores de fortunas que negligenciam os pobres". Em seu entender, esse era o motivo por que Deus permitia que a igreja fosse perseguida.

Tertuliano, entre os primeiros teólogos latinos, ecoa esses sentimentos com respeito à justiça naquilo que diz respeito à questão dos marginalizados na sociedade e à natureza da comunidade. Para ele, as três principais características da igreja universal de Jesus Cristo são "paz, fraternidade e hospitalidade". O foco do ágape é a refeição de amor em que cristãos de todas as esferas da vida compartilham alimentos entre os supridos e os desprovidos.

3. A justiça das perspectivas grega clássica e cristã primitiva

Comparando as perspectivas grega clássica e cristã primitiva da justiça, vamos examinar algumas afirmações de Cícero, Platão, Aristóteles, Ambrósio de Milão e Agostinho de Hipona. O primeiro tratado de Cícero sobre o mal moral tem quatro subdivisões em que a justiça ocupa lugar importante. Essas quatro virtudes são prudência, força moral, justiça e temperança. A mais significativa dessas quatro é a justiça porque é com base nela que as pessoas são consideradas boas, tendo, portanto, precedência sobre as outras três em qualquer circunstância. A virtude da justiça também é vital para a atividade econômica e o bem comum de toda a sociedade, sendo pré-requisito até para ladrões. A ausência dela é inconcebível na escolha de governantes e leis que regem a sociedade.

De acordo com Cícero, dois valores básicos são intrínsecos a seu entendimento de justiça: (1) fora a afronta consequente da atividade ilícita, evitar que uma pessoa prejudique outra e (2) incentivar as pessoas a "usarem os bens comuns para o interesse comum, e a propriedade privada para si mesmos". A essência do primeiro valor da justiça proíbe danos ou prejuízo aos outros, enquanto o segundo espera que as pessoas acrescentem valor ao bem estar comum no que se refere aos outros. Em qualquer caso, a injustiça deve ser evitada a todo custo.

A soma do bem comum da sociedade não é aumentada apenas pela noção de justiça, mas também pela generosidade, à qual ele dá o nome de bondade. Ainda que exceda a justiça, a bondade ainda é regulada e mantida pela justiça. A bondade é vista como uma responsabilidade inegociável que de fato não tem uma natureza altruísta, mas é precedida pela compaixão pela pessoa a quem mostramos bondade. Assim, o conceito de justiça que surge desse quadro vai além do mero egocentrismo. Para os escritores romanos, a pessoa justa é uma pessoa feliz.

A base lançada por Cícero com referência específica à concepção grega clássica da justiça foi entendida como um desafio pelo patriarca Ambrósio de Milão no século quarto e interpretada teologicamente para os cristãos durante aquele período. Ambrósio afirma: "O fundamento de justiça é, portanto, a fé, e o justo que se acusa edifica a justiça sobre a fé [...] Isso significa Cristo como o fundamento da Igreja como se fosse a forma exterior da justiça; é o direito comum de todos. Por todos em comum ora, por todos em comum trabalha, na tentação de todos é testada" (*Deveres do Clero* 1.29).

É importante observar que Ambrósio liga fé e justiça, boa vontade e justiça, bem como justiça e compaixão. De acordo com ele, a espiritualidade da justiça concentra-se principalmente em Deus e depois no patriotismo, que é seguido pelos pais e depois pelos outros.

4. A justiça como fenômeno legal

A justiça como questão legal será discutida de acordo com a perspectiva bíblica, juntamente com os desenvolvimentos históricos. É importante observar que a justiça é, entre outras coisas, um conceito legal em muitos aspectos. Ela abrange a justiça social, a justiça política, a justiça moral, a justiça econômica e até a justiça poética. O Antigo Testamento fala do que é legal, reto ou justo, e esses adjetivos são usados quase como sinônimos. Lourens Du Plessis refere-se aos termos *lei* e *justiça* de um modo particular ao sustentar que a justiça positiva é traduzida por retidão, enquanto a lei refere-se à justiça de maneira forense, legal. A justiça no sentido legal entra em cena quando duas pessoas estão envolvidas numa disputa e uma terceira é chamada para ser juiz numa tentativa de restaurar o relacionamento interpessoal. Nesse aspecto, o juiz não é uma terceira parte distante que precisa pesar os prós e contras do caso, mas alguém convocado em muitas situações para se envolver no litígio da pessoa afligida e explorada e se opor com força à injustiça e opressão.

No Novo Testamento, no centro do conceito de justificação pela fé está o conceito legal de justiça, ainda que o termo seja usado de modo figurado. A pessoa no banco dos réus é absolvida diante do fórum de Deus com base na satisfação vicária do julgamento justo do Pai quanto ao pecado do mundo. Du Plessis cita Ulpiano, jurista romano, quando diz: "A justiça é o desejo constante e perpétuo de dar a cada um o seu direito". Para ilustrar a justiça, Du Plessis contrasta noções positivas de justiça com a noção negativa destacada por Friedrich Nietzsche. Este sustentava que não há justiça suprema, mas uma eterna injustiça ontológica porque os seres humanos têm a tendência natural de serem injustos. Além disso, a justiça como virtude é nociva e pode existir somente como acordo entre iguais. O senso original de justiça entre as pessoas desapareceu e o que subsiste é uma lei arbitrária — uma expressão da inevitabilidade do fato de que é preciso haver algum tipo de lei.

O entendimento de um sistema legal justo no contexto ocidental terá de evidenciar as seguintes características: a autonomia das várias facetas e esferas da vida humana deve ser reconhecida e respeitada. A autonomia de instituições sociais fora do âmbito da autoridade do Estado é respeitada, e meios legais são empregados para garantir a liberdade e autoridade para cada uma regular seus próprios interesses. Respeita-se a equidade como incidência de justiça institucional. A ordem e as regras legais são meios, não um fim em si mesmos. Normas legais não discriminam, porque os objetos são tratados igualmente. Normas legais são aceitas como certezas e, em princípio, são acessíveis a todas as pessoas a que se aplicam. Tanto as autoridades como os subordinados respeitam a lei e obedecem a ela. E, por fim, há vasta provisão para solução imparcial de disputas. Esses ideais de justiça proporcionam desafios e oportunidades para cristãos que trabalham em países em desenvolvimento.

5. A justiça e o papel profético da igreja
Alguns teólogos partem de premissas filosóficas quando tratam de questões de justiça. Charles Villa-Vicencio, Paul Beaumont e Brian Barry fazem alusão a *Uma Teoria da Justiça* de John Rawls quando falam do conceito de justiça. Villa-Vicencio sustenta que a análise de Rawls lhe fornece uma estrutura político-econômica adequada para a discussão do tópico. Ele diz que Rawls identifica dois princípios nesse sentido, a saber, (1) que direitos iguais de um indivíduo num sistema total de liberdades iguais são um pré-requisito e (2) que desigualdades no nível socioeconômico devem ser corrigidas em benefício dos mais desfavorecidos, e isso deve estar ligado a um ofício e a uma posição que sejam acessíveis a todos de modo justo e equitativo. Nessa teoria, a justiça é simplesmente igualada à equidade. Villa-Vicencio conclui, porém, que a teoria de Rawls não é tão neutra como parece. Essa teoria, afirma ele, cabe melhor numa situação em que há uma distribuição uniforme de riquezas e oportunidades, do que numa situação em que há desigualdades flagrantes. Isso fica evidente quanto Rawls hesita em admitir que há contradições entre liberdades básicas e desigualdades econômicas que exigem ações corretivas significativas. Villa-Vicencio refere-se a Robert Wolff, que disse que, na realidade, essa teoria faz aflorar mais urgentemente a questão da distribuição que a da justiça.

De acordo com Beaumont, a teoria de Rawls eleva o princípio da justiça acima dos conceitos de crenças religiosas e morais, em tal nível que pode até julgar entre moralidades opostas e religiões rivais.

Em seu livro, Barry também se refere a *Uma Teoria da Justiça,* de John Rawls. Ele afirma que Rawls define justiça como a estrutura básica da sociedade. Essa estrutura é responsável por direitos, oportunidades e recursos. Em qualquer sociedade são necessárias instituições para possibilitar direitos, oportunidades e recursos para todos de modo equitativo e justo, mas essa necessidade é muitas vezes impedida pelas realidades da desigualdade.

Allan Boesack, José Miranda e José Míguez Bonino alegam que a justiça que pretendem está indissociavelmente ligada aos direitos dos pobres. Boesack sustenta que a justiça não á algo definido por instrumentos legais ou procedimentos forenses, mas por direitos baseados no amor e na justiça de Javé. Os grupos de pessoas a quem Boesack privilegia são identificados na Bíblia como viúvas, órfãos e estrangeiros, que constituem os pobres. Ele conclui dizendo que não pode haver dúvidas acerca da noção da opção preferencial pelos pobres na Bíblia.

Miranda oferece uma exegese detalhada de textos em que explica o significado do hebraico *ṣĕdāqâ* e *mišpāṭ* e do grego *dikaiosynē*, termos usados para descrever a justiça para os pobres e oprimidos no Antigo Testamento e na Septuaginta. As referências à justiça que predominam, ele alega, dizem respeito à justiça entre os humanos na Bíblia, o que ele crê ser essencialmente teológico: Deus só existe onde prevalece a justiça entre os homens.

No capítulo "Justiça e Ordem", Míguez Bonino refere-se à análise que Agostinho de

Hipona faz dos dois fundamentos da cidade eterna: um é a justiça que é fonte de legitimidade para toda a soberania humana, porque, na ausência da justiça, a soberania não tem valor. O outro fundamento é o amor que é a determinação interna da vida humana. Míguez Bonino refere-se então às obras de Gerhard von Rad e Ernst Käsemann, tanto no Antigo quanto no Novo Testamento, bem como aos autores de teologia política europeia e da teologia da *esperança, que considera importantes para o entendimento da vertente profético-messiânica em que as justiça de Javé desempenha um papel importante. Míguez Bonino sustenta que é dentro do contexto dessas obras teológicas que precisamos compreender e interpretar o termo profético *justiça*. É aí que Deus intervém na história para mudar o destino dos pobres, dos órfãos, das viúvas e dos oprimidos (cf. Jr 22.15-16).

Pelo que se viu acima, fica claro que o conceito de justiça é um tema central na Bíblia. Esse tema também foi uma grande preocupação dos pais da igreja primitiva e da sociedade secular durante o período helenista. Ainda é uma questão significativa nos debates contemporâneos em círculos teológicos e jurídicos. O conceito de justiça é empregado em várias formas como justiça social, justiça econômica, justiça moral, justiça política e justiça legal, para mencionar só alguns de seus usos. O significado de justiça também varia, desde dar a alguém o que lhe cabe até ser correto e fazer o que é certo com respeito a propriedades, oportunidades e direitos. Mas para os cristãos, está sempre relacionada com atividades de Deus para promoção da justiça que têm como centro a vinda de Jesus Cristo, tanto em seu primeiro advento, quando ele estabeleceu o reino de justiça e, em seu segundo, quando a justiça será plenamente alcançada.

Veja também DIREITOS HUMANOS; ÉTICA SOCIAL; OPÇÃO PREFERENCIAL PELOS POBRES; POBREZA; TEOLOGIA DA LIBERTAÇÃO.

BIBLIOGRAFIA. BARRY, B., *Why Social Justice Matters* (Malden: Polity Press, 2005); BEAUMONT, P. R., org., *Christian Perspectives on Human Rights and Legal Philosophy* (Carlisle: Paternoster, 1998); BOESAK, A., *The Tenderness of Conscience: African Renaissance and the Spirituality of Politics* (Stellenbosch: Sun Press, 2005); DU PLESSIS, L. M., "Justice as a legal Concept", in: *Conflict and the Quest for Justice, NIR Reader No. 2*, Nurnberger, K., Tooke, J. e Domeris, W., orgs. (Pietermaritzburg: Encounter Publications, 1989) 20-35; HAUGHEY, J. C., *The Faith That Does Justice: Examining the Christian Sources for Social Change* (New York: Paulist Press, 1977); HOOSE, B., *Christian Ethics: An Introduction* (Collegeville: Liturgical Press, 2003); MÍGUEZ BONINO, J., *Towards a Christian Political Ethics* (Philadelphia: Fortress, 1988); MIRANDA, J. P., *Marx and the Bible: A Critique of the Philosophy of Oppression* (London: SCM, 1977); MOSALA, I. J., *Biblical Hermeneutics and Black Theology in South Africa* (Grand Rapids: Eerdmans, 1989); RAWLS, J., *Uma Teoria da Justiça* (São Paulo: Martins Fontes, 1997); STRYDOM, J. G. e WESSELS, W. J., *Prophetic Perspectives on Power and Social Justice* (Pretoria: Biblia Publishers, 2000).

J. J. La Poorta

JUSTIFICAÇÃO

A doutrina da justificação foi de importância central para a *Reforma luterana do século 16 — foi o "primeiro e principal artigo" (Artigos de Esmalcalde 2.1, *Livro de Concórdia*, 292), "a régua e o juiz de todas as outras doutrinas cristãs" (WA 39, I, 205). A doutrina desempenhou um papel crucial na divisão do Ocidente cristão em duas partes principais — Reforma e Católica Romana — acompanhada de condenações mútuas. Muitas igrejas protestantes, tanto *reformadas como *luteranas, consideram a doutrina da justificação pela *fé umas das premissas-chaves distintivas do protestantismo. Depois de praticamente quinhentos anos de suspeitas mútuas e, por conseguinte, de várias décadas de diálogos difíceis, em 1999 católicos romanos e luteranos produziram um documento de convergência concordando sobre alguns pontos essenciais acerca da doutrina da salvação. Um ímpeto para a promoção de um acordo ecumênico veio da nova interpretação da teologia da justificação de Martinho Lutero iniciada pela chamada Escola de Mannermaa na Universidade de Helsinki que é otimista acerca da possibilidade de convergência não só entre católicos romanos e luteranos, mas também entre o cristianismo do Ocidente cristão e do Oriente (ortodoxos).

1. Justificação: o debate dos reformadores
2. A nova interpretação do que Lutero entendia por justificação
3. Rumo a uma convergência ecumênica
4. Justificação no contexto global

1. Justificação: o debate dos reformadores
1.1. A justificação nas confissões luteranas. As confissões luteranas tratam o tópico da justificação em muitos pontos, sendo os mais importantes a Confissão de Augsburgo (1530; especialmente os artigos 4, 6 e 20), a Apologia da Confissão de Ausgsburgo (1531), os Artigos de Esmalcalde (1537) e a posterior Fórmula de Concórdia (1577). A Confissão de Augsburgo (1530), artigo 4, "Da Justificação" (veja também 6 e 20), declara que "os homens não podem ser justificados diante de Deus por forças, méritos ou obras próprias, senão que são justificados gratuitamente [*gratis*: sem pagamento, sem custo, por bondade], por causa de Cristo, mediante a fé, quando creem que são recebidos na graça e que seus pecados são remitidos por causa de Cristo, o qual através de sua morte fez satisfação pelos nossos pecados. Aos olhos de Deus essa fé é creditada como justiça" (Rm 3.21-26 e 4.5).

Há alguns aspectos dignos de nota na posição luterana: primeiro, há uma distinção entre justificação diante de Deus (*coram Deo*) e diante de outros seres humanos (*coram hominibus*). Embora o ser humano seja totalmente incapaz de se justificar em relação a Deus, ele possui capacidade relativa de viver de modo justo na sociedade. Segundo, a causa para a justificação em Cristo (*propter Christum*: por causa do mérito de Cristo) e o meio de recebê-la é a fé. A base da justificação é que Deus conta em nosso favor a justiça de Cristo. Terceiro, o conceito do mérito não pertence à relação Deus—homem; é uma questão de dádiva que pertence a Deus e dele procede. Portanto, "a justificação ocorre por meio de uma promessa gratuita; segue-se que não podemos justificar a nós próprios" (Apologia 4.43-44). Quarto, não a lei, mas a fé que confia nas promessas de Deus é o caminho para a salvação. A lei existe para nos condenar (Apologia 4.38). Quinto, a fé confiante é muito mais que um "conhecimento de história", é mais "aceitação da promessa de Deus" e significa o "desejo de receber a promessa de perdão dos pecados e justificação". Além disso, a fé é "aquela adoração que recebe os benefícios que Deus oferece" (Apologia 4.48-49). Por fim, para as confissões luteranas, a justificação não é um processo, mas uma ação completada diante de Deus, ainda que haja um processo de *santificação posterior à justificação.

1.2. A posição católica romana quanto à justificação no Concílio de Trento. A Igreja Católica definiu definitivamente sua doutrina da justificação no Concílio de Trento em sua sexta sessão (1547), como resposta à Reforma. As formulações de Trento ainda são autoridade para a teologia católica; mesmo o Vaticano II (1962-1965) não ofereceu uma versão revisada.

O Concílio de Trento declarou em seu "Decreto sobre a Justificação" que, por causa do pecado, o ser humano não é capaz de produzir a justificação, nem a lei é capaz de fazê-lo (Concílio de Trento, Sessão 6 §1 [§ indica os capítulos da sessão 6]. Ainda que a pessoa humana não seja capaz de se voltar para Deus sem a graça precedente em Cristo, exigem-se o livre consentimento e a cooperação humana com a graça de Deus (§5). A forma adequada de se preparar para a recepção da graça é a fé, que significa "crer ser verdade o que foi divinamente revelado e prometido", a saber, que Deus justifica os perversos (§6). A justificação é "uma transição do estado em que alguém nasce como filho do primeiro Adão para o estado de graça e adoção como filho de Deus" por meio de Jesus Cristo; essa transição, porém, não pode ocorrer sem o *batismo ou, pelo menos, sem o desejo de ser batizado (§4). A justificação "não é só o perdão dos pecados, mas também [...] a santificação e renovação do homem interior, pela aceitação voluntária da graça e dos dons pelos quais alguém injusto torna-se justo" (§7). Em outras palavras, o Concílio de Trento quer dizer que a justificação não é só uma declaração forense de justiça diante de Deus, mas consiste em uma mudança real no fiel. Como consequência da justificação, o fiel recebe o amor de Deus derramado no coração pelo Espírito Santo e com ele as "graças derramadas" da fé, esperança e caridade (§7). A fé é o primeiro estágio da salvação, o fundamento e raiz de toda justificação, apesar de não merecer a justificação (§8). Mas mesmo aquele que tem essa graça justificadora jamais está em condições de presumir a própria salvação (§9) ou predestinação (§12), ainda que a fidelidade de Deus jamais deva ser questionada, nem o dom da perseverança, que é resultado disso (§13). Uma vez que a justificação significa uma mudança real no fiel, ela pode aumentar em consequência do crescimento cristão (§10); portanto, as boas obras não são indiferentes à salvação, pois Deus não ordena o impossível. A "fé somente", no sentido de não se preocupar com os mandamentos de Deus, não é "fé salvadora" (§11). A vida eterna é concedida para os justificados no juízo final por causa da graça de Deus e como um "prêmio com que serão recompensados fielmente [...] os méritos e as boas obras (§16). Também se pode perder a justificação pela perda da fé ou pela comissão de outros pecados mortais; a restauração é possível mediante o sacramento da penitência (§§14, 15).

2. A nova interpretação do que Lutero entendia por justificação

Depois da Reforma, parecia que não haver nenhum acordo ecumênico acerca da justificação entre católicos e luteranos, por um lado, e ortodoxos orientais e luteranos por outro. Quanto às diferenças entre católicos e luteranos, os primeiros acreditavam que, para os luteranos, a justificação é um mero ato forense — Deus declara o pecador justo diante de Deus — enquanto, para os católicos, é um ato que torna a pessoa justa; os católicos também acreditavam que, para os luteranos, a justificação é baseada na graça/fé, enquanto para os católicos as boas obras são necessárias; e assim por diante. Quanto às diferenças entre ortodoxos e luteranos, acreditava-se que, para os luteranos, o conceito de *teose*, ou *deificação (divinização), acolhe a ideia problemática da sinergia humano-divina e defende o conceito da liberdade da vontade. Nas últimas décadas, a Escola de Mannermaa introduziu uma nova interpretação da soteriologia do próprio Lutero — uma interpretação um tanto diferente dos textos confessionais (escritos principalmente por Filipe Melanchthon). O estímulo para uma nova interpretação veio de amplos diálogos ecumênicos sobre *salvação com a Igreja Ortodoxa Oriental e com a Católica Romana.

As teses básicas e alegações dessa nova interpretação podem ser resumidas do seguinte modo (Mannermaa; Kärkkäinen 2004, cap. 4): primeiro, o entendimento que Lutero tinha da salvação pode ser expresso não só em termos da doutrina da justificação, mas também — por vezes — em termos de *teose* (e.g. LW 51, 58; veja Peura). Embora haja diferenças na soteriologia de orientais e luteranos em temas como livre arbítrio e efeitos da Queda, a teologia do próprio Lutero não pode ser simplesmente colocada em oposição à antiga ideia oriental de deificação. Segundo, para Lutero, a ideia principal da justificação é Cristo presente em fé (*in ipsa fide Christus adest*). Para Lutero, justificação significa uma participação "real-ôntica" em Deus pela habitação de Cristo no coração do fiel mediante o Espírito. Terceiro, em contraste com a teologia das confissões luteranas, Lutero não faz distinção entre a justificação forense e a efetiva, alegando em lugar disso que ambos os aspectos estão incluídos. Em outras palavras, em conformidade com a teologia católica, justificação significa tanto declarar justo como tornar justo.

Quarto, o ponto crucial para a doutrina da justificação de Lutero é a distinção entre dois tipos de justiça, a saber, a justiça de Cristo e a justiça do ser humano. Lutero define a primeira como a justiça alheia, o tipo de justiça que Cristo é em pessoa. É essa justiça de Cristo que torna justo o ser humano. Ela é concedida unicamente pela graça, *sola gratia*. O outro tipo de justiça é a justiça atribuída e, nesse sentido, é a justiça humana. Lutero a denomina "nossa" justiça. É um produto do primeiro tipo de justiça e o torna efetivo, o "aperfeiçoa". Ainda que seja chamada "nossa" justiça, sua origem e fonte está fora do ser humano, na justiça de Cristo. A justiça de Cristo é o fundamento, causa e origem da justiça humana. Quinto, a justiça de Cristo concedida ao fiel marca o início do processo de anulação do poder do pecado e transformação da natureza decaída. As boas obras que surgem não têm relação alguma com a salvação porque o fiel já está justificado, e o único propósito delas agora é o bem das outras pessoas. Por conseguinte, o cristão se torna uma "obra de Cristo" e até mais que isso, um "cristo" para o próximo; o cristão faz o que Cristo faz. Em suma, justificação significa não só santificação, mas também boas obras, uma vez que a presença de Cristo em fé faz do cristão um "cristo" para o próximo.

3. Rumo a uma convergência ecumênica
3.1. O ensino bíblico sob um novo olhar.

Além da nova interpretação dos estudos de Lutero, que ajudou a construir pontes entre o Ocidente e o Oriente cristãos, bem como entre as igrejas ocidentais (católicas e protestantes), novos desenvolvimentos na teologia bíblica pavimentam o caminho para uma abordagem ecumênica mais frutífera da salvação. Embora os defensores da nova interpretação das ideias de Lutero não tenham feito essa associação, afirmo que a "nova perspectiva" sobre Paulo em estudos do Novo Testamento pode apoiar o ponto de vista deles (Kärkkäinen 2004, cap. 2).

Os defensores da chamada nova perspectiva sobre Paulo, como E. P. Sanders, J. D. G. Dunn e N. T. Wright, ainda que não concordem em todos os pontos, criticam o modo tradicional de ler Paulo através das lentes da doutrina da justificação forense da Reforma (Dunn). Para a nova perspectiva, a justificação é apenas uma das muitas imagens legítimas da salvação na Bíblia; ela não pode ser *a* única chave hermenêutica. Muitos defensores da nova perspectiva também alegam que é praticamente impossível fazer no Novo Testamento uma clara distinção entre justificação e santificação nos moldes que faz a teologia da Reforma, uma vez que — em harmonia com a teologia do Antigo Testamento — justificação significa tornar justo, colocar a pessoa numa relação correta com Deus e com os outros. Justificação é uma nova condição e um novo relacionamento com Deus pela fé em Cristo por meio do Espírito. Significa união entre o ser humano e seu Criador. A nova perspectiva também sustenta que a leitura tradicional do conceito paulino da justificação é muito individualista; embora a justificação conclame a uma resposta pessoal, ela está completamente ligada aos propósitos salvadores de Deus para a comunidade da aliança e para a vinda do *reino de Deus. Justificação, portanto, é também um conceito relacional: relacionamento adequado com Deus e com os outros.

3.2. A declaração conjunta sobre a justificação.

Em 1999, a Igreja Católica Romana e a Igreja Luterana firmaram um acordo na *Declaração Conjunta* sobre a justificação, cuja intenção é "mostrar que, com base no diálogo, as Igrejas Luteranas signatárias e a Igreja Católica Romana têm agora condições de expressar uma compreensão comum de nossa justificação pela graça de Deus na fé em Cristo" e que "os desdobramentos distintos ainda existentes não constituem mais motivo de condenações doutrinárias" (*Declaração Conjunta* §5). Como um documento de convergência, a *Declaração Conjunta* destaca concepções coincidentes quanto à doutrina da salvação, ao mesmo tempo que reconhece as diferenças.

O ponto de partida para a declaração em comum é a leitura conjunta da Bíblia (§8). Em conformidade com os novos desenvolvimentos em estudos bíblicos, reconhece-se que o Novo Testamento contém uma diversidade de significados atrelados aos termos *justiça* e *justificação* (§9), como perdão de pecados, libertação do poder dominante do pecado e da morte, acolhida na comunhão com Deus e assim por diante (§11).

A importante afirmação de que Cristo é nossa justificação (§15) forma uma ponte comum entre duas orientações opostas, ou seja, a definição forense das confissões luteranas e o conceito de justificação efetiva dos católicos, ilustrada também no subponto 4.2, "Justificação como perdão de pecados e ato de tornar justo". Refletindo nitidamente a nova interpretação de Lutero, bem como orientações ortodoxas orientais, concordam que

> Deus, por graça, perdoa ao ser humano o pecado, liberta-o ao mesmo tempo do poder escravizante do pecado na vida e lhe concede a dádiva da nova vida em Cristo. Quando o ser humano tem parte em Cristo pela fé, Deus não lhe imputa seu pecado e, pelo Espírito Santo, ativa no fiel seu amor. Ambos os aspectos da ação graciosa de Deus não devem ser separados. Eles estão correlacionados de tal maneira que o ser humano, pela fé, é unido a Cristo, e este em sua pessoa é nossa justiça (§22)

Evidentemente, o lado luterano deu um passo ecumênico significativo no acordo mútuo de que a justificação não é só perdão de pecados, mas também mudança interior, até ativação do amor por meio do Espírito. O ponto central é a união com Cristo.

Os católicos romanos confessam juntamente com os luteranos que, mesmo depois de justificados, os cristãos ainda são pecadores necessitados de renovação constante (§28). Esse é o âmago da insistência luterana no *simul iustus et peccator* ("ao mesmo tempo justo e pecador"). Os luteranos também acreditam que, apesar de o pecado na pessoa justificada ser "verdadeiramente pecado", esse pecado é "dominado" por Cristo e não provoca separação de Deus (§29). Os católicos, por sua vez, falam de "concupiscência", uma inclinação para o pecado não considerado "verdadeiramente pecado", uma vez que falta o elemento pessoal (que na teologia católica torna o pecado real). É só quando a pessoa se desliga voluntariamente de Deus que ocorre a separação (§30).

Em vários pontos a declaração conjunta fala da cooperação humana, ideia que constituía um ponto importante de divergências. Ambos os lados concordaram que a salvação "depende completamente da graça", uma vez que os seres humanos são incapazes de se salvar por causa do pecado (§19). Entretanto, é importante para os católicos sublinhar o lugar da "cooperação" humana na preparação e aceitação da justificação. Mesmo os luteranos estão dispostos a reconhecer que as pessoas podem rejeitar a oferta da graça (§§20, 21). No que diz respeito ao lugar das boas obras, também foram dados passos ecumênicos importantes: "Confessamos juntos que as boas obras — uma vida cristã em fé, esperança e amor — se seguem à justificação e dela são frutos. Quando a pessoa justificada vive em Cristo e atua na graça recebida produz [...] bom fruto. [...] por isso Jesus e os escritos apostólicos admoestam os cristãos a praticarem obras de amor" (§37). A diferença confessional está na definição da relação entre boas obras e justificação. Na tradição católica, as boas obras contribuem para o crescimento na graça (§38), enquanto para os luteranos é importante também para destacar a natureza não meritória da salvação e a completitude da justificação (§39).

A declaração conjunta desafia as duas tradições cristãs a continuarem trabalhando não só em relação à outra tradição, mas também dentro de sua própria tradição teológica. Para os luteranos, as questões em aberto são a relação teológica entre a justificação e a santificação, o papel da vontade e da liberdade humana, e o papel do Espírito Santo. Para os católicos, os desafios reais são a natureza do pecado após a justificação e a noção de mérito.

3.3. A crítica à nova interpretação de Lutero. A nova interpretação da teologia de Lutero continua recebendo críticas de toda parte do mundo protestante. Em geral, a academia luterana americana recebeu bem essa nova forma de ler Lutero (Braaten e Jenson), enquanto a erudição luterana alemã tem sido muito crítica. Os alemães questionam se a nova interpretação não turva a distinção entre as teologias da salvação católica e luterana por um lado e entre a ortodoxa e a luterana por outro. Eles também observam que não se justifica substituir a teologia da justificação que está na Confissão Luterana pela ideia do próprio Martinho Lutero. Antes, esta deve ser interpretada à luz daquela (veja algumas outras críticas em Kärkkäinen 2006).

Muitos teólogos reformados e evangélicos têm expressado suas preocupações com a nova interpretação de Lutero em geral e com a nova perspectiva nos estudos do Novo Testamento em particular (Husbands e Treier), bem como com o documento de convergência católico-luterana. D. A. Carson, eminente estudioso evangélico do Novo Testamento, manifesta essas preocupações questionando se a nova perspectiva não interpreta mal a teologia de Paulo em geral e seu entendimento da justificação em particular; se a atual teologia da justificação dos católicos romanos realmente passou por uma mudança substancial e, assim, por exemplo, se juntar justificação e santificação não abre a porta para a "justificação por obras"; se influências do (semi) pelagianismo não estão sendo introduzidas na concepção ecumênica da justificação e assim por diante. Em suma, existe certo mal-estar com a vontade de deixar para trás a interpretação que a Reforma deu à justificação "pela fé" e "somente pela graça" (Carson 1997).

O debate continua e, neste momento, é muito cedo para dizer se o documento de convergência católico-luterano ajudará a estabelecer um consenso ecumênico mais amplo ou se a diversificação de conceitos persistirá.

4. Justificação no contexto global

Como a doutrina da justificação acontece no contexto global de pluralismo cultural e religioso no início do terceiro milênio (Greive; Kirst)? W. Altmann, da América Latina, convoca os luteranos a expandir sua doutrina tradicional da justificação para abranger a responsabilidade social. Falando da ideia da "passividade da fé" de Lutero, no sentido de que a fé recebe a dádiva da salvação, ele escreve: "Para Lutero, a passividade ocorre exclusivamente no relacionamento com Deus. Quando Lutero foi libertado, ele foi libertado da necessidade de 'fazer tudo o que pudesse'. A justificação pela fé jamais se esgota em si mesma. Ela acarreta de imediato o compromisso com o próximo e com suas necessidades" (Altmann, 37).

Sunand Sumithra, da Índia, busca ligações entre a justificação e o hinduísmo, basicamente uma religião de obrigações. Na Índia, a palavra traduzida por "religião" é *dharma*, que também significa "obrigação personalizada". "Assim, embora a terminologia da justificação não seja encontrada em nenhuma escritura hindu, a justificação seria universalmente compreendida entre os hindus, com o significado de que a pessoa é justificada diante de toda a sociedade se ela cumpre seu dever ou faz o que é socialmente adequado" (Sumithra, em Carson 1992, 216). Em contrapartida, Chris Marantika da Indonésia pensa que o islamismo e o cristianismo estão em completa oposição: no islamismo, a salvação é baseada em boas obras, enquanto no cristianismo a salvação vem pela fé como justiça de Deus. Entretanto, o denominador comum poderia ser a fé em um Deus que, em última análise, determina quem será justo [justificado] (Marantika, em Carson 1992, 228). Para o budismo, como afirma o japonês Masao Uenuma, toda a questão da relevância da doutrina cristã da justificação é ainda mais complicada, uma vez que, para começar, pode-se questionar se o budismo tem algum conceito de salvação. Qual o significado do "vazio" ou da iluminação frente a frente com a justificação (Uenuma, em Carson 1992, 243)?

Essas perguntas e muitas outras esperam aqueles que ousam entrar num diálogo com outras religiões a partir da perspectiva cristã da salvação como justificação.

Veja também DEIFICAÇÃO, TEOSE; SALVAÇÃO; SANTIFICAÇÃO.

BIBLIOGRAFIA. ALTMANN, W., *Lutero e Libertação: Releitura de Lutero em Perspectiva Latino-americana* (São Leopoldo/São Paulo: Sinodal/Ática, 1994); BRAATEN, C. E. e JENSON, R. W., orgs., *Union with Christ: The New Finnish Interpretation of Luther* (Grand Rapids: Eerdmans, 1998); *The Book of Concord: The Confessions of the Evangelical Lutheran Church*, Kolb, R. e Wenger, T. J., orgs. (Minneapolis: Fortress, 2000); CARSON, D. A., *Right with God: Justification in the Bible and the World* (Grand Rapids: Baker, 1992); idem, "Reflections on Salvation and Justification in the New Testament", JETS 40:4 (1997) 581-608; Council of Trent, Session 6, "Decree on Justification", in: *Decrees of the Ecumenical Councils, 2: Trent-Vatican II*, Tanner, Norman P., org. (Washington: Georgetown University Press, 1990); DUNN, J. D. G., "The Justice of God: A Renewed Perspective on Justification by Faith", JTS, n.s. 43 (1992) 1-22; GREIVE, W., org., *Justification in the World's Context* (LWF Documentation 45; Geneva: Lutheran World Federation, 2000); HUSBANDS, M. e TREIER, D. J., orgs., *Justification: What's at Stake in the Current Debates* (Downers Grove: InterVarsity Press, 2004); KÄRKKÄINEN, V.-M., *One with God: Salvation as Deification and Justification* (Collegeville: Liturgical Press, 2004); idem, "Salvation as Justification and Theosis: The Contribution of the New Finnish Luther Interpretation to Our Ecumenical Future", *Dialog: A Journal of Theology* 45:1 (Spring 2006) 74-82; KIRST, N., org., *Rethinking Luther's Theology in the Context of the Third World* (Geneva: Lutheran World Federation, 1990); LUTHERAN WORLD FEDERATION, *Joint Declaration on the Doctrine of Justification* (Lutheran World Federation and the Roman Catholic Church; Grand Rapids: Eerdmans, 2000); MANNERMAA, T., *Christ Present in Faith: Luther's View of Justification* (Minneapolis: Fortress, 2005); MCGRATH, A. E., *Iustitia Dei: A History of the Christian Doctrine of Justification* (2 vols.; Cambridge: Cambridge University Press, 1986); MEYENDORFF, J. e TOBIAS, R., orgs., *Salvation in Christ: A Lutheran-Orthodox Dialogue* (Minneapolis: Augsburg,

1992); PEURA, S., *Mehr als ein Mensch? Die Vergöttlichung als Thema der Theologie Martin Luthers von 1513-1519* (Veröffentlichungen des Institut für Europäische Geschichte Mainz, Band 152: P. von Zabern, 1994.); REUMANN, J., *Justification and Justice in the New Testament*, HBT 21:1 (1999) 26-45; SAARINEN, R., *Faith and Holiness: Lutheran-Orthodox Dialogue 1959-1994* (Göttingen: Vandenhoeck & Ruprecht, 1997).

V.-M. Kärkkäinen

JUVENTUDE. *Veja* MOCIDADE.

KAGAWA, TOYOHIKO. *Veja* TEOLOGIA ASIÁTICA.

KATO, BYANG. *Veja* TEOLOGIA AFRICANA PROTESTANTE.

KESHUB CHANDRA SEN. *Veja* HINDUÍSMO.

KIM, CHAE-CHOON. *Veja* TEOLOGIA MINJUNG.

KIM, GYUN JIN. *Veja* TEOLOGIA COREANA.

KITAMORI, KAZOH. *Veja* REVELAÇÃO E ESCRITURAS.

KNITTER, PAUL. *Veja* TEOLOGIA DAS RELIGIÕES.

KOYAMA, KOSUKE. *Veja* TEOLOGIA ASIÁTICA.

KÜNG, HANS. *Veja* TEOLOGIA DAS RELIGIÕES.

KUYPER, ABRAÃO. *Veja* TEOLOGIA REFORMADA.

KWOK, PUI-LAN. *Veja* TEOLOGIA CHINESA.

LACUGNA, CATHERINE M. Veja Trindade, Deus Trino.

LAMBETH, QUADRILÁTERO DE. Veja Anglicanismo.

LAUSANNE, MOVIMENTO E PACTO

Esse movimento de evangelização mundial foi iniciado por um "Congresso Mundial de Evangelização" realizado em Lausanne, na Suíça, em 1974. Billy Graham e sua associação convocou esse congresso para reunir representantes da comunidade cristã que estavam comprometidos com a autoridade das Escrituras e com o chamado bíblico de tornar o *evangelho conhecido em todo o mundo.

Depois de um Congresso Mundial de Evangelização em Berlim em 1966 e de uma série de conferências regionais sobre *evangelização, Billy Graham viu que havia necessidade de uma sustentação teológica para as várias atividades em que os evangélicos estavam envolvidos. Tendo por base Efésios 2.13-20, ele anunciou aos 2.700 participantes de 150 países reunidos em Lausanne suas esperanças de que o Congresso pudesse (1) "compor uma declaração bíblica sobre evangelização", (2) "completar a tarefa da evangelização mundial", (3) "definir a relação entre evangelização e responsabilidade social" e (4) desenvolver "uma nova *koinonia* ou comunhão entre evangélicos de todas as convicções em todo o mundo" (Douglas, 1975, 27, 34).

O congresso refletiu sobre questões teológicas que, no momento, desafiavam a comunidade cristã e sobre a necessidade de ter um foco claro na obediência à comissão do Senhor de levar o evangelho ao mundo inteiro. O trabalho realizado em plenárias e em grupos de discussão resultou na produção de um pacto (editado por John R. W. Stott). Esse Pacto de Lausanne sintetiza a reflexão teológica realizada, conforme esperava Billy Graham. Os quinze parágrafos afirmavam, entre outras coisas, estes temas teológicos essenciais:

- Há um único Deus cuja natureza trina e una nos foi revelada.

- A singularidade de Jesus Cristo, que é "o único mediador entre Deus e os homens".

- O poder e a presença do Espírito Santo e "a evangelização devem emergir espontaneamente numa igreja cheia do Espírito".

- A autoridade das Escrituras e "o poder da Palavra de Deus para cumprir seu propósito de salvação".

- A natureza da evangelização e a necessidade de manifestar a justiça divina, pois "a fé sem obras é morta".

- A volta pessoal visível de Jesus Cristo é um "estímulo ainda maior à evangelização".

- O chamado ao discipulado, a urgência da tarefa evangelística, o conflito espiritual e que "uma igreja que pregue a cruz deve, ela própria, ser marcada pela cruz" também foram destacados claramente (Stott, 1996).

Todos no congresso expressaram seu compromisso com o Pacto e voltaram para suas igrejas propagando a urgência do chamado para a evangelização, especialmente pela consciência renovada da existência de comunidades no mundo que ainda não haviam ouvido a respeito da graça salvadora de Jesus. Mas para muitos havia novos desafios, como o de mostrar que devemos ser transformados "na totalidade de nossas responsabilidades pessoais e sociais". Também havia a noção de que algumas das questões teológicas tratadas exigiam maior reflexão, e uma série de consultas foram organizadas para explorar essas questões, particularmente com respeito ao *evangelho e cultura* e *evangelização e responsabilidade social*. Os documentos dessas consultas ajudaram a fortalecer a base teológica para determinar uma abordagem evangélica para questões que vinham causando divisões na igreja evangélica.

Os participantes do Congresso de 1974 ficaram tão inspirados e animados com os resultados em termos do Pacto, que votaram por uma comissão de continuidade que hoje conhecemos como Comissão de Lausanne para a Evangelização Mundial (Lausanne Committee for World Evangelization, LCWE). Depois das consultas, a Comissão decidiu montar alguns grupos de trabalho, organizou diversas conferências regionais sobre evangelização para que a tarefa do evangelho pudesse ser contextualizada e decidiu elaborar um segundo congresso internacional em 1989 que seria Lausanne II. Este foi realizado em Manila e tem sido descrito como "o encontro mais representativo na história da igreja". Com 4.300 participantes de 173 países, muito interessados em "atrair a atenção de toda a igreja de Jesus Cristo de um modo renovado para a tarefa de levar o evangelho todo para o mundo todo" (Douglas, 1990).

A posição teológica assumida no Congresso de 1974 foi reafirmada em Manila e isso se refletiu no Manifesto de Manila (Douglas, 1990). Essa declaração de convicções tinha vinte e uma afirmações seguidas de doze parágrafos detalhados sobre o tema "Chamando toda a Igreja para levar o Evangelho a todo o mundo". Afirmaram-se claramente o compromisso com a autoridade das Escrituras, a singularidade de Jesus Cristo, a necessidade de todas as pessoas aceitarem a graça salvadora de Deus delineada no evangelho de Jesus Cristo e a necessidade de estar consciente da *batalha espiritual, de tal modo que preguemos a palavra de Deus no poder do Espírito Santo. O Manifesto também declara que "o evangelho autêntico deve tornar-se visível em vidas transformadas [...] e ao pregarmos o reino de Deus precisamos estar comprometidos com suas demandas de justiça e paz" (seção 4).

Na seção intitulada "O evangelho e a responsabilidade social", o manifesto esclarece algumas preocupações concorrentes ao declarar "A evangelização é primordial [...] mas Jesus não só proclamou o reino de Deus; ele também demonstrou sua chegada por meio de obras de misericórdia e poder. Somos chamados hoje para uma integração similar de palavras e obras [...] o evangelho bíblico tem implicações sociais inevitáveis [...] Estamos decididos a 'buscar primeiro o reino de Deus e sua justiça'" (Douglas, 1990. 236-37).

A Comissão LCWE deu seguimento ao evento de Manila com a publicação dos Artigos de Lausanne e depois convocou um fórum realizado na Tailândia em 2004. Foi uma conferência de trabalho em que os participantes chegaram com contribuições para tópicos específicos e passaram a maior parte do tempo trabalhando com seu grupo temático. Os tópicos para esses trinta e um grupos tinham como objetivo desenvolver consciência teológica num mundo profundamente influenciado pelo pós-modernismo, pela ascendência de algumas das religiões mundiais e pela ênfase na ideia de que todas as religiões são meios igualmente válidos para conhecer Deus. Os temas teológicos de 1974 e 1989 foram reafirmados, mas os Artigos de Lausanne produzidos por cada um dos grupos temáticos fez com que as questões teológicas levassem em consideração as pressões atuais do mundo (Claydon). Esses artigos revelam a amplitude de interesse, um envolvimento global na tarefa de levar o evangelho ao mundo, uma unidade no mundo evangélico baseado no compromisso com a evangelização e a autoridade das Escrituras, e refletem experiência prática considerável dos participantes, de modo que as estratégias de ação brotam de experiências genuínas em diferentes partes do mundo. Alguns dos grupos temáticos formaram programas contínuos para ação e aplicação de conclusões de seu trabalho.

O que se torna muito evidente é que o processo continuado de eventos de Lausanne, incluindo conferências regionais e grupos de trabalho, tem permitido à igreja reafirmar verdades teológicas sobre questões básicas de doutrina e a validade do evangelho que somos chamados a proclamar. Essas verdades bíblicas incluem a universalidade da obra mediadora de Cristo num mundo pós-moderno, a prioridade da evangelização onde cerca de um terço do mundo ainda não ouviu da graça salvadora de Deus e o desafio à igreja que tem a responsabilidade de demonstrar por seus atos o amor e a justiça divina. A reflexão contínua sobre a *teologia bíblica nos congressos de Lausanne e em vários grupos de trabalho tem ajudado a comunidade cristã a ver o que precisa ser feito, e os Artigos de Lausanne fornecem ideias e modelos de como realizá-lo. A comunidade evangélica tem sido afetada pelas declarações de Lausanne, capacitando pessoas comprometidas com o evangelho dispostas a investir esforço em tarefas de *missão holística, mantendo ao mesmo tempo a ênfase na proclamação do evangelho. Isso é evidenciado pelo número de organizações dedicadas à proclamação e demonstração do amor de Deus que surgiram como frutos dos desafios de Lausanne. As afirmações teológicas e o chamado à ação estratégica têm fortalecido o desejo e a capacidade dos cristãos para trabalharem em parceria na tarefa de fazer conhecido o reino de Deus, uma parceria possível porque as doutrinas básicas da fé foram reafirmadas e redefinidas em termos missionários e numa linguagem relevante para o mundo de hoje.

Veja também CONFERÊNCIAS MISSIONÁRIAS, MUNDIAIS; EVANGELIZAÇÃO; MOVIMENTOS MISSIONÁRIOS.

BIBLIOGRAFIA. CLAYDON, D., org., *A New Vision, A New Heart, A Renewed Call* (3 vols.; Pasadena: William Carey Library, 2005); DOUGLAS, J. D., org., *Let the Earth Hear His Voice* (Minneapolis: World Wide Publications, 1975); idem, org., *Proclaim Christ Until He Comes* (Minneapolis: World Wide Publications, 1990); Lausanne Committee for World Evangelization, *Manila Manifesto: An Elaboration of the Lausanne Covenant 15 Years Later* (Lausanne Committee for World Evangelization, 1989) disponível em www.lausanne.org; PADILLA, C. R., *New Face of Evangelism: An International Symposium on the Lausanne Covenant* (Downers Grove: InterVarsity Press, 1976); STOTT, J., *The Lausanne Covenant: An Exposition and Commentary* (Minneapolis: World Wide Publications, 1975); idem, org., *Making Christ Known* (Carlisle: Paternoster, 1996).

D. Claydon

LEE, ARCHIE C. C. *Veja* TEOLOGIA CHINESA.

LEE, KEUN SAM. *Veja* TEOLOGIA COREANA.

LEI NATURAL

Lei natural pode fazer referência a uma gama de posições teológicas e filosóficas, inclusive a convicção de que o Deus que criou todos os seres humanos à sua imagem e semelhança os dotou da capacidade de intuir, por meio da consciência humana, não só a existência de Deus, como também algo da vontade divina moral fundamental para a humanidade e o mundo.

Um texto geralmente indicado é o de Romanos: *Pois o que se pode conhecer sobre Deus é manifestado entre eles [judeus e gentios], porque Deus lhes manifestou [...] Porque, quando os gentios, que não têm lei, praticam as coisas da lei por natureza, embora não tenham lei, tornam-se lei para si mesmos, demonstrando que o que a lei exige está escrito no coração deles, tendo ainda o testemunho da sua consciência* (Rm 1.19-20; 2.14-15; veja também At 17.25-29; Sabedoria de Salomão 13.5, 9).

Os protestantes que rejeitam a lei natural (de Lutero a Barth) alegam que a Queda apagou na mente humana a capacidade de conhecer a vontade de Deus, que só a revelação da Escritura, aceita pela fé, abre o coração e a mente do cristão para esse conhecimento. Para esses cristãos, qualquer afirmação de uma fonte "adicional" de autoridade, invocando a razão ou a "consciência" humana, à parte da revelação divina em Cristo e nas Escrituras, subverteria as premissas centrais da *sola Scriptura* e da salvação somente pela fé.

Por outro lado, muitos teólogos anglicanos (como Hooker, Temple, Macquarrie, Casserley, etc.) e também metodistas e outros da tradição protestante como Reinhold Niebuhr, têm sustentado alguma forma de lei natural ou um equivalente. Por exemplo, Niebuhr alega que "o que em geral se conhece por 'lei natural', tanto no pensamento cristão como no estoico, é quase sinônimo do que se exige do homem como criatura e as virtudes, definidas no pensamento católico como 'virtudes teológicas', as virtudes da fé, esperança e amor, são requisitos de sua liberdade e representam a *justitia originalis*" (Niebuhr, 280). Niebuhr critica o neoescolasticismo católico romano por se atrever a estabelecer toda uma gama de restrições dúbias, mas também critica os protestantes por apagarem todas as distinções morais na história, assim contribuindo "para a anarquia da vida moderna" (Niebuhr, 60). John Macquarrie faz eco às críticas de Niebuhr ao neoescolasticismo quanto à expansão excessiva das proibições da "lei natural", mas também vê a utilidade de algo como o conceito básico de lei natural. O rastreamento das fases da história da salvação, desde a criação e a consciência até o "nível superior para o qual tende a existência humana como o cumprimento de suas potencialidades [...] em termos de caráter de Cristo e de filho", forma a base para o que tem sido tradicionalmente conhecido como lei natural (Macquarrie, 446-47). Para pensadores como Macquarrie, a "lei natural" deve ser entendida como algo dinâmico, em evolução, assim como a comunidade humana é dinâmica, e está em evolução.

Alguns alegam que o único princípio básico da "lei natural" de que podemos ter certeza é o princípio muito geral de que precisamos fazer o bem e evitar o mal. Podemos observar que os proponentes da lei natural não chegaram a um amplo consenso a respeito a quaisquer outras restrições ou mandamentos específicos universalmente conhecidos e reconhecidos. Tomás de Aquino, referindo-se a Romanos 2.14, e utilizando categorias aristotélicas, afirmou que os seres humanos "têm parte na Razão eterna" e que podem ter, mesmo após a Queda, algum conhecimento detalhado a respeito da lei eterna de Deus (*Suma Teológica* I-II, q. 91.a.2). Aquino considera essa "lei" algo não extrínseco à pessoa humana, mas algo "interno" (*Suma Teológica* I-II, q.106.1 ad.2.). De fato, ele reconhecia que contextos históricos específicos podem modificar a aplicação das mesmas premissas da lei natural. Mais tarde, teólogos do neoescolasticismo e do Vaticano alegaram que é possível chegar a toda uma gama de premissas específicas da lei natural por meio da razão humana, inclusive as que dizem respeito a questões sexuais, como contracepção, inseminação artificial, esterilização, masturbação, homossexualidade e assim por diante. Outros teólogos católicos, especialmente em tempos mais recentes, têm discordado de posições católicas oficiais que se dizem baseadas na lei natural e criticam esses ensinos, entendendo que deixam de dar consideração básica à pessoa humana como um ser histórico, comunal e em desenvolvimento, inserido em contextos históricos e sociais específicos; esses teólogos observam a relatividade e falibilidade de certas conclusões baseadas na "lei natural".

O Concílio Vaticano II convocou teólogos católicos a recorrerem mais a Cristo e às perspectivas de fé para ensinar à Igreja a respeito de ética e moralidade, sem deixar de afirmar "a força compulsória da lei natural universal e seus princípios que abrangem tudo" ("A Igreja no Mundo Moderno", n. 79).

Quando os teólogos recuperam a perspectiva neotestamentária de que todas as coisas foram não só restauradas em Cristo, mas também, misteriosamente, criadas desde o princípio em Cristo e por meio de Cristo, há implicações para uma teologia renovada da lei natural. Por exemplo, em Colossenses: *Ele é a imagem do Deus invisível, o primogênito sobre toda a criação; porque nele foram criadas todas as coisas nos céus e na terra* (Cl 1.15-18; cf. também Jo 1.1-5; Ef 1.10; Hb 1.3). Essa afirmação de que a natureza humana e a criação foram de algum modo moldadas desde o princípio em Cristo e por meio de Cristo, de que ele é o exemplo, arquétipo, cumprimento de tudo, proporciona uma "teologia da lei natural" mais profunda que não é simplesmente anterior a Cristo e externo a ele, mas *em* Cristo. Assim, a "lei natural" no coração humano pode ser compreendida a partir desses textos das Escrituras como o início da autorrevelação de Deus em Cristo.

O desafio da "aldeia global" e do diálogo inter-religioso e os esforços urgentes para afirmar uma carta universal de direitos humanos e articular uma lei internacional têm atraído atenção renovada para esse conceito de lei natural, ainda que com esforço específico para respeitar as particularidades de religiões e culturas locais, mas plenamente conscientes dos novos desafios e responsabilidades dramáticas com que se defronta toda a família humana.

Veja também ÉTICA SOCIAL.
BIBLIOGRAFIA. BERTKE, S., *The Possibility of Invincible Ignorance of the Natural Law* (Catholic University of America Studies in Sacred Theology 58; Washington: Catholic University of America Press, 1941); CROWE, M., *The Changing Profile of Natural Law* (The Hague: Nihoff, 1977); CURRAN, C., "Natural Law", in: *Directions in Fundamental Moral Theology* (Notre Dame: Notre Dame University Press, 1985); DODD, C. H., "Natural Law in the New Testament", in: *New Testament Studies* (New York: Charles Scribner's Sons, 1953) 129-42; FUCHS, J., *Natural Law: A Theological Investigation* (New York: Sheed & Ward, 1965); MACQUARRIE, J., *Principles of Christian Theology* (London: SCM, 1966); NIEBUHR, R., *The Nature and Destiny of Man: A Christian Interpretation* (New York: Charles Scribner's, 1951); Vatican Council II, "Pastoral Constitution on the Church in the Modern World", in: *Documents of Vatican II*, Flannery, A. P., org. (ed. rev.; Grand Rapids: Eerdmans, 1984).

R. Hale

LEIGOS

O termo *leigo* é derivado da palavra grega *laos*, "povo". Em contextos teológicos, refere-se ao povo de Deus em geral, frequentemente em contraste com o "clero" profissional. A reflexão teológica recente tem raízes na natureza trinitária de Deus. A partir da perspectiva global contemporânea, os leigos cristãos representam uma força poderosa de serviço em favor do evangelho.
1. Fundamento teológico
2. As cinco atitudes mentais do leigo global
3. Sumário

1. Fundamento teológico

Os pontos teológicos inicial e final apropriados para o entendimento do conceito de leigos encontram-se no entendimento da *Trindade (Stevens). A natureza de Deus, compreendida a partir da perspectiva trinitária, é a base para o entendimento do que significa ser povo de Deus; se de fato as pessoas são formadas à imagem de Deus, então o entendimento da natureza divina lança luz sobre a natureza das pessoas. Entendimentos recentes da Trindade indicam que a natureza de Deus é um relacionamento em que cada membro tem uma função, simultaneamente expressa em mutualidade e particularidade dentro de um contexto de governo partilhado que é relacional e pessoal (LaCugna, 1992). Da perspectiva trinitária, "as pessoas são feitas para existir em comunhão" (LaCugna, 1993). A relação dentro da Trindade indica que o povo de Deus é, portanto, por natureza, comunal e relacional —em sua particularidade, individual e mútua na responsabilidade partilhada no trabalho e no culto. As implicações dessas ideias para uma perspectiva global dos leigos indica a importância de acolher e planejar o caráter singular e particular da diversidade; a importância de *liderança partilhada e a centralidade de relacionamento que ultrapassem fronteiras.

2. As cinco atitudes mentais do leigo global

A tecnologia criou um mundo plano em que a comunicação é instantânea, as oportunidades são ilimitadas e as fronteiras que antes dividiam o "aqui" e o "ali" estão se dissolvendo em velocidade vertiginosa. Sendo assim, o que significa ser um leigo global num mundo plano como o nosso? Como deve reagir uma pessoa global de fé?

Para ser um leigo engajado e ativo no mundo atual é preciso de uma mudança de atitude. Tomando emprestada a tipologia de Gosling e Mintzberg, cinco atitudes são necessárias para que se possa participar ativamente e se engajar neste mundo globalizado (*veja* Globalização): a Mentalidade Global; a Mentalidade Sintética, a Mentalidade de Liderança, a Mentalidade Seguidora e a Mentalidade de Ação. Para operarem com uma mentalidade global, é necessário que os leigos vejam as coisas da perspectiva de um grande quadro. E isso requer pensamento sintético, a capacidade de juntar ideias díspares. Com essa percepção, o leigo global está preparado para servir como líder. E não se pode compreender devidamente a liderança sem uma mentalidade seguidora, um seguimento particularmente corajoso. Liderar e seguir sempre exigem ação, e na maioria das vezes ela é transformadora e conduz à expansão da paz e da justiça no mundo.

2.1. Mentalidade global. Para abraçar uma mentalidade global, é preciso deixar de lado o estado de sonolência de fim de tarde para estar vitalmente desperto — desperto para as mudanças que estão ocorrendo em todo o mundo em nível global e para a voz interior que deseja que tudo permaneça igual. Em suma, desenvolver uma mentalidade global envolve passar da ignorância para a consciência. A partir daqui é preciso iniciar a jornada rumo ao entendimento e isso requer diálogo com os que são diferentes. Isso deve levar à apreciação e até mais longe, à aceitação, e por fim à transformação pessoal e institucional (Chin, Gu e Tubbs).

A mentalidade global requer uma apreciação do poder da conectividade porque, graças à tecnologia, o mundo está diminuindo de hora em hora. No momento, mentalidade global significa observar maravilhado e empregar a curiosidade para compreender as mudanças dramáticas no poder e na política que estão ocorrendo em novos países em desenvolvimento — China, Índia, a antiga União Soviética e Brasil, para citar alguns. A escala e o objetivo de tudo está mudando muito rapidamente. Qualquer pessoa com um computador e uma conexão de internet pode se ligar e entrar na arena plana de vastas oportunidades e, por causa disso, a escala de trabalho e influência tem a capacidade de residir no nível individual. Ao mesmo tempo, é fácil o indivíduo tornar-se global rapidamente pelo uso de redes, tanto pessoais como tecnológicas, e assim o escopo do trabalho individual é potencialmente muito mais vasto que nunca. Para compreender essas mudanças rápidas é preciso modificar a forma de pensar para abraçar a mentalidade sintética.

2.2. Mentalidade sintética. O pensamento sintético é exigência para o leigo global. Sintetizadores são astutos para "juntar coisas díspares" (Friedman) e reconhecer que nada é separado, que tudo está conectado, que somos elos de uma grande corrente; uma mudança em qualquer ponto acaba afetando toda a corrente. Sintetizadores são muito bons para ver padrões de inter-relacionamentos nos sistemas e processos que permitem às pessoas realizar coisas. Esses processos podem incluir padrões de comunicação, processos de trabalho e de tomadas de decisão. A mentalidade sintetizadora envolve a habilidade de "subir no balcão" para ver os padrões de atividade na pista de dança, lá embaixo; para obter uma perspectiva do sistema todo ao mesmo tempo em que vê os pequenos detalhes que criam o processo da dança (Heifetz). A perspectiva do balcão abre a possibilidade de exportar novas percepções e conhecimentos obtidos na função de liderança para fazer diferença no mundo.

2.3. Mentalidade de liderança. Leigos globais pensam e agem globalmente e exercem função vital de liderança que ultrapassa fronteiras. Uma vez que "a liderança global age segundo os interesses do todo, não só de uma parte particular", os líderes globais são construtores de pontes (Gerzon e Ury, 81). Liderar dessa forma implica capacidade para colaborar e orquestrar (Friedman). Líderes globais envolvem-se no trabalho do nível individual ao multinacional, usando valores que atravessam fronteiras para resolver conflitos em relacionamentos, melhorar e transformar processos e tentar efetivar resultados positivos (Gerzon e Ury, 87).

A mentalidade de liderança para os leigos globais indica uma estrutura comum de valores globais. O tipo de valores necessários poderia ser categorizado como benevolente, e isso significa preservar e ampliar o bem-estar dos outros nas interações cotidianas; isso pode incluir valores como amor, fidedignidade, responsabilidade, justiça, união, tolerância e respeito pela vida. Juntamente com esses há um conjunto de valores relacionados à competência e à ação necessária para que se alcance um bom resultado. Esses valores podem incluir capacidade, liberdade e inteligência (Kidder; Schwartz e Bilsky). Para colocar esses valores em ação, é necessário que o leigo seja um bom tradutor. Os tradutores são bons explicadores, como um excelente professor; aliás, os melhores líderes são também bons professores (Kouzes e Posner). Tradução, nesse sentido, é a capacidade de perceber com clareza o que está acontecendo em nível global e traduzir para os outros em nível local de maneira que seja compreensível e plausível.

2.4. Mentalidade seguidora. Liderar também envolve seguir de maneira efetiva. Aliás, os líderes nunca deixam de ser seguidores. Leigos globais são muitas vezes chamados para serem seguidores corajosos, para se levantar em defesa de suas convicções de fé e se afastar de condutas antiéticas. O seguir corajoso começa com o conhecimento da fonte da coragem, que vem da fé em Deus, da indignação com a injustiça e, certamente, dos próprios valores. A coragem necessária para ser um seguidor efetivo envolve aceitar as consequências das ações e assumir os riscos para o bem dos princípios e alvos. "Se seus princípios e alvos são claros, a autocapacitação que pode ocorrer é enorme" (Chaleff, 22). Leigos em todo o mundo expressam uma corajosa mentalidade seguidora quando lideram, sem alarde, mudanças transformadoras simples e profundas mediante incontáveis atos de resistência a injustiças ou pelo fortalecimento de diálogos, a fim de chegar a formas pacíficas de mudanças ou formar redes locais mobilizadas para agir.

2.5. Mentalidade de ação. Leigos globais agem no mundo, ativando ideias, pessoas e outros recursos. Movimentos importantes em sociedades ocorreram porque grupos de pessoas reuniram-se com boas ideias, bastante criatividade e os recursos necessários na hora certa para entrar em ação e criar uma mudança social. O movimento dos direitos civis na década de 1960 nos Estados Unidos é um bom exemplo disso.

A mentalidade de ação do leigo global procura meios para se envolver na "inovação social". Inovadores sociais são os que estão à procura de meios para implantar boas ideias, aproveitar recursos e mobilizar as pessoas a serviço da humanização dos marginalizados, esquecidos, invisíveis e outros deslocados. Inovadores sociais trabalham quietos, por trás das cortinas, criando processos e sistemas para ajudar a transformar as histórias humanas, uma após outra, da mera sobrevivência do início para um enredo pujante. A inovação social requer criatividade, que é a capacidade de ver o comum de maneira incomum e a capacidade de ver o que a maioria não vê, a coragem de agir e inspirar ação da parte dos que estão sendo servidos, e a capacidade de suportar e regular a aflição inevitável que brota de tal trabalho.

3. Sumário

Qual a carência de nosso mundo que seus fiéis leigos globais podem suprir? Talvez agora, pelo menos uma mentalidade com essas cinco características que resultem em ação. Essa ação requer generosidade, capacidade, imaginação e vontade para pensar em prazo bem longo, resultando em disciplina coletiva e, por fim, capacidade de elaborar boas perguntas que levem a novos pontos de entendimento. Os leigos globais estão na melhor posição para utilizar essas cinco atitudes mentais no serviço da fé e do mundo.

Veja também CULTURA E SOCIEDADE; LIDERANÇA; TEOLOGIA DAS OBRAS; VIDA PROFISSIONAL.

BIBLIOGRAFIA. CHALEFF, I., *The Courageous Follower: Standing Up to and for Our Leaders* (2. ed.; San Francisco: Berrett-Koehler, 2003); CHIN, C., GU, J. e TUBBS, S., "Developing Global Leadership Competencies", *The Journal of Leadership Studies* 7:3 (2001) 20-31; FRIEDMAN, T. L., *The World Is Flat: A Brief History of the Twenty-First Century* (New York: Farrar, Straus & Giroux, 2006); GERZON, M., *Leading Through Conflict: How Successful Leaders Transform Differences into Opportunities* (Cambridge: Harvard Business School Press, 2006); GERZON, M. e URY, W., "Leading Beyond 'Us' and 'Them': Developing Third Side, Cross-Border Leadership", in: *Leadership Is Global: Co-creating a More Humane and Sustainable World*, Link, W., Corral, T. e Gerzon, M., orgs. (Global Leadership Network, 2006 www.globalleadershipnetwork.net) 81-93; GOSLING, J. e MINTZBERG, H., "The Five Mindsets of a Manager", *Harvard Business Review*, November 2003, 54-63; HEIFETZ, R. A., *Leadership Without Easy Answers* (Cambridge: Harvard University Press, 1994); KIDDER, R. M., *Shared Values for a Troubled World: Conversations with Men and Women of Conscience* (San Francisco: Jossey-Bass, 1994); KOUZES, J. M. e POSNER, B. Z., *A Leader's Legacy* (San Francisco: Jossey-Bass, 2006); LACUGNA, C. M., *God for Us: The Trinity and Christian Life* (San Francisco: Harper, 1992); idem, "The Trinity: Why It Takes Three Persons to Save One Soul: The Editors Interview Catherine Mowry LaCugna", *U.S. Catholic* 59:11 (1993) 6-13; SCHWARTZ, S. H. e BILSKY, W., "Toward a Theory of Universal Content and Structure of Values: Extensions and Cross-Cultural Replications", *Journal of Personality and Social Psychology* 58 (1990) 878-89; SENGE, P., KLEINER, A., ROBERTS, C., ROSS, R.

B. e SMITH, B. J., *The Fifth Discipline Fieldbook: Strategies and Tools for Building a Learning Organization* (New York: Current Doubleday, 1994); STEVENS, R. P., "Laity", in: *The Complete Book of Everyday Christianity: An A-to-Z Guide to Following Christ in Every Aspect of Life*, Banks, R. e Stevens, R. P., orgs. (Downers Grove: InterVarsity Press, 1997) 550-55.

B. M. Ledbetter

LIBERALISMO

O liberalismo, no sentido importante para a reflexão teológica global, denota uma vasta gama de perspectivas filosóficas e pensadores que emergiram do *Iluminismo e seus antecedentes. É uma tradição dinâmica que se desenvolveu ao longo do tempo e cuja influência é ampla e abrangente. O liberalismo reconhece a primazia do indivíduo. O indivíduo tem precedência fundamental sobre a sociedade e os outros, e também seleciona os termos sob os quais se relaciona com eles. Nesse sentido, é um eu *seletivo*. O indivíduo é, além disso, uma lei para si mesmo e, nesse sentido, pode ser chamado de um eu *autônomo*. Outras instituições a que o eu subscreve são em princípio produtos dele mesmo e de algum modo derivam sua legitimidade do seu consentimento, sendo assim um eu *pré-institucional* (cf. Schmitz).

1. A tradição liberal
2. Liberalismo e crença religiosa
3. Uma crítica hispânica

1. A tradição liberal

A tradição liberal reflete uma concepção particular da *justiça e da natureza do "bem". Como afirma M. Sandel, essa concepção de liberalismo é, acima de tudo, uma teoria acerca da justiça e, em particular, acerca da primazia da justiça entre ideais morais e políticos. Ela entende que a sociedade é composta de uma pluralidade de pessoas com variados alvos, interesses e concepções do bem. Uma sociedade liberal é mais organizada quando é governada por princípios que não pressupõem nenhuma concepção particular do bem. O que justifica tais princípios reguladores não é que promovem o bem-estar social, mas que se conformam com alguma concepção de direito concedido independentemente do bem. Esse liberalismo vem de Immanuel Kant e é aceito em boa parte da filosofia moral e da política contemporânea.

Nos Estados Unidos de hoje, essa tradição liberal está no coração do liberalismo e também do conservadorismo. Ela funciona como horizonte interpretativo pressuposto e implícito em relação ao qual ocorrem todos os debates políticos. Como afirma Alasdair MacIntyre, todos os debates contemporâneos são realmente entre liberais conservadores, liberais liberais e liberais radicais. Existe, portanto, pouco espaço para criticar o sistema em si. O resultado disso é o eu desconstruído do pós-modernismo.

2. Liberalismo e crença religiosa

Com esse entendimento liberal do eu e da sociedade, a crença religiosa precede e existe independentemente da participação numa comunidade religiosa. Quando questionados acerca de sua fé religiosa, anglo-americanos costumam responder: "Eu sou religioso, mas não pertenço a uma igreja" ou "Tenho minha própria espiritualidade, mas não sigo nenhuma religião". O pressuposto por trás dessas respostas é que a participação numa comunidade religiosa não é, de modo algum, intrínseca ou essencial à crença religiosa; relaciona-se com Deus como indivíduo, não como parte de uma comunidade. O locus da fé religiosa é o indivíduo que tem fé, não a comunidade de fé. Ser membro de uma igreja, portanto, é visto como opção voluntária e aberta à mobilidade, de modo que para atrair membros, as igrejas precisam competir umas com as outras no mercado. A premissa é que o pluralismo implicado nisso é benigno e inevitável.

3. Uma crítica hispânica

Para os hispânicos dos Estados Unidos, como para muitas outras culturas do mundo, o entendimento do indivíduo e da comunidade opõe-se a esse liberalismo ocidental. A *comunidade é considerada fundamentalmente *preexistente* (portanto involuntária) e *constitutiva*. Desse modo, o universal não é a mera soma dos particulares; pelo contrário, o universal é mediado pelos particulares. Dessa perspectiva, o pluralismo não é o fundamento de uma sociedade livre — como é para o individualismo liberal moderno — mas a consequência da liberação autêntica, a consequência da opção pelo pobre. Assim, a possibilidade do diálogo, da tolerância e do entendimento universal é fundamentada na identificação preferencial com uma pessoa específica, histórica e concreta, de carne e osso. O ponto de partida do pluralismo autêntico não é o eu autônomo, socialmente não situado, confrontado com uma escolha ilimitada entre uma multiplicidade de opções num mercado. Em vez disso, os pontos de partida são as mãos calejadas, o rosto marcado e a pele morena ressecada pelo sol da mulher mexicana idosa — ou de Jesus crucificado.

Para o teólogo hispânico dos Estados Unidos, portanto, não será suficiente ler livros sobre Jesus Cristo, nem mesmo estudar declarações dogmáticas ou textos bíblicos relevantes — por mais importantes que sejam. Em lugar disso, precisamos primeiro — se não somente — buscar um relacionamento concreto e histórico com Jesus (muitas vezes, por exemplo, realmente tocando sua imagem e beijando seus pés). Certamente é aqui que passamos a conhecê-lo, assim como é em nosso relacionamento concreto e histórico com nossos familiares e amigos que passamos a conhecê-los. É opinião dos católicos que não conseguimos nos relacionar com outras pessoas, a não ser pela mediação de nosso corpo (ou seja, intelecto, tato, sensações e visão). A importância dessa qualidade encarnada e relacional não pode ser menosprezada. Essa fé concreta é reforçada continuamente no catolicismo popular hispânico dos Estados Unidos (*veja* Religiões Populares). Para muitos outros povos do mundo, ainda que talvez não o expressem exatamente desse modo, uma comunidade concreta e relacional tem precedência sobre o individualismo liberal que é proeminente em culturas ocidentais.

Veja também Comunidade; Cultura e Sociedade.

BIBLIOGRAFIA. GOIZUETA, R. S., *Caminemos con Jesús: Toward a Hispanic Theology of Accompaniment* (Maryknoll: Orbis, 1995); MACINTYRE, A., *Whose Justice? Which Rationality?* (Notre Dame: University of Notre Dame Press, 1982) [edição em português: *Justiça de Quem? Qual Racionalidade?* (São Paulo, Loyola, 1991]); MILLIGAN, D. e MILLER, W. W., orgs., *Liberalism, Citizenship and Autonomy* (Aldershot: Avebury, 1992); SANDEL, M., *Liberalism and the Limits of Justice* (Cambridge: Cambridge University Press, 1982); SCHMITZ, K., "Is Liberalism Good Enough?", in: *Liberalism and the Good*, Douglass, R. B., Mara, G. M. e Richardson, H. S., orgs. (New York: Routledge, 1990).

R. S. Goizueta

LIBERDADE RELIGIOSA

A liberdade religiosa é complexa: a religião não é um segmento independente da existência humana, mas o que dá forma fundamental à vida humana, e crenças e falsos atos religiosos podem ter consequências ruins. Esse é um dos motivos pelos quais, historicamente, a maioria das igrejas cristãs não defendeu a liberdade religiosa e algumas Igrejas Ortodoxas Orientais e Ocidentais ainda não a defendem, pelo menos conforme compreendida no Ocidente. Muitos anglicanos e luteranos aceitam igrejas estatais, embora permitam liberdade para as outras. A Igreja Católica Romana em princípio não aceitou a ideia de tratamentos iguais para as religiões até o *Concílio Vaticano II, no início da década de 1960. Em séculos recentes, muitas vezes, protestantes têm promovido a liberdade religiosa, mas isso não era característica importante da *Reforma magisterial, exceto entre os que estavam sendo perseguidos.

1. A Bíblia
2. A igreja primitiva
3. A história cristã
4. O mundo moderno

1. A Bíblia

1.1. O Antigo Testamento. O ensino bíblico sobre a liberdade religiosa também é complexo. Os Dez Mandamentos começam com: *Não terás outros deuses além de mim. Não farás para ti imagem esculpida [...] Não te curvarás diante delas, nem as cultuarás, pois eu, o Senhor teu Deus, sou Deus zeloso* (Êx 20.3-5). Isso não era só uma exigência moral; sua violação poderia trazer morte (Êx 22.20). Entretanto, o Antigo Testamento não é tão negativo em relação ao tema como pode parecer à primeira vista.

Religião e culto, sejam verdadeiros ou falsos, estão intimamente ligados ao modo de vida. Essa ligação é evidente no início da vida de Israel. Os israelitas não deviam cultuar os deuses cananeus nem imitar suas obras (Êx 23.24), pois isso certamente seria uma armadilha para eles (Êx 23.33). A ideia da idolatria como armadilha é recorrente (cf. Êx 34.12; Dt 12:30; Js 23.13; Jz 2:3; Sl 106.36 e cf. Hb 12.1). A causa do julgamento divino era o que os israelitas faziam com a própria vida, não só o culto formal.

Isso estava ligado à vocação especial de Israel como nação. Os mandamentos eram dirigidos a "tu", a nação com que Deus era zeloso. O chamado de Israel era para que fosse uma nação exclusiva cuja ordem política e social repousasse na confiança em Javé, uma ordem que ficaria radicalmente corrompida se outros modos de vida religiosos fossem introduzidos. Mas os vizinhos de Israel, mesmo aqueles com práticas religiosas especificamente denunciadas nas Escrituras, deviam ser deixados em paz. Israel não tentou impor sua religião aos outros.

Essa liberdade era estendida, pelo menos em parte, aos estrangeiros em Israel. Depois de Êxodo 22.20 anunciar pena capital para os israelitas que cultuassem outros deuses, os versículos seguintes destacam a *lei do estrangeiro*: *Não maltratarás o estrangeiro, nem o oprimirás, pois fostes estrangeiros na terra do Egito* (Êx 23.9; 22.21; compare também Lv 19.33-34). O motivo para os israelitas serem tolerantes com os estrangeiros era que eles mesmos sabiam como era serem estrangeiros. No Egito, apesar dos sofrimentos, foram autorizados a praticar sua religião. Se o padrão era a experiência que tiveram no Egito, isso dá a entender que os estrangeiros teriam permissão para praticar sua religião em Israel. Houve uma exceção que parece provar a regra. Levítico 20.2 diz: *Todo israelita, ou estrangeiro que vive em Israel, que der um de seus filhos a Moloque, certamente será morto*. Aqui a pena de morte inclui especificamente os estrangeiros, uma vez que o culto a Moloque envolvia o sacrifício infantil e, ainda que outros cultos pudessem ser tolerados, esse jamais poderia. De modo semelhante, depois da conquista de Canaã, as nações que permaneceram não deviam ser destruídas nem convertidas à força. Os israelitas simplesmente não deviam se associar a elas, por exemplo, mediante casamento. Isso dá a entender que se a vida interna da nação escolhida estivesse protegida, as outras religiões eram deixadas em paz. Os mandamentos contra falsas religiões foram desenvolvidos mais claramente na história inicial de Israel, quando funções políticas e sacerdotais estavam mais entrelaçadas mas, mesmo naquela época, o alvo de Israel era preservar seu lugar diante de Deus e não acabar com a idolatria entre os povos.

1.2. O Novo Testamento. No Novo Testamento, a liberdade religiosa parece simplesmente considerada ponto pacífico. A natureza transcultural do cristianismo gentio e judeu, juntamente com o testemunho missionário, aparentemente repousava sobre a pressuposição de que as pessoas eram livres com relação à fé. Uma vez que a igreja também estava se separando de uma terra específica, não havia base para excluir outras religiões de algum território específico: a igreja, não um território, era o continente do evangelho. A igreja se expandiu por meio da pregação, não da coerção. Jesus e os discípulos convidavam os que desejavam segui-lo.

2. A igreja primitiva

Na igreja primitiva os cristãos eram marginalizados, o que fazia com que tivessem interesse pessoal em apelar para a liberdade religiosa. Entretanto, Tertuliano, Justino, Atenágoras, Lactâncio e Orígenes também defenderam sistematicamente a tolerância religiosa como questão de princípio cristão. Com a disseminação da igreja, as igrejas latinas (em oposição a algumas igrejas gregas e, mais tarde, igrejas eslavas do Leste) procuraram manter a igreja distinta da ordem política. Mesmo quando Constantino tornou o cristianismo religião oficial do Império Romano, ainda se entendia que havia dois corpos distintos: *sacerdotium* ("igreja") e *regnum* ("estado"). Ambos eram considerados instituições divinas, mas entendia-se que tinham funções distintas sob Deus.

3. A história cristã

Essa diferenciação em duas esferas trouxe efeitos duradouros. Evidentemente, não estavam claros os devidos limites entre os dois: era mais uma estrutura de questionamentos sobre o papa e o imperador do que alguma resposta clara para aqueles questionamentos. Mas, apesar de confusão e conflitos contínuos, essa divisão contribuiu mais tarde para o crescimento da tolerância religiosa e das sociedades livres. George Sabine escreveu corretamente: "O surgimento da Igreja Cristã, como uma instituição distinta, com o direito de governar os interesses espirituais da humanidade independentemente do estado, pode ser descrito, sem exageros, como o evento mais revolucionário na história da Europa Ocidental, com respeito à política e também ao pensamento político" (Sabine, 180). Muitas vezes, as igrejas e as ordens políticas não defendiam diretamente a liberdade religiosa. Mas a igreja, qualquer que fosse sua sede de controle civil, sempre tinha de reconhecer que havia um poder político que ela não podia exercer, e as ordens políticas tinham de reconhecer áreas da vida humana devidamente fora de seu alcance. Por mais que as fronteiras ficassem indefinidas e manchadas de sangue, persistia a noção de que o centro espiritual da vida humana estava fora do âmbito do controle civil. A cultura ficou permeada por uma crença de que a jurisdição política e a eclesiástica eram distintas e limitadas em sua autoridade.

Questões da igreja e do estado foram posteriormente complicadas pela fragmentação da igreja ocidental na Reforma, quando passou a haver muito mais igrejas e estados pelos quais brigar. Os primeiros reformadores não defenderam diretamente a liberdade religiosa, mas renovaram uma ênfase na importância da consciência pessoal e da liberdade de fé. Os filhos espirituais deles, especialmente nas igrejas livres, levaram isso adiante, com uma ênfase na liberdade de consciência.

Os grupos *anabatistas, em particular, formaram a nascente de uma das principais correntes de liberdade religiosa no Ocidente. Essa tradição continuou com Robert Browne, fundador do congregacionalismo e com os batistas ingleses, liderados por Hanserd Knollys, enquanto Roger Williams fundou a cidade de Providence (Providência) como refúgio religioso. As convicções deles foram aceitas, ainda que em diferentes formulações teológicas, por outras igrejas protestantes e católicas e seus descendentes espirituais, a maioria dos quais agora acredita que tratar diferentes grupos religiosos igualmente diante da lei não é uma contemporização, mas uma perspectiva cristã da ordem política. Um estado moldado pela fé bíblica não devia conceder privilégios especiais a nenhum grupo religioso, refletindo que, sob Deus, os governos têm função limitada.

4. O mundo moderno

Essas tendências históricas ainda mostram efeito no mundo moderno. Pesquisas sobre liberdade religiosa indicam que áreas tradicionalmente protestantes tendem a estar entre as mais livres do mundo. Áreas tradicionalmente católicas são agora também muito livres, mostrando grande progresso nos últimos quarenta anos, em parte devido ao fim da dominação comunista no Leste europeu, mas os ensinos do Concílio Vaticano II também tiveram um efeito importante, conforme se percebe pelo crescimento generalizado da liberdade religiosa na América Latina. Em áreas ortodoxas orientais, inclusive na Rússia, Grécia, Romênia e Sérvia, ainda há discriminação contra não ortodoxos, enquanto em áreas de tradição ortodoxa como Etiópia, Eritreia e Armênia, a discriminação pode às vezes degenerar em violência de fundo religioso.

Existe certo grau de perseguição em nome de Cristo contra não cristãos por parte de alguns sérvios na Bósnia ou russos na Chechênia. Entretanto, em geral, as áreas tradicionalmente cristãs do mundo estão entre as mais livres em termos religiosos, inclusive para não cristãos, enquanto a igreja mesma é severamente perseguida, a entidade mais amplamente perseguida do mundo. No início do século 21, a maior parte dessa perseguição está ocorrendo em três ambientes: nos países comunistas e pós-comunistas restantes, entre nacionalistas religiosos no sul da Ásia e no mundo islâmico, que está crescendo e constitui o maior cenário de perseguição. O número de comunidades cristãs nos países e áreas em que tal perseguição ocorre gira em torno de 230 milhões, enquanto outras centenas de milhões sofrem discriminação.

Veja também Direitos Humanos; Perseguição e Martírio; Secularismo.

Bibliografia. Farr, T., *World of Faith and Freedom* (New York: Oxford University Press, 2008); Kelly, D. F., *The Emergence of Liberty in the Modern World* (Phillipsburg: Presbyterian and Reformed, 1992); Marshall, P., org., *Religious Freedom in the World 2007* (Lanham: Rowman & Littlefield, 2007); Sabine,

G., *History of Political Theory* (New York: Holt, Rinehart and Winston, 1961); Tierney, B., *Religion, Law and the Growth of Constitutional Thought*, 1150-1650 (Cambridge: Cambridge University Press, 1982); Witte, J. e Van Der Vyver, J., orgs., *Religious Human Rights in Global Perspective* (2 vols.; The Hague: Martinus Nijhoff, 1996).

P. Marshall

LIBERTAÇÃO. *Veja* Cura e Libertação.

LIDERANÇA

Na definição de quase todos, liderança, de um jeito ou de outro, equivale a influência. Esse é um tema de grande debate e interesse em todo o mundo secular, bem como em toda a igreja global de hoje.

O exemplo de Deus parece confirmar a importância da liderança para o bem estar de seu povo na terra, pois ao longo do relato bíblico vemos que ele convocou líderes para abençoar as nações (Abraão), tirar seu povo do cativeiro (Moisés), conduzi-lo para a terra prometida (Josué), estabelecer um reino terreno para seu povo (Davi) e assim por diante, chegando ao chamado de Saulo (Paulo) para proclamar seu nome.

1. Modelos culturais de liderança
2. Desafios da liderança para hoje
3. Questões de liderança piedosa
4. Em suma

1. Modelos culturais de liderança

Em geral, a cultura, mais que qualquer outro fator, determina os estilos e modelos de liderança na igreja. Portanto, globalmente na igreja, existem muitos modelos de liderança que os líderes locais alegam serem modelos bíblicos. Entre os principais estão os seguintes:

1.1. O modelo "chefão". Esse modelo existe em muitas culturas. Esse tipo de liderança exerce seu poder e função como exerceria qualquer chefe tribal ou realeza de uma pequena nação. Dentro da igreja, às vezes é considerada "apostólica" e sujeita apenas a Deus. Num extremo fica a forma feia e grotesca do chefe que manda em tudo, com um gabinete enorme com vista privilegiada e, do outro, o muito amado "ditador benevolente" que ainda toma todas as decisões e delega responsabilidades, mas jamais a autoridade.

1.2. Modelo idade = autoridade. Em culturas que reverenciam a idade e a equiparam à sabedoria, os veteranos são automaticamente os líderes. Quando isso acontece, é inevitável que os jovens fiquem impacientes porque não encontram espaço para empregar seus dons. É comum terem de sair e começar novos movimentos porque literalmente não há espaço para eles em estruturas eclesiásticas tradicionais.

1.3. Modelo dinastia familiar. Em algumas culturas da Ásia, a liderança só pode ser confiada a membros da família. Eles só transmitem a liderança do negócio ou da política a consanguíneos e, nessas culturas, a mesma tendência aparece em agências missionárias e igrejas.

1.4. Modelo machista. Muitas culturas só conferem liderança aos homens. Em algumas culturas isso chega mais longe, e liderança equivale a homens rudes, fisicamente fortes, violentos e sexualmente promíscuos. Embora seja uma forma do modelo "chefão" já descrito, essa característica de discriminação de gênero acrescenta muitas complicações quando entra na igreja, por causa de suas implicações com respeito à guerra, ao poder físico e até à violência doméstica.

1.5. Modelo astro de TV democrático. Hoje, em culturas ocidentais, aquele que tem personalidade carismática e é fotogênico, atraente, se expressa bem e pode vencer a eleição é muitas vezes considerado o líder escolhido por Deus. O resultado disso é que, com frequência, pessoas carentes da devida sabedoria, maturidade e integridade caem em pecado enquanto ocupam posições de liderança.

1.6. Modelo líder-servo. Alguém que siga o modelo de Jesus é absolutamente raro na igreja ao longo da história porque sempre foi e sempre será contracultural. Entre suas marcas estão o *amor sacrificial e o interesse maior em ver estabelecido o reino de Deus em vez do reino pessoal. Ainda que raro, é possível encontrar em quase todas as culturas líderes tentando seguir esse modelo.

2. Desafios da liderança para hoje

Sente-se hoje uma necessidade urgente de uma boa liderança, em parte porque estamos vivendo numa época em que tudo muda em velocidade vertiginosa. Em tempos de insegurança, medo e desafios, as pessoas recorrem naturalmente aos líderes para obter respostas, mas é difícil encontrá-las.

Da *globalização decorre que não há desafios realmente isolados, mas que cada um impacta o mundo todo — como o jornalista Thomas Friedman popularizou globalmente por meio de livros como *O Lexus e a Oliveira* e *O Mundo é Plano: uma breve história do século XXI*.

Além da instabilidade e da globalização, está a transição da era moderna bem estabelecida para a pós-modernidade. Mesmo o termo "pós-modernidade" reflete a percepção da rápida mudança. Sabemos que deixamos a "modernidade", mas ainda não conseguimos definir nossas realidades atuais com um termo adequado, de modo que é referido apenas como algo posterior à última era (*veja* Modernismo e Pós-Modernismo).

Uma das implicações práticas dessa mudança cultural para os líderes é a necessidade de alterar a maneira de lidar com pessoas e instituições. Como Paul McKaughan, Dellanna O'Brien e William O'Brien afirmaram no livro *Choosing a Future for U.S. Missions* [Escolhendo um futuro para missões dos EUA], "Estamos passando de um paradigma organizacional de ordem e controle que derivava da Era Industrial. A nova era da informação em que entramos será administrativamente muito menos simples. Se antes nossas estruturas tendiam a dominar e a controlar, agora as estruturas serão muito mais subservientes à nossa tarefa" (McKaughan, O'Brien e O'Brien, 52).

O rápido crescimento da igreja por todo o Hemisfério Sul aumenta os desafios para a liderança. Como Philip Jenkins confirmou em *A Próxima Cristandade: a chegada do cristianismo global*, o fenômeno colocou de cabeça para baixo as estatísticas do cristianismo e as estruturas atuais, de modo que muitos líderes parecem mal preparados para absorver essas mudanças em tempo hábil.

Embora alguns desses desafios — como a rapidez das mudanças, globalização, pós-modernidade e rápido crescimento da igreja — brotem de fatores positivos ou talvez "neutros", a pandemia do HIV/AIDS, conflitos religiosos, acúmulo de desastres naturais e o distanciamento entre ricos e pobres também tornam ainda mais complexa a liderança efetiva.

3. Questões de liderança piedosa

Embora os desafios atuais formem uma legião, nunca foi fácil exercer uma liderança cristã piedosa e efetiva, conforme se documenta em toda a Escritura. Mas sempre foi crucial para a ortodoxia do povo de Deus, para a disseminação da mensagem do evangelho e para a expansão de seu reino. Passagens de todo o livro de Juízes exemplificam o fracasso do povo de Deus por falta de liderança quando, ao longo de todo esse livro a maldade contínua de Israel, que muitas vezes atinge níveis assustadores, é explicada mediante o comentário de que Israel não tinha rei.

As denominações reconheceram há muito tempo que a igreja caminha no mesmo passo de seus líderes; por conseguinte, disseminam por todo o mundo sua "marca" de seminários e programas de treinamento bíblico e exigem sucesso na conclusão desses programas como ingresso para a liderança da igreja.

Embora os resultados de cada uma dessas estratégias sejam discutíveis, o raciocínio por trás delas — que a liderança é importante — é indiscutível. Se em toda a Bíblia e nos dias de hoje dispomos de numerosos exemplos de liderança falha impactando negativamente a igreja, dispomos igualmente de exemplos da esperança resultante da boa liderança. Uma pesquisa na Bíblia revela uma imensidão de formas "bíblicas" de liderança. Descobrimos que Deus chamou de tempos em tempos juízes, profetas, reis, sacerdotes e, mais tarde, apóstolos, discípulos, anciãos, diáconos e mestres para prover liderança a seu povo. E ainda que se possa extrair muito de comparações dessas estruturas, pode-se afirmar que só há uma característica comum exigida por Deus para que os líderes sejam "bem sucedidos" a seu ver. Essa qualidade atemporal é a obediência. À primeira vista, a obediência pode parecer bem simples; entretanto, obediência "simples" ao Deus onipotente é uma ambição que requer intencionalidade, esforço, aprendizado e disposição permanente de mudar.

A obediência pressupõe várias qualidades ou habilidades de um líder, todas as quais brotam do relacionamento com Deus. Conhecer Deus é a primeira qualidade de qualquer líder na Bíblia. A liderança cristã é um chamado divino, o que significa que um encontro inicial com ele é essencial. Desde Abraão e passando por Paulo, história após história falam de líderes que se encontram com Deus, recebem suas instruções para eles e das lutas que enfrentam para segui-las e liderar seu povo.

Davi é muitas vezes retratado como o protótipo de liderança piedosa, e Deus parece confirmar isso por meio de seu amor apaixonado por Davi e as bênçãos concedidas a ele. Comparando as histórias de Saulo e Davi, vemos encontros, chamados e recebimento de instruções praticamente idênticos e é apenas na luta para obedecer que Deus identifica as diferenças essenciais entre eles como uma questão de coração. De fato, o coração segundo Deus é a essência da liderança piedosa.

Essa verdade é reforçada no Novo Testamento, quando as palavras de despedida de Jesus aos discípulos são que ele precisa ir para que outro possa vir, seu Espírito Santo, para habitar neles, liderá-los e guiá-los. Assim, a partir da história desses líderes na Bíblia, quando eles se empenham para cumprir o chamado de Deus, podemos descobrir as qualidades da liderança piedosa, incluindo um coração segundo Deus, humildade, integridade, espírito de servo, sacrifício, fé, justiça, bondade e assim por diante.

É interessante observar que atualmente, profissionais seculares em liderança e administração muitas vezes documentam de modo involuntário a realidade do impacto positivo de traços de liderança facilmente reconhecíveis como cristãos. Por exemplo, Jim Collins publicou os resultados de anos de pesquisa quanto ao que torna algumas empresas muito mais bem sucedidas que outras. Em *Empresas Feitas para Vencer*, ele identifica um dos principais fatores algo que denomina liderança de "Nível 5". Isso é definido por características como "primeira e máxima ambição pela empresa e interesse por seu sucesso e não pelas próprias riquezas e reconhecimento pessoal" (Collins, 25).

4. Em suma
Embora existam muitos modelos de liderança supostamente cristã em todo o mundo, com frequência eles brotam primeiro da cultura local. Deus identifica a obediência e o coração segundo o coração dele, especialmente na medida em que foi moldado por Jesus durante sua vida aqui na terra, como chaves para uma liderança que lhe é agradável. Isso torna as atividades de conhecer, ouvir e obedecer a Deus desesperadamente importantes para os líderes na tentativa de vivenciarem as qualidades da liderança piedosa. Mas obediência "simples" ao Deus onipotente é sempre e inevitavelmente uma luta constante — e esta se torna ainda mais desafiadora pelas realidades atuais do mundo moderno.

Veja também LEIGOS.

BIBLIOGRAFIA. COLLINS, J., *Good to Great: Why Some Companies Make the Leap — and Others Don't* (New York: Harper Collins, 2001) [edição em português: *Good to Great: Empresas Feitas para Vencer* (Rio de Janeiro: Campus, 2006); FRIEDMAN, T. L., *The Lexus and the Olive Tree* (New York: Farrar Straus Giroux, 1999) [edição em português: *O Lexus e a Oliveira* (São Paulo: Objetiva, 1999)]; idem, *The World Is Flat: A Brief History of the Twenty-First Century* (New York: Farrar Straus Giroux, 2006) [edição em português: *O Mundo é Plano: uma Breve História do Século XXI* (São Paulo: Objetiva, 2007)]; JENKINS, P., *The Next Christendom: The Coming of Global Christianity* (Oxford: Oxford University Press, 2003); MCKAUGHAN, P., O'BRIEN, D. e O'BRIEN, W., *Choosing a Future for U.S. Missions* (Monrovia: MARC, 1998).

J. Overstreet

LÍNGUAS, FALAR EM. *Veja* GLOSSOLALIA.

LITURGIA E ADORAÇÃO
A liturgia é aquela ordem de culto que se desenvolveu ao longo da história cristã e foi sendo adaptada de várias maneiras nas muitas denominações cristãs. É a expressão da tradição cristã que incorpora práticas de culto que o povo de Deus vem usando e foram se desenvolvendo ao longo do tempo. Ainda que haja vastas diferenças nas práticas de culto em várias culturas, todas brotam das Escrituras e das práticas da igreja primitiva.
1. Liturgia e culto
2. Justino Mártir, *Primeira Apologia*
3. O Movimento Litúrgico e o Vaticano II
4. Críticas protestantes à prática litúrgica

5. A relação entre os elementos ordinários e os próprios
6. Culto e cultura

1. Liturgia e culto
Liturgia é uma transliteração do grego *leitourgia*, composto de *laos* (povo) e *ergon* (trabalho). Originalmente, *leitourgia* significava um trabalho ou serviço público realizado com recursos próprios e, mais tarde, passou a ser usado para quase todo tipo de serviço público em benefício da comunidade. O pagamento de taxas ou a construção de uma estrada podiam ser entendidos como *leitourgia*. Com o tempo, o termo passou a ser aplicado ao culto realizado pela assembleia de cristãos (Hess, 551-52). Tomando por base a construção da palavra grega, alguns cristãos referem-se à liturgia como "o trabalho do povo", mas também deviam perguntar: que tipo de trabalho é feito na liturgia e com que fim? Aqui, a definição de culto é crucial. A palavra inglesa *worship* deriva do saxão *weorthscipe*, que significa atribuir valor ou honra (De Graeve et al., 850). No culto, as ações e palavras da assembleia marcam o que se acredita possuir o máximo valor. A reflexão bíblica e teológica precisa refletir esse "trabalho".

Uma vez que os cristãos acreditam que o Deus trino é o objeto devido de culto e a pessoa digna de receber louvor (Ap 4), a assembleia deve fazer uma oferta digna a Deus (Rm 12.1-2). Essa convicção traz implicações estéticas e morais. A igreja é chamada para oferecer seu melhor pensamento e expressão artística, sabendo ao mesmo tempo, que o discernimento estético é culturalmente condicionado. A incapacidade de reconhecer esse fato tem levado os cristãos a muitos desentendimentos lamentáveis e fomentado as "batalhas de culto" contemporâneas. Moralmente, o culto cristão deve refletir uma visão bíblica de *justiça e *amor por todo o mundo e não deve ser usado para racionalizar o *pecado e a injustiça, especialmente o nacionalismo. Essas exigências têm raízes na narrativa bíblica, especialmente nos Evangelhos (Am 5.21-24; Mt 6.1-21; Mc 7.1-13). A descoberta de Vincent Donovan de que membros da tribo masai tinham vergonha de executar algumas de suas danças dentro da eucaristia é instrutiva. Se não pudessem ser incluídos na eucaristia, "tais danças nunca mais poderiam fazer parte da vida deles" (Donovan, 125). Ofertas indignas não podem ser justificadas. Além disso, a liturgia oferecida a Deus deve redundar em missão e em atos de justiça.

Como a liturgia deve ser executada? Os cristãos podem usar uma variedade de textos escritos e impressos dentro do culto. Entre eles há hinários e livros de cânticos, livros de oração e outros textos litúrgicos, além da Bíblia em si. Entretanto, a liturgia cristã não é, em princípio, algo que se imprime num papel, mas algo que um encontro de cristãos realiza. A relação entre textos e a ação litúrgica é como a relação de um livro de receitas com a refeição; o livro de receitas pode ser útil para preparar a refeição e os novatos são sábios em consultá-los, mas o importante é a refeição. Muitas reuniões de cristãos usam poucos textos litúrgicos, se os usam, e a prática da oração extemporânea é bem atestada em fontes importantes da igreja primitiva.

2. Justino Mártir, *Primeira Apologia*
Atos 2 fornece uma descrição intrigante do *ordo* cristão que emergiu após o primeiro Pentecostes. Os cristãos recém-batizados formaram uma comunidade eclesial em que "perseveravam no ensino dos apóstolos e na comunhão, no partir do pão e nas orações" (At 2.42). Eles viviam em comunidade e partilhavam as posses de acordo com a necessidade, e o Espírito era evidente no meio deles (At 2.43-47). Podemos especular quanto à forma de sua comunhão à mesa, a forma de suas orações e o significado que davam a isso, mas não se pode tirar nenhuma determinação específica. Como outras passagens do Novo Testamento, esse texto oferece uma visão sugestiva da vida litúrgica da igreja primitiva, mas não nos fornece um panorama detalhado dela (veja, e.g., Mt 26.26-29; Lc 24.13-35; Jo 13.1-17; At 20.7-8; 1Co 11.17-34 etc.).

Um relato mais detalhado encontra-se na *Primeira Apologia*, escrita por Justino Mártir em torno de 130 d.C., numa tentativa de descrever o culto de sua congregação romana. A comunidade de cristãos batizados reunia-se "no dia chamado domingo", comemorando assim a ressurreição do Senhor. O culto começava com leituras "das memórias dos apóstolos ou dos escritos dos profetas", que continuavam por um período indefinido. A instrução acerca das leituras vinha a seguir, proferida pelo "presidente" da assembleia. Aqui temos algo parecido com um sermão. De acordo com Justino, a assembleia toda participava das orações depois disso. Após as orações, celebrava-se a eucaristia: "pão, vinho e água são trazidos e o presidente, de modo semelhante, oferece orações e ação de graças, de acordo com sua capacidade". Ao que parece, essas orações eram extemporâneas, sem o uso de textos fixos. O presidente fazia a oração e as pessoas concordavam com ele dizendo seu "amém", e assim assumiam a responsabilidade diante dos outros. Depois dessa ação de graças, todos os presentes recebiam a comunhão: tanto o pão como o vinho. A participação da igreja toda era tão importante que os diáconos levavam os elementos consagrados para os que não podiam comparecer à assembleia. Outras ofertas eram recebidas e distribuídas aos pobres, e desse modo a liturgia e a missão seguiam juntas (Justino Mártir, 186). O padrão aqui descrito inclui todos os elementos presenciados no texto de Atos 2 — conteúdo bíblico fundamentado no testemunho apostólico, orações e comunhão à mesa, redundando em ministério misericordioso. Encontra-se aqui um padrão claro seguido pela comunidade e seus líderes, mas com espaço para improvisações.

Até que ponto Justino Mártir reflete a vida litúrgica cristã no segundo século? Os estudiosos da liturgia recusam-se cada vez mais a tirar conclusões definitivas sobre textos como a *Primeira Apologia*. Em vez de dizerem que a maior parte dos primeiros cristãos cultuava de acordo com esse exemplo aqui descrito, dirão que a *Primeira Apologia* demonstra o que uma comunidade fazia ou, talvez, só o que o autor acreditava que deviam fazer (Bradshaw, 17). De acordo com Paul Bradshaw, algumas rubricas da igreja antiga devem ser lidas de trás para frente, como se a ação proibida tivesse de fato sido praticada. Não fosse por isso, por que teriam o trabalho de proibi-la? (Bradshaw, 17-19). Por exemplo, quando Inácio de Antioquia, em sua carta à igreja de Esmirna, insistiu que só as eucaristias autorizadas pelo bispo eram válidas e que outras celebrações eram realizadas "em culto ao diabo" (Richardson, 115; veja Bradshaw, 200), devemos supor que essas observâncias não oficializadas da ceia do Senhor estavam ocorrendo.

Não se pode determinar até que ponto o texto de Justino reflete as práticas das congregações do século segundo. O *ordo* de Justino, porém, influenciou profundamente o desenvolvimento da teologia litúrgica moderna — seu foco na centralidade da aliança batismal, sua ênfase na leitura da Bíblia e na *pregação bíblica, seu testemunho acerca da participação da assembleia nas *orações, a oferta e a santa comunhão (*veja* Ceia do Senhor), e também como a ênfase missionária da assembleia.

A erudição litúrgica presta um desserviço à igreja se insiste numa reprodução servil de práticas antigas. Antes, a igreja é livre para discernir a forma de sua vida litúrgica em diálogo com as Escrituras, sob a orientação do Espírito, conforme se revela no testemunho dos cristãos do passado e da realidade global presente. Além das ênfases anotadas acima, o testemunho de Justino quanto às práticas extemporâneas dentro de um padrão disciplinado fornece possibilidades de reflexão promissoras ainda não desenvolvidas.

3. O movimento litúrgico e o Vaticano II

O *ordo* da *Primeira Apologia* tem funcionado como pedra de toque e alvo do movimento litúrgico. Os que elaboraram a *Constituição sobre a Sagrada Liturgia* tinham isso em mente quando fizeram a famosa declaração sobre o culto e à "plena, consciente e ativa participação" da assembleia:

É desejo ardente da mãe Igreja que todos os fiéis cheguem àquela plena, consciente e ativa participação na celebração litúrgica que a própria natureza da liturgia exige e à qual o povo cristão, *raça escolhida, sacerdócio real, nação santa, povo adquirido* (1Pe 2.9; cf. 2.4-5), tem direito e obrigação, por força do batismo.

A esta participação plena e ativa de todo o povo cumpre dar especial atenção na reforma e incremento da sagrada liturgia: com efeito, ela é a primeira e necessária fonte, da qual os fiéis podem haurir o espírito genuinamente cristão. Este é o motivo que deve levar os pastores de almas, em toda a sua atividade pastoral, a procurá-la com o máximo empenho, através da devida formação. (*Constituição sobre a Sagrada Liturgia* § 14)

O testemunho do *Vaticano II levou a reformas em algumas áreas chaves. Seu pedido de que "a mesa da Palavra de Deus seja preparada com maior abundância" (*Constituição* § 51) levou ao desenvolvimento de um lecionário dominical de três anos, prática introduzida nas paróquias católicas no início de Advento de 1969 e adotado por várias denominações protestantes antes do fim da década seguinte. É possível encontrar sua influência entre muitos evangélicos. Outras ênfases importantes dentro da *Constituição* e nas reformas pós-Vaticano II incluem: (1) foco renovado no batismo e na dignidade da vocação batismal como o fundamento para o culto e a missão cristã (*Constituição* § § 14, 66-71); (2) a restauração do catecumenato baseado em práticas recuperadas de fontes da igreja primitiva, como a *Tradição Apostólica de Hipólito* (*Constituição* § § 64-65); (3) restauração da eucaristia como a expressão máxima do culto cristão (*Constituição* § 2), com a comunhão disponível sob os sinais do pão e do cálice (*Constituição* § 55); (4) redução em foco no trabalho dos ordenados (*Constituição* § 51); (5) recuperação do ofício diário como oração corporativa do povo (*Constituição* § § 36-38).

O chamado à "plena, consciente e ativa participação" nos cultos se faz sentir nas principais denominações. Muitas congregações moveram a mesa do altar da parede do lado leste que ocuparam nas igrejas ocidentais por mais de um milênio. As costas dos clérigos ficavam voltadas para a assembleia. Com esse movimento, os clérigos começaram a presidir a ceia do Senhor de frente para a congregação, e a mudança foi surpreendente. As celebrações eucarísticas têm aumentado continuamente a tal ponto que hoje são a norma para o culto principal do Dia do Senhor em muitas denominações, como na Igreja Episcopal (Livro de Oração Comum, 13). A norma é oficialmente aceita em algumas outras denominações, como na Igreja Metodista Unida, mesmo quando não é amplamente praticada nelas (veja Felton, 34).

O compromisso com o princípio vernacular pode ser um dos pontos de influência mais significativos da Igreja Católica pós-Vaticano II nos cultos das igrejas protestantes históricas. As igrejas que descendem da Reforma Protestante orgulhavam-se, comparando-se aos católicos, como igrejas que falavam no vernáculo, mas quando as formas católicas recém-traduzidas começaram a aparecer no final da década de 1960, episcopais e metodistas entre outros foram forçados a admitir que liturgias em cadência elisabetana não eram textos vernaculares. Tanto pela percepção disso como pelo fermento teológico incentivado por textos antigos recém-descobertos, uma nova geração de livros de culto surgiu na geração passada, cada um deles marcado pelas discussões pós-Vaticano II. Entre eles estão: o *Livro Luterano de Culto* (1978), o *Livro de Oração Comum* (Igreja Episcopal, 1979), o *Livro de Oração da Nova Zelândia* (Igreja Anglicana em Aotearoa, Nova Zelândia e Polinésia, 1989), o *Livro de Culto* da Metodista Unida (1992), o *Livro de Culto Comum Presbiteriano* 1993) e *Uniting in Worship 2* (Uniting Church da Austrália, 2005).

A ênfase no uso de *músicas globais faz o movimento refletir em participações mais completas e também em empenho no uso de várias formas de músicas modernas e pós-modernas. Pode-se ver o movimento carismático, que emergiu dentro das formas litúrgicas do catolicismo romano e nas denominações históricas protestantes, como uma mostra de participação mais profunda e completa no culto coletivo. Esse reconhecimento abre possibilidades para um diálogo entre os pentecostais e os outros cristãos.

4. Críticas protestantes à prática litúrgica
4.1. *A crítica de Martinho Lutero à prática litúrgica e sua relevância contemporânea.*
Como demonstramos, as reformas pós-Vaticano II lidaram com muitos temas que incomodavam os reformadores protestantes. Reformadores litúrgicos continuam se debatendo contra a devoção litúrgica herdada do final da Idade Média no Ocidente. Por esse ângulo, *Do Cativeiro Babilônico da Igreja*, de Martinho Lutero, é uma boa leitura sobre os principais sintomas da disfunção litúrgica. Ele insistia que a igreja do fim da era medieval era "cativa" nos seguintes pontos: (1) a prática de recusar o cálice aos leigos (Lutero, 27-28); (2) a doutrina da transubstanciação,

que não consegue ajudar a visualizar a presença de Cristo em toda a liturgia eucarística (Lutero, 28-35); (3) a doutrina da eucaristia como sacrifício, o que levou à venda de indulgências (Lutero, 35-57).

Para nossos propósitos, é importante observar a dinâmica profunda dessas questões. Os teólogos continuam suas discussões acerca da melhor maneira de expressar o mistério da presença de Cristo no partir do pão (Lc 24.35). De novo, o caminho surge quando se concentra na assembleia como o local primário da presença de Cristo. Assim, Edward Schillebeeckx escreveu: "os sacramentos da igreja não são coisas, mas encontros de homens sobre a terra com o homem Jesus glorificado por meio de uma forma visível" (Schillebeeckx, 44). Já não existe uma divergência fundamental entre os dois tipos de doutrina, embora as igrejas ainda debatam sobre a melhor maneira de distribuir o elemento (cálice comum ou individual? intinção?), sem mencionar se deve conter vinho ou suco de uva. Já não se endossa a venda de indulgências, embora seja possível vê-la e os dois tipos de controvérsias como sintomas que brotam de uma igreja em que o poder clerical tornou-se mais importante que a condição da pessoa entre os batizados. Esse clericalismo reduziu o papel sacramental dos leigos ao de observador e receptor. Embora muitos católicos do fim da era medieval tenham desenvolvido uma devoção significativa diante de tais restrições (veja Duffy), a forma de participação deles estava longe do ideal bíblico. Lutero criticou uma igreja em que se permitia que formas culturais e eclesiásticas persistissem sem uma crítica bíblica consistente.

Reformadores da liturgia continuam se debatendo com dinâmicas semelhantes. O clericalismo ainda restringe a vida litúrgica. Não é incomum ver o altar preenchido principalmente por clérigos que realizam a maior parte da oração e da prédica, enquanto os leigos os observam. Continua difícil sustentar uma crítica bíblica de formas culturais, de modo que a pessoa encontra bandeiras nacionais nas igrejas e orações por guerras — e às vezes por vitórias — das forças militares de sua terra natal. Apesar dos conselhos das Escrituras, raramente se oferecem orações pelos inimigos (Mt 5.43-48).

4.2. A crítica de Charles Grandison Finney à prática litúrgica e sua relevância contemporânea. Em *Revival Lectures* [Preleções sobre avivamento], Finney codificou aquelas "novas medidas" que se desenvolveram no contexto americano, notadamente o banco dos penitentes (Finney, 302-5). Ele deu voz à suspeita contra formas litúrgicas clássicas, insistindo que formas de oração são contrárias à orientação do Espírito Santo. Ele escreveu: "formas de oração são não só absurdas em si, como são o próprio instrumento do diabo para destruir o espírito e quebrar a força da oração [...] A oração não consiste em palavras" (Finney, 111). Ele conclamou a igreja a se livrar da dependência servil de materiais impressos, uma crítica válida com que a igreja continua lutando. Ouvir um texto litúrgico mal lido dificilmente edifica. Alguns reagem ao problema rejeitando todas as orações escritas e usando orações extemporâneas, mas os que ouvem estas muitas vezes percebem que a extemporaneidade nem sempre conduz à variedade, muito menos à profundidade. Outros projetam os textos em telas, tirando com isso os livros das mãos dos congregantes, mas os deixam concentrados em um texto. A crítica de Finney pode ser recebida como um chamado para que as congregações louvem Deus de coração. O que se pode fazer para facilitar esse movimento?

5. A relação entre os elementos ordinários e os próprios

Nas melhores práticas litúrgicas encontra-se um equilíbrio criativo entre os elementos ordinários, ou elementos usuais do culto, e os elementos próprios, aqueles usados especialmente em várias ocasiões do ano cristão. Ordinária é aquela parte do culto (ou do calendário) que permanece inalterada semana após semana, ano após ano. A assembleia ouve leituras das Escrituras e (na maior parte dos casos) um sermão, ações que estão entre os elementos ordinários, assim como a prática de cantar hinos e fazer orações em certos momentos durante as reuniões semanais. Padrões estabelecidos para celebrar *sacramentos — incluindo a frequência deles — fazem parte dos atos ordinários. Outras orações e responsos podem fazer parte do ordinário, como a Oração Dominical ou um cântico temático específico. Os elementos próprios, partes da ordem que mudam de semana em semana, atuam em equilíbrio criativo com os ordinários. Entre eles se encontram hinos, lições das Escrituras e orações específicas, mudanças nas orações da eucaristia e, espera-se, no sermão. É possível incluir entre os elementos próprios manifestações de dons espirituais ou outras reações ao Espírito não planejadas — que os primeiros metodistas americanos chamavam de "obra de Deus" (Ruth, 50-51). Também é possível criar uma nova categoria para descrever esses fenômenos, talvez os chamando de "reações espontâneas" ou usando a antiga frase dos metodistas.

A observância dos atos ordinários permite a memorização de textos e modelos, incentivando um envolvimento profundo com eles. Os elementos próprios evitam que o culto se torne simplesmente repetitivo, e a necessidade de produzi-los incentiva os teólogos e artistas a refletir sobre o significado da liturgia. A disposição de permitir reações não planejadas faz a congregação se lembrar da proximidade e da soberania de Deus. Denominações e congregações precisam discernir o devido equilíbrio entre esses valores litúrgicos. Ainda que possa ser difícil encontrar esse equilíbrio, mantê-lo como o *telos* da liturgia cristã é uma aspiração e um fundamento digno para continuar com a discussão ecumênica.

M. W. Stamm

6. Culto e cultura

Todo culto cristão ocorre em tempo e lugar específicos. Para ser compreendido, o culto é realizado numa língua inteligível aos adoradores. Para haver participação plena, os rituais precisam ser compreendidos pelos que estão na assembleia. Ainda que as ações centrais do culto cristão sejam quase universais — batismo, ceia do Senhor, ouvir e compartilhar a Palavra e cantar — sua execução varia amplamente de acordo com a tradição de fé e o contexto cultural. O panorama abaixo reflete o pensamento corrente sobre a interação entre culto e cultura (s) e começa com uma breve introdução bíblica e teológica seguida por um sumário de cinco documentos do século 20 ("culto" e "liturgia" serão empregados como sinônimos, refletindo a natureza ecumênica do tópico e os documentos discutidos).

6.1. Contextos bíblicos e teológicos. No culto cristão, as raízes da diversidade de cultura encontram-se na própria encarnação. João 1 nos lembra de que *O Verbo [logos] se fez carne e habitou entre nós, pleno de graça e de verdade; e vimos a sua glória, como a glória do unigênito do Pai* (Jo 1.14). A humanidade recebeu Deus em forma humana. Paulo, em Filipenses, elabora sobre o milagre da encarnação: *... existindo em forma de Deus, não considerou o fato de ser igual a Deus algo a que se devesse apegar, mas, pelo contrário, esvaziou a si mesmo, assumindo a forma de servo e fazendo-se semelhante aos homens. Assim, na forma de homem, humilhou-se a si mesmo, sendo obediente até a morte, e morte de cruz* (Fp 2.6-8).

Porque Deus veio à humanidade na forma de um homem, Deus entrou nas dimensões humanas do espaço e do tempo, ou seja, Cristo assumiu uma forma cultural particular. Embora ele tenha dado provas significativas de que não era limitado pela restrição paroquial de uma única cultura, ele falava a língua do povo, viajava junto com as pessoas, comia e bebia em vários ambientes, sofreu e morreu de acordo com os ritos da pena capital usados na época. Deus escolheu assumir a forma humana num país politicamente ocupado e tornou-se vítima dos interesses conflitantes entre os líderes judeus e os poderes indicados por Roma. Porque Cristo era plenamente humano, tinha de atuar dentro de um contexto cultural específico.

D. T. Niles, ecumenista de Sri Lanka, capta a essência de nossa situação cultural como o *evangelho disseminado em diferentes culturas numa declaração feita da década de 1950:

O evangelho é como uma semente e você precisa semeá-la. Quando a semente do evangelho é semeada na Palestina, nasce uma planta que pode ser chamada cristianismo palestino. Quando semeada em Roma, nasce a planta do cristianismo romano. Semeado o evangelho na Grã-Bretanha, resulta o cristianismo britânico. A semente do evangelho depois foi levada para a América, onde então nasceu a planta do cristianismo americano. Ora, quando os missionários vieram para nossas terras, trouxeram não só a semente do evangelho, mas a planta do cristianismo deles, com vaso e tudo! Assim, o que temos de fazer é quebrar o vaso, tirar a semente do evangelho, semeá-la em nosso solo cultural e deixar crescer nossa versão do cristianismo.

A obra seminal de H. Richard Niebuhr, *Cristo e Cultura* (1951), explorou essa relação. Embora o paradigma de cinco partes apresentado por Niebuhr ainda seja útil, John Howard Yoder critica Niebuhr em *Authentic Transformation: a new vision of Christ and culture* [Transformação autêntica: uma nova versão de Cristo e cultura] (1996) por partir do princípio de que a cultura era uma entidade monolítica, sem variedade ou complexidade.

Desde o *Concílio Vaticano II (1962-1965), a interação entre cultura e liturgia tem assumido o centro do palco no discurso litúrgico, e o "vaso" da dominância cultural euro-americana está trincando, se não foi totalmente quebrado. O conceito da "aculturação litúrgica" vem ganhando aceitação e passou a ser de uso comum na virada do século. Em *Toward a Theology of Inculturation* [Por uma teologia de aculturação] (1988), A. Shorter define "aculturação" como o "diálogo contínuo entre fé e cultura ou culturas. De modo mais completo, é a relação criativa e dinâmica entre a mensagem cristã e uma cultura ou culturas" (Shorter, 11). Anscar Chupungco, sacerdote e estudioso filipino, elabora sobre o conceito em *Liturgical Inculturation: sacramentals, religiosity, and catechesis* [Aculturação litúrgica: sacramentos, religiosidade e catequese]: aculturação é "um processo de assimilação recíproca entre o cristianismo e a cultura; por um lado, é a transformação interior resultante da cultura e, por outro, o enraizamento do cristianismo na cultura [... esse] processo de interação e assimilação mútua traz progresso para ambos [culto e cultura]; não causa extinção mútua" (Chupungco, 1992, 29).

6.2. Principais documentos sobre aculturação litúrgica. Uma sinopse de cinco documentos relevantes do século 20 destacam as mudanças rumo a um entendimento mais consciente do lugar da cultura na liturgia. Vários desses documentos referem-se à música sacra porque elaé uma das manifestações culturais mais importantes na liturgia.

6.2.1. Motu Proprio do Papa Pio X sobre Música Sacra (1903). Esse documento reafirma a posição do Concílio de Trento (1545-1563) em reação à Reforma Protestante em suas várias formas. O uso do vernáculo e de estilos musicais dos reformadores acrescentou diversidade cultural ao culto, em contraste com a universalidade cultural almejada na liturgia católica — a premissa de que o culto devia ser virtualmente o mesmo, independentemente do contexto cultural. *Motu Proprio* entende que "a música sacra deve [...] excluir tudo o que é profano, não só em si, mas também na maneira pela qual é apresentada pelos que a executam [...] A música sacra deve ser universal nesse sentido. Por um lado, cada país pode admitir suas próprias formas de música nativa em suas composições para a igreja. Por outro lado, esses tipos de música devem estar subordinados ao caráter geral da música sacra. [...] Essas qualidades encontram-se no Canto Gregoriano" (§§ 2-3) — uma forma de canto associado especificamente ao culto na Igreja Católica.

Para colocar esses comentários no contexto do paradigma de Niebuhr, *Motu Proprio* reflete "Cristo acima da cultura". A igreja e seu culto, ainda que façam parte do mundo, devem almejar estar acima e além das expectativas e limitações de uma cultura, qualquer que seja.

6.2.2. Sacrosanctum Concilium (1963). Sessenta anos após *Motu Proprio*, foi publicada a *Constituição sobre a Liturgia Sagrada*, o mais famoso documento que afeta a liturgia produzido pelo Concílio Vaticano II. Aqui só é possível fazer uma introdução à abrangência e riqueza desse documento. Ainda que abra as portas para variações culturais e as incentive, esse documento é baseado no "mais sagrado mistério eucarístico" (artigo 47) e o entendimento escatológico de que "na liturgia da terra nós participamos, saboreando-a já, da liturgia celeste, que se celebra na cidade santa de Jerusalém, para a qual nos encaminhamos como peregrinos, onde o Cristo está sentado à direita de Deus, qual ministro do santuário e do verdadeiro tabernáculo" (artigo 8).

"A liturgia não esgota toda a ação da Igreja" (artigo 9), mas "a liturgia é o cimo para o qual se dirige a ação da Igreja e, ao mesmo tempo, a fonte donde emana toda a sua força" (artigo 10). Assim, qualquer discussão do impacto cultural sobre a liturgia deve ser visto dentro do contexto desse nível "elevado" de liturgia e não como uma prática cristã facilmente transformável em entretenimento e adaptação ao gosto pessoal.

Em contraste com o *Motu Proprio*, esse documento declara que "A Igreja [...] respeita e procura desenvolver as qualidades e dotes de espírito das várias raças e povos. A Igreja considera com benevolência tudo o que nos seus costumes não está indissoluvelmente ligado à superstição e ao erro, e, quando possível, o conserva inalterado, e por vezes até o admite na própria liturgia, conquanto esteja de acordo com as normas do verdadeiro e autêntico espírito litúrgico" (artigo 37). A aculturação litúrgica indica que os pastores precisam "vigiar para que, na ação litúrgica, não só se observem as leis para a válida e lícita celebração, mas que os fiéis participem dela conscientemente, ativa e frutuosamente" (artigo 11).

A aculturação litúrgica deve ser vista da perspectiva de que "todos os fiéis cheguem àquela plena, consciente e ativa participação na celebração litúrgica que a própria natureza da liturgia exige" (artigo 14). Ainda que mistérios universais e o espírito escatológico ancorem a liturgia, todos os cristãos desejam os aspectos transformadores da liturgia descritos acima. Isso conclama a um envolvimento consciente do culto com a cultura no diálogo.

Dois documentos, os *Relatórios dos Simpósios de Milwaukee (MS)* e a *Declaração de Snowbird (SS)*, fornecem uma contraposição às possibilidades para a música sacra na sequência do *Sacrosanctum Concilium (SC)*.

6.2.3. *Os Simpósios de Milwaukee para Compositores Sacros: relatório de uma década (MS, 1992)*. Os Simpósios de Milawaukee, ecumênicos, envolveram mais de sessenta compositores de letra e música que se encontraram cinco vezes entre 1982 e 1992. Edward Foley, padre capuchinho, é o autor e editor principal desse documento. Ainda que a música litúrgica fosse o tópico central desses simpósios, a centralidade do mistério pascal e a Palavra, e a primazia da assembleia formaram a base para essas discussões (artigo 9). Seguindo a direção do *SC* em áreas de culto e cultura, o *MS* declara que "a diversidade cultural nos chama a pensar de modo diferente sobre o culto e sua música. Cada cultura provê outro ponto de entrada para o mistério pascal, oferecendo diferentes maneiras de ver o mundo e encontrar Deus" (artigo 56).

O documento questiona a "superioridade musical intrínseca" da música do norte da Europa entre os séculos 17 e 19 (artigo 60). "Padrões" estéticos não são absolutos, mas os músicos sacros devem equilibrar os "padrões" de composições euro-americanos aceitos com um padrão mais funcional para avaliar a música ritual [...] o que é indispensável para cruzarmos fronteiras linguísticas e étnicas em nossa música de culto" (artigo 61). Além disso, cada congregação deve estabelecer um "repertório básico, moldado de acordo com a diversidade e necessidade da comunidade local" (artigo 61). Por fim, cantar de modo transcultural dentro da liturgia tem seu valor "mesmo em comunidades homogêneas em termos linguísticos e étnicos" porque o "símbolo musical pode servir como uma ponte para outra cultura" (artigo 63).

6.2.4. *A Declaração de Snowbird sobre Música Litúrgica Católica (SS, 1995)*. A *Declaração de Snowbird* é em muitos sentidos uma reação ao *MS*. Os dezessete signatários da *SS* são todos músicos sacros católicos romanos dos Estados Unidos, Canadá, Irlanda e Inglaterra. Ainda que afirmem os "muitos desenvolvimentos positivos [...] lançados pelo Concílio Vaticano II", os autores da *SS* declaram: "sentimo-nos obrigados, porém, a identificar e criticar os desenvolvimentos que consideramos problemáticos, imperfeitos ou indignos da missão da igreja" (artigo 2).

Em vez de usar a linguagem da cultura e da diversidade, esse documento afirma a "beleza" e alerta contra o culto "dedicado a fins pragmáticos, ideológicos ou políticos" (artigo 3). É constatada a necessidade de "padrões de excelência na composição e execução de todas as formas musicais na liturgia da igreja". Mesmo afirmando o desenvolvimento da música ritual desde o Concílio Vaticano II, a natureza mais prática da música ritual pode significar que ela "muitas vezes não dá a devida atenção ao belo e ao artístico" (artigo 5). Na busca de "critérios para julgamento musical" que transcenda culturas, os autores do *SS* "rejeitam conscientemente [...] posições relativistas [...] Não partilhamos da opinião muitas vezes defendida de que a comparação só é válida dentro de um estilo específico" (artigo 6). Por fim, os autores acreditam que "existe um *ethos* característico da música litúrgica católica, embora reconheçamos que seja difícil defini-lo" (artigo 8).

Os *Simpósios de Milwaukee* e a *Declaração de Snowbird* representam duas reações distintas ao *Sacrosantum Concilium*. Aqueles adentram nas águas desafiadoras de acolher a diversidade transcultural na liturgia, enquanto esta prossegue na busca espinhosa de padrões comuns de beleza que não sejam relativos a uma cultura específica.

6.2.5. A Declaração de Nairóbi sobre Culto e Cultura (1996). A *Declaração de Nairóbi* (*NS*) representa uma das respostas mais abrangentes ao Concílio Vaticano II. Ainda que produzido pela Federação Luterana Mundial sob a liderança do teólogo litúrgico luterano Gordon Lathrop, o estudioso católico Anscar Chupungco, um dos principais intérpretes do *SC*, serviu como consultor. *Christian Worship: Unity in Cultural Diversity* [Culto Cristão: unidade em diversidade cultural] (1996), editado por S. Anita Stauffer, contém o documento completo, bem como artigos de apoio. Só os aspectos mais salientes podem ser incluídos aqui.

O *NS* concentra-se em quatro lentes pelas quais se pode considerar a liturgia. Juntas, elas podem prover uma visão multidimensional do culto e da cultura:

1. O culto é *transcultural*. "O Cristo ressurreto a quem cultuamos e por meio de quem, pelo poder do Espírito Santo, conhecemos a graça do Deus trino, transcende e, de fato, está acima de todas as culturas" (art. 2.1).
2. O culto é *contextual*. "Jesus a quem cultuamos nasceu numa cultura específica do mundo" (art. 3.1).
3. O culto é *contracultural*. "Jesus Cristo veio transformar todos os povos e todas as culturas, e nos chama não para nos conformar com o mundo, mas para sermos transformados junto com ele" (art. 4.1).
4. O culto é *transcultural*. "Jesus veio para ser o Salvador de todos os povos. Ele recebe os tesouros das culturas terrenas na cidade de Deus" (art. 5.1).

6.3. Conclusão. Independentemente da tradição de culto, as discussões da relação entre o culto e a cultura que ocorreram durante a segunda metade do século 20 convidam a uma consideração cuidadosa e consciente desse tópico. Enquanto o culto deve refletir seu contexto cultural para permitir a "plena, consciente e ativa participação" da congregação, a cultura pode ser vista como um cavalo de Troia que pode subverter a liturgia se não entrar em consonância com os propósitos do culto. A face global do cristianismo na virada do século 20 nos faz lembrar que dois terços dos cristãos do mundo vivem no Hemisfério Sul. Muitos países estão enviando missionários para os Estados Unidos e a Europa. O componente transcultural da vida convoca os adoradores do Hemisfério Norte para irem além de sua cultura de origem para considerar as possibilidades do culto como uma preparação para a *gran fiesta* quando *uma grande multidão, que ninguém* [pode] *contar, de todas as nações, tribos, povos e línguas,* [estará] *em pé diante do trono e na presença do Cordeiro* (Ap 7.9).

C. M. Hawn

Veja também BATISMO NA ÁGUA; CEIA DO SENHOR; MÚSICA; ORAÇÃO; SACRAMENTOS.

BIBLIOGRAFIA. BLACK, K., *Culturally-Conscious Worship* (St. Louis: Chalice Press, 2000); BRADSHAW, P. F., *The Search for the Origins of Christian Worship: Sources and Methods for the Study of Early Liturgy* (2. ed.; Oxford: Oxford University Press, 2002); CHANDLER, P.-G., *God's Global Mosaic: What We Can Learn from Christians Around the World* (Downers Grove: InterVarsity Press, 1997); CHUPUNGCO, A. J., org., *Handbook for Liturgical Studies* (Collegeville: Liturgical Press, 1997); idem, *Liturgical Inculturation: Sacramentals, Religiosity, and Catechesis* (Mahwah: Paulist, 1992); DE GRAEVE, F. P., et al., "Worship", *New Catholic Encyclopedia*, Marthaler, B. L., org. (2. ed.; vol. 14; Detroit: Thompson/ Gale, 2002) 850-55; DONOVAN, V., *Christianity Rediscovered* (Maryknoll: Orbis, 1982); DUFFY, E., *The Stripping of the Altars: Traditional Religion in England, 1400-1590* (New Haven: Yale University Press, 1992); FELTON, G., *This Holy Mystery: A United Methodist Understanding of*

Holy Communion (Nashville: Discipleship Resources, 2005); FINNEY, C. G., *Lectures on Revival of Religion* (Old Tappan: Revell, n.d.); FRANCIS, M., *Multicultural Celebrations: A Guide* (Washington: Federation of Diocesan Liturgical Commissions, 2000); HAWN, C. M., *One Bread, One Body: Exploring Cultural Diversity in Worship* (Bethesda: Alban Institute, 2003); HESS, K., "Leitourgeo", *The New International Dictionary of New Testament Theology*, Brown, C., org. (vol. 3; Grand Rapids: Zondervan, 1971) 551-53 [edição em português: *Dicionário Internacional de Teologia do Novo Testamento* (São Paulo: Vida Nova, 1984)]; Hipólito, *The Treatise on the Apostolic Tradition of St. Hippolytus of Rome, Bishop and Martyr*, Dix, G. e Chadwick, H., orgs. (London: Alban, 1937, 1968); Justin Martyr, *The Apostolic Fathers with Justin Martyr and Irenaeus, American ed., chronologically arranged with brief notes and prefaces by A. C. Coxe, The Ante-Nicene Fathers*, Roberts, A. e Donaldson, J., orgs. (vol. 1; American reprint of Edinburgh ed.; Grand Rapids: Eerdmans, s.d.); LUTHER, M., *Luther's Works, vol. 36: Word and Sacrament II*, Ross Wentz, A. e Lehman, H. T., orgs. (Philadelphia: Muhlenberg, 1959); Pio X, *Motu Proprio Tra le Sollecitudini* (disponível em www.vatican.va/holy_father/pius_x/motu_proprio/index/htm); RICHARDSON, C., org., *Early Christian Fathers* (New York: Macmillan, 1970); RUTH, L., *A Little Heaven Below: Worship at Early Methodist Quarterly Meetings* (Nashville: Kingwood Books, 2000); SCHILLEBEECKX, E., *Christ the Sacrament of the Encounter with God* (Kansas City: Sheed & Ward, 1963); SHORTER, A., *Toward a Theology of Inculturation* (Maryknoll: Orbis, 1988); STAUFFER, S. A., org., *Christian Worship: Unity in Cultural Diversity* (Geneva: Lutheran World Federation, 1996); Vatican Council II, *The Constitution on the Sacred Liturgy of the Second Vatican Council and the Motu Proprio of Pope Paul VI, with a commentary by G. S. Sloyan* (Glen Rock: Paulist Press, 1964).

M. W. Stamm e C. M. Hawn

LIU, XIAOFENG. *Veja* TEOLOGIA CHINESA.

LOGOS. *Veja* CRISTOLOGIA.

LOSSKY, VLADIMIR. *Veja* TEOLOGIA ORTODOXA ORIENTAL.

LUGAR

Senso de lugar é uma parte essencial da existência humana. Tudo o que acontece nas Escrituras acontece num lugar específico. A história do homem começa nas nascentes de quatro rios, a queda ocorre perto de uma árvore no centro do jardim, a redenção acontece num monte chamado Gólgota e a consumação nos leva a um lugar preparado para nós.

1. Lugar e espaço
2. A importância do lugar para a identidade
3. A importância do lugar para a redenção
4. Lugar, igreja e discipulado

1. Lugar e espaço
O lugar, em contraste com o espaço, é um conceito específico quanto ao contexto e rico em significado. Embora muitos usem as duas palavras com o mesmo sentido, é possível fazer uma distinção bem clara entre as duas. *Espaço* é mais abstrato. Com frequência, *espaço* é usado para expressar uma liberdade ou um potencial para algo: "me dá um espaço", "precisamos de espaço para desenvolver nosso relacionamento". Em contraste, *lugar* descreve uma área em que acontece ou aconteceu algo significativo: "não há lugar como a própria casa".

John Inge descreve uma relação dinâmica entre espaço e lugar. À medida que a pessoa vive, a narrativa dela começa a impregnar significados em determinado espaço, fazendo com que se torne um lugar especial. Quando os significados e as memórias abarrotam um lugar, a pessoa pode expressar o desejo de mais espaço. Às vezes, o espaço é necessário para crescimento pessoal ou formação de identidade dentro de um grupo. Com frequência, porém, novos espaços são solitários e desorientadores, e as pessoas nessa situação desejam encontrar um lugar que possam chamar de lar.

Inge também relata como a modernidade diminui a importância do lugar na vida contemporânea. Na cultura antiga e pré-moderna, o lugar era um determinante significativo da identidade pessoal. Normalmente, a pessoa nascia, viva e morria em um local específico e tinha grande identificação com aquele lugar (Jesus de Nazaré, José de Arimateia etc.). Isso ainda ocorre em boa parte do mundo. Africanos anseiam por voltar a seus lares ancestrais; os chineses devotam respeito junto aos túmulos dos *ancestrais. Com o impulso universalizador da modernidade tipificado no método científico, as particularidades do lugar foram percebidas como risco para o projeto modernista. Para um experimento ser válido, era preciso que pudesse ser repetido independentemente das particularidades do local. Por isso e por outros desenvolvimentos, o espaço passou a ser mais valorizado que o lugar.

1.1. Lugar e tempo. Com opções de transporte e comunicação cada vez mais rápidos, o lugar passou a ser engolido pelo *tempo. Uma vez que as pessoas podiam obter informações e bens de vários lugares e conseguiam viajar facilmente de um lugar para outro, os lugares (e as pessoas associadas a eles) tornaram-se cada vez menos importantes. No século 19, uma pessoa da América do Norte teria de viajar muitas semanas num navio para experimentar o sabor de um kiwi ou esperar meses para ter notícias de uma missão no interior da China; no século 21, um norte-americano pode comer kiwis à vontade enquanto participa de uma videoconferência com missionários de seis países ao mesmo tempo.

1.2. Lugar e não localização. A *globalização e a integração horizontal de estruturas corporativas introduziram mais recentemente a noção da não localização no vocabulário moderno. A não localização pode ser específica e restritiva, sem muitas das conotações positivas do lugar de fato. No Ocidente, grandes cadeias de lojas de varejo e de casas pré-fabricadas podem ser compreendidas como lugares não localizados. Cada vez mais, o cenário contemporâneo é caracterizado por lugares sem um perfil específico, em que é difícil identificar sua localização.

2. A importância do lugar para a identidade

O método científico, os avanços na tecnologia da comunicação e a expansão da produtividade na indústria, ainda que úteis em muitos sentidos, têm contribuído para a diminuição da importância do lugar na vida contemporânea. Quando a ligação da pessoa com um lugar específico fica mais tênue, é mais difícil compreender sua identidade. Gaston Bachelard afirma que a identidade é formada pelas interações iniciais com lugares, assim como a casa da infância. Lugares significativos guardam lembranças. Quando faltam lembranças, a identidade fica prejudicada. Uma vez que os cristãos receberam ordens de que tenhamos "lembrança" do que Deus fez, a perda do lugar deveria ser particularmente preocupante.

A limitação do lugar é um elemento importante no desenvolvimento relacional. Conhecemos uns aos outros mais profundamente quando a proximidade nos força a interagir regularmente. A facilidade contemporânea com que podemos nos mudar de um lugar para outro nos inclina a nos afastar uns dos outros, em vez de nos aproximar. Martin Heidegger observou que na vida contemporânea "a abolição frenética de todas as distâncias não gera proximidade" ("Que é uma coisa?").

Ter um lugar, porém, não é inequivocamente bom. Para alguns, determinados lugares estão associados à opressão. Um lugar pode significar o estigma da identidade de uma pessoa em determinado contexto (para judeus designados para um gueto, por exemplo); um lugar pode evocar memórias dolorosas e destrutivas; e o lugar pode fornecer o pretexto para dissociação e estratificação social (como nos Estados Unidos, em que os negros eram colocados em bancos específicos nos ônibus).

Em muitos sentidos, a pós-modernidade tem se preocupado em lidar com os ativos e os passivos do lugar. Por um lado, a pós-modernidade tem reavivado um interesse pela narrativa e pelo localismo numa tentativa de recuperar um pouco da riqueza do lugar. Por outro lado, os pós-modernos têm abraçado a fluidez e mobilidade permitidas pela tecnologia moderna. Os blogs e as salas de chat na internet permitem às pessoas conectarem-se umas com as outras, independentemente do lugar ou da posição social.

3. A importância do lugar para a redenção

De acordo com Walter Brueggemann, a narrativa do Antigo Testamento trata significativamente do lugar. A maldição envolve retirada de um lugar (o jardim) e a promessa trata de uma transferência para outro lugar (a *terra). Porém, o lugar não é o delimitador exclusivo da história da salvação. Diferente das divindades dos vizinhos dos hebreus, o Deus de Israel não está circunscrito a um lugar específico, mas é o "Rei dos reis e Senhor dos senhores". Brueggemann sugere que se imagine a relação entre Deus, o lugar e o povo como um triângulo equilátero com Deus no alto, a "terra" e o "povo" formando os outros dois pontos. Colocar muita ênfase na terra ou no povo leva a distorções, de modo que é preciso manter o equilíbrio entre esses dois fatores.

No Novo Testamento, a vinda de Cristo afeta drasticamente a importância do lugar. Por um lado, o local específico da encarnação e da jornada de Cristo a Jerusalém pode ser visto como uma afirmação da importância do lugar no plano da salvação. Por outro lado, Cristo rompe o poder opressivo do lugar ao indicar que Deus pode ser encontrado em qualquer lugar: *a hora vem em que nem neste monte nem em Jerusalém adorareis o Pai* (Jo 4.21), *Pois onde dois ou três se reúnem em meu nome, ali estou no meio deles* (Mt 18.20). Essa mudança pode ser compreendida como a pessoa histórica específica de Cristo assumindo o lugar da "terra" na história da salvação. Embora nenhum lugar em particular possa ser identificado com a presença de Deus, ele continua encontrando as pessoas em lugares específicos. E nossa esperança maior está firmada na promessa de que Cristo preparou um lugar para nós na casa de seu Pai.

4. Lugar, igreja e discipulado
O que o lugar significa para a igreja hoje? Primeiro, o lugar nos lembra a importância de nossa existência corpórea como cristãos (*veja* Corpo, O). Nascemos em lugares específicos, vivemos e cumprimos nossa vocação (ou fugimos dela) em lugares específicos. Esses lugares nos moldam de maneira significativa. Ficar obcecado demais pela fantasia modernista de transcender a particularidade complicada de um lugar pode, para os cristãos, ser um passo para o *gnosticismo.

Segundo, podemos reconhecer que criaturas feitas à imagem de Deus são honradas por lugares reais que envolvem nossos sentidos e desencadeiam lembranças por associação. Embora nossa cidadania esteja no céu, os cristãos têm a função de contribuir na *criação e fazer uso de vários tipos de lugares — lugares para resistência, *trabalho, lazer, *culto e vida pública. Os cristãos também dividem com o restante da humanidade a responsabilidade de cuidar dos lugares naturais. Nesse aspecto, os cristãos podem defender o lugar, bem como resistir às seduções da não localização, que ameaça o panorama contemporâneo.

Por fim, os cristãos podem reconhecer o potencial de um lugar como um atrativo para os pós-modernos que experimentam um interesse renovado em encontrar o próprio lugar. Brueggemann indica que a crise contemporânea não está propriamente em encontrar um sentido na vida, mas em encontrar um lugar para si. Muitos não têm problemas em sustentar um emaranhado de posições intelectuais, mas estão desesperadamente preocupados em encontrar o lugar a que pertencem. Quanto a essa crise em especial, os cristãos têm a capacidade singular de dar testemunho de um Deus que afirma e também transcende o poder do lugar.

Veja também Espaço; Tempo; Terra.

Bibliografia. Bachelard, G., *The Poetics of Space* (Boston: Beacon, 1994); Brueggemann, W., *The Land* (Philadelphia: Fortress, 1977); Casey, E. S., *The Fate of Place: A Philosophical History* (Berkeley: University of California Press, 1997); Heidegger, M., "The Thing", in: *Poetry, Language, Thought* (New York: Perennical Classics, 2001); Inge, J., *A Christian Theology of Place* (Explorations in Practical, Pastoral, and Empirical Theology; Burlington: Ashgate, 2003); Relph, E. C., *Place and Placelessness* (Research in Planning and Design 1) (London: Pion, 1976); Ritzer, G., *The Globalization of Nothing* (Thousand Oaks: Pine Forge Press, 2004).

E. O. Jacobsen

LUTERO, MARTINHO. *Veja* Reforma; Teologia Luterana; Teologia Reformada.

MAL, O PROBLEMA DO

O mal é uma realidade inegável no mundo hoje. A afirmação cristã de um Deus todo-poderoso, bom e perfeito e a presença do mal em nosso mundo é um problema com que filósofos e teólogos estão lutando há séculos.

1. A natureza do problema
2. Diferentes soluções para o problema do mal
3. O propósito do mal: a dimensão religiosa do problema do mal
4. O que Deus faz com o mal

1. A natureza do problema

A frase "problema do mal" trata do dilema humano de conciliar a bondade de um *Deus poderoso e bom com a presença do mal no mundo hoje. Se Deus é todo-poderoso, porque não impediu a ocorrência do mal? Os que se perturbam com essa questão tendem a negar a existência de Deus, alegando que a existência de Deus e a existência do mal são incompatíveis. Essa posição é descrita como a "forma lógica do problema do mal". Outros alegam que, dadas a existência de Deus e a existência do mal, a existência de Deus parece problemática. Esse tipo de raciocínio é chamado a "forma evidencial do problema do mal". Em ambas as formas, o desafio para os cristãos é considerar a presença do mal em nosso mundo, o que para muitos dificulta a existência de um Deus todo-poderoso que se importa e a crença nele. A evidência de sofrimentos humanos graves no mundo levanta a pergunta: Por que Deus parece ser incapaz de fazer alguma coisa contra o sofrimento humano ou estar pouco disposto a fazê-lo, se, de fato, como afirmam as Escrituras, ele se importa com a humanidade e sua criação? O problema do mal é um conflito que envolve dois aspectos da afirmação cristã acerca da natureza de Deus — seu poder e sua bondade — e uma terceira realidade: a presença do mal no mundo.

1.1. Pressuposições básicas por trás do problema do mal. Há certas pressuposições básicas por trás de ambas as formas — lógica e evidencial — do problema do mal. A primeira pressuposição é que um ser ou uma pessoa boa eliminaria o mal a todo custo, caso conseguisse fazê-lo. Segundo, pressupõe-se que um ser todo-poderoso não sofre nenhum tipo de limitação quanto ao que pode fazer. Entretanto, Deus, que é bom e poderoso, não está fazendo nada no que diz respeito ao mal e, portanto, ele não é poderoso e bom como dizem os teístas. Terceiro, pressupõe-se que certos males que acontecem à humanidade não têm nenhum propósito, como dizem alguns teístas, e que esses males deveriam ser eliminados por um Deus poderoso e bom. Assim, dadas essas pressuposições, a presença do mal no mundo representa um sério problema para os que tentam conciliar o poder e a bondade de Deus em relação à humanidade e à criação. De uma perspectiva filosófica, esse é um problema, pois não parece haver uma resposta adequada que explique por que um Deus poderoso e bom permitiria o mal em seu mundo.

1.2. O que é o mal? O mal é qualquer ato, objeto ou comportamento que ameaça o relacionamento da pessoa com Deus, bem como seu bem-estar ou o bem-estar de outros seres humanos. Em geral, o problema do mal lida com dois tipos de males. São o mal natural ou físico e o mal moral. Na maioria dos casos, os seres humanos não têm controle sobre o mal natural porque este é causado por processos naturais. O segundo, o mal moral, é claramente causado por seres humanos, por causa de certas escolhas morais que fazem. O mal moral envolve ações de seres livres, moralmente responsáveis (Rm 1.17-32). O mal desse tipo pode ser evitado porque é causado pelo comportamento humano. Mas as questões não são tão simples. Em muitos casos, os dois tipos de males — natural e moral — estão indissociavelmente ligados. De acordo com a Bíblia, o mal natural é, em última análise, a consequência do mal moral. O mal natural é um resultado direto da maldição sobre a criação por causa dos pecados da humanidade (veja Gn 3; Rm 8.19-23). Alguns males ou sofrimentos naturais são causados direta ou indiretamente por nossa própria livre escolha.

1.3. De onde vem o mal? As Escrituras afirmam que Deus não é o originador do mal. O mal entrou na criação de Deus porque as criaturas desejaram tornar-se como Deus. Deus criou os homens não só com livre arbítrio, mas também com desejos. É essa qualidade do desejo humano que, se não controlado, dá origem ao mal e ao pecado. Biblicamente, o mal remonta a duas criaturas de Deus: Adão e Eva (Gn 3). Tradicionalmente, uma origem anterior do mal é atribuída à queda de Lúcifer, ainda que os indícios bíblicos disso não sejam definitivos (veja Is 14.12-15; Ez 28.11-19). Ambos trouxeram o pecado e o mal ao mundo por causa de seus desejos. O apóstolo Tiago deixa claro que os homens — não Deus — são os autores do mal (Tg 1.13-15; cf. 1Jo 2.16-17). Quando Deus criou os homens e os colocou no mundo, em sua sabedoria e liberdade, Deus foi gracioso em lhes dar a capacidade de fazerem escolhas morais que poderiam resultar em bem ou mal. Os autores bíblicos não explicam por que Deus deu aos homens livre arbítrio para fazerem escolhas boas ou más. Eles deixam evidente, porém, que atribuem o mal e a corrupção no mundo ao pecado de Adão e Eva. O pecado ou o mal entraram na criação divina por meio de uma das criaturas de Deus, a saber, Satanás, e pela falha da humanidade que não conseguiu guardar as leis de Deus. Deus deu a suas criaturas livre arbítrio para poderem tomar decisões morais.

1.4. Por que o mal é um problema? A quantidade de males no mundo hoje tem feito com que muitos questionem se Deus é real. A presença do mal e a crença num Deus bom e poderoso têm criado um problema intelectual para muitos filósofos e também teólogos. A maior parte das culturas africanas, porém, não entendem a presença do mal e do sofrimento no mundo como um bom motivo para negar a existência de Deus, como se alega em algumas culturas ocidentais. Deus é a realidade mais poderosa nessas culturas. O mal também é uma realidade. Mas a presença de Deus, seu cuidado e amor providenciais são manifestos em meio aos muitos males presentes em suas comunidades. Eles experimentam o livramento e a proteção divina em relação a todos esses males. Em vez de esses males os afastarem de Deus, eles afirmam a realidade do cuidado de Deus para com eles. Deus se manifesta em suas aflições, livrando-os. Essas culturas entendem alguns males como resultados diretos da incapacidade humana de viver corretamente, fazendo, portanto, com que as forças da natureza se voltem contra a humanidade. Em outras palavras, o mal é muitas vezes uma consequência direta ou efeito do pecado cometido pela humanidade. Sabemos, claro, por experiência e as Escrituras afirmam que nem todos os males são consequências do pecado humano (Jo 9.1-3). Há atividades más que têm origem no diabo, para causarem dor e sofrimento para a humanidade. Males e sofrimentos são às vezes o resultado de forças que estão fora do controle dos seres humanos, individual ou coletivamente. A questão filosófica a respeito do motivo de Deus ter permitido a permanência do mal não é uma questão de interesse dos autores bíblicos. Os autores bíblicos viam o mal como um intruso na criação divina e mostram como Deus tem reagido a ele.

2. Diferentes soluções para o problema do mal

O argumento que os teístas têm usado para resolver o problema do mal é a teodiceia. A teodiceia concentra-se em dar uma explicação intelectual e teórica do problema do mal. Ela procura justificar a justiça e a bondade de Deus diante da presença do mal manifestado na dor e no sofrimento causados por males da natureza, mal natural, e por ações de seres humanos livres, mal moral. Os cristãos têm empregado diferentes estratégias para resolver a aparente contradição, modificando algumas das premissas sustentadas por teístas, a saber, o poder de Deus, a bondade de Deus e a presença do mal no mundo. Ao fazê-lo, alguns teístas têm reinterpretado a onipotência e a bondade de Deus. Alguns alegam, por exemplo, que Deus pode não ser onipotente como afirma o teísmo. Os proponentes dessa opinião alegam que os teístas devem modificar ou abandonar a ideia de que Deus é bom, ou aceitar o fato de que Deus não é completamente bom. Outros alegam que é preciso crer que Deus, ainda que seja bom, não é todo-poderoso. Depois há os que negam totalmente a realidade do mal e muitas vezes entendem o mal como uma ilusão.

Tradicionalmente, duas teodiceias cristãs têm sido usadas para resolver o problema do mal: a teodiceia de Agostinho e a de Ireneu. A teodiceia de Agostinho considera o mal parte da criação necessária por causa de um bem maior. Nesse sistema, os proponentes apelam ao livre arbítrio como a causa do mal no mundo hoje. Essa posição afirma que era melhor Deus criar um mundo em que existe o livre arbítrio do que um mundo em que o mal é impossível. A tradição de Ireneu considera o mal parte do processo divino para formação da alma. O problema do mal é mais um problema intelectual do que teológico; ainda que seja difícil compreender, ele é necessário para os propósitos divinos para o mundo. Esse ponto de vista sustenta que Deus permite tal sofrimento por um motivo ou razão que pode não nos ser conhecido. Ele pode usar o que é mau para nosso bem.

3. O propósito do mal: a dimensão religiosa do problema do mal

Uma resposta importante para o problema do mal pode estar no fato de que, mesmo que Deus tenha um bom motivo para o mal, os homens podem não estar em condições de compreendê-lo. O fato de os homens serem limitados em seu conhecimento e compreensão e, portanto, talvez não saberem por que Deus permitiu o mal, não deve levar à conclusão de que Deus não existe ou que ele não é bom ou poderoso. Deus pode ter um bom motivo e propósito para cada mal que permite. Os autores bíblicos tentaram deixar algumas pistas nesse sentido. Podemos nos referir a isso como o elemento religioso do problema do mal. A Bíblia sugere alguns motivos pelos quais Deus permitiu e não removeu o mal em nosso mundo hoje. Primeiro, Deus permitiu o mal pelo bem de sua criação. Se Deus fosse lidar com o mal, exercendo seu poder para remover o mal do mundo, tanto a criação como toda a humanidade seriam destruídas por causa da corrupção e do mal em que os homens estão envolvidos. A Bíblia descreve o coração dos homens como mau e desesperadamente perverso (Jr 17.9). Além disso, uma vez que Deus não pode tolerar o mal, não fosse seu amor e misericórdia para com sua criação, ele teria varrido toda a criação, porque ela foi contaminada pelo mal por meio de nossas obras ou ações.

O segundo motivo está ligado à soberania de Deus. Embora o mal esteja presente, Deus ainda está no controle. Há um sentido em que Deus usa o mal que o diabo faz recair sobre a humanidade como oportunidades para os homens corresponderem a Deus e ministrarem uns aos outros, bem como para Deus manifestar misericórdia, demonstrar seu amor e cuidado para com a humanidade. Deus ainda cuida da criação e da humanidade e as protege, a fim de que seus propósitos e planos para sua criação sejam cumpridos. Se Deus não estivesse controlando e estabelecendo limites e barreiras para o Diabo, o mal teria dominado o mundo. O mal e a adversidade têm um jeito de ajudar os homens a valorizarem e a prestarem serviço uns aos outros. A presença do mal em nosso mundo também fala da graça e da misericórdia de Deus para com os perversos.

Terceiro, a Bíblia ensina que Deus permite aflições e sofrimentos para manifestar seu poder (Jo 9.1-3). Essa Escritura também rejeita a noção de que todo sofrimento é resultado do pecado humano. Às vezes Deus permite que forças do mal causem sofrimento para demonstrar seu poder e glória na vida do sofredor. O sofrimento e a dor muitas vezes são permitidos por Deus para demonstrar a fé genuína ao Diabo (Jó 1—2).

4. O que Deus faz com o mal

Por fim, Deus providenciou uma solução para o problema do mal por meio da morte e ressurreição de seu Filho, o Senhor Jesus Cristo. O mal foi tratado na cruz. Jesus Cristo derrotou Satanás, o autor do mal, por meio de sua morte e ressurreição. Mesmo em sua rebelião, os homens e os agentes cósmicos permanecem dependentes de Deus. O mal, portanto, não pode prevalecer sobre a bondade. É de Deus a vitória final sobre o mal.

O sofrimento tornou-se parte da experiência humana, mas Deus também participa dessa experiência. Jesus Cristo — o autor da vida e de toda bondade — também sofreu o mal para derrotar o mal (1Pe 3.18). Os sofrimentos e tragédias humanas indescritíveis que afligem o mundo hoje são meios que Deus usa para purificar os homens e os capacitar para vencerem o mal em nossa vida e também no mundo. Deus criou um mundo bom e perfeito. Ele cuida desse mundo e o renova. Contrário à ideia de que ele é a fonte do mal, Deus livra e protege seu povo do mal. Cristo morreu essencialmente para destruir o mal e seu poder sobre a humanidade e a criação divina. As Escrituras são bem explícitas quanto à destruição final do mal, retirado da presença de Deus, bem como de sua criação. Ele não só será destruído: Deus também destruirá todos os que praticam o mal e participam dele.

Assim como Deus odeia o mal, todos os que o amam também devem odiar o mal. Comunidades humanas certamente devem fazer alguma coisa em relação ao mal moral nas sociedades, destruindo estruturas e sistemas malignos que foram estabelecidos para nutrir e promover o mal nessas sociedades. O problema do mal não deve ser transformado num debate acadêmico; deve, pelo contrário, ser um desafio para todos fazer o que for possível, de acordo com a capacidade e esfera de influência, contra o mal, para assim serem contados entre os aliados de Deus.

Veja também BATALHA ESPIRITUAL; DEUS; SATANÁS; SOFRIMENTO.

BIBLIOGRAFIA. ADAMS, M. M., *Horrendous Evil and the Goodness of God* (Ithaca: Cornell University Press, 1999); ADAMS, M. M. e ADAMS, R. M., orgs., *The Problem of Evil* (Oxford: Oxford University Press, 1990); ASTLEY, J., BROWN, D. e LOADES, A., orgs., *Evil: A Reader* (London: T. & T. Clark, 2003); BUTTRICK, G. A. *God, Pain and Evil* (Nashville: Abingdon, 1966); DAVIS, S. T. et al., orgs., *Encountering Evil: Live Options in Theodicy* (Atlanta: John Knox, 1981); FEINBERG, J. S. *The Many Faces of Evil: Theological Systems and the Problem of Evil* (Grand Rapids: Zondervan, 1994); GRIFFEN, D., *God, Power and Evil: A Process of Theodicy* (Philadelphia: Westminster,1976); HEBBLETHWAITE, B., *Evil, Suffering and Religion* (London: Sheldon, 1976); HICK, J., *Evil and the God of Love* (London: Macmillan, 1975); LARIMORE, M., org., *The Problem of Evil: A Reader* (Oxford: Blackwell, 2001); LINDSTROM, F., *God and the Origin of Evil: A Contextual Analysis of Alleged Monistic Evidence in the Old Testament* (Lund: CWK Gleerup, 1983); PIKE, N., org., *God and Evil: Readings on the Theological Problem of Evil* (Englewood Cliffs: Prentice-Hall, 1964); PLANTINGA, A., *God, Freedom, and Evil* (New York: Harper & Row, 1974); K. SURIN, *Theology and the Problem of Evil* (Oxford: Blackwell, 1986); TRACY D. e HÄRING, H., orgs., *The Fascination of Evil* (London: SCM, 1998); WRIGHT, N. T., *Evil and the Justice of God* (Downers Grove: InterVarsity Press, 2006).

J. Nkansah-Obrempong

MARIA, MARIOLOGIA

A expansão da família cristã no mundo tem conduzido a uma dialética interessante no estudo de Maria e na devoção a ela. Por um lado, nos lugares em que protestantes e católicos podem se considerar rivais, predomina uma atmosfera semelhante à da segunda geração da Reforma Protestante. Pode-se pensar, por exemplo, na América Latina. Pelo outro, em lugares em que o cristianismo é marginalizado e as comunidades são mais propensas a se considerarem aliadas, começa a emergir uma nova abertura para diálogo. O artigo a seguir coloca os debates protestante-católicos em torno de Maria em seu contexto histórico e descreve o ambiente contemporâneo de diversidade mariana em que está ocorrendo o diálogo.

1. O desenvolvimento da fé e da prática mariana
2. Maria no século 20
3. Diversidade mariana

1. O desenvolvimento da fé e da prática mariana

1.1. Os Pais. Inácio de Antioquia foi o primeiro a escrever sobre Maria fora do Novo Testamento. Suas notas refletem interesses do Novo Testamento: como mãe de Jesus, Maria garante a humanidade de Jesus contra alegações *gnósticas. Mais tarde, Justino Mártir, Ireneu e Tertuliano colocaram Maria dentro da economia da *salvação. Ao denominar Maria "a Nova Eva", eles se basearam no tema do Cristo/Adão empregado por Paulo em Romanos 5 e 1Coríntios 15 e o desenvolveram. A literatura popular da época, como o *Protoevangelho de Tiago*, especulava acerca da virgindade e pureza de Maria, influenciando a doutrina e a devoção posteriores.

Entre os pais nicenos e pós-nicenos, Atanásio tratou Maria como um exemplo de ascetismo cristão. Ambrósio trouxe as considerações de Atanásio para o Ocidente. Os mais importantes são Cirilo de Alexandria e Agostinho. Cirilo defendeu a necessidade cristológica do termo *theotokos* (Mãe de Deus) no Concílio de Éfeso (431). Com isso ele justificou padrões bem estabelecidos de devoção e fundamentou todos os desenvolvimentos posteriores. Os escritos de Agostinho sobre predestinação e pecado original estabeleceram os termos e a cronologia dos debates medievais sobre a concepção imaculada.

No início do século quinto, Maria já é considerada a Mãe de Deus e, como tal, perpétua virgem, sem pecado desde o nascimento e a intercessora celeste mais poderosa. Só o primeiro termo, porém, foi definido dogmaticamente.

1.2. Os medievais. O quadro patrístico desenvolveu-se entre os séculos 5 e 15. João de Damasco, entre outros, ajudou a popularizar a noção de que Maria foi corporalmente elevada ao céu. Pelo século oitavo, a assunção era amplamente aceita.

Enquanto isso concluía o desenvolvimento mariano no Oriente, o Ocidente aprofundava a discussão sobre a pureza e o poder de Maria como intercessora. De particular importância era a Festa da Conceição de Maria na Inglaterra (inst. c. 1030). Apesar de suprimida pelos normandos depois da Conquista (1066), tal era sua popularidade entre os anglo-saxões, que foi reinstituída (1121). Teólogos britânicos subsequentes, inclusive Eadmer, Nicolau de Santo Albano, Guilherme de Ware e João Duns Escoto a defenderam, insistindo que a Escritura e a tradição sustentavam a ideia de que Maria foi preservada do pecado original desde a concepção. Entre os críticos estavam S. Bernardo de Claraval, Boaventura e S. Tomás de Aquino. A era medieval terminou com o debate sobre a concepção imaculada em andamento.

Na imaginação medieval, o poder intercessor de Maria era um tema popular. Com o advento do feudalismo, a imagem oriental de Maria como uma imperatriz bizantina encontrou seu equivalente na imagem ocidental da rainha mãe. Como tal, ela influenciava seu filho, o rei. A dificuldade estava em determinar a maneira pela qual essa influência era exercida. Teologicamente, alegava-se que Maria intercedia de acordo com a vontade de Deus. Em se tratando da piedade, porém, Jesus e Maria com frequência eram rivais, com a Mãe da Misericórdia intercedendo junto ao Justo Juiz para anular um veredito justo, mas severo. Ela podia fazer a vontade de Deus curvar-se à sua. As orações marianas de S. Anselmo da Cantuária mostram que a mente podia comportar essa contradição.

1.3. A Reforma. Foi essa última imagem que alimentou as polêmicas antimarianas de Lutero. Ele aceitou a virgindade e santidade perpétuas de Maria e buscou as intercessões dela até 1521. Ele rejeitava a piedade que apresentava Jesus como um juiz irado, não um salvador misericordioso. Calvino descartou todas as formas de piedade mariana e resistiu ao uso do termo *theotokos* para não promover a superstição. Entre teólogos protestantes posteriores, a reflexão sobre Maria minguou até que, no século 19, F. D. E. Schleiermacher dispensou Maria, considerando-a irrelevante para a fé cristã.

Do lado católico, o Concílio de Trento falou pouco de Maria — havia questões mais importantes em jogo. Gerações posteriores sistematizaram e formalizaram a doutrina e a devoção mariana e tentaram (com variados graus de sucesso) refrear os abusos apontados pelos reformadores. Ainda assim, continuou a desconexão entre doutrina e devoção, mesmo porque a tendência generalizada a uma exaltação maior persistiu até o século 19, culminando com a definição da imaculada conceição como *dogma em 1854, por ato de Pio IX.

2. Maria no século 20
2.1. A assunção corporal. Esse ato inaugurou um século dominado por visões marianas, inclusive as de Labouré (Paris, 1830), Calvat e Giraud (LaSallete, 1846), Soubirous (Lourdes, 1858), Barbadette (Pontmain, 1871), dos Santos (Fátima, 1917), as cinco crianças de Beauraing (1932) e Beco (Banneux, 1933), e devoção crescente. O século mariano terminou em 1950, quando Pio XII definiu dogmaticamente a Assunção

Corpórea: ao final de sua vida, Maria foi levada, corpo e alma, para o céu.

2.2. *Vaticano II e depois*. Precedido pelo pensamento bíblica e patristicamente sóbrio do cardeal John Henry Newman, o Concílio Vaticano II colocou Maria dentro da Igreja como seu primeiro e mais importante membro (*Lumen Gentium* §§52-69). Ainda afirmando pronunciamentos papais anteriores, o concílio os fundamenta em fontes bíblicas e patrísticas e os apresenta do modo mais ecumenicamente consciente possível. O papa Paulo VI supervisionou a introdução da visão conciliar na encíclica *Cultus Marialis* (1974), que baseou a devoção mariana na exegese bíblica e na adoração da Igreja, destacando ao mesmo tempo uma abertura para novos entendimentos antropológicos e progressos ecumênicos.

3. Diversidade mariana

Ao longo dos trinta anos seguintes, a discussão sobre Maria floresceu e se diversificou tanto dentro da Igreja Católica Romana como nas igrejas protestantes.

3.1. *Abordagens feministas*. As primeiras feministas católicas romanas, exemplificadas por Rosemary Radford Ruether (*New Woman, New Earth*, 1975), criticaram a tradição mariana dominante. Com o tempo, porém, contribuições feministas foram se diversificando. Elizabeth Johnson (*Truly our Sister*, 2003) representa o potencial construtivo do feminismo clássico (*veja* Teologia Feminista). Ainda que critique os efeitos adversos da tradição mariana para as mulheres, Johnson analisa textos do Novo Testamento com cuidado para produzir uma Maria fundamentada na Bíblia, teologicamente mínima, modelo de discipulado para mulheres (e homens) fiéis de hoje. Tina Beattie (*God's Mother, Eve's Advocate*, 2002) usa a psicolinguística francesa contemporânea para defender e expandir uma visão mariana teologicamente máxima, criticar elementos patriarcais dessa mesma tradição e criar um espaço para as mulheres dentro da igreja.

3.2. *Abordagens globais*. Contribuições católicas romanas do Hemisfério Sul exibem a mesma variação. O teólogo Tissa Balasuriya (*Mary and Human Liberation*, 1997), do Sri Lanka, segue uma estratégia minimalista semelhante à de Johnson, dando ênfase ao texto bíblico, especialmente ao Evangelho de Lucas. Seu estilo às vezes combativo e as conclusões a respeito do pecado original culminaram em sua excomunhão em 1997. O teólogo e (ex-)padre brasileiro, Leonardo Boff (*O Rosto Materno de Deus*, 1979) combina a fervente devoção latino-americana a Maria com a emergência moderna do "feminino". Assim como Jesus é uma encarnação do Filho, o masculino divino, Maria é uma hipostasização do Espírito Santo, o feminino divino. A proposta de Boff tem produzido fortes reações negativas tanto de feministas quanto de tradicionalistas.

Número crescente de teólogos está fundindo interesses feministas e mulheristas com interesses do Hemisfério Sul, gerando um conjunto crescente de obras. Dignos de nota são Chung Hyun Kyung (Coreia), Marianne Katoppo (Indonésia), María Pilar Aquino e Ada Maria Isasi-Díaz (hispânica/latina).

3.3. *Maria na discussão ecumênica*. Por fim, o mesmo período tem visto um crescente envolvimento protestante com o pensamento e a prática mariana. No nível de trabalhos interconfessionais oficiais, podem-se encontrar resultados exegéticos e teológicos positivos em *Maria no Novo Testamento* (1978) e *The One Mediator, the Saints, and Mary* (1992). Interessantes também são os resultados de diálogos não oficiais e conferências como o Grupo de Dombes na França e o *Center for Catholic and Evangelical Theology* [Centro por uma teologia católica e evangélica] nos Estados Unidos. Mesmo os protestantes evangelicais, mais propensos que os outros segmentos protestantes a se apegarem às declarações anticatólicas em suas confissões, estão emergindo de seu silêncio autoimposto para avaliar as tradições marianas em nível leigo (*Mary: A Catholic-Evangelical Debate*, 2004) e na academia (*Mary for Evangelicals*, 2006).

Essa variedade atual deve continuar superando divisões entre Leste e Oeste, Norte e Sul, protestantes e católicos.

Veja também Guadalupe, Nossa Senhora de; Invocação, Veneração de Santos.

Bibliografia. Anderson, G. et al., orgs., *The One Mediator, the Saints, and Mary: Lutherans and Catholics in Dialogue VIII* (Minneapolis: Fortress, 1992); Balasuriya, T., *Mary and Human Liberation: The Story and the Text,* H. Stanton, org. (Harrisburg: Trinity Press International,1997); BEATTIE, T., *God's Mother, Eve's Advocate: A Marian Narrative of Women's Salvation* (New York: Continuum, 2002); BOFF, L., *O Rosto Materno de Deus: Ensaio Intedisciplinar sobre o feminino e suas formas religiosas* (Petrópolis: Vozes, 1979); BOSS, S. J., org., *Mary: The Complete Resource* (New York: Oxford University Press, 2007); BRAATEN, C. e JENSON, R., orgs., *Mary: Mother of God* (Grand Rapids: Eerdmans, 2005); BROWN, R. et al., *Mary in the New Testament: A Collaborative Assessment by Protestant and Roman Catholic Scholars* (Philadelphia: Fortress, 1978) [edição em português: *Maria no Novo Testamento* (São Paulo: Paulinas, 1985)]; JOHNSON, E. A., *Truly Our Sister: A Theology of Mary in the Communion of Saints* (New York: Continuum, 2003); LONGNECKER, D. e GUSTAFSON, D. *Mary: A Catholic-Evangelical Debate* (Grand Rapids: Brazos, 2004); PERRY, T. *Mary for Evangelicals: Toward an Understanding of the Mother of Our Lord* (Downers Grove: InterVarsity Press, 2006).

T. Perry

MARIOLOGIA. *Veja* MARIA, MARIOLOGIA.

MARTIN LUTHER KING JR. *Veja* TEOLOGIA NEGRA.

MARTÍRIO. *Veja* PERSEGUIÇÃO E MARTÍRIO.

MARXISMO. *Veja* TEOLOGIA DA LIBERTAÇÃO; TEOLOGIA POLÍTICA.

MBITI, JOHN S. *Veja* TEOLOGIA AFRICANA PROTESTANTE.

MELANÉSIA. *Veja* TEOLOGIAS DAS ILHAS DO PACÍFICO.

MESTERS, CARLOS. *Veja* TEOLOGIA DA LIBERTAÇÃO.

MESTIÇOS. *Veja* HIBRIDISMO.

MESTIZAJE. *Veja* HIBRIDISMO

METÁFORA
A metáfora tem sido há muito considerada uma das figuras de linguagem e é classificada juntamente com a símile porque também envolve a comparação de dois elementos, mas sem o uso de "como". Teorias recentes, porém, têm questionado esse entendimento tradicional. A transformação no entendimento da metáfora tem levado ao reconhecimento do caráter metafórico de muito da linguagem religiosa e ao desenvolvimento de uma "teologia metafórica".

Aristóteles foi o primeiro que articulou uma teoria da metáfora. Ele explica a metáfora como um fenômeno de substituição em que uma palavra é tomada de outro contexto, assumindo o lugar de uma expressão literal equivalente. A base da substituição é a existência de uma semelhança nas qualidades de duas palavras na frase. Dessa perspectiva, as metáforas são recursos principalmente ornamentais, emotivos e estilísticos que não acrescentam nenhum significado à frase.

Em contraste com a teoria da substituição há a teoria tensiva e a teoria interativa da metáfora. Entre os primeiros teóricos estão Monroe C. Beardsley, I. A. Richards e Max Black. Ainda que haja diferenças, suas teorias são semelhantes no fato de todas se concentrarem na declaração metafórica, e não na palavra, como o local do significado. Além disso, todos salientam que a metáfora produz novo significado. Esse novo significado emerge da interação de dois pensamentos ou significados numa única declaração.

Paul Ricoeur desenvolve ainda mais essas ideias incluindo a "teoria da substituição" sob a teoria tensiva. Assim, o trabalho da semelhança na teoria aristotélica ainda tem seu lugar, mas o que ocorre é uma redução dos absurdos que surgem de uma interpretação literal de uma declaração metafórica. A solução dessa dissonância semântica produz inovação semântica, um novo jeito de ver, em que se vê uma aparência de afinidade quando antes tal relação não existia ou não era percebida. Ricoeur propõe que a metáfora, como todos os discursos poéticos, tem dupla referência. A referência literal de primeiro nível é abolida para revelar uma referência de segundo nível que capta uma realidade inacessível à descrição direta. Assim, uma metáfora é insubstituível e intraduzível, de modo que uma paráfrase só consegue se aproximar de seu significado.

Com base nas teorias tensivas da metáfora, Sallie McFague destaca a importância do "pensamento metafórico" na teologia. Isso envolve o reconhecimento de que a linguagem religiosa abarca a essência de uma metáfora — há tensão entre o que é e o que não é, bem como flexibilidade, parcialidade e natureza indireta no uso. O caráter metafórico da linguagem religiosa pode moldar o discurso teológico, uma vez que este dá ênfase não só a metáforas avulsas, como também a modelos como metáforas dominantes com poder estrutural e organizador. McFague propõe para o relacionamento divino–humano que novas metáforas são liberadoras para as mulheres, tais como mãe, amante e amiga (*veja* Teologia Feminista).

Embora teólogos asiáticos não tenham articulado claramente a função da metáfora na teologia deles, a ênfase que dão à natureza, história e imaginação e a apropriação de recursos culturais tradicionais torna necessário o uso extensivo de metáforas. Um exemplo é C.-S. Song, que destaca a importância da "imagem teológica" no mesmo sentido que os poetas e pintores retratam seus temas. Assim, sua teologia é repleta de metáforas extraídas da natureza e do cotidiano asiático.

Veja também Mito.

BIBLIOGRAFIA. BEARDSLEY, M. C., *Aesthetics: Problems in the Philosophy of Criticism* (New York: Harcourt, Brace, 1958); BLACK, M., *Models and Metaphors: Studies in Language and Philosophy* (Ithaca: Cornell University Press, 1962); McFAGUE, S., *Metaphorical Theology: Models of God in Religious Language* (Philadelphia: Fortress, 1982); RICHARDS, I. A., *The Philosophy of Rhetoric* (Oxford: Oxford University Press, 1936, 1950); RICOEUR, P., *A Metáfora Viva* (São Paulo: Loyola, 2000); SONG, C.-S., *Theology from the Womb of Asia* (Maryknoll: Orbis, 1986).

A. E. Gorospe

MÉTODO TEOLÓGICO

O método teológico envolve a maneira pela qual os teólogos constroem e avaliam as teologias e justificam sua abordagem teológica. Aqui está em questão também o significado de teologia ou o que está envolvido no processo teológico. Para uma orientação inicial baseada na discussão que se segue, a teologia pode ser vista como a interação mútua entre nosso conhecimento de Deus (fé cristã ou a tradição judaico-cristã) e nossas experiências (cultura, vida), preservando ao mesmo tempo o caráter normativo da Escritura. Fazer teologia é missional, pois participa daquilo que Deus está fazendo no mundo e antecipa o cumprimento do projeto divino de uma criação renovada. Em termos mais simples, fazer teologia envolve uma correlação transformadora entre a Bíblia e a vida em favor do avanço do reinado de Deus em Cristo.

1. Uma orientação global
2. Uma proposta teodramática

1. Uma orientação global

Para descrever a agitação global e as propostas relacionadas sobre o significado e a importância do método teológico, vamos explorar perspectivas bíblico-teológicas e contextuais para obter novo entendimento e prática. Vamos começar reconhecendo a pluralidade de abordagens teológicas em teologias contemporâneas. Em seguida vamos nos dedicar a uma conversa sobre a Bíblia e os métodos teológicos, tendo por alvo afirmar, ainda que reorientando, o método em termos bíblico-teológicos e missionalmente orientados.

1.1. Da uniformidade para uma pluralidade de teologias e métodos. O termo *teologia* apareceu relativamente tarde na história da igreja. Mas muito antes de o termo ser usado, o fenômeno em si — o conhecimento de Deus naquilo que interage com as experiências humanas — estava muito presente na Bíblia e também nos primórdios dos movimentos cristãos dos primeiros onze séculos (Brueggemann; Farley). Os sentidos pré-modernos do estudo da teologia envolviam tanto a formação de uma disposição cristã como uma disciplina que resulta num conjunto de ensinos cristãos (Farley, 31-34). No Ocidente, a referência dupla à teologia como *habitus* e como *ciência* permaneceu intata desde o século 12 até o Iluminismo, mesmo que o desenvolvimento da teologia como ciência tenha se tornado mais e mais pronunciado neste segundo período. Desde o século 17 até o presente, essa dupla referência — teologia como conhecimento (sabedoria) e como disciplina (ciência) — praticamente desapareceu das escolas teológicas euro-americanas.

A teologia tornou-se basicamente intelectual e o cristianismo passou a ser compreendido em termos de um conjunto de *doutrinas (Farley, 39).

Os tempos mudaram. Com o colapso da dominância euro-americana (ocidental) na teologia cristã, há um reconhecimento crescente de um mundo policêntrico e de um cristianismo de um mundo policêntrico, com ênfase em vários centros teológicos (Bediako; Dyrness, 1990; Sanneh; Tracy 1994, 5, 22). A História é substituída por histórias e a teologia, por teologias. Uma releitura da Bíblia com novos olhos — asiáticos, africanos, latino-americanos e outras perspectivas — tem pressionado as categorias desenvolvidas pelos euro-americanos, e isso faz com que se reconheça a diversidade de formas e categorias teológicas (Dyrness, 1997, 8-9). O futuro acena por um cristianismo verdadeiramente católico que honre a unidade na diversidade tanto na igreja como na teologia.

Teologias não ocidentais muitas vezes assumem uma de quatro formas: confessional/denominacional, libertação, inculturação ou diálogo com as religiões. A abordagem *dominante* teologiza a partir de uma posição oficial ou confessional de uma tradição. Teólogos de diferentes tradições eclesiásticas (e.g., católicos romanos, protestantes históricos, evangelicais, ortodoxos orientais, anabatistas, pentecostais/carismáticos) baseiam-se em suas ênfases teológicas e práticas específicas para trazer à luz suas respostas distintivas para os desafios culturais (Tracy 1994, 120-300). Em geral, esse jeito de fazer teologia também se expressa nas formas mais convencionais de teologias filosóficas (ou apologéticas), *sistemáticas e práticas de uma tradição cristã.

Inculturação, ou *contextualização, é outra abordagem teológica importante. Ela diz respeito ao "processo de proclamar e explicar o evangelho numa linguagem compreensível para uma população específica" (de Mesa, 54). Isso significa que "podemos falar de nossa fé em nossa própria cultura e em nossa língua para nosso povo" (Ariajah citado por de Mesa, 55). Desse modo, a vida e o pensamento cristão procuram penetrar na parte mais profunda da alma e da cultura de um povo, fazendo uso explícito de idiomatismos, recursos e práticas culturais (de Mesa, 56).

As teologias da *libertação* lidam com o problema da pobreza em massa e da opressão política em várias partes do globo. Elas dão voz à atividade e graça transformadora de Deus entre as vítimas da história moderna. As *teologias da libertação favorecem uma reconsideração da teologia cristã baseada na práxis. Aliás, o impacto revolucionário da teologia da libertação repousa mais na função do método como reflexão crítica sobre a práxis cristã (Bevans, 73).

Por fim, as *teologias de diálogo* com outras religiões refletem outra abordagem teológica. As formas de expressão teológica (e.g., síntese, acomodação, instrução, cooperação) refletem uma abertura para outras religiões, reconhecendo nelas a atividade divina e tentando ver como se relacionam com a revelação singular de Deus em Cristo (Samuel e Sugden, 122). Como os cristãos se relacionam com outras crenças em termos de fé e ação? Isso continua sendo crítico para as igrejas asiáticas (e outras) quando procuram evitar conflitos religiosos e manter o respeito pelas tradições religiosas dos outros. Em suma, os teólogos que não são do Ocidente lidam com a cultura deles de uma perspectiva mais conscientemente prática e missiológica, com o alvo maior de transformar culturas de dentro para fora (Bosch, 27-28). Assuntos como particularidades e lealdades confessionais, identidade cultural, pobreza em massa e diálogo com as religiões desempenham papéis proeminentes na elaboração da teologia.

Comparados com teologias não ocidentais, teólogos euro-americanos tendem a ser mais intelectuais e *hermenêuticos em suas abordagens teológicas. Em muitos aspectos essa tradição de teologização remonta aos pais latinos, cujo melhor exemplo é Agostinho. Teólogos euro-americanos contemporâneos estão mais inclinados a se apropriar de esquemas conceituais (e.g., religioso-filosófico, cultural-antropológico) como instrumentos analíticos para abrir o significado da Escritura ou da experiência humana e como aliados conceituais na exploração e defesa da fé cristã num ambiente (moderno ou pós-moderno) secularizado (Badham, 3-23; Vanhoozer 2002, 15-24) (*veja* Modernismo e

Pós-Modernismos). Além disso, a questão religiosa para os euro-americanos continua sendo a crise secular da não crença. Discursos teológicos concentram-se mais na razoabilidade da fé, procurando tratar das crises de caráter cognitivo num contexto pluralista (Branson e Padilla, 320-21; Mudge e Poling, 127). É certo que existem teologias euro-americanas pós-holocausto e políticas com sensibilidades e preocupações que se comparam às teologias da libertação na América Latina. Também há teologias *negras e *feministas norte-americanas que estendem o diálogo entre a fé cristã e o interesse pela liberdade e dignidade com respeito às relações de raça e gênero (Badham, 6-7, 16-19). Mas a questão teológica mais tradicional no Atlântico Norte continua sendo os desafios intelectuais do Iluminismo à fé cristã. Nessa linha, a novidade das teologias pós-modernas (também uma reação ao Iluminismo) reflete uma estrutura holística desenvolvida de reflexão teológica que resgata um foco muito necessário na narrativa e na agência (Dyrness 1997; Frei; Murphy; Raschke; Vanhoozer 2005).

Novas tipologias de método dão ênfase às influências de correntes e processos globais na prática da teologia. Por um lado, há *correntes teológicas globais*, teologias que encontram aceitação relativamente grande nas igrejas por todo o mundo (e.g., teologias da libertação, teologias feministas, teologias da ecologia e dos direitos humanos). Por outro lado, a *globalização provoca a reação contrária da *lógica cultural*, uma forte afirmação da lógica interna de identidade cultural entre as diferentes regiões do mundo (e.g., antiglobalismo, etnificação, primitivismo) (Schreiter, 14-27).

1.2. A Bíblia e os métodos teológicos. Do ponto de vista bíblico, como se deve encarar esse fenômeno de pluralidade de teologias e abordagens teológicas? Seria um sinal de progresso ou retrocesso na teologia cristã? Existiria algo como métodos teológicos orientados pela Bíblia? Ou, em outras palavras, a Bíblia nos fornece orientações quanto à questão dos métodos teológicos? A discussão a seguir pressupõe que a Bíblia nos fornece princípios e recomendações para afirmar e renovar nossos esforços na construção teológica.

1.2.1. O método teológico e o evangelho.
O método teológico deve decorrer da realidade e do desafio do *evangelho do reino de Deus. O evangelho é a primeira de todas as boas novas de que o reino de Deus chegou em Cristo. Ele exige *metanoia*, que significa literalmente "pensar de maneira diferente" ou "mudar de direção". Isso envolve um chamado para cada um considerar todas as implicações do reino de Deus apresentado a nós na pessoa de Jesus Cristo e crer nisso (cf. Mt 1.14-15). No Ocidente, muitas vezes isso é interpretado como destaque à descontinuidade do evangelho com a experiência e a secularidade modernas. Representando outros teólogos ocidentais, Lesslie Newbigin alega, por exemplo, que a secularidade da cultura pública ocidental leva qualquer "religião" para as margens, de forma que um simples modo de escuta em relação à cultura moderna significaria autodestruição. Fundamentalmente, porém, como insistiriam os teólogos da contextualização, o evangelho como anúncio implica comunicação e inteligibilidade universais. O evangelho, assim, assume o princípio de continuidade, não só descontinuidade, com as experiências humanas. Como afirma D. J. Hall, "Embora o âmago da mensagem cristã (como boas *novas*) seja *descontínuo* com a experiência humana, a mensagem ainda é endereçada para os seres humanos e deve de algum modo, portanto, ser ou se tornar *contínua* (*boas* novas) com a experiência deles" (Hall, 327).

Teólogos africanos como Kwame Bediako e John Mbiti vão além da simples comunicação para afirmar a dimensão da continuidade. Para eles, voltar-se para o evangelho e crer nele estão em oposição à substituição e negação total das culturas. Pelo contrário, propõe-se o redirecionamento da vida e das culturas para o novo que Cristo traz. Em termos de método, essa imagem de "mudança de direção" poderia ser invocada para ver a dinâmica de continuidade-descontinuidade entre a fé bíblica e a cultura. A correlação teológica entre fé e cultura poderia, então, significar uma correlação *transformativa*, que implica aceitação, confronto e reforma de culturas e experiências tendo em vista o projeto de Deus no mundo.

1.2.2. O método teológico e a revelação.
A ação de Deus na criação por meio do povo de Deus baseia-se na própria natureza de

Deus como Pai, Filho e Espírito Santo. Os efeitos dos propósitos de Deus na criação, a encarnação e o derramar do Espírito servem como fundamento e norma para a ação cristã. Aqui, o "teológico" não é simplesmente "hermenêutico", pois a visão teológica, que também é um horizonte de capacitação, baseia-se na possibilidade e realidade da criação e da humanidade restauradas em Cristo. Elaborando sobre o tema da continuidade e encarnação, os métodos teológicos procuram uma correlação perspicaz entre ação cristã e ação divina. A teologia reflete sobre a ação de Deus na criação e articula o fundamento e lugar das formas cristãs de vida dentro do projeto divino de renovação criacional (Dyrness 1997). Isso propõe uma releitura crítica e, assim, a reencenação da Escritura como o povo de Deus na história guiado pelo Espírito Santo. Eis, pois, um fundamento-chave para o uso da Escritura na missão da igreja, onde a encarnação e a agência desempenham funções importantes na construção teológica (Gener, 150-53). Esse também é o fundamento para tornar a teologia realmente prática quando procura efetivar métodos e práticas pelas quais mulheres e homens interagem com Deus para cumprirem o intento divino para a vida humana (Willard, 14-15).

A partir de uma ênfase cristocêntrica na *revelação bíblica, o teólogo norte-americano David Tracy resgata um entendimento bifurcado da *cristologia bíblica com importância renovada para o método teológico: Jesus Cristo como autorrevelação de Deus não é só a Palavra na forma de uma proclamação de ruptura (*kerygma*). Lembrando o entendimento bifurcado da Palavra no Evangelho de João (Jo 1.1-14), Tracy revisita o tema da continuidade-descontinuidade na teologia. Jesus Cristo, sendo tanto o *Logos* como o *Kerygma*, afirma que outras culturas e religiões de fato contêm sementes da Palavra que encontram seu cumprimento na plenitude de Cristo. Mas há outros aspectos. Se Jesus Cristo encarna tanto o *Logos* como o *Kerygma*, então o elemento sacramental/ritual (que atesta a presença contínua de Cristo no mundo) e a dimensão de proclamação da fé cristã (que aponta para a mensagem de Cristo na Bíblia) precisam ser mantidos juntos e afirmados. A Palavra como ruptura e como presença contínua se complementam, mesmo que a manifestação por meio de símbolos e rituais precisem ser acolhidas pela prioridade da proclamação. No Antigo Testamento, é evidente a mesma orientação. O "numinoso" permanece presente mediante os ritos e símbolos comunais de Israel, apesar de a fé hebraica deixar claro que "a Palavra supera o numinoso ... a instrução por meio da Torá ultrapassa qualquer manifestação por meio de uma imagem" (Ricoeur, 56). Ou, como explica M. I. Wallace: "O mistério do sagrado [no cosmo] não deve ser aniquilado pela Palavra, mas incluído no novo emprego que a Palavra faz do simbolismo cósmico como suporte para a nova história e a nova língua revelada por Deus à comunidade" (Wallace, 37).

Expressões religiosas pré-verbais na forma de meditação, rituais e símbolos são igualmente importantes para a instrução e ensino bíblico à luz da revelação cristã. As teologias de inculturação e do diálogo baseiam-se nessa dualidade da revelação cristã em Jesus Cristo. Idiomatismos e experiências culturais, bem como pensamentos religiosos e filosóficos podem ser fontes de teologização, não só a Bíblia. Essa orientação cristológica também leva à apropriação do visual e do corporal na teologização, não só das dimensões didáticas da fé bíblica.

1.2.3. O método teológico e as formas literárias. Como meio divino de comunicação com o povo de Deus, a Sagrada Escritura, a exemplo de nossos meios comuns de fala, utiliza muitas formas de discurso. Como diz J. Goldingay, "A fé na escritura não é uma mera questão formal: ela depende de dar atenção a palavras na sua diversidade" (Goldingay, 3). Compreender a Escritura, portanto, significa honrar essa multiformidade de discurso na Bíblia (e.g., narrativa, lei, profecia, evangelho) com a devida atenção às situações históricas em que essas diversas palavras são ditas.

É interessante que os teólogos (e igrejas) tendem a favorecer gêneros ou livros bíblicos específicos em suas abordagens teológicas, seja *doutrina, apocalíptica, história, poesia ou narrativas (Vanhoozer 2002, 31; Tracy 1994, 126-27; Bautista). Mas a presença de diversas formas literárias na Bíblia resiste a uma "abordagem reducionista do tipo tamanho único da relação Bíblia-teologia"

(Vanhoozer, 2002, 31). Formas literárias diversas atraem diversidade de teologias e expressões teológicas para igrejas pelo mundo (Yung, 223-33, Bautista).

Esse reconhecimento da diversidade de formas bíblicas harmoniza-se bem com a realidade da formação cristã. Ligar o elemento literário com o papel ativo, moldando a fé e o caráter de uma pessoa ou nação, é um processo complexo, multifacetado. A Bíblia, que desempenha um papel importante nessa formação, deve também ser complexa e multifacetada para alcançar esse objetivo. Às vezes, parece que a natureza "imperativa" da Bíblia é sua função principal (cf. a Torá, os profetas, o Sermão do Monte). Juntas, as passagens que proferem mandamentos emprestam à Bíblia uma aura dominante de autoridade. Mas não se deve permitir que o modo imperativo ofusque os vários outros modos e formas não imperativas na Escritura — os diálogos, as parábolas, as consolações e as promessas, por exemplo. Além de seus imperativos, a Bíblia serve à comunidade revelando expressões fiéis de adoração e lamento, os prazeres da arte literária, sexualidade e até ceticismo.

A presença de diversas formas de comunicação na Escritura proporciona um estímulo necessário para uma pluralidade de expressões teológicas e continua inspirando o reconhecimento de "novas explosões de diferentes formas (narrativa, ritual, símbolo, conceito)" nas teologias globais contemporâneas (Tracy 1997, 128; Yung 223-33).

1.2.4. Método teológico, história e diálogo. A Escritura revela Deus na *história. A palavra de Deus *na* história — é história contada com o propósito confessional de destacar a ação de Deus na criação. Pela autorrevelação de Deus na história de Israel e de Jesus Cristo, Deus revela ao povo o significado dos eventos e gera um diálogo interpessoal entre Deus e os seres humanos, bem como entre os seres humanos. A história, portanto, emerge como um "projeto" em que Deus intenta cumprir o plano divino de salvação (Coatto, 9). A presença de Deus na história revelada na Bíblia afirma e desafia, assim, atividades e práticas humanas. Pode-se dizer que as teologias da práxis e da libertação decorrem dessa matriz dialogal da presença de Deus na história e na criação. Esse entendimento histórico também tem levado ao reconhecimento do caráter situacional dos escritos bíblicos, uma nova valorização da narrativa lógica, a importância do lugar da tradição na teologização e novas maneiras de entender o caráter de Deus (Dyrness 1997).

Podem-se ver na Bíblia as várias maneiras pelas quais o passado foi apropriado na vida do povo de Deus para que este pudesse viver com discernimento no presente. Conforme comenta B. D. Napier a respeito do Antigo Testamento,

não temos no Antigo Testamento nenhum passado que já não tenha sido apropriado no presente, e tão apropriado como se estivesse no presente, para viver no presente. [O passado] era passado, mas agora é [...] O evento vive em fé [...] Como tal, é [...] não tanto [...] só relembrado, como reexperimentado — criado e vivido de novo (citado por McClendon, 33).

Fazer teologia, portanto, exige reflexão e diálogo entre o passado e o presente, entre nosso conhecimento da vontade de Deus e nossas experiências contemporâneas. É preciso ter consciência da "variedade de mensagens que aparecem na Bíblia" em diferentes situações e perceber "qual dessas mensagens tem relevância especial para nós ou para as pessoas a quem temos de ministrar" (Goldingay 260). Uma releitura da Bíblia a partir da situação latino-americana, por exemplo, abriu o entendimento da ação salvadora de Deus na história como libertação dos oprimidos. Aqui a história do êxodo e de Jesus Cristo tornaram-se modelos básicos de como Deus age na história em favor dos pobres de dos oprimidos. Mesmo que a libertação dos pecados proporcionada por Cristo transcenda a libertação política, ainda assim ela a inclui (Gutiérrez, 168-78). Teologias feministas também se empenham na releitura e reapropriação da Bíblia segundo a ótica da experiência de opressão e marginalização das mulheres.

1.2.5. Método teológico, comunidade e discipulado. A prática da teologia é inseparável do discipulado e da comunidade cristã. A formação da própria Bíblia atesta essa relação, ou até diálogos, existentes entre os autores humanos e Deus, e entre os escritos em si e as comunidades de fé que chegaram à conclusão de que esses escritos são sagrados. Deus fala às pessoas, mas as pessoas também respondem a Deus, estando essa troca muitas vezes dramatizada e representada pelos autores e os processos interpretativos (que as torna tradição), presentes na própria Bíblia. Existe, portanto, uma relação reflexiva entre a criação das Escrituras e a criação da comunidade de fé (Bautista).

A impossibilidade de separar a teologia e a comunidade pode ser expressa de outra maneira. O fato de o evangelho sempre estar encarnado na cultura exige discernimento. Essa encarnação cultural nos indica a realidade da igreja (cf. a história do Pentecostes). "O Novo Testamento é totalmente alheio a um relacionamento com Cristo puramente mental e espiritual, não encarnado em nenhuma das estruturas de relacionamento humano ... [A igreja] é um relacionamento encarnado, e o corpo é — em princípio — todo o corpo de crentes" (Newbigin 1969, 106, 109). Assim, pode-se insistir na ligação inextricável entre a igreja e o evangelho. O testemunho da comunidade cristã em dado local é, em si, parte do evangelho para aquela cultura em particular. Mais precisamente, a igreja é a base comunal concreta pela qual o significado do evangelho pode ser encarnado e discernido seriamente em diferentes contextos e situações (cf. Newbigin 1989, 222-33). Esse discernimento é facilitado pela prática da teologia. Métodos teológicos devem, portanto, ser instrumentos afinados que ajudem a analisar e descrever a igreja e movê-la para ações que promovam vida (Browning; Wijsen et al.).

Assim, uma orientação global em teologia é em última análise pastoral e missiológica (cf. Yung), pois a teologia ajuda na missão da igreja, bem como na formação de discípulos de Cristo (cf. 2Co 3.6; "cartas de Cristo") em diferentes igrejas locais e regionais por todo o mundo. Ora, a história da igreja em situações locais revela tanto o poder libertador do evangelho quanto sua domesticação cultural. A medida de qualquer boa teologia requer, pois, que se determine se discípulos cristãos fiéis estão sendo ou não formados no corpo de Cristo espalhado pelo mundo. Como tal, isso só pode ser feito pelo poder do Espírito de Cristo agindo para renovar tanto a igreja como o mundo para a glória do Deus vivo (cf. Jo 14.26; 16.12; Rm 8.18-27).

T. D. Gener e L. Bautista

2. Uma proposta teodramática

O apóstolo Paulo talvez estivesse pensando em doxologia, não em dogmática, mas sua exortação à igreja também se aplica ao ato de fazer teologia: "... tudo deve ser feito com decência e ordem" (1Co 14.40). Perguntar o que isso significa num mundo policêntrico e pluralista é levantar o problema urgente do método teológico. A primeira questão é esta: estamos procurando um método geral que teólogos considerem útil, mas cujas credenciais não decorrem da teologia em si, ou um método peculiar à teologia que seja abalizado desde o início por um entendimento específico de Deus e da palavra de Deus? Este artigo analisa alguns problemas associados à primeira opção e as possibilidades associadas à segunda.

2.1. Fé em busca de entendimento: como? onde? quem? A celebrada definição de teologia dada por Anselmo —fé em busca de entendimento — permanece útil. Teologia é a empreitada cognitiva e emocional para conhecer e amar o Deus do evangelho e para demonstrar esse entendimento em formas de discurso e prática obedientes. O objeto último do entendimento é Deus, mas o imediato é a Bíblia. A Bíblia é a alma da teologia que guia o corpo de Cristo. A igreja lê a Escritura para conhecer a Deus e ser formado na semelhança dele. O método teológico, portanto, envolve mover-se do texto (*sacra pagina*) para a verdade (*sacra doctrina*) e, depois, da verdade para sua aplicação em contextos específicos da vida. Entendimento é o termo-chave, mas os teólogos o têm transformado numa variedade de disciplinas acessórias para ajudá-los na leitura da Bíblia, na formulação da verdade e na prática de sua fé.

Entendimento envolve captar a relação entre o que a Bíblia diz acerca de Deus e o que sabemos acerca da situação contemporânea. Os ingredientes do entendimento teológico incluem Escritura, razão e experiência. E por existir uma história do entendimento cristão, o método teológico também trata da tradição da igreja. A presença de certas disciplinas "auxiliares", porém, muitas vezes inclina os teólogos a atribuírem mais peso a um desses fatores que aos outros.

Com o surgimento da universidade medieval, por exemplo, a teologia tornou-se uma atividade de sala de aula (daí o termo "escolástica") completada com livros didáticos, uma "serva" (ou seja, a filosofia) e um conjunto de ferramentas conceituais extraídas principalmente da lógica e da metafísica de Aristóteles. A leitura da Bíblia em comunidade para edificação (*lectio*) deu lugar a um procedimento formal de argumentação (*disputatio*) acerca de seu conteúdo propositivo revelado. O método teológico, reconstituído como ciência de Deus, procurou traduzir descrições bíblicas de Deus em termos de categorias metafísicas (e.g., substância, infinito, causa). Muitos teólogos não ocidentais, junto com ocidentais pós-modernos, perguntam por que concepções medievais e modernas de ciência teológica deveriam ser as únicas maneiras de falar de Deus com "decência e ordem". Aqui estão três objeções comuns ao método teológico tradicional: (1) "É moderno, portanto, obsoleto." (2) "É teórico, portanto, não prático." (3) "É ocidental, portanto, imperialista." As verdades universais atemporais de ontem ficam a descoberto como preferências acadêmicas ocidentais. Numa era de cristianismo mundial, é muito comum abordagens acadêmicas parecerem isoladas das realidades culturais e sociopolíticas do cotidiano. A infinidade de abordagens alternativas ao método teológico hoje no mercado mundial é, em parte, reação, às vezes legítima e às vezes exagerada, ao monopólio ocidental milenar do método.

2.2. O método teológico deve ser local?
O "veja o contexto" contemporâneo destaca o fato de que o intérprete está imerso numa situação, questiona a presunção exegética da objetividade e recupera a dimensão pastoral e prática da interpretação bíblica (Charry). Mas a teologia precisa proceder com cuidado ao tentar equilibrar suas novas responsabilidades "glocais" (globais + locais) (*veja* Teologias Locais).

2.2.1. Exagerar o "único": perder diferenças culturais. A tentação da teologia conservadora é *conservar:* preservar o mesmo conteúdo em diferentes contextos. A mensagem do evangelho é considerada imutável; formas culturais locais são meros veículos para comunicar o depósito essencial e permanente da verdade. Fazer teologia contextual nessa perspectiva é importar o mesmo cerne doutrinal para novas embalagens culturais (Bevans; Clark). Entretanto, na pressa de passar do texto bíblico para o contexto contemporâneo, esses teólogos deixam de fazer um uso produtivo dos insights da cultura local ou de reconhecer a trave cultural nos próprios olhos.

2.2.2. Exagerar o "muito": perder a unidade do evangelho. Os libertados da servidão metodológica às formas ocidentais da lógica e da crítica tendem a celebrar a particularidade (i.e., identidades socioculturais específicas). Aliás, a proliferação de teologias étnicas é uma das marcas do cristianismo do século 21. O desafio dessa etnificação da teologia é evitar que diferenças contextuais encubram a igualdade textual. Há o perigo de deixar que a própria experiência, ocidental ou não, torne-se a estrutura para interpretar a Bíblia (Lindbeck). Teologias que atentam para o contexto devem cuidar para não se tornarem meras expressões do contexto. A autoridade bíblica inevitavelmente sofre quando a correlação de texto e contexto é simétrica, um diálogo de iguais.

A teologia é sempre contextual. Precisamos resistir à etnificação da teologia quando esta reforça o paroquialismo ou promove uma hermenêutica que advoga em favor de um único grupo de interesse. Desde que o ponto de observação avantajado de determinada cultura lhes permita perceber na Escritura o que não veríamos de outra maneira, teologias étnicas prestam uma contribuição positiva para a igreja católica. No mínimo, teologias étnicas são exemplos locais de fé da igreja universal, onde "universal" significa não algo supracultural, mas multicultural — *catolicidade*, a igreja inteira que se estende em todo espaço e tempo. Adjetivos como "africana", "asiático americano", "luterano alemão" ainda são classificadores, não identificadores, pois nossa identidade última está "em Cristo".

2.3. Método teológico e "O Método": uma proposta dramática. Foi Aristóteles quem declarou que os que desejam ter sucesso devem fazer as perguntas preliminares corretas. Se a pergunta preliminar correta para a teologia é "Como as criaturas humanas podem falar de Deus?", não fica claro como outras disciplinas — ciências naturais, ciências sociais, artes e humanidades — poderiam prestar alguma contribuição. Karl Barth está correto em insistir que o método da teologia deve corresponder ao tema estudado: a autorrevelação de Deus.

2.3.1. O princípio central: o evangelho como teodrama. O entendimento consiste principalmente em perceber a relação entre as partes e o todo do tema. Teólogos precisam, portanto, fazer um julgamento para discernir de que trata o cristianismo (Kelsey, 4-10). No centro do cristianismo não está nem uma filosofia, nem um sistema de moralidade, nem um programa social ou político, mas um *evangelho*: novas sobre o que o bom Deus fez na história de Israel, que culminam em Jesus Cristo. O cristianismo trata do agir divino, um teodrama (*theos* + *draō* = agir de Deus). A Bíblia não só mostra e fala, mas desempenha um papel ativo no grande drama da redenção desencadeado pela fala e ação de Deus.

Num paradigma teodramático, podemos ver a Bíblia como um roteiro; a doutrina como direção teatral; e a igreja como parte da contínua encenação da salvação. A teologia — auxiliada por uma nova disciplina de apoio, o dramaturgismo (= o trabalho do drama) — é a fé em busca de entendimento teodramático: um entendimento do que Deus disse e fez e um entendimento do que os discípulos devem dizer e fazer em resposta (Vanhoozer 2005). Nessa perspectiva do todo, a tarefa da teologia cuida menos de formular grandes sistemas teóricos e mais de ajudar os discípulos — os atores coadjuvantes — a compreenderem a peça e o lugar deles dentro dela. Um benefício extra: de uma forma ou de outra, o drama (diferentemente da filosofia) encontra-se em praticamente todas as culturas do mundo.

2.3.2. O princípio canônico: o roteiro sagrado. A Bíblia é divinamente autorizada e, portanto, uma especificação normativa da peça. Deus, como dramaturgo, entretece as vozes de suas testemunhas comissionadas, os profetas e apóstolos, que juntos apresentam Jesus Cristo. A Bíblia é a palavra de Deus escrita porque Deus fala nas (e por meio das) diversas vozes autorais que compreendem o cânon. A Bíblia é o roteiro sagrado dos teólogos. O princípio "canônico" estipula que a teologia, independentemente de seu contexto, deve estar de acordo com as Escrituras se não quiser proclamar e apresentar algum evangelho que não o de Jesus Cristo. O alvo principal da teologia é transformar nossa mente (inclusive a imaginação) e vida e conformá-las ao mundo renovado em Jesus Cristo.

O método teodramático afirma o interesse recém-descoberto nas histórias ou narrativas, mas vai além, destacando a natureza encarnada de nosso testemunho acerca do significado e da verdade da Bíblia. No contexto do drama, interpretação significa encenação. Demonstramos nosso entendimento do teodrama por meio de encenações fiéis e adequadas aqui e agora. A doutrina nos ajuda a compreender o que já foi feito (pelo Deus trino) *e* o que deve ser feito (por nós).

O método teológico cabe menos na ciência teórica do que na razão prática ou *phronēsis*. Preocupa-se tanto com o projeto de vida como com sistemas de conhecimento. A tarefa da teologia é contínua, não porque o evangelho mude, mas porque o palco da história, o cenário cultural e a estrutura intelectual da igreja — a companhia de atores do evangelho — estão em constante mudança. Doutrinas servem à igreja ajudando a formar discípulos com bom julgamento: a habilidade de discernir palavras ou ações adequadas aos discípulos cristãos em contextos específicos.

2.3.3. O princípio católico: uma pluralidade pentecostal. Considerando que nenhuma abordagem interpretativa ou comunidade pode discernir tudo o que pode ser colhido nas Escrituras, o método teodramático também mantém um princípio "católico", que estipula que a diversidade étnica e social da igreja é a condição capacitadora para um entendimento rico e amplo. Precisamos cuidar para não transformar os adjetivos qualificadores de teologia confessional (e.g., *luterana, *reformada, *batista, *ortodoxa grega etc.) ou teologias contextuais (e.g., *negra, *feminista,*africana, *asiática etc.) em substantivos autônomos por si. São necessárias todas essas abordagens adjetivas para ouvir a plenitude do que Deus está dizendo na Escritura para a igreja.

Já existe uma diversidade cultural e experiencial na Bíblia, bem como uma diversidade de formas literárias — modos de cognição e experiência — todas coordenadas pelo serviço comum ao evangelho. Uma tradição católica canonicamente centrada que inclui vozes do passado e do presente, Norte e Sul, Leste e Oeste, corresponde assim à própria natureza da Bíblia. Afirmar uma "pluralidade pentecostal" é reconhecer que são necessárias várias comunidades interpretativas abrangendo muitas épocas, lugares e culturas para que se aprecie plenamente o significado rico e profundo da Escritura.

2.3.4. O princípio contextual: prática sábia. O método teodramático incentiva os discípulos a verem a vida cotidiana como o palco em que procuram e demonstram a fé que busca entendimento. É, portanto, um método bem adequado para responder à maior mudança na próxima cristandade: a rejeição de "nossa pressuposição, derivada do Iluminismo, de que as religiões devem ser segregadas a uma esfera separada da vida, distinta da realidade cotidiana" (Jenkins, 141).

A missão da teologia é continuar a ação evangélica correspondendo aos comandos da Palavra e do Espírito de maneiras culturalmente adequadas. O apóstolo Paulo "improvisou" o evangelho para ouvintes não judeus na Ásia Menor e em Roma. De modo semelhante, o Concílio de Niceia improvisou a doutrina da *Trindade, apresentando *homoousios* como um conceito "na medida" para expressar a lógica implícita das Escrituras em termos apropriados à cultura intelectual do quarto século. A participação adequada no drama da redenção requer um bom julgamento: não o senso comum, mas o "senso canônico", que capta o que Deus está fazendo em Cristo, e o "senso contextual", que discerne como prestar um testemunho criativo, mas fiel ao evangelho em ambientes culturais e intelectuais específicos muito distantes da Palestina do primeiro século.

2.4. Conclusão: como dialogar em diáspora. Concluímos com três teses que respondem às objeções ao método teológico acima: (1) A teologia é bíblica, afinada com a fala polifônica e multiperspectiva do Espírito, um recurso rico e imaginativo para cultivo do "senso canônico". (2) A teologia é polifônica e multiperspectiva, uma encenação com roteiro e mas também dinamizada pelo Espírito, que compreende a tradição da igreja, um rico recurso para cultivo da sensibilidade católica. (3) A teologia é sapiencial, uma forma de sabedoria prática que busca encarnar a vontade de Deus, a mente de Cristo e o fruto do Espírito em novas situações.

Compreender genuinamente a Escritura é saber como representá-la aqui e agora, não simplesmente o que significava ou como foi aplicada naquele lugar, naquela época. As teologias africana, asiática, *latino-americana e *norte-americana são mais bem compreendidas como tipos de teatro regional — tradições de encenações que mostram como encarnar o texto bíblico em seus respectivos contextos. Os que não conseguem ver o próprio condicionamento cultural estão fadados a repeti-lo. É, pois, para o bem da interpretação bíblica fiel, corretiva e até, sim, criativa, que os teólogos ocidentais precisam atentar para o modo como a Bíblia está sendo lida e praticada no mundo não ocidental (e vice-versa).

Cristãos de todas as partes do mundo podem aprender do passado e de outras comunidades cristãs a melhor forma de colocar Cristo em novos cenários contextuais. Cada congregação (teatro local) deve se valer dos recursos das tradições confessionais (teatro regional) e dos credos ecumênicos (teatro de obra prima). A igreja local é uma encenação contextualizada da igreja católica: a igreja universal tornada particular, visível e concreta. Chegamos a um entendimento enriquecido das Escrituras ao ver o que outros intérpretes fiéis fizeram com elas. A grade conceitual de culturas em que o evangelho ainda é novo pode abrir caminhos através das selvas de hábitos teológicos estabelecidos e renovar as interpretações da Escritura em culturas em que o evangelho está há muito estabelecido (Clark, 118). Isso *não* significa dizer que qualquer coisa passa. O princípio canônico nos mantém centrados; o princípio católico nos mantém restritos. Fazer teologia exige senso canônico e sensibilidade católica.

Em última análise, porém, a teologia não trata de nós, atores coadjuvantes. Trata do dramaturgo divino e de seu drama. Trata da preparação da noiva de Jesus Cristo para sua cena final de casamento. O método teológico é bem sucedido quando capacita a igreja a falar a verdade, viver com justiça e atuar de modo adequado ao seu noivo — e quando capacita indivíduos a pensarem e viverem numa relação correta com o Deus trino.

K. J. Vanhoozer

Veja também CONTEXTUALIZAÇÃO; DOGMA; DOUTRINA; EDUCAÇÃO TEOLÓGICA; HERMENÊUTICA; TEOLOGIA CIENTÍFICA; TEOLOGIA SISTEMÁTICA.

BIBLIOGRAFIA. SUK, J., org., *Doing Theology in the Philippines* (Mandaluyong City, Phils.: 2005); BADHAM, R. A., org., *Introduction to Christian Theology: Contemporary North American Perspectives* (Louisville: Westminster John Knox, 1998); L. BAUTISTA, "The Bible: Servant in the Formation of Communities of Faith," in *Doing Theology in the Philippines*, Suk, J., org. (Mandaluyong City, Phils.: 2005) 51-64; BEDIAKO, K., *Christianity in Africa: The Renewal of a Non-Western Religion* (Maryknoll/Edinburgh: Orbis/St. Andrews, 1995); BEVANS, S., *Models of Contextual Theology* (Maryknoll: Orbis, 1992); BOSCH, D., *Believing the Future* (Philadelphia: Trinity Press International, 1995); BRANSON, M. L. e PADILLA, C. R., orgs., *Conflict and Context: Hermeneutics in the Americas* (Grand Rapids: Eerdmans, 1986); BROWNING, D., *Fundamental Practical Theology* (Minneapolis: Fortress, 1991); BRUEGGEMANN, W., *The Creative Word: Canon as Model for Biblical Education* (Philadelphia: Fortress, 1982); CHARRY, E., *By the Renewing of Your Minds: The Pastoral Function of Christian Doctrine* (New York: Oxford University Press, 1997); CLARK, D., *To Know and Love God: Method for Theology* (Wheaton: Crossway, 2003); CROATTO, J. S., *Exodus: A Hermeneutics of Freedom* (Maryknoll: Orbis, 1981); MESA, J. DE, *And God Said, Bahala Na!: The Theme of Providence in the Lowland Filipino Context* (Quezon City: Maryhill School of Theology, 1979); DYRNESS, W. A., *Learning About Theology from the Third World* (Grand Rapids: Zondervan, 1990); idem, *The Earth Is God's: A Theology of American Culture* (Maryknoll: Orbis, 1997); FARLEY, E., *Theologia: The Fragmentation and Unity of Theological Education* (Philadelphia: Fortress, 1983); FORD, D., org., *The Modern Theologians*, 2 (Oxford: Blackwell, 1989); FREI, H., *The Eclipse of Biblical Narrative* (New Haven: Yale University Press, 1974); GENER, T. D., "Re-visioning Local Theology: An Integral Dialogue with Practical Theology, A Filipino Evangelical Perspective," *Journal of Asian Mission* 6:2 (2004) 133-66; idem, "Every Filipino Christian, A Theologian: A Way of Advancing Local Theology for the 21st Century", in: *Doing Theology in the Philippines*, Suk, J., org. (Mandaluyong City: OMF Lit., 2005) 3-23; idem, "Transformational Correlation: A Reformational Perspective on Cultural Theological Method in Conversation with David Tracy's and Paul Tillich's Correlational Approach", in: *That the World May Believe: Essays on Mission and Unity in Honour of George Vandervelde*, Goheen, M. e O'Gara, M., orgs. (Lanham: University Press of America, 2006) 29-43; GOLDINGAY, J., *Models for the Interpretation of Scripture* (Grand Rapids: Eerdmans, 1995); GUTIERREZ, G., *A Theology of Liberation* (Maryknoll: Orbis, 1973); HALL, D. J., *Thinking the Faith: Christian Theology in a North American Context* (Minneapolis: Fortress, 1991); JENKINS, P., *The Next Christendom: The Coming of Global Christianity* (Oxford: Oxford University Press, 2002); KELSEY, D., *Proving Doctrine: The Uses of Scripture in Modern Theology* (Harrisburg: Trinity Press International, 1999); KÜNG, H., *Theology for the Third Millennium* (New York: Doubleday, 1988); LINDBECK, G., *The Nature of Doctrine: Religion and Theology in a Postliberal Age* (Philadelphia: Westminster, 1984); McCLENDON, J. W., *Systematic Theology, 1: Ethics* (Nashville: Abingdon, 1986); MUDGE, L., e POLING, J. N., *Formation and Reaction: The Promise of Practical Theology* (Philadelphia: Fortress, 1987); MURPHY, N., *Beyond Liberalism and Fundamentalism: How Modern and Postmodern Philosophy Set the Theological Agenda* (Valley Forge: Trinity Press International, 1996); NEWBIGIN, L., *The Finality of Christ* (London: SCM Press, 1969); idem, *Foolishness to the Greeks* (Grand Rapids: Eerdmans, 1986); idem, *The Gospel in a Pluralist Society* (Geneva/Grand Rapids: WCC/Eerdmans, 1989); OTT. C. e NETLAND, H., orgs., *Globalizing Theology: Christian Belief and Practice in an Era of World Christianity* (Grand Rapids: Baker, 2006); RICOEUR, P., *Figuring the Sacred: Religion, Narrative and Imagination*

(Minneapolis: Fortress, 1995); SAMUEL, V. e SUGDEN, C., orgs., *Sharing Jesus in the Two Thirds World* (Grand Rapids: Eerdmans, 1984); SANNEH, L., *Translating the Message: The Missionary Impact on Culture* (Maryknoll: Orbis, 1989); SCHREITER, R., *The New Catholicity: Theology Between the Global and the Local* (Maryknoll: Orbis, 1997); STIVER, D., *Theology After Ricoeur: New Directions in Hermeneutical Theology* (Louisville: Westminster John Knox, 2001); TANNER, K., *Theories of Culture: A New Agenda for Theology* (Minneapolis: Augsburg Fortress, 1997); TRACY, D., *On Naming the Present: God, Hermeneutics, and Church* (Maryknoll: Orbis, 1994); idem, "Fragments and Forms: Universality and Particularity Today", in: *The Church in Fragments: Towards What Kind of Unity?* Ruggieri, G. e Tomka, M., orgs. (Maryknoll: Orbis, 1997); VANHOOZER, K., *First Theology: God, Scripture, and Hermeneutics* (Downers Grove: InterVarsity Press, 2002); idem, *The Drama of Doctrine: A Canonical-Linguistic Approach to Christian Theology* (Louisville: Westminster John Knox, 2005) [edição em português: *O Drama da Doutrina: uma Abordagem Linguístico--canônica da Teologia Cristã* (São Paulo: Vida Nova, 2016)]; WALLACE, M. I., *The Second Naiveté: Barth, Ricoeur, and the New Yale Theology* (Macon: Mercer University Press, 1995); WEBSTER, J., *Word and Church: Essays in Christian Dogmatics* (Edinburgh: T. & T. Clark, 2001); WELLS, S., *Improvisation: The Drama of Christian Ethics* (Grand Rapids: Brazos, 2004); WIJSEN, F.; HENRIOT, P.; e MEJIA, R., orgs., *The Pastoral Circle Revisited* (Maryknoll: Orbis, 2005); WILLARD, D., *The Spirit of the Disciplines* (San Francisco: Harper & Row, 1988); YUNG, H., *Mangoes or Bananas: The Quest for an Authentic Asian Christian Theology* (Oxford: Regnum, 1997).

T. D. Gener, L. Bautista e K. J. Vanhoozer

MICRONÉSIA. *Veja* TEOLOGIAS DAS ILHAS DO PACÍFICO.

MÍDIA

Atualmente, a palavra *mídia* é empregada de várias maneiras. Dois usos são particularmente notáveis. Primeiro, *mídia* pode ser usada em referência ao meio real ou principal de comunicação de massa, como jornal, rádio e televisão. Segundo, outros escrevem ou falam sobre "a mídia", não em referência às formas concretas de comunicação, mas para descrever as instituições e comunidades de jornalistas, editores e outros profissionais que formam a indústria da comunicação.

1. Definições
2. Categorização da mídia
3. Público e mídia
4. Contexto e mídia
5. Análise de mídia

1. Definições

O uso mais comum de *mídia* em referência ao meio real ou principal de comunicação de massa — jornais, rádio, televisão — é um significado contemporâneo com menos de cem anos. Tendo surgido nos Estados Unidos só na década de 1920, sua história é relativamente curta. Muitos desses usos mais antigos da palavra nesse sentido eram associados à propaganda, tornando-se parte de um jargão usado para descrever as formas de comunicação que ajudavam a levar notícias sobre negócios para o público em geral. Houve surpresa e satisfação genuína, particularmente entre anunciantes, políticos e alguns líderes de igrejas a partir da década de 1920, quando perceberam que vários "meios de comunicação de massa" tinham capacidade de entrar nas casas de milhões de clientes, eleitores ou crentes em potencial. A pressuposição inicial era que corações, mentes e carteiras podiam ser seduzidos por essas ferramentas de mídia poderosas, ainda que esse entusiasmo logo se tenha refreado, à medida que as limitações do poder de mídias específicas ficavam claras. Ainda assim, essas primeiras expectativas otimistas de comunicação de massa permanecem de várias maneiras, incluindo a pressuposição considerada óbvia de que diferentes formas de mídia agora podem prover comunicação quase instantânea, cobrindo vastas distâncias e chegando a grande número de pessoas.

O segundo uso de *mídia* refere-se não às formas concretas de comunicação, mas a instituições e comunidades de jornalistas, editores e outros profissionais que constituem a indústria da comunicação. Nesse segundo sentido, usa-se "a mídia" em moldes muitas vezes semelhantes a "a imprensa", como modo de descrever ou as instituições que produzem os jornais e os programas ou em referência aos que trabalham em jornal, rádio e televisão. "A mídia" é, pois, também usada como termo coletivo para descrever tanto as organizações que fornecem notícias, informações e entretenimento para o público, como as pessoas que fornecem esse serviço, tais como jornalistas, editores e produtores. Outro termo usado de modo semelhante é "a indústria cultural", ainda que, diferente de "a mídia", possa fazer referência não só a cineastas, mas também a fabricantes de brinquedos e outras mercadorias (*veja* Cultura Popular).

Muitos programas ou jornais oferecem perspectivas alternativas, criticando outras mídias ou reportagens anteriores. Por exemplo, alguns jornalistas criticaram como algumas organizações de mídia usaram fotografias da embaixada dinamarquesa em chamas em Beirute (fevereiro de 2006) como emblema da reação global muçulmana às caricaturas aviltantes do profeta Maomé. A conclusão deles: reações violentas não eram, como alegavam, a resposta automática universal encontrada em todo o mundo muçulmano. A mídia não fala com uma voz única.

Em muitos casos, o termo "mídia" é preferível em seu sentido plural, visto que oferece uma descrição mais apropriada de organizações, comunidades e teologias multifacetadas e altamente complexas que formam a mídia. Há um sentido em que a mídia como entidade singular é uma construção social que não reflete plenamente a realidade. A mídia não é uma massa única, homogênea, mesmo que muitas vezes seja tratada como tal por aqueles que menosprezam jornalistas ou o jornalismo.

É possível estender o estreito uso funcional da palavra *mídia*, que a associa principalmente ao rádio, à televisão e à imprensa escrita, para incluir também mídias mais tradicionais como livros, pinturas e peças teatrais, bem como novas mídias como filmes, computadores e telefones celulares. Se a palavra *mídia* é empregada em moldes inclusivos, como distinguir esses meios tão distintos de comunicação?

2. Categorização da mídia
Pode-se classificar os diferentes modos de comunicação sob as seguintes categorias.

2.1. Mídia primária. A mídia primária inclui palavras faladas ou cantadas, movimentos faciais e outras formas de comunicação não verbal. Para que a mídia primária possa ser usada, normalmente o comunicador deve estar presente. Em certo sentido, a voz, o rosto ou o corpo tornam-se, eles mesmos, a materialização da mídia primária no fato de se tornarem o real método de comunicação. Exemplos concretos do uso de mídia primária por cristãos incluiriam monges entoando cantochões sem acompanhamento em mosteiros, pregadores de rua ou de campo falando para grupos de ouvintes e dançarinos litúrgicos apresentando interpretações expressivas das histórias do evangelho.

2.2. Mídia secundária. Mídia secundária refere-se a formas de comunicação como escrita, pintura, escultura, teatro, música, até arquitetura, em que, normalmente, o criador original não precisa estar presente para que a mídia seja efetiva. Às vezes essas diferentes mídias secundárias, bem como outras formas de expressão artística como um mosaico, afresco ou escultura, são descritos como *mídia tradicional*. Uma caneta, pincel, cinzel ou instrumento musical são ferramentas dessas mídias secundárias ou tradicionais. Exemplos de mídia secundária seriam placas de pedra, manuscritos com iluminuras, Bíblias impressas, livros de oração, encenações de mistérios, vitrais e hinos. Igrejas e cristãos têm feito amplo uso de tais mídias secundárias no ensino e no culto. Missionários e reformadores adotaram panfletos, folhetos e cartazes para promover o que entendiam por cristianismo. Alguns artistas também usam a palavra *mídia* num sentido profissional, referindo-se aos materiais usados, tais como tintas a óleo para pinturas, tecido para tapeçarias ou cantaria para esculturas. Em muitos contextos, como no Ocidente medieval, era a igreja que, por meio do patrocínio, provia os recursos para aquisição dessas mídias artísticas.

2.3. Mídia eletrônica. Na terceira posição encontram-se as mídias eletrônicas como rádio, televisão, filmes e computadores, em que o comunicador pode parecer presente, ao mesmo tempo em que parecem vencer barreiras de tempo e espaço. Esses tipos de mídias dependem em geral de eletricidade ou outras formas de energia industrial. Essa categoria de mídia eletrônica é muitas vezes dividida de modo um tanto confuso entre "mídia antiga" (como telégrafo, *filme e rádio) e "mídia nova" (como internet, telefone celular e outras tecnologias mais recentes como *iPods* e tocadores de mp3, que dependem inteiramente da comunicação digital). A série de televisão *Jesus de Nazaré* (1977) de Franco Zeffirelli seria exemplo do uso de mídia eletrônica, enquanto um exemplo do uso da nova mídia eletrônica seriam as discussões encontradas na internet acerca das questões históricas ou teológicas levantadas por essa série ou sobre sua relação com outros filmes sobre Jesus, como o *Evangelho Segundo São Mateus* (1964) de Pier Paolo Pasolini ou *A Paixão de Cristo* (2003) de Mel Gibson. Obviamente, não são categorias estanques: hoje não é incomum um sermão ser transmitido pela rádio do Vaticano ou um quadro renascentista ser "enviado" como anexo em um email. Assim também, algumas mídias não são de produção muito fácil, como um livro impresso ou jornal que hoje dependem de eletricidade para serem preparados, mas antes eram produzidos a mão como outras mídias secundárias. Muitos cristãos tendem a considerar as mídias primárias ou secundárias mais construtivas para suas tentativas de comunicar a própria fé. O histórico da igreja com a mídia eletrônica, moderna ou de massa é mais complexo e, entre as denominações históricas, com frequência mais tímido. É evidente que diferentes teologias em várias partes do mundo são atraídas por diferentes mídias. Assim, por exemplo, os cristãos com forte consciência missionária parecem fazer uso mais amplo de programas de rádio e televisão.

2.4. Mídia convergente e fragmentadora. Com a digitalização e o advento da nova mídia, o termo "mídia de massa" tornou-se mais raro. Indivíduos e comunidades pequenas, tais como igrejas locais, têm muito mais acesso a diferentes tecnologias de comunicação. Em muitos contextos, a palavra *mídia* foi separada do termo *massa*, por causa de uma consciência crescente de que a mídia aparece em muitas e diferentes formas e moldes que são tanto fragmentadores como convergentes. Em parte, a fragmentação é causada pela explosão no número de canais de televisão, estações de rádio e *sites* de internet e, em parte, a convergência é resultado da mistura de tecnologias de comunicação com o número limitado de empresas que agora detêm esses meios. Enquanto algumas mídias permitem comunicação entre um e muitos, outras mídias também facilitam o contato entre um indivíduo e outro. Esse uso está de acordo com o significado original latino que emerge da palavra *medius*: o meio. Diferentes mídias muitas vezes estão no meio, reduzindo a distância entre pessoas ou grupos. A trágica ironia é que a própria mídia que pode encurtar grandes distâncias e deixar as pessoas mais próximas também pode ser usada para acentuar a diferença, ampliar o fosso e inflamar situações que já estão tensas. Por exemplo, considere o uso que extremistas hutus fizeram de duas estações locais de rádio antes e durante o genocídio ruandês em 1994 para incitar o ódio étnico. O potencial de diferentes mídias não só para servirem como pontes de comunicação, mas também como barreiras para a comunicação merece análise cuidadosa.

3. Público e mídia

Até aqui consideramos "mídias", como filmes, rádio, televisão, internet e "a mídia", as organizações, comunidades ou indivíduos que produzem o material e usam essas mídias para se comunicar. Em outras palavras, consideramos os dois meios ou formas de comunicação (mídia) e as comunidades por trás dessas criações expressivas (a mídia). Se parássemos aqui, porém, deixaríamos de fora um elemento vital no triângulo da comunicação: o público da mídia. O uso que ela faz de diferentes formas de mídia para interagir com empresas de mídia é instrutivo. Visto que, desde os primeiros dias, a igreja tem feito uso imaginativo de várias mídias primárias (como a pregação) e secundárias (como livros e pinturas), de que maneira os cristãos interagem agora com mídias diferentes e eletrônicas em suas manifestações tradicionais ou novas? Ao longo dos últimos dois milênios, a igreja (em suas muitas formas) tem sido um dos usuários mais prolíficos de várias mídias. Ainda assim, mais recentemente, os cristãos têm se tornado os críticos mais veementes da indústria da mídia e da maneira pela qual certas mídias são empregadas. Há uma dinâmica intrigante, sobre a qual raramente se reflete, entre diferentes mídias primárias e secundárias usadas por cristãos e igrejas e as mídias eletrônicas e organizações, por trás delas, que atraem as suspeitas, críticas e até admiração deles.

4. Contexto e mídia

Mais um elemento vital na equação da mídia é também muitas vezes desconsiderado: o contexto cultural. Os contextos culturais da mídia são muito usados em referência a redes de significados criadas, herdadas, transmitidas e aprendidas em diferentes sociedades. Às vezes essas redes são disseminadas por diferentes mídias e, portanto, experimentadas como parte da vida cotidiana das pessoas. O contexto cultural circunda o triângulo de públicos, produtores e mídias específicas. Em outras palavras, o contexto cultural em que se assiste a um filme, programa de televisão ou notícia é tão significativo quanto o contexto em que foram produzidos. Diferentes mídias podem contribuir para uma atmosfera de ódio, como na Alemanha na década de 1930, ou apresentar relatos de movimentos em favor de uma reconciliação nacional, como na África do Sul, pela transmissão das audiências da Comissão da Verdade e da Reconciliação na década de 1990. A mídia eletrônica também pode refletir expressões locais do cristianismo.

Por exemplo, em Gana e na Nigéria, filmes com produção local têm se mostrado muito mais populares que filmes importados de Hollywood. Por quê? Há algumas razões. Primeira, muitos desses vídeos locais estão em sintonia com o clima religioso atual do país, muitas vezes retratando os adoradores de ancestrais como perigosos, as igrejas missionárias como ineficazes e a forma dominante de cristianismo, o pentecostalismo, como poderoso e espiritualmente influente. Segunda, os filmes locais muitas vezes retratam parques populares, florestas e ruas conhecidas, bem como hábitos e costumes comuns. Em outras palavras, eles estão muito mais embasados em termos culturais que os filmes importados de Hollywood ou Bollywood. Terceira, entende-se que as produções locais têm uma função social positiva, muitas vezes fornecendo lições morais a companheiros tentados a se desviar ou a líderes que estão escorregando para práticas corruptas. Embora raramente sejam produzidos por igrejas, esses videodramas ilustram como seus produtores são sensíveis ao próprio contexto cultural e, portanto, ao mercado local.

Grandes igrejas *pentecostais, não só na parte ocidental e meridional da África, mas também na Ásia e América Latina, fazem uso crescente de programas de rádio, gravações de vídeos e *webcasts* para disponibilizar o culto para um círculo mais amplo. Enquanto na Guatemala o rádio é a principal mídia das igrejas, no Brasil, alguns líderes e igrejas pentecostais possuem estúdios de televisão ou até canais inteiros. Esses dois contextos ilustram como, em alguns países, as emissoras cristãs continuam à margem da mídia, enquanto em outros abriram espaço próprio no centro da arena da mídia. Assim como, especialmente durante a década de 1980, Os Estados Unidos exportaram programas evangelísticos de televisão, agora televangelistas de outros países estão começando a exportar seus programas produzidos localmente.

5. Análise de mídia

Para alguns teólogos e líderes de igrejas, a análise de mídias eletrônicas deve ser evitada e censurada. Até para algumas emissoras e jornalistas, o estudo das mídias é uma prática ridícula. Para alguns leigos, a mídia, como massa única, tornou-se alvo de acusações, caracterizada como a causa de muitos problemas do mundo. Evidências dessa suspeita pública podem ser encontradas nas maneiras pelas quais a palavra *mídia* é usada como um adjetivo ou modificador ao lado de um substantivo, para criar termos muitas vezes carregados de desaprovação, tais como "campanha de mídia", "especulação da mídia" ou "circo da mídia". Até expressões mais neutras como "personalidade da mídia", "atenção da mídia" ou "midiagênico" são muitas vezes usadas com um tom pejorativo.

Um motivo para fazer análise de mídia é ir além desses estereótipos ou caricaturas. Há muitas outras respostas para a questão do motivo de estudar a mídia. Entre as respostas comuns dadas por cristãos destacam-se a importância de compreender a tendência secularizante que se percebe na mídia; como resistir à influência maligna; ou como desenvolver formas mais justas e pacíficas de comunicação. É menos comum encontrar respostas que tanto celebram como questionam o uso criativo que as próprias igrejas fazem de diferentes mídias. Os últimos duzentos anos viram uma rápida evolução das tecnologias de mídia, sendo que a introdução de uma nova mídia provoca invariavelmente diferentes respostas dos cristãos: alguns a abraçam, outros a rejeitam, alguns a analisam e outros ainda fazem uso criativo, mas crítico, de diferentes mídias. Em contextos imaginativos, as mídias são vistas como dádivas a serem aproveitadas e como possibilidades de expressão da generosa ação comunicativa de Deus.

Veja também CULTURA E SOCIEDADE; CULTURA VISUAL; FILME; TECNOLOGIA.

BIBLIOGRAFIA. ARTHUR, C., org., *Religion and Media* (Cardiff: University of Wales Press, 1993); BADARACCO, C. H., org., *Quoting God: How Media Shape Ideas about Religion and Culture* (Waco, TX: Baylor University Press, 2005); *Christianity and Television*, edição especial de *Studies in World Christianity* 11, part 1 (2005) 1-143; CLARK, L. S., *From Angels to Aliens: Teenagers, the Media, and the Supernatural* (New York: Oxford University Press, 2003); EILERS, F.-J., org., *Church and Social Communication: Basic Documents* (2. ed.; Manila: Logos, 1997); HOOVER, S., *Religion in the Media Age* (London: Routledge, 2006); HOOVER, S. e CLARK, L. S., orgs., *Practicing Religion in the Age of the Media: Explorations in Media, Religion, and Culture* (New York: Columbia University Press, 2002); HOOVER, S., e LUNDBY, K., orgs., *Rethinking Media, Religion and Culture* (Thousand Oaks: Sage, 1997); HORSFIELD, P., HESS, M. E. e MEDRANO, A. M., orgs., *Belief in Media: Cultural Perspectives on Media and Christianity* (Aldershot: Ashgate, 2004); MITCHELL, J., "Theology and Film", in: *The Modern Theologians*, Ford, D. com Muers, R., orgs. (3. ed.; Oxford: Blackwell, 2005) 736-59; idem, *Media Violence and Christian Ethics* (Cambridge: Cambridge University Press, 2007); MITCHELL, J. e PLATE, S. B., orgs., *The Religion and Film Reader* (New York: Routledge, 2007); MITCHELL, J. e MARRIAGE, S., orgs., *Mediating Religion: Conversations in Media, Religion and Culture* (New York: T. & T. Clark, 2003 [inclui bibliografias com notas]); MORGAN, D., org., *Key Words in Religion, Media, and Culture* (New York: Routledge, 2008); idem, *The Lure of Images: A History of Religion and Visual Media in America* (New York: Routledge, 2007); idem, *The Sacred Gaze: Religious Visual Culture in Theory and Practice* (Berkeley: University of California Press, 2005); SUMIALA-SEPPÄNEN, J., LUNDBY, K. e SALOKANGAS, R., orgs., *Implications of the Sacred in (Post)Modern Media* (Göteborg: Nordicum, 2006).

J. Mitchell

MIGRAÇÃO

A migração é uma das formas ou causas mais antigas da *globalização. Por milhares de anos, a imprevisibilidade e precariedade da vida normal fizeram a migração e a realocação serem a norma dentro da existência humana. Miríade de fatores, desde mudanças ecológicas pouco compreendidas até vizinhos extremamente agressivos, exigiram movimentos recorrentes. A mobilidade era essencial para a sobrevivência. E o encontro de diferentes grupos (por conquista, por comércio ou migração) expande inevitavelmente os horizontes do conhecimento em ambos os lados e promove a inter-relação, fazendo o mundo "encolher". Mas foi só no início do século 15 que migrações em larga escala estenderam-se além dos confins dos movimentos por terra, quando primeiro os chineses e depois os europeus ocidentais adquiriram conhecimento e tecnologia náuticas suficientes para realizar viagens oceânicas de longa distância.

Explorações europeias começaram com aventuras portuguesas no final do século 15 e se expandiram rapidamente, levadas por um desejo de contornar as tremendas barreiras impostas pelo *islamismo ao sul e ao leste da Europa e estender o alcance comercial da Europa. Dali em diante, o que começou como uma tentativa de exploração comercial marcada por motivações religiosas floresceu num projeto global extraordinário. Por um período superior a 450 anos, a migração internacional foi moldada por iniciativas, ambições e prioridades europeias. Todo esse período de migração internacional pode ser dividido em três fases principais.

1. A expansão europeia e o comércio escravagista no Atlântico (1500 a 1850)

2. O alto imperialismo e o crescimento industrial (1800 a 1960)
3. As migrações globais (a partir da década de 1960)

1. A expansão europeia e o comércio escravagista no Atlântico (1500 a 1850)
Durante a primeira fase (1500-1850), os europeus se apropriaram de vastas porções das Américas, África, Ásia e Oceania e as ocuparam. A migração era instigada pelas necessidades mercantis europeias e girava em torno do estabelecimento de lavouras para cultivo de açúcar, café e tabaco em grande escala. Só um número relativamente pequeno de europeus (talvez algumas centenas de milhares) migrou durante esse período como colonos, artesãos, empreendedores e administradores. Mas a economia agrícola exigia labor intenso e a demanda insaciável por mão de obra barata tornou-se a força motivadora da transferência organizada e maciça de milhões de pessoas por meio do comércio escravagista no Atlântico. O mundo mudou dramaticamente depois que vastas áreas do globo foram submetidas à hegemonia europeia, exploradas de acordo com as necessidades econômicas europeias e completamente expostas às ideologias, instituições e cultura europeias.

2. O alto imperialismo e o crescimento industrial (1800 a 1960)
A segunda fase de migração internacional foi também definida por movimento, expansão política e ambições econômicas europeias. De 1800 a 1925, entre 50 e 60 milhões de europeus mudaram-se para destinos transoceânicos. Em 1915, 21 por cento dos europeus residiam fora da Europa, e os europeus ocuparam efetivamente ou se estabeleceram em um terço do mundo habitado. Esta, a migração mais notável da história humana até aquele momento, foi instigada por uma combinação de industrialização, crescimento populacional massivo na Europa e as necessidades vorazes do império. A esse movimento europeu somaram-se as transferências intercontinentais forçadas ou coagidas de não europeus (inclusive milhões de chineses e indianos) para dentro ou fora de áreas sob controle direto ou indireto de poderes europeus a fim de suprir mão de obra para plantações, minas e construções de estradas de ferro no projeto europeu de expansão industrial.

Mas intimamente relacionado com o inchaço extraordinário dos movimentos migratórios e ações imperialistas europeus estão as iniciativas *missionárias igualmente sem precedentes. Em 1500 a Europa era o centro nevrálgico da fé cristã. A identidade e a autoimagem europeias eram definidas e moldadas pela "cristandade", um construto religioso e político em que o cristianismo era entendido como uma realidade territorial. O entendimento e a mentalidade que brotou desse conceito influenciou a expansão colonial europeia. Nações europeias, tanto católicas como protestantes, acreditavam que seu poderio militar e tecnológico vastamente superiores, bem como sua vasta apropriação territorial, refletiam a providência e o propósito de Deus; que as conquistas imperialistas eram ordenadas por Deus para a expansão do *evangelho da *salvação. Essas crenças, codificadas nas doutrinas da "providência divina" e do "destino manifesto", exemplificam a aceitação explícita do elo entre o império e a missão cristã.

As implicações eram paradoxais: embora a conversão de não europeus à fé cristã fosse considerada com muita seriedade, a ação missionária ficou atrelada à agressão política e à exploração econômica. E ainda que os missionários europeus muitas vezes fizessem sacrifícios extraordinários em seus esforços para pregar o evangelho em terras distantes, o projeto missionário foi afligido por atitudes de superioridade cultural e racial — ainda que os clamores do evangelho e a tradução de sua mensagem tenham providenciado uma poderosa força para neutralizá-las.

É digno de nota que a apropriação do termo "missão" para descrever o *envio* de agentes eclesiásticos para territórios distantes refletia esses pressupostos. Antes do século 16, o termo latino *misio* ("enviar") existia no léxico como descritivo da atividade dentro da Santa Trindade — a saber, o envio do Filho pelo Pai ou do Espírito Santo pelo Filho. Esse conceito teológico enigmático foi primeiro adotado por Inácio de Loyola (1491-1556), o fundador extraordinariamente capacitado da Sociedade de Jesus, para descrever os esforços dos jesuítas fora da Europa. Esses esforços eram ligados à expansão colonial europeia e sancionados por monarcas católicos poderosos. Daí em diante, o termo "missões" como descrição de empreendimentos europeus no além-mar (tanto católicos como protestantes) seria investido de pesadas conotações de dominação colonial ou agressão imperial.

Tudo isso não implica que as iniciativas missionárias eram totalmente motivadas por intenções imperialistas ou que a ligação entre as duas era inevitável. O impulso missionário, que exige a pregação do evangelho a todos os povos do mundo, é intrínseco à fé cristã. Historicamente, o alcance da atividade missionária superou muitas vezes a do império — as primeiras tentativas dos jesuítas na China e no Japão ou, mais tarde, as iniciativas dos morávios na Groenlândia são exemplos óbvios. Iniciativas missionárias podem até incluir um anti-imperialismo, como no caso da igreja primitiva ou dos cristãos negros da América, que levaram o evangelho para o outro lado do oceano, imigrando em números significativos para a África, em resposta a uma visão missionária.

Ainda assim, o movimento missionário europeu foi muito extraordinário. Missionários europeus não só tiraram proveito da projeção do poder político ocidental, como também formaram um segmento do fluxo massivo de migrações europeias que caracterizou a segunda fase de migrações internacionais. O fluxo e refluxo da atividade missionária era uma decorrência da onda muito mais ampla dos movimentos migratórios. Ambos foram moldados por desenvolvimentos tecnológicos e demográficos; ambos foram possibilitados por desigualdades econômicas enormes e superioridade militar. Uma vez que o movimento missionário europeu refletia tendências migratórias mais amplas, seu formato e tamanho foram também afetados por fluxos migratórios. Isso explica a correspondência entre o mais amplo dos movimentos missionários e o maior movimento migratório da história.

3. Migrações globais
(a partir da década de 1960)

Por razões políticas e econômicas complexas, a descolonização e o fim formal dos impérios ocidentais têm testemunhado uma intensificação e também uma *reversão* dos fluxos migratórios internacionais. Na era atual de migrações internacionais (desde os anos 1960), os fluxos migratórios têm crescido de maneira fenomenal — em 2005, estimava-se que havia 191 milhões de migrantes internacionais no mundo, sendo que eram 75 milhões em 1960. Também têm ocorrido principalmente do Sul para o Norte (e do Leste para o Oeste), quando antes eram predominantemente do Norte para o Sul. De maneira notável, esta era de migrações globais também tem visto regiões no mundo não ocidental (antigas colônias e campos missionários na África e na América Latina, em particular) emergirem como novos centros nevrálgicos de fé cristã. Mais de 65 por cento dos cristãos vivem agora fora do Ocidente, comparados com os menos de 10 por cento em 1800. O fato de o movimento migratório saindo de países menos desenvolvidos (no Sul) para países altamente desenvolvidos (no Norte) coincidir com a emergência do Sul como o novo centro do cristianismo global é profundamente significativo. Em 2000, mais de 70 por cento dos imigrantes que chegaram aos principais países de destino na Europa Ocidental e América do Norte eram do mundo não ocidental.

Como nas fases anteriores de migração internacional, migração e missão permanecem ligadas de maneira poderosa. Precisamente porque os centros do cristianismo global estão agora no Sul, as migrações norte–sul contemporâneas formam o eixo principal de um importante movimento missionário não ocidental. Por meio de movimentos migratórios, as atividades missionárias cristãs estão cruzando o globo de modo sem precedentes, principalmente por meio de redes transnacionais. Nunca antes o curso do movimento missionário foi tão multidirecional, diversificado e global.

Iniciativas missionárias ocidentais permanecem muito visíveis, mas já não são as mais dominantes ou influentes. Teologias ocidentais dominam o currículo teológico, mas as iniciativas, experiências e percepções teológicas não ocidentais bem podem conter as chaves para a compreensão do futuro do cristianismo. Na Europa e na América do Norte, congregações cristãs imigrantes têm proliferado de maneira vigorosa, promovendo expressões de fé que com frequência são tão não europeias quanto as de outras religiões do mundo. Elas incorporam o elo histórico entre migração e missão que tem impulsionado a expansão cristã desde que refugiados migrantes anônimos pregaram o evangelho a não judeus em Antioquia (Atos 11.19-20). As estratégias missionárias e os construtos teológicos que definem este movimento só agora começam a se evidenciar e levarão um tempo para assumirem uma forma concreta. Mas sua ênfase no poder espiritual, identificação com minorias desprezadas, libertação (ou desligamento) de estruturas de poder político e dominação econômica, testemunho com base na igreja e afinidade estreita com padrões do Novo Testamento são indicações plenas de descontinuidades importantes em relação a iniciativas ou modelos ocidentais. Mas as continuidades são igualmente significativas: notadamente a ligação entre migração, ação missionária e novas reflexões teológicas.

Veja também GLOBALIZAÇÃO; HIBRIDISMO; MOVIMENTOS MISSIONÁRIOS; RAÇA, RACISMO E ETNICIDADE.

BIBLIOGRAFIA. BOSCH, D. J., *Transforming Mission: Paradigm Shifts in Theology of Mission* (Maryknoll: Orbis, 1991); HANCILES, J. J., *Mission and Migration: Some Implications for the Twenty-first Century Church*, IBMR 27:4 (2003) 146-53; idem, *Beyond Christendom: Globalization, African Migration and the Transformation of the West* (Maryknoll: Orbis, 2008); LATOURETTE, K. S., *The Thousand Years of Uncertainty*, vol. 2 of *A History of the Expansion of Christianity* (Grand Rapids: Zondervan, 1970 [1938]); SPELLMAN, W. M., *The Global Community: Migration and the Making of the Modern World* (Gloucestershire: Sutton, 2002); WALLS, A. F., *The Cross-Cultural Process in Christian History: Studies in the Transmission and Appropriation of Faith* (Maryknoll: Orbis, 2002); idem, *Mission and Migration: The Disapora Factor in Christian History*, JACT 5:2 (2002) 3-11.

J. J. Hanciles

MILAGRE

O tópico do milagre mostra um choque de culturas entre a teologia cristã tradicional e a experiência humana em todo o mundo. Isso é especialmente verdadeiro na maior parte das sociedades não ocidentais, mas, cada vez mais, também no mundo pós-moderno em que, por exemplo, 89 por cento dos americanos acreditam que Deus realiza milagre com seu poder até hoje. A maioria das culturas partilha de uma crença generalizada na vida após a morte, em deuses ou espíritos que podem afetar o ambiente físico, em possessões espirituais e em exorcismo, em predições e visões do desconhecido, no poder da cura espiritual e no poder das maldições para causar efeitos malignos. Em contraste, a teologia protestante tradicional, aceita os milagres da Bíblia como tais, ou nega ou minimiza o lugar dos milagres na experiência cristã *moderna*. É razoável dizer que a maior parte dos povos do mundo partilha de uma cosmovisão mais próxima da Bíblia do que da maioria dos teólogos do Ocidente. Só isso já pode explicar o crescimento explosivo do cristianismo carismático ou pentecostal (com sua ênfase em milagres hoje) no mundo não ocidental, devendo chegar a um bilhão de adeptos em 2015. Por que persiste essa diferença curiosa entre a teologia protestante tradicional e a experiência da maioria dos humanos?

1. Definições tradicionais de milagre
2. Uma crítica das concepções tradicionais de milagre
3. A Bíblia e o milagre

1. Definições tradicionais de milagre

Uma confusão sobre o que se compreende por "milagre" molda a opinião da pessoa quanto à sua ocorrência ou não. Uma análise e crítica das definições clássicas de milagre pavimentarão o caminho para uma expressão mais bíblica que se harmoniza de maneira muito mais autêntica com a experiência humana global.

1.1. A definição clássica. Essa definição vem de Tomás de Aquino (1225-1274) em *Summa Contra Gentiles* 3: "são adequadamente chamados milagres aquilo que é feito por agência divina, fora da ordem comumente observada na natureza". Por meio da razão, um observador pode deduzir a origem divina de um evento e classificá-lo como um milagre. Para não haver dúvidas de que o evento é um milagre, é preciso que seja instantâneo e total; não pode ser atribuído a nenhum recurso natural, como a medicina (*Summa*

Theologica 1.110). Além disso, um milagre verdadeiro não pode comprovar falsas doutrinas. Os milagres podem incluir, portanto, o reaparecimento de uma mão que faltava, a revelação mediante profecia de algo que não haveria possibilidade de alguém saber; ou a transmissão do dom do Espírito Santo pela imposição de mãos.

De acordo com Aquino, a função central dos milagres é servir como sinal perceptível, um *testimonium*, para garantir a origem divina e a verdade das doutrinas cristãs, particularmente a deidade de Cristo. Então, depois de ter "garantido" a doutrina cristã de uma vez por todas, os milagres tinham poucas outras funções. Assim, os milagres e os dons espirituais ficaram limitados à era do Novo Testamento (a doutrina do cessacionismo). Em vários outros trechos, porém, Aquino enfraquece essa posição cessacionista, sustentando que os milagres podem voltar a ocorrer se confirmam a pregação do evangelho. Além disso, outra exceção ao cessacionismo, sugere Aquino, é que os fiéis de grande santidade podem manifestar dons miraculosos do Espírito, uma doutrina que fortaleceu a veneração de santuários e a canonização de santos por meio de milagres. O interesse geral por santos e santuários na Idade Média resultou numa distorção não bíblica quanto aos milagres que, em parte, desencadeou a *Reforma.

1.2. A concepção protestante de milagre.
A opinião protestante diferiu pouco da de Aquino, exceto por ter se tornado instrumento para atacar a autoridade da Igreja Católica Romana baseada em alegações de milagres entre seus santos e santuários. O reformador protestante João Calvino (1509-1564) desenvolveu a teoria de milagres de Aquino, destacando que eles autenticavam não só a doutrina cristã original, mas salientavam a autenticação dos *apóstolos* originais e de seus *escritos* do Novo Testamento. Com isso, Calvino tentou abalar a doutrina católica da sucessão apostólica, uma doutrina que declara que o papa reinante é o último apóstolo e, portanto, que seus escritos (encíclicas) são tão compulsórios quanto as Escrituras (*veja* Papado). Calvino desconsiderou as alegações católicas de milagres contemporâneos, julgando-as falsas ou falsificações, porque tentam provar uma doutrina "falsa".

Concepções protestantes subsequentes de milagres variam de Schleiermacher (1768-1834), que entendia (como Agostinho) que, para o cristão, quase todos os eventos (desde que estejam sob o controle de Deus), podem ser entendidos como um milagre, até Rudolf Bultmann (1884-1976), que concluiu que os relatos bíblicos de milagres surgiram dentro de uma cosmovisão primitiva, não científica, não mais defensável. A solução seria encontrada num método hermenêutico de "demitização", que procura não eliminar a mitologia, mas interpretá-la para descobrir o significado mais profundo, o querigma existencial, por trás dessa linguagem (Bultmann, 18).

1.3. A concepção iluminista do milagre.
A concepção do *Iluminismo (c. 1650 até o presente) desenvolveu a doutrina de Aquino ao extremo, destacando o poder da razão humana para determinar a atividade divina, se houver. Ainda que, em essência, os principais pensadores do início do Iluminismo, como John Locke e Isaac Newton, fossem cristãos ortodoxos que recorriam aos milagres bíblicos como provas em favor do cristianismo, o Iluminismo posterior, representado por Voltaire e David Hume, negava totalmente a possibilidade de milagres. Hume, num argumento circular, apelava às "leis da natureza" (e as definia), excluindo a possibilidade de milagres. "Um milagre é uma violação das leis da natureza; e visto que uma experiência firme e inalterável estabeleceu essas leis, a prova contra um milagre, pela própria natureza do fato, é tão íntegra quanto qualquer argumento baseado na experiência que se possa imaginar" (Hume, 86). Assim, como um cavalheiro inglês alardeando uma educação científica do século 18, Hume presumia que seria possível predizer completamente todas as "leis" da natureza e se elas seriam ou não "violadas" pela ocorrência de um evento. A noção de "natureza", peculiar de Hume, era estritamente material e física, não permitindo nenhuma possibilidade séria de alguma ação divina dentro dela. Essa ideia veio a dominar boa parte do mundo acadêmico hoje, que faz distinção entre "ciência" — o único estudo verdadeiro e válido da natureza — e a "religião", que é vista como uma combinação de "fé" irracional e superstição antiga. Na virada do século 21, essa posição da era

do Iluminismo estava sob persistente ataque do movimento do design inteligente, a teoria de que a vida irredutivelmente complexa começou cedo demais na história da terra e sob condições extremamente hostis para se ter "juntado" ao acaso, sem um plano prévio e uma força motivadora. Em 2004, esse argumento mostrou-se convincente para Antony Flew, que até então talvez fosse o ateu mais proeminente do mundo e simpatizante e conhecedor de David Hume. O "milagre" do design inteligente tem atraído mais atenção e apreciação entre astrofísicos e astrônomos do que entre biólogos, mas, mesmo entre eles, o movimento tem mostrado crescimento (Ross) (*veja* Ciência e Teologia).

2. Uma crítica das concepções tradicionais de milagre

Nossa crítica às posições tradicionais envolvem quatro observações.

1. A partir de Aquino, passou-se a crer que um ato de Deus num "milagre" poderia ser percebido racionalmente, com base em critérios observados de uma plataforma "objetiva" entre a fé e a incredulidade. A Bíblia, porém, observa que a verdadeira percepção de milagres, inclusive o grande milagre da criação, requer uma revelação afirmadora de Deus, que ancora o processo mental humano (Rm 1.16-28; 1Co 2.14).

2. Ainda que a maior parte dos cristãos acredite que o poder de Deus sustém continuamente a natureza, a teologia tradicional tende a ver a natureza de modo um tanto deísta. Ou seja, Deus criou a natureza, mas agora ela segue mais ou menos pela própria força mecânica, ideia que contribuiu para a teoria da evolução. Com frequência, essa opinião "deísta" é também aplicada à igreja: que Deus deu à igreja um *start* com milagres no início, mas agora ela segue pela aplicação da doutrina das Escrituras na vida diária, sem a presença de milagres hoje. São Paulo fica admirado com essa atitude: *Tendo começado pelo Espírito* [*milagroso*], *serão completados agora na carne* [*força humana*] ... *Será que o Deus que lhes dá o Espírito e realiza milagres entre vocês faz isso pelas obras da lei* [*aplicação de regras religiosas*] *ou pelo "ouvir"* [*do dom*] *da fé* [*revelação de Deus*]? (Gl 3.3, 5, tradução/paráfrase do autor).

3. Ainda outra dificuldade com a posição tradicional é que os milagres são vistos apenas como "provas" ou "evidências", quando percebidas de modo racional, da doutrina ou autenticação de seus escritores originais. A tradução infeliz por "sinais" dá a entender que milagres só têm a importância do que apontam. A pregação tradicional, portanto, só pode transformar os milagres em metáforas de conversão cristã: os "cegos" agora veem a luz do evangelho, os "surdos" ouvem a Palavra, os "mortos" (no pecado) são ressuscitados para a vida regenerada na salvação, e assim por diante. Assim como Aquino, que entende a recepção do Espírito pela imposição de mãos como um milagre, os pentecostais tradicionais também veem o milagre de falar em línguas (*veja* Glossolalia) principalmente como "evidência" do recebimento do Espírito. Os "milagres" do Novo Testamento não *provam* o evangelho, eles *expressam* o evangelho – a própria essência do *reino de Deus (1Co 4.20).

4. Por fim, a posição tradicional sobre milagres ensina que, se a função deles era dar crédito aos escritos bíblicos e se as alegações subsequentes de milagres só poderiam ser aduzidas a provar doutrinas novas e extrabíblicas, portanto, falsas, segue-se que os verdadeiros milagres *cessaram* depois da era do Novo Testamento. Assim, cessaram dons espirituais (*charismata*) "extraordinários", "miraculosos" ou "sobrenaturais", como os de *curar, profetizar ou falar em línguas, enquanto outros, mais "ordinários" ou "naturais", tais como administração, ensino e hospitalidade, continuam. Mas essa dicotomia de "natural – sobrenatural" quanto a dons espirituais ou milagres (ou, nesse sentido, toda a criação) é desconhecida na Bíblia, pelo fato de *todos* serem concedidos pelo Espírito Santo. Especificamente, Paulo diz: *Os* charismata *e o chamado de Deus são irrevogáveis* (Rm 11.29). Também, ao se referir a diferentes dons espirituais, Paulo escreve: *O olho não pode dizer à mão: Não tenho necessidade de ti* (1Co 12.21), mas o cessacionismo alega exatamente isso. Em todo caso, do ponto de vista teológico e bíblico (Ruthven) e do ponto de vista sociológico, pelo menos no ocidente anglo-americano (Mullin), o cessacionismo é uma opção pálida.

3. A Bíblia e o milagre

Os termos bíblicos que significam milagre (*sēmeion* ["expressão", "marca", "sinal"], muitas vezes junto com *teras* ["milagre"], *dynamis* ["poder"] e *ergon* ["ação/obra"]) salientam os atos de poder que revelam Deus na expressão do evangelho, que são então em geral explicados em discurso ou vice-versa (e.g. 1Ts 1.5; Hb 2.4). A teologia tradicional "demitizou" o milagroso, ênfase carismática muitas vezes encontrada em termos bíblicos como *salvação* (69 por cento dos contextos em que os Evangelhos Sinóticos referem-se à cura), *graça* (não apensa "favor imerecido", mas principalmente "poder carismático"), *fé* (42 por cento dos contextos são fé para um milagre), *oração* (quase todas as consequências de orações em Atos e nas Epístolas são operações carismáticas), *palavra* (forte componente da profecia), *nova aliança* (a promessa do Espírito dos profetas), *conhecimento* e *sabedoria* (não simples atividade mental, mas principalmente dons de revelação), *poder* (não só "capacitação" ou "entusiasmo", mas "obras poderosas" de Deus), *reino de Deus* (não a igreja, mas a atividade governante de Deus no poder), *Espírito* e até *discípulo*. Em contraposição à pequena ênfase que a teologia tradicional dá aos milagres (ocupando cerca de três décimos de 1 por cento do espaço em obras teológicas de referência, de acordo com um estudo), a ênfase do Novo Testamento na cura, exorcismo e revelação a indivíduos é surpreendente. Por exemplo, em Marcos, 65 por cento do espaço devotado ao ministério público é dedicado a esses temas. Quando o Novo Testamento resume o ministério de Jesus e seus discípulos, é central a proeminência dos milagres (quanto a Jesus: Lc 4.18-19; At 2.22-40; 10.38; 1Jo 3.8; e quanto a Paulo: At 15.12; Rm 15.19; 2Co 12.12; Fp 3.10; 1Ts 1.5). Como Jesus, Paulo é poderoso em "obras e palavras" (termo rabínico para "profecia e milagre", Lc 24.29; Rm 15.19). O motivo explícito pelo qual Jesus chama seus discípulos é para curar enfermos, expulsar demônios e, com isso, apresentar o reino (Mc 3.14-15; Mt 10.1-19 par. Lc 9.1-11 e Mc 6.7; assim também Mt 28.19-20). Em harmonia com isso, as orações de Paulo — sua agenda — por suas igrejas tratam principalmente da capacitação delas com dons espirituais de revelação ou milagres (Ef 1.19-20; 3.16, 20; 3.10; Cl 1.11; 2Ts 1.1; 1Tm 1.7). Aliás, a própria essência do "cristianismo" — o termo bíblico é "reino de Deus" — é seu poder divino (miraculoso) (1Co 2.4-5; 4.20; cf. Mt 12.28 par. Lc 11.20). A vida cristã ideal não significa promoção de milagres, mas viver na tensão entre o poder e o sofrimento (2Co 12.12; Fp 3.10): no "já" do Espírito realizador de milagres prometido pelos profetas, bem como no "ainda não" da vitória total sobre todo sofrimento e mal.

Veja também Batalha Espiritual; Cura e Libertação; Glossolalia; Movimentos Carismáticos; Pentecostalismo; Pneumatologia.

Bibliografia. Brown, C., *Miracles and the Critical Mind* (Grand Rapids: Eerdmans, 1984); Bultmann, R., *Jesus Christ and Mythology* (New York: Scribner's, 1958); Delling, G., *Antike Wundertexte* (Berlin: Walter De Gruyter, 1960); Dunn, J. D. G., *Jesus and the Spirit* (Philadelphia: Westminster, 1984); Greig, G. e Springer, K., *The Kingdom and the Power* (Ventura: Regal, 1993); Hume, D., *An Enquiry Concerning Human Understanding*, edição de T. L. Beauchamp (Oxford: Oxford University Press, 2000); Mbiti, J., ὁ σωτὴρ ἡμῶν [*Our Savior*] as an African Experience," in *Christ and the Spirit in the New Testament*, B. Lindars e S. Smalley, orgs. (Cambridge: Cambridge University Press, 1973) 397-414; Moule, C. F. D., org., *Miracles: Cambridge Studies in Their Philosophy and History* (London: Mowbray, 1965); Mullin, R. B., *Miracles and the Modern Religious Imagination* (New Haven: Yale University Press, 1996); Nolland, J., *Grace as Power*, NovT 1 (1986) 26-31; Ross, H., *The Creator and the Cosmos* (Colorado Springs: NavPress, 2002); Ruthven, J., *On the Cessation of the Charismata: The Protestant Polemic on Miracles* (Sheffield: University of Sheffield Academic Press, 1993); Suhl, A., org., *Der Wunderbegriff im Neuen Testament* (Darmstadt: Wissenschaftliche Buchgesellschaft, 1980); Twelftree, G., *Jesus the Miracle Worker* (Downers Grove: InterVarsity Press, 1999); Wimber, J., *Power Healing* (San Francisco: HarperCollins, 1987).

J. Ruthven

MILENISMO. *Veja* Escatologia.

MIRANDA, JOSÉ PORFIRIO. *Veja* Teologia da Libertação.

MISSÃO HOLÍSTICA

O termo *missão holística* tenta capturar um conceito de missão que integra a proclamação do *evangelho com a obediência ao mandamento de amar o próximo. A mensagem do evangelho precisa ser declarada especificamente de tal modo que o ouvinte seja desafiado pela maravilha da graça de Deus. Ao mesmo tempo, aqueles ouvintes em potencial que estão sofrendo injustiças ou miséria precisam ver o impacto do evangelho na vida daquele que fala, pelo esforço que faz para procurar suprir a necessidade deles. Além disso, uma pessoa que nunca tenha experimentado o amor sacrificial pode precisar que esse amor seja expresso pelo menos em pequena medida como indicativo do amor sacrificial de Cristo por nós.

1. Fundamentos bíblicos e teológicos
2. O Movimento de Lausanne
3. O resgate de uma tradição evangelical

1. Fundamentos bíblicos e teológicos
A base para esse conceito de missão tem raízes no próprio caráter de Deus. Os filhos de Israel ouviram a respeito do Deus que os resgatou da escravidão. Eles aprenderam por meio do ritual e da concessão da lei que Deus é Santo. Sua própria natureza é santa, e ele chama seu povo para ser santo (Lv 11.44-45). A lei foi dada aos filhos de Israel para que pudessem viver uma vida moralmente reta e ser para as nações uma testemunha do único Deus verdadeiro, Criador de toda a terra, o Santo (Êx 19.6; Sl 99; Is 6.3). Com esse entendimento da santidade de Deus, Jeremias deixa claro que Deus é justiça (Jr 23.6) e o salmista louva Deus por sua justiça (Sl 11.7; 129.4; 145.17). Esse fato é destacado no Novo Testamento (e.g., Jo 17.25; Rm 3.21-26; 2Tm 4.8; 1Jo 2.1). Somos chamados para sermos cheios do fruto da justiça (2Co 5.21; Fp 1.11).

Em hebraico e em grego, a palavra traduzida por retidão, *ṣedeq / dikaiosynē*, também significam justiça. Justiça e retidão estão linguística e teologicamente ligadas. Assim, o salmista declara: *Justiça e juízo são alicerces do teu trono* (Sl 89.14); e Amós declara: "Corra a justiça como as águas, e a retidão, como ribeiro perene" (Am 5.24). Amós e Miquéias convocam o povo de Deus para refletir o caráter de Deus para o mundo. Devemos anunciar as boas novas de retidão e exercer a justiça (Mq 6.8) em nossa sociedade, e desse modo estamos dando a conhecer que Deus é Santo (Is 42.6-7; Rm 12.1-2; Ef 4.24).

Outra base para compreender a missão holística é entender as palavras de Jesus de que ele veio trazer o *reino de Deus (Mt 4.23; 12.28; 24.14; Mc 1.14; Lc 8.10; 11.20; At 1.3; 28.31). Jesus é a manifestação do reino, e somos chamados para um relacionamento com o Rei, possibilitado justamente por meio de seu ato de sacrifício. O reino de Deus é perdão, reconciliação e uma ordem social diferente, de modo que uma vida transformada deve refletir ao mundo o caráter reto de um Deus Criador amoroso e justo. O tema do reino carrega em si o desejo de restauração da justiça (Lc 4.18-19; Is 61.10), e o fato de Jesus ter trazido ao mundo sua atividade redentora significa que temos a responsabilidade de participar do reino agora e também de manter uma forte expectativa quanto ao reino vindouro. Isso significa que não estamos alienados do mundo, pelo contrário, temos a responsabilidade de sermos embaixadores de Cristo para o mundo. Isso é exemplificado no envio dos discípulos para sua primeira missão. Eles deviam pregar a vinda do reino, expulsar espíritos maus e curar (Lc 10) — deviam suprir necessidades imediatas. Esse entendimento do reino é exemplificado adiante, nas ações e palavras dos apóstolos registradas em Atos 4.

Karl Barth, no estudo *Missio Dei*, de 1933, apontou esse fato de que estamos envolvidos na missão divina e, portanto, devemos refletir o chamado para a justiça e a retidão como parte do anúncio da graça de Deus que oferece salvação a todos os que se arrependem. O desafio de Barth foi apresentado na Conferência do Conselho Missionário Internacional em Willingen, 1952. O resultado foi que o termo *Missio Dei* emergiu, apontando o fato de que toda missão é missão de Deus, portanto, a igreja é instrumento chamado por Deus para fazer conhecido o reino de Deus. Assim, precisamos fazer com que todo o evangelho seja conhecido em palavras e em atos. Na época, outra linha de reflexão estava sendo desenvolvida no tema do *shalom*. Jeremias instruiu os que estavam seguindo para o exílio: "empenhai-vos pelo *shalom* da cidade ... porque o *shalom* dela será o vosso *shalom*" (Jr 29.7). Shalom indica relacionamentos corretos — com Deus, com os outros e dentro da comunidade. A paz verdadeira só será encontrada em Cristo, de modo que é preciso voltar-se para Cristo e aceitar essa dádiva gratuita de salvação. Ao mesmo tempo, como destaca o Salmo 85, a retidão / justiça está atada à paz (Sl 85.10). Esse é um salmo significativo por estabelecer o contexto em termos de salvação. Pode-se fazer a ligação com o anúncio do nascimento de Jesus em Lucas 2.14. Tendo sido reconciliados com Deus em Cristo, devemos buscar reconciliação com o próximo e promover a justiça e a paz de Deus na comunidade.

O desafio de Barth deixou claro que se havia desenvolvido uma abordagem dualista da missão e era preciso rejeitá-la à luz da teologia do reino de Deus. Depois da conferência missionária de 1910, desenvolveu-se essa lógica dualista quando alguns elementos da igreja global deram ênfase em ações políticas e sociais, menosprezando a centralidade do anúncio da mensagem do evangelho. Isso foi chamado de *evangelho social*. Os que se apegavam à Bíblia reagiram contra isso, deixando clara a necessidade de anunciar o evangelho. Ao destacar a necessidade de declarar o evangelho em palavras, havia uma tendência de tornar secundário o mandamento de amar o próximo. Assim, questões de justiça e o atendimento das necessidades dos pobres, viúvas, órfãos e carentes foram deixados como responsabilidades do mundo secular.

2. O Movimento de Lausanne
A posição dualista foi questionada pelos evangelicais numa conferência em Chicago em 1973 e a declaração dessa conferência tornou-se base para uma reconsideração no Congresso de Lausanne sobre Evangelização Mundial em 1974 (*veja* Lausanne, Movimento e Pacto). Nesse evento de 1974, adotou-se o amplamente aclamado Pacto de Lausanne. Ele afirma na cláusula 5:

A mensagem da salvação implica também uma mensagem de juízo sobre toda forma de alienação, de opressão e de discriminação ... Quando as pessoas recebem Cristo, nascem de novo em seu reino e devem procurar não só evidenciar, mas também divulgar a retidão do reino ... A salvação que alegamos possuir deve estar nos transformando na totalidade de nossas responsabilidades pessoais e sociais. A fé sem obras é morta.

O efeito do Pacto de Lausanne foi ocasionar outras consultas, primeiro entre os evagelicais e o Conselho Mundial de Igrejas, levando a uma declaração proveitosa sobre Missão e Evangelização. Este foi seguido de outra conferência em Stuttgart em 1987 (veja a declaração em Samuel e Hauser). O movimento de Lausanne em si realizou uma consulta em 1982 para refletir sobre a questão que havia sido desagregadora e a examinaram em detalhes, observando que o amor ao próximo é afetado pela natureza do contexto do próximo, conforme se trata na parábola do bom samaritano. Esse relatório destaca que é necessário pregar o evangelho e ao mesmo tempo demonstrar a justiça de Deus que é Santo e Senhor soberano de toda a terra.

Lausanne hospedou um fórum global em 2004, e um grupo temático no fórum examinou melhor a questão da missão holística. Esse grupo examinou as reflexões de Lesslie Newbigin sobre os primeiros sete capítulos de Atos, que o levaram a considerar que o testemunho cristão é muitas vezes o resultado de ações que "provocam perguntas para as quais o evangelho é a resposta". Essas ações promotoras de perguntas podem ser ou a obra poderosa de Deus ou a vida eloquente de um agente de ações humanitárias atencioso. Essa abordagem apresenta uma alternativa sensível (particularmente em contextos antagônicos) em que a iniciativa para inquirir a respeito de coisas espirituais pode ser tomada por aqueles que estão se beneficiando de um ministério de assistência, mas ainda não conhecem acerca da graça de Deus em Cristo. O relatório do fórum declarava que "missão holística é o meio pelo qual a glória do reino de Deus é anunciada e concretamente manifestada na história, prenunciando o fim pelo poder do Espírito" (*veja* Artigos de Lausanne nº. 33).

3. O resgate de uma tradição evangelical

A missão holística começou com os apóstolos e foi realçada por Nicolaus Zinzendorf no movimento morávio do início do século 18. O movimento pietista da época sustentava que o serviço à alma era inseparável do serviço ao corpo, e isso levou a todo um leque de ministérios de serviço. Na década de 1820, o evangelista Charles Finney desenvolveu ministérios de assistência como parte de seu programa evangelístico no centro de Nova York; outros evangelistas como F. B. Mexer, John H. Jowett e Charles H. Spurgeon estabeleceram ministérios de assistência para os necessitados de suas cidades. Ao mesmo tempo, evangelicais na Inglaterra assumiram a liderança na aprovação de leis para proibir o comércio de escravos e até persuadiram o governo da época a usar sua frota para abordar navios negreiros que estivessem atravessando o Atlântico e o Índico.

A reação a uma ênfase na ação social como a única expressão necessária do evangelho durante o início do século 20 acabou sendo equilibrado pela reflexão das várias conferências promovidas pelos evangelicais desde então. Como consequência, emergiram algumas organizações com uma agenda para assistir os necessitados e/ou promover justiça, tendo ao mesmo tempo uma agenda clara de usar cada oportunidade para anunciar as boas novas.

Pessoas de todas as nações, todas as culturas e todas as línguas precisam ver o caráter de Deus manifestado, e isso só vai acontecer se os cristãos refletirem a santidade de Deus no exercício da justiça, seu amor no exercício de ministérios de assistência e seu reino na defesa da paz. O evangelho é primeiro expresso na vida da comunidade dos fiéis e depois na declaração das boas novas da divina eterna graça salvadora. Nessa apresentação integrada do evangelho, as palavras acerca da graça, do amor e do perdão divinos começam a fazer sentido mesmo para aqueles que têm rejeitado Deus, bem como para aqueles que estão querendo saber a respeito da eternidade.

Veja também Missões, Teologia de; Movimentos Missionários, Assistência e Desenvolvimento.

BIBLIOGRAFIA. AJULU, D., *Holism in Development: An African Perspective on Empowering Communities* (Monrovia: MARC, 2001); LAUSANNE 1974, *Lausanne Covenant* [Pacto de Lausanne] disponível em <www.lausanne.org>; FORUM [LAUSANNE] 2004, *Holistic Mission, Occasional Paper* 33, disponível em <www.lausanne.org>; MYERS, B. L., org., *Working with the Poor* (Monrovia: World Vision, 1999); NICHOLLS, B. J., org., *In Word and Deed: Evangelism and Social Responsibility* (Exeter: Paternoster, 1985); SAMUEL, V. e HAUSER, A., *Proclaiming Christ in Christ's Way: Studies in Integral Evangelism* (Oxford: Regnum, 1989); SAMUEL, V. e SUGDEN, C., *Mission as Transformation* (Oxford: Regnum, 1999); WRIGHT, C. J. H., *The Mission of God* (Downers Grove: IVP Academic, 2006).

D. Claydon

MISSIO DEI. *Veja* Missão Holística; Teologia de Missões.

MISSIOLOGIA. *Veja* Teologia de Missões.

MISTICISMO

O misticismo, como um fenômeno religioso amplamente distribuído, pode ser definido em termos amplos como uma consciência imediata da presença de Deus que é "fora das mediações internas e externas usuais encontradas em outros tipos de consciência" (McGinn). Um entendimento cristão do misticismo pressupõe uma estrutura teológica própria distinta, a saber, um relacionamento intensamente pessoal com o Deus trino. Essa consideração de um entendimento cristão do misticismo começa com as Escrituras, procede para a tradição cristã e depois para as considerações teológicas.

1. Pano de fundo bíblico
2. Entendimento patrístico
3. Um entendimento teológico do misticismo
4. Três caminhos
5. Misticismo protestante
6. Misticismo oriental

1. Pano de fundo bíblico

Há três principais contextos bíblicos que influenciam o entendimento do misticismo no cristianismo. O primeiro é a ideia do "mistério" como o propósito oculto de Deus para a humanidade que foi revelado com a vinda de Cristo. O conteúdo desse mistério é o *evangelho, do qual os apóstolos são mordomos (1Co 4.1; Ef 3.4-5). Uma segunda ideia bem ligada à primeira é que esse evangelho chama tanto judeus como gentios para dentro de um corpo em Cristo (Ef 3.6). Em Colossenses 1.26-27, *o mistério que esteve oculto durante séculos e gerações* é especificamente identificado como *Cristo em vós, a esperança da glória*. A ideia da união com Cristo viria a se constituir uma das pedras angulares do misticismo nos séculos subsequentes. Um terceiro elemento que contribui talvez de maneira mais direta para o desenvolvimento do misticismo cristão são os relatos bíblicos de experiências extraordinárias de pessoas piedosas: Moisés no monte Pisga, de onde ele avistou a Terra Prometida antes de morrer (Dt 3.27; 34.1-5); Pedro, Tiago e João no Monte da Transfiguração (Mt 17.1-9); Paulo sendo levado ao *terceiro céu* (2Co 12.2-10); Estêvão vendo a glória de Deus e Jesus em seu martírio (At 7.55-56). Autores místicos muitas vezes se referem a eles como casos paradigmáticos de experiências místicas. O último caso é particularmente interessante, uma vez que associa a visão de Deus ao martírio, compreendido como a máxima imitação de Jesus e a coroa de glória de um cristão.

No Novo Testamento, o conceito de mistério como revelação de Deus em Cristo comporta implicações importantes para uma teologia do misticismo. Primeiro, implica que a união mística sempre é um relacionamento de graça. Uma vez que é baseada na revelação divina, não pode ser resultado uma descoberta humana pessoal. Segundo, exclui formas esotéricas de misticismo envolvendo união com alguma base impessoal do ser ou do universo. O misticismo cristão é sempre união com Deus que se revelou em Cristo.

2. Entendimento patrístico

Entre os pais da igreja, a união do fiel com Cristo é um tema frequente em Inácio de Antioquia. Embora os estudiosos difiram sobre a propriedade de interpretar misticamente a linguagem da união, o que fica claro é que Inácio falou muitas vezes de sua "chegada a Deus" atrelada ao seu martírio iminente, que parece ecoar o caso paradigmático de Estêvão. Em Orígenes, o conceito neotestamentário do mistério foi aplicado também ao significado oculto, espiritual da Escritura (daí a interpretação alegórica), que faz paralelo com o mistério da presença de Cristo na eucaristia. Inicialmente, "místico" não carregava nenhuma noção de experiências extraordinárias, mas a ideia foi estendida gradualmente, passando a incluir uma dimensão experiencial. No Oriente, a união foi colocada no arcabouço neo-platônico da subida da alma a Deus, usando a imagem familiar da escada (João Clímaco, m. 650) (*veja* Deificação, Teose; Teologia Ortodoxa Oriental).

Mas foi de Agostinho que recebemos a linguagem hoje familiar associada às experiências místicas: o "terceiro céu", êxtase, visão — todas elas sugerindo uma experiência que transcende a experiência ordinária. Isso se tornou característico do misticismo medieval. A tendência era tratar o misticismo como uma graça especial dada a poucos extremamente desenvolvidos na vida espiritual.

3. Um entendimento teológico do misticismo

O misticismo poderia ser definido em termos gerais como uma consciência da presença como que "imediata" de Deus, ou seja, "sem as mediações internas e externas usuais encontradas em outros tipos de consciência" (McGinn). Esse entendimento teológico amplo poderia ser aplicado aos misticismos das religiões monoteístas, especialmente o judaísmo, cristianismo e islamismo. Mas um entendimento *cristão* do misticismo pressupõe seu próprio arcabouço teológico distintivo, a saber, num relacionamento intensamente pessoal com o Deus trino. Dentro desse arcabouço cristão básico, o relacionamento pessoal poderia ser compreendido como algo que admite vários graus de intensidade e profundidade de conhecimento pessoal. Isso dá origem a diferentes níveis de misticismo, desde o "misticismo cotidiano" (Rahner) para formas mais elevadas baseadas na teologia apofática.

O misticismo cotidiano é a descoberta de Deus nas coisas e nos afazeres cotidianos da vida. Isso não é só uma vaga percepção, mas um momento de intensa consciência da presença divina. Essas experiências foram notadas em Teresa de Lisieux (1873-1897). Embora Teresa não tenha experimentado visões e "graças extraordinárias", aliás, as evitasse durante sua curta vida, sua autobiografia registra muitos momentos em que experimentou intensa alegria e *amor, um dos quais ela descreveu como "um doce e distante murmúrio que anunciava a chegada o Noivo". Muitas experiências desse tipo também se encontram na *Narrativa Pessoal* de Jonathan Edwards. Certa ocasião, ele lembrou que "olhava para o céu e as nuvens" quando "veio à minha mente uma sensação tão doce da gloriosa majestade e da graça de Deus, que não sei como expressar". Naquele instante ele parecia capaz de "ver" uma "doce conjunção" entre a majestade e a humildade de Deus. Um exemplo contemporâneo é o "momento transformador" de James Loder.

As formas de misticismo mais elevadas são com frequência expressas na interação dos temas da luz e das trevas, e são pronunciadas especialmente na teologia mística da Igreja Oriental, mais notadamente em Pseudo-Dionísio (séc. VI); Máximo, o Confessor (séc. VII), e Gregório Palamas (séc. XIV). Esse misticismo concentra-se no fato de que Deus é essencialmente incompreensível. Assim, o verdadeiro caminho para conhecer Deus é o caminho negativo (apofático), ou seja, saber que não se pode saber *o que* Deus é. Entretanto, apofatismo não implica agnosticismo, mas que o conhecimento de que Deus em sua essência não pode ser conhecido é, em si, conhecimento genuíno (Gregório Palamas). A teologia negativa é baseada no ensino bíblico de que Deus, mesmo em sua revelação, permanece oculto. Ninguém viu nem jamais pode ver Deus (1Tm 1.16; cf. Êx 3.6; 33.20); Deus habita em *trevas espessas* (Êx 20.21) e *luz inacessível* (1Tm 6.16).

No Ocidente, esse misticismo veio por meio de escritores místicos como Mestre Eckhart e o autor de *A Nuvem do Desconhecimento*, que via a união com Deus como uma união de amor despida de todos os pensamentos e imagens. A união é no espírito humano, a "centelha da alma". Esse é o ponto em que se é verdadeiramente uma pessoa integrada, antes da divisão entre vontade e intelecto. O que a teologia apofática destaca é que o conhecimento de Deus é mais que epistêmico, é ôntico; ou seja, não é conhecimento racional acerca de Deus que se obtém pelo intelecto especulativo conforme se encontra na teologia catafática (ou positiva),

mas um conhecimento direto que surge da visão de Deus. Uma questão controvertida é se existe um misticismo que vai além do Deus trino, para uma Deidade indiferenciada, como propôs Mestre Eckhart. A tradição cristã principal encontra desconforto nessa proposição, pois essa possibilidade implica que há uma realidade mais básica por trás da natureza trina de Deus.

O foco do misticismo não é tanto a experiência extraordinária em si, mas a experiência de *Deus*. Os efeitos da união mística podem ser alegria, amor, arrebatamento, condescendência tranquila ou uma sensação de harmonia com Deus e o universo. Esses efeitos são compreendidos como um prenúncio real da vida no céu. Mas não é isso que os místicos buscam. O que buscam é a visão de Deus (*visio dei*) ou a visão beatífica. Como diz Ireneu, "A glória de Deus é um homem e a vida do homem é a visão de Deus". Se a visão de Deus pode ser considerada um prêmio que os místicos buscam, é um prêmio intrínseco à própria definição de ser cristão. Isso significa que ser cristão é essencialmente estar em comunhão com Deus. Todos os místicos concordam que uma verdadeira antecipação do céu é possível nesta vida; eles discordam no que diz respeito ao degrau a que se pode chegar nessa escada celestial.

4. Três caminhos

O leque de experiências religiosas, incluindo as não místicas, está implícito na tradição espiritual cristã que reconhece diferentes graus de *oração. Por exemplo, o esquema de Teresa de Ávila consiste em nove graus de oração que começam com a oração discursiva em que a mente é mais ativa e a vontade está no controle, até a oração em que a alma se torna passiva diante de Deus. A oração é a categoria ampla dentro da qual o relacionamento "ordinário" desenvolve-se para estágios místicos mais elevados. Os níveis inferiores de oração são em geral designados pelo termo meditação, enquanto os níveis mais elevados são chamados contemplação. Esse progresso é retratado de outra maneira: como uma escada de ascensão divina, uma jornada para Deus (Boaventura), ou simplesmente os Três Caminhos de purgação, iluminação e união. Purgação é o processo de livrar-se do pecado e dos entraves espirituais, enquanto iluminação faz referência à formação de virtudes. Os dois primeiros caminhos são alcançados mediante oração discursiva e meditação, enquanto a união envolve as formas mais contemplativas ou passivas de oração que poderiam ser devidamente descritas como místicas.

Um ponto significativo nessa concepção é que as experiências místicas não são cultivadas à parte de outras formas de experiência cristã, mas são vistas como parte essencial do crescimento na vida cristã. Além dos nove graus de oração de Teresa, João da Cruz especifica esse progresso como passar pela noite escura da alma e do espírito. O misticismo não é uma lua de mel contínua com Deus; ele leva a pessoa por um processo doloroso de abandono divino, em preparação para uma união mais profunda com Deus em amor. Deve-se notar, porém, que isso é mais típico do misticismo ocidental. A teologia mística da Igreja Oriental tende a ser mais otimista. Se o misticismo ocidental às vezes fica sob a sombra da imagem doída do Getsêmani, o misticismo oriental destaca a alegria da Transfiguração.

5. Misticismo protestante

Calvino compreende a "união mística" mais como a incorporação do fiel no corpo de Cristo, do que em termos experienciais. Essa é uma união real e substancial efetuada pelo Espírito Santo. Pela união, os benefícios da obra redentora de Cristo são acrescidos aos que estão unidos a ele. Em geral, o protestantismo é cauteloso com formas tradicionais de misticismo que restringem a união mística aos que estão altamente desenvolvidos na vida espiritual. A união mística é uma realidade espiritual aplicável a todos os cristãos. O ponto principal em questão entre o protestantismo e a tradição mística é que o primeiro universaliza a união mística, interpretando-a escatologicamente; o misticismo tradicional acredita que é possível apropriar-se pessoalmente da união com Deus nesta vida e que, embora esteja potencialmente aberta para todos, é uma graça dada somente para alguns. Mas no momento em que os protestantes reconhecem essa possibilidade, nasce o misticismo.

Assim, no século 17, um tipo mais exclusivo de misticismo começou a ser *ensinado* por alguns puritanos como Robert Bolton, Richard Baxter e Joseph Hall. Como seus antepassados medievais, a união mística era vista como a culminação de um processo de desenvolvimento começando com disciplinas ascéticas. Usa-se com frequência a linguagem do misticismo de Bernardino, como *rapto, arrebatamento indizível* e amor *complacente*. Um puritano, James Janeway (1670), ensinava que Deus dá a "seus peculiares" um conhecimento especial a respeito de si, "como quando o sol irrompe com luz brilhante num dia nublado". Hall acreditava que as experiências místicas eram dadas aos que alcançavam certo nível de piedade, especialmente quando estavam para deixar a terra pelo céu. Em uma das obras escritas perto do fim da vida, Hall orou: "Sê tu, ó minha alma, sempre sorvida na consideração daquela Essência que tem existência própria, a quem todos os espíritos criados não são capazes de admirar o suficiente ... Não podes esperar vê-lo agora como é: mas ó, contemplaste onde ele habita em luz inacessível, a visão daquele cujo aspecto mais externo é suficiente para te colocar em perpétuo êxtase".

6. Misticismo oriental

O Ocidente começou a tomar conhecimento do misticismo oriental por meio dos esforços de grupos como a Sociedade Teosófica fundada por H. P. Blavatsky em 1875 e a Missão Ramakrishna fundada por Swami Vivekananda em 1893. A valorização crescente da herança espiritual do mundo não ocidental e o interesse ecumênico que ela gerou desde o final do século 19 têm levado a uma definição mais inclusiva do misticismo. Assim, certo número de estudiosos contemporâneos asiáticos e ocidentais como S. J. Samantha, Raimon Panikkar, Matthew Fox e Roger Murray têm tentado encontrar uma base comum para cristãos e outras formas de misticismo. Fenomenologicamente, há semelhanças estruturais entre os misticismos encontrados na maioria das religiões. Mesmo certos estados de consciência induzidos por drogas apresentam semelhanças notáveis com estados místicos religiosos. Essas semelhanças têm levado alguns estudiosos a interpretar o misticismo em termos de um eixo comum encontrado em todas as religiões. Evelyn Underhill, no clássico *Misticismo*, fala de todo misticismo como algo essencialmente igual, com diferentes expressões por causa de diferentes estruturas interpretativas. Mas essa tentativa de sintetização tende a simplificar experiências religiosas altamente complexas. Esta implicaria que uma "essência" comum de experiência mística ("essencialismo"), constituindo a "filosofia perene" (Aldous Huxley) poderia ser separada de seu "rudimento" (menos importante) dos dogmas, rituais e explicações.

Descrições fenomenológicas sempre serão inadequadas para explicar experiências místicas porque cada experiência é uma experiência interpretada; ela não pode ser divorciada de sua rede distintiva de significado. Por exemplo, a experiência de energias espirituais (*kundalini*) em certas formas de *hinduísmo é muito próxima de certos estados místicos encontrados na mística cristã, mas essas experiências são compreendidas de maneiras fundamentalmente diferentes (Philip A. St. Romain). Em que sentido, então, podem ser consideradas iguais? A experiência mística cristã não poderia ser nada menos que união com a *Trindade. Em religiões monoteístas, o misticismo será uma experiência de união com o Deus pessoal; no hinduísmo, união com a realidade transcendente da qual os humanos são parte essencial. Ou o misticismo poderia ser experimentado como libertação do eu, sem nenhuma referência a alguma forma de união, seja teísta, seja não teísta, como no budismo e no jainismo.

O Ocidente talvez esteja mais familiarizado com as formas monistas de misticismo, das quais uma das primeiras e mais radicais foi ensinada pelo filósofo hindu Shankara (c. 700 d.C.) e isso é muitas vezes entendido como a forma dominante de misticismo oriental. Mas o misticismo pode também ser encontrado no hinduísmo devocional que envolve o culto a um deus pessoal (*bhakti*). O misticismo não dualista (*advaita*) ensina que a alma individual (*atman*) é essencialmente uma com o Transcendente (*Brama*), e união mística e libertação pessoal é transcender todas s ilusões de dualidade por meio da dissipação da ignorância. Em anos recentes, essa forma de misticismo tem sido popularizada no Ocidente por autores como Kahlil Gibran e Fritjof Capra, como parte do movimento da Nova Era. Sua atração repousa no fato de ser considerado não partidário e não religioso (uma "ciência") e em prometer uma forma mais holística de vida numa cultura altamente materialista.

Veja também Deificação, Teose; Espiritualidade.

Bibliografia. Bouyer, L., *The Christian Mystery* (Edinburgh: T. & T. Clark, 1990); Dupré, L. e Wiseman, J. A., orgs., *Light from Light: An Anthology of Christian Mysticism* (Mahwah: Paulist Press, 2001); McGinn, B., *The Presence of God: A History of Western Christian Mysticism* (New York: Crossroad, 1991); Partridge, C. e Gabriel, T., orgs., *Mysticisms East and West: Studies in Mystical Experience* (Carlisle: Paternoster, 2003); Rahner, K., *The Practice of Faith* (London: SCM, 1985).

S. Chan

MITO

No imaginário popular, mito é uma história completamente fabricada. Historicamente, porém, os mitos têm desempenhado um papel importante em muitas culturas. Mitologias greco-romanas, por exemplo, representam histórias de deuses, deusas e de heróis de qualidades sobrenaturais. Em muitas sociedades asiáticas e africanas, aliás, os mitos ainda são importantes no cotidiano. Mas a modernidade, com sua ênfase na ciência, evidências empíricas e precisão histórica, não tem sido gentil com as mitologias tradicionais — ainda que se possa dizer que as tenha substituído com mitos próprios. Ironicamente, acadêmicos modernos têm ressuscitado uma apreciação do mito, ainda que não haja consenso quanto à sua definição. Talvez, como comenta J. Rogerson, "não é desejável tentar encontrar uma definição única para o termo" (174).

1. Lentes para interpretar mitos
2. Mitos no Antigo Testamento
3. Mitos em teologias contextuais

1. Lentes para interpretar mitos
1.1. Fenomenologia: Mircea Eliade. Sociedades primitivas entendem que os mitos são fundamentais para a vida das pessoas, porque são considerados sagrados. Portanto, eles são distintos do profano, que pertence ao ordinário. As histórias sagradas são colocadas no início do tempo e narram como

surgiram o mundo natural e seus sistemas sociais; assim, são consideradas normativas para as ações humanas. Ao recitar mitos e revivê-los por meio de rituais, a pessoa entra num espaço sagrado e experimenta regeneração. Dessa forma, a função dos mitos não se restringe ao explanatório. Eles são essenciais para a espiritualidade e a formação do comportamento ético dentro de uma comunidade. Eliade afirma que os mitos podem enriquecer a vida moderna, mas é menos claro quanto a como isso acontece.

1.2. Pensamento mítico: *Ernst Cassirer*. Para compreenderem mitos, as pessoas de hoje precisam vê-los como expressões de processos mentais diferentes dos do pensamento empírico, científico. Cassirer dá a essa forma de cognição mental o nome de "pensamento mítico" (ou pensamento mitopoético) e afirma que isso caracteriza a mentalidade primitiva. Enquanto o pensamento empírico envolve diferenciação, classificação e sistematização, o pensamento mítico não se envolve nesse processo de análise. Em vez disso, considera a realidade homogênea e indiferenciada. Um fenômeno não é considerado externo ao eu, algo a ser criticado e analisado, mas uma experiência de que se toma parte. Entretanto, essa não é uma diferenciação estrita, uma vez que tanto a cultura primitiva como a moderna podem se envolver nos dois tipos de pensamento.

1.3. Antropologia estrutural: *Claude Lévi-Strauss*. Usando a linguística estrutural, Lévi-Strauss defende que se deve entender o mito como um sistema de relações, seja interno, do mito em si, seja em relação a outros mitos. Isso envolve dividir o mito em unidades, que ele chama de *mitemas*, e estudar as relações entre essas unidades. Esse processo combina a estrutura temporal do mito (uma história que se move pelo tempo), bem como seu caráter atemporal (com um padrão que explica o passado, o presente e o futuro). Para compreender os mitos, porém, é preciso ignorar seus elementos temporais e concentrar-se em seus aspectos atemporais. Assim, o mito serve para revelar as contradições da sociedade e prover uma estrutura pela qual essas contradições podem ser vencidas.

1.4. Demitização: *Rudolf Bultmann*. Para Bultmann, os mitos expressam os limites da existência humana, mostrando que os seres humanos dependem de poderes fora de seu controle. Esse entendimento da condição humana está envolvido numa cosmovisão pré-científica que fala de intervenções sobrenaturais nos assuntos humanos por parte de seres sobrenaturais como deuses e demônios. De acordo com Bultmann, essa é a cosmovisão do mundo do Novo Testamento e é inaceitável para os homens modernos, treinados no pensamento científico que pressupõe um universo racional. Assim, para que o Novo Testamento se torne significativo para o homem moderno, é preciso "demitizar", ou seja, interpretar as declarações mitológicas, não como um entendimento objetivo de como o mundo funciona, mas como indicativos das realidades da existência humana no mundo. Demitizar, porém, não significa expurgar todos os elementos míticos de um texto, mas extrair seu verdadeiro tema, a existência humana.

1.5. *Mitos e rituais*. Os mitos e os rituais devem ser estudados juntos. Assim, para compreender o significado do mito, é preciso tentar determinar o ritual a que está ligado (tanto no presente como em sua origem) e a função do mito dentro desse ritual. Há opiniões várias: que os ritos dão origem aos mitos (de modo que os ritos explicam os mitos); que os ritos surgem dos mitos (de modo que os mitos explicam os ritos); ou que eram originalmente distintos, mas foram ligados pela tradição. Entretanto, todos salientam que mitos e ritos são performativos: no enunciar do discurso (mito) e no realizar do ato (rito), alcança-se a manutenção da ordem do mundo e o bem-estar da humanidade. O ponto forte das teorias dos mitos e dos rituais é que dão um contexto social aos mitos, ligando-os a um comportamento padronizado da sociedade. Seu ponto fraco é a falta de indícios de que sempre existe um ritual que acompanha um mito ou vice-versa.

1.6. Expressão do inconsciente: *Carl Jung*. Da perspectiva psicológica, de acordo com Carl Jung, os mitos são expressões indiretas do inconsciente. Assim, funcionam de modo semelhante aos sonhos, exceto por estes serem individuais, enquanto os mitos surgem do inconsciente coletivo, são mantidos pela sociedade e são intergeracionais. Jung acredita que os mitos são projeções de arquétipos humanos expressos em símbolos com significados inexauríveis. Para interpretar mitos, é preciso identificar os arquétipos para os quais eles apontam. Entretanto, os mitos não só revelam o inconsciente, como também permitem que as pessoas experimentem o inconsciente. Assim, preenchem uma necessidade psicológica, produzindo uma ligação mais estreita entre o mundo interior e o mundo exterior da pessoa.

1.7. Do símbolo para o mito: Paul Ricoeur. Ricoeur apresenta uma perspectiva integrativa do mito. Ele define mito como "uma narrativa tradicional que relaciona os eventos que ocorreram no princípio do tempo e tem o propósito de fornecer a base para os atos rituais dos homens hoje, e ... estabelecer todas as formas de ações e pensamento pelas quais o homem compreende a si mesmo no mundo" (1967, 5). Como Eliade, Ricoeur descreve os mitos como tradicionais e primordiais, portanto fundamentais para as crenças e as ações de uma cultura. Ricoeur também pensa que os mitos e os ritos estão associados. Sua ênfase na reflexividade e autocompreensão combina com a noção de Bultmann de que o assunto do mito é a existência humana. Além disso, Ricoeur argumenta que o mito é uma linguagem de segunda ordem, ordem baseada em símbolos primários que fazem a mediação entre a experiência humana e sua expressão narrativa. Desse modo, para compreender os mitos, é preciso destacar a função simbólica deles. A ênfase que Ricoeur dá aos símbolos e aos arquétipos humanos o liga a Cassirer e a Jung.

2. Mitos no Antigo Testamento

Tomando por base a definição ricoeuriana do mito como uma narrativa sagrada, primordial, fundamental e autorizada que expressa arquétipos da existência humana em linguagem simbólica, pode-se dizer que algumas narrativas do Antigo Testamento têm as características de mitos. Entretanto, não são míticas, no sentido de serem meras invenções da imaginação ou histórias de deuses. Além disso, em contraste com Bultmann, não são mitos no sentido de se referirem a visões obsoletas, pré-modernas da realidade. Como expressões simbólicas com "camadas de significado", são tão relevantes hoje como eram na sociedade israelita antiga. O caráter fundamental deles é visto no fato de essas narrativas serem utilizadas de maneira recorrente nas crises da comunidade. Por exemplo, o imaginário da criação foi reaproveitado pelos profetas durante o exílio (e.g., Is 40.12, 21-22; 41.18-20) para falar do retorno e da restauração futura.

Por outro lado, a poesia do Antigo Testamento às vezes usa temas míticos provenientes da cultura do Oriente Próximo. Na história primordial da criação em Gênesis 1, os símbolos das trevas e das águas ameaçadoras insinuam uma batalha que ocorreu antes da criação. Embora Gênesis 1 só faça alusão à vitória sobre as águas do caos, esse tema é mais elaborado em Salmos 74.12-17; 89.5-12; Jó 26.7-13 e Isaías 51.9-11, em que Javé é retratado assumindo o controle das águas impetuosas, esmagando as cabeças de Leviatã e Raabe, e depois estabelecendo a ordem no mundo. Esses monstros marinhos, figuras familiares nos mitos do antigo Oriente Próximo, já não são vistos como deidades independentes, mas empregados nos salmos como símbolos poéticos das forças do caos que ameaçam os propósitos de Deus, bem como o bem-estar do povo de Deus. O uso que se faz deles, combinado com aspectos da história de Israel, acrescenta uma dimensão cósmica a eventos históricos. Assim, a imagem espetacular de Deus como aquele que domina o dilúvio cósmico torna-se um encorajamento em períodos históricos caóticos como o exílio.

3. Mitos em teologias contextuais

O uso que o Antigo Testamento faz de elementos tomados dos mitos do antigo Oriente Próximo fornece um modelo pelo qual os mitos de uma cultura podem ser usados hoje como recurso para teologias contextuais. Por um lado, a força do imaginário mítico é capturada pelo emprego da linguagem poética. Por outro lado, os temas míticos da cultura predominante são "demitizados" e colocados sob a rubrica do entendimento que os autores bíblicos tinham da realidade, o reverso do processo demitizador de Bultmann.

O uso da hermenêutica de Ricoeur, conforme sugere B. C. Lane (693), pode ser um instrumento útil para "demitizar" o mito. Na leitura preliminar, ou primeira inocência, tenta-se captar a força do mito e as camadas de significado mediante uma leitura acrítica.

Passa-se, então, para uma fase crítica em que o mito é submetido a ferramentas críticas e à razão. Entretanto, passando pelo estágio crítico, move-se para a segunda inocência, em que se recupera o senso de maravilhamento no mito. Desse modo, produz-se uma dialética entre uma interpretação que recupera a plenitude da linguagem dentro do mito ("hermenêutica de restauração") e a que a submete a uma análise crítica ("hermenêutica de suspeição").

Veja também HERMENÊUTICA; HISTÓRIA; REVELAÇÃO E ESCRITURAS.

BIBLIOGRAFIA. BULTMANN, R., *Jesus Christ and Mythology* (New York: Charles Scribner, 1958) [edição em português: *Jesus Cristo e Mitologia* (São Paulo: Fonte Editorial, 2003)]; idem, "New Testament and Mythology", in: *Kerygma and Myth,* H. W. Bartsch, org. (New York: Harper & Row, 1961); CASSIRER, E., *The Philosophy of Symbolic Forms,* 2: *Mythical Thought* (New Haven: Yale University Press, 1955); CHILDS, B., *Myth and Reality in the Old Testament* (London: SCM, 1960); EICHRODT, W., *Theology of the Old Testament* (Philadelphia: Westminster, 1967) [edição em português: *Teologia do Antigo Testamento* (São Paulo, Hagnos, 2005) 2:113-17; ELIADE, M., *Myths, Dreams, and Mysteries* (New York: Harper Torchbooks, 1960); idem, *Myth and Reality* (New York: Harper & Row, 1963); LANE, B. C., "Myth", in: *The New Dictionary of Catholic Spirituality* (Collegeville: Liturgical Press, 1993) 692-95; LÉVI-STRAUSS, C., *Structural Anthropology* (Garden City: Doubleday, 1967) [edição em português: *Antropologia Estrutural* (São Paulo: Cosac Naify, 2012); McKENZIE, J., *Myths and Realities: Studies in Biblical Theology* (Milwaukee: Bruce Publishing, 1966); RICOEUR, P., *The Symbolism of Evil* (Boston: Beacon, 1967) [edição em português: *A Simbólica do Mal* (Lisboa: Edições 70, 2013)]; idem, *Interpretation Theory: Discourse and the Surplus of Meaning* (Fort Worth: Texas Christian University Press, 1976) [edição em português: *Teoria da Interpretação: o Discurso e o Excesso de Significação* (Lisboa: Edições 70, 2009)]; idem, "Myth and History", in: *The Encyclopedia of Religion,* Eliade, M., org. (New York: Macmillan, 1987) 10:273-82; ROGERSON, J., *Myth in Old Testament Interpretation* (BZAW 134; Berlin: Walter de Gruyter, 1974); SEGAL, R. A., *Theorizing About Myth* (Amherst: University of Massachusetts Press, 1990).

A. E. Gorospe

MOCIDADE

Ao longo da história, em cada cultura no mundo, o ciclo da vida era experimentado como algo que tinha dois estágios de desenvolvimento — infância e maturidade. A infância era um tempo de preparação e treinamento, uma oportunidade para aprender o que significa ser adulto na sociedade. Pelos rigores da socialização, rituais e ritos de passagem, às vezes formais, mas muitas vezes meramente orgânicos, os jovens eram vistos como o recurso mais significativo da comunidade, aqueles que levariam adiante a metanarrativa coletiva. Os adultos, então, entendiam que tinham a incumbência de treinar e por fim integrar os jovens na vida da sociedade. Mas esses padrões tradicionais estão mudando.

1. História da "mocidade"
2. A mocidade na Bíblia
3. A reação da igreja à mocidade — antes e agora

1. História da "mocidade"
Muitos acreditam que a "mocidade" ou, mais precisamente, a adolescência, sempre fez parte do ciclo do desenvolvimento. Mas há mais de cem anos, os estudiosos têm notado a emergência de um "novo" estágio de desenvolvimento. Começando no Ocidente, o modo de a sociedade enxergar e tratar as crianças criou um mundo em que elas já não desfrutavam do compromisso sistêmico da cultura no sentido de integrar os jovens na vida adulta convencional. Onde sempre houve dois estágios básicos de vida — infância e maturidade — emergiu um período totalmente novo que permitiu à criança encontrar um caminho próprio para a vida adulta. Esse estágio tem sido chamado *adolescência*, sendo o termo técnico para designar o que muitos chamam de *mocidade* (Arnett).

Sempre houve alguma forma de transição entre a infância e a maturidade. Isso tem sido marcado ou por celebrações, rituais e ritos de passagem altamente codificados que culminam na assimilação do jovem na comunidade dos adultos, ou por um processo mais orgânico e natural, menos específico, mas ainda igualmente funcional (Raphael). De acordo com Arnold van Gennep, que solidificou o termo ao escrever *Os Ritos de Passagem* em 1908, a maior parte dos ritos de passagem tem três elementos: *separação* da condição antiga de infância; *transição*, frequentemente acompanhada de um ritual específico; e, por fim, *incorporação* na comunidade adulta. Historicamente, os três eram instituídos, desenvolvidos e monitorados por aqueles que detinham o poder na sociedade, os adultos. Qualquer que seja a forma adotada por uma cultura, a transição da infância para a maturidade, muitas vezes ritualizada, mas sempre deliberada, ajudava tanto os adultos como os que estão entrando na fase adulta, a reconhecerem e afirmarem a mudança de condição resultante.

Atualmente, em quase todas as sociedades do mundo, há cada vez menos marcos que tiram o jovem da condição e função infantil e o conduzem para a condição e função de adulto. Hoje, em todo o globo (exceto em grupos extremamente isolados) qualquer tipo de processo claro para alguém se tornar adulto está desaparecendo. Em todos os lugares, há cada vez menos apoio, treinamento ou mesmo incentivo pessoal ou sistêmico que ajude os jovens em seu esforço para fazer a transição da infância para a maturidade. Os elementos de passagem de Van Gennep, de separação, transição e incorporação que serviam para formalizar como a pessoa era recebida pela sociedade adulta têm, de praxe, se tornado uma responsabilidade passada diretamente para os ombros dos próprios adolescentes. Em suma, em nossa comunidade global, os jovens agora precisam resolver por si como e quando vão se tornar adultos. Essa erosão do apoio e da orientação dos adultos, que vem ocorrendo há décadas, tem gerado um novo estágio de desenvolvimento a que muitas vezes nos referimos como *mocidade* — um período de vida em que a pessoa precisa navegar por conta própria para deixar de ser criança e se tornar um adulto independente. Suprimindo gradualmente os ritos de passagem culturais e os marcos identificáveis para guiar as crianças à maturidade, agora, em quase todas as culturas, a adolescência é considerada uma realidade inevitável.

Embora haja evidências de que esse abandono sistêmico dos jovens venha ocorrendo há séculos, o termo *adolescente* não era usado como rótulo para essa fase da vida até cerca de cem anos atrás, e ainda assim limitado ao contexto social do Ocidente. No início do século 20, cresceu entre os estudiosos e psicólogos do desenvolvimento, um consenso de que, de fato, estava emergindo um novo estágio de vida, especialmente na América do Norte e na Europa (Clark). Ao longo da segunda metade do século 20, a adolescência, a mocidade e a cultura jovem tornaram-se mais identificáveis como algo distinto da cultura dos adultos, da cultura predominante. De meados para o fim da década de 1960, a adolescência como uma fase específica da vida foi reconhecida em todo o mundo. Hoje, artigos acadêmicos e pesquisadores de todo o globo confirmam esse estágio de vida distinto, mas transitório. Embora forças tecnológicas e econômicas causem o encolhimento do mundo e se diga que este é uma rede comunitária de pessoas e nações, ainda há, ao mesmo tempo, abismos sociais enormes que se desenvolvem dentro de quase todas as culturas do mundo. A *globalização pode estar aproximando o mundo, mas o advento da adolescência e seu crescente isolamento e a consequente fragmentação social dessa nova era têm criado uma separação devastadora entre jovens e velhos em todo o mundo. (Três exceções a isso são sociedades que se protegem ativamente de forças externas, como os massais, no leste da África; sociedades em que conflitos inibem sistemas de desenvolvimento; e sociedades que limitam ideologicamente esses fatores negativos.) Essa animosidade geracional é uma crise crescente em todo o mundo e tem implicações em todas as esferas da sociedade, até mesmo (ou talvez especialmente) na igreja.

É importante observar que a adolescência e a mocidade nem sempre foram um estágio legítimo do ciclo da vida; trata-se de uma "invenção" da sociedade moderna (Mussen). O mundo está mudando e, na maior parte do mundo, essas mudanças trazem consigo uma dissolução do compromisso da maioria da sociedade com os jovens.

2. A mocidade na Bíblia
Embora pressuposições relacionadas a definições de adolescência sejam abundantes

mesmo em fontes teológicas acadêmicas, a diferença entre a mocidade de hoje, que passa por um período de desenvolvimento criado artificialmente entre a infância e a maturidade, chamado *adolescência*, e o contexto bíblico é de difícil comparação. Conforme se notou, até um século atrás, em todo o mundo, havia dois estágios de vida: infância e maturidade. Isso também é verdade, portanto, em relação aos patriarcas, a Jesus e aos pais da igreja primitiva. A Bíblia descreve dois estágios de vida, cada um com dois subgrupos: infância, que inclui primeira infância e infância; e maturidade, que pode descrever qualquer um, de adultos jovens a anciãos. Como todas as invenções tardias, a invenção social da adolescência simplesmente não existia na época em que a Bíblia foi escrita.

2.1. A mocidade no Antigo Testamento. No hebraico bíblico, há algumas palavras que se traduziriam "mocidade", e a maioria pode fazer referência a qualquer idade, desde um adulto jovem até crianças ou mesmo bebês. No Antigo Testamento, há palavras especificamente reservadas para bebês ou crianças pequenas, mas depois disso o nível do desenvolvimento torna-se menos preciso. Uma das palavras mais comuns traduzidas por "mocidade", *na'ar*, é um bom exemplo de como o hebraico bíblico dá pouca atenção à distinção entre uma criança e um adulto jovem. "Que *na'ar* permite vasta gama de usos fica evidente numa amostragem dentre suas mais de duzentas ocorrências. Enquanto em Êxodo 2.6 a palavra refere-se a bebês de poucos meses, Moisés ('criança ... chorando') e em 2Samuel 12.16 ao bebê de Bate-Seba, Absalão, adulto, é chamado *na'ar* pelo pai em 2Samuel 14.21 e 18.5" (Fisher, 2.586).

Contrário ao mito contemporâneo, Israel no período do Antigo Testamento não tinha um marco claro e definido que delineasse a passagem da infância para a idade adulta. Pelas evidências linguísticas, quando uma criança deixava de precisar de uma supervisão direta responsável da infância, entrava na fase da juventude, aprendiz de adulto, que logo se torna maturidade plena. Embora haja insinuações esparsas de que havia ritos de passagem formalizados durante esse período (um precursor da cerimônia conhecida hoje como bar mitzvah), em geral, a Bíblia indica uma assimilação mais orgânica e holística na condição de adulto. O bar mitzvah formal evoluiu de um edito do Talmude que declarava que o jovem ficava "sujeito aos mandamentos" aos treze anos. A cerimônia foi formalizada no século 15 e nem chega a ser insinuada na Bíblia.

2.2 A mocidade no Novo Testamento. A palavra mais comum para "jovem" no Novo Testamento é *neos*. Ela é mais usada em referência a algo novo (especialmente em comparação a algo velho) do que para descrever um estágio específico da vida (com uma única exceção em que "νέος no sentido de 'jovem' ocorre só em Tito 2.4: αἱ νέαι, o grupo etário das mulheres novas" [Behm, 4.898]). Em outros casos, quando o Novo Testamento é traduzido por "juventude" ou "jovem", está se referindo a adultos jovens incluídos na comunidade dos adultos, ainda que no degrau inferior da escala social adulta (2Tm 2.22).

Como no Antigo Testamento, é difícil localizar o conceito de mocidade como um estágio definido de desenvolvimento. Por conseguinte, a maioria dos estudiosos rejeita uma tentativa de precisão e concorda que não há dados suficientes para afirmar uma generalização de desenvolvimento desse tipo. O Novo Testamento é sistemático em afirmar dois estágios básicos de vida: infância e maturidade.

3. A reação da igreja à mocidade — antes e agora

Ao longo dos séculos, as igrejas viam crianças e adultos em formação como membros incluídos na comunidade cujo treinamento era limitado à educação doutrinária e/ou comunitária, à medida que eram catequizados na vida de fé. Quando o cristianismo era a força religiosa e social dominante na Europa, a instrução religiosa e os laços de família eram suficientes para manter o controle do cristianismo sobre crianças e adultos jovens. Ao longo da maior parte da história da igreja, as crianças cresciam sem serem apresentadas a outra cosmovisão. A atenção ímpar e a estratégia missional voltadas para os jovens simplesmente não existiam nos primeiros 1900 anos da igreja. Foi com o reconhecimento da adolescência como um estágio de desenvolvimento que começaram a aparecer rachaduras eclesiológicas de fragmentação geracional. Onde havia preocupação com as crianças e os adolescentes que estavam surgindo, a atitude para com os jovens continuava definida: "Vocês são bem-vindos, e até se espera que venham a nós e sejam parte de nós". Mas à medida que aumentava o fosso entre a subcultura adolescente e a cultura adulta, muitos jovens, se não todos, começaram a ver a disparidade entre a expectativa de sua herança religiosa e as opções que os aguardavam fora dos muros da congregação local. Quando a adolescência ficou mais definida como um estágio único da vida, começando pelo Ocidente e depois da Segunda Guerra, influenciando o desenvolvimento infantil em todo o mundo, os líderes da igreja não tiveram recursos eclesiológicos ou até sistêmicos para reagir. Embora, de acordo com o teólogo Darrell L. Guder, a igreja seja chamada para ser "o instrumento da missão de Deus", os jovens estavam ficando cada vez mais insatisfeitos com a instituição cristã, e a igreja, ainda que se preocupasse, só observava, sem ação, a partida deles. Com poucas exceções, simplesmente não existia um compromisso missional teológico e sistemático para alcançar os jovens descontentes e insatisfeitos. Simplesmente não ocorreu aos adultos que as crianças e os jovens precisam ser alcançados missionalmente. Como observa Guder: "Nem as estruturas nem a teologia de nossas igrejas ocidentais estabelecidas são missionais. Elas são moldadas pelo legado da cristandade. Ou seja, foram formadas pelos séculos em que a civilização ocidental se considerava formal e oficialmente cristã" (Guder, 5-6). Enquanto os jovens se sentiam cada vez mais isolados de suas raízes religiosas, a igreja fazia pouco esforço para reconquistá-los. É por essa desatenção que pessoas inquietas assumiram a tarefa de alcançar os adolescentes em nome de Cristo, dando origem ao movimento pareclesiástico jovem.

A partir do final do século 19 e entrando pelo novo século, fermentava uma dedicação renovada e vibrante aos adolescentes, localizada basicamente dentro do que veio a ser conhecido como o movimento pareclesiástico jovem. Ainda que materiais de referência teológica e livros didáticos muitas vezes afirmem que a resposta da igreja a esse novo adolescente era simplesmente a transformação de estruturas catequéticas históricas, a maior parte dos especialistas e líderes de ministérios jovens em todo o mundo observam uma diferença notável entre a noção de treinar os jovens da congregação por meio da educação e da catequese e a necessidade de alcançar missionalmente uma população cada vez mais desiludida. Pioneiros do início do século 20 tentaram desenvolver uma estratégia inteiramente nova para alcançar os que se sentiam excluídos de um relacionamento significativo com a igreja. M. Cannister detalha o surgimento do que hoje chamamos de "ministério jovem" como a resposta da igreja para a população jovem emergente:

> É só dentro da história dos avivamentos missiológicos que se encontrarão os registros dos movimentos ministeriais jovens do século 20, e por um bom motivo. O ministério jovem surgiu dos avivamentos e, historicamente, é baseado na teologia missional. O ministério jovem é um ministério missional cujo objetivo é proclamar o evangelho a uma nação chamada Adolescência. (Cannister, 6)

Na segunda metade do século 20, à medida que as organizações pareclesiásticas que se dedicavam a alcançar adolescentes iam se firmando, as igrejas locais começaram a tomar consciência. Às vezes por sanção denominacional, mas em geral por desejo ou desespero da congregação, emergiram "ministérios jovens" de âmbito local como resposta da igreja a esse subgrupo marginalizado. Enquanto o ministério jovem se desenvolvia nas congregações e os grupos pareeclesiásticos aprimoravam suas habilidades e expandiam seus ministérios nacional e internacionalmente, organizações oferecendo treinamento, recursos e publicações começaram a alimentar essa nova onda de ministério específico. O novo interesse da igreja nos jovens, tanto dentro como fora da congregação, gerou a necessidade de apoio em termos de treinamento, recursos, currículo e programação de eventos para grupos grandes. Nas igrejas em todo o mundo por volta de 1980, o ministério com jovens havia se tornado um dos mais essenciais na estratégia ministerial numa congregação.

Em muitas denominações e igrejas do mundo, esse entusiasmo para buscar os jovens por meio de ministérios locais e pareclesiásticos criou entre os fiéis adultos um interesse crescente pelos jovens. O que começou com um punhado de defensores paraeclesiástico de jovens à procura de meios para se encarnarem no mundo jovem em favor de Cristo logo levou as igrejas locais a repensar sua estratégia. Isso iniciou uma reorientação global em que as igrejas locais se devotavam a reinventar suas estruturas programáticas para suprir com seriedade as necessidades dos adolescentes. Em muitos lugares, o ministério com jovens tem sido ainda mais refinado em termos teológicos e missionários, procurando descobrir novas maneiras de assimilar os jovens no corpo de Cristo. Na vida contemporânea da igreja, onde quer que exista uma organização ou estrutura operacional relativamente formal governando a vida da igreja, é quase certo que existe algum nível de compromisso missional com os que estão na segunda década de vida. Ainda que igrejas e denominações pelo mundo continuem aprimorando seu trabalho com jovens, organizações pareclesiásticas como *Young Life* e *Youth for Christ* [Mocidade para Cristo] mantiveram muito de seu foco original como o braço missional da igreja, procurando atingir aqueles que estão mais longe do alcance da congregação local. A maior dificuldade para a igreja no futuro é que a fragmentação cultural de gerações nos fez criar uma "igreja" que, na verdade, são várias comunidades diferentes de grupos dissociados. Há, porém, alguns indícios de que muitos estão vendo a necessidade de juntar novos e velhos numa comunidade de fé viva e vibrante. Embora o ministério jovem predominante tenda a permanecer altamente pragmático e individualista, hoje há esperança de que Deus esteja conduzindo seu povo — todas as gerações — em conjunto, sob uma bandeira, a família de Deus.

Veja também CRIANÇAS EM SITUAÇÃO DE RISCO.

BIBLIOGRAFIA. ARNETT, J. J., *Adolescence and Emerging Adulthood: A Cultural Approach* (Upper Saddle River: Pearson Education, 2000); BEHM, J., νέος, ἀνανέω, *TDNT*, 4.896-901; CANNISTER, M. W., *Back to the Future of Youth Ministry: Reclaiming our Roots for the 21st Century*, in: *Reaching Out to the New Adolescent,* Chap Clark, org., *Theology, News,and Notes* 47:2 (Pasadena: Fuller Theological Seminary, June 2000); CLARK, C., "The Changing Face of Adolescence: A Theological View of Human Development", in: *Starting Right: Thinking Theologically About Youth Ministry,* K. C. Dean, C. Clark e D. Rahn, orgs. (Grand Rapids: Zondervan, 2000) 41-62; FISHER, M. C.,רענ, *TWOT*, 2.585-86; GUDER, D. L., *Missional Church: From Sending to Being Sent*, in: *Missional Church: A Vision for the Sending of the Church in North America,* Guder, D. L., org. (Grand Rapids: Eerdmans, 1998); MUSSEN, P., *The Psychological Development of the Child* (Englewood Cliffs: Prentice Hall, 1979); RAPHAEL, R., *The Men from the Boys* (Lincoln: University of Nebraska Press,1988); VAN GENNEP, A., *The Rites of Passage* (Chicago: University of Chicago Press, 1960).

C. Clark

MODERNIDADE. *Veja* MODERNISMO E PÓS-MODERNISMO.

MODERNISMO E PÓS-MODERNISMOS

Como indica o título, *pós*-modernismo é o nome que se dá a qualquer reação séria contra o "modernismo". Infelizmente, a natureza do "modernismo" no que se refere a uma era no pensamento da Europa Ocidental é uma história contestada. Claro que os defensores do modernismo contam a história como de uma evolução humana, saindo da superstição primitiva para o Iluminismo (Randall). Mas com fins de esclarecer os "pós-modernismos", é melhor primeiro tratar de descrições *pós-modernas* de modernidade menos otimistas (Lyotard; Murphy, 1996, 1997; Toulmin).

1. Definição de modernismo
2. Reações pós-modernas: a escola francesa
3. Reações pós-modernas: a escola anglo-saxônica

1. Definição de modernismo

Não é por acaso que o nascimento do modernismo coincide com o fim das chamadas guerras religiosas, das quais a mais sangrenta foi a Guerra dos Trinta Anos (1618-1648), que tirou a vida de cerca de 40 por cento da Alemanha. Na medida em que é justo responsabilizar o "dogmatismo religioso" por essa guerra, que de resto teve motivações políticas (Cavanaugh), a nova era na Europa Ocidental foi marcada pelo descrédito em relação a todas as autoridades tradicionais e áreas de conhecimento que não conseguem produzir certezas de características matemáticas, como teologia, moral, história, línguas, cultura, arte, lei, retórica, política e assim por diante, e a gradual marginalização delas. Numa tentativa desesperada de escorar a recém-obtida, mas frágil paz política, o raciocínio *teórico* (pelo qual conclusões absolutamente certas são deduzidas por princípios universalmente reconhecidos) foi considerado a forma normativa de racionalidade humana (Toulmin), lugar antes ocupado pelo raciocínio *prático* (por meio do qual muitas vezes um curso de ação é escolhido na ausência de motivos logicamente imperiosos). Exemplos comuns de raciocínio prático incluem ética, engenharia, medicina, jurisprudência e assim por diante. Mas quando o raciocínio teórico ganhou proeminência, o paradigma do desenvolvimento do indivíduo já não era sua capacidade de pensar *com sabedoria*, mas a habilidade de pensar *matematicamente*, e de fazê-lo em condições de "autonomia", de acordo com as quais o indivíduo esclarecido minimizava as opiniões de todos os demais (por mais instruídos que fossem) e começava a pensar por si. Cada fração de conhecimento gerado por meios lógico-matemáticos seria um *tijolo* de uma *casa* única de conhecimento humano, unida e monolítica, devidamente construída sobre *fundamentos* de verdades irretocáveis, sobre os quais não podem pairar dúvidas (Descartes). (Essa teoria epistemológica é chamada "fundacionalismo".) Uma vez que o raciocínio lógico-matemático *independe do contexto* (e.g., os ângulos internos dos triângulos somam necessariamente 180 graus, independentemente de tempo, lugar ou pessoa), a elevação do raciocínio teórico acima do prático é acompanhada de quatro outros marcos do período moderno que também tiveram origem na perda do "contexto" como conceito operacional.

Primeiro, a vida interior foi radicalmente privatizada. Doze séculos antes da Guerra dos Trinta Anos, Agostinho falou de sua jornada a Deus como voltar-se para dentro e depois para cima, como se as pessoas humanas fossem pátios fechados, murados, *mas sem telhado*. Por não terem telhado, os seres humanos estariam abertos a coisas acima deles na hierarquia, tais como Deus e a igreja (Agostinho; Cary). Na modernidade, porém, tanto Deus como a igreja foram abandonados junto com a prática da teologia. Por conseguinte, a inevitável metáfora de pessoas humanas no período moderno tornou-se a de um teatro escurecido — murado *e telhado* — em que o self humano "de dentro" ficava desconectado do mundo dos objetos "de fora". Na pior das hipóteses, o eu humano *sempre* é cético: nunca tem certeza absoluta de que o mundo tal como parece é idêntico ao mundo que realmente é. Na melhor das hipóteses, o eu moderno extrapola todas as suas limitações e alcança uma objetividade panorâmica de onde passa um julgamento sobre a correspondência entre aparência e fato, entre frases e "realidade". Por conseguinte, o desenvolvimento de um bom caráter já não era considerado pré-requisito para o conhecimento fidedigno. Os medievais e antigos insistiam que "os semelhantes se conhecem"; daí o salmista: *Tu te mostras puro para com o puro*, mas "*inflexível* para com o perverso" (Sl 18.26), enquanto, no modernismo, o conhecimento foi reduzido a meras informações que poderiam ser apropriadas por indivíduos sem tutela e mudar de mãos sem sofrer redução, como se fossem moedas.

Segundo, uma vez que os assuntos humanos privados foram desligados do mundo público dos objetos, o funcionamento da linguagem foi entendido como de domínio exclusivo do *homúnculo* individual (o "pequeno homem" preso dentro de cada corpo humano). O paradigma da língua era a representação de qualidade fotográfica; palavras desempenham papel relativamente pequeno como "rótulos" dados a coisas e eventos pelo homúnculo. Uma vez que fica trancado dentro do teatro de cada mente humana, o homúnculo está isolado do mundo dos objetos e de outras pessoas. Uma vez que cada pessoa está restrita a uma consciência meramente inferencial das coisas, a linguagem é igualmente desligada da realidade de fora.

O desenho tem sido uma metáfora recorrente para compreender uma forma importante do funcionamento da linguagem humana. Mas na era moderna, o desenho se torna o *único* meio pelo qual se supõe que as palavras funcionam.

Uma terceira marca surge no campo traiçoeiro das analogias. Considere as frases "O cão é inteligente" e "O médico é inteligente". Diz-se que a palavra *inteligente* é usada *analogicamente*; o cão é inteligente do mesmo modo que o médico é inteligente, mas em grau menor. Em termos matemáticos (i.e., o procedimento paradigmático da modernidade), entende-se que o cão possui alguma *proporção* da inteligência do doutor: $Q.I._{cão} = kQ.I._{doutor}$ onde k é a "escala".

Mapas rodoviários são exemplos magníficos de analogias de proporção. O que o cartógrafo produz é quase indistinguível de uma fotografia produzida por um satélite. O cartógrafo gera um desenho análogo dividindo distâncias reais por algum fator k (digamos, 1 cm = 10 km). O leitor do mapa faz o cálculo inverso, multiplicando cada centímetro no desenho do mapa pelo mesmo fator, aqui 10 km/cm, para saber as distâncias reais. Cada analogia por proporção, seja em mapas, seja em frases, requer do usuário que adote um ponto imaginário de observação panorâmica.

O importante é que no período moderno, a analogia por proporção suplantou a analogia como uso habilidoso que foi central na Europa antiga e medieval e continua sendo importante em muitas culturas não europeias. Nessas culturas, a analogia como uso habilidoso pode ser ilustrada pela prática de navegação por "itinerário" (Certeau). Uma vez que as ruas de hoje são marcadas claramente por causa do interesse de produzir mapas modernos para as cidades, um mapa rodoviário pode ser traduzido sem dificuldades num itinerário ("Siga 3,3 km. Vire à esquerda na Av. Oakwood. Continue 2,6 km…"). Entretanto, o inverso nem sempre foi possível. Antes, mapas desenhados não podiam, e não deviam ser construídos a partir de itinerários, porque itinerários continham detalhes cruciais que não podiam ser comunicados por mapas desenhados. Aprender a lidar bem com os detalhes de um itinerário é tão importante quanto chegar ao destino, se não mais importante, porque aprender a lidar bem com tais detalhes constituía crescimento em caráter.

Por exemplo, um itinerário podia conter a instrução "siga para o oeste até chegar às Três Irmãs", onde "Três Irmãs" é um bosque de pinheiros no meio de um prado. Os moradores locais se recusam a omitir referências às "Três Irmãs" quando ensinam o caminho porque o bosque de pinheiros lhes faz lembrar as três mulheres que perderam a vida para salvar, durante uma grande inundação em 1813, as quarenta e sete crianças de uma escola que mais tarde povoaram a cidade. Nesse exemplo, aquele que vai ganhando prática em circular pela zona rural começa simultaneamente a formar uma relação de empatia com os moradores locais, isto é, os descendentes dos quarenta e sete. Embora transitar entre mapas rodoviários e rotas pareça trivial num mundo dominado por um único Sistema de Posicionamento Global (GPS), o profundo instinto da modernidade é que *qualquer* itinerário pode ser traduzido num mapa panorâmico. De forma bem contrastante, muitas culturas não ocidentais tratam o crescimento como uma jornada para a qual não existe um mapa, mas *existe* um itinerário. Por meio de histórias, os jovens são cuidadosamente ensinados a viver bem, sendo que algumas histórias são reservadas até o momento adequado, quando o jovem está desenvolvido para acolhê-las. A coleção de histórias (canônicas) é um tipo de itinerário moral que, contada em momento oportuno, fala às crianças da comunidade tanto pela sabedoria prática dos anciãos como pela qualidade das próprias histórias. Mas se, como insistem os modernistas, *qualquer* itinerário se traduz num "mapa", então se pensou que até um itinerário moral poderia ser traduzido num quadro atemporal, intuitivo, independente de contexto e cuja correta aplicação já não está relacionada com a sabedoria prática ou com o caráter pessoal, mas com o cálculo matemático.

A preferência por mapas rodoviários em detrimento dos itinerários é sintomática da presumibilidade do modernismo (a saber, que o indivíduo por si, sem treinamento, pode adotar uma perspectiva divina *por vontade própria*). Além disso, essa disposição coincide, em quarto lugar, com a *mentalidade tecnológica* que procura dominar as totalidades controlando as partes (Arendt; Ellul). Para a mente moderna, uma totalidade — uma empresa, uma congregação eclesiástica, uma cidade — é sempre e somente uma aglomeração ou agregação de partes. As partes são controladas de maneira confiável pelo emprego de força mecânica pela vizinhança. O sucesso do controle é medido em termos de "eficiência", que seria mover as partes despendendo o mínimo necessário de energia.

A preocupação moderna com análises por decomposição (às vezes chamadas "reducionismo metafísico") tem um corolário na perspectiva por demais restrita da "causalidade". Entende-se que a cadeia de causa e efeito que conduz a um evento e o produz é muito parecido com o desmoronar de uma fila de peças de dominó: cada causa (como cada peça) é uma unidade independente que forçosamente atinge o vizinho. A causalidade mecânica foi um severo empobrecimento de descrições antigas e medievais que, além da causa eficiente, consideravam necessário falar também de causas *formais*, *finais* e *materiais*, que poderiam ser encontradas *dentro* das partes, *fora* delas, *entre* elas e *acima* delas, bem como simplesmente entre uma parte e sua vizinha (Juarerro). Mas "dentro", "fora", "entre" e "acima" são aspectos que requerem atenção ao caráter e ao contexto, exatamente os elementos abandonados pela modernidade, mas que se tornaram centrais para duas versões do pós-modernismo para as quais nos voltamos agora.

2. Reações pós-modernas: a escola francesa

Na filosofia continental, a escola de pensamento talvez mais associada com o termo "pós-modernismo" é o pós-estruturalismo francês. Esses filósofos são influenciados pelo "estruturalismo" de Ferdinand de Saussure (1857-1913), mas também reagiram contra ele. De modo semelhante, foram profundamente influenciados por Friedrich Nietzsche (1844-1900) e Martin Heidegger (1889-1976), tendo, por um lado, forte ligação com a fenomenologia e, por outro, com a análise marxista, ainda que permanecessem críticos em relação às duas tradições. Evidentemente, a tarefa é complicada. Mas para este artigo, Saussure pode ser considerado personagem de transição no final da modernidade na França. No mundo de fala inglesa, a influência dos pós-estruturalistas franceses se faz sentir principalmente em áreas que lidam com literatura, estudos religiosos e, em menor grau, ciências humanas.

Suassure e os estruturalistas alegavam que os signos só podem ter significado por meio de seu relacionamento de diferença com outros signos. Por exemplo, os que falam "branco" não podem dizer que sabem o que isso significa, a menos que compreendam que branco "não é preto", ou "quente" é "não frio", ou "longe" é "não perto". Que *esta* marca ou vocábulo visível ("branco") reconhecidamente não é *aquela* marca ou vocábulo ("preto") é uma condição necessária para que os sons emitidos ou as marcas numa página funcionem como signos. Assim, o estruturalismo entendeu que a língua funciona como uma vasta gama de diferenças. Para Saussure, essas diferenças constituem muito mais a língua do que qualquer outra conexão natural ou lógica com o mundo referenciado. Aliás, uma língua seria maior do que qualquer um de seus falantes ou todos eles. Tão vasta seria a língua, que Saussure insistia que ela organiza, orienta, restringe e até constitui toda atividade consciente.

Saussure classificou todo pensamento, percepção e comportamento humano como "diferenças binárias" (direita e esquerda, bom e mau, feminino e masculino etc.). Uma vez que tudo o que se pode dizer, pensar, experimentar (e assim por diante) em dada cultura é determinado pela codificação linguística naquele tempo e espaço, os estruturalistas acabaram concentrando suas atividades investigativas nos aspectos *sincrônicos* de uma cultura (i.e., o código linguístico em funcionamento em dada fatia de tempo e espaço) e não no aspecto *diacrônico* de uma cultura (i.e., como ele emerge ao longo do tempo). Observe que esse ponto de vista já marca um afastamento da prioridade moderna do indivíduo. De fato, a própria língua do todo cultural é o usuário dos indivíduos (e não o contrário) porque a língua determina em bloco a atividade consciente e cognitiva. O programa epistemológico chamado "fundacionalismo", central para o projeto moderno ou *iluminista, foi repentinamente impossibilitado no esquema estruturalista.

O *pós*-estruturalismo emergiu quando Michael Foucault (1926-1984) e Jacques Derrida (1930-2004), estudiosos de algum modo associados ao estruturalismo, apropriaram-se da análise da realidade e experiência humana de Heidegger, o *Dasein*, "ser-no-mundo". Eles alegam que Saussure estava só parcialmente correto. Não apenas o *Dasein* estava vinculado à vasta gama de diferenças linguísticas, mas também a experiência humana não era plenamente inteligível a partir de uma fatia específica do tempo e do espaço. Pelo contrário, a percepção e experiência humana tinha uma qualidade irredutivelmente "temporal". Assim, os pós-estruturalistas fizeram objeção à concentração de Saussure no sincrônico abreviado de maneira distorcida. Além disso, eles também radicalizaram a ênfase na diferença em si, insistindo que até a noção de diferenças binárias não dava a devida atenção à realidade onipresente da diferença. Derrida cunhou seu famoso termo *différance*, uma combinação das palavras francesas *différence* (diferença) e *différer* (diferir, adiar, retardar). Com esse termo, ele apontou para a ideia de que a língua não é só composta de uma série de diferenças, mas que cada palavra numa língua é o que é em virtude do fato de que difere seu significado de *todos* os outros termos em todos os outros tempos e espaços. Decorre disso que o significado de cada palavra não pode ser a simples função de seu oposto binário. Nesse sentido, o significado de uma palavra "difere" das outras, assim como o significado de todas as outras é em parte diferido da palavra original. Cada termo, por sua vez, difere seu significado do outro termo que é diferente, e assim por diante. A língua é, portanto, um jogo infinito de diferenças e diferenciações ao longo do tempo. O significado de qualquer termo ou termos nunca está completamente "presente", no sentido de estar delineado de maneira clara, final e exaustiva. Assim, o mundo experimentado por alguém e qualquer ideia ou pensamento desse alguém — completamente pronunciado ou possibilitado pela língua e, portanto, *différance* — é um mundo em que nada e ninguém jamais está *plenamente* "presente" para alguém.

A obra pós-estruturalista de Derrida é conhecida como desconstrucionismo. A base do desconstrucionismo como estratégia interpretativa é uma crítica da "presença" pela necessária operação da *différance*. Visto que a língua é um jogo de diferenças e diferenciações, os desconstrucionistas insistem que qualquer leitura de qualquer texto pode ser questionada ou "descentrada". Um texto, por ser composto por uma língua, não é algo para o qual se possa oferecer uma única interpretação fixa. Não há recurso a referências, recurso à intenção do autor, na esperança de garantir de uma vez por todas todo o significado de um texto. Dado o jogo sem fim da *différance*, nem os objetos referidos, nem a intenção do autor, nem o texto em si podem ser considerados plenamente "presentes" na mente do leitor. O resultado de tal estratégia de leitura é que ele remove de um falante a habilidade de reclamar em caráter definitivo o que uma palavra, muito menos um texto, significa. Assim, a interpretação autorizada é, na melhor das hipóteses, uma ilusão e, na pior, um exercício enganoso e ilegítimo de poder coercivo.

A análise do poder é também central para o pós-estruturalismo, especialmente na obra de Foucault. É fácil ouvir ecos de Nietzsche na visão pós-estruturalista de um mundo em fluxo eterno. O discurso, especialmente dentro de instituições (corpos sociais que exercem poder), é uma tentativa de conter o fluxo, mas este só consegue descrever o mundo de um modo condizente com os interesses e alvos de pessoas ou grupos de pessoas específicas. Em cada uma dessas interpretações, diz Foucault, é importante perceber que o próprio apelo à racionalidade oferecido pelas pseudoautoridades muitas vezes funciona para encobrir o fato de que o discurso supostamente "objetivo" e "racional" não passa de um exercício dissimulado da vontade de dominação do falante. Foucault e outros pós-estruturalistas insistem que, embora isso seja inevitável, não é necessariamente mau. Entretanto, muitas vezes isso dá ocasião para oprimir e para esconder de vista a opressão. Pelo lado do oprimido, os pós-estruturalistas entendem ser libertadora a percepção de que a língua e as conversas são coisas que estão em fluxo e, portanto, não podem ser impermeáveis a críticas e ao jogo da *différance*.

Na medida em que são coerentes, a maior parte dos pós-estruturalistas pode ser considerada críticos nômades. Eles nutrem desconfiança profunda contra relatos acerca do mundo que pretendem oferecer uma explicação final para tudo (Lyotard). Eles assumem posições e causas para terem um posto de onde criticar estruturas e ideias dominantes. Mas podem então assumir outra posição para criticar aquela a partir da qual antes lançavam críticas. O alvo é jamais permitir que alguma narrativa se torne uma grande narrativa que ordene a forma de vida de uma comunidade, por se acreditar que, em última análise, cada uma de tais metanarrativas precisa e deve ser questionada, pois se teme que ela se torne opressiva por ocluir diferenças. A resposta teológica ao pós-estruturalismo varia entre rejeição virulenta, apropriação integral, acolhimento crítico e apropriação como meio para avaliar a modernidade liberal (Penner).

3. Reações pós-modernas: a escola anglo-americana

A escola anglo-americana tem sido mais plena em sua independência do modernismo que a escola francesa (Kallenberg). Talvez por esse motivo seja mais fácil marginalizá-la e rejeitá-la, considerando-a extremista. Hoje sua voz continua ativa, ainda que minoritária, em departamentos de filosofia e teologia em universidades e seminários ocidentais, embora alguns de seus adeptos entendam que o número escasso de seguidores é sinal de que pertence ao *caminho estreito* (Mt 7.13). Além disso, descrever o pós-modernismo anglo-americano não é tão fácil quanto descrever seu contraponto, o modernismo. Sua origem pode ser remontada aos "filósofos da linguagem comum" de Cambridge e Oxford em meados do século 20, respectivamente Ludwig Wittgenstein (1889-1895) e, em menor grau, John L. Austin (1911-1960).

A filosofia da linguagem comum começou com a dupla observação de que, antes de alguém poder fazer a pergunta: Como se chega ao conhecimento? (*epistemologia), é necessário lidar com outra pergunta: Como as palavras ganham significado? Muitos modernistas entendiam que a língua do cotidiano estava em estado deplorável porque uma única palavra conotava muitos sentidos. (O significado verdadeiro de *concorrer* seria "competir" ou "ajudar"?) Assim, puseram-se a reparar a língua, até a criar uma língua ideal, por meio de um sistema de regras linguísticas universais. Cada sistema proposto de regras linguísticas era fundamentado na noção de que as proposições são retratos de "estado de coisas", que seriam eventos e coisas em dada constelação. (Como exemplo radical, *positivistas lógicos sustentavam que a veracidade de cada sentença precisava ser verificável por um dos cinco sentidos para ser considerada legítima.) Pensava-se que o que permitia o funcionamento da língua como retrato seriam as "definições ostensivas", por exemplo, a habilidade de apontar para *aquele* carro, *aquela* árvore, *aquela* colisão. Mas Wittgenstein observou que uma grande dose de treinamento precede o apontar: "Aponte um pedaço de papel — e agora aponte seu formato — agora sua cor — agora seu número" (Wittgenstein 1953, §33). De fato, os homens, quando falam, sabem por reflexo qual dos muitos aspectos de um objeto está sendo destacado porque já são especialistas na interpretação de contextos físicos e conversacionais. Em suma, eles já dominam uma língua inteira.

Wittgenstein observou que quando uma criança se torna fluente numa língua comum, ela entra em contato direto e robusto com o mundo. Em contraste com a posição modernista, Wittgenstein insistia que não há como duvidar com razoabilidade desse contato linguisticamente estruturado. Por exemplo, o cético moderno sob uma tempestade tem a habilidade de duvidar: Como eu *sei* que estou molhado? Isso pode soar ridículo. Mas para o pensador moderno, a aparência de estar molhado deve ser *inferida* de dados sensoriais, e a inferência nunca alcança a certeza de fato. Mas Wittgenstein dissolveu a problemática observando que o cético *já* entregou o jogo ao usar o adjetivo certo: *molhado*! Assim, o jeito certo de responder à pergunta do cético, Como sei que estou molhado? é a resposta simples: Porque você fala português (Wittgenstein 1953, §381).

Em contraste com as opiniões dos pensadores modernos, para quem a língua é privada e fragmentada (o homúnculo rotula sucessivamente cada sensação com uma palavra: *eu, molhado, frio, cansado*), para os pós-modernos anglo-americanos, a língua é excessivamente ampla. A língua é o próprio meio para o pensamento, a experiência e o relacionamento. Em contraste com teorias modernas, ocorrências de linguagem não são contrapostas à "realidade" e medidas pela correspondência (ou por sua falta). Em lugar disso, a linguagem é o próprio meio pelo qual o mundo é cognoscível e conhecido.

Para os pós-modernos, a língua nunca se limita a palavras e frases. Pois cada caso de uso da língua manifesta a *gramática*. As regras gramaticais não são bem *prescritivas* (e.g., "Formas plurais de verbos transitivos pedem objetos no plural"), mas *descritivas* das condições inerentes de inteligibilidade. Mas cada regra simples para construir frases a partir de palavras também não é "gramática". Antes, gramática é a constelação de *ações* e de *julgamentos* e *objetos partilhados* considerados em contraste com toda amplitude do uso das palavras. Assim, é parte crucial da gramática da palavra *cadeira* o fato de sentarmos em cadeiras (Wittgenstein 1958, 24). Para sermos fluentes no uso da palavra *cadeira*, aprendemos que cadeiras são coisas em que nos sentamos — mas nunca casamos com elas nem as enganamos! Múltiplas gerações de wittgensteinianos continuam sua prática de tornar compreensível a "gramática" do uso da linguagem comum para dissolver enigmas filosóficos que surgem da negligência com os mecanismos da linguagem comum. Nesse sentido, a pós-moderna "filosofia como terapia" de Wittgenstein foi comparada à terapia filosófica pré-moderna de Sócrates.

A busca moderna de uma explanação totalizadora leva um severo golpe das ciências exatas. Embora antes se pensasse que todos os sistemas físicos se reduzem ao movimento de suas partes menores, só uma porcentagem muito pequena dos sistemas físicos é considerada "linear" para sustentar a descrição reducionista (e.g., bolas de bilhar colidindo sobre uma mesa aproximam-se de um sistema linear). Com a descoberta de que muitos, talvez até a maioria, dos sistemas naturais é não linear de modo caótico, os modernistas estão sendo forçados a admitir que os sistemas, desde o clima até congregações eclesiásticas, são *dinâmicos* e, portanto, não sucumbem à explanação totalizante. Conjuntos muitas vezes alcançam vida própria enquanto exercem influência descendente sobre suas partes (Peacocke). Por causa da complexa interação entre partes e todos, para compreender cada fração torna-se necessário estudar a fração nos contextos maiores em que essa fração está inserida. Se a "fração" é uma pessoa humana, é preciso dar atenção não só ao molecular, mas o conhecimento é enriquecido pela atenção meticulosa dedicada às dimensões sociais, históricas, políticas e linguísticas da vida. Até mais relevante para o indivíduo inserido numa profusão de sistemas dinâmicos, o que faz avançar para um futuro que não foi nem pode ser humanamente mapeado é a necessidade da sabedoria prática. A certeza do tipo matemático é pouco útil para uma boa reação a tais circunstâncias ambíguas. O desejável e necessário é um treinamento na arte e nas habilidades de raciocínio prático. Uma vez que a própria fluência linguística faz parte das habilidades da razão prática, os pós-modernistas anglo-americanos procuraram reconduzir todas as formas de raciocínio prático (especialmente a analogia como uso habilidoso) à sua antiga posição de proeminência sobre o raciocínio teórico (e seu contraparte teórico, a analogia como proporção). Além disso, mesmo em casos em que o raciocínio teórico é adequado, a metáfora central para compreender a ação do raciocínio teórico passou de uma "casa" (fundacionalismo) para uma "rede de crenças" de propriedade e operação comunal (Quine e Ullian).

Por fim, pós-modernos anglo-americanos desistiram da noção moderna de que sujeitos humanos estão desconectados do mundo dos objetos e das pessoas. Enquanto os modernos consideram que o self humano está preso dentro do teatro da mente, tendo, no máximo, um contato inferencial com o mundo "de fora", na concepção pós-moderna, os sujeitos humanos não precisam de inferências empíricas para vencer o isolamento. Pelo contrário, cada pessoa já está inserida no mundo de práticas, narrativas, relações, formação de virtudes e tradições históricas (Hauerwas e Jones; MacIntyre 1984, 1988). Discordando da afirmação modernista, não é duvidando desses exteriores que a pessoa descobre a verdadeira identidade. Esses exteriores constituem, pelo menos em parte, o self humano. Nesse sentido, o pós-modernismo abandona por completo todo o projeto moderno.

Veja também EPISTEMOLOGIA; ILUMINISMO; POSITIVISMO LÓGICO.

BIBLIOGRAFIA. ARENDT, H., *The Human Condition* (Chicago: University of Chicago Press, 1958); AGOSTINHO, *As Confissões de Santo Agostinho* (São Paulo: Paulinas, 2000); P. CARY, *Augustine's Invention of the Inner Self* (Oxford: Oxford University Press, 2000); CAVANAUGH, W. T., "'A Fire Strong Enough to Consume the House': The Wars of Religion and the Rise of the State", *Modern Theology* 11:4 (1995) 397-420; DE CERTEAU, M., "Walking in the City", in: *The Certeau Reader*, Graham Ward, org. (Malden, MA: Blackwell, 2000) 101-18; DESCARTES, R., "Discourse on Method", in: *Discourse on Method; and, Meditations on First Philosophy* (3. ed.; Indianapolis: Hackett Publishing, 1993) [edições em português: *Discurso sobre o Método* (Petrópolis: Vozes, 2011) e *Meditações sobre Filosofia Primeira* (Campinas: UNICAMP, 2004)] 1-46; J. ELLUL, *The Technological Society* (New York: Vintage, 1967) [edição em português: *A Técnica e o Desafio do Século* (São Paulo: Paz e Terra, 1968)]; HAUERWAS, S. e JONES, L. G., orgs., *Why Narrative?* (Grand Rapids: Eerdmans, 1989); JUARERRO, A., *Dynamics in Action: Intentional Behavior as a Complex System* (Cambridge: MIT Press, 2002); KALLENBERG, B. J., *Ethics as Grammar: Changing the Postmodern Subject* (Notre Dame: University of Notre Dame Press, 2001); LYOTARD, J.-F., *The Postmodern Condition: A Report on Knowledge* (Minneapolis: University of Minnesota Press, 1984); MACINTYRE, A., *After Virtue: A Study in Moral Theory* (2. ed.; Notre Dame: University of Notre Dame Press, 1984); idem, *Whose Justice? Which Rationality?* (Notre Dame: University of Notre Dame Press, 1988) [edição em português: *Justiça de quem? Qual Racionalidade?* (São Paulo: Loyola, 1991)]; MURPHY, N., *Beyond Liberalism and Fundamentalism* (Philadelphia: Trinity Press International, 1996); idem, *Anglo-American Postmodernity: Philosophical Perspectives on Science, Religion, and Ethics* (Boulder: Westview Press, 1997); PEACOCKE, A. R., *Creation and the World of Science* (Bampton Lectures 1978; Oxford: Oxford University Press, 1979); PENNER, M. B., org., *Christianity and the Postmodern Turn: Six Views* (Grand Rapids: Brazos Press, 2005); QUINE, W. V. O. e ULLIAN, J. S., *The Web of Belief* (2. ed.; New York: Random House, 1978); RANDALL, JR., J. H., *The Making of the Modern Mind* (New York: Columbia University Press, 1926); TOULMIN, S., *Cosmopolis: The Hidden Agenda of Modernity* (Chicago: University of Chicago Press, 1990); WITTGENSTEIN, L., *Philosophical Investigations* (New York: Macmillan, 1953) [edição em português: *Investigações Filosóficas* (São Paulo: Nova Cultural, 2001)]; idem, *The Blue and Brown Books* (New York: Harper & Brothers, 1958).

B. J. Kallenberg e E. Smith

MOLTMANN, JÜRGEN. *Veja* PNEUMATOLOGIA; TEOLOGIA DA ESPERANÇA; TEOLOGIA POLÍTICA; TRINDADE, DEUS TRINO.

MONASTICISMO

As características chaves do monasticismo cristão — ênfase intensa e amorosa em Cristo, adoração, oração pessoal, celibato, leitura espiritual das Escrituras, simplicidade de vida e comunhão de bens, às vezes solitude e assim por diante — são todas encontradas nas Escrituras. Mas as maneiras particulares de o monasticismo cristão combinar e integrar esses elementos não se evidenciam especificamente até o século terceiro. Alguns estudiosos encontram ressonâncias com a comunidade de Qumran/essênios, que talvez tenha influenciado João Batista e seus discípulos, alguns dos quais passaram para o círculo dos discípulos de Jesus — mas essas ligações continuam controversas.

Eusébio (m. c. 340) relata que um bispo de Jerusalém, Narciso, que viveu no início do século terceiro, retirou-se para o deserto e viveu solitário por muitos anos. Paulo de Tebas fugiu para o deserto durante a perseguição promovida por Décio (249-251), sendo apresentado como o primeiro eremita cristão em *Vita Pauli* escrito por Jerônimo (m. 420). Atanásio (m. 373), em sua *Vida de Antão*, muito influente, escreveu que antes de Antão, os cristãos retiravam-se para uma vida mais ascética não longe de suas vilas, e Antão consultou-se com um deles antes de se recolher no deserto. Antão sentiu que textos específicos das Escrituras (Mt 19.21; Mc 6.32) eram dirigidos pessoalmente a ele, impelindo-o a deixar tudo para ficar só com

Cristo na forma eremita (ou eremítica) do monasticismo cristão. Atanásio salientou que foi o fato de Antão nutrir uma fé rigorosa em Cristo como pleno Deus e pleno homem (contra os arianos) que o conduziu vitoriosamente através de todas as tentações no deserto (com referências evidentes às tentações de Cristo no deserto). Os discípulos de Antão foram instrumentos na disseminação da vida monástica em outras partes, até fora do Egito. Esses monges geraram uma tradição primeiro oral, depois escrita, do ainda popular *Apothegmata*, ou *Ditos dos Pais e das Mães do Deserto*. (A tradição monástica inclui mulheres de maneiras significativas desde o início, e o termo *monge* inclui homens e mulheres).

Jerônimo, que também passou anos em solitude e comunidade monástica, escreveu que o monasticismo na Palestina começou com Hilário, que estudou em Alexandria e visitou Antão, e depois iniciou a vida eremita em cerca de 307, perto de Gaza. Outros começaram a se juntar a ele, estabelecendo comunidades de eremitas concentrados em igrejas e outros prédios comuns (o modelo *laura* dos camaldulenses e cartuxos hoje). Numerosas comunidades eremitas nasceram também na Síria nesse período. Pacômio (m. 346), considerado o fundador da "santa koinonia", a forma comunal ou cenobita do monasticismo cristão, e Basílio (m. 379) também destacou a forma comunal do monasticismo cristão, baseada na koinonia do evangelho e escreveu regras que ainda formam a base da vida monástica no cristianismo oriental.

Agostinho (m. 430) no Ocidente, muito influenciado por *Vida de Antão*, viveu em comunidade monástica por cinco anos antes do episcopado. Em *Regula ad servos Dei*, ele propôs uma forma comunal de vida monástica inspirada na comunidade e fraternidade cristã.

Bento (m. c. 550) bebeu de muitas dessas fontes para formular sua própria *Regra*, que se tornou normativa para o monasticismo ocidental. Citando sempre as Escrituras, Bento instava que "o amor de Cristo deve vir antes de tudo o mais" (cap. 4, veja também cap. 43). Ele ordenava que seus monges gastassem horas meditando nas Escrituras todos os dias, e escreveu sobre a jornada monástica: "À medida que progredirmos nesse modo de vida e em fé, correremos nas veredas dos mandamentos de Deus, nosso coração transbordante do inefável prazer do amor" (prólogo). Gregório, o Grande, no fascinante *Vida de Bento* também apresentou a irmã monástica de Bento, Escolástica, e o papa afirmou que ela superava Bento porque amava mais (cap. 33).

O monasticismo celta, já muito presente na Inglaterra, bem como na Irlanda e França, representava uma tradição distinta. Ela foi caracterizada também por um enfático dinamismo missionário, como com Brendan "o navegador" (m. c. 577), Aiden (651), Hilda (m. 680) e grandes centros monásticos como Iona, Lindisfarne e Whitby. Boa parte da Europa foi de fato evangelizada por monges, sejam celtas, sejam beneditinos (*veja* Teologia e Espiritualidade Celta).

Os "séculos beneditinos" foram caracterizados por oração e trabalho (o lema beneditino), incluindo o amor ao estudo, com estudiosos e teólogos como Bede (m. 735) e Anselmo (m. 1109) e a guarda de tesouros clássicos e patrísticos por meio da cópia de manuscritos. Clássicos espirituais foram escritos por monges como Bernardo (m. 1153), Elredo (m. 1167), Hildegarda (m.1179), Matilde (m. 1282), Juliana de Norwich (m. depois de 1416) e outros. Na igreja oriental o monasticismo também floresceu, de Constantinopla a Kiev, com centros venerados como o Monte Atos.

Mas com o passar dos séculos, era muito frequente a disciplina e observância monásticas se tornarem frouxas e, com certeza no Ocidente, a espiritualidade monástica tornar-se formalista e elitista. Reformadores protestantes como Lutero (que foi membro da quase monástica Ordem de Santo Agostinho) objetou que o monasticismo não era evangélico, estando ligado a obras de justiça. E a riqueza de abadias maiores atraía a atenção e intervenção de figuras como Henrique VIII, levando à dissolução dos mosteiros em regiões protestantes. O Iluminismo não via o monasticismo com bons olhos, mesmo em regiões católicas, como outro exemplo da superstição da Era das Trevas.

Ainda assim, o monasticismo continuou em regiões católicas romanas e ortodoxas. E com o Movimento de Oxford, a vida monástica retornou também à Comunhão Anglicana, incluindo acadêmicos como Dom Gregory Dix. Em 1940, Roger Schutz, pastor reformado suíço, fundou Taizé, que se expandiu, tornando-se uma comunidade ecumênica internacional com mais de uma centena de irmãos, atraindo milhares de pessoas para seu centro principal e outros centros monásticos e influenciando muitos mais por meio de suas músicas e publicações contemplativas. Agora existem comunidades monásticas luteranas e metodistas, e tais comunidades possuem e continuam oferecendo uma imensa contribuição ecumênica e global. Um encontro global com o *budismo, o *hinduísmo e o taoísmo, todos os quais reverenciam suas heranças monásticas, talvez seja um convite a uma atenção renovada para essa antiga herança cristã.

Veja também Espiritualidade; Teologia e Espiritualidade Celta.

Bibliografia. P. F. Anson, *The Call of the Cloister: Religious Communities and Kindred Bodies in the Anglican Communion* (London: SPCK, 1964); Athanasius, *The Life of Antony and The Letter to Marcellinus* (Classics of Western Spirituality; New York: Paulist Press, 1980); Chitty, D. J., *The Desert a City: An Introduction to the History of Egyptian and Palestinian Monasticism under the Christian Empire* (Oxford: Basil Blackwell, 1966); Communauté de Taizé, *The Rule of Taizé in French and English* (Taizé-Communauté: Les Presses de Taizé, 1968); Fry, T., org., *RB 1980: The Rule of St. Benedict in Latin and English with Notes* (Collegeville: Liturgical Press, 1981); Merton, T., *Contemplation in a World of Action* (New York: Doubleday Image, 1973); Peifer, C. "The Biblical Foundations of Monasticism", *Cistercian Studies* 1 (1966) 7-31.

R. Hale

MONISMO, DUALISMO, PLURALISMO

Monismo, dualismo e *pluralismo* são termos filosóficos usados em referência tanto ao número como aos tipos de entidades na realidade. A realidade é composta de uma, duas ou muitas entidades? Essa pergunta foi apresentada bem no início da fundação do pensamento ocidental, começando com Tales de Mileto e seus sucessores. Esses primeiros filósofos observaram a pluralidade de coisas em torno de si e buscaram um princípio unificador. Filósofos posteriores, como Platão e Aristóteles, seguiram seus passos, tentando compreender o mundo em torno deles de um modo que não se apelasse de imediato para os deuses para obter respostas, como era o caso dos poetas gregos antes deles.

É importante observar que não nos interessamos só pela *quantidade* de coisas que formam o cosmo, mas também com a *qualidade* delas. Em geral, o Ocidente tem afirmado que a realidade é ou material ou imaterial (i.e., mente ou espírito). Os que afirmam que toda realidade é material são chamados materialistas ou naturalistas, e os que pensam que é toda mental são idealistas. Ambos são considerados monistas, porque afirmam só um *tipo* de realidade. Os que afirmam entidades tanto mentais como materiais são dualistas. Uns poucos pluralistas também têm postulado que há muitos tipos de entidades além dessas duas. Por causa da distinção entre número e tipo, é possível manter mais de um desses pontos de vista ao mesmo tempo. Por exemplo, René Descartes era pluralista no sentido de acreditar que muitas coisas formam o cosmo, mas dualista no sentido de que todas essas coisas são ou mentais ou materiais. Dada a possibilidade de confusão, esta discussão será limitada a algumas áreas chaves de interesse teológico.

Para os gregos antigos, o reconhecimento de várias coisas no mundo e a tentativa de compreender como elas se relacionam os levaram a afirmar uma dualidade entre o um e os muitos. Heráclito é o filósofo mais associado com o último. Ele acreditava que tudo está num estado de fluxo constante, dando ênfase à pluralidade, mudança, mutação e movimento. Mais tarde, Parmênides considerou o universo inteiro uno: imutável, constante e imóvel. Para ele, todas as mudanças que observamos no cosmo são apenas aparências, quando a realidade é de fato estática. Esse dualismo entre aparência e realidade persiste na filosofia ocidental até hoje, de modo talvez mais afamado em Immanuel Kant, criando uma crise para pessoas de fé que creem que Deus é distinto do cosmo e deve ser conhecido por outros meios que não as coisas naturais que observamos em nossa volta. Em outras palavras, se só podemos saber como as coisas nos parecem e não como realmente são, como afirmamos a existência de Deus que, segundo dizem, transcende o mundo físico?

Além do dualismo entre aparência e realidade, o dualismo entre o mental e o material também é importante para a teologia. Os gregos tendiam a destacar o único e imutável sobre os muitos. Uma expressão dessa ênfase era a primazia do mental ou racional sobre o físico. Para Platão, o mundo físico é *mau; a alma ou mente humana está presa dentro dele e tenta escapar. A única via de escape para ele era a reflexão filosófica: a construção de um conhecimento adequado. A maior parte da tradição cristã, pelo menos no Ocidente, seguiu Platão, destacando o mental sobre o físico. Isso levou ao desprezo perene do mundo natural, considerado inferior ou, às vezes, até mau. A Bíblia, porém, fala da criação não em termos de uma separação entre racional e físico, mas como uma unidade. Ela também fala da criação como algo bom, não como um lugar de aprisionamento para a alma ou mente humana.

Mais que isso, a criação implica que a realidade consiste de muitos tipos diferentes de coisas: Gênesis 1 destaca partes da criação se desenvolvendo segundo a própria espécie. Isso significa que o pluralismo de tipos de seres e, mais tarde, de diferentes raças e etnias, é uma expressão da boa criação de Deus. A unidade e o significado dessa criação multifacetada encontram-se, para os cristãos, na história única da redenção que se desenvolve ao longo das Escrituras — levando por fim a Cristo em quem, diz Paulo, todas as coisas subsistem (Cl 1.17; Ef 1).

Refletindo sobre a pessoa humana, os gregos davam ênfase à separação entre *corpo e alma. Outros, inclusive Platão, afirmavam uma estrutura tripartite de corpo, alma e espírito. Era comum isso ser articulado em termos de prisão da alma no corpo. Ainda que, no todo, ainda afirmasse o bem da criação, a tradição cristã ocidental não questionou a dualidade do corpo e alma em geral (*veja* Antropologia Teológica). Isso ocorre principalmente por causa da convicção cristã da vida após a morte. Uma vez que a degradação do corpo pode ser observada universalmente, deve haver algo que sobrevive à morte. A ideia de uma alma era a alternativa. Entretanto, isso pressuporia que a alma é eterna, imutável e constante, enquanto o corpo é temporário, mutável e em movimento. Isso também era claramente uma expressão do mesmo dualismo grego do um e dos muitos.

A Bíblia, porém, nos dois testamentos, afirma a bondade e a unidade da pessoa humana. Não há na vida após a morte um problema cuja solução exija que se recorra à ideia de uma alma ou mente humana eterna e imaterial. Pelo contrário, ela afirma a renovação do mundo e a *ressurreição da pessoa inteira.

Veja também Antropologia Teológica; Corpo, O; Criação e Ecologia; Mal, Problema do.

Bibliografia. Allen, D., *Philosophy for Understanding Theology* (Atlanta: John Knox, 1985); Clark, K. J.; Lints, R. e Smith, J. K. A., *101 Key Terms in Philosophy and Their Importance for Theology* (Louisville: Westminster John Knox, 2004); Flew, A., org., *A Dictionary of Philosophy* (New York: St. Martin's Press, 1982); Gunton, C., *The One, the Three, and the Many* (Cambridge: Cambridge University Press, 1993); Sedgwick, P., *Descartes to Derrida: An Introduction to European Philosophy* (Oxford: Blackwell, 2001); Stumpf, S. E., *Socrates to Sartre and Beyond: A History of Philosophy* (7. ed.; Boston: McGraw-Hill, 2003).

A. Mills

MONOTEÍSMO. *Veja* Teísmo.

MONTANISMO. *Veja* Movimentos Carismáticos.

MORDOMIA AMBIENTALISTA. *Veja* Criação e Ecologia.

MORTE. *Veja* Escatologia.

MORTE DE DEUS

Muitos observadores da história ocidental veem no século 20 a negação progressiva da presença de Deus. Na década de 1960, um movimento de teólogos proclamou de fato que Deus estava morto e que era preciso desenvolver novas práticas religiosas por conta disso. Mas muitos outros, observando duas guerras mundiais, limpeza étnica e a crescente desigualdade entre ricos e pobres, perguntam: Onde está Deus?

Os dois últimos séculos de civilização ocidental testemunharam uma secularização progressiva — inestancável, diriam alguns — da sociedade (*veja* Secularismo). À medida que os métodos da ciência e da tecnologia eram aperfeiçoados, muitos concluíram que, conforme Immanuel Kant havia afirmado em torno de 1800, a humanidade havia mesmo chegado à maturidade. As pessoas já não precisavam de Deus. Os fatos reais questionam essa alegação: na Europa, a crença em Deus, se não a frequência à igreja, tem se mantido estável, enquanto nos Estados Unidos, a crença religiosa e as instituições religiosas permanecem fortes (sem falar da explosão de crenças não ocidentais). Mas como concepção intelectual, a vida sem Deus passou a ser assumida entre acadêmicos nas universidades. A crença e as instituições religiosas parecem, pelo menos para muitos, estar desempenhando papéis cada vez menores na vida moderna.

Isso fez com que, na década de 1960, até religiosos passassem a defender esse mundo secular. O livro influente de Harvey Cox, *A Cidade Secular* (1965), alegava que essa tendência para o secular também tinha suas raízes na Bíblia e podia ser celebrada.

Nesse contexto, um grupo de teólogos começou a anunciar publicamente: "Deus está morto". Ao que parece, esse pensamento teve duas fontes. Por um lado, havia os que retomaram o clamor do filósofo do século 19, Friedrich Nietzsche (m. 1900), em *A Gaia Ciência*, de que eventos recentes haviam convencido as pessoas de que Deus está morto, que a crença no Deus cristão já não é plausível e que a ordem moral europeia está condenada. Teólogos como Thomas Altizer deram uma interpretação cristã a essa convicção, alegando que esses desenvolvimentos eram coerentes com um entendimento radical da encarnação — Cristo morreu no sentido de que se tornou parte da humanidade, ele se tornou visível em cada face humana. Deus foi radicalmente condescendente para estar com a humanidade e partilhar de suas agruras. Esses teólogos também gostavam de citar a obra posterior de Dietrich Bonhoeffer que, de modo semelhante, alegava que o mundo moderno havia empurrado Deus para fora da esfera sagrada, colocando-o dentro do mundo onde nós precisamos segui-lo.

Uma segunda corrente tomou como ponto de partida a ideia *barthiana de que não se pode descobrir Deus em nenhum lugar do mundo e que ele só pode revelar a si mesmo. Os que foram alunos de Barth e depois enfrentaram os horrores do Holocausto e da Segunda Guerra concordaram que o mundo não revelava Deus e alegaram que também já não falava. Conforme afirmou William Hamilton, costumávamos dizer que não conseguimos conhecer Deus, mas Ele se faz conhecido a nós, "agora parece que ele não se faz conhecer nem como inimigo" (Altizer e Hamilton, 27).

Em que nível de literalidade devemos entender esse discurso da morte de Deus? Às vezes, se faz distinção entre posições ateístas "leves" e posições agnósticas "estritas" e ateístas radicais. Na primeira categoria, os pensadores não acreditam que Deus de fato tenha morrido, mas que o tipo particular de Deus estreitamente associado à religião e cultura judaico-cristã está passando, devido ao processo de secularização radical. Em outras palavras, o Deus que é totalmente transcendente morreu e, portanto, os teólogos devem se concentrar em Deus como uma entidade imanente. Falando de modo estrito, só a segunda categoria, agnósticos "estritos" e pensadores ateus denotam propriamente as teologias da morte de Deus, conforme representadas por Altizer e Hamilton.

Embora sua influência contínua não tenha sido grande, o movimento da morte de Deus deu expressão a um sentimento crescente entre os instruídos do Ocidente. Embora antes a humanidade dependesse de Deus, agora Deus deixa nas mãos da humanidade a responsabilidade de fazer do mundo um lugar melhor (veja Friedman).

À parte das teologias seculares da morte de Deus, a tradição cristã às vezes se refere à ideia da morte de Deus quando fala da cruz. Martinho Lutero falou do extremo de horror e sofrimento do Filho de Deus na cruz em termos de "Deus crucificado". Essa ideia foi pinçada e transformada em tema teológico por Jürgen Moltmann em sua obra fundamental *O Deus Crucificado* (1974). Wolfhart Pannenberg e outros responderam que não é dogmaticamente correto falar da morte do Filho de Deus, nem mesmo do Filho de Deus em sua humanidade. Falando de maneira estrita, para citar um título de Eberhard Jüngel, é uma contradição de termos falar da "Morte do Deus Vivo".

Veja também ATEÍSMO; SECULARISMO.

BIBLIOGRAFIA. ALTIZER, T. J. J., *The Gospel of Christian Atheism* (Louisville: Westminster,1966); ALTIZER, T. e HAMILTON, W., *Radical Theology and the Death of God* (Indianapolis: Bobbs-Merrill, 1966); COX, H., *The Secular City: Secularization and Urbanization in Theological Perspective* (New York: Macmillan, 1965); FRIEDMAN, R. E., *The Disappearance of God: A Divine Mystery* (Boston: Little, Brown & Co., 1995); JÜNGEL, E., "Vom Tod des lebendigen Gott", in: *Unterwegs zur Sache* (Munich: Chr. Kaiser Verlag, 1972); MOLTMANN, J., *The Crucified God: The Cross of Christ as the Foundation and Criticism of Christian Theology* (London: SCM, 1974) [edição em português: *O Deus Crucificado* (Santo André: Academia Cristã, 2011)].

W. A. Dyrness

MOVIMENTOS CARISMÁTICOS

Embora o nome *movimento carismático* tenha sido amplamente empregado só a partir da segunda metade do século 20, ele também é útil para descrever movimentos anteriores do Espírito na história da igreja. Esses movimentos se caracterizam por manifestar fenômenos atribuídos ao Espírito Santo (*veja* Pneumatologia), tais como *batismo no Espírito, carismas (ou dons do Espírito Santo) ou cair no Espírito, fenômenos em que os envolvidos podem evidenciar reações emocionais, tais como gritar, dançar ou cantar. Ainda que muitos desses movimentos sejam locais ou regionais quanto ao impacto, alguns têm causado um impacto mais amplo na igreja. Alguns são problemáticos, enquanto outros têm trazido vitalidade renovada a grandes seguimentos do cristianismo.

1. O Novo Testamento e a era subapostólica
2. Movimentos carismáticos do fim da Idade Média e da Reforma
3. Movimentos do pós-Reforma e início da Era Moderna
4. A emergência dos movimentos carismáticos modernos
5. A globalização dos movimentos carismáticos
6. Conclusão

1. O Novo Testamento e a era subapostólica

No Novo Testamento, carismas (*charismata*), ou dons do Espírito Santo, eram abundantes (Rm 12.3-13; 1Co 12–14; Ef 4.7-16). Atos dos Apóstolos fornece muitas ilustrações de sua presença por toda a região mediterrânea. Em certo sentido, pode-se dizer que a igreja sempre tem sido um movimento carismático, um grupo de pessoas enchida, dirigida e capacitada pelo Espírito Santo.

Bem no início da era da igreja, a autoridade eclesiástica era atribuída àqueles com dons carismáticos condizentes (cf. At 6.3; 1Tm 1.18; 4.11-16). Qualquer manifestação de atividade carismática como *profecia, línguas (*veja* Glossolalia) ou *curas requeriam discernimento espiritual, muitas vezes exercido por aqueles que detinham autoridade eclesiástica (e.g., bispos), juntamente com os que assumiam autoridade espiritual ou carismática baseada na concessão soberana dos carismas pelo Espírito Santo (e.g., leigos).

Em períodos subsequentes, os autores do *Didaquê* (c. 80 d.C.) e de *O Pastor de Hermas*, Mandato 11 (c. 120 d.C.), apresentaram orientações a serem usadas no processo de discernimento. Ambos afirmavam a função contínua da profecia, mas incentivavam as congregações a testarem suas afirmações por causa da possibilidade de abusos. O bispo Inácio (m. c. 117 d.C.) de Antioquia da Síria profetizou que as congregações não deviam fazer nada sem o bispo (*Aos Filadelfos* 7). Em Lyon, Ireneu (130-202 d.C.) argumentou que os carismas eram essenciais para o cristão ser frutífero (*Prova do Ensinamento Apostólico* 99) e testificou que exorcismos, profecias, curas e milagres (*Contra Heresias* 2.32.4), bem como o dom de línguas (*Contra Heresias* 5.7.6) eram ocorrências regulares em sua época.

Escrevendo de Cartago, no norte da África, Tertuliano (c. 155-230 d.C.) exortou os candidatos ao *batismo a pedirem *charismata* a Deus (*O Batismo* 20.5). Ele também alegou que milagres (*A Oração* 4.3), línguas, conhecimento, profecia (*A Paciência* 12.10), exorcismo (*Apologia* 23.4) e *diakonia* (*Apologia* 39.1) eram comuns em Cartago.

Cipriano, bispo de Cartago (250-259 d.C.), relatou que em conselhos de bispos realizados no norte da África visões e sonhos eram considerados nas deliberações (*Epístola* 57.5.1), inclusive na escolha de indivíduos para cargos eclesiásticos (*Epístolas* 39, 40). Ele afirmou que, por meio desses fenômenos, foi orientado a se esconder (*Epístola* 16.4) e que apelou a eles para suas exortações à unidade (*Epístola* 11), para encorajamento (*Epístola* 6.1-2) e alertas (*Epístola* 58.1.2) e também para defesa de confessores e mártires (*Epístola* 10.4; *Carta* 4.105). Por outro lado, Orígenes de Alexandria (185-254 d.C.), no Egito, estava entre os primeiros que observaram um declínio na manifestação dos carismas, embora reconhecesse que estavam disseminados entre os que viviam de acordo com "os preceitos do evangelho" (*Contra Celso* 1.2).

1.1. Mudanças que geraram preocupações. Durante esse mesmo período, faziam-se ajustes na vida da igreja. A vida litúrgica estava se tornando mais estilizada. Os gnósticos estavam desenvolvendo sistemas teológicos concorrentes. Marcião estava forçando a igreja a determinar os limites do cânon das Escrituras. E os apologistas estavam se tornando expositores importantes da fé cristã. Por conseguinte, os bispos assumiram funções ainda maiores, articulando a doutrina cristã e exercendo e estabelecendo limites à expressão carismática.

Alguns reclamavam que o fervor da vida apostólica e a espontaneidade das intervenções carismáticas do Espírito Santo haviam-se perdido no processo. Eles tinham saudades dos dias em que sinais e maravilhas eram manifestados regularmente, quando milagres ocorriam e Deus falava diretamente às pessoas por meio de dons como profecia, línguas e palavras de sabedoria ou conhecimento. Eles temiam que os bispos estivessem simplesmente usurpando as prerrogativas carismáticas legítimas das pessoas comuns.

1.2. Montanismo. Foi nesse contexto que veio o montanismo ou a "Nova Profecia" (Eusébio, *História Eclesiástica* 5.19.2), entre os primeiros movimentos carismáticos. Ele surgiu em cerca de 172 d.C., entre os seguidores de Montano, cujas ações e profecias escandalizavam os críticos. Começando pela Frígia, espalhou-se depois por toda a região do Mediterrâneo, desde o segundo até o quinto século.

Montano pregou uma vida ascética, incluindo novos e diferentes jejuns ao longo do ano. Ele entendia o movimento como um sinal escatológico da volta de Cristo, e seus seguidores predisseram um período de guerra e anarquia coincidindo com essa consumação iminente (Eusébio, *História Eclesiástica* 5.16.18-19; Epifânio, *Panarion* 48.2). A forma norte-africana do montanismo exigia véu para as mulheres (Tertuliano, *O Véu das Virgens* 17.3), o fim de todo segundo casamento (Tertuliano, *A Monogamia* 1.2); assumia postura rígida contra os que cometiam pecados pós-batismais e se recusava a readmitir na comunhão os que tinham abandonado a fé (Tertuliano, *A Modéstia* 21.7).

Montano imaginava uma renovação carismática de toda a igreja em que o dom da profecia desempenhava um papel importante na obra contínua do Paráclito entre o povo de Deus. Ele viu o ressurgimento do dom profético como cumprimento da função do Paráclito de declarar o que o Filho desejava revelar no momento (Jo 16.12-15).

Sem dúvida, uma das coisas que atraiu Tertuliano para o movimento foi seu convite ao ascetismo, mas ele ficava igualmente intrigado com as revelações proféticas de implicações teológicas dadas por seus membros. Dentro de uma congregação, por exemplo, havia uma mulher bem conhecida pelas visões e vozes que experimentava enquanto entoavam os Salmos, liam as Escrituras ou pregavam o sermão. Ao fim do culto de adoração, os que eram próximos dela ficavam e ouviam o que ela tinha a dizer. Ele entendia que as revelações dela eram uma corroboração contemporânea da verdade previamente revelada nas Escrituras apostólicas (Tertuliano, *A Alma* 9.3-4).

Marcião pode ter tentado retirar trechos das Escrituras do cânon da igreja, mas os seguidores de Montano parecem ter procurado acrescentar. Eles registraram, circularam e citaram oráculos proféticos próprios (Eusébio, *História Eclesiástica* 5.18.5), colocando-se, evidentemente, em conflito com os bispos. Apesar dessas preocupações, pelo menos três teólogos importantes — Jerônimo (*Epístola* 41.3), Epifânio (*Panarion* 48.1) e Hipólito (*Refutação de Todas as Heresias* 8.12) — os consideraram dentro dos limites da ortodoxia cristã aceitável, enquanto Apolinário de

Hierápolis os criticou por violação da tradição (Eusébio, *História Eclesiástica* 5.16.7).

Historiadores em geral concordam que o montanismo deve ser considerado uma seita cristã cujos membros acreditavam que os bispos eram culpados de negar ao Espírito a liberdade para anunciar por meios contrainstituicionais, pelo extravasar espontâneo de dons proféticos, exortações corretivas aos que ocupavam o ofício episcopal.

Em Cartago, montanistas e outros cristãos parecem ter convivido pacificamente, lado a lado, nas mesmas instalações. Quando terminava o culto, os montanistas permaneciam para ouvir outras revelações. Em outras partes do mundo, especialmente na Ásia Menor, os relacionamentos nem de perto eram tão civilizados. Os bispos não se dispunham a aceitar os pedidos dos montanistas. Eles convocaram concílios, julgaram os montanistas que não se submeteram, considerando-os inspirados por demônios (tentando exorcismo em alguns casos), rotularam-nos como violadores de autoridade devidamente constituída e liderança institucional carismaticamente capacitada, e os excomungaram (Eusébio, *História Eclesiástica* 5.16.9-10).

Em resposta, os montanistas alegaram que só eles eram verdadeiramente espirituais, que haviam recebido a última revelação de Deus e que a igreja devia abraçar suas convicções (Jerônimo, *Epístola* 41.3; Orígenes, *Princípios* 2.7.3). Eles resistiram às ações dos bispos (Tertuliano, *Tratado sobre a Alma* 9.3-4; *Contra Marcião* 4.22.5; *A Monogamia* 1.1-2 e *Contra Práxeas* 1.6), armando o palco para confrontos inevitáveis sobre temas teológicos como autoridade, natureza da eclesiologia e a natureza, papel e uso dos carismas, tais como a profecia. No final, condenaram os bispos e seus seguidores, considerando-os não espirituais, e excomungaram a igreja institucional (Eusébio, *História Eclesiástica* 5.16.9).

O resultado da controvérsia tornou extremamente difícil que outras alegações de atividade carismática, especialmente alguma forma de "discurso profético" anunciado fora de canais oficiais, fossem levadas a sério como haviam sido até aquele momento. Embora fossem comuns reclamações de que os montanistas eram entusiastas que violavam a tradição e recusavam submissão a autoridades legítimas, outros lidaram com a ameaça representada por eles afirmando que, com a morte dos apóstolos e seus herdeiros diretos, com a conclusão do cânon das Escrituras e com a instalação de bispos em seus ofícios eclesiais, já não eram necessárias as intervenções espontâneas do Espírito Santo.

1.3. Monasticismo como movimento carismático. Outros movimentos carismáticos apareceram ao longo dos séculos. Muitas vezes incluídos em tais listas estão os Pais do Deserto, especialmente S. Antão (m. c. 350 d.C.) e Pacômio (m. c. 346 d.C.) do Egito. Antão aceitou os conselhos de Jesus ao jovem rico (Mt 19.16-22), rompeu seus laços mundanos e optou por uma vida solitária, lutando contra Satanás no deserto como disciplina pessoal. À medida que crescia sua reputação, também crescia seu ministério. Visto não só como homem espiritual, mas também como operador de milagres, as multidões o seguiam (cf. *Vida de S. Antão*, 48). Muitos pediam orações e conselhos a ele. Outros optaram por seguir seu exemplo, residindo perto dele, colocando-se sob sua direção e imitando seu estilo de vida. Ainda outros vinham pedindo curas e milagres.

A natureza do movimento monástico não causou o tipo de convulsão provocado pelo montanismo porque não enfrentou do mesmo modo as forças da institucionalização. Mesmo em seus primeiros dias, sob S. Antão, e especialmente quando o movimento monástico se desenvolveu sob Pacômio e outros, o movimento viu a necessidade de ordem e trabalhou próximo ao bispo. Por esse motivo, o monasticismo floresceu ao longo dos séculos e é reconhecido globalmente, com a maioria das instituições monásticas assumindo alguma forma de vocação carismática em seu cerne e manifestando outros carismas em sua vida e adoração.

2. Movimentos carismáticos do fim da Idade Média e da Reforma

Outros movimentos carismáticos foram moderadamente bem sucedidos em seu objetivo de prover uma correção para a situação contemporânea. Os valdenses surgiram no sul da França. Alcunhados "pobres de Cristo", eram seguidores de Pedro Valdo (m. c. 1218 d.C.). Sem autorização de Roma, Valdo tinha trechos da Bíblia traduzidos para a língua local. Declarando que tinham o direito de pregar nas ruas, não por ordenação, mas pelo dom que lhes fora dado pelo Espírito Santo, Valdo e seus seguidores seguiam em pares. Por fim, o Terceiro Concílio de Latrão declarou que eles não podiam mais pregar. Quando continuavam pregando sem consentimento episcopal, eram excomungados e, por três séculos, foram assediados e perseguidos. Encontraram refúgio principalmente nos vales alpinos do norte da Itália.

Os *anabatistas da era da *Reforma eram muitas vezes considerados hereges, fanáticos religiosos idealistas (*Schwärmerei*), revolucionários em potencial ou sectários desagregadores. Quando Menno Simons escreveu que o Espírito Santo havia iluminado sua mente e guiado sua interpretação das Escrituras até o significado correto do batismo e da ceia do Senhor, desencorajou outros reformadores por causa de sua aparente subjetividade. De modo semelhante, Lutero criticou Andreas von Karlstadt, anabatista alemão, chamando-o "profeta celestial", por alegar novas revelações da parte do Espírito Santo. Embora o apelo à direção do Espírito Santo na leitura e no entendimento das Escrituras ganhasse terreno em alguns círculos, isso às vezes deixava os anabatistas abertos à crítica de que eram "espiritualistas".

3. Movimentos do pós-Reforma e início da Era Moderna

O camisardos, às vezes conhecidos como os profetas de Cevenas, exerceram uma função política no sul da França depois que Luís XIV revogou o Edito de Nantes em 1685, que havia concedido tolerância aos huguenotes na região desde 1598. Os protestantes franceses haviam abraçado Calvino, eram apocalípticos e profundamente anticatólicos. A ala mais radical veio a ser conhecida como os camisardos. Um vidreiro chamado Du Serre reuniu um grupo de crianças e afirmou que partilharia com elas o "dom do Pentecostes" soprando em sua boca. A pregação e profecia deles inspiraram muitos seguidores. Depois de 1685, os camisardos lideraram uma insurreição contra Luís XIV, mas em 1710 tinha sido destruídos. Enquanto alguns dos sobreviventes seguiram para a Inglaterra, outros foram para a Alemanha onde contribuíram para o nascimento do pietismo.

Outros movimentos carismáticos também surgiram entre os séculos 16 e 19. A profecia em êxtase de várias mulheres na Inglaterra do século 17, que se tornaram parte dos primórdios dos quacres, por exemplo, levou alguns a classificá-los como um movimento carismático. Outros consideraram as curas milagrosas de Marie Gourmy, bem como os eventos em torno das aparições e curas em lugares como Lourdes, como origem de outros movimentos carismáticos.

Em 1832, Edward Irving formou a Igreja Católica Apostólica. Ele havia concluído que os ofícios bíblicos de apóstolos, profetas, evangelistas, pastores e mestres deviam ser restaurados à igreja, e se via desempenhando um papel profético. Irving estava convencido de que o fim dos tempos ocorreria em sua geração. Enquanto ele pregava, muitos de seus seguidores exibiam muitas manifestações carismáticas, inclusive falando em línguas e profetizando. A igreja logo se disseminou da Inglaterra para o continente, enfrentando tempos difíceis após a morte prematura de Irving.

Pensamentos restauracionistas semelhantes nos Estados Unidos, durante o final do século 19, deram origem a vários líderes carismáticos como Frank Sandford e John Alexander Dowie, que formam o cenário para o nascimento do *movimento pentecostal durante o século 20. Na medida em que o pentecostalismo se identifica com a doutrina do batismo no Espírito Santo, a restauração dos dons ou carismas do Espírito e outros fenômenos, tais como cantar no Espírito ou ser derrubado no Espírito, ele também deve ser classificado como movimento carismático. Mas na segunda metade do século 20, o termo assumiu um significado específico.

4. A emergência dos movimentos carismáticos modernos

Durante a década de 1950, Demos Shakarian e David J. du Plessis atravessaram as fronteiras do pentecostalismo clássico. Shakarian estabeleceu o extremamente bem sucedido grupo interdenominacional Full Gospel Businessmen's Fellowship International (FGBMFI [equivalente à ADHONEP no Brasil]), onde reuniu homens de negócios leigos para compartilharem entre si o evangelho e seus testemunhos pessoais de salvação, sucessos nos negócios e batismo no Espírito Santo. Enquanto isso, David du Plessis participava de uma variedade de encontros ecumênicos que o colocaram em contato com líderes de igrejas de todo o mundo. Eles o ouviam falar das próprias experiências espirituais e desafiá-los a estarem abertos e receptivos ao que Deus havia reservado para eles.

4.1. Movimento carismático entre protestantes e anglicanos. Em 1959, o pastor da Igreja Episcopal de S. Marcos em Van Nuys, Califórnia, era o Rev. Dennis Bennett. Várias pessoas de sua paróquia haviam participado das reuniões do *Full Gospel Businessmen* e estabelecido estudos bíblicos nos lares. O pastor Bennett juntou-se a eles, foi batizado no Espírito e falou em outras línguas. De início o grupo era discreto em relação às próprias atividades. Isso mudou no domingo de Páscoa de 1960, quando Dennis Bennett anunciou do púlpito de S. Marcos que ele estava entre aqueles que agora falavam em línguas. Houve uma reação imediata entre alguns de seus paroquianos, que não conseguiam imaginar tal coisa. O bispo de Bennett baniu o falar em línguas e dispensou Bennett de seus encargos. O incidente tornou-se notícia nacional quando a revista *Time* publicou a reportagem, marcando o início oficial da renovação carismática moderna.

Mesmo quando Pr. Bennett mudou-se para Olympia, estado de Washington, para iniciar um ministério na Igreja Episcopal de S. Lucas, uma congregação que abraçou a renovação carismática, a renovação se disseminou entre outros protestantes. Os líderes pediram conselhos para Shakarian e Du Plessis. Este último tornou-se uma voz significativa, avisando aos inquiridores que o Senhor desejava que permanecessem em suas denominações. Logo havia uma gama de comunidades carismáticas dentro das igrejas protestantes históricas.

O ministério televisivo e a televangelização tornaram-se um aspecto significativo na difusão do movimento carismático. O evangelista independente Oral Roberts, que realizava curas, foi o pioneiro no uso da televisão como instrumento evangelístico já em 1954 e durante o restante da década de 1950, essencialmente sem concorrência. Em 1959, Pat Robertson comprou uma emissora local de televisão e começou o *Clube 700*. Expandindo para o Christian Broadcast Network (CBN), logo estava oferecendo tarifas alternativas para cristãos de linha carismática. Juntando-se a esse segmento em 1973, surgiram Jim e Tammy Bakker e Paul e Jan Crouch. Naquele ano eles fundaram a primeira emissora que se tornou o *Trinity Broadcasting Network* (TBN). Desde então, eles têm definido a televisão cristã, criado "estrelas" desde Jimmy Swaggart e os Bakkers até T. D. Jakes, Joyce Meyer e Rod Parsley, e ajudaram a formar redes de indivíduos e organizações pareclesiásticas, de outro modo independentes, com interesses semelhantes.

A televisão tem dado oportunidades para evangelização global e suprido as necessidades espirituais daqueles que, por limitações físicas, não têm condições de participar da vida congregacional local. Por outro lado, tem gerado algumas questões eclesiásticas básicas: coisas como "culto à personalidade", a substituição de um contato humano genuíno pela aparente intimidade oferecida pela televisão, sem nenhuma prestação de contas pessoal, a transformação da igreja como comunidade de crentes adoradores em centros de entretenimento, o lugar apropriado para dar dízimos e ofertas, e tem criado o fantasma de uma igreja "virtual".

Durante esse mesmo período, muitos "carismáticos" têm destacado diferentes interesses que consideram testemunhos importantes para o valor da vida carismática. Entre os mais duradouros está a posição teológica identificada de variadas formas como teologia da "confissão positiva", "fórmula de fé", "prosperidade" ou "palavra de fé". Isso tem se mostrado notavelmente viável entre os carismáticos, especialmente em países em desenvolvimento da América Latina e África. Sob o ensino de líderes como Kenneth Hagin, Kenneth e Gloria Copeland, Frederick Price e outros, esse movimento tem transformado o ensino tradicional, que incentiva os fiéis a confiarem em Deus para terem as provisões básicas da vida, na ideia de que, como filhos de Deus, o cristão possui certos "direitos divinos" que deve reivindicar. Ao longo desse processo, porém, o movimento tem gerado outras questões teológicas sobre a natureza de Deus, a provisão divina, o lugar do sofrimento e a diferença entre fé e presunção.

O Movimento de Pastoreio (*Shepherding*) ou Discipulado (*Discipleship*) atravessou linhas denominacionais protestantes e católicas entre 1974 e 1987. Bob Mumford, Derek Prince, Don Basham e Charles Simpson iniciaram o movimento com o compromisso de prestarem contas uns aos outros por meio de uma aliança. Eles ensinavam que cada cristão deve estar sob a supervisão de um "pastor". Pastores também precisam de pastoreio, de modo que se desenvolveu para muitos um tipo de vida administrada de maneira piramidal, de cima para baixo. No topo de várias estruturas piramidais ficava o ofício restaurado de apóstolo, definido como um pastor que tinha sobre os outros uma autoridade que ultrapassava níveis locais. O compromisso da maioria dos católicos com a liderança episcopal, que funciona de forma semelhante, gerou pronta aceitação da ideia entre muitos leigos católicos em diversas comunidades carismáticas.

4.2. Movimentos carismáticos entre católicos. Em 1964, David Wilkerson, evangelista das Assembleias de Deus, escreveu *A Cruz e o Punhal*, em que contava como organizou o *Teen Challenge* (Desafio Jovem) e seu sucesso com gangues de bairro. Era uma mensagem que multidões de novos carismáticos queriam ouvir. Em 1966, John Sherrill publicou *Pentecostalism*, o primeiro grande estudo sobre o movimento pentecostal publicado na América do Norte. Escrito durante o Concílio Vaticano II, esses livros teriam um efeito profundo sobre católicos romanos quando o concílio se moveu no sentido de possibilitar participações ecumênicas para os católicos romanos.

Em 1966, na Universidade de Duquesne em Pittsburgh, na Pensilvânia, vários católicos começaram a ler esses livros. Eles organizavam estudos bíblicos nas casas, falavam com alguns carismáticos pentecostais e protestantes, e oravam por renovação no Espírito Santo dentro da igreja católica. No início de 1967, haviam começado a falar em línguas. Naquele ano, a renovação tornou-se pública num retiro de fim de semana em Duquesne. Aquilo se espalhou rapidamente entre alunos e professores daquela universidade, passando para os alunos e professores da Universidade de Notre Dame e para a Universidade do Estado de Michigan. Em torno de cada uma dessas escolas começaram a se desenvolver comunidades carismáticas vigorosas. Grandes conferências que atraíram atenção internacional foram realizadas na Universidade de Notre Dame, e a renovação carismática encontrou um lar na igreja católica, abrigando hoje mais de 120 milhões de participantes.

Com os anos, emergiram duas escolas de pensamento acerca do batismo no Espírito entre os membros do movimento carismático católico. Vê-se melhor uma delas no Documento de Malinas I, publicado sob supervisão do cardeal Leo-Jozef Suenens da Bélgica em 1974. Baseado na experiência da igreja primitiva, o documento afirma que o Espírito foi concedido aos cristãos como parte do processo de iniciação cristã, durante a qual as pessoas pediam e recebiam o Espírito, mas também esperavam que o Espírito "demonstrasse seu poder pela transformação que efetuaria na vida delas" (McDonnell, 3.F.1). Essa demonstração de poder estava ligada ao "espectro completo" dos carismas do Espírito. Assim, Malinas apresentou a doutrina do batismo no Espírito Santo com um contexto sacramental em que o batismo no Espírito pertence à igreja como seu nível fundamental mais básico, ligado à plenitude da vida cristã.

Em 1987, a Conferência de Bispos Alemães publicou uma interpretação alternativa em *O Espírito Concede Vida*. Eles afirmaram que os cristãos vivem sob um constante "envio" do Espírito pelo amor de Deus. É desse modo que novas experiências do Espírito podem ser consideradas novos derramamentos do Espírito Santo. Em vez de limitar o que costuma ser considerado batismo no Espírito à iniciação cristã e aos sacramentos do batismo, confirmação e eucaristia, este é colocado na categoria de uma renovação, ou um novo enviar do Espírito. Essa ideia não restringe aos sacramentos a concessão divina da graça ou da pletora de carismas, mas permite a distribuição soberana desses elementos em qualquer tempo, para a edificação do corpo de Cristo (cf. 1Co 12.4-13; Ef 4.11-16).

A igreja católica afirma que, a partir de 2008, mais de 120 milhões de católicos no mundo participaram ou participam do movimento carismático dentro da igreja. Isso significa um em cada dez católicos no mundo, número que apequena, em quantidade de membros, a maior denominação pentecostal do mundo.

4.3. Sinais, maravilhas e apóstolos. Embora o movimento carismático moderno tenha se tornado parte do cotidiano de muitas igrejas históricas, no início, muitos evangélicos davam as costas para ele. "Como era possível o Espírito Santo estar renovando aquelas igrejas daquele jeito?", eles pensavam. Para a maioria dos evangélicos, o liberalismo político, liberalismo teológico, métodos hermenêuticos radicais e padrões étnicos não pareciam coerentes com as expressões deles mesmos de como a vida cristã deve ser vivida.

Durante a década de 1970, C. Peter Wagner começou a estudar os fatores que contribuíram para o crescimento de congregações específicas. Uma vez que muitas das congregações em crescimento eram pentecostais ou carismáticas, seus estudos chegaram à conclusão de que entre os motivos pelos quais estavam crescendo encontravam-se estes: elas se baseavam (a) na renovação no Espírito Santo, (b) numa disposição de aceitar a presença de sinais e maravilhas, (c) na crença na realidade do elemento demoníaco e (d) numa disposição de praticar jejuns e orações intercessórias para fazer a diferença no âmbito espiritual. Seu estudo, especialmente na América Latina, África e Ásia, identificou a importância dos sinais e maravilhas para os esforços evangelísticos dessas igrejas. Evangélicos que, ironicamente, acreditavam em possessão demoníaca e defendiam a necessidade de exorcismos, foram cativados pelo papel desempenhado pelos sinais e maravilhas — inclusive curas, milagres e exorcismos — no confronto com redutos tradicionais de Satanás. Por conseguinte, muitos evangélicos começaram a se abrir para a importância contínua do Espírito Santo na *"batalha espiritual".

Quando a ideia se fixou entre os evangélicos, Wagner a denominou "Terceira Onda" da atividade do Espírito no século 20 (sendo a primeira o pentecostalismo clássico, e a segunda, o movimento carismático no cristianismo histórico). Entre os líderes dessa novíssima "onda" estava John Wimber. Wimber conseguiu despertar o interesse dos evangélicos quando deu início ao que se tornaria uma comunidade informal de congregações novas e transformadas conhecida como a Associação de Igrejas Vineyard. A partir de meados da década de 1970, fez-se um tempo de renovação entre cristãos que passaram a esperar que sinais e milagres ocorressem regularmente em seu meio. Uma das congregações dessa associação era a Vineyard de Toronto, liderada por John Arnott. Na Vineyard de Toronto, os fenômenos carismáticos começaram a aparecer e logo seriam chamados "Bênção de Toronto". Muitos chegavam, eram "derrubados no Espírito" e alegavam encontros transformadores com Deus, mas outros questionavam quanto daquilo era de iniciativa divina e o que era apenas reação humana. As diferenças ficaram marcadas e, por fim, até Wimber optou por se distanciar dos eventos da Vineyard de Toronto. Mais uma vez, vem à tona a questão do discernimento.

Mais recentemente, Wagner tem voltado a atenção para as megaigrejas que adotaram um entendimento restauracionista da igreja. Ele tem empregado o termo "neo-apostólicas" para descrevê-las, pois muitas delas, como Wagner, agora acreditam que o ofício apostólico (*veja* Apostolicidade Contemporânea), definido de forma semelhante à ensinada pelos líderes do movimento de pastoreio, foi restaurado durante a década de 1990. Embora muitos líderes de alta visibilidade agora reivindiquem títulos como "apóstolo" e "profeta", nem todos os teólogos concordam sobre as definições que estão sendo usadas. O anseio de alguns líderes por um poder maior e incontestável tem deixado algumas igrejas abertas a explorações por figuras dominadoras que não se adaptaram bem em estruturas antigas em que precisavam prestar contas. Numa observação positiva, essa novíssima forma de movimento carismático possui o potencial para juntar em comunhão sob um único guarda-chuva uma variedade de congregações e líderes que até agora têm sido independentes de toda autoridade externa.

5. A globalização dos movimentos carismáticos

Neste início do século 21, a *globalização é um conceito extremamente importante. Embora seja usado com frequência para descrever, por um lado, o mundo do mercado e da economia ou, por outro, a ideologia política, o termo também está encontrando uso cada vez maior em círculos eclesiásticos. Na história do cristianismo, nunca houve um tempo em que a igreja esteve mais próxima de ser uma realidade global do que hoje. Enquanto a igreja católica sustenta claramente a reivindicação de que é de fato uma igreja global porque pode ser encontrada em praticamente todos os países do mundo e é a maior denominação, a verdade é que os movimentos carismáticos, em segundo lugar, chegam bem próximos dela. A diferença está principalmente no fato de que os carismáticos não se limitam a uma denominação única, nem reclamam a uniformidade que é tão comum reconhecer na igreja católica. Mas esses movimentos carismáticos têm muito em comum com a igreja como um todo, ao mesmo tempo em que destacam a obra do Espírito Santo em manifestações que diversos cristãos muitas vezes negaram. Como os católicos, eles têm levado a sério os vários contextos culturais em que surgiram e é muito comum partilharem cosmovisões semelhantes.

5.1. Movimentos carismáticos na América Latina. O pentecostalismo chegou à América Latina no início do século 20, quase exclusivamente por meio de atividades missionárias provenientes da América do Norte (*veja* Movimentos Missionários). Os primeiros grupos que chegaram eram da chamada Primeira Onda de Pentecostalismo representada pela Congregação Cristã (Argentina e Brasil) e a Assembleia de Deus, que chegou ao Brasil em cerca de 1910. Eles davam ênfase à santidade pessoal e ao batismo no Espírito, tendo as línguas como evidência. A Segunda Onda incluiu grupos como a Igreja Internacional do Evangelho Quadrangular, altamente influenciada nas décadas de 1950 e 60 pelos evangelistas de cura. A ênfase deles se concentrava em sinais, maravilhas, milagres, curas e exorcismo. A Terceira Onda começou nas décadas de 1970 e 80 e inclui grupos locais como a Igreja Universal do Reino de Deus e a Igreja Pentecostal Deus é Amor. Apesar de locais, esses grupos foram profundamente influenciados por mestres da prosperidade norte-americanos, principalmente Kenneth Hagin.

Nem todos esses grupos começaram na América Latina como resultado direto de missões originárias dos Estados Unidos da América. O movimento pentecostal do Chile, por exemplo, há muito proclama origem autóctone. Embora nenhuma missão norte-americana tenha se envolvido diretamente nas origens da Igreja Metodista Pentecostal do Chile e suas filiadas, o ímpeto para o movimento veio por meio de publicações originárias da Inglaterra, Estados Unidos e Índia, e por meio de testemunhos de pessoas da Missão da Rua Azusa. Também se deve notar que as definições dadas às várias categorias de "ondas" usadas para descrever os movimentos carismáticos na América Latina diferem consideravelmente das definições empregadas na literatura norte-americana e europeia.

O motivo pelo qual os movimentos carismáticos tiveram tanto sucesso em toda a América Latina pode ter raízes, em grande parte, no fato de que a igreja católica sempre abraçou o sobrenatural, inclusive a crença contínua em sinais, curas e milagres. Até seria possível afirmar que a igreja católica proporcionou a pré-evangelização necessária ao ingresso das pessoas em movimentos pentecostais / carismáticos quando estes chegaram à América Latina. Quando as obrigações da igreja católica são colocadas em contraposição às realidades teológicas e políticas na região, com seu número inadequado de sacerdotes, a falta de disposição ou de capacidade de dividir a liderança com membros leigos em todos os níveis, treinamento deficiente em discipulado e alinhamentos frequentes com governos opressivos e aristocracias latifundiárias, não surpreende que comunidades religiosas carismáticas tenham obtido sucesso, sobretudo entre os pobres. Essas comunidades parecem ter oferecido apoio para famílias, oportunidades de crescimento e liderança, discipulado em questões de fé, além de esperança de um futuro mais brilhante, realidades que seus membros antes não desfrutavam.

5.2. Movimentos carismáticos na África. O pentecostalismo chegou à África em janeiro de 1907. Ele chegou primeiro à Libéria, ao Congo, Angola e, no ano seguinte, à África do Sul. Quase de imediato, novas denominações pentecostais dos Estados

Unidos, Canadá e Inglaterra começaram a plantar congregações. Naqueles primeiros anos, muito do sucesso desses grupos veio por *proselitismo de outros cristãos, bem como da *evangelização. Os pentecostais foram muito bem sucedidos, em parte, porque a cosmovisão deles — incluindo uma crença no mundo invisível dos espíritos, a relevância de *sonhos e visões, além da expectativa de que sinais e maravilhas eram possíveis no poder do Espírito Santo — era muito semelhante à cosmovisão já presente na África.

A década de 1950 testemunhou o avivamento pentecostal no leste africano, mas poucos estavam preparados para prever a explosão do cristianismo em toda a África depois do fim do colonialismo no continente. Aliás, muitos previam o fim do cristianismo quando a dominação europeia chegasse ao fim. O que aconteceu, porém, foi o surgimento de milhares de congregações hoje conhecidas como Igrejas Originadas na África ou *Igrejas Africanas Independentes. Ainda que algumas delas tenham sido descritas como messiânicas ou nacionalistas, a maioria deve ser considerada manifestação contemporânea de religião carismática. Muitas delas remontam suas origens a denominações pentecostais clássicas na região, como o Movimento de Fé Apostólica da África do Sul ou as Assembleias de Deus. Outras remontam suas origens à Igreja Católica Apostólica fundada por John Alexander Dowie em Zion, em Illinois, nos Estados Unidos. Assim, centenas de igrejas com nomes que incluíam a designação "apostólica" ou "Zion" fazem parte de um movimento carismático muito maior que tem varrido o globo desde 1950.

Assim como acontece na América do Sul (principalmente no Brasil e na Argentina), muitas igrejas "carismáticas" mais novas, especialmente na África do Sul e no oeste africano (com destaque para Gana e Nigéria) abraçam o ensino da "prosperidade", tão comum entre os mestres carismáticos independentes. Mas muitas dessas igrejas também têm sido extremamente ativas em ministérios sociais de vários tipos, inclusive programas de alimentação, educação básica e ajuda avançada nas áreas de computação, administração e comunicação. Elas estão transformando comunidades inteiras com seus programas para alcançar pessoas.

5.3. Movimentos carismáticos na Ásia.

O pentecostalismo chegou à Índia no começo do século 20 numa série de eventos muito ligados entre si. Alguns dirão que de início tratou-se de um movimento nativo entre meninos no nordeste da Índia. Outros alegam que foi resultado de um avivamento sob a liderança de Pandita Ramabai, no leste da Índia. Ainda outros indicam uma antiga atividade missionária com raízes no avivamento da Rua Azusa em Los Angeles, em 1906. Seja como for, a mensagem pentecostal se estabeleceu na Índia e hoje continua crescendo rapidamente. A maior denominação pentecostal é a Igreja Pentecostal Indiana, local.

O mais conhecido dos movimentos carismáticos da Ásia, porém, fica na Coreia, notadamente pelo trabalho de David (Paul) Yonggi Cho, na Igreja do Evangelho Pleno de Yoido. Ainda que a Coreia tenha tido seu próprio "Pentecoste Coreano" que teve início em Pyongyang, na Coreia do Norte em 1907, e missionários pentecostais estivessem presentes na Coreia já em 1928, foi o esforçado Cho que construiu a obra pentecostal mais substancial, iniciada em reuniões que ele realizava numa tenda em Seul, em 1958. Trabalhando com um modelo de igreja baseado em Mateus 18.20, que começa no nível local e se expande, Cho construiu uma igreja com quase 800 mil membros que se reúnem em células, reuniões de oração matinais em montanhas, múltiplos cultos dominicais, centros afastados conectados a um púlpito central por uma tela enorme, e, periodicamente, reuniões gigantescas. As tentativas de Cho para levar a sério a cosmovisão coreana tradicional, incluindo demônios e *ancestrais, gera às vezes críticas de que sua obra é sincrética. Em anos recentes, porém, essas críticas têm diminuído muito. Hoje, é difícil separar os pentecostais clássicos dos outros cristãos na Coreia. As igrejas ali foram todas profundamente influenciadas pela ação carismática do Espírito Santo.

Talvez a maior surpresa para o século 21 seja o que está ocorrendo na China em anos recentes. Ainda que ninguém saiba quantos cristãos ou mesmo igrejas há na China, é de opinião geral que há milhões de fiéis e milhares de igrejas, a maioria das quais jamais se registrou junto ao governo chinês. Além disso, acredita-se que a maioria dessas igrejas não registradas manifesta o tipo de fenômenos comuns em outros movimentos carismáticos em toda a história — exorcismos, milagres, curas, línguas e coisas semelhantes.

Missionários pentecostais chegaram da Missão da Rua Azusa à China em 1907. Esta logo se tornou um destino popular para missionários. Juntamente com obras missionárias, porém, havia vários grupos carismáticos nativos, como A Verdadeira Igreja de Jesus. Desde o estabelecimento da República Popular da China, muitas igrejas que então eram pentecostais tornaram-se parte do movimento de "igreja nas casas". E esse movimento cresceu de maneira significativa, ainda que as estimativas quanto ao número de membros variem muito. Essas igrejas têm sido mantidas em grande parte pelo sacrifício pessoal de seus membros e líderes. Eles também têm recebido ajuda por meio de vários programas estrangeiros acessíveis por rádio e televisão.

5.4. Movimentos carismáticos e padrões de migração internacional. Em certo sentido, pode-se alegar que a igreja em todo o mundo está inundada de movimentos carismáticos. Há poucas denominações históricas que podem afirmar estarem isentas de seus efeitos. Igrejas pentecostais continuam a se expandir pelo mundo. Mas movimentos carismáticos mais novos que têm surgido ao redor do mundo também estão se expandindo globalmente. Parte dessa expansão está ocorrendo por atividades missionárias planejadas, como o surgimento de congregações pentecostais coreanas em Tóquio, Los Angeles e Lima. Mas o mais importante é que um grande número de congregações carismáticas está sendo plantada em todo o mundo por causa dos padrões de migração sem paralelo que existem hoje. É o que acontece há pelo menos meio século na Grã-Bretanha, que tem visto o crescimento e desenvolvimento de muitas congregações afro-pentecostais, muitas das quais originárias da região do Caribe. Não surpreende encontrar congregações de igrejas como a Igreja Universal do Reino de Deus, originária do Brasil, ou a Igreja do Senhor (Aladura), nascida na Nigéria, ou a Igreja Pentecostal Indiana em cidades como Los Angeles, Nova York, Toronto, Amsterdã, Londres, Lisboa, Berlim e até Kiev e Moscou. Embora muitas tenham sido inicialmente organizadas para ministrar a imigrantes que buscam estruturas sociais com que estejam familiarizados quando vão trabalhar em outro país, elas também estão encontrando meios de expandir e revitalizar igrejas existentes nas regiões em que estão sendo plantadas.

6. Conclusão

Ao longo de toda a história da igreja, muitos movimentos carismáticos têm afirmado que uma expressão genuína da antiga fé apostólica só ganha sentido quando está ligada a uma vida apostólica presente. Não basta crer; é necessário também viver o que se crê. Esse parece ser o clamor perene da maioria dos movimentos carismáticos através da história, baseado na preocupação de que a igreja deve levar seu viver diário tão a sério quanto o faz com a fé do dia a dia. Os movimentos carismáticos têm o potencial de trazer nova vida e vitalidade à igreja em períodos de estagnação. O relacionamento entre a igreja da maioria e esses movimentos menores, porém, nem sempre se desenvolve facilmente, de modo não ameaçador. Questões teológicas que parecem emergir repetidamente estão muito ligadas a entendimentos eclesiológicos, à natureza da autoridade e à função contínua do Espírito Santo, que age por meio de todos os fiéis para trazer unidade e vitalidade para a igreja em todo o globo.

Veja também Apostolicidade Contemporânea; Avivamentismo, Avivamentos; Batalha Espiritual; Batismo no Espírito Santo; Cura e Libertação; Glossolalia; Milagres; Pentecostalismo; Pneumatologia; Profecia.

Bibliografia. J. Arnott, *The Father's Blessing* (Orlando, FL: Creation House, 1995); Ash, J. L., "The Decline of Ecstatic Prophecy in the Early Church", *Theological Studies* 37 (1976) 227-52; Bergunder, M. e Haustein, J., orgs., *Migration und Identität: Pfingstlich-charismatische Migrationsgemeinden in Deutschland* (Beiheft der Zeitschrift für Mission 8; Frankfurt am Main: Otto Lembeck, 2006); Bruce, S., *Pray TV: Televangelism in America* (London: Routledge, 1990); Cannistraci, D., *Apostles and the Emerging Apostolic Movement* (Ventura: Renew Books/Gospel Light, 1996); Coleman, S., *The Globalisation of Charismatic Christianity: Spreading the Gospel of Prosperity* (Cambridge: Cambridge University Press,

2000); CORTEN, A. e MARSHALL-FRATANI, R., orgs., *Between Babel and Pentecost: Transnational Pentecostalism in Africa and Latin America* (Bloomington: Indiana University Press, 2001); DROOGERS, A.; VAN DER LAAN, C. e VAN LAAR, W., orgs., *Fruitful in This Land: Pluralism, Dialogue and Healing in Migrant Pentecostalism* (Zoetermeer: Boekencentrum, 2006); GERLOFF, R. I. H., *A Plea for British Black Theologies: The Black Church Movement in Britain in Its Transatlantic Cultural and Theological Interaction* (SIHC 77; Frankfurt am Main: Peter Lang, 1992); GUTWIRTH, J., *L'Église électronique: La Saga des Televangelists* (Paris: Bayard Éditions, 1998); HILBORN, D., *Toronto in Perspective: Papers on the New Charismatic Wave of the Mid 1990s* (London: ACUTE, 2001); KNOX, R. A., *Enthusiasm: A Chapter in the History of Religion with Special Reference to the XVII and XVIII Centuries* (Oxford: Clarendon, 1950); MCDONNELL, K., org., *Toward a New Pentecost for a New Evangelization* (Malines Document 1; Collegeville: Michael Glazier/Liturgical Press, 1974, 1993); MCDONNELL, K. e MONTAGUE, G. T., *Christian Initiation and Baptism in the Holy Spirit: Evidence from the First Eight Centuries* (Collegeville: Liturgical Press, 1994); MOORE, S. D., *The Shepherding Movement: Controversy and Charismatic Ecclesiology* (London: T. & T. Clark, 2003); QUEBEDEAUX, R., *The New Charismatics II: How a Christian Renewal Movement Became Part of the American Religious Mainstream* (San Francisco: Harper & Row, 1983); ROBECK JR., C. M., *Prophecy in Carthage: Perpetua, Tertullian and Cyprian* (Cleveland: Pilgrim Press, 1992); SCHULTZE, Q. J., *Televangelism and American Culture: The Business of Popular Religion* (Grand Rapids: Baker, 1991); SMAIL, T., WALKER, A. e WRIGHT, N., *Charismatic Renewal: The Search for a Theology* (London: SPCK, 1995); STÅLSETT, S. J., org., *Spirits of Globalization: The Growth of Pentecostalism and Experiential Spiritualities in a Global Age* (London: SCM, 2006); WAGNER, C. P., org., *The New Apostolic Churches* (Ventura: Regal, 1998); WRIGHT, E. E., *Strange Fire? Assessing the Vineyard Movement and the Toronto Blessing* (Durham: Evangelical Press, 1996).

C. M. Robeck Jr.

MOVIMENTO CHIPKO. Veja CRIAÇÃO E ECOLOGIA.

MOVIMENTO ECUMÊNICO. Veja CONSELHO MUNDIAL DE IGREJAS; ECUMENISMO.

MOVIMENTO LITÚRGICO. Veja LITURGIA E ADORAÇÃO.

MOVIMENTOS MISSIONÁRIOS

Este artigo apresenta um breve panorama histórico dos movimentos missionários originários dos Antigos Países Enviadores (APE) da Europa e América do Norte, bem como do desenvolvimento de movimentos missionários dos Novos Países Enviadores (NPE) na África, Ásia, América Latina e do Pacífico Sul. Os missionários transculturais dos NPE hoje quase se equiparam em número aos missionários dos APE, ainda que mantenham características distintas.

1. Modelos históricos de movimentos missionários
2. Movimentos missionários de origem não ocidental
3. Conclusão

1. Modelos históricos de movimentos missionários

1.1. O grupo missionário. Na história da igreja cristã, têm surgido movimentos missionários para promover a expansão da fé cristã. Muitas vezes, esses movimentos têm resultado na formação de organizações missionárias distintas. O modelo do grupo missionário usado durante os primeiros séculos da igreja primitiva recebeu fortes influências do judaísmo do pós-exílio e de seu jeito de fazer prosélitos dentre não judeus. Os primeiros apóstolos cristãos saíam em equipes para diferentes partes do Império Romano e até além dele para evangelizar e plantar igrejas. Essas estruturas móveis estabeleceram um padrão para os movimentos missionários na igreja cristã em contraponto com a estrutura fixa, ou seja, as congregações locais.

1.2. Movimentos monásticos. Os *movimentos monásticos resultaram numa nova maneira de organizar o avanço missionário da igreja. O sistema monástico foi primeiro empregado na igreja ocidental pelos cristãos celtas na Bretanha e na igreja oriental pelos nestorianos (Broadbent). Durante a expansão católica nos séculos 15 e 16, as ordens monásticas foram fundamentais e garantiram a dimensão religiosa do estabelecimento colonial.

1.3. Comunidades pietistas. Os paladinos da *Reforma Protestante não fizeram uso do modelo monástico, em parte porque o monasticismo foi acusado de carecer de bons fundamentos teológicos e de abrigar todo tipo de abuso. O motivo principal, porém, era a dificuldade em considerar avanços missionários em lugares onde não havia governo protestante. Só depois que o movimento *pietista surgiu dois séculos depois da gênese da Reforma Protestante é que emergiram as iniciativas missionárias entre igrejas protestantes. A missão Halle na Dinamarca e os morávios na Alemanha foram os protagonistas do novo movimento. Por meio de um modelo de comunidades pietistas, fundaram-se bases missionárias para enviar artesãos como missionários autossustentados a várias regiões do mundo. Uma vez que os puritanos na Inglaterra haviam mantido laços estreitos entre Igreja e Estado, eles conseguiram tirar vantagem da expansão colonial para estabelecer igrejas em novos territórios. Em 1649, a Companhia da Nova Inglaterra foi fundada como a primeira sociedade missionária protestante para sustentar iniciativas missionárias em colônias transatlânticas.

1.4. Sociedades missionárias. As ênfases otimistas e humanistas do *Iluminismo exerceram forte influência na perspectiva da igreja cristã, especialmente na esfera protestante. O empreendimento missionário moderno foi um "filho do Iluminismo" (Bosch). Uma cosmovisão expansionista nutriu as igrejas protestantes e conduziu à abertura para novas ideias e a um desejo de disseminar a fé cristã. O Grande Despertamento na América do Norte, o nascimento do metodismo e o Avivamento Evangélico no anglicanismo influenciou os desenvolvimentos do século 18 (Van den Berg). O resultado foi a fundação de sociedades missionárias e o chamado ao serviço voluntário que vem influenciando as missões há dois séculos.

O período entre 1793 — começando com William Carey e a constituição da Sociedade Batista — e 1914, o início da Primeira Guerra Mundial, tem sido chamado o Grande Século das Missões, ante a expansão extraordinária das missões protestantes na África, Ásia e América Latina. O epicentro da iniciativa missionária passou da Europa para a América do Norte.

1.5. Missões de fé. As sociedades missionárias eram, no início, essencialmente denominacionais quanto à estrutura, mas, a partir de 1860, agências interdenominacionais tornaram-se uma força importante no envio de missionários protestantes. Sem estar presas à hierarquia formal da igreja, as agências tinham grande liberdade para escolher seu pessoal e para intentar novos campos missionários. Entretanto, a emancipação também levou a desafios financeiros, e muitas dessas agências missionárias protestantes mais novas pertenciam a uma categoria muitas vezes conhecida como missões de fé. O protótipo de todas essas sociedades de "missões de fé" foi a Missão para o Interior da China, fundada em 1865 por J. Hudson Taylor. O envolvimento de mulheres em associações voluntárias foi outro aspecto importante do desenvolvimento do conceito voluntário e nas novas formas de organizações missionárias que emergiram (Brackney).

2. Movimentos missionários de origem não ocidental

Na segunda metade do século 20, o grande crescimento de igrejas evangélicas em alguns países na África, Ásia e América Latina causou no cristianismo um importante deslocamento do Norte para o Sul. Uma das consequências é uma nova onda de esforços missionários provenientes de países que antes eram considerados campos missionários, mas agora começam a enviar seus missionários. Esses países têm sido chamados Novos Países Enviadores (NPE), embora alguns deles (Índia e Brasil) estejam enviando missionários há mais de um século. Também há países eventualmente considerados ocidentais, como a Nova Zelândia, em que um movimento missionário nacional emergiu na década de 1970, ainda que seu primeiro missionário tenha sido enviado à Índia em 1887 (Jenkins). A distinção entre "antigo" e "novo", portanto, tem menos relação com a amplitude da história de determinado movimento missionário, e mais com a superação do preconceito de que missionários vinham só do Ocidente.

Entre as igrejas evangélicas nos NPE, os movimentos de missões nacionais começaram durante a década de 1970. A maior parte das iniciativas missionárias antes disso era realizada por meio de comissões missionárias denominacionais, com poucas exceções importantes. Em 1980 o número de missionários enviados dos NPE havia crescido para quase 13 mil, com 743 organizações enviadoras. Em 1988, cerca de 36 mil missionários haviam sido enviados dos NPE por 1.094 missões. No ano de 2000, o número havia alcançado 92 mil missionários servindo em 1.342 organizações (Johnstone e Mancryk).

Ainda que alguns sentissem que os missionários dos NPE superariam os dos APE até 2000, o crescimento dessas organizações missionárias tem sido irregular. Em alguns países, o rápido crescimento numérico da igreja tem resultado num forte movimento missionário, enquanto em outros tem havido menos iniciativas missionárias. Os principais NPE em 2000 foram Índia, com um número relatado de 44 mil missionários; Coreia, com 12 mil; Brasil, com 4.750 e Nigéria, com 3.700. Uma porcentagem significativa desses missionários está trabalhando transculturalmente em seu próprio país, em regiões ou entre grupos menos evangelizados (Keyes e Pate).

2.1. Fatores que contribuem para o surgimento de movimentos missionários na África, Ásia, América Latina e Pacífico Sul.
Alguns fatores externos têm contribuído para o surgimento de movimentos missionários em países não ocidentais:

Mudanças políticas, como na Índia em 1947 e na China em 1949, geraram dificuldades para os missionários obterem novos vistos, forçando organizações nacionais a continuarem a obra missionária. As fases de independência e nacionalização na África e os processos de democratização na América Latina também foram importantes para o crescimento de uma consciência nacional de oportunidades e responsabilidades.

*Migrações por causa de perseguições religiosas e políticas e de fatores financeiros estão criando grupos de diáspora em outros países, às vezes com alta porcentagem de cristãos como, por exemplo, coreanos, indianos, ganeses, nigerianos, centro-americanos e brasileiros.

O *crescimento econômico* torna mais acessíveis as viagens e participações internacionais às igrejas mais jovens envolvidas na missão global.

Além disso, a *globalização contribui para um senso de pertencimento a uma "aldeia global" e para a participação na evangelização mundial. Um fator decisivo para os movimentos missionários coreanos foi a globalização do país que deu origem a igrejas globalizadas e, por conseguinte, a uma perspectiva globalizada de missões (Moon).

Entre fatores internos importantes para os avanços dentro de igrejas cristãs estão, acima de tudo, os *avivamentos*. Em vários países africanos, os movimentos missionários começaram na década de 1970, causados por avivamentos e movimentos carismáticos que se disseminaram pelo continente e levaram igrejas evangélicas a um rápido crescimento (Famonure).

A *influência de missionários estrangeiros* em outros países é mais um fator. Uma nova geração de missionários originários da Europa e da América do Norte, com uma visão de participação de igrejas emergentes, tem sido influente na divisão de cargas em favor da evangelização mundial, oferecendo ensino sobre missões transculturais às igrejas mais jovens.

Também são influentes as *conferências missionárias*. As décadas de 1970 e 80 viram um número significativo de conferências missionárias internacionais e continentais com foco na tarefa inacabada, tais como o Congresso de Evangelização Mundial de Lausanne em 1974 e a conferência Comibam no Brasil em 1987 (*veja* Conferências Missionárias Mundiais).

Surgiram agências missionárias internacionais, como WEC Internacional, Operação Mobilização e Jovens com uma Missão, mobilizando para missões jovens na Ásia, África e América Latina. Experiências de curto prazo com essas agências criaram uma geração de cristãos de mentalidade missionária nos NPE.

A *formação de uma liderança nacional* também contribui de maneira significativa. A combinação dos fatores já mencionados e a obra de Deus por meio de seu Espírito Santo edificaram, em muitas igrejas dos NPE, novos líderes nacionais capazes, dotados com uma visão de missões transculturais.

2.2 Algumas características dos movimentos missionários originários da África, Ásia, América Latina e Pacífico Sul.

Primeira, muitos desses novos movimentos estão *reproduzindo modelos organizacionais dos APE*. Os esforços missionários dos NPE são realizados com o uso de estruturas de vários tipos que seguem principalmente o padrão visto na Europa e na América do Norte. É possível discernir pelo menos quatro categorias:

1. Estruturas de envio baseadas em iniciativas denominacionais, com ou sem influência forte de uma "igreja-mãe" no Ocidente.
2. Agências missionárias internacionais e interdenominacionais que estabeleceram uma organização enviadora em um dos NPE.
3. Agências interdenominacionais iniciadas por nacionais com recursos financeiros próprios.
4. Igrejas locais ou comunidades que criam a própria estrutura de envio.

Transculturalmente dentro do próprio país, esses movimentos dão prioridade ao *trabalho com grupos étnicos ainda não alcançados pelo evangelho*. No Pacífico Sul e no Caribe, os missionários são muitas vezes enviados a ilhas vizinhas menos evangelizadas.

Outra característica é *trabalhar na diáspora*, às vezes como pastores para compatriotas em outras nações ou como pioneiros e plantadores de igreja.

Novos modelos de trabalho missionário surgem constantemente nos NPE, procurando formas criativas de sustento financeiro e estabelecimento de uma presença cristã em lugares não alcançados.

Movimentos missionários informais e não estruturados por meio de migração, emprego no exterior em empresas multinacionais, estudos etc. também continuam crescendo. À semelhança dos movimentos missionários na história antiga da expansão cristã, muitos "missionários" anônimos e não contabilizados entre os NPE estão plantando igrejas em todo o mundo.

3. Conclusão

Hoje, missões saem de toda parte para toda parte, e missionários cruzam fronteiras geográficas em todas as direções. Tanto APE como NPE desempenham papéis importantes no cumprimento da Grande Comissão de Jesus Cristo. Cooperação é a palavra-chave para o século 21, por meio de alianças estratégicas entre movimentos missionários dos APE e NPE, equipes internacionais e esforços conjuntos, com o desafio específico de alcançar áreas menos evangelizadas do mundo.

Veja também CONFERÊNCIAS MISSIONÁRIAS MUNDIAIS; LAUSANNE, MOVIMENTO E PACTO; TEOLOGIA DE MISSÕES.

BIBLIOGRAFIA. BOSCH, D. J., *Transforming Mission: Paradigm Shifts in Theology of Mission* (6. ed.; Maryknoll: Orbis, 1993); BRACKNEY, W. H., *Christian Voluntarism: Theology and Praxis* (Cambridge: Eerdmans, 1997); BROADBENT, E. H., *The Pilgrim Church* (London: Pickering & Inglis, 1963); FAMONURE, B., "National Mission Movement: An African Experience", in: *Starting and Strengthening National Mission Movements* (World Evangelical Fellowship Missions Commission, 1999; disponível em <www.wearesources.org/publications.aspx>); HILLERBRAND, H. J., org., *The Oxford Encyclopedia of the Reformation* (4 vols.; Oxford: Oxford University Press, 1996); JENKINS, D., "National Case Studies: New Zealand", in: *Starting and Strengthening National Mission Movements* (World Evangelical Fellowship Missions Commission, 1999; disponível em <www.wearesources.org/publications. aspx>); JENKINS, P., *The Next Christendom: The Coming of Global Christianity* (Oxford: Oxford University Press, 2002); JOHNSTONE, P. e MANDRYK, J., *Operation World* (6. ed.; Carlisle: Paternoster, 2001); KEYES, L. E., *The Last Age of Missions: A Study of Third World Mission Societies* (Pasadena: William Carey Library, 1983); KEYES, L. E. e PATE, L., "Two-Thirds World Missions: The Next 100 Years", *Missiology: An International Review* 21:2 (April 1993); MOON, S. S. C., "The Current Korean Missionary Movement: An Analysis and Discussion of Its Status and Issues", *Connections — The Journal of the WEA Mission Commission* 4:1 (April 2005); NEILL, S., *A History of Christian Mission* (Harmondsworth: Penguin, 1982) [edição em português: *História das Missões* (São Paulo: Vida Nova, 1989)]; PATE, L. D., *From Every People: A Handbook of Two Thirds World Missions* (Monrovia: MARC, 1989);

Van den Berg, J., *Constrained by Jesus' Love: An Enquiry into the Motives of the Missionary Awakening in Great Britain in the Period Between 1698 and 1815* (Kampen: Kok, 1956); Walls, A. F., *The Cross-Cultural Process in Christian History* (Maryknoll: Orbis, 2002); Tunnicliffe, G., org., *Starting and Strengthening National Mission Movements* (World Evangelical Fellowship Missions Commission, 1999; disponível em <www.wearesources.org/publications.aspx>).

B. Ekström

MOVIMENTOS MISSIONÁRIOS NÃO--OCIDENTAIS. *Veja* Movimentos Missionários.

MUNDO DOS ESPÍRITOS. *Veja* Batalha Espiritual; Cura e Libertação.

MÚSICA

A música faz parte da vida diária. Desde batidas pesadas represadas em carros até jingles de rádio e TV, músicas de filmes, arquivos de MP3, estádios repletos de fãs de rock, bares hospedando trovadores country, entusiastas de jazz reunidos ao pôr do sol no terraço de um museu — a música domina a paisagem sonora da vida humana. A música também desempenha papéis significativos em eventos importantes da vida, inclusive casamentos, funerais, consagrações de bebês, cerimônias de batismo, cerimônias de maioridade e inaugurações públicas.

Em particular, a música está estreitamente associada a eventos religiosos. Não importa a religião, cristã, budista ou animista, não se pode cultuar sem música. É amplamente reconhecido que a música e a religião promovem uma das ligações mais íntimas entre os seres humanos e Deus, tanto mais na vida da igreja cristã em todo o globo, desde o início até o presente. Ao longo de toda a história da igreja ocidental, a música tem desempenhado um papel-chave no culto e no testemunho (veja Liturgia e Adoração). Considere, por exemplo, o papel dinâmico da música durante a *Reforma, quando as canções de Lutero, baseadas em melodias folclóricas bem conhecidas, serviram como agentes de propagação de suas reformas.

Essa dinâmica continua na igreja global florescente de hoje. Por exemplo, um zambiano anuncia o desejo de se converter ao cristianismo declarando: Ndiyanda Kurinda! — "Quero aprender a cantar!" E uma tibetana em meio a orações percebe que deseja cantar a respeito do Salvador recém-descoberto, e ali brota uma música cristã tibetana. Nos Estados Unidos, novos gêneros musicais continuam surgindo e alegrando a vida da igreja. Estádios esportivos modificados são tomados por cristãos que cantam e batem palmas, louvando. A música continua desempenhando funções importantes na vida da comunidade de fé cristã no mundo. Desde os tempos bíblicos antigos até o presente, a música serve como meio para encontros transformadores com Deus.

A música hoje é feita num mundo complexo, dinâmico, móvel e tecnológico, em mutação constante. Os povos do mundo estão interagindo entre si de várias maneiras. Por conseguinte, a música está mudando e se ampliando em termos de definição, funções e valores. Como compreender essas esferas musicais que se cruzam cada vez mais? O que isso significa para a adoração e o testemunho da igreja cristã global? O propósito deste artigo é delinear mudanças contemporâneas no entendimento da música, procurando uma congruência com os propósitos de Deus no mundo global de hoje. Primeiro consideraremos quatro fatores críticos ligados à música e depois trataremos de suas implicações para a igreja global de hoje.

1. Quatro fatores cruciais da música cristã global
2. Implicações para a música e a igreja cristã global

1. Quatro fatores cruciais da música cristã global

1.1. A música situada em contextos globais. A música raramente, talvez nunca, pode ser divorciada de seu contexto específico. Em todo o mundo há múltiplos centros de atividade musical em que "as pessoas tornam a música significativa e útil na própria vida" (Wade, 1). Para compreender a música eclesiástica global, vou me referir a duas áreas contrastantes de música, África e Ásia, representativas da situação corrente.

1.1.1. África. Stephen é um executivo importante de um banco em Kampala, capital de Uganda, leste da África. De roupa social, ouve a FM local que transmite rock do Reino

Unido, pela internet mantém-se em contato com parentes em Londres e carrega sempre o celular. Participa dos cultos matinais de domingo realizados em inglês na catedral anglicana. Tudo nele parece ocidental. Mas Stephen conduz os negócios em pelo menos cinco línguas, entre elas inglês, francês, luganda, suaíli e teso, sua língua materna. Ele também é músico e canta hinos ocidentais, prefere música cristã contemporânea e toca violão e akongo, um piano teso tocado com os polegares. Stephen é membro da Juventude Anglicana, formada de profissionais urbanos. O grupo surgiu a partir de um desejo de tornar autóctone a adoração na igreja. Stephen canta hinos e cânticos, mas, como os outros do grupo, sente-se melhor quando canta em sua língua materna e desfruta dos sons doces do akongo no louvor a Deus. Quando o louvor finalmente chega à "música da terra", Stephen sente liberdade para ser mais genuíno diante do Senhor. Ele descobre um nível profundo de envolvimento com Deus e tem prazer em abraçar sua identidade como um africano cultuando Jesus Cristo. A experiência é tão profunda, que de bom grado dedica fins de semana inteiros para compor cânticos cristãos com raízes no solo musical da África.

1.1.2. Ásia. Ruth e Inchai são do norte da Tailândia. Eles vivem na metrópole fervilhante de Bancoc, onde usam a música para ministrar a jovens da periferia. Como Stephen em Uganda, eles transitam bem entre línguas e culturas. São musicistas cristãos altamente capacitados que compõem em estilo tailandês, tocam instrumentos tailandeses e têm facilidade em incorporar teatro e dança ao louvor. Quando estão na região deles, participam de um culto de comunhão contextualizado. O último cântico de louvor, que incorpora uma dança tailandesa respeitosa, faz Ruth exclamar: "Ah, isso que é louvor!" Ela fica profundamente tocada, talvez mais ainda por ser a compositora.

Nos dois casos, há uma compreensão mais profunda de Deus quando a música da "terra" ou do "coração" é empregada no culto. O que há na música que leva Stephen e Ruth a esse nível de encontros tão significativo com Deus?

1.2. Mudanças no entendimento da música. A interação e o contato com músicas de diferentes partes do mundo geraram grandes mudanças no que se entende por música. Enquanto historicamente a música clássica ocidental se concentra na melodia, harmonia em quatro vozes, ritmo, forma e qualidade do som, povos de diferentes tradições, ocidentais ou não, trazem suas perspectivas singulares da música. Por exemplo, um músico evangélico queniano que estuda música numa universidade cristã em Nairobi, pergunta a seu professor ocidental: "Por que sua música [clássica ocidental] é tão enfadonha?" Para ele, assim como em muitas tradições musicais africanas, uma canção é mais do que uma simples melodia com palavras. Uma canção não ganha vida ou não se classifica como canção se não mover a pessoa. A música, na prática, torna-se um evento multimídia que se vale de som musical, teatro e *dança entrelaçados para criar músicas significativas e inteligíveis. A música abrange mais que meros sons; envolve vida.

Esses parâmetros definidores em torno da música tem sérias implicações para a igreja global em adoração. Por exemplo, pesquisas entre cristãos senufos da Costa do Marfim, no oeste da África, revelaram que não dançar ou não bater palmas reflete um "mau testemunho" (King 1989, 1). Se a música não inclui os componentes significativos que a qualificam como música, a mensagem é desconsiderada ou mal compreendida.

1.2.1. Como definir música? Etnomusicólogos, acadêmicos que estudam "música na cultura" e "música como cultura" entendem que música é "comunicação sonora humana" (Nettl, 24), onde som, significado e uso da música variam de uma cultura para outra. A música não se limita a um estilo, mas tem uma relação singular com cada grupo de pessoas que faz a música em seus próprios termos. A música está ligada à cultura. Como disse uma compositora africana, "Música é qualquer coisa que lhe interessa em som". Assim, em suas composições, os sons de aves ou bois que permeiam o panorama sonoro dela aparecem em louvor ao Deus da criação. A pergunta passa a ser: como cada grupo de pessoas define música em sua sociedade? Que sons interessam um grupo de pessoas? Que conjunto de parâmetros eles estabelecem para tornar significativa a música deles?

1.2.2. Onde localizamos o significado na música? Teologicamente, sabemos que a música é um dom de Deus, dado gratuitamente para todos os povos; todos foram criados à sua imagem e produzem algum tipo de música. Embora a música seja um comportamento humano universal, o significado da música não é universal, já que "o significado da música reside no povo, não nos sons" (Corbitt, 33). Cada música funciona como uma língua própria com seu critérios próprios. Os gongos e címbalos da Ásia, por exemplo, evocam diferentes significados de acordo com o ouvinte ou participante. Para muitos asiáticos, os gongos comunicam num nível espiritual profundo, enquanto para estrangeiros podem parecer "só um barulho exótico". Ou, em partes do oeste da África, o *Aleluia* de Händel soa mais como lamento do que como a música alegre e festiva que os ocidentais ouvem.

O significado da música depende das pessoas de seu contexto local, como a percebem e como a incorporam ao estilo de vida. Em nosso ambiente global, esse processo torna-se extremamente complexo. Para o cristão urbano africano, asiático ou ocidental, por causa da exposição a uma grande diversidade musical, uma variedade maior de músicas torna-se interessante e significativa, ainda que de maneiras singulares, enquanto aqueles menos expostos ou com experiências de vida diferentes tendem a ser limitados quanto aos tipos de música que lhes agrada e lhes fala de modo significativo e compreensível. Assim, a música alcança uma grande variedade de significados que dependem das experiências de vida do ouvinte. Por exemplo, um africano urbano, estudante de música, compartilha como um hino missionário, *In the Sweet By and By* ["No doce porvir", em português, sendo que *by and by* significa futuro], tornou-se aquele "cântico, *Sweet 'Bye-Bye'* usado em funerais". Depois de entender o significado da letra, ele explica mais: "Há muitos hinos que na verdade não entendemos: é por isso que dançamos e batemos palmas". Ele está tentando identificar-se como cristão, apesar da falta de entendimento da letra.

A música significativa, portanto, está arraigada no contexto local, nas experiências e nas percepções musicais de um povo. O povo constrói o significado da música. A música está ligada à cultura; brota do estilo de vida do povo. A igreja cristã global está começando a atentar para essa característica crucial da música.

1.3. Reconhecimento dos aspectos culturais da música. A música diz respeito ao povo que a cria e a usa para seu benefício. Música é muito mais do que meros sons. Não é uma entidade que se sustenta por si, nem um mero produto. Cada grupo de pessoas desenvolve a própria cultura musical. O que os etnomusicólogos consideram cultura musical de um povo é "o envolvimento total de um grupo com a música: ideias, ações, instituições e objetos materiais — tudo o que tem relação com a música" (Titon, 2-32). O envolvimento total de um grupo com a música varia de um grupo para outro, de uma geração para outra, de uma cultura para outra. Quando aprendemos uma nova tradição musical da África, Ásia ou América Latina, estamos na verdade aprendendo sobre esses povos. Estamos participando do corpo de Cristo por meio da vida deles. Estamos nos identificando com eles na peregrinação que fazem por meio da música.

A identidade de um povo está ligada aos sons musicais que ele produz. Mas as pessoas também podem se identificar com sons musicais que se tornam representantes do que são. O *hip-hop*, por exemplo, é uma cultura musical em torno de um gênero musical, o rap. Ainda que se tenha originado num contexto local, centros urbanos americanos, a cultura do *hip-hop* ganhou uma popularidade enorme. Novos grupos se identificaram com o hip-hop, ainda que não entendam completamente as origens dessa cultura.

A relação entre a música e a identidade exige um discernimento cuidadoso na avaliação de qualquer música, pois "nossa avaliação da música tem mais relação com as pessoas que a compõem, a executam e reagem a ela, e também com o contexto em que é executada do que com a própria música" (Corbitt, 33). Ou seja, quando condenamos a música de um grupo — um rap, um conjunto coral litúrgico, um número de jazz ou uma música africana tradicional — em essência, estamos condenando as pessoas que fazem a música e que se identificam com ela. Se a condenação prossegue, a igreja corre o risco de se tornar escrava de um imperialismo musical, em vez de libertar as pessoas para cultuarem Jesus

Cristo de maneiras autênticas e significativas por meio de músicas adequadas a elas.

Aliás, ao longo da história da expansão global da igreja, muitas vezes se criaram barreiras musicais ao evangelho. Os quéchuas do Peru, por exemplo, acreditam que o Criador lhes deu os tambores. Os primeiros missionários cristãos, porém, condenaram os tambores, fazendo com que muitos quéchuas entendessem que o Deus cristão não podia ser o Deus verdadeiro. Assim também, missionários na Costa do Marfim acharam que cânticos na língua principal dos senufos (cebaara) também seriam significativos para um grupo senufo vizinho, os nyarafolos. Eles ficaram maravilhados com a reação dos não crentes locais às primeiras canções cristãs em nyarafolo. Diziam: "Quer dizer que Deus é para nós? Achamos que era só dos cebaaras!". A identidade musical desempenha um papel importante no avanço ou atraso do testemunho e da adoração efetiva *em espírito e em verdade* (Jo 4.24). Quando as pessoas podem cantar na própria linguagem vernacular e musical, percebem que o evangelho é para elas, no tempo e no contexto delas. Assim, quando a igreja trabalha com a música do povo de maneira consciente, as pessoas são ratificadas, validadas e ficam mais propensas a compreender o amor de Deus por elas.

1.4. Reposicionamento da função e do uso da música. O fator da identidade é só uma das muitas funções que a música exerce no estilo de vida das pessoas. A função aglutinadora da música — ou seja, convidar à adoração — se aproveita do uso intrigante ou significativo dos sons, algo com que as pessoas se identificam, para reuni-las. A diversão é outra função muito reconhecida, especialmente no mundo ocidental. Há três funções particularmente significativas da música que pedem uma teologia da música para a globalização de hoje.

1.4.1. A música como processador de vida. "A música toma os fios do modo de vida de um povo e os tece, revelando níveis profundos de seus pensamentos, de suas emoções e de seu comportamento" (King, 2004, 298). Por exemplo, Stephen, o empresário de Kampala, usa sua paleta musical para criar novas músicas que são um reflexo do que ele é, do que ele conhece e de como ele expressa os sentimentos. Ele teve contato com muitos gêneros e estilos musicais. Ainda que aprecie e ouça música pop ocidental e música cristã contemporânea, também deseja valer-se da música de sua terra ou do coração para louvar. Para ser autêntico diante de Deus, ele bebe de todas as correntes musicais que refletem quem ele é diante de Deus. Isso facilita sua interação com Deus na linguagem musical de seu coração. Ele leva o coração inteiro para Deus: suas alegrias, dores, dificuldades e dúvidas. Ao elevar seus louvores a Deus, Stephen tem oportunidade de processar a vida sob a luz da Palavra de Deus. Assim, a música integra e reflete a vida e o momento das pessoas das quais ela procede. Para os cristãos, essa música holística promove reflexão teológica, tanto quando está em processo de composição como quando alguém a canta ao longo de sua peregrinação cristã.

1.4.2. A música como elemento "contextualizador". O uso e a criação de cânticos locais inspirados na cultura musical de um povo traz a mensagem do evangelho para perto, para o contexto específico das pessoas. No contexto tailandês de Ruth Srisuwan, quando ela canta diante de Deus letras que falam especificamente de suas preocupações na vida, ela percebe Deus entrando de maneira abrangente nas esferas tailandesas de seu viver. Quando usa a música do coração, isso permite que ela discuta as questões específicas que enfrenta. Em outras palavras, o sistema musical do coração entrelaçado com a cultura ajuda Srisuwan a pensar como tailandesa. Isso a liberta para teologizar na canção, promovendo um compromisso e uma lealdade mais profundos com Jesus Cristo como Senhor e Salvador. Note o intenso respeito a Deus expresso neste cântico:

> Libertados pelo amor para compartilhar nova vida, respeitosos nos curvamos a Deus.
>
> A melodia que tocamos e cantamos vem do fundo de nossa alma,
>
> A harmonia que temos em Cristo leva a um cultuar sincero e certo.
>
> Que o louvor a Deus seja nosso único alvo. (I-to Loh, 72)

1.4.3. A música como comunicação. O compromisso mais profundo de Ruth se deve à função comunicativa da música. A música culturalmente adequada alcança grau maior de compreensão. "A música é um meio profundo de comunicação porque integra temas da vida ao uso simultâneo de múltiplos sistemas de sinais, tanto verbais quanto não verbais" (King, 2004, 298). Em muitas sociedades, a música culturalmente apropriada já é uma pregação. Entre os maasais do leste da África, a música é praticada como um veículo básico de comunicação. Um seminarista maasai que estuda nos Estados Unidos descobriu isso quando pregou sobre o filho pródigo (Lc 15.11-32) a seu povo no Quênia. Para sua surpresa, seus pais e os anciãos ficaram indignados com a história: não conseguiam aceitar que um pai não disciplinasse o filho. Mas uma semana depois, seus amigos, gente da mesma idade que ele, transformaram a história numa música. Ao ouvi-la, a comunidade compreendeu e recebeu a mensagem do amor de Deus. O uso de uma história musicada de forma culturalmente adequada serviu como agente de comunicação efetiva, permitindo a compreensão da mensagem divina.

2. Implicações para a música e para a igreja cristã global

Qual o significado desses quatro fatores cruciais da música para a igreja cristã num mundo global? Eles evocam novas considerações nos quatro aspectos a seguir.

2.1. Reexame de nossa teologia da música para um mundo global. Há uma necessidade crucial de voltar às Escrituras e prestar atenção na influência da música na vida do povo de Deus. É significativo que letras de músicas estejam espalhadas por todo o âmbito da Palavra escrita (e.g., Êx 15.1-18, 21; Dt 32.1-43; 1Sm 2.1-10; 18.6-7; 2Cr 5.12-14; Sl 1—150; Is 6.3; 12.1-6; Ct 1—8; Os 13.14; Lc 1.46-55; Rm 3.11-18; Fp 2.6-11; 1Jo 2.12-14; Ap 4.8, 11; 5.9-10, 12-13; 15.3-4). Os cânticos estavam presentes durante toda a vida das pessoas e brotavam da interação com Deus. Cânticos são teologia em ação. O cântico de Moisés e Miriã (Êx 15.1-18, 21) não é apenas um cântico de louvor ao Deus que os livrou dos egípcios, mas também uma profunda reflexão teológica acerca de Deus, seu caráter e sua ação na vida deles. Os cânticos das Escrituras são modelos de como integrar a música à vida total da igreja. A partir disso, a igreja, em vez de entender o papel da música como algo compartimentalizado, restrito ao culto de domingo, pode permitir que ela atue de maneiras culturalmente adequadas que promovam o encontro com Deus e o compromisso com ele em todos os aspectos da vida. Deus mesmo demonstra essa integração da música com toda a vida quando instrui Moisés: *Agora, então, escrevei este cântico para vós e ensinai-o aos israelitas. Fazei-os conservá-lo na boca, para que ele seja minha testemunha contra o povo de Israel* (Dt 31.10). Sofonias também nos mostra como Deus não só é quem concede a música, como também quem a compõe. Ele nos diz que Deus *cantará e se alegrará* (Sf 3.17 NTLH).

2.2. Novas perguntas na avaliação da música na vida da igreja. Quando ampliamos nosso entendimento da música, precisamos fazer perguntas que vão além do estilo musical. A pergunta básica é: como uma música em particular promove o encontro e o envolvimento de um grupo de pessoas com Deus? Outras perguntas:

- Qual é o contexto local em que determinada música está sendo empregada?

- Como se define música nesse contexto? Quais são as diferentes músicas que contribuem para a (s) linguagem (ns) musical (is) de um povo em relação à comunicação cristã do evangelho?

- Qual é a cultura musical desse povo? Qual a mescla musical deles?

- Determinada música é adequada, autêntica e significativa para um grupo específico de pessoas? Para que ocasiões?

- Estamos usando a música de modo que promova o crescimento espiritual das pessoas, seu entendimento teológico e seu relacionamento com Deus?

2.3. Valorizar novas maneiras de edificar a igreja em favor do reino. As principais funções da música na vida da igreja têm sido adoração, testemunho e formação espiritual. Essas funções continuarão, mas também podem se expandir para novos territórios musicais. Quando permitirmos que Deus aja entre seu povo usando a música de sua cultura, a igreja cristã será nutrida espiritualmente de maneiras mais efetivas. Vamos aprender aspectos mais profundos da misericórdia e do amor de Deus quando todas as nações chegarem diante dele em adoração (Sl 86.9-10). Com a igreja africana podemos aprender (1) a celebrar a Deus com sinceridade, de maneira holística, (2) a oferecer um "sacrifício de louvor" (Hb 13.16) em meio a sofrimentos e guerras, e (3) a "pregar" com cânticos (Cl 3.16). Na Ásia, os cristãos tibetanos exemplificam (1) uma "reverência fervorosa" diante de Deus, e (2) uma aproximação da presença de Deus como numa audiência com ele onde "a expectativa dominante é a bênção" (Oswald, 63).

2.4. Abraçar um entendimento holístico da música e de sua função crucial nos propósitos do reino de Deus. Firmada na unidade quanto ao propósito, a igreja cristã em todo o mundo está descobrindo sua voz musical e teológica sem par dentro de contextos locais variáveis. Deus está gerando novos cânticos no coração de seu povo que está passando a ver, a temer e a confiar em Deus (Sl 40.1-3). Eles estão aprendendo a ser autênticos e fiéis ao contexto local de tal maneira que ocorra transformação espiritual. Depois de ouvir um cântico baseado em Colossenses 3.12-17 em sua língua materna, o vice-reitor de uma universidade cristã de Uganda, com doutorado obtido na Inglaterra, captador de fundos nos Estados Unidos e amante de hinos ocidentais, sussurrou maravilhado: "Esse cântico toca lá no fundo e me purifica de dentro para fora!". Que toda a terra entoe um novo cântico (Sl 96.1; 98.1), um cântico que venha purificar, redimir e transformar o povo de Deus para sua glória!

Veja também ARTE E ESTÉTICA; DANÇA; LITURGIA E ADORAÇÃO.

BIBLIOGRAFIA. BOHLMAN, P. V., *World Music: A Very Short Introduction* (Oxford: Oxford University Press, 2002); CORBITT, J. N., *The Sound of the Harvest: Music's Mission in Church and Culture* (Grand Rapids: Baker, 1998); HAWN, M. C., *Gather into One: Praying and Singing Globally* (Grand Rapids: Eerdmans, 2003); KIDULA, J. N., "*'Sing and Shine': Religious Popular Music in Kenya (Television, Gospel Music)*" (tese de doutorado, University of California, Los Angeles, 1998); KING, R. R., *Pathways in Christian Music Communication: The Case of the Senufo of Côte d'Ivoire* (tese de doutorado, School of World Mission, Fuller Theological Seminary, Pasadena, 1989); idem, *Toward a Discipline of Christian Ethnomusicology: A Missiological Paradigm*, Miss 32 (2004) 294-307; LOH, I-TO, org., *Sound the Bamboo: CCA Hymnal 2000* (Tainan: Taiwan Presbyterian Church Press, 2000); MARINI, S. A., *Sacred Song in America: Religion, Music, and Public Culture* (Urbana: University of Illinois Press, 2003); MERRIAM, A. P., *The Anthropology of Music* (Chicago: Northwestern University Press, 1964); NETTL, B., *The Study of Ethnomusicology: Twenty-Nine Issues and Concepts* (Urbana: University of Illinois Press, 1983); OSWALD, J., *A New Song Rising in Tibetan Hearts: Tibetan Christian Worship in the Early 21st Century* (2001); SUNDKLER, B. G. M., *Bara Bukoba: Church and Community in Tanzania* (London: C. Hurst, 1980); TITON, J. T., org., *Worlds of Music: An Introduction to the Music of the World's Peoples* (3. ed.; New York: Schirmer Books, 2001); WADE, B. C., *Thinking Musically: Experiencing Music, Expressing Culture* (New York: Oxford University Press, 2004).

R. R. King

NOMINALISMO

Nominalismo ou nominalidade refere-se aos indivíduos que se identificam com um sistema religioso, social ou político, mas cuja conduta e falta de compromisso não comprovam a assertiva deles. Neste artigo nosso interesse são os cristãos nominais, os que levam apenas o nome de cristãos. Entretanto, ao explorar o tópico, vamos descobrir que nominalidade não indica um estado estático, final, mas avanços e retrocessos com muitos subindo e descendo na escala da nominalidade.
1. O fenômeno do nominalismo
2. As dimensões do nominalismo

1. O fenômeno do nominalismo

O nominalismo é disseminado e pluriforme em populações que em todo o mundo se identificam como "cristãs". Entre as denominações tradicionais é mais comum assumir a forma de indivíduos e comunidades inteiras que se identificam como católicos romanos, anglicanos, luteranos e assim por diante em razão do nascimento, ou porque tal tradição tem relações com sua identidade nacional, tribal ou familiar. As pessoas nascem em determinada igreja e costumam manter a associação com os ritos de passagem como *batismo infantil, confirmação, casamento e sepultamento. Elas também podem recorrer aos serviços da igreja em casos de emergência extrema.

Essa forma de nominalidade surge principalmente dentro da cristandade, que está em colapso em muitas áreas do mundo ocidental, ainda que prevaleça entre luteranos na Escandinávia ou católicos romanos no sul da Europa e partes da América Latina, ou em países em que prevalece a ortodoxia oriental. Ela também sobrevive em nações que foram colônias, lugares para as quais tradições cristãs europeias foram exportadas como parte da influência colonial. As igrejas anglicanas do leste e oeste da África, a igreja reformada na Indonésia, a igreja anglicana na Austrália e Nova Zelândia ou a igreja metodista na Polinésia são exemplos óbvios.

Um tipo mais localizado surge quando grupos de imigrantes se fixam num lugar e estabelecem as instituições de sua terra de origem para reforçar a identidade cultural. Nos Estados Unidos, alemães de igrejas luteranas e batistas, suecos da igreja da Aliança, congregacionalistas da Nova Inglaterra, anglicanos da Virgínia, irlandeses e poloneses católicos em Boston e Chicago são exemplos de uma ligação cultural e religiosa coesa. Com o tempo, essa identidade religiosa e cultural vai se desgastando, à medida que as novas gerações se definem em termos do país em que nasceram, não dos ancestrais, e acontecem casamentos inter-raciais e dispersão.

Outra forma de nominalismo é resultado do rápido crescimento de igrejas com exuberância espiritual, mas pouco sucesso na edificação de novos fiéis na fé. Uma consequência dessa falta de atenção é que o ímpeto do crescimento não se sustenta depois da primeira geração de convertidos. Os jovens se afastam, ou reagindo contra o legalismo, ou por tédio pela irrelevância da igreja diante dos desafios e problemas de sua vida diária. Isso representa o maior desafio enfrentado por igrejas vibrantes da África, América Latina e partes da Ásia que experimentam hoje crescimento numérico sem precedentes (veja Hong).

A abordagem mais comum, por demais simplista, é designar como "nominais" os que já não fazem ou nunca fizeram parte da congregação regular de adoradores. Essa maneira de descrever o problema apela para a conveniência de colocar o problema fora da igreja. Ela também desconsidera a evidência de que muitos que deixam a igreja não abandonam a fé pessoal ao se desligar da comunidade de fé. Para muitos, a saída resulta num aprofundamento da fé, uma vez que enfrentam suas dúvidas com honestidade e lutam com perguntas sem resposta (Fanstone; Hendricks; Jamieson). Para lidar com esse problema crônico, os líderes da igreja precisam definir, descrever e identificar suas causas.

2. As dimensões do nominalismo

O nominalismo é um desafio difícil justamente porque é multifacetado e assume diferentes formas. Uma abordagem estática e unidimensional significa que é possível traçar uma linha e decidir de acordo com o lado em que a pessoa fica em relação às crenças, aos comportamentos específicos ou pela opção de participar ou não. Uma abordagem dinâmica e multidimensional concentra-se nas formas pelas quais as pessoas se afastam ou se aproximam de um compromisso com Cristo em todas as áreas da vida. Essa abordagem significa que todos podem ser uma parte do problema, ao passo que o entendimento estático e limitado da nominalidade conduz de imediato a uma postura de acusação que evita o autoexame.

O nominalismo abrange as principais dimensões do compromisso religioso. Primeiro, diz respeito à base de *conhecimento* das crenças. É evidente que, se a associação religiosa não é fundamentada por um conhecimento das premissas básicas da fé cristã, a pessoa é facilmente influenciada por outras opiniões e fica vulnerável a ideias concorrentes que afirmam ser verdadeiras. Segundo, quando desprovidas de convicção profunda, as *crenças* não se traduzem em valores e prioridades, trazendo assim poucas consequências para a vida. Terceiro, quando se *dissociam* da comunidade da fé, os indivíduos se privam de uma fonte que pode trazer encorajamento, relações transparentes, comunhão e serviço. Às vezes, um tempo de afastamento permite que a pessoa olhe para si mesma, observe as diferenças e chegue a um compromisso mais profundo com suas crenças, quando entra num estágio às vezes denominado "segunda inocência" (Fowler). Quarto, quando a adoração coletiva não é interiorizada ou os indivíduos não se dedicam a atos pessoais de *devoção*, a fé torna-se muito dependente da afirmação comunitária e desligada dos desafios, crises e oportunidades do cotidiano. Quinto, a dimensão das *consequências* significa a integração da fé e do desafio representado pela dicotomia moderna entre o sagrado e o secular. Viver dentro do *evangelho do reino significa uma reordenação de prioridades e valores para que reflitam a natureza radical das boas novas anunciadas e inauguradas por Jesus. Sexto, todos os elementos acima reforçam e enriquecem a *experiência*. O evangelho da reconciliação é uma mensagem relacional em sua essência, abrangendo a reconciliação com Deus e com as pessoas com quem Deus faz seu povo entrar em contato.

O desvio para a nominalidade pode abranger qualquer uma dessas dimensões essenciais, pois desde que continue sem detecção e tratamento, é provável que atinja outras áreas. Além disso, é possível ser forte em algumas áreas e fraco em outros, de acordo com a personalidade, a tradição religiosa ou as decisões conscientes.

Além dessas dimensões da fé pessoal, há também fatores contextuais que influem na disseminação do nominalismo em suas várias formas. Primeiro é a *migração populacional*, seja de um país para outro, seja a migração interna de zonas rurais e cidades pequenas para cidades maiores ou de cidades mais antigas com indústrias decadentes para cidades novas em que se localizam novas empresas de alta tecnologia da era da informação. Quando as pessoas perdem as raízes sociais, podem ao mesmo tempo perder a identidade espiritual da comunidade da fé. Isso ocorre sobretudo nas áreas em que uma comunidade de fé específica possui o monopólio da região, ao passo que, na cidade, existe uma gama confusa de opções e a tradição da cidade de origem do migrante pode estar de todo ausente. Os novos habitantes das cidades sentem-se então órfãos e nenhuma igreja consegue substituir a experiência que eles tinham. Na cidade, o indivíduo pode sentir-se anônimo e perdido, ou encontrar segurança numa "ilha de estilo de vida" (Bellah et al.) que não é definida por nenhuma tradição religiosa específica.

O segundo fator contextual que afetou profundamente a geração de norte-americanos nascidos entre meados da década de 1940 e meados da década de 1960 (conhecida como geração *baby-boomer*) é a *secularização* (*veja* Secularismo). Essa filosofia que definiu culturas ocidentais e também exerce amplo impacto sobre boa parte do mundo em desenvolvimento, relega a religião à esfera privada e, com isso, minimiza e até nega sua influência em instituições públicas. Esse processo criou uma crise de valores no âmbito dos negócios e da política, bem como em outras instituições. A secularização também representou uma confiança nos feitos humanos e numa cultura de controle. Quando as culturas ocidentais passaram da modernidade para a pós-modernidade, essa confiança evaporou, e a secularização, longe de resultar na morte da religião, criou um vácuo espiritual. Por conseguinte, enquanto a frequência à igreja declina, o interesse pela espiritualidade está experimentando um ressurgimento notável.

Isso nos leva ao terceiro fator, que é o desafio do *pluralismo religioso* e a reação ocidental, o relativismo, que tem contribuído para o choque de civilizações e para a presente guerra de culturas. Enquanto muitos líderes de igrejas locais vivem principalmente dentro dos limites de sua comunidade de fé, os membros de suas igrejas vivem num mundo de pluralismo religioso em que têm contato diário com pessoas de outras crenças, incluindo agnósticos e ateus. Diante dos desafios apresentados por pessoas com outras convicções, os cristãos ocidentais são especialmente vulneráveis porque lhes falta experiência para entender sua fé no contexto de muitas opiniões religiosas, o que pode fazer com que se sintam menos confiantes e mais confusos. Igrejas não ocidentais, que sempre estiveram em posição minoritária em relação ao contexto cultural mais amplo, que pode ser predominantemente hindu, muçulmano ou budista, estão acostumadas a dar testemunho e a dialogar com pessoas de outras crenças. Exatamente por sempre terem sido marginalizadas, são capazes de dar testemunho com equilíbrio, sem se sentir ameaçadas.

A principal causa da eclosão do nominalismo está no fato de a igreja fracassar no discipulado daqueles que chegam à decisão inicial e à identificação com a comunidade de fé. Isso ocorre especialmente onde a Grande Comissão de ir por todo o mundo e fazer discípulos está reduzida a um mandato evangelístico conduzido sob a premissa do avivamentismo e do "decisionismo". Isso resulta em igrejas repletas de membros não discipulados. As igrejas precisam primeiro reconhecer que fazem parte do problema, antes de poder fazer parte da solução. Elas precisam reconhecer que as boas novas do reino proclamadas e demonstradas por Jesus são uma mensagem que abrange todas as áreas da vida e exigem o apoio de uma comunidade de fé para esse compromisso de vida.

Veja também Conversão; Discipulado; Secularismo.

Bibliografia. Bellah, R. et al., *Habits of the Heart* (New York: Harper & Row, 1985); Fanstone, M. J., *The Sheep That Got Away: Why Do People Leave the Church?* (Tunbridge Wells: marc, 1993); Fowler, J. W., *Stages of Faith: The Psychology of Human Development and the Quest for Meaning* (San Francisco: Harper, 1995); Gibbs, E., *In Name Only* (Wheaton: Bridgepoint/Victor, 1994); Hendricks, W. D., *Exit Interviews: Revealing Stories of Why People Are Leaving the Church* (Chicago: Moody Press, 1993); Hong, Y.-g., "Nominalism in Korean Protestantism", *Transformation* 16:4 (1999) 135-41; Jamieson, A., *A Churchless Faith* (London: SPCK, 2002).

E. Gibbs

NOSSA SENHORA DE GUADALUPE.
Veja Guadalupe, Nossa Senhora de.

NOVA CRIAÇÃO. *Veja* Céu.

NOVA ESPIRITUALIDADE. *Veja* Cultura Popular.

NOVA HERMENÊUTICA.
Veja Hermenêutica.

NOVA ZELÂNDIA. *Veja* Teologias das Ilhas do Pacífico.

NOVO CASAMENTO. *Veja* Casamento e Família.

NOVO TEÍSMO. *Veja* Teísmo.

NOVOS MOVIMENTOS RELIGIOSOS CRISTÃOS

A igreja cristã vem dialogando com as culturas, religiões, espiritualidades e filosofias ao seu redor ao longo da história, começando pelo *judaísmo e pela religiosidade do primeiro século — conforme registrado nos Evangelhos e nas Epístolas — e com filosofias helenistas durante os primeiros séculos do cristianismo. O credo cristão deu expressão verbal à sua forma e conteúdo por meio dessas disputas. Hoje um dos desafios para a apologia da igreja cristã vem da chamada nova espiritualidade e dos novos movimentos religiosos.

1. Nova espiritualidade e novos movimentos religiosos
2. A controvérsia das seitas
3. A linguagem dos acadêmicos religiosos e a linguagem da igreja cristã
4. Seitas suicidas e assassinas
5. Testemunhas-de-jeová e a Igreja de Jesus Cristo dos Santos dos Últimos Dias

1. Nova espiritualidade e novos movimentos religiosos

Um número cada vez maior de ocidentais prefere identificar-se como "espiritual" e não "religioso". Chega-se a dizer que cerca de metade dos cidadãos da União Europeia poderia ser definida como os que "creem sem pertencer" (Introvigne). O sistema de crenças deles sustenta um conceito de Deus que não lembra necessariamente o do cristianismo histórico, preferindo a deidade interior panteísta, imanente, experimentada de modo subjetivo. Termos como "espiritualidade", "holismo", "Nova Era", "mente, corpo, espírito", "ioga", "energias", *feng shui*, "guru", *qi*, "renascimento", "carma" e "chacra" estão se tornando cada vez mais comuns no vocabulário religioso ocidental. A religiosidade de cabeceira do Ocidente está em transição e é cada vez menos cristã.

De acordo com estatísticas, a frequência nas igrejas cristãs históricas declina em todo o mundo ocidental, enquanto o número de adeptos da nova espiritualidade está crescendo. Aventa-se que na Grã-Bretanha "*se o ambiente holístico continuar crescendo na mesma taxa (linear) apresentada desde 1970 e o domínio congregacional continuar diminuindo na mesma taxa (linear) apresentada no mesmo período, ocorrerá uma revolução espiritual [i.e., uma frequência ao ambiente holístico maior que a do ambiente congregacional] durante a terceira década do terceiro milênio*" (Heelas et al, 45). "Dados [...] mostram que a frequência dominical provavelmente declinou para cerca de metade desde 1950 na Grã-Bretanha" (Heelas et al, 52). Nos Estados Unidos, evidencia-se o mesmo tipo de tendência, embora os números sejam discutíveis: "a frequência à igreja nos EUA pode ter caído do [...] nível de 40 por cento no início da década de 1960 para o nível de 22,4 por cento hoje, espelhando assim o declínio de cerca de 50 por cento constatado no mesmo período na Grã-Bretanha" (Heelas et al, 57). Supõe-se que a mesma tendência esteja presente em todo o mundo ocidental.

A espiritualidade ocidental moderna sem uma ligação estreita com o cristianismo tem sido chamada "Nova Era". Não se consegue distinguir, porém, nenhum movimento coerente e unificado da Nova Era. O termo é útil para descrever o pensamento religioso e as cosmovisões divergentes do pensamento ocidental cristão e *iluminista que antes dominava e prevalecia.

Ao identificar a religiosidade contemporânea emergente em contraposição à religião institucional tradicional, vários acadêmicos da religião preferem usar o termo "nova espiritualidade" ou "nova consciência religiosa" em vez do termo Nova Era. A nova espiritualidade é caracterizada por uma espiritualidade eclética, experimentada de modo subjetivo, preocupação com o próprio corpo, ênfase no holismo — ou melhor, "holismos" (definido diversamente em cada grupo) — técnicas de cura, autoconhecimento, práticas ocultas e incursões nas renovadas espiritualidades ocidentais pagãs e esotéricas, bem como em espiritualidades orientais.

O termo "novas religiões" foi primeiro apresentado ao Ocidente pelo Japão, onde emergiram várias novas religiões em consequência da declaração de liberdade religiosa em 1945. O uso do termo *novos movimentos religiosos* compreende uma ampla variedade de movimentos de espiritualidade alternativos, incluindo diversas novas religiões que surgiram no final da década de 1960 nos Estados Unidos, especialmente na região da baía de São Francisco. Os "novos movimentos religiosos" são o segmento identificável e organizado do cenário da nova espiritualidade. Os novos movimentos religiosos começaram a ganhar atenção pública na mesma época da emergência da nova espiritualidade.

Rejeição da autoridade tradicional, com foco no próprio corpo, saúde e experiências interiores, desinstitucionalização, privatização e subjetividade são valores pós-modernos que puderam ser cultivados depois que o projeto da modernidade foi cumprido — padrão de vida elevado e bem-estar material (*veja* Modernismo e Pós-Modernismos). Afirma-se que a cultura moderna ocidental está passando por uma "intensa reviravolta subjetiva" (Taylor, 26). Ao mesmo tempo, a religiosidade folclórica, às vezes chamada religiosidade primária, está se distanciando dos limites do cristianismo histórico no Ocidente moderno.

As raízes dos novos movimentos religiosos estão no cristianismo, no ocultismo ocidental e nas tradições religiosas orientais. Os sistemas de crenças e práticas dos novos movimentos religiosos podem ser vistos mais como variações de tradições ancestrais do que como algo totalmente novo. Eles podem ser considerados versões mais recentes de religiões antigas (Melton, 22-23). D. G. Bromley afirma que "a maioria dos movimentos rotulados como 'novos' deriva de grandes elementos ideológicos e organizacionais de tradições religiosas há muito estabelecidas ou os adota, como fazem o Hare Krishna com o hinduísmo bengali, a Igreja da Unificação com o cristianismo, o Aum Shinrikyo com o budismo, o Ramo Davidiano com o adventismo" (Bromley, 146). Há bem poucas religiões de fato novas, sem raízes em uma tradição religiosa mais antiga. O elemento novo está na visibilidade dos novos movimentos religiosos e em sua capacidade de atrair pessoas numa cultura antes dominada por uma única ou por poucas tradições religiosas.

2. A controvérsia das seitas

O movimento cristão *contrasseitas* é a classificação coletiva que denota muitos ministérios e cristãos que se opõem a grupos religiosos cristãos e não cristãos sem raízes históricas. Essa oposição pode ser manifestada apontando-se as diferenças doutrinárias entre o grupo religioso do opositor e dos outros grupos e destacando-se os benefícios centrais e a supremacia do sistema de crenças do próprio opositor. O movimento *antisseitas* denota a oposição secular a grupos e movimentos religiosos.

Na década de 1980, surgiu uma discussão sobre a controvérsia das seitas entre os acadêmicos da religião, os antisseitas e os contrasseitas. Nessa época, alguns antisseitas e contrasseitas passaram a afirmar que os acadêmicos da religião estavam adotando uma atitude pró-seita, pois não faziam mais distinção entre igreja e seita/culto.

A discussão da controvérsia das seitas acirrou-se especialmente na questão dos estereótipos populares que rotulavam os novos movimentos religiosos como agências de "lavagem cerebral" que usavam meios enganosos como "controle mental da seita" para recrutar novos convertidos e manter a lealdade dos membros antigos ao seu modo de pensar inovador. A maioria dos pensadores acadêmicos (Melton entre outros) rejeitou essa posição. Uma questão crítica era distinguir entre lavagem cerebral promovida por seitas e qualquer outra forma de atividade social cujo objetivo fosse exercer um impacto que mudasse o comportamento das pessoas — incluindo propagandas e educação escolar comum. A acusação de lavagem cerebral também pressupõe um escopo unificado de aceitação generalizada de condutas desejáveis e preferidas pelo qual todas as outras condutas devem ser medidas. Em sociedades multirreligiosas, multiculturais, governadas de modo democrático, é difícil impor uma forma de pensamento a todos. As regras e as agências controladoras da sociedade são definidas e administradas por acordo mútuo entre vários agentes da sociedade.

3. A linguagem dos acadêmicos religiosos e a linguagem da igreja cristã

Para estudiosos da religião, o termo *novos movimentos religiosos* substitui as antigas distinções entre igreja e seita/culto da década de 1970. Essa mudança pode ser vista como um distanciamento do discurso preferido e característico da tradição religiosa dominante em dada sociedade e como uma aproximação do ideal enciclopédico e iluminista da linguagem baseada no conhecimento racional. Supõe-se que essa mudança esteja isenta de estruturas condicionadas pela história ou tradição (ainda que essa linguagem seja também condicionada por sua tradição em dado momento histórico, como destaca D'Costa, 19). A abordagem enciclopédica atende bem às necessidades de uma sociedade multicultural e multirreligiosa, colocando o cristianismo na mesma plataforma de outras posições religiosas. A situação se assemelha cada vez mais à da igreja primitiva que, no seu início, era apenas um grupo religioso minoritário no meio de uma sociedade multirreligiosa.

Estudando grupos de vigilância a seitas, Eileen Barker identificou cinco grupos (Barker 2001): (1) grupos de conscientização contra seitas, (2) grupos contrasseitas, (3) grupos dedicados a pesquisas, (4) grupos de *direitos humanos e (5) grupos defensores de seitas. Seria possível acrescentar um sexto, os grupos dialógicos, que estariam entre os grupos contrasseitas e os grupos dedicados a pesquisas identificados por Barker. Os grupos dialógicos têm consciência de outros sistemas de crenças na sociedade e os estudam, procurando se empenhar num diálogo com grupos relevantes, quando possível. Ao mesmo tempo, estudam a própria religião à luz dos novos embates, procurando novas maneiras de dar testemunho aos adeptos desses outros sistemas de crenças.

4. Seitas suicidas e assassinas

Algumas seitas suicidas ganharam a atenção da mídia na década de 1990. Há vários nomes para o fenômeno, dependendo do ponto de vista: seita de juízo final (que, literalmente, só se refere a um grupo que, antecipando a iminência do juízo final, assume uma perspectiva apocalíptica que pode promover a possibilidade de comportamentos violentos e destrutivos), seita suicida, seita milenista, seita apocalíptica, seita destrutiva e seita assassina.

Entre os elementos-chave nos novos movimentos religiosos violentos podemos citar um líder carismático, expectativas milenistas / apocalípticas, organização extremamente exigente e uma atitude violenta contra a presente ordem social. Uma vez que se consideram arautos da nova ordem mundial, muitos grupos milenistas assumem uma atitude antagonista em relação à ordem social existente, o que pode levar a ações violentas para promover sua causa. Os membros desses grupos tornam-se econômica, social e mentalmente dependentes do líder e de seus valores.

Antes da década de 1990, durante a segunda metade do século anterior, ocorreram dois incidentes bem divulgados de violência causadas por seitas: os assassinatos da família Manson em1969 e a catástrofe do Templo dos Povos em 18 de novembro de 1978. O Templo dos Povos de Jim Jones havia atraído atenção e até admiração por causa de um programa social corajoso e, no início, a igreja chegou a ser aceita pela família evangélica maior. Em 1978, 912 seguidores encontraram a morte na selva da Guiana (ex-Guiana Britânica) na América do Sul, numa comunidade utópica e remota chamada Jonestown. Alguns membros foram mortos a tiros, outros foram forçados a beber veneno, mas a maioria cedeu espontaneamente ao que Jim Jones chamou de "suicídio revolucionário".

Só nos Estados Unidos é possível identificar mais de dois mil grupos religiosos, a maioria dos quais fundada depois de 1960. Entre os novos movimentos religiosos é possível distinguir só meia dúzia de grupos com registros de violência severa. Assim, de modo algum se pode afirmar que os novos movimentos religiosos como tais são um fenômeno violento. A violência com motivações religiosas também pode ser encontrada em religiões estabelecidas, por exemplo, na Irlanda do Norte, no Oriente Médio, entre grupos *muçulmanos militantes e fundamentalistas pelo mundo, e na Índia, entre os vários grupos religiosos no país.

O cristianismo histórico também pode ser muito bem caracterizado como milenista e apocalíptico. Há séculos os cristãos têm pedido em oração "venha o teu reino". E o cristianismo pode ser chamado milenista. Os primeiros cristãos, assim como outros depois deles, esperavam a segunda vinda iminente de Cristo. Outras religiões tradicionais também têm elementos milenistas e apocalípticos. Por exemplo, o islamismo espera a vinda de Mahdi, e o budismo espera o advento de Maitreya, o próximo Buda. Há também variações quanto à urgência e proximidade da futura ordem mundial dentro das religiões. Mas mesmo a proximidade prevista da era vindoura não determina que um grupo religioso se torne violento. O que parece crucial na formação da violência dirigida à ordem social vigente é a forma preferida de relacionamento do grupo com o mundo "de fora" e as agências que o controlam, e a suposta função dos poucos escolhidos. Essa função é exercida ou pela aceleração do governo vindouro por intervenção humana e atos arbitrários — ou de forma positiva, pelo serviço e pela proclamação, por meio de palavras e boas ações, das boas novas de um reino vindouro.

5. Testemunhas de Jeová e a Igreja de Jesus Cristo dos Santos dos Últimos Dias
Entre 1880 e 1980, o centro do interesse dos estudiosos de religião e cristianismo no Ocidente havia sido as derivações do cristianismo histórico, como as seitas Testemunhas de Jeová (TJ) e a Igreja de Jesus Cristo dos Santos dos Últimos Dias (formada pelos mórmons). Do ponto de vista cristão, é adequado considerá-las seitas. Esses dois grupos diferem do cristianismo histórico no que pensam sobre Deus, o mundo, o ser humano, a salvação e o papel da Bíblia.

Os mórmons são o quarto maior grupo religioso nos Estados Unidos. A história de suas origens nos Estados Unidos no início do século 19 e a descrição de seu sistema de crenças são bem relatadas em muitas fontes (veja, e.g., Introvigne) e seu atual índice de crescimento é impressionante. Em 1984, Rodney Stark calculou que, em 2080, os mórmons poderão ter entre 64 e 267 milhões de membros, números que os classificariam como uma nova religião mundial. Ele agora sustenta que o número de membros é "substancialmente superior às [suas] projeções mais otimistas" (Stark, 22).

As testemunhas de jeová, por sua vez, são um bom exemplo de grupo fundamentalista, milenista e exclusivo, altamente organizado e não violento, com interpretações bíblicas apocalípticas específicas que mudam com frequência, desviando-se do cristianismo histórico. Por exemplo, de acordo com o ensino das testemunhas de jeová, Deus é uma única pessoa, não uma Trindade, que se encontra em Alcione, principal estrela das famosas Plêiades. Deus não é onisciente nem onipresente.

O índice de crescimento das testemunhas de jeová no mundo é também impressionante, mais de 5% ao ano. A seita está crescendo em todo o mundo e se encontra em mais de 230 países, com 19% nos EUA, 20% na Europa Ocidental e 25% na América Latina (www.meta-religion.com).

Tanto as testemunhas de jeová quanto os mórmons acreditam ser uma restauração da igreja cristã original, crença de vários movimentos religiosos derivados do cristianismo histórico. O islamismo, por exemplo, também se considera o legítimo representante da verdade ensinada por Jesus, ao passo que o cristianismo, segundo os muçulmanos, está desviado da verdade.

Em nossa época globalizada em que as fronteiras culturais estão mudando e a religiosidade dos ocidentais está se distanciando do cristianismo histórico, parece evidente que cada vez mais surgirão novos movimentos religiosos e que a nova espiritualidade fará parte do ambiente cultural maior em que a igreja está inserida. A defesa da fé, a proclamação do *reino de Deus e o serviço de amor em nosso mundo hoje são tão importantes e urgentes quanto foram em todas as eras.

Veja também Novos Movimentos Religiosos Não Cristãos.

BIBLIOGRAFIA. BARKER, E., *Watching for Violence: A Comparative Analysis of the Roles of Five Types of Cult-Watching Groups*, Center for Studies on New Religions, http://www.cesnur.org/2001/london2001/barker.htm (estudo apresentado na Conferência de 2001 em Londres e versão final a ser publicada em D. G. Bromley, *Cults and Violence* [no prelo]); BELIEFNET, *What Latter-day Saints (Mormons) Believe* http:// www.beliefnet.com/story/80/story_8035_1.html (copyright da página da web 2000-2001); BROMLEY, D. G., "Violence and New Religious Movements", in: *The Oxford Handbook of New Religious Movements,* J. R. Lewis, org. (Oxford: Oxford University Press, 2004); Christian Apologetics & Research Ministry, *Jehovah's Witnesses in a Nutshell*, http://www.carm.org/jw/nutshell.htm (copyright da página da web 2003); idem, *Mormonism*, http://www.carm.org/mormon.htm (copyright da página da web 2007); D'COSTA, G., *The Meeting of Religions and the Trinity* (Maryknoll: Orbis, 2000); HEELAS, P. e WOODHEAD, L. com SEEL, B., SZERSZYNSKI B. e TUSTING, K., *The Spiritual Revolution:*

Why Religion Is Giving Way to Spirituality (Oxford: Blackwell, 2005); INGLEHART, R., *Modernization and Postmodernization: Cultural, Economic, and Political Change in 43 Societies* (Princeton: Princeton University Press, 1997); Institute for Religious Research, *Is Mormonism Christian? A Comparison of Mormonism and Historic Christianity*, (1999) http://www.irr.org/mit/is mormonismchristian.html; idem, *Mormons in Transition* http://www.irr.org/mit/ (copyright da página da web 2008); INTROVIGNE, M., *God, New Religious Movements and Buffy the Vampire Slayer: Massimo Introvigne's Templeton Lecture in Harvard*, April 7-9, 2000, na *The American Academy of Arts and Sciences, Harvard University; Harvard Divinity School and The John Templeton Foundation symposium* on *Expanding Concepts of God*, http://www.cesnur.org/2001/buffy_ march01.htm; LANDES, R., *Millenialism*, in: *The Oxford Handbook of New Religious Movements*, James R. Lewis, org. (Oxford: Oxford University Press, 2004); LILJEQVIST, M., *Torni ja temppeli: Jehovantodistajien ja mormonien kohtaaminen* (Hämeenlinna: Perussanoma Oy, 2004); MELTON, J. G., *An Introduction to New Religions*, in: *The Oxford Handbook of New Religious Movements*, J. R. Lewis, org. (Oxford: Oxford University Press, 2004); META-RELIGION, *Jehovah's Witnesses*, http://www.meta-religion.com/World_Religions/Christianity/Denominations/jehova_witnesses.htm (copyright da página da web 2007); STARK, R., *The Rise of Mormonism* (New York: Columbia University Press, 2005); SUNDERMAYER, T., *Spiritism: A Theological and Pastoral Challenge*, in: *Spiritualism: A Challenge to the Churches in Europe*, I. Wulfhorst, org. (LWF Studies, 2004); TAYLOR, C., *The Ethics of Authenticity* (Cambridge: Harvard University Press, 1992).

P. Y. Hiltunen

NOVOS MOVIMENTOS RELIGIOSOS NÃO CRISTÃOS

Estudiosos às vezes afirmam que se todas as religiões começaram como novas religiões, as "novas religiões" devem ser consideradas "religiões recém-nascidas". Assim, com exceção do estágio de desenvolvimento, há poucas diferenças fundamentais entre o *budismo, o cristianismo e o islamismo, por um lado, e a cientologia, a unificação e o mormonismo, por outro. Este artigo entende que essa abordagem é muito vaga e que as novas religiões precisam ser compreendidas no contexto da *modernidade e das rápidas mudanças sociais em escala global.

1. Novas religiões como realidade global
2. As dimensões globais das novas religiões
3. O que há de novo nas "novas religiões"?
4. Análise dos novos movimentos religiosos

1. Novas religiões como realidade global

O primeiro uso registrado da designação *novas religiões* parece ter sido de Alexander Goldenweiser em *The Rites of New Religions Among the Native Tribes of North America* [Os ritos das novas religiões entre as tribos nativas da América do Norte], sua dissertação de mestrado na Universidade de Columbia em 1904. Na mesma época, escritores da Índia observaram o que J. N. Farquhar identificou como "religiões recentes" (1914). Esses movimentos, ele destaca, começaram em torno de 1800 como reação à modernidade e ao desafio das missões cristãs. Na África e em vários campos missionários, os termos *igrejas separatistas* ou *movimentos nativos* passaram a ter uso corrente, sobretudo depois que uma comissão governamental que envolvia o líder africano D. D. T. Jabavu e o conhecido missionário James Henderson publicou *The Native Separatist Church Movement in South Africa* [Os movimentos eclesiásticos nativos e separatistas na África do Sul] (1925). Na Europa e na América do Norte, porém, a maioria dos autores preferiu o termo *seita* para descrever novas religiões.

Na década de 1930 generalizou-se na Alemanha o uso do termo *novas religiões* para identificar o que organizações missionárias e várias igrejas consideravam um ataque do neopaganismo. Então, no final da década de 1930, o grupo antifascista *Amigos da Europa* publicou vários livretos extremamente críticos contra as novas religiões, expressando preocupação com seu crescimento aliado aos nazistas na Alemanha. O primeiro livro acadêmico que discutiu isso sob uma luz amigável foi *Germany's New Religion* [A nova religião da Alemanha] (1937), de Wilhelm Hauer, que também continha artigos críticos de Karl Heim e Karl Adam.

Depois da Segunda Guerra, a discussão das novas religiões na África começou com Bengt Sundkler (1948). Pouco depois, a discussão se desenvolveu em razão do rápido crescimento de novas religiões no Japão e, mais tarde, na Coreia. Só no início da década de 1970 a ideia foi aplicada a grupos religiosos na América do Norte (Needleman). Então, depois dos homicídios e suicídios em Jonestown, explodiu o interesse popular e acadêmico pelas novas religiões, resultando na publicação de grande número de livros e artigos.

2. As dimensões globais das novas religiões

Durante a Guerra da Independência (1775-1783), a sociedade norte-americana viu uma grande disseminação de rupturas sociais, limpezas étnicas e conflitos sangrentos que realmente só cessaram depois da fracassada invasão americana do Canadá em 1812. Em consequência disso, a sociedade pioneira da Nova Inglaterra era uma área inquieta e, em muitos sentidos, sem raízes, em que novas ideias floresciam e velhas certezas já não eram aceitas por muitos. A onda crescente de ceticismo foi incentivada pela distribuição de edições baratas do clássico ataque de Tom Paine (1737-1809) ao cristianismo: *A Era da Razão* (primeira publicação em 1794-1796), enquanto livros como *Uma Visão dos Hebreus* (1823, 1825) de Ethan Smith especulavam sobre a história e origens dos povos nativos norte-americanos. Aumentando a confusão, igrejas se desentendiam em público e muitas vezes travavam debates ásperos sobre assuntos como batismo, comunhão e governo da igreja (Brodie).

Joseph Smith injetou uma nova visão religiosa nessa situação confusa. Com uma combinação habilidosa do ceticismo radical de Tom Paine, de quem leu a obra, elementos de mágica folclórica, teorias pré-darwinianas e cristianismo tradicional, ele criou uma nova religião poderosa (O' Dea; Quinn). Mais tarde, mórmons competentes como o apóstolo Parley P. Pratt (1805-1859) desenvolveram as ideias de Smith, montando um sistema coerente que tratavam explicitamente das questões de ciência e religião numa estrutura evolucionária baseada no princípio espiritual da "lei da progressão eterna". Como afirmou outro apóstolo mórmon, Lorenzo Snow (1814-1901), "Como o homem é, Deus era; como Deus é, o homem pode vir a ser". Assim, a crise da modernidade foi vencida pela apropriação de formas espiritualizadas de linguagem científica e pela criação de novas mitologias politeístas baseadas em escritos como *O Livro de Abraão* que, na realidade, era um papiro manuscrito que Joseph Smith afirmava ter traduzido do egípcio e que aparece em *Pérola de Grande Preço* (1851) de sua autoria.

A teosofia é outro exemplo de uma nova religião originária dos Estados Unidos, ainda que fundada por uma imigrante russa, Helena Blavatsky (1831-1891). Em 1875, durante os turbulentos anos que se seguiram à Guerra Civil Americana (1861-1865), ela e o coronel Henry Steel Olcott (1832-1907) fundaram a Sociedade Teosófica. Blavatsky tomou como base tradições folclóricas do ocultismo russo, juntamente com o espiritualismo americano, ideias confusas acerca da ciência e uma rica mitologia, de início extraída de ideias populares acerca do Egito e, mais tarde, do Tibete, e os misturou com elementos de ensinos budistas e hindus, para criar uma forma ocidental de espiritualidade indiana (Campbell).

Durante a década de 1860, um grupo relativamente pequeno de maoris, da Nova Zelândia, levou colonizadores locais e o Império Britânico a um impasse. Adaptando-se a um novo inimigo, os maoris resistiam aos ataques de tropas britânicas, apoiadas por armas de fogo pesadas, inventando efetivamente uma batalha de trincheiras. No rastro das guerras maoris, muitas novas religiões dirigidas por profetas locais combinaram aspectos de crenças maoris tradicionais com o cristianismo e com ideias e tecnologias modernas, e isso se disseminou por toda a Nova Zelândia (Belich 1996; Elsmore).

Pode-se observar o mesmo padrão na África, com o amaNazaretha, fundado em torno de 1912 por Isaiah Shembe (1867-1935). Hoje, esse movimento possui mais de um milhão de membros, o que o torna uma das mais antigas entre as grandes novas religiões da África do Sul. Quando o Reverendíssimo Londa Shembe (1944-1989), neto do fundador e reconhecido por seus seguidores como profeta vivo, tentou explicar as origens das crenças do avô, ele identificou cinco fatores principais: (1) a derrota arrasadora da nação zulu diante dos britânicos na guerra anglo-zulu em 1879, que destruiu a sociedade zulu tradicional; (2) a persistência das crenças, práticas e padrões de pensamento zulus tradicionais numa nova situação em que os zulus haviam perdido a identidade tradicional, o que significa que enquanto não houvesse como voltar ao passado, precisava surgir algo novo; (3) a chegada de missões cristãs a todas as áreas de fala zulu na África do Sul; (4) o impacto dos profetas maoris da Nova Zelândia sobre o avô, que os encontrou quando trabalhava nas docas na cidade portuária de Durban em algum momento por volta de 1900; e (5) o contato estreito entre seu avô e vários hindus em Durban e redondezas.

Quando Londa Shembe fez essa análise em 1987, os três primeiros fatores eram facilmente aceitáveis. O quarto e o quinto soavam altamente improváveis e, talvez, resultassem do desejo e esperança de dar aos amaNazaritas uma herança cultural que os distinguisse de grupos religiosos concorrentes. Desde então, Andreas Heuser (2003) afirmou que houve um contato estreito entre Isaiah Shembe e Mahatma Gandhi (1869-1948), enquanto James Belich demonstrou que marinheiros maoris começaram a visitar Durban com regularidade no início do século 19, tornando bem possível um encontro entre membros de um movimento profético maori e Isaiah Shembe (Belich 2001).

Na Europa, novas religiões cresceram rapidamente depois da derrota dos Impérios Centrais (Áustria-Hungria, Alemanha e seus aliados) em 1918. Ainda que houvesse diferenças regionais, a situação na Alemanha reflete um padrão encontrado em toda a Europa central. A maioria dessas religiões brotou da desilusão com o capitalismo e o socialismo, refletindo um mal-estar espiritual que Peter F. Drucker identificou em *O Fim do Homem Econômico* (1939). Rejeitando o cristianismo, muitos desses movimentos voltaram-se para a Índia ou o Tibete para encontrar novas formas de espiritualidade que lhes permitissem misturar mitos sobre a pré-história europeia com crenças pseudocientíficas acerca de raças, somando-se a isso um compromisso com avanços tecnológicos e o nacionalismo (Poewe 2006).

De modo semelhante, Sun Myung Moon fundou seu Movimento da Unificação na década de 1950, logo após a devastadora Guerra da Coreia que havia destruído os remanescentes da sociedade coreana tradicional. Para formar seu novo movimento, Moon fez uso do xamanismo da religião coreana popular, do budismo popular, de ideais confucianos, de aspectos do cristianismo mediados por missionários americanos e uma crença na singularidade coreana. Assim, interpretações bíblicas baseadas na *Bíblia de Estudo Scofield* foram misturadas com crenças budistas, práticas xamânicas e uma ética confuciana, além de uma versão modificada de casamentos arranjados, fenômeno tradicional na Coreia (Sontag).

Esses exemplos mostram que as novas religiões têm em comum uma ruptura com práticas e crenças tradicionais seguida por uma tentativa de reintegrar aspectos da tradição num novo sistema de crenças que incorpore ideias de outras religiões do mundo com alcance global. Reconhecendo esses fatores, agora é possível analisar melhor as origens históricas das novas religiões como um fenômeno.

3. O que há de novo nas "novas religiões"?

Historicamente, grupos definidos por sociólogos e teólogos como cultos ou seitas desenvolveram-se num cenário de pressuposições comuns baseadas em uma tradição coletiva. As pressuposições de sociedades tradicionais são fundamentalmente desafiadas por aquilo que pode ser mais bem descrito como a modernidade. A modernidade implica consciência de que mudanças trazidas por bens industriais, ciência e tecnologia alteram nosso modo de ver o mundo. Essa consciência cria uma distinção entre o que é novo em contraste com o que é velho ou antigo, a preferência pelo inovador em oposição ao tradicional, e uma dedicação explícita e consciente a ser "moderno" em assuntos intelectuais, culturais e religiosos. Em reação à modernidade, as novas religiões dedicam-se a reformar crenças religiosas, mitologias, a sociedade e, em geral, a ordem política, sob a ótica do "novo".

Todas as tradições religiosas experimentam os efeitos da modernidade, mas raramente reagem abraçando com entusiasmo o "novo". O cristianismo e o islamismo, por exemplo, muitas vezes associam a modernidade com o racionalismo, e o "novo" com uma perda de valores que ameaça a continuidade de sua existência. No entanto, as novas religiões, ou pelo menos seus líderes, defendem a mistura de fragmentos de várias tradições distintas e a disseminação dessas "novas" combinações pelo mundo como fenômeno global distinto.

Definidas dessa maneira, novas religiões e novos movimentos religiosos são grupos que surgem como reação à ruptura que as sociedades tradicionais sofrem por causa da ciência e da tecnologia moderna. Por conseguinte, a maioria das novas religiões surgiu depois do início da revolução industrial, ainda que algumas, como a Igreja Nova de Swedenborg, tenham surgido no início da era industrial. Elas também costumam florescer depois de guerras, onde o produto da tecnologia é visto em seus efeitos mortais.

Em seu processo de criação, tomam posse de elementos selecionados, extraídos de tradições religiosas para criar novos sistemas de crença e prática corroborados por ricas mitologias. Esses mitos são histórias com poder culturalmente formativos e aceitas como verdades pelos membros do grupo, no qual desempenham a importante função de interpretar as experiências espirituais e a vida de cada membro.

Para os membros da Igreja da Unificação, as provações do Rev. Moon nas mãos dos comunistas norte-coreanos são histórias importantíssimas que lhes permitem compreender o significado da batalha cósmica entre o bem e o mal. De modo semelhante, a crença nas revelações de Deus a Joseph Smith constitui uma parte vital da espiritualidade mórmon, e isso motiva os membros a ver suas experiências espirituais como parte de um padrão mais amplo das ações de Deus no trato com a humanidade. Assim também, a jornada para Utah proporciona um importante recurso apologético que confirma para muitos mórmons a verdade de sua religião. Para os seguidores de Isaiah Shembe, sua vida e seu exemplo lhes permitem interpretar as lutas pessoais como parte da identidade do que significa ser zulu. Da mesma forma, as histórias sobre os profetas maoris criam um senso de orgulho pelas tradições da Nova Zelândia, o que permite que os maoris modernos transitem com facilidade entre um mundo tecnológico e o estilo de vida tradicional. Em todos esses casos, as crenças das novas religiões são comunicadas por meio de histórias que formam mitos, motivando e dirigindo a vida dos convertidos.

4. Análise dos novos movimentos religiosos

Embora seja vasta a literatura que trata de seitas e novas religiões, boa parte dela ou se baseia em fontes secundárias que discutem a literatura e as doutrinas das novas religiões, ou envolvem discussões acadêmicas em torno de opiniões de outros acadêmicos. Por incrível que pareça, são bem poucos os estudos empíricos de novas religiões específicas e ainda mais raros os estudos interdisciplinares baseados em pesquisa de campo, fontes primárias e pesquisa histórica sólida. Igualmente significativo é o fato de que a maior parte dos estudos sobre novas religiões as considera em um só contexto cultural distinto e raramente leva em conta suas dimensões globais, mesmo sob a perspectiva de seu lugar de origem e das tradições culturais que incorporam. Apesar dessas limitações, o estudo de novas religiões é um campo que cresce rapidamente tanto no ensino como na pesquisa universitária, e isso promete atrair atenção considerável no futuro.

Veja também NOVOS MOVIMENTOS RELIGIOSOS CRISTÃOS.

BIBLIOGRAFIA. BELICH, J., *Making Peoples: A History of the New Zealanders, from Polynesian Settlement to the End of the Nineteenth Century* (Auckland: Penguin Books, 1996); idem, *Paradise Reforged* (Honolulu: University of Hawaii Press, 2001); BRODIE, F. McKAY, *No Man Knows My History: The Life of Joseph Smith, the Mormon Prophet* (2. ed.; New York: Vintage, 1995); CAMPBELL, B. F., *Ancient Wisdom Revived: A History of the Theosophical Movement* (Berkeley: University of California Press, 1980); ELSMORE, B., *Mana from Heaven: A Century of Maori Prophets in*

New Zealand (Tauranga, New Zealand: Moana Press,1989); HEUSER, A., *Shembe, Gandhi Und Die Soldaten Gottes: Wurzeln Der Gewaltfreiheit in Südafrika* (Religion and Society in Transition 4; Münster; New York: Waxmann, 2003); HEXHAM, I. e POEWE, K . O., *Understanding Cults and New Religions* (Grand Rapids: Eerdmans, 1986); NEEDLEMAN, J., *The New Religions* (Garden City: Doubleday, 1970); O'DEA, T. F., *The Mormons* (Chicago: University of Chicago Press, 1957); POEWE, K . O., *New Religions and the Nazis* (New York: Routledge, 2006); QUINN, D. M., *Early Mormonism and the Magic World View*, ed. rev. (Salt Lake City: Signature Books, 1998); SHEMBE, I., SHEMBE, L. e HEXHAM, I., *The Scriptures of the amaNazaretha of EKuphaKameni: Selected Writings of the Zulu Prophets Isaiah and Londa Shembe* (Calgary: University of Calgary Press, 1993); SONTAG, F., *Sun Myung Moon and the Unification Church* (Nashville: Abingdon, 1977); SUNDKLER, B. G. M., *Bantu Prophets in South Africa* (London: Lutterworth, 1948).

I. Hexham

ODUYOYE, MERCY AMBA. *Veja* Teologia Africana Protestante.

OPÇÃO PREFERENCIAL PELOS POBRES

A opção preferencial pelos pobres é uma das ideias fundamentais da *teologia da libertação. Ela diz respeito à postura que igrejas e cristãos devem assumir quando leem a Bíblia, onde se observa que Deus favorece os que eram oprimidos pelo faraó (Boff e Boff, 67). Deus está sempre atento às súplicas dos oprimidos e ouve o clamor deles (Êx 3.7-8). O que é mais uma ofensa contra os pobres é identificado como uma ofensa direta a Deus (Pv 22.22-23; 23.10-11). Deus afirma os direitos dos oprimidos e enganados. O conceito da soberania e transcendência de Deus ganha significado na exigência divina de justiça. Deus parece carecer de imparcialidade na história. Exatamente por ser justo em sua soberania, Deus é parcial. Se fosse imparcial diante da injustiça, ele seria injusto, porque estaria tratando da mesma forma os que acumulam fortuna e poder mediante a injustiça.

A pobreza é um conceito-chave com profundas raízes bíblicas, ainda que questões sociológicas e políticas tenham monopolizado seu escopo. A preferência divina pelos pequenos — os humildes, os que não têm filhos, órfãos e viúvas — é vista em toda a Bíblia. Eles têm lugar especial nas parábolas, nos ensinos e nas ações de Jesus. As crianças (*mikron*) são uma espécie de resumo do que ele pensa dos pequenos como modelo para os que desejam entrar no reino de seu Pai.

Quando se considera que a pobreza — dadas suas características de opressão, marginalização, a cultura da pobreza e sua repercussão bíblica — é um sinal dos tempos, a luta pela sobrevivência do planeta indica que ela é uma realidade a que os cristãos devem estar atentos (Carvajal, 141). Entretanto, o termo pode ser ambíguo por causa de sua definição material, da degradação da condição humana e da pobreza espiritual que designa a opção dos que estão hoje atrelados a bens materiais (Gutiérrez 1987a, 367).

A opção pelos pobres só pode ser compreendida pela perspectiva do "reino de Deus". Esse reino, expresso nas bem-aventuranças, coloca os que o recebem numa situação de antítese: os pobres e os ricos, os famintos e os satisfeitos, os que choram e os que riem, os simples e os astutos (Lc 6.20-21; cf. Gutiérrez 1987b, 48). O amor de Deus é dirigido especialmente aos que estão distantes do que ele deseja para todos, da sua vontade, do seu projeto para toda a humanidade, aliás, distantes do reino de vida, paz e justiça.

A *opção* como mera palavra pode parecer ambígua, mas, da perspectiva da teologia da libertação, refere-se a uma solidariedade, à decisão derivada da vontade de ficar ao lado dos marginalizados deste mundo. Essa decisão não diz respeito às conveniências deste mundo ou aos pobres do ponto de vista social, forçados a ser pobres. É uma opção espontânea de exemplificar um modo de vida em que não há espaço para a acumulação (Gutiérrez 1991, 309). Os sociologicamente pobres podem ser capazes de nos demonstrar pecados pessoais e estruturais, mas os pobres do evangelho devem ir além disso para mostrar um novo tipo de vida.

Assim, a opção pelos pobres é apresentada em suas duas dimensões: a factual e a profética, que é a opção salvadora para o crucificado, a figura do "servo sofredor" desenvolvida por Isaías (cap. 40—55). Ele é o "homem de dores e experimentado nos sofrimentos" que retrata a condição sociológica dos pobres do mundo (Sobrino, 87).

Veja também Pobreza; Poder; Teologia da Libertação.

Bibliografia. Boff, L. e Boff, C., *Como hacer teología de liberación* (Madrid: Ediciones Paulinas, 1986) [edição em português:

Como Fazer Teologia da Libertação (Petrópolis: Vozes, 1986)]; CARVAJAL, L. Gonzales, *Los signos de los tiempos* (Santander: Sal Terrae, 1987); GUTIÉRREZ, G., *Teología de la liberación* (Salamanca: Sígueme, 1987) [edição em português: *Teologia da Libertação* (São Paulo: Loyola, 2000)]; idem, *Evangelización y opción por los pobres* (Buenos Aires: Ediciones Paulinas, 1987b); idem, "Pobres y opción fundamental", in: *Mysterium liberationis: Conceptos fundamentales de Teología de Liberación,* I. Ellacuría e J. Sobrino, orgs. (San Salvador: UCA, 1991); SOBRINO, J., *El principio de misericordia: Bajar de la cruz a los pueblos crucificados* (Santander: Sal Terrae, 1992).

M. Higueros

ORAÇÃO

A oração é um fenômeno comum, mas misterioso. Amplamente reconhecida como uma linguagem universal e espiritual, a oração é algo que todas as pessoas compreendem intuitivamente, um ato comum que todos praticam. É universal por servir como expressão do que somos como seres humanos, cultivada por adeptos de praticamente todos os grupos religiosos conhecidos, cristãos ou não. É espiritual porque permite que nós, seres espirituais, nos liguemos a um ser espiritual superior — não importa como preferimos falar desse "ser". Para os cristãos, esse ser a quem dirigimos nossas orações é identificado como o único Deus verdadeiro que se manifestou na pessoa de Jesus Cristo no poder do Espírito Santo.

A oração como linguagem é um instrumento de comunicação, tendo o amor como seu principal propulsor. Aliás, a oração é, no mínimo, um relacionamento de amor com o Deus vivo, abrangendo tanto o aspecto da *conversa* como o da *comunhão* — que, por si mesmos, são expressos de múltiplas maneiras: individual, comunitária, social, cultural, pelos sentidos, pelo temperamento.

1. Oração como conversa
2. Oração como comunhão
3. Oração como conversa e comunhão
4. Conclusão

1. Oração como conversa
1.1. Descrição da oração como conversa. A oração é o lugar de encontro entre o humano e o divino. Esse encontro envolve conversa. Como forma de conversa, a oração envolve uma diálogo de amor entre duas partes: um indivíduo e Deus ou uma comunidade de fiéis e Deus. A sequência popular da oração — adoração, confissão, ação de graças, súplica — exemplifica esse estilo dialógico, especialmente quando o elemento fundamental, as Escrituras, é incluído na equação, porque é principalmente pela Palavra de Deus que interagimos com Deus durante nosso encontro de oração. Sem ouvir a Deus — para obter sua confirmação, orientação, liderança e direção — mediante sua Palavra, o encontro todo deixa de ser uma conversa e se torna mero solilóquio.

A verdadeira oração interativa envolve audição ativa, espera paciente e discernimento atento a Deus por meio de sua Palavra, a Bíblia, um discernimento iluminado por seu Espírito Santo. Além das palavras (as nossas e as de Deus), períodos de silêncio podem ser de fato ricos, uma parte importante de nossa conversa com Deus. Mesmo em termos humanos, conversas requerem momentos de silêncio. Nas palavras de um antigo escritor inglês anônimo: "Deus não está em silêncio, nem falando, ele está no meio e acima de nosso silêncio e de nossas palavras" (Kisly, x).

1.2. Expressão da oração como conversa. Assim como conversamos com diferentes pessoas usando uma variedade de meios, também conversamos com Deus de uma série de maneiras que inevitavelmente refletem a nossa cultura singular, nossa tradição, a profundidade de nossas experiências, nossa personalidade e até a composição de nosso temperamento — nada que possa ser automaticamente considerado certo ou errado. Algumas culturas podem ser muito ruidosas e repetitivas no modo de verbalizar as orações, outras podem ser fervorosas e veementes quando se reúnem como comunidade, envolvidas em rompantes simultâneos de oração intercessora. Cristãos mais litúrgicos preferem orações escritas ou responsos, antífonas que empregam o texto das Escrituras, especialmente os salmos. Outros gravitam em torno de expressões mais tranquilas de oração interativa canalizada por parcerias de oração ou ambientes de grupos pequenos.

O estilo mais popular de oração dialógica praticado pela maioria dos cristãos, não importando o vínculo denominacional, parece ser a oração de petição ou de intercessão. Sob essas duas categorias principais, podemos acrescentar orações de batalha ou livramento, incluindo *orações de cura. Entre outras orações rituais comuns encontram-se louvor, adoração e ação de graças, praticadas tanto em particular como em grupo.

Uma expressão de oração dialógica redescoberta por cristãos de várias tradições é a Oração do Exame, popularizada pelos jesuítas que, por suas vez, estão celebrando um ressurgimento da espiritualidade inaciana. Em muitos sentidos, o exame é dialógico por envolver aquele que ora em um tipo de relato espiritual pessoal de seu dia com Deus mediante uma conversa imaginativa com ele, ao mesmo tempo que faz pleno uso dos sentidos.

Na maior parte dos casos, pode-se concluir com segurança que muitos cristãos, em especial os protestantes, sentem-se à vontade com a prática da oração interativa ou dialógica. A verdade é que, para um grande segmento do protestantismo, ela é quase a única forma de dirigir-se a Deus em oração. Sabemos, é claro, que não é preciso ser assim. A oração é uma experiência multifacetada.

2. Oração como comunhão
2.1. Descrição da oração de comunhão.
A oração, conforme o testemunho de muitos santos da antiguidade, de fato vai além de uma simples conversa com Deus. Para eles, a oração é acima de tudo comunhão com Deus. Em seu sentido mais verdadeiro, comunhão significa estar "em união com" Deus, o próprio Deus que nos criou com esse propósito. Basta dizer que a oração tem relação direta com o empenho contínuo da pessoa para alcançar a união com Deus (*veja* Deificação, Teose).

Como afirma Henri Nouwen, "orar é mover-se para o centro de toda a vida e de todo o amor" (Nouwen 1994, 23), entrando nas profundezas do próprio coração onde reside o coração de Deus. Orar, portanto, não é fazer alguma coisa para Deus, mas simplesmente estar com Deus e desfrutar de sua presença.

Seria difícil alguém imaginar Jesus passando uma noite inteira de oração falando sem parar a fim de chegar ao Pai (veja Lc 6.12). Jesus deve ter passado grandes intervalos em solitude e silêncio, ouvindo e apenas permanecendo na presença do Pai. De certo modo, é isso que está envolvido na oração de comunhão — simplesmente se apresentar e estar com Deus.

Assim, pode-se dizer que a verdadeira oração envolve comunhão com Deus, e comunhão com Deus envolve oração — sob todas as várias formas que ela assume. Os elementos vitais de solitude, silêncio e contemplação formam a essência da oração de comunhão.

2.2. Expressão da oração de comunhão.
Nos Evangelhos, vemos como o próprio Jesus exemplificou na vida e no ministério a prática regular de solitude, silêncio e contemplação. No auge de seu ministério estafante, Jesus se recolhia periodicamente, às vezes convidando os discípulos para acompanhá-lo a um monte ou outro lugar solitário e terem comunhão com o Pai em oração (veja e.g., Mt 14.23; Mc 1.35; Lc 4.42). A oração de comunhão, que caracterizou nitidamente a vida de Jesus, segue lado a lado com o exercício da solitude, do silêncio e da contemplação. Solitude não é simplesmente retirar-se e ficar só, mas estar a sós com Deus. Silêncio não significa abster-se de falar, mas ouvir a Deus. Contemplação não é refletir a partir de um vácuo, mas a capacidade de ver a realidade como realmente é.

Uma das formas específicas de expressão da oração de comunhão é a via da meditação e contemplação. A meditação e a contemplação têm sido mais identificadas com práticas religiosas orientais do que cristãs. Mas cada vez mais os cristãos se abrem para abraçar essas experiências. Dom John Main, monge beneditino, redescobriu o ensino cristão sobre meditação nas obras de João Cassiano. Por influência de Main, nasceu a Comunidade Mundial para Meditação Cristã onde os praticantes empregam a antiga oração aramaica, "maranata" ("vem, Senhor Jesus") como uma forma de mantra cristão para levar o coração e a mente a estarem atentos a Deus.

O final do século 20 testemunhou a crescente popularidade do movimento da Oração Centrante encabeçado pelo falecido M. Basil Pennington, abade beneditino, e Thomas Keating, monge cisterciense. Ambos propagaram um tipo de oração — na realidade uma preparação para a verdadeira contemplação

— baseado nas práticas comprovadas do autor anônimo de *A Nuvem do Não Saber* (séc. 16) e do poeta João da Cruz. O método é incrivelmente simples: utiliza-se uma palavra sagrada para representar a intenção de dar boas vindas à presença de Deus e à sua ação interior. Pennington resume o processo em três passos: esteja com Deus no interior; use uma palavra para permanecer; use a palavra para voltar. A popularidade contemporânea da prática da oração centrante transcende afiliações doutrinárias ou convicções teológicas e parece indicar que muitos cristãos estão percebendo que a arte da oração vai além da mera conversa, sendo uma experiência de níveis cada vez mais profundos de comunhão com Deus.

3. Oração como conversa e comunhão

3.1. Descrição da conversa e comunhão. A oração não precisa ser exclusivamente conversa ou comunhão, mas pode ser uma rica mistura das duas experiências. Sabemos, por experiência, que quanto mais conversamos com alguém, tanto mais aumenta o senso de unidade com esse alguém. Por outro lado, quanto mais profunda a união que sentimos, tanto mais nos envolvemos em conversas igualmente profundas — mesmo que tal conversa ocorra no contexto de um longo silêncio. Quando isso acontece, qualquer distinção que se possa impor entre conversa e comunhão torna-se discutível, já que ambas podem se misturar existencialmente em nossa experiência.

Conforme já observado, a oração é uma relação de amor. Orar é amar. Os que se amam não analisam. Eles não tentam definir e descrever o amor íntimo que experimentam; simplesmente desfrutam da experiência. Nas palavras de Thelma Hall, "há uma dinâmica interna na evolução de todo amor verdadeiro que conduz a um nível de comunicação 'profundo demais para palavras'. Ali aquele que ama não se expressa por palavras, mas cai no silêncio, e o amado recebe o silêncio como eloquência" (Hall, 7). Tudo isso significa que quando realmente estamos apaixonados por Deus, às vezes ficamos perdidos em nosso encontro profundo com ele, no qual a conversa e a comunhão se juntam de forma automática e natural no processo da oração.

3.2. Prescrição da conversa e comunhão. Existe hoje uma volta à prática monástica ocidental de leitura sagrada moldada para permitir um encontro com Deus mediante plena comunicação e comunhão. Um exemplo é o ressurgimento da antiga arte da Lectio Divina, popularizada pelos beneditinos — um movimento de oração permite à pessoa passar da experiência de oração espiritual para a discursiva, para a afetiva e para a mística, utilizando o ritmo de *lectio, meditatio, oratio* e *contemplatio*. No dizer contemporâneo, o processo envolve *leitura, reflexão, resposta* e *descanso* na Palavra viva, em atitude de oração. João da Cruz delineia claramente as quatro etapas da Lectio, usando uma paráfrase própria de Lucas 11.9: "Buscai na LEITURA, e achareis em MEDITAÇÃO; batei em ORAÇÃO, e a porta vos será aberta em CONTEMPLAÇÃO" (Hall, 28).

A Lectio representa muito bem uma comunicação de mão dupla: permitir que Deus nos fale por meio de sua Palavra inspirada e nos dar a oportunidade de responder à sua comunicação por meio dessa mesma Palavra. Nas palavras de Cipriano, "nas Escrituras, Deus fala a nós e, na oração, nós falamos a Deus" (Pennington 1998,88). A questão da conversa assume função ativa nos três primeiros estágios da Lectio: leitura, reflexão e resposta. Nesse sentido, a Lectio assume a postura de um diálogo, envolvendo recepção por audição ativa e resposta atenta, em meio à imersão no processo repetitivo da leitura feita em atitude de oração. A repetição lenta é destacada como o coração e a alma de uma experiência genuína de Lectio (Casey, 24).

O aspecto da comunhão culmina durante o estágio da contemplação — aquele momento repousante de rendição, entrega e espera silenciosa, quando nos encontramos simplesmente presentes diante do Único que está sempre presente para nós. Em essência, a contemplação é o alvo máximo da Lectio Divina. Mas não se trata de algo que alguém tenta fazer acontecer: pelo contrário, reconhece-se que é pura dádiva de Deus.

A Lectio Divina pode ser um antídoto efetivo para uma postura altamente racional e cognitiva em relação à oração e à leitura das Escrituras a que muitos cristãos estão acostumados. O entrelaçamento de uma conversa dialógica e uma comunhão afetiva pode revolucionar a vida. Por essa via específica de oração, podemos sempre ter a perspectiva de desfrutar de um encontro real e vivo com a Palavra viva.

4. Conclusão
A oração é a linguagem mais simples do mundo. Como tal, todos têm condições de orar. Como pessoas feitas à imagem de Deus, orar é algo próprio de nossa natureza. Deus é aquele que coloca em nós esse desejo intrínseco de buscá-lo. A oração está onde temos um encontro íntimo com Deus e Deus nos encontra. Nesse encontro, é inevitável que haja transformação. A oração não muda as coisas. Para começar, nós mudamos. Mas Deus também muda. Um Deus receptivo e amoroso atende nossas orações, enquanto aprendemos a responder às ofertas divinas de amor. Conversas e comunhão com Deus são ingredientes inseparáveis de uma experiência de oração rica e gratificante.

Veja também ESPIRITUALIDADE; INVOCAÇÃO, VENERAÇÃO DOS SANTOS; LITURGIA E ADORAÇÃO.

BIBLIOGRAFIA. BONDI, R., *To Pray and Love: Conversations on Prayer with the Early Church* (Minneapolis: Fortress, 1991); CASEY, M., *Sacred Reading: The Ancient Art of Lectio Divina* (Liguori: Triumph Books, 1995); CHASE, S., *The Tree of Life: Models of Christian Prayer* (Grand Rapids: Baker, 2005); FOSTER, R., *Prayer: Finding the Heart's True Home* (San Francisco: HarperCollins, 1992) [edição em português: *Oração: o Refúgio da Alma* (Campinas: Cristã Unida, 1996)]; HALL, T., *Too Deep for Words: Rediscovering Lectio Divina* (New York: Paulist Press, 1988); KEATING, T., *Intimacy with God: An Introduction to Centering Prayer* (New York: Crossroad, 1994); KISLY, L., *Christian Teachings on the Practice of Prayer: From the Early Church to the Present* (Boston: New Seeds Books, 2002); MAIN, J., *Christian Meditation: The Gethsemani Talks* (Tucson: Medio Media, 1977); NOUWEN, H., *The Way of the Heart: Desert Spirituality and Contemporary Ministry* (San Francisco: HarperCollins, 1981) [edição em português: *A Espiritualidade do Deserto e o Ministério Contemporâneo: o Caminho do Coração* (São Paulo: Loyola, 2000); idem, *Here and Now: Living in the Spirit* (New York: Crossroad, 1994) [edição em português: *Moisaicos do Presente: Vida no Espírito* (São Paulo: Paulinas, 1998)]; PENNINGTON, M. B., *Centering Prayer: Renewing an Ancient Christian Prayer Form* (New York: Image Books, 1982) [edição em português: *Oração Centrante: Renovando uma Antiga Prática de Oração Cristã* (São Paulo: Palas Athena, 2002)]; idem, *Lectio Divina: Renewing the Ancient Practice of Praying the Scriptures* (New York: Crossroad, 1998); YANCEY, P., *Prayer: Does It Make Any Difference?* (Grand Rapids: Zondervan, 2006).

W. Hernandez

ORDEM DA SALVAÇÃO. *Veja* ORDO SALUTIS.

ORDENAÇÃO. *Veja* ECLESIOLOGIA.

ORDO SALUTIS

Antes da *Reforma, havia pouco interesse em delinear a sequência temporal ou lógica do processo de *salvação, mesmo nas grandes *summas* medievais. A partir da Reforma, tanto os protestantes como, em resposta, os católicos romanos desenvolveram apresentações extremamente sofisticadas de "passos" na recepção e experiência da salvação operada pelo Espírito Santo. Algumas passagens bíblicas, especialmente Romanos 8.29, costumam ser invocadas como precedente estabelecido.

Louis Berkhof define a *ordo salutis* (do latim, "ordem da salvação") deste modo: "A *ordo salutis* descreve o processo pelo qual a obra da salvação, produzida em Cristo, se concretiza de forma subjetiva no coração e na vida dos pecadores. Seu propósito é descrever em sua ordem lógica e também em suas relações mútuas, os vários movimentos do Espírito Santo na aplicação da obra da redenção" (Berkhof, 415-16). Na dogmática protestante, dando seguimento à obra de Cristo completada na cruz — apresentada, por exemplo, na tradição reformada sob os três ofícios de profeta, sacerdote e rei — a *ordo* era discutida sob títulos como "A Aplicação da Salvação pela Graça do Espírito Santo" e incluía tópicos como eleição, chamado, *fé, *justificação, regeneração, união, *santificação/renovação e glorificação. Surgiram debates entre as posições luterana, reformada, arminiana e católica a respeito da sequência dessas ações. Para os luteranos, a justificação pela fé, baseada na "reconciliação objetiva" realizada por Cristo, vem primeiro. A *Fórmula de Concórdia* desenvolveu uma *ordo salutis* detalhada sobre essa base. Para os reformados, o ponto de partida é a obra "eletiva" anterior de Deus. Esta seria uma apresentação reformada típica: eleição, predestinação, chamado do evangelho, chamado eficaz, regeneração, arrependimento e fé, justificação, santificação, perseverança e glorificação. Para os arminianos, por causa do entendimento singular da eleição e da predestinação, a ordem é um pouco diferente: chamado externo, fé/eleição, arrependimento, regeneração, justificação, perseverança e glorificação. A Igreja Católica Romana, no Concílio de Trento (1545-63), em sua reação à Reforma (*veja* Contra-Reforma), concentrou-se na cooperação entre o fiel e o Espírito Santo. No *batismo (ou, no caso de adultos, quando este ouve o evangelho), o processo de salvação começa com o auxílio da graça de Deus que prepara para a justificação, desde que não se interponha um obstáculo consciente. O Espírito os desperta para que reconheçam sua condição pecaminosa, e a realidade da justiça divina é a causa "instrumental" da justificação, efetuando a remissão dos pecados e a infusão de virtudes sobrenaturais da fé, esperança e amor. A vida santa e as boas obras ajudam a "crescer" continuamente em justiça/justificação e a evitar a perda da graça (que, porém, pode ser restaurada com o auxílio do sacramento da penitência). Ainda que confiem na fidelidade de Deus, os fiéis não devem nunca ser presunçosos quanto à própria salvação.

Na teologia contemporânea, é bem pequeno o interesse pela *ordo salutis*, exceto entre os cristãos conservadores. Millard J. Erickson, por exemplo, oferece uma discussão detalhada, começando com a predestinação, chamado eficaz, conversão (arrependimento, fé), regeneração, união, justificação, adoção, santificação, vida cristã, perseverança e glorificação (907-85).

Em sua pneumatologia, o reformado Jürgen Moltmann retomou e revisou radicalmente a apresentação típica da ordem da salvação, salientando que "não se trata de estágios na experiência do Espírito [...] [mas de] diferentes aspectos de uma única dádiva do Espírito Santo" (Moltmann, 82). Moltmann começa com a consideração do "Espírito da Vida" e destaca a importância do Espírito para toda a vida, "espiritual" bem como "terrena", incluindo a vida física. O próximo estágio é o chamado para a "libertação de vida" onde ele fala de liberdade social e política, bem como de diálogo com liberacionistas latino-americanos. A "justificação da vida" fala não só da justificação do indivíduo, mas também de justiça para os oprimidos e outras vítimas, incluindo as estruturas das sociedades. O "renascimento para a vida" diz respeito à "nova criação" no nível individual e cósmico. De modo semelhante, a "santificação de vida" requer santidade na vida do indivíduo, bem como a necessidade de honrar a santidade de toda vida. Em contraste com as discussões usuais, Moltmann inclui os "poderes carismáticos da vida", incluindo as línguas e as curas em sua *ordo salutis*. Ele termina desenvolvendo uma teologia de união mística que alcança um equilíbrio entre ação e meditação.

Teólogos da África, Ásia e América Latina — a menos que sigam apresentações soteriológicas tradicionais — não se interessaram pelo assunto nem desenvolveram revisões significativas da ordem da salvação.

Veja também JUSTIFICAÇÃO; SALVAÇÃO; SANTIFICAÇÃO.

BIBLIOGRAFIA. BERKHOF, L., *Systematic Theology* (Grand Rapids: Eerdmans, 1953) [edição em português: *Teologia Sistemática* (Campinas: Luz para o Caminho, 1987); ERICKSON, M. J., *Christian Theology* (3 vols. in 1; Grand Rapids: Baker, 1983-1985) [edição em português: *Teologia Sistemática* (São Paulo: Vida Nova, 2015); MOLTMANN, J., *The Spirit of Life: A Universal Affirmation* (Minneapolis: Fortress, 1992) [edição em português: *O Espírito da Vida: uma Pneumatologia Integral* (Petrópolis: Vozes, 2010)].

V.-M. Kärkkäinen

ORÍGENES. *Veja* TEOLOGIA PATRÍSTICA.

ORTODOXIA COPTA

Uma das igrejas mais antigas do mundo, a Igreja Ortodoxa Copta tem contribuído de maneira significativa para a cristandade. Desde sua origem no que hoje é o Egito, a Igreja Ortodoxa Copta desempenhou um

papel importante no desenvolvimento do monasticismo a partir do quarto século na fundação de tradições exegéticas bíblicas significativas e em formulações cristológicas. Algumas de suas importantes contribuições teológicas foram dadas pela escola catequética de Alexandria e pelo desenvolvimento da ortodoxia copta sob direção árabe; essas contribuições continuam sendo dadas pela ortodoxia copta contemporânea.
1. A escola catequética de Alexandria
2. Calcedônia
3. Teologia copto-árabe
4. Ortodoxia copta contemporânea

1. A escola catequética de Alexandria
Com a atuação missionária de Marcos na Alexandria e depois com o crescimento e a disseminação do cristianismo na segunda metade do primeiro século, a escola catequética de Alexandria supriu a necessidade cada vez maior de instruir convertidos e catecúmenos nos preceitos básicos da doutrina e fé cristãs, bem como na mensagem do evangelho. Por fim, a escola catequética tornou-se uma academia teológica respeitada em que os alunos imergiam na busca de conhecimentos teológicos mais elevados e, sem dúvida, eram influenciados pelas já pujantes tradições filosóficas helênicas e pela biblioteca de Alexandria.

1.1. Teologia alexandrina. A escola catequética de Alexandria tornou-se um centro importante de estudo teológico (entre o terceiro e quinto século) e lar de teólogos como Clemente de Alexandria, Orígenes, Atanásio e Cirilo de Alexandria. Esses teólogos alexandrinos serviram como alicerces no estabelecimento dos preceitos cristãos ortodoxos relacionados à *cristologia e soteriologia. Atanásio e Cirilo ocupam lugar muito significativo na teologia alexandrina, uma vez que foi principalmente a resposta de Atanásio ao arianismo que culminou no estabelecimento de uma profissão de fé oficial (Credo Niceno-Constantinopolitano, 381), e é a cristologia de Cirilo que continua sendo a pedra angular da cristologia ortodoxa copta contemporânea.

1.2. Atanásio e o arianismo. Em seu tratado pioneiro, *A Encarnação do Verbo*, Atanásio (c. 297-c. 373), arcebispo de Alexandria, criticou os ensinos cristológicos do arianismo compreendidos na frase ariana: "Houve um tempo em que o Filho de Deus não existia". A réplica de Atanásio ao arianismo, ao mesmo tempo simples e engenhosa, mantém a condição preexistente da Palavra divina como Filho. Para restaurar a imagem decaída da criação original, antes em plena comunhão com Deus, era necessário que o próprio Criador (a Palavra) restaurasse a humanidade por meio de um ato de recriação. O ensino de Atanásio e a teologia nicena, portanto, insistiram na consubstancialidade do Pai com o Filho preexistente na *Trindade.

1.3. Cirilo e o nestorianismo. Cirilo (c. 375-444), arcebispo de Alexandria, refutou o nestorianismo com sua importante exposição cristológica, *Da Unidade de Cristo*. Nestório ensinava que se, "a rigor", Santa Maria não gerou Deus, ela não podia ser chamada "Mãe de Deus" (*Theotokos*). Em lugar disso, Nestório insistia que ela podia ser chamada "Mãe de Cristo" (*Christotokos*). Cirilo alegava que a doutrina de Nestório dividia Cristo em duas pessoas e propunha, como alternativa, que a Palavra assumiu um corpo humano, em vez de se juntar a um corpo humano já existente. A cristologia de Cirilo dá ênfase a "uma natureza encarnada" da Palavra, em oposição à doutrina nestoriana de duas pessoas em Cristo.

2. Calcedônia
As complexidades que levaram ao Concílio de Calcedônia (451), os eventos do concílio e suas decorrências fazem parte de uma narrativa longa e complexa que envolvia teologia, política e poder. O concílio reuniu-se para corrigir os ensinos de Eutiques, monge de Constantinopla que, numa tentativa de abraçar a cristologia de Cirilo, deu ênfase excessiva à "natureza única" (*monophysis*) de Cristo (em contraste com a sutil "uma natureza *encarnada*", *miaphysis*, de Cirilo) e proclamou que qualquer discussão de "duas naturezas" de Cristo após a união estaria em conflito direto com a cristologia de Cirilo. Os participantes do concílio formularam uma declaração — que invocava a teologia de Cirilo — sobre Cristo "em duas naturezas, sem confusão, sem mudança, sem divisão, sem separação" (Sellers, 210-11). O conflito iniciado pelo patriarca copta Dióscoro, pela rejeição dessa expressão, resultou em sua

deposição. Entretanto, uma parte significativa da cristandade da época se opôs a essa decisão e ao Concílio de Calcedônia.

Os coptas não são monofisistas. Em geral se acredita que a Igreja Ortodoxa Copta possui uma cristologia monofisista, o que significa dizer que é adepta do ensino eutiquiano de "uma natureza". Esse conceito, ainda que seja comum entre teólogos pró-calcedônios, tem sido sistematicamente rejeitado pela Igreja Ortodoxa Copta contemporânea. Esta não reconhece Éfeso II nem Calcedônia e também não aceita o ensino eutiquiano; antes adota com firmeza a formulação cristológica de Cirilo, "uma natureza encarnada da Palavra". Por esse motivo, a formulação cristológica copta pode ser definida como *miafisista*, não *monofisista*, em que a tradução de *mia* é "um" como uma unidade (uma natureza constituída de duas naturezas) enquanto *mono* é traduzido por "um" no sentido de uma natureza única, não composta.

3. Teologia copto-árabe

O infeliz conflito em Calcedônia resultou no isolamento da igreja copta do principal segmento da cristandade e uma ênfase numa igreja nacional egípcia tornou-se um ponto central de identificação religiosa. Ademais, igreja copta experimentou uma arabização gradual que começou depois da conquista árabe do Egito (642) e até o século 10 a língua copta, embora em declínio, ainda era usada na liturgia. Os cristãos coptas aos poucos tornaram-se minoria num Egito cada vez mais islâmico. O Renascimento Copta do século 13 testemunhou um florescimento da literatura e teologia copto-árabe.

4. Ortodoxia copta contemporânea

A ortodoxia contemporânea copta orgulha-se de seus heróis teológicos alexandrinos, especialmente Atanásio e Cirilo, ao mesmo tempo que dá ênfase a uma identidade cristã etnicamente egípcia. O século 20 testemunhou um Renascimento Copta em que leigos carismáticos, como o papa Shenouda III e o patriarca Matta el-Maskin (Mateus, o Pobre) (m. 2006), encabeçaram o movimento da escola dominical e o movimento de avivamento monástico. Com ênfase na educação eclesiástica e em projetos comunitários, a Igreja Ortodoxa Copta no Egito desempenha função central no cotidiano dos fiéis. O Instituto Superior de Estudos Coptas, dirigido pelo patriarca e bispos seletos, é um espaço importante de aprendizado teológico. Além disso, a disseminação da educação ortodoxa copta ocorre em nível paroquial local, por meio de classes de escola dominical, grupos ativos de jovens, estudos bíblicos e sermões semanais. O advento de conversões ortodoxas não coptas e a multiplicação de traduções inglesas de textos ortodoxos têm incentivado a diáspora ortodoxa copta, permitindo que muitos coptas de fala inglesa tenham acesso à literatura espiritual ortodoxa não copta em traduções.

Veja também TEOLOGIA ORTODOXA ORIENTAL.

BIBLIOGRAFIA. ATHANASIUS, St. [of Alexandria], *On the Incarnation* (Crestwood: St. Vladimir's Seminary Press, 2002); CYRIL, St. of Alexandria, *On the Unity of Christ* (Crestwood: St. Vladimir's Seminary Press, 2000); DAVIS, S. J., *The Early Coptic Papacy: The Egyptian Church and Its Leadership in Late Antiquity,* 1 (Cairo: American University in Cairo Press, 2004); QUASTEN, J., *Patrology,* 3: *The Golden Age of Greek Patristic Literature from the Council of Nicaea to the Council of Chalcedon* (Utrecht: Spectrum, 1960); SELLERS, R. V., *The Council of Chalcedon* (London: SPCK, 1953).

M. Shenoda e A. Shenoda

ORTODOXIA RADICAL

Ortodoxia radical é uma sensibilidade teológica ecumênica contemporânea com raízes em fontes teológicas anglo-católicas originalmente ligadas à Universidade de Cambridge, na Inglaterra, e mais comumente associada às obras de John Milbank, Graham Ward e Catherine Pickstock.

1. História e pano de fundo
2. Temas centrais
3. Ressonâncias globais

1. História e pano de fundo

1.1. Gênese. A ortodoxia radical não é propriamente uma escola ou movimento; trata-se mais de um entendimento teológico que se sobrepõe a outros desenvolvimentos teológicos amplamente descritos como *pós-liberais ou pós-modernos. A configuração de vozes que vieram a ser associadas com a ortodoxia radical emergiu do cenário teológico de

Cambridge do meio para o fim da década de 1990, quando John Milbank, Catherine Pickstock e Graham Ward faziam parte da faculdade de teologia em Cambridge, bem como um núcleo de alunos de doutorado que trabalhavam com eles. (No momento em que escrevo, Ward está na Universidade de Manchester e Milbank, após uma breve passagem pela Universidade da Virginia, ocupa uma cátedra na Universidade de Nottingham, sede do *Centre of Theology and Philosophy* [www.theologyphilosophycentre.co.uk], que se tornou um banco de ideias central da ortodoxia radical.) Em razão de interesses evidentemente sobrepostos, também houve um diálogo importante entre Cambridge e a faculdade de teologia da Universidade de Duke — em especial com Stanley Hauerwas e vários alunos de doutorado. Essas vozes se reuniram na coletânea-manifesto *Radical Ortodoxy: A New Theology* [Ortodoxia radical: uma nova teologia] (1999), que colocou a ortodoxia radical no mapa teológico. (A introdução a esse volume pode ser lida como uma formulação sucinta dos interesses da ortodoxia radical.) Isso também gerou uma série de livros, "Radical Ortodoxy", publicada pela Routledge, que inclui catorze livros de autores das escolas de Cambridge e de Duke (e outros).

1.2. Herança teológica. Embora a ortodoxia radical seja muitas vezes descrita como uma "nova" teologia, ela é mais uma restauracao de fontes antigas, patrísticas e medievais como meios para a igreja ser fiel à sua missão no mundo de hoje. Nesse sentido, a ortodoxia radical utiliza uma estratégia teológica muitas vezes associada com o movimento de restauração de fontes em torno do Vaticano II e tem simpatia significativa por teólogos dessa escola, em especial Hans Urs von Balthasar e Henri de Lubac. Como Balthasar e Lubac, a ortodoxia radical volta-se especialmente para Agostinho como fonte (Milbank descreveu seu projeto como um "agostinianismo crítico pós-moderno"). Sendo uma concepção anglo-católica, a ortodoxia radical também recorre a figuras-chaves que formaram a tradição sacramental, sobretudo Platão e Tomás de Aquino. Ela é particularmente crítica dos desenvolvimentos filosóficos e teológicos do fim da era medieval e começo da era moderna associados a Duns Scotus e ao nominalismo, tendendo assim a também ser crítica em relação à Reforma.

2. Temas centrais

2.1. Crítica à modernidade. A ortodoxia radical é impulsionada por uma crítica mordaz à modernidade em três níveis: nas áreas da ontologia ou metafísica, da *epistemologia e da política. Além disso, afirma que esses três aspectos estão sempre ligados: por trás de uma política (que diz respeito à vida social e comunitária) há uma epistemologia (que diz respeito ao conhecimento) que brota de uma ontologia (que diz respeito à natureza do mundo e da realidade material). A ortodoxia radical alega que a modernidade é caracterizada por uma ontologia "unívoca" (com raízes em Duns Scotus): desvinculando o mundo de sua ligação com o Criador divino, ela o interpreta como uma realidade fechada, totalmente imanente. Essa concepção em que o mundo é desligado do transcendente e fechado na imanência acarreta uma epistemologia de objetividade secular: uma vez que tudo "é" e existe em si e por si, o conhecimento não precisa recorrer a nada transcendente. De fato, como ficou evidente no *Iluminismo, a fé religiosa era considerada um tipo de impureza que manchava o conhecimento. Assim, na modernidade, para que o conhecimento fosse considerado "racional", precisava ser neutro e imparcial, sem a mácula da crença religiosa. Em suma, a razão devia ser secular. Isso implica uma construção também secular da esfera pública ou política, assim excluindo da arena política as vozes religiosas. Mas porque a esfera política também foi desligada da transcendência, compreendeu-se que ela era de natureza oposicionista — uma guerra de todos contra todos. Assim, por baixo do *liberalismo (seja em Hobbes, seja em Rawls) há uma "ontologia de violência" que vê os seres humanos em oposição mútua.

A ortodoxia radical rejeita cada passo desse quadro na modernidade. O livro *Theology and Social Theory* [Teologia e teoria social] (1990), de Milbank, ofereceu uma primeira crítica à "razão secular", demonstrando que todo conhecimento é embasado por compromissos confessionais. Assim, não há razão "secular"; antes, o que parece secular e neutro é veladamente moldado por uma teologia própria. Mas se não existe uma razão secular, neutra e objetiva, então os cristãos têm todos os direitos epistemológicos de raciocinar a respeito do mundo de acordo com um ponto de partida confessional próprio. Assim, a ortodoxia radical rejeita o secularismo tanto na política como na epistemologia. Além disso, rejeita a ontologia da violência que molda o liberalismo como um "mito" que se opõe ao relato cristão de uma criação boa. É essa rejeição de premissas-chaves da modernidade e do Iluminismo que caracteriza a ortodoxia radical como pós-moderna (veja Modernismo e Pós-modernismos).

2.2. Ontologia participativa. Por trás da crítica da ortodoxia radical à teoria política liberal e ao entendimento iluminista do conhecimento está a ontologia "participativa" ou sacramental: a convicção central de que o mundo está "suspenso" no Criador e a partir dele, de modo que não há esfera de vida de criatura nem vida cultural sem referência ao transcendente. Assim, a ortodoxia radical procura expressar um entendimento de cultura (arte, economia, sexualidade, política, etc.) que começa com essa convicção fundamental de que a criação — incluindo a "camada humana" da criação que é a cultura — só é devidamente compreendida em relação a Deus. Em particular, ela afirma que a igreja deve expressar de forma não apologética seu entendimento dessas esferas culturais, começando pelas fontes da revelação e pela tradição cristã — como se vê, por exemplo, numa economia eclesial sem igual (um *"socialismo cristão").

3. Ressonâncias globais
3.1. América Latina. A ortodoxia radical até agora tem sido um desenvolvimento teológico eurocêntrico (chamando a atenção fora do mundo de fala inglesa, em especial na França e Espanha). Ainda que se tenha valido de fontes do Oriente cristão, ela tem dado pouca atenção às vozes teológicas do mundo não ocidental, com uma exceção: um nítido embate com a América Latina e a *teologia da libertação. Em sua *Theology and Social Theory*, Milbank expressa uma crítica mordaz à teologia da libertação como estratégia "correlativa" que atribui a verdade da esfera política a uma suposta ciência social marxista "objetiva" e "secular. Essa crítica à teologia da libertação é estendida e aprofundada por Daniel Bell em *Liberation Theology After the End of History* [Teologia da libertação depois do fim da história], em que ele afirma que a teologia da libertação falha na avaliação da maneira pela qual a igreja é sua própria realidade política. Um embate mais positivo com a teologia e prática latino-americana encontra-se na análise que William Cavanaugh faz da resposta eucarística da igreja ao regime de Pinochet no Chile (em *Torture and Eucharist* [Tortura e eucaristia]). A partir dela, Cavanaugh defende a natureza política da *ecclesia* como sua própria *polis* ímpar, fazendo eco ao entendimento hauerwasiano de Bell da igreja como *polis*.

3.2. Secularização. A ortodoxia radical questiona a "tese da secularização" que por tanto tempo vem dominando os estudos sociocientíficos e prognósticos a respeito da religião global. Mas também questiona o secularismo como doutrina prescritiva que marginaliza vozes religiosas na esfera política. Nesse sentido, as preocupações da ortodoxia radical coincidem com a crítica do papa Bento 16 ao *secularismo no contexto europeu. Essa crítica ao secularismo também tem implicações para contextos não europeus, dando suporte para aqueles que resistiriam à crescente hegemonia do liberalismo, com sua bifurcação das esferas pública e privada e a exclusão da religião do discurso público e político. Entretanto, isso também faz surgir o espectro do fundamentalismo, como se vê, por exemplo, em sociedades que querem impor a lei da *sharia*. A crítica que a ortodoxia radical faz ao secularismo não abriria a porta para justificar tais colonizações hegemônicas da esfera política? Nem tanto, uma vez que a crítica da ortodoxia radical ao secularismo está indissoluvelmente ligada a uma perspectiva de pluralismo epistemológico e político. Embora nossa visão de prosperidade política sempre seja abalizada por compromissos confessionais, ela também reconhece que há uma pluralidade de cosmovisões e comunidades que constituem a nação-estado contemporânea. Assim, na rejeição do secularismo, a ortodoxia radical sempre é acompanhada de um compromisso com o pluralismo, que funciona como um entrave para projetos fundamentalistas.

3.3. Globalização. A crítica ao liberalismo e ao *capitalismo também envolve uma crítica à *globalização. Aliás, pode-se afirmar que essa é a culminação de vários temas-chaves na ortodoxia radical. Embora seja legítimo falar de globalizações (no plural), em geral globalização significa a expansão global de uma ordem capitalista de recursos e riquezas econômicas, muitas vezes acompanhada pela expansão do liberalismo como ideologia política e do secularismo como doutrina política. A ortodoxia radical afirma que o capitalismo, o liberalismo e o secularismo brotam do nominalismo metafísico, cuja doutrina da "univocidade do ser" faz separação entre o mundo e o transcendente e o interpreta como uma ordem fechada de oposição e violência fundamentais, caracterizada por competição desregrada na esfera econômica e por um individualismo possessivo moderado na esfera política — em suma, um mundo hobbesiano. Isso é acompanhado por um "fechamento" similar do conhecimento, restringindo-o a um suposto âmbito "neutro" caracterizado por uma objetividade secular que marginaliza e privatiza vozes e identidades religiosas. Em suma, a ortodoxia radical afirma que a globalização é o produto último de revoluções do fim da era medieval e da era moderna, que desligaram o mundo do Criador; ou seja, o surgimento de uma ontologia e epistemologia que recusam uma ontologia participativa ou sacramental. Uma vez que a ortodoxia radical afirma que o entendimento sacramental que a igreja tem do mundo coloca-se em oposição fundamental a tal ontologia unívoca e suas implicações políticas e econômicas, ela também faz uma crítica teológica à globalização.

3.4. Participação e religiões primais. A ontologia participativa ou sacramental defendida pela ortodoxia radical encontra ressonância surpreendente nas pressuposições ontológicas implícitas em religiões tradicionais ou "primais" no mundo não ocidental, sobretudo na África (*veja* Religião Popular). Como indicam Andrew Walls e outros, a religião primal tem sido um terreno fértil para a recepção do cristianismo no mundo não ocidental. Seria proveitoso considerar o papel da ontologia nessa realidade, a saber, as ressonâncias entre uma perspectiva "encantada" do universo material, muitas vezes encontrada em religiões primais africanas, e a compreensão sacramental da ortodoxia radical que entende que o mundo material está suspenso no divino e dele participa. Nesse sentido, a ontologia participativa da ortodoxia radical poderia servir de base para um diálogo ecumênico frutífero.

Veja também CAPITALISMO; GLOBALIZAÇÃO; LIBERALISMO; MODERNISMO E PÓS-MODERNISMOS; PÓS-LIBERALISMO; SECULARISMO.

BIBLIOGRAFIA. BELL Jr., D., *Liberation Theology After the End of History* (London: Routledge, 2001); CAVANAUGH, W., *Torture and Eucharist: Theology, Politics, and the Body of Christ* (Oxford: Blackwell, 1998); HEMMING, L. P., org., *Radical Orthodoxy? A Catholic Enquiry* (Aldershot: Ashgate, 2000); LONG, D. S., *Radical Orthodoxy*, in: *The Cambridge Companion to Postmodern Theology,* K. Vanhoozer, org. (Cambridge: Cambridge University Press, 2003) 65-85; MILBANK, J., *Theology and Social Theory*, ed. rev. (Oxford: Blackwell, 2005 [1990]); idem, *The Suspended Middle: Henri de Lubac and the Debate Concerning the Supernatural* (Grand Rapids: Eerdmans, 2005); J. Milbank, C. Pickstock e G. Ward, orgs., *Radical Orthodoxy: A New Theology* (London: Routledge, 1999); *Radical Orthodoxy Online: Resources and Information,* <www.radicalorthodoxy.org> (bibliografia abrangente e atualizada); SMITH, J. K. A., *Introducing Radical Orthodoxy: Mapping a Post-Secular Theology* (Grand Rapids: Baker, 2004); idem, org., *After Modernity? Secularity, Globalization, and the Reenchantment of the World* (Waco: Baylor University Press, 2008).

J. K. A. Smith

PACIFISMO. *Veja* Guerra; Paz e Reconciliação.

PADILLA, RENÉ. *Veja* Teologia Latino-Americana Protestante.

PAI, DEUS COMO. *Veja* Trindade, Deus Trino.

PAIS DA IGREJA. *Veja* Teologia Patrística.

PANIKKAR, RAIMON. *Veja* Teologia Asiática; Teologia das Religiões.

PANNENBERG, WOLFHART. *Veja* Pneumatologia; Reino de Deus; Trindade, Deus Trino.

PAPADO

O papado é o ofício e a jurisdição do papa, o líder espiritual e temporal da Igreja Católica Romana. Os quatro Evangelhos atestam que Jesus pretende que seus seguidores continuem sua missão salvadora (Mt 28.16-20; Mc 16.14-18; Lc 24.36-49; Jo 20.19-23). As Escrituras também atestam que Pedro foi escolhido por Cristo para ser o líder dos apóstolos (Mt 16.13-19; Lc 22.32; Jo 21.15-19). Os católicos romanos aceitam as evidências bíblicas como indicação da origem divina do papado. Outros afirmam que, assim como Cristo não estabeleceu a *instituição* (organização) da igreja, também não estabeleceu o papado, de modo que este tem origem humana.

Desde a igreja primitiva, Roma tem sido o centro do catolicismo ocidental por pelo menos três motivos: a tradição afirma que Pedro e Paulo ministraram e morreram em Roma, a igreja romana era notável por sua caridade e essa era a única sé apostólica no Ocidente. Entretanto, foi só com a divisão da igreja entre Ocidente e Oriente após a morte de Constantino (337 d.C.) e, mais tarde, o colapso do Império Ocidental no final do século quinto que o papado romano transformou-se numa entidade monárquica poderosa, às vezes espiritual e santa, e às vezes política e corrupta. Alguns cismas têm contestado a autoridade do papado romano, notadamente o Grande Cisma Oriental no século 11 e a *Reforma Protestante no século 15.

Em 1870, o Concílio Vaticano I articulou definitivamente a autoridade suprema do papa, que detém o poder como o sucessor de Pedro. A Igreja Romana traça uma sucessão ininterrupta de papas desde Pedro até o presente (em 2013, Francisco foi eleito e consagrado o 266º. papa da Igreja Católica Romana). A sucessão apostólica repousa sobre todo o colégio de bispos, e o papa tem primazia em união com seus bispos (veja Vaticano II, *Lumen gentium* § 22; esse é o princípio da colegialidade afirmado pelo Vaticano II). Os bispos têm autoridade dentro de suas dioceses, mas o papa, além de ser o bispo de Roma, é também o pastor principal de toda a Igreja. O Vaticano I definiu a infalibilidade papal, ou seja, o papa não pode errar em questões de fé e moral quando define uma doutrina *ex cathedra* (guiado pelo Espírito Santo, o papa afirma o que já é universalmente sustentado pela igreja). O *Vaticano II destacou o papel de servo do papa e dos bispos (veja *Lumen gentium* § 24).

O papa é assistido em sua função como o cabeça da igreja por várias "congregações" e ofícios, coletivamente conhecidos como a cúria romana. Essa estrutura burocrática assiste o papa nas operações do dia a dia da Igreja, entre elas a obra de caridade em favor dos pobres e necessitados do mundo. O papa é também o soberano do Estado da Cidade do Vaticano (com área de 44 ha, o menor país do mundo), e o Vaticano mantém relações diplomáticas formais ou informais com a maior parte dos países do mundo.

Veja também Concílio Vaticano II; Contrarreforma; Ensinamentos sociais do catolicismo; Maria, Mariologia; Teologia

AFRICANA, CATÓLICA ROMANA; TEOLOGIA ASIÁTICA, CATÓLICA ROMANA; TEOLOGIA CATÓLICA E O HEMISFÉRIO SUL; TEOLOGIA LATINO-AMERICANA, CATÓLICA ROMANA.

BIBLIOGRAFIA. HUGHES, P., *A History of the Church* (2 vols.; New York: Sheed & Ward, 1959); KELLY, J. N. D., *The Oxford Dictionary of Popes* (Oxford: Oxford University Press, 1986); KÜNG, H., *Structures of the Church, with a preface to the new paperback edition "Twenty Years Later"* (New York: Crossroad, 1982); PERRY, T., org., *The Legacy of John Paul II: An Evangelical Assessment* (Downers Grove: IVP Academic, 2007); Vatican Council II, *Lumen gentium* (Dogmatic Constitution on the Church).

J. A. Zimmerman

PARK, HYUNG MYUNG. Veja TEOLOGIA COREANA.

PARLAMENTO DAS RELIGIÕES DO MUNDO

A missão atual do Conselho para um Parlamento das Religiões do Mundo (CPRM) é "cultivar a harmonia entre as comunidades religiosas e espirituais do mundo e incentivar seu envolvimento com o mundo e suas outras instituições norteadoras para alcançar um mundo pacífico, justo e sustentável" (site do CPRM). O Parlamento foi estabelecido em 1988 por dois monges da Sociedade Vedanda de Chicago para continuar o trabalho do Parlamento das Religiões do Mundo de 1893, realizado em Chicago em conjunto com a Feira Mundial de Chicago.

O encontro de 1893 foi a primeira reunião formal de representantes das tradições espirituais orientais e ocidentais. O processo de organização do Parlamento começou depois que Charles Carroll Bonney, um leigo da Igreja Swedenborgianista, escolheu John Henry Barrows para administrar a Comissão Geral do Congresso de Religião que depois foi chamado Parlamento das Religiões do Mundo. Hoje este é reconhecido oficialmente como a ocasião do nascimento do diálogo inter-religioso mundial. Nos trabalhos de abertura, mais de quatro mil pessoas honraram o encontro de representantes das dez grandes religiões mundiais, do confucionismo ao *budismo, *hinduísmo, *islamismo e cristianismo. A famosa preleção do hindu Swami Vivekananda deixou uma influência duradoura. Ainda que recebido com grande entusiasmo, o primeiro parlamento também enfrentou sérias críticas. Por exemplo, a Igreja Presbiteriana (EUA), do próprio Barrow, bem como o arcebispo da Cantuária, passaram resoluções contra o encontro.

Em 1993, no centenário da primeira reunião, o Parlamento das Religiões do Mundo reuniu-se em Chicago, com oito mil participantes do mundo todo, para celebrar a diversidade e a harmonia, bem como explorar as respostas religiosas e espirituais para questões críticas que afetam todos nós. Nesse encontro, uma assembleia de líderes religiosos e espirituais deu seu aval ao documento *Rumo a uma Ética Global: uma declaração inicial*, originalmente esboçado pelo teólogo católico romano Hans Küng. O documento é uma declaração inter-religiosa do fundamento ético comum partilhado pelas tradições religiosas e espirituais do mundo. Afirmam-se o respeito por toda vida; a justiça econômica e a solidariedade; a tolerância e a veracidade; e a igualdade de direitos e a parceria entre homens e mulheres.

Em 1999, o Parlamento reuniu-se na Cidade do Cabo, na África do Sul, com participação de pessoas de oitenta países. A aids foi um dos tópicos principais. Um documento intitulado *Um Chamado para nossas Instituições Norteadoras* foi dirigido a religiões, governos, negócios, educação e mídia, convidando-os a refletirem sobre seus papéis e transformá-los no limiar do novo século. Em 2004, o Parlamento das Religiões do Mundo foi organizado em Barcelona, na Espanha, com focos em redução de violência de motivação religiosa, acesso à água tratada, situação dos refugiados em todo o mundo e eliminação da dívida externa de países em desenvolvimento.

[*Nota dos editores:* Em 2009, o Parlamento se reuniu em Melbourne, na Austrália; em 2015, em Salt Lake City, nos Estados Unidos. O próximo Parlamento das Religiões do Mundo está marcado para 2017.]

Veja também BUDISMO; HINDUÍSMO; ISLAMISMO; RELIGIÃO AFRICANA TRADICIONAL; RELIGIÃO POPULAR; RELIGIÕES CHINESAS; RELIGIÕES POPULARES; TEOLOGIA DAS RELIGIÕES.

BIBLIOGRAFIA. *Council for the Parliament of the World's Religions*, www.cpwr.org, acessado em 1/10/2007; KÜNG, H. e KUS-CHEL, K.-J., *A Global Ethic: The Declaration of the Parliament of the World's Religions* (New York: Continuum, 1993); NEELY, A., *The Parliaments of the World's Religions: 1893 and 1993*, *IBMR* 18:2 (1994) 60-64.

V.-M. Kärkkäinen

PATRIARCADO. Veja TEOLOGIAS FEMINISTAS.

PAZ E RECONCILIAÇÃO

A paz e a pacificação são temas profundamente arraigados na fé cristã, remontando ao entendimento bíblico do *shalom* no Antigo Testamento, por meio da proclamação de Cristo, nossa paz, no Novo Testamento (Ef 2.14). A reconciliação, conceito encontrado principalmente nos escritos de Paulo no Novo Testamento, representa aquele ponto final almejado pela pacificação.

1. Fundamentos bíblicos
2. História
3. Pacifismo e não violência
4. Reconciliação e pacificação hoje

1. Fundamentos bíblicos

O que o Antigo Testamento entendia por paz (*shalom* em hebraico) abrangia muito mais que ausência de conflitos ou desordem. A paz, pelo contrário, tinha uma conotação positiva. Viver em paz era viver em relações corretas com Deus, consigo mesmo, com o próximo e com toda a criação. A justiça, portanto, constituía a paz. A vida dentro da comunhão da aliança com Deus fornece a melhor imagem do que seria paz: um estado de bem-estar generalizado.

O sinal de que se estava vivendo em paz era ser abençoado com prosperidade material e felicidade: posses, vida longa, harmonia na família e filhos. Decerto, às vezes não se podia ter paz sem que antes se vencessem conflitos, especialmente quando o *shalom* de duas partes não tem condições de ser reconciliado. Mas em última análise, a paz testificava a interligação de todas as coisas. Era algo que vinha do Criador de todas as coisas e manifestava sua presença (cf. Lv 26.3-7). A paz era dádiva de Deus.

No Novo Testamento, a palavra grega que significa paz, *eirēnē*, tinha originalmente a simples conotação de ausência de conflito. Entretanto, sob a influência das Escrituras Hebraicas, acabou incorporando o entendimento positivo comunicado na palavra *shalom*. Uma importante mudança de ênfase, além disso, levou a um entendimento mais espiritual do estado de paz. A paz seria resultado da vinda do reino de Deus que Jesus estava anunciando. Seria uma dádiva tanto para indivíduos (cf. Fp 4.7; Cl 3.15) como para toda a humanidade (Rm 5.1; Cl 1.20). Os pacificadores veriam Deus. Mas a paz que Jesus proclamava era uma paz que o mundo não podia dar (Jo 14.27) — destacando mais uma vez que era uma dádiva de Deus, concedida pelo Espírito Santo (Rm 8.6-7). Nascia da vida na justiça.

A palavra *reconciliação* em si não ocorre no Antigo Testamento, embora o tema esteja claramente presente nas histórias de Esaú e Jacó e de José e seus irmãos. A ênfase está mais no "retorno" (*těšûvâ*), ou seja, na conversão e arrependimento necessários para um retorno aos caminhos da justiça. A palavra *reconciliação* ocorre catorze vezes no Novo Testamento, principalmente nos escritos de Paulo. A reconciliação, assim como seu congênere, a paz, é uma dádiva de Deus (2Co 5.18) concedida à humanidade por meio da morte e ressurreição de Jesus Cristo. A reconciliação é discutida em três dimensões: com Deus, entre judeus e gentios e da união de todo o cosmo em Cristo.

2. História

Grande parte da história subsequente da pacificação na teologia cristã ficou voltada para os governantes e a prática da *guerra. Em certo sentido, isso foi consequência da crença amplamente disseminada — derivada de fontes pré-cristãs — de que só os governantes tinham o direito de iniciar e manter guerras. Agostinho tomou essa tradição filosófica e lançou os fundamentos do que veio a ser conhecido como a "teoria da guerra justa". Essa teoria concentrava-se em determinar as condições sob as quais era permissível entrar em guerra (*ius ad bellum*) e depois travar a guerra propriamente dita (*ius in bello*). O intento da teoria da guerra justa era restringir o quanto possível os motivos para iniciar uma guerra e depois limitar a violência do combate. A teoria da guerra justa vem se desenvolvendo e mudando à medida que mudam os métodos de combate. Com a proliferação de novos tipos de guerra, muitos acreditam que já não é possível articular um conjunto adequado de critérios. Até o século 20, dava-se pouca atenção à determinação das causas por trás da guerra, especialmente a *pobreza, a discriminação e (desde a Segunda Guerra) a violação dos *direitos humanos. A pacificação no início do século 21 está muito mais concentrada em prevenir a violência ou garantir que ela não se repita.

3. Pacifismo e não violência

O pacifismo — a recusa em se engajar em guerras e em outros atos de violência — nunca foi um tema central do cristianismo, embora tenha sido amplamente representado em diferentes momentos. Os que invocam o pacifismo apontam para a não resistência de Jesus à própria prisão e sua advertência a Pedro por este ter tentado defendê-lo com a espada (Mt 26.52). Ainda que houvesse defensores do pacifismo na igreja primitiva, no consenso geral, a guerra era considerada por vezes necessária, devendo ser decidida pela devida autoridade política. A recusa em servir no exército imperial parece ter sido causada mais pela exigência de cultuar outros deuses do que pela necessidade de se engajar numa força legítima. Mais tarde na história, certos grupos defenderam o pacifismo, como os valdenses em seus primeiros anos, e as igrejas anabatistas (como os menonitas) e os quacres desde sua origem até o presente. As novas formas de guerra hoje (conflito de baixa intensidade, matança deliberada de não combatentes, *terrorismo etc.) têm levado alguns defensores do pacifismo a dizerem que a guerra de qualquer forma tornou-se tão imoral que o pacifismo é a única resposta cristã.

A não violência tem alguns aspectos em comum com o pacifismo, mas é uma reação distinta ao conflito e à guerra. Em vez de se recusar a se envolver com a violência e evitá-la ao máximo, a não violência procura meios não violentos para alcançar a mente e a consciência daqueles que perpetram a violência na esperança de mudar seus modos. Métodos não violentos são endossados em outras tradições religiosas além do cristianismo, especialmente no *budismo e em algumas formas de *hinduísmo (em personagens como Mahatma Gandhi [1869-1948]).

A prática não violenta cresceu primeiro no cristianismo no século 19. O uso de greves por sindicatos e protestos de grandes grupos está entre as primeiras formas desenvolvidas. Dr. Martin Luther King Jr. (1929-1968) usou o protesto não violento para galvanizar o movimento pelos direitos civis de afro-americanos. Ele também permanece como um dos maiores teólogos dessa tradição.

Continua o debate sobre a eficácia dos métodos não violentos para promover a paz. Entretanto, o surpreendente sucesso da mudança não violenta na Europa Oriental e na África do Sul desde 1989 atesta seu poder. Os defensores cristãos da não violência encontram um mandato poderoso na vida e ensinos de Jesus, como indicou John Howard Yoder.

4. Reconciliação e pacificação hoje

As mudanças nas circunstâncias históricas depois de 1989 estimularam um interesse renovado na reconciliação e na pacificação. O fim da Cortina de Ferro transferiu o foco da dissuasão nuclear para outras possibilidades. Países europeus antes sob domínio comunista estavam em busca de meios para reconstruir suas sociedades de forma pacífica. Muitos países no Hemisfério Sul veem-se devastados por novos conflitos étnicos e outros conflitos internos. Redes terroristas globais geram outras questões. Os cristãos nesses contextos estão buscando novas maneiras de aplicar os ensinos bíblicos acerca da paz e da reconciliação a essas novas circunstâncias. Paralelo a tudo isso expande-se a literatura sobre solução de conflitos e transformação de conflitos que precisa ser levada em conta no desenvolvimento de uma teoria e prática cristã de pacificação.

De acordo com essa perspectiva cristã renovada, a reconciliação é tanto um alvo da pacificação como um processo de transformação que leva ao alvo. O entendimento secular concentra-se principalmente no alvo, com menos atenção para o processo. O motivo para a diferença na perspectiva cristã decorre em grande parte de sua perspectiva teológica.

4.1. Teologia da reconciliação. Os cristãos fazem distinção entre reconciliação vertical (ou ser reconciliado com Deus) e reconciliação horizontal (nossa reconciliação uns com os outros). A reconciliação vertical (conforme descrita em Rm 5.1-11) — Deus fazendo nossa reconciliação com ele — é o que possibilita a reconciliação horizontal (conforme se vê em 2Co 5.17-20 e Ef 2.12-20). Isso pode ser resumido em cinco pontos.

Para começar, *a reconciliação é obra de Deus; mas nós participamos dessa obra*. Isso é paralelo ao ensino bíblico acerca da paz, em que Deus é o autor da verdadeira paz. Paulo declara em 2Coríntios 5.18: "Todas essas coisas [reconciliação] procedem de Deus". De nossa parte, somos encarregados desse ministério de reconciliação, tornando-nos embaixadores em favor de Cristo.

Segundo, *Deus inicia a obra da reconciliação com a cura da vítima*. Isso é coerente com a mensagem dos grandes profetas e o ministério de Jesus: Deus está especialmente interessado nos pobres, viúvas, órfãos e estrangeiros. Isso pode parecer contrário à lógica, uma vez que a maior parte das pessoas associa a reconciliação com o arrependimento do infrator. Não há nenhum problema nisso, mas na prática (especialmente na reconciliação de povos) os infratores raramente (ou nunca) se arrependem. Isso significa que a vítima continua sendo refém do infrator para sempre? Deus pode curar vítimas e até levá-las a perdoar os infratores antes que eles se arrependam.

Terceiro, *na reconciliação somos feitos "nova criação"* (2Co 5.17). A experiência de cura significa que a vítima (e o infrator, se houver arrependimento) não volta ao estado em que estava antes da violência ou delito. Eles são levados a uma nova posição muitas vezes inesperada. Na prática, isso significa que a reconciliação exigirá mudanças em ambas as partes, não só no infrator. A graça de Deus torna possível essa mudança.

Quarto, *nós espelhamos nosso sofrimento no sofrimento e morte de Cristo*. Trabalhar pela reconciliação quase sempre requer *sofrimento: pela vítima, pelos infratores, pelos que são ministros da reconciliação. O sofrimento em si não é redentor; só é redentor quando pode ser ligado a algo maior que nós mesmos. Para os que não creem, esse "algo" é muitas vezes um impulso altruísta para ajudar uma humanidade sofredora. Os cristãos espelham seu sofrimento no sofrimento e morte de Cristo para conhecer o poder de sua ressurreição (Fp 3.10-11).

Quinto, *a reconciliação só será completa quando todas as coisas forem reconciliadas em Cristo*. Porque toda criação está inter-relacionada, só quando tudo e todos estiverem reconciliados no final dos tempos (cf. Ef 1.10; Cl 1.20-21), Deus será *tudo em todos* (1Co 15.28). Deus não só é o autor da reconciliação, como também o fim para o qual ela conduz. Assim, não surpreende que cada tentativa de reconciliação permanece incompleta. Mas vivemos na esperança de que Deus realmente a completará.

O que se torna evidente em alguns círculos seculares é que não só existe uma contrapartida cristã para outras práticas de pacificação, como que a teologia cristã também pode prover uma base espiritual que pode sustentar os que trabalham pela paz e reconciliação. Fica cada vez mais evidente que é preciso algum tipo de base pessoal ou espiritual maior que as próprias estratégias de pacificação que ajude evitar a exaustão nesse trabalho. Isso pode ser uma das contribuições mais importantes da fé cristã para a prática internacional da pacificação e reconciliação.

4.2. Elementos da reconciliação e pacificação. O desenvolvimento da teologia da reconciliação lida com muitas questões bem discutidas na prática secular da transformação de conflitos. Aqui estão quatro das mais importantes.

Narração da verdade. Em tentativas antigas de reconciliação, os esforços começavam com a busca da justiça para devolver relações corretas a uma sociedade. Hoje há amplo reconhecimento de que com frequência algum tipo de processo de revelação da verdade acerca do ocorrido deve preceder os esforços com vistas à justiça. Mentiras acerca das vítimas eram muitas vezes o baluarte da opressão ou o motivo para a agressão. Acertar o relato é vindicar o inocente. Isso também garante que a justiça seja executada com mais imparcialidade e não degenere em vingança. Em alguns casos, um fórum como uma Comissão da Verdade pode ajudar a concretizar isso.

Ao mesmo tempo, às vezes é difícil averiguar a verdade e — de modo ainda mais significativo — prever as consequências da revelação da verdade. Verdade é mais do que ter os fatos certos; envolve descobrir nessa verdade o significado que ela tem para o futuro. Aqui o entendimento bíblico da verdade (especialmente conforme se vê no Antigo Testamento) é útil. Ali, a verdade (*'ĕmet*) é mais que uma correspondência entre palavras e coisas. A verdade nesse sentido bíblico conota credibilidade, fiabilidade, fidedignidade. A verdade está primeiro em Deus que é sua fonte. Jesus ora na Última Ceia pelos discípulos: "santifica-os na verdade" (Jo 17.17). É essa base espiritual mais profunda da fonte e natureza da verdade que precisa guiar a narração da verdade numa situação pós-conflito.

Justiça. A literatura de transformação de conflitos faz distinção entre três tipos de justiça que devem ser buscados no processo de reconciliação: *justiça punitiva* ou *retributiva*, em que os infratores são punidos; *justiça restauradora* ou *distributiva*, em que o que foi tomado das vítimas é devolvido a elas; e *justiça estrutural*, em que as estruturas sociais que criaram a injustiça são desmanteladas e substituídas por estruturas mais justas.

Uma perspectiva cristã da justiça alerta quanto aos limites da justiça punitiva (enquanto também reconhece sua necessidade), para que não se perpetue o ciclo de violência. A justiça restauradora concentra-se não só na redistribuição de bens, mas também na dignidade da pessoa e a honra das sociedades. A justiça estrutural deve ser buscada, mas somos lembrados da pecaminosidade da condição humana e de que nossos esforços para criar uma sociedade perfeitamente justa são limitados. O mais importante é que a justiça não pode ser concebida sem referência à misericórdia de Deus, aquela longanimidade que ultrapassa a aliança e nos envolve.

Perdão. O perdão, na reconciliação, em geral significa abandonar o ressentimento. O entendimento cristão é que Deus é quem perdoa, embora o ministério do perdão nos tenha sido dado por Jesus após a ressurreição (Jo 20.22-23). Perdoar é mais que renunciar ao ressentimento; é tentar viver em shalom com nossos antigos inimigos, passando a vê-los como criaturas de Deus falhas e pecadoras como nós mesmos.

Paz. A reconciliação a que um grupo ou sociedade pode chegar é sempre uma reconciliação imperfeita. A experiência está mostrando que em geral é preciso mais que uma geração para alcançá-la. Aqui é bem possível ver esgotar-se o otimismo. A esperança que vem de Deus, impelindo-nos para frente, para a reconciliação plena, é um impulso que precisamos discernir e algo a que precisamos nos dedicar para que nossa pacificação chegue a ser completada.

O crescimento no novo pensamento em torno da pacificação hoje motiva os cristãos a examinar profundamente as fontes bíblicas e teológicas que nossa fé nos fornece. Áreas notáveis para desenvolvimento posteriores incluem entendimento do perdão social, a cura de memórias que cobrem um longo período de tempo e uma espiritualidade de reconciliação para sustentar e guiar os que estão reconstruindo relacionamentos e sociedades quebrados.

Veja também DIREITOS HUMANOS; DOUTRINA SOCIAL DA IGREJA; ÉTICA SOCIAL; GUERRA; JUSTIÇA; TEOLOGIA ANABATISTA; TEOLOGIA POLÍTICA; TERRORISMO.

BIBLIOGRAFIA. BAUM, G., org., *Reconciliation of Peoples: Challenge to the Churches* (Maryknoll: Orbis, 1997); Caritas Internationalis Working Group on Reconciliation, *Working for Reconciliation: A Caritas Handbook* (Vatican City: Caritas Internationalis, 1999); DE GRUCHY, J., *Reconciliation: Restoring Justice* (Minneapolis: Fortress, 2002); DEAR, J., org., *Mohandas Gandhi: Essential Writings* (Maryknoll: Orbis, 2002); LEDERACH, J. P., *The Moral Imagination: The Art and Soul of Building Peace* (New York: Oxford University Press, 2004); SCHREITER, R., *Reconciliation: Mission and Ministry in a Changing Social Order* (Maryknoll: Orbis, 1992); idem, *The Ministry of Reconciliation: Spirituality and Strategies* (Maryknoll: Orbis, 1998); VOLF, M., *Exclusion and Embrace: A Theological Exploration of Identity, Otherness, and Reconciliation* (Nashville: Abingdon, 1996); WASHINGTON, M., org., *A Testament of Hope: The Essential Writings of Martin Luther King, Jr.* (San Francisco: Harper & Row, 1986); YODER, J. H., *The Politics of Jesus* (Grand Rapids: Eerdmans, 1984).

R. Schreiter

PECADO

O que ficou errado no mundo bom criado por Deus? Por que todas as coisas vão umas contra as outras — estamos contra nós mesmos, contra os outros, contra o ambiente e contra Deus? Como compreender a natureza e a fonte desse desarranjo? Qual a gravidade disso? Existe alguma coisa que nós mesmos podemos fazer para resolver a situação? Essas estão entre as questões cruciais de que trata a doutrina do pecado. Em circunstâncias variadas, obviamente, as pessoas experimentam o que ficou errado de formas que podem produzir respostas bem diferentes a essas perguntas, enquanto o avanço de tratamentos médicos e psicológicos faz alguns duvidarem se um termo como "pecado" que envolve responsabilidade e culpa é um jeito adequado e útil para se falar. Pode-se alegar, entretanto, que há certos fundamentos por trás de nossas diversas experiências. Por exemplo, todos nós falhamos em relação aos padrões morais que nós mesmos estabelecemos e assumimos no dia a dia que, em algum sentido importante, somos responsáveis por nosso comportamento faltoso. Dessas observações, com um pequeno passo, chega-se à conclusão de que todos somos pecadores e que não conseguimos nos livrar dos impulsos e atos errados.

1. O vocabulário bíblico do pecado
2. A natureza do pecado
3. A fonte do pecado
4. A amplitude do pecado
5. Categorias de pecados
6. Pecado, lei, punição e graça
7. Pecado na perspectiva africana

1. O vocabulário bíblico do pecado
Quando se levam em consideração as palavras empregadas para transgressões específicas, bem como termos mais gerais, o vocabulário bíblico para pecado é vasto — cerca de cinquenta palavras em hebraico e mais de uma dúzia em grego. Além de fornecer recursos para nuanças consideráveis, esse fato em si indica a importância das transgressões humanas para os autores bíblicos e a proeminência do pecado no pensamento deles. Todos os gêneros de literatura bíblica nos dois testamentos tratam de algum modo do pecado.

1.1. Antigo Testamento. Os termos hebraicos mais comuns para pecado (*ḥaṭāʾ*, *pešaʿ* e *ʿāôn*) têm sentido secular e religioso, e nenhum deles é exatamente equivalente a "pecado" no sentido geral. O primeiro (*ḥaṭāʾ*) significa estar errado, ser considerado deficiente ou ficar aquém de algum alvo ou marco específico. Uma vez que, em si, não diz respeito a motivos íntimos do comportamento, os autores bíblicos às vezes acrescentam a frase "com mão erguida" (veja, e.g., Nm 15.28-30) para afastar a ideia de uma violação meramente formal de uma norma. A próxima palavra (*pešaʿ*) deve ser traduzida "rebelião" e leva em consideração o motivo: alguém viola uma norma ou padrão de maneira deliberada, consciente. Às vezes, quando se refere a alguém em postura desafiadora para com Deus, carrega o sentido de violar algo de valor numinoso, algo santo. A terceira palavra (*ʿāôn*) significa "erro" ou "iniquidade". O mais religioso dos três termos está intimamente relacionado — e ligado — à culpa e punição. Outras palavras hebraicas levam em consideração o delito ou maldade criminosa, falha ética ou moral, ou o tipo de violação de uma linha que pode constituir uma transgressão religiosa. Além disso, cinco diferentes termos tratam da desobediência a Deus por desprezo, desdém, recusa ou rejeição de sua autoridade. Outros três termos designam os que não são religiosos como ímpios ou profanos, perversos ou irreverentes, ou libertinos. Alguns pecados são identificados por palavras que descrevem como eles são repugnantes e abomináveis a Deus, enquanto a linguagem da promiscuidade sexual é usada em relação à apostasia. Os profetas deploram tudo: da violência criminosa à desonestidade, traição, opressão e injustiça. Erros com relação ao culto contam, em alguns contextos, como pecados sérios. Além disso, uma vez que há uma firme conexão no pensamento hebraico entre pecado e dificuldade ou sofrimento não só para o pecador, mas para toda a comunidade, palavras que significam problema, calamidade e aflição muitas vezes coincidem com palavras que indicam pecado. Em suma, "pecado" tem conteúdo tanto legal como teológico no Antigo Testamento, e tem importância social e teológica. O pecado é o que destrói a comunhão com Deus e com a comunidade humana. Ele inicia um processo de destruição que continuará até receber algum tipo de tratamento.

1.2. Novo Testamento. De modo semelhante, o "pecado" no Novo Testamento abrange qualquer atividade ou atitude oposta a Deus ou a rejeição das reivindicações de Deus pela inclinação humana de seguir o próprio caminho. O amor e o cuidado de Deus pelas pessoas são expressos em sua lei, que leva em consideração a relação que elas têm entre si, de modo que os pecados contra as pessoas são também contra Deus. A palavra que significa pecado mais usada no Novo Testamento, *hamartia* (e seus correlatos), é também a mais abrangente: pode referir-se a quase qualquer tipo de erro. Entretanto, uma vez que traz um contexto bíblico de oposição a Deus, não se deve compreender que implique erro *inócuo* (como supõem alguns por causa de seu sentido literal de "errar o alvo"). *Hamartia* envolve culpa, traz separação de Deus e pode ser retratada como possuir caráter demoníaco (veja Jo 9.31; 1Jo 3.8). Paulo às vezes fala como se houvesse um poder ou agente ativo (especialmente em Rm 5–7; mas veja também Hb 3.13, que não é de Paulo). De acordo com Romanos 8.3, Cristo veio para lidar com o pecado nesse sentido. Em Paulo a palavra quase sempre tem uma conotação de hostilidade para com Deus, e ele quase sempre a emprega no singular (em contraste com os autores dos Sinóticos, que usam o plural), o que significa que está mais preocupado com o princípio subjacente do que com suas manifestações exteriores. Como termo geral, abrange outras palavras que significam pecado no Novo Testamento (veja 1Jo 3.4; 5.17). O próximo termo mais importante no vocabulário do Novo Testamento, *adikia*, significa "injustiça", normalmente com respeito ao comportamento para com outro ser humano. A palavra refere-se particularmente aos aspectos externos e visíveis daquilo que é pecaminoso, tendo conotação legal. A justiça de Deus é o padrão pelo qual se mede a injustiça (Rm 3.5; 9.14). Os outros termos do Novo Testamento envolvem anomia, desobediência, transgressão e débito, no sentido de pecado contra Deus ou o próximo; impiedade, perversidade, mal ou depravação, e desejo maligno (no sentido geral de anseios humanos opostos às leis e exigências divinas, e não só no sentido sexual); e ideias um pouco mais brandas de falta, tropeço, desviar-se ou enganar-se. Em todos os casos, porém, houve violação da ordem, norma ou padrão divino (veja Shuster; Cover e Sanders; Günther e Bauder; Quell et al.).

2. A natureza do pecado

Como mostra o vocabulário bíblico, o pecado é acima de tudo, uma violação da vontade de Deus para a vida humana. Essa vontade abrange relacionamentos corretos com o restante da criação, de modo que as Escrituras retratam aquilo que talvez entendamos como pecados contra outras pessoas como pecados que atingem fundamentalmente a Deus (Sl 51.4; também Lv 20.1-3; 2Sm 12.13). Pecado é um *mal moral pelo qual as pessoas são responsáveis e carregam culpa, não um mal como uma erupção vulcânica destrutiva pela qual não se pode culpar nenhum indivíduo. E esse é um tipo de mal que de modo algum melhora, mas destrói o verdadeiramente humano: o paradigma da verdadeira humanidade, Jesus Cristo, não tinha pecado. Como disse Lutero, seguindo um padrão de pensamento agostiniano, ser pecador é estar "curvado sobre si mesmo" (Lutero); é ter toda a existência determinada não pelo amor a Deus e ao próximo, mas por preocupações e interesses próprios.

Quando se sai do básico, as principais tradições são bem diferentes quanto às ênfases e ao peso que atribuem ao pecado. A Ortodoxia Oriental, com sua antropologia comparativamente otimista, tem uma concepção mais amena — mais perto de entender o pecado como um erro que precisa ser corrigido — do que o catolicismo romano ou o protestantismo, e tem dado menos ênfase tanto à culpa como à vergonha. Os ortodoxos acreditam que por meio da Queda (veja abaixo) a humanidade tornou-se não radicalmente depravada, mas mortal e, portanto, particularmente propensa a tentações sensuais. Além disso, com sua ênfase mística e experiencial, a Ortodoxia tende a pensar em termos da necessidade de restaurar relacionamentos específicos (divino-humano e humano-humano) que foram violados e desse modo pensar no pecado mais em termos individuais que em termos genéricos ou legais.

O catolicismo romano privilegia o intelecto. Pecar é violar não só a lei de Deus, mas também a reta razão, que está devidamente alinhada com a lei de Deus, mas dela pode ser desviada principalmente pelos apetites sensuais, ainda que também pela ignorância ou maldade. A reta razão não foi fundamentalmente corrompida pela Queda e não pode abraçar o mal como um fim. Aqueles que pecam, portanto, o fazem pelo desejo desordenado de algum bem; o mal decorrente não é diretamente pretendido. Os católicos romanos também insistem na liberdade humana com respeito ao pecado: o pecado é, por definição, um ato voluntário. (O aspecto "voluntário" do pecado original é atribuído a um tipo de unidade moral de nossa vontade com a vontade de Adão.)

O protestantismo que vem quase diretamente da Reforma tem dado ênfase ao orgulho, incredulidade, desobediência e rebeldia contra Deus como características do pecado. O protestantismo não privilegia o intelecto nem condena especialmente os sentidos, compreendendo que o pecado corrompe nossa humanidade em todos os seus aspectos: pecamos com a mesma facilidade no pensamento e no desejo físico. Não temos em nós mesmos nenhuma base firme que nos mantenha em pé: até nossa consciência pode nos trair. Essa corrupção radical traz implicações radicais para nossa liberdade, pois os motivos em si são impuros, e somos incapazes até mesmo de desejar o bem de maneira verdadeira e plena. (As correntes *arminianas e *anabatistas do protestantismo dão amplo espaço para a liberdade humana.)

2.1. Como ato e como condição. O pecado como ato refere-se a qualquer violação da lei divina (1Jo 3.4), seja por comissão, seja por omissão (quanto a este veja Mt 25.31-46; Pv 24.11-12). É preciso diferenciá-lo do crime, que é uma violação da lei humana: foi um crime, mas não um pecado, abrigar judeus, protegendo-os dos nazistas; é pecado, mas não crime, beber até ficar tonto (a menos que se tome o volante de um carro ou se perturbe a paz). A lei divina não deve ser compreendida como um conjunto de princípios frios e abstratos; pelo contrário, o Legislador está por trás da lei, o Legislador que fala na forma de um discurso direto e que se mostrou acima de tudo o Libertador de seu povo (Êx 20.2). A lei também não deve ser compreendida em termos de estatutos que se multiplicam indefinidamente e podem alimentar um legalismo obsessivo e egocêntrico, ou um zelo que coa moscas e engole camelos (Mt 23.24). Fundamentalmente, só há um mandamento, com um segundo semelhante — amor sincero a Deus e ao próximo (Mt 22.37-39; Mc 12.30-31; Lc 10.27), e transgredir qualquer parte da lei é transgredi-la por inteiro (Tg 2.10). Observe bem que o amor não substitui a lei (Rm 13.8-10); a lei nos ajuda a ver como deve ser o amor num mundo como o nosso. Falar de pecado como violação da lei divina é falar desse modo bem fundamentado que abrange tanto o comportamento como o motivo: são pecaminosos tanto o ato correto que brota de uma atitude incorreta do coração quanto o ato incorreto que brota de uma atitude correta do coração.

O pecado como condição refere-se a um estado moral de existência em que nossa natureza é fundamentalmente desordenada ou depravada, de modo que somos pecadores, mesmo quando não estamos pecando de modo consciente ou ativo (como nossos sonhos podem muitas vezes nos mostrar). Jesus disse que é de dentro de nosso coração que surgem os atos perversos (Mt 15.19; veja Jr 17.9). Em outra parte lemos que nosso entendimento é obscurecido (Ef 4.18), nossa vontade é escravizada pelo mal (Rm 6.17, 19), nossas paixões tornaram-se desonrosas (Rm 1.26) e até nossa consciência é insensível (1Tm 4.2). O resultado não é que nossa capacidade de escolha se torne inoperante, mas que estamos radicalmente inclinados na direção errada, em nossas melhores e mais elevadas aspirações, e não só em nossos supostos apetites inferiores. Não podemos justificar essa condição como um destino que recaiu sobre nós ou um defeito em nossa natureza e pelo qual não temos responsabilidade e que não ocasiona nenhuma culpa. Pelo contrário, ainda temos uma profunda consciência, cada vez que agimos errado, de que podíamos, devíamos ter feito diferente.

2.2. No pensamento liberacionista e feminista. Os teólogos da *libertação teologicamente mais ortodoxos, como Gustavo Gutiérrez, não negam os entendimentos clássicos do pecado, mas acreditam que essas concepções superestimaram seriamente os aspectos individuais e privados do pecado e, ao mesmo tempo, subestimaram as circunstâncias sociais e históricas em que o pecado se desenvolve com todas as suas consequências destrutivas. O pecado envolve idolatria e ganância, e possui aspectos coletivos e estruturais em que a injustiça, opressão e exploração tornam-se institucionalizadas. Como nos mostram o Êxodo e os escritos dos profetas do Antigo Testamento, certas ordens e situações políticas podem ser chamadas pecaminosas, e essas situações precisam ser remediadas. É errado considerar mutuamente excludentes a redenção espiritual e a temporal: quando estava na terra, Jesus lidou com necessidades temporais e sua obra nos redime do pecado em todos os seus aspectos e consequências. Embora a teologia da libertação tenha raízes na América Latina, seus importantes *insights*, por demais desconsiderados, sobre a incorporação institucional e corporativa do pecado, contribuíram para o pensamento de muitos que têm sofrido injustiças, inclusive muitos teólogos negros e feministas.

Teólogos *feministas têm discutido se os entendimentos tradicionais do pecado, mais especialmente no que envolve o orgulho e autoafirmação em relação a Deus, não estariam baseados só na experiência de metade da raça humana. Será verdade que os pecados característicos das mulheres são os mesmos dos homens? É possível que as mulheres sejam mais propensas a pecar por abnegação, recusa em assumir a devida responsabilidade e por apego a assuntos triviais? Nesse caso, aconselhar humildade e obediência pode levá-las a se aprofundarem em seus pecados específicos (Golstein; Plaskow). Decerto, é valioso observar quaisquer semelhanças por genética ou herança social que podem predispor grupos de pessoas a manifestações particulares de pecado. Lidamos corretamente com os particulares e não abstraímos só generalizações. Mesmo assim, representantes da *teologia da mulher negra com frequência questionam as feministas brancas por ignorarem a experiência de mulheres que não são de sua raça e classe: a posição social pode ser tão significativa quanto o gênero. (De fato, é também importante lembrar que quando colocadas em funções públicas e competitivas, as mulheres parecem muito propensas a formas supostamente masculinas de pecado.) Assim, as observações dos teólogos tanto liberacionistas como feministas podem nos ensinar algo da natureza multifacetada e enganosa do pecado, bem como seu caráter onipresente.

Outro aspecto do pensamento de muitas feministas acerca do pecado é uma convicção de que devíamos nos afastar da ideia de que o pecado é fundamentalmente uma falta imputável da qual alguém pode ser acusado e pela qual é justo que sinta culpa. Em vez disso, destacam a ferida e devastação que requerem cura. De modo semelhante, *teólogos asiáticos concentram-se na ferida (*han*), mas com atenção a ela como a *consequência* invasiva do pecado, às vezes com a ênfase correspondente nas vítimas e não nos perpetradores — um aspecto do problema do pecado que tem sido muito negligenciado no pensamento tradicional (e.g., Park; *veja* Vergonha).

3. A fonte do pecado
Como é que o pecado pode ser tão onipresente se um Deus bom criou um mundo bom? Como o mal entrou? Ou seria simplesmente um fator inevitável, dada a natureza de uma realidade finita?

3.1. A Queda. A resposta tradicional para a pergunta sobre a fonte de nosso infortúnio é que nossos primeiros pais caíram: tendo sido colocados num ambiente idílico e recebido de Deus uma única proibição — que não comessem a fruta da árvore no centro do jardim (Gn 2.17; 3.3) — eles desobedeceram e com isso trouxeram ruína não só para si mesmos como para toda a raça humana. Tem-se debatido como é possível que um único ato tenha afetado toda a humanidade, pois a ideia antiga de que o pecado é passado por geração natural parece implausível; quase tudo o que se pode dizer é que Deus decidiu que Adão e Eva deviam agir nessa posição representativa (Rm 5.12-19; cf. Rm 11.32). Aquele pecado deles não teve origem neles mesmos: eles foram tentados por uma serpente, em geral entendida como representação do mal satânico (Ap 12.9; 20.2; veja também Jo 8.44; evidentemente, ver Satanás como a fonte real do mal só camufla a questão maior da rebeldia contra Deus, se a pessoa não for um dualista cosmológico). Hoje a história costuma ser considerada simbolicamente, uma representação de como cada um chega à desobediência; ainda que se deva observar que, interpretada apenas desse modo, continua sem resposta o problema da razão pela qual somos tão vulneráveis à desobediência se realmente fomos criados bons. O significado tradicionalmente dado à doutrina da Queda também tem sido questionado com base na alegação de que a própria terminologia não é bíblica e o restante do Antigo Testamento não fala dos eventos de Gênesis 3 como a fonte dos males humanos. Entretanto, Paulo usa esses termos (Rm 5.18-19; 1Co 15.21-22) e a história ganha proeminência pela própria posição no início da Bíblia.

3.2. Perspectivas estruturais. Alguns que negam a perspectiva tradicional de que a falta de Adão e Eva como tal pudesse causar ruína inevitável ao restante da raça seguem alguma versão da posição de Pelágio: que Adão e Eva deram um mau exemplo que todos seguem (inexplicavelmente). Narrativas que dão ênfase às pressões que se acumulam no ambiente social e natural, tornando quase que inevitável que as pessoas sucumbam a tentações e aos entraves que não param de aumentar por causa da soma dos pecados do passado poderiam ser consideradas expansões dessa posição: nessa perspectiva, não é que *não se pode* agir com pureza, mas só que a dificuldade é tão grande que ninguém consegue. Algumas perspectivas de pecado que podemos denominar "estruturais" chegam bem perto dessas perspectivas ambientais, enquanto outras estão mais relacionadas com a natureza da própria finitude.

3.2.1. Finitude e enfermidade. É possível criar um mundo finito sem que alianças criaturas entrem em conflito umas com as outras, de tal modo que acabem resistindo a agir em interesse próprio? Muitos teólogos sustentam que mesmo que fosse teoricamente possível vivem uma existência finita e evitar o pecado, isso é impossível para todos os propósitos práticos. O egocentrismo e o amor próprio são parte de uma estrutura motivacional nos seres humanos que precede suas escolhas individuais (Pannenberg; muitos psicólogos dão ênfase a esse ponto). Limitações nos bens contribuem para interesses concorrentes e limitações no conhecimento significam que não se sabe de antemão se há de fato o suficiente para seguir adiante ou qual a será a verdadeira consequência de um ato. Erros não culpáveis logo levam a justificativas pessoais culpáveis. Um ambiente físico limitado faz com que a morte seja necessária para não acabarmos pisando uns nos outros; e o medo da morte é uma das principais fontes de ações egoístas e até brutais (veja Hb 2.15). Mesmo que os limites da finitude não forcem ninguém a tentar ultrapassá-las — a doutrina da igreja é que o Cristo encarnado não tinha pecado — eles geram situações tão coercitivas que todos os humanos, exceto Jesus, de fato pecam.

Atribuir o comportamento errado à enfermidade e não ao pecado é uma concepção afim, embora nesse caso a coerção seja mais interna à pessoa que um aspecto da realidade criada em geral. Certas dotações genéticas podem, por exemplo, predispor uma pessoa à violência, alcoolismo ou desespero; um ambiente terrível na infância pode contribuir para um comportamento que pode ser compreendido mais em termos de doença mental do que de falta moralmente condenável. Os concomitantes adequados das enfermidades não são julgamento e arrependimento, mas compaixão e tentativas de cura. A dificuldade aqui é que embora as Escrituras de fato reconheçam uma conexão entre enfermidade e pecado, é evidente que o peso maior está na direção de afirmar que o pecado pode levar à enfermidade e não o reverso (de modo muito específico em Sl 107.17; veja também Tg 5.15-16). Isso está longe de dizer que toda enfermidade é causada pelo pecado (veja Jo 9), exceto enquanto se considera que ela seja uma consequência da Queda; mas isso milita contra a rejeição da categoria de pecado em favor de uma categoria a que não se acopla nenhuma culpa. Ao mesmo tempo, certamente é adequado reconhecer que todos estamos sujeitos a muitas forças que não escolhemos e que tornam reações virtuosas mais difíceis do que seriam, caso elas não existissem, e que talvez alguns possam ser constrangidos de tal maneira que enfermidade seria a única categoria adequada.

3.2.2. Instituições e estruturas sociais. Não só realidades do mundo natural, mas também realidades do mundo social têm grande peso na determinação do comportamento humano. Aliás, as próprias instituições e estruturas sociais podem assumir um caráter que parece incorrigivelmente pecaminoso, perpetrando práticas tão abusivas e opressivas que parecem engolir qualquer pessoa que trabalhe nelas. Reinhold Niebuhr falou de "homem moral e sociedade imoral" (Niebuhr 1932) como um jeito de resumir como as pessoas podem ab-rogar responsabilidade para um grupo e, em geral, comportarem-se muito pior em ambientes sociais e institucionais do que sonhariam fazer na vida particular. Instituições e governos podem chegar a uma situação em que não há decisão que seus funcionários possam tomar sem ferir alguém, como quando um estado entende que não há dinheiro para cobrir ao mesmo tempo a educação e a assistência médica para os necessitados. Quando chegam momentos críticos, ninguém está especificamente em falta por optar por uma das más escolhas possíveis; mas, em geral, toda uma série de más escolhas condenáveis veio antes. O *racismo e a *pobreza costumam ser compreendidos como males institucionalizados que prendem as pessoas em situações injustas sem que alguém naquele momento pretenda intencionalmente que isso ocorra. Mesmo que reconhecer o poder dessas estruturas recalcitrantes não resolva a questão inerente de como elas chegaram a esse ponto, esse reconhecimento é importante principalmente por causa da grande magnitude do mal que perpetram e da impossibilidade de os indivíduos que buscam apenas agir moralmente lidarem com isso na vida pessoal.

3.3. Pensamento do processo. Em contraste com a perspectiva tradicional de que o mundo era perfeitamente bom ao ser criado por Deus e que sofreu os efeitos do fracasso moral do homem, os teólogos do processo sustentam que o mundo está sendo conduzido por um Deus que está pessoalmente envolvido e é afetado pelo processo rumo à perfeição que ainda está no futuro — um pensamento altamente compatível com ideias evolucionárias. Os seres humanos são imaturos; eles ainda não atingiram seu potencial e precisam crescer para uma probidade moral maior. Entretanto, eles são também culpados, uma vez que deixam de participar do ideal divino para toda a criação, seus propósitos de amor no mundo — ou, o que é mais sério, agem intencionalmente contra isso. Assim, "deixam de seguir com o processo", e essa falha é mais uma violação do amor do que da lei. Talvez tal pecado tenha raízes numa agressividade inerente da humanidade que brota tanto de sua herança pré-humana como de relações e estruturas sociais (veja Suchocki). Nesse sentido, é considerado natural e necessário, mas deve ser contido porque conduz à violência desnecessária contra a criação (*veja* Teologia do Processo).

4. A amplitude do pecado

A questão da amplitude do pecado é extensa e intensa. Ou seja: ela afeta a todos? Qual a gravidade dos efeitos? Será que com força de vontade podemos vencer o pecado? Ou dependemos da ajuda de Outro?

4.1. Pecado original e depravação radical. O termo "pecado original", embora às vezes seja aplicado ao pecado primeiro cometido por Adão e Eva, em geral é compreendido como a condição de pecaminosidade em que todos nascemos e que é a fonte inicial de nossos atos individuais de pecaminosidade. Seja qual for a nossa compreensão da raiz dessa condição, é óbvio que ninguém não podemos compreender a raiz dessa condição, o fato de que ninguém escapa de ser pecador é óbvio o suficiente para que o pecado original seja considerado a única doutrina empiricamente verificável da fé cristã. (Niebuhr 1941). Embora a doutrina tenha sido criticada por não ser diretamente ensinada nas Escrituras, muitos textos usam formulações que a subentendem de modo quase indiscutível (veja alguns exemplos: Gn 6.5; Ec 7.20; Is 53.6; Rm 3.14; 5.12; 1Jo 3.8-10). Cristãos ortodoxos orientais o entendem como um tipo de deterioração quase metafísica pela qual estamos voltando para a nulidade, a menos que a semente da imortalidade seja restaurada pelos sacramentos da Igreja. Os católicos romanos o consideram uma dominação do eu inferior sobre o eu superior, compreendida como consequência da perda da justiça original com que nossos primeiros pais foram dotados. Os protestantes, em contraste, não acreditam que nossa humanidade tenha sofrido uma mudança *essencial*, mas que ela está pervertida no nível moral e pessoal (opinião de muitos católicos romanos modernos). Brunner usou a figura de um tabuleiro de xadrez que foi chacoalhado: as peças não estão quebradas, mas estão irremediavelmente desordenadas (Brunner 1939). Essa condição, ainda que universal, não deve ser considerada intrínseca ao ser humano (lembre-se, de novo, da impecabilidade de Jesus); antes, é uma profunda desfiguração de nossa humanidade.

Especialmente na tradição *reformada (calvinista), entende-se que o pecado original envolve depravação radical ou total. A devida interpretação dessa ideia não é que não temos a possibilidade de ser mais perversos do que somos; antes, significa que somos corruptos na raiz de nosso ser, de tal modo que afeta todas as nossas faculdades e poderes, não sobrando nenhuma parte sã em que podemos nos firmar para salvar a nós mesmos por meio da disciplina e do esforço supremo. Mente e sentidos, vontade e emoções são todos distorcidos pelo pecado. Essa concepção não implica que não há variações no grau de pecaminosidade, mas nos ajuda a ficar menos surpresos não só com a queda dos relativamente justos e o retrocesso do sonho de progresso, mas também com erupções realmente horríveis do mal e com a cumplicidade de gente comum com elas, como exemplificam os genocídios na Europa e na África nos séculos 20 e 21.

4.2. Incapacidade moral e justiça civil. A linguagem bíblica costumeira da escravidão ao pecado e de estarem mortos em transgressões e pecados implica fortemente que os pecadores não têm como se livrarem por si mesmos dessa condição; eles são moralmente incapazes de agir com justiça de maneira consistente. Alguns objetam que essa ideia é perigosa, pois reduz a responsabilidade e o esforço moral: como alguém pode ser culpado de algo sobre o qual não tem controle? Apesar do problema lógico, as Escrituras são consistentes em sustentar que somos incapazes de fazer o bem por vontade própria e também que somos responsáveis por nossa condição — um julgamento que parece condizer com nossa experiência, mesmo que nossa lógica proteste. As Escrituras usam figuras muito fortes para ilustrar nossa incapacidade: é como o leopardo trocando as pintas (Jr 13.23) ou uma árvore má dando bons frutos (Mt 7.17-18). Mas ao mesmo tempo, somos ordenados a sermos santos como Deus é santo (Lv 11.45; 1Pe 1.16). O fato de estarmos em falência moral não significa que não temos débitos. O fim adequado desse entendimento não é levar-nos ao desespero, mas nos conduzir à devida fonte de auxílio, a graça de Deus por meio de Cristo.

Mas se a situação é de fato tão desesperadora, o que dizer dos que não confessam Cristo e ainda se comportam de modo moralmente admirável? Essa é a questão da possibilidade da "justiça civil" manifestada pelos chamados pagãos nobres como Sócrates, Marco Aurélio, Gandhi ou mesmo algum vizinho incrédulo mas amável, longânimo e generoso. Tradicionalmente essa virtude observável é atribuída à "graça comum" daquele que faz a chuva cair igualmente sobre justos e injustos (Mt 5.46-48). Sem contradizer a utilidade relativa de um comportamento externamente admirável, quando se examina o próprio coração é possível discernir infinitas motivações dúbias e repugnantes mesmo nos melhores comportamentos. Aliás, quanto mais virtuosa e sensível a pessoa, tanto mais provável que tenha consciência desse problema do interior que não combina bem com o exterior. Assim, as Escrituras sustentam que o que não procede da fé é pecado (Rm 14.23): o tipo de justiça que Deus requer não é possível à parte de Cristo.

5. Categorias de pecados
O pecado tem sido tipificado e categorizado de várias formas, com o uso de rubricas tanto bíblicas como não bíblicas. A seguinte lista não é exaustiva, mas representa certos tipos e grupos proeminentes.

5.1. Os sete pecados mortais. Os sete pecados mortais ou capitais, conforme lista estabelecida por Tomás de Aquino (*Suma Teológica* II/I, Q. 84, art. 4), são: soberba, avareza, ira, preguiça ou *acedia*, cobiça, gula e luxúria. Aquino os considerava pecados "capitais" porque serviam como fonte de outros pecados. (Observe que a lista é orientada não para atos, mas para disposições, e é interessante que há pouca intercessão com o Decálogo). Esses pecados não devem ser identificados de maneira exata com os pecados "mortais" da teologia católica romana (veja abaixo): a ira, por exemplo, pode ser mortal ou venial sob diferentes circunstâncias (ST II/I, Q. 88, art. 3). Por mais sugestiva que seja a lista, os protestantes não têm dado destaque a ela, pelo menos em parte por carecer de apoio bíblico direto.

5.2. Pecados mortais e veniais. A teologia católica romana faz distinção entre os pecados que privam a pessoa da graça santificadora e a impedem de alcançar a visão beatífica de Deus (pecados mortais), e as infrações menos sérias da lei divina que impedem as pessoas de se relacionar com Deus, caso não as abandonem (pecados veniais). A pessoa que comete um pecado mortal prefere, pelo menos implicitamente, algum bem finito em vez de Deus. Para um pecado ser mortal precisa ser cometido voluntariamente, com conhecimento de seu caráter moral e com respeito a uma questão grave (gravidade julgada de acordo com as Escrituras, a tradição e a razão). Um pecado é venial quando falta pelo menos uma dessas condições. Os pecados mortais não são imperdoáveis, mas requerem contrição, confissão, o sacramento da penitência (ou reconciliação como é chamado agora) e absolvição, para que a pessoa não se perca. Os pecados veniais, em contrapartida, podem ser tratados com oração, contrição, o sacramento da comunhão e boas obras.

Os protestantes precisam reconhecer que 1João 5.16-17 faz distinção entre pecados mortais e pecados não mortais. Eles, porém, tendem a aplicar a passagem ao "pecado imperdoável" ou à apostasia (veja abaixo), e não a distinções entre infrações mais comuns. Uma vez que o pecado é intrinsecamente contra Deus, os protestantes consideram todos os pecados um ato da pessoa toda, que rompe seu relacionamento com Deus e depende da obra de Cristo para que o perdão possa ser concedido (Rm 3.23). Embora possam admitir diferenças na gravidade das ofensas, para que não se pense que no fim os pecados são todos iguais, eles também podem tornar mais grave uma falta pequena, não querendo que certos "pecadores respeitáveis" tenham a ilusão de que não correm perigo.

5.3. Pecados de ignorância. Alguns textos do Antigo Testamento (e.g., Lv 4.3; Nm 15.24-29; Ez 45.20) falam de pecados de ignorância — jeito estranho de falar quando se segue a opinião usual de que o verdadeiro pecado requer algum grau de conhecimento e intencionalidade. Evidentemente alguém pode ser censurado por ignorância culpável, como quando dirige sem o devido conhecimento do código de trânsito, mas encontram-se materiais que parecem ir além, como quando o faraó e sua casa foram punidos depois que ele tomou inocentemente como esposa a esposa de Abraão, por causa de uma mentira direta de Abraão (Gn 12.10-20). Esse incidente, bem como pecados relacionados a muitas violações ligadas a cultos, parece envolver um conceito de pecado como um tipo de contaminação física em que o conhecimento e a intenção são simplesmente irrelevantes.

É verdade que o pecado esconde de nós o que precisamos saber (Sl 19.12-13; Rm 1.21): o pecado *produz* ignorância e depois passa a se autoalimentar. Entretanto, a ideia do pecado como contaminação física não parece ter sido transmitida para o Novo Testamento de algum modo fundamental: Jesus deixa claro que são os pensamentos do coração que corrompem a pessoa (Mt 15.11, 18-20; Mc 7.13-23), e Paulo faz com que a carne oferecida a ídolos seja uma questão de consciência (Rm 16.13-23; 1Co 8; mas cf. At 15.20).

5.4. O pecado imperdoável. Vários textos, em diferentes contextos e com linguajares distintos falam de um pecado que não pode ser perdoado (veja Mt 12.31; Mc 3.29; Lc 12.10; Hb 6.4-6; 10.26-27; 1Jn 5.16). Nenhuma dessas passagens especifica exatamente esse pecado ou como ele é cometido; de modo que causam grande ansiedade em muitos que temem que, talvez por alguma falta séria cometida na juventude, tenham cometido esse pecado e não podem ser salvos. A resposta pastoral usual e apropriada para essas preocupações é que uma pessoa que demonstre esse temor parece não ter deixado para trás a possibilidade de arrependimento e assim é altamente improvável que seja culpada do pecado imperdoável. Entretanto, o alerta contra tal pecado é um lembrete incisivo contra toda presunção e contra uma pressuposição arrogante de que não é preciso ter medo de pecar porque sempre se pode obter perdão. Sob certas circunstâncias, é tarde demais.

Uma vez que o pecado não é especificado, é mais provável que não seja um delito ou uma violação terrível de uma lei específica, mas algo como apostasia ou uma rejeição do evangelho por parte de alguém que conheceu a verdade do evangelho ou de uma rotulagem fundamental do bem como um mal (como pensar que a obra do Espírito Santo é obra de um espírito maligno). Isso não é algo que se possa fazer por acidente, mas o ato de alguém em plena posse das faculdades, um ato de rejeição da verdade que se conhece, de modo que a pessoa se coloca fora do alcance daquela verdade — como se desligasse deliberadamente a luz e com isso não tivesse como encontrar o interruptor.

6. Pecado, lei, punição e graça

Em nítido contraste com o modo arrogante com que muitos falam do pecado — como se fosse "meramente humano" e, portanto, não especialmente culpável, ou como se houvesse um componente essencial de uma estrutura interessante e não tão rígida, ou como se fosse algo prazeroso que foi proibido de maneira irracional por quem não estava interessado na felicidade humana — as Escrituras tratam o pecado com a máxima seriedade, como aquilo que destrói o desabrochar de toda a ordem criada. Paulo diz que o salário do pecado é a morte (Rm 6.23), que se compreende não só, nem primeiramente, como a morte do corpo, encerrando nossa vida terrena, mas a morte espiritual final mais importante, que resulta da perda de um relacionamento correto com Deus, e a consequente morte eterna (*inferno) que é a justa punição divina do pecado. Nesta vida, o pecado nos escraviza de tal maneira que ficamos divididos dentro de nós mesmos, incapazes de fazer o bem que gostaríamos (Rm 7), também em descompasso com nosso próximo e abusivos em relação ao mundo natural. Além disso, os efeitos do pecado contradizem raciocínios meramente individualistas, pois ele mina não só o indivíduo que peca, mas também o comparativamente inocente — observe a morte do primeiro filho de Davi e Bate-Seba (2Sm 12.14-23), ou os bebês viciados em drogas porque nasceram de pais viciados — e o gemido do mundo não humano (Rm 8.20-21). Também não temos perspectivas de nos desvencilhar do problema. Em contraste brutal com mitos românticos de progresso e mais parecida com nossa experiência real do mundo moderno, a história primal de Gênesis 1—11 mostra os efeitos do pecado que se expandem cada vez mais em espiral, junto com a reação de Deus que, de tanto lamentar, se arrependeu de ter criado os seres humanos (Gn 6.5-7). O pecado gerou um atoleiro de proporções devastadoras.

Que a lei, dada como um dom da graça divina para podermos florescer (Êx 20.1-20; mas também Deuteronômio como um todo, em que escolher fidelidade à aliança é escolher vida), viria a ser para nós maldição (Gl 3.10-14) e uma incitação à rebeldia (Rm 7.5-14), é um tipo de parábola dos efeitos do pecado. O pecado torna más as dádivas boas. Obviamente, aquilo que se torna para nós uma fonte inevitável de pecado não pode nos salvar do pecado. A lei pode nos mostrar como devia ser nossa vida. Ela pode restringir certas manifestações de pecado; mas no fim ela nos julga por falharmos, sem nos dar poder para fazer outra coisa. Essa incapacidade da lei se aplica à lei moral estabelecida no Antigo Testamento e ao resumo da lei dado por Jesus (Mt 22.37-40; Mc 12.28-31): a exigência de amar a Deus e ao próximo de todo o coração não é menos, mas, sim, mais difícil do que a exigência de refrear-se, digamos, de matar o próximo; e corações egocêntricos não conseguem impor o amor à vontade. E se a própria lei de Deus não nos pode salvar, certamente as boas intenções, o esforço moral heroico ou as ministrações especializadas de cientistas, médicos e terapeutas também não podem, pois também estão corrompidos desde a própria raiz.

Dizer que Deus está irado com a injustiça humana que nos colocou em tal condição (Rm 1.18) e que ele vai punir isso não faz dele um tirano mesquinho num ataque de raiva. É insistir que Deus não pode permitir que sua ordem (conforme refletida na lei divina) seja violada com impunidade, assim como um pai que valoriza o bem-estar do filho e da comunidade não pode deixar que ele cresça desregrado. A diferença é que Deus em seu julgamento é perfeitamente santo e seu julgamento tem um caráter definitivo ausente nos julgamentos humanos.

Se o justo julgamento divino fosse a última palavra sobre o pecado humano, não nos sobraria nada se não o desespero, por não termos em nós a capacidade de nos livrar da condenação que merecemos, estaríamos perdidos. Em vez disso, Deus enviou Jesus Cristo com o propósito específico de lidar com o pecado (Rm 8.3). A graça que recebemos pela fé em Cristo não é uma benevolência vaga; é uma graça que, por meio de sua vida perfeita e morte expiatória, levanta a carga que é pesada demais para nós, remove as manchas que não conseguimos lavar, torna possível o crescimento em justiça de que não seríamos capazes por nós mesmos e acaba por nos livrar da morte, a penalidade final do pecado. Nenhum remédio, exceto a obra de Cristo, e nada de nossa parte, se não o arrependimento e a fé nele são suficientes para lidar com o pecado.

M. Shuster

7. Pecado na perspectiva africana

7.1. O que é pecado? Na perspectiva africana, a noção do pecado inclui dois aspectos principais: transgressão e tabu.

7.1.1. Transgressão. Os africanos expressam a ideia do pecado com diferentes palavras, dependendo de sua cultura particular. Em geral, o pecado é entendido como transgressão, mal, perversidade. Por exemplo, entre o povo akan de Gana, usam-se duas palavras que significam pecado: *Bɔne* e *mmusu*. *Bɔne* refere-se em geral a transgressão, mal, perversidade ou pecado. *Bɔne* cobre uma vasta gama de ações e atitudes: egoísmo, ódio, assassínio, roubo, ciúmes, desobediência, engano e assim por diante. *Bɔne* traz conflito e desarmonia entre os humanos e pode ser resolvido pelo indivíduo envolvido, sem implicar a comunidade toda. *Mmusu* é uma transgressão grave que normalmente tem implicações amplas para o ofensor, bem como para toda a comunidade. Se não for removido, resultará em alguma forma de maldição ou calamidade que recairá sobre a pessoa e a comunidade. Associada a essas ações está a ideia de impureza, sujeira ou contaminação.

7.1.2. Tabu. O segundo aspecto do pecado é o *tabu*. A palavra *tabu* vem do termo polinésio que significa "proibido" e pode ser aplicada a vários tipos de proibições. O termo, porém, é empregado no sentido estreito de uma proibição social específica. A ideia do tabu está relacionada com o conceito akan de *mmusu*. Tabus são atos pecaminosos, "atos proibidos" ou "o que não se faz ou não é permitido". Incluem-se nesses atos incesto, desonrar ou espancar os pais, desrespeitar os ancestrais e os mais velhos etc. Quebrar um tabu é *mmusu* (um ato pecaminoso e proibido) que faz o mal recair sobre a comunidade. A quebra de um tabu traz, com frequência, resultados catastróficos. Pode trazer calamidade ao indivíduo que quebrou o tabu, bem como à comunidade inteira.

Em culturas africanas, portanto, qualquer comportamento que fique aquém dos ideais da sociedade é considerado pecado. Mas o pecado não é definido em termos teológicos. Uma vez que o pecado afeta a sociedade, é uma ofensa pessoal e também social. O pecado é uma infração de leis rituais e morais estabelecidas pela sociedade. As várias palavras africanas para expressar as ideias de pecado e tabu estão por trás desse entendimento africano do pecado.

7.1.3. Social e relacional. Como indicamos acima, os africanos entendem o pecado em termos antropológicos e não teológicos. O pecado, na mente da maioria dos africanos, não é basicamente a desobediência a Deus ou à "vontade de Deus". A maior parte dos pecados sociais é vista como algo cometido contra outros humanos ou, no máximo, contra os *ancestrais, que são considerados parte da comunidade viva. O conceito de pecado é concretizado e entendido no contexto dos relacionamentos sociais que costumam existir entre duas pessoas que mantêm um relacionamento especial. O pecado quebra a ordem social e, portanto, acarreta implicações sociais para o indivíduo ou a comunidade. O pecado é um mal que transtorna o equilíbrio da sociedade, bem como relacionamentos pessoais e outras relações cósmicas, como o mundo dos espíritos, os ancestrais e a natureza. Esse mal ou pecado tem a capacidade de causar contaminação e impureza que envolvem a comunidade inteira e a natureza. Quando o pecado é cometido e um tabu é quebrado, é preciso realizar certos rituais ou sacrifícios para remover o mal e purificar o indivíduo ou a comunidade da abominação, impureza ou corrupção que resulta do ato. Na falta desses rituais, sobrevêm infortúnios como morte, fome ou epidemias. Essa crença provê sanções místicas para a manutenção de relacionamentos corretos dentro da comunidade dos vivos, bem como com os mortos e com o ambiente.

Esse foco social e relacional contrasta com boa parte do ensino cristão tradicional acerca do pecado. O cristianismo histórico vê o pecado primeiramente como uma ofensa contra as leis morais e a vontade divinas. O pecado cometido contra outros seres humanos é visto primeiramente como pecado contra Deus. E evangelização ocidental na África concentrou-se na salvação do pecado. Mas na vida africana tradicional, o pecado era fundamentalmente horizontal, uma ferida nos relacionamentos entre indivíduos, e raramente era visto em termos de ofensa vertical contra Deus. A salvação do pecado, portanto, estava ligada à remoção de relacionamentos quebrados no nível horizontal e humano. Quando o pecado era cometido contra os ancestrais, estes eram vistos como parte da comunidade humana, como os "mortos vivos".

7.2. Efeitos do pecado na perspectiva africana

7.2.1. Vergonha e desonra. O pecado acarreta vergonha para o indivíduo que cometeu a ofensa. O pecado pode acarretar vergonha para a comunidade inteira. A maior falta que alguém pode cometer na vida é trazer desonra, indignidade ou desgraça para o nome da família ou para a comunidade. Um provérbio akan diz *Animguase mfata Okanniba*, que significa "desonra ou desgraça não beneficiam o akan". Os africanos se esforçam para manter a própria dignidade ou honra intata, algo que não tenha sofrido desgraça (*Animguase*, "face descendo ao mínimo", "degradação da pessoa"). Como filho de akan, a pessoa nasce com um *anim*, uma presença ou face nascida com dignidade, um ser humano com dignidade. Ainda mais explícita é a máxima que diz "*Aniwu ne wu na efanim wu*", significando "Melhor a morte que a desgraça". Literalmente, entre a desgraça e a morte, a morte é preferível. O pecado causa vergonha e traz desonra à pessoa que cometeu o ato.

7.2.2. Vergonha e culpa. O Ocidente vê o pecado primeiramente em termos de quebra de uma lei que deve ser observada. Quem fica aquém das expectativas, se enche de culpa pessoal e é consumida por ela. Para os africanos, o pecado gera *vergonha. Sente-se muita vergonha quando o pecado é revelado. A vergonha surge porque as expectativas sociais requeridas não foram alcançadas. Não significa que os africanos não têm senso de culpa. Eles têm. Aliás, a vergonha muitas vezes resulta em culpa. Mas o sentimento de vergonha está direta e necessariamente relacionado com a vida social, enquanto a vergonha não. A vergonha pode envolver ou não a interiorização de valores. Quando envolve, a pessoa pode ser atormentada pela culpa e vergonha.

A reação africana ao pecado em termos de vergonha e culpa é representada em toda a Escritura, desde Gênesis 2 e 3. Quando Adão e Eva desobedeceram às leis de Deus, eles sentiram vergonha e culpa. A culpa e a vergonha entraram imediatamente no relacionamento deles. Eles lidaram com o sentimento de vergonha costurando folhas de figueira para cobrir a nudez. Eles começaram um jogo de acusações para lidar com a culpa que estavam sofrendo por não alcançarem as expectativas de Deus.

7.3. Perspectiva africana tradicional sobre os homens e o pecado. Como vimos, o pecado é uma categoria moral na cosmovisão africana. Entretanto, em contraste com a teologia cristã, que ensina acerca do "pecado original", a maioria das comunidades ou religiões africanas não considera os seres humanos inerentemente maus ou pecadores, nem aceita a noção de que os seres humanos herdaram sua natureza pecaminosa dos primeiros ancestrais, Adão e Eva. Em lugar disso, os africanos consideram os humanos pecadores quando e se suas ações quebram a harmonia e tranquilidade da comunidade. John Mbiti alega que os seres humanos são neutros: não são nem bons nem maus. Em comunidade africanas, acredita-se que Deus criou a pessoa humana com uma alma pura e que a alma guia a pessoa para que viva de um modo que traga harmonia, paz e prosperidade para a comunidade. Por exemplo, J. B. Danquah, discutindo a visão akan de Deus, observa que a alma dá à pessoa "as capacidades distintivas de um verdadeiro ser humano com uma responsabilidade correspondente de concretizar essas capacidades".

A implicação da declaração de Danquah é que a queda, ou pecado, de Adão, não afetou o restante da humanidade. Aqui, a crença dos akans é parecida com a posição de Friedrich Schleiermacher. Ainda que aceitasse as consequências do pecado original, Schleiermacher negava que houvesse alguma relação criativa entre o pecado primal de Adão e o nosso pecado. O pecado de Adão não causou nenhuma mudança na natureza humana.

Em suma, a perspectiva africana dos humanos como seres neutros com alma pura que não pode ser contaminada pelo pecado tem muitas implicações para o entendimento que têm do pecado. Esse entendimento levanta uma questão séria quanto aos muitos males que encontramos hoje em comunidades africanas. Essa posição, conforme entendemos, romantiza toda a questão do pecado e envolve uma perspectiva da natureza humana contrária aos ensinos das Escrituras, que descreve o coração dos seres humanos como *enganoso e incurável, mais que todas as coisas; quem pode conhecê-lo?* (Jr 17.9).

Embora a ênfase africana esteja nas dimensões sociais e comunais do pecado, é importante observar que, a partir de uma perspectiva cristã, o pecado é, em última análise, um conceito teológico. Diz respeito ao nosso relacionamento com Deus, com outros seres humanos e com a natureza como um todo. Dar ênfase apenas às suas dimensões sociais não é correto em termos teológicos nem bíblicos. Tanto as dimensões teológicas como as dimensões sociais do pecado devem ser mantidas.

J. Nkansah-Obrempong

Veja também ANTROPOLOGIA TEOLÓGICA; CURA E LIBERTAÇÃO; EXPIAÇÃO; MAL, PROBLEMA DO; SALVAÇÃO; SOFRIMENTO; VERGONHA.

BIBLIOGRAFIA. AQUINO, T., *Summa Theologica* (New York: Benziger Brothers, s.d.); AGOSTINHO, *City of God, Nicene and Post-Nicene Fathers*, Schaff, P., org., first series, vol. 2 (reimpr. Peabody: Hendrickson, 1994 [1887]) [edição em português: *A Cidade de Deus* (Petrópolis: Vozes, 2012)]; AWOLALU, J. O., "Sin and Its Removal in African Traditional Religion", *JAAR* 44 (1976) 275-87; BONHOEFFER, D., *Creation and Fall and Temptation* (New York: Macmillan, 1959); BRUNNER, E., *Man in Revolt* (London: Lutterworth, 1939); idem, *The Christian Doctrine of Creation and Redemption* (London: Lutterworth, 1952); CALVINO, J., *Institutas da Religião Cristã* (São Paulo: Cultura Cristã, 1989); COVER, R. C. e SANDERS, E. P., "Sin, Sinners", *Anchor Bible Dictionary*, Freedman, D. N., org., 6 vols. (New York: Doubleday, 1992) 6:31-47; DANQUAH, J. B., *The Akan Doctrine of God* (London: Oxford University Press, 1944); DICKSON, K. A. e ELLINGWORTH, P., orgs., *Biblical Revelation and African Beliefs* (Maryknoll: Orbis Books, 1969); ELA, J. M., *My Faith as an African* (Maryknoll: Orbis Books, 1985) 77-85; GOLDSTEIN, V. S., "The Human Situation: A Feminine Viewpoint", in: *The Nature of Man in Theological and Psychological Perspective*, Doniger, S., org. (New York: Harper & Brothers, 1962) 151-70; GÜNTHER, W. e BAUDER, W. "Sin", *New International Dictionary of New Testament Theology*, Brown, C., org., 3 vols. (Grand Rapids: Zondervan, 1978) 3:573-87 [edição em português: *Dicionário Internacional de Teologia do Novo Testamento* (São Paulo: Vida Nova, 1984)]; GUTIÉRREZ, G., *A Theology of Liberation* (Maryknoll: Orbis, 1973) [edição em português: *Teologia da Libertação* (São Paulo: Loyola, 2000)]; LUTHER, M., *Lectures on Romans* (Philadelphia: Westminster, 1961); MBITI, J. S., *African Religions and Philosophy* (New York: Frederick A. Praeger, 1969); NIEBUHR, R., *Moral Man and Immoral Society* (London: C. Scribner's, 1932); idem, *The Nature and Destiny of Man* (New York: Scribners, 1941); OKORACHA, C., *The Meaning of Religious Conversion in Africa: the Case of the Igbo of Nigeria* (Avebury, 1987); PANNENBERG, W., *Anthropology in Theological Perspective* (Philadelphia: Westminster, 1985); PARK, A. S., *The Wounded Heart of God: The Asian Concept of Han and the Christian Doctrine of Sin* (Nashville: Abingdon, 1993); PLASKOW, J., *Sex, Sin and Grace: Women's Experience and the Theologies of Reinhold Niebuhr and Paul Tillich* (Washington: University Press of America, 1980); QUELL, G., BERTRAM, G., STÄHLIN, G. e GRUNDMANN, W., ktl, *Theological Dictionary of the New Testament*, Kittel, G. e Friedrich, G., orgs., 9 vols. (Grand Rapids: Eerdmans, 1964-1974) 1:267-316; RICOEUR, P., *The Symbolism of Evil* (Boston: Beacon, 1967) [edição em português: *A Simbólica do Mal* (São Paulo: Edições 70 Brasil, 2015)]; SCHLEIERMACHER, F., *The Christian Faith* (Edinburgh: T & T Clark, 1928) 291-302; SHUSTER, M., *The Fall and Sin: What We Have Become as Sinners* (Grand Rapids: Eerdmans, 2004); SUCHOCKI, M., *The Fall to Violence* (New York: Continuum, 1995).

M. Shuster e J. Nkansah-Obrempong

PECADO ESTRUTURAL. *Veja* CAPITALISMO.

PECADO ORIGINAL. *Veja* ANTROPOLOGIA TEOLÓGICA; PECADO.

PEDOBATISMO. *Veja* Batismo na Água.

PEDRO LOMBARDO. *Veja* Teologia Medieval.

PERFEIÇÃO CRISTÃ. *Veja* Wesleyanismo, Teologia Wesleyana.

PENTECOSTALISMO

Em geral, é feita uma distinção entre denominações pentecostais "clássicas" (as que começaram no primeiro quarto do século 20), o *movimento carismático dentro das igrejas "históricas" (a partir de 1960) e as carismáticas mais novas e as independentes da "Terceira Onda" (desde c. 1975). Mas os movimentos recentes foram influenciados pelo pentecostalismo clássico e serão considerados essencialmente iguais, exceto quando é necessário fazer a distinção.

1. As três fases do pentecostalismo
2. A experiência do Espírito
3. Hermenêutica pentecostal
4. Escatologia pré-milenista e "realizada"
5. Cura e exorcismo
6. A democratização do Espírito
7. Conclusão

1. As três fases do pentecostalismo

No início do século 20, vários grupos independentes, evangélicos e "da santidade" (holiness) existiam no mundo ocidental e nos campos missionários protestantes com uma expectativa particular de que o fim do mundo devia ser acompanhado de um derramar do Espírito em todo o mundo. Emergiu a ideia de que uma experiência de crise separada da *conversão e conhecida como *"batismo no Espírito" devia ser recebida por todo cristão como uma "dotação de poder". Charles Parham, pregador metodista em Topeka, Kansas, foi responsável pela formulação de uma nova doutrina de batismo do Espírito acompanhada pelo falar em línguas (*veja* Glossolalia) e pela criação de um movimento de "Fé Apostólica" em 1901. William Seymour, pregador afro-americano de Houston, foi a Los Angeles com essa mensagem em 1906, e o "Avivamento da Rua Azusa" que ele liderou nos três anos seguintes transformou o pentecostalismo num movimento internacional. Em diferentes partes do mundo o pentecostalismo conseguiu absorver vários movimentos avivamentistas que ocorreram independentemente dos eventos na América do Norte, e dentro de dois anos havia alcançado mais de quarenta países.

A segunda fase do pentecostalismo começou no fim da década de 1950 e na década de 1960, quando ministros e membros de igrejas mais antigas começaram a buscar a experiência pentecostal. Em 1967, o pentecostalismo entrou na Igreja Católica e o movimento carismático católico desde então se tornou a maior força no pentecostalismo global com sua forma particularmente sacramental da teologia pentecostal. Em meados da década de 1970, uma terceira fase do movimento surgiu na forma de igrejas independentes com relacionamento tênue com o pentecostalismo denominacional e o movimento carismático, mas com a mesma ênfase distintiva nos dons do Espírito Santo que caracterizava os movimentos anteriores. Essas igrejas "neopentecostais" e da "terceira onda" incluíam algumas das maiores megaigrejas do mundo do final do século 20. Essas três fases do pentecostalismo são uma simplificação exagerada que, em termos estritos, só diz respeito ao mundo ocidental, ainda que as ênfases que vamos considerar pertençam a todas as muitas diferentes formas do pentecostalismo, inclusive as "igrejas do Espírito" africanas e o cristianismo do povo comum chinês. O pentecostalismo hoje consiste em literalmente milhares de movimentos, organizações e denominações.

2. A experiência do Espírito

As várias expressões do pentecostalismo têm uma experiência em comum e um tema característico: um encontro pessoal com o Espírito que capacita e concede poder para o serviço, uma experiência frequentemente chamada "batismo no (ou com o) Espírito". Os pentecostais declaram que "sinais e feitos extraordinários" acompanham esse encontro, certa evidência de "Deus conosco". Embora diferentes pentecostais nem sempre concordem quanto à formulação exata de sua teologia do Espírito, sempre há uma ênfase no encontro divino e na resultante transformação da vida. Isso é o que assemelha o pentecostalismo e as tradições *místicas, talvez mais que qualquer outra forma contemporânea de cristianismo. A maior parte dos primeiros pentecostais falava de um anseio por essa experiência, seguida de sensações físicas extremas e sentimentos de júbilo, culminando numa descarga que em geral envolvia falar em línguas, junto com o "batismo" ou logo depois. Eles falavam universalmente dessa experiência central e muitos acreditavam que esse batismo do Espírito era normalmente acompanhado pelo falar em línguas. A maioria dos primeiros pentecostais acreditava que falar em línguas era um dom de línguas estrangeiras (xenolalia) com que pregariam o evangelho aos confins da terra nos "últimos dias". A crença na restauração das línguas para a evangelização missionária existiu nos movimentos evangélicos e da santidade por pelo menos duas décadas antes do início do pentecostalismo, mas isso seria o cumprimento dessa expectativa.

Pentecostais clássicos em geral aprendem a crer em duas doutrinas distintas da "consequência" ou "evidência inicial" (que falar em línguas é a consequência, ou primeira evidência do batismo do Espírito) e da "subsequência" (que o batismo do Espírito é uma experiência definida e posterior à conversão). A doutrina da subsequência teve origem no movimento da santidade do século 19, na interpretação dos ensinos de Wesley a respeito da "segunda obra da graça" subsequente à conversão, que veio a ser chamada "perfeito amor" ou "santificação". Os pentecostais passaram a associar essa experiência com o batismo do Espírito. Pentecostais clássicos em geral sustentam as doutrinas da "consequência" e "subsequência" referindo-se a passagens a respeito de experiências pentecostais no livro de Atos como modelos normativos. Essas passagens, dizem, indicam que há uma experiência de recepção do Espírito após a conversão e que em cada caso, em termos expressos ou implícitos, os que receberam o Espírito falaram em línguas. Com base nessa interpretação, alegam que o padrão normativo do batismo do Espírito é a "evidência inicial" de falar em línguas.

A doutrina da subsequência tem sido calorosamente debatida, em especial nos anos recentes. Alguns estudiosos pentecostais têm escrito em defesa dessa doutrina, sendo que a substância é que embora concordem que a teologia paulina do Espírito é basicamente soteriológica e de iniciação (dando ênfase ao papel do Espírito na conversão), a teologia de Lucas é predominantemente carismática e profética, dando ênfase à recepção do poder para a missão.

A doutrina da consequência, outra pedra angular da teologia pentecostal clássica, também tem sido contestada. Ainda no ano em que começou o avivamento da rua Azusa (1906), a missionária americana Minnie Abrams da Missão Pandita Ramabai's Mukti na Índia escreveu que o falar em línguas "em geral", mas "não necessariamente", acompanhava o batismo do Espírito. Seymour, alguns dos primeiros líderes pentecostais europeus e Willis Hoover (fundador do Movimento Pentecostal Chileno) também questionaram a doutrina da "evidência inicial". Um dos primeiros pentecostais clássicos que questionou em anos mais recentes as pressuposições da "evidência inicial" foi Gordon Fee, conhecido estudioso do Novo Testamento e ministro das Assembleias de Deus. Ele afirmou que embora os pentecostais possam descrever o falar em línguas como algo "repetível", não podem alegar que é "normativo". Alguns carismáticos, ainda que reconheçam uma experiência distintiva do batismo do Espírito, entendem que as línguas podem seguir essa experiência, mas que não é uma evidência necessária do batismo. Outros consideram o batismo uma experiência de iniciação que faz parte do processo de conversão (ou seu estágio final), e que os dons do Espírito (inclusive as línguas) são dados a todos os que creem. Ainda outros, especialmente os católicos carismáticos, consideram o batismo do Espírito em termos *sacramentais, como uma manifestação do Espírito já dado no batismo. Essa opinião parece acomodar-se melhor às posições teológicas das tradições mais antigas das igrejas.

Em igrejas carismáticas no Mundo da Maioria, o Espírito abrange tudo, envolvendo cada aspecto da vida individual e comunitária. A teologia é vivida, e não filosofada, nos rituais, liturgias e experiências diárias desses pentecostais. A ênfase no Espírito no pentecostalismo deu ao cristianismo uma nova vitalidade e relevância. O Espírito é aquele a quem se credita tudo o que ocorre em muitas igrejas, fazendo com que as pessoas "recebam" o Espírito, *profetizem, falem em línguas, *curem, expulsem demônios, tenham visões e *sonhos, tenham vida "santa" — e, em termos gerais, o Espírito dirige a vida e a adoração dessas igrejas, como o "líder" de todas as suas atividades. As igrejas pentecostais nos países em desenvolvimento têm prestado uma contribuição real e vital para uma *pneumatologia dinâmica e contextual. Elas foram motivadas pelo desejo de suprir necessidades físicas, emocionais e espirituais das pessoas, oferecendo soluções para os problemas da vida e maneiras de lidar com um mundo ameaçador e hostil. Seus pastores, profetas, bispos e evangelistas proclamam que o mesmo Deus que salva a "alma" também cura o corpo e é um Deus bom, interessado em prover respostas para os temores e inseguranças humanas, aceitando que as pessoas têm problemas genuínos e tentam conscientemente encontrar soluções para eles. O Deus que perdoa o pecado também está preocupado com a pobreza, enfermidade, esterilidade, opressão por espíritos malignos e libertação de todas as formas de aflição e escravidão humanas.

3. Hermenêutica pentecostal

Para a maioria dos pentecostais, a teologia é inseparável da Bíblia em que encontram sua mensagem central. O propósito deles na leitura da Bíblia é encontrar algo que possa ser experimentado e seja relevante para as necessidades que sentem. A maioria dos pentecostais baseia-se num entendimento mais experiencial que literal da Bíblia, sendo, portanto, não muito significativo discutir a interpretação do texto em si. Os pentecostais acreditam na iluminação espiritual, a proximidade experiencial do Espírito Santo que dá "vida" à Bíblia e a torna diferente de qualquer outro livro. Eles atribuem múltiplos significados ao texto bíblico, os pregadores com frequência atribuem a ele um "significado mais profundo" que só pode ser percebido pela ajuda do Espírito. Boa parte da pregação pentecostal em todo o mundo ilustra esse princípio em que narrativas, ilustrações e testemunhos dominam o conteúdo do sermão em lugar de princípios esotéricos e teóricos. O literalismo pentecostal é bem coerente com suas raízes nos movimentos de santidade e cura, em que havia a mesma tendência de abordagem literalista, legalista. Mas o pentecostalismo não pode ser simplesmente igualado ao fundamentalismo, uma vez que os pregadores fazem com frequência as Escrituras interagirem com a vida contemporânea e apresentam o texto como um reflexo da experiência comum. Os pentecostais tomam a Bíblia como ela é e procuram pontos em comum com situações da vida real. Encontrando essas correspondências, acreditam que Deus está falando a eles e lhes pode fazer as mesmas coisas. A Bíblia, portanto, tem proximidade com as experiências da vida e é relevante para elas. Os pentecostais destacam a intervenção divina nessas situações do cotidiano enfatizando constantemente os acontecimentos miraculosos e incomuns na comunidade da igreja local.

Em harmonia com o forte senso de comunidade, os pentecostais costumam ler (ou melhor, *ouvir*) a Bíblia na comunidade dos fiéis, durante as celebrações de *culto comunal, em que ela está, com frequência, diretamente relacionada com os problemas reais enfrentados pela própria comunidade. Essa interpretação experiencial da Bíblia que é orada, cantada, dançada, profetizada e pregada no culto de igrejas pentecostais implica um entendimento bíblico que brota da faixa inferior da sociedade, em que pessoas comuns podem interpretar a Bíblia segundo a perspectiva das experiências e lutas delas mesmas. É provável que, acima de todas as outras considerações, esteja a convicção de que a Bíblia contém respostas para as necessidades deste mundo, como doenças, pobreza, fome, opressão, desemprego, solidão, espíritos malignos e feitiçaria. Em todo o mundo, os pentecostais contam histórias de curas, livramentos de poderes malignos, restauração de casamentos arruinados, sucesso no trabalho ou em empreendimentos e outras necessidades que são supridas, em geral por meio do que é visto como intervenção miraculosa de Deus mediante seu Espírito. Todas essas experiências são reforçadas, de forma implícita ou explícita, por sustentação bíblica ou algo que Deus revelou. A Bíblia, portanto, torna-se o livro de onde brotam respostas miraculosas para a necessidade humana, bem como confirmações da realidade da experiência sobrenatural. Os pentecostais não fazem separação entre o entendimento que têm do evangelho e a experiência pessoal dos eventos descritos na Bíblia. Em sua liturgia, são proeminentes as histórias ou "testemunhos", em que as pessoas relatam suas experiências de intervenção divina, e os pregadores temperam os sermões com ilustrações da vida real para que a congregação possa participar ainda mais do processo hermenêutico e trazer essas experiências para a vida cotidiana.

Entretanto, precisamos lembrar que o "evangelho pleno" pentecostal é essencialmente um construto *cristológico em que Cristo é centralmente quem salva, cura, batiza e virá como Rei. Os pentecostais entendem que esse evangelho *pleno contém as boas novas para todos os problemas da vida, particularmente relevante nas sociedades do mundo em desenvolvimento em que as doenças são abundantes e o acesso a cuidados médicos adequados é um luxo. Salvação é um termo abrangente, que em geral significa uma sensação de bem-estar que se evidencia em experimentar livramento de doenças, pobreza e infortúnios, bem como em ser liberto do pecado e do mal. A cura de enfermidades e o livramento de poderes malignos são temas importantes na vida dos pentecostais e são considerados a essência do evangelho. Para sustentar essas práticas, eles se referem aos profetas do Antigo Testamento, ao próprio Cristo e aos apóstolos do Novo Testamento que praticaram cura. O evangelho "pleno" não significa apenas que Jesus é o Salvador que salva as pessoas do pecado, mas também aquele que cura da enfermidade e livra do poder de Satanás. A essa ênfase soteriológica e cristológica acrescenta-se a dimensão pneumatológica e missiológica: Jesus Cristo é quem batiza no Espírito Santo que dá poderes a pessoas comuns para que testemunhem até os confins da terra. A isso se acrescenta uma quarta ênfase, a escatológica: Cristo é o Rei que virá logo e está preparando a igreja para seu reinado. O evangelho pleno implica um relacionamento recíproco entre a Bíblia e o Espírito, pois não é só que a Bíblia explica a experiência do Espírito, como também, e talvez de modo mais importante, que a experiência do Espírito capacita as pessoas a compreenderem melhor a Bíblia. O Espírito Santo é de fato introduzido no processo. Os pentecostais acreditam que a mensagem deles revela um Deus onipotente e misericordioso preocupado com os problemas da humanidade.

4. Escatologia pré-milenista e "realizada"

Os primeiros pentecostais acreditavam que a missão deles fazia parte da preparação para o retorno iminente de Cristo. O batismo no Espírito e as línguas que haviam recebido eram, acima de tudo, sinais de que os últimos dias haviam chegado. A *escatologia deles era pré-milenista e dispensacionalista e isso fomentou desde o início a urgência de saírem evangelizando. A crença na volta iminente de Cristo ofuscou e motivou todas as atividades missionárias, tendendo a tornar os pentecostais deficientes como estrategistas e pouco preparados para os rigores da vida em outro continente e cultura. Quando viram que o fim que esperavam não veio, os pentecostais se ajustaram e adaptaram as estratégias missionárias dos evangelicais. A "esperança escatológica" dominou o movimento em seu estágio formativo e a associação do evangelho pleno com os últimos dias foi uma mudança de paradigma que fez o movimento pentecostal distinguir-se dos outros evangelicais. Essa era a motivação por trás da ênfase na evangelização "antes que venha o fim", e os sinais espetaculares, como falar em línguas, profecias e curas, estavam subordinados a essa ênfase e serviam para confirmá-la. Os "sinais e feitos extraordinários" que acompanhavam a pregação da mensagem pentecostal eram considerados evidências do "fim dos tempos". Acreditava-se que o novo movimento pentecostal era a "última chuva", derramando o Espírito nos últimos dias para preceder a vinda de Cristo e o cumprimento da profecia.

A estrutura futurista pré-milenista que a maioria dos primeiros pentecostais seguia (e ainda é seguida por muitos pentecostais clássicos hoje) resultou em interpretações elaboradas e muitas vezes fantasiosas de eventos tanto do futuro como do mundo atual na literatura apocalíptica popular. A teologia pentecostal e as atitudes políticas nos Estados Unidos foram profundamente afetadas por essa escatologia, ainda que elementos do dispensacionalismo estivessem em desacordo com a prática pentecostal. O zelo milenista do pentecostalismo antigo foi atenuado entre os pentecostais mais prósperos de hoje. A outra consequência da ênfase escatológica dos pentecostais tem sido que a crença deles na iminência do fim tem significado pouco tempo para questões de preocupação social, uma vez que é mais importante salvar as almas. Entretanto, as várias ênfases do pentecostalismo, pela própria natureza delas, tendem a reduzir a distinção e tensão na escatologia entre o "já" e o "ainda não". A promessa do Espírito não era só o cumprimento da profecia e o sinal dos últimos tempos, mas também a evidência tangível de que os últimos dias já haviam chegado. Uma vez que a nova era já havia chegado pelo poder do Espírito, seus benefícios de cura, livramento e prosperidade estavam agora disponíveis aos pobres, oprimidos e destituídos.

O movimento da "confissão positiva" ou "palavra de fé" surgiu nos ministérios pentecostais independentes dos Estados Unidos na segunda metade do século 20 e foi um prolongamento indireto da "teologia realizada" pentecostal. O pastor batista E. W. Kenyon ensinou "a confissão positiva da Palavra de Deus", uma "lei da fé" regida por princípios divinos predeterminados, que a cura é uma obra completada de Cristo que todos devem receber pela fé, mesmo que as evidências e a medicina estejam em desacordo com a fé. O avanço do movimento foi estimulado pelos ensinos de evangelistas da cura como William Branham e Oral Roberts, televangelistas populares contemporâneos, e o movimento carismático. Esse ensino é hoje proeminente em igrejas pentecostais e carismáticas em todo o mundo. Kenneth Hagin, amplamente reconhecido como o "pai do movimento da fé", popularizou o ensino de Kanyon e disse que cada crente cristão devia ser fisicamente saudável e materialmente próspero e bem-sucedido, um ensino sustentado por citações bíblicas selecionadas. Hagin disse que não bastava acreditar no que a Bíblia disse; a Bíblia também precisava ser confessada, e o que a pessoa diz (confessa) é o que ocorrerá. Uma pessoa deve, portanto, confessar cura, mesmo quando os "sintomas" ainda estão presentes. Esse tipo de ensino sobre a fé, entretanto, ainda que em forma menos desenvolvida, fazia parte do pentecostalismo pelo menos desde a época dos evangelistas da cura divina na década de 1960.

Mais recentemente, Kenneth Copeland desenvolveu o ensino de Hagin com maior ênfase na prosperidade financeira e formulou "leis da prosperidade" a serem observadas por quem busca saúde e riqueza. A pobreza é considerada maldição a ser vencida pela fé. Pela "força da fé", os que creem reconquistam a devida autoridade divina sobre as circunstâncias. À parte do fato de que esse ensino incentiva o "sonho americano" do *capitalismo e promove a ética do sucesso, entre seus aspectos ainda mais questionáveis está a possibilidade de que a fé humana esteja colocada acima da soberania e graça de Deus. A fé torna-se condição para o agir divino, e a força da fé é medida pelos resultados. A prosperidade material e financeira e a saúde são às vezes vistas como evidências de espiritualidade, e a importância positiva e necessária da *perseguição e do *sofrimento é frequentemente ignorada. O Espírito Santo é relegado a uma força quase mágica pela qual o sucesso e a prosperidade são alcançados e a efetividade da mensagem é determinada pelos resultados materiais.

5. Cura e exorcismo

Os pentecostais compreendem que a pregação da Palavra na evangelização deve ser acompanhada por "sinais e feitos extraordinários" e que a cura divina, em particular, é uma parte indispensável de sua estratégia evangelística. Aliás, em muitas culturas do mundo, em que o especialista religioso ou "pessoa de Deus" tem poder para curar os enfermos e afastar espíritos malignos e feitiçaria, a oferta de cura feita pelo pentecostalismo tem sido um de seus maiores atrativos. Nessas culturas, as pessoas veem o pentecostalismo como uma religião poderosa para suprir necessidades humanas. As numerosas curas relatadas por missionários e evangelistas pentecostais confirmaram que a Palavra de Deus era verdadeira, era evidente que o poder de Deus estava no ministério deles, e o resultado foi que muitos foram persuadidos a deixar suas antigas crenças e se tornar cristãos. Os pentecostais acreditam que o poder miraculoso do Novo Testamento foi restaurado nos dias atuais para levar os incrédulos a Cristo. Isso é particularmente efetivo naquelas partes do mundo menos afetadas pela modernização, secularização e racionalismo científico.

É provável que o lugar central dado à cura já não seja um aspecto tão proeminente no pentecostalismo ocidental, mas no restante do mundo, os problemas com enfermidades e com o mal afetam a comunidade inteira e não são relegadas ao cuidado privado e particular ou a simples tratamentos clínicos. Essas comunidades eram comunidades orientadas para a saúde e, em suas religiões tradicionais, os rituais para cura e proteção são proeminentes. O Espírito Santo é o agente de cura e livramento para os pentecostais, e a maioria acredita na cura divina — em geral eles preferem esse nome a "cura pela fé" — crença impulsionada por testemunhos de pessoas que experimentaram cura como um ato de intervenção direta de Deus.

No início do século 20, havia uma expectativa de que os "sinais e feitos extraordinários" acompanhassem um derramamento do Espírito e uma crença de que a cura estava ligada à obra de Cristo na cruz. As curas demonstravam a vitória de Cristo sobre todas as formas de aflição, uma salvação holística que abrangia a totalidade dos problemas da vida. A presença desses "sinais e feitos extraordinários" era a realização da vinda do reino de Deus. Para os pentecostais, o "dom do Espírito", especialmente a cura, o exorcismo, o falar em línguas e a profecia, são provas de que o evangelho é verdadeiro. Os primeiros pentecostais destacavam a cura como parte da provisão de Cristo em sua expiação, seguindo mais uma vez um tema que emergiu no movimento da santidade com base em textos como Isaías 53.4-5 e Mateus 8.16-17. Muitos pentecostais rejeitam o uso de todo remédio, tradicionais e modernos, por que seu uso é considerado evidência de fé "fraca". Para os que creem que foram curados, o evangelho é um remédio potente para suas frequentes experiências de aflição e é as boas novas para os que sofrem. Os pentecostais declararam uma mensagem que recuperou as tradições bíblicas de cura e proteção do mal; eles demonstraram os efeitos práticos dessas tradições e com isso tornaram-se arautos de um cristianismo que era realmente significativo. Infelizmente, porém, essa mensagem de poder tornou-se muitas vezes ocasião para exploração daqueles que estão entre os mais fracos dos seus.

O livramento de demônios, ou exorcismo, sempre tem sido parte proeminente da prática pentecostal e exibe uma vasta variedade de procedimentos. A maioria dos pentecostais acredita na descrição bíblica de um diabo pessoal (Satanás) e em seus mensageiros conhecidos como demônios ou espíritos malignos. A realidade desse mundo espiritual de trevas e a necessidade de uma solução cristã de libertação mostram-se pertinentes sobretudo naquelas partes do mundo em que se acredita que as forças invisíveis do mal são bem dominantes. O exorcismo — ou, como é mais conhecido no pentecostalismo, a "libertação" — é considerado uma continuação da tradição do Novo Testamento e era um aspecto do ministério dos evangelistas da cura divina e dos que teriam um dom especial de "ministério de libertação". Embora sua incidência no pentecostalismo ocidental tenha provavelmente declinado, em algumas partes do mundo, tem se tornado uma atividade muito proeminente. Há diferenças quanto ao que significa "demonização". Alguns acreditam que cada contratempo e enfermidade é obra de Satanás ou seus maus espíritos, enquanto outros atribuem só certos tipos de perturbações mentais a Satanás. Outra prática comumente seguida em relação ao exorcismo é a "batalha espiritual", uma atividade intensa de oração em que se acredita que os crentes se empenham ativamente e resistem aos "exércitos espirituais da maldade" que assumem o controle de indivíduos, comunidades, cidades e nações.

6. A democratização do Espírito

O estilo da "liberdade no Espírito" que caracteriza o pentecostalismo em todo o mundo tem contribuído indubitavelmente para aumentar o poder de atração desses movimentos em muitos contextos diferentes. Uma liturgia espontânea que, diferente das da maioria das igrejas mais antigas é principalmente oral e narrativa, carrega uma ênfase numa experiência direta de Deus por meio do Espírito. O resultado é a possibilidade de pessoas comuns serem elevadas acima dos afazeres mundanos do dia-a-dia para uma nova esfera de êxtase. Isso é auxiliado pelas ênfases no falar em línguas, orações simultâneas emocionais em voz alta e danças na presença de Deus — acessórios litúrgicos muito comuns. Essas práticas fizeram com que o culto pentecostal fosse mais facilmente assimilado em diferentes contextos culturais, especialmente onde um senso da proximidade divina era pressuposto. E essas liturgias contrastavam nitidamente com liturgias racionalistas e escritas presididas por um clérigo que era o aspecto central da maior parte das outras formas de cristianismo. Além disso, essa participação total era acessível a todos, e o envolvimento de mulheres e dos leigos tornou-se o aspecto mais importante do culto pentecostal, contrastando com o papel dominante desempenhado por sacerdotes ou ministros de sexo masculino em igrejas mais antigas.

Embora muitas das igrejas carismáticas mais novas tenham restaurado a ênfase protestante tradicional na pregação da Palavra pelo ministro como um elemento central, ainda se pode afirmar que o pentecostalismo permite aos membros comuns um envolvimento muito maior nos cultos da igreja do que ocorre em igrejas mais antigas. Os pentecostais, com sua oferta de plena participação a todos, independentemente de raça, classe ou gênero, produziu o que resultou numa democratização do cristianismo, um protesto contra o *status quo*. O batismo do Espírito, segundo entendia William Seymour, incluía a dimensão da igualdade racial, social e de gênero na família de Deus e uma dimensão de amor por todas as pessoas, transcendendo aparências exteriores. Mas o pentecostalismo não tem provido, no decorrer dos anos, muita justificação teológica para a reconciliação racial, e o que ocorre com frequência é o oposto.

Mas a atuação de mulheres com dons carismáticos foi disseminada em todo o pentecostalismo. Isso resultou numa proporção muito maior de mulheres no ministério pentecostal do que em qualquer outra forma de cristianismo da época. Isso harmoniza com a proeminência de mulheres em muitos rituais religiosos tradicionais no Terceiro Mundo, contrastando com a prática que prevalece em igrejas mais antigas que barravam a entrada de mulheres no ministério ou até a participação delas em cultos públicos. Os pentecostais, especialmente os mais influenciados pelo evangelicalismo norte-americano, precisa cuidar para não limitar e apagar esse ministério importantíssimo das mulheres, que formam a grande maioria da igreja em todo o mundo. Mas a proeminência (ou não) das mulheres muitas vezes dependeu de quem contava as histórias. Essa liberdade era concedida de maneira relutante numa sociedade dominada por homens. A predominância de mulheres certamente foi real no movimento pentecostal dos Estados Unidos que cedo promoveu o ministério de mulheres cujas façanhas são legendárias. As mulheres foram efetivamente mobilizadas para o serviço como ministras e fundadoras durante os primeiros dias do movimento pentecostal na América do Norte e em outros lugares, e o ministério de mulheres pentecostais continua hoje em muitas partes do mundo. A ênfase inicial no ministério das mulheres, entretanto, desapareceu formalmente mais tarde nas missões pentecostais clássicas, e a importância da experiência do batismo do Espírito na vida de ministras teve de assumir lugar secundário em relação à estrutura patriarcal geral da igreja e da sociedade. O movimento pentecostal não tem conseguido lidar com males sociais, às vezes optando por perpetuar a opressão cultural — especialmente com respeito a gênero, raça e casta.

7. Conclusão

A teologia pentecostal alcançou a maioridade. De suas próprias fileiras surgem estudiosos que estão mudando os paradigmas da teologia tradicional. A teologia pentecostal emergente precisa lidar com seu passado na medida em que reflete sobre a visão de seus fundadores, que eram mulheres e homens de fé e ação, mais do que teólogos teóricos da torre de marfim e do claustro. Em muitas partes do mundo, a miríade de necessidades dificilmente será suprida por um cristianismo filosófico antiquado, racional e um tanto impotente. O cristianismo inovador do pentecostalismo leva a sério a cosmovisão popular com suas necessidades existenciais e faz uma contribuição valiosa para uma teologia prática e contextual. A teologia pentecostal pode ter de se resolver quanto a seu distanciamento das paixões que inflamaram seus primeiros adeptos e os fez realizarem grandes coisas para Deus numa época em que a fé cristã estava passando por uma crise de confiança, especialmente no mundo ocidental. Ela precisa reconhecer seu passado evangelical, mas evitar os perigos de ser desviado, por um lado, para um *fundamentalismo, em oposição à sua espiritualidade livre e espontânea, e, por outro, para uma institucionalização que sufoca sua flexibilidade inicial de mudar junto com os contextos mutantes.

Veja também APOSTOLICIDADE CONTEMPORÂNEA; BATALHA ESPIRITUAL; BATISMO NO ESPÍRITO SANTO; CURA E LIBERTAÇÃO; DISCERNIMENTO, DISCERNIR OS ESPÍRITOS; GLOSSOLALIA; MOVIMENTOS CARISMÁTICOS; PNEUMATOLOGIA.

BIBLIOGRAFIA. ANDERSON, A., *An Introduction to Pentecostalism: Global Charismatic Christianity* (Cambridge: Cambridge University Press, 2004); ANDERSON, R. M., *Vision of the Disinherited: The Making of American Pentecostalism* (Peabody: Hendrickson, 1979); COX, H., *Fire from Heaven: The Rise of Pentecostal Spirituality and the Reshaping of Religion in the Twenty-first Century* (London: Cassell, 1996); DAYTON, D. W., *Theological Roots of Pentecostalism* (Metuchen: Scarecrow, 1987); FAUPEL, D. W., *The Everlasting Gospel: The Significance of Eschatology in the Development of Pentecostal Thought* (Sheffield: Sheffield Academic Press, 1996); FEE, G. D., *Gospel and Spirit: Issues in New Testament Hermeneutics* (Peabody: Hendrickson, 1991); HOLLENWEGER, W., *Pentecostalism: Origins and Developments Worldwide* (Peabody: Hendrickson, 1997); JACOBSEN, D., *Thinking in the Spirit: Theologies of the Early Pentecostal Movement* (Bloomington: Indiana University Press, 2003); LAND, S. J., *Pentecostal Spirituality: A Passion for the Kingdom* (Sheffield: Sheffield Academic Press, 1993); MENZIES, R. P., *Empowered for Witness: The Spirit in Luke-Acts* (Sheffield: Sheffield Academic Press, 1994); YONG, A., *The Spirit Poured Out on All Flesh: Pentecostalism and the Possibility of Global Theology* (Grand Rapids: Baker Academic, 2005).

A. Anderson

PERSEGUIÇÃO E MARTÍRIO

Embora os mártires com frequência sejam estimadíssimos por causa de sua fidelidade, no pensamento da vertente principal do cristianismo, buscar o martírio não é uma virtude. Pragmaticamente, nem sempre acontece de o martírio promover o crescimento da igreja: a intensa perseguição das igrejas do Norte da África, Núbia, Japão, China, Camboja e outros lugares causou o desaparecimento e até a extinção delas. Teologicamente, os cristãos têm em alta conta a *criação — "Deus não odeia nada que tenha feito", como expressa uma oração antiga — e os cristãos não têm direito de buscar o fim da própria vida, mesmo pelo martírio. Cristianismo bíblico não é o ódio ao mundo ou a negação do mundo: este mundo foi criado e redimido por um Deus que o ama (Jo 3.16), e seu destino não é a aniquilação, mas a renovação (veja Rm 6; 1Co 15; Ap 21). Os mártires cristãos também diferem, por exemplo, dos mártires islâmicos: não há justificativa cristã para que o martírio envolva inflição de violência a outras pessoas no curso de acabar com a própria vida em favor da causa. Em contraste com outras cosmovisões, a Bíblia defende o *amor aos inimigos, não o ódio (Mt 5.44).

1. Precedentes bíblicos e históricos
2. A situação contemporânea

1. Precedentes bíblicos e históricos

1.1. Antigo Testamento. O martírio e a perseguição têm sido realidade na vida do povo de Deus desde o princípio. A história bíblica considera o êxodo do Egito uma história da identificação de Deus com um grupo de escravos e sua redenção do sofrimento a que eram submetidos sob um governo tirânico, como um evento seminal na vida do povo de Deus, Israel, evento que serviu como paradigma para a autocompreensão de Israel. Ao longo de toda sua história, Israel se viu sofrendo sob a dominação de impérios hostis. Não importa se as histórias são do período pré-monárquico, do período monárquico em que muitos dos próprios governantes tornaram-se opressores ou do período do exílio de Israel na Babilônia: a narrativa do Antigo Testamento reconhece que o povo de Deus será odiado e perseguido pelas nações. O material legal do Antigo Testamento, por outro lado, revela um Deus que deseja que os fracos (viúvas, órfãos, escravos e oprimidos) sejam cuidados, e os profetas declaram o julgamento divino contra Israel quando este age contra as leis que protegem os pobres. Durante o período dos macabeus, a reflexão acerca da realidade da perseguição contribuiu para o desenvolvimento da uma esperança renovada na ressurreição dos martirizados na luta contra o domínio estrangeiro opressivo.

1.2. Novo Testamento. O Novo Testamento situa a história do nascimento de Jesus durante um período em que o povo de Deus estava vivendo sob o poder imperial romano, no governo de Herodes o Grande, um rei subordinado ao imperador Augusto (Lc 2.1-3). Um dos primeiros episódios do Novo Testamento traz Jesus e sua família escapando da perseguição, fugindo para o Egito, para longe do assassino Herodes (Mt 2.1-15). Durante seu ministério, tanto na Galileia como na Judeia, Jesus é combatido e perseguido por membros de vários partidos de seu próprio povo (Jo 1.11). O episódio central da história cristã é a paixão de Jesus de Nazaré, a história de uma conspiração contra ele, sua prisão com base em acusações forjadas, seu "julgamento" diante de judeus e gentios numa sucessão de audiências injustas, e sua tortura e morte numa cruz, o símbolo máximo do poder de Roma sobre seus inimigos.

O padrão da perseguição e martírio de Jesus é reproduzido na vida de seus seguidores. Depois de Jesus (Jo 15.18), a perseguição e o martírio logo se tornaram realidade da vida da igreja primitiva. Atos registra Estêvão como o primeiro "mártir" (literalmente "testemunha", neste caso, quem se dispõe a testificar de Jesus até a morte), o primeiro cristão condenado à morte por crer em Jesus (At 7.54-60). Vários livros do Novo Testamento parecem ter sido escritos para fortalecer grupos cristãos que estavam sofrendo ameaças de perseguição e martírio ou a enfrentavam de fato (e.g., Mt 5.10-12; Lc 21.12-19; Hb 10.32-39; 12.1-12; Tg 1.2, 12; 1Pe 4.12-19; Ap 6.9-11; veja Cunningham; Pobee). Parte dessa perseguição ocorreu por obra dos judeus que se opunham à identificação cristã entre o Jesus crucificado e o Messias. Ao que parece, foi precisamente por esse motivo que Paulo pré-cristão se opunha à mensagem cristã. No final do século primeiro, parece que a divisão entre cristãos e judeus havia aumentado de tal maneira que alguns da comunidade judaica haviam composto para o culto nas sinagogas orações que alguns acreditam terem sido escritas especificamente para excluir cristãos (os chamados *Birkat haMinim*, o décimo segundo parágrafo das Dezoito Bênçãos). É provável que os cristãs fossem às vezes incluídos em alguns episódios de perseguição romana contra os judeus, como quando Cláudio baniu os judeus de Roma (At 18.2).

Na maior parte do período imperial romano, os judeus estavam dispensados do serviço militar, tinham permissão para enviar seus impostos para o templo em Jerusalém em vez de Roma e estavam isentos de cultuar deuses romanos. À medida que judeus e cristãos se distanciavam, porém, as autoridades romanas passaram a ver o cristianismo no mínimo como uma religião nova perigosa que não tinha o pedigree do judaísmo e desviava as pessoas do culto aos deuses, inclusive ao próprio César. Os cristãos, portanto, eram acusados de ódio contra a humanidade, canibalismo e ateísmo. É possível que alguns cristãos gentios fossem motivados a se tornarem judeus por meio da circuncisão a fim de evitar a perseguição que as autoridades romanas locais promoviam contra os cristãos (Gl 6.12).

1.3. Período pós-apostólico. Na época de Nero, os cristãos haviam se tornado um grupo identificável malquisto o suficiente para Nero poder desviar de si mesmo, para eles, a culpa pelo incêndio de Roma. Durante o período do Novo Testamento, a maior parte dos incidentes de perseguição cristã era local e temporária, mas depois dele, houve vários exemplos de perseguições severas em todo o império, resultando em números substanciais de cristãos morrendo pela fé em Cristo. Talvez o pior período tenha sido durante o reinado do imperador Diocleciano. A perseguição diocleciana durou de 303 a 312 (veja Eusébio, *História Eclesiástica* 8 e 9; Frend). Na igreja primitiva, o exemplo da perseverança paciente sob sofrimentos levou estrangeiros à fé em Cristo, de modo que Tertuliano (c. 160 – c. 225), teólogo do Norte da África, podia declarar que o sangue dos mártires é "a semente" da igreja (Tertuliano, *Apologia* 21). Isso se mostrou verdadeiro em mais de uma ocasião na história cristã: as origens do cristianismo em Uganda, por exemplo, são com frequência vinculadas a um grupo de jovens protestantes e católicos mortos sob o "Kabaka" em 1886 (Faupel).

2. A situação contemporânea
No mundo contemporâneo, embora haja perseguições recentes da parte dos cristãos, como os ataques promovidos pelos sérvios na

Bósnia ou pelos russos na Chechênia, a realidade devastadora presente é que a própria igreja está sendo severamente perseguida. Ainda que seja impossível contar os cristãos perseguidos, comunidades cristãs nos países e áreas em que tais perseguições ocorrem contam cerca de 230 milhões, enquanto mais centenas de milhões sofrem discriminação.

2.1. Países comunistas e pós-comunistas. Um dos principais cenários de perseguição são os países remanescentes do comunismo ou os que ainda se denominam comunistas: China, Vietnã, Laos, Coreia do Norte e Cuba. Há padrões semelhantes em Belarus, Turcomenistão e Uzbequistão, que são nominalmente pós-comunistas, mas as mesmas pessoas continuam detendo o poder. Apesar de haver relativa liberdade de culto em igrejas controladas e supervisionadas pelo estado, mas ainda assim cheias de vida, a expressão religiosa fora desses corpos é com frequência suprimida, às vezes com brutalidade. Na China, a própria Igreja Católica Romana é ilegal uma vez que, violando a política do estado, aceita uma autoridade externa ao país, o papa. Embora possa muitas vezes ter boas relações com a Associação Patriótica Católica, muitos de seus sacerdotes e bispos têm sido presos. Padrões semelhantes valem para as igrejas protestantes "caseiras" ou "subterrâneas". Muitos de seus líderes foram presos ou enviados para campos de trabalho. Laos adota política semelhante, como faz o Vietnã, onde o governo também tem sido violentamente repressivo contra igrejas protestantes que crescem rapidamente entre os hmongs e outros montanheses. O Turcomenistão, Uzbequistão, Belarus e, em menor grau, Cazaquistão, Tajiquistão e Quirguistão, também tornam quase impossível o registro de grupos cristãos pequenos, e então os reprimem, considerando-os ilegais. Cuba adota a mesma política, ainda que o governo muitas vezes ajuste suas práticas quando percebe algum ganho político, e recentemente tem sido altamente repressiva contra ativistas democráticos, muitos dos quais são cristãos dedicados. Informações cada vez mais numerosas acerca da Coreia do Norte indicam que cada expressão religiosa cristã ou não é violentamente reprimida e que grande número de cristãos, bem como seus familiares, é enviado para campos de trabalho onde o tratamento que recebem é com frequência até pior do que o que recebem os outros colegas dos campos.

2.2. Sul da Ásia. Muitas regiões do mundo, especialmente o Sul da Ásia, estão experimentando uma identificação crescente do estado com uma religião em particular. Um efeito é que minorias religiosas, como os cristãos, começam a ser tratados como adeptos de uma religião "estrangeira" e cidadãos de segunda classe. Na Índia, especialmente sob governos no Partido do Povo Indiano (BJP), um número cada vez maior de estados têm usado leis anticonversão para atingir cristãos, em particular entre os dalits, havendo várias centenas de ataques violentos de motivação religiosa todos os anos. Os cristãos de Sri Lanka estão sofrendo pressões semelhantes uma vez que os governos estão se identificando mais estreitamente com o *budismo cingalês e monges budistas radicais têm liderado ataques contra igrejas. O mesmo padrão, ainda que em menor escala, é encontrado no *hinduísmo nepalês e no budismo butanês. Em Mianmar (Birmânia), o regime do SLORC é essencialmente uma ditadura militar que reprime todas as expressões religiosas independentes mas, carecendo de legitimidade, tem procurado retratar-se como defensor do budismo, especialmente em sua guerra contra minorias tribais no leste, onde se concentram os cristãos. Os ataques do regime têm matado dezenas de milhares e produzido centenas de milhares de refugiados.

2.3. Países muçulmanos. A perseguição mais ampla da igreja ocorre nas mãos do crescente extremismo islâmico. Isso inclui perseguição estatal direta, violência da sociedade e ataques de justiceiros e terroristas.

2.3.1. Repressão estatal. O principal estado islâmico repressor é a Arábia Saudita, onde as reuniões cristãs são prescritas e cultos de adoração privados são atacados pela *mutawa*, a polícia religiosa, e seus membros muitas vezes aprisionados. Outro grande problema para os cristãos e outros é que os sauditas gastam agora bilhões de dólares por ano para promover sua forma extremista de *islamismo pelo mundo. A Arábia Saudita também impõe uma disposição legal que autoriza a penalidade de morte para "apóstatas", incluindo muçulmanos reformistas e qualquer um que troque de religião, deixando o islamismo. Mauritânia, Irã, Ilhas Comores e Sudão têm disposições semelhantes em seu código. O Egito não tem provisões desse tipo, mas usa leis sobre "insultos ao islã" ou "formação de conflitos sectários" para perseguir os convertidos, ao mesmo tempo em que limita severamente a capacidade de comunidades cristãs construir ou reformar igrejas. No restante do mundo muçulmano, são os justiceiros ou membros da família que matam em defesa da própria honra. No Paquistão, os efeitos das leis de blasfêmia que podem levar à penalidade de morte recaem de modo desproporcional sobre os cristãos. Uma vez que nas cortes o testemunho de um cristão tem metade do valor do de um muçulmano, a Turquia continua sufocando as igrejas ortodoxas, que desaparecem rapidamente, enquanto as protestantes sofrem ataques esporádicos. No Sudão, um componente importante da guerra civil com o Sul — que deixou mais de dois milhões de mortos — foi o esforço do regime de Cartum no sentido de impor sua forma de islamismo ao Sul, que é formado principalmente por cristãos e adeptos de religiões tradicionais africanas.

2.3.2. *Grupos radicais e violência popular.* Na Nigéria, Egito, Indonésia, Iraque, Somália e Paquistão, a maior ameaça também vem de grupos radicais ou violência popular com maior ou menor cumplicidade do governo. Essa violência ocorre com frequência no Egito, onde a Igreja Copta tem sido sujeitada a incêndios e matanças locais. A violência é disseminada no norte e centro da Nigéria, onde dezenas de milhares morreram com a introdução da lei islâmica da sharia. No Paquistão, acusações de que os cristãos cometeram blasfêmia provocaram ataques de multidões contra comunidades cristãs inteiras. Na Indonésia, o governo e os principais grupos muçulmanos têm se oposto a tais ataques, mas no Egito, Nigéria ou Paquistão, as autoridades locais têm sido coniventes ou incapazes de impedi-los.

2.3.3. *Justiceiros e terroristas.* Ataques de justiceiros e terroristas ocorrem em todos os países muçulmanos mencionados acima e também na Argélia, onde guerrilhas islamistas em oposição ao governo têm alvejado sacerdotes, monges e freiras. Assaltos semelhantes ocorrem no sul das Filipinas, leste e oeste da África e Bangladesh. Na Indonésia, historicamente tolerante, têm-se repetido atentados a bomba contra igrejas e em áreas do leste, como Maluku e Sulawesi, onde os cristãos são minoria, milícias muçulmanas têm massacrado milhares de cristãos e forçado outros a se converter.

2.4. Outras áreas. Há outros casos de perseguição além das correntes descritas acima. Algumas delas são de cristãos contra cristãos. No estado mexicano de Chiapas, líderes "católicos" tradicionais do lugar, combatidos pela igreja, têm atacado os protestantes. Outros casos são de discriminação contra comunidades cristãs minoritárias, especialmente onde a Igreja Ortodoxa tem posição privilegiada, como na Rússia, Belarus, Grécia, Armênia e Etiópia. A Eritreia segue padrão próprio na perseguição a todos os grupos religiosos "não tradicionais", especialmente evangélicos. Centenas de protestantes independentes têm sido presos, muitos sofrendo tortura.

Na Europa Ocidental, a ideologia de um estado secular em que não se privilegia nenhuma religião específica está passando para uma em que o secularismo é professado como a própria ideologia do estado. Uma consequência é a pressão crescente sobre os cristãos e outros que desejam defender padrões morais em relação à homossexualidade e casamento, por exemplo, em oposição à cultura dominante.

A perseguição em países pós-comunistas e nos comunistas que ainda restam permaneceu relativamente constante na última década, embora, pelo fato de a igreja estar crescendo rapidamente em muitos desses países, o número real de cristãos afetados esteja aumentando. A perseguição no sul da Ásia nacionalista religiosa está crescendo, mas por estarem necessariamente ligadas a países específicos, é improvável que as ideologias repressivas se espalhem pelo mundo. A principal fonte de perseguição, o islã extremista, está crescendo rapidamente e, não ocorrendo grandes mudanças, tende a continuar nessa marcha. O islã substituiu o comunismo como o maior perseguidor de cristãos.

Uma das consequências é que as comunidades cristãs do Oriente Médio continuam decrescendo rapidamente. Há uma fuga contínua de cristãos do Egito, Turquia,

Líbano, das áreas sob autoridade palestina e, agora, Iraque. A presença cristã nas terras onde nasceu o cristianismo está se tornando um remanescente.

2.5. Desenvolvimentos positivos. Também há boas notícias. A América Latina torna-se uma das áreas mais livre do mundo em termos religiosos. E, exceto pela Belarus, os países do Leste Europeu também se têm tornado em grande parte livres. Também há liberdade em muitas partes da África e no Sudeste e Leste da Ásia. Entretanto, o mundo está vendo a crescente influência política da religião autoritária associada a uma crescente repressão religiosa.

As razões para tal perseguição e as razões de seu crescimento são muitas e complexas. Assim como em outras áreas da vida, a fé costuma estar entrelaçada com fatores étnicos, políticos, territoriais e econômicos. Embora muitos cristãos sejam perseguidos por causa da fé — isto é, não estariam sofrendo se não fossem cristãos ou, pelo menos, não teriam esse mesmo nível de sofrimento —, há menos casos em que a fé ou teologia da pessoa é o único fator. Desse modo, devemos ser cautelosos ao chamar de "mártires", no sentido teológico preciso, os cristãos que sofrem.

Ainda que os motivos para perseguições sejam complexos, um fator importante é que o evangelho é agora uma fonte de sociedades livres e democracias. Mesmo onde a igreja não é politicamente ativa, ao simplesmente afirmar o direito de promover suas próprias crenças, livre de controle externo, está afirmando que é preciso haver na sociedade espaço livre da orientação do estado. Simplesmente ao afirmar a autoridade divina acima de César, ele assevera que o estado não pode ser a autoridade máxima. Isso é uma contestação de todo regime autoritário. Em 1992, a imprensa chinesa observou que "a igreja desempenhou um papel importante na mudança" que ocorreu na Europa Oriental e na antiga União Soviética e alerta: "se a China não quer que tal cena se repita em sua terra, deve estrangular o bebê enquanto ainda está na manjedoura".

Veja também Direitos Humanos; Liberdade Religiosa; Sofrimento.

Bibliografia. Barrett, D., Kurian, G. e Johnson, T., *World Christian Encyclopaedia* (2. ed.; 2 vols.; New York: Oxford University Press, 2001); Cunningham, S., *Through Many Tribulations: The Theology of Persecution in Luke-Acts* (Sheffield: Sheffield Academic Press, 1997); Faupel, J. F., *African Holocaust: The Story of the Uganda Martyrs* (Nairobi: St Paul Publications, Africa, 1962); Frend, W. H. C., *Martyrdom and Persecution in the Early Church* (Oxford: Oxford University Press, 1965); Jenkins, P., *The Next Christendom* (New York: Oxford University Press, 2002); Marshall, P., *Their Blood Cries Out* (Nashville: Word, 1997); idem, org., *Religious Freedom in the World* (Lanham: Rowman and Littlefield, 2008); Pobee, J. S., *Persecution and Martyrdom in the Theology of Paul* (Sheffield: JSOT Press, 1985). Veja também os relatórios anuais sobre Liberdade religiosa do U.S. State Department e da U.S. *Commission on International Religious Freedom*, e também os relatórios anuais da ONU no Special Rapporteur on Religious Intolerance.

P. Marshall e G. LeMarquand

PIERIS, ALOYSIUS. *Veja* Teologia Asiática.

PIETISMO

A palavra *pietismo* começou como um termo pejorativo. Foi primeiro aplicado por críticos luteranos ortodoxos aos seguidores de Philipp Jakob Spener em 1689 e implicava que haviam substituído a *justificação pela piedade. Mas se agora o pietismo é considerado o movimento de renovação alemão mais significativo depois da Reforma, o conceito permanece controverso, tanto no sentido amplo como no estreito. As origens distantes do movimento estão na "crise de piedade", no final do século 16, que foi combatida por um movimento em favor da piedade. Aqui, a figura principal foi Johann Arndt (1555-1621), cujo *Verdadeiro Cristianismo* (1606), uma releitura luterana de textos místicos medievais, foi a obra devocional mais bem-sucedida na história protestante. Muitas correntes espirituais fluíram de Arndt. O pietismo foi uma delas. Como Arndt, os pietistas desejavam substituir a polêmica por uma vida espiritual intensificada, usar a *mística como testemunho para um tipo particular de luteranismo, e com frequência partilhavam seu paracelsismo. Mas se o pietismo brotou longe do movimento pela piedade na ortodoxia luterana (*veja* Teologia Luterana), no sentido estrito, ele foi o maltratado remanescente de um partido da igreja sobrevivendo aos ataques ferozes da ortodoxia luterana contra Spener e seus amigos no final do século17.

1. Desenvolvimento histórico
2. Pietismo no Terceiro Mundo

1. Desenvolvimento histórico
Spener (1635-1705), educado na ortodoxia reformada da Universidade de Estrasburgo, tornou-se Sênior de Frankfurt, cidade luterana de mistura religiosa incomum, inclusive o maior gueto judaico na Alemanha. Não conseguindo mover o conselho da cidade, Spener elaborou políticas que não precisam esperar a ação de autoridades públicas. A principal dentre elas foi o *collegium pietatis*, que ele iniciou entre os *devotos* de sua congregação. Ali, leigos deviam exortar, encorajar e converter uns aos outros, finalmente concretizando o negligenciado conceito do sacerdócio de todos os crentes. Em 1675 ele produziu uma importante obra programática, a *Pia Desideria*, de início escrito como prefácio aos sermões lecionários de Arndt. Ele então a fez circular, publicada em separado, entre muitos teólogos, esperando criar um consenso pela reforma da igreja. Ele deixou claro que, diferente de muitos críticos radicais contemporâneos, aceitava a igreja estabelecida, mas não aceitaria que ela fosse suficiente para se chegar à doutrina pura, e atacou todas as ordens da sociedade por sua contribuição para o declínio da igreja. Ele defendeu o exercício do sacerdócio geral e o treinamento do clero pelo uso devocional da Bíblia. Na "esperança por tempos melhores" ele apresentou um novo incentivo para um esforço espiritual maior. Spener sustentava que, de acordo com as Escrituras, os últimos dias não viriam antes de as promessas de Deus para a igreja serem cumpridas, e um dos presságios disso seria a conversão dos judeus prometida em Romanos 11. Assim, um esforço espiritual maior poderia até apressar a própria segunda vinda do Senhor. Os judeus eram então repelidos pelo estado decaído da igreja; a renovação os atrairia.

Os colegas de Spener receberam suas propostas de forma complacente, mas não prometeram agir. Quando começaram as ações, com a reforma dos estudos teológicos em Leipzig, Tübingen e Giessen, Spener tornou-se o alvo de uma polêmica ortodoxa imensa que continuou por toda a vida. Depois de um intervalo infeliz como capelão principal da corte em Dresden (1689-1691), teve a sorte de receber proteção do Eleitor de Brandemburgo e mudou-se para Berlim como preboste da Igreja de São Nicolau. Seus críticos alegaram que o *collegia pietatis*, ou encontros de classe, estavam fadados a gerar um cisma, e que adiar os últimos dias para uma distância média destruía o principal instrumento dos clérigos para esporar a consciência do rebanho. À primeira acusação, Spener era vulnerável. Parte de seu collegium de Frankfurt havia tido contato com Jean de Labadie e seus separatistas holandeses, e também se separou. Depois de deixar Frankfurt, Spener deixou de organizar classes, ainda que incentivasse outros a fazê-lo, tornando-se o patrono e defensor de toda a causa pietista. Ele também se beneficiou de dois importantes fatores seculares paralelos: heráldica e genealogia. Os "condes piedosos", que prestavam bons serviços a instituições pietistas em Halle com frequência tinham sido servidos por Spener nessa posição. Ele estava em posição privilegiada contra a escatologia ortodoxa. Durante a Guerra dos Trinta Anos os ortodoxos luteranos haviam concluído que o fim estava próximo, que a tarefa missionária da igreja tinha sido completada, e que o único meio de mover a consciência popular era insistir que poderia ser tarde demais se o arrependimento fosse postergado.

O segundo *round* da polêmica ortodoxa foi dirigido contra um dos protegidos de Spener, August Hermann Francke (1663-1727), que começou, com amigos, um grupo de estudo bíblico entre estudantes em Leipzig em 1689. A classe esvaziou as preleções dos professores e atraiu as pessoas da cidade. Quando foram cortados, Francke era pároco e professor titular de grego e línguas orientais em Halle, onde Brandemburgo estava criando uma nova universidade. Ali Francke permaneceu trinta e cinco anos, até a morte, criando uma vasta gama de instituições para treinamento teológico, cuidado com órfãos, educação e missões (suplementados pelas missões de Callenberg aos judeus), um instituto bíblico e suporte para minorias luteranas fora do país. A dinastia proveu alguns privilégios fiscais e ajudou a bater o clero ortodoxo local. Em troca, ele criou uma rival para a grande universidade saxônica de Leipzig e, por sua obra entre os protestantes oprimidos da Silésia, aumentou as antigas ambições do governo prussiano naquela direção. Mas os alvos mais amplos de Halle para apoiar o luteranismo desde a Rússia até a Pensilvânia ou a costa do Tranquebar não interessava aos Hohenzollerns. Francke deu grande estabilidade à causa pietista plantando ex-alunos na igreja, exército e serviço público e em capelanias e tutorias para os "condes piedosos" de todo o império. Seu próprio império era sustentado, não pela dinastia, mas pelas campanhas de caridade por toda a Europa, por vendas de sua farmácia e comércio de vinhos húngaros. Francke foi um dos maiores organizadores da história cristão e também uma poderosa força espiritual. Quando jovem, estava muito mais perto dos radicais e separatistas do que Spener. Depois de um embate severo, uma conversão marcante (1687) o impediu de perder a fé. Isso levou a uma reorganização completa de sua personalidade, resultando numa capacidade de trabalho sem precedentes. O *Busskampf* tornou-se central para o seu entendimento da conversão e o padrão da vida cristã exportada por seus ex-alunos. E isso tornou inevitável o conflito entre o pietismo e Halle e o *Iluminismo.

Entre os pietistas que resistiram ao domínio de Francke, o mais proeminente foi o conde Nicolas Ludwig Zinzendorf (1700-1760). Ele era filho de um conde protestante austríaco que havia emigrado por questões de consciência e de uma mãe que, enviuvando-se cedo, casou-se com um marechal de campo prussiano íntimo do círculo de Halle. Foi criado entre a aristocracia inquieta da Alta Lusácia por sua avó, Henriette Katharina von Gersdorf, política astuta e intelectual excepcional, muito admirada por Spener. Ela permaneceu independente do partido hallesiano e assim também o jovem conde. Um tanto incomodado durante sua formação em Halle e Wittenberg, desde menino tinha por aspiração reconciliar os dois lados e ser líder na união da igreja. O estabelecimento de um refúgio para protestantes perseguidos em seu estado de Herrnhut o envolveu numa diplomacia sinuosa. Seus morávios estavam determinados a renovar a antiga Unidade dos Irmãos. Ele sabia que era impossível garantir reconhecimento legal a uma quarta religião no Santo Império Romano e procurou abrigá-los como uma comunidade sob a Confissão de Augsburgo. A situação na Alemanha mostrou-se de fato espinhosa. Por fim os morávios floresceram fora do império em estados protestantes em que a dissidência religiosa era tolerada. A leitura favorita de Zinzendorf, depois da Bíblia, era o cético Pierre Bayle. Ele concluiu que não havia religião natural: a única alternativa ao *ateísmo era a plena revelação do Salvador crucificado. Além disso, era possível aos Irmãos estarem "em Cristo" continuamente porque sua presença invisível com eles prolongava sua presença física visível nos quarenta dias após a primeira Páscoa. Essa era a base do culto das feridas, que floresceu de maneira extravagante no *Sichtungszeit* do final da década de 1740. Mas isso gerou bancarrota financeira e, como pensam alguns, espiritual, e fez com que Spangenberg assumisse o controle da comunidade e a devolvesse à ortodoxia luterana.

Em 1751, Zinzendorf falou como se fosse o último discípulo da "esperança de tempos melhores" de Spener, esperança que, reforçada pela necessidade de encontrar novas bases politicamente seguras, colocou os morávios entre os pioneiros protestantes das missões além-mar. O objetivo deles não era garantir batismos em massa, mas simplesmente converter as "primícias" até a segunda vinda. Entretanto o heroísmo deles levou o centro de gravidade dos morávios primeiro à Inglaterra e por fim às Índias Ocidentais e à África.

Württemberg tornou-se viveiro do pietismo, lugar em que a influência do conde permanecia mínima. Em 1733, Oetinger, ordinando de Württemberg que passou tempo em Herrnhut, organizou uma visita de Zinzendorf a Bengel, professor suábio pouco conhecido, mas posteriormente reconhecido como o maior e mais abrangente pietista do ducado. Ele já havia datado a história da salvação no livro de Apocalipse, concluindo que a Última Era começaria em 1836. Zinzendorf estava pronto para assistir Bengel no estabelecimento de um texto melhor do Novo Testamento, mas era aristocrático demais, hostil demais ao "sistema" e influenciado demais por Bayle para engolir a escatologia. Desse modo, Bengel o perseguiu incansavelmente na imprensa e excluiu a influência morávia de Württemberg até depois de sua morte e da morte de Zinzendorf. O pietismo intelectual no ducado era então mantido pelo genro de Bengel, Philipp David Burk, e pelos pupilos de Bengel, especialmente Oetinger.

Friedrich Christoph Oetinger (1702-1782) tentou resolver a dicotomia entre matéria e espírito que havia encontrado nas escolas alemãs com uma grande perspectiva abrangente. Os primeiros pietistas uniram-se numa hostilidade ao "sistema", a Aristóteles, o reputado ancestral de todo o sistema. Oetinger propôs um novo sistema combinando a história bengeliana, a ciência behmenista e o misticismo da cabala. O sistema, dizia ele, era deduzido da ideia de "vida", um retorno ao vitalismo de Arndt e do início do pietismo. Mas Oetinger tinha conflitos frequentes com a igreja de Württemberg, seu sistema era muito inacessível e influenciou principalmente homens de letras. A tradição duradoura no ducado foi a escatologia de Bengel. Phillip Mathäus Hahn (1739-1790), teólogo pietista e matemático, chegou a inventar uma máquina do mundo astronômico, mostrando os movimentos dos planetas e projetada para parar em 1836 no início da era milenar.

A situação nas igrejas reformadas era complexa e, entre os holandeses, gerou alguma resistência à adoção da palavra *pietista,* Cada uma das principais reservas reformadas da Suíça, França, Províncias Unidas e Hungria, sem mencionar a diáspora reformada pela Alemanha e Polônia, tinha seus próprios problemas; cada uma sentia a pressão de formarem uma confissão própria, e a maioria seguia a liderança acadêmica e aristotélica (*veja* Teologia Reformada). Confissões elevadíssimas foram impostas em Berna e Westminster, provocando resistência tanto de pietistas como de ortodoxos racionais. Berna reprimiu com firmeza seus pietistas, mas os levou para os braços de Spener e seus amigos. Apesar da severidade da censura, editores suíços publicaram traduções de clássicos puritanos ingleses, dando acesso direto a uma piedade caracterizada por *conversão, *santificação e auto--observação. Por volta de 1730, a tentativa de obrigar a uniformidade na Suíça tinha fracassado, os pietistas estavam se tornando avivamentistas e trazendo sua comunidade reformada a uma proximidade nunca antes vista com o mundo luterano.

Nas Províncias Unidas, as autoridades da igreja, confrontadas por uma grande minoria católica e um submundo substancial obstinadamente comprometido com uma vida dissoluta, agiram de modo mais cauteloso. Uma solução para os seus problemas era *Nadere Reformatie,* outra reforma. Esse movimento tinha por alvo unir *pietas,* a religião do coração, com *praecistas,* uma conduta em estrito acordo com os mandamentos bíblicos ou, em outras palavras, unir a reforma na doutrina e na estrutura da igreja já alcançadas com a reforma interior do fiel. A certeza podia ser provida pela lógica aristotélica e, quando isso foi apoiado por Gisbertus Voetius (1589-1676) com retórica poderosa e preocupações pastorais, cenas reminiscentes do *avivamentismo puderam se manifestar. As divisões teológicas na Igreja Reformada Holandesa coincidiam com diferenças sociais e políticas. João Coceio (1603-1669), eminente filologista bíblico, produziu um panorama abrangente da intenção salvadora de Deus em Cristo. A erudição de Coceio era admirada por Spener. Como os pietistas luteranos, ele rejeitou os cálculos do fim iminente da presente era, falando muito da conversão, do novo nascimento e de como os cristãos sabem que estão incluídos na aliança. As duas escolas holandesas insistiam na conexão entre piedade e teologia, ambas promoviam reuniões de classes como um passo em direção à piedade prática e se opunham ao separatismo. Mas as composições sociais deles eram diferentes: os coceianos, de classe alta e relativamente permissivos; os voetianos, de classe mais baixa e puritanos. E, quanto à política, estavam amargamente divididos, com os voetianos devotados à família Orange e um forte governo central, e os coceianos mantendo oposição patriótica contra o poder de Orange.

O pietismo reformado surgiu em meio à diáspora reformada, estendendo-se de Bremen e Leste da Frísia até o Baixo Reno, onde essa rivalidade política era irrelevante e as duas escolas unidas estabeleceram os fundamentos de um avivamentismo reformado. Theodor Undereyck (1635-1693), um Spener reformado para seus protegidos, era pupilo de Voetius e pregava ao modo deste. Mas servia na cidade coceiana de Bremen e seu ministério foi estendido por toda a Alemanha reformada por seus pupilos, amigos e convertidos. Friedrich Adolf Lampe (1683-1739), filho de um ministro voetiano, mas educado numa faculdade coceiana em Bremen e que por fim ocupou cadeiras tanto em Utrecht como em Bremen, desenvolveu estilos avivamentistas de pregação e realizou um trabalho imenso pelas igrejas reformadas em geral.

O pietismo reformado alemão alterou o equilíbrio na igreja holandesa e também na América. Por Theodorus Jacobus Frelinghuysen (1691-1747) a classe de Amsterdã exportou um protoavivamentista alemão para a América e não poderia deixar de observar a disseminação das posições evangélicas e avivamentistas entre seus vizinhos ingleses, irlandeses e escoceses. Em meados dos anos 1749, esses fenômenos estavam estabelecidos nas colônias americanas. A imigração alemã para a América incluiu numerosos sectários pietistas, mas também muitos que não faziam objeções à reconstituição das igrejas estabelecidas que haviam deixado para trás. Bastou Zinzendorf aparecer na Pensilvânia em 1741-1742, com a intenção de organizar ali os alemães, para Halle montar um contra-ataque. Em 1742 eles enviaram Henry Melchior Mühlenberg (1711-1787) para criar uma igreja luterana americana, suprida com pastores de uma variedade monocromática hallesiana. O caso mais extraordinário de influência pietista alemã fora do país foi de John Wesley (1703-1791). Com origens numa Little England estreita e no jacobismo, Wesley juntou-se ao resgate internacional dos refugiados de Salzburg (1735) e na Geórgia foi apresentado ao grande feudo entre Halle e Herrnhut. Suas leituras já incluíam todos os textos místicos aprovados pelos pietistas, de Macário do Egito aos quietistas. Ele adquiriu a insígnia convencional da conversão pietista "quando alguém estava lendo o prefácio de Lutero aos Romanos" em companhia dos morávios, e como os pietistas suíços introduziram a influência luterana alemã no mundo reformado, assim também Wesley, com suas versões de Buddeus, Tersteegen, Bengel e Mosheim, foi um veículo de influências luteranas e pietistas na Igreja Anglicana. Não só as origens pietistas, mas também a história posterior do pietismo são passíveis de interpretações mais largas ou mais estreitas.

W. R. Ward

2. Pietismo no Terceiro Mundo

Embora se possa ver hoje o pietismo como um movimento histórico, sua teologia e espiritualidade disseminaram-se muito além de sua terra de origem. Das seis propostas para a reforma da igreja, as ênfases na Bíblia, o sacerdócio espiritual, a piedade e devoção e sermões orientados para a prática viriam a ser os aspectos duradouros da tradição pietista. O objetivo principal da reforma dessas propostas traduzia-se numa profunda convicção de que a conversão e a nova vida eram possíveis e necessárias. Seu resultado mais profundo tem sido a vasta energia despendida em projetos missionários e sociais fora da Alemanha. Essa energia centrífuga teve um efeito duradouro sobre o cristianismo no Terceiro Mundo. Ela desempenhou um papel crucial em vários movimentos evangélicos em séculos subsequentes como os Irmãos Morávios, o metodismo, os Irmãos de Plymouth, e os movimentos de santidade e pentecostal. Por meio desses movimentos, o espírito do pietismo disseminou-se amplamente, de modo que não seria exagero dizer que o cristianismo, nas suas bases, especialmente na Ásia e África, e têm profunda afinidade com ele. Para citar um caso, o cristianismo na China hoje segue, em grande medida, a corrente pietista, atravessando a igrejas oficial e as igrejas nos lares.

Certo número de características pode ser observado no pietismo do Terceiro Mundo. A primeira é que seu foco básico é Jesus e a cruz. Na China, os cristãos são chamados "crentes em Jesus", e grupos nativos anteriores à revolução como Família de Jesus e Verdadeira Igreja de Jesus refletiam uma devoção firmemente centrada em Jesus. O mesmo é visto no famoso evangelista John Sung, cuja experiência espiritual, conta-nos ele, foi sua visão da cruz em que estavam escritas estas palavras: "Olhe para a cruz e corra para ela". A linguagem da cruz está presente ao longo de toda sua autobiografia. Ele foi levado pelo Espírito a "ler acerca da cruz" e estava determinado a "tomar a minha cruz", e assim por diante.

Outro aspecto é a ênfase na conversão. Mas, em contraste com o pietismo tradicional, os cristãos asiáticos e africanos muitas vezes experimentam a nova vida em Cristo em termos de ter triunfo sobre espíritos malignos e encontrar esperança em meio a sofrimentos e enfermidades. Mas não se trata de triunfalismo porque, com frequência, conversão significa ser deserdado pela família, prisão e até morte. É um *discipulado dispendioso, como um cristão chinês expressa num poema dedicado a um "Evangelista Anônimo":

Fazes muitas jornadas e lutas muitas batalhas,
Tens cruzado rios e montanhas,

Vastas planícies e desertos.

Todo dia chegas mais perto do sofrimento,

Para muitas vilas remotas e atingidas pela pobreza.

Todo dia estás mais longe do conforto de teu lar [...]

Todo dia estás mais longe [...] mais longe [...]

A conversão é evidenciada pela vida virtuosa, conforme se vê nesse cântico da Igreja Chinesa nas Casas:

Velha Vovó acredita no Senhor, ela retira ídolos e respeita o Deus verdadeiro. Ela oferece a tigela de arroz para agradecer a Deus, e o Pai Celeste nos dá um lar feliz. Paz e alegria preenchem nossos dias, sempre avançando, seguindo o Senhor.

Velha Vovó acredita no Senhor, o temperamento dela é muito desenvolvido. Ela trata as filhas e noras com justiça. As pessoas dizem que ela é imparcial, e a luz gloriosa do Senhor brilha sobre todos.

O valor apologético de um cântico desses se perde, a não ser que se compreendam as dinâmicas sociais das famílias chinesas tradicionais, em que a matriarca comanda com mãos de ferro.

Um terceiro aspecto é o lugar central concedido à Bíblia, especialmente à leitura diária da Bíblia em casa. A primeira proposta de Spener em *Pia Desideria* é que "o uso diligente da palavra de Deus, que consiste não só em ouvir os sermões, mas também em ler, meditar e discutir (Sl 1.2), deve ser o meio principal" para efetivar a reforma. Essa convicção continuou com os metodistas, conhecidos como o "povo de um livro" e é bem compreendida por grandes evangelistas e clérigos como Sung, Watchman Nee e Wang Mingdao. Os sermões de Sung e Wang são inundados de figuras e histórias bíblicas. Mas também é um pietismo expresso numa forma distintivamente contextual, por exemplo, a preferência por pregação narrativa, em oposição à exposição do texto. Eles não eram evangelistas independentes, mas compreendiam a importância das instituições como meios para consolidar ganhos evangelísticos. Eles também compreenderam o princípio da autoctoneidade. Sung promoveu reuniões de evangelização em massa, mas também treinou equipes evangelísticas pequenas que ajudavam a consolidar os ganhos. Nee e Wang praticaram o princípio das três autonomias (autogoverno, autossustento, autopropagação) antes mesmo do Movimento Patriótico das Três Autonomias. A estratégia de Nee era incentivar famílias inteiras a se mudarem para regiões não alcançadas da China para estabelecer igrejas. Com o tempo, fundaram-se assembleias de "Pequenos Rebanhos" em algumas das partes mais remotas da China.

Uma quarta característica é o sacerdócio de todos os crentes (segunda proposta de Spener). As mais vibrantes formas de cristianismo no Terceiro Mundo são observadas pelo alto nível de participação de leigos, tanto nas estruturas eclesiásticas formalmente hierárquicas como nas congregacionais. O sistema de grupos celulares de David Yonggi Cho, pastor da maior igreja do mundo na Coreia, é reproduzido em muitas igrejas grandes na Ásia e na América Latina. De fato, há uma tendência generalizada de levar esse princípio do sacerdócio de todos os fiéis em direção ao congregacionalismo.

Quinto, uma das pedras angulares do entendimento pietista da natureza da teologia é expressa no slogan *theologia habitus practicus est* (Spener, proposta 3; cf. proposta 6). Edward Farley observou como essa mudança de orientação, voltada para a prática redefine radicalmente a teologia e reduz o status da teologia a uma das ciências, em vez de vê-la como a "rainha das ciências" ou como "conhecimento espiritual". Ela consigna a teologia ao âmbito do "teórico", em oposição ao prático, dando lugar à conhecida distinção entre teoria e prática. Hoje, essa herança pietista encontra expressão em formas de um evangelicalismo popular caracterizado por uma profunda suspeita para com a teologia e uma preocupação com o prático. A teologia é avaliada apenas pelas "lições práticas" que podem derivar dela. Alguns observam o paralelo marcante entre o pietismo e o Iluminismo em suas respectivas ênfases no prático e no individual. Não é por acaso que os principais pensadores do Iluminismo, como Immanuel Kant e Friedrich Schleiermacher tiveram na juventude fortes raízes no pietismo.

S. Chan

Veja também ILUMINISMO; TEOLOGIA LUTERANA; TEOLOGIA REFORMADA; WESLEYANISMO, TEOLOGIA WESLEYANA.

BIBLIOGRAFIA. ANDERSON, A. e TANG, E., orgs., *Asian and Pentecostal* (Oxford: Regnum, 2005); BEDIAKO, K., *Jesus in Africa: The Christian Gospel in African History and Experience* (Ghana: Regnum, 2000); BRECHT, M., et al., orgs., *Geschichte des Pietismus* (4 vols.; Göttingen: Vandenhoeck & Ruprecht, 1993-2004); DEPPERMANN, A., *Johann Jakob Schütz und die Anfänge des Pietismus* (Tübingen: Mohr Siebeck, 2002); HINRICHS, C., *Preussentum und Pietismus* (Göttingen: Vandenhoeck & Ruprecht, 1971); KIM-KWONG, C. e HUNTER, A., *Prayers and Thoughts of Chinese Christians* (London: Mowbray, 1991); SPENER, P. J., *Pia Desideria* (Philadelphia: Fortress, 1964); STOEFFLER, F. E., *German Pietism During the Eighteenth Century* (Leiden: E. J. Brill, 1973); idem, org., *Continental Pietism and Early American Christianity* (Grand Rapids: Eerdmans,

1976); WALLMANN, J., *Philipp Jakob Spener und die Anfänge des Pietismus* (Tübingen: J. C. B. Mohr, 1970); idem, *Der Pietismus* (Göttingen: Vandenhoeck & Ruprecht, 2005); WARD, W. R., *The Protestant Evangelical Awakening* (Cambridge: Cambridge University Press, 1992); idem, *Early Evangelicalism: A Global Intellectual History, 1670-1789* (Cambridge: Cambridge University Press, 2006).

W. R. Ward e S. Chan

PLURALISMO. *Veja* MONISMO, DUALISMO, PLURALISMO.

PNEUMATOLOGIA

Em anos recentes, um dos desenvolvimentos mais estimulantes na teologia tem sido um interesse sem precedentes no Espírito Santo. As reverberações podem ser sentidas em vasta gama de estudos acadêmicos e populares, e em novos movimentos espirituais como pneumatologia verde ou pneumatologia da libertação. O ressurgimento da pneumatologia pode ter relação, em parte, com um maior conhecimento das ricas tradições espirituais e pneumatológicas das *Igrejas Ortodoxas Orientais, que têm acusado seus congêneres ocidentais de "esquecerem o Espírito". A disseminação mundial dos *pentecostais e *carismáticos chamam nossa atenção para as manifestações práticas, às vezes espetaculares, do Espírito. A maior família cristã do mundo, a Igreja Católica Romana, separou o ano de 1998 para devoção especial do Espírito Santo. A Assembleia Geral do *Conselho Mundial de Igrejas em 1991, sob o tema geral "Vem Espírito Santo — Renova a Criação", teve como foco a reflexão teológica sobre vários aspectos da doutrina do Espírito Santo.

Até recentemente, era lugar comum introduzir tratados pneumatológicos com um lamento por causa da negligência para com o Espírito. Havia alguns motivos para esse "olvido do Espírito": a abordagem "despersonalizada" do Espírito a partir da ideia agostiniana do Espírito como o *vinculum amoris*, o vínculo de amor entre o Pai e o Filho; a ideia ocidental do *filioque* (o Espírito procede tanto do Pai como do Filho, tornando, portanto, o Espírito subordinado); os textos bíblicos que dão a entender que o Espírito é o "Terceiro desconhecido" que jamais atrai atenção para si mesmo; e a desconfiança da igreja para com os movimentos carismáticos e proféticos que têm ameaçado a ordem e a hierarquia.

Tradicionalmente, a pneumatologia não recebe lugar à parte nas *teologias sistemáticas. Em contraste com as doutrinas da *Trindade ou da igreja, a discussão do Espírito não tem ganhado lugar próprio. Os tópicos pneumatológicos muitas vezes são incorporados à doutrina da *salvação (soteriologia). Ou então a pneumatologia fica ligada à doutrina da igreja, segundo a antiga prática de fazer, no credo, uma conexão entre o Espírito Santo e a igreja.

Em contraste, Wolfhart Pannenberg, em sua monumental *Teologia Sistemática* em três volumes, liga o Espírito a cada um dos principais temas da teologia. Em sua perspectiva, o Espírito Santo, muito mais do que um "preenchimento", é parte da própria estrutura teológica.

1. Perspectivas bíblicas sobre o Espírito
2. Desenvolvimento histórico das tradições pneumatológicas
3. Três correntes pneumatológicas: oriental, ocidental e pentecostal/carismática
4. Pneumatologias euro-americanas
5. Pneumatologias africanas e latino-americanas
6. Comparação entre pneumatologias tradicionais e contemporâneas

1. Perspectivas bíblicas sobre o Espírito
A Bíblia não apresenta nenhum esboço sistematizado sobre a obra do Espírito. Ela apresenta o Espírito por meio de símbolos, imagens, metáforas e histórias. Os termos bíblicos básicos, *ruach* no Antigo Testamento e *pneuma* no Novo, carregam ambiguidade semelhante: "respiração", "ar", "vento" ou "alma". Algumas das metáforas usadas em referência ao Espírito são vento, fogo, pomba e paracleto.

O Antigo Testamento contém cerca de cem ocorrências do termo *Espírito de Deus* (Gn 1.2) ou *de Javé* (Is 11.2). Em termos gerais, há três usos principais do termo *ruach*: (1) vento ou sopro de ar; (2) o princípio da vida, em outras palavras, a força que vivifica os seres humanos; e (3) a vida do próprio Deus, em nível físico e espiritual. É importante observar que este não se opõe a "corpo/corporal" exatamente como *pneuma* no Novo Testamento. Quando "espírito" se opõe a "carne", lembra-nos do poder de Deus face a face com seres humanos como uma realidade puramente terrena (Is 31.3). Deus como o espírito que concede vida é a devida fonte de vida e força. Essa força da vida está ausente nos ídolos (Jr 10.14), mas presente em Deus (Sl 33.6) e no Messias (11.4). Embora no Antigo Testamento *ruach* seja comum a humanos e animais, também pode fazer referência à função cósmica do Espírito.

Como um poder carismático, o *ruach* pode descer de maneira poderosa sobre um ser humano (Jz 14.6; 1Sm 16.13) e "revesti-lo", equipando-o para obras poderosas (Jz 6.34 – 7.25). Esse mesmo Espírito também capacita seres humanos para realizarem obras sobrenaturais — a salvação física de Israel pelos juízes (Jz 3.10; 6.34) ou as visões dos profetas (Ez 3.12; 8.3; 11.1). Pode até denotar a fonte da destreza do artesão (Êx 31.3) ou de qualquer habilidade excepcional (Dn 4.9, 18; 6.3). Nos livros proféticos, a figura do Messias e sua unção pelo Espírito ocupam um lugar importante. O livro de Isaías caracteriza o Messias como alguém que recebe do Espírito a sua nomeação e poder (Is 11.1-8). A obra missionária do Messias, inclusive a salvação dos gentios, será cumprida por meio do Espírito (Is 42.1-4; 49.1-6). O derramamento messiânico do Espírito de Deus produzirá tanto julgamento como paz (Is 32.15-20). Deus concede um novo Espírito para curar e restaurar seu povo (Ez 11.19-20; 18.31; 36.26-28; Jl 2.28-32). A literatura de sabedoria também faz numerosas referências ao Espírito: a sabedoria pode ser identificada com a Palavra/Logos ou o Espírito (Pv 8.22-31).

O entendimento que Jesus tinha de sua missão torna-se claro especialmente em sua atuação como exorcista, curador, e em sua consciência da inspiração (Mc 3.22-29). De acordo com os evangelhos, Jesus era o homem do Espírito. O Espírito efetuou seu nascimento (Mt 1.18-25; Lc 1.35). Ele foi ungido com o Espírito no batismo (Mt 3.16-117; Mc 1.10-11; Lc 3.22; Jo 1.33) e levado pelo Espírito ao deserto para ser tentado (Mt 4.1; Mc 1.12; Lc 4.1). O poder do fim dos tempos age na vida de Jesus por meio do Espírito. Jesus afirmava ser o profeta escatológico (Is 61; Lc 4.18-19). A atuação de Jesus como aquele que batiza no Espírito é um indicativo desse ministério escatológico do Espírito (Mt 3.11; Mc 1.8; Lc 3.16).

O poder transformador do Espírito é evidenciado no início da história da história cristã: três mil se arrependem e elementos carismáticos são visíveis. No livro de Atos, era frequente a ocorrência de sinais visíveis por ocasião da recepção do Espírito (At 4.31; 8.15-19; 10.44-47; 19.6). Esses sinais eram tão essenciais que, quando faltavam, os fiéis duvidavam da presença do Espírito, como entre os samaritanos (At 8.12-17) e o grupo dos discípulos em Éfeso (At 19.1-7). Em momentos críticos na vida de um indivíduo ou igreja, com frequência o Espírito Santo era visto como a fonte de um poder extraordinário (At 9.17; 11.15-18; etc.). Outro meio pelo qual o Espírito ajudou a igreja primitiva em sua missão foi dar uma autoridade especial aos líderes da comunidade (At 4.31; 5.1-10; 6.10; etc.). O Espírito também dirigiu a obra dos missionários (At 8.29, 39; 10.19).

A pneumatologia de Paulo é cristologicamente fundamentada: o Espírito é o Espírito de Cristo (Rm 8.9; Gl 4.6; Fp 1.19). Portanto, é só por meio do Espírito que o fiel pode confessar *Jesus é Senhor* (1Co 12.1-3). A oração do *Abba* brota do Espírito de filiação naqueles que creem (Rm 8.15). Estar "em Cristo" e "no Espírito" são virtualmente sinônimos; o Espírito não pode ser experimentado à parte de Cristo (1Co 12.3). Paulo até chega a dizer que Cristo tornou-se "espírito que dá vida" (1Co 15.45). Juntamente com o aspecto soteriológico do ensino de Paulo sobre o Espírito, também crucial para ele é a capacitação e dotação (1Co 1.4-7; Gl 3.5). Outra função do Espírito é a experiência de iluminação e revelação divina diante de aflições (1Co 2.10-12; 2Co 3.14-17; 1Ts 1.6). Ainda que Lucas veja um aspecto escatológico na pessoa do Espírito, para Paulo isso é ainda mais explícito: o Espírito da nova era já havia irrompido no antigo. Paulo refere-se ao Espírito como um *arrabōn*, um adiantamento da glória por vir (2Co 1.22; 5.5; Ef 1.13-14) e como a primeira parcela da herança do fiel no reino de Deus (Rm 8.15-17; 14.17; 1Co 6.9-11; 15.42-50; Gl 4.6-7).

Além das dimensões carismática, profética e escatológica, também se espera uma transformação moral por meio do Espírito (1Co 6.9-11). Há uma luta constante, até uma batalha, entre o "espírito" e a "carne" (Rm 8.1-17; Gl 5.16-26). Portanto, o fiel tem uma responsabilidade de viver no poder do Espírito, "andar no Espírito", ser conduzido pelo Espírito (Rm 8.4-6, 14; Gl 5.16, 18, 25). Se houver avanços, o fruto do Espírito ficará evidente (Gl 5.18-25).

João baseia-se abundantemente nas figuras veterotestamentárias do Espírito relacionadas ao poder vivificador da água e do fôlego, conforme evidenciam suas metáforas de renascimento (Jo 3.5-8), fonte da vida (Jo 4.14; 6.63; 7.37-39) e nova criação (Jo 20.22; cf. Gn 2.7; Ez 37.9). Ele também aprecia outra metáfora do Antigo Testamento com respeito ao Espírito: a da unção (1Jo 2.20, 27).

O Jesus joanino recebeu o Espírito "sem restrição" (Jo 3.34). João também liga o dom do Espírito concedido por Jesus de modo mais estreito à morte dele (Jo 6.52-58, 62-63; 19.34). Um dos aspectos mais distintivos da pneumatologia joanina é a introdução do Espírito como o "outro Paracleto" (Jo 13.16), com a implicação óbvia de que Jesus é o primeiro (1Jo 2.1). O termo *paraklētos* (de *para* + *kalein*) significa "alguém chamado para ajudar ao lado", assim, um advogado ou defensor, ou guia para a verdade (Jo 14.26). A escatologia de João é mais realizada que a de Paulo: João insiste mais na experiência presente da salvação que já veio em Cristo por meio do Espírito.

As Cartas Pastorais mostram muito menos consciência do Espírito como uma realidade presente; as manifestações do Espírito tornaram-se mais formalizadas e institucionalizadas (1Tm 4.14; 2Tm 1.6). Entretanto, para o autor das pastorais, a atuação do Espírito na inspiração da profecia e das Escrituras proféticas é um dos temas principais (2Tm 1.7; 3.16). Tito 3.5 liga o Espírito Santo à regeneração. O autor desconhecido do livro de Hebreus obviamente tem conhecimento da vitalidade carismática que foi evidente em períodos anteriores (Hb 2.4). Em harmonia com as Pastorais, Hebreus também liga o Espírito com a inspiração das Escrituras (Hb 3.7; 9.8; 10.15) e com a *cristologia, a saber, o autossacrifício de Cristo por meio do Espírito (Hb 9.14). Tiago quase nada tem a dizer sobre o Espírito. Como é típico no

Novo Testamento, 1Pedro 1.11 menciona o Espírito como a fonte da profecia e o inspirador da missão e o poder do evangelho (1Pe 1.12). Outra passagem fala do Espírito como a fonte de bênção e força em meio ao sofrimento (1Pe 4.14). A única menção em 2Pedro diz respeito à inspiração das Escrituras (2Pe 1.21). A única referência de Judas soa muito paulina em caráter: os fiéis são os que têm o Espírito (Jd 19-20).

Em consonância com o tema geral do último livro do cânone cristão, o Espírito desempenha um papel crucial na inspiração e visão (Ap 1.10; 4.2; 14.13; 17.3; 21.10; 22.17). Para aquele que observa o apocalipse, *testemunho de Jesus* é o *Espírito da profecia* (Ap 19.10). Além disso, Apocalipse menciona *sete espíritos* (Ap 1.4; 4.5) ou os espíritos de Jesus (Ap 3.1; 5.6), frases típicas da literatura apocalíptica.

O Novo Testamento também fala de espíritos. Este reconhece a realidade de uma batalha em andamento entre o *reino de Deus e espíritos malignos, uma perspectiva retratada especialmente nos Evangelhos Sinóticos (Mc 3.23-27 par.). Uma vez que há bons e maus, a igreja e cada cristão precisam ser capazes de discernir os espíritos (1Co 12.10; 14.12; 2Co 11.4).

2. Desenvolvimento histórico das tradições pneumatológicas

De acordo com o católico Yves Congar, no início a igreja via-se sujeita à atividade do Espírito e cheia de seus dons; por conseguinte, ainda não existia oposição entre ministérios "hierárquicos" e "carismáticos" na igreja. O desenvolvimento doutrinário do Espírito avançou devagar; tiveram proeminência as deliberações cristológicas e trinitárias. O que empurrou a igreja para um entendimento mais preciso do Espírito foi o surgimento de movimentos cristãos heréticos. O primeiro desafio significativo veio do montanismo, no segundo século, um movimento carismático e profético. As questões eram: Como discernir uma verdadeira profecia do Espírito? Qual o lugar das Escrituras e dos profetas na igreja? Os montanistas foram expulsos da igreja e rotulados como hereges por substituir a autoridade eclesiástica. A tradição clássica acreditava que o Espírito age regularmente dentro das estruturas da igreja e tem ligação mais estreita com as Escrituras.

Os pais capadócios e Atanásio no Oriente cristão foram os primeiros a desenvolver uma doutrina do Espírito. Por algum tempo os contornos eram fluidos: não só a questão da deidade do Espírito não havia sido estabelecida, como também houve tempos em que o Filho e o Espírito pareciam confundir-se um com o outro. A motivação básica dos pais era a necessidade de garantir uma doutrina ortodoxa da salvação e da liturgia. Se o Espírito que deifica não era de fato divino, como alegavam o herege Macedônio (m. c. 362) e os *pneumatomachoi* ("inimigos do Espírito"), então nossa salvação corria risco. Na liturgia, se o Espírito não era divino, então a doxologia da igreja ao Deus trino seria blasfema.

O primeiro passo decisivo no entendimento doutrinal da igreja a respeito do Espírito foi dado no Concílio de Constantinopla, que esboçou o Credo Niceno-Constantinopolitano em 381. De acordo com o credo, o Espírito é "Senhor e doador da vida que procede do Pai; e com o Pai e o Filho é adorado e glorificado". No ano seguinte os mesmos 150 bispos reuniram-se de novo e apresentaram maior refinamento da doutrina falando de "uma substância, a Trindade não criada, consubstancial e eterna".

Uma contribuição significativa à pneumatologia durante o período medieval foi apresentada por alguns místicos medievais, como a beneditina Hildegarda (1098-1179). Essa mulher com múltiplos talentos afirmou ter sido abordada diretamente por Deus e autorizada a pregar pelo poder do Espírito. Característico na posição de Hildegarda era a ligação entre o Espírito Santo e o termo *viriditas*, ou "verdor". Ela imaginava o derramamento do Espírito em metáforas naturais e não culturais. Ela combinava imagens de plantio, rega e amadurecimento para falar da presença do Espírito. Bernardo de Claraval (1090-1153), contemporâneo de Hildegarda, em sua mais conhecida obra sobre o Cântico dos Cânticos, falou muito da experiência espiritual, bem como da união com Cristo. Com frequência, ele convidava os fiéis a consultarem as próprias experiências para comprovarem o que ele estava dizendo. Peculiar à sua caracterização do Espírito é o papel do

Espírito como o "beijo". Entre outros místicos medievais que deixaram contribuições duradouras para a pneumatologia estão Joaquim de Fiore (1132-1202), que acreditava que a igreja estava para entrar na dispensação escatológica do Espírito num movimento trinitário cósmico, e Boaventura (c. 1217-1274) que tanto condenou como acolheu a abordagem histórica especulativa de Joaquim, baseada nas "três eras da Trindade".

Embora nunca tenha produzido um estudo separado sobre pneumatologia, Martinho Lutero lidou com o Espírito em muitos contextos. Em sua exposição do terceiro artigo do credo, Lutero relaciona com o Espírito tudo o que consta do terceiro artigo: a igreja, o perdão dos pecados e a santificação. Dependendo de sua função específica, há vários nomes para o Espírito Santo na Trindade. Com respeito à criação, ele é o Doador da vida. O nome mais comum, claro, é "Espírito Santo". Sendo santo, o Espírito efetua a santificação. O que mais distingue a pneumatologia do reformador — contra os espiritualistas: os reformadores radicais da ala esquerda, que em sua opinião buscavam um acesso imediato à graça — é a ideia de que o Espírito age na Palavra pregada e nos sacramentos. Em outras palavras, a obra do Espírito Santo está "vestida" na Palavra e nos *sacramentos. Os anabatistas, por sua vez, viam uma relação plena entre o Espírito e a Palavra, sem a necessidade de mediadores humanos, fossem sacramentos ou concílios.

O *liberalismo clássico, no rescaldo do *Iluminismo desenvolveu uma pneumatologia imanentista, "natural". Os liberais estavam insatisfeitos não só com a ligação estreita entre o Espírito e a doutrina da Trindade, que consideravam irrelevante, mas também com a descontinuidade radical entre o espírito divino e o humano. As definições metafísicas da teologia trinitária mais antiga foram banidas em favor de definições "éticas" e "experienciais"; até na vida de Jesus, a consciência divina absoluta foi mediada na forma do Espírito comum que existe entre os que creem ou entre os que foram regenerados por Cristo. É possível identificar a influência dominante da teologia liberal na obra de Paul Tillich, cujo terceiro volume da *Teologia Sistemática* (1963) é uma das primeiras pneumatologias contemporâneas que tenta transcender a linha divisória entre o Espírito e o espírito. Para Tillich, o Espírito de Deus é um princípio que dá vida e torna significativa e específica a vida de toda a criação. Uma das principais seções de sua teologia é intitulada "A vida e o Espírito".

No início do século 20, emergiu um desenvolvimento importante que ajudou a moldar de forma dramática a pneumatologia e a *espiritualidade cristã, a saber, o surgimento dos movimentos pentecostais/carismáticos.

3. Três correntes pneumatológicas: oriental, ocidental e pentecostal/carismática

Uma forma de começar a esquematizar os desenvolvimentos e orientações da pneumatologia contemporânea é destacar três maneiras distintas de conceber o Espírito: o Oriente cristão (igrejas ortodoxas), o Ocidente cristão (Igrejas Católica Romana e protestantes) e os recentes, movimentos *pentecostais/carismáticos.

Em termos gerais, pode-se dizer que, enquanto a teologia ortodoxa construiu de modo mais consciente sobre fundamentos pneumatológicos, a teologia deu ênfase à cristologia. Na doutrina mais característica do Oriente cristão, a saber, compreender a salvação como *deificação, o Espírito Santo chega ao centro do palco. Enquanto as tradições soteriológicas ocidentais são dominadas por categorias legais, jurídicas e forenses, a teologia oriental compreende a necessidade de salvação em termos de ser liberto da mortalidade e da corrupção e entrar na vida eterna. A união com Deus é o alvo da vida cristã; nessa corrente, a *theosis*, divinização, é atribuída ao Espírito e a Cristo. O Oriente cristão se opõe, por conseguinte, à adição da cláusula *filioque* (que o Espírito procede do Pai e do Filho), uma vez que para eles isso implicaria a subordinação do Espírito ao Filho.

A reviravolta decisiva na teologia católica romana em geral e, em particular, na sua pneumatologia, veio com o *Concílio Vaticano II (1962-1965), devidamente chamado o "Concílio do Espírito Santo". O documento mais significativo, *Lumen Gentium*, sobre a igreja, abre com uma declaração trinitária em que a pneumatologia tem um lugar seguro na eclesiologia. A igreja é a obra do

Espírito, que faz com que os que creem se tornem um na unidade do Deus trino. O documento insiste que o Espírito Santo santifica e conduz o povo de Deus não só por meio dos sacramentos e dos ministérios da igreja, mas também por meio de carismas especiais concedidos livremente, de várias maneiras, a todos os fiéis. O que o concílio entende por revelação e tradição é apresentado numa estrutura dinâmica e pneumatológica, em contraste com definições anteriores, um tanto dogmáticas e rígidas.

O que começou em 1906 como um encontro de avivamento humilde e multirracial na Rua Azusa em Los Angeles, cresceu até se tornar a segunda maior família cristã: o pentecostalismo e os movimentos carismáticos posteriores (com a existência de espiritualidades pentecostais dentro de igrejas históricas). Influenciados por movimentos metodista-holiness, pela Reforma Protestante, por movimentos místicos/carismáticos na Igreja Católica, bem como pelas espiritualidade negra ou afro-americana, o pentecostalismo tem oferecido um desafio às pessoas comuns para que estabeleçam igrejas e teologias, negando especialmente o dito princípio cessacionista, que sustenta que os *milagres ou os carismas extraordinários terminaram no fim ou perto do fim da era apostólica. Com frequência ridicularizados em razão do emocionalismo, os pentecostais introduziram um tipo dinâmico e entusiasta de espiritualidade e vida de adoração na igreja contemporânea, dando ênfase à possibilidade de experimentar Deus de modo místico. Em seu novo entendimento do batismo no Espírito, os pentecostais consideram o falar em línguas (*glossolalia) uma "prova" cabal (*veja* Batismo no Espírito Santo). Outros dons do Espírito, tais como profecia, oração pela cura e operação de milagres, foram entusiasticamente acolhidos. Nos últimos tempos, tem surgido uma erudição acadêmica que produz reflexões teológicas quanto ao significado das experiências de enchimento do Espírito.

O pentecostalismo, porém, não representa uma tradição pneumatocêntrica *per se*, mas uma "cristologia do Espírito". Sob o nome "evangelho pleno", os pentecostais têm falado de Cristo em suas cinco funções. Pelo poder do Espírito, Cristo justifica, santifica, cura, batiza com o Espírito e volta como Rei. O que é especialmente significativo nos movimentos pentecostais e carismáticos é sua presença internacional e intercultural. Isso tem gerado uma rica diversidade e variedade nas experiências e doutrinas do Espírito — inclusive pentecostais brancos na Europa, pentecostais afro-americanos e latinos nos Estados Unidos, carismáticos independentes na África, movimentos de igrejas nos lares na China e carismáticos católicos romanos na América Latina. "Pentecostais clássicos", cuja origem remonta diretamente ao avivamento do início do século 20, tendem a ser mais conservadores em sua doutrina e espiritualidade do Espírito do que a maioria dos carismáticos. A maioria concorda que os pentecostais e carismáticos não se distinguem das outras igrejas por uma doutrina ou política, mas por uma espiritualidade dinâmica, carismática e por uma experiência espiritual que acreditam ser obra do Espírito Santo.

4. Pneumatologias euro-americanas

4.1. Teólogos clássicos. Uma das pneumatologias contemporâneas mais conhecidas e amplamente debatidas vem do teólogo reformado alemão Jürgen Moltmann. Seu livro *O Espírito da Vida: uma afirmação universal*, ainda que discuta tópicos tradicionais como *justificação e *santificação, também liga sua discussão a temas contemporâneos presentes como ambiente, *justiça e igualdade. Moltmann está em busca de uma concepção do Espírito que seja "holística", "abrangente" ou que englobe tudo, uma pneumatologia que não exclua nenhuma área da vida. O tema norteador é o papel indispensável do Espírito de Deus no nascimento e na manutenção da vida. O tema básico de Moltmann é que onde quer que exista paixão pela vida, o Espírito de Deus está operando. Enquanto a teologia tradicional falava da imanência e da transcendência de Deus no mundo por meio do Espírito de Deus, Moltmann expressa a possibilidade de perceber Deus em todas as coisas e todas as coisas em Deus como o novo termo "transcendência imanente". Moltmann expande radicalmente a noção tradicional da "comunhão do Espírito Santo" para abranger toda a "comunidade da criação" desde as partículas mais elementares até os átomos, as moléculas, as células, os organismos vivos, os animais, os seres humanos, as comunidades de humanos. Em harmonia com esse entendimento holístico está o desejo de expandir o significado de conceitos tradicionais como santificação e justificação. Eles não só denotam a transformação "espiritual", como nas teologias mais antigas, como também incluem a santidade de vida e a necessidade de viver de maneira justa na sociedade e em relação à natureza.

A pneumatologia de outro teólogo reformado alemão, Michael Welker, *O Espírito de Deus* (1994), apresenta uma abordagem singular do Espírito. Com base em materiais bíblicos, ele critica pneumatologias "metafísicas", "especulativas" ou "abstratas". Welker, que tem formação acadêmica tanto em filosofia como em teologia, dá ouvidos a vozes "concretas", "realistas" no cânone. Seu interesse principal é seguir a pergunta: Onde está o Espírito de Deus? Ou: Onde podemos discernir o Espírito na Vida? Welker observa que embora a maioria dos cristãos sofra pela "consciência moderna da distância de Deus", um grupo de cristãos, carismáticos pentecostais, parece experimentar um entusiasmo quase infantil com a presença de Deus aqui e agora. O que tem contribuído para o conceito abstrato, numinoso, do Espírito como um "espectro" na cultura ocidental, acredita Welker, é a teologia tradicional que dá ênfase à transcendência abstrata, sobrenatural e caráter misterioso do Espírito Santo. Em contrapartida, os muitos testemunhos bíblicos das ações do Espírito de Deus falam do Espírito entrando em diversas realidades da vida humana. O Espírito de Deus torna possível conhecer o poder criativo de Deus que faz com que a diversidade de tudo o que diz respeito às criaturas se relacione de maneiras ricas e frutíferas que deem sustentação à vida. Para Welker, uma das principais formas do ministério do Espírito é a obra de libertação, seja de minorias, seja das mulheres ou dos pobres.

A agenda central da pneumatologia do luterano Wolfhart Pannenberg tem origem em sua orientação teológica geral: a ideia de que a teologia é mais uma disciplina pública do que uma piedade individual. Ele se opõe com firmeza à amplamente disseminada privatização da fé e da teologia. Diferente de Moltmann e Welker, Pannenberg não produziu uma pneumatologia separada. Pelo contrário, sua doutrina do Espírito está integrada a seu programa teológico que procura integrar a ciência e a teologia. A pneumatologia é entrelaçada com cada tema importante de sua sistemática, especialmente com Deus, criação, seres humanos, cristologia, igreja e escatologia. Usando como chave a declaração bíblica que ensina que o Espírito é retratado como o princípio doador de vida a que todas as criaturas lhe devem a vida, o movimento e a atividade, Pannenberg pergunta: como conciliar essa perspectiva bíblica da vida com a biologia moderna em que a vida é uma função da célula viva da criatura viva como um sistema que se autossustenta e se reproduz? Pannenberg lida com essa questão crucial utilizando o "conceito de campo" tomado da física moderna (Michael Faraday). Pannenberg acredita que isso é coerente com o uso bíblico de *rûaḥ/pneuma* e encontra "possibilidades surpreendentes" de um acordo entre as teorias científicas mais novas e os conceitos teológicos.

Os três volumes do católico romano Yves Congar, *Creio no Espírito Santo*, é uma obra clássica de pneumatologia, discutindo aspectos bíblicos, históricos, pastorais, litúrgicos e ecumênicos. O beneditino Kilian McDonnell, estudioso de sistemática, produziu recentemente uma obra de referência que dialoga amplamente com materiais patrísticos: *The Other Hand of God: The Holy Spirit as the Universal Touch and Goal* [A outra mão de Deus: o Espírito Santo como toque e alvo universal] (2003). McDonnell defende com veemência uma pneumatologia genuinamente trinitária. Karl Rahner, o mais destacado dos teólogos católicos pós-conciliares e importante pneumatologista, nunca produziu uma pneumatologia em separado, mas sua contribuição é significativa. Sua tese básica é que Deus revela a Divindade a cada pessoa humana na própria experiência de sua finita, mas absolutamente ilimitada transcendência. Deus é o Santo Mistério que é a base e horizonte da subjetividade humana. "Experiências transcendentais" mostram que os seres humanos são naturalmente orientados para o Santo Mistério chamado Deus. Além da abordagem antropológica e metodológica, Rahner também demonstrou profundo interesse na importância do Espírito para a igreja e o ministério. Durante o Vaticano II, ele escreveu um apelo apaixonado em favor da abertura para o Espírito sob o título "Não apagueis o Espírito" e um livro intitulado *O Elemento Dinâmico na Igreja*. Ele alegou que é o Espírito que permite aos homens receberem a graça divina e a experiência pessoal da transcendência existencial. A experiência transcendental do Espírito é orientada para a consciência explícita. Para Rahner, isso é expresso nas tradições religiosas do mundo e alcança seu ápice na autorrevelação de Deus em Cristo.

Em *Flame of Love: A Theology of the Holy Spirit* [Chama de amor: uma teologia do Espírito Santo] (1996), Clark Pinnock, batista canadense e teólogo evangelical de destaque com simpatia pela teologia carismática, empenha-se para construir uma teologia sistemática completa segundo a perspectiva pneumatológica. Pinnock discute os tópicos da revelação, Trindade, criação, Cristologia, a igreja e teologia das religiões de uma perspectiva marcadamente pneumatológica. O resultado é uma mistura instigante de teologia, espiritualidade e percepções acerca do Espírito. Ele deseja questionar a teologia que em geral tem relegado o Espírito a um papel secundário. O poder de atração dessa obra e dos escritos afins de Pinnock sobre o Espírito decorre de seu estilo experiencial, até entusiástico — que produz um tipo de "livro de testemunhos" que é também uma teologia sistemática. A ênfase na atuação do Espírito na salvação não deve ser lida como uma negação da obra do Espírito na criação em que ela é baseada, como ocorre com muita frequência. De modo semelhante, em sua discussão revisionista do papel do Espírito Santo com respeito às Escrituras e à inspiração, Pinnock alega que o Espírito de Deus jamais está confinado a interesses paroquiais, estando sempre voltado para as nações. Como indicação de sua forte formação ecumênica, esse teólogo batista é grandemente influenciado pela doutrina pneumatológica oriental da salvação. Ele nos lembra que quando vemos a salvação do ponto de vista do Espírito, a vemos em termos relacionais e afetivos. Em vez de focalizar categorias protestantes clássicas de culpa e pecado, Pinnock busca um conceito de salvação que tem como alvo a transformação, baseada em relacionamento e união pessoal.

O teólogo pentecostal Amos Yong, dos Estados Unidos, originalmente da Malásia, produziu várias obras pneumatológicas significativas. Em *Beyond the Impasse* [Além do impasse] (2003), ele trabalha "com vistas a uma teologia pneumatológica das religiões", utilizando recursos ecumênicos e pentecostais. Seu *The Spirit Poured Out on All Flesh* [O Espírito derramado sobre toda carne] (2005) é uma síntese criativa de teologia clássica, teologias interculturais e percepções pentecostais entrelaçadas em tópicos como eclesiologia e soteriologia.

4.2. Desafios às pneumatologias clássicas. Algumas teólogas *feministas têm apresentado um desafio às formas tradicionais de interpretar a pneumatologia. Uma das rotas seguidas é de destacar as características femininas ou maternais do Espírito Santo para contrabalançar os pronomes masculinos de Pai e Filho. Isso não é estranho à tradição cristã. No hebraico e no siríaco a palavra que equivale a "espírito" é feminina, o que ajuda a modificar a linguagem exclusivamente masculina ligada à deidade. A aplicação de imagens femininas ao Espírito é biblicamente legítima, uma vez que na Bíblia a função do Espírito envolve atividades usualmente mais associadas à maternidade e feminilidade em geral: inspirar, ajudar, apoiar, envolver, dar à luz. De todas as pessoas trinitárias, o Espírito Santo é o mais frequentemente relacionado à intimidade. Várias feministas, como Sallie McFague e Elizabeth Johnson, sugerem um entendimento metafórico do vocabulário relacionado com Deus para combater o literalismo (e, portanto, o patriarcalismo) da teologia tradicional.

Muitos outros teólogos cristãos têm refletido sobre a relação entre o ambiente e o Espírito em resposta a acusações de que o cristianismo deve ser responsabilizado pela iminente crise ecológica. Em *Fragments of the Spirit: Nature, Violence, and the Renewal of Creation* [Fragmentos do Espírito: natureza, violência e a renovação da criação], Mark I. Wallace afirma que há uma mudança profunda nas percepções espirituais de nossa cultura: muitas pessoas sentem que vivemos na "era do Espírito". Em consequência, os que praticam religiões baseadas na natureza, desde povos nativos até neopagãos modernos, têm sido avaliados com um novo olhar. Eles afirmam que a reverência ao Espírito sob todas as formas de vida é a resposta mais promissora para a ameaça de colapso ecológico global. Ao mesmo tempo, Wallace se empenha para redescobrir na tradição teológica recursos para uma pneumatologia verde baseada na ideia de uma função biocêntrica do Espírito como aquele que dá vida. A melhor forma de compreender o Espírito não é como uma entidade metafísica, mas como uma força vital que cura. Wallace observa corretamente que uma das principais dificuldades da concepção clássica de Deus como alguém imutável e autossubsistente é o relacionamento distante com a criação. Ele alega que se o Espírito a e terra se afetam mutuamente, então Deus como Espírito é vulnerável aos efeitos dramáticos do ecocídio (*veja* Teologia Verde).

Outras abordagens alternativas e complementares à pneumatologia podem ser encontradas na teologia contemporânea, tais como na obra politicamente orientada *God's Spirit: Transforming a World in Crisis* [Espírito de Deus: transformando um mundo em crise] de Geiko Mueller-Fahrenholz, e *Work in the Spirit* [Obra no Espírito] de Miroslav Volf, que relacionam a discussão pneumatológica com realidades e obras políticas. Um aspecto distintivo da obra de Volf é que ela também interage com o entendimento marxista do trabalho e da sociedade.

5. Pneumatologias africanas e latino-americanas

A teologia sempre forma raízes em seu contexto particular e é moldada por ele. Portanto, cada cenário cultural e religioso tende a promover ideias distintas de Deus e do Espírito. Isso é tão verdadeiro para tradições ocidentais quanto para tradições da África, Ásia e América Latina. Pneumatologias africanas, bem como pneumatologias liberacionistas da América Latina, ilustram a riqueza e diversidade da teologia e espiritualidade do Espírito.

Segundo a cosmovisão deles, os africanos consideram os seres espirituais e físicos entidades reais que interagem uns com os outros no tempo e no espaço. Portanto, cristãos africanos rejeitam a cosmovisão secularista e também os conceitos ocidentais de realidade e espírito dos missionários. Não há nenhuma possibilidade de dar algum tipo de resenha das pneumatologias africanas sem fazer referência ao maior segmento de igrejas e espiritualidade africanas, a saber, os movimentos pentecostais/carismáticos. Mesmo as igrejas que não se identificam formalmente com movimentos pentecostais/carismáticos com frequência refletem o tipo de espiritualidade que tem sido associado a esses movimentos. O pentecostalismo tem conseguido incorporar em sua espiritualidade vários tipos de costumes, crenças e rituais locais. O pentecostalismo africano está em constante interação com o mundo dos espíritos africano, muito parecido com a forma pela qual o pentecostalismo latino-americano se encontra conceitualmente com o catolicismo popular e o espiritismo brasileiro, e os pentecostais coreanos têm usado tradições xamânicas na cultura. Na África, os movimentos pentecostais e os semelhantes a eles, manifestos em milhares de igrejas nativas, têm mudado radicalmente a face do cristianismo simplesmente porque têm proclamado um evangelho holístico de salvação que inclui livramento de todos os tipos de opressão, como enfermidades, feitiçaria, espíritos malignos e pobreza. Isso tem suprido as necessidades de africanos de maneira mais fundamental do que o evangelho um tanto "espiritualizado" e intelectualizado que era o legado principalmente de missionários europeus e norte-americanos.

A luta dolorosa das *Igrejas Originadas na África (IOA) com as teologias mais tradicionais das igrejas missionárias ocidentais tem ajudado a gerar pneumatologias dinâmicas e vitais. Numericamente, as igrejas IOA e outras igrejas independentes superaram em muito as igrejas mães. O papel do Espírito Santo é retratado de várias maneiras nessas igrejas de rápido crescimento e número elevado de características nativas (cf. M. L. Daneel). Característico das teologias IOA é uma consciência de que a humanidade é pecadora e está perdida e de que há uma necessidade urgente de conversão e batismo. As novas leis e costumes da igreja são justificados por sua atribuição direta à inspiração e comando do Espírito Santo. A raça negra da África — os negligenciados, os pobres e oprimidos — são agora os exaltados e eleitos, chamados pelo Espírito para disseminar a mensagem da salvação. O Espírito é o Salvador da humanidade. O apóstolo Johane Maranke vaPostori da IOA do Zimbábue teve uma visão de dois livros recebidos de Deus que só poderia compreender pela inspiração do Espírito Santo e não pela educação recebida no posto missionário europeu. O conteúdo desses livros é a vida eterna. Em sua visão, Johane se viu como uma figura de Moisés, tirando seus seguidores oriundos de muitos países e os conduzindo através de territórios hostis até um lugar seguro. O Espírito também é quem cura e protege. Há muitas décadas perdura nas igrejas um foco nos ministérios de cura. A cura e a proteção contra forças malignas manifestam o poder do Espírito. Todos os símbolos usados durantes rituais de cura, como água sagrada, papel, varas e cordas sagradas, simbolizam o poder do Espírito Santo sobre todas as forças destrutivas. Os batismos no "Jordão" tornam-se, cada vez mais, sessões de purificação, cura e exorcismo.

Além disso, os cristãos das IOA falam do Espírito de justiça e libertação, de modo semelhante aos seus congêneres liberacionistas da América Latina e outros lugares. Os movimentos proféticos nunca restringiram a atividade do Espírito Santo só a questões espirituais ou curas; com frequência entram nas políticas. A mobilização espiritual da comunidade para promover uma ação política ocorre por meio de sermões e oração, muitas vezes acompanhados de profecias. Uma função final do Espírito Santo na teologia e espiritualidade das IOA, de acordo com Daneel, é a manutenção da terra. No período pós-independência do Zimbábue, a partir de 1980, as igrejas das IOA têm cada vez mais voltado sua atenção para vários projetos de desenvolvimento, por exemplo, o de berçários de mudas de frutas exóticas e árvores nativas nas sedes de igrejas proféticas ou perto delas. O Espírito Santo atua para libertar o povo da escravidão e também, agora, da pobreza e das aflições econômicas. A função do Espírito Santo como aquele que cura e dá vida abrange tudo o que diz respeito ao bem-estar humano, incluindo também a cura e a proteção das plantações. Em anos recentes, há algumas tentativas de desenvolver uma teologia escrita do ambiente segundo a perspectiva das igrejas africanas. A ênfase na dimensão terrena da obra do Espírito é evidente, apesar de uma forte orientação evangelística. A dimensão cósmica da obra do Espírito não se contrapõe à sua atuação na salvação pessoal.

6. Comparação entre pneumatologias tradicionais e contemporâneas

J. Moltmann resume muito da agenda dos teólogos contemporâneos no que diz respeito às limitações das conceituações anteriores:

> Na teologia e devoção protestante e católica, há uma tendência de considerar o Espírito Santo só como o Espírito da redenção. Seu lugar é na igreja e ele dá a homens e mulheres a garantia da bem-aventurança eterna de sua alma. Esse Espírito redentor é dissociado da vida física e da vida da natureza. Ele faz as pessoas se afastarem "deste mundo", na esperança de um mundo melhor adiante. Eles então buscam e experimentam no Espírito de Cristo um poder que é diferente da energia divina da vida que, de acordo com ideias do Antigo Testamento, permeia toda a vida. Os livros de teologia, portanto, falam do Espírito Santo em relação a Deus, à fé, à vida cristã, à igreja e à oração, mas raramente em relação ao corpo e à natureza (Moltmann, 8).

No passado, a doutrina do Espírito era relacionada principalmente, e muitas vezes exclusivamente, com tópicos como as doutrinas da salvação, inspiração e alguns temas da eclesiologia, bem como da piedade individual. Com respeito à doutrina da salvação, o Espírito representava o lado "subjetivo", enquanto a cristologia era a base objetiva. O Espírito era considerado o agente dos benefícios da salvação alcançados na cruz de Cristo. Com respeito às Escrituras, o Espírito desempenhava um papel crucial tanto na inspiração como na iluminação da Palavra de Deus. Em várias tradições cristãs, desde o misticismo e o pietismo até o liberalismo clássico e além dele, a função do Espírito era considerada principalmente como a de dar ânimo e renovo à vida espiritual interior. Embora a eclesiologia muitas vezes fosse construída — especialmente no Ocidente cristão — sobre fundamentos cristológicos, o

Espírito era invocado para dar vida e energia a estruturas já existentes. Às vezes o Espírito era associado a vários ministérios na igreja, bem como à sua vida de oração e, às vezes — e como regra no Oriente cristão — o Espírito estava ligado aos sacramentos. Afinal, nos credos antigos, o Espírito faz parte do terceiro artigo: o da igreja e do fim dos tempos.

Em outras palavras, o papel do Espírito na teologia tradicional é bem reservado e limitado. É esse reducionismo que suscita diversas novas propostas. Sem deixar para trás essas ênfases, hoje o Espírito é também ligado a outros tópicos teológicos como criação, Deus, cristologia e escatologia. Há uma tentativa de atribuir ao Espírito uma função mais essencial e central. Temas políticos, sociais, ambientais, liberacionistas e outros temas "públicos" estão sendo invocados pelos teólogos do Espírito no início do terceiro milênio. A ideia veterotestamentária do Espírito de Deus como o Espírito da vida vem ganhando um novo significado. Além disso, a teologia contemporânea inclui uma ênfase na espiritualidade. Em contraste com pneumatologias tradicionais, muitas vezes consideradas áridas e abstratas, há uma nova apreciação da experiência e espiritualidade do Espírito. Por fim, a pneumatologia contemporânea também expressa o desejo de associar o Espírito com a ética e a vida, que é, afinal, uma ideia totalmente bíblica. Por fim, na teologia contemporânea há tanto um reconhecimento de um desejo de relacionar a pneumatologia a contextos específicos, permitindo com isso, por exemplo, que as mulheres expressem sua experiência com o Espírito de maneira particular. A pneumatologia contemporânea dá voz aos pobres e oprimidos e traz da África, Ásia e América Latina testemunhos jamais ouvidos na história da reflexão sobre o Espírito.

Veja também BATISMO NO ESPÍRITO SANTO; CURA E LIBERTAÇÃO; CRISTOLOGIA; DEUS, DOUTRINA DE; GLOSSOLALIA; MILAGRES; MOVIMENTOS CARISMÁTICOS; PENTECOSTALISMO; PROFECIA; TRINDADE, DEUS TRINO.

BIBLIOGRAFIA. ANDERSON, A. H., *Moya: The Holy Spirit from an African Perspective* (Pretoria: University of South Africa, 1994); BOFF, L., *Church, Charism, and Power* (New York: Crossroad, 1985); BURGESS, S. M., *The Holy Spirit: Ancient Christian Traditions* (Peabody: Hendrickson, 1984); idem, *The Holy Spirit: Eastern Christian Traditions* (Peabody: Hendrickson,1989); idem, *The Holy Spirit: Medieval Roman Catholic and Reformation Traditions* (Peabody: Hendrickson, 1997); CONGAR, Y., *I Believe in the Holy Spirit* (3 vols. em 1; New York: Herder, 1997); DANEEL, M. L., "African Independent Church Pneumatology and the Salvation of All Creation", in: *All Together in One Place: Theological Papers from the Brighton Conference on World Evangelization*, H. D. Hunter e P. D. Hocken, orgs. (Sheffield: Sheffield Academic Press, 1993) 96126; DUNN, J. D. G., *Jesus and the Spirit* (London: SCM, 1975); FATULA, M. A., *The Holy Spirit: Unbounded Gift of Joy* (Collegeville: Liturgical Press, 1998); FEE, G., *God's Empowering Presence: The Holy Spirit in the Letters of Paul* (Peabody: Hendrickson, 1994); GOMBLIN, J., *The Holy Spirit and Liberation* (Maryknoll: Orbis, 1989); HOLLENWEGER, W. J., *Pentecostalism: Origins and Developments Worldwide* (Peabody: Hendrickson, 1997); JOHNSON, E., *She Who Is: The Mystery of God in Feminist Theological Discourse* (New York: Crossroad, 1992); idem, *Women, Earth, and Creator Spirit* (New York/ Mahwah: Paulist Press, 1993); KÄRKKÄINEN, V.-M., *Pneumatology: The Holy Spirit in Ecumenical, International, and Contextual Perspectives* (Grand Rapids: Baker Academic, 2002); MILLS, E., *The Holy Spirit: A Bibliography* (Peabody: Hendrickson, 1988); MOLTMANN, J., *The Spirit of Life: A Universal Affirmation* (Minneapolis: Fortress, 1994); MONTAGUE, G., *The Holy Spirit: Growth of a Biblical Tradition* (Peabody: Hendrickson, 1994); O'CARROLL, M., *Veni Creator Spiritus: A Theological Encyclopedia of the Holy Spirit* (Collegeville: Liturgical Press, 1990); OPSAHL, P. D., org., *The Holy Spirit in the Life of the Church from Biblical Times to the Present* (Minneapolis: Augsburg, 1978); PANNENBERG, W., "The Doctrine of the Spirit and the Task of a Theology of Nature", in: *Beginning with the End: God, Science, and Wolfhart Pannenberg*, C. R. Albright e J. Haugen, orgs. (Chicago: Open Court, 1997) 65-79 (primeiramente publicado em *Theology* 75:1 [1972]: 8-20); PINNOCK, C., *A Flame of Love: A Theology of the Holy Spirit* (Downers Grove: InterVarsity Press, 1993);

Rahner, K., *Experience of the Spirit: Source of Theology* (Theological Investigations 16; New York: Crossroad, 1981); Reynolds, B., *Toward a Process Pneumatology* (London: Associated University Presses, 1990); Staniloae, D., "The Holy Spirit in Theology and Life of the Orthodox Church", *Sobornost* 7:1 (1975) 4-21; Wallace, M. I., *Fragments of the Spirit: Nature, Violence, and the Renewal of Creation* (New York: Continuum, 1996); Welker, M., *God the Spirit* (Minneapolis: Fortress, 1992).

V.-M. Kärkkäinen

POBRES. *Veja* Dinheiro, Riqueza; Opção Preferencial pelos Pobres; Pobreza.

POBREZA

Pobreza é uma palavra cujo significado tendemos a ter como assentado. Todos sabem o que é pobreza. Reconhecemos facilmente a pobreza quando vemos suas imagens na televisão ou ouvimos suas histórias. Como ocorre com muitas de nossas ideias, os significados que atribuímos a um substantivo abstrato refletem nossa maneira de ver, pensar e entender nosso mundo. Portanto, precisamos examinar como compreendermos a pobreza, bem como o que pensamos e sentimos em relação aos pobres. Precisamos identificar nossas pressuposições e procurar os pontos cegos. Além disso, os sociólogos estão estudando a pobreza há muito tempo. Acadêmicos que estudam o desenvolvimento têm feito pesquisas de campo e codificado o que estão descobrindo.

Pobreza é a condição de pessoas a quem descrevemos usando um substantivo abstrato *os pobres*. É sempre perigoso usar rótulos para fazer referência a pessoas. Podemos esquecer que os pobres não são uma abstração, mas um grupo de seres humanos que têm nome, são feitos à imagem de Deus, têm os cabelos contados, pessoas por quem Jesus morreu. Muitos costumam ver os pobres como um grupo de impotentes. Isso nos convida a tratá-los como objetos de nossa compaixão, por quem podemos fazer o que acreditamos ser o melhor. Nós, os não pobres, assumimos o encargo de lhes dar nomes — sem teto, carentes, nativos, trabalhadores pobres e assim por diante. Falar dos pobres como um substantivo abstrato induz pessoas bem-intencionadas que têm compaixão a falarem em lugar dos pobres e a praticarem as últimas tendências da engenharia social. Os pobres tornam-se depositários do estado, objetos de estudos profissionais ou um grupo social que deve ser organizado. Sempre que diminuímos os pobres, reduzindo-os de nomes a abstrações, aumentamos a pobreza deles e nós mesmos empobrecemos.

1. Concepções cristãs dos pobres
2. Quem são os pobres?
3. O que os pobres não são
4. Para compreender a pobreza
5. As causas da pobreza
6. Um entendimento holístico da pobreza
7. A pobreza dos não pobres

1. Concepções cristãs dos pobres
Os cristãos costumam variar quanto ao significado que dão aos termos pobre e pobreza. Richard Mouw esboçou uma tipologia simples e útil (Mouw, 20-34).

1.1. Os pobres como pessoas feitas à imagem de Deus. Essa concepção baseia-se na narrativa da criação e tende para uma visão romântica dos pobres. A pobreza deles é uma falta de qualificações e oportunidades. Os pobres precisam é de uma ajuda.

1.2. Os pobres como pessoas rebeldes. Essa ideia baseia-se na queda como o motivo definidor pelo qual os pobres são pobres. Eles são preguiçosos e fazem más escolhas. Os pobres precisam aceitar o evangelho, procurar trabalho e fazer escolhas melhores.

1.3. Os pobres como Cristo encarnado. Com base em Mateus 25.31-46, essa visão do pobre concentra-se na encarnação e, como Madre Teresa, vê "Cristo no angustiante disfarce de pobre". Os pobres carecem de amor e de relacionamentos; eles são marginalizados. Os pobres precisam de acompanhamento; precisamos aliviar todo o sofrimento que podemos.

1.4. Os pobres como favoritos de Deus. Essa ideia baseia-se na tradição profética e no relato do Êxodo. Os pobres são os abençoados, porque o reino será deles (Lc 6.20). Eles são pobres porque são oprimidos por sistemas sociais que os mantém pobres em benefício dos não pobres. Os pobres precisam de justiça e de ajuda para encontrarem sua voz e espaço no sistema econômico e político.

1.5. Os pobres como almas perdidas.

Esse é um acréscimo à tipologia de Mouw. Essa concepção baseia-se de modo seletivo nos evangelhos e reflete a dicotomia entre o espiritual e o físico do mundo moderno. Os pobres estão perdidos, e o reino virá com a vinda de Jesus, e isso ocorrerá logo. Os pobres precisam ser salvos.

Vistos por esse ângulo, as conclusões são óbvias. Em primeiro lugar, os cristãos são às vezes seletivos em seu uso das Escrituras e com isso sustentam uma opinião que já tinham sobre os pobres e que receberam de alguma outra fonte. Segundo, poderia parecer mais proveitoso desenvolver um entendimento dos pobres que inclua todas essas metáforas, sem exceção. Os pobres foram feitos à imagem de Deus. Eles são decaídos. Cristo de fato usou os pobres como metáfora de si mesmo e de nossa necessidade de servir aos menos afortunados. Há uma preferência bíblica pelos pobres e contra os não pobres, e os pobres estão muitas vezes entre os que não ouviram ou não corresponderam ao evangelho.

2. Quem são os pobres?

Nossa Bíblia e nossa teologia nos dizem que os pobres são pessoas vivas completas, corpo, alma, mente e coração inseparáveis. Além disso, são pessoas integradas a famílias, comunidades e sistemas sociais correspondentes. Como nós, os pobres são seres sobrecarregados. Por fim, a narrativa bíblica nos diz que os pobres são feitos à imagem de Deus e, portanto, possuem dons, habilidades e o potencial para se assemelharem ao reino, exatamente como nós.

Os pobres vivem em famílias e alguns estudiosos do desenvolvimento acreditam que precisamos considerar a família como a unidade econômica e social importante. Cada membro ajuda e contribui, perturba e consome; mas cada um se compreende como parte dessa unidade social e não tanto como indivíduo. Uma vez que as famílias normalmente consistem em pessoas de algum modo relacionadas umas com as outras, elas manifestam reciprocidade e obrigação mútua. Assim, há uma economia moral de troca recíproca que opera por regras morais aprendidas principalmente dentro da família (Friedman, 48). Essa economia moral opera, pelo menos em parte, fora da economia de mercado e é um meio importante para os pobres garantirem a vida e a subsistência. Para a família pobre, os relacionamentos são muitas vezes mais importantes para a vida que o dinheiro.

A ideia da família como a unidade social central também ressoa dentro da narrativa bíblica. A Bíblia também parece ver as pessoas em unidades familiares. Noé e sua família estendida foram salvos (Gn 7.1). Deus distribuiu a Terra Prometida de modo equitativo, de acordo com clãs e unidades familiares (Wright, 68). Josué assumiu compromissos em nome da família (Js 24.15). Lídia e sua família foram batizadas por Paulo, assim como, mais tarde, na mesma história, o carcereiro de Filipos e sua família (At 16.15, 33). Um teste de liderança é que os diáconos "devem governar bem os filhos e a própria casa" (1Tm 3.12).

3. O que os pobres não são

Alguns dizem que os pobres são preguiçosos, fatalistas e não poupam para o futuro. Outros dizem que os pobres são pobres e ignorantes. Robert Chambers desmistifica essas afirmações e nos conclama a sermos mais humildes em nossos julgamentos. Talvez os pobres não poupem, mas isso pode ser pelo bom motivo de que a sobrevivência deles hoje não permite. Talvez pareçam preguiçosos, mas o que podemos estar vendo é o jeito que têm de conservar a energia física limitada ou esperar por coisas sobre as quais não têm controle. O fatalismo pode ser uma adaptação prudente, não uma desistência. "O que parece impotência, descaso e aquiescência pode ser uma condição de sobrevivência" (Chambers, 106).

A afirmação de que os pobres são ignorantes e estúpidos não sobrevive a nenhum entendimento bem embasado sobre a realidade dos pobres. A profundidade e amplitude de seu conhecimento peculiar frequentemente nos surpreende. O conhecimento que têm da ecologia local, medicina tradicional e técnicas de sobrevivência é considerável. Os pobres conseguem sobreviver em condições que derrotariam os nossos melhores. Os pobres não são mais preguiçosos, fatalistas, imprevidentes, estúpidos ou arrogantes que qualquer outro. Todas as pessoas sofrem com esses problemas, pobres e não pobres igualmente. Aliás, só os não pobres podem realmente se permitir a esses comportamentos. "Pessoas tão próximas do limite não podem se dar ao luxo da preguiça ou da estupidez. Elas precisam trabalhar e trabalhar duro, sempre que conseguem, do jeito que conseguem. Muitos dos pobres preguiçosos e estúpidos estão mortos" (Chambers, 107).

4. Para compreender a pobreza

A pobreza tem sido descrita de várias maneiras e com crescente sofisticação. Três importantes contribuintes serão brevemente resumidos aqui, com as lições de cada um.

4.1. Pobreza como enredamento: Robert Chambers. Robert Chambers é um respeitado profissional de desenvolvimento que trabalha no Instituto de Estudos de Desenvolvimento, Universidade de Sussex, em Brighton, na Inglaterra, e autor importante que escreve sobre pobreza e desenvolvimento. Na descrição de Chambers, a família pobre vive numa aglutinação de desvantagens" (Chambers, 103-39). Essa aglutinação tem cinco elementos: a família é pobre, fisicamente fraca, isolada, vulnerável e impotente. Chambers liga essas dimensões da pobreza a um sistema interativo a que dá o nome de armadilha da privação ou da pobreza. Essa visão da pobreza como sistema tem poder explanatório considerável e se alinha bem com a experiência.

4.1.1. Pobreza material. A família tem poucos bens. Sua casa e condições sanitárias são inadequadas. Ela possui pouco ou nenhum terreno, rebanho ou riqueza.

4.1.2. Fraqueza física. Os membros da família são fracos. Eles carecem de força por falta de saúde e de boa alimentação. As famílias são compostas por muitas mulheres, crianças bem pequenas e idosos.

4.1.3. Isolamento. A família carece de acesso a serviços e à informações. Muitas vezes fica afastada, longe das vias principais, redes de abastecimento de água e até de eletricidade. Carece de acesso a mercados, capital e crédito.

4.1.4. Vulnerabilidade. A família possui poucos amortecedores contra emergências ou desastres. Seus membros carecem de opções. Eles não conseguem poupar e são vulneráveis a demandas culturais como dotes e datas festivas, que drenam as economias.

4.1.5. Impotência. A família carece de capacidade e conhecimento para influenciar a vida ao seu redor e os sistemas sociais em que vive.

4.1.6. Pobreza espiritual. Podemos acrescentar esta categoria de pobreza à lista de Chambers em favor de um entendimento cristão holístico da pobreza. A família sofre por relacionamentos rompidos e disfuncionais — com Deus, com os próprios membros, com a comunidade e sua criação. Seus membros podem sofrer por opressão espiritual — medo de espíritos, demônios e ancestrais. Podem carecer de esperança e serem incapazes de acreditar que é possível mudar. Talvez nunca tenham ouvido o evangelho ou podem ter reagido a uma versão truncada sem poder transformador.

Essa ideia de sistema para compreender a pobreza é um instrumento poderoso. A inter-relação entre os seis elementos de sua armadilha da pobreza é um aspecto importante. Cada um está ligado aos outros e os potencializa. Um problema em uma área significa problemas em outros, e é fácil ver como as circunstâncias podem levar a uma pobreza cada vez maior.

Um aspecto importante está ausente na análise que Chambers faz da pobreza: o impacto da pobreza espiritual. Cada um dos elementos de sua armadilha da pobreza possui uma dimensão espiritual. Impotência não é só um problema que os pobres têm em relação ao mundo material e aos não pobres que nele vivem. Os pobres muitas vezes vivem com medo do invisível, do mundo espiritual de maldições, deuses, demônios e ancestrais irados. Os pobres muitas vezes associam causas espirituais à fraqueza física. O isolamento de Deus e da Bíblia é tão significativo quanto não ter acesso a serviços públicos, mercado e capital. A necessidade de encontrar dinheiro para cancelar maldições e garantir a bênção dos espíritos contribui para a vulnerabilidade, tanto quanto dos desastres e a convenção social.

Há outro nível, mais fundamental, em que podemos ver a carência espiritual. Há uma realidade espiritual que permeia todo o sistema da armadilha da pobreza e seus seis elementos entrelaçados. Essa realidade espiritual fundamental provê a explicação para (1) a atividade traiçoeira e dominadora dos não pobres, (2) a contribuição que os pobres dão para a própria pobreza com comportamentos destrutivos dentro da família e (3) a pobreza de existência (não temos valor ou somos indignos) e de sentido (não há respostas para perguntas importantes). Nada que estude a pobreza como um sistema estará completo sem uma visão holística do espiritual e do material no nível do povo e dos sistemas sociais em que eles vivem.

4.2. Pobreza como falta de acesso ao poder social: John Friedman. John Friedman, professor de planejamento urbano da Universidade da Califórnia em Los Angeles (UCLA) e promotor do que chama de "desenvolvimento alternativo", descreve a pobreza com foco na impotência como falta de acesso ao poder social. As famílias pobres estão excluídas e precisam de poder. Como Chambers, ele começa com a família como a unidade social dos pobres e a vê situada em quatro domínios sobrepostos de práticas sociais: estado, comunidade política, sociedade civil e economia corporativa (Friedman, 26-31). Cada domínio tem um tipo distinto de poder: poder do estado, poder político, poder social e poder econômico.

Cada domínio tem um conjunto próprio de instituições. As instituições centrais do estado consistem nos elementos executivos e judiciais formais do governo. As principais instituições da comunidade política consistem nas organizações políticas independentes. Na interseção entre o domínio do estado e o do governo, Friedman coloca a legislatura e os órgãos regulatórios. A sociedade civil consiste em todas as famílias; é a comunidade maior. Onde a sociedade civil faz interseção com o governo, encontramos igrejas e organizações voluntárias. As instituições centrais da economia corporativa são a empresa e os mercados locais e nacionais. Esse domínio também está aberto para a economia global e para empresas transnacionais e está profundamente inter-relacionado a elas. Onde a economia corporativa faz intercessão com a comunidade política, encontramos partidos políticos, movimentos de protesto e grupos ambientais. Onde a economia corporativa faz intercessão com a sociedade civil, encontramos o setor da economia informal e organizações econômicas populares. A interação desses domínios forma o sistema em que as famílias pobres se empenham para encontrar espaço, colocação e influência.

Friedman então desenvolve um conjunto de oito bases de poder social que estão disponíveis aos pobres como meio de criar espaço e influência social: redes sociais, informações para desenvolvimento pessoal, tempo excedente, instrumentos de trabalho e de subsistência, organização social, conhecimento e competência, espaço de vida defensável e recursos financeiros (67).

Para Friedman, a pobreza absoluta ocorre quando os valores para essas oito dimensões são muito baixos, não permitindo que a família saia da pobreza por si. A explicação que ele dá para a pobreza é uma falta de organização social e uma falta de acesso ao processo político.

O modelo do (des) empoderamento da pobreza é uma variante política da abordagem das necessidades básicas. Ele é centrado na política e não no planejamento [...] O ponto de partida do modelo é a pressuposição de que famílias pobres carecem de poder social para melhorar a condição de vida de seus membros. (Friedman, 66)

O entendimento que Friedman tem da pobreza é uma compreensão mais sofisticada de como a pobreza está relacionada à falta de acesso ao poder social, em contraste com uma simples falta de coisas ou de conhecimento. Isso também insere as famílias pobres num sistema social que vai além da conjuntura local. O governo, o sistema político, a sociedade civil e a economia, integrada na economia global, desempenham agora seus papéis na arena do jogo. A pobreza é compreendida como um estado de desempoderamento. Esses desenvolvimentos são oportunos.

Como Chambers, Friedman não leva em consideração a dimensão espiritual da vida em sua compreensão da pobreza. Não há explicação do motivo pelo qual os sistemas sociais excluem os pobres e passam a servir interesses próprios. Uma dimensão espiritual é necessária para explicar o fato de que as instituições sociais frequentemente frustram até as melhores e mais nobres intenções de pessoas que as ocupam e gerenciam. Sem uma doutrina de principados e poderes decaídos, não fica claro por que pessoas boas não conseguem fazer com que instituições sociais façam o bem para o qual foram organizadas. Além disso, não há meio de explicar os comportamentos destrutivos e escolhas ruins tanto de pobres como não pobres, nem o fato de os pobres muitas vezes explorarem uns aos outros.

4.3. A pobreza como desempoderamento: Jayakumar Christian.

Jayakumar Christian, indiano, profissional e autor na área do desenvolvimento, baseia-se em Chambers e Friedman e, como cristão, elabora sobre o lado espiritual do entendimento da pobreza. Christian vê a família pobre inserida numa estrutura complexa de sistemas interconectados. Esses sistemas incluem um sistema pessoal que inclui psicologia e autocompreensão; um sistema social semelhante ao de Friedman; um sistema espiritual que é pessoal e social; um sistema cultura que inclui cosmovisão; e um sistema biofísico. Cada parte do sistema cria uma contribuição própria para o desempoderamento dos pobres, inclusive o que os cristãos chamam de escravidão aos complexos messiânicos dos não pobres, embustes de principados e poderios, inadequações da cosmovisão, fraqueza mental e física e sofrimento por problemas de identidade.

4.3.1. Escravidão aos complexos messiânicos dos não pobres: o sistema social.

Semelhante a Friedman, Christian argumenta que o sistema social reforça a impotência por exclusão e exploração, mas Christian busca raízes mais profundas para isso (Christian, 178). Os não pobres consideram-se superiores, necessários e até escolhidos para governar. Eles sucumbem à tentação de ser deus na vida dos pobres, usando sistemas religiosos, mídia, leis, políticas públicas e pessoas que ocupam posições de autoridade. Estes criam narrativas, estruturas e sistemas que justificam e racionalizam a própria posição privilegiada. O resultado é que os pobres se tornam cativos dos complexos messiânicos dos não pobres. Isso pode ocorrer em nível local por meio de senhores da terra, polícia e funcionários do governo local. Ou pode ocorrer na forma de políticas de redução de pobreza impostas pelo Banco Mundial aos países pobres que têm poucas opções, senão consentir.

4.3.2. Embustes de principados e poderios: o sistema espiritual.

Além de reconhecer o impacto da Queda e do pecado sobre cada ser humano, Christian também identifica um impacto adicional da Queda no que chama de embuste dos principados e poderios (Christian, 252). A impotência dos pobres é reforçada pelo medo e o engano do *deus deste século* [que] *cegou a mente dos incrédulos* (2Co 4.4) e da "armadilha do Diabo" que os prendem *para cumprirem a sua vontade* (2Tm 2.26). Os pobres e os não pobres estão *debaixo da escravidão aos princípios elementares do mundo* (Gl 4.3). Christian está afirmando a posição bíblica de que não são só os seres humanos e os sistemas em que vivem que criam e sustentam a pobreza: há um adversário que trabalha contra a vida. Esse adversário "é mentiroso e pai da mentira" (Jo 6.44). Qualquer exame da pobreza que ignore a realidade de um diabo carece da plena capacidade explanatória que a Bíblia oferece.

4.3.3. Inadequações de cosmovisão: o sistema cultural.

Para Christian, a impotência é reforçada pelo que ele chama de inadequações da cosmovisão (Christian, 199, 262). Escrevendo a partir de um contexto hindu, ele destaca a ideia do carma, uma ideia que desempodera ao ensinar aos pobres que a pobreza e a exclusão são apenas consequências de uma vida passada, tendo de ser aceitas para que haja esperança de uma vida melhor da próxima vez. A tradição hindu ensina aos brâmanes que os pobres foram feitos das partes inferiores de deus, sendo, portanto, inferiores por natureza. Cada cultura possui crenças que desempoderam as pessoas, desencorajam mudanças e aceitam relações opressivas considerando-as legítimas, sacrossantas e ordenadas.

4.3.4. Fraqueza na mente, corpo e espírito: o sistema biofísico.

Essa expressão da pobreza corresponde à categoria de fraqueza física de Chamber. O sistema biofísico — mente, corpo e espírito — é diminuído e reforça a impotência como consequência de fome, enfermidade e falta de educação (Christian, 200). Corpos e mentes subnutridos e fracos são abrigos fáceis para autoimagem distorcida, escravidão, engano e cosmovisões inadequadas.

4.3.5. Identidade distorcida dos pobres: o sistema pessoal.

Christian conclui sua

explanação da pobreza apontando que a escravidão aos complexos messiânico dos não pobres, o engano de principados e poderios, as inadequações da cosmovisão e uma fraqueza na mente e no espírito resultam no que ele chama de identidade distorcida dos pobres (Christian, 206). A identidade dos pobres é distorcida em dois aspectos importantes. Primeiro, os pobres são sistematicamente excluídos como atores. É muito comum as pessoas considerarem os pobres "mercadorias com defeito" e, por isso, não lhes darem voz nem vez. Segundo, uma vida de sofrimento, engano e exclusão é internalizada pelos pobres de tal modo que não conseguem mais saber quem realmente são e por que foram criados. Os pobres acabam acreditando que não têm e nunca tiveram valor nem dons com os quais pudessem contribuir. Essa é a expressão mais profunda e fundamental da pobreza.

Para Christian, esses cinco sistemas integrados de desempoderamento criam na mente dos pobres o que ele chama de "rede de mentiras" que os prende de modo mais forte e insidioso que laços físicos (Christian, 264). O Quadro 2 ilustra a rede de mentiras associada com cada elemento do sistema de desempoderamento de Christian.

5. As causas da pobreza

Nosso entendimento da causa da pobreza é importante porque tende a dirigir a maneira pela qual reagimos a ela. O Quadro 2 ilustra o ponto:

A articulação da causa da pobreza está muitas vezes nos olhos do observador. Nosso entendimento da causa é moldado por nosso lugar no sistema social, nossa educação, nossa cultura e até nossa personalidade. O entendimento da causa também depende do ponto em que iniciamos (e interrompemos) nossa observação da pobreza. Se começamos com as necessidades, vemos a falta de água. Sem outros pensamentos, essa é a causa da pobreza e providenciar água é a resposta. Mas por trás das necessidades há questões como a posse da água. Se essa é a causa da falta de água, então a resposta é lidar com a posse ou o acesso. Mas por trás das questões há as estruturas, como castas, que

Quadro 1. Pobreza como desempoderamento (desenvolvido com base em Christian, 264)

Tema	Sistema Social	Mentira
Escravidão aos complexos messiânicos dos não pobres	Social Político Econômico Religioso	Você está fora do sistema social. Seu propósito é nos servir. Você não tem bens, nem deve ter. Nós vamos falar com Deus por você.
Identidade distorcida dos pobres	Social Política Econômica Religiosa	Não somos dignos de inclusão. Não temos nada a dizer: somos ignorantes. Não temos nada com que contribuir. Deus não está interessado em nós.
Inadequações na cosmovisão	Social Político Econômico Religioso	Nosso lugar na ordem social é fixo. Espera-se que eles nos governem. Nossa pobreza é ordenada. Nós pecamos: Deus nos está dando o que merecemos.
Engano pelos principados e poderes	Social Político Econômico Religioso	Os sistemas sociais não são para pessoas como você. Os sistemas políticos não são para pessoas como você. Os sistemas econômicos não são para pessoas como você. Deus não é para pessoas como você.
Fraqueza de mente, corpo e espírito	Social Político Econômico Religioso	Não sou tão inteligente. Não tenho estudo. Sou muito fraco para fazer diferença. Não tenho nada mesmo. Não consigo nem entender essas coisas.

Quadro 2. Causas da pobreza e respostas a ela (desenvolvido a partir de Christian, 264)

Consideração da causa	Resposta proposta
Os pobres são pecadores.	Evangelização e estímulo
Os pobres são vítimas de pecados.	Ação social: trabalhar pela justiça
Os pobres carecem de conhecimento.	Educação
Os pobres carecem de coisas.	Assistência / bem-estar social
A cultura dos pobres é deficiente.	Sejam como nós; a nossa é melhor
O sistema social os torna pobres.	Mudar o sistema

influenciam quem tem acesso à água e que muitas vezes criam barreiras impenetráveis ao acesso. Por trás das estruturas há grupos que dominam e apoiam as estruturas, insistindo que é deles a água e também o direito de controlar seu uso. Por trás dos grupos há ideologias e valores que dirigem o grupo e a estrutura social, as pressuposições não ditas de que nós é que devemos ser servidos e que eles são tão completamente alheios, que não devem beber onde nós bebemos.

Esse tipo de análise social aprofunda nosso entendimento das causas da pobreza. Isso nos permite descobrir muito do que Chambers, Friedman, Christian e Jayakaran dizem e precisamos ver. Levantamos nossa visão a partir da necessidade física e do indivíduo e seguimos para os sistemas sociais e culturais onde os pobres vivem. Começamos a compreender que ideias, valores e cosmovisões precisam mudar.

5.1. Causas físicas da pobreza. Há causas físicas da pobreza. As categorias de Chambers de pobreza material e fraqueza física falam disso. As pessoas precisam de comida, abrigo, água e ar puro. Elas precisam de um ambiente que sustente a vida. Dinheiro, terra e gado são bens úteis. A ausência desse tipo de bens é a causa imediata da pobreza material.

5.2. Causas sociais da pobreza. As causas físicas da pobreza exacerbam as causas sociais da pobreza e são exacerbadas por elas. "Há práticas sociais de grande escala e todo um sistema de papéis sociais, muitas vezes firmemente aprovados pelos membros da sociedade em geral, o que causa ou perpetua a injustiça e o infortúnio" (Wolterstorff, 24).

Essa ideia foi desenvolvida por Chambers e depois aprofundada por Friedman. A estrutura de Christian aponta para esses sistemas como a fonte da rede de mentiras. Jayakaran localiza intervenientes por trás de cada limitação ao crescimento.

5.3. Causas mentais da pobreza. Falta de conhecimento e de aptidão técnica são também causas da pobreza. Estados mentais debilitados resultantes de nutrição pobre, cuidado insuficiente com a saúde, álcool e drogas criam e sustentam a pobreza. Mas as causas mentais da pobreza são mais profundas: a pobreza está dentro da mente. Christian está correto ao propor a ideia da rede de mentiras em que os pobres acreditam e que, justamente por acreditarem, lhes tira o poder. Melba Maggay, ativista e teóloga filipina, oferece uma descrição sugestiva desse tipo de pobreza:

> O espírito que sempre nega, a dúvida que perturba, mas ainda seduz sombriamente e questiona constantemente o melhor em que cremos. O resultado para alguns é uma desilusão que só aumenta, um realismo desregrado que no fim leva embora a fonte e a leveza de nosso passo, curva nossos ombros e faz com que, amargurados, nos amontoemos pelos cantos. (Maggay, 97)

Mas precisamos cuidar para não concluir que os pobres se fazem mentalmente pobres. Isso não é verdade. O ativista social e teólogo Walter Wink nos lembra que "impotência, porém, não é um simples problema de postura. Há estruturas — econômicas, políticas, religiosas e só *depois* psicológicas — que oprimem as pessoas e resistem a todas as tentativas de por fim à opressão" (Wink, 102).

5.4. Causas espirituais da pobreza. As causas espirituais da pobreza são muitas vezes desconsideradas ou não declaradas pelos acadêmicos do desenvolvimento. Já indiquei como Chambers e Friedman ignoram o impacto do mundo dos espíritos, xamãs e feitiçaria e sua contribuição muito significativa para tornar e manter as pessoas pobres. Gasta-se dinheiro com amuletos de proteção e com dias festivos, tudo na tentativa de lidar com essas relações de poder. Melhoras técnicas são recusadas por medo da reação do mundo dos espíritos. Além disso, ainda que haja muitas referências à opressão, engano, ilícito, corrupção, violência, fatalismo, álcool e relacionamentos quebrados e injustos na literatura do desenvolvimento, a dimensão espiritual raramente aparece nos esquemas explanatórios. Não há hipótese quanto às causas da pobreza. Como observamos, Christian acrescenta os principados e poderios e seu engano ativo à sua variação da estrutura da impotência como causa da pobreza, elaborada por Friedman. Maggay apoia sua opinião: "A ação social é um confronto com poderes que existem. Na realidade, não estamos batalhando contra carne e sangue, nem meramente desmantelando sistemas sociais injustos; estamos nos confrontando com os poderes em suas dimensões cósmicas e sociais" (Maggay, 82). R. Jayakaran de fato declara que o espiritual é uma causa da pobreza.

Então, o que podemos dizer acerca da pobreza e suas causas depois desta resenha dos quatro principais contribuintes para a conversa? Primeiro, a pobreza é um fenômeno complexo de muitos fatores interligados; é improvável que haja alguma resposta simples. Segundo, para entender a pobreza é preciso que sejamos multidisciplinares; precisamos dos instrumentos da antropologia, sociologia, psicologia social, discernimento espiritual e teologia, tudo bem integrado. Terceiro, as obras de Chambers, Friedman, Christian e Jayakaran precisam ser consideradas complementares, cada uma acrescentando algo às outras.

6. Um entendimento holístico da pobreza
Combinando o que se pode aprender de Chambers, Friedman, Christian e Jayakaran com uma perspectiva teológica e bíblica, é possível fazer duas afirmações resumidas acerca da pobreza.

6.1. A pobreza é fundamentalmente relacional quanto à natureza. Em síntese, pobreza são relacionamentos que não contribuem para o bem-estar. Pobreza são relacionamentos que não são justos, que não contribuem para a vida e que não são harmoniosos ou proveitosos. Pobreza é a ausência do shalom em todos os seus sentidos.

Todos os quatro esboços de pobreza fornecem explicações baseadas na ideia de que os relacionamentos são fragmentados, disfuncionais, dominadores ou opressivos. A armadilha da pobreza de Chambers, o acesso ao poder social de Friedman e a estrutura para o desempoderamento de Christian têm, todos, em seus relacionamentos fundamentais aquela carência do shalom que atua contra o bem-estar humano de todos, contra a vida e a vida abundante.

O entendimento da pobreza como relacionamentos que não funcionam como devem também é coerente com o relato bíblico. O escopo do pecado afeta cada um dos cinco relacionamentos dentro da vida de cada ser humano: com Deus, com nossa comunidade, com os que chamamos de outro, com o ambiente em que vivemos e dentro de nós mesmos. Cada um desses relacionamentos encontra expressão nos sistemas de pobreza já relacionados nesta seção.

No centro desse entendimento relacional da pobreza está a ideia de que os pobres não sabem quem são nem o porquê de terem sido criados. Quando as pessoas passam a acreditar que não chegam a ser humanos, que são desprovidos de cérebro, força e pessoalidade para contribuir para o próprio bem-estar ou o bem-estar de outros, o entendimento que têm de si mesmos fica distorcido. De modo semelhante, quando os pobres não acreditam que têm algo com que contribuir, ou acreditam que não podem ser produtivos, o entendimento da própria vocação também fica prejudicado. Com a identidade distorcida e uma noção diminuída da própria vocação, os pobres não conseguem desempenhar seu papel relacional próprio e justo no mundo, quer para si mesmos, quer para os que estão ao seu redor.

6.2. A causa fundamental da pobreza é espiritual. O que causa a distorção e injustiça em nossos relacionamentos? O que se coloca entre Deus e nós? O que causa divisão entre nós mesmos formando uma família de vozes concorrentes e conflitantes? O que nos separa dentro de nossa comunidade, com alguns que vão bem e outros que sofrem? O que nos faz excluir e às vezes demonizar o outro? Por que abusamos da terra? O que age contra a vida, contra o shalom? As respostas a essas perguntas fundamentais nos fornecem uma explicação da causa fundamental da pobreza. Como funciona a armadilha da pobreza? Por que os pobres não têm acesso ao poder social? O que está na raiz da rede de mentiras e da impotência resultante? O pecado é o que distorce essas relações. O pecado é a causa que está na raiz do engano, da distorção e da dominação. Quando Deus está à margem de nossa história ou é banido dela, não tratamos bem uns aos outros. Em vez disso, trabalhamos por aquilo que entendemos que devemos viver. Tentamos providenciar a vida abundante para nós mesmos. Sem uma teologia consistente do pecado, é difícil chegar a explicações abrangentes do pecado.

Por fim, se é verdade que o pecado é a causa fundamental de nossa falta de shalom, de nosso mundo de relacionamentos dominadores, então temos a boa notícia e a má. A boa é que por meio de Jesus Cristo é possível sair do pecado para a transformação. A má é que se não aceitamos a boa notícia, em certo sentido, ficamos imobilizados por correntes de limitações autoimpostas.

7. A pobreza dos não pobres

Uma seção sobre pobreza não é completa, a menos que haja alguns comentários sobre a pobreza dos não pobres. Eles têm seu próprio conjunto de problemas, sobretudo porque Deus odeia a idolatria e a injustiça.

Da perspectiva bíblica, os não pobres têm muito em comum com os pobres. Os não pobres são feitos à imagem de Deus, são decaídos, estão recebendo a oferta da redenção. Infelizmente, eles têm mais dificuldades para ouvir essas boas novas do que os pobres. Em parte, isso ocorre porque gostam, conscientemente ou não, de brincar de deus na vida dos pobres.

Os não pobres são pobres em outro aspecto que às vezes não percebemos. A pobreza deles está no excesso e é a imagem reversa da pobreza dos pobres. A insuficiência de alimentos nos torna fracos e suscetíveis a doenças; o excesso nos dá sobrepeso e nos torna suscetíveis a doenças cardíacas e câncer. A enfermidade entre os pobres é física; entre os não pobres é física e, cada vez mais, mental. Os pobres têm casa inadequadas; os não pobres às vezes são escravizados pela casa. Koyama expressa bem essa ideia do "excesso é pobreza":

A pessoa não pode viver sem pão. Mas o homem não pode viver só com esse pão essencial. Só pão, só casa, só roupa, só renda, todos esses *sós* estragam a qualidade de vida das pessoas. É estranho que esses valores bons também contenham elementos perigosos. Espera-se que a pessoa coma pão. Mas e se o pão come a pessoa? Hoje as pessoas estão morrendo por superalimentação em países afluentes. Espera-se que as pessoas vivam numa casa. Mas e se a casa começa a viver nas pessoas? [...] As pessoas precisam de pão acrescido da palavra de Deus. (Koyama, 4-5)

A ideia do muito mais ou muito menos como dois lados do mesmo problema nos lembra Provérbios 30.8-9:

Não me dês nem a pobreza nem a riqueza: dá-me apenas o pão de cada dia; para que na fartura não te negue e diga: Quem é o Senhor? Ou, empobrecendo, eu não venha a furtar e profane o nome de Deus.

A atividade dos não pobres para resguardar os privilégios e poder também cria uma pobreza própria dos não pobres. Quando abusamos do sistema social em benefício próprio, é difícil acreditar que nossos amigos não estão fazendo o mesmo. Quando o alvo é a dominação, precisamos continuar ganhando para não perder.

No final das contas, a pobreza dos não pobres é do mesmo tipo que a dos pobres, só se expressa de outro jeito: a pobreza dos não pobres é fundamentalmente relacional e causada pelo pecado. O resultado é uma vida cheia de coisas e carente de significado. Os não pobres simplesmente vivem com outros enganos. A única diferença é que é mais difícil mudar a pobreza dos não pobres. É isso que Jesus está tentando dizer quando compara o rico chegando ao reino a um camelo tentando passar pelo buraco de uma agulha (Mt 19.24). Veja mais sobre o assunto em meu *Walking with the Poor* [Andando com os pobres].

Veja também ASSISTÊNCIA E DESENVOLVIMENTO; DINHEIRO, RIQUEZA; MISSÃO HOLÍSTICA; OPÇÃO PREFERENCIAL PELOS POBRES; PODER, PODERES; SOFRIMENTO; TEOLOGIA DAS OBRAS.

BIBLIOGRAFIA. CHAMBERS, R., *Rural Development: Putting the Last First* (London: Longman Group, 1983); CHRISTIAN, J., *Powerlessness of the Poor: Toward an Alternative Kingdom of God Based Paradigm of Response* (tese de doutorado, Fuller Theological Seminary, Pasadena, CA, 1994); FRIEDMAN, J., *Empowerment: The Politics of Alternative Development* (Cambridge: Blackwell, 1992); JAYAKARAN, R., *Participatory Learning and Action: User Guide and Manual* (Madras: World Vision of India, 1996); KOYAMA, K., *Three Mile an Hour God* (Maryknoll: Orbis, 1979); MAGGAY, M., *Transforming Society* (London: Regnum, 1994); MOUW, R., "Thinking About the Poor: What Evangelicals Can Learn from the Bishops", in: *Prophetic Visions and Economic Realities: Protestants, Jews and Catholics Confront the Bishops' Letter on the Economy*, Strain, C. R., org. (Grand Rapids: Eerdmans, 1989); MYERS, B., *Walking with the Poor* (Maryknoll: Orbis, 1999); WINK, W., *Engaging the Powers: Discernment and Resistance in a World of Domination* (Minneapolis: Fortress, 1992); WOLTERSTORFF, N., *Until Justice and Peace Embrace* (Grand Rapids: Eerdmans, 1983); WRIGHT, C. J. H., *An Eye for an Eye: The Place of Old Testament Ethics Today* (Downers Grove: InterVarsity Press, 1983).

B. L. Myers

PODER

A teologia contemporânea dá vários tratamentos à palavra *poder*. Com as forças sociais da modernidade moldando rapidamente nosso mundo, emerge um debate teológico acalorado acerca de como as estruturas de poder humano correntes estão afetando, em geral negativamente, os pobres da terra e — falando ecologicamente — a própria terra.

A análise de poder que se segue procura compreender os novos poderes da *globalização, inclusive os problemas éticos que geram. Em termos teológicos, em contraste com construções descendentes, o poder que emerge de formas contemporâneas de construção de impérios globais, novas teologias elaboradas de "baixo para cima" têm emergido, provendo uma nova visão para a humanidade e uma nova articulação de poder que não é centrada nem na política nem na geografia. Vamos nos concentrar aqui nesse tipo de abordagem cristã "de baixo para cima" no contexto das teologias bíblica, neo-ortodoxa e da *libertação, concluindo com uma discussão da agência humana em face da maneira pela qual o poder é conceituado e exercido à luz das lutas globais de libertação contra as forças dominantes do império.

1. Poder natural
2. Poder humano
3. Poder institucional
4. Poder divino
5. Discursos de poder na Bíblia
6. O Pentecostes e a luta global pela libertação
7. Implicações teológicas

1. Poder natural

Ao longo da história, os homens têm sido maravilhados e aterrorizados pelo poder brutal da natureza. Embora se pense que a natureza demonstra uma capacidade criativa por meio do grande número de espécies naturais que emergiram para criar a bela gama de vida no planeta, ela também tem capacidades destrutivas demonstradas em desastres naturais como furacões, tornados e tsunamis. A noção oriental do *chi* é um exemplo de como descrever essa força de vida subjacente que anima a natureza como um campo cósmico de energia viva.

2. Poder humano

Como o poder natural, também se pode dizer que o poder humano tem capacidades criativas e destrutivas. Para Nietzsche a vontade de poder é a vitalidade elementar e criativa que fica bem no âmago da própria vida. Um exemplo dessa vontade de poder é o que Nietzsche descreveu como a ética de guerra pré-socrática. Outra versão é o "super-homem" ou *Übermensch*, que é a visão que Nietzsche tem de um ser poderoso que não só manifesta a vontade de poder, mas encontra nisso as mais altas aspirações de nobreza. O *Übermensch* impõe sua vontade aos outros, mas também, e acima de tudo, impõe essa vontade a si mesmo, sujeitando a própria vontade ao mesmo tipo de escrutínio que impõe aos outros.

3. Poder institucional

Michel Foucault, influente intérprete de Nietzsche, elabora sobre a concepção de poder de Nietzsche, apontando diretamente para a conceituação e exercício de poder que operam em instituições sociais e políticas. Formas de poder podem ser igualmente usadas pelos oprimidos por tais instituições como um modo de resistir à justiça. Foucault documenta o que ele alega ser uma mudança na lógica interna do poder conforme era compreendido e praticado na Europa do século 16, com sua ênfase em mecanismos descendentes de controle externo, ao que ele descreve como uma lógica de "disciplina", ou seja, análise da função da supervisão direta ou indireta das normas sociais que são internalizadas pelos seres humanos por meio de escolas, governos e prisões. Desse modo, as pessoas são internamente formadas pelos mecanismos de poder de modo semelhante ao de certas práticas que disciplinam o corpo e geram certos resultados.

Mais cedo, em sua discussão sobre poder e liderança, o sociólogo alemão Max Weber havia se concentrado nos que ocupavam posições institucionais de poder, alegando que qualidades de liderança individual — ou autoridade carismática — são com frequência mais importantes para a legitimação do exercício concreto do poder. Ao mesmo tempo, ele dedicou atenção especial à rotinização ou burocratização de instituições e normas sociais que com frequência se desenvolve para manter o papel de autoridade de um líder ao longo do tempo.

Foucault foi além de Weber, alegando que essas "instituições de controle" são implantadas por centros controladores de poder para manter a sujeição da população em geral. Teóricos críticos escrevendo após Foucault, como Michael Hardt e Antonio Negri, afirmam que esses mecanismos de controle foram "democratizados" em todas as instituições da sociedade, mas de modo mais importante, na economia global. Assim, o lugar das elites ou nobres tem recebido menos ênfase, e as pessoas têm se tornado agentes do próprio poder que também os oprime.

Em contraste com o que se entendia tradicionalmente como o *locus* do poder contemporâneo, a nação-estado, Hardt e Negri afirmam que o conceito de "império" significa uma força social mais difusa que agora abarca o globo mediante as redes onipresentes do capitalismo global — empresas multinacionais e instituições de finanças internacionais. Isso exemplifica outra mudança na lógica interna do poder. Hardt e Negri, adotando termos teológicos, interpretam essa nova rede global de poder (localizada principalmente na difusividade do capitalismo global) como uma nova expressão da "imanência radical" ou presença contínua do poder. À guisa de contraste, a teologia cristã, especialmente na tradição de Karl Barth (*veja* Barthianismo), entendeu a imanência como descrição do Deus trino "transcendente" revelado no Jesus Cristo "imanente" como o "Logos" de Deus que se tornou carne e habitou entre seres humanos.

4. Poder divino

A teologia do poder divino, de Karl Barth, como algo localizado no Cristo imanente também provê uma base teológica para resistência a estruturas de poder descendente que Nietzsche, Foucault e Hardt e Negri descrevem, de tal modo que libertaria a humanidade oprimida pela realização de uma concepção "ascendente" de poder localizada na encarnação de Cristo. O poder de um Deus transcendente foi então localizado na "carne" de Cristo, nascido dentre os pobres e oprimidos, em favor dos quais ele falava. Foi com base na lógica da encarnação que Barth argumentou que uma parte vital da "liberdade" proclamada pelo evangelho era livrar as pessoas dos poderes terrenos de opressão. Barth criticou severamente as igrejas cristãs de seus dias que de modo passivo ou ativo se alinharam ao regime nazista emergente, alegando que os perigos da igreja fazendo uma aliança estreita com o estado incluía uma falha fundamental no entendimento do poder de Deus realizado em Cristo.

Barth testemunhou muitos de seus colegas professores e outros amigos sendo rapidamente cativados pelo poder ideológico e concreto do militarismo prussiano. Para Barth, aqueles poderes eram descendentes e irrevogavelmente imperiais e, por conseguinte, não podiam incorporar a ética social radical do evangelho. Ele repudiou o próprio cerne do *Kultur Protestantismus* que proveu uma justificação teológica para a aceitação comum de conceituações e prática terrenas de poder que podiam ser exemplificadas em movimentos como o nazismo. Teologicamente, Barth afirmava que só podemos compreender a onipotência de Deus, sua "plenitude de poder", por meio do entendimento de que Deus é aquele que ama em liberdade e não em coerção.

Barth apresentou o poder de Deus como uma expressão gratuita de amor, alegando que só apreendemos o poder de Deus por meio da fraqueza de Jesus Cristo na carne. A lógica da *kenosis* no hino de Cristo em Filipenses 2.5-11 torna-se, para Barth, paradigma de seu pensamento teológico acerca do poder divino. Ele afirmou que Jesus transformou noções terrenas de poder por meio de seu exemplo de liderança (poder) mediante o amor abnegado de um servo pelos outros (Mt 23.8-12). É por meio da humanidade e fraqueza de Jesus Cristo que os atributos de Deus são aperfeiçoados, e não pela "onipotência" compreendida como a posse e o exercício da força coerciva. Depois de Barth, a teologia protestante foi desafiada a compreender a onipotência por meio da pessoa e obra de Jesus Cristo, no contexto da doutrina da Trindade, e não pela genealogia mais convencional.

A teologia de Barth provê ainda uma forma de pensar acerca do poder divino como a base teológica para a tarefa profética da igreja contemporânea de trabalhar pelo amor e pela justiça e não por um poder como força coerciva num sentido institucional, legal ou militar. A teologia de Barth representa um retorno importante para as narrativas bíblicas em lugar da teologia *política romana para compreender a relação entre o poder divino e o humano.

5. Discursos de poder na Bíblia

Na Bíblia hebraica, o poder é com frequência associado à "mão poderosa" do Deus de Israel que demonstra seu "poder" em contraposição à mágica do faraó. O poder do Deus de Israel não é expresso por exércitos ricos e poderosos, tais como os do antigo Egito, mas no milagre de Israel atravessando o Mar Vermelho. Os modelos para aquele tipo de poder também têm sido considerados por teólogos contemporâneos, como James Cone, que defende a libertação nos moldes do Êxodo.

Um crescente grupo de estudiosos da Bíblia e teólogos também tem considerado a relação entre o poder de Cristo e os "principados e poderios do mundo" conforme narrado no Novo Testamento. A frase *archai kai exousiai* (muitas vezes traduzido *principados e poderios* ou *governantes e autoridades* ou *principados e potestades*) é encontrado em Lucas 12.11; 20.20 (*jurisdição e autoridade*); 1Coríntios 15;24; Efésios 1.21 3.10; 6.12; Colossenses 1.16; 2.10, 15; e Tito 3.1. Conforme declaram William Stringfellow e Walter Wink, todas as dimensões de poder, humana, institucional e divina, estão incluídas nessa frase bíblica. A luta contra principados e poderios não é só espiritual, mas envolve o engajamento e a transformação de todas as instituições da sociedade e, por fim, da própria criação.

Precisamente por se deixar ser crucificado pelos mesmos "principados e poderios" (termos de jurisdição legal romana), Jesus desarmou os principados e poderios de supremacia e o denominou um triunfo sobre aquelas mesmas forças materiais que tornam desumana a vida humana. Embora seja vitimado pelos poderes em sua morte na cruz, Jesus é proclamado Senhor (*kyrios*) sobre eles por meio de sua ressurreição dentre os mortos. Participando dessa dialética da morte e ressurreição, agora por meio do poder do Espírito Santo, a igreja continua essa luta, procurando incorporar esse triunfo em sua proclamação do *reino de Deus — o reinado divino de *paz, *justiça e *amor, não de coerção.

6. O Pentecostes e a luta global pela libertação

A narrativa do Pentecostes, registrada em Atos 2, é compreensivelmente, o maior exemplo bíblico de um derramamento do poder divino que não é baseado em geografia ou jurisdição, precisamente porque é internacional em linguagem e escopo. Por esse derramar do Espírito Santo, as pessoas chegam para adorar o Cristo crucificado em todas as línguas do antigo Oriente Médio. Com esse derramamento, o Pentecostes também associa estreitamente o poder divino com o Espírito Santo, a terceira pessoa da Trindade.

Mais recentemente, esses temas bíblicos de poder têm sido reelaborados de modo significativo no cristianismo africano e afro-americano, particularmente nas teologias da libertação que emergiram no Hemisfério Sul, bem como na América do Norte. Também no Hemisfério Sul, tradições religiosas nativas africanas continuam afirmando vários níveis de poderes espirituais que podem ser convocados por seres humanos por meio de rituais religiosos e não por força coercitiva. Entre os iorubás da Nigéria, por exemplo, há um entendimento do poder como $Àṣẹ$ (axé), que é uma "vitalidade espiritual" incorporada cuja fonte está no Deus Elevado, mediado por dois tipos de espíritos que possuem e exercem poder: espíritos da natureza e espíritos ancestrais.

Com o surgimento do pentecostalismo, que localiza suas principais ênfases no derramamento do Espírito Santo conforme registrado em Atos 2, essa noção africana mais tradicional de poder foi transformada por uma nova espiritualidade pentecostal que deu ênfase ao *batismo no Espírito Santo, falar em línguas (veja Glossolalia) e exercício dos "dons do Espírito" como formas de poder espiritual ou divino. Pentecostais nigerianos com frequência pensam de outro modo acerca de espíritos e demônios agora, e às vezes provêm um discurso alternativo para explicações tradicionais dos espíritos em religiões nativas africanas. O pentecostalismo muitas vezes encontra sua mais ampla aceitação entre os pobres no Hemisfério Sul (veja Pobreza), e esse novo tipo de "poder" costuma servir para desfazer barreiras tradicionais de classes e raças, uma vez que atrai os que sofrem sob uma opressão sistêmica ou outras formas de opressão pelo "poder".

De modo semelhante, desde a década de 1960, cresceram movimentos teológicos diretamente engajados em entender, a partir de uma perspectiva cristã "do Sul", o poder socialmente formativo e potencialmente transformador. Essas *teologias da libertação eram muitas vezes úteis na luta pela liberdade e pela libertação socioeconômica em todo o mundo. A teologia da libertação teve seu início na América Latina, mas disseminou-se rapidamente para outras partes do globo. Líderes eclesiásticos chaves, como o arcebispo Oscar Romero de El Salvador, foram assassinados na luta entre o estado (em dívida com certas formas de poder) e a igreja (agora proclamando um tipo diferente de poder) com respeito a questões de pobreza, exclusão e direitos humanos. Reações à teologia latino-americana da libertação da parte de movimentos evangelicais protestantes, liderados em grande parte por grupos como a Fraternidade Teológica Latino-Americana sob René Padilla, continuou estruturando seu embate com os teólogos da libertação em termos missão integral da igreja que é chamada para lidar especificamente com preocupações espirituais e materiais, todas as quais afetam conceituações e práticas de poder.

Nos Estados Unidos, surgiu uma luta semelhante quando o movimento dos direitos civis tornou-se, em certo sentido, um movimento de resistência cristã construído sobre o poder coletivo dos americanos negros oprimidos aliados a ativistas brancos solidários. A "comunidade amada", visão de Martin Luther King Jr., era uma expressão de "poder" que recusava o recurso convencional à coerção, provendo um paradigma de resistência não violenta a estruturas racistas da sociedade norte-americana. Assim, o poder não violento proveu um exemplo concreto de outro tipo de agência humana alistada para lutar por uma sociedade mais justa e amorosa.

James Cone (1997) provê outro exemplo de uma conceituação cristã do poder que desempenhou um papel importante, ajudando cristãos dos Estados Unidos a confrontarem o racismo que "empoderava" o quase monopólio dos brancos na educação e prática teológicas de tal modo que silenciava a experiência religiosa e desenvolvimentos teológicos de negros americanos. Ele alegou que a "teologia branca" resultou de uma cultura de supremacia branca (veja Teologia Negra). Com outras raízes em nomes como Stoakley Carmichael e Malcolm X, o black power [poder negro] — cristão ou não — lutou para promover o amor próprio, a dignidade e as habilidades negligenciadas dos negros em todo o mundo. O *black power* também atuou para estabelecer correspondências com os "povos de cor" oprimidos e outros "pobres" pelo mundo. Nesses exemplos o "poder" nem sempre dizia respeito ao reino de Deus por vir.

Isso pode ser comparado à lógica da teoria do poder de Foucault: sempre que há poder, há resistência. E, como afirmam Hardt e Negri, quanto mais se dissemina o poder — especialmente num panorama cada vez mais imperial — aumentam seus pontos de vulnerabilidade. A "expansão imperial" é, portanto, uma oportunidade para os cristãos desafiarem conceituações e práticas imperiais de poder. Quando os cristãos se juntam para resistir à injustiça, emerge um poder novo e transformador na forma de um movimento social cristão.

7. Implicações teológicas

Esses vários discursos de poder e os debates sobre como entender suas diversas funções proporcionam um meio importante de descrever a real agência humana à medida que vários grupos cristãos vão se mobilizando numa luta ecumênica por paz e justiça globais que confrontam o poder do "império". As teologias da libertação africana e latino-americana, entre outros movimentos, têm provido abordagens integradas à luta contra relações de poder espiritual e temporal que violam não só a justiça divina, como também os preceitos básicos da igualdade humana. Esses movimentos de libertação continuam apresentando uma questão ética importante e contínua: Quando a fé cristã está sendo usada ideologicamente para servir interesses independentes de conquista e manutenção do poder? As respostas com certeza variam, mas, em termos teológicos, a questão nos força a pensar em como relacionar o "poder" de Deus e o trabalho pelo amor e pela justiça à "luta pelo poder" que os homens travam para conseguir domínio num mundo marcado pelo mal e pelo pecado. Quando se começa a pensar no poder de Deus como algo ascendente, em contraste com descendente — como algo cuja essência é relacional e não coercitiva — surgem novas perspectivas para os velhos argumentos acerca do poder divino. Desse ponto de partida, todas as pessoas, inclusive os que estão à margem, têm algum grau de agência e não são simplesmente vítimas infelizes do poder. Quando as pessoas nas margens do que agora parece ser o triunfo do novo império do *capitalismo global se mobilizam para a realização transformadora da justiça por meio do "poder" do Espírito Santo, há esperança de um mundo melhor em lugar de um mundo coercitivo.

Veja também BATALHA ESPIRITUAL; CRIANÇAS EM SITUAÇÃO DE RISCO; DEPENDÊNCIA; ÉTICA SOCIAL; MAL, PROBLEMA DO; OPÇÃO PREFERENCIAL PELOS POBRES; PERSEGUIÇÃO E MARTÍRIO; POBREZA; RAÇA, RACISMO E ETNIA; SEXISMO; SOFRIMENTO; TEOLOGIA DA LIBERTAÇÃO; TERRORISMO.

BIBLIOGRAFIA. BARTH, K., *Church Dogmatics*, 2/1, Bromiley, G. W. e Torrance, T. F., orgs (Edinburgh: T & T Clark, 1957); CONE, J. H., *Black Theology and Black Power* (Maryknoll: Orbis, 1997); FOUCAULT, M., *Power/Knowledge: Selected Interviews and Other Writings*, 1972-1977, Gordon, C., org. (New York: Random House, 1976); HARDT, M. e NEGRI, A., *Empire* (Cambridge: Harvard University Press, 2000); KALU, O. U., *Power, Poverty and Prayer: The Challenges of Poverty and Pluralism in African Christianity*, 1960-1996 (New York/Frankfurt: Peter Lang, 2000); NIETZSCHE, F., *Beyond Good and Evil*, Horstmann, R.-P. e Judith Norman, orgs. (Cambridge: Cambridge University Press, 2002) [edição em português: *Além do Bem e do Mal* (São Paulo: Cia. de Bolso, 2006)]; STRINGFELLOW, W., *An Ethic for Christians and Other Aliens in a Strange Land* (Waco: Word, 1973); WEBER, M., *Economy and Society*, Roth, G. e Wittich, C., orgs. (Berkley/Los Angeles: University of California Press, 1978); WINK, W., *Engaging the Powers: Discernment and Resistance in a World of Domination* (Minneapolis: Fortress, 1992); WULFHORST, I., org., *Ancestors, Spirits and Healing in Africa and Asia: A Challenge to the Church* (Geneva: Lutheran World Federation, 2005).

P. G. Heltzel

POLIGAMIA. *Veja* CASAMENTO E FAMÍLIA.

POLINÉSIA. *Veja* TEOLOGIAS DAS ILHAS DO PACÍFICO.

POLITEÍSMO

O politeísmo é uma cosmovisão que postula a existência de multidão de deuses e deusas. O hinduísmo é considerado a fé politeísta mais conhecida do mundo. As primeiras escrituras védicas (1500-1000 a.C.) referem-se a 33 divindades e, mais tarde, o Puranas (c. 500 d.C.) fala de 330 milhões de deuses e deusas. Em seguida vem o antigo panteão greco-romano de muitas divindades masculinas e femininas. Na prática, a maioria das religiões teístas, exceto o judaísmo, o cristianismo e o islamismo, parecem predominantemente politeístas ou com inclinações nesse sentido. Não só as religiões altas como as greco-romanas, babilônias e assírias no passado e o *hinduísmo, *budismo mahayana, confucionismo, taoísmo (veja Religiões Chinesas) e xintoísmo no presente, mas também religiões tradicionais ou tribais na Ásia, África e outros lugares apresentam uma cosmovisão majoritariamente politeísta. O número de divindades nunca permanece estático numa estrutura politeísta: ele cresce rapidamente e, portanto, qualquer tentativa de encontrar o número exato deles é um exercício inútil.

1. O politeísmo explicado
2. A teoria evolucionária da religião
3. Diferentes tipos de politeísmo
4. A lógica do politeísmo
5. Conclusão

1. O politeísmo explicado

O politeísmo é, inequivocamente, diferente do monoteísmo. Embora ambos sustentem a ideia de que a divindade é pessoal e distinta do universo, eles discordam veementemente na questão do número; o primeiro propõe uma multiplicidade de divindades, enquanto o segundo insiste firmemente num único Deus.

O politeísmo e o panteísmo não são iguais: o panteísmo sustenta a ideia de que só há uma Realidade e que a Realidade é tudo em tudo, está em tudo e tudo está nela. Entretanto, ambos podem coabitar num plano maior, como no hinduísmo, onde uma crença numa Realidade Última impessoal, chamada Brahma, e em seus 330 milhões de manifestações pessoais, ainda que "ilusórios" para os monistas, é possível e permissível.

Entretanto, o monoteísmo e o politeísmo não são companheiros de viagem nem conseguem coabitar com facilidade. Quando e onde domina o monoteísmo, o politeísmo não encontra uma base segura. Quando o monoteísmo declina, o politeísmo floresce. Isso é evidente na história da nação de Israel conforme se vê no Antigo Testamento. Quando o *teísmo de Platão e Aristóteles ganharam aceitação, o politeísmo grego declinou. Na proporção do crescimento do cristianismo, o politeísmo romano foi desaparecendo no Ocidente. Assim também, com o advento do *islamismo, as religiões politeístas da Arábia desapareceram. Esse fato está sendo novamente demonstrado no Ocidente contemporâneo. Com o declínio da cosmovisão monoteísta judeu-cristã, o Ocidente está agora cada vez mais influenciado pelo politeísmo.

É preciso mencionar aqui que há uma probabilidade de encontrar o que seria um âmago monoteísta numa cosmovisão politeísta. E não é incomum perceber que muitos politeístas em tradições hindus, em meio a elites urbanas instruídas e igualmente entre pessoas simples e iletradas do ambiente rural, sustentam a ideia de que na realidade não são politeístas. Alguns podem alegar que o politeísmo é um conceito que descreve Deus como "Um em muitos". O conceito abstrato do Deus "Único" permanece acima da capacidade de compreensão de seres humanos comuns, de modo que o politeísmo provê um acesso tangível ao mistério do Deus "Único". Eles argumentam que só há um Deus, mas que Deus é conhecido e cultuado sob diferentes nomes. Alguns se referem a um verso no Rig Veda, a mais antiga das escrituras hindus, dizendo: "A verdade é uma, mas os sábios a chamam por diferentes nomes", ou "Os sábios invocam o Único de várias maneiras" (1.164). O contexto pode não permitir uma generalização do significado do verso. Entretanto, esse verso é citado com frequência em apoio ao âmago monoteísta da prática politeísta hindu. Mahatma Gandhi ensinou que Krishna, Jesus, Alá e outros são nomes diferentes da mesma Realidade. Mas para ele a Realidade Última é a Verdade, um princípio e não um ser pessoal. Isso faz do aclamado "monoteísmo" do hinduísmo um conceito vago.

A idolatria é um corolário necessário ao politeísmo. A identificação e a representação a exigem. Ídolos são mais que imagens. Qualquer pedra ou pedaço de madeira, esculpida ou não, não se torna automaticamente um objeto de culto. Na tradição hindu, a imagem é ritualmente instalada por pessoas autorizadas depois que o espírito da respectiva deidade é conduzido para dentro dela. Com essa cerimônia de *pranaprathishta*, ou "instalação da vida", a imagem torna-se realmente o próprio deus que o sacerdote instalou nele e os devotos o chamam de *Bhagawan*, "Senhor".

Assim, também numa sociedade politeísta, são comuns e necessárias a feitiçaria, magia e adivinhação. Algumas deidades são boas e outras, volúveis. Algumas são às vezes benevolentes e às vezes malevolentes. Algumas são mais poderosas que outras. É necessário que os homens mantenham todas em bom humor, num relacionamento equilibrado. Elas podem ser invocadas para apoio e proteção de alguém ou para prejuízo de seus inimigos ou oponentes. Nesse contexto, florescem a feitiçaria e a magia.

2. A teoria evolucionária da religião

Alguns estudiosos de religiões comparadas propõem que as religiões evoluíram de estágios inferiores para estágios superiores — do animismo ou da religião tribal para o politeísmo, henoteísmo e monoteísmo. Assim, o politeísmo é tratado como um dos estágios inferiores dessa evolução. Mas essa teoria agora está desacreditada, pois há uma imensidão de evidências para afirmar que o monoteísmo é a forma original e variações de politeísmo são diferentes aspectos do espírito de degeneração religiosa. Nenhuma religião politeísta jamais se desenvolveu até chegar ao monoteísmo. Como no caso do hinduísmo, uma vez aceito o politeísmo, o número de deidades continua multiplicando. Mais e mais fenômenos naturais, virtudes e vícios, forças e poderes, santos e líderes carismáticos podem ser deificados e cultuados, aumentando constantemente o número de deuses e deusas. Hostes de *gurus* modernos ("santos" que afirmam ter a experiência de unidade com o Supremo, como Osho Rajneesh, Maharishi Mahesh Yogi, Sri Sai Babas, Sri Satya Sai Baba e outros gurus da tradição Sai Baba, Muktananda Paramahamsa, Mata Amrithanandamayi Ma) e políticos carismáticos, como a falecida primeira-ministra India Gandhi, são virtualmente deificados e tratados como divinos por seus seguidores, e isso é completamente legítimo no esquema do politeísmo hindu.

3. Diferentes tipos de politeísmo

A pluralidade é o coração do politeísmo e, portanto, há diferentes tipos de politeísmos. O henoteísmo, ainda que acredite num único Deus supremo, não nega a possibilidade de muitos deuses menores. Religiões tradicionais na África e em outros lugares tendem a acreditar num Deus Supremo que é o criador do universo, mas esse grande Deus não deve ser perturbado a qualquer hora: para as preocupações do cotidiano, há deuses menores e espíritos. Só em casos extremos, como uma calamidade devastadora em que deuses menores e espíritos mostram-se ineficientes, é permitido abordar o Deus Supremo. Esse é o caso de muitos que seguem o hinduísmo popular. A monolatria é outra variação do politeísmo. Esse é o culto a um Deus, mas sem que se negue a existência, o poder ou a bondade de outros deuses. A pessoa escolhe e cultua determinado deus ou deusa por motivos puramente subjetivos, e não discute com os que cultuam outros deuses. No hinduísmo, isso é conhecido como o culto de *Ishtadeva* ou *Ishtadevi* (deus ou deusa de preferência pessoal). Um escolhe determinada deidade e se apaixona por ela, enquanto outros podem fazer o mesmo com outros deuses. Por exemplo, na tradição hindu, a pessoa pode aceitar e adorar Krishna como seu *Ishtadeva*, enquanto outros em sua família podem escolher Shiva, Kali ou Hanuman e ninguém rejeita o outro ou lhe faz oposição.

4. A lógica do politeísmo

Os motivos por trás da emergência e popularidade do politeísmo podem ser vários. Tendo em vista tal pluralidade lógica, podemos categorizar o politeísmo em quatro grupos.

4.1. Politeísmo seguro. Há muitos que acreditam sinceramente na pluralidade de deidades. Alguns são politeístas porque estão convictos de que existem virtualmente muitos deuses e deusas, entidades diferentes e distintas. A vida está repleta de pluralidade e eles transferem esse fato da multiplicidade também para o âmbito da divindade.

4.2. Politeísmo defensivo. O número de deidades está sempre aumentando e não pode haver limite para isso. Novas deidades estão sendo acrescentadas regularmente ao panteão. A lógica por trás disso poderia ser o desejo de proteger-se de provocar alguma ira divina ou perder alguma bênção. Isso pressupõe que ninguém pode ter certeza de que todos os deuses estão adequadamente representados no panteão deles. Por exemplo, em Atenas, os gregos tinham inúmeros ídolos que representavam todas as deidades do panteão, mas tinham um altar com uma inscrição: *Ao Deus desconhecido* (At 17.23). Isso era uma precaução. Eles não queriam incorrer na ira divina no caso de alguém ter sido esquecido.

4.3. Politeísmo de acomodação. Alguém pode subscrever e incentivar o politeísmo por motivos políticos, culturais ou comunais. Sidarta Gautama (séc. 6 a.C.), que mais tarde se tornou famoso como Sri Buda, questionou e repudiou, depois de sua experiência de iluminação, quase todas as maiores premissas do bramanismo (hinduísmo) e fundou um novo sistema que veio a ser chamado budismo. Mais tarde, porém, o bramanismo, talvez por motivos políticos ou comunais, o aceitou como uma encarnação divina e o acomodou no panteão hindu. Esse espírito acomodador é amplamente visto na Índia contemporânea onde muitos hindus podem estar muito propensos a acrescentar Jesus Cristo à sua lista de deuses e deusas, oferecendo-lhe culto até diários. Pode-se observar aqui que esse espírito acomodador do politeísmo hindu é uma questão importante enfrentada pela igreja na Índia — o Cristo único da fé cristã sendo reduzido a mais um em meio à miríade de divindades.

4.4. Politeísmo funcional. Às deidades são atribuídas várias funções na vida e diferentes forças naturais. Pode-se detectar aqui um anseio por holismo; nenhum aspecto da vida e nenhum fenômeno natural fica fora da alçada da divindade. Por exemplo, no hinduísmo, Indra é o deus da guerra, Brahma é o deus da criação, Vishnu é o deus da manutenção e Shiva é o deus da destruição ou dissolução. Lashmi, Saraswati e Parvati são as deusas da riqueza, belas artes e energia, respectivamente. Ganesh é o deus dos negócios e do sucesso, enquanto Karma e Rati são associados à sexualidade. Yama é o deus da morte. Chuva, fogo, vento, sol, montanhas, rios, animais, répteis e aves — todos são divindades. Uma tendência semelhante poderia ser identificada no antigo politeísmo greco-romano. Por exemplo, deidades como Ares (deus da guerra), Afrodite (deusa do amor), Deméter (deusa da colheita), Atena (deusa da sabedoria), Apolo (deus da luz e da música), Dionísio (deus do vinho), Hades (deus dos mortos) e Hefesto (deus do fogo) eram cultuados pelos greco-romanos. O contexto ou a necessidade imediata de uma pessoa decide, portanto, a divindade específica que ela deve invocar e honrar ou apaziguar em determinado momento.

5. Conclusão

O politeísmo, a pluralidade religiosa e o pluralismo (a ideologia de que todas as religiões são igualmente verdadeiras e eficientes para dar salvação) têm um grande apelo para as pessoas de hoje que em geral subscrevem o princípio do relativismo e negam a ideia da existência de uma verdade absoluta objetiva ou sentem-se desconfortáveis em relação a ela. O valor da liberdade de escolha humana é louvado numa cosmovisão politeísta. A empreitada missionária de religiões orientais como o hinduísmo e o avivamento de religiões tradicionais ou tribais no Ocidente têm um efeito atenuador sobre a influência do monoteísmo judeu-cristão na cultura ocidental; proporcionalmente a isso, há uma aceitação cada vez maior do politeísmo no Ocidente. Esse é um dos principais desafios com que a igreja cristã ocidental precisa lidar no mundo de hoje.

Todos os seres humanos em todas as partes têm um senso interior da existência de Deus e de sua dependência dele. Mas auxiliados pela imaginação e vontade corruptas, homens e mulheres decaídos manifestam uma tendência de suprimir essa verdade de Deus e perversamente trocam a verdade acerca dele por uma mentira, transferindo a glória devida a ele para várias criaturas e objetos (Rm 1.1-23). Os seres humanos, com sua prolífica imaginação espiritual e inerente espírito rebelde, vêm fazendo deuses à sua imagem e à imagem de todos os tipos de criaturas e objetos no universo. O politeísmo é a consequência da rejeição humana da soberania do Deus único sobre sua vida. É uma invenção humana.

Deuses e deusas são divindades no politeísmo por causa da grandeza de seu poder; não pela excelência de seu caráter moral. Uma vez que são basicamente feitos à imagem de homens e mulheres, trazem algumas das características decaídas dos seres humanos. Eles estão sujeitos a tendências humanas como ciúmes, inclinação para a imoralidade, engano, espíritos competitivos e briguentos e assim por diante. Os seres humanos consideram o politeísmo vantajoso porque podem controlar, administrar e manipular os deuses feitos por eles; assim ficam livres de prestar contas a um Deus criador e moral exigente.

Se Deus é máximo e absoluto, não pode haver várias entidades máximas e absolutas. Seres e partes contingentes jamais podem ser absolutos e máximos. Não há base filosófica e racional para a existência de uma pluralidade de deidades; a evidência está a favor de um único Deus. Em sua crítica, N. L. Geisler rejeita o politeísmo com cosmovisão viável e razoável porque carece de base racional e comprobatória; as muitas deidades são limitadas e imperfeitas; e não explica a causalidade última ou a unidade última, que são essenciais para explicar um universo variado em constante mudança.

O politeísmo não provê uma base adequada ou imperiosa para transformação de indivíduos e da sociedade em geral. Só um Deus moral e pessoal exige mudança, uma mudança que reflita o caráter moral dele. Mas num ambiente politeísta, uma pletora de deidades está ali para apoiar e proteger cada um em suas ações, não importa quais sejam. Essa verdade é ilustrada de maneira viva na história de Israel. Quando Israel seguia os deuses de outras nações, tanto a vida espiritual como a vida moral do povo ficavam em seu nível mais baixo. Opressão, corrupção, injustiça, perversão da justiça e imoralidade entravam na ordem do dia, como vemos no livro de Amós e em outras partes. O politeísmo provê um imenso senso de "espiritualidade" para seus praticantes e os conduz para um campo de complacência, mas lhes entorpece a consciência moral, tanto que podem se entregar a injustiças e imoralidades, sem nenhuma hesitação. Isso resulta em degradação moral. Esse é o motivo pelo qual a Bíblia é tão veemente contra o politeísmo e sua consequência, a idolatria; a Bíblia o denomina adultério (espiritual) (Jr 3.6-25). Os profetas defensores da justiça social e da moralidade eram os que denunciavam o politeísmo e a idolatria. Eles conclamavam as pessoas a voltarem ao culto do único Deus criador. Aqui está a importância dos mandamentos na abertura do Decálogo: *Não terás outros deuses além de mim. Não farás para ti imagem esculpida, nem figura alguma do que há em cima no céu, nem embaixo na terra, ou nas águas debaixo da terra. Não te curvarás diante delas, nem as cultuarás, pois eu, o* SENHOR *teu Deus, sou Deus zeloso* (Êx 20.3-5).

Veja também BUDISMO; DEUS, DOUTRINA DE; HINDUÍSMO; RELIGIÕES CHINESAS; RELIGIÕES TRADICIONAIS AFRICANAS; TEÍSMO.

BIBLIOGRAFIA. BRAY, G., "God", *Zondervan Handbook of Christian Beliefs*, McGrath, A., org. (Grand Rapids: Zondervan, 2005) 56-105; D'AULAIRE, I., *Ingri e Edgar Parin D'Aulaire's Book of Greek Myths* (New York: Random House, 2003); FLETCHER, D. B., "Polytheism", *Evangelical Dictionary of Theology*, Elwell, W. A., org. (Grand Rapids: Baker, 1994) 861-62 [edição em português: *Enciclopédia Histórico-teológica da Igreja Cristã* (São Paulo: Vida Nova, 2009)]; GEISLER, N. L., *Baker Encyclopedia of Christian Apologetics* (Grand Rapids: Baker, 1999) 602-6; MILLER, D., *The New Polytheism* (New York: Harper & Row, 1974); NOSS, J. B., *Man's Religions* (New York: Macmillan, 1956); STACKHOUSE, J., "Faith", *Zondervan Handbook of Christian Beliefs*, McGrath, A., org. (Grand Rapids: Zondervan, 2005) 20-55; SWANSON, G. E., *The Birth of the Gods: The Origin of Primitive Beliefs* (Ann Arbor: University of Michigan Press, 1968); ZACHARIAS, R., *Can Man Live Without God?* (Dallas, TX: Word, 2000); ZAEHNER, R. C., *Hinduism* (London: Oxford University Press, 1966).

C. V. Mathew

PÓS-ESTRUTURALISMO. *Veja* MODERNISMO E PÓS-MODERNISMO.

POSITIVISMO LÓGICO

O positivismo lógico (também conhecido como empirismo lógico ou neopositivismo) foi um dos movimentos mais significativos da filosofia do século 20. Tendo grande admiração pelas ciências naturais, os positivistas lógicos lidaram principalmente com questões semânticas, epistemológicas e lógicas relacionadas ao conhecimento científico. Eles pensavam que todo conhecimento genuíno é baseado na observação empírica e rejeitavam a metafísica e a teologia. O positivismo lógico foi influenciado pela filosofia empírica clássica (John Locke, David Hume) e pelo positivismo do século 19 (August Comte, Ernst Mach). Os progressos da física moderna (teoria da relatividade de Einstein) e da lógica formal (Gottlob Frege, Bertrand Russell, Ludwig Wittgenstein) foram cruciais para o programa filosófico deles. Em particular, o *Tractatus Logico-Philosophicus* de Wittgenstein (1921) teve grande influência sobre o positivismo lógico.

1. O positivismo lógico e o Círculo de Viena
2. As doutrinas filosóficas do positivismo lógico
3. O desafio à teologia

1. O positivismo lógico e o Círculo de Viena

O cerne histórico do positivismo lógico foi um grupo de cientistas e filósofos em Viena no período entre as duas guerras mundiais. No final da década de 1920, esse grupo passou a ser conhecido como o Círculo de Viena e tinha ligação estreita com Verein Ernst Mach (a Sociedade Ernst Mach), fundada em 1928. O Círculo de Viena era liderado por Moritz Schlick (1882-1936), e o membro mais conhecido do grupo foi Rudolf Carnap (1891-1970). O Círculo de Viena organizava encontros internacionais e publicava o jornal *Erkenntnis*. Desde o início, o Círculo de Viena teve contato estreito com filósofos alemães e, na década de 1930, alguns filósofos de outros países da Europa e dos Estados Unidos permaneceram em Viena e foram influenciados pelo positivismo lógico.

Os desenvolvimentos políticos na Áustria e Alemanha na década de 1930 foram fatídicos para o Círculo de Viena. O grupo estava associado a concepções políticas progressistas e alguns de seus representantes eram socialistas. Em 1936, um estudante com transtorno mental e simpatizante do nazismo assassinou Schlick; e o crescimento do nazismo forçou vários membros do Círculo de Viena a emigrarem para outros países. Embora esse tenha sido o fim do Círculo, não foi o fim do positivismo lógico como um movimento filosófico mais amplo. Os que emigraram continuaram suas pesquisas e influenciaram de maneira notável a filosofia nos Estados Unidos e na Inglaterra.

2. As doutrinas filosóficas do positivismo lógico

É possível caracterizar o positivismo lógico fazendo referência às seguintes posições e doutrinas em geral associadas a ele:

(1) Os positivistas lógicos faziam uma *distinção clara entre declarações analíticas e sintéticas*. Seguindo Wittgenstein, eles pensavam que as declarações analíticas — e.g., declarações lógicas e declarações que são verdadeiras por definição — são tautologias e desprovidas de conteúdo factual. As declarações sintéticas, por sua vez, acrescentam conhecimento factual acerca do mundo e a veracidade delas pode ser provada por observação empírica. Os positivistas lógicos rejeitam terminantemente a existência de um conhecimento sintético apriorístico kantiano — e.g. conhecimento de aritmética e o princípio da causalidade — que não esteja fundamentado na experiência dos sentidos. (2) Outra posição central do positivismo lógico era *o princípio verificador do significado*. De acordo com esse princípio, que também foi baseado numa obra anterior de Wittgenstein, só aquelas declarações factuais (sintéticas) que podem ser verificadas por meio de observações empíricas são significativas. Isso está estreitamente ligado à terceira doutrina: (3) *reducionismo radical*, que afirma que cada declaração é traduzível para uma linguagem de observação empírica. Assim, os positivistas lógicos pensavam que as declarações teóricas da ciência podem ser traduzidas em declarações acerca de observações empíricas imediatas. (4) A quarta doutrina do positivismo lógico é *a unidade da ciência*. Os métodos da ciência natural e da ciência humana não são genuinamente diferentes, pois ambas devem ser baseadas em alicerces empíricos objetivos. Isso significa que os métodos das ciências naturais fornecem o modelo para a psicologia e as ciências

sociais. (5) Os positivistas lógicos pensavam que *a linguagem da filosofia metafísica tradicional não tinha significado cognitivo*, uma vez que os metafísicos fazem afirmações que não podem ser verificadas por observação empírica. Assim, os problemas da filosofia tradicional não têm solução. Esses problemas são confusões e não problemas genuínos. (6) A sexta posição é *a concepção da filosofia basicamente como a clarificação e análise da linguagem*. Os positivistas lógicos sustentam que a filosofia, em contraste com a ciência empírica, não nos oferece conhecimento acerca da realidade. Em lugar disso, sua tarefa é analisar e esclarecer a linguagem e determinar os critérios da linguagem significativa. A tarefa da filosofia não é prover uma base epistêmica para a ciência, mas oferecer instrumentos formais e lógicos para o estudo científico. Pensava-se que a lógica moderna podia ser usada no desenvolvimento de uma linguagem científica universal que eliminaria o caráter vago e ambíguo das línguas naturais.

Ainda que o início do positivismo lógico tenha se apresentado como uma escola de pensamento, este nunca foi um movimento totalmente unificado. Havia discordâncias significativas entre os membros do Círculo de Viena, e eles também desenvolveram e mudaram as próprias posições. Já na década de 1930, a teoria da verificação do significado, que é com frequência considerada a doutrina fundamental do positivismo lógico, foi sujeitada a críticas severas. Foi observado que é típico da linguagem científica incluir declarações que não podem ser verificadas de maneira conclusiva. Por exemplo, é impossível verificar declarações acerca das leis universais da ciência com um número finito de observações. Entretanto, as modificações da teoria oferecidas por Carnap e outros não foram consideradas bem-sucedidas. O positivismo lógico não foi capaz de prover uma definição satisfatória do princípio de verificação do significado.

De acordo a opinião geral, uma das críticas mais sérias ao positivismo lógico está contida no artigo de W. V. O. Quine, "Os dois dogmas do empirismo" (1951). Ele alegou que a distinção entre o analítico e o sintético não é tão nítida como os positivistas lógicos supunham. Quine questionou a definição convencional de declarações analíticas como declarações "que sustentam o que for" e declarações sintéticas "que se sustentam contingentemente na experiência". Na opinião dele, todas as crenças são, em princípio, sujeitas a revisão. De acordo com sua teoria holística do significado, "qualquer declaração, seja qual for, pode ser sustentada, se fizermos ajustes suficientemente drásticos em algum outro ponto do sistema" (Quine, 211). Assim, é impossível fazer uma distinção precisa entre os componentes linguísticos (analíticos) e factuais (sintéticos) de declarações únicas. Outro desafio importante ao positivismo lógico veio da filosofia da ciência de Thomas Kuhn. De acordo com a opinião positivista convencional, conceitos teóricos de ciência podem ser definidos com base em observações empíricas, enquanto teorias científicas divergentes podem ser avaliadas pelo recurso a dados empíricos teoricamente neutros. Kuhn rejeitou essa ideia, afirmando que observações empíricas são influenciadas por crenças, teorias e pressuposições anteriores. As observações são atulhadas de teorias, de modo que é problemática a ideia dos positivistas lógicos de que os conceitos empíricos não dependem de conceitos teóricos.

3. O desafio à teologia

O positivismo lógico representou um dos desafios mais importantes à teologia do século passado. Em *Linguagem, Verdade e Lógica* (1936), A. J. Ayer, que introduziu o positivismo lógico no mundo de fala inglesa, indicou que os princípios do positivismo lógico têm consequências sérias para a ética e a teologia. Ele alegou que expressões éticas e religiosas não são verificáveis e devem, portanto, ser consideradas factualmente sem sentido. Uma vez que essas expressões não têm conteúdo factual, Ayer entendia que elas podiam ser compreendidas como expressões de sentimentos ou atitudes. Outro livro importante que lida com o desafio do positivismo lógico à teologia é *New Essays in Philosophical Theology* [Novos ensaios de teologia filosófica], editado por Antony Flew e Alasdair MacIntyre. Em um artigo incluído no livro, Flew formulou seu bem conhecido desafio falsificacionista ao teísmo. Ele alegou que se pronunciamentos teístas — como "Deus ama as pessoas" ou "Deus existe" — devem ser considerados afirmações, deve ser possível fazer a mesma observação no sentido contrário. Se não é possível mostrar quais experiências concebíveis contam a favor ou contra esses pronunciamentos, estes na realidade não são, de modo algum, declarações. Desafios verificacionistas e falsificacionistas à teologia deram origem a uma discussão acirrada sobre a natureza e função da linguagem religiosa nas décadas de 1950 e 60. Nos anos 1970 a discussão começou a dissipar e hoje em dia a concepção verificacionista do significado é uma ave rara na filosofia da religião. Alguns filósofos analíticos da religião ateus como Kai Nielsen e Michael Martin demonstram certa simpatia para com ela, mas a maioria dos filósofos analíticos da religião trata de bom grado declarações religiosas como algo cognitivamente significativo e lida com questões tradicionais de metafísica e epistemologia ligadas ao teísmo.

O positivismo lógico exerceu grande influência sobre a filosofia anglo-americana até a década de 1960. Embora hoje sejam poucos os filósofos que endossam os princípios iniciais do positivismo lógico, o espírito do positivismo lógico continua vivo na filosofia analítica. Em particular, os filósofos analíticos que atribuem alto valor à lógica formal em análises de questões filosóficas podem ser considerados herdeiros do positivismo lógico.

Veja também EPISTEMOLOGIA.

BIBLIOGRAFIA. AYER, A. J., *Language, Truth and Logic* (London: Victor Gollancz, 1936); idem, org., *Logical Positivism* (New York: Free Press, 1959); FLEW, A. e MACINTYRE, A., orgs., *New Essays in Philosophical Theology* (London: SCM, 1955); QUINE, W. V. O., "The Two Dogmas of Empiricism", *Philosophical Review* 60 (1951) 20-43; SCHILPP, P., org., *The Philosophy of Rudolf Carnap* (La Salle: Open Court, 1963); WITTGENSTEIN, L., *Tractatus Logico-Philosophicus* (London: Routledge & Kegan Paul, 1921) [edição em português: *Tractatus Logico-Philosophicus* (São Paulo: EDUSP, 2001)].

T. Koistinen

PÓS-MODERNISMO. *Veja* MODERNISMO E PÓS-MODERNISMO.

PRAGMATISMO

O pragmatismo é uma escola americana de filosofia que deriva do pensamento de Charles Pierce no final do século 19 e, em especial, de seus seguidores mais conhecidos: William James e John Dewey. Esses pensadores alegavam que a verdade é determinada pelos efeitos, ou valor líquido, de uma proposição na vida real. Em termos mais gerais, pode-se dizer que o pragmatismo reflete a busca humana comum por aquilo que funciona em dada situação.

O pano de fundo do pensamento de Pierce foi o crescente respeito dedicado ao método científico. A noção de experimentação sugeriu-lhe a ideia mais genérica de que "o propósito racional de uma palavra ou outra expressão repousa exclusivamente em suas influências concebíveis na conduta da vida" (Pierce, 265). O corolário que seus seguidores desenvolveram foi que aquilo que não é suscetível ao experimento não pode ter efeito sobre a vida. William James afirmou que a maior parte das disputas filosóficas pode ser resolvida quando se traçam suas consequências concretas. Assim, ele diz: "toda a função da filosofia deve ser encontrar a diferença definida que ela fará para você e para mim" no caso de uma declaração ser verdadeira ou falsa (James, 45). John Dewey argumentou, de maneira semelhante, que os problemas da filosofia podiam ser comparados a um rio que precisa ser atravessado. A pessoa examina as opções e escolhe a que tem maior possibilidade de dar certo.

Entre filósofos acadêmicos, inicialmente o pragmatismo não recebeu amplo apoio. Mas em meados do século, W. V. Quine e Richard Rorty lhe deram nova respeitabilidade. Como os pragmatistas anteriores, esses pensadores suspeitavam das soluções teóricas e se concentraram mais no uso cotidiano da linguagem e do pensamento. Cornel West descreveu como é possível desenvolver, com bases nesses pensadores, um neopragmatismo mais sofisticado. West define isso como pensar "genealogicamente acerca de práticas específicas de acordo com as melhores teorias sociais, críticas culturais e insights historiográficos disponíveis e agir politicamente para alcançar certas consequências morais" (West, 209). West dá à sua ideia o nome de pragmatismo profético que reflete a tradição profética da Bíblia e o compromisso cristão dele mesmo.

Outra aplicação importante de um método pragmático encontra-se no movimento teológico da América Latina chamado teologia da *libertação. Os teólogos da libertação recusavam-se a ver a teologia como uma disciplina abstrata e tentaram ancorá-la no clamor pela libertação dos pobres e oprimidos. Para os liberacionistas, essa situação intolerável de *pobreza constituía o ponto de partida da teologia. Juan Luis Segundo alegou que "tudo o que envolve ideias, inclusive a teologia, está intimamente atrelado à situação social existente, ao menos no modo inconsciente" (Segundo, 8). A teologia, portanto, precisa de um método especial que comece com a situação existente de injustiça.

As religiões tradicionais em muitas partes do mundo são tentativas de organizar e pacificar os *poderes de um modo que seja basicamente pragmático. John Mbiti descreve como os africanos podem prestar homenagem a várias deidades e poderes e trocá-los por outros quando um conjunto de poderes já não funciona para eles (Mbiti).

É nítido que as ênfases bíblicas na obediência e o chamado para que se cuide dos pobres e marginalizados se harmonizam com as preocupações dos pragmatistas com as consequências da vida real. Por outro lado, num mundo decaído, o trabalho em favor da justiça no mundo real deve ser feito sob a luz da esperança cristã numa cidade *da qual Deus é o arquiteto e construtor* (Hb 11.10).

Veja também ÉTICA SOCIAL.

BIBLIOGRAFIA. DEWEY, J., *The Reconstruction of Philosophy* (New York: Henry Holt, 1920); JAMES, W., *Pragmatics, and Four Essays from the Meaning of Truth* (Cleveland: World Publishing, 1955); MBITI, J. S., *African Religions and Philosophy* (Nairobi: Heinemann, 1969); PIERCE, C., *The Essential Writings of Charles Pierce*, Moore, E. C., org. (San Francisco: Harper & Row, 1972); SEGUNDO, J. L., *The Liberation of Theology* (Maryknoll: Orbis, 1976) [edição em português: *Libertação da Teologia* (São Paulo: Loyola, 1978)]; WEST, C., *The American Evasion of Philosophy: A Genealogy of Pragmatism* (Madison: University of Wisconsin Press 1989).

W. A. Dyrness

PREEXISTÊNCIA DE CRISTO. *Veja* CRISTOLOGIA.

PREGAÇÃO

Pregação é a interpretação teológica da vida no contexto da *adoração cristã (Jiménez 2003, 19). É um campo interdisciplinar em que convergem várias disciplinas teológicas e pastorais: exegese, *hermenêutica, teologia, educação cristã, aconselhamento pastoral e oratória. A pregação requer a integração de abordagens teológicas e pastorais. Portanto, a pregação é sempre teológica: é um jeito de fazer teologia e de ensinar conceitos teológicos. O sermão cristão expressa conceitos teológicos na linguagem do povo, aplicando-os à vida diária. A homilética é o estudo acadêmico da pregação, particularmente de seus aspectos chaves. Primeiro, a homilética considera problemas hermenêuticos, analisando os diferentes princípios que a igreja usa para ler, comentar e interpretar a Bíblia. Segundo, ela também estuda o processo de preparação do sermão. Terceiro, a homilética estuda o lugar do sermão no culto cristão. Quarto, ela estuda o impacto do sermão na congregação, considerando a reação da audiência ao sermão.

1. Origens
2. A Idade Média
3. Pregação Missionária
4. A Renascença e a Reforma
5. O período colonial
6. Modelos anglo-europeus
7. Pregação liberacionista
8. Questões de púlpito

1. Origens

As origens da pregação cristã remontam a fontes tanto judaicas como gregas (veja Edwards quanto ao conteúdo a seguir). A prática de comentar sobre textos sagrados dentro do culto comunal vem do judaísmo rabínico. Entretanto, a técnica básica usada para moldar discursos vem da retórica greco-romana. De acordo com esse modelo, a tarefa de preparar um discurso tem cinco estágios: invenção, disposição (esboço), elocução, estilo e anúncio. Espera-se que os discursos tenham três divisões principais: um apelo à emoção humana (*ethos*), um apelo à razão humana (*logos*) e um apelo à vontade humana (*pathos*). É provável que a igreja primitiva tenha empregado três tipos de sermões: missionários (pregados aos incrédulos), litúrgicos (pregados aos fiéis no contexto do culto) e catequéticos (pregados para recém-convertidos e catecúmenos). Embora a retórica greco-romana tenha influenciado a pregação cristã desde seu início, Agostinho sistematizou em *A Doutrina Cristã* o primeiro manual conhecido de homilética. Os primeiros três capítulos expõem princípios hermenêuticos. O quarto discute como moldar um sermão seguindo princípios extraídos da *Retórica* de Aristóteles.

O sermão versículo por versículo vem da escola de Alexandria, que preferia expor o significado alegórico das Escrituras. Com o tempo, a igreja desenvolveu duas formas homiléticas básicas: a homilia e o sermão. Por sua vez, o sermão como tal é uma dissertação mais longa que pode ser expositiva, narrativa ou temática em caráter.

2. Idade Média

A Idade Média viu o desenvolvimento de vários "homiliários": coletâneas de homilias que seguiam o ano litúrgico. A Europa também viu o surgimento da pregação monástica em que monges ouviam pelo menos duas homilias por dia; as ordens mendicantes, como a dos dominicanos e dos franciscanos; os místicos, que cultivavam a arte da hermenêutica bíblica alegórica; e os movimentos conciliares e reformadores que deram vigor à igreja durante os últimos séculos da Idade Média por meio da pregação de John Wycliffe, João Hus e Girolamo Savonarola, entre outros. Outras partes do mundo eram consideradas campos missionários.

3. Pregação missionária

A pregação missionária, ainda que profundamente influenciada por modelos europeus, tentava dialogar com diferentes culturas, criando modelos contextuais de pregação. A pregação missionária é, por definição, uma pregação transcultural que busca a comunicação de um evangelho aculturado e autóctone (Augsburger e DeChamplain).

Em quase todos os países, a igreja formulou sua mensagem em padrões nativos. Por exemplo, a pregação na África usou a interpretação tipológica da Bíblia, compreendeu o mistério de Cristo em relação à atuação teológica dos *ancestrais e usou modelos musicais como o *kontakion* para cantar partes dos sermões (Shorter). Em partes da Ásia, a homilética usou modelos tomados do confucionismo e do budismo. Por exemplo, a palavra japonesa que significa pregação é *sekkyo*, que vem do termo budista usado para indicar a exposição de um *sutra* para o público em geral (Fukada e Kato). Essa exposição também poderia ser expressa por meio de encenações e cânticos. Entretanto, às vezes a pregação missionária serviu como um instrumento ideológico dos poderes hegemônicos europeus (Jiménez 2005). Isso ocorreu, por exemplo, na América Latina, onde os conquistadores chegaram trazendo simultaneamente a cruz e a espada.

4. A Renascença e a Reforma

Durante a Renascença, o retorno aos clássicos provocou o redescobrimento da retórica grega. Desidério Erasmo, em *Eclesiastes*, aplicou princípios retóricos à pregação cristã. Depois da *Reforma, a pregação no vernáculo tornou-se normativa em círculos protestantes. Usavam-se sermões para fins missionários, litúrgicos, catequéticos, apologéticos e polêmicos. Lutero exerceu uma influência definitiva na pregação cristã. Sua teologia e prática estabeleceram um modelo que seria seguido pelos pregadores protestantes. Sua teologia da Palavra e seu entendimento do evangelho como uma antífona da "lei" são ainda efetivos hoje, particularmente naqueles países em que o luteranismo é muito influente.

A teologia de pregação de João Calvino diferia da de Lutero em muitos aspectos. Sua teologia da Palavra dava ênfase à atuação do Espírito Santo na comunicação efetiva do evangelho. Seu entendimento da "lei e evangelho" incluía uma função didática da lei (também conhecida como o "terceiro uso" da lei).

Lutero, Zuínglio e Calvino eram exegetas: pregadores bíblicos que expunham sistematicamente as Escrituras, fazendo referências constantes às línguas originais. Eles favoreciam a exegese literal, gramatical e histórica, rejeitando com isso as interpretações alegóricas.

Os vários movimentos agrupados sob a rubrica *Reforma Radical deixaram duas contribuições importantes para a pregação cristã: incentivo à pregação em ambientes não litúrgicos (sermões missionários e polêmicos) e considerar a pregação uma atividade colegiada que podia ser realizada por leigos.

A *Contrarreforma reavivou a pregação missionária católica. Três ordens deram grande ênfase à pregação: os barnabitas, os capuchinhos e a Companhia de Jesus (jesuítas).

5. O período colonial

Não podemos esquecer, porém, que o mesmo Carlos V que enfrentou Lutero também presidia a conquista da América Latina e América do Sul. A igreja católica na América Latina logo se dividiu em dois ramos: a igreja institucional e a igreja dos pobres (González e Jiménez, cap. 2). Enquanto alguns pregadores usavam seus sermões para legitimar a opressão de povos nativos, outros dedicaram a vida para defendê-los e advogar o direito de escravos africanos.

O ímpeto missionário não era restrito às nações católicas ou às terras recém-descobertas. Logo nações protestantes juntaram-se ao movimento imperialista que colocou a maior parte do mundo conhecido sob hegemonia europeia. Em lugares como a Índia, onde o evangelho vinha sendo pregado havia séculos, os protestantes entraram na briga. Assim, em quase todas as nações, a pregação seguia uma de três correntes: primeira, os pregadores católicos proferiam homilias seguindo estritamente os mesmos padrões litúrgicos e usando a mesma língua litúrgica (latim). Segunda, os pregadores protestantes elaboravam os sermões usando os padrões retóricos e teológicos herdados dos reformadores. Terceira, os pregadores populares, em geral com pouca ou nenhuma formação teológica, pregavam o evangelho em ambientes não litúrgicos, como em cultos ao ar livre e cultos de avivamento, às margens da igreja institucional. Na Índia, pregadores cristãos independentes são uma das principais características do protestantismo. Eles continuam na tradição dos *sadus* e sacerdotes entre os hindus e outras tradições religiosas. Os convertidos provenientes do hinduísmo e islamismo carregaram essa tradição para a igreja (Prakash).

A Igreja Católica não era a única indecisa na divisa social entre ricos e pobres. Em muitos países, os missionários supriam as classes mais altas. Por exemplo, uma das primeiras estratégias continentais desenvolvidas pelos missionários na América Latina foi evangelizar as pessoas mais abastadas e bem instruídas em cada país, esperando que as massas entrassem nas igrejas seguindo as elites. Do mesmo modo, muitos dos primeiros convertidos ao cristianismo protestante no Japão vinham do contexto samurai. Por causa da formação deles, os samurais exigiam sermões que envolviam questões acadêmicas, exposições das Escrituras em forma sistemática. Na Coreia — que tinha uma orientação confuciana mais forte —, porém, o cristianismo logo se identificou com os mais pobres, chegando a traduzir as Escrituras para o *hangul*, uma forma nativa de escrita coreana.

6. Modelos anglo-europeus

Dada a influência política e ideológica da Grã-Bretanha e dos Estados Unidos no mundo moderno, os modelos de pregação desenvolvidos nesses países têm influenciado a pregação em todo o globo. A abordagem racionalista britânica da pregação talvez seja o modelo homilético mais proeminente no mundo. Mediados pelos escritos de Charles H. Spurgeon, J. A. Broadus e, mais tarde, John R. W. Stott, a homilética britânica mistura aspectos do padrão do sermão patrístico, o ideal calvinista do sermão como exegese pública, a retórica greco-romana e as *Belles Lettres* que usavam qualidades estéticas para levar os ouvintes a "experimentar o sublime" apresentado por meio de um discurso dramático. O sermão deve começar com uma proposição, ou seja, a exposição de uma verdade bíblica universal ou verdade teológica. O sermão desenvolve essa proposição em quatro passos: instrução, imaginação, paixão e motivação. Não se deve subestimar a influência dessa abordagem britânica nos círculos evangélicos. Considere que na América Latina dois dos textos homiléticos mais amplamente distribuídos são as traduções das *Lições aos Meus Alunos* de Spurgeon (1875) e *O Preparo e a Entrega de Sermões* de Broadus (1898). Esses livros ainda são publicados e muito usados como livros didáticos em institutos bíblicos e faculdades.

No final do período colonial, os Estados

Unidos também exportaram outros dois modelos homiléticos: a cruzada e o pregador celebridade. Esses modelos também são encontrados em muitos círculos evangélicos em todo o globo.

Em resposta às abordagens racionalistas e retóricas desenvolvidas na Grã-Bretanha e nos Estados Unidos, Karl Barth reinterpretou as teologias reformadas da pregação, destacando a proeminência da Palavra de Deus. Barth concordou com o dito da Segunda Confissão Helvética que declara: "A pregação da Palavra é a Palavra de Deus [*Praedicatio verbi Dei est verbum Dei*]" (5.004; Barth, 13). Entretanto, Barth também entendia o sermão como uma oportunidade de servir a Palavra de Deus, explicando-a para nossos contemporâneos. Em parte, essa teologia aparentemente paradoxal da pregação tem raízes no conceito alemão do *Predigt*. Essa palavra refere-se tanto ao discurso como ao ato de apresentar um discurso baseado na fé, por meio do qual Deus cria fé e constrói a igreja. A teologia de Barth foi muito influente em todo o mundo, mas teve impacto decisivo no mundo de fala alemã e na Dinamarca.

Desde o final da década de 1960, vem ocorrendo uma revolução na homilética americana. A obra seminal de Fred Craddock levou toda uma nova geração de estudiosos no campo da homilética a explorarem abordagens indutivas, narrativas e fenomenológicas da pregação. O antigo paradigma racionalista perdeu sua hegemonia; nasceu um novo paradigma pós-moderno.

7. Pregação liberacionista

A contribuição das teologias contextual e *liberacionista é um marco do novo paradigma pós-moderno da homilética (González e González). Ela nos chama a exercer a hermenêutica da suspeição, a compreender o sermão como um ato social, a incluir grupos antes marginalizados e a desenvolver um entendimento holístico da salvação. O modelo liberacionista, inspirado pelas teologias francesas da ação, desenvolveu-se na América Latina e influenciou teólogos do Terceiro Mundo em diferentes partes do globo.

Na Europa e nos Estados Unidos, nas últimas décadas, alguns grupos étnicos e minoritários têm dado contribuições importantes para a pregação. Por exemplo, a pregação afro-americana tem servido como um paradigma para a renovação da pregação nos Estados Unidos. Durante a década de 1960, Martin Luther King Jr. tornou-se o modelo de pregador negro para a nação.

Embora as mulheres tenham sido historicamente excluídas do púlpito, a última parte do século 20 começou a ver uma reversão dessa injustiça. Em muitas partes do mundo, cada vez mais as mulheres têm acesso à educação teológica, ordenação e ministério na igreja. Elas também têm desenvolvido perspectivas teológicas variadas e dinâmicas.

8. Questões de púlpito

Em todo o globo, o cristianismo enfrenta diferentes questões pastorais e teológicas. Em muitos países — particularmente na Ásia, África e Indonésia — os cristãos estão em minoria. Nesses ambientes, o culto cristão tem uma ênfase nitidamente evangelística e o sermão gira em torno da confissão de fé. A igreja prega a salvação por meio de Cristo, condenando o animismo, xamanismo e panteísmo.

A igreja também precisa tratar de sua herança colonial (Jiménez, 2005). O Terceiro Mundo ainda sofre as consequências da campanha colonialista que deixou sociedades racialmente estratificadas em diferentes partes do globo. O Primeiro Mundo também precisa lidar com seu passado colonialista, especialmente quando comunidades de ex--súditos coloniais crescem entre eles. Por exemplo, na França e na Grã-Bretanha, comunidades muçulmanas continuam crescendo. Ao mesmo tempo, nos Estados Unidos, a comunidade hispânica superou a comunidade afro-americana, tornando-se o maior grupo minoritário da nação.

Por fim, e talvez mais importante para tempos pós-modernos, a pregação agora precisa tratar da questão de identidade ou, ainda melhor, da pluralidade de identidades que definem o eu pós-moderno. Além das categorias raciais/étnicas e religiosas, agora uma pessoa pode se definir de acordo com a classe, o nível acadêmico e a orientação sexual. Num mundo de identidades conflitantes, a pregação cristã nos chama à fé, afirmando a identidade cristã que os fiéis recebem por meio do batismo. Num mundo fragmentado,

nossa identidade cristã forja um novo povo a partir de fiéis provenientes de todas as tribos, línguas e nações (Ap 7.9-10).
Veja também EVANGELIZAÇÃO; LITURGIA E ADORAÇÃO.
BIBLIOGRAFIA. AUGSBURGER, D. W. e MCDONALD DECHAMPLAIN, M., "Cross-Cultural Preaching", *Concise Encyclopedia of Preaching*, Willimon, W. H. e Lischer, R., orgs. (Louisville: Westminster John Knox, 1995) 95-97; BARTH, K., *La proclamación del evangelio* (Salamanca: Ediciones Sígueme, 1969); EDWARDS JR., O. C., "History of Preaching", *Concise Encyclopedia of Preaching*, Willimon, W. H. e Lischer, R., orgs. (Louisville: Westminster John Knox, 1995) 184-227; FUKADA, R. M. e KATO, T., "Homiletics and Preaching in Asia", *Concise Encyclopedia of Preaching*, Willimon, W. H. e Lischer, R., orgs. (Louisville: Westminster John Knox, 1995) 231-34; GONZÁLEZ, J. L. e GONSALUS GONZÁLEZ, C., *The Liberating Pulpit* (Nashville: Abingdon, 1994); GONZÁLEZ, J. L. e JIMÉNEZ, P. A., *Púlpito: An Introduction to Hispanic Preaching* (Nashville: Abingdon, 2005); HERMELINK, J. e WINTZER, F., "Homiletics and Preaching in Germany and Western-Speaking Europe", *Concise Encyclopedia of Preaching*, Willimon, W. H. e Lischer, R., orgs. (Louisville: Westminster John Knox, 1995) 234-38; JIMÉNEZ, P. A., *Principios de predicación* (Nashville: Abingdon, 2003); idem, "Toward a Postcolonial Homiletic: Justo L. González' Contribution to Homiletics", in: *Hispanic Christian Thought at the Dawn of the 21st Century: Apuntes in Honor of Justo L. González*, Padilla, A., Goizueta, R. e Villafañe, E., orgs. (Nashville: Abingdon, 2005) 159-67, 305-6; KATER, J. L., "Homiletics and Preaching in Latin America", *Concise Encyclopedia of Preaching*, Willimon, W. H. e Lischer, R., orgs. (Louisville: Westminster John Knox, 1995) 241-43; KATO, T., org., *Preaching as God's Mission: Studia Homiletica 2* (Tokyo: Kyo Bun Kwan/Societas Homiletica, 1999); MCDANIEL, J. M., org., *Preaching Grace in the Human Condition: Studia Homiletica, 3* (Utrecht: Societas Homiletica, 1999); NEWBIGIN, L., "Missions", *Concise Encyclopedia of Preaching*, Willimon, W. H. e Lischer, R., orgs. (Louisville: Westminster John Knox, 1995) 335-36; PRAKASH, S. P., "Homiletics and Preaching in India", *Concise Encyclopedia of Preaching*, Willimon, W. H. e Lischer, R., orgs. (Louisville: Westminster John Knox, 1995) 238-41; "The Second Helvetic Confession", in: *The Constitution of the Presbyterian Church (U.S.A.), pt. 1, Book of Confessions* (Louisville: Office of the General Assembly, 1994); SHORTER, A., "Homiletics and Preaching in Africa", *Concise Encyclopedia of Preaching*, Willimon, W. H. e Lischer, R., orgs. (Louisville: Westminster John Knox, 1995) 229-31; SKJEVESLAND, O., "Homiletics and Preaching in Scandinavia", *Concise Encyclopedia of Preaching*, Willimon, W. H. e Lischer, R., orgs. (Louisville: Westminster John Knox, 1995) 252-55; WARDLAW, D. M., "Homiletics and Preaching in North America", *Concise Encyclopedia of Preaching*, Willimon, W. H. e Lischer, R., orgs. (Louisville: Westminster John Knox, 1995) 243-52.

P. A. Jiménez

PRÉ-MILENISMO. *Veja* ESCATOLOGIA; PENTECOSTALISMO.

PRINCIPADOS E PODERIOS. *Veja* BATALHA ESPIRITUAL; EXPIAÇÃO; PODER; SALVAÇÃO.

PROFECIA
A profecia é uma forma de discurso religioso frequentemente associado às crenças monoteístas históricas (judaísmo, cristianismo e islamismo). Aqui examinamos brevemente o conceito de profecia na literatura bíblica e no cristianismo mundial.
  1. A profecia na Bíblia hebraica
  2. Jesus e Maria como profetas
  3. A profecia na história cristã mundial
  4. Implicações teológicas

1. A profecia na Bíblia hebraica
A profecia é a própria palavra de Deus compartilhada com o povo de Deus por meio de um mensageiro muitas vezes chamado profeta (*nābîʾ*). Deus é a fonte, sustentação e futuro da palavra profética. Embora muitas vezes os profetas bíblicos tenham predito o futuro, as palavras deles são vitais principalmente por fornecerem um meio discursivo para religar as pessoas com seu Criador.
  No *judaísmo, cristianismo e *islamismo, Moisés é considerado "o pai dos profetas".

Moisés é único porque falou com Deus face a face, como falamos com um amigo (Êx 33.11). Por sua comunhão com Deus, Moisés pôde liderar o povo de Israel como seu mediador, transmitindo a lei de Deus como uma norma ética pela qual o povo de Deus devia viver.

Em toda a Bíblia hebraica, os profetas conclamavam o povo de Israel a voltar para a justiça e retidão de Deus codificadas na lei. O profeta Isaías afirmou que o caráter de Deus é baseado em retidão e justiça (Is 5). A ética social humana na tradição profética devia ser construída segundo a justiça de Deus. O povo de Deus cresce na justiça mediante "relações justas" com a criação divina.

Em todo o livro de Isaías vemos que Deus tem interesse especial pelos que estão às margens econômicas da sociedade. Para ouvir a palavra profética de Isaías e corresponder a ela, o povo de Deus precisa refletir o amor divino por todas as pessoas, priorizando os pobres que têm as maiores necessidades materiais dentro das comunidades locais (*veja* Opção Preferencial pelos Pobres).

Em Isaías 22.12-14, vemos Isaías confirmar que o profeta é aquele que leva a palavra divina de justiça — que a misericórdia divina está presente no julgamento divino. A ira e o furor de Deus são retratados nas múltiplas imagens de julgamento que as apresentam como o destino daqueles que são infiéis a Deus e à aliança (e.g., Is 5.24). Entre as imagens de julgamento, o imaginário profético também apresenta figuras redentoras e escatológicas, inclusive um tempo sem guerra, um tempo em que o leão vai descansar com o cordeiro, e uma nova criação (Is 65.17-25). Isaías dá muitas profecias diretas que predizem a vinda de um salvador que remirá o remanescente santo. Assim, há esperança em meio às imagens de destruição apocalíptica. O Messias torna-se uma janela para uma nova realidade, a saber, o *reino de Deus, um reino de paz, justiça e amor. O reino messiânico representa a esperança do povo de Deus.

O Messias é a *salvação em pessoa, o início da era messiânica, mas também o portal espiritual para um despertar profético. A face do Messias é uma janela profética para abertura dos sentidos espirituais, dos olhos e ouvidos do fiel (Is 29.10-19). Em Isaías a palavra de profecia é uma palavra de cura e esperança. Além de apresentar imagens de julgamento apocalíptico, o profeta canta uma canção de amor. O profeta chama o povo de Deus de volta para o Deus de sua juventude. Como fica demonstrado pela natureza da profecia, sua premissa clamorosa é que sua fonte e futuro repousam no Deus belo e majestoso.

2. Jesus e Maria como profetas

No segundo livro de suas *Institutas da Religião Cristã*, João Calvino argumenta que os três ofícios de Cristo (profeta, sacerdote e rei) desvendam dimensões cruciais de sua obra salvadora. Como profeta messiânico, Jesus veio proclamando sua missão sacrificial da parte de Deus e cumprindo as tradições dos profetas de Israel.

Jesus anuncia seu ministério na linhagem dos grandes profetas antes dele, inclusive Moisés, Elias e Isaías (Mt 17.2). Quando pregou seu primeiro sermão lendo um rolo de Isaías (Lc 4.16-40), Jesus afirmou que a profecia de Isaías estava cumprida naquele momento. Jesus afirmou corporificar o ano do favor de Deus para os pobres, oprimidos, enfermos e aprisionados. No Evangelho de Lucas, as boas novas para os pobres incluem a forte convicção de que a salvação tem dimensões tanto espirituais como materiais. Dessa perspectiva, vemos Jesus curando os pobres e alimentando os famintos como sinais do irromper do reino de Deus. Por meio da ética de Jesus e da maneira que ela é vivenciada entre seus seguidores, vemos a manifestação do reino de Deus, um reino de paz, justiça e amor.

De acordo com o padrão estabelecido no Evangelho de Lucas, *Maria é o modelo do que significa ser discípulo de Jesus Cristo. Maria ouve a palavra de Deus e obedece, numa atitude de oração e louvor. Em seu ouvir e obedecer, ela expressa sua fé em ação concreta. Mais tarde, ela irrompe em louvor em um dos mais belos cânticos jamais escritos, um cântico que coloca o amor gracioso de Deus por ela no contexto de seus grandes atos na história da salvação (Lc 1.46-53). Maria escolhe os caminhos de Deus e expressa sua devoção criativa a Deus compondo e entoando um cântico de louvor. Em seu Magnificat, ela se junta aos antigos profetas, afirmando que os ricos serão derrubados, enquanto os pobres serão exaltados.

A resposta de Maria à palavra de Deus é um modelo para nós. Ela é profética e destaca Maria como um dos grandes profetas das narrativas bíblicas. Ela ouve a palavra de Deus (revelada por um anjo), obedece (*Aqui está a serva do Senhor* [Lc 1.38]), louva a Deus e se junta à peleja terrena pelo amor e pela justiça. Ela não resiste à palavra de Deus, mas a recebe e acolhe graciosamente. Quando visita a prima, Isabel, é encorajada com uma bênção simples e profunda: *Bem-aventurada é a que creu que se cumprirão as coisas que lhe foram faladas da parte do Senhor* (Lc 1.45).

Jesus e Maria fornecem dois exemplos de profetas no Novo Testamento. De acordo com Walter Brueggemann, a imaginação profética provê uma consciência alternativa para regimes governantes opressivos. A profecia começa na dor e sofrimento do profeta diante do alheamento do povo de Deus em relação a Deus (e.g., Jr 4, 8, 12). Os profetas tanto criticam a consciência imperial do regime existente como energizam o povo de Deus para atuarem juntos para encarnarem o reino de Deus. O profeta oferece uma alternativa radical para crenças, padrões e estruturas existentes.

Mais tarde no Novo Testamento, vemos que a profecia é para todo o povo de Deus. Na igreja primitiva a profecia era vista como um dom do Espírito Santo, semelhante ao ensino e à cura (1Co 12.27-28). O exercício do dom de profecia é vital para a saúde e integridade da igreja.

3. A profecia na história cristã mundial

Ao longo da história primitiva da igreja, a profecia esteve associada a visões, comportamentos extáticos e outras manifestações do Espírito Santo. Monges, tanto no Oriente como no Ocidente, muitas vezes viviam juntos como uma comunidade profética que provia uma alternativa para formatos mais imperiais de cristianismo. Essa tradição profética culmina nas palavras proféticas de Joaquim de Fiore, que viu toda a história da igreja em termos de três eras trinitárias: a era do Pai, a era do Filho e a era do Espírito Santo. As experiências visionárias de Joaquim de Fiore tornaram-se a base para uma nova teologia da história.

O testemunho profético continuou na ala anabatista do protestantismo que incorporou a vida comunitária contracultural como a forma vital de engajamento político. O espírito do radicalismo anabatista experimentou um crescimento por meio de numerosos movimentos proféticos na África durante o período colonial. Adrian Hastings (1994) mostra que as visões proféticas da Bíblia foram centrais para a formação de movimentos proféticos na África, notadamente os harristas, kimbanguistas, aladuras e os sionistas na África do Sul. Curas, visões e sonhos eram aspectos comuns de todos esses movimentos.

Durante o colonialismo africano alguns líderes eclesiásticos tornaram-se a voz de oposição contra o imperialismo político e cultural dos colonizadores e missionários europeus. As *Igrejas Originadas na África, em particular, defenderam vigorosamente a africanização do cristianismo. Isso não era um mero apelo por avivamento religioso, mas também por uma transformação social sistemática. Eles tentavam transformar um cristianismo eurocêntrico elitista numa fé que atendesse às necessidades dos pobres e à particularidade de seu contexto cultural.

Depois da Revolução Francesa, a apropriação que as igrejas ocidentais fizeram da profecia voltou-se para cronologias históricas específicas, bem como para uma transformação do mundo. A aplicação da tradição profética à transformação do mundo tornou-se ainda mais influente depois da obra de Karl Marx. No século 19, a profecia como revelação mística passou a ser concebida quase que exclusivamente como crítica social na maioria das formas de cristianismo ocidental.

Dentro dos Estados Unidos, o impulso profético emergiu no movimento do *evangelho social de Walter Rauschenbusch. A luta profética continuou por meio do movimento dos direitos civis liderados por Martin Luther King Jr. Misturando impulsos evangelicais e proféticos, a tradição da igreja negra nos Estados Unidos desempenhou um papel importante na luta de libertação afro-americana. Essa abordagem "mundana" do engajamento profético de igrejas afro-americanas na tradição dos direitos civis fornece uma alternativa à imaginação apocalíptica de concepções dispensacionalistas pré-milenistas da profecia que animam muitos fundamentalistas e evangelicais nos Estados Unidos.

Inspirado pelo movimento dos direitos civis nos Estados Unidos, o Congresso Nacional Africano liderou uma luta por justiça racial e econômica na África do Sul. Essa luta profética culminou no Documento *Kairos* (1985), com foco nos temas proféticos das Escrituras que tinham relação imediata com o momento de crise (*kairos*) expresso pela opressão do regime racista do *apartheid*.

Na teologia *minjung* da Coreia, as *minjung* (pessoas) são também consideradas profetas que condenam a estrutura político-econômica (capitalismo global) como idolatria e pedem ao mundo que se arrependa e trabalhe junto na concretização da justiça divina. Nessa tradição de pensamento liberacionista, a profecia não se limita a palavras, sendo, antes, ação. Com o advento do *pentecostalismo do século 21, a profecia recobrou suas raízes mais espirituais. Uma manifestação contemporânea de profecia que cresce dentro do pentecostalismo está no movimento dos "sinais e maravilhas". No mínimo, a profecia pentecostal combina uma experiência direta com Deus com uma luta por justiça social.

4. Implicações teológicas
Em suma, a igreja é profética hoje quando está trazendo o clamor radical do evangelho como resposta para as condições presentes de injustiça social, ajudando as pessoas a entrarem no reino divino de justiça e amor. O surgimento do pentecostalismo global tem feito a igreja lembrar-se das dimensões espirituais e materiais da profecia. Teologicamente, ficamos com a pergunta: Onde Deus está presente neste momento? E como a igreja pode atuar em solidariedade global na luta por um mundo mais justo, pacífico e amoroso? Exercer o dom da profecia é essencial para a saúde e integridade do cristianismo mundial.

Veja também MOVIMENTOS CARISMÁTICOS; PENTECOSTALISMO; PNEUMATOLOGIA.

BIBLIOGRAFIA. BOYER, P., *When Time Shall Be No More: Prophecy Belief in Modern American Culture* (Cambridge: Harvard University Press, 1992); BROWN, McAfee, R., org., *Kairos: Three Prophetic Challenges to the Church* (Grand Rapids: Eerdmans, 1990); BRUEGGEMANN, W., *The Prophetic Imagination* (2. ed.; Minneapolis: Fortress, 2001); BUBER, M., *The Prophetic Faith* (New York: Harper & Brothers, 1949); *Commission on Theological Concerns of the Christian Conference of Asia* (CTC-CAA), org., *Minjung Theology: People as the Subjects of History* (Maryknoll: Orbis, 1983); ELLIS, E. E., *Prophecy and Hermeneutics in Early Christianity* (Grand Rapids: Baker, 1993); GIFFORD, P., *Between Babel and Pentecost: Transnational Pentecostalism in Africa and Latin America* (Bloomington: Indiana University Press, 2001); HASTINGS, A., *The Church in Africa: 1450-1950* (Oxford: Oxford University Press, 1994); KING JR., M. L., *A Testament of Hope: The Essential Writings and Speeches of Martin Luther King, Jr.*, Washington, J. M., org. (San Francisco: Harper Collins 1986); MARTIN, D., *Pentecostalism: The World Their Parish* (Oxford: Blackwell, 2002); OVERHOLT, T. W., *Prophecy in Cross-Cultural Perspective* (Atlanta: Scholars Press, 1986).

P. G. Heltzel

PROSELITISMO
O termo *proselitismo* foi originalmente empregado para designar uma pessoa que se juntou à comunidade judaica. Assim, "proselitismo" carregava uma conotação positiva na Bíblia. Na história da igreja, o termo *proselitismo* tem sido usado virtualmente como sinônimo de atividade *missionária. Mais recentemente, em especial no contexto do movimento ecumênico, tem assumido uma conotação negativa, tanto mais quando aplicado a atividades de cristãos que ganham adeptos provenientes de outras comunidades cristãs. "Proselitismo" no contexto contemporâneo parece ter um efeito contrário à unidade cristã, em contraposição a atividades legítimas de *evangelização, testemunho e proclamação missionária.

Na declaração do *Conselho Mundial de Igrejas (WCC), "Rumo a um testemunho comum: um chamado a que se adotem relacionamentos responsáveis em missões e se renuncie ao proselitismo", o proselitismo é chamado "a corrupção do testemunho" (sec. 2). O proselitismo é definido como "o encorajamento para cristãos que pertencem a uma igreja trocarem a afiliação denominacional por vias e meios que 'contradizem o espírito do amor cristão, violam a liberdade da pessoa humana e diminuem a confiança no testemunho cristão da igreja' ". O documento descreve características que distinguem o proselitismo de um testemunho cristão autêntico: críticas injustas ou descaracterização das doutrinas, crenças e práticas de outra igreja, sem que se tente compreender tal igreja; apresentar a própria igreja ou confissão como "a igreja *verdadeira*" e seu ensino como "a fé *certa*" e o único caminho para a *salvação; rejeitar o *batismo em outras igrejas, considerando-o inválido, e persuadindo as pessoas a serem rebatizadas; oferecer ajuda humanitária ou oportunidades de educação como incentivo a que se juntem a outra igreja; usar violência física ou moral e pressão psicológica para induzir as pessoas a trocarem de igreja; ou explorar a solidão, enfermidade, angústia ou até desilusão das pessoas com a própria igreja com o fim de convertê-las. O documento do WCC nos lembra que embora "o testemunho comum seja construtivo [e] edifique relacionamentos e companheirismo cristãos sólidos [...] O proselitismo é uma perversão do testemunho cristão autêntico sendo, portanto, um contratestemunho. Ele não edifica, mas destrói". Ao mesmo tempo, o documento também fala da importância de afirmar o imperativo missionário, o testemunho comum e a missão no contexto da liberdade religiosa (sec. 1). Também afirma que mudar de uma igreja para outra por convicção real e genuína não deve ser considerado proselitismo. Ainda que condene o proselitismo, os documentos ecumênicos também lembram aos cristãos que a maioria dos grupos e pessoas que se dedicam a tais atividades faz isso por interesse genuíno na salvação daqueles a quem se dirigem.

O proselitismo costuma ser entendido como problema de igrejas mais novas, mais entusiasmadas em termos de missões e evangelização, como as igrejas *pentecostais e Livres (*veja* Igrejas Livres, Tradição das). Embora acusações de proselitismo abundem entre igrejas antigas e novas, também é verdade que as igrejas tradicionais enfrentam acusações de proselitismo em suas relações mútuas. Por exemplo, na Rússia, após o colapso do regime comunista, a Igreja Ortodoxa Russa acusou a Igreja Católica Romana de proselitismo.

Assim como o cristianismo, o *islamismo afirma o direito de proclamar a mensagem religiosa com vistas à conversão. Ao mesmo tempo, o Qur'an (Sura 2:256) declara: "Não há imposição quanto à religião, porque já se destacou a verdade do erro". Para a maior parte dos muçulmanos isso significa que não se deve usar a força para converter alguém ao islamismo.

A evangelização e a missão como mandato cristão genuíno e fiel honram a liberdade de escolha, enquanto o proselitismo "abarca tudo o que viola o direito de a pessoa humana ser livre de coerção externa na proclamação do Espírito e na religião em geral" (CWP §§4-8).

Veja também CONVERSÃO; EVANGELIZAÇÃO; MOVIMENTOS MISSIONÁRIOS.

BIBLIOGRAFIA. World Council of Churches and Roman Catholic Churches Joint Working Group Documents: "Common Witness and Proselytism" (1970), in: *The Ecumenical Review* 23: (Jan. 1971) 9-20; *Common Witness: A Study Document of the Joint Working Group of the Roman Catholic Church and the World Council of Churches* (CWME Series 1; Geneva: WCC/CWME, 1982); *Towards Common Witness: A Call to Adopt Responsible Relationships in Mission and to Renounce Proselytism*, documento recomendado às igrejas pelo Comitê Central do Conselho Mundial de Igrejas, September 1997, www.oikoumene.org/en/resources/documents/wcc-commissions/mission-and-evangelism/19-09-97-towardscommon-witness.html.

V.-M. Kärkkäinen

PROVIDÊNCIA. *Veja* FATALISMO.

PURGATÓRIO. *Veja* ESCATOLOGIA.

PSICOLOGIA DA RELIGIÃO

Este artigo diz respeito não às várias formas pelas quais a psicologia e a religião estão relacionadas nem à maneira pela qual a religião tem entendido a psicologia, mas ao estudo da religião pela ótica da psicologia, ou seja, a psicologia da religião. A psicologia da religião é o estudo dos processos psicológicos por trás do comportamento religioso.

Em essência, isso limita o estudo às explorações dos impulsos subjacentes e expressões subsequentes do comportamento religioso humano. A psicologia da religião não tenta autenticar crenças religiosas nem validar os objetos de devoção religiosa, como as divindades. É prática comum entre psicólogos da religião afirmarem que eles colocam essas questões entre parênteses, significando que reconhecem, mas não tentam verificar "em quê" as pessoas acreditam. Em lugar disso, estudam "como" as crenças ocorrem. William James, às vezes considerado o pai da psicologia da religião, descreveu bem essa abordagem quando afirmou que estudou o comportamento daqueles que diziam acreditar em Deus. A definição exata de James é digna de nota. Ele definiu seu objeto de estudo como "os sentimentos, atos e experiências de homens individuais em sua solidão, na medida em que se sintam relacionados com o que quer que possam considerar divino" (James, 42).

1. Como a psicologia da religião aborda o estudo da religião
2. Experiência espiritual e/ou religiosa?

1. Como a psicologia da religião aborda o estudo da religião
William James concentrou-se no estudo de "indivíduos" para se diferenciar dos que, como sociólogos e antropologistas, estudavam grupos sociais — como igrejas ou tradições. Isso ainda ocorre. Mas uma tendência contemporânea significativa na psicologia da religião é investigar o impacto de grupos religiosos sobre o comportamento (cf. Pargament, Steele e Tyler), o interesse principal ainda está no indivíduo — ou seja, os processos modais internos que ocorrem dentro das pessoas quando elas interagem com tais grupos. James alegava que a "religião pessoal se provará mais fundamental que a teologia e o eclesiasticismo" (James, 42). Embora seja verdade que a maioria dos povos não ocidentais se compreenda em termos coletivos e não individuais — eu sou porque nós somos (África) — sem dúvida o entendimento dos processos individuais é importante mesmo entre esses povos.

Em seguida, James esclareceu seu objeto de estudo como "sentimentos, atos e experiências". Essas palavras eram empregadas no início do século 20 para compreender o que hoje rotularíamos como "comportamento humano". Decerto James estava correto em observar que estava interessado em sentimentos e experiências, não só em atos observáveis. A maioria dos psicólogos entenderia *experiência* como um termo que se refere a interações de pessoas com estímulos internos e externos. Essas interações resultariam em pensamentos, palavras, sentimentos e ações — os vários componentes do *comportamento humano* — processos internos, bem como ações observáveis.

Por fim, James delineou sua área de estudo como a relação da pessoa com "tudo o que ela considera divino". Sinônimos de "divino" são *espiritual* ou *transcendente*. A psicologia da religião trata daquela área singular de experiência em que as pessoas se relacionam com a realidade espiritual, divina, transcendente ou sobrenatural. O termo mais amplo que abrange essas experiências é *experiência religiosa*.

Boa parte da vida trata de lidar com solução de problemas, ajustamento, relações interpessoais e sobrevivência prática. Entremeados a esses eventos, porém, as pessoas têm *experiências religiosas* (cf. as relações de James com o divino) de tempos em tempos. A psicologia da religião estuda essas experiências específicas.

Num ensaio formativo que elucida melhor os interesses da psicologia da religião, Benjamin Beit-Hallahmi afirmou que os processos psicológicos envolvidos na experiência religiosa eram semelhantes aos envolvidos na arte e música, ou sejam estéticos. Tanto na religião como na estética, o processo básico é a *imaginação*. Pela imaginação, os seres humanos "apreendem", como afirma James, que eles estão numa relação com uma dimensão que transcende a realidade objetiva do cotidiano. A única diferença entre a experiência religiosa e a estética, de acordo com Beit-Hallahmi, é que na primeira as pessoas afirmam que estiveram em contato com uma realidade verdadeira, enquanto na segunda elas percebem que experimentaram uma dimensão mais elevada da própria consciência. É verdade que alguns religiosos descrevem a própria experiência como estar em contato com a realidade divina *dentro* deles mesmos, mas na maioria das experiências religiosas tradicionais, eles percebem que se trata de uma realidade *fora* de si próprios.

2. Experiência espiritual e/ou religiosa?

As pessoas às vezes fazem distinção entre ser *espiritual* e ser *religioso*. Com frequência essa distinção tem como base a diferença entre o comportamento privado e o institucional. Mas essa bifurcação é essencialmente contestável porque a psicologia da religião só estuda a experiência individual, não o comportamento do grupo. Isso significa que embora a psicologia da religião possa estudar o comportamento de pessoas *em* grupos, como igrejas, ela deixa para a sociologia e a antropologia o estudo dos grupos em si. Toda experiência espiritual e religiosa é privada e pessoal.

Na realidade, porém, a psicologia da religião estuda tanto os comportamentos espirituais como os religiosos, no sentido de que a *experiência espiritual* leva à *experiência religiosa*. A *espiritualidade pode ser definida como "a capacidade humana de experimentar a realidade transcendente", enquanto *religião* pode ser definida como "conceitos que proporcionam entendimento para a experiência espiritual". A experiência espiritual é a precursora da experiência religiosa. A religião não existiria sem uma experiência espiritual. Da perspectiva do indivíduo, a religião (i.e., credos, rituais) tem dois propósitos: fornece um esquema explicativo que satisfaz a necessidade de um entendimento cognitivo da experiência e prové um estímulo para reforçar e induzir uma re-experiência espiritual. A experiência de Samuel no templo é um exemplo clássico desse processo (1Sm 3.1-21). Quando Samuel ouviu uma voz, Eli forneceu a estrutura conceitual religiosa para a experiência espiritual dele dizendo: *Fala, Senhor, pois o teu servo ouve* (1Sm 3.9). Sozinho no templo, Samuel ouviu uma voz. Depois de conferir várias vezes com Eli, este reinterpretou o evento em termos da tradição religiosa hebraica. Essa interpretação religiosa foi aceita por Samuel e isso o levou tanto a um entendimento do evento como a uma estrutura para experiências repetidas em que interagiu com Jeová. A maior parte dos programas institucionais religiosos é designada para induzir a experiência espiritual dentro de certa tradição. Isso independe da tradição: protestante, católica, judaica, muçulmana ou algum grupo religioso mais recente. Entre os exemplos estão os exercícios inacianos dentro do catolicismo romano e as Cruzadas de Billy Graham dentro do protestantismo.

Muitos que persistem em manter uma distinção entre espiritualidade e religião não conseguem perceber como os dois processos são indissociáveis. A religião segue inevitavelmente a experiência espiritual. Sempre que as pessoas usam palavras para compartilhar com os outros o que experimentaram espiritualmente, engajam-se automaticamente numa conversa "religiosa". Não importa se essa conversa inclui uma linguagem tradicional, como "Deus e Pai de nosso Senhor Jesus Cristo", ou inclui uma linguagem recente, como "o espírito sempre presente que fala por intermédio de árvores e flores". Tudo isso é *religião* — palavras que proporcionam entendimento e induzem a repetição da experiência. É raro essas palavras serem absolutamente singulares: na maior parte dos casos, as pessoas associam-se com os que partilham um esquema semelhante. Aliás, a participação em cultos e estudos religiosos guiam as pessoas em suas experiências espirituais.

Entretanto, os psicólogos da religião estão convictos de que a religião pessoal nunca é uma réplica exata dos dogmas religiosos institucionais. Carl Jung, falecido psiquiatra suíço, afirmou: "As pessoas não só *possuem* seus deuses; elas *criam* seus deuses". Isso não deve surpreender, já que a experiência de vida de cada indivíduo é única, e sua percepção (James, "apreensão") da realidade nunca é idêntica ao de qualquer outra pessoa. Wilhelm Wundt, o primeiro psicólogo experimental do século 19, denomina corretamente de "massa aperceptiva" essa singularidade de cada pessoa. Esse é o motivo pelo qual a clonagem nunca será plenamente bem-sucedida. Ainda que a fisiologia possa ser idêntica, a experiência de vida é sempre única.

Uma vez que a psicologia da religião sempre começa com na experiência espiritual, é importante refletir mais sobre a já citada definição de que "a experiência espiritual é a capacidade humana de experimentar a realidade transcendente". *Capacidade* é empregada intencionalmente em lugar de *instinto* ou *impulso*. A experiência espiritual não é um instinto, ou todas as pessoas expressariam esses eventos de modo idêntico. As experiências espirituais não são indicativas de um impulso básico, ou todas as pessoas as teriam. A experiência espiritual não é uma experiência universal: nem todas as pessoas dizem que a tiveram. Mas a experiência espiritual é uma *capacidade* universal. Todos são capazes de ter experiências espirituais, mas nem todos têm. Essa verdade explica o fato empírico de que muitos afirmam serem seculares — ou seja, que não são religiosos ou espirituais de modo algum. Embora alguns estudiosos afirmem que todos são religiosos no sentido de que todos têm uma preocupação última (cf. Paul Tillich) ou buscam significado na vida (cf. J. W. Fowler), essas alegações desconsideram a singularidade qualitativa da experiência espiritual. Embora a busca do significado e uma preocupação última sejam, de fato, uma motivação para a espiritualidade, isso, em si, não é a experiência.

A história e a situação atual no campo da psicologia da religião são bem resenhadas no volume abrangente de D. Wulff, *Psicologia da Religião: Perspectivas Clássicas e Contemporâneas*. Ele fornece ao leitor um panorama de estudiosos europeus e americanos dos séculos 19 e 20, cujas obras estão agora publicadas no *Jornal Internacional de Psicologia da Religião* e cujas apresentações estão atualmente incluídas nos programas da Associação Psicológica Americana e da Associação Internacional de Psicologia da Religião, entre outros grupos profissionais.

Veja também SOCIOLOGIA DA RELIGIÃO.

BIBLIOGRAFIA. BEIT-HALLAHMI, B., "Religion as Art and Identity", in: *Psychology of Religion: Personalities, Problems, Possibilities*, Malony, H. N., org. (Pasadena: Integration Press, 1991) 171-88; FOWLER, J. W., *Stages of Faith: The Psychology of Human Development and the Quest for Meaning* (San Francisco: Harper & Row, 1981); JAMES, W., *The Varieties of Religious Experience* (New York: New America Library of World Literature, 1958 [1904]) [edição em português: *As variedades da experiência religiosa: um estudo sobre a natureza humana* (São Paulo: Cultrix, 1995)]; PARGAMENT, K. I., STEELE, K. I. e TYLER, F. B., "Religious Participation, Religious Motivation, and Individual Social Competence", *Journal for the Scientific Study of Religion* 18 (1979) 412-19; TILLICH, P., *The Courage to Be* (New Haven: Yale University Press, 1952) [edição em português: *A Coragem de Ser* (Rio de Janeiro: Paz e Terra, 1967)]; WULFF, D. M., *Psychology of Religion: Classic and Contemporary Views* (New York: John Wiley & Sons, 1991).

H. N. Malony

Q, R

QUEDA, A. *Veja* Pecado.

QUR'AN. *Veja* Islamismo.

RACIONALISMO. *Veja* Iluminismo, O.

RACISMO. *Veja* Raça, Racismo e Etnia.

RAÇA, RACISMO E ETNIA
Raça e etnia referem-se a duas formas distintas de divisão humana. Raça refere-se à ideologia social da divisão humana classificada de acordo com as características fenotípicas comuns, enquanto etnia refere-se à ideologia social da divisão humana classificada de acordo com a cultura comum. Tais distinções são usadas para estabelecer a desconformidade humana com o propósito de explicar a linhagem e a personalidade. Essas identidades muito simples são ensinadas desde o berço e servem para atribuir formas de relacionamento. Embora as categorias raciais existam desde tempos antigos, o valor colocado sobre raças diferentes e a criação de hierarquias raciais é muito mais recente.
1. Raça e racismo
2. Definindo etnia
3. Definindo raça
4. Cristianismo racista
5. Uma visão geral da teologia racista
6. Uma teologia de etnia e raça

1. Raça e racismo
Em sua natureza mais básica, raça é uma ideologia moderna que classifica sistematicamente os seres humanos com base e características físicas, como cor da pele, traços faciais e tipo de cabelo. Quase sempre essas variáveis são valoradas e colocadas em escala hierárquica. Desde que raça é uma ideologia, ela existe numa cosmovisão cultural. Quando essa ideologia se torna base para atribuir valor humano, torna-se racismo. Por exemplo, o racismo cria obstáculos às pessoas para terem igual acesso à moradia, educação, redes sociais ou trabalho quando o acesso está baseado na raça.

Raça e etnia deveriam ser distintas de outras formas de categorizações humanas, como casta — uma categoria social limitada a pessoas de linhagem específica predeterminando a colocação social, ocupação e até mesmo limites geográficos — e nacionalidade, cultura e tribo. Embora os dois termos tenham sido enxertados na língua inglesa durante o protoiluminismo europeu do século 16, suas definições e aplicações ocorreram nos quatro séculos seguintes e a sujeição a eles deu surgimento ao racismo. Consequentemente, o racismo continuou a desenvolver seu poder ardiloso com grande impulso, devido à união de duas ideias que ofereciam uma explicação para a realidade que os europeus "percebiam" na época.

Hoje, o poder desenfreado do racismo continua assombrando a sociedade em geral e a igreja especificamente por meio de suas muitas expressões de desigualdade social e política. Biologicamente, os cientistas não encontraram diferença suficiente entre os seres humanos para criar subcategorias como as usadas para a divisão social. A ideologia de raça é um mito, e embora os cientistas tenham abandonado a noção de raça, o mito ainda existe hoje e continua a ser amplamente usado.

Os elementos usados para estabelecer identidades raciais são quase sempre baseados em pequenos fragmentos de verdade que deixam escapar a realidade maior da identidade da pessoa. Esses elementos de identidade são aprendidos desde o berço e servem como base para determinar o caráter de uma pessoa, como status social, confiabilidade, dependência, utilidade, produtividade e afinidades. Em sua forma mais torpe, a identidade com base na raça é uma forma de desumanização, porque dita relacionamentos com base numa falsa ideia.

Hoje, ambos os termos são voláteis, pois cavam as profundezas da identidade de uma pessoa e levantam a questão: quem somos? A questão da identidade não é nova e foi causa de separação até mesmo nos tempos bíblicos. As histórias de Abraão, Rute, Davi, dos apóstolos e de Paulo, todas falam do papel da identidade na vida de alguém. Na raiz da mensagem do evangelho está a formação da identidade. Como filhos de Deus, recebemos uma nova identidade em Cristo, que deve sobrepor toda identidade com base humana responde à questão de quem somos (Gn 3.20; Ml 2.10).

2. Definindo etnia

A ideia de etnia tem sua raiz no termo grego *ethnos*, em referência a um grupo de pessoas ou nação. O termo *ethnos* está intimamente relacionado ao termo *ethnikos*. Na Bíblia, *ethnos* é traduzido 93 vezes por "gentios", 64 vezes por "nações", cinco vezes por "pagão" e duas vezes por "povo". Tanto no Antigo como no Novo Testamento, *ethnos*, embora um termo grego, denota principalmente, em ambos os testamentos, a distinção dos descendentes de Abraão. Há também situações onde o termo se refere a gentios em oposição aos judeus e cristãos (Mt 6.32; 20.19; Lc 12.30; At 14.16; 1Co 1.23; Ef 2.11). O uso pejorativo do termo na Septuaginta refere-se aos que não adoram o Deus verdadeiro (Ed 10.2; Ne 10.31). Embora Paulo redima o termo quando se refere aos gentios cristãos, ele foi o único escritor da Bíblia a trocar seu nome judaico (Saulo) por um nome gentio (Rm 11.13; Ef 3.1). Portanto, em geral, o uso neotestamentário do termo não difere do grego tradicional.

Ethnos também se refere à forma como certas pessoas vivem em comunidade. No texto bíblico, isto se refere especificamente a um estilo de vida aceitável ou não a Javé. Às vezes ele se refere a uma única pessoa que representa seu grupo étnico, e outras vezes se refere ao próprio grupo. Há também casos onde o termo se refere a grupos de animais.

O que está claramente ausente nas acepções bíblicas do termo é a moderna expressão individualista da humanidade, onde as necessidades do indivíduo são colocadas principalmente na pessoa e, em segundo lugar, sobre a comunidade. Não que Deus desmereça as necessidades do indivíduo. Ao contrário! Deus tem tal amor pelo indivíduo que sua dádiva para o indivíduo é a comunidade — o lugar onde cada um tem o seu papel para o aperfeiçoamento de todos. O pecado desune exatamente a comunidade para a qual Deus está nos chamando. Uma comunidade baseada na raça, que define a filiação de acordo com a característica racial do indivíduo, desfigura esse objetivo para o qual Deus nos chama. Essas comunidades são uma antítese da mensagem do evangelho. Esta é a melhor evidência na formação da noção racial e do impacto que isto tem tanto sobre a formação da comunidade durante a era moderna quanto na transformação da identidade que forneceu o ímpeto para tal formação. À medida que a ideia de raça se moveu na direção de meios socialmente aceitáveis para identificar o estrangeiro, as características étnicas tornaram-se sinônimos de identificadores raciais. Simplificando, a raça tornou-se um meio viável de identificar a etnia de um estrangeiro.

No final do século 19, a identidade racial tornou-se o principal meio de designar os agrupamentos humanos. Como o raciocínio científico se tornou o grande critério para definir a cosmovisão europeia, a raça tornou-se um quadro conveniente para sustentar presunções sobre a natureza e o comportamento humano. Os criadores de tais teorias não apenas não puderam chegar a um consenso sobre quantos tipos de raças humanas existem, infelizmente, como também fracassaram em reconhecer como as posições raciais eram reflexo do próprio ponto de vista deles, a perspectiva do homem branco europeu que passou a deter o poder social.

Quando os teóricos desenvolveram teorias de raça e sua relação com identidade étnica, comportamento e capacidade, os teólogos cristãos desenvolveram simultaneamente um arcabouço teológico para interpretar essa perspectiva "iluminada". Embora não fosse claro quem estava liderando quem, havia uma indiscutível ligação entre a igreja e os teóricos da raça. Inegavelmente, quando deveria ter sido questionada a ideologia e a ciência por trás disso, a igreja colaborou com os teóricos da raça.

Esta foi também uma era em que o impulso missionário da igreja foi expressivo. Como o imperialismo europeu estava se implementando por meio de atos de colonização, a igreja compreendeu ser sua missão salvar de si mesmos os selvagens e pagãos convertendo-os ao cristianismo. Eles entendiam Javé como Deus de todos, até mesmo de selvagens e pagãos. Entretanto, eles também compreendiam que Deus havia dotado cada pessoa com uma "porção de divindade intelectual", e o homem branco havia recebido uma porção maior.

A partir da ideia básica da intenção de Deus para a humanidade, os colonialistas perceberam a obrigação moral de aceitar a ideologia do "fardo do homem branco" (Rudyard Kipling), de salvar os menos dotados, civilizando-os. Baseados nas teorias evolucionistas da época, os cientistas teorizaram que todas as pessoas estão evoluindo na mesma trilha. A diferença era que alguns grupos tinham evoluído mais que outros, e a raça branca era a mais evoluída de todas. Portanto, havia um imperativo moral para o homem branco: conquistar e governar as raças não brancas e ajudá-las a se tornarem tão brancas quanto possível, embora tendo a consciência de que lhes era impossível ser completamente brancas. Consequentemente, a conversão ao cristianismo não era apenas uma mudança de submissão das divindades locais para Javé, mas também envolvia despir-se da identidade étnica e substituí-la pela identidade étnica da raça branca cristã. Ainda hoje existem remanescentes desta crença e podem ser encontradas nas ideologias das nações em desenvolvimento ou do Terceiro Mundo, na difusão do estilo ocidental de democracia e até na defesa dos direitos humanos. O que define a ideologia do fardo do homem branco é o ponto de comparação que favorece os domínios da excelência ocidental e raramente considera os pontos fortes dos povos não ocidentais.

3. Definindo raça

Os seres humanos são conhecidos por classificar uns aos outros baseados em diferenças fenotípicas desde os tempos antigos. Desenhos deixados por habitantes da caverna ilustram seus encontros com outros grupos e retratam diferenças fenotípicas. Registros egípcios que remontam a 3000 a.C. representam tais diferenças. No século 1, os escritores romanos Plínio, o Velho, e Plínio, o Jovem, referiram-se aos africanos com pele negra. No século 13, durante as conquistas na Ásia ocidental, Gêngis Khan referiu-se aos nativos da terra como os "bárbaros brancos". Durante o mesmo tempo, Marco Polo viajou para a China, onde também observou as diferenças fenotípicas.

Todavia o termo *raça* foi introduzido na língua inglesa só em 1508. Originalmente cunhada como *racis*, a expressão foi utilizada por um poeta escocês para classificar vagamente as pessoas. Nos dois séculos seguintes, o uso do termo tornou-se generalizado quando o Iluminismo europeu, em combinação com a era europeia de exploração, levou muitos a admitir a hipótese de uma conexão direta entre a raça de uma pessoa e sua identidade étnica. A ligação mítica destes dois conceitos permanece hoje inconteste, embora os cientistas desacreditem tal noção.

É da natureza humana classificar a realidade usando conjuntos e categorias. A partir de tal divisão, a realidade é definida para fazer distinção entre o sagrado e o profano, o bom e o mau, o seguro e o inseguro, o parente e o estranho, o amigo e o inimigo. As categorias podem incluir tipos de árvores, cores, alimentos, abrigos, tipos de transporte e de pessoas. Embora tais conjuntos e categorias possam ser neutros, a definição e, assim, o valor a eles atribuídos raramente são neutros. Por exemplo, existem muitos tipos de flores, e elas podem ser classificadas de acordo com o tipo de aroma que exalam. Embora os tipos de aroma sejam neutros, a preferência que damos a um aroma específico está isento de neutralidade. O mesmo se pode dizer das raças.

Embora os vários tipos de raça sejam considerados conjuntos neutros, a preferência dada a uma raça sobre outra não é neutra nem natural. Diferentemente da preferência dada ao aroma de uma flor em comparação com o aroma de outra, a preferência racial dada a uma raça sobre outra é, em termos bíblicos, pecado, porque está baseada num conceito não existente. A preferência racial não é algo que nasce com a pessoa; é ensinada a partir do nascimento. Às vezes, isso é aprendido de modo formal, mas com muita frequência é ensinado de maneiras sutis e quase sempre pelo medo. Usando esse tipo de análise, o racismo pode ser definido como uma forma de etnocentrismo, já que a preferência é mais frequentemente dada para a nossa categoria e não à categoria do estrangeiro.

Antes de ser estabelecida uma clara definição de raça, primeiro devemos perguntar se existe raça. Os cientistas sociais têm tradicionalmente argumentado com firmeza em favor da existência de raça, embora isso esteja mudando. Usando uma dedução científica simples, argumenta-se: "Se raça é algo que eu consigo ver, então ela existe". É essa óbvia dedução que sistematicamente alimenta suposições raciais com relação a grupos e indivíduos. Se categorias raciais terminam com o mero reconhecimento de categorias, nenhum dano é feito. Infelizmente, é da natureza humana atribuir valores aos vários elementos dentro de um conjunto. Assim como as flores são classificadas de acordo com o perfume, e é estabelecida preferência para um aroma em relação a outro, assim é com a raça, porque é quase impossível categorizar e não aplicar valores aos vários elementos. Quase sempre o valor aplicado a uma raça em particular é construído com base em uma observação real. Por exemplo, pode-se observar uma pessoa de determinada raça praticar uma ação específica. Essa ação pode se repetir duas ou três vezes num período de tempo. Depois de um tempo, poderá estar arraigada a ideia de que todas as pessoas daquela raça em particular têm preferência pela mesma ação. Esse conhecimento é então repassado para os membros do grupo de alguém, criando, assim, um ambiente de confiança ou desconfiança da outra raça, baseado nas ações de poucos. É a associação de uma característica particular com determinada raça que cria o solo fértil para o racismo, já que não existe ligação entre a raça de uma pessoa e sua inteligência, criatividade, moralidade ou capacidade.

Embora a raça possa ser visualmente perceptível, a esmagadora maioria dos cientistas do campo da genética argumenta contra a existência de raça. Raça definida como frequência de genes ou semelhanças biológicas sugere que o ser humano é 98 por cento semelhante ao chimpanzé. Essa semelhança entre humanos e primatas é um forte indicador de que os elementos biológicos compartilhados entre todos os seres humanos tornam insignificantes quaisquer diferenças que possam existir. Portanto se a raça realmente existe, ela não passa de um produto da mente.

4. Cristianismo racista

Embora os cientistas e filósofos tenham dado origem à maior parte do discurso sobre raça, o desenvolvimento de uma visão de mundo racista não ocorreu num vácuo. O papel do cristianismo foi essencial para a formação dessa cosmovisão racista. Muitos têm argumentado corretamente que o racismo é o fenômeno da moderna civilização cristã, visto que em geral a maior parte dos racistas do mundo moderno também têm alegado ter uma identidade cristã. Infelizmente, a natureza infecciosa do racismo tem permeado também outros grupos religiosos, em especial como reação ao racismo branco.

A era do Iluminismo veio para os europeus durante o período de exploração que levou à colonização. Embora a colonização possa não ter sido a causa das grandes aventuras marítimas, a colonização de fato pagou pelos empreendimentos, e a escravidão tornou-se um meio de apoio às estruturas econômicas europeias. Tais viagens levaram os europeus a encontrar pessoas com características étnicas e raciais distintas. Isto era diferente dos encontros interétnicos que os europeus tinham com os vizinhos próximos, cuja percepção da variação racial era comparativamente muito pequena. Assim, a percepção das diferenças raciais abriu o caminho para filosofar, teorizar e teologizar sobre elas.

O impacto dessas aventuras intercontinentais na comunidade europeia foi triplo. Primeiro, histórias baseadas nas percepções eurocêntricas de terras distantes foram introduzidas na vida diária dos europeus, reforçando estereótipos depreciativos. Segundo, os habitantes dessas terras distantes foram trazidos na condição de escravos, o que os colocou num estado de impotência. E, terceiro, o estado "inferior" desses escravos ofereceu apoio visível e convincente para que os europeus pudessem (re) interpretar seu próprio papel como também o papel do não europeu no mundo. Tal reinterpretação dessa nova realidade para os cristãos começou com a Bíblia, e assim, necessariamente envolveu as estruturas eclesiásticas. Entretanto, é importante observar que somente a cor da pele não foi a principal justificativa para a escravidão. O escopo dos crescentes pressupostos e percepções relacionados às diferenças humanas era muito mais complexo. A natureza piedosa dos pressupostos dos cristãos europeus sobre os escravos logo equiparou a pele negra com a selvageria e o paganismo, embora preservassem seu papel assumido de emancipador dos selvagens e pagãos.

Já no século 17, a justificativa para a escravidão era questionada pela voz do movimento antiescravagista na Europa e uma nova justificativa para a escravidão era imperativa para que ela pudesse continuar livremente. Foi nessa conjuntura que a igreja interferiu com sua maior contribuição para a integração de raça com etnia. Foi durante o trabalho missionário de meados do século 16 que os espanhóis sancionaram a escravidão como meio válido para a conversão da alma. Era muito mais fácil, assim era o argumento, converter um pagão capturado do que aquele que permanecia em seu ambiente pecaminoso. A igreja via como seu papel ser libertadora de almas, enquanto o estado via ser seu papel a proteção da pátria. A natureza combinada de igreja e estado tornou muito eficiente o movimento em sua nova realidade; os escravos proviam o trabalho necessário para promover a viabilidade econômica do estado, enquanto as almas dos pagãos e selvagens recebiam uma suspensão temporária do seu ambiente destrutivo.

No século 18 observaram-se algumas das mudanças mais profundas na sociedade europeia. A Revolução Industrial mudou tanto os meios como o modo de trabalho. Estabeleceu-se a urbanização enquanto a agricultura perdeu espaço para as fábricas. E o pensamento iluminista abalou os pressupostos fundamentais sobre o divino. Antes do amanhecer do pensamento iluminista na Europa, uma interpretação cristã da realidade era suficiente para explicar os muitos mistérios do universo. Usando pressupostos científicos, o pensamento iluminista desafiou as teologias do divino, o que, por sua vez, começou a desintegrar a justificativa teológica para a escravidão. Isto colocou os pró--escravagistas numa posição muito difícil.

No entanto, por esse tempo a cosmovisão racista já havia lançado profundas raízes na mente do mundo ocidental. Com a classificação e a posição racial entendidas como norma, uma justificativa divina tornou-se menos importante. Além disso, com o crescente respeito aos dados empíricos, com o passar do tempo a justificativa científica substituiu perfeitamente a justificativa divina para o estado da condição humana. Todavia, as conclusões dos dados científicos repousavam simplesmente na antiga justificativa divina. Às vezes, a igreja entrava em cena para preencher lacunas deixadas pelos cientistas. Por exemplo, quando categorias raciais não se alinhavam com os dados reunidos, os sujeitos humanos imperfeitos eram considerados "seres humanos pecadores" e acusados pela inconsistência dos dados.

O final do século 19 e começo do século 20 testemunhou a criação de instituições baseadas em pressupostos racistas dos quais a eugenia ("genes bons") era o carro-chefe. Muitos seguiram as conclusões do movimento eugênico, cujas raízes remontavam a Platão, embora a ciência da época desse muito mais munição a esses grupos. O impacto pode ser encontrado em grupos como o partido nazista, a Ku Klux Klan e o movimento da Identidade Cristã que, por sua vez, deram origem a outros movimentos.

5. Uma visão geral da teologia racista

Grupos racistas, como o movimento da Identidade Cristã, Igreja Mundial do Criador e o movimento neonazista, todos usam a Bíblia como meio para justificar a superioridade da raça branca sobre outras raças. Eles começam com uma visão do Antigo Testamento em que Israel aparece na narrativa como uma linhagem escolhida por Deus para governar sobre todos os outros povos. Os inimigos de Israel no texto são interpretados como aqueles que devem ser colocados sob o poder da raça escolhida por Deus.

Sua teologia racista começa com uma teologia da criação centrada na brancura de Adão. O nome "Adão", eles argumentam, vem da palavra *adamah*, que se refere a terra vermelha, barro, pó, terra ou solo cultivado. Esta é diferente da palavra *adam* traduzida por homem, homens ou humanidade, e os cristãos racistas fazem essa diferenciação.

Eles assim defendem a ideia de que Adão recebeu esse nome de Deus devido à vermelhidão de suas bochechas, o que claramente o caracteriza como um homem branco.

Quanto às raças não brancas, argumenta-se que elas também são mencionadas na narrativa da criação, porém foram criadas junto com os animais do campo e, como estes, foram criadas sem alma (Gn 1.24, 25). Embora as raças não brancas sejam animais, elas são a mais alta ordem dos animais, criadas para servir à raça branca. Essa teologia racista acredita que a raça branca foi destacada para ser escolhida de Deus (Dt 7.6; 10.15; 1Pe 2.9) e, portanto, os que defendem essa posição acreditam ser chamados para uma vida de separação daqueles que participam da iniquidade do mundo (Jo 17.9, 15-16; Tg 4.4; 1Jo 2.15). Essa interpretação é então usada para justificar a segregação e outras formas de separação racial porque homens e animais não devem se misturar. Eles também argumentam que Deus criou visando a seu propósito e à sua glória, e a raça branca recebeu a ordem de governar e cuidar da criação de Deus.

Saindo da narrativa da criação, os cristãos racistas apontam para a última parte da narrativa de Noé (Gn 9.18-27). Depois do dilúvio geral, Cam, filho de Noé, desrespeita seu pai enquanto este se encontra embriagado. A Bíblia é clara que Noé se desagrada de seu filho Cam. Como consequência, reage com grave maldição contra Cam e seus descendentes, que são o povo cananeu. A maldição de Noé contra a tribo de Cam inclui sua submissão aos israelitas, que devem ter domínio sobre eles. Os estudiosos racistas usam a narrativa de Noé para sugerir que os descendentes de Cam são o povo africano. Sua tez mais escura é sinal da maldição que eles devem suportar pela transgressão de Cam. Por essa razão, os africanos também foram chamados camitas por seus conquistadores europeus.

Embora o núcleo da teologia racista repouse no Antigo Testamento, o Novo Testamento também é usado no que se refere à *eclesiologia. A crença racista diz que a eclesiologia começa com a filiação na verdadeira igreja do Messias onde os membros se reúnem por meio da eleição divina (Jo 6.44, 65; 15.16; At 2.39; 13.48; Rm 9.11; 11.7; 2Ts 2.13). Eles creem que Deus predestinou a raça branca e a elegeu para que os brancos cumprissem o papel que lhes cabe no propósito divino (Sl 139.16; Jr 1.5; Mt 25.34; Rm 8.28-30; Ef 1.4,5; 2Tm 1.9; Ap 13.8), e somente eles têm condições de ouvir a verdadeira voz de Deus (Jo 8.47; 10.26,27). Portanto, a única igreja verdadeira é a igreja branca.

Muitas teologias racistas têm também uma escatologia bíblica, que estuda o contexto fértil necessário para a volta de Cristo e o estabelecimento do seu reino na terra. Eles acreditam que o tempo entre a Queda no Éden e a volta de Cristo será marcado por tentativas dos não brancos de erradicar a raça branca por todos os meios possíveis. Esta batalha culminará no Armagedom (Ap 16.16), onde a raça branca será vitoriosa e o povo ariano será consolidado como raça escolhida de Deus.

O papel da teologia racista na formação da missão e da identidade da igreja deve ser questionado para que esta possa ter um futuro suprarracial. Positivamente, a criação de uma teologia de uma nova raça é exigida antes que a igreja possa abraçar uma identidade verdadeiramente cristocêntrica.

6. Uma teologia de etnia e raça

Uma teologia de etnia e raça começa com dois pressupostos críticos. Primeiro, a incapacidade da igreja de manter separado o conceito de raça do conceito de etnia tem levado a traduções inadequadas e inexatas de textos bíblicos fundamentais. Tais interpretações estão em nítido contraste com a narrativa bíblica, que é repleta de temas de identidade étnica construídos em torno de relacionamentos, embora a raça nunca seja mencionada. Qualquer conjectura de identidade racial deduzida de identidade étnica na narrativa bíblica vai além da intenção de seus escritores. Isso não deve representar nenhuma surpresa visto que raça como a conhecemos hoje é um fenômeno moderno.

O segundo marcador está relacionado a passagens registradas na Bíblia: o jardim do Éden e a nova Jerusalém. Embora a Bíblia comece no jardim, que é presumivelmente monoétnico, a intenção de Deus não é redimir o jardim. Ao contrário, a Bíblia termina na cidade de Deus, onde o ambiente não é mais monoétnico. Vemos uma grande multidão de pessoas de todas as tribos e nações reunidos para adorar o Cordeiro (Ap 7.9-12). A trajetória em direção a essa cidade de Deus remonta à promessa que ele fez a Abraão, segundo a qual ele seria pai de muitas nações (Gn 15.5; 22.17,18; 32.12; Rm 4.18; Hb 11.12). Essa passagem deixa claro que isso não ficaria limitado a um grupo, mas envolveria todos os filhos de Deus (Is 45.20-25; 66.19-24; Jr 23.3; Mq 4.2-5; Zc 8.22, 23; 14.16-19.

Um tema comum nas passagens do início e do fim da Bíblia é o desejo de Deus em relação à diversidade entre suas criaturas. Isto é encontrado tanto antes da entrada do pecado no mundo como depois do estabelecimento da nova Jerusalém, quando o pecado é finalmente eliminado. A criação de Deus nos dois primeiros capítulos de Gênesis retrata um mundo de vibrante complexidade, a criação de Deus existindo em interdependência. Essa complexidade é encontrada na criação de Deus da flora e da fauna, na composição geológica da terra, do cosmo e dos seres humanos. Deus abençoa sua criação e a considera boa. No final da Bíblia encontramos outra narrativa poética descrevendo a nova Jerusalém, onde encontramos diante do trono de Deus os que foram criados à sua imagem vindos de todas as partes da terra.

Em nenhum ponto desses textos encontramos Deus transformando a criação colorida em uma só, removendo a paleta de sua criação — a diversidade permanece integral e intencional para a criação e o prazer de Deus. A beleza dessa diversidade permanece conosco e permanecerá na nova Jerusalém. Relacionamentos desfigurados impedem que a completa beleza de grupos étnicos avance. Em vez do foco na unidade de todos os que Deus criou, o pecado mudou nosso foco, dirigindo-o para a ideia de multiplicidade, na qual grupos humanos vivem separados uns dos outros, ou até mesmo pior, para a ideia de uniformidade, segundo a qual todos os seres humanos precisam ser os mesmos. A ideia de multiplicidade afasta o foco de Deus; a ideia de unidade afirma a beleza da diversidade ao colocar o foco de todos em Deus, o único que une.

A narrativa bíblica retrata Cristo como o centro em torno de quem todos os relacionamentos são restaurados — relacionamentos entre Deus e os seres humanos e relacionamentos entre os seres humanos. Uma teologia de etnia e raça deve concentrar-se no papel dos relacionamentos como Cristo ensinou, para que haja a possibilidade da cura do racismo. Tal noção de relacionamento convoca os cristãos a se darem conta de uma nova identidade situada junto a Cristo e distante do pecado — unidade em vez de igualdade ou multiplicidade.

Cristo estava presente no começo do tempo quando todas as coisas foram criadas (Jo 1.1-5, 10; 17.5) e toda a humanidade foi criada à imagem de Deus (Gn 1.26; Is 64.8; Ml 2.10; At 17.26). Embora exista diversidade entre os seres humanos, existe apenas uma raça, e a diversidade encontrada na humanidade é reflexo daquela encontrada no resto da criação que, em última análise, fala da diversidade encontrada em Deus na figura da Trindade. No entanto, ao contrário do resto da criação, os seres humanos têm um lugar especial na ordem criada por Deus, visto serem os únicos criados à sua imagem, o que lhes dá o mesmo valor intrínseco. Assim como os pais conseguem amar igualmente os filhos, embora de formas distintas, assim é com Deus. Ele não tem mais amor por um grupo étnico, mas se relaciona com cada um adequadamente (Gl 3.28).

A redenção de Cristo na cruz foi para toda a humanidade porque todos pecaram, rompendo, assim, nosso relacionamento com Deus e o próximo (Jo 17.20-23; Rm 3.22, 23). Visto que todos foram redimidos por meio de Cristo, somos convocados a participar do ministério de reconciliação de Deus, o que coloca na frente e no centro essa tarefa humanamente ilógica (2Co 5.16-21). É ela que derruba a parede construída com enclaves étnicos e mitos raciais (Ef 2.14; 1Pe 2.9, 10) embora reconhecendo a intenção amorosa de Deus em relação à diversidade humana.

O racismo se infiltrou na sociedade humana e continua arruinando o que Deus pretendia. Os cristãos trazem uma esperança única para relacionamentos rompidos através de uma nova identidade que coloca a ênfase na comunhão de todos por meio de Cristo ao afirmar as diferenças dadas por Deus que permanecerão entre nós. As algemas de nossas tradições não devem nos impedir de abraçar essa identidade, pois, uma vez aceita, vamos de fato começar a reconhecer uns nos outros a identidade que Deus nos deu.

Veja também APARTHEID; DIREITOS HUMANOS; ÉTICA SOCIAL; HIBRIDISMO; SEXISMO; TEOLOGIA NEGRA.

BIBLIOGRAFIA. BULMER, M. e SOLOMOS, J., *Ethnic and Racial Studies Today* (New York: Routledge, 1999); DE GRUCHY, J. W. e VILLA-VICENCIO, C., *Apartheid Is a Heresy* (Grand Rapids: Eerdmans, 1983); EZE, E. C., *Race and the Enlightenment: A Reader* (Cambridge: Blackwell, 1997); idem, *Achieving Our Humanity: The Idea of a Post-racial Future* (New York: Routledge, 2001); GOLDBERG, D. T., *Racist Culture: Philosophy and the Politics of Meaning* (Cambridge: Blackwell, 1993); HOPKINS, D. N., *Introducing Black Theology of Liberation* (Maryknoll: Orbis, 1999); KELSEY, G. D., *Racism and the Christian Understanding of Man* (New York: Scribner, 1965); MARGER, M., *Race and Ethnic Relations: American and Global Perspectives* (Belmont: Thomson Wadsworth, 2005); MATSUOKA, F., *The Color of Faith: Building Community in a Multiracial Society* (Cleveland: United Church Press, 1998); MONTAGU, A., *Man's Most Dangerous Myth: The Fallacy of Race* (Walnut Creek: AltaMira Press, 1997); TUTU, D., *No Future Without Forgiveness* (New York: Doubleday, 1999).

J. A. Manickam

RADFORD RUETHER, ROSEMARY. Veja CRISTOLOGIA.

RAHNER, KARL. Veja TEOLOGIA DAS RELIGIÕES; TRINDADE, DEUS TRINO.

RAMABAI, PANDITA. Veja HINDUÍSMO.

REBATISMO. Veja BATISMO NA ÁGUA.

RECONCILIAÇÃO. Veja PAZ E RECONCILIAÇÃO; SALVAÇÃO.

REDENÇÃO. Veja SALVAÇÃO.

REENCARNAÇÃO
Reencarnação ("voltar na carne") é a doutrina de que a alma ou o espírito passa por uma (frequentemente longa) sequência de vidas e mortes antes de conseguir a *salvação.

1. História
2. Significado
3. Avaliação

1. História
Evidências literárias indicam que essa doutrina foi primeiro desenvolvida nas *tradições religiosas hindu na Índia entre 1500 e 800 a.C. Os Upanhishades, parte das Escrituras védicas hindus, descrevem a passagem da alma por um ciclo de vida e morte (samsara). A doutrina posteriormente encontrou aceitação em todas as tradições ortodoxas hindus — monista, pluralista, teísta e panteísta — e também em novas religiões que delas emergiram, como o *budismo, jainismo e o siquismo.

A filosofia grega e as religiões de *mistério foram responsáveis por introduzir no pensamento ocidental a doutrina da transmigração da alma. A Sociedade Teosófica, médiuns modernos, vários gurus orientais e seus movimentos, como o de Meditação Transcendental e a Sociedade Internacional para a Consciência de Krishna, e o movimento contemporâneo Nova Era ajudaram essa doutrina a permear a mente ocidental. No entendimento ocidental, a reencarnação é limitada somente à forma humana, ao passo que todas as formas de vida são objetos legítimos de reencarnação nos sistemas orientais.

2. Significado
O hinduísmo ensina que a alma imortal do indivíduo (atman), devido à força de maya (ilusão/ignorância), é capturada no samsara. A doutrina está entrelaçada com a doutrina do carma ("ação"). Esta é a lei da retribuição, de causa e efeito: cada alma deve suportar as consequências de suas ações, boas ou más. Colhe-se o que se semeia. A vida presente é fruto das ações de uma pessoa na vida anterior, e as ações presentes determinarão seu futuro. Pode-se subir e descer na escada da vida. Essa lei, inalterada até mesmo pelos deuses, prevê uma longa sequência de nascimentos e mortes para que todas as recompensas ou punições sejam recebidas. As boas ações resultarão numa vida boa, e as más ações, numa vida de sofrimento. A salvação (moksha) — quer pela fusão do atman com a Alma Suprema (Paramatman) como no sistema monista, quer alcançando-se a presença

do Deus Supremo como nos sistemas pluralistas — é o livramento definitivo do ciclo miserável de dor, sofrimento e tristeza.

3. Avaliação

Os defensores da reencarnação sustentam que ela satisfaz plena e imparcialmente as exigências da justiça, explica as diversidades e desigualdades da vida, coloca a responsabilidade moral sobre cada pessoa, ajuda todos a aceitarem sua vida presente e torna cada um responsável por seu próprio destino. Os críticos a combatem por criar um espírito de fatalismo e resignação, e por minar um espírito de insatisfação construtiva necessário para mudança e progresso. A vida torna-se um mal necessário a ser sofrido. Não oferece uma solução plausível para o *sofrimento. Pior ainda, ela pode justificar todos os eventos, incluindo a opressão, o genocídio e o holocausto — porque as vítimas o mereceram! Não há espaço para a gratidão — você é o que é somente por sua causa. A reencarnação também não inspira compaixão — não se deve desafiar a lei do carma, nem pode ela ser alterada por alguém; caridade é essencialmente autosserviço.

Os ensinos cristãos de *amor, compaixão, serviço, graça, *expiação, perdão, morte única, ressurreição *corporal e julgamento estão em conflito com o ensino do carma e da a reencarnação. As tentativas para provar a reencarnação sob o ponto de vista bíblico, usando-se o episódio de Elias/João Batista (Mt 11.11-14), não passam de uma hermenêutica de baixa qualidade e não podem ser justificadas.

Veja também ANTROPOLOGIA TEOLÓGICA; BUDISMO; HINDUÍSMO; RESSURREIÇÃO.

BIBLIOGRAFIA. ALBRECHT, M., *Reincarnation: A Christian Appraisal* (Downers Grove: Inter-Varsity Press, 1982); DE SILVA, L., *Reincarnation in Buddhist and Christian Thought* (Colombo, Sri Lanka: Christian Literature Society of Ceylon, 1968); ENROTH, R. M., "Reincarnation", *Evangelical Dictionary of Theology*, Elwell, W. A., org. (Grand Rapids: Baker, 1994) 926 [edição em português: *Enciclopédia Histórico-Teológica da Igreja Cristã* (São Paulo: Vida Nova, 1994)]; GEISLER, N. L., "Reincarnation", *Baker Encyclopedia of Christian Apologetics* (Grand Rapids: Baker, 1999) 639-44; NARAYANA PRASAD, M., *Karma and Reincarnation: The Vedantic Perspective* (New Delhi: D. K. Printworld, 2006); RADHAKRISHNAN, S., *The Hindu View of Life* (New Delhi: Indus, 1993); SEN, K. M., *Hinduism* (Harmondsworth: Penguin Books, 1970).

C. V. Mathew

REFORMA

Cerca de quinze anos depois publicar as 95 Teses, Martinho Lutero poderia olhar para trás sobre o curso da Reforma Protestante e atribuir seu sucesso unicamente à recuperação da doutrina da *justificação pela fé somente: "Wycliffe e Hus lutaram somente contra a vida [moral] do papa, mas não puderam ter sucesso por serem pecadores assim como os papistas. Eu, entretanto, ataquei a doutrina deles e lhes desferi um golpe, porque [a reforma] não depende da vida da pessoa, mas de sua doutrina" (WATr 1:439 §880). Embora Lutero e sua doutrina tenham sido importantes, seu protesto precipitou a difusão de reformas e a oposição devido a outros fatores que tornaram o cristianismo europeu maduro para mudanças. E os efeitos da Reforma se estenderam bem além das questões doutrinárias — ainda que tais efeitos continuem a ser sentidos e negociados hoje dentro da cristandade.

1. Causas
2. Efeitos
3. Historiografia
4. Legado

1. Causas

O protesto inicial de Lutero foi deflagrado por sua fúria contra a prática medieval de garantir indulgências (cancelando o tempo do cristão no purgatório) em troca de doações de dinheiro à Igreja Católica Romana — prática para a qual ele não encontrou justificativa bíblica nem moral. Mas a teologia e a prática das indulgências são apenas uma das muitas questões que pode resumir o mal-estar de apatia, incerteza e liderança fracassada que tomava conta da Igreja Católica Romana havia mais de um século. O Cisma Ocidental de 1378-1417, com seus argumentos rancorosos e conflitos armados entre papas e antipapas, havia minado a confiança na autoridade da igreja. Houve mais erosão provocada por debates não resolvidos entre curialistas e conciliaristas que discutiam se o papa detinha autoridade suprema sobre a igreja (veja Papado) ou, ao contrário, se essa autoridade estava num *concilio ecumênico. Questões morais entre o clero — sinalizados pelas referências de Lutero à "vida do papa" — incluíam o concubinato generalizado, a simonia e a ociosidade entre os sacerdotes. Preocupações diferentes fervilhavam dentro desse contexto, causadas não somente por sentimentos apocalípticos perenes, porém mais especificamente pelo avanço dos exércitos do Islã que haviam tomado Constantinopla em 1453 e acabariam, por meio dos turcos otomanos, sitiando Viena em 1529. Em tal contexto, o cinismo e a apatia eram reações compreensíveis por parte dos cristãos, fossem cultos ou analfabetos, e a véspera da Reforma viu tais sentimentos receberem expressão clássica em *Elogio da Loucura*, uma sátira sobre a igreja, de autoria de Desidério Erasmo em 1509.

Entretanto, o período foi também testemunha de vários fatores de renovação, incluindo a propagação dos Irmãos da Vida Comum, de mente renovada, cuja espiritualidade e compromisso com serviço e educação exerceram influência sobre figuras importantes da época, como Erasmo e Rudolf Agrícola. O fim do século 15 viu também o nascimento da imprensa, que forneceu uma saída natural para as produções do movimento humanista. O humanismo da Renascença foi marcado por um intenso interesse pela antiguidade clássica e pelos pais da igreja (*veja* Teologia Patrística), bem como o desejo de recuperar um conhecimento prático das línguas antigas e fontes bíblicas. Talvez o produto mais influente do humanismo tenha sido o texto crítico, de Erasmo, do Novo Testamento grego, de 1516, obra que expunha os muitos erros da Vulgata Latina e, desse modo, minava ainda mais a autoridade da Igreja Católica Romana. Mas a imprensa não serviu apenas aos eruditos: panfletos no vernáculo davam voz aos sentimentos e à insatisfação dos leigos e das classes inferiores. Assim, por mais que Lutero e seus colegas protestantes devam receber o crédito por se valerem do momento, este em si não foi produzido por eles.

2. Efeitos

A intenção declarada de reformadores como Lutero e Calvino não era fomentar o cisma, mas, ao contrário, como a palavra Reforma sugere, reformar a igreja cristã de acordo com linhas estipuladas não por tradições humanas, e sim, por Cristo e seus apóstolos — em outras palavras, "somente pelas Escrituras". No entanto, a substituição da autoridade papal e eclesiástica pelas Escrituras resultou, de fato, em divisões entre o catolicismo romano e vários movimentos reformistas, incluindo *luteranos, reformados (um agrupamento geral de herdeiros de Zuínglio, Bucer e Calvino), *anabatistas e diversos reformadores radicais e, mais tarde, os reformadores ingleses. Esses movimentos compartilharam objetivos que se sobrepunham, sem serem idênticos, e seus efeitos foram múltiplos e diversificados.

Em todos os casos, as mudanças foram mais que doutrinárias. A "nova" teologia dos reformadores teve profundas consequências sociais. O foco na autoridade suprema das Escrituras trouxe em sua esteira uma renovação da pregação e a busca da alfabetização universal e do ensino aos leigos. A liturgia no vernáculo e as traduções da Bíblia tiveram um efeito democratizante com relação à leitura e interpretação da Bíblia. Por um lado, o protestantismo fez com que cristãos leigos tivessem expectativas mais elevadas com relação a seu conhecimento da doutrina e à prática da moral cristã. Por outro lado, os cristãos leigos sentiam-se muitas vezes autorizados por sua própria leitura da Bíblia a interpretar sozinhos as questões e, assim, desafiar as autoridades religiosas locais, fossem protestantes ou católicas. A Reforma também afetou negativamente o celibato do clero e os votos da vida monástica, elevando o casamento em seu lugar — ainda que a autoridade sobre a instituição do casamento, agora dessacramentalizado, estivesse em grande parte sendo retirada da igreja e entregue ao estado para que por ele fosse regulamentado, incluindo questões como divórcio e dissolução.

Numa escala social mais ampla, a Reforma teve também efeitos secundários sobre as artes, sobre a economia e sobre a teoria política. Alguns segmentos da teologia protestante eram decididamente iconoclastas e aparentemente hostis à representação pictórica em contextos religiosos, mas praticamente todas as partes da Reforma abraçaram o papel da *música como veículo para a *adoração, a catequese e a evangelização. A doutrina de Lutero acerca da vocação e suas homólogas entre outros protestantes concederam uma dignidade sem precedentes às tarefas do dia a dia no lar e no local de trabalho. Politicamente, a teologia da Reforma refletiu-se intensamente no significado de passagens como Romanos 13, que enfatiza a submissão às autoridades políticas, vindo a dar uma nova compreensão do estado que acabou se afastando da ideia do direito divino dos governantes em direção a um entendimento contratual ou pactual de autoridade política — o que também permitiu, em alguns casos, o direito de resistência ativa à tirania. Essas mudanças deliberadas, é claro, trouxeram consequências não intencionais: guerras religiosas, perseguição e martírio, e uma redefinição do mapa, não só da Europa, mas também da Ásia, África e do Novo Mundo, que foram colonizados por missionários altamente partidários, católicos e protestantes.

3. Historiografia

Os relatos da Reforma sempre foram tão propensos a partidarismo e distorção quanto os de qualquer outra época histórica. Não é de surpreender que os historiadores católicos romanos tradicionalmente contavam histórias sobre as heresias e o cisma protestantes, enquanto estes vilipendiavam a apostasia e a idolatria católica romana. A tendência em todos os lados era de polarizar questões sem meio termo. No centro do palco estavam as estrelas da Reforma — Lutero, Calvino, Zuínglio — e o próprio palco estava restrito à Europa central e ocidental: Alemanha, Suíça, França e os Países Baixos. Quase sempre relegados a segundo plano estavam os "quietos na terra", os anabatistas e os menonitas, que de todos os lados enfrentavam mais perseguição que os outros, e as mulheres, que raramente eram mencionadas, exceto de passagem.

Nos últimos tempos, os historiadores, ao tratar da era da Reforma, começaram a corrigir essas falhas. Os reformadores radicais (veja Reforma Radical), o andamento da Reforma na Europa oriental, o papel da mulher, os leigos, os trabalhadores rurais — personagens antes marginalizadas voltaram ao centro das atenções. Assim também a reação católica à Reforma, muitas vezes chamada pejorativamente de *Contrarreforma (que, para ser justo, às vezes foi), mas agora também reconhecida como a reforma da Igreja Católica Romana. Com respeito às mulheres da época da Reforma, alguns historiadores indagaram apropriadamente se houve, de fato, uma reforma para as mulheres, ou em que sentido ela afetou a vida das mulheres, sua fé e costumes. A partir do final da década de 1990 e início da década de 2000, começou a diminuir a tendência de usar o termo Reforma, como se ele tratasse de um fenômeno unificado com objetivos comuns a todos. Livros importantes e recentes, ao contrário, falam com atenção de localidade e pluralidade, citando "Reformas da Europa" ou "as Reformas europeias". No entanto, reconhecer a pluriformidade da Reforma não afeta, de nenhum modo, o reconhecimento de que esses objetivos distintos representaram a percepção comum de que a igreja e a sociedade estavam falidas e de que algo tinha de ser feito para corrigi-las.

4. Legado

Como foi observado, enquanto a intenção dos reformadores era reformar a igreja, não criar novas denominações, o efeito imediato de tantas Reformas foi produzir exatamente muitas versões do cristianismo na Europa e exportá-las para a Ásia, África e o Novo Mundo. Para a maior parte, cada versão considerava seu estilo como ortodoxo e absoluto, repudiando a heterodoxia dos outros. No entanto, o século 16 viu também muitos precursores da discussão ecumênica moderna, e em algumas ocasiões foram alcançados acordos entre os grupos que competiam entre si. Em maior medida, no entanto, esses sínodos e colóquios não renderam muito compromisso ou tolerância mútua. Embora tenham existido avanços no século 19 e início do século 20 no que tange ao estabelecimento da paz entre os herdeiros da Reforma, o divisor de águas foi, sem dúvida, o Segundo Concílio Vaticano (1962-1965), que estendeu o ramo de oliveira do catolicismo romano aos protestantes, que então passaram a ser chamados não de hereges e apóstatas, mas de "irmãos separados".

Discussões ecumênicas entre católicos

romanos e vários grupos protestantes continuaram desde então, com diferentes níveis de compreensão obtidos entre católicos romanos e muitas denominações herdeiras da Reforma protestante. A Declaração Conjunta sobre a Doutrina da Justificação da Federação Luterana Mundial e da Igreja Católica Romana, foi certamente um momento sinalizador — embora não sem gerar dissensões e dúvidas sobre a existência de tal área comum na doutrina da *justificação. Entre a multiplicidade de denominações e grupos protestantes, ainda existem aqueles que defendem um anticatolicismo doutrinário, mas muitos protestantes argumentam terem iniciado um relaxamento nas relações e uma nova abertura para uma causa comum com os católicos romanos fiéis. Mesmo entre os protestantes evangélicos, alguns já podem indagar se a Reforma terminou, isto é, se a postura de antagonismo dos protestantes contra os católicos romanos, e vice-versa, está caminhando para o final. Essa conclusão é provavelmente prematura. A Reforma não apenas repensou e reformou a teologia e as práticas cristãs, mas conferiu diversas e duradouras formas para elementos como a missão cristã, as traduções da Bíblia, para os planos e as fronteiras eclesiásticas em todo o mundo. Essas consequências da Reforma, que ainda florescem cinco séculos depois de Martinho Lutero, certamente continuarão a alimentar a controvérsia e os diálogos sobre o evangelho de Jesus Cristo e sobre a identidade da igreja que leva sua mensagem de salvação.

Veja também CONTRARREFORMA; JUSTIFICAÇÃO; REFORMA RADICAL; TEOLOGIA EUROPEIA; TEOLOGIA LUTERANA; TEOLOGIA REFORMADA.

BIBLIOGRAFIA. HENDRIX, S. H., *Recultivating the Vineyard: The Reformation Agendas of Christianization* (Louisville: Westminster John Knox, 2004); LEHMANN, K. e PANNENBERG, W., orgs., *The Condemnations of the Reformation Era: Do They Still Divide?* (Minneapolis: Fortress, 1990); LINDBERG, C., *The European Reformations* (Oxford: Blackwell, 1996); MCNEILL, J. T., *Unitive Protestantism: The Ecumenical Spirit and Its Persistent Expression* (Richmond: John Knox, 1964); NOLL, M. A. e NYSTROM, C., *Is the Reformation Over? An Evangelical Assessment of Contemporary Roman Catholicism* (Grand Rapids: Baker Academic, 2005); TRACY, J. D., *Europe's Reformations*, 1450-1650 (Lanham: Rowman & Littlefield, 1999).

J. L. Thompson

REFORMA CATÓLICA. *Veja* CONTRARREFORMA.

REFORMA RADICAL

A denominada Reforma Radical do século 16 tem obtido reconhecimento na historiografia religiosa moderna como um movimento relacionado à Reforma protestante magisterial, embora diferente dela, porém também arraigada ao catolicismo medieval. Por causa disso, o historiador G. H. Williams referiu-se à Reforma Radical da Europa do século 16 como a "confluência do novo [protestantismo] com o antigo [catolicismo medieval]" (Williams, xxxvii).

Em todo caso, cronologicamente esse período cheio de mudanças, com suas convulsões sociais e transformações religiosas, se estende de 1516 a 1580. Usamos como data inicial o ano em que Erasmo de Roterdã publicou o texto grego do Novo Testamento, e a data final está sincronizada com o início de uma maior tolerância religiosa na Europa.

A palavra *radical* pode referir-se a extremos que ocorreram neste movimento com tantas mudanças. Não obstante, hoje é reconhecido que o adjetivo, quando aplicado aos restauracionistas sociorreligiosos do século 16, refere-se à tentativa de retornar às raízes encontradas em Jesus Cristo e no cristianismo primitivo do Novo Testamento. Os radicais não estavam satisfeitos com meras reformas da igreja. É por isso que muitos desses grupos não se viam como reformadores no sentido daqueles do protestantismo, porém como restauracionistas ou restituidores da igreja.

1. Confluências católicas e protestantes
2. Unidade na diversidade e movimentos principais
3. Ênfases teológicas radicais
4. Conclusão

1. Confluências católicas e protestantes

A Reforma Radical tem características próprias que têm levado vários autores a considerá-la como uma renovação da espiritualidade popular ou evangélica do catolicismo medieval (veja Teologia Medieval).

Entre outras coisas, eles mencionam estas: as raízes da igreja são situadas no Pentecostes e não na criação ou no patriarca Abraão; a importância limitada que concedem à queda de Adão e consequentemente ao pecado original, a resistência em equiparar o batismo infantil à circuncisão; a afirmação da liberdade humana em cooperação com a graça divina; e sua fé missionária.

No entanto, a Reforma Radical também tem pontos de semelhança com o novo protestantismo que estava surgindo principalmente na Alemanha, Suíça e Holanda. Em particular, pode-se mencionar sua rejeição do papado, da autoridade hermenêutica do papa e da sucessão apostólica; sua confirmação do casamento de pastores, sua redução dos sacramentos tradicionais — ordenanças — para dois; sua ênfase nos princípios da liberdade; e o apoio ao sacerdócio de todos os crentes. Uma vez que reconhecemos os laços do "antigo e do novo", precisamos identificar aspectos particulares, tanto na prática como na doutrina, que distanciaram esses radicais tanto dos católicos como dos protestantes. Foi precisamente devido a esses aspectos distintivos que milhares de pessoas pagaram com a vida — às vezes nas mãos de outros protestantes — por meio de tortura ou exílio, por estarem ligadas aos grupos radicais.

2. Unidade na diversidade e movimentos principais

A Reforma Radical foi também caracterizada por uma grande diversidade e efervescência de posições, doutrinas e práticas que explodiram em diferentes direções e até chegaram a contradições. Esta diversidade paradoxal tornou difícil sua compreensão sinótica e tem levado historiadores e estudiosos do pensamento cristão a desmerecer a relevância do pensamento radical do século 16.

Em certo sentido essa diversidade paradoxal é verdade na Reforma Radical. Havia um pouco de tudo na Reforma Radical. Para um leitor cristão moderno, as tendências, doutrinas teológicas e práticas fanáticas daquele radicalismo pareceriam chocantes. Ou poderiam ser bastante pertinentes para certas dimensões da vida eclesiástica e moderna. Tudo depende dos interesses e dos pontos de partida na interpretação.

Na Reforma Radical alguns grupos ou teólogos rejeitaram ensinos centrais como a divindade de Cristo e a Trindade. Outros tiveram dúvidas sobre as doutrinas da redenção, da graça, dos sacramentos e da imortalidade da alma. Outros foram rebatizados, reordenados ou chamados à poligamia ou ao novo casamento, achando que estavam vivendo em tempos escatológicos. Para outros ainda, bastava uma fé interior em Deus como doutrina central, sem formas externas visíveis. Isso os levou a ver os judeus, muçulmanos ou aqueles "da África negra... e das Américas" como irmãos e irmãs (Williams, 922). No outro extremo estavam aqueles que se viam como exclusivos e eleitos como os únicos e autênticos filhos de Deus: exaltados, iconoclastas, pré-anarquistas e comunistas, místicos e mártires, teólogos e filósofos especulativos de grande formação intelectual, trabalhadores rurais analfabetos ou artesãos missionários, mulheres e leigos que assumiram a liderança dos exilados e, por fidelidade e vontade própria, seguiram para o martírio pelo fogo, afogamento ou guilhotina, gratos pela prontidão com que veriam seu único Senhor.

Apesar desta grande variedade de fontes, práticas e pensamentos, existem temas abrangentes ou características comuns que fazem da Reforma Radical um movimento mais ou menos unido. Geralmente pode-se dizer que sua unidade consistia na característica "ruptura radical com instituições e teologias nas iniciativas interligadas para restaurar o cristianismo primitivo e preparar para a chegada iminente do Reino de Cristo" (Williams, 941).

Existem três tendências principais reconhecidas na Reforma Radical: anabatismo, espiritualismo e racionalismo evangélico. Claro, essas tendências fizeram parte de uma ampla comoção que abalou e mudou o *corpus christianum* medieval. Em meio a esses movimentos surgiram grupos que concordaram e se relacionaram entre si tanto nas práticas como nas doutrinas.

2.1. Anabatismo. O anabatismo é o movimento radical mais conhecido e estudado. Naquele período a palavra *anabatista* definia não apenas *heresia, mas também rebelião. No entanto, hoje muitas denominações cristãs encontram suas raízes neste movimento diferente, complexo e polêmico do século

16. Embora existam alguns antecedentes do rebatismo no século 15, reconhece-se que — tomando como identificação formal a prática do *batismo — a primeira comunidade anabatista surgiu na Suíça em 21 de janeiro de 1525. Um grupo de "radicais zuinglianos" — discípulos e colegas do reformador suíço que estavam desiludidos devido à demora de Zuínglio para colocar em prática a reforma — encorajaram a recusa do batismo infantil e participaram do rebatismo mútuo baseados em suas convicções evangélicas. O movimento se expandiu rapidamente, visto que já existiam anabatistas na Suíça e no sul da Alemanha em 1523. Cristãos inconformados começaram a se chamar de "irmãos ou irmãs em Cristo" ou simplesmente "cristãos", rejeitando qualquer argumento que não estivesse baseado nas Escrituras. Ao mesmo tempo, a revolta dos camponeses na Alemanha luterana criou um ambiente favorável para a propagação do movimento anabatista que havia nascido, instilado com um espírito missionário e escatológico (*veja* Teologia Anabatista).

Estudos modernos identificaram esquematicamente dentro do anabatismo três tipos de anabatistas que, embora unidos em sua rejeição do batismo infantil, no entanto mantinham doutrinas, práticas e traços característicos originárias de várias influências teológicas e até mesmo a disposição psicológica de seus líderes. Os *anabatistas evangélicos eclesiásticos* eram pacifistas e tinham espírito missionário. Eles foram fundadores de comunidades como os "irmãos suíços ou grebelitas", seguidores de Conrad Grebel (Suíça); os menonitas, seguidores de Menno Simons (Holanda e Alemanha); e as comunidades huteritas, seguidores de Jacob Hutter (Boêmia e Morávia). Os *anabatistas messiânicos e escatológicos*, possuídos de um zelo apocalíptico, usavam a força para apressar a vinda do Messias. Entre esses estavam os seguidores de Melchior Hoffmann e os participantes da tragédia da cidade de Münster (Alemanha). Os *anabatistas espirituais* acentuaram as tendências místicas. Como resultado, acabaram tratando com desprezo, em maior ou menor grau, as formas externas das ordenanças, incluindo o batismo. É por isso que eles são identificados e até confundidos com os adeptos do espiritualismo evangélico do sul da Alemanha (Hans Denck, Adam Pastor, Gaspar Schwenckfeld).

2.2. Espiritualismo radical. Esta tendência foi sucessora dos místicos antes da Reforma. Estes reformadores radicais enfatizaram a independência das formas visíveis, dos rituais, do clero e até mesmo das Escrituras. Por isso, o movimento foi muito difuso e dependeu grandemente de talentos individuais. No entanto, as características comuns de todos os espiritualistas eram a insistência no contato imediato com o divino (Cristo interior, luz divina, a Palavra interior ou simplesmente o Espírito) e na graça acima da lei. O espiritualismo tinha também tendências particulares. O *espiritualismo evangélico ou conventicular*, apesar de suas reuniões, não considerava importantes as ordenanças e as tradições (Gaspar Schwenckfeld, Sebastian Franck). *Espiritualistas revolucionários*, aqueles a quem Martinho Lutero chamou de *Schwärmer* (entusiastas), buscavam uma ordem social e divina através de meios violentos (na Alemanha, socialismo místico, Thomas Müntzer).

2.3. Racionalismo evangélico. Este grupo favoreceu uma atitude mais racional para o espectro religioso e seguiu uma piedade mais individualista e ética. Eles são herdeiros do humanista Erasmo de Roterdã e em geral simpatizavam com os anabatistas (no pacifismo) e com o espiritualistas (no misticismo).

3. Ênfases teológicas radicais

A grande diversidade de fontes, pensamento e práticas não podem ser minimizada ao se identificarem ênfases teológicas comuns entre os reformadores radicais. Vamos nos limitar às ênfases mais comuns, as que foram mantidas socialmente além de indivíduos específicos e que as distanciam da teologia da Reforma magisterial protestante.

Em primeiro lugar está a *rejeição do batismo infantil e a adoção do batismo adulto* (rebatismo), com base na resposta à Palavra divina, na obediência a Jesus, nas convicções e no compromisso com missões, além de uma participação disciplinada dentro da comunidade de crentes.

Separação entre igreja e estado é outra ênfase básica e, portanto, houve rejeição do poder político a serviço da igreja. A Reforma Radical se tornou o berço de princípios libertários e democráticos que a modernidade acabou aprofundando. Na essência, eles insistiram na liberdade da igreja diante do estado, mas também do estado diante da igreja. O estado não tinha direito ou responsabilidade em relação à Reforma, exceto por permitir liberdade de consciência para a expressão da fé. O governo, também, não deveria ser um instrumento de interesses eclesiásticos.

A Reforma Radical atinha-se a uma *concepção particular de uma igreja comunitária e visível*, caracterizada por uma adesão voluntária de adultos, pelas práticas econômicas de ajuda mútua e pelo governo local. Nessas pequenas comunidades sem apoio oficial, eles exerciam formas de disciplina fraterna que buscava ajudar o discipulado e a salvação mútua.

O compromisso com o pacifismo e com um testemunho sofredor também distinguiu esses reformadores, que enfrentaram uma sociedade violenta que não tolerava neutralidade. O uso da palavra "espada", isto é, o uso da força, era característica do cristianismo, tanto católico como protestante. No entanto, a maioria dos reformadores radicais viam em Jesus Cristo uma forma testemunhal de resistência paciente e não coercitiva.

Um impulso missionário, ecumênico e universal foi outra característica radical que brotou da não dependência ou não lealdade ao governo. A disposição evangélica, também amplamente ecumênica, fez dos reformadores radicais autênticos missionários do século 16.

Finalmente, *uma hermenêutica bíblica radical, aberta e fraterna* distinguiu a Reforma Radical tanto do catolicismo hierárquico como do protestantismo magisterial. Foi uma hermenêutica radical porque retornou às origens em Jesus Cristo e no Novo Testamento mais que no Antigo Testamento ou em qualquer tradição. Foi aberta porque eles compreenderam que a Reforma e a revelação não haviam terminado. Foi fraterna porque concedeu à congregação toda autoridade para interpretar e nela constituiu o melhor fórum para discernimento da mensagem bíblica.

4. Conclusão

O cristianismo contemporâneo está encontrando cada vez mais seus ancestrais entre os nomes deste movimento grandioso, diferente e complexo que abalou a estrutura sociorreligiosa da Europa no século 16. Na realidade, mesmo que não se participe de confissão cristã, o mundo ocidental deve muito a esses homens e mulheres que deram a vida para seguir sua consciência e liberdade. Não podemos romper completamente com todas as raízes herdadas, mas também não podemos meramente aceitar tudo o que foi herdado. É por isso que concluo citando o radical Sebastian Franck: "Querido irmão, não é possível dizer-lhe por escrito o que compreendi muito bem em meu coração [...] Você ainda não fechou seus ouvidos e continua na busca. Não pare!" (Yoder, 468).

Veja também Batismo na Agua; Reforma; Teologia Anabatista.

Bibliografia. Goertz, H. J., *The Anabaptists* (London: Routledge, 1996); Mullet, M., *Radical Religious Movements in Early Modern Europe* (London: Allen & Unwin, 1980); Williams, G. H., *The Radical Reformation* (3. ed.; Kirksville: Sixteenth Century Journal Publications, 1992).

W. Brun

REINO DE DEUS

Muito da reflexão teológica global e contemporânea sobre o reino de Deus é baseada na percepção de que o reino de Deus no antigo Israel expressava uma esperança de que Deus reinaria sobre toda a terra e eliminaria todas as formas de idolatria (Êx 15.18; Sl 29.10; Is 24.23; 52.7; Mq 4.7; Zc 14.9). Por definição, então, o reino de Deus é contrastado com todas as estruturas políticas humanas e pode ser estabelecido somente por iniciativa divina. Os seres humanos podem reconhecer sua presença tomando sobre si "o jugo do reino de Deus", ou seja, recitando o *shema* diariamente e renunciando à idolatria. O fato de que a esperança no Antigo Testamento é levantada contra uma ameaça persistente de aniquilação étnica pode fornecer uma pista para a natureza do reino de Deus: ele traz boas notícias apenas para o que não tem poder. Por outro lado, a cooptação do símbolo pelo rico e poderoso representa uma falsificação perversa dos valores do reino.

1. Iniciativa divina e participação humana
2. O reino de Deus no Ocidente
3. O reino de Deus na Teologia da Libertação

4. O reino de Deus entre os teólogos asiáticos
5. Conclusão

1. Iniciativa divina e participação humana
Em sua primeira aparição no mais antigo dos Evangelhos, Jesus anuncia: *o reino de Deus está próximo. Arrependei-vos e crede no evangelho* (Mc 1.15). O texto estabelece uma dialética entre a iniciativa divina e participação humana, uma dialética que gira em torno da figura de Jesus. O reino de Deus chega, iminente e gratuitamente, como uma boa notícia sem intervenção humana, mas os ouvintes são convidados a participar do reino pela fé.

Durante o período do movimento Quatro de Maio na China no início do século 20, quando a sobrevivência nacional era a principal preocupação, o tema central entre os pensadores protestantes tradicionais era o caráter de Jesus, ou mais precisamente "a salvação nacional pelo caráter" (*renge jiuguo lun*). O pressuposto subjacente estava baseado na premissa confuciana de que o caráter virtuoso acabaria por levar à paz e à prosperidade nacionais, até mesmo cósmicas. Nessa discussão o caráter de Jesus assumiu o centro do palco. Zhao Zichen (T. C. Chao) em *Vida de Jesus*, de 1935, sugeriu que Jesus havia abandonado seu apocaliptismo para manter sua solidariedade com toda a humanidade. Depois da tentação, que Zhao interpreta para incluir o domínio do mundo por meios apocalípticos (Mt 4.8-11), Jesus se convence de sua filiação — não como *o* Filho de Deus, mas como alguém que serviria de modelo para que outros pudessem ser filhos de Deus. Para Zhao, o reino de Deus (apresentado por Jesus) era uma forma de "universalismo que ensinava "Deus como seu pai, todas as pessoas como seus irmãos e irmãs, o mundo como sua família e o amor puro como autoridade inesgotável" (Zhao, 6). No entanto, embora o caráter de Jesus exercesse uma poderosa atração sobre o mundo, os meios pelos quais esse universalismo deveria ser conseguido era o nacionalismo. Jesus foi um judeu que nunca rompeu com a tradição de seus antepassados, mas aprendeu a cultura judaica por causa de uma visão de mundo. Foi por isso que sempre que anunciava o reino de Deus, ele deixava de fora, de acordo com a exegese de Zhao, os tons apocalípticos em favor da Lei e dos Profetas, que Zhao interpreta como amar a Deus e os outros. Ele abriu mão de sua vida, não por acreditar na ressurreição, mas porque "ele se deu conta de que o mais alto ideal para o povo de Israel era tornar-se o Servo Sofredor em favor de toda a nação, na verdade em favor do mundo inteiro" (Zhao, 120). Embora suas raízes tenham sido fincadas no solo de Israel, seu fruto transcendeu culturas.

As influências de Zhao podem ser atribuídas a duas fontes: à noção neoconfucionista de salvação nacional e cósmica por meio da autotransformação e às suas inquietações sobre a China da época. A última o moveu a olhar para uma religião estrangeira como o cristianismo para sobrevivência nacional; a primeira deu-lhe um instrumento analítico para explorar os potenciais salvíficos no caráter de Jesus. O resultado foi uma interpretação que transformou Jesus num sábio confucionista que, por seu caráter e virtudes puros, instilou uma visão de possibilidade para salvação nacional e transformação cósmica. No entanto, embora a interpretação de Zhao fosse claramente não apocalíptica e se ativesse a este mundo, sua concepção do reino de Deus não era, tampouco, uma ideia meramente política. Conotações divinas de termos como "filho de Deus" e a "paternidade de Deus", além da natureza divina do reino eram centrais em sua teologia.

O problema de Zhao foi conciliar o impulso confucionista para transformar a sociedade por meio do autocultivo, um ímpeto dirigido pela hipótese de que a natureza humana é aperfeiçoável pelo esforço próprio, com um reino de Deus que poderia tomar forma completa somente quando inaugurado por Deus de fora da história. Zhao tentou resolver a tensão minimizando o apocaliptismo de Jesus, mas não ficou claramente satisfeito com sua própria resposta, porque a rejeitou numa publicação posterior. Sua dificuldade se tornou clara quando acusou seu colega mais velho Wu Leichuan de por em colapso o cristianismo dentro do confucionismo. Wu havia, em 1936, interpretado Jesus e o reino de Deus de acordo com linhas socialistas, negando categoricamente a possibilidade ou mesmo a conveniência da divindade de Jesus. Somente porque Jesus foi humano,

Wu argumentou, ele pôde se tornar um modelo para o mundo. Foi através de suas lutas, autodisciplina, compreensão evoluída e autodesenvolvimento que Jesus completou seu "grande caráter", o fundamento para uma visão socialista de igualitarismo e prosperidade. A concepção de Wu sobre o reino de Deus havia sido unilateralmente política, mas, ao rejeitá-la, Zhao também rejeitou sua própria construção, uma vez que a ideia de Wu era sob muitos aspectos a conclusão lógica de sua autoria.

2. O reino de Deus no Ocidente

O problema de Zhao envolve também outros intérpretes: como equilibrar a tensão entre o reino de Deus como iniciativa divina e sua realização por meio da participação humana. Quando a iniciativa divina se tornou tão esmagadora a ponto de tornar todos os participantes humanos meros espectadores passivos? A tendência oposta é igualmente depreciativa: quando a participação humana torna-se tão indispensável a ponto de negar a natureza divina do reino? A tensão é emoldurada de forma diferente no Ocidente, como uma dialética temporal entre o futuro e o presente, mas em essência é a mesma coisa. Opções interpretativas que enfatizam o aspecto presente do reino tendem a acentuar a necessidade de ações éticas ou políticas, enquanto os que enfatizam o reino futuro tendem a ver as ações humanas como inevitáveis, mas tragicamente ineficazes.

A "escatologia consumada" de Albert Schweitzer vê Jesus como uma figura trágica que estava tão convencido do reino iminente de Deus, que tomou sobre si os sofrimentos messiânicos para tentar forçar a mão de Deus na realização do reino. A dificuldade com essa interpretação é que ela relega todas as obrigações morais como "ética provisória", condições de relevância temporária. Juntamente com a perda de fé no progresso humano e na inevitabilidade da história no fim da Primeira Guerra Mundial, opiniões eruditas se voltaram para a participação humana. Jesus foi comparado aos integrantes do movimento revolucionário zelote da Palestina do século 1, de acordo com o qual pensava-se político o reino de Deus, mas o fracasso de Jesus custou-lhe uma execução como um impostor messiânico. É por isso que ele foi crucificado sob o título de "rei dos judeus" entre dois rebeldes (S. G. F. Brandon). A interpretação "escatologia realizada" é menos política, porém enfatiza a atualidade do reino em ditos como *o reino de Deus chegou a vós* (Lc 11.20) e *o reino de Deus está entre vós* (Lc 17.21). Consequentemente, o resumo programático de Marcos 1.15 é lido como o chamado de Jesus aos seguidores para perceberem sua visão de uma moral ideal para o aqui e agora.

O "já e ainda não" de Oscar Cullmann tenta resolver o problema no plano metafísico sugerindo que, embora Jesus tenha anunciado o início do reino em sua própria pessoa, a realização final ainda tem de esperar o fim do tempo. Esta posição aberta a nuances preparou o caminho para uma série de propostas mais equilibradas. Por exemplo, Richard Horsley propõe que embora Jesus esperasse a derrubada da tirania social e política, ele tentou realizá-la defendendo uma revolução socioeconômica ou política, mas não militar. Jesus seria, portanto, considerado um "carismático escatológico" que defendeu uma teologia judaica de restauração (Sanders).

A abordagem mais influente do "já e ainda não" é a de Rudolf Bultmann, que sacrifica a dimensão social do reino completamente e opta por uma interpretação existencialista da tensão divino-humana. O que justifica essa abordagem é sua conhecida declaração que "a mensagem de Jesus é um pressuposto para a teologia do Novo Testamento em vez de parte dessa própria teologia" (Bultmann, 3). Em outras palavras, tudo o que Jesus poderia ter pregado, os primeiros cristãos o transformam em um evento escatológico, para que o proclamador seja transformado em objeto de proclamação. Se assim for, esse acontecimento escatológico deve ser feito de novo presente a cada vez através da proclamação, porque nesse momento o *kerigma* confronta os ouvintes com a escolha existencial de ser aberto à liberdade do futuro ou de persistir numa vida não autêntica, fechada para as possibilidades futuras. O futuro rompe, assim, no presente e se torna irrevogável para os ouvintes. O reino de Deus de Bultmann retira-se para a interioridade dos ouvintes, que é antissocial, atemporal e não histórica. Uma vez desmitologizadas, imagens temporais sobre o fim do tempo confirmam a finalidade e profundidade da vida aqui e agora, enquanto as imagens espaciais de céu e inferno se referem às alternativas existenciais que confrontam os ouvintes.

Ao conseguir seu delicado e brilhante equilíbrio entre o já e o ainda não, entretanto, Bultmann perdeu exatamente a coisa que fez o reino de Deus relevante em primeiro lugar: a saber, como estabelecer o reino de Deus na realidade sociopolítica da história? Se a dimensão social e comunitária do reino está localizada em lutas interiores de um indivíduo, e se a responsabilidade humana se reduz a uma atitude em relação ao futuro desconhecido, o reino de Deus não se torna apenas uma disposição solipsista?

Wolfhart Pannenberg restaura o reino escatológico de Deus a seu lugar correto na história, embora acontecendo no futuro. O futuro deve ser o árbitro final e definitivo de todas as alegações de verdade, incluindo as palavras de Jesus, mas somente o futuro *iminente* poderia exigir que os ouvintes abandonassem suas ansiedades diárias e se abrissem às possibilidades de Deus. Este reino de Deus iminente pode provocar esperança e confiança nos ouvintes, sem o que os seres humanos deixariam de ser autênticos, porque confiança e esperança pertencem às condições antropológicas do ser humano.

O reino de Deus de Pannenberg, entretanto, é mais do que um teste limitante; diferente do de Bultmann, ele tem uma dimensão social e comunitária. Desde que a pregação de Jesus é acompanhada de uma prática de amor e uma vez que o amor sempre envolveu os outros, de acordo com Pannenberg, o reino de Jesus teve uma dimensão social e política. No entanto, a mais adequada expressão desses ideais é a igreja, que não deve ser confundida com o reino de Deus, já que o amor não pode ser confinado à igreja. Não obstante, a igreja deve assumir a responsabilidade de lançar luz sobre a história em nome do reino. Ela deve continuar a envolver-se na sociedade e chamar a atenção para desvios dos ideais do reino.

A apropriação de Pannenberg do símbolo do reino representa um claro progresso em relação à interpretação existencial de Bultmann. Mas ao envolver a igreja sem esclarecer sua natureza e relação com o reino, Pannenberg corre o risco de confundir os dois. Embora rejeite definitivamente a igreja como reino de Deus, ela, no entanto, representa a única instituição social comparável a um reino. Isso levanta a questão: Contra o que ou quem a igreja está se empenhando? E com qual finalidade? O ideal abstrato do reino segundo Pannenberg pode relativizar e desencorajar todas as formas de participação histórica, mesmo aquelas que podem produzir êxitos limitados, mas reais, levando assim à inércia e passividade. Se o presente é visto como um "ainda não" em continuidade com o futuro, em vez de um "de modo nenhum" que se contrapõe ao futuro, as possibilidades do presente podem bem ser postergadas e rejeitadas por um futuro em constante recuo, perdendo, assim, incentivos para derrubar as condições opressivas do presente. O que falta ao reino de Pannenberg é o que os teólogos da libertação chamam de elementos "antirreino" — condições que ameaçam o reino mas a partir das quais a libertação de Deus precisa libertar o povo.

3. O reino de Deus na Teologia da Libertação

Tomando as lutas por justiça política e econômica como ponto de partida, os liberacionistas enfatizam que o reino de Deus é o centro da mensagem de Jesus. O reino é claramente distinguido da igreja, porque deve ser um reino de *Deus*, não uma organização humana. Por essa razão, a mensagem de Jesus não é Deus, mas o reino de Deus: até mesmo Deus deve ser entendido em relação ao reino de Deus. A esse respeito, o reino de Deus reflete rigorosamente a cristologia. Enquanto as duas naturezas de Cristo podem ser entendidas somente por meio do envolvimento mútuo de suas naturezas divina e humana, o reino de Deus deve também ser visto através de sua dupla unidade de Deus tomando parte na história e a história se revelando de acordo com a vontade de Deus. Não pode haver compreensão de Deus em separado do contínuo envolvimento de Deus na história. Alguns liberacionistas chegam a dizer que "a relação de Deus com a história é essencial para Deus" (Sobrino, 68).

Embora Jesus nunca defina o reino, quando ele anuncia o reino de Deus como "boas novas", *euangelion,* ele está sendo claramente solidário com todas as pessoas humildes, com todos os que sofrem sob as calamidades históricas. A cristologia da libertação enfatiza adequadamente não a singularidade de Jesus ou de seus atos, mas sua comunhão com a humanidade. O que liga Jesus a toda humanidade sofredora é a pergunta que todos fazem: Há salvação da história opressiva? A resposta é um sonoro sim, porque o reino de Deus está próximo e é oferecido àqueles que precisam dele como uma boa notícia: Deus logo virá; Deus virá logo porque Deus é bom, e é bom para nós que Deus venha logo" (Sobrino, 77). Aqui a semelhança entre o Jesus dos liberacionistas e o Jesus de Zhao Zichen e Wu Leichuan é significativa.

Como pode alguém dizer que uma notícia é boa? Pela reação dos ouvintes. O que distingue o reino de Deus da utopia é que a última induz a ansiedade da espera, enquanto a anterior traz alegria a seus ouvintes. Os ouvintes da boa notícia têm alegria porque o reino é dado gratuitamente — por Deus. Como ilustrado nas parábolas do crescimento do reino de Marcos 4, o reino de Deus vem como resultado da graça e iniciativa de Deus; ninguém pode forçar a mão de Deus.

O reino é oferecido não em palavras somente, mas também em ações. Jesus come com coletores de impostos, pecadores e outros proscritos para expressar uma profunda aceitação do excluído no reino. Quanto aos milagres de Jesus, eles são sinais complexos. Por um lado, eles não efetuam mudanças estruturais e são as prerrogativas características de Jesus. Mas, por outro lado, as boas novas que Jesus proclama ao pobre e sofredor em seu sermão inaugural (Lc 4.18, 19) são exatamente os milagres usados para inaugurar o reino na realidade (Lc 7.22). A multiplicação de pães para as massas é um milagre justamente porque as multidões estão famintas. Segundo essa ideia, os milagres se tornam, no reino, símbolos contra a opressão. Ao superar a natureza e enfermidades e ao expulsar demônios, Jesus mostra que as forças do mal e seus elementos antirreino podem ser vencidos e erradicados — para que o oprimido e o pobre possam agora ter esperança.

Se a mensagem deve ser boas novas para o oprimido e o pobre, o conceito de pobreza não deve ser desmaterializado ou espiritualizado. O pobre nos Evangelhos inclui também o economicamente privado e o socialmente marginalizado, mas, de qualquer forma, a pobreza é uma força que se opõe à vida. Ao sugerir que o reino de Deus é oferecido ao pobre, Jesus na realidade diz que é um reino de vida e que Deus é um Deus que mostra favoritismo para com o pobre (veja Opção Preferencial pelos Pobres). Os que buscam sinais portentosos do fim entendem mal Jesus, porque somente o pobre e desamparado podem compreender que o reino lhes é oferecido. Jesus ilustra isso ao aceitar os pecadores e os indesejáveis da sociedade, tanto para mostrar compaixão como para tornar conhecido que o reino diz respeito ao amor incondicional de Deus.

Mas, como resolver a tensão entre a gratuidade do reino de Deus e os esforços para implementá-lo pela responsabilidade humana? Os liberacionistas oferecem três soluções. A primeira apela para o chamado de Jesus ao arrependimento e às respostas humanas ao amor de Deus, que são, em essência, a mesma coisa. Arrependimento significa exigir que todos possam viver uma vida digna do reino: o oprimido não deve abandonar a esperança e os opressores devem deixar de oprimir. Isso seria a própria definição de responder à mensagem com esperança. A segunda solução depende da cristologia da libertação, que enfatiza a comunhão de Jesus com o povo. Ele realiza sua cura e combate ao lado do pobre, não como uma figura única na história humana, mas como aquele que compartilha uma humanidade em comum. Todos os que compartilham as mesmas aspirações podem, portanto, estar debaixo do mesmo manto. Por fim, a solução torna-se o que Ignacio Ellacuría chama de "analogia do pobre". O pobre inclui não apenas o empobrecido material e socialmente, mas também os que praticam uma "avaliação consciente" da pobreza material, a saber, os que consideram haver contradição entre riqueza material e pobreza espiritual e reorganizam a vida adequadamente. Essa avaliação deve ser transformada em práxis: "... os pobres devem se organizar como pobres para banir esse pecado coletivo e originário da dialética riqueza/pobreza" (Ellacuría, em Sobrino, 127).

As ideias de Jürgen Moltmann também são adequadas aqui. Moltmann postula uma disjunção radical entre o futuro e o presente. Ele localiza o presente no futuro reino de Deus, mas agora o futuro senta-se em julgamento diante do presente. A promessa da pessoa ideal é mantida no futuro, mas essa pessoa não é apenas a soma de potenciais da antiga, mas sua crítica e negação. De forma semelhante, ele postula uma ruptura entre a sociedade ideal e a presente: a sociedade definitiva é a contradição e negação da presente. Não se pode esperar que a sociedade presente progrida para a perfeição, mas deve ser subjugada antes de poder ser transformada. Tudo isso é profundamente simbolizado na ressurreição de Cristo, porque é a ressurreição de um homem *crucificado*.

A igreja assim formada na contradição histórica da ressurreição de Cristo existe para o pobre. Jesus veio pregar as boas novas para o pobre e proclamar libertação dos cativos, e a igreja, da mesma forma, ocorre na história para aqueles que são historicamente pobres. Por outro lado, a identidade do "povo crucificado" deve permanecer "imprecisa enquanto não for identificada, pelo menos formalmente, com um grupo específico na história [...] Ainda assim, ela é precisa o bastante para *não ser* confundida com o que não pode representar o papel histórico do Servo Sofredor de Javé" (Ellacuría, 277). Essa é a analogia de Ellacuría a respeito do pobre expressa em um contexto eclesiástico.

4. O reino de Deus entre os teólogos asiáticos

Os teólogos asiáticos que refletem sobre o reino de Deus foram bastante influenciados pela Teologia da Libertação. A teologia *minjung* coreana tenta redefinir o símbolo do reino de Deus privilegiando o povo. Alguns acham o termo *reino* aberto a cooptação por ditadores para propor o messianismo político em virtude de suas conotações abstratas e transcendentais. O povo, o minjung, ao contrário, espera uma forma de política messiânica simbolizada no milênio. Isso se deve ao fato de a teologia minjung ver a política de baixo para cima, da perspectiva do povo sob o peso da opressão e exploração. O termo coletivo *minjung* relaciona-se ao "oprimido, explorado, dominado, discriminado, alienado e esmagado política, econômica, social, cultural e intelectualmente, como as mulheres, grupos étnicos, os pobres, operários e trabalhadores rurais, incluindo os próprios intelectuais" (Chung, 138, 39, citando Suh Kwang-Sun). Aqui os teólogos coreanos traçam uma distinção entre *daejung*, "massas", e *minjung*, as pessoas conscientizadas, prontas a combater as forças da opressão e outros elementos do antirreino.

Os *minjung* estão sob o peso de uma história do *han*, literalmente "amargura", "ressentimento" ou "raiva". O *han* pode assumir muitas formas: as experiências coloniais sob os chineses e japoneses, a incapacidade de usar e valorizar a herança cultural, até mesmo a língua, a resignação à aparente inevitabilidade da tirania, a raiva contra a própria disposição de ser explorado. Essas poderosas emoções poderiam ser organizadas e canalizadas para transformação e revolução social.

Porque o cristianismo entrou na Coreia não como uma ideologia imperial, mas como uma religião de libertação e resistência contra invasores estrangeiros para a resolução do *han*, os teólogos minjung estão muito mais prontos a abraçar o símbolo cristão do reino de Deus do que recursos do budismo ou do confucionismo, ambos os quais se identificaram mais com o colonialismo histórico. Consequentemente, os *minjung* não são apenas os destinatários da mensagem do reino de Jesus, eles *são* o próprio reino, porque nos Evangelhos Jesus se identifica com as massas, os proscritos, os pecadores, as mulheres. O *ochlos* dos Evangelhos são de fato o povo coreano historicamente oprimido. "Extirpar" o *han*, ou *dan* literalmente, requer sacrifício individual bem como uma identificação consciente com as pessoas. Autossacrifício significa abnegação e renúncia à riqueza material e serve para curar a ferida psicológica infligida pela opressão. A identificação com o povo significa trabalhar com as pessoas para formar um *minjung* conscientizado e derrotar a opressão.

A interpretação mais completa do reino de Deus até agora é a de C.-S. Song. No entanto, embora diferente de Zhao e Wu, o reino de Deus de Song não é caracterizado pelo nacionalismo chinês: uma visão completamente política e social, para ele o Deus dos profetas hebreus e de Jesus é um "Deus político". Para Song, "político" não diz respeito ao poder secular que compete pela supremacia por meio de violência e opressão, mas trata de um protesto contra "o barbarismo do poder", tirania absoluta que priva as pessoas de sua liberdade política, econômica e espiritual. Com os liberacionistas, Song proclama que o Deus político "fica o lado do pobre contra o rico". Assim como indicam o novo céu e a nova terra de Apocalipse 21.22-24, a transformação do mundo deve assumir forma social e política concreta, neste e deste mundo e não fora dele. A redenção "não é redenção de almas individuais, mas a redenção que traz os mortos de volta à vida, corrige os erros cometidos pelos que estão no poder e erradica a injustiça infligida aos incapazes por sistemas e estabelecimentos demoníacos" (Song, 57).

Ainda assim, o reino de Deus de Song não é nacionalista, no sentido de ser caracterizado por limites territoriais ou autoritarismo. Por essas mesmas razões, ele evita "reino" como tradução de *basileia* e prefere se inspirar nos ricos recursos culturais e espirituais asiáticos. Importante para sua interpretação do reinado de Deus é a identificação com todos os povos da Ásia e não apenas as preocupações de uma raça ou nação em especial. O conteúdo da teologia está nos clamores e nos sofrimentos dos povos da Ásia sob o peso de regimes de opressão, do capitalismo ganancioso e de ambições e pobreza descaradas. Tudo isso está personificado na compreensão de Song acerca do reino de Deus como símbolo de inclusão. Com base na parábola do grande banquete (Lc 14.16-24), Song sugere que o reino de Deus atravessa todas as fronteiras culturais, nacionais, étnicas, econômicas e até mesmo religiosas. O reino de Deus é uma dádiva para todos, conforme o exemplo de Jesus, que acolhia pessoas de todos os gêneros, classes e religiões. O reino de Deus, portanto, tem uma dimensão política e econômica que inclui todas as coisas.

Em última análise, apesar de suas implicações sociais e políticas, o reino de Deus de Song não é tanto uma ideia social, mas uma crítica e testemunho moral. Seu objetivo central é praticar a política da cruz, uma crítica profética de regimes opressivos, para produzir transformação política, uma *metanoia* do poder ou uma "transposição de poder". Ele envolve testemunho na sociedade por transformação a partir de dentro. O reino de Deus é "muito mais uma visão social e política do que um conceito religioso. Ele deve ser a textura de uma sociedade. Deve ser o fundamento de uma comunidade. O reino de Deus é, portanto, um acontecimento cultural. Ele proveria o tecido de uma sociedade na qual uma nova estrutura sociopolítica poderia ser desenvolvida" (Song, 120). A dívida de Song com o modelo liberacionista pode ser vista facilmente.

A força da interpretação de Song, como a da Teologia da Libertação, encontra-se em sua clara definição dos elementos antirreino. Isso é verdade com todos os outros intérpretes chineses em graus variados. A crítica severa de Wu ao governo chinês do seu tempo o levou a propor uma visão socialista do reino de Deus. Não obstante a postura mais moderada de Zhao, ele também foi motivado pelos males nacionais dos seus dias. A crítica de Song não é dirigida a qualquer regime em especial, mas ele não é menos veemente em sua rejeição de todas as formas de injustiça na Ásia. A grande fraqueza, no entanto, é até que ponto a visão final é a visão de um reino de Deus e não de esforços humanos. Embora Song insista que o reino de Deus está baseado na iniciativa de Deus, sua realização cabe às testemunhas — isto é, testemunhas que possam atestar e identificar a visão autêntica e testemunhas que possam personificá-la pelo envolvimento pessoal em sua realização. Zhao e Wu, numa geração anterior, da mesma forma resolveram a dialética entre a iniciativa divina e o esforço humano em favor do último. Quais são então os critérios para reconhecer uma visão transcendente que julga todos os regimes humanos além de um regime político secular? Neste ponto, a clareza do apelo de Ellucuría à práxis com os pobres é ainda mais apreciada.

5. Conclusão

No alvorecer de um novo século, o reino de Deus continua a ser um símbolo poderoso fora do Ocidente. Na Ásia, América Latina e na África, onde a ascensão do cristianismo está acoplada a duras realidades políticas e econômicas, o reino de Deus provê ricos recursos para os que estão engajados em ativismo inspirado no evangelho. O papel da igreja na discussão do reino de Deus é de uma ambiguidade perturbadora, mas isso resulta principalmente da própria ambiguidade da igreja para com os regimes opressores.

Em contrapartida, o símbolo do reino não tem sido exatamente uma força motriz teológica no Ocidente (com a notável exceção de Moltmann). Mesmo o antigo consenso de Jesus como pregador apocalíptico não prevalece mais hoje. Alguns têm tentado uma interpretação não escatológica da mensagem de Jesus baseados principalmente no Evangelho gnóstico de Tomé, no qual não se encontra nenhum Filho do homem ou ditos apocalípticos do reino. Afirma-se que Jesus pertencia aos círculos de sabedoria judaico e cínico (Mack). Devemos perguntar até que ponto tal visão compromete a natureza radical da mensagem de Jesus.

Veja também ESCATOLOGIA; ESPERANÇA, TEOLOGIA DA; SALVAÇÃO; TEOLOGIA DA LIBERTAÇÃO; TEOLOGIA POLÍTICA.

BIBLIOGRAFIA. BRANDON, S. G. F., *Jesus and the Zealots* (New York: Scribner, 1967); BULTMANN, R., *Theology of the New Testament* (New York: Macmillan, 1968) [edição em português: *Teologia do Novo Testamento* (São Paulo: Teológica, 2004)]; CHILTON, B., org., *The Kingdom of God* (Philadelphia: Fortress, 1984); CHUNG, H.-K., "'Han-puri': Doing Theology from Korean Women's Perspective", in: *We Dare to Dream: Doing Theology as Asian Women*, Fabella, V. e Lee Park, S., orgs. (Maryknoll: Orbis, 1990) 135-46; DULING, D. C., "Kingdom of God, Kingdom of Heaven", *The Anchor Bible Dictionary*, Freedman, D. N., org. (New York: Doubleday, 1992) 4:49-69; ELLACURÍA, I., "The crucified People", in: *Systematic Theology: Perspectives from Liberation Theology*, Sobrino, J. e Ellacuría, I., orgs. (Maryknoll: Orbis, 1996) 257-78; HORSLEY, R. A., *Jesus and the Spiral of Violence: Popular Jewish Resistance in Roman Palestine* (San Francisco: Harper & Row, 1987); MACK, B., *A Myth of Innocence: Mark and Christian Origins* (Philadelphia: Fortress, 1988); MOLTMANN, J., *The Crucified God: The Cross of Christ as the Foundation and Criticism of Christian Theology* (New York: Harper & Row, 1974); PANNENBERG, W., *Theology and the Kingdom of God* (Philadelphia: Fortress, 1969); PHAN, P. C., *Christianity with an Asian Face* (Maryknoll: Orbis, 2003) 75-97; SANDERS, E. P., *Jesus and Judaism* (Philadelphia: Fortress, 1985); SOBRINO, J., *Jesus the Liberator: A Historical-Theological Reading of Jesus of Nazareth* (Maryknoll: Orbis, 1993); SONG, C.-S., *Jesus and the Reign of God* (Minneapolis: Fortress, 1993); WILLIS, W., org., *The Kingdom of God in 20th-Century Interpretation* (Peabody: Hendrickson, 1987); LEICHUAN, Wu, *Cristianismo e a Cultura Chinesa* (em chinês; Shanghai: Association Press of China, 1936); ZICHEN, Zhao (T. C. Chao), *A Vida de Jesus* (em chinês; Hong Kong: Chinese Christian Literature Council, 1965).

S.-k. Wan

RELAÇÕES ENTRE CRISTÃOS E HINDUS.
Veja HINDUÍSMO.

RELIGIÃO AFRICANA TRADICIONAL

Religião Africana tradicional é o termo usado para as tradições religiosas autóctones da África. Embora a religião africana tradicional tenha sido frequentemente vista em termos negativos, especialmente pelos primeiros missionários, estudos posteriores têm demonstrado que a religião africana tradicional foi quase sempre mal interpretada por antigos comentaristas. Existe uma avaliação mais positiva que dá mais atenção ao impacto da religião africana tradicional sobre os povos africanos e sobre o cristianismo e seu efeito sobre a comunidade global maior. A religião africana tradicional não está só limitada a sacrifícios rituais, mas reflete uma forma de vida holística dos povos africanos. Portanto, pode-se argumentar que a religião africana tradicional contribui até para o fenomenal crescimento da igreja nos países do Hemisfério Sul.

As perguntas importantes são: Que tipo de contribuição esse estilo de vida nos traz? Como a religião africana tradicional se torna fonte de autoridade para o povo africano? Por que o cristianismo na África às vezes é descrito como "superficial"? Começaremos com uma breve revisão dos esforços clássicos e contemporâneos para examinar a religião africana tradicional e depois refletiremos sobre a possível ligação entre a religião africana tradicional e a comunidade cristã global.

1. Entendimentos clássicos e contemporâneos
2. Religião africana tradicional e a comunidade cristã global

1. Entendimentos clássicos e contemporâneos

A religião africana tradicional não é uma única religião, mas um estilo de vida para os diversos grupos étnicos e culturais de um vasto continente. Portanto, existe uma diversidade de crenças e práticas. A religião africana tradicional é a religião da África pré-cristã e pré-islâmica como está incorporada nas diversas culturas.

A religião africana tradicional é a pedra fundamental sobre a qual se edifica toda a moralidade e ética africana. O povo africano é conhecido por ser profundamente religioso. Não há separação entre igreja e estado, ou entre fé e vida, como no Ocidente. A religião africana tradicional está intrinsecamente ligada às crenças, à cultura e aos costumes do povo africano. Assim, ela tem tanto realidades interiores como exteriores. John Mbiti argumenta que a África tornou-se um terreno fértil para o cristianismo porque o cristianismo e a religião africana tradicional tem o foco nas coisas futuras. Ele escreve: "A fé cristã é intensamente escatológica, e sempre que a Igreja se expande, ela traz e mostra sua presença escatológica (*kerigma*, arrependimento, conversão, sacramentos, salvação, missão e elementos afins)". Da mesma forma, "as ideias e práticas religiosas akamba são dirigidas principalmente aos aspectos 'escatológicos' da vida — a morte, os que partiram (os mortos-vivos), os espíritos e a vida futura" (Mbiti, 17). Embora isso pareça reduzir a religião africana tradicional ao espiritualismo, ela é acompanhada por uma profunda e permanente preocupação com este mundo.

A cosmovisão dos africanos não é dicotomizada como a cosmovisão filosófica grega. Embora na África os espíritos unam céu e terra, os seres humanos são o centro de atenção. É por isso que a crença nos *ancestrais está incorporada ao sistema de crenças dos africanos. Yusufu Turaki destaca que a religião africana tradicional vê os seres humanos como ponto central da criação de Deus. Por isso, "as crenças e práticas religiosas, os rituais e cerimônias, tudo visa ao 'proveito próprio' do homem. Sua relação com o mundo espiritual 'não se dá por causa de seus elementos, mas visa ao próprio homem'" (Turaki, 129). Isso dá uma pista para o tipo de ética e teologia que se obtém nesse ambiente. Se os seres humanos são o centro de tudo, então a questão de *pecado, culpa e *vergonha são inerentes ao esquema de ética da religião africana tradicional. Como observa Steyne: "O homem é a medida de tudo, e tudo mais, incluindo o pecado, se submete ao seu julgamento. Ele decidirá como um ato fora do padrão deve ser avaliado e quem deve ser acusado por ele" (Steyne, 63).

A religião africana tradicional tem sido largamente preservada através de tradições orais, canções, e assim por diante. Samuel W. Kunhiyop observa que embora a religião africana tradicional não use documentos escritos, a visão moral africana tem sido preservada ao longo dos anos sob três formas. Primeira, com relação à tradição oral, até onde sabemos, outras grandes religiões, particularmente o judaísmo e o islamismo, começaram da mesma forma. Isto é, elas começaram com tradições orais passadas de uma geração para outras e depois preservadas em forma escrita. Assim, não pode haver dúvida de que a tradição oral pode realmente transmitir uma moral religiosa válida ou ser portadora de uma tradição religiosa. Essas tradições podem até ser entendidas como "Escritura". De acordo com Kunhiyop, o que tem sido passado de geração para geração automaticamente torna-se "a Escritura do povo" (Kunhiyop, 6), porque, Kunhiyop continua argumentando, "a tradição diz às pessoas o que Deus exige" (Kunhiyop, 7).

Segunda, as canções preservam a religião tradicional. Música é uma forma de vida na sociedade africana tradicional. Os africanos expressam e encontram sua experiência com realidades — tanto espirituais quanto físicas — através da música. Por exemplo, na música os jovens são advertidos do perigo de não se casarem. As músicas advertem as pessoas quanto ao que fazer nas crises da vida. Neste sentido pode-se argumentar que a música na religião africana tradicional está intrinsecamente ligada à moralidade. Em suma, se os cânticos forem retirados da religião, a moralidade africana ficará esvaziada do seu controle (Kunhiyop, 9).

Terceira, os ditos e provérbios africanos revestem as experiências vividas das pessoas. Eles são ditos concisos que falam profundamente ao centro da vida consciente e religiosa das pessoas (Kunhiyop, 10).

Portanto, ao tentar examinar as questões e ideias fundamentais da religião africana tradicional que moldam a moralidade e a teologia africana, devemos perguntar quais assuntos e ideias são importantes para a nossa discussão. A resposta é: os assuntos de religião, comunidade, moralidade e ética. Como observa Kunhiyop: "Moralidade na África é principalmente ética social em vez de ética pessoal" (Kunhiyop, 4). Isto é, a ética africana é regulada pela comunidade, e esse controle é muitas vezes exercido na forma de provérbios. "A moralidade da comunidade regula e controla o comportamento e a conduta do indivíduo" (Kunhiyop, 4). Por exemplo, a sociedade pode pressionar alguém a se casar mesmo quando a pessoa não deseje. Ela obedece para evitar a vergonha de seus parentes.

2. Religião africana tradicional e a comunidade cristã global

Qual é então a ligação entre esse estilo de vida profundamente enraizado e a influência cristã sobre o continente da África e outros lugares? Desde o nascimento do Messias, Jesus Cristo, a religião africana tradicional — e na verdade todas as crenças autóctones — deixou de ter o monopólio sobre seu próprio contexto. A religião africana tradicional não é mais uma religião isolada de outros contextos. A mensagem de Jesus por meio do apóstolo João estabelece a pauta que determina o destino de todas as religiões mundiais: *E eu, quando for levantado da terra, atrairei todos a mim* (Jo 12.32). A frase *todos a mim* tem muito a ensinar. Ela dá uma razão para os cristãos discutirem não apenas a religião africana tradicional mas, na verdade, todas a religiões do mundo. Trata-se da mensagem de um Deus global, que chama as pessoas a um relacionamento consigo mesmo e uns com os outros (Spencer e Spencer, 10).

A religião africana tradicional impactou o mundo de muitas formas. Como assinala Lamin Sanneh, as raízes do cristianismo africano vão além das atividades missionárias euro-americanas na África. Ele observa: "As raízes desse contato podem remontar ao início do próprio cristianismo, quando os africanos desempenharam um importante papel na vida e na expansão da igreja primitiva" (Sanneh, 1). Portanto, é verdade que "o cristianismo é hoje a maior religião moderna praticada em toda a África do sul do Saara" (Hinnells, 692). Mas embora seja verdade, como argumenta Hinnells, e "isso pode ser explicado pelo contato com as nações europeias, que começou no século 15" (692), a influência não foi claramente unidirecional. A religião africana tradicional teve um tremendo impacto sobre a vida religiosa da América do Norte, da Europa, do Caribe e do Brasil. A obra de Cecil Cones provou esse fato (1975). Ele argumenta que para ter uma genuína teologia negra, a *religião negra* (religião africana tradicional) tem de ser uma das três fontes e/ou bases de sua autenticidade. Cone assinala que essas fontes incluem (1) a religião africana tradicional, (2) o ambiente de escravidão e (3) a Bíblia. Ele afirma que, para o teólogo negro ser autêntico, ele deve olhar para essas fontes para compreender a autêntica verdade negra sobre Deus (Cone 1975, 31). Assim, Cone conclui: "Pode-se dizer que os africanos não se converteram ao cristianismo, mas converteram o cristianismo para si" (Cone 1975, 32).

As questões e ideias fundamentais na religião africana tradicional que moldaram e continuarão moldando a moralidade e a teologia africana são religião, comunidade, moralidade e ética. Mas a influência não está limitada a essas quatro esferas da vida e inclui, entre outras coisas, dimensões socioeconômicas e sociopolíticas. Portanto, a religião africana tradicional tem impacto de longo alcance em todas as esferas da vida dos africanos, tanto dentro como fora do continente.

Finalmente, o estudo da religião africana tradicional é crucial hoje por causa da mudança de paradigmas do centro cristão de gravidade. Se a avaliação de Philip Jenkins estiver certa, a África é uma das regiões onde estará a próxima cristandade. Assim, sua avaliação deve impulsionar teólogos africanos a fazerem uma análise mais cuidadosa do desenvolvimento situacional da religião africana tradicional, para que possam prever o tipo de cristianismo que a África vai oferecer ao mundo. Pode-se mesmo propor que a África manterá a esperança para o mundo apenas se a religião africana tradicional for

cuidadosamente analisada e desenvolvida em sua relação com o cristianismo global.
Veja também TEOLOGIAS DE CONTEXTO AFRICANO NA AMÉRICA LATINA.
BIBLIOGRAFIA. BARRETT, B. D., org., *African Initiatives in Religion: 21 Studies from Eastern and Central Africa* (Nairobi: East African Publishing House, 1971); BUSIA, E., *Africa in Search of Democracy* (London: Routledge & Kegan Paul, 1967); CONE, C., *Identity Crisis in Black Theology* (New York: AMEC Press, 1975); idem, *Black Theology and Black Power* (Maryknoll: Orbis, 2003); HINNELLS, R. J., org., *The New Penguin Handbook of Living Religions* (2. ed.; London: Penguin, 1997); BOLAJI IDOWU, E., *African Traditional Religion* (Maryknoll: Orbis, 1975); JENKINS, P., *The Next Christendom: The Coming of Global Christianity* (Oxford: Oxford University Press, 2002); KUNHIYOP, W. S., *African Christian Ethics* (Kaduna, Nigeria: Baraka Press, 2004); MBITI, J. S., *New Testament Eschatology in an African Background: A Study of the Encounter Between New Testament Theology and African Traditional Concepts* (Oxford: Oxford University Press, 1971); POBEE, J. e OSITELU, G., *African Initiatives in Christianity* (Kenya: ACTION Publishers/ Geneva: WCC Publications, 1998); SANNEH, L., *West African Christianity: The Religious Impact* (Maryknoll: Orbis, 1994); SPENCER, B. A. e SPENCER, D. W., *The Global God: Multicultural Evangelical Views of God* (Grand Rapids: Baker, 1998); STEYNE, P. M., *Gods of Power: A Study of the Beliefs and Practices of Animists* (Houston: Touch, 1990); TURAKI, Y., *Christianity and African Gods: A Method in Theology* (Kenya: IBS-Nig. Press, 1999).

S. B. Agang

RELIGIÃO POPULAR

O termo religião popular tem múltiplos significados, alguns controversos. As últimas décadas têm visto um crescimento exponencial da literatura sobre "espiritualidade popular", "religiosidade popular", "religião comum", "catolicismo popular" ou simplesmente "religião popular". A religião popular foi um fenômeno primitivo na história das religiões, mas tornou-se assunto de interesse para as ciências sociais e para a teologia somente nas últimas décadas. A característica mais comum da análise atual é que ela passou de uma perspectiva preconceituosa (superstição/magia) para uma perspectiva abrangente que procura valorizar as contribuições que a religião popular pode trazer para a fé e a evangelização.

1. Religião oficial e religião popular
2. Fatores locais
3. Uma lógica diferente
4. Crenças e práticas multifuncionais
5. A sementeira do cristianismo ocidental
6. Religião popular e vida
7. Interpretação teológica e desafios
8. Globalização e religião popular

1. Religião oficial e religião popular

É cada vez mais claro aos historiadores da religião que na maioria das religiões universais há uma tendência histórica para desenvolver tanto uma "religião oficial" como, sob ela e em tensão dialética com ela, uma "religião popular" com suas próprias manifestações (Vrijhof e Waardenburg). Precisamos compreender a religião popular em sua relação com a "religião oficial" — a versão normativa dos especialistas ou virtuoses religiosos — uma relação que envolve atração e repulsa mútuas, pontos de contato e compartilhamento de experiências, numa dinâmica sempre complexa.

Geralmente a religião popular é usada para designar as expressões de fé de pessoas simples que procuram se relacionar com o divino — como indivíduos ou como comunidades — em uma forma mais direta e efetiva, usando meios menos abstratos, dogmáticos ou conceituais, onde o centro das expressões simbólicas e icônicas são mais relevantes e procuram satisfazer necessidades reais. Popular, neste sentido, não é simplesmente o que está na moda.

2. Fatores locais

Religião popular é um acervo de expressões religiosas locais e populares que, em muitos casos, não se desenvolve independentemente de sistemas religiosos mais abrangentes ou universais. Em todas as religiões universais encontramos expressões históricas de religião popular. Geralmente religião popular é nome usado no singular, mas é importante reconhecer a diversidade de formas e tipos de religiões populares. O fenômeno mais característico das religiões populares encontra-se no cristianismo (ocidental e oriental), no *judaísmo, no *islamismo e, com traços únicos e específicos bem diferentes do Ocidente, no *budismo, *hinduísmo, confucionismo, taoísmo e outras religiões (veja Religiões Chinesas).

Dentro do cristianismo, o setor latino gera religiões populares que se distinguem bastante das formas protestantes ou ortodoxas. Em cada caso, o elemento geocultural é relevante: o catolicismo da América latina é diferente do latino-europeu, bem como o cristianismo indígena mesoamericano se diferencia de sua contraparte andina. As versões de cristianismo popular em regiões colonizadas por culturas anglo-saxônicas e protestantes (Caribe, África) compartilham algumas características entre si. Expressões religiosas populares da Ásia (sul da Índia, Sri Lanka, Filipinas) compartilham elementos com o catolicismo latino-americano, mas apresentam diferenças em suas tradições histórico-religiosas. Em cada caso as características dependem da especificidade das tradições histórico-culturais, das culturas locais e das tradições religiosas, dos relacionamentos e das estruturas sociais e de poder na sociedade e, finalmente, de encontros interétnicos e travessias transculturais de fronteiras.

3. Uma lógica diferente

O novo entendimento teológico concorda com a necessidade de ir além de estruturas anteriores preconceituosas que viam a religião popular em termos pejorativos, segundo os quais religião popular era sinônimo de práticas supersticiosas baseadas na ignorância, em contraste com a religião oficial, que era vista como autêntica e verdadeira. A perspectiva contemporânea sobre as religiões populares requer uma inversão de paradigmas epistemológicos para demonstrar o profundo sentido dessas expressões de fé.

Com relação a isso, a ciência das religiões precisa se desprender de seus etnocentrismos, de estruturas analíticas centradas no Ocidente, para descobrir outras lógicas (Parker) que estão na base da diversidade de expressões religiosas populares não somente no Terceiro Mundo, mas também nas margens do Ocidente.

4. Crenças e práticas multifuncionais

As religiões populares não são expressões intrínsecas de uma alma alienada, de uma fé como "ópio do povo", como afirmou Marx, mas crenças e práticas multifuncionais que, baseadas na situação e no contexto sociocultural, podem ser uma expressão tanto de alienação como de resistência à opressão. Uma análise contemporânea a partir da perspectiva do sujeito religioso indica que a religião popular pode ser uma forma de resistência contra a tendência secularizadora de modernidades globais: enquanto o progresso econômico e científico-tecnológico continua avançando, especialmente na América Latina e nas culturas não-ocidentais, aparecem novas formas de religiões e expressões populares.

Na mídia popular, especialmente entre os mais desfavorecidos e marginalizados pela sociedade capitalista de consumo e pela globalização, suas próprias formas de fé, devoções e rituais constituem uma forma simbólica para lidar com problemas angustiantes como miséria, fome, violência social, tráfico de drogas, violência doméstica, desintegração social, guerras locais, migrações forçadas — em outras palavras — as diversas formas de exploração abertas ou disfarçadas. Por causa disso, muitos rituais populares são carregados de drama, dor e mortificação que apontam para um significado pascal (mais que um significado penitencial). Mas também descobrimos que muitos satisfazem a necessidade de espontaneidade, festividade, alegria e comunidade com seus desejos subjacentes por uma inversão do mundo: uma vida diferente, melhor e mais completa, negada por uma sociedade que marginaliza.

A fé popular se desenvolve e é expressada mais ampla e profundamente nos lugares onde as massas que procuram *salvação, significado e *milagres (= saúde, vitalidade e gratificação no aqui e agora da existência) não encontram resposta adequada da parte das igrejas e das religiões estabelecidas.

Quanto mais forem formalizadas, intelectualizadas, individualistas e iconoclastas as expressões da religião oficial, mais provavelmente as massas exteriorizarão por meio de meios não oficiais seus desejos comunitários e buscas de significado em simbolismos, rituais expressivos e corporais, em ícones e em expressões rituais mágicas carregadas de misticismo coletivo.

5. A sementeira do cristianismo ocidental

A maioria das religiões populares contemporâneas teve sua gênese histórica na experiência colonial. Como afirmou Weber, os clérigos das religiões dominantes se impuseram à antiga adoração, desqualificando os antigos sacerdotes como feiticeiros e supersticiosos. Mas as massas convertidas às novas religiões mantiveram em segredo suas antigas crenças e práticas e formas implícitas que geraram novos sincretismos (Marzal) que são parte integrante de toda religião popular.

O cristianismo ocidental gerou novas formas de religião popular nos diversos contextos que evangelizou. A sobrevivência de práticas pré-colonialistas das antigas tribos religiosas é sincretizada com formas universais e locais de cristianismo que lhes dão maior valor na medida que os princípios fundamentais da fé são "encarnados" em contextos de tradições com raízes históricas e culturais.

Desde os primeiros dias do catolicismo popular latino-americano se veem novas devoções que ligam o Deus cristão com tradições religiosas pré-hispânicas. Houve muitas aparições de uma virgem nos séculos 15 e 16, mas a mais paradigmática é a *Virgem de Guadalupe. Em muitas tradições populares, a Virgem aparece aos indígenas, crianças e mulheres, reforçando especial predileção de Deus pelos marginalizados. A Virgem (símbolo religioso do conquistador espanhol) se funde com a imagem pré-hispânica de Tonantzin (o enviado pelo "Doador da Vida") e inaugura uma nova era exigindo a construção de um santuário sobre as ruínas de um santuário pré-colombiano. O protesto simbólico do mito é misturado com a sua função integrativa e dá sentido à experiência traumática da conquista.

Santuários religiosos populares são lugares hierofânticos (Eliade), destino dos multitudinários festivais e romarias: lugares por excelência da manifestação da cura misericordiosa, miraculosa, e do poder salvador de Deus.

6. Religião popular e vida

A religião popular está ligada à vida do povo. Nos contextos rurais, as religiões populares mantêm suas ligações com os ciclos agrícolas; nos ambientes urbanos, a fé está mais limitada a ciclos da vida familiar e ritos de passagem como nascimento, adolescência, casamento e morte. Mas em cada contexto as expressões visíveis da fé popular estão ligadas a crises vitais da existência: saúde, crise familiar, desemprego, amor do casal, morte violenta e assim por diante.

A fé popular reflete uma profunda confiança na vida, em sua reprodução e em seu poder sustentado por poderes divinos. É uma vida expressada na dimensão feminina da existência, vida que se justifica em face da morte, da exploração e da miséria asfixiante do materialismo. A fé popular tem um profundo senso do transcendente, apesar do seu aparente pragmatismo. Ela representa um profundo desejo de libertação das angústias diárias e das contradições sociais. É uma fé com profundo senso da ação beneficente, restauradora e libertadora de Deus na história concreta do povo, por múltiplas mediações: santos padroeiros, virgens, orações, novenas, grutas, pagamento de votos, música, canções, amuletos, fetiches, ritos de cura e morte, festividades, danças religiosas, etc.

As tradições religiosas populares são objeto de controvérsia e historicamente têm sido a fonte de símbolos que não se manifestam apenas no campo da religião. Tem havido muitas tentativas pelos poderes dominantes (estados, partidos, nacionalismos, populismos, fascismos, etc.) de manipular esses símbolos populares, e às vezes até mesmo igrejas têm tentado usá-los em benefício próprio.

7. Interpretação teológica e desafios

A interpretação teológica da religião popular tem sido objeto de muitos estudos e vários debates. A possibilidade de compreender esse fenômeno requer que a teologia se abra para novas dimensões das religiões. Um conceito fundamental para compreender religião popular é cura-salvação. Ele se refere ao ato de revitalização — ritual, simbólico-prático — da saúde da alma e da saúde do corpo de maneira holística, num holismo que sobrepuja o histórico dualismo ocidental alma-corpo muito presente nas teologias clássicas de inspiração paulina.

Com efeito, na maioria das expressões religiosas populares (catolicismo popular, pentecostalismo popular, seitas afro-cristãs) deparamos com uma ação ritual de um sujeito que favorece uma racionalidade simbólico-emotiva na qual o elemento coletivo, o cósmico e o pneumatológico cumprem um papel principal e na qual não se faz uma rigorosa distinção entre o espaço sagrado e o espaço profano. Algo semelhante ocorre com alguns rituais dos novos movimentos religiosos e com alguns tipos esotéricos de expressões mágicas com um forte senso de religiosidade cósmica e ecológica.

A religião popular é um desafio para a teologia e a *evangelização. Ela expressa, por meio de formas que apelam por discernimento, uma versão do *sensus fidelium* (Espín) e neste sentido revela aspectos de uma fé encarnada que pode até evangelizar a própria igreja, embora obviamente existam elementos que precisam e podem ser purificados. O problema é como moldar o relacionamento entre as pessoas e a igreja para que esta possa desenvolver uma expressão de fé autêntica e aculturada. A religião popular tem mostrado às igrejas a importância de reconhecer a diversidade de culturas nas quais o evangelho é encarnado e a necessidade de encorajar a comunhão eclesial dentro da estrutura de uma igreja multicultural (Shorter).

A maior parte dos ensinamentos da igreja e do catecismo é composta de reflexões sistemáticas e intelectuais com pretensões universais que contêm estruturas ocidentais de referência que contrastam com a experiência de fé vivida pelos fiéis locais. A teologia precisa interpretar e resgatar as verdades personificadas nessa experiência da comunidade cristã, sem esquecer que essas pessoas vivem constantemente sua fé nas ambiguidades e contradições da vida.

As igrejas nem sempre têm se preocupado com formas adequadas de aculturar o evangelho (veja Contextualização). Por exemplo, muitas igrejas insistem em cultos em favor dos mortos, mas não têm uma profunda espiritualidade popular para com eles (Phan), em particular nos casos de homenagens (ou adoração) dirigidas aos ancestrais, em tradições marcadas pelo confucionismo, por religiões africanas ou pelas religiões autóctones da América pré-hispânica.

Religião popular é uma fé viva. O caso do catolicismo popular foi tratado pelos bispos católicos nas conferências de Puebla e Santo Domingo como uma "expressão privilegiada de aculturação da fé" (Johannsson, 2005; Santo Domingo N. 36). É uma fé aculturada, habilitada no contexto das contradições da vida de fiéis comuns em suas realidades locais. O catolicismo popular é "um humanismo cristão que afirma radicalmente a dignidade de todos como filhos de Deus" (João Paulo II, Discurso Inaugural na Conferência de Puebla, III 6: AAS 71 p. 213).

As estruturas de referência clássicas herdadas da *Reforma e *Contrarreforma constituem abordagens das religiões populares que não nos permitem apreciar a magnitude de suas contribuições. No entanto, as novas teologias da *libertação e as teologias de aculturação e missiologias que se concentram no entendimento da evangelização no Hemisfério Sul estão mais inclinadas a aceitar religiões populares, em contraste com as teologias liberais clássicas, teologias derivadas da secularização europeia — sejam elas protestantes ou católicas — que são orientadas ao diálogo com a modernidade. É por isso que — a partir da perspectiva de ouvir o Espírito — um discernimento de novas formas de cristianismo não pode desconsiderar suas expressões "populares".

As imperfeições da fé nas cristandades populares podem ser consideradas um reflexo crítico das imperfeições da fé vivida no seio de instituições eclesiásticas. A fé popular é uma prova visível de que o evangelho é manifestado na história através de mediações e, portanto, sempre de formas imperfeitas. Existe um déficit ético em muitas expressões de religião popular em virtude da ênfase em uma espiritualidade centrada na intervenção divina que visa à obtenção de benefícios práticos, sem que esteja muito associada a um compromisso com o outro.

Mas existem também expressões de fé popular integradas às lutas sociais do povo, naqueles lugares onde se combinam a espiritualidade tradicional e o amor comprometidos com a situação histórica. A religião popular comum se manifesta na vida diária e sua projeção histórica parece estar ausente, mas a escatologia a conduz. Quando conjunturas favoráveis despertam desejos de uma nova Jerusalém não satisfeitos pelas igrejas e pela cultura oficial, a religião popular alimenta os movimentos religiosos de protesto (Lanternari; Desroches): movimentos milenaristas, igrejas autônomas, guerras religiosas, seitas sincretistas, movimentos heréticos e heresias de todos os tipos (veja Heresia).

8. Religião popular e globalização
Na sociedade globalizada surgida depois da Guerra Fria, a liberdade religiosa tornou-se mais pronunciada. No contexto de uma cultura liberal e com a relativa perda da influência cultural das igrejas, as religiões populares estão sendo transformadas. Novas tecnologias de comunicação e informação estimulam novas formas religiosas e sincretismos — estilo Nova Era. O panorama religioso está se tornando mais pluralista, e o encontro inter-religioso, mais evidente.

Por outro lado, entretanto, a dinâmica imposta pela *globalização está desafiando identidades locais, e nesse contexto tradicional as religiões populares estão sendo revitalizadas como uma forma de afirmação dessas identidades (Bamat e Weist). Quando grupos clericais (cristãos, islâmicos e outros) afirmam a tradição e tornam rígidas suas respostas em relação ao outro, eles provocam em suas respectivas expressões populares um fervor integrista e fundamentalista.

Em todo caso, a importância das religiões populares no mundo contemporâneo é indiscutível e constitui um desafio para a teologia e a missão.

Veja também; CONTEXTUALIZAÇÃO; GUADALUPE, NOSSA SENHORA DE; NOVOS MOVIMENTOS RELIGIOSOS CRISTÃOS; NOVOS MOVIMENTOS RELIGIOSOS NÃO CRISTÃOS; RELIGIÃO POPULAR; TEOLOGIA LATINO-AMERICANA AUTÓCTONE; TEOLOGIA DA LIBERTAÇÃO; TEOLOGIAS DE CONTEXTO AFRICANO NA AMÉRICA LATINA; TEOLOGIAS LOCAIS.

BIBLIOGRAFIA. BAMAT, T. e WIEST, P., orgs., *Popular Catholicism in a World Church: Seven Case Studies in Inculturation* (Maryknoll: Orbis, 1999); DESROCHE, H., *Dieux d'hommes: Dictionnaire des messianismes et millénarismes de l'ère chrétienne* (Paris: Mouton, 1969); ELIADE, M., *Traité d'histoire des religions* (Paris: Payot, 1975); ESPÍN, O., *The Faith of the People: Theological Reflections on Popular Catholicism* (Maryknoll: Orbis, 1997); JOHANNSSON, C., "Piedad popular en América Latina y Documentos Eclesiales", in: *Pastor de encuentro, Homenaje al P. Raúl Feres S.* (Santiago de Chile: CECH, Comisión Nacional de Santuarios y Piedad Popular, 2005); LANTERNARI, V., *The Religion of the Oppressed* (London: Macgibbon and Kee, 1963); MARZAL, M., *El sincretismo iberoamericano* (Lima: PUC, 1985); PARKER, C., *Popular Religion and Modernization in Latin America: A Different Logic* (Maryknoll: Orbis, 1996); PHAN, P., *Popular Piety and the Liturgy: A Commentary* (Collegeville: Liturgical Press, 2004); SHORTER, A., *Towards a Theology of Inculturation* (Maryknoll: Orbis, 1989); VRIJHOF, P. e WAARDENBURG, J., orgs., *Official and Popular Religion* (The Hague: Mouton, 1979).

C. Parker

RELIGIÕES CHINESAS
O significado e a função da religião na visão chinesa é bem diferente do significado e da função atribuídos pelos cristãos, que enfatizam a reconciliação da humanidade com Deus através da morte sacrificial do Cristo encarnado. Para o chinês, o religioso é alguém que procura atingir o bem estar mental e corporal (*an-shen*) para que possa cumprir seu destino e sina com paz interior e segurança (*li-ming*). Essa abordagem pragmática foi o solo onde se desenvolveram numerosas variedades de tradições religiosas nos últimos 3.500 anos da história chinesa.
1. Religiões como filosofia de vida: as três tradições religiosas
2. Religiões difusas como crenças populares
3. Religião como relacionamento pactual com Deus ou como formas de bem-estar do ego

1. Religiões como filosofia de vida: as três tradições religiosas
As tradições religiosas chinesas podem ser classificadas de acordo com a tipologia de crença no ser supremo. Embora as religiões primitivas ou populares creiam em divindades sobre-humanas, as três grandes tradições religiosas (conhecidas como os "Três Ensinos" [*san-jiao*], isto é, confucionismo, daoísmo e *budismo) são sistemas de filosofia de vida que procuram fundamentar a busca da

autotranscendência em entidades metafísicas definitivas. Devido a essa orientação filosófica, não causa surpresa descobrir que as realidades definitivas nessas crenças — seja o Céu (*tian*) como princípio (*li*) do confucionismo, o Caminho (*dao*) do taoísmo, ou a Natureza de Buda (*fo-xing*) do budismo chinês — são entendidas como transpessoais no que diz respeito ao fornecimento de uma base ontológica para interpretação e prática na vida (vida presente e vida futura).

1.1. Confucionismo como humanismo religioso. A questão sobre o confucionismo ser ou não uma religião tem criado consideráveis debates entre estudiosos, porque seu fundador, Confúcio, era um filósofo materialista e educador que não parecia acreditar num reino sobrenatural. As principais doutrinas do confucionismo tratam do autocultivo moral e do desenvolvimento de relações humanas virtuosas. No entanto, se levarmos em conta que a palavra *religião* em chinês é *zong-jiao,* que significa "seguir os ensinos (*jiao*) da herança ancestral (*zong*)", então crer em divindades pessoais não seria considerado essencial na cultura chinesa. Desde o tempo em que o império o escolheu como ideologia oficial da nação no segundo século a.C., o confucionismo vem servindo às funções sociais e políticas de uma religião do estado com seu sistema de rituais, a adoração do Céu representado pelo imperador e os mandamentos de culto oferecido aos ancestrais. Portanto, é correto dizer que o confucionismo é um sistema de ensino moral aberto a valores religiosos no que diz respeito ao significado da vida e à ordem na sociedade.

1.2. O caminho taoísta de naturalismo e liberdade. O taoísmo como filosofia de vida surgiu inicialmente do texto chamado *Tao-de-jing* (Clássico do caminho e seu poder), de suposta autoria de Lao Tse, e foi depois desenvolvido em outro texto chamado *Zhuangzi* no século 4 a.C. Os taoístas defendem um estilo de vida de não artificialidade e, portanto, buscam absoluta harmonia com o ego autêntico e com a natureza. Essa é considerada a única forma pela qual alguém pode pôr em prática uma união com o supremo Princípio do cosmos e da vida humana conhecido como "o Caminho" (*tao*). Para esse fim, é preciso se desembaraçar dos desejos praticando a tranquilidade ou mantendo um alto nível de autoconsciência até encontrar paz e liberdade interior neste mundo de mudanças. Da base da filosofia taoísta surgiu no segundo século d.C. um novo movimento religioso também chamado de "taoísmo" por seus praticantes. Essa divisão religiosa esotérica do taoísmo rapidamente se tornou uma religião popular com seus próprios sacerdotes, rituais e escrituras. Os adeptos dessa religião taoísta (*tao-jiao*), distinta da filosofia taoísta (*tao-jia*), cultuam Mestres Celestiais, praticam a adivinhação e buscam a imortalidade através de experimentações com a alquimia.

1.3. Experiências autotranscendentes no budismo chinês. O budismo da Índia foi introduzido na China no primeiro século d.C. pela rota da seda, que estabeleceu os primeiros contatos entre o Oriente e o Ocidente. Milhares de escrituras budistas foram então traduzidas nos séculos seguintes, ao passo que versões autóctones do budismo chinês floresceram a partir da dinastia Tang, no século 7. Escolas budistas chinesas, profundamente envolvidas por argumentos filosóficos, têm uma orientação pragmática, que busca a salvação pessoal da escravidão dos desejos humanos através da meditação e da iluminação cognitiva. De acordo com as duas grandes escolas do budismo chinês, a escola da flor de lótus (ramo *Tian-tai*) e a escola da guirlanda de flores (ramo *Hua-yen*), iluminação significa um avanço na percepção da vida e da realidade. A forma como vemos a vida depende da perspectiva (*guan*) que escolhemos. A vida parece muito infeliz, lamentável e sem esperança, quando olhamos para ela com "visão de túnel". Mas quando abrimos nossa mente e vemos a vida a partir de perspectivas diferentes ou de uma perspectiva mais elevada, o mundo se revela cheio de beleza e maravilhas, e a vida se torna digna de ser vivida novamente. Enquanto a escola da flor de lótus ensina a "meditação da mente fixa" (*zhi-guan*) para transcender e conciliar todas as contradições da vida (isto é, permitir perspectivas diferentes), a "meditação do *dharmadhâtu* (*fajie-guan*) defende uma perspectiva de totalidade que abraça todos em um (de uma perspectiva mais elevada). A terceira grande escola da tradição budista chinesa é o ramo *chan* (zen-budismo, em japonês). O budismo chan busca conseguir o estágio supremo de alerta contínuo do "desprendimento" (isto é, uma mente desapegada) nas atividades diárias comuns. A consciência de autotranscendência é despertada por provas inesperadas (em momentos e formas inesperadas) por seu Mestre Zen. Para esse fim, esses exercícios que despertam a mente levam então à iluminação, que é a suprema transformação da consciência humana.

2. Religiões difusas como crenças populares

As religiões na sociedade chinesa, como em qualquer das civilizações do mundo, não se limitam a esforços filosóficos para dar sentido ao mundo e à vida humana. O sociólogo C. K. Yang distinguiu dois tipos de grupos religiosos na sociedade chinesa: "religião institucional" e "religião difusa". "Religião institucional" corresponde às três grandes tradições religiosas mencionadas acima. "Religiões difusas" são as crenças e práticas religiosas, com suas teologias, ramos e adeptos, "tão intimamente difusas em uma ou mais instituições sociais seculares, que se tornam parte de seus conceitos, rituais e estrutura, de modo que não têm existência significativa independente" (Yang, 295). No entanto, podemos classificar essas religiões chinesas difusas e populares de acordo com o tipo de crença no ser supremo (ou seja, divindades pessoais ou poderes sobre-humanos impessoais).

2.1. Crenças em poderes sobre-humanos impessoais. Os chineses creem numa variedade de poderes (forças) que dominam e até controlam o destino humano (tanto individual como nacional). Essas forças podem ser classificadas segundo suas origens: o céu, a terra e as características inatas do corpo.

2.1.1. Forças de corpos celestes. O zodíaco chinês atribui a cada ano um animal que rege em ciclos de doze anos. A sequência dos doze animais é a seguinte: rato, boi, tigre, coelho, dragão, serpente, cavalo, cabra, macaco, galo, cão e porco. Combinadas com outros fatores como mês, data e hora do nascimento, as características individuais do animal regem a personalidade e o destino das pessoas que nasceram no ano correspondente. Mais tarde, configurações e posições de 115 estrelas foram incluídas na construção de um sistema sofisticado, que alega predizer muitos aspectos essenciais da vida de uma pessoa, incluindo saúde, vocação, riqueza, casamento, membros da família, etc.

2.1.2. Forças da terra. A geomancia (*feng-shui*) como forma de adivinhação chinesa é uma prática popular que funciona com uma bússola astrológica para selecionar locais de habitações para os mortos (sepulturas) bem como para os vivos (local e posição de edifícios ou casas). O princípio da geomancia se baseia na crença de que a terra foi moldada pelas correntes do sopro vital (*qi*) deixado por um dragão voador no céu. Os locais que capturam essas correntes se beneficiam da energia vital e assim trazem boa sorte, prosperidade e saúde.

2.1.3. Quiromancia e fisiognomonia. Os chineses adeptos da leitura da mão e da face acreditam que as formas das mãos e dos dedos, linhas da palma e os traços do rosto (e.g., testa, cílios, forma dos olhos, nariz, lábios, lóbulos das orelhas, maçãs do rosto, etc.) constituem informações que revelam a personalidade e o futuro da pessoa. A origem dessas crenças remonta às antigas experiências de dar as mãos como gesto de intimidade e de ler as expressões faciais para detectar sentimentos e pensamentos. No entanto, quando a leitura da palma da mão e do rosto se desenvolveu e passou a ser usada e classificada segundo os cinco elementos principais da natureza (isto é, água, madeira, fogo, metal e terra), tal tipologia (e.g., a mão de água, o rosto de fogo, etc.) definitivamente evoluiu para um sofisticado sistema religioso de adivinhação que extrapolava a experiência da comunicação interpessoal.

2.2. Crenças em divindades pessoais ou espíritos. Entidades adoradas ou veneradas podem ser rotuladas como mestres celestiais e imortais. As religiões chinesas são principalmente pragmáticas e sincréticas em suas perspectivas. Portanto, não é surpresa que a maioria das divindades adoradas nas religiões populares chinesas sejam as que trazem boa sorte e felicidade (e.g., os Oito Imortais do taoísmo), que concedem desejos (e.g., a deusa da compaixão [*guan-yin*] originária do budismo) ou protegem os fiéis do perigo (e.g., divindades domésticas como o "deus da cozinha" e o "deus da terra"). Daniel

Overmyer observa que "a maioria dos deuses da religião popular são seres humanos divinizados, venerados por sua coragem, força ou compaixão" (Overmyer, 67). De fato, a religião popular chinesa não faz uma clara distinção entre deuses e seres humanos; estes são potencialmente divinos, e os deuses quase sempre assumem formas humanas. Tampouco existem distinções claras entre tradições diferentes (isto é, confucionismo, taoísmo e budismo). Não é incomum encontrar num templo taoísta estátuas de imortais do taoísmo e deuses perto de uma estátua de *Guan-yin* (do budismo popular) e uma estátua do divinizado *Guan-gong* (um antigo general que representa o espírito de coragem e retidão na tradição confucionista).

As crenças incluem também espíritos maus, fantasmas e a vida após a morte. Compreender a vida e a morte nas religiões chinesas, especialmente sob a influência do taoísmo religioso, é bem diferente da experiência ocidental. De acordo com a teoria taoísta, o *qi* (sopro vital, energia vital) é a origem da vida humana. Quando nasce um bebê, seu corpo herda a plenitude da energia vital original (*yuan-qi*) do Céu e da Terra. No entanto, o *qi* no corpo diminui gradualmente com o passar do tempo. Quando o *qi* acaba se dissipando por completo do corpo, a pessoa morre. Assim, para obter longevidade, deve-se praticar o *qi-gong* (prática semelhante à ioga de exercício de respiração profunda) para solidificar e condensar o *qi* no corpo e retardar sua dissipação. Por outro lado, se a morte de uma pessoa for prematura (causada por acidente ou assassinato, por exemplo), seu *qi* ficará preso no corpo. Essa força vital não liberada, presa ao corpo, manterá o espírito em atividade e sem descanso até que seja tratada do modo adequado. É por isso que se acredita que a morte prematura ou violenta gera fantasmas errantes e nocivos. Para proteger um lar de más influências, deve-se convidar um sacerdote taoísta para escrever talismãs (*fu*) e, às vezes, realizar encantamentos (*zhou*) de invocação de divindades celestiais para expulsar forças demoníacas. Uma cerimônia fúnebre adequada é também essencial porque, por um lado demonstra a virtude da piedade filial e, por outro, conforta a alma do morto e a coloca no descanso eterno.

3. Religião como relacionamento pactual com Deus ou como formas de bem-estar do ego

Para os chineses, como já foi visto, a vida humana é cercada por espíritos bons ou maus, forças visíveis e invisíveis. Apesar das várias formas de crenças, as religiões chinesas compartilham as características do pragmatismo, sincretismo e moralismo. Em contraste com o entendimento cristão de Deus como ser pessoal e infinito, as religiões chinesas entendem as realidades supremas como forças vitais ou divindades antropomórficas ou, filosoficamente, como o fundamento do ser. Tal divergência também leva a diferentes modos de experiência religiosa. O modo cristão de experiência é um encontro entre duas pessoas no momento em que Deus procura firmar uma relação pactual com o ser humano. Por outro lado, as religiões chinesas se concentram na consecução do bem-estar na vida.

3.1. Exclusivismo ou inclusivismo? Os chineses normalmente se ofendem com as alegações cristãs de que o cristianismo é a única religião verdadeira e Jesus Cristo é o único meio de salvação. Essa reação é compreensível sob a perspectiva do pragmatismo chinês. Eles consideram a religião um meio para obtenção de bem-estar mental e físico na vida e, consequentemente, seria injustificável alguma religião alegar ser o único meio para atingir esse fim. Desde que a maioria das religiões, funcionalmente falando, oferecem a seus adeptos paz interior e significado na vida, não deveria haver exclusivismo. No entanto, se seguirmos a visão cristã de que a fé religiosa significa uma relação de aliança pessoal entre Deus e a humanidade, a relação diádica apelaria para uma condição de aceitação mútua entre ambas as partes. Portanto, é legítimo que Deus proponha seus termos para a reconciliação por meio de Jesus Cristo. Não há outro caminho, e somente pelo seu nome é que a humanidade pode ser aceita por Deus e reconciliada com ele.

3.2. Justificação pela fé ou justificação pelas boas obras? Para os cristãos, a doutrina da *justificação pela fé manifesta o gracioso amor de Deus pela humanidade. No entanto, o chinês moralmente responsável acredita de todo o coração que as boas obras devem ser recompensadas adequadamente. Ele acharia totalmente inaceitável e imoral uma pessoa ser punida eternamente no *inferno por deixar de crer em Deus apesar de seus esforços para levar uma vida virtuosa. Além disso, se "justificação pela fé" significa que um assassino em série pode decidir voltar-se para Deus logo antes de sua pena de morte ser aplicada e isso lhe garantirá alegria eterna no *céu, para o chinês isso é uma plena demonstração da injustiça de Deus. Essa acusação pode ser rebatida fazendo-se distinção entre o julgamento pactual e o julgamento moral.

A percepção chinesa de céu e inferno sob o ponto de vista moral (recompensa e castigo), de fato se aproxima mais da compreensão budista do que da visão cristã. Do ponto de vista pactual cristão, céu e inferno como destinos do ser humano são compreendidos como consequências naturais da escolha de um indivíduo em sua vida. Quando uma pessoa escolhe não se relacionar com Deus, seu destino eterno será também naturalmente sem Deus. Tal estado final da humanidade é chamado de "inferno" na fé cristã. Inferno é o estado eterno sem a presença de Deus. Se toda bondade vem de Deus, então o estado sem Deus é definitivamente a pior existência possível na qual nada existe a não ser sofrimento. O sofrimento no inferno não deriva da punição retributiva de Deus. Isso não está relacionado às realizações morais da pessoa na vida. Uma pessoa virtuosa que decide se alienar de Deus vai acabar no inferno. O cristianismo valoriza imensamente a moral. No entanto, o céu não pode ser comprado com boas obras, mas pertence somente aos que decidem nele entrar.

Veja também Budismo; Teologia Asiática; Teologia Chinesa.

Bibliografia. Adler, J. A., *Chinese Religions* (London: Routledge, 2002); Chamberlayne, J. H., *China and Its Religious Inheritance* (London: Janus, 1993); Ching, J., *Chinese Religions* (Basingstoke / London: Macmillan, 1993); Jochim, C., *Chinese Religions: A Cultural Perspective* (Englewood Cliffs: Prentice-Hall, 1986); Küng, H. e Ching, J., *Christianity and Chinese Religions* (New York: Doubleday, 1988); Nieto, J. C., *Religious Experience and Mysticism: Otherness as Experience of Transcendence* (Lanham: University Press of America, 1997); Overmyer, D. L., *Religions of China:* *The World as a Living System* (San Francisco: Harper & Row, 1986); Thompson, L. G., *Chinese Religion: An Introduction* (Belmont: Wadsworth, 1996); Yang, C. K., *Religion in Chinese Society: A Study of Contemporary Social Functions of Religion and Some of Their Historical Factors* (Berkeley / Los Angeles: University of California Press, 1967).

M. Wan

RELIGIÕES DE MISTÉRIO

As religiões de mistério, muitas vezes chamadas de seitas de mistério, por serem práticas religiosas separadas das religiões "oficiais" do estado, estavam entre as características mais importantes das antigas religiões do Mediterrâneo na Grécia e em Roma. Essas seitas atraíam muitos seguidores e foram especialmente populares no período greco-romano. No início e até meados do século 20, alguns estudiosos (principalmente na Alemanha) sugeriram ou defenderam a ideia de que o cristianismo primitivo fez empréstimos significativos das religiões de mistério. Esse ponto de vista é agora amplamente desacreditado, mas está claro que havia algumas semelhanças entre certas religiões de mistério e a igreja primitiva e que alguns pagãos greco-romanos viam a igreja como mais uma religião de mistério.

1. Características das religiões de mistério
2. Exemplos de religiões de mistério
3. Seitas de mistério e o cristianismo primitivo

1. Características das religiões de mistério

W. Burkert dá uma excelente definição de religiões de mistério: "Mistérios foram rituais de iniciação de caráter voluntário, pessoal e secreto que visavam a uma mudança de mente através da experiência do sagrado" (11).

Nem todas as religiões de mistério tinham estruturas idênticas, mas as características são semelhantes o suficiente para permitir uma descrição generalizada. Os mistérios enfatizavam seu caráter secreto, especialmente os detalhes dos rituais de iniciação das seitas. Esse era um dos pontos fortes das seitas. O processo de iniciação, além disso, prometia aos que entravam para a seita um relacionamento pessoal com a divindade envolvida. Também, ela prometia aos adeptos uma vida melhor no presente e uma existência maravilhosa após a morte. A participação nas seitas de mistério era essencialmente uma experiência individual, com pouco senso de comunidade com outros iniciados.

As religiões de mistério não eram exclusivas; era possível pertencer a vários grupos ao mesmo tempo, bem como manter a participação nas religiões do estado romano (ou grego).

2. Exemplos de religiões de mistério

As principais religiões de mistério do período greco-romano foram as de Elêusis (Johnston, 99-101), Cibele/Grande Mãe (Meyer, 111-54), Dionísio/Baco (Meyer, 61-109), Mitra (Meyer, 197-221) e Ísis (Meyer, 155-96). Tito Lívio, em *História de Roma* 39.8-19 (Meyer, 81-93), fornece uma descrição viva dos mistérios dionisíacos, incluindo a tentativa (mal sucedida) do senado romano em 186 d.C. de proibir a seita. Também sobrevive de Pompeia a famosa pintura de parede da Vila dos Mistérios, que retrata aspectos dos rituais de iniciação.

A única descrição mais importante de uma seita de mistério é dada por Apuleio no livro 11 de *Metamorfose*. Aqui ele descreve o íntimo relacionamento do iniciado com a deusa Ísis, o processo de iniciação (que era pago), a devoção do iniciado, sua entrada no sacerdócio de Ísis e outras informações. Apuleio diz que Ísis tinha o poder de fazer os iniciados "de certa maneira renascerem [...] e colocá-los novamente no curso de uma vida renovada" (11.21). Na passagem que talvez seja a mais importante, Apuleio apresenta a oração do iniciado: "Ó santa e eterna salvadora da humanidade... tu aplicas a doce afeição de uma mãe às desgraças do miserável [...] [Tu] desenrolas os fios da fatalidade, mesmo quando eles estão inextricavelmente torcidos. [...] A plenitude da minha voz é inadequada para expressar o que sinto por tua majestade; mil bocas e tantas línguas não seriam suficientes" (11.25).

3. Seitas de mistério e o cristianismo primitivo

Não é difícil perceber certos paralelos entre as religiões de mistério e o cristianismo primitivo, especialmente em termos da conexão com a divindade, a devoção e a promessa da vida eterna. As seitas de mistério enfatizavam o sigilo (e suas reuniões costumavam ser no período noturno); a vida interna da igreja era geralmente fechada a estranhos e também às vezes envolvia reuniões noturnas.

No início do século 20 muitos estudiosos argumentaram que a igreja primitiva (incluindo Paulo) baseou-se em religiões de mistérios para compreender a religião cristã, especialmente no que diz respeito aos sacramentos do *batismo e da *ceia do Senhor. Essa visão está quase totalmente desacreditada (veja Burkert, 101-2, 110-12; Nock; Wedderburn). Justino Mártir (Apologia 1.66.4) fala sobre a seita de Mitra e seu sacramento do pão e do cálice, mas declara que se tratava de uma imitação do cristianismo e, portanto, não pode ser considerada uma fonte das práticas cristãs. Existe um texto neotestamentário, entretanto, que parece ter forte relação com as religiões de mistérios dionisíacos: o relato de Jesus nas bodas de Caná da Galileia (Jo 2.1-12; veja Lincoln, 132-33), mas isso não estabelece de qualquer modo uma dependência teológica nem alguma prática da igreja ligada às religiões de mistério.

Veja também GNOSTICISMO.

BIBLIOGRAFIA. APULEIO, *Metamorphoses*, Hanson, J. A., org. e trad. (2 vols.; LCL; Cambridge: Harvard University Press, 1989); BURKERT, W., *Ancient Mystery Cults* (Cambridge: Harvard University Press, 1987); CUMONT, F., *The Oriental Religions in Roman Paganism* (New York: Dover, 1956 [trad. da 2. ed. francesa de 1909]); JOHNSTON, S. I., "Mysteries", in: *Religions of the Ancient World: A Guide*, Johnston, S. I., org. (Cambridge: Harvard University Press, 2004) 98-111; LINCOLN, A. T., *The Gospel According to Saint John* (Black's New Testament Commentaries 4; Peabody: Hendrickson, 2005); MARTIN, L. H., *Hellenistic Religions: An Introduction* (New York: Oxford University Press, 1987); METZGER, B. M., "A Classified Bibliography of the Graeco-Roman Mystery Religions 1924-73, with supplement 1974-77", in: ANRW 2.17.3 (1984) 1259-1423; MEYER, M. W., *The Ancient Mysteries: A Sourcebook: Sacred Texts of the Mystery Religions of the Ancient Mediterranean World* (Philadelphia: University of Pennsylvania Press, 1999); NOCK, A. D., "Hellenistic Mysteries and Christian Sacraments", in: *Essays on Religion and the Ancient World*, Stewart, Z., org. (2 vols.; Oxford: Oxford University Press, 1972) 791-820; TURCAN, R., *The Cults of the Roman Empire* (Oxford: Blackwell, 1996); WEDDERBURN, A. J. M., "Paul and the Mysteries Revisited", in: *Kontexte der Schrift; Band II: Kultur, Politik, Religion, Sprache-Text: Wolfgang Stegemann zum 60. Geburtstag*, Strecker, C., org. (Stuttgart: W. Kohlhammer, 2005) 260-69.

D. M. Scholer

RESSURREIÇÃO

Paulo escreve que *se Cristo não ressuscitou, então a nossa pregação é inútil e também a vossa fé* (1Co 15.14). A ressurreição de Cristo é a plataforma que mantém a igreja em pé. A ressurreição corporal de Jesus foi central para a proclamação da igreja primitiva. Ela deu esperança para uma futura ressurreição corporal e prometeu um antegozo de aspectos da "vida eterna" agora. Enquanto no Ocidente moderno perguntar *se* Cristo ressuscitou estava no centro dos debates e dos trabalhos que focavam a ressurreição, questões contemporâneas de todas as regiões do mundo se concentram mais no *significado* da ressurreição de Cristo e em suas implicações para a esperança cristã de vida após a morte, para o futuro de toda criação e para a forma de vida individual e coletiva agora.

1. Significados bíblicos
2. Aceitação na modernidade, nas culturas globais e nas tradições cristãs

1. Significados bíblicos

As interpretações do Novo Testamento sobre a ressurreição de Jesus dão forma oficial às visões cristãs do significado da ação de Deus de ressuscitar Cristo e de suas implicações. Os discípulos e autores do Novo Testamento interpretaram esse ato de Deus por meio das Escrituras e tradições de Israel e pelo intercâmbio de ideias com as antigas culturas do antigo Oriente Próximo e do mundo greco-romano.

1.1. A visão da vida após a morte no antigo Oriente Próximo e no mundo greco-romano. Nas culturas do antigo Oriente Próximo, diferentes deuses morreram e, em seguida, ressuscitaram para um novo tipo de vida, a exemplo de Osíris dos egípcios, ou Baal de Ugarite, mas os seres humanos não tinham esperança de vida ressurreta. Geralmente se entendia que, depois da morte, o espírito de uma pessoa ia para um reino subterrâneo onde habitaria com outros espíritos humanos. Os escritos persas de Zoroastro (c. 1000-600 a.C.) são exceções que falam de um julgamento dos espíritos humanos após a morte, mas é somente em escritos posteriores do zoroastrismo, o *Avesta* (c. século 6 d.C.), e o *Bundahishn* (c. século 9 d.C.), que se fala da ressurreição corporal dos mortos e de uma restauração definitiva.

Na cultura greco-romana, também não havia esperança de ressurreição do corpo após a morte, tanto para deuses como para seres humanos. Os seres humanos, após a morte, levavam uma existência sombria, quer no túmulo, quer em um submundo.

1.2. Crenças judaicas do século 1 sobre a ressurreição. Há bem poucas passagens que falam da ressurreição dos mortos no Antigo Testamento, e parece que a maioria dos israelitas até o período tardio do Segundo Templo (do segundo para o primeiro século a.C.) acreditava que após a morte, os seres humanos existiam como "sombras" no submundo do Sheol. No entanto, os escritos durante esse período sugerem que a maioria dos judeus cria em juízo e ressurreição depois da morte. Dois temas caracterizaram essa crença: a vindicação e a restauração do exílio. A ressurreição futura foi antes de tudo vista como a vindicação dos justos, dos que seguiram pelos caminhos da sabedoria (Dn 12.2, 3) ou foram mártires justos (2Mac 7). A ressurreição geral futura era vista também como a restauração final de Israel de seu longo "exílio", no qual os propósitos pactuais de Deus, não plenamente realizados nesta vida, seriam cumpridos. Essa fé e esperança se refletem, por exemplo, nas imagens alegóricas de Ezequiel 37 e em passagens mais explícitas, como Isaías 26.19 (cf. Is 25.7, 8), e tem profundos laços com as imagens da criação e do êxodo. Essas visões, contrárias às religiões do antigo Oriente Próximo, são mais plenamente desenvolvidas na literatura intertestamentária.

1.3. Interpretações neotestamentárias da ressurreição de Cristo. Os primeiros cristãos, confrontados com o Cristo ressurreto, entendiam o que havia acontecido à luz das crenças do judaísmo do primeiro século.

Vários aspectos de sua interpretação da ressurreição de Jesus estão em relação de continuidade direta. Primeiro, a ressurreição de Cristo é entendida como vindicação de sua retidão e fidelidade, e como sua exaltação na condição de Messias e representante de Israel por Deus, em contraste com sua rejeição, julgamento e crucificação (At 5.30, 31; Fp 2.9). Segundo, a ressurreição de Jesus, seu "êxodo" (Lc 9.31), é um sinal certo do início de uma nova era, o reino de Deus prometido, no qual Jesus governa como Senhor e Salvador (Lc 20.35, 36; At 5.30, 31; Ap 11.15).

Outros importantes significados e implicações estão presentes nos escritos do Novo Testamento. A vitória de Cristo sobre a morte mostra que a ressurreição não está apenas relacionada à alma, mas aponta para a vida num corpo ressurreto e transformado (1Co 15.49-53; Fp 3.21), em marcante contraste com as crenças greco-romanas. A esperança da ressurreição não está limitada aos seres humanos, mas envolve a renovação de toda a criação (Rm 8.19-25). Essa futura vida corporal é também uma vida transformada e qualitativamente distinta. Jesus é o novo Adão; ele é o protótipo e as primícias de uma nova humanidade; nele está a "vida eterna". Como resultado da ressurreição, a forma desta humanidade renovada é transmitida ainda hoje aos seguidores de Cristo através do Espírito Santo (Jo 7.38; 14.19; At 4.32-37; Rm 5.12-18), e viver essa nova vida é o conteúdo do discipulado (Jo 3.34-36; Ef 2.5-10) e a esperança de glória futura (Ef 1.14; Cl 3.4). Dessa forma, a vida de Jesus, sua morte, ressurreição e ascensão representam uma vitória sobre o pecado e o mal, bem como sobre a morte e a corrupção, uma vitória da qual os seguidores de Cristo participam. Na esperança da ressurreição os seguidores de Jesus devem *tomar sua cruz* (Mc 8.34) e viver fielmente para Deus assim como Jesus foi fiel diante da perseguição até à morte (Fp 2.8-9; 3.10,11; Ap 1.5; 17.14). A ressurreição de Cristo e essas implicações foram centrais para a proclamação do evangelho pela igreja primitiva (At 2.22; 3.17—4.2).

2. Aceitação na modernidade, nas culturas globais e nas tradições cristãs
Nos últimos tempos, vários aspectos da proclamação do Novo Testamento têm sido questionados ou negligenciados, refletindo os diferentes contextos dos questionadores.

2.1. O Ocidente moderno e a cultura moderna. A cultura moderna, moldada pelo Iluminismo, tem contestado a ressurreição de Cristo. Na teologia acadêmica, bem como na cultura popular, a ressurreição não mantém lugar central. No século 18, os deístas levantaram questões sobre a veracidade da ressurreição. Devido a uma concepção newtoniana do mundo como uma máquina consistentemente construída, a ideia de Deus interrompendo as leis da natureza em uma intervenção milagrosa como a ressurreição parecia irracional. O cristianismo era quase sempre reinterpretado como uma questão de moralidade. Nos séculos 19 e 20, os escritos de David Friedrich Strauss, Friedrich Schleiermacher e Rudolf Bultmann interpretaram a ressurreição de Jesus reduzindo a importância de sua veracidade e, ao contrário, se concentraram na experiência subjetiva dos discípulos — sua fé pascal no poder salvador de Jesus.

Muitas reações conservadoras ao liberalismo protestante e às questões do deísmo procuraram estabelecer a verdade histórica do evento da ressurreição como prova da verdade do cristianismo como um todo. Ironicamente, no entanto, a ressurreição quase sempre não desempenhou um papel determinante em suas teologias. Na moderna teologia dispensacionalista que surge da obra de John Nelson Darby e C. I. Scofield, a ressurreição de Cristo é profundamente afirmada, mas sua escatologia tende a se concentrar no arrebatamento, em quando ele deverá acontecer e em interpretações de textos apocalípticos.

Na metade do século 20, entretanto, o significado mais amplo da ressurreição de Cristo para a teologia foi recuperado tanto pela teologia protestante como pela católica romana. Para Karl Barth, a ressurreição completa e revela plenamente a reconciliação da humanidade com Deus que ocorre em Jesus Cristo — tanto pela auto-humilhação de Deus, como pela divina exaltação da humanidade. Em *Teologia da Esperança*, Jürgen Moltmann se concentra na ressurreição de Cristo como a ressurreição do Crucificado operada por Deus como sinal e promessa da vida futura do ˙reino de Deus (veja Esperança, Teologia da). Essa esperança escatológica também molda a missão do povo de Deus, que ele chama de "Igreja do Êxodo". Essas mesmas ênfases são encontradas nos documentos do Vaticano II, como a "Constituição da Igreja no mundo moderno". Trabalhos recentes em estudos bíblicos e ética cristã tem enfatizado a importância da ressurreição de Cristo no Novo Testamento e seu significado para a forma de vida e missão cristã (veja O'Donovan). Finalmente, em contraste com o persistente dualismo ocidental mente-corpo, a esperança na ressurreição do corpo e a renovação de toda criação tem inspirado reflexões cristãs sobre a identidade e a sexualidade humana, e promovido movimentos de consciência cristã e defesa ecológica.

2.2. América Latina. Na América Latina e América do Sul, a forma como a ressurreição é recebida não é moldada tanto pelas preocupações do Iluminismo mas pelo legado dos missionários católicos romanos espanhóis e portugueses e pela pobreza e opressão de muitos dentre o povo. No cristianismo popular, por exemplo, a ressurreição é muitas vezes ofuscada por imagens do Cristo sofredor e morto, assim como as festas e romarias que cercam a Sexta-feira Santa e o Domingo de Páscoa. A ressurreição de Cristo é frequentemente vista como uma garantia de sua divindade e da eficácia de seu sacrifício, mas raramente influencia especulações relativas ao fim dos tempos, céu, inferno e purgatório.

Muitos teólogos na América Latina e na América do Sul combatem essas posturas, concentrando-se diretamente na humanidade de Cristo — a Palavra presente na história — e a ressurreição de Jesus como vindicação de sua vida. Para Leonardo Boff, a ressurreição é primeiro uma vindicação de que a vida humana vivida por Cristo é a verdadeira forma de vida humana que Deus deseja, o reino de Deus personificado e, em segundo lugar, uma introdução de humanidade a seu estado definitivo e escatológico (veja Teologia da Libertação).

Jon Sobrino, em *Jesus na América Latina*, fala contra a "universalização" do significado da ressurreição — que Deus resgatará a humanidade da morte — e, em vez disso, aponta particularmente para a ressurreição da verdadeira humanidade, na forma de cruz, de Jesus de Nazaré. Para Sobrino, a ressurreição de Cristo não é simplesmente um resgate da morte e do sofrimento humano, mas também o triunfo da justiça de Deus sobre a injustiça e o pecado que levaram à crucificação do Justo de Deus. A ressurreição de Cristo dá, assim, esperança principalmente aos que se "crucificam" e apelam para que sigamos o caminho da cruz de Cristo — sendo justos e obedientes a Deus mesmo quando perseguidos, vivendo em solidariedade com os pobres e desmascarando os poderosos.

2.3. Leste e sudeste da Ásia. Como na América Latina e América do Sul, as opiniões sobre Jesus no sudeste da Ásia quase nunca se concentram na ressurreição, e sim na cruz. Devido ao sofrimento e à pobreza de grande parte da população, os teólogos têm receio de enfatizar a ressurreição porque ela pode facilmente ser confundida com a promoção de uma teologia da glória material ou de uma teologia de fuga deste mundo em vez de sua transformação.

As Filipinas, nação majoritariamente católica, caracterizam-se por práticas e crenças que se concentram na cruz, como a devoção ao carregar da cruz pelo Nazareno Negro, e a Paixão, com a encenação dos sofrimentos de Cristo durante a Semana Santa. Cristo é visto como aquele que passou por sofrimentos, pode compreendê-los e nos acompanhar em nossos sofrimentos. Embora a ressurreição seja frequentemente vista como a vitória final de Cristo sobre o pecado e o mal, raramente são enfatizados os temas de transformação e renovação. Ênfases semelhantes são notadas pelos teólogos na China, no Japão e na Coreia. O confucionismo tende a limitar as implicações políticas do cristianismo, enquanto as cosmovisões budista e hindu procuram compreender a religião como forma de escape deste mundo de *maya*, ilusão, e *dukkha*, sofrimento. Em tais contextos, a natureza transcendente da ressurreição de Cristo não é questionada, mas seus aspectos corpóreo e transformador são negligenciados.

C. S. Song, em sua bem desenvolvida teologia do Leste asiático, reage a essas tendências e enfatiza que a ressurreição não é uma negação do passado com suas lágrimas, dor e morte, mas a transformação da vida humana na vida do reino de Deus. Como tal, isso nos convida a viver no reino mesmo agora. Ele ainda adverte contra a ênfase sobre o Cristo ressurreto "coroado de ouro" que parece distante do sofrimento do povo.

Refletindo sobre o contexto japonês, Kosuke Koyama volta o olhar para a mentalidade moderna que procura exercer controle e se orgulha da capacidade de "lidar" com a vida. Koyama defende que nossa perspectiva da vida ressurreta e a mentalidade da ressurreição sejam inspiradas pela cruz — que nos lembra de que não somos capazes de controlar o poder salvador de Deus.

2.4. Índia. A Índia é o lar de uma série de diferentes pontos de vista religiosos, mas a maior parte da reflexão cristã contextual sobre a ressurreição na Índia se desenvolveu em diálogo com o 'hinduísmo. Os teólogos indianos pós-coloniais também se ressentem do fato de que o cristianismo e o império britânico chegaram de mãos dadas (com a notável exceção dos cristãos de São Tomé); a ressurreição é, deste modo, quase sempre vista pelos olhos do oprimido e, especialmente no caso da teologia Dalit, dos pobres e proscritos.

Devido ao pano de fundo do que Irmã Vandana chama de ideia do hindu de "Criação-Avatar-Realização", a ideia de ressurreição como auge da encarnação de Cristo tem boa receptividade, a exemplo do que acontece com a teologia do "logos" do evangelho de João. Algumas avaliações hindus do cristianismo, tipificado por Raja Ram Mohan Roy (1774-1883), afirmam até o nascimento virginal e a ressurreição de Cristo, embora neguem sua divindade. Ora, a ressurreição funciona como vindicação dos ensinos de Cristo e aponta para ele como um guia para a verdade.

No entanto, a ressurreição física de Cristo desafia alguns temas tradicionais das religiões indianas. P. Chenchiah enfatiza que a ressurreição contraria a doutrina de *maya*, a crença de que o mundo que experimentamos é uma ilusão. Tanto a encarnação de Cristo como sua ressurreição física mostram o amor de Deus para com a criação material — não simplesmente pelos espíritos. Esse tema é retomado fortemente por Surgit Singh em *Christology and Personality* [Cristologia e personalidade], que argumenta que a vida após a morte não é uma absorção em Deus, mas uma vida corporificada — coerente com as visões do místico cristão Sadhu Sundar Singh.

Esse diálogo entre as formas de pensamento indiano e a cristologia ganha precisão ainda maior na obra de Raimon Panikkare Stanley Samartha. Ele vê a ressurreição de Cristo como a "pista para a consumação futura" de todo o cosmos e a semente de um movimento redentor iniciado já agora. Essa ênfase sobre a vida ressurreta de Cristo como as primícias da vida do reino de Deus, no qual os poderes da morte e da opressão são vencidos, é apresentada fortemente por M. M. Thomas, bem como nas teologias dalit e "subalternas" como a Teologia da Libertação de S. Kappen.

2.5. África. A situação pós-colonial, as crenças africanas tradicionais, a pobreza, o sofrimento e a difícil situação da AIDS, tudo molda o contexto no qual a ressurreição de Cristo é proclamada na África.

Devido à história do colonialismo e ao sofrimento generalizado na África, teólogos como Kwesi Dickson e Jean-Marc Ela suspeitam de qualquer tipo de teologia da glória sugerida pela ressurreição. Eles falam contra qualquer entendimento da vitória da ressurreição ou do senhorio de Cristo não ligado à vindicação da forma como Jesus é visto na cruz, ou qualquer entendimento que permita ignorar o sofrimento do povo da África. Ao contrário, a ressurreição é compreendida como vindicação divina da luta de Cristo por libertação e um começo de uma nova ordem mundial.

Os teólogos que procuram relacionar a ressurreição de Cristo às crenças africanas tradicionais encontram muita receptividade nas crenças que cercam práticas ancestrais e de iniciação. Bénézet Bujo escreve que Deus estabeleceu Jesus como o único Ancestral, um "protoancestral", de quem flui toda a vida para seus descendentes. Em seu papel singular, Cristo possibilita o futuro que os ancestrais procuraram garantir, mas ele também nos leva no caminho da cruz, que significa solidariedade com o pobre e marginalizado. Da mesma forma Anselme T. Sanon vê Jesus como um mestre de iniciação. Em sua ressurreição, Jesus entrou na etapa final da vida humana e pode, assim, nos ajudar a passar por essa etapa. Ele se torna cabeça e precursor dos que o seguem.

2.6. Ortodoxia oriental. A rica história da reflexão ortodoxa oriental sobre a ressurreição é evidente em sua liturgia, iconografia, prática espiritual e teologia. A grande vigília da Páscoa é o ponto alto da Semana Santa e do ano cristão. A prática do *batismo durante a celebração da vigília mostra a ressurreição de Cristo inaugurando a "vida ressurreta" quando o crente é batizado em Cristo. Ícones típicos tanto da cruz como da ressurreição realçam seus significados entrelaçados: Cristo reina a partir da cruz, traz o cetro na mão, e o Cristo ressurreto é claramente retratado como aquele que foi crucificado. Em alguns ícones da ressurreição, o Cristo ressurreto segura a mão de Adão e Eva, tristes e suplicantes, imagem que ressalta Cristo como o novo Adão. No entanto, a reflexão sobre as implicações da ressureição não estão muitas vezes associadas à ação social e à preocupação ecológica. Em contrapartida, Sergius Bulgakov em *The Bride of the Lamb* [A noiva do Cordeiro], mostra como a ressurreição contraria as cosmovisões "platônico-budistas que negam a história, mas também mostra os limites dos sonhos humanos de progresso. E John Chryssavgis realça como na obra do "patriarca verde", Bartolomeu I, o cuidado pela terra está ligado à nossa esperança em relação à futura ressurreição cósmica.

Veja também CÉU; CRISTOLOGIA; ESCATOLOGIA; TEOLOGIA ORTODOXA ORIENTAL.

BIBLIOGRAFIA. BARTH, K., *Church Dogmatics*, 4/1, 4/2 (Edinburgh: T & T Clark, 1956, 1958); BOFF, L., *The Question of Faith in the Resurrection of Jesus* (Chicago: Franciscan Herald Press, 1971); BUJO, B., *African Theology in Its Social Context* (Maryknoll: Orbis, 1992); BULGAKOV, S., *The Bride of the Lamb* (Grand Rapids: Eerdmans, 2002); CHRYSSAVGIS, J., org., *Cosmic Grace, Humble Prayer: The Ecological Vision of the Green Patriarch Bartholomew I* (Grand Rapids: Eerdmans, 2003); ELA, J.-M., *My Faith as an African* (Maryknoll: Orbis, 1988); KOYAMA, K., *No Handle on the Cross: An Asian Meditation on the Crucified Mind* (Maryknoll: Orbis, 1977); LONGENECKER, R. N., org., *Life in the Face of Death: The Resurrection Message of the New Testament* (Grand Rapids: Eerdmans, 1998); MOLTMANN, J., *Theology of Hope: On the Ground and the Implications of a Christian Eschatology* (New York: Harper & Row, 1967) [edição em português: *Teologia da Esperança: Estudos sobre os Fundamentos e as Consequências de uma Escatologia Cristã* (São Paulo: Teológica / Loyola, 2005)]; O'DONOVAN, O., *Resurrection and Moral Order: An Outline for Evangelical Ethics* (2. ed.; Grand Rapids: Eerdmans, 1994); SAMARTHA, S. J., *The Hindu Response to the Unbound Christ: Towards a Christology in India* (Bangalore: Christian Institute for the Study of Religion and Society, 1974); SANON, A. T., "Jesus, Master of Initiation", in: *Faces of Jesus in Africa*, Schreiter, R. J., org. (Maryknoll: Orbis, 1991) 85-102; SINGH, S., *Christology and Personality* (Philadelphia: Westminster, 1961); SOBRINO, J., *Jesus in Latin America* (Maryknoll: Orbis, 1987) [edição em português: *Jesus na América Latina* (Petrópolis / São Paulo: Vozes / Loyola, 1985)]; SONG, C.-S., *Third-Eye Theology: Theology in Formation in Asian Settings* (Maryknoll: Orbis, 1979); SUGIRTHARAJAH, R. S. e HARGREAVES, C., orgs., *Readings in Indian Christian Theology* 1 (TEF Study Guide 29; London: SPCK, 1993); WRIGHT, N. T., *The Resurrection of the Son of God* (Minneapolis: Fortress, 2003).

D. L. Stubbs

RETIDÃO. *Veja* JUSTIÇA; JUSTIFICAÇÃO.

REVELAÇÃO E ESCRITURAS

Dois conceitos fundamentais para a teologia cristã são a revelação e as Escrituras. Para que Deus seja conhecido pela humanidade limitada, pecadora, ele deve "revelar" ou comunicar o ego divino de uma forma que os seres humanos possam entender. Esse "descobrir" de Deus que está oculto e além da percepção ou compreensão humana, é uma revelação do divino. A teologia cristã se refere ao ato ou processo desse "descobrir" divino como revelação. O principal meio de revelação de Deus são as sagradas Escrituras. A teologia cristã afirma que Deus é conhecido pelas Escrituras do Antigo e do Novo Testamento. A Bíblia é o meio usado por Deus para se comunicar com a humanidade. Na história de Israel e através dela, culminando na pessoa de Jesus Cristo, o Deus encarnado, e então pelos escritos bíblicos do Novo Testamento, a igreja e a teologia cristã distinguiram as Escrituras como a divina revelação. Embora os teólogos cristãos possam concordar sobre as dimensões básicas da revelação e das Escrituras, há muitas formas pelas quais esses dois assuntos têm sido compreendidos.

As explicações a seguir indicam a ênfase de determinadas tradições e movimentos teológicos sobre a natureza da revelação e das Escrituras.

1. A natureza da revelação
2. Interpretações teológicas da natureza das Escrituras
3. Perspectivas emergentes contextuais e interculturais das Escrituras e da revelação
4. Perspectivas asiáticas contextuais

1. A natureza da revelação
As opiniões sobre a revelação e as Escrituras envolvem não apenas esses temas, mas também questões acerca do cânon, da autoridade, da inspiração e da obra do Espírito Santo (veja Pneumatologia), bem como as disciplinas de *hermenêutica e interpretação bíblica. Ao pensar sobre a teologia cristã global somos chamados a reconhecer a ampla variedade de formas pelas quais esses temas são compreendidos e as muitas maneiras pelas quais a cultura molda e afeta as perspectivas teológicas sobre como Deus é revelado e sobre como a Bíblia deve ser interpretada.

Historicamente, os teólogos têm falado de "revelação geral" e "revelação especial". Revelação geral é a própria manifestação e comunicação de Deus no universo e no mundo criado (Sl 19.1-6; Rm 1.19, 20). Isso é às vezes chamado de "revelação natural". Se a "fé" é necessária para compreender essa revelação e até que ponto ela é acessível à humanidade pecadora são perguntas que têm recebido inúmeras respostas. A revelação especial é a própria manifestação e comunicação de Deus em momentos e lugares específicos, particularmente nos eventos da história de Israel e, para os cristãos, na pessoa de Jesus Cristo. A Bíblia é considerada a revelação especial de Deus, para ser recebida pela fé e interpretada adequadamente.

1.1. Modelos de Revelação. O teólogo Avery Dulles forneceu uma tipologia ou classificação de modelos para indicar formas pelas quais a teologia cristã tem entendido a natureza da revelação e as implicações desses pontos de vista.

1.1.1. Revelação como doutrina. Um ponto de vista da revelação é que a revelação de Deus é dada através de palavras (das Escrituras) com conteúdo proposicional e pode ser entendida. Esse tipo de revelação é necessário para a salvação, porque é necessário obter uma *doutrina ou compreensão de Deus adequada. Fé é a firme concordância com as verdades reveladas nas fontes de revelação oficiais. Essa fé pode ser preparada por atos de raciocínio humano, que estabelece a credibilidade da revelação proposicional.

1.1.2. Revelação como história. Um segundo ponto de vista vê a revelação divina nas ações de Deus nos eventos da história, que mostra como Deus é. A Bíblia fornece a "história da salvação"(*Heilsgeschichte*), com seu clímax na morte e ressurreição de Jesus Cristo, profetizadas no Antigo Testamento, e os efeitos completos do que por fim será revelado no futuro reino de Deus. A resposta correta à revelação é a fé, que interpreta a história à luz das atividades salvadoras de Deus. Fé, portanto, é confiar no Deus que cumpre promessas e que mostra bondade, benevolência, poder e misericórdia.

1.1.3. Revelação como experiência interior. O terceiro ponto de vista é uma abordagem experiencial direta, sem mediação. Essa experiência nos une com os outros na tradição bíblica e cristã, em particular com os profetas do Antigo Testamento e com o próprio Jesus. Não é verdade a ser crida, nem significância a ser percebida, mas o que define a fé é Deus se comunicando em si mesmo à nossa alma. A experiência da revelação produz uma "união" com Deus que é vida eterna e que, assim, molda as atitudes, perspectivas e ações dos que recebem a revelação.

1.1.4. Revelação como presença dialética. Um quarto ponto de vista é que Jesus Cristo é a Palavra de Deus, e as Escrituras do Antigo e do Novo Testamento apontam para ele e dele dão testemunho. Fé é "encontro", ou reconhecimento de quem Jesus é, e a fé vem pelo testemunho das Escrituras. Mas as Escrituras sempre devem ser mantidas em equilíbrio com o Cristo que é o Senhor das Escrituras. Assim, a revelação ocorre quando no evento de fé alguém reconhece a realidade de Cristo afirmada nas Escrituras. A dialética é entre revelação e salvação, a Palavra (Cristo) de Deus sendo transmitida através das palavras bíblicas, que testemunham para o Cristo — e tudo isso é percebido pela fé. A Bíblia, de certo modo, "torna-se" a Palavra de Deus na medida em que é o meio que Deus usa para dar testemunho de Jesus Cristo como Palavra de Deus.

1.1.5. Revelação como nova consciência. Um quinto ponto de vista é da revelação como o avanço para uma consciência humana mais elevada para que o ego seja visto como uma realidade constituída e fortalecida pela presença divina. A revelação ocorre por meio de eventos paradigmáticos que — quando lembrados — estimulam a pessoa a ver a realidade de uma nova maneira. A revelação não tem um conteúdo fixo, mas é uma experiência contínua para integração, liberdade e autocompreensão. A revelação continua quando alguém segue reinterpretando perspectivas de novas maneiras. Essa experiência da revelação permite que se participe de atividades criativas e redentoras de Deus que conduzem à reconciliação e realização. A fé é uma nova consciência que surge da revelação.

1.1.6. Revelação e mediação simbólica. Um ponto de vista final (de Dulles) vê a revelação como mediação simbólica. Nas Escrituras, a revelação vem ou é mediada por meio de símbolos, que são realidades polivalentes. Eles funcionam para colocar em perspectiva muitas experiências, significados e memórias. Os símbolos nos indicam a plenitude do significado, que eles simbolizam, mas não podem captar por completo. Pelo fato de os significados serem tão ricos, somente os símbolos podem transmiti-los com sentido. A Bíblia é o documento da revelação que medeia os símbolos da revelação de Deus, mediando de forma suprema o símbolo de Jesus Cristo. Dulles acredita que ver a revelação e a Bíblia dessa perspectiva possibilita o fortalecimento das dimensões positivas das cinco posições e a limitação de seus aspectos negativos.

1.2. A centralidade da revelação. Teologicamente, sem a revelação de Deus não poderia haver cristianismo. Todos os diferentes modelos da revelação propostos pelos teólogos reconhecem a centralidade desse conceito. De muitas maneiras, a própria teologia é a elucidação da revelação de Deus. Nas palavras de Dulles: "Como significado conjunto de todas as pistas e símbolos através dos quais Deus se comunica, a revelação é a fonte e o centro, o princípio e o fim, do empreendimento teológico" (Dulles, 283).

2. Interpretações teológicas da natureza das Escrituras

Embora os teólogos concordem que a Bíblia ocupa lugar central como meio de revelação de Deus, sua natureza tem sido entendida de formas variadas. O termo "Palavra de Deus" é usado para designar essa posição especial das Escrituras, mas o conceito é entendido e articulado de diversas maneiras. Essas formulações teológicas forneceram direções fundamentais para pontos de vista característicos das tradições e movimentos que se voltam para as Escrituras como forma de encontrar a revelação de Deus.

2.1. Catolicismo romano. O catolicismo romano tem, tradicionalmente, olhado para a igreja como fiadora do cânon bíblico. A igreja autentica as Escrituras, reconhecendo a autoridade dos livros bíblicos, mas no final as Escrituras têm autoridade porque são inspiradas por Deus e o que ele tem a intenção de revelar à igreja. Com o desenvolvimento do papado, o catolicismo também enfatizou a autoridade da tradição da igreja segundo interpretada pelo magistério — ou ensino oficial — da igreja. O papa, como vigário de Cristo, é o intérprete principal das Escrituras na igreja (veja Papado). Desde o *Concílio Vaticano II, o catolicismo contemporâneo tem focado na ligação das Escrituras e da tradição, com ênfase em sua estreita comunicação e objetivos comuns. A tradição da igreja garante que as Escrituras sejam interpretadas corretamente. As Escrituras e a tradição coexistem como meio pelo qual Deus guia a igreja.

2.2. Protestantismo conservador. Vários movimentos teológicos se classificam como protestantes conservadores em sua visão das Escrituras. Geralmente, isso significa uma firme adesão às Escrituras como Palavra autorizada de Deus. Alguns adeptos contemporâneos das principais tradições confessionais da *Reforma do século 16 — sejam luteranas, sejam reformadas — baseiam suas confissões históricas nas Escrituras. Para os luteranos essas formulações se encontram no *Livro de Concórdia*, mas há diversos padrões confessionais importantes para as igrejas de tradição presbiteriana e reformada.

A tradição luterana enfatiza a suprema autoridade das Escrituras como fonte e juiz de toda doutrina, embora suas confissões silenciem sobre a doutrina da inspiração das Escrituras e sobre a atividade do Espírito Santo na formação do cânon. Muitos luteranos argumentam que a ênfase de sua herança confessional não está nas Escrituras como livro, mas em seu conteúdo redentor.

As confissões reformadas, da mesma forma, enfatizam a suprema autoridade das Escrituras, mas são mais explícitas em suas definições dos limites do cânon e do papel do Espírito na inspiração, iluminação e interpretação. Essas confissões começam frequentemente com um artigo sobre a Bíblia para realçar sua posição como meio de revelação de Deus e para estabelecer sua autoridade oficial para a igreja e para os cristãos.

Os anabatistas tradicionais também têm sustentado a suprema autoridade das Escrituras, todavia sempre em associação direta com a obra interior do Espírito na vida dos verdadeiros crentes. Essa "hermenêutica de discipulado" tem sido uma distinção principal entre os anabatistas e as igrejas confessionais da Reforma.

Hoje, as visões protestantes conservadoras com frequência se enquadram nas categorias do fundamentalismo, do escolasticismo e do evangelicalismo.

2.2.1. Fundamentalismo. O fundamentalismo americano surgido no fim do século 19 e início do século 20, enfatiza as Escrituras como proposição. A Bíblia contém verdades proposicionais divinamente inspiradas e inerrantes reveladas por Deus. Os fundamentalistas enfatizam a plena inspiração de todas as partes da Bíblia, salientando a inspiração verbal das Escrituras em sua crença de que Deus inspirou diretamente cada palavra do texto bíblico. Além disso, a inspiração é "plena", no sentido de "inteira" ou "completa", abrangendo os sessenta e seis livros do cânon protestante. O fundamentalismo sustenta não apenas a "infalibilidade", ou confiabilidade, das Escrituras em tudo de que elas tratam, mas também sua "inerrância", indicando estarem elas imunes à falsidade, à fraude ou a enganos de qualquer tipo. O fundamentalismo tem argumentado que desde que Deus é verdadeiro (Rm 3.4) e "soprou" ou "inspirou" as Escrituras (2Tm 3.16), elas ensinam somente a verdade. O que eles ensinam como revelação de Deus está manifesto nas declarações ou proposições das Escrituras — assim caracterizado porque são diretamente inspirados por Deus. Com frequência o fundamentalismo tem enfatizado uma abordagem literalista na leitura e interpretação dos textos bíblicos.

2.2.2. Teologia escolástica. Os proeminentes teólogos do Seminário Teológico de Princeton no século 19 e início do século 20 enfatizaram as Escrituras como doutrina. Charles Hodge, Archibald A. Hodge e Benjamin B. Warfield apresentaram aos Estados Unidos a teologia escolástica reformada do século 17. A ênfase deles estava na completa autoridade da Bíblia, que surge de sua inspiração divina. Nesse ponto eles se baseiam na obra de teólogos escolásticos reformados do século 17, como Francis Turretin. Isso significa que cada palavra dos escritores é, de certa forma, divina e humana. Escritores inspirados não podem errar e, portanto, tudo o que a Bíblia ensina como verdade religiosa e moral, bem como todas as declarações de fato, não contém erro. Os teólogos de Princeton falam dos "autógrafos originais" das Escrituras como "absolutamente infalíveis quando interpretados no sentido pretendido". A única forma de refutar essa afirmação, segundo A. A. Hodge e B. B. Warfield, seria provando a existência de duas passagens discrepantes nos autógrafos originais, que a interpretação da aparente discrepância é a pretendida pela passagem e que o verdadeiro sentido do texto autográfico é "direta e necessariamente incompatível com algum ato seguramente conhecido da história, ou com a verdade da ciência, ou com alguma outra declaração das Escrituras certamente apurada e interpretada" (242). Segundo esse ponto de vista, a Bíblia funciona como fonte para o ensino e como sistema de doutrina para a igreja.

2.2.3. Teologia evangelical. A teologia evangelical (originalmente chamada neo-evangelical) tende a falar da Bíblia como mensagem. O movimento surgiu nos Estados Unidos no fim da década de 1940 como reação ao fundamentalismo americano e salientava a necessidade de mais envolvimento cristão nos problemas sociais. Cinquenta anos depois o termo descrevia um movimento interdenominacional que tem, entre outras coisas, enfatizado a autoridade das Escrituras e seu propósito principal de centrar na fé e na salvação em Jesus Cristo. As Escrituras são a Palavra de Deus que se torna conhecida pela obra do Espírito Santo. Essa visão salienta o propósito teológico da Bíblia, um documento religioso com um propósito teológico. É infalível por ser completamente confiável na autorrevelação de Deus em Jesus Cristo. As Escrituras não levam ao erro nem fazem alguém se desviar das verdades teológicas que Deus pretende transmitir. Embora todos os evangélicos concordem sobre a infalibilidade e confiabilidade das Escrituras, o uso do termo infalibilidade tornou-se uma questão de debate, especialmente nos Estados Unidos. Os evangelicais conservadores (representados pela Evangelical Theological Society, entre outros grupos) continuam usando o termo (apelando à definição encontrada na Declaração de Chicago sobre a Inerrância Bíblica, de 1978, mais sutil que a do fundamentalismo), embora outros segmentos do evangelicalismo (incluindo muitos evangelicais europeus) argumentem que a infalibilidade não exige inerrância em questões como detalhes da história, ciência ou geografia, particularmente quando estes são entendidos em seu antigo ambiente cultural. As Escrituras são a mensagem de Deus revelada em palavras humanas inspiradas. A Bíblia tem o propósito de guiar as pessoas à salvação e instruí-las para viverem a fé cristã.

2.3. Teologia liberal. Os teólogos liberais do início do século 20 enfatizaram as Escrituras como experiência. Alinhados na tradição de Friedrich Schleiermacher (1768-1834), Albrecht Ritschl (1822-1889) e Adolf von Harnack (1851-1930), esses teólogos procuram reconstruir a ortodoxia tradicional para atender aos desafios do mundo moderno. Eles veem a Bíblia como um documento antigo escrito por homens falíveis, autores humanos que eram "gênios religiosos". Esses autores produziram textos que transmitem a experiência religiosa a seus leitores, uma vez que os põem em contato com as grandes questões da existência humana. Assim, o pregador liberal Harry Emerson Fosdick fala da Bíblia como fonte de "experiências duradouras e categorias mutáveis". Isso significa que as experiências humanas básicas das quais a Bíblia fala são as mesmas em qualquer época, embora expressadas em vários conceitos e estruturas em diferentes períodos da história. Os teólogos devem procurar as experiências duradouras que fundamentam categorias bíblicas e expressá-las em formas adequadas para os tempos atuais. Para a teologia liberal, Deus é revelado nos eventos da história e especialmente em Jesus Cristo. Os seres humanos podem se abrir a essa revelação e descobrir o círculo das verdades nas Escrituras à medida que suas experiências religiosas coincidem com as experiências contidas na Bíblia.

2.4. Teologia neo-ortodoxa. Os teólogos suíços Karl Barth e Emil Brunner estão associados à teologia neo-ortodoxa, um movimento que fala da Bíblia como testemunha (veja Barthianismo). Barth, reagindo fortemente à teologia liberal na qual ele havia sido instruído, desenvolveu uma teologia dialética que em seus estágios iniciais salientava o grande contraste e a distância entre o Deus transcendente, santo, e a humanidade finita e pecadora. Em Jesus Cristo, esse abismo foi preenchido. Cristo é a autorrevelação de Deus, de forma que "revelação" é "o Verbo que se fez carne". Barth falou da tríplice Palavra de Deus como a Palavra revelada (Jesus Cristo), a Palavra escrita (Escrituras) e a Palavra proclamada (pregação). As Escrituras "tornam-se" Palavra de Deus quando, por meio de sua proclamação, ela testemunha ou aponta para a Palavra (Verbo) que se fez carne, Jesus Cristo. Os autores inspirados das Escrituras foram testemunhas da revelação de Deus. Barth fala de "inspiração verbal" no sentido de que as testemunhas da revelação de Deus gravaram seu testemunho em palavras. Mas eram palavras falíveis de seres humanos, sujeitas a erros, mas ainda assim usadas por Deus para alcançar seus propósitos. A Bíblia adquire autoridade na medida em que o Espírito Santo usa testemunhas humanas e por meio desse testemunho produz fé e obediência a Jesus Cristo.

2.5. Teologia existencial. Paul Tillich e Rudolf Bultmann — dois estudiosos profundamente influenciados pelo existencialismo do século 20 — viam as Escrituras como encontro vivo. Tillich, em particular, ensinou que os seres humanos estão afastados do fundamento do ser (Deus) e que a salvação pode vir apenas pela revelação de Deus. Essa revelação é Jesus Cristo, que reconcilia os seres humanos com o fundamento do ser. A revelação de Deus consiste naquilo que constitui nosso "interesse principal". A Bíblia é a fonte da revelação de Deus e participa dessa própria revelação. Suas palavras apontam para os eventos reveladores de Deus, transmitidos nas Escrituras através de símbolos religiosos. A Bíblia é o catalisador da revelação para que os povos atuais possam participar do poder dos eventos reveladores originais e compartilhar as mesmas experiências maravilhosas dos autores bíblicos. A Bíblia apresenta um mosaico de símbolos religiosos que expressam a revelação de Deus. O símbolo supremo e a revelação final de Deus é a imagem bíblica de Jesus como o Cristo. Em Jesus, o Cristo, o poder de um novo ser está presente como em nenhum outro lugar. No encontro vivo com esse símbolo do Cristo por meio das Escrituras, os seres humanos recebem a revelação de Deus, uma vida integral e saúde, ou seja, a salvação.

2.6. Teologia do Processo. Os teólogos do processo veem as Escrituras como ação revelada. A *Teologia do Processo está construída sobre a filosofia do processo de Alfred North Whitehead, que via toda a realidade e todas as experiências relacionadas umas com as outras. Charles Hartshorne, aluno de Whitehead, falava sobre Deus como aquele que tem dois polos ou aspectos. Um é a essência abstrata de Deus, seu aspecto eterno e imutável. O outro é a realidade concreta de Deus, seu aspecto temporal e cambiante. No pensamento do processo, as doutrinas religiosas devem ser aceitas somente se forem autoevidentes e se conformarem com a experiência humana. A Bíblia é a fonte da doutrina pelo fato de descrever as ações de Deus, que conduz o mundo para aquilo que ele pode ser. As Escrituras também apresentam possibilidades que vão além das experiências sociais normais e abrem novas possibilidades de relacionamentos. Para a filosofia do processo e a Bíblia, a realidade está se tornando em vez de ser, em processo em vez de estática. As Escrituras têm autoridade na medida em que ela coopera com nossas experiências autoevidentes e se torna a fonte para observação das ações reveladoras de Deus no mundo — Deus evoluindo com a criação em possibilidades futuras. As Escrituras apresentam esse Deus que está mudando junto com o mundo e que responde com amor aos seres humanos.

2.7. Teologia narrativa. A teologia narrativa vê a Bíblia como meio para as *metáforas. A ênfase desse movimento está na importância das narrativas e no poder das histórias na experiência humana. Raciocinando metaforicamente, uma característica básica da vida humana é a aptidão de detectar continuidades entre dois objetos diferentes. As parábolas de Jesus são exemplos excelentes desse tipo de pensamento metafórico, nas quais objetos comuns, como uma moedas perdida ou um tesouro escondido, são comparados ao *reino de Deus. Na teologia narrativa, a linguagem é considerada detentora de um poder participativo que atrai os leitores e ouvintes às narrativas de forma pessoal. Nas histórias, as pessoas são confrontadas com suas próprias possibilidades e veem a vida à luz de suas opiniões sobre o que a vida pode ou deve ser. A Bíblia fornece um conjunto central de metáforas pelas quais a visão da vida pode ser moldada. Seu gênero narrativo é importante e assim ganha autoridade, invocando novas visões da vida. O objetivo das Escrituras não é estabelecer um conjunto de crenças, mas um caminho para a fé. A Bíblia é um clássico poético. Ela é um meio para metáforas na medida em que convida as pessoas a fazer uma relação entre suas histórias de vida e as histórias que ela narra. As Escrituras apresentam novas visões da realidade validadas à medida que são vividas.

3. Perspectivas emergentes contextuais e interculturais das Escrituras e da revelação

3.1. Perspectivas femininas

3.1.1. Teologia feminista. Em muitas formas de teologia *feminista, a Bíblia funciona mãe de modelos. Os que se identificam como teólogos feministas falam frequentemente de preconceitos patriarcais encontrados na Bíblia. Com base nisso, esses teólogos indagam como a Bíblia pode ser usada como fonte para compreensão da vida e como pode servir como recurso positivo, especialmente para as mulheres oprimidas. Alguns teólogos feministas têm procurado restaurar as Escrituras interpretando textos bíblicos à luz da consciência feminista contemporânea. Alguns têm olhado para perspectivas teológicas como a tradição profética para encontrar um tema teológico central de libertação do oprimido. Outros trabalham em reconstruções históricas que documentam movimentos que se afastam do igualitarismo patriarcal. Para muitos desses teólogos, a Bíblia é a mãe de modelos na medida em que serve como paradigma flexível para motivar experiências e encorajar transformações de vida. A Bíblia pode dar uma nova visão da realidade — especialmente transmitindo a vida e o ministério de Jesus. As Escrituras podem ser o lugar onde a consciência crítica feminina pode convergir com alguns testemunhos bíblicos.

3.1.2. Teologia mulherista. A *teologia mulherista refere-se à teologia feita especialmente por e para mulheres negras. As teólogas e teólogos mulheristas se preocupam com a opressão, com o *sexismo e com as formas pelas quais as mulheres negras enfrentam problemas difíceis nas sociedades patriarcais. As questões de racismo, sexismo e de classe social fornecem o ponto de partida para reflexão teológica quando focam em questões de justiça com relação às opressões encontradas pelas mulheres. A Bíblia apresenta histórias de mulheres pobres oprimidas que tiveram um encontro especial com Deus por intermédio da presença de mensageiros ou emissários divinos. A tradição profética bíblica capacita teólogas e teólogos mulheristas a obter recursos para sua própria libertação da opressão patriarcal, bem como reivindicar modelos para transformar a igreja patriarcal. A Bíblia é a mãe de modelos ao oferecer as possibilidades de transformação e dar ímpeto às experiências humanas. A Bíblia é o meio que Deus usa para mostrar às mulheres sua própria condição oprimida e, no entanto, para também manter a visão e a promessa de um "novo céu e uma nova terra", onde haverá integridade e bem-estar.

3.2. Os afro-americanos e a teologia negra. Uma importante forma de teologia da libertação nos Estados Unidos é a teologia negra, que vê as Escrituras como libertação para o oprimido. A opressão dos afro-americanos nos Estados Unidos fez com que a teologia negra sempre estivesse intrinsecamente relacionada com a sua luta pela libertação da opressão branca. Importantes teólogos negros da década de 1960, como James Cone, J. Deotis Roberts e James H. Evans Jr. concentraram a atenção no reconhecimento de que, nas Escrituras, a revelação de Deus ocorre no contexto de libertação. A revelação é um "evento negro" (Cone) no sentido de que é o que os negros estão fazendo por sua libertação. "Existe uma relação direta entre os atos divinos de libertação de Israel e a luta pela liberdade dos negros" (Roberts). As Escrituras evitam a privatização da experiência religiosa ou uma busca puramente pessoal do êxtase religioso porque lida com as ações de Deus na história, especialmente no êxodo e em Jesus Cristo, para libertar os oprimidos em suas comunidades.

3.3. Teologia da Libertação latino-americana. Essa forma de *Teologia da Libertação vê a Bíblia como fonte do fundamento para a liberdade. A partir de 1965 a Teologia da Libertação começou a assumir um lugar teológico cada vez mais proeminente. De origens no contexto latino-americano, a Teologia da Libertação agora se refere a inúmeras orientações teológicas identificadas por localização geográfica (africana, asiática) ou a preocupações especiais (teologia negra, teologia feminista). O ponto inicial para a Teologia da Libertação é o pobre e oprimido do mundo. Ela realça não a prioridade de teorias, mas a práxis, o ponto prático "onde está o sofrimento". A teologia é definida como reflexão crítica sobre a práxis. Como tais, os teólogos da libertação argumentam que a Bíblia mostra Deus ao lado do pobre do mundo (veja Opção Preferencial pelos Pobres). O pobre tem um "privilégio epistemológico" pois pode perceber as realidades do mundo melhor do que os ricos. Nas Escrituras, o evento da libertação do êxodo é um paradigma do desejo divino de dar liberdade ao oprimido. A mensagem profética de justiça e a proclamação de Jesus sobre o *reino de Deus confirmam essa orientação. Na Teologia da Libertação, as Escrituras funcionam dando base para a liberdade ao fornecer os paradigmas e objetivos da libertação humana e apresentando o supremo libertador humano, Jesus Cristo.

3.4. Teologia asiática.

A Ásia apresenta muitas vozes teológicas que entendem as Escrituras como provisão de histórias para a liberdade. A história e as tradições distintivas de nações asiáticas são histórias dos encontros de nações com nações e com culturas ocidentais. Assim, a teologia cristã está muito localizada, realçando a cultura, história e pessoas específicas que estão fazendo a reflexão teológica. Teólogos asiáticos como Kosuke Koyama e C.-S. Song enfatizam a natureza contextual da teologia. A Bíblia é a narrativa de um Deus que liberta e que apela aos crentes em Jesus a participarem da luta contínua da Ásia por autoidentidade e dignidade humana. Deus está presente na vida cotidiana, aqui e agora. O contexto humano e a revelação de Deus — expressos nas Escrituras — são os elementos que dão às histórias da Bíblia seu poder para se tornarem parábolas do reino de Deus e da vida humana. Histórias derivadas da vida diária nos contextos asiáticos podem se tornar histórias para liberdade na atualidade para capacitar os cristãos asiáticos a ter a experiência da liberdade dada pelo Deus compassivo da Bíblia.

A diversidade de pontos de vista clássicos e contemporâneos sobre a natureza das Escrituras tem muitas implicações para as formas como são compreendidas outras dimensões da Bíblia. A "autoridade" da Bíblia deve ser interpretada de diferentes maneiras, dependendo do que se entende ser seu carácter ou natureza essencial. As maneiras pelas quais as Escrituras funcionam para a fé e para a vida cristã serão entendidas de formas diferentes dependendo de como a Bíblia é percebida. A "inspiração" das Escrituras, termo há muito usado para descrever seu caráter singular de alguma forma derivado de Deus, mesmo sendo um livro escrito por seres humanos, é entendida com diferentes níveis de importância quando os diversos pontos de vista da natureza das Escrituras são articulados. Uma doutrina que valoriza a inspiração é crucial, por exemplo, se crermos que a Bíblia é composta de verdades proposicionais, ao passo que um posicionamento mais rígido em torno da inspiração não terá tanta importância se as Escrituras são vistas principalmente como um livro que fornece narrativas para moldar vidas, ou destaca em especial as mensagens de liberdade ou libertação. Semelhantemente, sobre questões de hermenêutica ou interpretação bíblica, os métodos considerados apropriados podem estar diretamente relacionados ao que o intérprete acredita ser a natureza essencial das Escrituras. A história da interpretação bíblica na igreja mostra as muitas abordagens dos textos bíblicos e a gama de princípios interpretativos empregados.

A centralidade das doutrinas da revelação e das Escrituras garante que os teólogos de todo o mundo continuarão a lutar com essas questões básicas. No momento que a revelação é sondada e as Escrituras interpretadas, a tarefa dos teólogos será sempre explorar e ouvir a "Palavra de Deus" revelada nas Escrituras sagradas e por meio delas.

D. K. McKim

4. Perspectivas asiáticas contextuais

Uma teologia asiática pode ser vista como uma forma de contextualizar ou aculturar o evangelho, como uma forma teológica de pensamento e uma interpretação das Escrituras. Aqui se empreende uma reflexão crítica e contextual sobre a Bíblia e a revelação em termos de uma particularidade asiática cultural com seus horizontes multirreligiosos. Os evangélicos asiáticos seguem o padrão teologicamente conservador do Ocidente e seu compromisso confessional e doutrinário no que se refere ao relacionamento entre a revelação e as Escrituras (veja 2.2 acima). No entanto, os que podemos chamar de teólogos asiáticos contextuais tentam localizar e integrar a singularidade asiática cultural religiosa à sua própria imaginação e interpretação autoteologizante da revelação e das Escrituras. Por causa das diversas perspectivas na teologia asiática contextual, vamos nos concentrar nos pontos de vista de vários teólogos representativos. Kazoh Kitamori em seu livro *The Theology of the Pain of God* (Teologia do sofrimento de Deus), apropriou-se do termo japonês *tsurasa* ("amargura") para realçar o sofrimento de Deus segundo o qual ele abraça quem não merece ser abraçado e perdoa quem não merece o perdão. Levando a sério o sofrimento *tsurasa*, Kitamori interpretou a ideia do *Deus absconditus* (Deus oculto) em termos de Deus na dor. A partir dessa perspectiva, o conceito de Kitamori da analogia da dor funciona como uma contraproposta ao conceito católico romano da analogia do ser (*analogia entis*) ou do conceito barthiano da analogia da fé (*analogia fidei*). De acordo com o ensino católico romano da analogia, existe uma forma natural de chegar a Deus através de uma capacidade ontológica (analogia do ser), além da revelação de Deus. No entanto, Karl Barth argumenta que Deus pode ser conhecido somente pela revelação de Jesus Cristo. Enfatizando essa graça de Deus, Barth emprega o termo *analogia fidei* de Romanos 12.6, porque a fé estabelece uma relação correta com Deus.

Em contraste com o discurso da teologia ocidental da analogia, Kitamori argumenta que o sofrimento de Deus pode ser conhecido pela analogia do sofrimento humano. Na atual conjuntura, o foco muda da relação entre revelação e Escrituras para a questão específica de uma experiência humana de dor e sofrimento, isto é, uma teologia japonesa da analogia da dor (*analogia doloris*). Deus e o sofrimento das pessoas entram em foco além da relação doutrinária entre revelação e Escrituras.

Influenciado por seu professor Kazoh Kitamori, Kosuke Koyama, um dos mais importantes teólogos nipo-americanos, argumenta em seu criativo livro *Waterbuffalo Theology* (Teologia dos búfalos) que "é errado dizer que devemos produzir uma teologia autóctone. Não é necessário produzi-la. Ela já existe!" (Koyama, 84). De acordo com Koyama, o ensino de Lutero sobre a justificação pela fé (símbolo de Wittenberg) precisa ser contextualizado e transformado para relacioná-lo com um lugar como Bancoque, cidade impregnada da cultura e sabedoria budista. Deus é Deus tanto das Escrituras como das chuvas das monções. A teologia de Koyama de contextualização é bem articulada em sua leitura do Salmo 121: "Ouço a música maravilhosa das rãs da monção. De onde me virá o socorro? O meu socorro vem do Senhor, que fez as rãs da monção" (Koyama, 33). O hibridismo de Koyama entre a história e o povo tailandês voltado para a natureza estabelece um contraste entre o caráter definitivo da revelação bíblica e a natureza repetitiva das rãs das monções em cada estação chuvosa. Deus, o Criador, age através da monção e do povo tailandês.

Assim, dentro da discussão da revelação e das Escrituras, Koyama afirma uma teologia natural especificamente asiática como expressão da mente de Deus, o Criador. O conceito da "teologia do búfalo" de Koyama é, de fato, entendido como uma forma de testemunhar de Jesus Cristo estabelecendo na prática os pontos de contato entre o que ele chama de pimenta aristotélica (filosofia) e sal budista (sabedoria). Nesse esforço, Koyama acredita que Cristo fala aos não cristãos asiáticos sem se tornar para eles o Cristo do colonialismo. O cristocentrismo permanece válido tanto para Kitamori como para Koyama no seu diálogo construtivo com a teologia do reformador Martinho Lutero.

A teologia minjung da Coreia do Sul, no entanto, contesta a teologia japonesa do sofrimento de Deus levando a sério o *han* do povo sofredor de Deus. O sentimento *han* é o sentimento cumulativo e corporativo da vítima. De fato, o *tsurasa* enfrenta resistência em *han*. Minjung significa uma multidão mista de pobres na comunidade cristã e não-cristã. A teologia minjung define sua agenda, ouvindo o clamor dos alienados, oprimidos, reprimidos e marginalizados na sociedade. Para a teologia minjung, uma teologia do sofrimento de Deus não teria significado a menos que houvesse um compromisso com as vítimas.

Pioneiro da teologia minjung, Ahn Byung-Mu, tinha dificuldades para aceitar o ensino da justificação de Lutero. Na interpretação de Ahn, o ensino de Lutero sobre a justificação no seu sentido forense e quietista é inadequado, a menos que tenha alguma relação com a fidelidade de Jesus ao *ochlos* (gr. "multidão") no contexto do Evangelho. Na imaginação hermenêutica de Ahn, o *laos*, o povo de Deus, tornou-se o *ochlos*, as pessoas miseráveis da terra de Deus sob a autoridade romana. No contexto da Bíblia hebraica, de acordo com Ahn, o termo hebraico *'am hā'āreṣ* ("povo da terra") está etimologicamente conectado aos *Apiru*, que eram servos no Egito. Eles se estabeleceram lá como pastores e foram depois escravizados. Deus ouviu o clamor e viu o sofrimento do povo (Êx 3.7). Mais tarde, *'am hā'āreṣ* tornou-se um termo depreciativo no vocabulário rabínico, referindo-se ao povo da zona rural que se recusava a seguir as leis rabínicas. Ahn Byung-Mu traduz *Apiru*, *'am hā'āreṣ* e *ochlos* pelo termo coreano *minjung*.

De acordo com Ahn, uma grande multidão (*ochlos*) da Galileia seguiu Jesus, de modo que a Galileia tornou-se um lugar central da missão e do ministério de Jesus com a *ochlos*. Jesus não é mais o Cristo da igreja com sua coroa de ouro. Em vez disso, Jesus deve ser visto pelos olhos dos excluídos, dos que não têm roupas e dos que são castigados. Deus fala à igreja por meio da face dos que sofrem. O princípio da Reforma da justificação pela fé deve ser reinterpretado e contextualizado na fidelidade de Jesus à *ochlos* à luz do reino de Deus. Assim, o relacionamento entre a revelação e as Escrituras no quadro ocidental não é adequado a menos que leve em conta o evento do discurso de Deus em Cristo através do minjung atual, que carrega o fardo das superpotências do mundo. A revelação é, de fato, um evento contínuo de Deus na história humana, e as Escrituras devem ser lidas a partir da perspectiva dos "de baixo". Portanto, o dinâmico envolvimento de Deus na história em favor dos pobres torna-se o tema, despertando a existência socioteológica dos cristãos para compreenderem e contextualizarem uma relação entre revelação e Escrituras.

No que diz respeito às Escrituras e à revelação, vemos uma mudança do cristocentrismo para o teocentrismo entre os teólogos asiáticos pluralistas. Uma discussão da revelação e das Escrituras pode assumir um novo tom no contexto do diálogo inter-religioso. Vários teólogos asiáticos contextuais comprometidos em promover o diálogo inter-religioso seguem uma abordagem do relativismo puro. Aloysius Pieris, representante da Teologia da Libertação asiática, expressa a luta de Jesus por ser pobre e viver em favor do pobre. A luta de Jesus por ser pobre, vista em termos da reunificação de mammon, corresponde à ideia budista do *sunyata* (autoesvaziamento). Na visão de Pieri, a cristologia não contradiz a budologia, mas a complementa. O desapego budista chega a um acordo com o ágape do cristianismo em uma luta pela libertação dos pobres. A natureza complementar desempenha um papel importante na realização do diálogo inter-religioso para expressar momentos humanos íntimos com a Suprema Fonte da libertação. Assim, a revelação não está limitada meramente a Jesus Cristo, mas tem relação com o Buda histórico. Os sutras e as experiências budistas complementam as Escrituras cristãs no testemunho da Suprema Fonte da libertação.

Mahatma Gandhi usou certa vez a analogia de um rio: uma pessoa pode beber de um só rio com outras pessoas, mas não precisa usar o mesmo copo. Raimond Panikkar refere-se à história do cristianismo em relação às outras religiões usando o símbolo de três rios sagrados. O Jordão deixou sua marca indelével sobre o cristianismo com sua origem judaica e com seus laços históricos com todos os eventos especiais em Israel. Jesus também simboliza o exclusivismo. O Tibre, em Roma, exerceu influência sobre o cristianismo com suas cruzadas medievais e sua missão imperial. Ele simboliza a mentalidade ocidental da cristandade, segundo a qual todos os rios levam ao cristianismo, assim como todas as estradas levam a Roma. Panikkar usa o Ganges, rio-mãe, como símbolo para reconhecer o pluralismo de todas as religiões. Em pauta para Panikkar está a prontidão para adotar uma postura relativista-pluralista, fluindo pacificamente, mergulhando no Ganges. Nessa conjuntura, a relação entre a revelação e as Escrituras no cristianismo é radicalmente relativizada no reconhecimento das alegações de verdade pluralistas, para que Deus apareça como Deus sem uma manifestação particular com Israel e Jesus Cristo. Deus tem muitos nomes e rios. A metáfora dos três rios usada por Panikkar é exemplificada pelo convite a um mergulho pluralista no rio Ganges. Sua pergunta pungente pode ser assim expressa: Será que alguém precisa ser espiritualmente semita ou intelectualmente ocidental para ser cristão?

Uma teologia asiática da história (C.-S. Song) lê o texto bíblico de forma diferente, levando a sério as narrativas dos pobres e marginalizados no contexto do Leste Asiático. Sob essa perspectiva, Song aponta para a história de Lady Meng como uma narrativa que desenvolve uma teologia de resistência e afirma que devemos estar atentos à revelação de Deus nessas experiências e histórias. Assim, a revelação de Deus não está confinada ao discurso cristão da revelação em Jesus Cristo. Neste ponto, o cristocentrismo é relativizado.

Os representantes asiático-americanos da teologia minjung da "formação do quarto olho" propõem uma teologia do evento do discurso divino em diálogo com o judaísmo rabínico e outras religiões. O caráter da "formação do quarto olho", que vem da práxis do budismo socialmente engajado, descreve realisticamente o ato da fala de Deus que pode ser ouvido fora dos muros eclesiásticos. Eles tentam combinar hermeneuticamente o minjung político com a vida cultural mundialmente religiosa do minjung ao encontrar a sabedoria das religiões asiáticas. Aqui se pode propor uma teologia do discurso divino em ação de uma forma pós-fundacional e hermenêutica (Chung). Essa forma teológica de pensar leva a sério o dinamismo de Deus no evento do discurso em todos os sentidos e direções. Deus falou a Moisés no Sinai (a aliança de Deus com Israel), em Jesus Cristo (revelação) e está falando de maneira contínua por meio da Palavra e do Espírito. Além da esfera eclesiástica, Deus pode falar de uma forma completamente diferente, fazendo da sabedoria de outras religiões um meio extraordinário de comunicação divina. Pensa-se que a investigação das diferentes formas de Deus falar promete um profundo aprendizado a partir de outras literaturas religiosas, como os sutras budistas e os escritos taoístas e confucionistas.

Por exemplo, os votos e a compaixão de um bodisatva podem ser reconhecidos como uma forma extraordinária de comunicação de Deus. A compaixão do bodisatva pode analogicamente dar testemunho do mistério de Deus ao lado do ensino cristão da justificação. Essa compaixão ajuda os teólogos do minjung da formação do quarto olho a propor uma hermenêutica do outro, uma leitura do texto bíblico à luz da compaixão. Por exemplo, na exegese bíblica ocidental da história da mulher de Ló, sua desobediência é o elemento que recebe maior atenção. No entanto, na imaginação analógica asiática, a história da mulher de Ló pode ser vista como sua compassiva solidariedade com os que perecem. Aqui, pode-se adotar como estratégia hermenêutica decifrar o que está marginalizado e não problematizado com relação ao tema do ato divino de justificação, compaixão e reconhecimento do outro nas narrativas bíblicas.

Essa estratégia de leitura realça os imperativos éticos da igreja em relação aos marginalizados, especialmente na oposição à violência de um pluralismo totalizante ou do universalismo, vulneráveis à ideologia dos poderosos. Uma nova onda da teologia minjung da formação do quarto olho é crítica da teologia das religiões ou universalismo pluralista que tende a totalizar a narrativa única, diferente e particular dos outros na mesmice da metanarrativa do universalismo ou pluralismo. Pluralismo ou universalismo, quando separados da diferença com o outro, são vulneráveis à ideologia dos poderosos no *status quo* da sociedade.

Em resumo, a relação entre revelação e Escrituras na imaginação teológica asiática contextual tem um espectro mais amplo do que a teologia ocidental tradicional, incluindo o dinamismo do discurso divino, a solidariedade de Jesus com os pobres, o sofrimento do povo de Deus, as histórias de vida de pessoas e a sabedoria de outras religiões. As narrativas e a sabedoria das religiões não-cristãs da Ásia convergem com a narrativa de Deus na Bíblia. A esperança é por uma fusão de horizontes em que a relação entre revelação e Escrituras seja contextualizada e enriquecida pelas lutas dos asiáticos por autoidentidade e dignidade humana.

P. S. Chung

Veja também HERMENÊUTICA; MÉTODO TEOLÓGICO.

BIBLIOGRAFIA. ACHTEMEIER, P., *The Inspiration of Scripture* (Philadelphia: Westminster, 1980); BLOESCH, D., *Holy Scripture: Revelation, Inspiration & Interpretation* (Christian Foundations; Downers Grove: InterVarsity Press, 1994); CHUNG, P. S., *Martin Luther and Buddhism: Aesthetics of Suffering* (ed. rev.; Eugene, OR: Pickwick, 2007); DULLES, A., *Models of Revelation* (New York: Doubleday, 1983); FACKRE, G., *The Doctrine of Revelation: A Narrative Interpretation* (Grand Rapids: Eerdmans, 1997); GNUSE, R., *The Authority of the Bible: Theories of Inspiration, Revelation and the Canon of Scripture* (New York: Paulist Press, 1985); GOLDINGAY, J., *Models for Scripture* (Grand Rapids: Eerdmans, 1994); HAGEN, K., org., *The Bible in the Churches: How Various Christians Interpret the Scriptures*

(Milwaukee: Marquette University Press, 1998); HODGE, A. A. e WARFIELD, B. B., "Inspiration", *Presbyterian Review* (April 1881) 225-60; HOLCOMB, J. S., org., *Christian Theologies of Scripture: A Comparative Introduction* (New York: New York University Press, 2006); KELSEY, D. H., *The Uses of Scripture in Recent Theology* (Philadelphia: Fortress, 1975); KITAMORI, K., *Waterbuffalo Theology* (Maryknoll: Orbis, 1974); idem, *Theology of the Pain of God* (Eugene: Wipf and Stock, 2005); MCGOWAN, A. T. B., *The Divine Authenticity of Scripture: Retrieving an Evangelical Heritage* (Downers Grove: IVP Academic, 2008); MCKIM, D. K., org., *The Authoritative Word: Essays on the Nature of Scripture* (reimpr. Eugene: Wipf and Stock, 1998); idem, org., *A Guide to Contemporary Hermeneutics* (reimpr. Eugene: Wipf and Stock, 1999); idem, *The Bible in Theology and Preaching* (reimpr. Eugene: Wipf and Stock, 1999); PANIKKAR, R., *The Intra-religious Dialogue* (New York: Paulist, 1978); PIERIS, A., *An Asian Theology of Liberation* (Maryknoll: Orbis, 1988); ROGERS, J. B. e MCKIM, D. K., *The Authority and Interpretation of the Bible: An Historical Approach*, with a new epilogue (Eugene: Wipf and Stock, 1999); SONG, C.-S., *The Tears of Lady Meng: A Parable of People's Political Theology* (Geneva: WCC, 1981); VAWTER, B., *Biblical Inspiration* (Philadelphia: Westminster, 1972); WARFIELD, B. B., *The Inspiration and Authority of the Bible* (Philadelphia: Presbyterian and Reformed, 1948) [edição em português: *A inspiração e autoridade da Bíblia* (São Paulo: Cultura Cristã, 2010)]; idem, *Revelation and Inspiration* (New York: Oxford University Press, 1927); WEBSTER, J., *Holy Scripture: A Dogmatic Sketch* (Cambridge: Cambridge University Press, 2003).

D. K. McKim e P. S. Chung

RHEE, JONG SUNG. *Veja* TEOLOGIA COREANA.

RICHARD, PABLO. *Veja* TEOLOGIA DA LIBERTAÇÃO.

RICOEUR, PAUL. *Veja* METÁFORA; MITO.

RIQUEZA. *Veja* DINHEIRO, RIQUEZA.

RIVERA, MAYRA. *Veja* TEOLOGIA PÓS-COLONIAL.

ROBERTS, J. DEOTIS. *Veja* TEOLOGIA NEGRA.

ROY, RAM MOHUN. *Veja* HINDUÍSMO; TEOLOGIA INDIANA.

SACRAMENTOS, SACRAMENTALIDADE

O princípio cristão da sacramentalidade está enraizado na encarnação, por meio da qual o Jesus Cristo divino é a Palavra de Deus visível. Sacramentos são sinais visíveis e sensíveis que medeiam realidades invisíveis. São externalizados no culto (*liturgia) como meios de santidade e parte da economia divina da *salvação. Os sacramentos são atualmente entendidos de modos diferentes nas várias denominações cristãs. Portanto, uma compreensão do desenvolvimento da noção de sacramento desde os tempos apostólicos até o presente é crucial para apreender algumas das questões contemporâneas críticas, e algumas vezes divisivas, entre os cristãos.

1. Compreensão histórica de sacramento
2. Questões contemporâneas
3. Observações posteriores

1. Compreensão histórica de sacramento

Dos tempos apostólicos até o século 12 havia uma compreensão ampla de sacramento. Durante esse tempo houve uma aceitação dos ritos e gestos principais ou mais importantes (ex., batismo e eucaristia), bem como de vários outros ritos, gestos, festas e eventos considerados como sacramentos (ex., jejum, pregação, doação de esmolas, lava-pés, votos e promessas). Por volta do século 12, essa noção mais ampla se estreitou para incluir apenas os sete sacramentos ainda aceitos atualmente pela Igreja Católica Romana.

1.1. Novo Testamento. O ponto de referência no Novo Testamento, especialmente no *corpus* paulino, não é a palavra latina *sacramentum*, mas a grega *mysterion*. De fato, a palavra "mistério" é muito rica, e Paulo a explica com três possibilidades de sentido. Em primeiro lugar, *mysterion* se refere ao plano divino para a salvação (1 Co 2.7), que agora foi revelado (Rm 16.25-26) pelo Espírito Santo (Ef 3.3-5). Em segundo lugar, *mysterion* se refere ao próprio Cristo, que é a encarnação do mistério de Deus (Cl 1.27). Em terceiro lugar, Paulo alude a mistério em termos das nossas celebrações comunitárias ("liturgia", *leitourgia*). Em Romanos 6.1-11 Paulo deixa claro que os que são batizados, o são na morte e ressurreição de Jesus; em 1Coríntios 11.26 ele observa que *todas as vezes que comerdes deste pão e beberdes do cálice proclamais a morte do Senhor, até que ele venha.*

Nesse período inicial, o mistério não pode ser separado da vida dos que são enxertados em Cristo e nele vivem. Ainda que algumas ações tivessem alguma aprovação e uso em mais de uma comunidade (ex., o cuidado dos doentes e a "autorização" dos ministros), está claro que não havia naquela época um "sistema sacramental".

Centrais na vida da comunidade eram a iniciação (*batismo) e uma refeição compartilhada (eucaristia ou *ceia do Senhor). Nessa época, a *anamnese* dos atos do Senhor era um elemento constitutivo das reuniões comunitárias cristãs, assim como o era a proclamação da Palavra. Referências aos sacramentos geralmente são a estes em particular, não a uma noção desenvolvida do tema.

1.2. Do século 2 ao 12. O escritor latino Tertuliano foi o primeiro a usar a palavra *sacramentum* em *De speculatus*, onde chama a eucaristia de sacramento (3.10). Em sua obra *Os cinco livros contra Marcião*, ele por várias vezes chama o batismo de sacramento, bem como evidentemente em sua obra intitulada *Sobre o batismo*. Todavia, Tertuliano não limita seu entendimento de sacramento simplesmente aos ritos de iniciação. Por exemplo, em *Sobre a paciência* ele declara a caridade como sendo "o mais alto sacramento da fé" (12.133-134) e em *Scorpiace* ele usa a palavra *sacramentum* em relação ao martírio (ver especialmente o c. 9). Para Tertuliano, os sacramentos são elementos sagrados que tornam as pessoas santas.

Por volta do quarto século, o uso de *mysterion* ou *sacramentum* aumenta consideravelmente devido ao crescimento da igreja e ao florescimento do catecumenato depois da paz de Constantino. Todavia, quase exclusivamente a ênfase permaneceu nos ritos de iniciação e incorporação no mistério de Cristo por intermédio deles. Em seu "Segundo sermão sobre o batismo", Ambrósio deixa claro que o batismo é essencialmente trinitário (§§ 10-15), com os efeitos do batismo (§§ 116-119) incluindo a entrada para a morte e uma nova vida como um caminho para acabar com o pecado e "reformar nossa natureza" (§ 17). Ambrósio entende a graça como um dom do batismo (§ 18). Ele estabelece distinção entre "a matéria e a consagração, entre a ação e seu efeito" (§ 15), ou, em outras palavras, entre o sinal e a realidade que este significa. Ambrósio localiza o efeito do sacramento na vinda e consagração pelo Espírito.

Cirilo de Jerusalém tem uma bem-elaborada teologia da eucaristia. Em seu "Sermão 4" ele fala sobre o pão e o vinho sendo verdadeiramente transformados (§ 1, 9); ele não busca uma confirmação apelando para argumentos teológicos, mas simplesmente às Escrituras. Jesus disse, "isto é meu corpo", então, é assim (§§ 1, 6). Cirilo enfatiza que pela participação no corpo e no sangue de Cristo "nos tornamos portadores de Cristo, pois seu corpo e seu sangue se espalham por nossos membros" (§ 3). No "Sermão 5" ele localiza a santificação e a transformação do pão e do vinho como a epiclese (§ 7), e no parágrafo seguinte chama a eucaristia de "sacrifício spiritual", pois não há sangue derramado no culto; este "sacrifício spiritual" tem importância propiciatória. No parágrafo 20, Cirilo estabelece a distinção entre o pão e o vinho como sinais (*typos*), que têm o mesmo gosto do pão e do vinho mesmo após a transformação, e a realidade (*aletheia*), que é o corpo e o sangue de Cristo. Ele diz a seus ouvintes que não confiem no julgamento humano, mas que julguem a realidade pela fé.

Teodoro de Mopsuéstia estabelece distinção semelhante entre *typos* e *aletheia* em sua segunda homilia batismal, na qual ele chama as bênçãos do batismo agora recebidas "em símbolo e em *antecipação*" (§ 15; ênfase acrescentada), cuja realidade será compreendida apenas depois da morte. Eis aí uma questão crítica entre católicos e protestantes quanto ao significado do sacramento: com base em sua noção de *justificação, alguns protestantes assumem a posição que a realidade do sacramento não é compreendida somente na experiência final de justificação depois da morte.

Agostinho também usa a linguagem que fala de sinal e realidade (ex., *Cidade de Deus* 10.5) com as expressões-chave "forma visível" e "graça invisível". Ele se refere ao sacrifício de si mesmo para ser unido a Deus; alguém se faz santo e aceitável pelo sacrifício de boas obras. Então é no "sacramento do altar" que a igreja se oferece (isto é, todos aqueles que são membros do corpo de cristo cujas vidas são verdadeiramente de autossacrifício" "na oferta que ela apresenta a Deus". Na tradição dos Pais anteriores, Agostinho situa a plena realização dos efeitos do sacramento apenas após a morte (*Cidade de Deus* 13.4); com isto ele está protegendo a fé, que ele diz que poderia perder a energia e a vitalidade sem a esperança no que está por vir.

Agostinho diferencia os sacramentos do Antigo Testamento (ex., circuncisão [*Cidade de Deus* 16.26] e sacrifício [*Cidade de Deus* 10.5]) e os do Novo Testamento, dos quais os principais são o batismo e a eucaristia, mas também nomeia outros (ex., os cinco pães no milagre da multiplicação feito por Jesus [*Tratados sobre João* 24]). Em *Tratados sobre João* (12, 80), Agostinho menciona que se nasce da Palavra e do sacramento, e na última referência fala a respeito da palavra unida ao elemento em um tipo de Palavra "visível", reforçando a sacramentalidade que repousa sobre a encarnação.

Agostinho exerceu influência enorme no pensamento teológico até as grandes mudanças filosóficas dos séculos 12 e 13, e mesmo depois disso. O que aconteceu como novidade durante o tempo entre Agostinho e o século 12 foi um aumento nas ações oficialmente aceitas pela igreja que foram chamadas de sacramento. Depois de Agostinho, a confirmação ou crisma foi separada temporalmente do batismo, a reconciliação deixou de ser um evento público, comunitário, e se tornou particular sob a égide do clero, o matrimônio se tornou cada vez mais um evento oficialmente testemunhado pelo clero e ordenado pela igreja como sendo um sacramento; as ordens santas tornaram-se uma sequência de quatro menores e três maiores, e a ministração aos enfermos tornou-se um sacramento para os moribundos.

1.3. Dos séculos 12 ao 16. No período que vai de Agostinho ao século 12, desenvolveu-se uma distinção entre os sacramentos em particular e outros ritos e ações sagrados. Assim, por volta do século 12, a norma estabelecida era de sete sacramentos (batismo, confirmação, eucaristia, penitência, extrema unção, ordens e matrimônio).

O século 12 é também central por outro motivo: naquela época, a teologia tornara-se cada vez mais um esforço sistematizado e cognitivo em grande medida separado dos ou mesmo baseado nos ritos da igreja. Pedro Lombardo, que é daquela época, é uma figura central, com seu *Livro das Sentenças*, dando ênfase aos sacramentos como sete sinais externos expressivos de uma graça invisível. A influência dele (e de Agostinho) em Aquino é inequívoca.

Aquino inclui seu tratado sobre os sacramentos imediatamente depois de seu tratado sobre a encarnação na Terceira parte da *Suma Teológica*, demonstrando assim que associa os sacramentos à pessoa e obra de Cristo. No dizer do próprio Aquino, os sacramentos "derivam sua eficácia da própria Palavra encarnada". Para Aquino, o sacramento é um sinal que efetua o que significa. Três considerações são parte da significação: (1) A paixão de Cristo é a causa da santificação; (2) a forma da santificação é a graça e a virtude, e (3) o alvo definitivo é a vida eterna. A graça é uma causa instrumental que produz o efeito sacramental; "graça sacramental" é uma graça apropriada a cada sacramento, e os sacramentos da antiga lei não poderiam provocar a graça por eles mesmos, porque desse modo, teriam tornado a paixão de Cristo sem valor.

A linguagem (ex., matéria e forma) e as categorias (ex., substância e acidente) utilizadas por Aquino, extraídas da filosofia aristotélica, deram-lhe as chaves heurísticas para sistematizar a teologia sacramental em extensão tal que não tinha sido feita até aquele momento. Os teólogos católicos dos séculos seguintes trabalharam a partir da síntese que ele fez.

1.4. Do século 16 ao Vaticano II. O século 16 foi caracterizado por mais problemas que os até então apresentados pela teologia sacramental; a Alta Idade Média testemunhou muitos abusos e práticas distorcidas quanto à maneira pela qual a salvação é realizada. Os reformadores protestantes tentaram retornar ao *Sola Scriptura* e às perspectivas da patrística. Consequentemente, eles enfatizaram os dois sacramentos escriturísticos dados pelo Senhor (o batismo e a eucaristia), a Palavra proclamada e pregada e a centralidade da fé. Os reformadores em geral negaram que os sacramentos por eles mesmos conferem graça, mas contêm a *promessa* da graça por vir na vida eterna, de maneira coerente com a tradição patrística antiga. O *Cativeiro Babilônico da Igreja* escrito por Lutero em 1520 foi uma diatribe contundente contra a prática sacramental da Igreja Católica, que teve um efeito enorme na compreensão protestante dos sacramentos.

Provocado pela pressão exercida pela *Reforma Protestante, o Concílio de Trento se reuniu e tratou da questão dos sacramentos em muitas sessões (*ver* Contrarreforma). Todavia, é importante entender que Trento não estava preocupado com uma teologia sistemática dos sacramentos, nem produziu uma. Suas declarações tratam dos desafios e práticas sacramentais do século 16. Trento estabeleceu definitivamente o número de sacramentos como sendo sete, publicou mandatos rubricais ("codificados" no Missal de Pio V, de 1570) para corrigir abusos, falou da eucaristia em termos de presença real e decretou a transubstanciação como a explicação oficial de como o pão e o vinho são transformados no corpo, sangue, alma e divindade reais de Cristo. Trento definiu claramente as principais linhas da teologia sacramental para a Igreja Romana, o que significou que os teólogos tiveram de desenvolver um pensamento sacramental em outras áreas além das definidas pelo concílio (ex., a causalidade sacramental e a natureza da instituição dos sacramentos por Cristo). Depois de Trento, a *espiritualidade e a prática dos leigos continuou a se mover na direção da *oração devocional e, por isso, a participação deles nos sacramentos permaneceu limitada, questão que é motivo de séria preocupação para os reformadores protestantes.

Com o início do movimento litúrgico no século 19 e o ímpeto dado por Pio X no começo do século 20, a porta foi aberta para que a teologia sacramental retornasse à prática patrística de ter foco nos rituais. A partir daí, a disciplina da *teologia* litúrgica veio a ser reconhecida como um saber diferente (mas complementar) da teologia sacramental. A teologia do mistério de Dom Odo Casel iniciou a discussão dos sacramentos e da liturgia de maneira mais rica em termos da teologia do Novo Testamento e do mistério pascal de Cristo, deixando, dessa maneira, abordagens escolásticas à parte, e iniciando uma nova era; os estudos históricos começaram mais uma vez a trabalhar com as riquezas da prática teológica patrística, tanto em círculos católicos romanos como em protestantes.

Em 1963 Edward Schillebeeckx publicou sua marcante obra *Christ, the Sacrament of the Encounter with God* ("Cristo, o sacramento do encontro com Deus"), que desafiou a teologia da Igreja Católica Romana para ir além dos sete sacramentos e retornar ao entendimento neotestamentário e patrístico de Cristo e a igreja como sacramentos. Tudo isso pavimentou o caminho para a visão e renovação do Segundo *Concílio Vaticano.

1.5. Vaticano II. O Vaticano II se reuniu para renovar e atualizar a Igreja Católica Romana e prepará-la para o amanhecer do novo milênio. O Concílio não promulgou nenhuma constituição ou decreto sobre os sacramentos enquanto tais, mas uma constituição que trata da liturgia (*Sacrosanctum Concilium*), continuando claramente a obra do movimento litúrgico e sinalizando um retorno às fontes patrísticas. Edificando a partir da obra das décadas imediatamente anteriores ao concílio, há uma firme base eclesiástica quanto ao que é dito sobre sacramentos nos documentos conciliares. O primeiro capítulo da Constituição Dogmática sobre a Igreja (*Lumen Gentium* § 1) afirma que a luz de Cristo "brilha visivelmente da Igreja" e que "a Igreja, em Cristo, é — na natureza do sacramento — um sinal e instrumento, isto é, de comunhão com Deus e de unidade entre todos [humanidade]".

O capítulo três do *Sacrosanctum Concilium* tem por título "Os outros sacramentos e os sacramentais" e começa com vários parágrafos reiterando o consenso sacramental até aquela época: "Os sacramentos estão ordenados à santificação dos homens, à edificação do Corpo de Cristo e, enfim, a prestar culto a Deus" (§ 59). Os sacramentos não só supõem a fé, mas também a alimentam, fortalecem e a nutrem e conferem graça (§ 59). Todos os aspectos da vida são santificados pelos sacramentos (argumento desenvolvido por Aquino conforme o qual os sacramentos estão em paralelo com a ordem divina que tem lugar na ordem humana) e isto flui da participação da pessoa batizada no mistério pascal (§ 61). O concílio reconheceu que algumas influências se introduziram no ritual dos sacramentos, que por isso precisam de adaptações (§ 62). A importância predominante do *Sacrosanctum Concilium* tem sido de renovar os ritos litúrgicos de modo que os fiéis possam tomar parte, conscientes e em participação ativa (§ 14). Por conseguinte, o impulso maior do Vaticano II foi na direção da renovação do ritual. Muitas das igrejas protestantes históricas estudaram bem os documentos do Vaticano II e realizaram suas próprias revisões abrangentes de seus rituais.

2. Questões contemporâneas

O chamado para a renovação do Vaticano II produziu diálogos ecumênicos sem precedentes. O documento intitulado *Batismo, Eucaristia e Ministério*, Número 111 da Comissão de Fé e Ordem do Conselho Mundial de Igrejas dá testemunho de uma concordância notável entre as maiores tradições cristãs. Todavia, algumas questões continuam abertas à discussão, e não alcançaram consenso ecumênico. Exemplos de tais questões são: os modos da presença salvadora de Cristo, como os sacramentos realizam o que eles significam, a compreensão do *ex opere operato*, a eficácia da palavra, o relacionamento entre sinal e palavra, se os sacramentos são dois, sete, ou mais, sua validade, se Jesus Cristo e a igreja são sacramentos, e os ministros dos sacramentos. Os sacramentos individuais levantam ainda outra miríade de questões.

Já desde os Reformadores no século 16 a teologia sacramental tem estabelecido diálogo sério com outras disciplinas, e isto é ainda mais evidente hoje. As ciências da linguagem (particularmente com respeito a sinal e símbolo), estudos de ritual, *antropologia, *teologia da libertação, teologia pastoral, psicologia, ciências humanas e culturais, todos estes saberes têm contribuído para um pensamento renovado a respeito dos sacramentos e da sacramentalidade. A teologia sacramental hoje tem a tendência de não começar com a teoria, mas com a *práxis*, e um sentido de cosmologia, história e humanidade.

J. A. Zimmerman

3. Observações posteriores

A questão da sacramentalidade, tal como identificada na seção acima escrita por J. A. Zimmerman, é a questão da presença. Todas as comunidades cristãs têm identificado a obra de Cristo como sendo uma obra que manifestou – e de alguma maneira continua a manifestar – a presença de Deus no mundo. Os modelos desta presença variam conforme a época, a geografia e a teologia. O presente ensaio pretende complementar o trabalho de Zimmerman, revisando parte do mesmo e realizando acréscimos às suas contribuições.

3.1. História da presença. Parte do desafio de definir a presença de Deus no mundo reside no fato de que o entendimento cultural do que se entende por "real" ou "presença" muda com o tempo, para não dizer entre as culturas. Para entender as mudanças que têm acontecido, proponho quatro épocas gerais do pensamento sacramental cristão: platônico, transformativo, transportativo e comunicação.

3.1.1. Platônico. O paradigma platônico foi utilizado pela igreja subapostólica, particularmente pelos Pais Apologistas. A cosmovisão platônica é aquela que vê o mundo como um universo em duas camadas. O mundo real de formas existe nos domínios superiores do céu. O "real" é determinado pela qualidade de permanência e imutabilidade. Com o passar do tempo, o mundo físico da matéria muda, enquanto as formas eternas permanecem inalteradas (ou em *estase*). Dessa maneira, o mundo das formas foi entendido como sendo espiritual, e não físico. Isto levou os cristãos a adotarem a ideia de um Deus imutável. O mundo físico é simplesmente uma imagem – um reflexo imperfeito – do mundo das formas.

O importante no paradigma platônico é que tudo na terra é simplesmente um referente do que é verdadeiramente real no céu.

Por conseguinte, a "presença real" de alguma coisa depende de sua capacidade de apresentar uma realidade eterna em um contexto terreno. Um sacramento então é diferente de uma substância ordinária no sentido que seu referente eterno é divino. Enquanto a matéria terrena do pão se refira à forma eternal do pão no céu, o pão consagrado da eucaristia se refere à forma do Cristo eterno, a Palavra feita carne. O resultado é a presença de Deus e seus benefícios espirituais. Como Agostinho pregou, "essas realidades são chamadas de sacramento porque nelas uma coisa é vista, enquanto outra é *apreendida*. O que é visto é apenas aparência física; o que é apreendido traz frutos espirituais" (Sermão 272, *PL* 38: 1246-1248).

A cosmovisão platônica foi o primeiro modelo de sacramentalidade adotado pela igreja – modelo este que, de um modo ou de outro, tem persistido na história. Tal como demonstrado por R. Duffy, o desaparecimento da educação depois da queda de Roma levou ao que ele descreve como "a perda da competência simbólica".

3.1.2. Transformativo. A primeira evidência da dissolução de uma cosmovisão simbólica foi a disputa a respeito da presença eucarística no século nono entre o monge Ratramo e seu Abade Pascásio. Nessa disputa, encontramos o Abade promovendo um entendimento literal, carnal, da presença de Cristo na eucaristia, enquanto seu monge lutava em prol de um entendimento platônico da presença sacramental.

A evidência seguinte dessa mudança na história foi o Sínodo de Roma (1059-1079). Desta feita, o pensamento de Berengário foi levado a julgamento. Berengário estava preocupado com o crescente literalismo na compreensão dos sacramentos. Ele promoveu a teologia mais platônica de Ratramo. Berengário foi forçado a assinar declarações em 1059, e depois novamente em 1079, nas quais dizia crer que Jesus de Nazaré estava presente nos elementos eucarísticos, não apenas sacramentalmente, mas também verdadeira ou fisicamente. O corpo físico do Jesus terreno era agora entendido como presente dentro do pão e do cálice das espécies eucarísticas. O Sínodo de Roma é um marco de referência no pensamento sacramental transformativo.

A sustentação filosófica que deu base para o modelo transformativo era aristotélica. Enquanto no paradigma platônico a matéria física é entendida como sendo representação transitória de formas eternas que estão no céu, o pensamento aristotélico dividia a realidade física em realidades internas e externas. A realidade externa, transitória, é conhecida como "acidente", é experimentada por nossos sentidos, enquanto a realidade eterna interna era a realidade que dava ao objeto sua existência e seu significado. Esta é conhecida como "substância". Por exemplo, um pedaço de pão pode ter o acidente, isto é, as características externas, de um pão sírio, ou de centeio, ou integral, ou de pão preto, ou de qualquer outro tipo; todavia, todo pão tem a substância de pão. Esta é a realidade que define a essência do objeto como pão e faz com que o reconheçamos como sendo pão.

Tomás de Aquino, por exemplo, entendeu que uma transformação acontece na consagração de um sacramento. Entretanto, ele não cria que o acidente da água, do vinho, do óleo ou do azeite mudava. Ao consagrar um sacramento, a substância das espécies sacramentais era transformada na substância de Cristo, ou "transubstanciação". Não obstante, muitas pessoas nos bancos das igrejas, protestantes e católicas, ouvem "transubstanciação", mas pensam em "transacidentação"!

A Reforma não eliminou este modelo do pensamento protestante. Lutero, por exemplo, manteve a transformação sacramental através da consagração, mas considerou a transubstanciação como uma explicação ilógica para a transformação. Ao invés disso, ele sugeriu que uma substância era substituída, e que uma segunda substância (a de Cristo) era acrescentada à substância já existente. A teologia de Lutero é conhecida como consubstanciação e, em termos práticos, difere pouco da transubstanciação. A presença ainda é especial, se não física, e é o resultado da transformação da realidade interna do sacramento.

O Sínodo de Roma deixou os reformadores com duas opções: ou Cristo estava presente fisicamente nos sacramentos, ou não. Esta última foi a opção de Ulrico Zuínglio. Para Zuínglio, "Fazei isto em memória de mim" significa que Cristo não está presente em lugar nenhum, a não ser no coração e na memória dos fiéis. Verdadeiramente este foi o princípio da reforma dos sacramentos, pois pela primeira vez um argumento pela ausência da presença de Deus nos sacramentos foi amplamente aceito na tradição eclesiástica.

3.1.3. Transportativo. João Calvino tentou reconciliar o impasse entre as teologias de Lutero e Zuínglio utilizando uma teologia do Espírito Santo. Para Calvino, Cristo está física e espacialmente presente no céu. É o Espírito Santo que reside em e entre os fiéis. Através da invocação do Espírito Santo, os fiéis são acolhidos na presença celestial de Cristo. Esta compreensão sugere, nas palavras de James White, que os sacramentos são "escadas rolantes divinas".

Ainda que a aproximação sistemática de Calvino aos sacramentos seja altamente considerada, ela nunca se tornou o entendimento dominante, mesmo na tradição reformada. As opções protestantes são melhor descritas pelo texto gravado nas mesas da ceia de templos protestantes, ou "Santo, Santo, Santo" (presença física, espacial) ou "Fazei isto em memória de mim" (presença no coração e na memória dos fiéis). Quanto ao mais, perdeu-se uma presença sacramental ou simbólica.

3.1.4. Comunicação. Tal como indicado no ensaio precedente de Zimmerman, um ponto de virada nessa discussão foi a obra de Edward Schillebeeckx e sua teologia da transignificação, na qual os sacramentos são eventos que ocorrem no seio de uma comunidade e praticados por esta mesma comunidade. Ainda que o pensamento de Schillebeeckx seja rigoroso e complexo, é possível reduzi-lo a uma analogia. Se eu for dar flores à minha esposa como sinal de amor, eu dei mais que flores. Eu dei a ela uma expressão do meu amor e compromisso com ela. O significado e sentido das flores foi transformado de sinais da beleza de Deus em uma expressão do meu amor para com ela. Não é o objeto que foi transformado, mas a ação que comunica a presença de uma pessoa para outra se torna um ato transformador de comunicação. Por essa razão, na tradição católica, o casamento e a reconciliação são sacramentos, ainda que não haja nenhum objeto sendo transformado. Isso também permite que protestantes, que limitam os sacramentos aos atos instituídos por Cristo, vejam a sacramentalidade em muitos outros atos pastorais e ritos religiosos.

O modelo de comunicação tenta ir para antes do Sínodo de Roma, todavia sem retornar ao dualismo platônico.

3.2. Culturas de presença. Nem todos os protestantes sustentam que ações ou objetos são sacramentais. Geralmente essas denominações têm "ordenanças", e não sacramentos – ou absolutamente nada, como no caso dos quakers. Muitos protestantes veem uma sacramentalidade implícita da Bíblia, visto que as Escrituras são entendidas como comunicando a presença de Deus. A dominância da pregação nas igrejas protestantes é um indicativo deste entendimento. Alguns têm observado recentemente que a música está desempenhando um papel cada vez mais sacramental no culto, à medida que as pessoas experimentam uma presença palpável de Deus nos cânticos de algumas tradições.

3.2.1. Modelos de mediação. Todavia, para outros, a presença de Deus não precisa ser mediada por nada, nem mesmo pela Palavra de Deus. É possível que o Espírito Santo fale diretamente a um indivíduo, para que a presença de Deus seja imediatamente acessada. Ainda que estas tradições sejam muito diferentes uma da outra, tanto o culto quaker tradicional, com sua ênfase na espera pelo Espírito, e experiências muito mais fortes de *pentecostais e *carismáticos e suas tradições de serem consumidos pelo Espírito de Deus, ambas falam de uma sacramentalidade não mediada.

À medida que o cristianismo se expande globalmente, as questões da presença mudam rapidamente. Por exemplo, pode-se concordar que uma possibilidade da presença de Deus é através de outros cristãos. Mas é muito mais complicado quando alguém proclama o evangelho em uma cultura em que é forte o culto aos mortos ou *culto aos ancestrais. Em que medida a presença de Deus é manifesta na comunhão eterna dos santos, e não apenas na igreja dos vivos? De igual maneira, algumas culturas desenvolveram perspectivas quanto às representações simbólicas através da *arte ou da tecnologia. Para alguns cristãos, representações visuais de Cristo ou de cristãos são meios apropriados para veicular a presença de Deus, mas para algumas culturas americanas nativas, as imagens são perigosamente íntimas para veicular uma presença amorosa e, por isso, transmitem senso de medo. Há um corolário importante em culturas centradas em tecnologia, nas quais a proclamação da Palavra feita não ao vivo, mas em telas de vídeo, onde não há um pregador presente ao vivo. Alguns argumentam que isto diminui o caráter encarnacional do ministério da Palavra, que, tal como indicado por Zimmerman, é a pedra de toque da sacramentalidade.

3.2.2. Sacramentalidade e Trindade. Creio que a chave para discussões que podem unir igrejas que há muito estão divididas quanto a essa questão é começar pelo ponto de como Deus está presente no mundo, e não com exemplos específicos de presença em sacramentos ou ordenanças tradicionais. Isto levará por fim à questão da *Trindade e da presença. A presença de Deus se dá primariamente por intermédio de Cristo ou do Espírito? Como Cristo e o Espírito são entendidos em relação um com o outro, e a presença de ambos? Mais ainda, Deus está presente na criação, ou a criação é tão caída que é incapaz de comunicar a graça diretamente? A presença de Deus é experimentada nas artes? Em qualquer arte, ou apenas na arte cristã? Estas são algumas das questões que estão sendo atualmente discutidas na teologia sacramental. Este é um tempo de muitas possibilidades. Que a presença de Deus seja encontrada nessas discussões.

T. E. Johnson

Veja também BATISMO NA ÁGUA; CEIA DO SENHOR.

BIBLIOGRAFIA. AUSTIN, J. L., *How to Do Things with Words* (2d ed.; Cambridge: Harvard University Press, 2005) [edição em português: *Quando Dizer é Fazer: Palavras e Ação* (Porto Alegre: Artes Médicas, 1990)]; CHAUVET, L.-M., *Symbol and Sacrament: A Sacramental Reinterpretation of Christian Existence* (Collegeville: Liturgical Press, 1995 [publicado primeiramente como *Symbole et Sacrement: Un relecture sacramentelle de l'existence chretienne,* por Les Editions du Cerf, 1987]); CHUPUNGCO, A., *Liturgies of the Future: The Process and Methods of Inculturation* (Mahwah: Paulist Press, 1989); COOKE, B., *Ministry to Word and Sacraments: History and Theology* (Philadelphia: Fortress, 1980); idem, *Sacraments & Sacramentality* (Mystic: Twenty-Third

Publications, 1983); idem, *The Distancing of God: The Ambiguity of Symbol in History and Theology* (Minneapolis: Fortress, 1990); FAITH AND ORDER, *Baptism, Eucharist and Ministry* (Faith and Order Paper No. 111; Geneva: World Council of Churches, 1982); KILMARTIN, E. J., *Christian Liturgy: Theology and Practice*, 1 (Systematic Theology of Liturgy; New York: Sheed & Ward, 1988); MARTOS, J., *Doors to the Sacred: A Historical Introduction to Sacraments in the Catholic Church* (Garden City: Image Books, 1982); SCHILLEBEECKX, E., *Christ the Sacrament of the Encounter with God* (New York: Sheed & Ward, 1963; [publicado primeiramente como *Christus, Sacrament van de Godsontmoeting* por H. Nelissen, 1960]); VORGRIMLER, H., *Sacramental Theology* (Collegeville: Liturgical Press, 1992 [publicado primeiramente como *Sakramententheologie* por Patmos Verlag, 1987]); WEBORG, C. J., "Recent American Protestant Sacramental Theology", *Studia Liturgica* 18 (1988) 188-206; WHITE, J. F., *Introduction to Christian Worship* (ed. rev.; Nashville: Abingdon, 1990); idem, *The Sacraments in Protestant Practice and Faith* (Nashville: Abingdon, 1999); WORGUL JR., G. S., *From Magic to Metaphor: A Validation of the Christian Sacraments;* Foreword by P. Fransen, SJ (New York/Ramsey: Paulist Press, 1980).

J. A. Zimmerman e T. E. Johnson

SALVAÇÃO

A Bíblia apresenta uma tapeçaria de imagens e narrativas que comunica a largura e a profundidade da salvação. A amplitude e a profundidade do tema se tornam mais evidentes pela observação dos esforços de cristãos de outros contextos que intencionalmente buscaram entender o sentido da salvação em seus ambientes existenciais. Escrevemos como um norte-americano e um africano, mas nossas perspectivas sobre a salvação, e, portanto, este artigo, foram enriquecidos pela interação com cristãos de outros contextos. O artigo explorará o tema da salvação abordando cinco questões.

1. Quem salva?
2. Salvos de quê?
3. Como a salvação acontece?
4. Salvação pessoal ou coletiva?
5. Quando acontece a salvação?

1. Quem salva?

É Deus quem salva. Repetidamente no Antigo Testamento lemos *Eu sou o Senhor teu Deus que te tirei da terra do Egito*, e no Novo Testamento afirma-se explicitamente que a salvação não vem de nós, mas é dom de Deus (Ef 2.8). A Bíblia vai além de afirmar esta verdade absoluta de que Deus é quem salva. Vemos que resgatar, libertar e curar são aspectos centrais do caráter de Deus. Somando-se ao trabalho central da salvação pela cruz e pela ressurreição, observamos Deus agir em formas de salvar com relação a Israel como um todo, a indivíduos no Antigo Testamento, e através de Jesus, que leva cura e libertação a muitos que encontra.

2. Salvos de quê?

A Bíblia descreve a ação salvífica de Deus como ampla e profunda. Observamos Deus salvar as pessoas de muitas coisas, incluindo ansiedade, escravidão, opressão, deslocamento, injustiça, desarmonia, fome, doença, discriminação, culpa, vergonha, perigo, idolatria, morte, desesperança e opressão demoníaca. Em outras palavras, a atividade salvífica de Deus vai de encontro ao que ameaça ou busca comprometer a experiência de vida em toda sua plenitude. Ela abarca as múltiplas esferas da existência humana, âmbitos tais como o religioso, o místico, o político, o social e o econômico. Deus demonstra interesse pelo que podemos chamar de uma salvação integral, que não deixa de fora nenhuma parte de nossa vida.

O escopo da salvação é ampliado para além dos seres humanos, conforme vemos em passagens como Romanos 8.21: ... *na esperança de que também a própria criação seja libertada do cativeiro da degeneração*. Portanto, afirmar simplesmente que Deus nos salva do pecado pode levar a um conceito muito estreito de salvação. Mesmo assim, quando respondemos à questão "salvos de quê?", é apropriado focar em nosso estado pecaminoso, que pode ser descrito como a relação abalada entre os humanos e seu Criador. Quando olhamos além da superfície das coisas listadas das quais somos salvos, nossa exploração finalmente retorna à interrupção da relação descrita em Gênesis 3. No momento em que deram ouvidos à mentira da serpente e falharam em confiar e obedecer a

Deus, Adão e Eva tornaram-se alienados de si mesmos, um do outro, de Deus e da criação. As consequências dessa alienação se espalharam por toda a história da criação.

Narrativas da salvação por cristãos africanos enfatizam sua natureza no tocante a noções do bem humano. Alguns sublinham isso como uma mudança na condição dos indivíduos (antropológica), outros fazem referência a seus efeitos no bem comum (social), e ambos enfatizam a salvação como efetuadora de transformação na existência individual e corporativa dos seres humanos. Outros apontam mudanças e implicações na identidade e no pertencimento (cultural), seus impactos em refletir uma visão mais desejável nas estruturas de realidade (ontológica), ou sua promoção da vida em todas as esferas (vitalista). Desse modo torna-se claro que a natureza da salvação é uma questão particularmente importante para muitas sociedades ao redor do globo.

2.1. Pessoal e social. Ver o *pecado e a salvação do pecado como puramente pessoais ignora a realidade de que o mal humano essencialmente toma formas sociais e que os *poderes e principados assumem um caráter social e estrutural. Uma sociedade é mais do que a mera soma de seus membros; é uma complexa rede de relações interpessoais, culturais e institucionais. Não somente os indivíduos se rebelam e pecam, mas também as instituições e nações. Os indivíduos sofrem os efeitos do pecado social e estrutural. No entanto, ver o pecado e a salvação do pecado como puramente sociais ou estruturais ignora a realidade de que as pessoas têm responsabilidade sobre suas ações e que os indivíduos cometem pecados e sofrem efeitos do pecado que não podem ser tratados simplesmente reparando realidades corporativas ou estruturais. Assim, reconhecemos que o pecado é ao mesmo tempo pessoal e social em sua natureza.

2.2. O Diabo, o mal, os poderes e principados. Ao identificar a relação interrompida entre Deus e humanos como o problema fundamental tratado pela salvação, cuidemos para reconhecer que em nosso estado de queda as forças do mal estão entrelaçadas com nossa alienação. A menção prévia à serpente é evidência dessa realidade. A confrontação de Jesus com demônios e a tentação pelo Diabo e os escritos paulinos sobre poderes e principados (Rm 8.38; Ef 1.21; 3.10; 6.12; Cl 1.16; 2.8-23), a descrição do pecado como força escravizadora (Rm 6.12; 714) são outros exemplos que apontam para nossa necessidade de salvação das forças do mal.

3. Como a salvação acontece?
Pecado é o grande distúrbio que interrompeu o trabalho de Deus, e a salvação é a superação da alienação e interrupção e a reconstrução e transformação de todas as realidades afetadas pelas forças do mal. A vida inteira de Jesus, especialmente sua morte e ressurreição, são o centro do trabalho salvador de Deus, pois ele veio para que tenhamos vida, e a tenhamos com abundância (Jo 10.10).

Oferecer uma única explicação de como a encarnação, crucificação e *ressurreição de Cristo proveem a salvação falharia em capturar a amplitude e a profundidade do sentido comunicado por meio de uma variedade de imagens usadas pelos autores bíblicos. Uma razão pela qual os autores bíblicos usaram múltiplas imagens para proclamar o sentido salvífico da vida, morte e ressurreição de Cristo foi buscar metáforas que seus receptores entendessem melhor. Assim, por exemplo, quem escreveu a epístola aos Hebreus usou um imaginário de sacerdócio e sacrifício, enquanto Paulo utilizou metáforas do mundo de seus receptores, mais gentios.

Utilizar apenas uma única metáfora ou explicação que as pessoas de um determinado contexto entendessem mais facilmente seria errado por duas razões. Primeiramente, metáforas do Novo Testamento não são simplesmente intercambiáveis. Elas não são várias formas de se comunicar a mesma coisa. Pelo contrário, os escritores bíblicos usaram múltiplas imagens para ajudar a comunicar a natureza multifacetada da atividade salvífica de Deus. Em segundo lugar, os evangelistas bíblicos não buscaram somente conectar-se com seus receptores, mas também desafiá-los. A explicação de como a vida, a morte e a ressurreição de Cristo salvam que se conecta melhor com as necessidades sentidas em um contexto particular podem falhar em comunicar aspectos da mensagem do evangelho que confrontam o cenário cultural em formas salvadoras e libertadoras. É imperativo que busquemos usar todo o espectro do imaginário bíblico e que busquemos também interagir com cristãos de outros contextos, que acrescerão às nossas compreensões dessas imagens bíblicas. Dessa forma, esta terceira seção oferecerá um número de explicações e metáforas de como a salvação acontece por meio da encarnação, crucificação e ressurreição, enquanto deve-se manter em mente que a ação salvífica é também discernível através das obras do Espírito Santo de diversas formas (ex., a igreja, sacramentos, cosmos).

3.1. Jesus sofreu, em nosso lugar, as consequências últimas de nosso pecado. Como Deus agiu para nos salvar? Talvez a resposta mais simples seja a afirmação bíblica de que Jesus morreu por nós. Ele morreu por nossos pecados (Rm 5.6; 1Co 15.3; 1Ts 5.10). Uma forma de entender o sentido dessas frases é reconhecer que aqueles que mataram Jesus fizeram parte de uma tragédia na qual estamos todos envolvidos. Jesus proclamou a mensagem de graça radical, de aceitação e de vida abundante, que contrastou com a cultura de exclusão, opressão e morte. Jesus viveu a mensagem que proclamou. Muitos, no entanto, resistiram e rejeitaram o *reino de Deus como vivido e proclamado por Jesus. Em resposta, Jesus disse palavras e parábolas de julgamento. Ao fazê-lo, contudo, ele não retirou sua mensagem de amor incondicional ou seu convite a todos para juntarem-se à mesa com ele, dividindo com os outros amor e comunhão. Pelo contrário, por sua amável preocupação, ele alertou às pessoas acerca das consequências – para elas mesmas e para os outros – de se rejeitar a graça de Deus e enraizar-se ainda mais firmemente em uma sociedade de reciprocidade do dente por dente, em uma religiosidade em busca de *status* e que traça linhas de exclusão e, fundamentalmente, em um paradigma que erroneamente imaginou um Deus de amor condicional.

Jesus os alertou de que sofreriam, bem como levariam outros a sofrer, as punições reais dessa religiosidade e sociedade e viver temendo o "Deus" em que criam. Os sistemas religioso e político de então puniram e mataram Jesus, e Jesus tomou sobre si o julgamento sobre o qual havia alertado. Jesus não havia pecado, mas suportou as consequências últimas de nosso pecado, de nossa falta de confiança e comunhão em Deus. A alienação descrita acima leva à morte. A morte de Jesus foi a consequência de uma alienação que não era sua, mas nossa. Sua morte teve um caráter substitutivo. Ele sofreu em nosso lugar para nos salvar de ter de passar pelas consequências últimas de nosso pecado.

3.1.1. Teoria da expiação como substituição penal. Contrastando com algumas explicações da natureza substitutiva da morte de Jesus, a subseção anterior (3.1) não apresentou Deus como aquele que exige punição ou entrega a ela. Embora ao longo dos séculos os cristãos tenham concordado que a salvação de Deus vem pela vida, morte e ressurreição de Cristo, houve diferenças significativas sobre como a cruz proveu a salvação. Por mais de mil anos a maioria dos teólogos rejeitou a noção de que a cruz seria um pagamento para aplacar a Deus, mas sim a viu como a vitória sobre o Diabo. Durante os últimos mil anos muitos afirmaram o oposto, que a morte de Jesus foi uma penalidade que tinha de ser paga para satisfazer a Deus. Anselmo (1033-1109) foi a figura-chave nessa mudança. Ele viveu na era medieval, período em que, se um vassalo não cumprisse sua promessa ou se ofendesse seu senhor, teria de oferecer algo para satisfazer a dívida para com a honra do senhor. Seria inadequado a um senhor não o exigir. Anselmo explicou que Deus era como um senhor medieval e Jesus ofereceu a satisfação que os humanos deviam, mas não podiam dar a Deus.

Em séculos posteriores, essa explicação foi despida de seus trajes medievais e colocada em um tribunal. Em vez de uma ofensa contra a honra de Deus, o problema se tornou jurídico. Os teólogos afirmaram que para Deus ser um Deus bom ele deve exigir que a justiça seja feita. Eles viram a morte de Jesus na cruz como forma de pagar a penalidade exigida antes que pudesse haver *redenção ou restauração do relacionamento com os seres humanos. Essa explicação é chamada teoria da expiação como substituição penal, ou teoria da expiação como satisfação penal. Muitos teólogos a entenderam como a única explicação correta e viram todas as imagens bíblicas da expiação sob essa ótica. Outros a consideram uma das várias imagens bíblicas da expiação. Um terceiro grupo questiona se, de fato, a satisfação penal é bíblica (para mais informações acerca dessas posições, veja os textos sobre expiação na bibliografia).

3.1.2. Expiação: teorias tradicionais e imagens contextuais. Mesmo havendo casos em que a vida, a morte e a ressurreição de Cristo tenham significados semelhantes para pessoas em contextos diferentes, há certamente modos distintivos em que a obra salvífica de Deus por meio de Cristo é antecipada, experimentada e articulada por pessoas dentro desses mesmos contextos. Há numerosas imagens de Cristo emergindo de vários cenários contextuais que oferecem um rico recurso cultural para entender a atividade salvadora de Deus pela vida, morte e ressurreição de Cristo. Elas incluem modelos de Cristo tais como aquele que dá a vida, curandeiro tradicional, mediador, ancestral, irmão mais velho, mãe, chefe, libertador e mestre de iniciação. De semelhante forma, esses modelos têm raízes na história e na experiência de comunidades que percebem, em suas relações com Deus por meio de Cristo, a satisfação de necessidades humanas específicas como boas novas para a integridade da vida como indivíduos e como comunidades. Por exemplo, Cristo pode ser aceito como cumpridor das condições de ser um membro perfeito da comunidade por meio de ritos de passagem tais como seu nascimento, batismo e morte, servindo, dessa forma, como verdadeiro líder ou mediador, em comunhão e solidariedade com os outros. Tudo que ele é e faz contribui para a experiência de vida em toda sua plenitude para a comunhão e bem-estar humanos.

Aparentemente não é sempre que as teorias tradicionais da expiação encontram uma recepção significativa e efetiva para situações concretas na vida. O problema é que as imagens de Cristo nesses modelos frequentemente refletem um Cristo americano ou europeu, que provê mais respostas às mais profundas perguntas e anseios de americanos e europeus do que de africanos, asiáticos ou latino-americanos. Como um Cristo sueco, por exemplo, ele não pode ser abraçado por um africano, pois não oferece aos africanos uma conexão significativa. Uma maior receptividade de Cristo como Salvador é assegurada por uma maior equivalência cultural. Por exemplo, à medida que os africanos conhecem Cristo e o admiram como um vitorioso transformador de hostilidades e divisões passadas, ou como um profeta eficaz e confiável, ou como um mediador na vida da comunidade, a possibilidade do poder salvador de Cristo estará mais próxima.

Precisamos também estar atentos à necessidade de, mesmo em um mesmo cenário, ter de constantemente *contextualizar o evangelho. Imagens contextuais de Cristo como Salvador são sempre tão dinâmicas quanto a própria cultura e o contexto. Na África do Sul, por exemplo, pode ter sido importante aceitar a Cristo como o grande libertador das estruturas malignas estabelecidas em uma era prévia, mas a necessidade atual pode exigir que o aceitem como o grande transformador em uma nova sociedade. Alguns cenários talvez possam necessitar de um novo apreço de Cristo mais como libertador do que mediador. Outros talvez precisem olhar novamente para Cristo mais como mediador do que como irmão mais velho.

3.2. Deus ressuscitou Jesus dentre os mortos e triunfou sobre a morte. Jesus sofreu as últimas consequências do pecado e da alienação — a morte. Mas a morte não teve a palavra final. As explicações mais comuns para os meios da salvação nos primeiros séculos da igreja representavam Deus derrotando a morte e as forças do mal pela cruz e pela ressurreição. De modo semelhante à natureza substitutiva da morte de Jesus, somos unidos a ele em seu triunfo sobre o pecado e a morte (Rm 5–6). É verdade que uma das expressões da ira de Deus, conforme descrita na subseção anterior (3.1), é levar as pessoas a sofrer as consequências de seus pecados (Rm 1.18-32). No conceito de vitória, no entanto, vemos a ira de Deus expressa como oposição ativa e sagrada ao pecado e à morte.

Por mais importante que seja a ressurreição, ela não encobre o significado de sua morte. Em vários cenários culturais, como entre os africanos, a morte pode ser vista como significativa e cumpridora de papéis importantes na vida da comunidade. A realidade da morte pode trazer atenção aos fatores e condições que a causaram, sejam físicos ou relacionados aos ancestrais, pois a vida é para muitos uma existência causativa. A morte também aponta para a natureza eterna da comunidade humana que transcende categorias espaciais e temporais, ao localizar um lugar importante para papéis dos *ancestrais e indicar a continuação da vida dos indivíduos além do túmulo. A comunhão não é confinada aos vivos na terra, mas inclui igualmente os mortos e os vivos. A morte afeta também a comunidade inteira como realidade universal e amarra as relações em sociedade. Em muitas culturas, a morte não é relegada a dimensões individuais e periféricas, mas é, pelo contrário, central em assuntos relacionais e primários dentro dessa sociedade.

Com base nisso, a morte de Cristo pode ser celebrada como significativa e efetiva na vida e na morte: a cruz chama a atenção aos fatores e condições que a trouxeram (ex., rixas na comunidade, opressão política, ignorância espiritual). Ela enfatiza o papel que Cristo desempenha na manutenção de um elo com a comunidade humana. Ela se tornou uma base crítica para a formação de uma nova comunidade participante de um processo de plenitude espiritual, cura relacional, solidariedade e transformação social. Não há igreja e nenhum novo ser sem a cruz de Cristo.

3.3. Deus oferece perdão. Deus experimentou na cruz o pior que os humanos podem fazer. Jesus sofreu uma morte humilhante e dolorosa, e Deus Pai sofreu a perda de seu Filho. Mesmo assim, na cruz Jesus disse *Pai, perdoa-lhes, pois não sabem o que fazem* (Lc 23.34). Quando Jesus perdoou aqueles que o crucificaram, ele não os perdoou somente pelo ato específico da crucificação, mas também pelas atitudes e comportamentos que levaram à cruz. É claro que Deus perdoara anteriormente, e Jesus previamente demonstrara uma postura de perdão a seus discípulos e aos outros, mas a profundidade da ofensa na cruz significa que o perdão de Deus para essa ofensa também penetra nas profundezas do pecado humano. Deus perdoou e perdoará o pior que podemos fazer. Somos libertos do fardo da culpa.

Deus, no entanto, faz muito mais do que decretar o perdão e alterar a coluna em que o ser humano se encontra nos registros legais no céu. O perdão é o precursor da reconciliação. Deus respondeu à cruz levando as pessoas ao relacionamento certo com seu perdão restaurador. Observamos isso concretamente quando o Jesus ressurreto retornou aos discípulos como uma presença de perdão, não repreendendo ou buscando vingança por sua traição, mas se aproximando em amor e restaurando as relações. As poderosas ondas desse perdão estendem-se a nós hoje, pois o Jesus Cristo vivo continua a responder à traição e à rejeição humana com perdão.

3.4. Jesus nos liberta da vergonha. Pela vida, morte e ressurreição de Jesus, Deus liberta não somente da culpa, mas também da vergonha. Ao passo que sentimos culpa por um ato de transgressão, sentimos vergonha em relação aos outros por sermos inferiores e não alcançarmos as expectativas. Sentimos culpa por *cometer* um erro, sentimos vergonha por *ser* um erro. As consequências objetivas de um ato de desobediência são acusação e punição ou retaliação; as consequências objetivas de não alcançar expectativas e ser inferior são desaprovação, ridicularização, rejeição e, frequentemente, exclusão. O remédio para a vergonha inclui remover a desgraça, oferecer uma nova identidade, restaurar a honra e superar a exclusão pela reincorporação (*veja* Face).

As sociedades, distorcidas pelo pecado e influenciadas pelos poderes do mal, geralmente envergonham as pessoas inapropriadamente. Nos evangelhos várias vezes observamos Jesus libertar pessoas da vergonha de serem rotuladas como não merecedoras, impuras ou inferiores. Ele abraçou e incluiu os excluídos, libertando-os da vergonha ao honrá-los e dar-lhes uma nova identidade. Esses atos de Jesus ameaçaram o *status quo* e aqueles que haviam causado a humilhação. Eles procuraram detê-lo pelo ato último da exclusão, a morte, e não qualquer morte, mas a extremamente desonrosa e vergonhosa morte pela crucificação pública.

A morte de Jesus na cruz e a ressurreição somam-se ao trabalho libertador visto em sua vida. Primeiramente, somam em peso e significado para a nova identidade que ofereceram aos envergonhados. Ele foi tão comprometido com a inclusão dos envergonhados, que estava disposto a morrer em vez de aceitar as normas e práticas daqueles que os envergonhavam. Em segundo lugar, pela ressurreição, Deus valida Jesus e, portanto, também suas ações de aceitação amorosa. Terceiro, pela morte de Jesus na cruz, Deus identificou-se completamente com os humanos em nossa experiência de vergonha e experimentou a vergonhosa exclusão que tememos. A cruz, no entanto, oferece mais do que uma promessa da solidariedade de Deus, e mais do que Deus vindo a saber o que é experimentar a vergonha. A cruz expõe a falsa vergonha e quebra seu poder de instilar o medo. Na cruz, Jesus foi inapropriadamente envergonhado, e a cruz e a ressurreição expõem os poderes e mentiras usadas para falsamente envergonhar Jesus (Cl 2.15). A morte e a ressurreição de Jesus nos convidam e nos permitem viver livres dessa vergonha desumanizadora que ele desconsiderou na cruz (Hb 12.2; 1Pe 2.6).

Ao mesmo tempo, entretanto, há coisas pelas quais os humanos deveriam envergonhar-se. O que poderia ser mais vergonhoso do que crucificar Deus encarnado? Aqueles que buscaram envergonhar a Jesus eram na verdade os que se comportavam mais vergonhosamente. Os discípulos e seguidores de Jesus também agiram vergonhosamente ao traí-lo, negá-lo e abandoná-lo. Mesmo assim, Deus não respondeu os envergonhando, mas agindo para curar a vergonha que sentiam e restaurar suas relações. O amor bane a vergonha. Jesus respondeu com atos de amor e aceitação que restauram as relações. Ao expor a vergonha inapropriada e ao amorosamente revelar e responder à nossa verdadeira falha, Jesus, o *amigo dos pecadores* (Lc 7.34), removeu o estigma e a hostilidade que nos alienavam uns dos outros e de Deus.

O resgate da vergonha que Jesus oferece às pessoas é particularmente significativo em sociedades onde novas fontes de estigma, tais como o HIV/AIDS, emergiram com plena força negativa para comprometer a experiência de vida plena aos portadores de HIV. Outros exemplos incluem os sentimentos de vergonha impostos por padrões sociais sobre os idosos, os desempregados, os pobres ou as minorias étnicas ou nacionais (*veja* Raça, Racismo e Etnia). O poder libertador da graça salvadora afirma a dignidade humana daqueles envergonhados pelas novas linhas de exclusão e inclusão sociais.

3.5. Salvos pelo sangue de Cristo. De uma certa forma, dizer que somos salvos pelo sangue de Cristo é uma afirmação generalizada e uma outra forma de comunicar que somos salvos pela morte de Jesus. Também tem, entretanto, um sentido mais específico, embora de difícil compreensão plena para aqueles que não pertencem a uma sociedade que pratica sacrifício de sangue. Em muitas religiões e sociedades tradicionais, no entanto, o sacrifício é uma prática e um tema comum. Com base em diversas teorias, os sacrifícios se compreendem como concernentes a ideias tais como dádiva, comunhão, substituição e reconciliação. Mas no cerne de todos os sacrifícios estão seu sentido e valor fundamentais: seu comprometimento para com a vida e sua eficácia em restaurar a integridade.

No Antigo Testamento, o sacrifício de sangue tinha uma variedade de usos. Os textos dão poucas explicações sobre a mecânica dos sacrifícios; comunicam mais o que os sacrifícios cumpriam do que como cumpriam. Um uso comum do sacrifício de sangue no Antigo Testamento, bem como em outras culturas, era fazer e selar uma aliança. Por isso, o sangue de Jesus, derramado na cruz, é descrito como *sangue da aliança* (Mc 14.24; Hb 10.29). Pode ser visto como o compromisso de Deus de manter a nova aliança estabelecida por Jesus Cristo (Cl 1.20). Esse sentido é um aspecto central na Ceia do Senhor. Beber do cálice de vinho é participar da aliança oferecida a nós pelo sangue de Jesus (1 Co 10.16; 11.25). Por sua morte sacrifical, Cristo identificou-se plenamente com a realidade humana, mas a transformou de uma vez por todas com uma aliança que proveu a possibilidade e a promessa da vida eterna, da vida em toda sua plenitude.

Outra função comum dos sacrifícios de sangue é de limpar e purificar. O sangue derramado por Jesus é descrito como tendo essa ação de limpar (Hb 1.3; 9.12-14, 22; 10.19-22; 1Pe 1.2; 1Jo 1.7). O sangue de Jesus limpa a mancha da culpa e da vergonha e, assim, permite relações restauradas.

3.6. Justificação pela obediência fiel de Jesus. "Justificação pela fé" tem sido uma doutrina central na teologia protestante. Ela interpreta que Paulo utiliza uma metáfora jurídica para comunicar que nossa culpa foi limpa e que fomos declarados inocentes. Essa foi a experiência de Lutero. Seu empenho não aliviou a culpa ou o uniu em paz com Deus; a paz veio quando o Espírito o levou a entender e experimentar que a graça divina pela fé traz *justificação e paz com Deus.

Sem contestar a autenticidade da experiência de Lutero, precisamos nos perguntar se erramos ao ler Paulo pelas lentes da experiência pessoal de Lutero e de uma compreensão europeia/norte-americana de justiça. Nos sistemas legais europeus e norte-americanos, um código de leis impessoais provê os meios para que o juiz pese o caso. Crimes têm vítimas, mas nos casos criminais a questão central é como o acusado se encaixa no código legal. Restituição e reconciliação com a vítima não são o foco. É natural que, nessa compreensão de justiça, pensemos que justificar um indivíduo é para Deus declará-lo "inocente". Isto é, ver esta pessoa como se tivesse cumprido o padrão de justiça.

Em contraste, o conceito hebraico de justiça visto no Antigo Testamento tem um fundamento relacional. A base de julgamento é o quão fiel alguém é para com os acordos, obrigações e alianças com os outros e com Deus. Agir justamente é ser fiel às pessoas com as quais se comprometeu por um acordo ou por uma aliança. A relação, não uma lei impessoal, é central. A lei no Antigo Testamento é relacional no sentido de que Deus a deu dentro de uma relação de aliança como expressão da intenção de Deus para a vida e as relações em Israel. Portanto, uma pessoa seria vista por Deus como justa se vivesse de forma a demonstrar fidelidade à aliança de Israel com Deus.

Como Paulo esclarece, todos pecamos ou falhamos em ser justos em nossa relação com Deus e os outros (Rm 3.23). Jesus, entretanto, foi obediente, fiel e justo em cada um dos pontos em que falhamos – fiel ao ponto de morrer. Paulo proclama que fomos justificados não por nossas ações, mas pela graça de Deus, pelas ações fiéis de Jesus (Rm 3.24-26; Gl 2.16). Portanto, em contraste com a nossa falha em ser justos, Deus prova que é justo ao ser fiel à sua aliança de abençoar e salvar Israel e, por meio deles, salvar outros.

Ambas as epístolas de Romanos e Gálatas abordam a questão da salvação dentro da discussão mais ampla da relação entre cristãos gentios e cristãos judeus. Em Gálatas, Paulo especificamente aborda questões sobre o papel das leis e tradições judaicas em definir a inclusão de alguém ao povo de Deus.

Nesse contexto mais amplo de Romanos e Gálatas, e pelas lentes de uma compreensão relacional da justiça hebraica, fica claro que ser justificado não é simplesmente ser declarado inocente de ter quebrado as leis e, assim, ser apropriadamente posicionado em relação a padrões registrados em um código impessoal. Pelo contrário, ser justificado é ser apropriadamente posicionado em relação a Deus – ser feito um participante integral na comunhão do povo de Deus (justificação é somente uma das metáforas que Paulo usa para descrever esse ato de inclusão pela graça; ele usa, por exemplo, a adoção em Gálatas 4.5 e Romanos 8.15). Entendido na perspectiva relacional hebraica, o verbo "justificar" inclui um sentido de endireitar, restaurar relações tortas ou quebradas. No Antigo Testamento Deus proveu um sistema de sacrifícios para restaurar e endireitar as relações entre Deus e o povo de Deus. Paulo afirma em Gálatas que ele mesmo, Pedro e outros cristãos judeus concordam que esse acerto das relações vem através de Jesus. Portanto, como metáfora da salvação, dizer que alguém é justificado comunica um sentido de inclusão na comunidade da fé e de um acerto ou retificação das relações com Deus e os outros na comunidade.

Dizer que Paulo interpretou as palavras relativas a "justificação" de uma perspectiva hebraica não quer dizer que a clássica compreensão protestante da justificação, que aborda o fardo pessoal de culpa, está errada; aponta-se, na verdade, sua grande limitação. Um exemplo claro da justificação lidando com a culpa, mesmo que não somente culpa, encontra-se em Levítico 6. Instruções claras são dadas sobre usar uma oferta para lidar com a culpa que se sente por ter roubado algo de um vizinho. Entretanto, o infrator não era somente instruído a ir ao sacerdote e fazer sua oferta, mas também a agir de forma a restituir ao vizinho, com o objetivo de restaurar a relação. Uma perspectiva mais hebraica da justificação adiciona amplitude, profundidade e atualidade à nossa compreensão da justificação.

Diversas culturas e contextos demonstram essa compreensão da justificação que oferece um alto prêmio para a integridade de vida em relação e em comunhão: a superação de hostilidades e divisões passadas, a humanização dos rejeitados e esquecidos, a inclusão dos excluídos e marginalizados e a participação dos mais vulneráveis na manutenção da vida em toda sua plenitude. Esses aspectos compõem a dinâmica do gracioso dom divino da justificação que vivemos hoje.

Retornando à questão da satisfação penal, podemos afirmar que, de fato, Paulo usa uma metáfora legal para a redenção, mas não é necessariamente uma metáfora que apresenta Deus pedindo a punição como condição para a salvação. Uma pergunta-chave que devemos fazer é acerca do tipo de tribunal que imaginamos ao ler em Romanos 3 que Deus, pelo sacrifício redentor de Jesus Cristo, prova-se justo. Os que leem pelas lentes de um tribunal europeu/norte-americano entendem Paulo dizer que Deus alcançou o padrão de justiça ao exigir punição. Pelas lentes de um "tribunal" hebraico, entendemos Paulo dizer que Deus é considerado justo porque foi fiel a uma aliança, à promessa divina de prover a salvação.

3.7. A cruz interrompe o ciclo de violência. Nós humanos frequentemente buscamos aumentar nosso *status* e segurança pela violência, opressão e rotulação dos outros como inferiores. Isso levou a repetidos ciclos de violência e ações de olho-por-olho. Jesus desafiou esse estilo de vida, e sua recusa a girar no mesmo sentido dos outros criou tensão e hostilidade. Tudo isso culminou na cruz, quando pessoas alienadas e capturadas pelos poderes e principados tentaram impedir Jesus de uma ver por todas, usando de suborno, falsidade, humilhação e uma morte violenta e vergonhosa. Jesus não agiu violentamente contra essas forças, mas agiu como a rocha que no rio absorve a energia do redemoinho, e o interrompe. A cruz quebrou definitivamente o ciclo de alienação e violência crescentes porque absorveu o pior ato de violência do mundo – a morte do Deus encarnado.

Deus não reagiu a isso desferindo um contragolpe vingativo, mas sim com amor complacente, respondendo, assim, à raiz de uma sociedade violenta. O ato último de ódio foi respondido com o ato último de amor complacente como forma de comprometimento ao princípio da vida em toda sua plenitude. A vida de Jesus e sua morte na cruz quebraram o ciclo e estenderam o libertador, curador e humanizador amor de Deus de uma forma que faz a nova vida e a transformação de toda a realidade uma possibilidade real e uma promessa para toda a criação. Os cristãos sabem que, em última instância, os redemoinhos do pecado não são a força mais poderosa e que, capacitados pelo Espírito de Jesus, podem resistir à sua força de sucção e, juntos, firmarem-se como uma rocha que para os redemoinhos.

3.8. A cruz desarma os poderes e principados. Usando a terminologia dos poderes e principados (Rm 8.38; 1Co 15.24; Ef 1.21; 3.10; 6.12; Cl 1.16), Paulo escreve sobre Jesus: *E, despojando os principados e potestades, os expôs publicamente e deles triunfou em si mesmo* (Cl 2.15). Os líderes terrenos e as instituições, bem como os poderes espirituais que os usavam, certamente pensaram que haviam ganhado no dia em que Jesus respirou seu último suspiro. Mas não haviam conquistado Jesus. Jesus não somente quebrou o ciclo de violência, mas também, até seu último suspiro, recusou-se a curvar-se, a ser envergonhado e a ceder à pressão, para viver de acordo com seus valores e prioridades. A cruz abre a possibilidade de não termos de obedecer aos poderes. A ressurreição não foi somente a derrota dos poderes no sentido de que Jesus voltou à vida, mas foi também uma validação do estilo de vida de Jesus. Os poderes são, assim, escancarados como falhos e mentirosos. Seu caminho não é o caminho de Deus, e pode-se resistir a eles. Por irônico que possa parecer, o Novo Testamento proclama que é na fraqueza da cruz que o poder de Deus é revelado (1Co 1.18-25; 2.6-8). A cruz revela que os outros poderes são pseudopoderes.

Os poderes e forças do mal que se opõem à experiência de vida em toda sua plenitude continuam hoje a atuar. Eles vão desde demônios e espíritos do mal, mamon, religiosidade escravizadora e instituições usadas pelos poderes até principados economicamente opressores e culturalmente repressivos. Eles agem como se os humanos não tivessem escolha a não ser segui-los e lhes obedecer, mas sua alegação é falsa. Jesus triunfou sobre os poderes. A mentira dos poderes foi exposta pela cruz. Portanto, nós humanos podemos ser libertos de sua influência quando passamos a perceber e tratar os poderes como meras "coisas" que são.

3.9. A cruz julga. Alguns erroneamente veem o julgamento como oposto à salvação e veem a punição de Deus somente como retribuidora e não como corretiva. Essa é, no entanto, uma visão muito estreita, pois essencialmente o julgamento é uma verdade e uma retificação da situação. O julgamento é boas-novas para aqueles que são oprimidos. Expõe e joga luz sobre as ações injustas de seus opressores, a fim de mudar a situação injusta. A cruz age talvez como a mais brilhante luz do julgamento. Ela mostra de forma severamente clara o erro no modo de agir dos poderes que mataram Jesus. Como vimos, eles são expostos, e uma retificação que começou na cruz e na ressurreição será consumada quando Cristo retornar.

A cruz, entretanto, também fala a verdade sobre nós e projeta uma luz forte em nosso pecado. Em Jesus, os poderes e as pessoas de seu tempo crucificaram Deus encarnado, crucificaram seu igual humano. E não qualquer humano, mas aquele que viveu autenticamente como o humano que fomos criados para ser. Nós também rejeitamos e viramos nossas costas a Deus. Nós também ferimos e atacamos nossos iguais humanos. E nós também escondemos, cobrimos e, assim, rejeitamos o humano que Deus nos criou para ser. Portanto, somos todos crucificadores como indivíduos e como comunidades, através de nossas culturas e estruturas de vida. Como crucificadores, somos expostos pela luz julgadora da cruz. A cruz de Cristo confronta a natureza dos líderes, instituições e costumes das comunidades em seus respectivos cenários. O julgamento é dado na medida em que os líderes das sociedades não refletem a qualidade da liderança salvífica. O mesmo pode se dizer sobre suas práticas culturais e visões de mundo, ou sobre suas estruturas econômicas locais de vida coletiva.

Como se pode esperar boas-novas desse julgamento? Ter um erro exposto é doloroso, mas é também um passo em direção a viver de uma forma alternativa. Mesmo assim, não fosse pelo fato de a cruz não ser somente um instrumento de julgamento, mas também um lugar de perdão, o resultado desse julgamento seria a condenação. Nosso arrependimento e nossa salvação se enraízam em experimentar a ambos.

3.10. A cruz revela. A vida e a morte de Jesus na cruz nos revelam o que significa viver como seres humanos autênticos criados à imagem de Deus. O escândalo de Deus encarnado pendurado em uma cruz fraco, nu e humilhado é um momento de salvação para nós. Convida-nos a sermos os humanos finitos e limitados que Deus nos criou para ser. Convida-nos a reconhecer, abraçar e representar-nos verdadeiramente em toda nossa fisicalidade carnal, nossa complexidade emocional e nossa vulnerabilidade assustada.

A ressurreição vindica e afirma a vida que Jesus levou. De uma forma Deus nos diz, por meio da ressurreição, que "esta é a vida a se imitar". É um convite a se viver livre das vozes e dos poderes que nos dizem que devemos mascarar nossa verdadeira humanidade. Deus não promete que não sofreremos se vivermos como os verdadeiros humanos que fomos criados para ser; muito pelo contrário, a existência cristã do autêntico humano amável em meio ao mal convida à injúria e ao sofrimento. Mas a ressurreição é uma promessa de que de uma vez por todas Jesus morreu por nós, em nosso lugar, para que não mais sejamos escravizados a mascarar e esconder nossa humanidade como forma de nos proteger. Podemos viver livremente como seres humanos autênticos sem temer. A vida, não a morte, tem a palavra final.

A cruz também ressalta o que a vida de Jesus revela: ser autenticamente humano é existir para os outros. Em vez de um estilo de vida auto-orientado de posse e senhorio sobre os outros e de resolução de conflitos pela força, Jesus modela um estilo de vida de compartilhamento, serviço e não violência. Jesus revela não somente a humanidade verdadeira, mas é também a mais plena autorrevelação que temos de Deus. Jesus claramente revela o amável compromisso de Deus em salvar. Jesus curou, libertou, confrontou poderes opressores e comunicou o amor e a aceitação àqueles que passavam pela rejeição e pela marginalização. Ele foi tão comprometido com essas ações salvadoras que não fraquejou nem mesmo ao ser por elas levado à morte. O amor de Deus por nós foi tão grande que Jesus estava disposto a morrer, e Deus, o Pai, estava disposto a permitir que seu filho morresse para prover a salvação. A cruz nos revela um Deus que é por nós (Rm 8.31-39). Essa revelação nos poupa de viver com conceitos errôneos de um Deus acusador e vingativo que precisamos apaziguar (Jo 3.16-17).

Esta seção buscou apontar para o sentido da morte e da ressurreição de Jesus sem, no entanto, exauri-lo. Poderíamos incluir outras metáforas e explicações do significado salvador da vida, da morte e da ressurreição de Cristo. Poderíamos mergulhar mais a fundo nos sentidos expostos acima. A cruz e a ressurreição excedem nossas tentativas de explicá-las.

4. Salvação pessoal ou coletiva?
A Bíblia apresenta exemplos de salvação coletiva, sendo o melhor exemplo a libertação de Israel da escravidão e da opressão no Egito. Não devemos, portanto, desconsiderar aqueles que, seja por influências contextuais, culturais ou teológicas, falam de salvação em termos coletivos. Mesmo assim, seria um erro conceber a salvação apenas em termos coletivos. A Bíblia ensina e mostra experiências pessoais de salvação. Então, mesmo quando usando uma metáfora como a justificação que, como demonstrado acima, tem uma dimensão coletiva e contém uma forte ênfase na ação complacente de Deus, Paulo afirma a centralidade da crença ou fé pessoal. A obediência fiel de Jesus não leva todos a serem automaticamente incluídos no povo de Deus. Cada um deve acreditar ou confiar na obediência fiel de Jesus como aquilo que leva à família de Deus (Rm 10.9-10; Gl 2.16).

Crer é muito mais do que dar consentimento mental ao fato de que a vida, a morte e a ressurreição de Jesus proveem a salvação. A constrição é parte integral da crença em Deus. O convite ao arrependimento é central nas pregações de Jesus e dos apóstolos (Mc 1.14-15; At 2.38; 11.18; 20.21). Os indivíduos apropriam-se da salvação por meio dessa meia volta, ou conversão. O arrependimento é a resposta à amável iniciativa de Deus. Zaqueu dá o exemplo. Ele experimentou a aceitação amorosa de Jesus e reorientou sua vida (Lc 19.1-10). A iniciativa amável de Deus pode tomar outras formas. No caso de Paulo, por exemplo, Jesus, motivado pelo amor, disse palavras de confronto que também levaram ao arrependimento (At 9.1-22). Crer em Deus e confessar que Jesus é o Senhor (Rm 10.9) significa deixar de depositar nossa confiança em outros "senhores" e ídolos. Significa confiar no trabalho salvador da cruz, confiar a vida a Deus e tornar-se um aliado da causa de Deus na terra.

Enfatizar o arrependimento pessoal e a *conversão é apropriado e necessário. Entretanto, na realidade, a salvação sempre tem uma dimensão coletiva. Portanto, devemos nos resguardar de truncar o conceito bíblico de salvação ao individualizar excessivamente o discurso sobre a salvação. Ser reconciliado com Deus é também ser trazido à comunhão com outros na família de Deus. Da mesma forma que a alienação de Deus trouxe alienação nas relações humanas com os outros e com a criação, ter a alienação de Deus curada traz a cura para as relações com os outros e com a criação. A reconciliação com os outros não é somente um efeito da salvação, mas é parte integral da mesma. Parte de ser plenamente humano, viver como os humanos que Deus nos criou para ser, é viver relações autênticas com os outros.

5. Quando acontece a salvação?
Como se deve responder à pergunta: "quando você foi salvo?" Muitos responderiam devidamente mencionando quando se converteram. Alguém poderia, entretanto, de forma igualmente devida dizer "fui salvo dois mil anos atrás", ou "estou sendo salvo", e de uma certa forma podemos dizer "busco ser salvo". A salvação tem uma dimensão do passado, do presente e do futuro.

5.1. Passado. A salvação é um evento passado no sentido de que todos os cristãos reconhecem, até mesmo o momento específico, quando encontraram o amor de Deus, arrependeram-se e reconciliaram-se com Deus. No entanto, é também um evento passado no sentido de que Deus agia para nos salvar antes que acreditássemos e nos apropriássemos dessa salvação (Rm 8.24; Ef 2.5, 8). Afirmar que fomos salvos dois mil anos atrás pela cruz e pela sepultura vazia não somente enfatiza que o ato central e fundador de nossa salvação é de Deus e não nosso, mas também ressalta que a salvação é maior do que a apropriação pessoal que dela fazemos. Algo aconteceu pela cruz e pela ressurreição que mudou fundamentalmente o mundo e a história.

5.2. Presente. A salvação é presente porque, no presente, as pessoas estão encontrando

Jesus e experimentando a salvação de Deus pela primeira vez e porque aqueles que se arrependeram no passado continuam hoje a experimentar a realidade dessa reconciliação passada. Entretanto, a salvação é também presente porque está em andamento. Estamos *sendo salvos* (1Co 1.18; 15.2). A experiência inicial de salvação não é a totalidade da salvação, mas o começo. Nossa cura e transformação continuam e nossa liberdade cresce. O sentido de estar a salvação em andamento não se limita, contudo, ao que recebemos. Fomos salvos e preparados. Fomos salvos do pecado e das forças da alienação e da morte. Fomos preparados para uma nova vida de relações restauradas e de serviço à missão de Deus no mundo junto a outros da família de Deus. Jesus não somente modela a vida para a qual fomos salvos, mas também permite que ela aconteça. Pela cruz e pela ressurreição, Jesus provê não somente um meio de reconciliação e libertação dos poderes do mal, mas também a possibilidade de recebermos a presença capacitadora do Espírito Santo.

Em resposta à questão que pergunta do que somos salvos, anteriormente focamos em nossa relação interrompida com Deus. Talvez agora seja o momento para abrir as lentes para um ângulo mais amplo e observar no presente os frutos de uma relação restaurada com Deus e libertação dos poderes do mal que se opõem à vida em toda sua plenitude. A salvação não está limitada ao espiritual ou ao futuro, mas toca cada área de nossas vidas: social, econômica, física, emocional e assim em diante. Experimentamos essa salvação integral pelas ondas que fluem de nossa relação restaurada com um Deus amoroso que penetra em cada aspecto de nossas vidas individuais. Contudo, também fomos preparados para a família de Deus, e Deus usa outros na família para contribuir com nossa experiência em andamento de salvação integral.

As exortações paulinas capturam, de modos específicos, aquilo para que os dois parágrafos anteriores apontam. Pelo trabalho de Cristo e pelo poder transformador do Espírito, igrejas têm a possibilidade de ser comunidades de pessoas livres de inveja, fornicação, rixas, inimizades, ganância, desonestidade, busca de vingança, retribuição do mal pelo mal, práticas de discriminação racial e outros males. E fomos preparados para a compaixão, humildade, paciência, gentileza, autocontrole, pacificação, ajudar os necessitados, suportar os fardos uns dos outros e assim em diante (Rm 12; Gl 5.13–6.10; Cl 3.5-15). Ser resgatado de um contexto caracterizado pela primeira lista e ser colocado em um cenário caracterizado pela segunda é parte de nossa salvação. Estamos sendo curados e libertados ao experimentar as ações amorosas de um grupo que, mesmo de modo não perfeito, vive o que se descreveu aqui. Como membros da família de Deus, contudo, não somos meros receptores. Fomos salvos para salvar. Cada membro é um instrumento de salvação na vida dos outros. Participar da atividade salvadora de Deus contribui para a realização da vida em toda sua plenitude para todos, para toda a criação e para todas as esferas da vida. O corpo de Cristo é convidado a compartilhar o evangelho da salvação de Deus em palavras e ações com aqueles que ainda não se reconciliaram e se tornaram parte da família de Deus.

A salvação, contudo, não está completa. Em nossas próprias vidas e no mundo ao nosso redor, continuamos a ver os efeitos do pecado e das forças do mal – expostas, mas ainda ativas. Em relação a essa realidade, um aspecto da salvação que experimentamos no presente é a esperança de um tempo futuro em que o trabalho começado na encarnação, na cruz e na ressurreição será completado.

5.3. Futuro. Nós *fomos salvos* (Ef 2.8); estamos *sendo salvos* (1Co 15.2); e certamente *seremos salvos* (Rm 5.10). Confiamos e esperamos uma salvação completa – *novos céus e nova terra, em que habita a justiça* (2Pe 3.13). Não haverá mais morte, a dor e o ranger de dentes cessarão, e estaremos eternamente com nosso Deus (Ap 21–22).

Os aspectos passado, presente e futuro da salvação se unem na mesa da comunhão. Jesus frequentemente usou o companheirismo à mesa, em refeições reais e em parábolas sobre refeições, como forma de mostrar o amor radicalmente inclusivo de Deus. Tomarmos parte juntos na Ceia do Senhor celebra o ato libertador passado da cruz e da ressurreição, bem como libera a poderosa corrente do amor e da aceitação de Deus hoje.

A aceitação e a alegria compartilhadas pelos membros do corpo de Cristo reunidos ao redor da Mesa continuam acontecendo na vida do corpo. A refeição de nossa Comunhão hoje também é uma degustação da grande festa que virá quando nossa salvação estiver completa (Ap 19.9) e a vida for vivida como foi planejada para ser.

Veja também CRISTOLOGIA; CURA E LIBERTAÇÃO; DEIFICAÇÃO, TEOSE; EXPIAÇÃO; JUSTIFICAÇÃO; RESSURREIÇÃO; TEOLOGIA DA LIBERTAÇÃO; VERGONHA.

BIBLIOGRAFIA. APPIAH-KUBI, K., "Christology", in: *A Reader in African Christian Theology*, ed. J. Parratt (London: SPCK, 1987) 69-81; BAKER, M. D., org., *Proclaiming the Scandal of the Cross: Contemporary Images of the Atonement* (Grand Rapids: Baker Academic, 2006); BEDIAKO, K., "Jesus in African Culture: A Ghanaian Perspective", in: *Emerging Voices in Global Christian Theology*, W. Dyrness, org. (Grand Rapids: Zondervan, 1994) 93-121; BEILBY, J. K. e EDDY, P. R., orgs., *The Nature of the Atonement: Four Views* (Downers Grove: InterVarsity Press, 2006); BRAND, G., "Salvation in African Christian Theology", *Exchange* 28 (1999): 193-223; BUJO, B., *African Theology in Its Social Context* (Maryknoll, NY: Orbis, 1992); BUTHELEZI, M., "Salvation as Wholeness", in: *A Reader in African Christian Theology*, J. Parratt, org. (London: SPCK, 1987) 95-102; COSTAS, O., "Sin and Salvation in an Oppressed Continent", cap. 2 in: *Christ Outside the Gate: Mission Beyond Christendom* (Maryknoll: Orbis, 1984) 21-42; DEDJI, V., *Reconstruction and Renewal in African Christian Theology* (Nairobi: Acton, 2003); DICKSON, K. A., *Theology in Africa* (Maryknoll: Orbis, 1984); DUNN, J. D. G. e SUGGATE, A., *The Justice of God: A Fresh Look at the Old Doctrine of Justification by Faith* (Grand Rapids: Eerdmans, 1993); DYRNESS, W. A., *Learning About Theology from the Third World* (Grand Rapids: Zondervan, 1990); FORD, D. F. e HIGTON, M., orgs., *Jesus* (Oxford: Oxford University Press, 2002); GREEN, J. B., *Salvation* (St. Louis: Chalice, 2003); GREEN, J. B. e BAKER, M. D., *Recovering the Scandal of the Cross: Atonement in New Testament and Contemporary Contexts* (Downers Grove: InterVarsity Press, 2000); GUNTON, C. E., *The Christian Faith: An Introduction to Christian Doctrine* (Malden: Blackwell, 2002); HART, T., "Redemption and Fall", in: *The Cambridge Companion to Christian Doctrine*, C. Gunton, org. (Cambridge: Cambridge University Press, 1997); HAYS, R. B., "Justification", *The Anchor Bible Dictionary*, D. N. Freedman, org. (New York: Doubleday, 1992) 3:1129-33; KÄRKKÄINEN, V.-M., *Christology: A Global Introduction* (Grand Rapids: Baker, 2003); KRAUS, C. N., *Jesus Christ Our Lord: Christology from a Disciple's Perspective* (Scottdale: Herald Press, 1990); KÜHN, U., "Salvation", *Dictionary of the Ecumenical Movement*, N. Lossky et al., orgs. (2. ed.; Geneva: WCC, 2002) 1008-12; MAGESA, L., *African Religion: The Moral Traditions of Abundant Life* (Maryknoll: Orbis, 1997); MARTELL-ORTERO, L., "Of Santos and Saints: Salvation from the Periphery", *Perspectivas: Hispanic Theological Initiative Occasional Paper Series* 4 (Summer 2001) 7-38; MCLAREN, B., "Jesus Savior of What?" cap. 4 in: *A Generous Orthodoxy* (Grand Rapids: Zondervan, 2004) 91-101; NICOLSON, R., *A Black Future? Jesus and Salvation in South Africa* (London: SCM, 1990); PADILLA, C. R., *Mission Between the Times: Essays on the Kingdom* (Grand Rapids: Eerdmans, 1985); SCHREITER, R. J., "Jesus Christ in Africa Today", in: *Faces of Jesus in Africa*, R. J. Schreiter, org. (Maryknoll: Orbis, 1991); SCHWAGER, R., *Jesus in the Drama of Salvation: Toward a Biblical Doctrine of Redemption* (New York: Crossroad, 1999); SHENK, D. W., *Justice, Reconciliation and Peace in Africa* (Nairobi: Uzima, 1997); STINTON, D. B., *Jesus of Africa: Voices of Contemporary African Christology* (Maryknoll: Orbis, 2004); VANHOOZER, K. J., "The Atonement in Postmodernity: Guilt, Goats and Gifts", in: *The Glory of the Atonement*, C. E. Hill e F. A. James III, orgs. (Downers Grove: InterVarsity Press, 2004) 367-404; VOLF, M., "The Social Meaning of Reconciliation", *Interpretation* 54 (April 2000) 158-172.

M. D. Baker e C. C. Le Bruyns

SAMARTHA, STANLEY J. *Veja* TEOLOGIA ASIÁTICA; TEOLOGIA INDIANA; TEOLOGIA DAS RELIGIÕES.

SANTIFICAÇÃO

A doutrina cristã da santificação surge a partir da revelação de um Deus que é santo.
1. Santidade
2. Justificação e santificação
3. Santificação e virtudes éticas

1. Santidade

No Antigo Testamento, Deus frequentemente é chamado de Santo (Is 10.17; Os 11.9; Hc 1.12; 3.3), ou O Santo de Israel (2 Rs 19.22; Sl 71.22). O nome de Deus, que representa tudo que ele é, é Santo (Lv 20.3; 22.2). Rudolf Otto descreve a santidade divina como sendo um *mysterium tremendum et fascinans*, que é ao mesmo tempo tremendo e cativante, transcendente e imanente. O Deus que é o totalmente Outro, separado do que não é Deus, mas busca comunhão com a humanidade. Além dessa descrição fenomenológica, a doutrina cristã acerca de Deus fala de sua iniciativa especial de escolher uma pessoa para ser um meio de realizar seu propósito eterno de trazer todas as pessoas à comunhão com ele. Santidade é a "base comum" na qual acontece a comunhão entre Deus e seu povo. Isso está embutido na frase frequentemente repetida *Sede santos, porque eu sou santo* (Lv 19.2; 20.7, cf. 1Pe 1.14-16).

A santidade é vista geralmente como algo "contagioso", isto é, pessoas humanas e coisas se tornam santas por contato com o Deus santo. Por exemplo, utensílios ligados à arca da aliança são descritos como santos (1Rs 8.4; 1Cr 22.19). Pessoas consagradas ao serviço a Deus, como os sacerdotes e os levitas, são consideradas santas. Essa ideia é elaborada mais plenamente na instituição do nazireado (*nazir*, "santo"), cuja santidade é marcada por alguns sinais objetivos e rituais de purificação (Nm 6.1-21). Este aspecto objetivo da santidade pode ser encontrado no Novo Testamento, em passagens como Hebreus 10.10 e 1Pedro 1.2, em que a santificação como um fato realizado está ligada ao sacrifício de Cristo.

A santidade como fato realizado objetivamente apresenta a base para um conceito ético ou subjetivo da santidade. Da pessoa consagrada ou separada para servir o Deus santo espera-se também que *seja* santa, como se vê, por exemplo, em Salmos 24.3-4: *Quem subirá ao monte do* SENHOR, *ou quem poderá permanecer no seu santo lugar? Aquele que é limpo de mãos e puro de coração, que não entrega sua vida à mentira, nem jura com engano*. As exigências éticas da santidade são mais plenamente desenvolvidas nos profetas, a tal ponto que algumas vezes este aspecto é colocado em oposição à santidade cerimonial ou cultual (Is 1.11-17; Mq 6.6-8).

2. Justificação e santificação

A *teologia medieval, enquanto estabelece distinção entre o perdão de pecados na *justificação e a infusão da graça na santificação, compreende, no entanto, as duas realidades como intimamente relacionadas. Esta relação foi resumida por Tomás de Aquino da seguinte maneira: "A infusão da graça é a primeira exigência para a justificação; as outras exigências são "um movimento de livre escolha em direção a Deus pela fé, um movimento de livre escolha em direção ao pecado, e o perdão dos pecados" (*Summa theologiae* 1a/2ae, P. 113, r. 6; cf. a.8). A infusão da graça é um ato instantâneo, e na linguagem protestante poderia ser chamada de santificação instantânea (*Summa theologiae* 1a/2ae, P. 113, r. 7, r. 4). A graça é concebida como um poder em ação na alma para dar à pessoa a liberdade de escolher Deus e se posicionar contra o pecado, e esta é a base da justificação (*Summa theologiae* P. 113, r. 8).

O protestantismo, em contraste, tem tendido a separar radicalmente justificação e santificação. Isso se deve ao temor de que, se a justificação e a santificação fossem intimamente identificadas, levaria a uma doutrina de justificação pelas obras. No protestantismo clássico, a justificação é um ato forense de Deus de declarar o pecador como justo com base na justiça de Cristo, à parte de qualquer justiça do crente. O crente é justificado pela fé somente. Como resultado, tem sido criada uma tensão entre estes dois aspectos da *ordo salutis*, que se tornaram aparentes na história posterior do protestantismo. No luteranismo, isso levou ao conflito entre o Escolasticismo luterano, que defendeu as fórmulas luteranas tradicionais sobre a justificação, e o Pietismo, que dá ênfase maior à vida santificada. De igual modo, essa tensão surgiu na Inglaterra entre os antinomianos e os puritanos. Os antinomianos pretendiam preservar os ensinamentos dos reformadores do século 16, especialmente o ensino de Calvino sobre a justificação, enquanto os puritanos buscavam uma religião mais "experiencial", na qual, entre outras coisas, acreditava-se que a conversão era evidenciada por alguns sinais da graça. O que se vê no Pietismo e no Puritanismo é basicamente uma tentativa de religar a justificação e a santificação e, ao assim fazer, eles retornaram à doutrina medieval da graça como infusão divina de poder que capacita a pessoa para praticar boas obras. Enquanto o caráter forense da justificação ainda era afirmado, a doutrina da graça como um hábito infundido tornou-se mais proeminente na prática. A graça é entendida mais em termos substanciais que relacionais. Para os Puritanos, a graça é também vista como operando de maneira mediada, levando ao desenvolvimento de uma piedade asceticamente orientada, enquanto que para os antinomianos a graça atua imediatamente, como um testemunho direto do Espírito no coração que produz a segurança da justificação. Estes últimos apelam à doutrina de Calvino do testemunho interno do Espírito Santo (*testimonium internum Spiritus Sancti*).

A ênfase de pietistas e puritanos encontra sua expressão mais completa no século seguinte, no ensino de John Wesley sobre a perfeição cristã, ou santificação inteira. A perfeição cristã é "amar a Deus de todo o coração, mente, alma e força. Isto implica que nenhum temperamento errado, nada contrário ao amor, permanece na alma, e que todos os pensamentos, palavras e ações são governados por puro amor" (Wesley, 42). A expressão-chave é "governados por puro amor". A perfeição cristã não está livre de "erros", que são condicionados pela história de vida e pela educação de cada um, mas de pecados, entendidos como pensamentos, palavras e ações motivados por qualquer coisa menos que puro amor. É esta distinção que, em parte, explica a abertura de Wesley para aprender até mesmo dos que tinham opiniões diferentes das dele (desde que essas diferenças pudessem ser resultado de "erros"). Ver Wesleyanismo, Teologia wesleyana.

3. Santificação e virtudes éticas

A ética contemporânea tem foco na virtude, e a formação da virtude tem peso significativo sobre um aspecto da doutrina da santificação, a saber, o desenvolvimento da vida santificada. Em Paulo, é a habitação do Espírito Santo que realiza a nova criação em Cristo (Rm 8.2). O fato de os cristãos serem ressuscitados com Cristo para uma nova vida é um apelo a uma nova maneira de viver, isto é, a santificação sempre levar a viver uma vida santificada em uma nova comunidade (Cl 3.1-11). Essa nova comunidade é marcada pelas virtudes específicas chamadas de fruto do Espírito (Gl 5.22), em distinção das *obras da carne*, que são as marcas do mundo caído.

A vida santificada como uma vida de virtudes tem muito em comum com as virtudes em outras comunidades de fé e comunidades não religiosas. O que distingue as virtudes cristãs das de outras comunidades é a narrativa cristã, que apresenta o motivo básico para essas virtudes e lhes dá sua configuração distintamente cristã. Assim, para os cristãos, o *amor é a virtude cardeal e definidora, porque a realidade definitiva é o Deus trino e uno, que é eternamente pessoas-em-comunhão-de-amor, enquanto para os *budistas, cuja visão é dominada por um mundo sofredor, a principal virtude é a compaixão.

De modo semelhante, na visão confucionista de uma sociedade ordenada, a virtude principal é a piedade filial, que forma a base de todas as demais relações humanas (*veja* Religiões Chinesas). Em suma, conquanto haja pontos de convergência entre diferentes comunidades éticas, os caminhos diferentes pelos quais as virtudes são ordenadas faz com que seja altamente questionável falar de uma moralidade geral. O santo cristão é diferente do nobre confucionista em pontos críticos, mesmo enquanto partilhando de certas qualidades morais. Por exemplo, o chamado de Jesus aos que pretendiam segui-lo para esquecer e até mesmo amar menos os pais por causa do *reino de Deus seria entendido como um ato altamente não filial do ponto de vista da ética confucionista. A santidade cristã em si exige a relativização da piedade filial. Como consequência, convertidos cristãos são frequentemente acusados de não serem filiais, pelo fato de serem cristãos.

Este é um dos maiores desafios da santificação como prática cristã em uma sociedade confucionista.

Veja também ESPIRITUALIDADE; JUSTIFICAÇÃO; ORDO SALUTIS; PNEUMATOLOGIA.

BIBLIOGRAFIA. ADENEY, B., *Strange Virtues: Ethics in a Multicultural World* (Leicester: Inter-Varsity Press, 1995); BERKOUWER, G. C., *Faith and Sanctification* (Grand Rapids: Eerdmans, 1952); MCINTYRE, A., *After Virtue: A Study of Moral Theory* (Notre Dame: University of Notre Dame Press, 1984); WESLEY, J., *A Plain Account of Christian Perfection* (London: Epworth, 1952).

S. Chan

SANTOS. Veja INVOCAÇÃO, VENERAÇÃO DOS SANTOS.

SATANÁS

Satanás é uma figura bíblica de proporções míticas. Além de ser culpado pela queda da humanidade, tentativas de resolver a questão perene da *teodiceia frequentemente o culpam pelo mal e pelo sofrimento. No cristianismo ocidental, muitos cristãos entendem a presença do mal e a existência de demônios e forças demoníacas em termos metafóricos ou estruturais, e não como uma realidade presente, substancial. Em contraste, cristãos pentecostais e carismáticos, bem como a maioria dos cristãos no Mundo dos Dois Terços entendem e experimentam o mal, o Diabo e os demônios como verdades bíblicas literais, uma realidade a ser combatida todos os dias.

1. Visões de Satanás no período bíblico
2. Visões de Satanás ao longo da história
3. Satanás e o mal na cultura
4. Satanás e a teodiceia

1. Visões de Satanás no período bíblico
1.1. Satanás no Antigo Testamento. Satanás, que significa "acusador" ou "adversário", aparece pouco no Antigo Testamento – ainda que muitos equiparem a primeira aparição de Satanás com a serpente no jardim. As passagens mais notáveis nas quais Satanás é citado são Zacarias 3.1-2 e os dois primeiros capítulos de Jó, onde "Satanás" é uma figura celestial. Além disso, a palavra *Satanás* como um adversário "genérico" é encontrada em Números, Samuel, Reis, Crônicas e Salmos. Em Jó e Zacarias, Satanás não é de modo algum um oponente do governo soberano de Deus. Satanás desempenha o papel de um acusador que, no contexto do Antigo Testamento, é consistente com um monoteísmo estrito, no qual tudo e todos na criação obedecem a Deus. Esse papel mais modesto de Satanás também é refletido no pensamento islâmico.

1.2. Satanás na história intertestamentária e na literatura. Durante o período intertestamentário, o povo judeu passou por muita agonia e destruição. Buscando renovar o legado de Alexandre o Grande, Antíoco Epifânio disseminou a mensagem da grandeza dos homens, e destes como senhores de seu próprio destino. Os judeus, rejeitando essa mensagem e se apegando a uma fé monoteísta, ficaram sujeitos à ira de Antíoco (167 a.C.), que lhes tentou erradicar a fé. Especificamente, ele profanou o templo, abatendo porcos nele e o consagrando a Zeus. Além disso, ele executou sacerdotes, pais de família e bebês recém-nascidos envolvidos na prática da circuncisão, forçando as mães a carregar seus filhos mortos. Os judeus, em resposta a esse sofrimento, se recusaram a atribuí-lo a Deus. Argumenta-se com plausibilidade que esses eventos funcionaram como um catalisador para os judeus desenvolverem mais plenamente sua visão de Satanás, tomando de empréstimo elementos de outras fontes (ex., zoroastrismo).

Três grupos surgiram em resposta a essa situação: os saduceus praticaram a assimilação, adotando práticas gregas para sobreviver. Os fariseus lutaram e sofreram para sustentar sua fé judaica. Os essênios fugiram para recantos estéreis da região do Mar Morto, entendendo que o mundo fora tomado por forças malignas. À medida que os saduceus foram assimilados e ganharam força do poder governante, surgiram conflitos internos entre os judeus, que se sentiram traídos pelos seus próprios companheiros. Daí, descobre-se que, nesse período, não apenas houve uma atribuição do mal a Satanás, mas, tal como observado por Elaine Pagels, uma compreensão de Satanás como um "inimigo íntimo", que antes fora um membro de confiança da corte de Deus, e depois traiu esse relacionamento íntimo – refletindo assim o sentimento dos judeus diante da traição do seu próprio povo. Livros como *Enoque* e

Jubileus, caracterizados como literatura apocalíptica, falam de uma guerra no céu e a queda de Satanás. É possível que algumas escolas de pensamento judaico tenham entendido que a queda de Satanás acontecera exatamente durante a perseguição que no momento eles enfrentavam, enquanto outras argumentavam que Satanás caíra antes do início dos tempos, sendo o responsável pelos sofrimentos anteriores – daí a associação da serpente no Gênesis a Satanás. Entretanto, a ênfase dominante desta literatura e daquelas escolas de pensamento não estava em quando Satanás caiu, mas que Satanás – e não Deus – era o autor do sofrimento, da tragédia e do mal no mundo. A partir daí o sofrimento dos judeus levou a uma transição distinta das visões de Satanás encontradas no Antigo Testamento e moldou a compreensão de Satanás que é encontrada no Novo Testamento.

1.3. Satanás no Novo Testamento. Em contraste com o Antigo Testamento, em que Satanás faz parte da corte celestial, o Novo Testamento sugere uma visão na qual todo o mundo caiu sob o controle e o poder do maligno (2Co 4.4; Ef 6.10-12; 1Jo 5.19). Além disso, a doença, a fome e a morte foram atribuídas a Satanás (Lc 13.16; Rm 8.35; 2Co 12.7; Hb 2.14). Jesus, como o Filho de Deus, irrompe no cosmos para contender contra o "Príncipe do ar", Satanás. Jesus confronta e vence todo o mal atribuído a Satanás: cura os doentes, ressuscita os mortos (Lázaro), alimenta os famintos e vence a própria morte, por meio da sua ressurreição.

Ao sustentar a visão do domínio de Satanás sobre a terra, o Novo Testamento, particularmente os Evangelhos Sinóticos, apresentam grande atividade demoníaca. Esta atenção à atividade demoníaca parece ser, entre outras coisas, uma tentativa de resposta à pergunta sobre como Deus permite a dor e o sofrimento, particularmente o sofrimento não merecido. Essa ênfase em demônios e coisas demoníacas, e as questões do sofrimento e do mal, refletem o sofrimento experimentado por Jesus e seus seguidores, tanto nos Evangelhos como nos outros livros. Apocalipse, tal como o livro de Enoque, menciona a guerra contra Satanás e antecipa a volta do governo soberano de Deus após a derrota de Satanás.

2. Visões de Satanás ao longo da história
À luz do contínuo sofrimento dos judeus e da igreja nascente, a compreensão de Satanás na história da igreja primitiva em geral estava em continuidade com a da era do Novo Testamento. À medida que o tempo passava, os pais da igreja, tais como Inácio, Irineu, Tertuliano, Clemente e Agostinho, lutaram com as questões do martírio, gnosticismo e divisões internas na igreja. E, nestes contextos, eles desenvolveram uma diversidade de detalhes a respeito da compreensão de Satanás. Não obstante, coletivamente eles continuaram a ver o Diabo como um ser criado que caiu por sua própria vontade, a principal força maligna no universo, cuja derrota começou com a obra de Cristo e será completada no fim dos tempos. Ao longo da Idade Média, o Renascimento e a *Reforma, pensava-se que Deus e o Diabo estavam imanentemente envolvidos em todos os assuntos humanos – de casos em tribunais a obras de bruxas. Acreditava-se que estas haviam renunciado a Cristo e à sua autonomia para estar sob o poder do Diabo em troca de poderes mágicos. Entretanto, a ênfase da Reforma no *Sola Scriptura* fez com que o foco retornasse ao Novo Testamento e sua ênfase em Satanás e na atividade demoníaca.

O *Iluminismo do século 18 representou uma mudança maior no entendimento do Diabo e do mal. A influência emergente da ciência e da racionalidade levou a um declínio na crença no envolvimento de Deus e de Satanás nas questões humanas diárias. Ao invés disso, Deus foi entendido como distante e benevolente, e a crença no inferno e no Diabo diminuiu.

3. Satanás e o mal na cultura
Dentro da cultura popular no Ocidente, há muito tempo Satanás tem sido retratado na literatura e no cinema. Os mais influentes entre esses tratamentos culturais são obras baseadas em *Fausto*, de Johann Wolfgang Goethe. Essa obra de Goethe e as histórias posteriores de Fausto são livremente baseadas no livro de Jó. As lendas, com frequência, apresentam Satanás como uma personagem nefasta, cuja verdadeira natureza não é totalmente conhecida – sugerindo o desejo e a incapacidade simultâneos da humanidade de compreender natureza do mal. *Cartas de um*

Diabo a seu Aprendiz, de C. S. Lewis, é uma correspondência ficcional bem conhecida entre dois demônios, na qual o mais velho ensina seu sobrinho a servir efetivamente o "Pai lá em baixo". Lewis observa os dois erros que geralmente os cristãos cometem em relação ao Diabo, ou diabos: acreditar que eles não existem ou dar-lhes muito mais atenção e poder que eles merecem. Além disso, Satanás é com frequência apresentado em obras cinematográficas, variando de desenhos animados, com diabos ou anjos que aparecem no ombro de uma pessoa, ou filmes de terror com apresentações gráficas de espíritos malignos e suas atividades. Teologicamente, a fascinação popular por Satanás sugere a luta contínua da nossa cultura com os erros que os humanos cometem uns contra os outros e que podemos controlar, e o mal que parece estar além do nosso controle, como desastres naturais e epidemias globais.

4. Satanás e a teodiceia
Grosso modo, a *teodiceia tenta responder à seguinte pergunta: se Deus é bom e todo poderoso, por que há o mal e o sofrimento no mundo? Enquanto os judeus tentaram reconciliar a crença na justiça retributiva e o monoteísmo com o sofrimento que experimentaram sob Antíoco, a visão deles sobre Satanás mudou. De igual modo, no decorrer da história, povos e comunidades tentaram entender quem está no controle, como uma maneira de entender seu próprio sofrimento. O entendimento deles do mal e do Diabo tem sido formado à luz dos males concretos que eles enfrentam. O Holocausto judaico, a escravidão africana, o genocídio armênio e o sofrimento de Darfur (no Sudão) têm sido atribuídos à religião, pessoas más, juízo de Deus, ou outras causas. Em última análise, há muita responsabilidade envolvida: as Escrituras sugerem que, enquanto Satanás está em atividade no mundo provocando o mal, os humanos têm uma responsabilidade crítica; eles também podem ser cruéis uns com os outros ao invés de cumprir o desejo de Deus para com eles. Não há respostas fáceis para a questão da teodiceia. Simplesmente culpar Satanás pela presença de todo mal e sofrimento no mundo aparentemente remove a responsabilidade humana pelo sofrimento dos outros. Por outro lado, fazer os humanos plenamente responsáveis pela presença do mal no mundo parece sugerir que Deus preparou os humanos para um destino de sofrimento simplesmente por criá-los com livre arbítrio. Em vez de dividir a culpa, os cristãos enfatizam a esperança que está representada em Jesus Cristo, que redime os humanos da nossa própria propensão a ferir os outros e nos liberta do poder de Satanás, o adversário.

Veja também BATALHA ESPIRITUAL; CURA E LIBERTAÇÃO; MAL, PROBLEMA DO; PODER.

BIBLIOGRAFIA. FISHWICK, M. W., *Faust Revisited: Some Thoughts on Satan* (New York: Seabury, 1963); FORSYTH, N., *The Old Enemy: Satan and the Combat Myth* (Princeton: Princeton University Press, 1987); JENKINS, P., *The New Faces of Christianity: Believing the Bible in the Global South* (Oxford: Oxford University Press, 2006); KALLAS, J. G., *The Real Satan: From Biblical Times to the Present* (Minneapolis: Augsburg, 1975); LEWIS, C. S., *The Screwtape Letters, with Screwtape Proposes a Toast* (New York: HarperSanFrancisco, 1996) [edição em português: *Cartas de um Diabo a seu Aprendiz* (São Paulo: WMF Martins Fontes, 2009)]; PAGELS, E., *The Origin of Satan* (New York: Random House, 1995); RUSSELL, J. B., *The Devil: Perceptions of Evil from Antiquity to Primitive Christianity* (Ithaca: Cornell University Press, 1977); idem, *Satan: The Early Christian Tradition* (Ithaca: Cornell University Press, 1981); idem, *Mephistopheles: The Devil in the Modern World* (Ithaca: Cornell University Press, 1986); idem, *Lucifer: The Devil in the Middle Ages* (Ithaca: Cornell University Press, 1894); TOWNES, E. M., org., *A Troubling in My Soul: Womanist Perspectives on Evil and Suffering* (Maryknoll: Orbis, 1997).

D. Buchanan

SCHLEIERMACHER, FRIEDRICH D. E.
Veja EXPERIÊNCIA, TEOLOGIA DA.

SCHUSSLER FIORENZA, ELISABETH.
Veja CRISTOLOGIA.

SCHWEITZER, ALBERT. *Veja* CRISTOLOGIA; REINO DE DEUS.

SECULARISMO
A palavra secularismo (derivada de uma raiz latina que significa "mundo", ou seja, o que

não é espiritual ou religioso) é usada de duas maneiras relacionadas, mas distintas. Primeiro, descreve uma abordagem filosófica geral que desenvolve sistemas de teoria ética, legal ou política, a qual seus proponentes alegam não derivar nem depender de uma perspectiva religiosa ou de revelação divina. Segundo, secularismo também descreve o processo pelo qual, como resultado da modernização, sociedades podem (e alguns defendem que *devem*) não mais assumir uma estrutura compartilhada de compreensões religiosas. No lugar disso, aspectos da nossa vida comum – tais como sistemas governamentais ou educacionais – devem ser ordenados de maneira que permitam ampla variedade de crenças, incluindo a descrença.

Em círculos cristãos, a palavra "secularismo" é geralmente usada em sentido negativo, e assume-se que o secularismo é uma filosofia e uma descrição da sociedade moderna que é antitética à fé e à missão cristãs. Entretanto, uma breve revisão destes dois usos gerais do termo e uma apreciação do porquê eles se desenvolveram deixa claro que o secularismo em ambos os sentidos oferece aos cristãos oportunidades únicas para se envolver criativamente com o mundo com o *evangelho à medida que adentramos o vigésimo-primeiro século.

1. Secularismo como filosofia
2. Secularismo como separação entre igreja e estado
3. Secularismo e secularização

1. Secularismo como filosofia

Embora à primeira vista possa parecer estranho, muitos dos que tentaram desenvolver uma ética à parte de uma perspectiva de fé não procuraram minar a crença em Deus. Pensadores do *Iluminismo, como Immanuel Kant (1724-1804), viram a filosofia secular como uma maneira de libertar a humanidade de aspectos potencialmente opressivos da autoridade religiosa. Afinal, Kant viveu em uma Europa que, havia pouco tempo, fora assolada por anos de um banho de sangue em nome da verdade religiosa (especificamente, guerra entre denominações cristãs). Em resposta, ele articulou uma ética baseada na razão, e não em um entendimento do que Deus ordenou; ele cria que esta moralidade é universal e não está sujeita à intepretação denominacional ou sectária. Ao assim fazer, Kant enfatizou a importância da responsabilidade ou dever de um indivíduo de fazer escolhas racionais para si mesmo, unindo autonomia (literalmente, "autogoverno") com um senso de obrigação que ainda domina a ética ocidental – incluindo muitas abordagens cristãs.

Outros advogados do secularismo eram abertamente antagônicos à religião ou a qualquer pensamento de que a fé tem que seguir seu curso; se a razão humana por si só é suficiente para a moralidade, a política e a lei, então a crença em Deus é irrelevante. O famoso cético religioso David Hume argumentou que a racionalidade jamais poderia resultar em um conhecimento do que é certo e que a moralidade, em vez disso, é inevitavelmente baseada em "sentimentos". Ele afirmou em seus últimos textos que isso leva os humanos ao altruísmo (i.e., a uma simpatia pelos outros que guia nossas ações).

É a este aspecto antirreligioso do secularismo – com sua presunção de que não podemos conhecer a verdade e sua negação radical do papel da *revelação – que muitos cristãos reagem. Mas muitos eticistas cristãos, longe de negarem o Iluminismo, foram guiados por seu senso de que uma moralidade comum pode ser enraizada em outra coisa que não seja a revelação, interpretando a expressão de Paulo em Romanos 2.15 (*demonstrando que o que a lei exige está escrito no coração deles, tendo ainda o testemunho da sua consciência e dos seus pensamentos, que ora os acusam, ora os defendem*), defendendo, com isso, que podemos ter uma ética universal que perpassa culturas, épocas e crenças religiosas.

Esse impulso ao universalismo na ética e na lei ficou sujeito a tremendo escrutínio no século 20 por várias razões. Ele nega que as culturas, incluindo seu senso de ética, governo e organização social, são formadas por circunstâncias específicas (a história das missões, por exemplo, está repleta de casos de europeus confundindo sua sensibilidade particular com respeito à vida familiar, vestuário ou política por uma moralidade dada por Deus ou "natural"). Além disso, enquanto o desejo do Iluminismo de encontrar uma base comum entre as diferenças permanece uma questão crucial em nossa era, o secularismo filosófico sozinho não pode ser o único guia ético para os cristãos, que são chamados a praticar uma moralidade e uma organização política e social que reflete um discipulado que "está" mas "não é" deste mundo.

2. Secularismo como separação entre igreja e estado

Enquanto o surgimento do secularismo estimulou um antagonismo à fé religiosa, ao mesmo tempo proporcionou uma base para o direito de culto de acordo com a consciência. Por conta da percepção dos impactos negativos das instituições religiosas sobre questões estatais europeias, o secularismo também nutria um desejo de separar a religião do governo. Associado ao conceito de direitos humanos que se desenvolveu durante o Iluminismo, esse impulso para separar o estado e a "igreja" (significando indivíduos e instituições religiosas de qualquer credo) também promoveu garantias legais de liberdade religiosa – incluindo o direito de não crer.

A aplicação dessa separação ou secularismo em várias sociedades reflete suas diferentes histórias e culturas. Em contraste com muitas nações europeias que reconheciam igrejas nacionais, os Estados Unidos tiveram seu início com um conjunto de diferentes denominações e consagraram uma estrita separação das esferas na Primeira Emenda de sua constituição. Ainda que a aplicação prática dessa emenda seja sempre uma questão candente na jurisprudência estadunidense, a lei de maneira consistente proíbe o *establishment* de qualquer religião ou preferência por um grupo religioso enquanto protege a *livre expressão* de todos os credos. Em outras nações a ênfase tem sido diferente. A Revolução Francesa rejeitou com força a Igreja Católica dominante, e o antagonismo à religião na esfera pública permanece até hoje (tal como no caso da lei de 2004 que proíbe garotas muçulmanas de cobrir a cabeça em escolas públicas). Por outro lado, no Reino Unido, a Coroa ainda nomeia os bispos para a Igreja da Inglaterra, inclusive o Arcebispo da Cantuária.

Algumas repercussões significativas do secularismo podem ser vistas em partes do Oriente Médio, África e Sudoeste da Ásia. Nessas áreas, uma afirmação generalizada da fé (quase sempre o *Islamismo*) como uma influência importante e inegável na vida política, social, econômica e educacional leva a uma rejeição vigorosa do secularismo de estilo europeu. Ao mesmo tempo, muitas dessas sociedades debatem a respeito de como o governo pode ou deve permanecer secular em alguns sentidos e assegurar a liberdade religiosa – uma discussão de importância óbvia para cristãos que vivem nessas culturas, bem como para a igreja global.

3. Secularismo e secularização

À medida que a Europa e a América do Norte respondiam ao Iluminismo, à rápida industrialização e descobertas científicas, muitos sociólogos predisseram que a fé religiosa iria diminuir dramaticamente ou virtualmente desaparecer diante da modernização. Isso foi chamado pelo influente sociólogo estadunidense Peter Berger, em meados do século 20, de crise da secularização. As pressuposições de Berger dominaram várias outras disciplinas acadêmicas. Juntamente com os aspectos do secularismo que buscaram dividir os sistemas sociais e religiosos, alguns teóricos propuseram que as forças do pluralismo, da *globalização e da *tecnologia iriam inevitavelmente criar culturas desprovidas em grande medida de influência religiosa e indivíduos que entendem o mundo à parte da fé.

Por volta do fim do século, Berger admiravelmente se retratou de sua tese. Ele atualmente entende que o pluralismo em si não solapa a fé. Tal diversidade significa apenas que as crenças não podem mais ser tomadas como certas, e esta é uma distinção importante. Embora ainda haja alguns advogados dessa teoria, a maioria dos estudiosos concorda que nada como a secularização de fato ocorreu em escala global. Mesmo que a modernização continue, a fé permanece vital ao redor do globo, desde o crescimento do cristianismo evangélico na América Latina à continua força do islamismo no sudeste da Ásia e sua expansão na América do Norte. A Europa Ocidental, que já foi considerada como indicadora da morte da religião, é atualmente uma exceção notável, com taxas baixíssimas de frequência à igreja citadas como prova (a maior parte da Europa – com exceções notáveis como a Polônia – apresenta um contraste agudo com os Estados Unidos, onde taxas de frequência à igreja e outros indicadores de religiosidade permanecem altos). Não obstante, a pesquisa na Europa indica que a fé individual permanece forte, ainda que muitos tenham perdido o interesse em instituições religiosas – um movimento que a socióloga britânica Grace Davie chama de "crença sem pertença".

Mark Twain, em uma observação famosa, disse que as notícias sobre a morte dele eram "grandemente exageradas". Este certamente tem sido o caso nas predições quanto à morte da religião, e tal como José Casanova observou, a influência permanente (mas matizada) da teoria da secularização entre acadêmicos ocidentais revela um foco estreito e uma cegueira quanto ao vibrante e diversificado florescimento da fé na maior parte do mundo. Ao invés de teorias generalizadas a respeito do declínio da religião, ele faz uma defesa de pesquisa acadêmica que considere cuidadosamente cada caso em seu respectivo contexto. Além disso, acadêmicos que são pessoas de fé, de diferentes origens socioculturais, contribuem para um entendimento mais rico do papel da fé na sociedade. Cada vez mais eles oferecem um corretivo importante aos preconceitos que dominaram as discussões acadêmicas da religião e da experiência religiosa.

À medida que entramos no vigésimo primeiro século, comunidades de fé – cristãs e outras – estão demonstrando vigor, a despeito da secularização da sociedade por meio das forças da modernização. A questão não é se a religião deve ser parte de debates públicos, mas como; não se a religião nos enfraquecerá como uma influência sobre indivíduos e sociedades, mas como as condições da vida no vigésimo primeiro século afetam a fé pessoal e comunitária. O pluralismo, a tecnologia e a globalização oferecem desafios, bem como oportunidades, aos cristãos para que testemunhem o desejo de Deus de que o reino secular prospere e também testifiquem as limitações deste mundo e nosso compromisso definitivo com o *Reino de Cristo.

Veja também CULTURA E SOCIEDADE; LIBERDADE RELIGIOSA; SOCIOLOGIA DA RELIGIÃO.

BIBLIOGRAFIA. BERGER, P. L. et al., orgs. *The Desecularization of the World: Resurgent Religion and World Politics* (Grand Rapids: Eerdmans, 1999); CARTER, S., *The Culture of Disbelief: How American Law and Politics Trivialize Religion* (New York: Anchor Books, 1994); CASANOVA, J., *Public Religions in the Modern World* (Chicago: University of Chicago Press, 1994); DAVIE, G., HEELAS, P. e WOODHEAD, L., *Predicting Religion: Christian, Secular, and Alternative Futures* (Hampshire: Ashgate, 2003); JURGENSMEYER, M., org., *Religion in Global Civil Society* (Oxford: Oxford University Press, 2005); SMITH, C., org., *The Secular Revolution: Power, Interests, and Conflict in the Secularization of American Public Life* (Berkeley: University of California Press, 2003); STARK, R., "Secularization, R.I.P.", *Sociology of Religion* 60:3 (Fall 1999) 249-73.

E. Dufault-Hunter

SECULARIZAÇÃO. *Veja* SECULARISMO.

SEGOVIA, FERNANDO. *Veja* TEOLOGIA PÓS-COLONIAL.

SEGUNDO CONCÍLIO VATICANO. *Veja* CONCÍLIO VATICANO II.

SEITAS. *Veja* NOVOS MOVIMENTOS RELIGIOSOS CRISTÃOS; NOVOS MOVIMENTOS RELIGIOSOS NÃO-CRISTÃOS.

SEXISMO

Explicar o sexismo não se resume a uma discussão estereotipada sobre mulheres anglo-americanas, instruídas, de classe média e que odeiam homens. Tão pouco é uma questão de disputa de poder ou de reivindicar igualdade definida em termos do masculino euro-americano de classe média alta. As manifestações do sexismo são globais e os efeitos duradouros afetam tanto as mulheres quanto os homens. Um tratamento sólido sobre sexismo envolve uma discussão global sobre libertação e justiça, e a necessidade de transformação dos conflitos relacionados a gênero que levem à diminuição da violência e aumento da justiça social, política e econômica. Qual é o papel da igreja cristã em relação ao sexismo?

1. Sexismo no contexto global
2. Sexismo e cristianismo
3. Transcendendo o sexismo em favor de libertação e justiça

1. Sexismo no contexto global
1.1. A existência de sexismo. Sexismo envolve conduta ou posturas preconceituosas,

estruturas sociais e normas culturais baseadas no sexo (feminino-masculino biológicos) ou gênero (feminino-masculino socialmente definidos), preferências ou estereótipos, os quais resultam em desigualdade na distribuição de poder e em outras formas de injustiça. Espalhado nas esferas social, política, econômica, legal e religiosa, o sexismo existe nos níveis individual e comunitário por meio da limitação ou negação de oportunidades, recursos, informação ou escolha (s). Essa discriminação vai além das reais diferenças biológicas e opiniões divergentes sobre sexo e gênero para ofuscar a honra ou dignidade e finalmente silenciar "o outro".

1.2. Expressões de sexismo. Expressões ou sintomas de sexismo incluem a pobreza desproporcional, falta de moradia e falta de instrução entre mulheres e meninas; determinação do sexo da criança por meio de aborto, abandono ou seleção de genes; negação de direitos humanos ou civis a mulheres e meninas; práticas de contratação ou promoção que beneficiem certo sexo/gênero mais que o outro; e salários significativamente inferiores pagos às mulheres em comparação com os homens no mesmo campo de atividade.

Outros exemplos de sexismo incluem o mito da virgindade feminina *versus* permissividade de promiscuidade masculina; casamento infantil; o predomínio do HIV/AIDS entre mulheres heterossexuais; violência de gênero, incluindo violência doméstica, mutilação de genitais femininos, estupro e tortura simbólica; e continuada objetificação do corpo por meio do comércio sexual e da indústria da pornografia, escândalos de abuso sexual entre pastores/clérigos e vários tipos de desvios sexuais.

Uma forma bastante debatida e aparentemente uma expressão menos hostil de sexismo no contexto religioso inclui papéis sociais, religiosos – por exemplo, liderança e ordenação – e familiares baseados em gênero *versus* papéis baseados na habilidade ou *carisma*, assim como menor respeito ou apoio a homens ou maridos "feministas", pais que ficam em casa ou famílias matriarcais. O emprego desproporcional de linguagem masculina para falar da humanidade ou de Deus, por exemplo, em hinos, orações e textos sagrados, é outro assunto em debate.

1.3. Ensino e perpetuação do sexismo. O sexismo é ensinado e perpetuado de modo consciente ou não por meio de expedientes culturais de socialização, incluindo comunicação verbal, comunicação não verbal e silêncio. A comunicação verbal envolve escolha de linguagem em códigos legais, mitos, títulos e assim por diante. Entre os exemplos de comunicação não verbal se encontram os papéis de referência como, por exemplo, a proporção de pastores ou professores do sexo masculino em comparação com as do sexo feminino; Maria, mãe de Jesus, é lembrada como uma virgem passiva ou como co-criadora ativa com Deus; o tom de voz; a arte, mídia e propaganda. Outra forma de manutenção de estereótipos de sexo/gênero e consequente sexismo é o silêncio, que considera invisíveis o valor e a contribuição do "outro". Exemplos de silêncio podem ser encontrados na falta de instrução e de comunidades de discurso, na busca de pesquisas sociais sobre sexismo e teologia, e na diferença entre ideologia professada e a prática em si.

Historicamente, a cultura e a sociedade sustentaram os sistemas patriarcais que deram poder ou benefício ao macho/gênero masculino — pais, meninos; raciocínio linear, violência — em detrimento à fêmea/gênero feminino, como mães, meninas; inteligência emocional, criação e ecologia. Em particular no pano de fundo do capitalismo e da *globalização, o sexismo não é um problema isolado e está muitas vezes entrelaçado com capacidade, classes/castas, discriminação étnica, racismo e discriminação baseada na sexualidade.

2. Sexismo e cristianismo
2.1. A história do sexismo no pensamento cristão. Em geral a Bíblia se fundamenta nos contextos patriarcais do Oriente Médio e Europa. Ela tem sido interpretada principalmente por meio das lentes patriarcais que assumem como normativo o masculino europeu, branco, heterossexual, fisicamente sadio. A história do sexismo no pensamento cristão aponta para um esboço bíblico de movimentos socio-históricos no decorrer dos anos. Mulheres (e crianças) eram tratadas como propriedade no antigo Israel (e.g., Gn 12.10-20; 19.1-11), e no contexto greco-romano, que separava as esferas particular e

secular, sendo as mulheres relegadas à esfera particular (e.g., Pv 31.10-31). A introdução de uma nova ordem por meio de Jesus Cristo na igreja cristã primitiva foi menos patriarcal do que o padrão da sociedade e estava desvinculada de normas de classes/castas, étnicas, de gênero, habilidade física ou racial (e.g., At 10.34-48).

Entretanto, até o final do primeiro século depois de Cristo, a igreja primitiva adotou novamente os relacionamentos patriarcais e sociais de gênero. O cristianismo transpôs o *status* social de gênero e de distribuição de poder para a composição eclesiástica da igreja, afirmando assim a hierarquia masculina de poder e limitando o papel da mulher. Até o século 17, eruditos da igreja europeia medieval, da escolástica e da *Reforma ensinavam que as mulheres eram "homens mal concebidos" que estavam na base da hierarquia social e espiritual e podiam ser salvas e protegidas apenas por meio do casamento literal com um homem ou metafórico com Deus ou a igreja. Argumentos teológicos em defesa do domínio dos homens sobre as mulheres foram então associados à ordem da Criação (Gn 2.18-23), à autoridade masculina (1Tm 2.11-14) e aos códigos domésticos das epístolas paulinas (e.g., Ef 5.22–6.9). O desenvolvimento do pensamento filosófico ocidental contribuiu ainda mais para as tensões de gênero na teologia cristã, como se vê no dualismo que associou as mulheres com a natureza física pecaminosa e os homens com a natureza divina espiritual e salvífica.

Nos séculos 18 e 19, as normas históricas assumidas foram gradativamente sendo desafiadas, começando com os primeiros grupos protestantes, como a afirmação dos quacres em relação às mulheres na liderança, a documentada liderança feminina nos avivamentos e missões, e a nova maneira de leitura da Bíblia como forma de apoiar os movimentos abolicionistas no Reino Unido e na América do Norte. Construindo sobre essa história, surgiram no século 20 reações teológicas formais às leituras patriarcais da Bíblia, incluindo o *feminismo, teologias *mujerista e *mulherista, juntamente com a ética / *ética social biblicamente fundamentadas.

2.2. Teologia, patriarcalismo e sexismo. Como há uma diversidade de respostas teológicas ao patriarcalismo em relação ao sexismo, a teologia também abrange um contínuo de crenças. Uma ilustração dessa abrangência está na visão patriarcal tradicional de não reconhecer a existência do sexismo, na interpretação da Bíblia por meio de uma leitura superficial e na crença de que os homens são criados para dominar as mulheres em todas as esferas da vida (e.g., 1Co 14.34-35; Ef 5.22–6.9; 1Tm 2.11-12). Uma forma complementar, ou um "patriarcalismo amenizado" mais benevolente, fundamenta-se no mesmo apoio bíblico para designar papéis específicos de gênero no lar e na igreja. Entretanto, permite-se às mulheres assumirem liderança na sociedade, liderar homens quando não há líderes masculinos, ou realizar as mesmas funções que os homens, porém sem o mesmo título. Nesse tipo de liderança, contudo, as mulheres estão em última instância subordinadas à autoridade masculina. Por outro lado, outras teologias dão apoio para inclusão de gênero em que mulheres e homens negociam a partilha de poder e servem em casa, igreja e sociedade baseados no *carisma*. Dando ênfase à contextualização das Escrituras e ao contínuo poder transformador de Deus para interpretar textos vistos como sexistas, acredita-se que o sexismo em todas as esferas é antitético à mensagem do evangelho, assim como o racismo e outras formas de discriminação. As principais passagens das Escrituras dentro dessas perspectivas incluem Romanos 16.1-7; 1Coríntios 11.11-12 e Gálatas 3.26-28. Por fim, nessa mesma direção estão as visões que afirmam a inversão do sexismo tradicional, dando apoio às mulheres outrora vitimadas, as quais fazem ações corretivas e assumem poder sobre os homens a fim de quebrar os padrões do sexismo.

2.3. O sexismo como pecado. Apesar da existência de visões divergentes acerca dos papéis dos gêneros na igreja e família, muitos cristãos evangélicos concordam que sexismo definido como ação desumanizante é pecaminoso e citam a dignidade da natureza humana, tanto do gênero masculino quanto feminino, criada segundo a imagem de Deus e detentora de valor para com Deus (e.g., Gn 1.26-28). Além do mais, Deus não tem sexo nem gênero, mas é Espírito, e como Deus trino e uno modela uma unidade diferenciada que afirma a unidade diferenciada da humanidade como masculina e feminina. Os relacionamentos de gênero na comunidade marcados por amor mútuo e sacrificial e por limites contra a opressão são centrais à fé cristã (e.g., Mc 12.31; Gl 5.13-14).

Deus, por meio de Jesus Cristo, rompeu as barreiras da desigualdade (e.g., Gl 3.28). No passado, tanto homem quanto mulher contribuíram para o rompimento da relação com Deus, com outros seres humanos e com toda a criação, mas agora homem e mulher partilham da responsabilidade de sair ao mundo como testemunhas do contínuo amor sacrificial e do poder transformador de Deus, estendendo hospitalidade ao próximo marginalizado pela sociedade, cujos membros são desrespeitados por causa de sexo, gênero ou por outras formas de discriminação (Lc 10.25-37).

3. Transcendendo o sexismo em favor de libertação e justiça
A exemplo de outros modos de discriminação, a discriminação por sexo ou gênero é uma forma de injustiça que não condiz com o caráter de Cristo e, muitas vezes, aliena as pessoas do amor de Deus. O papel da igreja cristã em relação ao sexismo inclui, entre outras coisas, viver como testemunha profética do reinado de Deus, despertar a consciência da discriminação e da opressão impiedosa e promover *reconciliação e pacificação que conclamem todos a firmar relacionamentos de amor mútuo e sacrificial com Deus por meio de Jesus Cristo, com a humanidade e com toda a criação pelo poder do Espírito de Deus.

Além disso, seminários e igrejas são lugares importantes no papel de educar, capacitar e encorajar pessoas a desfazer as injustiças do sexismo. A necessidade de uma educação proativa é constante, lembrando que Jesus rompeu o silêncio ao se referir publicamente à presença de Maria aos pés do mestre (Lc 10.38-42). Por meio de intervenção e de educação bíblica e teológica preventiva, juntamente com práticas eclesiásticas, as igrejas cristãs podem ser um veículo por meio do qual uma compreensão mais holística sobre sexo e gênero resulte em relacionamentos justos que promovam e afirmem a vida. Em comunidades multiculturais e interdependentes que refletem mais plenamente a *imago Dei*, a igreja pode aprender a celebrar uma unidade diferenciada que glorifique a Deus, transcendendo o sexismo em favor de libertação e justiça ao afirmar a honra e a dignidade de todos os seres humanos e do universo criado.

Veja também Raça, Racismo e Etnia; Teologia Feminista; Teologia Mujerista; Teologia Mulherista.

Bibliografia. Anderson, R. S., *The Shape of Practical Theology: Empowering Ministry with Theological Praxis* (Downers Grove: InterVarsity Press, 2001); Cahill, L. S., *Sex, Gender, and Christian Ethics* (Cambridge: Cambridge University Press, 1996); De La Torre, M., *Reading the Bible from the Margins* (Maryknoll: Orbis, 2002); King, U., org., *Gender, Religion, and Diversity: Cross-Cultural Perspectives* (New York: Continuum, 2005); Martos, J. e Hegy, P., orgs., *Equal at the Creation: Sexism, Society, and Christian Thought* (Toronto: University of Toronto Press, 1998); Penner, C., org., *Women and Men: Gender in the Church* (Scottdale: Herald Press, 1998); Rohr, R., *Adam's Return: The Five Promises of Male Initiation* (New York: Crossroad, 2004); Songe-Møller, V., *Philosophy Without Women: The Birth of Sexism in Western Thought* (New York: Continuum, 2000); Volf, M., *Exclusion and Embrace: A Theological Exploration of Identity, Otherness, and Reconciliation* (Nashville: Abingdon, 1996); Wren, B., *What Language Shall I Borrow? God-Talk in Worship: A Male Response to Feminist Theology* (New York: Crossroad, 1989).

S. Lapenta-H.

SEXUALIDADE

Este artigo procura integrar a evidência de fatores biológicos, psicológicos e socioculturais com uma perspectiva bíblica a fim de definir e identificar uma sexualidade humana autêntica. Começamos enfatizando a compreensão de fatores que contribuem para o desenvolvimento sexual. Depois passaremos à tarefa de definir o significado de sexualidade, discutir algumas das principais problemáticas da sexualidade e concluir com a sugestão de como a sexualidade pode ser incorporada em uma sociedade sexualmente autêntica.

1. Origens da sexualidade
2. O significado de sexualidade
3. A sociedade sexualmente autêntica

1. Origens da sexualidade

O dom divino do sexo não aparece plenamente desenvolvido, pelo contrário, surge como parte do processo complexo do desenvolvimento humano. Uma variedade de fatores pode contribuir para realçar ou negar, ou facilitar ou inibir, o desenvolvimento da autêntica sexualidade. Por isso, no processo de desenvolvimento sexual pode haver muitas distorções e desvios que resultarão num desenvolvimento da sexualidade do indivíduo em uma variedade de orientações. Dentre os inúmeros fatores que afetam o desenvolvimento sexual, os mais significativos são os fatores biológicos e socioculturais.

1.1. Contribuições biológicas à sexualidade.
O ponto de partida da sexualidade corresponde à concepção da vida humana – quando o espermatozoide, que carrega um cromossomo sexual Y ou X, une-se ao óvulo, que contém um cromossomo X, para criar um macho (XY) ou uma fêmea (XX). Entretanto, mesmo nesse estágio inicial, a biologia pode impulsionar o desenvolvimento sexual em direções alternativas. Tanto os machos quanto as fêmeas podem nascer com uma formação de cromossomos que prejudica sua habilidade de reproduzir ou desenvolver características sexuais secundárias. Desde o início, as pessoas adquirem pacotes cromossômicos e genéticos que afetam fortemente seu desenvolvimento sexual.

Fatores biológicos continuam afetando a sexualidade a cada estágio do processo do desenvolvimento humano. Um aumento dramático nos níveis hormonais e o desenvolvimento de características sexuais secundárias (crescimento dos órgãos genitais e pelos pubianos, crescimento dos seios etc.) sinalizam aqueles períodos em que as mudanças biológicas são mais importantes. Em período posterior da vida, uma diminuição no nível hormonal sinalizará a diminuição do desejo sexual. Uma vez que as mudanças biológicas que afetam a sexualidade não "entram em ação" uniformemente entre todos os indivíduos, boa parte das diferenças individuais na sexualidade pode ser diretamente atribuída a fatores biológicos.

1.2. Contribuições socioculturais à sexualidade.
Desde o início dos anos 1950, uma riqueza de evidências se acumulou que apontou para a importância dos fatores socioculturais no desenvolvimento sexual. Os fatores de importância primordial ao desenvolvimento sexual das crianças são as atitudes, valores, crenças e comportamento dos pais e cuidadores. Enquanto que um ambiente caloroso, protegido e seguro pode preparar o cenário para um desenvolvimento sexual autêntico, o oposto – ou, em caso extremo, o abuso sexual – pode despertar um conflito de identidade sexual que dure a vida toda. O conjunto de evidências acumuladas indica que o abuso sexual é a origem provável de uma variedade de dificuldades, envolvendo desde desordem alimentar até um vasto espectro de compulsões, dependências e desordens de personalidade.

1.3. Um modelo interativo de desenvolvimento sexual.
É muitas vezes difícil de fazer uma clara distinção entre fatores biológicos ou socioculturais no desenvolvimento sexual. Além disso, não basta simplesmente tentar medir a importância das influências biológicas *versus* as socioculturais; antes, ambas devem ser compreendidas como tendo um efeito interativo sobre o desenvolvimento sexual. Um efeito interativo refere-se a processo de dois fatores que interagem entre si em seu efeito sobre um terceiro fator. Um exemplo é a relação descoberta entre os níveis de testosterona nos homens e seu comportamento sexual. Richard Udry descobriu que moços adolescentes com níveis mais altos de testosterona tinham maiores taxas de promiscuidade sexual, portanto, sugerindo mais uma vez que o elemento biológico afeta o comportamento sexual. Outros estudos, contudo, documentaram que o comportamento pode afetar o nível de testosterona. A interação entre o nível de testosterona e comportamento sexual ou agressivo sugere que um afeta o outro.

Pesquisas mostram que o estado atual de conhecimento nas ciências sociais torna difícil fazer afirmações causais para explicar o desenvolvimento da sexualidade humana. Explicações sobre o desenvolvimento sexual precisam estar enquadradas em termos de fatores determinantes. Além disso, qualquer compreensão da sexualidade humana precisa conter um modelo interativo e de desenvolvimento. Enquanto fatores biológicos são cruciais para estabelecer a sexualidade no período inicial da vida, fatores socioculturais se tornam gradativamente mais significativos à medida que a criança amadurece. A sexualidade autêntica não só se desenvolve, mas também é mantida em unidades sociais, como família, igreja, comunidades e sociedades. Portanto, a autenticidade sexual variará principalmente porque as comunidades e subculturas variam muito no grau em que refletem o propósito de Deus e o sentido para a sexualidade humana. Devido tanto a fatores biológicos quanto socioculturais, assim como o pecado humano, as pessoas lutam em diferentes modos e em diferentes graus com sua sexualidade.

2. O significado de sexualidade

Iremos abordar a questão da sexualidade autêntica sugerindo seis princípios de sexualidade autêntica, sendo que os quatro primeiros tratam da criação, o quinto da queda e o sexto da redenção e restauração.

2.1. Diferenciação entre macho e fêmea.

A sexualidade humana se define por uma diferenciação entre macho e fêmea e por uma unidade estabelecida entre eles. Um bom ponto de partida na compreensão do significado da sexualidade é Gênesis 1.26: *E disse Deus: Façamos o homem à nossa imagem, conforme nossa semelhança; domine ele.* Primeiro, observamos a importância da natureza relacional do ser divino na frase "*Façamos o homem à nossa imagem*". P. Trible enfatiza que *homem* (*ha adam*) na primeira linha de Gênesis 1.27 muda para o pronome singular *ele* e finalmente para a forma plural *eles*, reforçando a "diferenciação sexual dentro da unidade da humanidade" (Trible, 17). Nessa passagem reconhecemos a obra de Deus não só na criação da humanidade, mas na criação de dois seres humanos distintos, macho e fêmea. Isso estabelece a autenticidade do ser e da sexualidade no contexto da distinção entre macho e fêmea, assim como em sua unidade e harmonia.

Ao notar a mudança em Gênesis 1.27 dos pronomes singular para o plural, Trible chega a várias importantes conclusões no que diz respeito à diferenciação sexual: primeiro, é que *ha adam* (a humanidade) refere-se a duas criaturas, portanto, descarta-se uma interpretação andrógina do termo; segundo, que "o substantivo singular *ha adam* com seu pronome singular *oto* mostra que macho e fêmea não são opostos, mas são, antes, sexos harmoniosos"; e terceiro, que "o paralelismo entre *ha adam* e 'macho e fêmea' mostra [...] que a diferenciação sexual não significa hierarquia, mas, igualdade" (Trible, 18-19).

Um homem encontra sua identidade e sentido em ser macho, assim como uma mulher encontra identidade e sentido em ser fêmea. Diferenciação denota "qualidade singular" em vez de desigualdade! O que é singularmente diferente realça e expande o outro. Baseado no relato de Gênesis, e continuando em todo o Antigo e Novo Testamento, sexualidade autêntica se encontra em duas pessoas diferenciadas que se unem em uma santa união.

2.1.1. Anomalia sexual. As conclusões de Gênesis se tornam problemáticas quando aplicadas a categorias masculinas e femininas de acordo com o que se observa pelas ciências sociais. As ciências sociais convencionais definem sexualidade em quatro dimensões: *sexo natal*, que se refere às características físicas e biológicas no nascimento; *identidade sexual*, que se refere à autoconcepção sexual de um indivíduo – a visão que se tem de si próprio como indivíduo sexual; *função de gênero*, que se refere à identidade de gênero de si próprio conforme se define por uma dada cultura; e *orientação sexual*, que se refere à direção da atração erótica do indivíduo – ao sexo oposto (heterossexual), ao mesmo sexo (homossexual) ou a ambos os sexos (bissexual). Na grande maioria dos casos há consistência em todas as quatro dimensões da sexualidade, o que resulta numa definição clara de gênero. Contudo, para alguns há uma inconsistência entre as quatro dimensões, uma falta de congruência que causa confusão de gênero.

No relato de Gênesis, o protótipo ideal é que macho e fêmea se tornem "uma só carne" para o amor, intimidade, união e procriação. Isso nos persuade a sustentar a união de macho e fêmea conforme o desígnio desejado por Deus para uma união sexual autêntica. Nossa teologia de sexualidade, então, está baseada na premissa de que Deus nos criou para refletir a imagem de Deus no relacionamento de macho e fêmea. A ordenança de encher e subjugar a terra (direito de domínio) e de manter um relacionamento autêntico (direito de sociabilidade) nos leva a uma norma heterossexual. A capacidade de viver em um relacionamento pactual significativo entre um homem e uma mulher é uma jornada espiritual que produz a imagem de Deus.

2.1.2. Corrupção de toda a criação. Contudo, temos total consciência do quanto a criação foi afetada pela Queda. Portanto, nenhum de nós alcança integridade sexual de acordo com os mais altos padrões de Deus. Muitos foram afetados sexualmente e agora lutam com a intimidade sexual, enquanto a alguns é negado se expressar sexualmente ainda que anseiem por se casar, e outros têm uma atração natural por parceiros do mesmo sexo. Homossexuais, bissexuais e heterossexuais precisam lutar por encontrar integridade em suas vidas perante Deus em um mundo longe do ideal. Apesar de todos nós lutarmos de várias maneiras por uma sexualidade autêntica, essa jornada é especialmente dolorosa para alguns. Os cristãos afirmam ter o privilégio de percorrerem essa jornada com Cristo e no contexto de uma comunidade de fé.

Apesar de buscarmos descobrir nossa sexualidade dentro de um sistema de valores baseado na Bíblia, somos chamados para ser compassivos e graciosos conosco e com outros que estão nesse caminho. Acreditamos que a comunidade cristã precisa ser um modelo de compaixão e cuidado para com homossexuais e aqueles que lutam com sua identidade sexual, confiando no fato de que Deus está trabalhando em todos aqueles que amam e desejam servir ao Senhor.

2.2. *Uma boa dádiva.* A sexualidade é uma dádiva boa para levar as pessoas a níveis mais profundos de conhecimento de si mesmas, de outras pessoas e de Deus. C. S. Lewis nos lembra de que o prazer físico é ideia de Deus, não do Diabo. Somos criados seres sexuais com desejos sexuais. Deus não só fez nosso corpo como também nos equipou com hormônios, um sistema nervoso, sensações físicas, padrões de raciocínio e capacidade psicológica a fim de nos ajudar a nos conectar com os outros. Deus não quis que o homem e a mulher ficassem sós, mas os criou num modo semelhante, porém singular, para que eles pudessem unir alma com alma, carne com carne! Adão recebeu sua companheira com entusiasmo e ansiosa antecipação como alguém que fosse misteriosamente seu semelhante. Em tal união de corpo, mente e alma, um relacionamento é solidificado à medida que cada um engrandece o outro por meio de autoconhecimento e compreensão. Pela boa dádiva do sexo, cada um descobre mais a respeito de si mesmo, um do outro e do seu Deus Criador.

Uma teologia que insista na procriação como o único propósito da sexualidade humana torna difícil associar sentido sagrado ao desejo e prazer sexual por si só. Procriação *não* é a razão exclusiva da expressão sexual: desejo e satisfação sexual entre homem e mulher também têm sentido e propósito divinos. A natureza sexual da união de Adão e Eva na expressão "osso dos meus ossos e carne da minha carne" os aproxima um do outro em um nível mais profundo de conhecimento de si mesmo e um do outro. As suas distintas diferenças os envolvem em uma união emocional e sexual a qual eles não encontram por si mesmos. O próprio instinto erótico gera energia criativa e capacidade para que o relacionamento cresça e se transforme. A partir da diferenciação, dois seres sexuais, homem e mulher, encontram inteireza e comunhão em uma só carne por meio de sua consumação sexual.

A passagem de Gênesis 2 conclui: *E os dois estavam nus, o homem e sua mulher, e não se envergonhavam* (Gn 2.25). Interação sexual autêntica não é vergonhosa, pois é completamente benéfico que homem e mulher respondam abertamente um ao outro. A atração, desejo e envolvimento sexuais fazem parte do plano soberano de Deus. O Cântico dos Cânticos é uma celebração poética que fornece uma compreensão do conceito de Gênesis de se estar nu e não se envergonhar.

2.3. *Uma capacidade humana inata.* Os seres humanos nascem com uma capacidade inata para o prazer sexual, e a sexualidade humana se desenvolve melhor dentro de um ambiente familiar emocionalmente acolhedor e seguro. As crianças experimentam sentimentos sexuais desde o momento que nascem. Os sentimentos prazerosos que uma criança experimenta concentram-se no aconchego, afago e carícia. O corpo dos pais fornece amparo, segurança e prazer. Logo cedo, as criancinhas também encontram prazer por meio de todos os seus sentidos: olfato, paladar, toque, audição e visão. Deus criou os seres humanos com uma tremenda capacidade para desfrutar prazer e isso inclui as sensações genitais.

Do nascimento até os seis anos de idade é um período importante para os pais terem a oportunidade de tornar seus filhos familiarizados com a base bíblica de sua sexualidade. É importante que os pais transmitam mensagens positivas aos seus filhos sobre o prazer físico em vez de passar a mensagem de que a área genital ou inexiste (algo para se ignorar ou evitar) ou é ruim (algo repugnante). As crianças são normalmente curiosas e inquisitivas sobre os prazeres que sentem em tocar a região genital. Toques suaves e afirmativos podem assegurar-lhes de que os sentimentos sexuais prazerosos que são experimentados são parte integrante de nossa constituição como seres humanos. "Isso também abre a oportunidade de imprimir na criança que, por causa da natureza sagrada e preciosa dos sentimentos de prazer, é da maior importância que esse tesouro seja uma questão particular entre a criança e o Pai celeste, o doador dessa dádiva. Orientações sexuais a uma criança devem ser específicas, conforme o entendimento da criança, e firmadas em uma aceitação mais profunda de que, desde o nascimento, o prazer sexual gerado pelo toque genital seja precisamente o que o criador tinha em mente quando ele elaborou o plano original" (Friesen, 322-24). Receber mensagem positiva sobre a maravilhosa natureza dos sentimentos de prazer, juntamente com a orientação construtiva sobre os modos e lugares apropriados para expressar esses prazeres, oferece segurança afirmativa sobre a sexualidade do indivíduo.

A sexualidade humana se desenvolve de acordo com orientação sexual recebida ou definições culturais sobre o que é uma conduta sexual aceitável. Basicamente, as pessoas aprendem sobre sexualidade da mesma maneira que aprendem sobre outros relacionamentos. O aprendizado sexual é poderoso devido à forte ligação criada quando o prazer físico e emocional é acompanhado de interação. Pense um pouco na ligação genitor-criança e no prazer pessoal expresso entre eles. A proximidade física – o toque, afago e estímulo – que ocorre nessa interação íntima fala muita coisa sobre o amor. Freud nos lembra de modo vívido de que um bebê sossegando, saciado depois de mamar e caindo no sono com as bochechas coradas e um sorriso feliz, é um protótipo da satisfação sexual posterior na vida.

Apesar de a forma mudar de cultura para cultura, a família é o ambiente em que interações emocionalmente afetuosas e solidárias são oferecidas para ajudar seus membros a desenvolverem sua individualidade sexual harmoniosa e equilibrada. A saúde sexual na família se desenvolve por meio da integração da individualidade física, emocional, intelectual, social e espiritual. As crianças aprendem sobre o sentido da sexualidade dentro do contexto social da família. Quanto mais esse contexto social refletir o ideal de Deus para a sexualidade, maior será o potencial para uma sexualidade autêntica.

Os pais podem promover uma sexualidade sadia, reconhecendo a sexualidade como um bem vital criado por Deus, que conduz os filhos a relacionamentos mais significativos e compassivos. No melhor de todos os mundos, a família é o lugar onde as crianças obtêm uma clara compreensão de si mesmas como seres sexuais singulares e distintos que são protegidos por um profundo sentimento de pertença familiar. Pode ser difícil para os pais conversarem com seus filhos abertamente sobre sexo por causa das experiências negativas durante seu próprio desenvolvimento. Se os pais são capazes de expressar que o sexo é uma parte boa e integral de ser criado à imagem de Deus, seus filhos serão capazes de fazerem o mesmo. As características de uma sexualidade familiar sadia incluem uma interdependência equilibrada entre todos os membros da família baseada em respeito por ambos os gêneros, incluindo sua constituição física; uma comunicação verbal e não verbal entre membros da família que distinga entre contatos de estímulo, afeição e eróticos; e valores, significados e atitudes sexuais compartilhados.

Independentemente do contexto cultural particular, a sexualidade familiar sadia será caracterizada por limites equilibrados que respeitem e protejam a sexualidade de cada membro da família, independente de gênero e idade, respeitem a privacidade pessoal, a proximidade interpessoal significativa, a necessidade de distanciamento e os canais abertos de comunicação e negociação. Os mais vulneráveis serão os mais nutridos e protegidos. Padrões positivos de interação entre membros da família criam uma rede de sentidos compartilhados sobre sexo e servem de base para definir a conduta entre os membros.

2.4. A sexualidade e a espiritualidade estão intrincadamente conectadas. A *espiritualidade não é só relevante, mas essencial para o desenvolvimento de uma sexualidade autêntica. Ao deixar de reconhecer a existência de uma afirmação bíblica equilibrada da integridade sexual, as sociedades muito frequentemente se envolveram nos extremos ou de uma opressão sexual de rejeição ao erotismo ou uma obsessão sexual hedonista que não satisfaz. A separação entre sexualidade e espiritualidade remonta às práticas ascéticas em que a negação de prazeres físicos era uma regra comum para a espiritualidade. Desejos sexuais foram historicamente considerados tentações perigosas que precisavam ser reprimidas. Mulheres também eram reprimidas uma vez que se pensava que elas eram a principal fonte de tentação sexual. Os líderes da igreja primitiva chegaram a considerar a união sexual como uma separação temporária do Espírito Santo. Algumas teologias até aconselham casados a não terem relações sexuais muito frequentes porque a relação sexual foi o ato pernicioso que fez Adão e Eva se desviarem.

Mas, de acordo com o relato bíblico, a sexualidade é parte do ato criador de Deus. Como experiências, a sexualidade e a espiritualidade podem ser consideradas análogas. A satisfação sexual destina-se a ser uma experiência de ápice que ocorre em um relacionamento entre duas pessoas que se entregam totalmente uma à outra. O conceito cristão de espiritualidade pode ser semelhantemente compreendido como entregar-se e encher-se do Espírito de Deus. O enlevo da espiritualidade cristã deve ser preenchido por Deus de tal modo que a vontade do indivíduo se torne a vontade de Deus, e o desejo seja uma experiência de se estar em harmonia com a vontade de Deus.

Sexualidade e espiritualidade são também análogas no sentido de que cada uma pode ser abordada como uma postura de autonegação ou autoafirmação. Cada uma dessas abordagens é representada dentro da igreja e consiste de uma crença sobre como a integralidade humana é obtida e mantida. Além disso, cada uma tem implicações sexuais e espirituais: O sistema de autoafirmação produz o amante bem integrado, o sistema de autonegação produz um amante impotente, e o sistema egoísta gera um amante viciado.

A chave para alcançar a relação correta entre sexualidade e espiritualidade pode estar na compreensão do *desejo* não como pecado, mas como uma força positiva que nos aproxima dos outros e de Deus. Quando desejamos, buscamos e nos entregamos a Deus, experimentamos a maior transformação. A falta de desejo pela graça de Deus e pelos caminhos de Deus é o que nos causa estagnação. A apatia espiritual nos mantém numa posição de derrota e autonegação. Aqueles que acreditam que são indignos são mais suscetíveis a se sentirem vítimas da vida, a não terem energia ou paixão por Deus, porém esperam que Deus faça milagre em suas vidas. Espiritualidade ascética é uma súplica desesperada para preencher buracos e lacunas, enquanto que a espiritualidade que procede da plenitude da graça de Deus conduz às crescentes riquezas muito além de nossa imaginação. Aquela pessoa que busca apaixonadamente a Deus é a que alcança com desejo o crescimento e está ávida a cooperar com Deus em sua transformação. O amante impotente pensa nas falhas autodestrutivas, se afunda em autopiedade e teme mudanças.

A não ser que nossa teologia afirme a bondade do desejo, teremos dificuldade de integrar a sexualidade com a espiritualidade. Desejo, prazer e relacionamento com um companheiro feito à imagem de Deus afirma o sentido sagrado inserido na união sexual. Nosso desejo pode nos conduzir a lugares de profundo crescimento, pois requer coragem para nos abrir, reconhecer nossos pontos vulneráveis e ser mudados à medida que lutamos juntos em nossa busca por inteireza.

Portanto, o desejo espiritual leva à plenitude de Deus e o desejo sexual leva a uma vida plena e significativa de relacionamento. À medida que lutamos com Deus a respeito de nossa natureza sexual, somos conduzidos a um conhecimento mais profundo de nós mesmos. Semelhantemente, o relacionamento sexual é um espaço importante para autodescoberta e crescimento. Nossa paixão nos dirige a encontros íntimos e mais profundos.

Quando conhecemos não só quem somos, mas também a quem pertencemos, passamos a ter uma percepção da vida como crescimento e transformação.

2.5. Distorcido pela Queda. Depois da Queda, a sexualidade foi distorcida e se tornou necessitada de redenção. A sexualidade humana seria pura e descomplicada se não fosse pela entrada do pecado no mundo. A boa dádiva de Deus do sexo como é descrita nos dois primeiros capítulos de Gênesis é rapidamente destruída pelo que acontece no capítulo três. A sexualidade, uma dádiva do perfeito desígnio de Deus, torna-se parte de nossa natureza caída. Há diversas maneiras como essa "boa dádiva do sexo" foi pervertida, distorcida e deturpada. O Antigo e o Novo Testamentos descrevem como nossa condição pecaminosa interrompeu relacionamentos por meio de ciúmes, ganância, assassinato, abuso, maus tratos, negligência e cobiça.

Por isso, não devemos nos surpreender por ter de lutar para viver vidas de autêntica sexualidade. Nossas atitudes, condutas e esforços sexuais nos tornam nitidamente conscientes de nossa necessidade de cura e redenção. Ser criados como indivíduos sexuais requer muito mais do que uma aceitação a um conjunto de regras e regulamentações sobre a conduta e os padrões sexuais. Envolve nosso próprio ser e como nos relacionamos com os outros. Na interação sexual autêntica somos mutuamente responsáveis por construir relacionamentos maduros que extraiam o melhor de nós e um do outro. É uma tarefa desafiadora alcançar um nível de integração que conduza a uma sexualidade madura e centrada na pessoa.

2.6. Restauração em Cristo. Cristo oferece restauração e renova nosso potencial para uma sexualidade autêntica. Essa boa-nova traz esperança porque Cristo veio ao mundo não só para perdoar nossos pecados, mas para nos restaurar. O Espírito Santo nos é dado para nos capacitar a viver em um mundo corrompido. Todos nós estamos no processo de buscar seguir a Cristo e viver o tipo de vida sexual centrada na pessoa que Deus planejou. Quando não alcançamos isso, devemos compartilhar as cargas uns dos outros e nos apoiar na graça de Deus, a qual nos mantém buscando o Deus de amor que conhece todas as coisas. A fé é um processo para a vida toda.

Precisamos nos ver como pessoas criadas à imagem de Deus e estar constantemente atentos à presença interior de Deus à medida que buscamos integridade. Cada um de nós tem feridas e lutas sexuais, decepções e confusão, mas Deus oferece a luz que precisamos para que não percamos o caminho na jornada em direção à autenticidade sexual. Nosso Deus é um guia e conforto generoso, presente conosco em meio aos desafios da vida. Por meio da autoaceitação em Cristo, encontramos o indivíduo criado por Deus para viver em relacionamento com outros. Sabendo quem somos em Cristo, filhos e filhas de Deus, leva-nos a um nível mais profundo de conhecimento de como a imagem de Deus dentro de nós nos impele a nos relacionarmos corretamente com os outros. Todos nós temos necessidades, deficiências e feridas a serem curadas, e nossa esperança reside na convicção de que nosso Deus transcendente deseja fazer "algo novo" porque estamos prontos para morrer, repetidamente, para nosso velho homem. Uma cura substancial vem quando passamos a ter uma visão sincera de nós mesmos e pedimos para que Deus nos corrija e nos dê coragem para mudar.

3. A sociedade sexualmente autêntica

O desenvolvimento e o estímulo de uma sexualidade autêntica não acontecem em um vácuo, mas fazem parte de um sistema social mais amplo, que pode ou promover ou distorcer a sexualidade. Nenhuma sociedade oferece o ambiente perfeito dentro do qual a sexualidade autêntica possa se desenvolver. Algumas sociedades têm êxito em se proteger contra exposição a uma sexualidade exploradora e desumana, mas, frequentemente, ao custo de uma censura supressiva. A ênfase das sociedades ocidentais modernas sobre valores individualistas e de autonomia pessoal resultam na livre expressão da sexualidade, mas, com isso, vêm as mensagens sexuais explícitas e temas de exploração sexual e o fácil acesso à pornografia.

A sociedade sexualmente autêntica fornecerá o suporte e a responsabilidade de que os indivíduos precisam para ter vidas sexualmente autênticas. Uma vez que todas as sociedades têm camadas de estrutura social, pode ser benéfico mapear alguns ideais bíblicos. Essas diversas camadas de estrutura social formam círculos concêntricos crescentemente inclusivos em torno da vida de um indivíduo.

3.1. A família sexualmente autêntica.
Para a maioria das pessoas em todas as sociedades, a família é a arena central na qual os indivíduos nascem, encontram sua identidade sexual e se socializam como seres sexuais masculinos e femininos. Teologicamente, os princípios de relacionamento de aliança, graça, capacitação e intimidade são supremamente aplicáveis aos relacionamentos familiares. A família pretende ser um ambiente íntimo em que as pessoas possam ser elas mesmas sem medo de violação ou rejeição. Assim, Adão e Eva foram capazes de estar um na presença do outro sem terem *vergonha um do outro (Gn 2.25). A vida familiar é para ser um lugar seguro em que os membros experimentam a fidelidade e amor incondicional dos membros da família por meio do cuidado e respeito mútuo. Enquanto os pais quando estão nus não se envergonham um do outro, eles desenvolvem e respeitam as fronteiras sexuais com seus filhos por meio do toque físico não erótico, apoio e afirmação verbal de gênero e sexualidade. Ambos os pais terão habilidade de estabelecer laços emocionais com filhos, meninos e meninas. Há muita coisa nas sociedades modernas que conspiram contra esses valores. Sociedades tradicionais podem corresponder mais proximamente do que famílias modernas aos padrões do antigo Israel, os quais foram formados, moldados e sustentados por um cerne de identidade e responsabilidade corporativa (Perdue et al.).

3.2. A congregação e comunidade sexualmente autênticas.
Além da família, está a igreja local ou grupo de comunhão em que o crente encontra sua identidade, apoio e para quem presta contas. Apesar de muito do que se encontra nas Escrituras sugira que a igreja/comunidade deva se assemelhar aos relacionamentos familiares, o ideal bíblico prescrito é de uma *koinonia*. A congregação, como povo de Deus, não é só chamada para ser uma comunhão entre seus membros, mas para atender às necessidades dos outros em sua vizinhança e comunidade. Na parábola do Bom Samaritano, Jesus estabelece o conceito do próximo como o modelo normativo para os relacionamentos baseados na comunidade (Lc 10.25-37).

Nessa parábola, aprendemos que todo indivíduo em nossa comunidade é um próximo em potencial. Em nossa própria vida, esse mandamento pode ser observado por meio de nossas ações no desenvolvimento de ministérios em favor de vítimas de estupro e violência sexual, formando pequenos grupos para aqueles que são acometidos de vícios sexuais e problemas de identidade sexual, amparando mães solteiras que precisem de apoio emocional, social e financeiro a fim de dar à luz uma criança em vez de optar por abortá-la. A igreja também pode estabelecer abrigos para crianças de rua, as quais são alvos prediletos de predadores sexuais, ou desenvolver grupos dos 12 passos para pessoas que lutam com a violência sexual ou o vício sexual. Famílias da igreja podem abrir seus lares como lugares de refúgio temporário para crianças e mulheres abusadas sexualmente.

3.3. A sociedade sexualmente autêntica.
Embora isso varie entre sociedades mais tradicionais e modernas, todas possuem padrões do que constitui a conduta sexual aceitável e a não aceitável. Grupos de pessoas compartilham identidade por meio da pertença comum a uma nação-estado que estabelece leis formais e normas informais sobre a sexualidade. O conceito do Antigo Testamento de *shalom* é um modo teologicamente apropriado de descrever uma sociedade sexualmente autêntica. *Shalom* carrega uma conotação holística do bem-estar da sociedade, que exibe não só paz, mas uma paz justa. Um sinal importante de que *shalom* está presente na sociedade é a evidência de que o espaço público é um espaço sexualmente seguro. O grau com que uma pessoa, homem ou mulher, se sente sexualmente insegura ao fazer parte da vida pública revela o grau de ausência de *shalom*. Na sociedade sexualmente autêntica, o espaço social será protegido contra predadores sexuais seja contra estupro ou assédio sexual.

Para que a *shalom* esteja presente na sociedade, precisa haver uma afirmação da benignidade da sexualidade e um clima de abertura e conforto para tratar de conteúdo sexual. Quando a autenticidade sexual está presente, haverá uma ausência notável de expressões inautênticas de sexualidade, quando o sexo é reprimido ou expresso de modo excessivo. Na realidade, a maioria das sociedades provavelmente sempre experimentará alguma tensão entre repressão sexual e expressão sexual. Sociedades modernas urbanas tendem a expressar excessivamente a sexualidade, enquanto que as sociedades tradicionais tendem a reprimir a sexualidade. Expressões excessivas da sexualidade podem ser mais notadamente encontradas na forma da sexualização ou erotização de aspectos não sexuais da vida e dos relacionamentos sociais – o uso de sexo em comerciais e crédito excessivo em conteúdo de sugestão sexual na mídia.

Uma resposta à expressão doentia da sexualidade na sociedade é reacionária, boicotar produtos de companhias que patrocinam programas de televisão sexualmente ofensivos. Mas os cristãos podem também assumir uma posição proativa contra a sexualidade inautêntica. Essa resposta inclui instruir os cristãos sobre os modos sutis e não sutis de como a cultura popular é desonesta em sua representação do conteúdo sexual. Como ponto de partida, categorias teológicas como criação, queda e redenção podem ser usadas na análise. Uma marca do tratamento desonesto do sexo em *filmes e na televisão está no fato de que não se mostram as consequências negativas das várias formas de sexo não relacional. Uma resposta proativa ainda mais radical é que os cristãos se envolvam na criação de cultura e arte popular (veja Cultura Popular) produzindo formas que tratem honesta e responsavelmente o sexo e os relacionamentos sexuais em um contexto centrado na pessoa. Talvez a comunidade cristã precise ser mais aberta ao bem que pode ser feito pelos cristãos que buscam influenciar as atitudes populares relativamente à sexualidade na mídia popular. C. S. Lewis certa vez disse que não precisamos de mais livros sobre o cristianismo, mas, na verdade, precisamos de mais livros seculares escritos por cristãos. A igreja cristã, como comunidade vocacionada, precisa ser o sal da terra, modelando responsavelmente a autêntica sexualidade, e estar disposta a assumir um papel profético como luz do mundo ao declarar o chamado de Deus para expressões autênticas de sexualidade.

Veja também ANTROPOLOGIA TEOLÓGICA; CASAMENTO E FAMÍLIA; SEXISMO; VERGONHA.

BIBLIOGRAFIA. BALSWICK, J. K. e BALSWICK, J. O., *Authentic Human Sexuality: An Integrated Christian Approach* (2. ed.; Downers Grove: InterVarsity Press, 2008); FRIESEN, L., "Sexuality: A Biblical Model in Historical Perspective" (tese de doutorado, Fuller Theological Seminary, Pasadena, 1989); LEVAY, S., "A Difference in Hypothalamic Structure Between Heterosexual and Homosexual Men", *Science* 253 (1991) 1034-36; PERDUE, L., BLENKINSOPP, J., COLLINS, J. e MEYERS, C., *Families in Ancient Israel* (Louisville: Westminster John Knox 1997); TRIBLE, P., *God and the Rhetoric of Sexuality* (Philadelphia: Fortress, 1987); UDRY, J., "Biological Predispositions and Social Control in Adolescent Sexual Behavior", *American Sociological Review* 53 (1987) 709-22; VOLF, M., *After Our Likeness: The Church as the Image of the Trinity* (Grand Rapids: Eerdmans, 1998).

J. K. Balswick e J. O. Balswick

SÍMBOLO. *Veja* MITO.

SINAIS E MARAVILHAS. *Veja* MILAGRE; MOVIMENTOS CARISMÁTICOS.

SINCRETISMO

Sincretismo religioso em seu sentido mais básico é um fenômeno que ocorre quando elementos variados de tradições religiosas se misturam. As religiões inevitavelmente se chocam umas com as outras, e, quando isso ocorre, ideias, práticas e conhecimento são trocados. Esses podem se confrontar com o sistema de crenças de certa religião, mas, se o resultado for uma fusão do pensamento em que os elementos de conflito são unidos e reinterpretados para formar uma nova harmonia, isso se chama sincretismo.

Essa definição básica pode ser um ponto de partida útil, mas ele é vago e sua aplicação como definição prática é muito debatida entre os estudiosos da religião. Algumas das questões que envolvem o termo são: Que grau de contato entre os diferentes sistemas religiosos pode ser caracterizado como sincretismo? O sincretismo é um fenômeno temporário ou permanente? Ao falar de sincretismo, estamos nos referindo a um resultado, a um processo ou a uma combinação de ambos? O que exatamente está sendo misturado? São apenas os elementos religiosos que se misturam ou isso inclui também outras ideologias e influências da cultura maior?

Cientistas da religião têm apontado amplamente que todas as religiões são até certo grau sincréticas porque as religiões não são situadas externamente ao seu ambiente, mas se desenvolvem em resposta a forças culturais, sociais e religiosas. As tradições estão continuamente sendo remodeladas à medida que são submetidas a um processo de síntese e expurgo. Então, o conceito de religião "pura", imaculada de influências externas, é considerado por muitos estudiosos como um mito, uma vez que religiões "puras", na verdade, já sofreram sincretizações anteriores, as quais foram legitimadas no decorrer do tempo. A diversidade até mesmo dentro da tradição cristã em resposta à interação local parece confirmar essas observações. Se, então, o sincretismo é geralmente reconhecido como sendo intrínseco à religião, por que tem sido objeto de tanto debate? Discussões sobre a presença e a natureza do sincretismo não são os únicos aspectos em questão. Para os praticantes, uma questão importante é se o sincretismo deve ser considerado como positivo ou negativo em termos de seu efeito sobre a identidade religiosa.

A visão negativa do sincretismo sustenta que ele é uma forma distorcida de uma tradição religiosa, um desvio da pureza religiosa original. Contudo, se aceitarmos que as religiões são por natureza sincréticas (o que ainda está aberto ao debate), então o problema-chave tem menos a ver com o sincretismo propriamente do que com o grau de sincretismo envolvido e o quanto os significados conflitantes se aproximam das convicções centrais de uma tradição religiosa. Em outras palavras, quais são os limites do sincretismo? O quanto uma tradição pode integrar elementos externos antes de comprometer sua integridade ou sua identidade central? O sincretismo desafia as posições teológicas normativas que servem para proteger o caráter essencial da religião. Se o sincretismo afeta as convicções religiosas centrais, a religião pode ser alterada tão fundamentalmente a ponto de gerar uma nova religião ou resultar em sua dissolução. Como uma tradição compreende a verdade também influencia a suscetibilidade de uma religião ao sincretismo. Se uma religião é dada a alegações de exclusividade da verdade, é mais provável que resista ao sincretismo.

Apesar da falta de exatidão na definição prática do termo, o sincretismo é ainda útil para compreender as dinâmicas da interpenetração religiosa. À medida que o diálogo inter-religioso se intensifica nessa época de globalização, uma conscientização e investigação dessas dinâmicas podem ser úteis na contínua negociação da identidade religiosa.

Veja também ACULTURAÇÃO; CONTEXTUALIZAÇÃO; HERESIA; MÉTODO TEOLÓGICO; RELIGIÃO POPULAR.

BIBLIOGRAFIA. GORT, J. D., VROOM, H. M., FERNHOUT, R. e WESSELS, A., orgs., *Dialogue and Syncretism: An Interdisciplinary Approach* (Grand Rapids: Eerdmans, 1989); LEVINSKAYA, I. A., "Syncretism — The Term and the Phenomenon", *TynBul* 44.1 (1993) 117-28; MARTIN, L. H., "Of Religious Syncretism, Comparative Religion and Spiritual Quests", *Method and Theory in the Study of Religion* 12.1-2 (2000) 277-86; PYE, M., "Syncretism and Ambiguity", *Numen* 18 (1971) 83-93.

M. Steele Ireland

SIONISMO CRISTÃO

Sionismo cristão é predominantemente um movimento político dentro do *fundamentalismo cristão que vê o estado moderno de Israel como cumprimento das profecias bíblicas dadas a Abraão e ao povo judeu. Cristãos sionistas defendem que os cristãos devem, portanto, reconhecer o que Deus está fazendo e oferecer apoio econômico, moral, político e teológico incondicional ao estado de Israel. Eles sugerem que Deus abençoará as nações que abençoam Israel e amaldiçoará aquelas que se opõem a Israel.

1. As origens do sionismo cristão
2. A teologia distintiva do sionismo cristão
3. As implicações políticas do sionismo cristão
4. A importância do sionismo cristão
5. Uma avaliação crítica do sionismo cristão

1. As origens do sionismo cristão

O sonho sionista, articulado tão vigorosamente em 1896 por Theodor Herzl na obra

Der Judenstaat, e um ano mais tarde no Primeiro Congresso Sionista, pode na verdade ser atribuído aos escritos e atividades de cristãos como Edward Irwing, Lewis Way, Joseph Wolff e Henry Drummond desde o início dos anos 1820. Uma série de conferências promovidas em Surrey, na Inglaterra, deu origem ao movimento protossionista comprometido com o retorno dos judeus à Palestina. Organizações fundadas no início do século 19 com esse propósito incluíam a *London Jews Society* [Sociedade de judeus de Londres] e a *Palestine Exploration Fund* [Fundação para a exploração da Palestina].

Por meio dos esforços de líderes cristãos como Charles Simeon e Charles Spurgeon, a ideia do envolvimento britânico ativo na restauração dos judeus à Palestina também tomou corpo. Suas ideias teológicas foram traduzidas em realidade política por meio dos esforços de políticos britânicos como o Lorde Shaftesbury, Lorde Palmerston, David Lloyd George e Lorde Balfour, que viram o valor estratégico para o Império Britânico de uma pátria judia na Palestina. O movimento judaico sionista propriamente cresceu consideravelmente em função do envolvimento de cristãos como William Hechler e Henry Dunant, fundador da Cruz Vermelha. O sionismo posteriormente obteve reconhecimento internacional por meio da Declaração Balfour, que em 1917 finalmente garantiu uma pátria para os judeus na Palestina.

Durante o século 19 emergiram duas correntes distintas. Na Europa o movimento continuou predominantemente pré-milenista e aliancista, enquanto que nos Estados Unidos surgiu o dispensacionalismo pela influência de John Nelson Darby, James Brookes, William Blackstone e Cyrus Scofield (*veja* Escatologia).

2. A teologia distintiva do sionismo cristão

O sionismo cristão está fundamentado em uma interpretação muito literalista e futurista da Bíblia que faz distinção entre referências a Israel e à igreja. As injunções e promessas concernentes aos antigos judeus se aplicam ao estado contemporâneo de Israel e não à igreja. A partir dessa *hermenêutica, deriva-se a convicção de que os judeus continuam sendo o "povo escolhido" de Deus, distinto da igreja.

O propósito de Deus para os judeus no fim dos tempos é o ajuntamento final deles dentre todas as nações, que é conhecido como restauracionismo. O destino do povo judeu é retornar à terra de Israel e reivindicar a herança prometida a Abraão e aos seus descendentes para sempre. Essa herança se estende desde o rio do Egito até o rio Eufrates (Gn 15.18). Dentro de sua terra, Jerusalém é reconhecida como sua exclusiva, indivisa e eterna capital, portanto não pode ser compartilhada nem dividida.

No centro de Jerusalém será reconstruído o templo judaico, para onde todas as nações irão para adorar a Deus. Logo antes do retorno de Jesus, haverá sete anos de calamidades e guerra conhecidas como a tribulação, que culminará na grande batalha chamada Armagedom, durante a qual as forças ímpias adversárias tanto de Deus quanto de Israel serão derrotadas. Jesus, então, retornará como o Messias judeu e rei, para reinar em Jerusalém por mil anos, e o povo judeu desfrutará de um *status* e um papel privilegiados no mundo.

3. As implicações políticas do sionismo cristão

Com base nessa leitura literalista das passagens do Antigo Testamento, a crença de que os judeus permanecem como povo escolhido de Deus leva os sionistas cristãos a apoiarem Israel de modo material e fazerem *lobby* em favor de Israel nos meios de comunicação, no governo e por meio de excursões solidárias a Israel.

Como povo escolhido de Deus, a restauração final dos judeus a Israel é, portanto, ativamente encorajada e financiada por meio de parcerias entre organizações cristãs e a Agência Judaica. *Eretz Israel* [a terra de Israel], conforme é delineada nas Escrituras, pertence exclusivamente ao povo judeu, portanto a terra deve ser anexada e os assentamentos devem ser adotados e fortalecidos.

Jerusalém é considerada a capital eterna e exclusiva dos judeus e não pode ser compartilhada com os palestinos. Portanto, estrategicamente, os governos ocidentais são pressionados por sionistas cristãos a transferirem suas embaixadas para Jerusalém para reforçar essa visão. Sionistas cristãos oferecem variados graus de apoio às organizações judaicas comprometidas em destruir a Cúpula da Rocha e reconstruir o terceiro templo.

A maioria dos sionistas cristãos acredita que haverá uma guerra apocalíptica entre Israel e as nações árabes. Na verdade, defender que Israel se comprometa com o Islã ou coexista com os palestinos em um acordo de "terra por paz" é visto como falta de fé nas promessas de Deus e uma identificação com aqueles que são destinados a se opor a Deus e a Israel na iminente batalha do Armagedom.

4. A importância do sionismo cristão

O sionismo cristão como movimento é muito diversificado. Três correntes distintas podem ser identificadas: política, evangelística e apocalíptica.

Sionistas cristãos estão espalhados dentro de muitas denominações evangélicas, carismáticas e independentes, assim como dentro de muitas megaigrejas independentes. Essa visão é propagada pelo mundo todo em diversas estações de rádio e televisão cristãs, e por 250 diferentes organizações sionistas cristãs fundadas nos últimos 25 anos. Embora o sionismo cristão seja mais forte nos Estados Unidos, ele já influenciou cristãos em outros países, incluindo África do Sul, Holanda, Suécia e Alemanha.

Os movimentos sionistas cristãos políticos frequentemente estão identificados com a opinião israelita de direita e fazem *lobby* junto ao governo norte-americano para continuar financiando os interesses de Israel. Outras organizações são principalmente evangelísticas ou messiânicas, mas também adotam o sionismo por razões bíblicas, e algumas organizações se especializam em facilitar o transporte de judeus para Israel, procedentes da Rússia e Europa Oriental, ou em encorajar igrejas a adotarem assentamentos judaicos ilegais nos Territórios Ocupados.

Autores populares de apocalíptica sionista cristã incluem Tim LaHaye, Hal Lindsey, John Hagee, Mike Evans, Charles Dyer e Dave Hunt. Esses autores alcançaram influência considerável ao popularizarem uma visão pessimista do futuro, prevendo uma guerra literal do Armagedom entre Israel e seus inimigos.

Cálculos sobre o tamanho do movimento como um todo variam muito. Enquanto os críticos sugerem entre 25 a 30 milhões de adeptos, os defensores, como Pat Robertson e John Hagee, alegam ter acesso semanal de 100 milhões de apoiadores. A *Unity Coalition for Israel* [Coalizão pela unidade de Israel] reúne 200 diferentes organizações judaicas e sionistas cristãs e reivindicam uma base de apoio de 40 milhões de membros ativos. Essas organizações, de graus variados, formam uma ampla coalizão que está influenciando a pauta atual do sionismo cristão.

5. Uma avaliação crítica do sionismo cristão

A questão teológica fundamental que os sionistas cristãos precisam responder é esta: Que diferença a vinda do *Reino de Deus na pessoa de Jesus Cristo fez às tradicionais esperanças e expectativas judaicas concernentes à terra e ao povo? A vinda do Reino foi o cumprimento ou o adiamento dessas promessas? Os sionistas cristãos parecem crer que a vinda de Jesus Cristo fez pouca ou nenhuma diferença às aspirações nacionalistas e territoriais do Judaísmo do primeiro século. Consequentemente, o Conselho das Igrejas do Oriente Médio, que representa as nativas e antigas Igrejas Ortodoxa e Oriental consideram o sionismo cristão uma heresia. A Declaração de Jerusalém, publicada pelos Chefes das Igrejas em Jerusalém, em 2006, afirma que os sionistas cristãos impõem agressivamente uma expressão aberrante de fé cristã e uma interpretação equivocada da Bíblia, a qual é subserviente ao interesse político do moderno estado de Israel. O sionismo cristão apoia um nacionalismo teocrático e etnocêntrico no Oriente Médio e enfatiza os acontecimentos que levam ao fim da história em vez de viver o amor e a justiça de Cristo hoje.

O sionismo cristão floresce com uma hermenêutica literal e futurista pela qual as promessas do Antigo Testamento feitas para o antigo povo judeu são transferidas para o estado contemporâneo de Israel em antecipação do cumprimento final. O movimento ignora, marginaliza ou despreza as passagens do Novo Testamento que reinterpretam, anulam ou compreendem essas promessas como sendo cumpridas em e por meio de Jesus Cristo e seus seguidores. A maioria dos intérpretes cristãos da atualidade vê o processo da história redentora como tendo causado um movimento dramático da sombra para a substância. A *terra que Deus anteriormente estabeleceu como lugar específico para seu propósito redentor, ele ampliou, depois, para toda a extensão do universo criado, por meio da Nova Aliança. O Cristo exaltado reina soberano da Jerusalém celestial sobre o mundo todo.

Veja também ESCATOLOGIA; JUDAÍSMO; JUDAÍSMO MESSIÂNICO; TERRA.

BIBLIOGRAFIA. BURGE, G., *Whose Land, Whose Promise?* (Carlisle: Paternoster, 2003); CHAPMAN, C., *Whose Promised Land?* (Oxford: Lion, 2007); SIZER, S., *Christian Zionism: Roadmap to Armageddon?* (Nottingham: Inter-Varsity Press, 2004); idem, *Zion's Christian Soldiers?* (Downers Grove: InterVarsity Press, 2007); ROBERTSON, O. P., *The Israel of God* (Phillipsburg: Presbyterian and Reformed, 2000); WAGNER, D., *Anxious for Armageddon* (Scottdale: Herald, 1995); WEBER, T. P., *On the Road to Armageddon* (Grand Rapids: Baker, 2004).

S. Sizer

SOCIALISMO CRISTÃO

O socialismo cristão surgiu no século 19 como uma reação teológica positiva ao movimento socialista. O movimento não representou entre seus mais intensos pensadores uma mera versão santificada do socialismo, como os termos podem sugerir, mas, sim, uma tentativa de refletir teologicamente sobre os desafios da era industrial, aplicando características da visão e projeto socialistas. O movimento inspirou o surgimento de organizações como a *League of Religious Socialists* [Liga dos socialistas religiosos]. Os principais teólogos do movimento foram inicialmente F. D. Maurice, na Inglaterra, e Christoph Blumhardt, na Alemanha. Eles estavam insatisfeitos com o isolamento das igrejas em relação às lutas da sociedade por justiça social e democratização, com a piedade individualista e com o que podia ser chamado de "graça barata". Ambos se inspiraram nas implicações universais e sociais da metáfora do *reino de Deus nas Escrituras, a qual lhes parecia tornar Cristo relevante para toda a humanidade. Ambos deploravam a política partidária e viam no socialismo uma possível ferramenta na realização secular do reino de Deus na terra. Nenhum dos dois era filósofo socialista; o engajamento deles com

o socialismo envolvia algo semelhante a encontrar análogos sociais (ou mesmo realizações) de valores espirituais do reino de Deus. Esse impulso permitiu que ambos se posicionassem acima do chauvinismo implícito de alguns de seus colegas socialistas cristãos. Para eles o que era absoluto era o reino de Deus e não o socialismo (qualquer que fosse a definição desse termo).

Maurice exerceu uma profunda influência sobre H. Richard Niebuhr, o que culminou em seu clássico, *Cristo e a Cultura*, observando que em Maurice o ideal da conversão de um novo mundo por meio do evangelho "é mais claramente expresso do que em qualquer outro pensador" (Niebuhr, 229). Blumhardt exerceu significativa influência sobre as teologias sociais de Karl Barth (*veja* Barthianismo), Dietrich Bonhoeffer, Paul Tillich, Harvey Cox e Jürgen Moltmann (Macchia). Os diálogos de teólogos europeus com os pensadores socialistas do século 20, como Moltmann e o teólogo tcheco Jan Milic Lochman foram inspirados em parte pelo legado de Blumhardt. Moltmann observou: "Christoph Blumhardt [...] deu o passo prático da religião para o Reino de Deus, da igreja para o mundo" (Moltmann, 287). Lochman observou ainda que as sociedades socialistas deram um golpe mortal contra o casamento constantiniano da igreja com o estado. Cristãos nas sociedades socialistas estavam livres para desenvolver uma visão libertadora do evangelho não vinculada aos interesses de poder do cristianismo cultural. Por outro lado, o futuro absoluto do Reino de Deus relativiza os objetivos socialistas para a história, por mais proveitosos que esses objetivos sejam para a esfera temporal (Lochman). Além do mais, a teóloga socialista Dorothea Sölle viu no uso que a *teologia da libertação fez da hermenêutica marxista um modo de livrar a teologia da tendência "masoquista" de meramente encontrar sentido no sofrimento em vez de buscar transformar as condições de injustiça que se perpetuam (Sölle). Em vez de dialogar com os desafios intelectuais do racionalismo do *Iluminismo, a teologia da libertação concentrou-se em mudar o mundo em favor dos desumanizados pela injustiça e opressão.

Como o socialismo continuará a ajudar a teologia em relação a realidades tão complexas como corporações multinacionais e *globalização ainda está para ser visto. Tal direção é bem-vinda, desde que o Reino de Deus, tal como é retratado nas Escrituras, torne-se o padrão definitivo de discernimento.

Veja também CULTURA E SOCIEDADE; EVANGELHO SOCIAL.

BIBLIOGRAFIA. BENTLEY, J., *Between Marx and Christ: The Dialogue in German-Speaking Europe, 1870-1970* (London: Verso Editions, 1982); ELLER, V., *A Blumhardt Reader* (Grand Rapids: Eerdmans, 1980); LOCHMAN, J. M., *Church in a Marxist Society* (New York: Harper & Row, 1970); MACCHIA, F. D., *Spirituality and Social Liberation: The Message of the Blumhardts in the Light of Wuertterberg Pietism* (Metuchen: Scarecrow, 1993); MAURICE, F. D., *The Kingdom of Christ*, 1 (Cambridge: James Clarke, 1959); MOLTMANN, J., *The Church in the Power of the Spirit* (New York: Harper & Row, 1977); NIEBUHR, H. R., *Christ and Culture* (New York: Harper & Row, 1951) [edição em português: *Cristo e Cultura* (Rio de Janeiro: Paz e Terra, 1967)]; SÖLLE, D., *Suffering* (Minneapolis: Augsburg Fortress, 1984).

F. D. Macchia

SOCIEDADE. *Veja* CULTURA E SOCIEDADE.

SOCIOLOGIA DA RELIGIÃO

A sociologia é uma ciência social que utiliza ferramentas tanto quantitativas (ex., pesquisas) como qualitativas (ex., entrevistas com pessoas) para estudar como os seres humanos se relacionam uns com os outros em uma sociedade, cultura ou subcultura. É significativo que os primeiros sociólogos tenham concentrado boa parte da atenção de sua pesquisa na religião, por perceberem que o profundo efeito da fé na história era um fenômeno universal. Eles acreditavam que entender claramente a sociedade significava compreender como a religião funciona nessa sociedade (Durkheim). A especialidade se desenvolveu de modo que os sociólogos da religião analisam como as crenças religiosas afetam indivíduos, padrões de comportamento, instituições e estruturas; eles também examinam o inverso, isto é, como a cultura em que as pessoas vivem influencia suas crenças.

Ironicamente, apesar de essa subdisciplina se tornar tangencial à sociologia desde meados até o final do século 20, atualmente está experimentando um renascimento. A vitalidade religiosa em todo o mundo – irrompendo excepcionalmente, porém, de modo espetacular, em violência, como no ataque de 11 de setembro nos EUA – provou que as predições da morte da religião foram equivocadas e o interesse pela religião cresceu consistentemente na última geração. O campo de estudo se beneficiou de uma infusão de pesquisadores que praticam sua fé e de outros que demonstram em sua obra simpatia pelos adeptos e tradições de uma religião. Esses pesquisadores, que às vezes coletam dados como "observadores participantes", mantêm sua integridade acadêmica e posição crítica, porém, de maneira respeitosa para com a fé dos seguidores.

Quando os sociólogos consideram o conjunto de seus próprios preconceitos ou pressuposições, eles se envolvem no que Peter Berger chamou de "ateísmo metodológico". Desse modo, um cristão devoto pode estudar feitiçaria ou um *ateu pode examinar as crenças dos *evangélicos. Entretanto, levada ao extremo, essa postura sustenta *a priori* um relativismo ou um desrespeito às posições de fé. A primeira situação se recusa a julgar a veracidade das crenças apesar da evidência, e a segunda desrespeita doutrinas – como a crença na revelação divina – porque são derivadas de fontes explicitamente religiosas. Em um contexto pós-moderno e globalizado, muitos sociólogos admitem a dificuldade de ter isenção de sua própria perspectiva e de evitar um preconceito inconsciente, e, apesar dessas limitações humanas comuns, eles fornecem dados valiosos para a nossa compreensão da interação entre fé e cultura.

1. Teorias antigas sobre religião
2. Tendências atuais da pesquisa
3. Sociologia da religião como fonte para a igreja

1. Teorias antigas sobre religião

Uma questão particularmente difícil para os sociólogos da religião diz respeito à própria definição de religião. Émile Durkheim, um dos fundadores da sociologia, definiu religião como "um sistema unificado de crenças e práticas relativas às coisas sagradas, isto é, coisas separadas e proibidas – crenças e práticas que unem em uma única comunidade moral chamada igreja todos aqueles que aderem a elas" (Durkheim, 47).

Conforme se vê, Durkheim de forma notável divide o sagrado e o profano em duas esferas distintas. Muitos antropólogos questionam essa nítida divisão, uma vez que diversas culturas entrelaçam as crenças no tecido de sua vida cotidiana; além do mais, nem tudo que é separado é religioso e nem tudo que é sagrado é proibido. A maioria dos sociólogos atualmente reconhece a artificialidade de tal divórcio e o evitam conscientemente em sua coleta, classificação e interpretação dos dados.

Para Durkheim, a religião tinha um papel crucial na sociedade por oferecer estabilidade e coesão. Observe que sua definição inclui rituais e atividades religiosas; as práticas religiosas eram elementos-chave para Durkheim e continuam sendo uma das ênfases dos estudos da religião. Durkheim postulava que os rituais fornecem modos de uma cultura reforçar a moralidade (ex., estabelecendo tabus ou proibições éticas), sustentar a ordem social (ex., por meio de práticas que enfatizam autonegação para o bem do todo) e solidificar os laços sociais (ex., experiências comuns de culto). A religião é necessária porque, em sua essência, ela estabiliza a sociedade, afirma e mantém a saúde e continuidade da sociedade de uma geração para a outra. Ele quis dizer que a importância da religião está no que ela faz – sua função.

As abordagens funcionalistas em suas variadas formas dominaram a sociologia da religião até os anos de 1970, quando outra influente corrente surgiu: a teoria da secularização. Escrevendo no início do século, Max Weber observou que povos antigos viviam em um "jardim de fantasia", mas nós, pessoas das ciências, vivemos em um mundo "desencantado" em que os fenômenos naturais podem ser agora explicados racionalmente. Secularização, como ele denominou esse processo, tornaria a religião obsoleta porque as pessoas não mais precisariam de Deus ou de outras crenças para compreender aquilo que anteriormente era inexplicável. Consequentemente, uma disciplina cujos fundadores estudavam a religião de perto passou a ignorá-la. Sociólogos produziram relativamente pouca pesquisa teórica, empírica ou histórica sobre religião em boa parte do século 20.

2. Tendências atuais da pesquisa

Peter Berger, um dos principais proponentes da teoria da secularização desde os anos de 1960 em diante, retraiu notavelmente no início dos anos de 1980, particularmente depois de extensas viagens ao mundo não ocidental, em que a religião estava obviamente florescendo e com vitalidade. (*Veja* Secularização; Modernismo e pós-modernismo.) A relativa escassez de obras na sociologia da religião deu lugar a uma explosão de pesquisas de religião em todo o mundo, assim como uma mudança nas abordagens de pesquisa. As obras atuais frequentemente enfatizam um novo paradigma de religião, um que vê a religião não como derivada de algo além, mas como uma variável real ou independente. Outra influente pesquisa postula que as pessoas não são vítimas inconscientes da religião – como alegava a famosa citação de Marx sobre a religião como "ópio do povo" – mas, na realidade, são atores conscientes que buscam nas melhores de suas intenções abraçar a fé (assim denominada teoria da escolha racional).

O famoso antropólogo Clifford Geertz insistiu que a religião é um sistema cultural. Como tal, não pode ser descrita detalhadamente nem se pode presumir que todas as expressões de fé compartilhem de alguma "essência". (Por exemplo, reducionistas extremados podem insistir que, apesar das aparentes diferenças entre cristianismo e animismo, eles são essencialmente a mesma coisa, pois ambos exercem o mesmo papel ou função na sociedade.) Como observou Geertz, culturas e crenças são altamente texturizadas, "um padrão historicamente transmitido de significados incorporados em símbolos, um sistema de conceituações herdadas expressas em formas simbólicas por meio dos quais [as pessoas] comunicam, perpetuam e desenvolvem seu conhecimento e atitude para com a vida" (Geertz, 89). Muitos pesquisadores seguem a perspectiva hermenêutica de Geertz, buscando descrições densas da vida religiosa que levem em conta a singularidade de cada sistema e sejam respeitosas aos significados rituais e ponderadas sobre as implicações do sistema para o estilo de vida dos adeptos.

Contrário às teorias anteriores que concebem a religião como inerentemente conservadora do *status quo*, estudos recentes também exploram como instituições religiosas – sejam elas muçulmanas ou pentecostais – exercem poder transformador não somente em indivíduos como também nas sociedades.

3. Sociologia da religião como fonte para a igreja

Apesar de boa parte da sociologia da religião se concentrar em como as crenças são ordenadas ou incorporadas em uma comunidade de fé, sociólogos também consideram como a sociedade afeta as crenças. Esse tipo de pesquisa é importante para a igreja, que precisa estar atenta ao modo como os valores e costumes da sociedade em geral se infiltram imperceptivelmente na fé cristã. Observe o livro *Divided by Faith* (2000) [Divididos pela fé] de Emerson e Smith sobre raças nos Estados Unidos. Como sociólogos cristãos, eles reuniram evidência qualitativa e quantitativa e defenderam um argumento devastador: Apesar do seu aparente interesse teológico em superar o racismo e sua linguagem de reconciliação, a religião evangélica apoia involuntariamente uma sociedade "racializada" e, na verdade, em geral serve para manter divisões históricas e desenvolver novas divisões (*veja* Raça, racismo e etnia).

O estudo sociológico oferece lentes tanto para a correta leitura da cultura da igreja como para a sociedade em geral em que vivemos ou servimos um ao outro. Como tal, o campo oferece ferramentas para melhor compreender a nós mesmos e interpretar nossa sociedade, de modo que a igreja pode se envolver fielmente – e testemunhar a – diversas culturas e subculturas em que vivemos.

Veja também CULTURA E SOCIEDADE; HIBRIDISMO; MIGRAÇÃO; RAÇA, RACISMO E ETNIA; SECULARISMO.

BIBLIOGRAFIA. CHRISTIANO, K. J., SWATOS JR., W. H. e KIVISTO, P., *Sociology of Religion: Contemporary Developments* (Walnut Creek: AltaMira, 2002); DILLON, M., *Handbook of the Sociology of Religion* (Cambridge: Cambridge University Press, 2003); DURKHEIM, E., *The Elementary Forms of the Religious Life* (New York: Free Press, 1995 [1915]); EMERSON, M. e SMITH, C., *Divided by Faith: Evangelical Religion and the Problem of Race in America* (New York: Oxford University Press, 2000); GEERTZ, C., *The Interpretation of Culture: Selected Essays* (New York: Basic Books, 1973); MADSEN, R., SULLIVAN, W. M., SWIDLER, A. e TIPTON, S. com epílogo de R. N. Bellah, *Meaning and Modernity: Religion, Polity, and the Self* (Berkeley: University of California Press, 2002); MCCUTCHEON, R. T., org., *The Insider/Outsider Problem in the Study of Religion: A Reader* (London: Cassell, 1999); MILLER, D. E. e YAMAMORI, T., *Global Pentecostalism: The New Face of Christian Social Engagement* (Berkeley: University of California Press, 2007); RAMBO, L., *Understanding Religious Conversion* (New Haven: Yale University Press, 1993); SANNEH, L. e CARPENTER, J. A., *The Changing Face of Christianity: Africa, the West, and the World* (New York: Oxford University Press, 2005); WEBER, M., *Essays in Sociology*, org. e trad. de H. H. Gerth e C. W. Mills (New York: Oxford University Press, 1958).

E. Dufault-Hunter e R. Watkins

SOFRIMENTO

O sofrimento é uma experiência universal da humanidade, indesejável para pessoas de todas as idades, raças, *status* e religiões. Em toda a história, particularmente no mundo ocidental, a realidade do sofrimento é vista como o mais forte argumento contra a existência de um Deus onipotente e amoroso do cristianismo. Consequentemente, o problema do sofrimento é muitas vezes analisado dentro da discussão teológica e filosófica do problema do *mal e da *teodiceia. Tratar do sofrimento dentro desse quadro mais abrangente pode ser essencial e necessário; infelizmente, seus resultados tendem a se limitar às respostas teóricas que fornecem pouca ajuda, e às vezes, ironicamente, acrescentam mais angústia para quem está aflito. A discussão concentra-se na pergunta "Por que ocorre o sofrimento?", mas ela ignora uma pergunta mais importante: "Como se deve reagir à realidade do sofrimento?". Por esse motivo, uma teologia do sofrimento precisa levar em consideração os diferentes cenários do sofrimento humano e procurar responder a ambas as perguntas sobre o problema do sofrimento.

Uma comparação com o conceito *budista do sofrimento, particularmente com as Quatro Nobres Verdades (Pali: *Arriya-sacca*) e as Três Características da Existência (*Ti-lakkhana*), pode enriquecer nossa compreensão teológica do sofrimento e, ao mesmo tempo, reforçar o fato de que somente Deus pode salvar a humanidade da escravidão do sofrimento.

1. A complexidade do sofrimento
2. As causas do sofrimento
3. A resposta de Deus ao sofrimento
4. A resposta do crente ao sofrimento

1. A complexidade do sofrimento

Primeiro e acima de tudo, precisamos reconhecer que o problema do sofrimento é real e complexo. Realmente é mais apropriado falar de muitos problemas do sofrimento humano. Esse fato pode ser claramente visto nas muitas manifestações do sofrimento. As Escrituras usam muitas palavras diferentes para comunicar essa ideia, por exemplo, agonia, angústia, aflição, privação, opressão, dor, dificuldade e tribulação. Essas expressões são derivadas de diferentes raízes do hebraico e grego que refletem as diversas faces do sofrimento. Enquanto algumas palavras descrevem principalmente a dor física, algumas enfatizam o sofrimento psicológico dos indivíduos e da comunidade. Alguns termos, como *'āmāl*, "aflição, dificuldade, miséria ou adversidade", podem também se referir ao sofrimento relacionado ou causado pela maldade ou à própria maldade. Algumas palavras indicam o terrível sofrimento dos indivíduos e de toda a nação israelita causada por inimigos. No Novo Testamento, o termo *paschō*, "sofrer ou aguentar", geralmente se refere aos sofrimentos de Cristo e dos cristãos por amor de Cristo.

Para o budismo, as expressões de sofrimento também variam. O termo "sofrimento" (*dukkha*, em Pali) nos ensinos de Buda tem um sentido muito mais abrangente do que o equivalente em português. Há três tipos de sofrimento. Primeiro, *dukkha-dukkhatā* é o estado de sofrimento em termos de sentimento e sensação. Inclui sofrimento tanto físico quanto emocional. Segundo, *viparināma-dukkhatā* é o estado de sofrimento que é inerente à mudança ou velado dentro da infidelidade da felicidade. Esse tipo de sofrimento é causado pelas mudanças interiores e cessação da felicidade. Terceiro, *sankhāra-dukkhatā* é o estado de sofrimento devido a formações. Todas as coisas são inconstantes ou imperfeitas em si mesmas; elas estão em estado de conflito causado pelo nascimento e decadência. Desse modo, elas causarão sofrimento, isto é, o sentimento de sofrimento (*dukkha-dukkhatā*), sempre que elas se tornarem objeto de desejo e apego.

A complexidade do sofrimento é claramente vista nas situações concretas da miséria humana. O sofrimento pode se distinguir por seus diferentes objetos – indivíduos, comunidades, nações, regiões ou toda a raça humana. Também pode ser diferenciado pelo modo como afeta a humanidade, a saber, físico ou não físico. O sofrimento físico afeta principalmente pessoas ou comunidades concretas como, por exemplo, a dor física, a incapacidade física, fome, sede, enfermidade e morte. O sofrimento não físico afeta principalmente o ser interior, intelectual, emocional, psicológica e espiritualmente. Revela-se em conflito, ansiedade, depressão, decepção, abandono, vergonha, culpa e assim por diante. No entanto, esses tipos de sofrimento estão diretamente ligados, uma vez que a humanidade é formada pelas dimensões tanto físicas quanto não físicas. A dor afeta inquestionavelmente a pessoa holisticamente. Finalmente, o sofrimento pode ser classificado por seu grau de intensidade. Varia desde a dor pessoal branda até as graves dificuldades regionais ou globais causadas por *pobreza, analfabetismo, fome, poluição ambiental, desastres naturais, opressão, *guerra, *terrorismo ou AIDS. A história mostra que o holocausto não é a única evidência da realidade radical do sofrimento humano. Apesar de não termos certeza do número exato, sabemos que somente neste século milhões de pessoas sofreram ou morreram sob líderes políticos brutais e desumanos em todo o mundo. Além disso, cerca de 1,5 bilhões de pessoas estão agora vivendo em pobreza. Todos os anos, 40 milhões de pessoas morrem de fome e 14 milhões de crianças morrem principalmente de doenças evitáveis na Europa e América do Norte. Por esse motivo, o sofrimento demanda uma resposta teológica que o trate seriamente – que não seja apenas um exercício acadêmico ou meramente trate de um tipo particular de sofrimento sem considerar sua diversidade.

2. As causas do sofrimento

Diferentes tipos de sofrimento refletem diferentes razões subjacentes. O sofrimento pode ser atribuído a quatro principais causas: pecado, a estrutura da criação, opressão e mistério.

2.1. Sofrimento é resultado do pecado. A ideia de que o sofrimento é resultado do *pecado se baseia no relato da criação e queda, assim como em várias outras passagens da Bíblia. A história da criação em Gênesis 1 afirma que todo o universo foi criado por Deus e era originalmente "muito bom" (Gn 1.31). A primeira manifestação de sofrimento nesse mundo pode ser associada ao relato da Queda, em Gênesis 3. Quando o pecado entrou no mundo por meio da desobediência da humanidade (Gn 3.6-7), o sofrimento também entrou na forma de conflito, dor, depravação, fadiga e morte (Gn 3.15-19). Sofrimento, portanto, é uma intrusão nesse mundo. Em Romanos 5.12-21, Paulo afirma que o sofrimento, particularmente a morte, entrou no mundo por meio do pecado.

Outras passagens que sustentam a doutrina da retribuição também reforçam essa visão. Da mesma maneira que a aflição em um sentido geral surgiu primeiro nesse mundo em decorrência do pecado, as aflições particulares se sucedem na vida das pessoas por causa de seus pecados. Em Deuteronômio, a prosperidade e longevidade eram recompensas pela fidelidade das pessoas a Deus. Desastre e perturbação eram o resultado de seus pecados. Primeiro e Segundo Reis indicam que a desobediência dos reis e do povo causou a destruição de Samaria e Jerusalém (ex., 2 Rs 17.7-8). No livro de Isaías, assim como em outros livros proféticos, os profetas alertam consistentemente o povo, e seus líderes em particular, a abandonarem seus pecados porque, do contrário, seus pecados trariam calamidade para toda a nação. Nos Evangelhos e em Apocalipse, o conceito de retribuição ainda é comum, mas uma nova dimensão é introduzida. O mal será castigado e o bem será recompensado, mas isso pode acontecer somente no fim (ex., Mt 24–25; Ap 20.11-15).

Para Buda, o desejo e o apego (*tanhā*) são considerados a principal razão do sofrimento. Esse entendimento se encontra nas Quatro Nobres Verdades: as verdades do sofrimento (*dukkha*), a origem do sofrimento (*samudaya*), a extinção do sofrimento (*nirodha*) e o caminho que leva à extinção do sofrimento (*magga*). Buda ensina que todos os que ainda continuam em *samsara*, o círculo do nascimento e morte (nascimento, decadência e morte), estão sujeitos ao sofrimento. É preciso que se atente ao fato de que o desejo ou ânsia é a causa real do sofrimento e é possível se livrar do círculo do nascimento e morte somente quando o seu desejo é extinto. Esse conceito está diretamente relacionado à lei do *kamma* (pali) ou *karma* (sânscrito), a lei de causa e efeito. *Kamma* literalmente significa "ação". Não é um ser espiritual que fornece recompensa ou castigo, mas é o poder de uma ação voluntária ou atitude dominante que produz consequências na vida de seu autor. Os resultados do *kamma* de alguém podem se suceder em três períodos: durante a vida do indivíduo, na próxima encarnação ou em encarnações posteriores. Consequentemente, os budistas frequentemente consideram o sofrimento do indivíduo como resultado do próprio *kamma* da pessoa.

2.2. Sofrimento é parte da criação. Muitos teólogos argumentam que o relato da criação também revela que algumas formas de sofrimento fazem parte da ordem criada. Fazem parte da intenção de Deus e da condição humana. Em *God and Human Suffering* [Deus e o sofrimento humano], Douglas John Hall aponta que pelo menos quatro formas de sofrimento existiram neste mundo desde a criação: solidão, limitações, tentações e ansiedade. A solidão pode se encontrar na vida de Adão conforme o Senhor Deus expressou: "Não é bom que o homem esteja só; eu lhe farei uma ajudadora que lhe seja adequada" (Gn 2.18). Essa dimensão do sofrimento nos possibilita entender a alegria da comunhão humana. As limitações são representadas pela árvore do conhecimento do bem e do mal, da qual os seres humanos foram proibidos de comer (Gn 2.17). Elas preparam o caminho para que experimentemos admiração, surpresa e gratidão. As tentações também existem devido ao fato de que a serpente, ou Satanás, é uma criatura de Deus. Isso nos ajuda a entender "bem" e "correto". A ansiedade é a condição que levou Eva a seguir o conselho da serpente. Sem a ansiedade, não seríamos capazes de experimentar o consolo, alívio e alegria. Em *Tragic Vision and Divine Compassion* [Visão trágica e compaixão divina], Wendy Farley argumenta que o sofrimento não é necessariamente a consequência do pecado ou indicação da ordem mundial caída. *Tragic Vision* entende que a criação é boa, mas há uma estrutura trágica que torna o sofrimento possível e inevitável anterior a qualquer ação da humanidade. Existência finita dá margem à decadência, frustração, dor e morte. A variedade e diversidade do mundo provocam conflitos entre as criaturas. A fragilidade da liberdade humana é causada pela inescapável ansiedade e desejo. A estrutura que torna a existência humana possível também nos torna sujeitos ao sofrimento. Portanto, podemos afirmar que algumas formas de sofrimento fazem parte da criação. Entretanto, precisamos estar conscientes de que, antes da Queda, essas experiências não eram necessariamente consideradas como sofrimento do modo como nós entendemos o termo atualmente.

Esse entendimento é semelhante ao conceito budista de sofrimento encontrado nas Três Características da Existência, as quais consistem do Estado de Impermanência (*aniccatā*), o Estado de Sofrimento (*dukkhatā*) e o Estado sem Alma ou Não *self* (*anattatā*). Apesar de a noção de um estado sem alma evidentemente contradizer o conceito cristão de alma eterna, há verdade no conceito budista de impermanência e sofrimento. Buda mostra que todas as coisas são impermanentes, não estáticas e instáveis. Nada continua o mesmo nesse momento como era um instante atrás e nada continuará o mesmo no futuro. Por esse motivo, todas as coisas estão sob o estado de sofrimento, não de experiências dolorosas ou frustrantes, mas de estado de tensão e contradição resultante da impermanência. Além do mais, uma vez que nada é perfeito ou constante, isso não pode fornecer satisfação completa para aqueles que desejam prazer, mas causaria sofrimento para aqueles que se apegam a ele.

2.3. Sofrimento é resultado da opressão. É óbvio que muitas formas de sofrimento mencionadas acima são causadas por opressão, exploração e abuso. Em outras palavras, o infortúnio de alguém pode ser resultado do pecado do outro – egoísmo, indiferença, ódio e crueldade. Em muitos casos, a pobreza é um testemunho dessa verdade. Por causa do sistema existente que provoca dependência econômica, social e política de algumas classes sociais ou países em relação a outros, a lacuna entre o rico e o pobre e a distância entre a sociedade desenvolvida e a em desenvolvimento aumenta cada vez mais. Apesar de haver alimento suficiente neste planeta para todos os habitantes, as pessoas, tão obcecadas consigo mesmas, não têm tempo para pensar em alimentar o faminto. Consequentemente, milhões de pessoas são abandonadas sofrendo de desnutrição e fome. As Escrituras testificam que algumas formas de sofrimento são consequência de opressão. Muitas passagens indicam que o inocente enfrenta dificuldades por causa de ações de outras pessoas. A morte de Abel é o resultado do pecado de Caim (Gn 4); as torturas de José em muitas circunstâncias resultaram do mal causado por outros (Gn 37–41); Israel foi muitas vezes atacado por outras nações pagãs; acima de tudo existe a exploração e a opressão que o povo judeu experimentou no Egito (Êx 1–3).

Esses testemunhos, especialmente o relato do Êxodo, tornam-se o paradigma para as *teologias da libertação tanto na América Latina quanto na Ásia. Acusando a teologia acadêmica de gerar perguntas artificiais e irrelevantes e de produzir respostas que têm pouca ou nenhuma aplicação sobre a vida real, os teólogos da libertação prosseguem para além do problema geral do sofrimento para atacar especificamente o verdadeiro sofrimento humano causado por exploração e opressão. Em vez de colocar a culpa em Deus e concentrar-se na pergunta, "Por que Deus permite esse sofrimento?", os crentes são chamados a assumir responsabilidade perguntando: "Como devemos enfrentar esse tipo de sofrimento?". Nesse momento, temos de ter em mente que a teologia da libertação é relevante para o sofrimento causado pela opressão, mas não é *a* resposta para todos os tipos de sofrimento. Afinal, libertação de situações de opressão não garante libertação do sofrimento espiritual e outros tipos de escravidão nessa vida.

2.4. Sofrimento é um mistério. Apesar de o sofrimento poder ser resultado de diversas fontes, algumas manifestações de sofrimento são simplesmente sem sentido e inexplicáveis, por exemplo, enfermidades que tiram a vida de crianças e desastres naturais que afligem gravemente milhares de pessoas. O *tsunami* na Ásia em 2004, que causou enorme devastação, desespero e morte, sem dúvida alguma diminui todas as tentativas de encontrar sentido nisso. O livro de Jó evidentemente afirma essa verdade. A história de Jó realmente desafia a compreensão rígida da retribuição, de que os justos sempre são abençoados e os ímpios sempre sofrem. Por meio da experiência de Jó, aprendemos que o justo pode sofrer gravemente embora não tenha cometido pecado. Quando Deus finalmente responde a Jó, nos capítulos 38–41, ele não culpa Satanás nem dá razão ao sofrimento de Jó. As perguntas de Jó permanecem sem ser respondidas. Em contraste, Deus proclama o mistério e complexidade da criação que está muito além da compreensão humana, a fim de lembrar Jó de que a humanidade não tem direito de acusar Deus de ser injusto. Por esse motivo, o livro de Jó rejeita todo tipo de teodiceia disponível a nós e proclama que certos tipos de sofrimento podem se manter como mistério que ninguém consegue explicar. Além do mais, isso mostra que a principal questão sobre o sofrimento é existencial, aquela que diz respeito à resposta apropriada para a miséria do indivíduo em vez de uma busca intelectual pela causa da aflição.

3. A resposta de Deus ao sofrimento

Em lugar da famosa pergunta "Por que um Deus onipotente e amoroso permite o sofrimento?", precisamos fazer a pergunta mais apropriada: "Como Deus responde ao sofrimento humano?". Isso nos dará um novo ponto de vista sobre a vida humana e a realidade do sofrimento e fornecerá nova força que nos sustentará em meio ao nosso sofrimento. A resposta de Deus ao sofrimento é demonstrada em sua obra sustentadora e redentora para a humanidade e toda a criação. Apesar da rebelião humana, que leva à criação distorcida e à aflição, o Deus criador continua sustentando a criação por meio de sua providência (Sl 104; Cl 1.17; Hb 1.3). É por meio de sua soberania e providência que o mundo continua existindo. No silêncio de Deus, ele continua agindo em e por meio da criação. Além disso, Deus tomou a iniciativa em redimir essa ordem criada. O descendente da mulher mencionado em Gênesis 3.15 é compreendido como se referindo a Cristo, que esmagaria a cabeça de Satanás. A obra redentora de Deus para com Noé e sua família durante o dilúvio (Gn 6–9), a eleição de Abraão (Gn 12) e a libertação dos israelitas do Egito (Êx 3–14) claramente revelam seu plano redentor para toda a humanidade.

A resposta mais significativa de Deus ao sofrimento se encontra em Jesus Cristo, particularmente sua paixão e morte na cruz. Por meio de Cristo, Deus interveio na criação a fim de participar do sofrimento humano assim como salvar os seres humanos e toda a ordem criada. Primeiramente, ele se colocou junto à humanidade, uma vez que ele *se fez carne e habitou entre nós* (Jo 1.14). Como humano, Jesus compartilhou plenamente as limitações e dores que fazem parte da vida humana, porém, sem pecar (Mt 4.2-11; Jo 11.33-35; Hb 4.15). Durante seu ministério terreno, Jesus sempre respondeu ao aflito. Ele curou o cego, o enfermo, o paralítico e aqueles que sofriam de outras enfermidades ou possessão demoníaca (ex., Mt 8.14-17; 9.27-34; 12.9-13). Ele chamou aqueles que eram considerados "pecadores" para segui-lo e habitou entre eles (Mt 9.9-11; Mc 2.13-17; Lc 19.1-10). Na cruz, Deus, por meio de Cristo, compartilhou a aflição da humanidade a fim de nos redimir do pecado e suas consequências. A ressurreição e glorificação de Cristo depois de ter sofrido e morrido também revelam que a justiça será afinal feita. Em meio à inexplicável dor e ao injusto sofrimento, os crentes podem ser assegurados de que eles finalmente serão ressuscitados e compartilharão a glória de Cristo (1 Ts 4.13-18).

Uma vez que a cruz de Cristo é a expressão mais clara da resposta de Deus para o sofrimento humano, é importante explorar esse aspecto mais plenamente. A teologia da cruz, de Martinho Lutero, e *O Deus Crucificado*, de Jürgen Moltmann, fornecem uma perspectiva maravilhosa sobre essa questão. Para Lutero, a teologia da cruz é uma teologia da revelação. O verdadeiro conhecimento de Deus pode ser encontrado somente na autorrevelação de Deus. Essa revelação, não obstante, é indireta e oculta no sofrimento e na cruz de Cristo. Do mesmo modo que Moisés pôde ver Deus somente de costas (Êx 33.23), só podemos ver a revelação indireta de Deus no sofrimento e na cruz. Sofrimento, portanto, é visto como um meio pelo qual os seres humanos são conduzidos a Deus. Nesse aspecto, Lutero introduz a dialética entre *opus alienum Dei*, a obra alheia de Deus, e *opus proprium Dei*, a obra própria de Deus. As obras alheias referem-se ao "abater, matar, tirar a esperança e levar ao desespero" e as obras próprias referem-se a "perdoar, ter misericórdia, encorajar e salvar". Entretanto, essas obras resultam do mesmo amor de Deus, e as obras próprias são ocultas nas obras alheias e ocorrem simultaneamente com elas. Finalmente, a teologia da cruz é uma teologia de fé e somente fé. Na cruz, Cristo sofreu a nosso favor e tomou sobre si nosso pecado, a fim de que possamos possuir sua justiça. Entretanto, é por meio da fé somente que o verdadeiro significado da cruz é compreendido e é por meio da fé somente que seu poder pode ser apropriado. Enquanto os incrédulos somente enxergam desamparo e desesperança de um homem morrendo sobre a cruz, os crentes reconhecem a presença e obra do Deus crucificado e oculto que está presente no sofrimento humano e está ativamente agindo através disso.

Baseado na *theologia crucis* de Lutero, Moltmann argumentou que Deus revela a si mesmo à humanidade por meio do sofrimento e da cruz, não por meio do poder e glória. Cristo morreu sobre a cruz clamando, "Deus meu, Deus meu, por que me desamparaste?". Para Moltmann, esse clamor de abandono não é o fim da teologia, mas, ao contrário, o início de uma verdadeira teologia cristã – uma teologia libertadora que torna a experiência de Jesus como Deus sobre a cruz o fundamento de todas as nossas ideias sobre Deus. Na cruz, Deus não só agiu externamente, mas agiu em si mesmo e sofreu em si mesmo. Então, o Cristo crucificado revela o Deus crucificado, e o sofrimento de Cristo manifesta o sofrimento do próprio Deus. Marcos mostra que Jesus morreu com um clamor de desamparado de Deus (Mc 15.34), e Paulo enfatiza que o Pai abandonou e entregou o Filho pelas pessoas desamparadas (Rm 8.32). Portanto, pode-se dizer que o Filho sofre morrendo em desamparo, mas o Pai sofre a morte do Filho e, se Deus considera a si mesmo como o Pai de Jesus Cristo, então ele também sofre a morte de sua paternidade na morte do Filho.

Moltmann conclui que a história concreta de Deus na morte de Jesus sobre a cruz pode ser compreendida como a história da história, porque contém em si mesma todas as profundezas da história humana. Não há sofrimento que não seja sofrimento de Deus; nenhuma morte que não tenha sido morte de Deus sobre a cruz; e nenhuma vida e alegria que não foi integrada na vida eterna e alegria eterna de Deus. Quem quer que sofra sem motivo sempre sente que ele ou ela é abandonada por Deus. Entretanto, quem clamar a Deus nesse sofrimento se une ao clamor da morte de Jesus, e ao mesmo tempo Deus está clamando com ele ou ela e intercede por ele ou ela. Além do mais, a história trinitária de Deus está aberta para o futuro. Ela se move para a consumação escatológica de modo que a trindade possa ser tudo em todos. Deus está em nós. Deus sofre em nós. Estamos participando do processo trinitário da história de Deus. Do mesmo modo que participamos do sofrimento de Deus, participaremos da alegria de Deus quando ele trouxer sua história à completude.

A partir dessa compreensão, está claro que Deus está ativo no que concerne ao problema do sofrimento humano. A cruz revela que Deus assumiu a responsabilidade sobre a realidade do mal e do sofrimento neste mundo. Também mostra que o Deus oculto não é um observador de fora, mas um Deus sofredor que anda junto de nós em nossa aflição. Quando a razão humana nos faz ver apenas desamparo e desesperança, a fé em Deus nos capacita a enxergar a ajuda de Deus e a esperança para o futuro. Embora não consigamos entender a razão de todos os nossos sofrimentos, pela fé somos capazes de passar por eles e dar sentido à nossa vida neste mundo sofredor. A experiência de Jó também afirma essa realidade. Por meio de seu encontro com Deus, Jó encontrou nova força que lhe permitiu suportar sua agonia. Ele não descobriu nenhuma explicação para o seu sofrimento, mas adquiriu uma nova postura diante da vida, assumindo que Deus é o verdadeiro centro de todas as coisas e nada foge ao seu controle. Todas as coisas são criadas por ele e dependem dele. Em todas as circunstâncias, Deus ainda está plenamente presente no centro, dirigindo e sustentando todas as coisas, visíveis e invisíveis. Consequentemente, o destino humano está nas mãos de Deus. A vida humana continua dentro do propósito cósmico divino. O propósito de Deus, contudo, está muito além do que qualquer humano possa jamais compreender.

Em comparação, o budismo, como um sistema ateu e humanista, sustenta que não há Deus ou Salvador que possa auxiliar a humanidade diante do sofrimento. Cada pessoa deve ser responsável por si própria. Ninguém é capaz de livrar o outro da lei do *kamma*. Além disso, todas as pessoas e coisas são passageiras, e o apego a elas levará ao sofrimento, porque nada pode proporcionar satisfação plena real. Consequentemente, não se pode apegar a nada ou a ninguém e é preciso que o indivíduo dependa unicamente de si para lidar com os próprios desejos. É por meio do esforço próprio em praticar o Nobre Caminho Óctuplo que o indivíduo pode prosseguir para o *nibbana* (ou *nirvana*), a libertação do círculo de nascimento e morte e, consequentemente, do sofrimento, mas ninguém tem segurança de que seu esforço será suficiente para alcançar o objetivo final.

4. A resposta do crente ao sofrimento
Uma teologia do sofrimento se tornará irrelevante se não procurar responder à pergunta "Como o indivíduo reage à realidade do sofrimento?". A discussão anterior sugere que os crentes precisam responder ao sofrimento de três maneiras: fé, solidariedade e arrependimento.

Sobretudo, é preciso que se responda à realidade do sofrimento, especialmente o sofrimento incompreensível, pela fé. Diferentes causas de sofrimento exigem diferentes tipos de resposta, mas fé precisa ser a resposta primária dos crentes em todas as situações. Essa é a essência da teologia da cruz e do livro de Jó. Isso é afirmado em toda a Bíblia, e Hebreus 11 o resume bem.

Os crentes podem continuar crendo, não porque a fé lhes fornece a explicação para o problema do sofrimento, mas porque os ajuda a lidar com a aflição de modo prático. Não obstante, a fé não requer que neguemos nossos sentimentos quando nos chegamos a Deus. Pelo contrário, aqueles que sofrem podem protestar honestamente e queixar-se com o seu Senhor. As orações de lamento podem ser encontradas em toda a Bíblia. Aliás, o clamor de Jesus na cruz ecoa o lamento do seu povo, no Salmo 22. Mesmo que seja carregado de cólera e protesto, nosso clamor não destrói nossa fé e esperança, mas nos aproxima mais de Deus.

Em segundo lugar, as situações dolorosas dos outros nos chamam à solidariedade para com o aflito. Essa resposta não é apenas a imitação do ministério de Jesus no passado, mas é a continuação de seu ministério neste mundo. Não se trata de fazer a pergunta "O que Jesus faria nesta situação?", o que implica sua ausência de nossa situação atual, mas de perguntar "O que Jesus está fazendo nessa situação e o que eu devo fazer como cristão?". Depois de sua ressurreição, Jesus prometeu enviar o Espírito Santo sobre seus seguidores como uma continuação de seu ministério na terra. Portanto, a obra redentora de Cristo ainda continua nas situações presentes por meio do ministério do Espírito Santo na vida dos crentes. Mais especificamente, os crentes são chamados a participar do ministério de advogar ou *paraklēsis*. A palavra "advogado" vem do termo grego *paraklētos*, que literalmente quer dizer "chamado para o lado". Essa palavra significa "ter função de confortar, exortar e encorajar". Em seu ministério terreno, o papel de Cristo como advogado é evidente, e ele continua nesse papel como nosso advogado em nossas circunstâncias concretas contemporâneas por meio da presença e obra do Espírito Santo. Participar do sofrimento dos outros, consequentemente, significa ser advogado deles e capacitá-los a experimentar a presença e poder de Cristo em suas necessidades e lutas.

Finalmente, o sofrimento pode ser consequência do pecado, o que exige arrependimento e submissão a Deus. A extensa alusão à retribuição feita pelos amigos de Jó não é desprovida de mérito. Estava errada no caso de Jó, mas pode ser verdadeira em algumas circunstâncias de nossas vidas. Portanto, quando enfrentamos dificuldades, devemos examinar humilde e atentamente a nós mesmos para ver se foram causadas por nossos pecados. Então, precisamos nos arrepender. É interessante que passagens que sustentam a retribuição também incluem o chamado ao arrependimento (ex., Dt 30.1-20). Em 1 e 2Reis, os profetas chamaram o povo de Deus ao arrependimento a fim de evitar o desastre nacional que estava por vir. O chamado ao arrependimento continua nos livros proféticos e no Novo Testamento, em que o foco principal do chamado vai além do sofrimento terreno para o sofrimento eterno. Essa resposta ao sofrimento também se aplica àqueles que não se reconciliaram com Deus por meio de Cristo. As pessoas podem estar longe do sofrimento físico, contudo passam constantemente por sofrimento espiritual. Esse tipo de sofrimento, em última instância, os conduzirá a Deus, a única pessoa que pode livrá-los do sofrimento que os aflige gravemente. É justamente nesse contexto que Lutero proclama que sofrimento "conquanto tire tudo de nós, nos deixa sem nada exceto Deus: não pode tirar Deus de nós, e, na verdade, o traz para mais próximo de nós" (Lutero, WA 5.165.39-166.1).

Veja também CURA E LIBERTAÇÃO; MAL, PROBLEMA DO; TEODICEIA.

BIBLIOGRAFIA. ANDERSON, R., *The Shape of Practical Theology: Empowering Ministry with Theological Praxis* (Downers Grove: InterVarsity Press, 2001); CARSON, D. A., *How Long, O Lord? Reflections on Suffering and Evil* (Grand Rapids: Baker, 1990); FARLEY, W., *Tragic Vision and Divine Compassion: A Contemporary Theodicy* (Louisville: Westminster John Knox, 1990); HALL, D. J., *God and Human Suffering: An Exercise in the Theology of the Cross* (Minneapolis: Ausburg, 1986); HARTLEY, J., *The Book of Job* (NICOT; Grand Rapids: Eerdmans, 1988); JONES, J., *Why Do People Suffer? The Scandal of Pain in God's World* (Oxford: Lion Publishing, 1993); KING, W. L., *Buddhism and Christianity: Some Bridges of Understanding* (Philadelphia: Westminster, 1962); LUTERO, M., *D. Martin Luther's Werke: Kristische Gesamtausgabe* (Weimar: H. Böhlau, 1883); MCGRATH, A. E., *Luther's Theology of the Cross: Martin Luther's Theological Breakthrough* (Grand Rapids: Baker, 1994); idem, *Suffering and God* (Grand Rapids: Zondervan, 1995); MOLTMANN, J., *The Crucified God: The Cross of Christ as the Foundation and Criticism of Christian Theology* (Minneapolis: Fortress, 1993) [edição em português: *O Deus Crucificado* (Santo André: Academia Cristã, 2011)]; NYANATILOKA, org., *Buddhist Dictionary: Manual of Buddhist Terms and Doctrines* (Kandy, Sri Lanka: Buddhist Publication Society, 1980); DHAMMAPITAKA (P. A. Payutto), *Buddhadhamma* (Bangkok: Mahachulalongkornrajavidyalaya University, 2003); WOOD, J., *Job and the Human Situation* (London: Geoffrey Bles, 1966).

S. Boonyakiat

SONG, C.-S. *Veja* REINO DE DEUS; TEOLOGIA ASIÁTICA; TEOLOGIA CHINESA.

SONHOS

Um sonho é definido como uma série de pensamentos, imagens, sensações ou emoções que ocorre na mente de uma pessoa enquanto dorme. Sonhos são fenômenos comuns encontrados em todas as culturas e em muitas das outras principais religiões do mundo. Em geral, há duas atitudes básicas a respeito dos sonhos. Alguns veem os sonhos como experiências inúteis e um produto da mente humana que não possui nenhum valor significativo. Outros consideram os sonhos importantes, na verdade, como chave para destravar os segredos da personalidade humana e para entender a realidade espiritual.

1. Atitudes para com sonhos na cultura moderna
2. Sonhos nas culturas do Antigo Oriente Próximo
3. Sonhos na Bíblia
4. Interpretação de sonhos
5. A importância teológica dos sonhos

1. Atitudes para com sonhos na cultura moderna

Apesar de sua natureza universal, sonhos são frequentemente considerados com suspeita na cultura moderna ocidental. A atitude que considera os sonhos como resultado insignificante da mente humana reflete um ceticismo gerado pelo Iluminismo. Em comparação, a posição geral que considera os sonhos importantes é expressa por culturas que não compartilham da cosmovisão científica, que rejeita a realidade espiritual. Essa visão não ocidental considera os sonhos como o principal meio pelo qual as divindades falam ou se comunicam com indivíduos e a comunidade.

No entanto, o estudo moderno (e científico) de sonhos certamente tem seus benefícios. Psicólogos demonstram que os sonhos nos ajudam a compreender as forças e profundidades da percepção humana (Jung), e eles revelam a natureza da atividade mental humana. Outros argumentam que os sonhos libertam o espírito humano do poder da natureza e dá ao indivíduo acesso a outra realidade, além da material ou racional, livrando a alma dos laços dos sentidos. Por meio dos sonhos, as pessoas são conduzidas e dirigidas; alguns descobriram o propósito de suas vidas; outros acreditam que alcançaram uma compreensão de coisas que aconteceriam no futuro e assim por diante.

Mesmo aqueles que acreditam no potencial espiritual e teológico dos sonhos admitem que há sonhos ordinários que simplesmente se relacionam ao bem-estar psicológico e mental do indivíduo. Mas no que se segue pretendemos discutir a possível importância religiosa e teológica dos sonhos.

2. Sonhos nas culturas do Antigo Oriente Próximo

Sonhos eram uma experiência comum das culturas do Antigo Oriente Próximo. As pessoas nessas culturas tinham alto respeito pelos sonhos. Particularmente na Mesopotâmia, mas também no Egito sob os faraós, inscrições reais contêm relatos de sonhos. Esse material enfatiza a importância dos sonhos nessas culturas e como alguns desses sonhos estavam relacionados aos destinos de várias dinastias reais. Essa experiência comum das pessoas daquela época é também um fenômeno comum em muitas culturas modernas. Na África, por exemplo, os sonhos são levados a sério.

Nessas antigas culturas, sonhos davam às pessoas um senso de descoberta de algo poderoso além de suas habilidades naturais. Essas culturas acreditavam que há um mundo espiritual além do mundo físico que irrompe sobre o indivíduo, o que ocorre particularmente nos sonhos. Nessas culturas havia forte crença de que alguns sonhos possuem uma origem ou fonte divina e, portanto, estão carregados de algum sentido religioso.

Essas culturas distinguiam dois tipos de sonhos: sonhos mensageiros e sonhos simbólicos. Sonhos mensageiros são comunicados por alguém ou por um ser divino, e o conteúdo da mensagem é imediatamente entendido pelo sonhador como instruções específicas ou direções ou palavras de encorajamento. Os sonhos simbólicos são aqueles transmitidos por deuses em uma linguagem codificada formada por imagens, figuras ou acontecimentos que o sonhador não consegue compreender imediatamente e que carece de interpretação por um terceiro. Esses sonhos frequentemente estão relacionados a acontecimentos futuros. Encontramos os dois tipos de sonhos nas culturas africanas assim como no texto bíblico.

3. Sonhos na Bíblia

3.1. Sonhos no Antigo Testamento. A palavra do Antigo Testamento para sonho é *ḥălôm*, que significa "sonhar" ou "ter um sonho". *Ḥălôm* define a estrutura dentro da qual o sonho ocorre. No Antigo Testamento, os sonhos são associados com a noite e o sono, *sena* (Gn 20.3; 31.24; 40.5; 41.5; Sl 90.5). *Ḥălôm* é usado para descrever diferentes tipos de sonhos. Os sonhos podem ter uma fonte natural (Ec 5.3), uma fonte sobrenatural e divina (Gn 28.12), ou uma fonte maligna (Dt 13.1-2; Jr 23.32).

Embora o Antigo Testamento afirme a importância dos sonhos, seus escritores foram cautelosos sobre eles. Os sonhos são usados como metáfora para tudo o que é fugaz e passageiro (Jó 20.8), ilusões ou símbolos da fantasia (Is 29.8). As causas do sonho não são confiáveis. Sonhos são frequentemente produto de ansiedades, inquietações, preocupações, muitas vezes com pouco sentido por trás deles (Ec 5.3). Os escritores do Antigo Testamento entendiam os sonhos como pertencentes ao mundo das trevas, mas com o amanhecer eles desaparecem (Sl 73.20). Os sonhos oferecem oportunidade para libertar-se e para desfrutar as alegrias proibidas pela severidade do mundo (Sl 126.1). Além disso, os sonhos podem ser usados como instrumentos do mal para atrair pessoas ao pecado contra Deus (Dt 13.1-5; Zc 10.2).

Apesar dessas incertezas sobre os sonhos, eles ocupam um papel muito importante no modo como Deus se comunicou e revelou a si mesmo e a sua vontade para as pessoas. Os sonhos tiveram uma função profética: anunciando acontecimentos futuros (Gn 37.5-11; 40.5-22; 41.1-32; Jz 7.13-15; Dn 2.1-45; 4.4-28; 7.1-28). Deus utilizou sonhos e visões como instrumento de comunicação aos seus profetas (Nm 12.6). Os sonhos também têm função reveladora (Gn 40–41; 1Sm 28.6,15; Dn 1–7). Sonhos têm valor religioso; podem conter uma mensagem enviada por Deus em forma simbólica (Gn 41.25; Dn 2.28; 4.20-21) que se relaciona a coisas que ocorrerão no futuro, ou visitas de Deus *em um sonho* (Gn 20.3; 31.24; 1Rs 3.5) que fornece direções ou instruções específicas.

A importância dos sonhos deve ser entendida em termos da preocupação de Deus com os humanos e seu desejo de fazer contato direto com eles, dando-lhes direção e orientação. Sonhos frequentemente se tornaram o instrumento pelo qual esse tipo de comunicação ocorre. Por meio dos sonhos, os humanos recebem conhecimento especial sobre o mundo em torno deles, assim como conhecimento sobre Deus, sua vontade e seus propósitos. Deus usou sonhos como modo de revelar a si mesmo ao seu povo.

3.2. Sonhos no Novo Testamento. A palavra grega para sonho no Novo Testamento é *onar*. Sonhos no Novo Testamento funcionam do mesmo modo como no Antigo Testamento. Frequentemente na Bíblia os sonhos estão associados com visões noturnas (At 16.9; 18.9). As passagens do Novo Testamento que tratam de sonhos estão associadas à revelação de Deus de enviar seu Filho ao mundo. Esses sonhos são frequentemente de natureza instrumental. O anjo do Senhor explicou a José que o que havia ocorrido com Maria era obra de Deus, instruiu-o a tomar Maria como esposa e orientou-o a levar Jesus e Maria para o Egito, porque Herodes planejava matar Jesus (Mt 1.20-25; 2.13-20). Sonhos também alertavam contra o perigo (Mt 2.12; 27.19); deram orientação e direção a Paulo (At 16.9-10) e o encorajaram a testificar ousadamente de Jesus, porque Deus estava com ele (At 18.9-11).

4. Interpretação de sonhos

Os sonhos nessas culturas, assim como nos relatos bíblicos, ocorriam de maneiras diferentes. Alguns sonhos foram imediatamente compreendidos pelo sonhador e outros demandavam interpretação. A interpretação de sonhos era obra de especialistas que eram capacitados com habilidades especiais e sabedoria concedida pelos deuses ou por meio da arte da adivinhação. Por exemplo, nos palácios reais, tanto na Mesopotâmia quanto no Egito, havia os sábios e magos que interpretavam os sonhos dos reis. Os sonhos simbólicos do rei Nabucodonosor, na Babilônia, e do faraó, no Egito, precisaram todos de interpretações. Daniel e José, dois jovens hebreus dotados do Espírito de Deus, interpretaram os sonhos desses dois poderosos reis quando seus próprios sábios e magos não foram capazes de fazê-lo.

Se os sonhos são um modo de Deus se comunicar com a humanidade, então os cristãos modernos precisam levar a sério o potencial revelador dos sonhos. Quando sonhos significativos não são imediatamente compreendidos, então, talvez, precisemos buscar a ajuda de Deus. Uma vez que a fonte deles seja Deus, o Espírito de Deus pode capacitar o indivíduo a compreender o que Deus pretende comunicar. Entretanto, os cristãos creem que todo tipo de interpretação precisa estar conforme a palavra escrita de Deus.

5. A importância teológica dos sonhos

Os sonhos podem ajudar as pessoas a entender e encontrar sentido, propósito e direção na vida. As Escrituras mostram que os sonhos são uma das muitas maneiras pelas quais Deus fala aos seres humanos. Hoje há muitas histórias de pessoas que tiveram sonhos sobre Jesus Cristo, e esses encontros com Jesus em sonhos transformaram a vida de muitos.

Deus ainda se comunica por meio de sonhos? Certamente. Uma vez que Deus ainda se comunica com a humanidade, os sonhos continuam a ser meios válidos que Deus usa para se comunicar com os humanos hoje. Deus ainda se revela às pessoas por meio de sonhos, oferecendo direção, concedendo segurança de sua presença e alertando sobre perigo iminente. Apesar de os modos de Deus não terem mudado e ele ainda falar aos humanos em sonhos, esses sonhos precisam ser medidos pela Palavra escrita. Se a fonte do sonho é Deus, então o sonho precisa estar em concordância com sua Palavra escrita (Dt 13.1-5; Jr 23.28).

Veja também REVELAÇÃO E ESCRITURAS.

BIBLIOGRAFIA. BERGSON, H., *The World of Dreams* (New York: Philosophical Library, 1958); BUTLER, S. A. L., *Mesopotamian Conceptions of Dreams and Dream Rituals* (AOAT 258; Munster: Ugarit Vela, 1998); ELIADE, M., *Myths, Dreams, and Mysteries* (New York: Harper & Brothers, 1960); FREUD, S., *The Interpretation of Dreams*

(New York: Basic Books, 1955) [edição em português: *A Interpretação de Sonhos* (Rio de Janeiro: Imago, 1972)]; HUSSER, J.-M., *Dreams and Dream Narratives in the Biblical World* (Sheffield: Sheffield Academic Press, 1999); JUNG, C. G., *Memories, Dreams, Reflections* (New York: Pantheon Books, 1963) [edição em português: *Memórias, Sonhos, Reflexões* (Rio de Janeiro: Nova Fronteira, 1963)]; KELSEY, M. T., *God, Dreams and Revelation* (Minneapolis: Augsburg, 1974); KILLBORNE, B., "Dreams", *The Encyclopedia of Religions*, M. Eliade, org. (New York: Macmillan, 1987) 4.482-92.

J. Nkansah-Obrempong

SONO DA ALMA. *Veja* ESCATOLOGIA.

SPENER, PHILIPP JAKOB. *Veja* PIETISMO.

SUBSTITUIÇÃO PENAL. *Veja* EXPIAÇÃO; SALVAÇÃO.

SUGIRTHARAJAH, R. S. *Veja* TEOLOGIA PÓS-COLONIAL.

SUH, CHUL WON. *Veja* TEOLOGIA COREANA.

SUH, NAM DONG. *Veja* TEOLOGIA MINJUNG.

SUPERSSESSIONISMO. *Veja* JUDAÍSMO.

T

TAOÍSMO. *Veja* Religiões Chinesas.

TECNOLOGIA

Poucos fatores e forças que moldam o nosso mundo são mais significativos do que a tecnologia. É comum dizer que vivemos numa era tecnológica. A própria *globalização é em grande parte tornada possível pelas tecnologias de transporte e comunicação. A tecnologia continua a se expandir não apenas a todos os cantos do nosso mundo, mas a todos os ângulos de nossa vida, e não mostra sinal de diminuir.

1. Definindo tecnologia
2. Mapeando a tecnologia
3. Benefícios e custos da tecnologia
4. Perspectiva teológica e ética

1. Definindo tecnologia

No uso popular *tecnologia* é normalmente uma referência aos produtos de inventores e engenheiros: telefones, computadores, refrigeradores, automóveis, luz elétrica, estações de tratamento de água, aparelhos para reprodução de discos compactos, etc. A palavra *tecnologia* deriva das raízes gregas, *technē* e *logos*. Assim como biologia é o estudo de *bios* ("vida biológica" em grego), "tecnologia" originalmente significava "o estudo de *technē*". *Technē* era a palavra grega para "arte, habilidade ou ofício" em relação a "fabricar ou fazer" algo. Era "saber-como" (*know-how*). Todos os grupos de pessoas tiveram tal "know-how" e técnicas para atender suas necessidades e desejos — para construir casas, confeccionar roupas, cuidar da agricultura e criação de animais e preparar comida. Outras técnicas os ajudaram a tomar decisões, governar a si mesmos, comunicar-se com os outros, criar os filhos e adorar a Deus.

Algumas técnicas são transmitidas pela tradição, outras são impostas pelas autoridades: "É assim que se faz, e ponto final!" Mas o que distingue as técnicas humanas (dos animais) é a capacidade de reexaminar ou substituir várias técnicas por meio da aplicação da racionalidade. As técnicas humanas não são apenas um produto do instinto ou da tradição, mas do raciocínio. Os seres humanos não se submetem apenas à natureza, mas criam meios artificiais para manipulá-la, desenvolver ferramentas e métodos para atingir com mais eficiência seus fins e objetivos. Tanto a *ciência como a tecnologia usam a razão, o cálculo, a observação e a experimentação como seu método. A diferença é que enquanto a ciência visa conhecer e compreender as coisas, a tecnologia tem como objetivo mudá-las, para ter um efeito prático, ser útil.

Devido às suas raízes em "criar e fazer", em "artes e ofícios" e no "know-how", a tecnologia está intimamente ligada ao trabalho. Uma análise crítica da tecnologia assemelha-se muito à do trabalho. No entanto, a tecnologia também invade nosso lazer, entretenimento, comunicação, gastronomia, transporte e outras áreas, de modo que não podemos tratá-la meramente como subconjunto do trabalho. De fato, o trabalho pode ser um subconjunto da tecnologia.

Não obstante seu significado original, *tecnologia* não significa mais apenas "o estudo de técnicas". Tecnologia tem a ver com as ferramentas e técnicas em si ("temos a 'tecnologia' para fazer isto ou aquilo?"). Essa mudança sutil na linguagem realça o fato de que as técnicas modernas são agora praticamente todas resultado de estudo (discurso, *logos*), de pesquisa e análise racional. Restam, é claro, algumas técnicas transmitidas pela tradição de longa data, pela socialização, pela crença religiosa e até mesmo pelo instinto biológico. Mas tais técnicas tradicionais estão recuando por causa da superioridade demonstrável, mensurável e da eficácia das técnicas científicas.

2. Mapeando a tecnologia

O impacto inicial da tecnologia está normalmente nas tarefas físicas brutas da vida. A invenção tecnológica provê ferramentas e máquinas para aumentar a força humana ou animal. Em vez de depender somente da força humana — para colher safras, levantar cargas pesadas, distribuir bens para lugares distantes ou acrescentar combustível a fornalhas — foram inventadas máquinas para fazer o trabalho. A promessa da tecnologia é maior eficiência e ter boas coisas feitas, e menos perigo de que aconteçam coisas ruins.

As tecnologias industriais e de manufatura produzem a maior parte dos bens que usamos (substituindo o pequeno artesão, o trabalhador braçal do passado). Cada vez mais o alimento do mundo é produzido por gigantescos agronegócios com menos trabalhadores e mais máquinas (em nítido contraste com o trabalho intensivo da agricultura familiar do passado). A maior parte das viagens dos seres humanos são feitas de automóvel, ônibus, trem ou avião (cada vez menos a pé, a cavalo — ou até mesmo pela tecnologia mais simples da bicicleta). Anteriormente nossas necessidades de energia eram satisfeitas pela alimentação a nós e a nossos animais, ou obtendo fogo de madeira. Agora a energia para acionar nossas complexas tecnologias vem do gás, eletricidade ou da força nuclear, cada uma das quais é tecnológica em sua característica.

Entre os mais sinistros desenvolvimentos tecnológicos está a produção de armas cada vez mais potentes. Armas nucleares, químicas e biológicas, sistemas de lançamento de mísseis de longo alcance — a proliferação e o crescente poder dessas tecnologias coloca uma terrível ameaça em todo o mundo. O comércio de armas é um grande negócio em toda parte. Mesmo em nível mais pessoal, a produção em massa e a distribuição de armas de fogo representa um sério desafio cada vez maior.

A tecnologia da comunicação e informação (TI) pode ter começado com a invenção do tipo móvel e da imprensa por volta de 1500, mas as coisas realmente mudaram no século 19 e 20 com a invenção do telégrafo e do telefone, depois o rádio e a televisão. A partir de 1980, o computador pessoal e, a partir de 1995, a Internet, houve uma radical transformação para o mundo das comunicações. A produção em massa e custo da mão de obra mais baixo no mercado global tornaram os computadores e os telefones celulares largamente disponíveis no mundo todo. Essa democratização da informação e da comunicação tem sido surpreendente. Ela tem sido instrumental em alguns movimentos políticos populares em relação a mudanças. Permanece, entretanto, um "fosso digital" entre as TIs dos que "têm" e dos "que não têm", embora isso possa estar encolhendo e seja superável.

A biotecnologia (tanto quanto ou mais do que a TI) pode ser a fronteira tecnológica mais importante. Medicamentos, próteses e instrumentos e aparelhos médicos e de assistência de saúde são aspectos importantes desse desenvolvimento. Ainda mais importantes são a pesquisa e o desenvolvimento da medicina genética e (no sentido mais amplo) a biotecnologia agrícola e veterinária. O mapeamento e a pesquisa do genoma humano prometem que algum dia a doença com base genética não será apenas identificável, como também tratável. Na ciência agrícola e animal, a clonagem e a modificação genética já são amplamente usadas para expandir o rendimento das culturas e aumentar a resistência à doença e à estiagem.

Os últimos desenvolvimentos na tecnologia têm a ver com a nanotecnologia: o aumento — quase onipresente — da miniaturização da tecnologia. Os automóveis e aparelhos eletrodomésticos contêm centenas de minúsculos computadores que servem a inúmeras funções.

Ao vermos o mapa da tecnologia contemporânea devemos nos lembrar que a tecnologia não tem apenas um lado físico, mas também um lado de método/processo. Assim como um engenheiro usa o método tecnológico para construir uma ponte ou um computador, um diretor de relações públicas usa métodos tecnológicos para planejar uma estratégia persuasiva de vendas e um gerente de vendas "replaneja" uma organização para maior eficiência. Seja fabricando algo, buscando a reeleição de um candidato político, programar a força de trabalho nos horários de pico para atender os clientes, ou evangelizar um grupo de pessoas, o método tecnológico sempre conta com a análise racional, científica e uma busca pela "melhor maneira" mensurável, quantificável e mais eficiente.

3. Benefícios e custos da tecnologia

São consideráveis os benefícios de grande parte da tecnologia atualmente. O saneamento melhorado e água corrente limpa não são os benefícios menos importantes da tecnologia. Livros e literatura produzidos em massa (e a luz para lê-los durante a noite) estariam em muitas listas das maiores bênçãos da tecnologia. Telefones — e agora os celulares portáteis baratos — computadores e a conectividade pela Internet são amiúde ferramentas positivas para educação e relacionamentos. A possibilidade de viajar para outras culturas para aprender idiomas, atender e servir outras pessoas é uma grande bênção. Grande parte da medicina moderna e os cuidados de saúde têm sido de grande benefício. A tecnologia tem capacitado muitos pequenos (e grandes) negócios, dando emprego, produtos e serviços que, de outra forma, poderiam ter sido impossíveis. Apesar de todos os custos e os inconvenientes, a tecnologia tem um longo histórico de realizações e sucessos.

Mas existem custos e também benefícios aos usuários da tecnologia. Na verdade, a tecnologia é sempre ambígua, não "isto ou aquilo" mas "isto e aquilo" tanto benéfica quanto dispendiosa, boa e ruim. A mesma tecnologia automobilística que capacita uma visita a um ente querido internado num hospital contribui para o congestionamento do trânsito e a poluição do ar que tem adversas consequências de saúde. A mesma tecnologia da informação que ajuda a divulgar o evangelho cristão de forma sem paralelo, é também usada por terroristas e pornógrafos para espalhar suas mensagens. A mesma biotecnologia que faz uma safra resistente a uma peste pode, inadvertidamente, criar uma praga de outro tipo ao perturbar o ciclo da natureza. A mesma tecnologia genética que pode permitir tratamento do nanismo pode ser usada por outros para criar futuras estrelas do basquete de 2,40 a 2,70 metros de altura.

As tecnologias ocupam tempo e espaço e afetam o ambiente ao seu redor. A televisão e o automóvel não são apenas modestas adições às tradições existentes; eles mudaram a forma como as pessoas comem e interagem de maneiras fundamentais. Os e-mails mudaram a forma como as pessoas escrevem e se comunicam. O grande volume de informação na Internet e a facilidade de recorte e colagem de texto mudaram a capacidade das pessoas de compreenderem os contextos de ideias e informações — ou de pensar com profundidade e analiticamente sobre uma pequena quantidade de informações específicas. A presença dominante da mídia de entretenimento substitui a capacidade de criar música, inventar jogos e se entreter. A aprendizagem eletrônica através do computador possibilita ao estudante o acesso de grandes distâncias — mas elimina sutilmente o contexto social da aprendizagem e suprime a ambiguidade do conhecimento. Os computadores entendem o pensamento binário e o cálculo, não o paradoxo; preto e branco, não cinza. Mas a vida real é quase sempre cinza e o paradoxal requer sabedoria, ajustamento e julgamento, não apenas um "sim" ou "não" mecânico. Assim também, a aprendizagem e o crescimento intelectual florescem melhor com substancial interação face-a-face; sentar-se sozinho diante de um terminal de computador habitua os estudantes a uma abordagem solitária da aprendizagem.

Geralmente a tecnologia produz padronização, velocidade e amplificação do trabalho humano e dos poderes de comunicação. Mas esses sistemas têm suas próprias vulnerabilidades que não são simplesmente o resultado de pessoas más que as exploram. Mesmo sem os *hackers*, geradores de *spams*, ciberterroristas e criadores de vírus, os sistemas tecnológicos se arruínam. Os dados são corrompidos ou perdidos. Os remédios acabam tendo efeitos secundários, não previstos anteriormente. Crianças viciadas na mídia mostram problemas comportamentais e sociais não previstos. A temperatura global aumenta. A segurança da estocagem do lixo nuclear degrada. E assim por diante.

4. Perspectiva teológica e ética

Do início ao fim, a Bíblia ressalta dois grandes temas sobre a natureza de Deus. Deus é o Criador (das coisas boas, úteis e belas) e Deus é o Redentor (das coisas arruinadas e das pessoas feridas). A perspectiva cristã começa ao ver o impulso tecnológico humano arraigado no fato de as pessoas serem feitas à imagem e semelhança de Deus, o Criador e Redentor.

Assim como Deus criou de forma imaginativa o mundo, preenchendo o que estava vazio, dando forma ao que era informe e iluminando o que estava em trevas — ao seu próprio jeito, o fazem as criaturas de Deus. Assim como Deus criou por sua própria palavra (Gn 1) e com suas mãos moldou o pó da terra (Gn 2), também o fazem suas criaturas (nós falamos e agimos, movemos *bits* de informação e átomos materiais). Deus cria coisas úteis e coisas belas ("agradável aos olhos"). Ele cria pessoas para viver, trabalhar e descansar em parceria com ele mesmo e com seus companheiros humanos. É dessa perspectiva que os cristãos devem primeiro ver o impulso tecnológico. Sua primeira reação à tecnologia não é negativa, mas positiva. A ordem e o exemplo de Deus, o Criador, são vastos e inspiradores em suas implicações com relação ao empreendedorismo e à criatividade tecnológica.

Não obstante, os relatos bíblicos da criação indicam três claros limites dentro dos quais o trabalho e a tecnologia podem ser confirmados — e fora dos quais eles devem ser rejeitados. Primeiro é o limite do tempo: Deus modela e ordena a cessação do trabalho no dia de descanso. Há um dia em que o trabalho *poderia* ser feito — mas não deve. O segundo é o limite do espaço: a árvore no centro do jardim *poderia* ser colhida mas não deve. Terceiro, o trabalho humano (e por extensão a tecnologia) começa e continua em relação à Palavra de Deus. É Deus quem a ordena e especifica seu caráter geral; é Deus quem declara o que é bom. As pessoas *poderiam* trabalhar sem a vocação e a orientação de Deus — mas não devem. As pessoas poderiam tentar ser seu próprio deus e autoridade moral, mas isso terminará em desastre.

A má tecnologia, então, não respeita limites temporais (ao contrário, apaga o ritmo da vida e invade o descanso humano); a má tecnologia não respeita limites espaciais (ao contrário, invade tudo o que pode; "se pode ser feito, será feito"). A má tecnologia é motivada e justificada somente pela curiosidade, motivada pelo lucro e o desejo de poder (em vez de motivada por um senso da vocação e propósitos de Deus). A má tecnologia proclama sua própria bondade (ou neutralidade — o que é a mesma coisa), em vez de procurar uma avaliação moral procedente de Deus. A má tecnologia se agarra a um conhecimento autônomo do bem e do mal a partir da árvore proibida ("seremos como deuses, conhecendo o bem e o mal").

A má tecnologia invade e manipula a vida e a criação sem levar em conta os desejos do seu Criador. A má tecnologia se preocupa com a utilidade, mas não com a beleza. A má tecnologia é arrogante e idólatra, proclamando sua independência ou neutralidade com relação a Deus. A má tecnologia explora em vez de administrar a terra; ela subjuga, mas não cuida da criação. A má tecnologia divide novamente as pessoas em sua vida e trabalho (na criação de Deus, o modelo era "parceria"). A má tecnologia aliena as pessoas de seu verdadeiro ego.

Depois da Queda, os portões do Éden são fechados — por isso não há volta e não devemos esperar por uma tecnologia utópica, ideal. Os cristãos não devem agir como se tivesse havido uma Criação, mas não houvesse a Queda subsequente. Fora do Jardim primitivo, a tecnologia continua, mas agora ela é ambígua no sentido que reflete tanto a bondade da criação de Deus como a corrupção da Queda no pecado. Mas embora o trabalho humano e a tecnologia sejam facilmente corrompidos na história humana, a vontade de Deus é sempre preservar e redimir a vida humana. Por conseguinte, a tecnologia não é mais meramente uma expressão execrável da criatividade dada por Deus, nem é meramente uma odiosa expressão da Queda — é agora, em sua melhor expressão, a manifestação de um desejo de fazer a vontade de Deus em preservar o mundo (retardando os efeitos do pecado) e redimir seu povo (libertando os que estão em cativeiro). As implicações desse estudo bíblico são que os cristãos devem ser realistas, não utópicos. Tanto quanto possível, eles devem promover e expressar os grandes temas da criação de Deus através de sua tecnologia: inventar coisas que sejam úteis e belas, que sirvam a Deus e às pessoas e representem a fiel administração da criação de Deus. Os cristãos devem sempre respeitar a ideia de que os humanos não são Deus e devem humilde e responsavelmente encontrar e respeitar um limite apropriado à atividade tecnológica — e não se submeter à mentalidade que defende "toda tecnologia, o tempo todo, em toda parte, ao máximo".

A criação é o ponto de partida, mas devemos proceder à redenção para desenvolvermos uma visão de tecnologia plenamente cristã. A redenção concentra atenção no padrão cumprido por Jesus no Novo Testamento quando Deus o Redentor vem ao mundo. Por exemplo, a declaração da grande plataforma de Jesus (Lc 4) sugere temas que podem orientar uma tecnologia redentora: libertar os cativos, trazer boas novas aos pobres, curar os doentes. A boa tecnologia, nessa perspectiva, dá testemunho do desejo de Deus de reconciliar os alienados uns com os outros, com Deus, com a terra, com a própria pessoa. A boa tecnologia ajuda a libertar a pessoa, ela não as vicia nem as escraviza a nada ou alguém (inclusive à própria tecnologia). Ela cria liberdade, não dependência. A boa tecnologia serve às necessidades de cura e saúde das pessoas. Como seu Redentor, os cristãos procurarão alimentar o faminto e espalhar as boas novas. O desenvolvimento tecnológico, nessa perspectiva, nunca é motivado por mera curiosidade ou somente pelo lucro, mas pelo desejo de ajudar outros a superarem os problemas e desafios do mundo. Essa finalidade redentora conduz e controla quaisquer que sejam os meios tecnológicos desenvolvidos.

Os cristãos que buscam a orientação de Deus para uma tecnologia criativa e redentora devem não somente ser instruídos pela Palavra de Deus na Escritura, mas devem também buscar o poder orientador do Espírito Santo de Deus. O uso de tecnologia envolve um conflito espiritual e intelectual. Os cristãos devem também rejeitar qualquer tipo de individualismo cultural e cultivar a verdadeira comunhão com outros membros do corpo de Cristo. As questões da tecnologia raramente são simples e as respostas devem ser buscadas na comunidade uns com os outros, nos ambientes culturais e geográficos para os quais Deus os chamou.

Veja também CIÊNCIA E TEOLOGIA; CULTURA E SOCIEDADE; ÉTICA SOCIAL; MODERNISMO E PÓS-MODERNISMO; TRABALHO, TEOLOGIA DO.

BIBLIOGRAFIA. BORGMANN, A., *Power Failure: Christianity in the Culture of Technology* (Grand Rapids: Brazos, 2003); COLSON, C. W. e CAMERON, N. M. de S., orgs., *Human Dignity in the Biotech Century* (Downers Grove: InterVarsity Press, 2004); GRANT, G. P., *Technology and Justice* (Notre Dame: University of Notre Dame Press, 1986); LA-TOUCHE, S., *La megamachine: Raison techno scientifique, raison economique, et mythe du progres* (Paris: Editions La Decouverte, 1995); MITCHAM, C., *Thinking Through Technology: The Path Between Engineering and Philosophy* (Chicago: University of Chicago Press, 1994); MITCHAM, C. e GROTE, J., orgs., *Theology and Technology: Essays in Christian Analysis and Exegesis* (Lanham: University Press of America, 1984); MONSMA, S. V., *Responsible Technology* (Grand Rapids: Eerdmans, 1986); PACEY, A., *Technology in World Civilization: A Thousand-Year History* (Cambridge: MIT Press, 1990); POSTMAN, N., *Technopoly: The Surrender of Culture to Technology* (New York: Vintage, 1993); SCHULTZE, Q. J., *Habits of the High-Tech Heart* (Grand Rapids: Baker, 2002); TENNER, E., *Why Things Bite Back: Technology and the Revenge of Unintended Consequences* (New York: Knopf, 1996).

D. W. Gill

TEÍSMO

Teísmo é uma referência à crença na existência de Deus, um ser moral infinito e pessoal, responsável pela criação e sustentação do universo. O termo entrou em voga em 1678 para contrastar com *ateísmo, que nega a existência de Deus. O teísmo é diferente do *agnosticismo* (crença de que a existência de Deus é desconhecida e/ou incognoscível) e do *ceticismo* (dúvida da existência de Deus). O deísmo, panteísmo, panenteísmo e o *politeísmo têm o princípio básico da crença na existência da divindade em comum com o teísmo. Entretanto, as diferenças são imensas e irreconciliáveis. O deísmo sustenta o ponto de vista de um Deus remoto, distante e indiferente; o teísmo acredita num Deus ativamente engajado e envolvido. O politeísmo tem uma pluralidade de divindades; o teísmo se concentra num Deus único. O panteísmo vê "tudo como Deus": o mundo é idêntico a Deus; o teísmo acredita num Deus criador distinto do mundo criado. O panenteísmo vê "tudo em Deus", isto é, o mundo está contido em Deus; o teísmo postula um Deus pessoal transcendente distinto da criação. Além

disso, existem diferentes matizes e tons do teísmo dependendo de como se entendem Deus e o universo.
1. Monoteísmo
2. Os argumentos do teísmo
3. Deus no teísmo
4. Cosmovisão teísta
5. Conclusão

1. Monoteísmo

No uso comum, a ideia primordial do teísmo refere-se ao monoteísmo. As principais religiões teístas são *judaísmo, cristianismo e *islamismo. Algumas tradições da fé hindu, como o shaivismo e vaishanavismo, cada um com uma divindade suprema pessoal, são também consideradas teístas, embora tenham doutrinas incompatíveis com o teísmo das religiões semíticas como, por exemplo, a doutrina da *reencarnação das almas. A teoria evolucionária da religião argumenta que o monoteísmo é o estágio final do processo evolucionário. No entanto, um estudo empírico e científico das religiões, incluindo as religiões tradicionais ou tribais, parece fortemente sugerir o oposto, isto é, todos os outros matizes de teísmo, incluindo o politeísmo, são uma degeneração de uma fé monoteísta original.

2. Os argumentos do teísmo

As provas tradicionais para a existência de Deus são (a) o argumento cosmológico (tudo tem uma causa, e a causa por trás do universo é Deus); (b) o argumento teleológico (o complexo desenho do universo postula um Deus inteligente e intencional por trás dele); (c) o argumento ontológico (o atributo de existência deve pertencer a um ser "maior do que tudo que possa ser imaginado"); e (d) o argumento moral (o senso humano de certo e errado indica a realidade de um Deus justo).

3. Deus no teísmo

Deus tem atributos inseparáveis do seu ser; eles são a exata essência do seu ser. Millard Erickson os classifica em quatro categorias: (a) Atributos comunicáveis (que Deus compartilha com os humanos, como o amor, bondade) e atributos incomunicáveis (que não podem ser compartilhados, como onipresença, onisciência); (b) imanentes ou intransitivos (que permanecem com a natureza de Deus, como a espiritualidade) atributos emanantes ou transitivos (que fluem, afetando a criação, como a misericórdia); (c) absolutos (que Deus tem em si mesmo, como infinitude) e atributos relativos (que Deus manifesta ao tratar com a criação, como onipresença); e (d) atributos naturais e morais (conhecimento e santidade, respectivamente).

O "teísmo novo" da teologia do processo está ganhando maior aceitação na contemporaneidade. Ele sustenta que em vez de uma visão monopolar de Deus (uma entidade independente, eterna, imutável), uma concepção bipolar (tendo uma natureza transcendente e eterna, e uma natureza imanente pela qual ele se torna parte do processo cósmico) explica melhor sua natureza como um Deus amoroso e que se envolve nos assuntos do universo. O teísmo novo acredita que esse Deus torna-se relevante a homens e mulheres nos tempos modernos que buscam uma firme confiança na realidade de Deus em meio ao sofrimento. Mas um ser que é dependente do universo para a sua progressão à perfeição da existência não pode pretender ser o Supremo, e tal Deus não tem qualquer relevância significativa para aqueles que sofrem agora; ele pode ser de alguma ajuda para as futuras gerações quando ele real e plenamente se tornar Deus. A ortodoxia permanece sustentando um equilíbrio entre as qualidades divinas de grandeza e bondade, e da imanência e transcendência; o desequilíbrio resulta em heresia.

A *Trindade é crucial na compreensão do teísmo cristão. É fundamental para entender quem é Deus, como ele é, como ele age, como ele deve ser abordado e o quanto ele é relacional. O cristianismo nega a acusação islâmica de que o teísmo cristão é, na verdade, politeísmo.

O teísmo e a ética cristã estão inseparavelmente relacionados um com o outro porque a ética está baseada exatamente no caráter e na natureza de Deus, não num código moral concebido e codificado por alguns teóricos moralistas ou políticos para governar a sociedade suavemente. *Sereis santos, porque eu, o Senhor vosso Deus, sou santo*, diz o Deus da Bíblia (Lv 19.2; 1Pe 1.15, 16).

4. Cosmovisão teísta

Norman L. Geisler propõe seis grades principais de uma cosmovisão bíblica teísta:

(a) Deus existe além do mundo e no mundo; isso explica a transcendência e a imanência de Deus. (b) O mundo foi criado *ex nihilo*; o mundo não é eterno nem uma emanação de Deus, nem uma entidade reformulada a partir de um material já existente. (c) Os *milagres são possíveis; a intervenção sobrenatural é possível porque Deus é soberano sobre sua criação e é um Deus engajado. (d) As pessoas são feitas à imagem de Deus e dotadas de liberdade e dignidade, e a vida humana é sagrada. (e) Há uma lei moral. Essa lei é dada por um ser moral pessoal e os seres humanos, criados com um inerente senso de "dever moral", devem obedecer. (f) Juízo final: um acerto de contas final é aguardado quando as ações humanas morais serão recompensadas e punidas. Isso repudia as doutrinas da reencarnação e da salvação universal (*veja* Universalismo).

5. Conclusão

De acordo com o teísmo bíblico Deus *é*; ele é cognoscível, porque ele se revela; ele é relacional e, portanto, pode ser experimentado e amado; ele recebe orações e é o supremo, seja na criação, redenção, sustentação, julgamento ou restauração. Ele é o ponto de referência supremo que dá significado, propósito e unidade a tudo. O problema do sofrimento impiedoso torna-se "irrelevante" se a existência de Deus for negada. Não se tem, então, base ou razão sequer para se irar diante do sofrimento. Os seres humanos perdem sua liberdade e dignidade, e a natureza sua beleza e significado. Valores como justiça, misericórdia, compaixão e serviço perdem sua lógica. O teísmo bíblico sustenta o ponto de vista de que todos os seres humanos têm um senso interior de Deus, e é o poder do *pecado que os faz negar a existência de Deus. Consequentemente, numa cosmovisão cristã, tudo começa com a afirmação: *No princípio, Deus...*" As "provas" teístas não têm a intenção de levar à crença em Deus; o papel delas não é determinar ou produzir crença, mas reconfirmá-la.

Veja também ATEÍSMO; DEUS, DOUTRINA DE; POLITEÍSMO; TRINDADE, DEUS TRINO.

BIBLIOGRAFIA. BRAY, G., "God", in: *The New Lion Handbook: Christian Belief,* McGrath, A., org. (Oxford: A Lion Handbook, 2006) 56-105; ERICKSON, M. J., *Christian Theology* (Grand Rapids: Baker, 1985) [edição em português: *Teologia Sistemática* (São Paulo: Vida Nova, 2015)]; FEINBERG, J. S., "Theism", *Evangelical Dictionary of Theology,* Elwell, W. A., org. (Grand Rapids: Baker, 1994) 1080-82; GEISLER, N. L., "Theism", *Baker Encyclopedia of Christian Apologetics* (Grand Rapids: Baker, 1999) 722-23; GEISLER, N. L. e WATKINS, W. D., *Worlds Apart: A Handbook on World Views* (Grand Rapids: Baker, 1989); GRUDEM, W., *Systematic Theology* (Grand Rapids: Zondervan, 1994); NOSS, J. B., *Man's Religions* (New York: Macmillan, 1956); STACKHOUSE, J., "Faith", in: *The New Lion Handbook: Christian Belief,* McGrath, A., org. (Oxford: A Lion Handbook, 2006) 20-55; YOUNGBLOOD, R., "Monotheism", *Evangelical Dictionary of Theology,* Elwell, W. A., org. (Grand Rapids: Baker, 1994) 731-32; [edição em português: *Enciclopédia Histórico-Teológica da Igreja Cristã* (São Paulo: Vida Nova, 1996); ZACHARIAS, R., *Can Man Live Without God?* (Dallas: Word, 2000).

C. V. Mathew

TEÍSMO ABERTO

O teísmo aberto é um ramo do teísmo do livre arbítrio e de uma ideia teológica que (1) assume uma postura libertária para a liberdade, (2) nega o conhecimento médio, e (3) crê que Deus administra o mundo sem exercer sobre ele o grau de controle e a presciência exaustiva e definida tradicionalmente aceitos. O teísmo aberto sustenta que Deus, embora pudesse controlar tudo, escolhe não o fazer mas se restringe por respeitar a liberdade libertária que o amor mútuo e a vida moral parecem requerer. A característica mais controversa do modelo é o que concerne à presciência de Deus das contingências futuras, que afirma que, desde que certos aspectos do futuro são incertos devido às possibilidades da liberdade humana, não seria possível para Deus (ou a qualquer outra pessoa) conhecer o futuro definitiva e exaustivamente. Os teístas abertos não creem, entretanto, que isso imponha limites a Deus porque, se contingências futuras não existem para serem conhecidas e não são reais, o fato de não as conhecer não limita a Deus.

O teísmo aberto é também uma forma de teísmo relacional que vê Deus firmando relações pessoais e recíprocas com as criaturas, capaz de ter experiências de troca legítimas.

A ideia é que Deus formou criaturas significativamente livres sobre cujas ações ele condiciona algumas de suas próprias ações. Profundamente envolvido na história humana, Deus age, reage e interage conosco de forma pessoal e amorosa. No centro do teísmo aberto está a convicção de que Deus não força seu *amor sobre nós, mas aceita a possibilidade de rejeição e uma medida de vulnerabilidade divina. O nosso mundo é um mundo no qual Deus afeta as criaturas e estas afetam Deus. Ao criar tal mundo, Deus abriu uma grande variedade de possibilidades futuras com base em como a criatura livre que Deus fez responderia ao amor divino. A Trindade sempre compartilhou relacionamentos dinâmicos de amor internamente e deseja compartilhar essa realidade com o ser humano fora de Deus. Isso afeta nossa compreensão de alguns dos atributos divinos: Por exemplo, um Deus que experimenta relacionamentos dinâmicos não pode ser atemporal ou ser em todos os aspectos imutável e impassível. Deus tem o potencial para mudança em alguns aspectos e pode ser influenciado pelo que suas criaturas decidem.

De acordo com o teísmo aberto, Deus não é distante, fechado e independente, mas aberto para suas criaturas, para o mundo e para o futuro. O modelo pode ser visto como um ramo do panenteísmo, que acredita que Deus sustenta o universo dentro de si mesmo em algum sentido e se relaciona continua e fluentemente com ele. Ele concebe uma relação ontologicamente mais próxima entre Deus e a humanidade do que se costuma afirmar. Houve riscos em criar esse tipo de mundo, mas Deus evidentemente decidiu que era melhor ter um mundo no qual criaturas livres amassem e obedecessem a Deus livremente do que um mundo no qual ele pudesse garantir que sua própria vontade sempre fosse feita. Deus tem bons propósitos para a criação e trabalha para ela em contínua interação com as criaturas. No percurso, acontecem coisas que Deus não quer que aconteçam, mas no final seus propósitos serão alcançados, sobretudo sem coerção, através da própria sabedoria e habilidade de Deus.

Veja também Deus, Doutrina de; Teologia do Processo.

Bibliografia. Beilby, J. e Eddy, P., orgs., *Divine Foreknowledge: Four Views* (Downers Grove: InterVarsity Press, 2001); Hall, C. com Sanders, J., *Does God Have a Future?* (Grand Rapids: Baker, 2003); Pinnock, C., et al., *The Openness of God: A Biblical Challenge to the Traditional Understanding of God* (Downers Grove: InterVarsity Press, 1994); Sanders, J., *The God Who Risks* (ed. rev.; Downers Grove: IVP Academic, 2007).

C. Pinnock

TEÍSMO CLÁSSICO. *Veja* Deus, Doutrina de; Teísmo; Teísmo Aberto.

TEMPO

Tempo é a dimensão da realidade cujos componentes são ordenados pelas relações *antes/depois de*. Como tal, é distinto de espaço. A brevidade do presente artigo não faz jus à grande importância teológica do conceito de tempo.

1. O tempo é real?
2. O tempo é substantivo ou relacional?
3. O tempo é linear ou cíclico?
4. O tempo é tensionado?
5. Qual o relacionamento de Deus com o tempo?
6. O tempo é finito ou infinito?

1. O tempo é real?

Mais fundamental é a questão de saber se o tempo é mesmo real. Certas religiões monistas que interpretam a realidade última como um todo absolutamente indiferenciado consideram que o tempo, com suas distinções entre eventos anteriores e posteriores, é ilusório. Por exemplo, no hinduísmo advaita vedanta, a realidade última, abrangente, ou Brâman, está além de todas as diferenças e distinções, de modo que as relações temporais e as distinções entre os eventos, embora de importância prática, são parte do campo da ilusão (*maia*) e, portanto, irreais. Em contrapartida, as religiões não monistas, como o hinduísmo dvaita vedanta ou as religiões da tradição judaico-cristã veem o tempo como um aspecto objetivo de pelo menos um mundo contingente. Em face da abrangência e da natureza inerradicável de nossa experiência do mundo como temporal, a pessoa que nega a veracidade dessa experiência tem de arcar com o enorme ônus da prova se quiser nos convencer de que o tempo é ilusório. Diante da nossa experiência temporal, os argumentos por uma visão atemporal da realidade, como os célebres paradoxos do movimento de Zenão ou o paradoxo dos tempos de McTaggart, assumem a aparência de recalcitrantes enigmas para o cérebro em vez de bem-sucedidos desvaliadores da realidade do tempo; além disso, soluções a esses problemas podem e têm sido propostas.

2. O tempo é substantivo ou relacional?

Uma segunda questão fundamental com possíveis ramificações teológicas é se o tempo deve ser interpretado como substantivo ou relacional. Num entendimento substantivo, o tempo existe independentemente de quaisquer eventos. Sob o ponto de vista relacional, o tempo não pode existir independentemente de todos os eventos, mas é, de alguma forma, constituído pela ocorrência de eventos. Se, então, existindo sozinho sem o mundo, Deus é imutável, segue-se uma compreensão relacional de que ele em tal estado é atemporal e que o tempo começa no momento da criação. Não faz sentido indagar o que Deus estava fazendo antes da criação, visto que não havia "antes". Em contrapartida na visão substantiva, a origem do universo não nos obriga a sugerir o início do tempo ou da atemporalidade divina. Isaac Newton fez a famosa afirmação de que o tempo infinito e o espaço são necessariamente concomitantes ao ser de Deus, em contraste com a tradição cristã de que eles foram livremente criados por Deus.

3. O tempo é linear ou cíclico?

A topologia do tempo é outra questão de significado fundamental para a teologia. A tradição judaico-cristã vê o tempo como linear em sua estrutura, em contraste com visões cíclicas do tempo. Por isso, a escatologia torna-se uma questão importante para essa tradição. Visões cíclicas do tempo são dubiamente inteligíveis se os tempos e o tornar-se temporal forem reais, uma vez que completado o curso do ciclo, este parece começar *um segundo tempo*, o que pressupõe linearidade.

4. O tempo é tensionado?

Isso levanta uma das mais polêmicas questões na filosofia do tempo: se o tempo é tensionado, isto é, se a distinção entre passado, presente e futuro é uma característica objetiva da realidade, ou meramente uma característica subjetiva da consciência humana. Sobre a visão não-tensionada do tempo, os eventos estão relacionados pelas relações temporais não-tensionadas *antes de, simultâneo a* e *depois de*, mas todos os eventos são igualmente reais e existentes, a distinção entre passado, presente e futuro não sendo mais objetiva do que a distinção entre aqui e lá. Por contraste, os defensores do tempo tensionado afirmam que embora os "tempos" espaciais sejam puramente subjetivos, o tempo temporal de um evento é uma característica desse evento independente da mente, não relacional. Muitos teóricos do tempo tensionado aderem ao presentismo, a visão de que somente o tempo que existe é o presente. Nesta visão a presentidade não se move numa série existente de eventos como um holofote ao longo de uma fileira de prédios; à medida que os eventos passam a existir, eles se tornam presentes.

Intimamente relacionado à objetividade do tempo está a objetividade do que se torna temporal. Expresso metaforicamente como fluxo ou passagem do tempo, o tornar-se temporal é as coisas virem a existir e saírem da existência. Sobre a visão não tensionada do tempo, todos os momentos do tempo são igualmente reais, e o tornar-se temporal é uma ilusão da consciência. Embora alguns teóricos tenham tentado casar o tempo objetivo com uma série de eventos "que não se tornam", McTaggart argumentou de modo convincente que tal visão leva inevitavelmente à contradição ou a uma regressão viciosa infinita de dimensões maiores do tempo. O presentismo é imune ao paradoxo de McTaggard porque o único tempo de qualquer momento ou evento é a presentidade; vindo a ser as coisas se tornam presentes e, deixando de ser presentes, elas simplesmente cessam de existir.

Embora seja frequentemente alegado que a teoria espacial da relatividade requer uma visão sem tempo e sem fluxo, a reivindicação é correta no máximo com respeito a uma interpretação literal do espaço-tempo quadridimensional de Minkowski. A teoria original de Einstein não foi uma teoria do espaço-tempo, mas tratou o espaço e o tempo distintamente e assumiu que o tempo e o tornar-se eram realidades objetivas. Mais importante, a interpretação física da teoria por Lorentz, que guarda uma estrutura e, portanto, relações de absoluta simultaneidade, permanece uma alternativa viável e talvez até preferível à de Minkowski e é totalmente compatível com a objetividade de tempo e o tornar-se temporal. Além disso, na teoria geral da relatividade um tempo cósmico emerge em modelos cosmológicos de universos caracterizados, como o nosso, pela homogeneidade em grande escala e isotropia de distribuição de matéria, um tempo que é um parâmetro independente de quadros de referência, e assim, fornece a mesma medida de duração do universo para qualquer observador. Tal tempo cósmico é bem adequado para ser o lugar de tempos objetivos e do tornar-se temporal.

Da visão do tornar-se temporal advêm profundas consequências teológicas. Na visão subjetivista, toda a variedade do espaço-tempo existe sem tempo e assim nunca passa a existir ou morre. *Creatio ex nihilo* implica meramente que o bloco do espaço-tempo é finito na direção *anterior a*. O *mal nunca é eliminado; mesmo que acabe vencido, sua marca permanece indelevelmente nas partes mais remotas do bloco do espaço-tempo, e o sofrimento das pessoas lá localizadas não tem alívio. A vitória escatológica de Deus sobre o mal torna-se um tanto oca, visto que as más ações que ele julga nunca são realmente extintas, mas existem de modo não menos permanente que os atos escatológicos de Deus.

Os pontos de vista dos presentistas e não presentistas (às vezes erroneamente chamados de "eternalistas") sobre o tempo implicam também em relatos bem diferentes da persistência temporal. No presentismo, os objetos existem totalmente de uma vez e duram ao longo do tempo. Mas nas teorias sem tempo, um objeto não pode durar através do tempo, visto que um objeto existente em t_1 e t_2 tem diferentes propriedades e, portanto, pelo princípio da indiscernibilidade de idênticos, não pode ser autoidêntico. O presentista evita esse problema de mudança intrínseca ao sustentar que as propriedades de um objeto são somente as que ele tem no presente. Por isso nenhum objeto tem (tempo presente) propriedades incompatíveis. Os defensores do tempo sem tempos, por consequência, costumam optar pela perduração e não pela duração: os objetos se estendem no tempo, assim como estão no espaço. Observamos somente fatias espaço-temporais ou partes dos todos temporalmente estendidos.

No perdurantismo, as pessoas são "vermes" quadridimensionais que ocupam regiões do espaço-tempo. Mas então as pessoas não são agentes autoconscientes e, portanto, não são objetos apropriados para um relacionamento amoroso com Deus. Se, ao contrário, dissermos que as pessoas são partes temporais daqueles vermes espaço-tempo, então segue-se que a identidade pessoal através do tempo é impossível, desde que as partes não resistem ao longo do tempo. Tal visão torna impossíveis o louvor e a censura escatológicos, visto que alguma parte temporal posterior não pode ser considerada moralmente responsável pelos atos feitos por algo diferente, anterior, que era literalmente outra pessoa.

5. Qual o relacionamento de Deus com o tempo?

No entanto, as implicações mais importantes da visão sobre o tempo têm relações com a doutrina da eternidade divina e, por conseguinte, dizem respeito à relação de Deus com o tempo. Dizer que Deus é eterno é dizer que a existência dele é permanente: ele nunca passou a existir, nunca deixará de existir; ele não tem princípio nem fim. Tal compreensão conduz a uma questão aberta se Deus existe na ausência do tempo ou temporalmente; isto é, se Deus transcende a dimensão temporal inteiramente ou existe a todo momento do tempo a partir de um passado infinito para um futuro infinito. Como responder a esta pergunta depende da visão que se tem do tempo. Numa visão atemporal do tempo, é natural pensar que Deus existe "fora" do bloco espaço-tempo, o qual existe coeternamente com Deus numa relação assimétrica de dependência ontológica. Mas dada a realidade objetiva da temporalidade e do vir a ser temporal, torna-se difícil sustentar a divina ausência de tempo. Porque Deus está realmente relacionado com o mundo, ele permanecerá em relações mutantes com as coisas à medida que elas mudam e, portanto, deve ser temporal. Tomás de Aquino, reconhecendo que no momento da criação Deus realmente permanece em novas relações com as criaturas, preservou a atemporalidade de Deus ao afirmar que as relações entre Deus e as criaturas são reais somente para as criaturas, mas irreais para Deus — uma doutrina extraordinariamente inverossímil à vista do fato de que muitas dessas relações são causais. Além disso, se existem fatos tensionados, então qualquer ser onisciente deve conhecê-los. Mas então seu conhecimento estará constantemente mudando à medida que os fatos tensionados mudam, de forma que qualquer ser onisciente deve ser temporal. Se Deus é essencialmente onisciente, por consequência ele deve ser temporal, visto que um mundo temporal existe. O teórico do tempo "sem tempos", ao negar a realidade objetiva de fatos tensionados e o vir a ser temporal, foge dessas conclusões, mas paga um considerável preço teológico, como visto anteriormente.

6. O tempo é finito ou infinito?
Mais uma questão referente à natureza do tempo entra em jogo neste ponto: o tempo é finito ou infinito? Se Deus existe temporalmente, qualquer alternativa apresenta dificuldade. Se o tempo é infinito, como Deus poderia perdurar um infinito número de intervalos sucessivos, iguais, de modo a chegar até hoje? E por que Deus evitou durante tanto tempo (infinidade) criar o mundo? Por outro lado, se o tempo teve um início no passado finito, então, desde que Deus não teve início, como ele se relaciona com o tempo? Uma resposta possível é afirmar que Deus sem o mundo existe atemporalmente e, desde a criação do mundo, temporalmente. A temporalidade de Deus é, portanto, não uma propriedade essencial, mas contingente, dependente da livre escolha de um ser atemporal de criar o mundo e relacionar-se com ele.

Veja também ESPAÇO.

BIBLIOGRAFIA. CRAIG, W. L., *God, Time, and Eternity* (Dordrecht: Kluwer Academic Publishers, 2001); DEWEESE, G. J., *God and the Nature of Time* (Aldershot: Ashgate: 2004); GANSSLE, G. E. e WOODRUFF, D. M., orgs., *God and Time* (Oxford: Oxford University Press, 2002); LEFTOW, B., *Time and Eternity* (Ithaca: Cornell University Press, 1991); MACEY, S., org., *The Encyclopedia of Time* (New York: Garland, 1994); MCTAGGART, J. M. E., "The Unreality of Time", in: *The Philosophy of Time,* Le Poidevin, R. e McBeath, M., orgs. (Oxford: Oxford University Press, 1993) 23-34; PADGETT, A. G., *God, Eternity, and the Nature of Time* (New York: St. Martin's, 1992); SIDER, T., *Four-Dimensionalism* (New York: Oxford University Press, 2003).

W. L. Craig

TEODICEIA
Uma das perguntas mais inquietantes feitas no contexto da comunidade religiosa, independentemente da localização geográfica, envolve a natureza e o significado do mal moral, comumente formulada da seguinte maneira: Por que há tanto *sofrimento no mundo?
1. Considerações preliminares
2. Esboçando a teodiceia
3. A teodiceia no mundo ocidental: dois exemplos

1. Considerações preliminares
Quando feita no contexto do discurso teológico, a pergunta do problema do mal moral é sempre enquadrada pelo que os teólogos chamam de *teodiceia*. É normalmente aceito que o primeiro uso do termo *teodiceia* ("Deus" e "justiça") para falar do sofrimento humano em termos teológicos tem origem da palavra de Gottfried Wilhelm Leibniz, cujo livro de 1710 tratando desse assunto foi intitulado *Teodiceia: Ensaio sobre a bondade de Deus, a liberdade do homem e a origem do mal*.

Teodiceia se refere à justiça divina, ou quando colocada como a pergunta: O que se pode dizer sobre Deus à luz do sofrimento humano no mundo? Implicado na própria questão está o pressuposto da justiça e da integridade divina que precisam somente ser descobertas no contexto da miséria humana: É um exercício de justificar a integridade de Deus. Dito de outra forma, a compreensão tradicional de Deus inclui a crença de que Deus, em última análise, controla todos os eventos da história, por meio do que Deus é compreendido como onipotente (Todo-poderoso) e onisciente (conhecedor de tudo). Englobadas aqui estão premissas relacionadas à natureza do bem versus à do mal. Em outras palavras, dir-se-ia, de um modo geral, que um Deus "bom" procuraria, em especial, evitar por completo o sofrimento do inocente.

Esta linha de investigação, embora inicialmente não tenha sido chamada de teodiceia, remonta à antiguidade, mas os eventos ao longo do curso da história humana reforçam seu significado religioso. O pensamento judaico fornece um primitivo exemplo de teodiceia no livro de Jó na Bíblia hebraica, bem como os comentários em torno desse texto. Além disso, os pensadores cristãos primitivos lutaram com esse texto bem como com a natureza e o significado do sofrimento humano apresentado no evento Cristo — a presença de Deus na figura sofredora de Jesus. Além disso, embora este artigo se concentre na teodiceia em duas tradições, à luz de dois dos mais horríveis exemplos de grande escala do sofrimento humano do período moderno, as teodiceias estão presentes em todas as tradições referidas no teísmo ético.

O filósofo da religião John Hick indiscutivelmente forneceu uma das mais pacientes análises da teodiceia no discurso das religiões contemporâneas. De acordo com Hick, o problema do mal no contexto da teodiceia é geralmente resolvido em uma das três formas: (1) a natureza do mal é reformulada e sua capacidade de gerar desafios ao pressuposto de um Deus e um mundo bons é atenuada; (2) o poder e capacidade de Deus são reconsiderados — restringidos — para evitar implicar Deus no sofrimento humano; ou (3) a natureza ou existência de Deus é questionada ou negada.

2. Esboçando a teodiceia

Agostinho argumenta que o mal resulta do fato de os seres humanos decidirem livremente afastar-se de Deus. Agostinho encontra equilíbrio teológico por meio de um "princípio de plenitude", uma ideia que *todas* as possíveis coisas da existência encontradas no universo, boas ou más, juntam-se para formar o bem perfeito. Nessa estrutura cosmológica Deus, permanecendo imaculado por esse mau uso do livre arbítrio, vê todas as coisas e age para garantir um senso de harmonia e equilíbrio. Ireneu oferece outra opção, a que incorpora um senso de corrupção humana e a perfeição de Deus. Sua resposta ao mal moral sugere que Deus criou os seres humanos imperfeitos, e o mundo envolve um espaço no qual os humanos se aprimoram — melhor conectados à vontade de Deus. Por conseguinte, o mal é uma parte necessária do mundo em que os seres humanos crescem e amadurecem na vontade de Deus por meio do sofrimento que suportam. O mal moral envolve o potencial para eventos e ações pedagogicamente significativos.

Para alguns, as soluções do sofrimento humano, do mal moral, oferecidas tanto por Agostinho como por Ireneu são falhas. O terrível horror do comércio escravagista e do Holocausto, por exemplo, retrata a solução oferecida tanto por Agostinho como por Ireneu como moralmente vazia e teologicamente falida. E, em vez de repensar a natureza do mal ou do poder de Deus, alguns estudiosos questionam a própria existência de Deus. Essa posição tem encontrado ressonância limitada. Em vez disso, a solução de Agostinho do conflito entre o caráter de Deus e a presença do sofrimento humano tem dominado o pensamento cristão no Ocidente durante séculos. Vê-se essa perspectiva, por exemplo, funcionando em muito do que modela o pensamento da *Reforma e também posições teológicas liberais e neo-ortodoxas mais recentes. Os pensadores liberais trabalharam para remover teologicamente a mancha do pecado humano através de um grande apelo ao potencial do crescimento e desenvolvimento humano. Os pensadores neo-ortodoxos, extraindo mais diretamente de Agostinho, argumentam que o pensamento liberal deu muito crédito à humanidade e deixou de reconhecer a profunda e constante problemática do comportamento humano.

Embora inúmeros exemplos do sofrimento humano que geram acaloradas discussões sejam abundantes, no período moderno talvez dois prendam a imaginação dos teólogos firmemente: o comércio de escravos no Atlântico e o Holocausto judeu.

3. A teodiceia no mundo ocidental: dois exemplos

3.1. Os afro-americanos e a teodiceia. Os *spirituals* (gênero musical surgido entre afro-americanos do sul dos Estados Unidos) refletem os primeiros relatos registrados da consciência afro-americana com relação à questão do sofrimento humano. Essas músicas deram aos escravos a oportunidade de compreender o mundo através de uma cosmovisão religiosa enquanto sofriam o mal espiritual e moral. Além disso, eles oferecem uma visão da experiência negra religiosa que considera a tragédia do sofrimento mas busca força na oposição por meio de Jesus Cristo. Em acentuada justaposição a um modelo de Jesus, o *Servo Sofredor*, o relato bíblico de Jesus como o ressurreto e, portanto, Salvador conquistador impulsiona o afro-americano oprimido da fé cristã para a confiança em meio a seu sofrimento. O *Spiritual* a seguir confirma essa afirmação:

Cavalgue, Rei Jesus,
Cavalgue, Rei conquistador.
Ó, cavalgue Rei Jesus,
Cavalgue.
Ninguém pode se lhe opor.

O modelo do Jesus conquistador permite que a esperança do mal termine mediante uma parceria entre Jesus e o escravizado. Outra evidência de questionamento relacionado com a teodiceia afro-americana precoce é encontrada em várias formas de protesto e da literatura de resistência. Em *Appeal to the Coloured Citizens of the World*, publicado em 1829, David Walker realçou as "misérias e desgraças" da condição dos negros na América do Norte. O questionamento de Walker enfatizou o mau uso humano do poder como problema central da teodiceia. Walker sugeriu mais que a ignorância e a traiçoeira infelicidade entre os escravos afro-americanos eram experiências que "Deus infligiu a nossos pais para que fossem envolvidos durante muito tempo, sem dúvida em consequência da desobediência deles ao seu Criador" (Walker, 41). À luz disso, o sofrimento para os escravos tinha nele um elemento pedagógico e, como resultado, proveitoso.

Maria Stewart, ativista antiescravidão, advertiu em 1831 que a tirania contra os descendentes da África seria em breve e firmemente erradicada por Deus. De acordo com sua perspectiva na Escritura, Stewart não concluiu que Deus sancionou o sofrimento dos afro-americanos. Entretanto, o fato de o penetrante sofrimento existir entre os negros escravizados a levou a sugerir que alguma forma de mérito estava associada com isso. Para Stewart os negros escravizados estavam cegos pela ignorância. Pelo sofrimento, os negros algum dia "ouviriam a voz do Senhor" e nesse dia "o Senhor nos levantará, o bastante para nos ajudar e encorajar, e começaremos a florescer". Stewart concluiu que tal sofrimento existia de acordo com a vontade permissiva de Deus, embora ele fosse temporário.

O bispo Henry McNeal Turner, da Igreja Metodista Episcopal Africana, um dos clérigos mais francos do século 19 e início do século 20, concluiu que Deus, de certa forma, sancionava o mal para uma divina função e propósito. Essa situação difícil leva a uma compreensão do sofrimento como tendo qualidades redentoras. Utilizando os sofrimentos bíblicos dos israelitas e suas lutas por liberdade, Turner resumiu que Deus assume o lado da condição mais escura da humanidade de forma semelhante. Como resultado, a teodiceia de Turner sugere que os africanos foram trazidos para os Estados Unidos como escravos a fim de receber o cristianismo e o benefício secundário da cultura e normas ocidentais.

Ademais, motivado por uma ideologia de evangelho social, o Reverendo Reverdy Cassius Ransom, clérigo e ativista do início do século 20, compreendeu que os cristãos brancos tinham, de alguma forma, perdido o mandato do evangelho, que oferece liberdade a todos. Por conseguinte, cabia aos afro-americanos expressar o verdadeiro sentido e significado dos ensinos e das ações de Cristo. A esse respeito, Ransom concluiu que os afro-americanos aprenderam lições valiosas através de seus sofrimentos, que puderam ser usados para desenvolver espiritual e socialmente a sociedade norte-americana. O resultado desta ideologia é que o sofrimento inclui uma refinada qualidade e que os afro-americanos se beneficiaram desse processo de refinamento para serem preparados para um grande serviço por Deus na terra.

Pensadores recentes, como William Jones, humanista afro-americano, argumenta que o discurso afro-americano da teodiceia não produz respostas satisfatórias ao problema do mal e do sofrimento. Por exemplo, ele observa que a teologia negra não pode identificar na história humana um "evento definitivo de libertação" para os afro-americanos. Seu raciocínio teológico desaba diante de uma única pergunta: Deus é um branco racista? Questionar se Deus é ou não um branco racista em si e por si causa um recuo teológico. No entanto, para Jones, o simples contemplar do pensamento da divina unilateralidade torna a benevolência de Deus questionável. Como resultado, Jones avança o conceito do humanismo secular como um ideal para responder à tragédia humana. Jones considera o humanismo secular sua própria posição teológica e um passo necessário para ampliar o círculo teológico que inclua um modelo não teísta para avaliar o sofrimento humano.

Embora ele afirme o humanismo secular como o sistema mais bem ajustado para tratar com a questão do mal e do sofrimento, Jones promove o *teísmo antropocêntrico* como uma segunda solução manobrável potencialmente mais palatável à tradição negra religiosa. Por essa abordagem, Jones afirma o status ontológico do ser humano como "cocriador de características essenciais da existência humana". Essa fardo compartilhado remove a primordial soberania de Deus e erradica o quietismo por meio da maior participação humana. Essa teoria exalta o status da humanidade como essencial e plenamente capaz no esforço de garantir a realização do plano de Deus na terra.

O teólogo negro James Cone ofereceu uma perspectiva para contradizer a de Jones e Pinn. Em seu livro, *God of the Oppressed* (Deus dos oprimidos), Cone declara que o Jesus "das tradições bíblicas e negras não é um conceito teológico, mas uma presença libertadora na vida dos pobres em sua luta por dignidade e valor" (Cone, xiii). A natureza afirmativa das palavras de Cone aqui o leva à conclusão definitiva que Deus está de fato do lado do oprimido. Dentro dessa linha Cone argumenta que o evento Cristo (a compreensão cristã da morte, sepultamento e ressurreição de Jesus Cristo) é, de fato, a prova definitiva de que Deus está do lado do oprimido.

A análise da substituição e redenção feita pela teóloga Deloris Williams, da teologia mulherista, oferece ainda outra perspectiva sobre o papel e o significado do sofrimento. Ela procura repensar o evento Cristo, colocando prioridade no ministério de Cristo. Neste caso, em vez de buscar Jesus como pessoa substituta definitiva, enfatizam-se o permanecer no lugar de outra pessoa, suas lutas contra a opressão e a injustiça. Sofrer, portanto, não é um ato sagrado a ser compartilhado. Ao contrário, a resistência de alguém ao mal é primariamente um impacto existencial. Isto, por sua vez, fortalece o oprimido para continuar sob o peso da opressão.

Além de avaliar as experiências do sofredor (especialmente das mulheres afro-americanas), William promove a noção de uma experiência coletiva do "deserto", que pode ser compreendida como compartilhada entre todos os afro-americanos. Enquanto os teólogos da libertação negra enfatizam a tradição êxodo/libertação, Williams dá séria atenção à experiência do deserto na história do êxodo, na qual os ex-escravos murmuravam contra Deus e não queriam arcar com a responsabilidade pelo trabalho, com a consciência e luta associados à manutenção da liberdade. Conceitualizar a experiência do deserto como a experiência religiosa negra promove para Williams uma visão do afro-americano sofrendo fora de um quadro estritamente "redentor". Desta forma, sofrer, embora trágico, não se torna mais que uma parte terrível da experiência vivida.

3.2. O pensamento judaico e a teodiceia.
A perturbadora natureza do mal moral gerou muitas considerações. No pensamento judaico, isso pode ser visto no início do livro de Jó. Aqui a resolução é vista da perspectiva dos mistérios do relacionamento de Deus com os seres humanos. Contínuos períodos de opressão, como o exílio, são também tratados teologicamente, conforme se vê nos livros dos profetas na Bíblia hebraica. Discussões da aliança entre os judeus e Deus frequentemente deram o tom para tais debates da teodiceia. Mais recentemente, a morte de milhões de judeus durante a metade do século 20, o Holocausto, foi vista com descrença e horror. E a profundidade dessa tragédia não se perdeu em filósofos, teólogos e outros pensadores religiosos: esse sofrimento foi resultado do pecado, ou será que as vítimas do Holocausto eram inocentes, pondo assim em questão o caráter e os propósitos de Deus?

Alguns escritores sugerem que o sofrimento dos judeus é consequência do pecado. Para alguns, isso envolve o reconhecimento de sua "participação" na morte de Cristo. No entanto, isto, como se pode imaginar, é uma posição difícil de sustentar por uma variedade de razões. Mais comum é uma suposição de que o sofrimento judaico é de natureza pedagógica, o resultado do afastamento da vontade de Deus pela falta de adesão à aliança entre Deus e o povo de Israel. Nesta posição, Deus é inocente do sofrimento insensível infligido. Em vez disso, a natureza do sofrimento é alterada: É a consequência de más ações humanas, e, portanto, não há sofrimento inocente. Isso é rejeitado por alguns porque o nível de sofrimento (até a morte) vai além de qualquer má ação supostamente cometida pelas vítimas, quando se leva em consideração o Holocausto do século 20 durante o qual milhões de judeus morreram. E além disso, essa teodiceia de culpa não leva em conta os diferentes níveis de responsabilidade moral representados: As crianças que enfrentaram os fornos nos campos de morte cometeram crimes que poderiam merecer tal punição? O assassinato que aconteceu, a partir da perspectiva de alguns pensadores, foi indiscriminado demais para uma explicação. A possibilidade de sofrimento inocente e desproporcional permanece viável. Uma posição alternativa envolve séria atenção ao conceito de Deus, e dessa forma mantém a possibilidade de o sofredor ser inocente de transgressão.

O filósofo Richard Rubenstein rejeita os esforços para tratar o sofrimento humano através de uma teodiceia que permanece comprometida com o poder e a suprema autoridade de Deus. Ou seja, o sofrimento moderno na forma do Holocausto supera o testemunho bíblico da retidão e da justiça de Deus. Manter a crença nesse Deus requer que o tornemos responsável por tamanho sofrimento humano. Consequentemente, de acordo com Rubenstein, Deus não é soberano sobre a vida humana. Não, Deus é a "fonte da natureza" e não há preferência especial dada aos humanos nesse quadro. O sofrimento humano permanece real e pernicioso. Rubenstein não nega, nesse sentido, a existência de Deus. Em vez disso ele simplesmente nega a íntima preocupação de Deus com o progresso da humanidade e sua responsabilidade por ela.

Veja também DEUS, DOUTRINA DE; MAL, PROBLEMA DO; JUSTIÇA; PERSEGUIÇÃO E MARTÍRIO; SOFRIMENTO.

BIBLIOGRAFIA. BRAITERMAN, Z., *(God) After Auschwitz* (Princeton: Princeton University Press, 1998); CONE, J. H., *God of the Oppressed* (2. ed.; Maryknoll: Orbis, 1997); HICK, J. H., *Evil and the God of Love* (2. ed.; New York: Harper & Row, 1976; reeditado, Macmillan, 1987); INWAGEN, P., org., *Christian Faith and the Problem of Evil* (Grand Rapids: Eerdmans, 2004); JONES, W. R., *Is God a White Racist? A Preamble to Black Theology* (Boston: Beacon Press, 1996); LEIBNIZ, G. W., *Theodicy: Essays on the Goodness of God, the Freedom of Man and the Origin of Evil* (La Salle: Opening Court Publishing, 1985); PINN, A. B., *Why Lord? Suffering and Evil in Black Theology* (New York: Continuum, 1999); PINNOCK, S. K., *Beyond Theodicy: Jewish and Christian Continental Thinkers Respond to the Holocaust* (Albany: State University of New York Press, 2002); RUBENSTEIN, R., *After Auschwitz* (New York: Bobbs-Merrill, 1966); WALKER, D., *David Walker's Appeal to the Coloured Citizens of the World* (Baltimore: Black Classic Press, 1997); WILLIAMS, D. S., *Sisters in the Wilderness: The Challenge of Womanist God-Talk* (Maryknoll: Orbis, 1993).

D. S. Hicks e A. B. Pinn

TEODRAMA. *Veja* MÉTODO TEOLÓGICO.

TEOLOGIA. *Veja* DOGMA; DOUTRINA; MÉTODO TEOLÓGICO; TEOLOGIA SISTEMÁTICA.

TEOLOGIA AFRICANA CATÓLICA ROMANA

Desde o início do trabalho missionário moderno, os pensadores cristãos africanos articularam deliberadamente sua própria interpretação da fé cristã, que normalmente foi de caráter consultivo e ecumênico. Antes da década de 1950, a teologia africana existia grandemente na forma oral, embora desde o Vaticano II muitas obras foram publicadas dando uma resposta teológica à realidade africana em mudança, normalmente como resultado de congressos e conferências internacionais organizadas por intelectuais africanos. A África é um continente de imensa diversidade, não somente no nível de seus contrastes geográficos, mas especialmente no plano cultural, social, político e econômico. No entanto, apesar da diversidade, poder-se-ia ainda falar sobre o continente como um todo. E em nosso contexto, por trás das diversidades vistas nas obras dos teólogos católicos africanos, existem elementos comuns. Os escritos dos teólogos africanos tratam de dois tópicos principais: por um lado o papel de culturas na *evangelização (teologia de aculturação) ou diálogo com *religiões e, por outro, o "evangelho e a promoção humana" (ou *teologia da libertação).

1. Caminhos da teologia africana
2. O crescimento da teologia africana
3. Experiências concretas
4. Conclusão

1. Caminhos da teologia africana
A teologia africana é a teologia que reflete sobre o evangelho, sobre a tradição cristã e sobre a realidade total africana de uma forma africana e a partir das perspectivas da cosmovisão africana. A realidade africana em questão inclui a sociedade africana em mutação. A discussão da teologia africana normalmente considera o cenário da África Subsaariana, deixando de lado a tradição *copta no Egito e na Etiópia. As principais tendências da teologia católica africana são *aculturação* (veja Contextualização) e *libertação*. A teologia de aculturação, nesse contexto, refere-se à discussão sobre o encontro do evangelho com culturas africanas. O foco principal dessas investigações na religião tradicional africana, cultura e costumes, foi articular o conceito africano de "ontologia", ou melhor, de "realidade definitiva", e sua relação com a vida humana e a história. A teologia da libertação na África pode ser distinguida por suas três principais correntes: (1) Teologia africana da libertação como a desenvolvida em partes independentes da África; (2) Teologia da libertação das mulheres, desenvolvida ao longo da trilha de injustiças que as mulheres sofrem tanto na tradicional como na moderna sociedade africana; e (3) Teologia da libertação sul-africana — desenvolvida em protesto à ideologia racista — focada na pobreza, nos desafios sociais e nas estruturas em relação à estabilidade política e econômica e na autossuficiência.

Recentemente, os defensores da emergente teologia africana apelaram para novos rumos na teologia. Na visão dos teólogos da reconstrução, tanto a aculturação como a libertação responderam a uma situação de sujeição eclesiástica e colonial que não mais se sustenta. Em lugar do paradigma da aculturação/libertação, que foi principalmente reativo, devemos instalar uma teologia proativa de reconstrução. Em vez de estarmos preocupados com a ascendência da libertação sobre a aculturação ou vice-versa — uma questão ainda de grande debate na teologia africana — os defensores da teologia da reconstrução apelam para uma inovadora transcendência de ambas. Eles propõem uma teologia que passa da ética cultural e política para a ética cristológica e política. Essa percepção unitária de aculturação e promoção humana produziu um novo termo ou linguagem na teologia africana, a saber, a teologia da reconstrução.

Os teólogos africanos hoje procuram uma teologia cristã mais universal que os ligue, incluindo o povo, com a totalidade da humanidade e a história da salvação. Assim, nos escritos dos teólogos cristãos africanos, vê-se o esforço para ligar a cosmovisão *ancestral africana com a autorrevelação de Deus em Jesus Cristo. Eles fazem isso ao refletir sobre a fé cristã e explorar as dimensões universais da herança ancestral africana — suas origens no Deus Supremo. Os africanos da diáspora, que por circunstâncias da história foram desarraigados de sua herança ancestral, também buscam um mundo que seja fundamentado na dimensão universal do *reino de Deus. Em qualquer caso, os teólogos começaram a perceber a força que os africanos podiam extrair de sua história ancestral e quiseram construir uma teologia que preenchesse a lacuna entre seu passado colonial e sua recente fé cristã.

2. O crescimento da teologia africana
Dois principais estágios foram identificados no desenvolvimento do pensamento teológico, especialmente entre os teólogos africanos católicos. O primeiro estágio começou com o debate sobre a teologia da adaptação. Inspirados pela obra de Placide Tempel sobre a filosofia bantu, alguns teólogos africanos buscaram categorias filosóficas africanas para articular um modo sistemático de apresentar o evangelho aos africanos. O método foi influenciado pela teologia escolástica. No entanto, essa primeira tentativa foi criticada por seu *concordismo* e falta de rigor científico. O segundo estágio começou com uma abordagem antropológica. Inspirados

pelo ensino do Vaticano II sobre o papel das culturas na evangelização, sobre a promoção humana, e sobre a autonomia de comunhão na família da igreja universal, os teólogos africanos começaram a usar categorias culturais para interpretar a mensagem cristã e demonstrar que o cristianismo é a verdadeira religião para os africanos. Eles também começaram a fazer julgamentos éticos sobre a situação africana com base em suas convicções cristãs.

Assim, desde o Vaticano II alguns esforços concretos foram feitos em algumas das igrejas locais da África na direção da aculturação. Um exemplo é a igreja local congolesa (ex-Zaire), que desenvolveu sua "forma de celebração da missa". A forma congolesa da celebração eucarística recebeu a aprovação do Vaticano em 1988 e foi resultado de mais de dezessete anos de pesquisas e consultas por especialistas sobre a cultura local e a teologia e a tradição litúrgica católica. Há também a missa camaronesa (que goza da aprovação do bispo local), as orações eucarísticas da África oriental e o ritual de consagração de virgens do Zaire (República Democrática do Congo). Além desses esforços, outros semelhantes estão surgindo em outras partes da África. Por exemplo, na África ocidental existem formas próprias nas quais a celebração eucarística está se tornando nativa entre os grupos ashanti, ioruba e igbo. Mas a contribuição litúrgica emergente dessa região ao cristianismo africano e à igreja universal está no desenvolvimento de ritos cristãos de passagem ou transição.

Os ensinos e documentos pós-Vaticano II não somente inspiraram autores africanos, como também influenciaram grandemente o desenvolvimento de suas reflexões teológicas. O papa Paulo VI ligou a adaptação litúrgica ao desenvolvimento do cristianismo africano.

Num discurso na sessão de encerramento do Simpósio dos bispos africanos (SECAM) em Campala (1969), Paulo VI fez a histórica declaração: "Vocês podem ter e devem ter um cristianismo africano". Ele acrescentou que o desenvolvimento litúrgico que ocorre em várias partes da África foi um exemplo vivo disso. A mesma perspectiva pode ser vista em João Paulo II, como fica evidente nas numerosas visitas pastorais à África e em seus ensinos nos quais encorajou a reflexão teológica nas áreas de aculturação da fé e da promoção humana no continente. Os bispos africanos, de sua parte, através de seus ensinamentos magistrais também contribuíram para o crescimento e o caminho da teologia africana. Durante o Sínodo de 1974 sobre a evangelização, realizado em Roma, os bispos africanos declararam "completamente desatualizada a chamada teologia da adaptação". A nova estratégia a ser adotada era a encarnação do evangelho na cultura africana.

3. Experiências concretas

3.1. Cristologia africana. A cristologia talvez seja o aspecto da teologia que tem recebido a maior atenção dos teólogos africanos. Cristo tem sido designado como o libertador, o ancestral, o filho primogênito, o mestre da iniciação, o curador, o rei africano, o chefe africano, mediador, salvador, redentor com poder, etc. Todos esses conceitos e imagens são muito familiares à maioria do povo africano e podem servir para ilustrar a figura de Jesus Cristo. Cristologias africanas baseadas em conceitos especificamente africanos podem ser chamadas de "cristologias ilustrativas". Tais cristologias têm o mérito de estar bem aculturadas na cultura africana. Elas servem também a um propósito catequético, uma vez que as pessoas podem facilmente se relacionar com as imagens de Jesus Cristo propostas pelas cristologias africanas.

Defendida por teólogos como Benezet Bujo (República Democrática do Congo) e Charles Nyamiti (Tanzânia), a cristologia ancestral é um dos temas que mais se ajusta à África. A obra de Nyamiti, *Christ as Our Ancestor* (Cristo como Nosso Ancestral), é talvez a mais bem elaborada apresentação da nova cristologia. Nyamiti examina a crença ancestral dos africanos e conclui que existem semelhanças e diferenças básicas entre ela e a ancestralidade de Cristo.

Com uma nuança levemente diferente e uma abordagem aparentemente mais aceitável, Benezet Bujo atribui a Cristo o título de "Ancestral por excelência" ou "Protoancestral", em quem toda a vida do cristão africano pode estar firmada. Para chegar a esse título, Bujo não coloca Cristo, o ancestral, no nível da linhagem biológica (como fez Nyamiti), como se Cristo fosse apenas um dos ancestrais comuns, isto é, no nível de consanguinidade. Antes, para Bujo, Cristo, o ancestral, está no nível transcendental.

Na visão desses teólogos, para o africano é importante referir-se a Jesus como Ancestral por excelência, porque nele são realizadas todas as qualidades e virtudes que os africanos atribuem a seus ancestrais. Em outras palavras, o Jesus histórico preenche os mais altos ideais atribuídos aos ancestrais no pensamento africano — ele cura, restaura, ressuscita os mortos, e assim por diante. Resumindo, ele dá poder de vida em toda sua plenitude. Depois de sua morte, ele transmite esse amor e poder a seus discípulos. É justamente em sua morte e ressurreição, com seu significado soteriológico, que Jesus transcende os ancestrais. Esses teólogos veem a eucaristia como a "refeição ancestral" instituída pelo protoancestral e como aquilo que deve estar no centro da *eclesiologia africana. A eucaristia não é simplesmente um objeto de contemplação. Antes, ela é exatamente a vida da igreja e a fonte do seu crescimento, vida que não é meramente geração biológica, e sim mística e espiritual. O propósito da eucaristia (como o ritual africano da morte-vida) é conceder vida em toda sua plenitude para o bem estar de toda a comunidade.

3.2. Eclesiologia africana. No Sínodo da Assembleia Especial dos Bispos para a África em 1994, a linguagem na teologia africana recebeu uma formulação eclesiológica através da imagem africana renovada da "igreja como família de Deus". Essa imagem renovada da igreja como família de Deus é o mais recente resultado da reflexão teológica na África, que encontrou grande receptividade entre os bispos africanos no Sínodo de 1994 para a África. Ao avaliarem esse modelo de igreja como família, os bispos valorizaram o importante papel dos teólogos africanos na promoção da obra de evangelização no continente.

Na exortação pós-sinodal *Ecclesia in Africa*, João Paulo II ressaltou mais uma vez esse caminho da teologia africana. Ele exortou os cristãos africanos com as seguintes palavras:

> Hoje eu insisto que olhem para dentro de si mesmos. Olhem para as riquezas de suas próprias tradições, olhem para a fé que estamos celebrando nessa assembleia. Aqui vocês encontrarão liberdade genuína — aqui vocês encontrarão Cristo, que os levará à verdade. (João Paulo II, 48)

Deve ser observado que a mensagem central da imagem africana renovada acerca da igreja como família de Deus não visa à glorificação dos elementos culturais e religiosos africanos. Porque à semelhança de qualquer outra cultura humana, existem muitos elementos nessas culturas que podem não ser compatíveis com a mensagem do evangelho, elas precisam também de purificação e redenção. Em primeiro lugar, a imagem africana renovada da igreja como família quis assinalar o efeito devastador do racismo, do exclusivismo étnico (veja Raça, Racismo e Etnia) sobre a família humana e a violência oculta de todas as formas que, de acordo com os bispos africanos, é causada por "inveja, ressentimentos e pelo engano do Diabo". Estes continuam a oprimir a família humana:

> Eles têm levado à guerra, à divisão da raça humana em primeiro, segundo, terceiro e quarto mundos, colocando mais valor na riqueza do que na vida de um irmão, provocando conflitos e guerras intermináveis com o propósito de ganhar e manter poder e o autoenriquecimento com a morte de um irmão. (Sínodo dos Bispos, 25)

No entanto, este não é o fim da estrada. É chamada a atenção para a complexidade do problema todo. Mas a realidade é que existe uma nova oferta de esperança em Jesus Cristo. Assim, a *Mensagem* acrescenta:

> Mas Cristo veio para restaurar o mundo à unidade, uma única família humana à imagem da família trinitária. Nós somos a família de Deus: Essa é a boa notícia! O mesmo sangue flui em nossas veias, e é o sangue de Jesus Cristo. O mesmo Espírito nos dá vida, e ele é o Espírito Santo, a infinita fecundidade do amor divino. (Sínodo dos Bispos, 25)

Em outras palavras, o modelo de igreja-família pretende promover um relacionamento saudável entre os próprios africanos e pessoas de outras raças, assim como apresentaram algumas trajetórias para reforçar e aprofundar as relações entre os africanos de diferentes grupos étnicos ou religiosos que vivem na mesma comunidade e nação.

Tudo isso significa que a teologia africana procura formas de alcançar a harmonia, paz e compreensão entre as pessoas de diferentes grupos étnicos nas sociedades africanas e entre os próprios africanos e pessoas de outras raças. Ela ressalta também a importância de nos ajudar a todos a abraçar o fato de que somos todos filhos de um Deus e, portanto, devemos aceitar uns aos outros como irmãos. Além disso, como eclesiologia, ela toca em questões do reconhecimento de sinais de crescimento ou desenvolvimento à maturidade encontrada nas igrejas e na sociedade africanas.

3.3. Pobreza e promoção humana: a resposta teológica. Os teólogos africanos começam a mostrar a forma de compromisso na promoção humana no continente. Através de sua voz profética, os teólogos tornaram os fatores externos e internos responsáveis pelo empobrecimento da África sob o julgamento da Palavra de Deus. Aqui seus companheiros de elite e a liderança africana têm muito a aprender, porque as estruturas opressoras e desumanizantes são parte da nossa luta diária na África hoje. As reflexões dos teólogos africanos sobre esse assunto, influenciados pelo modelo latino-americano, se concentra na pobreza. Essa é uma área onde a voz profética dos teólogos tem soado seu claro chamado para a libertação da esmagadora face do empobrecimento do continente e de seus milhões de habitantes. A principal preocupação dos teólogos é a construção de sistemas econômicos e políticos saudáveis inspirados pela realidade africana e pela mensagem do evangelho.

De Camarões, Engelbert Mveng, grande defensor da promoção humana na África, trata da questão da *pobreza no continente. De fato, é sua a tentativa de definir a pobreza em relação à situação africana. De acordo com ele, "a pobreza como a vivenciamos hoje na África é de fato um problema político". Mveng observa que a questão da pobreza não deve ser restrita somente à falta de bens materiais. Existem outros bens — espiritual, moral, intelectual, cultural, social e assim por diante. Esses tipos de pobreza são tão devastadores para um ser humano como é a simples pobreza material. Ele argumenta que a situação africana deve ser vista a partir da perspectiva da *pobreza antropológica*: uma pobreza que está profundamente arraigada na "pauperização antropológica" do africano. Mveng chama essa *pobreza antropológica* a *indigência de ser*, cuja causa é o legado de séculos de escravidão e colonização que eliminaram os africanos da história e do mapa-múndi. Porque enquanto os colonialistas exploravam os recursos da África, os primeiros missionários, de acordo com ele, travavam guerra sobre a cultura africana com o objetivo de civilizar e cristianizar os africanos. Além disso, Mveng afirma que existe um impasse no controle da pobreza na África — porque os mecanismos modernos de empobrecimento pelas chamadas nações industrializadas continuaram produzindo pobreza em vez de destruí-la.

A ordem concreta destas relações é baseada na perversão do sentido da retórica política. Ela "é um discurso que diz falar da vida e produz a morte, que afirma falar em liberdade e produz a opressão, que alega falar de igualdade e produz a desigualdade, que reivindica proferir justiça e produz injustiças, e assim por diante". Tal retórica deturpada é encontrada no uso das expressões *desenvolvimento* versus *subdesenvolvimento*, nações industrializadas versus Terceiro Mundo. No final, o que é produzido nada mais é do que uma dupla indústria de poder e miséria, do rico e do pobre. A importância dessa divisão entre o rico e o pobre não é simplesmente que um homem tem mais comida do que pode comer, mais roupas do que pode usar. A realidade e a profundidade do problema surgem porque o homem que é rico tem poder sobre as vidas dos que são pobres, e a nação rica tem *poder* sobre as políticas das que não são ricas. Tudo isso equivale à criação de um novo discurso de dominação do mundo por aqueles que possuem a força, riqueza e o poder. O paradoxo é que é tornando o pobre mais pobre que o rico se torna mais rico. Assim, a pobreza se torna essa indispensável matéria prima da indústria.

Elochukwu Uzukwu, da Nigéria, discute a condição de dependência da África como a principal causa da pobreza no continente. A base do seu argumento é que a dependência é *um problema de sistemas*. É destruir a sociedade africana e de fato a igreja a partir de dentro. Para ele, a dependência significa primeiro e acima de tudo *controle*. O controle está firmado na mais elementar ou primitiva preocupação humana, *o estômago*. Consequentemente, Uzukwu argumenta que o tipo de ajuda que a África está recebendo atualmente pode não ser o melhor para o continente. A fome está num crescimento constante em muitos países africanos apesar dos grandes riscos de organizações eclesiásticas como Caritas e organizações não governamentais (ONGs). Porque, confrontados com os acordos comerciais desleais do Acordo Geral sobre Comércio e Tarifas (GATT) e da Organização Mundial do Comércio (OMC), os Programas de Ajuste Estrutural (PAE) (uma opção do Fundo Monetário Internacional [FMI]), uma ideologia de desenvolvimento como direito natural e, de fato, o sistema capitalista explorador, as igrejas e ONGs são impotentes. Eles se desgastam e despendem seus recursos dando alívio temporário às massas sofredoras. Mas o que emerge é o triunfo do programa das nações capitalistas — a noção particular de indivíduo — o indivíduo de classe média que deve poder ter acesso a todos os mercados e tirar proveito das economias mais fracas do mundo.

Ademais, Uzukwu afirma que um mendigo não tem respeito próprio. O respeito próprio para as nações e igrejas africanas continuará a ser ilusório até haver um certo nível de autoconfiança. A ajuda estrangeira destrói não somente as economias locais, como também a criatividade e a originalidade. Além disso, ela aliena o indivíduo ou nação, visto que um mendigo não tem escolha a não ser dançar de acordo com a música de quem fornece alimento para o estômago.

Deste ponto de vista, Uzukwu pede uma liderança empenhada na África que sublinhe positivamente a importância da comunhão, da parceria, da corresponsabilidade e da independência com outras nações num nível civilizado e com igrejas irmãs do Ocidente e as congregações missionárias no nível eclesiástico. A liderança deve contar com o talento do povo africano, aprender a confiar nas pessoas e trabalhar com elas. O assunto pode ser exposto novamente nas palavras de Patrick Kalilombe, que insiste que o que é necessário é corresponsabilidade. A partir da eclesiologia do Vaticano II, deve haver uma nova relação baseada na corresponsabilidade no que Uzukwu justamente chama de modelo da "igreja ouvindo" ou o apostolado "com ouvidos grandes". Essa não é a simples relação entre o governante e o governado ou o doador e o receptor, mas sim a compreensão da situação africana e o reconhecimento da iniciativa e da aptidão das pessoas.

Em suma, os teólogos africanos da promoção humana apelam para o culminante elemento da proclamação das boas novas que podem levar à conversão do coração humano e à construção de uma sociedade mais humana e justa para todos.

4. Conclusão

A teologia africana católica romana está ainda em seu estágio de desenvolvimento infantil, e por isso seu impacto sobre a vida eclesiástica atual na África é ainda mínimo. Mas um bom início foi feito ao se pedir que a herança cultural e religiosa africana seja avaliada e tomada a sério no processo de aculturação, e que o evangelho seja usado para julgamentos éticos sobre as situações sóciopolíticas e econômicas. É bastante óbvio que a África precisa urgentemente de libertação política e econômica. A pobreza, injustiça e diferentes formas de opressão sobre o continente assumiram proporções insuportáveis. Além disso, algumas das principais preocupações dos teólogos africanos, como cultura, desenvolvimento humano, libertação, pobreza e opressão, são categorias teológicas viáveis que podem enriquecer os temas tradicionais da teologia sistemática e a busca da missão. Nesse respeito, as tendências da aculturação e da libertação na teologia africana tornaram-se muito importantes na compreensão da missão da igreja hoje. Elas são instrumentos necessários através dos quais a igreja (pelo menos no contexto africano) poderia resolver as crises culturais, sóciopolíticas e econômicas no continente hoje.

Veja também Concílio Vaticano II; Igrejas Originadas na África; Religião Africana Tradicional; Teologia africana

EVANGÉLICA CONTEXTUAL; TEOLOGIA AFRICANA PROTESTANTE; TEOLOGIA CATÓLICA E O HEMISFÉRIO SUL; TEOLOGIA DA LIBERTAÇÃO; TEOLOGIA SUL-AFRICANA.

BIBLIOGRAFIA. APPIAH-KUBI, K. e TORRES, S., orgs., *African Theology en Route* (Maryknoll: Orbis, 1979); BAUR, J., *2000 Years of Christianity in Africa* (Nairobi: Paulines Publication Africa, 1994); BUJO, B., *African Theology in Its Social Context* (Maryknoll: Orbis, 1992); DICKSON, K. A. e ELLINGWORTH, P., orgs., *Biblical Revelation and African Beliefs* (Maryknoll: Orbis, 1969); ELA, J. M., *African Cry* (Maryknoll: Orbis, 1986); idem, *My Faith as an African* (Maryknoll: Orbis, 1995); FABELLA, V. e ODUYOYE, M., orgs., *With Passion and Compassion: Third World Women Doing Theology* (Maryknoll: Orbis, 1988); FASHOLE-LUKE, E., et al., orgs., *Christianity in Independent Africa* (Ibadan: Ibadan University Press: London: Collings, 1978); GIBELLINI, R., org., *Paths of African Theology* (London: SCM, 1994); HEALEY, J. e SYBERTZ, D., *Towards an African Narrative Theology* (Nairobi: Paulines Publication Africa, 1995); JOÃO PAULO II, *Ecclesia in Africa* (Exortação pós-sinodal; Nairobi: Paulines Publications Africa, 1995); MAGESA, L., *African Religion* (Maryknoll: Orbis, 1997); idem, *Anatomy of Inculturation: Transforming the Church in Africa* (Maryknoll: Orbis, 2004); MANUS, C. U., *Christ, the African King* (Frankfurt: Peter Lang, 1993); MARTEY, E., *African Theology: Inculturation and Liberation* (Maryknoll: Orbis, 1993); MVENG, E., "Impoverishment and Liberation: A Theological Approach for Africa and the Third World", in: *Paths of African Theology*, Gibellini, R., org. (London: SCM, 1994) 154-65; NYAMITI, C., *Christ as Our Ancestor: Christology from an African Perspective* (Gweru: Mambo Press, 1984); OBORJI, F. A., *Trends in African Theology Since Vatican II* (Rome: Leberit Press, 1998); idem, *Towards a Christian Theology of African Religion* (Eldoret: AMECEA Gaba Publications, 2005); PARRATT, J., org., *A Reader in African Christian Theology* (London: SPCK, 1987); idem, *Reinventing Christianity: African Theology Today* (Grand Rapids: Eerdmans, 1995); SCHREITER, R., org., *Faces of Jesus in Africa* (London: SCM, 1992); SYNOD OF BISHOPS, "Special Assembly for Africa, Message of the Synod (May 6 1994)", in: *L'Osservatore Romano* (Special English Edition), May 11, 1994; UKPONG, J., *African Theologies Now: A Profile* (Eldoret: Gaba Publications, 1984); UZUKWU, E., *A Listening Church: Autonomy and Communion in African Churches* (Maryknoll: Orbis, 1996).

F. A. Oborji

TEOLOGIA AFRICANA EVANGÉLICA CONTEXTUAL

Será considerada neste artigo a natureza evangélica e contextual da teologia africana. No entanto, os termos evangélico e contextual serão qualificados distintamente de suas contrapartidas Ocidental, especialmente Norte Americana. A teologia africana se desenvolveu com pouca influência do Iluminismo europeu, que cominou a teologia ocidental, e a partir do debate associado conservador/liberal do Ocidente. Embora a teologia africana seja ortodoxa no que se refere à maior parte de suas crenças centrais concernentes à Bíblia, Deus e a pessoa de Cristo, uma de suas principais preocupações é harmonizar aspectos de uma cosmovisão africana. Isso tem impactado, por exemplo, sua compreensão de Deus e da salvação. A teologia africana do sul do rio Limpopo tem enfatizado mais os aspectos da democracia e da libertação, enquanto a do norte do Limpopo, os aspectos da cultura e da identidade.

Duas coisas são aparentes quando se trata da história do cristianismo na África — a primeira é que o evangelho, pelo menos no sul do Saara, foi amplamente aceito e adotado, e a segunda é que foram feitas tentativas, desde o início da missão cristã, de entendê-lo em termos africanos. São esses dois fenômenos — recepção e reinterpretação da mensagem cristã — que fazem os termos *evangélico* e *contextual* adjetivos apropriados quanto se trata de descrever a teologia africana. Mas esses termos em si precisam ser qualificados porque ambos transmitem certas conotações associadas com influências que não são africanas.

1. Definindo evangélico e contextual

O evangelicalismo no Ocidente, especialmente nos Estados Unidos, tem associações que o evangelicalismo africano não tem. Quatro delas são dignas de nota: individualismo, dualismo, racionalismo e conservantismo político. A maior parte destas características são produtos do legado ocidental do Iluminismo europeu, do qual a África conhece pouco ou nada. A autonomia do indivíduo, que está tão fortemente impregnada na cosmovisão ocidental, tem sua contrapartida oposta na África, onde uma pessoa é uma pessoa por meio de outra. Enquanto o dualismo é manifesto em uma série de separações no Ocidente — a alma do corpo, a razão da fé, a igreja do estado, o indivíduo da comunidade, o presente do passado, o secular do sagrado — a África conhece um tipo de unidade de ser e agir livre de tais dualismos. O racionalismo, caracterizado pelo apelo do raciocínio cartesiano e pela tentativa newtoniana de organizar e controlar o universo material, é contraposto na África pela abertura e vulnerabilidade a um universo espiritual, animado e incerto no qual a humanidade se encontra num constante estado de dependência negociada — apesar das influências da modernidade. O conservantismo político significa crença, entre outras coisas, na promoção organizada de certos valores centrados em torno do indivíduo, o mercado livre e o divino destino de Israel. Essas crenças, que a maioria dos evangélicos ocidentais parece pensar serem divinamente inspiradas de certa forma, são acompanhadas por uma crença igualmente forte de que elas são centrais à missão cristã e que devem, portanto, ser propagadas, por todos os meios, ao mundo todo. Os evangélicos africanos, exceto onde a influência americana foi particularmente forte, simplesmente não têm essas crenças.

Se a palavra *evangélico* vem com a bagagem, da mesma forma a palavra *contextual*. Teologias contextuais estão normalmente associadas com um certo tipo de metodologia e com uma certa (explícita) agenda política. A teologia da libertação — em suas formas latino-americana e sul-africana, por exemplo — são casos em questão. Ambas, embora a variedade latino-americana mais especificamente, usaram a análise marxista para ajudar a entender o contexto sociopolítico, e ambas aceitaram descaradamente uma agenda política de esquerda, chamando-a de "profética". A teologia africana pouco conhece de Marx e coincidiu com uma agenda política revolucionária somente em um momento especial de sua história, que está na derrubada do *apartheid* na década de 1980 na África do Sul.

2. Caráter evangélico

Então se as palavras *evangélico* e *contextual* devem ser usadas como descrições da teologia africana, elas devem ser compreendidas de uma forma corrigida. O que então constitui a definição dessas palavras num contexto africano? A teologia africana é evangélica em pelo menos três sentidos — é evangélica em termos da natureza de sua fé, é evangélica em termos de sua ortodoxia quando se trata de doutrinas fundamentais da fé cristã, e é evangélica em termos de seu apoio dos poderes. *Fé* aqui é usado não no sentido doutrinário. Não estamos falando de "fé", isto é, a adesão às categorias de uma tradição. Também não estamos falando de fé no sentido paulino ou luterano — em outras palavras soteriologicamente, como o contrário de obras (embora isso não possa ser excluído de uma consideração da teologia africana). Aqui *fé* está sendo usada para denotar simplesmente uma propensão a crer — crença, principalmente, em Deus, mas também em realidades espirituais invisíveis, algo há muito tempo perdido no Ocidente por meio da secularização. Essa crença emerge de um profundo senso de vulnerabilidade onde o protagonista, nos termos de Harold Turner, "não está sozinho no universo, porque existe um mundo de forças espirituais mais poderosas e definitivas que ele mesmo" (citado em Bediako 1995, 94).

Crer, no contexto africano, não é algo que alguém faz quando tudo o mais falha, ou quando alguém sente ser necessário fazê-lo. Não é algo que acontece na periferia da vida ou no conhecimento da morte iminente. Acontece no centro da vida. É uma categoria epistemológica fundamental. Crer é tão real e comum como conhecer, pensar ou ser. Fé é pressuposto da vida.

Outras pressuposições feitas na teologia africana são crenças doutrinárias associadas no Ocidente com a ortodoxia. A divindade de Cristo, a eficácia da expiação, a Trindade e a aceitação da Bíblia como a Palavra de Deus estão entre alguns dogmas da teologia africana. Embora a maioria dos estudiosos africanos tenham achado necessário interrogar a influência da cultura ocidental na tradição teológica cristã, não acharam necessário questionar as ortodoxias básicas associadas a essa tradição. Eles, no entanto, as reinterpretaram à luz de uma cosmovisão africana. Os pontos mais delicados em torno da divindade de Cristo, como está expresso no Credo de Atanásio e na Definição de Calcedônia não são predominantes na teologia africana, mas o senhorio de Cristo, sua vitória sobre os poderes, e a eficácia de sua morte na libertação da humanidade desses poderes são muito importantes.

A teologia africana teve de chegar a um acordo com a cosmologia africana; a soteriologia, por exemplo, assume que o ser humano não está só no universo. Salvação não é simplesmente uma questão da alma (Pietismo), nem é simplesmente uma questão de transformação social (liberalismo). A soteriologia africana está ajustada à cosmologia africana. A salvação do ser humano deve ser vista à luz do fato que o ser humano é parte de um universo que está essencialmente interconectado. Há uma hierarquia de poder neste universo, mas uma interconexão de ser. A salvação não pode ser vista tomando o lugar separadamente seja dos poderes que colidem sobre o ser humano ou da conectividade ontológica do ser humano no contexto de um universo mais amplo, animado. Isso não significa que os poderes estão salvos. Ao contrário, a salvação do ser humano deve ser compreendida como vitória sobre os poderes dentro de um universo caído (Jacobs). O senhorio de Cristo em tal universo significa localizar a autoridade de Cristo dentro da panóplia de poderes que interpenetram o cosmo, incluindo os ancestrais, e uma variedade de espíritos e divindades. Muito raramente essa cosmologia é traduzida por termos políticos (Ka Mana é um autor que constitui uma importante exceção).

3. Natureza contextual

A natureza contextual da teologia africana foi modelada por forças diferentes no norte do Limpopo, como o foi no sul do Limpopo. Na África subsaariana, no norte do Limpopo, as questões que moldaram a teologia africana envolveram principalmente cultura e identidade. As do sul do Limpopo — isto é, África do Sul — tiveram principalmente a ver com política e democracia. Estas foram, respectivamente, caracterizadas como teologias do ser e teologias do pão (Balcomb 1998). As teologias do ser têm a ver com implicações sociopolíticas e testemunho. Bediako (1992) resume bem a dimensão do "ser" da teologia africana, abrangendo alguns dos luminares africanos que fazem parte desse esforço como, por exemplo, Bolajo Idowu, John Mbiti e Mulago GWA Cikala Musharhamina. No contexto sul-africano as teologias do pão têm a ver com a aceitação da necessidade de eliminar as estratégias sociopolíticas do *apartheid* e transformar a sociedade sul-africana numa democracia. Uma contribuição de ponta para essa causa veio do setor evangélico da igreja em meados da década de 1980 na forma de um documento compilado por um grupo da igreja evangélica conhecido como Testemunho Evangélico da África do Sul. Esse documento foi escrito durante o apogeu da luta democrática contra o *apartheid* e criticou algumas das falhas básicas herdadas da tradição evangélica ocidental, que a fez se comprometer com o regime do *apartheid*. A mais proeminente delas foi o conservadorismo político — refletido na propensão a obedecer às autoridades do governo, de acordo com Romanos 13, e o dualismo, que o documento entendia como preocupado com o espiritual em detrimento do social.

Há exceções à regra da hipótese "ser e pão" tão comum para o sul e o norte, respectivamente. Gabriel Setiloane, teólogo metodista sul-africano, por exemplo, rebateu com firmeza que as questões de cultura e identidade eram tão importantes quanto as questões de libertação e democracia, quando todos os demais na África do Sul estavam enfatizando o último. Por semelhante modo, Jesse Mugambi, teólogo queniano, passou para questões sóciopolíticas, mais especificamente questões de reconstrução, quando muitos de seus colegas ainda estavam concentrando-se em questões de identidade.

O advento da democracia na África do Sul colocou novos desafios à teologia africana em geral e à teologia evangélica em particular. A mudança sísmica que ocorreu a partir de 1994, quando a África do Sul se tornou uma democracia, significou que os que costumavam estar na esquerda durante os dias do *apartheid*, agora estavam no centro; os que estavam no centro, agora se encontravam na direita, enquanto os que estavam na direita parecem ter desaparecido completamente. A liberalização da sociedade (a nova constituição da África do Sul é considerada uma das mais liberais do mundo) fez surgir novas e controvertidas questões que a teologia africana, especialmente em suas formas evangélicas, não tem sido lenta em combater. Isso inclui o reconhecimento do direito dos homossexuais — a ponto de se discutir seriamente a instituição do casamento do mesmo sexo — a abolição da pena de morte e uma posição favorável à escolha quando se trata do aborto (Veja Balcomb 2004a e 2004b).

4. Resumo

A teologia africana é uma tentativa autóctone de entender a teologia cristã no contexto africano. Ela é evangélica em termos do seu compromisso com as ortodoxias essenciais da tradição recebida do Ocidente e é contextual em sua tentativa de moldar essa tradição em termos de uma cosmovisão africana. Embora uma preocupação essencial da teologia africana tenha sido criar uma identidade africana, ela também respondeu à necessidade de transformação política durante os dias do *apartheid* e continua a responder às questões que estão sendo levantadas por mudanças políticas na nova democracia.

Veja também IGREJAS ORIGINADAS NA ÁFRICA; RELIGIÃO AFRICANA TRADICIONAL; TEOLOGIA AFRICANA CATÓLICA ROMANA; TEOLOGIA AFRICANA PROTESTANTE; TEOLOGIA SUL-AFRICANA.

BIBLIOGRAFIA. BALCOMB, A. O., *Third Way Theology — Reconciliation, Revolution, and Reform in South Africa During the 1980s* (Pietermaritzburg: Cluster Publications, 1993); idem, "From Liberation to Democracy: Theologies of Bread and Being in the New South Africa", *Missionalia* 26 (1998) 54-73; idem, "From *Apartheid* to the New Dispensation: Evangelicals and the Democratization of South Africa", *JRA* 34 (2004a) 5-38; idem, "Left, Right, and Centre: Evangelicals and the Struggle for Liberation in South Africa", *JTSA* 118 (2004b) 146-60; BEDIAKO, K., *Theology and Identity* (Grand Rapids: Eerdmans, 1992); idem, *Christianity in Africa: The Renewal of a Non-Western Religion* (Edinburgh: Edinburgh University Press, 1995); *Evangelical Witness in South Africa — Evangelicals Critique Their Own Faith and Practice* (Concerned Evangelicals; Grand Rapid: Eerdmans, 1986); JACOBS, D., *Culture and the Phenomena of Conversion: Reflections in an East African Setting*, *GC* 1 (1978) 4-14; MANA, Ka, *Christians and Churches of Africa Envisioning the Future: Salvation in Christ and the Building of a New African Society* (Maryknoll: Orbis, 2004); MUGAMBI, J. N. K., *Christian Theology and Social Reconstruction* (Nairobi: Acton, 2003). SETILOANE, G. M., *The Image of God Among the Sotho-Tswana* (Rotterdam: AA Balkema, 1976).

A. O. Balcomb

TEOLOGIA AFRICANA PROTESTANTE

Em 1973, quando John Mbiti anunciou a autenticidade da teologia africana, muitos se perguntaram se havia uma teologia identificável que pudesse ser rotulada de africana. A réplica foi que a teologia é um empreendimento humano que reflete sobre o relacionamento de Deus com os seres humanos e o mundo da natureza. É a conversa sobre Deus empreendida por seres humanos acerca da compreensão que eles têm da natureza do Deus trino, os padrões do relacionamento humano-divino e os requisitos éticos. As pessoas, através dos tempos, deram respostas conflitantes a estas coisas profundas. Apesar dos esforços ocidentais para sistematizar e defini-la como fé em busca da razão, a teologia permanece um processo à medida que cada geração e contexto reflete de maneira diferente sobre suas experiências particulares. O contexto (espaço) e a periodização (tempo) constituem a estrutura para fazer teologia. Cada empreendimento teológico tem uma história de fundo moldada pela cultura, cosmovisão fundamental, ecologia e história. A cultura engloba as estruturas socioeconômicas e políticas, a língua, a religião e o modo de vida de uma comunidade. Ela constitui o campo de lutas nos encontros evangelho-pessoa. Sustentando cada cultura está a visão de mundo que permite a explicação, previsão e controle de eventos no espaço-tempo. A cultura é escavada da rocha de respostas de uma comunidade aos desafios do ecossistema. Esse ecossistema determina as estruturas econômicas que, de acordo com Karl Marx, influencia outros aspectos da cultura. Cultura, cosmovisão e a ecologia, portanto, agem como as lentes hermenêuticas para compreender o falar de Deus.

1. Teologia africana no mapa africano do universo
2. O objetivo e o início da teologia africana:
3. Das guerras mundiais à descolonização
4. Teologia, língua-mãe e aculturação: da década de 1980 ao final do segundo milênio

1. Teologia africana no mapa africano do universo

A África constitui um contexto cultural específico. Apesar de uma miríade de subculturas, existem denominadores comuns e significantes culturais que reforçam a identidade compartilhada e denotam os pressupostos de nível profundo e lealdades que formatam os ingredientes culturais variados e proporcionam significado maior. Os africanos se apropriaram do evangelho através das lentes de sua cosmovisão. Com uma percepção cíclica do tempo, a vida é uma jornada assim como a alma (Akan: *sunsum*) viaja do nascimento até a morte, através do mundo ancestral antes de voltar a reencarnar no mundo humano. O mundo humano é um reflexo do mundo espiritual; o sagrado se enreda no profano. Os 'ancestrais, como mortos-vivos, atravessam as fronteiras livremente, sendo sua presença conhecida através de sacrifícios, libações e festivais quando eles visitam o mundo físico como convidados mascarados. Na percepção tridimensional do espaço, os espíritos habitam os céus, a terra (terra e água), e o mundo ancestral. É um universo carismático, vivo, uma visão perigosa em que espíritos tentam arruinar os seres humanos por meio de bruxaria e feitiçaria. As pessoas lutam através de rituais que afastam os maus espíritos com ajuda de deuses benevolentes.

A história da teologia africana trata da intrusão de um agente externo, o cristianismo, no cosmo. No empreendimento missionário, o projeto de civilização construído sobre a cosmovisão evolucionista do Iluminismo demonizou religiões e culturas autóctones. Ela desafiou a viabilidade da cultura africana para servir como uma âncora em meio a rápida mudança e um marcador de identidade. O choque de cosmovisões tornou-se a primeira preocupação da teologia africana. O tráfico de escravos e vários estigmas de colonialismo desfiguraram severamente vários aspectos da cultura africana, religião, ecologia, recursos e história. Reconhecidamente, toda cultura contém elementos ameaçadores à vida, e nativos coniventes na empresa destrutiva que criou a perda da liberdade e vulnerabilidade. Era quase sempre "nós sobre nós". Os esforços para a libertação incluíram resistência primária, lutas nacionalistas, rebelião armada, guerras por liberdade, conferências constitucionais, projetos de autogoverno, golpes, contragolpes e guerras étnicas. A preocupação aqui é o reflexo, as dimensões teológicas na busca por identidade, recuperação da dignidade e da liberdade para responder ao evangelho usando recursos autóctones como a linguagem, produção cultural e conhecimento.

2. O objetivo e o início da teologia africana

O objetivo da teologia africana é criar as possibilidades para o evangelho responder a questões levantadas no interior das cosmovisões africanas. Ela procura remover as estruturas hegemônicas ocidentais e a escravidão nos modos de expressar as respostas autóctones ao evangelho — declarar que a cultura e a teologia ocidental não são normativas. A epistemologia é crucial no labor da teologia da libertação.

Esta tarefa, por ironia, foi realizada por missionários protestantes quando traduziram a Bíblia para vários vernáculos, e por afro-americanos, que voltaram a evangelizar a África no século 18 antes de a primeira organização missionária ocidental ser fundada. Eles apareceram com uma teologia de pleno direito antiestrutural, carismática, articulada no movimento Nova Vida. No século seguinte, a teologia africana nascente extravasou para o movimento do etiopianismo, cujas afirmações cardeais foram articuladas por McNeal Turner, Thomas Delaney, Alexander Crummell e Edward Wilmot Byden. Declarando que "Deus é negro" e que eles "não são mais escravos", explicaram que a *providência* de Deus os levou para a América para que pudessem voltar para redimir a terra-mãe pelo cristianismo. Movimentos avivamentistas autóctones como o godianismo e Afrikania iriam brotar para vestir conceitos africanos de Deus com trajes e rituais ocidentais.

Nos anos entre as duas grandes guerras, floresceu a ênfase pneumatológica nas igrejas originadas na África chamadas *Aladura* (África ocidental), *Sião* (África meridional e central) e *Roho* (África oriental). Antes de se dispersar numa quantidade inumerável de grupos, as formas clássicas usaram os recursos da Bíblia traduzida para se apropriarem dos recursos pneumatológicos do evangelho nos abismos das cosmovisões autóctones. A cultura hebraica ressoou proeminentemente com culturas africanas autóctones e criou vias de aculturação quando ela reinventou a presença salvadora de Deus em sua jornada no deserto e o poder curador de Cristo pelo Espírito Santo. As ênfases estavam na oração, rituais e símbolos tirados de raízes autóctones e bíblicas, e numa forte replicação da ética das práticas levíticas. As conquistas teológicas incluíram a recuperação da oralidade e da narrativa como um método de fazer teologia vivida, articulada através de processos rituais, *dança, *música e liturgias animadas que provocam participação. A psicologia nas práticas de cura privilegiou a união orgânica do *corpo, alma e espírito. O diagnóstico espiritualizado denunciou a sensibilidade para o mundo numinoso onde a presença das forças do mal explicava causalidade. Cura, libertação (exorcismo; veja Batalha Espiritual), visões, *sonhos e a busca de recursos materiais se agigantaram no repertório ritual que inclui o uso de soluções autóctones. À medida que o movimento se expandiu, gêneros messiânicos, nativistas e vitalistas enfatizaram elementos que desafiaram a pureza doutrinária cristã.

3. Teologia africana: Das guerras mundiais à descolonização

O espaço ampliado para a cultura africana definiu o cenário para os desafios para as igrejas tradicionais na era pós-Segunda Guerra Mundial. Uma nova safra de teólogos formados em instituições ocidentais se juntou ao tumulto nacionalista em uma iniciativa querigmática para converter povos africanos e suas culturas, trazendo-os ao brilho e julgamento do evangelho. Eles argumentaram que os africanos não devem ser meros prosélitos, mas verdadeiramente convertidos; que Cristo está em todas as culturas e julga os aspectos da negação da vida de todas as culturas; que os princípios peregrinos e autóctones, os processos globais locais devem ser mantidos em tensão. O empreendimento foi além do nacionalismo cultural para interrogar como se responde ao evangelho num mundo no qual os deuses dos ancestrais permaneciam resilientes. O caráter da conversa sobre Deus africana nas igrejas tradicionais no período colonial suscitou a busca pela identidade. John Parrat afirmou que a teologia africana podia ser dividida em duas correntes: uma enfatizando a cultura na África ocidental e outra ressaltando as políticas de justiça social na África central e meridional. Ambas as dimensões permaneceram relevantes em todos os contextos. Cada tema foi privilegiado em diferentes pontos no tempo, impulsionado por forças nos ambientes.

Na década de 1960, Harry Sawyer liderou a busca pela *indigenização* que contestou a teologia missionária da *adaptação/ transplante*. Ele se perguntava se os ancestrais poderiam ser aceitáveis como a comunhão dos santos. E. B. Idowu (1962) estudou o conceito ioruba sobre Deus (*Olodumare*) para desacreditar o racismo na teologia missionária, argumentando que o cristianismo deveria ser uma extensão da religião africana tradicional. Na década seguinte, os limites da indigenização tornaram-se óbvios: Deus estava na África antes dos missionários, mas estes trouxeram o evangelho em pontos conhecidos no tempo. Portanto, a tarefa da teologia deveria ser examinar os padrões dos processos tradicionais ou apropriação mais bem descritos por *contextualização* e *encarnação*. As preocupações giravam em torno de doutrina, cultura, liturgias estrangeiras e poder de tomada de decisão monopolizado por missionários. Como poderia alguém compreender Deus, Cristo, o Espírito Santo e outras doutrinas cristãs com o pano de fundo de divindades africanas, ancestrais e espíritos? A tese de doutorado de John S. Mbiti na Universidade de Cambridge (1964) examinou o conceito de *escatologia no Novo Testamento, na forma como era pregada pelos missionários e como era entendida entre os akambas do Quênia a partir de sua concepção autóctone da vida após a morte.

Christian Gaba (1974) examinou a teologia da *salvação através da escritura sagrada do povo anlo, de Gana; Gabriel Setiloane desenvolveu uma teologia africana a partir de conceitos autóctones tswanas, e Kwesi Dickson defendeu um grupo que comparou conceitos da revelação bíblicos e africanos. Isso se tornou a dieta básica do conhecimento africano para explorar vários temas bíblicos, seja através de estudos de caso etnográficos, seja por análises feitas com largas pinceladas. Os debates sobre a teologia africana mudaram-se de Botswana (1980) para a Monróvia (1982) quando o golpe do Sargento Doe dispersou os conferencistas! Alguns sugeriram o antigo método de "despojar os egípcios". Conservadores como Byang Kato rejeitaram a metodologia que usa a religião e a cultura autóctone como base para fazer teologia cristã; ele comparou isso ao ato de confundir teologia natural com teologia revelada. Os estudiosos católicos de Kinshasa tenderam para o método filosófico enquanto os protestantes defenderam abordagens antropológicas. *Theology and Identity* (Teologia e identidade), de Kwame Bediako (1992), comparou a vitalidade da teologia africana com os dois primeiros séculos do Cristianismo no mundo greco-romano.

O estudo da religião tradicional africana intensificou-se impulsionado pela tarefa teológica. Como John Mbiti insistia, o núcleo do evangelho permanece o mesmo em todos os lugares; Cristo redimiu religiões e culturas africanas que serviram como *praeparatio evangelica*. Em *African Traditional Religion in Western Scholarship* (Religião africana tradicional na erudição ocidental), Okot p'Bitek acusou Mbiti de "helenizar" a religião tradicional africana. Implacável, Mbiti estudou como os africanos chamavam Deus em muitas línguas vernáculas, e examinou o uso da Bíblia nas igrejas africanas para ilustrar as grandes áreas de ressonância que serviram como vias para recuperar a identidade e demonstrar a natureza e o significado da teologia africana. Ele sempre repetia o provérbio akamba que diz que o gado nasce com orelhas, os chifres crescem mais tarde; dizia que as fontes para a teologia africana são narrativas orais, a Bíblia, as tradições cristãs herdadas e as experiências africanas. Nesta iniciativa, Cristo permaneceu como um dedo incômodo no mapa africano do universo; então os acadêmicos mais jovens exploraram várias imagens de Cristo: *convidado, antepassado, chefe, rei* e muitas outras. Cada uma estava limitada pelo ambiente de compreensão e diferenças culturais em uso.

Na década de 1980, tornou-se claro que a descolonização era uma forma de revolução passiva quando os colonialistas que estavam indo embora instalaram representantes negros que logo estabeleceram ditaduras. O desafio para a teologia da libertação foi analisar as estruturas neocoloniais, expor as novas formas de injustiça social e responder aos desafios de tratados resilientes com os ancestrais em meio à modernidade. O *apartheid* na África central e meridional desafiou mais as igrejas. O Concílio Vaticano II e Uppsala em 1968 mudaram as perspectivas cristãs internacionais sobre a África. Mas a influência afro-americana tornou-se crucial quando James Cone visitou Acra, Gana, em 1977 com a mensagem de uma teologia da libertação negra (veja Teologia Negra). Os sul-africanos agarraram-na como uma saída. Seguiu-se um debate se ela seria aplicável na África. Surgiram quatro posições políticas na África do Sul com base na compreensão da variação da teologia da libertação negra: Luthuli e ANC, Congresso Pan-africano antibranco de Sobukwe, Movimento da Consciência Negra de Steve Biko e a Frente Democrática Unida da não violência, de Desmond Tutu. Essa tendência teológica levou ao *Documento Kairos*, que se tornou importante para motivar as igrejas a se engajarem teologicamente em questões de justiça social no calor da libertação da África do Sul. Ele sustentava os movimentos de guerrilha reinterpretando o evangelho contextualmente e desafiando a "teologia da igreja" sob o ponto de vista do oprimido. Seu método foi uma análise profética social com a *sedaqah* ("justiça") da mente de Cristo.

4. Teologia, língua-mãe e aculturação: da década de 1980 ao final do segundo milênio

O tema da identidade cultural não desapareceu, mas foi abordado por meio de um maior reconhecimento do poder da vernacularização, experiências em formação ministerial, novos modelos de educação teológica, e o conceito de *aculturação*, que permite que a teologia cristã seja respeitosa, humilde, dialógica e apresente o evangelho como a boa notícia que responde às aspirações mais profundas do povo.

Surgiram novas preocupações quando as economias dos estados africanos moderados e militarizados entraram em colapso. Os programas de ajuste estrutural do Banco Mundial pioraram o açoite da pobreza no nível microeconômico. Diante da implosão do estado moderno, da degradação ambiental, do abuso aos direitos humanos, da pobreza e do pluralismo, exigiu-se que a teologia africana se tornasse um instrumento de esperança e um sinal da graça salvadora de Deus e da preferência pelo pobre.

Na década de 1980, surgiram várias teologias criativas na África: Inus Daneel desenvolveu a teologia dos defensores da terra entre os curandeiros, as igrejas originadas na África e igrejas tradicionais do Zimbábue. Para conter a degradação ambiental e a falta de uma ética ecológica de preservação, essa teologia utilizou o conceito autóctone que cortar uma árvore sem o ritual apropriado é como matar uma pessoa. O espírito *ngozi* paira e pode se tornar hostil até ser apaziguado. Daneel designou a liturgia eucarística que possibilitava às pessoas confessar seu abuso à natureza, apresentar e abençoar as mudas de árvores no altar e plantar as novas árvores.

Mercy Amba Oduyoye mobilizou um círculo de teólogas africanas preocupadas para escreverem tratados teológicos que contestam o patriarcado nas igrejas africanas. O método dominante foi a arte da lembrança, uma escavação da memória autóctone que pesquisou a linguagem (provérbios e contos populares) e as culturas em comunidades matrilineares e patrilineares em relação a imagens que degradam as mulheres. Essas narrativas podiam ser reconstruídas em favor das funções das mulheres no passado de comunidades. A iniciativa se beneficiou da hermenêutica reconstrutivista da suspeita na teologia feminista ocidental, mas se distanciou de forma significativa. Por exemplo, sua cristologia pintou Jesus como amistoso ao feminismo porque a masculinidade de Jesus não importa nas estruturas de linguagem africana, que não faz diferença segundo o gênero. Em todos os encontros com mulheres, Jesus revelou alguns aspectos do significado do reino de Deus. A mariologia tornou-se icônica nesse compartilhamento ecumênico quando mulheres evangélicas e católicas encontram um terreno comum. Tal como a teologia mulherista, as participantes do Círculo permaneceram trinitárias, crendo na igreja, desafiando a simples leitura da Bíblia nas igrejas africanas como a fonte da ideologia de gênero patriarcal e, portanto, apelando à igreja para tratar as mulheres de forma justa.

Perto do final do segundo milênio a África passou por um rápido crescimento do cristianismo, com o auge do movimento carismático/pentecostal cujo registro teológico inclui palavra-fé, prosperidade, livramento, intercessão, intenso evangelismo e exercício de dons carismáticos. A carismatização das igrejas tradicionais em toda a África e o declínio da força numérica das antigas igrejas originadas na África (IOA) no lado ocidental do continente indicam a aceitação de teologias arraigadas na espiritualidade autóctone, na recuperação de recursos pneumatológicos da Bíblia e a priorização da experiência. A experiência serve como uma cifra indicadora da inserção de uma opinião contraditória, de um direito a ser ouvido, uma contradição do que diz a autoridade. É uma declaração de uma autonomia autoautenticadora situando símbolos de linguagem de resistência que apelam à ideologia herdada. Ela exige que o evangelho realize mais do que as religiões tradicionais ao responder aos desafios de saúde e riqueza. É sensível ao ambiente natural nocivo, e declara que o cristianismo trata do poder em meio a uma precária cosmovisão e processos globais ameaçadores.

A nova teologia é baseada nos antigos princípios basilares do evangelicalismo: intensamente biblicista, ênfase na conversão, na escatologia e no ativismo social, rejeitando o cessacionismo e recuperando as dimensões pneumatológicas do evangelho silenciado no esforço racista para evitar confusão com os espíritos dos "pagãos". Ela rejeita alguns dos compromissos da primitiva *pneumatologia da Aladura, Sionistas e Abaroho,* especialmente a apropriação de símbolos e rituais de religiões tradicionais. A teologia carismática possibilita ao cristianismo africano recuperar o poder no evangelho para lidar efetivamente e se engajar com os problemas tanto da cosmovisão autóctone, quanto da modernidade. É uma teologia empírica com uma forte cristologia. É intensamente carismática porque reflete uma cosmovisão autóctone carismática. A teologia africana reformulou a paisagem religiosa da África.

Veja também IGREJAS ORIGINADAS NA ÁFRICA; RELIGIÃO AFRICANA TRADICIONAL; TEOLOGIA AFRICANA CATÓLICA ROMANA; TEOLOGIA AFRICANA EVANGÉLICA CONTEXTUAL; TEOLOGIA NEGRA; TEOLOGIA SUL-AFRICANA.

BIBLIOGRAFIA. BEDIAKO, K., *Theology and Identity: The Impact of Culture upon Christian Thought in the Second Century and Modern Africa* (Oxford: Regnum, 1992); BOESAK, A. A., *Farewell to Innocence* (Maryknoll: Orbis, 1977); DICKSON, K., *Theology in Africa* (Maryknoll: Orbis, 1984); DICKSON, K. e ELLINGWORTH, P., orgs., *Biblical Revelation and African Beliefs* (Maryknoll: Orbis, 1969); GITARI, D. M., *In Season and Out of Season: Sermons to a Nation* (Oxford: Regnum, 1996); MBITI, J. S., *New Testament Eschatology in an African Background: A Study of the Encounter Between New Testament Theology and African Traditional Concepts* (Oxford: Oxford University Press, 1971); MUGAMBI, J. N. K. e MAGESA, L., orgs. *Jesus in African Christianity: Experimentation and Diversity in African Christologies* (Nairobi: Acton, 1989); MUZOREWA, G. H., *The Origins and Development of African Theologies* (Maryknoll: Orbis, 1985); NGEWA, S., SHAW, M. e TIENOU, T., orgs., *Issues in African Christian Theology* (Nairobi: East African Educational Publishers, 1998); AMBA ODUYOYE, M., *Beads and Strands: Reflections of an African Woman on Christianity in Africa* (Maryknoll: Orbis, 2004); PARRATT, J., org., *A Reader in African Christian Theology* (London: SPCK, 1987); idem, *Reinventing Christianity: African Theology Today* (Grand Rapids: Eerdmans, 1993).

O. Kalu

TEOLOGIA AFRO-AMERICANA. *Veja* TEOLOGIA NEGRA.

TEOLOGIA AFRO-LATINO-AMERICANA E CARIBENHA. *Veja* TEOLOGIA CARIBENHA; TEOLOGIAS DE CONTEXTO AFRICANO NA AMÉRICA LATINA.

TEOLOGIA ANABATISTA

O movimento anabatista, que surgiu durante a *Reforma protestante, é frequentemente considerado destituído de teologia própria. Durante sua primeira metade de século, os anabatistas escreveram relativamente pouca teologia, principalmente porque (1) eles foram recebidos principalmente pelas classes mais baixas, que eram majoritariamente analfabetas; (2) eles enfatizaram viver a fé e rejeitaram o pensamento que aumentava a prática; (3) eles foram considerados traidores e/ou hereges, e proibidos de frequentar escolas ou de publicar ou debater publicamente. No século 21, entretanto, os anabatistas no mundo todo (1) tiveram um crescimento modesto na escala social, todavia ainda priorizaram a missão às pessoas marginalizadas; (2) ainda enfatizaram a vida prática; mas (3) foram com muito menos frequência legalmente impedidos de educação e publicação. Este artigo mostrará como os três últimos fatores afetam a atual teologia anabatista.

Primeiro, vários termos devem ser definidos. *Anabatistas* denotarão grupos originados do movimento do século 16, hoje chamados principalmente menonitas, grupos originados dos Irmãos Batistas Alemães, do início do século 18, especialmente a Igreja dos Irmãos, e a rápida multiplicação do número de pessoas que se dizem anabatistas, mas permanecem em outras denominações.

Em segundo lugar, presumimos que os anabatistas sempre tiveram uma teologia implícita — um conjunto de convicções básicas sobre o caráter de Deus, o destino humano e assim por diante — que orientou a vida deles, mesmo que, de alguma forma, inconsciente (McClendon). Este artigo mostrará como essa teologia implícita está se tornando explícita hoje — sendo articulada mais precisamente de forma compreensiva, interconectada. Entretanto, desde que a teologia construtiva ou *sistemática é relativamente nova entre os anabatistas, algumas expressões de sua teologia explícita poderiam ser classificadas dentro de estudos bíblicos, da ética, da história da igreja ou de missões.

Em terceiro lugar, duas das mais básicas convicções do anabatismo sempre foram as seguintes: (1) A igreja é uma comunidade unida, participativa, não hierárquica. A explicação da teologia implícita do anabatismo frequentemente ocorre em grupos de discussão: no nível local, conferências regionais e em periódicos. (2) A vida cristã prática é modelada de acordo com a vida e os ensinamentos de Jesus, incluindo o seu método da paz, servidão e crítica da riqueza e privilégio social. Estas convicções quase sempre distanciaram os anabatistas da sociedade comum e dos políticos, às vezes por serem forçados a ficar separados, às vezes por escolha.

1. África
2. América do Norte
3. América Latina e Espanha
4. Reino Unido e Oceania
5. Europa continental
6. Leste e sudeste da Ásia

1. África
A exposição teológica orientada para a comunidade é visível nos países com a quinta e a segunda maior população menonita, dois dos mais pobres países da África. Antes de um opressivo governo marxista a ter forçado para a clandestinidade em 1982, a igreja *Meserete Kristos*, da Etiópia contava com cinco mil membros. No final desse período, sem liderança treinada, ela chegou a 51 mil. Para finalmente dar treinamento teológico, a Faculdade Meserete Kristos foi aberta em 1994. Em 2006, mais de 350 pessoas haviam concluído o curso, mas somente 45 no nível de bacharelado. Em 2006, cerca de 17-20 pessoas tinham mestrado e nenhuma possuía doutorado nessa igreja de 131 mil membros (este número não inclui frequentadores ativos regulares ou crianças não batizadas; a estatística de membros poderia ser triplicada se eles fossem incluídos). No entanto, os líderes da Meserete Kristos desenvolveram cerca de 67 cursos, começando com 15 assuntos teológicos (Deus, Bíblia, cristologia, soteriologia, etc.), seguidos por igreja, ética e questões atuais, estudados metodicamente na maioria das congregações.

Em 2001, as mulheres congolesas iniciaram o programa "Mulheres teólogas". Em 2006 o programa havia se espalhado para a maior parte da África e para o cone sul da América do Sul, organizado pelas mulheres participantes e subsidiado pela conferência mundial menonita. Embora as participantes releiam as Escrituras em seus contextos, o movimento visa principalmente à utilização de dons das mulheres nas igrejas. Por que, alguém poderia indagar, muitos assuntos geralmente chamados "teológicos" ainda não apareceram em suas agendas? Uma resposta é educação. Entre as 200 mil menonitas congolesas (600 mil participantes ativas), somente treze mulheres possuíam grau de bacharelado ou de mestrado em teologia. Nos quatro outros países mais envolvidos (Zimbábue, Tanzânia, Zâmbia e Quênia) somente sete mulheres tinham o bacharelado, nenhuma o mestrado. Apesar de sua grande inteligência, poucas dessas mulheres africanas estão familiarizadas com os conceitos teológicos geralmente reconhecidos.

Alguém poderia perguntar, então: essas mulheres deveriam ser chamadas "teólogas"? Sob a perspectiva anabatista, a resposta para elas, como para os autores dos cursos de estudo etíopes, é *sim!* Porque todos eles estão se esforçando para articular as teologias *implícitas* de suas comunidades de forma *explícita*. Elas não querem permanecer no seu nível atual, mas estão ansiosas para ir adiante. Todavia, tendo em conta os imperativos do evangelismo, o trabalho da igreja e o desesperado atendimento às necessidades humanas, combinado com a escassez de oportunidades educacionais, esse processo pode se mover lentamente.

2. América do Norte
Voltando-se para um ponto bastante diferente no espectro da exposição, teologias na perspectiva anabatista (diferenciadas dos estudos bíblicos, éticos, históricos ou de missão) começaram a surgir por volta de 1980. Esse desenvolvimento deve muito aos esforços do eticista John Howard Yoder para ensinar teologia sistemática, começando na década de 1960 (Yoder 2002). O pensar teológico, Yoder argumentou, é importante para a vida e o ministério da igreja porque ele começou no Novo Testamento. João, Paulo e outros precisaram articular o *kerigma* básico de forma diferente quando o evangelho se espalhou em diferentes culturas.

Yoder rastreou a teologia — a tarefa necessária da igreja para explicar sua fé em diferentes contextos — até Calcedônia (451 d.C.). O Credo Niceno, em sua visão, expressa muitas alegações neotestamentárias sobre Jesus, mas numa linguagem ontológica e num contexto político que ele criticou. Embora mais crítico de Calcedônia, Yoder o afirmou junto com Niceia ("os credos") amplamente ao longo de sua carreira, especialmente em contextos ecumênicos, por apresentar o estilo de vida e o ensino de Jesus como "totalmente" e, portanto, "normativamente" humano. Yoder sempre derivou a ética de Jesus e da igreja do Novo Testamento, cujo (s) padrão (ões) ele considerou único (s) (Yoder 1972).

A maioria dos teólogos anabatistas norte-americanos prioriza essa orientação bíblica, ou narrativa. J. Denny Weaver aprecia grandemente Yoder, mas considera "os Credos" produtos diretos do seu contexto "constantiniano" que, por terem pulado a vida de Jesus, permitem que cristãos professos abandonem seus ensinos e a igreja para se assimilarem ao estado. Weaver inclui Anselmo e sua teoria de expiação (teoria da satisfação) entre as ideias "constantinianas" e a rejeita como um todo por basear a expiação na violência divina. Ele prefere uma narrativa Christus Victor, realçando a luta de Jesus contra os poderes do mal e a vitória da ressureição sobre eles. A narrativa Christus Victor de Weaver, entretanto, trata desses poderes somente como etos de instituições humanas e raramente menciona as dimensões espiritualmente transformadoras da expiação.

A obra de C. Norman Kraus, incluindo uma breve teologia sistemática, mostra influências neo-ortodoxas. Um tanto como Emil Brunner, Kraus sublinha a prioridade da revelação, a centralidade de Cristo e a invasão histórica de Deus, embora distanciando reivindicações teológicas destes da linguagem concreta, filosófica ou científica.

James McClendon abordou a teologia a partir de uma "perspectiva batista" cobrindo a sua *Doutrina* num segundo volume, em seguida a um primeiro volume intitulado *Ética* e antes de um terceiro volume com o título de *Missão*. McClendon não priorizou qualquer deles, mas os inter-relacionou intimamente, como "três níveis lógicos de penetração nos dados da teologia (1986, 45). Um tanto parecido com Yoder e diferente de Weaver, McClendon gostou dos "Credos" em algumas formas embora criticando sua linguagem ontológica e o contexto político. Sua obra de três volumes frequentemente interage com outras tradições e é a teologia anabatista atual mais abrangente.

A teologia desse escritor também prioriza a narrativa bíblica. É um pouco menos abrangente do que a de McClendon, mas talvez mais ecumenicamente orientada. Aqui os "Credos" não expressam o "constantinianismo", mas a culminação do confessar e teologizar pré-Constantino. Como Weaver, eu sou a favor da compreensão Christus Victor da obra de Cristo, mas também saliento o seu lado espiritualmente transformador.

De acordo com A. James Reimer, Yoder e Weaver (e G. Kaufman) construíram demais sobre um historicismo imanente que por fim subjuga todas as coisas ao controle humano, e muitas pessoas à manipulação tecnológica e política. Reimer confirma "os credos" e outros temas clássicos, mas aparentemente baseia isso mais na crítica implícita do historicismo do que na narrativa bíblica.

Nancey Murphy procede de forma bastante diferente, a partir de um profundo exame filosófico da ciência moderna. As ciências físicas, ela conclui, não podem explicar a causa derradeira e o propósito, nem sequer as ciências sociais fornecem princípios éticos definitivos. A teologia deve suprir as duas lacunas, com uma ética anabatista de autorrenúncia substituindo a teologia da violência que sutilmente permeia as ciências sociais (Murphy e Ellis).

Para o Professor Emérito de Harvard, Gordon Kaufman, talvez o mais conhecido teólogo menonita, todas as religiões e teologias são estruturas sociais. A teologia cristã, então, não pode ser baseada em reivindicações de única revelação. Em vez disso, deve, através da metafísica, construir um conceito de "mundo", e então um de "Deus", mostrando como este "mundo" depende de "Deus"; finalmente, deve reconstruir seu conceito de "mundo" à luz do seu conceito de "Deus". A ênfase de Kaufman sobre a estrutura contemporânea influenciou alguns teólogos mais jovens, como Daniel Liechty e Ted Grimsrud. Duane Friesen procura integrar a orientação de Kaufman com a de Yoder, e inclui não somente a ética social, mas também arte e filosofia em sua abrangente explicação do anabatismo.

3. América Latina e Espanha

A influência da teologia anabatista na América Latina se espalhou muito além dos menonitas e dos irmãos, amplamente entre os evangélicos sensibilizados pela crítica sociopolítica da teologia da libertação. Pelo fato de o anabatismo ter sempre promovido uma crítica ideal comunitária de estruturas "mundiais", ele pode sugerir abordagens criativas diferentes das abordagens políticas ou militares para os problemas sociais da América Latina. Essa influência pode também ser rastreada até John Howard Yoder, que ensinou no Uruguai na década de 1970. Muitos evangélicos influentes de outras denominações, como C. Rene Padilla e Samuel Escobar, sempre se denominam anabatistas.

Muitas tendências teológicas atuais aparecem nos escritos de John Driver, desenvolvidos, ensinados e testados em múltiplos ambientes latino-americanos e espanhóis. Driver frequentemente descreve a igreja como uma comunidade contracultural, não hierárquica, que forma discípulos e compartilha riqueza de forma que desafia os sistemas dominantes. Ele também interpreta exaustivamente imagens neotestamentárias da igreja em missão, do povo de Deus e da expiação. Driver reconta a história da igreja "de cabeça para baixo", realçando movimentos como o montanismo, o anabatismo e as Comunidades Eclesiais de Base.

Temas como a igreja dos pobres e a história operando através de pessoas marginalizadas aparecem nos escritos anabatistas na América Latina. Vários autores têm descrito diferenças e semelhanças entre anabatistas e a teologia da libertação na apropriação desses temas. A cristologia anabatista americana destaca o Jesus terreno e a importância de segui-lo, mas às vezes parece, pelo menos para alguns de fora, minimizar sua divindade.

Uma perspectiva *latina* inspirada no anabatismo é dada por Nancy Bedford, uma batista argentina com doutorado sob J. Moltmann, agora entre os menonitas na América do Norte. Bedford observa, por exemplo, que a perspectiva anabatista pode ligar dicotomias comuns, como evangélicos liberais, e encoraja o diálogo aberto, vulnerável e a amizade necessária para atravessar fronteiras culturais e teológicas (Aquino e Nunez). Recentemente, um teólogo católico radicado há anos em El Salvador, Antonio Gonzalez, foi batizado na *Irmãos em Cristo* na Espanha. O último trabalho de Gonzalez, *Reinado de Dios e Imperio*, analisa a situação socioeconômica global de hoje a partir da perspectiva bastante compatível com o anabatismo com muito mais detalhes do que outros autores aqui mencionados.

4. Reino Unido e Oceania

Em outros lugares ao redor do mundo o explícito teologizar anabatista aparece em países com surpreendentemente poucas igrejas menonitas ou dos Irmãos. Ele é desenvolvido em círculos muito mais amplos, como a América Latina, e os influencia. O Centro Menonita concentra-se muito mais em apresentar a perspectiva anabatista a outros cristãos do que plantar igrejas menonitas. Em 1992 nasceu a Rede Anabatista, com seu próprio periódico, *Anabatism Today*. Em 1995 australianos e neozelandeses se uniram e começaram a publicar *On the Road*, um jornal semelhante. A Rede consiste principalmente de grupos de estudo espalhados (cerca de quinze na Grã-Bretanha em 2006). Ela realiza conferências, provê recursos anabatistas e dirige discussões online.

Os participantes da Rede discutem intensivamente o que significa ser cristãos anabatistas em países que nunca os tiveram. Isso inclui articulação de crenças básicas, mas nos contextos de diferentes desafios e questões locais. A Rede e outros esforços menonitas atraem mais pessoas altamente instruídas do que os anabatistas sempre o fizeram, mas isso é em grande parte devido a sua visão de missão e comunidade entre os marginalizados. Aqui e em outros lugares, como veremos, o anabatismo "sectário" tem amplo apelo ecumênico.

Os anabatistas britânicos se concentraram em formular suas "convicções fundamentais", e mais recentemente na expiação, onde diferenças entre Christus Victor e modelos de substituição/satisfação são debatidos, como na América do Norte. Stuart Murray, um líder da Rede anabatista, escreveu um trabalho acadêmico sobre a hermenêutica anabatista, destacando temas como a participação congregacional. Murray registrou em crônica o surgimento histórico e a morte da "Cristandade" e os desafios da "Pós-cristandade" em relação à igreja e missão. Na Oceania a teologia erudita de Thorwald Lorenzen, pastor batista australiano, e o detalhado trabalho bíblico do neozelandês Christopher Marshall sobre questões de justiça e direitos humanos estimulam e são estimulados pela Rede Anabatista.

5. Europa continental
Muita reflexão anabatista estimulante vem do Seminário Batista Internacional de Praga, de seu *Journal of European Baptist Studies* e de suas frequentes conferências. Os batistas se originaram por volta de 1600 entre os refugiados ingleses na Holanda, que lá foram influenciados pelos menonitas (embora exatamente o quanto é discutido). Desde que os batistas europeus sempre foram diferentes, às vezes minorias perseguidas, eles se parecem com os anabatistas mais do que a maioria dos batistas em outra parte. Questões sobre a identidade batista quase sempre surgem, incluindo "até que ponto o seminário é anabatista?" e temas como "seguir Jesus num mundo violento". Conferências e artigos sofisticados são dedicados aos temas como normatividade ética, teologia ambiental, o papel da tradição, inclusão de outras tradições cristãs e a missão da igreja num mundo pós-moderno. Muito parecido com os esforços menonitas na América Latina e Grã-Bretanha, o Seminário Internacional envolve muitas pessoas fora dos círculos batistas ou menonitas.

Desde 1980 os menonitas europeus de língua francesa publicaram cerca de oitenta estudos profundos, normalmente de vários autores, sobre questões fundamentais. Desde que a maioria desses menonitas havia se aculturado e até mesmo se submetido ao testemunho de paz na época, essa série documenta a redescoberta e a reapropriação das primeiras crenças e valores anabatistas. Alguns estudos tratam de temas como a formação cristã e a modernidade (n. 1, 1987), o significado da fé (n. 1, 1988) e esperança escatológica (n. 3 e 4, 1999).

Entre os menonitas de língua alemã, que realizam várias conferências teológicas todos os anos, o teólogo menonita Fernando Enns, da Universidade de Heidelberg, escreve extensivamente sobre a importância ecumênica das igrejas da paz. Para impactar o mundo ecumênico, Enns argumenta, essas igrejas deveriam apresentar a paz não como um assunto especial, mas dentro da estrutura de suas eclesiologias. Enns mostra como tal eclesiologia comunitária pode estar arraigada nas relações entre as pessoas trinitárias. Ele baseia-se em Yoder, mas o critica por exagerar o reino de Deus, um conceito quase social, e minimizar o Espírito Santo.

Apesar do interesse generalizado na redescoberta do anabatismo, o historiador Hans-Jürgen Goertz adverte que o movimento do século 16 não foi uniforme, nem são diretas suas conexões com o presente. Um pouco de teologia em alemão, em parte destinada a leigos, emana do Seminário Bienenberg, perto de Basileia, que inclui aulas em francês.

Na Holanda os menonitas tornaram-se tolerantes mais cedo do que em outras partes. Entre os resultados estiveram maior assimilação social, a influência do pensamento iluminista, uma teologia anabatista liberal e a perda de membros. O mais importante recente teólogo anabatista holandês, Sjouke Voolstra, defendeu um retorno a uma teologia mais bíblica e crenças tradicionais para conter um declínio ainda maior.

6. Leste e sudeste da Ásia
Consistente com sua história, o anabatismo aqui se espalhou principalmente entre as pessoas marginalizadas. A teologia anabatista explícita é visível principalmente em dois países com altos níveis educacionais. Embora a Coreia tenha somente cerca de sessenta menonitas (dados de 2003), um centro de estudo anabatista foi estabelecido em 2001. Já estão começando a aparecer (Shin) trabalhos acadêmicos (em coreano).

Embora os menonitas japoneses cheguem a três mil e quinhentos, um número significativo de outros líderes denominacionais foram "anabatizados" pela liderança menonita no Instituto de Pesquisa Missionária de Tóquio e na Faculdade de Teologia da Ásia / Japão, por volta de 1990, e pela Sociedade Missiológica do Japão em 2005. A reflexão teológica anabatista aparece com mais frequência nas análises históricas, culturais e socioeconômicas da sociedade japonesa do ponto de vista da missão.

Através de seu estudo das sociedades comunitárias, o eminente sociólogo Gan Sakakibara descobriu modelos anabatistas antigos, traduziu alguns escritos primitivos, e, no fim da vida, filiou-se a uma igreja menonita. Takanobu Tojo, talvez o mais importante pensador anabatista do Japão hoje, ensina e escreve sobre sociologia e economia, pastoreia uma congregação dos Irmãos em Cristo, e proporciona liderança nas organizações missionárias já mencionadas. O menonita Robert Lee, pioneiro nos mesmos esforços, compara e contrasta longamente a história, sociedade e missão japonesas com homólogos ocidentais.

Vários teólogos japoneses e estudiosos bíblicos, como Masami Nakashima e Atsuyoshi Fujiwara, que recentemente completaram teses de doutorado, estão assumindo a liderança na teologia e missão de orientação anabatista.

Veja também IGREJA LIVRE, TRADIÇÃO DA; TEOLOGIA LUTERANA; TEOLOGIA REFORMADA; WESLEYANISMO, TEOLOGIA WESLEYANA.

BIBLIOGRAFIA. AQUINO, M. P. e ROSADO NUÑEZ, M. J., orgs., *Feminist Intercultural Theology: Latina Explorations for a Just World* (Maryknoll: Orbis, 2007); BARROW, S. e BARTLEY, J., orgs., *Consuming Passion: Why the Killing of Jesus Really Matters* (London: Darton, Longman & Todd, 2005); DRIVER, J., *Understanding Atonement for the Mission of the Church* (Scottdale: Herald, 1986); *East Asia Theological Consultation: Asian and Alternative Responses to David Bosch's* Transforming Mission (= *Mission Focus* 11 [2003]: Supplement); ENNS, F., *Friedenskirche in der Okumene: Mennonitischen Wurzeln einer Ethik der Gewaltfreiheit* (Gottingen: Vandenhoeck & Ruprecht, 2003); FINGER, T. N., *A Contemporary Anabaptist Theology: Biblical, Historical, Constructive* (Downers Grove: InterVarsity Press, 2004); FRIESEN, D. K., *Artists, Citizens, Philosophers: Seeking the Peace of the City* (Scottdale: Herald Press, 2000); GOERTZ, H.-J., *Das Schwierige Erbe der Mennoniten* (Leipzig: Evangelische Verlagsanstalt, 2002); GONZÁLEZ, A., *Reinado de Dios e imperio* (Santander: Sal Terrae, 2003); idem, *The Gospel of Faith and Justice* (Maryknoll: Orbis, 2005); INTERNATIONAL BAPTIST THEOLOGICAL SEMINARY (Prague), *Journal of European Baptist Studies* (2000-); KAUFMAN, G., *In Face of Mystery* (Cambridge: Harvard University Press, 1993); LEE, R., *The Clash of Civilizations: An Intrusive Gospel in Japanese Civilization* (Harrisburg: Trinity, 1999); *Les Cahiers de "Christ Seul" 1980-2000* (Montbeliard: Editions Mennonites, 2000); LIECHTY, D., *Reflecting on Faith in a Post Christian Time* (Telford: Cascadia, 2003); LORENZEN, T., *Resurrection and Discipleship: Interpretive Models, Biblical Reflections, Theological Consequences* (Maryknoll: Orbis, 1995); MARSHALL, C. D., *Beyond Retribution: A New Testament Vision for Justice, Crime, and Punishment* (Grand Rapids: Eerdmans, 2001); MCCLENDON, J., *Systematic Theology,* 1: *Ethics,* 2: *Doctrine,* 3: *Witness* (Nashville: Abingdon, 1986, 1994, 2000); MENNONITE WORLD CONFERENCE, "2003 Membership of Mennonite, Brethren in Christ, and Related Churches", em MWC World Directory website, www.mwc-cmm.org/ Directory/worldmap2003.pdf; MURPHY, N. e ELLIS, G., *On the Moral Nature of the Universe* (Minneapolis: Fortress, 1996); MURRAY, S., *Biblical Interpretation in the Anabaptist Tradition* (Kitchener: Pandora, 2000); idem, *Post-Christendom* (Carlisle: Paternoster, 2004); REIMER, A. J., *Mennonites and Classical Theology* (Kitchener: Pandora, 2001); SHIN, W.-H., *War and Politics: Christian Ethical Quests for Justice and Peace* [Título traduzido] (Seoul: Korean Christian Literature Society, 2003); SCHIPANI, D., org., *Freedom and Discipleship: Liberation Theology in Anabaptist Perspective* (Maryknoll: Orbis, 1989); TOJO, T., "The Historical Significance of Japan's Modernization", in: *East Asia Theological Consultation: Asian and Alternative Responses to David Bosch's* Transforming Mission (= *Mission Focus* 11 [2003]: Supplement) 67-76; WEAVER, J. D., *The Nonviolent Atonement* (Grand Rapids: Eerdmans, 2001); YODER, J. H., *The Politics of Jesus* (Grand Rapids: Eerdmans, 1972); idem, *Preface to Theology: Christology and Theological Method* (Grand Rapids: Brazos, 2002).

T. N. Finger

TEOLOGIA AMERICANA NATIVA. *Veja* TEOLOGIA NORTE-AMERICANA NATIVA.

TEOLOGIA APOFÁTICA. *Veja* TEOLOGIA ORTODOXA ORIENTAL.

TEOLOGIA ÁRABE E DO ORIENTE MÉDIO

A teologia tanto das igrejas orientais quanto das comunidades cristãs relativamente novas do mundo árabe têm sido bastante conservadora em comparação com seus homólogos

ocidentais. No entanto, no contexto do século 20, foi desenvolvida uma teologia da libertação palestina.
1. Teologia no mundo árabe
2. Principais questões na teologia árabe contemporânea
3. Naim Ateek e as atividades do Sabeel

1. Teologia no mundo árabe

A teologia cristã no mundo árabe tem sido muito conservadora desde o advento do *islamismo no século 7. As igrejas orientais continuaram a se definir em termos dos credos dos *concílios ecumênicos; não somente eles continuaram definindo suas teologias pelas decisões desses concílios, como esses concílios também definiram, até hoje, o que essas igrejas acham importante teologizar. Esse conservantismo foi ocasionado em parte pela chegada do islamismo e sua opressão à igreja. Isso criou um meio social no qual a igreja teve a tendência a se agarrar firmemente à sua fé histórica. O islamismo criou também um ambiente no qual a livre reflexão teológica era considerada *haraam* (tabu). Isso afetou a abordagem conservadora entregue pelos pais da igreja através dos concílios. As comunidades cristãs relativamente novas que se formaram desde que o trabalho missionário católico romano e protestante no mundo árabe também permaneceu teologicamente conservador comparado com seus homólogos ocidentais.

Recentemente, no entanto, teólogos árabes começaram a tratar das questões mais prementes do cristianismo protestante do Oriente Médio atual (Stephanous). No mundo árabe, o relacionamento entre o cristianismo e o *judaísmo tem sido de importância premente mais do que nunca desde a fundação do Israel moderno. Entre as questões consideradas estão conceitos de aliança e a *terra, e a importância de Jesus ser judeu. Questões adicionais incluem o *universalismo; esforços ecumênicos no Oriente Médio; o status da mulher na sociedade árabe em geral e dentro da igreja; e a busca por uma identidade cristã árabe cultural e política no contexto islâmico.

2. Principais questões na teologia árabe contemporânea

2.1. O Israel moderno, cristianismo e o papel do Antigo Testamento. O estabelecimento em 1948 do moderno estado de Israel como um estado religioso no Oriente Médio teve um grande impacto na região. Não somente ele mudou o equilíbrio racial, como também mudou métodos de pensar e de conceitos religiosos. Entretanto, a mudança mais séria foi a rejeição do outro. Quando a violência mútua nessa região aumentou, árabes cristãos e muçulmanos começaram a ler o Antigo Testamento num esforço para compreender as razões para a violência israelense. Alguns cristãos e muçulmanos erroneamente vieram a crer não somente que o Antigo Testamento está cheio de violência, mas que o Deus do Antigo Testamento encoraja e legitimiza assassinato e violência para alcançar o triunfo do seu povo escolhido. Isso resultou na deliberada negligência e marginalização do Antigo Testamento na fé cristã no Oriente Médio, embora ele faça parte da Palavra inspirada de Deus.

Em face desse contexto conturbado, tornou-se necessário refletir novamente sobre a representação de Deus no Antigo Testamento. Os teólogos árabes tem explorado a imagem de Deus como o Criador e seu relacionamento com sua criação, bem como seu papel como juiz e a pergunta de como Deus executa justiça para Israel e o resto das nações. O Deus do Antigo Testamento, visto em divina supremacia e amor, é o mesmo Deus que foi revelado em Jesus Cristo.

Tem sido também necessário diferenciar entre o Israel do Antigo Testamento e o modern estado de Israel. No contexto do Oriente Médio, a doutrina do pacto é considerada uma questão importante nos estudos bíblicos. De fato, muitos pensam que nossa compreensão do pacto é crucial na reforma do pensamento teológico. Recentemente, surgiram muitos falsos conceitos do pacto de Deus com seu povo, especialmente conceitos relacionados ao pacto de Deus com o povo israelense e o estado de Israel, e o conceito da aliança de Deus com a igreja.

Os teólogos árabes enfatizam que o conceito do pacto não está limitado à questão da *terra, mas também se estende a todos os aspectos de nossa vida contemporânea. Existem muitos pactos diferentes na Bíblia — os pactos com Abraão, Moisés e com Davi, e ultimamente o pacto entre Deus e seu filho

Jesus Cristo. No contexto do Oriente Médio, a relação entre o pacto e a lei é especialmente importante, assim como é o relacionamento entre os judeus e a terra da Palestina. Os teólogos árabes acreditam que a imigração do povo étnico judeu para a Palestina durante o século 20 não foi um cumprimento dos pactos do Antigo Testamento e, portanto, não tem nenhum valor ou significado teológico.

A identidade de Jesus e seu relacionamento com o judaísmo é outra das questões que preocupam os teólogos árabes do Oriente Médio. Isso é especialmente verdadeiro devido à escalada de tensões e aversão entre árabes muçulmanos, por um lado, e entre árabes cristãos e judeus, por outro. Consequentemente, alguns acharam necessário estudar as diferentes reinvindicações e separar Jesus de sua origem judaica. Esta última posição é fortemente defendida por alguns cristãos árabes devido ao amor deles por Jesus Cristo e sua aversão ao judaísmo. Alternativamente, outros descrevem o cristianismo como uma parte integrante do judaísmo. Esse ponto de vista é atualmente apoiado por muitos ocidentais e é dirigido por sua simpatia pelos judeus. Dado este conceito, uma cristologia baseada nos títulos que Jesus usou para si mesmo ou nos títulos que lhe foram conferidos pela igreja — como Cristo, Filho de Deus, Filho do homem e Servo de Deus — é importante para ajudar a compreender Jesus em seu contexto histórico. Além disso, deve ser dito que a igreja é a conexão espiritual ao conceito veterotestamentário do povo de Deus.

2.2. A posição das mulheres. Quando chegams à situação das mulheres, pode-se argumentar que as mulheres no Oriente Médio sofrem discriminação e injustiça. Assim, tornou-se importante estudar a história das mulheres no Oriente Médio num esforço para descobrir as razões para essa crise. Além disso, os cristãos têm buscado tratar da questão de como promover a posição das mulheres no Oriente Médio, e especialmente a das mulheres cristãs na igreja.

É impossível olhar para essa questão sem compreender a posição das mulheres no islamismo, que é a cultura dominante na região. Modernos movimentos políticos islâmicos estão buscando marginalizar as mulheres. Da mesma forma, notamos que a igreja árabe frequentemente também marginaliza as mulheres. Devido a uma interpretação da Escritura rigorosamente literal, as mulheres não tem permissão para ocupar posições de liderança na igreja. Assim, tornou-se importante enfrentar questões de discriminação ao se interpretar textos bíblicos sobre as mulheres à luz do espírito do Novo Testamento, que é dirigido à igualdade entre os gêneros.

2.3. Salvação e universalismo. Compreender a doutrina da *salvação é outro desafio no Oriente Médio. Na comunidade árabe contemporânea, o conceito predominante de salvação é baseado na exclusão. A exclusão sempre rejeita, ignora ou degrada o outro, dada a presunção de que o outro é "ateu". A exclusão permite eliminar o outro. Tornou-se essencial para os cristãos árabes ajustar sua atitude para com o outro, seja o outro alguém que adota uma religião ou denominação diferente, ou seja alguém de etnicidade ou gênero diferente. Consequentemente, existe a necessidade de refletir sobre premissas teológicas diferentes quando elas exploram a questão se Deus pode salvar não cristãos.

Os teólogos contemporaneous começaram a discutir diferentes conceitos relacionados à salvação de não cristãos. Há três pontos de vista básicos. Primeiro, existe a crença restritiva e exclusiva de que não há revelação divina salvadora fora do cristianismo. Essa crença exclui totalmente a possibilidade de que Deus salva os que não ouviram o evangelho. Em segundo lugar, uma compreensão abrangente enfatiza que não há completa revelação salvadora divina à parte de Cristo, e que não há expressão da salvação divina que não se refira a Cristo. Essa ideia é frequentemente usada para sugerir que outros não cristãos poderiam ainda ser incluídos na salvação de Deus. Modelos de destaque para esse ponto de vista teológico têm sido explorados em diálogo com teólogos ocidentais, e especialmente os da igreja católica romana desde o *Concílio Vaticano II. Terceiro, um entendimento pluralista sustenta não existir revelação divina, mas somente experiência humana. Nesta visão, todas as religiões são semelhantes em seus esforços humanos para se comunicar com o Absoluto (veja Teologia das Religiões).

Alguns teólogos contemporâneos argumentam a partir das Escrituras e da teologia cristã, que a salvação existe na estrutura do ato salvador do Espírito Santo. No contexto árabe, a reflexão teológica e o debate sobre esse assunto continuarão a ser importantes para o desenvolvimento de uma teologia cristã de outras religiões.

2.4. Movimentos ecumênicos. Existe uma ampla variedade de denominações representadas nas igrejas do Oriente Médio. De fato, a história da igreja inclui extensos períodos de divisão, separação e conflito. Foi sob essas condições que surgiu um movimento ecumênico. Igrejas tentaram trabalhar de forma cooperativa e desenvolver alianças que construíssem harmonia, procurando ao mesmo tempo desenvolver uma resposta conjunta aos desafios comuns.

No entanto é importante os cristãos continuarem a acompanhar as primeiras iniciativas do ecumenismo no Oriente Médio, que coloca desafios para a evangelização da região. A igreja evangélica está preocupada em não perder seu papel de pregar. O cristianismo, e especialmente o cristianismo protestante, é quase sempre visto no Oriente Médio como ocidental. Desde o surgimento do conflito Leste-Oeste, o mundo árabe tem enfrentado uma crise de identidade. Isto, por sua vez, resultou em a igreja ser vista com grande suspeita. À luz dessas pressões, um teólogo árabe contemporâneo busca autorizar a presença cristã no Oriente Médio. Ao mesmo tempo, trabalha para continuar o papel do movimento evangélico ecumênico, que apoia o princípio da co-existência e do diálogo entre as religiões.

2.5. Identidade cultural e política. Cultura e identidade determinam o método adotado no tratamento da atual situação no Oriente Médio. Podemos ver atualmente três amplas respostas. Muitos cristãos árabes procuram se afastar da sociedade para formarem ilhas isoladas, separadas da comunidade circundante para evitar o perigo da desintegração de sua identidade religiosa e sua fusão com a maioria muçulmana. No outro extremo estão os cristãos árabes que acreditam estar a solução em adotar os ditos e conceitos do islamismo político como uma forma de nacionalismo político.

Um terceiro aspecto visualiza enfatizar a multiplicidade de identidades que caracterizam os cristãos árabes. Ele enfatiza a necessidade de discutir o desenvolvimento do pensamento árabe como uma base ideológica e participação cultural, sem exclusão ou dissolução. Neste contexto, é importante estudar as características intelectuais que estão manifestas nas minorias cristãs na região de língua árabe. Além disso, uma nova estrutura precisa ser construída e que suporte o princípio do nacionalismo e estabeleça a participação dinâmica e efetiva dos cristãos árabes na política. Essa estrutura deve ser baseada em valores positivos que beneficiem a sociedade como um todo em vez de buscar beneficiar um grupo (religioso) em particular sobre o outro.

A. Z. Stephanous

3. Naim Ateek e as atividades do Sabeel
Além destas reflexões teológicas mais gerais, começa a emergir dentro do ambiente da teologia conservadora uma teologia árabe autóctone. O clérigo anglicano palestino, Naim Ateek (1937-) desenvolveu uma teologia contextual para os cristãos palestinos chamada teologia da libertação palestina, que tem sido muito influente. Ateek foi inspirado pelas teologias da *libertação desenvolvidas mais cedo na América Latina e em outros lugares. Durante seus estudos nos Estados Unidos na década de 1960 ele entrou em contato com a teologia da libertação, e foi o principal teólogo do mundo árabe a adotar e desenvolver essas ideias. Esse processo começou quando Ateek foi cônego da congregação palestina da Catedral de São Jorge em Jerusalém (1985-1997). No início da década de 1990 ele começou a organizar conferências teológicas e formalizou seu trabalho no Centro Sabeel, órgão ecumênico de teologia da libertação em Jerusalém. A palavra árabe *al-sabeel* significa "fonte de água" ou "caminho", e com relação ao Sabeel, refere-se a Jesus Cristo.

Na Palestina, o Sabeel organiza conferências, dias de jejum por Jerusalém e publica uma revista, *Cornerstone*, que se destina principalmente ao público cristão norte-americano e europeu. Esse foco no mundo ocidental não é coincidência, visto que a mensagem do Sabeel não tem um público pronto na Palestina, onde o número de cristãos é pequeno e se reduz gradualmente. O Sabeel oferece o que chama de "Visitas de testemunhas de justiça e paz" à terra santa para os cristãos ocidentais interessados em estudar questões palestinas. A organização se empenha em despertar as igrejas do mundo ocidental para a causa dos palestinos de modo a criar pressão política sobre Israel por uma paz justa com os palestinos. Nos Estados Unidos e na Europa o Sabeel encoraja uma campanha de investimento moralmente responsável, sugerindo que as igrejas e empresas não devam investir nenhum capital em Israel até que ele se retire para as legítimas fronteiras de 1967.

3.1. Por que uma teologia da libertação palestina?

3.1.1. Resposta a perguntas pastorais e teológicas. Na primeira edição da *Cornerstone*, Ateek demonstrou a necessidade de uma teologia da libertação palestina:

> No nível pastoral, alguns clérigos palestinos estiveram trabalhando com as pessoas nas bases e ouvindo seus clamores. Eles se viram na necessidade de lhes dar ajuda e responder, não apenas a seus sofrimentos físicos, mas também à maneira como esses sofrimentos estavam sendo agravados pelo argumento religioso no conflito político. As pessoas perguntavam "Onde está Deus no meio de tudo isso? Por que Deus permite o confisco de nossa terra? Por que Deus permite a ocupação e a opressão do nosso povo?". Precisamos resolver uma teologia palestina de libertação como uma resposta pastoral a muitas dessas perguntas. Além disso, muitos cristãos palestinos queriam abandonar a Bíblia, particularmente o Antigo Testamento, que estava sendo usado para justificar seu sofrimento. No entanto, como cristãos a Bíblia é essencial à nossa fé e, da mesma forma, era necessário encontrar na Bíblia o Deus que está preocupado com o oprimido, que está preocupado com os palestinos, os oprimidos desta terra. (*Cornerstone* 1, 1994)

O Sabeel se esforça em resolver o dilema da terra santa. Embora seja vista como o lugar onde o céu tocou a terra na encarnação, para os palestinos ela parece ser o lugar mais esquecido por Deus. O Sabeel acredita que a igreja, não Deus, está visivelmente ausente. Por isso, quer que a igreja desempenhe um papel na sociedade, especialmente na busca de uma paz justa e em relação a um estado palestino.

3.1.2. Contexto político e pontos de vista do Sabeel. Para Ateek e a comunidade do Sabeel, a ocupação israelense de Gaza, da Cisjordânia e de Jerusalém oriental ao lado da luta do povo palestino por um estado independente é o contexto que define no qual sua teologia é desenvolvida.

O Sabeel não faz rodeios em sua crítica ao apoio dos Estados Unidos a Israel, afirmando que ele viola o direito internacional e muitas resoluções do Conselho de Segurança das Nações Unidas. O Sabeel enfatiza que os cristãos palestinos são etnicamente árabes e que eles com seus irmãos muçulmanos formam uma nação palestina. Cristãos e muçulmanos lutam juntos pelos mesmos objetivos, a saber, pela liberdade, por independência e soberania. Essa abordagem é sublime, embora dificilmente refletida na atitude dos muçulmanos palestinos para com os cristãos.

Enquanto que, até a década de 1970 os cristãos desempenharam um papel importante em algumas das organizações de libertação seculares, esses dias acabaram e o Islã é agora o fator unificador na luta de libertação palestina.

O Sabeel vê uma Palestina onde tanto cristãos como muçulmanos possam viver sua fé em toda a extensão. A organização não tem problema com a ideia de o presidente da Palestina poder ser sempre um muçulmano, enquanto os cristãos são representados em todas as outras funções do estado. O Sabeel também aceita que a sharia islâmica possa formar uma das fontes da lei do estado. O secularismo, como modelo ocidental para o estado, não é visto como desejável para os cristãos da Palestina

O principal desafio teológico para Ateek é o *sionismo cristão. Ele tem sido bem-sucedido em dar não apenas justificativa teológica para o deslocamento palestino, exílio forçado e contínua opressão como também é diretamente responsável por mobilizar recursos materiais para os israelenses (*Cornerstone* 1, 1994). Ateek, portanto, se opõe fortemente à Embaixada Cristã Internacional em Jerusalém (ECIJ), que pública e teologicamente apoia a anexação de Jerusalém

Oriental por Israel, bem como de suas outras políticas dirigidas contra os palestinos.

3.2. Principais questões para uma teologia da libertação palestina.

3.2.1. A morte e a ressureição de Cristo e suas implicações para a Palestina. O Sabeel detém as opiniões cristãs do Deus trino e de Cristo tal como expresso nas confissões históricas da igreja. Eles também enfatizam a realidade histórica da morte e ressurreição física de Cristo para o perdão dos pecados como isso justifica a afirmação de Jesus de que ele é o Filho de Deus. No contexto da Palestina e sua ocupação, o Sabeel apoia a aplicação contextualizada da fé histórica. A ressurreição de Cristo é usada pelo Sabeel como paradigma da vida vitoriosa de fé para os indivíduos e também para a comunidade palestina. Ateek aplica a imagem da morte e ressurreição de Cristo ao comportamento israelense para com os palestinos. Em sua mensagem de Páscoa em 2001, Ateek disse:

> Neste tempo de Quaresma, parece a muitos de nós que Jesus está na cruz novamente com milhares de palestinos crucificados ao seu redor. É preciso apenas pessoas de discernimento para ver as centenas de milhares de cruzes em toda a terra, homens, mulheres e crianças palestinos sendo crucificados. A Palestina tornou-se um enorme Gólgota. O sistema de crucificação do governo israelense está atuando diariamente. A Palestina tornou-se o Lugar da Caveira (Ateek 2001a).

Muitas teologias da libertação usam o êxodo de Israel da escravidão no Egito como símbolo da libertação; por razões óbvias, isso não é feito pelo Sabeel. A imagem da morte e ressurreição de Cristo é muito mais convincente para os cristãos da Palestina. Eles sentem ser vítimas nas mãos da nação judaica, e para eles o túmulo vazio de Cristo e o Gólgota são uma presença física diária e um dogma central de suas liturgias. A comparação do sofrimento palestino com o de Cristo foi popularizado na década de 1960 por poetas árabes como Adônis, que usou a figura de Cristo morrendo nas mãos dos judeus para retratar o destino da Palestina. Esses poetas trataram Cristo quase como um deus da fertilidade, que morreu em cada outono e ressuscitou em cada primavera.

3.2.2. O conceito de povo eleito de Israel. O método hermenêutico do Sabeel envolve ler a Bíblia a partir do seu centro, Cristo, que confirmou e honrou todas as pessoas e especialmente os proscritos e marginalizados da sociedade. Ateek quer o Antigo Testamento lido em termos do Novo, crendo que a Bíblia deve ser compreendida a partir da perspectiva de um Deus inclusivo que se importa e respeita a liberdade e a dignidade de cada ser humano. Jesus inaugurou um reino espiritual, o *reino de Deus, onde o racismo e outras barreiras entre os povos são quebradas. O Sabeel afirma a natureza de Deus, universal, não exclusiva, contra as alegações de que Israel é a nação escolhida.

3.2.3. A importância da terra. O Sabeel não tem uma teologia centrada em Jerusalém. Ela mantém a visão política de que toda Jerusalém deveria ser a capital de um estado independente; não fala de Jerusalém como uma cidade santa como as principais crenças tipicamente o fazem. Para o Sabeel, ela é a cidade da crucificação de Cristo; ela reflete a fragilidade humana do mundo. Isso está de acordo com um foco teológico sobre a Jerusalém celestial, onde Jesus habita como a esperança para a humanidade. O Sabeel considera o paradigma da Jerusalém judaica sendo substituído pelo paradigma de Jesus na fé cristã, especialmente na sua vitória sobre a morte.

Ateek insiste que a questão da terra é acima de tudo uma questão da teologia adequada. "Que tipo de Deus o cristianismo ensina e em que tipo de Deus nós cremos? É um Deus tribal, um Deus territorial, parcial em relação à tribo dos hebreus e interessado em lhes outorgar um pedaço de terra na Palestina como direito eterno de nascimento independentemente dos direitos de seus habitantes naturais?" (*Cornerstone* 32, 2004).

3.2.4. Nacionalismo, violência e reconciliação. Levítico 25.23 afirma que *não se venderão terras em definitivo, porque a terra é minha. Estais comigo como estrangeiros e peregrinos.* Importante para Ateek, isso afirma que, gostem os judeus e palestinos ou não, eles são colocados juntos na terra e devem compartilhá-la sob Deus. Ele vê a terra, por conseguinte, como um microcosmo do que Deus quer fazer no mundo todo. Ele acredita que Deus deseja verdadeira paz internacional, bem como a paz na Palestina.

Ateek considera os israelenses o mais forte dos dois combatentes e, assim, os julga mais severamente que os palestinos. Devido a relativa fraqueza deles e a opção preferencial de Deus pelos pobres (um termo que Ateek tomou emprestado do pensamento social católico romano das últimas décadas), Ateek acredita ser lógico que os palestinos com um padrão de conduta mais leniente. A ocupação israelense é a negra experiência para a maior parte do comportamento palestino. Isso não significa que o Sabeel não seja crítico do povo palestino. Ela tem reivindicado reformas radicais na Autoridade Palestina e expressado críticas cautelosas ao Islã.

O Sabeel enfatiza também que a Palestina não deve cair "num nacionalismo estreito e chauvinista" (*Cornerstone* 1). Ela considera essa forma de nacionalismo um falso deus, assim como considera o conceito de violência pela libertação da Palestina um falso deus. A ideia de que o uso da violência pode levar à libertação é uma ilusão, de acordo com o Sabeel. Isso está de acordo com sua compreensão bíblica do reino de Deus e sua futura visão da Palestina (Howard-Brook). Assim como foi dito aos cristãos nos dias do Novo Testamento por João no livro de Apocalipse a não se conformarem com a Babilônia (o império romano), os cristãos atualmente devem se distanciar da participação nas formas culturais do mundo ocidental com suas estruturas de poder (Howard-Brook e Gywther).

O oposto da Babilônia, a Nova Jerusalém, é onde a verdade, justiça e o amor prevalecem. Portanto, para o Sabeel, é proibida a resistência armada e a violência contra os ocupantes israelenses. Jesus é o modelo: quando ele foi insultado, não retribuiu insulto por insulto. Ele foi uma pessoa forte que não usou as armas do mal para revidar, e finalmente preferiu a morte à resistência. O Sabeel, portanto, condena todas as formas de violência, incluindo os bombardeios suicidas contra Israel. No entanto, Ateek enfatiza que esses atos de violência não são a causa do conflito, mas o resultado da ocupação.

O objetivo do Sabeel é que Jerusalém venha a se tornar a capital, tanto para Israel como para a Palestina. Ela é uma cidade com características judaicas e palestinas, e deveria ser livremente acessível a judeus, cristãos e muçulmanos. Ela acredita que não há espaço para um muro de separação entre o povo. Reconciliação, não separação, é o objetivo do Sabeel. Visto que ao longo da história essas religiões sofreram grandemente umas nas mãos das outras, todas as partes devem confessar que pecaram umas contra as outras quando controlaram a cidade, todas agiram com arrogância militar, superioridade religiosa e preconceito contra as outras. Reconciliação é a restauração de uma comunidade depois do conflito e, de acordo com o Sabeel, não pode haver real comunhão de shalom/salam, a não ser que todos sejam parte dela, até mesmo o inimigo.

No clima politizado das igrejas palestinas e árabes, o Sabeel é mais popular por sua mensagem antissionista do que por sua mensagem de reconciliação entre judeus e árabes. Com sua mensagem de reconciliação, o Sabeel tem recebido um ouvido disposto nas igrejas ocidentais com um interesse em defender os direitos palestinos, e parece que o Sabeel é mais popular nessas igrejas ocidentais do que na comunidade de cristãos árabes. Resta também ver no longo prazo se a hermenêutica do Sabeel, especialmente em relação ao Antigo Testamento, a isolará ou não das igrejas históricas do mundo árabe.

J. M. Strengholt

Veja também Islamismo; Judaísmo; Ortodoxia Copta; Sionismo Cristão; Teologia da Libertação.

Bibliografia. Ateek, N. S., *Justice and Only Justice: A Palestinian Theology of Liberation* (Maryknoll: Orbis, 1989); idem. *Who Will Roll Away the Stone*, sermão em 24 de fevereiro de 2001 [a], na Capela de Notre Dame, Jerusalem, www.sabeel.org; idem, "An Easter Message from Sabeel" (April 6, 2001[b]) www.sabeel.org; *Cornerstone* (todas as edições estão disponíveis em www. sabeel .org); Fasheh, M., "Human Rights and Jesus" *Cornerstone* 14 (1999); Howard-Brook, W. e Gwyther, A., *Unveiling Empire: Reading Revelation Then and Now* (Maryknoll: Orbis, 1999); Zaki Stephanous, A., org., *Toward Arab Contemporary Theology* (Cairo: Dar al Thaqafa, 2008); Van Zile, D., *Sabeel's Teachings of Contempt:*

A Judeo-Christian Alliance Report (June 2005), www.judeo-christianalliance.org; *The 5th International Sabeel Conference Statement: Challenging Christian Zionism* (April 18, 2004) <www.elcjhl.org>.

A. Z. Stephanous e J. M. Strengholt

TEOLOGIA ASIÁTICA

No estado atual da teologia asiática, o método e o carácter dos discursos teológicos dominantes nem sempre refletem fielmente a tendência geral autóctone asiática. Como a maioria dos teólogos asiáticos profissionais são treinados no Ocidente, eles tendem a perpetuar os padrões ocidentais da educação *teológica no currículo teológico. No final do século 20 e início do século 21, entretanto, surgiu um pequeno, porém significativo número de teólogos asiáticos que iniciaram a busca por teologias contextuais e relevantes na Ásia para pessoas asiáticas.

1. Antigas iniciativas
2. Três vertentes da teologia contextual asiática
3. Um novo desafio para a teologia asiática

1. Antigas iniciativas

Para colocar a teologia asiática em contexto adequado, alguns teólogos da primeira geração e líderes eclesiásticos que lançaram as sementes para indigenizar o cristianismo asiático devem ser brevemente analisados.

Toyohiko Kagawa (1888-1960) exerceu enorme influência no Japão através do seu ministério entre os pobres e por meio de muitos de seus livros, traduzidos para o inglês na década de 1930. Seu contemporâneo Uchimura Kanzo (1861-1931) começou no Japão o movimento Não Igreja no Japão e deixou uma marca indelével nas igrejas japonesas e na sociedade em geral. Sua maior preocupação foi viver os ensinos da Bíblia fora da igreja institucionalizada. Choi Byung-Hurn (1858-1927), o primeiro pastor metodista coreano, tentou explicar a sua nova identidade como cristão, refletindo sobre seu passado como um erudito confucionista. Como novo convertido ao cristianismo, a questão do diálogo inter-religioso tornou-se uma questão de urgência existencial. Gil Sun-Joo (1869-1935), ex-mestre taoísta convertido ao cristianismo, foi um dos líderes mais influentes da história da igreja coreana primitiva e começou a reunião de oração de manhã cedo pela qual a igreja coreana é conhecida. Nesse sentido, ele contribuiu significativamente para a indigenização de algumas práticas na igreja. Na China continental os ensinos e ministérios de heróis cristãos como Wang Mingdao (1900-1991), Watchman Nee (1903-1972) e John Sung (1901-1944), serviram como espinha dorsal das igrejas nos lares na China e nas muitas igrejas de língua chinesa no sudeste da Ásia. Nee é notável particularmente por sua profunda espiritualidade e seu conhecimento bíblico, que exemplificou um encontro asiático com o cristianismo. O bispo Ting Kwang-Hun (1915-) dirigiu as igrejas do Movimento Patriótico das Três Autonomias na China (TSPM em inglês) e procurou negociar as reivindicações igualmente irrevogáveis da igreja e estado. Um notável herói cristão na Índia foi Sadhu Sundar Singh (1889-1929), cuja profunda espiritualidade continua a repercutir na Índia e além dela. Foi Singh que imortalizou a frase "Se você deseja dar a água da vida ao povo da Índia, faça-o em um copo indiano". Alguns livros sobre sua vida e ministério foram publicados, mas ainda falta pesquisa acadêmica sobre sua teologia espiritual.

O que é significativo nessa primeira geração de líderes asiáticos é sua luta comum para expressar e praticar sua nova fé à luz de suas tradições e espiritualidades anteriores. Reexaminar sua teologia e ministério em grande parte implícitos lançará nova luz sobre a maneira como uma teologia asiática mais autêntica e abrangente pode ser formulada.

2. Três vertentes da teologia contextual asiática

Aloysius Pieris, teólogo católico cingalês, entende a religiosidade e a *pobreza asiática como os dois principais pilares da realidade asiática (Pieris, 69) e sugere que o cristianismo deveria negociar com essas realidades gêmeas se é para fincar raízes profundas no solo asiático. Embora se possa questionar a abrangência da caracterização da realidade asiática feita por Pieris, ela não deixa de fornecer uma estrutura útil para classificação das várias iniciativas teológicas locais. A busca pela teologia contextual asiática revela três vertentes identificáveis.

2.1. A teologia asiática negociando com

a realidade social, política e econômica na Ásia. Muitos teólogos asiáticos tentam relacionar o evangelho com a realidade social, política e econômica na Ásia. M. M. Thomas (1916-1996) na Índia se empenhou em articular o relacionamento entre o cristianismo e a construção da nação. Similarmente, no início da década de 1920, os cristãos chineses debateram como o cristianismo poderia contribuir para a modernização do país. O papel da igreja na construção da nação ou sua contribuição para o bem-estar dos estados (seculares) na Ásia ainda está sendo discutida em muitos países asiáticos. Ironicamente, na pós-Revolução Cultural da China o estado secular parece estar tão profundamente interessado nessa questão como a igreja (Poon).

A *teologia minjung, uma versão da *teologia da libertação, foi desenvolvida dentro do contexto histórico da exploração econômica e opressão política na Coreia da década de 1970. Ahn Byung-Um e Suh Nam-Dong foram os pioneiros da teologia minjung, e contribuíram grandemente para o despertar das igrejas para a realidade da injustiça social, exploração econômica e opressão política. No contexto indiano a teologia *dalit* ressaltou a realidade do povo *dalit* (os intocáveis), e no Japão alguns teologizaram sobre a realidade social e econômica do *burakumin* (vilarejo, ou aldeia, povo). Aloysius Pieris publicou um livro sobre a teologia da libertação asiática, e muitos teólogos, incluindo Carlos H. Abesimos das Filipinas, tentou relacionar o evangelho à realidade asiática de pobreza e injustiça econômica. Mais recentemente, R. G. Sugirtharajah, que está sediado na Inglaterra, aplicou o discurso pós-colonial à interpretação da Bíblia.

2.2. A teologia asiática negociando com a realidade cultural da Ásia. Ao dar-se conta do papel da cultura como filtro hermenêutico, que as pessoas compreendem o evangelho através de sua cosmovisão pré-existente, alguns teólogos asiáticos tentam alcançar uma convergência entre o *evangelho e culturas asiáticas e, dessa forma indigenizar o cristianismo.

Hoje é amplamente aceito que os cristãos precisam negociar com as culturas locais para a efetiva e eficiente comunicação transcultural do evangelho. Nos círculos mais radicais, os teólogos até se aventuram a explicar o evangelho utilizando conceitos não cristãos.

Lee Jung-Young, teólogo coreano-americano, tenta explicar o Deus trino usando o conceito taoísta de *yin* e *yang*. Alguns teólogos coreanos como Yun Sung-Beom e Yoo Dong-Shik também tentaram reconceitualizar elementos cristãos usando termos culturais tradicionais. Outros, principalmente teólogos indianos como Raimon Panikkar e Stanley Samartha, propõem o conceito do Cristo cósmico utilizando o conceito hindu de *avatar* (encarnação). O erudito japonês Seichi Yagi sugere, contra o pano de fundo do budismo, o retrato de Jesus como quem atingiu a iluminação. O erudito taiwanês-americano C.-S. Song também refletiu sobre várias formas para explicar ensinos cristãos usando os símbolos religiosos-culturais encontrados nas tradições multi religiosas da Ásia. Kosuke Koyama, um erudito nipo-americano que escreveu *Waterbuffalo Theology*, é provavelmente mais amplamente conhecido como um teólogo contextual japonês. Sua primeira preocupação foi reapresentar o evangelho ao povo asiático de uma forma asiática.

2.3. Teologia asiática como diálogo inter-religioso. A atitude cristã em relação a outras religiões tradicionais tornou-se uma das mais espinhosas questões nos círculos teológicos asiáticos. Embora não existam muitos teólogos asiáticos que a adotem a teoria do pluralismo religioso, ainda a proposta radical de alguns para adotar um paradigma pluralista tem significativas implicações que podem afetar a forma como o evangelho é interpretado na Ásia (veja Teologia das Religiões).

No contexto budista do Sri Lanka, Lynn de Silva e Aloysius Pieris tentam relacionar o evangelho aos ensinos budistas ou traduzir os ensinos cristãos aos conceitos budistas para que eles possam fazer sentido ao povo local. No contexto hindu, Raimon Panikkar, Stanley J. Samartha, Wesley Ariarajah e Christopher Durasingh são teólogos pioneiros que esposam o pluralismo religioso. No contexto confucionista, C.-S. Song defende um salto teológico do Ocidente para a Ásia, descartando o que percebe como centramento na igreja (eclesiocentrismo) do Ocidente e por permitir a possibilidade de salvação em outras tradições religiosas. Tentativas semelhantes são observadas em Archie C. C. Lee em Hong Kong e Yeow Choo Lak, de Cingapura. Na Coreia, Pyun Sun-Hwan propôs uma teologia de outras religiões ao sugerir audaciosamente que nos aproximamos de outras religiões como parceiros iguais no *reino de Deus e nos tornamos suscetíveis de sermos corrigidos e enriquecidos por outras religiões. Na sequência destas iniciativas em relações inter-religiosas ou entre crenças, entendimentos tradicionais de *cristologia, *eclesiologia, autoridade bíblica (veja Revelação e Escrituras) e missão cristã são radicalmente revistos. "Teologia das histórias" é um modo comum de produzir a convergência das tradições religiosas cristãs e asiáticas. A premissa básica da teologia de histórias é que as histórias tradicionais asiáticas têm igual autoridade que as histórias da Bíblia.

3. Um novo desafio para a teologia asiática

Duas coisas podem ser observadas no atual discurso teológico asiático. Uma delas é que depois de várias décadas o avanço para a teologia asiática parece não ter tido muito progresso. Apesar das rápidas mudanças na Ásia, a teologia asiática "tradicional" quase não abriu novos caminhos. A outra é a crítica da teologia asiática pelos teólogos asiáticos. A autenticidade das várias iniciativas teológicas asiáticas tem sido desafiada pelos que vêm de tradição evangélica. Há sinais positivos de que os teólogos evangélicos asiáticos estão tentando ser mais abertos e agressivos em envolver a herança asiática cultural e religiosa com o evangelho. Exemplos são Rodrigo Tano nas Filipinas, o bispo Hwa Yung, na Malásia, Carver T. Yu, em Hong Kong e Vinoth Ramachandra, no Sri Lanka.

A igreja asiática continua a enfrentar três imperativos: Primeiro, a teologia asiática deveria contribuir para refazer a imagem do cristianismo como uma religião asiática, visto que a percepção geral do cristianismo em grande parte da Ásia é que se trata de uma religião estrangeira ou ocidental. Segundo, a teologia asiática como um encontro entre o evangelho e culturas asiáticas deveria ajudar a igreja a redescobrir o evangelho e promover um cristianismo bíblico que tem sido amplamente domesticado e truncado por formas de contextualização que beiram o sincretismo. É preciso ir além de uma mera comparação cognitiva entre os ensinos cristãos e outros ensinos e contribuições asiáticos tradicionais para obter uma compreensão mais profunda da Bíblia. O rico e diversificado patrimônio religioso da Ásia poderia ajudar a igreja a recuperar, por exemplo, a leitura espiritual da Escritura encontrada entre os pais da igreja. Terceiro, a teologia asiática serviria à causa de tornar os ensinos cristãos as crenças arraigadas de povos asiáticos muito parecido como os ensinos do *islamismo, *hinduísmo, confucionismo, *budismo e xintoísmo se tornaram arraigados nos povos da Ásia. Nesses aspectos, a teologia asiática ainda está em formação.

Veja também BUDISMO; HINDUÍSMO; ISLAMISMO; RELIGIÕES CHINESAS; TEOLOGIA ASIÁTICA CATÓLICA ROMANA; TEOLOGIA CHINESA; TEOLOGIA COREANA; TEOLOGIA INDIANA; TEOLOGIA JAPONESA; TEOLOGIA MINJUNG.

BIBLIOGRAFIA. ARIARAJAH, W., *The Bible and People of Other Faiths* (Geneva: WCC, 1985); CHAN, S., "Evangelical Theology in Asian Contexts", in: *Cambridge Companion to Evangelical Theology,* Treier, D. e Larsen, T., orgs. (Cambridge: Cambridge University Press, 2007); ENGLAND, J., org., *Living Theology in Asia* (London: SCM, 1981); KIM, Yong-bock, *Minjung Theology: People as the Subjects of History* (Hong Kong: CCA, 1981); KITAMORI, K., *The Theology of the Pain of God* (London: SCM, 1965); KOYAMA, K., *Waterbuffalo Theology* (London: SCM, 1974); LEE, A. C. C., "Biblical Interpretation in Asian Perspective", in: *A Reader in Dalit Theology,* Nirmal, A. P., org. (Madras: Gurukul Lutheran Theological College and Seminary, 1991); PANIKKAR, R., *The Unknown Christ in Hinduism* (London: Darton, Longman & Todd, 1981); PIERIS, A., *An Asian Theology of Liberation* (Maryknoll: Orbis, 1988); POON, M. N.-C., org., *Pilgrims and Citizens: Christian Social Engagement in East Asia Today* (Adelaide: ATF Press, 2005); RAMACHANDRA, V., *The Recovery of Mission: Beyond the Pluralist Paradigm* (Grand Rapids: Eerdmans, 1996); SAMARTHA, S. J., *One Christ — Many Religions: Toward a Revised Christology* (Maryknoll: Orbis, 1991); SAMUEL, V. e SUGDEN, C., orgs., *Sharing Jesus in the Two Thirds World*

(Grand Rapids: Eerdmans,1983); SONG, C.-S., *Third-Eye Theology: Theology in Formation in Asian Settings* (ed. rev.; Maryknoll: Orbis, 1979); idem, *The Believing Heart: An Invitation to Story Theology* (Minneapolis: Fortress, 1999); SUGIRTHARAJAH, R. S., *Voices from the Margin: Interpreting the Bible in the Third World* (3a reimp.; Maryknoll: Orbis, 2006); SUN-HWAN, Pyun, "Other Religions and Theology", *EAJT* 3 (1985) 327- 53; TANO, R. D., *Theology in the Philippine Setting: A Case Study in the Contextualization of Theology* (Quezon City: New Day Publishers, 1981); TONG-SHIK, R., "Rough Road to Theological Maturity", in: *Asian Voices in Christian Theology,* Anderson, G. H., org. (Maryknoll: Orbis, 1976); THOMAS, M. M., *The Acknowledged Christ of the Indian Renaissance* (Madras: Diocesan Press, 1970); YU, C. T., *Being and Relation: A Theological Critique of Western Dualism and Individualism* (Edinburgh: Scottish Academic Press, 1987); YUNG, H., *Mangoes or Bananas? The Quest for an Authentic Christian Theology* (Oxford: Regnum, 1997).

M. Lee

TEOLOGIA ASIÁTICA CATÓLICA ROMANA

Pode-se dizer que a Igreja Católica Romana da Ásia é verdadeiramente católica porque a igreja asiática adota uma variedade muito ampla de povos de diferentes culturas, ambientes, ideologias políticas e estruturas sociais. Em face de tal diversidade, fazer teologia na Ásia deve abranger unidade na pluralidade e diversidade. Como os asiáticos católicos romanos reinterpretam o *evangelho para a Ásia, esse empreendimento constitui uma contribuição essencial à ideologia da igreja universal.

A *globalização, o *secularismo e o *fundamentalismo religioso tornam essa tarefa teológica cada vez mais urgente e indispensável, visto que a teologia ocidental não tem condições de dar respostas às questões existenciais colocadas pelos asiáticos. A teologia asiática não pode apenas adaptar a teologia ocidental aos contextos asiáticos; o desafio é expressar fé viva em Jesus Cristo da maneira asiática. Este artigo pesquisa as perspectivas e as principais questões na teologia asiática católica romana.

1. Perspectivas do ato de fazer teologia na Ásia hoje
2. Hermenêutica e recursos
3. Principais questões
4. Conclusão

1. Perspectivas do ato de fazer teologia na Ásia hoje

Das diferentes perspectivas, a contextualidade é o horizonte principal quando se faz teologia asiática. A universalidade do evangelho como uma teologia viva exige que a teologia asiática reflita novamente a pessoa e a mensagem de Jesus na estrutura das realidades sociais, econômicas e políticas; suas culturas, religiões, ideologias e filosofias. Esse esforço para retraduzir, reinterpretar e re-expressar o evangelho nas culturas asiáticas, como a igreja primitiva fez em seu contexto, é uma necessidade missiológica e teológica que surge da fé na encarnação. Tal metodologia teológica contextual como proposta pela Federação das Conferências Episcopais da Ásia apela por compromisso e serviço à vida expressa num triplo diálogo concomitante com as culturas asiáticas, com suas religiões e o pobre.

Em primeiro lugar, o diálogo com as culturas evita uma separação entre o evangelho e as tradições do povo. Uma fé encarnada deve ser expressa em símbolos e tradições afinadas com as culturas asiáticas. Tal fé aculturada deveria incorporar reflexão teológica, *liturgia, catequese religiosa e *espiritualidade. A autêntica enculturação, entretanto, é governada por dois princípios fundamentais, a saber, compatibilidade com o evangelho e a fé da igreja universal.

Em segundo lugar, à vista da aspiração muito importante por harmonia, os cristãos asiáticos que vivem num mundo multirreligioso devem discernir a atividade salvadora de Deus em outras religiões e encontrar formas de integrar e harmonizar as diferentes experiências religiosas dos outros (veja Teologia das Religiões). A esse respeito, dada a natureza contemplativa e ritualística dos asiáticos, a experiência do sagrado, a forma de *oração, espiritualidade e *misticismo deveria ser o ponto de partida para o diálogo inter-religioso e uma verdadeira teologia asiática. Os asiáticos não desejam especular o abstrato, mas um povo profundamente *sacramental, eles preferem compartilhar sua experiência religiosa.

O diálogo da fé, entretanto, deve acabar levando a um diálogo de vida com o pobre e marginalizado. Assim, na proclamação das boas novas, é imperativo que a igreja católica adote uma opção *preferencial pelo pobre. Junto com crentes de outras crenças, a igreja católica asiática luta contra as forças da injustiça, discriminação, *violência e *pobreza perpetuada pelas estruturas opressivas e poderes manipuladores.

Por baixo desse empreendimento teológico está a espiritualidade de harmonia, que é o vínculo desse tríplice diálogo. Uma teologia asiática de harmonia encontra sua base e modelo teológico na *Trindade como a comunhão do amor, da unidade na diversidade, na qual a igreja como o sacramento e instrumento de comunhão com Deus e unidade entre todos os povos está firmada. Essa visão de harmonia é posta em prática através do diálogo e colaboração com as pessoas de outras religiões e culturas ao estabelecer o reino de Deus pela reconciliação, respeito mútuo e tolerância em trabalhar pela justiça, união e paz.

2. Hermenêutica e recursos

O método *teológico asiático é pluralista porque a realidade é percebida e explicada de diferentes formas. O pluralismo, entretanto, difere do relativismo. O último afirma que as verdades são opiniões subjetivas da realidade e, portanto, toda visão da realidade é igualmente verdade, enquanto que o anterior aceita que existem perspectivas diferentes e cosmovisões em entender e explicar a realidade, dependendo do horizonte do qual se aborda a questão da verdade. Consequentemente, a objetividade da verdade tem prioridade sobre a subjetividade.

Este apoio ao pluralismo na teologia se fundamenta nas diversas teologias do Novo Testamento formuladas por diferentes grupos em resposta às questões levantadas por suas comunidades à luz da experiência pascoal. A igreja pós-apostólica e patrística, através de concílios *ecumênicos nos primeiros sete séculos, fixou os parâmetros para uma legítima aculturação da fé quando transpuseram uma linguagem bíblica da fé para um modo filosófico e ontológico.

Gaudium et Spes (*GS* 62) do *Concílio Vaticano II lembra-nos de que o depósito e as verdades da fé são uma coisa, mas a maneira de expressá-las é bem diferente. Necessariamente, uma pluralidade de teologias que se harmoniza com os costumes e culturas locais é permissível desde que tal pluralismo apresente a fé universal da igreja contida nas Escrituras e na tradição. De fato, enquanto o pluralismo é permitido na teologia, o relativismo dogmático é excluído.

No entanto, antes de empreender uma aculturação teológica, a aculturação bíblica é um pré-requisito. Uma mudança de paradigma na *hermenêutica bíblica da abordagem crítica-histórica ocidental para uma abordagem tipicamente asiática contemplativa e intuitiva torna-se necessária. Além disso, em uma teologia dialógica, os asiáticos preferem uma linguagem participativa evocativa e inclusiva. Por ser simbólica, a linguagem narrativa e poética é preferível à linguagem conceitual, que tende a ser exclusiva e definitiva.

Com relação aos recursos da teologia, as realidades contextuais a serem discernidas à luz da Escritura e da tradição incluem (1) culturas, isto é, costumes, valores, moralidade e cosmovisões; (2) religiões, incluindo experiência religiosa, credo, culto, adoração, rituais, festas e religiosidade popular; e (3) movimentos que buscam transformação da sociedade, por exemplo, das mulheres, movimentos tribais e ecológicos.

3. Principais questões

3.1. Cristologia contextual: A face de Cristo na Ásia.
Ecclesia in Asia (João Paulo II, *EA*) lista *cristologia como a primeira área fundamental pela qual explorar a aculturação teológica. A teologia ocidental que é frequentemente vista como triunfalista e monopolista não seria compatível com a predileção da Ásia pelo pluralismo e a harmonia. A igreja asiática, como a igreja primitiva, precisa engenhosamente apresentar a imagem de Jesus Cristo em seu próprio contexto em criativa fidelidade à Escritura e à tradição da igreja já que a mudança garante a continuidade.

Desde que uma abordagem da alta cristologia que proclama Jesus como o Filho de Deus, o primeiro e único Salvador, torna o diálogo impossível, os teólogos asiáticos preferem uma pedagogia pela via da baixa cristologia. Por esse meio, o mistério de Cristo é gradualmente revelado, começando com Jesus como homem, um profeta, antes de chegar à sua identidade como Cristo e o Filho de Deus à luz da fé pascal. A lógica é que, a menos que os não cristãos asiáticos reconhecer e encontrar Jesus como um homem identificado com o amor de Deus, como um homem para os outros, especialmente os pobres, sua identidade cristológica será incompreensível. Adequadamente, a pessoa de Jesus deve ser apresentada antes de apresentar doutrinas sobre ele como o Cristo, o Filho de Deus.

Assim, o Sínodo dos Bispos asiáticos julga que a imagem de Jesus encontraria melhor recepção pelos povos asiáticos como "o Mestre de Sabedoria, o Curador, o Libertador, o Guia espiritual, o Iluminado, o Amigo compassivo do pobre, o Bom samaritano, o Bom pastor, o Obediente" ou "a Sabedoria de Deus encarnada cuja graça traz gozo das 'sementes' da divina Sabedoria já presente nas vidas, religiões e povos da Ásia". (*EA* §20). A imagem de Jesus como o autêntico homem de sabedoria e compaixão fala profundamente aos pobres da Ásia que estão lutando por justiça, liberdade, paz e harmonia.

3.2. Eclesiologia aculturada: uma nova forma de ser igreja.
A enculturação da mensagem do evangelho da construção de uma igreja verdadeiramente local. Para que a igreja na Ásia seja asiática, ela deve evitar parecer estrangeira; deve usar uma face asiática mostrando, dessa forma, que a fé cristã atravessa todas as culturas e pode se interpor através das culturas e tradições da Ásia, embora alguns desses valores possam precisar de purificação. Desde que o diálogo é o principal modo de promover a harmonia, as igrejas locais devem estar continuamente em diálogo humilde e amoroso com as tradições vivas, culturas e religiões da Ásia.

Como igreja que testemunha, a igreja na Ásia deve colocar-se como igreja profética, uma igreja dos pobres e uma serva do amor, verdade, justiça e liberdade, de fato, uma igreja isenta de triunfalismo. Ela deve desempenhar um papel ativo como construtora de comunhão e promotora da paz, não somente dentro da igreja, mas com todas as pessoas, independentemente de raça e religião. Tal diálogo obviamente deve também abranger a igreja universal como uma comunhão de comunhões se a teologia da Ásia deve ser considerada parte integrante da fé católica.

3.3. Missão: evangelização como proclamação, construção do reino e diálogo.
Desde que o *reino de Deus se estende além dos confins da igreja e todas as pessoas de boa vontade podem ser salvas de maneiras desconhecidas para nós através do Espírito Santo, que as leva a compartilhar do mistério pascal de Cristo (*GS* §22), inevitavelmente surge a questão da necessidade de proclamar Jesus Cristo. No contexto de sociedades plurirreligiosas da Ásia, a natureza dessa missão requer esclarecimento. A igreja católica reconhece a presença oculta do evangelho nas culturas e religiões da Ásia, porque eles não estão sem o conhecimento de Deus, desde que eles "muitas vezes refletem um raio daquela verdade que ilumina todos os seres humanos" (*Nostra Aetate* §2). Como igreja, sua missão é trazer as religiões e culturas asiáticas à plenitude da verdade sendo o sinal visível e o sacramento do mistério da salvação em ações e palavras. Como a missão sempre toma como seu ponto de partida as realidades da Ásia, a igreja católica trabalha com outros para estabelecer o reino de Deus através da cooperação, amor e serviço. Essa totalidade de missão e evangelização incorpora diálogo com os pobres; um compromisso com o desenvolvimento social, humano e econômico; a promoção da verdade, justiça e liberdade; e o diálogo inter-religioso pelo compartilhar da fé e da vida.

A evangelização é uma realidade complexa, todavia nunca pode haver uma verdadeira evangelização sem a proclamação de Jesus como o Cristo. E assim, quando se trata de confirmar a primazia e a centralidade de Cristo como o Filho de Deus, os bispos asiáticos permanecem firmes em suas convicções mesmo quando tal proclamação é feita de uma maneira dialógica com humildade e amor. Consequentemente, a igreja católica deve estar aberta tanto para o diálogo como para a proclamação do evangelho, visto que o diálogo é apenas uma forma de proclamação. No entanto, seria reducionismo apenas equiparar proclamação com diálogo.

Positivamente, a igreja católica na Ásia reconhece que na economia da salvação, a pluralidade de religiões faz parte do desígnio de Deus à medida que elas também contribuem para a construção do reino e não são simplesmente toleradas. Claro, todas as religiões não são as mesmas, nem têm o mesmo valor e verdade. No entanto, todas as religiões são verdadeiras parceiras e colaboradoras na missão promover o reino de Deus. A igreja católica cumpre seu papel como parceira de peregrinação, companheira e serva que acompanha o povo da Ásia à plenitude de vida.

4. Conclusão

Deve ser reiterado que a missão da igreja católica de proclamar a Cristo como o amor encarnado de Deus na Ásia é efetivo somente quando a igreja asiática humildemente se arrepende da estreiteza de sua própria visão da fé e da vida cristã. Ela deve ser corajosa e proativa em assumir o desafio de encontrar maneiras novas e libertadoras para apresentar Jesus como o caminho, a verdade e a vida para o povo da Ásia. Seguindo a trilha asiática do tríplice diálogo entre cultura, fé e vida, a igreja na Ásia será o instrumento para fortalecer maior entendimento mútuo, harmonia e colaboração entre as pessoas de culturas e religiões diferentes. Os sinais dos tempos parecem indicar que essa é a vontade de Deus para a igreja na Ásia hoje para que ela possa também ser um modelo para o mundo em geral à medida que ela lida com o fundamentalismo, o terrorismo, a globalização e a secularização (veja Secularismo).

Veja também TEOLOGIA ASIÁTICA; TEOLOGIA CATÓLICA E O HEMISFÉRIO SUL.

BIBLIOGRAFIA. AREVALO, C. G., "The Church in Asia and Mission in the 1990s", *Federation of Asian Bishops' Conferences (FABC) Papers No. 57b* (Hong Kong: FABC Secretariat, 1990); ELWOOD, D. J., org., *Asian Christian Theology: Emerging Themes* (ed. rev.; Philadelphia: Westminster, 1980); FEDERATION OF ASIAN BISHOPS' CONFERENCE, "Final Statement of the Seventh Plenary Assembly of the Federation of Asian Bishops' Conference, A Renewed Church in Asia: A Mission of Love and Service", *Federation of Asian Bishops' Conference Papers No 93* (Hong Kong: FABC Secretariat, 2000); FEDERATION OF ASIAN BISHOPS' CONFERENCES, OFFICE OF HUMAN DEVELOPMENT, "Discovering the Face of Jesus in Asia Today: A Guide to Doing Mission in Asia", *Federation of Asian Bishops' Conferences Papers No. 84* (Hong Kong: FABC Secretariat, 1999); FEDERATION OF ASIAN BISHOPS' CONFERENCES, OFFICE OF THEOLOGICAL CONCERNS, "Methodology: Asian Christian Theology; Doing Theology in Asia Today", *Federation of Asian Bishops' Conferences Papers No. 96* (Hong Kong: FABC Secretariat, 2000); FLANNERY, A., org., *Gaudium et Spes,* in *Vatican Council II,* 1: *The Conciliar and Post Conciliar Documents* (ed. rev.; New York: Costello, 1998); idem, org., *Nostra Aetate,* in *Vatican Council II,* 1: *The Conciliar and Post Conciliar Documents* (ed. rev.; New York: Constello, 1998); JOÃO PAULO II, *Post-Synodal Apostolic Exhortation Ecclesia in Asia: The Church in Asia* (1999); YUN-KA TAN, J., "Theologizing at the Service of Life: The Contextual Theological Methodology of the Federation of Asian Bishops' Conference", *Gregorianum* 81 (2000) 541-75.

W. Goh

TEOLOGIA AUSTRALIANA

A Austrália é ao mesmo tempo uma nação jovem e uma terra antiga. Os contornos de sua estrutura econômica e política deriva da colonização britânica em 1788 e da federação nacional em 1901, quando a nacionalidade australiana foi estabelecida como uma monarquia constitucional sob a autoridade titular da coroa britânica. Embora sua herança colonial seja culturalmente significativa, a antiga herança autóctone da Austrália, bem como a entrada regular de populações imigrantes, gerou uma identidade verdadeiramente multicultural que molda os significados e valores da vida australiana e, assim, informa sua teologia.

Em termos do desenvolvimento da teologia australiana, para a maior parte da sua história, a autocompreensão da igreja foi formada pela colonização britânica e a influência da migração, de modo que houve pouco no jeito de teologia desenvolvida especificamente por e para os australianos.

Esta situação mudou nas últimas décadas quando a nação como um todo veio a lidar com sua identidade distinta e quando os teólogos vieram a apreciar a importância do contexto em informar horizontes teológicos e servir de mediadores do *evangelho.

1. Métodos e premissas
2. A teologia em diálogo com a história e a espiritualidade dos aborígenes
3. A teologia em diálogo com os marcadores da identidade australiana
4. Austrália, o lugar mais ateu debaixo do céu
5. A teologia australiana e a globalização

1. Métodos e premissas
Ao avançar nessa tarefa, o primeiro desafio foi metodológico, com uma variedade de modelos sendo sugeridos. Por um lado, alguns presumiram que a tarefa é simplesmente a tradução, uma questão de comunicar as verdades eternas do evangelho usando idiomas australianos. Escolhendo essa abordagem, Kel Richards criou uma Bíblia parafraseada (*The Aussie Bible* [A Bíblia australiana]) que, por exemplo, descreve a visita do anjo a Maria da seguinte maneira: "Bom dia, Maria. Você é uma mocinha muito especial. Deus está de olho em você". A dificuldade aqui não é somente que uma tradução como essa ignora o multiculturalismo australiano (poucos australianos usam as gírias rústicas do inglês de Richards), mas também desconsidera a extensão em que o contexto influencia a teologia: o contexto da Bíblia no primeiro século, o desenvolvimento contextual da teologia tradicional e o contexto contemporâneo da teologia australiana. Na outra ponta do espectro está o modelo antropológico, que cuida principalmente da experiência local da *espiritualidade, com pouca ou nenhuma ligação com as restrições da tradição cristã (por exemplo, Tacey). Entre esses extremos estão vários modelos dialéticos que lembram o método de correlação de Paul Tillich. Estes procuram estabelecer uma conversa entre a tradição cristã e herança espiritual e a cultura australiana em toda sua diversidade.

2. A teologia em diálogo com a história e a espiritualidade dos aborígenes
É cada vez mais evidente que quando se fala de teologia australiana isso deve ser feito em associação com a população aborígine. As igrejas da Austrália compartilham do legado da ocupação europeia de terras aborígines, do deslocamento de nativos e do genocídio cultural imposto à comunidades autóctones. Se a teologia cristã significa alguma coisa, é que o evangelho deve ser o intermediário entre reconciliação e restituição pelo arrependimento e perdão, um processo de cura tanto social quanto individual. A importância da reconciliação tem sido facilmente perceptível no impulso recente, apoiados por igrejas e teólogos australianos, por um pedido de desculpas nacional para a "geração roubada" (veja Paz e Reconciliação). Esse tema foi abraçado por Kevin Rudd em sua inovadora apologia das comunidades aborígenes, feita em nome do parlamento em seu ato inaugural como primeiro-ministro, em fevereiro de 2008.

Além desses processos vitais de cura e restauração estão questões teológicas sobre o relacionamento entre a espiritualidade aborígene e a mitologia ("o sonho") e a teologia cristã, que estão ligadas com premissas sobre a obra de Deus nas culturas pré-cristãs. Presumindo ser possível falar da cultura aborígene sendo agraciada por Cristo, vários comentaristas procuraram identificar pontos de contato entre os significados do evangelho e a espiritualidade aborígene. Digno de nota é trabalho dos Anciãos do Espírito do Arco-íris, um grupo de cristãos aborígenes que relatam as histórias do "sonho" e mostram semelhanças com a narrativa bíblica. Usando essa técnica, eles comparam o Espírito do Arco Íris de sua mitologia com o Espírito criador da Bíblia, focando particularmente nas narrativas paralelas do Antigo Testamento. Além disso, partindo dessa mesma abordagem, eles estão conscientes de que a realidade da presença de Jesus pode ser enquadrada pelo uso semelhante dessas antigas metáforas, por exemplo, compreender que Cristo, "acampou entre nós, construiu sua cabana entre nós" (Anciãos do Espírito do Arco-íris, 3). A presunção toda é que o Espírito criador falou através da cultura aborígene, desde o início, para que Cristo possa ser entendido como o cumprimento da mitologia do sonho. De um modo geral, isso leva a uma afirmação da profunda espiritualidade do povo aborígene, uma espiritualidade que é holística, terrena, ecológica e cosmológica, focada nos ritmos e na interconectividade da natureza. Embora ainda exista a necessidade de identificar tanto a continuidade como a descontinuidade entre a mitologia aborígene e o evangelho, este é um assunto ao qual os

Anciãos do Espírito do Arco-íris não se dedicaram, cujo propósito é, em vez disso, afirmar que a herança aborígene tradicional e a fé cristã não são antitéticas.

3. A teologia em diálogo com os marcadores da identidade australiana

Além de contemplar a espiritualidade aborígene, vários estudiosos têm procurado teologizar no contexto dos significados metafóricos mais amplas e a identidade dos marcadores da vida australiana. Importantes entre estes estão as tradições australianas de "camaradagem", permitindo a todos "serem razoáveis", e apoiarem o "combatente". Esses conceitos derivam da herança da nação de condenados e imigrantes e dão origem à cultura que tende a rejeitar um sistema rígido de classes. Embora a suposição de igualitarismo seja, sem dúvida, mitológica (a Austrália tem suas distinções econômicas tanto quanto qualquer outro lugar), é verdade que instituições que afirmam a importância do cidadão comum e rejeitam o "esnobismo" encontram ressonância na psique australiana. Em termos teológicos, esse senso de "ser razoável" identifica-se com os interesses cristãos em relação aos pobres, por oportunidades iguais e *justiça. Da mesma forma, ideias de camaradagem, no seu melhor sentido, reforçam o sentido de autodoação e amizade, que pode estar relacionado à prioridade de *phileo* e *agape* que enquadra o mandamento de Jesus de amar o próximo como a si mesmo. De fato, a associação da camaradagem com a tradição ANZAC (Corporação Militar Australiana e Neozelandesa), que celebra o sacrifício de soldados australianos e neozelandeses por seus companheiros e suas nações no fronte ocidental (e simboliza o sacrifício de todos os soldados), moldou a religião civil da nação, com pontos de contato indiscutíveis com a história cristã.

Estes traços estereotipados do caráter australianos não estão além da crítica teológica, associados como eles podem estar com formas severas de masculinidade, uma vez que as noções de "camaradagem" e de "combatente" podem provocar insensibilidade patriarcal e até mesmo violência. Existe, na autocompreensão australiana, uma tensão dialética entre amizade e autoconfiança que pode estar associada à beleza e a intratabilidade da paisagem australiana. A importância da terra para a identidade australiana é mais famosamente expressada no poema de Dorothea Mackellar "O meu país", que descreve a beleza e o terror de sua vasta terra queimada pelo sol. Como Gideon Goosen sugere, a "terra é uma escolha óbvia como um assunto para teologizar..." por causa da forma como ela domina a cultura australiana (Goosen, 171-72) (veja Lugar). Isso é tão aparente na espiritualidade aborígene discutida anteriormente como o é no folclore rural que informa a consciência australiana. Nos contextos teológicos, a terra se torna uma rica metáfora para contemplar transcendência e proximidade, o silêncio de Deus e a riqueza de sua revelação. Desta forma, surgiu uma contemplação sacramental da terra que busca identificar a sua importância potencialmente simbólica como que mediando o mistério "inesgotável e original mistério" no coração da terra (Kelly, 103-4). A centralidade da terra em relação à identidade da nação forneceu também uma plataforma para o aparecimento das teologias ecológicas australianas.

4. Austrália, o lugar mais ateu debaixo do céu

Em consonância com a aspereza da terra e as inclinações da cultura masculina observadas anteriormente, há também uma resistência na psique australiana à espiritualidade que, recentemente, tem levado a importante reflexão teológica sobre o lugar da fé cristã no contexto de uma sociedade cada vez mais secular. Às vezes descrito como "o lugar mais ateu debaixo do céu", a questão de como falar sobre a espiritualidade cristã na Austrália tornou-se ainda mais urgente nas últimas décadas, quando muitas denominações eclesiásticas vivenciaram rápido declínio na frequência à igreja. Esse desafio se coloca como uma das principais motivações por trás dos tipos de teologias *contextuais que vimos descrevendo, reconhecendo que uma das tarefas da teologia é procurar tornar o evangelho relevante. Outras abordagens foram também sugeridas. Sob a instigação de Robert Banks e do instituto Zadok, por exemplo, há um esforço para desenvolver o que é chamada de "teologia australiana da vida diária", que despreza as discussões internas de "igreja" e "ministério" e, em vez disso, constrói uma teologia do *leigo, pelo leigo, enfatizando seus horizontes e preocupações.

5. Teologia australiana e globalização
Deve se destacar, porém, que o declínio não é a história de todas as igrejas na Austrália. Aqui, como em outros lugares do mundo, o *pentecostalismo tem vivido uma rápida expansão nas últimas décadas e perde apenas para o catolicismo em termos de frequência semanal às igrejas, um fato que deu origem à reflexão teológica sobre o avivamento carismático da fé na Austrália. Existem também outras fontes de renovação espiritual, particularmente nas várias populações emigrantes que continuam a enriquecer a cultura e a igreja australiana. Devido à constituição multicultural da nação, junto com sua população relativamente pequena, a Austrália é particularmente influenciada pelas rápidas tendências e transições do mundo globalizante. Essa situação exige que a teologia australiana leve em conta as teologias e questões globais, e reflita criticamente sobre a indigenização (ou glocalização) dessas transições para a sociedade e a igreja australiana.

Veja também TEOLOGIAS DAS ILHAS DO PACÍFICO.

BIBLIOGRAFIA. BANKS, R., *All the Business of Life: Bringing Theology Down to Earth* (Sydney: Albatross, 1987); GOOSEN, G., *Australian Theologies: Themes and Methodologies into the Third Millennium* (Strathfield: St Pauls, 2000); HYND, D., BARR, J. e PREECE, G., orgs., *Theology in a Third Voice* (Adelaide: ATF & Zadok, 2006); KELLY, T., *A New Imagining: Towards an Australian Spirituality* (Melboune: Collins Dove, 1990); MALONE, P., org., *Developing an Australian Theology* (Strathfield: St Pauls, 2000); TACEY, D., *Edge of the Sacred: Transformation in Australia* (Victoria: HarperCollins, 1995); RAINBOW SPIRIT ELDERS, *Rainbow Spirit Theology: Towards an Australian Aboriginal Theology* (Blackburn: HarperCollins Austrália, 1997); RICHARDS, K., *The Aussie Bible (Well, Bits of it Anyway!)* (Sydney: Bible Society NSW, 2006).

S. Clifton

TEOLOGIA AUTÓCTONE. *Veja* TEOLOGIA LATINO-AMERICANA AUTÓCTONE.

TEOLOGIA BÍBLICA
A teologia bíblica é uma disciplina com uma história de trezentos anos no Ocidente cuja intenção é resumir o trabalho exegético sobre passagens bíblicas, expondo, assim, o núcleo da mensagem bíblica.
1. A tarefa da teologia bíblica
2. Questões e pontos de discussão
3. A contribuição da teologia bíblica

1. A tarefa da teologia bíblica
A teologia bíblica tenta uma síntese teológica do material bíblico escrito ao longo do tempo em gêneros diferentes (e.g., história, provérbios, cartas). A teologia bíblica procura responder questões como, qual é o centro ao qual todos esses materiais diferentes se relacionam? Qual o foco geral da Bíblia? Pode-se pensar a teologia bíblica como macroexegese. Na exegese são examinadas as partes de uma passagem da Bíblia, mas, em seguida, é feita uma tentativa de resumir a essência do texto. Na teologia bíblica existe um esforço para dar uma visão geral coerente, a "juntar todas as partes".

A teologia bíblica se diferencia da história da religião israelita, uma disciplina que marca o desenvolvimento de crenças e práticas. A distinção entre a teologia bíblica e a teologia *sistemática foi feita por Johannes Gabler, erudito europeu do século 18 que frequentemente recebe o crédito de pai da disciplina. O pensamento atual é que a teologia bíblica trabalha dentro das capas da Bíblia, está harmonizada aos seus aspectos históricos, e permanece com categorias bíblicas como sacrifício, terra e pacto. A teologia sistemática, embora fundamentada na Escritura, se move fora da Bíblia para levar em conta a filosofia (e.g., aristotélica, Filosofia do *processo), está especialmente harmonizado com sua cultura contemporânea, e emprega categorias como ontologia e *Trindade que pode não se encontrar explicitamente na Bíblia. A teologia bíblica é sempre para a igreja; os (teólogos) sistemáticos escrevem para a igreja e para uma sociedade mais ampla. As tarefas dos dois se sobrepõem; o debate sobre as tarefas exatas de cada um continua (Barr).

2. Questões e pontos de discussão
2.1. Fé e história. No século 18 os teólogos bíblicos extrapolaram a partir da história

israelita e os itens relevantes da história de Jesus em relação à fé. No século 19, parte em reação ao balanço na direção da filosofia, os europeus da "escola Erlangen" mais uma vez enfatizaram a história, especificamente a história da redenção (*Heilsgeschichte*). Mas o ponto da discussão permanece: como se deriva verdade proposicional de história/contos? Essa questão surge em parte do quadro do pensamento *iluminista com sua ênfase na razão. Os eruditos japoneses gostariam que fosse dada mais atenção à dimensão mística. Alguns pós-modernos (e.g., Brueggemann) formularam seus resumos além da atenção à história bíblica.

2.2. Temas centralizadores. Todos concordam com a ideia de que a Bíblia toca em muitos temas (cf. Dyrness). Mas um problema que se discute é se certos temas se sobrepõem a ponto de alguns deles serem considerados um subtema de um tema principal. Uma forma de colocar a questão é perguntar se o Antigo Testamento tem um centro. Walther Eichrodt propôs que a chegada do reino de Deus, cristalizado na "aliança", é esse centro. Outras propostas para um centro são a soberania divina, comunhão, redenção. Alguns defendem uma abordagem dialética: promessa/cumprimento; ética/estética. Outros ainda, embora admitindo que o Novo Testamento tem um centro (Jesus ou reino de Deus), evitariam, como Gerhard von Rad, falar de "centro" e pensam em termos de tradições ou trajetórias (Ollenburger, Martens). Organizar uma obra sobre um assunto tão pesado é um grande desafio.

2.3. Método. O método de Eichrodt, baseado na suposta unidade da Escritura, foi descrito como um método de corte transversal. Outros seguiram a linha do relato bíblico para mostrar como Deus age. Alguns tomaram deliberadamente um caso confessional e leem o Antigo Testamento através de lentes cristãs. Certos estudiosos têm argumentado que textos bíblicos selecionados (e.g., Gn 1, 12; Êx 6), fornecem a chave para estruturar a teologia do Antigo Testamento. Para especialistas do Novo Testamento, a atenção ao gênero (e.g., evangelhos, cartas), ou aos vários testemunhos teológicos sobre Jesus (e.g., de Paulo, de Marcos, de João), ou aos temas (e.g., *salvação, *cristologia, *discipulado, *reino de Deus, *missão) ajudou a formar uma grade.

2.4. A relação dos testamentos. Logo depois da época de Gabler, definiu-se a especialização, e assim foram dados tratamentos separados aos dois testamentos. O Novo Testamento foi tratado separadamente (cf. Caird, Ladd, Morris). Mais recentemente o pêndulo balançou, demonstrando que uma verdadeira teologia bíblica deveria abranger os dois testamentos (*Childs*). A obra de C. H. H. Scobies liga os testamentos em torno de quatro tópicos: a ordem de Deus, o servo de Deus, o povo de Deus, o caminho de Deus. Tem sido dito que as relações dos dois testamentos é *o* assunto para a teologia bíblica.

3. A contribuição da teologia bíblica

A teologia bíblica possibilita que se veja o grande quadro em vez de focar em unidades menores. Essa abordagem ajuda tornar clara a mensagem, digamos, do Antigo Testamento. Uma segunda contribuição é a ajuda que a teologia bíblica fornece em interpretar textos individuais, promovendo uma simbiose entre o texto em particular e o resumo maior. O texto individual contribui para uma cobertura maior, e o resumo maior empresta nuance e perspectiva, até mesmo significado adequado para outros, especialmente textos problemáticos. Lida isoladamente da Bíblia como um todo, a história do êxodo de Israel do Egito pode ser tomada como ênfase na libertação política da servidão de vários tipos. Mas lida no quadro da Bíblia toda, incluindo o Novo Testamento que liga a ceia do Senhor à Páscoa, a libertação de Israel do Egito adquire significados que vão além da luta política. O êxodo é parte da história da redenção.

Um terceiro valor em formular uma teologia bíblica total é que isso facilita a ligação dos testamentos e, assim, é uma ajuda na pregação. Sem dúvida, os dois testamentos estão ligados literal e historicamente, mas os dois estão também ligados teologicamente. Ao verificar-se o centro do Antigo Testamento, por exemplo, assume-se uma boa posição para se fazer conexões com o Novo Testamento. Tal correlação é importante para a pregação cristã, que requer estar em ritmo com os temas bíblicos completamente. Em quarto lugar, a teologia bíblica pode ser considerada o departamento de saúde para a igreja. Por ele a igreja pode testar ver se ela está alinhada com a vontade de Deus.

Em quinto lugar, a teologia bíblica é crítica para as igrejas mais novas no mundo todo, porque a partir dela as igrejas trabalharão na direção de um modelo sistemático útil para seus ambientes especiais e culturas. Devemos também esperar que, como a iniciativa da teologia bíblica continua a criar raízes em culturas não ocidentais, veremos novas perspectivas sobre a teologia bíblica se abrir a partir de novos pontos de vista culturais.

Veja também HERMENÊUTICA; MÉTODO TEOLÓGICO; TEOLOGIA SISTEMÁTICA.

BIBLIOGRAFIA. ALEXANDER, T. D. e RODNER, B. S., *New Dictionary of Biblical Theology* (Downers Grove: InterVarsity Press, 2000); BARR, J., *The Concept of Biblical Theology: An Old Testament Perspective* (Minneapolis: Fortress, 1999); BRUEGGEMANN, W., *Theology of the Old Testament: Testimony, Dispute, Advocacy* (Minneapolis: Fortress, 1997); CAIRD, G. B., *New Testament Theology*, completado e editado por Hurst, L. D. (New York: Oxford University Press, 1994); CHILDS, B. S., *Biblical Theology of the Old and New Testaments: Theological Reflection on the Christian Bible* (Minneapolis: Fortress, 1992); DYRNESS, W. A., *Themes in Old Testament Theology* (Downers Grove: InterVarsity Press, 1979); EICHRODT, W., *Theology of the Old Testament* (2 vols.; Philadelphia: Westminster, 1961, 1967) [edição em português: *Teologia do Antigo Testamento* (São Paulo: Hagnos, 2004)]; GOLDINGAY, J., *Old Testament Theology* (2 vols.; Downers Grove: InterVarsity Press, 2003-6); HAFEMANN, S. J. e HOUSE, P. R., orgs., *Central Themes in Biblical Theology* (Nottingham: Apollos, 2007); LADD, G. E., *A Theology of the New Testament* (ed. rev.; Grand Rapids: Eerdmans, 1993) [edição em português: *Teologia do Novo Testamento* (São Paulo: Hagnos, 2008)]; MARSHALL, I. H., *New Testament Theology: Many Witnesses, One Gospel* (Downers Grove: InterVarsity Press, 2004); MARTENS, E. A., *God's Design: A Focus on Old Testament Theology* (3. ed.; N. Richland Hills, TX: D. & F. Scott, 1998); OLLENBURGER, B. C., org., *Old Testament Theology: Flowering and Future* (2. ed.; Winona Lake: Eisenbrauns, 2004); VON RAD, G., *Old Testament Theology* (2 vols.; New York: Harper & Row, 1962, 1965) [edição em português: *Teologia do Antigo Testamento* (São Paulo: ASTE, 2006)]; SCOBIE, C. H. H., *The Ways of Our God: An Approach to Biblical Theology* (Grand Rapids: Eerdmans, 2003); WALTKE, B., *An Old Testament Theology: An Exegetical, Canonical, and Thematic Approach* (Grand Rapids: Zondervan, 2007) edição em português: *Teologia do Antigo Testamento: uma Abordagem Exegética, Canônica e Temática* (São Paulo: Vida Nova, 2015)]; WRIGHT, C. J. H., *The Mission of God: Unlocking the Bible's Grand Narrative* (Downers Grove: IVP Academic, 2006).

E. A. Martens

TEOLOGIA CARIBENHA

O Caribe é muito mais que sol, areia, praias e palmeiras. É um mosaico de línguas, raças, ideologias, heranças culturais, organizações econômicas e práticas religiosas. É um lugar heterogêneo que aponta para uma sociedade pluralística predominantemente moldada por sua herança africana. Os territórios que formam o Caribe surgiram de poderes coloniais diferentes e competidores: Espanha, França, Holanda, Inglaterra e Dinamarca. Sua população representa um grupo de imigrantes forçados que teve de adotar novas identidades. Como uma ave fênix, o povo caribenho emerge, em meio a uma sociedade que fala inglês, francês, holandês, papiamento ou línguas crioulas francesas, para articular criticamente uma reflexão de sua vida através das lentes de sua fé. Essa variedade é evidente também em sua pluralidade religiosa em que não cristãos, praticantes do vodu, judeus, hindus, muçulmanos ou baaístas vivem com uma pluralidade de cristãos chamados católicos romanos, anglicanos, metodistas, morávios, batistas, evangélicos, pentecostais e rastafarianos (considerada uma teologia caribenha da libertação).

1. Resumo histórico
2. Características de uma teologia caribenha
3. Fontes e método
4. Tarefas e desafios
5. Alguns temas teológicos

1. Resumo histórico
O Caribe foi marcado por uma violenta fome de riqueza, poder e domínio que caracterizou o empreendimento colonial europeu do século 15. O impacto colonial provocou o

desaparecimento do povo indígena e a exploração de escravos africanos sequestrados de sua terra natal. A história do Caribe é de colonialismo, racismo, militarismo, exploração, genocídio, imperialismo, desculturalização e neocolonialismo. Economicamente a região vivenciou *pobreza persistente, estruturada e endêmica.

Mais relevante que tudo é o fato de a igreja, sendo parte desse processo de desumanização, sancionou essa iniciativa. A invasão do Caribe chegou junto como argumento teológico de que Deus havia dado poderes europeus que esses territórios e cada um dos habitantes nativos tinha de se converter ao cristianismo. Junto com o extermínio do povo nativo e a desumanização de escravos africanos veio o movimento missionário, a formação de cristãos e a plantação de igrejas. A população conquistada foi denegrida em nome de Deus.

2. Características de uma teologia caribenha

Alguns teólogos caribenhos identificam essa tendência como a "teologia da imposição", que significa que a compreensão caribenha de fé, liturgia, credos e crenças não representa sua vida real e diária, suas esperanças e lutas. Na mesma linha, W. Watty identifica a principal corrente teológica no Caribe como a teologia de imposição seguida por uma teologia de imitação. O Caribe herdou uma ideia de um Deus europeu, uma teologia, liturgia, e formas de ministério, arquitetura, etos e governo eclesiástico ocidentais. O teólogo R. Moore imagina a tarefa de uma teologia caribenha ser uma "teologia de exploração", para refletir criticamente sobre a realidade caribenha à luz da fé cristã.

O povo caribenho tem sofrido as consequências de empreendimentos colonialistas e neocolonialistas. Além disso, ele tem lutado com problemas de dependência, racismo e exploração. É nesse contexto de colonialismo que podemos falar sobre as características de uma teologia caribenha de emancipação.

A teologia caribenha é uma teologia *contextual e, como outros cristãos ao redor do mundo, o povo caribenho tem buscado novas formas de articular sua fé — uma resposta dada no contexto caribenho, pelo povo caribenho e para o povo caribenho. I. Hamid e K. Davis a chamam de teologia descolonizadora. É uma teologia que procura permitir que o oprimido e marginalizado expressem como eles vivenciam Deus hoje e ao longo dos anos. Ela procura a transformação de estruturas injustas da sociedade. Ela é multidisciplinar no sentido de que usa disciplinas como ciências sociais e história para interpretar a realidade.

3. Fontes e método

As fontes dessa teologia contextual são histórias da vida real, *testemunhos e autobiografias. Durante a época colonial, a Bíblia foi usada no Caribe para apoiar o status quo. Ela foi um instrumento ideológico para sancionar os valores culturais dos poderes coloniais. A teologia emancipatória caribenha afirma a Bíblia como fonte para sua reflexão, mas essa teologia é mais do que uma reflexão, é uma práxis para libertação. No Caribe, a Bíblia é relida à luz de uma esperança pelo surgimento de uma nova ordem mundial mais justa. Tem sido observada renovada ênfase sobre o lugar do estudo bíblico, sugerindo algumas novas formas de releitura das Escrituras, principalmente no âmbito da exegese narrativa. Essa exegese do "calipso" sugerida por G. Mulrain tem como temas o pobre, o poder, o reino, a glória, a paz e o desenvolvimento. Concomitantemente com a Bíblia, a história do povo do Caribe, os escritos de sociólogos e economistas caribenhos e a história da igreja na região são fontes para essa teologia emancipatória.

Os fundamentos dessa teologia contextual são também genuinamente caribenhos sociocultural e históricos. Seu método começa com a realidade caribenha. Como teologia da libertação, ela se reflete na práxis, e suas preocupações são realidades concretas. Isso inclui uma participação intensa na vida do povo, especificamente em seus sofrimentos. Esse método requer uma avaliação radical das necessidades do círculo eleitoral caribenho, que procura interpretar o significado do evangelho no contexto caribenho. Assim a inclusão da sabedoria caribenha popular, canções, mito, *dança, movimentos, costumes nativos, *música e história cultural é uma obrigação.

Davis identifica pelo menos seis importantes manifestações de experiências de crise do Caribe que informam a teologia caribenha: pobreza persistente, migração, alienação cultural, dependência, fragmentação e tráfico de drogas e abuso de narcóticos.

A realidade histórica dessas experiências provoca uma reflexão teológica que tem como objetivo dar respostas às questões levantadas pelos presentes desafios. A maior parte dos teólogos caribenhos concorda que as principais preocupações são a descolonização, a integração, educação e desenvolvimento.

4. Tarefas e desafios
Adolfo Hams afirma que a tarefa teológica no Caribe exige o reconhecimento de que a independência de algumas nações do Caribe e a abolição da escravidão não significou a descolonização total. O Caribe não atingiu uma descolonização total em outras dimensões da vida: pessoal, coletiva, política ou psicológica. Esse é o primeiro passo na afirmação da plena humanidade do povo caribenho, criado à imagem de Deus.

O desafio de identidade exige que o trabalho seja feito dialeticamente em cada país caribenho independentemente e como uma única região de comunidades como um todo. Há uma visão comum de um Caribe unido e um desejo pelo surgimento de uma identidade caribenha em todas as áreas da vida. Uma das tarefas de desenvolvimento na região é ganhar melhor qualidade de vida para todo o povo caribenho. Nas palavras de Kathy McAfee, esse desenvolvimento deve ser ecológica, psicológica, econômica e socialmente sustentável.

Ela reconhece que esse desenvolvimento precisa resgatar a cultura e a identidade caribenha, capacitar a maioria pobre da região e, consequentemente, construir a base para uma democracia mais genuína.

O objetivo de uma teologia caribenha é ajudar o povo caribenho a compreender sua situação de modo a mudá-la através de um processo de reflexão e ação. Para atingir esse objetivo, tanto os meios acadêmicos como a igreja devem assinalar intencionalmente a história do Caribe e sua cultura através das lentes da sociologia, política e economia, e devem ver a relevância das leituras populares da Bíblia e a religiosidade popular, as igrejas nativas, a teologia contextual e a aculturação.

5. Alguns temas teológicos
A teologia caribenha usa a palavra *emancipação* em relação a libertação, evocando a história da escravidão vivida pela região. Neste contexto *pecado é definido como racismo, discriminação baseada em classe social, autodesprezo, falta de responsabilidade, exploração e *sexismo. Incluir a experiência de mulheres na agenda teológica é parte das abordagens criativas que contribuiria para a transformação de pessoas e estruturas. Mulheres estão lutando para visualizar os valores da integridade, inclusão, colaboração e mutualidade que promove a justa interdependência de mulheres e homens, que busca a libertação holística no centro das demandas do evangelho.

A teologia caribenha afirma que o mundo do Atlântico Norte não tem o monopólio do cristianismo. Deus não deve permanecer um estranho no Caribe. Deus vive no meio da realidade caribenha e precisa ser interpretado em categorias caribenhas. Deus é o Ser Supremo que é livre e quer que todos também sejam livres. Todo ser humano foi criado à imagem de Deus e chamado para viver num mundo de justiça e liberdade.

Com relação à cristologia caribenha, os teólogos caribenhos insistem que uma recontextualização da pessoa de Cristo é imperativa. Cristo deve refletir a realidade caribenha. É necessária uma ruptura com a cristologia tradicional (que vê o Caribe apenas como uma terra de missão). O povo da região caribenha reconhece a práxis de Jesus Cristo como uma práxis de justiça na área social, política e econômica. O Evangelho precisa ser vivido no espaço geográfico do Caribe.

Jesus Cristo é o Filho chamado do Egito — África e o grande ancestral. Afirmando o seu patrimônio africano, que apresenta uma cosmovisão espiritual, as pessoas da região entendem o Espírito Santo como aquele que se move sobre seu caos, sofrimentos e lutas, para recriar, para nutrir e para capacitá-los a fazer uma ordem mais justa.

Como afirma Davis, a obra emancipatória de Deus no Caribe ainda está por vir. A beleza do Caribe será plenamente apreciada pelo mundo todo quando os frutos de justiça se tornarem uma realidade concreta de paz.

Veja também Teologias de Contexto Africano na América Latina; Teologia

Latino-americana; Teologia Latino-americana autóctone.

BIBLIOGRAFIA. BISNAUTH, D., *History of Religions in the Caribbean* (Trenton: Africa World Press, 1972); BOLIOLI, O., *The Caribbean: Culture of Resistance, Spirit of Hope* (New York: Friendship Press, 1993); DAVIS, K., *Emancipation Still Comin': Explorations in Caribbean Emancipatory Theology* (Maryknoll: Orbis, 1990); ERSKINE, L., *Decolonizing Theology: A Caribbean Perspective* (Maryknoll: Orbis, 1981); GREGORY, H., org., *Caribbean Theology: Preparing for the Challenges Ahead* (Kingston: Canoe Press, 1995); HAMID, I., org., *Troubling of the Waters* (San Fernando: Rahaman, 1973); HANIFF, N., *Blaze a Fire: Significant Contributions of Caribbean Women* (Toronto: Sister Vision, 1988); HOOD, R. E., *Must God Remain Greek? Afro Cultures and God-Talk* (Minneapolis: Fortress, 1990); LAMPE, A., *Descubrir a Dios en el Caribe: Ensayos sobre la historia de la iglesia* (San Jose: DEI, 1991); MITCHELL, D., org., *With Eyes Wide Open* (Trinidad: CADEC, 1973); MORENO FRAGINALS, M., org., *Africa en America Latina* (Mexico: Siglo XXI, 1996); MULRAIN, G., "Is There a Calypso Exegesis?", in: *Voices from the Margins: Interpreting the Bible in the Third World,* Sugirtharajah, R. S., org. (Maryknoll: Orbis, 1995); MURRELL, N. S., SPENCER, W. D. e MCFARLANE, A. A., orgs., *Chanting Down Babylon: The Rastafari Reader* (Philadelphia: Temple University Press, 1998); PÉREZ-ÁLVAREZ, E., *The Gospel to the Calipsonians: The Caribbean, Bible and Liberation Theology* (San Juan / Puerto Rico: SEPR, 2004); RIVERA- PAGÁN, L., *Evangelizacion y violencia: La conquista de America* (San Juan: CEMI, 1991); idem, *Los suenos del ciervo: Perspectivas teologicas desde el Caribe* (Quito: CLAI, 1995); idem, *Fe y cultura en Puerto Rico* (Quito: CLAI, 2002); idem, "Freedom and Servitude: Indigenous Slavery in the Spanish Conquest of the Caribbean", in: *General History of the Caribbean,* 1 (London: UNESCO/Macmillan, 2003); RODRÍGUEZ, J. D., *Introduccion a la teologia* (Mexico: El Faro-CLFT, Basilea, 2002); SANKERALLI, B., org., *At the Crossroads: African Caribbean Religion & Christianity* (St. James: Caribbean Conference of Churches, 1995); SERBÍN, A., *El ocaso de las islas: El Gran Caribe frente a los desafios globales y regionales* (Caracas: INVESP, 1996); SILVA-GOTAY, S., *Protestantismo y politica en Puerto Rico, 1898-1930* (Rio Piedras: Universidad de Puerto Rico, 1998); TAMEZ, E., org., *La sociedad que las mujeres sonamos: Nuevas relaciones varon-mujer en un nuevo orden economico* (Costa Rica: DEI, 2001); TROUILLOT, M. R., *Silencing the Past: Power and the Production of History* (Boston: Beacon, 1995); WATTY, W., *From Shore to Shore: Soundings in Caribbean Liberation Theology* (Barbados: Cedar Press, 1981); WILLIAMS, E., *From Columbus to Castro: The History of the Caribbean, 1492-1969* (New York: Vintage, 1970).

A. Luvis-Nunnez

TEOLOGIA CATÓLICA AFRICANA. *Veja*
TEOLOGIA AFRICANA CATÓLICA ROMANA.

TEOLOGIA CATÓLICA ASIÁTICA. *Veja*
TEOLOGIA ASIÁTICA CATÓLICA ROMANA.

TEOLOGIA CATÓLICA E O HEMISFÉRIO SUL

O pensamento teológico emergente no Hemisfério Sul continua a exercer grande influência tanto no Hemisfério Sul propriamente dito, como nas nações do Hemisfério Norte, antigo local de origem da teologia cristã. Essas emergentes tendências cristãs nas igrejas jovens poderiam ser descritas como reflexos teológicos dos recém-evangelizados. Eles são os esforços dos cristãos dessas regiões interpretar a mensagem cristã e fornecer modelos a partir de seu próprio contexto, patrimônio cultural e experiência para a leitura do mistério da fé cristã. As reflexões são também esforços de teólogos católicos do Hemisfério Sul relacionar a mensagem cristã à realidade sociocultural, política e econômica de suas regiões. Firmados na fé em Jesus Cristo, sua mensagem do evangelho, e em comunhão com todas as igrejas locais da igreja universal, com a Cadeira de Pedro como centro de comunhão, eles são tentativas dos teólogos destas zonas para fazer as suas próprias contribuições para o desenvolvimento do patrimônio cristão comum.

1. Fontes e desafios
2. Tendências teológicas no Hemisfério Sul
3. Conclusão

1. Fontes e desafios

Tal como os seus homólogos do Hemisfério Norte, os teólogos do Hemisfério Sul extraem de muitas fontes: das Escrituras como texto fundamental; da tradição cristã, da história da missão e da teologia, o que ajuda a orientar contra formas indesejáveis de pensar; do ensinamento da igreja, que garante a fidelidade à fé comum em Cristo e da busca da missão cristã; e da discussão ecumênica. Os teólogos também extraem suas fontes da discussão melhorada sobre aculturação, do diálogo inter-religioso, da promoção humana, do papel das mulheres, dos modernos meios de comunicação em massa, da divisão econômica Norte-Sul e da *globalização. Além disso, existe a preocupação para os teólogos responderem à influência da *modernidade e da pós-modernidade em suas respectivas regiões — desafios que vêm de consciências maiores de outras religiões, culturas, e sua influência política, e o problema criado pelos novos movimentos religiosos emergentes.

Tudo isso significa que a teologia católica em relação à do Hemisfério Sul enfrenta certos desafios, como conhecimentos exegéticos sobre a questão da salvação e outras religiões. Em outras palavras a teologia católica está diante do sério problema colocado pelo relativismo radical na teologia das *religiões — a preocupação dos teólogos asiáticos em particular (veja Teologia Asiática Católica Romana). Ao mesmo tempo, entretanto, a teologia católica aprendeu a apreciar a forma como os teólogos (africanos, em particular) enfatizam cultura e o seu papel na evangelização (teologia de aculturação). Além disso, a teologia católica na era pós-conciliar luta com as influências da chamada teologia da *libertação e o esforço para definir promoção humana (desenvolvimento) em relação à proclamação do evangelho, um assunto que os teólogos *latino-americanos enfatizaram mais do que outros ao desenvolver aquela teologia nos anos 1960 e 1970. E recentemente os teólogos do Hemisfério Sul começaram a explorar novas formas de se relacionar com as igrejas das nações do Atlântico Norte e com as do Hemisfério Sul. Isso pode significar que está a caminho uma nova eclesiologia missionária.

Em todo caso, a teologia católica em sua relação com as reflexões de teólogos do Hemisfério Sul é sempre confrontada com o objetivo particular e específico da missão cristã. A tarefa mais onerosa tem sido enfatizar a urgência e a importância da missão cristã, em particular a missão *ad gentes*, e o papel da igreja nesse sentido, ao mesmo tempo que lida com a influência das tendências teológicas emergentes. Novamente seja ela teologia da religião ou a discussão sobre culturas (aculturação), a teologia católica enfatiza a necessidade de compatibilidade com o *evangelho e comunhão com a igreja universal. O mesmo princípio orienta a pesquisa na área da promoção humana. A missão deve ser buscada em seu correto contexto de proclamação do evangelho pelo qual a igreja oferece uma força de libertação que leva à conversão do coração e das formas de pensar que promove a dignidade humana, o desenvolvimento e a saudável solidariedade entre as pessoas.

Contudo deve ser reconhecido que o *Vaticano II abriu novos caminhos da reflexão teológica, fundamentais na determinação de trilhas de reflexão teológica no Hemisfério Sul. Isso pode ser visto nos conceitos de missão do Vaticano II, os valores e funções das igrejas locais, o significado de culturas, os fundamentos do diálogo inter-religioso, a promoção da adaptação e da aculturação litúrgica, e a promoção humana, entre outras. A teologia católica contemporânea enriqueceu e foi enriquecida pela reflexão sobre alguns desses temas e pelas tendências nas teologias do Hemisfério Sul.

Em sua relação com as perspectivas teológicas do Hemisfério Sul, o debate na teologia de missão católica a partir do Vaticano II consiste essencialmente da chamada novas dimensões da missão em nosso mundo cada vez mais pluralista: diálogo ecumênico, aculturação, diálogo com as religiões e a promoção humana. A esse respeito a teologia de missão católica tem testemunhado e aumentado a compreensão de missão nas relações da igreja com pessoas de outras crenças, culturas e realidades sócio-políticas e econômicas emergentes. Essas dimensões correspondem às principais tendências das teologias do Hemisfério Sul: *cristologia e promoção humana.

2. Tendências teológicas no Hemisfério Sul

Existem duas tendências principais comuns às teologias do Hemisfério Sul. A primeira é a ênfase na cristologia — a tentativa de interpretar o mistério de Cristo a partir da perspectiva da experiência religiosa-cultural e concreta das pessoas. Esse esforço cai no contexto de aculturação e do diálogo religioso. A segunda é a questão da promoção humana, ou libertação, as tentativas pelos teólogos de relacionar a mensagem do evangelho com as situações sociocultural, política e econômica das pessoas. Ela trata da questão da *pobreza em muitos países do Hemisfério Sul.

2.1. Cristologia. Em geral a presente tendência da cristologia não tem seu ponto de partida na *Trindade, mas em Jesus, o homem de nossa história, que — para emprestar a linguagem de Bonhoeffer e Gogarten — é definido por seu "ser pelos outros". O interesse está nem tanto na pré-existência de Cristo (sua divindade), mas em sua pró-existência em favor de toda a humanidade, principalmente os oprimidos. Em Cristo encontra-se sua solidariedade com o outro diante dos poderes do mundo. Alguns autores chegam a conclusões seculares mais radicais: Deus vem a ser eliminado do lado horizontal de Cristo numa *ateologia*. A mensagem de Cristo nesse caso é interpretada somente com humanidade como contexto. Cristo foi um homem livre que pregou libertação e que liberta a humanidade. Assim, a figura de Cristo é reduzida a um tipo de modelo na luta por libertação ou por trabalho em favor de outros — que são os novos nomes para missão. Outros autores, mais teológicos na abordagem — como Tillich e Niebuhr — veem em Cristo os meios normativos, mas não constitutivos de salvação.

Para avaliar essas tendências em qualquer cristologia efetiva do Hemisfério Sul, precisamos começar por olhar para a função de Cristo na missão. O Novo Testamento apresenta Cristo como o missionário definitivo, mandado pelo Pai para a salvação de todos, e que comunicou essa missão à igreja. Desde o momento do seu começo a igreja sempre teve em mente sua responsabilidade para e a proclamação de Cristo: *não há salvação em nenhum outro* (At 4.12; 17.23; 1Tm 2.4-6).

Além disso, em termos muito claros, Cristo descreve a si mesmo como o caminho, a verdade e a vida (Jo 14.6). João Paulo II destacou as inadequações das teorias por trás de certas cristologias contemporâneas e afirmou que Jesus é o fundamento da vida interna da igreja e de todas as suas atividades, a razão de sua atividade mais essencial, a missão *ad gentes* (*Redemptoris Missio*, §4). Além disso, desde que a salvação é possível somente por meio de Cristo, em quem Deus se revelou, e desde que ele é a Palavra, ele é também o único, universal e completo Salvador. Portanto, Cristo deve ser proclamado aos que ainda não o conhecem. Entretanto, a insistência de João Paulo II sobre a singularidade de Cristo como mediador não exclui outras "formas participadas de mediação de diferentes tipos e graus", mas estas "adquirem significado e valor somente a partir da própria mediação de Cristo, e não podem ser compreendidas como paralelas ou complementares à sua" (*Redemptoris Missio*, §5). Cristo é o único mediador entre Deus e a humanidade; todos os outros grandes religiosos podem ser considerados mediadores apenas em relação com o poder de Cristo.

2.2. Promoção humana em missão. A discussão teológica sobre promoção humana (também conhecida em alguns círculos como *teologia da libertação), em suas várias expressões, surge da preocupação dos teólogos do Hemisfério Sul em enfatizar a experiência das pessoas da exploração, opressão e injustiça. Essa teologia procura enfatizar as causas da pobreza, especialmente nos países do Hemisfério Sul que, por um longo tempo, sofreram com o domínio sob várias formas de imperialismo. Essa teologia surgiu em resposta a experiências de negação, de extrema pobreza causada pela ganância, exploração e opressão. É uma reflexão crítica sobre essas experiências à luz do evangelho, com o objetivo de inspirar no povo empobrecido um sincero compromisso em construir uma sociedade mais justa e humana.

A verdadeira inspiração dos teólogos do Hemisfério Sul em discutir a promoção humana na realidade contemporânea vem de sua convicção cristã. É com base em sua fé cristã que eles oferecem suas reflexões e enfatizam as condições de pobreza nos países do Hemisfério Sul. De fato, negligenciar esse dever é para os teólogos sentir a sensação de indiferença com a situação do Mundo dos Dois Terços. A teologia deve ser parte dos esforços da igreja na promoção humana. Isso significa que os ensinos sociais da igreja estão na base das fontes da reflexão teológica sobre a promoção humana (veja Ensinamentos Sociais do Catolicismo).

Dessa maneira a teologia católica enfatiza as duas dimensões básicas da promoção humana: por um lado, a promoção humana requer a libertação dos seres humanos de tudo que os mantém em condições subumanas ou opressivas, para que possam desfrutar sua plena dignidade como filhos de Deus. Por outro lado, ela envolve um desenvolvimento integral da pessoa e dos valores que elas possuem, para que possam assumir plena responsabilidade por seu próprio destino. O primeiro apresenta a base teológica para a promoção humana: a imensa dignidade que a pessoa humana desfruta perante Deus. A última mostra que a salvação integral da pessoa humana toda — não meramente o despendimento da alma do corpo — é o objetivo da evangelização. Tudo isso mostra a ligação entre evangelização e promoção humana. O fundamento teológico da promoção humana é a encarnação. Por meio da encarnação redentora de Cristo o próprio Deus entra, de uma forma muito radical, numa nova solidariedade com a humanidade na história, libera homens e mulheres do pecado e os restabelece como filhos e filhas. Tanto em seu ensino como em suas ações Jesus testemunhou essa solidariedade radicalmente nova e libertadora de Deus com a humanidade (Lc 4.16-21; cf. Is 61.1-2; Mc 1.15; Ap 21.1-4).

3. Conclusão

Quase todas as tendências teológicas do Hemisfério Sul atacam, pelo menos indiretamente, as teologias ocidentais tradicionais. A base de tal ataque é a percepção de que as formas socioeconômicas de exploração, que formam os contextos das teologias do Hemisfério Sul, estão inseparavelmente ligadas à ambição ocidental por hegemonia e poder econômico. Essa tendência é também vista na forma como a teologia ocidental universalizou falsamente sua cristologia. Entretanto, nas últimas décadas, a teologia ocidental tem-se tornado cada vez mais consciente de seu próprio contexto e produziu um número de importantes estudos cristológicos.

Assim como no que diz respeito ao ambiente socioeconômico, há tentativas de transferir tecnologia para que os teólogos do Hemisfério Sul possam aceitar a teologia europeia e tentar formular a partir dela suas teologias, completando-as com elementos originais de suas culturas. Tudo isso abrirá o caminho para a verdadeira teologia intercultural. Na mesma linha, os teólogos devem evitar a tendência de atacar os esforços missionários do passado em suas regiões. É verdade que essa tendência de atacar o passado missionário pertence a um período crítico no desenvolvimento da teologia do Hemisfério Sul, todavia não devemos esquecer o valor desse período mas, ao contrário, convidar teólogos a passar de uma postura crítica para uma postura construtiva. No entanto, isso não significa que se deva encorajar a tendência de alguns de defender os erros do passado e acusar os teólogos do Hemisfério Sul que entram em diálogo com sua memória histórica de ser exageradamente sensíveis. De fato, a generalizada preocupação com o passado nos escritos dos teólogos do Hemisfério Sul, devido a um igualmente generalizado senso de alguns erros históricos e o presente estado de relacionamentos intranquilos nos setores político e econômico entre os povos do Norte e do Sul, revela a relevância do engajamento no diálogo com as teologias contextuais emergentes. Um desejo de suprimir o passado pode ser motivado não apenas pelo desejo de evitar sofrimento ou de conseguir a reconciliação entre os povos diferentes, mas também por um desejo de evitar responsabilidade. Assim, defender os erros do passado não é uma estratégia confiável porque, a longo prazo, um fracasso em atender a algumas dessas questões no presente pode acumular problemas para o futuro. A estratégia confiável é o diálogo sincero com vistas à cura e à reconciliação.

Veja também Concílio Vaticano II; Opção Preferencial pelos Pobres; Teologia Africana Católica Romana; Teologia Asiática Católica Romana; Teologia da Libertação; Teologia Latino-americana Católica Romana; Teologias Locais.

Bibliografia. Abraham, K. C., org., *Third World Theologies: Commonalities and*

Divergences (Maryknoll: Orbis, 1990); BOFF, L. e ELIZONDO, V., orgs., *Theologies of the Third World: Convergences and Differences* (Edinburgh: T & T Clark, 1988); FABELLA, V. e ODUYOYE, M., orgs. *With Passion and Compassion: Third World Women Doing Theology* (Maryknoll: Orbis, 1988); FABELLA, V. e SUGIRTHARARAJAN, R. S., orgs., *Dictionary of Third World Theologies* (Maryknoll: Orbis, 2000); MÜLLER, K., et al., orgs., *Dictionary of Mission: Theology, History, Perspectives* (Maryknoll: Orbis, 1997); OBORJI, F. A., *Concepts of Mission: The Evolution of Contemporary Missiology* (Maryknoll: Orbis, 2006); TORRES, S. e FABELLA, V., orgs., *The Emergent Gospel: Theology from the Underside of History* (Maryknoll: Orbis, 1976).

F. Anekwe Oborji

TEOLOGIA CHINESA

Há muito tempo que o cristianismo está na China, desde os nestorianos durante a dinastia Tang até Matteo Ricci e os jesuítas no final da dinastia Ming, chegando aos missionários protestantes no século 19. Mas se a teologia for compreendida como uma articulação independente, autóctone da fé cristã em resposta ao ambiente e ao contexto de alguém, então a teologia protestante chinesa na qualidade de teologia ganhou forma própria somente no início do século 20. Com a publicação da tradução da Bíblia conhecida como Versão da União Chinesa (*heheben*) e seu generalizado uso nas igrejas e currículos escolares, os pensadores chineses tiveram pela primeira vez um texto — um clássico cristão — de si mesmos que combinava clássicos tradicionais da tradição confucionista. Eles não mais estavam obrigados aos *missionários e aos ensinos ocidentais por inspiração, mas podiam agora desenvolver suas próprias ideias em resposta às urgentes necessidades da China de seus dias.

1. O problema
2. O Movimento Patriótico das Três Autonomias
3. Teologia acadêmica da década de 1990
4. Teologia contextual da diáspora
5. Conclusão

1. O problema

Durante os tempos caóticos do período de Quatro de Maio (c. 1919-1937), quando a igreja foi criticada por sua irrelevância e estranheza, pensadores socialmente inclinados foram obrigados a responder com uma teologia chinesa autóctone. Sua *hermenêutica tinha de satisfazer duas preocupações de uma só vez: precisava ser chinesa o suficiente para atender à crise nacional da agressão estrangeira e aos males socioeconômicos, e teria de ser bíblica o bastante para sustentar um movimento cristão que havia se consolidado na vida social e intelectual do país. Essas preocupações vieram para o centro sob a perspectiva da soteriologia.

O perfeccionismo confucionista começa com o cultivo do ego humano, mas termina com uma total transformação do cosmo. Subentendidos nessa visão estão dois pressupostos: primeiro, a natureza humana é a base necessária e suficiente para a perfeição. A perfeição não pode ser imputada a partir do exterior, mas deve ser cultivada através do esforço pessoal. Segundo, cada pessoa está integrada a uma rede de relacionamentos, de modo que o aperfeiçoar-se ocasiona o aperfeiçoamento de outros, começando com os mais próximos e continuando com os mais distantes. Para os cristãos protestantes, por outro lado, a justificação pode apenas ser um dom gratuito que declara justo o pecador sem merecimento. Justiça e justificação é nitidamente diferenciado de santificação, fé-justiça não pode ser obra-justiça, e religião é diferente de ética. Contrariamente à autoperfeição confucionista, a salvação cristã centra-se na ação de Deus e é baseada no que Deus tem feito ao nosso lado e para nós. Como então um projeto que insiste na salvação pela aceitação da livre graça de Deus se relaciona com a visão confucionista antropocósmica da transformação social e cósmica através do autoesforço? Essa questão continua a dar forma à teologia chinesa até hoje.

Uma conhecida estratégia entre os protestantes durante o período Quatro de Maio no início dos anos de 1920 foi "salvação nacional pelo caráter" (*renge jiuguo lun*). Assim como Jesus desenvolveu seu caráter pela oração e viver virtuoso, também podemos imitar seu exemplo. A suposição comum era de que a construção do caráter era o pré-requisito para a salvação nacional. Um dos defensores mais proeminentes dessa teoria foi Zhao Zichen, que em seu livro *Vida de* Jesus, de

1935, tentou uma interpretação não apocalíptica de Jesus. A rejeição do apocalipticismo foi importante para Zhao devido ao fato de que sua visão mecânica do fim dos tempos era hostil à sua compreensão do autossacrifício de Jesus. Em vez disso, ele sugeriu que Jesus assumiu a tarefa de desenvolver seu personagem e viu sua própria morte como o cumprimento do Servo sofredor por causa de Israel, na verdade, para o mundo.

A tese de Zhao foi desenvolvida um passo além por seu colega mais velho Wu Leichuan, que propôs uma síntese confúcio-socialista baseada no caráter de Jesus. Tomando a visão confucionista de que a justiça (*yi*, o termo usado para traduzir *dikaiosyne* na Bíblia chinesa) nunca poderia ser dado, mas deve ser cultivado pelo autoesforço, Wu rejeitou a divindade de Jesus. Para Jesus ser um modelo efetivo de retidão moral, ele deve ter-se exercitado no cultivo até ter capaz de atingir seu "caráter exaltado" (*weida de renge*).

Zhao viu o perigo de Wu, bem como a sua própria abordagem para o caráter humano de Jesus, uma vez que a fé cristã iria entrar em colapso no confucionismo. "Se não há diferença entre os dois", ele perguntou em tom de queixa, "por que precisamos do cristianismo" Sua própria resposta foi pessoal: Ele acreditava na importância do cristianismo por causa de sua experiência do "Espírito de Cristo". Como seus poemas e diários deixam muito claro, Zhao era, no fundo, um místico. Ele alegava ter sido iluminado enquanto meditava sobre Paulo numa prisão japonesa, embora sua real transformação deve ter sido menos dramática. Inspirando-se na experiência da conversão de Paulo, Zhao sugeriu que o fundamento da ética está com uma sinergia divino-humana. Nós vivemos como Cristo vive em nós e Cristo vive como nós vivemos, resultando no Espírito atuando em nós como poder ético para o cultivo da virtude. Em consequência disso continuamos a desenvolver nosso caráter até podermos levar paz e prosperidade ao país e ao cosmo. Sobre um alicerce cristão, Zhao construiu um edifício confucionista.

Durante o mesmo período, vários movimentos de base surgiram em reação às igrejas tradicionais. Vários grupos autóctones foram especialmente proeminentes: a Igreja Jesus Verdadeiro, o Pequeno Rebanho e a Família de Jesus. Todos eles reivindicavam estar preocupados em reformar a igreja corrupta; os três defendiam a inspiração carismática como fonte viável de autoridade; e os três salientavam a moral pessoal com a consequente exclusão de envolvimento social. O fundador do Pequeno Rebanho, Ni Tuosheng (Watchman Nee), por exemplo, usou o dispensacionalismo de John Nelson Darby para repudiar igrejas de todas as épocas e defendeu a restauração da igreja ao seu passado apostólico. Tendo em conta os problemas sociais e políticos do momento, o seu foco singular na moral pessoal e na pureza doutrinária poderia significar a rejeição de metas culturalmente prescritas e os meios convencionais para atingi-las; mas, julgados por seu enorme sucesso, esses movimentos preencheram uma necessidade social da época da qual as igrejas tradicionais não estavam cientes.

2. O Movimento Patriótico das Três Autonomias

Há insinuações de que Zhao Zichen começou a desenvolver uma teologia da igreja para visar as condições deteriorantes da China durante a guerra civil, mas seu distanciamento da nova liderança depois da guerra o impediu de completá-la. O Movimento Patriótico das Três Autonomias foi fundado no início da década de 1950 sobre os princípios do autogoverno, autossustento e autopropagação. Eclesiasticamente, ele foi idealizado como um movimento para unir todas as denominações protestantes; politicamente, ele foi idealizado para dividir os laços da igreja com o Ocidente. O fundador do movimento foi Wu Yaozong (Y. T. Wu), que já na década de 1930 havia abandonado a salvação individual em favor de um evangelho social. A divindade de Jesus deve ser abandonada, ele argumentou, porque foi sua natureza humana que o ligou às massas em luta para encontrar igualdade e justiça. Para ele, portanto, o objetivo da missão da igreja deve ser o aperfeiçoamento da sociedade e da nação. A salvação nacional era para ele mais importante do que a salvação pessoal. Depois de 1949, quando a China finalmente obteve a independência e a autodeterminação, o movimento afirmou que a igreja também deve tornar-se autossuficiente e entrar em uma cooperação mais estreita com o governo.

Hoje, o líder do movimento, bispo Ding Guangxun (K. H. Ting), continua o espírito do fundador. Argumentando contra o que ele entende ser uma tendência antissocial, sectária para elevar a salvação pessoal acima da ética, Ding contra-ataca com uma mensagem moral: O evangelho de Cristo inclui a renovação deste mundo, colocando-o de acordo com o lindo plano de Deus que o criou através de Cristo. Isso requer que a igreja anuncie uma mensagem moral, uma mensagem de serviço ao povo" (35). Sua base teológica é uma visão complementar da criação e da redenção. Os dois não se opõem um ao outro, mas pertencem ao mesmo plano, porque Cristo mesmo é ao mesmo tempo a cabeça da criação e a cabeça da igreja. Por isso, não deveria haver difícil distinção entre o que foi criado e o que foi redimido, entre os de fora da igreja e os de dentro. "Justiça pela fé" *(yin xin cheng yi)*, máxima protestante que tem incomodado gerações de pensadores chineses, deveria ser substituída por "Justiça pelo amor". Repetindo Zhao Zichen, Ding critica a tendência de ver "fé" como um gatilho automático para "justiça", como se fosse um preço impessoal pago em troca de uma virtude pessoal. Esse equívoco é a razão para a indiferença da igreja para com a ética. Aqui, embora Ding não use conscientemente o moralismo confuciano para conseguir seu objetivo e, embora esteja falando principalmente num contexto eclesiástico, sua *Problematik* é a mesma de seus predecessores do Quatro de Maio: como conciliar a salvação pela graça com a transformação social e cósmica por meio do autoesforço?

3. Teologia acadêmica da década de 1990

Juntamente com a ascensão da chamada febre do cristianismo na China, um número de acadêmicos tornou-se atraído ao cristianismo nos anos noventa e definiram para si um programa ambicioso de repensar a cultura chinesa usando teologia cristã. O pioneiro foi Liu Xiaofeng, um filósofo que se tornou pensador cristão. Numa série de escritos altamente influentes, Liu apresentou ao público chinês importantes teólogos cristãos e insistiu que os usassem como recursos para reformar a cultura chinesa. O estado de espírito nacional estava maduro para a reforma. O confucionismo, depois do iconoclástico Quatro de Maio e da Revolução Cultural, tinha perdido seu apelo, e o marxismo estava perdendo controle sobre os intelectuais. Assim, Liu propôs, em substituição, uma teologia cristã.

Os autointitulados "cristãos culturais" estavam em sua maioria desconectados de igrejas organizadas; eles encontraram seu caminho na teologia cristã pela leitura de clássicos cristãos. O objeto de seus interesses não era a igreja, nem sequer o cristianismo; era a cultura chinesa. A teologia cristã foi usada por sua conveniência utilitária. Assim, livres dos tradicionais temas do Ocidente, suas obras podem ao mesmo tempo ser imaginativas e idiossincráticas. Uma de suas contribuições duráveis foi *hanyu shenxue,* literalmente, "teologia da linguagem Han", mas normalmente traduzida por "teologia sino-cristã". Eles queriam fazer teologia usando sua língua mãe, que significava a linguagem acadêmica dos intelectuais chineses.

Ao insistir em usar o chinês para fazer teologia, o movimento instilou orgulho em sua própria língua e confiança em sua capacidade de suportar o peso de uma nova tradição teológica — façanha. Sob a bandeira da teologia sino-cristã, ela inspirou enorme energia e produziu resultados prodigiosos. Inúmeros jornais, incontáveis livros e artigos, os principais dicionários e enciclopédias, conferências e colaborações internacionais, para não mencionar uma nova geração de jovens estudiosos, apareceram em apenas uma década e meia.

Mas um perigo deve ser evitado se o movimento precisa manter seu vigor. Na história da teologia cristã, geralmente vieram momentos criativos quando o cristianismo entrou numa nova cultura e adquiriu uma nova linguagem. Para seu crédito, a teologia sino-cristã não apenas não ignora a teologia tradicional do Ocidente, ela faz da tradução de clássicos ocidentais um de seus principais objetivos. Sua volumosa produção atesta essa seriedade. Mas um programa que eleva a sua própria língua acima de todas as outras sucumbirá à tentação de deificar sua própria singularidade cultural? De fato, um dos objetivos declarados do movimento é usar o chinês para unificar toda a etnia chinesa ao redor do mundo. Ao essencializar o mandarim, verdadeira *lingua sinica,* o apelo ignora o consenso entre os linguistas de que o chinês não é uma língua, mas um sistema de linguagens. Ela também leva o autor a concluir que a segunda ou terceira geração de chineses étnicos de fala inglesa no Ocidente não são de fato "chineses".

4. Teologia contextual da diáspora

Representantes aqui pesquisados escrevem principalmente em inglês, embora todos sejam bilíngues e tenham publicado em chinês. Todos vivem fora da China continental e receberam uma educação ocidental. Ninguém escreve conscientemente como cidadão da China, mas ninguém hesitaria em se identificar como etnicamente chinês ou usar símbolos e recursos chineses. Como teólogos contextuais, eles levam a sério seu contexto de diáspora, seja ele asiático ou ocidental. Se existem elementos comuns que todos eles compartilham, estes são representados pela disposição de privilegiar o contexto asiático, com suas ricas e diversificadas culturas e religiões, longas histórias, experiências de colonialismo e capitalismo, como ponto de partida hermenêutico para a leitura da Bíblia.

O patriarca do grupo é C.-S. Song que, por mais de quatro décadas, tem sido um dos mais prolíficos escritores do mundo teológico. Embora ele tenha deixado sua Taiwan natal há alguns anos e hoje viva no Ocidente, seu método característico é usar histórias, lendas e mitos já presentes entre os povos da Ásia como recurso para a teologia. Em *Third-Eye Theology* (Teologia do Terceiro Olho), Song apela para uma nova forma de ver a realidade. Embora o Ocidente esteja preocupado com o logocentrismo, a forma *budista confia na intuição, *satori*, para penetrar nas profundezas da realidade que está obscurecida pelo pensamento dualista. Se abríssemos esse "terceiro olho", perceberíamos que Deus tem sofrido para estar reunido com este mundo. Esse "amor que sofre" (*tong ai* em chinês) moveu Deus a criar o mundo quando o gemido do caos era ouvido. Assim, o amor é o início da criação, e a criação é o início da redenção.

A exemplo de Ding, Song argumenta contra a tendência ocidental de privilegiar em excesso a redenção, que nasce da dor e do sofrimento. Tomando a ideia de Jürgen Moltmann de "o Deus crucificado" como ponto de partida, Song sugere que um Deus que sofre — não *pela* humanidade, mas *com* a humanidade — na cruz, repudia todas as formas de triunfalismo que tem sido durante séculos a marca registrada das missões ocidentais, e endossa a redenção como identificação com a humanidade sofredora. Mas a crucificação de Jesus não é a palavra final; sua ressurreição desperta esperança. A ressurreição mostra que Deus é um Deus político que se coloca ao lado do humilde, do incapaz, do oprimido. A cruz incita não à revolução, mas a uma crítica dos poderes tirânicos chamando-os ao arrependimento. Song chama isso de "transposição de poder".

Archie C. C. Lee, erudito bíblico asiático que vive em Hong Kong, propõe uma interpretação de "cruzamento textual" da Bíblia. Dados os vastos recursos clássicos e textuais disponíveis na Ásia, os cristãos asiáticos devem tratar estes tão seriamente quanto o fazem com a Bíblia. O objetivo dos estudos textuais cruzados não é comparação abstrata, mas autoidentidade integrada. Durante muito tempo os cristãos asiáticos foram separados entre a Bíblia cristã e seus clássicos nativos, frequentemente subordinando estes àquela. A menos que eles possam conduzir esses dois textos a questionamento e iluminação mútuos, eles permanecerão para sempre separados entre os mundos que os textos definem. Somente por essa leitura bíblica e de textos asiáticos pelo "cruzamento textual" podem os leitores transcender sua estreita perspectiva de um texto e expandir seus horizontes pela absorção da perspectiva do outro.

Outro chinês de Hong Kong, agora vivendo nos Estados Unidos, Kwok Pui-lan lida com os mesmos desafios hermenêuticos de ler a Bíblia numa cultura ricamente textual como a Ásia e chega a uma conclusão similar. Ver a Bíblia através de olhos asiáticos que viram uma multiplicidade de textos religiosos, suas reivindicações de verdade e sacralidade não podem senão parecer estreitas e eurocêntricas. A Bíblia deve, portanto, ser redescoberta através de experiências dos povos asiáticos vividas, da forma como são informadas por séculos de tradições autóctones e condicionadas pela recente história de colonialismo e exploração. O que distingue Kwok de Lee é, claro, que ela privilegia seu princípio crítico *feminista com o qual ela interroga o texto bíblico em relação ao patriarcalismo como uma feminista *asiática*. Isso significa adquirir as ferramentas adequadas para discernir a profunda hermenêutica operando entre mulheres leitoras asiáticas, o que não é linear, abstrato ou unidimensional, mas intuitivo, imaginativo e associativo. Para esse fim, os teólogos asiáticos deveriam rejeitar a sacralidade do texto, questionar a suposta objetividade da erudição bíblica ocidental, e começar a construir novos modelos interpretativos que estejam baseados nas culturas, histórias e lutas dos povos asiáticos. O resultado é uma hermenêutica de muitas crenças, muitas vozes que convida os leitores a descobrir por si mesmos diferentes significados em contextos diferentes. (Veja também Teologias asiático-americanas).

5. Conclusão

As teologias chinesas são tão variadas quanto os diferentes contextos e épocas em que os escritores se encontram. Estejam eles situados na China ou na diáspora, e em qualquer circunstância histórica que se achem, sua localização histórica e sociopolítica exerceu e continua a exercer uma poderosa influência sobre seu pensamento. Não obstante, esses escritores compartilham características comuns. Primeira, todos eles lidam com a textualidade da teologia chinesa. Mesmo os que descentralizam e dessacralizam a Bíblia tomam isso como ponto de partida. Até mesmo abordagens construtivas o fazem com base na Bíblia. Segunda, há uma suposição tácita de uma dimensão ética ou moral para ler. Estudar o texto para o seu próprio bem — como articulado no Ocidente, "para o prazer de Deus" — parece não ser levado a sério. Isso pode ser evidência do contínuo apelo da China clássica à sensibilidade de pensadores cristãos. Finalmente, embora ninguém defina o que é a cultura chinesa, ou em relação a esse assunto o que é a cultura, todos parecem saber o que ela é. Isso também evidencia a estabilidade dos pressupostos culturais entre os teólogos chineses.

Veja também Religiões Chinesas; Teologia Asiática; Teologia Coreana; Teologia Japonesa.

Bibliografia. Guangxun, Ding (K. H. Ting), *God Is Love: Collected Writings of Bishop K. H. Ting* (ET; Colorado Springs: Cook Communications Ministries International, 2004); Pui-lan, Kwok, *Discovering the Bible in the Non-Biblical World* (Maryknoll: Orbis, 1995); Lee, A. C. C., "Cross-Textual Interpretation and Its Implications for Biblical Studies", in: *Teaching the Bible: Discourses and Politics of Biblical Pedagogy*, Segovia, F. F. e Tolbert, M. A., orgs. (Maryknoll: Orbis, 1998) 247-54; Ming Ng, Lee, *Christianity and Social Change in China* (em chinês; 2. ed.; Hong Kong: Chinese Christian Literature Council, 1990); Song, C.-S., *Third-Eye Theology: Theology in Formation in Asian Settings* (ed. rev.; Maryknoll: Orbis, 1991); Wan, S.-k., "The Emerging Hermeneutics of the Chinese Church: Debate Between Wu Leichuan and T. C. Chao and the Chinese Christian *Problematik*", in: *The Bible in Modern China: The Literary and Intellectual Impact*, Eber, I., Wan, S.-k. e Walf, K., orgs. (Sankt Augustin: Institut Monumenta Serica, 1999) 351-82; Leichuan, Wu, *Christianity and the Chinese Culture* (em chinês; Shanghai: Association Press of China, 1936); Xiaofeng, Liu, Pinran, Xie e Qingbao, Zeng, orgs., *Modernity, Change in Tradition and Theological Reflections: A Collection of Papers Presented at the First and Second Han-Yu Theologians Round-Table Symposium* (em chinês; Hong Kong: Tao Fong Shan Christian Centre, 1999); Zichen, Zhao (T. C. Chao), *The Life of Jesus* (em chinês; Hong Kong: Chinese Christian Literature Council, 1965); idem, *The Life of St. Paul* (em chinês; Shanghai: Association Press, 1956).

S.-k. Wan

TEOLOGIA CIENTÍFICA

Os notáveis sucessos explicativos e preditivos das ciências naturais tiveram um profundo impacto sobre a formação da moderna cultura ocidental. Wolfhart Pannenberg é um dos muitos escritores a sugerir que uma das características distintivas da teologia cristã no contexto ocidental é sua necessidade de ter em conta o domínio intelectual das ciências naturais e considerar suas implicações em relação a como a teologia é fundamentada e buscada.

Este desafio provocou uma variedade de respostas. As suspeitas de Karl Barth a respeito de a teologia tornar-se dependente de outras disciplinas — seja ela antropológica, filosófica ou científica — o levou a propor a separação entre a teologia cristã e as ciências naturais (veja Barthianismo). Essa preocupação continua a ser influente em muitos círculos teológicos. Uma abordagem alternativa surgiu de alguns cientistas naturais — como Ian Barbour, Arthur Peacocke e John Polkinghorne — que viram as ciências oferecer tanto confirmações como desafios à substância das ideias de teologia. Peacocke, por exemplo, sugere que algumas das doutrinas tradicionais da fé cristã exijam revisão à luz do progresso e do conhecimento científico.

Uma Terceira abordagem, entretanto, vê as ciências naturais importantes para o método teológico, especialmente à luz da crescente crítica dos pressupostos fundamentais do *Iluminismo, e um afastamento do fundacionalismo na filosofia. Um grupo de escritores propuseram que as ciências naturais podem ser vistas como um parceiro útil de diálogo para a teologia sistemática — uma *ancilla theologiae,* para usar o termo clássico. O resultado desse engajamento positivo e construtivo com o método científico é geralmente referido como "teologia científica". Embora possam ser encontrados vestígios de tal abordagem em períodos anteriores, seu pleno desenvolvimento é particularmente associado ao importante teólogo escocês Thomas Forsyth Torrance (1913-2007).

Em *Theological Science* (Ciência Teológica [1969]), Torrance primeiro apresenta uma exposição programática da relação das ciências e da teologia cristã que ele desenvolveu em trabalhos posteriores. A teologia e toda investigação científica, Torrance argumenta, assume a "correlação entre o inteligível e o inteligente". No entanto, essa correlação envolve a obrigação de "pensar apenas em conformidade com a natureza dos dados". Se a característica distintiva de uma ciência é dar um relato exato e objetivo das coisas, de uma maneira apropriada à realidade sendo investigada, segue-se que a natureza "científica" de um empreendimento não depende primeiramente do método a ser empregado, mas da natureza particular do objeto a ser estudado. Portanto, Torrance afirma que tanto a teologia como as ciências naturais podem ser vistas como atividades a posteriori, que são uma resposta ao "dado". No caso das ciências naturais, "o dado" é o mundo da natureza; no caso da teologia, esse "dado" é a autorrevelação de Deus em Cristo.

A visão de Torrance de uma "teologia científica", portanto, incorpora uma *epistemologia realista, afirmando que teologia não é uma construção mental ou social, mas uma resposta legítima e baseada em princípios a uma realidade independente. Deus, Torrance argumenta, como todo aspecto da realidade, é conhecido *kata physin* ("de acordo com sua natureza"). A maneira na qual alguma coisa é conhecida, e a medida à qual ela pode ser conhecida, não pode ser determinada por antecipação pela razão, mas deve ser estabelecida por um engajamento com a própria realidade. Por essa razão, Torrance argumenta que uma "teologia científica" é uma disciplina a posteriori, não a priori. Não existe, ele insiste, uma metodologia generalizada que possa ser aplicada grosseiramente e sem crítica a todas as ciências. No que cada ciência lida com um objeto diferente, a obrigação é responder a esse objeto de acordo com sua distinta natureza.

Essas ideias foram desenvolvidas posteriormente pelo teólogo de Oxford, Alister E. McGrath (nascido em 1953), em sua trilogia *A Scientific Theology* (Teologia Científica [2001-2003]). Esses volumes defendem uma abordagem realista da teologia cristã, inspirando-se particularmente na forma do realismo crítico desenvolvido por Roy Bhaskar. O primeiro volume, *Nature* (Natureza), argumenta que o conceito de natureza não é autoautenticador, e por isso não pode por si mesmo funcionar como a base do sistema filosófico ou teológico. A natureza requer ser interpretada, e a teologia cristã oferece uma estrutra pela qual isso pode acontecer. O segundo volume, *Reality* (Realidade), estabelece uma abordagem não fundacionalista realista à teologia, que segue Torrance ao argumentar que a teologia é uma disciplina a posteriori, que trata com Deus *kata physin.* O terceiro volume, *Theory* (Teoria), trata da maneira pela qual a realidade é representada, dando especial atenção aos paralelos entre doutrinas teológicas e teorias científicas. Esse volume considera a origem, desenvolvimento e acolhida de tais doutrinas e teorias, e observa os importantes paralelos entre as comunidades científica e teológica nesses importantes assuntos. De especial importância é o papel positivo que esses volumes dão à teologia natural, entendida não como uma tentativa de provar a existência de Deus a partir da natureza, mas como o exercício de correlacionar a natureza com a visão cristã de Deus.

Tais abordagens à teologia têm sido bem acolhida em alguns aspectos, não menos importante por causa do estímulo intelectual que fornece ao florescente campo de estudos em ciência e religião, como pelo crescente rigor metodológico que traz à metodologia teológica. Outros, no entanto, manifestaram preocupação de que uma excessiva dependência de métodos e pretensões das ciências naturais possam levar a teologia cristã a perder seu próprio foco distintivo, ênfase e direção.

Veja também CIÊNCIA E TEOLOGIA.

BIBLIOGRAFIA. BROOKE, J. e CANTOR, G., *Reconstructing Nature: The Engagement of Science and Religion* (Edinburgh: T & T Clark, 1998); MCGRATH, A. E., *A Scientific Theology* (3 vols.; Grand Rapids: Eerdmans, 2001-2003); idem, *The Science of God: An Introduction to Scientific Theology* (Grand Rapids: Eerdmans, 2004); MURPHY, N., *Theology in the Age of Scientific Reasoning* (Ithaca: Cornell University Press, 1990); NEBELSICK, H. P., "Karl Barth's Understanding of Science", in: *Theology Beyond Christendom: Essays on the Centenary of the Birth of Karl Barth,* Thompson, J., org. (Allison Park, PA: Pickwick Publications, 1986) 165-214; POLKINGHORNE, J., *Scientists as Theologians: A Comparison of the Writings of Ian Barbour, Arthur Peacocke and John Polkinghorne* (London: SPCK, 1996); TORRANCE, T. F., *Theological Science* (London: Oxford University Press, 1969); idem, *Reality and Scientific Theology* (Edinburgh: Scottish Academic Press, 1985); WATTS, F. e DUTTON, K., orgs., *Why the Science and Religion Dialogue Matters* (London: Templeton Foundation Press, 2006).

A. E. McGrath

TEOLOGIA COREANA

Pode-se definir teologia coreana como teologia cristã feita por coreanos que vivem na Coreia ou em outros países. A categoria geral da teologia coreana pode ser dividida em várias subcategorias incluindo a teologia católica romana, teologia *evangélica e teologia protestante não evangélica. A teologia coreana evangélica pode também ser dividida em teologia com base acadêmica e teologia com base eclesiástica.

1. Teologia coreana católica romana e teologia coreana protestante tradicional
2. Teologia coreana evangélica com base acadêmica
3. Teologia coreana evangélica com base eclesiástica

1. Teologia coreana católica romana e teologia coreana protestante tradicional

Durante os últimos vinte anos, os teólogos católicos romanos da Coreia estiveram engajados com a teologia espiritual, com a teologia ambiental, teologia filosófica, ética biomédica, teologia do diálogo inter-religioso e religião comparada. Uma estudiosa proeminente é Seung Hye Kim, professor de religião da Universidade So Gang, escola jesuíta de Seul, na Coreia do Sul. Kim pesquisou os relacionamentos inter-religiosos entre cristianismo, confucionismo, zen-budismo, xamanismo, *judaísmo e *islamismo. Ela publicou vários trabalhos que demonstram o mais avançado conhecimento teológico católico romano.

Em relação a teologia protestante tradicional, podemos também identificar várias tendências. A primeira tendência é a teologia neoliberal/revisionista. Os teólogos que representam essa tendência são Gyun Jin Kim, da Universidade Yonsei, Seul, e alguns proeminentes teólogos *minjung. Kim fez seu trabalho de doutorado na Universidade Tübingen sob a supervisão de Jürgen Moltmann. Influenciado por Moltmann, Kim fez seu trabalho teológico a partir de uma perspectiva neoliberal e publicou *Christian Systematic Theology* (Teologia Sistemática Cristã, 5 vols.). Essa obra é considerada uma das mais importantes que demonstram um argumento coerente a partir de uma perspectiva ecumênica/neoliberal. Outros três teólogos que lecionaram ou lecionam em escolas teológicas nos Estados Unidos podem ser mencionados. O primeiro, o falecido professor Jung Young Lee, da Universidade Drew tentou sintetizar a teologia cristã com tradições religiosas asiáticas, como o taoísmo e o xamanismo. Por exemplo, ele tentou reinterpretar criativamente a doutrina da *Trindade através do princípio taoísta de yin e yang em seu livro *The Trinity in Asian Perspective* (A Trindade de uma Perspectiva Asiática). O segundo é Andrew Sung Park, professor do Seminário Teológico Unido, de Ohio. Como teólogo metodista ecumênico/neoliberal, Park formulou uma teologia do sofrimento e Han (dor) a partir da perspectiva de um imigrante coreano. Em seu livro *The Wounded Heart of God: The Asian Concept of Han and the Christian Doctrine of Sin* (O Coração Ferido de Deus: o Conceito Asiático de Han e a Doutrina Cristã do Pecado), ele demonstrou que a doutrina cristã tradicional do *pecado deveria ser revisada a partir da perspectiva daquele contra quem se peca. O terceiro é Anselm Kyongsuk Min, professor de filosofia e teologia da Universidade Claremont Graduate, na Califórnia. Min escreveu sobre a doutrina da Trindade, de Tomás de Aquino, e sobre a teologia pós-moderna a partir da perspectiva da teologia *liberacionista asiática.

A segunda tendência é a teologia da libertação *feminista. Uma das teólogas representativas é Hyun Kyung Chung, professora do Union Theological Seminary, de Nova York. Chung deu atenção ao sofrimento das mulheres asiáticas que foram durante muito tempo sufocadas pela sociedade patriarcal e pela cultura da Ásia. Em seu livro *Struggle to Be the Son Again: Introducing Asian Women's Theology* (A Luta para Novamente Ser o Filho: Apresentando a Teologia Feminista da Ásia), ela argumenta que as mulheres asiáticas devem ser libertadas de toda autoridade religiosa imposta por considerar as experiências concretas da vida do dia a dia das mulheres a mais importante fonte teológica.

2. Teologia coreana evangélica com base acadêmica
Em relação à teologia coreana com base acadêmica, pode-se identificar duas importantes tendências. A primeira tendência está associada com a teologia conservadora *reformada/calvinista. Teólogos representativos dessa tendência são Hyung Nong Park (1897-1978), Keun Sam Lee (1923-2006) e Chul Won Suh. Park estudou no Seminário Teológico de Princeton e recebeu seu título de doutor do Seminário Teológico Batista do Sul. Sua teologia foi profundamente influenciada pelo puritanismo britânico e pelo neocalvinismo holandês. Ele escreveu *Dogmatics* (Dogmática, 7 vols.), sua obra magna na Coreia, que tem causado um grande impacto sobre o trabalho de seus discípulos e alunos. Keum Sam Lee foi um teólogo dogmático calvinista/reformado e teve um forte interesse na teologia cultural reformada. Chul Won Suh fez sua obra de doutorado sob a supervisão de G. C. Berkouwer na Universidade Livre de Amsterdã. Sua principal preocupação tem sido preservar e passar fielmente a tradição ortodoxa calvinista/reformada. Ele escreveu vários livros teológicos que demonstram seu compromisso com a ortodoxia reformada.

A segunda tendência está associada à teologia protestante evangélica mais ampla. Os teólogos representativos dessa tendência são Soo Young Lee, Jong Sung Rhee and Jong Nam Cho. Soo Young Lee publicou importantes obras sobre a teologia de João Calvino e tem sido comprometido com a teologia evangélica com predileção reformada. Jong Sung Rhee demonstrou seu compromisso com a teologia holística, simpática à teologia de Karl Barth, e publicou *Systematic Theology* (Teologia Sistemática, 12 vols.) em coreano. Jong Nam Cho é um teólogo wesleyano com um compromisso com a tradição holiness. Cho foi um importante participante coreano do Congresso de Lausanne, realizado na Suíça em 1974.

Vários outros teólogos coreanos que estão ensinando em escolas teológicas nos Estados Unidos pertencem a essa tendência. O principal representante é Sang Hyun Lee, atualmente professor de Teologia sistemática no Seminário Teológico de Princeton Kyung-Chik Han. Lee é um especialista sobre a teologia de Jonathan Edwards e participou do trabalho editorial de Yale das obras da série Jonathan Edwards. Além disso, Lee vem levantando uma forte voz evangélica em Princeton. Entre outros teólogos coreanos evangélicos em ascensão estão Moon Jang Lee, do Seminário Teológico Gordon-Conwell, Paul C.-H. Lim, da Vanderbilt Divinity School, e Sung Wook Chung, do Denver Seminary. Moon Jang Lee demonstrou profundo interesse pela *hermenêutica e pela teologia asiática. Paul C.-H. Lim pesquisou amplamente Richard Baxter e o puritanismo britânico. Sung Wook Chung está profundamente interessado no relacionamento entre a teologia evangélica e Karl Barth, pela singularidade do cristianismo em relação a outras religiões mundiais (veja Teologia das Religiões) e pela teologia evangélica asiática.

3. Teologia coreana evangélica com base eclesiástica

Em relação à teologia coreana com base eclesiástica, pode-se identificar seis importantes tendências. A primeira tendência está associada à prática da oração da manhã ou oração do amanhecer. A prática da oração da manhã foi profundamente enraizada nas tradições religiosas taoísta e budista na Coreia durante os últimos quinze séculos. O Rev. Sun Joo Gil, um cristão convertido cedo do Taoísmo, batizou a prática da oração de manhã cedo para a fé evangélica e começou praticá-la de uma maneira cristã a partir do início do século XX. Ao fazer isso, ele apelou para a própria prática do Senhor Jesus Cristo da oração da manhã (Mc 1.35). Desde então, a prática da oração de manhã cedo se tornou uma marca distintiva da *espiritualidade evangélica coreana.

A igreja presbiteriana Myung Sung de Seul, uma das maiores igrejas presbiterianas do mundo, tem representado essa tendência, e o pastor titular da igreja presbiteriana Myung Sung, Sam Whan Kim, é o mais sincero defensor da prática da oração de manhã cedo. Kim tem enfatizado sua importância e tenta estabelecer uma teologia da oração de manhã cedo através do seu ministério escrito. Por exemplo, em seu livro *Tears of the Dawn* (Lágrimas da Aurora), Kim demonstrou seu esforço em imitar a vida espiritual de Jesus Cristo e sua virtude de total dependência de Deus.

A segunda tendência está associada ao ministério de treinamento de discipulado que John H. Oak, da igreja Sarang Community de Seul vem defendendo e promovendo durante os últimos vinte anos. O ministério de treinamento de discipulado da igreja Sarang Community é caracterizada por redescobrir o papel bíblico do leigo na igreja. Em seu livro *Called to Awaken the Laity* (Chamados para Despertar os Leigos), Oak demonstrou que os leigos são o maior potencial que a igreja tem e são um sério desafio para a igreja se esta não estiver mobilizada. Portanto, de acordo com Oak, a igreja deve despertar leigos de sua sonolência espiritual e prepará-los e capacitá-los a serem fiéis discípulos de Jesus Cristo.

A teologia holística evangélica e a espiritualidade da igreja Doorae Community, de Guri, Coreia do Sul, representa a terceira tendência. A igreja Doorae Community defende e promove uma sólida teologia evangélica e espiritualidade de envolvimento e ação social durante os últimos trinta anos. A teologia e a espiritualidade transformadora da igreja Doorae Community é profundamente devedora à teologia e ao ministério de seu pastor fundador, Jin Hong Kim. Em seu livro *I will Awake the Dawn* (Vou Despertar a Aurora), Kim apresentou um quadro dramático de sua vida e ministério, comprometido em ajudar os pobres, os enfermos e os oprimidos, e em produzir justiça e transformação na sociedade coreana. Através de outros meios escritos e orais, ele tem enfatizado a importância da responsabilidade da igreja em relação aos males sociais e a injustiça. Ele tem também promovido apaixonadamente a centralidade da espiritualidade da comunidade, que a antiga igreja de Jerusalém demonstrou de maneira mais vívida.

A quarta tendência está relacionada ao ministério missionário de da igreja Onnuri Community de Seul, Coreia do Sul. O envolvimento cultural e missionário da igreja Onnuri Community é profundamente devedora ao pensamento e à espiritualidade do seu pastor titular, Yong Jo Hah. Quando Hah fundou a igreja Onnuri Community, ele tinha uma visão de construir uma igreja que causasse um impacto saudável sobre a cultura coreana em geral. Sua visão incluía também construir uma igreja que enviasse dois mil missionários ao mundo todo. Sob a liderança de Hah, a igreja está envolvida com o ministério de publicação, radiodifusão e ministério de louvor e adoração, ministério de música cristã contemporânea, ministério de educação, ministério da família, aconselhamento e missão mundial durante os últimos vinte e cinco anos. Por exemplo, a Companhia

Publicadora Tyrannus, publicou milhares de novos livros evangélicos e várias revistas evangélicas influentes, como *Salt & Light* e *Ministry & Theology*. *Salt & Light* é considerada a equivalente a *Christianity Today* dos Estados Unidos e tornou-se uma das revistas cristãs mais influentes da Coreia.

A quinta tendência está conectada com o movimento de formação espiritual da igreja Batista Giguchon de Suwon, Coreia do Sul, que é a maior igreja batista da Coreia. Esse ministério de formação espiritual da igreja é profundamente devedor à teologia e à espiritualidade evangélica do seu pastor titular, Dong won Lee. Ele foi recentemente atraído ao movimento de formação espiritual nos Estados Unidos dirigido pela Renovaré. Lee também desenvolveu relacionamentos pessoais com importantes líderes do movimento de formação espiritual na América como Eugene Peterson, Richard Foster, Dallas Willard e Bruce Demarest. Ele também frequentou regularmente conferências internacionais de formação espiritual na Coreia. Como resultado, ele está agora surgindo como o principal líder e porta-voz do movimento de formação espiritual na Coreia e está profundamente envolvido com o capítulo coreano da Renovaré.

A sexta tendência está associada com o ministério *Pentecostal e *carismático da igreja do Evangelho Pleno, de Yoido, a maior congregação do mundo. O ministério da igreja do Evangelho Pleno de Yoido está inseparavelmente ligado à teologia e à espiritualidade de David Yonggi Cho. Desde a fundação da igreja em 1958, Cho defende fortemente a compreensão pentecostal do batismo no Espírito Santo, argumentando que o *batismo no Espírito Santo é uma segunda bênção dada aos crentes após sua conversão à fé cristã. Ele também enfatiza o dom de falar em línguas como o verdadeiro sinal do batismo com o Espírito Santo. Além disso, ele tem ligado intimamente a mensagem da segunda bênção do batismo do Espírito com sua própria teologia do evangelho da prosperidade e do pensamento positivo. Embora seja um teólogo centrado em Cristo, que crê na Bíblia e ame o evangelho, é inegável que sua teologia pentecostal da prosperidade e do pensamento positivo tenha tido um impacto negativo sobre as igrejas coreanas em geral ao diluir sua identidade e autenticidade evangélica.

Veja também TEOLOGIA ASIÁTICA; TEOLOGIA ASIÁTICA CATÓLICA ROMANA; TEOLOGIA CHINESA; TEOLOGIA JAPONESA; TEOLOGIA MINJUNG; TEOLOGIAS ASIÁTICO-AMERICANAS.

BIBLIOGRAFIA. CHUNG, H. K., *Struggle to Be the Son Again: Introducing Asian Women's Theology* (Maryknoll: Orbis, 1991); CHUNG, S. W., org., *Christ the One and Only: A Global Affirmation of the Uniqueness of Jesus Christ* (Grand Rapids: Baker, 2005); KIM, J.-H., *I Will Awake the Dawn* (Lima: Fairway Press, 1991); KIM, S. W., *Tears of the Dawn* (Seoul: Institute of Church Growth, 2005); LEE, J. Y., *The Trinity in Asian Perspective* (Nashville: Abingdon, 1996); LEE, S. H., *The Philosophical Theology of Jonathan Edwards* (Princeton: Princeton University Press, 2000); MIN, A. K., *Paths to the Triune God: An Encounter Between Aquinas and Recent Theologies* (Notre Dame: University of Notre Dame Press, 2005); OAK, J. H., *Called to Awaken the Laity* (Geanies House / Fearn: Christian Focus Publications, 2006); PARK, A. S., *The Wounded Heart of God: The Asian Concept of Han and the Christian Doctrine of Sin* (Nashville: Abingdon, 1993).

S. W. Chung

TEOLOGIA DA ESPERANÇA. *Veja* ESPERANÇA, TEOLOGIA DA.

TEOLOGIA DA LIBERTAÇÃO

A teologia da libertação surgiu na igreja latino-americana no fim da década de 1960 como uma teologia eclesial e contextual respondendo a um cenário histórico e social específico. Em meio à diversidade encontrada entre os defensores da teologia da libertação, certos conceitos fundamentais podem ser identificados. Em última análise, pode ser entendido não como um sistema de crenças, mas como um novo modo de fazer teologia que se baseia na vida do discipulado cristão, em solidariedade com os pobres.

1. Contexto histórico e fontes
2. Conceitos centrais da teologia da libertação
3. Áreas de consenso geral, mas de debates internos
4. Alguns extremos, opiniões não representativas

5. O future da teologia da libertação
6. Perspectiva e resposta mais distante

1. Contexto histórico e fontes

A teologia da libertação foi uma resposta a um momento na história bem específico, tanto mundialmente como na América Latina. Teologicamente, o *Concílio Vaticano II, e sua continuação em Medellin, Colômbia (1968), deu novo vigor à teologia católica romana. Do lado protestante, a teologia da *esperança foi importante, tanto por sua *escatologia como por sua ênfase no êxodo da servidão. Um segundo fator muito importante foi o surgimento das comunidades eclesiais de base. Diante de uma explosão populacional em expansão e uma grave escassez de vocações para o sacerdócio, a igreja optou por mobilizar líderes leigos e celebrar a Palavra e a Eucaristia nos bairros pobres ("barrios") de quase todos os países da América Latina.

Um terceiro fator foi especialmente importante. No início da década de 1960, as Nações Unidas anunciaram uma nova "década de desenvolvimento", e o presidente John Kennedy inaugurou a Aliança para o Progresso, o Corpo da Paz e instituições correlatas, inspiradas pelo desenvolvimentismo de W. W. Rostow e outros. O modelo foi o Brasil, que logo começou a experimentar um "milagre econômico". O horizonte estava em harmonia com as chaminés das fábricas, mas grande parte dos lucros se dirigiu para empresas estrangeiras e para uma pequena elite administrativa; o que de fato se desenvolveu não foi a prosperidade, mas a pobreza, a lacuna entre os ricos e os pobres, e as favelas. Os teólogos que haviam se identificado pastoralmente com os pobres em suas comunidades de base abandonaram o modelo relacionado ao desenvolvimento e adotaram como seu novo paradigma a libertação integral da opressão. A teologia da libertação foi uma reação pastoral a esse movimento histórico da América Latina.

2. Conceitos centrais da teologia da libertação

Porque a teologia da libertação normalmente rejeita qualquer pretensão a um sistema teológico unívoco, universal, muitos preferem o termo plural "teologias da libertação". No entanto, um determinado núcleo de conceitos centrais, sem o qual ninguém poderia ser considerado um teólogo da libertação, une o movimento. Para analisar cuidadosamente essa teologia, seus conceitos centrais devem ser distinguidos de outros assuntos d consenso parcial, mas de debate interno, bem como de opiniões pessoais não representativas de certos teólogos da libertação individuais.

Os denominadores comuns básicos da teologia da libertação estão centrados em torno de sua *hermenêutica e metodologia, enraizados em interpretação *contextual*. Em vez do objetivo da teologia tradicional de formular um sistema abrangente de verdades doutrinárias, os teólogos da América Latina começaram a entender a tarefa teológica a de relacionar a fé à vida e à prática no contexto das realidades específicas de sua própria sociedade num continente com a maior porcentagem de cristãos professos do mundo, mas também a mais escandalosa desigualdade de riqueza de qualquer lugar da terra. Essa contextualidade, entretanto, não deveria ser mal-entendida como provincialismo, tanto porque seu teologizar é feito em constante diálogo e debate com outras teologias, e porque sua própria teologia contextual pode então entrar no diálogo intercontextual (não porém não contextual ou supracontextual) com as teologias contextualizadas de outras áreas geográficas (especialmente África e Ásia) e os contextos específicos de outros povos (negros, mulheres, povos nativos) ao redor do mundo. Ao mesmo tempo, esse método de análise demonstrou também que as teologias norte-americana e europeia de fato não são menos contextuais para sua própria situação, embora quase sempre sejam do ponto de vista crítico.

A teologia tradicional, sob a influência da filosofia greco-europeia, via a verdade suprema como ideia ("idealismo"), acessível por meio da análise intelectual de um tipo ou outro ("racionalismo") e, portanto, um processo separado da ação. A teologia da libertação buscou restaurar a epistemologia bíblica que vê teoria e prática como dois lados inseparáveis da verdade (hebraico, *emet*). O método *praxiológico* em teologia significa que a reflexão bíblica e teológica não pode ser separada do objetivo de transformar vidas e história (em termos bíblicos, missão integral). Na América Latina, um continente de injustiça amplamente generalizada e empobrecimento que, apesar disso, alega ser cristão, a práxis inevitavelmente está centrada nas categorias bíblicas de justiça, pobreza e riqueza, denúncia e promessa profética.

Este foco promove uma íntima correlação entre a exegese bíblica, reflexão teológica, contexto histórico e práxis cristã. Isso é compreendido como o *circulo hermenêutico,* primeiro formulado na Europa (Gadamer, Bultmann) como a circulação entre o texto e o ego. Na teologia da libertação isso é interpretado como o movimento do texto bíblico para o contexto contemporâneo e vice-versa. Isso significa ler cada momento histórico à luz da Escritura, e ler a Escritura à luz do contexto específico para sua obediência à Palavra. Isso também implica numa hermenêutica de *releitura fiel* de textos antigos. A teologia da libertação argumenta que esse é o método hermenêutico essencial dentro da própria Bíblia (veja, e.g., *Teologia do Antigo Testamento*, de Gerhard von Rad) e também da melhor interpretação bíblica e teológica de todos os tempos. Essa releitura deve ser fiel tanto à mensagem original (o que Deus disse no passado) e ao seu significado contemporâneo (o que Deus está nos dizendo agora através da Escritura na realidade de hoje). Aplicando esses métodos, os teólogos da libertação deram valiosas contribuições ao conhecimento bíblico (e.g., Gustavo Gutierrez, Severino Croatto, Pablo Richard, Jose Porfirio Miranda, Carlos Mesters).

2.1. Salvação como libertação. A história da soteriologia cristã sempre foi estruturada em pares binomiais. A mensagem bíblica da *salvação nasceu no pacto abraâmico com seu nítido contraste de maldição (Gn 3 — 11) e bênção (Gn 12.1-3 e paralelos; Gn 50.20). Nos Evangelhos Sinóticos o par binomial é o da era presente e da era futura; no quarto evangelho, vida e morte, trevas e luz; em Paulo, pecado e *justificação; na ortodoxia oriental, mortalidade e imortalidade; em Lutero, culpa e perdão, e assim por diante. O combate à injustiça sofrida pelas massas na América Latina supostamente cristã e inspirada pela teologia da esperança adotou outro binômio soteriológico, o da opressão e libertação (Êx 2.23, 24; 3.7-10, 16-22; 6.5-9). O paradigma do êxodo é central para a teologia do Antigo Testamento e a base da maior parte das festas de Israel e seus sábados e anos de jubileus, é afirmada pelos cristãos em cada celebração da Comunhão e culmina nas visões de João em Patmos (releituras das pragas de Êxodo; Ap 15.3, 4). Sua legitimidade não pode ser questionada. Por outro lado, limitar a salvação apenas à libertação política e econômica (Israel foi libertado para adorar Javé) é um reducionismo que muitos teólogos da libertação evitaram.

2.2. Consistente rejeição de dicotomias. Outra forma de enfocar o núcleo definitivo da teologia da libertação é através de sua atitude a vários dualismos, derivados em grande parte da filosofia grega, que permeou muito da teologia tradicional. Essas novas atitudes são elas mesmas parte da teologia da libertação. Primeiro, como indicado acima, é uma rejeição radical de qualquer dicotomia entre *teoria e prática.* Contra o que poderia ser chamado de "idealismo racionalista" (verdade teológica é ideia/doutrina, alcançada por puro, objetivo esforço intelectual), a teologia da libertação propõe uma *epistemologia praxiológica na qual pensamento e ação, ação e pensamento, teologia e missão, estão inseparavelmente associados do começo ao fim. Nisto ela apela à décima-primeira tese de Marx contra Feuerbach, que transposto para termos teológicos poderia ser lido: "Até agora os teólogos têm contemplado a fé a fim de explicá-la (teologia sistemática); a verdadeira tarefa é compreender a fé a fim de transformar a história (missão)". Isso não é mero *pragmatismo, nem deprecia de qualquer forma o sério esforço intelectual, mas estabelece uma relação inviolável entre pensamento e ação, teologia e ética, fé e missão integral. Implica também em respeito ainda maior pelo leigo e pelo camponês, que não foi exposto aos métodos da teologia *sistemática mas viveu sua fé e aprendeu da escola do discipulado diário.

Também enfaticamente rejeitado é o dualismo tradicional de *o indivíduo e a comunidade*. A teologia da libertação rejeita o individualismo radical da sociedade moderna, capitalista. Biblicamente, a pessoa e a sociedade estão ligados inseparavelmente numa solidariedade corporativa. Individualismo e coletivismo são dois lados da mesma falsa dicotomia. O indivíduo pode ser uma pessoa real somente no vínculo dos relacionamentos interpessoal, social. Uma sociedade é uma verdadeira comunidade somente quando ela nutre os valores pessoais tanto do indivíduo quanto da sociedade. "Problemas pessoais" (e.g., alcoolismo, vício de drogas, divórcio) sempre têm importantes dimensões sociais, e os problemas sociais são também pessoais. Isso implica numa séria tarefa de *crítica estrutural* da sociedade como básico para libertação integral.

A teologia da libertação também interpreta mais dialeticamente a relação entre *eternidade e tempo* e entre *céu e terra*. Como a Bíblia, ela se concentra muito menos nas doutrinas celestiais atemporais e muito mais na ação de Deus na história e no mundo. Ela procura manter um equilíbrio entre a transcendência e a imanência de Deus, e entende a transcendência não tanto "de cima" num sentido metafísico e a-histórico, mas como algo "à frente" num sentido trans-histórico (a nova criação). Consequentemente, eles rejeitam qualquer dicotomia entre *história da salvação* e *história secular*. Há apenas uma história, não duas. Mas nem toda história é história da salvação. A histórica ação salvadora de Deus é realizada no centro da história secular, como o interior de dois círculos concêntricos (cf. Oscar Cullmann, *Cristo e o Tempo*). Com Abraão, Deus criou uma nova história de dentro da história secular e enviou Abraão de volta para a história secular como bênção às nações.

Todos os itens acima implicam uma firme rejeição de qualquer dicotomia entre *fé e política*. Embora a teologia tradicional tenha a tendência de se orgulhar de ser politicamente neutra e "objetiva", para os teólogos da libertação essa neutralidade é em si mesma uma opção política, e normalmente uma das piores. A mensagem bíblica está repleta de implicações políticas e demandas sobre a pobreza, compaixão e justiça. Os cristãos — e a igreja — deveriam estar firmemente comprometidas com aqueles objetivos bíblicos. Mas isso não deveria implicar numa política de reducionismo. Nas palavras de Leonardo Boff, teólogo da libertação, "Tudo é político, mas a política não é tudo".

Em suma, a teologia da libertação propõe novos métodos e novas agendas para fazer teologia. Ela introduziu "os pobres", "mal estrutural" e "transformação socioeconômica" como novos loci para reflexão. Essa nova concentração implica um uso muito mais amplo das ferramentas históricas e socioanalíticas. A filosofia, a principal aliada da teologia de todos os tempos desde os Apologistas e da escola de Alexandria, toma o segundo lugar para a história, a sociologia e a ciência política como a principal ajuda para a tarefa teológica.

3. Áreas de consenso geral, mas de debates internos

A teologia da libertação está distante de ser homogênea e nunca buscou estabelecer um unificado "sistema" ou "escola" teológica bem definida. Além de conceitos centrais, resumidos acima, que unem os bastante diversificados participantes desse movimento, algumas generalizações podem ser feitas, e falsa generalização é uma tentação sempre presente. Isso é particularmente verdade sobre dois assuntos altamente discutíveis: luta armada e ideologia marxista.

Teólogos da libertação, como Dom Hélder Câmara, do Brasil, frequentemente fazem distinção entre violência pelos poderosos (violência estrutural), violência revolucionária para libertar dos poderosos e violência repressora contra as lutas por libertação. Outros assinalam que as palavras hebraicas relacionadas à violência se aplicam consistentemente à violência opressora e repressora, mas não à luta armada por libertação; consequentemente, o livro de Juízes, tão cheio de derramamento de sangue, nunca chama isso de "violência", mas de "salvação". Todos os teólogos da libertação denunciam a violência opressora e repressora, e simpatizam de uma forma ou de outra com os que sacrificam a vida por liberdade e justiça. Mas a atitude para com a "luta armada por libertação" não é uniforme. Alguns como Hélder Câmara e Adolfo Perez Esquivel, da Argentina, são pacifistas coerentes e rejeitam todo recurso à luta armada. Muitos endossam a luta armada como um tipo de variação da teoria da guerra justa, mas sob condições estritamente definidas, o que estabelece a diferença entre uma e outra teologia da libertação.

Atitudes para com o comunismo, antes do colapso da União Soviética, também variaram muito. Quando Marx é trazido à discussão de alguma forma, a maioria dos teólogos da libertação mostram uma valorização básica da contribuição histórica do seu pensamento. Engels e Lênin são mais discutíveis; entre os últimos pensadores, Gramsci é elogiado por muitos. Mas alguns deles foram admiradores acríticos da União Soviética; alguns foram de fato francamente antissoviéticos.

À luz desses fatos, é incorreto e injusto descrever a teologia da libertação como "teologia da violência" ou "teologia revolucionária". Tais acusações descuidadas revelam somente uma falta de compreensão do que é a teologia da libertação.

4. Alguns extremos, opiniões não representativas

A maioria dos teólogos da libertação surgiu de contextos pastorais, normalmente das comunidades de base das periferias, rurais e indígenas ou pastorados estudantis. Outros, em número menor, surgiram principalmente do mundo acadêmico da sociologia, da ciência e teoria política e econômica. Não surpreendentemente, os primeiros tendem a ser marcados por muito mais ênfase bíblica e teológica e um maior envolvimento na comunidade religiosa. Os últimos, embora sua contribuição à teologia da libertação não tenha sido insignificante, têm, às vezes, foi fonte de declarações aberrantes que desvirtuam o melhor da teologia da libertação. Um teólogo da libertação, por exemplo, particularmente descreveu Deus como "o espírito revolucionário do proletariado".

Nós já mencionamos as tentações do reducionismo do evangelho somente à libertação sociopolítica e econômica. Isso também levou alguns extremistas no campo da teologia da libertação a superestimar, e às vezes até mesmo a tornar absolutos os movimentos revolucionários que eles endossaram. Após o triunfo de Fidel Castro em Cuba, e depois da vitória sandinista na Nicarágua, alguns declararam que o ʻreino de Deus havia então chegado à terra, ou equiparado esses momentos históricos ao equivalente da prometida vinda de Cristo.

Tais opiniões são claros desvios das convicções centrais da teologia da libertação, e são sempre prontamente corrigidas por outros teólogos da libertação. Mas inimigos da teologia da libertação, que normalmente sentem-se profundamente ameaçados devido sua própria ideologia conservadora ser questionada, encontraram grande prazer em desentocar cada uma de tais aberrações e juntá-las numa chocante "antologia de heresias" para condenar o movimento. Fazer isso é até mesmo mais irresponsável do que acusar todos os teólogos da libertação de serem comunistas ou promotores da violência. Todo movimento teológico (por exemplo, calvinistas ou arminianos) tiveram seus extremistas e dissidentes, mas nenhuma teologia deve ser julgada por suas piores aberrações.

5. O futuro da teologia da libertação

Do ponto de vista político, a história não tratou com bondade a teologia da libertação. Ela nasceu durante os dias cheios de esperança de Salvador Allende, no Chile, que foi rapidamente deposto pela brutal ditadura de Augusto Pinochet. Ditaduras militares assumiram o controle de países latino-americanos um após o outro, e sofisticadas torturas eletrônicas foram experiência comum dos que lutaram por liberdade. Então surgiram esperanças quando os sandinistas nicaraguenses depuseram a dinastia Somoza, mas os sandinistas começaram sua administração sob a negra sombra do regime amargamente hostil de Ronald Reagan e logo foram pegos numa sangrenta guerra com os contras patrocinada pelos Estados Unidos.

Então chegou o colapso da União Soviética e o "período especial" em Cuba. Em 1990 o Partido UNO, de Violeta Chamorro, financiado pelos Estados Unidos, e completado com os conselheiros políticos do Partido Republicano dos Estados Unidos, teve uma vitória surpreendente sobre Daniel Ortega e os sandinistas. Meramente ter sobrevivido a tais séries de adversidades poderia ser visto como vindicação da durabilidade da causa da libertação.

Em geral, a teologia da libertação tem respondido bem a essa série de crises. Essas amargas experiências amorteceram consideravelmente o otimismo de seus primeiros anos, como eles responderam a novos desafios e mais uma vez se mostram ser verdadeiramente contextuais. As dimensões bíblicas foram aprofundadas; pontos de vista políticos e econômicos se tornaram mais moderados, com mais tendência a reconhecer a importância da economia de mercado, quando adequadamente supervisionada pelo estado. Teorias são menos pomposas agora, e ideias de assumir o controle do governo, como no passado, estão agora quase totalmente abandonadas; a ideia agora é trabalhar de baixo para cima através das comunidades eclesiais de base, cooperativas, projetos de desenvolvimento comunitário, e assim por diante. Uma importante tarefa agora é nutrir a esperança, manter vivo o sonho de uma nova e melhor ordem social. A ênfase quase exclusiva sobre a libertação econômica dos pobres foi ampliada e enriquecida pela ênfase na justiça e na igualdade para negros, povos indígenas, mulheres, os deficientes, e assim por diante. Típica é a visão do movimento zapatista mexicano por uma "sociedade onde ninguém é excluído".

Pode-se dizer que a teologia da libertação, embora obviamente não perfeita, deu uma valiosa contribuição à teologia mundial, da qual todos nós podemos e devemos aprender. Apesar de seus reveses, ela deu contribuições duradouras à teologia e, ao que tudo indica, continuará a fazê-lo.

J. E. Stam

6. Perspectiva e resposta mais distante

A teologia da libertação está entre os mais controversos movimentos teológicos do último século. Não surpreende, então, que alguns desses movimentos tenham sido submetidos a tanta distorção e má interpretação não só por seus adversários, como também por seus supostos simpatizantes. Consequentemente, a tarefa de escrever um breve resumo da teologia da libertação, que apresentará uma análise equilibrada mas sincera desse complexo movimento, é um desafio verdadeiramente assustador, que a discussão acima de J. E. Stam atende bem.

Em sua discussão do contexto histórico no qual surgiu a teologia da libertação, Stam perceptivelmente destaca os fatores-chave que, no seu conjunto, promoveram o desenvolvimento da teologia da libertação. Como ele deixa claro, a teologia da libertação nasceu dentro e a partir do coração da igreja, tendo sido também inspirado por iniciativas eclesiásticas especiais, especialmente pelas comunidades especiais de base, muitas das quais também envolveram a participação ativa do clero e até mesmo de bispos.

Como Stam enfatiza em sua análise de seus conceitos centrais, a teologia da libertação rejeita as dicotomias epistemológicas. Os teólogos da libertação buscam, acima de tudo, fundamentar a reflexão teológica numa práxis holística, integral de disciplina cristã. As três dimensões intrinsecamente relacionadas dessa práxis são a luta por justiça, reflexão teológica e oração ou adoração. Como argumenta Gustavo Gutierrez, a teologia da libertação representa, então, não um novo tema para a teologia, mas uma nova forma de fazer teologia, fundada na vida do discipulado cristão solidário com o pobre.

A garantia definitiva para essa compreensão da tarefa teológica é bíblica. Gutierrez sugere que a base lógica para uma ""opção preferencial pelos pobres" está em Deus; a Escritura revela um Deus que se identifica de uma maneira especial com as vítimas da história. Assim, nós somos chamados à solidariedade com os pobres, não somente em bases éticas, mas em bases explicitamente teológicas ou epistemológicas — se Deus está presente particularmente (mesmo se não exclusivamente) entre os proscritos da sociedade, então, para "ver" e refletir exatamente sobre a atividade de Deus na história, o teólogo deve também começar sua reflexão teológica no meio dos pobres.

O uso da análise social é, portanto, secundária para o fundamento bíblico e incerta sobre ele. Os teólogos da libertação usam a análise social como uma ferramenta para mediar entre as Escrituras e o contexto social contemporâneo. Quando essa ferramenta não mais se revela adequada à Escritura ou à experiência contemporânea, a análise social fica sujeita a crítica ou até mesmo rejeição. Por isso, como observa Stam, embora os teólogos da libertação tenham achado úteis algumas das introspecções de Marx, eles também têm cada vez mais reconhecido as deficiências do pensamento marxista, ou de qualquer análise não suficientemente atenta a formas não econômicas de opressão e libertação.

Esta crescente atenção a dimensões não econômicas da práxis foi mais estimulada pelas crises sociopolíticas que, como observa

Stam, impactou as sociedades latino-americanas durante as últimas décadas do século 20. Durante esses mesmos anos, aliás, o Vaticano emitiu dois importantes documentos enfatizando o que percebia como tendências perigosas entre "alguns" teólogos da libertação. Essas advertências foram acompanhadas pela nomeação de bispos em toda a América Latina, que se opunham à teologia da libertação. Como Stam sugere, a maioria dos teólogos da libertação responderam a esses eventos históricos ao encorajar o diálogo com seus críticos os quais, por sua vez, levaram a um aprofundamento das ideias centrais da teologia da libertação.

Mais recentemente, por consequência, a teologia da libertação tem enfatizado dimensões da práxis cristã, libertadora que, embora reconhecida mesmo nos primeiros anos do movimento, não receberam às vezes tanto destaque como agora. Isso é particularmente verdade da dimensão espiritual da libertação que, embora confirmada desde o princípio, ganhou cada vez mais destaque nas últimas décadas, especialmente quando essa espiritualidade é manifestada na fé vivida pelos pobres, ou "religião popular". Maior atenção a uma apreciação da religião popular como práxis libertadora tem sido também acompanhada por crescente atenção a tradições religiosas autóctones e americanas afro-latinas como recursos para reflexão teológica (veja Teologias de Contexto Africano na América Latina).

O papel metodológico central da espiritualidade e da religião popular também levou a um crescente interesse na estética teológica e na "práxis estética" como salvaguardas contra interpretações reducionistas e instrumentais da práxis. A espiritualidade dos pobres constitui uma dimensão da práxis, ou ação humana, que pode ser libertadora embora não seja explicitamente política ou destinada a alcançar um fim político. A opção preferencial pelos pobres não pode existir separada dos relacionamentos humanos fundamentados no amor; Gutierrez insiste que não pode haver opção pelos pobres sem concretos relacionamentos com pessoas pobres. Esses relacionamentos não são nem explicitamente políticos nem visam a algum fim político; são destinados simplesmente a serem vividos e desfrutados como fim em si mesmos (como experiências "estéticas"). No entanto, em face das forças sociais desumanas, a capacidade de afirmar sua humanidade nas relações é por si só a base necessária para a ação política destinada a criar uma sociedade mais justa, mais humana. A libertação pode, portanto, ser concebida não simplesmente como resultado final da práxis humana, mas como a própria práxis, os próprios relacionamentos humanos, através dos quais os pobres afirmam sua própria subjetividade humana e, desse modo, implicitamente resistem às forças sociais que ameaçam a humanidade.

Isto não serve para sugerir que os contemporâneos teólogos da libertação deixaram para trás as preocupações políticas e econômicas. No entanto, se os teólogos da libertação durante os anos 1960 e 1970 se inspiraram nas ideias de teoria da dependência e na análise social marxista para compreenderem o contexto histórico latino-americano, na década passada eles enfatizaram o poder arrogante do neoliberalismo e da globalização como forças interferindo em cada aspecto da vida latino-americana. Nesse contexto global, argumentam os teólogos da libertação, os pobres não são meramente "marginais", mas são totalmente excluídos da participação da economia global; eles são desnecessários e, portanto, invisíveis.

Tal como no passado, a teologia da libertação vai continuar a evoluir junto com a mudança de condições históricas. Seus conhecimentos metodológicos centrais, no entanto, mantiveram-se constantes. Se a teologia da libertação é essencialmente uma leitura das Escrituras através dos olhos dos pobres, enquanto existirem pessoas pobres, marginalizadas ou excluídas, haverá teologia da libertação.

R. S. Goizueta

Veja também Opção Preferencial Pelos Pobres; Pobreza; Teologia Latino-americana; Teologia Sul-africana.

Bibliografia. Bonino, J. M., *Doing Theology in a Revolutionary Situation* (Philadelphia: Fortress, 1975); McAfee Brown, R., *Unexpected News: Reading the Bible with Third World Eyes* (Philadelphia: Westminster, 1984); idem, *Theology in a New Key* (Philadelphia: Westminster 1978); Comblin, J., *Called for Freedom: The Changing*

Context of Liberation Theology (Maryknoll: Orbis, 1998); Costas, O., *Liberating News* (Grand Rapids: Eerdmans, 1989); Ellacuría, I. e Sobrino, J., *Mysterium Liberationis* (2 vols.; San Salvador: UCA Editores, 1993); Ellis, M. H. e Maduro, O., orgs., *The Future of Liberation Theology* (Maryknoll: Orbis 1989); Goizueta, R. S., *Caminemos con Jesus: Toward a Hispanic Theology of Accompaniment* (Maryknoll: Orbis, 1995); Gutiérrez, G., *A Theology of Liberation* (Maryknoll: Orbis, 1973); idem, *On Job: God-Talk and the Suffering of the Innocent* (Maryknoll: Orbis, 1987); von Rad, G., *Old Testament Theology* (2 vols.; New York: Harper, 1962, 1965) [edição em português: *Teologia do Antigo Testamento* (São Paulo: ASTE, 1980); Shaull, R., *Heralds of a New Reformation* (Maryknoll: Orbis 1984); Sobrino, J., *Spirituality of Liberation: Toward Political Holiness* (Maryknoll: Orbis, 1988).

J. E. Stam e R. S. Goizueta

TEOLOGIA DA LIBERTAÇÃO PALESTINA.
Veja Teologia Árabe e do Oriente Médio.

TEOLOGIA DAS RELIGIÕES
A teologia das religiões cristãs tenta explicar teologicamente o significado e o valor de outras religiões e reflete sobre o relacionamento do cristianismo com outras religiões. Embora a relação do cristianismo com outras crenças sempre tenha sido uma preocupação prática e intelectual, a teologia das religiões, como uma disciplina teológica separada, é uma empreitada razoavelmente nova. Tanto no Antigo como no Novo Testamento, e ao longo da história da igreja, tem havido conflitos entre as religiões. Entretanto, nunca antes na história do cristianismo houve tão constante e intensa comunicação entre as religiões como nas últimas décadas do segundo milênio.

1. Tipologias de perspectivas
2. Perspectivas bíblicas
3. Desenvolvimento histórico
4. Um exame de posições contemporâneas
5. Conclusão

1. Tipologias de perspectivas
O estudo das teologias das religiões surgiu primeiro nos círculos católicos como resultado do Concílio Vaticano II (1962) e logo se espalhou também para a esfera protestante. Não existe ainda, contudo, acordo sobre uma tipologia de perspectivas. A mais frequentemente usada é a do exclusivismo, do pluralismo e do inclusivismo. Os exclusivistas sustentam que a salvação está disponível apenas em Jesus Cristo e que existe a necessidade de uma resposta pessoal à *fé. Para os pluralistas, outras religiões são meios legítimos de salvação. O grupo intermediário, inclusivistas, sustentam que embora a salvação seja ontologicamente fundamentada sobre a pessoa de Cristo, seus benefícios foram tornados universalmente disponíveis pela revelação de Deus até mesmo aos que não ouviram o *evangelho. A posição intermediária com várias nuances tem atualmente o maior grupo de seguidores e ultrapassa fronteiras confessionais e denominacionais. Essa tripla tipologia, entretanto, tem sido objeto de sérias críticas porque ela tende a tornar o exclusivismo um termo pejorativo e porque o seu foco único está na questão da salvação. O valor das religiões — ou falta dela — por exemplo, é uma questão não tratada nesse esquema. Uma tipologia similar é sugerida por Jacques Dupuis (1998): O "eclesiocentrismo" sugere que religiões não são salvíficas em si mesmas, mas uma resposta pessoal da fé é necessária para a proclamação do evangelho pela igreja. O "cristocentrismo" refere-se a uma abordagem inclusiva de acordo com o qual Cristo é o Salvador, mas os benefícios de sua obra salvadora podem ser encontrados fora da igreja e da religião cristã. O "teocentrismo" é o paradigma pluralista de acordo com o qual Cristo é um Salvador entre outras figuras salvadoras e não um exclusivo.

P. F. Knitter (2000) sugeriu recentemente uma quádrupla tipologia: O modelo "Substituição" alega que o cristianismo pretende substituir todas as outras religiões seja total (substituição total) ou parcialmente (substituição parcial). O modelo "Cumprimento" ensina que embora a *salvação esteja disponível a seguidores de outras religiões, outras religiões não são salvíficas, somente Cristo é o Salvador. No cristianismo, por causa de Cristo, pode ser encontrado o cumprimento de religiões. As perspectivas pluralísticas na tipologia de Knitter são representadas pelo modelo "Mutualidade", que postula uma grosseira paridade entre as religiões. O mais "pluralístico" de seus modelos, o modelo "Aceitação", difere do modelo Mutualidade em que ele reconhece diferenças reais entre as religiões. Embora mais de uma religião possa ser salvífica — e provavelmente é nesse modelo — todas elas são salvíficas em suas próprias formas distintivas. Neste ensaio, eu sigo a tipologia do eclesiocentrismo, do cristocentrismo e do teocentrismo.

2. Perspectivas bíblicas

Uma das principais razões por que existe tal diversidade de perspectivas entre as igrejas cristãs com relação a outras religiões é a falta de consenso sobre a interpretação dos pontos de vista bíblicos. Sem dúvida, a corrente principal de ambos os testamentos parece negar o valor de outras religiões e tomar como certo a superioridade e singularidade do Deus da Bíblia e da salvação em Cristo. Por um lado, as raízes da religião bíblica entraram profundamente nas religiões de culturas ao redor de Israel; o judaísmo não começou como uma religião fixa e autônoma, mas tomou elementos emprestados de religiões "pagãs". Por outro lado, como a autoconsciência de Israel se aguçou, outras religiões vieram a ser julgadas na época do Antigo Testamento como idolatrias sem valor e desafios para o culto de Javé. No Novo Testamento, o contexto muda em que não enfatiza explicitamente o desafio de outras religiões. Há apenas referências de passagem a religiões greco-romanas. No geral, entretanto, quando o Novo Testamento se refere a outras religiões, o veredito é normalmente negativo; outras religiões são consideradas fúteis.

A afirmação bíblica fundamental é o *shemá*, a confissão de fé de Israel (Dt 6.4) que apela para uma lealdade inflexível a Javé. Às vezes outros deuses são ou ridicularizados por sua insignificância ou mesmo sua existência ser negada. O que complica o quadro, entretanto, é o fato que ao mesmo tempo Javé é retratado como Criador e Sustentador de todas as coisas (Gn 1 — 11) e que existem várias avaliações de gentios, ou não judeus, que estavam fora da comunidade da aliança. Com certeza, existem atitudes hostis e até mesmo de zombaria no que toca a adoração a ídolos. Mas existem também avaliações positivas, até de admiração, dirigidas a várias personagens não judias, indivíduos não pertencentes à aliança, tanto no Antigo Testamento como no Novo (Hb 11).

Os materiais bíblicos referentes à perspectiva da igreja primitiva sobre outras religiões e outros deuses são escassos. O que pode ser dito com segurança é que a igreja primitiva adotou o monoteísmo judaico e se agarrou à universalidade da pessoa e da natureza de Deus. Ao mesmo tempo, uma intensiva, agressiva evangelização de todas as pessoas é evidente, tanto de judeus como de gentios. Dos escritores do Novo Testamento, Paulo indiscutivelmente teve a mais extensa exposição a outras religiões e adeptos de outras religiões, mas seu engajamento é principalmente com os judeus. Por um lado, o pessimismo com relação a outras religiões e seus adeptos nos três primeiros capítulos de Romanos é bem conhecido. O duro julgamento de Paulo dos pagãos e seus deuses fúteis, no entanto, tem de ser lido à luz do seu severo veredito dos judeus separados da fé em Cristo (Rm 2 — 3). Por outro lado, Paulo crê que Deus *não está longe de cada um de nós* (At 17.27), talvez dando a entender que as religiões têm de fato seu valor como mediações da presença oculta de Deus. E não há dúvida sobre as raízes comuns de todos os povos na mente de Paulo (At 17.28). Há, portanto, desse modo, tanto uma continuidade como uma descontinuidade com relação a (outras) religiões entre Romanos 1 e Atos 17. A tensão e a ambiguidade é bem ilustrada na diferença contemporânea de opiniões no que se refere à correta interpretação de passagens como Atos 4.12. Será que a afirmação de que não há salvação em nenhum outro nome que não seja Jesus quer dizer que é preciso confessar o nome de Jesus para ser salvo, ou que quem é salvo, seja pelo ouvir ou seja por causa da universalidade da obra de Cristo, serão por ele salvos? As abordagens eclesiocêntricas e cristocêntricas diferem em suas interpretações. As perspectivas teocêntricas, pluralísticas, no entanto, parecem bem difíceis de se harmonizar com as principais orientações bíblicas.

3. Desenvolvimento histórico

Os pais da igreja primitiva, embora tomando por certo a superioridade da fé cristã, às vezes mostraram uma abertura para com outras religiões, e com frequência receberam bem o conhecimento filosófico não cristão. Na verdade eles pareceram abertos à possibilidade de salvação de alguns adeptos dessas religiões. Foi somente depois, sob a tutela de Agostinho, que a atitude exclusiva ganhou a posição superior. Os primeiros apologistas, como Justino Mártir, acreditavam que as sementes do *logos* eram semeadas no solo do mundo. Orígenes ensinava a salvação universal, e Clemente de Alexandria reconheceu o valor de religiões pagãs, e assim por diante. Todavia, todos eles criam firmemente que somente em Cristo existe a plenitude da salvação. A máxima *extra ecclesiam nulla salus* (fora da igreja [não há] salvação), amplamente usada desde os primeiros séculos, começando com Cipriano e outros, não foi no começo dirigida contra religiões, e sim, contra os cismáticos que romperam a unidade da igreja. Somente mais tarde, por extensão, ela foi aplicada a outras religiões como exemplificado pela bula do papa Bonifácio VIII *Unam Sanctam* de 1302 ou Concílio Vaticano I (1869-1870). Os reformadores protestantes basicamente concordaram com a abordagem exclusivista, todavia Zuínglio acolheu algumas limitadas aberturas.

Embora a atitude exclusivista fosse dominante, alguns cristãos continuaram uma abordagem mais afirmativa, como a ilustrada na carta do papa Gregório VII (1076) ao rei muçulmano Anzir, da Mauritânia, na qual ele correlacionou a adoração muçulmana a Deus com a adoração cristã; ou na opinião do grande teólogo do século 12, Pedro Abelardo, que em sua *Teologia cristã* propôs que a ideia da *Trindade foi revelada não somente no Antigo Testamento, mas também a poetas e filósofos pagãos; ou em *The Book of the Gentile and the Three Wise Men* [O livro dos gentios e os três magos], de Ramon Lull (1232-1316) no qual um diálogo pacificador inter-religioso é realizado por representantes das três principais religiões: o judaísmo, o islamismo e o cristianismo.

A mudança radical e a proliferação de pontos de vista cristão ocorreram como resultado do *Iluminismo do século 18. O *The Reasonableness of Christianity* (A razoabilidade do cristianismo) (1695), de John Locke, demonstrou uma religião que poderia ser definida dentro dos limites da razão em vez da revelação, e *Christianity as Old as Creation, or, the Gospel a Republication of the Religion of Nature* (Cristianismo tão antigo quanto a natureza, ou, o evangelho uma republicação da religião da natureza (1730) colocou o cristianismo como "religião natural" entre outras religiões sem nenhuma diferença de fato. A busca do Jesus histórico despojou a cristologia de muito de sua autoridade tradicional, colocando Jesus como um professor de ética que — erradamente considerava-se ser, ele mesmo, uma figura apocalíptica. A localização da religião por F. D. E. Schleiermacher no domínio da "sensibilidade" contestou a visão tradicional de *revelação como factual e ajudou a harmonizar as reivindicações tradicionais à singularidade de Cristo. Mesmo quando a (primeira onda da) Busca chegou ao fim no início do século 20, o liberalismo clássico havia semeado sementes de pluralismo religioso, e a rachadura entre os tradicionalistas e outros foi irreconciliável. Ernst Troeltsch, "o primeiro pluralista religioso", e a história da escola das religiões procuraram entender Jesus Cristo no contexto do ambiente religioso e cultural das nações circundantes e enfatizaram a continuidade entre a Bíblia e as antigas culturas do Oriente Próximo, relativizando, assim, as religiões em geral e a cristã em particular. Arnold Toynbee argumentou fortemente em relação à essência comum entre todas as religiões, um tema favorito no pluralismo posterior. Uma abordagem mais reservada do início do século 20 das religiões que ajudou a pavimentar o caminho para a desenvolvida teologia das religiões católica romana foi representada por *The Crown of Hinduism* (A coroa do hinduísmo) (1913), de John N. Farquhar. Ele desafiou seus colegas missionários a desenvolverem uma avaliação positiva da cultura e da religião indiana, e apresentou uma questão para o cristianismo como algo complementar ao hinduísmo em vez de algo exclusivo. O hinduísmo para ele não era tão errado enquanto ainda não cumprido.

4. Um exame de posições contemporâneas
4.1. Pontos de vista eclesiocêntricos. O eclesiocentrismo é atualmente representado por fundamentalistas e outros cristãos conservadores. Esse ponto de vista argumenta pela singularidade de Jesus Cristo e do Deus trino

e pela necessidade de uma resposta pessoal da fé à proclamação da igreja. Embora a salvação possa ser estendida aos judeus antes da vinda de Jesus, bem como aos bebês por nascer ou aos incapazes, a regra básica é a necessidade de fé. Karl Barth sempre é invocado como o primeiro defensor desse ponto de vista, mas seu legado é ambíguo. Por um lado, Barth certamente argumentou pela necessidade da revelação divina, da singularidade de Jesus como o centro de toda teologia e a primazia da fé. Por outro lado, sua doutrina da eleição e da salvação carrega forte orientações universalistas e mais tarde, em sua carreira, ele foi aberto a "outras luzes". Os eclesiocentristas são fortes críticos das perspectivas pluralistas como ilustrado pela recente obra de Harold Netland (2001). O evangélico Millard J. Erickson alega que a igreja cristã sempre endossou a regra *extra ecclesiam* até o surgimento das visões pluralistas contemporâneas e que sem uma resposta consciente da fé a pessoa é basicamente deixada sem esperança. Outro evangélico, Vinoth Ramachandra, do Sri Lanka, embora crítico dos pluralismos do seu próprio continente, é, entretanto, menos dogmático sobre o destino dos que nunca ouviram. Ramachandra argumenta que o problema da particularidade não deveria ser confundido com o problema do estado final dos que não são cristãos (Ramachandra, 30).

Os desafios às perspectivas eclesiocêntricas incluem a exclusão da salvação da maior parte das pessoas da terra, confundindo a ontológica necessidade de Cristo para a salvação com nossa epistemológica necessidade humana de conhecê-la, considerando a revelação geral como suficiente para a condenação, porém insuficiente para a salvação, e não deixando esperança aos não cristãos além da morte. Uma típica contra-argumentação dos defensores desde modelo é que a Bíblia não parece deixar espaço para ir além destas objeções. No movimento evangélico, estão surgindo novas revelações, ilustradas pela recente obra de Gerald McDermot, *Can Evangelicals Learn from World Religions?* (Podem os evangélicos aprender com as religiões mundiais?) (2000) e Winfred Corduan, *A Tapestry of Faiths: The Common Threads Between Christianity & World Religions* (Uma tapeçaria de crenças: Os fios comuns entre o cristianismo e as religiões mundiais (2002). Embora esses escritores continuem confirmando a visão eclesiocêntrica, eles também fazem grandes esforços no sentido de um paciente diálogo com outras religiões.

4.2. Pontos de vista cristocêntricos.
Alguns evangélicos estão se movendo lentamente em direção a um cauteloso Cristocentrismo. O mais conhecido entre eles é o batista canadense Clark Pinnock. Em sua obra *A Wideness in God's Mercy: The Finality of Jesus Christ in a World of Religions* (Amplidão na Misericórdia de Deus: A Finalidade de Jesus Cristo num Mundo de Religiões [1992]), Pinnock argumenta que dois polos da mensagem cristã, a vontade universal de Deus de salvar a todos e a finalidade de salvação somente em Cristo, devem ser tratados de forma que não desencorajam o *evangelismo, mas, por outro lado, não torna a salvação indisponível à maioria das pessoas. Condizente com o cristocentrismo, Pinnock é intransigente sobre a alta cristologia, mas afirma que a visão tradicional da "raridade" agostiniano-calvinista tem levado a uma visão de Deus que só a contragosto salva uns poucos, enquanto a maioria é enviada para o inferno. Ele aponta para os muitos exemplos de "santos pagãos" que foram obviamente salvos e conclui que a fé salvífica não é tanto sobre o conhecimento como é sobre a autenticidade da resposta à luz a eles dada. Embora os pentecostais, de longe o maior grupo dentro do evangelicalismo, em geral apoiem uma abordagem cristocêntrica, o teólogo sino-malaio, agora americano, Amos Yong repercute algumas das ideias de Pinnock e trabalha duro tentando desenvolver uma compreensão mais inclusivista, pneumatológica das religiões.

A visão cristocêntrica tem como sua representante mais importante a Igreja Católica Romana pós-conciliar. Com base na doutrina tomista da natureza elevada pela graça de Deus (opondo-se à ideia protestante da justaposição da natureza e graça), a teologia católica contemporânea acredita que a graça de Deus purifica, liberta e cumpre o que é potencialmente nas religiões (*Ad Gentes* § 9; *Nostra Aetate* §2). Embora persistindo firmemente na plenitude da salvação em Cristo e na igreja (católica romana), a opinião oficial é que os hindus, budistas, muçulmanos e seguidores de outras religiões podem ser salvos desde que sigam a luz dada a eles na estrutura de suas próprias religiões e procurem seguir os preceitos morais (e.g., *Ad Gentes* §7). Eles não são salvos, contudo, devido suas religiões, mas por causa de Cristo e sua obra expiadora (e.g., *Gaudium et Spes* §22). De acordo com *Lumen Gentium* (§16) as religiões mundiais estão relacionados com a igreja — primeiro o *judaísmo, depois o *islamismo — como religiões monoteístas e, finalmente, outras religiões; até mesmo os *ateus não estão fora do cuidado paternal de Deus. Todavia, a missão é necessária (§17).

O mais conhecido teólogo católico romano das religiões pós-conciliar é o falecido Karl Rahner, que desenvolveu o discutido conceito de "cristãos anônimos": há um estado de ser no qual uma pessoa pode responder positivamente à graça de Deus — presente e operante nas religiões — mesmo antes de ouvir o evangelho, que tem a finalidade de evocar fé explícita. Para Rahner, todas as tradições religiosas, não obstante menos que perfeitamente e quase sempre acompanhadas de erro, potencialmente expressam a verdade a respeito da autocomunicação de Deus no Espírito e, por conseguinte, são parte da história da revelação. Em Cristo existe a autorrevelação final de Deus. A proclamação missionária do evangelho tem o objetivo de tornar explícita essa fé implícita. Embora a ideia geral de Rahner seja condizente com a tradição católica, muitos se opuseram ao seu conceito de cristão anônimo como algo agressivo aos não cristãos: como poderia um cristão reagir a um hindu chamando-o de hindu anônimo? Condizente com a tradição tomista, existe também a ideia de Hans Kung de religiões como "formas comuns" de salvação considerando que a fé cristã é "extraordinária" por causa de Cristo. Depois Kung veio a enfatizar o papel da ética global e da justiça social, e também se empenhou nos *Parlamentos de Religiões Mundiais.

Os outros dois importantes teólogos católicos das religiões são o falecido jesuíta belga J. Dupuis, que passou várias décadas na Ásia. Seu *Toward a Christian Theology of Religious Pluralism* (Por uma Teologia Cristã do Pluralism Religioso, [1998]) é considerado um dos mais significativos estudos já publicados sobre o tema. Seu objetivo era negociar entre o inclusivismo católico e o pluralismo religioso de forma que não comprometesse a singularidade de Cristo ou os cânones trinitários, porém tendo plena consideração teológica do fenômeno dos pluralismos contemporâneos. Essa pesquisa o levou a um choque com a cúria conservadora romana mais conservadora durante os últimos anos de sua vida. Dupuis afirmava que a visão cristã da história da salvação, baseada na aliança, permite uma avaliação mais positiva de outras tradições religiosas do que com frequência tem sido afirmado. A existência do pacto noético "cósmico" ou universal, celebrado antes da escolha de Abraão (Gn 7 — 9 e 12, respectivamente) testifica o propósito universal das alianças.

Gavin D'Costa, teólogo britânico, de ascendência asiática (Índia) e educado na África (Quênia) desenvolveu mais uma compreensão trinitária católica de religiões. Crítico dos pluralismos da modernidade, seja de origem cristã (John Hick entre outros) ou baseado em religiões asiáticas (o neo-hindu Saarvepalli Radhakrishan ou Dalai Lama budista tibetano, entre outros), D'Costa argumenta em favor do relacionamento integral entre o Espírito, Cristo e a igreja no mundo. Onde quer que o Espírito de Cristo esteja no mundo, lá está também a presença do Deus trino e a comunidade que ele fundou. Embora a salvação esteja disponível para os de fora da igreja, a igreja — ao contrário da abordagem de Dupuis e outros, mais centrada no reino — não pode ser alterada. Em geral, há um debate entre os teólogos católicos sobre o papel salvífico das religiões: a interpretação oficial do ensino do Vaticano II é que outras religiões não são salvíficas embora os seguidores das religiões possam ser salvos por causa de Cristo. Católicos pluralisticamente orientados, como Paul Knitter tenta forçar a interpretação no sentido de reconhecer não apenas a possibilidade de salvação a adeptos de outras religiões, mas também a estrutura salvífica dessas religiões.

Alguns teólogos protestantes tradicionais também trabalham com o conceito de cristocentrismo de uma ou de outra forma. Para Wolfhart Pannenberg, a questão fundamental sobre teologia em geral e a teologia das religiões em especial, é a questão da verdade. Embora crítico do pluralismo que compromete a pesquisa em relação a verdade universal em prol do diálogo, Pannenberg está aberto à possibilidade de salvação fora da igreja. Diferentemente da leitura conservadora da história, Pannenberg afirma que a tradição cristã primitiva era bastante confiante sobre a disponibilidade de salvação para muitos não cristãos com base em 1Pedro 3.19-20 (descida de Cristo ao inferno), entre outros pontos de vista. Pannenberg argumenta que Cristo é o princípio normativo no julgamento escatológico, mas aqueles cujas vidas refletem a vontade de Deus personificada em Cristo podem ter a oportunidade de compartilhar da salvação.

O ex-bispo da Igreja da Índia, o falecido Lesslie Newbigin, da Inglaterra, tornou-se um importante crítico do pluralismo do Ocidente e do Oriente em sua no fim de sua vida. Ele acusou a igreja cristã de ter acomodado sua fé sob a pressão do Iluminismo para desistir de todas as reivindicações relativas à verdade pública. A fé tem a ver apenas com valores pessoais, enquanto que a questão da verdade foi deixada para a consciência e o discurso público. Representativo das visões cristocêntricas, Newbigin foi aberto à possibilidade de salvação para muitos, porém emitiu um apelo apaixonado para a igreja recuperar o "evangelho como verdade pública", que apela para um humilde, porém confiante compartilhamento com o resto do mundo, tornando, assim, a fé cristã missionária por natureza. O politica e socialmente consciente M. M. Thomas da igreja Mar Thoma da Índia, e líder do Conselho Mundial de Igrejas (CMI) na década de 1970, representa um cristocentrismo mais pluralisticamene orientado no serviço de igualdade e justiça para todos. Thomas tentou desenvolver um "humanismo centrado em Cristo" que seria baseado numa visão de religiões mais sincretistas. A teologia de Thomas reconhece a presença de Cristo em todas as lutas por justiça, sejam cristãs ou não.

Sendo uma categoria tão inclusive e ampla, o cristocentrismo encontrou críticas tanto da "direita" quanto da "esquerda". Mais colegas conservadores perguntam se a leitura cristocêntrica da Bíblia é equivocada, como a referência a Atos 4.12 acima ilustrada, e se a longa tradição histórica alegada pelos cristocentristas é realmente justa. Os eclesiocentristas perguntam também se a inclusão de não cristãos na salvação compromete a singularidade de Cristo e torna os esforços missionários da igreja sem significado. Por outro lado, cristãos mais pluralisticamente orientados alegam que o cristocentrismo não é inclusivo o suficiente desde que ainda se apega à singularidade de Cristo. De fato, para muitos teocentristas, o cristocentrismo parece ser imperialista visto que determina a salvação de até mesmo não cristãos em termos da fé cristã. D'Costa tenta evitar a última acusação ao recusar chamar sua visão de "inclusivista"; entretanto, sua visão é típica do inclusivismo católico cristocêntrico.

4.3. Pontos de vista teocêntricos. A terceira principal categoria nessa tipologia, o teocentrismo, difere do eclesiocentrismo em que reivindica acesso à salvação a adeptos de todas as religiões, e do cristocentrismo ao negar que a salvação disponível em outras religiões pode ser atribuída a Cristo (somente). O teocentrismo considera todas as religiões meios mais ou menos válidos de salvação. A linha divisória entre os pontos de vista teocêntricos tem a ver com a forma de explicar as diferenças entre as religiões: um círculo de teocentristas defende uma "paridade aproximada" entre as religiões, enquanto outro círculo tenta honrar as diferenças. Todavia, o resultado é bastante semelhante: de acordo com todos os pontos de vista teocêntricos, não existe um só Salvador; ao contrário, Deus pode ser alcançado por muitos caminhos. O teocentrismo "senso comum" de Hick é o mais conhecido no nível internacional e ecumênico. Como filósofo da religião com extensas viagens especialmente na Ásia, Hick questionou seriamente o ponto de vista característico exclusivista baseado no que ele viu: a diversidade de religiões (os cristãos são a minoria em muitas áreas do mundo), a ligação entre etnia e religião, a falta de sucesso missionário, a qualidade de vida religiosa nas religiões não cristãs e a semelhança fenomenológica das religiões. Seu primeiro trabalho sobre o tema, *God and the Universe of Faiths* (Deus e o Universo de Crenças, [1973]), revela a agenda principal: usando um modelo astronômico, Hick argumenta que todas as religiões deveriam fazer uma mudança do modelo ptolomaico no qual uma religião existente está no centro, para o modelo "copérnico" no qual Deus/o divino está no centro e as religiões como interpretações humanas — e, portanto, complementares umas às outras — giram em torno dele. Isso significa revogar as alegações de singularidade de qualquer religião e reconhecer o fundamento básico comum das religiões mundiais.

Em 1987, Hick e Knitter editaram em conjunto *The Myth of Christian Uniqueness* (O Mito da Singularidade Cristã), que se tornou um marco na disseminação dos pontos de vista pluralistas no mundo teológico e eclesiástico. Em vez de fatos e história, a linguagem religiosa trata de metáforas que são sugestivas de alguma outra coisa. Enquanto Jesus é o caminho para os cristãos, outros caminhos para Deus/o divino estão disponíveis para os adeptos de outras religiões. Portanto, a encarnação de Jesus não é uma declaração histórica, exclusiva das reivindicações das outras religiões, mas sim uma declaração intracristã, inclusive de outros pontos de vista. Quando as afirmações religiosas como a história sobre o voo de Buda para o Sri Lanka, a história da criação do Antigo Testamento, ou a lenda da dança de *Siva*, são entendidas literalmente, surgem os conflitos. A compreensão metafórica e mítica ajuda a evitar o impasse; por isso, outro título de Hick, *The Metaphor of God Incarnate* (A Metáfora de Deus Encarnado) (1993).

Em sua obra principal, *An Interpretation of Religion* (Uma Interpretação da Religião) (1989), em resposta à crítica de que seu pluralismo está muito intimamente ligado a religiões teístas e favorece pontos de vista monoteístas, Hick mudou de uma abordagem centrada em Deus para uma abordagem centrada na Realidade. O termo sânscrito *sat* e o termo islâmico *al-Haqq* são expressões dessa Realidade, como também é *Javé* e o termo cristão *Deus*. Em consonância com a distinção kantiana entre *phaenoumena* (a forma como vemos as coisas) e *noumena* (a coisa em si mesma, que nos é desconhecida) — o divino/Realidade inclui parte totalmente desconhecida a nós e parte sobre a qual conhecemos pelo menos algo. O conceito hindu de *nirguna Brahma*, em distinção de *saguna Brahma*, é uma referência a algo que não pode ser de forma alguma imaginado por meio do conhecimento humano. Uma distinção similar se aplica ao *Tao eterno* e o *Tao expresso* do taoísmo. Não muito pode ser dito da Realidade Suprema para que sua natureza inclusiva não seja limitada pela compreensão particular de uma religião. No entanto, muito pode ser dito, Hick acredita: o amor é a característica fundamental. A salvação, disponível em todas as religiões, significa voltar-se da auto-centralidade para a centralidade na realidade e para os outros.

Um teocentrismo mais reservado é representado por Stanley J. Samartha, da Índia, teólogo e ecumenista, primeiro diretor do Programa de Diálogo do Conselho Mundial de Igrejas. Seu *One Christ — Many Religions* (Um Cristo — Muitas Religiões [1991]) emitiu um apelo para mudar da "exclusividade normativa" de Cristo para o que ele chama de "distintividade relacional" de Cristo. O termo *relacional* refere-se ao fato que Cristo não permanece desconectado de vizinhos de outras crenças, enquanto *distintivo* denota o reconhecimento da distintividade das grandes tradições religiosas como diferentes respostas ao Mistério de Deus. Para Samartha, todas as reivindicações humanas para conhecer a Deus precisam reconhecer que, essencialmente, Deus, o Divino, é um mistério; vários nomes de Deus entre as religiões são apenas formas de tentar dizer algo desse mistério.

Nem todos os teocentristas estão convencidos que o impulso básico nas visões pluralistas devem ser a afirmação da essência comum de todas as religiões. Um dos mais criativos e prolíficos teólogos das religiões, Raimon Panikkar, sacerdote católico da Índia e dos Estados Unidos, cujo pai era hindu e a mãe espanhola católica, criticou Hick e defensores da mesma opinião por continuarem a tendência "universalizante", típica da modernidade ocidental, que termina por negar genuínas diferenças. Com base na filosofia indiana *advaita* (literalmente "não dois", i.e., não dualista), este pensador multicultural e multitalentoso apresenta uma visão "cosmoteândrica" da realidade, significando união do divino, cósmico e humano. Panikkar oferece uma visão unificada da realidade — chamada "trinitária" no cristianismo, a união de Deus e a humanidade na encarnação, compreendendo o cosmo todo — de acordo com a qual religiões diferentes são honradas em relação à sua singularidade; todavia no final do dia há uma visão de uma convergência, uma unidade-na--diversidade. Nesta visão *advaítica* mística, sabe-se no "fundo do coração" mais do que expressam as afirmações propositivas das religiões. Conceitos doutrinários criam diferenças e conflitos, enquanto o encontro de corações promove a unidade, "o ecumenismo ecumênico". Falando metaforicamente, Panikkar faz referência a três rios: o Jordão representa a fé judeu-cristã com um exclusivismo tradicional, o Tibre, a expansão imperial do cristianismo numa fé inclusivista, e o Ganges, o emergente pluralismo de crenças religiosas. Assim como Samartha e muitos outros pluralistas, Panikkar quer libertar Jesus Cristo das restrições da particularidade histórica, fazendo desse modo distinção entre o "Cristo universal" e "Jesus particular". O Cristo universal, embora *o* caminho para os cristãos, tem paralelos no *Isvara* hindu e salvadores de outras religiões.

Uma afirmação radical de diferenças de fato entre as religiões é feita pelo protestante S. Mark Heim, que apresentou a nova alegação de que a diversidade no Deus trino da fé cristã evidencia a diversidade de fins religiosos. Enquanto que a comunhão com o Deus trino é o desejado fim religioso para os cristãos, para os muçulmanos o objetivo é o paraíso e, para os hindus, é o nirvana, daí sua obra de 1995 *Salvations* (Salvações [no plural]). Utilizando o conceito clássico de plenitude escatológica, Heim presume que colocar mais de um fim religioso expressa a riqueza abundante mais apropriadamente do que apenas um.

Outra corrente de teologias de religiões pluralisticamente inclinadas que respeitam as diferenças entre as religiões vem do paradigma de estudos religiosos. O jesuíta Francs X. Clooney, tendo passado muitos anos no Nepal e na Índia, toma seu ponto de partida no cuidadoso estudo das religiões existentes e, dali, vai para um método comparativo. Clooney é cético quanto à teologia das religiões e encoraja os cristãos e seguidores de outras religiões, em vez de buscar mais dados sobre as religiões na forma como existem e, em seguida, tentar entender com mais precisão quem somos e quem são os outros.

Comprar notar conduz naturalmente a um diálogo amigável, acreditam os defensores do método comparativo. O livro da teóloga feminista do Processo, Marjorie Hewitt Suchocki (2003) é também outro exemplo de pluralismo em apoio da diversidade. Em geral, a celebração da diversidade e da diferença está no centro de muito do pós-modernismo, e deve-se esperar que novas formas de abordagens pluralísticas que respeitam a diferença ainda venham a aparecer.

Outro acesso a uma interpretação teocêntrica vem com uma agenda social, política e ecológica. Knitter passou de uma teologia teocêntrica típica para uma visão ecoliberacionista. Em seu *One Earth, Many Religions: Multifaith Dialogue and Global Responsibility* (Uma Terra, Muitas Religiões: Diálogo Inter-religioso e Responsabilidade Global [1995]), Knitter argumenta que não são as doutrinas que importam nas religiões, e sim, sua capacidade de extrair uma resposta adequada aos urgentes problemas sociais, éticos e ecológicos do nosso planeta. A singularidade de Jesus significa sua capacidade única de inspirar tal resposta. Nesta visão, a religião é necessária para superar o egoísmo e a injustiça da sociedade. Consequentemente, o movimento de libertação requer não meramente religião, mas religiões. A visão de Hick significa nada menos que outra "virada", a saber, do eclesiocentrismo para o cristocentrismo para o teocentrismo, e finalmente, para o "centrismo no reino" ou "soteriocentrismo". "O sofrimento tem uma universalidade e imediatismo que o torna o local mais adequado e necessário para o estabelecimento de uma base comum para o diálogo inter-religioso". (Knitter 1995, 89). Aloysius Pieris, um jesuíta cingalês, ativista social e participante do diálogo cristão-budista, concorda com Knitter ao enfatizar que o que é essencial sobre as religiões em geral e à fé cristã em particular, é a libertação.

As perspectivas teocêntricas encontraram vários desafios e críticas. Os não pluralistas se queixam da falta de contexto bíblico, negação da insistência da tradição cristã sobre a singularidade de Jesus, e a óbvia falta de apelo desse tipo de visão aos crentes nos bancos da igreja. Hick foi acusado de oferecer ainda outra "religião", incompatível com todas as religiões existentes, em vez de uma visão eruditamente "neutra". Também foi sugerido que o pluralismo senso comum não é necessariamente mais tolerante do que outros modelos, uma vez que nega o direito de outros adeptos das religiões de defenderem a singularidade de suas convicções religiosas; em vez disso, os seguidores de todas as religiões são aconselhados a deixar para trás a ideia de singularidade e mover-se para uma ideia modernista de uma paridade aproximada de religiões. Além disso, a visão da "paridade aproximada" tem sido criticada tanto pelos colegas pluralistas como pelos outros por sua negação de diferenças de fato. As visões teocêntricas que prestigiam diferenças têm sido desafiadas pela pergunta se muitas salvações podem realmente salvar nosso mundo (Knitter 2000, 229). Em outras palavras, é razoável crer que existe um certo número de "salvações" e que, por consequência, não unificadas, o fim compartilhado deve ser aguardado? Como pode isso ser conciliado com a convicção básica do cristianismo acerca de todos os homens e mulheres criados à imagem de Deus, compartilhando, assim, o mesmo destino divino? Quão diferentes são as religiões? No método comparativo os adeptos necessitam convencer outros de que realmente é possível estudar as religiões sem tentar fazer teologia. Ou, mesmo se possível, não seria isso em si mesmo um exercício reducionista?

5. Conclusão

Como a pesquisa anterior revelou, a partir de meados do século 20, tem havido uma série de viradas na teologia das religiões de eclesiocêntricas para cristocêntricas para teocêntricas. Atualmente, todos esses pontos de vista encontram apoio nas igrejas cristãs. Convicções atravessam o espectro ecumênico. Ultimamente, uma forma altamente popular de tentar negociar o impasse tem sido uma abordagem pneumatológica. A pneumatologia tem sido observada como a forma de abordar as limitações das abordagens anteriores. O Espírito deve ser visto a trabalhar amplamente em todas as religiões. Entretanto, um contra-argumento foi rapidamente levantado: Embora a abordagem orientada pelo Espírito seja uma correção válida e necessária, raramente pode funcionar sozinha; com muita facilidade ela pode levar a uma visão na qual os contornos trinitários estejam comprometidos e o Espírito se tornem separados do Filho e do Pai. Portanto, a última virada na teologia das religiões é representada por abordagens totalmente trinitárias. Teologias trinitárias das religiões carregam o potencial de ajudar a evitar as armadilhas típicas dos modelos ou teocêntricas ou cristocêntricas, bem como dar adequada atenção ao papel do Pai, do Filho e do Espírito na economia da salvação. Todavia, mesmo nas abordagens trinitárias não há unanimidade e mais trabalho precisa ser feito para esclarecer as questões básicas (compare, e.g., D'Costa, Dupuis e Heim; para uma discussão crítica, veja Kärkkäinen 2004).

Veja também BUDISMO; HINDUÍSMO; ISLAMISMO; JUDAÍSMO; RELIGIÃO POPULAR; RELIGIÕES CHINESAS; UNIVERSALISMO.

BIBLIOGRAFIA. CLOONEY, F. X., *Theology After Vedanta: An Experiment in Comparative Theology* (Albany: State University of New York Press, 1993); CORDUAN, W., *A Tapestry of Faiths: The Common Threads Between Christianity & World Religions* (Downers Grove: InterVarsity Press, 2002); D'COSTA, G., *The Meeting of Religions and the Trinity* (Maryknoll: Orbis, 2000); DUPUIS, J., *Toward a Christian Theology of Religious Pluralism* (Maryknoll: Orbis, 1998); ERICKSON, M., *How Shall They Be Saved? The Destiny of Those Who Do Not Hear of Jesus* (Grand Rapids: Baker, 1996); HEIM, S. M., *The Depth of the Riches: A Trinitarian Theology of Religious Ends* (Grand Rapids: Eerdmans, 2001); HICK, J., *An Interpretation of Religion* (New Haven: Yale University Press, 1989); idem, *A Christian Theology of Religions: The Rainbow of Faiths* (Louisville: Westminster, 1995); KÄRKKÄINEN, V.-M., *An Introduction to the Theology of Religions: Biblical, Historical, and Contemporary Perspectives* (Downers Grove: InterVarsity Press, 2003); idem, *Trinity and Religious Pluralism: The Doctrine of the Trinity in Christian Theology of Religions* (Aldershot: Ashgate, 2004); KNITTER, P. F., *One Earth, Many Religions: Multifaith Dialogue and Global Responsibility* (Maryknoll: Orbis, 1995); idem, *Introducing Theologies of Religions* (Maryknoll: Orbis, 2000); KÜNG, H., "The World Religions in God's Plan of Salvation", in: *Christian Revelation and World*

Religions, Neuner, J., org. (London: Burns & Oates, 1967) 25-66; McDermott, G. R., *Can Evangelicals Learn from World Religions? Jesus, Revelation & Religious Traditions* (Downers Grove: Inter- Varsity Press, 2000); Netland, H., *Encountering Religious Pluralism: The Challenge to Christian Faith & Mission* (Downers Grove: Inter- Varsity Press, 2001); Newbigin, L., *The Gospel in a Pluralist Society* (Grand Rapids: Eerdmans, 1989); Panikkar, R., *The Trinity and the Religious Experience of Man* (London: Darton, Longman & Todd, 1973); Pannenberg, W., "Religious Pluralism and Conflicting Truth Claims", in: *Christian Uniqueness Reconsidered*, D'Costa, G., org. (Maryknoll: Orbis, 1990) 96-116; Pieris, A., *An Asian Theology of Liberation* (Maryknoll: Orbis, 1988); Pinnock, C., *A Wideness in God's Mercy: The Finality of Jesus Christ in a World of Religions* (Grand Rapids: Zondervan, 1992); Ramachandra, V., *The Recovery of Mission* (Carlisle: Paternoster, 1996); Rahner, K., "Anonymous Christians", in: *Theological Investigations* 6 (Baltimore: Helicon, 1969); Stanley, S. J., *Courage for Dialogue: Ecumenical Issues in Inter-Religious Relationships* (Maryknoll: Orbis, 1982); Suchocki, M. H., *Divinity and Diversity: A Christian Affirmation of Religious Pluralism* (Nashville: Abingdon, 2003); Thomas, M. M., "The Absoluteness of Jesus Christ and Christ-centred Syncretism", *Ecumenical Review* 37 (1985) 390-91; Yong, A., *Beyond the Impasse: Toward a Pneumatological Theology of Religions* (Grand Rapids: Baker Academic, 2003).

V.-M. Kärkkäinen

TEOLOGIA DE MISSÕES

A disciplina que ensina a refletir bíblica, teológica, filosófica e missionalmente sobre os pressupostos da atividade missionária é conhecida como teologia de missões.

1. História e definições
2. A teologia de missões é multidisciplinar
3. A teologia de missões é integrativa
4. A teologia de missões é bíblica
5. A teologia de missões é teológica
6. A teologia de missões é praxiológica
7. A teologia de missões é definidora
8. A teologia de missões é analítica
9. A teologia de missões procura ser fiel
10. Conclusão

1. História e definições

Durante os últimos cinquenta anos, pensadores cristãos vêm examinando os pressupostos teológicos que fundamentam o empreendimento missionário. Antes da década de 1960, um certo número de importantes estudiosos influenciou a reflexão missionária cristã a respeito das questões teológicas que impactam a prática missionária. As principais figuras são Gisbertus Voetius (1589-1676), Gustaf Warneck (1834-1910), Martin Kähler (1835-1912), Josef Schmidlin (1876-1944), Karl Barth (1886-1968), Karl Hartenstein (1894-1952), Helen Barrett Montgomery (1861-1934), Roland Allen (1868-1947), Hendrik Kraemer (1888-1965), Johan H. Bavinck (1895-1964), Walter Freytag (1899-1959), W. A. Visser't Hooft (1900-1985), Max Warren (1904-1977), Bengt Sundkler (1910-1964), Carl Henry (1913-2003), Harold Lindsell (1913-1998) and John Stott (1921-2011). A teologia de missões como subdisciplina da missiologia com seus próprios parâmetros, metodologias, estudiosos e pontos centrais começou no início da década de 1960 através da obra de Gerald Anderson, que compilou o que é, sem dúvida, o primeiro texto principal da disciplina como uma coletânea de ensaios intitulada *The Theology of Christian Mission* (A Teologia da Missão Cristã [1961]).

Dez anos depois, em *The Concise Dictionary of the Christian World Mission* (Dicionário Conciso das Missões Mundiais Cristãs), Anderson define teologia de missões "preocupada com os pressupostos básicos e princípios fundamentais que determinam, sob o ponto de vista da fé cristã, as motivações, a mensagem, os métodos, a estratégia e os objetivos das missões mundiais cristãs" (Neill, Anderson e Goodwin, 594). Anderson analisa três pontos especialmente importantes à compreensão da teologia de missões contemporânea: "A Base: A origem da missão é o Deus trino que é, ele mesmo, um missionário [...] O Escopo: Nesta era 'pós-Constantino' da história da igreja, missão não é mais entendida como alcance para além da cristandade, e sim, como 'o testemunho comum da igreja como um todo, levando o evangelho como um todo ao mundo todo'". Anderson atribui essa frase à reunião de 1963 da Comissão sobre Missão Mundial e Evangelização do Conselho Mundial de Igrejas na Cidade do México (Orchard, 175). Em terceiro lugar, "A Tarefa: evangelização é humanização [...]. Através do testemunho e do serviço à humanidade, assistindo-os nas lutas por justiça, paz e dignidade, os cristãos compartilham a missão de Deus de restaurar os homens e mulheres à sua verdadeira natureza, planejada por Deus (Neill, Anderson e Goodwin, 594).

A teologia das missões é simultaneamente ação-em-reflexão missiológica e reflexão-em-ação teológica. Em 2007, a editora InterVarsity publicou o que é provavelmente o primeiro *Dictionary of Mission Theology* (Dicionário de Teologia das Missões [Corrie]). Corrie explica o propósito do dicionário:

> Nos últimos anos, a natureza integral do relacionamento entre teologia e missão foi reconhecida de modo crescente [...] Reconhece-se que missiologia não deve ser vista apenas como um posto avançado da investigação teológica, compartimentada no currículo e alinhavada ao lado de teologia bíblica, da hermenêutica, da eclesiologia, e assim por diante. É que toda a teologia é intrinsecamente missiológica, uma vez que diz respeito ao Deus da missão e à missão de Deus. Isso significa que todas as categorias teológicas são inerentemente missiológicas e todas as categorias missionárias são profundamente teológicas. (Corrie, xv)

"Teologia de missões", escreve Andrew Kirk, "tem a tarefa de manter sob revisão e validar a melhor prática em todas as áreas da obediência missionária" (Kirk, 21).

2. A teologia de missões é multidisciplinar
Teologia de missões é complexa porque seu objeto de estudo e reflexão é todo o campo da missiologia, que ela própria é um empreendimento multi e interdisciplinar.

Missiologia é um todo unificado. É uma disciplina em seu próprio direito, centrada em Jesus Cristo e sua missão. Quando a igreja participa da missão de Jesus Cristo, ela participa da missão de Deus num mundo de Deus, no poder do Espírito Santo.

Enquanto missiologia é conhecida por ser uma disciplina unificada, é uma disciplina multidisciplinar. Missiologia retira muitas habilidades, disciplinas cognatas e matérias da literatura para descrever, compreender, analisar e prescrever a natureza complexa da missão. A missiologia extrai de todas as áreas tradicionais de estudos teológicos (estudos bíblicos, teologia, história, ministério e assim por diante) para compreender a intenção de Deus na missão, examina teorias e práticas históricas e contemporâneas da participação da igreja na missão de Deus, e utiliza todas as ciências sociais para compreender os contextos nos quais ocorre a missão da igreja.

A teologia de missões ajuda-nos a esclarecer nossa proximidade ou distância do centro, Jesus Cristo, indagando se existe um ponto além do qual as disciplinas cognatas podem não ser mais úteis ou bíblicas.

A teologia de missões ajuda-nos a refletir sobre o centro que integra nossa missiologia. Os missiólogos escolheram como centro de sua missiologia diferentes ideias que integram. Entre os exemplos de ideias que integram encontram-se Gisbertus Voetius (a conversão dos pagãos, a plantação de igrejas e a glória de Deus); William Carey (a Grande Comissão); o pietismo (a perdição da humanidade); missiologia ortodoxa (o louvor de Deus); *Concílio Vaticano II (o povo de Deus); Donald McGavran (fazer discípulos de *panta ta ethnē*); David Bosch (Deus da história, Deus de compaixão, Deus de transformação); Arthur Glasser (o *reino de Deus); o *Conselho Mundial de Igrejas em Uppsala, 1968 (humanização); junto com conceitos como "o sofrimento de Deus", "a cruz", "testemunho nos seis continentes", "unidade ecumênica", "o pacto", "libertação" e assim por diante.

A teologia de missões nos ajuda a relacionar o que somos, o que sabemos e o que fazemos na missão. Ela nos ajuda a reunir o nosso relacionamento de fé com Jesus Cristo, a presença de Deus, a reflexão teológica da igreja ao longo dos séculos, uma releitura constantemente nova das Escrituras, a hermenêutica dos nossos contextos, e nossa compreensão do propósito e objetivo da igreja em relação à missiologia.

A teologia de missões nos ajuda a nos movermos continuamente entre o centro e os limites externos das múltiplas disciplinas cognatas de missiologia, buscando constantemente a integração, a compreensão aprofundada e o enriquecimento mútuo das várias disciplinas.

Teologia de missões serve para questionar, esclarecer, integrar e expandir as pressuposições das várias disciplinas cognatas da missiologia. Como tal, a teologia de missões é uma especialidade em seu próprio direito que cumpre a sua função apenas quando interage com todas as outras especialidades da missiologia.

3. A teologia de missões é integrativa

A teologia de missões procura reunir quatro fontes de dados ou domínios dos quais o teólogo de missões retira compreensão: a Bíblia, a igreja, o contexto e a singular peregrinação pessoal dos agentes humanos da missão de Deus. Nas últimas três décadas, tem havido um significativo consenso na teologia de missões sobre a necessidade de integrar pelo menos três daqueles domínios num todo dinâmico, inter-relacionado: *palavra* (a primazia da Bíblia em toda a teologia missionária), *igreja* (o agente primário da missão de Deus no mundo) e *mundo* (o impacto da cultura, realidades socioeconômicas, políticas e todas as outras áreas da vida humana na realidade de um dado contexto). Alguns chamariam isso de interação de texto, contexto e fé comunitária. A estrutura tripartite desses três (palavra, mundo, igreja) constitui uma estrutura básica da missiologia seguida e ensinada por um significativo número de pensadores missionários e teólogos das últimas décadas. Estes incluem, por exemplo, Eugene Nida, Louis Luzbetak, Jose Miguez Bonino, Shoki Coe, Harvie Conn, Arthur Glasser, Charles Kraft, Paul Hiebert, Robert Schreiter, C. Rene Padilla, Mark Lau Branson, Alan R. Tippett, David Hesselgrave, Lamin Sanneh, Charles Van Engen, William Dyrness e Stephen Bevans, entre outros.

Recentemente, a importância de um quarto domínio ou área para construir uma teologia de missões completamente redonda tornou-se aparente, a peregrinação das pessoas que são agentes da missão de Deus. Como os wesleyanos têm apontado, estes quatro domínios são semelhantes aos do quadrilátero wesleyano da Escritura, razão, tradição e experiência, com "contexto", substituindo a ênfase do quadrilátero sobre a "razão". Assim, uma abordagem do quarto domínio à teologia de missões inclui (1) a Bíblia como o exclusivo texto fonte da missão de Deus, (2) a reflexão teológica e missiológica da igreja sobre a missão de Deus ao longo do tempo, (3) a peregrinação pessoal, espiritual e empírica dos agentes humanos da missão de Deus, e (4) o contexto cultural como o estágio onde o drama da missão de Deus acontece. Cada domínio é uma esfera de conhecimento, influência, atividade e relacionamentos. A superposição de vários domínios de uns sobre os outros representa um nível aumentado de integração e continuidade entre eles. Visões conflitantes e às vezes contraditórias da missão de Deus pode se tornar evidente quando se compara as perspectivas dos vários domínios. Nos parágrafos seguintes vamos esboçar ligeiramente o conteúdo de cada um desses quatro domínios.

3.1. A Bíblia. O exclusive texto-fonte para o processo de teologizar em missões é a Bíblia. A Bíblia é o inigualável e essencial manual missionário da missão da igreja. Ela é a revelação do Deus missionário. A Bíblia fala do Deus que se insere ao longo da história humana. A Bíblia nos informa sobre a missão de Deus (a *missio Dei*) e fornece os exemplos missiológicos para seguir Jesus Cristo em missão. A Bíblia informa, dá forma e critica os outros três domínios (e.g., Bosch 1993; Padilla 1998; Van Engen 1996, 35-43).

3.2. A reflexão da igreja. O pensamento teológico e missiológico da igreja tem impactado as lentes (ou as abordagens *hermenêuticas) usadas ao longo da história para compreender a Bíblia, a teologia e a missão da igreja. A teologia histórica e a sistemática são exemplos de lentes usadas pelo Ocidente para ler a Escritura, refletir teologicamente e ver missão a partir de um ponto de vista particular — quase sempre baseadas em pressupostos e metodologias ocidentais. As igrejas e cristãos na maioria da África, Ásia e América Latina estão examinando criticamente a teologia recebida do Ocidente, estudando como faz ou não faz interface com a realidade deles e como impactou a compreensão deles da missão de Deus em seus contextos.

Esse domínio inclui também a história da reflexão teológica da igreja sobre missão e a história de conferências e encontros "missionários visto que ao longo do tempo eles procuraram articular e influenciar a compreensão da igreja sobre a missão de Deus.

Assim, encontramos alguns estudiosos lidando com a história da teologia de missões. Veja, por exemplo, Rodger Bassham (1979), David Bosch (1980, 1991), Arthur Glasser (1985), James Scherer (1987, 1993a, 1993b) e James Stamoolis (1986). Esses teólogos de missões estão preocupados com os efeitos que a teologia de missões tem tido sobre a atividade missionária em contextos especiais. Eles examinam os vários pronunciamentos feitos pela igreja e encontros missionários (católico romano, ortodoxo, ecumênico, evangélico, pentecostal e carismático) e fazem perguntas a respeito dos resultados dessas ações missionais. Os documentos resultantes dessas discussões são parte da disciplina de teologia de missões.

3.3. Experiência pessoal. Aqueles que se aproximam da Bíblia e examinam a história da missão de Deus trazem o seu próprio conjunto de pontos fortes culturais, pessoais e individuais, fraquezas, experiências e peregrinação espiritual. Esses pontos afetam a maneira pela qual as Escrituras e a missão são entendidas e percebidas e as formas em que a missão de Deus se encarna através da vida de cada pessoa. A Bíblia, a igreja, o contexto e a missão de Deus são todos entendidos através das lentes pessoais étnico-hermenêutica, existencial e empírica. Os dons espirituais particulares de cada pessoa, suas habilidades naturais, experiências, conhecimento e personalidade criam uma mistura única. A missão de Deus é cumprida através da vida de pessoas especiais de formas únicas que não podem, e não devem ser reproduzidas ou repetidas (Rm 12; 1Co 12; Ef 4). A extensa literatura sobre liderança e missão produzida durante os últimos trinta anos contribui para a nossa compreensão desse domínio.

3.4. O contexto. Cada contexto único dá forma à compreensão de missão e do processo de teologizar em missão. Toda ação missionária e reflexão necessita ser contextualmente apropriada. Assim, todas as ferramentas relevantes das ciências sociais precisam ser trazidas para afetar a forma como os teólogos de missões pesquisam seus contextos. Todas as teologias são teologias locais (Schreiter), e o impacto do contexto sobre o entendimento da pessoa não pode ser subestimado.

3.5. Integração dos quatro domínios. Quando acontece missão, todas as várias disciplinas cognatas estão em prática simultaneamente. Por isso, os teólogos de missões devem estudar missão não do ponto de vista de partes abstratas e separadas, mas de uma perspectiva integradora que tenta ver o todo, enquanto ao mesmo tempo leva em consideração a contribuição singular de cada um dos quatro domínios.

Um tema abrangente que une todos os quatro domínios é a centralidade de Jesus Cristo. A missão sobre a qual nós teologizamos é a missão de Deus. Ela não é de propriedade da, nem controlada ou determinada pela igreja ou por indivíduos cristãos ou organizações cristãs. A missão de Deus é supremamente dada em Jesus Cristo. Jesus Cristo deve, portanto, estar no centro de todos os domínios de uma teologia de missões contextualmente apropriada. A missão da igreja é a missão de Jesus Cristo. Os discípulos de Jesus Cristo participam da *missio Christi*. A autoridade deles, seu mandato, seus métodos e seus objetivos na missão são determinados pela cristologia, no poder do Espírito Santo enviado pelo Pai e pelo Filho. Jesus disse aos seus discípulos: *Assim como o Pai me enviou, também eu vos envio* (Jo 20.21; cf. Jo 17.18).

Devido a complexidade da teologia de missões, os teólogos de missões acharam útil se concentrar numa específica ideia integradora de contextos particulares em temas específicos. A ideia da integração serve como ponto central através do qual se aproximar de uma releitura das Escrituras, de uma análise do pensamento da igreja, de uma valorização das pessoas como agentes da missão de Deus, e das questões contextuais únicas que impactam a missão de Deus em um determinado tempo e lugar. Esse tema integrador é selecionado com base em ser contextualmente apropriado e significativo, biblicamente relevante e proveitoso, e missionalmente ativo e transformacional. A ideia integradora serve para focar a compreensão dos teólogos de missões da missão centrada em Jesus

Cristo como o único verdadeiro Centro de toda a ação e reflexão missional da igreja, mas também aplicada de tal forma a interagir com a leitura dos teólogos de missões de todos os quatro domínios. A ideia integradora expressa o paradigma que interliga, o tema central, o padrão de percepção e pensamento que extrai dos quatro domínios e os combina num todo coeso, um conceito mais ou menos integrado de missão num ambiente local específico, num tempo em especial.

Em 1987, a Associação de Professores de Missões discutiu longamente o que é missiologia e o que faz sua reflexão. Uma subseção que trata de teologia de missões afirmou que

O teólogo de missões faz teologia bíblica e sistemática diferentemente do biblista ou dogmático [...] O teólogo de missões está em busca do *habitus*, a forma de perceber, a compreensão intelectual acoplada à percepção e à visão espiritual, (que leva) a ver os sinais da presença e do mover de Deus na história [...]. Tal procura pelo "por quê" da missão força os teólogos de missões a procurar articular o centro vital integrador de missões hoje [...]. Cada formulação do "centro" tem implicações radicais para cada uma das disciplinas cognatas das ciências sociais, do estudo de religiões, e da história da igreja na forma como são corrigidas e moldadas teologicamente. Cada formulação apoia ou coloca em causa diferentes aspectos de todas as outras disciplinas [...] O centro, portanto, serve tanto como conteúdo teológico, como processo teológico como uma reflexão disciplinada sobre a missão de Deus nos contextos humanos. O papel dos teólogos de missões é, portanto, articular e defender o centro, enquanto ao mesmo tempo decifram de forma integrada as implicações do centro em relação a todas as outras disciplinas cognatas. (Van Engen 1987, 524-25)

4. A teologia de missões é bíblica

Devido seu compromisso em permanecer fiel aos intentos missionais de Deus, a teologia de missões mostra uma preocupação fundamental pela relação da Bíblia com missões, tentando permitir que a Escritura não apenas forneça as motivações fundamentais para missões, como também questione, configure e avalie o empreendimento missionário. Por isso, um dos aspectos mais básicos da teologia de missões tem a ver com a relação da Bíblia com teoria e prática missionária.

Determinar a compreensão bíblica de missões não é tão simples como poderíamos pensar. De acordo com Bosch, "Nós normalmente presumimos com muita facilidade que podemos empregar a Bíblia como uma espécie de árbitro objetivo no caso de diferenças teológicas, sem nos darmos conta do nosso próprio conjunto de ideias preconcebidas sobre o que ela diz. Isso significa que é de pouco proveito entrar numa discussão dos fundamentos bíblicos de missões a menos que primeiro tenhamos esclarecido alguns dos princípios hermenêuticos envolvidos" (Bosch 1978, 33). Na mesma linha, Donald Senior e Carroll Stulmueller encerram sua obra sobre *The Biblical Foundation for Mission* (O Fundamento Bíblico para Missões) afirmando que eles não tiveram a intenção de "sugerir que o estilo bíblico da missão é absolutamente normativo para a missão hoje. Não existe uma receita bíblica definitiva para proclamar a Palavra de Deus [...]. No entanto, existe um valor na reflexão sobre os padrões bíblicos de evangelização" (Senior e Stuhlmueller, 332).

Ambos, estudiosos e praticantes de missão bíblica têm contribuído para a confusão, ignorando um ao outro por muito tempo. Lesslie Newbigin (1986; 1989) observou que a preocupação da cultura ocidental com a origem da ordem criada e a civilização humana trouxeram consigo um grau de cegueira às questões de propósito, plano e intenção. Em grande medida, os estudiosos bíblicos têm seguido o mesmo caminho em seu exame do texto bíblico em relação à missão de Deus. Com notáveis exceções, a sua análise das Escrituras raramente tem feito as perguntas missiológicos sobre as intenções e propósitos de Deus.

Por outro lado, os ativistas praticantes de missão impuseram com muita facilidade suas agendas particulares às Escrituras ou ignoraram toda a Bíblia. Assim, Arthur Glasser apelou para uma reflexão missiológica mais profunda sobre a mensagem bíblica. "Toda Escritura", ele diz,

> dá sua contribuição de uma ou de outra forma para a nossa compreensão de missão. Em nossos dias os evangélicos estão

achando que a base bíblica para missão é mais ampla e mais complexa do que a geração anterior de missiólogos parece ter visualizado. Em nossos dias existe uma crescente impaciência com todas as abordagens individualistas e pragmáticas da tarefa missionária que surgem do uso de um texto de prova das Escrituras, apesar de sua popularidade entre a geração atual de evangélicos ativistas (Glasser 1992, 26-27; veja também Bosch 1980, 42-49; Scherer 1987, 243; Verkuyl, 89-100)

Johannes Verkuyl defende uma mudança na abordagem hermenêutica. "No passado", ele escreveu, "o método usual era extrair uma série de textos de prova do Antigo e do Novo Testamento e então considerar a tarefa cumprida. Porém, mais recentemente os biblistas têm nos ensinado a importância de ler esses textos de acordo com o contexto e prestar a devida atenção às várias nuanças. Deve-se considerar a própria estrutura de toda a mensagem bíblica" (Verkuyl, 90).

Os contornos básicos de uma hermenêutica mais ampla foram explorados durante quarenta e cinco anos atrás na Parte I da *The Theology of Christian Mission* (A Teologia da Missão Cristã) editada por G. Anderson (1961, 17-94). Aqui G. Ernest Wright, Johannes Blauw, Oscar Cullmann, Karl Barth, Donald Miller e F. N. Davey pesquisaram uma ampla gama de dados bíblicos, deduzindo da Bíblia o que deveria ser a missão da igreja. Por volta do mesmo tempo, a reflexão missiológica do Concílio Vaticano II sobre o papel da Escritura no pensamento missionário (por exemplo, em *Lumen Gentium* e *Ad Gentes Divinitus*) também seguiu de perto esse modelo (Flannery, 350-440, 813-62). Encíclicas papais subsequentes como *Evangelii Nuntiandi* and *Redemptoris Missio* apelaram para a Escritura; embora esse apelo às vezes aparece como uma prova elaborada de mensagens de texto para reforçar agendas eclesiásticas predeterminados (Bevans).

Assim, nas últimas décadas surgiu um significativo consenso global com respeito à Bíblia e missão. Como explica Bosch: "Nossa conclusão é que tanto o Antigo quanto o Novo Testamento estão permeados com a ideia de missão [...][Mas] nem tudo o que chamamos de missão é de fato missão [...]

É a tentação perene da igreja se tornar [um clube de folclore religioso] [...] O único remédio para esse perigo mortal está em [a igreja] desafiar-se incessantemente com o verdadeiro fundamento bíblico de missão" (Bosch 1978, 18-19).

Tradicionalmente, a Bíblia tem sido examinada para ver como a mesma apoia, informa e critica missão, o que tem sido chamado de "a base bíblica de missão" (e.g., Padilla 1998). Entretanto, durante as duas últimas décadas uma questão igualmente importante tem sido explorada: Como uma leitura missiológica oferece uma compreensão mais completa da própria Bíblia, aprofundando e ampliando nossa hermenêutica do texto bíblico? Entre os que exploram uma hermenêutica missional da Bíblia estão Ken Gnanakan (1989), Timothy Carriker (1992), Johannes Nissen (1999), Walter C. Kaiser (2000), Arthur Glasser (2003), Christopher Wright (2003) e James Chukwuma Okoye (2006).

5. A teologia de missões é teológica

Mais fundamentalmente, a teologia de missões envolve a reflexão sobre Deus. Ela busca entender a missão de Deus, intenções e os propósitos de Deus, o uso de Deus de instrumentos humanos na missão de Deus e no trabalho de Deus através do povo de Deus no mundo de Deus (e.g., Niles; Spindler; Stott; J. Taylor; Verkuyl, 163- 204; Vicedom).

A teologia de missões lida com todos os temas teológicos tradicionais, mas de uma forma que difere dos teólogos sistemáticos ao longo dos séculos. A diferença surge de uma orientação missiológica multidisciplinar da sua teologização. A teologia de missões é uma teologia aplicada. Devido a essa natureza de aplicação, às vezes parece o que alguns chamariam de teologia pastoral ou prática. Esse tipo de reflexão teológica se concentra especificamente em questões especiais, as que tem a ver com a missão da igreja em contextos específicos. Em *Mission as Transformation* (Missão como Transformação), Vinay Samuel e Chris Sugden defendem "fazer teologia em transformação. "Em primeiro lugar", eles escreveram,

> missão é a mãe da teologia, e a reflexão teológica e bíblica surge do envolvimento com o contexto, a experiência e as

questões da missão. Em segundo lugar, a teologia e o estudo bíblico são inerentemente um exercício transcultural e intercultural quando as pessoas de diferentes culturas compartilham seus conhecimentos sobre textos bíblicos. Em terceiro lugar, a teologia é uma equipe (esforço), desenvolvida como ferro que afia o ferro, lutando com questões levantadas pelo chamado à obediência da fé. (Samuel e Sugden, xiii-xiv)

A teologia de missões extrai sua natureza encarnacional do ministério de Jesus e é sempre feita em tempo e lugar específicos. Nem missiologia, nem teologia de missões têm permissão para limitar-se a reflexão apenas, ou à mera narração historicamente interessante dos esforços de missão no passado. Como afirmou J. Verkuyl: "A missiologia nunca pode se tornar substituta da ação e da participação. Deus chama participantes e voluntários em sua missão. Em parte, o objetivo da missiologia é tornar-se uma 'estação de serviço' pelo caminho. Se o estudo não leva à participação, seja em casa ou fora do país, a missiologia perdeu seu humilde chamado. Qualquer missiologia boa é também uma *missiologia viatorum* — 'missiologia peregrina'" (Verkuyl, 6, 18).

6. A teologia de missões é praxiológica

Teologia da missão deve finalmente emanar em ação missionária biblicamente informada e contextualmente apropriada. Se a nossa teologia de missões não emana em ação informada, somos meramente *o metal que soa ou como o prato que retine* (1Co 13.1). A conexão íntima de reflexão com a ação é absolutamente essencial para a missiologia. Ao mesmo tempo, se a nossa ação missiológica não transforma a nossa reflexão, podemos ter tido grandes ideias, porém elas são irrelevantes ou inúteis, às vezes destrutivas ou contraproducentes.

Em teologia de missões, tomamos empréstimo da sociologia, da antropologia, da psicologia, da economia, da urbanologia, do estudo da relação das igrejas cristãs com outras religiões, do estudo da relação da igreja com o estado, e uma série de outras disciplinas cognatas para entendermos o contexto específico em que estamos fazendo a nossa reflexão sobre a teologia de missões. Tal análise contextual nos oferece uma profunda compreensão do contexto particular em termos de uma hermenêutica da realidade na qual estamos ministrando. Isto, por sua vez, nos ajuda a ouvir os clamores, ver as faces, compreender as histórias e responder às necessidades e esperanças reais das pessoas que são parte integrantes desse contexto.

Uma parte dessa análise contextual hoje inclui a história da forma como a igreja em sua missão tem interagido com esse contexto ao longo da história. As atitudes, ações e eventos da ação e da reflexão missionária da igreja que ocorreu num contexto especial antes da chegada do teólogo de missões irá colorir de forma profunda e surpreendente todos os esforços missionários presentes e futuros.

Uma das formas mais úteis para interagir a reflexão com a ação é pelo processo conhecido como "práxis". "Missiologia", escreveu Orlando Costas,

é fundamentalmente um fenômeno praxiológico. É uma reflexão crítica que acontece na práxis da missão. [Ela ocorre] na situação missionária concreta, como parte da obediência missionária da igreja e da participação na missão de Deus, e ela mesma é posta em prática nessa situação. Seu objetivo é sempre o mundo, homens e mulheres em suas múltiplas situações de vida. Em referência a essa ação de testemunho saturada e dirigida pela ação soberana [...] redentora do Espírito Santo, é usado o conceito de práxis missionária. A missiologia surge como parte de um envolvimento de testemunho do evangelho nas múltiplas situações da vida. (Costas 1976, 8).

O conceito de práxis nos ajuda a compreender que não somente a reflexão, mas profundamente a própria ação é teologia-a-caminho que procura descobrir como a igreja pode participar mais plenamente da missão de Deus no mundo de Deus. A ação é, ela mesma, teológica e serve para informar a reflexão, que em troca interpreta, avalia, critica e projeta nova compreensão em ação transformada. Assim, o entrelaçamento de reflexão e ação numa peregrinação em constante espiral oferece uma transformação de todos os aspectos do nosso engajamento missiológico com nossos vários contextos.

Uma abordagem praxiológica da teologia de missões nasceu de tentativas ao redor do mundo para descobrir novas formas de contextualizar o evangelho em diferentes contextos culturais. "A contextualização", escreve J. A. Kirk, "reconhece a influência recíproca da cultura e da vida socioeconômica. Ao relacionar evangelho à cultura, portanto, ela tende a assumir uma postura mais crítica (ou profética) em relação à cultura. O conceito [...] se destina a ser levado a sério como um método teológico que implica em determinados compromissos ideológicos para transformar situações de injustiça social, alienação política e o abuso de direitos humanos" (Kirk, 91; veja também Bosch 1991, 420-32).

Em Atos 15, Lucas realça essa forma praxiológica na forma como ele relata a história da decisão por parte da igreja de língua aramaica em Jerusalém de permitir que os crentes em Jesus, gentios, permaneçam essencialmente gentios (com algumas mudanças comportamentais solicitadas). O fundamento teológico dessa importante decisão foi o evento do derramamento pentecostal do Espírito Santo sobre Cornélio em Atos 10, recontado em Atos 11, e ao qual foi feita referência mais duas vezes por Pedro em Atos 15.7-11 e por Tiago em Atos 15.13, 14. O detalhe aqui é que os próprios eventos, a própria ação do Espírito Santo, foi a base teológica para essa decisão sem precedentes por parte da igreja de Jerusalém.

Claramente estamos tentando evitar impor nossas próprias agendas à Escritura. Esse foi o erro cometido pelos teólogos da libertação, erro do qual eles não se recuperaram. Em vez disso, o que se busca é uma maneira de trazer um novo conjunto de perguntas ao texto, perguntas que possam nos ajudar a ver nas Escrituras o que antes tínhamos perdido. Bosch chamou essa nova abordagem da Escritura "hermenêutica crítica" (1991, 20-24; veja também 1978, 1993).

Conceitualmente estamos envolvidos aqui em algo que a filosofia da ciência chamou de construção de paradigma ou mudança de paradigma. Um paradigma é uma ferramenta conceitual usada para perceber a realidade e ordenar essa percepção num padrão compreensível, explicável e, de alguma forma, previsível. Um paradigma consiste de um conjunto composto de valores, cosmovisão, prioridades e conhecimento que faz uma pessoa, um grupo de pessoas ou uma cultura olhar para a realidade de uma certa forma. Bosch nos ajudou a ver formação de paradigma como uma forma poderosa de conceituar nossa compreensão da missão de Deus em diferentes comunidades, em contextos diferentes (Bevans e Schroeder).

Assim, descobrimos que a teologia da missão é um processo contínuo de reflexão e de ação levando-a-renovada-reflexão--levando à ação renovada. Isso envolve um movimento a partir do texto bíblico para a comunidade da fé em seu contexto. Ao focar nossa atenção num tema integrante, encontramos novas percepções ao lermos novamente a Escritura sob o ponto de vista de uma hermenêutica contextual. Essas novas percepções podem então ser reapresentadas e vividas como ação da fé comunitária missionária biblicamente instruída, contextualmente apropriada na particularidade do tempo, da cosmovisão e do espaço de cada contexto específico no qual acontece a missão de Deus.

7. A teologia de missões é definidora

Uma das mais interessantes e significativas, porém difícil tarefa da teologia de missões é ajudar a missiologia a definir os termos que ela utiliza. Nessa iniciativa, uma questão central tem a ver com a forma como se pode definir a própria "missão". O que é missão? O que não é missão? Nos últimos cinquenta anos uma série de diferentes definições foram oferecidas, muitas demais para serem incluídas neste artigo. Entre as várias tradições cristãs tem havido um acalorado debate sobre uma definição aceitável de missão, do qual a fumaça continua a subir.

Por razões de brevidade, permita-me oferecer minha própria definição preliminar de missão, à guisa de ilustração: a missão de Deus opera principalmente por meio do povo de Deus atravessando obstáculos da igreja para fora da igreja, dos crentes para descrentes, para proclamar por palavras e ações a vinda do reino de Deus em Jesus Cristo pela participação na missão de Deus de reconciliar as pessoas com Deus, consigo mesmas, umas com as outras e com o mundo e reunindo-as na igreja pelo arrependimento e fé em Jesus Cristo pela obra do Espírito Santo com vistas à transformação do mundo como sinal da vinda do reino em Jesus Cristo.

8. A teologia de missões é analítica

O empreendimento missionário é complexo tanto na teoria como na prática. Ele se torna mais complexo quando começamos a examinar a série de premissas teológicas, significados e relações que permeiam essa prática. Por essa razão, os teólogos de missões acharam útil dividir a tarefa em segmentos menores. Observamos anteriormente que Gerald Anderson definiu missão em termos de "fé, motivação, mensagem, métodos, estratégia e metas", junto com "base, escopo e tarefa". James Stamoolis seguiu uma metodologia similar em *Eastern Orthodox Mission Theology Today* (Teologia de Missões Ortodoxa Oriental Hoje) ao organizar sua pesquisa em torno de questões que tratam do "contexto histórico, o objetivo, o método, os motivos, e a liturgia" de missões como ocorreram entre e por meio dos ortodoxos orientais.

Para organizer suas perguntas, os teólogos de missões começam com o reconhecimento de que missão é mais fundamentalmente *missio Dei*. É a missão de Deus. Missão deriva da natureza e da intenção de Deus. Encontra-se muitos teólogos de msisões refletindo sobre *missio Dei*. George Vicedom trouxe isso à atenção da igreja mundial antes e durante a reunião da Conselho Mundial de Igrejas, em 1963, na Cidade do México (Vicedom; veja também Rosin).

Mas Deus não age sozinho, nem sua missão ocorre no vácuo. A começar com Noé e Abraão e suas famílias e continuando até os dias atuais, a missão de Deus tem acontecido pela instrumentalidade de seres humanos *(missio hominum)*. A missão de Deus assumiu também muitas formas pelos esforços de diversos grupos sociais criados pelo povo de Deus e suas culturas circundantes *(missiones ecclesiae)*. A *mission Dei* é singular, é pura em sua motivação, significados e objetivos, porque ela deriva da natureza de Deus. Mas a decisão de Deus de usar instrumentos humanos *(missio hominum)* envolve trabalhar através de seres humanos caídos que são simultaneamente justos e pecadores. *Missio hominum* está sempre misturada quanto a suas motivações, meios e objetivos. Em sua graça, Deus parece ter prazer em cumprir sua missão por meio da instrumentalidade de grupos sociais humanos e organizações sociais. Assim, *missiones ecclesiae* são plural por causa da multiplicidade das atividades das igrejas, da falta de união das igrejas, da mistura de atividades centrípetas (aglomeração) com atividades centrífugas (enviar, unir e identificar) das igrejas, e porque sua forma é muito influenciada pelo que está acontecendo nas igrejas, entre os cristãos e nos contextos circundantes no momento.

Finalmente, a missão de Deus interage com e exerce influência sobre a civilização humana mundial (*Missio politica oecumenica*, veja, e.g., Verkuyl, 394-402). *Missio politica oecumenica*, trata da preocupação de Deus com as nações e sua interação, através do seu povo, com as civilizações, culturas, políticas e estruturas humanas deste mundo. A missão do reino de Cristo põe em causa os reinos deste mundo.

Uma importante distinção final precisa ser feita. Missão é tanto *missio futurum* como *mission adventus*. *Missio futurum* tem a ver com os problemas previsíveis da missão de Deus como se realiza na história humana. Assim, *futurum* é o movimento no futuro que envolve a extrapolação e os resultados naturais e humanos das missões das igrejas em meio à história mundial.

Mas a história de missões é sempre incompleta se parar aqui. Precisamos incluir também *missio adventus*. Esse é o *adventus* da chegada (o advento) de Deus, de Jesus Cristo na encarnação, do Espírito Santo no Pentecoste, da missão do Espírito Santo na igreja e por meio dela. A missão de Deus traz surpresas inesperadas, mudanças radicais, novas direções e transformações quase inacreditáveis no meio da vida humana: pessoal, social e estrutural. Deus age no mundo tanto através do *futurum* como do *adventus*. E os teólogos de missões precisam estar constantemente indagando sobre a diferença entre e a inter-relação de *futurum* e *adventus*, escolhendo suas implicações para a teologia de missões.

Uma vez que vimos as duas maneiras de organizar nossas perguntas na teologia de missões, podemos juntar os dois tipos de perguntas. A Tabela 1, "Teologia de Missões — Grade de Trabalho", tenta representar em um

Tabela 1. Teologia de Missões — Grade de Trabalho

Aspectos da ação missional	Missio Dei	Missio Hominum	Missiones Ecclesiarum	Missio Politica Oecumenica	Missio Christi	Missio Spiritu Sancti	Missio Futurum/ Adventus
	A Missão de Deus	O uso missional que Deus faz de instrumentos humanos	As muitas missões de Deus por meio de seu povo	A ação missional de Deus na civilização mundial	A missão messiânica de Deus por meio de Jesus Cristo	A missão de Deus por meio do Espírito Santo	A missão do reino de Deus "já/ainda não" no futuro previsível e através do advento surpreendente
O Espírito Santo em missão							
O contexto de missão							
Os agentes da missão							
Os motivos da missão							
Os meios da missão							
Os métodos da missão							
As metas da missão							
Os resultados da missão							
Esperança/ utopia da missão							
Oração na missão							
Poder espiritual na missão							
Presença, proclamação							
Persuasão, incorporação							
Estruturas para missão							

diagrama a interação das várias categorias teológicas de teoria missionária com vários aspectos ilustrativos de ação missionária. A interação das categorias missionárias (colocadas nas linhas horizontais) fornece uma série de novas perguntas para a teologia de missões. Cada retângulo na grade constitui uma pergunta específica para a teologia de missões apropriada num contexto local.

Observe na grade que cada nível horizontal (por exemplo em termos de "motivação" para missão) fornece pelo menos sete tipos diferentes de perguntas a serem feitas: a motivação de Deus, a motivação humana, a motivação das igrejas e organizações missionárias, as motivações na missão em relação à civilização mundial, as motivações cristológicas em relação a missão, o papel do Espírito Santo em motivar a igreja em missão, e motivação em termos de *futurum* distinto de *adventus*. Observe, também, que cada coluna vertical (por exemplo, se indagamos sobre *missio Dei*) informa a motivação da missão, seus meios, agentes, metas e assim por diante.

É claro que nenhum missiólogo pode fazer tudo o que está representado por essa grade. Somente um ou dois dos muitos retângulos pode de fato ser apropriado para um contexto particular, num momento específico e em relação a ações específicas de missão. Entretanto, a grade pode nos oferecer tanto (1) simplicidade de análise ao diferenciar as perguntas e (2) a complexidade do empreendimento todo em termos da grade inteira. Quase todas as dissertações de mestrado e teses de doutorado em missiologia naturalmente se enquadram em um ou dois retângulos. Todavia, quando a pessoa começa a refletir em termos de teologia de missões no que se relaciona à pergunta daquele retângulo, a investigação leva naturalmente a perguntar sobre todas as outras questões representadas pela grade maior.

Um exemplo desse tipo de análise é o das discussões ampliadas que ocorreram no fim da década de 1960 no Conselho Mundial de Igrejas e centrada em se eles deveriam usar "missão" ou "missões" no título da *International Review of Mission* (s) (Revista Internacional de Missão (ões). Essa discussão tinha a ver com a distinção entre a missão de Deus, que é uma, e os empreendimentos das igrejas vistos como "missões", que são muitas. Assim, em sua edição de abril de 1969, o mais antigo periódico missiológico do mundo tirou o s do nome e se tornou *The International Review of Mission*. No editorial dessa edição, William Crane escreveu:

> Missões no plural têm uma certa justificativa nas esferas diplomática, política e econômica das relações internacionais onde sua natureza, escopo e autoridade são definidos pelos interesses tanto dos que iniciam como dos que as recebem. Mas a missão da igreja é singular no fato de proceder do único Deus trino e de sua intenção em favor da salvação de todos [os seres humanos]. Sua comissão à igreja é uma, embora os ministérios dados à igreja para essa missão, e as respostas dadas de igrejas particulares em situações particulares para a comissão, sejam múltiplas. Os vários estudos e programas iniciados pela Divisão de Missão Mundial e Evangelismo nos últimos anos desde a integração na vida do Conselho Mundial de Igrejas, também reflete essa preocupação em relação a uma missão da igreja em seis continentes em vez da preocupação tradicional com missões enviadas de três continentes para os outros três. (Crane, 141-44)

9. A teologia de missões procura ser fiel

Isto nos leva à sétima característica da teologia de missões. Nas ciências sociais, como em todo os empreendimentos acadêmicos, uma das mais importantes questões tem a ver com a base sobre a qual pode-se determinar a validade e a confiabilidade dos resultados dessa investigação da disciplina.

Nas ciências sociais que impactaram fortemente a missiologia, normalmente o conceito de validade tem a ver com a pergunta: Como podemos ter certeza de que estamos reunindo os dados certos da maneira correta? O conceito de confiabilidade é normalmente entendido para dirigir a pergunta: Como podemos ter certeza de que, se a mesma abordagem forem feitas novamente os mesmos dados seriam descobertos?

No entanto, em teologia de missões essas perguntas não são as corretas. Porque a teologia de missões não está nem preocupada com a qualidade dos dados empíricos, nem com repetições do processo que produzem resultados idênticos. Na verdade, o contrário é verdadeiro. Dado o fato de que o teólogo de missões estuda a missão de Deus, os dados serão sempre novos (e às vezes irá colocar em questão dados anteriores), e os resultados serão quase sempre surpreendentes e diferentes. A teologia de missões, portanto, deve procurar outra maneira de reconhecer a pesquisa aceitável. A questão da confiabilidade deve ser transformada na de *confiança* e a questão da validade deve ser vista como uma das verdades. Assim, as questões metodológicas que o teólogo de missões enfrenta são as seguintes:

9.1. Confiança
- O pesquisador leu a pessoa certa, os autores e as fontes confiáveis?
- O pesquisador leu o suficiente em uma amplitude de perspectivas sobre a questão?
- O pesquisador leu outros pontos de vista corretamente?
- O pesquisador compreendeu o que leu?
- Existem contradições internas seja no uso como na compreensão dos autores ou em sua aplicação do assunto em questão?

9.2. Verdade
- Há fundamento bíblico para as declarações que estão sendo feitas?
- Existe adequada continuidade/descontinuidade das declarações do pesquisador com afirmações teológicas feitas por outros pensadores ao longo da história da igreja?
- Onde surgem contradições ou qualificações de pensamento, o trabalho do teólogo de missões apoia adequadamente as direções teológicas particulares sendo defendidas no estudo?
- São as tensões dialéticas e/ou aparentes contradições permitidas a permanecer (como devem), dado o que sabemos e não sabemos do mistério do ocultamento revelado de Deus como isso impacta nossa compreensão da *missio Dei*?

Essas questões metodológicas levam a critérios específicos da aceitabilidade na pesquisa da teologia das missões, como estas interagem com a missiologia como uma disciplina multidisciplinar.

9.3. Critérios de aceitabilidade
- Revelador: Está fundamentado na Escritura.
- Coerente: Mantêm-se junto, está construído em torno de uma ideia integradora.
- Consistente: Não tem contradições gritantes insuperáveis, e é consistente com outras verdades conhecidas sobre Deus, sua missão e sua vontade revelada.
- Simples: Foi reduzido aos componentes mais básicos relacionados com a missão de Deus nos termos do assunto específico em questão.
- Suportável: É logica, histórica, experimental, praxiologicamente confirmada e apoiada.
- Concordância externa: Existem outros importantes pensadores, comunidades teológicas e/ou tradições que emprestem apoio à tese sendo apresentada?
- Contextual: Interage adequadamente com o contexto?
- Factível: Podem os conceitos ser traduzidos para ação missional que, em troca, seja consistente com as motivações e objetivos da teologia de missões sendo desenvolvida?
- Transformacional: Provocaria a execução da ação missionária proposta mudanças apropriadas no status quo que refletissem elementos bíblicos da *missio Dei*?
- Demonstrar as consequências apropriadas: Os resultados de traduzir os conceitos para ação missionária são consistentes com o impulso dos próprios conceitos e com a natureza e missão de Deus como revelada na Escritura?

10. Conclusão
A teologia de missões é prescritiva e descritiva. É sintética (produzindo síntese) e integradora. Ela busca por percepções confiáveis e verdadeiras concernentes à missão da igreja baseadas na reflexão bíblica e teológica, busca interagir com a adequada ação missionária, e cria um novo conjunto de valores e prioridades que reflete o mais claramente

possível as formas nas quais a igreja pode participar da missão de Deus em contextos específicos em tempos particulares. Quando a teologia de missões não está concentrada na prática da missão, isso parece estranho e pode estar muito longe dos lugares e pessoas específicos que estão no centro da missão de Deus. A teologia de missões está em seu melhor momento quando intimamente envolvida no coração, cabeça e mão (ser, saber e fazer) da missão da igreja no mundo. A teologia de missões é uma busca pessoal, coletiva, comprometida, profundamente transformacional por sempre nova e mais profunda compreensão das formas nas quais o povo de Deus pode participar mais fielmente da missão de Deus num mundo perdido e frágil tão amado por Deus.

Veja também CONFERÊNCIAS MISSIONÁRIAS MUNDIAIS; CONTEXTUALIZAÇÃO; LAUSANNE, MOVIMENTO E PACTO; MOVIMENTOS MISSIONÁRIOS.

BIBLIOGRAFIA. ANDERSON, G. H., org., *The Theology of Christian Mission* (Nashville: Abingdon, 1961); BARRETT MONTGOMERY, H., *The Bible and Missions* (1a. ed.; The Central Committee on the United Study of Foreign Missions, 1920; rev. ed. publicado por S. B. Redford, org.; Pasadena: Fuller Theological Seminary, 2000); BASSHAM, R., *Mission Theology, 1948-1975: Years of Worldwide Creative Tension — Ecumenical, Evangelical, and Roman Catholic* (Pasadena: William Carey Library, 1979); BEVANS, S., "The Biblical Basis of the Mission of the Church in Redemptoris Missio", in: *The Good News of the Kingdom*, Van Engen, C., et al., orgs. (Maryknoll: Orbis, 1993) 37-44; BEVANS, S. e SCHROEDER, R. P., *Constants in Context: A Theology of Mission for Today* (Maryknoll: Orbis, 2004); BOSCH, D. J., "The Why and How of a True Biblical Foundation of Mission", in: *Zending op web naar de toekomst: Essays aangeboden aan Prof. Dr. J. Verkuyl*, Gort, J. D., org. (Kampen: Kok, 1978) 33-45; idem, *Witness to the World: The Christian Mission in Theological Perspective* (London: Marshall, Morgan & Scott, 1980); idem, *Transforming Mission: Paradigm Shifts in Theology of Mission* (Maryknoll: Orbis 1991); idem, "Reflections on Biblical Models of Mission", in: *Toward the 21st Century in Christian Mission*, Phillips, J. M. e Coote, R. T., orgs. (Grand Rapids: Eerdmans, 1993) 175-92; CARRIKER, T., *Missão integral: Uma teologia bíblica* (São Paulo: Editorial Sepal, 1992); CORRIE, J., org., *Dictionary of Mission Theology: Evangelical Foundations* (Downers Grove: InterVarsity Press, 2007); COSTAS, O., *The Church and Its Mission: A Shattering Critique from the Third World* (Wheaton: Tyndale, 1974); idem, *Theology of the Crossroads in Contemporary Latin America: Missiology in Mainline Protestantism, 1969-1974* (Amsterdam: Rodopi, 1976); idem, *Christ Outside the Gate: Mission Beyond Christendom* (Maryknoll: Orbis, 1982); CRANE, W. H., "Editorial", *International Review of Mission* 58 (1969) 141-44; DE RIDDER, R., *Discipling the Nations* (Grand Rapids: Baker, 1975); FLANNERY, A. P., *Documents of Vatican II* (Grand Rapids: Eerdmans, 1975); GILLILAND, D., *Pauline Theology and Mission Practice* (Grand Rapids: Baker, 1983); idem, org., *The Word Among Us: Contextualizing Theology for Mission Today* (Waco: Word, 1989); GLASSER, A., *The Evolution of Evangelical Mission Theology since World War II*, *IBMR* 9:1 (1985) 9-13; idem, "Kingdom and Mission: A Biblical Study of the Kingdom of God and the World Mission of His People" (ementa não publicada, Pasadena: Fuller Theological Seminary, 1992); GLASSER, A., com VAN ENGEN, C. E., GILLILAND, D. S. e REDFORD, S. B., *Announcing the Kingdom: The Story of God's Mission in the Bible* (Grand Rapids: Baker, 2003); GNANAKAN, K. R., *Kingdom Concerns: A Biblical Exploration Towards a Theology of Mission* (Bangalore: Theological Book Trust, 1989); KAISER, W. C., *Mission in the Old Testament* (Grand Rapids: Baker, 2000); KIRK, J. A., *The Mission of Theology and Theology as Mission* (Valley Forge: Trinity Press International, 1999); KÖSTENBERGER, A. J. e O'BRIEN, P. T., *Salvation to the Ends of the Earth: A Biblical Theology of Mission* (Downers Grove: InterVarsity Press, 2001); KRAFT, C. H., *Christianity in Culture: A Study in Dynamic Biblical The 561 ologizing in Cross-Cultural Perspective* (Maryknoll: Orbis, 1979); NEILL, S., ANDERSON, G. H. e GOODWIN, J., orgs., *A Concise Dictionary of the Christian World Mission* (London: Lutterworth, 1971); NEWBIGIN, L., *Foolishness to the Greeks: The Gospel and Western Culture* (Grand

Rapids: Eerdmans, 1986); idem, *The Gospel in a Pluralist Society* (Grand Rapids: Eerdmans, 1989); NILES, D. T., *Upon the Earth: The Mission of the God and the Missionary Enterprise of the Churches* (London: Lutterworth, 1962); NISSEN, J., *New Testament and Mission: Historical and Hermeneutical Perspectives* (New York: Peter Lang, 1999); OKOYE, J. C., *Israel and the Nations: A Mission Theology of the Old Testament* (Maryknoll: Orbis, 2006); ORCHARD, R. K., org., *Witness in Six Continents* (London: Edinburgh, 1964); PADILLA, C. R., *Mission Between the Times: Essays on the Kingdom of God* (Grand Rapids: Eerdmans, 1985); idem, org., *Bases bíblicas de la misión: Perspectivas latinoamericanas* (Buenos Aires: Nueva Creación, 1998); PHILLIPS, J. M. e COOTE, R. T., orgs., *Toward the 21st Century in Christian Mission* (Grand Rapids: Eerdmans, 1993); ROSIN, H. H., *"Missio Dei": An Examination of the Origin, Contents and Function of the Term in Protestant Missiological Discussion* (Leiden: Interuniversity Institute for Missiological and Ecumenical Research, 1972); SAMUEL, V. e SUGDEN, C., *Mission as Transformation: A Theology of the Whole Gospel* (Oxford: Regnum, 1999); SANNEH, L., *Translating the Message: The Missionary Impact on Culture* (Maryknoll: Orbis, 1993); SANTOS, A., *Teología sistemática de la misión* (España: Editorial Verbo Divino, 1991); SCHERER, J., *Gospel, Church and Kingdom: Comparative Studies in World Mission Theology* (Minneapolis: Augsburg, 1987); idem, "Church, Kingdom, and Missio Dei: Lutheran and Orthodox Correctives to Recent Ecumenical Mission Theology", in: *The Good News of the Kingdom*, Van Engen, C., et al., orgs. (Maryknoll: Orbis, 1993a) 82-88; idem, "Mission Theology", in: *Toward the 21st Century in Christian Mission*, Phillips, J. M. e Coote, R. T., orgs. (Grand Rapids: Eerdmans, 1993b) 193-202; SCHREITER, R., *Constructing Local Theologies* (Maryknoll: Orbis, 1985); SENIOR, D. e STUHLMUELLER, C., *The Biblical Foundations for Mission* (Maryknoll: Orbis, 1983); SPINDLER, M. R., "Bijbelse fundering en oriëntatie van zending", in: *Oecumenische inleiding in de missiologie: Teksten en konteksten van het wereldchristendom*, Camps, A., Hoedemaker, L. A., Spindler, M. R. e Verstraelen, F. J., orgs. (Kampen: Kok, 1988) 132-54; STAMOOLIS, J., *Eastern Orthodox Mission Theology Today* (Maryknoll: Orbis, 1986; Eugene: Wipf and Stock, 2001); STOTT, J., "The Living God Is a Missionary God", in: *You Can Tell the World*, Berney, J. E., org. (Downers Grove: InterVarsity Press, 1979) 20-32; TAYLOR, J. V., *The Go-Between God: The Holy Spirit and the Christian Mission* (London: Student Christian Movement, 1972); TAYLOR, W. D., *Missiología global para o século XXI: A consulta de Foz de Iguaçu* (Londrina: Descoberta Editora, 2001); VAN ENGEN, C., "Responses to James Scherer's Paper from Different Disciplinary Perspectives: Systematic Theology", *Missiology* 15:4 (1987) 524-25; idem, *The Good News of the Kingdom: Mission Theology for the Third Millennium* (Maryknoll: Orbis, 1993a); idem, "The Relation of Bible and Mission in Mission Theology", in: *The Good News of the Kingdom*, Van Engen, C., et al., orgs. (Maryknoll: Orbis, 1993b) 27-36; idem, *Mission on the Way: Issues in Mission Theology* (Grand Rapids Baker, 1996); VERKUYL, J., *Contemporary Missiology: An Introduction* (Grand Rapids Eerdmans, 1978); VICEDOM, G. F., *The Mission of God: An Introduction to a Theology of Mission* (St. Louis: Concordia, 1965 [original em alemão, Missio Dei, 1957]); WRIGHT, C. J. H., *The Mission of God: Unlocking the Bible's Grand Narrative* (Downers Grove: InterVarsity Press, 2003).

C. Van Engen

TEOLOGIA DO PROCESSO

Teologia do processo é um movimento do século 20 na teologia que deriva da filosofia de Alfred North Whitehead. Na teologia do processo, tudo o que acontece — o que é possível e o que fazemos com nossa experiência, é um produto do passado. Seja você uma partícula subatômica, uma ameba ou uma pessoa, passa por esse processo contínuo de triagem através destas três entradas: o que você herda do mundo, o que é possível em seu contexto e o que você faz a respeito. Deus é aquele que oferece as possibilidades ao mundo, instando-nos a escolher os caminhos que conduzem a uma visão do bem comum. Embora os princípios da visão de Deus não mudem, a maneira como ela se desenrola

na terra depende do que está acontecendo no mundo. Deus toma, ou incorpora, os eventos do mundo em quem ele é. Deus então relaciona esses eventos em sua visão para o bem comum, procurando o melhor do que aconteceu para oferecer esses aspectos de volta a nós em nosso próximo circunstância de exemplo. Em resumo, nossas experiências no mundo influenciam quem somos e o que fazemos. Em seguida, passamos a influenciar aqueles que nos rodeiam. Mas os pensadores do processo vão mais longe e insistem que o que fazemos também afeta Deus e como Deus se relaciona com o mundo.
1. História
2. Metafísica especulativa
3. Principais dogmas
4. Conhecimento

1. História
A teologia do processo geralmente se refere à aplicação religiosa da filosofia de Alfred North Whitehead (1861-1947) e Charles Hartshorne (1897-2001). Tendo passado grande parte de sua vida como matemático e físico, o britânico Whitehead foi para Harvard no final de sua carreira, onde na década de 1920 desenvolveu uma cosmologia filosófica numa compreensão orgânica do mundo. Aqui ele descreve Deus de várias maneiras como o princípio da limitação no mundo, como o poeta do mundo e como o Eros que sustenta a progressão da civilização.

Assistente de Whitehead de 1925 a 1928, Hartshorne, descreve uma teologia filosófica que, embora mantendo algumas diferenças de Whitehead, também discute a relação simbiótica entre Deus e o mundo.

2. Metafísica especulativa
Como um sistema filosófico, o processo do pensamento é uma metafísica especulativa. Ele tenta descrever como toda a realidade funciona — incluindo Deus — como um sistema coerente, lógico e preciso. O esforço para manter a precisão torna o processo um sistema flexível com sua base no empirismo. A metafísica do processo começa num campo de observação, generaliza-se na teoria e aterra novamente para observação noutro campo onde a generalização será testada, adaptada e tentada novamente. Quando o modelo não se encaixa no que sabemos sobre a realidade, ele é revisado para melhor descrever o que sabemos sobre o mundo. Assim, a experiência não é apenas o fundamento da metafísica do processo; É também a crítica da metafísica.

3. Principais dogmas
3.1. Mundo. O processo de tornar-se acontece em todos os níveis. Átomos, plantas, animais ou seres humanos são compostos de unidades de energia que são influenciadas pelo mundo ao redor e pelas possibilidades disponíveis. Tudo sofre esse processo de tornar-se. Existem, naturalmente, níveis de complexidade. Alguns organismos têm um sistema central que lhes concede mais unidade, complexidade e harmonia — e , portanto, mais valor. Mas todos os aspectos da realidade têm uma experiência de tornar-se. Nem todas as entidades estão conscientes disto, mas todos nós experimentamos o mundo e o chamado de Deus com algum grau de liberdade e com o potencial para mudar. Desta forma, a teologia do processo é compatível com as lições da ciência. O pensamento processual também está de acordo com o movimento ambiental que concede valor intrínseco ao mundo natural — cuidando dele além de sua utilidade para a humanidade.

Este processo de tornar-se torna o mundo radicalmente relacional. Porque consideramos nosso passado e nossas possibilidades futuras quando decidimos o que fazer no mundo, as relações são internas. Nós não somos seres discretos que podem escolher se queremos ou não nos relacionar uns com os outros. Nós não temos relacionamentos, somos relacionamentos. Somos constituídos por nossos relacionamentos com outras pessoas, com nosso ambiente, nosso passado, nossas esperanças, nossos potenciais e nosso Deus. Não há nada fora dessas relações.

Num mundo de processo, a única constante é a mudança. Quem somos hoje não é quem fomos ontem, e quem seremos amanhã será diferente do que somos hoje. Somos alterados pelas novas experiências que temos e por quem fomos. Não podemos recuperar essa pessoa. A capacidade de se tornar algo novo é a causa de nossa liberdade. Não estamos ligados pelo passado. Esse não é um sistema determinista. Uma vez que nossa liberdade é real, somos autocriadores, mas porque somos influenciados por tantos outros fatores, também somos criados por outros.

3.2. Deus. O processo afirma a onipresença de Deus no sentido tradicional. De fato, Deus está em toda parte em todos os momentos, abraçando o mundo, sentindo o mundo e respondendo a todos os aspectos do mundo. Mas o poder e o conhecimento de Deus são concebidos de forma diferente das concepções ortodoxas de Deus. Os teólogos do processo acreditam que Deus abrange a forma mais elevada de poder. Ao contrário dos modelos clássicos de Deus, onde a forma mais elevada de poder é um poder autoritário ou coercitivo, no pensamento do processo, o poder de Deus é um poder persuasivo. Deus não pode nos fazer praticar uma coisa ou outra. Pelo contrário, Deus influencia, persuade, atrai ou nos "chama" a aceitar os princípios de sua visão em cada contexto.

Deus tem mais conhecimento do que nós porque só temos acesso ao nosso mundo. Ele tem acesso ao mundo inteiro e às atividades e sentimentos do mundo inteiro. Nesse sentido, ele está sempre trabalhando com mais informações do que nós. No entanto, Deus não sabe o que vamos fazer antes que o façamos. A teologia do processo leva a liberdade criadora a sério. Quando decidimos o que vamos fazer, tomamos essa decisão livremente. Uma vez que agimos, Deus então trabalha com o que oferecemos a ele e ao mundo para nos influenciar no próximo momento. Deus nunca cria a partir do nada. Ele está sempre trabalhando com o que o mundo tem para oferecer. Assim, o fim não é garantido ou pré-ordenado. Nesse sentido, o processo é um sistema aberto.

O processo descreve dois aspectos de Deus — uma natureza primordial e uma natureza consequente, ou tendo amor criativo e amor responsivo. Na natureza primordial ou dimensão criativa de Deus, ele oferece ao mundo possibilidades que são relevantes para o nosso contexto atual. Estas possibilidades são ordenadas de acordo com uma visão primordial que nos chama para princípios de beleza, verdade, arte, aventura, entusiasmo e justiça. Esta é a benevolência de Deus. À medida que influencia o mundo, Deus literalmente se torna parte de cada aspecto da criação. Em outras palavras, a encarnação é universal. Portanto, as cristologias do processo discutem como a presença de Deus em Jesus é diferente da presença de Deus em todos (veja Cristologia). Por outro lado, Deus também nos responde, ou leva o mundo para junto de si. Deus sente, ou reúne em si mesmo, os eventos do mundo, e eles vivem em Deus. Deus nos conhece e sabe o que nos acontece. É assim que ele se alegra conosco e conosco sofre. Somos uma parte de quem Deus é. Deus não é idêntico ao mundo, mas não está separado do mundo em oposição ao que é o mundo. Deus está em nós e nós estamos em Deus.

3.3. Teodiceia. Na medida em que usamos nossa liberdade para divergir do chamado de Deus, o *mal surge no mundo. Ele não é um evento isolado por causa da interdependência do mundo. Quando um de nós escolhe atuar de uma forma divergente do chamado de Deus, isso influencia a todos. Muitas vezes fazemos isso repetidamente dentro de sistemas de poder e influência, e assim criamos problemas maiores — males sistêmicos.

Mas o mal deve ser combatido, e Deus está envolvido nesse combate. Isso acontece de duas formas — dentro da natureza de Deus e através da atividade dele no mundo. Quando Deus reúne as experiências do mundo dentro de si, ele encontra o valor em tudo o que acontece. Às vezes, há muito pouco bem com o qual trabalhar, mas Deus pode encontrá-lo e preservá-lo. Uma vez que Deus é eterno, temos uma espécie de vida eterna após a morte dentro dele.

Nós também ajudamos a Deus no que os teólogos do processo chamam de "transformação criativa". Devemos nos esforçar para promulgar a visão ideal de Deus na terra, mesmo que saibamos que não podemos vê-la em sua plenitude aqui. Quando usamos nossa liberdade de acordo com a visão de Deus, podemos negar alguns aspectos do passado que criaram o mal no mundo. O chamado de Deus nos oferece a oportunidade de vencer o mal.

4. Conhecimento

De 1930 a 1960, os teólogos de processo defenderam o conceito de processo de Deus e descreveram doutrinas e problemas cristãos tradicionais dentro da filosofia da religião. Desde a década de 1970, o processo de estudos teológicos tem dado atenção a temas como *teologia política (John B. Cobb), *teologia da libertação (Schubert Ogden), questões ambientais (Cobb e Charles Birch, Jay McDaniel) (veja Criação e Ecologia), feminismo (Marjorie Suchocki; veja Teologias Feministas), entre outros.

O pensamento do processo constitui um colaborador importante para um diálogo ativo entre a religião e a ciência (Ian Barbour, Philip Clayton, Ann Pederson), embora a erudição contemporânea na teologia do processo ponha cada vez mais ênfase nas religiões não cristãs, especialmente o budismo (John B. Cobb), o judaísmo (Clark Williamson, Sandra Lubarsky) Ruzgar), religiões tradicionais africanas (Coleman) e religiões de divindades femininas (Carol Cristo). Com centros de processo e projetos de tradução em toda a Europa, Coréia, Japão e China, a teologia do processo está se expandindo além de suas raízes filosóficas americanas. Nos Estados Unidos, a teologia do processo está entrando em novas conversações com estudos bíblicos (William Beardslee) e teologias cristãs populares, particularmente o metodismo (Cobb) e o teísmo aberto (Clark Pinnock) e as teologias *evangélicas (Ronald Nash).

Veja também DEUS, DOUTRINA DE; TEÍSMO; TEÍSMO ABERTO.

BIBLIOGRAFIA. BOWMAN, D. e MC- DANIEL, J., *Handbook of Process Theology* (St. Louis: Chalice, 2006); CHRIST, C. P., *She Who Changes: Re-Imagining the Divine in the World* (New York: Palgrave Macmillan, 2003); COBB, J. B., *Christ in a Pluralistic Age* (Philadelphia: Fortress, 1975); COBB, J. B. e GRIFFIN, D. R., *Process Theology: An Introductory Exposition* (Philadelphia: Westminster, 1976); MESLE, C. R., *Process Theology: A Basic Introduction* (St. Louis: Chalice, 1995); SUCHOCKI, M. H., *God, Christ, Church: A Practical Guide to Process Theology* (New York: Crossroad, 1989).

M. A. Coleman

TEOLOGIA DO TRABALHO

Este artigo tenta uma leitura global da teologia do trabalho observando a ênfase particular de importantes teólogos relativamente representativos e seus focos sobre pessoas especiais da *Trindade ou artigos do *Credo dos Apóstolos e do Credo Niceno em relação ao trabalho de Deus. Tal estrutura católica ou universal realça a predisposição em vários tratamentos teológicos regionais, denominacionais e individuais do trabalho, e busca uma abordagem equilibrada e abrangente de uma teologia global nesse campo.

1. Definições
2. Metodologia
3. Teologias do trabalho orientadas para a criação
4. Teologias do trabalho cristologicamente orientadas
5. Teologias do trabalho orientadas para escatologia/Espírito

1. Definições

Definir trabalho é notoriamente difícil. Algumas definições são estritamente modernas e ocidentais, equiparando-as de forma material com o trabalho remunerado e ignorando a grande quantidade de trabalho voluntário, não remunerado ou doméstico. Outras definições são amplas demais, como as de João Paulo II, que define trabalho como "tudo o que o homem realiza" (*Laborem Exercens* [*LE*], 1). Das duas definições de Miroslav Volf, a mais simples medeia entre os dois extremos acima: Trabalho é "uma atividade instrumental que serve à satisfação de necessidades [da criatura]" (Volf 2001, 13). Isso inclui agricultura de subsistência e trabalho doméstico não remunerado que a maior parte do mundo (principalmente feminino e mais pobre) faz. Isso exclui o lazer e a atividade desnecessária, feita por conta própria, embora exista uma subjetiva superposição com trabalho, como num passatempo útil. Como observa Cosden, os seres humanos são ontologicamente trabalhadores criados à imagem de Deus, o Trabalhador (Cosden, 9, 17). Volf concorda, pois Deus se deleita em seres humanos desfrutando o trabalho e o florescimento da natureza e de seus dons (Volf 2001, 198). Vocação não é diferente — os meios ecoam o fim e há um mútuo prazer divino e humano no trabalho bom, bem feito pelas criaturas. Mas neste mundo a necessidade não pode ser excluída; por exemplo, as mais criativas obras de Michelangelo foram feitas mediante pagamento *e* para glória pessoal e glória de Deus.

Num contexto global de diferentes necessidades dominantes precisamos admitir em nossa definição a hierarquia de necessidades de Abraham Maslow. Primeiro vem alimento, depois abrigo, segurança, necessidades sociais, e assim por diante, e, finalmente, importância e significado. Como o dramaturgo alemão Bertolt Brecht disse certa vez: "Primeiro vem a comida, a moral vem depois!" Este é o ponto de partida bíblico da autoprovisão: se alguém *não quer* trabalhar, também não coma (2Ts 3.10; cf. v. 7-13) — e outros: se alguém não cuida dos seus, especialmente dos de sua família, tem negado a fé e é pior que um descrente (1Tm 5.8; cf. Ef 4.28). Compare a oração de um ganês desempregado do trabalho no cais:

O dia está lá e a luz do sol,
Com os navios no porto
Mas há trabalho? [...]
Meu Deus, não poderias dar-me trabalho no porto?
Para ter dinheiro para a esposa e filhos.
Para colocar o meu pouco em sua cesta no próximo domingo.
Por favor, dê-me trabalho, bom Senhor Jesus.
Nós te louvamos. Amém.
(In: *The Oxford Book of Prayer* [1989])

Mas trabalho, assim como o alimento, tem elementos sociais positivos e pode ser, num restaurante encantador, ou na Festa de Babette, um agradável fim em si mesmo.

2. Metodologia

Uma recente proposta para uma teologia do trabalho de alcance global observa a falta de rigor bíblico, teológico e metodológico na teologia do trabalho pela comparação com as doutrinas da Trindade, *cristologia ou outras doutrinas teológicas. São necessários critérios. Volf fornece vários. O primeiro critério pertinente à nossa tarefa é que a teologia do trabalho deve ser *abrangente*, relacionando o trabalho humano com a realidade como um todo — "com Deus, os seres humanos e seu ambiente não humano [...] precisa ser uma teologia *global*. Isso envolve a reflexão sobre o trabalho num contexto global que seja 'transcultural', 'trans-histórico' e 'pan-humano'" (Volf 2001, 85, 86).

Em segundo lugar, a teologia do trabalho "deve permitir particularidades dentro de culturas individuais. A variedade de formas culturais e sua preservação parcial na nova criação implicam que poderia existir uma diversidade de teologias do trabalho válidas e condicionadas parcialmente pelo caráter e entendimento do trabalho em dada cultura". Embora Volf contextualize em relação a sociedades industriais, ele reconhece a importância de uma "tendência universalizante" em relação a todas as sociedades (2001, 84-87).

2.1. Um quadro trinitário. A maneira mais simples, mais completa e conveniente para estruturar a grande variedade de pensamento cristão sobre o trabalho é usando um quadro do credo trinitário. Embora alguma missão mais recente e igrejas autóctones não necessariamente usem esses credos em sua adoração menos formal, elas aderem amplamente à sua substância. Não somente a doutrina da Trindade estruturada num credo fornece um útil resumo da Escritura e do senso de proporção relativamente à economia ou obra da salvação, mas carrega a linhagem da tradição e também passa por uma renascença teológica global na teologia do século 20, na ética e na missiologia. Essa abordagem trinitária já provou ser frutífera para o trabalho e a gestão (Higginson 1993; Preece 1998) e também dos pontos de vista ecumênico e missiológico na terceira edição do Congresso de Evangelização Mundial de Lausanne, em 2004, como delineado em *Marketplace Ministry* (Liu, Preece e Wong).

O wesleyano Jose Miguez Bonino também defende um quadro trinitário como um antídoto à tendência latino-americana (liberal, evangélica e pentecostal) do "reducionismo" teológico na *cristologia, soteriologia e uma experiência de *salvação subjetiva, privatizada. Tentativas restauradoras estão predominantemente numa "chave cristológica", sem "colocar a cristologia no quadro total da revelação" resumidas numa ampla, enriquecedora e profunda perspectiva trinitária (Bonino 1997, 116).

2.2. A unidade do trabalho da Trindade. Ao usar um quadro trinitário é crucial notar com Miguez Bonino o axioma agostiniano da igreja ocidental: *"Opera trinitatis ad extra indivisa sunt"*, isto é, "o que o Deus trino faz no mundo — na criação, na reconciliação, na redenção — é sempre, ao mesmo tempo e de forma combinada, o trabalho do

Pai, do Filho e do Espírito" (Bonino 1997, 116). Com boa razão Otto Weber adverte:

> É somente quando mantemos constantemente em vista a unidade de Deus em sua obra, que podemos evitar um "cristocentrismo" isolado ou uma "espiritualização" isolada da teologia [...]. Neste ponto, a doutrina da Trindade ganha sua relação mais direta de "piedade". Quando a doutrina da Trindade se desfaz ou se retira na consciência da comunidade, então a piedade se torna unilateral e, medida pela vivacidade e a riqueza do testemunho bíblico, fica empobrecida. (Citado por Bonino, 116-17).

Em vez disso nós devemos responder em nossa teologia do trabalho "de acordo com a plenitude e multidimensionalidade" da obra trinitária de Deus (Bonino 1997, 117). É particularmente necessário ver o que Ireneu chama de "duas mãos de Deus" no trabalho, para encorajar a cooperação global entre a Palavra e as teologias evangélicas pentecostais do trabalho centradas em Crito e mais centradas no Espírito.

3. Teologias do trabalho orientadas para a criação

Globalmente, a mais significativa teologia do trabalho é claramente a encíclica *Laborem Exercens* (*LE* — Sobre o trabalho humano), de João Paulo II. Como Karol Wojtyla ele foi um menino de entrega de restaurante, poeta, cortador de pedra, operário de uma fábrica de produtos químicos, dramaturgo, ator, filósofo (fluente em marxismo) e padre. Ele foi também influenciado pelo movimento sindical Solidariedade na Polônia e pela Ação Católica e padres operários na França e na Bélgica. Ele se tornou um dos poucos papas que teve um emprego (Droel, 1-2) — um bom aprendizado antes de escrever uma teologia do trabalho.

No início do século 20 o filósofo judeu Martin Buber, o exilado russo Nikolai Berdyaev e os católicos franceses Jacques Maritain e Emmanuel Mounier desenvolveram o movimento personalista como terceira via entre o individualismo capitalista e o coletivismo comunista enfatizando a dignidade, a criatividade e o senso de comunidade da pessoa humana. O crescimento pós-guerra e o otimismo da década de 1960 evitaram uma teologia do trabalho penitencial orientada para a Queda, para uma teologia mais positiva criacional, encarnacional e sacramental. Isso foi legitimizado pela nova ênfase do Vaticano II sobre o trabalho secular e criativo do leigo em santificar o mundo (*Lumen Gentium* §31) e sobre os trabalhadores "revelando a obra do Criador [...] e contribuindo por sua indústria pessoal para a realização do plano divino na história (*Gaudium et Spes* §34).

3.1. Temas de Laborem Exercens. O papa João Paulo II escolheu os temas positivos do personalismo e do Vaticano II para reorientar a tradicional exaltação grega filosófica e católica clerical da vida contemplativa "perfeita" (Maria) sobre a vida ativa "permitida" (Marta; veja Lc 10.38-42). Agora o trabalho em si é visto como uma forma de espiritualidade (*LE* 24.1). É também "provavelmente a chave essencial para toda a questão social". Isso se deve ao fato de sermos, como Marx argumenta, animais que trabalham, mas também, como acrescenta o papa, co-criadores com Deus através do trabalho (*LE* 3.1).

Um senso de bondade do trabalho com base na criação pulsa através dos temas-chave da *LE*: O primeiro é subjugar a criação através do trabalho e da tecnologia (*LE* 4.1), expresso com pouca sensibilidade ecológica até ser equilibrado posteriormente em *Paz com Deus o Criador, Paz com toda a criação* (1989). O segundo, o "subjugar" (Gn 1.28), é exegeticamente ampliado para se aplicar ao ser humano, trabalho subjetivo desenvolvendo-nos como pessoas. Esse é o produto primário ou "quem" do trabalho, não qualquer bem ou "que" objetivo ou externo. Isso leva à nossa autorrealização como seres humanos, uma forma de quase nos "tornarmos" marxistas, exceto que o trabalho está "para o homem", não o homem "para o trabalho" (*LE* 6.4, 6.5; Preece 1995, 209).

Em terceiro lugar, João Paulo II afirma a prioridade do trabalho sobre o capital, uma vez que ele atua na "bancada do trabalho" do "capital da criação" (e a possui parcialmente), ou seja, a natureza, que é dom de Deus. O capital também inclui a herança histórica e tecnológica do labor humano; não é independente deste (*LE* 12.1-3). Em quarto lugar, o direito relativo à propriedade privada "está subordinado ao direito do uso comum" (*LE* 14.1), forjando, assim, uma terceira via entre o comunismo e o *capitalismo. Isso foi sustentado depois em *Centessimus Annus* (*CA*, cap. 4), refletindo sobre a queda do muro de Berlim em sua perspectiva mais pró-mercado como mais conducente à liberdade, mas dentro de um quadro de preocupação pelo bem comum, pelo trabalho e pelos pobres. A esperança de João Paulo II de que alguma forma de movimento Solidariedade internacional fornecesse um caminho em prol do mundo mais pobre demonstrou-se vã. A filiação ao sindicato declina mundialmente e empresas globais dividem e conquistam, usando um conjunto de trabalhadores num país ou região para minar salários e condições de outros (Preece 1995, 217).

3.2. Laborem Exercens *e mulheres*.
No entanto, João Paulo II deixa de aplicar integralmente sua libertadora teologia do trabalho à metade feminina da humanidade, limitando as mulheres principalmente ao trabalho doméstico e à reprodução (*LE* 19.3). A centralidade do trabalho na experiência e autodeterminação humana, do papel da humanidade da co-criação com Deus, e a prioridade do trabalho sobre o capital têm considerável potencial libertador para as mulheres, apesar da ética sexual católica mais patriarcal.

Barbara Hilkert Andolsen (1989) enfatizou a dignidade e relativa liberdade conferidas às mulheres pelo trabalho remunerado que faz provisão pela pessoa e por seus entes queridos. Mas não devemos negligenciar, como nos lembra João Paulo II, o trabalho doméstico não remunerado de muitas mulheres, embora ele seja economicamente invisível. Wayne Muller cita um trecho pungente:

> Pense numa mulher na Somália que se levanta cedo para caminhar mais de três quilômetros até o poço mais perto para buscar água para sua família, volta para alimentar seus filhos e aprontá-los para a escola, passa a manhã trabalhando o solo da horta da família, a tarde atendendo os doentes e enfermos do seu vilarejo, e então, à noite cozinha e remenda roupas

e entoa canções para os filhos cansados e tem relações sexuais com o marido. Medida pelo PIB, esta mulher não tem valor. Ela é inútil; um dreno na riqueza da nação. (120)

Uma teologia global do trabalho baseada na dignidade criada dos homens e mulheres deve notar não apenas a evasão de talentos intelectuais do mundo em desenvolvimento para o Ocidente, mas a "evasão de cuidados" de milhões de babás, empregadas domésticas e prostitutas que levam a uma "evasão de cuidados" em seus próprios países e famílias (Ehrenreich e Hochschild). O mandato da criação de Gênesis 1.26-28 diz respeito tanto à responsabilidade da produção como da reprodução para homens e mulheres. Não deve ser dividido entre eles como a sociedade industrial tende a fazer. A produção econômica deveria proporcionar uma base local estável, possibilitando a reprodução e uma economia de cuidados.

3.3. *Teologia da libertação ou da criação? — América do Sul*. João Paulo II não estendeu sua simpatia do molde polonês e do Solidariedade à *teologia da libertação latino-americana. O da linguagem marxista misturada com um paradigma de libertação do êxodo obstruiu sua sensibilidade com base na criação.

O filósofo reformado Nicholas Wolterstorff escreveu em *Until Justice and Peace Embrace* (Até que a justiça e a paz se abracem) (cap. 3) sobre a escolha entre "Lima e Amsterdã: libertação ou revelação? Ele se referiu à diferença complementar entre o desafio da *teologia da libertação à exploração e a revelação da teologia holandesa neo-calvinista da invasão imperialista da idolatria econômica sobre outras esferas da criação — família, saúde, arte, educação, etc. (Wolterstorff, 66). Embora afirmando a preocupação da teologia da libertação com os trabalhadores pobres, Wolterstoff observou acertadamente a confusão entre categorias da criação e da redenção e defendeu uma teologia libertadora de economia e trabalho baseada na criação.

Uma consciência da base da criação do trabalho para libertação, amor e justiça encontra-se numa canção brasileira intitulada "Migrante":

O universo se move pelo poder do amor,
E a luz de suas estrelas ilumina meu caminho.
Meu trabalho em comunhão fará com que os campos de arroz floresçam
Mergulhados em ribeiros de justiça,
E em seu fruto vamos colher liberdade.
(citado por Bonino 1988, 71)

Por contraste com a teologia da libertação, uma teologia pentecostal da prosperidade do trabalho está cada vez mais influente na América Latina, como exemplificado no influente *Anointed for Business* (Ungido para os Negócios [2002]), de Ed Silvoso. Volf, de uma herança pentecostal croata, fornece um caminho a seguir ligando teologias pentecostais e da libertação através de suas preocupações compartilhadas em relação à realidade criada da libertação e cura do corpo, apesar de seus diferentes sentidos da fonte da opressão física — poderes espirituais segundo um pentecostal ou poderes econômicos segundo uma perspectiva liberacionista (Volf 1989, 447-67). Uma teologia do trabalho totalmente bíblica, global e trinitária enfatizaria tanto a criação como a nova criação ou primeiro e terceiro artigos e perspectivas econômica e espiritual sobre o domínio físico do trabalho. Uma teologia do trabalho sem a primeira terá falta de realismo; sem a última, terá falta de esperança.

3.4. Uma teologia africana da criação como mordomia. De acordo com Joe Kapolyo, a teologia africana do trabalho é mais orientada à criação e menos marxista do que a teologia da libertação latino-americana. Em Marx, o divórcio materialista "entre o físico e o metafísico [...] tornou muito difícil, certamente, para os africanos abraçarem o comunismo de todo o coração" ou seus conceitos fundamentais, apesar do documento *Kairos* sul-africano e das tendências revolucionárias do Congresso Nacional Africano sob o *apartheid* (Kapolyo, 33).

Contrário às ideias românticas ocidentais, a teologia da criação das religiões tradicionais africanas é essencialmente antropocêntrica. Deus provê a força vital ambiental e espiritual para o bem-estar produtivo e reprodutivo da humanidade. Grandes famílias são proeminentes para prover uma reserva suficiente de trabalho para segurança e prosperidade (Kapolyo, 36-38).

Kapolyo (64-65) vê uma abordagem antropocêntrica e utilitária replicada, sem a limitante divinização da natureza, na renascença humanista europeia e no surgimento do racionalismo *iluminista e do dualismo cartesiano. O apetite voraz das revoluções Agrícola e Industrial e a era do imperialismo causaram o deslocamento e a dizimação de milhões de africanos como escravos nas Américas.

4. Teologias do trabalho orientadas cristologicamente

O maior teólogo do século 20, Karl Barth, exemplifica a posição cristológica. Antes de ensinar teologia acadêmica, Barth foi pastor num vilarejo industrial na Suíça. Ele foi conhecido como "o pastor vermelho" de Safenwil na década de 1910 por seu envolvimento na educação do trabalhador, no sindicalismo e no socialismo democrático. Quando as organizadoras do sindicato feminino foram ameaçadas de demissão da malharia local, Barth "falou com o fabricante [...] *a exemplo de Moisés com o faraó*, pedindo-lhe para deixar o povo ir para o deserto" (Preece 1998, 151).

Durante a Primeira Guerra Mundial, quando Barth escreveu seu famoso comentário sobre *Romanos*, ele rejeitou a identificação do progresso da civilização ocidental e da ética do trabalho protestante com o reino de Deus. A "maior revolução" de Deus transcende cada civilização, ideologia (até mesmo seu socialismo democrático), e a ordem social e vocacional. Na década de 1920 e 1930 Barth profeticamente viu como um conceito germanizado de "ordens da criação" pavimentou o caminho para a ideologia nazista e germânico-cristã de "sangue e solo".

Barth viu verdadeira fragilidade na teologia de Lutero de dois reinos que levou a uma capitulação da igreja à cultura germânica. Embora Barth confirmasse o restabelecimento da vocação de Lutero orientada para a criação, do seu monopólio monástico e sua afirmação do "sacerdócio de todos os crentes" manifestado em seus papéis vocacionais diários, o forte contraste de Lutero entre a lei e o evangelho ligava a vocação com muita força à lei e criava ordem no reino terreno. Isso isolava a vocação da dinâmica liberdade de Cristo e do Espírito no reino espiritual. Também ligava a vocação a um papel estático, hierárquico para a vida, seja no final da Idade Média ou na sociedade capitalista posterior.

4.1. Criação e vocação num contexto cristocêntrico. A concentração cristológica das doutrinas-chave de Barth da eleição (*CD* II/2) e da reconciliação (IV) impulsionam a criação; providência (III), incluindo trabalho e vocação (III/4); e o Espírito (projetado V), mais para a periferia. Mas o sonoro Nein! (Não!) de Barth à teologia natural do Iluminismo, à teologia humana e à conquista cultural está destinado a dar espaço a um forte Sim! cristológico à sua incorporação na humanidade de Cristo.

Entretanto, a rejeição de Barth da autonomia cultural do espírito humano do Iluminismo e da subjetividade não foi equilibrada por uma completa *pneumatologia (teologia do Espírito Santo). Os laços do Espírito Criador com a cultura humana, com a criação, com a história e o trabalho (Gn 1.2; Sl 104) são negligenciados. No final das contas, nem o Criador, nem o Espírito receberam espaço suficiente. Em reação às distorções do protestantismo cultural e dos cristãos alemães, eles são limitados cristologicamente.

Consequentemente, dado que a atividade humana opera por analogia à atividade do Deus trino, e seu centro é a reconciliação (CD IV), então o centro de vocação e ação humana é testemunhar para a reconciliação por meio da oração, proclamação e serviço e invocar a transformação social através do reino de Deus. Por conseguinte, o mandato da criação, a cultura e o trabalho comum são relativizados. Apesar disso, o lugar do trabalho e da vocação na doutrina de mil páginas de Barth sobre a criação é considerável e valiosa. Devemos nos amparar na criação, afirmando ativamente nossa existência, trabalhando para atender às nossas necessidades e às dos outros. Isso faz parte da providência de Deus que é necessária, mas subordinada à sua obra central de reconciliação por meio de Cristo.

4.2. Antropologia e trabalho centrados em Cristo segundo Barth. Em Barth, a doutrina da criação é sempre orientada para Cristo. Os temas da antropologia de Barth centrados em Cristo em *CD* III/2 impregnam o tratamento do trabalho e vocação em III/4 sob o título de "A ordem de Deus, o Criador".

O diálogo ou triálogo pessoal de "Eu-tu" do encontro entre o Filho e o Pai no Espírito é o modelo da visão da natureza humana dinâmica e relacional de Barth (III/2). Essa analogia relacional se estende à periferia criada, dando significado pessoal e relacional à nossa cultura e vida de trabalho (III/2, 249).

Os temas da antropologia cristológica de Barth (baseados em II/2, eleição humana em Cristo) dominam sua visão de trabalho e vocação em *CD* III/4 e seus critérios para o trabalho humano, como apresentado no quadro 1 abaixo.

4.2.1. "Liberdade perante Deus" — A prioridade do descanso sobre o trabalho. Sob esse título Barth dá prioridade estrutural à ordem de descansar no "Dia santo", porque não existe ordem bíblica para trabalhar. Nós descansamos antes de trabalhar (*CD* III/4, 52, cf. 482). Isso lembra às sociedades que são cada vez mais totalitárias, sociedades que trabalham 24 horas por dia, sete dias por semana, que vivemos pelo trabalho e criação de Deus, não por nós mesmos. A humanidade é, portanto, mais do que o Homem, o Trabalhador, de Marx ou do gerencialismo. Assim, a semana começa, não termina, com um dia santo, porque não somos justificados por nossos trabalhos, mas pelo sabático sim de Deus à criação em Cristo. Mas novamente, "o dia santo" relativiza o trabalho humano (*CD* III/4, 49, 50) antes de reafirmá-lo cristologicamente. Nós ainda somos trabalhadores (*CD* III/4, 54) enviados "nos outros dias da semana" (*CD* IV/3, 53).

4.2.2. "Liberdade na comunhão" — Relacionamentos diante do domínio, da ética do trabalho e da cultura. Sob esse título Barth subordina o trabalho ao seu personalismo centrado em Cristo. Ele realça a interpretação relacional e sexual da imagem de Deus versus o aspecto reformado (e de João Paulo II) do domínio sobre a criação frequentemente ligado ao desenvolvimento do capitalismo, da tecnologia, da ética do trabalho e da cultura ocidental. Ele considera isso ausente no Novo Testamento (*CD* III/4, 472-73).

4.2.3. "Liberdade para a vida" — Trabalho como parte, não como o todo, da vida ativa. Aqui a vida é primeiramente um dom e um empréstimo, e somente então trabalho como parte providencial da "Vida ativa" (*CD* III/4, 470-564). Barth novamente

Quadro 1. Antropologia e trabalho centrados em Cristo segundo Barth

III/2 Cristo-Antropologia	III/4 Quatro liberdades	III/4 §55 Critérios de trabalho
§44 "Homem como criatura de Deus", um ser eleito em história pactual	§53 "Liberdade perante Deus", o dia sagrado, confissão e oração	Objetividade: Trabalho com propósito feito de alma e coração Valor: não trivial, desonesto, prejudicial, desumanizante
§45 "Homem como a outra parte no Pacto de Deus" no encontro Eu-tu como imagem de Deus	§54 "Liberdade na comunhão" como homem e mulher em comunidade, na família e com o próximo	Co-humanidade — Comunidade, não competição ou isolamento
§46 "Homem como alma e corpo" sob o Espírito de Deus	§55 "Liberdade para a vida" como empréstimo de Deus para uma vida ativa como nossa tarefa	Reflexividade: trabalho racional e da alma
§47 "Homem no seu tempo", com uma duração limitada do tempo dado por Deus	§56 "Liberdade na limitação"	Limitação: permitindo lazer e descanso do sábado

minimiza a moderna característica ocidental ao retratar nosso chamado para testemunhar e piedosamente invocar o reino de Deus socialmente transformador como a ação distintivamente humana, não o trabalho social como em Marx, nem o trabalho individualista como no capitalismo (veja *CD* IV/3.2 §71 e IV/4 §76.3). A necessidade econômica é a razão bíblica básica para o trabalho (Gn 3.17; Sl 90.10; 104.23; Pv 6.6-11; Ec) (*CD* III/4, 472).

Ao retratar o trabalho somente como parte da "vida ativa", Barth concilia o melhor da tradição contemplativa de oração e descanso (Maria) sem perder a crítica da Reforma (Marta) ao elitismo grego e monástico e à indolência (veja Lc 10.38-42).

4.3. Cristo-antropologia e o critério do trabalho humano. O primeiro critério do trabalho objetivo, profissional ou intencional envolve a imersão humana que faz justiça a um fim ou objetivo relativo da tarefa (*CD* III/4, 527-29). O segundo critério indaga sobre a importância humana de tais propósitos. É trabalho honesto e útil promover "progressos, aperfeiçoamentos, esclarecimento e talvez até mesmo adornos da existência humana? Isso poderia excluir "indústrias inteiras". Pelo menos o trabalho não deve ser "infamante ou prejudicial" como, por exemplo, a indústria de armamentos ou a especulação financeira. Tal trabalho deve ser condenado como a igreja primitiva o condenou (*CD* III/4, 530-31).

O terceiro (critério), em nossa co-humanidade coexistimos e cooperamos orando e ganhando "*nosso* pão de cada dia". O trabalho deveria ser trabalho *social*, não isolado, competitivo e desumano (*CD* III/4, 536-38). Isso critica formas comunistas gerencialmente manipuladoras de cooperação e contratos de trabalho "livre" ditados por capitalistas ocidentais, reduzindo trabalhadores a meios desumanos de atingir seus fins econômicos (*CD* III/4, 542-43).

Quarto, o critério da reflexividade está baseado no ser humano como alma e sujeito racional, arquiteto, não abelha (Marx). O trabalho reflexivo ocorre mesmo durante o desemprego, no trabalho mecânico que entorpece, na enfermidade ou na labuta doméstica (*CD* III/4, 546-49).

Finalmente, para que o trabalho promova nossa liberdade ele deve ser protegido contra tornar-se labuta totalitária. O trabalho humano é secundário para o trabalho completo de Deus na criação e na redenção, como mostra o sábado. Esse é o antídoto para a tensão e compulsão do trabalho (*CD* III/4, 550-53).

Em suma, os critérios de Barth para o trabalho humano são similares aos de Marx (e de Volf 2001, 170-72), opondo trabalho e trabalhadores sendo tratados como meros meios em vez de fins em si mesmos. Ele está preocupado que os trabalhadores não estejam alienados de sua tarefa (objetividade e gratificação), de sua humanidade (reflexividade) nem de seus companheiros (co-humanidade). Barth reitera formas sociais e eclesiásticas de se opor à alienação, mas como soluções parciais comparadas ao nosso verdadeiro fim encontrado na vinda do reino de Deus e esperado no sábado semanal.

4.4. Vocação como liberdade na limitação criada. De acordo com a antropologia de Barth, como cristãos conhecemos a real condição de criatura e a humanidade apenas centrados e eleitos em Cristo (*CD* III/4, 578) num tempo e lugar específicos e numa "oportunidade única". O conceito dinâmico de Barth de temporalidade divina e humana fornece uma base alternativa para a imutável vocação tradicional em relação ao conceito de vida.

Barth distingue ainda mais o "sentido abrangente" da vocação de sua identificação "mais estreita" como ocupação. Vocação abrangente é vivida num âmbito de responsabilidades relacionais particular a cada pessoa. É uma convocação divina "adequada para todos", incluindo os desempregados, as donas de casa, as crianças, os enfermos e os idosos. O trabalho pode ser *parte*, mas não o *centro* de sua vocação cristã ou humanidade (*CD* III/4, 599-600, 630).

5. Teologias do trabalho orientadas para escatologias/Espírito

Os comentários de Bonino relativos ao caráter do protestantismo latino-americano fortemente pneumatológico, ou centrado no Espírito, são aplicáveis à maioria das áreas em crescimento do cristianismo mundial. Da mesma forma são seus comentários críticos relativos à sua incapacidade de desenvolver uma perspectiva mais verdadeira e mais plena sobre a obra do Espírito no contexto cósmico e trinitário (Sl 104; Rm 8). Se os católicos subordinaram em grande parte o Espírito à igreja, os protestantes subordinaram em grande parte o Espírito à Palavra, à salvação individual e à santificação (Bonino 1997, 124-26). Existe uma teologia do trabalho com um senso maior de vínculo com o Espírito Criador?

5.1. Dons e trabalho. Miroslav Volf usa a ideia de Paulo de dons espirituais como experiência antecipatória da transformação final do mundo material mais ampla e concretamente do que o normal. Assim como a atividade do Espírito não está confinada à igreja, o mesmo se pode dizer de dons espirituais como evangelismo (Ef 4.11) e contribuição (Rm 12.8). Estes são ampliados por referência aos talentosos líderes do Antigo Testamento como os juízes e reis e construtores e artesãos do templo (Êx 35.2-3; 1Cr 28.11, 12).

5.2. Vantagens de uma pneumatologia do trabalho versus visões vocacionais. Ao distinguir o chamado como uma noção singular salvadora e ética, e *charismata* como plural e funcional, Volf visa a superar as bases bíblicas problemáticas, dificuldades históricas e a irrelevância contemporânea da visão de Lutero de vocação (veja Pneumatologia) baseada na criação. A visão de Volf afirma (1) ser ela determinada pelo chamado e preparo do Senhor ressurreto e do Espírito, não pela posição social de alguém, e (2) humaniza o trabalho alienante em contraste com a indiferença de Lutero em relação a ele. Os dons exigem trabalho apropriado e acionam transformação através do Espírito, unindo humano e divino como parceiros antevendo a nova criação. Esse ponto de vista também afirma (3) permitir a pluralidade e flexibilidade de dons no tempo e nas circunstâncias, o que melhor se encaixa com o que Z. Bauman chama de *Modernidade líquida* (2000) — situações ocupacionais móveis — e não um chamado imutável, e (4) permite mais de um dom de cada vez (1Co 14.12). Os cristãos têm muitas qualificações e, portanto, por analogia, podem desempenhar vários trabalhos simultaneamente ou consecutivamente. Um ponto de vista carismático de trabalho, pois, possibilita uma necessária redefinição pós-moderna de trabalho (Volf 2001, 110, 115-17).

5.3. Paradigmas escatológicos versus paradigmas criacionais

Assim como Moltmann, Volf realça a

nova criação, mas mantém mais de sua complementaridade bíblica e continuidade com esta *criação (veja Escatologia). Ele dá três razões para essa prioridade: (1) A natureza da existência cristã é essencialmente escatológica. (2) A nova criação vai além da primeira criação; não é mera restauração. (3) Teologias escatológicas são relevantes para o trabalho moderno, salientando a cooperação humana com a transformação do mundo feita por Deus através de mudanças estruturais tecnológicas e micro e macroeconômicas, não a mera preservação do status quo (Volf 2001, 101-2).

Por trás da tendência conservadora de algumas teologias providenciais da ordem da criação repousa um isolamento unilateral insuficientemente trinitário da criação que dissimula estruturas de poder falidas. Mas o mesmo poderia igualmente ser dito de escatologias que se tornam "escapologias" ou exemplos do "ópio do povo", de Marx, tranquilizando expectativas para a transformação social. Posturas sociais conservadoras e revolucionárias não são automaticamente promovidas pela criação e pela escatologia, como anteriormente observado.

5.4. Continuidade entre o trabalho na criação e a nova criação. A crítica de Volf da visão restauracionista ("retorno para o Éden") e descontínua ("sem trabalho no céu") do relacionamento entre a criação e a nova criação se aplica a muitas teologias dualísticas e conservadoras do trabalho. Mas as visões reformadas usualmente enfatizam não somente a restauração, mas também transformação e compartilhamento da escatologia terrena de Volf. Porque a linguagem visionária apocalíptica leva a múltiplos significados, e para evitar imprecisão, Volf precisa continuar a extrair da criação, da cristologia e da teologia vocacional para desenvolver mais a ética com base nos dons em relação ao trabalho.

Na continuidade e transformação da *ressurreição corpórea de Jesus, a criação e a nova criação juntam as mãos para dar significado eterno ao nosso trabalho. Isso nos encoraja a sermos firmes e inamovíveis, porque sabemos que a vaidade do trabalho decaído, ligado à morte "debaixo do sol" (Eclesiastes) é vencido no Filho ressuscitado (1Co 15.20, 58). A continuidade possibilita o discernimento de aspectos do novo céu e da nova *terra*, realizáveis durante o tempo "não agora", condenando algumas práticas de trabalho e recomendando outras para o bem comum. Ele também possibilita "o Espírito de redenção" para intensificar dons dados pelo "Espírito de criação", e assim, estender os dons espirituais ao trabalho secular dos cristãos e, por analogia, embora inconscientemente, aos não cristãos.

5.5. Uma estrutura escatológica ou trinitária? Devido à necessidade de Volf do critério criacional de liberdade e responsabilidade (Gn 1.26-28; Gn 2, 4) em relação à boas obras — e presumivelmente critérios da Queda para explicar o trabalho ruim ou alienante — podemos perguntar por que não incluir a criação, a Queda e a redenção (alguns, como R. Higginson, acrescentam o escathon) numa tríplice estrutura para uma teologia do trabalho? Ou por que não integrar os três artigos do credo conforme defendidos aqui? Perspectivas criacionais e de nova criação podem então enriquecer uma à outra, em vez de lutar numa rivalidade entre irmãos que sucumbe às falsas alternativas de restaurar ou negar a criação. A visão reformada terrena e a visão pentecostal mais escatológica precisam uma da outra. Como a Trindade "dança" pericoreticamente no tempo e no espaço, suas pessoas se revezam na liderança, sem deixar os outros para trás em seu trabalho e atuação de criação e recriação. Assim, em suma, concordo com a menor reivindicação de Volf sobre a importância contemporânea de uma teologia do trabalho escatológica/pneumatológica, mas não com a maior reivindicação da primazia permanente da escatologia/pneumatologia.

A principal razão de Volf para apoiar uma teologia escatológica do trabalho é que todos os candidatos na votação para o centro do Novo Testamento são escatológicos. No entanto, mudando para uma metáfora musical, por que colocar tudo numa clave única, do começo ao fim? Isso seria musicalmente monótono. Escatologia é *um* tema central, mas torná-la *o único* esconde mais do que revela. Há bons argumentos para outros conceitos centrais, especialmente a cristologia em relação à eleição, aliança, eclesiologia, soteriologia e reino futuro. Cristo é o primeiro e o último (Ap 1.17; 2.8; 22.13), o Alfa e o Ômega

(Ap 1.8; 21.6; 22.13), o começo e o fim (Ap 22.13) — e tudo o que existe no meio. A cristologia une as primeiras e as últimas coisas num quadro trinitário que não está ainda bem refletido em *Work in the Spirit*, mas com base nas reflexões trinitárias de Volf em outras áreas desde então, podemos esperar que o será um dia, para o grande benefício de uma teologia global do trabalho.

Veja também CAPITALISMO; DINHEIRO, RIQUEZA; POBREZA; TECNOLOGIA; VIDA PROFISSIONAL.

BIBLIOGRAFIA. ANDOLSEN, B. H., *Good Work at the Video Display Terminal: A Feminist Ethical Analysis of Changes in Clerical Work* (Knoxville: University of Tennessee Press, 1989); BANKS, R. J., "Theology of, by and for the People", in: *Theology in a Third Voice*, Hynd, D., Barr, J. e Preece, G., orgs. (Adelaide: ATF Press, 2006); BARTH, K., *Church Dogmatics* (Edinburgh: T & T Clark, 1936-1962); MÍGUEZ BONINO, J., "Love and Social Transformation in Liberation Theology", in: *Love: The Foundation of Hope*, Burnham, F. B., et al., orgs. (San Francisco: Harper and Row, 1988); idem, *Faces of Latin American Protestantism* (Grand Rapids: Eerdmans, 1997) cap. 5; COSDEN, D., *A Theology of Work: Work and the New Creation* (Milton Keynes: Paternoster, 2004); DROEL, W., "Catholic Doctrine on Work", *LayNet* 16:4 (Fall 2005) 1-2; EHRENREICH, B. e HOCHSCHILD, A. R., orgs., *Global Woman: Nannies, Maids and Sex Workers in the New Economy* (New York: Metropolitan, 2003); HARDY, L., *The Fabric of This World: Inquiries into Calling, Career Choice and the Design of Human Work* (Grand Rapids: Eerdmans, 1990); HIGGINSON, R., *Called to Account: Adding Value in God's World* (Guildford: Eagle, 1993); JOÃO PAULO II, *Laborem Exercens* (London: Catholic Truth Society, 1981); KAPOLYO, J. M., *The Human Condition: Christian Perspectives Through African Eyes* (Leicester: Inter-Varsity Press, 2005); LARIVE, A., *After Sunday: A Theology of Work* (New York: Continuum, 2004); idem, "Vocational Fulfillment", *LayNet* 17:1 (Winter 2006) 4-5; LIU, T., PREECE, G. R. e WONG, S-L., *Marketplace Ministry* (Artigos de Lausanne No. 40; Lausanne Committee for World Evangelization, 2005; www.lausanne. org/documents.html); MIDDLETON, J. R., "Is Creation Theology Inherently Conserva- tive? A Dialogue with Walter Brueggemann", *Harvard Theological Review* 87:3 (July 1994) 257-77; idem, *The Liberating Image: The "Imago Dei" in Genesis 1* (Grand Rapids: Brazos, 2005); MULLER, W., *Sabbath Rest* (Oxford: Lion, 2000); PAULO VI, *Gaudium et Spes* (Pastoral Constitution on the Church in the Modern World, 1965); idem, *Lumen Gentium* (Dogmatic Constitution on the Church, 1964); PREECE, G. R., *Changing Work Values: A Christian Response* (Melbourne: Acorn, 1995); idem, *The Viability of the Vocation Tradition* (Lewiston: Edwin Mellen, 1998); STEVENS, R. P., *The Other Six Days: Vocation, Work, and Ministry in Biblical Perspective* (Grand Rapids: Eerdmans, 1999)/ *The Abolition of the Laity* (London: Paternoster, 2000); SEGUNDO CONCÍLIO VATICANO, *Ad Gentes*; VOLF, M., "Materiality of Salvation: An Investigation in the Soteriologies of Liberation and Pentecostal Theologies", *Journal of Ecumenical Studies* 26 (Summer 1989) 447-67; idem, *After Our Likeness: The Church in the Image of the Trinity* (Grand Rapids: Eerdmans, 1998); idem, *Work in the Spirit* (Eugene: Wipf and Stock, 2001); WOLTERSTORFF, N., *Until Justice and Peace Embrace* (Grand Rapids: Eerdmans, 1983) cap. 3; WRIGHT, N. T., *The Resurrection of the Son of God* (Minneapolis: Fortress, 2003).

G. Preece

TEOLOGIA DALIT. *Veja* CRISTOLOGIA; TEOLOGIA ASIÁTICA; TEOLOGIA INDIANA.

TEOLOGIA DO ENTRETENIMENTO.
Veja CULTURA POPULAR.

TEOLOGIA DO TERCEIRO OLHO.
Veja TEOLOGIA CHINESA.

TEOLOGIA E ESPIRITUALIDADE CELTA

A teologia cristã celta oferece uma abordagem à espiritualidade que foi moldada pelo pensamento ortodoxo oriental, embora tenha se enraizado nas Ilhas Britânicas. Profundamente trinitária por natureza, a fé celta emergiu com quatro características principais. A primeira é um senso de identidade que deriva da maravilha de quem Deus é como Pai, Filho e Espírito, e que vive da confiança na presença de Deus conosco e por nós. A segunda é uma visão sacramental que compreende a natureza milagrosa da vida toda. A terceira é um ritmo *litúrgico pelo qual a igreja aplica os ricos recursos da fé a todo aspecto da vida. E a quarta característica distintiva é uma abordagem da missão que honra o estrangeiro como alguém em quem a presença sacramental de Cristo está aguardando para ser descoberta. O cristianismo celta reúne temas significativos de toda uma gama de tradições teológicas e culturais e, portanto, oferece perspectivas importantes para o cristianismo global.

1. Desenvolvimento histórico
2. Teologia cristã celta

1. Desenvolvimento histórico
A origem dos povos celtas remonta ao centro da Europa Oriental por volta de 1200 a.C., e depois à Europa Ocidental e até ao norte da Irlanda por volta de 100 a.C. Hoje os celtas "são reconhecidos como os 'aborígenes europeus', já na terra com sua própria cultura desenvolvida antes de serem conquistados, expulsos, ou assimilados por invasores mais poderosos" (Joyce, 1). As culturas celtas sobreviveram predominantemente em regiões que escaparam do governo de Roma, assim, no norte da Escócia, Gales, Irlanda e partes da Inglaterra. As formas celtas de cristianismo estão geralmente associadas a tradições particulares que se desenvolveram nas ilhas britânicas entre os séculos 5 e 12. Entre várias expressões ao longo de muitos anos, padrões de ênfases teológicas celtas foram rastreados, os quais refletem um tipo distinto de espiritualidade cristã.

Os celtas, ou gauleses, na forma transliterada pelos romanos, estavam entre os primeiros povos a aceitarem o cristianismo, como está evidente na carta de Paulo aos gálatas. O pensamento ortodoxo oriental moldou a vida celta por vários meios. As igrejas cristãs orientais da Ásia Menor e líderes como Ireneu e Antônio são notados como primeiras influências. Rotas comerciais forneceram conexões diretas com o Leste, de onde os celtas haviam migrado, tendo carregado consigo tipos orientais de música e mito. O monarquismo egípcio do deserto moldou a teologia celta e seu grande respeito pelo deserto. Assim, os mosteiros celtas chamavam de *dysert* suas celas para oração e retiro. As cruzes altas estão cheias de cenas bíblicas mais as figuras de Paulo de Tebas e Antônio do Egito. Na maioria dos relatos São Ninian é documentado como a primeira figura monástica das Ilhas Britânicas, que fundou um mosteiro em Whithorn, Escócia, por volta de 397. Ninian tem o crédito de ter influenciado Enda (c. 460-530) e Patrício que, por sua vez, fundaram mosteiros na Irlanda.

A fé cristã celta surgiu de mistura da fé celta autóctone com a tradição do deserto da antiga igreja copta. A espiritualidade celta tradicional foi orientada para fortes laços de parentesco, ideias da divindade que afirmava naturezas, tanto masculina como feminina, juntamente com a abertura à imanência divina e à tendência de pensar naturalmente em termos de três. Três "era considerado um poderoso símbolo de força espiritual e intimidade com Deus, e representava a síntese espiritual, a reconciliação de aparentes opostos" (Sellner, 40). Essas orientações harmonizavam-se bem com a ênfase ortodoxa oriental sobre a natureza trina de Deus, relacionalidade do ser e atenção à presença de Deus através do seu Espírito. A riqueza pneumatológica da teologia ortodoxa oriental conduziu os cristãos celtas na direção de uma teologia que é tanto trinitária como sacramental.

Com sua rica estima por relacionamentos, os celtas foram capazes de mudar de compreensões modalistas, por exemplo de sua deusa Bridgett (que se acreditava ter aparecido em três formas: fogo, poesia e fertilidade), para a compreensão cristã da natureza tripessoal de Deus, que existe como uma comunhão de amor. Como escreve a erudita celta Esther de Waal: "Em uma sociedade na qual lar, família e os parentes eram realidades centrais, talvez homens e mulheres se sentissem em casa com um Deus cuja essência era uma relação harmoniosa de pessoas" (de Waal 2001, xxix). Os cristãos celtas abraçaram a *Trindade no cerne da sua espiritualidade, onde "o Trino da [sua] força" moldou profundamente suas orações e vida diária (Carmichael, 90). As orações celtas falam sobre ser envolvido pelo amor dos Três.

2. Teologia cristã celta
Deus era visto como o iniciador, criando todas as coisas no transbordar do amor trino,

redimindo e curando em Cristo o que se tornara distorcido e quebrado, purificando e fortalecendo sua criação através do Espírito Santo. A união com Deus foi a maneira fundamental como os celtas compreenderam o dom da salvação em Cristo. Os humanos foram criados para relacionamento com Deus, e a vinda de Cristo como o segundo Adão foi a forma na qual os rompidos relacionamentos Deus/homem puderam experimentar a reconciliação. Cristo foi a recapitulação da humanidade e da alma amiga, ou *anamchara*.

A igreja, pela presença íntima do Espírito Santo, foi chamada para refletir a imagem da Trindade e ser o sacramento de Deus para o mundo. Compreendendo a maravilha de um Deus que existe em relacionamentos mútuos, altruístas manteve a vida da comunidade que era baseada na mutualidade e unidade com diversidade. Os líderes da igreja trabalharam ao lado de leigos para servir um ao outro num "mútuo compartilhamento de dons" (Sellner, 18) Sua teologia trinitária também moldou uma abordagem generosa dos bens materiais. Uma oração comum expressa sua preocupação por caridade e justiça: "Deus nos livre de retermos qualquer coisa que pertença aos nossos vizinhos" (D. O'Laoghaire em Mackey, 302).

Com a crença celta de que a criação recebe o divino, os celtas desenvolveram uma abordagem holística positiva da fé. A união com Deus e a participação em seus propósitos significou que as comunidades celtas se entenderam como conectadas com tudo da vida. Toda verdade era verdade de Deus, por isso o aprendizado e as artes foram aspectos integrais da vida comunitária cristã. E a vida toda estava integrada em torno da adoração do Deus trino através das orações, invocações e louvor.

Com sua abordagem da espiritualidade os cristãos celtas conseguiram unir o que quase sempre é visto na vida contemporânea como mutuamente exclusivos. Embora as guerras entre clãs fossem um problema para os celtas, sua centralidade no amor do Deus trino frequentemente engendrava respeito pelos que criam de forma diferente. Eles combinaram alegria com criatividade, e beleza com uma abordagem muito rigorosa e disciplinada da fé e da aprendizagem; incorporaram o capricho e o lúdico na vida de pobreza e sacrifício; infundiram um rico humor sobre as pequenas coisas em sua profunda seriedade a respeito da realidade do reino no meio deles.

Veja também ESPIRITUALIDADE.

BIBLIOGRAFIA. CARMICHAEL, A., org., *Celtic Invocations: Selections from Volume I of Carmina Gadelica* (Noroton: Vineyard, 1977); DA VIES, O. e O'LOUGHLIN, T., *Celtic Spirituality* (New York: Paulist Press, 1999); DEARBORN, K., "Recovering a Trinitarian and Sacramental Ecclesiology", in: *Evangelical Ecclesiology: Reality or Illusion*, Stackhouse, J., org. (Grand Rapids: Baker Academic, 2003) 77-103; DE WAAL, E., *The Celtic Way of Prayer* (New York: Doubleday, 1997); idem, *The Celtic Vision* (ed. rev.; Liguori: Liguori/Triumph, 2001); JONES, J. M., *With an Eagle's Eye* (Notre Dame: Ave Maria Press, 1998); JOYCE, T. J., *Celtic Christianity* (Maryknoll: Orbis, 1998); MACKEY, J. P., *An Introduction to Celtic Christianity* (Edinburgh: T & T Clark, 1989); SELLNER, E. C., *Wisdom of the Celtic Saints* (Notre Dame: Ave Maria Press, 1993).

K. Dearborn

TEOLOGIA EUROPEIA

O conceito de teologia europeia aparece à primeira vista ser evidente por si só; ela lida com a teologia cristã desenvolvida na Europa e na forma típica para a Europa. No entanto, uma análise mais aprofundada, e à luz da teologia ecumênica atual, a teologia europeia descreve um assunto controverso; o termo pode ser mais uma provocação do que uma simples identificação de uma entidade histórica. Teologia foi feita na Europa durante 2000 anos, mas o termo específico "teologia europeia" existe a apenas algumas décadas. Além disso, a teologia europeia abrange quase toda a tradição do pensamento cristão. Em que medida pode a teologia europeia — em virtude de sua idade e peso histórico — reivindicar representar a teologia cristã num sentido fundamental e universal e, em que medida é a teologia europeia simplesmente uma forma contextual de teologia além de muitas outras teologias no mercado hoje? O termo *contextual* indica o caráter do atual debate ecumênico sobre esse assunto.

1. O fenômeno multifacetado da teologia europeia

2. A época da formação do cristianismo primitivo em relação ao desenvolvimento da teologia europeia
3. O milênio da Idade Média ocidental
4. A teologia europeia sob as condições da Idade Moderna
5. A teologia europeia em seus diferentes relacionamentos
6. A tarefa futura da teologia europeia

1. O fenômeno multifacetado da teologia europeia

A teologia Europeia lida com uma entidade complexa: A Europa e suas diversas facetas geográficas, históricas, étnicas, sociais, políticas e culturais. Todos esses aspectos devem ser considerados ao se olhar para a pesquisa e para o ensino teológico na Europa.

1.1. O problema de definir a Europa geograficamente. Geograficamente, a Europa é um continente estranho entre os outros continentes do mundo. Ela é apenas um apêndice da massa de terra asiática. Não se pode dizer que seja um continente sozinho. A Europa é principalmente uma entidade histórica com uma tradição muito específica de ideias e culturas. A geográfica é secundária à histórica e cultural. Isso fica claro quando — à luz do Império Romano na história da igreja primitiva — os países mediterrâneos do norte da África e da Ásia Menor eram essencialmente parte da Europa ou não. Um problema semelhante é colocado pelos estados dos Balcãs e particularmente a Rússia. Em que medida a Rússia é europeia? Aqui, os critérios geográficos não são suficientes. A questão é também de importância teológica. Com respeito ao conteúdo, Agostinho foi um teólogo europeu? A teologia ortodoxa (veja Teologia Ortodoxa Oriental) do leste europeu é parte da teologia europeia? Estas perguntas podem ser adequadamente respondidas somente num contexto histórico e cultural.

1.2. A Europa é construída sobre três colinas: uma abordagem cultural. Theodor Heuss, presidente da República Federal da Alemanha depois da Segunda Guerra Mundial, observou que a Europa foi construída sobre três colinas. A primeira está na Acrópole em Atenas, que representa a forte ênfase grega e helenística na ciência e na filosofia. A Acrópole é o símbolo da reflexão humana sobre Deus, sobre o mundo e, por último, mas não menos importante, sobre a humanidade. A segunda colina formando as origens da Europa é o Capitólio, em Roma. O Império Romano significou a coragem do poder politico, as estruturas judiciais e os avanços tecnológicos. A terceira colina sobre a qual a Europa está construída é o Calvário, representando a tradição judaico-cristã, a compreensão de um Deus que ofereceu seu Filho para morrer pelos pecados de todos os povos. O Calvário inclui a Torá, com sua compreensão de expiação sacrificial, bem como a ética dos mandamentos, a esperança messiânica dos profetas e a complete tradição neotestamentária.

As três colinas que Theodor Heuss descreve são forças definidoras em toda a história da Europa — incluindo sua teologia — embora de maneiras muito diferentes nas épocas históricas diferentes. Aqui estamos falando das respectivas eras do antigo Império Romano, da Idade Média ocidental e, finalmente, da Idade Moderna europeia.

1.3. A raiz da Europa no Império Romano e no helenismo. O Império Romano formou um domínio comum cultural, politico e econômico para os países da bacia mediterrânea. Esse território foi governado pelo imperador romano (césar) e o grego *koine* foi a língua internacional de comércio no qual os escritos do Novo Testamento foram também escritos. As tradicionais divisões continentais na Europa, norte da África e Ásia Menor pouco significaram no contexto do Império Romano; as províncias administrativas foram divididas de acordo com estruturas geográficas, mas a profunda influência politico-cultural veio de Roma. Porque o Império Romano encontrou sua continuação histórica no Sacro Império Romano na Idade Média e porque o último pode claramente ser chamado de Europa, é muito correto em todo aspecto considerar a antiga Grécia e Roma juntas a origem da Europa.

1.4. A eleição da Europa como a junção teologicamente relevante. Na *plenitude dos tempos* (Gl 4.4) Jesus nasceu nesse Império Romano durante o governo de César Augusto (Lc 2.1). Com a escolha dessa situação histórica, Jesus, nascido em Belém, no Oriente Médio, é subordinado ao Império Romano e, apesar de suas raízes judaicas, também está na esteira do helenismo. Neste sentido, Jesus, representado pelo símbolo do Gólgota, tem uma parte no surgimento da Europa e subsequentemente a igreja missionária da era apostólica se radica na Europa. Assim, não apenas a história da igreja primitiva, mas também os inícios da história da teologia estão indissoluvelmente ligados à Europa. O uso aqui do conceito teológico muito forte "eleição" é baseado num contexto histórico mundial que remonta diretamente à era neotestamentária.

É bastante significativo que o cidadão romano e erudito judeu, Saulo de Tarso, tenha-se tornado o teólogo mais importante da história da igreja. Foi exatamente este Saulo, ou Paulo, que recebeu um chamado especial do próprio Cristo para deixar a Ásia Menor e ir para a Europa (At 16.6-13). Entretanto, uma virada traumática ocorreu no curso de toda a história cerca de seiscentos anos depois de Cristo, quando conquistadores islâmicos invadiram a Ásia Menor, Palestina, Síria e norte da África, que desde muito tempo tinha áreas cristianizadas com igrejas com fortes tradições teológicas. Se Paulo tivesse continuado na Ásia Menor como era seu objetivo e concentrado sua obra missionária lá, igrejas provavelmente não teriam vindo a existir na Europa. Portanto, podemos argumentar que Cristo chamou os missionários da Ásia para a Europa para começar uma história bastante específica da igreja, que predominou até o século 16.

2. A época da formação do cristianismo primitivo em relação ao desenvolvimento da teologia europeia

A igreja apostólica e pós-apostólica teve de tomar uma série de decisões teológicas fundamentais que teve um efeito duradouro sobre o resto da história da teologia. Algumas dessas definições dogmáticas permaneceram definitivas em todas as igrejas até hoje. Elas representam a continuidade da doutrina *cristã. Outros pontos teológicos estabelecidos pela igreja primitiva não permaneceram ao longo do tempo e vieram a ser disputados entre as diferentes denominações de igrejas.

2.1. Duas decisões da igreja primitiva como base para consenso

2.1.1. A fixação do cânon. Primeiro, a igreja apelou para duas fontes fundamentais da verdade: o cânon do Antigo Testamento como a Bíblia que Jesus lia — tanto o texto hebraico Massorético, bem como o texto grego da Septuaginta estavam em uso na época — e as tradições a respeito de Jesus, entregues pelas testemunhas apostólicas oculares. As observações de Paulo em 1Timóteo 5.18 são características dessa abordagem, combinando essas duas fontes de verdade. A primeira se refere a Deuteronômio 25.4. Ela tem autoridade como uma citação do cânon hebraico. A segunda citação, uma palavra falada por Jesus em Lucas 10.7, reivindica igual autoridade. Isso demonstra como toda as Sagradas Escrituras, o Antigo e o Novo Testamento, se tornaram a base para decisões eclesiásticas na era pós-apostólica. O estabelecimento do cânon foi uma das mais importantes decisões da igreja primitiva na Europa, especialmente no que se refere aos limites exatos dos escritos do Novo Testamento. Após uma longa fase na qual livros individuais ainda foram disputados, a 39a carta da Páscoa, de Atanásio lista os livros da Bíblia toda sob o termo "*ta kanonika ta biblia*", isto é, "o cânon da Bíblia". *Canon* significa "vara de medir", e desde esse tempo é a autoridade bíblica válida em todas as principais igrejas para todas as questões de fé e vida (veja Revelação e Escrituras).

2.1.2. Credos da igreja primitiva. Uma decisão posterior fundamental da igreja patrística foi o estabelecimento da *regula fidei,* isto é, o credo batismal, posteriormente chamado *Credo dos Apóstolos. Junto com outros dois símbolos ecumênicos da igreja primitiva (Credo Niceno e Credo Atanasiano), é a declaração mais elementar da doutrina da igreja (veja Concílios Ecumênicos). Esses credos da igreja primitiva revelavam uma dupla estrutura que é característica para o desenvolvimento da teologia europeia. Neles, uma tripla estrutura relativa à história da redenção está conectada a declarações filosófico-ontológicas, típicas para discussões trinitárias e *cristológicas. Nesta formação primitiva do *dogma, encontramos a fusão do conteúdo bíblico com padrões helenísticos de pensamento e linguagem. Cristo é confessado como verdadeiro Deus e verdadeiro homem no sentido da doutrina de dupla natureza. Resultante disso é a questão, à vista do monoteísmo apaixonadamente defendido na Bíblia, sobre se adorar ou não a Deus o Pai, o Filho e o Espírito Santo envolve adorar três deuses. O dogma trinitário afirma que o Pai, o Filho e o Espírito Santo revelam Deus em três pessoas divinas (veja Trindade, Deus Trino). Isso realça a unidade de Deus.

O passo do contexto semítico para o mundo helenístico foi a primeira e mais importante *contextualização do evangelho ao longo da história. O espírito da filosofia grega moldou profundamente a reflexão teológica e tornou possível a forma de teologia como a conhecemos. Os primeiros dogmas cristãos foram criados usando os instrumentos de termos e conceitos filosóficos para se entender o ensino bíblico. A cristologia e a teologia trinitária foram formadas pelo testemunho bíblico, por um lado, e pela reflexão filosófica, por outro. Os evangélicos se relacionam e se referem a esses dogmas quando afirmam que a sua teologia continua a fé cristã histórica.

A pergunta fundamental é, particularmente à vista da igreja primitiva: Quão universalmente obrigatória é a contextualização da Bíblia pela teologia europeia? Diante do dogma cristológico e trinitário, pode o conteúdo bíblico ser separado das formas helenísticas de linguagem e pensamento? E tal separação seria de todo desejável? Por trás desse pensamento está a nova questão da providência de Deus e sua inexplicável eleição que fez da Europa o berço da reflexão teológica.

2.2. Desenvolvimentos doutrinários divisivos no cristianismo primitivo. Além de pronunciamentos doutrinários ecumênicos baseados no consenso, o desenvolvimento da teologia na Europa resultou também em ideias prático-teológicas, institucionais (relacionadas à lei canônica da igreja) e dogmáticas que levaram nos séculos posteriores a divisões da igreja em diferentes denominações cristãs.

2.2.1. Prática do culto. Várias posições foram tomadas com respeito à doutrina da prática do culto na igreja (veja Liturgia e Adoração). Os rituais litúrgicos foram criados na forma da missa, que se desenvolveu de forma diferente nas igrejas de língua latina do Império Romano ocidental e nas igrejas de língua grega do Império Romano oriental. As igrejas ocidentais que surgiram da *Reforma do século 16 desenvolveram depois formas litúrgicas bem diferentes. Elas estavam convencidas de que o Novo Testamento, com relação à forma litúrgica de adoração, permitia liberdade. Por contraste, as igrejas ortodoxas do sul e do leste da Europa enfatizam a imutabilidade da forma litúrgica. Nessas igrejas toda a teologia ortodoxa encontra sua manifesta expressão na liturgia santa, como é chamada.

2.2.2. A forma institucional e legal da igreja. O episcopado monárquico se desenvolveu relativamente rápido na igreja primitiva. A função do bispo era claramente distinta dos presbíteros e diáconos como uma tarefa de liderança. Na igreja ocidental de Roma isso levou por fim à primazia do *papado com sua reivindicação de liderança sobre a igreja toda, em questões doutrinárias e de jurisdição. A vontade imperial romana ocidental para governar está documentada nesse poderosa posição do bispo de Roma. A segunda colina sobre a qual a Europa está construída, o Capitólio, vivenciou uma longa história de influência na hierárquica igreja romana com o papa como *pontifex maximus*. Ele continua até o presente como uma poderosa autoridade moral e diplomática.

As igrejas episcopais da ortodoxia se consideram *autokephale,* isto é, autônomas, e um cisma ocorre em 1054 entre as igrejas orientais e ocidentais. As igrejas ortodoxas veem no patriarcado de Constantinopla somente um *primus inter partes* (líder entre iguais) e, portanto, rejeitam a primazia universal do papado.

As igrejas protestantes não veem revelação divina na estrutura institucional da igreja, e organizam seus ofícios apelando para o Novo Testamento em prol de seus diferentes modelos de leis canônicas: episcopal (anglicanos, luteranos, metodistas), presbiteral (reformados), congregacionais (igrejas evangélicas independentes), e assim por diante. A ordem da igreja tem principalmente uma função prática na igreja; esta ordem não tem o status do direito divino, imutável como tem as igrejas católicas romanas e ortodoxas.

2.2.3. A igreja como instituição sacramental da salvação. Da vida espiritual da igreja primitiva, com crescentes distinções teológicas, surgiu uma teologia *sacramental com acentuado significado soteriológico. Isso é especialmente verdade em relação ao sacramento da penitência, isto é, da confissão, mas também em relação aos efeitos salvíficos do batismo e da eucaristia (veja Ceia do Senhor). Os sacramentos ligavam intimamente a mediação da salvação de Cristo ao ofício e instituição da igreja, porque a administração dos sacramentos jaz exclusivamente sob a autoridade de sacerdotes e bispos consagrados.

A ruptura entre as tradições teológicas latinas e gregas, por um lado, e as igrejas da Reforma, por outro lado, está clara aqui. Os artigos exclusivos da Reforma — somente pela graça, somente pela fé e somente por Cristo — abriu acesso direto à salvação para o indivíduo. A igreja já não detém as chaves do reino dos céus em virtude da autoridade de seus oficiais. O abismo entre os católicos e ortodoxos por um lado, e os protestantes, por outro, foi mais aprofundado não somente pela teologia sacramental dogmatizada, mas também pela ética e pela compreensão das obras que efetuam a salvação. A teologia da justificação pelas obras encontrou sua significativa expressão no surgimento do monasticismo ocidental.

2.2.4. A relatividade das controvérsias doutrinárias europeias. Os contornos da primitiva teologia europeia patrística aqui brevemente esboçada não levaram apenas à unidade ecumênica, mas também à divisão confessional da igreja. As duas divisões mais importantes da igreja são o cisma entre a igreja oriental e a ocidental (1054) e a separação entre Roma e os Reformados que ocorreu séculos depois no cristianismo ocidental (de 1517 em diante).

2.3. Os resultados da teologia europeia na antiguidade. Se for afirmado como o ponto de partida a ideia de que os povos do Império Romano na bacia do Mediterrâneo, com a sua crescente expansão para o norte e para o leste, representam adequadamente o início da Europa, então a teologia cristã é teologia completamente europeia em suas origens. Nesta teologia europeia, todos os temas importantes da história posterior da teologia já foram discutidos e as decisões dogmáticas fundamentais foram tomadas. Uma base doutrinária foi criada tanto com o estabelecimento do cânon como das ideias cristológicas e trinitárias dos credos que se tornaram o fundamento para toda a igreja ao longo de todos os séculos e em todas as denominações.

No entanto, em acréscimo a esse fundamento comum estão os desenvolvimentos dogmáticos e práticos que levaram à divisão da cristandade. Assim, o legado da teologia europeia é em si mesma ambivalente.

3. O milênio da Idade Média ocidental
3.1. O ambiente político e teológico da Idade Média. As fronteiras do antigo Império Romano se estenderam ao norte para os povos germânicos e a leste, para os povos eslavos. Os desdobramentos latim ocidental são significativos para o ulterior desenvolvimento da teologia europeia.

Ao longo de sua história, a unidade da Europa não foi primariamente um poder político, e sim, a força de uma estrutura cristã e moral. A Europa tinha uma língua comum — todos os eruditos da Europa falavam latim até pelo menos o século 18. Podia-se transferir de uma universidade para outra, por exemplo, da Itália para a França, Inglaterra ou Alemanha. Havia uma boa troca cultural e coerência em termos de arquitetura, modelos de sociedade e, mais importante de tudo, dos sistemas teológicos que davam unidade à elite intelectual.

Paralelamente ao movimento do Império Romano para o norte, para os germânicos, francos, saxões e outros povos, surgiu o desafio de uma segunda grande contextualização da teologia europeia. Os povos germânicos tinham suas próprias tradições culturais com ideias diferentes de honra, *expiação e fidelidade, refletidas, por exemplo, na importante obra de Anselmo da Cantuária (1033-1109) *Cur deus homo?* Anselmo desenvolveu a doutrina cristã da redenção a partir da ideia germânica da honra e, partindo deste ponto, tenta responder à pergunta por que Deus teve de se tornar um homem. Anselmo considerou essencial que Cristo sofresse para pacificar a ira de Deus e conseguir a expiação para o pecado da humanidade. Somente dessa forma a honra de Deus pode ser restaurada.

No contexto da educação teológica no Ocidente, tem grande importância a densa rede de conventos com sua instrução do latim tanto em teologia e filosofia, bem como nos temas gerais da educação. No século 13, as universidades com seus departamentos de teologia que brotaram por toda a Europa se tornaram os mais importantes centros de pesquisa e aprendizagem teológica. Uma teologia europeia abrangente que era amplamente discutida pôde ser desenvolvida nos departamentos de teologia das universidades. As diversas escolas teológicas que foram especialmente influenciadas pelas grandes ordens monásticas dos dominicanos, franciscanos e beneditinos tiveram trocas ativas entre si e competiram por um consenso adequado da tradição e da doutrina da igreja. No centro da teologia medieval estão os grandes tomos acadêmicos, particularmente *Summa theologica*, de Tomás de Aquino (1225-1274). Essas obras desenvolvem sistematicamente princípios bíblicos de fé em cursos racionais de argumentação com o conhecimento da lógica aristotélica e da metafísica, e ao mesmo tempo repudiam falsos ensinos correspondentes. Os tratados medievais "Summa", com seus argumentos a favor da existência de Deus, foram escritos para mostrar a coerência da teologia e da razoabilidade da fé. De acordo com a crença da teologia escolástica, a fé procura um conhecimento da verdade de revelação que transcende a racionalidade científica e filosófica.

3.2. A magnitude e as dificuldades da teologia acadêmica medieval. Por um lado, com sua constante conexão com os pais da igreja primitiva e com a clareza de categorias filosóficas de pensamento, o escolasticismo desenvolveu o legado da antiguidade cristã da Europa primitiva. Por outro lado, a conexão tanto do platonismo bem como do aristotelismo à tradição bíblica estreitou os laços contextuais da teologia europeia. Essa contextualização filosófica foi sobreposta ao pensamento da cultura germânica, e aumentou o colorido específico de sistemas teológicos como tipicamente ocidentais. Do ponto de vista de hoje, o fortalecimento da contextualidade enfraquece, ao mesmo tempo, a natureza ecumênica da teologia europeia. Porque nem as distinções dogmáticas individuais nem o método escolástico de *Sic et Non* ("Sim e Não") de um estrito discurso alternativo são compreensíveis hoje dessa forma. Além disso, a teologia católica romana ocidental não mais levou em consideração as igrejas ortodoxas orientais e, com suas linhas filosóficas de argumento, com frequência perdeu de vista a prioridade da base bíblica.

Temos de reconhecer que a identidade europeia de cristandade não foi idêntica à compreensão cristã de *eclesiologia como a encontramos no Novo Testamento. Foi uma unidade moldada principalmente pela ideia veterotestamentária de teocracia, representada pelo papa em Roma. Por outro lado, a cristandade europeia foi um modelo histórico de cristão autoconsciente durante mais de mil anos e, por causa disso, a Europa foi considerada o Ocidente cristão ou um continente cristão.

4. A teologia europeia sob as condições da Idade Moderna
4.1. A cristandade ocidental e extensões europeias. Provavelmente faz sentido distinguir entre, por um lado, o Ocidente cristão como um milênio especial e fundamental na história da igreja e, por outro lado, o que chamamos Europa na visão moderna. A linha divisória é o século 16, quando esse Ocidente cristão expandiu geograficamente suas colônias para a América Latina, África e Ásia. Os exploradores cruzaram os oceanos e ampliaram a experiência dos europeus numa perspectiva mundial. A igreja europeia latina não apenas buscou conquistar e colonizar, mas também cristianizar todos os povos, até mesmo os confins da terra. Por isso, a diferença entre o Ocidente cristão no final do milênio medieval e o que tem sido chamado de Europa até o presente é a diferença entre a claramente definida unidade cultural do continente europeu e a expansão cultural do seu continente na perspectiva mundial. Além disso, em todo o mundo, até mesmo hoje nesta era global, encontramos os profundos traços da Europa em todos os continentes, e por último, não menos importante, no chamado Novo Mundo da América do Norte que se tornou, de uma forma muito especial, o segundo e diferente modelo europeu com uma estrutura da teologia europeia (veja Teologia Norte-americana).

No entanto, a expansão das potências europeias em primeiro lugar, resultou no surgimento das igrejas mais jovens através do movimento missionário evangélico dos séculos 18 e 19, que mais definitivamente foram instruídos na teologia europeia. Para os missionários europeus e norte-americanos não se concebia a possibilidade de haver uma alternativa à teologia europeia.

4.2. A Reforma do século 16 e o secularismo como uma mudança cultural.

A outra dramática mudança foi, claro, a Reforma do século 16. Os evangélicos creem firmemente que a Reforma foi uma necessidade urgente, redescobrindo o evangelho original de Jesus Cristo através de uma nova compreensão da graça, *justificação e a obra redentora e expiatória de Cristo e seu significado para o indivíduo. Através de um movimento significativo e único de avivamento que provocou e sacudiu a Europa como um todo, o que a igreja cristã recuperou pela Reforma foi um presente de Deus.

Os reformadores primeiro deixaram claro que todo cristão deve estar em um relacionamento pessoal e direto com Cristo e que seu julgamento teológico deve ser regido apenas pela autoridade da Bíblia. O princípio da Reforma "somente as Escrituras" na teologia protestante levou a um exame radical de toda a teologia europeia durante o fim da Idade Média. Ao interpretar as Escrituras somente o indivíduo é compelido por sua própria consciência. Esse princípio das Escrituras, portanto, conduz a uma forte individualização e pluralização na teologia protestante da Europa e da América do Norte.

No entanto, nesse mesmo evento da Reforma já temos a origem do mundo secular moderno, não em termos da teologia da Reforma, mas como as consequências das forças políticas em ação durante esse período. Com a Reforma do século 16, a unidade da igreja católica foi rompida. A fé não era mais o vínculo de unidade, mas a razão para terríveis guerras religiosas. Na Guerra dos Trinta Anos, morreu quase a metade da população alemã. O mesmo foi o caso em outros países europeus. Depois dessa guerra, as pessoas se perguntavam se isso era o resultado de crenças religiosas, se não havia a necessidade de tolerância, e se não havia outo fundamento que não fosse religioso? Emergindo dessa experiência no século 17 e principalmente no século 18, a elite intelectual europeia tornou-se mais e mais cética quanto às tradições teológicas cristãs. Desenvolveu-se uma mistura de *secularismo, racionalismo (principalmente na França) e pesquisa empírica (principalmente na Inglaterra). O resultado desse desenvolvimento foi a convicção de que o vínculo universal de todos os seres humanos não é nenhuma forma de fé religiosa, mas a razão pura, como Immanuel Kant (1724-1804) afirmou. Visto que uma abordagem racional parece auto evidente, a religião deveria também estar de acordo com a razão pura — que não é mais a específica compreensão bíblica da revelação do Deus trino. Por consequência, os resultados políticos da Era da Reforma tiveram em si mesmos o poder de estimular o secularismo moderno. Esta é a tragédia da Reforma europeia.

Como resultado, a teologia europeia em sua forma ocidental através do *Iluminismo europeu do século 18 entrou numa profunda crise, essencialmente marcada pelo conflito com as ciências modernas. Foram as ciências naturais, com seus métodos empíricos e sua exatidão matemática, que primeiro deslocou a teologia europeia como disciplina acadêmica basilar das universidades (veja Ciência e Teologia). Então os métodos do estudo histórico-crítico chegaram à exegese bíblica, e mais tarde os métodos científicos comportamentais da psicologia e da sociologia chegaram até à teologia prática. Isso levou a uma incerteza e, no protestantismo, a uma alteração radical e até mesmo à dissolução do clássico dogma da ortodoxia luterana e reformada. A ortodoxia protestante clássica foi, por conseguinte, amplamente superposta pelo liberalismo teológico.

Finalmente, sob a pressão de um multifacetado *ateísmo e agnosticismo, toda a teologia europeia foi empurrada para trás, para uma posição defensiva, apologética. Os prolegômenos nos livros-texto de teologia *sistemática que tentam demonstrar a natureza científica da teologia de acordo com os pressupostos da Idade Moderna tornaram-se mais extensos em proporção à apresentação material dos princípios de dogma (veja Teologia Científica).

5. A teologia europeia em seus diferentes relacionamentos

Uma importante questão para a compreensão da teologia europeia é como a Europa da igreja ocidental se relaciona com a Europa do Leste e do Sul, isto é, com países com tradição e teologia ortodoxas. Deve-se mais ser explicado como a teologia europeia se desenvolveu e mudou através do seu transporte para a América do Norte na era moderna. Finalmente, surge no mundo globalizado a questão do relacionamento das chamadas igrejas jovens com a teologia europeia e a história da igreja. Esse relacionamento está atualmente em animada discussão na teologia ecumênica.

5.1. Desenvolvimento e preservação da teologia europeia: o relacionamento com a teologia ortodoxa. Na era pós-apostólica, a igreja latina ainda tinha um íntimo relacionamento com as igrejas nestorianas monofisistas do Leste. Mesmo até hoje os sete primeiros concílios *ecumênicos formam a base doutrinária de toda a teologia europeia. Embora a teologia ortodoxa procure preservar o estado de compreensão alcançado naquela época, a teologia ocidental, através do contato com os povos germânicos da Idade Média, constantemente atualizou a teologia e desenvolveu mais por causa de novos desafios. O escolasticismo continua seriamente o debate intelectual com o pensamento filosófico da antiguidade. Nas igrejas ortodoxas, contudo, a crença de que todas as decisões essenciais já haviam sido alcançadas no período patrístico e que a igreja tinha somente de ser fiel em preservar esse legado.

Com relação a Martinho Lutero (1483-1546), é importante notar que no começo de seus esforços reformadores, ele também apelou para a teologia ortodoxa oriental em sua crítica do papado. Filipe Melanchton (1497-1560) em especial citou com frequência os pais da igreja grega na Confissão de Augsburgo para provar que a compreensão das Escrituras pela Reforma está baseada na teologia ortodoxa.

Com a fundação do *Conselho Mundial de Igrejas (CMI) em 1948, houve uma movimentação por anglicanos, luteranos e — nas relações bilaterais — também pela Igreja Católica Romana para se aproximarem das igrejas ortodoxas.

Pode-se compreender a profunda diferença entre a teologia latina da Europa e a teologia ortodoxa como uma diferença indicativa de que o Iluminismo europeu não teve efeito nas igrejas ortodoxas. A ortodoxia continua a se apegar firmemente à doutrina alcançada na antiguidade enquanto as igrejas ocidentais faziam esforços na apologética e em comunicar a doutrina cristã no conflito intelectual com a idade moderna. É bastante perceptível que, apesar de todas as diferenças entre Roma e o protestantismo nas respostas dadas a perguntas, eles sempre têm a semelhança de fazer perguntas críticas. Essa prontidão em relação ao discurso crítico é típico da teologia europeia vista a partir de uma perspectiva internacional.

5.2. O progresso teológico no Novo Mundo: O relacionamento com a teologia na América do Norte. Na primeira fase do seu estabelecimento, a América foi inteiramente influenciada pela Europa e, assim, também pela teologia europeia. Todavia, entre os imigrantes houve muitas minorias que foram perseguidas por sua religião na Europa e queriam mais colocar em prática ideias teologicamente radicais. Com a mudança para a América do Norte, esse desejo se misturou com a ânsia pela renovação da teologia e da igreja. Os Estados Unidos entenderam-se como "uma nação sob Deus" vista pelo mundo todo. A fronteira ocidental de otimismo com o futuro uniu-se com o espírito pioneiro que encontrou expressão teológica numa forte visão anglo-saxônica de missão mundial.

Assim, a teologia nos Estados Unidos, em contraste com a Europa, não foi principalmente influenciada pelo Iluminismo e, sim, pelo movimento avivamentista (veja Avivamentismo, Avivamentos). O espírito liberal teve menos efeito como conceito intelectual de teologia e, devido à influência da filosofia do senso comum escocesa, a teologia dos Estados Unidos foi mais de natureza pragmática.

A situação da ortodoxia no leste e no Novo Mundo, no oeste — completamente opostas uma à outra — resultou em tensões para a teologia europeia ocidental. A ortodoxia chama a teologia europeia para a preservação de suas antigas origens; a teologia americana é definida pelo progresso em direção a novas praias. A teologia ortodoxa pensa dogmaticamente (veja Pragmatismo). As igrejas ortodoxas estão ligadas a lealdades nacionais, os norte-americanos buscam o horizonte da missão mundial. A antiga teologia europeia se move entre esses dois polos opostos.

5.3. A teologia europeia no conflito sobre a reivindicação da verdade: conflito com as igrejas jovens. Hoje, a teologia europeia tem um difícil relacionamento com as igrejas do Hemisfério Sul. Teólogos da Ásia, África e América Latina relativizam a alegação de verdade normativa da teologia europeia. A teologia europeia não é mais considerada o equivalente da teologia cristã em si mesma, mas meramente outra variante da teologia contextual geográfico-cultural. Há uma pluralidade de teologias e modelos teológicos no Mundo dos Dois Terços como alternativas à teologia europeia. Essa crítica da teologia europeia está ligada à experiência colonial. Pode a teologia europeia ser renovada de tal forma que supere a atitude do predomínio imperial?

As ressalvas críticas para com a teologia europeia na forma como são particularmente levantadas nas reuniões ecumênicas usam como culturais pontos de partida que a teologia europeia, em particular, reflete o pensamento e o estilo de vida dos povos europeus e representam uma forma de expressão da civilização ocidental. Esta ressalva está ligada à questão crítica se os próprios teólogos europeus têm consciência de seus vínculos com seu próprio contexto histórico. Ou, somente muito ingenuamente eles confundem, pela autoevidência de sua teologia com séculos de história, a verdade divina com sua própria teologia? Entre outras coisas, isso significa que, enquanto eles veem criticamente tendências sincretistas na teologia asiática, africana e latino-americana, os teólogos europeus ainda têm um ponto cego onde suas próprias tradições teológicas europeias são sincreticamente sobrepostas pelas pressuposições filosóficas e até mesmo político-ideológicas.

A teologia europeia é também acusada de ser basicamente intelectual e abstrata demais. Com sua instrução acadêmica e método de argumentação, ela impede o testemunho espontâneo da fé e a concentração nas experiências da vida prática diária e dos problemas sociais. A teologia europeia se distanciou muito do contexto original do Novo Testamento e, por isso, não compreende mais a situação das primeiras igrejas em sua opressão, pobreza e perseguição. Essa crítica pode até mesmo levar à censura de que as igrejas ocidentais estão tão corrompidas que não são capazes de verdadeira solidariedade com a igreja pobre e perseguida.

Um outro aspecto tem a ver com as divisões denominacionais. As diferentes denominações somente tem a ver com modificações da teologia europeia, que não são muito relevantes para as igrejas jovens. Os clássicos conflitos denominacionais somente sobrecarregam as igrejas missionárias. As igrejas da Ásia e África se perguntam se poderiam, em vez chegar a um novo conceito de teologias africanas e asiáticas genuíno, a partir das raízes bíblicas do Oriente antigo e das primeiras igrejas da Etiópia, Egito e Pérsia — sem tomar o desvio pela Europa.

Como mencionado antes, as objeções críticas aqui apresentadas vêm principalmente de círculos teológicos que estão fortemente influenciados pelo Conselho Mundial de Igrejas, que é profundamente influenciado pelo liberalismo protestante. Nas igrejas do Mundo dos Dois Terços, predominantemente evangélicas e de influência carismática, a questão da solidez bíblica é central. A "teologia negra" ou a teologia da "libertação política é rejeitada da mesma forma que a teologia europeia influenciada pelo liberalismo. O texto é mais importante que o contexto, isto é, que a teologia nativa. A convicção subjacente é que o conteúdo da mensagem bíblica tem validade universal. A crítica da teologia europeia é significativamente mais branda quando se testa, se possível, todos os aspectos da teologia, independentemente de sua origem geográfica e cultural, pelo cânon bíblico sem desconsiderar totalmente cada contexto respectivo.

Digno de nota aqui é a postura da teologia católica romana em relação ao tópico da contextualização. A igreja romana coloca grande ênfase na *theologia perennis* fundamentada no ofício magistral da igreja, isto é, a teologia eterna, imutável. Não obstante, desde o Concílio Vaticano II, a seção 44 da constituição *Gaudium et Spes* (Alegria e esperança) reconhece a necessidade da pregação contextual da fé (veja Teologia Católica e o Hemisfério Sul).

6. A tarefa futura da teologia europeia

O século 21 poderia conduzir a internacionalização no que diz respeito à longa história da teologia europeia. A teologia europeia terá de lidar com os diversos contextos culturais no mundo global e estar preparada para aprender com a vitalidade das igrejas do Mundo dos Dois Terços. O simples confronto — de ambos os lados — não será apropriado para a missão mundial da igreja de Cristo. Deve ser encontrado um caminho comum teologicamente.

Isto significa primeiro que a teologia cristã precisa de uma continuidade doutrinária interior como reflexão sobre a revelação de Deus ocorrida na história. O legado da teologia europeia é indispensável aqui. Isso é verdade tanto com respeito aos fundamentos cristológicos como trinitários, bem como no que se refere às verdades da Reforma da doutrina da justificação. Para esse fim, o princípio bíblico da teologia protestante e evangélica que avalia criticamente toda a teologia contextual deve ser continuado. Esse princípio crítico é verdade, claro, também no que se refere às peculiaridades denominacionais da teologia europeia (veja Teologia Sistemática; Método Teológico). A teologia Europeia deve, portanto, assumir os temas específicos e enfrentar os desafios específicos do mundo global. Esses desafios inclui o conflito Norte-Sul com todas as suas questões sociais e políticas, bem como a crise ecológica (veja Criação e Ecologia) e a *ética das ciências e da *tecnologia moderna. A teologia europeia pode aprender com os teólogos asiáticos como dialogar com outras religiões sem abrir mão de sua própria peculiaridade. Ela deve aprender com o pensamento comunicativo da teologia e a ética africana. A discussão com a teologia latino-americana é importante com relação aos assuntos de *negócios e ética econômica.

Por outro lado, os teólogos evangélicos da Europa e da América do Norte têm profunda experiência apologética em lidar com a cultura e a sociedade secular da qual as igrejas do Terceiro mundo podem tirar proveito. Está claro nesse contexto que, a partir de uma perspectiva evangélica, as respostas liberais do protestantismo com sua crítica bíblica não são sustentáveis. Mesmo o simples retiro para a piedade individual (veja Pietismo), feito na teologia protestante desde Friedrich Schleiermacher (1768-1834), não irá atender a abordagem holística e necessidades da teologia bíblica intelectual ou praticamente.

Em suma, concluímos o seguinte: pela divina providência, durante mais de vinte séculos agora, a Europa tem sido o solo de semeadura cultural da teologia cristã. Esse legado não deve ser perdido. Ainda assim, na esteira da *globalização, a teologia europeia terá de se abrir para poder permanecer uma parceira ativa da igreja mundial.

Veja também CONTEXTUALIZAÇÃO; GLOBALIZAÇÃO; ILUMINISMO; MÉTODO TEOLÓGICO; REFORMA; TEOLOGIA AFRICANA; TEOLOGIA ASIÁTICA; TEOLOGIA EVANGÉLICA; TEOLOGIA LATINO-AMERICANA; TEOLOGIA MEDIEVAL; TEOLOGIA NORTE-AMERICANA; TEOLOGIA SISTEMÁTICA; TEOLOGIAS LOCAIS.

BIBLIOGRAFIA. FORD, D., *The Modern Theologians: An Introduction to Christian Theology Since 1918* (Oxford: Blackwell, 2005); HILLE, R., "European Theology in World Perspective", *ERT* 27 (2003) 196-202; MCGRATH, A., *Christian Theology: An Introduction* (4a. ed.; Oxford: Oxford University Press, 2006); idem, *Modern Christian Thought* (Oxford: Blackwell, 2006); SCHWARZ, H., *Theology in a Global Context: The Last Two Hundred Years* (Grand Rapids: Eerdmans, 2005).

R. Hille

TEOLOGIA EVANGÉLICA

A teologia evangélica mundial insiste na primazia do Antigo e Novo Testamento no o conhecimento de Deus, em vez de em uma ou outra das instituições autorizadas das igrejas históricas do cristianismo católico. Embora as igrejas católicas orientais e ocidentais incluam suas próprias instituições e tradições como fontes de revelação, desde a *Reforma do século 16, as igrejas "evangélicas" tem reconhecido as Escrituras canônicas, *Sola Scriptura* ("As Escrituras somente"), como a única fonte de revelação e a única autoridade em teologia (veja Revelação e Escrituras). Consequentemente, embora a teologia evangélica aceite a fé católica do cristianismo histórico, por exemplo, através concordância com a definição mais ecumênica da verdade cristã — o Credo Niceno-Constantinopolitano — o faz por causa do mandado bíblico em vez da autoridade eclesial.

A teologia evangélica global utiliza recursos teológicos tradicionais, mas estes — por exemplo, confissões de fé, eventos e documentos formadores de consenso como expressões dos dons que produzem a verdade do Espírito Santo histórica e contemporaneamente — estão todos subordinados ao princípio bíblico em teologia. Embora este não seja sempre o caso no viver cristão, onde a tomada de decisão baseada na fé inclui um senso da orientação do Espírito Santo, afirmações teológicas exigem apoio bíblico.

1. Da Reforma a contextos pós-modernos
2. Abordagem biblista
3. Diversas tendências teológicas e metodologias contextuais

1. Da Reforma a contextos pós-modernos
As teologias evangélicas herdadas dos movimentos da Reforma sofreram enorme desenvolvimento nos séculos 19 e 20 dentro de dois contextos eclesiais: igrejas do estado e igrejas livres. Ambas desovaram pesados movimentos *missionários, amadurecendo a visão e a sensibilidade evangélica. Quando surgiu o consenso evangélico global em missões, as igrejas do estado tornaram-se progressivamente irrelevantes, quando a separação entre estado e religião se tornou normativa no Ocidente. O cristianismo evangélico no Leste e no Sul procurou a liberdade para conduzir seus assuntos missionários para espalhar as sementes de futuras contribuições autóctones a suas teologias globais. A vigorosa teologia evangélica, onde quer que encontrasse expressão, tornou-se mais orientada para sua base bíblica, tanto exegética como metafisicamente. Seu futuro repousaria precisamente em seu compromisso, primeiro com a tradução, e então mais tarde, quando sua crescente rede de educação teológica entrou em sua terceira geração no século 21, para o estudo das línguas bíblicas para o exercício exegético nas línguas autóctones.

Em meados do século 20, após as lições da crise nazista do cristianismo alemão e europeu e a necessidade de estabelecer a independência radical da fé cristã em documentos como a Declaração de Barmen (1934), a teologia evangélica tornou-se ainda mais biblista em sua orientação. Essa tendência expôs um grande desafio tanto para teologias liberais como aos aspectos excessivamente helenizados das tradições católicas (e outras). De fato, em grande parte por causa da ênfase na exegese e no uso predominante da *teologia bíblica, a obra evangélica mais substancial de teologia nos ultimos três séculos, *Church Dogmatics* (Dogmática Eclesiástica [1932-1968]), de Karl Barth, tornou-se, para muitos, o exemplo incomparável da teologia evangélica e outras teologias cristãs para o século 21 em diante (veja Barthianismo).

A teologia evangélica global prosperou nos contextos culturais pós-Constantino, pós-colonial e até mesmo pós-moderno. A morte do legado "constantiniano" do cristianismo herdado e explicado pelo teólogo menonita John Howard Yoder tornou-se um tema teológico programático no final do século 20. Livre de sua cooptação pelas convenções sociais e pelos poderes coercitivos do Ocidente, a teologia cristã está livre para servir à mensagem de Cristo e ao ministério de reconciliação. O movimento *pós-colonial nos estudos culturais beneficiaram globalmente a teologia evangélica. Ao findar do século passado, as realidades culturais pós-marxistas, até mesmo pós-liberais, procuraram maior liberdade local para rapidamente dar uma expressão autóctone à fé e à prática cristã. Não mais obrigado a traduzir teologias do Ocidente, e profundamente familiarizado com as Escrituras e suas línguas originais, a teologia evangélica local pôde encontrar expressão através da sensibilidade local e *contextualizou o raciocínio bíblico.

Da mesma forma, as condições pós-modernas — a contextualidade e a falibilidade da reivindicação de todo o conhecimento humano, o não favorecimento de todas as autoridades humanas (e seculares) com relação à reivindicação do conhecimento definitivo, a democratização do conhecimento — ajudaram a dar uma voz teológica aos evangélicos (veja Modernismo e Pós-modernismo). Com metade do cristianismo mundial sendo evangélico, e a preponderância demonstrando um alto grau de liderança leiga, não é surpresa que o elemento leigo em teologia seria também refletido. Talvez o principal colaborador para essa realidade a partir do século 20 seja C. S. Lewis, cujos livros e ensaios sobre a fé cristã conquistaram lugar permanente na teologia evangélica global.

2. Abordagem bíblica
A teologia evangélica na realidade global, surgindo de tradições biblistas e conversionistas do protestantismo moderno, encontra-se comparativamente livre para manter

tradições distintivas: revelação infalível das Escrituras; ortodoxia trinitária (veja Trindade, Deus Trino); "alta cristologia", Cristo é único e verdadeiramente divino e verdadeiramente humano; soteriologia (veja Salvação); *eclesiologia missional; *escatologia robusta; e as inovações no ministério para originar novas igrejas e grupos pareclesiásticos. Esperado pela ascensão dos movimentos da Igreja Livre, e estendido através dos movimentos *pentecostais e carismáticos, ela nunca se afastou do relativo rigor que define a sensibilidade evangélica. Sua teologia define de muitas formas o que o cristianismo global faria e está fazendo a esse respeito. Claro que o biblismo não garante nada em termos de um sistema teológico fixo, mas se estabelece resolutamente sobre os contornos básicos do ensino e da pregação cristã, valendo-se de sua própria libertação gradual da *apologética escravizada à metafísica greco--romana (e outras).

O papel central do testemunho na teologia evangélica global é distintivo. Diferente de abordagens teológicas que refletem características filosóficas e culturais, a teologia evangélica global tende a ser transformadora e até mesmo subversiva e sua forma biblista. Devido ao foco no conhecimento bíblico, as teologias que surgem apresentam adaptação cultural ao texto em vez do texto ao contexto.

A teologia evangélica se beneficiou do chamado movimento da teologia bíblica de meados do século 20. Isso proporcionou aos eruditos mais conservadores a oportunidade de obter excepcionais credenciais acadêmicas, porém, mais importante, isso aparentemente harmonizou uma abordagem *Sola Scriptura* como "somente a autoridade das Escrituras". Institucionalmente baseada em dogmas, superada em suas capacidades para orientar as novas igrejas, foi suplantada por uma abordagem biblista da teologia que se mostrou mais adequada. Embora continue a haver disputas nos pontos de divergência entre carismáticos e não carismáticos, como o "cessacionismo" (que discute se os "dons sobrenaturais" do Novo Testamento como *glossolalia e *cura "cessaram"), isso resultou em poucas divisões radicais.

De fato, algum tipo de experiência carismática no final do século 20 tornou-se a única característica mais comum do evangelicalismo global.

3. Diversas tendências teológicas e metodologias contextuais

A teologia evangélica global surge de várias tendências teológicas caracterizadas pela primazia bíblica e pela sensibilidade cultural, por exemplo, contextualização, indigenização, *hermenêutica de "Cristo e cultura", respostas evangélicas a teologias da *libertação, pós-colonialismo, pós-modernismo, teologias do Terceiro Mundo, teologia cristã mundial, e assim por diante. O que a teologia é e no que está se tornando globalmente é, sem dúvida, influenciado pelas tradições católicas e ortodoxas onde as autoridades regionais permitem e onde os evangélicos têm inclinações ecumênicas. Mas diferentemente de outras formas de teologia pós-coloniais, o evangelicalismo tem sido transformacional e populista. Por exemplo, na Índia, o sânscrito foi durante séculos a língua do evangelismo e da teologia para a missão católica romana para a casta brâmane. A hierarquia católica tradicional se entrosou bem com o sistema de castas na Índia e não conseguiu o tipo de transformação social que poderia ter tido. De fato, foi o missionário evangélico William Carey na primeira metade do século 19 quem talvez tenha contribuído mais significativamente para a ideia dos direitos religiosos e políticos das classes mais baixas. Rejeitando essa tradição linguística dominante, surgiu a "teologia dalit" em tâmil e outras línguas. Esses desenvolvimentos e outros semelhantes são em grande parte evangélicos em substância e tom. Embora quase sempre ausente da consciência do Ocidente, todavia disseminada através das amplas redes de faculdades e seminários, tal teologia está começando a emergir em todo o mundo em seus próprios termos locais.

No mundo *islâmico, a metodologia evangélica permitiu uma abordagem contextualizada e autóctone que trata o islamismo como uma heresia cristã composta mais por verdades cristãs do que por erros doutrinários. Numa abordagem que lembra o teólogo patrístico João de Damasco, muitos pensadores missionais desenvolveram uma teologia do islamismo e para o islamismo com uma respeitosa visão da cristologia e uma soteriologia coerente, porém uma teologia "dentro do islamismo". Nos países muçulmanos, embora a "conversão" seja proibida, isso não se aplica à Bíblia, o que permite que os cristãos busquem uma teologia cristã islâmica para a vida da igreja local, para o evangelismo e para a adoração em nome de Jesus.

Para os movimentos que compõem a teologia evangélica global, o contexto histórico europeu das igrejas estatais não é nem mesmo uma lembrança distante. Como no caso do debate sobre a homossexualidade na comunhão anglicana, isso permite uma única influência inversa. Os teólogos anglicanos da África e da Ásia representam um caso especial de revolta pós-colonial. A ironia das agendas de justiça na teologia do Ocidente reagindo contra uma agenda transgressora da justiça do sul e do leste não está perdida em muitos observadores. Da mesma forma, a existência de minoria cristã em áreas muçulmanas estritamente conservadoras apresenta teólogos não ocidentais com desafios não vividos por seus colegas ocidentais.

Com a decadente influência do Conselho Mundial de Igrejas, o mapa ecumênico está sendo também redesenhado. Embora agendas protestantes liberais e evangélicas pareçam permanentemente divididas, os organismos evangélicos têm encorajado diálogos com católicos romanos. Em muitos casos, documentos como "Evangélicos e católicos juntos I, II" são indicativos de uma associação cristã de base ampla. A contínua preocupação com proselitismo, particularmente na Europa Oriental e na América Latina, no entanto, levanta a questão mais ampla da catolicidade: ortodoxos, romanos e evangélicos, isto é, universalizar tradições doutrinárias e eclesiais que não mostram sinais de que em breve estarão reconciliadas umas com as outras.

O significativo progresso global dos movimentos e da teologia evangélica no século 21 é reflexo não apenas das tendências democráticas para com o pluralismo religioso, como também de profundas convicções teológicas sobre o ser humano e a natureza da fé. Princípios bíblicos da responsabilidade individual perante Deus, o caráter voluntarista da decisão da "fé salvadora", a redução ao mínimo da mediação institucional necessária da fé, a validação dos movimentos de plantação de igrejas e formação ministerial — tudo isso contribui para um novo e florescente ambiente teológico.

Embora a teologia evangélica seja resistente ao pluralismo no nível religioso e quase sempre exclusivista, suas reações apologéticas a outras religiões, particularmente ao islamismo, pode ser podem ser completamente inovadoras. Os evangélicos, representando uma maioria de protestantes mundialmente, têm um interesse cada vez maior na penetração e na adaptação cultural. Sua influência nas versões ocidentais de evangelicalismo e em outras partes do cristianismo — particularmente com seu componente carismático na igreja romana — promete ser um elemento permanente do que o cristianismo está se tornando no âmbito mundial.

Veja também ALIANÇA EVANGÉLICA MUNDIAL; AVIVAMENTISMO, AVIVAMENTOS; FUNDAMENTALISMO; IGREJA LIVRE, TRADIÇÃO DA; LAUSANNE, MOVIMENTO E PACTO; MOVIMENTOS CARISMÁTICOS; PENTECOSTALISMO.

BIBLIOGRAFIA. ATHYAL, S. P., org., *Church in Asia Today* (Singapore: Asia Lausanne Committee for World Evangelisation, 1996); BARR, W. R., org., *Constructive Christian Theology in the Worldwide Church* (Grand Rapids: Eerdmans, 1997); BEDIAKO, K., *Jesus and the Gospel in Africa: History and Experience* (Maryknoll: Orbis, 2004); BOSCH, D., *Transforming Mission* (Maryknoll: Orbis, 1991); COSTAS, O. E., *Christ Outside the Gate: Mission Beyond Christendom* (Maryknoll: Orbis, 1982); ESCOBAR, S., *The New Global Mission: The Gospel from Everywhere to Everyone* (Downers Grove: InterVarsity Press, 2003); GILLILAND, D. S., *African Religion Meets Islam: Religious Change in Northern Nigeria* (Lanham: University Press of America, 1986); GNANAKAN, K., *The Pluralistic Predicament* (Bangalore: Theological Book Trust, 1992); HOLLENWEGER, W. J., *Pentecostalism: Origins and Developments Worldwide* (Peabody: Hendrickson, 1997); HWA, Yung, *Beyond AD 2000: A Call to Evangelical Faithfulness* (Kuala Lumpur: Kairos Research Centre,1999); JENKINS, P., *The Next Christendom: The Coming of Global Christianity* (Oxford: Oxford University Press, 2002); KRAFT, C. H., *Christianity in Culture: A Study in Dynamic Biblical Theologizing in Cross-Cultural Perspective* (Maryknoll:

Orbis, 1979); NETLAND, H. A., org., *Globalizing Theology: Belief and Practice in an Era of World Christianity* (Grand Rapids: Baker Academic, 2006); NEWBIGIN, L., *The Gospel in a Pluralist Society* (Grand Rapids: Eerdmans, 1989); SANNEH, L. O., *Translating the Message: The Missionary Impact on Culture* (Maryknoll: Orbis, 1989); SUNQUIST, S. W., org., *A Dictionary of Asian Christianity* (Grand Rapids: Eerdmans, 2001); WALLS, A. F., *The Cross-Cultural Process in Christian History: Studies in the Transmission and Appropriation of Faith* (Maryknoll: Orbis, 2002); YODER, J. H., *For the Nations: Essays Evangelical and Public* (Grand Rapids: Eerdmans, 1997).

K. A. Richardson

TEOLOGIA HISPÂNICA/LATINA

As variadas expressões teológicas, eclesiásticas, espirituais e culturais sob o termo *Teologia hispânica/latina* desafiam a igreja contemporânea dos Estados Unidos. Teologia hispânica desafia definição simples porque ela é composta das teologias que emergem dos contextos sociais e culturais dos povos latinos. A teologia hispânica mantém sua relevância contextual num diálogo conflituoso com a tradição teológica dominante recebida. Não existe uma teologia única, unificada hispânica/latino/latina, mas uma multiplicidade de perspectivas dentro das comunidades hispânicas que cada uma articule um distintivo e relevante ponto de vista hispânico para o maior empreendimento da teologia cristã como um todo. A teologia hispânica tem raízes que controlaram mesmo antes da criação da América Latina, e sua importância flui além das fronteiras das comunidades hispânicas num Estados Unidos cada vez mais pluralista. Diversas ideologias e métodos se encontram sob a rubrica de teologia hispânica/latina, mas é possível identificar alguns problemas e temas-chave.

1. Identidade e cultura hispânica/latina
2. Teologia colaborativa: método e corretiva
3. Emergência da teologia hispânica
4. Conclusão

1. Identidade e cultura hispânica/latina

Problemas de identidade contextual e pluralismo cultural são uma parte inerente das teologias latinas, embora elas não esgotem todo o seu conteúdo. Nos Estados Unidos "hispânicos" e "latinos" (os termos se referem aos mesmos grupos) são pessoas que têm raízes na América Latina, mas mesmo essa característica compartilhada pode mascarar uma grande quantidade de diversidade histórica e cultural. Por exemplo, quando a mídia noticia com ênfase o impacto de recentes imigrantes da América Latina não revela o fato que no sudoeste dos Estados Unidos existem pessoas de ascendência mexicana cujas famílias estão lá antes de Jamestown. Eles não se mudaram da América Latina — a América Latina foi tirada deles quando grande parte do México se tornou parte dos Estados Unidos no final da Guerra mexicana-americana em 1848. Porto Rico ainda é cultural e geograficamente parte do Caribe e América Latina, mas é uma possessão americana desde 1898, e seu povo cidadãos americanos desde 1917 mesmo quando os porto-riquenhos são quase sempre considerados imigrantes nas fronteiras dos Estados Unidos. Por outro lado, outros hispânicos recentemente buscaram refúgio nos Estados Unidos quando saíram de suas casas por razões econômicas ou políticas, até mesmo, em alguns casos, para salvar a vida. Com suas identidades culturais, raciais e geográficas continuamente evoluindo, a crescente população de hispânicos ou latinos nos Estados Unidos é um dos maiores centros populacionais "latino-americano" do mundo.

Não só os hispânicos continuam a recorrer à sua herança latino-americana, mas apesar designações demográficas governamentais, há uma população autóctone americana/latina, de modo que não existe tal coisa como um hispânico "típico". A experiência religiosa hispânica/latina abrange áreas de expressões contemporânea com raízes ibéricas, africanas, autóctones e asiáticas. Uma nova "mestiçagem" cultural está ocorrendo nos Estados Unidos (veja Hibridismo). Além disso, alguns teólogos latino-americanos também usam o termo *mulatez* em conjunto com mestiço. Ambos os termos foram usados no período colonial, o primeiro a se referir à mistura de africano e culturas europeias, o último referindo-se à mistura de europeu e indígena.

A complexidade cultural do latino inclui identidade transportada da América Latina, identidades impostas pela cultura dominante e identidades que emergem num novo lugar. Dessa forma, as pessoas chamadas "hispânicas" ou "latinos" estão continuamente se formando e reformando como povo que vive nos Estados Unidos. Todos os elementos dessa formação de identidade fazem parte do contexto das teologias hispânicas.

2. Teologia colaborativa: método e corretivo

A teologia hispânica é vitalizada por sua natureza comunitária. Um interesse mútuo em investigar a importância da identidade e localização social para compreensão da teologia e da religião latina é complementado por uma curiosidade compartilhada sobre o impacto da hermenêutica contemporânea e das discussões filosóficas que modelam a análise das religiões e das comunidades. Isso encontra expressão na metodologia da teologia hispânica/latina colaborativa, comumente chamada de *teología en conjunto*.

Uma forma de compreender essa abordagem colaborativa é considerar alguns temas selecionados das teologias hispânicas. Determinar escolas definidas de pensamento na teologia hispânica frustra os eruditos, embora existam temas que unem diferentes correntes. Os temas comuns emergentes incluem a ênfase na identidade e cultura, a importância da família e da comunidade, o papel da experiência e da prática religiosa — especialmente práticas religiosas populares — análise e atuação do gênero, a luta pela sobrevivência, atuação na vida pública e diálogo inter-religioso. A rubrica da releitura em suas muitas permutas também une os fios da teologia hispânica. "Ler a Bíblia em espanhol", inicialmente sugerido por Justo Gonzalez como forma de discutir abordagens hispânicas/latinas da interpretação bíblica, foi adotado por outros em vários campos de estudo. A teologia em geral, junto com as áreas específicas da teologia, como *cristologia, história do cristianismo, teologia pastoral e outras, são reexaminadas a partir de perspectivas de experiências e comunidades hispânicas.

Entre os temas da teologia hispânica estão a releitura das tradições recebidas e as questões dos problemas que surgem da comunidade latina. Por exemplo, a comunidade latino-americana contém uma maioria de mulheres que exercem liderança em todas as áreas da vida e que quase sempre seguem não reconhecidas pelas estruturas de liderança oficiais e dentro da igreja institucional. As mulheres latinas nos Estados Unidos lutam com as atribuições paternalistas e sexistas profundamente enraizadas, tanto da cultura latino-americana como da americana, dentro e fora da igreja.

As teologias feministas latinas, frequentemente chamadas *mujeristas*, compartilham um pouco das características gerais das teologias *feministas americanas. Todavia, as perspectivas distintivas e diversas das teologias hispânicas/latinas nos Estados Unidos possibilitam que não só as mulheres latinas mas também a comunidade latina compreendam as múltiplas estruturas opressivas, identifiquem seu futuro preferido e confrontem opressões internalizadas. Além disso, as teologias feministas latinas identificam a importância de a liderança feminina manter a saúde e a vida da comunidade, mesmo em meio à opressão.

3. Emergência da teologia hispânica

Uma articulação formal da teologia hispânica/latina pode ser rastreada pelo menos aos anos 1960. Ana Maria Diaz-Stevens e Anthony Stevens-Arroyo falam de uma ressurgência religiosa latina que começou depois de 1967. Esses sociólogos da religião observam que embora sempre tenha havido uma presença hispânica/latina nos Estados Unidos, certos eventos marcaram um novo fluxo na vida religiosa, na expressão e no engajamento dos latinos com a sociedade mais ampla rumo ao fim do século 20.

Grupos como PADRES (Pais Associados pelos Direitos Religiosos, Educacionais e Sociais) e Las Hermanas (As Irmãs) foram formados como respostas teológicas contextuais às condições particulares dos hispânicos. O Centro Cultural Mexicano-americano de San Antônio, no Texas, foi fundado em 1972 por clérigos e leigos para se concentrar nas necessidades espirituais, temporais e educacionais da comunidade católica mexicano-americana. Ao estabelecer esse centro, Virgilio Elizondo defendeu um catolicismo culturalmente relevante que se concentrasse em levar as boas novas a todas as situações da vida. O principal nisso tudo foi explorar as riquezas teológicas e culturais encontradas na devoção à Virgem de Guadalupe (veja Guadalupe, Nossa Senhora de).

O pensamento teológico latino e a ação também se uniram em organizações como a Academia de Teólogos Católicos Hispânicos dos Estados Unidos (ACHTUS, em inglês). *Apuntes* e o *Journal of Hispanic/Latino Theology* publicam ensaios que refletem uma diversidade teológica. Outras organizações que contribuem para o desenvolvimento crescente da teologia latino-americana incluem a Religião, Cultura Latina e o Grupo Sociedade da Academia Americana de Religião, *La Comunidad* (uma associação interdisciplinar de estudiosos latino-americanos da religião, teologia e estudos bíblicos), a *Asociación Educativa Teológica Hispana* (AETH, Associação de Educação Teológica Hispânica) e o Programa para Análise da Religião entre os Latinos PARAL), grupo de pesquisa que tem enfatizado a análise sociológica da religião latina em vez da exposição teológica.

Talvez a organização mais importante no surgimento e no contínuo desenvolvimento da teologia hispânica seja o *Hispanic Summer Program* (Programa Hispânico de Verão [HSP]), um empreendimento ecumênico e interdenominacioanal para a educação teológica hispânica. Seminaristas latino-americanos se reúnem para cursos de pós-graduação dados por professores latino-americanos durante duas semanas de cada verão. Desde a primeira sessão em 1986, tanto estudantes como professores têm reunido católicos romanos como protestantes. Isso provou ser uma das características mais surpreendentes e impressionantes do HSP e tornou-se um ótimo ambiente para desenvolvimento da *teología en conjunto*.

4. Conclusão

Na comunidade latina existem tanto as teologias hispânicas locais, bem como algo mais formalmente designado como teologia hispânica. As contribuições dos hispânicos na teologia, história, liturgia e ministério pastoral, junto com os problemas enfrentados por suas comunidades, continuam a ser periódica e sistematicamente ignorados pelos de fora da comunidade. A *teología en conjunto* busca corrigir esse descuido e dar contribuições positivas à vida, ao pensamento e ao ministério da igreja cristã em geral.

A teologia latino-americana traz muitas contribuições para toda a igreja, em sua demonstração da necessidade por competência cultural em teologia e ministério e suas estratégias para alcançar um equilíbrio. Os latinos demonstram diariamente sua competência cultural quando se envolvem com a cultura dominante. A variedade da teologia hispânica/latina demonstra a realidade, a necessidade e a possibilidade da competência cultural teológica e eclesiástica para a vida cristã e o ministério juntos no mundo. Com essa perspectiva está claro que a teologia hispânica/latina não é uma moda passageira, mas pode ser uma forma de revitalizar a igreja mais ampla nos Estados Unidos através das linhas denominacionais, jurisdicionais, raciais, étnicas e de classe.

Veja também TEOLOGIA LATINO-AMERICANA; TEOLOGIA LATINO-AMERICANA AUTÓCTONE; TEOLOGIA LATINO-AMERICANA CATÓLICA ROMANA; TEOLOGIA LATINO-AMERICANA PROTESTANTE.

BIBLIOGRAFIA. APONTE, E. D. e DE LA TORRE, M. A., orgs., *Handbook of Latina/o Theologies* (St. Louis: Chalice Press, 2006); PILAR AQUINO, M., MACHADO, D. L. e RODRÍGUEZ, J., orgs., *A Reader in Latina Feminist Theology: Religion and Justice* (Austin: University of Texas Press, 2002); COSTAS, O. E., *Christ Outside the Gate: Mission Beyond Christendom* (Maryknoll: Orbis, 1982); DE LA TORRE, M. A. e ESPINOSA, orgs., *Rethinking Latino/a Religion and Identity* (Cleveland: Pilgrim Press, 2006); DECK, A. F., *The Second Wave: Hispanic Ministry and the Evangelization of Cultures* (New York: Paulist Press, 1989); DÍAZ-STEVENS, A. M. e STEVENS-ARROYO, A. M., *Recognizing the Latino Resurgence in U.S. Religion: The Emmaus Paradigm* (Boulder: Westview, 1998); ELIZONDO, V., *Galilean Journey: The Mexican-American Promise* (Maryknoll: Orbis, 1983); EMPERDEUR, J. e FERNÁNDEZ, E., *La Vida Sacra: A Contemporary Hispanic Sacramental Theology* (Lanham: Rowman & Littlefield, 2006); ESPÍN, O. O., *The Faith of the People: Theological Reflections on Popular Catholicism* (Maryknoll: Orbis, 1997); ESPÍN, O. O. e MACY, G., orgs., *Futuring Our Past: Explorations in the Theology of Tradition* (Maryknoll: Orbis, 2006); GOIZUETA, R. S., org.,

We Are a People! Initiatives in Hispanic American Theology (Minneapolis: Fortress, 1992); GONZÁLEZ, J. L., *Mañana: Christian Theology from a Hispanic Perspective* (Nashville: Abingdon, 1990); GUERRERO, A. G., *A Chicano Theology* (Maryknoll: Orbis, 1987); ISASI-DÍAZ, A. M. e SEGOVIA, F. F., orgs., *Hispanic/Latino Theology: Challenge and Promise* (Minneapolis: Fortress, 1996); MARTÍNEZ, J. F., *Sea la Luz: The Making of Mexican Protestantism in the Southwest, 1829-1900* (Denton: University of North Texas Press, 2006); PEDRAJA, L. G., *Jesus Is My Uncle: Christology from a Hispanic Perspective* (Nashville: Abingdon, 1999); idem, *Teología: An Introduction to Hispanic Theology* (Nashville: Abingdon, 2004); RODRÍGUEZ, J. D. e MARTELL-OTERO, L. I., orgs., *Teología en Conjunto: A Collaborative Hispanic Protestant Theology* (Louisville: Westminster John Knox, 1997); STEVENS-ARROYO, A. M. e DÍAZ-STEVENS, A. M., orgs., *An Enduring Flame: Studies in Latino Popular Religiosity* (New York: PARAL, 1995); VALENTÍN, B., *Mapping Public Theology: Beyond Culture, Identity, and Difference* (Harrisburg: Trinity Press International, 2002); idem, org., *New Horizons in Hispanic/ Latino(a) Theology* (Cleveland: Pilgrim Press, 2003); VILLAFAÑE, E., *The Liberating Spirit: Toward an Hispanic American Social Ethic* (Lanham: University Press of America, 1992).

E. D. Aponte

TEOLOGIA INDIANA

Teologia indiana é tão rica e variada como a diversidade etnocultural e religiosa do subcontinente indiano. Muito da teologia cristã indiana está mais na natureza da reflexão teológica espontânea do que nos sistemas estruturados de pensamento, tornando difícil a categorização dos pensadores em "escolas" distintas e claramente definidas. Este artigo identifica dez vertentes significativas de teologia indiana no contexto do fermento histórico de seu surgimento, destacando os principais conceitos e figuras representativas dentro de cada vertente.

1. Teologia do antigo cristianismo sírio
2. Teologia do antigo cristianismo latino
3. Teologia das primeiras missões protestantes
4. Teologia do renascimento indiano
5. Teologia dos pioneiros do cristianismo autóctone
6. Teologia do cristianismo hindu
7. Teologia do *Bhakti* cristão
8. Teologia do encontro religioso
9. Teologia da experiência espiritual
10. Teologia do engajamento sociopolítico
11. Conclusão

1. Teologia do antigo cristianismo sírio
A história da igreja síria remonta à chegada de São Tomé à costa do Malabar no sul da Índia no ano 52 d.C., mas não existe registro escrito da teologia dos cristãos de São Tomé antes do contato com o Ocidente no século 16. A tradição dos cristãos sírios baseados em Querala, sul da Índia, bastante integrados à sociedade indiana, mas estes pouco ou nenhuma tentativa fizeram para expressar sua teologia ou práticas litúrgicas nas línguas indianas ou nas formas de pensamento. Assim, durante séculos a linguagem da liturgia permaneceu o siríaco, e foi somente no início do século 19 que a comunidade cristã síria teve uma tradução da Bíblia em seu vernáculo (malaiala). A comunidade cristã síria é hoje extremamente influente, e sua contribuição teológica nos últimos anos tem sido significativa.

2. Teologia do antigo cristianismo latino
A chegada do explorador português, Vasco da Gama, em 1498 anunciou a chegada da presença missionária católica romana. A abordagem dos mais antigos missionários franciscanos e dominicanos foi imperialista, e a atitude deles para com outras religiões e a tradição cristã síria foi de conquista militar, deixando pouco espaço para qualquer engajamento teológico significativo. Uma exceção a isso foi o trabalho do missionário jesuíta Roberto De Nobili, cuja chegada em 1605 marca a primeira tentativa católica romana de se envolver seriamente na cultura e religião indiana. Numa tentativa de dissipar a percepção de que o cristianismo era uma religião estrangeira, De Nobili fez objetivo seu tentar entender as crenças e práticas dos hindus na Índia. Ele adotou o estilo de vida de uma alta classe ascética, aprendeu o tâmil e o sânscrito, a linguagem das Escrituras hindus, e fez tudo o que pôde para apresentar

o cristianismo como uma religião universal, culturalmente aceitável aos hindus da alta classe. Sua atitude para com o hinduísmo foi, contudo, essencialmente negativa, e seus esforços teológicos sobretudo polêmicos, foram voltados para minar as principais crenças religiosas do hinduísmo.

3. Teologia das primeiras missões protestantes

As missões protestantes começaram com a chegada de Bartholomaeus Ziegenbalg a Tamil Nadu, sul da Índia, em 1706. A atitude predominante dos primeiros missionários protestantes para com a religião e a cultura indiana foi em geral severamente crítica e rudemente polêmica. A religião indiana foi denunciada como falsa, má e imoral, a civilização indiana considerada bárbara e sua cultura intolerável. Ziegenbalg, entretanto, espalhou as sementes de uma teologia significativa de envolvimento ao fazer a tradução do Novo Testamento para o tâmil, a primeira em qualquer língua indiana. Sua postura em relação ao hinduísmo foi inicialmente negativa, mas a pesquisa e o diálogo acabaram por torná-lo simpático. Ele continuou a condenar o que considerava erros perversos do *hinduísmo, mas começou a celebrar elementos de verdade que viu estarem de acordo com a razão e o ensino bíblico.

A pesquisa cuidadosa e sensata da língua e da religião indiana por eruditos britânicos orientais nas décadas finais do século 18 ajudaram a moldar uma visão mais simpática e esclarecida da cultura indiana. A segunda metade do século 18 foi também testemunha de um avivamento no hinduísmo, depois de meio século de intensas controvérsias entre missionários cristãos e comunidades hindus. A percepção de que o cristianismo era uma força desnacionalizante, alimentada por um recente orgulho sobre o passado da Índia, intensificou a resistência hindu à investida missionária cristã. Os missionários enfrentaram sua mais forte oposição de hindus instruídos nos anos finais do século 19. Os últimos anos do século 19 viram, assim, o surgimento de uma atitude missionária protestante mais conciliadora, que procurou apresentar Cristo como o cumprimento das mais profundas aspirações não cumpridas de pessoas de outras religiões. Dois importantes representantes dessa linha de pensamento conhecida como "teologia do cumprimento" foram T. E. Slater e J. N. Farquhar.

4. Teologia do renascimento indiano

Os primeiros indianos a tratar de questões teológicas cristãs em profundidade não foram cristãos ortodoxos, mas pioneiros do renascimento hindu na Índia do século 19. As primeiras interpretações autóctones de Cristo na Índia foram tentadas por Ram Mohan Roy, Keshub Chandra Sen e outros líderes do Brahmo Samaj, um influente movimento hindu do início do século 19, de Bengala. Esse movimento de reforma surgiu em grande parte como uma resposta à agressiva polêmica de William Carey e seus colegas missionários durante esse período. Ram Mohan Roy foi o primeiro indiano a estudar seriamente as fontes da fé cristã e escreve extensivamente sobre temas teológicos cristãos. Ele foi profundamente afetado pela pessoa e pelos ensinos de Jesus, que ele interpretou através do quadro do racionalismo ocidental e do unitarismo. Consequentemente, ele rejeitou as doutrinas cristãs ortodoxas da *Trindade, divindade de Cristo e a *expiação.

K. C. Sen, outro eminente líder do Brahmo Samaj, foi um dos primeiros indianos a enfatizar com profundidade a questão da relação entre Cristo e a experiência religiosa não cristã. Sen vê Cristo vindo para cumprir o que foi melhor em todas as religiões do mundo e a religião mundial definitiva como uma harmonia sincretista de religiões, porém centradas em Cristo. Sen é uma figura importante no desenvolvimento do pensamento cristão indiano, e suas ideias tiveram considerável influência na teologia indiana.

5. Teologia dos pioneiros do cristianismo autóctone

O encontro no século 19 entre o cristianismo e o hinduísmo na Índia testemunhou a conversão de uma quantidade de hindus instruídos que desempenharam um papel crucial na formação de uma identidade cristã indiana. Eles estenderam persuasivos apelos apologéticos a seus compatriotas, mas em contraste com a insensibilidade cultural das abordagens missionárias, eles estavam profundamente comprometidos com a preservação das suas raízes culturais e da identidade nacional.

Krishna Mohan Banerjea foi um Bengali da casta alta, convertido, cuja apologética foi dirigida refutando a acusação de que o cristianismo era uma religião estrangeira e que os hindus convertidos haviam traído sua tradição ancestral. A pesquisa de Banerjea o levou a discernir a presença de uma "pedagogia divina" no ensino sobre o sacrifício nas antigas escrituras hindus, os *Vedas*. Ele estava convencido de que esse testemunho védico da instituição primitiva do sacrifício e especialmente o conceito védico do autossacrifício *Prajapati* eram indicadores positivos do sacrifício vicário de Cristo.

Nehemiah Goreh foi um erudito brâmane da alta casta da Índia ocidental com profundas raízes na tradição filosófica sânscrita. Goreh empreendeu um detalhado exame lógico dos seis principais sistemas filosóficos hindus num esforço para demonstrar que o hinduísmo filosófico era racional e epistemologicamente insustentável. Embora Goreh mostre uma atitude extremamente negativa para com o hinduísmo, ele foi convencido de que certas ideias no hinduísmo ortodoxo, incluindo a crença em milagres e a ideia da encarnação, havia preparado hindus sinceros a aceitar a verdade da fé cristã.

Nos primeiros anos do encontro entre o cristianismo e o hinduísmo, pensadores cristãos de um modo geral repudiaram a escola de filosofia hindu, *advaita* (não dualista) *vedanta*, como uma forma de panteísmo. Brahmabandhab Upadhyay, discípulo de K. C. Sen, em sua busca por uma identidade hindu-católica, inaugurou uma nova escola de pensamento autóctone que procurou empregar a escola *advaita Vedanta* do hinduísmo no serviço da teologia cristã. Ele via a *advaita Vedanta* como o ponto mais alto que a razão havia atingido na Índia e um fundamento adequado para uma teologia natural que encontra cumprimento somente na revelação sobrenatural em Cristo. A tradição que Upadhyay inaugurou tem revivido e encontrado crescente aceitação nos círculos católicos nos últimos anos.

6. Teologia do cristianismo hindu

Banerjea, Goreh e Upahyay representam as primeiras respostas cristãs autóctones de hindus convertidos na Índia do século 19. A resposta hindu a Cristo, entretanto, foi complexa e matizada. Além dos convertidos que lutaram por manter sua identidade cultural depois de se unirem à igreja, alguns foram fortemente atraídos a Cristo, mas permaneceram no aprisco hindu, enquanto outros iniciaram novos movimentos sincretistas hindu-cristãos.

Um forte ímpeto na direção de maior indianização do cristianismo veio do grupo de pensadores radicais "Repensando o cristianismo", liderado por P. Chenchiah e V. Chakkarai. Chenchiah considerava as formas organizadas do cristianismo uma ameaça à herança cultural da Índia. Ele estava convencido de que o fato essencial da fé cristã era a experiência direta de alguém com Cristo, em vez das doutrinas da igreja. Ele acreditava que as igrejas institucionais deveriam ser substituídas por expressões novas e culturalmente relevantes do reino de Deus e da comunidade cristã. Da mesma forma ele se opunha aos sacramentos rituais como obstáculos desnecessários à conversão dos hindus a Cristo.

Manilal Parekh foi um cristão "hindu", discípulo de K. C. Sen, cuja peregrinação espiritual do jainismo pelo teísmo até um *bhakti* cristocêntrico, o levou a adotar uma harmonia sincretista de religiões. O critério e a essência dessa harmonia universal de religiões é discernível em várias tradições religiosas, mas observada com muita clareza no teísmo pessoal do cristianismo e do *bhakti* hindu. K. Subha Rao foi outro representante desse cristianismo "hindu" que busca se apropriar de Cristo sem a igreja e todas as suas instituições, especialmente o batismo nas águas. Esse fenômeno de seguidores hindus de Cristo permanecerem culturalmente integrados na comunidade hindu continua a ser difundida na Índia de hoje.

7. Teologia do *Bhakti* cristão

A tradição bhakti teve uma influência penetrante sobre a crença hindu comum e a prática ritual. Missionários e teólogos indianos desde tempos remotos encontraram nessa vertente *bhakti* hindu um ponto natural de convergência com o evangelho cristão devido sua concepção de Deus como um ser amoroso, pessoal, distinto de sua criação, que concede graça sobre suas criaturas e pode ser adorado com sentimento de profundo amor e devoção pessoal.

A. J. Appasamy ficou profundamente agitado pelo intenso desejo de comunhão com um Deus pessoal manifestado na poesia devocional *bhakti*, com Deus na forma revelada em Cristo como seu tema e foco central. Appasamy baseou sua abordagem na estrutura teológica de Ramanuja, pioneiro filosófico da escola *bhakti* no hinduísmo, sintetizando conhecimentos do evangelho de João e do misticismo ocidental. Um colaborador próximo de Appasamy, Sadhu Sundar Singh, foi um cristão *sadhu* (homem santo ou monge), cuja experiência cristã teve seu impulso básico na busca mística *bhakti* por uma experiência pessoal de comunhão com Deus. Sundar Singh acreditava que Deus revela seu amor puro e autodoador especialmente na encarnação e na redenção realizada por Cristo. A necessidade da humanidade por comunhão com Deus manifestada nas aspirações hindus *bhakti* encontra cumprimento num encontro místico com o Cristo vivo, resultando numa experiência de verdadeira paz, felicidade e transformação do coração.

8. Teologia do encontro religioso
Vários teólogos indianos contemporâneos assumiram o trabalho dos antigos pioneiros em desenvolver uma teologia de encontro religioso. Muitos dos mais conhecidos pensadores indianos católicos romanos e protestantes tendem a alguma forma de pluralismo religioso que dilui a determinação do evento do Cristo histórico. O teólogo católico romano Raimon Panikkar é intencionalmente sincretista, vendo-se situado na confluência das tradições cristã, hindu, budista e secular. Ele começa com arquétipos cristãos, mas os transforma até o ponto onde eles deixam de ser cristãos, tornando-se de fato uma interpretação hindu do cristianismo. Os pontos de vista de John Chethimattam representam uma reação católica romana conservadora a essa tendência pluralista. Embora seu pensamento seja ambivalente em muitos pontos, ele critica Panikkar por minar a determinação da encarnação em Cristo, afirmando, em vez disso, a importância definitiva de Jesus como a única encarnação de Deus.

Stanley J. Samartha foi um protestante indiano articulado e radical proponente do pluralismo religioso. Adotando conscientemente o quadro *advaita* hindu em sua interpretação de Cristo, ele atribui igual autoridade a todas as escrituras religiosas, rejeita explicitamente a divindade e determinação do Cristo histórico e é agnóstico ao descrever o "Mistério" definitivo no centro do universo. Em contraste, Paul Sudhakar e R. C. Das, ambos convertidos hindus, repercutem os pontos de vista dos pioneiros teológicos indianos e defendem abordagens distintamente evangélicas que afirmam a determinação de Cristo. Sudhakar apresenta Cristo como a resposta para a fome ou o cumprimento dos anseios do hinduísmo filosófico. R. C. Das apresenta Cristo como quem transforma e realiza as mais profundas aspirações espirituais manifestada nas crenças e nas práticas cúlticas dos hindus religiosos.

9. Teologia da experiência espiritual
Uma segunda importante vertente da teologia Indiana contemporânea é a abordagem espiritual-contemplativa, que cresceu muito, se não exclusivamente, em torno do movimento ashram. Uma ashram na tradição indiana descreve uma comunidade monástica, que foi adotada durante um certo tempo por alguns grupos missionários protestantes para expressar o ideal religioso cristão, mas encontrou maior aceitação entre os católicos romanos. A Igreja Católica Romana produziu vários teólogos místicos e contemplativos, como Jules Monchanin, Swami Abhishiktananda (Henri Le Saux), Bede Griffiths, D. S. Amalorpavadass e Irmã Vandana. Todos estes se engajaram num diálogo espiritual contemplativo com o hinduísmo, convencidos de que o legítimo lugar de encontro de todas as religiões é a experiência mística espiritual. A principal contribuição de Swami Abhishiktananda foi sua tentativa para ligar a experiência hindu *advaítica* (não dual) com a experiência cristã da Trindade baseada numa teologia do cumprimento. Bede Griffiths, também, tentou uma síntese semelhante com base na apropriação experiencial de realização advaítica.

10. Teologia do engajamento sociopolítico
Uma Terceira importante vertente da teologia indiana contemporânea é o impulso para a construção da nação através do engajamento e participação nas lutas dos economicamente despossuídos, dos párias (*dalits*), dos

tribais, mulheres e outros grupos oprimidos e marginalizados. O pensador protestante Paul Devanandan foi o primeiro a iniciar a reflexão teológica ao longo destas linhas, ligando a mensagem de Cristo com a preocupação com a humanização da vida na Índia moderna. Seu colaborador próximo, M. M. Thomas, exerceu a sua linha de pensamento ainda mais. Thomas fundamentou sua estrutura teológica numa *antropologia cristocêntrica e buscou apresentar o evangelho com desafiante relevância às lutas por justiça social e dignidade humana na Índia. Vinay Kumar Samuel é uma terceira figura cuja contribuição teológica influenciou significativamente a reflexão evangélica e pentecostal sobre as questões sociopolíticas e econômicas devido sua firme fundamentação no texto bíblico.

Os católicos romanos também deram significativas contribuições a essa linha de reflexão teológica, às vezes caracterizada como uma teologia da libertação indiana. Sebastian Kappen está entre os que destacou a relevância do evangelho nas lutas humanas por liberdade e uma nova humanidade. Seu ponto de partida foi uma nova cristologia ou "jesusologia" indiana, na qual Cristo e sua mensagem profética eram vistos em continuidade com a história dos movimentos revolucionários sociorreligiosos da Índia. Ele estava convencido de que o projeto de transformação e humanização social deve, portanto, basear-se nos recursos de todos os credos e ideologias.

A teologia dalit é uma teologia das castas marginalizadas e oprimidas na Índia que surgiu como uma reação à influência dominante da religião da alta classe hindu na forma da teologia indiana. A reflexão dos cristãos dalits sobre o evangelho a partir da perspectiva de sua história, mitos, rituais, poemas, folclore e tradições resultou no surgimento de uma consciência dalit cristã e de uma teologia dalit.

11. Conclusão
Pode ser dito que a teologia indiana veio com o tempo. O último século e meio em particular viu um significativo volume de literatura produzida quando cristãos indianos introspectivos procuraram tornar o evangelho cristão significativo no contexto indiano. Todavia a tarefa teológica permanece incompleta devido sua complexidade. A sobrevivência futura do cristianismo indiano, no entanto, depende da medida em que a teologia indiana tem sucesso em afirmar o carácter distintivo da fé cristã, ao mesmo tempo que demonstra a relevância do evangelho às lutas sociais e econômicas das massas oprimidas e marginalizadas, e à experiência religiosa e antigas tradições da maioria da população hindu.

Veja também HINDUÍSMO; TEOLOGIA ASIÁTICA; TEOLOGIA CHINESA; TEOLOGIA COREANA; TEOLOGIA JAPONESA.

BIBLIOGRAFIA. ARIARAJAH, S. W., *Hindus and Christians: A Century of Protestant Ecumenical Thought* (Grand Rapids: Eerdmans, 1991); BAAGO, K., *Pioneers of Indigenous Christianity* (Madras: CLS, 1969); BOYD, R., *An Introduction to Indian Christian Theology* (Delhi: ISPCK, 1991); MOOKENTHOTTAM, A., *Indian Theological Tendencies* (Berne: Peter Lang, 1978); MUNDADAN, A. M., *Paths of Indian Theology* (Bangalore: Dharmaram Publications, 1998); RAMACHANDRA, V., *The Recovery of Mission* (Carlisle: Paternoster, 1996); PATHIL, K., *Trends in Indian Theology* (Bangalore: Asian Trading Corporation, 2005); SHARPE, E. J., *Faith Meets Faith: Some Christian Attitudes to Hinduism in the Nineteenth and Twentieth Centuries* (London: SCM, 1977); THOMAS, M. M., *The Acknowledged Christ of the Indian Renaissance* (Madras: CLS, 1976); WILFRED, F., *Beyond Settled Foundations: The Journey of Indian Theology* (Madras: Department of Christian Studies, University of Madras, 1993).

I. Satyavrata

TEOLOGIA JAPONESA
O termo "teologia japonesa" é geralmente reconhecido de três maneiras diferentes. A primeira é um tipo de teologização sincretista da cultura japonesa chamado teologia "niponizada". A segunda é um tipo de teologização cultural da verdade bíblica chamado "teologia japonesa". A terceira é um tipo de teologização objetiva do próprio Japão chamado "teologia do Japão".

1. Teologia "niponizada"
2. Teologia japonesa
3. Teologia do Japão

1. Teologia "niponizada"

Teologia "niponizada" é uma tentativa de adaptar a verdade bíblica aos padrões e valores japoneses de pensamento. É uma forma sincretista de cristianismo que surgiu principalmente antes e durante o tempo de guerra do Japão e foi conhecida por termos como "cristianismo imperial", cristianismo confuciano" e "cristianismo budista". Esse tipo de teologia japonesa pode ser definido como tentativa protestante para adaptar ensinos históricos e bíblicos ao nacionalismo japonês xintoísta estatal ou japonismo por meio de mudanças sutis em certas crenças cristãs ortodoxas e do abandono deliberado de outras. Seus cinco componentes distintivos são (1) ênfase no relacionamento entre o reino imperial e o *reino de Deus, (2) identificação do imperador com o Cristo, (3) substituição do Antigo Testamento pelo *Kojiki* (Registro de Assuntos Antigos) e *Nihon-shoki* (Crônicas do Japão), (4) identificação do Deus Criador com *Ame-no-Minakanushi-no-Mikoto* (a Divindade-Mestra-do-Augusto-Centro-do-Céu), (5) reconhecimento de que a missão do Japão se encontra no livro de Isaías. Em outras palavras, isso significa que somente o Japão pode restaurar o verdadeiro Israel.

No período anterior e durante a Guerra vários tipos de teologias foram introduzidos no Japão. A teologia liberal e a teologia dialética chegaram principalmente da Alemanha, e a teologia evangélica foi trazida dos Estados Unidos e da Inglaterra. A teologia de Uchimura Kanzo sobre a igreja é única na história do cristianismo no Japão e se desenvolveu com o chamado movimento Não Igreja. Ele criticou a igreja institucional existente, dizendo que ela havia se desviado da essência da igreja primitiva. Ele afirmou também a necessidade da formação da "Não" igreja, o que enfatiza não a organização eclesiástica, mas a vida espiritual. Como resultado disso ele desenvolveu uma postura negativa para com os sacramentos.

2. Teologia japonesa

"Teologia japonesa" é uma tentativa de expressar ou articular a verdade cristã através da cultura. Dois bons exemplos desse fenômeno são os tratados teológicos de Kazoh Kitamori em 1946 e Nozomu Miyahira em 1997. A conhecida obra de Kitamori resultou no livro *Theology of the Pain of God* (Teologia do Sofrimento de Deus). Sua "teologia do sofrimento de Deus" é uma teologia do amor baseada no sofrimento de Deus. Ele acredita que a teologia, em última análise se resume a nossa visão de quem é Deus. O Deus encontrado por Kitamori é "o Deus em sofrimento" visto por Jeremias (Jr 31.20). Ele considera esse Deus sendo decisivamente confirmado pela Bíblia. Ele critica a ausência dessa visão de Deus tanto pela teologia greco-romana de Deus a partir da perspectiva da "substância", como na teologia *luterana de Deus a partir da perspectiva da "graça". Ele pensa que a visão de Deus é entendida no coração ou nos sentidos que em seguida, determina o pensamento. À medida que ele busca encontrar o coração do povo japonês comum, concentra-se no "sofrimento ou amargura" encontrada na literatura trágica japonesa. Ele pensa que esse "sofrimento" corresponde mais precisamente ao "sofrimento de Deus" na Bíblia. Sua teologia é baseada em seu estrito entendimento do evangelho e formulado por sua contemplação teológica após a derrota e a devastação do Japão na Segunda Guerra Mundial, que foi para ele a era de morte e sofrimento. Kitamori, como japonês, é capaz de explorar "o Deus em sofrimento" na Bíblia a partir da sensação de dor no coração dos japoneses.

Recentemente, quase cinquenta anos após ter aparecido a Teologia do sofrimento de Deus, de Kitamori, outra obra teológica digna de nota entrou em cena. Em sua dissertação de doutorado em Oxford, Nozomu Miyahira, professor da Universidade Seinam Gakuin, em Fukuoka, desenvolve uma compreensão do Deus trino ao usar os conceitos relacionais japoneses de "estar entre", *kan*, e "concordância", *wa*. Assim, a teologia da *Trindade pode ser expressa de uma maneira japonesa. O fruto dessa tentativa é uma obra intitulada *Towards a Theology of the Concord of God* (Por uma Teologia da Concórdia de Deus). Ele discute os relacionamentos entre o Pai e o Filho, o Filho e o Espírito, e o Espírito e o Pai. Ele também argumenta que o Pai, o Filho e o Espírito estão em perfeita harmonia de mútua compreensão. Ele destaca o relacionamento entre teologia e cultura baseado numa metodologia teológica orientada para o receptor e o fato de que a cultura é considerada um meio de comunicação do evangelho.

Ele explica que a teologia da Trindade é uma das expressões teológicas da cultura greco-romana, e é também uma das formulações culturais concernentes ao Deus trino num período especial. Assim, pode haver outras formulações teológicas em outro tempo e cultura. Em vez de uma compreensão ontológica do Deus trino, como por exemplo com "três pessoas e uma substância", ele sugere que o Deus trino seja representado em termos relacionais como "estar entre" e "concordância" que são termos mais relevantes para o povo japonês. No clima que produziu o caráter japonês, os japoneses atribuem grande importância para o conceito de inter-relação humana e respeito por um espírito de harmonia entre as pessoas. Embora haja, claro, aspectos negativos a estes conceitos, ele aplica esses traços culturais positivamente à compreensão de Deus na Bíblia. Pode-se dizer que sua teologia da concórdia de Deus é uma tentativa ambiciosa de entender o Deus trino da Bíblia dentro da estrutura cultural e das categorias de pensamento japonesas. Seu esforço é um exemplo recente de "teologia japonesa".

3. Teologia do Japão

A "teologia do Japão" adota uma metodologia teológica diferente das duas descritas anteriormente. Em 1989 Hideo Ohki e Yasuo Furuya publicaram o livro *Theology of Japan* (Teologia do Japão). Ambos são professores da Universidade Seigakuin, perto de Tóquio. O que esses dois teólogos japoneses buscam não é nem uma adaptação japonesa da teologia, nem uma teologia no Japão, mas uma teologia do Japão. A teologia com a qual eles estão tratando é uma investigação teológica e uma compreensão do "Japão". Em outras palavras, é uma interpretação e avaliação sobre o Japão à luz da fé cristã. Sua teologia do Japão consiste de duas partes: a histórica e a metodológica. Com relação à anterior, Furuya investiga a dimensão histórica do "Japão" e discute o encontro do Japão com o cristianismo ocidental. Ele considera a situação ter sido "país fechado" em seu encontro com os católicos romanos no século 16 e "país aberto" no encontro com os protestantes no século 19. Ele discute questões como cristãos e nacionalismo, guerra, e o sistema de imperador, e chega à conclusão que no período "monoteísmo radical" pós-guerra como sugerido por Richard Niebuhr seria preferível ao henoteísmo e ao politeísmo.

Em relação à última parte, Ohki investiga a dimensão metodológica de uma teologia do Japão, isto é, o fundamento metodológico de uma teologia que tem o Japão como seu assunto. Fazer isso significa que a realidade teológica tem de estar fora do Japão. Onde está esse "fora do Japão" que invade seu "interior"? Por um lado, sua tentativa causa a relativização do nacionalismo e do patriotismo japonês. Em seguida, ele lida com identidade japonesa e considera conversão cristã, referindo-se a "o espírito japonês", defendida por Motoori Norinaga, estudioso do antigo pensamento japonês e da cultura do período Edo. Por outro lado, sua atenção vai para o local da formação do "verdadeiro ego". Não é o lugar da "autoidentidade de contraditórios absolutos" defendido por Nishida Kitaro, filósofo japonês do século 20, mas da igreja como "o corpo do Cristo ressurreto". Em suma, a "teologia do Japão" é viabilizada pelo estabelecimento da realidade teológica através da conversão cristã e da igreja, um lugar de realidade teológica criada pelo evento da ressurreição de Cristo.

Veja também Budismo; Teologia Asiática; Teologia Coreana; Teologia Indiana.

BIBLIOGRAFIA. FURUYA, Y., org., *A History of Japanese Theology* (Grand Rapids: Eerdmans, 1997); KITAMORI, K., *Theology of the Pain of God* (Richmond: John Knox, 1965); MIYAHIRA, N., *Kami no Wa no Shingaku e Mukete* [Em Direção a uma Teologia da Concórdia de Deus] (Tokyo: Sugushobo, 1997); OHKI, H. e FURUYA, Y., *Nihon no Shingaku* [Teologia do Japão] (Tokyo: Yorudansha, 1989).

M. Kurasawa

TEOLOGIA LATINA. *Veja* Teologia Hispânica/Latina.

TEOLOGIA LATINO-AMERICANA

Em uma de suas doze teses contra a sujeição dos povos indígenas à escravidão, o frade dominicano Bartolomé de las Casas sustentou que o cânone religioso não poderia ser universalmente aplicado sem levar em consideração seu contexto sócio-histórico. Ao responder à alegação espanhola de os indígenas serem bárbaros pela definição agostiniana, ele observou que temos de pesquisar o Cânon e os redatores deste, antes de fazer tal afirmação, porque "isto é algo que até os Pais do Cânon fariam se fossem confrontados com o mesmo dilema que estamos enfrentando hoje" (Henriquez). É a insistência de De las Casas em readaptar a mensagem cristã às novas realidades e situações que estabeleceu a base para todas as teologias latino-americanas. Ao longo de suas histórias, as teologias latino-americanas recontextualizaram e re-historicizaram a mensagem cristã em suas próprias situações sócio-políticas, culturais e econômicas. Pode-se então afirmar que todas as teologias latino-americanas, protestante ou católica, indígena ou ecológica, feminista ou afro-americana, constroem sua identidade teológica e religiosa a partir do seu próprio contexto singular. No mundo de hoje, três assuntos importantes informam esse contexto: sincretismo religioso, diversidade cultural e desigualdade social. As teologias latino-americanas estão tentando responder, de uma forma ou de outra, a essas questões hoje.

1. Sincretismo
2. Diversidade cultural
3. Pobreza e desigualdade social

1. Sincretismo
Desde o início do que conhecemos como América Latina, encontramos uma mistura ou uma combinação de práticas religiosas e cosmologias "estrangeiras" com as "nativas". Esse sincretismo religioso começou cedo no tempo colonial, como comprovam documentos históricos, e isso é manifestado em contos, mitos, práticas religiosas, valores éticos e visões cosmológicas. Na igreja institucional esse sincretismo encontra sua expressão máxima nas aparições da Virgem e santos com características tanto indígenas quanto europeias. A *Virgem de Guadalupe, no México, incorpora elementos autóctones da deusa asteca Tonatzin. As Virgens andinas incorporam elementos incas do sol e da lua. Na religião *popular encontramos festivais religiosos e celebrações que combinam elementos autóctones e europeus. O Dia de Finados, celebrado na maioria dos países da América Latina e entre a população hispânica dos Estados Unidos, pode em muitos casos ser uma mistura de adoração de ancestrais, tradição indígena e símbolos religiosos ocidentais. Práticas religiosas como umbanda, candomblé e "santería" em algumas áreas do Caribe misturam elementos religiosos da diáspora com elementos católicos e indígenas. Nessas cerimônias os santos católicos são frequentemente misturados com divindades africanas. Em tudo, encontramos uma fluidez de elementos religiosos que expressam a herança da região europeia, indígena e africana.

As teologias latino-americanas, de uma ou de outra forma, refletem essa fluidez de práticas religiosas e visões cosmológicas. Como no passado, elas construíram discursos teológicos utilizando e combinando elementos hermenêuticos europeus e norte-americanos com elementos não europeus. Isso é exemplificado nos diferentes movimentos teológicos que combinam categorias teológicas "de fora" com as "internas". As teologias feministas, por exemplo, formulam discursos de gênero fazendo uma combinação da hermenêutica ocidental e categorias filosóficas com suas categorias culturais e geográficas. As teologias da libertação utilizam uma análise marxista em sua crítica contra o pecado estrutural. Os evangélicos e pentecostais contam com categorias antropológicas anglo-americanas para construir seu *éthos*, que rejeita comportamentos e atitudes enraizadas na "carne" como fumar, beber, dançar ou praticar algum tipo de expressão de cultura popular.

No século 21 essa mistura de valores diferentes se aprofundará, quando fenômenos globais como a Internet e a imigração permitirem uma troca de cosmologias religiosas e de disposição dentro e de fora das fronteiras da América Latina. Vemos essa tendência nos diferentes estudos teológicos sobre "travessia de fronteiras" e imigração. Nós a vemos também nas diferentes alianças teológicas entre movimentos locais e internacionais que enfrentam crises ecológicas, estratégias de desenvolvimento econômico em torno de questões de desigualdade social, iniciativas de paz, e assim por diante. A longa história de sincretismo das teologias latino-americanas lhes permitiu responder a desafios históricos a partir de uma posição flexível. Elas estão, portanto, respondendo à 'globalização ao expandir e aprofundar sua combinação ou mistura histórica de valores "nativos" com "estrangeiros".

2. Diversidade cultural

A América Latina não é somente uma diversidade religiosa, mas também uma região culturalmente diversificada. A região tem uma população bastante variada com muitos grupos de diferentes ascendências e herança combinadas. Embora a maioria da população seja constituída por descendentes de europeus, indígenas e africanos, há um crescente número de grupos de asiáticos e oriundos do Oriente Médio. O Brasil detém agora a maior população japonesa fora do Japão. Os dois candidatos nas eleições presidenciais de 2004 em El Salvador eram descendentes de palestinos.

Essa diversidade cultural moldou e está continuamente moldando as premissas das teologias latino-americanas. Enquanto durante muitos anos as teologias latino-americanas foram apenas apêndices do pensamento teológico europeu, nas últimas décadas elas desafiaram essa herança eurocêntrica ao esboçando a linguagem teológica em seu próprio contexto sociocultural. Movimentos teológicos como a teologia da *libertação, a filosofia intercultural, o feminismo e a teologia indígena, para citar alguns, desafiaram os paradigmas teológicos europeus com base em sua diversidade cultural e cosmologias. Eles alegam que as categorias hermenêuticas europeias não refletem a diversidade cultural da região e, portanto, não são capazes de encarnar a mensagem cristã em outras realidades.

As teologias latino-americanas contam cada vez mais com as cosmologias e filosofias afro, indígena e asiática para construir sua visão teológica. Elas veem na diversidade cultural da região não apenas o fundamento ou o reservatório do conhecimento teológico, mas também a alternativa à atual globalização, dominada quase sempre por referências americanas e europeias.

3. Pobreza e desigualdade social

Durante séculos, a América Latina foi incapaz de resolver os problemas de sua histórica desigualdade e da condição de pobreza na qual vivem muitos de seus cidadãos. De acordo com a Comissão Econômica para a América Latina e o Caribe, CEPAL, 39,8 por cento da população, ou 209 milhões de pessoas, vivem na pobreza, e 15,4 por cento, ou 81 milhões de pessoas, vivem na pobreza extrema. Além disso, a região não apenas representa a maior porcentagem de desigualdade de renda de todo o mundo, mas uma desigualdade que se tem aprofundado durante a última década.

As teologias latino-americanas têm de enfrentar essa chocante realidade de pobreza e desigualdade social. Movimentos teológicos como a teologia da libertação é o exemplo mais evidente dessa tendência, à medida que combinam a análise sócio-histórica e econômica com a linguagem teológica. Outros movimentos considerados ser socialmente conservadores estão também respondendo a essa realidade de pobreza e negligência. Movimentos *pentecostais, por exemplo, enfatizam a importância de viver "segundo o espírito" através da rejeição da comportamentos e atitudes enraizadas na "carne" tais como fumar, beber, dançar ou ouvir a cultura popular. Essa disposição é uma forma de viver que liberta o crente do mundano e, portanto, do mundo restrito, e o transporta para o "sagrado". O crente deve demonstrar em suas ações com o mundo essa disposição ou espiritualidade. Ao afirmar uma espiritualidade do sagrado em vez da carne, os pentecostais redefinem o valor dos seres humanos e do grupo. Eles reintegram indivíduos na comunidade restaurando a autoestima que o estigma social e a pobreza lhes tiraram. Isso protege os membros mais vulneráveis de uma dada sociedade da desintegração social. Muitas vezes essa redefinição de valores aumenta a mobilidade social de famílias pobres em suas comunidades quando elas investem mais tempo, energia e recursos econômicos no bem-estar de suas próprias famílias e comunidades.

Elizabeth Brusco mostra como a maneira evangélica de viver redireciona a renda masculina de volta para o lar, elevando, dessa forma, o padrão de vida de mulheres e crianças. Esse benefício explica o apelo do evangelicalismo para as mulheres e questiona a hipótese tradicional de que a religião organizada sempre as prejudica. Brusco também demonstra como o evangelicalismo apela aos homens ao oferecer uma alternativa aos aspectos mais disfuncionais de exclusão social numa cultura *machista*.

Seja ao abordar o problema a partir de um ponto de vista estrutural e socioeconômico, ou a partir de um ponto de vista mais pessoal ou individual, as teologias latino-americanas não podem evitar de responder de uma ou de outra forma à realidade diária de crianças e velhos pedindo umas moedas nas ruas de muitas cidades pela região, a gangues juvenis controlando comunidades urbanas e rurais inteiras, ao inadequado acesso aos serviços de saúde e educação, ao crime violento, à corrupção e outro fenômeno social ligado à histórica desigualdade e pobreza da região.

Veja também CONTRARREFORMA; TEOLOGIA LATINO-AMERICANA AUTÓCTONE; TEOLOGIA LATINO-AMERICANA CATÓLICA ROMANA; TEOLOGIA LATINO-AMERICANA PROTESTANTE; TEOLOGIAS DE CONTEXTO AFRICANO NA AMÉRICA LATINA.

BIBLIOGRAFIA. BRUSCO, E., *The Reformation of Machismo: Evangelical Conversion and Gender in Colombia* (Austin: University of Texas Press, 1995); FORNET-BETANCOURT, R., org., *Crítica intercultural de la filosofía latinoamericana actual* (Madrid: Editorial Trotta, 2004); HENRÍQUEZ, U. P., *Tratados de Fray Bartolomé de las Casas, 1* (México: Fondo de Cultural Económica, 1965); PETRELLA, I., org., *Latin American Liberation Theology: The Next Generation* (Maryknoll: Orbis, 2005); UNITED NATIONS, ECONOMIC COMMISSION FOR LATIN AMERICA AND THE CARIBBEAN (ECLAC), *Social Panorama of Latin America* (New York: United Nations, 2006), disponível em www.eclac.org/publicaciones/xml/4/27484/ PSI2006_Summary.pdf; VÁSQUEZ, M. A. e MARQUARDT, M. F., orgs., *Globalizing the Sacred: Religion Across the Americas* (New Brunswick: Rutgers University Press, 2003).

S. Leavitt-Alcántara

TEOLOGIA LATINO-AMERICANA AUTÓCTONE

Definir a religiosidade autóctone de hoje, particularmente as crenças específicas entre os vários grupos, é uma tarefa ampla e complexa, que também implica entrar na fenomenologia, desde que a teologia autóctone é formulada em seus rituais e mitos vividos. Isso quase sempre soa estranho para culturas cristãs que geralmente foram hostis para com a reflexão teológica autóctone.

No final do século 20, o primeiro congresso de povos indígenas da América Latina mudou o nome do continente para *Abya Yala*, um nome dado à região pelo povo kuna do Panamá. A tradução exata varia entre "terra fértil", "terra que vive" ou "terra que está florescendo". Eles assumiram esse nome a partir de uma perspectiva ideológica, baseada no argumento que os nomes "América" ou "Novo Mundo" são termos que fariam sentido para os colonos europeus, e não para os povos que já estavam no continente quando eles chegaram.

1. Elementos comuns
2. Princípios da cosmovisão

1. Elementos comuns

Os elementos comuns na teologia autóctone de hoje, cujas raízes são encontradas na continuidade cultural dos povos, são manifestados em linguagem simbólica. Isso é particularmente verdade porque as culturas autóctones de *Abya Yala* continuam a prosperar na vida diária e em suas linguagens que recriam suas origens teológicas nos rituais em torno da vida civil e agrícola.

Um elemento comum na teologia latino-americana autóctone é o mistério da compreensão de tudo o que vive como um dom de Deus. Na fertilidade entende-se e atende-se a Deus: Deus faz tudo crescer, e tudo nasce de suas mãos. Deus é o supremo criador e transmite vida. É por isso que o derramamento de sangue nas tradições indígenas é um símbolo de divindade. Deus está presente na descendência de uma pessoa, de acordo com uma oração aos deuses criadores no *Pop Vuh*, o livro sagrado dos quíchuas: "Dá-nos nossa descendência, nossa sucessão, enquanto o sol se mover e houver luz".

Esta citação mostra, assim como o fazem a literatura e as atuais práticas rituais, o propósito fundamental do *mito, que é explicar a origem do ser e de todas as coisas. Como os hebreus, inspirados por Deus, fizeram em Gênesis, esses mitos mostram que todas as religiões reconhecem os humanos como seres criados.

A compreensão deles, baseada em suas observações, levaram esses povos a definir os movimentos dos astros com grande exatidão e de lá desenvolver calendários mais exatos do que o gregoriano que usamos no Ocidente hoje. O tempo era e é uma preocupação dos povos indígenas latino-americanos. É por isso que o sol, a lua e os planetas são importantes em suas interpretações éticas. A exatidão das órbitas os fez acreditar, até hoje, que tudo se repete e que nesse ciclo encontra-se a harmonia do universo, que os humanos deveriam observar e não violar. Todo o simbolismo do tempo é representado numa conceitualização dualística do mundo: o mundo superior (céu) e o mundo inferior, a terra e o que está debaixo dela. Os maias o chamam de coração do céu e coração da terra, enquanto os aimarás, do sul de *Abya Yala*, referem-se a ele como o que está sendo visto e o que não foi visto. A cosmovisão dos povos indígenas considera toda a ordem criada como uma totalidade e uma integração do cosmo. Deus está em tudo e em todos.

2. Princípios da cosmovisão

Os seguintes princípios nos ajudam a compreender o quadro sobre o qual os indígenas baseiam sua teologia.

2.1. Relatividade. Na cosmovisão dos povos indígenas nada permanece sozinho, todos os aspectos da vida e da natureza humana estão inter-relacionados. Portanto, a divisão ocidental do espiritual e material lhes parece estranho. Para os maias, os seres humanos estão harmonizados de tal forma com a natureza divina que a essência deles é composta de substância vegetal e animal, que o seu futuro é governado pelas mesmas leis do mundo físico, enquanto o universo se comporta e age como um humano. Em outras palavras, os humanos são cósmicos e o cosmo é antropomórfico.

2.2. Complementaridade. O conceito de que cada elemento na vida tem seu complemento é desenvolvido, na explicação deles, usando dualidades: o que está em cima é complementado pelo que está embaixo (mundo superior e mundo inferior), o Leste tem o seu complemento no Oeste, a vida é complementada na morte, e o homem é complementado na mulher. Pode-se ver nas narrativas *Pop Vuh*, onde os criadores são pares ou múltiplos de pares. Eles são sempre idosos, o criador avô e avó. É importante observar que aparecem com frequência expressões numéricas em pares ou grupos de quatro.

2.3. Natureza cíclica. Para o pensamento indígena, a vida é cíclica. Tudo se repete, o que está acima e o que está em baixo, todo momento presente é repetido no passado e no futuro. Isso tornou possível aos maias fazer seus cálculos e previsões e pode também ser onde eles conseguiram seu conceito de eternidade. Para os maias, não houve apenas um fim do mundo, houve muitos fins, com seus começos complementares.

2.4. Sacralidade. O senso do sagrado entre os maias parece ter sido ligado ao fato de que Deus é o possuidor de tudo, particularmente da terra e do milho. É por isso que é preciso pedir permissão a Deus para usar a terra. O transcendente e imanente estão intrinsecamente ligados. Portanto, se alguém quiser entender a teologia autóctone, não pode usar o método ocidental, mas deve trabalhar de dentro dos parâmetros fenomenológicos definidos pelos atuais rituais maias. "Os humanos e a natureza estão sujeitos ao sagrado. O universo foi concebida pelos maias como a definição e a manifestação de forças divinas, como um conjunto combinado de hierofanias (manifestações do sagrado) e cratofanias (manifestações de poder)" (de la Garza, 20).

Veja também Teologia Hispânica/Latina; Teologia Latino-americana Católica Romana; Teologia Latino-americana Protestante; Teologias de Contexto Africano na América Latina.

Bibliografia. *Abya-Yala y sus rostros*, Sexta jornada teológica de CETELA, Cumbayá, Ecuador, 2000; *Asociación Cultural B'eyba'al, Literatura Indígena de América*, Primer congreso indígena de América, Guatemala 1999; Damen, F., *Etnias culturas y teologías* (Quito: CLAI, 1996); Eliade, M., *Tratado de historia de las religiones, 1* (Madrid: Ediciones Cristiandad, 1980); Eliade, M. e Kitagawa, J. M., orgs., *The History of Religions: Essays in Methodology* (Chicago: University of Chicago Press, 1959); Gallenkamp, C., *Los mayas: El misterio y redescubrimiento de una civilización perdida* (México: DIANA, 1981); de la Garza, M., *Libro de Chilam Balam de Chumayel* (México: Secretaría de Educación Pública,

1985); Gossen, G. H., org., *South and Meso American Native Spirituality: From the Cult of the Feathered Serpent to the Theology of Liberation* (New York: Crossroad, 1993); Morley, S., *La civilización Maya* (México: Fondo de Cultura Económica, 1975); Ramos Salazar, H., *Hacia una teología Aymara* (La Paz: CTP-CMI, 1997); Recinos, A., trad., *El Popol Vuh, Las antiguas historias del Quiché* (México: Fondo de Cultura Económica, 1997); *Teología maya: memorias, experiencias y reflexiones de encuentros teológicos regionales* (México: Ediciones Abya Yala, CENAMI, 1993).

M. Higueros

TEOLOGIA LATINO-AMERICANA CATÓLICA ROMANA

Desde sua introdução cinco séculos atrás, o catolicismo na América Latina tem sido profundamente afetado por seu relacionamento com a conquista europeia e com o governo colonial sobre os povos autóctones, bem como com a cosmovisão destes últimos. O século 20 foi testemunha do desenvolvimento da teologia da *libertação e as reações do Vaticano, bem como uma série de novos desafios para a igreja.
1. Breve história
2. Cristandade colonial
3. Independência política e a separação entre igreja e estado
4. Nova cristandade e mudanças radicais no continente.
5. De João Paulo II a Bento XVI
6. Desafios para o novo milênio

1. Breve história

A origem da igreja católica latino-americana remonta à conquista e à colonização das Américas por Espanha e Portugal no final do século 15 e início do século 16. Desde o início, a diversidade e a característica multiforme da igreja foram perceptíveis. Cristóvão Colombo chegou em 1492, e em 1493 o primeiro sacerdote católico, frei Bernard Boyl, pisou as terras do continente americano. A presença de ordens e congregações religiosas foi significativa e atuante em todo o continente, mesmo antes do estabelecimento da hierarquia da igreja. A primeira ordem a embarcar numa missão evangelística foi a dos franciscanos (em Santo Domingo), depois os dominicanos (1526), os agostinianos (1533) e então os jesuítas. Mulheres concepcionistas chegaram ao México e estabeleceram vários conventos entre 1576 e 1596.

2. Cristandade colonial

O esforço missionário conhecido como Cristandade foi caracterizado por práticas particulares — tanto eclesiásticas (em nome da igreja) como política (em nome do estado). Esse modelo, conhecido como Cristandade colonial, envolveu vários tipos de relacionamentos: igreja e mundo, igreja e estado, igreja e história. Sob a influência da teologia de Juan Gines de Sepúlveda, a Cristandade colonial justificou a guerra conta os povos indígenas como cumprimento de uma lei natural, o domínio do perfeito sobre o imperfeito, um domínio que não foi entendida como uma vantagem para o vitorioso, e sim, um benefício para as vítimas que tiveram a oportunidade de elevação moral. Essa lei natural exigia que os povos autóctones abandonassem suas crenças em favor da verdadeira religião e do conhecimento da verdade. Por isso a população indígena foi saqueada e dizimada em nome de Cristo, cuja cruz, um sinal de salvação, tomou a forma de espada do conquistador, um símbolo de domínio.

2.1. Debate teológico na Espanha: Bartolomé de las Casas e Juan Ginés de Sepúlveda. A cristandade não foi de fato homogênea e foi atormentada por contradições internas. A disputa de Valladolid (1550) na Europa, entre Juan Gines de Sepúlveda e o frade Bartolomé de las Casas concernente à natureza dos seres humanos e culturas na América Latina foi a discussão teológica mais importante desse período. Bartolomé de las Casas começou seu ministério profético com Antônio de Montesinos (1511), iniciador do clamor profético em defesa dos povos indígenas. Las Casas apontou o relacionamento entre o pecado e as estruturas econômicas. Em particular, sua crítica se concentrou no sistema de *encomienda*, os meios através dos quais eram atribuídas aos colonizadores quotas dos indígenas para trabalhar para eles, em troca de sua cristianização. Vozes em defesa dos povos indígenas — como as de Antônio de Valdivieso, Cristobal de Pedroza e outros — contribuíram para o desenvolvimento de compreensões diferentes de missão e da igreja latino-americana.

2.2. Organização da igreja na América Latina durante o período colonial. A efetiva estruturação e organização da igreja na América Latina teve lugar entre 1511 e 1620. Foram estabelecidos procedimentos para a nomeação de bispos latino-americanos, bem como para a definição de seus privilégios e obrigações. A igreja buscou consenso entre a sociedade civil e apoiou o estado. Durante esse tempo várias universidades foram fundadas, entre elas a Universidade de Lima, bem como seminários e escolas secundárias. Os formados por essas instituições eram autorizados a ensinar a doutrina da igreja aos povos autóctones. O treinamento de sacerdotes nativos mestiços, pretos e brancos gerou debate e controvérsia desde o início. Todos os centros educacionais estavam diretamente ligados à igreja, ao rei e ao direito de patrocínio. Os Concílios do México e Lima foram marcados pela Reforma tridentina, na qual a tarefa da igreja estava concentrada quase que exclusivamente na população indígena e na missão. Esses concílios são conhecidos como Concílio de Trento hispano-americano (1582 e 1585).

3. Independência política e a separação entre igreja e estado

Novos conflitos irromperam na igreja entre 1620 e 1700, desta vez com relação à tarefa de evangelização e, em especial, o sistema de patrocínio — um sistema no qual o estado mantinha o poder sobre as estruturas hierárquicas da igreja. O século 18 presenciou um grande movimento intelectual fomentar não apenas a fundação de centros educacionais, mas também bibliotecas, docentes e publicação. Para o fim do período colonial, a inquietação cultural e o interesse na experimentação se tornaram perceptíveis, de acordo com tempos modernos e do *Iluminismo. Entre 1825 e 1870 a consolidação do regime republicano na América Latina deram ensejo ao processo de independência que ocorreu na região. Durante esse tempo em alguns países da América Latina a igreja e o estado entraram em conflito, enquanto em outros, a separação foi estabelecida com base no que se chamou *concordato*. O liberalismo anticlerical neocolonial influenciou mestiços e brancos nativos, proporcionando-lhes o fundamento para as ideologias de libertação que levaram aos movimentos de independência. Começando em 1850, a presença da igreja protestante tornou-se digna de atenção e, junto com o liberalismo e a instituição do movimento maçônico, começou a ser notada como concorrente do catolicismo católico da América Latina.

4. Nova cristandade e mudanças radicais no continente

A recessão econômica e suas consequências caracterizou o período entre 1930 e 1959 na América Latina. Em 1959 o papa João 23 convocou o Concílio Vaticano II, depois da celebração de uma missa pela unidade de todos os cristãos em São Paulo Extramuros. O decreto sobre o ecumenismo do Concílio Vaticano II: *Unitatis Redintegratio*, proclamado em 1964, introduziu o termo *aggiornamiento* como alternativa ao termo *modernização* e um esforço para evitar as discussões polêmicas sobre modernidade, bem como o termo *reforma*, num esforço para evitar qualquer alusão à Reforma protestante de Lutero. Como um gesto profético, o *aggiorgamiento* procurou explorar e desenvolver uma doutrina verdadeira e inimitável de forma que pudesse responder às demandas dos tempos. A preocupação de João 23 com a igreja dos pobres encontrou maior repercussão no diálogo com o mundo desenvolvido do Atlântico Norte e Europa Central, do que no Terceiro Mundo. Os bispos da América Latina não estavam suficientemente conscientes da situação severa e injusta da pobreza em seus próprios contextos e igrejas. Foi somente na Segunda Conferência Episcopal de Medellín (1968), focando na presença da igreja na atual transformação da América Latina, que foi ouvida a voz dos pobres. Após quase cinco séculos da presença católica no continente, os bispos de Medellín foram os primeiros a adotar a situação específica da América Latina como seu ponto de referência.

4.1. Teologia da libertação: opção pelos pobres. O processo que começou no Concílio Vaticano II, imerso que estava na situação socioeconômica e política do continente latino-americano, levou aos poucos a uma nova realidade teológica. Novas gerações de teólogos, o compromisso dos cristãos com processos, tais como a revolução cubana, com uma nova compreensão da relação entre fé e política, bem como o martírio de cristãos comprometidos deram lugar ao surgimento de um pensamento teológico latino-americano. A teologia latino-americana ou da libertação começou a ser caracterizada pelo uso das ciências sociais como ferramenta para analisar o contexto latino-americano. O ponto de partida foi a consciência de uma situação injusta e alienante de dependência econômica, social, política e cultural.

Regimes de segurança nacional e revolucionários caracterizaram os anos entre 1972 e 1984 na América Latina. Esse período começou com a Décima quarta Assembleia do Conselho Episcopal Latino-americano (CELAM) em Sucre, Bolívia, em 1972. Eventos como o final do pontificado de Paulo 6 (1978), a repressão vivida em muitos países no continente, a celebração da Terceira Conferência Geral de Puebla, junto com a Revolução Popular Sandinista na Nicarágua em 1979, estabeleceu uma estrutura para afirmar a resistência ativa de setores populares, bem como um forte movimento de direitos humanos. As Comunidades Eclesiais de Base (CEBs) anunciaram a irrupção no processo histórico da América Latina e na vida da comunidade cristã sempre presente em seu meio. O pobre "veio com seu sofrimento nas costas", como Bartolomé de las Casas disse certa vez; eles carregam consigo sua raça, cultura, classe, língua e sua experiência de exploração (veja Opção Preferencial pelos Pobres). A reflexão teológica e pastoral durante esse tempo foi um produto da dinâmica entre a prática social e eclesial. A ampliação das bases dessa reflexão levou a congressos continentais em 1980 e 1984.

4.2. Reação do Vaticano. A Terceira Conferência Geral do Episcopado Latino-americano realizado em Puebla (1979), e, mais ainda, a Quarta Conferência Geral realizada em Santo Domingo (1992) por ocasião dos 500 anos da evangelização da América Latina, teve como seus objetivos o estudo — condizente com o evangelho de Cristo *o mesmo ontem, hoje e para sempre* (Hb 13.8) — os temas da "nova evangelização", da "promoção humana" e da "cultura cristã". Esses eventos tornaram mais visível as tensões que estavam presentes dentro da igreja católica latino-americana. Levar as boas novas aos oprimidos tornou-se para muitos uma experiência de ser evangelizado pelo oprimido. Puebla assinalou isso ao falar do "potencial evangelístico dos pobres", uma expressão do compromisso da igreja com os pobres e com as comunidades de base. O papa João Paulo II defendeu o Segundo Concílio Vaticano em sua carta apostólica *Tertio Millennio Adveniente* (TMA), em preparação para o jubileu do ano 2000, lembrando que "um exame de consciência deve também considerar a recepção dada ao Concílio, esse grande dom do Espírito à igreja no final do segundo milênio". Essa declaração revelou um processo de aceitação do Vaticano II no contexto latino-americano.

A opção da igreja católica latino-americana pelos pobres e por justiça foi marcada ao longo do caminho por mártires como o arcebispo Oscar Arnulfo Romero, assassinado em El Salvador, o bispo Enrique Angilelli, na Argentina, o bispo Juan Girardi, na Guatemala e vários leigos comprometidos com uma nova maneira de ser da igreja. Esses mártires falam diretamente à realidade do contexto histórico, político, econômico e religioso e requerem responsabilidade em relação à situação de violência, pobreza e opressão (veja Perseguição e Martírio).

Teólogos católicos como Gustavo Gutierrez, no Peru, foram questionados pelo Episcopado numa tentativa de esclarecer a posição deles com respeito à teologia da libertação. Leonardo Boff foi chamado, pela mesma razão, a responder perguntas perante a Congregação para a Doutrina da Fé no Vaticano, em Roma. O documento oficial dessa Congregação, "Teologia da libertação", publicado em 1984 e assinado pelo cardeal Ratzinger e pelo arcebispo Alberto Bovone, criticou o uso de análise marxista e da nova hermenêutica que propõe uma política de releitura da Bíblia. Os meios de comunicação de massa responderam pela primeira vez a esse questionamento da teologia da libertação, e Boff perguntou publicamente: "O que a igreja deve ser, a fim de levar a cabo sua missão de libertação e manter sua irrenunciável identidade religiosa?" Ele afirma também que o uso do marxismo pode ser uma contribuição à igreja, principalmente em favor dos oprimidos ao redor do mundo.

5. De João Paulo II a Bento 16

A influência de João Paulo II nos processos eclesiais e teológicos na América Latina foi significativa. Em sua carta aos bispos do Brasil em 1986, ele afirmou que a teologia da libertação não foi somente útil, mas necessária. Publicações teológicas com perspectivas de libertação não foram condenadas na América Latina, mas sua distribuição foi limitada a certos setores da igreja católica na região. Assim, os vinte e seis anos de pontificado de Karol Wojtyla foram caracterizados por um contexto social e político contra o qual podem ser observadas contradições, diferentes posições e carismas. Sua visita à Nicarágua em 1983 no meio da guerra foi um momento controvertido e histórico na história daquele país. Uma segunda visita aconteceu em 1997 num contexto político diferente, e sua visita a Cuba em 1998 demonstrou uma estratégia papal que respondeu a uma posição política. Um dos significativos efeitos do papado de João Paulo II na América Latina tem a ver com a doutrina e espiritualidade da mariologia (veja Maria, Mariologia). De suas quatorze encíclicas, treze mencionam a Virgem Maria, afirmando sua presença e função na economia da salvação. Essa ênfase teve um efeito sobre a cultura religiosa da América Latina e sobre a percepção dos papeis do gênero.

Embora no final da década de 1990 e início do terceiro milênio uma tendência conservadora tenha sido perceptível em muitos grupos dentro da igreja, houve também um processo de secularização acontecendo na América Latina. Diante do perceptível silêncio da teologia da libertação durante o período pós-socialismo, houve fortes sinais de teologias emergentes, como o movimento bíblico da releitura da Bíblia de setores tradicionalmente excluídos da sociedade, bem como diversas ênfases pastorais que buscam articular a práxis evangélica com o acompanhamento dos pobres, até mesmo entre os movimentos populares. A expansão da vida religiosa no continente, por meio de congregações internacionais estabelecidas, bem como congregações autóctones — especialmente de grupos femininos — proveram uma conexão com a vida do povo, com os excluídos, e infundiram a espiritualidade da igreja católica com nova vitalidade. Também importante foi o papel ativo dos leigos, com mulheres assumindo papeis importantes nas tarefas de evangelização e educação. As mulheres católicas, como Ivonne Gebara, contribuíram muito com suas publicações sobre perspectivas feministas importantes.

O legado do Vaticano II, que encarregou os bispos com um compromisso ecumênico, pode ser visto nos muitos esforços no sentido de estabelecer relacionamentos ecumênicos no continente: diálogo entre o Conselho Latino-americano de Igrejas e a Conferência Episcopal Latino-americana (CELAM), tradução da Bíblia para línguas indígenas, trabalho com organizações humanitárias, projetos comuns de direitos humanos de pretos, povos indígenas e mulheres, bem como publicações e fóruns sobre temas de interesse comum com a igreja protestante latino-americana, e assim por diante.

O Diretório para a Aplicação dos Princípios e Normas sobre o Ecumenismo recomenda a criação de comissões ecumênicas em cada diocese, bem como em nível nacional e regional, ou a designação de um delegado em cada diocese para promover um espírito ecumênico e as relações intereclesiais.

Em 2001, na vigésima oitava Assembleia Geral da CELAM, os delegados decidiram pedir que João Paulo II convocasse uma Conferência Geral do Episcopado latino americano. João Paulo II participou dos primeiros passos de sua preparação e aprovou a ideia de celebrar essa conferência. Após a sua morte em 2005 e a eleição do papa Bento 16, houve acordo sobre o seguinte tema: "Discípulos e missionários de Jesus Cristo para que nossos povos tenham vida nele". Ele propôs também o subtítulo, baseado em João 14.6: *Eu sou o Caminho, a Verdade e a Vida"*. Em apenas algumas semanas em seu papado, o papa Bento 16 expressou pleno acordo com a celebração da Conferência Geral.

6. Mudanças para o novo milênio

A igreja católica latino-americana enfrenta desafios em muitas áreas: *eclesiologia, cristologia, liturgia, diálogo intrarreligioso e entre as religiões, *espiritualidade, interculturalidade, testemunho profético e a necessidade de continuar a se moldar como a igreja dos pobres, bem como a evangelização ou recuperação do fiel em meio ao crescimento do *pentecostalismo e da renovação carismática dentro da igreja católica. Esses desafios também correspondem aos desafios apresentados à igreja no mundo, como a ordenação de mulheres ao ministério, problemas ecológicos, éticos, *sexualidade, desintegração familiar, aborto, HIV-AIDS, violência e abuso sexual, e assim por diante. A lacuna social e econômica entre os ricos e pobres é cada vez maior, e a realidade da pobreza e da injustiça continua a ser o palco para o ministério pastoral e de evangelização da igreja.

Veja também TEOLOGIA HISPÂNICA/LATINA; TEOLOGIA LATINO-AMERICANA AUTÓCTONE; TEOLOGIA LATINO-AMERICANA PROTESTANTE; TEOLOGIAS DE CONTEXTO AFRICANO NA AMÉRICA LATINA.

BIBLIOGRAFIA. BOFF, L., et al., *Teología de la liberación: Documentos sobre una polémica* (San José: DEI, 1986); CODINA, V., "El Vaticano II: Un concilio en proceso de recepción", *Selecciones de Teología* 45:177 (2006) 4-18; DUSSEL, E. D., *Historia general de la Iglesia en América Latina 1.1* (CEHILA; Salamanca: Ediciones Sígueme, 1983); idem, *Teología de la liberación: Un panorama de su desarrollo* (México: Postrerillos Editores, 1995); GINÉS DE SEPÚLVEDA, J., *Tratado sobre las justas causas de la guerra contra los indios* (México: Fondo de Cultura Económica, 1963); RICHARD, P., org., *Materiales para una historia de la teología en América Latina*, 8 (Encuentro Latino- americano de CEHILA; Lima: CEHILA, 1980); idem, *Raíces de la teología latinoamericana* (San José : DEI, 1985); idem, *10 Palabras clave sobre la Iglesia en América Latina* (Navarra: Editorial Verbo Divino, 2003); RUIZ, J. A., "A los cuarenta años del Concilio Vaticano II", *Selecciones de Teología* 45:177 (2006) 45-56.

A. V. Rocha

TEOLOGIA LATINO-AMERICANA PROTESTANTE

O protestantismo latino-americano é um movimento crescente com muitas faces. Muitas formas do protestantismo do continente têm sido fortemente influenciadas por perspectivas teológicas dos Estados Unidos ou da Europa. A teologia protestante tem sido também impactada por sua localização dentro do continente mais católico do mundo. Houve também muitos protestantes latino-americanos que questionaram a importância da reflexão teológica, sentindo que a única coisa importante é a igreja estar envolvida no *evangelismo. Devido a esses fatores o teólogo latino-americano René Padilla descreveu os protestantes latino-americanos como um povo sem uma teologia, embora outro teólogo, José Míguez Bonino, esclareceu que tal teologia existe, contudo ela tende a ser reducionista.

1. Protestantismo e cristandades na América Latina
2. Vertentes teológicas na América Latina
3. Desenvolvimento da reflexão teológica protestante latino-americana
4. Problemas para a teologia protestante na América Latina

1. Protestantismo e cristandades na América Latina

O protestantismo latino-americano viveu nas sombras tanto da hegemonia católica romana latino-americana, como da hegemonia protestante norte-americana. Isso afetou a reflexão teológica de várias formas. Por um lado, muito do primitivo pensamento protestante se refletiu numa polêmica anticatólica que buscava evangelizar convencendo os católicos romanos do erro de seus caminhos. Pelo fato de os protestantes serem uma minoria relativamente pequena em países onde o catolicismo era a religião oficial, eles desenvolveram perspectivas teológicas que teve uma forte inclinação separatista e quase sempre apocalíptica. Muitos protestantes também se inclinaram a ver teologia como uma ferramenta para convencer pessoas da superioridade do protestantismo. A reflexão teológica quase sempre se concentrou nas questões que diferenciavam com muita clareza protestantes e católicos, quase sempre com intenção polêmica.

Mas os protestantes latino-americanos viveram também na sombra do protestantismo norte-americano e europeu. Muitos protestantes nunca viram a necessidade de reflexão teológica nascida na região. Foi assumido que as perspectivas teológicas trazidas pelos missionários eram corretas e bem ajustadas para o continente. Para alguns, a reflexão teológica consistia em repetir conceitos teológicos dos Estados Unidos ou na Europa. Em sua forma mais extrema, a tradução disso equivalia à reflexão teológica.

2. Vertentes teológicas na América Latina

Em seu livro *Faces of Latin American Protestantism* (Faces do protestantismo latino-americano), Míguez Bonino identifica quarto importantes vertentes que refletem os diferentes meios e momentos nos quais o protestantismo chegou ao continente e como cada um se desenvolveu. Cada uma das quatro "faces" — liberal, evangélica, pentecostal e étnica — parece muito diferente, mas todas elas têm um tema teológico comum: missão. Missão "não é visível como formulação teológica explícita, e sim como um 'éthos' que permeia o discurso, a adoração e a vida da comunidade protestante, uma autocompreensão manifestada em todas as posturas, conflitos e prioridades" (Míguez Bonino, 131). Os vários grupos podem não concordar com o que a missão da igreja parece, mas todos os grupos protestantes na América Latina foram reunidos por um bom senso de missão e não por uma perspectiva teológica ou doutrinária comum.

No entanto, porque o empreendimento missionário cristão na América Latina, tanto católico como protestante, esteve ligado, direta ou indiretamente, a um esforço colonial ou neocolonial, isso criou várias ambiguidades na reflexão teológica protestante. Os protestantes quase sempre se concentraram em questões levantadas pela evangelização católica, por um lado, como conversões forçadas, sincretismo e as estruturas políticas e sociais injustas que desenvolveram no continente. Mas, por outro lado, vários tons de protestantismo tiveram que lidar com triunfalismo, escapismo, a evangelização como competição, missiologia gerencial, implícita (e até mesmo explícita) apoio da política externa dos EUA no continente, um ecumenismo que não responde às complexidades das relações entre católicos e protestantes na América Latina, e muitas outras questões levantadas pelo empreendimento missionário protestante.

3. Desenvolvimento da reflexão teológica protestante latino-americana

A reflexão teológica protestante em grande parte do século 19 e início do século 20, tal como foi, teve uma tendência num foco polêmico e apologético. Essa tendência começou a mudar quando os protestantes continuaram a crescer e se tornaram um segmento mais importante nas sociedades latino-americanas.

Foi missão que começou a unir os protestantes latino-americanos. Os missionários protestantes latino-americanos foram excluídos da conferência missionária de Edimburgo de 1910 porque a América Latina era considerada "evangelizada" (i.e., católica romana). Isso criou o ímpeto para uma série de conferências em todo o continente: Panamá (1916), Montevidéu (1925) e Havana (1929). No início o foco foi exclusivamente atividade missionária com uma forte presença missionária estrangeira. Mas gradualmente esses encontros abriram o caminho para os latino-americanos se reunirem para reflexão teológica e levaram ao desenvolvimento de organizações mais formais entre os protestantes. A primeira significativa, a Conferência Evangélica Latino-americana (CELA), reuniu-se em 1949, 1961 e 1969.

A reflexão teológica protestante foi impactada por seu contexto e por eventos-chave na igreja mais ampla. A situação política e social no continente criou o contexto para as igrejas refletirem sobre seu papel e sua compreensão de missão. As crescentes disparidades sociais, ligadas às crescentes tensões políticas, em meio ao conflito Leste-Oeste, tornou-se o ambiente para nova reflexão teológica. Alguns teólogos protestantes uniram-se a seus colegas católicos no desenvolvimento da teologia da *libertação. Outros não estavam prontos para dar esse passo, mas, no entanto, reconheceram que a reflexão teológica protestante tinha de responder ao seu contexto.

Enquanto isso, problemas de fora da área estavam também moldando a paisagem teológica. Vários líderes da América Latina se envolveram em reuniões que levaram à formação do Conselho Mundial de Igrejas (CMI). Alguns se envolveriam na teologia da libertação e trabalhariam mais tarde para organizar igrejas ligadas ao CMI na região dentro do Conselho Latino-americano de Igrejas (CLAI) em 1982, criando uma localização crucial para a reflexão teológica protestante. Além de Míguez, outras vozes a partir dessa perspectiva incluíram pessoas como Emilio Castro, Gonzalo Baez Camargo e Mortimer Arias.

Durante o mesmo período as igrejas mais conservadoras foram impactadas pelo Congresso Mundial de Evangelismo, em Berlim (1966) e a Conferência de *Lausanne (1974). Houve a formação de um grupo mais jovem de líderes latino-americanos que não seguiram a teologia da libertação, mas que estavam convencidos de que a igreja precisava responder às questões por ela levantadas. Eles desenvolveram o Congresso Latino-americano de Evangelização (CLADE), que realizou reuniões de âmbito continental em 1969, 1979, 1992 e 2000. Em 1970 esses teólogos mais jovens formaram a Fraternidade Teológica Latino-americana (1970), que continua a servir como outro fórum importante para reflexão teológica na região. Os mais conhecidos dos teólogos/missiólogos a desenvolver seus pensamentos dentro dessa perspectiva foram René Padilla, Orlando Costas, Samuel Escobar e Emílio Nuñez.

Outro desafio importante para a reflexão teológica foi o rápido crescimento das igrejas pentecostais e neopentecostais. A maioria questionou o papel da reflexão teológica formal, mas eles desempenharam um papel fundamental particularmente como uma forma de religião popular. De acordo com Samuel Escobar, "a teologia da libertação optou pelos pobres, mas os pobres optaram pelo pentecostalismo". O contínuo crescimento do pentecostalismo e do neopentecostalismo em meio a contínua pobreza e injustiça criou novas conversações entre os teólogos latino-americanos e na igreja popular. O objetivo é criar um ambiente que tanto celebre a vitalidade espiritual das igrejas como dê a essas igrejas ferramentas interpretativas para responder às suas realidades de uma perspectiva missional.

4. Problemas para a teologia protestante na América Latina

A igreja em missão será provavelmente o foco da reflexão teológica na América Latina durante muitos anos. Muitos dos problemas levantados nos últimos cinco séculos continuam a pesar sobre os protestantes e continuarão a desafiá-los a refletir teologicamente sobre como responder.

• O relacionamento entre protestantes e católicos, e as contínuas implicações das evangelizações tanto de católicos como de protestantes, continuarão a pesar sobre a reflexão teológica à medida que cada um luta com o que significa ser cristão num ambiente "cristianizado", e na competição entre católicos e protestantes.

• A injustiça estrutural continua a manter uma grande porcentagem da população na opressiva pobreza, e isso é exacerbado pela economia globalizada (veja Globalização). O conflito Leste-Oeste terminou, mas os problemas realçados pela teologia da libertação não foram resolvidos. Várias formas de "missão integral" e a teologia latino-americana estão procurando responder a essa realidade.

• A continua existência e o crescimento dos movimentos religiosos populares "não ortodoxos" também desafiam os protestantes a considerarem como eles entendem a fé.

• A luta em andamento dos povos autóctones por justiça não pode ser ignorada por uma igreja que deseja ter uma perspectiva missionária (veja Teologia Latino-americana Autóctone).

• A pobreza da região também está contribuindo para a contínua destruição do ambiente, particularmente algumas das florestas tropicais mais importantes do mundo. O impacto dessa devastação está sendo sentido em todo o mundo.

• Outras questões fundamentais para a teologia protestante incluem a migração global, o machismo e o relacionamento conflituoso com os Estados Unidos.

Vários teólogos protestantes, como Míguez Bonino, Padilla, Escobar e Pedro Arana, propõem que o futuro da reflexão teológica protestante deve ser encontrado numa nova e mais profunda reflexão sobre o Deus trino e sobre a missão. Isso impulsionará os protestantes além do reducionismo e lhes dará novas ferramentas para lidar com os profundos desafios enfrentados hoje pelas igrejas protestantes latino-americanas.

Veja também OPÇÃO PREFERENCIAL PELOS POBRES; TEOLOGIA HISPÂNICA/LATINA; TEOLOGIA LATINO-AMERICANA AUTÓCTONE; TEOLOGIA LATINO-AMERICANA CATÓLICA ROMANA; TEOLOGIA DA LIBERTAÇÃO.

BIBLIOGRAFIA. ARANA QUIROZ, P., ESCOBAR, S. e PADILLA, C. R., *El trino Dios y la misión integral* (Buenos Aires: Ediciones Kairós, 2003); BASTIÁN, J.-P., *Historia del protestantismo en América Latina* (México: Casa Unida de Publicaciones, 1986); DEIROS, P., *Historia del Cristianismo en América Latina* (Buenos Aires: Fraternidad Teológica Latinoamericana, 1992); ESCOBAR, S., *Tiempo de misión América Latina y la misión cristiana hoy* (Guatemala: Ediciones SEMILLA, 1999); MÍGUEZ BONINO, J., *Faces of Latin American Protestantism* (Grand Rapids: Eerdmans, 1997); PADILLA, C. R., *Misión integral: Ensayos sobre el reino y la iglesia* (Buenos Aires: Nueva Creación, 1986).

J. F. Martinez

TEOLOGIA LUTERANA

Na sua essência, A teologia luterana é uma tentativa radical de uma articulação evangélica da mensagem cristã que surgiu no século 16 através dos esforços corajosos do reformador alemão Martinho Lutero (1483-1546) e seus seguidores. Com a ajuda de Filipe Melanchton, seu companheiro mais próximo, e outros, Lutero procurou reformar a igreja medieval (ocidental) pelo retorno a suas raízes bíblicas. Lutero, um professor de teologia da Universidade de Wittenberg, foi profundamente comprometido em tornar clara a mensagem do evangelho de Jesus Cristo. Apesar de ter sido carimbada por sua origem em um contexto universitário, a teologia luterana tem, desde o seu início, a intenção de tornar clara a mensagem do evangelho de tal maneira que as pessoas de todas as esferas da vida possam entende-la e vir a acreditar nela. Qualquer descrição da teologia luterana em perspectiva global, necessariamente, implica a consideração das Confissões do século 16, que estão contidas no Livro de Concórdia, e que formam as lentes interpretativas definitivas dos luteranos para ler e entender as Escrituras. Além disso, uma perspectiva global não é uma reflexão tardia, porque o compromisso primordial com a fidelidade ao evangelho em muitos e variados contextos evidenciou a marca da Reforma de sempre reformar (*semper reformanda*).

A teologia luterana está intimamente associada com certos temas teológicos centrais, que refletem as questões teológicas e pastorais urgentes e fundamentais dos dias de Lutero. Essas questões continuam a ser centrais no século 21, embora de certa forma refletindo as circunstâncias mudadas e em mutação dos nossos cenários globais contemporâneos. Assim, este artigo considerará os seguintes temas e tópicos: justificação pela graça somente (*sola gratia*), pela fé somente (*sola fide*), por Cristo somente (*solus Christus*); somente as Escrituras (*sola Scriptura*); o significado tríplice da Palavra de Deus — Jesus Cristo, a proclamação oral do evangelho, as Escrituras como palavra escrita de Deus; lei/evangelho; o finito é capaz de conter o infinito (*finitum capax infiniti*); comunicação de atributos (*communicatio idiomatum*); simultaneamente justo e pecador (*simul justus et peccator*); os dois reinos; a troca feliz; teologia da cruz (*theologia crucis*); Palavra e sacramento como meios de graça. Além disso, vamos prestar atenção ao que pode ser genericamente descrito como ênfases contextuais na teologia luterana numa perspectiva global.

1. Temas centrais
2. O Renascimento nos estudos de Lutero e sua influência sobre a teologia luterana
3. Algumas expressões contextuais contemporâneas da teologia luterana
4. Teologia luterana e o diálogo ecumênico
5. A teologia luterana e a experiência do Espírito Santo

1. Temas centrais

1.1. Justificação somente pela graça, somente pela fé, somente por Cristo. No centro da teologia luterana está a preocupação da Reforma com a questão de como o pecador é feito justo com Deus. Todos os seres humanos são pecadores — injustos — porque não estão consistentes com a finalidade para a qual foram criados: pessoas criadas para confiar em Deus, que somente é a fonte de vida, cura e integridade. Por causa da morte e da ressurreição de Jesus, Deus declara justo o pecador, ou justo perante Deus. Não há nada que o ser humano possa para tornar-se justo aos olhos de Deus. Um ser humano pecador é tornado justo, ou justo perante Deus pela fé em Jesus Cristo. Aqui a fé é entendida essencialmente como confiança, confiança em Deus que é fiel às suas promessas, que vieram à plena e decisiva expressão na vida, morte e ressurreição de Jesus Cristo. Em sua frequentemente citada explicação sobre o terceiro artigo do *Credo dos Apóstolos, Lutero deixa claro que fé como confiança é um dom, não uma obra humana; é totalmente o trabalho do Espírito Santo ao se ouvir o evangelho: "Eu creio que por meu próprio entendimento ou força não posso crer em Jesus Cristo, meu Senhor, ou vir até ele, mas o Espírito Santo me chamou pelo evangelho, iluminou-me com seus dons, fez-me santo e manteve-me na verdadeira fé" (Livro de Concórdia, 355).

1.2. Justificação forense e a Palavra de Deus realizando o que ela declara. Essa declaração divina de que o pecador é justo reflete um tribunal onde o juiz declara ao criminoso o veredito de inocente. É claro que essa descrição, chamada justificação forense, pode ser interpretada incorretamente para significar que o pecador não está realmente mudado, mas simplesmente é declarado ser justo. A teologia luterana insiste que a Palavra de Deus efetua (ou realiza) o que ela declara, de modo que o pecador é realmente feito justo por causa de Cristo. A justificação e a santificação devem ser mantidas juntas. A ação justificadora de Deus em Jesus Cristo é a essência da mensagem cristã, isto é, do evangelho.

Para os luteranos, a doutrina da *justificação é a norma para toda proclamação cristã e para a vida-em-comunidade cristã. As Confissões Luteranas declaram que essa doutrina é o "primeiro e principal artigo" (Artigos de Smalcald 2.1; Livro de Concórdia, 301), e Lutero a chamou de "governante e juiz sobre todas as outras doutrinas cristãs" (WA, 39, I, 205). Como está evidente na *Declaração conjunta sobre a doutrina da justificação* (da Federação Luterana Mundial e da Igreja Católica Romana, 31 de outubro de 1999), a justificação permanece o centro gerador da teologia luterana e da articulação do evangelho. É um princípio teológico inegociável.

1.3. Simultaneamente justo e pecador. Embora de fato o pecador seja justificado pela fé em Jesus Cristo, a teologia luterana enfatiza que o pecador redimido é simultaneamente justo e pecador (sempre cem por cento nesta vida, em ambos os casos). Sim, o Espírito está efetuando a transformação do pecador num novo ser que ele já é pela fé. Escatologicamente, ele é justo. Essa é uma realidade oculta, que não pode ser quantificada. Essa transformação é o processo de santificação, que um constante retorno para sua justificação, nunca longe dela.

1.4. O conceito de Lutero de "Troca feliz". Pela fé em Jesus Cristo, o pecador experimenta a "troca feliz" na qual Cristo lhe dá a justiça de Cristo e em troca toma o pecado do pecador sobre si mesmo. Isso é totalmente pela salvação e pelo benefício do pecador. De fato, Jesus Cristo faz pelo pecador *o que somente Cristo pode fazer:* dá sua justiça divino-humana para o pecador e toma a injustiça do pecador sobre si mesmo (cf. Fórmula de Concórdia 3; Livro de Concórdia, 571-73).

1.5. A Palavra de Deus é entendida em três sentidos. A Palavra de Deus é em primeiro lugar e essencialmente Jesus Cristo, que é a Palavra eterna feita carne. Em segundo lugar, a Palavra de Deus é a Palavra proclamada, que vem na e através de palavras humanas. A Palavra Viva, Jesus Cristo, é transmitida através de palavras humanas. Em terceiro lugar, a Palavra de Deus é a Palavra escrita, as Escrituras, ou a Bíblia. Em seu "testemunho", a Bíblia tem a Palavra Viva e é o fundamento e a base para toda proclamação. Ela dá os parâmetros para toda a proclamação cristã. Ela é a norma que rege (*norma normans*), mas não é regida. Ao mesmo tempo, ela não deve ser equiparada à graça justificadora de Deus em Jesus Cristo. Somente Cristo salva (*solus Christus*). As Confissões Luteranas, especialmente a Confissão de Augsburgo (1530) e o Pequeno Catecismo de Lutero (1529), são reconhecidos pelos luteranos mundialmente como exposições verdadeiras e fiéis do evangelho. Eles são normas regidas (*norma normata*). Eles não são as Escrituras acima, mas são delas interpretações fiéis. As Escrituras são regra de fé e prática.

1.6. Meios de graça: Palavra e sacramento. A teologia luterana acentua que Deus sempre vem através de meios, que são parte de sua criação. O amor de Deus é sempre mediado; não existe experiência de Deus sem mediação. A convicção de que Deus vem através de meios está arraigado na encarnação. Como observado acima, meios finitos são capazes de suportar o infinito; e o encontro entre Deus e os seres humanos, que são todos pecadores e necessitam de redenção, acontece só e totalmente pela iniciativa de Deus. Nenhuma obra ou experiência humana, que tem sua origem no esforço e/ou na intenção humana, pode tornar possível esse encontro salvador. No *sacramento do santo *batismo e da eucaristia (santa comunhão ou a *ceia do Senhor) Deus vem pelos meios da água e do pão e do vinho. Nesses meios verdadeiramente terrenos, a Palavra de Deus verdadeiramente vem e está presente, oferecendo nova vida e o perdão dos pecados. O batismo é o início desta vida, que deve ser considerada e experimentada pelos cristãos como morrer diariamente para o pecado e ressurgir para nova vida em Jesus Cristo.

1.7. A Palavra de Deus é dupla: lei e evangelho. A lei é a boa lei de Deus, a qual exige e acusa, enquanto o evangelho é a palavra de Deus de promessa e perdão. Nem a lei, nem o evangelho deve obscurecer o outro. É comum falar de dois usos da lei, com o primeiro uso sendo o civil/político. Aqui, a lei refreia/restringe e pune o mal e promove o bem do próximo. No segundo uso "espiritual/religioso", a lei reflete a realidade da total pecaminosidade da pessoa perante Deus; ela julga e condena o pecador e o conduz a Cristo. A lei não tem o poder de dar a justiça que ela exige do pecador perante Deus. Essa justiça é dada no evangelho; ela é o evangelho. Argumenta-se que existe um terceiro uso da lei como guia na vida cristã.

1.8. Duas marcas distintivas e necessárias da igreja. A verdadeira proclamação e fiel celebração dos sacramentos (batismo e eucaristia) são as duas marcas definitivas da igreja (Confissão de Augsburg 7; *Livro de Concórdia*, 42). Com relação a isto, a igreja como a "assembleia de crentes" é criada por Deus, não por humanos. Deus usa seres humanos e vasos de barro para carregar a Palavra criativa de Deus. Deve-se observar que Lutero declara que sofrimento ("aflições") é outra marca da igreja e, por isso, pode ser visto como um sacramento (Apologia da Confissão de Augsburg, Artigo 18, 17; *Livro de Concórdia*, 221).

1.9. Teologia da cruz versus teologia da glória. Deus é paradoxalmente revelado no oposto de onde os humanos esperam que Deus esteja presente. A essa forma de fazer teologia Lutero dá o nome de teologia da cruz, que ele contrasta com a teologia da glória. A última é uma especulação sobre onde Deus pode ser encontrado, uma especulação que leva para longe da cruz, da vergonha, do sofrimento e da morte de Jesus. Uma teologia da glória busca Deus nas expectativas humanas e avaliações de poder e triunfo longe da desordem da vida. Em contraste, uma teologia da cruz "vê" o poder de Deus oculto em seu oposto. Uma teologia da cruz é uma teologia da revelação divina e uma teologia da fé — reconhecendo Deus onde Deus deseja ser conhecido pelos pecadores: no sofrimento, na cruz e na morte de Jesus Cristo. Essa teologia evidencia o poder na impotência. De fato, esta é uma redefinição radical do poder de Deus.

2. A Renascença em estudos de Lutero e sua influência na teologia luterana

Houve várias críticas, oportunas, e movimentos vitais na interpretação de Lutero desde o século 16. Entre aqueles estava a renascença em estudos de Lutero associados com estudos escandinavos de Lutero do início do século 20. Entre os proeminentes estudiosos estavam Anders Nygren, Gustaf Aulen, Gustaf Wingren (todos da Suécia) e Regin Prenter (Dinamarca). Sua leitura e interpretação dos próprios escritos de Lutero abriram um mundo até então não examinado na compreensão tanto do pensamento teológico de Lutero como do impulso das Confissões. Ao longo das últimas duas décadas, mais ou menos, surgiu a Escola Finlandesa de Estudos de Lutero, cujo principal porta-voz, Tuomo Mannermaa, em relação ao diálogo luterano-ortodoxo (oriental), chamou a atenção para a realidade, poder e presença de Cristo no pecador que, pela fé em Cristo, é justificado. O que está sendo colocado é uma compreensão de justificação como teose, ou *deificação, uma real participação do crente em Cristo e, portanto, no próprio ser de Deus.

3. Algumas expressões contextuais contemporâneas da teologia luterana

3.1. A teologia luterana na perspectiva global. Considerar a teologia luterana na perspectiva global é considerar o que é distintivo e tem sido preservado e como o que é distintivo foi preservado precisamente por atender à necessidade de mudança. Quando a Reforma do século 16 é vista corretamente como um movimento evangélico influenciado e moldado por fatores sociais, políticos, econômicos e culturais, e não apenas por fatores teológicos e eclesiásticos, o caminho está aberto para consideração de expressões oportunas e necessárias da teologia luterana. A teologia luterana mostra seu caráter contextual intrínseco em tais expressões teológicas centradas na justiça: teologias *feministas, teologias da *¹libertação latino-americanas, teologia *africana e negra, teologias *asiáticas, incluindo a dalit indiana.

Especialmente desde os anos de 1970, as chamadas teologias luteranas do Terceiro Mundo envolveram Lutero e as Confissões luteranas de forma que colocaram a tradição reformada da justificação e a teologia da cruz, e a teoria dos dois reinos — na qual o governo de Deus é exercido tanto no reino da esquerda ou "reino do lado esquerdo" (da família, política, economia, cultura, enfim, em assuntos inter-humanos; temporais) e o reino na direita ou "reino do lado direito" (do evangelho; espiritual) — no centro do envolvimento com as prementes realidades contextuais da luta por justiça. Ambos os reinos são de Deus. Nenhum deles deve tomar o lugar do outro. O evangelho não deve ser transformado numa receita pela qual a sociedade deva ser organizada. O reino da esquerda é para preservar a paz e evitar o caos para que o evangelho possa ser proclamado e o sacramento administrado.

A teologia luterana no século 21 reflete cada vez mais e é desafiada a refletir a diversidade de linguagens, culturas e fatores socioeconômicos, entre outros, que configuram tanto o viver a vida cristã em vários cenários e a necessária reflexão teológica na tradição da Reforma de sempre reformar (*semper reformanda*).

3.2. A teologia luterana em diálogo com as religiões mundiais. O apelo para viver em paz com e se relacionando com respeito a pessoas de outras crenças, especialmente hindus, muçulmanos, budistas e religiosos tradicionais, tem presenciado os luteranos, assim como outros cristãos, a dialogar com pessoas de outras crenças. Isso tem desafiado os luteranos a articular como a teologia confessional luterana apela e/ou desencoraja o envolvimento teológico com pessoas de outras religiões e crenças. Aqui, os temas do Deus oculto (*Deus absconditus*)/Deus revelado (*Deus revelatus*) e somente Cristo (*solus Christus*) foi e está sendo examinado para fornecer maneiras frutíferas e evangélicos de respeitar o outro religioso, precisamente por assistir ao que é particular e que não é negociável. Nas últimas três décadas, o trabalho do Departamento da Federação Luterana Mundial para estudos em Genebra e o Instituto Ecumênico de Estrasburgo, França, bem como outras iniciativas teológicas, tem mostrado crescente atenção àquelas duas áreas principais.

As abordagens contextuais à teologia luterana no contexto global mostraram que a teologia tem um caráter biográfico indispensável. Assim, a biografia do intérprete desempenha um papel crítico, às vezes um papel decisivo na interpretação dos textos bíblicos, dos credos, confessionais, teológicos (e outros textos). Embora esse fenômeno da hermenêutica biográfica seja inevitável, é característico da teologia luterana fazer a pergunta: o que rege o que dizemos sobre Deus, sobre os seres humanos e o mundo? A teologia luterana coloca as Escrituras, cujo centro é Cristo somente — crucificado e ressurreto — como a norma que rege (*norma normans*); portanto, inevitável ainda que a biografia do intérprete seja, ela deve estar subordinada à Palavra. A experiência é normatizada; não é a norma que normatiza.

Numa veia diferente e de especial atenção é a obra do teólogo japonês Kazoh Kitamori, cuja *Theology of the Pain of God* (Teologia do sofrimento de Deus) representa um engajamento esclarecedor com a teologia da cruz, de Lutero, num contexto pós-Segunda Guerra Mundial, de dor e sofrimento.

4. Teologia luterana e o diálogo ecumênico

A teologia luterana foi influenciada pelo engajamento em diálogos formais e informais nos níveis internacional, nacional e local. Aqui, especial menção precisa ser feita à assinatura da *Declaração conjunta sobre a doutrina da justificação* (31 de outubro de 1999), em Augsburg, Alemanha, entre o Vaticano e a Federação Luterana Mundial. Essa *Declaração conjunta* foi a colheita dos frutos tanto do internacional como do Diálogo luterano-católico romano americano (o último começou em 1965). Outros diálogos bilaterais incluíram os luteranos-reformados, luteranos-episcopais/anglicanos, luteranos-metodistas e luteranos-ortodoxos.

5. A teologia luterana e a experiência do Espírito Santo

A teologia luterana foi pressionada a articular uma compreensão da pessoa e da obra do Espírito Santo cristologicamente centrada e que levasse em consideração que o Espírito Santo é o Espírito criador (cf. Prenter). Além disso, numa perspectiva global, a teologia luterana está tentando compreender, critica e simpaticamente, expressões pentecostais de experiência do Espírito Santo, especialmente em termos do poder do Espírito na vida de indivíduos e comunidades em vários cenários em todo o mundo. A avaliação negativa de Lutero de tais expressões como mero entusiasmo e a visão de que elas dizem respeito à justiça pelas obras são insuficientes e, melhor dizendo, inexatas para a compreensão desses fenômenos.

Veja também JUSTIFICAÇÃO; TEOLOGIA REFORMADA.

BIBLIOGRAFIA. ALTMANN, W., *Liberation Theology* (Minneapolis: Augsburg Fortress, 1992); *The Book of Concord: The Confessions of the Evangelical Lutheran Church*, Kolb, R. e Wengert, T. J., orgs. (Minneapolis: Augsburg Fortress, 2000); BRAATEN, C. E., *Principles of Lutheran Theology* (2. ed.; Minneapolis: Fortress, 2007); CHUNG, P. S., *Martin Luther and Buddhism: An Aesthetics of Suffering* (Eugene: Wipf and Stock, 2000); GASSMANN, G., com LARSON, D. H. e OLDENBURG, M. W., *Historical Dictionary of Lutheranism* (Lanham: Scarecrow, 2001); GREIVE, W., org., *Justification in the World's Context* (LWF Documentation 45; Geneva: Lutheran World Federation, 2000); JENSEN, R. A., *Touched by the Spirit* (Minneapolis: Augsburg, 1975); KITAMORI, K., *Theology of the Pain of God* (trad. do japonês 5a. ed. rev.; Tokyo: Shinkyo Shuppansha, 1958); LUTHERAN WORLD FEDERATION, *Joint Declaration on the Doctrine of Justification* (Lutheran World Federation and the Roman Catholic Church; Grand Rapids: Eerdmans, 2000); *Lutheran Identity* (Strasbourg: Institute for Ecumenical Research, 1977); MANNERMAA, T., *Christ Present in Faith*, Stjerna, K., org. (Minneapolis: Augsburg Fortress, 2005); PERO, A. e MOYO, A., orgs., *Theology and the Black Experience: The Lutheran Heritage Interpreted by African and African-American Theologians* (Minneapolis: Augsburg, 1988); PERSAUD, W. D., *The Theology of the Cross and Marx's Anthropology* (New York: Peter Lang, 1991); idem, "JDDJ [Joint Declaration] and the Christian Mission in the Context of Multi- Cultural and Multi-Faith Realities", *Dialog* 45:1 (Spring 2006) 83-91; PRENTER, R., *Spiritus Creator* (Philadelphia: Fortress, 1953); SOLBERG, M. M., *Compelling Knowledge* (Albany: State University of New York Press, 1997).

W. D. Persaud

TEOLOGIA MEDIEVAL

A teologia medieval é uma ampla disciplina e geralmente abrange os desenvolvimentos doutrinários europeus, as formulações, as declarações de credos e movimentos heréticos do período logo após o concílio ecumênico de Calcedônia (451) até a véspera da *Reforma protestante no século 16. Esse período pode ser, grosso modo, subdividido: (1) teologia do início da Idade Média (500-1000), (2) escolasticismo (1000-1300) e (3) teologia medieval tardia (1300-1500).

Durante o período medieval inicial, diferenças doutrinárias, já evidentes na igreja primitiva entre a igreja oriental ou grega (depois chamada de ortodoxa grega [veja Teologia ortodoxa oriental]) e a latina ou ramo católico romano da cristandade solidificado. Tensões doutrinárias entre as duas cresceram consistentemente durante quinhentos anos até que se chegou a um ponto de ruptura no cisma formal de 1054. Dessas duas histórias, a da igreja latina ocidental foi de longe a mais dinâmica em termos de inovação doutrinária. A igreja oriental viu-se enfrentando uma crescente e agressiva fé *islâmica. Esse confronto e o crescente isolamento do Império bizantino do Ocidente, bem como sua reverência pelos grandes teólogos do início da era da igreja, retardaram a inovação doutrinária no Leste.

1. Monofisitas e monotelitas
2. Teologia do início da Idade Média europeia ocidental
3. Teologia escolástica
4. Desafios medievais tardios à ortodoxia

1. Monofisitas e monotelitas
Uma divisão inicial dentro da igreja ortodoxa oriental começou quase imediatamente após o Concílio de Calcedônia e estava diretamente relacionado à sua formulação fundamental de que o Cristo encarnado possuía tanto a natureza divina (veja Cristologia) como humana. Um grupo agora conhecido como monofisitas ("uma natureza", no grego) contestou o pronunciamento calcedônico. A posição monofisita era que em Jesus Cristo existe apenas uma natureza e essa natureza é divina. Sua rejeição da fórmula calcedônica tinha duas bases: (1) eles temiam que isso encorajasse os nestorianos, e (2) o grande Cirilo de Alexandria (m. 444), que dirigiu a acusação contra Nestório no Concílio de Éfeso em 431, nuca havia usado a terminologia empregada pelos bispos em Calcedônia. Tão grande foi a reverência deles por esse patriarca e por suas palavras que procuraram outra forma.

Quando as fileiras dos monofisitas começaram a se avolumar e as posições dos rivais se endureceram, os imperadores bizantinos Zeno (r. 474-491) e Justiniano I (r. 527-565) tentou encontrar alguma forma de reconciliá-los com a posição ortodoxa, mas as tentativas acabaram falhando. Isso levou a uma união de três grupos cristãos orientais: os armênios, os jacobitas sírios e os egípcios sob a bandeira monofisita.

No século 17, o Império bizantino enfrentou uma nova crise com o surgimento e rápida expansão do islamismo. Imperadores, no desejo de fortalecer laços políticos entre populações cristãs em luta, estimularam os clérigos a estabelecer uma ponte com os monofisitas. Uma posição de compromisso exercida pela primeira vez em 624 propôs uma nova fórmula: existem duas naturezas separadas no Cristo encarnado, mas apenas um princípio ativo (*energeian*) como na frase de Paulo *segundo a atuação da força do seu poder* (Ef 1.19). Sérgio, o patriarca de Constantinopla, apoiou a ideia e mandou um esboço da nova fórmula ao papa romano Honório que, em seu entusiástico apoio, criou a frase "uma vontade" em lugar do original "um princípio ativo". Essa visão "uma vontade" foi apelidada de "monotelismo" — Cristo tinha duas naturezas distintas, mas apenas uma vontade. Embora dois concílios menores apoiassem a ideia, o monotelismo foi condenado em 680 no Concílio de Constantinopla, que afirmou que Jesus Cristo tinha duas naturezas, humana e divina, e duas vontades correspondentes.

No Ocidente, o período entre a queda do Império romano (c. 450) e 1000 d.C. é às vezes descrito como a "Era das trevas". Foi uma era caracterizada por um declínio geral e progressivo na literatura. A ameaça constante das incursões bárbaras ou invasão nacional, como no caso da Inglaterra sob os Vikings, tende a retardar o desenvolvimento do conhecimento e da cultura.

A expansão monástica durante esse período foi vigorosa, e o trabalho de monges em copiar e preservar a literatura bíblica, teológica e secular, especialmente na Irlanda e Nortúmbria enfrentou brevemente o declínio cultural. Nas áreas agora conhecidas como França e sul da Alemanha e terras a leste, o domínio de Carlos Magno (coroado imperador em 800) foi um ponto de estabilidade política elevada e marcou o início de um breve renascimento da educação, da arte e do conhecimento.

A inovação teológica no Ocidente durante esse tempo foi muito preocupada em refazer formulações doutrinárias que haviam sido imperfeitamente forjadas no início da era da igreja. Foi um período de controvérsia teológica e será organizada de forma cronológica neste artigo.

2. Teologia do início da Idade Média europeia ocidental
2.1. Papa Gregório I. O para Gregório I (c. 540-604), conhecido como "O grande", é geralmente visto como o primeiro papa medieval e claramente um dos mais influentes

formadores da igreja latina em sua segunda metade do milênio. Ele foi especialmente influente em promover e refinar a emergente doutrina do purgatório no Ocidente. Neste ponto a igreja ortodoxa oriental, embora afirmando a importância das orações pelos mortos, não seguiu a liderança romana.

2.2. A doutrina da salvação. Na área da soteriologia, a igreja medieval refez questões levantadas um século antes. O Segundo Concílio de Orange (529), aconteceu em Aráusio, no sul da França. Treze bispos se reuniram para dedicar uma nova igreja, mas usaram a ocasião para resolver algumas questões remanescentes levantadas por Agostinho de Hipona e Pelágio em seu famoso debate literário mais de um século antes. Os vinte e cinco cânones dogmáticos dos bispos foram claramente orientados para retardar o progresso do semipelagianismo nas igrejas ocidentais. O assunto em questão era a graça divina. A visão semipelagiana, defendida por Fausto de Riez (c. 408-c.490), sustentava que a graça era crucial na *salvação, mas os passos iniciais para a fé cristã tinham de ser dados pela "livre" vontade humana. Deus responderia, em sua visão, oferecendo mais graça e, dessa maneira, ocorreria um processo salvífico sinergístico. Pelágio havia minimizado sistematicamente o papel do Espírito Santo como aquele que dirige o coração para Deus ou trabalha internamente na consciência humana, onde haja *pecado.

O Concílio de Orange reiterou a visão agostiniana de que o pecado de Adão afetou toda a humanidade e que qualquer desejo humano de se purificar desse pecado ocorre somente pela obra do Espírito Santo. A fé salvadora, o desejo de orar, todo direcionamento da vontade para fazer o bem, a coragem cristã, honras e assim por diante são primeiro e último a obra de Deus. Em essência o próprio amor que o crente tem por Deus vem de Deus.

Retrocedendo ao estrito agostinianismo, os bispos argumentaram que ninguém estava predestinado para o mal pela vontade de Deus. Eles também permaneceram em silêncio sobre questões controversas acerca de como o pecado é transmitido de Adão para toda a humanidade, se a graça é irresistível, e o que acontece com uma criança que não foi batizada.

2.3. A controvérsia de Filioque. Outra questão doutrinária não totalmente resolvida nos concílios da era da igreja primitiva envolveu o problema da igualdade essencial entre os membros da *Trindade. Isso também se tornaria um pomo da discórdia entre as igrejas ortodoxa oriental e católica romana. No Concílio de Niceia (325), os bispos, desafiados pelas observações de Ário, trataram longamente a questão da coigualdade e coeternidade do Filho com o Pai, mas quando chegaram à terceira pessoa da Trindade, eles simplesmente afirmaram: "Nós cremos no Espírito Santo". Em 381, o Concílio de Constantinopla acrescentou um pouco de substância ao credo com o seguinte pensamento: "Cremos no Espírito Santo *que procede do Pai*". Essa frase está claramente fundamentada em João 14.26.

Quase dois séculos depois, numa tentativa de se opor aos cristãos arianos na Espanha que alegavam Cristo ser diferente de Deus, o Pai, o Concílio de Toledo, no século 6 acrescentou a palavra *filioque* (e do Filho) a um credo latino descrevendo a procedência do Espírito Santo.

A igreja ortodoxa fez objeção a esse acréscimo, argumentando que isso ia além do que a Bíblia disse sobre a procedência do Espírito, embora afirmando que Cristo era coigual e coeterno com o Pai. Tanto os teólogos orientais como os ocidentais concordaram que o Espírito era Deus, a terceira pessoa da Trindade, e que a missão temporal do Espírito Santo começou no dia de Pentecoste. Numa tentativa de chegar a um acordo, o Leste estava disposto a admitir que o Espírito procede *através do Filho*. O Ocidente, por sua parte, concedeu que o Espírito procede *principalmente do Pai*. Apesar dessas concessões, o argumento durou quase três séculos. Em 867, Fócio, patriarca de Constantinopla, acusou o papa Nicolau I de heresia sobre a questão do *filioque*. As duas posições se tornaram firmadas e tenderam a dividir ainda mais os dois ramos do cristianismo, tornando-se uma poderosa força que acabou levando à cisma forma de 1954 entre as igrejas católica romana e as ortodoxas orientais. O problema mais profundo, claro, não foi estritamente doutrinário, mas sim, o da autoridade eclesiástica. Pela perspectiva do Leste os papas romanos, como exemplificado por Nicolau I, estavam ultrapassando as resoluções dos concílios gerais em sua reivindicação da supremacia papal.

2.4. A controvérsia da eucaristia. Na metade do século 9, o mosteiro francês de Corbie (próximo a Amiens) foi a cena de um grande debate teológico sobre a questão da ceia do Senhor. As principais personalidades foram o abade beneditino Pascásio Radberto (c. 790-c. 860), e Ratramno (m. 868), um dos monges de Corbie. Radberto foi um excelente teólogo e hábil exegeta, que escreveu comentários definitivos sobre Lamentações e Mateus. Sua obra mais notável, entretanto, foi um tratado teológico sobre a natureza do sacrifício eucarístico intitulado *De corpore et sanguine Domini* (sobre o corpo e o sangue do Senhor) (831). Em sua peça didática escrita para instruir monges jovens, Radberto, baseando-se nas opiniões de Ambrósio de Milão, expôs o primeiro tratado doutrinário sistemático sobre a eucaristia.

Abbot Radberto argumentou que Cristo estava literal e fisicamente presente na ceia do Senhor e era comunicado ao crente pela boca. Essa presença física de Cristo nos elementos estava identificado com o corpo histórico de Cristo, que havia nascido da Virgem Maria e sofrido na cruz. A mesma carne e o mesmo sangue são milagrosamente recriados por um padre ordenado no momento da missa quando a hóstia é elevada e são faladas as palavras "Este é meu corpo [...] este é meu sangue".

A pedido do filho de Carlos Magno, o Imperador Carlos, o Calvo, que havia recebido uma cópia do livro de Radberto como presente de Natal, foi pedido a Ratramno para responder ao seu bispo e dar um ponto de vista oposto sobre a ceia. Carlos tinha duas perguntas específicas com relação à Eucaristia: (1) se o pão e o vinho recebidos na boca do fiel na igreja torna-se corpo e sangue de Cristo "em mistério ou em verdade?" e (2) se a hóstia no altar é idêntica àquele corpo nascido de Maria. Na obra de Ratramno *De corpore et sanguine Domini* (Sobre o corpo e o sangue do Senhor), ele seguiu Agostinho de Hipona, argumentando que os sacramentos do altar são chamados pelas coisas que significam, "sangue" e "pão". Para o cristão que crê existe uma real presença espiritual de Cristo nos elementos que são alimento para a alma e que transmitem virtude e poder, não obstante, os elementos permanecem pão e vinho. Sob a "aparência de pão e vinho, o corpo espiritual de Cristo e o pão espiritual de fato existem", concluiu Ratramno.

Os dois ganharam defensores, mas o ponto de vista de Radberto tornou-se o tratamento aceito sobre a questão da Eucaristia. No Concílio de Latrão, de 1215, "transubstanciação" (*trans*, "mudança"; *substantia*, "substância") foi definida como *de fide*, "a fé". O concílio católico romano de Trento, em meados do século 16, apoiou o ponto de vista de Radberto e colocou o livro de Ratramno no *Index librorum prohibitorum*, a lista oficial de livros proibidos.

2.5. A controvérsia sobre a predestinação. O determinismo divino, ou doutrina da predestinação, é uma questão problemática em todas as eras da história da igreja. A igreja oriental do período medieval seguiu uma posição do livre-arbítrio sobre a questão da salvação pessoal: Deus, embora saiba de antemão quem escolherá ou rejeitará o dom do evangelho, não elege uma pessoa para a salvação, mas permite que isso seja determinado pela livre escolha do indivíduo. A igreja ocidental seguiu Agostinho de Hipona em sua antropologia e a visão da graça, mas veio a rejeitar sua visão de "dupla predestinação" — que Deus escolhe tanto o eleito para a glória eterna como o réprobo para a perdição antes do nascimento.

Gottschalk (c. 804-c. 869) foi um saxão de ascendência nobre que, quando criança, foi colocado num mosteiro em Fulda como oblato. Quando adulto, Gottschalk tentou obter sua liberação dos votos monásticos, já que ele não havia escolhido aquele tipo de vida. Um conselho realizado em Mainz em 829 decidiu em seu favor. Seu novo abade, entretanto, apelou ao imperador e teve a decisão revertida. Gottschalk teve de permanecer fiel aos seus votos, mas recebeu permissão para mudar. No mosteiro de Orbais, Gottschalk dedicou seu tempo ao estudo de Agostinho e especialmente seus pontos de vista sobre a predestinação. Gottschalk argumentou abertamente em favor da dupla predestinação e foi bem-sucedido ganhando apoio de vários companheiros monges.

Gottschalk foi chamado ao Sínodo de Mainz e intimado a se retratar. Ele não se retratou. No Sínodo de Chiersy, realizado no ano seguinte, ele novamente se recusou a se retratar e foi condenado como herege. Gottschalk foi flagelado, intimado a queimar seus livros e preso. Definhando em sua cela, ele escreveu suas *Confissões* em que reiterou seu ponto de vista da dupla predestinação. Depois de uma prisão de vinte anos, Gottschalk foi advertido de que, a menos que estivesse disposto a se retratar, não receberia a comunhão final e o enterro cristão em solo consagrado. Ele não se retratou.

3. Teologia escolástica
A teologia escolástica se desenvolveu em conjunto com o surgimento das primeiras escolas da catedral e depois universidades que datam do fim do século 11 na Europa ocidental. O termo "escolástica" vem da palavra latina *schola,* ou escola. Os professores catedráticos das universidades eram conhecidos como "escolásticos".

A abordagem escolástica empregava um método de análise sintética que foi aplicada primeiro à teologia, e depois à filosofia. Primeiro, um texto bíblico, questão teológica, *doutrina ou tópico eram escolhidos por escrutínio especial. Uma leitura atenta da passagem ou passagens era feita para determinar as "teorias" do autor ou autores envolvidos. Uma revisão do que as autoridades patrísticas e medievais escreveram sobre o assunto era compilada. Os professores (escolásticos) procuravam por contradições ou claras discordâncias na interpretação ou explicação. Estas eram sistematicamente organizadas numa série de breves resumos conhecidos como "sentenças". Uma vez estabelecida essa base para análise, começava a síntese. Aparentes contradições eram tratadas de duas formas principais, filosófica e logicamente. A anterior, a análise filosófica, era uma tentativa de resolver problemas definindo cuidadosamente termos e as formas como foram usadas em diferentes contextos. A última, a análise lógica, empregava o silogismo e outras ferramentas para escolher nuances sutis e caprichos subjetivos isolados. O resultado final era uma sistematização dos dados de teologia. A antiga filosofia grega e especialmente as obras de Aristóteles eram frequentemente usadas para resolver ou explicar completamente questões importantes.

***3.1. Realismo* versus *nominalismo*.** Um importante debate que surgiu na era escolástica foi entre os "realistas" e os "nominalistas" sobre a natureza dos "universais". A "humanidade", por exemplo, é um universal ao qual pertencem todos os homens, mulheres e crianças. "Animais" é um universal ao qual pertence todo inseto, pássaro, molusco, e assim por diante. A pergunta crucial nesse debate é em que sentido existem as categorias universais. O realismo, em seu contexto filosófico, retira sua inspiração de Platão (c. 427-c. 347 a.C.). Para os realistas, cada "universal" existe por si à parte da mente humana e independente dos indivíduos específicos que a ele venham a pertencer. O nominalismo poderia ser mais bem descrito como "conceitualismo", em que o nominalista afirma que o "universal" é meramente um conceito da mente humana. Para um nominalista, se duas coisas caem ou não na mesma categoria universal é somente com base numa decisão humana de chamá-las pelo mesmo nome.

3.2. Anselmo da Cantuária. Anselmo da Cantuária (c. 1033-1109) foi um dos primeiros e mais influentes pensadores do início do período escolástico. Nascido na Itália, ele chegou à proeminência na igreja primeiro como o abade do mosteiro de Bec, na Normandia e depois como arcebispo da Cantuária, na Inglaterra, em 1093. No grande debate escolástico que acabamos de descrever, Anselmo foi um realista. O lema de sua vida, *credo ut intelligam,* "eu creio a fim de que possa compreender", ecoou Agostinho de Hipona e foi o chamado aos cristãos construírem uma vida da mente sobre o sólido fundamento da fé em Deus. Para Anselmo, todos os universais existem na mente do divino Criador.

Seu *Cur Deus homo* (Por que Deus se fez homem?), escrito em 1098, tratou da doutrina da obra expiatória de Cristo. Anselmo descobriu a dominante teoria do "resgate a Satanás", desenvolvida por Orígenes no século 3 e confirmada por Gregório de Nissa no século 4, ser uma doutrina inadequada sem base sólida nas Sagradas Escrituras. Em seu lugar, Anselmo introduziu uma teoria da "satisfação". Para Anselmo, a criatura devia ao seu criador reverência e honra, demonstrada pela obediência. A humanidade, de Adão em diante, fracassou em honrar Deus pecando, defraudando o Poderoso do que lhe é devido. Jesus Cristo sofreu como substituto em lugar de todos. No ato da crucificação na cruz do Calvário, o Deus-Homem demonstrou o ato definitivo de obediência ao Pai. Tão grande foi o ato de honrar a Deus, que restou honra suficiente para expiar os humanos. Tomás de Aquino, no século 13, e Lutero e Calvino, no século 16 aperfeiçoariam essa primeira teoria da satisfação, acrescentando um elemento punitivo.

Anselmo talvez mais conhecido hoje por seu "Argumento ontológico em favor da existência de Deus", que foi desenvolvida em sua obra filosófica *Proslogion* (1079). Em sua obra, Anselmo tenta defender seu método para a existência de Deus começando a partir da definição de Deus como *id quo nihil majus cogitari posit* (aquele sobre quem nada maior pode ser concebido). Ele argumenta que até o néscio do Salmo 14, que disse em seu coração "Não há Deus", pode conceber com o mesmo coração "aquele sobre quem nada maior pode ser concebido". Essa concepção deve, em última análise, provar a existência, desde que as coisas que existem são maiores do que as coisas simplesmente imaginadas. Essa linha de argumento gerou imediatas refutações e uma longa linha de explanadores e defensores chegando até ao presente.

3.3. Pedro Abelardo. Pedro Abelardo (1079-1143) tornou-se famoso em Paris como professor do método dialético e depois de teologia na Escola Catedral de Notre Dame. Seu animado estilo de aula atraiu estudantes de toda a Europa às suas palestras.

A carreira de Abelardo foi acompanhada por controvérsia teológica. Sua obra *Sic et non* (Sim e Não) promoveu a convicção de que a dúvida era um bem valioso no estudo da teologia. Nesta obra, ele reuniu aparentes contradições nas Escrituras e nos escritos dos Pais, esperando que ao ver os problemas, os alunos trabalhassem para harmonizá-los. Esse pequeno livro teve um grande impacto sobre o desenvolvimento do método escolástico.

No contexto do grande debate filosófico de seu tempo, Abelardo foi um nominalista e crítico severo de Anselmo em muitos níveis. Ele concordou com Anselmo de que a teoria do "resgate a Satanás" da *expiação era insustentável, mas discordou da ideia central de que a substituição pela culpa do pecado humano era necessária. Deus podia, Abelardo arrazoou em seu comentário sobre o livro de Romanos, nos perdoar sem exigir a encarnação e a morte de Cristo. Então, por que Deus mandou seu Filho para a cruz? Para Abelardo, Cristo veio e morreu para demonstrar perfeita e finalmente o amor divino pela humanidade. Por esse ato, nós recebemos a mais poderosa persuasão para nos voltar a Deus e amá-lo. Assim, a teoria de Abelardo da expiação foi chamada de teoria da "influência moral".

A tendência nominalista de Abelardo provocou uma tempestade teológica sobre a questão da Trindade. Ele argumentava que somente coisas individuais existem e os termos que os humanos usam para descrever os universais são meras abstrações. Quando essa ideia foi aplicada à natureza da Divindade, Abelardo insistiu que os membros individuais da Trindade, o Pai, o Filho e o Espírito Santo, têm existência, mas que o "Deus Uno" parece ser uma abstração teológica. Ele acrescentou lenha à fogueira por aparentemente negar qualquer sentido de mistério à natureza da Trindade, e sugerindo que a razão humana podia, enfim, compreendê-la completamente. Estas reflexões conduziram a uma acusação de heresia, mas que acabaram sendo abandonadas.

3.4. Pedro Lombardo. Conhecido como "Mestre das sentenças", Pedro Lombardo, nascido na Itália (c. 1100-1160), como Abelardo, ensinou na Escola Catedral de Paris e para o fim de sua vida tornou-se bispo daquela importante cidade cristã. Pedro foi um exegeta com comentários sobre as Epístolas de Paulo e Salmos, mas sua principal influência sobre a teologia medieval tardia veio através de sua obra monumental em meados do século 12 *Sententiarum libri quatuor* (Quatro livros de sentenças) conhecido em inglês como *The Sentences of Peter Lombard* (As sentenças de Pedro Lombardo).

Este trabalho foi apresentado em quatro grandes livros e lidou sistematicamente com as doutrinas da Trindade, da criação, do pecado, da encarnação de Cristo, das virtudes cristãs, dos *sacramentos e das Quatro Últimas Coisas. Cada um desses tópicos foi organizado com passagens-chave da Bíblia e comentários dos melhores teólogos gregos e latinos, organizados para ajudar o estudante a ver as questões importantes envolvidas em cada doutrina. A popularidade dessa obra foi fenomenal. Após o Concílio de Latrão de 1215, as *Sentenças* de Pedro tornaram-se livro-texto padrão para educação teológica na tradição católica romana ao longo do século 16.

3.5. O Quarto Concílio de Latrão. Em 1215, Inocêncio III (1160-1216), o primeiro papa a usar o título "Vigário de Cristo na Terra", convocou um grande concílio da igreja para tratar de heresia e codificar a sã doutrina católica. Esse foi o décimo-segundo concílio ecumênico (no cômputo da igreja latina) e um dos maiores em termos de presença de clérigos, incluindo 71 patriarcas e metropolitanos liderados pelo Patriarca de Constantinopla, 412 bispos e mais de 900 abades e prelados. Todos foram chamados ao Palácio de Latrão, em Roma e receberam 70 cânones já elaborados pelo Papa. O trabalho dos delegados era ratificar aqueles pronunciamentos teológicos e eclesiásticos.

O primeiro cânon tratava do sacramento da eucaristia, e foi em 1215 que o termo "transubstanciação" foi usado pela primeira vez para descrever o "milagre do altar", a transformação do pão e do vinho verdadeiramente no corpo e no sangue de Jesus Cristo. Os cânones de Inocêncio condenaram falsos mestres como Joaquim de Fiore e criaram procedimentos e penalidades contra hereges e dissidentes. O quarto cânone do papa insistia na reunião da igreja oriental com Roma, e o quinto afirmava que a primazia do papa devia ser reconhecida por todos os cristãos (veja Papado). Pode-se argumentar que durante o domínio de Inocêncio o papado medieval atingiu seu apogeu, embora o ponto alto da teologia medieval fosse alcançado nos escritos de um homem nascido dez anos após o Concílio de Latrão.

3.6. Tomás de Aquino. Tomás de Aquino (c. 1225-1274), conhecido como "Doutor Angélico", surgiu na igreja através das fileiras da ordem dominicana de monges para se tornar a figura dominante no escolasticismo do século 13. Nascido e criado na Itália, Tomás passou a maior parte de sua vida adulta em Paris, primeiro como aluno de Alberto Magno, depois como palestrante e mais tarde como professor. Durante seu último período, ele foi profundamente influenciado por Aristóteles, e escreveu comentários sobre muitas obras aristotélicas importantes. Como muitos outros, ele escreveu um comentário sobre as *Sentenças de Pedro Lombardo*, bem como comentários exegéticos sobre os Evangelhos e Epístolas e as obras veterotestamentárias de Jó, Salmos, Isaías e Jeremias.

A obra-prima de Tomás, *Summa Theologica*, foi um volumoso compêndio sistemático de respostas precisas para perguntas teológicas cuidadosamente trabalhadas. Sua *Summa* tornou-se o fundamento central sobre o qual se baseou o 'dogma católico romano.

Qualquer análise de preceitos teológicos centrais de Tomás tem de incluir a interação entre a "graça" de Deus e "fé" e "razão" humana. Teologia era uma ciência para Tomás. A revelação de Deus, tanto especial (como a entregue na Bíblia e no Cristo encarnado) como geral (a que flui pela observação da ordem criada), foram dados a serem processados por meio da fé e da razão. Certas doutrinas específicas, incluindo a ressurreição do corpo, a encarnação de Cristo, o pecado original, a Trindade e o purgatório somente podem ser entendidas e aceitas pela fé agindo em consequência da Palavra de Deus. Outras verdades teológicas, como a eternidade e a existência de Deus, seu poder de criação, simplicidade e cuidado providencial, são acessíveis através da razão. Assim, para Tomás de Aquino, "graça" e "natureza" fluem juntas para aumentar e apoiar mutuamente a revelação divina.

Tomás deu especial atenção à encarnação de Cristo e à natureza dos sacramentos. Ele argumentou que o Filho do homem nasceu neste mundo para remover a contaminação do pecado e restaurar a natureza humana, mas não se apegou — como tantos antes e depois dele — à imaculada conceição da Abençoada Virgem. Jesus Cristo teve um corpo humano real, uma alma racional verdadeira e foi uma divindade plena. Tomás de Aquino confirmou todos os sete sacramentos como instituídos por Cristo e argumentou que a eucaristia era o mais alto e mais essencial canal de graça.

4. Desafios à ortodoxia no fim da Idade Média

Os séculos 14 e 15 foram tumultuados para

a Igreja Católica Romana, devido a uma infinidade de crises naturais e provocadas pelo homem. A peste bubônica atingiu a Europa Ocidental em 1347, tendo um efeito devastador sobre a vida humana. O escandaloso "grande cisma" começou em 1378 no qual primeiro dois, depois três homens alegavam ser o verdadeiro papa e dividiram os países da cristandade ocidental entre eles. Os dois séculos foram também testemunhas do início da grande Inquisição da igreja contra a heresia e a bruxaria.

Teologicamente, duas trajetórias se desenvolveram nesse período que influenciariam as Reformas protestante do século 16 e a católica. Ambos os vetores doutrinários começaram na Inglaterra: um na obra de John Dun Scotus (c. 1266-1308) e o outro com John Wycliffe (c. 1330-1384).

A ordem franciscana produziu o teólogo e filósofo realista Scotus, que iria orientar seu colega, o frade franciscano Guilherme de Occam (c. 1285-c. 1347). Scotus, um nome que reflete seu provável local de nascimento como Duns, Escócia, foi ordenado na Inglaterra antes de estudar em Oxford e Paris. Sua influência veio nem tanto por meio de grandes tomos teológicos, mas por uma abordagem da teologia que foi realmente uma continuação do início do pensamento realista franciscano fundamentado em Platão e Agostinho. Isso é agora chamado "Escotismo". O escotismo misturou sutilmente elementos agostinianos com ideias aristotélicas e os usou para contradizer os pronunciamentos dominantes da Escola de Tomás de Aquino.

Occam, aluno de Scotus em Oxford e novamente em Paris, tornou-se professor da Universidade de Paris em 1320 e se concentrou nas obras de Aristóteles, especialmente seus tratados sobre física e lógica. Seus escritos refletem um nominalismo extremo que contrariou o escotismo. Occam é geralmente associado com sua "Lei da parcimônia" ou "Navalha de Occam": ao procurar explicar por que ou como algo funciona, elimina tudo o que é hipotético e que não é totalmente necessário. Em outras palavras, sempre reduza sua explicação ao menor número de causas possíveis, fatores externos e outras variáveis.

As sementes teológicas de Scotus e Occam criaram raízes no teólogo escolástico alemão Gabriel Biel (1420-1495), que foi primeiro um estudante junto a e depois na faculdade da Universidade de Heidelberg. A teologia de Biel é magistralmente analisada por H. A. Oberman em *The Harvest of Medieval Theology* (A colheita de teologia medieval). Oberman voltou-se para numerosos materiais de sermão de Biel para ajudar a interpretar suas obras formais, *On the Canon of the Mass* e *Commentary on the Sentences of Peter Lombard* (Sobre o cânon da missa e Comentário sobre as Sentenças de Pedro Lombardo).

Biel surge como teólogo que navega com facilidade entre aparentes contradições. Embora um nominalista que reivindica Occam como seu mentor, Biel, não obstante, é muito tolerante com o realismo. Ele reconhece a supremacia do papa em Roma embora sutilmente mantenha a superioridade dos concílios gerais em assuntos de doutrina. Sobre questões do pecado, graça e salvação, Biel argumenta magistralmente em favor do semipelagianismo.

John Wycliffe (ou Wyclif) foi um filósofo-teólogo inglês que passou quase toda a vida adulta em Oxford como membro do corpo docente da universidade. O ensinamento de Wycliffe o afastou muito da órbita de Roma, o que resultou em acusações de heresia. Ele insistiu muito em suas obras *De ecclesia* (A Igreja) e especialmente em *De veritate sacrae scripturae* (A Verdade das Sagradas Escrituras [1377]) que a Bíblia era a única e definitiva autoridade em relação a doutrina e nenhum concílio eclesiástico podia fazer acréscimo à sua autoridade. Como um corolário a esse pronunciamento, ele insistia que o texto sagrado fosse disponibilizado aos cristãos em sua "língua mãe" vernacular. Sobre outras questões sensíveis, Wycliffe argumentou em *De apostasia* (O afastamento) (1382) de que havia pouca evidência na Bíblia para a vida monástica como era vivida em seus dias; ele argumentou também em *De Eucharistia* (Sobre a eucaristia) (1382) que houve pouca base bíblica para a doutrina da transubstanciação. Esse último pronunciamento levou à sua remoção de Oxford como cismático perigoso. Wycliffe teve duradoura influência através do movimento dos lolardos na Inglaterra e nas reformas de João Hus na Boêmia.

Veja também Concílios Ecumênicos; Contrarreforma; Reforma; Teologia Patrística.

BIBLIOGRAFIA. CLANCHY, M. T., *Abelard: A Medieval Life* (Oxford: Blackwell, 1999); EVANS, G. R., org., *The Medieval Theologians* (Oxford; Malden: Blackwell, 2001); GHOSH, K. e MINNIS, A., orgs., *The Wycliffite Heresy: Authority and the Interpretation of Texts* (Cambridge: Cambridge University Press, 2004); HENRY, D. P., *The Logic of Saint Anselm* (Oxford: Clarendon, 1967); HUIZINGA, J., *The Autumn of the Middle Ages* (Chicago: University of Chicago Press, 1996); LUSCOMBE, D. E., *The School of Peter Abelard: The Influence of Abelard's Thought in the Early Scholastic Period* (Cambridge Studies in Medieval Life and Thought, new series, 14; London: Cambridge University Press, 1969); MARENBON, J., *From the Circle of Alcuin to the School of Auxerre: Logic, Theology and Philosophy in the Early Middle Ages* (Cambridge Studies in Medieval Life and Thought, 3d series, 15; Cambridge: Cambridge University Press, 1981); MEYENDORFF, J., *Byzantine Theology: Historical Trends and Doctrinal Themes* (New York: Fordham University Press, 1979); idem, *Byzantine Christianity: Emperor, Church and the West* (Detroit: Wayne State University Press, 1982); OBERMAN, H. A., *The Harvest of Medieval Theology* (Durham: Labyrinth, 1983); idem, *The Dawn of the Reformation: Essays in Late Medieval and Early Reformation Thought* (Edinburgh: T & T Clark, 1986); DE RIDDER-SYMOENS, H., org., *Universities in the Middle Ages* (A History of the University in Europe 1; Cambridge: Cambridge University Press, 1992); SAAK, E. L., *High Way to Heaven: The Augustinian Platform Between Reform and Reformation, 1292-1524* (Studies in Medieval and Reformation Thought 89; Leiden: Brill, 2002).

N. P. Feldmeth

TEOLOGIA MENONITA. *Veja* TEOLOGIA ANABATISTA.

TEOLOGIA METODISTA. *Veja* WESLEYANISMO, TEOLOGIA WESLEYANA.

TEOLOGIA MINJUNG

A teologia minjung da Coreia do Sul é a primeira teologia contextual que tenta uma deliberação construtiva do povo de Deus, o povo sofredor (*minjung*), à luz da associação de Jesus com o *minjung*, seja cristão ou não. Essa teologia pode ser definida como uma teologia que articula, atualiza e aprofunda a sociobiografia de Jesus em solidariedade com o *ochlos-minjung*. A teologia minjung surgiu da luta da igreja com a ditadura militar na Coreia das décadas de 1970 e 1980. A teologia minjung é comprometida com a emancipação e solidariedade "doadora de vida" em relação ao *minjung*.

Como precursor do surgimento da teologia minjung, é importante mencionar Kim Chae-Choon (1901-1987), fundador do cristianismo liberal na Coreia do Sul e da Igreja Presbiteriana da República da Coreia. Como estudioso do Antigo Testamento, ele foi inspirado pelo espírito profético de Amós e também influenciado por Karl Barth e Richard Niebuhr, todavia sem desvalorizar o legado religioso cultural da Coreia. Como líder eclesiástico, Kim combateu a influência colonial de missionários ocidentais e o fundamentalismo do presbiterianismo coreano. Junto com Kim, Ham Sok-Hon (1901-1989), em seu livro *Korean History Seen in Light of Biblical Meaning* (A História Coreana à Luz do Significado Bíblico), articula o *minjung* como *ssial* (semente) e o enfatiza como bode expiatório dos poderosos na história, elaborando ao mesmo tempo o minjung como o assunto da história.

Para falarmos do surgimento da teologia minjung, vale a pena entender a situação sociopolítica na Coreia do Sul nas décadas de 1970 e 1980. Na década de 1960, o líder militar General Park teve sucesso num golpe de estado. Na década de 1970, o governo militar introduziu uma nova constituição para justificar e promover seu governo permanente. Contra essa tática política, vários teólogos comprometidos, tanto católicos como protestantes, e intelectuais não cristãos começaram a mobilizar um movimento de resistência contra o governo militar. Kim Chi-Ha, o mais importante poeta minjung da época, iniciou sua atividade poética e deu uma grande contribuição ao movimento minjung e à sua teologia.

Na área da igreja protestante, Ahn Byung-Mu (1922-1996) e Suh Nam-Dong (1918-1984), alunos de Kim Chae-Choon, colocaram em prática o legado de Kim acerca do compromisso social ao desafiar a estrutura institucionalizada de injustiça. Ahn, estudioso do Novo Testamento da escola teológica de Rudolf Bultmann na Alemanha, deu especial atenção ao ministério de Jesus na Galileia em companhia dos *ochlos* (pecadores e coletores de impostos). A crítica da redação, a hermenêutica existencial de Bultmann e a teologia de Bonhoeffer das massas sofredoras estão totalmente integradas no trabalho bíblico e exegético de Ahn sobre o movimento *basileia* de Jesus, com ênfase em pecadores públicos, coletores de impostos e mulheres. Assim como João Batista afirma a respeito de Jesus: *Este é o Cordeiro de Deus que tira o pecado do mundo* (Jo 1.29), os *ochlos-minjung* são os que carregam o fardo dos pecados das superpotências mundiais. A declaração no evangelho de Marcos de que *ele vai adiante de vós para a Galileia. Ali o vereis, como ele vos disse* (Mc 16.7) é a base para a hermenêutica minjung da obra pós-ressurreição de Jesus Cristo no que diz respeito à sua identificação com o mais humilde dos humildes (Mt 25.31-46). Ahn Byung-Um chama essa visão teológica de teologia "sob pressão do sofrimento minjung". Compartilhando o interesse de Ahn na emancipação minjung, Kim Yong-Bock deu uma importante contribuição à teologia minjung à luz de sua ideia criativa de "uma sociobiografia do minjung".

A partir de uma perspectiva sistemática e construtiva, Suh Nam-Dong propôs uma teologia do Espírito Santo em termos da junção das narrativas bíblicas e múltiplas histórias religiosas da Coreia. Deus no Espírito opera na igreja bem como na história secular. O método teológico de Suh é chamado "interpretação pneumatológica sincrônica" das múltiplas obras de Deus e horizontes na cultura, nas religiões asiáticas e na história política do minjung. O conceito budista de "escatologia Maitreya" está totalmente integrado na visão de Suh acerca do messianismo bíblico. Compartilhando o interesse intercultural de Suh, David Suh e Hyun Young-Hak prestaram contribuições à teologia minjung ao desenvolver um estudo do floclore coreano e da dança da máscara (*Talchum*), e das artes a partir de uma perspectiva teológica minjung.

Desde o começo do governo democratizado da Coreia do Sul na década de 1990, várias tendências são visíveis. Os antigos praticantes da teologia minjung colaboraram com o governo democrático, enquanto outros teólogos minjung mudaram sua ênfase para os direitos *humanos de trabalhadores estrangeiros como o minjung global. Foram feitas algumas tentativas para desenvolver um reconhecimento pós-moderno da sabedoria das religiões asiáticas. Recentemente, no contexto norte-americano, representantes da teologia minjung na formação do quarto-olho iniciaram um diálogo com budistas socialmente engajados, com a espiritualidade judaica e com religiões de sabedoria do Leste asiático à luz do sofrimento do povo de Deus, o *ochlos-minjung*.

Mais recentemente, a teologia minjung começou a mudar seu foco para questões da vida para todos as criaturas e da paz, incluindo o ecofeminismo. Para Ahn Byung-Um, dois conceitos, *ochlos* e práxis "doadora de vida" em relação ao reino de Deus, têm sido centrais. O conceito de *ochlos* foi enfatizado em relação à responsabilidade social e ao discipulado durante o período de política ditatorial nas décadas de 1970 e 1980, embora desde a década de 1990 o outro conceito de práxis "doadora de vida" tenha sido mais acentuado em face do processo de *globalização. Sob essa perspectiva, questões internacionais caracterizam agora uma nova onda e interesse na teologia minjung como, por exemplo, os trabalhadores estrangeiros, o casamento internacional com mulheres de países asiáticos pobres e o Acordo de Livre Comércio, que ameaça a sobrevivência e os direitos de agricultores e dos socialmente fracos. Somando-se a esses problemas, a questão da reunificação entre a Coreia do Sul e do Norte ocupa um lugar central na teologia minjung.

Veja também Opção Preferencial Pelos Pobres; Teologia Coreana; Teologia da Libertação.

Bibliografia. Byung-Mu, Ahn, *Draussen vor dem Tor: Kirche und Minjung in Korea*, Gluer, W., org. (Göttingen: Vandenhoeck & Ruprecht, 1986); Commission on Theological Concerns of the Christian Conference of Asia (CTCCCA), org., *Minjung Theology: People as the Subjects of History* (Maryknoll: Orbis, 1981); Moltmann, J., "Minjung Theology for the Ruling Classes", in: *Asian*

Contextual Theology for the Third Millennium: Theology of Minjung in Fourth- Eye Formation, Chung, P. S., Kärkkäinen, V.-M. e Kyoung-Jae, K., orgs. (Eugene: Pickwick, 2007); SUH, D. K.-S., *The Korea Minjung in Christ* (Hong Kong: CCA, 1991).

K.-J. Kim e P. S. Chung

TEOLOGIA MUJERISTA

A teologia mujerista nasceu na década de 1990 como expressão do desejo de dar voz às mulheres latinas marginalizadas que vivem nos Estados Unidos. É uma práxis teológica que tem como objetivo a libertação de mulheres que estão lutando para sobreviver nos Estados Unidos. Os estudos e o envolvimento de Ada Maria Isasi-Diaz no movimento teológico feminista fez com que ela visse a necessidade de começar a desenvolver uma teologia a partir da perspectiva das mulheres latinas nos Estados Unidos. Assim, ela se tornou uma teóloga ativista e começou a elaborar o que veio a ser chamada de teologia mujerista.

Em 1991 Isasi-Diaz passou a lecionar na Drew University e transformou-se em uma importante voz entre as mestiças latinas/hispânicas que abraçam a teologia mujerista como aquelas que crêem que Cristo é a força que sustenta a luta das mulheres pela libertação e pela plenitude de vida (Isasi-Diaz 2003, 158). Isasi-Diaz usa o termo *lucha cotidiana* (luta diária pela vida) para descrever a luta constante que as mulheres não brancas enfrentam todos os dias com múltiplas formas de opressão: *sexismo, competição étnica, preconceito, violência física e psicológica, e frequentes imposições culturais que a maioria vivencia de uma ou de outra forma. A teologia mujerista dá voz às mulheres latinas porque fala da opressão na sociedade, em igrejas, escolas, na mídia e nas tendências políticas que objetivam segregar e manipular essas mulheres. A teologia mujerista encoraja as latinas a descobrir e confirmar a presença de Deus no meio de suas comunidades e experimentar uma revelação de Deus em sua vida.

Mas a teologia mujerista também criou tensão entre as mulheres latinas. Algumas latinas/chicanas/mestiças que se veem como feministas rejeitaram o movimento mujerista. Marta Lamas assinala que essa teoria da teologia mujerista carece de sentido sociopolítico autoconsciente e que é um grupo sectário que glorifica a diferença, produzindo "deslocamentos discursivos e oposições forçadas" à força política do movimento feminista (Aquino, Machado e Rodriguez, 138). Ao mesmo tempo muitas mulheres evangélicas e pentecostais rejeitam tanto a teologia mujerista como feminista por perceber uma falta de fundamento bíblico e uma inclinação muito forte na direção das teologias de libertação.

A teologia mujerista fornece uma análise da situação socioeconômica que, em troca, ajuda a dar perspectiva ao trabalho de mulheres e apoia suas crenças de que Cristo é a força que as sustenta. Ela dá espaço às mulheres latinas para compreenderem seu papel na iniciativa ético-teológica e um espaço para enfatizar as questões importantes para muitas mulheres latinas. Entre elas estão: (1) um profundo desejo de relacionamentos pessoais para mantê-las na luta diária; (2) um claro sentido de Deus como aquele que cuida do seu povo; e (3) uma forma de afirmar que somente quando elas se tornam parte da família de Deus elas podem realmente dizer que creem em *Jesucristo*.

Apesar de suas diferenças, tanto a teologia mujerista como a feminista elaboraram uma reflexão crítica de experiência de fé das mulheres e uma articulação sistemática de suas práticas sociorreligosas em busca de justiça. Elas deram uma linguagem às mulheres latinas para descrever quem elas são e como procuram afetar o presente e a direção futura da sociedade, da cultura, da academia e das igrejas nos Estados Unidos.

Veja também TEOLOGIA DA LIBERTAÇÃO; TEOLOGIA HISPÂNICA/LATINA; TEOLOGIA MULHERISTA; TEOLOGIAS FEMINISTAS.

BIBLIOGRAFIA. PILAR AQUINO, M., MACHADO, D. e RODRÍGUEZ, J., orgs., *A Reader in Latina Feminist Theology* (Austin: University of Texas Press, 2002); ISASI-DÍAZ, A. M., "Christ in Mujerista Theology", in: *Thinking of Christ*, Wiley, T., org. (New Cork: Continuum, 2003); idem, *En la Lucha/In the Struggle: Elaborating a Mujerista Theology* (Minneapolis: Fortress, 2004).

M. Flores

TEOLOGIA MULHERISTA

Mesmo no século XXI, as mulheres afro-americanas continuam vulneráveis à opressão por causa da posição desvalorizada que elas vivenciam devido à raça, gênero e falta de poder econômico e político. Essa suscetibilidade à opressão é vivida nas esferas pessoal, comunitária e pública da vida da mulher afro-americana, incluindo assistência médica, relacionamentos familiares, oportunidades de trabalho e o impacto de decisões políticas que sancionam a opressão que ocorre em outras esferas. À luz dessa posição, a teologia mulherista faz as seguintes perguntas: De que maneira as mulheres afro-americanas contribuem de forma única para o discurso teológico? Como as mulheres afro-americanas e as mulheres negras de toda a diáspora africana transcendem e resistem à opressão contínua? Na tentativa de responder a essas perguntas, a teologia mulherista procura analisar as ferramentas que as mulheres negras usam para lidar com sua situação, capacitá-las a resistir à sua contínua opressão, e apropriar-se do sagrado em suas vidas.

1. Origens da teologia mulherista e o relacionamento com outras teologias da libertação
2. As fontes da teologia mulherista como experiência diária
3. Contribuições da teologia mulherista

1. Origens da teologia mulherista e o relacionamento com outras teologias da libertação

Embora "oficialmente" a teologia mulherista tenha sido impulsionada pela definição de *mulherista* apresentada por Alice Walker, as práticas e princípios da teologia mulherista eram conhecidos muito antes pelas mulheres afrodescendentes nos Estados Unidos e outros lugares da diáspora africana onde ocorreu a escravidão. Esses princípios incluem uma preocupação não somente em relação às mulheres negras, mas também à comunidade afro-americana como um todo. A teologia mulherista como disciplina acadêmica começou com a apropriação da definição de Alice Walker pelas teólogas Delores Williams, Katie Cannon e Emilie Townes. O trabalho delas incluiu os campos da ética, teologia, *cultura e *teologia sistemática.

Historicamente, as mulheres brancas excluíram as mulheres negras em sua defesa dos direitos políticos após determinarem que este era o curso de ação politicamente mais vantajoso. Os homens negros, em seu desenvolvimento da *teologia negra, ousaram falar em favor das preocupações das mulheres negras também. Algumas teologias/teólogas *feministas ousaram fazer o mesmo. Entretanto, nem a teologia negra nem a teologia mulherista conseguiram articular as formas distintas pelas quais as mulheres negras, em meio à marginalização tridimensional, experimentam Deus. Hoje, há um crescente diálogo entre a teologia mulherista, teologia negra, teologia feminista e outras teologias da libertação. Além disso algumas mulheres negras no campo da teologia e de áreas afins referem-se a si mesmas como feministas negras. Existem variadas perspectivas a respeito de qual termo é preferível para descrever as abordagens das mulheres negras em relação à teologia, ao conhecimento e ao diálogo interdisciplinar.

2. As fontes da teologia mulherista como experiência diária

Durante os períodos de escravidão e reconstrução a "Instituição Invisível" (movimento religioso de afro-americanas escravizadas que levaram à formação da igreja afro-americana), e as canções conhecidas como *spirituals* serviram como fontes para a teologia mulherista. Cheryl Kirk-Duggan usou tanto os *spirituals* espontâneos como os *spirituals* redigidos para designar o mal vivido por mulheres negras e pela comunidade afro-americana. Ademais, além da definição de *mulherista* (*womanist* em inglês) feita por Alice Walker, a literatura de autoras negras como Zora Neale Hurston, como a usada por Katie Cannon, foi uma fonte rica e viável para a formulação da teologia mulherista, articulando como as afro-americanas vivem o divino e localizam o sagrado em sua vida. Métodos antropológicos, bem como pesquisas etnográficas, também ajudam as mulheristas em seu trabalho. Metodologicamente, todos esses elementos apontam para a experiência vivida por mulheres negras como fonte central para o discurso teológico.

A experiência vivida por mulheres afro-americanas sob a linha tríplice de opressão de raça, classe e gênero é expressa pelas teólogas da teologia mulherista não para criar uma atitude de vitimização, e sim, para dar nome às forças opressoras e do mal como um passo no processo de resistência à opressão, superar o quadro de desafios que as mulheres negras enfrentam e dar expressão às maneiras únicas pelas quais as mulheres afrodescendentes vivenciam e articulam sua vida com Deus. Autoras negras, como Toni Morrison, ao articular a experiência das mulheres negras, são inestimáveis nessa tarefa. Hoje, transcender a opressão é um processo que ocorre através da erudição da teologia mulherista, da parceria interdisciplinar e pelo estímulo de relacionamentos entre as mulheres negras em todos os contextos econômicos, sociais, religiosos e culturais. Essa atitude persistente, criativa, engenhosa e de superação pode ser resumida pela seguinte frase: as mulheres negras se esforçam para prosperar, não simplesmente sobreviver.

3. Contribuições da teologia mulherista

3.1. Contribuições éticas das teólogas mulheristas. Em virtude de sua experiência singular, as mulheres negras criaram historicamente um conjunto distinto de padrões morais pelos quais viver. Ao longo da história, a experiência de ser mantida em escravidão e a posterior capacidade de controlar seu próprio destino e fazer escolhas morais causou um conjunto de dilemas morais, o mais básico dos quais foi procurar afirmar e alcançar sua personalidade e humanidade em meio à desumanização sexual, física e social. Consequentemente, para as mulheres negras, o desenvolvimento e a ação moral são marcados por um nível de resiliência e persistência em meio a contínuos ataques diversificados sobre a personalidade. Katie Cannon, Cheryl Sanders e outras tratam desses assuntos em suas éticas mulheristas.

3.2. Tratamento teológico da violência. Mencionar, expor, resistir e superar a violência também é uma preocupação fundamental da teologia mulherista. A *violência contra mulheres afrodescendentes ocorre tanto de forma aberta como dissimulada. A violência aberta inclui o estupro e a violência doméstica, além de tiroteios e iniciações no meio das gangues. Há também a violência mais sutil que as mulheres negras sofrem: falta de assistência médica, más condições de trabalho, o estresse da sobrevivência diária ou simplesmente falta de cuidados pessoais — todos os quais contribuem para taxas desproporcionalmente elevadas de mortalidade infantil, câncer, baixo peso ao nascer, taxas de infecção e morte por AIDS, diabetes, pressão alta e outras doenças. Townes, Traci West e outras abordam esses temas de violência, problemas de saúde e bem-estar limitado.

3.3. Discurso teológico criativo. As teólogas mulheristas procuram articular criativamente suas narrativas pessoais e os encontros com Deus tanto da perspectiva individual quanto da comunidade negra mais ampla. Consequentemente, elas são condutoras da cultura, da visão erudita e das crenças da comunidade. Essa criatividade oferece novas formas de pensar, fazer teologia e identificar o sagrado em locais de rejeição e opressão que oferecem a todas as pessoas novas formas de entender Deus, sua obra no mundo e os esforços por justiça.

Veja também SEXISMO; TEOLOGIA FEMINISTA; TEOLOGIA MUJERISTA; TEOLOGIA NEGRA.

BIBLIOGRAFIA. CANNON, K. G., *Black Womanist Ethics* (Atlanta: Scholars Press, 1988); KIRK-DUGGAN, C. A., *Exorcizing Evil: A Womanist Perspective on the Spirituals* (Maryknoll: Orbis, 1997); FLOYD-THOMAS, S. M., org., *Deeper Shades of Purple: Womanism in Religion and Society* (New York: New York University Press, 2006); MITCHEM, S. Y., *Introducing Womanist Theology* (Maryknoll: Orbis, 2002); RYAN, J., *Spirituality as Ideology in Black Women's Film and Literature* (Charlottesville: University of Virginia Press, 2005); TOWNES, E. M., *In a Blaze of Glory: Womanist Spirituality as Social Witness* (Nashville: Abingdon, 1995); WEST, T. C., *Wounds of the Spirit: Black Women, Violence and Resistance Ethics* (New York: New York University Press, 1999); WILLIAMS, D. S., *Sisters in the Wilderness: The Challenge of Womanist God-Talk* (Maryknoll: Orbis, 1993).

D. Buchanan

TEOLOGIA NARRATIVA

Através da narrativa a poesia, a profecia e a história, a história de Deus desde a criação até a consumação é contada nas Escrituras, e é nesse contexto que a teologia narrativa examina a fecunda relação entre história, interpretação bíblica e a vida em curso da igreja. O impulso em relação a abordagem narrativa da teologia surgiu da crescente preocupação com o efeito deformante e atenuante do conhecimento crítico moderno. Insatisfeitos com o conhecimento bíblico que havia posto de lado relatos bíblicos em relação a reconstruções históricas acadêmicas, e a teologia acadêmica impaciente com categorias bíblicas na busca de necessárias verdades da razão ou experiência religiosa universal, um constante fluxo de estudiosos bíblicos, teológicos e missiológicos procuraram redescobrir a relevância da narrativa bíblica na idade moderna. Ao rejeitar uma teologia limitada aos parâmetros da razão e da ciência secular, eles procuraram entender melhor o conhecimento de Deus e da humanidade através das lentes da narrativa bíblica. A seguir, uma discussão do significado e da importância da teologia narrativa para o cristianismo global hoje.

1. Teologia narrativa: Uma definição básica
2. Narrativa e o conhecimento de Deus
3. Narrativa e o conhecimento da humanidade
4. Narrativa e ética
5. Narrativa e a hermenêutica bíblica
6. Narrativa, missão e cristianismo global
7. Conclusão

1. Teologia narrativa: Uma definição básica
A teologia narrativa examina o relacionamento entre a narrativa como uma forma literária e a reflexão teológica. É um relacionamento derivado da observação básica que está na leitura, na eficácia e na interpretação das narrativas que os humanos derivam sua identidade comum e pessoal, bem como fornecem uma base para atividade significativa no mundo. Por consequência, os estudiosos bíblicos e os teólogos têm considerado como a narrativa funciona bíblica, doutrinária, histórica, litúrgica, moral e missiologicamente e que implicações isso pode ter em termos de uma compreensão da natureza de Deus, de Cristo e da redenção, bem como da identidade e vocação da igreja.

1.1. Narrativa e racionalidade. A teologia narrativa se inspirou profundamente na relação entre narrativa e racionalidade. Os seres humanos peneiram e organizam a legião de dados sensoriais que os cercam de acordo com narrativas que colocam objetos, ações e sequências em ordem racional e relevante. Tal conhecimento, portanto não é derivado de uma coleção aleatória de "fatos", mas somente em face de quadros narrativos herdados passados através de histórias significativas. Embora herdados, tais quadros narrativos estão sempre em fluxo à medida que se ajustam à experiência e à explicação. Como tal, a narrativa representa uma necessária e universal faculdade crítica humana necessária para dirigir a existência de maneira significativa e bem-sucedida.

1.2. Narrativa escrita. Nas sociedades instruídas, são retirados quadros narrativos de textos escritos oficiais e reconhecidos comunitariamente, que servem para estabelecer quadros racionais e morais compartilhados. No cristianismo, a principal estrutura narrativa é fornecida pelas Escrituras. Como observou Eric Auerbach, estudioso da literatura secular, em sua inovadora obra *Mimesis*, as Escrituras cumprem esse papel de modo singular na forma pela qual insinuam seu mundo narrativo ao leitor. Ao abrir a Bíblia, o leitor descobre uma história que envolve também a sua. O desenrolar da história da criação, da Queda, da redenção e da consumação chama o leitor de trás do véu e coloca a questão da fé inelutavelmente diante dele. Se essa é a verdadeira história de Deus, como eu devo responder?

Este encontro sugere duas ênfases críticas à teologia narrativa. A primeira, trazida à tona na obra de Karl Barth, procurou restaurar a importância das Escrituras como a história de Deus e sua revelação em Jesus Cristo. A segunda e relacionada ênfase considera como a história divina intercepta nossa própria individualidade, comunitária e universalmente. Ambas as ênfases animaram e informaram o trabalho de teólogos, eticistas, filósofos e missiólogos ao tentarem atrelar a visão narrativa aos seus respectivos campos. O resultado é uma mistura eclética muito difícil de categorizar ou ordenar de forma coerente. De fato, os críticos da teologia narrativa apontam que ela é sistematicamente assistemática, tornando difícil a seus proponentes indicar qualquer método ou progresso teológico coerente. Embora essa crítica seja certamente válida, a seguir examinaremos várias trajetórias que a ênfase sobre a narrativa tomou e suas relativas contribuições à teologia.

2. Narrativa e o conhecimento de Deus

Contra os ventos predominantes do modernismo, Karl Barth dirigiu um curso no sentido de recuperar a revelação como a história de Deus revelada em Jesus Cristo. O afastamento de Barth de seus antecessores estava em sua recusa em distinguir a verdade eterna ou experiência religiosa universal da contingente encarnação, morte e ressurreição de Cristo. Em vez disso, Barth viu a "Palavra de Deus [como] sendo idêntica ao ato de Deus e assim tornar-se história" (Ford, 26). A verdade da redenção foi idêntica à sua encarnação histórica em Cristo como narrada e compreendida nas e através das histórias das Escrituras. A escolha de Deus da revelação foi trazer pessoas à fé por meio das narrativas bíblicas. A questão crítica para Barth não era se as narrativas podiam ser provadas historicamente inerrantes ou cientificamente verificadas, e sim como as histórias funcionavam para cobrir a lacuna entre o crente e o definitivo autor das Escrituras, que vive e se move através dessas narrativas.

Ao longo das linhas estabelecidas por Barth, Hans Frei argumentou que assim como a coerência das Escrituras repousa em sua exposição narrativa, o mesmo acontece com seu conteúdo teológico. Embora a Bíblia registre eventos históricos, é a própria narrativa que revela o significado espiritual e teológico. Porque a verdade das Escrituras está ordenada de acordo com sua narrativa, Frei argumentou que a ênfase moderna sobre a razão pura ou experiência religiosa universal levou a um eclipse danoso da narrativa bíblica e, portanto, da teologia que repousa sobre ela.

Restaurar a validade da narrativa tem sido aplaudido por muitos, mas tem suas críticas. Digno de nota, alguns estudiosos têm criticado Barth, Frei e defensores posteriores da narrativa, de que eles confundiram conhecimento histórico com piedade. Consequentemente, a tarefa fundamental dos historiadores é determinar "o que realmente aconteceu".

3. Narrativa e o conhecimento da humanidade

A importância da história bíblica para si, para a igreja e para a sociedade está no centro de *The Meaning of Revelation* (O Significado de Apocalipse), de Richard Niebuhr. Enquanto Barth procura vindicar as Escrituras como história de Deus em vez do evidente desejo espiritual da humanidade, Niebuhr se concentra no impacto da narrativa bíblica sobre as convicções básicas dos cristãos. Em sua visão, a Palavra transforma "toda a nossa concepção do que é apropriado [...] ao questionar a nossa imagem do contexto em que agora adaptamos as nossas ações" (Niebuhr 1999, 107). Ao chamar a atenção para a intersecção de Cristo e o crente, Niebuhr abriu a reflexão sobre a narrativa para abranger adoração e sacramento. De acordo com Niebuhr, *adoração reencena a história de Cristo e a redenção, seja em confissão, louvor, sermão ou cântico. De suma importância para Niebuhr foi a maneira na qual a narrativa da *salvação ordena a liturgia e, ao fazê-lo, atrai adoradores para o drama revelado de Deus.

A gramática e a lógica da narrativa foi um aspecto importante da análise de Lindbeck sobre a natureza da doutrina. Em vez de abordar doutrina como um conjunto de verdades proposicionais que se relacionam diretamente com realidades transcendentes objetivas, Lindbeck vê a doutrina principalmente como a gramática cultural e linguística e lógica que distingue as comunidades cristãs umas das outras, bem como das adeptas de outras religiões. Para Lindbeck, o problema em ver doutrina como proposições cognitivas é que os argumentos degeneram em discordâncias irredutíveis sobre referentes não passíveis de julgamento. Em contraste, quando vistas como regras de fé, culturais e linguísticas, a diferença doutrinária refere-se às formas como as diferentes comunidades configuram a narrativa da salvação de forma diferente.

Paul Ricoeur extraiu do profundo poço simbólico e metafórico da narrativa bíblica para informar tanto a filosofia como a teologia. Ele começa com a observação que toda a experiência humana está predisposta à narrativa porque, para ser compreendida, ela exige a compreensão da narrativa. Essa compreensão acontece pela trama quando várias experiências são configuradas para que elas sejam identificadas e compreendidas. As narrativas são, portanto, configurações da realidade. Elas apresentam um certo quadro da forma como o mundo deveria ser ou se tornar. Símbolos e *metáforas derivadas da narrativa servem como subsequentes catalisadores no processo racional de configurar experiências numa racionalidade harmoniosa. Assim, de acordo com Ricoeur, "o símbolo precede o pensamento". Quando vista dessa forma, a teologia não é meramente reflexiva e retrospectiva, mas criativa e atraente. Ela toma histórias, símbolos, analogias e metáforas da Palavra e do *sacramentos como meios para lidar com e compreender melhor a natureza da existência e do conhecimento.

4. Narrativa e ética

Talvez a contribuição mais significativa da teologia narrativa tenha sido a ética cristã. Em contraste com eticistas que enfatizaram que a moralidade é principalmente uma questão de tomar decisões certas baseadas em cálculo ordenado para o bem maior ou para a preservação dos direitos humanos universais, Stanley Hauerwas argumentou que não se pode sequer começar a falar de moralidade separadamente de alguma visão do bem. Essa observação levou Hauerwas a se voltar para a narrativa, porque é por meio de histórias que ganhamos perspectiva, porque o bem requer um senso de direção cujo conteúdo é suprido e formado pelas histórias que formam as histórias de nossa vida. Ao permitirmos que as narrativas bíblicas dirijam nossa visão, ela dirige nossa atividade no mundo. Assim, a ética torna-se uma questão de visão que é moldada pela narrativa e tornada possível por virtudes cujas excelências são prescritas, descritas e incorporadas na narrativa. Portanto, para Hauerwas, a narrativa fornece "linguagem moral [que] não apenas descreve o que é; ela descreve como devemos ver e planejar o mundo" (Hauerwas 1974, 73). Portanto, a narrativa é crucial para a exposição e o desenvolvimento do caráter — não apenas individualmente, mas em comunidade, pois é nas comunidades de caracteres que somos introduzidos, que são eles próprios formados e informados por suas narrativas compartilhadas.

Uma preocupação levantada a esse respeito é que as questões narrativas sobre o caráter e o destino da comunidade deslocaram as narrativas tradicionais de conversão pessoal, regeneração e santificação individuais, que eram centrais para o discurso cristão na maior parte dos últimos dois séculos e cruzaram linhas denominacionais. Se a ênfase na ética narrativa comunais serve como uma correção necessária para a obsessão pelo ego na modernidade, os críticos simpatizantes têm sido rápidos em apontar que, até a época de Agostinho o cultivo de narrativas pessoais de redenção e esperança têm sido fontes primárias para a teologia e a ética.

5. Narrativa e hermenêutica bíblica

De fato, a ênfase na narrativa teve implicações importantes para o estudo bíblico e interpretação. Barth, como estudioso do Novo Testamento e teólogo, serviu como modelo para uma série de teólogos e estudiosos da Bíblia que agora se movem com relativa liberdade entre as disciplinas. Em grande medida isso tem muito a ver com a mudança de concepção das Escrituras. A reconsideração do texto bíblico como narrativa em aberto que implica em interpretação e improvisação em andamento que levou a uma série de trabalhos que examinam a implicação contínua das Escrituras para a igreja e para a sociedade hoje. Exemplo disso é o trabalho de N. T. Wright, que não só interpreta as Escrituras em termos de um desdobramento narrativo coerente, como também argumenta que essa perspectiva deve levar ao reconhecimento das igrejas que elas devem completar o drama inacabado que começa em Gênesis e cujo final é apenas vagamente sugerido no Apocalipse de João. Richard Hays também utilizou aspectos do pensamento narrativo para sugerir que as Escrituras, e particularmente o Novo Testamento, estabelecem uma visão moral que deve ser definitiva ao trabalhar com os vários problemas morais que a igreja enfrenta hoje.

6. Narrativa, missão e cristianismo global

Karl Barth argumentou que *missão não era simplesmente algo que a igreja faz, ou simplesmente um meio para um fim, mas fundamentalmente um aspecto de sua identidade em Cristo. Missão é a história redentora de Deus se revelando na história à luz de sua natureza como pessoas em eterna comunhão. Assim como Cristo uniu a igreja a si mesmo pela graça, assim a igreja realiza sua própria história como a manifestação da *missio Dei*, enquanto traduz, interpreta, transmite e, finalmente, transmite a história de Deus como seu povo.

A força da visão narrativa de Barth sobre missão foi sua coerência teológica. Não obstante, os críticos de Barth e da teologia narrativa em geral apontaram a estreiteza de uma visão que arbitrariamente privilegia uma cosmovisão, uma religião e uma narrativa. Em nítido contraste, S.-S. Song ofereceu uma "teologia de histórias" em evolução que vê narrativas como pontos de partida para a teologia. Ao contrário de tentar estabelecer uma metanarrativa de acordo com o que toda teologia deve se harmonizar, Song vê histórias como teologicamente válidas precisamente em seus desvios serem culturalmente relevantes. Ao permitir que os particulares contadores de histórias moldem suas histórias únicas, isso dá origem a um evangelho único e relevante aberto para uma visão não só a partir de diferentes perspectivas cristãs, mas também de narrativas a partir de outras perspectivas religiosas.

Paradoxalmente, Lesslie Newbigin argumentou que é exatamente a particularidade do cristianismo e de sua qualidade narrativa que dá ao ˚evangelho sua relevância universal e potencial redentor. Para Newbigin, a qualidade narrativa das Escrituras aponta para a verdadeira natureza da salvação e o real objetivo do evangelismo. Ao invés de ver salvação como uma questão da redenção ou perdição de almas individuais, Newbigin enfatiza que a salvação trata de dirigir indivíduos e comunidades na direção do verdadeiro significado e propósito do mundo como revelado na morte e na ressurreição de Jesus Cristo. Por sua vez, a narrativa se torna a vocação da igreja. A eleição não é tanto sobre o destino final de alguém como é o chamado de Deus sobre o seu povo para servi-lo, contando a história que através de Israel, o Messias veio e está reunindo as nações que serão reconciliadas com Deus na realização do seu reinado. Missão, nesse sentido, é o teste final de fé para a igreja; ela significa tornar conhecida a história de Deus revelada em Jesus Cristo como a pista que mostra o verdadeiro significado e a orientação do cosmo e está inscrita pela fé e pelo batismo no corpo de Cristo.

7. Conclusão

Como vimos, a teologia narrativa não nos apresenta um movimento metodológica ou teologicamente coerente. Pelo contrário, ela representa uma variedade de questões metodológicas e teológicas, avaliações e projetos que buscam recuperar a relevância das narrativas das Escrituras, bem como narrativas da igreja, tanto individual como comunitariamente. Apesar do seu caráter em constante mudança poder dar disposição a seus críticos, a validade da narrativa está precisamente na variedade de áreas onde ela foi incorporada. Consequentemente, o sucesso ou a falha destas dotações terá que ser avaliado individualmente sobre a utilização da narrativa em qualquer circunstância. No entanto, a importância da narrativa nos estudos teológicos e bíblicos, bem como a ética cristã continuará por algum tempo.

Veja também HERMENÊUTICA; HISTÓRIA; METÁFORA; MÉTODO TEOLÓGICO; MITO; REVELAÇÃO E ESCRITURAS.

BIBLIOGRAFIA. AUERBACH, E., *Mimesis: The Representation of Reality in Western Literature* (Princeton: Princeton University Press, 2003); FORD, D., *Barth and God's Story: Biblical Narrative and the Theological Method of Karl Barth in the "Church Dogmatics"* (Frankfurt am Main: Peter Lang, 1981); FREI, H., *The Eclipse of Biblical Narrative* (New Haven: Yale University Press, 1974); HAUERWAS, S., *Vision and Virtue: Essays in Christian Ethical Reflection* (Notre Dame: Fides Publishers, 1974); idem, *The Peaceable Kingdom: A Primer in Christian Ethics* (Notre Dame: University of Notre Dame Press, 1983); HAUERWAS, S. e JONES, L. G., orgs., *Why Narrative? Readings in Narrative Theology* (Grand Rapids: Eerdmans, 1989); LINDBECK, G., *The Nature of Doctrine: Religion and Theology in a Postliberal Age* (Philadelphia: Westminster, 1984); LOUGHLIN, G., *Telling God's Story: Bible, Church, and Narrative Theology* (Cambridge: Cambridge University Press, 1996); NEWBIGIN, L., *The Gospel in a Pluralist Society* (Grand Rapids: Eerdmans, 1989); NIEBUHR, H. R., *The Meaning of Revelation* (New York: Macmillan, 1967); idem, *The Responsible Self: An Essay in Christian Moral Philosophy* (Louisville: Westminster John Knox, 1999 [1963]); RICOEUR, P., *The Symbolism of Evil* (New York: Harper & Row, 1967); idem, *Time and Narrative* (3 vols.; Chicago: University of Chicago Press, 1984-1988); WRIGHT, N. T.,

The New Testament and the People of God (Christian Origins and the Question of God 1; Minneapolis: Fortress, 1992).

T. Harvey

TEOLOGIA NEGRA

Teologia negra é o estudo e interpretação das crenças e práticas religiosas de importância para os afro-americanos dos Estados Unidos. É uma forma de teologia que toma como seu ponto de partida epistemológico a experiência histórica e social dos afrodescendentes dos Estados Unidos. Ela pressupõe que o conhecimento religioso surge da experiência afro-americana (ou negra) e outros contextos sociais similares em que as pessoas devem lutar para afirmar sua humanidade.

A teologia afro-americana é variada e diversa. Uma de suas tendências é a teologia negra, cujo termo denomina essa tendência, bem como o movimento teológico que emergiu entre os afro-americanos durante a segunda metade da década de 1960.

Este artigo enfoca interpretações da origem e da história da teologia negra, seu desenvolvimento como uma disciplina acadêmica, suas principais escolas de pensamento, principais questões que ela enfoca, a relação da *teologia mulherista com a teologia negra, e o crescimento da teologia negra católica. O artigo se encerra com uma sugestão sobre o desafio que hoje a teologia negra enfrenta.

1. Origem e historiografias da teologia negra
2. Escolas de pensamento da teologia negra
3. Problemas na teologia negra
4. Teologia mulherista
5. Teologia negra católica
6. O futuro da teologia

1. Origem e historiografias da teologia negra

1.1. Três estágios da evolução da teologia negra. De acordo com Gayraud Wilmore, a teologia negra contemporânea evoluiu em três estágios distintos. O primeiro estágio é o surgimento da teologia negra a partir dos direitos civis e dos movimentos do poder negro. O movimento dos direitos civis foi o contexto inicial que deu origem ao movimento teológico negro contemporâneo, mas a ideologia do poder negro tem tido mais influência sobre o desenvolvimento da teologia negra atual.

Martin Luther King Jr. interpretou a luta afro-americana por direitos civis na estrutura do cristianismo. King afirmou que os ideais dos direitos civis e as reformas pretendidas, centradas na justiça social e na integração racial, são compatíveis com o cristianismo. Ele insistia que os cristãos professos, brancos e negros, tinham a obrigação moral de apoiar o movimento dos direitos civis.

Partindo da perspectiva de King sobre a compatibilidade da fé e da integração cristã, o clero negro radical — como Metz Rollins, Leon Watts, Will Herzfeld, Lawrence Lucas, Herbert Bell Shaw, M. L. Wilson e Albert Cleage — da Conferência Nacional de Clérigos Negros (NCBC, em inglês) interpretaram o cristianismo à luz do movimento do poder negro. Para esses clérigos negros, o poder negro significava os ideais da unidade e cooperação racial negra, a acumulação de recursos dos negros e o desenvolvimento de instituições e da cultura negras. Eles reivindicavam que o poder negro possibilita aos afro-americanos serem levados a sério e serem considerados pelos brancos e outros grupos étnicos como participantes iguais na sociedade democrática. Eles acreditavam que uma minoria oprimida como os negros precisa de poder para cercear o excesso de poder mantido pelos brancos. Sem nada para verificar esse excesso de poder, os brancos — como seria o caso de qualquer ser humano nessa situação — são tentados a abusar do poder. Eles também acreditavam que somente um Deus moralmente perfeito pode exercer de forma responsável uma quantidade desmedida de poder.

O segundo estágio do movimento teológico negro contemporâneo é a sua entrada no cenário acadêmico. De acordo com Wilmore, esse segundo estágio começa com a participação de professores negros do seminário, a saber James H. Cone, Major Jones, J. Deotis Roberts e Preston Williams, da Comissão Teológica do NCBC. Cone produziu as primeiras obras sistemáticas da teologia negra contemporânea em forma de livro. Os livros de Cone *Black Theology and Black Power* (A Teologia Negra e o Poder Negro [1969]) e *A Black Theology of Liberation* (Uma Teologia Negra de Libertação [1970]) foram seguidos pelas obras de Roberts, *Liberation and Reconciliation* (Libertação e Reconciliação [1971]), *Black Awareness* (Consciência Negra [1971]), de Major Jones, *Black Religion and Black Radicalism* (Religião Negra e Radicalismo Negro [1973]), de Wilmore, *Is God a White Racist?* (Deus é um Branco Racista? [1973]), de William R. Jones, e *The Identity Crisis in Black Theology* (A Crise de Identidade na Teologia Negra [1975]), de Cecil Cone. Os debates subjacentes a essas publicações centravam-se em três questões: (1) o significado de libertação negra, sua relação com a reconciliação racial e o espaço, se é que havia algum espaço, para a violência na luta por libertação; (2) A natureza da religião negra e sua relação com a teologia negra como o principal assunto desta última; e (3) a plausibilidade do teísmo da libertação negra, isto é, a crença na solidariedade de Deus com os negros oprimidos, em face do seu contínuo sofrimento e da ausência de evidências empíricas convincentes em apoio à atividade libertadora divina. A obra *God of the Oppressed* (Deus dos Oprimidos [1975]), de James Cone é uma revisão de ideias expressas em suas primeiras publicações e sua declaração mais abrangente sobre várias questões levantadas em debates com seus interlocutores e críticos.

O terceiro estágio do movimento negro teológico contemporâneo é caracterizado pela designação de teólogos negros acadêmicos da igreja negra como sua principal audiência e o interesse desses teólogos em questões globais em relação a comunidades afro-americanas dos Estados Unidos. A participação de teólogos negros na "Teologia nos projetos das Américas", que durou de 1975 a 1980, ampliou suas perspectivas e incluiu discussões sobre gênero e sexualidade, questões ambientais, a relação da teologia negra com várias teologias da libertação e o impacto negativo do capitalismo americano e europeu sobre vários grupos de pessoas do mundo todo.

1.2. Um quarto estágio. Dwight Hopkins estende a análise de três estágios de Wilmore para incluir um quarto e atual estágio que começou em meados dos anos 1980, liderado pelo que ele chama de "segunda geração" de eruditos e pastores. A segunda geração de teólogos negros se concentra em fortalecer os laços entre conhecimento, ministério e ativismo social. A segunda geração de teólogos negros está criando novas corporações acadêmicas, examinando fontes primárias anteriormente negligenciadas e utilizando-as em suas construções da teologia negra, e propondo modelos para o envolvimento de eruditos negros na vida corrente das igrejas e comunidades afro-americanas. De acordo com Hopkins, os pensadores da teologia mulherista são uma parte dessa segunda geração.

1.3. A história proposta por Cone. James Cone e Anthony Pinn propuseram histórias que diferem da história da teologia negra, de Wilmore. Cone alega que a origem da teologia negra contemporânea tem três importantes contextos: o movimento dos direitos civis, o movimento do poder negro e a publicação da controvertida *Black Religion* (Religião Negra [1964]), de Joseph Washington. Washington afirmou que as igrejas negras não são igrejas cristãs, e sim associações políticas e, portanto, desprovidas de qualquer teologia. Sua afirmação foi convincente para as pessoas que viram, mesmo em escolas predominantemente negras, nenhum teólogo afro-americano profissional que se concentrasse exclusivamente em pesquisa, reflexão e escrita sobre questões e preocupações de igrejas negras. A comissão teológica da NCBC, composta por clérigos afro-americanos e estudiosos de religião e teologia, tinha como objetivo pôr em evidência a teologia negra e, portanto, refutar a crítica de Washington às igrejas negras. O próprio Cone liderou o caminho. Além dos direitos civis e dos movimentos do poder negro, a comissão teológica da NCBC, responder à crítica de Washington, é outro fator significativo, como assinala Cone acertadamente, no desenvolvimento da teologia negra contemporânea.

1.4. A história proposta por Pinn. Pinn constrói uma análise histórica de cinco estágios da teologia negra. Na opinião de Pinn, a teologia negra é progressiva e acumulativa. O primeiro e mais longo estágio começa próximo ao início do comércio escravagista. O segundo estágio começa durante o movimento dos direitos civis na década de 1960. O terceiro estágio é uma globalização da teologia negra através do diálogo intercultural com teologias da libertação de outros povos. O quarto estágio é discussão aberta e franca sobre gênero e sexualidade. O quinto e atual estágio é a ampliação e extensão de fontes teológicas negras para a interpretação da experiência negra.

2. Escolas de pensamento da teologia negra

A teologia negra contemporânea se divide em três perspectivas metodológicas distintas: A Escola Hermenêutica Negra (EHN), Escola Filosófica Negra (EFN) e Escola de Ciências Humanas (ECH). Essas trajetórias da teologia negra são examinadas em *Methodologies of Black Theology* (Metodologias da Teologia Negra [2002]), de Frederick Ware.

2.1. Escola Hermenêutica Negra (EHN). A EHN dedica-se a uma busca por uma "hermenêutica negra" — um método de interpretação bíblica e teológica que recupera e representa a mais antiga expressão de fé cristã entre os afro-americanos dos Estados Unidos. Acredita-se que essa expressão precoce da fé cristã é caracterizada pelo radicalismo e pela busca da mudança econômica, social e política. A herança religiosa dos afro-americanos concentrou-se na conquista da liberdade.

Esta escola inclui pensadores como Katie Cannon, Albert Cleage, Cecil Cone, James Cone, Kelly Brown Douglas, James Evans, Jacquelyn Grant, Dwight Hopkins, Major Jones, Olin Moyd, J. Deotis Roberts, Delores Williams e Gayraud Wilmore. James Cone exerceu a maior influência nessa escola de pensamento. Além de sua pesquisa, palestras e publicações, ele instruiu muitos estudantes de doutorado afro-americanos. Katie Cannon, Mark Chapman, George Cummings, Kelly Brown Douglas, James Evans, Cain Hope Felder, Jacquelyn Grant, Dwight Hopkins, Sandy Martin, Preston Washington, Dennis Wiley, Delores Williams e Josiah Young estiveram entre os alunos de Cone no Union Theological Seminary, na Universidade de Colúmbia, onde ele ensinou desde 1969.

Embora dando suas próprias contribuições originais para o campo da teologia negra, os alunos de Cone expandiram seu paradigma da teologia negra contemporânea. Hopkins se distinguiu como o mais prolífico dos ex-alunos de Cone. Além do recorde de publicações, ele edita várias séries sobre teologia negra e estudos religiosos afro-americanos, atua em conselhos e comitês de várias sociedades acadêmicas, organizações educacionais e agências de acreditação de escolas teológicas dos EUA. Ele é coordenador da comissão teológica internacional da Associação Ecumênica de Teólogos do Terceiro Mundo. Cannon, Douglas, Grant e Williams tornaram-se importantes autoridades da teologia mulherista. Dentro da EFN, Roberts desenvolveu a mais significativa perspectiva contrastante à de J. Cone e seus alunos.

2.2. Escola filosófica negra (EFN). A EFN foi formada pela entrada de filósofos da religião e pelo uso da filosofia no campo da teologia negra. Criticando as teodiceias de J. Cone, A. Cleage, M. Jones, Roberts e J. Washington, William R. Jones escreveu *Is God a White Racist?* (Deus é um Branco Racista?) com a intenção de traçar um novo curso intelectual para os estudiosos interessados na interpretação da religião afro-americana. Ele argumentou, em face da magnitude do sofrimento negro, ser necessária uma forma alternativa de teísmo, que ele chamou de "teísmo humanocêntrico". O teísmo humanocêntrico, o último ponto do espectro teísta antes de uma posição de completo humanismo, enfatiza a agência e a responsabilidade humana para melhorar as condições sociais. A libertação é principalmente obra de seres humanos e não de Deus.

Além de William Jones, entre outros pensadores da EFN estão Anthony Pinn, Alice Walker, Cornel West e Henry Young. Jones e Pinn utilizam o humanismo como principal fonte filosófica. A principal fonte filosófica de West é o pragmatismo. O conceito de Walker de "feminismo negro" (uma perspectiva de mudança social baseada nos problemas e experiências cotidianas das mulheres negras), adotado por muitos estudiosos da religião afro-americana, é uma forma de humanismo. Young utiliza o processo filosófico em sua obra teológica. As concepções de Young, Walker e West sobre Deus são compatíveis com a noção de Jones de teísmo humanocêntrico.

2.3. Escola de Ciências Humanas (ECH). A ECH abrange os tipos de estudos culturais da teologia negra dirigida por historiadores da religião, teólogos de cultura, sociólogos da religião eruditos em estudos religiosos e outros intelectuais que aderem a cânones prevalentes de erudição ambientes de faculdade e universidade. Semelhante a William Jones, Charles H. Long procurou uma alternativa para o que ele viu como as duas abordagens dominantes e mais restritas para o estudo e interpretação da religião afro-americana: os estudos sociológicos e teológicos/apologéticos. Os típicos estudos sociológicos lidam principalmente com a história, organização e política das comunidades religiosas afro-americanas. Os estudos teológicos/apologéticos estão preocupados em defender e legitimar a existência da religião negra à parte da religião americana tradicional. De acordo com Long, os dois tipos de estudos ignoram toda a gama de significados na religião e na cultura afro-americana. Além de Charles Long, entre outros pensadores da ECH estão Cheryl Townsend Gilkes, C. Eric Lincoln, Henry Mitchell, Charles Shelby Rooks e Theophus Smith.

2.4. Mais contrastes entre as escolas. A EHN, EFN e ECS divergem no que consideram *a norma da teologia negra*. A EHN deriva seu critério de verdade de concepções não fundacionistas (e.g., bíblico, comunitário e pessoal) da fé cristã. Essas crenças giram em torno da afirmação central que Cristo, que pode ser entendido de várias formas, leva a outras três crenças que têm qualidade normativa: (1) a crença de que Deus é negro, isto é, em solidariedade com os oprimidos afro-americanos e os libertará, conhecido também como teísmo da libertação negra; (2) a crença de que a libertação, como uma atividade de Deus, é de valor infinito e inquestionável; e (3) a crença de que a experiência negra é uma parte da história sagrada e não pode ser ignorada ou minimizada na reflexão teológica.

As normas da EFN e da ECH são concepções de religião fundacionistas. Por um lado, na EFN, a fé cristã é afirmada com ênfase na liberdade humana. Os pensadores da EFN não privilegiam a experiência negra, mas privilegiam a libertação. Além da vontade de Deus, eles creem que a libertação é valiosa simplesmente porque o povo oprimido precisa e a quer. Por outro lado, a ECH firma seu entendimento da religião na fenomenologia. A religião afro-americana é estudada pelas formas práticas de atuação e é compreendida realmente na vida de seus adeptos, em vez de um apelo a noções sem perspectiva ou contexto histórico de religião negra. A abordagem fenomenológica não concede nenhuma autoridade especial à negritude ou à libertação. Negrura e libertação são percebidos como aspectos da vida afro-americana que nenhum estudioso responsável deve ignorar.

As três escolas diferem sobre *os métodos de interpretação da teologia negra*. A EHN faz da hermenêutica o método da teologia negra. Alguns desses métodos hermenêuticos são a hermenêutica bíblica, a correlação, a crítica narrativa e a hermenêutica filosófica. A metodologia filosoficamente orientada da EFN consiste de métodos como a análise filosófica, o argumento lógico e a hermenêutica bíblica. A metodologia da ECH inclui a hermenêutica e as metodologias das ciências sociais.

As três escolas diferem sobre *o objetivo da teologia negra*. Tanto a EHN como a EFN declaram que ação moral e ética que levam à libertação é o objetivo da teologia negra. A ECH declara que o conhecimento, que pode servir a múltiplos propósitos, é o objetivo da teologia negra. O estudioso da ECH não tem a obrigação de ter de mostrar-se politicamente útil, como no caso da EHN e da EFN.

2.5. Apelos e características compartilhadas. A EHN foi e continua sendo a mais prolífica e popular das três escolas da teologia negra acadêmicas. O amplo apelo da EHN pode ser atribuível a pensadores dessa escola usar símbolos e estilos de raciocínio e escrita que as pessoas não iniciadas na área acadêmica podem compreender. A leitura e compreensão de obras da EFN e da ECH podem requerer que as pessoas não iniciadas nessas áreas de estudo tenham um conhecimento anterior da literatura e dos métodos de filosofia das ciências humanas e sociais. Todavia comum a cada escola é a centralidade da experiência negra e uma compreensão de que as tarefas da teologia negra são descrição, análise, avaliação, explicação e revisão.

3. Problemas na teologia negra

3.1. Conteúdo e temas da teologia. Libertação é o tema principal da teologia negra. No entanto, outros temas como mistério, maravilha, temor e transcendência também estão presentes na religião e cultura afro-americana.

O fato de haver três escolas de pensamento na teologia negra implica que libertação, se de fato ela é o tema essencial da teologia afro-americana, não significa a mesma coisa a todas as teologias negras. Existem múltiplos significados de libertação. A EHN e a EFN têm pontos de vista divergentes sobre libertação. A ECH classifica libertação sob a ampla categoria de empoderamento. A EHN define libertação em termos de concepções bíblicas da atividade libertadora de Deus e as histórias do povo negro sobre liberdade. Na EHN os teólogos relacionam libertação com outros temas encontrados na Bíblia como reconciliação (Roberts), esperança (M. Jones), redenção (Moyd) e sobrevivência (Williams). James Cone define libertação como relacionamento com Deus, auto realização, protesto e luta por liberdade, e esperança. Os pensadores da EFN definem libertação em termos de filosofia social e política. Na EFN, libertação pode significar uma visão de vida com possibilidades de realização (Pinn), a queda do capitalismo (West), o pluralismo cultural (Young) ou qualquer ação prescrita depois de uma avaliação precisa da situação do povo (W. Jones). A ECH enfatiza a capacidade da religião de empoderar e sustentar pessoas numa variedade de situações difíceis e estressantes na vida, que inclui não somente opressão, mas também solidão, divórcio, tristeza e doença. Em *The Black Church in the African American Experience* (A Igreja Negra na Experiência Afro-americana [1990]), de C. E. Lincoln e L. Mamiya, eles assinalam que os conceitos de libertação militantes e orientados para a revolução na teologia negra contemporânea estão em contraste com os conceitos mais antigos e mais amplamente aceitos da libertação negra que enfatiza as virtudes da liberdade, independência, ascensão econômica e autoajuda. Não obstante, um significado compartilhado de libertação nas várias tradições da teologia negra é que libertação é a restauração da dignidade humana.

3.1.1. Pecado. A teologia negra entende o pecado como algo que é social e não apenas pessoal. A teologia negra expõe o racismo como um pecado. O racismo é uma opressão com a qual as pessoas não devem concordar. Os teólogos negros expandiram a noção de opressão e nela incluíram o preconceito de classe, o sexismo, o heterossexismo e a destruição ecológica como males a serem combatidos.

3.1.2. Sofrimento humano. Preocupante para os teólogos negros é a questão da teodiceia, a tarefa de reconciliar a realidade empírica do sofrimento das pessoas negras com a crença num Deus benevolente e poderoso. William Jones argumenta que a teodiceia é a categoria central da teologia negra. Na opinião de Jones, a teologia negra não pode ser mais do que um discurso expandido sobre teodiceia. Ele critica e sugere uma alternativa (teísmo humano-ccêntrico) ao modelo predominante de Deus (teísmo da libertação negra) na teologia negra. Ele argumenta que o teísmo da libertação negra está fundamentado no tradicional teísmo ocidental, que coloca a crença num Deus perfeitamente bom que está além do questionamento e não sujeito a investigação empírica.

Nem todos os teólogos negros aceitaram o ponto de vista de Jones. Por exemplo, Pinn rejeita a centralidade da teodiceia na teologia negra. De acordo com Pinn, a teodiceia implica num compromisso com a ideia de sofrimento redentor que pode inibir a libertação porque as pessoas oprimidas são tentadas as justificar e tolerar o sofrimento devido sua deferência a algum plano misterioso ou supostamente conhecido que Deus tem para o aperfeiçoamento da vida humana. Para Pinn, libertação é definitiva porque os humanos a desejam. Não existe necessidade especial para crença em Deus ou qualquer outra crença religiosa para sancionar as aspirações das pessoas por liberdade. Tomando uma abordagem completamente diferente, Moyd afirma que a escatologia é a categoria central da teologia negra. A escatologia é visão não apenas de um determinado fim, mas também da verdadeira humanidade das pessoas. Essa visão move as pessoas para a ação moral e ética na busca da libertação. Seus esforços, independentemente de serem pequenos ou frustrados, nunca são inúteis. Seja o que for que não consigam em algum momento em especial, isso não altera o fim da história. Além de Moyd, outros teólogos negros, como J. Cone, Evans e M. Jones, enfatizam o papel da escatologia no encorajamento do povo oprimido com esperança e garantia de que existe uma existência melhor para eles do que a vida de opressão.

3.1.3 Simbolismo ontológico. Vários teólogos negros argumentam que Jesus Cristo (ou Deus) é negro. A negritude de Cristo pode ser compreendida de várias formas, isto é, histórica/física (Cleage), ontológica (J. Cone, Grant, Douglas), mitológica (Roberts) ou pneumatológica (Hopkins). Cleage afirma que Jesus foi, como uma questão de fato histórico, negro; ele foi um líder revolucionário da nação negra em busca de libertação. Para J. Cone, a negritude de Jesus é um símbolo ontológico que descreve o que significa a opressão e mostra aqueles com quem Deus é solidário. Grant alega que a mulher negra é um genuíno símbolo de libertação de Cristo em favor dos oprimidos. Douglas compartilha da convicção de Grant do poder simbólico da mulher negra; no entanto, ele acredita que outros símbolos podem ser tão poderosos e não devem ser desprezados. Roberts argumenta que a representação de Cristo como negro ou qualquer outra característica de etnia e grupos sociais pode ser apenas mítica. A representação mítica é uma forma de relacionar o evangelho diretamente a um grupo de pessoas. Entretanto, o Jesus Cristo bíblico permanece como a medida para todas as imagens mitológicas de Cristo. Hopkins, procurando evitar a terminologia específica gênero-e raça, alega que a negritude de Jesus é metafísica. Em Jesus, Deus é revelado como espírito de libertação. Os pontos de vista de vários teólogos negros sobre a negritude de Jesus Cristo são examinados na obra *The Black Christ* (O Cristo negro), de K. Douglas (1994).

3.1.4. Identidade. Negritude (identidade racial negra) é termo que define o ser humano contextualmente. A tarefa de definir negritude está em andamento, em face das mudanças sociais, históricas, culturais e políticas que ocorrem nos Estados Unidos. O livro *Beyond Ontological Blackness* (Além da Negritude Ontológica [1995]), de Victor Anderson, é uma crítica da concepção de negritude que veio dominar a teologia negra contemporânea. De acordo com Anderson, essa concepção é definida em comparação e oposição à brancura. Essa é uma forma de identidade racial negra que precisa de brancura e vitimização por brancos, a fim de compreender a si mesma e se afirmar. Ele argumenta que negritude pode ser definida independentemente de qualquer relacionamento antagônico à brancura. Ele propõe uma forma de pluralismo cultural que reconhece e preza a diferença sem enaltecer ou desvalorizar qualquer grupo étnico. Além de Anderson, outros pensadores acima mencionados que concordaram com essa visão alternativa de negritude são Walker e West. Discussões recentes sobre humanidade na teologia negra procuram complementar o discurso sobre a alma com uma apreciação equivalente do corpo. Elas afirmam que essa estima igual da alma e do corpo é necessária para a integridade humana.

3.2. Fontes. Em *Identity Crisis in Black Theology* (A Crise de Identidade da Teologia Negra), Cecil Cone levanta a seguinte questão: "Se a teologia negra é para afro-americanos, não deveria estar ela fundamentada em fontes afro-americanas (ou fontes negras)?" Em resposta a essa pergunta, a EHN, a EFN e a ECH aceitaram a experiência negra como fonte de reflexão teológica. Pensadores da teologia mulherista colocaram especial ênfase na experiência das mulheres afro-americanas. Para a EHN, a principal fonte da teologia negra é a revelação, que é complementada pela Bíblia, pela tradição, pela história, pela espiritualidade, pela cultura e pela razão quando é compatível com a revelação. Para a EFN, a razão na forma de filosofia é a principal fonte da teologia negra. Para a ECH, a religião e a cultura afro-americana são as principais fontes para a reflexão teológica. Na ECH, religião é um fenômeno complexo que não está restrito às suas formas manifestas, mas pode ser expressa de formas mais sutis. Além do uso de fontes negras na construção da teologia negra, existem inúmeros trabalhos na teologia negra que são dedicados somente ao estudo de fontes negras, como sermões, cânticos (religiosos e seculares), orações, narrativas de conversões, testemunhos religiosos, entrevistas, folclore, poesia, romances, histórias orais, cartas, discursos públicos e autobiografias.

3.3. Eclesiologia. Os pensadores da EHN, EFN e ECH afirmam que as igrejas afro-americanas são historicamente e continuam sendo a instituição central para a libertação negra, mas enfatizam a necessidade por reforma nessas igrejas para elas poderem verdadeiramente funcionar como uma base para libertação. Na EFN, West argumenta que as igrejas sozinhas não podem conseguir a libertação. Elas devem fazer parceria com outras instituições na sociedade para conseguir mudança social em larga escala. Na EHN, J. Cone argumenta que reformas dentro das igrejas e a conquista da solidariedade negra deve preceder a construção de coalizão. Ele e outros teólogos negros apelam por reformas na confiança, adoração, práticas, estruturas organizacionais e ministério das igrejas afro-americanas. Na ECH, Charles Rooks enfatiza a necessidade de reformar a educação teológica. A esmagadora maioria do clero afro-americano carece de treinamento formal. Um clero treinado com melhor conhecimento e habilidades pode melhorar substancialmente o ministério e a ação social das igrejas afro-americanas. Além da EHN, EFN e da ECH, mulheres do movimento mulherista como Katie Cannon, Kelly Douglas, Cheryl Gilkes, Jacquelyn Grant e Delores Williams enfatizam a necessidade de as igrejas afro-americanas abordarem o problema do sexismo e da exclusão das mulheres do ministério ordenado e de importantes cargos de liderança nas igrejas.

3.4. Ação moral e ética. Os teólogos negros assumiram várias posições sobre a compatibilidade da violência com o cristianismo. J. Cone defende a posição de que a violência, na forma de autodefesa, é lícita. Roberts e M. Jones assumem a posição de que sob nenhuma circunstância a violência é moral ou ética para os cristãos. Para M. Jones a santidade da vida humana é total; sob nenhuma condição é lícito matar. W. R. Jones assumiu a posição de que a violência, como estratégia de libertação, não pode ser dispensada se ficar provado que ela pode emancipar um povo oprimido.

A EHN e a EFN, ambas insistindo que a ação moral e ética é um objetivo da teologia negra, desenvolveram modelos para ética teológica. Na EHN, a escatologia e a teoria da virtude servem como como fontes de normas para a ação moral e ética. Como visão de uma nova ordem social, a escatologia inspira pessoas a agir. A visão também se torna uma base para crítica e um sistema alternativo de valor para a ordem social existente. Os teólogos negros olham para pessoas exemplares quanto a valores e modelos morais em relação a ação ética. Esses indivíduos exemplares incluem o Cristo negro, Martin Luther King Jr., Malcolm X, Sojourner Truth e Harriet Tubman. Na EFN, o pensamento moral é influenciado pelo pragmatismo e pelo humanismo. Por exemplo, para William Jones, a ação libertadora corrige desequilíbrios no poder e pode ser executada apenas quando existe uma descrição precisa de situações de injustiça e das ideias erradas que as sancionam. Walker enfatiza o papel da escolha pessoal na determinação da ação apropriada e socialmente responsável. As pessoas devem escolher entre essas alternativas.

4. Teologia mulherista

Algumas mulheristas consideram seu trabalho uma forma de teologia negra, mas outras não o classificam assim. Entretanto, todas defendem a inclusão da experiência, espiritualidade, biografia e literatura das mulheres afro-americanas no discurso teológico. Embora a teologia mulherista corrija e enriqueça a teologia negra contemporânea dominada pelo sexo masculino afro-americano, ela tem sua integridade independente da teologia negra e da teologia feminista branca. A metodologia que orienta as mulheristas é um princípio de holismo por meio do qual elas enfatizam e compreendem não apenas questões de gênero, mas também sexualidade, raça, classe e ecologia. As mulheristas procuram sua libertação junto com a libertação da comunidade. As primeiras pensadoras do movimento mulherista foram Theressa Hoover, Pauli Murray, Letty Russell, Katie Cannon e Jacquelyn Grant. Entre outras estudiosas de várias disciplinas que mais tarde se associaram ao diálogo mulherista se encontram Karen Baker-Fletcher, M. Shawn Copeland, Jualynne Dodson, Kelly Brown Douglas, Toinette Eugene, Cheryl Townsend Gilkes, Diana Hayes, Renee Hill, Cheryl Kirk-Duggan, Clarice Martin, Jamie Phelps, Marcia Riggs, Cheryl Sanders, Linda Thomas, Emilie Townes, Alice Walker, Renita Weems e Delores Williams.

5. Teologia negra católica

Embora a tradição religiosa dominante entre os afro-americanos seja o cristianismo protestante evangélico, os afro-americanos católicos constituem uma presença e uma influência significativa. O catolicismo tem raízes históricas em muitas comunidades afro-americanas. As preocupações e as ênfases na teologia negra católica são com a opressão (tanto na sociedade como na igreja), o papel e a presença de Maria e outras doutrinas únicas da igreja católica romana, o aspecto universal da igreja (o significado de *católico*), a diversidade humana e o inter-relacionamento (social, cultural e o pluralismo religioso) e a teologia da igreja (liturgia, adoração e espiritualidade que a herança africana e a cultura afro-americana valorizam). Entre os principais colaboradores da teologia negra católica estão Edward Braxton, M. Shawn Copeland, Toinette Eugene, Diana Hayes, Philip Linden, Bryan Massingale, Jamie Phelps e Thaddeus Posey.

6. O futuro da teologia negra

Os teólogos negros estão enfrentando um novo momento histórico que irá requerer uma nova correlação com a fé cristã. Qual é a mensagem do cristianismo da transformação pessoal e social para os afro-americanos no início do século 21? A teologia negra contemporânea está quase quarenta anos distante da agitação social dos anos de 1960 que a viram nascer. Em meados da década de 1960, muitos dos objetivos sociais e ideais do movimento dos direitos civis começaram a perder seu apelo entre a população afro-americana. A teologia negra contemporânea se alinhou com o movimento do poder negro, mas esse movimento também perdeu muito do seu apelo entre os afro-americanos. Imprevisto na década de 1960 foi o tremendo crescimento da classe média afro-americana. Igualmente, a igreja e o crescimento religioso (i.e., mudanças nos modos preferidos de religiosidade afro-americana) moveram-se em direções não previstas. Alternativas religiosas às quais os negros estão se voltando incluem o islamismo, o budismo, as religiões neoafricanas tradicionais, e as megaigrejas cristãs, principalmente pentecostais ou de orientação carismática. O conservadorismo está em ascensão nas comunidades afro-americanas. Historicamente a igreja negra tem sido uma defensora dos pobres e oprimidos. A questão que os teólogos negros devem ressaltar é se o cristianismo afro-americano já tem o potencial, à luz da prosperidade econômica e do poder político que chegou a um crescente número de afro-americanos, para transformar as estruturas institucionais americanas e manter um conjunto alternativo de valores centrados na justiça social, na dignidade e no valor da vida humana.

Veja também Raça, Racismo e Etnia; Teologia da Libertação; Teologia Mulherista; Teologia Sul-africana.

Bibliografia. Anderson, V., *Beyond Ontological Blackness: An Essay on African American Religious and Cultural Criticism* (New York: Continuum, 1995); Cone, C. W, *The Identity Crisis in Black Theology* (Nashville: African Methodist Episcopal Church, 1975); Cone, J. H., *God of the Oppressed* (revisado com nova introdução; San Francisco: Harper & Row, 1975; Maryknoll: Orbis, 1997); Cone, J. H. e Wilmore, G. S., orgs., *Black Theology: A Documentary History, 1: 1966-1979, 2: 1980-1992* (Maryknoll: Orbis, 1994); Douglas, K. B., *The Black Christ* (Maryknoll: Orbis, 1994); Grant, J., *White Women's Christ and Black Women's Jesus: Feminist Christology and Womanist Response* (Atlanta: Scholars Press, 1989); Hopkins, D. N., *Heart and Head: Black Theology — Past, Present, and Future* (New York: Palgrave Macmillan, 2002); Jones, M. J., *Black Awareness: A Theology of Hope* (Nashville: Abingdon, 1971); Jones, W. R., *Is God a White Racist? A Preamble to Black Theology* (Garden City: Anchor Press, 1973; Boston: Beacon Press, 1998); Lincoln, C. E. e Mamiya, L. H., *The Black Church in the African American Experience* (Durham: Duke University Press, 1990); Moyd, O. P., *Redemption in Black Theology* (Valley Forge: Judson, 1979); Phelps, J. T., org., *Black and Catholic: The Challenge and Gift of Black Folk: Contributions of African American Experience and Thought to Catholic Theology* (Milwaukee: Marquette University Press, 1997); Pinn, A. B., *Why Lord? Suffering and Evil in Black Theology* (New York: Continuum, 1995); Roberts, J. D., *Liberation and Reconciliation: A Black Theology* (ed. rev.; Philadelphia: Westminster, 1971; reimpr., Maryknoll: Orbis, 1994); Ware, F. L., *Methodologies of Black Theology* (Cleveland: Pilgrim Press, 2002); Washington Jr., J. R., *Black Religion: The Negro and Christianity in the United States* (Lanham: University

Press of America, 2001 [1964]); WEST, C., *Prophesy Deliverance! An Afro-American Revolutionary Christianity* (Philadelphia: Westminster Press, 1982); WILLIAMS, D. S., *Sisters in the Wilderness: The Challenge of Womanist God-Talk* (Maryknoll: Orbis, 1993); WILMORE, G. S., *Black Religion and Black Radicalism: An Interpretation of the Religious History of African Americans* (ed. rev.; Maryknoll: Orbis, 1998).

F. L. Ware

TEOLOGIA NORTE-AMERICANA

A teologia nos Estados Unidos da América foi moldada pelas crenças e práticas religiosas de muitas igrejas diferentes e tradições étnicas. Embora não exista uma única teologia americana, existem temas e movimentos que moldaram a direção da reflexão teológica na América.

1. Primórdios ao fim do século 19: predominância evangélica
2. Fim do século 19 até o século 20

1. Primórdios ao fim do século 19: predominância evangélica

A teologia americana é geralmente considerada protestante mesmo aproximadamente um quarto da população atual sendo católica. França e Espanha tiveram assentamentos precoces na América do Norte, mas foi a Inglaterra, que se separou de Roma sob o reinado de Henrique VIII, que dominou o assentamento das colônias americanas. Juntamente com outros dissidentes de várias partes da Europa e da Grã-Bretanha, colonos, especialmente os puritanos, deram a forma inicial às ideias políticas e religiosas que caracterizariam os Estados Unidos.

A teologia puritana foi influenciada pela tradição *reformada decorrente da Reforma protestante do século 16. Os puritanos criam num Deus soberano cuja graça irresistível, demonstrada na imputação da justiça de Cristo à humanidade pecadora, foi dada aos eleitos para a salvação. Eles procuraram purificar a igreja da elaborada cerimônia que crescera em torno da adoração e da organização eclesiástica e tentaram orientar todos os aspectos da vida em torno da Bíblia, em vez da tradição. Os puritanos acreditavam que a igreja deveria ser um corpo pactuado dos eleitos. Essa compreensão da aliança da relação de Deus com a humanidade teve implicações para a organização da sociedade, uma vez que era esperado que as autoridades civis ajudassem as autoridades religiosas na manutenção de uma sociedade piedosa. Um impulso reformador foi direcionado para todas as áreas da sociedade e continuou como um forte avanço dentro da vida civil e religiosa americana.

A forte presença e a influência das igrejas congregacionais e presbiterianas, auxiliadas por amplos avivamentos do primeiro Grande Despertamento (1730-1740) ajudou a perpetuar uma abordagem da teologia reformada. Estimulados pela poderosa pregação de George Whitefield e defendidos por Jonathan Edwards, um dos teólogos mais importantes da América e herdeiro da tradição puritana, os avivamentos reafirmaram a doutrina calvinista para uma nova geração de crentes. O Despertamento, como movimento religioso compartilhado por denominações, ajudou a alimentar uma identidade distintamente americana e estabeleceu a prática dos avivamentos para o estímulo da vida cristã. O considerável crescimento de muitos grupos protestantes também ajudou a definir o palco para a diversidade teológica posterior.

O segundo Grande Despertamento (1800-1820), caracterizado por um alto grau de entusiasmo, estabeleceu ainda a prática do avivamentismo como principal meio de converter os indivíduos ao cristianismo. Ele também reformulou a teologia do início da república e estimulou o crescimento da igreja, especialmente entre os metodistas e batistas. Cada vez mais, a salvação, embora ainda considerada um dom da graça de Deus, era entendida como algo que poderia ser escolhida ou rejeitada pelos seres humanos. Essa direção arminiana se ajustou bem à disposição política da jovem nação. Ao formarem uma república, os cidadãos entenderam que tinham voz na sua própria administração. Isso contribuiu para uma forma de teologia mais individualizada na qual a experiência e a compreensão pessoal foram mais priorizadas do que a autoridade da tradição teológica ou da posição da igreja. Isso continua a caracterizar o pensamento e a prática religiosa.

2. Fim do século 19 até o século 20

Até a Guerra Civil americana, a teologia

americana protestante foi geralmente evangélica em sua expressão. Ela via a Bíblia como principal autoridade de fé e prática, e enfatizava a importância da conversão; inclinava-se ao pragmatismo em sua abordagem da reflexão teológica, enfatizando a razoabilidade de Deus e da fé cristã e a natureza prática da teologia. Ele foi também altamente ativista em sua compreensão da vida cristã. Isso se expressou em várias reformas e causas beneficentes como o trabalho de temperança e a abolição da escravatura. Ela foi especialmente evidente no trabalho missionário estrangeiro, que cresceu rapidamente ao longo do século 19.

A natureza altamente experimental do avivamentismo americano foi equilibrada, em parte, pelo crescimento do Realismo do Senso Comum escocês que se enraizou especialmente no que se tornou conhecida como a teologia de Princeton. Liderada por Archibald Alexander e Charles Hodge, a teologia de Princeton tornou-se conhecida por sua abordagem simples e fundamentada da leitura da Bíblia e por sua articulação de uma doutrina de inspiração e infalibilidade das Escrituras. Ela permaneceu firmemente contra as mudanças teológicas feitas pelos estudos bíblicos críticos no continente europeu, aderindo à tradição da Confissão de Westminster. No entanto, não poderia conter o fluxo de ideias vindo da Europa e seu impacto nos desenvolvimentos teológicos na América.

Durante o século 19 ondas bem-sucedidas de imigrantes, especialmente as de contexto católico romano e luterano, juntaram-se às igrejas metodistas e batistas em rápido crescimento e ajudaram a alterar o panorama da vida religiosa americana. O ensino metodista sobre santidade, com sua ênfase na santificação, tornou-se cada vez mais influente. Grupos utópicos prosperaram e surgiu um forte movimento milenarista. Infelizmente, o influxo de imigrantes e a percebida ameaça do catolicismo romano estimulou um forte sentimento nativista entre muitos americanos, bem como uma vigorosa posição anticatólica. Diferenças políticas e teológicas, especialmente em torno da questão da escravidão, também levou a prolongadas divisões dentro de quase todas as denominações protestantes. Entretanto, foi o crescimento da tradição liberal na teologia americana que forneceu o maior desafio ao predomínio evangélico.

A tradição liberal dentro do protestantismo americano remonta às influências do Iluminismo presentes na fundação da nação e preservada na tradição da igreja unitária. Ela foi favorecida pelos transcendentalistas que, como parte de um movimento romântico, desafiou essa abordagem fortemente racionalista com ênfase na intuição e na subjetividade. Mais importante ainda, desafiaram a ideia de que a crença religiosa e a prática devem estar ligadas à tradição religiosa. Uma abordagem liberalizante à reflexão teológica foi particularmente aceita pelos que estavam insatisfeitos com o impulso anti-intelectual existente no revivalismo. Eles estavam ansiosos para aplicar os progressos no estudo científico à sua compreensão da Bíblia e da condição humana.

O movimento cresceu rapidamente no resultado da Guerra Civil americana, alimentado em parte pelo conhecimento alemão e pelas ideias revolucionárias de Charles Darwin. A teologia liberal forneceu um desafio direto à teologia evangélica ao expressar confiança na capacidade e na razão humana. Ela tendia a ser otimista sobre o futuro da humanidade, prevendo uma espécie de processo evolutivo que conduzisse ao estabelecimento do *reino de Deus na terra. Aceitou os métodos da crítica bíblica e desafiou a visão ortodoxa no que se refere à revelação bíblica. Para alguns, a Bíblia era vista principalmente como um relato histórico do desenvolvimento religioso. Um grupo maior e mais moderado procurou reinterpretar a doutrina cristã ortodoxa à luz das descobertas científicas.

A crescente aceitação de uma tradição liberal no final do século 19 trouxe mais diversidade ao protestantismo americano e deu impulso ao surgimento do evangelho social. Ele também armou o palco para a batalha entre os fundamentalistas e os modernistas que dividiriam a comunidade protestante ainda mais durante a década de 1920.

O movimento americano do evangelho social prosperou sob a liderança de Walter Rauschenbusch e Washington Gladden antes da Primeira Guerra Mundial. Ele foi caracterizado pelo otimismo na capacidade humana para resolver os problemas sociais acarretados pelo crescimento da indústria e da urbanização. Embora muitas vezes caracterizado como simplesmente uma parte da tradição liberal, ele permaneceu na tradição de ativismo e reforma social que havia muito caracterizara o evangelicalismo americano e, assim, atraiu um grupo de protestantes para o movimento.

Pontos de vista conflitantes sobre a autoridade da Bíblia e da doutrina ortodoxa atingiram o ponto crítico durante as primeiras décadas do século 20. Conhecida como controvérsia fundamentalista-modernista, ela levou a mais divisão dentro de grupos denominacionais. Ela também estabeleceu firmemente campos opostos dentro do protestantismo americano que continuam a funcionar na vida religiosa e política americana. Os fundamentalistas conservadores contrários a qualquer tentativa de reinterpretar a doutrina cristã ortodoxa, insistiram na inerrância das Escrituras e na realidade dos milagres. Eles eram sempre dispensacionalistas em sua interpretação da história cristã. Embora um pouco desvinculados da vida pública durante a metade do século, ultimamente eles surgiram como uma voz forte e política conservadora. Os modernistas estavam especialmente associados com um grupo de estudiosos conhecido coletivamente como a escola de Chicago. Eles aceitaram uma abordagem empírica da teologia, buscando conhecimento sobre Deus pela observação da experiência humana e religiosa.

Nas décadas de 1920 e 1930 também surgiu a neo-ortodoxia Americana. O movimento em sua forma americana está especialmente associado com o trabalho de H. Richard Niebuhr. Menos otimista que o movimento liberal anterior, ele se inspirou no trabalho de importantes filósofos e teólogos para voltar a visitar as doutrinas históricas da igreja e reivindicá-las como meio de enfocar os problemas sociais e religiosos. Atuou nos movimentos ecumênicos do século, ajudando a produzir um tom mais conciliador às relações interdenominacionais.

Em meados do século surgiu um novo movimento evangélico. Mais moderado que o movimento fundamentalista, no entanto, manteve as ênfases teológicas do evangelicalismo histórico. O movimento americano dos direitos civis surgiu durante esse período também e recebeu o impulso teológico de Martin Luther King Jr., que se baseou nos temas do Antigo Testamento sobre o cativeiro e a libertação, enfatizando a conexão entre teologia e ética, que fazia parte da tradição teológica afro-americana.

As convulses do século 20 forçaram os teólogos a lidarem de novo com questões de significado. Suas pesquisas para descobrir as maneiras de Deus interagir com o mundo levou a uma diversidade de abordagens teológicas. Novas vozes deram origem à teologia do *processo, teologia da *libertação, teologia *negra e teologia *feminina — todas as quais remodelaram o panorama teológico da América e continuaram a tradição do vivo discurso teológico na América.

Veja também EVANGELHO SOCIAL; TEÍSMO ABERTO; TEOLOGIA DO PROCESSO; TEOLOGIA EVANGÉLICA; TEOLOGIA FEMINISTA; TEOLOGIA NEGRA; TEOLOGIA NORTE-AMERICANA NATIVA; TEOLOGIA PÓS-LIBERAL; TEOLOGIAS ASIÁTICO-AMERICANAS.

BIBLIOGRAFIA. AHLSTROM, S. E., org., *Theology in America: The Major Protestant Voices from Puritanism to Neo-Orthodoxy* (Indianapolis: Bobbs-Merrill, 1967); GRENZ, S. J. e OLSON, R. E., *Twentieth-Century Theology: God & the World in a Transitional Age* (Downers Grove: InterVarsity Press, 1992); HOLIFIELD, E. B., *Theology in America: Christian Thought from the Age of the Puritans to the Civil War* (New Haven: Yale University Press, 2003); MILLER, R. C., *The American Spirit in Theology* (Philadelphia: United Church Press, 1974); NOLL, M., *America's God: From Jonathan Edwards to Abraham Lincoln* (New York: Oxford University Press, 2002).

V. G. Rempel

TEOLOGIA NORTE-AMERICANA NATIVA

Existem muitos obstáculos que impediram a teologia norte-americana nativa de se tornar pare da conversação teológica mais ampla. Alguns desses obstáculos incluíram restrições coloniais exercidas pela sociedade dominante, perda de artefatos e histórias culturais, ausência de autêntica liderança nativa, falta de educação teológica e diferenciação tribal. Só recentemente as primeiras nações da América do Norte estão começando a contribuir teologicamente para a igreja mais ampla.

Os nativos norte-americanos veem o Criador como uma constante, que é sagrada. A discussão do Criador de forma especulativa e trivial é mais ou menos tabu, e a tolerância é mais importante do que afirmações de verdade precisas e exclusivas. A teologia sistemática, como foi desenvolvida academicamente, tem pouca relevância para os nativos americanos, que pensam sobre Deus primeiro em categorias relacionais, não em categorias extrínsecas.

1. Uma espiritualidade comum
2. O Criador-Filho e a Trindade
3. Comunidade/Harmonia
4. História

1. Uma espiritualidade comum
Apesar das complexidades e dos obstáculos para desenvolver a teologia norte-americana nativa, existem elementos de uma espiritualidade comum entre os norte-americanos nativos. Uma série de ideologias das primeiras nações pode ser explorada do ponto de vista da espiritualidade e dos valores comuns. O teólogo choctaw, Steve Charleston, que tem o crédito de haver criado a frase "Antigo Testamento nativo americano", diz que se sente "confortável para falar sobre um cristianismo que emerge da América nativa". Os antigos nativos americanos que vivem em Turtle Island (América do Norte) conheciam Deus. Muitas tribos têm suas próprias histórias de pacto com o Criador, que lhes deu sua terra. No sentido mais real da palavra, existia um *relacionamento* entre o *Grande Espírito* (Deus) e os primeiros povos do continente. Essa relação pactual entre Deus, o povo e a terra é a fonte para o desenvolvimento de toda a espiritualidade nativa americana. Os pactos tribais norte-americanos, as histórias, canções, cerimônias, sociedades, profetas e assim por diante são o que é chamado de experiência de "Antigo Testamento" de cada tribo. O mesmo Deus que fez o pacto com os povos tribais da América do Norte escolheu Abraão como um homem, de quem viria uma nação que exibiria e lembraria todos os povos a possibilidade de um relacionamento profundo e pactual com Deus. O pacto hebraico é distinto e único, desde que ele contém certa bênção universal para as nações e apresenta a preocupação da missão de Israel para com os outros e, em particular, Jesus, o Messias e Salvador do mundo. O contexto hebraico da relação de Deus com um povo é, portanto, replicável mas não duplicável, desde que cada contexto é diferente, desde que em Abraão foi intenção de Deus abençoar todas as nações do mundo.

A espiritualidade nativa americana, então, com seu claro vínculo com origens divinas, nasce da relação entre o Criador, a terra e as culturas das primeiras nações. Cada *espiritualidade nativa americana é um tanto diferente por causa da diversidade de histórias, pactos, histórias, linguagem, símbolos, cerimônias e geografia. Ainda assim, pode-se dizer corretamente que todos os nativos americanos têm uma espiritualidade baseada na criação que coloca a importância primordial na *terra. Os nativos americanos quase sempre entenderão a ênfase basilar do amor de Deus em termos de *lugar* e, como resultado, de acordo com o relacionamento. O contexto da relacionalidade como se relaciona com *lugar já existe em muitas histórias nativas.

Essa ênfase contrasta com a tradicional ênfase ocidental sobre história e *tempo*. Os povos ocidentais — especialmente imigrantes de origem ocidental — geralmente adotaram um "materialismo temporal" que se presta a eventos. A importância desses eventos torna-se para eles um pseudolugar do qual eles podem obter sua identidade e, como resultado se adaptar facilmente às mudanças na localidade. Considerando que as pessoas estão baseadas na terra — orientadas para o local — elas estão ligadas a um lugar como fundamento de sua identidade. Quando os povos com a mentalidade de lugar, como as primeiras nações dos Estados Unidos, são retirados do seu lugar, eles enfrentam grandes dificuldades.

Ainda não foram desenvolvidas novas regras fundamentais para reunir tais pontos divergentes. Muitas vezes, essa diversidade na visão de mundo tem feito com que as pessoas acabem falando umas com as outras, como observado na seguinte citação:

> Os índios americanos têm suas terras — lugar — no mais alto significado possível, e todas as suas declarações são feitas com esse ponto de referência em mente. [...] Quando um grupo [de índios americanos] está preocupado com o

problema filosófico do espaço e o outro [de imigrantes europeus ocidentais] com o problema filosófico do tempo, as declarações de qualquer grupo não fazem muito sentido quando transferidas de um contexto para outro sem a devida consideração do que está acontecendo. (Deloria e Wildcat, 143)

2. O Criador-Filho e a Trindade

Criador é uma designação frequente para Deus entre os nativos americanos. Jesus Cristo é o Criador-Filho (Jo 1.3; Cl 1.16; Hb 1.2). Pode-se dizer que os nativos americanos têm, desde tempos imemoriais, suplicado a Jesus — não percebendo que ele, como o Filho enviado, também é o Criador. A *kenosis* e a morte de Cristo pelo mundo que ele criou é compreensível para os indígenas da América do Norte à luz de muitas histórias de figuras se sacrificando pelo povo. Por exemplo, muitas tradições nativas têm a história da Mãe Milho, que se sacrificou para que o povo pudesse sempre ter milho para comer. Consequentemente, as histórias nativas americanas podem ser úteis para descobrir a verdadeira teologia indígena. A pergunta que deve vir em seguida para os cristãos interessados é "até que ponto?"

As teologias nativas norte-americanas querem permitir que as histórias hebraicas da Bíblia tenham uma universalidade. Mas os seguidores nativos americanos de Jesus também querem reconhecer o valor das histórias aborígenes. Se os povos nativos se despojarem de suas próprias histórias, correm o risco de tentar tornar-se pessoas que não são. Por outro lado, se os nativos americanos não reconhecerem a excepcionalidade da história hebraica, podem cair no perigo de não compreenderem o desejo de Deus de trabalhar entre todos os povos, e assim, diminuir a singularidade e a universalidade de Cristo.

Algumas referências a Deus existentes na comunidade divina podem ser encontradas entre os nativos americanos. Entre as possibilidades históricas para uma compreensão da trindade americana tradicionais estão as tribos do sudeste, particularmente os Cherokees. Tem-se argumentado que todo pensamento nativo americano relacionado à *Trindade foi uma adaptação posterior de relatos da Trindade cristã. Essa posição, que pode ser em grande parte etnocêntrica e paternalista, não explica o fato de que uma trindade de seres criadores é sistematicamente encontrada na literatura nativa americana e nas tradições orais, especialmente entre os Cherokees.

A importância de um conceito de trindade deve encontrar um terreno fértil na teologia nativa americana, especialmente porque a maioria dos nativos americanos tradicionais descreve suas crenças e grande parte de sua história alinhada com a compreensão do conceito bíblico de *shalom*, que é muitas vezes referida como "harmonia" ou "equilíbrio". Compreender a harmonia e o equilíbrio da trindade, vivendo em shalom, não é difícil para os nativos americanos. Historicamente está claro que a verdade de shalom é também uma perspectiva nativa americana.

3. Comunidade/Harmonia

Na teologia nativa norte-americana shalom não é um conceito etéreo. Jesus, como o Criador-Filho, trouxe as boas novas dos aspectos relacionais do Deus trino à terra ao criar um *lugar*. O Éden foi o lugar onde os seres humanos foram inicialmente situados para desfrutar o sentido mais completo possível de lugar na terra. A intenção original de Deus foi permitir que os humanos se relacionassem nos parâmetros do jardim, um jardim shalom. Poder-se-ia dizer que a cultura do jardim era a cultura humana original a partir da qual se chegaria a conhecer o Deus que se relaciona em e através da comunidade. Essa comunidade divina é um modelo para todas as sociedades humanas, incluindo os nativos americanos.

É com essa história que os nativos americanos podem se relacionar, porque é a mesma história que eles já conhecem em seu próprio contexto e em seu próprio lugar.

Para o povo nativo americano orientado para a comunidade, o Pai-Filho-Espírito Santo existente para benefício mútuo e preferência pelo outro não é apenas natural, mas também bonito, e é uma história que é bem-vinda. Não é difícil para os nativos americanos compreender como o benefício e a preferência de cada "pessoa" da Trindade podem ser eles mesmos e ainda serem imperceptíveis dos benefícios da própria comunidade trina.

Usar a Trindade como modelo como maneira pela qual os nativos americanos se relacionam em comunidade é em si mesmo parte do que significa ser feito à imagem de Deus. Com base na Trindade, a *imago Dei* é pelo menos tão importante num nível comunal quanto no nível individual, muitas vezes enfatizado na teologia ocidental. Ser feito à imagem de Deus, sob o ponto de vista relacional e comunitário, desafia alguns valores ocidentais e individualistas, mas adapta-se bem a uma compreensão nativa americana.

Mesmo entre as tribos que ganharam a reputação de "guerreiras" na experiência americana, houve marcantes contrapesos em sua cultura e filosofia da guerra. Um desses exemplos é o dos "Chefes de Paz" cheyennes. De acordo com os ensinamentos de Doce Medicina, o mais reverenciado mestre e profeta cheyenne, os quarenta e quatro chefes entre eles devem ser Chefes de Paz. Ainda hoje, as palavras de Doce Medicina são repetidas na posse de cada novo chefe:

"Ouçam-me com atenção", avisou Doce Medicina, "e sigam fielmente minhas instruções. Vocês são chefes pacificadores. Mesmo que seu filho possa ser morto na frente de sua cabana, você deve pegar um cachimbo e fumar. Então você pode ser chamado de chefe honesto [...] se vierem estrangeiros, você deve lhes dar presentes e convites. Quando você encontrar alguém, e ele vier à sua cabana pedindo algo, dê a ele. Nunca recuse." (Hoig, 7)

A estrutura dos cheyennes era tal que essas palavras (numa impressionante lembrança dos ensinamentos de Cristo) ainda são valorizadas como a forma mais elevada de resposta à tragédia pessoal e às necessidades dos outros.

Percebendo a conectividade da humanidade com toda a vida animal, tomamos consciência de novas possibilidades de aprendizagem e de preservação de todos os seres vivos. No estudo da dependência da humanidade em relação à Terra, reconhecemos novas oportunidades para sustentar nosso planeta e encontrar novas perspectivas para o desenvolvimento de alimentos, água e energia renovável.

Entre os povos iroqueses viveu um Pacificador que uniu as tribos durante tempos terríveis de tumulto. As Seis Nações ainda vivem hoje de acordo com a lei e os ensinamentos do Pacificador, cuja visão de viver harmoniosamente é consistente com os já mencionados. Todaho, o Chefe, comenta:

Os ensinamentos são muito bons. A coisa mais importante é que cada indivíduo deve tratar todos os outros, todas as pessoas que andam sobre a Terra Mãe. Isso cobre muito terreno. Isso não se aplica somente ao meu povo. Deve tratar todas as pessoas que encontrar da mesma forma. Quando as pessoas voltam seus pensamentos para o Criador, dão ao Criador poder para entrar em suas mentes e produzir bons pensamentos. (Wallace, 14)

Entre os navajos há um conceito de estar em harmonia conhecido como o tradicional "Caminho Navajo da Bênção" (às vezes chamado "O Caminho da Beleza"). O navajo vê como sua responsabilidade humana restaurar a harmonia ou o equilíbrio no mundo. "Em muitos casos, são realizadas cerimônias de cura nas quais a origem do desequilíbrio é vista e diagnosticada e um reequilíbrio é produzido por vários meios. No centro da Cerimônia Navajo de Cura, do Caminho da Bênção (*hozhoo ji*) e da tradição navajo em geral está a ideia de que o mundo está em equilíbrio" (Beck e Walter, 13).

O Caminho Cherokee da Harmonia foi especialmente bem desenvolvido como uma base filosófica de vida. Alguns têm-se referido a ele como "equilíbrio" e outros simplesmente como "o Caminho". Ele é considerado um lugar e um caminho, onde toda a vida está em equilíbrio e harmonia com o Criador, todas as pessoas e toda criação. É com base nessa filosofia que os "pregadores" nas danças rituais dos cherokees ensinam o povo a viver: exortando-o a orar, a manter relacionamentos harmoniosos com a natureza e a manter intactos os relacionamentos familiares, do clã e da tribo.

As semelhanças entre a visão de Deus como shalom e o que a teologia nativa norte-americana entende como ética da harmonia são incontestáveis. Muitos aspectos inatos das culturas nativas americanas promovem o shalom bíblico, ou o que é shalom para as Primeiras Nações chamada por outros nomes. Seria impossível uma efetiva teologia nativa norte-americana se desenvolver sem uma compreensão de harmonia/shalom. Na maioria dos casos entre os nativos americanos, a espiritualidade baseada no shalom, orientada para a criação (normalmente chamada de harmonia da ética), foi e ainda é claramente reconhecida como a maneira preferida de viver.

O pronunciamento de Jesus em Lucas 4.18-21 mostra sua ligação com uma espiritualidade baseada no shalom. O claro chamado de Cristo ao "reino" (grego, *basileia tou theou*, "o lugar onde Deus está no comando") mostra que sua encarnação foi única, a intenção divina, e que Deus ainda está chamando todas as pessoas para uma comunidade baseada no shalom. Jesus viveu uma vida de shalom agradando a Deus, sendo dirigido pelo Espírito Santo e em comunhão com Deus. Ele sempre convidava as pessoas, especialmente as marginalizadas, para fazerem parte da comunidade de Deus. Jesus Cristo não somente demonstrou o shalom em sua vida terrena, mas ele é o shalom definitivo de Deus. Da mesma forma em nosso tempo, Jesus, o "portador do shalom" de uma vez por todas, que veio da Trindade de shalom, pode ser contextualizado na revelação nativa americana de várias culturas nativas para produzir uma teologia baseada no shalom e voltada para a criação.

A história hebraica também é útil como modelo para os nativos americanos, na qual eles podem encontrar seus próprios vestígios e exemplos de shalom. Da mesma forma que os judeus foram capazes de contextualizar seus símbolos de shalom, os nativos americanos podem contextualizar símbolos de sua própria compreensão. Esse tipo de *contextualização pode ocorrer sob a perspectiva de formas ou símbolos significativos, como ilustrado na seguinte compreensão:

> O círculo é um símbolo-chave para a autocompreensão nessas tribos [nativas americanas], representando todo o universo e nossa parte nele. [...] Quando um grupo de índios forma um círculo para orar, todos sabem que as orações já começaram com a representação do círculo.

> Nenhuma palavra ainda foi pronunciada e em certas cerimônias nenhuma palavra precisa ser dita, mas a fisicalidade intencional de nossa formação já expressou nossa oração e profunda preocupação por toda a criação de Deus. (Kidwell, Noley e Tinker, 50)

4. História

A história é certamente crucial na formação da teologia nativa norte-americana. Através do contar e do recontar de histórias tradicionais os nativos americanos renovam seus valores e sua fé no transcendente. As Escrituras dão um abundante suprimento de histórias de Deus abrangendo a condição humana. Dessa forma, elas são muito parecidas com as histórias das Primeiras Nações. Observe esta história comum contada pelos cherokees e que ilustra muitos dos pontos discutidos até agora:

> Há muito tempo, quando os animais podiam falar, as pessoas estavam matando o que não comiam e esquecendo de dar graças pelo que haviam matado. Em consequência desses abusos, os animais decidiram proteger-se do mal que veio sobre os cherokees, que antes eram gratos. Após muito debate, os animais decidiram trazer doenças sobre o povo cherokee. Os cherokees começaram a ficar doentes e a morrer por causa dessas doenças. Eles imploraram aos animais: "Por favor, ficaremos gratos e mataremos apenas o que vamos comer". Mas os animais não mudaram de ideia. Ao mesmo tempo, as plantas estavam observando todas essas coisas. Elas viam como as crianças cherokees ficavam doentes, e até mesmo morriam. As plantas decidiram realizar um conselho. No conselho elas concordaram em fornecer remédios para os cherokees. Todas as noites, enquanto os cherokees dormiam, as plantas vinham até eles em seus sonhos e mostravam-lhes como usar as plantas para curar as doenças que os animais haviam trazido sobre eles. Os cherokees se recuperaram e concordaram em matar apenas o absolutamente necessário. Eles também concordaram que fariam uma oração de gratidão por qualquer animal que matassem e por

qualquer planta que fosse colhida para ser usada como alimento ou remédio. O Criador ficou feliz com os cherokees mais uma vez, porque a harmonia foi restaurada entre tudo o que ele havia criado.

Observe primeiro que a história afirma uma visão holística dos relacionamentos. O shalom foi rompido entre os seres humanos e o Criador através da ingratidão. Esta era expressa de duas maneiras: não dando graças e matando o que não era para ser comido — ambos os atos são uma afronta a Deus e à criação. A doença e a morte vieram ao mundo através dos animais (criação). A cura também veio através da criação (plantas). Os seres humanos foram restaurados à criação e, como resultado, restaurados a Deus.

Um dos pontos frequentemente levantados em alusão a essa história é que, para cada doença propagada pelos animais, há uma planta que pode curá-la. Isso envolve muito equilíbrio, restauração e harmonia. Descreve um mundo, ainda que devido ao rompimento do shalom — não perfeito — contudo, por causa da restauração, levado de volta ao estado originalmente pretendido pelo Criador. No pensamento cherokee, toda a restauração deve incluir relações holísticas entre Deus, os seres humanos e o que os não indígenas costumam chamar de "natureza".

O horizonte para o desenvolvimento de uma teologia nativa norte-americana autêntica está apenas começando a aparecer. Certamente há muito mais a considerar do que foi mencionado neste artigo. A teologia nativa americana, como todas as teologias, se desenvolverá como um diálogo contínuo entre os nativos americanos e entre outros à medida que todos procurarmos as dádivas e histórias divinas distribuídas entre os povos da terra.

Veja também TEOLOGIA HISPÂNICA/LATINA; TEOLOGIA NEGRA; TEOLOGIA NORTE-AMERICANA; TEOLOGIAS ASIÁTICO-AMERICANAS.

BIBLIOGRAFIA. BECK, P. V. e WALTERS, A. L., *The Sacred Ways of Knowledge: Sources of Life* (Tsaile: Navajo Community College, 1977); BENTON-BANAI, E., *The Mishomis Book: The Voice of the Ojibway* (Hayward: Indian Century Communications, 1988); DELORIA JR., V. e WILDCAT, D. R., *Power and Place: Indian Education in America* (Golden: Fulcrum Resources, 2001); HOIG, S., *The Peace Chiefs of the Cheyenne* (Norman: University of Oklahoma Press 1980); KIDWELL, C. S., NOLEY, H. e TINKER, G. E., *A Native American Theology* (Maryknoll: Orbis, 2003); MCLOUGHLIN, W. G., *The Cherokees and Christianity, 1794-1870: Essays on Acculturation and Cultural Persistence*, Conser Jr., W. H., org. (Athens: University of Georgia Press, 1994); TREAT, J., *Native and Christian: Indigenous Voices on Religious Identity in the United States and Canada* (New York: Routledge, 1994); WALLACE, P., *The Iroquois Book of Life: The White Roots of Peace* (Santa Fe: Clear Light Publishing, 1986).

R. Woodley

TEOLOGIA ORTODOXA ORIENTAL

A Igreja Ortodoxa Oriental é uma família de igrejas nacionais autogovernadas em comunhão com o patriarca de Constantinopla e umas com as outra. Os membros das igrejas ortodoxas orientais somam entre 250 e 300 milhões em todo o mundo, a maioria na Rússia (cerca de 100 milhões).

Além das quatro antigas sedes episcopais ortodoxas — Constantinopla (hoje Istambul), Alexandria, Antioquia e Jerusalém — existem também hoje mundialmente reconhecidas igrejas ortodoxas autodirigidas ou "autocéfalas" (Rússia, Sérvia, Romênia, Bulgária, Geórgia, Chipre, Grécia, Polônia, Albânia) e igrejas "autônomas" (autogovernadas, mas cujo bispo primaz se reporta a uma igreja autocéfala). Apesar da confusa nomenclatura, faz-se uma distinção entre as igrejas ortodoxas orientais ou bizantinas e as chamadas ortodoxas ou não calcedônicas (copta, síria, armênia, eritreia, etíope, malankara) que não estão em comunhão com o patriarca de Constantinopla devido aos cismas monofisita e nestoriano dos séculos 5 e 6 em torno das duas naturezas de Cristo (veja Cristologia).

1. O lugar da teologia ortodoxa oriental no cristianismo mundial
2. O grande cisma de 1054
3. Salvação como deificação
4. A igreja, liturgia, sacramentos e hierarquia
5. Tradição e as Escrituras
6. Teologia apofática
7. O Deus trino

8. Ecumenismo
9. Algumas diferenças teológicas entre "Oriente" e "Ocidente"

1. O lugar da teologia ortodoxa oriental no cristianismo mundial

A teologia ortodoxa oriental alega haver preservado a integridade da tradição apostólica (implícito no termo *orthodoxia*, lit. "crença correta" ou "glória correta") por uma conexão direta, intacta com a igreja dos apóstolos. Essa conexão é perceptível através da sucessão histórica de bispos das igrejas numa localização geográfica particular e pela fidelidade ao ensino dos apóstolos (cf. At 2.42) e a vida como ela se desenvolveu na tradição patrística e foi articulada pelos sete conselhos ecumênicos.

Na realidade, a teologia ortodoxa oriental não se vê como exclusivamente totalmente "oriental", mas católica (*katholikos*, lit. "de acordo com o todo"). Apesar da variedade de ideias e práticas teológicas, o cristianismo oriental e ocidental permaneceram como uma comunhão conciliar até metade do século 11. Até hoje, a teologia do cristianismo ortodoxo oriental está presente nas sociedades que são fundamentalmente ocidentais, como a Europa ocidental, a África e a América do Norte. No entanto, especialmente quando o "grego" e "oriental" se tornaram associados à linguagem e ao pensamento da parte oriental do antigo Império romano e, da mesma forma, "ocidental" ficou associado à parte oriental do Império de língua latina, esses termos continuaram no uso teológico comum hoje.

2. O grande cisma de 1054

Foi um processo gradual e complicado de discordância teológica e posturas políticas que levaram ao Grande Cisma em 1054, quando os representantes das sedes episcopais de Roma e Constantinopla se excomungaram mutuamente. Uma das principais causas da disputa foi o acréscimo unilateral por Roma da chamada cláusula *filioque* ao credo niceno-constantinopolitano, declarando que o Espírito Santo procede do Pai "e do Filho". Esta foi primeiro uma violação de um cânon do terceiro concílio ecumênico que proibia alteração do credo, exceto por outro concílio ecumênico. A violação da condição conciliar com as outras quatro antigas sedes episcopais foi finalmente defendida com base na autoproclamada autoridade suprema do papa romano.

A dupla processão do Espírito Santo também teve ramificações teológicas decorrentes da necessidade apofática ortodoxa de separar o que pode ser conhecido de Deus eternamente daquilo que é observado na criação. Na teologia ortodoxa oriental, o Espírito Santo procede eternamente do Pai, mas em sua missão terrena na história, ele foi mandado pelo Filho. A posição ortodoxa é baseada em João 15.26, onde Cristo diz: *Quando vier o Consolador que eu vos enviarei da parte do Pai, o Espírito da verdade, que procede do Pai* [ekporeuomai, lit. "procede de"], *esse dará testemunho a respeito de mim*. Cristo envia o Espírito, mas o Espírito procede eternamente do Pai.

Um importante primeiro passo rumo à reconciliação ocorreu em 1965 com a "Suspensão de Anátemas" pelo patriarca ortodoxo Atenágoras I de Constantinopla e pelo papa Paulo VI. Os desafios atuais para a reunião entre a igreja católica e a igreja ortodoxa incluem a cláusula do *filioque* e a autoridade papal, além de outras adições doutrinárias à teologia católica romana desde o último concílio ecumênico, sendo os mais problemáticos os dogmas da infalibilidade papal, da "concepção imaculada" de Maria e da doutrina do purgatório. No ponto em que pode haver um acordo teológico no futuro, os teólogos ortodoxos não teriam nenhum problema em usar novamente o termo "primeiro entre iguais" ao falar da sede episcopal de Roma, mas apenas sem a atual reivindicação de infalibilidade papal *ex cathedra*, e sem a jurisdição universal, imediata e ordinária atualmente desfrutada pelo papa católico romano (veja Papado).

3. Salvação como deificação

A visão ortodoxa oriental sobre salvação é que se trata de um dom gratuito de Deus e não pode ser adquirida. O dom, entretanto, deve ser recebido e apropriado com uma resposta de fé ativa. Nisto, a ênfase ortodoxa enfatiza uma *sinergia* divino-humana para harmonizar a vontade da pessoa com a semelhança de Cristo (cf. Rm 8.28; 2Co 6.1). Salvação na teologia ortodoxa é vista principalmente em termos de livramento da morte através da união com Cristo, em vez de libertação da culpa através da expiação substitutiva como na metáfora ocidental original. O termo usado para descrever a visão ortodoxa de salvação é *teose* (lit. "tornar-se igual a Deus") ou *deificação. *Teose* é o processo de crescimento em santidade na comunhão cada vez maior com Deus. Os ortodoxos levam a sério a promessa de se tornar *participantes da natureza divina* (2Pe 1.4) e afirmam que os seres humanos foram criados para a glorificação tornando-se pela graça o que Deus é por natureza (cf. Jo 10.34, 35; Rm 5.2). Santo Atanásio de Alexandria, o Grande, expressou-se desta forma: "Cristo tornou-se humano para que os seres humanos possam se tornar divinos".

Esta ideia de uma união pessoal e orgânica entre Deus e os seres humanos — Deus habitando em nós e nós nele — é um tema constante tanto no quarto Evangelho como nas epístolas paulinas, em que a vida cristã é vista acima de tudo como vida "em Cristo" (*eis Christos*). Para os ortodoxos, estar "em Cristo" é místico e integrativo, e não meramente locativo ou instrumental. Abrange ambos os conceitos ocidentais de "santificação" e "justificação". Aquele que é batizado na morte e ressurreição de Cristo, recebendo o poder do Espírito Santo, é chamado não apenas para imitar seus atos morais, mas para uma participação genuína em sua natureza humana deificada, viabilizada através da vida sacramental da igreja.

Em relação à salvação, um processo ao longo da vida, os cristãos ortodoxos preferem dizer: "eu fui salvo" quando Cristo morreu e ressuscitou, vencendo o poder da morte, "eu estou sendo salvo", enquanto desesenvolvo a minha salvação com temor e tremor (Fp 2.12) e "espero ser salvo" quando Cristo retornar em glória para sua igreja. Como escreve o apóstolo Paulo, o prêmio da salvação não deve ser apreendido, mas esperado enquanto "prossigo para o alvo [...] e avançando para as que estão adiante" (*epekteinomenon*) (Fp 3.12-14). Muitos pais da igreja (especialmente Gregório de Nissa) usaram essa mesma noção de *epektasis* para ensinar que mesmo a vida eterna não é uma realidade estática, mas um movimento da alma sempre em progresso infinito em direção a Deus.

4. A igreja, liturgia, sacramentos e hierarquia

A igreja ortodoxa se considera a única igreja verdadeira e histórica no mundo, tendo mantido intacta a fé "uma vez entregue a todos os santos". Ela é composta igualmente de clérigos e leigos, que por seu batismo foram ordenados a participarem mutuamente no Sacerdócio Real de Cristo (1Pe 2.9). Teologicamente falando, a igreja ortodoxa é simultaneamente uma realidade visível e invisível. É simultaneamente divina e humana, como as duas naturezas de Cristo formam a união da perfeita encarnação. Juntos na igreja, seres humanos pecadores são constituídos pelo Espírito Santo no corpo de Cristo, sem pecado. O termo russo *sobornost* é frequentemente usado para descrever as relações das pessoas humanas umas com as outras na igreja ortodoxa, e isso está sempre relacionado à unidade da Trindade na qual cada membro único é necessário e dá expressão e integridade ou completude à comunidade.

A adoração fundamental da igreja ortodoxa deriva da tradição litúrgica bizantina, uma síntese das práticas de adoração das antigas igrejas de Jerusalém, Antioquia e Constantinopla. A cerimônia da eucaristia, chamada Liturgia Divina, que tem elementos fundamentais do tempo de Cristo e dos apóstolos, se desenvolveu durante séculos. A liturgia mais frequentemente usada hoje é atribuída ao arcebispo de Constantinopla, João Crisóstomo, do século 4. Os ortodoxos seguem um ciclo anual e semanal de oração e adoração, e especialmente nas comunidades monásticas (mas cada vez mais nas igrejas paroquiais e na oração particular) um ciclo diário de oração "as horas" (uma coleção de salmos, leituras das Escrituras e hinos) também é seguido.

A igreja ortodoxa reconhece pelo menos sete *sacramentos, chamados de "santos mistérios" *(Hagia Mysteria)* que incluem batismo, crisma, matrimônio, ordens sagradas, reconciliação, eucaristia e unção (unção para cura). Embora estes sete possam estar listados no material catequético, os teólogos não aderem ao número fixo de sete como os teólogos católicos romanos. Outras ações sacramentais da igreja ortodoxa incluem o culto fúnebre, a tonsura monástica e a bênção das águas na Epifania.

O "nascer de novo" no sacramento do batismo ocorre pela tríplice imersão plena em nome da Trindade. O bastismo é oferecido à criança (também por imersão) que esteja sendo criada na comunidade da igreja por pais e padrinhos fieis. A marca fundamental da ordenação, o "selo do dom do Espírito Santo", é recebida por todos os cristãos ortodoxos no sacramento da crisma (confirmação) depois do batismo. Por assim dizer, é considerado um "Pentecostes pessoal", no qual o recém-batizado é ordenado para o serviço na igreja, para um papel ou vocação determinado pelos *charismata* dados pelo Espírito Santo.

A igreja ortodoxa crê que Jesus Cristo está verdadeiramente presente com seu povo na celebração da santa eucaristia, na qual os que compartilham a mesma fé ortodoxa estão em comunhão uns com os outros em Cristo, por meio do Espírito Santo. Os ortodoxos orientais creem que o oferecimento normal do pão e do vinho são mudados pela descida do Espírito Santo no verdadeiro corpo e sangue de Cristo, mas rejeitam qualquer tentativa de explicar estra transfiguração de qualquer forma. Tanto leigos como clérigos na igreja ortodoxa recebem a santa comunhão "em ambos os tipos" de um cálice comum. A eucaristia ortodoxa não pode ser reduzida simplesmente a um memorial do passado, porém nela ocorre a presença real de Cristo, feita presente pelo Espírito Santo. O arcebispo John Zizioulas (de Pérgamo, 1931) refere-se à eucaristia paradoxalmente como uma "lembrança do futuro", na qual a obra passada de Cristo e a sua futura segunda vinda se encontram momentaneamente como um tabernáculo do Espírito Santo no tempo e no espaço.

A estrutura do ministério ordenado na igreja ortodoxa oriental segue a antiga tríplice hierarquia de diácono, sacerdote (presbítero) e bispo. Como é evidenciado pelos primeiros escritos da igreja, o papel do bispo era principalmente litúrgico, no oferecimento da santa eucaristia. Por essa razão, todas as ordenações ocorrem na celebração da eucaristia, no meio dos fiéis a quem o bispo estará pastoreando. Não existem serviços eucarísticos particulares; todas as liturgias devem ser celebradas pelo clérigo e pelo leigo juntos. Os bispos atualmente devem observar o celibato, mas os sacerdotes e os diáconos podem ser casados. Diaconisas também são parte da história da ortodoxia oriental, entretanto a ordenação de mulheres para o diaconato deixou de ser praticada. Um grande número de eruditos ortodoxos hoje não vê proibição teológica ao diaconato feminino, e sua restauração está sendo ativamente explorada. As mulheres não são também proibidas de ensinar e pregar na igreja ortodoxa somente devido ao gênero.

Embora o Patriarcado Ecumênico de Constantinopla esteja de acordo com a declaração "primeiro entre iguais" pelo restante do mundo ortodoxo, não existe uma organização religiosa mundial central, nem uma pessoa, como o papa, que tem autoridade sobre todos os cristãos ortodoxos do mundo. Ao contrário, a unidade entre as igrejas ortodoxas no mundo é um princípio pneumatológico, encontrado na fé e prática comuns dos fiéis que são pastoreados por uma hierarquia que é conciliar. Isso significa essencialmente que decisões que afetam a igreja toda não podem ser tomadas por qualquer bispo individualmente.

A natureza conciliar é visível na prática da igreja cristã, como no antigo concílio de Jerusalém em 49 d.C. Convocado sob a liderança do apóstolo Tiago, primeiro bispo de Jerusalém, a decisão do concílio foi prefaciada com as palavras: *Porque pareceu bem ao Espírito Santo e a nós* (At 15.28). A ênfase na natureza conciliar explica por que os antigos sete concílios, designados como "ecumênicos" (de *oikoumene*, lit. "terra habitada") detêm a posição suprema de autoridade na ortodoxia oriental. Para os ortodoxos, as definições doutrinárias dos concílios ecumênicos são infalíveis. As declarações de fé desses sete concílios, juntamente com a Bíblia, possuem uma autoridade permanente e vinculante. A teologia ortodoxa não reconhece quaisquer concílios como "ecumênicos" depois do sétimo (Segundo Concílio de Niceia, 787) em virtude da divisão posterior da igreja. Alguns concílios que aconteceram depois, embora não "ecumênicos", ainda exerceram influência decisiva sobre certos ensinamentos ortodoxos orientais.

Além do uso geral da palavra *santo* (*hagion,* lit. "separado") para descrever todos os membros da igreja, a igreja ortodoxa designou também como "santo alguns fiéis falecidos que mostraram por seu testemunho exemplar o que significa seguir a Jesus Cristo como Senhor e Salvador. A Virgem Maria é considerada preeminente entre os santos, e chamada *Theotokos,* ou "Portadora de Deus", pelos cristãos ortodoxos. Os ortodoxos honram os santos para expressar seu amor e gratidão a Deus pelo exemplo da obra de Cristo neles. Seguindo o exemplo da igreja primitiva, os cristãos ortodoxos têm o costume litúrgico de se reunirem no dia da morte do santo — o dia do seu novo nascimento, o dia em que entrou para sua nova vida no céu — e da construção de igrejas em honra à sua memória. A honra (*timí*), o amor (*agapē*) e até a veneração (*proskynēsis*) demonstrados pelos ortodoxos são bem diferentes da adoração (*latreia*) dada somente a Deus.

5. Tradição e Escrituras

A teologia ortodoxa é notada por sua evidente imutabilidade, exemplificada bem na declaração de São João de Damasco no século 8: *Não mudamos os eternos limites que nossos pais estabeleceram e observamos a tradição na forma como a recebemos* (cf. 2Ts 2.15). É a divina promessa de Cristo, entretanto, que forma a base da devoção ortodoxa à tradição: *Quando, porém, vier o Espírito da verdade, ele vos conduzirá a toda a verdade* (Jo 16.13). Pelo fato de ser o Espírito Santo que guia a igreja em toda a verdade, a tradição jamais pode ser um formalismo morto, mas deve ser uma expressão dinâmica e viva da igreja. Ela não é fundamentalmente a aceitação de fórmulas ou costumes do passado, diz o bispo Kallistos Ware (de Diokleia, 1934) mas a experiência sempre nova, pessoal e direta do Espírito Santo no presente.

O teólogo leigo russo Vladimir Lossky (1903-1958) é frequentemente citado por sua sucinta declaração da compreensão ortodoxa da tradição da igreja como a "vida do Espírito Santo na igreja". Essa visão coloca todas as expressões externas do evangelho de Cristo sob a autoridade de toda a igreja, no passado e no presente, em cujo meio o mesmo Espírito Santo está operante. Assim, existe apenas uma fonte de inspiração e revelação para a igreja ortodoxa oriental. Da Santa Tradição fluem as Sagradas Escrituras, as Imagens Santas (ícones) e hinos, bem como o credo niceno-constantinopolitano, os sete concílios ecumênicos, os escritos dos pais da igreja, os ensinamentos e decretos, os cânones e os livros do culto da igreja.

O cristianismo ortodoxo considera a Bíblia o supremo registro da revelação de Deus à raça humana, mas não é a única autoridade, como, por exemplo, no caso do *sola Scriptura* protestante. A Bíblia jamais pode ser algo imposto à igreja, porque foi a igreja que decidiu quais livros seriam incluídos no cânon bíblico. Portanto, somente a igreja pode interpretar as Escrituras com autoridade. É importante enfatizar novamente que "igreja", para os ortodoxos, não significa magistério clerical, como na tradição católica romana; ao contrário, clérigos e leigos que juntos formam a igreja são igualmente responsáveis por serem guardiões da fé ortodoxa.

As Escrituras Sagradas são lidas constantemente nos cultos ortodoxos e, além dos textos lidos durante as cerimônias, o texto real de cada culto é composto de linguagem bíblica. Por exemplo, foi calculado que a Divina Liturgia contém 98 citações diretas do Antigo Testamento e 114 do Novo Testamento. Em cada igreja o Livro do Evangelho tem um lugar de honra no altar; ele é carregado em procissão durante os cultos. Os ortodoxos piedosos o beijam e se prostram perante ele para mostrar respeito pela Palavra de Deus.

Os livros do cânon neotestamentário são os mesmos tanto no Oriente como no Ocidente. O Antigo Testamento oficial ortodoxo oriental é a antiga tradução grega, chamada de Septuaginta, que foi usada pelos autores do Novo Testamento, enquanto que a maior parte das Bíblias em inglês de hoje contêm traduções do texto hebraico Massorético. A Septuaginta contém dez livros não encontrados na versão hebraica do Antigo Testamento, que estão incluídos no cânon do Antigo Testamento e chamados deuterocanônicos (lit. "segundo cânon") pelos ortodoxos e pelos católicos romanos. Algumas Bíblias protestantes colocam esses livros num apêndice, frequentemente chamando-os de apócrifos.

6. Teologia apofática

É a experiência litúrgica — a tradição viva — que forma a base da teologia ortodoxa oriental, que é, acima de tudo, um estilo de vida e não um dogma. Embora "dogmas e doutrinas sejam necessárias para confirmar o significado do evangelho de Cristo no mundo, eles são apenas considerados indicadores para uma realidade inexprimível. De fato, o ensino ortodoxo sobre muitos pontos nunca foi explicitamente formulado. Por exemplo, a doutrina da igreja (eclesiologia) nunca foi um assunto de reflexão teológica para a ortodoxia oriental. Como a existência de Deus, a igreja foi simplesmente assumida. Quando os ortodoxos entraram na área ecumênica no século 20, eles foram chamados para apresentar sua eclesiologia em categorias conhecidas para as igrejas ocidentais. Mesmo assim, uma vez que a teologia ortodoxa foi principalmente experiencial, houve desafios por causa das maneiras muito diferentes de ver a teologia e a igreja.

A teologia no Ocidente (protestante e católica romana) geralmente começa com conceitos, numa busca racional de informação sobre Deus. A teologia grega valoriza o intelecto, porque a capacidade intelectual é um dom de Deus, porém busca ir além de conceitos na direção da realidade mística que não pode ser fechada na esfera do pensamento humano. Portanto, os ortodoxos creem que a verdadeira teologia deve estar integrada com oração e contemplação. Isso condiz com a visão do século 4 de Evágrio do Ponto: "Se você é teólogo, você verdadeiramente ora, se você verdadeiramente ora, você é teólogo".

A teologia ortodoxa oriental insiste no fato de que Deus é absolutamente transcendente, e nenhum ser humano pode jamais conhecer sua essência. A transcendência de Deus é, portanto, salvaguardada pela teologia "apofática". Também chamada de "o caminho do desconhecimento", a teologia apofática não é meramente a negação das características positivas da divindade (infinito, não criado, incompreensível, etc.) como, por exemplo, a *via negativa* de Tomás de Aquino, porém é uma realidade mais penetrante. A ortodoxia apofática é descrita por Vladimir Lossky como "acima de toda atitude da mente que se recusa a formar conceitos sobre Deus". Em relação às raízes da teologia apofática, os ortodoxos não apontam para os filósofos, mas para os encontros místicos com o Deus inefável como descrito nas Sagradas Escrituras. O encontro de Moisés com Deus na sarça ardente é uma ilustração desses polos opostos de obscuridade e clareza com relação ao encontro do humano com a divindade. A declaração *Eu Sou o que Sou* (Êx 3.14) não dá informação real exceto a segurança de que Deus "é" e está presente. Ela revela a incognoscibilidade de Deus em essência mesmo (e especialmente!) diante de sua presença (cf. 1Tm 6.16).

Embora a teologia ortodoxa oriental reconheça Deus ser absolutamente transcendente e além de todo pensamento humano, ele não está apenas acima e fora de sua criação, mas existe muito dentro dela, como em uma oração ortodoxa: "Tu estás em toda parte e enche todas as coisas". Portanto, ao querer salvaguardar tanto a transcendência como a imanência divina, a teologia ortodoxa faz uma distinção entre a *Theologia* (Deus em si mesmo) e *economia* (Deus por nós e em nós). Isso enfatiza a necessidade de uma experiência de Deus doxológica pessoal e ao mesmo tempo a essencial inacessibilidade a Deus para a investigação humana. Por exemplo, de São Basílio, o Grande: "Nós conhecemos nosso Deus em suas energias [*energia*, ações salvadoras de Deus]. Porque embora suas energias desçam até nós, sua essência permanece inacessível" (Basílio, *Carta 2324* in: *PG* 32, 869). São João de Damasco escreveria mais tarde: "Deus, então, é infinito e incompreensível, e tudo o que é compreensível nele é sua infinitude e incompreensibilidade. Tudo o que dizemos sobre Deus catafaticamente não mostra sua natureza, mas as coisas que estão com ela relacionadas" (João de Damasco, *Icones* 2.12, em PG 44, 1297B). A mais completa expressão desse "desconhecer" apofático veio cinco séculos depois com a insistência de São Gregório Palamas contra a filosofia racionalista de Barlaão, o calabrês, de que Deus podia ser conhecido, mas não em sua essência. Embora a essência de Deus permaneça inacessível, o que pode ser conhecido de Deus desce até nós por sua amorosa vontade (*ekstasis*) em suas energias. Essa chamada "distinção palamita" entre a essência e as energias de Deus é considerada por muitos a forma-padrão ortodoxa oriental de falar sobre Deus e o mundo, e tornou-se especialmente popular na erudição do século 20 através do trabalho do Pe. John Meyendorff e de Vladimir Lossky.

7. O Deus trino

A *Trindade é inseparável de toda a teologia ortodoxa oriental porque a verdadeira teologia — isto é, *Theologia* — é essencialmente a contemplação de Deus como Trindade. A visão ortodoxa da Trindade é nicena, seguindo especialmente Atanásio e os pais capadócios do século 4: Gregório de Nazianzo, Basílio, o Grande e seu irmão, Gregório de Nissa. A Trindade são três pessoas divinas (*hypostases*) que compartilham uma essência (*ousia*). Eles são consubstanciais (*homoousios*) uns com os outros e coeternos. A teologia ortodoxa viu consistentemente a Pessoa do Pai como a única fonte (*pege*) ou causa (*aitia*) da divindade. Deus não é Trindade devido a essência impessoal comum (como na maioria dos pontos de vista predominantes no Ocidente), mas é Trindade por causa da pessoa do Pai. Como o bispo Zizioulas diz, o Pai, por amor, gera livremente o Filho e produz o Espírito eternamente. O teólogo romeno Dumitru Staniloae (1903-1993) afirma que ao gerar o Filho e produzir o Espírito, o Pai constitui a si e a eles completamente iguais, soberanos e livres, unidos por mútuo amor e mútua intimidade ilimitada. Isso é geralmente descrito pelo termo *perichoresis* (lit. "dançar ao redor") das pessoas trinitárias dentro de sua essência compartilhada.

8. Ecumenismo

O início da divulgação ortodoxa ecumênica remonta ao início do século 20 com duas encíclicas do Patriarcado Ecumênico. A primeira, em 1902, insistiu que as igrejas dialogassem com as igrejas ortodoxas orientais e as "igrejas ocidentais e as igrejas dos protestantes". A segunda, em 1920, foi um apelo a todas as igrejas para formarem uma liga de igrejas em comunhão de ação e testemunho comuns, a fim de se verem não *como estranhos e estrangeiros, mas como parentes, fazendo parte da família de Cristo, membros do mesmo corpo e participantes da promessa de Deus em Cristo* (Ef 3.6).

Hoje, a maioria das igrejas ortodoxas orientais participa do movimento ecumênico, tanto no diálogo teológico, como em atividades que promovem um testemunho comum de serviço cristão (*diakonia*) para o mundo (veja Ecumenismo).

No entanto, esse envolvimento não tem ocorrido sem problemas. Por um lado, há uma tensão verbal antiecumênica na ortodoxia que acredita que todo encontro ecumênico é uma traição da fé ortodoxa. Entre aqueles que estiveram envolvidos proativamente em diálogos bilaterais ou no Conselho (Nacional e Mundial) de Igrejas, os problemas incluíram a incapacidade de comprimir uma visão teológica eucarística fluida e principalmente mística em categorias ocidentais fixas, principalmente descritivas e propositivas. Outros problemas resultaram da voz ortodoxa relativamente pequena em meio a uma multiplicidade de denominações protestantes. Através do estímulo da delegação ortodoxa oriental, uma Comissão Especial do CMI completou recentemente um estudo plurianual sobre a participação ortodoxa. Como resultado das recomendações da Comissão Especial, a nona assembleia realizada em 2006 viu várias mudanças, a mais importante das quais foi a tomada de decisões de acordo com o consenso e não por voto da maioria.

Principalmente através de seu encontro ecumênico com o Ocidente, a ortodoxia oriental experimentou um renascimento de suas próprias raízes patrísticas orientais para fazer teologia. Muitos teólogos ortodoxos estão agora reafirmando a tradição viva da eclesiologia ortodoxa autêntica e, no processo, contribuíram para um mútuo ressurgimento do interesse do Oriente e do Ocidente na reflexão teológica patrística. O Padre Nicholas Afanasiev (1893-1966) e o bispo John Zizioulas deram contribuições significativas para o desenvolvimento de uma eclesiologia ortodoxa centrada na eucaristia. O bispo Zizioulas é também conhecido no Ocidente por suas contribuições na área da personalidade divina e humana. O atual patriarca de Constantinopla, Bartolomeu I, muitas vezes chamado de "Patriarca Verde", tem ativamente orientado o foco de todo o mundo cristão para a responsabilidade ecológica da igreja como mordomos da criação. Outros teólogos ortodoxos mais conhecidos por trazer opiniões ortodoxas orientais para o meio teológico ocidental do século 20 incluem o bispo britânico Kallistos Ware, o romeno Pe. Dumitru Stanilaoe, e os russos, Vladimir Lossky, Pe. Georges Florovsky (1893-1979), Pe. Alexander Schmemann (1921-1983) e Pe. John Meyendorff (1926-1992).

9. Algumas diferenças teológicas entre "Oriente" e "Ocidente"

Os ensinamentos de Agostinho de Hipona, que tivera importante influência sobre o Ocidente católico romano e protestante, não teve virtualmente impacto direto sobre a teologia ortodoxa oriental. Por exemplo, a teologia ortodoxa não compartilha da visão pessimista agostiniana do impacto da Queda, ou seja, que cada membro da "maldita massa" da raça humana carrega a culpa do pecado de Adão. Nem a visão ortodoxa considera a imagem de Deus nos humanos ter sido totalmente obliterada. Os conceitos de "depravação total" e a doutrina da predestinação, que resultou da antropologia agostiniana são completamente estranhos ao cristão oriental. Em marcante contraste, a teologia ortodoxa oriental vê a imagem de Deus ainda muito presente na humanidade, embora em manchado estado de desesperada necessidade de renovação pelo sacramento do batismo. O livre arbítrio ainda está ativo, embora comprometido, com pessoas humanas tendo a capacidade de reagir na direção de Deus. A obra de encarnação de Jesus Cristo é vista principalmente em termos de renovação e regeneração dessa condição caída, pela destruição da própria morte efetuada por Cristo. O conceito da obra expiatória de Cristo na cruz não é ignorado na ortodoxia oriental, mas assume seu lugar como uma das muitas metáforas por trás das implicações cósmicas do Criador de tudo, "que sustenta o mundo todo em sua mão", condescendendo em nascer como um bebê humano para prover os meios para a genuína comunhão divino-humana e para renovar toda a criação caída. O bispo Ware acredita ser mais exato descrever a visão ortodoxa oriental da crucificação não simplesmente em termos da dor e do sofrimento de Cristo, e sim, do contraste entre sua humilhação exterior e sua glória interior. Ao condescender em nascer como um bebê humano, a crucificação e a ressurreição de Cristo e o envio do Espírito Santo no Pentecostes completaram a obra histórica de Jesus Cristo na terra, permitindo uma contínua comunhão em Cristo por meio do Espírito Santo na vida sacramental da igreja.

Veja também DEIFICAÇÃO, TEOSE; ORTODOXIA COPTA;.

BIBLIOGRAFIA. CLENDENIN, D. B., org., *Eastern Orthodox Theology: A Contemporary Reader* (2. ed.; Grand Rapids: Baker, 2003); FITZGERALD, T. E., *The Orthodox Church* (Westport: Praeger, 1998); LOSSKY, V., *The Mystical Theology of the Eastern Church* (Crestwood: St. Vladimir's Seminary Press, 1976); idem, *Orthodox Theology: An Introduction* (Crestwood: St. Vladimir's Seminary Press, 1989); MEYENDORFF, J., *St. Gregory Palamas and Orthodox Spirituality* (Crestwood: St. Vladimir's Seminary Press, 1974); idem, *Byzantine Theology: Historical Trends and Doctrinal Themes* (New York: Fordham University Press, 1983); SCHMEMANN, A., *Church, World, Mission* (Crestwood: St. Vladimir's Seminary Press, 1979); idem, *For the Life of the World: Sacraments and Orthodoxy* (Crestwood: St. Vladimir's Seminary Press, 1997); STANILOAE, D., *Theology and the Church* (Crestwood: St. Vladimir's Seminary Press, 1980); idem, *The Experience of God* (Brookline: Holy Cross Orthodox Press, 1998); STYLIANOPOULOS, T. G., *The New Testament: An Orthodox Perspective* (Brookline: Holy Cross Orthodox Press, 1997); WARE, T. (Metropolitan Kallistos of Diokleia), *The Orthodox Way* (Crestwood: St. Vladimir's Seminary Press, 1996); idem, *The Orthodox Church* (ed. atualizada; New York: Penguin, 1997); ZIZIOULAS, J. D., *Being as Communion: Studies in Personhood and the Church* (Contemporary Greek Theologians Series 4; Crestwood: St. Vladimir's Seminary Press, 1985); idem, *Eucharist, Bishop, Church* (Brookline: Holy Cross Orthodox Press, 2002).

E. M. Tibbs

TEOLOGIA PATRÍSTICA

A teologia patrística se preocupa principalmente com a base teológica do autoentendimento da igreja primitiva à medida que ela se dirigia para além da Palestina para enraizar-se no mundo do Mediterrâneo e além dele. A era patrística tornou-se ponto de referência para todas as principais tradições — ortodoxa, católica romana e protestante. Compreender a herança patrística ajuda os cristãos do século 21 a redescobrirem suas raízes históricas e base conceitual, para realizar o chamado de ser uma comunidade "única, santa, católica e apostólica" de Jesus Cristo no mundo de hoje em rápida mudança.

A história do cristianismo primitivo não foi apenas uma história do triunfo social e político no mundo mediterrâneo. Na verdade o cristianismo sofreu drásticas mudanças sociais e políticas nos primeiros séculos. Ele cresceu de uma diminuta comunidade perseguida na Palestina para se tornar uma religião oficialmente estabelecida do Império romano sob Teodósio I em 380. Como ele cresceu? Longe de negociar com essas mudanças sociais e políticas com estratégias preconcebidas e declarações de credo, teve que refletir de novo a cada instante: O que significa ser cristão? Os desafios mais profundos que a igreja primitiva enfrentou foram de caráter teológico. Estaríamos minimizando a contribuição teológica do cristianismo primitivo se inferíssemos que as línguas clássicas e as formas de pensamento no mundo mediterrânico foram providencialmente ordenadas para desenvolver as mais profundas doutrinas cristãs. Não há passado dourado. Os pais da igreja não só elaboraram normas para crenças e práticas para as gerações futuras do cristianismo e, mais importante, reinterpretaram e conceitualizaram de forma nova a fé que herdaram e experimentaram, mostrando assim que o cristianismo foi capaz de satisfazer as mais profundas necessidades espirituais e intelectuais do mundo mediterrâneo. A contribuição duradoura da teologia patrística reside nas maneiras imaginativas com que a igreja primitiva foi fazendo a fé cristã enraizar-se em todas as esferas da existência humana. A sensibilidade dos pais à natureza das tarefas teológicas — mais do que suas formulações doutrinárias — é de importância duradoura para as igrejas de todas as épocas.

1. Teologia patrística no passado cristão
2. Importância da teologia patrística para o momento presente

1. Teologia patrística no passado cristão

A frase *teologia patrística* apareceu pela primeira vez somente no século 17. Os teólogos luteranos e católicos romanos cunharam o termo em sua classificação de teologia, distinguindo-a de teologia bíblica, por um lado, e da teologia escolástica e desenvolvimentos posteriores da teologia histórica, por outro. Isso dá a impressão de que a teologia patrística é uma questão de interesse de antiquário. Todavia o conceito de "pais da igreja" já era parte da consciência da igreja desde o começo. A própria igreja primitiva teve de dar os primeiros relatos da base autorizada de sua doutrina e prática: como suas crenças, estruturas e modos de discipulado estavam em continuidade com o evangelho.

História Eclesiástica, de Eusébio de Cesareia, em meados do século 4, foi de fato a primeira patrologia. Eusébio não apresentou apenas um relato cronológico do desenvolvimento do cristianismo nos primeiros séculos de sua existência. Seu propósito foi registrar a fiel "sucessão dos santos apóstolos" desde o início até seu próprio tempo (*Hist. Ecl.* 1.1). *História Eclesiástica* foi uma compilação de tabelas de sucessão de bispos e de resumos de escritores que estiveram na sucessão apostólica. Assim, mesmo no início de sua existência, a igreja estava consciente de que o cristianismo era mais do que uma busca intelectual. Qualquer que fosse o ensino e a prática que a igreja devesse adotar, tinha de estar em continuidade com a fé apostólica. Basílio de Cesareia e Gregório de Nazianzo se referiam aos bispos reunidos no Concílio de Nicéia (325) como "pais da igreja". Basílio de Cesareia, Jerônimo, Agostinho, Cirilo de Alexandria e Teodoreto no final do quarto e início do quinto século estavam entre os que apelaram para a autoridade dos pais em disputas teológicas no final do quarto e quinto século. A concordância com os pais era uma garantia da ortodoxia. Nas palavras de Vicente de Lérins, os pais da igreja foram os que permanecem "na comunhão e na fé da única igreja católica" (*Commonitorium* 3). Esse senso de continuidade na fé e na adoração tem exercido historicamente uma profunda influência sobre o autoentendimento da igreja.

Por essa razão, não há um limite rígido entre o período patrístico e o período *medieval. O Concílio de Calcedônia (451) parece um ponto natural para o fim da era para os mais preocupados com definições da ortodoxia. Os que estão preocupados com o desenvolvimento do pensamento político identificariam o colapso do Império romano ocidental no final do século 5 como um ponto mais conveniente. De forma semelhante, o período beneditino no início do século 9 marca um ponto de inflexão mais conveniente no desenvolvimento das tradições monásticas (veja Monasticismo). Alguns se referem a Gregório, o Grande (f. 603) e Isidoro de Sevilha (f. 636) no Ocidente latino, e João de Damasco (f. c. 750) no Leste grego para marcar o fim da era. Ainda mais, os sete concílios foram comumente reconhecidos por ecumênicos, cujas decisões são vinculativas. São Nicéia I (325), Constantinopla I (381), Éfeso (431), Calcedônia (451), Constantinopla II (553), Constantinopla III (680-681) e Niceia II (787) (veja Concílios Ecumênicos). João II, bispo da Rússia no século 11, dizia assim: "Todos professam que há sete santos e concílios ecumênicos, e estes são os sete pilares da fé do Verbo Divino nos quais ele erigiu a sua santa mansão, a igreja católica e ecumênica". Segundo esse entendimento, o final do século 8 encerrou o período patrístico, o ecumênico e a era autorizada da história cristã.

2. Importância da teologia patrística para o momento presente

Missiólogos e cientistas sociais estão entre os intérpretes mais influentes do cristianismo atual. Para eles, o fim da Segunda Guerra Mundial marcou o fim de um período pós--missionário e pós-colonial. Desde então o centro demográfico do cristianismo mudou--se para os continentes do sul. Pela primeira vez na história do cristianismo, a igreja está à beira de se tornar uma realidade universal.

As descrições pós-missionárias e pós--coloniais servem para destacar as transições que estão ocorrendo na ordem mundial. As transições oferecem novos desafios e oportunidades; elas não podem, por si mesmas, gerar novas identidades nem inaugurar uma igreja universal. O fim da Segunda Guerra Mundial foi seguido pelo rápido surgimento de novos estados-nação e igrejas nacionais. Estas novas nações ainda estão lutando com suas próprias identidades nacionais. As identidades regionais e continentais permanecem elusivas. As igrejas jovens, em geral, concentram sua atenção nas preocupações domésticas, com poucos recursos deixados para considerações inter-regionais. Para ocupar o Leste da Ásia, por exemplo, há pouca cooperação entre as igrejas do Nordeste Asiático e do Sudeste Asiático. Apesar das diversidades étnicas e culturais da região, as igrejas da Ásia Oriental ainda não fomentaram um espírito de sinergia que lhes permitisse expressar sua fé e adoração em formas autóctones. O legado da missão protestante do século 19 para o "extremo Oriente" — a missão aos chineses han e o zelo da missão na América — continua a lançar uma longa sombra sobre a perspectiva teológica do Leste asiático.

Um problema-chave entre as igrejas jovens hoje é que as gerações emergentes de cristãos têm pouca compreensão de seu passado cristão ou contato com cristãos fora de sua vizinhança local. A expansão das formas pós-denominacionais do cristianismo, por um lado, e o isolamento político e intelectual imposto pelos governos, por outro, levaram a esse desenvolvimento. Como podem as igrejas locais se tornarem articuladas e confiantes em suas identidades cristãs, isto é, capazes de dar um relato teológico de sua fé e prática? A tentação para as igrejas jovens hoje é tornar-se ativistas sociais e missionais ou engajar-se no diálogo interconfessional e inter-religioso sem primeiro entender sua própria tradição teológica. Necessitam urgentemente, e acima de tudo, sustentar essas tarefas dentro da matriz de conceitos teológicos fundamentados e perspectivas universais; caso contrário, essas atividades se tornam inúteis e abstratas. Aqui o legado patrístico é especialmente relevante. Ele abre a mente das igrejas jovens, talvez pela primeira vez, ao fato de que elas estão conectadas a uma rica história de reflexão teológica na "igreja única, santa, católica e apostólica". O cristianismo é mais do que uma parte da civilização ocidental. As preocupações contextuais e as experiências podem então ser interpretadas dentro de um horizonte teológico coerente. Isso não é de forma alguma um apelo ao conservadorismo. Ao pensar em conjunto com o passado, as igrejas de todo o mundo poderiam guardar juntas a fé apostólica, trazendo consigo o melhor de suas tradições, até que todas as tradições se tornem uma posse comum para todos.

Três traços salientes na teologia patrística são de especial relevância hoje: (1) o caráter público do cristianismo, (2) a âncora eclesial à fé cristã e, (3) o foco soteriológico na compreensão cristã. Estas questões são exploradas a seguir com especial relevância para o Leste Asiático.

2.1. O caráter público do cristianismo: a ordem eclesiástica e política.

Os destinos do cristianismo variam na região politica e culturalmente diversificada do Leste asiático. Desde o início do século 19 até hoje, o cristianismo tem se envolvido em projetos de construção de impérios e nações, às vezes como aliado e muitas vezes percebido como inimigo. No início do século 21, os governos do Leste asiático, incluindo os regimes comunistas, começaram a atribuir um papel positivo à religião em seus projetos de construção nacional. Os governos aproveitam o apoio de grupos religiosos para contribuir para os objetivos sociais estabelecidos pelo Estado. Muitas vezes o cristianismo é reconhecido formalmente pelas autoridades estatais, embora sob controle estrito em alguns casos. Os grupos religiosos, por sua vez, estão satisfeitos em contribuir para o bem comum em suas sociedades, ao longo das linhas estabelecidas pelas autoridades oficiais. Por trás dessas parcerias entre autoridades oficiais e religiosas está a suposição de que a área pública é constituída e controlada pelas autoridades oficiais. É um mercado, licenciado pelo governo, onde todos devem cooperar e prosperar juntos.

2.1.1. Falta de otimismo do cristianismo primitivo sobre tais possibilidades.

A conversão à fé cristã, e assim tornar-se discípulos de Jesus Cristo, nunca foi um assunto particular. Os cristãos tiveram de redefinir suas vidas e reinterpretar seus mundos. Eles tinham que perguntar: O que significa ser cristão? A confissão dos mártires — "Eu sou cristão" — era mais do que uma declaração de preferência pessoal; era um ato de recusa em aderir à lealdade ao imperador romano. Por essa razão, os primeiros cristãos achavam o serviço militar problemático porque o juramento militar poderia comprometer sua lealdade a Cristo. Tertuliano questionou se os cristãos deveriam usar uma coroa militar: "Acreditamos ser lícito que um juramento humano (um *sacramentum* militar) seja colocado acima de um divino, para que um homem fique comprometido com outro mestre além de Cristo?" (*De corona* 11). No caso, a igreja primitiva veio para oferecer uma resposta diferente para a questão do serviço militar. A ideia principal era que a reflexão cristã sobre o discipulado levou necessariamente à discussão sobre assuntos públicos e, finalmente, sobre a natureza da sociedade. À medida que os cristãos começaram a definir suas fronteiras "cristãs", naturalmente seguiu-se a pergunta: o que uma sociedade deve ser?

A realização do destino escatológico realmente fortaleceu o sentido de vocação da igreja primitiva nas sociedades da época. A carta apologética *Epistola ad Diognetum* do início do século 2 explorou essa conexão. O escritor anônimo argumentou que os cristãos não estavam ligados a nenhuma localidade, linguagem ou costumes particulares. Seu destino cristão sustentava tanto sua independência quanto sua vocação para o mundo. "O que a alma é no corpo, isso os cristãos são no mundo. A alma se difunde por todos os membros do corpo e os cristãos, por todas as cidades do mundo" (*Diogn*. 6).

Como a igreja envolveu a sociedade assim como a alma era estava para o corpo? Desde o início ela esteve envolvida em obras de caridade. O amor cristão expressou-se especialmente no cuidado dos moribundos. Foi a causa mais poderosa do sucesso cristão. Os atos de amor sustentavam laços humanos e tornavam possível a vida comunitária; isso foi especialmente evidente em tempos de crise social quando a vida comunitária estava sob ameaça de dissolução.

Até o final do segundo século, apesar das ocasiões de supressão deliberada pelas autoridades romanas, a oposição à comunidade cristã veio da população e não do Estado. Sua hostilidade contra o cristianismo foi principalmente devido à ignorância de sua fé e prática. No entanto, a partir do final do século 2 o cristianismo foi hostilizado em termos filosóficos quando os cristãos começaram a esclarecer sua identidade e trabalhar a base intelectual de sua crença. Do século 3 até o final do século 4, Clemente de Alexandria, Orígenes e os capadócios tomaram essa liderança. Eles estavam longe de usar apenas a filosofia grega para explicar o cristianismo. E o diálogo inter-religioso não era sua intenção. Seu objetivo era engajar teologicamente com os valores culturais centrais do mundo antigo.

Nessa perspectiva, podemos compreender por que as doutrinas cristãs foram deliberadas com severa intensidade na igreja primitiva. As doutrinas não foram confiadas aos reinos do sentimento religioso e das crenças individuais. Em vez disso, faziam parte de uma visão geral, não apenas do que a comunidade cristã deveria ser, mas o que a sociedade estava destinada a ser à luz da vinda de Cristo, o Rei. A percepção de que a igreja era "única, santa, católica e apostólica" trazia implicações sociais radicais. Isso quer dizer, as reflexões doutrinárias, missiológicas e eclesiológicas foram coordenadas dentro de uma reflexão mais fundamental do que o evangelho de Jesus Cristo significou para a sociedade humana. A forma pela qual a comunidade cristã procurou ser "a alma do mundo" variou de acordo com circunstâncias diferentes. Assim, as oportunidades oferecidas à igreja do final do século 4 seriam diferentes daquelas abertas àqueles na era pós-apostólica. No entanto, a comunidade cristã não se consideraria como um grupo funcional que existia ao lado de outros na sociedade, simplesmente encarregada de cumprir papéis específicos, conforme prescrito pelas expectativas sociais ou estatais. As quatro notas da igreja forneceram a base sobre a qual a igreja se desenvolveu para ser uma sociedade moral e intelectualmente coerente. A igreja em si constituiu um espaço público, e pôde agir em sua própria premissa para influenciar a sociedade mais ampla. Essa visão eclesiológica trouxe consequências políticas radicais. A própria vida eclesial estava formulando os quadros públicos necessários que acabariam por produzir, das ruínas do Império romano, o nascimento do mundo ocidental.

No avivamento pagão do final do século 4, o imperador juliano viu a gravidade dessa ameaça intelectual. Uma estratégia que ele empregou foi barrar os cristãos da profissão docente, o que de fato os afastaria da carreira pública. Essa política atraiu forte oposição cristã e provou ser de curta duração. A proscrição mostrou o profundo conflito entre os intelectuais cristãos e suas contrapartes pagãs. Estes últimos tentaram excluir os cristãos da área pública e negar-lhes a oportunidade de contribuição social. Os pagãos eram anticristãos, não porque os cristãos fossem antissociais e anti-intelectuais, mas por razões muito opostas: o cristianismo havia-se tornado uma formidável ameaça que precisava ser marginalizada a todo o custo. A igreja do século 4 estava competindo com os filósofos pagãos sobre as mentes e corações do povo, e era capaz de oferecer-lhes uma solução que era moral e filosoficamente mais convincente. Ao dar expressões sociais e públicas de sua fé, os cristãos estavam levantando questões fundamentais sobre os valores morais e espirituais da sociedade e do império romanos. Os filósofos pagãos viram corretamente que uma sociedade não se limitava a arranjos práticos. As questões de fé eram fundamentais para a identidade do Império Romano. Foi uma batalha para decidir qual deus o mundo romano deveria adorar.

Esta discussão entrou em foco no tratamento de Agostinho sobre o Império Romano.

Após a conquista de Roma por Alarico em 410, os pagãos acusaram a religião cristã de levar Roma a ruínas. *De civitate Dei* foi a réplica apresentada por Agostinho a seus contemporâneos pagãos sobre seu julgamento sobre a ascensão e queda do Império Romano. Os primeiros apologistas tinham sublinhado a contribuição social cristã no império. Alguns, como Eusébio, poderiam até mesmo imaginar uma relação harmoniosa entre os cristãos e as autoridades terrenas desde a época de Constantino. Agostinho, no entanto, desmascarou a pretensão do Império Romano de ser a encarnação da virtude e defensor da lei. Agostinho argumentou que, de acordo com a compreensão de Cícero sobre um povo (que deve ser mantida por um senso comum de direito), o Império Romano nunca foi uma comunidade, porque nunca houve verdadeira justiça na comunidade. As realizações políticas e culturais mostraram apenas sua intenção idólatra de construir o império. Agostinho continuou a oferecer uma redefinição do que realmente constituiu um povo: "Povo é a associação de uma multidão de seres racionais unidos por um acordo comum sobre os objetos de seu amor. [...] Quanto melhores os objetos desse acordo, melhor o povo; quanto piores os objetos desse amor, pior o povo" (*Civ. Dei* 19.21, 24). Em última análise, as sociedades tiveram que escolher entre o amor de Deus e o amor de si mesmo. A vida comunitária organizada nunca foi livre de valores. O discernimento de Agostinho apoiaria o pensamento político ocidental para o milênio seguinte (veja Teologia Política).

2.1.2. Novas formas de discipulado cristão. Assim, embora a revolução de Constantino tenha revertido a sorte do cristianismo, a forma do discipulado cristão era desafiadora tanto no final do século 4 como na era pré-nicena, quando os cristãos estavam sob perseguição. Em geral, o cristianismo tornou-se socialmente popular e respeitável no final do século 4. No entanto, não se tratava de uma cristianização progressiva do mundo mediterrâneo, como se as tensões entre os cristãos e o mundo em geral fossem gradualmente removidas. A comunidade cristã teve de esclarecer por si mesma e explicar à sociedade em geral o caráter do seu discipulado. Tanto Ambrósio de Milão como João Crisóstomo de Constantinopla — em dois centros políticos diferentes do império--tiveram de descobrir maneiras novas e ousadas de afirmar o senhorio de Cristo diante dos poderes terrenos.

O final do século IV testemunhou variadas formas de discipulado cristão em resposta ao sucesso social da igreja. Os movimentos ascéticos, fossem eles de eremitas ou de cenobitas, ofereceram uma nova interpretação do cristianismo distinta das suas formas urbanas. Os homens santos no deserto exemplificavam um ideal contemplativo que rivalizava com o chamado ao ofício episcopal nas cidades. O culto dos santos, o celibato e a peregrinação à Terra Santa tornaram-se formas populares de devoção. Ao mesmo tempo, a igreja não apenas concordou com as diversas formas de obediência cristã, mas houve uma preocupação concomitante para reuni-los na vida eclesial. A habilidade da igreja primitiva estava em sua capacidade de reconciliar o contemplativo com a vida ativa, aproveitar diferentes expressões de discipulado e canalizá-las para a consciência tradicional da igreja. Atanásio, Basílio de Cesareia, João Crisóstomo, Jerônimo, Agostinho e João Cassiano estavam entre aqueles que foram capazes de refletir teologicamente sobre essas novas expressões de discipulado. Eles conceitualizaram suas experiências, regularizaram suas práticas e, assim, redirecionaram sua vitalidade para o serviço da igreja. O ideal ascético que começou na franja da experiência cristã tornou-se, no final, central para a consciência medieval.

Em suma, a igreja primitiva deixou um rico legado sobre a forma como respondeu às mudanças nos contextos social e político do seu tempo. Ela se redefiniu em resposta ao novo ambiente e, ao fazê-lo, também redefiniu os valores de suas sociedades. A cristandade não foi realizada por meio do poder secular; ela saiu do discipulado cristão. A igreja atual não entenderia a natureza de seu próprio testemunho político e social se perdesse de vista essa visão.

2.2. A âncora eclesial da fé cristã: fé e ordem. O que une os cristãos dentro de uma nação, através de uma região e a o redor do mundo? Uma abordagem minimalista destaca as diversas condições em que os cristãos vivem. Num mundo marcado por diferentes contextos culturais e linguísticos e por interesses geopolíticos e econômicos, uma deferência geral à Bíblia talvez seja o único ponto comum para todos os cristãos em todo o mundo. A solução maximalista é defender a integração estrutural das igrejas em todos os níveis, nacional, regional e mundial. Os instrumentos de globalização estão à disposição da igreja. A tecnologia da informação e a língua inglesa podem muito bem ser providenciais para a igreja. Talvez o que sustenta ambas as respostas seja a preocupação de como a igreja pode cumprir melhor suas responsabilidades missionais num mundo marcado pela tragédia humana.

Qual é o significado da doutrina da igreja sobre as funções missiológicas e estruturais? Os modelos funcionais e estruturais são as únicas maneiras pelas quais uma igreja universal pode ser imaginada? A igreja primitiva estava intensamente empenhada nessa questão.

2.2.1. Manifestações comunitárias. Desde os primeiros dias, o cristianismo assumiu manifestações comunitárias. Várias preocupações comuns colocaram isso em foco. Primeiro, a vida cristã assumiu uma forma sacramental e litúrgica. Os cristãos não só aderiram a um texto sagrado, o *batismo de novos convertidos e a celebração eucarística reuniram os cristãos e os marcaram para ser uma comunidade distinta (*Didaquê* 7-10). Seguiram-se duas tarefas práticas: a instrução catequética para aqueles que deveriam ser batizados e treinar os fiéis cristãos à medida que se reuniam para adorar. Assim, o sucesso no evangelismo e na defesa pública da fé levou à necessidade de instrução cristã dos convertidos. A forma litúrgica da igreja (no batismo e na eucaristia) forneceu as estruturas formais para tais tarefas. Clemente de Alexandria ligou a catequese ao rito batismal desta maneira: "Esta é a única graça da iluminação, que nossos caracteres não são os mesmos que eram antes de nossa lavagem [...]. Pois a instrução leva à fé, e a fé com o batismo é treinada pelo Espírito Santo" (*Paedagogus* 1.6).

A instrução catequética e as homilias foram, portanto, os principais veículos para a instrução cristã na igreja primitiva. Elas foram tão importantes quanto os escritos doutrinários e apologéticos formais na formação da mente da comunidade cristã. Clemente de Alexandria (*Paedagogus*), Cirilo de Jerusalém (*Catecheses lluminandorum* e *Catecheses Mystagogicae*), Gregório de Nissa (*Oratio catechetica*) e Agostinho (*De catechizandis rudibus*) todos empreenderam a tarefa catequética a sério. Os sermões de João Crisóstomo e Agostinho foram a dieta básica na formação cristã para os fiéis.

Em segundo lugar, a igreja precisava definir sua fé contra crenças gnósticas e montanistas. Os gnósticos expuseram uma religião de iluminação espiritual e libertação do mundo material. Assim, a fé tornou-se uma preocupação interior para os indivíduos. Para combater tal perspectiva, um padrão de ortodoxia surgiu na igreja do segundo século. Ireneu e Tertuliano foram instrumentais para esse desenvolvimento; sublinharam o caráter público e universal da fé cristã. Surgiu um cânon fixo das Escrituras; uma regra de fé universal foi formulada. A igreja tornou-se a guardiã da tradição apostólica; A prova de apostolicidade foi evidenciada pela sucessão na liderança dos tempos apostólicos. "Pois onde está a igreja, está o Espírito de Deus; e onde está o Espírito de Deus, está a igreja e todo tipo de graça, mas o Espírito é a verdade" (Ireneu, *Adversus haereses* 3.38.1).

A igreja primitiva via questões de fé e ordem serem parte integrante umas das outras. As considerações de fé levaram imediatamente a reflexões sobre como a fé deveria ser guardada. As considerações para a ordem ministerial emergiram assim rapidamente do período pós-apostólico, embora ainda não tivesse assumido uma forma hierárquica e universal. A instrução de Inácio foi admirável: "Sigam, todos vocês, o bispo, como Jesus Cristo seguiu o Pai; e sigam o presbitério como os apóstolos. [...] Onde quer que o bispo apareça, ali esteja o povo, assim como onde Cristo Jesus estiver, aí está a igreja católica. Não é lícito, a não ser ao bispo, batizar ou realizar o banquete do amor (Inácio, Esmirna, 8).

2.2.2. *Tutela da fé apostólica.* Como a igreja deve guardar a fé apostólica? E essa tutela deveria assumir uma forma universal? Os desenvolvimentos a partir do terceiro século levaram a uma eventual compreensão institucional e hierárquica da ordem da igreja. Duas questões importantes moldaram a discussão. Primeiro, como deve a comunidade exercer sua autoridade sobre os crentes individuais? A questão centrou-se na possibilidade e no modo da disciplina eclesiástica: se o perdão e a reconciliação devem encontrar expressão ética na igreja e, em caso afirmativo, como. A maioria dos pais da igreja rejeitou a abordagem rigorista e afirmou que a igreja tinha o poder de perdoar o penitente. No entanto, como a igreja como um corpo deve exercer sua autoridade divinamente investida para amarrar e soltar? As controvérsias com os novacionistas levaram a uma identificação de autoridade dentro da ordem episcopal. O sistema penitencial foi estabelecido para proteger a igreja da impureza. Mas, e se os bispos fossem suspeitos moralmente e espiritualmente? Que atitude a igreja deve tomar para aqueles que caíram durante os tempos da perseguição transformou-se o foco de acalorada discussão, especialmente em Cartago entre o terceiro e o quinto século. O caráter santo daqueles que sofreram perseguição não deveria ser preferido sobre aqueles que só tinham autoridade institucional na igreja? Cipriano e Agostinho foram duas influências em sucessivas controvérsias com os novacionistas e os donatistas. Em todo caso, a ordem episcopal tornou-se o foco da unidade sacramental e guardiã da tradição.

Em segundo lugar, a igreja do século 4 começou a examinar seriamente como as comunidades cristãs deveriam se relacionar entre si; em particular, qual era o status da igreja romana em relação aos outros centros apostólicos no mundo mediterrâneo? Eusébio de

Cesareia, em sua *História Eclesiástica*, já havia identificado Jerusalém, Antioquia, Roma, Alexandria, Laodiceia e Cesareia como centros proeminentes com sucessão apostólica. Como as igrejas deveriam guardar a unidade na fé e na ordem? Os cânones 7 e 8 do Concílio de Nicéia (325) juntaram precedência e autoridade episcopal metropolitana às antigas dioceses. Os concílios ecumênicos subsequentes dos séculos 4 e 5, além de definir os padrões de fé, também trataram da relação especialmente entre Roma e os outros centros antigos. A remoção do centro político do Império romano de Roma para Constantinopla em 330 agravou essa discussão. Os concílios ecumênicos de Constantinopla (381) e Calcedônia (451) elevaram Constantinopla sobre os outros centros orientais. Ela desfrutava do mesmo privilégio com a "Roma real mais velha", e "também deveria ser engrandecido como ela em assuntos eclesiásticos, sendo o segundo depois dela" (Calcedônia, Cânon 28, veja também Constantinopla I, Cânon 3). Em resposta à ascensão de Constantinopla, a igreja romana do final do século 4 começou a sublinhar sua preeminência sobre as igrejas em todo o mundo apelando à sua autoridade petrina. "O mais abençoado Pedro, chefe da Ordem Apostólica, foi nomeado para a cidadela do Império romano, para que a luz da verdade que estava sendo exibida para a salvação de todas as nações, pudesse se espalhar mais eficazmente da própria cabeça por todo o mundo" (Leão *Serm.* 82.3). A histórica ordem episcopal e o status de Roma continuaram a ser questões centrais nas discussões ecumênicas.

Existem novas abordagens para a igreja universal guardar a fé? Aqui as igrejas nos continentes do sul devem ser encorajadas a dar uma contribuição significativa. O *Conselho Mundial de Igrejas (CMI) foi formado para promover esse objetivo. O movimento ecumênico do século 20 foi concebido não só para realizar a reunião da cristandade-isto é, o mundo cristão, tal como definido pelas tradições ortodoxa, católica e protestante. O impulso veio dos avanços missionários no século 19. O sonho era que as igrejas jovens nos campos missionários se tornassem membros maduros na igreja em todo o mundo. Essa visão subjaz à preparação do CMI após a Segunda Guerra Mundial. A sua composição basear-se-ia principalmente na representação geográfica. Como se verificou, as organizações confessionais e denominacionais argumentaram com sucesso por sua própria inclusão rol de membros. As igrejas nos continentes do norte ainda fornecem a liderança, tanto em finanças como em reflexão teológica. É verdade que as igrejas hoje lutam pelo equilíbrio étnico e de gênero em fóruns internacionais. No entanto, os cristãos da Ásia, África e América Latina ainda não desenvolveram fortes tradições teológicas. No Leste Asiático, as igrejas tradicionais estão muito absorvidas na construção da nação e em suas próprias estruturas denominacionais para pensar com mais tempo em suas próprias suposições eclesiais mais profundas. Talvez seja uma ironia que as tradições da igreja pentecostal sejam as menos prejudicadas pelas estruturas tradicionais denominacionais e pelas expectativas políticas, que estão produzindo o nascimento de comunidades cristãs autóctones na Ásia. Para acrescentar à ironia, os estudos mais envolventes em patrística na Ásia Oriental vêm dos que estão em universidades seculares na China.

As mudanças políticas na China, Vietnã e outros países do Leste Asiático na segunda metade do século 20 podem ser percebidas como retrocessos para o cristianismo. No entanto, elas criaram uma abertura de espaço para abordagens novas às questões de ordem/fé. A região torna-se menos dependente de recursos externos. As igrejas do Sudeste Asiático não se veem mais como missões para a diáspora chinesa e estão redefinindo suas próprias identidades locais. A controvérsia da China com o Vaticano — muitas vezes interpretada como uma violação da liberdade religiosa — pode muito bem ser o desafio mais significativo para o status de Roma em relação às igrejas em todo o mundo.

2.3. O foco soteriológico na compreensão cristã: a traduzibilidade da fé cristã. As mudanças demográficas do centro de gravidade para os continentes do sul ainda não produziram uma compreensão mais rica da fé cristã. De fato, a globalização simultânea suscitou uma resposta fundamentalista. A construção da nação tem um efeito de estreitamento sobre como a fé religiosa é percebida: em particular, a religião é frequentemente expressa em termos de doutrinas purificadas que seus adeptos devem subscrever. Isso também ironicamente conduz ao nivelamento das diversidades culturais e étnicas. Assim, embora o Leste da Ásia esteja na encruzilhada de povos com histórias e religiões antigas, os cristãos dessa região em geral não se engajaram construtivamente com as crenças *budistas, confucionistas e *hindus em seus atuais contextos sociopolíticos (veja Religiões Chinesas). Especialmente no sudeste da Ásia, onde o inglês é a língua franca, as práticas cristãs ocidentais ainda exercem uma enorme influência sobre o cristianismo local.

2.3.1. *Uma visão para o envolvimento teológico.* Por trás da hesitação do Leste Asiático em adotar expressões vernáculas em sua doutrina e prática, esconde-se um desconforto: a fé cristã é traduzível? Os asiáticos orientais atribuíam grande importância à antiguidade. Os escritos dos sábios são sagrados. Por conseguinte, as formas transmitidas do cristianismo não são inalteráveis e não estão abertas ao desenvolvimento?

Os primeiros pais ofereceram uma visão para o envolvimento teológico. Os primeiros pais envolveram-se em apaixonadas controvérsias intelectuais tanto com seus críticos como dentro de suas próprias comunidades. A discussão entre Orígenes e o filósofo pagão Celso, e entre Agostinho e Fausto, o maniqueísta, foram exemplos do primeiro. Os debates entre o Gregório de Nissa e Eunômio sobre a divindade, e entre Agostinho e os pelagianos sobre o significado da graça foram casos de debates internos.

Contudo, é importante perceber que os pais não perseguiram o rigor intelectual por sua própria causa. Eles ligaram essa tarefa dentro de um horizonte mais amplo da relação Deus-homem. Atanásio deu o tom numa compreensão da dinâmica soteriológica que sustentou a teologia patrística. "Porque a Palavra de Deus foi feita homem para que fôssemos feitos Deus; e manifestou-se por meio de um corpo para que pudéssemos receber a ideia do Pai invisível; e ele suportou a insolência dos homens para que pudéssemos herdar a imortalidade" (Atanásio *De incarnatione* 54). A encarnação tornou possível um aprofundamento da pesquisa em ver Deus e em compartilhar sua vida divina. A vida cristã não tratava do conhecimento; era uma jornada contínua com o Deus sempre condescendente para que amassem e viessem a ele e se tornassem possuídos por seu amor. A oração do salmista, *Buscai sempre a sua face* (Sl 105.4), tornou-se o tema na exposição de Agostinho de sua teologia trinitária em *De Trinitate*. Ele apelou aos seus leitores desde o início para se juntarem a ele "no caminho da caridade e avançar para aquele de quem se diz: 'buscai sua face cada vez mais'" (Agostinho *Trin.* 1,8). Ele terminou seu longo tratado depois de anos de trabalho com a oração: "Dai-nos força para buscar, quem me fez encontrar-te, e deu a esperança de encontrar-te cada vez mais [...]. Quando, portanto, tivermos vindo a ti, estas muitas coisas que falamos, e ainda ineficientes, cessarem; e tu, único, permanecerá 'tudo em todos'. E nós diremos uma coisa sem fim, em louvar a ti em Um, nós mesmos também feitos um em ti" (Agostinho *Trin.* 15, 28).

2.3.2. *Interpretação das Escrituras.* A visão acima foi a chave para a compreensão das tarefas intelectuais dos pais. Como a fé deve se relacionar com a filosofia? Tertuliano, no final do segundo século, perguntou: "O que Atenas tem a ver com Jerusalém?" Para ele, não tinha nada. As heresias, ele declarou, foram instigadas pela filosofia. No entanto, é importante entender por que os pais em geral tinham reservas sobre essa posição extrema.

Tertuliano não se opunha que a fé aprendesse, como acreditavam os intérpretes posteriores. Ele era fluente na literatura pagã, especialmente no estoicismo. Suas prolíficas obras apologéticas e teológicas exibiam vasto aprendizado e rigor intelectual. Pelo contrário, Tertuliano era um conservador teológico. Ele assumiu uma abordagem literalista às Escrituras. Seu olhar rigorista o levou em seus últimos anos a abraçar a Nova Profecia no montanismo. O *fundamentalismo provou ser a parte inferior de uma religião extática e espontânea. Esse cenário se repetirá no curso do cristianismo europeu.

Certamente, as Sagradas Escrituras eram fundamentais para a vida cristã (veja Revelação e Escrituras). Eles sustentaram as perspectivas doutrinárias e morais dos primeiros pais. Orígenes, que escreveu a primeira *teologia sistemática (Orígenes *De principiis*), foi principalmente um exegeta. Sua *Hexapla*, uma edição crítica do Antigo Testamento, tornou-se o texto de referência autorizado para os cristãos e seus críticos. Ao mesmo tempo, os pais da igreja procuravam um significado mais profundo nos textos bíblicos. Para eles, os estudos linguísticos e a observância literal do texto em si eram demasiado superficiais. Somente meditando nas Escrituras poderia o ser humano crescer em maturidade espiritual e chegar a ver e a amar a Deus. Clemente de Alexandria comparou a Palavra ao Mestre, o *pedagogo*,, que conduzia os seres humanos em etapas para o crescimento espiritual. "O Instrutor, sendo prático, não teórico, tem como objetivo, portanto, melhorar a alma, não ensinar, e treiná-la para uma vida virtuosa, não intelectual" (Clemente *Paed.* 1.1). Contemplar a Palavra de Deus colocou os cristãos numa jornada de amor. *De Doctrina christiana,* de Agostinho, não era um manual de instruções sobre a exegese bíblica. Ele pediu aos leitores que se concentrassem no *fim,* ou no ponto das Escrituras: "A plenitude e o fim da Lei e de todas as Sagradas Escrituras é o amor de um Ser que deve ser desfrutado e de um ser que pode compartilhar esse prazer conosco" (Clemente *Doctr. chr.* 1.39).

Foi por isso que os pais adotaram uma abordagem alegórica das Escrituras, que em troca lhes permitiu colocar toda a herança filosófica clássica à sua disposição para interpretá-las. Tanto as tradições exegéticas de Antioquia como as de Alexandria concordavam que o texto apontava para além de si mesmo. Eles divergiam somente na metodologia. Sob a influência das escolas retóricas de então, os antioquenos insistiram em uma ligação orgânica entre o significado mais profundo do texto e a historicidade geral dos textos. Por outro lado, os alexandrinos foram rápidos para encontrar verdades filosóficas nos textos sem muita preocupação com sua historicidade.

2.3.3. Inovação teológica. Essa compreensão dinâmica da *salvação também sustentou a abordagem dos pais em seu labor teológico. Não só as preocupações apologéticas e missiológicas exigiam o engajamento intelectual, mas os pais também precisavam refletir sobre a natureza de sua fé e de sua própria comunidade. A compreensão teológica não podia ficar estagnada; da mesma forma as Sagradas Escrituras não deviam ser lidas apenas no sentido literal. É espantoso perceber que os pais nos séculos 4 e 5 defendiam a ortodoxia entendendo o *evangelho de maneiras *originais*. Eles estavam longe de simplesmente defender a Bíblia contra inovações teológicas ou defender o evangelho contra distorções filosóficas. Tanto os "pais" como os "hereges" apelavam para a autoridade das Sagradas Escrituras. Assim, os Arianos objetaram que o termo *homoousios* (de um ser) usado na definição do relacionamento Pai-Filho era antibíblico e não tradicional. Talvez de forma surpreendente, Ário e Pelágio tenham se tornado hereges porque mantinham posições teológica e ecologicamente conservadoras. Suas teologias estavam ligadas às experiências anteriores do cristianismo no segundo e terceiro séculos. A genialidade de Atanásio, dos Capadócios e de Agostinho reside na sua coragem de buscar novos paradigmas de compreensão frente a novos desafios à fé. Defendiam a fé apostólica não repetindo o passado. Eles foram além das fórmulas bíblicas para fornecer uma interpretação mais abrangente da fé cristã e experiência eclesial em sua época. E, ao fazê-lo, mudaram radicalmente a forma como a igreja iria entender Deus e sua própria identidade. A encarnação tomou o lugar da relação Logos-Deus para sustentar a compreensão cristã de Deus, e o episcopado substituiu o mestre asceta para se tornar o foco da unidade para o fiel.

Para os pais, a própria natureza de sua fé exigia esse repensar teológico. Ao fazê-lo, eles estavam compartilhando a dinâmica dos propósitos salvíficos de Deus. A Palavra de Deus deve humilhar-se a todas as condições humanas. O axioma "o que não é assumido não é curado" realçou os argumentos de Gregório de Nazianzo contra Apolinário Assim, a fé cristã se adapta a todas as línguas e em todas as eras. Está na natureza do cristianismo ser traduzível e nascer de novo em todos os lugares e em todos os tempos. No Leste grego, os capadócios empregaram o melhor em sua educação clássica em estabelecer o fundamento ascético e doutrinário para a igreja bizantina. Muitas vezes ignorado foi a contribuição de Jerônimo, contemporâneo deles, para a igreja latina. De um modo geral, a igreja latina havia sido intelectualmente dependente do Leste. Devia ter literatura em sua própria linguagem se quisesse confiar na sua identidade. Jerônimo dedicou sua vida na tradução da herança espiritual cristã judaica e grega para o latim. Suas traduções da Bíblia, comentários e trabalhos monásticos transmitiram à igreja latina as riquezas da herança clássica e cristã do Leste grego. Ao mesmo tempo, eles forneceram as bases para a igreja latina para construir a nova Europa cristã após o colapso do Império ocidental no final do século 5.

A dinâmica soteriológica proporcionou à igreja primitiva uma visão universal. A fé cristã não estava ligada a nenhum grupo étnico, texto ou linguagem sagrada. O Verbo divino foi condescendente com todos e reuniu tudo ao próprio Deus. No mundo mediterrâneo, o judaísmo finalmente assumiu uma forma rabínica e confinou-se a um grupo étnico. A cultura clássica greco-romana também se tornou cada vez mais conservadora. Foi a fé cristã, sempre traduzível, que passou a produzir novas interpretações de suas crenças e fornecer o suporte intelectual e moral para novas civilizações. O cristianismo atual não está isento de tais tarefas teológicas.

Veja também Concílios Ecumênicos; Credo dos Apóstolos; Ortodoxia Copta; Teologia Europeia; Teologia Medieval; Teologia Ortodoxa Oriental.

Bibliografia. Chadwick, H., *Early Christian Thought and the Classical Tradition* (Oxford: Oxford University Press, 1966); Chan, S., *Pentecostal Theology and the Christian Spiritual Tradition* (London: Sheffield Academic, 2000); Di Berardino, A., org., *Encyclopedia of the Early Church* (2 vols.; Cambridge: James Clarke, 1992); Evans, R., *One and Holy: The Church in Latin Patristic Thought* (London: SPCK, 1972); Ferguson, E., org., *Recent Studies in Early Christianity* (6 vols.; New York: Garland, 1999); Frend, W. H. C., *The Rise of Christianity* (Philadelphia: Fortress, 1984); Hall, S. G., *Doctrine and Practice in the Early Church* (London: SPCK, 1991); Hanson, R. P. C., *The Search for the Christian Doctrine of God* (Edinburgh: T & T Clark, 1988); Lancel, S., *St Augustine* (London; SCM, 2002); Lee, A. D., *Pagans and Christians in Late Antiquity: A Sourcebook* (New York: Routledge, 2000); Markus, R. A., *The End of Ancient Christianity* (Cambridge: Cambridge University Press, 1990); O'Donovan, O. e Lockwood O'Donovan, J., orgs., "The Patristic Age", in: *From Irenaeus to Grotius: A Sourcebook in Christian Political Thought* (Grand Rapids: Eerdmans, 1999) 1-168; Pelikan, J., *Credo: Historical and Theological Guide to Creeds and Confessions of Faith in the Christian Tradition* (New Haven: Yale University Press, 2003); idem, *Creeds and Confessions of Faith in the Christian Tradition, 1: Early, Eastern, and Medieval* (New Haven: Yale University Press, 2003); Wang, Xiaochao, *Xinyang yu Lixing: Gudai Jidujiao Jiaofu Sixiangjia Pingzhuan* [Fé e Razão: Estudos Críticos nos Primórdios dos Padres Cristãos] (Beijing: Dongfang, 2001); Wiles, M. F., *The Making of Christian Doctrines: A Study in the Principles of Early Doctrinal Development* (Cambridge: Cambridge University Press, 1967); Wilken, R. L., *The Spirit of Early Christian Thought* (New Haven: Yale University Press, 2003); Williams, R., *Arius: Heresy and Tradition* (2. ed.; London: SCM, 2001); Xu, Huaiqi, *Gudai Jidujiaoshi* [História dos Primórdios da Igreja] (Shanghai: East China Normal University Press, 1988); Yeung, Arnold, *Fuhe Shenxue yu Jiaohui Gengxin* [Teologia da Reconciliação e Renovação de Igreja] (Hong Kong: Seed Press, 1987); Young, F., Ayres, L. e Louth, A., orgs., *The Cambridge History of Early Christian Literature* (Cambridge: Cambridge University Press, 2004).

M. N. C. Poon

TEOLOGIA POLÍTICA

Existem pelo menos três tipos diferentes de teologia política: (1) a formulação teológica da antiga religião política: Um Deus no céu — um governante na terra — um império; (2) o conflito moderno entre anarquismo e autoridade política, com o clamor de Bakunin "nem Deus nem Estado" de um lado e, do outro, a teologia política da soberania, de Carl Schmitt; e (3) a "nova teologia política" da resistência cristã contra a idolatria política e o engajamento cristão pela libertação dos oprimidos e aceitação dos excluídos. A nova teologia política cristã na Europa está em estreita ligação com a teologia latino-americana da libertação, a teologia negra nos Estados Unidos, a teologia minjung na Coréia e outras teologias contextuais atuais.

1. Religião política
2. Desdobramentos do século 20

1. Religião política

O termo *teologia política* foi cunhado na filosofia estóica como o *genus politikon*, ou a *theologia civilis*. "Panécio delineou três classes de formas-de-deus: os poderes naturais pensados como pessoas, os deuses da religião de estado, e os deuses do mito (*genus physikon, genus politikon* e *genus mythikon*)" (Pohlenz, 198). As imagens-de-deus dos poetas são míticas; os conceitos de filósofos são metafísicos; o culto da polis é política. A teologia mítica pertence ao teatro, à teologia metafísica na academia e à teologia política no governo. Agostinho percebeu apenas uma divisão em duas partes, porque a teologia política sempre deve ser simultaneamente uma teologia mítica, caso contrário a religião política não seria compreendida pelo povo comum. De acordo com as antigas doutrinas do Estado, honrar os deuses da própria pátria é o propósito supremo do rei, que é ao mesmo tempo sumo sacerdote da religião do Estado porque esses deuses asseguram o bem-estar e a paz. Quando vinham a fome, as guerras e as pragas, elas se deviam ao fato de esses deuses estarem irados por causa de práticas cultuais defeituosas ou do *crimen laesae religionis* por pessoas ímpias. Segue-se que os dissidentes religiosos tinham de ser sacrificados para aplacar os deuses. No final do Império romano judeus e cristãos foram censurados como ateus porque recusaram o culto a César e foram sacrificados: "Quando o Tibre transborda suas margens, quando o Nilo não transborda as suas as pessoas gritam: os cristãos aos leões", lamentou Tertuliano (Harnack, 10). Esse tipo de religião política foi e ainda é em algumas nações a base para as leis criminais contra a blasfêmia com a pena de morte como a punição normal. A religião política abrangeu não somente o mundo humano mas também o natural. O estado humano tinha de ser governado em congruência com a natureza circundante.

A tradição europeia observou a correspondência entre a estrutura monárquica do cosmos e a monarquia política de um governante. Aristóteles, em seu livro XII de Metafísica, citou Agamenon na Ilíada de Homero: "O ser recusa o mau governo, não é bom o domínio de muitos, deixe que um seja o senhor" e transformou-o em metafísica. A ordem do cosmos é uma divindade — um logos/nomos — um cosmo; a ordem política correspondente é um imperador — uma lei — um império na terra. Esse tipo de monarquismo monoteísta sempre foi imperialista. Uma famosa palavra do senhor mongol Gêngis Khan de 1254 mostra que essa religião política era universal da China a Roma e em toda parte: "No céu não há outro senão o único Deus eterno; na terra não há outro senão o único senhor Gêngis Khan, o Filho de Deus. Esta é a palavra que está sendo dita a você". Seu discurso era para o papa em Roma, que se entendia como o representante religioso do único Deus na terra (de Ferdinandy, 153). O absolutismo político no século 18 e o colonialismo imperialista das nações europeias no século 19 foram justificados de maneira semelhante. E pode-se descobrir ocasionalmente o messianismo político de uma missão política mundial por trás da política externa americana hoje.

1.1. O conceito moderno. O conceito moderno de teologia política foi introduzido num debate por enquanto mundial pelo professor alemão de direito constitucional Carl Schmitt (1922, 1934, 1970). Seu parceiro americano foi Leo Strauss, da Universidade de Chicago. Schmitt adotou o título "Teologia política" para sua doutrina de soberania política inspirado no anarquista russo Michail Bakunin, que no século 19 se revoltou com o slogan "nem Deus nem mestre" contra qualquer dominação de seres humanos sobre seres humanos na igreja e no estado, contra a autoridade divina, assim como contra a autoridade humana. Seu grande inimigo era a chamada autocracia divina dos czares russos. Governo autoritário é a raiz de todo mal; o ateísmo é o fundamento da liberdade humana e do autogoverno do povo. Como Bakunin usou o termo *teologia política* para censurar seu oponente Mazzini, Carl Schmitt transformou-o num positivo para dar à soberania política uma justificação religiosa e, portanto, absoluta (Bakunin, Schmitt, 1922; Meier). Há também uma dimensão apocalíptica no conflito moderno entre soberania política e anarquismo. Para Schmitt, o poder político do Estado é o verdadeiro *katechon* (2Ts 2.7) para reter o *mistério da iniquidade* até a batalha final entre Cristo e o anticristo. Schmitt viu em seu tempo a democracia alemã de Weimar como caos e anarquia, ele cumprimentou a tomada do poder por Hitler em 1933 e tornou-se um defensor da ditadura nazista e do antissemitismo nazista.

A primeira resposta cristã à teologia política de Schmitt foi dada em 1935 por seu ex-amigo Erik Peterson em seu famoso tratado sobre "O monoteísmo como problema político" (Peterson, 1935, Schmitt, 1970). A intenção de Peterson era mostrar a impossibilidade teológica de uma teologia política no cristianismo, porque o dogma trinitário marca a ruptura com toda teologia política que usa mal a proclamação cristã para justificar uma situação política. A teologia política de Carl Schmitt ainda está viva nos círculos conservadores e neoconservadores, isso é verdade: nas antigas tradições europeias de Estado-igreja a obediência da fé trabalha em favor da obediência política a certas potências, não para a resistência política e liberdade.

1.2. A nova teologia política. A "nova teologia política" surgiu na Alemanha após a Segunda Guerra Mundial sob o choque de Auschwitz. Os autores foram Johann Baptist Metz, Jürgen Moltmann, Dorothee Solle, Helmuth Peuckert, George Casalis e outros. Associamos ao nome de Auschwitz e à Shoah (holocausto) do povo judeu não só a crise moral de nossa nação, mas também uma crise do cristianismo. Por que houve tão pouca resistência contra os assassinos em massa nazistas? A coragem pessoal não faltou, mas na tradição protestante e católica descobrimos padrões de comportamento que, aparentemente, levaram ao fracasso das igrejas e cristãos nessa situação.

Primeiro, havia a opinião generalizada nas classes médias de que a religião é um assunto particular e não tem nada a ver com a vida pública e política. A emigração interna de muitos permitiu que os crimes externos nas ruas acontecessem, e esse tipo de religião privada não forneceu nenhum ponto de partida para a resistência política em favor dos perseguidos. Metz declarou, portanto, a privatização da religião e da teologia como a principal tarefa autocrítica da teologia do pós-guerra na Alemanha. Seguindo Kant, pode-se dizer que a liberdade de crença não significa apenas a liberdade da alma, mas o uso público de sua fé e também praticá-la.

Em segundo lugar, a tradição luterana dos dois reinos separados entre espiritual e terreno, entre a religião e a política, levou muitos cristãos da Alemanha à obediência ao poder de Hitler como dado por Deus (Romanos 13.1-6). Somente quando a ditadura nazista atacou a igreja com o movimento ideológico dos "cristãos alemães", as igrejas confessantes resistiram com a Declaração de Barmen de 1934: A igreja deve permanecer a igreja. A teologia ficou então restrita à teologia eclesiástica. A nova teologia política exige o testemunho público da fé cristã, um discipulado político de Cristo na vida e no trabalho, e a tomada de partido com os perseguidos, humilhados e excluídos. Isso não levou à politização da igreja, como alguns temiam, mas à cristianização da vida pública e política. Para Metz, a política é o contexto mais amplo de toda teologia cristã. O engajamento ecumênico por "justiça, paz e integridade da criação" é um bom exemplo político para essa nova teologia política.

O que distingue a nova teologia política da antiga é o sujeito determinante. O tema das antigas teologias políticas é o poder político do Estado e dos movimentos revolucionários. O tema determinante da nova teologia política é a igreja e as comunidades cristãs. A nova teologia política é a primeira teologia política cristã. Essa é a diferença importante. Porque no centro da fé cristã está a ressurreição do Cristo politicamente crucificado, os cristãos estão, em princípio, críticos contra os ídolos de toda religião política e civil. Sua dessacralização do poder político levou à democratização das decisões políticas. O poder político é responsável e deve ser justificado, não há mais uma inocência dos poderosos.

2. Desdobramentos do século 20
2.1. Diálogo com o marxismo. A nova teologia política europeia adquiriu um primeiro perfil nos diálogos cristão-marxistas em 1965, 1966 e 1967. Novos filósofos marxistas tentaram reformar seus partidos com um "socialismo com um rosto humano" (Alexander Dubcek), novos teólogos políticos tentaram abrir suas igrejas para os problemas sociais do mundo moderno. Viemos de ambos os lados da Cortina de Ferro na Europa e encontramos um caminho "do anátema ao diálogo" (Garaudy), até que, em 1968, as tropas do Pacto de Varsóvia invadiram a

Tchecoslováquia e terminaram o "socialismo com o rosto humano". Por um lado, aprendemos nesse diálogo a crítica libertadora da idolatria religiosa, política e ideológica e, por outro, a divina paixão de Jesus pela vida dos pobres. Nossos parceiros de diálogo marxistas foram, sem exceção, perseguidos por seus próprios partidos, e fomos banidos dos países socialistas; nossos escritos e nomes foram vítimas da censura de 1968 a 1989. A nova teologia política nunca foi uma teologia puramente acadêmica. Foi e está relacionada com as expectativas e experiências de grupos de ação e movimentos de protesto do povo. A esse respeito, há muitas semelhanças com a teologia da libertação na América Latina.

2.2. Teologia da paz justa. A teologia da paz deu outro perfil à nova teologia política em 1983. Em 1980, os russos montaram seus mísseis nucleares SS-20 na Alemanha Oriental e os Estados Unidos responderam com Pershing 2 e mísseis de cruzeiro na Alemanha Ocidental. O povo alemão estava sentado no barril de pólvora mais perigoso da próxima guerra mundial. O ano de 1983 viu o clímax de um movimento de paz na Alemanha Ocidental e Oriental. As igrejas reformadas proclamaram o *status confessionis* na questão do armamento nuclear e as igrejas protestantes na Alemanha Oriental rejeitaram solenemente "o espírito, a lógica e a prática da dissuasão nuclear". Em vez da doutrina tradicional da guerra justa, começamos com uma teologia de paz justa. O movimento de paz de 1983 desenvolveu-se em 1989 para a revolução pacífica e não violenta na Alemanha Oriental e a queda do muro em Berlim. O Sermão da Montanha de Cristo tornou-se o texto político mais influente na Alemanha naqueles anos.

2.3. Direitos humanos. Outra dimensão importante da nova teologia política pode ser vista nas reflexões sobre os *direitos humanos. Em 1977, a Aliança Mundial de Igrejas Reformadas aprovou uma "Declaração Teológica sobre os Direitos Humanos"; A Federação Luterana Mundial seguiu um ano depois. A dignidade inalienável das pessoas está na imagem de Deus segundo a qual elas são criadas. A crença em Deus é conjugada com o respeito da imagem de Deus em cada pessoa humana. Ambas as declarações procuram um equilíbrio entre os direitos humanos individuais e sociais. Mais tarde, também tentamos equilibrar os direitos humanos com os direitos da natureza.

Em uma era de globalização, os poderes econômicos se tornam cada vez mais universais, enquanto o poder político permanece particular. Desde a desregulamentação da economia, a política pode ser regulada pelos poderes econômicos. A política não é mais o contexto mais amplo da teologia cristã. A teologia política deve mudar para uma teologia político-econômica global se a mensagem cristã libertadora alcançar o mundo. Isso pode se tornar a tarefa para a próxima geração de teólogos políticos.

2.4. Fora do Ocidente. Exemplos contemporâneos de teologias políticas e teologias de libertação politicamente orientadas fora da Europa e das Américas incluem o documento *Kairos* de 1985 por teólogos sul-africanos, que reconheceu a exploração do povo africano e o papel de Jesus Cristo como libertador político. Em meados dos anos 1970, dois teólogos coreanos, Ahn Byung Mu e Suh Nam Dong, cunharam o termo *teologia minjung* (literalmente "massa de pessoas"). Esse movimento político sul-coreano de libertação apoiava pessoas que sofriam sob ditadura militar, supressão econômica e social dos direitos humanos e resistência nos processos de democratização. Um movimento político e liberacionista indiano altamente significativo sai das comunidades dalit, aqueles que são oprimidos pelo sistema de castas (cerca de dezesseis por cento da população total). O termo *dalit* significa algo como "oprimido", "quebrado" ou "esmagado". Arvind P. Nirmal, que cunhou o termo *teologia dalit* no início dos anos 80, argumenta que o próprio Jesus era um dalit e identificou-se como tal (Lc 4.16-19).

Veja também Direitos Humanos; Liberdade Religiosa; Paz e Reconciliação; Teologia da Libertação; Teologia Minjung; Teologia Negra.

Bibliografia. Bakunin, M., *Dieu et l'Etat* (Paris, 1871); Choi, H. M., *Korean Social-Revolutionary Movement and Christian Theology* (Nadan, 1992); Commission on Theological Concerns of the Christian Conference of Asia (CTCCCA), org., *Minjung Theology: People as the Subjects of History* (ed. rev.; Maryknoll: Orbis,

1983); DEVASAHAYAM, V., org., *Frontiers of Dalit Theology* (Chennai/New Delhi: Gurukul/I.S.P.C.K., 1997); DE FERDINANDY, M., *Tschingis Khan* (Steppenvölker erobern Eurasien; Hamburg, 1958); GARAUDY, R., *Der Dialog oder Ändert sich das Verhältnis zwischen Katholizismus und Marxismus?* (Hamburg: Rowohlt, 1966); VON HARNACK, A., *Der Vorwurf des Atheismus in den ersten drei Jahrhunderten* (Texte und Untersuchungen zur Geschichte der altchristlichen Literatur, 28, hft. 4; Leipzig, J.C. Hinrichs, 1905); KLAPPERT, B., org., *Schritte zum Frieden* (Theologische Texte zu Frieden und Abrüstung; Neukirchen-Vluyn: Aussaat Verlag, 1983); LOCHMAN, J. e MOLTMANN, J., orgs., *Gottes Recht und die Menschenrechte* (Studien und Empfehlungen des Reformierten Weltbundes; Neukirchen-Vluyn: Neukirchener Verlag, 1977); MEIER, H., "What Is Political Theology?", in: *Leo Strauss and the Theological-Political Problem* (New York: Cambridge University Press, 2006) 75-88; METZ, J. B., *Theology of the World* (New York: Herder & Herder, 1969); MOLTMANN, J., *On Human Dignity: Political Theology and Ethics* (Philadelphia: Fortress, 1984); PETERSON, E., Monotheismus als politisches Problem [1935], in: *Theologische Traktate* (Munich: Kösel-Verlag, 1951) 45-148; POHLENZ, M., *Die Stoa, 1* (3. ed.; Göttingen: Vandenhoeck & Ruprecht, 1964); SCHMITT, C., *Politische Theologie, 1: Vier Kapitel von der Souveränität* (Munich: Duncker & Humblot, 1922; 2. ed. 1934); idem, *Politische Theologie 2: Die Legende von der Erledigung jeder Politischen Theologie* (Munich/Berlin: Duncker & Humblot, 1970); SÖLLE, D., *Political Theology* (Philadelphia: Fortress, 1974); VISCHER, L., org., *Rights of Future Generations, Rights of Nature: Proposal for Enlarging the Universal Declaration of Human Rights* (Geneva: World Alliance of Reformed Churches, 1990).

J. Moltmann

TEOLOGIA PÓS-COLONIAL

A paisagem da teologia cristã está se expandindo rapidamente. As teologias estão surgindo de culturas não ocidentais e anteriormente colonizadas que estão desafiando algumas conjecturas da teologia ocidental. Entre estas teologias emergentes está a teologia pós-colonial, que aplica conhecimentos de um discurso metodológico chamado teoria pós-colonial. A teoria pós-colonial, ou "pós-colonialismo", examina o impacto continuado da colonização europeia nas sociedades colonizadas, abordando questões como raça, gênero, identidade, globalização e relações de poder. É uma forma de discurso de resistência de margens que confrontam e criticam autoconscientemente a ideologia colonial e suas suposições subjacentes. Ao fazê-lo, enfraquecem os discursos que apoiaram as atitudes colonizadoras, desmascarando as ideologias ocidentais por trás das teorias e textos coloniais. A teoria tem sido aplicada a muitas disciplinas acadêmicas, incluindo história, filosofia, estudos literários, teoria cultural e, mais recentemente, estudos bíblicos e teologia.

1. Desenvolvimento da teologia pós-colonial
2. Teoria pós-colonial e estudos bíblicos
3. Pensamentos finais

1. Desenvolvimento da teologia pós-colonial

O pós-colonialismo como um campo de estudo específico é considerado, em grande parte, como tendo começado com o livro seminal *Orientalism* de Edward Said. Disse que os europeus perpetuaram retratos imprecisos do Leste criando uma falsa construção da diferença no mundo árabe que permitiu que os europeus se definissem sobre e de encontro ao Leste e pavimentassem a maneira para o apoio da política colonial ocidental. O trabalho de Said, que foi influenciado por pós-estruturalistas como Michel Foucault, passou a ser mais desenvolvido por proeminentes teóricos pós-coloniais, incluindo Homi Bhabha (Índia). Foi Bhabha quem desenvolveu um dos conceitos mais significativos da teoria pós-colonial — o hibridismo, a forma como as identidades culturais são transformadas na zona de contato comum que é produzida na interação entre colonizador e colonizado.

A teologia é uma parceira de diálogo relativamente nova da teoria pós-colonial, mas a conversa está se desenvolvendo rapidamente. Trabalho notável está sendo feito na área de estudos bíblicos pós-coloniais por R. S. Sugirtharajah (Índia) e Fernando Segovia (Espanha), entre outros. Os teólogos incluem as vozes autóctones e minoritárias Musa W.

Dube (Botswana), Kwok Pui-lan (Ásia) e Mayra Rivera (Espanha), bem como conhecimentos de descendentes de colonos como Judith McKinley (Nova Zelândia).

Os teólogos pós-coloniais argumentam que o modernismo, o cristianismo e o colonialismo se misturavam de uma maneira que colocava o cristianismo a serviço da agenda colonial. Numa relação simbiótica, o cristianismo ajudou a justificar a expansão colonial, que, por sua vez, abriu o caminho para a expansão cristã. A forma de cristianismo que foi exportada para as culturas colonizadas foi aquela que foi moldada e definida por uma cultura europeia que acreditava em sua superioridade inerente. Do ponto de vista europeu, foi assim um benefício para os colonizados que os valores "cristãos" (influenciados pelo modernismo e interpretado pela cultura europeia) fossem levados para os nativos "não iluminados". A profundidade do emaranhamento dessas ideologias ocidentais com o pensamento cristão levou muitos missionários a unir as "bênçãos" da civilização ocidental com a luz do evangelho.

Em seu livro *Postcolonial Feminist Interpretation of the Bible* (Interpretação Feminista e Pós-colonial da Bíblia), Musa Dube inicia com a seguinte história da África subsaariana: "quando o homem branco chegou ao nosso país, ele tinha a Bíblia e nós tínhamos a terra. O homem branco disse-nos: 'Vamos orar'. Depois da oração, o homem branco tinha a terra e nós tínhamos a Bíblia" (Dube, 3). Embora essa história ilustre o estreito vínculo entre o imperialismo e o cristianismo, também transmite como os colonizadores não só tomaram a terra, eles "colonizaram" a mentalidade dos povos indígenas. A Bíblia apresentada ao colonizado havia sido traduzida e interpretada usando categorias europeias. Abordagens indígenas para fazer teologia, que teria ajudado a tornar a Bíblia compreensível para as culturas colonizadas em seus próprios termos, foram desconsideradas em favor dos métodos europeus. Essa situação está mudando, e os teólogos estão revendo a questão de como as culturas nativas podem contribuir para a teologia e os estudos bíblicos.

Os teólogos pós-coloniais estão usando as ferramentas analíticas da teoria pós-colonial para abrir a teologia a novos métodos de interpretação, bem como ao potencial liberador da Bíblia. Os recursos indígenas ignorados pelo Ocidente estão agora sendo recuperados. Os textos "sagrados" nativos são lidos ao lado da Bíblia, encontrando pontos de conexão que evidenciam aspectos do texto bíblico que, de outra forma, passariam despercebidos, assim como os teólogos cristãos primitivos se basearam na filosofia grega. Nos estudos bíblicos, os estudiosos pós-coloniais, através da aplicação de métodos alternativos críticos e de leitura, estão pesquisando deliberadamente a Bíblia, incluindo expressões das, as margens, expressões com as quais o colonizado possa se identificar.

2. Teoria pós-colonial e estudos bíblicos

É a aplicação da teoria pós-colonial à área de estudos bíblicos que se mostrou especialmente frutífera até agora. A *hermenêutica pós-colonial está reexaminando textos e histórias que foram usados para apoiar agendas coloniais, expandindo o entendimento da Bíblia, focalizando "toda a questão da expansão, dominação e imperialismo como forças centrais na definição tanto das narrativas bíblicas quanto de sua interpretação" (Sugirtharajah 2006, 17).

Não é de surpreender, então, que os envolvidos na crítica pós-colonial muitas vezes comecem com uma hermenêutica da suspeita, questionando os interesses adquiridos dos autores do texto bíblico. Através da hermenêutica da suspeita, os leitores podem fazer um conjunto diferente de perguntas e expandir o processo interpretativo. O leitor analisa o contexto histórico e literário da Bíblia e as construções dos autores bíblicos e, ao fazê-lo, desmascara as ideologias que as acompanham. Também é importante que o leitor esteja ciente não só da agenda dos autores bíblicos, mas também da própria natureza contextual do leitor. Não há leitura objetiva do texto. Em vez disso, o texto é sempre lido do próprio ponto de vista cultural e histórico particular do leitor. A crítica pós-colonial alerta o leitor para as suposições e agendas não apenas dentro do texto, mas as que são trazidas para o texto.

Os estudiosos bíblicos pós-coloniais também criticaram as abordagens hermenêuticas ocidentais, especialmente o método histórico-crítico que surgiu durante o período moderno. Embora o método histórico-crítico tenha valor, o método, nascido durante um período em que o racionalismo floresceu, impede inerentemente o que a cosmovisão europeia identificou como a abordagem mais "emocional" ou "não racional" dos nativos. Ao privilegiar categorias ocidentais e ferramentas de interpretação, culturas não ocidentais foram desencorajados de usar as ferramentas de suas próprias culturas para desvendar a verdade bíblica. A crítica bíblica pós-colonial é um meio de recapturar outras ferramentas hermenêuticas disponíveis dentro de culturas autóctones que de outra forma seriam desconsideradas pela ascendência e predomínio do método histórico-crítico.

Numa hermenêutica pós-colonial, o leitor assume frequentemente uma postura de oposição, uma posição de resistência ao texto, que lhe permite examinar a Bíblia a partir de outras perspectivas, ao contrário da abordagem tomada por algumas vertentes da teologia feminista. Ao assumir essa postura de resistência, são expressas vozes que foram expurgadas ou mesmo simplesmente ignoradas, seja pelo autor, seja pelo intérprete do texto. Por exemplo, uma abordagem pós-colonial perguntaria: O que se aprende analisando melhor a médium de Endor e o conhecimento nativo que ela representa (1Sm 28.3-25), ou Agar, a criada de Sara, a quem Deus também fez uma promessa (Gn 16)?

O leitor tem uma escolha ao encontrar a dominação na Bíblia. Em casos onde o texto parece encorajar a opressão do outro, tem-se a opção de se conciliar com o texto ou resistir a ele. Um exemplo comum usado pelos pensadores pós-coloniais para ilustrar esse ponto é a história da tomada da terra de Canaã por Israel (Josué 1 — 6). A história é contada pelo autor e geralmente interpretada pelo leitor ocidental sob a perspectiva dos israelitas como os conquistadores. Não é de surpreender, então, que os colonizadores encontrassem validação para a agenda colonial nesse texto bíblico, identificando-se como o novo Israel enviado para ir para a terra dos povos indígenas "não civilizados" como parte de uma agenda divina. Uma leitura pós-colonial, por outro lado, poderia levar o leitor a assumir a perspectiva dos conquistados, os cananeus, e tentar entender a situação destes sob a dominação dos israelitas e, consequentemente, a visão dos colonizados em vez da dos colonizadores.

Assim é a Bíblia um instrumento de opressão ou libertação? Para o crítico pós-colonial, a resposta pode ser uma ou ambas. A mesma Bíblia que foi usada (e ainda é) para legitimar as atitudes e a autoridade (neo)colonial também fornece um meio de resistência às forças colonizadoras em curso. (Por exemplo, muitos teóricos pós-coloniais consideram os Estados Unidos como neocoloniais por causa de sua atitude e políticas "colonizadoras".) Em suas páginas, a Bíblia tem o potencial de subverter a autoridade colonial e emancipar os mesmos povos que foram oprimidos por aqueles que usariam o texto para promover sua própria agenda. As pessoas e instituições religiosas, inspiradas no modelo de Jesus ao lado dos oprimidos, agiram pela causa da justiça em oposição à escravidão e ao colonialismo. A *teologia da libertação na América Latina, a *teologia negra e as *teologias feministas baseiam-se todas na Bíblia como meio de resistência às forças dominantes.

3. Pensamentos finais

A teologia pós-colonial dá muito o que pensar aos cristãos. Através do questionamento crítico de ideologias ocidentais passadas e atuais, a teologia pós-colonial trouxe vozes das margens, abriu novas maneiras de olhar o texto bíblico e ampliou perspectivas teológicas, incentivando formas alternativas de fazer teologia. Questiona e identifica os pressupostos subjacentes que direcionam nossa atitude para com os outros, que poderiam promover ou facilitar o racismo e outras mentalidades de "conquista". A teologia pós-colonial nos ajuda a desenvolver uma sensibilidade aos marginalizados, aos conquistados, para que possamos ganhar uma perspectiva diferente que enriqueça nosso entendimento teológico e bíblico e abra os olhos para os modos como a Bíblia pode ser manipulada para justificar práticas opressivas.

No entanto, a teologia pós-colonial não está isenta de críticas. Em relação aos estudos bíblicos, as releituras pós-coloniais da Bíblia reproduzem certos aspectos do texto à custa da história mais ampla? A teoria pós-colonial oprime as narrativas menores com sua própria metanarrativa de opressão e libertação? E o que ela diz àqueles que afirmam a visão ortodoxa da Bíblia como Palavra de Deus (veja Revelação e Escrituras)? A abordagem de oposição ao texto bíblico é compatível com uma visão mais elevada da Bíblia? Certamente há muito espaço para estas e outras questões a serem exploradas. A teologia pós-colonial ainda está apenas em uma fase nascente. Ainda se verá se a teologia pós-colonial será capaz de chegar ao centro assim como abraçou as margens.

Veja também HERMENÊUTICA; HIBRIDISMO; MÉTODO TEOLÓGICO; MODERNISMO E PÓS-MODERNISMO; MOVIMENTOS MISSIONÁRIOS; TEOLOGIA DA LIBERTAÇÃO.

BIBLIOGRAFIA. DUBE, M. W., *Postcolonial Feminist Interpretation of the Bible* (St. Louis: Chalice Press, 2000); ANNE JOH, W., *Heart of the Cross: A Postcolonial Christology* (Louisville: Westminster John Knox Press, 2006); KELLER, C., NUSNER, M. e RIVERA, M., orgs., *Postcolonial Theologies: Divinity and Empire* (St. Louis: Chalice Press, 2004); MCKINLAY, J. E., *Reframing Her: Biblical Women in Postcolonial Focus* (Sheffield: Sheffield Phoenix Press, 2004); MOORE, S. D. e SEGOVIA, F. F., orgs., *Postcolonial Biblical Criticism: Interdisciplinary Intersections* (London: T & T Clark, 2005); RIVERA, M., *The Touch of Transcendence: A Postcolonial Theology of God* (Louisville: Westminster John Knox Press, 2007); SAID, E., *Orientalism* (New York: Pantheon Books, 1978); SUGIRTHARAJAH, R. S., *Postcolonial Reconfigurations: An Alternative Way of Reading the Bible and Doing Theology* (London: SCM Press, 2003); idem, org., *The Postcolonial Biblical Reader* (Malden: Blackwell, 2006); VANZANTEN GALLAGHER, S., "Mapping the Hybrid World: Three Postcolonial Motifs", *Semeia* 75 (1996) 229-40.

M. Steele Ireland

TEOLOGIA PÓS-LIBERAL

A teologia pós-liberal está associada a Hans Frei e George Lindbeck da Yale Divinity School. Pode ser considerada uma teologia pós-barthiana, pelo fato de Karl Barth enfatizar que o teólogo cristão deve partir da autorrevelação de Deus em Cristo e nas Escrituras, em vez de começar com algum esquema conceitual que dá sentido à linguagem bíblica.

1. Reação ao liberalismo teológico
2. A abordagem pós-liberal
3. Avaliação do pós-liberalismo

1. Reação ao liberalismo teológico
Em grande parte, o pós-liberalismo foi uma reação às tentativas liberais de fundamentar a teologia cristã em algum esquema conceitual extrabíblico, como o marxismo ou o existencialismo. Ao mesmo tempo, era uma rejeição da busca modernista que se originou durante o Iluminismo na Europa para encontrar alguma verdade objetiva neutra através da razão humana ou da experiência humana pré-reflexiva que não precisa levar em conta a situação social ou histórica do ser humano. Tal era a visão do liberalismo democrático, que insistia em que certas verdades universais sobre a existência humana e Deus pudessem ser apreendidas por qualquer ser humano racional, mesmo que fossem expressas em diferentes línguas.

Os teólogos pós-liberais argumentaram que o liberalismo teológico clássico, como as teologias de Friedrich Schleiermacher ou Albrecht Ritschl, acomodaram o cristianismo à cultura em suas tentativas de tornar a fé relevante e dar-lhe um apelo universal. A história bíblica não pode ser encaixada em algum compromisso conceitual prévio, seja de uma escola de pensamento política, social ou filosófica. Deve ser entendida em seus próprios termos, em vez de lançada no molde de algum esquema conceitual que vem de outro lugar que não o texto bíblico. De fato, Frei enfatiza que as narrativas evangélicas por si só (isto é, lidas intratextualmente e como um todo interligado) tornam Jesus Cristo uma realidade para o leitor.

2. A abordagem pós-liberal
Lindbeck chamou essa abordagem de "cultural-linguística", indicando por esse rótulo o reconhecimento de que a linguagem e a tradição dão forma à nossa experiência e compreensão da realidade. Os seres humanos não pensam de forma não histórica ou pré-linguisticamente, e a reivindicação que há uma experiência humana pré-reflexiva universal é difícil de estabelecer. Assim, a abordagem liberal típica, que Lindbeck rotulou de "experimental-expressiva", foi equivocada em sua suposição de que a doutrina

é a expressão culturalmente condicionada de uma consciência pré-linguística universal. E a abordagem conservadora típica, designada "proposição cognitiva", era igualmente equivocada, uma vez que sustentava que as declarações doutrinais eram proposições que devem ser sempre verdadeiras ou falsas, à parte das situações históricas específicas que as chamaram a existir, uma postura que impede a discussão ecumênica, uma das principais preocupações de Lindbeck.

A abordagem pós-liberal enfatiza a singularidade e a particularidade histórica do cristianismo. A narrativa bíblica é a história mais básica e normativa. Os cristãos devem ser catequizados na fé confessional única e distinta que surgiu da narrativa bíblica para que *ela* forme o mundo cultural-linguístico para a igreja. Lindbeck insiste que as doutrinas funcionam como regras de gramática, que governam nosso uso da linguagem para descrever e compreender o mundo e Deus. Como uma cultura ou linguagem, a religião não é primariamente uma manifestação de atitudes, crenças e sentimentos subjetivos, mas um fenômeno comunitário que molda esses elementos subjetivos. Ao mesmo tempo, as crenças cristãs são falíveis e reformáveis no contexto mais amplo dos critérios intratextuais e cristológicos à medida que a igreja tenta ser fiel à narrativa bíblica.

3. Avaliação do pós-liberalismo

A teologia pós-liberal fornece-nos várias compreensões úteis. Primeiro, restaura a doutrina ao seu lugar como não apenas uma expressão da experiência religiosa, mas como um critério pelo qual as pretensões religiosas podem ser julgadas e por vezes contraditadas. Em segundo lugar, liberta a teologia cristã das concepções extrabíblicas que vêm de fora da igreja e têm uma influência controladora na teologia cristã. Como dizem os teólogos pós-liberais, o mundo bíblico "absorve" o universo, e não o contrário. Isso traz o feliz resultado de ajudar o cristianismo a evitar tornar-se cativo da cultura circundante sem sucumbir a uma retirada fundamentalista da cultura. Terceiro, milita contra algumas tentativas liberais e revisionistas de harmonizar todas as religiões como se estivessem fazendo as mesmas pretensões sobre Deus e o mundo. Em quarto lugar, podemos celebrar a tendência do pós-liberalismo para remover as Escrituras do controle da elite acadêmica e devolvê-la à igreja como um texto criador de mundo e formador de identidade para os leigos. Em quinto lugar, podemos elogiar o pós-liberalismo por seu forte senso de *comunidade contra a suposição da modernidade de que as religiões são uma questão de escolha privada com pouco impacto em outros aspectos da vida. Sexto, os pós-líberais nos lembram que cada experiência é modificada por elementos interpretativos, de modo que a narrativa bíblica fornece a estrutura interpretativa para a experiência cristã e os meios pelos quais ela é transmitida.

Ao mesmo tempo, a teologia pós-liberal tem sido criticada. Em primeiro lugar, o pós-liberalismo aprecia que a doutrina às vezes possa *expressar* a experiência religiosa *e* fazer reivindicações de verdade universal? Em segundo lugar, foi acusada de ser antirrealista — ou seja, de se preocupar apenas com a regulação do discurso cristão sem insistir que a doutrina represente com precisão o significado de um evento histórico. A teologia pós-liberal preocupa-se com uma referência ontológica a qual correspondem as afirmações doutrinárias? Relacionado a isto, há uma terceira preocupação: alguns perguntam se a narrativa bíblica e o significado de Jesus Cristo estão fundamentados em nada mais do que o processo comunitário de socialização ou catequese. Por exemplo, eles se perguntam por que o livro cristão é normativo em oposição a algum outro livro, como o Alcorão. Eles concordam que os pós-liberais podem responder à pergunta "Quem é Jesus?", mas argumentam que não podem responder à pergunta "Por que Jesus?" — uma preocupação significativa num mundo que é religiosamente pluralista e contencioso. Em quarto lugar, os pós-liberais avaliam até que ponto a cultura nos influencia? Existe uma interação dinâmica entre a cultura e o texto bíblico que põe em questão uma absorção unidirecional? Em quinto lugar, em vez do texto bíblico, a *igreja* acaba absorvendo o mundo e tornando-se a norma final?

Veja também Barthianismo; Modernismo e Pós-modernismo; Ortodoxia Radical.

Bibliografia. Frei, H., *The Eclipse of the Biblical Narrative: A Study of Eighteenth and Nineteenth Century Hermeneutics* (New

Haven: Yale University Press, 1974); idem, *The Identity of Jesus Christ* (Philadelphia: Fortress, 1975); LINDBECK, G., *The Nature of Doctrine: Religion and Theology in a Postliberal Age* (Philadelphia: Westminster, 1984); PHILLIPS, T. R. e OKHOLM, D. L., orgs., *The Nature of Confession: Evangelicals & Postliberals in Conversation* (Downers Grove: InterVarsity Press, 1996); VANHOOZER, K. J., *The Drama of Doctrine: A Canonical-Linguistic Approach to Christian Theology* (Louisville: Westminster John Knox, 2005).

D. Okholm

TEOLOGIA PROTESTANTE ASIÁTICA.

Veja TEOLOGIA ASIÁTICA; TEOLOGIA CHINESA; TEOLOGIA COREANA; TEOLOGIA JAPONESA.

TEOLOGIA PROTESTANTE NA AMÉRICA LATINA. *Veja* TEOLOGIA LATINO-AMERICANA PROTESTANTE.

TEOLOGIA REFORMADA

A teologia reformada é uma tradição histórica e teológica originária dos reformadores do século 16 Ulrich Zuínglio e João Calvino. O termo calvinismo é frequentemente usado como sinônimo de teologia reformada. Embora o calvinismo contenha o nome de seu fundador, a teologia reformada designa uma tendência teológica mais abrangente, que inclui as vozes históricas posteriores. O trabalho de descrever a teologia reformada inclui esclarecer onde ela difere de outras teologias, como da católica romana, da luterana ou da metodista, bem como estabelecer sua identidade teológica fundamental, que pertence a toda a igreja de Cristo. Os teólogos reformados insistem que toda a igreja de Cristo está fundada em uma confissão fundamental e que as igrejas reformadas compartilham essa fé confessional com outras tradições cristãs.

1. Identidade teológica fundamental
2. Pesquisa histórica
3. Variações da teologia reformada
4. Ênfase central da teologia reformada

1. Identidade teológica fundamental

A instituição de um corpo designado como a "santa igreja católica" do *Credo dos Apóstolos e "uma santa igreja católica e apostólica" do Credo Niceno era a tradição da igreja primitiva. Ao explicar as características da teologia reformada, a maioria dos teólogos reformados afirma a "santa igreja católica" de todas as igrejas cristãs. Ao introduzir algumas características da teologia reformada, João Leith chama-a de "uma teologia da santa igreja católica" (Leith, 96).

A teologia reformada pretende ser uma teologia católica, isto é, uma teologia para a igreja cristã. Todos os reformadores originais apelaram não apenas para as Escrituras, mas também para os teólogos da antiga igreja e para os primeiros concílios ecumênicos dos quatro séculos. A teologia reformada é católica em sua afirmação da doutrina da pessoa de Cristo, tal como formulada em Calcedônia, e a doutrina do Deus trino. É também católico em seu reconhecimento da autoridade de Agostinho, assim como de outros teólogos antigos. (Johnson e Leith, xx-xxi)

Historicamente, essa doutrina de um corpo significa que a teologia reformada é uma presença ativa na história da igreja. Os reformadores aceitaram as primeiras confissões da igreja sobre o Deus trino, isto é, o Credo dos Apóstolos, o Credo Niceno e o Credo Calcedoniano. Uma vez que esses credos explicam visivelmente a revelação de Deus em Jesus Cristo, todas as igrejas e crentes que os confessam são unidos pela fé fundamental em Deus revelada por Jesus Cristo. Os reformadores do século 16 e seus seguidores afirmam sistematicamente essa fé.

A afirmação de um corpo da igreja não se refere apenas à confissão, mas também à prática da igreja em sua configuração concreta. A igreja na terra permanece e cresce como uma "igreja militante" até a parúsia (volta) do Senhor. Durante o tempo entre hoje e o escaton (tempo do fim), a igreja esforça-se por manter pureza de doutrina e piedade de vida. Ao mesmo tempo, no entanto, todas as igrejas devem colocar em prática o amor e o perdão de um corpo. Calvino escreve sobre a corrupção doutrinária e moral da igreja de Corinto da seguinte maneira:

Não se tratava de erros leves, mas de delitos assustadores: havia corrupção não só de moral, mas de doutrina [...]. Ele [Paulo] os expulsa do Reino de Cristo? [...] Ele não só não faz nada do tipo; ele mesmo os reconhece e os declara serem a igreja de Cristo e a comunhão dos santos! [...] No entanto, a igreja permanece entre eles porque o ministério da

Palavra e dos sacramentos permanece sem ser repudiado lá. Quem, então, ousaria arrebatar o título de "igreja" daqueles que não podem ser acusados até mesmo de uma décima parte de tais delitos? (Calvino, 4.1.14)

2. Pesquisa histórica

A teologia reformada está de acordo com a tradição da *Reforma, que protestou contra os abusos da igreja Católica romana no século 16. No período do "cativeiro babilônico" da igreja católica medieval, Martinho Lutero proclamou a doutrina da *justificação pela fé sob os slogans de *sola Scriptura, sola fide* e *sola gratia* (somente as Escrituras, somente a fé e somente a graça). Assim como a Renascença foi um movimento para retornar à antiga era clássica, assim a Reforma de Lutero e Calvino foi, em certo sentido, uma tentativa de retornar à antiga igreja. Nesse contexto, os reformadores como Lutero e Calvino descobriram a teologia dos pais da igreja novamente, com a teologia da graça de Agostinho no centro. Tanto Lutero como Calvino aguardaram a oportunidade de voltar e reunir-se à igreja católica. Esse desejo de unidade torna injusta a acusação de sectarismo.

A Reforma de Lutero e Calvino deve ser diferenciada da *Reforma Radical dos anabatistas. Embora as *Institutas* de Calvino visassem principalmente as doutrinas enganosas da igreja católica, ele dedicou páginas consideráveis a diferenciar sua própria posição dos anabatistas. A Reforma radical procurou eliminar todos os vestígios da igreja católica, enfatizando a fé dos crentes individuais e rejeitando radicalmente a tradição da igreja. Assim Calvino e seus seguidores os assediaram. Lutero também criticou a radical Guerra dos camponeses e distanciou-se dos reformadores radicais. Contra a Reforma Radical, a Reforma de Lutero e Calvino é chamada de Reforma magistral.

Lutero e Calvino compartilham posições teológicas semelhantes em muitos aspectos. Teologicamente Calvino deveu muito a Lutero. Calvino, vinte e cinco anos mais novo que Lutero, estava em boa posição para colher os frutos da Reforma e construir seu próprio sistema. Pode-se dizer que Calvino realizou a Reforma que Lutero lançou, embora o impacto de Lutero sobre Calvino não possa ser exagerado.

Após o rompimento do encontro que buscava uma concordância entre luteranos e teólogos reformados, esses dois movimentos lutaram entre si em algumas áreas, mas trabalharam juntos em outras. No centro do debate entre os teólogos reformados e os teólogos luteranos estava a forma como o corpo de Cristo está presente na eucaristia (veja Ceia do Senhor). Enquanto os luteranos apoiavam a visão de Lutero, que afirma a presença real de Cristo "em, com e sob os elementos", os reformados sustentavam a presença espiritual de Cristo na eucaristia (isto é, que Cristo está presente pelo Espírito), como ensinado por Calvino.

Enquanto a teologia luterana continua a ter uma presença na Alemanha e na Escandinávia, teologia reformada tende a ser encontrado na Suíça, Holanda e Reino Unido. Teologia reformada no Reino Unido foi desenvolvida especialmente na Escócia, onde assumiu a forma da igreja presbiteriana. A teologia puritana foi uma forma proeminente de teologia reformada levada ao Novo Mundo pelos colonizadores da Nova Inglaterra no século 17. Os teólogos reformados holandeses levaram a teologia reformada para a África do Sul, colônia da Holanda no século 19, mas depois de ter sido associada à desonra do *apartheid*, ela perdeu considerável influência. No século 19, os missionários presbiterianos americanos levaram a teologia reformada para a Coréia do Sul, no extremo leste da Ásia, e uma teologia reformada presbiteriana passou a caracterizar muito do cristianismo coreano (veja Teologia Coreana).

John Hesselink, erudito holandês reformado, descreve a presente diversidade da teologia reformada:

Nos Estados Unidos, as igrejas reformadas/presbiterianas compõem o terceiro maior grupo protestante. Algumas das maiores denominações protestantes da Ásia, África e América Latina também são de origem reformada/presbiteriana. As igrejas protestantes mais importantes no México, Brasil, Coréia, Taiwan e Indonésia (para não mencionar a África do Sul, que recebeu o nome pela notoriedade indesejada) são todas reformadas/presbiterianas. As maiores congregações reformadas/presbiterianas do mundo hoje não estão mais em centros tradicionais como Genebra, Amsterdã,

Edimburgo ou Pittsburgh, mas em Nairóbi, Seul e São Paulo! (Hesselink, 7-8)

A teologia reformada também caracteriza muitos na igreja anglicana. O fundador da igreja metodista, John Wesley, que levantou o estandarte de reforma para a igreja anglicana, assumiu o arminianismo, que difere do calvinismo ou da teologia reformada em pontos importantes. Por trás da luta entre o calvinismo e o arminianismo está a controvérsia entre Agostinho e Pelágio sobre a doutrina da humanidade e da soteriologia. Enquanto Agostinho insistia em uma avaliação negativa das habilidades humanas e da necessidade absoluta da graça, Pelágio tinha uma visão mais positiva da natureza humana e apenas a relativa necessidade da graça. Uma maneira de resumir a teologia reformada tradicional foram os cinco pontos do calvinismo: depravação total, eleição incondicional, expiação limitada, graça irresistível e perseverança dos santos. Em contraste com estes, o arminianismo sustenta os seguintes cinco pontos: depravação parcial, eleição condicional, expiação universal, graça resistível e incerteza da perseverança dos santos. (Historicamente, esses cinco pontos dos chamados remonstrantes foram rejeitados pelo Sínodo de Dort, no século 16, que confirmou os cinco pontos do calvinismo.)

Ao contrário de Lutero, Calvino enfatizou o chamado terceiro uso da lei, como padrão para a vida cristã. Assim, a teologia reformada — ao contrário da teologia luterana, na qual a justificação pela fé é a doutrina central — coloca maior ênfase na santificação. Entretanto, devido a um mal-entendido das doutrinas da depravação total e da perseverança dos santos, alguns descendentes da teologia reformada começaram a enfatizar a justificação e não a santificação e pareciam fazer pouco esforço pela santificação. Esse fato levou à crítica da teologia reformada pelos teólogos metodistas. De acordo com essa crítica, ao contrário dos metodistas, os reformados não buscam a santificação porque não pensam que a santificação perfeita seja possível nesta vida.

Calvino tem sido chamado de teólogo do Espírito Santo. A posição reformada considera a Palavra de Deus e o Espírito Santo inseparáveis. Mas, na prática, a teologia reformada está mais inclinada a enfatizar a Palavra do que a experiência do Espírito Santo. Essa tendência da teologia reformada de ignorar o Espírito Santo foi trazida à tona pelo desafio do *pentecostalismo no século passado. Mesmo que a pneumatologia reformada seja biblicamente sólida e consistentemente desenvolvida, a acusação de impotência espiritual muitas vezes tem sido feita contra essa tradição.

Há duas abordagens que os teólogos reformados podem tomar para o surgimento do metodismo e do pentecostalismo — dois movimentos modernos, indiscutivelmente devedores do pensamento reformado. Em primeiro lugar, eles podem tomar a atitude de aprender com essas tradições ao destacarem fraquezas na teologia reformada. Segundo, podem argumentar que na teologia reformada já estão presentes as forças do metodismo e do pentecostalismo — isto é, uma compreensão bíblica da santificação e do Espírito Santo deve ser encontrada na tradição — ao mesmo tempo em que se esforça para desenvolver visões reformadas nessas áreas. É claro que essas duas formas não são mutuamente exclusivas. A maneira de ser herdeiros autênticos da teologia reformada, em todo caso, não é reproduzir mecanicamente as palavras dos teólogos reformados, mas reviver e representar a teologia reformada de maneira adequada ao contexto cultural de hoje.

3. Variações da teologia reformada

A teologia reformada lançou raízes e se desenvolveu em várias partes do mundo. Assim, não é fácil definir a teologia reformada de uma maneira geral. O termo teológico *reformado* pode, por exemplo, designar a teologia escocesa ou holandesa. Também pode se referir à teologia neo-ortodoxa, ou ao *barthianismo, no continente europeu. E pode descrever o cristianismo nos Estados Unidos, que se desenvolveu em várias direções. Na longa história da igreja, que começa na Europa e se difunde em diversas áreas e se desenvolve de forma distinta nessas culturas, a diversificação da teologia reformada nem sempre pode ser explicada em termos de suas origens na Europa e na América do Norte.

George Marsden divide os muitos significados de *reformado* em três grandes ênfases que floresceram no cenário cultural americano. Ele enumera essas correntes reformadas como "doutrinalistas", "culturalistas" e "pietistas". Como exemplo da igreja "doutrinalista", Marsden designa os presbiterianos ortodoxos, entre os quais ele foi criado. Nesta tradição, *reformado* significa aderência estrita à doutrina cristã contida nas Escrituras infalíveis e definida pelos padrões da Assembleia de Westminster. Essa tradição reformada enfatiza a lei de Deus como o princípio organizador central nas formulações de Westminster. Embora outros fatores práticos sejam importantes para a vida cristã nessa tradição, o teste operacional para o "reformado" é sempre doutrinário.

A tradição "cultural" reformada de Marsden é a ala progressista da Igreja Cristã Reformada conservadora. "Lá, um cristão 'reformado' é aquele que tem uma certa visão da relação do cristianismo com a cultura. Ele ou ela deve afirmar o senhorio de Cristo sobre toda a realidade, ver os princípios cristãos como aplicáveis a todas as áreas da vida e ver cada chamado como sagrado" (Marsden, 2). Embora a autoridade da Bíblia e os credos clássicos reformados também sejam importantes nessa tradição, o teste operacional é o apoio a escolas cristãs separadas, onde a visão "reformada" mundo-e-vida pode ser exemplificada e ensinada.

Marsden também passou algum tempo refletindo sobre as instituições do evangelicalismo americano tradicional, como a *Trinity Evangelical Divinity School* e o *Fuller Theological Seminary*, onde ele encontra ainda outro significado ser "reformado". Neste contexto, ser "reformado" deve ser entendido na estrutura de ser "evangélico". Como protótipos desse influente evangelicalismo interdenominacional, Marsden refere-se a Billy Graham, *Christianity Today*, InterVarsity Christian Fellowship, Wheaton College e afins, e seminários como Trinity, Fuller e Gordon-Conwell. Embora não seja de modo algum a única tradição nessa comunhão evangélica, a tradição teológica dominante é reformada. "Os testes operacionais para a comunhão entre os reformados nessas comunidades são os da mais ampla tradição americana evangélico-pietista — um certo estilo de ênfase na evangelização, devoções pessoais, costumes metodistas e abertura na expressão do compromisso evangélico" (Marsden, 3). Neste contexto, ser "reformado" significa encontrar na teologia reformada a expressão mais bíblica e mais saudável da piedade evangélica.

Compreender a teologia protegendo e apresentando a verdade bíblica, a teologia reformada da igreja coreana, de acordo com a classificação de Marsden, representa o elemento "doutrinalista", centrado na Confissão de Westminster. Essa tendência se deve ao fato de que a antiga igreja coreana foi estruturada principalmente pela tradição teológica associada com a "antiga Princeton". Ao mesmo tempo, entretanto, usando a *teologia sistemática* do teólogo reformado Louis Berkhof como o livro-texto, a maioria dos seminários ensina uma teologia reformada e uma cosmovisão em que a verdadeira espiritualidade deve ser personificada em cada parte da vida. É claro que a terceira ênfase "pietista" e centrada na igreja é muito forte na igreja coreana também.

4. Ênfase central da teologia reformada

A teologia reformada como uma expressão da fé cristã ortodoxa confessa e adora o Deus trino que criou o céu e a terra, e através da segunda Pessoa se encarnou como Jesus de Nazaré. Ela confessa que Deus não só é revelado através da criação, mas também, ao lado de uma ênfase no artigo de criação, enfatiza a revelação na Bíblia, que descreve a redenção da raça humana e todo o universo realizado em Jesus. Uma vez que a Bíblia contém todo o conhecimento necessário e suficiente sobre Deus para salvar os pecadores, acredita-se ser a palavra infalível de Deus, o critério final para a fé e a vida dos cristãos.

Com base nessas confissões básicas, a teologia reformada toma como fundamento as ênfases sobre (1) a autoridade das Escrituras em teologia, (2) teologia teocêntrica e (3) a teologia de uma visão de mundo completa e integrada. Estas três características não são isoladas umas das outras, mas são intimamente interdependentes. A vida piedosa de cada cristão toma seu sentido e direção dentro da estrutura de uma visão de mundo integrada e completamente bíblica. Somente quando um cristão reconhece a soberania de Deus sobre toda a criação pode ele ou ela alcançar tal cosmovisão.

4.1. A autoridade das Escrituras na teologia. A teologia reformada é sempre uma teologia conscientemente baseada nas Escrituras (veja Revelação e Escrituras). Ao debater a teologia da Igreja Católica Romana, o primeiro capítulo da teologia proclamada pelos reformadores era as Escrituras como a última autoridade em teologia. Escusado será dizer que Calvino foi um teólogo que fez seu trabalho teológico baseado na Bíblia como o fundamento último. Uma das características mais destacadas da teologia de Calvino é um método teológico sintético no qual ele integrou comentários da Bíblia, o arranjo sistemático da teologia e da pregação (veja Método Teológico). Para ele, toda teologia está sob a Palavra de Deus, e a teologia é finalmente uma ciência prática. O objeto do trabalho teológico não está em si mesmo, mas funciona como a chave para abrir a Bíblia. A teologia é a obra intelectual que serve à igreja. Os resultados primários das confissões devem ser compostos com base na Bíblia e não devem ser inventados ou fundamentados dogmaticamente. Assim, a teologia deve refletir o texto bíblico, e seu conteúdo deve descrever a resposta da igreja. A razão pela qual a Bíblia se torna a autoridade final na fé e na vida dos cristãos é que Deus é seu autor.

4.2. Teologia teocêntrica. De acordo com a tradição reformada, o tema central da teologia não é a situação dos seres humanos ou suas possibilidades, nem mesmo Jesus Cristo, mas *Deus, que é o Criador e que estava presente exclusivamente em Jesus Cristo. A teologia cristã tem a ver com o Deus trino, que é o insondável Criador de todas as coisas, que se deu a conhecer em Jesus Cristo e que, como Espírito Santo, é o Senhor e dador da vida que fala pelos profetas. O próprio cristianismo é, naturalmente, teocêntrico. De fato, porém, existem muitos sistemas teológicos que não são propriamente teocêntricos. A teologia reformada revela pouca paciência com espiritualidades do tipo "Jesusologia", como as que se veem, por exemplo, na hinologia sentimental e auto-orientada. Da mesma forma, tem tido pouca simpatia com os chamados movimentos carismáticos. "O caráter teocêntrico da fé reformada a põe contra toda ética de autorrealização, contra a preocupação excessiva com a salvação da própria alma, contra a preocupação excessiva com as questões de identidade pessoal" (Leith, 99). Embora a teologia reformada reconheça que outras heranças teológicas são também em certo sentido teocêntricas, ela procura expressar a majestade e a glória de Deus.

4.3. Teologia de uma cosmovisão integrada. A soberania de Deus, ou teologia teocêntrica, não se restringe apenas ao destino individual dos seres humanos. Em vez disso, a singularidade da teologia reformada é que ela deve ser entendida de forma mais ampla, abrangendo todo o cosmo. A visão da teologia reformada exige uma aplicação ampla e majestosa.

Como diz Hesselink:

De seu poderoso conceito de um Deus soberano cuja vontade determina o destino de homens e nações à visão da glória de Deus manifesta e reconhecida em todos os cantos da terra, o calvinismo é uma fé do projeto grandioso. Em contraste com a busca do luteranismo por um Deus gracioso, com a preocupação do pietismo com o bem-estar da alma do indivíduo e com a meta de santidade pessoal do wesleyanismo, a preocupação última na tradição reformada transcende o indivíduo e sua salvação. Ela também vai além da igreja, o corpo de Cristo. A preocupação é com a realização da vontade de Deus também nos reinos mais amplos do estado e da cultura, na natureza e no cosmo. Em resumo, a teologia reformada é a teologia do reino. (Hesselink, 108-9)

Entendendo que toda criação é um teatro para a glória de Deus, Calvino estendeu o escopo de sua teologia e ministério a todas as áreas da vida. Em Genebra, ele era um pastor que pregava, um professor que ensinava, assim como um administrador com supervisão. Ele também produziu sua teologia para apoiar a economia, a sociedade e até mesmo o intercâmbio internacional e o comércio. "O mundo é sua paróquia; nenhum aspecto da vida lhe era estranho" (Hesselink, 109). Nas Conferências de Pedra, ministradas no seminário de Princeton em 1898, Abraham Kuyper, líder do movimento neocalvinista, não discutiu doutrinas tradicionais, mas considerou o calvinismo e a política, o calvinismo e a ciência, o calvinismo e a arte, o calvinismo e o futuro. Sua questão fundamental era se a religião se limitava apenas aos setores pessoal e privado da vida. "Uma vida e um mundo, uma visão da soberania de Deus e do senhorio de Jesus Cristo se manifestam em todas as esferas da vida, uma teologia do reino de Deus que transcende o tempo e o espaço — esse é o grande projeto da teologia reformada no seu melhor" (Hesselink, 111). Essa visão reformada assume muitas formas, mas um motivo subjaz a todos: "a glória de Deus".

Veja também BARTHIANISMO; REFORMA; TEOLOGIA EVANGÉLICA; TEOLOGIA LUTERANA.

BIBLIOGRAFIA. BERKHOF, L., *Systematic Theology* (Grand Rapids: Eerdmans, 1996) [edição em português: *Teologia Sistemática* (Campinas: Luz para o Caminho, 1990)]; CALVIN, J., *Institutes of the Christian Religion*, McNeill, J. T., org. (Philadelphia: John Knox, 1960) [edição em português: *As Institutas* (São Paulo: Cultura Cristã: 2006) 4 vols.]; CHRISTIAN REFORMED CHURCH, *What It Means to Be Reformed: An Identity Statement* (Faith Alive Christian Resources, 2002); HESSELINK, I. J., *On Being Reformed: Distinctive Characteristics and Common Misunderstandings* (New York: Reformed Church Press, 1988); JOHNSON, W. S. e LEITH, J. H., orgs., *Reformed Reader: A Sourcebook in Christian Theology, 1* (Louisville: Westminster John Knox, 1993); LEITH, J. H., *Introduction to the Reformed Tradition* (Atlanta: John Knox, 1977); KUYPER, A., *Lectures on Calvinism* (Grand Rapids: Eerdmans, 1953 [1898]); MARSDEN, G. M., "Introduction: Reformed and American", in: *Reformed Theology in America: A History of Modern Development*, Wells, D. F., org. (Grand Rapids: Baker, 1997) 1-14; MCKIM, D. K., org., *Encyclopedia of the Reformed Faith* (Louisville: Westminster John Knox, 1992); idem, org., *The Westminster Handbook of Reformed Theology* (Louisville: Westminster John Knox, 2001); MOUW, R. J., *Calvinism in the Las Vegas Airport* (Grand Rapids: Zondervan, 2004).

C. H. Park

TEOLOGIA SINO-CRISTÃ. *Veja* TEOLOGIA CHINESA.

TEOLOGIA SISTEMÁTICA

A teologia sistemática é uma articulação racionalmente ordenada, abrangente e coerente das crenças cristãs. Para ir além dessa definição simples, entretanto, encontramos rapidamente um número de perguntas importantes que este artigo procurará abordar.

1. A teologia sistemática no aspecto clássico
2. A teologia sistemática da perspectiva contextual
3. A teologia sistemática da perspectiva eclesiástica

1. A teologia sistemática no aspecto clássico

1.1. Relacionamento com a teologia bíblica e a teologia histórica. Enquanto a teologia sistemática toma emprestado das formas de pensamento contemporâneas e procura articular a teologia para hoje, a *teologia bíblica permanece dentro do mundo bíblico usando a linguagem, os conceitos e as estruturas de pensamento da Bíblia. A teologia histórica explora como os outros articularam a fé no passado. A melhor teologia sistemática, no entanto, está enraizada na Bíblia e na tradição cristã e, portanto, está em conversa com teólogos bíblicos e históricos.

1.2. Origens da teologia sistemática. Houve pouca ou nenhuma tentativa nos primeiros dois séculos da igreja para escrever explicações ordenadas e completas das crenças cristãs. Orígenes, no terceiro século, foi o primeiro a fazer esse tipo de trabalho. Embora alguns escrevessem obras semelhantes, até o século 13 a maioria dos escritos teológicos centrou-se numa doutrina particular. A teologia sistemática, tal como a conhecemos, nasceu e floresceu na era da escolástica medieval com o trabalho de teólogos como Tomás de Aquino.

1.3. Questões metodológicas. Não existe uma abordagem universalmente aceita para a teologia sistemática. Os parágrafos seguintes descrevem as decisões-chave que os teólogos tomam enquanto constroem uma teologia sistemática.

1.3.1. Fundamento: Revelação vs. Razão. A *revelação de Deus, aceita pela fé, serve de fundamento para algumas teologias sistemáticas. Outros procuram construir seus sistemas teológicos em argumentos racionais independentes da revelação ou da fé, por exemplo, argumentos filosóficos que provam a existência de um Deus. Alguns têm procurado combinar as duas fundações através de primeiro argumentar para a historicidade e racionalidade da Bíblia. Em parte, trata-se de uma questão de audiência. Aqueles cujo fundamento é a razão buscam ser inteligíveis e persuasivos para os que não têm fé.

1.3.2. Respeitabilidade e inteligibilidade vs. integridade. Tornar-se demasiado coerente e aceitável com a racionalidade contemporânea pode conduzir à perda da integridade de uma teologia, seja, por exemplo, tornando-se demasiado grega no caso de Orígenes ou também em linha com as sensibilidades modernas como no caso de teologia liberal. Sempre teremos tensão entre inteligibilidade e integridade, porque devemos usar as formas de pensamento contemporâneas para nos comunicar. Somente as boas intenções não são a proteção suficiente para serem excessivamente influenciadas pelas formas de pensamento contemporâneas. Por exemplo, no século 20, teólogos fundamentalistas e evangélicos criticaram a falta de integridade na teologia liberal. No entanto, como os liberais, eles usaram um fundamento racional moderno na tentativa de ser persuasivos e inteligíveis. Infelizmente, enquadrar a teologia como fatos e proposições teve a consequência de, por vezes, mudar e distorcer o caráter da teologia.

1.3.3. Intemporal e universal versus contextual. Uma resposta à seção anterior pode ser a de defender menos contextualidade. Na verdade, o que é necessário é contextualizar mais intencionalmente, de modo que uma teologia sistemática reflita não só a conexão com a aceitabilidade com a cultura, mas também comunique maneiras pelas quais a cultura esteja em tensão e desafiada pelo evangelho. Toda a teologia, mesmo que percebida pelo escritor como intemporal e acima da cultura, é influenciada pelo seu contexto. É muito melhor ser autoconsciente dessa influência.

1.3.4. Relação com a Bíblia. Todas as teologias sistemáticas são semelhantes no fato de ser construtivas e ir além do texto bíblico, mas exibem diversidade no uso da Bíblia. Uma abordagem, às vezes chamada de teologia filosófica, explora temas teológicos sem usar a Bíblia. Alguns teólogos sistemáticos podem ser culpados de montar provas — procurar textos bíblicos de apoio depois de já terem formulado a doutrina. Um mau uso mais comum da Bíblia tem sido compreendê-la contendo esparsas proposições teológicas aguardando que um teólogo sistemático as coloque em ordem. Um uso mais apropriado da Bíblia na teologia sistemática é seguir o exemplo de — e interagir com o trabalho de — teólogos bíblicos que olham para o contexto mais amplo e envolvem os próprios autores bíblicos como teólogos.

1.3.5. Ordem. Existem fortes semelhanças na estrutura das teologias sistemáticas. Por exemplo, as doutrinas de Deus e da criação muitas vezes vêm antes numa obra teológica, e a eclesiologia e a escatologia costumam chegar no fim. No entanto, não há uma ordem padrão. Os teólogos colocam doutrinas em lugares específicos para tratar pontos específicos e para moldar a maneira como o todo é compreendido. Por exemplo, a maioria coloca sua discussão de *pecado, o problema, antes de *cristologia, a solução. Karl Barth, no entanto, coloca a discussão sobre o pecado dentro de sua seção sobre a cristologia. Por meio disso, entre outras coisas, ele enfatiza que só entendemos completamente o pecado ao olhar para aquele sem pecado e como os seres humanos o crucificaram. Outro exemplo é o começo de C. Norman Kraus de sua teologia sistemática com a cristologia para enfatizar a centralidade de Jesus Cristo e para ver todas as outras doutrinas através da lente dessa discussão.

1.3.6. Grau de sistematização. Ser sistemático é ser coerente. Uma doutrina não deve contradizer outra. Entretanto, muita sistematização diminui a capacidade da teologia de comunicar a verdade sobre Deus. O Deus vivo não pode ser contido ou totalmente explicado por nossas afirmações lógicas. Portanto, um grau de mistério, provisório e até mesmo alguma aparente contradição podem ser elementos apropriados e positivos numa teologia sistemática cristã. A própria coerência é avaliada diferentemente em abordagens diferentes. Uma teologia usando lógica proposicional avalia declarações de acordo com sua consistência lógica com as premissas de outras proposições. Uma teologia usando a lógica narrativa avalia declarações pelas formas como estas se coadunam com o padrão da narrativa.

1.4. Desafios e oportunidades hoje.

Qualquer época apresenta aos teólogos desafios e oportunidades. À medida que o otimismo e a confiança da moderna abordagem científica do conhecimento desmorona, os teólogos enfrentam o desafio de fazer reivindicações de verdade num mundo inseguro de como definir e avaliar a verdade. Os teólogos de hoje também têm a oportunidade de abordar a teologia sistemática a partir de outros paradigmas além do positivismo lógico da modernidade. A seção seguinte do artigo irá explorar como os teólogos sistemáticos podem aproveitar essa oportunidade e intencionalmente enraizar sua teologia em contextos específicos de *missão como fizeram os escritores bíblicos e teólogos cristãos primitivos.

M. D. Baker

2. A teologia sistemática da perspectiva contextual

As teologias sistemáticas muitas vezes dão a impressão de universalidade, não de particularidade e condicionamento cultural. Mas, na realidade, essas teologias refletem elementos contextuais ou culturais. Elas são contextuais porque surgem para atender necessidades específicas, bem como abordar questões específicas, problemas e preocupações de um público em particular. Visto dessa maneira, ser contextual significa envolver teologicamente o meio: onde a história de Deus, do mundo, encontra nossas grandes e pequenas histórias num determinado momento e lugar. Ela pede um genuíno dar e receber com a própria cultura para discernir que forma da Palavra é apropriada para um determinado tempo e lugar.

Mais precisamente, todas as formulações doutrinárias podem ser consideradas historicamente relativas de pelo menos quatro maneiras: Elas são condicionadas (1) pelas pressuposições em ação na igreja e na sociedade; (2) pelas questões e preocupações que procuram abordar; (3) pelos padrões de pensamento utilizados; e (4) pelo vocabulário disponível na cultura em que são compostas. Por exemplo, quando as culturas euro-americanas enfatizam a que o que deve ser dito deve ser dito de forma tão direta e racional e tão clara quanto possível, elas estão falando de um estilo de comunicação que tipifica grande parte das expressões doutrinárias ocidentais. Para outras culturas de orientação relacional, como as asiáticas, onde predominam modos de comunicação indiretos e não diretos, prefere-se o diálogo e o simbólico como expressões doutrinárias mais eficazes. A relação de contexto e o condicionamento cultural apontam assim para diferenças regionais em expressões e preocupações teológicas. Melhor, eles geram uma pluralidade de articulações doutrinárias em uma igreja verdadeiramente global.

2.1. A necessidade de diálogo na construção teológica.

Afirmar a contextualidade não é, no entanto, rejeitar a reflexão teológica sistemática. Poder-se-ia até dizer que o gênero ocidental de teologia sistemática (como articulações compreensivas e lógicas de crenças) permanece válido em contextos não ocidentais, mas precisa ser reconfigurado para estar em harmonia com as realidades culturais, assim como o etos da igreja nessas outras regiões. Por exemplo, as sensibilidades religiosas asiáticas (populares) anseiam por abrangência e harmonia, e estas se tornam difíceis de conciliar com a compartimentação teológica integral às articulações ocidentais. A reflexão sistemática, então, não deve estar ligada a algum arcabouço filosófico ou teológico ocidental; pelo contrário, deve nascer do envolvimento de temas-chave na fé cristã que surgem de um diálogo entre a Bíblia (texto) e a vida (contexto) para dar testemunho do projeto de Deus no mundo.

Na melhor das hipóteses, os teólogos dos países em desenvolvimento devem manter uma relação dialógica com as igrejas ocidentais, suas declarações de credo e seus teólogos importantes, a fim de alcançar maior profundidade, bem como a universalidade. No entanto, tal como está, a maior necessidade dos países em desenvolvimento continua sendo um encontro cultural direto com o evangelho. Isso exige uma articulação teológica local que não dependa das lentes hermenêuticas e teológicas das teologias ocidentais. O objetivo deve ser a articulação local da verdade cristã através de olhos asiáticos, africanos ou latino-americanos.

2.2. Repensando a sistemática.

Sugerir que a teologia sistemática deva ser contextual e contudo bíblica apela para duas exegeses da Bíblia e da cultura para o reino de Deus em Cristo. Devem-se também levar em conta os desenvolvimentos e recursos mais recentes da igreja mundial. A sensibilidade da igreja a novos contextos e desenvolvimentos teológicos continua vital como forma de responder ao chamado do Espírito para continuar a missão de Jesus em todo o mundo.

Em outras palavras, a teologia sistemática deve servir à igreja na missão. Cristo é o elemento especial da fé cristã, e avançar o reino de Deus em Cristo qualifica a natureza da igreja, bem como a teologia cristã. Portanto, a igreja é mais do que um grupo de crentes. Trata-se da vida na proximidade do reino de Deus e da experiência e prática da *justiça e retidão desse reino. Vista dessa maneira, a teologia cristã não pode ser simplesmente congregacional ou teologia da igreja. Deve também envolver a vida cultural e pública em função do reino vindouro.

Além disso, uma sistemática renovada exibiria integridade bíblica que vai além do estilo de uma sistemática de provas. Por exemplo, há desenvolvimentos mais recentes nos estudos bíblicos sobre o Jesus histórico (e.g., N. T. Wright) que ainda não impactaram a construção teológica sistemática. O mesmo é verdade com o reconhecimento da grande variedade de formas nas Escrituras. A grande variedade de formas das Escrituras (contos, provérbios, história, poesia, evangelho) desafia a dominância de modelos proposicionais e de provas de ordenar crenças cristãs. Mais positivamente, repensar envolve um retorno à estrutura narrativa da fé bíblica e recuperar o caráter polifônico e multifacetado da Bíblia como palavra de Deus (veja Teologia Narrativa).

A partir de um engajamento conscientemente contextual, abordagens emergentes para a teologia sistemática dos países em desenvolvimento procuram extrair das línguas nativas uma nova sintaxe teológica e vocabulário para perceber a verdade cristã. O texto original filipino da Oração do Pai-Nosso, por exemplo, revela como a fé bíblica tem sido expressa e apropriada nos aspectos filipinos da cultura. Também mostra o potencial da linguagem comum de se tornar um repositório de palavras teológicas. Assim, de uma perspectiva global, temas culturais como *mañana* (hispânico) e *loob* (filipino) ou a teologia reconfigurada como *shinhak* (chinês) tornam-se críticos para uma releitura da Bíblia sem dependência total das lentes teológicas ocidentais. Outros teólogos transmitem essa novidade ao sublinhar a importância de desenvolver declarações de fé contextualizadas (e.g., o Credo dos Apóstolos na língua tailandesa, um Credo Africano) ou explicando o significado de Jesus Cristo na região em particular. Interessantes contrapontos euro-americanos a esses desenvolvimentos seriam construções teológicas sistemáticas feitas dentro de uma tradição particular confessional (e.g., pentecostal), mas buscando tornar-se verdadeiramente uma teologia intercultural (global e multicultural) (Yong). Pode-se dizer que Jürgen Moltmann foi um precursor nesse campo. Outra abordagem mais tradicional seria concentrar-se em tópicos doutrinários específicos relevantes para atrair modernidade/modernidade tardia: temas como *Trindade, *criação e *pecado, *revelação e Escrituras, Jesus Cristo (veja Cristologia) e *salvação, ser humano (veja Antropologia Teológica), Espírito Santo (veja Pneumatologia), *escatologia (Ford e Muers).

Em um grande estudo recente que focaliza as constantes teológicas na missão da igreja ao longo dos séculos, seis temas foram citados como cruciais: Jesus Cristo, a igreja, o futuro, a salvação, a natureza humana e a cultura humana (Bevans e Schroeder). Como essas constantes são vistas e valorizadas refletem o modo como a igreja irá pregar, servir e testemunhar o reino de Deus em diferentes contextos. A lista de tópicos reais é sugestiva para fazer sistemática a partir de uma perspectiva missional, global. Curiosamente, a igreja e a cultura humana se tornam importantes agendas teológicas cruciais para a reflexão sistemática em auxílio do contínuo testemunho da igreja para Cristo.

T. D. Gener

3. A teologia sistemática da perspectiva eclesiástica

3.1. O que é sistemático na teologia sistemática? O que torna "sistemática" a teologia sistemática? Levo a sério a tese de Wolfhart Pannenberg de que a proclamação e o testemunho da igreja assumem uma mensagem coerente (Pannenberg, 19). A teologia, portanto, busca a expressão sistemática, em vez de cair em um amontoado inconsistente de ideias, porque procura discernir a compatibilidade das diversas vozes das Escrituras em seu testemunho do único evangelho. A teologia também discerne o testemunho dessa compatibilidade na doutrina histórica e na vida da igreja. No entanto, uma vez que o único evangelho é discernido por uma fé parcial e incerta (1Co 13.9-12) e expresso por muitas vozes de diversos contextos, ele deve qualificar sua direção sistemática como algo reconhecidamente limitado, aberto, incompleto e que está em diálogo com outras perspectivas.

3.2. A teologia sistemática é abrangente? À luz das ideias acima, voltemos a olhar para a definição de Baker de teologia sistemática como uma "articulação racionalmente ordenada, abrangente e coerente das crenças cristãs". Já observamos que a teologia sistemática é ordenada e coerente. O problema espinhoso é se a teologia sistemática é abrangente. Baker adverte contra a sistematização, mas o problema crítico da abrangência na teologia sistemática ainda precisa ser abordado. Mesmo que se possa argumentar que a mensagem da Bíblia é abrangente, dificilmente se pode afirmar que apreende plenamente sua totalidade no tempo presente do conhecimento parcial. Estranhamente, ao descrever seu projeto teológico, Moltmann aceita o *adjetivo* "sistemático" para sua teologia, mas rejeita o *substantivo* "sistema". Oculto por trás dessa rejeição está o medo barthiano de que qualquer esforço para construir um sistema "abrangente" atraia alguém para um centro ideológico do qual possa-se ligar todos os pontos e amarrar todas as pontas soltas. Moltmann observa que um sistema não convida ao diálogo nem inspira o pensamento crítico entre os leitores (Moltmann, xi-xii). Essa cautela é especialmente relevante quando se considera o pressuposto de Pannenberg de que a teologia sistemática também busca a coerência com respeito à verdade implícita em todas as outras disciplinas de investigação, uma meta surpreendente se a teologia for formar um sistema abrangente. Como Cornel West observou, os dias de "síntese por atacado" acabaram dada a complexidade e pluralidade tanto dos conhecimentos como dos métodos de investigação de nosso tempo. A teologia sistemática "não pode mais aspirar de maneira séria a ser o tribunal ante o qual outros campos devem comparecer" (West, 277). A verdade da teologia se relaciona com toda a vida e, portanto, dialoga com outras disciplinas, mas com a mesma abertura e incompletude mencionadas acima. Pode-se perguntar se tal é possível se a teologia sistemática tem o ambicioso objetivo de construir um sistema abrangente. Aqueles que insistem em sistemas abertos podem expor uma proposta mais modesta e realista.

3.3. A igreja como contexto para a teologia sistemática. O evangelho das Escrituras pertence ao testemunho de toda a igreja. A teologia sistemática não é, portanto, individualista, mas tem a igreja como seu endereço residencial. A volta à igreja foi começada por Barth, que mudou sua Dogmática do *cristão* para a Dogmática da *igreja* a fim argumentar que a teologia guia a proclamação e o testemunho da igreja. Como parte da virada pós-moderna para a comunidade, George Lindbeck argumentou que a teologia não é a ordenação de proposições abstratas (fundamentalistas), nem a decifração de símbolos bíblicos para chegar a uma experiência amorfa (liberal). Em vez disso, a teologia funciona dentro da igreja como uma interpretação construída social e linguisticamente da fé que é guiada pela "gramática" doutrinária. Os enunciados teológicos são intrassistemicamente "verdadeiros" quando se coadunam não só com outras expressões, mas também com "as formas correlatas de vida" na igreja.

Se a teologia deve dialogar com integridade com a cultura externa, a igreja deve estar ancorada na verdade. Por essa razão, Reinhard Hutter não está satisfeito com a visão funcional da teologia como construção sociolinguística da igreja. Ele mergulha mais fundo do que a igreja e olha para o Espírito que constitui a igreja. Ele desloca o foco para a igreja transformada em suas práticas fundamentais pelo Espírito. A igreja é o lócus fundamental da atividade salvífica de Deus, que é o que a ancora na verdade.

Hutter ancorou adequadamente a igreja na verdade? O que parece necessário para ancorar a igreja na verdade não é apenas o Espírito, mas também a Palavra. Para Kevin Vanhoozer, o lugar da atividade salvadora de Deus tem sua base no cânon bíblico e não fundamentalmente na igreja. A igreja participa dessa atividade salvadora enquanto realiza a mensagem de seu cânon através de sua vida e missão pneumatologicamente inspiradas. A teologia para Vanhoozer procura discernir como os vários "mapas" das Escrituras "se encaixam" ou são compatíveis com sua orientação para o único evangelho de Jesus Cristo. Por causa do testemunho canônico, a teologia não é feita apenas com olhos latinos ou asiáticos (Gener), mas com os olhos da *igreja* latina ou asiática, moldada fundamentalmente pelas Escrituras e em diálogo crítico (embora construtivo) com suas culturas.

3.4. Conclusão. Em vez de coerência "lógica" da verdade ou mesmo, principalmente, coerência "ordenada racionalmente" (Baker), talvez devêssemos falar de teologia sistemática como buscando discernir e elaborar uma verdade coerente *sugerida pelos próprios textos bíblicos em seu diverso testemunho de um único evangelho, uma coerência implícita também pelo Espírito na doutrina, vida e missão da igreja.* As propostas sistemáticas do teólogo são constantemente testadas pelo testemunho das Escrituras e em diálogo com uma pluralidade de outras propostas que buscam testar-se pelo mesmo tribunal canônico. Afinal, embora a fé seja diversamente expressa, ela busca uma unidade fundamental em Cristo no meio de sua diversidade.

F. D. Macchia

Veja também CONTEXTUALIZAÇÃO; DOGMA; DOUTRINA; MÉTODO TEOLÓGICO; TEOLOGIA CIENTÍFICA.

BIBLIOGRAFIA. BEVANS, S. B. e SCHROEDER, R., *Constants in Context: A Theology of Mission for Today* (Maryknoll: Orbis, 2004); BRANSON, M. L. e PADILLA, C. R., orgs., *Conflict and Context: Hermeneutics in the Americas* (Grand Rapids: Eerdmans, 1986); DAVIS, J. R., *Poles Apart: Contextualizing the Gospel* (Bangkok: OMF Publishers; Bangalore: Theological Book Trust, 1993); FACKRE, G., *The Christian Story: A Narrative Interpretation of Basic Christian Doctrine* (3. ed.; Grand Rapids: Eerdmans, 1996); FORD, D. com MUERS, R., *The Modern Theologians: An Introduction to Christian Theology Since 1918* (3. ed.; Oxford: Blackwell, 2005); GONZÁLEZ, J. L., *Mañana:* *Christian Theology from a Hispanic Perspective* (Nashville: Abingdon, 1990); GUNTON, C. E., "Historical and Systematic Theology", in: *The Cambridge Companion to Christian Doctrine*, Gunton, C. E., org. (Cambridge: Cambridge University Press, 1997) 3-20; HALL, D. J., *Thinking the Faith: Christian Theology in a North American Context* (Minneapolis: Fortress, 1991); HÜTTER, R., *Suffering Divine Things: Theology as Church Practice* (Grand Rapids: Eerdmans, 1999); KRAUS, C. N., *God Our Savior: Theology in a Christological Mode* (Scottdale: Herald Press, 1991); LINDBECK, G., *The Nature of Doctrine: Religion and Theology in a Postliberal Age* (Louisville: Westminster/John Knox, 1984); DE MESA, J., "How Does Context Impinge on Truth?", in: *Fundamentalism and Pluralism in the Church*, Gonzalez, D. T., org. (Manila: DAKATEO, De La Salle University Press, 2004) 29-49; idem, *The Prayer Our Lord Taught Us* (San Juan, Metro Manila: CCCM, 2005); MIGLIORE, D., *Faith Seeking Understanding: An Introduction to Christian Theology* (2. ed.; Grand Rapids: Eerdmans, 2004); MOLTMANN, J., *The Trinity and the Kingdom: The Doctrine of God* (New York: Harper & Row, 1988); idem, *Experiences in Theology: Ways and Forms of Christian Theology* (Minneapolis: Fortress, 2000); MOONJANG, L., "Identifying an Asian Theology: A Methodological Quest", *AJT* 13:2 (2002) 31-39; idem, "Reconfiguring Western Theology in Asia", *Trinity Theological Journal* 10 (2002) 31-39; NEWMAN, C. C., org., *Jesus and the Restoration of Israel: A Critical Assessment of N.T. Wright's Jesus and the Victory of God* (Downers Grove: Inter Varsity Press, 1999); PANNENBERG, W., *Systematic Theology, 1* (Grand Rapids: Eerdmans, 1988) [edição em português: *Teologia Sistemática* (São Paulo: Paulus, 2016)]; REIMER, A. J., "Biblical and Systematic Theology as Functional Specialties: Their Distinction and Relation", in: *So Wide a Sea: Essays on Biblical and Systematic Theology*, Ollenburger, B. C., org. (Elkhart: Institute of Mennonite Studies, 1991) 37-58; SUMITHRA, S., *Holy Father: A Doxological Approach to Systematic Theology* (Bangalore: Theological Book Trust, 1993); VANHOOZER, K. J., *The Drama of Doctrine: A Canonical Linguistic Approach to Christian Theology* (Louisville: Westminster/

John Knox, 2005) [edição em português: *O Drama da Doutrina* (São Paulo: Vida Nova, 2016)]; idem, "Lost in Interpretation? Truth, Scripture, and Hermeneutics", *JETS* 48:1 (March 2005) 89-114; WEST, C., "The Crisis in Theological Education", in: *Prophetic Fragments: Illuminations in the Crisis in American Religion and Culture* (Grand Rapids: Eerdmans, 1988) 273-80; YONG, A., *The Spirit Poured Out on All Flesh: Pentecostalism and the Possibility of a Global Theology* (Grand Rapids: Baker Academic, 2005).

M. D. Baker, T. D. Gener e F. D. Macchia

TEOLOGIA SUL-AFRICANA
A teologia sul-africana, como a teologia cristã em outras partes do mundo, recebeu seus contornos de suas circunstâncias e contexto históricos particulares. Estes têm a ver com a implantação do cristianismo na África meridional em relação ao colonialismo europeu, com resistência cultural e política africanas, e o surgimento de uma sociedade democrática multiétnica.

O cristianismo chegou à região em grande parte como resultado da expansão colonial e missionária europeia. Isso introduziu as principais tradições e confissões cristãs num contexto enraizado na religião e na espiritualidade tradicionais africanas. A interação entre elas acabou levando a teologias incipientes que agora encontramos expressas nas igrejas e movimentos autóctones africanos (veja Igrejas Originadas na África). No entanto, dentro das missões e denominações principais, a teologia permaneceu amplamente importada, refletindo distinções confessionais e ecoando debates europeus (veja Teologia Europeia). No entanto, no amálgama produzido pela interação das forças sociais, políticas e religiosas locais e globais, as teologias claramente sul-africanas surgiram na segunda metade do século 20 durante a luta contra o *apartheid*. Estes refletiram tendências mais progressistas e ecumênicas em outros lugares em que as questões de fé e *justiça foram cada vez mais integradas. Demonstrando o caráter público da teologia e as consequências éticas dos focos doutrinários, essas teologias estão agora sendo remodeladas em novas constelações, em resposta aos desafios, tanto locais quanto globais, da reconstrução democrática.

1. Teologias da luta
2. Teologias pós-apartheid

1. Teologias da luta
Durante a luta contra o *apartheid* (1948-1990), fazer teologia tornou-se uma necessidade fundamental para a existência e o testemunho cristão. Isso se expressou em relatórios de grupos de discussão, relatórios sinodais, submissões a magistrados e juízes, cartas a ministros do governo e mais confissões formais de fé. Por sua vez, esta foi a matéria-prima para aqueles que procuravam fazer a teologia de uma forma mais sistemática e acadêmica, relacionando questões contextuais tanto com o legado da tradição cristã como com os debates políticos e ecumênicos contemporâneos. Significava também que fazer teologia tornou-se inescapavelmente interdisciplinar, montando não só as disciplinas teológicas, mas também as ciências sociais e históricas. O caráter explicitamente contextual de tal teologia tornou-se uma de suas características, como demonstram os vários tipos de teologia antiapartheid.

1.1. Teologia africana. Na era pós-independência (1960-1994) emergiram teologias africanas na África subsaariana, onde o cristianismo foi reconcebido em diálogo com a religião autóctone africana. Essa teologia teve seus expoentes na África do Sul, mas sua ênfase no papel da cultura tradicional na teologia foi comprometida na medida em que a cultura se tornou uma ferramenta ideológica do *apartheid*. No entanto, particularmente no âmbito do movimento da igreja iniciado na África, a teologia africana como uma voz subalterna cresceu gradualmente em significado como uma força contracultural e religiosa para o *apartheid* e seus fundamentos teológicos.

1.2. Teologia confessante. A teologia confessante (distinta de confessional), inspirada pela luta da igreja na Alemanha nazista, encontrou expressão em uma série de confissões de fé anti-apartheid começando com a *Mensagem ao Povo da África do Sul* (1968) e terminando com a *Confissão de Fé de Belhar* adotada pela Igreja da Missão Reformada Holandesa em 1986. Reagindo às teologias que deram crédito e legitimação ao *apartheid*, a teologia confessante atacou a defesa teológica do *apartheid* como uma *heresia. Ao fazê-lo, as teologias confessantes restabeleceram os loci confessionais de uma forma tanto contextual como libertadora, e demonstraram a conexão entre fazer teologia e engajar a realidade social e, portanto, entre a eclesiologia e a ética dentro do contexto sul-africano.

1.3. Teologia negra. Inspirados pelo movimento Consciência negra na África do Sul e seus homólogos norte-americanos, os antecedentes da teologia negra podem ser rastreados até o protesto africano anterior contra a hegemonia europeia. A teologia negra cumpriu um papel crítico e empoderador para os cristãos negros tanto dentro da igreja como na sociedade em geral. Mas as divisões ideológicas começaram a surgir na década de 1980, refletindo as divisões das lutas por libertação. Os teólogos negros que se identificaram mais com o não racialismo do Congresso Nacional Africano ultrapassaram os parâmetros da Consciência Negra e se engajaram no que ficou conhecido como teologia profética. Outros continuaram a desenvolver a teologia negra, tanto como uma crítica ao racismo e exploração econômica, e como um meio de capacitar as pessoas em reivindicar sua herança cultural.

1.4. Teologia das mulheres. A teologia feminina, termo que englobava tanto as teólogas negras como as brancas, influenciadas por teologias *feministas, atraiu grande parte de sua inspiração e percepção de outras partes, mas desenvolveu um caráter distintamente sul-africano relacionado especialmente ao status inferior dado às mulheres negras na sociedade sul-africana. As mulheres negras suportaram o peso de muita legislação e prática do *apartheid*, mas muitas também estavam na vanguarda da luta da libertação e uma força significativa dentro de muitas igrejas. A teologia das mulheres foi uma reflexão sobre essa práxis e a necessidade de capacitar as mulheres na igreja e na sociedade.

1.5. Teologia profética. Embora todas as teologias anti-apartheid tivessem uma vantagem profética, o que se tornou conhecido especificamente como "teologia profética" se desenvolveu em relação à publicação do *Documento Kairos* (1985). Isso se tornou um ponto de reunião progressista cristã durante os últimos anos da luta do *apartheid*. Rejeitando tanto as teologias do *apartheid* como as "teologias da igreja" que buscavam a reconciliação dentro das estruturas do *apartheid*, a teologia profética exigia uma rejeição mais decisiva do *apartheid* em todas as suas formas e enfatizava a justiça como base para a futura reconciliação. Isso antecipou o a preocupação pós-apartheid de promover a reconciliação através do restabelecimento da justiça.

2. Teologias pós-apartheid

Os tipos de teologia identificados na luta contra o *apartheid* continuam a encontrar expressão na era pós-apartheid, não menos porque o legado do *apartheid* persiste. Ao mesmo tempo, novos desafios estão remodelando seu caráter. O surgimento de uma forma distintamente sul-africana de transformação democrática secular dentro de um contexto multicultural e religiosamente plural, e a reconexão da África do Sul com o resto da África e uma sociedade global em rápida mutação fornece o pano de fundo para a reflexão teológica. Como parte do mundo em desenvolvimento, sendo ainda um dos países mais desenvolvidos da África, com fortes ligações comerciais em todo o mundo, uma economia estável e em crescimento, bem como uma capacidade industrial, científica e agrícola significativa, a África do Sul é um importante protagonista no debate sobre *globalização e desenvolvimento econômico.

Neste contexto, os teólogos sul-africanos agora têm de lidar com uma série de questões anteriormente arquivadas por razões estratégicas ou aquelas que surgiram posteriormente. O desafio é como falar sobre essas questões de uma forma que se aprofunde na fé e na tradição cristãs, e estejam relacionadas tanto à realidade quanto à práxis. Como durante a luta do *apartheid*, dois principais focos teológicos permanecem centrais, a saber, a soteriologia (veja Salvação), e mais especificamente a doutrina da reconciliação, eclesiologia, ou a natureza e testemunho da igreja (veja Eclesiologia).

2.1. Reconciliação e restauração da justiça. A teologia da reconciliação é debatida há muito tempo na África do Sul. Se durante a luta do *apartheid* o foco era a libertação (*Documento Kairos*) como um pré-requisito da reconciliação, é agora sobre o restabelecimento da justiça como essencial para o processo de reconciliação. A reflexão teológica sobre essa questão contribuiu e foi estimulada pelo trabalho da Comissão da Verdade e Reconciliação.

Vários temas teológicos importantes surgiram no processo desse debate. Entre os principais estão a questão da culpabilidade individual e corporativa; a natureza do perdão e a cura das lembranças; a reconciliação como uma realidade dada por Deus e a reconciliação como um processo social; e a conexão entre reconciliação e justiça. O restabelecimento da justiça no contexto sul-africano tem a ver principalmente com os direitos humanos fundamentais expressos na nova Constituição. Estes incluem a erradicação da pobreza, a redistribuição de terras e a habitação adequada para todos, permitindo a capacitação econômica e a equidade de gênero e proporcionando boa educação e cuidados de saúde para todos. A reflexão teológica sobre a reconciliação em relação a estas questões aprofundou a compreensão dessa doutrina essencial e demonstrou até que ponto o discurso teológico e a construção da doutrina estão ligados à realidade social e à construção de uma sociedade justa. Também mostrou que a doutrina da reconciliação devidamente compreendida é de caráter eclesial.

2.2. Eclesiologias da encarnação, inclusão e cura. A eclesiologia foi uma das principais preocupações da teologia sul-africana. Há várias razões para isso. Uma delas é o sentido africano de solidariedade expresso no termo *ubuntu*, que enfatiza o caráter interpessoal ou corporativo do ser humano. Outra é a medida em que as igrejas desempenharam um papel crucial na formação da África do Sul moderna, para o bem e para o mal. A justificação teológica do *apartheid* pode ser atribuída à formação de igrejas reformadas holandesas racialmente segregadas em meados do século 19 e, especificamente, à prática da segregação eucarística. Isso foi combatido durante a luta da igreja de duas maneiras. Primeiro, em nível ideológico, foi chamada de heresia; em segundo lugar, levou a esforços para construir igrejas não raciais inclusivas que encarnassem a reconciliação como um sinal da nova humanidade de Deus em Cristo.

A recuperação da igreja como encarnação de uma nova humanidade em que a diferença é respeitada e não uma razão para a separação é agora central para a discussão teológica emergente sobre a eclesiologia. Mas os parâmetros do debate se ampliaram para incluir questões de igualdade de gênero e os direitos dos gays e das lésbicas. Central para essa discussão é a rejeição dos falsos dualismos que separam corpo e espírito, bem como indivíduo e comunidade, e uma consciência crescente da necessidade de aprofundar a comunhão eucarística de uma forma que incorpora a inclusão e contribui para a integridade e a cura humana.

O ministério da cura sempre foi central para o movimento da igreja autóctone africana. Isso reflete o fato de que essas igrejas surgiram em grande medida como comunidades de pobres, destituídas e marginalizadas. Dentro dessas comunidades, seja em áreas urbanas ou rurais, a necessidade desesperada de apoio comunitário e de cura era primordial. Essa situação tornou-se ainda mais crítica devido à prevalência da tuberculose e ao surto da pandemia de AIDS. As igrejas têm recursos consideráveis que podem ser reunidos para responder a essa crise. Uma grande parte da reflexão teológica está ocorrendo em torno dessas questões, especialmente sobre a questão do estigma, sobre a igreja como comunidade de aceitação e sobre o poder de cura do evangelho em relação à ciência médica moderna.

2.3. Pluralismo religioso e diálogo inter-religioso.

Embora o cristianismo tenha dominado a vida religiosa sul-africana em grande parte dos dois séculos passados, ele é somente uma de muitas tradições religiosas diferentes na África do Sul e é dividido em muitas formas e variedades. Embora ainda de longe a religião numericamente mais forte, o cristianismo já não é privilegiado como anteriormente, e as igrejas têm de chegar a um acordo com o pluralismo religioso de uma maneira não anteriormente exigida. Isso foi exacerbado pelas atuais tensões globais entre o cristianismo, o judaísmo e o islamismo. Embora essas tensões tenham sido geralmente bem geridas na África do Sul, são uma ameaça potencial para o bem-estar social. Mais uma vez, a teologia sul-africana está bem posicionada para dar uma contribuição significativa para esse urgente debate global, não só como resultado da forma como as pessoas de diferentes tradições de fé se uniram na luta contra o *apartheid* como agora procuram se unir na construção de uma nação democrática.

Os teólogos sul-africanos estão engajados em um amplo conjunto de outras iniciativas que não foram mencionadas acima. Eles estão contribuindo para debates ecumênicos e confessionais, explorando temas relacionados à religião e à ciência, à estética teológica, à espiritualidade e ao meio ambiente. Mas todos estes em algum momento refletem as realidades contextuais da África do Sul contemporânea e o caráter público de fazer teologia. Como tal, embora possam ser parte de uma discussão teológica global, eles injetam nessa discussão uma perspectiva que os torna claramente sul-africanos.

Veja também APARTHEID; IGREJAS ORIGINADAS NA ÁFRICA; PAZ E RECONCILIAÇÃO; TEOLOGIA AFRICANA EVANGÉLICA CONTEXTUAL; TEOLOGIA AFRICANA PROTESTANTE; TEOLOGIA POLÍTICA.

BIBLIOGRAFIA. ACKERMANN, D., DRAPER, J. e MASHININI, E., orgs., *Women Hold Up Half the Sky: Women in the Church in Southern Africa* (Pietermaritzburg: Cluster Publications, 1991); CLOETE, G. D. e SMIT, D. J., orgs., *A Moment of Truth: The Confession of the Dutch Reformed Mission Church* (Grand Rapids: Eerdmans, 1984); COCHRANE, J. R., *Circles of Dignity: Community Wisdom and Theological Reflection* (Minneapolis: Fortress, 1999); DE GRUCHY, J. W., *Reconciliation: Restoring Justice* (London: SCM; Minneapolis: Fortress, 2002); DE GRUCHY, J. W. com DE GRUCHY, S., *The Church Struggle in South Africa* (3. ed. revisada; London: SCM; Minneapolis: Fortress, 2005); DE GRUCHY, J. W. e VILLA-VICENCIO, C., *Doing Theology in Context: South African Perspectives* (Maryknoll: Orbis, 1994); The Journal of Theology for Southern Africa, an ecumenical theological journal for the promotion of theology in southern Africa; MALULEKE, T. S., "African Theology", in: *The Modern Theologians: An Introduction to Christian Theology Since 1918*, Ford, D. com Muers, R., orgs. (Oxford: Blackwell, 2005); NOLAN, A., *God in South Africa: The Challenge of the Gospel* (Grand Rapids: Eerdmans, 1988); SPECKMAN, McG. T. e KAUFMANN, L. T., orgs., *Towards an Agenda for Contextual Theology* (Pietermaritzburg: Cluster Publications, 2001); VILLA-VICENCIO, C., *A Theology of Reconstruction: Nation-Building and Human Rights* (Cambridge: Cambridge University Press, 1992).

J. W. de Gruchy

TEOLOGIA TRANSCULTURAL

A possibilidade de uma verdadeira teologia transcultural só surgiu durante a última terça parte do século 20. Durante grande parte da história cristã, as diferenças culturais, quando foram reconhecidas, foram vistas como uma ameaça que tinha de ser resistida. Só recentemente, como resultado da expansão cristã numa grande variedade de culturas e das descobertas das ciências sociais, as diferenças culturais não foram vistas como um problema, mas como um recurso no processo de renovação teológica e espiritual.

1. A cristandade e o Iluminismo
2. A diversidade atinge a maioridade
3. A diversidade faz sentido
4. Conclusão

1. A cristandade e o Iluminismo

Não só o cristianismo nasceu em uma situação culturalmente diversa, mas o movimento de um ambiente inteiramente judaico para um ambiente grego estimulou a formação da verdade cristã de maneiras novas e criativas (von Allmen). Após a conversão de Constantino em 312, no entanto, o cristianismo assumiu uma única forma cultural que moldou suas formas de culto e suas categorias teológicas por mais de mil anos. A diversidade cultural, associada como estava a novas formas de viver e de refletir sobre a fé, muitas vezes era ativamente resistida. Mesmo as diferenças entre as versões oriental e ocidental do cristianismo foram a causa de frequentes tensões.

Durante o Iluminismo dos séculos 18 e 19, o projeto universal da cristandade foi substituído por uma crença numa razão universal que foi vista como a chave para desvendar os segredos da história e da natureza. Muitos dos escritores do Iluminismo revelam uma suposição de que a razão tem acesso a uma realidade harmoniosa, cujo conhecimento conduziria a humanidade a um futuro glorioso. Escritores no final do século 20 mostraram o modo como essa tendência universalizadora levou a muitos dos desastres daquele século devastado pela guerra (Berlim).

Os cristãos do movimento missionário do século 18 foram profundamente influenciados pelas ideias do Iluminismo e entendiam a civilização ocidental e a aprendizagem como a forma privilegiada na qual o evangelho deveria ser expresso. Como o cristianismo era a suprema verdade da religião, a civilização ocidental estava estabelecendo o padrão a que todas as outras culturas deviam aspirar. O cristianismo estava tão intimamente associado à verdade abstrata do Iluminismo que a diversidade de interpretação e, de fato, a diversidade cultural em geral, eram tratadas como inimigas.

No século 20, como resultado do surgimento de estudos antropológicos, a diversidade étnica veio a ser apreciada, seja de forma crítica ou acrítica. O cristianismo liberal comemorava frequentemente essa diversidade, mesmo quando o fundamentalismo resistia ao relativismo intelectual que parecia sugerir. Mas nem foi capaz de levar em conta adequadamente a diversidade cultural como construtiva para qualquer projeto humano comum. Nessas condições não poderia haver teologia transcultural.

2. A diversidade atinge a maioridade
Existem várias fontes para a nossa compreensão positiva contemporânea da diversidade cultural. Na tradição intelectual ocidental, Friedrich Schleiermacher (f. 1834) conduziu a reação contra os dogmas abstratos do Iluminismo. Entendia a religião e, portanto, toda a vida cultural, baseada no sentimento (emoção), que formava a comunidade humana de acordo com seu contexto particular. Esse foco no sentimento e na particularidade histórica foi posteriormente desenvolvido no movimento romântico. Wilhelm von Humboldt, por exemplo, desenvolveu a ideia de um povo constituído por sentimentos e ideias profundamente mantidos que os diferenciavam de outros *volk*.

A disciplina da antropologia, que se desenvolveu mais tarde no século 19, foi influenciada por essas ideias, e Ruth Benedict no século 20 argumentou que diferentes grupos de pessoas se caracterizam por padrões de vida únicos. A noção moderna de antropologia foi claramente articulada pelo norte-americano Frans Boas, que rejeitou essa noção de padrões ideacionais, preferindo, em vez disso, focalizar em conexões históricas e geográficas reais (ele foi especialmente ativo na oposição à tradição *volk* de Humboldt, que tinha sido mal utilizada pelos ideólogos nazistas na década de 1920). Boas entendia que as culturas precisavam ser estudadas em todo o seu pluralismo, em sua historicidade particular e especialmente nas suas muitas interconexões. Na década de 1950, os antropólogos começaram a abordar as dimensões simbólicas e cognitivas da cultura. Esses antropólogos, representados mais notoriamente por Clifford Geertz, queriam explicar a cultura em termos dos processos simbólicos que expressavam as crenças básicas de um povo. O que se tornaria significativo para o pensamento missiológico posterior foi o fato de que as crenças culturais não existem no abstrato, na mente das pessoas, mas nas práticas concretas que constituem a cultura. Além disso, essas práticas são dinâmicas, mudando e se desenvolvendo ao interagir com influências externas.

Depois da Segunda Guerra Mundial, os missionários começaram a incorporar muitas descobertas da antropologia em seu trabalho, levando na década de 1970 ao desenvolvimento da chamada contextualização ou, nos círculos católicos, aculturação. Esse avanço no pensamento missiológico reconheceu a necessidade de compreender a verdade cristã em termos da variedade de configurações culturais que os missionários encontraram e levou a ver a relação entre o evangelho e a cultura de várias maneiras (Bevans).

3. A diversidade faz sentido
Apesar do fato de que os missionários estavam aprendendo a levar em conta as variedades culturais em seu evangelismo e plantação de igrejas, ainda havia uma desconfiança dos moradores em relação à diversidade como portadora de um relativismo implícito. Se vários povos entendem a verdade de maneira diferente, o que acontece com a singularidade do *evangelho que Cristo confiou à igreja?

Gradualmente, porém, a valorização da diferença tornou-se parte do equipamento padrão dos missionários. Em parte isso resultou de sua crescente exposição a sofisticadas ciências sociais em seu treinamento missiológico. Porém, mais importante foi provavelmente sua própria experiência transcultural. Tornaram-se conscientes de que as pessoas responderam melhor às apresentações do evangelho que refletiam contextos mais próximos aos seus próprios contextos, na verdade eles foram muitas vezes surpreendidos pela congruência de culturas não ocidentais com ensinamentos bíblicos. Como resultado, eles se tornaram abertos a diferentes maneiras, não apenas de apresentar, mas também de compreender o evangelho.

Entre os acadêmicos, essa abertura resultou de novas formas de compreensão da teologia e reflexão teológica. A teologia se desenvolveu no Ocidente principalmente em termos de verdade abstrata que deriva de categorias nativas da tradição ocidental. Essas maneiras de pensar muitas vezes parecem estranhas àqueles criados em diferentes contextos. As pessoas educadas nos Estados Unidos desenvolvem planos e programas altamente detalhados em termos dos quais eles vivem suas vidas; o povo azande do Sudão do Sul não consideraria iniciar o seu dia ou iniciar um projeto sem consultar um oráculo. Ambos consideram seu modo de vida "razoável", e ambas as atitudes afetam o modo como a vida é vista pelos membros dessas culturas que se tornam cristãos. Enquanto os cristãos americanos podem orar pedindo orientação no início do dia, tal orientação seria principalmente subordinada ao horário que eles estabeleceram para o dia; Os cristãos azande considerariam a oração como um componente essencial para sua segurança e proteção diárias. Gradualmente, os teólogos começaram a perceber que a "teologia", ou seja, a reflexão ordenada sobre a verdade bíblica, assumiria formas muito diferentes nesses dois contextos — diferentes, mas não necessariamente opostos.

Em muitas partes do mundo, a diversidade envolve encontros com tradições religiosas nativas e às vezes antigas. Esse encontro levou os estudiosos a argumentar que a teologia hoje deve ser feita com uma consciência não só de seu contexto cultural, mas também religioso. Na última geração, essa percepção fomentou um novo campo de estudo chamado teologia comparativa, que é inter-religiosa e comparativa, bem como confessional (e.g., Clooney).

Uma avaliação positiva dessas diferenças, nos estudos teológicos, resultou em parte do campo em desenvolvimento da *hermenêutica, ou seja, a arte de interpretar as Escrituras. Os intérpretes começaram a perceber que os leitores das Escrituras não vêm a sua leitura como uma lousa em branco para ser escrito, mas vêm com vários preconceitos e atitudes em relação ao mundo. Eles não deixam de acreditar nisso quando leem textos, mas sim fazem sua leitura à luz deles. Uma resposta inicial a esses desenvolvimentos foi o temor de que eles implicassem em relativismo — alguém podia ler qualquer coisa que gostasse das Escrituras. Mas uma reflexão mais aprofundada mostrou que esses preconceitos não são obstáculos à aprendizagem, mas na verdade facilitam-na. Na verdade, sem ter alguma experiência e pensamento sobre o mundo, ninguém estaria em condições de aprender muito com a leitura. Mas ter tal entendimento e experiência torna possível uma visão do que foi chamado o estranho novo mundo da Bíblia. Lendo com franqueza e curiosidade, pode-se encontrar uma maneira de fundir o próprio horizonte com o horizonte das Escrituras, de modo a dar às Escrituras toda a sua autoridade (Gadamer).

A possibilidade de uma compreensão transcultural da teologia poderia então repousar sobre a aplicação comunitária dessa fusão de horizontes. Os antropólogos há muito reconhecem que os encontros entre culturas inevitavelmente resultam em uma contaminação mútua. A ideia de uma cultura pura e intocada é um mito; todas as culturas, mesmo as mais isoladas ou tradicionais, têm alguma exposição a influências externas em várias formas culturais, econômicas ou climáticas. Os cristãos acreditam, é claro, que tais encontros podem ser caracterizados por violência ou opressão, como frequentemente acontece. Mas a troca mútua também pode ser benéfica; bens e serviços podem ser trocados em benefício de ambos.

Charles Taylor argumentou que há três possíveis modelos para a forma como as culturas interagem. Um é o modelo de ciência natural, que julga todas as culturas em termos de uma única concepção (ocidental) do mundo. Neste modelo, derivado do Iluminismo, o conhecimento científico é privilegiado e usado como um padrão pelo qual todas as culturas devem ser julgadas — poder-se-ia chamar isso de modelo neocolonial que atualiza a visão do século 19 que descrevemos anteriormente. No outro extremo é o que Taylor chama de modelo de incorrigibilidade. Nesta visão, cada cultura está tão fechada em sua própria maneira de pensar que nenhuma comunicação genuína é possível entre elas. A primeira ignora a autodescrição dos agentes culturais; a segunda a toma como incorrigível. Entre essas duas Taylor propõe o que ele chama de visão interpretativa, que busca a compreensão humana em termos de práticas particulares que expressam a identidade dos povos.

A compreensão entre culturas envolveria então um processo de diálogo em que os significados culturais seriam compartilhados e negociados. O problema, observa Taylor, reside em pensar que a verdadeira compreensão deve ser a deles ou a nossa — geralmente, por padrão, assumimos que a nossa é melhor. Mas, no diálogo, uma cultura pode ser indagada pela outra em relação às suas práticas: "Você já pensou em conceber a família dessa maneira?". Ou "talvez fazer uma transação financeira pudesse fazer mais sentido quando vista em termos de doação mútua em vez de um jogo de soma zero" e assim por diante. A chave, diz Taylor, é encontrar "uma linguagem na qual pudéssemos formular tanto o modo de vida deles como o nosso como possibilidades alternativas em relação a algumas constantes humanas em ação em ambos", de modo a "estender nossa linguagem das possibilidades humanas" (Taylor, 125, 131).

Devido aos diferenciais de poder econômico e político que existem entre as culturas, essas conversas são muito raras. Mas um lugar onde elas *devem* acontecer é certamente dentro do corpo de Cristo. Ao longo de sua história, a igreja frequentemente tropeçou, mas sempre cresceu e aprendeu quando alcançou outros fora de sua própria cultura.

4. Conclusão
Em Efésios 4, Paulo declara claramente a meta do corpo de Cristo: *cresçamos em tudo naquele que é a cabeça, Cristo, até que todos cheguemos à unidade da fé e do pleno conhecimento do Filho de Deus, ao estado de homem feito, à medida da estatura da plenitude de Cristo* (Ef 4:15, 13). Para que isso aconteça, a reflexão teológica deve envolver uma partilha mútua de dons e de instrução mútua. Esse objetivo implica numa concepção diferente da teologia de quem procura proteger a verdade da contaminação da influência estrangeira. Quando tais inclinações são examinadas, fica claro que resultam do cativeiro às ideias do Iluminismo sobre a razão universal. O problema com essa postura não é tanto seu zelo pela verdade e pelo poder do evangelho, que certamente pode ser uma coisa boa, mas o fato de que a preocupação com a verdade tem suplantado preocupações igualmente importantes em relação ao amor e à justiça. Devemos buscar sempre a verdade no contexto do nosso amor ao próximo e do nosso compromisso com a justiça — todos orientados para o nosso crescimento conjunto à semelhança de Cristo.

Outra forma mais bíblica de conceber o chamado da teologia é uma descrição e um exame de um conjunto ampliado de práticas cristãs, que resulta da nossa leitura comum, porém contextual, das Escrituras. Tal teologia é *necessariamente* transcultural, pois se não fosse, seria, na melhor das hipóteses, uma leitura parcial. E essa teologia é também inevitavelmente uma conversa em que uma troca de opiniões que cresce a partir dos diferentes lugares a partir do qual lemos, e as diferentes experiências de Deus nesses lugares são bem-vindas e encorajadas. Uma teologia que é transcultural dessa forma não somente nos ajudará a melhor compreender os outros, como certamente nos permitirá vermos a nós e os caminhos de Deus com mais clareza.

Veja também Contextualização; Cultura e Sociedade; Método Teológico.

Bibliografia. Berlin, I., *Political Ideas in the Romantic Age: Their Rise and Influence on Modern Thought*, Hardy, H., org. (Princeton: Princeton University Press, 2006); Bevans, S. B., *Models of Contextual Theology* (Maryknoll: Orbis, 1992); Bevans, S. B. e Schroeder, R. P., *Constants in Context: A Theology of Mission for Today* (Maryknoll: Orbis, 2004); Clooney, F. X.,

Hindu God, Christian God: How Reason Helps Break Down the Barriers between Religions (New York: Oxford University Press, 2001); DYRNESS, W. A., *Invitation to Cross-Cultural Theology: Case Studies in Vernacular Theology* (Grand Rapids: Zondervan, 1992); GADAMER, H.-G., *Truth and Method* (2. ed.; New York: Continuum, 1989) [edição em português: *Verdade e Método* (Petrópolis/Bragança Paulista: Vozes/Editora Universitária São Francisco, 2011, 2013) 2 vols.]; MOUW, R. J. e GRIFFIOEN, S., *Pluralism and Horizons: An Essay in Christian Philosophy* (Grand Rapids: Eerdmans, 1993); NEWBIGIN, L., *The Gospel in a Pluralistic Society* (Grand Rapids: Eerdmans, 1989); PLACHER, W. C., *Unapologetic Theology: A Christian Voice in a Pluralistic Conversation* (Louisville: Westminster John Knox, 1989); RAMACHANDRA, V., *Faiths in Conflict: Christian Integrity in a Multicultural World* (Downers Grove: InterVarsity Press, 1999); TAYLOR, C., "Understanding and Ethnocentricity", cap. 4 em *Philosophy and the Human Sciences* (Cambridge: Cambridge University Press, 1985); VON ALLMEN, D., *The Birth of Theology: Contextualization as the Dynamic Element in the Formation of New Testament Theology*, IRM 64 (January 1975) 37-52.

W. A. Dyrness

TEOLOGIA TRINITÁRIA. *Veja* TRINDADE, DEUS TRINO.

TEOLOGIA VERDE
No mundo de hoje, às vezes ouvimos falar de "negócio verde" ou "edifício verde" ou "currículo verde". Esses termos se referem a empresas, construtoras e escolas que levam a sério sua responsabilidade ambiental. Mas o que é "teologia verde"? A teologia verde é a teologia cristã que leva a sério o mundo natural e a nossa responsabilidade como parte dela. Tal como acontece com a teologia da libertação e teologia feminista, que se concentram especialmente na preocupação de Deus (e nossa) pelos pobres e pelas mulheres, respectivamente, a teologia verde concentra-se na preocupação e cuidado de Deus com o mundo natural — incluindo os seres humanos, especialmente nas criaturas não humanas.
  1. Raízes da teologia verde
  2. Fundamentos da teologia verde

1. Raízes da teologia verde
Mais frequentemente chamada de teologia ambiental ou teologia ecológica, a teologia verde ganhou destaque na última metade do século 20 com a crescente consciência de vários tipos de degradação ecológica. Muitos datam o aumento da consciência ambiental norte-americana com a publicação do livro de Rachel Carson *Silent Spring* (Primavera silenciosa), em 1962. No entanto, houve cristãos que escreveram sobre a necessidade de refletir teologicamente sobre o mundo natural antes disso, principalmente o pioneiro, pastor luterano e teólogo, Joseph Sittler, que escreveu ensaios sobre esse tema já no início dos anos 1950 e que entregou o que se tornou um discurso famoso sobre a teologia ecológica em uma reunião de 1962 do Conselho Mundial de Igrejas, em Nova Délhi, na Índia. Grande parte dos escritos no final dos anos 1960 e início dos anos 1970 centrou-se no controverso artigo de 1967 "As raízes históricas da nossa crise ecológica" pelo historiador Lynn White Jr. White argumenta que a teologia cristã é em grande parte a culpada pelos problemas ecológicos atuais, porque algumas de suas doutrinas subscreveram a ascensão da ciência e da tecnologia modernas, responsáveis pela crise ecológica contemporânea. O que não é tão conhecido é que White, nesse mesmo artigo, também defende reapropriar certas figuras dentro do cristianismo como, por exemplo, São Francisco de Assis, como uma forma de enfrentar os desafios atuais.

Desde os dias de pioneirismo, teólogos ecológicos como Sittler, muitos outros — católicos, protestantes, ortodoxos — viram a necessidade de articular a fé cristã à luz dos desafios ecológicos. Alguns são alertados pela crescente severidade da poluição do ar ou chuva ácida, extinção de espécies ou aquecimento global. Para outros é a fome, a pobreza e a falta de moradia, e suas causas ambientais, muitas vezes subjacentes, que motivam a atenção à teologia verde. Para outros ainda reler a Bíblia e rever a tradição cristã revelou a sabedoria perdida que fala a questões de interesse ecológico e social. E para alguns seu amor por "todas as coisas selvagens e maravilhosas, todas as criaturas grandes e pequenas" guiam sua reflexão sobre Deus, o Criador e Sustentador e Redentor de toda a criação. As razões variam, mas todas convergem para uma necessidade comum de reconhecer o alcance da criação de todo o cuidado e preocupação de Deus.

2. Fundamentos da teologia verde

O que exatamente é a teologia verde? Embora às vezes confundida, a teologia verde não é a mesma que a doutrina da criação. A teologia verde diz respeito não apenas à articulação das crenças sobre a criação e a providência, mas é uma reflexão sustentada sobre todos os temas típicos da teologia cristã — criação, humanidade, Cristo, salvação, igreja, futuro — do ponto de vista do nosso chamado para sermos "cuidadores da terra". Em suma, a teologia verde argumenta que, como Deus é "verde", então devemos ser verdes. Desde que Deus cuida de marmotas, montanhas e prados, então também devemos cuidar de tais coisas.

Assim, por exemplo, a narrativa da criação de Gênesis 1 — 2 fala de Deus criando habitats e habitantes, e tornando o humano como uma criatura da terra (*adam* de *adama*). Os seres humanos não são o clímax da criação; O sábado é. Os seres humanos são importantes, mas também outras criaturas o são. Na verdade, nosso chamado humano é servir e proteger (*abad* e *samar*) o jardim que é a terra. Nós devemos governar, sim, mas como Deus governa — com justiça, amor e paz. Deus, em suma, é uma grande dona de casa, formando uma casa habitável para criaturas de todos os tipos. Nós seres humanos somos de grande valor, mas outras criaturas também têm valor aos olhos de Deus. E nosso trabalho é conduzir a sinfonia da criação (Salmo 104) que canta louvores a Deus com muito entusiasmo e alegria para sua glória.

Assim também, no outro extremo da história, a visão escatológica encontrada nos últimos capítulos do Apocalipse não retrata almas individuais levadas para o céu após a destruição ardente da terra. Em vez disso, prevê um céu renovado e a terra renovada. Na verdade, os dois tornam-se um — uma terra celestial em que tudo é sagrado; não há mais lágrimas de dor ou tristeza, e todos os povos trazem seus tesouros culturais para a cidade santa — uma cidade em que flui o rio da vida e no qual cresce a árvore da vida, cujas folhas são para a cura das nações . Essa cidade e essa terra celestial são purificadas e aperfeiçoadas. Os últimos capítulos da Bíblia retratam uma visão deslumbrante de Deus como o grande Redentor e Renovador e da criação como um lugar de paz.

Assim, a teologia ecológica ou verde fala do chamado humano como mordomia ou cuidado com a criação ou a manutenção da terra. Embora esses termos tenham tons de significado um pouco diferentes, o ponto central em comum é que nós, seres humanos, devemos cuidar da terra e de sua infinidade de criaturas. Esse é o chamado que Deus nos deu. E a terra é nossa casa. Nós pertencemos a este lugar e desejamos viver numa terra renovada e redimida por Deus e por sua graça.

Veja também Criação e Ecologia.

Bibliografia. Berry, R. J., *The Care of Creation* (Leicester: Inter-Varsity Press, 2000); Bouma-Prediger, S., *The Greening of Theology* (Atlanta: Scholars Press, 1995); Gnanakan, K., *God's World: A Theology of the Environment* (London: SPCK, 1999); Hallman, D., org., *Ecotheology: Voices from South and North* (Geneva: World Council of Churches, 1994); Hessel, D. e Radford Ruether, R., orgs., *Christianity and Ecology: Seeking the Well-Being of Earth and Humans* (Cambridge: Harvard University Press, 2000); Nash, J., *Loving Nature: Ecological Integrity and Christian Responsibility* (Nashville: Abingdon, 1991); Santmire, H. P., *Nature Reborn: The Ecological and Cosmic Promise of Christian Theology* (Minneapolis: Augsburg/Fortress, 2000).

S. Bouma-Prediger

TEOLOGIAS ASIÁTICO-AMERICANAS

As teologias asiático-americanas são reflexões teológicas interculturais críticas e pragmáticas sobre as realidades da vida de asiático-americanos articuladas por cristãos americanos de ascendência asiática com conhecimento de primeira mão e experiências dessas realidades. Com orientação contextual, as teologias asiático-americanas buscam justapor as experiências de vida dos asiático-americanos com o poder soteriológico, profético e transformador do evangelho. Isso envolve colocar os asiáticos-americanos no centro da teologia como fontes, participantes e colaboradores, e não simplesmente como os receptores passivos de tal teologia. As experiências asiático-americanas que formam a base para reflexões teológicas contextuais críticas abrangem um amplo espectro que envolve, numa extremidade, as experiências de diáspora e intersticiais de imigrantes asiáticos de primeira geração para os Estados Unidos e, na outra extremidade, as experiências de vida da geração 1.5 (isto é imigrantes nascidos no exterior, mas criados nos Estados Unidos) e asiático-americanos nascidos nos Estados Unidos.

Estas experiências de vida muitas vezes se concentram na construção de sua identidade sociocultural e são caracterizadas por suas negociações contestadas da complexa e difícil relação entre sua fé, cultura, raça/etnia e personalidade dentro da sociedade contemporânea dos Estados Unidos.

Um erro comum é limitar o âmbito das teologias asiático-americanas a áreas frequentemente assumidas como "relevantes" para os asiático-americanos como, por exemplo, fé e cultura, relações raciais, evangelismo, plantação de igrejas e ministérios de jovens adultos. As teologias asiático-americanas procuram lidar com toda a tradição teológica transmitida, incluindo os aspectos comumente considerados dogmáticos ou sistemáticos. Trabalhando no contexto das comunidades asiáticas americanas e respondendo às tendências socioculturais mais amplas dentro e fora das comunidades raciais-étnicas asiáticas, muitos teólogos asiático-americanos têm procurado enriquecer e rever toda a gama do empreendimento teológico.

Isto significa que as teologias asiático-americanas não são simplesmente teologias que foram articuladas para comunidades específicas da etnia asiático-racial, mas sim, teologias que também procuram contribuir através de fronteiras raciais-étnicas para a tradição teológica cristã universal. Idealmente, as teologias asiático-americanas não são apenas moldadas por, mas também provavelmente moldar e fertilizar o empreendimento teológico mais amplo dentro do cristianismo branco, negro e latino no contexto norte-americano.

1. Duas gerações de teólogos asiático-americanos
2. Hermenêutica bíblica asiático-americana
3. Reflexões teológicas asiático-americanas sobre racismo e discriminação
4. Fé, cultura e tradição nas teologias asiático-americanas
5. Teologias católicas asiático-americanas
6. Teologias asiático-americanas para a geração 1.5 de asiático-americanos nascidos na América

1. Duas gerações de teólogos asiático-americanos

Os teólogos asiático-americanos procedem de uma ampla seção do cristianismo dos Estados Unidos. Muitos trabalham dentro do protestantismo tradicional, embora novos teólogos asiático-americanos estejam emergindo de tradições católicas, evangélicas e pentecostais. Enquanto muitos desses teólogos são imigrantes de primeira geração que se estabeleceram nos Estados Unidos, um número crescente são americanos nascidos ou da geração 1.5 cuja visão de mundo tem sido moldada por suas experiências de crescer e viver nos Estados Unidos. Geralmente, os teólogos asiático-americanos podem ser classificados como a "primeira geração" e a "segunda geração".

A primeira geração é formada por teólogos nipo-americanos, coreano-americanos e sino-americanos que surgiram no final da década de 1960 e ao longo da década de 1970. Exclusivamente homens, eles realizaram sua teologização dentro de tradições protestantes. Diante dos consideráveis desafios da igreja, da comunidade e da sociedade, eles lutaram de fora do sistema teológico para desafiar o racismo e a discriminação entrincheirados tanto da sociedade dominante dos Estados Unidos como das instituições cristãs. Inspirados pelas realizações dos primeiros teólogos da libertação negra e latino-americana, eles se concentraram em questões de relações raciais, fé e cultura, e a assimilação forçada que atormentava as comunidades nipo-americanas, coreanas e chinesas na época. Os primeiros teólogos asiático-americanos da primeira geração incluem Roy Sano, Paul Nagano, Jitsuo Morikawa, Jung Young Lee, Sang Hyun Lee e David Ng.

A segunda geração de teólogos asiático-americanos se destacou a partir da década de 1980 em diante. Eles vêm de uma seção mais ampla e mais diversificada de cristãos asiático-americanos. O grupo original de teólogos masculinos sino, coreanos e nipo--americanos agora foi enriquecido por mulheres, estudiosos bíblicos, historiadores de igrejas, católicos, evangélicos, pentecostais, vietnamita-americanos, filipino-americanos, indiano-americanos e assim por diante. A conhecida geração de asiático-americanos incluem Greer Anne Wenh-In Ng, Kwok Pui-Lan, Russell Moy, Samuel Ling, Enoch Wan, Timothy Tseng, Amos Yong, Eleazar Fernandez, M. Thomas Thangaraj, Rita Nakashima Brock, Fumitaka Matsuoka, Andrew Sung Park, Anselm Kyongsuk Min, Chung Hyun Kyung, Young Lee Hertig, Grace Ji-Sun Kim and Peter Phan. Estudiosos da Bíblia como Sze-kar Wan, Gale Yee, Khiok-Khng Yeo, Tat-siong Benny Liew, Jeffrey Kah-Jin Kuan, Seung-Ai Yang, Uriah Yong-Hwan Kim, Mary Foskett e Henry Rietz estão no primeiro plano do desenvolvimento do campo da hermenêutica bíblica asiático-americana.

Esses teólogos asiático-americanos de segunda geração se destacam por suas inovadoras abordagens interdisciplinares para a teologia em uma ampla variedade de assuntos, incluindo reconciliação, transformação comunitária, fé e etnia/cultura, Bíblia e etnia/cultura, evangelismo e etnia/cultura, o desenvolvimento espiritual e fortalecimento da fé de todos os asiáticos americanos. O que é mais significativo é que os teólogos de primeira geração eram críticos das estruturas sociais externas e relutavam em criticar os aspectos negativos de suas estruturas internas das comunidades étnico-raciais, mas os teólogos da segunda geração não têm tais escrúpulos, especialmente na questão das relações de gênero. Assim, muitas teólogas asiáticas assumiram a tarefa desafiadora de criticar os efeitos negativos e marginalizantes dos costumes étnicos e das tradições culturais sobre as mulheres asiático-americanas.

2. Hermenêutica bíblica asiático-americana

A variedade e diversidade da hermenêutica bíblica asiático-americana apontam para o crescente interesse dos estudiosos bíblicos asiático-americanos em reler a Bíblia dentro do contexto de preocupações específicas americanas. As primeiras interpretações bíblicas asiáticas foram inspiradas pelas teologias da libertação e pelos teólogos afro e latino-americanos e, com frequência, utilizaram o tema do Êxodo-do-Egito com seu tema de libertação para caracterizar a busca teológica asiático-americana pela libertação de estruturas opressivas e marginalizantes. No entanto, o teólogo filipino-americano de segunda geração, Eleazar Fernandez, critica as dimensões opressivas e triunfalistas do Êxodo-do-Egito, propondo uma alternativa hermenêutica asiático-americana de "Êxodo--para-o-Egito" com os Estados Unidos sendo o "Egito" de sonhos não cumpridos e pesadelos para asiático-americanos que procuram um futuro melhor. Fernandez também reinterpretou a torre de Babel e a narrativa de Pentecostes para fornecer uma hermenêutica alternativa para os asiático-americanos negociarem seus desafios de vida na sociedade pluralista dos Estados Unidos.

As leituras asiáticas contemporâneas da Bíblia procuram explorar as implicações das variedades de identidades étnico-raciais asiáticas na interpretação de textos bíblicos e, por sua vez, como as identidades étnico-raciais são moldadas e matizadas por tais leituras. Muitos estudiosos asiáticos da Bíblia adotaram uma abordagem multidisciplinar para a interpretação bíblica, baseando-se na teoria pós-colonial, em estudos sobre a diáspora, sobre antropologia e sociologia, em estudos culturais, na teologia e nos estudos asiático--americanos, além de ferramentas exegéticas e hermenêuticas bíblicas tradicionais, para criar novas hermenêuticas bíblicas asiático--americanas híbridas, atentas à questão da revisão das identidades étnico-raciais asiático-americanas dentro de sua existência como diáspora nos Estados Unidos. Por exemplo, Gale Yee e Tat-siong Benny Liew estão interessados em formular interpretações bíblicas asiáticas específicas que combinem uma reinterpretação radical da cosmologia chinesa *yin-yang* com ferramentas hermenêuticas contemporâneas pós-colonial e da diáspora.

3. Reflexões teológicas asiático-americanas sobre racismo e discriminação

O racismo generalizado que muitos asiático--americanos enfrentam na vida diária, seja na área civil ou na igreja, seja sutil ou flagrante (por exemplo, as agitações nativistas racistas contra os asiáticos no século 19 e início do século 20) e discriminação desumanizante (e.g., a detenção de japoneses americanos em campos de concentração durante a Segunda Guerra Mundial), são pontos de partida para muitos teólogos asiático-americanos. Respondendo, os teólogos asiático-americanos não só desafiam o status quo sociocultural e político-econômico, mas também propõem respostas inovadoras, como as teologias da libertação (Sano), a marginalidade (SH Lee, JY Lee, Phan), a peregrinação (SH Lee, Nagano), diáspora/exílio/migração/peregrinação (Fernández, Moy, Phan), uma teologia da "solidariedade dos outros" (Min) e a reconciliação e a construção de comunidades (David Ng, Matsuoka e Hertig).

4. Fé, cultura e tradição nas teologias asiático-americanas

No caso da primeira geração dos imigrantes asiático-americanos, é inevitável que suas várias identidades étnico-raciais asiáticas sejam indelevelmente impressas em suas vidas e trazidas por eles do "Velho Mundo" para o "Novo Mundo". As antigas tradições socioculturais, os costumes religiosos e as perspectivas teológicas que carregaram com eles do "Velho Mundo" são privilegiados e justapostos com novas tradições, costumes e práticas que encontraram no "Novo Mundo". Termos como *contextualização, aculturação* e *diálogo* são usados às vezes por teólogos asiático-americanos para descrever o processo de recuperação e reformulação de entendimentos socioculturais e religiosos asiáticos tradicionais.

Os primeiros teólogos protestantes sino-americanos — por exemplo, Wesley Woo e David Ng — estavam interessados na interação entre o evangelho e a cultura chinesa. Por exemplo, David Ng articulou uma teologia da "comunidade" para os cristãos sino-americanos que sintetiza o paradigma neotestamentário da *koinonia* com o paradigma sino-confucionista do *tuanqi*. Os teólogos evangélicos contemporâneos sino-americanos, como Samuel Ling e Enoch Wan, continuam a refletir sobre a interação entre o evangelho e a cultura chinesa. Seus escritos teológicos centram-se em torno das preocupações dos chineses nascidos na China, a geração 1.5 e cristãos evangélicos chineses nascidos na América, em geral, e a busca de ser totalmente chinês e evangélico, em especial.

Muitos teólogos coreano-americanos utilizaram elementos sociais, culturais e espirituais coreanos tradicionais em seus esforços teológicos. Jung Young Lee recuperou a cosmologia *yin-yang* taoísta como base para reinterpretar a doutrina cristã fundamental da Trindade em termos de harmonia, equilíbrio e inclusividade, bem como construir uma teologia da marginalidade que redefine a margem como o centro da criatividade vivificante. Andrew Sung Park se inspirou na cosmologia *yin-yang* taoísta e no paradigma coreano *minjung* de *han* (o profundo sofrimento e culpa de pessoas vitimadas e oprimidas) para articular uma teologia para os coreano-americanos para lidar com os desafios do preconceito e da discriminação. Isso segue seus esforços anteriores para combinar o conceito coreano de *han* com a doutrina cristã do pecado para fornecer uma perspectiva teológica sobre as cicatrizes e o sofrimento experimentado pelas vítimas do pecado. Park também construiu essa compreensão coreana de *han* como uma estrutura hermenêutica para desenvolver sua teologia da transmutação como um veículo para a compreensão da vitimização e do sofrimento, transformando as relações raciais e construindo pontes entre coreano-americanos e afro-americanos após os motins de 1992 em Los Angeles. A teóloga coreano-americana Young Lee Hertig adaptou a cosmologia *yin-yang* taoísta para construir o paradigma teológico e epistemológico do *yinismo* como modelo de ativismo social para a igreja coreana e asiática da América do Norte.

5. Teologias católicas asiático-americanas

Um aspecto que diferencia alguns teólogos católicos asiáticos de outros teólogos asiáticos-americanos de segunda geração são suas reflexões teológicas sobre as implicações dos valores culturais tradicionais, espiritualidade e piedade devocional que muitos católicos asiático-americanos trouxeram de suas terras de origem (Peter Phan, Rachel Bundang). Ao fazê-lo, eles se veem refletindo sobre os vínculos transnacionais comunais que continuam a unir muitos católicos asiático-americanos às suas famílias e comunidades na Ásia. Phan, teólogo católico vietnamita-americano, em seu ensaio "O dragão e a águia: por uma teologia vietnamita-americana", procura construir uma teologia vietnamita-americana a partir de um diálogo entre tradições culturais e religiosas tradicionais vietnamitas (simbolizadas pelo dragão) por um lado, e pelo cristianismo contemporâneo dos Estados Unidos e pela sociedade pluralista americana (representados pela águia), por outro. Seus ensaios posteriores, "Maria na espiritualidade e na teologia vietnamita" e "Jesus como o Filho mais velho e ancestral", procuram construir uma mariologia e uma cristologia contemporâneas vietnamitas usando elementos vietnamitas religiosos, sociais e culturais, e uma mariologia e uma cristologia vietnamita-americanas usando para isso as virtudes e práticas confucianas.

6. Teologias asiático-americanas para a geração 1.5 e de asiático-americanos nascidos nos Estados Unidos

No caso de muitos da geração 1.5 e asiático-americanos nascidos nos Estados Unidos, as identidades étnico-raciais tradicionais e as normas socioculturais são muitas vezes relativizadas ou rejeitadas voluntariamente. Isso é verdade não só entre os asiático-americanos que se casam com pessoas de outras raças ou são adotados por famílias americanas não asiáticas, mas também entre muitos cristãos evangélicos asiático-americanos. Para estes últimos, a assimilação na corrente principal da teologia evangélica americana geral é o objetivo abrangente.

As teologias asiático-americanas que procuram atender às necessidades e preocupações da geração 1.5 e dos asiático-americanos nascidos nos Estados Unidos tendem a se concentrar menos na manutenção da tradição, ou seja, aferrar-se às tradições ligadas à etnia do "Velho Mundo", em favor de *"tradicionalizar"*: construir novas tradições, práticas e posições teológicas que apelam para uma incipiente construção de identidade "pan-asiático-americana" que está surgindo através das fronteiras étnico-raciais asiático-americanas. Por exemplo, com base em suas raízes na sociedade contemporânea dos Estados Unidos, vista como o lar permanente e não temporário nem exílico, teólogos asiático-americanos como Matsuoka, Park, Hertig e Fernandez procuram desafiar os asiático-americanos como cidadãos ou residentes permanentes dos Estados Unidos a levar a sério suas responsabilidades cívicas e participar ativamente no fomento do bem comum da sociedade dos Estados Unidos. Suas teologias emergentes focam as correntes socioeconômicas contemporâneas e se juntam ao diálogo em curso sobre a forma da sociedade dos Estados Unidos.

No início do século 21, a rica diversidade das teologias asiático-americanas se manifesta na variedade de questões e preocupações que estão sendo abordadas. Em um extremo do espectro, alguns teólogos asiático-americanos estão começando a discutir o problema do essencialismo na definição da identidade "asiático-americana" que os teólogos da primeira geração assumiram. Foskett e Rietz criticaram fortemente o essencialismo da categoria "asiático-americano", destacando a tensão entre a reprodução biológica em relação à reprodução cultural na construção das comunidades asiáticas e desafiando todos os teólogos asiático-americanos a enfrentar a invisibilidade e a dupla marginalização de asiático-americanos adotados por americanos brancos (Foskett), e americanos birraciais e multirraciais com alguma ascendência ou herança asiática (Rietz). Outros teólogos asiático-americanos estão tentando confrontar as implicações da globalização, da imigração contínua e os crescentes laços transnacionais entre as comunidades asiático-americanas em suas reflexões teológicas. Movendo-se além do essencialismo cultural simplista e do nacionalismo sociopolítico dos teólogos asiático-americanos de primeira geração que enfatizaram a *aquisição* de direitos e títulos, os teólogos asiáticos-americanos de segunda geração começaram a lidar com as ambiguidades que surgem quando a confusão das fronteiras entre asiáticos e asiático-americanos está dando origem a um entrelaçamento de identidades sociais, culturais e religiosas cada vez mais multivalente e complexo. No outro extremo do espectro, um grupo de teólogos asiático-americanos (Kwok Pui-Lan, Patrick Cheng) começou a refletir teologicamente sobre as experiências de vida e sobre os desafios enfrentados pelos Queer Asian Pacific Americans (QAPAs) (grupos homossexuais), explorando paradigmas teológicos criativos, a hermenêutica bíblica e práticas pastorais que não excluam os QAPAs.

Veja também RAÇA, RACISMO E ETNIA; TEOLOGIA ASIÁTICA; TEOLOGIA CHINESA; TEOLOGIA COREANA; TEOLOGIA JAPONESA.

BIBLIOGRAFIA. NAKASHIMA BROCK, R., KIM, J. H., KWOK, P.-L. e YANG, S. A., orgs., *Off the Menu: Asian and Asian North American Women's Religion and Theology* (Louisville: Westminster John Knox Press, 2007); "The Other Half of the Basket: Asian American Women and the Search for a Theological Home", *Journal of Feminist Studies in Religion* 3 (1987) 135-50; LEE HERTIG, Y., *Cultural Tug of War* (Nashville: Abingdon, 2002); KIM, G. J.-S., *The Grace of Sophia: A Korean North American Women's Christology* (Cleveland: Pilgrim Press, 2002); KUAN, J. K.-J. e FOSKETT, M., orgs., *Ways of Being, Ways of Reading: Asian American Biblical Interpretation* (St. Louis: Chalice Press, 2006); LEE, J. Y., *Marginality: The Key to Multicultural Theology* (Minneapolis: Fortress, 1995); idem, *The Trinity in Asian Perspective* (Nashville: Abingdon, 1996); LIEW, T.-s. B. e YEE, G. A., orgs., *The Bible in Asian America* (Semeia 90-91; Atlanta: Society of Biblical Literature, 2002); MATSUOKA, F., *Out of Silence: Emerging Themes in Asian American Churches* (Cleveland: Pilgrim Press, 1995); idem, *The Color of Faith: Building Community in a Multiracial Society* (Cleveland: United Church Press, 1997); MATSUOKA, F. e FERNANDEZ, E. S., orgs., *Realizing the America of Our Hearts: Theological Voices of Asian Americans* (St. Louis: Chalice Press, 2003); NG, D., org., *People on the Way: Asian North Americans Discovering Christ, Culture, and Community* (Valley Forge: Judson, 1996); PARK, A. S., *The Wounded Heart of God: The Asian Concept of Han and the Christian Doctrine of Sin* (Nashville: Abingdon, 1993); idem, *Racial Conflict and Healing: An Asian-American Theological Perspective* (Maryknoll: Orbis Books, 1996); PHAN, P. C., *Christianity with an Asian Face: Asian American Theology in the Making* (Maryknoll: Orbis, 2003); PHAN, P. C. e LEE, J. Y., orgs., *Journeys at the Margin: Toward an Autobiographical Theology in American-Asian Perspective* (Collegeville: Liturgical Press, 1999); PUI-LAN, K., org., "Asian and Asian American Women's Voices", *Journal of Asian and Asian American Theology* 2:1 (1997); SANO, R. I., comp., *The Theologies of Asian Americans and Pacific Peoples: A Reader* (Berkeley: Asian Center for Theology and Strategies, Pacific School of Religion, 1976); TAN, J. Y., *Introducing Asian American Theologies* (Maryknoll: Orbis, 2008).

J. Y. Tan

TEOLOGIAS DAS ILHAS DO PACÍFICO

Durante o século 19, a maioria das populações indígenas das ilhas do Pacífico tornou-se cristã — um registro que está entre as iniciativas mais bem-sucedidas do moderno movimento missionário europeu. Este acompanhava a expansão colonizadora dos impérios alemão, francês, britânico e americano, às vezes dando-lhes apoio, outras vezes de forma crítica. Durante o século 20, quando a maioria dessas nações insulares alcançou relativa independência política, houve uma migração considerável de pessoas para dentro e fora das ilhas do Pacífico e o número de missionários enviados para lá diminuiu em favor dos ministros e teólogos da igreja local.

Neste artigo, "Ilhas do Pacífico" refere-se às ilhas da Polinésia, Melanésia e Micronésia, alguns milhares de ilhas no Oceano Pacífico, que cobre um terço da superfície da Terra. Exclui as ilhas asiáticas e americanas que fazem parte da maior costa do Pacífico, mas inclui os maiores grupos insulares da Papua Nova Guiné e Nova Zelândia, que compõem a maior parte da terra das ilhas do Pacífico. A área de terra remanescente é composta de atóis e ilhas altas espalhadas por milhares de quilômetros de oceano. Essas ilhas comportam uma grande diversidade de línguas e culturas humanas.

Desde a época das primeiras conversões cristãs, a maioria da teologia cristã das ilhas do Pacífico foi uma repetição ou tradução das teologias dos grandes centros do cristianismo da Europa e da América do Norte. A partir da década de 1980, porém, começaram a surgir escritos teológicos substanciais nos quais os teólogos do Pacífico refletem deliberadamente seus próprios problemas, tradições e identidades locais à luz de sua fé cristã. Este artigo de pesquisa trata principalmente desses escritos teológicos locais, tanto por cidadãos naturais como não naturais das ilhas do Pacífico. Apesar da diversidade de línguas, culturas e histórias políticas das Ilhas do Pacífico, três temas podem servir para criar uma visão geral das teologias das Ilhas do Pacífico: localização, engajamento público e eclesiologia.

1. Localização: o entrelaçamento de formas ultramarinas do evangelho cristão com as culturas do Pacífico
2. Engajamento público: reflexões teológicas sobre as questões da sociedade
3. Eclesiologia: o estado das igrejas e das denominações

1. Localização: o entrelaçamento de formas ultramarinas do evangelho cristão com as culturas do Pacífico

O discernimento anterior da interação entre as religiões autóctones do Pacífico e o cristianismo usou um modelo principalmente de *confronto*, enfatizando as contradições entre eles. Mais recentemente, os teólogos do Pacífico, que reconhecem em si mesmos uma identidade cultural cristã e local, tenderam a adotar um modelo *transformacional* no qual, por exemplo, o sentido do divino, o respeito pela criação e a reciprocidade do parentesco na religião tradicional é visto como uma preparação para a crença cristã num Deus benevolente e numa ética de *amor. Ou, alternativamente, a teologia recente reconhece a presença de Deus antes da chegada do cristianismo e adota um modelo de *semelhança substancial* entre a religião tradicional e o cristianismo em crenças fundamentais como uma Divindade suprema, um mundo espiritual e os princípios éticos de amor, respeito e integridade. As práticas corruptas, tanto dos povos do Pacífico, como dos cristãos europeus não devem distrair dessa substancial semelhança de crenças.

Assim como suas religiões, há outras dimensões das culturas locais que interagem com as formas importadas do cristianismo. Os *conceitos básicos* das culturas autóctones, como o *mana* (normalmente traduzido por "poder"), *tapu* (normalmente traduzido por "sagrado") e *whenua/vanua/fanua* têm implicações ontológicas, cósmicas, sociais e ecológicas que não são traduzíveis por uma única palavra em nosso idioma. Os protocolos associados a esses conceitos influenciam as relações e a identidade social. Mesmo quando a teologia é escrita em inglês, tais conceitos autóctones servem como intérpretes do entendimento do cristianismo do Pacífico sobre Deus, sobre a pessoa humana, sobre a sociedade e sobre a ecologia.

Alguns *símbolos-chave* na cultura material e ritual também são importantes nas teologias cristãs das ilhas do Pacífico. O cerimonial de beber kava, os recursos vivificantes do côco, as inter-relações do povo, o pertencimento social e cósmico criado por casas comuns ou casas sagradas, as reciprocidades de parentesco — não são apenas sinais de integração social e uma ética de generosidade e hospitalidade do Pacífico, mas também são metáforas centrais para a compreensão do poder salvífico de Cristo na sociedade contemporânea e na adoração cristã. Os rituais tradicionais de acolhimento, encontro, reconciliação, passagem, morte e casamento servem frequentemente para interpretar e aculturar o culto e os *sacramentos cristãos.

A migração de pessoas para dentro e dentro do Pacífico afetou a mistura cultural de muitas nações do Pacífico nos últimos dois séculos. Junto com os povos autóctones, os cidadãos não autóctones de algumas nações do Pacífico tornaram-se conscientes da necessidade de fazer sua própria teologia que não é uma pálida imitação de seus países de origem ancestral. É o caso, por exemplo, dos descendentes de imigrantes europeus nascidos na Nova Zelândia e, cada vez mais, dos descendentes neozelandeses de imigrantes samoanos, tonganeses e islandeses. Esses teólogos estão empenhados na construção de suas próprias identidades religiosas e culturais. Essas identidades não são provenientes de espiritualidades locais tradicionais, mas da busca de um mundo novo que valorize a tolerância, o respeito recíproco entre as culturas, a igualdade social e a participação na igreja e na sociedade.

2. Engajamento público: reflexões teológicas sobre as questões da sociedade

A justiça social é uma das questões abordadas pelos teólogos do Pacífico. A maioria das sociedades do Pacífico enfrentam problemas de crescente desigualdade econômica exacerbada pelo poder das finanças internacionais com sua ideologia de escolha privada e consumo extravagante. A posse da terra, a silvicultura e os recursos naturais são frequentemente um foco para questões de justiça social. A igualdade de gênero também é um tema de discussão teológica, embora a maior parte dessa discussão esteja mais voltada para a igualdade dentro da igreja do que na sociedade. A paz é uma preocupação adicional nos escritos teológicos do Pacífico. Os textos mais recentes concentram-se no conflito civil e na intervenção militar nas próprias nações do Pacífico, particularmente em Bougainville, Ilhas Salomão e Fiji. Tais conflitos fizeram com que os teólogos dessas nações refletissem sobre as causas do conflito, as vias de reconciliação e o papel das igrejas cristãs. As questões ambientais têm atraído a preocupação teológica recente. As ilhas do Pacífico estão sob grave ameaça devido às alterações climáticas, à poluição e à exploração industrial. As atitudes cristãs em relação à criação de Deus são muitas vezes aliadas às cosmovisões e práticas autóctones tradicionais que respeitavam a terra e o mar e a dependência humana em relação a elas.

Subjacentes a essas questões de engajamento público há uma variedade de atitudes entre os teólogos em relação à sociedade em geral e em relação ao Estado em particular. Com algumas exceções radicais, os teólogos parecem satisfeitos com o consenso atual em suas próprias nações embora estas variem de um estado secular em Aotearoa Nova Zelândia, para uma estreita aliança entre igreja e sociedade em Vanuatu, e até mesmo para uma estreita aliança entre a denominação e o estado em Tonga. Existem, no entanto, pequenos bolsões de discordância dessas acomodações confortáveis. Alguns teólogos lamentam sua incapacidade de influenciar as políticas de um estado secular, enquanto outros lançam suspeitas sobre as alianças estado-igreja por causa dos perigos de conivência das igrejas em relação ao racismo (veja Raça, Racismo e Etnia) ou de privilégios políticos.

3. Eclesiologia: o estado das igrejas e das denominações

Os teólogos parecem estar confortáveis dentro das denominações da igreja que seus antepassados aceitaram da Europa, mas descartaram a competitividade dessas igrejas primitivas. Há uma ênfase no *diálogo ecumênico* na teologia — entre faculdades teológicas e nas consultas da igreja, mas trata-se de colaboração respeitosa em vez de buscar a unidade da igreja (veja Ecumenismo). A *reforma da igreja* também está na agenda da teologia do Pacífico, por vezes apoiando uma adaptação das estruturas da igreja à organização social local paralela, ou procurando uma tomada de decisão mais participativa, mas procurando cada vez mais uma pastoral mais adaptada e sensível às culturas e padrões locais das relações. O *papel das mulheres* na teologia e na igreja envolve um chamado para mudanças na autocompreensão e organização da igreja. Autoras de textos teológicos se tornaram mais proeminentes nos últimos anos (veja Teologias Feministas). Enquanto as não autóctones nacionais tendem a assemelhar-se às teólogas norte-americanas, as teólogas autóctones procuram frequentemente recursos nos papéis tradicionais das mulheres, como seus papéis rituais formais, sua experiência de "sentar-se no tapete" na hospitalidade e no serviço como modelo para todo o ministério cristão, ou em sua influência política no parentesco matrilinear.

A eclesiologia do Pacífico está intimamente relacionada com a autoexpressão das igrejas em suas formas de adoração. A aculturação ou *contextualização do culto tem provocado o debate sobre o uso de símbolos e rituais locais no culto cristão, incluindo o uso do vestuário local; a arquitetura que reflete uma ênfase na comunidade e uso de materiais locais, esculturas e tecelagem; tradições de gesto e movimento ritual; e símbolos locais importantes tais como o coco e o kava. A tendência global parece apontar para maior inclusão de tais símbolos no culto cristão.

A maioria dos teólogos é composta por membros das igrejas tradicionais, e as ameaças a essas igrejas são vistas vindo de duas frentes. Uma ameaça vem de novos movimentos religiosos ou igrejas pentecostais e da "prosperidade", principalmente da América do Norte, que atraem membros de igrejas existentes e ignoram a cultura local. A segunda ameaça percebida é a da secularização, que é vista novamente como um europeísmo que promove o individualismo competitivo e ignora a religiosidade do Pacífico.

Uma característica fundamental das teologias das Ilhas do Pacífico é sua experiência da pequenez e diversidade de culturas que é parte integrante da vida no Pacífico e suas percepções da imanência divina. Mesmo enquanto se baseiam nessas diversas tradições para suas teologias contemporâneas, os teólogos do Pacífico estão conscientes, no entanto, de que suas próprias culturas estão mudando em um novo mundo globalizado de migração, tecnologia e comunicação.

Veja também TEOLOGIA ASIÁTICA; TEOLOGIA AUSTRALIANA.

BIBLIOGRAFIA. Catalyst: Social Pastoral Journal for Melanesia (Goroka: Melanesian Institute); DARRAGH, N., *Theology in Aotearoa New Zealand: An Annotated Bibliography* (Auckland: University of Auckland, 2007): hdl.handle.net/2292/447; ERNST, M., org., *Globalization and the Re-Shaping of Christianity in the Pacific Islands* (Suva: Pacific Theological College, 2006); FORMAN, C. W., "Finding Our Own Voice: The Reinterpreting of Christianity by Oceanian Theologians", *IBMR* 29:3 (2005) 115-22; JOHNSON, L. e FILEMONI-TOFAENO, J. A., orgs., *Weavings: Women Doing Theology in Oceania* (Suva: University of the South Pacific, 2003); The Melanesian Journal of Theology (Mt. Hagen: Melanesian Association of Theological Schools); The Pacific Journal of Theology (Suva: South Pacific Association of Theological Schools); URIAM, K., "Doing Theology in the New Pacific", in: *Vision and Reality in Pacific Religion*, Herda, P., Reilly, M. e Hilliard, D., orgs. (Christchurch: Macmillan Brown Centre for Pacific Studies, 2005) 287-311.

N. Darragh

TEOLOGIAS DE CONTEXTO AFRICANO NA AMÉRICA LATINA

Na América Latina e no Caribe, a presença africana e o patrimônio são um legado importante. As primeiras teologias de origem africana referem-se às teologias trazidas pelos negros africanos no século 16; estes continuam a ser vividos nas diferentes religiões de origem africana presentes no continente. Por não haver um livro sagrado que contenha os princípios filosóficos e religiosos dessas religiões, essas teologias são transmitidas pela tradição oral, canções, histórias de origem, símbolos, costumes dietéticos, rituais relacionados aos momentos importantes da vida, na vida diária dos participantes da religião e nas cerimônias e práticas cultuais celebradas por essas comunidades. Reconhecemos o caráter profundamente teológico dessas religiões, mas este artigo limitar-se-á às teologias de origem africana produzidas e sistematizadas após o encontro (e o confronto) e o diálogo entre teologias cristãs e religiões e culturas descendentes da África. Neste contexto, também se encontra uma diversidade de entendimentos e experiências teológicas, tão diversos quanto os nomes e designações que lhe são dados. Uma das classificações que estas teologias têm recebido é Teologia afro-latino-americana e caribenha (TALC). Refere-se à reflexão teológica de agentes negros, mulheres e homens, teólogos, agentes pastorais das comunidades católica e protestante, e também inclui participantes de religiões afro-americanas.

1. Antecedentes e o início da TALC
2. Propósitos e objetivos
3. Características e temas principais

1. Antecedentes e o início da TALC

A *teologia da libertação na América Latina iniciou um processo criativo de reflexão marcado por uma dimensão ética, crítica e profética da experiência cristã. No coração da teologia da libertação está a experiência de Deus entre os pobres. Essa teologia, como instrumento de libertação dos pobres, inspirou e acompanhou o despertar de vários grupos e movimentos que assumem como agentes (sujeitos) a busca da justiça, a construção de novas relações sociais e também a tarefa de refletir sobre a ação de Deus em suas lutas pela libertação. A TALC é uma expressão desse momento e movimento fértil onde novos agentes teológicos fazem ouvir sua voz: mulheres, negros, povos indígenas e camponeses latino-americanos. São novas vozes, novos rostos que trazem novas metodologias, parceiros de diálogo e temas distintos para a teologia.

A TALC é parte de um movimento mais amplo de reflexão sobre a escuridão na sociedade e nas igrejas. A presença afro-latino-americana tornou-se realidade na Igreja Católica Romana na América Latina no final da década de 1970, em preparação para a Conferência de Puebla. O documento final da conferência menciona brevemente a realidade do povo negro, que vive em meio à pobreza no continente:

> Essa situação de pobreza extrema generalizada assume faces muito concretas [...]. Nessas faces devemos reconhecer os aspectos do sofrimento de Cristo, o Senhor, que nos questiona e desafia [...] [na] face [...] também de afro-americanos; com vidas marginalizadas em situações desumanas, podem ser considerados os mais pobres entre os pobres.

Essas palavras são resultado da mobilização de grupos de negros — teólogos e agentes pastorais — em preparação para a conferência, e criaram uma motivação para o trabalho teológico e pastoral em nível comunitário. A primeira conferência pastoral afro-latino-americana foi realizada em 1980 com a participação de negros de vários países. Entre as igrejas protestantes esse trabalho foi promovido pelo Conselho Mundial de Igrejas. Uma expressão desse compromisso foi a criação, em 1968, do Programa de Combate ao Racismo. Portanto, a reflexão teológica negra é resultado de várias experiências de comunidades afro-americanas.

Outro antecedente possível e uma cronologia de referência para a TALC é a Primeira Consulta Ecumênica sobre Teologia e Cultura Negras organizada pela Associação Ecumênica de Teólogos e Teólogas do Terceiro Mundo (ASETT), realizada no Brasil em julho de 1985 com o tema "Identidade Negra e Religião". A consulta contou com trinta participantes de oito países latino-americanos e caribenhos, marcando o início de um processo de sistematização, em nível continental, de reflexões teológicas negras até então locais. A consulta foi seguida por um programa dentro da mesma organização que se tornou responsável pela contínua reflexão sobre o tema.

2. Propósitos e objetivos

Entre os objetivos que a TALC pretende alcançar, podemos citar os seguintes: desenvolver uma crítica do racismo a partir de uma estrutura teológica, particularmente dos seus fundamentos teológicos e do racismo presente na teologia e na igreja; recuperar elementos da experiência cultural e religiosa negra; recriar o cristianismo a partir de um diálogo com culturas e experiências religiosas de origem africana, ou seja, procurar maneiras de viver a vida cristã sem negar elementos herdados da experiência religiosa negra africana; acompanhar e motivar a partir de uma espiritualidade de compromisso, movimentos sociais negros em sua luta contra o racismo, na sociedade e nos espaços eclesiais; refletir e apoiar os negros a resgatar sua identidade, sua consciência social; fortalecer as organizações populares que buscam recuperar e expressar os valores da cultura negra; trazer à tona o tema da escuridão em lugares de reflexão e formação teológica, possibilitando que os novos teólogos, pastores e agentes pastorais superem o quadro de uma formação cristã discriminatória e excludente em relação aos afrodescendentes; abrir igrejas para dialogar com o mundo cultural negro, com sua riqueza simbólica e mítica; e anunciar a presença permanente e a revelação de Deus na história das pessoas de ascendência africana na América Latina e no Caribe.

3. Características e temas principais

A TALC começa como uma teologia narrativa, coletada no intercâmbio de diálogos e experiências entre os afrodescendentes. Quando começou, abordou temas mais imediatamente relacionados com as situações conflituosas vivenciadas pela comunidade negra: o racismo, a exclusão no mercado de trabalho, os negros na educação e os livros didáticos, a discriminação e a prática eclesial; religiões afro e discriminação racial; mulheres negras e *sexismo, entre outros temas. Os temas têm se diversificado, ampliado e aprofundado, mas a relação com a realidade continua como uma chave teológica. Trata-se de uma reflexão baseada na realidade vivida diariamente (*cotidianidad*), recuperando questões relacionadas à sobrevivência, em contextos de *pobreza e exclusão que marcaram a vida e a história dos afrodescendentes. Mas a análise é ampliada para as causas e efeitos da discriminação, conectando-os com realidades e conceitos como *globalização, permanência de estruturas "coloniais", imperialismo, construção do conhecimento e teologia pós-colonial.

A comunidade negra na diáspora latino-americana vive na escuridão. Devido a isso, e à dificuldade de acessar uma história contada a partir da perspectiva das pessoas de ascendência africana, a memória histórica é muito importante para essa teologia. Por *memória* queremos dizer resgatar elementos históricos do passado, mas também a releitura e a reconstrução dessa história através das pessoas, imagens e símbolos que fortalecem o sentido e o sentimento de identidade cultural entre os povos.

Entre os negros o cristianismo chegou como uma religião imposta dentro do contexto do colonialismo e da escravidão. Isso resultou em batismos forçados, mudança de nomes e tratamento de religiões africanas tradicionais como manifestações diabólicas. Como resultado, desde o início as experiências religiosas de proveniência africana foram vividas clandestinamente. Essa situação originou o que tem sido chamado de sincretismo religioso ou catolicismo afro-popular. Mas, mais do que o sincretismo pode-se falar de um paralelismo religioso: Em cada experiência religiosa, tanto a cristã (católica ou protestante) como os contextos africanos conservam, por um lado, as suas próprias características e lugar, mas por outro lado eles se comunicam entre si com uma dinâmica muito especial com base em sentimentos, emoções e necessidades vividos diariamente. Essa realidade religiosa tem gerado o desenvolvimento de temas como a aculturação, o diálogo inter-religioso, o pluralismo religioso e o macroecumenismo.

A realidade que acabamos de descrever está ligada à continuidade das práticas religiosas de origem africana, particularmente em países como o Brasil, com o candomblé; Cuba, com a santería; e Cuba e Haiti com o vudu. Isso desafiou a reflexão teológica da América Latina e do Caribe para criar novos conceitos capazes de visualizar a relação entre essas religiões e as igrejas cristãs, que tem a ver com as relações pessoais, interpessoais e intrapessoais que ocorrem com o paralelismo religioso descrito anteriormente. Dentro dessa preocupação desenvolveu-se o conceito de macroecumenismo. O termo surgiu na primeira Assembleia do Povo de Deus realizada em Quito, Equador, em 1992. A expressão busca a inclusão de diferentes práticas religiosas afro e indígenas dentro da reflexão teológica e do movimento ecumênico.

A realidade das mulheres negras — mais do que um tópico — tem sido uma perspectiva teológica que se destacou dentro da reflexão da TALC. A *teologia feminista negra nasceu na América Latina num duplo desafio. O primeiro é questionar e desconstruir a teologia patriarcal que assumiu um rosto masculino, branco e elitista no continente, fomentando uma teologia machista, etnocêntrica e classicista. Essa teologia patriarcal, hegemônica, que é a expressão do poder colonizador no passado, continua a ser cúmplice e participante nos atuais sistemas de dominação. Outro desafio é propor uma reflexão que faça parte da experiência da fé vivida pelas mulheres negras. Concebemos a teologia como um novo local onde as mulheres negras podem se encontrar, compartilhar, pensar e proclamar suas experiências libertadoras e presenças de Deus. A luta contra a discriminação, o sexismo e o racismo faz com que essa teologia se enraíze nos movimentos e organizações dos pobres e de outros grupos que compartilham situações semelhantes de exclusão que buscam juntos o outro mundo possível: uma sociedade que respeite a vida, proteja aqueles que são mais fracos, permita que cada um exista com dignidade no meio de suas diferenças. A construção de alternativas é outro espaço teológico importante que emerge e que nutre a teologia feminista negra.

A releitura negra da Bíblia foi outro espaço de reflexão que se desenvolveu da TALC. É uma releitura que reforça a dimensão dos pobres como critério para a eleição divina independentemente da etnia da pessoa. Quatro conceitos fundamentais caracterizaram as leituras negras. O primeiro é a experiência do encontro com o Deus libertador. Essa teologia, que também marcou a perspectiva *hermenêutica da teologia da libertação, é assumida pelos negros como o envolvimento de Deus nos esforços e compromissos de buscar uma vida de *justiça, destruindo as exclusões impostas pelo racismo. O segundo fundamento é a suposição de que ser criado à imagem e semelhança de Deus é um princípio de dignidade, valor e recuperação da autoestima. O terceiro conceito fundamental é realmente uma linha de investigação e uma proposta de leitura de textos bíblicos que esteja atenta à recuperação da presença de negros no texto bíblico. Isso significou dedicar particular atenção às genealogias bíblicas e à geografia apresentada nos textos onde os nomes de pessoas ou lugares se ligam à África. Outro elemento considerado nessa leitura são os aspectos antropológicos e teológicos que unem tradições e costumes presentes na Bíblia com as tradições dos povos de origem africana. Finalmente, um quarto fundamento é uma leitura pós-colonial e anti-imperialista que procura desconstruir as leituras racistas dos textos utilizados para discriminar e justificar processos de dominação e submissão de um povo por outro. A TALC é uma voz profética, um permanente convite e desafio ao cristianismo para sair de um quadro de referência exclusivista e entrar na dinâmica dialógica do Espírito, aprendendo a ouvir as muitas e diferentes palavras de Deus.

Veja também POBREZA; RAÇA, RACISMO E ETNIA; TEOLOGIA CARIBENHA; TEOLOGIA LATINO-AMERICANA.

BIBLIOGRAFIA. DA SILVA, A. A., org., *Teología Afroamericana — II Consulta Ecumênica de Teologías y Culturas Afroamericana y Caribeña* (Quito: Ediciones Afroamérica/Centro Cultural Afroecuatoriano, 1998); DA SILVA, M. R., *Teología Afro-Latino-Americana* (Primer Ensayo Ecuménico para una Teología Negra de la Liberación; Quito: Ediciones Afro-América/Centro Afro-Ecuatoriano, 1990); EAGLESON, J. e SCHARPER, P., orgs., *Puebla and Beyond* (Maryknoll: Orbis, 1979); LOPEZ, M. M. e NASH, M. T., orgs., *Abrindo sulcos — para uma Teologia Afroamericana e caribeña* (São Leopoldo: Sinodal, 2003); ROCHA, J. G., *Teologia e Negritude — um estudo sobre os Agentes de Pastoral Negros* (Santa Maria: Gráfica Editora Pallotti, 1998); DE LIMA SILVA, S. R., "Despertando as forças libertadoras do corpo e do texto: Bíblia e negritude", in: *Negra sim, negro sim, como Deus criou — leitura da Bíblia na perspectiva da negritude* (São Leopoldo: EST-CEBI, 2006); Várias, *Beber de fuentes distintas: Teología desde las mujeres indígenas y negras de Latinoamérica* (Quito: Consejo Mundial de Iglesias/CLAI, 2002); Vários, *Cultura negra y teología* (San José: DEI, 1986); Vários, *El negro y la Biblia* (Quito: Ediciones Afroamerica/Centro Cultural Afroecuatoriano, 1992); Vários, *Mundo Negro y lectura bíblica* (RIBLA 19; Quito: RECU/DEI, 2000).

S. R. de Lima Silva

TEOLOGIAS FEMINISTAS

A teologia feminista, entendida no sentido mais básico, é fazer a teologia a partir da perspectiva de uma mulher. O feminismo tem muitas formas diferentes e é expresso de várias maneiras, mas desde suas origens tem caracterizado o esforço para a libertação de todas as formas de opressão ao defender a plena humanidade de cada pessoa. A teologia feminista é uma abordagem para construir a doutrina teológica segundo a qual a experiência das mulheres, seja ela descrita em termos de opressão ou os aspectos positivos do mundo de uma mulher, desempenha um papel particular e significativo na formação da teologia cristã. Nesse sentido, é uma defesa das mulheres, um esforço para incluir as vozes das mulheres como parceiras iguais com vozes masculinas na reflexão teológica, o que historicamente não foi o caso. A história da teologia feminista começou na América do Norte e na Europa e, em seus estágios iniciais, nem sempre levou em conta a situação das mulheres fora dessas regiões. Entretanto, dentro da teologia feminista há um compromisso crescente com o feminismo global e o reconhecimento de que o feminismo tem implicações globais. Quaisquer que sejam as diferenças entre as várias formas de teologia feminista ao redor do mundo, há muito que é compartilhado, especialmente em suas abordagens da Escritura, da doutrina cristã e das questões sociais. Enquanto as teólogas feministas estão representadas agora em todas as partes do globo, as igrejas mais conservadoras muitas vezes têm sido suas críticas.

1. O surgimento da teologia feminista
2. Opressão e a experiência das mulheres
3. A teologia feminista fora do contexto norte-americano e europeu
4. Temas comuns dentro da teologia feminista

1. O surgimento da teologia feminista

Emergindo na década de 1960 a teologia feminista surgiu do movimento feminista geral que defendeu a igualdade de mulheres e homens e trabalhou para libertar a sociedade das injustiças do sexismo. Entretanto, no feminismo, há uma ampla gama de análises de injustiças específicas, níveis de comprometimento com ações libertadoras e opiniões sobre problemas particulares e suas soluções. Durante esse tempo, as teólogas, do ponto de vista da experiência feminina, desafiaram a estimativa da situação humana feita por certos teólogos contemporâneos. Argumentaram que a teologia retratava a condição humana do ponto de vista masculino e fez tal consideração normativa tanto para homens como para mulheres. Esses argumentos chamaram a atenção dos teólogos para o papel significativo da experiência na construção da teologia. As teólogas feministas, conscientes da necessidade de mais trabalho nessa área, também começaram a fazer teologia de um ponto de vista distinto. A teologia feminista não é única no uso da experiência, é claro, mas em seu uso de um aspecto até agora negligenciado da experiência, o das mulheres (Saiving).

1.1. A influência da teologia da libertação. O uso da experiência como fonte valiosa para a reflexão teológica é uma abordagem da teologia *sistemática que as teologias feministas têm em comum com a teologia da *libertação. O trabalho desses teólogos principalmente latino-americanos identificou que toda teologia é uma construção de pessoas particulares e comunidades de fé que confessam sua fé através de metáforas e padrões de pensamento específicos. Além disso, a necessidade de incluir a voz e as experiências de "pessoas insignificantes" também foi reconhecida como uma parte importante de entender Deus. Da mesma forma que os teólogos latino-americanos da libertação, a teologia feminista contemporânea procura dar voz aos sem voz, aos oprimidos, marginalizados e negligenciados.

O ponto de vista fundamental da teologia da libertação é que o Deus de Israel e o Deus de Jesus Cristo toma partido dos pobres, oprimidos e marginalizados socialmente, o que garante que qualquer indivíduo ou grupo marginalizado se envolva na tarefa de reflexão teológica com a intenção de abordar as distribuições injustas de poder (veja Opção Preferencial pelos Pobres). Por causa dessa definição ampla, a influência da teologia da libertação estendeu-se a outras teologias, incluindo a teologia feminista e negra, e os vários ramos dentro delas.

1.2. Androcentrismo e patriarcado. As teólogas feministas entendem a tarefa teológica em grande parte como uma tentativa de dar voz às mulheres e para incluir uma perspectiva feminina na construção de doutrinas teológicas. Eles trabalham para correlacionar os temas libertadores da tradição bíblica e cristã dentro da experiência das mulheres em seu cenário contemporâneo. As teólogas feministas identificaram dois conceitos principais que levam a uma distorção da teologia clássica e, portanto, fornecem racionalidade para sua abordagem particular. Trata-se do androcentrismo, que é a perspectiva que considera o homem como normativo, e o patriarcado, uma ideologia e sistema social que foi o padrão básico do mundo bíblico e, na mente dessas pensadoras, a raiz de todas as formas de opressão.

1.3. Vozes diversas na teologia feminista. Foi nesse contexto que a teologia feminista se desenvolveu ao longo das décadas de 1970 e 1980, com um número crescente de mulheres escrevendo livros e ensinando cursos de teologia sob uma perspectiva feminista. A teologia feminista inicialmente era um empreendimento predominantemente branco, norte-americano e europeu. Logo, porém, as mulheres negras começaram a desafiar as visões feministas predominantes. Semelhante ao problema que as teólogas feministas haviam identificado anteriormente — que uma perspectiva estava sendo retratada como normativa para toda a teologia — feministas de grupos étnicos não brancos alegaram que as teólogas feministas estavam construindo a teologia sob a perspectiva da experiência das mulheres brancas. As feministas afro-americanas, em particular, acusaram o feminismo branco de perpetuar a ideia da humanidade branca como o modelo de toda a humanidade feminina. Ironicamente, elas argumentaram, a teologia feminista estava cometendo o mesmo erro da teologia patriarcal, isto é, promovendo uma compreensão particular da experiência como universal. Enquanto a teologia masculina continua uma compreensão da experiência masculina que foi representada, explícita ou implicitamente, representativa de toda a humanidade, a *intenção* da teologia feminista era representar a experiência de todas as mulheres e assim enriquecer a conversa teológica. Agora, as minorias insistiam em ampliar ainda mais a discussão.

À medida que as mulheres não brancas continuavam identificando e respondendo a esse problema, desenvolveram-se designações específicas que fazem distinção entre essas teólogas feministas e a teologia feminista branca: mulherista (afro-americana), latina/*mujerista* (latina ou hispânica) *minjung* (coreana) e teologia feminista asiática. A tensão entre esses grupos pode ser ilustrada ao e considerar o assunto do sexismo, uma preocupação comum a todas as teologias feministas. Uma descrição da experiência feminista de sexismo deve atender a muitos fatores, pois o sexismo que se experimenta como mulher não pode ser separado da mulher em particular, incluindo sua identidade racial e de classe. Apenas alegar que todas as mulheres sofrem de sexismo e que as mulheres negras, além disso, por exemplo, sofrem de racismo, ignora os contextos muito diferentes da experiência de sexismo das mulheres negras e brancas. Claramente, o sexismo que todas as mulheres podem experimentar não será o mesmo.

2. Opressão e a experiência das mulheres
Embora a experiência das mulheres seja significativamente determinada pelo sexismo, a maioria das teologias feministas caracteriza a experiência das mulheres como fundamentalmente uma experiência de opressão. O que se entende por *opressão*? É uma realidade composta de sexismo que nega às mulheres a plena humanidade e condições de igualdade com os homens, muitas vezes combinada com a exclusão das mulheres da reflexão teológica e um desrespeito por sua voz e contribuição em particular. A maneira como se experimenta ou se descreve essa opressão varia em forma ou grau, e os modos concretos em que ela é vivida são distintos. Por exemplo, a experiência das mulheres negras tem uma complexidade de opressão não encontrada na experiência das mulheres brancas de opressão devido a questões de raça e classe. Embora a opressão seja uma categoria básica dentro da teologia feminista, ela não está isenta de complicações. A experiência da opressão ou do sexismo não pode ser separada da identidade racial ou de classe, porque isso deixa de considerar os contextos dentro dos quais as mulheres experimentam a opressão e como os aspectos da identidade da mulher se entrelaçam. No entanto, as teologias feministas têm razão em se preocupar com a opressão como um aspecto significativo da experiência das mulheres, independentemente dos desafios na definição de tal experiência.

A ênfase na opressão como elemento central da experiência das mulheres leva a teologia feminista a entender que parte de seu propósito é mudar estruturas injustas e sistemas de símbolos distorcidos, tornando possível uma nova comunidade de mulheres e homens em harmonia uns com os outros e com a terra. A lição da teologia da libertação de que a teologia se origina com os pobres e que a fé cristã é interpretada para fora dos pobres e oprimidos do mundo é levada a um novo nível na teologia feminista, que retrata as mulheres como entre os mais pobres e mais oprimidos do mundo. Portanto, não é de surpreender que teólogas feministas de partes do mundo além da América do Norte e da Europa tenham levantado a questão das complexidades da opressão. A opressão e a marginalização vão além do patriarcado para questões de raça, economia e aspectos culturais do sexismo. Quaisquer que sejam as diferenças, as teólogas feministas em todo o mundo estão preocupadas com questões da opressão de gênero.

A experiência fornece a matéria-prima para a reflexão teológica feminista e é o meio pelo qual outras fontes são incorporadas ou excluídas em teologia. No entanto, embora sendo uma fonte importante para a teologia feminista, a maioria das feministas não reivindicaria a experiência das mulheres como única fonte; as Escrituras ainda seriam privilegiadas para muitas, e a tradição também desempenha seu papel. Globalmente, mulheres de vários contextos culturais, étnicos ou sociais adotam uma abordagem semelhante à reflexão teológica feminista, na medida em que começam o discurso teológico com sua própria experiência. Tal abordagem está de acordo com a teologia da libertação, que considera adequada reflexão teológica combinando Escrituras e tradição na conversação com a experiência vivida. Semelhante à teologia da libertação, a teologia feminista argumenta que as perspectivas das mulheres foram negligenciadas no que elas perceberam como teologia androcêntrica. Portanto, a experiência concreta e vivida das mulheres é crítica para uma abordagem pragmática da teologia feminista que vê a ação em relação à reflexão, que por sua vez leva a novas ações e reflexões. O que pensamos tem um impacto direto sobre o que fazemos, mas o que fazemos também influencia nossa reflexão, mesmo nossa reflexão sobre a Escritura.

3. A teologia feminista fora do contexto norte-americano e europeu

A experiência das mulheres é extremamente diversa e não existe coisas como uma experiência genérica de mulheres a que uma teologia feminista genérica poderia responder. Essa diversidade levou ao surgimento de várias teologias feministas à medida que as mulheres em todo o mundo lutam com o impacto do sexismo dentro de sua particular localização social, política e histórica. Além disso, em vez de apenas um exercício acadêmico ou intelectual, a teologia é uma atividade, um processo contínuo enraizado na prática e orientado para a transformação, pessoal e social — uma transformação incorporada na prática, da qual surge mais reflexão teológica. Em relação a essa ênfase, a teologia feita por mulheres fora da Europa e da América valoriza a participação de não acadêmicos bem como de teólogos profissionais. Na compreensão da experiência cristã, as vozes das comunidades autóctones muitas vezes podem ser tão valiosas quanto as contribuições acadêmicas.

3.1. Distinções gerais dentro das teologias feministas globais. Dentro da teologia feminista à medida que ela é construída fora da América do Norte e da Europa, encontramos algumas distinções gerais. Na América Latina, questões sociopolíticas relacionadas a luta de classes é um foco primário. Para as teólogas africanas, as preocupações culturais e o contexto da indigenização são importantes; na Ásia, o pluralismo religioso e o diálogo inter-religioso são sistematicamente focados.

3.2. A teologia feminista no palco mundial. A voz formal da teologia feminista do Terceiro Mundo surgiu no contexto da Associação Ecumênica de Teólogas do Terceiro Mundo (EATWOT, em inglês). A EATWOT reconhece que não existe uma única "teologia do Terceiro Mundo". Apesar das experiências comuns de opressão e exploração, as experiências e manifestações particulares e as experiências de opressão das mulheres todas variam. Na sua fundação em 1976, a EATWOT tinha poucas mulheres membros; entretanto, o número de mulheres envolvidas na organização cresceu, e numa reunião de 1981 de EATWOT em Nova Deli, o feminismo foi levantado como um trabalho importante da teologia do Terceiro Mundo. Anteriormente, as experiências políticas e socioeconômicas eram o foco principal da teologia do Terceiro Mundo. Agora, a teóloga africana Mercy Amba Oduyoye anunciou "a irrupção dentro da irrupção" — a decisão da EATWOT de estar envolvida nas lutas das mulheres. Desse ponto em diante, a rede entre mulheres teólogas no Terceiro Mundo ganhou ímpeto e visibilidade. A ênfase vitalizada da EATWOT sobre as preocupações das mulheres não se destina a ser simplesmente um desafio para o Ocidente dominante, mas envolve o cristianismo e a igreja em todo o mundo. Essa é uma busca dos hemisférios Norte e Sul pela plena humanidade para todas as pessoas.

3.2.1. Teologia feminista asiática. A posição marginal das mulheres asiáticas tornou-se central para a articulação da teologia para essas mulheres. Ela leva em conta a experiência colonial e as lutas pela independência. Na Ásia, o patriarcado não é apenas uma questão de supremacia masculina e centralização masculina, é também um sistema social de controle e dominação, incluindo os colonizadores sobre os colonizados, a elite sobre as massas, o clero sobre os leigos. No sistema de castas da Índia, encontramos uma expressão particular desse tipo de opressão. Na Ásia, o empoderamento das mulheres envolve um paradigma alternativo sobre e contra o processo do patriarcado que afeta a vida. O método é muito semelhante ao feminismo ocidental, mas a experiência é distinta. A teologia das mulheres asiáticas enfatiza a experiência de sofrimento e luta das mulheres e, portanto, procura proporcionar-lhes uma experiência melhorada de poder.

A forma como o sujeito do sofrimento é visto a partir de uma perspectiva feminista asiática exemplifica como o contexto particular de uma mulher molda sua experiência de opressão. Em contraste com a teologia branca feminista ocidental, que tende a não dar a devida atenção ao sofrimento como uma experiência significativa para as mulheres, a teologia feminista asiática considera o sofrimento uma parte importante do autoentendimento das mulheres asiáticas e que permite às mulheres identificar-se com Jesus Cristo. As mulheres asiáticas sofrem opressão em muitos níveis (econômico, político, cultural) simplesmente porque são mulheres. Em outras palavras, muitas mulheres asiáticas experimentam uma falta de humanidade plena, uma percepção que é exacerbada por práticas como o desejo de filhos em vez de filhas e a prostituição extensiva. Para muitas mulheres asiáticas, o cristianismo tem sido liberador porque desafia o controle das estruturas familiares e de gênero.

3.2.2. Teologia feminista africana. O contexto da pobreza, o legado do colonialismo e do neocolonialismo moldam a teologia das mulheres na África. A teologia das mulheres africanas é profundamente contextual, tendo em conta a religião, a cultura e os desenvolvimentos socioeconômicos e políticos. A relação entre cultura e religião é uma questão-chave na África: como os africanos devem relacionar a cultura indígena, a cultura ocidental e a cultura religiosa? As mulheres africanas têm de lutar contra o patriarcado dentro de suas próprias tradições, mas também contra o legado do feminismo colonialista. A aculturação e a libertação são os grandes eixos da teologia africana. Embora existam opressões religiosas e culturais das mulheres na África que as feministas ocidentais frequentemente observam (por exemplo, poligamia, mutilação genital), a questão do sofrimento das mulheres sob a injustiça econômica é igualmente significativa. Para as mulheres na África, o feminismo inclui aspectos socioeconômicos, religiosos e culturais — não simplesmente questões relacionadas à sexualidade/sexismo como no Ocidente.

Em Gana, 1989 marcou um momento decisivo para a teologia africana, uma vez que as mulheres enfatizavam a necessidade de vozes das mulheres no projeto teológico da África. Até esse ponto, as mulheres não haviam sido assuntos de suas próprias experiências e análise. O grupo que surgiu em 1989 foi o Círculo das Teólogas Africanas Preocupadas, que realizaram pesquisas continuadas, análise, textos e publicação sobre o impacto das religiões e culturas em suas vidas. O autoentendimento desse grupo considera a teologia das mulheres africanas uma teologia aplicada: não se limita a denunciar a injustiça, mas procura conceber formas práticas de lidar com as injustiças. É também um apelo à transformação pessoal e social. Com efeito, não existe uma teologia universal das mulheres africanas. Ela valoriza a humanidade das mulheres como aquelas criadas à imagem de Deus e está trabalhando na leitura da Bíblia através dos olhos culturais das mulheres africanas.

3.2.3. Teologia feminista latino-americana. A teologia feminista latino-americana é uma reflexão crítica sobre a experiência da mulher sobre Deus em suas práticas socioeconômicas, eclesiais e intelectuais. Trata-se de uma crítica das organizações sociais baseadas na hierarquia, dentro e fora da igreja. Através da reflexão teológica crítica surge um compromisso com as relações sociais liberadoras, demonstrando a função transformadora da teologia. A expressão teológica feminista na América Latina parte da experiência vivida, das realidades vitais e cotidianas da vida das mulheres. Um exemplo de tal experiência pode ser encontrado no trabalho das mulheres nas comunidades eclesiais de base, que é uma forma de organizar os ministérios na igreja e é direcionado para as necessidades vitais de uma comunidade local. Esse tipo de trabalho é uma expressão particular da reflexão teológica feminista na América Latina. Na América Latina, o teólogo é visto como um porta-voz e aliado para aqueles cujas vozes estão clamando para serem ouvidos, as mulheres pobres da América Latina. Como resultado, a distinção entre clero e leigos é minimizada, e a voz da pessoa comum é altamente valorizada. Neste contexto não hierárquico, a Bíblia é lida em conjunto entre mulheres estudiosas da Bíblia e mulheres de comunidades pobres, a fim de se obter uma compreensão mais profunda do significado dos textos bíblicos.

3.3. *A teologia feminista global como seu próprio movimento.* Deve-se notar que as teólogas feministas fora da América do

Norte e da Europa enfatizam que o seu movimento não é apenas um afastamento do feminismo branco, mas um movimento em si mesmo no qual as mulheres lutam pela libertação em seus próprios países. O acesso ao ensino superior, e particularmente à educação teológica, levou ao crescimento e ao desenvolvimento da teologia feminista nos países em desenvolvimento. Isso leva ao empoderamento das mulheres e à extensão de redes informais e formais nas quais o diálogo teológico feminista pode florescer.

4. Temas comuns dentro da teologia feminista

Apesar das distinções entre as feministas da América do Norte e de outros lugares, existem questões teológicas importantes e comuns a todas. Metodologicamente, muita coisa é compartilhada entre teólogas feministas de todas as partes do globo; isto é, a reflexão teológica é abordada a partir da perspectiva e da experiência das mulheres. Dentro dos estudos bíblicos, todas as teólogas feministas empregam uma hermenêutica que chama a atenção para a opressão vivida pelas mulheres como resultado de influências culturais, religiosas e coloniais. As pesquisas bíblicas feitas por feministas muitas vezes tentam recuperar imagens e histórias perdidas ou negligenciadas, criticam material opressivo, leem entre as linhas para evidenciar a igualdade nas sociedades primitivas e revelam o potencial libertador das Escrituras que pode ser enterrado sob camadas de relatos patriarcais, linguagem e interpretações. A teologia sistemática apresenta uma ampla gama de tópicos com os quais as teólogas feministas se envolvem de seu ponto de vista particular. Primordial entre estes é a *cristologia em que a questão de um salvador masculino salvando mulheres foi levantada. Em relação à doutrina de *Deus, as teólogas feministas criticam a tendência de pensar que Deus é homem e trabalham para recuperar imagens femininas e linguagem para Deus. Essas são apenas algumas das áreas do discurso teológico em que as feministas tiveram um impacto contínuo, mas há muitas outras, como a antropologia, a eclesiologia e a espiritualidade. Não importa a área de foco, muitas das mesmas questões emergem: linguagem, imagens e símbolos para Deus, mulheres no ministério ordenado, autoridade das Escrituras e antropologia teológica.

Apesar das contribuições positivas da teologia feminista, as limitações à metodologia também limitam seus benefícios. A principal delas é a categoria da experiência das mulheres, sua definição e uso. O conteúdo da experiência das mulheres é difícil de definir, porque não há compreensão da experiência das mulheres que seja representativa ou aceitável para todas elas — nem deve haver. Ainda mais problemático é o uso da categoria como base para o método teológico. Certamente é benéfico usar a experiência das mulheres — ou, de fato, a experiência de qualquer pessoa — como uma fonte na teologia, desde que isso seja moldado pelo conhecimento de Deus e de sua revelação, em vez de ser o que molda esse conhecimento. Enquanto a voz e a experiência das mulheres de todos os contextos devem ser valorizadas, ela deve ser considerada em relação às Escrituras e à tradição bíblica como uma fonte teológica em vez de funcionar como a fonte primária ou norma para fazer teologia. Fazer a teologia feminista cristã apresenta bem o desafio de deter muitas coisas em tensão: definições concorrentes da experiência das mulheres, seu papel como fonte de teologia e respeito pelas múltiplas vozes de todas as mulheres e homens.

Veja também Teologia da Libertação; Teologia Mujerista; Teologia Mulherista.

Bibliografia. Aquino, M. P., *Our Cry for Life: Feminist Theology from Latin America* (Maryknoll: Orbis, 1993); Chung, H. K., *Struggle to Be the Sun Again: Introducing Asian Women's Theology* (London: SCM, 1991); Fabella, V. e Oduyoye, M. A., orgs., *With Passion and Compassion: Third World Women Doing Theology* (Maryknoll: Orbis, 1988); Fabella, V. e Park, S. A. L., orgs., *We Dare to Dream: Doing Theology as Asian Women* (Maryknoll: Orbis, 1989); Johnson, E., *She Who Is: The Mystery of God in Feminist Theological Discourse* (New York: Crossroad, 1992); King, U., org., *Feminist Theology from the Third World* (Maryknoll: Orbis, 1994); Oduyoye, M. A. e Kanyoro, M. R. A., orgs., *The Will to Arise: Women, Tradition, and the Church in Africa* (Maryknoll: Orbis, 2001); Radford Ruether, R., *Sexism and God-Talk: Towards a Feminist*

Theology (London: SCM, 1983); SAIVING, V., "The Human Situation: A Feminine View", in: *Womanspirit Rising: A Feminist Reader in Religion*, Christ, C. P. e Plaskow, J., orgs. (2. ed.; San Francisco: Harper & Row, 1992) 25-41; TAMEZ, E., *The Amnesty of Grace: Justification by Faith from a Latin American Perspective* (Nashville: Abingdon, 1993); WILLIAMS, D., *Sisters in the Wilderness: The Challenge of Womanist God-Talk* (Maryknoll: Orbis, 1993).

L. Peacore

TEOLOGIAS LOCAIS

Teologias locais são teologias que foram desenvolvidas para expressar o significado de Deus e os grandes temas do estudo de *Deus (teologia) em contextos específicos. Essa tentativa consciente de abordar tais contextos começou em meados do século 20, e o interesse continua no século 21. A intenção é dar interpretações do evangelho tanto em locais específicos, como contribuir para a expressão mundial da teologia na sociedade global.

1. Terminologia
2. Origens
3. Desenvolvimento
4. Avaliação e perspectivas

1. Terminologia

Diferentes termos são usados para designar as teologias locais. A própria terminologia indica ênfases distintivas na interação de teologia, contexto e cultura. Nos primeiros usos da década de 1960, especialmente nos círculos protestantes e evangélicos, essas teologias foram chamadas de "teologias nativas" ou "etnoteologias", ecoando o fim da era colonial e a missão para "as nações", respectivamente. Em 1972, Shoki Coe introduziu o termo "teologias contextuais", enfatizando as interpretações teológicas de contextos específicos e crescendo a partir deles. As teologias contextuais e seu processo teológico, a *contextualização, tornaram-se a terminologia padrão nos círculos protestantes (embora também usados por muitos autores católicos romanos). Por volta da mesma época, os jesuítas introduziram o termo "aculturação", em que a ênfase foi colocada na mensagem do evangelho que entra numa cultura específica, seguindo o termo teológico "encarnação", conforme expresso em João 1.14.

"Aculturação" tornou-se o termo preferido nos círculos católicos romanos. A designação "teologias locais" surgiu em meados da década de 1970 para especificar as teologias com um foco local e não a pretensão universal da maioria das teologias acadêmicas e pastorais. Na Grã-Bretanha, as "teologias locais" assumiram o significado adicional de teologias desenvolvidas para abordar questões sociais entre aqueles que estão à margem da sociedade (por exemplo, racismo e pobreza). Hoje, "contextual", "aculturado" e "local" são frequentemente usados de forma mais ou menos intercambiável.

2. Origens

Enquanto as preocupações com a expressão de práticas e doutrinas cristãs em novos contextos remontam ao debate entre judeus e gentios no Novo Testamento, a preocupação moderna pela expressão teológica em contextos até então não cristãos aparece pela primeira vez em 1955, quando um grupo de padres católicos da África francófona publicou um volume intitulado *Les pretres noirs s'interrogante* (Os padres negros se questionam), expressando descontentamento com a teologia europeia como estava sendo transplantada para a África. No entanto, as teologias locais não começaram a proliferar até que as questões metodológicas começassem a ser abordadas. A *Teologia da Libertação* de Gustavo Gutierrez (1971) marcou o início da reflexão teológica sobre as questões da pobreza e da opressão, tal como foram encontradas na América Latina. A fundação da Associação Ecumênica de Teólogos do Terceiro Mundo (AETTM) em meados da década de 1970 marcou o início das teologias da libertação como um movimento genuíno.

O que as teologias da libertação fizeram para as teologias locais que se concentraram nas questões sociais, a reflexão sobre a cultura começou a fazer para as teologias locais brotando do movimento de descolonização. O primeiro livro amplamente lido a se concentrar na cultura e métodos culturais em teologias locais foi *Christianity in Culture: A Study in Dynamic Biblical Theologizing in Cross-Cultural Perspectives* (O Cristianismo na Cultura: um Estudo da Teologização Bíblica Dinâmica nas Perspectivas Transculturais [1979]), de Charles Kraft. Depois foi publicado *Constructing Local Theologies* (Construindo Teologias Locais [1985]), de Robert Schreiter. Estes dois, escritos respectivamente por um antropólogo evangélico e um teólogo católico romano, são os livros mais citados sobre o método. Outras obras que apareceram mais ou menos na mesma época foram dos autores evangélicos David Hesselgrave, *A Comunicação Transcultural do Evangelho* (1978), e Paul Hiebert, *Anthropological Insights for Missionaries* (*Insights* Antropológicos para Missionários [1985]. Os dois últimos se inclinam mais para a antropologia do que para a teologia. Outros livros sobre o método apareceram desde então e tendem a se basear nesses trabalhos anteriores. Um exemplo que pode ser citado é Clemens Sedmak, que publicou em 2002 *Doing Local Theology* (Fazendo Teologia Local).

3. Desenvolvimento
No meio século desde que as teologias locais se desenvolveram, passaram por uma série de transformações. Um desses conjuntos de mudanças tem a ver com a localização geográfica. Na primeira fase do seu desenvolvimento (aproximadamente 1955-1990), as teologias locais situaram-se principalmente na África, Ásia e América Latina. Elas surgiram como resposta às insuficiências percebidas das teologias europeias e norte-americanas predominantes. As últimas teologias tinham a pretensão de ser teologias "universais", isto é, falar a verdade sobre Deus para cada tempo e lugar. Mas essas teologias às vezes ignoravam as questões e problemas nos outros continentes. Nem essas teologias universais falam em categorias que correspondem aos quadros da experiência da realidade do resto do mundo. A visão era muitas vezes que o resto do mundo precisava "alcançar", por assim dizer, com a Europa e a América do Norte. Essa visão colonialista da maior parte do mundo pareceu ainda mais estranha, já que muitos autores (especialmente na África) observaram que a visão de mundo de seus povos estava realmente mais próxima das visões de mundo bíblicas do que o Ocidente modernizado.

Não só inadequação, mas também um certo orgulho em fazer algo novo pode ser encontrado naquelas primeiras teologias locais. Construir uma teologia local fazia parte da construção da nação que estava acontecendo depois da independência das potências europeias coloniais. Fazia parte da "terceira via" entre o capitalismo e o comunismo que inspirou o encontro de nações não alinhadas em 1955 em Bandung, na Indonésia, onde o termo "Terceiro Mundo" havia começado a ser empregado (embora tenha sido abandonado em grande parte, porque viera a conotar "terceira classe").

As teologias locais assumiram um novo significado a partir de meados da década de 1980. Já antes dessa época, afro-americanos e latinos nos Estados Unidos haviam começado a apropriar-se dos métodos e do interesse das teologias locais fora dos Estados Unidos como forma de dar voz ao seu status de minorias oprimidas. Mas, a partir de meados da década de 1980, os teólogos europeus e norte-americanos tradicionais começaram a adotar os métodos das teologias locais para lidar com o declínio do que antes eram sociedades cristãs. Lesslie Newbigin, retornando à Inglaterra de anos trabalhando como um missionário na Índia, apelou para um renascimento da fé no que se tinha transformado um país secular em grande parte. O papa João Paulo II, do lado católico romano, falou de uma "nova evangelização", que significou o renascimento da fé na Europa e na América do Norte. As teologias locais, nesse sentido, se tornaram instrumento para o renascimento da fé em sociedades que pareciam tê-la perdido ou descartado. Nos Estados Unidos, grupos inspirados em Newbigin, como *The Gospel* e *Our Culture Network*, seguiram seus passos.

Desde meados da década de 1990, um terceiro desenvolvimento pode ser detectado. O impacto mundial da *globalização capturou muitas sociedades numa luta entre uma homogeneização da cultura resultante de poderosas forças consumistas (emanando especialmente dos Estados Unidos) e a resistência local a essas forças para afirmar a autonomia e a própria história e patrimônio da sociedade. Essa luta produziu um novo tipo de teologia local em todos os continentes, que tenta afirmar o testemunho local da fé em meio às forças econômicas e sociais desumanizadoras.

Um segundo conjunto de mudanças nas teologias locais pode ser discernido em qualquer local, dado que os contextos dessas teologias mudam. Dois exemplos podem ser suficientes. O termo "teologias locais" foi amplamente utilizado na África do Sul pré--apartheid para designar as teologias negras desenvolvidas na luta contra a "teologia da igreja" que apoiava ou tolerava o *apartheid*. Quando o *Apartheid* legal chegou ao fim, novos elementos tiveram de ser introduzidos. Uma dessas propostas (embora não sem oposição) foi desenvolver uma teologia da "reconstrução", tomando como modelo bíblico a reconstrução de Jerusalém depois do exílio. Na América Latina, grande parte das teologias da libertação das décadas de 1970 e 1980 tinha sido desenvolvida no contexto dos estados de segurança nacional. Na década de 1990, essas ideologias haviam desaparecido e o desafio social mudou para o impacto da globalização nos países mais pobres. Em meio ao reexame de contextos, também se fez uma tentativa de desenvolver teologias locais em comunidades autóctones, área que havia sido largamente negligenciada no auge do interesse pelas teologias da libertação.

4. Avaliação e perspectivas

Dado o caráter interativo da comunicação que continua a crescer em um mundo globalizado, parece seguro dizer que as teologias locais serão um fenômeno duradouro para o futuro previsível. Embora as forças da globalização sejam poderosas e homogeneizadoras, a maioria das pessoas ainda vive suas vidas localmente. Dar voz à fé nas circunstâncias concretas de seu contexto significa que há um lugar para uma teologia local. Dada também a persistência da opressão, da discriminação e do racismo, haverá também a necessidade de uma teologia local. Ao mesmo tempo, as teologias locais podem parecer separatistas e até mesmo elitistas. Elas poderiam ser vistas como contribuindo para a fragmentação das sociedades pós-modernas. E num mundo instável e conflituoso eles podem parecer ser fontes de separação e perigo. Nesses casos, pode-se compreender os apelos à eliminação de teologias locais em favor de teologias unicamente universais ou universalizantes. Mas talvez seja melhor ver a necessidade de ambas: um veículo para os cristãos confessarem seu compromisso comum com Cristo e um meio de mostrar o que significa viver uma vida cristã em cada tempo e lugar.

A fé cristã, afinal, tem dimensões universais — abrangendo toda a humanidade — e um lugar particularista na vida de cada cristão.

*Veja també*m Contextualização; Método Teológico.

Bibliografia. Gutiérrez, G., *A Theology of Liberation* (Maryknoll: Orbis, 1972) [edição em português: *Teologia da Libertação* (Petrópolis: Vozes, 1975)]; Hesselgrave, D., *A Comunicação Transcultural do Evangelho* (São Paulo: Vida Nova, 1995), 3 vols.; Hiebert, P., *Anthropological Insights for Missionaries* (Grand Rapids: Baker, 1985); Kraft, C., *Christianity in Culture: A Study in Dynamic Biblical Theologizing in Cross-Cultural Perspective* (Maryknoll: Orbis, 1979); Newbigin, L., *Foolishness to the Greeks: The Gospel and Western Culture* (Grand Rapids: Eerdmans, 1986); Northcott, M., org., *Urban Theology: A Reader* (London: Cassell, 1998); Schreiter, R., *Constructing Local Theologies* (Maryknoll: Orbis, 1985); idem., *The New Catholicity: Theology Between the Global and the Local* (Maryknoll: Orbis, 1997); Sedmak, C., *Doing Local Theology: A Guide for Artisans of a New Humanity* (Maryknoll: Orbis, 2002).

R. Schreiter

TEOSIS. *Veja* Deificação, Teose.

TERCEIRA ONDA. *Veja* Batalha Espiritual; Movimentos Carismáticos.

TERRA

O tema da terra nas Escrituras é surpreendentemente rico e abrange a história bíblica da criação à nova criação e envolve dimensões éticas e missionais.

1. A terra na perspectiva da criação
2. A terra de Israel na perspectiva do Antigo Testamento
3. A terra no Novo Testamento e na perspectiva escatológica

1. A terra na perspectiva da criação

Embora as palavras hebraicas para a terra e para o solo (*eres* e *adama*) possam ser usadas de certa forma indistintamente, esta última geralmente significa terra no sentido do solo — a porção cultivada da superfície da terra, o lugar da habitação humana. A terra, nesse sentido, como parte do ensinamento da

Bíblia sobre a terra como um todo, também deve ser colocada dentro da doutrina bíblica da criação. Pelo menos três coisas podem ser afirmadas sobre a terra a partir dessa perspectiva da criação.

Ela foi declarada boa por Deus. A bondade da criação é uma afirmação bíblica fundamental. A terra é incluída particularmente como a fonte de tanto proveito criativo e bênção — como testemunham muitos Salmos. O valor positivo da terra está mais refletido no mandato ecológico (que devemos governar e servir a terra sob a autoridade de Deus, Gn 1. 27-28; 2.15), e na tarefa econômica (que devemos nos engajar no processo do trabalho produtivo).

Ela foi declarada amaldiçoada por Deus. Em resposta à rebelião e à desobediência humana, Deus declarou: *Maldita é a terra [adama] por tua causa* (Gn 3.17). O resultado é a luta dolorosa, estressante e frustrante que a humanidade tem sobre o solo, apenas para sobreviver na Terra. É essa maldição que Lameque, pai de Noé, desejava ter lançado ao citar seu filho (Gn 5.29) e que, na visão escatológica da Bíblia, acabará por não mais existir (Ap 22.3).

Ela foi declarada como pactuada por Deus. A narrativa do dilúvio é um protótipo de ambos os lados da resposta de Deus à terra amaldiçoada: destruição e renovação. Um velho mundo pecaminoso pereceu. Um novo mundo começou quando Noé saiu da arca no monte Ararate. Os ecos da narrativa da criação são fortes em Gênesis 8.15-17. Era, naturalmente, o velho mundo ainda não lavado de seu pecado, como a narrativa mostra rapidamente. Mas toda a história se torna o sinal não só do compromisso da aliança de Deus com toda a vida na terra enquanto ela dura (Gn 8.20-9.17), mas também do próximo julgamento final e da renovação — a nova criação (cf. 2Pe 3).

As narrativas da criação, então, colocam a terra dentro da tensão dessas realidades. A terra é boa, porque Deus a fez. A terra é amaldiçoada, porque temos pecado. A terra é pactuada, pois Deus fez promessas que a incluem em seu propósito último para toda a criação.

2. A terra de Israel na perspectiva do Antigo Testamento
2.1. A aliança com Abraão: A terra como parte integral da bênção redentora. Não é de surpreender, portanto, que a promessa da aliança que realmente lançou a obra da redenção na história incluísse a terra em seus termos. De fato, em termos puramente estatísticos, a terra é claramente a nota dominante na promessa ancestral. De quarenta e seis referências à promessa abraâmica de Gênesis a Juízes, apenas sete não mencionam a terra enquanto vinte e nove se referem exclusivamente a ela (por exemplo, em Gênesis 28.4, a "bênção de Abraão" é simplesmente a posse da terra).

Há, portanto, uma continuidade e consistência em toda a história bíblica. Gênesis 1 — 11 mostra a humanidade na terra de Deus, mas vivendo num estado de alienação dela e com anseio de restauração e remoção da maldição da terra. A visão final das Escrituras procura uma nova criação na qual Deus habitará mais uma vez com a humanidade redimida. A aliança redentora da graça com Abraão, portanto, inclui a terra para captar, num contexto particular e local, o que em última análise será universal: isto é, abençoar não só todas as nações, mas também a toda a Terra.

2.2. A terra de Israel como microcosmo da Terra. Resulta do ponto acima que a terra do Antigo Testamento Israel tem de ser vista à luz da universalidade da aliança de Abraão, bem como sua particularidade. Isto é, enquanto o dom histórico da terra para as tribos de Israel é certamente descrito no Antigo Testamento como a fidelidade de Deus à sua promessa a Abraão, essa promessa tinha como finalidade a bênção de todas as nações. Os outros dois ingredientes principais da promessa abraâmica também têm intenção universal: a *posteridade* (o fato de que Abraão se tornaria uma nação através da qual Deus traria bênção a todas as nações) e a *relação* (a singular relação de aliança entre Deus e Israel, que o próprio Antigo Testamento prevê como estendendo-se finalmente às nações). O elemento *terra* da promessa abraâmica deve então ser visto consistentemente no mesmo contexto universal. O Israel do Antigo Testamento possuía sua terra como parte de sua missão em relação ao resto das nações e como parte da intenção redentora de Deus para toda a terra. Esse é um ponto vitalmente importante no que diz respeito ao conceito de eleição.

Agora, esse vínculo entre a terra de Israel e toda a terra pode ser visto *escatologicamente*. Mas também é de vital importância como base para uma compreensão *paradigmática* da relevância do Israel do Antigo Testamento para outras culturas e sociedades separadas pela história e geografia. Israel foi criado e comissionado para ser "uma luz para as nações". Havia, portanto, um sentido no qual tudo o que estava relacionado com eles era exemplar em princípio. As doações da terra para viver e a lei pela qual viver eram intrínsecos à forma como Deus moldou Israel para ser um povo modelo. Todo o tempo em que se estudam as particularidades das estruturas sociais, econômicas e políticas de Israel, é preciso ter em mente o objetivo universal da existência de Israel em primeiro lugar (Wright, 2004).

2.3. Propriedade divina, presente divino.
Entre os mais claros paralelos entre o ensino da criação sobre toda a terra e a teologia de Israel de sua própria terra estão os temas gêmeos da propriedade divina e do presente divino. A base da criação do ensino do Antigo Testamento nos dá duas verdades complementares sobre a terra: por um lado, pertence a Deus que a fez (1Cr 29.11, Sl 24.1; 89.11; 95. 4-5; Jr 27. 4-7); por outro lado, foi dado e confiado aos seres humanos (Gn 1. 28-30, Sl 8. 6; 115.16). Deus, como proprietário final, retém, assim, o direito de controle moral sobre como a terra é usada. Os seres humanos são responsáveis perante Deus pelo cuidado e uso da terra e de todos os seus recursos.

O sistema de posse da terra de Israel incorporou os mesmos dois princípios. Por um lado, a terra era a doação de Deus para Israel, uma parte essencial da promessa a Abraão e uma prova tangível de sua fidelidade. Como sua "herança", ela estava no centro de sua relação de aliança com Javé. Por outro lado, a terra ainda era propriedade de Deus (Lv 25.23), de modo que como proprietário divino Deus retinha a autoridade sobre como devia ser usada. Assim, todo o sistema econômico de Israel estava sujeito à crítica moral de Deus. A conexão paradigmática entre Israel como sociedade e o resto da humanidade significa que podemos fazer uso positivo das leis abrangentes e detalhadas de Israel e as instituições sobre a distribuição e o uso da terra com nossos próprios esforços para pensar biblicamente sobre a ética econômica e ambiental em nossos dias.

2.4. Valores da criação na economia do Antigo Testamento. Quando examinamos os detalhes da legislação econômica de Israel, é possível ver como muito dela foi voltada para restaurar valores de criação — isto é, valores que podemos perceber como inerentes nas narrativas de criação no que diz respeito ao relacionamento humano com a terra, tais como o acesso compartilhado aos recursos, o valor do trabalho, a expectativa da atividade econômica e do crescimento, a necessidade de justiça na utilização e compartilhamento de tudo o que é produzido. Assim, podemos assumir cada um destes quatro princípios:

O acesso compartilhado ao uso da terra e seus recursos foi construído na distribuição inicial da terra entre as tribos no momento do assentamento. O propósito foi deixado muito claro — que cada tribo, clã e família devem ter recursos suficientes de acordo com seu tamanho e necessidades (Nm 26.52-56; Js 13 — 19).

O direito e a responsabilidade do trabalho produtivo refletem-se no número considerável de leis relativas ao trabalho de seres humanos e animais, escravos, mão-de-obra contratada, condições de trabalho, tratamento pelos empregadores, pagamento, descanso do sábado e das festas e assim por diante. (e.g., Êx 20.8-11; 21.1-6, 20-21, 26-27; 23.12; Lv 19.13; 25.39-40, 43; Dt 24.14-15; 25.4; Jó 31.13-14; Is 58.3-14; Jr 22.13).

O crescimento econômico dos bens materiais e das provisões é validado e colocado sob cuidadoso controle e crítica. O mesmo capítulo de Deuteronômio que aponta para a meta de abundância e suficiência dada por Deus (Dt 8.7-10) também destaca os perigos do excedente excessivo (Dt 8.11-18). O mais interessante, e de grande efeito prático em Israel em toda a sua história bíblica, até onde as evidências mostram, foi o princípio da inalienabilidade da terra da família. A terra em si não devia ser tratada como uma mercadoria comercial, para especulação privada e lucro. Não poderia ser comprada ou vendida, exceto dentro dos grupos de parentesco (Lv 25. 23-28). A história de Nabote (1Rs 21) e seu contexto mostra que a violação desse princípio envolveu uma capitulação a uma cosmovisão religiosa estrangeira, por um lado, e a grosseira invasão da injustiça rural, por outro.

A justiça no uso e na distribuição do produto da atividade econômica na terra é também uma preocupação principal da lei do Antigo Testamento. Pode haver todos os tipos de razões imponderáveis por que algumas pessoas se tornam mais ricas e outras mais pobres. A lei procura corrigir esse desequilíbrio econômico por meio de medidas estruturais que visam ao controle da dívida especialmente (Êx 22.25; Lv 25. 36-37; Dt 23:19-20; 24: 6, 10) e outras táticas para aliviar a pobreza e restaurar os pobres a uma participação digna na comunidade: direito de respigar (Lv 19.9-10, Dt 24.19-22), armazenamento e distribuição do dízimo trienal (Dt 14: 22-27; 26: 12-15), o ano sabático (Lv 25. 6-7, Dt 15.1-3) e o ano do jubileu (Lv 25. 8-22). Tudo isso fazia parte das estruturas do sistema econômico de Israel, destinado a incentivar a justiça e a compaixão nos ciclos normais de uma economia em funcionamento em suas terras.

2.5. A terra como teste de fidelidade da aliança. A terra funcionou como um barômetro moral e espiritual no Antigo Testamento. Grande parte da ira profética é dirigida contra a injustiça econômica e a opressão, em que o abuso e a má utilização da terra são dominantes. Por um lado, Israel caiu no tipo de politeísmo da natureza que caracterizou a visão cananeia da terra, e assim comprometeu sua relação de aliança única com Javé (Oséias, Jeremias). Por outro lado, eles permitiram práticas econômicas do uso da terra, principalmente associadas à monarquia, o que acabou por polarizar a nação em uma rica elite proprietária de terra e numa população camponesa oprimida (Amós, Isaías e Miqueias). Em outras palavras, a terra estava na junção da vertical e horizontal das relações de aliança. Negligência ou de um (adoração ao verdadeiro Deus, a prática da justiça social e econômica) sempre indicou ou envolveu a negligência do outro.

3. A terra no Novo Testamento e na perspectiva escatológica

3.1. Princípios e promessa. O que acontece com a terra no Novo Testamento? Ajudará se fizermos uma distinção conceitual entre interpretar a terra em termos de *princípios* e em termos de *promessa*. Na seção acima, analisamos alguns aspectos do sistema econômico de propriedade fundiária de Israel, buscando identificar e articular os princípios em que se baseava, os objetivos que visava alcançar, seus fundamentos, motivações e práticas de trabalho. Uma vez que tenhamos feito isso, então estamos numa posição para perguntar como esse paradigma impacta eticamente o contexto em que nós mesmos vivemos.

Quando abordamos a terra de Israel do Antigo Testamento sob a perspectiva de sua *promessa* inerente, no entanto, vemos o cumprimento daquela (como de toda a promessa do Antigo Testamento) na vinda de Jesus de Nazaré, o Messias. Todas as promessas do Antigo Testamento têm seu "sim" e "amém" em Cristo (2Co 1.20). Gentios ou judeus, os crentes em Cristo constituem a semente espiritual de Abraão e são herdeiros da aliança e da promessa (Gl 3.26-28). Mas aquela promessa feita a Abraão teve a terra como um constituinte importante. Se todos os grandes temas da fé e do ritual do Antigo Testamento convergem tipicamente em Cristo, onde a terra se encaixa?

3.2. Pessoa, não território. O *território físico* da Palestina não é mencionado em nenhuma parte com qualquer significado teológico no Novo Testamento. A terra como um *lugar* santo deixou de ter relevância. O vocabulário de bênção, santidade, promessa, dom, herança e assim por diante, nunca é usado em relação ao território habitado pelo povo judeu em qualquer lugar do Novo Testamento, como é frequentemente no Antigo. A santidade da terra, e de fato todos os seus outros atributos no pensamento do Antigo Testamento, foi transferida para o próprio Cristo. A promessa da presença espiritual do Cristo vivo santifica qualquer lugar onde os crentes estão presentes, universalizando assim a promessa do Antigo Testamento da presença de Deus entre seu povo em sua terra, pois agora o povo de Jesus está em toda parte.

Além disso, a terra geográfica de Israel não tem lugar no ensino do Novo Testamento sobre o futuro final do povo de Deus. Mesmo em passagens-chave onde a relação entre cristãos judeus e gentios é discutida, e especialmente em Romanos 9 — 11, onde Paulo fala do futuro do povo judeu, nenhuma menção é feita a terra.

3.3. Em Cristo como na terra. O Novo Testamento, então, não dá significado teológico à terra territorial da Palestina como tal. Mas mesmo no Antigo Testamento a terra incorporou muitos aspectos da relação de aliança entre Javé e Israel — suas promessas, bênçãos e exigências. Portanto, devemos primeiro recordar a função da terra na vida e fé de Israel e depois perguntar que aspecto da vida e fé cristãs absorveu ou cumpriu essa função no Novo Testamento. O que a terra significava para um israelita do Antigo Testamento? O que tem um significado correspondente para o cristão? Pertencer a uma casa israelita que vivia na terra de Deus era experimentar a inclusão segura dentro da relação de aliança: a terra era o lugar da *vida com Deus*. Mas também significava aceitar as exigências dessa relação de aliança: a terra era também o lugar de um *estilo de vida* moral e espiritual específico diante de Deus. Possuir a terra era participar da herança e responsabilidade de todo o povo de Deus. A terra, em suma, para um israelita significava segurança, inclusão, bênção, partilha e responsabilidade prática. E essas coisas são exatamente o que o Novo Testamento afirma que o crente, judeu ou gentio, agora goza em Cristo e na comunhão do seu povo.

A exposição clássica de Paulo dessa nova dimensão, totalmente inclusiva do evangelho cristão, Efésios 2.11—3.6, é rica em imagens da terra do Antigo Testamento. Os gentios, antes da conversão a Cristo, estavam *separados da comunidade de Israel, estranhos às alianças da promessa* — ou seja, não tinham participação na filiação à terra de Israel (Ef 2.12). Mas, por meio da cruz de Cristo, os gentios *já não são estrangeiros nem forasteiros, mas concidadãos dos santos e membros da família de Deus* (Ef 2.19 NIV). Isso fala de permanência, segurança, inclusão e, como logo indica, responsabilidade prática (Ef 3.6). Toda essa linguagem de herança do Antigo Testamento evoca o padrão de relações entre Deus, Israel e sua terra, dentro da qual os israelitas de outrora encontraram sua segurança. Mas agora que a segurança é desfrutada por todos em Cristo — crentes gentios e crentes judeus. O que Israel teve por meio de sua terra, todos os crentes têm em Cristo. Pessoas de todas as nações são capacitadas a entrar nos privilégios e responsabilidades que estavam focados sobre a vida na terra. Agora o próprio Cristo assume o significado e a função daquela antiga qualificação de parentesco. Estar *"em Cristo"* tem o mesmo status e as mesmas responsabilidades que estar *"na terra"*.

Hebreus estabelece exatamente o mesmo ponto aos crentes judeus. Em Cristo, o autor afirma repetidamente, "temos" tudo do que falou a fé do Antigo Testamento. A única coisa que *não* temos é que aqui não temos uma cidade terrena, territorial (Hb 13.14). Não há "terra santa" ou "cidade santa" para os cristãos. Nós não precisamos de nenhuma. Temos Cristo. Hebreus, então, insiste que os judeus que creem em Jesus não perdem nada do que tinham antes, mas agora o têm em realidade eternamente maior através de Cristo, incluindo tudo o que a terra representava. Paulo insiste que os gentios que creem em Jesus recebem nada menos que a herança completa que pertencera com exclusividade, mas temporariamente, a Israel. Pois em Cristo todos são iguais; ninguém perde e todos ganham.

3.4. Terra na escatologia bíblica: uma nova criação. Mas o motivo da realização da promessa em relação a terra se divide em dois no Novo Testamento, mais ou menos como a dupla apresentação do reino de Deus. Existe um já e um não ainda. Já temos em Cristo, e em comunhão com toda a casa de Deus nele, a realidade que a terra deu a Israel. Mas ainda está por vir o cumprimento final de tudo o que a terra prometeu ao povo de Deus: a restauração de todas as coisas numa nova criação, um novo céu e uma nova terra — uma interpretação escatológica.

O clímax da visão escatológica do Antigo Testamento sobre a criação encontra-se em Isaías 65 — 66. As palavras: *Pois crio novos céus e nova terra* (Is 65.17) introduzem um maravilhoso trecho que retrata a nova criação de Deus como um lugar alegre, cheio de vida, ambientalmente seguro, com garantia de satisfação no trabalho. Esta e outras passagens relacionadas são o fundamento bíblico (do Antigo Testamento) para a esperança do Novo Testamento, que, longe de rejeitar ou negar a terra como tal ou de nos imaginar flutuando para outro lugar, também olha para uma nova criação redimida 8.18-25), em que a justiça habitará após um juízo purificador (2Pe 3.10-13), porque Deus mesmo habitará ali com seu povo (Ap 21.1-4).

Veja também Assistência e Desenvolvimento; Criação e Ecologia; Missão Holística; Sionismo Cristão; Teologia Verde.

Bibliografia. Brueggemann, W., *The Land* (Philadelphia: Fortress, 1977); Davies, W. D., *The Gospel and the Land: Early Christianity and Jewish Territorial Doctrine* (Berkeley: University of California Press, 1974); Holwerda, D. E., *Jesus and Israel: One Covenant or Two?* (Grand Rapids: Eerdmans, 1995); Johnston, P. e Walker, P., orgs., *The Land of Promise: Biblical, Theological and Contemporary Perspectives* (Downers Grove: Inter-Varsity Press, 2000); von Rad, G., "The Promised Land and Yahweh's Land", in: *The Problem of the Hexateuch and Other Essays* (New York: McGraw Hill, 1966) 79-93; Walker, P. W. L., org., *Jerusalem Past and Present in the Purposes of God* (ed. rev.; Carlisle: Paternoster, 1994); Wright, C. J. H., *God's People in God's Land: Family, Land and Property in the Old Testament* (Grand Rapids: Eerdmans, 1990; reimpr. 1996, 2006); idem, *Old Testament Ethics for the People of God* (Downers Grove: InterVarsity Press, 2004).

C. J. H. Wright

TERRORISMO

Terrorismo, o uso da violência e da intimidação para atingir um fim político, é a praga de nossa geração. Em 11 de setembro de 2001, terroristas tomaram quatro aviões nos Estados Unidos e voaram dois para as Torres Gêmeas de Nova York e um para o Pentágono, enquanto o quarto caiu num campo na Pensilvânia rural. Quase três mil pessoas morreram nesse ataque terrorista.

Outros atos recentes de terrorismo incluem o desastre aéreo sobre Lockerbie, na Escócia, em 21 de dezembro de 1988, quando o voo 103 da PanAm foi derrubado por explosivos plásticos em que 270 civis morreram. Explosões coordenadas abalaram a cidade de Madrid, Espanha, em 11 de março de 2004 (apenas três dias antes das eleições gerais), matando cerca de duzentas pessoas e ferindo outras centenas. Em 7 de julho de 2005, explosões ocorreram quase simultaneamente em três trens do metrô de Londres e em um ônibus durante a hora do rush, matando mais de quarenta e ferindo centenas.

Estes atos terroristas produziram reações vigorosas. Os Estados Unidos e muitos outros países entraram no que parece ser um estado permanente de "guerra contra o terrorismo". Foi alegado pela administração Bush, dos Estados Unidos, que as guerras no Afeganistão e no Iraque foram travadas para lutar contra os terroristas "lá e não em nossas próprias costas". Milhões de dólares estão sendo gastos todas as semanas para combater o terrorismo. No entanto, essas guerras contra o terrorismo não estão sendo vencidas. Mesmo aqueles que favoreceram essas reações militares ao terrorismo estão tendo segundas intenções.

1. Definindo terrorismo
2. As causas do terrorismo
3. Respostas cristãs

1. Definindo terrorismo

O terrorismo é moralmente errado e não pode ser justificado de forma alguma. No entanto, se quisermos responder ao terrorismo com a mente de Cristo, é imperativo tentar entender o que é e o que não é. As definições sobre o terrorismo geralmente referem-se a ataques contra civis inocentes, a fim de alcançar fins políticos.

Tomando emprestado de Demy e Stewart (30-33), encontramos duas definições operacionais do terrorismo:

- O assassinato deliberado e sistemático, mutilação e ameaça dos inocentes para inspirar medo com fins políticos.
- O uso ilícito — ou o uso não ameaçado — de força ou violência contra indivíduos ou bens para coagir ou intimidar governos ou sociedades, muitas vezes para atingir objetivos políticos, religiosos ou ideológicos.

O terrorismo tornou-se parte integrante da cena internacional contemporânea. Embora o ataque de 11 de setembro tenha sido o primeiro desse tipo nos Estados Unidos, afirma-se com frequência que esse é um "novo tipo de guerra". No entanto, os atos de terrorismo não são novos. De acordo com as definições mencionadas acima, séculos anteriores também testemunharam ações terroristas. Por exemplo, a pirataria em alto mar, assassinatos políticos e sequestros, missões suicidas, esquadrões da morte, guerrilha e reinados de terror implementados pelo Estado, todos utilizam táticas terroristas para alcançar seus objetivos. Eles existiram em séculos anteriores e ainda estão conosco hoje.

É essencial reconhecer que, embora o terrorismo contenha elementos de guerra e de crime, não se enquadra totalmente em nenhuma das duas categorias. As guerras têm sido tradicionalmente travadas por entidades políticas com objetivos declarados após uma declaração específica de hostilidade. Assume-se que estes grupos políticos têm o controle sobre suas forças armadas e podem terminar os conflitos se as negociações de paz conduzirem a um armistício. Os não combatentes, pelo menos em teoria, recebem imunidade. Em contraste, o crime é geralmente cometido por um grupo individual ou pequeno de pessoas sem sanção por um grupo político. Aqueles que cometem crimes geralmente preferem o anonimato e não reivindicam a responsabilidade por suas ações. E. L. Long Jr. reconhece, com razão, que o terrorismo está mais próximo da atividade criminosa do que da guerra:

- O terrorismo é geralmente praticado por um pequeno grupo sem o apoio (reconhecido) de uma soberania política específica.
- É quase impossível prever quando, onde ou a quem os terroristas atacarão.
- Os terroristas estão pessoalmente comprometidos com sua causa e, portanto, podem não se render mesmo que seja negociada uma trégua.
- Os civis não combatentes são exatamente o alvo da maioria dos ataques terroristas. (Long, 13)

Long conclui que uma estratégia tradicional de guerra não é suficiente porque "é improvável que chegue o dia em que o terrorismo deixe de existir pelo fato de os terroristas terem concordado com uma trégua resultante de uma derrota imposta por alguma força superior" (Long, 15) . Se ele estiver correto, então as estratégias contemporâneas utilizadas para travar a "guerra contra o terrorismo" não terão êxito. O terrorismo só será reduzido se a raiz dos problemas do terrorismo for erradicada (ou pelo menos atenuada). É aqui que cristãos pacifistas e cristãos que acreditam na teoria da guerra justa podem trabalhar juntos.

2. As causas do terrorismo

Quais são as causas mais significativas do terrorismo? Embora alguns atos de terrorismo não pareçam ter qualquer conexão lógica com causas identificáveis, as seguintes têm sido frequentemente citadas. Elas podem ser classificadas em três categorias.

2.1. Políticas. A última metade do século 20 foi dominada pela Guerra Fria que opôs os EUA e seus aliados ocidentais contra a URSS e o bloco soviético. Grande parte da política externa dos Estados Unidos era dominada por "realistas reducionistas", que pediam alianças com governos nacionais anticomunistas, independentemente do seu registro interno de direitos humanos. De fato, em certa época os Estados Unidos apoiaram tanto o Talibã como Saddam Hussein, porque ambos foram vistos como aliados eficazes na luta contra o comunismo. Uma negligência semelhante dos direitos humanos foi executada pela URSS em suas alianças e hegemonia. Quando a Guerra Fria chegou ao fim, os Estados Unidos restaram como a única superpotência remanescente. Alguns que acreditam que os Estados Unidos abusaram do seu poder recorrem a atos de terrorismo por verem esses atos como sua estratégia mais eficaz para neutralizar a superpotência. No volátil Oriente Médio, por exemplo, alguns grupos terroristas apontam o apoio unilateral dos Estados Unidos a Israel como a motivação para seus ataques. Em qualquer caso, parece claro que a verdadeira paz não vencerá o terrorismo a menos que um grau substancial de justiça política seja realizado.

2.2. Econômicas. Estreitamente relacionadas a fatores políticos estão as causas econômicas. De fato, a Bíblia é bastante clara ao afirmar a raiz econômica dos conflitos e guerras (Tg 4.1,2). A década de 1990 testemunhou um balanço em direção a políticas econômicas de livre mercado em muitas partes do mundo. Os economistas neoliberais prometeram que todos os pratos ficariam cheios e que todos os países e seus cidadãos se beneficiariam de menos restrições ao comércio. Embora muitos tenham se beneficiado dessas políticas, muitos não. A diferença entre os que têm e os que não têm aumentou. Se se perceber que as regras do jogo econômico foram implementadas pelos Estados Unidos e seus aliados do "Primeiro Mundo", a fim de manter e ampliar sua hegemonia, alguns dos mais afetados negativamente naturalmente se voltam para o terrorismo numa tentativa de nivelar o campo de jogo.

2.3. Religiosas. O fator religioso talvez seja a causa mais difícil de analisar. Precisamente porque a maioria das grandes religiões exalta a paz, é difícil insinuar que pessoas muito religiosas possam cometer atos de violência e terrorismo. No entanto, sabemos que mesmo dentro da tradição cristã, surgiu a teoria da guerra justa porque os cristãos haviam tomado as armas por causas injustas. M. Juergensmeyer articulou claramente o nexo entre fé e terrorismo:

> O que torna a violência religiosa particularmente selvagem e implacável é que seus perpetradores colocaram imagens religiosas da luta divina — guerra cósmica — a serviço de batalhas políticas mundanas. Por essa razão, atos de terror religioso servem não apenas como táticas em uma estratégia política, mas também como evocações de um confronto espiritual muito maior. (Juergensmeyer, 146)

Está bem documentado que Bin Laden não utilizou ações terroristas até as tropas dos Estados Unidos ocuparem a Arábia Saudita, que ele e muitos muçulmanos reivindicavam como sua "terra santa". Embora o presidente Bush tenha tentado retratar a guerra no Iraque não como uma guerra contra o Islã, ela é amplamente percebida como tal por muitos seguidores muçulmanos. De um modo mais geral, a cultura ocidental (exemplificada pela glorificação que Hollywood faz do sexo livre, do álcool abundante e de um extremo materialismo individualista) é percebida como um ataque frontal ao islã que precisa ser repelido. (Os cristãos conservadores da América do Norte deveriam pelo menos simpatizar com os muçulmanos em suas frustrações. Os conservadores e liberais têm lutado suas próprias "guerras culturais" sobre o aborto, a homossexualidade e outras questões, e as respostas extremas inclusive incluíram atentados terroristas contra as clínicas de aborto).

Muitos cristãos do Hemisfério Sul têm uma perspectiva diferente sobre o terrorismo e a maneira de combatê-lo. Eles têm experimentado o "terrorismo de Estado", frequentemente nas mãos de ditaduras militares. Os exemplos de terrorismo de Estado são numerosos e variados. A CIA apoiou um golpe de estado no Chile em 1973 que resultou na morte do presidente Allende, democraticamente eleito, e na instalação do General Pinochet que supervisionou os "desaparecimentos" de 30 mil chilenos durante seu governo. A dinastia Somoza governou a Nicarágua por mais de cinco décadas com um reinado de terror. Outros atos de terrorismo foram cometidos pelo regime de Marcos nas Filipinas, pela junta militar na Argentina e por numerosos países da África. A maioria dos cristãos dos países em desenvolvimento acredita que nenhum objetivo, por mais nobre que possa parecer, (por exemplo, combater o comunismo durante a Guerra Fria) justifica atos terroristas cometidos pelo Estado. A ironia trágica, contudo, é que muitos desses governos militares foram apoiados pelos países (do mundo em desenvolvimento) que agora levantam as vozes mais fortes contra o terrorismo.

Os cristãos do Hemisfério Sul, por causa da amarga experiência, são claros em sua identificação e denúncia do pecado estrutural. O testemunho das Escrituras identifica claramente os governos (1Sm 8.10-18), os tribunais de justiça (Jó 31.21), as famílias e as estruturas econômicas (Am 4.1-3), e até os sistemas religiosos (Mt 23) como instituições falidas frequentemente usadas para oprimir os outros. Se as estruturas dadas por Deus nos tempos bíblicos puderam ser torcidas para causar mal, quanto mais em nosso complexo século 21?

3. Respostas cristãs

Essas causas de terrorismo clamam por respostas abrangentes e holísticas que incorporem valores cristãos. Jesus apela a seus seguidores a amarem seus inimigos e orar por eles (Mt 5.44) e o apóstolo Paulo nos exorta a vencer o mal com o bem (Rm 12.21). Glen Stassen (2004) e outros elaboraram esses tipos de respostas em suas dez práticas de pacificação: (1) apoiar a ação direta não violenta; (2) tomar iniciativas independentes para reduzir as ameaças; (3) usar a resolução cooperativa de conflitos; (4) reconhecer a responsabilidade pelo conflito e injustiça e buscar arrependimento e perdão; (5) promover a democracia, os direitos humanos e a liberdade religiosa; (6) promover o desenvolvimento econômico justo e sustentável; (7) trabalhar com forças cooperativas emergentes no sistema internacional; (8) reforçar as iniciativas das Nações Unidas e internacionais em matéria de cooperação e direitos humanos; (9) reduzir o comércio de armas ofensivas e o seu comércio; e (10) encorajar grupos populares de pacificação e associações voluntárias. Esses tipos de ações respondem muito bem às raízes sociais, políticas e econômicas do terrorismo mencionadas acima.

Algumas realizações históricas dessas práticas são encorajadoras. Tomemos, por exemplo, o quinto princípio de promover o desenvolvimento econômico justo e sustentável. A estratégia oposta foi implementada na Rússia e na Turquia. A Rússia escolheu lutar contra a minoria étnica muçulmana chechena em seu território sulista atacando repetidamente com uma grande força militar. A violência continuou e o terrorismo não diminuiu, como visto pela tomada de reféns da escola de Beslan em 2004, que vitimou 338 vidas, na maior parte crianças. Por outro lado, o governo turco lutou com muçulmanos étnicos curdos no sudeste da Turquia por décadas. Na década de 1990, o governo combinou maior contenção militar com enormes investimentos em educação, saúde e agricultura (como, por exemplo, US$ 36 bilhões para o Projeto Sudeste da Anatólia). Isso foi combinado com o significativo aumento da representação curda no parlamento turco (Stassen, 2-4). Como consequência dessas medidas, o terrorismo diminuiu muito na última década nessa área. Esses tipos de ações provaram ser eficazes porque separam líderes de terrorismo militante de possíveis simpatizantes, resolvendo as injustiças políticas e econômicas que os terroristas tentam explorar.

Os seguidores de Jesus Cristo são chamados a buscar primeiro o reino de Deus, a retidão e a justiça. O terrorismo, a praga de nossa geração, exigirá nosso maior compromisso com Cristo e o amor holístico por nossos semelhantes. Se superarmos a pobreza, doenças como HIV/AIDS e malária, opressão política e perseguição religiosa, as sementes do terrorismo também serão superadas.

Veja também ÉTICA SOCIAL; GUERRA; PAZ E RECONCILIAÇÃO; TEOLOGIA POLÍTICA.

BIBLIOGRAFIA. DEMY, T. e STEWART, G. P., *In the Name of God* (Eugene: Harvest House, 2002); FORRESTER, D. B., *Apocalypse Now? Reflections on Faith in a Time of Terror* (Hants/Burlington: Ashgate, 2005); GRIFFITH, L., *The War on Terrorism and the Terror of God* (Grand Rapids: Eerdmans, 2002); JUERGENSMEYER, M., *Terror in the Mind of God: The Global Rise of Religious Violence* (Cleveland: Pilgrim Press, 2003); LONG JR., E. L., *Facing Terrorism: Responding as Christians* (Louisville: Westminster John Knox, 2004); PADILLA, R. e SCOTT, L., *Terrorism and the War in Iraq: A Christian Word from Latin America* (Buenos Aires: Ediciones Kairos, 2004); STASSEN, G. H., org., *Just Peacemaking: Ten Practices for Abolishing War* (2. ed.; Cleveland: Pilgrim Press, 2004); TAYLOR, J., org., *In the Aftermath: What September 11 Is Teaching Us about Our World, Our Faith & Ourselves* (Kelowna: Northstone, 2002); VEITH JR., G. E., *Christianity in an Age of Terrorism* (St. Louis: Concordia, 2002).

L. Scott

TERTULIANO. *Veja* TEOLOGIA PATRÍSTICA.

TESTEMUNHO

Os testemunhos são universalmente conhecidos, seja num contexto jurídico, religioso ou social. Um testemunho é expresso como um sinal de algo que existe (e.g., um memorial) ou mais frequentemente em termos de uma alegação de algo que aconteceu, dado por uma pessoa ou um grupo de pessoas em diálogo com os outros. Os verbos *testificar* e *testemunhar* são frequentemente usados indistintamente. Enquanto a ideia de testificar se concentre mais em saber se algo é verdade, a ação de testemunhar relaciona-se muitas vezes com algo que é dito ter ocorrido. Do ponto de vista teológico, é importante compreender a noção bíblica de testemunho, porque se relaciona com a compreensão da própria fé. Além disso, a prática de testificar/testemunhar é um exercício para explicar por que algo é significativo. Essa prática necessita de interpretação. Ela está sendo avaliada e julgada por aqueles que ouvem o testemunho, e a pesam contra a vida da testemunha.

Portanto, um testemunho é significativo, tanto em termos do contexto individual como do ponto de vista social.

1. Testemunho no uso bíblico
2. A interpretação de testemunhos
3. A importância religiosa e social dos testemunhos
4. Conclusão

1. Testemunho no uso bíblico

A ideia bíblica básica do testemunho relaciona-se com o fato de que Deus conheceu seu povo, se revelou e estabeleceu uma aliança com eles. Deus, em numerosas ocasiões na história de Israel, através de Jesus Cristo e na vida da igreja primitiva, é vivenciado e lembrado como aquele que está presente e muda o destino da humanidade.

1.1. No Antigo Testamento. O termo hebraico *'ēdût,* geralmente traduzido por "testemunho" (*martyrion* na LXX), muitas vezes se refere no Antigo Testamento a um objeto (uma prova) que chama a atenção para um evento particular do passado como, por exemplo, a "arca da aliança" na qual foram guardadas as tábuas da lei. Intimamente ligada está a ideia de que Deus, por ter firmado uma aliança com seu povo, encontra-se com este na tenda onde está guardada a arca do testemunho. Em outras palavras, o fato de Deus haver tirado o seu povo do Egito, estabelecido com ele uma aliança e ter-lhe dado a lei, é o testemunho que dá aos israelitas uma compreensão de quem eles são e de como devem viver com o seu Deus e uns com os outros. Os salmos frequentemente se referem à criação ou eventos históricos-chave, como o Êxodo, como testemunho da glória e da boa vontade de Deus para com o povo que nele colocaria sua fé.

O aspecto jurídico do testemunho, embora presente em vários graus nos exemplos mencionados acima, concentram-se nos escritos dos profetas. Por exemplo, Isaías 43.8-13 fornece um bom exemplo no qual Deus chama seu povo para uma situação semelhante à de um tribunal com todas as outras nações observando. Lá ele deixa claro que só Deus, e não os ídolos das nações vizinhas, pode salvar e que seu povo é testemunha desse fato. O papel do testemunho é explicado em termos de salvação — para que as pessoas possam conhecer, crer e entender.

1.2. No Novo Testamento. O papel do testemunho no Novo Testamento está intimamente relacionado com relatos de testemunhas oculares da vida e ressurreição de Jesus Cristo (Atos 1.22), mas também com as consequências produzidas pela proclamação do evangelho. Os cristãos são chamados a serem testemunhas do mundo (At 1.8). Testemunhar é evocativo e muda a situação dos envolvidos: *E com grande poder os apóstolos davam testemunho da ressurreição do Senhor Jesus, e em todos havia imensa graça* (At 4.33).

Num contexto jurídico, declarações são feitas e evidências são mostradas. Se isso não é conclusivo, a testemunha fiel pode ir mais longe e, finalmente, estar pronta para pagar o preço com a vida. Por isso, Jesus Cristo é entendido como o testemunho supremo, pois deu a sua vida por causa da verdade e da salvação de muitos. Em Atos 7, Estêvão é descrito como a primeira testemunha que se torna um mártir da fé cristã. São os escritos joaninos que usam a noção de testemunho mais frequentemente no Novo Testamento. Jesus é o testemunho supremo do amor de Deus à humanidade.

2. A interpretação de testemunhos

Os testemunhos podem ser apreciados pelo seu valor nominal, mas como em uma situação de tribunal, eles precisam ser interpretados e avaliados. Em nossa época as pessoas fazem perguntas sobre a linguagem do testemunho religioso e se pode ser entendido, se um testemunho faz sentido, e se um testemunho pode ser verificado.

2.1. A morfologia dos testemunhos religiosos. A morfologia dos testemunhos refere-se à forma da narração e à linguagem específica que é usada. Num contexto religioso, demonstra-se que esses testemunhos se assemelham a contos populares. Uma vez que os contos populares são comuns em todas as culturas, presume-se que os testemunhos religiosos, por causa de sua afinidade com histórias, podem ser entendidos por todos. Por isso o discurso sobre Deus não torna automaticamente os testemunhos religiosos ininteligíveis. No entanto, é importante que sejamos capazes de relacionar todo discurso sobre Deus à vida de um indivíduo ou grupo.

2.2. A linguagem dos testemunhos religiosos. Os testemunhos religiosos referem-se basicamente a eventos na vida comum. Mas, uma súbita reviravolta dos acontecimentos é interpretada como dom ou intervenção de Deus. Há uma nova dimensão gerando um excesso de significado. Esse valor agregado é compreendido em termos religiosos ou transcendentes. Em outras palavras, um testemunho de fé sempre aponta para mais do que a soma de suas partes, ou seja, há mais na história que aponta para além de si mesma, geralmente para Deus ou para outra pessoa.

2.3. A dinâmica jurídica na avaliação de um testemunho. Em primeiro lugar, um testemunho é aceito do jeito que é apresentado. Mas depois é relacionado à vida da testemunha. A pergunta que se faz é a seguinte: "Como isso combina com sua vida?" "As alegações são significativas para a vida da testemunha?" Finalmente, aqueles que ouvem e veem o que é falado devem perguntar o que essa mensagem tem para eles pessoalmente. Esse processo exige discernimento, avaliação e deliberação. Por essa razão um testemunho está sempre aberto a um teste que avalia se uma alegação é verdadeira e relevante ou não. No cristianismo, por exemplo, não é suficiente afirmar que Jesus Cristo ressuscitou dentre os mortos. Há também a necessidade de viver no poder transformador daquele que ressuscitou.

3. A importância religiosa e social dos testemunhos

Consequentemente, os testemunhos religiosos são significativos para o indivíduo, para a comunidade da fé e para a sociedade na qual os crentes vivem. Os testemunhos falam sobre a transformação das pessoas e sua vida juntos. Essa é a razão pela qual eles são basicamente de interesse para todos.

3.1. Para o indivíduo. *Fé é formação de identidade. Ajuda a pessoa a descobrir quem ela é. Isso acontece através da aprendizagem, mas também num grau importante através da experiência pessoal. É precisamente por isso que os testemunhos são vitais. Eles são um meio de chegar a um acordo consigo mesmo, relacionando-se espiritualmente com as perguntas da vida e tornando-se uma pessoa socialmente responsável. Outro aspecto do testemunho é que, por oferecer um excesso de significado, é uma ferramenta importante na busca de conhecimento. Na linguagem bíblica, a sabedoria tem que ser descoberta: *Feliz é quem encontra sabedoria* (Pv 3.13). E a percepção espiritual é um desenvolvimento: *Jesus crescia em sabedoria, em estatura e em graça diante de Deus e dos homens* (Lc 2.52).

3.2. Para a comunidade de crentes. Um testemunho sempre se relaciona com outros; testemunhar da sua fé por meio de uma experiência mostra que um testemunho nunca é autossuficiente. Um testemunho envolve outros, primeiro por causa do processo de discernimento necessário; em segundo lugar porque desafia os ouvintes a responder às declarações e alegações feitas. Tem sido observado que comunidades e igrejas vibrantes normalmente defendem a prática de compartilhar testemunhos. Os avivamentos cristãos, como nos movimentos holiness e pentecostais, muitas vezes incluíram um forte elemento testemunhal em sua adoração e proclamação. As culturas não ocidentais também têm conhecimento do impacto que os testemunhos podem produzir.

3.3. Para a sociedade. Finalmente, deve-se notar que os testemunhos religiosos, porque muitas vezes falam da restauração do indivíduo e lhe dão um senso de vocação, cumprem uma importante dimensão social. A exemplo do padrão dos contos populares, eles finalmente levam a pessoa para um ambiente que lhe é conhecido, para o contexto diário, para a tarefa que lhe cabe. Um testemunho compartilhado tira a pessoa do isolamento e a conduz para a arena da vida. A testemunha fala e os outros respondem.

4. Conclusão

O significado teológico dos testemunhos reside primeiro no fato de que eles relacionam a percepção de Deus pela pessoa. Consequentemente, uma compreensão do papel dos testemunhos na Bíblia é essencial. Segundo, as experiências contidas nos testemunhos orientam o indivíduo ou o grupo para longe de si mesmos, na direção de Deus e dos outros. Portanto, eles só são significativos se forem contextualizados. Terceiro, a fim de evitar que um testemunho seja enganoso, ele tem que ser ponderado, questionado e avaliado. Esse processo não só traz clareza, mas também novas percepções.

Os testemunhos geram ação. O que começa com uma percepção religiosa leva ao louvor e, finalmente, ao compromisso ético. Não é nenhuma surpresa então, que os crentes tenham percebido há muito tempo que há poder na palavra de uma testemunha verdadeira.

Veja também CONVERSÃO; EXPERIÊNCIA, TEOLOGIA DA.

BIBLIOGRAFIA. PLÜSS, J.-D., *Therapeutic and Prophetic Narratives in Worship* (Studies in the Intercultural History of Christianity 54; Frankfurt am Main: Peter Lang, 1988); PROPP, V., *Morphology of the Folktale* (2. ed.; Austin: University of Texas Press, 1968); RAMSEY, I. T., *Religious Language: An Empirical Placing of Theological Phrases* (London: SCM, 1957); RICOEUR, P., *Hermeneutics of Testimony, in Essays on Biblical Interpretation*, Mudge, L. S., org. (Philadelphia: Fortress, 1974-1980) 119-54; idem, *Temps et récit*, 1-3 (Paris: Edition Seuil, 1983-1985).

J.-D. Plüss

TOMÁS A KEMPIS. *Veja* IMITAÇÃO DE CRISTO.

TOMÁS DE AQUINO. *Veja* LEI NATURAL; TEOLOGIA MEDIEVAL.

THOMAS, M. M. *Veja* TEOLOGIA ASIÁTICA; TEOLOGIA INDIANA.

TRADIÇÃO DA IGREJA LIVRE. *Veja* IGREJA LIVRE, TRADIÇÃO DA.

TRINDADE, DEUS TRINO

Os ingredientes da doutrina da Trindade estão todos presentes na Bíblia, embora tenha sido deixada à igreja a tarefa de colocá-los juntos no meio da controvérsia. Prenunciado no Antigo Testamento, e emergindo no Novo Testamento, o ponto focal é a relação de Jesus com o Pai. A crise do século 4 levou à cristalização da doutrina no Concílio de Constantinopla (381). Depois disso, as igrejas orientais e ocidentais desenvolveram-na de diferentes maneiras, começando o Ocidente com a premissa da unidade do ser de Deus, o Oriente com a prioridade do Pai. O ponto crucial para o Oriente é a cláusula *filioque*, segundo a qual o Ocidente insiste que o Espírito Santo procede do Pai *e do Filho*. Na discussão contemporânea, estão sendo feitas tentativas para superar essas divisões. As teologias trinitárias recentes são conduzidas não somente por interesses ecumênicos, mas também por interesses ecológicos ou igualitários. A atual recuperação da doutrina da Trindade está produzindo amplos benefícios para a compreensão da vida humana, incluindo *adoração, *missão e política.

1. Raízes bíblicas
2. Desenvolvimento histórico
3. Questões teológicas
4. A Trindade na vida cristã e na sociedade
5. O discurso trinitário na teologia contemporânea
6. Perguntas fundamentais e desafios

1. Raízes bíblicas

1.1. O monoteísmo no Antigo Testamento e sugestões de pluralidade em Deus. Israel foi repetidamente ensinado que Javé é o único Deus (Dt 6.4-5), em contraste com a premissa axiomática do antigo Oriente Próximo que os deuses eram territoriais e, portanto, múltiplos. Isaías enfatiza a singularidade de Javé (Is 40.9-31; 42.8; 44.6-8), repudiando o politeísmo pagão. Essa lição foi finalmente aprendida apenas através da dolorosa tragédia do exílio.

As sugestões de distinção dentro de Deus devem ser vistas à luz desse monoteísmo. Plural e singular são usados com relação a Deus, bem como em relação à humanidade (Gn 1.26-27). O anjo do Senhor é identificado com Deus (Gn 16.7-13; Êx 3.2-6, cf. Js 5. 13-15). Em certas ocasiões, Deus aparece em forma corpórea — notavelmente na visita a Abraão (Gn 18-19), onde há uma desconcertante justaposição de homens, anjos e o Senhor, e as fronteiras estão desfocadas.

Em Provérbios 8 a Sabedoria promete as mesmas coisas que Deus dá. Isso é mais do que uma metáfora — a Sabedoria clama em alta voz, odeia e ama, é o artífice de Deus, aconselha, instrui e se identifica com Deus, mas se distingue dele. A Palavra de Deus é ativa na criação, em paralelo com o Espírito de Deus (Sl 33.6-9). Deus fala (Êx 3.4-22, Sl 33.6-9), mas essa Palavra nunca é personificada no Antigo Testamento como no caso da Sabedoria.

De vez em quando, Javé se dirige a Javé como um agente distinto. O Salmo 110.1,4 quase identifica explicitamente o Senhor de

Davi com Javé, mas a associação dificilmente poderia estar mais clara. As atribuições sutis em Isaías 63.7-14 referem-se a Javé (v. 8), o anjo da sua presença (v. 9), o seu Espírito santo (v. 10-11, 14).

1.2. A identidade de Jesus Cristo. No centro do Novo Testamento, e no início de todas as discussões sobre a Trindade, está a relação ininterrupta entre o Filho e o Pai. Aparecendo com pouca frequência no Antigo Testamento, "Pai" é agora o nome pessoal de Deus, em relação a Jesus Cristo, seu Filho. Essa relação não é moldada na paternidade humana — pois Deus não é sexuado e, ao contrário das divindades pagãs, não tem esposa ou amante — mas a paternidade humana deriva de Deus Pai e é medida por ele (Ef 3.15). O nome "Pai" refere-se às relações únicas do Pai com o Filho, dentro do ser de Deus; é o nome próprio de Deus, não meramente descritivo do que ele parece.

Jesus refere-se à sua relação com o Pai nos Evangelhos (Mt 3.17; Lc 2.49; Jo 2.16, 4. 21-24; 5.26). Repetidamente Jesus afirma que ele foi enviado ao mundo pelo Pai, compartilha com o Pai ao dar a vida, ressuscitando os mortos e julgando o mundo. Ele faz a vontade do Pai que o enviou (Jo 5.30, 36; 6.38-40, etc.), ouve-o e transmite isso aos seus discípulos (Jo 15.15), e assim por diante. Conhecer e ver Jesus é conhecer e ver o Pai (Jo 14. 6-9, 23-24; 15.23-24), pois ele e o Pai são um (Jo 10.30). Ninguém pode vir ao Pai senão por meio dele. Jesus se refere a si mesmo em relação ao Pai e ao Espírito Santo, e menciona a habitação mútua dos três (Jo 14.16-26; 15.26).

Jesus é distinto do Pai, mas um com ele. Paulo, em Romanos 9.5, segue João em designar expressamente Jesus Cristo como *ho theos* (Deus). O nome predominante usado por Paulo para Jesus Cristo é "Senhor" (*kyrios*), palavra grega usada para transliterar YHWH, o nome da aliança de Deus no Antigo Testamento. João declara que Jesus é idêntico ao Verbo eterno que fez todas as coisas, que está com Deus e é Deus (Jo 1.1-18). Isso é repetido por Paulo (Cl 1.15-20) e em Hebreus (Hb 1.1-4).

1.3. O Espírito Santo. Embora a adoração cristã primitiva fosse explicitamente binitária, um trinitarismo implícito a sustentava. A presença do Espírito Santo invisível e anônimo não é normalmente observada; ele é conhecido pelo que faz. Mesmo assim, o Espírito é mencionado mais por Paulo do que em todo o Antigo Testamento. Ele é ativo em cada estágio, especialmente na vida e no ministério de Jesus desde a concepção até a ascensão.

Seu status divino é evidente no ensinamento de Jesus sobre sua vinda no Pentecostes (Jo 14-16). O Pai enviará o Espírito seguindo o pedido do Filho (Jo 14.16, 26). A vinda do Espírito é a vinda de Jesus (Jo 14.18). Quando ele vier, capacitará os discípulos a reconhecer a mútua habitação do Pai e do Filho (Jo 14.20). A vinda do Espírito é a mesma do Pai e do Filho que vem (Jo 14, 21, 23).

Esta identidade é clara na Grande Comissão (Mt 28.18-20), com o batismo *em nome do Pai, do Filho e do Espírito Santo*. O Espírito é igual ao Pai e ao Filho e participa do único ser de Deus. Paulo também se refere ao mesmo tempo ao Espírito Santo, ao Pai e ao Filho (Rm 8.9-11, 1Co 12.4-6, 2Co 13.13; Ef 4.4-6). Essas conclusões são reforçadas pelas características pessoais atribuídas ao Espírito Santo em todo o Novo Testamento, tais como as referências ao fato de que ele se entristece por causa do pecado humano (Ef 4.30); ele convence e condena (Jo 14.25-26; 16.5-15); e *intercede por nós com gemidos que não se expressam com palavras* (Rm 8.26-27).

Além disso, o Espírito Santo é mencionado em declarações triádicas que o ligam ao Pai e ao Filho (Rm 15.30; 1Co 12. 4-6; 2Co 13.14, etc.). Ele é *Espírito de Cristo* (Rm 8.9; 1Pe 1.11) e *o Espírito de seu Filho* (Gl 4. 6). Pessoalmente distinto do Pai e do Filho, ele próprio tem status divino, já que ele os revela — e somente Deus revela Deus.

Das muitas afirmações triádicas no Novo Testamento, cujos padrões variam, a mais proeminente e mais desenvolvida pelos pais é o padrão *do Pai através do Filho no Espírito Santo ou pelo Espírito Santo* — clara na obra da salvação e na fórmula batismal. Do nosso lado, na oração, na adoração e na vida cristã, há um padrão inverso *pelo Espírito Santo através do Filho ao Pai* (e.g., Ef 2.18). No entanto, estas não são as únicas tríades; o fato de não existir um padrão estabelecido revela a crença na igualdade das três pessoas divinas.

1.4. Perguntas que surgem. Isso surgiu no final do desenvolvimento do Novo Testamento, nos escritos de João. O Filho e o Espírito são completamente Deus; mas como podem eles — juntamente com o Pai — ser um só Deus? Além disso, como eles estão relacionados? O problema centra-se na relação do Pai e do Filho. Paulo estava ciente da questão (1Co 8.5-6), mas João é o único no Novo Testamento que claramente compreende esse problema e tenta uma explicação. Seu evangelho começa e termina igualando Jesus com Deus (Jo 1.1-18; 20.31) — isso não é acidental. A Palavra que está *no princípio* (observe a alusão a Gênesis 1.1) é "com Deus" e também é Deus. As declarações *Eu sou* e a ênfase consistente na relação entre o Pai e o Filho sustentam isso. O Espírito Santo também é proeminente e claramente distinto do Pai e do Filho (Jo 14 — 16). A verdadeira adoração é dirigida ao Pai em Jesus, a verdade (Jo 1.17; 14.6) pelo Espírito (Jo 4.21-24).

2. Desenvolvimento histórico

2.1. A doutrina da Trindade surgiu em resposta às ameaças ao evangelho. O gnosticismo sustentava que o Filho era uma emanação de Deus, uma de uma série de seres entre Deus e o mundo. Contudo, se o Filho não fosse ele mesmo Deus, não seria capaz de nos salvar, e se não fosse Deus encarnado, não poderia nos representar. Em refutação, Ireneu se refere ao Filho e ao Espírito Santo como as duas mãos de Deus. Orígenes, seguindo os princípios de Ireneu, desenvolveu a doutrina da geração eterna, sustentando que o Filho é coeterno com o Pai, e da mesma natureza.

O modalismo argumentava que o Pai, o Filho e o Espírito Santo eram simplesmente maneiras ou modos em que o único Deus se revelou sucessivamente no curso da história humana e não refletia realidades eternas no próprio Deus. Isso questionou nosso conhecimento de Deus; ele não teria se revelado verdadeiramente se assim fosse. Tertuliano opôs-se ao modalismo ao enfatizar as distinções entre o Pai, o Filho e o Espírito Santo e foi o primeiro a usar o termo *persona*. No entanto, ele pode ter subordinado o Filho e o Espírito.

Árius, presbítero alexandrino, popularizou a ideia de que o Filho era uma figura criada, mediadora, através da qual o único Deus fez o mundo, e assim era um ser diferente do Pai. O problema novamente era que, se o Filho não fosse idêntico a Deus, não poderíamos ser salvos. Árius foi refutado pelo Concílio de Niceia (325) e a controvérsia cedeu por um tempo, mas em meados do século irrompeu com toda a força. Desta vez, Eunômio foi a ponta de lança, mais capaz do que Árius, mas com ideias semelhantes. Eventualmente uma resolução ocorreu no Conselho de Constantinopla (381).

2.2. Perspectivas sobre o acordo trinitário

2.2.1. Era patrística. A teologia dos capadócios estava por trás de Constantinopla. Basílio desenvolveu a linguagem necessária para distinguir entre o modo como Deus é um e o modo como ele é três, reservando *ousia* para Deus como um ser, e *hipóstase* para os três. Confusamente, esses termos foram usados de forma intercambiável. Por isso, o primeiro concílio de Constantinopla ensinou que o Pai, o Filho e o Espírito Santo eram pessoas distintas (*hipóstases*), embora idênticas e indivisíveis em ser, possuídas pela plenitude da divindade.

No Ocidente, Agostinho seguiu os capadócios, mas sob um ângulo diferente. Assumiu axiomaticamente a unidade de Deus. As obras da Trindade são indivisíveis. No entanto, as pessoas — particularmente o Espírito Santo — parecem problemáticas para ele. Ele usou uma série de analogias para a Trindade, baseada na estrutura da mente humana — conhecimento, memória, vontade; um amante, o amado e o amor. No entanto, ele deu menos do que status pessoal para o Espírito Santo? O Espírito era subordinado? Agostinho viu o Espírito como o vínculo de amor entre o Pai e o Filho; Isso parece um atributo, não uma pessoa.

2.2.2. A igreja ocidental depois de Agostinho. Depois de Agostinho, o Ocidente começou com a essência ou ser de Deus, com uma doutrina de absoluta simplicidade divina que descartava a complexidade, e por isso tinha dificuldade com as pessoas. Aquino lidou primeiro com a existência, essência e atributos de Deus e só mais tarde considerou a Trindade. A unidade de Deus é conhecida pela razão, mas a Trindade somente pela revelação. Não são apenas os dois elementos considerados separadamente, mas a maneira como os conhecemos difere. Esse tem sido o padrão dominante nas teologias sistemáticas ocidentais, com exceções apenas eventuais (Pedro Lombardo, João Calvino, John Owen).

2.2.3. Doutrinas orientais e ocidentais. Ao contrário do Ocidente, a Trindade está no centro da adoração oriental (veja Teologia Ortodoxa Oriental). Os capadócios concentraram-se nas três pessoas e no registro bíblico, com o Pai a base da Trindade como a fonte da subsistência pessoal do Filho e do Espírito, o Ocidente mais sobre o contexto filosófico e o único ser de Deus. No Ocidente, a Trindade tem pouco impacto no dia a dia da vida da igreja. No entanto, com Gregório Palamas (1296-1359) a distinção se desenvolveu no Oriente entre a essência incognoscível de Deus e suas energias ou operações no mundo, que podemos conhecer e experimentar. Destinado a salvaguardar a transcendência e a incompreensibilidade de Deus, muitos ocidentais veem isso como colocando uma grande questão sobre a possibilidade de conhecer Deus. Em contraste, a tendência ocidental é considerar a Trindade econômica (a revelação de Deus na história humana) um indicador confiável da Trindade imanente (Deus como ele é em si mesmo); uma vez que Deus é fiel e verdadeiro, sua Palavra-revelação é totalmente confiável.

2.2.4. A controvérsia filioque. O Primeiro Concílio de Constantinopla afirma que o Espírito Santo "procede do Pai". No entanto, na Espanha, devido à ameaça de um contínuo arianismo, em liturgias localizadas acrescentou-se um — *Patre filioque* — "do Pai *e do Filho*". Esse acréscimo difundiu-se e foi adotado pelos concílios locais, particularmente pelo Concílio de Toledo (589), foi aceito pela igreja francesa no final do século 8, mas foi inserido no Credo por Roma somente em 1014 sob o papa Bento VIII. O quarto Concílio de Latrão de 1215 o mencionou, e o Concílio de Lyon em 1274 o proclamou como dogma.

A igreja oriental faz objeção a esse desenvolvimento com argumentos eclesiásticos. Tal mudança exigiria um concílio ecumênico semelhante a Nicéia, Constantinopla e Calcedônia, ela afirma. O Oriente também se opõe por motivos teológicos, pois, de acordo com as premissas orientais, essa mudança destrói a monarquia do Pai e confunde também o Pai com Filho. Além disso, o Espírito parece ser subordinado; o Pai e o Filho são a fonte de outra pessoa trinitária, o Espírito não é. Isso se justifica em parte porque o Ocidente — seguindo Agostinho — geralmente vê o Espírito como o vínculo de amor entre o Pai e o Filho, sendo seu status pessoal questionável.

As igrejas ortodoxas se engajaram em extenso diálogo nas últimas décadas com a igreja católica romana e protestante. Em particular, um acordo sobre o *filioque* foi alcançado em 1993 entre igrejas orientais e representantes da Aliança Mundial de Igrejas Reformadas, liderada por T. F. Torrance. A solução, de que o Espírito procede do Pai através do Filho, é uma fórmula que encontrou certa aceitação no Oriente no passado. No entanto, trata-se de um acordo entre os predispostos a concordar, pois os colaboradores reformados simpatizavam com a doutrina oriental. Esse não era um acordo entre as doutrinas palamitas e agostinianas da Trindade, nem entre Constantinopla e Roma.

3. Questões teológicas

3.1. Um ser, três pessoas. Que Deus é um ser (essência, de *esse*, ser) é um axioma bíblico. Que Deus, um único ser, consiste eternamente em três pessoas distintas é uma questão que os pais viram como essencial para a salvação, pois se não fosse assim, a verdade e a confiabilidade da revelação de Deus seriam destruídas. A criação e a salvação foram apresentadas na Bíblia como obras de Deus. Visto que o Filho e o Espírito Santo são, junto com o Pai, atores pessoais diretos e distintos em ambos os reinos, seguiu-se que os três tinham o status de divindade.

Uma vez que as três pessoas são Deus, a questão pode ser abordada a partir de duas direções opostas. Poderia ser dito que Deus é um ser que existe como três pessoas (a rota preferida no Ocidente) ou, alternativamente, pode-se dizer que ele é três pessoas que são um ser indivisível (a abordagem defendida no Oriente). No entanto, ambas as declarações são igualmente finais. Deus é um ser, três pessoas; ele é três pessoas, um ser.

Quando a igreja diz que o Filho ou o Espírito Santo são plenamente Deus, significa que o todo de Deus, sem nada ficar de fora, está em cada pessoa. O Deus inteiro está em cada pessoa e cada pessoa é o Deus inteiro. No entanto, o único ser, Deus é simples, não divisível.

Ao contrário dos seres criados, é impossível cortar e separar parte de Deus, deixando o resto para trás. Ele não pode ser dividido e não é composto de partes. É por isso que cada um, o Pai, o Filho e o Espírito Santo compreendem a totalidade de Deus, separadamente e em conjunto. Deus não pode ser distribuído às várias pessoas em quantidades menores do que a totalidade de quem ele é. Segue-se que não há mais de Deus nas três pessoas do que há em qualquer um deles.

3.2. Consubstancialidade. Segue-se que um ser divino idêntico é compartilhado pelo Pai, pelo Filho e pelo Espírito Santo. Cada pessoa é Deus em si mesmo; de modo algum o primeiro Concílio de Constantinopla sugere que o Filho ou o Espírito Santo derivam sua deidade do Pai. Às vezes Gregório de Nissa sugere uma cadeia de dependência causal, mas Gregório de Nazianzo o corrige, e ambos enfatizam que as relações de origem (geração e procissão) se referem às relações entre as pessoas, não ao ser que é Deus. O tema presente em Atanásio, retomado pelos dois Gregórios, de que o Filho é tudo o que o Pai é, exceto ser o Pai, implica o status pleno da divindade a si mesmo. Mesmo as afirmações ("luz da luz", "verdadeiro Deus do verdadeiro Deus") são entendidas pelos contemporâneos e pela tradição como referências a *homoousion*.

3.3. Pericórese. Atanásio e os capadócios ressaltaram a plena habitação mútua das três pessoas no único ser, Deus — que decorre da identidade "homoousial" dos três e do divino ser indiviso. Como diz Gerald Bray, os três ocupam o mesmo espaço divino. A ideia foi desenvolvida ainda mais por João de Damasco. Como seres humanos, não somos apenas distintos, mas separados. Agimos de forma diferente, seguimos caminhos separados, alguns são saudáveis e vivem enquanto outros morrem. Além disso, há um grande número de seres humanos diferentes, e a soma total aumenta ou diminui com o passar do tempo. Mas as pessoas divinas são três, nem mais nem menos, e são eternamente imutáveis.

3.4. Ordem. Existe uma ordem clara nas relações das pessoas: *do Pai, através do Filho, pelo Espírito Santo*. Essas relações são irreversíveis — o Filho não gera o Pai, nem o Pai procede do Espírito Santo.

Os três são eternamente distintos uns dos outros. O modalismo os confundiu. As *relações* que as três pessoas sustentam são inseparáveis da sua identidade e, portanto, são eternas e imutáveis.

O Pai é o Pai do Filho, e o Filho é o Filho do Pai. O Pai gera o Filho, o Filho é gerado pelo Pai. *Mutatis mutandis*, o Espírito Santo procede do Pai (o Ocidente acrescenta "e do Filho"), enquanto o Pai (e o Filho, de acordo com o Ocidente) espira o Espírito. O Pai não é gerado nem tem começo, o Filho não gera nem continua, o Espírito nem gera nem espira. Essas relações existem no contexto da habitação mútua entre os três.

Uma vez que existe um único ser de Deus, que as três pessoas compartilham completamente, quando se diz que o Filho é gerado pelo Pai ou que o Espírito procede do Pai, a geração e a processão dizem respeito às relações das pessoas. Calvino resume isso quando diz que o Filho é Deus de si mesmo (*ex seipso esse*), enquanto em termos de sua subsistência pessoal ele é do Pai (*ex Patre*).

4. A Trindade na vida cristã e na sociedade

4.1. A Trindade e a sociedade. Os exemplos seguintes são meramente uma seleção; os casos poderiam ser multiplicados de uma vasta gama de vidas humanas, onde a doutrina trinitária afetou ou poderia afetar a sociedade humana para o bem, e onde sua ausência é correspondentemente prejudicial.

A conexão entre a Trindade e as relações interpessoais está por trás das configurações do campo político. Deus como Trindade é amor. O Pai ama o Filho, o Filho traz glória ao Pai, o Espírito fala do Filho — um círculo de glória (Gregório de Nissa). Isso deve afetar a maneira como tratamos as pessoas. Cristo se entregou por nós em amor de autossacrifício — nós, por outro lado, devemos buscar os interesses dos outros (Fp 2.1-11). Nisso está implícita a ideia suprema de que é assim que Deus é.

Sempre que a Trindade é reconhecida, está arraigada na sociedade e a permeia, podemos esperar encontrar uma base para ordem *e* liberdade, para o bem da sociedade *e* a dignidade da família e do indivíduo, para os direitos *e* responsabilidades, e para a empresa *e* a justiça. É óbvio — devido ao pecado humano — que nenhuma sociedade humana neste mundo jamais reuniu corretamente esses elementos, ou jamais os reunirá. Onde a fé cristã firmou raiz, notou-se claramente um movimento na direção dessas características; quando seu impacto diminui, o inverso fica evidente. Isso é claro na Europa Ocidental e na América do Norte. Ao longo dos séculos, desenvolveu-se o estado de direito, o respeito à pessoa humana, as leis de *habeas corpus* que restringem os poderes da polícia e impedem a detenção arbitrária, a independência do judiciário, a distinção de diferentes ramos de governo, um governo limitado e responsável e uma variedade de ações libertadoras e emancipatórias. O estado de direito surgiu no contexto de uma cosmovisão cristã. O grande jurista medieval Henry de Bracton (m. 1268) ensinou em sua obra inovadora e seminal *De legibus et consuetudinibus angliae*, em que sistematizou as leis da Inglaterra, que o rei estava ele mesmo sob a lei — responsável a Deus, no lugar de Jesus Cristo, como vigário de Deus.

Com a ruptura de um consenso cristão durante o final do século 20, e com ele a erosão da crença trinitária, surgiram rapidamente ameaças ao estado de direito, à independência dos tribunais (no Reino Unido) ou ao poder judiciário (nos EUA), e o respeito pela vida humana. O conceito da pessoa só surgiu na esteira da doutrina trinitária; com o declínio do último vem a remoção do primeiro. É a fé cristã, devidamente desenvolvida, que deu tal conceito, pode dá-lo novamente e restaurá-lo quando erodido. Isso pode não significar que a opressão e a injustiça serão eliminadas onde o cristianismo floresce e permeia a sociedade: o pecado humano permanece. Além disso, esses desenvolvimentos ocorreram ao longo de séculos — quando o evangelho se infiltrou na sociedade — e pode levar apenas alguns anos para destruir.

Em suma, a tirania política, onde uma pessoa ou grupo domina e explora os outros, suprimindo a liberdade e a dignidade humana, pode ser vista como uma forma de heresia trinitária. Existe uma mistura de monarquismo e subordinacionismo — a regra do pequeno grupo, a supressão do resto. A unidade triunfa à custa da diversidade. Por outro lado, a anarquia reflete o triteísmo ou o politeísmo. Onde grupos ou facções rompem, formam suas próprias bases de poder para assegurar seus próprios fins seccionais, forçando o colapso da coesão social e da ordem, é semelhante a uma multiplicidade de centros rivais. A diversidade governa, a unidade é destruída. Em qualquer sentido, o poder faz o direito, o poder e a vontade são primordiais, a justiça e a equidade são perdidas.

4.2. A Trindade e as artes. *Arte e música são esferas em que podemos louvar nosso criador, esferas que podem exibir sua glória. Conforme desenvolvido em culturas permeadas pela influência cristã, elas prontamente revelam a unidade na diversidade da criação de Deus, refletindo a Trindade. Toda a noção do desenvolvimento de um tema, de se mover progressivamente e propositadamente para um objetivo, de retornar após uma miríade de modulações complexas para uma resolução, de uma variedade de instrumentos tocando notas diferentes, todas elas que fazem parte de uma única pontuação, são todas baseadas na matriz das realidades encontradas na ordem criada, que a Santíssima Trindade colocou ali na obra da própria criação, e que refletem quem ela é. Em contraste, o islamismo — com seu monismo implacável — é, por princípio, avesso à música polifônica, considerando-a desordenada. Sua música é em grande parte monofônica e repetitiva.

4.3. A trindade e a igreja. A adoração, por definição, deve ceder o centro do palco a Deus. No entanto, enquanto as liturgias orientais estão permeadas de orações trinitárias e doxologias, no Ocidente a Trindade foi, na prática, marginalizada. No entanto, o culto cristão é distintamente trinitário (Jo 4. 21-24, Ef 2.18), sendo a própria oração o reconhecimento da Trindade, oferecida pelo Espírito Santo através de Cristo, o Filho ao Pai na unidade da Trindade indivisa. O culto teísta geral é defeituoso; contudo grande parte do cristianismo ocidental entra nessa categoria.

Uma vez que tanto a criação como a redenção são obras poderosas do Deus trino, e uma vez que ambas estão integralmente relacionadas, segue-se que tanto o alcance missionário da igreja quanto seu trabalho no mundo devem refletir de maneira conexa seu testemunho à Santíssima Trindade. O mundo à nossa volta tem sua marca; o próprio evangelho revela nosso Deus de três pessoas; o Mandato Cultural (Gn 1.26-28) e a Grande Comissão (Mt 28.18-20), ambos testemunham isso. A integração da pregação do evangelho e da ação social deve ter um elo trinitário.

4.4. A Trindade e o igualitarismo. Em grande medida o pensamento trinitário recente tem sido estimulado por preocupações particulares. Teólogas feministas têm defendido que os nomes de Deus sejam reimaginados e mudados. Os nomes que o próprio Deus apresenta na Bíblia são vistos como patriarcais e opressivos para as mulheres. No entanto, sem falar na propriedade de tal exercício, as opções têm despersonalizado Deus; as melhores propostas — nomes de dois gêneros na língua inglesa (Parent, Child e Sanctifier) — apresentam menos do que a doutrina pessoal de Deus. Nossa compreensão da pessoa humana (na medida em que é possível) veio na esteira dos debates trinitários, e sempre que a doutrina da Trindade perde impacto, o mesmo acontece com o respeito concedido às pessoas humanas.

Muitos evangélicos argumentam que, uma vez que as pessoas da Trindade são mutuamente relacionadas, os homens e as mulheres devem viver como coiguais. No entanto, a teologia *feminista vai mais longe, desejando nomear Deus de acordo com a interpretação imaginativa da teóloga feminista ou *historiadora*. Os compromissos feministas regem a teologia. Por trás desses argumentos está a recusa em reconhecer a natureza analógica da terminologia bíblica e clássica. Deus não é um ser sexual; o argumento feminista contra o patriarcado não leva isso em conta. A teologia trinitária, devidamente compreendida, é uma fonte de libertação, não de opressão.

Na raiz está o axioma da teologia trinitária de que as pessoas da Trindade são do mesmo ser indivisível, iguais em poder e glória, e com uma certa ordem em suas relações. O Pai gera o Filho e espira o Espírito Santo, o Filho é gerado e (de acordo com o Ocidente) compartilha com o Pai exalando o Espírito, enquanto o Espírito nem gera nem espira. Por sua vez, na economia da redenção, o Pai envia o Filho e envia o Espírito Santo através do Filho, enquanto o Espírito não envia. Essas relações são irreversíveis. No entanto, eles são totalmente compatíveis com a identidade do ser da Trindade indivisível, e a plena igualdade das três pessoas. Uma vez que os seres humanos são feitos à imagem de Deus, a plena igualdade entre homens e mulheres — argumentam os complementaristas — é inteiramente compatível com uma ordem entre eles.

R. Letham

5. O discurso trinitário na teologia contemporânea

5.1. Teologia europeia e norte-americana. O renascimento trinitário foi iniciado nos anos 1960 pelo teólogo reformado Karl Barth e pelo católico Karl Rahner. Barth colocou a doutrina da Trindade no início de sua *Church Dogmatics* (Dogmática Eclesiástica) porque acreditava que a revelação de Deus era trinitária em sua forma: "Deus revela a si mesmo. Ele se revela por si mesmo. Ele se revela" (CD I/1.296). Barth não estava disposto a usar o termo "pessoa", mas sim "modo de ser" (*Seinsweise*), pois para ele "pessoa" denotava algo muito individualista e não relacional. Barth, no entanto, não é modalista porque sua ênfase em Deus como amor implica relacionalidade e porque em partes posteriores de sua *Dogmática* (IV/1), ao falar de eleição, ele fala de encarnação em termos da jornada do filho pródigo para a terra distante, introduzindo assim a diferença e a história na vida do Deus trino. Rahner é famoso pela distinção entre a Trindade imanente (a forma como Deus existe em si mesmo) e a Trindade econômica (Deus revelado na história da salvação): *"A Trindade 'econômica' é a Trindade 'imanente' e a Trindade 'imanente' é a Trindade 'econômica' "* (Rahner, 22, itálico no original). A teologia no passado tornara a Trindade altamente especulativa, separando-a da particularidade da história de Jesus e da história da salvação. A encarnação (assim como a cruz e a ressurreição) introduziu algo "novo" na vida do Deus trino. Da mesma forma que Barth, Rahner estava apreensivo em usar o termo "pessoa", pelas razões mencionadas, mas finalmente o acompanhou por causa da tradição.

Ainda outro teólogo trinitário contemporâneo formativo com imensa influência é o ortodoxo oriental João Zizioulas, da Grécia. O principal argumento de seu *Ser como Comunhão* é simplesmente que toda existência pessoal — ao contrário do "individualismo" — é relacional, isto é, em comunhão. A comunhão e, portanto, a pessoa, não é secundária, mas primária no ser, inclusive o Deus trino. Assim, a ideia básica de Zizioulas está ligada ao chamado trinitarismo social. Enquanto o significado e os contornos exatos desse termo são debatidos, seu significado básico é claro: a inter-relação comunitária entre Pai, Filho e Espírito é o arquétipo da verdadeira personalidade. Suas implicações são sentidas em todas as comunidades humanas, incluindo a igreja.

Tanto Wolfhart Pannenberg como Jürgen Moltmann querem construir sua teologia da Trindade sobre a história da salvação, enfatizar a comunhão, introduzir a história na vida de Deus e fazer da Trindade o princípio estrutural de toda a teologia cristã. Diferentemente da tradição para a qual singularidade/unidade é o dado, mas o caráter trino é o desafio, Moltmann acredita que o caráter trino é o dado e, portanto, o ponto de partida para considerar o Deus cristão. Embora apoie as revisões de Barth e Rahner, Moltmann também acredita que elas não são radicais o bastante: ainda há tendências "modalistas" e a unidade tem precedência. Para Moltmann, a cruz de Cristo é a porta de entrada para a Trindade. A cruz introduz o sofrimento e, assim, critica duramente a visão equânime (*apatheia*) da tradição. A cruz não só sofre um componente-chave na Trindade, mas também nos mostra que é um evento na vida interior de Deus.

Se a cruz pertence à "eternidade de Deus", então a distinção entre a Trindade imanente e a Trindade econômica é artificial. Isso se baseia numa noção radical do amor de Deus: como *patético* (de páthos), amor sofredor. A liberdade de Deus não é a liberdade abstrata da tradição (incluindo Barth), mas a liberdade guiada pelo amor. Deus "não pode deixar de" amar, se Deus é fiel ao seu ser como amor, argumenta Moltmann. Portanto, para ele, a criação é, em certo sentido, "necessária": o amor de Deus sendo estendido e dando espaço ao Outro. Ele acredita que pensar em Deus como autossuficiente, sem o desejo de criar o outro, um "parceiro" do amor, é apenas um pensamento hipotético, não uma teologia concreta. Esse amor tem relação genuína com a criação e exige resposta. Assim, a teologia de Moltmann se desenvolve em um panenteísmo trinitário que enfatiza o princípio da mutualidade mais do que o teísmo clássico (mas menos que o panteísmo pleno em que Deus e mundo são equiparados). Os membros trinitários vivem similarmente na relação mutuamente constitucional desde que a relacionalidade é a essência da personalidade. Moltmann tenta defender a unidade fazendo dessa reciprocidade e relacionalidade uma questão de pericórese, uma interpenetração mútua, um conceito antigo que remonta à teologia oriental. A mutualidade pericorética chega com força total no escaton: "A Trindade econômica completa-se e aperfeiçoa-se à Trindade imanente quando a história e a experiência da salvação são completadas e aperfeiçoadas. Quando tudo está 'em Deus' e 'Deus está em todos', então a Trindade econômica é elevada e transcendida na Trindade imanente" (Moltmann, 161). Entretanto, mutualidade e relacionalidade falam de igualdade radical. Todas as noções de hierarquia e (abuso) de poder estão sendo eliminadas. A Trindade serve também como crítica sociopolítica que resiste à desigualdade em todas as esferas da vida, seja entre os dois sexos, na igreja ou na política. Os críticos de Moltmann levantaram várias perguntas: que sua defesa da unidade não é satisfatória, ecoando assim noções triteístas; Se o colapso da Trindade imanente nos meios econômicos compromete a liberdade de Deus; e se o uso da Trindade como crítica sociopolítica pressupõe demasiada semelhança entre as sociedades divina e humana.

Fazendo eco a Moltmann e semelhante a Barth, mas ainda mais radicalmente, Pannenberg torna a Trindade o princípio estruturante da teologia, primeiramente discutindo a tríade (*Teologia Sistemática* 1: cap. 4) e depois a unidade (cap. 5). Para Pannenberg a razão é bíblica: o Novo Testamento toma a tríade como certo falando da vinda do Filho para inaugurar o reino do Pai, no poder do Espírito. A autodistinção de Jesus do Pai reflete a eterna autodistinção do Filho, embora este último possa ser declarado somente em retrospectiva à luz da ressurreição. Essa autodistinção também torna possível a criação, dando "espaço" à alteridade de Deus. Se o Filho é o princípio da distinção/diferença, o Espírito é o princípio da reciprocidade entre

Pai e Filho e entre a criação e o Criador trino. Lembrando Moltmann, mas de forma um pouco diferente, Pannenberg torna a reciprocidade e a "dependência mútua" as chaves para as distinções trinitárias: cada pessoa trinitária "depende" das outras no que toca à divindade. Por exemplo, quando o Pai entrega o reino ao Filho no escaton, o Filho o devolve ao Pai (1Co 15.24) e assim glorifica o Pai (Fp 2.11). Pannenberg critica a ideia de Pai, Filho e Espírito como diferentes "modos" de um sujeito divino e considera-os mais como "realizações vivas de centros de ação separados" (Pannenberg, 319). Pannenberg, por conseguinte, questiona a visão da tradição segundo a qual o Pai é a "fonte" da divindade visto que torna a Trindade subordinacionista. No entanto, a "monarquia" do Pai está sendo afirmada, mas não separada do Filho e do Espírito: até a monarquia do Pai é mutuamente estabelecida pelo Filho e pelo Espírito, visto que em suas ações servem à monarquia e a viabilizam, por assim dizer. Assim como Moltmann, para Pannenberg a tríade é o dado; a unidade é o desafio. Crítico da tentativa de Moltmann de construir a unidade na *pericórese*, Pannenberg continua falando da "essência" de Deus porque numa cosmovisão dinâmica e teologia contemporânea a essência é definida relacionalmente mais do que em termos de "substância". Defendendo a unidade deles, Pannenberg também se baseia em antigas teorias teológicas (Gregório de Nissa) e em ideias filosóficas posteriores acerca de sua infinitude (Descartes). Ele vê a infinitude expressa na Bíblia em termos das duas "definições" de Deus, ou seja, Deus como amor (1Jo 4.8) e como Espírito (Jo 4.24), que falam de uma compreensão relacional da "essência". Em relação à distinção imanente-econômica, Pannenberg é crítico de Moltmann e outros, que ele vê desmoronando uma na outra. Ao mesmo tempo que afirma a "regra" de Rahner da identidade da Trindade imanente e econômica, Pannenberg também quer salvaguardar a liberdade de Deus e assim evitar um colapso total.

Catherine M. LaCugna, católica americana e aluna de Rahner, impulsionou a identidade entre a Trindade econômica e a imanente de uma forma ainda mais radical negando praticamente qualquer distinção, para que não haja outro "deus" por trás do Deus revelado em Cristo. *Deus por nós*, seguindo o título de seu livro principal, é o único Deus que conhecemos, e que Deus, seguindo Zizioulas, existe como uma comunhão de pessoas. Como teóloga feminista, LaCugna continuou a crítica de Moltmann às estruturas de poder. Uma das muitas contribuições do luterano americano Robert W. Jenson, aluno de Pannenberg, é criticar a noção "pagã" de Deus "imune" ao tempo. A constância de Deus, em vez de ser entendida em termos do conceito grego de imutabilidade, é mais bem compreendida como a noção bíblica de fidelidade através do tempo. O tempo e a história, portanto, não são excluídos, mas sim incluídos na vida divina. Ecoando muitos, Jenson também quer substituir o grego "ontologia substância" pela noção de relacionalidade. Radicalizando a noção de Barth da Trindade como a marca distintiva do Deus cristão, Jenson argumenta ainda que Pai, Filho e Espírito são nomes próprios de Deus. Uma das implicações disso é que não podemos mudar nomes próprios, nem mesmo por razões políticas como os interesses feministas. Essa alegação deixou muitas feministas preocupadas.

A negociação das questões de igualdade e sexismo tornou-se um tema-chave na teologia trinitária contemporânea. Em uma extremidade estão aqueles que apelam para uma moratória imediata na linguagem Pai-Filho (M. Daly). Sendo metáforas, "Pai" e "Filho" podem ser trocados por outros termos mais apropriados (S. McFague). A posição "não substitucionalista" rejeita qualquer tentativa de substituir o Pai, o Filho e o Espírito por outros termos (Jenson). A posição mediadora argumenta que, embora a maneira original de abordar Deus na teologia cristã tenha sido patriarcal e opressora, uma interpretação apropriada pode ajudar a redimir sua natureza sexista. A católica romana Elizabeth A. Johnson representa a última visão. Embora crítica do uso "literalista" da linguagem na tradição e deseje substituí-la por uma linguagem metafórica que reconheça a misteriosa e ilusória natureza de nossos termos, ela também deseja redescobrir recursos na teologia clássica conducentes a uma visão igualitária, como a ideia de relacionalidade, falar sobre Deus em termos de espírito, metáforas maternas ocasionais e coisas do gênero. "O mistério de Deus é adequadamente entendido nem como masculino nem como feminino, mas transcende a ambos de uma maneira inimaginável. Mas, na medida em que Deus cria o homem e a mulher à imagem divina e é a fonte das perfeições de ambos, pode igualmente ser usado como metáfora para apontar para o mistério divino" (Johnson, 9).

Uma maneira radicalmente única de apropriar-se da teologia trinitária é oferecida pelo americano batista S. Marcos Heim, que o aplica à teologia das religiões. Seu argumento principal é que a diversidade no Deus trino fala pela diversidade de fins religiosos. Vários fins religiosos são desejados por Deus, por exemplo, o *nirvana* para os hindus, o paraíso para os muçulmanos e a eterna comunhão para os cristãos, refletindo assim a diversidade na própria vida de Deus. As objeções à nova ideia incluem a falta de precedentes tradicionais e apoio bíblico, bem como o problema da unidade da consumação escatológica.

5.2. A Trindade na teologia latino-americana e hispânica. Ao contrário das sociedades europeias e norte-americanas — mas, da mesma forma, a maioria das sociedades da África e da Ásia — os povos latino-americanos valorizam a comunidade e o comunalismo. Há também a luta pela libertação dos pobres e oprimidos. O católico romano, Leonardo Boff, do Brasil, fala desses temas em sua *Trindade e sociedade,* aclamados extensamente. Embora liberal, o trabalho principal de Boff é destinado a todos os cristãos e oferece um estudo bíblico, histórico e teológico-sistemático equilibrado da Trindade. Ao contrário de muitos liberais e feministas, o método de Boff é "de cima". Em vez de argumentar a partir das realidades socioeconômicas (que ele leva muito a sério), Boff considera a "sociedade divina" o arquétipo das comunidades humanas. "A comunidade do Pai, Filho e Espírito Santo torna-se o protótipo da comunidade humana sonhada por aqueles que desejam melhorar a sociedade" [...] como uma fonte de inspiração, uma meta utópica [...] [para] os oprimidos em sua busca e luta por libertação integral" (Boff, 6-7). Com Moltmann ele sublinha que a comunhão divina é aberta e acolhedora para todos. Com as feministas, Boff fala de abertura e inclusividade no Deus trino, assim como de seus aspectos maternos e paternos. Diferentemente de sua colega católica LaCugna e um pouco crítico de Moltmann, Boff fala da distinção entre a Trindade econômica e a Trindade imanente e não está disposto a incorporar uma na outra.

O teólogo hispânico mais conhecido nos Estados Unidos, onde o cristianismo latino está se tornando uma força importante, é o cubano Justo L. Gonzalez. Em *Mañana: Christian Theology from a Hispanic Perspective* (Amanhã: Teologia Cristã de uma Perspectiva Hispânica), Gonzalez oferece um esboço de teologia trinitária. Semelhante a Moltmann, ele vê o Crucificado como a chave para conhecer o Deus da Bíblia. Tomando emprestado do pensamento grego, o teísmo clássico veio a falar de Deus como imutável, incapaz de mudar, o que para Gonzalez parece apoiar o status quo econômico e político da sociedade. O Deus bíblico, em seu Filho, sofre o destino dos fracos e desamparados. De acordo com sua leitura política e socialmente sensível da história trinitária, González reformula a terminologia típica da Trindade "econômica" para denotar as consequências socioeconômicas da Trindade. Nessa interpretação, a "comunalidade" torna-se a característica chave da Trindade: "A comunidade que existe dentro da Trindade é o padrão e objetivo da criação e, portanto, o exemplo que aqueles que creem na Trindade são chamados a seguir [...]. Se a Trindade é a doutrina de um Deus cuja vida é uma vida de compartilhamento, sua clara consequência é que aqueles que afirmam crer nesse Deus devem viver uma vida semelhante" (Gonzalez, 113-14).

5.3. A Trindade na teologia asiática. Ao fazer teologia no solo da Ásia, altamente pluralista, culturalmente diverso e religiosamente rico, vários teólogos ofereceram contribuições notáveis. O teólogo japonês Nozomu Miyahira, em seu livro *Towards a Theology of the Concord of God: A Japanese Perspective on the Trinity* (Por uma Teologia da Concórdia de Deus: uma Perspectiva Japonesa sobre a Trindade), baseia-se na ideia japonesa de "concórdia" e "centralidade", derivada da antiga cultura do arroz e cooperação e do sentido de comunalismo. Ele quer fazer uma mudança da expressão ocidental "Três pessoas em uma substância" para "O

Deus trino: Três centralidades em uma concórdia". Internacionalmente os dois teólogos asiáticos trinitários mais conhecidos são o católico romano Raimon Panikkar, meio indiano e meio espanhol, e o metodista unido, Jung Young Lee, originalmente da Coréia do Norte. Panikkar extrai do hinduísmo, e Lee do confucionismo e de fontes budistas, representando, assim, as principais religiões dessa região enorme.

Para Lee, o conceito mais distintivo e integrador da teologia trinitária construtiva é a antiga noção asiática de *yin-yang*. *Yin-yang* representa dipolaridade, mudança, mutualidade. "Yang é a essência do céu, enquanto o yin é a da terra. Yang se move para cima, e yin se move para baixo. Yang é o princípio masculino, enquanto yin é o princípio feminino. Yang é positivo, yin é negativo; yang é atividade, e yin é quietude; yang é movimento, e yin é descanso" (Lee, 25). Refletindo a mudança global da teologia, Lee substitui a teologia da "substância" pela teologia da "mudança", que ele vê segundo uma cosmovisão tanto bíblica como asiática, assim como a teologia do processo. Na Ásia, isso se expressa na obra chinesa *I Ching*, segundo a qual a "mudança" é a realidade última. O princípio de *yin-yang* é a personificação da mudança. De acordo com as orientações trinitárias contemporâneas, *yin* e *yang* também falam de relacionalidade e mutualidade e, portanto, são veículos apropriados para expressar essa doutrina antiga. Outros recursos distintivamente asiáticos empregados por Lee são a abordagem narrativa, exploratória e não proposicional/dogmática para fazer teologia, honrando a natureza misteriosa do nome de Deus, inclusividade em vez de exclusividade e relutância em escolher entre duas opções aparentemente antitéticas; em vez de "isto ou aquilo", a mentalidade asiática diz "isto e aquilo". Lee acredita que, embora a Trindade seja uma visão distintamente cristã, ela não é tão exclusiva. Ele vê a estrutura trinitária, por exemplo, nas religiões chinesas, conforme *Tao Te Ching* (cap. 42): O Tao dá à luz um. Um dá à luz dois. Dois dá à luz três. Três faz nascer todas as coisas" (citado em Lee, 62). Afinal, a abordagem asiática relacional e dinâmica ajuda Lee a entender melhor o mistério da Trindade como, por exemplo, quando se trata de declarações como a encontrada no Evangelho de João: *Crede em mim; eu estou no Pai e ele está em mim* (Jo 14.11). Enquanto para o raciocínio dualista do "isto ou aquilo" aristotélico-ocidental o "em" torna-se um problema insuperável, para o pensamento asiático ele faz sentido, afirma Lee.

O contexto diversificado de Panikkar colocou-o na convergência de quatro "rios", a saber: hindu, cristão, budista e secular. A chave da Trindade para ele é o princípio "cosmoteândrico" que define toda a realidade, a união do cosmo, Deus (*theos*) e a humanidade (*anthropos*). Para os cristãos, isso significa "trindade". Outras religiões não a chamam de trindade, mas Panikkar acredita que todas as religiões exibem essa infraestrutura trinitária genérica. Em seu pequeno porém importante livro *The Trinity and the Religious Experience of Man* (A Trindade e a Experiência Religiosa do Homem [1973]), Panikkar desenvolve sua teologia trinitária com base em sua visão cosmoteândrica. Ele considera o termo trinitário sinônimo de [cosmo]teândrico. Panikkar coloca a doutrina da Trindade sob uma nova luz. O Pai é "Nada". O que pode ser dito sobre o Pai é "nada"; esta é a maneira apofática, a maneira de abordar o Absoluto sem nome. Não há "Pai" em si mesmo; o ser do Pai é o Filho. Na encarnação, a *kenosis*, o Pai se entrega totalmente ao Filho. Assim, o Filho é Deus. Panikkar acredita que essa compreensão é a ponte necessária entre o cristianismo e o budismo, bem como o hinduísmo advaítico (não dualista). O que a *kenosis* (autoesvaziamento) é para o cristianismo, *nirvana* e *sunyata* são para essas duas outras religiões. Se o Pai representa o nada, então o Filho é a "pessoa" na Trindade. O Espírito é a "imanência", não muito diferente de muitas religiões asiáticas. A chave para entender essas declarações um tanto controversas é a noção asiática de *advaita* (não dualidade). Chamar o Pai de "nada" não é uma afirmação absoluta e certamente não tem nada a ver com o ateísmo ou com o Movimento da Morte de Deus. É verdade e não é verdade ao mesmo tempo. É, portanto, mais sugestivo do que propositivo. Panikkar vê nesse método uma grande diferença entre o Ocidente e o Oriente.

Nessa perspectiva, é mais compreensível que para Panikkar a Trindade seja o ponto de encontro entre as religiões, em sua terminologia a chave para o pluralismo religioso. Embora crítico da "paridade grosseira" de pluralismos de John Hick e outros, Panikkar também acredita que há uma convergência entre religiões mesmo quando seus traços distintivos não são erradicados. Isso ele chama de "ecumenismo ecumênico". Tanto as propostas de Panikkar como de Lee foram criticadas devido a fracos fundamentos bíblicos, revisões radicais da tradição teológica e fortes orientações pluralistas.

5.4. A Trindade na teologia africana.

Por causa de fortes traços comunais, a maioria das reflexões trinitárias na África representam uma analogia social de uma ou de outra forma. Outra característica distintiva da teologia africana, especialmente da cristologia, é o uso de metáforas ancestrais (veja Ancestrais). Entre vários africanos, o teólogo católico romano Charles Nyamiti da Tanzânia é o mais conhecido por suas tentativas de incorporar o tema ancestral na doutrina da Trindade. Existem várias facetas para o tema da ascendência nos contextos africanos que podem estar relacionados com o Deus trino, como o parentesco entre os mortos e os parentes vivos; status sagrado, geralmente adquirido através da morte; mediação entre seres humanos e Deus; exemplaridade de comportamento em comunidade; e o direito à comunicação regular com os vivos através da oração e dos rituais. É claro que isso só pode ser encontrado analogamente na doutrina de Deus. No Deus trino, todas essas características devem ser encontradas com perfeição. Juntamente com a comunhão, a noção africana vital de participação deve ser encontrada em seu sentido mais pleno no Deus trino, tornando assim a ascendência um recurso ideal. A maneira pela qual a Trindade aparece no pensamento de Nyamiti é a seguinte: o Pai é o Antepassado, o Filho é o Descendente e o Espírito é a Oblação:

> Deus é antepassado porque ele não só gera o Filho, mas também é o Protótipo do Filho e porque existe entre ele e o Filho uma íntima relação de comunicação sagrada da natureza e do amor através do Espírito Santo [...]. A Descendência do Filho está relacionada ao Pai e ao Espírito Santo — ao Pai como procedente dele, ao Espírito porque é nele e através dele que o Descendente se comunica misticamente no amor com o Antepassado e assim cumpre seus deveres "ancestrais". (Nyamiti, 48-49)

A visão de Nyamiti do Espírito como Oblação, naturalmente, é paralela à ideia de Agostinho de que o Espírito é o vínculo: a comunicação entre o Ancestral (Pai) e o Descendente (Filho) acontece através do Espírito.

O metodista nigeriano A. Okechukwu Ogbonnaya, em *On Communitarian Divinity* (Da Divindade Comunitária), oferece também *Uma Interpretação Africana da Trindade*. Sua característica distintiva é um diálogo com o pai norte-africano da igreja primitiva, Tertuliano, o arquiteto de grande parte da terminologia trinitária. Considerando Tertuliano, Ogbonnaya procura pistas para uma melhor compreensão da natureza comunal da vida africana através das lentes da doutrina da Trindade. Para Ogbonnaya, "A comunalidade é a essência dos Deuses" (Ogbonnaya, 13). Uma das características-chave da noção tertuliana da Trindade é que mesmo a monarquia é percebida como comunal; ela pertence a todos, não apenas ao Pai.

6. Perguntas fundamentais e desafios

Com toda a sua diversidade e debates, há um consenso emergente entre os teólogos contemporâneos sobre vários princípios e orientações-chave, como a Trindade é a estrutura da teologia, que se revela na narrativa bíblica, que ela representa a comunhão e, portanto, a verdadeira personalidade, que fala a vários contextos e necessidades, e que está intimamente ligada à vida prática tanto no nível pessoal como comunitário.

Uma série de questões debatidas também pode ser citada: como melhor ligar a Trindade econômica e imanente sem, por um lado, negar a liberdade de Deus (desmoronando-os uns nos outros) ou, por outro lado, fazer a Trindade novamente uma especulação abstrata, sem relação com a vida cristã (separando-os)? Como relacionar a unidade e a trindade/trindade e unidade? Como falar sobre as questões da inclusividade: "Pai" e "Filho" podem ser substituídos por outros termos? Em que sentido a comunidade divina e humana podem estar relacionadas entre si e em que sentido a Trindade pode servir para criticar a comunidade humana? Qual é a relação da Trindade com outras religiões?

V.-M. Kärkkäinen

Veja também Cristologia; Deus, Doutrina de; Pneumatologia.
Bibliografia. Barth, K., *Church Dogmatics*, Bromiley, G. e Torrance, T. F., orgs. (Edinburgh: T & T Clark, 1956-1974); Boff, L., *Trinity and Society* (Maryknoll: Orbis, 1998); González, J. L., *Mañana: Christian Theology from a Hispanic Perspective* (Nashville: Abingdon, 1990); Heim, S. M., *The Depth of the Riches: A Trinitarian Theology of Religious Ends* (Grand Rapids: Eerdmans, 2000); Jenson, R. W., *Systematic Theology, 1: The Triune Creator* (New York: Oxford University Press, 1997); Johnson, E. A., *She Who Is: The Mystery of God in Feminist Theological Discourse* (New York: Crossroad, 1992); Kärkkäinen, V.-M., *Trinity and Religious Pluralism: The Doctrine of the Trinity in Christian Theology of Religions* (Aldershot: Ashgate, 2004); idem, *The Trinity: Global Perspectives* (Louisville: Westminster/John Knox, 2006); LaCugna, C. M., *God for Us: The Trinity and Christian Life* (San Francisco: HarperSanFrancisco, 1991); Lee, J. Y., *The Trinity in Asian Perspective* (Nashville: Abingdon, 1996); Letham, R., *The Holy Trinity: In Scripture, History, Theology, and Worship* (Phillipsburg: P&R, 2004); Lossky, V., *The Mystical Theology of the Eastern Church* (London: James Clarke, 1957); Molnar, P. D., *Divine Transcendence and the Doctrine of the Immanent Trinity: In Dialogue with Karl Barth and Contemporary Theology* (Edinburgh: T & T Clark, 2002); Moltmann, J., *The Trinity and the Kingdom: The Doctrine of God* (London: SCM, 1991); Muller, R. A., *Post-Reformation Reformed Dogmatics: The Rise and Development of Reformed Orthodoxy, ca. 1520 to ca. 1725, 4: The Triunity of God* (Grand Rapids: Baker, 2003); Nyamiti, C., *African Tradition and the Christian God* (Eldoret: Gaba Publications, 1975); Ogbonnaya, A. O., *On Communitarian Divinity: An African Interpretation of the Trinity* (New York: Paragon House, 1994); Panikkar, R., *The Trinity and the Religious Experience of Man: Icon-Person-Mystery* (Maryknoll: Orbis, 1973); Pannenberg, W., *Systematic Theology, 1* (Grand Rapids: Eerdmans, 1994); Rahner, K., *The Trinity* (New York: Crossroad, 1997); Torrance, T. F., *Trinitarian Perspectives: Toward Doctrinal Agreement* (Edinburgh: T & T Clark, 1994); Zizioulas, J. D., *Being as Communion: Studies in Personhood and the Church* (Crestwood: St. Vladimir's Seminary Press, 1985).

R. Letham e V.-M. Kärkkäinen

UCHIMURA, KANZO. *Veja* Eclesiologia; Teologia Asiática.

UNIDADE CRISTÃ. *Veja* Ecumenismo.

UNIVERSALISMO
Universalismo é a crença de que todos os seres humanos serão salvos. Podemos distinguir entre universalistas esperançosos e universalistas convictos. Os universalistas esperançosos encontram razão nas Escrituras para ter esperanças de que todos serão salvos, mas não acreditam que podemos ter certeza disso. Os universalistas convictos, por outro lado, estão convencidos dessa ideia, apesar do fato de os cristãos tradicionalmente acreditarem que a Bíblia claramente ensina que alguns serão condenados eternamente.
1. Universalismo esperançoso
2. Universalismo convicto

1. Universalismo esperançoso
Nos últimos três séculos, houve um número de teólogos célebres que expressaram a esperança, mas não a certeza, de que todos serão salvos. Eles ficam impressionados com as evidências que os universalistas convictos citam em defesa de sua posição, mas percebem a linha de tensão entre esse ensino bíblico e outras passagens que indicam que alguns se perderão. Entre os defensores do universalismo esperançoso está o teólogo existencialista Søren Kierkegaard e vários pietistas, incluindo os evangelistas Johann Christoph Blumhardt e seu filho Christoph Friedrich Blumhardt. Na Inglaterra, F. D. Maurice perdeu seu cargo de professor no King's College London por supostamente afirmar a salvação universal, mas parece provável que ele só tivesse esperanças, como foi o caso de Frederic W. Farrar. Na Europa continental, os teólogos protestantes Karl Barth e Emil Brunner expressaram essa esperança, assim como os católicos romanos Hans Urs von Balthasar e Karl Rahner. Entre os que escreveram em defesa dessa posição estão o pastor reformado Jan Bonda e evangélicos como Donald Bloesch.

2. Universalismo convicto
2.1. Defensores do universalismo convicto. Os defensores contemporâneos do universalismo citam um número de pais da igreja primitiva como precedentes, mas poucos deles são consistentemente universalistas em seus escritos. Orígenes (c. 185-254) é a quem mais frequentemente se recorre por causa de suas declarações que indicam que o inferno é disciplinar, de modo que, eventualmente, todos seriam salvos, porém ele também observa evidências bíblicas em contrário, de modo que ele não foi dogmático sobre o universalismo. Por outro lado, vários teólogos da igreja primitiva (incluindo Basílio, o Grande, e Agostinho) testemunham a popularidade do universalismo, embora eles não o afirmem; e esse ponto de vista foi condenado pelo Quinto Concílio de Constantinopla, em 553. O teólogo irlandês John Scotus Erigena (810-877) defendeu firmemente o universalismo na Idade Média e tornou-se tema de disputas durante o período da Reforma, mas as evidências que pretendem mostrar que o universalismo foi ensinado por escritores do período são ambíguas.

Começando no século 17, no entanto, as vozes em defesa do universalismo começaram a se multiplicar, e esse ensino se tornou uma grande característica do pietismo radical. Nos séculos 18 e 19, as congregações universalistas aumentaram em número, e importantes teólogos de várias denominações promoveram o universalismo. Duas formas principais desse argumento foram identificadas (Ludlow, em Parry e Partridge, 205-6). A primeira abordagem enfatizou a necessidade de punição pós-morte para reconciliar todos com Deus, enquanto a segunda aceitou as doutrinas calvinistas da predestinação e expiação, mas alegou que elas se aplicavam a todas as pessoas. Na América, o universalismo tornou-se um forte movimento durante o século 18, particularmente no unitarismo, mas o impulso mais significativo para a aceitação da ideia foi provavelmente sua promoção por Friedrich Schleiermacher (1768-1834), embora ele tenha falado cautelosamente. Desde então, afirmações mais fortes do universalismo foram feitas por teólogos liberais, como J. A. T. Robinson e John Hick, que não argumentam que a Bíblia tenha uma mensagem consistente nesse sentido (veja também Gulley e Mulholland, 49). Outros, cuja perspectiva teológica geral é mais conservadora também afirmaram a salvação universal, incluindo William Barclay, Jacques Ellul e Jürgen Moltmann; e um argumento para o universalismo é até mesmo apresentado dentro de uma teologia evangélica conservadora (ex., Talbott).

2.2. Argumentos em favor do universalismo. Dada a variedade de perspectivas teológicas dentro das quais os cristãos concluíram que todos serão finalmente salvos, a defesa dessa posição não é uniforme, mas as características comuns surgem quando se lê os argumentos dos universalistas convictos. Nosso foco principal será a questão apresentada por aqueles que afirmam a confiabilidade das Escrituras, mas reconhecemos que nenhum universalista em especial pode fazer todas as seguintes afirmações. (1) A graça de Deus e o seu amor revelado em Jesus são o ponto de partida e o fundamento da crença na salvação universal. O principal atributo de Deus é identificado como amor (1 Jo 4.8,16) e este amor é tanto invencível como inescapável (Rm 8.35-39). O amor de Deus para todas as pessoas é sem discriminação e não descansará até que todos estejam reconciliados com ele. (2) Os textos bíblicos citados em apoio da eterna punição consciente encontram-se em contextos de parábola, hipérbole e grande simbolismo; eles devem ser lidos seriamente, mas não literalmente. Esses textos implicam algum tipo de punição após a morte, mas eles não ensinam que isso é eterno. Consequentemente, (3) as advertências bíblicas de julgamento eterno são mais bem entendidas apenas como ameaças que não necessariamente acontecerão.

(4) Deus deseja a salvação de todos (Lm 3.22; 3.31-33; Ez 33.11; Mt 18.14; Rm 11.32; 1Co 15.27-28; 2Co 5.19; Ef 1.9-10; Cl 1.19-20; 1Tm 2.3-6; 2Pe 3.9; 1Jo 2.2), e ele no final alcançará o que pretende (cf. Jó 42.2; Sl 22.27; 65.1-2; 115.3; 139.7-8; 145.8-10; Is 25.6-8; 45.22-24; 46.10-11; Mt 18.14; Lc 3.6; 19.10; Jo 1.9; 3.17; 12.32, 47; At 3.21; Rm 3.23-24; 5.18; 11.32; 1Co 15.22; Ef 1.9-11; Fp 2.10-11; Cl 1.19-20; 1Tm 2.3-4; 4.9-10; 2Pe 2.9; Ap 5.13; 21.25). Dada a contínua divisão entre monergistas e sinergistas dentro da teologia cristã, existem naturalmente universalistas que não atribuem a salvação universal à crença na capacidade soberana de Deus para salvar todos aqueles que ele escolhe salvar (por exemplo, Robinson, Hick, E. Reitan [Parry e Partridge, 140]). No entanto, muitos tradicionalistas notaram a incoerência de afirmar a salvação universal se os seres humanos têm liberdade absoluta. Enquanto as pessoas tiverem o poder da escolha contrária, nem mesmo Deus tem condições de garantir que todos se arrependerão voluntariamente e crerão. Por essa razão, alguns universalistas dão testemunho de uma mudança na sua posição em relação à soberania de Deus na salvação (por exemplo, Gulley e Mulholland, 101-9; Talbott, em Parry e Partridge, 4-5).

(5) Deus finalmente será vitorioso, o que significa que a salvação pós-morte é possível. Como disse Robinson: "O julgamento nunca pode ser a última palavra de Deus, porque, se fosse, seria a palavra que falaria de seu fracasso" (106). No final das contas, a natureza insuportável do sofrimento dos pecadores no inferno vai destruir suas ilusões e convencê-los de seu erro, levando-os, assim, ao arrependimento e à reconciliação com Deus. Nada em toda a criação pode nos separar do amor de Deus (Rm 8.38-39), e isso inclui nossas próprias ações. Assim como toda a raça humana foi implicada no pecado de Adão, ela se beneficiará da justiça de Cristo e participará da vida que ele traz (Rm 5.18; 1Co 15.22,25-28). A restauração de todas as coisas indica a restauração universal (At 3.21; Ef 1.9-10; Fp 2.10-11; Cl 1.19-20) e, assim, a obra de Deus de reconciliar o mundo consigo em Cristo continuará até que todos tenham sido resgatados. Essa reconciliação deve ser a redenção

total; não pode ser apenas a pacificação dos poderes do mal.

(6) A paciência de Deus é ilimitada porque não quer que ninguém pereça, mas quer que *todos cheguem ao arrependimento* (2Pe 3.9), e devemos *considerar a paciência de nosso Senhor como salvação* (2Pe 3.15). Assim, Deus persiste, mesmo além do túmulo, até que sua vontade tenha sido cumprida, porque seu amor nunca termina (1Co 13.7-8). Os portões da cidade santa são descritos como sendo abertos dia e noite (Is 60.11; Ap 21.25), o que significa que o acesso ao trono da graça é uma possibilidade contínua. As portas do inferno estão trancadas apenas por dentro (C. S. Lewis). No entanto, mesmo quando nos encontramos prisioneiros na escuridão interior que criamos, Jesus Cristo tem as chaves para esse inferno e pode chegar até nós pela sua graça (Ap 1.18). Mesmo quando alguém está no inferno, pode ser perdoado. (Bloesch, 227)

(7) Todos finalmente conhecerão a Deus (Is 11.9; Jr 31.31-34), porque quando Cristo é "levantado", ele atrai todas as pessoas para si (Jo 12.32) e todos se curvarão diante de Jesus e reconhecerão que ele é o Senhor, para a glória de Deus Pai (Fp 2.9-11). (8) Embora "eterno" possa ser uma referência à duração temporal, frequentemente indica que Deus é a fonte ou designa o modo de vida associado com a era vindoura. Assim, quando "a carta de Judas descreve o fogo que consumiu Sodoma e Gomorra como 'fogo eterno', o ponto não é que o fogo literalmente queima para sempre sem consumir as cidades; não é que o fogo continua a queimar até hoje. O ponto é que o fogo é uma forma de julgamento divino nessas cidades, um prenúncio do juízo escatológico, que tem sua fonte causal no próprio Deus eterno" (Talbott, 87-88). O mesmo ponto é colocado a respeito do julgamento eterno em Mateus 25.41,46, e também é verdadeiro para a vida eterna (Jo 17.3). Em nenhuma das situações "eterno" é usado para designar a duração do julgamento ou da bênção. Trata-se, antes, de uma afirmação sobre sua origem e sua natureza.

(9) Ninguém que seja racional o bastante para qualificar-se como agente moral livre poderia preferir um horror objetivo à bem-aventurança eterna, e assim (10) devemos entender que o fogo do inferno é purificação e não punição. Não é um fim em si mesmo, mas um meio para um fim, na verdade um meio de graça que serve ao propósito da grande misericórdia de Deus (Rm 11.31-32). Assim, o fogo de 1Coríntios 3.15 é idêntico ao "lago de fogo", em seu propósito e efeito. Thomas Talbott propõe que o que é consumido e destruído pelo lago de fogo de Apocalipse 20.15 é *a carne, a natureza pecaminosa, o falso eu* (Parry e Partridge, 42). Assim, a destruição eterna dos ímpios (2Ts 1.9) é entendida como a eterna destruição do "velho homem ou do falso eu", o que a torna redentora em vez de punitiva (Talbott, 97-98). Os universalistas concordam com os tradicionalistas, no entanto, que é inválido tomar as passagens que falam de destruição e perecimento como referência à aniquilação. Mesmo a morte será, por fim, vencida por Cristo e abolida (1Co 15.26). O pecado imperdoável (Mt 12.31-32) não é um pecado que nunca possa ser corrigido, mas que deve ser tratado com punição apropriada (Talbott, 104). De fato, (11) a bem-aventurança dos redimidos no céu requer que todos os seres humanos sejam salvos, pois Deus enxugará toda lágrima dos olhos dos redimidos (Ap 21.4) e fará isso eliminando todas as causas da nossa tristeza.

Os universalistas também propõem algumas razões práticas para preferirem sua visão à visão tradicional do inferno. (12) Porque a doutrina do inferno é imoral, ela aliena as pessoas do cristianismo, tornando o problema do inferno insolúvel do ponto de vista cristão. Hick adota este argumento da *teodiceia: "Porque a doutrina do inferno tem implícita a premissa de que ou Deus não deseja salvar todas as suas criaturas humanas, caso em que ele é bom apenas em parte, ou que seu propósito acabou não se cumprindo no caso de alguns, hipótese em que ele é apenas parcialmente soberano. Creio, portanto, que as necessidades da teodiceia cristã nos obrigam a repudiar a ideia do castigo eterno" (Hick 1977, 342). Robinson cita como um de seus principais motivos para escrever *In the End, God* (No fim, Deus), "o reconhecimento de que, na área das Últimas Coisas, a tradição estava fracassando de modo singular para atrair ou engajar" (19). Hick vê uma vantagem adicional no universalismo no sentido de que (13) impede que o cristianismo se torne triunfalista em sua postura com outras religiões. Assim, uma teologia relativisticamente pluralista das religiões combina bem com o universalismo. Finalmente, do ponto de vista prático (14), Hendrikus Berkhof sugeriu que a postura e o comportamento dos cristãos em relação aos incrédulos indicam que muitos deles realmente não acreditam no inferno eterno.

Veja também Céu; Escatologia; Inferno.
Bibliografia. von Balthasar, H. U., *Dare We Hope 'That All Men Be Saved'? With a Short Discourse on Hell* (San Francisco: Ignatius Press, 1986); Berkhof, H., *Well Founded Hope* (Richmond: John Knox, 1969); Bloesch, D. G., *The Last Things: Resurrection, Judgment, Glory* (Christian Foundations; Downers Grove: InterVarsity Press, 2004); Bonda, J., *The One Purpose of God: An Answer to the Doctrine of Eternal Punishment* (Grand Rapids: Eerdmans, 1993); Cameron, N. M. de S., org., *Universalism and the Doctrine of Hell: Papers Presented at the Fourth Edinburgh Conference in Christian Dogmatics, 1991* (Grand Rapids: Baker, 1992); Gulley, P. e Mulholland, J., *If Grace Is True: Why God Will Save Every Person* (New York: HarperCollins, 2003); Hick, J., *Death and Eternal Life* (New York: Harper & Row, 1976); idem, *Evil and the God of Love* (ed. rev.; San Francisco: Harper & Row, 1977); Moltmann, J., *The Coming of God: Christian Eschatology* (Minneapolis: Fortress, 1996); Parry, R. A. e Partridge, C. H., orgs., *Universal Salvation? The Current Debate* (Grand Rapids: Eerdmans, 2004); Rahner, K., "Hell", *Encyclopedia of Theology: The Concise Sacramentum Mundi*, Rahner, K., org. (New York: Seabury, 1975) 602-4.; Robinson, J. A. T., *In the End, God* (New York: Harper & Row, 1968); Talbott, T., *The Inescapable Love of God* (Parkland: Universal Publishers, 1999).

T. L. Tiessen

URBANISMO. *Veja* Cidade, Teologia da.

VENERAÇÃO DOS SANTOS.
Veja Invocação, Veneração dos Santos.

VERGONHA

A vergonha parece ser uma experiência humana universal, embora o contexto e a natureza dos padrões e as expressões de vergonha possam diferir no tempo e na cultura. Apesar dessa universalidade, os teólogos ocidentais em geral negligenciam a vergonha, mesmo vendo-a com desdém como algo menos avançado e inferior à consciência ocidental racionalizada e baseada na culpa. Esse entendimento é infeliz e repousa em vários mal-entendidos. Na verdade, após um exame mais aprofundado, as Escrituras fornecem dados importantes para a compreensão da experiência da vergonha.

1. Conceitos errôneos sobre a vergonha
2. A vergonha nas Escrituras
3. Vergonha e salvação

1. Conceitos errôneos sobre a vergonha

Vários conceitos errôneos sobre a experiência da vergonha continuam a exercer influência nas discussões populares e acadêmicas. É comum equiparar vergonha e honra como se os dois fossem opostos binários. Honra e vergonha não são conceitos antípodes ao longo de um espectro singular de avaliação social. A vergonha é uma emoção. A honra, em contrapartida, não é. Alguém sente vergonha. Não se sente honra, embora seja possível sentir certas emoções que resultam da apropriação da honra. O que se sente normalmente quando se recebe honra é orgulho. A honra é então um correlato binário do ato de envergonhar-se publicamente: a vergonha, como emoção, está em oposição à emoção do orgulho.

Outro entendimento comum envolve uma distinção entre as experiências de vergonha e culpa. Muitas vezes, as pessoas veem a vergonha como decorrente da sensibilidade à opinião pública, algo que se manifesta principalmente não quando alguém comete um pecado, mas quando este é exposto de alguma forma. Supõe-se que a culpa, ao contrário, não requer exposição pública, mas opera por princípios internos e consciência pessoal. Nesta visão, a culpa refere-se a padrões absolutos originários de uma consciência interna, enquanto a vergonha depende de correntes sociais variadas, principalmente uma experiência que diz respeito ao outro, um fenômeno que depende da presença de expectadores. A marca distintiva da vergonha é a dependência do que os outros pensam. Por outro lado, a culpa depende de uma bússola moral interna, a consciência individual.

Uma extensão dessa distinção é a distinção das noções de culturas de vergonha e de culpa. A noção de culturas de culpa assumiu esse contraste público/privado e supostamente designou culturas que internalizaram padrões absolutos de moralidade na forma de consciência individual. As culturas de vergonha, ao contrário, foram sociedades que se basearam nas sanções sociais e na opinião pública. Os escritos populares da antropóloga Ruth Benedict (1887-1948) deram a estes dois tipos de cultura ampla aceitação. O psicólogo do desenvolvimento Erik Erikson (1902-1994) argumentou que a vergonha foi precursora do desenvolvimento da emoção mais avançada da culpa. Essa visão acrescentou combustível à tendência etnocêntrica tácita de que as personalidades orientadas pela culpa (associadas aos ocidentais modernos) eram mais desenvolvidas ou civilizadas do que aquelas que manifestavam personalidades orientadas pela vergonha (associadas a povos pré-modernos e não-ocidentais). O movimento para generalizar essa convenção no nível das culturas nacionais, isto é, de que as culturas de culpa eram moralmente superiores às culturas de vergonha, foi natural.

No entanto, falta apoio empírico para a

suposição comum de que a vergonha surge da exposição pública, enquanto a culpa surge das angústias interiores e mais pessoais de uma consciência. Discussões antropológicas e psicológicas recentes demonstram que tanto a culpa quanto a vergonha operam usando normas internalizadas, isto é, a consciência. Embora a vergonha, muitas vezes, envolva a exposição pública, isso não é essencial para a experiência da vergonha. Existem formas internas (privadas) e externas (públicas) de vergonha (Tangney). A vergonha interna pode ocorrer sem descoberta pública. Não existe um tipo específico de experiência (por exemplo, externa, pública) que gera vergonha. Na verdade, os tipos de comportamento que levam à vergonha e à culpa são essencialmente semelhantes.

Embora atribuir às culturas uma categoria de culpa ou de vergonha continue a ser prática comum na escrita cristã contemporânea, e particularmente na literatura missiológica, hoje está claro que dicotomias marcantes como essa são ingênuas e simplistas. Toda cultura experimenta vergonha e culpa. Mesmo aquelas como a do Japão, muitas vezes referido como exemplo de "cultura da vergonha", já não admitem categorizações simplistas. Estudos recentes desafiam tais rótulos e apontam para um sentimento predominante de culpa entre os japoneses, decorrente de ação ou inação que resulta em lesão, dano ou sofrimento do outro (Lebra, 192). Em vez da transgressão de um código jurídico ou moral abstrato, a culpa japonesa parece personalizada e focada na relação, muitas vezes envolvendo o conceito do *on* (uma dívida relacional moralmente valorada). É certo que a vergonha ou a culpa podem, de fato, predominar em certos contextos culturais, mas nenhuma cultura exige ou impede uma experiência, excluindo a outra. É mais útil aprender como cada cultura possui uma hierarquia integrativa particular que envolve ambos os controles internos.

Como então a culpa e a vergonha diferem? Os estudiosos geralmente reconhecem que a distinção básica entre essas duas experiências é o papel da autoatribuição. Ou seja, se uma reação emocional específica a alguma falta levará à culpa ou à vergonha depende da maneira como o *eu* interpreta e valora a falta ou evento negativo. Assim, a culpa envolve uma condenação mais articulada de um comportamento específico (isto é, "o que eu *fiz*"). Nessa perspectiva, o ego existe como sujeito isolado e classificam-se os enganos ou faltas como realidades externa ao ego. O foco na culpa diz respeito ao ato específico que permanece externo ao ego.

A vergonha, em contrapartida, envolve uma avaliação negativa global do ego (isto é, "quem eu *sou*"). Duas dimensões, a causa ou o evento, e a posterior avaliação do próprio ego fundem-se quando o ego se torna sujeito e objeto. A vergonha é então o fechamento completo do círculo do ego-objeto. Na experiência da vergonha, o ego atribui a falta de uma maneira global. Ou seja, o que se faz não é abstraído e externalizado, mas apropriado como parte inerente do ego. O foco na vergonha diz respeito à resultante inadequação do ego.

Devido a essas diferenças, a solução para ambos é bastante diversa. Embora potencialmente dolorosos, a reparação e o perdão podem resolver a experiência da culpa. Esta sempre tem uma ação corretiva associada, algo que o indivíduo pode fazer (mas não necessariamente faz) para reparar a falta. Reparações da falta ou medidas para impedir que ela aconteça novamente são dois caminhos corretivos possíveis. Certas formas de punição também são frequentemente recomendadas para absolvição da culpa.

A vergonha é bem diferente, porque não se limita a ver a ação como errada, mas considera o próprio ego como defeituoso. Desse modo, a vergonha aponta para uma realidade muito mais profunda. Não é apenas o comportamento que está errado, mas também a pessoa. O ego envergonhado é um ego danificado, deficiente e está aquém de algum objetivo bom ou de um padrão de excelência. É fundamentalmente faltoso. Por isso, o ego que experimenta vergonha muitas vezes recua, sente-se exposto, inferior, defeituoso e frequentemente tenta esconder-se e desaparecer.

Desde que a vergonha trata de uma meta não alcançada, a ação corretiva deve ser diferente da ação associada à culpa. A punição não ajudará, nem a simples absolvição ou perdão. Em vez disso, a medida corretiva adequada deve envolver, de alguma forma, uma reestruturação ou renovação do ego. Deve haver uma verdadeira mudança pela cura ou pela transformação do ego envergonhado.

2. A vergonha nas Escrituras

2.1. *No Antigo Testamento*. A vergonha é um aspecto notável das Escrituras cristãs. Há um contraste proeminente no relato do jardim do Éden (Gn 2.25; 3.7-10) entre a ausência de vergonha antes do pecado e as experiências relacionadas à vergonha (esconder-se, consciência da nudez) depois que Eva e Adão comeram do fruto da árvore proibida. Assim, a experiência inicial após o pecado ter entrado no mundo parece ter sido a vergonha.

Uma preocupação dominante nas relações humanas é evitar a vergonha (Dt 25.3; 27.16; Rt 2.15) ou mitigar a frustração e a ira quando as pessoas se sentem envergonhadas (1Sm 20.30-34). A vergonha pode resultar da incapacidade de agir com a devida reciprocidade relacional (ex., 2Sm 19.3-7, onde a vergonha resulta da falha de Davi em validar a lealdade e o valor de seus homens). A consciência de Isaías no que diz respeito à sua condição de criatura, aos sentimentos de autoaversão, temor e inadequação diante do *mysterium tremendum* (Is 6) são típicos da experiência da vergonha na presença da santidade. Como há uma estreita ligação entre a bênção e a honra, existe uma conexão semelhante entre a maldição e a vergonha, isto é, a falta de bênção e o esvaziamento da alma. A vergonha também existe além de sua terminologia explícita, pois está associada a valores como exclusão, impureza, tolice, orgulho e diferentes tipos de erros.

Embora a retórica da vergonha apareça em toda a Bíblia hebraica, a linguagem explícita da vergonha é mais proeminente nos Salmos e Profetas. Os profetas, muitas vezes, associam a vergonha à idolatria (Is 1.29; 42.17; 45.16; Os 10.6) e àqueles que confiam em algo que não seja Deus (Is 20.5). A vergonha é o fim apropriado para os inimigos de Deus (Sl 129.5; Is 26.11; 41.11; 45.24) e para qualquer um que o rejeitar (Jr 8.9). A vergonha funciona como veículo de Deus para punir Israel, que deve mostrar fidelidade e confiança, mas, em vez disso, rompe sua relação de aliança com Deus pela desobediência pecaminosa (Is 37.27, Jr 48.1,13,20,39; 50.2; Ez 16.52; Hc 2.16). A vergonha é um modo de encarar o castigo do exílio (Jr 9.15-19; 51.51). De uma perspectiva psicológica, a função dessa linguagem era aparentemente produzir tristeza e autorreprovação que levassem Israel ao arrependimento.

Positivamente, os profetas descrevem com frequência a salvação e o socorro de Deus em termos da remoção da vergonha (Is 50.7; 54.4, Jl 2.26; Sf 3.11). Permanece a promessa de que os obedientes e fiéis jamais incorrerão em vergonha (Is 49.23; 50.6-7). Em Salmos, os autores muitas vezes fazem pedidos para que Deus remova ou mantenha a vergonha por causa da confiança em Deus (Sl 25.2,20; 31.1,17; 71.1). Há também um apelo frequente para que os inimigos do salmista recebam a vergonha como castigo (Sl 6.10; 31.17; 70.2; 71.13; 86.17; 109.28; 119.78).

2.2. *No Novo Testamento*. Os escritores do Novo Testamento também empregam o conceito de vergonha de maneiras multifacetadas. O desejo de não causar vergonha pública a outros pode servir como sinal de integridade (Mt 1.19). Uma vez que a bênção de Deus é uma forma de honra, uma marca de distinção, então a falta dessa bênção (e.g., a infertilidade, Lc 1.25) pode revelar-se vergonhosa. Jesus fala de pessoas que conseguem o que querem por não terem vergonha de pedir (Lc 11.8). As palavras e ações de Jesus resultam na vergonha de seus adversários (Lc 13.17). Além disso, seu uso de termos depreciativos (ex., *serpentes, raça de víboras*, Mt 23.33, *hipócritas*, Mt 23.13, *guias cegos*, Mt 23.16, *insensatos e cegos*, Mt 23.17) indica a intenção de Jesus de envergonhar seus oponentes. Em Hebreus 6.6, aqueles que pecam e deixam a fé trazem vergonha a Jesus. Tiago repreende os crentes por envergonharem os pobres com a prática da acepção de pessoas (Tg 2.6). O comportamento humano pecaminoso pode resultar na vergonha de Deus (Rm 2.23-24).

Alguns autores utilizam a vergonha como forma de repreensão e controle social. Paulo usa a vergonha para exercer pressão social sobre os não conformistas, a fim de criar obediência entre suas igrejas (1Co 5.1-6; 6.1-7; 15.34; 2Ts 3.14). Ele também usa a vergonha como motivação para encorajar os cristãos a cooperar em suas atividades ministeriais (2Co 9.3-4).

O evangelho e a cruz contêm poderosas dimensões relacionadas à vergonha. Assim, Paulo observa que os salvos não experimentarão a vergonha derradeira (Rm 10.11). A mensagem escandalosa e vergonhosa de um Messias crucificado é o motivo pelo qual Paulo deve declarar que essa notícia não é motivo de vergonha (Rm 1.16). Pelo contrário, em Cristo, Deus inverteu os códigos de avaliação moral, tomando o que o mundo considera fraco, tolo e vergonhoso e transformando-o em fonte de orgulho e honra. Por meio da cruz, Deus transforma em honra o que no mundo antigo representava desonra e vergonha definitiva (Hb 12.2). Os discípulos devem suportar com paciência a desonra e a vergonha, sabendo que a perspectiva do mundo sobre a vergonha não condiz com os padrões de Deus (Hb 12.1-3; 13.13-14).

3. Vergonha e salvação

Os cristãos têm muitas vezes estruturado teorias da *expiação em termos de libertação de culpa. De fato, muito da teologia pós-Reforma incluía os sentimentos humanos de indignidade e vergonha dentro da rubrica maior de culpa e depois definiu a obra salvífica de Cristo principalmente em termos de imagens legais e de culpa pessoal (Kraus, 208). Esse é o caso da visão da expiação como substituição penal. Alguns estudiosos têm comentado sobre a frustração dos missionários ocidentais, que tentaram comunicar o evangelho e descobriram que suas explicações não tinham força.

Muitas vezes, isso pode ser resultado de uma apologética ou soteriologia predominantemente legal que não considera de modo adequado outras possibilidades como a vergonha. Muitas vezes isso tem feito com que muitos no mundo não ocidental (e até mesmo na cultura contemporânea do Ocidente pós-moderno) não ouçam a história de Jesus em formas que se liguem às suas experiências e preocupações mais profundas.

Isso é lamentável, pois há recursos significativos nas Escrituras que apoiam essa interpretação. Como já observado, a história do primeiro pecado em Gênesis revela claras dimensões de vergonha (esconder-se revela a consciência de um indivíduo defeituoso e exposto). Estamos sendo fiéis às Escrituras quando nos referimos à vergonha original, na qual a humanidade incorreu ao pecar. Paulo olha para o pecado da perspectiva da vergonha (Rm 3.23: ficar aquém, estar destituído da glória de Deus) e da dádiva de Deus contrastada com o pecado humano que provoca vergonha (Rm 6.21-23).

Se resistirmos à tentação de ver o pecado de modo puramente legal, logo ficará evidente que a Bíblia também encara a questão do pecado em termos de fracasso, desordem, danos ao eu e às relações, alienação e vergonha. A maldição da lei também pode ser vista em sua relação com a vergonha e a impureza, e não com a culpa e a culpabilidade legal (Kraus, p. 217). Esse eu precisa mais de transformação e cura do que de perdão e absolvição.

Tal abordagem pode enfatizar um Cristo envergonhado com espinhos, mas coroado com honra e glória. Pode também ver a salvação em termos de incorporação na história de Jesus, onde Deus nos coloca em um novo lugar. Nesse novo lugar, elimina-se a vergonha e garante-se uma nova e honrosa identidade.

Longe de ser uma experiência de desenvolvimento inferior ou própria de sociedades exóticas coletivistas, a vergonha é um elemento universal em todas as culturas. Ela parece estar ligada à composição do ser humano. Portanto, se a teologia quiser levar a sério os contextos globais do mundo de hoje, é importante que ela atente mais para as questões que envolvem vergonha, sondando novas maneiras de entender o evangelho universal por meio das dimensões de contextos específicos no tocante às experiências de vergonha.

Veja também EXPIAÇÃO; FACE; PECADO; SALVAÇÃO.

BIBLIOGRAFIA. BENEDICT, R., *The Chrysanthemum and the Sword* (Boston: Houghton Mifflin, 1946); DE SILVA, D. A., *Despising Shame: Honor Discourse and Community Maintenance in the Epistle to the Hebrews* (Atlanta: Scholars Press, 1995); GILBERT, P. e ANDREWS, B., orgs., *Shame: Interpersonal Behavior, Psychopathology, and Culture* (New York: Oxford University Press, 1998); GREEN, J. B. e BAKER, M. D., *Recovering the Scandal of the Cross: Atonement in New Testament and Contemporary Contexts* (Downers Grove: InterVarsity Press, 2000); KRAUS, N., *Jesus Christ Our Lord: Christology from a Disciple's Perspective* (ed. rev.; Scottsdale: Herald Press, 1990); LEBRA, T. S., "Shame and Guilt: A Psychocultural View of the Japanese Self", *Ethos* 11 (1983) 192-209; LEWIS, M., *Shame: The Exposed Self* (New York: Free Press, 1995); MULLER, R., *Honor and Shame: Unlocking the Door* (Philadelphia: Xlibris, 2000); STIEBERT, J., *The Construction of Shame in the Hebrew Bible* (London: Sheffield Academic Press, 2002); TANGNEY, J., "Self-Relevant Emotions", in: *Handbook of Self and Identity*, Leary, M. R. e Tangney, J., orgs. (New York: Guilford, 2003) 384-400; TAYLOR, G., *Pride, Shame, and Guilt: Emotions of Self-Assessment* (Oxford: Clarendon, 1985).

C. L. Flanders

VIDA APÓS A MORTE. *Veja* RESSURREIÇÃO.

VIDA PROFISSIONAL

Como a vida profissional se relaciona com o trabalho da teologia global? Que lugar os negócios têm na vida e no testemunho do corpo de Cristo em todo o mundo? Por que os empresários devem se interessar pela teologia e por seu trabalho prático enquanto exercem suas profissões? Essas perguntas estão no centro de uma luta persistente travada pela igreja ao longo da história.

1. A vida profissional em um contexto global
2. Conceitos teológicos fundamentais
3. Perspectivas históricas
4. A vida profissional como exercício multidisciplinar
5. Tendências atuais

1. A vida profissional em um contexto global

As questões econômicas estão no topo da agenda de grande parte do mundo. Para o bem ou para o mal, as prioridades comerciais e o comportamento dos líderes empresariais estão moldando eventos globais, em alguns casos notáveis, muito além da capacidade de controle e de equiparação dos centros tradicionais de influência, como os governos. Em muitos países, o desemprego é desenfreado; mesmo as soluções para outras questões aparentemente não relacionadas, como o HIV/AIDS ou o tráfico de seres humanos, envolvem uma resposta orientada para os negócios.

A igreja deve escolher entre respostas de ambivalência, antagonismo ou engajamento positivo com as empresas no contexto de uma compreensão holística do evangelho.

2. Conceitos teológicos fundamentais

A reflexão teológica sobre os negócios faz parte de um conjunto mais amplo de questões, incluindo o debate sobre as distinções entre o sagrado e o secular, a natureza do trabalho e do ministério e, no âmbito missiológico, a natureza e o papel da chamada "fabricação de tendas", da qual a atividade profissional é geralmente considerada um subconjunto. Um importante conceito abrangente é o chamado profético para amar a justiça, praticar a bondade e andar humildemente com Deus (Mq 6.8). A incômoda questão do lucro é abordada nas Escrituras. Muitos dos próprios ensinamentos de Jesus usam exemplos de negócios, muitas vezes favoráveis, para ilustrar a verdade última.

2.1. A pessoa de Deus. Pode-se dizer que Deus é o empreendedor original. Começando com uma ideia, e criando o que era bom em todos os aspectos, ele se revela e nos mostra uma visão essencial da vida (Gn 1.1—2.3). Além disso, a atividade empresarial central de gerar empregos importantes e estáveis é uma demonstração de justiça e bondade, fundamentada no caráter de Deus.

2.2. O poder do evangelho. Junto com a proclamação vem a necessidade de demonstrar o poder transformador do evangelho para um mundo cético. Do ladrão que não rouba mais (Ef 4.28) ao executivo que fornece o que é justo e correto (Cl 4.1), gerar negócios bem-sucedidos, baseados na verdade de Deus e dirigidos com oração pelo Espírito, é um testemunho tangível e irrefutável.

2.3. O sacerdócio de todos os crentes. A "ecclesia", o povo de Deus, é encontrada no chão de fábrica, nas empresas e em outros ambientes de trabalho. Especialmente nos países onde a desconfiança e a hostilidade ao evangelho são fortes, as oportunidades mais naturais e verossímeis para evangelizar e fazer discípulos são frequentemente encontradas entre os funcionários, fornecedores e clientes de empresas lideradas por cristãos comprometidos.

2.4. O exercício da mordomia. Em contraste com o pensamento convencional, o cristão afirma que os negócios não existem para maximizar a riqueza dos acionistas, mas para, com a permissão de Deus, ser um canal de bênção para os outros. Isso leva a uma série de considerações sobre a direção correta e sobre o uso de tudo o que Deus nos dá, incluindo os dons de tempo e talento representados pelos empregados, os recursos da terra, os próprios produtos e serviços gerados e os lucros que se acumulam. Essas preocupações são primordiais para o pensamento do mordomo fiel.

3. Perspectivas históricas

Começando com a história de Abraão, passando pelo relato da mulher virtuosa de Provérbios 31, e culminando no registro de Priscila e Áquila (Atos 18), os empresários ocupam um lugar importante no desdobramento dos propósitos de Deus. Na Idade Média, os nestorianos levaram o evangelho ao longo da Rota da Seda enquanto conduziam negócios nas rotas de comércio Oriente-Ocidente. A influência dos morávios e dos missionários empreendedores da Basileia dos séculos 18 e 19 foi de grande alcance. O empresário norueguês Hans Nielsen Hague (1771-1824) representa um exemplo marcante do poder dos negócios nas mãos de um cristão comprometido para transformar uma sociedade inteira. Longe de estar à margem dos propósitos globais de Deus, as empresas têm muitas vezes desempenhado um papel central. Com essa perspectiva histórica em mente, o desafio dos nossos dias é, sob muitos aspectos, recuperar e realizar novamente essa herança emocionante.

4. A vida profissional como exercício multidisciplinar

Para que a igreja em todo o mundo efetivamente abrace a atividade profissional como vocação para seus membros, será necessária a colaboração daqueles com uma ampla gama de habilidades e dons espirituais. Por exemplo, porque a prática empresarial ocorre num contexto cultural, são necessárias as perspectivas antropológicas. Da mesma forma, a contribuição de especialistas em ética, economistas, ambientalistas, historiadores, jornalistas, advogados, missiólogos, sociólogos e outros acrescentará valor às competências mais clássicas de atividades empresariais ligadas a finanças, desenvolvimento de produtos, marketing e recursos humanos. Os principais dons espirituais necessários são os exercidos por profetas corajosos, pastores e professores competentes, para que os santos chamados a um ministério empresarial possam atuar com a responsabilidade de honrar Cristo e com equipamento e recursos adequados para a tarefa.

5. Tendências atuais

Há um movimento global do Espírito associado à vida profissional. Praticamente todos os países e todos os segmentos do corpo de Cristo estão sendo tocados. Talvez os crentes na condição de indivíduos com habilidades profissionais estejam sendo mais despertados para o envolvimento que eles podem ter dando testemunho do reino de Deus na área profissional. Em 2004 foi realizada uma reunião de mais de setenta representantes de todos os continentes durante a Consulta de Lausanne, na Tailândia, visando à concentração nas atividades profissionais como atividade missionária para a igreja. Em todo o mundo, em pelo menos meia dúzia de regiões, muitas das quais economicamente pobres e onde a igreja está em pequena minoria, acontecem reuniões de empresários e profissionais para a maior glória de Deus. Abrangendo o globo, há ministérios para executivos e funcionários com um chamado para os mais elevados propósitos de Deus. Tudo isso representa para o povo de Deus e para o mundo um sinal genuíno do Reino em nosso meio.

Veja também CAPITALISMO; DINHEIRO, RIQUEZA; LEIGOS; TRABALHO, TEOLOGIA DO.

BIBLIOGRAFIA. CLEVELAND, P., GRONBACHER, G., QUINLIVAN, G. e THERRIEN, M., *A Catholic Response to Economic Globalization: Applications of Catholic Social Teaching* (Grand Rapids: Acton Institute, 2001); DANKER, W., *Profit for the Lord* (Eugene: Wipf and Stock, 2002 [1971]); GRUDEM, W., *Business for the Glory of God: The Bible's Teaching on the Moral Goodness of Business* (Wheaton: Crossway, 2003); HILL, A., *Just Business: Christian Ethics for the Marketplace* (Downers Grove: InterVarsity Press, 1997); RUNDLE, S. e STEFFEN, T., *Great Commission Companies: The Emerging Role of Business in Missions* (Downers Grove: InterVarsity Press, 2003); SCHLOSSBERG, H.,

SIDER, R. J. e SAMUEL, V., orgs., *Christianity and Economics in the Post-Cold War Era* (Grand Rapids: Eerdmans, 1994); TUNEHAG, M., MCGEE, W. e PLUMMER, J., orgs., *Business as Mission* (Lausanne Occasional Paper No. 59; 2004; disponível em www.lausanne.org).

P. Shaukat e M. Tunehag

VIOLÊNCIA

A violência é um conceito impreciso de força concebido por ideais pessoais, sociais, culturais ou religiosos de existência, liberdade ou realização, perpetrada de várias maneiras que inibem ou destroem a existência, a liberdade ou a realização de outra pessoa. Em suas muitas variantes históricas, o ato concreto de violência é fundamentalmente uma expressão agressiva do desejo de uma pessoa ou grupo de fazer prevalecer seus próprios valores por meio da coerção com a consequência do sofrimento infligido a outro como, por exemplo, em situações de abuso, agressão, excomunhão, exclusão, prisão, intimidação, assassinato, profanação, punição, estupro, revolução, sacrifício, tortura, *guerra. O objetivo da violência, portanto, envolve sempre a dominação da vontade e da autoridade da vítima no âmbito da percepção ética do agressor sobre o que é legítimo e o que é imoral. No centro do ato coercitivo está o conflito entre as percepções de agressor e vítima acerca da justificativa para a violência. Esse conflito é agravado pela perspectiva de que qualquer forma de violência pode se tornar autônoma das percepções éticas de ambos os grupos e corromper todos os envolvidos.

A teologia da violência coloca essa discussão no contexto mais amplo do desejo e do pecado humano, por um lado, e da santidade e soberania divina, por outro. Esse debate tornou-se mais concreto durante o século 20 em questões relativas à imagem de Deus, a uma preocupação humanitária em relação às vítimas e à ideia de violência redentora. Uma proposta de teoria abrangente da cultura humana com base na violência reavivou a discussão mundial do assunto a partir do final do século 20.

1. A violência na Bíblia
2. Debates globais
3. Teorias culturais abrangentes

1. A violência na Bíblia

O aspecto mais desafiador de uma abordagem teológica da violência é a presença e a representação da violência nos escritos sagrados e religiosos. As Escrituras, especialmente a Bíblia hebraica e os Evangelhos do Novo Testamento, dão particular importância à imagem de Deus, ao retrato da criação e da humanidade, à perspectiva dos rituais religiosos e ao uso de metáforas religiosas. *O Senhor é homem de guerra*, afirma uma das primeiras caracterizações do Deus de Israel (Êx 15.3). Por outro lado, Deus declara-se *misericordioso e compassivo, tardio em irar-se e cheio de bondade e de fidelidade* (Êx 34.6). Deus *odeia o que ama a violência* (Sl 11.5), e o fato de que *a terra estava [...] cheia de violência* (Gn 6.11) precede o relato da destruição da terra com o dilúvio. Os textos bíblicos enfatizam várias vezes que a terra e suas cidades estão cheias de violência (Ez 7.23; 8.17; Hc 2.8) e atribuem violência aos malfeitores e infiéis (Pv 10.11; 13.2, 24.1-2). Deus é descrito como aquele que salva da violência dos ímpios (2Sm 22.3,49; Sl 18.48; 72.14; Jr 15.21); os justos oram para serem libertos de seus inimigos violentos (Sl 27.12; 140.1,4); e a esperança final de Israel é a eliminação definitiva de toda violência e o estabelecimento do reino pacífico de Deus (Is 11.6; 60.18; Ez 34.25; Os 2.18).

Ao mesmo tempo, as Escrituras hebraicas estão repletas de relatos de violentas guerras, sacrifícios, torturas, assassinatos e estupros (veja Êx 32.26-29, Jz 11.30-39; 19.10-30, 2Sm 13.7-17; 2Rs 3.26,27). Muitas dessas ações são executadas sob supostas ordens de Deus e sem nenhuma condenação aparente (veja Gn 22.10-13, Nm 16.20-50). A lei relativa à violência no Antigo Testamento tem sido frequentemente resumida nas palavras *olho por olho, dente por dente* (Êx 21.24, Dt 19.21). O Novo Testamento dá um relato violento do sofrimento e da crucificação de Cristo, e aqueles que seguem Cristo continuam sendo perseguidos, mortos e massacrados por causa de Deus (Rm 8.36). Mesmo o estabelecimento do reino de Deus é enquadrado no contexto da guerra e violência (Ap 18.21). A integração dessas narrativas numa compreensão abrangente do ensino bíblico sobre a violência demonstra-se difícil.

No centro da interpretação bíblica sob a perspectiva do Novo Testamento está o desafio de Jesus à tradição hebraica e a inversão da lei *olho por olho, dente por dente* em uma nova lei englobada pelos mandamentos de oferecer a outra face e de amar os inimigos (Mt 5.38-45). A pesquisa contemporânea reconhece que este chamado à renúncia à violência deve ser interpretado à luz da própria morte violenta de Jesus. Embora o Filho encarnado de Deus se entregue à violência do mundo, ele finalmente se eleva para além do reino da violência, do sofrimento e da morte. Em vez de se tornar a vítima sacrificial da humanidade violenta, o evangelho apresenta a cruz, pelo menos potencialmente, como proclamação final do fim da violência (*veja* Expiação).

2. Debates globais

A discussão teológica mundial é moldada pela existência de várias formas de violência em todas as culturas. No entanto, nenhum outro acontecimento influenciou a agenda internacional com mais veemência do que a primeira e a segunda guerras mundiais durante a primeira metade do século 20, as violentas lutas no Oriente Médio desde a segunda metade do mesmo século e o surgimento do *terrorismo internacional no início do século 21. A subsequente reordenação das comunidades globais tem suscitado debates sobre a justificação, a tolerância social e a interpretação ecumênica da violência no contexto de guerra, do nacionalismo e da busca sociopolítica da liberdade. Três abordagens principais para uma teologia da violência podem ser distinguidas em nível mundial: uma interpretação teológica da imagem de Deus, uma preocupação com as vítimas da violência e o debate sobre a violência redentora. Cada uma dessas abordagens, por vezes, resulta em conclusões contraditórias.

As atrocidades da Segunda Guerra Mundial levaram a um debate global sobre a imagem pública de Deus que poderia ter apoiado a ascensão do nacionalismo e do fascismo durante o século 20. A violência está enraizada em estruturas existenciais de medo que eliminam a liberdade do indivíduo e dão origem a imagens ambivalentes e violentas de Deus (Ellens). O resultado não apenas de estruturas morais mas existenciais do mal distorce a imagem de Deus e transforma os ideais humanos em instrumentos de agressão, apoiando uma mentalidade de sacrifício em que o indivíduo se rende a um substituto de Deus projetado sobre a imagem do coletivo e seus líderes. Numa espiral de violência, muitas vezes colocada em grandes cenários de uma guerra cósmica e alimentada por um ciclo de agressão e repressão, culpa, vergonha e tentativas fracassadas de reconciliação, o coletivo é dotado de qualidades quase religiosas que servem para criar e sustentar o uso e a justificação da violência (Juergensmeyer). Esse processo também é responsável pela morte de Jesus, que carrega toda a extensão da violência humana, que de outra forma seria dirigida a outros seres humanos (Drewermann). Ao fazê-lo, a cruz é interpretada fundamentalmente como símbolo de um Deus não-violento que renuncia à violência com todas as suas consequências.

O contexto latino-americano deslocou a discussão sobre a violência para o campo da libertação da opressão e de uma preocupação fundamental com as vítimas. As deficiências estruturais e a exclusão da vida econômica, cultural e política na América Latina são vistas como responsáveis pela emergência de formas institucionalizadas de violência (Gutierrez). Fundamental para essa perspectiva é o entendimento de que a posição teológica tradicional das igrejas tem perpetuado a situação e no fim está aberta à destruição de todo o sistema de relações entre os seres humanos e seu contexto ou ambiente. Como consequência, a *teologia da libertação exige a denúncia do uso do cristianismo para legitimar qualquer forma de violência estrutural e opressora em favor de uma opção preferencial pelos pobres e impotentes, ainda que essa libertação seja realizada através do uso da contraviolência (Segundo). A igreja enfrenta a tarefa de definir sua missão como uma busca da justiça social e política dentro de um processo de revolução que tem como objetivo final a libertação dos oprimidos. O uso da violência nessa tarefa é frequentemente justificado com base numa teoria da guerra justa e percebida como uma forma defensiva de contraviolência que responde ao uso prévio da violência pelo opressor. Central às polêmicas entre Jesus e a religião oficial do seu tempo é a preocupação pela autenticidade religiosa que procura estabelecer a justiça social, o bem-estar e a solidariedade humana à luz do que pode ser percebido como uma revolução universal e permanente contra todas as formas de injustiça, opressão e violência.

A Guerra Fria, o prolongado conflito no Oriente Médio, as tensões civis generalizadas e a ascensão do terrorismo internacional durante a segunda metade do século 20 fizeram reviver o debate sobre formas de violência redentora (Ellens). As origens desse ponto de vista coincidem com o surgimento da hostilidade em larga escala e suas ideologias de que o exercício do domínio e do poder acaba gerando paz e segurança. O lema subjacente a essa visão é a construção mítica de que a violência salva da violência (Wink). O uso da força pelas mãos dos que visam ao bem subjuga a força daqueles que pretendem fazer o mal, e a tentativa de restaurar a ordem é realizada por meios violentos baseados na promessa de redenção inerente ao exercício da violência. A manifestação de poder contém, assim, um lado agressivo e um lado defensivo; um é visto como ameaça à ordem estabelecida da vítima, o outro é considerado uma proteção de tal ordem. Mas tanto o agressor quanto a vítima entram em uma espiral de dominação e violência que não oferece alternativa além da violência (Appleby, Juergensmeyer).

Uma ampla resposta às teorias dominantes da violência enfatiza que o evangelho propõe uma alternativa à violência sob a forma de amor redentor. Na cruz, Jesus quebrou a espiral da violência à custa de sua própria vida. Sua execução foi a consequência inevitável da verdade e justiça que ele apresentou como opções à violência humana. Essa alternativa rejeita tanto a inevitabilidade da violência como a passividade da não violência. Em seu lugar, o evangelho coloca o monopólio soberano de Deus sobre a violência sob a forma da indignação confrontadora própria da justiça de Deus (Boersma). Em sua dimensão última, a rejeição do amor e do perdão de Deus em um mundo preso a uma espiral de violência redentora é confrontada com a ira escatológica de Deus. A execução da justa indignação de Deus não pretende o deslocamento ou transferência da violência, mas sua completa extinção em um eterno abraço não violento (Volf). O fim da história é assim marcado pela extinção da violência na criação e pela rendição voluntária da violência por Deus.

3. Teorias culturais abrangentes

A discussão teológica contemporânea sobre a violência foi influenciada de forma mais dramática pelo trabalho de René Girard. Inspirado nas teorias tradicionais da agressão baseadas na interpretação psicológica (Sigmund Freud), nas pesquisas etológicas (Konrad Lorenz) ou nas ciências sociais e comportamentais (J. Dollard; B. F. Skinner; A. Bandura), Girard oferece uma teoria contrastante e abrangente da cultura humana originada na violência comunitária e coletiva. Sua teoria expõe a história como um registro implacável de violência resultante da constante formação e desintegração das culturas. A religião serve como instituição mitológica e sagrada que reencena uma forma socialmente tolerável de violência na celebração do sacrifício ritual como alternativa à violência profana e catastrófica da cultura. A execução violenta de Jesus serve como revelação pública da violência sagrada na religião cristã que tem suas origens nas Escrituras hebraicas e encontra seu auge surpreendente na crucificação.

A teoria de Girard baseia-se no conceito de que toda violência é um desejo aprendido, "mimético". O desejo humano baseia-se na influência de outros que servem como mediadores ou modelos do desejo de uma pessoa por um objeto. A estrutura do desejo é triangular (sujeito-modelo-objeto) e aberta à rivalidade mimética entre aquele que deseja um objeto e aquele que o possui. Ambos se tornam rivais por esse objeto quando o foco de seu desejo é transferido do objeto para o outro, e a intenção não é mais a obtenção do objeto em si, mas a superação do rival. O desejo mimético entre os antagonistas, portanto, quase invariavelmente intensifica-se, assumindo proporções escandalosas e uma crise mimética com uma resolução muitas vezes violenta.

Os rituais religiosos tentam impedir que a rivalidade mimética se espalhe pelas comunidades humanas, normalmente através da mediação de sacrifício. Girard observa a quase onipresença do sacrifício humano ritual na história. Embora a violência da rivalidade mimética possa ser dirigida ao modelo e ao sujeito do desejo, Girard postula que a cultura humana deriva do redirecionamento da violência mútua para longe dos rivais miméticos e para uma terceira vítima substituta: o bode expiatório. Os antagonistas encontram-se reunidos num desejo compartilhado de expulsar ou destruir uma vítima comum e empregar a violência do processo mimético num sacrifício ritual autoenganador do substituto, que é visto como verdadeiramente responsável. O processo mimético assim se repete e permanece não detectado. A cultura humana não reconhece a desmistificação bíblica do mecanismo do bode expiatório. Em vez disso, relega o evangelho ao reino da mitologia e permanece presa ao ritual enganoso da violência sacrificial.

Girard afirma que a execução violenta de Jesus representa uma revelação pública da violência mimética. Essa exposição torna o processo da violência mimética inviável por meio da extinção da cultura sacrificial. A visão das relações não violentas surge, assim, do contexto violento da morte e ressurreição de Cristo, que se submete e supera as estruturas miméticas do desejo e da violência e, assim, liberta a humanidade de seu domínio. A violência é, portanto, derrotada em princípio pela cruz. No entanto, esse aspecto costuma ser mal interpretado e o mecanismo do desejo mimético é ignorado, revelando a radical incapacidade humana de compreender sua própria violência. A derrota da violência é completada não por preocupações humanitárias com as vítimas ou pela perseguição implacável dos agressores, mas pela exposição radical do paradoxo da cruz e consequente abandono de todo o processo de violência mimética.

As implicações da teoria da violência de Girard foram discutidas criticamente em uma variedade extrema de campos, que vão desde a estética, a antropologia cultural, o teatro e a teoria literária à filosofia, à psicologia, aos estudos sociais e comportamentais, à ética e à teologia. Uma associação internacional de estudiosos, o Colóquio sobre Violência e Religião (COV&R), dedica-se à investigação, crítica e expansão da teoria mimética de Girard. Enquanto Girard questiona as repercussões de sua própria teoria sobre uma compreensão abrangente da relação entre a mitologia e a tradição judaico-cristã, um vasto número de estudiosos de todo o mundo já começou a examinar as implicações da obra de Girard para uma teologia da expiação, para a interpretação bíblica, o *discipulado, a *eclesiologia, a *escatologia, a teologia sacramental e para outras áreas.

Veja também ÉTICA SOCIAL; EXPIAÇÃO; GUERRA; PAZ E RECONCILIAÇÃO; TERRORISMO.

BIBLIOGRAFIA. APPLEBY, R. S., *The Ambivalence of the Sacred: Religion, Violence, and Reconciliation* (Lanham: Rowman & Littlefield, 2000); BOERSMA, H., *Violence, Hospitality, and the Cross: Reappropriating the Atonement Tradition* (Grand Rapids: Baker Academic, 2004); DREWERMANN, E., *Strukturen des Bösen* (3 vols.; Paderborn: Ferdinand Schöningh, 1986); ELLENS, J. H., org., *The Destructive Power of Religion: Violence in Judaism, Christianity, and Islam* (4 vols.; Westport: Praeger, 2004); GIRARD, R. e WILLIAMS, J. G., orgs., *The Girard Reader* (New York: Crossroad, 1996); GUTIÉRREZ, G., *A Theology of Liberation* (Maryknoll: Orbis, 1973) [edição em português: *Teologia da Libertação: Perspectivas* (São Paulo: Loyola, 2000)]; JUERGENSMEYER, M., *Terror in the Mind of God: The Global Rise of Religious Violence* (Berkeley: University of California Press, 2003); SEGUNDO, J. L., *Jesus of Nazareth Yesterday and Today, 1: Faith and Ideologies* (Maryknoll: Orbis, 1984); VOLF, M., *Exclusion and Embrace: A Theological Exploration of Identity, Otherness, and Reconciliation* (Nashville: Abingdon, 1996); WINK, W., *The Powers That Be: A Theology for the New Millennium* (New York: Doubleday, 1998).

W. Vondey

VIRGEM MARIA. *Veja* GUADALUPE, NOSSA SENHORA DE; MARIA, MARIOLOGIA.

VIUVEZ. *Veja* CASAMENTO E FAMÍLIA.

W–Z

WALKER, ALICE. *Veja* Teologia Mulherista.

WANG MING-DAO. *Veja* Teologia Asiática.

WARE, KALLISTOS. *Veja* Teologia Ortodoxa Oriental.

WESLEY, JOHN. *Veja* Wesleyanismo, Teologia Wesleyana.

WESLEYANISMO, TEOLOGIA WESLEYANA

O *wesleyanismo* refere-se tanto ao despertamento evangélico na Inglaterra do século 18, liderado principalmente por John Wesley (1703-1791) e Charles Wesley (1707-1788), quanto à perspectiva geral do evangelho, da igreja, da experiência cristã e da missão da igreja incorporada no movimento metodista primitivo. A *teologia wesleyana* refere-se mais especificamente às doutrinas ensinadas e praticadas por John Wesley e incorporadas nos muitos hinos de Charles Wesley. As principais ênfases doutrinárias no wesleyanismo são a disponibilidade da graça salvadora de Deus para todos; a garantia da aceitação dos crentes por Deus; a obra santificadora ou aperfeiçoadora do Espírito Santo nos crentes; a obra de alcance evangelístico, missionário e social; e a expectativa de que no final haverá uma "restauração de todas as coisas". No início do século 20, o movimento metodista se espalhou pelo mundo, influenciou outras tradições e contribuiu para a ascensão do *pentecostalismo.

1. A ascensão e propagação global do wesleyanismo
2. As raízes da teologia wesleyana: John Wesley como teólogo
3. Os fundamentos da teologia de Wesley
4. As ênfases doutrinárias wesleyanas
5. A perfeição cristã
6. Relevância contemporânea

1. A ascensão e propagação global do wesleyanismo

1.1. Os "três surgimentos" do metodismo. John Wesley falou dos "três surgimentos" do metodismo: os primórdios do Clube Santo na Universidade de Oxford no final da década de 1720, quando ali ele era tutor; seus esforços, em sua maioria infrutíferos, de renovação e reforma, enquanto ele e Charles foram missionários da Sociedade Anglicana para a Propagação do Evangelho, na Geórgia, na América do Norte, em 1736 (e para John, continuando até 1737); e o avivamento que começou após o retorno de John Wesley à Inglaterra e depois de sua famosa "experiência do coração aquecido", na rua Aldersgate, em Londres, em 24 de maio de 1738.

As correntes de avivamento já estavam agitando a Europa continental, particularmente o *pietismo alemão e os ressurgentes irmãos morávios. Wesley encontrou os morávios em sua viagem aos Estados Unidos em 1735, durante seu tempo na Geórgia e outra vez em seu retorno à Inglaterra. Através da influência dos morávios, Wesley foi levado à sua experiência da rua Aldersgate, em 1738, da garantia do perdão dos pecados. Wesley, então, visitou centros pietistas e morávios na Alemanha, buscando discernimento sobre como o Espírito de Deus estava trabalhando e modelos práticos para o avivamento metodista, que estava então começando.

1.2. O movimento metodista. A partir de 1739, e particularmente quando Wesley começou a "pregação de campo" para mineiros de carvão e para as pessoas comuns em cidades de toda a Inglaterra, o metodismo tornou-se um movimento que crescia a cada dia. Wesley conseguiu manter a renovação metodista dentro da igreja anglicana durante sua vida, mas, depois de sua morte, em 1791, o metodismo tornou-se uma denominação separada e depois veio a se dividir em três ramos principais.

Ainda durante a vida de Wesley, o metodismo se espalhou globalmente. Os imigrantes metodistas da Irlanda e da Inglaterra nos Estados Unidos introduziram o metodismo nas colônias americanas. Com a independência das colônias, o movimento metodista nos Estados Unidos tornou-se a Igreja Metodista Episcopal (1784). Especialmente sob a liderança de Francis Asbury, enviado para os Estados Unidos por Wesley, a Igreja Metodista Episcopal cresceu rapidamente, tornando-se a maior e mais espalhada denominação do país em 1850, com mais de um milhão de membros.

No final da década de 1700, devido especialmente à liderança do colaborador mais jovem de Wesley, Thomas Coke (1747-1814), teve início o evangelismo missionário metodista em todo o mundo. As missões se originaram principalmente do metodismo britânico e da Igreja Metodista Episcopal nos Estados Unidos. A maioria das organizações metodistas hoje remonta a um ou ambos os ramos, devido à extensa obra missionária metodista ao longo do século 19 em todo o mundo.

1.3. O Movimento de Santidade. Nos Estados Unidos e Canadá, o Movimento de Santidade surgiu dentro do metodismo na década de 1830. Uma figura-chave foi Phoebe Palmer (1807-1874), mestre metodista da Bíblia e avivamentista não ordenada, cujo livro *The Way of Holiness* (O caminho da santidade), de 1839, levou muitos a buscar a santidade. Palmer deu uma nova interpretação ao ensinamento de Wesley sobre a santificação completa, falando de um "caminho mais curto" para a experiência, confiando no poder de purificação imediata do Espírito Santo. Por meio de seus escritos, de suas reuniões públicas nos Estados Unidos, no Canadá e na Grã-Bretanha, e nas suas reuniões de terça-feira para a promoção da santidade em sua casa em Nova York, Palmer desencadeou um movimento que influenciou milhares de pessoas dentro e além do metodismo. O movimento foi institucionalizado na *National Camp Meeting Association for the Promotion of Holiness* [Associação Nacional de Acampamentos para a Promoção da Santidade], fundada em 1867, mas sua influência se espalhou muito além dessa associação nacional. Muitos missionários metodistas americanos enviados para a Ásia, América Latina e África, influenciados pelo Movimento de Santidade, se tornaram defensores da doutrina e da experiência de santidade ensinada por Palmer e seus colaboradores.

1.4. Transições no metodismo. Na década de 1850, muitos líderes intelectuais do metodismo americano estavam se movendo teologicamente numa direção mais liberal, reinterpretando ou reduzindo a importância de Wesley e abandonando em grande parte os ensinamentos de perfeição. A Igreja Metodista Episcopal rapidamente se institucionalizou à medida que cresceu em número, criando grandes empresas editoriais e educacionais. O crescimento metodista diminuiu após a década de 1880. No século 20, a igreja metodista (desde 1968 conhecida como Igreja Metodista Unida) declinou substancialmente em números.

No início do século 19, o metodismo nos Estados Unidos dividiu-se em vários ramos, particularmente por causa de questões como escravidão, abolicionismo e governo democrático. O Movimento de Santidade também deu origem a novas denominações e organizações missionárias no final do século 19 e início do século 20, notadamente a Igreja do Nazareno e a Sociedade Missionária Oriental (agora, OMS Internacional), cujo alcance resultou em importantes denominações conhecidas como *Holiness* em outros países, particularmente na Coreia. Na América do Norte, alguns grupos quacres menores e menonitas adotaram a teologia da santidade, tornando-se uma mistura de anabatistas e wesleyanos.

1.5. O wesleyanismo e o pentecostalismo. O metodismo americano, especialmente o Movimento de Santidade, foram catalisadores na ascensão do pentecostalismo do século 20. No final do século 19, nos círculos do movimento de santidade, a ênfase cada vez maior no "batismo do Espírito Santo", juntamente com a ascensão do pré-milenismo, criou uma expectativa que estimulou o nascimento do pentecostalismo a partir de 1901. O avivamento da rua Azusa (1906-1909) e os avivamentos de 1906-1907 na Índia, particularmente na missão Mukti de Pandita Ramabai, tornaram-se fontes de um movimento pentecostal global que se expandiu com rapidez. Nos Estados Unidos, várias pequenas denominações holiness logo se tornaram organizações pentecostais de rápido crescimento.

Os missionários holiness no Chile, enviados sob os auspícios de William Taylor, evangelista metodista holiness, foram influenciados pelo avivamento da Missão Mukti a experimentar o falar em línguas e a adotar o entendimento pentecostal holiness, levando ao surgimento da Igreja Pentecostal Metodista do Chile. O ensino da santidade wesleyana também desempenhou um papel no aparecimento do "Evangelho Quadrangular" (Jesus Cristo Salva, Batiza com o Espírito Santo, Cura e Voltará) em vários grupos holiness e pentecostais.

Devido a seu papel no surgimento do pentecostalismo, o wesleyanismo também contribuiu indiretamente para a ascensão do movimento carismático protestante e da renovação carismática católica romana durante a segunda metade do século 20.

1.6. O wesleyanismo global. No final do século 20, o wesleyanismo tornou-se um movimento global extenso, porém difuso, incorporado nas denominações metodistas e holiness em dezenas de países da Europa, Ásia, África, América do Norte e do Sul e na Austrália e, indiretamente, em grupos pentecostais e carismáticos em todo o mundo.

2. As raízes da teologia wesleyana: John Wesley como teólogo

No século 20, Wesley tornou-se gradualmente reconhecido como um teólogo da igreja. Os escritos de George Croft Cell, Albert Outler e outros avaliam a contribuição teológica de Wesley. Esse reconhecimento foi precedido por fases dentro do metodismo em que Wesley era visto como fundador, evangelista, organizador e mestre de santidade, ou como fonte inicial a ser substituída por formas mais sistemáticas e/ou modernas de teologização. Os estudos teológicos wesleyanos floresceram no final do século 20, estimulados pela fundação da Sociedade Teológica Wesleyana, em 1965 (nos EUA), e do Instituto Metodista de Estudos Teológicos de Oxford (1958), e também pelo crescente interesse em Wesley nos círculos pentecostal, carismático e, em certa medida, no protestante tradicional, no católico romano e ortodoxo. Desde a década de 1960, surgiram muitos estudos teológicos sobre Wesley, principalmente em inglês, mas também, cada vez mais, em coreano, espanhol e outras línguas. Hoje, a maior parte dos textos de Wesley está amplamente disponível na Internet.

2.1. Fontes. John e Charles Wesley tinham profundas raízes no anglicanismo de seus dias. Os escritos de John Wesley testemunham sua afinidade pela "tríade anglicana" da Escritura, razão e tradição, distinta do *Sola Scriptura* da Reforma dominante.

Como aluno de Oxford, Wesley se beneficiou do florescimento de estudos patrísticos. Ele leu os primeiros autores espirituais e ascéticos orientais, como Efrém da Síria (c. 306-373) e as homilias atribuídas a Macário do Egito (300-390). Desde seus dias em Oxford, bem antes de Aldersgate, Wesley desejava ver a renovação dentro da Igreja Anglicana — um retorno à vitalidade da igreja primitiva, como Wesley então a entendia. Ao longo de sua longa vida, a teologia de Wesley teve, assim, certo tom primitivista, embora de maneiras cada vez mais diversificadas.

Devido à sua educação em Oxford, ao seu conhecimento da história da igreja e à sua própria busca da perfeição cristã, Wesley se aproximou bastante dos escritores ascéticos e perfeccionistas que haviam escrito ao longo dos séculos. Ele leu teólogos anglicanos do século 16, como Jeremy Taylor, e autores perfeccionistas de sua época, particularmente William Law. Os cinquenta volumes da *Biblioteca Cristã*, que Wesley publicou em 1750, dão testemunho de seu ecletismo. Wesley incluiu textos de Clemente, Policarpo, Inácio de Antioquia, John Foxe (*Livro dos Mártires*), Richard Sibbes, John Owen, Johann Arndt, Richard Baxter, John Bunyan, Miguel de Molinos, Anthony Horneck, João de Ávila, Cotton Mather, Blaise Pascal e de muitos outros.

Wesley também consumiu a literatura filosófica, econômica e histórica da época e estava ciente das novas descobertas científicas, como a eletricidade e a circulação do sangue. Este conhecimento geral teve importância teológica de duas maneiras: Wesley baseou-se da literatura de seus dias para produzir suas obras teológicas, e debates contemporâneos muitas vezes o motivaram a escrever panfletos e sermões. Wesley tinha grande interesse em todas as formas de experiência humana, acreditando que o discipulado cristão toca todos os aspectos da vida.

2.2. A forma da teologia de Wesley. A maior parte da teologia de Wesley foi "ocasional" e contextual, surgindo em resposta às necessidades dentro do crescente movimento metodista e às questões da sociedade em geral. A teologia de Wesley está incluída em diários pessoais, em seus "Sermões sobre diversas ocasiões", panfletos, cartas e livros resumidos de outros autores. Seu conhecido *Primitive Physick* (Medicina Elementar, 1747), essencialmente um guia médico para uso doméstico, mostra sua ampla preocupação com a saúde e a cura. Wesley nunca sistematizou sua teologia, mas simplesmente partiu do contexto mais amplo da doutrina anglicana e da tradição cristã. Sua fundamentação nas Escrituras deu à teologia de Wesley uma forma essencialmente narrativa.

2.3. O Quadrilátero Wesleyano. Para Wesley, a Bíblia era a principal fonte de doutrinas, a mais digna de crédito, mas, na forma tipicamente anglicana, ele também se valia da razão e da tradição cristã. Ele também recorria à experiência cristã em seu labor teológico. O uso dessas fontes variadas levou o historiador metodista Albert Outler a criar o termo "Quadrilátero Wesleyano", numa referência ao uso quádruplo que Wesley fazia das Escrituras, da razão, da tradição e da experiência. O modelo é útil para mostrar a diversidade das fontes de Wesley e sua maneira de pensar, mas obscurece o papel fundamental que a criação desempenhou na teologia de Wesley. Ele dizia ser dever do cristão "contemplar o que [Deus] operou [na criação] e compreender tanto quanto pudermos" (Sermão 56, "O reconhecimento de Deus em suas obras", 2). Tal contemplação foi um elemento-chave na reflexão teológica de Wesley.

3. Os fundamentos da teologia de Wesley

Wesley recorria geralmente aos Trinta e Nove Artigos anglicanos e aos credos históricos, embora com reservas em certos pontos que ele sentia não serem totalmente bíblicos. Descrevendo a si mesmo como "homem de um só livro", Wesley enfatizava a autoridade das Escrituras para a fé e para a vida cristã. Ao contrário da maioria dos anglicanos de seu tempo, ele aceitava grande parte da crítica protestante radical da igreja, incluindo sua visão negativa do constantinianismo. Wesley sentia que a igreja tinha uma grande necessidade de renovação. Wesley via a igreja da Inglaterra como uma forma legítima da igreja, mas que também precisava desesperadamente de uma espiritualidade renovada. Sua abordagem essencial para a renovação (a restauração do "verdadeiro cristianismo") concentrava-se na formação de comunidades cristãs vitais dentro da igreja estabelecida — essencialmente um modelo de *ecclesiola in ecclesia*, embora Wesley não usasse o termo latino. Essa perspectiva de renovação da história da igreja tinha antecedentes no pietismo da Europa continental, no líder morávio Nikolaus von Zinzendorf (1700-1760) e em numerosos líderes das ordens católicas romanas.

As ênfases teológicas distintivas de Wesley surgiram na intersecção da narrativa bíblica e da experiência pessoal — a sua própria, e cada vez mais com a experiência dos primeiros metodistas. Em 1788, quando seus sermões 54-64, começando com "Sobre a eternidade" e terminando com "A nova criação", foram incluídos em um volume, Wesley disse que eles estavam então organizados "de tal forma que um possa ilustrar e confirmar o outro". Os sermões formam uma narrativa básica, traçando toda a economia da salvação, da criação até a nova criação.

A teologia de Wesley é mais bem compreendida quando se levam em conta os temas e doutrinas que ele enfatizou e como estes se encaixam na narrativa maior do evangelho conforme entendido por Wesley (em vez de entender seus ensinamentos através das lentes da teologia sistemática).

4. As ênfases doutrinárias wesleyanas

As ênfases doutrinárias fundamentais do evangelho segundo o pensamento de Wesley são as seguintes: Deus como *amor santo, a primazia das Escrituras (*veja* Revelação e Escrituras), a imagem de Deus, o evangelho para os pobres, a sabedoria de Deus na criação, a *salvação como renovação da imagem de Deus, o otimismo da graça, a renovação da igreja e a restauração de todas as coisas. Essas ênfases formam o contexto teológico dos ensinamentos distintivos de Wesley sobre a perfeição cristã.

4.1. Deus como amor santo. Wesley afirmou a soberania e a natureza trinitária de Deus, mas via Deus principalmente como amor pessoal e santo. Amor é "o atributo reinante de Deus, o atributo que derrama uma glória amável em todas suas outras perfeições" (*Notas explicativas sobre o Novo Testamento*, 1Jo 4.8). Wesley via toda a narrativa da salvação através das lentes do amor santo de Deus.

4.2. A primazia das Escrituras. Para Wesley, a Bíblia é a pedra de toque da autoridade em todas as questões de fé e prática. Ele revela com autoridade o que Deus realizou e promete realizar. O principal princípio hermenêutico de Wesley era a "analogia da fé" (Rm 12.6) — o discernimento da "concordância de cada parte das Escrituras com todas as outras" (Sermão 62, "O objetivo da vinda de Cristo", 3.5). A mensagem central é que Deus em Jesus Cristo, através do Espírito Santo, está reconciliando o mundo consigo mesmo, restaurando "todas as coisas".

4.3. A atividade anterior da graça de Deus. A compreensão de Wesley sobre a graça de Deus refletia sua ênfase no amor de Deus. Graça é o amor de Deus em ação, refletindo seu caráter santo. A teologia de Wesley é, portanto, fundamentalmente otimista; Outler observou o "otimismo inabalável de Wesley,... um otimismo da graça e não da natureza" (Wesley, *Obras*, 2:500). A teologia de Wesley não era pelagiana ou semipelagiana, porque enfatizava que a salvação dependia totalmente da graciosa iniciativa de Deus.

Para Wesley, a economia da salvação está enraizada no caráter de Deus e na correspondência entre a natureza divina, a natureza humana e a ordem criada. Wesley contrapôs a ênfase agostiniana no pecado original com o otimismo sobre as possibilidades da graça amorosa de Deus na experiência humana e na sociedade. A criação é inundada com a graça de Deus como benefício incondicional da expiação de Cristo. Em nenhum lugar a graça de Deus está ausente, embora as pessoas possam fechar o coração para ela: "Conceder que todas as almas dos homens estão mortas no pecado por *natureza* não resulta em desculpa para ninguém, visto que não há homem que esteja em estado de mera natureza; não há homem, a menos que tenha apagado o Espírito, que esteja totalmente desprovido da graça de Deus. Nenhum homem vivo está inteiramente destituído do que popularmente se chama de 'consciência natural'. Mas isso não é natural; é melhor nos referir a isso como "graça precedente" (Sermão 85, "Desenvolvendo nossa própria salvação", 3.4).

Com base no latim *praevenire* (vir antes, antecipar), Wesley chamou essa graciosa dinâmica de graça "antecipada" (isto é, preveniente ou precedente), — a influência amorosa de Deus sempre atuando para atrair as pessoas para si mesmo. A graça precedente significa que em Cristo, pelo Espírito Santo, Deus vai à frente de cada um de nós, atenuando os efeitos do pecado para que possamos ser despertos e responder à iniciativa de Deus. A graça precedente de Deus não é em si a graça salvadora; sua função é atrair as pessoas para a salvação.

Wesley falou em graça *preveniente*, graça *justificadora* (ou *que converte*) e graça *santificadora*. A distinção tríplice indica não três tipos de graça, mas a maneira como as pessoas experimentam a iniciativa de Deus. Quando as pessoas respondem com arrependimento e fé, a graça precedente torna-se graça justificadora, conduzindo diretamente à graça santificadora se e enquanto as pessoas continuam a abrir a vida para a obra do Espírito de Deus. A graça amorosa de Deus nos precede, nos atrai para Cristo, nos converte e nos santifica aos poucos, levando finalmente à "glorificação" na nova criação.

4.4. A imagem de Deus. Wesley afirmou que todo ser humano, homem ou mulher, é a imagem de Deus, embora essa imagem tenha se desfigurado pela Queda. A criação à imagem de Deus significa que todas as pessoas refletem o caráter de Deus e a capacidade de bondade, sabedoria, criatividade, justiça e amor santo — o potencial inerente para conhecer a Deus pessoalmente. Esta é uma imagem social que reflete a natureza pessoal e trinitária de Deus. Homens e mulheres são criados para um relacionamento íntimo com Deus e uns com os outros. Esta era a base da insistência de Wesley no "cristianismo social".

A imagem de Deus não apenas distingue os seres humanos do resto da criação, mas também os liga a ela. Os seres humanos se parecem com Deus e são diferentes dele, e se parecem com o restante da criação, mas também se distinguem dela. O homem e a mulher refletem a imagem de Deus num sentido primário, enquanto toda a criação reflete essa imagem mais remotamente. Os seres humanos têm a capacidade única de responder a Deus de forma consciente, voluntária e responsável e, portanto, têm um chamado especial como mordomos.

4.5. A salvação como restauração da imagem de Deus. Jesus é a imagem perfeita de Deus, e a salvação é a restauração dessa imagem nos crentes. Na justificação, os cristãos são "restaurados ao favor de Deus" e, através da santificação, "restaurados à imagem de Deus" (Sermão 85, "Sobre o desenvolvimento de nossa própria salvação", 2.1).

Wesley disse que o "verdadeiro cristianismo" é ter a mente de Cristo e ser renovado segundo a imagem de Cristo, andando como Jesus andou. Wesley pregou a justificação pela fé e a necessidade do novo nascimento, mas via a meta da salvação como mais do que justificação; ela inclui a santificação segundo a imagem de Cristo. Como a imagem de Deus é social, a salvação significa a restauração da verdadeira comunidade, o que Wesley chamou de "cristianismo social" ou "santidade social". Isso fornece a base teológica das práticas metodistas distintivas de sociedades, grupos e reuniões de classe.

A imagem de Deus deu a Wesley a base teológica também para entender a salvação como "restituição" ou "restauração" de todas as coisas (Mt 17.11, At 3.21). A salvação por meio do sangue de Cristo, especialmente por meio de sua ressurreição, significa que Deus está criando um novo céu e uma nova terra, trazendo uma criação restaurada mais gloriosa que o protótipo original.

A esperança de restauração era para Wesley uma motivação para a missão. A salvação restauradora significa que os homens e as mulheres podem agora, pelo Espírito, cumprir seu chamado original como mordomos de Deus na terra (Sermão 51, "O bom mordomo").

No pensamento de Wesley, a salvação como restauração estava intimamente associada à cura. A salvação é a cura da doença do pecado. Embora as pessoas sejam culpadas de atos pecaminosos, o problema mais profundo é uma doença moral que aliena as pessoas de Deus e umas das outras. O amor de Deus em Cristo é "a medicina da vida, o remédio que nunca falha, para todos os males de um mundo desordenado, para todas as misérias e vícios [humanos]" (*Apelo sincero aos homens da razão e religião,* 3). A verdadeira "religião de Jesus Cristo" é "o método de Deus para curar uma alma" doente pelo pecado. "Por este meio, o grande Médico das almas aplica o remédio para curar essa doença, restaurar a natureza humana, totalmente corrompida em todas as suas faculdades" (Sermão 44, "Pecado original", 3.3).

4.6. O evangelho para os pobres. Wesley escreveu: "Eu amo os pobres; em muitos deles encontro a graça pura e genuína, sem a mistura de superficialidade, loucura e afetação". Ele disse: "Se pudesse escolher, eu continuaria, como fiz até agora, pregando o evangelho aos pobres". Robert Southey observou que a "trajetória da vida de Wesley o conduziu a uma esfera da sociedade inferior à esfera para a qual, em outras circunstâncias, ele teria se dirigido; e ele se julgava ganhador com essa mudança" (Southey, 1.390). Encontrando entre os pobres uma abertura sincera e mais "pessoas modestas" do que entre as classes mais altas, Wesley concluiu que priorizar o ministério entre os pobres era a estratégia de Deus.

4.7. A sabedoria de Deus na criação. Em 1763, Wesley publicou *Um Panorama da Sabedoria de Deus na Criação* (inspirado em grande parte em outros autores). A ordem criada se tornou um tema cada vez mais importante durante os últimos anos da vida de Wesley. Ele enfatizou como a criação manifesta a glória de Deus e seu lugar no plano divino de restauração. "A vida que subsiste em milhões de formas diferentes mostra a vasta difusão do poder vivificante de Deus; e a morte, a desproporção infinita entre ele e todo ser vivo [...] Mesmo as ações dos animais são uma linguagem eloquente e tocante [...] Assim, cada parte da natureza nos dirige ao Deus da natureza" (*Sabedoria de Deus na Criação,* 2:370-71).

4.8. A renovação da igreja. Muito antes de sua experiência na rua Aldersgate, em 1738, Wesley queria ver a Igreja Anglicana completamente renovada. Seu encontro com Deus o convenceu de que pregar o novo nascimento através dos méritos de Jesus Cristo e formar grupos de aliança comprometidos com aqueles que foram despertados pela graça de Deus eram o segredo para a restauração do "verdadeiro cristianismo" vital.

Wesley acreditava que Deus estava renovando a Igreja Anglicana e promovendo "a propagação geral do evangelho" através da ascensão e do crescimento do metodismo. "As pessoas chamadas metodistas" não eram uma igreja separada, mas uma força renovadora dentro da igreja maior. A missão do metodismo era ser instrumento de Deus para reconduzir a igreja à vitalidade que Deus pretendia — a vida do cristianismo primitivo. Wesley via o metodismo na vanguarda da obra de renovação de Deus, que continuaria, apesar da oposição, até que a nova criação estivesse completa.

4.9. A restauração de toda a criação. A expectativa de Wesley de restauração universal é vista em seus sermões "A nova criação", "A libertação geral" e "A propagação geral do evangelho", que destacam os textos que falam de restauração universal: Romanos 8.19-22, Isaías 11.9, Apocalipse 21.5. No entanto, esta restauração não acontece sem *sofrimento.

Wesley via o sofrimento como um mistério, mas necessário para que a glória de Deus seja plenamente revelada. Deus realiza a redenção do mundo através do sofrimento — em especial o sofrimento de Jesus Cristo. Mas os cristãos se tornam participantes dos sofrimentos de Jesus — e Deus os entrelaça (e no final todo sofrimento, Wesley acreditava) em seus propósitos redentores e restauradores. Wesley via o sofrimento do cristão não apenas como virtude privada ou como parte de um serviço compassivo. Ele notava o sofrimento de toda a criação, visualizando-o dentro da história maior da restauração universal. Em seu sermão "A nova criação" Wesley disse que Deus

> Em breve mudaria a face de todas as coisas e daria uma prova a todas as suas criaturas de que "sua misericórdia está sobre todas suas obras". O horrível estado das coisas no presente em breve terá fim. Na nova terra, nenhuma criatura matará ou ferirá, nem causará dor a outra [...] "O lobo habitará com o cordeiro" (as palavras podem ser entendidas tanto literal quanto figuradamente) "e o leopardo se deitará com o cabrito". "Não farão mal nem dano algum", do nascer ao pôr do sol (Sermão 64, "A nova criação", 17).

5. A perfeição cristã

Wesley é provavelmente mais conhecido por sua doutrina da perfeição cristã. Ele próprio disse no fim da vida (1789): "Esta doutrina é o Grande Depósito que Deus confiou ao povo chamado metodista, e parece ter nos levantado principalmente para propagá-la" (Carta a R. C. Brackenbury, 15 de setembro de 1789).

Com "perfeição cristã" Wesley referia-se à obra contínua do Espírito Santo na vida dos crentes, pelo que eles podem amar a Deus de todo o coração, alma e mente, e seus próximos como a si mesmos. Wesley escreveu em 1746: "Nossas doutrinas principais, que incluem todas as outras, são três: o arrependimento, a fé e a santidade. A primeira delas é, por assim dizer, o alpendre da religião; a segunda, a porta; e a terceira é a própria religião" (*Princípios de um Metodista Mais Explicados*, 6.4). Arrependimento e fé levam à essência do verdadeiro cristianismo: santidade do coração, da vida e dos relacionamentos.

Wesley ensinou que *a santificação começa com a regeneração. Esta é a santificação inicial, o início de uma caminhada perpétua com Deus e com outros cristãos, por meio da qual o discípulo se torna cada vez mais semelhante a Cristo. O ensinamento mais polêmico de Wesley era o de que um cristão pode chegar à "inteira santificação" nesta vida — uma pureza de amor e intenção por meio da qual se viveria em "perfeito amor" com Deus e com os outros. Teologicamente, o ensinamento de Wesley sobre a perfeição cristã remonta, em grande medida, ao ensinamento cristão oriental da *theosis* (veja 2Pe 1.4; *veja* Deificação, Teose), e biblicamente repousava sobretudo em 1João. A interpretação de Wesley do ensinamento perfeccionista oriental e a ênfase renovada na perfeição cristã em seu tempo foram sua contextualização intencional e a "democratização" dos primeiros ensinamentos orientais; ele via a vivência prática do evangelho como algo que estava sempre crescendo, não como uma espiritualidade para os santos ascetas, mas como uma vida disponível a todos os cristãos em todas as suas interações sociais normais.

Wesley enfatizava não estar ensinando "perfeição sem pecado". A santificação em cada estágio significa um crescimento e desenvolvimento espiritual contínuos, e muitos fatores, de fato, impedem os cristãos de realizar a vontade de Deus sem falhas. "Concedemos de livre e espontânea vontade e continuamente declaramos", Wesley escreveu em 1742, "não há tal perfeição nesta vida, como se houvesse uma isenção de fazer o bem e de observar todas as ordenanças de Deus; ou como se estivéssemos livres da ignorância, do erro ou da tentação, e de mil enfermidades necessariamente ligadas à carne e ao sangue" (Prefácio, *Hinos e Poemas Sagrados*).

Grande parte da dinâmica do metodismo inicial remonta a essa insistência no crescimento constante, no progresso na graça e na espiritualidade prática, amando cada vez mais completamente a Deus e ao próximo. Para Wesley, a santificação era sempre dinâmica, não estática.

Isso, por sua vez, levou à ampla visão de Wesley sobre o cristianismo no mundo — os temas da restauração mencionados acima. A verdadeira religião não é outra coisa "senão o amor: o amor a Deus e a toda a humanidade; amar a Deus com todo o nosso coração, alma e força, como ele nos amou primeiro [...] e amar todas as almas criadas por ele, cada homem na terra, como se fosse nossa própria alma". Ele acrescenta: "Esta é a religião que desejamos ver estabelecida no mundo, uma religião de amor, alegria e paz, tendo seu lugar no coração [...] mas sempre se manifestando por seus frutos, brotando continuamente não só em toda a inocência [...] mas também em todo tipo de beneficência, na propagação da virtude e na felicidade em torno dela" (*Apelo sincero aos homens da razão e religião,* 2, 4).

Foi a ênfase de Wesley na santificação (particularmente na inteira santificação como experiência mais profunda além da justificação) e no papel do Espírito Santo que deu impulso ao Movimento Holiness do século 19 e, mais tarde, se tornou um fator importante na ascensão do pentecostalismo. Outros aspectos da teologia e prática de Wesley, no entanto, foram largamente ignorados.

6. Relevância contemporânea

Os estudos wesleyanos floresceram nas últimas décadas devido a vários fatores: a publicação da primeira edição crítica das obras de John Wesley, a internacionalização dos estudos teológicos wesleyanos e o novo interesse em Wesley entre pentecostais e carismáticos. Entre as áreas de interesse teológico contemporâneo encontram-se a doutrina de Wesley sobre a graça preveniente e sua relevância para a missiologia, a teologia do Espírito Santo, sua compreensão "terapêutica" da salvação e sua doutrina da criação com a correspondente relevância para a ética do meio ambiente.

Veja também ARMINIANISMO; AVIVAMENTISMO, AVIVAMENTOS; PENTECOSTALISMO; PNEUMATOLOGIA; SANTIFICAÇÃO.

BIBLIOGRAFIA. CELL, G. C., *The Rediscovery of John Wesley* (New York: Henry Holt, 1935); DAYTON, D. W., *Theological Roots of Pentecostalism* (Metuchen: Scarecrow, 1987); HEITZENRATER, R. P., *Wesley and the People Called Methodists* (Nashville: Abingdon, 1995); HEMPTON, D., *Methodism: Empire of the Spirit* (New Haven: Yale University Press, 2005); MADDOX, R. L., *Responsible Grace: John Wesley's Practical Theology* (Nashville: Abingdon Kingswood, 1994); OUTLER, A. C., org., *John Wesley* (New York: Oxford University Press, 1964); SNYDER, H. A., *The Radical Wesley and Patterns for Church Renewal* (Downers Grove: InterVarsity Press, 1980); idem, "The Babylonian Captivity of Wesleyan Theology", *Wesleyan Theological Journal* 39:1 (2004) 7-34; SOUTHEY, R., *The Life of Wesley; and Rise and Progress of Methodism* (2 vols.; 2. ed. americana; New York: Harper & Brothers, 1847); WESLEY, J., *A Christian Library: Consisting of Extracts from and Abridgements of the Choicest Pieces of Practical Divinity*, publicados na língua inglesa em 50 volumes (Bristol: Felix Farley, 1749-1755); idem, *A Compendium of Natural Philosophy, Being a Survey of the Wisdom of God in the Creation*, Mudie, Robert, org. (3 vols.; London: Thomas Tegg & Son, 1836); idem, *Explanatory Notes Upon the New Testament* (London: Epworth, 1950); idem, *Bicentennial Edition of the Works of John Wesley*, Baker, Frank, et al., orgs. (Nashville: Abingdon, 1984- [35 vols.]); WYNKOOP, M., *A Theology of Love: The Dynamic of Wesleyanism* (Kansas City: Beacon Hill, 1972); YRIGOYEN JR., C., org., *The Global Impact of the Wesleyan*

Traditions and Their Related Movements (Lanham: Scarecrow, 2002).

H. A. Snyder

WILLIAMS, DELORES S. *Veja* TEOLOGIA MULHERISTA.

WILLIAMS, PRESTON. *Veja* TEOLOGIA NEGRA.

YODER, JOHN HOWARD. *Veja* TEOLOGIA ANABATISTA.

ZHAO, ZICHEN. *Veja* REINO DE DEUS; TEOLOGIA CHINESA.

ZINZENDORF, NIKOLAUS LUDWIG VON. *Veja* PIETISMO.

ZIZIOULAS, JOHN. *Veja* TEOLOGIA ORTODOXA ORIENTAL; TRINDADE, DEUS TRINO.

ZUÍNGLIO, ULRICO. *Veja* TEOLOGIA REFORMADA.

Sua opinião é importante
para nós. Por gentileza envie
seus comentários pelo e-mail
editorial@hagnos.com.br

Visite nosso site: www.hagnos.com.br

Esta obra foi composta na fonte
Times New Roman, corpo 10
e impressa na imprensa da Fé.
São Paulo, Brasil,
verão de 2017